약호

1. 외래어
그…그리스 말 이…이탈리아 말
네…네덜란드 말 일…일본 말
독…독일 말 중…중국 말
라…라틴 말 포…포르투갈 말
러…러시아 말 프…프랑스 말
범…범어 히…히브리 말
스…스페인 말

2. 부호
〈속〉 속담
( ) 표제어 한자 표시 및 외래어의 표시
[ ] 발음 표시
〔 〕 표제어 활용
→ 비표준어일 경우 가 보라
← 변한 말의 원말 앞에
: 긴 발음
= 같은 말
— 표제어 및 발음의 생략 부분
㉠ 실지로 쓰이는 보기
①, ②, ③ 그 말의 여러 갈래 뜻
비 비슷한 말   준 준말   여 여린말
반 반대말   큰 큰말   센 센말
본 본디말   작 작은말   거 거센말

컬/러/신/판

초등학생
학습 국어사전

(주)교학사

머리말

　사람은 말을 통해서 사고하고, 말로써 자기의 의사를 남에게 전달한다. 생각할 적에는 말소리를 내지 않고 하지만 그 생각을 남에게 전달할 때에는 말소리를 내거나, 글로 써야 한다.
　아기가 옹알이를 하다가 차츰 엄마의 말을 알아듣게 되면, 그 말을 기억하고 쓰게 되는데, 이 무렵부터 아기는 자연스럽게 국어를 배우기 시작한다.
　아기가 성장하면서 접하는 사물의 범위가 넓어지면, 이에 따라 알아듣고 사용하는 말의 수도 불어나게 된다.
　초등 학교의 국어 시간은 글을 통해서 새말을 배우고 익히는 시간이다. 이 때에 독서에 재미를 붙이면 새말을 많이 만나게 되고, 또한 좋은 표현도 익히게 된다.
　말은 많이 알수록 좋다. 그러나 그 뜻을 제대로 알고 쓰지 않으면 아무 소용이 없게 된다.
　그러므로 뜻을 모르는 말을 듣거나 보았을 경우에는 즉시 국어 사전을 펴서 그 뜻과 쓰임을 정확히 알아 두어야, 그때 그때 만나는 말을 바로 알아듣고 사용하는 능력을 갖추게 된다.
　외국의 어느 유명한 시인은 국어 사전을 첫장부터 마지막장까지 소설책을 읽듯 몇 번을 읽었다 하고, 우리 나라의 어느 소설가도 사전을 읽어서 말수를 늘렸다고 한다.
　요즈음 영어의 조기 학습으로 국어 공부를 소홀히 하는 경향이 있다. 그러나 국어의 기초 어휘를 채 익히기 전에 외국어를 배운다면 그 말을 제대로 이해할 수 있겠는가?
　꼭 시인이나 소설가가 아니더라도 국어 사전은 책상머리에 놓아 두고 수시로 찾아보는 습관을 들여, 말의 뜻을 정확히 알고, 제 의사를 충분히 전달하며, 남의 의사도 제대로 이해하도록 힘써야 한다.
　이 사전은 초등 학교에서 중학교에 걸쳐서 이용할 수 있게 엮은 것으로, 국어의 기초를 튼튼히 다지는 데 크게 도움이 될 것이다.
　이 사전은 먼저 낸 초등 학교 〈표준 국어 사전〉에다 말수를 곱으로 보태고 쉬운 예문을 보이어 낱말 풀이의 이해를 도왔고, 특히 원색 삽도를 많이 넣어 시각적 이해를 꾀하였다.

1996년 11월　교학사

일러두기

  이 사전은 초·중등 학생 여러분의 학습을 돕기 위하여 교과서를 중심으로, 학생을 위한 읽을거리에 나타난 낱말들을 모아 그 뜻을 쉽게 풀이하고 그 말의 쓰임을 보인 것으로, 다음과 같은 점에 유의하였다.

1. 학생의 국어 학습은 물론, 학교에서 배우는 모든 교과에 걸쳐 필요하다고 생각되는 낱말을 널리 모았다.
2. 음악 용어·체육 용어 이외에, 신문·잡지 따위에서 쓰이는 일상 생활에 필요한 낱말도 되도록 많이 넣었다.
3. 활용되는 낱말은 표제어 옆에 그 예를 보였다.
    가깝다〔가까우니, 가까워서〕
    가늘다〔가느니, 가늘어서〕
4. 한자말에는 표제어 옆에 한자를 보였다. 또, 한글과 한자말이 붙어서 된 표제어에는 붙은 말에만 한자를 보였다.
5. 표제어 발음이 글자와 다를 경우에는 실제의 발음을 [ ] 안에 보였다.
6. 외래어에는 영어 이외의 경우 그 말이 어느 나라 말인가를 표제어 옆에 약어로 표시하고 원어를 보였다.
7. 낱말의 뜻이나 설명은 초등 학교 학생이면 누구든지 알 수 있도록 쉽게 풀이하였다.
8. 설명만으로 알기 어려운 낱말에는 되도록 그림을 보였다.
9. 뜻만으로 이해하기 어려운 낱말에는 예문을 보여 그 낱말의 실제 쓰임을 알게 하였다. 그리고 반대말·비슷한 말을 보였다.
10. 일반 사전의 경우처럼 속담을 어느 낱말에 붙이지 않고 따로 세워 찾기 편하게 하였다.
11. 말끝에 '-하다, -스럽다, -히, -이' 등이 붙어 쓰이는 말은 풀이 맨 끝에 그 모습을 보였다.
    불행(不幸) ① 복이 없음……. -스럽다. -하다. -히.
   다만, '-이'가 붙어 으뜸꼴이 변하는 경우에는 활용형 뒤에 그 변화한 모습을 보였다.
    가볍다〔가벼우니, 가벼워서/가벼이〕…….
12. 글자나 소리가 비슷하여 그 뜻을 구별하기 어려운 말들은 한데 묶어 그 중 앞선 표제어 다음에 두어 그 차이를 대비해 보였다.

사전 찾아보는 방법

우리 한글은 글자 한 자 한 자가 닿소리와 홀소리글자 둘 이상을 맞춰서 된 것이다. 가령 '학교'라는 두 글자는 'ㅎㅏㄱ''ㄱㅛ' 이렇게 다섯 개의 낱자로 이루어진 것이다. 이 사전은 닿소리와 홀소리의 차례대로 말을 벌여 놓았다. 그 차례는 다음과 같다.

ㄱㄴㄷㄹㅁㅂㅅㅇㅈㅊㅋㅌㅍㅎ
ㅏㅑㅓㅕㅗㅛㅜㅠㅡㅣ

ㄲ·ㄸ·ㅃ·ㅆ·ㅉ과 같은 된소리로 시작되는 낱말은 ㄱ·ㄷ·ㅂ·ㅅ·ㅈ의 맨 끝자리에 모아 놓았다.

가급적
가까스로
까다롭다
까딱

둘째 마디가 된소리인 낱말은 여린소리가 끝난 다음에 넣었다. 찾아보는 차례를 표로 보이면 다음과 같다.

닿소리 : ㄱㄲㄴㄷㄸㄹㅁㅂㅃㅅㅆㅇㅈㅉㅊㅋㅌㅍㅎ
홀소리 : ㅏㅐㅑㅒㅓㅔㅕㅖㅗㅘㅙㅚㅛㅜㅝㅞㅟㅠㅡㅢㅣ
받 침 : ㄱㄲㄳㄴㄵㄶㄷㄹㄺㄻㄼㄽㄾㄿㅀㅁㅂㅄㅅㅆㅇㅈㅊㅋㅌㅍㅎ

❖ 본문 빈자리 메움
- 날수와 어림수······191
- 수의 우리말······328
- 시킴과 입음을 나타내는 말······412
- 날짜와 우리말, 이십사 절기······511
- 쓰임에 따라 띄어쓰기를 달리하는 말······642

약 호

1. 외래어

그…그리스 말   이…이탈리아 말
네…네덜란드 말 일…일본 말
독…독일 말   중…중국 말
라…라틴 말   포…포르투갈 말
러…러시아 말   프…프랑스 말
범…범어   히…히브리 말
스…스페인 말

2. 부호

〈속〉 속담
( ) 표제어 한자 표시 및 외래어의 표시
[ ] 발음 표시
〔 〕 표제어 활용
→   비표준어일 경우 가 보라
←   변한 말의 원말 앞에
:   긴 발음
=   같은 말
—   표제어 및 발음의 생략 부분
㉠   실지로 쓰이는 보기
①,②,③   그 말의 여러 갈래 뜻
㊂ 비슷한 말 ㊌ 준말   ㊐ 여린말
㊆ 반대말   ㊅ 큰말   ㊍ 센말
㊇ 본디말   ㊊ 작은말   ㊋ 거센말

훈몽자회자　　훈민정음자

ㄱ[기역] 한글 닿소리의 첫째 글자인 기역.

ㄱ자집[기역짜—] 'ㄱ'자 모양으로 꺾어 지은 집.

가:¹ ①물건의 바깥쪽을 향하여 끝이 난 곳. 예길가 ②끝. 예가이 없어라. ③근처. 예냇가. 바닷가. 비가장자리. 반가운데.

가² 받침이 없는 말에 붙어 그 말이 임자말임을 나타내거나 다른 것으로 변함을 나타내는 말. 예내가 가겠다. 병아리가 닭이 되다.

가:³(可) ①옳음. ②좋음. ③찬성함. 반부. ④성적을 매길 때의 '수·우·미·양·가' 다섯 등급 중의 가장 아래 등급.

-가⁴(家) ①그 방면의 일을 전문적으로 하는 사람을 나타내는 말. 예소설가. 예술가. ②집안을 나타내는 말. 예케네디가. ③어떤 것을 많이 갖고 있는 사람을 나타내는 말. 예수집가. 장서가.

가:-⁵(假) 어떤 말 앞에 붙어 정식이 아닌 임시적인 또는 가짜임을 나타내는 말. 예가계약. 가건물.

가:가 대:소(呵呵大笑) 껄껄거리며 한바탕 크게 웃음. —하다.

가가호호(家家戶戶) 집집마다. 예가가호호 방문하다.

가감(加減) ①덧셈과 뺄셈. ②더하거나 덞, 또는 그렇게 해서 알맞게 함. ③어떤 기준에 넘치거나 모자람. —하다.

가감승제(加減乘除) 더하기, 빼기, 곱하기, 나누기.

가객(歌客) 시조나 시를 잘 짓거나 창을 잘 하는 사람. 가인.

가:건물 임시로 지은 건물.

가:게 물건을 파는 집. 예담배 가게. 비상점. 점포.

가게 기둥에 입춘⟨속⟩ 격에 어울리지 않는다.

가:곗집 ①가게를 벌이고 장사하는 집. 가게. ②가게로 쓰는 집. 점포.

가격(價格) 물건의 값. 예가격 조절. 도매 가격. 비시세.

가:결(可決) 옳다고 결정함. 반부결. —하다.

가경(佳景) 아름다운 경치.

가계¹(家系) 대대로 이어 온 집안의 계통. 예가계를 잇다.

가계²(家計) 집안 살림을 꾸려 나가는 수입·지출의 상태. 살림살이. 예가계가 쪼들린다.

가계부(家計簿) 집안 살림의 수입과 지출을 적는 장부.

가계 수표(家計手票) 가계 종합 예금에 예금한 사람이 그 은행 앞으로 발행하는 수표.

가곡(歌曲) ①노래. ②우리 나라 재래 음악의 한 가지. ③작곡가에 의하여 창작된 독창용의 짧은 곡.

ㄱ

가공[1](加工) 인공을 더함. [예] 원료를 가공하다. —하다.

가:공[2](可恐) 두려워할 만함. [예] 핵폭탄의 가공할 파괴력. —하다.

가공 무:역 외국에서 수입한 공업 원료로 제품을 만들어 다시 수출하는 무역 형태.

가공 식품 식품의 원료인 농산물·축산물·해산물 등을 이용하여 더욱 맛있고, 먹기 편하고, 저장하기 좋게 만든 식품.

가공업(加工業) 재료·제품 등에 손질을 더하여 새로운 물건을 만드는 직업, 또는 그런 일.

가공재(加工材) ①가공을 할 원료. ②가공을 한 제품.

가:관(可觀) ①볼 만함. [예] 동해의 해돋이 모습은 정말 가관이다. ②하는 짓이나 모습이 비웃을 만함. [예] 잘난 척하는 꼴이 가관이다.

가교[1](架橋) ①건너질러 놓은 다리. ②다리를 놓음. —하다.

가:교[2](假橋) 임시로 놓은 다리.

가:교[3](駕轎) 임금이 타고 다니던 가마. 말 두 필이 앞뒤에서 가마의 채를 메고 감.

가구[1](家口) ①집안 식구. ②한 집안이나 한 골목 안에서 살림을 하는 각 집의 수효. [예] 한 집에 두 가구가 산다.

가구[2](家具) 집안 살림살이에 쓰이는 기구. [예] 가구점. [비] 세간.

가구장이 가구 만드는 일을 업으로 삼는 사람.

가구주(家口主) 한 가구의 주장이 되는 사람. [비] 세대주.

가극(歌劇) 노래와 음악을 섞어 가면서 하는 연극.

가금(家禽) 집에서 기르는 날짐승. 닭·오리·거위 따위.

가:급적(可及的) 될 수 있는 대로. [예] 가급적 빨리 다녀오렴.

가까스로 ①겨우. ②빠듯하게. ③간신히. [예] 축구 시합에서 우리 반이 가까스로 이겼다.

가까운 남이 먼 일가보다 낫다 〈속〉 멀리 떨어져 사는 친척보다 남이라도 이웃에서 가까이 지내는 사람이 더 낫다.

가까운 데를 가도 점심밥을 싸 가지고 가거라〈속〉 무슨 일에나 준비를 든든히 하여 실수를 없게 하라는 뜻.

가깝다〔가까우니, 가까워서/가까이〕 ①동안이 멀지 않다. ②거리가 짧다. [예] 가깝고도 먼 나라 일본. ③친하다. [예] 가까운 사이. ④모양이 비슷하다. ⑤날짜가 멀지 않다. [예] 가까운 시일 안에 결정해야 한다. [반] 멀다.

가깝디가깝다 매우 가깝다.

가꾸다 생물을 잘 자라게 하여 주다. [예] 꽃을 가꾸다.

가꾸로 방향이나 차례가 반대로 바뀌게. [예] 가꾸로 박히다. [반] 바로. [큰] 거꾸로. [센] 까꾸로.

가끔 ①때때로. [예] 가끔 이민 간 친구가 생각난다. ②종종. [예] 나는 가끔 늦잠을 잡니다. ③이따금. ④여러 번. [비] 간혹. 종종. [반] 자주. 늘.

가끔가끔 여러 번 가끔.

가끔가다/가끔가다가 가끔 어쩌다. [예] 나는 가끔가다 선생님한테 꾸지람을 듣는다.

가나[1](일 かな) 일본 고유의 글자. 소리글자이나 낱소리글자는 아님. 자수는 50자. 오십음.

가나[2](Ghana) 아프리카 서부 기니 만에 있는 공화국. 수도는 아크라.

가나다순(一順) 한글의 '가나다…'의 차례로 매기는 순서.

가난 살림이 넉넉하지 못함. 비구차. 빈곤. 반부유. —하다.

가난 구제는 나라도 못 한다〈속〉 가난한 사람의 구제는 나라의 큰 힘으로도 어려우니, 개인의 힘으로는 더욱 어렵다.

가난뱅이 돈과 재물이 없는 사람. 반부자.

가난한 집 제사 돌아오듯〈속〉 치르기 힘든 일이 자주 닥쳐오는 모양을 이르는 말.

가내(家內) ①집안. 예가내 두루 평안하신지요? ②가까운 일가.

가내 공업 집안에서 하는 작은 규모의 공업. 반공장 공업.

가냘프다〔가냘파〕 가늘고 약하다. 예저 아이는 몸이 퍽 가냘프다. 비연약하다. 반억세다.

가노(家奴) 지난날, 개인 집에서 부리던 사내종. 비가복.

가노라 '간다'는 뜻의 옛말. 예가노라 삼각산아 다시 보자 한강수야〈시조〉.

가누다 몸이나 정신을 겨우 기다듬어 차리다. 예평균대 위에서 몸을 잘 가누고 섰다.

가느다랗다 아주 가늘다. 예가느다란 팔뚝. 반굵다랗다.

가느스름하다 조금 가늘다. 예언니 눈썹은 가느스름하다. —히.

가는귀먹다 작은 소리는 잘 듣지 못할 정도로 귀가 조금 먹다. 예가는귀먹은 할머니.

가는 날이 장날〈속〉 우연히 갔다가 의외로 공교로운 일을 만났을 때 쓰는 말.

가는 말에 채찍질한다〈속〉 잘 하는 일을 더 잘 하도록 부추긴다.

가는 말이 고와야 오는 말이 곱다〈속〉 내가 남에게 좋게 해야 남도 나에게 좋게 한다.

가는 토끼 잡으려다 잡은 토끼 놓친다〈속〉 너무 욕심을 부리면 도리어 이미 이룬 일까지 실패로 돌아간다.

가늘다〔가느니, 가늘어서〕 ①굵지 않다. ②소리가 작다. 예가는 울음소리. ③넓이가 좁다. 예목이 가늘고 긴 소녀. ④몸이 파리하다. 예가는 어깨. 반굵다.

가늘디가늘다 몹시 가늘다. 반굵디굵다.

가늠 ①목적이나 기준에 맞고 안 맞음을 헤아리는 일, 또는 그 표준. 예표적을 가늠하다. ② 일의 형편을 헤아리는 눈치나 짐작. 예물가 변동을 가늠하다. —하다.

가:능(可能) 될 수 있음. 할 수 있음. 예가능성을 타진하다. 반불가능. —하다.

가:능성[—썽] ①되거나 할 수 있는 요소, 또는 그 전망. ②완성될 수 있는 성질. 예성공할 가능성이 많다.

가다 ①앞으로 나아가다. 예틀길을 가다. 반오다. ②변하다. 예맛이 가다. ③죽다.

가다가 이따금. 간혹. 어쩌다. 예가다가 실수할 수도 있지.

가다듬다[—따] ①정신을 차리다. 예정신을 가다듬고 내 말을 잘 들어라. ②마음을 써서 일을 처리하다. ③목청을 고르다. 예목소리를 가다듬다.

가다랭이 다랑어 종류의 바닷물고기. 몸길이는 약 1m 가량. 주둥이가 뾰족하며, 등은 검푸른색,

배는 은백색임.
가닥 한 군데 딸린 낱낱의 줄.
가닥가닥 여러 가닥. 가닥마다.
가:단:조[—쪼] '가'음을 으뜸음으로 하는 단조.
가담(加擔) ①한편이 되어 일을 함께 함. 예독립 운동에 가담하다. ②도와 줌. —하다.
가:당(可當) 꼭 알맞음. 걸맞음. 예이 일은 나에게 참으로 가당하다. —하다.
가:당찮다[—찬타] ①조금도 사리에 맞지 아니하다. 예가당찮은 요구. ②쉽게 당할 수 없을 만큼 대단하다. 예가당찮은 상대. 본가당하지 아니하다. —이.
가댁질 서로 피하고 서로 잡고 하며 노는 아이들의 장난. —하다.
가도(街道) ①넓고 곧은 길. 가로. ②도시와 도시 사이를 잇는 큰길. 예경인 가도.
가동(稼動) 사람이나 기계 등을 움직여 일함, 또는 움직여 일하게 함. 예엔진을 가동시키다. 가동률. —하다.
가두(街頭) 시가의 드러난 길거리. 예가두 행진.
가두다 ①잡아다 감옥에 넣다. 예죄인을 가두다. ②드나드는 자유를 빼앗다. ③나오지 못하게 하다. 예방에 가두다.
가:두리 어장 강이나 바다에 그물을 쳐서 그 안에서 물고기를 기르는 곳.
가득 한껏 차 있는 모양. 예병에 물이 가득 차 있다. 비잔뜩.
가득하다 ①꽉 차다. ②많이 있다. ③넘도록 차다. 예쓰레기통에 휴지가 가득하다. ④넉넉하다. 큰그득하다. 센가뜩하다. —히.

가뜩이나 그러지 않아도 매우. 예가뜩이나 배부른데, 이것도 또 먹으라고. 준가뜩. 가뜩이.
가뜬하다 ①기분이나 몸이 상쾌하다. 예잠을 푹 잤더니 몸이 가뜬하다. ②생각보다 가볍고 사용하기 편하다. 큰거뜬하다. —히.
가라사대 말씀하시기를. 예공자 가라사대.
가라앉다[—안따] ①물밑으로 잠기다. 예배가 바다에 가라앉다. ②진정되다. 예분노가 가라앉다. ③부은 것이 내리다. ④기운이 약해지다. 예거센 파도가 가라앉자 바다는 이내 조용해졌다. 반뜨다¹. 솟다. 솟아나다.
가라앉히다[—안치다] ①가라앉게 하다. ②진정시키다. 예들뜬 마음을 가라앉히다.
가라쿠니 신사 백제인의 후예인 기미마로 등이 일본 도다이사에 세운 우리 조상의 신을 모신 곳.
가락¹ ①손이나 발의 갈라진 부분. 예손가락. ②가느스름하고 기름하게 토막진 물건의 낱개. 엿 한 가락. ③물레로 실을 자을 때 실을 감는 쇠꼬챙이.
가락² 음악의 곡조. 예거문고의 절묘한 가락. 비장단.
가락가락 가락마다.
가락국(駕洛國) 오늘날 경상 남도 김해 지방에 있었던 고대 국가 (42~562). 김수로왕이 세웠는데, 뒤에 신라에게 망함. 일명 가야. 가락, 육가야.
가락국수 가락을 굵게 뽑은 국수의 한 가지.
가락지 금·은으로 만든 손가락 장식으로 끼는 두 짝의 고리. 비반지.

가람 '강'의 옛말.
가랑가랑 ①물이 그릇에 넘칠 듯이 차 있는 모양. ②눈에 눈물이 가득 괸 모양. ㉖두 눈에 눈물이 가랑가랑하다. 團그렁그렁. —하다.
가랑눈 잘게 조금씩 내리는 눈.
가랑비 가늘게 내리는 비.
가랑비에 옷 젖는 줄 모른다〈속〉 재산 따위가 없어지는 줄 모르게 조금씩 줄어 간다.
가랑이 ①다리 사이. ②끝이 갈라져 벌어진 부분. ㉖바짓가랑이.
가랑잎[-닙] 말라서 떨어지는 나뭇잎. 凰낙엽. 㐀갈잎.
가랑잎에 불붙듯〈속〉 성질이 조급하여 걷잡을 수 없음.
가랑잎으로 눈가리고 아웅한다〈속〉 자기 일을 다 알고 있는 사람을 속이려고 한다.
가랑잎이 솔잎 보고 바스락거린다고 한다〈속〉 허물이 많은 사람이 오히려 허물이 적은 사람을 나무라거나 흉을 본다.
가래¹ ①흙을 파헤치는 기구. ②흙을 떠서 던지는 농기구.

〔가래¹〕

가래² 기침과 함께 토하여 내는 끈끈한 액체. 가래침. 凰담.
가래³ 떡·엿 따위를 둥글고 길게 늘여 놓은 토막. ㉖엿가래.
가래질 농기구인 가래로 흙을 퍼서 떠 옮기는 일. —하다.
가래톳 허벅다리 언저리의 '림프샘이 부어서 생긴 몹시 아픈 멍울. ㉖가래톳이 서다.
가:량(假量) 수효와 분량을 대강 나타내는 말. ㉖그 책의 3분의 1 가량은 단편 소설이다. 凰정도.
가려 내다 분간하여 추리다. ㉖잘잘못을 가려 내다.
가려 먹다 입맛에 맞는 음식만 골라서 먹다. 편식하다. ㉖음식을 가려 먹는 습관은 좋지 않다.
가:련(可憐) 불쌍함. 가엾음. ㉖가련한 인생. —하다. —히.
가:렴 주구(苛斂誅求) 세금을 혹독하게 거두고, 강제로 재물을 빼앗아 백성을 못 살게 들볶음.
가렵다〔가려우니, 가려워서〕 ①살갗을 긁고 싶은 느낌이 있다. ㉖등이 가렵다. ②몹시 인색하다. ㉖가렵게 굴다.
가:령(假令) 이를테면. 예를 들면. ㉖내가 가령 부자가 된다면 가난한 사람을 돕겠다. 凰만일.
가례(家禮) 가정에서 치르는 관혼상제로 한 집안의 예법.
가로¹ 옆으로 퍼진 모양새. 좌우로 건너지른 모양새. ㉖가로의 길이를 재어 보아라. 凱세로.
가로²(街路) 시가지의 도로.
가로 공원(街路公園) 도시의 도로변에 길게 잇딸아 있는 공원.
가로놓이다 ①장애물 따위가 앞에 놓여 있다. ②가로질러 놓이다. ㉖도로에 가로놓인 구름다리.
가로눕다〔가로누우니, 가로누워서〕 ①가로 또는 옆으로 눕다. ②길게 바닥에 눕거나 누운 것처럼 놓여 있다. ㉖폭풍에 쓰러진 나무가 길에 가로누워 있다.
가로대 ①가로지른 막대기. ②높이뛰기대에 가로놓인 막대기.
가로되 '가라사대'의 낮춤말. ㉖옛 사람이 가로되……
가로등(街路燈) 큰 도로나 주택가

가로막 의 골목길을 밝히기 위해 높게 달아 놓은 전등. ㊀가등.

가로막 젖먹이 동물의 가슴과 배부분 사이에 있는 힘살로, 호흡하는 데 중요한 구실을 하며, 토하거나 대소변을 볼 때 배에 힘을 주는 구실도 함. ㉫횡격막.

가로막다 ①앞을 가로질러 막다. ㊀길을 가로막다. ②옆에서 무슨 말이나 행동을 못 하게 하다. ㊀남의 말을 가로막지 마라.

가로맡다 ①남의 일에 참견하다. ㊀공연히 남의 일을 가로맡고 나서지 마라. ②남의 할 일을 자기가 하다. ㊀친구의 어려움을 가로맡다.

가로무늬 옷감이나 물건 따위에 가로로 된 어룽진 모양.

가로무늬근 눈·혀·귀 등을 움직이게 하는 힘살로, 무수한 가로무늬를 갖고 있는 근육.

가로세로 ①가로와 세로. ②가로 또는 세로로. ㊀가로세로 줄을 긋다.

가로수(街路樹) 길거리의 양편에 심은 나무.

가로쓰기 글씨를 가로로 써 나가는 방식. 횡서. ㉫세로쓰기.

가로젓다〔가로저으니, 가로저어서〕 반대하는 뜻으로 고개를 좌우로 흔들다. ㊀고개를 가로저으며 반대하다.

가로 좌:표(一座標) 좌표 평면 위의 한 점에서 가로축에 내린 수선이 대응하는 가로축 위의 수치. ㉫세로 좌표.

가로 지나 세로 지나〈속〉이렇게 되거나 저렇게 되거나 매한가지임을 나타내는 말.

가로지르다〔가로지르니, 가로질러서〕 ①옆으로 건너지르다. ㊀문빗장을 가로지르다. ②가로질러 지나다. ㊀찻길을 가로지르면 안 된다.

가로채다 남이 가진 것을 옆에서 별안간 쳐서 빼앗다. ㊀상대편의 공을 가로채다.

가로축(一軸) 좌표 평면에서 가로 놓인 수직선. ㉫세로축.

가로획(一畫) 글자의 가로 긋는 획. ㉫세로획.

가루 아주 잘게 부스러진 마른 물건. ㊀밀가루. ㉫분말.

가루는 칠수록 고와지고, 말은 할수록 거칠어진다〈속〉말이 많음을 경계하는 말.

가루다 ①맞서 이기고 지는 것을 판가름하다. ㊀승패를 가루다. ②자리를 함께 나란히 하다.

가루받이[-바지] 수꽃술의 꽃가루가 암꽃술의 머리에 붙어서 열매를 맺는 현상. 수분.

가루 식품 떡·빵·국수 등 가루를 이용하여 만든 음식물.

가르다〔가르니, 갈라서〕 ①쪼개다. ㊀사과를 가르다. ②따로따로 구분하다. ㊀편을 가르다. ③몫몫이 나누다. ㊀몫을 가르다. ㉫쪼개다. ㉫합치다.

가르다 하나를 둘 또는 그 이상으로 나누다.
가리다 골라 내다.

가르마 머리털을 한가운데로 가른 금. ㊀가르마를 타다.

가르치다 ①알아듣게 하다. ②지식을 가지게 하다. ㊀아이들에게 한문을 가르치시는 할아버지. ③할 수 있도록 지도하다. ㉫지도하다. ㉫배우다.

가르치다 알도록 일러 주다.
가리키다 무엇이 있는 곳을 알려 주다.

가름 ①함께 하던 일을 서로 나누는 일. ②셈. ③구별. 분별. 例편가름. —하다.
가름대[—때] 수판의 윗알과 아랫알을 가르기 위하여 댄 나무.
가리¹ 통발 비슷하게 대로 엮어 만든 고기잡는 기구.
가리² 곡식·땔나무 등을 쌓아 둔 더미. 例낟가리. 볏가리.
가리가리 여러 갈래로 찢어진 모양. 例가리가리 찢겨진 편지. 비갈기갈기. 준갈가리.
가리개 ①가리는 물건. ②사랑방 같은 데 치장으로 치는 병풍의 하나. 두 폭으로 만듦.
가리다 ①택하다. 例당선작을 가리다. ②골라 가지다. ③나뭇단을 차곡차곡 쌓다. 例볏단을 가리다. ④덮다. ⑤보지 못하게 싸다. 例얼굴을 가리다. 비감추다. ⑥머리를 대강 빗다.
기리마 →가르마.
가리지 못하나 옳고 그름을 분간하지 못하다. 例선악을 가리지 못하다.
가리키다 말이나 동작으로 무엇이 있는 곳을 알려 주다. 例손가락으로 보름달을 가리키다.
가마¹ 정수리에 소용돌이 모양으로 난 머리털. 例쌍가마.
가:마² 조그만 집 모양같이 생긴 것으로, 사람을 태워서 앞뒤에서 둘 또는 넷이 메고 다니게 된 탈것. 例가마 타고 시집간다.
가마³ 숯·질그릇·벽돌·기와 등을 굽는 곳. 例벽돌 가마.

가마⁴ ①'가마니'의 준말. ②'가마니'의 수효를 세는 말. 例쌀 열 가마.
가마⁵ '가마솥'의 준말.
가마니(←일 かます) ①곡식을 담는 짚으로 만든 섬의 한 가지. ②가마니를 세는 말.
가마니때기 헌 가마니 조각.
-가:마리 늘 욕을 먹거나, 매를 맞거나, 걱정을 당하는 따위의 사람. 例욕가마리. 매가마리.
가마 밑이 노구솥 밑을 검다 한다〈속〉제 흉은 모르고, 남의 흉 보기는 쉽다.
가마솥 크고 우묵한 솥. 준가마⁵.
가막조개 민물 조개의 하나로, 크기가 매우 작고 모래가 많이 있는 곳에 살며 색깔은 검정색임.
가만가만 가만히 가만히. 例잠든 아기가 깰까 봐 가만가만 걷는 엄마. 비살금살금. 슬금슬금. —히.
가만있자 갑자기 떠오르지 않는 생각을 머릿속으로 더듬어 볼 때 뜻없이 쓰는 말. 例가만있자, 오늘이 며칠이더라.
가만히 ①살그머니. 넌지시. ②소리 없이. 例너는 왜 가만히 앉아만 있느냐? ③몰래. 비조용히.
가:망(可望) 될 만한 희망. 例가망이 없다. 비희망.
가맹(加盟) 동맹이나 연맹에 가입함. 例가맹 단체. —하다.
가:면(假面) ①나무·종이 등으로 만든 얼굴 모양의 탈. ②거짓으로 꾸민 표정. 例가면을 쓰다.
가:면극 연기자들이 가면을 쓰고 하는 연극. 우리 나라의 〈봉산탈춤〉따위가 이에 속함.
가면(을) 벗다 속마음을 드러내다. 본심을 그대로 털어놓다. 정

가면(을) 쓰다

체를 드러내다. 예 가면을 벗고 본 모습을 드러내라.

가면(을) 쓰다 본심이나 본성을 감추고 겉으로는 그렇지 않은 것처럼 꾸미다. 예 가면을 쓰고 접근하는 사람을 조심하라.

가:멸다 살림이 넉넉하다.

가:명(假名) 본이름이 아닌 거짓 이름. 반 실명. 본명.

가무(歌舞) 노래와 춤. 노래를 부르고 춤을 춤. 예 우리 민족은 예로부터 가무를 즐겼다. -하다.

가무스름하다 조금 검다. 예 햇빛에 그을려 얼굴이 가무스름하다. 준 가뭇하다. 큰 거무스름하다. 센 까무스름하다. -히.

가무잡잡하다 얼굴 빛깔이 깨끗하지 못하고 가무스름하다. 예 가무잡잡한 피부. 큰 거무접접하다. 센 까무잡잡하다.

가문(家門) ①집안. 문중(門中). ②그 집안의 신분 또는 지위. 예 가문이 좋다.

가문비나무 전나뭇과의 늘푸른 바늘잎 큰키나무. 높이 30m 이상 자라며 건축·펄프 재료로 쓰임.

가물 가뭄.

가물가물 ①멀리 있는 불빛이나 물체가 보일 듯 말 듯 희미하게 움직이는 모양. 예 수평선에 돛단배가 가물가물 움직인다. ②의식이나 기억이 또렷하지 아니하고 희미한 상태. 예 어릴 때 일이 가물가물하다. 큰 거물거물. 센 까물까물. -하다.

가물거리다 ①모습이나 불빛 같은 것이 어슴푸레하게 사라질 듯 말 듯하다. 예 저 멀리 가물거리는 불빛. ②정신이 맑지 못하여 의식이 있는 둥 마는 둥하다. 예 가물

거리는 의식.

가물다〔가무니, 가물어서〕 오랫동안 비가 내리지 않아 땅이 메마르게 되다. 예 날이 가물다.

가물에 콩 나듯〈속〉 썩 드물다.

가물철 비가 오지 않고 가물이 계속되는 때.

가물치 가물칫과의 민물고기. 몸길이는 60cm 가량. 몸이 둥글고 비늘은 뱀의 비늘과 비슷하며, 성질이 사나움. 식용 또는 산부의 보혈약으로 쓰임.

가뭄 비가 오랫동안 오지 않는 날씨. 가물. 예 농사철인데 가뭄이 들어 걱정이다. 반 장마.

가미(加味) ①음식에 다른 식료품이나 양념 등을 넣어서 맛이 더 나게 함. 예 조미료를 너무 많이 가미하는 것은 좋지 않다. ②어떤 것에 다른 것을 더 넣거나 곁들이는 일. -하다.

가:발(假髮) 머리털로 여러 가지 머리 모양을 만들어 쓰는 본래의 자기 머리가 아닌 가짜 머리.

가방(←네 kabas) 물건을 넣어 들고 다니는 가죽이나 헝겊으로 만든 주머니. 예 책가방.

가배(嘉俳·嘉排) 신라 유리왕 때 한가윗날 궁중에서 길쌈 겨루기를 하며 놀던 놀이. 비 가위.

가:변(可變) 사물의 형상이나 성질이 고쳐지거나 달라질 수 있음. 예 가변적인 결론. 반 불변.

가볍다〔가벼우니, 가벼워서/가벼이〕 ①무게가 적게 나가다. 예 기름은 물보다 가볍다. ②조심성이 없거나 진득하지 못하다. 경솔하다. ③병이나 상처 따위가 대단하지 않다. 반 무겁다.

가보(家寶) 대대로 전하여 내려오

는 집안의 보물·보배.
가:봉¹(假縫) 양복 따위를 지을 때 먼저 몸에 잘 맞는가를 보기 위하여 시침질하여 짓는 바느질, 또는 그 옷. 시침바느질. —하다.
가봉²(Gabon) 아프리카 서쪽 적도 부근에 있는 나라. 석유·우라늄 등 지하 자원이 풍부함. 수도는 리브르빌.
가:부(可否) 옳은가 그른가의 여부. ㉠투표로 가부를 결정하다.
가:부간(可否間) 옳거나 그르거나. 아무러하든지. ㉠더 미루지 말고 가부간 결말을 내자.
가부좌(跏趺坐) 책상다리를 하고 앉음. ㉠가부좌를 틀고 참선을 하다. —하다.
가:분수(假分數)〔—쑤〕 분모보다 분자가 크거나 같은 분수. $\frac{6}{5}$ 따위. 밴진분수.
가분하다 ①들기에 알맞을 정도로 가볍다. ②마음에 짐이 되지 않고 편안하다. ㉠시험이 끝나니 마음이 가분하다. 큰거분하다. 셴가뿐하다. —히.
가붓하다 들기에 알맞게 가볍다. ㉠가붓한 짐. 셴기뿟하다. —이.
가빠지다 힘에 겨워 숨쉬기가 어려워지다. ㉠계단을 오를수록 숨이 가빠진다.
가뿐하다 ①들기 좋을 만큼 가볍다. ②몸이 가볍다. ㉠병이 완쾌되니 몸이 가뿐하다. ③걸리는 것이 없다. 예가분하다. —히.
가쁘다〔가쁘니, 가빠〕 ①매우 고단하여 숨쉬기가 어렵다. ㉠숨이 가쁘다. ②힘에 겹다.
가사¹(家事) 살림살이에 관한 일. 집안 일. ㉠가사를 돌보다.
가사²(袈裟) 승려가 장삼 위에 왼쪽 어깨에서 오른쪽 겨드랑이 밑으로 걸쳐 입는 옷.
가사³(歌詞) 노래의 말.
가사 재판 가족이나 친족 간의 소송 사건에 대해 가정 법원이 하는 재판. 가사 심판.

〔가 사²〕

가산¹(加算) 더하여 셈함. 보탬. ㉠원금에 이자를 가산하다. 비합산. 밴감산. —하다.
가산²(家産) 한 집안의 재산. ㉠가산을 탕진하다.
가:상¹(假象) 그렇게 보일 뿐 실제로는 없는 거짓 모습. 밴실재. —하다.
가:상²(假想) 사실이라고 가정하여 생각함. ㉠공습을 가상한 대피 훈련. —하다.
가상³(嘉尙) 착하게 여기어 칭찬함. —하다. —히.
가:석방(假釋放) 교도소에 갇힌 사람이 반성하는 빛이 뚜렷할 때 미리 석방함. 기출옥. —하다.
가설¹(架設) 건너질러 설치함. ㉠전선을 가설하다. —하다.
가:설²(假設) 임시로 차림. ㉠가설 무대. —하다.
가섭원 동부여의 도읍지. 지금의 북만주 장춘 부근에서 발전한 부여가 도읍을 이 곳으로 옮기며 동부여라고 하였음.
가세¹(加勢) 힘을 보탬. —하다.
가세²(家勢) ①그 집 살림살이의 정도. ②집안의 형세. ㉠가세가 기울다.
가:소롭다〔가소로우니, 가소로워/

ㄱ

가소로이〕 ①대수롭지 아니하여 우습다. ②우습고 아니꼽다. [예] 네가 나에게 덤비다니 가소롭다.

가속(加速) 속도를 더함, 또는 더해진 그 속도. [반] 감속. —하다.

가속도 ①시간이 지남에 따라 속도가 변화하는 비율. ②시간이 갈수록 속도가 더해지는 일, 또는 더해지는 그 속도.

가솔(家率) 집안 식구.

가솔린(gasoline) 석유를 증발시켜서 만든 기름. 자동차·비행기의 연료로 쓰임. 휘발유.

가수(歌手) 노래하는 것을 직업으로 삼는 사람. [예] 오페라 가수.

가:수요(假需要) 실지로 당장 쓰려는 것이 아니고 물가가 오를 것을 예상하고 미리 준비해 두려는 수요. [예] 가수요자. [반] 실수요.

가스(gas) 기체로 된 물질. [예] 도시 가스.

가슬가슬 ①성질이 꽤 까다로워서 수월하지 않은 모양. [예] 성질이 가슬가슬한 아이. ②물건의 거죽이 매끄럽지 않은 모양. [예] 이 옷은 촉감이 가슬가슬하다. [큰] 거슬거슬. [센] 까슬까슬. —하다.

가슴 ①목과 배 사이의 앞부분. [예] 앞가슴. ②마음이 우러나오는 근본. [예] 가슴 아프다.

가슴 깊이 새기다 잊어버리지 않게 똑똑히 익혀 두다. [예] 선생님의 말씀을 가슴 깊이 새기고 배워 나가자.

가슴뼈 가슴의 양쪽 한복판에 있는 뼈. [비] 흉골.

가슴앓이 가슴 속이 켕기고 쓰리며 아픈 병. [예] 오랫동안 가슴앓이로 고생하다.

가슴에 벅찬 느낌 가슴에 꽉 찬 느낌.

가슴(이) 뭉클하다 슬픔이 가슴에 맺혀 답답하고 풀리지 아니하다. [예] 어머니의 손을 보면 언제나 가슴이 뭉클하다.

가슴(이) 설레다 기쁨·기대로 마음이 들떠서 좀처럼 가라앉지 아니하다. [예] 옛 친구를 오랜만에 만날 생각에 가슴이 설렌다.

가슴지느러미 물고기의 가슴 양쪽에 붙은 지느러미.

가시[1] ①초목의 줄기나 잎에 나는 바늘 같은 부분. [예] 찔레의 가시. ②생선의 잔뼈. ③미운 사람의 비유. [예] 눈엣가시 같은 녀석. ④살에 박힌 나무·대 등의 가늘고 뾰족한 거스러미.

가:시[2](可視) 눈으로 볼 수 있음. [예] 가시 거리.

가시다 ①어떤 상태가 바뀌어지거나 없어지다. [예] 아픔이 가시다. [비] 사라지다. [반] 생기다. ②깨끗이 씻어 새롭게 하다. [예] 식사 후 입안을 가시다.

가:식(假飾) 말이나 행동을 거짓으로 꾸밈. [예] 그의 가식 없는 행동이 좋다. —하다.

가야금(伽倻琴) 오동나무의 긴 널을 속이 비게 짜고 그 위에 줄 열두 개를 건 현악기.

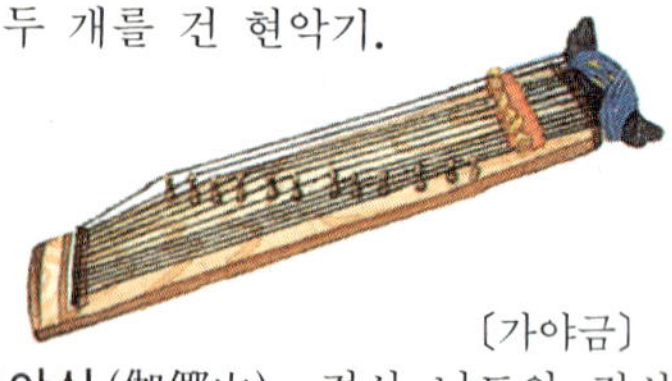

〔가야금〕

가야산(伽倻山) 경상 남도와 경상북도 사이에 있는 산. 국립 공원의 하나로 해인사·황계 폭포 등이 있음. 높이 1,430m.

가얏고 →가야금.

가업(家業) 한 집안에 대대로 이어 내려오는 직업, 또는 한 집안에서 전문적으로 하는 직업.

가:없다[-업따] 한량이 없다. 끝없다. 예 가없는 바다. -이.

가:연성(可燃性) 불에 잘 타기 쉬운 성질. 예 휘발유는 가연성 물질이다. 반 불연성.

가열(加熱) 어떤 것에 더운 기운을 줌. 반 냉각. -하다.

가열 살균 열을 가하여 미생물을 죽이는 일.

가:엾다[-엽따] ①불쌍하다. 가련하다. ②딱하다. 비 측은하다. 불쌍하다. -이.

가오리 홍어·흰가오리 등 가오릿과의 바닷물고기를 통틀어 일컫는 말. 몸이 넓적하고 꼬리가 길며, 독이 있는 뿔이 있어 쏘이면 매우 아픔. 주로 바다 밑바닥에서 삶.

가오리연 가오리 모양으로 만든 연. 꼬빡연.

가옥(家屋) 사람이 사는 집. 예 현대식 가옥. 비 집.

가외(加外) 일정한 기준이나 한도 이외. 예 가외로 돈이 더 들었다.

가욋일[-왼닐] 필요한 이외의 일. 예 가욋일로 용돈을 벌다.

가요(歌謠) 세상에 널리 불려지는 노래. 예 국민 가요.

가요계 주로, 대중 가요에 관한 것을 업으로 삼는 사람의 사회.

가용(家用) ①집안 살림의 비용. ②집안에서 씀. -하다.

가:용성¹(可溶性)[-썽] 액체에서 녹을 수 있는 성질. 물에서 소금·설탕이 녹는 일 따위. 반 불용성.

가:용성²(可鎔性)[-썽] 비교적 낮은 온도에서도 잘 녹는 금속의 성질.

가운¹(家運) 집안의 운수. 예 가운이 기울다.

가운²(gown) ①흰빛의 긴 웃옷. 의사·약사·이발사 등이 입음. ②여성의 긴 겉옷.

가운데 ①어느 편으로든지 치우치지 아니한 곳. ②중앙. 복판. 중간. ③속. 안. 비 중간. 한복판. 반 둘레. 가장자리. 본 한가운데.

가운뎃다리 곤충의 앞다리와 뒷다리의 중간에 있는 다리.

가웃[-운] 한 되 또는 한 자의 반. 예 두 자 가웃.

가위¹ 옷감을 베거나 종이를 오리는 데 쓰는 쇠로 만든 연모.

가위² 옛날부터 전해 오는 우리 나라 명절의 하나로, 음력 8월15일. 추석. 한가위. 가배절.

가위³ 자는 사람이 무서운 꿈 등을 꾸어 놀라는 일. 예 가위(에) 눌리다.

가위바위보 손을 펴서 보를 만들고, 두 손가락을 내어 가위를 만들고, 주먹을 쥐어 바위를 만들어 가위는 보에, 바위는 가위에, 보는 바위에 각각 이기는 놀이.

가을 한 해 네 철의 셋째 철. 입추로부터 입동 전까지. 예 가을은 사색의 계절이다.

가을갈이 가을에 논을 갈아 두는 일. -하다.

가을걷이[-거지] 가을에 익은 곡식을 거두어들이는 일. 예 가을걷이에 바쁜 농촌. 비 추수. 준 갈걷이. -하다.

가을보리 가을에 씨를 뿌리고 이듬해 첫여름에 거두는 보리. 반 봄보리. 준 갈보리.

가을뿌림 가을에 씨를 뿌리는 일.

가을 중 싸대듯 한다〈속〉 일이 바빠서 이리저리 돌아다닌다.

가이없다 끝없다. 한이 없다. ㉠ 가이없는 부모님 은혜. —이.

가인¹(佳人) 용모가 뛰어난 여자.

가인²(歌人) 노래를 잘 부르거나, 잘 짓는 사람. ㉫가객.

가일층(加一層) 한층 더. 더욱더. ㉠가일층 노력하여라.

가입(加入) 조직이나 단체에 들어감. ㉠국제 연합에 가입했다. ㉫가담. ㉰탈퇴. —하다.

가자미 바닷물고기의 하나. 몸이 위아래로 납작하고 두 눈이 오른쪽에 몰리어 붙어 있으며, 주로 바다 밑바닥에 삶.

가작(佳作) ①잘 지은 작품. ②당선 다음 가는 작품.

가장¹ ①제일. ②으뜸. ③첫째. ㉠세계에서 가장 좋은 우리 농산물. ㉫제일.

가장²(家長) ①집안의 어른. 호주. ②가족의 생활을 맡아 하는 사람. ㉠소년 소녀 가장 돕기 바자회. ③'남편'의 높임말.

가:장³(假裝) ①임시로 꾸밈. ②거짓으로 꾸밈. ㉠가장 행렬. —하다.

가:장자리 물건의 둘레. ㉫가. 변두리. ㉰가운데. 복판.

가:재¹ 앞발 둘은 게의 집게발같이 생겼고, 산골 물이나 개울 상류의 바위 틈에 사는 동물.

〔가 재¹〕

가:재²(家財) ①집안의 재물이나 재산. ②집안에서 쓰는 세간.

가재는 게 편이라〈속〉 됨됨이나 형편이 비슷한 것끼리 서로 편이 되어 어울리고 사정을 보아 줌을 이르는 말. ㉫초록은 동색.

가전 제:품 가정용 전기 제품, 즉 냉장고·선풍기·텔레비전·라디오 따위. 가전품.

가절(佳節) 좋은 시절. 좋은 명절. ㉠중추 가절.

가정¹(家庭) ①자기의 집. ②집안 식구가 한데 모여 사는 집.

가:정²(假定) ①임시로 정함. ②사실이 아니거나, 사실인지 아닌지 아직 분명하지 않은 것을 사실인 것처럼 인정함. ㉠가정을 세우다. ㉫가설. —하다.

가정 교:사 남의 집에서 보수를 받고 그 집 아이를 가르치는 사람.

가정 교:육 집안 어른들이 일상 생활이나 가정 환경 등을 통해 자녀에게 주는 영향과 가르침.

가정 법원 가정 문제와 소년 문제를 다루는 법원.

가정부 돈을 받고 남의 집안 살림에 딸린 일을 돌보아 주는 여자.

가정 상비약 가정에서 응급 치료에 쓰기 위하여 평상시에 준비해 두는 약품.

가:제(독 Gaze) 무명실로 성기게 짠 흰 헝겊을 소독한 것으로 외과에서 많이 씀.

가져오다〔가져와서〕 ①'가지고 오다'의 준말. ②어떠한 결과가 되게 하다. ㉠행복을 가져오다.

가족(家族) 부부를 기초로 하여 핏줄로 이어져 한 집안을 이루는 사람들. ㉫식구.

가족 계:획 자녀를 알맞은 정도로 낳아 기르려는 계획.

가족적 ①규모나 범위가 한 가족에 관한 것. ②가족끼리의 사이처럼 친밀한 모양. ㉠가족적인 분위기.

가족 제:도 사회 제도에 따라서 결정되는 가족의 형태. 대가족·소가족 제도 등.

가족 회:의 가족에 관계되는 문제를 의논하기 위한 가족 모임.

가죽 동물의 몸을 싸고 있는 껍질을 이룬 물질. ㉫껍질.

가중(加重) ①더 무거워짐. 더 무겁게 함. ㉠세금이 가중되다. ②죄가 더 무거워짐. 형벌을 더 무겁게 함. ㉠가중 처벌을 받다. ㉣경감. ―하다.

가:증(可憎) 얄밉고 괘씸함. 밉살맞음. ㉠가증스러운 속임수. ―스럽다. ―하다.

가지[1] ①풀이나 나무의 원줄기에서 갈려 나간 부분. ㉣줄기. ②열매로 나물을 만들어 먹는 채소.

가지[2] 사물을 구별하여 헤아릴 때 하는 말. ㉠한 가지. 두 가지. ㉫종류.

가지가지 여러 가지. 여러 종류. ㉠생각도 가지기지다. ㉫가지각색. 각양 각색.

가지각색(―各色) 여러 가지 모양과 여러 가지 빛깔. ㉠봄이면 가지각색의 꽃이 핀다. ㉫가지가지. 각양 각색.

가지다 ①손에 쥐다. ②몸에 지니다. ③마음먹다. ④차지하다. ⑤아이를 배다.

가진 가지고 있는.
갖은 골고루 갖춘. 가지가지의.

가지런하다 여럿의 끝이 고르다. ㉠가지런한 배열. ㉫일매지다. 나란하다. ―히.

가지 많은 나무가 바람 잘 날이 없다〈속〉 자식을 많이 둔 어버이는 근심 끊일 날이 없다.

가지접붙이기 접붙이기의 하나. 대목에 접순이나 접눈을 붙여 나무를 불리는 방법.

가지치기 나무의 가지를 잘라 주는 일. ―하다.

가:짜 옳은 것이 아닌 것. 진짜가 아닌 것. ㉠가짜 참기름. ㉫거짓. ㉣진짜.

가:차없다 조금도 사정을 보아주는 일이 없다. ㉠가차없이 처벌하다. ―이.

가창(歌唱) 노래, 또는 노래를 부르는 일. ㉫창가. ―하다.

가:책(呵責) 꾸짖어 책망함. ㉠양심의 가책을 받다. ―하다.

가축(家畜) 집에서 기르는 짐승. 소·말·돼지·닭·토끼 따위. ㉠가축 병원. ㉣야수.

가축 시:장 여러 가지 가축을 사고 파는 시장.

가출(家出) 집에서 뛰쳐 나옴. ㉠가출한 어린이를 보호하다. 가출 소년. ―하다.

가치(價値) ①값. 값어치. ②어떤 사물이 지니고 있는 의미나 중요성. ㉠가치 있는 일.

가치관 사람이 자신을 포함한 세계나 만물에 대하여 가지는, 평가의 근본적인 태도나 생각. ㉠비슷한 성격인데도 둘의 가치관은 너무 다르다.

가친(家親) 남에게 자기 아버지를 겸손하게 일컫는 말. 가부.

가칠하다 살이 빠져 살갗이 거칠고 윤기가 없다. ㉠손등이 가칠하다. ㉩거칠하다. ㉮까칠하다.

가:칭(假稱) 임시로 이름지어 부름, 또는 그 이름. —하다.

가:타부타(可—否—) 옳다느니 그르다느니. ㉮ 가타부타 말이 없으니 답답하다.

가택(家宅) 살림하는 집.

가토: 기요마사(加藤清正, 1562~1611) 16세기 말의 일본의 무장. 도요토미 히데요시의 부하로서 전쟁에서의 공로가 많으며, 임진왜란·정유재란 때 선봉으로 우리 나라에 쳐들어왔음.

가톨릭(Catholic) =가톨릭교.

가톨릭교(Catholic敎) 그리스도의 정통 교의를 믿는 종교. 천주교.

가파르다[가파르니, 가팔라] 땅이 몹시 비탈지다. ㉮ 가파른 언덕길.

가:표(可票) 찬성표. ㉮ 학급 회의에 가표를 던지다. ㉯부표.

가풍(家風) 한 집안의 풍습.

가하다(加—) ①더하다. ㉯감하다. ②상대에게 어떤 행동의 영향을 입히다. ㉮ 압력을 가하다.

가:학(苛虐) 가혹하게 학대함. —하다.

가:합(可合) 마음에 꼭 맞음. ㉮ 가합한 일을 찾았다. —하다.

가해(加害) 남에게 해를 끼침. ㉮ 가해자. —하다.

가형(家兄) 남 앞에서 '자기의 형'을 일컫는 말. ㉯사백. 사형.

가호(加護) 하늘이나 신이 힘을 베풀어 잘 보호해 줌. ㉮ 신의 가호를 받다. —하다.

가:혹(苛酷) 매우 까다롭고 혹독함. ㉮ 가혹한 처분. ㉯혹심. ㉯관대. —하다. —히.

가화 만:사성(家和萬事成) 집안이 화목하면 다른 모든 일이 다 잘 되어 나간다는 뜻.

가효(佳肴·嘉肴) 맛있는 안주.

가훈(家訓) ①집안 어른들이 자녀들에게 주는 교훈. ②선대부터 그 집안의 도덕적 실천 기준으로 삼아 전해 내려오는 가르침. ㉮ 우리 집의 가훈은 '성실'이다.

가:히(可—) 넉넉히. 옳게. 무던한 정도로. ㉮ 행동을 보고 그의 마음을 가히 짐작할 수 있다.

각[1](角) ①뿔. ②모퉁이. ③두 직선의 끝이 서로 만나는 곳.

각[2](各) ①각각의. 따로따로의. 낱낱의. ㉮ 각 개인. ②여러. 모든.

각가지(各—) 여러 가지. ㉮ 각가지 물건. ㉯갖가지.

각각(各各) 따로따로. 제각기.

각계(各界) 사회의 여러 방면. ㉮ 각계의 저명 인사가 다 모였다.

각계 각층 사회 각 방면의 여러 층. ㉮ 각계 각층의 여론.

각고(刻苦) 고생을 참으며 몹시 애씀. ㉮ 각고의 노력 끝에 얻은 영광. —하다.

각골 난:망(刻骨難忘) 은혜나 고마움이 뼈에 새겨져 잊혀지지 않음.

각광(脚光) ①무대 앞에서 배우의 몸을 비추어 주는 광선. ②사회의 눈을 끄는 일.

각궁(角弓) 쇠뿔이나 양뿔·물소뿔 같은 것으로 장식한 활.

각급(各級) 각각의 급. 여러 급. ㉮ 각급 학교.

각기둥(角—) 밑면은 다각형이고, 옆면의 모양은 직사각형 또는 정사각형으로 된 것.

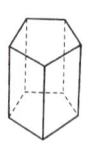

〔각기둥〕

각기병(脚氣病)[-뼝] 다리가 붓고 숨이 가쁘며 몸이 나른하게 되는 병. 비타민 비 원(B_1)의 부족으로 생김.

각다귀 ①모깃과의 곤충. 나무 그늘·숲에서 사는데, 모기보다 좀 크고, 빛은 흑색이며 흰 반점이 있음. 낮에 사람·짐승의 피를 빨아먹고 병원균을 옮김. ②남의 것을 착취하는 악한. ㈀ 각다귀판.

각대(角帶) 지난날, 벼슬아치들의 예복에 두르던 띠를 통틀어 이르는 말. 각띠.

각도(角度) 각의 크기. 㐀 각.

각도기(角度器) 각의 크기를 재는 기구. 분도기.

각력암(角礫岩)[강녀감] 모난 자갈이 많이 들어 있는 역암.

각료(閣僚)[강뇨] 정부의 각부 장관. ㈁ 국무 위원.

각막(角膜)[강-] 눈알 바깥 벽의 앞쪽에 있는 둥근 접시 모양을 한 투명한 막. 안막.

각목(角木)[강-] 네모지게 켜낸 나무.

각박(刻薄) ①성질이 모나고 인정이 없음. ㈀ 각박한 세상 인심을 한탄하다. ②아주 인색함. —하다. —히.

각방면 각각의 방면. 여러 군데. ㈀ 각방면으로 두루 통한 사람.

각별(各別·恪別) ①유다름. 특별함. ㈀ 각별히 주의해라. ②깍듯함. —하다. —히.

각본(脚本) 연극의 꾸밈새·무대의 모양·배우의 대사 등을 적은 글. ㈁ 극본.

각뿔(角-) 바닥면의 모양은 다각형이고, 다른 면은 몇 개의 삼각형으로 이루어진 도형.

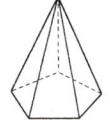
〔각 뿔〕

각뿔대 각뿔을 그 밑면에 평행된 평면으로 잘라 버리고 난 나머지의 입체. 모뿔대.

각상(各床) ①한 사람분씩 따로 차린 음식상. ②각각의 음식상. ㈀ 각상을 받다. ㈁ 겸상. —하다.

각색[1](各色) ①각각의 빛깔. ②여러 가지 종류. ㈀ 각인 각색. ㈁ 각종. 갖가지.

각색[2](脚色) 소설이나 시 따위를 고쳐 각본으로 만드는 일. ㈀ 소설을 각색하다. —하다.

각서(覺書) ①나라끼리의 외교 문서의 한 가지. ㈀ 각서를 교환하다. ②어떠한 일의 이행을 약속하는 뜻으로 적은 글.

각석(刻石) 글자나 그림 따위를 돌에 새김, 또는 그 돌. —하다.

각선미(脚線美) 여자 다리의 곡선에서 느끼는 아름다움.

각설탕(角雪糖) 설탕을 굳게 뭉쳐서 네모 반듯한 정육면체로 만든 것. ㈁ 각사탕.

각섬석(角閃石) 화강암·안산암 따위에 들어 있는 광물로, 흑갈색 또는 녹색의 길쭉한 결정체를 이루며, 쪼갠 단면은 진주 광택이 강함.

각성(覺醒) ① 눈을 떠서 정신을 차림. ②자기의 잘못을 깨달음. ㈀ 잘못에 대해 각성하는 기색이 역력하다. —하다.

각성제 중추 신경을 흥분시켜 잠이 오는 것을 억제하는 약물.

각시 ①어린 계집. 젊은 여자. ②

ㄱ

조그맣게 만든 여자 인형.
각시방(—房) 새색시의 방.
각양(各樣) 여러 가지 모양.
각양 각색(各樣各色) 여러 가지 모양. [예] 각양 각색의 꽃들이 피다. [비] 가지각색. 가지가지.
각오(覺悟) 마음의 준비를 함, 또는 그 준비. [예] 새로운 각오로 공부를 하다. [비] 결심. —하다.
각운(脚韻) 시에서 시구의 끝에 다는 운. [반] 두운.
각인(各人)[가긴] 각각의 사람.
각인 각색(各人各色) 사람마다 각각 다름. [예] 각인 각색의 사람들이 모인 단체라 단결이 어렵다.
각자(各自) 각각의 자기. [예] 다치지 않게 각자 조심하자.
각재(角材) 네모지게 켜낸 재목.
각종(各種) 여러 가지 종류. [예] 각종 상품이 진열되어 있는 백화점. [비] 각색. 갖가지.
각지(各地) ①여러 곳. ②각 지방. [예] 전국 각지의 특산물이 모이다. [비] 각처.
각질(角質) 동물의 몸을 보호하는 비늘·뿔·털·부리·손톱·발톱 따위를 이루고 있는 물질.
각처(各處) 여러 곳. 모든 곳. [예] 세계 각처를 여행하다. [비] 각지.
각축(角逐) 서로 이기려고 맞서서 싸움. 경쟁함. —하다.
각축장 각축을 벌이는 곳. 승부를 겨루는 곳.
각층(各層) 각각의 층. 여러 층.
각하(閣下) 높은 자리에 있는 사람을 존경해서 일컫는 말.
각혈(咯血) 폐결핵 따위로 폐나 기관지·점막 등에서 피를 토함. 객혈. —하다.
각황전(覺皇殿) 전라 남도 구례군 화엄사에 있는 불전. 우리 나라 제일의 목조 건물로 국보 67호임.
각희(脚戲) 씨름. —하다.
간[1] ①짠맛의 정도. [예] 음식은 간이 맞아야 제 맛이 난다. ②짠 조미료를 통틀어 이르는 말.
간:[2](肝) 오장의 하나. 간장.
간[3](間) ①둘의 사이 또는 관계의 뜻을 나타내는 말. [예] 부자간·사제간. ②공간적 또는 시간적 사이의 뜻을 나타내는 말. [예] 지역간·다년간.
간각[1] 사물을 이해하는 힘. 이해력.
간각[2](刊刻) 그림이나 글씨를 새김. —하다.
간:간이(間間—) 가끔. 때때로. 드문드문. 이따금. [예] 어디선지 벌레 소리가 간간이 들려 온다.
간간하다 입맛이 당기면서 약간 짠 듯하다. [예] 찌개 맛이 간간하다. [큰] 건건하다. —히.
간:격(間隔) ①물건과 물건의 사이. ②인간 관계의 멀고 가까운 정도. [예] 사소한 일로 친구 사이에 간격이 생겼다. [비] 틈.
간:결(簡潔) 간단하고 요령이 있음. [예] 간결한 문장. [비] 간단. [반] 복잡. —하다. —히.
간:경변증 간장이 굳어지면서 커지거나 오그라드는 병.
간계(奸計) 나쁜 꾀. 간사한 계략. 간책. 간모. [예] 적의 간계에 빠지다.
간:곡(懇曲) 간절함. [예] 간곡한 부탁. —하다. —히.
간곳없다[—고덥따] 갑자기 자취를 감추어 온데간데가 없다. —이.
간과(看過) ①대강 보아 넘김. ②깊이 관심을 두지 않고 예사로이 보아 내버려 둠. 예너의 잘못을 간과할 수 없다. —하다.

간교(奸巧) 간사한 꾀가 많음. 나쁜 지혜가 많음. 예그는 너구리처럼 간교하다. —스럽다. —하다. —히.

간난(艱難) 몹시 힘들고 어려움. —하다. —히.

간:뇌(肝腦) 간장과 뇌수. 육체와 정신.

간:니 젖니가 빠지고 나는 이.

간:단(簡單) ①쉽고 단순함. ②복잡하지 않음. 예조립이 간단한 장난감. 비간결. 간략. 단순. 반복잡. —하다. —히.

간:단 명료 간단하고 분명함. 예대답은 간단 명료하게 해 주십시오. 준간명. —하다.

간:담(肝膽) ①간과 쓸개. ②속마음.

간담이 내려앉다(떨어지다) 몹시 놀람의 비유. 예깜짝 놀라 간담이 내려앉을 뻔했다.

간담이 서늘하다 몹시 놀라서 섬뜩해지다.

간:담회(懇談會) 여럿이 정답게 이야기하는 모임.

간데없다[—업따] ①어디 갔는지 모르겠다. ②없어졌다. 예금세 있던 시계가 간데없다. —이.

간데족족 가는 곳마다. 예간데족족 대환영이다.

간:도(間島) 만주의 동남부 두만강 일대의 지역을 이르는 말로 북간도와 서간도를 통틀어 이름.

간드러지다 예쁘고 맵시 있게 가늘고 부드럽다. 큰건드러지다.

간들간들 ①작은 물체가 조금 가볍게 흔들거리는 모양. ②바람이 보드랍고 가볍게 부는 모양. ③경망스럽게 자꾸 움직이는 모양. 큰건들건들. —하다.

간들거리다 ①바람이 부드럽게 불다. ②간드러지게 자꾸 움직이다. 예간들거리지 좀 마라. ③물체가 이리저리 자꾸 흔들리다.

간디(Gandhi, 1869~1948) 인도의 민족 운동 지도자. 영국의 식민지 정책에 반대하여 비폭력·불복종 운동을 선언하고, 인도의 독립과 해방을 위해 힘썼음.

간:디스토마(肝distoma) 몸길이 6~20mm의 긴 나뭇잎 모양으로 사람·개·고양이 등의 간에 기생하며 유충은 우렁이·민물고기 따위의 중간 숙주에 기생함. 본간장 디스토마.

간:략(簡略)[갈—] 간단하고 짤막함. 예요점만 간략하게 말해 보자. 비간단. —하다. —히.

간만(干滿) 썰물과 밀물. 간조와 만조. 예간만의 차를 관찰하다.

간:명(簡明) '간단 명료'의 준말. —하다. —히.

간밤 지난밤. 비어젯밤.

간병(看病) 환자의 곁에 있어 보살피며 뒷바라지를 해 주는 일. 비병구완. —하다.

간부(幹部) 어떤 모임이나 단체의 중심이 되는 사람들.

간사스럽다(奸詐—)[간사스러우니, 간사스러워/간사스러이] 남을 속이는 태도가 보이다. 예간사스럽게 웃다.

간사하다(奸邪—) ①마음이 온당하지 못하다. ②마음이 바르지 않다. ③거짓이 많다. ④발라 맞추려는 태도가 있다. —히.

간:색(間色) 삼원색 중 두 가지 색을 똑같은 분량으로 혼합하면

나타나는 색. 빤원색.
간석기 돌을 갈아 만든 기구.
간석지(干潟地) 바닷물이 드나드는 개펄.
간선(幹線) 도로·철도·전선 등의 중심이 되는 선. 예간선 수로. 비본선. 빤지선.
간선 도:로 줄기가 되는 중요한 도로.
간:선제(間選制) '간접 선거 제도'의 준말. 간접 선거에 의하여 피선거인을 뽑는 제도. 빤직선제.
간섭(干涉) 남의 일에 무리하게 참견함. 예내 일에 간섭하지 마시오. 비참견. 빤방임. 불간섭. —하다.
간성(干城) '방패와 성벽'이라는 뜻으로 나라를 지키는 군인을 뜻하는 말. 예국군은 나라의 간성이다.
간:소(簡素) 순수하고 꾸밈이 없음. 단조롭고 소박함. 예간소한 생활. 비검소. —하다. —히.
간:소화 간략하게 함. 예사무 절차를 간소화하다. —하다.
간수¹ 잘 거두어 보호함. 예물건을 잘 간수해라. —하다.
간수²(看守) ①보살피고 지킴. ②감옥에서 죄수를 지키고 또 감독하는 사람. —하다.
간:식(間食) 세 끼의 식사 사이에 과자나 과일 따위를 먹는 것, 또는 그 음식. 군음식. —하다.
간신(奸臣·姦臣) 마음이 바르지 못한 나쁜 신하. 빤충신.
간신배 간사한 신하들의 무리.
간신히(艱辛—) 겨우. 억지로. 가까스로. 예좁은 곳에서 간신히 빠져 나왔다. 빤수월히.
간악(奸惡) 간사하고 악독함. 예

간악한 행동. —스럽다. —하다. —히.
간:암(肝癌) 간장에 생기는 암을 통틀어 이르는 말.
간에 가 붙고 염통에 가 붙는다 〈속〉 자기에게 이로우면 인격·체면을 돌보지 않고 아무에게나 아첨을 한다.
간에 기별도 안 간다〈속〉 음식이 적어 먹은 것 같지 않다.
간:염(肝炎) 간장에 염증을 일으키는 여러 종류의 병을 통틀어 이르는 말. 본간장염.
간:유(肝油) 대구·명태·상어 따위의 간에서 짜낸 기름으로, 비타민 에이(A)가 많이 들어 있음.
간:유리(—琉璃)[—뉴리] 유리의 한쪽 면을 모래로 갈아 물건이 비쳐 보이지 않도록 한 유리.
간:의(簡儀) 조선 세종 17년(1435)에 이천·장영실 등이 만든 기계로 하늘의 별자리와 기상 현상을 관측했음.
간:이(簡易) 간단하고 쉬움. 예간이 휴게실. 빤번잡. —하다.
간:이식 빵·통조림·라면 등과 같이 간편하게 먹을 수 있는 식품, 또는 그런 식사.
간:이 식당 간편한 시설에서 간단한 음식을 파는 식당.
간:이역 설비를 전혀 아니하거나, 간단하게 해 놓고 열차가 정거만 하도록 만들어 놓은 역. 비간이 정거장.
간:이 진료소[가니질—] 간단한 진찰과 치료를 해 주는 곳.
간이 콩알만해지다 겁이 나서 몹시 두려워지다.
간:이화 복잡한 것을 쉽고 간단하게 함. 쉽고 간단해짐. —하다.

간:작[間作] ①사이짓기. ②소작농에게 소작권을 얻어 하는 농사.

간잡이그림 → 칸잡이그림.

간장¹(―醬) 잘 띄운 메주에 소금물을 넣어 만든, 음식의 간을 맞추는 액체. 준장.

간:장²(肝腸) ①간장과 창자. ②애가 타서 녹을 듯한 마음. 예 죽은 아들을 생각하는 어머니의 간장은 녹는 듯이 아팠다.

간:장³(肝臟) 오장의 하나로, 뱃속의 오른편 위쪽에 있는 소화 기관. 쓸개즙을 만들고, 해독 작용을 함. 간.

간:장염[―념] 간장에 염증이 생겨 일어나는 질병을 통틀어 일컫는 말. 준간염.

간:절(懇切) 일이 이루어지기를 대단히 바람. 예 남북 통일은 우리의 간절한 소원이다. 비간곡. 절실. ―하다. ―히.

간:접(間接) 바로 통하지 아니하고 중간에 매개를 통하여 연락하는 관계. 예 간접 경험. 반직접.

간:접 선:거 선거인이 선출한 선서 위원에 의한 선거. 미국의 대통령 선거 따위가 이에 속함. 반직접 선거. ―하다.

간:접세 상품에 대한 세금을 만들거나 파는 사람에게 내게 하여, 간접적으로 사는 사람에게 부담시키는 국세. 주세·물품세 따위. 반직접세.

간:접적 직접이 아니고 간접의 방식인 모양. 예 올림픽은 간접적 파급 효과가 크다. 반직접적.

간:접 조:명 빛을 천장이나 벽에 보내어 반사한 빛을 이용하여 밝히는 방법. 반직접 조명.

간:접 침략[―냑] 내란을 일으키게 하거나, 간첩을 보내어 사회 질서·민심 등을 뒤흔들어 국가를 뒤엎으려는 행위. 반직접 침략.

간조(干潮) 썰물로 해면의 높이가 가장 낮아진 상태. 반만조.

간주(看做) 그렇다고 침. 그런 양으로 보아 둠. 예 아직까지 경기장에 나오지 않았으니 기권으로 간주하겠다. ―하다.

간:주곡(間奏曲) 극 또는 악극 중간에 연주하는 짧은 음악.

간증(干證) ①지난날, 범죄에 관련된 증언을 뜻하던 말. ②그리스도교에서 지은 죄를 자백하고 믿음을 고백하는 일. ―하다.

간지(干支) 천간과 지지. 즉 '갑을병정……'의 십간과 '자축인묘……'의 십이지를 이르는 말.

간지럽다〔간지러우니, 간지러워〕 ①무엇이 살갗에 닿아 가볍게 문지를 때 참을 수 없이 자릿자릿하게 느껴지다. 예 귓속이 간지럽다. ②부끄럽다. 예 낯간지럽다.

간직하다 잘 간수하여 두다. 예 소중히 간직하다. 비간수하다.

간:질(癎疾) 갑자기 경련을 일으키거나 정신을 잃는 등의 증상을 일으키는 병. 눈을 뒤집고 까무러치며 게거품을 뿜음. 비지랄병.

간척(干拓) 바다·늪 등을 막고, 물을 빼어 농토나 뭍으로 만드는 일. ―하다.

간척지 간척을 하여 이룬 땅.

간:첩(間諜) 서로 맞서고 있는 나라의 사정을 알아내거나, 자기 나라 비밀을 적에게 알리는 사람. 스파이·첩자라고도 함. 예 무장 간첩.

간:첩선 간첩들이 바다를 통해 침입하거나 적국의 내정·동정을 탐

지하여 본국에 알리기 위해 사용하는 배.

간:청(懇請) 간곡하게 청함. 예한 번만 용서해 달라고 간청하였다. 비애원. —하다.

간추리다 ①흐트러진 것을 가지런히 정돈하다. ②중요한 점만 골라서 간략하게 추리다. 예요점을 간추리다.

간:친(懇親) 다정스럽고 친하게 사귐. —스럽다. —하다.

간:택(揀擇) ①분간하여 고름. ②임금·왕자·왕녀와 결혼할 사람을 고르는 일. 예왕비를 간택하다. —하다.

간파(看破) 겉으로 보아서 속뜻을 확실히 알아냄. 예그의 속셈을 간파하다. —하다.

간판(看板) ①가게 이름, 상품 목록 등을 기록하여 달아 놓은 패. ②겉으로 나타난 것. 곧, 졸업한 학교, 경력 따위. 예그는 간판은 좋은데 불성실하다.

간:편(簡便) 간단하고 편리함. 예간편한 옷차림. 비간단. 단순. 반번잡. —하다. —히.

간:하다(諫—) ①어른이나 임금께 잘못을 고치도록 말하다. 예목숨을 걸고 임금께 간하는 충신. ②충고하다.

간행(刊行) 신문·잡지 따위를 박아서 냄. 예간행물. 간행본. 비출판. —하다.

간:헐(間歇) 그쳤다 이어졌다 함. 쉬었다 일어났다 함. 예나쁜 소문이 간헐적으로 돌았다. —하다.

간:헐 온천 일정한 기간을 두고 주기적으로 더운물이나 수증기가 솟아 나오는 온천. 준간헐천.

간호(看護) 병자를 돌보아 줌. 예환자를 간호하다. 비간병. 구완. —하다.

간호병 군대에서 군의관을 도와 병자나 부상자를 보살피는 군인.

간호사 의사를 돕고 병자를 보살펴 주는 사람.

간호원 → 간호사.

간호학 간호에 관한 이론이나 실기를 연구하는 학문.

간:혹(間或) 이따금. 어쩌다가. 예간혹 생각이 난다. 비가끔. 간간이. 혹간. 반항상. 늘.

간힘 괴로움을 억지로 참아 이겨 내려고 애쓰는 힘. 예안간힘.

갇히다[가치—] 가둠을 당하다. 예죄를 짓고 옥에 갇혔다.

갈:가리 '가리가리'의 준말.

갈가마귀 까마귓과의 새. 까마귀보다 약간 작으며, 빛은 검고 목·가슴·배는 힘. 중국 동북 지방이나 시베리아에 살며 늦가을부터 봄까지 우리 나라에서 겨울을 남.

갈개발 하늘로 날리는 연의 아래 양쪽 귀퉁이에 붙이는 쐐기 모양의 긴 종이 조각.

갈겨쓰다 글씨를 아무렇게나 마구 쓰다. 예글씨를 갈겨쓰지 말고 바르게 써라.

갈고리 끝이 뾰족하고 구부러져서 물건을 끌어 잡아당기는 데 쓰는 물건. 본갈고랑이.

〔갈고리〕

갈근(葛根) 칡뿌리.

갈:기 말·사자 따위 짐승의 목덜미에 난 긴 털.

갈기갈기 여러 갈래로 찢어진 모양. ㉠커튼이 낡아서 갈기갈기 찢어졌다. ㈘가리가리.

> **갈기갈기** 여러 가닥으로 찢어진 모양.
> **발기발기** 속엣것이 드러나게 발리어 연이어 찢는 모양.

갈기다 ①후려치다. 급히 때리다. ㉠뺨을 한 차례 갈기다. ②글씨를 아무렇게나 마구 쓰다. ㉠갈겨쓴 글씨라 알아보기가 힘들다. ③총포 따위를 냅다 쏘다. ㉠적을 향하여 기관총을 갈기다.

갈:다 ①논밭을 쟁기로 파 뒤집다. 농사짓다. ㈘일구다. ②칼날을 세우다. ㉠칼을 갈다. ③맷돌로 가루를 만들다. ㉠콩을 갈다. ④문질러 광채를 내다. ㉠보석은 잘 갈아야 가치가 커진다. ⑤바꾸다. ㉠건전지를 갈다. ⑥노력하여 더욱 훌륭해지다. ㉠갈고 닦은 숨은 실력.

갈대[-때] 강가 축축한 곳에 나는 대나무 같은 풀. ㉠인간은 생각하는 갈대이다.

갈등(葛藤)[-뜽] ①서로 다툼. ②마음이 맞지 않음. 사이가 좋지 못함. ㉠고부간의 갈등. ③일이 서로 얽히어 풀리지 않음.

갈라서다 ①둘 이상으로 갈려서 맞서다. ②서로의 관계를 끊고 각각 따로 되다. 하나이던 것이 둘 이상으로 나뉘어 독립되다. ㉠그 부부는 완전히 갈라섰다.

갈라지다 ①서로의 사이가 멀어지다. ②둘 또는 여럿으로 나누어지다. ㈘뭉쳐지다.

갈래 둘 이상으로 나누어진 부분. ㉠세 갈래로 갈라진 길.

갈래갈래 ①갈래마다. ②여러 가닥으로.

갈래꽃 꽃잎이 서로 떨어져 있는 꽃. ㈘통꽃.

갈려서 나뉘어서. ㉠자연 시간에 분단별로 갈려서 실험을 했다.

갈리다¹ ①몇 갈래로 가름을 당하다. ㉠표가 갈리다. ②가르는 형편이 생기다. ㉠의견이 갈리다.

갈리다² ①문질러 갈게 하다. ②문질러 갊을 당하다. ㉠칼이 잘 갈리다.

갈리다³ ①새것으로 갈아대게 하다. ②자리가 바뀌다. ㉠사장이 갈리다.

갈릴레이 (Galilei, 1564~1642) 이탈리아의 물리학자·천문학자. 물체의 낙하 법칙을 발견하였으며, 망원경을 만들어 목성의 위성 및 태양의 흑점을 발견했음. 또한, 지구가 태양의 주위를 돌고 있다는 코페르니쿠스의 지동설을 주장했음.

갈릴리 (Galilee) 팔레스타인의 북부 지방. 갈릴리 호수를 중심으로 하여 서부에 있는 지역.

갈림길[-낄] 다른 곳으로 갈라져 가는 길. ㉠죽느냐, 사느냐 히는 갈림길.

갈림목 여러 갈래로 갈린 길목.

갈마들다〔갈마드니〕 서로서로 대신하여 번갈아들다. ㉠기쁨과 슬픔이 갈마들었다.

갈망(渴望) 목마른 사람이 물을 찾듯이 간절히 바람. ㉠조국 통일을 갈망하다. ㈘열망. -하다.

갈매기 갈매깃과의 바닷물새. 크기는 비둘기보다 좀 크고 털빛은 잿빛이며, 물갈퀴가 있어 헤엄을 잘 침. ㈘백구.

갈모 기름종이로 만들어, 비가 올 때 갓 위에 덮어쓰는 것.

갈모 형제라〈속〉 아우가 형보다 잘났다는 뜻.

갈무리 ①물건을 잘 간수함. ㉠지갑을 잘 갈무리해라. ②마무리. —하다.

갈:묻이[-무지] 논밭을 갈아엎어 묵은 끄트러기 따위가 묻히게 하는 일. —하다.

갈비 ①등에서 가슴까지 둘러싼 뼈로, 사람의 갈빗대는 24개. ㉥늑골. ②소의 갈비뼈에 붙은 살을 요리의 재료로써 이르는 말.

갈비뼈 가슴의 양 옆구리에서 만져지는 뼈. 활처럼 휘어 앞은 가슴뼈에, 뒤는 등뼈에 붙어서 가슴통을 이루어 내장을 보호함. 좌우 열두 쌍인데, 아래 두 쌍은 등뼈에 붙지 않음. ㉥갈빗대.

갈비탕 쇠갈비를 도막 내어 넣고 끓인 국.

갈비휘다 자기 힘에 겹게 짐이 무겁다.

갈색(褐色)[-쌕] 거무스름한 주황빛.

갈색 조류 다시마·미역 따위와 같이 엽록소 외에 갈색의 색소를 함유하여 녹갈색 또는 담갈색을 띤 바닷말. 갈조 식물. 갈조류.

갈수(渴水)[-쑤] 가뭄이 계속되어 물이 마름. ㉥풍수.

갈수록[-쑤록] 더욱더욱. 점점. ㉠가면 갈수록 입시 경쟁은 치열해진다.

갈수록 태산이다〈속〉 어려운 일을 당하면 당할수록 점점 더 어려운 일이 닥쳐온다.

갈숲[-쑵] 가을에 풀이나 나무, 덩굴 따위가 한데 엉긴 곳. ㉢가을 수풀.

갈아붙이다[가라부치-] 새것을 갈아대어 붙이다. ㉠반창고를 갈아붙이다.

갈아엎다 논밭 따위를 갈아서 흙을 뒤집어 엎어 놓다. ㉠쟁기로 논을 갈아엎다.

갈아입다 다른 옷으로 바꾸어 입다. ㉠옷을 갈아입다.

갈음 본디것 대신에 다른 것으로 바꿈. ㉠새 책상으로 갈음하였다. ㉥대체. —하다.

갈이 논밭을 가는 일. ㉠밭갈이.

갈:잎[-립] ①'가랑잎'의 준말. ②'떡갈잎'의 준말. ③갈대의 잎.

갈증(渴症)[-쯩] 목이 몹시 말라서 자꾸 물을 찾는 증세. ㉠갈증이 나다.

갈채(喝采) 기뻐서 크게 소리지르며 칭찬함. ㉠박수 갈채를 받았다. —하다.

갈취(喝取) 으름장을 놓아 억지로 빼앗음. ㉠노동자들의 월급을 갈취한 악덕 기업주가 고발되었다. —하다.

갈치 모양이 긴 칼 같고 비늘이 없는, 바다에 사는 물고기.

갈치가 갈치 꼬리 문다〈속〉 친근한 사이에 서로 모함한다.

갈퀴 낙엽·곡식 따위를 긁어모으는 데 쓰는 대나 철로 끝을 구부리어 만든 연모.

[갈 퀴]

갈탄(褐炭) 갈색의 질이 낮은 석탄. 수분이 많고 화력이 적은 유연탄.

갈팡질팡 ①이리저리 헤매는 모양. ②방향을 정하지 않고 이리저리 분주히 다니는 모양. ㉠어디로 갈지 몰라 갈팡질팡하며 헤매고 있다. 비 허둥지둥. —하다.

갈피 ①포개어 놓은 물건의 틈. ㉠책갈피. ②복잡한 일의 갈리어진 곳. ㉠갈피를 못 잡다.

갉다 [각따] 날카로운 끝으로 잘게 문지르다. 큰 긁다.

갉아대다 날카로운 긴 끝으로 자꾸 문지르다. 큰 긁어대다.

갉아먹다 ①이로 조금씩 갉아서 먹다. ㉠쥐들이 기둥을 갉아먹어서 큰일이다. ②남의 돈이나 물건을 나쁜 방법으로 빼앗아 가다. 큰 긁어먹다.

감:¹ ①감나무의 열매. ②물건을 만드는 재료. ㉠양복감.

감:²(感) 느낌. 생각. ㉠너무 늦은 감이 있다.

감:가 상각비(減價償却費) [감까—] 토지를 제외한 기계 따위의 재산 가치가, 사용함에 따라 줄어드는 것을 돈으로 나타낸 비용.

감:각(感覺) 눈으로 보거나, 귀로 듣거나, 코로 맡거나, 혀로 맛보거나, 살갗이 무엇에 닿아서 느끼는 의식. ㉠예술적 감각이 뛰어난 사람. —하다.

감:각 기관 자극을 받아 의식을 느끼게 하는 신체 기관. 즉, 눈·귀·코·혀·살갗 따위. ㉠동물들은 제각기 필요에 의해서 감각 기관이 발달해 있다. 준 감각기.

감:각 온도 사람이 실제로 느끼는 온도.

감감무소식 소식이 아주 없음. ㉠떠난 후로 감감무소식이다.

감감하다 ①아주 멀어서 아득하다. ②소식이 없다. ㉠그 친구 떠난 지 2년이 되도록 소식이 감감하다. 센 깜깜하다. 거 캄캄하다. —히.

감:개(感慨) 마음 속 깊이 사무치게 느낌. ㉠고향에 돌아오니 감개가 새롭다. —하다.

감:개 무량(感慨無量) 마음에 사무치는 느낌이 한이 없음. ㉠고국에 돌아오니 감개 무량하다. —하다.

감:격(感激) ①몹시 고맙게 느낌. ②크게 느끼어 마음이 흔들림. ㉠선생님의 이야기를 듣고 우리는 모두 감격했다. 비 감동. 감탄. —스럽다. —하다.

감격에 넘치다 대단히 감격하다. ㉠해방 소식을 듣고 감격에 넘친 군중.

감:광(感光) 물질이 빛을 받아 화학적 변화를 일으키는 일. ㉠필름이 감광되다. —하다.

감:광지 사진을 뽑을 때에 쓰는, 빛을 받으면 변하는 종이.

감귤 '귤'과 '밀감'을 아울러 이르는 말.

감금(監禁) 가두어 자유를 빼앗고 감시함. ㉠이유 없이 사람들을 감금하다. —하다.

감:기(感氣) 추워서 오한·두통이 나는 병. 비 고뿔.

감기다¹ ①감게 하다. ②감아지다. ㉠치마가 다리에 감기다. 반 풀리다.

감기다² 눈이 저절로 감아지다. 졸음이 오다. ㉠눈이 저절로 감길 만큼 졸리다.

감:나무 감나뭇과의 갈잎 넓은잎 큰키나무. 초여름에 담황색 꽃이 피며, 익은 과실은 붉고 맛이 닮.

ㄱ

나무는 가구 등을 만드는 데 씀.

감:다[—따] ①물로 머리나 몸을 씻다. [예] 창포물에 머리를 감는 아낙네들. ②둘러 가며 친친 말다. [예] 손가락에 실을 감다. [반] 풀다. ③눈을 닫다. [예] 꼴도 보기 싫어 눈을 감아 버렸다. [반] 뜨다.

감당(堪當) 당해 냄. 견디어 냄. [예] 내 힘으로 감당해 낼 수가 없다. [비] 감내. —하다.

감독(監督) ①보살피어 거느리는 일을 맡아 보는 사람. ②보살피어 잘못이 없도록 시키고 부리고 누르는 일. [예] 공사를 감독하다. [비] 감시. [반] 방임. —하다.

감:돌다〔감도니, 감돌아서〕 빙빙 감아 돌다. [예] 그 방은 따뜻한 기운이 감돈다.

감:동(感動) 무엇에 느끼어 마음이 움직임. [예] 그 소녀는 영화를 보고 감동해서 울었다. [비] 감격. —하다.

감:량(減量)[—냥] 분량이나 무게가 줆. [예] 체중 감량. —하다.

감로(甘露) 옛날에 좋은 일이 있으면 내린다는 이슬. 이것을 먹으면 오래 산다고 함.

감로수 ①설탕을 타서 끓인 물. ②맑고 맛이 좋은 물. [준] 감로.

감리교(監理教)[—니교] 그리스도교의 한 교파. 18세기 초 영국에서 창시되었음.

감:면(減免) 형벌이나 세금 따위를 적게 해 주거나 면제함. [예] 세금을 감면하다. —하다.

감:명(感銘) 깊이 느끼어 마음에 새김. [예] 선생님의 교훈적인 이야기에 감명을 받았다. —하다.

감미(甘味) 단맛. 맛이 닮.

감미롭다〔감미로우니, 감미로워/감미로이〕 ①달콤한 느낌이 있다. [예] 감미로운 음악. ②맛이 달콤하다. [예] 감미로운 음식.

감방(監房) 죄수를 가두어 두는 방. [예] 감방에 갇히다.

감별(鑑別) 물건의 종류나 진짜와 가짜를 살펴 가려 냄. [예] 병아리의 암수를 감별하다. —하다.

감:복(感服) ①마음에 깊이 느끼어 따름. ②깊이 느끼어 칭찬함. ③탄복함. [예] 부모를 섬기는 지극한 정성에 감복했다. —하다.

감:봉(減俸) 봉급의 액수를 줄임. [예] 감봉 처분을 받다. [반] 가봉. 증봉. —하다.

감:빛[—삗] 익은 감과 같은 빛.

감:사[1](感謝) ①고마움. ②고맙게 여김. [예] 국군 용사들에게 감사를 드리자. [비] 사례. [반] 원망. —하다. —히.

감사[2](監司) 지난날, 도의 행정을 맡아 보던 '관찰사'의 다른 이름. [예] 경기 감사.

감사[3](監査) 잘 하는지를 살펴보고 감독함. [예] 국정 감사. 회계 감사. —하다.

감사 덕분에 비장 나리 호사한다 〈속〉 남의 덕에 호사한다.

감사원 국가의 세금이 바르게 걷히고 올바르게 쓰였는가를 알아보고, 공무원들의 직무에 대한 감사를 하는 정부의 기관.

감:사패 감사하는 뜻을 글로 나타낸 패.

감:상[1](感想) 느낌. 느낀 생각. [예] 이 글을 읽고 너의 감상을 말해 보아라.

감:상[2](感傷) 슬프게 느끼어 마음 아파함. [예] 감상에 젖다. —하다.

감상[3](鑑賞) 문학·미술·음악 따

위의 예술 작품을 읽거나 보거나 듣고, 그 좋고 잘된 데를 맛보고 기림. [예] 고전 음악을 감상하다. —하다.

감:상문 느낌을 적은 글.

감색(紺色) 검은빛을 띤 남빛. 짙은 남빛.

감:소(減少) ①줄어서 적어짐. [예] 인구가 감소되다. ②덜어서 적게 함. [반] 증가. —하다.

감:속(減速) 속도를 줄임. 속도가 줄어듦. [반] 가속. —하다.

감수[1](甘受) 질책·고통·모욕 따위를 군말 없이 달게 받음. [예] 모든 벌을 감수하겠다. —하다.

감:수[2](減收) 수확이나 수입이 줄어듦. —하다.

감:수[3](減壽) 수명이 줄어듦. [예] 10년 감수했다. —하다.

감:수[4](減數) ①뺄셈에서 빼내려는 수. ②수를 줄임. —하다.

감수[5](監修) 책의 저술이나 편찬을 지도하고 감독함. [예] 감수자. —하다.

감:수성(感受性)[—썽] 외부의 자극을 받아 느낌을 일으키는 성질, 또는 그러한 능력. [예] 감수성이 예민하다.

감시(監視) 주의하여 봄. 보고 지킴. 단속함. [예] 포로를 감시하다. [비] 감독. —하다.

감시원 감시하는 사람.

감실감실 어떤 물체가 먼 곳에서 어렴풋이 자꾸 움직이는 모양. [큰] 검실검실. —하다.

감:싸다 ①휘감아 싸다. ②흉이나 약점을 덮어 주다. [예] 허물을 감싸 주는 친구.

감안(勘案) 아울러 생각함. [예] 가정 형편을 감안하다. —하다.

감언(甘言) 듣기 좋게 하는 말.

감언 이:설(甘言利說) 남의 비위에 맞도록 듣기 좋은 말과 이로운 조건만을 내세워 꾀는 말. [예] 감언 이설에 속아 넘어가다.

감:염(感染) 병이나 못된 풍습이 옮아서 물이 듦. [예] 세균에 감염되다. —하다.

감:염률[가몀뉼] 환자의 병균이 다른 사람에게 전염되는 비율.

감영(監營) 조선 시대에 각 도의 관찰사가 나라 일을 보던 관아. [예] 경상 감영.

감옥(監獄) 죄인을 가두어 두는 곳. [비] 옥.

감옥살이 ①감옥(교도소)에 갇히어 지내는 생활. ②'자유를 빼앗긴 생활'을 빗대어 이르는 말. [준] 옥살이. —하다.

감:원(減員) 사람 수를 줄임. [예] 사무 직원을 감원하다. [반] 증원. —하다.

감은사(感恩寺) 신라의 삼국 통일 직후 신문왕 때 문무왕의 명복을 빌기 위하여 경상 북도 경주시에 세웠던 절. 지금은 없어짐.

감:읍(感泣) 감동하여 욺. [예] 은혜에 감읍하다. —하다.

감자 가짓과의 여러해살이풀. 줄기 높이는 60~100cm. 초여름에 흰빛 또는 자줏빛 꽃이 핌. 땅 속의 덩이줄기는 녹말이 많아 식용이나 가공용으로 쓰임.

감장 강아지로 돼지 만든다〈속〉 비슷한 것으로 진짜를 가장해서 남을 속이려 한다.

감:전(感電) 전기가 몸에 통하여 충격을 받음. —하다.

감:점(減點)[—쩜] 점수를 줄임, 또는 그 점수. [예] 경기에서 반칙

을 하여 감점을 받았다. —하다.

감:정[1](感情) 기쁨·슬픔·놀람·성남 따위를 느끼는 마음. [예] 자기 감정을 숨기다. [비] 기분.

감정[2](鑑定) 좋고 나쁨을 가려 결정함. [예] 보석 반지가 진짜인지 감정하다. —하다.

감정을 해치다 남을 불쾌한 기분이 되게 만들다. [예] 사소한 다툼으로 서로 감정을 해치다.

감주(甘酒) 단술.

감:지(感知) 느끼어 앎. [예] 태풍이 불어 올 것을 감지하다. —하다.

감:지덕지(感之德之) 대단히 고맙게 여기는 마음. [예] 조그만 도움에도 감지덕지하다. —하다.

감쪽같다 꾸미거나 고친 표가 나타나지 아니하다. [예] 감쪽같이 도망치다. —이.

감찰(監察) ①감시하여 살핌. ②공무원의 잘못에 관한 조사와 정보 수집·고발 등을 내용으로 하는 정부 감사 기관의 일. —하다.

감찰관 감찰의 임무를 맡은 관리.

감:천(感天) 지극한 정성에 하늘이 느끼어 감동함. [예] 지성이면 감천이다. —하다.

감초(甘草) ①콩과의 여러해살이풀. 한약의 재료로 쓰임. 줄기 높이는 1m 가량이며, 뿌리가 땅 속 깊이 길게 뻗는데, 빛깔이 누르고 단맛이 있음. ②'어떤 일에나 빠지지 않고 한몫 끼는 사람'을 비유하는 말. [예] 약방의 감초.

감:촉(感觸) 살갗에 닿거나 만질 때의 느낌. —하다.

감추다 ①드러내지 아니하다. 숨기다. [예] 언니의 불합격 소식을 들으신 아버지는 실망의 빛을 감추지 못하셨다. [비] 가리다. [반] 드러내다. ②남에게 알리지 아니하다. 비밀히 하다. ③파묻다.

감:축(減縮) 덜어서 줄임. [예] 예산 감축. [비] 축감. —하다.

감:치다 두 헝겊의 가장자리를 마주 대고 실로 감아 꿰매다.

감:칠맛 ①음식이 입에 당기는 맛. [예] 감칠맛이 나는 김치. ②어떤 일이나 물건이 사람의 마음을 끄는 힘. [예] 감칠맛 있는 문장.

감:침질 바늘로 감치는 일. 단을 접어 넣고 꿰맬 때 쓰는 방법. —하다.

감:탄(感歎) 마음에 감동하여 칭찬함. [예] 영옥이의 고운 노랫소리에는 감탄하지 않는 사람이 없다. [비] 감격. 탄복. 경탄. —하다.

감:탄문 큰 느낌을 나타내는 글. '아, 참으로 기쁘구나'·'달도 참 밝구나' 따위의 문장.

감:탄사 무엇에 대한 느낌이나 놀람을 소리내는 낱말. 곧, '아아'·'아차'·'어어' 따위.

감탄하여 마지 않았다 어떤 일에 대단히 감탄하였다.

감:퇴(減退) 줄어져 약해짐. [예] 기력이 감퇴하다. [반] 증진. —하다.

감투[1] ①말총으로 엮어 만든 우리나라의 고유한 모자의 한 가지. ② 벼슬. [예] 감투를 썼다.

감:투[2](敢鬪) 운동 경기나 전투에서, 과감하게 싸움. [예] 감투 정신. 감투상. —하다.

감표(監票) 투표 및 개표를 살펴보고 지켜 봄. [예] 감표 위원. —하다.

감:하다(減—) ①줄이다. [예] 숙제를 감해 주다. ②덜다. ③적게 하다. ④빼다. [예] 3에서 2를 감하면 1이다.

감하후 중국 고사에 나오는 사람. 중국의 철학자 장자가 감하후에게 곡식을 꾸러 갔다고 함.

감:행(敢行) 용감하게 함. 예그에게는 어려운 일이라도 감행하는 기개가 있다. 비결행. —하다.

감호(監護) ①감독하고 보호함. ②'보호 감호'·'치료 감호'의 준말. —하다.

감:화(感化) 좋은 영향을 받아 감동되어 마음이 변화함. 예나는 위인의 전기를 읽고 감화를 받았다. —하다.

감:화 교:육 불량한 소년·소녀를 특별한 시설에 수용하여 감화시키는 보호 교육.

감:회(感懷) 마음에 느낀 생각과 회포. 예감회가 새롭다.

감:흥(感興) 마음에 깊이 감동되어 일어나는 흥취. 예시적 감흥이 일다.

감:히(敢—) ①송구함을 무릅쓰고. ②두려움을 무릅쓰고. 두려움 없이. 예누구 앞이라고 감히 그런 말을 하느냐?

갑¹(甲) ①차례의 첫째. ②십간의 첫째. 등급의 제1위. ③둘 이상의 사물이 있을 때, 그 하나의 이름 대신에 쓰는 말. 예영수를 '갑'이라 이르고 영호를 '을'이라 부르기로 한다.

갑²(匣) 작은 상자. 예담뱃갑.

갑각(甲殼) 게나 새우 따위의 단단한 껍데기.

갑갑하다 ①일의 결과를 몰라 애가 타다. ②마음이 후련하지 아니하다. 예집 안에만 있으니 갑갑하다. ③언행이 민첩하지 않다. ④트이지 않아 불쾌하다. 예사방이 막혀 있어 갑갑하다. 비답답하다. 판시원하다. —히.

갑골(甲骨) 거북의 등딱지와 짐승의 뼈대.

갑골 문자[—짜] 거북의 등딱지나 짐승의 뼈에 새긴 옛 글자. 고대 중국의 상형 문자·은허 문자 따위.

갑곶진(甲串陣) 인천 광역시 강화도에서 김포로 들어오는 어귀에 있었던 옛 나루로 군대의 주둔지였음.

갑근세(甲勤稅) 근로의 대가로 받는 소득에 대하여 징수하는 세금. 본갑종 근로 소득세.

갑문(閘門) 운하나 방수로 등에서 선박을 통과시키기 위하여 수면의 높낮이를 조절하는 장치.

갑문항 갑문 시설이 되어 있는 항구. 인천항이 이에 속함.

갑부(甲富) 첫째 가는 부자. 예그 사람은 장안의 갑부다.

갑사(甲紗)[—싸] 품질이 좋고 얇으며 성긴 비단.

갑사 댕기(甲紗—) 갑사 비단에 물감을 들인, 여자들이 머리에 드리거나 매는 끈.

갑석(—石) 돌 위에 다시 포개어 얹는 납작한 돌.

갑신정변(甲申政變) 1884년 12월, 우정국 낙성식을 기회로 개화파가 보수 세력을 몰아내고 혁명 정부를 세우기 위해 일으킨 정변.

갑오개혁(甲午改革) 1894년 개화당이 집권한 후 옛날식인 정치 제도를 서양의 진보적 방식을 본받아 고친 역사상 가장 큰 개혁.

갑옷(甲—) 옛날 전쟁할 때 화살이나 칼을 피하기 위하여 입던 쇠붙이로 만든 옷.

갑인자(甲寅字)[—짜] 조선 세종

16년(1434)에 구리로 만든 활자. 이전에 나온 활자보다 정교하고 아름다움.

갑자기 생각할 새도 없이. 예 검은 구름이 몰려오더니 갑자기 소나기가 쏟아졌다. 비 별안간. 문득.

갑자사화(甲子士禍) 조선 연산군 10년(1504)에 일어난 사화. 연산군이 어머니 윤씨가 왕비 자리에서 쫓겨난 것을 알고 성종의 후궁과 여러 신하를 죽인 사건.

갑작스럽다[갑작스러우니, 갑작스러워서/갑작스러이] 생각할 사이도 없이 아주 급하다. 예 선생님의 갑작스러운 죽음에 모두 어이없어했다.

갑절 어떤 수를 두 번 합한 분량. 예 100은 50의 갑절이다. 비 곱. 배. 반 절반. —하다.

갑종(甲種) 여러 종류의 것을 갑·을·병 등으로 차례를 정할 때의 그 첫째.

갑판(甲板) 배나 군함 위의 넓고 평평한 바닥.

값[갑] ①사람이나 물건이 가지고 있는 중요성. ②사고 팔기 위해 작정한 금액. 가격. 예 값을 정하다. ③사고 파는 데 주고받는 돈. 대금. 예 책을 사고 값을 치르다.

값나가다[감—] 값이 많이 나가다. 귀하게 되다. 가치 있다. 예 값나가는 물건. 준 값가다.

값놓다[감노타] 값을 정하다. 예 값놓기만 하고 사지 않는다.

값도 모르고 싸다 한다〈속〉 일의 내용이나 사정을 자세히 알지도 못하면서 덮어놓고 이렇다 저렇다 말한다.

값비싸다[갑—] ①값이 싸지 않다. ②값어치가 있다. 예 값비싼 교훈. 반 값싸다.

값싸다[갑—] ①값이 싸다. 헐하다. ②무슨 일의 의미나 가치가 적다. 예 값싼 동정.

값싼 갈치 자반〈속〉 값이 헐하고 쓰기에도 무던한 물건.

값싼 것이 비지떡〈속〉 값이 싸면 품질이 좋을 수 없다.

값어치[가버—] ①가치. 예 값어치가 있는 일. ②값.

값없다[가법따] ①너무 귀해 값을 칠 수 없다. ②하찮아서 값이 나가지 않다. 예 값없는 삶을 살지 마라. —이.

값있다[가빋따] 무슨 일에 보람이 있다. 예 값있는 일.

값지다 값이 많이 나갈 정도로 가치가 있다. 예 값진 물건.

값하다[가파—] 그 값에 맞는 일을 하다.

갓¹[갇] 남자가 외출할 때에 머리에 쓰던 옛 모자의 한 가지.

〔갓¹〕

갓²[갇] 채소의 한 가지로 줄기 높이 1m 가량. 잎은 먹고 씨는 약간 매운 맛이 있음.

갓³[갇] 금방. 이제 막. 예 서울에서 버스로 갓 도착했다.

갓걸이 갓을 거는 물건.

갓고깔 갓과 고깔.

갓나다 막 세상에 태어나다.

갓난아이 낳은 지 얼마 안 된 아이. 신생아. 준 갓난애. 갓난이.

강¹(江) 크고 길게 흐르는 내. 비 내. 하천. 반 산.

강-²(強) 낱말 앞에 붙어서 '매우

센' '무리함을 무릅쓴'의 뜻을 나타내는 말. ㉠강타자. 강행군.

강가[一까] 강의 가장자리. 강변. ㉠강가를 거닐다.

강감찬(姜邯贊, 948~1031) 고려의 유명한 장군. 1019년 거란의 장수 소배압이 고려에 침입해 왔을 때, 귀주(지금의 구성)에서 큰 승리를 거두었음.

강강술래 부녀자들의 민속적인 춤. '강강술래'라고 소리를 하면서 둥글게 늘어서서 추는 춤으로 임진왜란 때부터 유래함.

강:개(慷慨) 불의나 불법을 보고 의기가 북받치어 한탄하고 분개하는 일, 또는 그 마음. ㉠비분 강개. —하다.

강건(康健) 기력과 몸이 튼튼하고 굳셈. ㉠강건한 젊은이. —하다. —히.

강경(強勁·強硬) ①도무지 굽히지 아니함. ②굳셈. ㉠강경한 태도. —하다. —히.

강경파 강경하게 나가자고 주장하는 파.

강골(強骨) 꿋꿋하고 단단한 몸.

강공(強攻) 희생을 무릅쓰고 석극적으로 공격함. —하다.

강:구(講究) ①사물을 깊이 조사하여 연구함. ②알맞은 방법을 연구함. ㉠문제에 대한 해결책을 강구하다. —하다.

강국(強國) 백성이 잘 살고 국력이 강한 나라.

강:권(強權)[一꿘] 억지로 누르는 권세. ㈰강제.

강기슭 강 양편의 가장자리 땅. ㉠강기슭에 있는 통나무집.

강남(江南) ①중국 양쯔 강 이남의 땅 이름. 제비가 겨울 동안 가 있는 곳. ②강의 남부, 한강 이남 지역. ㉠강남 지역 개발.

강낭콩 콩의 한 종류로 여름에 흰빛 또는 자줏빛 꽃이 피고, 가늘고 긴 깍지의 열매가 열림. 씨는 식용함.

강냉이 옥수수.

강:단(講壇) ①강의·연설·설교 때 올라서도록 약간 높게 만든 자리. ㉠강단에 서다. ②대학 교수직. ㉠강단 생활.

강:당(講堂) 학교에서 식이나 훈화를 하는 큰 방.

강대(強大) ①튼튼하고 큼. ②국력이 강하고 영토가 넓음. ㈰약소. —하다. —히.

강대국 세력이 강하고 큰 나라. ㈰약소국.

강:도(強盜) 폭행·협박 같은 방법으로 남의 물건을 뺏는 사람. ㈑도둑.

강:독(講讀) 글을 읽고 그 뜻을 밝힘. ㉠한문 강독. —하다.

강동 육주(江東六州) 고려 성종 12년(993)에 지금의 평안 북도의 서북면 해안 지대에 설치한 6주. 홍화·용주·통주·철주·귀주·곽주 등.

강:등(降等) 등급이나 계급을 내림. ㉠사고로 일계급 강등되다. ㈰진급. 승진. —하다.

강력(強力) 힘이 굳셈. ㉠강력한 군비. ㈰무력. —하다. —히.

강력범 폭행이나 협박을 수단으로 하는 범죄, 또는 그 범인. 살인범·강도범·폭력범 따위.

강렬(強烈)[一녈] 아주 세참. ㉠강렬한 여름 햇살. —하다. —히.

강령(綱領) 일의 으뜸되는 큰 줄거리. ㉠행동 강령.

강:론(講論) ①학술이나 종교 등에 관한 어떤 문제를 설명하거나 토론함. ②천주교에서 '설교'를 이르는 말. —하다.

강릉(江陵)[—능] 강원도 동해안에 있는 중요한 도시. 명승 고적으로는 경포대·해운정·보현사·대관령 등이 있음.

강:림(降臨) 신이나 부처가 인간 세상에 내려옴. 睅승천. —하다.

강:매(強賣) 억지로 팖. ⑩길가에서 물건을 강매하다. —하다.

강모(剛毛) ①젖먹이 동물의 털 가운데에서 단단하고 빳빳한 털. ②지렁이 따위의 환형 동물이나 절지 동물에 있는 털 모양의 빳빳한 돌기.

강물 강에 흐르는 물.

강물도 쓰면 준다⟨속⟩ 아무리 많아도 너무 헤프게 쓰면 없어지는 것이니 모든 것을 많다고 마구 쓰지 말고 아껴 쓰라는 말.

강바람[—빠람] 강에서 부는 바람. 睅산바람.

강:박(強迫) ①남의 뜻을 무리하게 꺾거나 자기 뜻에 억지로 따르게 함. ②남에게 해를 끼칠 것 같은 말과 행동으로 공포심을 일으키게 하는 일. —하다.

강:박 관념 아무리 떨쳐 버리려 해도 자꾸 마음에 떠오르는 불쾌하거나 불안한 생각. ⑩강박 관념에 사로잡히다.

강변¹(江邊) 강가. 물가.

강:변²(強辯) 논리에 어긋나는 것을 억지로 주장하거나 굳이 변명함. ⑩무죄임을 증명하기 위해 강변하다. —하다.

강북(江北) ①강의 북쪽. ②중국의 양쯔 강 이북 지역. ③서울의 한강 북쪽. 睅강남.

강:사(講師) ①학교·학원 등에서 가르치는 선생님. ⑩학원 강사. ②강습회·연설회 등에서 강의나 연설하는 사람. ③대학이나 전문 대학 등에서 촉탁을 받아 가르치는 선생님.

강산(江山) ①강과 산. ②자연. ③나라. ④땅. 睅강토. 산천.

강상(江上) 강물의 위.

강서(江西) ①강의 서쪽. ②서울의 한강 서쪽 지역. 睅강동.

강:설량(降雪量) 일정한 곳에 일정한 동안 내린 눈의 분량.

강성(強盛) 힘차고 왕성함. ⑩국력이 강성한 나라. —하다.

강세(強勢) ①세력이 강함. ②물가나 시세가 올라가는 기세. 睅약세. —하다.

강소천(姜小泉, 1915~1963) 아동 문학가. 함경 남도 고원 출생. 작품집에는 〈호박꽃 초롱〉〈꽃신〉〈진달래와 철쭉〉〈인형의 꿈〉 등이 있음.

강:수량(降水量) 하늘에서 내린 물의 총량. 빗물과 눈을 녹인 물 등을 합친 양.

강습¹(強襲) 세차게 습격함. 습격을 강행함. ⑩적의 진영을 강습하다. —하다.

강:습²(講習) 학문·기술 따위를 배우고 익힘. —하다.

강:습생 강습을 받는 사람.

강:습회 여러 사람을 한 자리에 모아 놓고 학문이나 기술 따위를 가르쳐 주는 모임.

강:시(僵屍·殭屍) 얼어 죽은 송장.

강심장(強心臟) 어지간한 일에는 겁을 먹거나 부끄러워하는 일이 없는 배짱 좋은 유들유들한 성격, 또는 그런 사람.

강심제(强心劑) 심장이 쇠약할 때에 쓰는 약으로, 먹기도 하고 주사도 함.

강아지 개의 새끼.

강아지 똥은 똥이 아닌가〈속〉 다소 차이는 있을지라도 그 본바탕은 다 같다.

강아지 왈츠 강아지가 뛰노는 것을 보고 지은 쇼팽의 곡.

강아지풀 볏과의 한해살이풀. 높이 30~70cm. 잎은 가늘고 길며, 여름에 강아지 꼬리 모양의 초록색 꽃이 핌.

강ː압(强壓) 강한 힘으로 억누름. 예강압적 통치. 비억압. —하다.

강약(强弱) 셈과 여림.

강어귀 강을 드나드는 첫부분.

강언덕 강둑. 강물이 넘치지 않도록 쌓아 놓은 둑.

강ː연(講演) 강의하는 식으로 연설함. 예특별 강연. 비연설. —하다.

강ː연회 여러 사람에게 이야기하기 위한 모임.

강ː요(强要) 무리하게 요구함. 억지로 기어이 시킴. 예복종을 강요하다. —하다.

강우규(姜宇奎, 1855~1920) 독립 운동가. 1919년 일본 제3대 총독 사이토에게 폭탄을 던졌으나 실패하고 잡혀서 순국함.

강ː우기(降雨期) 1년 중 비가 가장 많이 내리는 시기.

강ː우량(降雨量) 일정한 기간 동안 일정한 곳에 내린 비의 분량. 우량.

강원도(江原道) 우리 나라 중동부에 위치한 산악 지대로 동해에 접함. 국립 공원인 설악산·오대산 등의 명산이 있음.

강유(剛柔) 굳셈과 부드러움.

강ː의(講義) 글·학설의 뜻을 자세히 설명함. —하다.

강ː의실 강의하는 교실.

강인(强靭) 강하고 끈기가 있음. 예강인한 정신. —하다. —히.

강자(强者) 힘이나 세력이 강한 사람·생물·집단. 예강자는 약자를 보호해야 한다. 빤약자.

강장(强壯) 몸과 마음이 튼튼하고 기력이 왕성함. —하다.

강장 동ː물(腔腸動物) 동물 분류학상의 한 종류. 몸의 내부가 하나의 빈 구멍으로 되어 있음. 해파리·말미잘·산호 따위.

강장제(强壯劑) 몸의 영양 부족, 쇠약을 회복하여 튼튼하게 만드는 약제.

강재(鋼材) 기계·집짓기 등에 쓰이는 쇠막대나 쇠판. 예공사장 한쪽 구석에 강재가 쌓여 있다.

강재구(姜在求, 1937~1965) 베트남 출전을 앞두고 전우애와 희생 정신으로써 수류탄을 자신의 몸으로 감싸 폭사힌 우리 국군 맹호 부대의 장교.

강적(强敵) 아주 강한 적.

강전(强電) 발전기·전동기·변압기 등 비교적 강한 전류를 다루는 전기 부문을 두루 이르는 말.

강ː점[1](强占) 남의 땅이나 물건을 강제로 차지함. 예일제의 한반도 강점. —하다.

강점[2](强點)[—쩜] 남보다 뛰어난 점. 예우리 민족의 강점은 끈기이다. 빤약점.

강ː점기 남의 땅이나 주권을 강제로 빼앗은 기간.

강정 ①삭히어 말린 찹쌀 가루를 기름에 튀겨서 꿀이나 조청을 바르고, 깨·콩가루·잣가루 등을 묻혀서 만든 한식 과자. ②깨·콩·잣 따위를 조청에 버무려 만든 한식 과자.

강:제(強制) ①어떤 일을 억지로 하게 함. ㉠강제로 힘든 일을 시키다. ②남의 자유를 억누름. 비 강권. 반 자유. ㅡ하다.

강:제 노동 국가의 권력 따위로 강제로 시키는 노동.

강:제 노동 수용소 강제로 노동을 시키기 위하여 사람들을 모아 두는 곳. 공산주의 국가에서 볼 수 있음.

강:제 수용 ①환자·미친 사람·마약 중독자·부랑자 등을 일정한 기관에 강제적으로 가두어 두는 일. ②정치적으로 반대파나 적국의 국민을 일정한 지역에 가두어 두는 일.

강조¹(康兆, ?~1010) 고려 시대의 정치가이며 장군. 현종 때 요나라 군사를 맞아 싸웠음.

강:조²(強調) 힘차게 높이 부르짖음. ㉠질서를 강조하는 선생님. 비 역설. ㅡ하다.

강:좌(講座) ①대학 교수로서 맡은 학과목. ②오랫동안 두고 높은 정도의 학술을 가르치는 강습회나 강의록.

강직(剛直) 마음이 굳세고 곧음. ㉠강직한 선비. ㅡ하다. ㅡ히.

강진(強震) ①강한 지진. ②진도 5의 지진. 벽이 갈라지고, 돌담이 무너질 정도의 지진. 반 약진.

강철(鋼鐵) 쇠 중에도 가장 강한 쇠. 반 연철.

강철 같은 결심 강철과 같이 굳고 단단하게 마음먹은 것.

강:청(強請) 억지로 무리하게 청함. ㉠강청에 못 이겨 승낙하다. ㅡ하다.

강촌(江村) 강가에 있는 마을.

강추위 바람 없이 매우 추운 추위. ㉠겨울 강추위.

강타(強打) 세게 침. ㉠강타한 공이 담을 넘어갔다. ㅡ하다.

강타자 야구에서, 공을 잘 치는 선수, 또는 타율이 높은 선수.

강:탈(強奪) 억지로 빼앗음. ㉠일본은 우리의 많은 문화 유산을 강탈해 갔다. ㅡ하다.

강태공(姜太公) 지난날, 중국의 태공망의 이야기에 유래하여 '낚시를 유난히 좋아하는 사람'을 비유하여 이르는 말.

강토(疆土) 한 나라의 국경 안에 있는 땅. ㉠삼천리 우리 강토. 비 강산. 영토. 국토.

강판(薑板) 넓적한 쇠붙이의 면이 톱니처럼 거칠게 되어 있는 부엌용 기구.

강:평(講評) ①강습·실습·훈련 따위가 끝난 뒤 그 성과를 비평함, 또는 그 비평. ②문예 작품이나 연기·연출 등을 심사하는 사람이 총괄하여 비평함. ㉠발표회가 끝난 뒤 선생님의 강평이 있었다. ㅡ하다.

강풍(強風) 세차게 부는 바람.

강:하(降下) ①위에서 아래로 내림. ㉠비행기가 강하하다. ②기온 등이 내려감. ㅡ하다.

강하다(強ㅡ) ①힘이 세다. ②굳세다. ③튼튼하다. ㉠강한 밧줄. 비 세다. 억세다. 반 약하다.

강:행(強行) 강제로 시행함. ㉠억수 같은 빗속에서도 경기를 강행

했다. —하다.

강호¹(江湖) ①강과 호수. ②세상을 비유하여 이르는 말.

강호²(強豪) ①강하여 맞서 겨루기 어려운 상대. ②아주 강한 팀.

강화¹(強化) 부족한 점을 보충하여 더 튼튼하고 강하게 함. 예부족한 공격력을 강화하다. 반약화. —하다.

강:화²(講和) 전쟁 중이던 나라가 전쟁을 멈추고 조약을 맺어 평화로운 상태로 돌아가는 일. 예강화 조약. —하다.

강화 대:교(江華大橋) 경기도 김포와 강화도 사이의 염하에 건설하여 육지와 섬을 연결하는 다리.

강화도(江華島) 인천 광역시 강화군이 자리잡고 있는 섬. 인삼과 화문석 생산지로 유명함. 이 곳 마니산 꼭대기에는 단군 성지인 참성단이 있음.

강화도 조약 1876년 우리 나라와 일본간에 체결된 최초의 수호 조약으로, 병자 수호 조약이라고도 함. 이로 인하여 우리 나라는 문호를 개방하게 되었음.

강:화 조약(講和條約) 서로 싸우던 나라끼리 평화를 맺는 조약.

강희안(姜希顔, 1417~1464) 조선 시대 초기의 화가. 산수화를 잘 그렸음.

강희 자전(康熙字典) 중국 청나라 제4대 성조가 장옥서·진정경 등에 명하여 만들게 한 중국 최대의 자전. 1716년 간행. 42권.

갖가지 가지가지. 예백화점에는 갖가지 물건이 모두 갖추어져 있다. 비각가지. 각종.

갖바치[갖―] 가죽신을 만드는 일을 직업으로 삼던 사람.

갖은 골고루 갖춘. 예찌개에 갖은 양념을 치다. 비온갖.

갖추[갖―] 골고루 모두 다. 빠짐없이. 예음식을 갖추 차리다.

갖추갖추 골고루 모두 다. '갖추'를 되풀이하여 뜻을 세게 함. 예바닷가에 가면 여러 종류의 조개를 갖추갖추 먹을 수 있다.

갖추다 ①미리 차리어 놓다. ②모자라지 않게 준비하다. 예자격을 갖춘 사람만이 이 시험에 응시할 수 있다.

갖춘꽃 꽃받침·꽃부리·암수의 꽃술을 완전히 갖춘 꽃. 벚꽃·무궁화꽃 따위. 반안갖춘꽃.

갖춘마디 악보 첫머리에 있는 박자표대로 되어 있는 마디. 완전소절. 반못갖춘마디.

같다 ①이것과 저것이 서로 다르지 않다. 예모양이 같다. ②딴 것이 아니다. 반다르다.

같은 값이면 다홍치마(속) 이왕 같을 바에는 품질이 좋은 것을 취한다.

같은 또래 나이가 비슷한 사이. 예같은 또래라 금방 친해지는구나.

같이[가치] ①한 모양으로. 예이것과 똑같이 했다. ②함께. 예나하고 같이 가자. 비함께. 반혼자. ③처럼. 예새같이 날고 싶다.

같이하다[가치―] 똑같은 사정에 놓이다. 함께 하다. 예기쁨과 슬픔을 같이하는 진정한 친구.

같잖다[갇잔타] '같지 아니하다'가 줄어서 된 말로 하는 짓이나 꼴이 어이없다. 눈꼴사납다. 너무 사소하여 상대할 거리가 못 되다. 예잘난 체하는 꼴이 같잖다.

갚다[갑―] ①돌려주다. 예빚을

개

갚다. ②고마움의 뜻을 나타내다. 🗓️보답하다. 🗓️꾸다.

개:¹ 가정에서 흔히 기르는 짐승. 사람을 잘 따르고 영리하며 냄새를 잘 맡음.

개²(介·個·箇) 낱으로 된 물건을 세는 말. 예 배 다섯 개.

개:가¹(改嫁) 시집갔던 여자가 남편이 죽거나, 남편과 이혼하여 다시 시집가는 일. —하다.

개:가²(凱歌) ①'개선가'의 준말. ②경기 등에서 이겼을 때 터져 나오는 환성. 예 개가를 올리다.

개:각(改閣) 내각을 구성하는 국무 위원을 바꾸는 일. —하다.

개간¹(開刊) 신문·책 등을 처음으로 간행함. —하다.

개간²(開墾) 거친 땅을 일구어 처음으로 논·밭을 만듦. 예 황무지를 개간하다. 🗓️개척. —하다.

개강(開講) 강의·강좌 따위를 시작함. 🗓️종강. —하다.

개:개인(箇箇人) 하나하나의 사람. 한 사람 한 사람.

개경(開京) 개성의 고려 때 이름으로, 고려 태조 왕건이 왕위에 오른 이듬해(918년) 이 곳을 서울로 정하고 새 도읍을 열었음.

개:고(改稿) 원고를 고쳐 씀, 또는 그 원고. 예 열 번이나 개고한 작품. —하다.

개곡선(開曲線) 곡선의 양쪽 끝이 서로 만나지 않고 열린 곡선. 🗓️폐곡선.

개골산(皆骨山) 금강산을 겨울철에 부르는 이름.

개:과 천:선(改過遷善) 잘못을 고치고 착하게 됨. 예 개과 천선하여 이젠 새사람이 되었다. 🗓️개과 자신. —하다.

개관(開館) ①도서관·영화관 등을 처음으로 엶. 예 개관을 기념하는 행사. ②도서관·영화관 등을 열어 그 날의 일을 시작함. 예 도서관의 개관 시간은 오전 9시다. 🗓️폐관. —하다.

개교(開校) 학교를 처음 시작함. 예 신도시에 입주가 시작되면서 많은 학교들이 개교했다. 🗓️폐교. —하다.

개교 기념일 학교를 처음 세운 날을 기념하는 날.

개구리 올챙이가 자란 것으로, 뒷발이 길고 발가락 사이에 물갈퀴가 있는 동물. 소리주머니를 부풀리어 소리를 냄.

개구리밥 논이나 연못 등의 물에 떠서 자라는 작은 풀잎. 잎은 수면에 뜨고 뿌리는 물 속에 늘어드리고 있음.

개구리 올챙이 적 생각 못 한다 〈속〉 잘 되고 나서, 가난하던 옛일을 생각하지 못하고 처음부터 잘난 듯이 뽐낸다.

개구리헤엄 개구리와 같이 두 발을 함께 오므렸다가 뻗치며 치는 헤엄.

개:구멍 담이나 울타리 또는 대문짝 밑에 개가 드나들도록 터 놓은 작은 구멍.

개구쟁이 장난을 잘 하는 아이를 가리키는 말.

개국(開國) 나라를 처음으로 세움. 예 단기는 단군 할아버지께서 우리 나라를 개국한 때부터의 연도이다. 🗓️건국. —하다.

개굴개굴 개구리 우는 소리. 🗓️골개골. —하다.

개그(gag) 연극·영화·텔레비전 등에서 관객을 웃기기 위하여 하는 즉흥적인 대사나 우스갯짓.
개그맨(gagman) 개그를 직업으로 하는 사람. 익살꾼.
개근(皆勤) 하루도 빠지지 아니하고 잘 출석함. —하다.
개근상 개근한 사람에게 주는 상.
개기 월식(皆既月蝕)[―씩] 달이 지구의 그림자 안에 완전히 가리어 태양의 빛을 전혀 받지 못하는 현상. 맨부분 월식.
개기 일식(皆既日蝕)[―씩] 달이 해를 가려서 해가 완전히 보이지 않는 현상. 맨부분 일식.
개 꼬락서니 미워서 낙지 산다〈속〉 자기가 미워하는 사람에게 그 사람이 싫어하는 일을 한다.
개:꼬리 개의 꽁무니에 가늘고 길게 내민 부분. 개의 꼬리.
개꼬리 삼 년 두어도 황모 못 된다〈속〉 본래부터 나쁜 것은 언제까지 가더라도 좋아지기 어렵다.
개:꿈 대중할 수 없는 어수선한 꿈을 하찮게 여기어 이르는 말.
개:나리 이른 봄에 노란 꽃이, 잎이 나기 전에 피는 나무.
개:념(概念) ①대충의 뜻이나 내용. ②여러 관념 속에서 공통된 요소를 추상하여 종합한 하나의 일반적인 뜻.
개 눈엔 똥만 보인다〈속〉 어떤 것을 좋아하면 모든 것이 그것같이만 보인다.
개:다[1] 비나 눈이 그치고 구름·안개가 걷혀서 날이 맑아지다. ⑩ 맑게 갠 가을 하늘. 맨흐리다. 궂다.
개:다[2] 접어서 겹치다. 포개어 접다. ⑩ 이불을 개다. 맨펴다.
개:다[3] 덩이진 것이나 가루에 물이나 기름 등을 쳐서 죽 모양이 되게 하다. ⑩ 풀을 묽게 개다.
개:다리소반 다리가 개의 다리처럼 구부정하게 된 원형이나 사각형 또는 다각형의 소반.
개:떡 노깨나 메밀의 속나깨 또는 거친 보리 싸라기 따위를 반죽하여 아무렇게나 반대기를 지어 밥 위에다 얹어 찐 떡.
개똥도 약에 쓰려면 없다〈속〉 흔한 것이라 할지라도 정작 소용이 있어 찾으면 없다.
개:똥벌레 곤충의 하나. 물가의 풀밭에 사는데, 밤이면 배 끝에 파르스름한 불을 켜 빛을 냄.
개:똥지빠귀 지빠귓과의 새. 날개 길이 12~14cm, 꽁지 길이 8~10cm, 등은 암갈색이며 가슴은 담갈색이고, 날갯죽지 밑으로 얼룩무늬가 많음. 10월경에 남쪽에서 날아와 생활함. 티티새. 준지빠귀.
개:량(改良) 나쁜 데를 고치어 좋게 함. ⑩ 농사짓는 방법을 개량하다. 비개선. 개조. 맨개악. —하다.
개:량식 나쁜 점을 고쳐 쓸모 있게 새로 만든 것. 맨재래식.
개:량종 전부터 있어 내려오던 것을 좋게 한 동식물의 품종. ⑩ 이 식물은 개량종이다. 맨재래종.
개:마 고원(蓋馬高原) 함경 남북도와 평안 남북도 일대에 걸친 우리 나라에서 가장 높고 넓은 고원 지대.
개막(開幕) ①연극을 시작함. ②행사 따위를 시작함. ⑩ 올림픽의 개막. 맨폐막. —하다.
개:망신 아주 심한 망신. —하다.
개 머루 먹듯 한다〈속〉 매사에 소홀하고 그 내용을 잘 모르고 일을

한다.

개:머리 총의 밑동을 이룬 나무나 플라스틱 따위로 된 넓적한 부분. 개머리판.

개:명[1](改名) 이름을 고침, 또는 고친 이름. [예] 개명 신고. —하다.

개명[2](開明) ①지혜가 열리고 문화가 발달함. ②지식을 활용하여 분명하지 않은 점을 밝힘. [비] 개화. —하다.

개문(開門) 문을 엶. [예] 개문한 채 버스가 출발하다. [반] 폐문. —하다.

개:미 곤충의 하나. 땅 속이나 썩은 나무 속에 집을 짓고 질서 있는 집단 생활을 함.

개미 금탑 모으듯 한다〈속〉 재물을 조금씩 알뜰히 모은다.

개미 쳇바퀴 돌듯 한다〈속〉 앞으로 나아가지 못하고 늘 제자리걸음만 한다.

개바자 갯버들 가지로 발처럼 엮어 만든 바자.

개발(開發) 살기 좋도록 발전시킴. [예] 경제 개발에 힘쓰다. [비] 개척. —하다.

개발권[—꿘] 어떠한 곳을 개발할 수 있는 권리.

개발 도상 국가 개발이 진행되고 있어 발전하여 가고 있는 나라.

개발에 주석 편자〈속〉 입은 옷이나 가진 물건 등이 제격에 맞지 않게 좋다.

개밥에 도토리〈속〉 따로 돌리어 외톨이가 되다.

개방(開放) ①열어 터 놓음. [예] 문호를 개방하다. ②숨김이 없음. [반] 폐쇄. —하다.

개방 대학 대학의 교육 과정을 일반 시민, 특히 직장인에게 개방하는 교육 제도.

개벽(開闢) ①하늘과 땅이 처음으로 생김. [예] 천지 개벽. ②하늘과 땅이 어지럽게 뒤집힘. —하다.

개:별(個別) 낱낱으로 나눔. [예] 개별 학습을 하다. —하다.

개:별성[—썽] 사물이 각각 지니고 있는 다른 특성.

개병(皆兵) 국민 모두가 병역의 의무를 지게 함.

개 보름 쇠듯 한다〈속〉 명절날 음식도 해 먹지 못하고 넘긴다.

개봉(開封) ①붙인 것을 떼어 엶. [예] 편지를 개봉하다. ②영화를 처음으로 상영함. [예] 개봉 극장. —하다.

개봉관 개봉 영화만을 상영하는 영화관.

개비[1] 장작 같은 물건, 또는 그것을 세는 단위. [예] 성냥개비.

개:비[2](改備) 헌것을 없애고 새것으로 바꿈. [예] 헌 책상을 새것으로 개비하다. —하다.

개:사초(改莎草) 흙이 드러난 무덤의 떼를 갈아입힘. [예] 한식을 맞아 개사초하다. —하다.

개:살구 개살구나무의 열매. 모양은 살구와 비슷하나 맛은 살구보다 시고 떫음.

개살구도 맛들일 탓〈속〉 무슨 일이든지 재미를 붙이면 좋아진다.

개:상(—床) 곡식을 타작하는 데 쓰는 농기구의 하나. 굵은 서까래 같은 통나무 네댓 개를 가로 대어 엮고 다리를 박은 것.

개:선[1](改善) 나쁜 것을 고쳐서 더욱 좋게 함. [예] 생활을 개선하여 명랑한 사회를 만들자. [비] 개량. [반] 개악. —하다.

개:선[2](改選) 의원이나 임원을 다시 뽑음. —하다.

개:선[3](凱旋) 싸움에 이기고 돌아옴. [예]개선 장군. —하다.

개:선가 싸움에서 이기고 부르는 노래. [준]개가.

개:선 장:군 적과의 싸움에서 이기고 돌아온 장군.

개설(開設) ①어떤 시설을 새로 설치하여 업무를 시작함. [예]유선 방송을 개설하다. ②은행 등에서, 새로운 계좌를 마련하다. [예]통장을 개설하다. —하다.

개:성[1](個性) 개인이 가지고 있는 특별한 성질.

개성[2](開城) 북한에 있는 한 도시. 고려 시대의 서울이었으며, 선죽교 등의 유적이 있음. 특산물로 인삼·화문석이 유명함.

개성 다다기 오이의 한 품종. 일찍 되는 것과 늦게 되는 것이 있는데, 대체로 맛이 좋음.

개성 상인 개성을 중심으로 상업 활동을 벌인 고려와 조선 시대의 상인.

개:소주 개를 집이 온갖 약재를 넣어 오래 고아서 짠 물.

개:수[1](改修) 길·제방·건물 따위의 구축물을 짓거나 고쳐 쌓음. [예]다리를 개수하다. —하다.

개:수[2](個數·箇數)[—쑤] 한 개 두 개 낱으로 세는 물건의 수효. [예]개수를 헤아리다.

개:수작 이치에 맞지 않게 아무렇게나 지껄이는 말이나 행동을 욕으로 일컫는 말. —하다.

개수통 음식을 먹고 난 그릇을 담는 통. 설거지통.

개숫물[—순물] 설거지할 때 음식 그릇을 씻는 물. 설거지물.

개시(開始) 처음으로 시작함. [예]업무 개시. [비]시작. [반]완료. 종료. —하다.

개:신교 종교 개혁의 결과로 천주교에서 갈라져 나온 그리스도교의 여러 파를 아울러 이르는 말. 장로교·감리교·침례교 따위.

개싸움에 물 끼얹는다〈속〉 지나치게 떠든다.

개:악(改惡) 고쳐서 도리어 나빠지게 함. [반]개선. —하다.

개암나무 자작나뭇과의 갈잎 떨기나무. 산이나 들에 절로 자라는데, 높이 2~3m. 잎은 둥글납작하고, 꽃은 3월경에 잎보다 먼저 핌. 갈색의 둥근 열매는 '개암'이라 하여 익으면 먹을 수 있음.

개업(開業) 영업을 시작함. [반]폐업. —하다.

개:요(槪要) 줄거리의 요점. [예]이야기의 개요만 말하라.

개울 골짜기에서 흘러내리는 작은 물줄기. [비]시내. 개천.

개원(開院) ①병원·학원 따위를 설립하여 처음으로 문을 엶. ②국회의 회의를 엶. [예]개원식. [반]폐원. —하다.

개월(個月) 30일 또는 31일을 한 단위로 세는 단위. [비]달.

개:의(介意) 마음에 두고 생각함. [예]그런 사소한 실수는 개의치 않겠다. —하다.

개:인(個人) ①자기 한 사람. ②낱낱의 사람. [반]단체. 집단.

개:인 교:수 개인을 대상으로 하여 가르치는 일, 또는 그런 일을 하는 사람. —하다.

개:인기 개인이 가지고 있는 기술. 특히, 운동 경기에서의 개인의 기능. [예]개인기가 뛰어난 선수.

개:인 자격 어느 단체에 속하지 않은 개인으로서의 신분. 예개인 자격으로 참석하다.

개:입(介入) 사이에 끼여들어감. 어떤 사건에 관계함. 예이 문제에 개입하지 마라. —하다.

개:자추(介子推) 중국 진나라 문공의 신하. 그가 면산에서 불타 죽은 날을 한식이라 함.

개:작(改作) 다시 고쳐 만들거나 지음, 또는 그 작품. 예개작한 작품. —하다.

개장(開場) 시장 따위를 열어 업무 또는 장사를 시작함. 예이 시장의 개장 시간은 새벽 두 시이다. —하다.

개:전1(改悛) 잘못을 뉘우치고 마음을 바르게 고쳐 먹음. 개오. 비회전. —하다.

개전2(開戰) 전쟁을 시작함. 싸움의 개시. 반종전. —하다.

개점(開店) 가게를 차리어 장사를 시작함. 반폐점. —하다.

개:정(改正) 바르게 고침. 예개정 맞춤법. —하다.

개:정판(改訂版) 전에 출판한 책의 내용을 고치거나 바꾸어 다시 낸 책. 개판. 고친판.

개:조(改造) 고치어 다시 만듦. 예집을 개조하다. 의식 개조. 비개량. —하다.

개:종(改宗) 믿던 종교를 그만두고 다른 종교를 믿음. —하다.

개:중(個中·箇中) 여럿이 있는 그 가운데. 예동창회인데도 개중에는 모르는 사람이 있다.

개:차반 개가 먹는 음식, 즉 '똥'이란 뜻으로, '말과 행동이 더럽고 막된 사람'을 욕으로 이르는 말. 예점잖은 사람인데 술만 들어가면 개차반이 된다.

개:찰(改札) 차표 등을 들어가는 곳에서 조사함. 예개찰 시간이 오분 남았다. —하다.

개척(開拓) 거친 땅을 처음으로 일구어 논밭을 만듦. 비개간. 개발. —하다.

개척자 개척을 한 사람.

개척 정신 거친 땅을 갈고, 일궈서 기름지게 해보겠다는 굳세고 끈기 있는 정신.

개천(開川) 조그만 내. 도랑. 비개울.

개천에서 용 난다〈속〉 보잘것 없는 집안에서 훌륭한 인물이 태어난다.

개천절(開天節) 단군께서 우리 나라를 세우신 날. 10월 3일.

개:체(個體·箇體) 따로따로 떨어진 낱낱의 물체. 반집합체.

개최(開催) 무슨 모임을 차리어 여는 일. 예우리 나라는 1988년에 서울에서 올림픽을 개최했다. —하다.

개:축(改築) 다시 쌓아 짓는 것. 예개축 공사. —하다.

개:탄(慨歎) 분하게 여기어 탄식함, 또는 그 탄식. 예소비 풍조를 개탄하다. —하다.

개통(開通) 열어서 통하게 함. 예지하철이 개통되다. 반두절. 불통. —하다.

개:판 행동·상태·진행 따위가 무질서하며 엉망인 상태.

개펄 물가에, 개흙이 깔린 땅. 예개펄에서 게를 잡다. 준펄.

개:편(改編) 고쳐 엮거나 조직을 다시 짜서 이룸. 예학급 임원을 개편하다. —하다.

개평 노름판에서 구경꾼에게 주는

돈. 예개평꾼. 개평 떼다.
개폐(開閉) 열고 닫고 함. 예자동 개폐 장치. —하다.
개표(開票) 투표한 결과를 내어 견주어 살핌. 반투표. —하다.
개학(開學) 방학을 마치고 수업을 다시 시작함. 반방학. —하다.
개항(開港) 항구를 열어 외국과 거래를 시작함. —하다.
개:헌(改憲) 헌법의 일부 또는 전부를 고침. —하다.
개:혁(改革) 새롭게 뜯어고침. 예입시 제도를 개혁하다. —하다.
개화(開化) 문명이 진보·발달하는 것. 사람의 지식이 차차 나아가는 것. 예의식이 개화되다. 반미개. —하다.
개화기 조선 말 강화도 조약 체결 이후, 서양의 문물이 들어옴에 따라 종래의 봉건적인 사회 질서를 타파하고 근대적인 사회로 바뀌어 가던 시기.
개화 사상 낡은 제도·풍습 등을 없애고, 새롭고 발전된 서구 문화를 받아들이려는 사상.
개화파 조선 말기, 새 문화에 눈을 뜨고, 뒤떨어진 것을 하루빨리 고치기 위해 적극적인 개화 운동을 하자는 무리. 독립당·개화당이라고도 함.
개활지(開豁地) 앞이 시원하게 탁 트인 너른 땅.
개회(開會) 회의나 모임을 시작함. 예개회를 선언하다. 반폐회. —하다.
개회사(開會辭) 개회를 할 때에 그 모임의 성격·목적 따위를 곁들여서 하는 인사말.
개흙[—흑] 개천가에 있는 거무스름하고 차진 흙.

객(客) 손. 손님. 반주.
객고(客苦) ①객지에서 겪는 고생. ②공연히 겪게 되는 고생. 예객고를 치르다. —하다.
객관(客觀) 나와의 관계를 벗어나서 사물을 있는 그대로 봄. 예객관적으로 살펴보다. 반주관.
객기(客氣) 쓸데없이 부리는 기운. 분수를 모르고 부리는 호탕한 기운. 예객기를 부리다.
객담(客談) 실없는 말. 쓸데없는 말. 객쩍은 말. 객소리. —하다.
객사[1](客死) 자기 집이 아닌 곳에서 죽음. —하다.
객사[2](客舍) 집을 멀리 떠나 임시로 묵는 숙소. 객관. 예객사에 도착하다.
객석(客席) ①손님의 자리. 반주인석. ②극장 등의 관람석. 예객석을 메우다.
객실(客室) 여관 등에서 손님이 거처하는 방. 예객실로 모시다.
객주(客主)[—쭈] 지난날, 상인의 물품을 맡아 팔기도 하고 매매가 이루어지게 하기도 하며, 또 그 상인들을 묵게도 하던 영업, 또는 그런 영업을 하던 사람.
객지(客地) 집을 떠나 임시로 기 있는 곳. 예객지라 고생이 심하다. 비타향.
객차(客車) 사람을 옮겨 나르는 열차. 반화물차.
객창(客窓) 나그네가 객지에서 머무는 방. 예객창에 누워서 고향 생각을 하다.
객토(客土) 토질을 개량하기 위하여 딴 곳에서 파다가 논밭에 넣는 흙. 비흙갈이. —하다.
객혈(喀血) 병으로 인해 피를 토함. —하다.

갠지스 강(Ganges江) 인도에 있는 큰 강. 힌두교도들이 숭배하는 신성한 강. 길이 약 2,510km.

갤러리(gallery) ①긴 복도. ②미술품을 전시하는 전시장.

갤런(gallon) 액체의 양의 단위. 영국 1갤런은 약 4.54L, 미국 1갤런은 약 3.78L.

갬: 비나 눈이 그치고 날이 맑아짐. 빤흐림.

갯가 바닷물이 드나드는 강이나 내의 가장자리.

갯마을 어촌.

갯버들 버들과에 속하는 떨기나무. 개울가에 많이 나는 땅버들.

갯벌 바닷물이 드나드는 모래톱.

갱(gang) 강도. 강도의 한 무리.

갱:년기(更年期) 사람의 몸이 노년기로 접어드는 시기. 보통 마흔두 살에서 쉰 살 무렵임.

갱도(坑道) ①땅 속으로 난 길. ②광산에서 땅 속을 굴처럼 만든 길. 준갱.

갱목(坑木) 갱도 안에 버티어 대는 통나무.

갱:생(更生) 거의 죽을 지경에서 다시 살아남. 예갱생의 길을 걷다. 비회생. —하다.

갱:신(更新) 다시 새롭게 함. 또는 다시 새로워짐. —하다.

갸:륵하다 하는 일이 훌륭하고 뛰어나다. 예너의 그 갸륵한 정성에 칭찬이 자자하다. —히.

갸름하다 가늘고 조금 길다. 예얼굴이 갸름하니 예쁘다. 빤둥그스름하다. —히.

갸우뚱거리다 몸이 이쪽 저쪽으로 기울어지게 흔들리다, 또는 흔들다. 예답이 안 맞으니까, 고개를 갸우뚱거리다.

갸울다 ①수평 상태가 되지 못하고, 한쪽이 조금 낮다. ②반듯하지 않고 한쪽으로 처지다. 큰기울다. 센꺄울다.

갸웃거리다 무엇을 보려고 자꾸 고개를 수그리다. 예무언가 이상한지 자꾸 고개를 갸웃거린다. 큰기웃거리다. 센꺄웃거리다.

개: '그 아이'의 준말.

거[1] '것'의 준말. 예내 거는 어디 있어?

거[2] 거기. 그것. 예거 누구요?

거[3] '그것'의 준말로 감탄할 때 내는 소리. 예거, 참 맛있다.

거간(居間) 물건을 팔고 사는 것을 중간에서 소개하여 주는 일. 본거간꾼. —하다.

거:개(擧皆) 거의 모두. 대부분. 예이 마을 사람들은 거개가 친하다.

거:구(巨軀) 커다란 몸뚱이.

거:국(擧國) 온 나라의 모두. 국민 전체. —하다.

거:국 일치(擧國一致) 온 국민이 한마음 한뜻으로 뭉침. —하다.

거:금(巨金) 많은 액수의 돈. 예거금을 희사하다.

거기 ①그 곳. 그 곳에. 예거기서 지금 무엇하고 있니? ②그것. 그 점. 예거기에 대해서 말해 봐라.

거꾸러지다 ①선 것이 앞으로 넘어지다. 쓰러지다. ②엎어지다. ③목숨이 끊어지다. 예폭탄 세례를 받고 거꾸러진 병사들. 작가꾸러지다. 센꺼꾸러지다.

거꾸로 차례나 방향이 반대로 바뀌게. 예물살을 거꾸로 올라가는 배. 작가꾸로. 센꺼꾸로.

거나하다 술에 취한 정도가 기분이 좋을 만큼 알맞다. 예거나하게 취하신 할아버지. 㮚건하다.
거느리다 ①앞에 데리고 있다. ② 데리고 같이 가다. 예바다의 비행장 구실을 하는 항공 모함은 작은 군함들을 많이 거느리고 있다.
거느린 데리고 있는. 예부하를 많이 거느린 장수가 싸움터로 나갔다.
-거늘 앞말에 붙어서 '이미 사실이 이러이러하기에 그에 따라'의 뜻을 나타내는 말.
-거니와 지마는. 건마는. 예영희는 공부도 잘하거니와 마음씨는 더 착하다.
거:닐다 그저 이리저리 한가히 걷다. 비산책하다.
거:대(巨大) 엄청나게 큼. 예경기장의 거대한 규모에 놀랐다. 반미소. —하다.
거덜나다 살림이나 사업 따위의 하는 일이 완전히 실패로 돌아가다. 결딴나다. 예빚 때문에 살림이 거덜나다.
거:동(擧動) ①몸을 움직이는 태도. ②하는 짓. 예손님의 거동이 수상하다. ③'거둥'의 본디말. —하다.
거:두(巨頭) 우두머리가 되는 중요한 사람. 예물리학의 거두.
거두다 ①널려 있는 것이나 흩어진 것을 한데 모아들이다. 예많은 수확을 거두다. 반뿌리다. ②가르치어 기르다. 예고아를 거두다. ③모양을 내다. 예몸을 거두다. ④멈추어 끝을 내다.
거:두 절미(去頭截尾) 머리와 꼬리를 잘라 버린다는 뜻으로, 요점만 남기고 필요 없는 부분은 빼어 버림을 이르는 말. 예거두 절미하고 결과만 말해라. —하다.

거:둥 임금의 나들이. 임금의 행차. 본거동. —하다.
거둬들이다 흩어진 것이나 널려 있는 것들을 한 곳에 모아들이다. 예가을이 되면 곡식을 거둬들인다.
거드럭거리다 신이 나서 버릇이 없고 건방지게 행동하다.
거:드름 거만한 태도. 예거드름을 피운다. —스럽다.
-거든 '이러이러하면'의 뜻으로 구절을 잇는 데 쓰는 말. 예날이 개거든 가자.
거:들다〔거드니, 거들어서〕 ①남이 하는 일을 도와 주다. 예어머니의 일손을 거들다. ②시중들다. 비돕다.
거들떠보다 눈을 치뜨며 아는 체하거나 관심을 가지고 보다.
거들떠보지 않다 관심 있게 보지도 않는다. 예선물을 거들떠보지도 않는다.
거들먹거리다 신이 나서 도도하게 굴다. 예성적 좀 올랐다고 거들먹거리는 꼴이 볼 만하다. 작가들막거리다. 센꺼들먹거리다.
거듭 한 것을 또 하는 것. 예한 장 바르고 그 위에 거듭 발랐다. 비중복. 반복. —하다.
거듭제곱 같은 수·식을 거듭 곱함, 또는 그 값. 두제곱·세제곱 따위. —하다.
-거라 명령하는 뜻을 나타내는 말. 예가거라. 자거라.
거란족(契丹族) 4세기경 만주에서 일어난 부족. 발해를 멸망시킨 뒤 나라 이름을 요라 고치고 크게 발전하였음.
거:래(去來) 물건을 사고 파는 일. 예시장은 거래가 활발하다. —하

다.

거:론(擧論) 어떤 일을 상의할 거리로 삼음. 예이미 끝난 일을 다시 거론하지 마라. —하다.

거:룩하다 ①위대하다. ②훌륭하다. 예거룩한 마음. —히.

거룻배 돛이 없는 작은 배. 예거룻배로 짐을 나르다. 준거루.

거류(居留) 외국 등지에 임시로 머물러 삶. —하다.

거류민 ①임시 살고 있는 외국인. ②거류지에 살고 있는 사람.

거류지 조약에 의해 한 나라가 그 영토의 일부를 한정하여 외국인이 살거나 영업을 할 수 있도록 허가한 지역.

거르다[거르니, 걸러서] ①체로 쳐서 찌끼는 남기고 알맹이만 뽑아 내다. 예술을 거르다. ②차례를 뛰어넘다. 예끼니를 거르다. ③할 것을 아니하다. ④갈 곳을 아니 가다.

거름 나무나 풀이 잘 자라게 하기 위하여 흙에 주는 양분. 예밭에 거름을 주다. 비비료. —하다.

거름종이 액체 속에 들어 있는 찌꺼기나 먼지 등을 걸러 내는 데 쓰는 성긴 종이. 여과지.

거름흙 ①기름진 흙. ②거름을 놓았던 자리에서 그러모은 흙.

거리[1] ①길거리. ②사람이나 차가 많이 다니는 길. 예서울의 거리에는 자동차가 많다. 비한길.

거리[2] ①다른 무엇을 만드는 데 감이 되는 물건. 예김칫거리. ②일거리. 예소일거리.

거:리[3](距離) ①서로 떨어진 사이의 길이. ②사람과 사귀는 데 있어서의 간격.

거:리감 사이가 뜬 느낌. 예친구와 다툰 후에 거리감이 생겼다.

거리끼다 ①마음에 걸려 방해가 되다. ②어떤 사물이 딴 사물에 방해가 되다.

거리낄 것 없이 마음에 걸릴 것이 없이. 방해될 것이 없이. 예거리낄 것 없이 이야기해라.

-거리다 같은 짓을 잇달아 자꾸 함을 나타내는 말. 예파도가 넘실거리다.

거:리표 ①철도가 시작되는 곳부터의 거리를 나타내는 표지. ②이정표.

거마(車馬) 수레와 말. 차마.

거마비 타고 다니는 데 드는 비용, 또는 그 명목으로 주는 돈. '교통비'를 달리 이르는 말.

거:만하다(倨慢―) ①권세를 믿고 멋대로 굴다. 예거만하게 주위를 둘러보다. ②잘난 체하다. 반공손하다. —히.

거:머리 ①동물의 살에 붙어 피를 빨아먹는 물벌레. ②남에게 달라붙어 귀찮게 구는 사람. 예거머리처럼 따라다니며 조르다.

거머안다 힘있게 마구 휘몰아 안다. 예보따리를 떨어뜨리지 않으려고 거머안다.

거:멓다 빛이 매우 검다. 작가맣다. 센꺼멓다.

거:목(巨木) ①아주 큰 나무. ②'큰 인물'을 비유하여 이르는 말. 예문학계의 거목.

거무스름하다 조금 검다. 예거무스름한 얼굴. 준거뭇하다. 작가무스름하다. 센꺼무스름하다.

거무접접하다 얼굴 빛깔 따위가 칙칙하다. 작가무잡잡하다. 센꺼무접접하다.

거무죽죽하다 고르지 않게 거무스

거석 문화

름하다. 예살결이 거무죽죽하다. 반희읍스름하다. 작가무족족하다. 센꺼무죽죽하다.

거무칙칙하다 우중충하게 거무스름하다. 예거무칙칙한 저 커튼 좀 바꿔라. 작가무칙칙하다. 센꺼무칙칙하다.

거문고 오동나무의 긴 널을 속이 비게 짜고 그 위에 줄 여섯을 건 현악기.

거문고 인 놈이 춤을 추면 칼 쓴 놈도 춤을 춘다〈속〉 못난 주제에 남의 흉내를 낸다.

거:물(巨物) ①거창한 물건. ②학문이나 세력이 중요한 위치에 있는 사람. 예학계의 거물.

거물거물 ①멀리 있는 물체가 희미하게 보일 듯 말 듯 어른거리는 모양. ②의식이 희미하여 정신이 들었다 나갔다 하는 모양. 작가물가물. 센꺼물꺼물. —하다.

거뭇거뭇 군데군데 검은 모양. 작가뭇가뭇. 센꺼뭇꺼뭇. —하다.

거미 그물같이 집을 지어 놓고 벌레가 걸리면 양분을 빨아먹고 사는 벌레.

거미도 줄을 쳐야 벌레를 잡는다〈속〉무슨 일이든지 준비가 있어야 결과를 얻을 수 있다.

거미줄 거미가 뽑아 내는 가는 줄, 또는 그 줄로 친 그물.

거미줄 같다 사방으로 이리저리 얽힌 모양과 같다. 예거미줄 같이 복잡한 도로.

거봐라 '그것 보아라'가 줄어서 된 말로, 일이 자기 말대로 되었을 때 아랫사람에게 하는 말. 예거봐라, 내 말이 맞지.

거:부¹(巨富) 큰 부자. 많은 재산. 예거부가 되다.

거:부²(拒否) 상대편의 요구·제안 따위를 승낙하지 않고 물리침. 예회담 제의를 거부하다. 비거절. —하다.

거:부권[—꿘] 남의 의견·요구를 거부할 수 있는 권리.

거북 물뭍 동물의 하나로, 몸이 넓적하며 등과 배에 단단한 껍데기가 있어서, 머리·꼬리·네 발이 그 속에서 나옴.

거북선(—船) 임진왜란 때 충무공 이순신 장군이 처음으로 만든 거북 모양의 철갑선.

〔거북선〕

거북점 거북 딱지를 불에 태워 그 갈라지는 금을 보고 좋고 나쁨을 판단하는 점.

거:북하다 ①몸·마음이 편안하지 아니하다. 예많이 먹었더니 속이 거북하다. ②말하기 어렵다. 예거절하기가 거북하다. 비불편하다. 반편안하다.

거뿐하다 매우 가볍다. 예하루 푹 쉬었더니 몸이 거뿐하다. 상가뿐하다. —히.

거사¹(居士) ①벼슬하지 아니하고 일반 사회를 멀리하여 살아가는 선비. ②승려가 아닌 사람으로서 불교의 법명을 가진 남자.

거:사²(擧事) 큰일을 일으킴. 비거행. —하다.

거:산(巨山) 크고 높은 산.

거:상(巨商) 밑천을 많이 가지고 하는 장사, 또는 그 사람.

거:석(巨石) 매우 큰 돌덩이.

거:석 문화 고인돌·선돌 등 거대

한 돌덩이를 사용한 건축물을 특징으로 하는 신석기 시대의 문화를 통틀어 이르는 말.

거세다 ①성질이나 목소리가 거칠고 억세다. ②거칠고 세차다. 예 바람이 거세다. 비 세차다.

거센 억센. 예 세상은 거센 파도가 치는 바다와 같다.

거센말 뜻은 같으나 말의 느낌을 강하게 하기 위하여 거센소리를 내는 말. '감감하다·깜깜하다'에 대하여 '캄캄하다' 따위.

거센소리 거세게 소리나는 자음.

거:수(擧手) 손을 위로 들어올림. —하다.

거:수 경:례 손을 올려 공경의 뜻을 나타내는 인사의 한 가지. —하다.

거스르다[거스르니, 거슬러] ①반대되는 길을 잡다. 예 바람을 거슬러 뛰어가다. ②큰돈에서 받을 것을 제하고 남은 돈을 도로 내어 주다. 예 잔액을 거슬러 받다.

거스름돈[—똔] 큰돈에서 받을 것을 제하고 되돌려 내주는 남은 돈. 우수리. 준 거스름.

거슬러 올라가다 아래에서 위로 향하여 가다.

거슬리다 순순히 받아들여지지 않고 언짢은 느낌이 들다. 예 귀에 거슬리는 말은 그만 해라.

거슴츠레하다 졸리어 눈에 기운이 없다. 예 거슴츠레한 눈. 비 게슴츠레하다. 작 가슴츠레하다.

거시기 ①말하는 도중에 사람이나 사물의 이름이 얼른 떠오르지 아니할 때, 그 이름 대신에 하는 말. ②말하는 도중에 갑자기 말이 막힐 때 내는 군말.

거실(居室) ①서양식 집에서, 가족이 모여 생활을 하는 방. ②거처하는 방.

거:액(巨額) 많은 액수의 금액.

거:역(拒逆) 윗사람의 뜻이나 명령을 어김. 예 부모님의 뜻을 거역하지 말라. —하다.

거울 ①사람의 형상을 그대로 비추어 보는 데 쓰는 기구. ②비추어 보아 모범이나 경계가 될 만한 사실.

거울삼다 지난 일이나 남의 일들을 살피어 본받거나 주의하다. 예 이번 일을 거울삼아 다시는 실수를 하지 않도록 해라.

거위¹ 온몸이 희고 목이 긴 가축으로 기르는 새.

거위² 모양은 지렁이 같고 사람의 뱃속에 붙어 살며 복통을 일으키게 하는 벌레. 비 회충.

거위배 회충으로 말미암은 배앓이. 횟배.

거:유(巨儒) 학문과 덕이 높은 이름난 선비. 대유. 석유. 예 조식 선생은 당대의 거유였다.

거의 ①대부분. 예 숙제를 거의 다 했다. ②대개. 비 거지반. 대개.

거:인(巨人) ①아주 몸이 큰 사람. 반 소인. ②위대한 사람. 예 국문학의 거인 주시경 선생.

거:장(巨匠) 예술계에서 아주 뛰어난 사람. 예 바이올린의 거장.

거저 공으로. 힘들이지 않고.

거저먹기 힘들이지 않고 할 수 있거나 쉽게 성과를 올릴 수 있음, 또는 그런 일.

거적 새끼와 짚으로 엮거나 걸어서 자리처럼 만든 물건.

거:절(拒絶) 남의 제의나 요구 등을 딱 떼어 물리침. 비 거부. 반 승낙. —하다.

거:점(據點)[-쩜] 활동의 근거가 되는 곳. ⑩ 사모아를 거점으로 많은 원양 어업이 행해진다.

거:제(巨濟) 경상 남도 거제시에 있는 항구 도시.

거:제 대:교 경상 남도 통영시와 거제시를 잇는 다리. 길이가 740m, 폭이 10m. 남해의 명물 중의 하나.

거:제도 경상 남도 진해만의 앞쪽에 있는 섬.

거:족¹(巨足) 발전·진보의 두드러진 자취. ⑩ 근래에 거족의 발전을 한 회사.

거:족²(擧族) 온 겨레. 민족 전체.

거:족 일치(擧族一致) 온 겨레가 마음과 힘을 하나로 함. -하다.

거:족적(擧族的) 온 겨레가 모두 힘을 모으는 것. ⑩ 거족적 행사.

거:족적 운:동 민족이 다 같이 들고일어나 꾀하는 어떤 일.

거주(居住) ①사는 곳. ⑩ 거주 지역. ②살고 있음. -하다.

거주민 일정한 곳에 자리를 잡고 사는 주민·국민. ㉣ 주민.

거주지 현재 살고 있는 곳. ⑩ 거주지를 옮기다.

거죽 ①속과 반대되는 곳. ②안과 반대되는 곳. ③껍질. ⑩ 거죽이 너덜너덜하다. ㉫ 겉. 표면.

거:중기(擧重機) 무거운 물건을 들어올리는 데 쓰던 재래식 기중기.

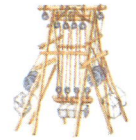

〔거중기〕

거:지 빌어먹는 사람. ㉫ 걸인. 비렁뱅이.

거지같다 '일이나 상황이 좋지 않다'를 속되게 이르는 말.

거지도 손 볼 날이 있다〈속〉 아무리 가난한 집이라도 손님을 맞을 때가 있으니 깨끗한 옷쯤은 마련해 두어야 한다.

거지반(居之半) 절반 이상. 거의. ⑩ 일이 거지반 끝났다. ㉣ 거반.

거:지발싸개 '몹시 지저분하고 더러워 꼴답지 못한 사람이나 물건'을 욕하여 이르는 말. ⑩ 거지발싸개 같은 녀석.

거:짓 사실과 틀리게 꾸밈. 남을 속임. ⑩ 거짓된 마음. ㉫ 참.

거:짓말[-진말] 사실과 다르게 꾸며 하는 말. 남을 속이는 말. ㉫ 허위. ㉫ 참말. 정말. -하다.

거:짓말쟁이[거진-] 거짓말을 잘 하는 사람.

거:짓말 탐지기 사람의 마음 상태에 따라 일어나는 생리적 변화를 측정하여 거짓인지 아닌지를 알아 내는 데 쓰이는 기계 장치.

거:참 탄식을 하거나 어이없을 때 먼저 나오는 말. ⑩ 거참, 딱한 일이로구나. ㉫ 그것 참.

거:창하다(巨創-) 사물이 엄청나게 크다. ⑩ 계획만 거창하지 실천이 없다. -히.

거:처¹(去處) 간 곳, 또는 갈 곳. ⑩ 거처를 밝히고 떠나라.

거처²(居處) 한군데에 자리잡고 삶, 또는 그 곳. ⑩ 이 곳이 내가 거처하는 집이오. -하다.

거추없다[-업따] 하는 짓이 싱거워 어울리지 아니하다. -이.

거:추장스럽다〔거추장스러우니, 거추장스러워/거추장스러이〕다루기가 거북하고 귀찮다. ⑩ 짐이

거취

커서 다니기에 거추장스럽다.
거:취(去就) ①사람이 어디로 나다니는 움직임. 예거취가 수상한 사람을 신고하다. ②어떤 일에 대하여 취하는 태도. 예우물쭈물하지 말고 거취를 분명히 해라.
거치다 ①지나가다. ②잠깐 들르다. 예그 곳은 이번 여행길에 거친 곳이다. 비지나다.

거치다 지나는 길에 잠깐 들르다.
걷히다 거두어지다.

거친말 난폭하거나 막되고 세련되지 못한 말.
거친 먹이 영양이 적은 곡식의 짚 같은 가축의 먹이.
거칠 것 앞에 걸리거나 막히는 것. 예거칠 것이 없다.
거칠다〔거치니, 거칠어서〕 ①곱지 않다. ②반드럽지 않다. ③온순하지 않다. ④손버릇이 나쁘다. ⑤논밭에 잡풀이 무성하다. 반곱다. 부드럽다.
거칠하다 살이 빠져 피부나 털이 윤기가 없다. 작가칠하다. 센꺼칠하다.
거침새 일이 진행되는 도중에 막히거나 걸리는 모양. 예거침새 없이 일하는 기술자.
거침없다[-업따] ①앞에 걸리는 것이 없다. ②앞에 막히는 것이 없다. ③몸에 거리낄 것이 없다. 예거침없는 행동. —이.
거:포(巨砲) 매우 큰 대포.
거푸 잇달아 거듭. 예잠깐 동안에 거푸 두 마리를 잡았다.
거푸집 ①부어서 만드는 물건의 모형. ②도배를 할 때에 붙지 않고 들뜬 빈틈.

거품 물 속에 공기가 들어가서 둥글게 부풀어올라 물 위에 뜨는 것. 예비누 거품.
거:행(擧行) ①식을 치름. 예광복절 경축식을 거행하였다. ②명령대로 시행함. 비거사. —하다.
걱정 ①근심하는 일. 예아버지께서는 날이 가물다고 걱정을 하십니다. ②염려하여 겁냄. ③마음을 씀. ④꾸짖음. 비근심. 염려. 반안심. —스럽다. —하다.
건:강(健康) 몸에 아무 탈이 없이 튼튼함. 예사람에게는 무엇보다 건강이 제일이다. 비건전. 반쇠약. 허약. —하다. —히.
건:강 관:리 건강을 유지하기 위하여 여러 가지 일을 보살펴서 다스림.
건:강미 건강한 육체에서 나타나는 아름다움.
건:강 식품 사람의 건강 유지에 좋다는 여러 가지 식품을 두루 이르는 말.
건:강 진:단 몸에 병이 있고 없음을 살피는 일.
건:강체 튼튼한 몸.
건건이 간단한 반찬.
건건하다 감칠맛이 없고 좀 짜다. 예찌개가 조금 건건하다. 작간간하다. —히.
건:국(建國) 새로 나라를 세움. 비개국. —하다.
건:국 신화(建國神話) 나라를 처음 세운 일에 따른 신화. 예단군 신화는 대표적인 우리 민족의 건국 신화다.
건:국 이:념 나라를 처음 세울 때의 근본 정신. 예홍익 인간은 우리 나라의 건국 이념이다.
건:너다 ①내를 넘어가다. ②이

끝에서 저 끝으로 가다. ③배를 타고 가다. [예] 강을 배로 건너다.

건너다보니 절터〈속〉 남의 것이라, 욕심을 내어도 소용이 없다.

건:너다보다 이쪽에서 저쪽을 바라보거나 살피다. [예] 강 저편 마을을 건너다보다.

건:너지르다 긴 물건의 양쪽 끝을 두 곳에 가로 대어 놓다.

건:너짚다 ①사이에 있는 것을 건너거나 넘어서 팔을 내밀어 짚다. ②앞질러서 짐작하다. [예] 잘 알지도 못하면서 공연히 건너짚지 마라. [비] 넘겨짚다.

건:너편 서로 마주 보고 있는 저쪽 편.

건:넌방 안방과 마루를 사이에 두고 붙어 있는 방. [예] 건넌방에서 놀자. [반] 안방.

건:널목 ①기찻길과 도로가 서로 엇갈려 있는 곳. ②강·내·길 따위를 건너다니게 된 일정한 곳.

건:널목지기 건널목의 사고를 막기 위하여 지키는 사람.

건:넛마을[건넌—] 서로 마주 보고 있는 마을.

건:네다 ①남에게 말을 붙이다. [예] 말을 건네다. ②가진 돈이나 물건을 남에게 옮기어 주다. [예] 선물을 건네다.

건:네 주다 건너게 하여 주다. [예] 배로 강을 건네 주다.

건달(乾達) 일정한 주소나 직업이 없는 사람.

-건대 앞으로 하려는 일을 미리 말하여 둘 때 쓰는 말끝. [예] 생각하건대.

건더기 국물이 많은 음식에 섞여 있는 채소·고기 따위.

건둥건둥 ①말끔하게 마무르는 모양. ②일을 대충대충 빨리 해치우는 모양. [예] 만사를 건둥건둥 해치우는 사람이라 못 믿겠다. [작] 간동간동. —하다.

건드러지다 음성이나 맵시 따위가 가늘고 부드러워 신나도록 멋있다. [예] 건드러진 목소리. [작] 간드러지다.

건:드리다 ①무엇에 무엇을 대어 움직이게 하다. ②남의 마음을 움직이게 하다. ③남을 성내게 하다. [예] 비위를 건드리다.

건들건들 ①비교적 큰 물체가 가볍게 천천히 흔들리는 모양. ②바람이 가볍고 시원하게 부는 모양. ③몸을 자꾸 움직이는 모양. [예] 건들건들 걸어오는 남자. [작] 간들간들. —하다.

건:립(建立)[걸—] 이룩하여 세움. [비] 수립. 건설. —하다.

-건마는 이미 말한 사실과 같지 않은 일을 말하려 할 때 쓰이는 말. [예] 나이는 먹었건마는 철이 없다.

건:망(健忘) 잘 잊어버림.

건:망증(健忘症)[—쯩] 사물을 잘 잊어버리는 성질.

건몸달다 저 혼자서만 몸이 달이서 헛되게 애를 쓰다. [예] 아무도 들어주지 않는데 혼자서만 건몸달았다.

건:물(建物) ①집. ②건축물.

건물로(乾—) ①공연히. 쓸데없이. ②힘 안 들이고. ③그저.

건:반(鍵盤) 피아노·오르간·타자기 따위의 손으로 치게 된 바닥.

건:반 악기 피아노·오르간과 같이 건반이 있는 악기를 통틀어 이르는 말.

건방 제가 제일인 체하는 주제넘

건방지다

은 태도. ⓔ건방떨다.
건방지다 주제넘다. 언행이 보기에 아니꼽다. 너무 아는 체하다.
건배(乾杯) 성공이나 건강을 빌며 모두가 술잔을 들어 마시는 일. ⓑ축배. —하다.
건ː백(建白) 지난날, 윗사람이나 관청에 대하여 의견을 말하던 일. —하다.
건ː백서(建白書) 건백의 내용과 이유를 적은 문서.
건빵(乾—) 보존이나 휴대에 편리하도록 딱딱하게 만든 마른과자의 한 가지.
건사하다 잘 간수하여 지키다.
건ː설(建設) 새로 만들어 세움. ⓑ건립. ⓟ파괴. —하다.
건ː설 교통부 국토 종합 개발 계획의 수립 및 건설과 교통에 관한 일을 맡아 보는 중앙 행정 기관의 하나. ⓒ건교부.
건ː설업 토목·건축에 관한 공사 및 그에 따르는 업무를 맡아 하는 사업.
건ː설적 적극적이고 발전적인 자세로 임하는. ⓔ건설적인 사고 방식.
건ː설 회사 토목·건축에 관한 공사를 맡아 하는 회사.
건성[1] 슬슬 겉으로만 함. ⓔ충고를 건성으로 듣다.
건성[2](乾性) 건조한 성질. 건조하기 쉬운 성질. ⓔ건성 시멘트. ⓟ습성.
건수(乾水) 솟는 물이 아니라, 비가 온 뒤에만 땅 속에 스몄던 물이 한때 솟아올라 괸 물.
건습구 습도계 물이 증발하는 정도의 차이를 재어, 공기 중의 습도를 알아 낼 수 있도록 건구와 습구 두 개의 수은 온도계를 나란히 장치한 습도계.
건ː실(健實) 건전하고 착실함. ⓔ건실한 생활 태도. —하다. —히.
건ː아(健兒) 씩씩한 사나이.
건어물(乾魚物) 말린 물고기.
건ː의(建議) 희망이나 의견을 내어 말함. ⓔ우리의 건의가 받아들여졌다. —하다.
건ː의서 어떤 사항에 대한 의견이나 희망을 적은 문서.
건ː장(健壯) 몸이 크고 힘이 굳셈. ⓔ건장한 사나이들. —하다. —히.
건ː재(健在) 아무 일이 없이 잘 있음. ⓔ아직 건재하다. —하다.
건ː재상(建材商) 건축 재료를 파는 장사나 장수, 또는 상점.
건ː전(健全) 튼튼하고 착실하며 완전함. ⓔ건전한 사고 방식. —하다. —히.
건전지(乾電池) 전기 에너지를 발생하는 약품을 녹말이나 종이에 흡수시켜 물과 같은 상태로 하여 쏟아지지 않도록 한 전지. 건전지 1개의 전압은 약 1.5V(볼트)임.
건ː조[1](建造) 건물이나 배 따위를 만듦. ⓔ어선을 건조하다. —하다.
건조[2](乾燥) 습기나 물기가 없어짐. ⓔ기후가 건조하다. ⓟ습윤. —하다.
건조기 기후가 건조한 시기. ⓒ건기.
건조 기후 열대나 온대 지방의 일부에서 볼 수 있는 극히 비가 적은 기후. ⓟ습윤 기후.
건조대 건조 기후를 이루고 있는 지역.
건조제 다른 것의 수분을 제거하

기 위하여 쓰는 물질.

건조체 문장을 꾸미는 정도에 따라 나누는 문체의 한 가지. 화려한 꾸밈을 피하고 오직 내용의 완전한 전달만을 목적으로 쓰는 문체. 凹화려체.

건지다 ①물 속에 있는 것을 집어내다. ②어려움에 빠진 사람을 도와서 벗어나게 하다. 예목숨을 건지다.

건천(乾川) 조금만 가물어도 이내 물이 마르는 내.

건초(乾草) 베어서 말린 풀. 凹생초.

건:축(建築) 흙·나무·돌·쇠 따위를 써서 집·다리 따위를 세움. ―하다.

건:축가 건축 설계나 건축 공사의 지휘·감독 따위를 전문으로 하는 사람.

건:축물 건축한 구조물을 통틀어 이르는 말.

건:축술 집이나 탑 따위를 만드는 기술.

건:축 양식 건축물의 모양이나 짓는 방식.

건:투(健鬪) 씩씩하게 잘 싸움. 씩씩하게 일해 감. 예우리 선수들의 건투를 빈다. ―하다.

건:평(建坪) 건물이 자리잡은 터의 평수. 예이 집은 건평이 얼마나 됩니까? 비건축 면적.

건:폐율(建蔽率) 대지 면적에 대한 건평의 비율.

건포(乾布) 마른 수건.

건포도(乾葡萄) 포도를 말려 단맛과 향기가 있게 만든 것.

건포 마찰 혈액 순환을 돕기 위하여 마른 수건으로 온몸을 문지르는 일. 凹냉수 마찰. ―하다.

걷다¹ ①남에게 금품을 받아 모으다. 예기부금을 걷다. ②휘장·옷 따위를 말아 올리다. 예바지를 걷다.

걷:다² 두 다리를 번갈아 움직여 앞으로 가다. 예아장아장 걷는 아이.

걷어들이다 흩어지거나 널려 있는 것을 거두어 모으거나 안으로 들이다. 예꾸어 준 돈을 걷어들이다.

걷어차다 발을 들어 몹시 세게 차다. 예엉덩이를 걷어차다.

걷어채다 남에게 걷어참을 당하다. 예정강이를 걷어채다.

걷어치우다 ①물건 따위를 걷어서 다른 곳으로 치우다. ②하던 일을 중도에서 그만두다. 예이 일은 걷어치우고 새로운 계획을 짜자.

걷잡다 잘못 치닫거나 이미 기울어져 가는 형세를 바로잡다. 예불길이 삽시간에 걷잡을 수 없이 번져 나갔다.

걷히다 ①끼었던 구름이나 안개 따위가 없어지다. ②곡식이나 돈·물건 따위가 거두어지다.

걸¹ ①윷놀이에서, 한 가락만 윷 등을 보이고, 나머지 세 가닥은 모두 윷 배를 보였을 때를 이름. ②윷판의 셋째 자리.

걸² '것을'의 준말. 예네게 줄 걸 내가 가졌구나.

걸걸하다 목소리가 좀 갈라진 듯하면서 우렁차다. ―히.

걸그물 그물의 한 가지. 그물코에 물고기가 걸리게 하든지 또는 얽히게 하여 잡는 그물.

걸:기 유도에서, 상대방을 발로 걸어서 넘어뜨리는 기술을 통틀어 이르는 말. 예안다리걸기.

걸:다[1] ①물건을 달아매다. 예옷을 옷걸이에 걸다. ②가장자리를 기대어 걸쳐 놓다. 예솥을 걸다. ③상대편에게 어떤 행동을 시작하다. 예말을 걸다. ④약조금을 치르다. 예계약금을 걸다. ⑤문을 잠그다. 예대문을 걸다. ⑥전화기를 돌려 통화가 되게 하다. 예전화를 걸다. ⑦희망이나 기대 따위를 갖다. 예희망을 걸다.

걸:다[2] ①농토가 기름지다. 예땅이 걸다. ②액체가 묽지 않다. 예국물이 걸다. ③음식을 가리지 않고 잘 먹거나 말을 거리낌없이 함부로 하다. 예입이 걸다.

걸:다[3] 내놓다. 예적을 무찌르기 위해 생명을 걸고 싸웠다.

걸레 더러운 곳을 닦거나 훔치는데 쓰는 헝겊.

걸레질 걸레로 닦거나 훔치는 일. —하다.

걸리다 ①걸음을 걷게 하다. ②얼마 동안의 시간이 들다. 예그 곳까지 10분 이상이 걸린다. ③마음에 거리끼다. 예일처리를 마무리하지 못한 게 마음에 걸린다. ④무엇에 부딪거나 닿아서 나아가지 못하고 멈추어 있다. 예목에 가시가 걸렸다.

걸리버 여행기 영국 소설가 스위프트가 지은 소설. 여행가 걸리버가 항해 중에 난파하여, 소인국과 거인국으로 가게 되면서 겪은 이야기를 쓴 풍자 소설.

걸림돌[—똘] 발길에 거치적거리는 돌이라는 뜻으로, '무슨 일의 진행을 가로막는 것'을 빗대어 이르는 말. 예남북 통일의 걸림돌.

걸맞다 ①서로 견주어 볼 때 두 편의 정도가 어울려 비슷비슷하다. 예걸맞는 상대. ②격에 맞게 어울리다. 예그 모자엔 이 옷이 걸맞다.

걸머지다 ①짐바에 걸어서 등에 지다. ②빚을 많이 지다. ③중요한 임무를 맡다. 책임을 지다. 예어린이는 나라를 걸머지고 나아갈 내일의 기둥. 비짊어지다.

걸메다 짐을 줄로 걸어 한쪽 어깨에 메다.

걸물(傑物) ①뛰어난 사람. ②아주 훌륭한 물건.

걸:상(—床) 여러 사람이 같이 깔고 앉게 만들어 놓은 의자의 한 가지. 비의자. 반책상.

걸:쇠[—쐬] 문을 걸어 잠글 때 빗장으로 쓰는 'ㄱ'자 모양의 쇠.

걸 스카우트(girl scouts) 전 세계적으로 조직되어 있는 소녀들의 수양·교육 단체. 반보이 스카우트.

걸식(乞食)[—씩] 빌어서 먹음. 예문전 걸식. —하다.

걸신(乞神)[—씬] 굶주리어 음식을 몹시 탐내는 욕심.

걸신들리다 배가 고파 음식에 대한 욕심이 몹시 나다. 예걸신들린 듯 밥을 먹다.

걸어가다 서서 두 발을 움직이어 앞으로 나아가다.

걸어오다 ①탈것에 타지 않고 두 발을 움직여 오다. 예도로가 너무 막히어 버스에서 내려 두 정거장을 그냥 걸어왔다. ②말이나 짓을 상대방에서 먼저 붙여 오다. 예시비를 걸어오다.

걸음 두 발을 번갈아 움직여 옮기는 것. 비발길.

걸음걸이 걸음을 걷는 모양.

걸음마 ①어린아이가 처음 걸음을

배울 때의 걸음걸이. ②어린아이에게 걸음을 익히게 할 때 발을 떼어 놓으라고 하는 말.

걸인(乞人) 빌어먹는 사람. 비렁뱅이. 圓거지.

걸작(傑作)[-짝] ①잘 지은 글. ②잘 만든 물건. 凾졸작.

걸쭉하다 액체 속에 건더기가 많아서 묽지 아니하고 조금 걸다. 例국물이 걸쭉하다. —히.

걸출(傑出) 남보다 훨씬 우뚝하게 뛰어남. 또는 그런 사람. —하다.

걸:치다 ①옷 따위를 입거나 뒤집어쓰다. ②양쪽을 맞닿아 이어지게 하다.

걸:터앉다[-안따] 궁둥이를 걸치고 앉다. 例의자에 걸터앉다.

걸:프 전쟁 1990년 8월 2일 이라크 군이 쿠웨이트를 전격적으로 침공함으로써, 91년 1월 9일 미국을 주축으로 한 다국적 군의 이라크 공습으로 시작하여 1월 28일에 미국의 전투 중지 및 승리로 끝난 전쟁.

걸핏하면 조금이라도 일만 있으면, 툭하면. 例걸핏하면 불만을 터뜨리는 사람.

검:(劍) 길고 큰 칼. 例검술. 圓칼.

검:객(劍客) 칼을 잘 쓰는 사람.

검:거(檢擧) 경찰에서 죄지은 사람을 잡아감. 例유괴범을 검거하다. —하다.

검:군(劍君, ?~?) 신라 진평왕 때의 화랑. 양곡을 도둑질하는 동료들을 뉘우치게 하려고 자결함.

검:다[-따] ①검은빛을 하고 있다. ②욕심이 많다. 例마음이 검다. 凾희다. 쎈껌다.

검댕 그을음이나 연기 따위가 맺혀서 된 검은 부스러기.

검:도(劍道) 칼을 다루는 기술을 익히는 운동.

검둥이 ①털빛이 검은 개. ②살빛이 검은 사람.

검:문(檢問) 사람이나 차량 따위를 멈추게 하고 신분·짐 등을 조사함. 例검문소. —하다.

검:버섯[-섣] 늙은이의 살갗에 생기는 거무스름한 점.

검불 짚·풀 따위의 부스러기.

검:붉다[-북따] 검은빛을 조금 띠면서 붉다. 例검붉은 피.

검:사¹(檢事) 죄지은 사람을 조사하고 재판을 통하여 벌을 받도록 하는 일을 맡은 공무원.

검:사²(檢査) 사실을 조사하여 옳고 그름과 낫고 못함을 판단함. —하다.

검:사기 검사를 하는 데 쓰이는 기계.

검:사장 검사를 하는 곳.

검:사필 검사를 다 마침.

검:산(檢算) 계산이 틀림없는지를 알기 위한 계산. —하다.

검:색(檢索) 조사하여 찾아봄. 例기두 검색. —하다.

검색어(檢索語) 인터넷상에서 찾은 말이나 찾아야 하는 말.

검:소(儉素) 사치하지 아니하고 수수함. 例검소한 생활. 凾사치. —하다. —히.

검:수(檢水) 수질이나 수량 등을 검사하는 일. —하다.

검:술(劍術) 칼을 쓰는 기술.

검실검실 어떤 물체가 먼 곳에서 자꾸 어렴풋이 움직임. 또는 그 모양. 쟉감실감실. —하다.

검:약(儉約) 절약하여 낭비하지 아니함. 例검약하는 습관. 圓검소.

검열

쁜 낭비. —하다.
검ː열(檢閱)[—녈] ①검사하여 열람함. ②언론·출판·연극·영화 따위의 내용을 강권적으로 사전에 검사하여 그 발표를 통제함, 또는 그 일. 비 검사. —하다.
검ː인(檢印) 서류나 물건을 검사하고 그 표시로 찍는 도장. —하다.
검ː인정 교ː과서 교육 인적 자원부에서 실시하는 교과서 사열 과정에서 검정이나 인정을 받은 교과서.
검ː전기(檢電器) 물체나 전기 회로 중의 전기 유무나 전기량 따위를 검사하는 계기나 장치를 통틀어 이르는 말.
검정¹ 검은 빛깔. ㉠검정 옷. 쁜 하양. 작 감장. 센 껌정.
검ː정²(檢定) 어떠한 일을 검사하여 정함. —하다.
검ː정 고시(檢定考試) 어떤 자격을 얻는 데 필요한 지식이나 기술의 유무를 알아보기 위하여 실시하는 시험. 검정 시험. ㉠대입 자격 검정 고시.
검정말 자라풀과의 여러해살이풀. 늪이나 흐르는 물 가운데 모여서 남. 줄기는 무더기로 나고, 잎은 가늘고 길며 잔 톱니가 있음.
검정풍뎅이 풍뎅잇과의 곤충. 몸 길이 20mm 가량. 몸빛깔은 밤색 또는 흑갈색이며 해충임.
검ː지 집게손가락.
검ː진(檢診) 병이 있나 없나를 검사하기 위하여 하는 진찰. ㉠정기적으로 검진을 받다. —하다.
검ː찰(檢察) ①검사하여 살핌. ②죄를 조사하여 증거를 살핌. ③'검찰청'의 준말. —하다.
검ː찰청 법무부에 딸린 행정 기관. 검찰에 관한 사무를 전체적으로 맡아 봄.
검ː출(檢出) ①검사하여 찾아 냄. ②물질 속에 어떤 원소나 이온 화합물이 들어 있나를 알아 냄. —하다.
검ː침(檢針) 계량기 따위의 바늘이 가리키는 눈금을 검사하는 일. 전기·수도·가스 따위의 사용량을 검사함. ㉠검침원. —하다.
검ː토(檢討) 내용을 검사하여 연구함. ㉠보고서를 검토하다. 충분히 검토된 계획. —하다.
검ː푸르다〔검푸르니, 검푸르러〕 검게 푸르다. ㉠검푸른 물결.
겁(怯) 무서워하거나 두려워하는 것. ㉠겁나다. 겁 없는 아이. 비 두려움. 쁜 용기.
겁결 겁이 나서 어쩔 줄 몰라 당황하는 참. ㉠겁결에 비명을 질렀다.
겁내다[겁—] 무섭고 두려운 생각을 갖다.
겁먹다[겁—] 무섭거나 두려운 생각을 가지다. ㉠겁먹은 표정.
겁쟁이 몹시 겁이 많은 사람.
겁탈(劫奪) 남을 위협하여 그 사람의 것을 함부로 빼앗음. —하다.
것 ①사람. ②물건. ③일.
경중경중 긴 다리를 모으고 자꾸 위로 솟구어 뛰면서 가는 모습. ㉠노루가 경중경중 뛰어간다. 작 강중강중. —하다.
겉[건] 밖으로 드러난 쪽. 쁜 속.
겉가량[건—] 겉만 보고 어림쳐서 하는 셈. ㉠겉가량으로 100명은 넘겠다. 쁜 속가량. —하다.
겉넓이[건널비] 물체 겉면의 넓이.
겉늙다[건늑—] 나이에 비하여 더

늙은 티가 나다. 예 고생을 많이 해서 겉늙어 보인다.
겉대중[걷-] 겉으로 보고 대강 어림하는 것. 땐 속대중. -하다.
겉돌다[걷-][겉도니, 겉돌아서] 잘 어울리지 않고 따로 놀다. 예 겉돌기만 하는 아이.
겉보기[걷-] 겉으로 보이는 모양새. 예 겉보기와는 달리 조용한 성격이다.
겉보리[걷-] 껍질을 벗기지 않은 보리.
겉봉(-封)[걷-] 편지를 싸서 봉한 거죽. 땐 봉투.
겉불꽃[걷불꼳] 불꽃 거죽의 밝지 않은 부분. 산소의 공급이 충분하여 온도가 가장 높음.
겉웃음 마음에도 없이 겉으로만 웃는 웃음.
겉잡다 ①겉으로 보고 대강 셈쳐서 어림잡다. 예 겉잡아서 이틀 걸릴 일. ②겉으로 대강 짐작하여 헤아리다. 예 네 말은 통 겉잡을 수가 없다.
겉장 여러 장으로 된 맨 겉에 있는 종이. 땐 표지. 땐 속장.
겉절이 배추나 열무 따위를 절여 무쳐서 바로 먹을 수 있게 만든 반찬. 예 배추 겉절이.
게:¹ 물에 사는 동물의 한 가지. 몸은 단단한 껍데기로 싸이고, 다섯 쌍의 발 중 한 쌍의 발은 집게 모양으로 생겼으며 옆으로 기어다님.

[게¹]

-게² 명령의 뜻을 나타내는 말끝. 예 일이 끝났으면 이젠 가게.

게걸 체면 없이 마구 먹으려 하거나 가지고 싶어 탐내는 마음. 예 게걸쟁이. -스럽다.
-게끔 '게'의 뜻으로 힘차게 하는 말끝. 예 길을 물으니, 잘 가게끔 가르쳐 주었다.
게놈(Genom 독) 생물이 생명을 유지하는 데 필요한 최소한의 염색체로서, 낱낱의 생물체가 가진 염색체의 한 조(組). 유전 형질을 나타내는 유전 정보가 들어 있음.
게다가 그 위에. 그리고 또. 예 착하고 게다가 공부까지 잘한다.
게:딱지 게의 등딱지.
게릴라(스 guerrilla) 작은 특수 부대나 비정규군이 그때 그때 형편에 따라 고도의 변칙적인 전술로 주로 적의 배후나 측면을 기습하여 교란·파괴하는 전법, 또는 그 부대나 전투원.
게슈타포(독 Gestapo) 나치스 독일의 비밀 경찰. 유대인 학살, 자유주의자 탄압 등의 활동을 함.
게스트(guest) 방송 프로그램에 초대된 특별 출연자.
게슴츠레하다 졸리어 눈에 기운이 없다. 비 거슴츠레하나.
게:시(揭示) 여러 사람에게 알리기 위하여 써서 붙이거나 내어 걺. -하다.
게:시판 여러 사람에게 알리는 글·그림·사진 등을 붙이는 판.
게:양(揭揚) 높이 달아 올림. 예 국기를 게양하다. -하다.
게:양대 국기 따위를 달도록 만들어 놓은 대.
게염 부러워하고 시새워서 탐내는 욕심. 잡 개염. -스럽다.
게우다 ①먹었던 것을 토하다. ②

게으르다

까닭 없이 차지하였던 남의 재물을 도로 내놓다. 예 착복한 재산을 게워 내다.

게으르다〔게으르니, 게을러서〕 ①행동이 느리다. ②할 일을 아니하다. ③부지런하지 않다. 반부지런하다.

게으름 행동이 느리고 일하기를 싫어하는 버릇이나 태도. 예 게으름을 피우다. 준게름. 작개으름.

게으름뱅이 ①게으른 사람. ②일을 하기 싫어하는 사람.

게을러빠지다 몹시 게으르다. 예 게을러빠진 사람. 비게을러터지다.

게을리 ①게으르게. ②일하기 싫어하는 마음을 가진. 예 자기 업무를 게을리 하다. 반열심히. 준 겔리. 작개을리.

게임(game) ①운동 경기. 예 탁구 게임. ②한 판의 승부.

게임 세트(game set) 운동 경기에서 승부가 끝남.

게임 카운트(game count) 정구나 탁구 따위에서 한 번의 승부가 난 점수.

게 잡아 물에 넣다〈속〉 애쓴 보람이 없다.

게:재(揭載) 신문·잡지 등에 글을 실음. 예 학급 신문에 내가 쓴 글이 게재되었다. ―하다.

게:트림 거만스럽게 하는 트림. ―하다.

겟세마네(Gethsemane) 예루살렘의 동쪽, 감람산의 서쪽 기슭에 있는 동산. 예수가 처형당하기 전날, 최후로 기도를 드리고 잡혀간 곳임.

-겠다 앞으로 하고자 하는 뜻을 나타내는 말끝. 예 집에 가서 잠이나 자겠다.

것다 원인, 조건 등이 충분함을 나타내는 토.

-것다 다짐하거나 원인, 조건이 충분함을 나타내는 말끝.

-겠다 미래나 추측을 뜻하는 말끝.

겨 쌀을 찧을 때에 가루가 되어 나오는 쌀의 겉껍질.

겨:냥 ①물건의 대소·길이와 넓이를 헤아리는 표준. ②목표물을 겨눔. 예 표적을 겨냥하고 공을 던졌다. ―하다.

겨:냥도(―圖) 건물 따위의 모양·배치를 잘 알 수 있게 그린 그림.

겨누다 ①목적물의 방향과 거리를 똑바로 잡다. 예 과녁에 총을 겨누다. ②어떤 물체의 넓이 따위를 알기 위해 다른 물체로써 마주 대어 보다. 견주다.

겨드랑이 가슴 옆 어깨 아래에 있는 부분.

겨레 같은 핏줄을 타고 나온 사람들. 한 조상에서 태어난 자손들의 무리. 비민족. 동포. 족속.

겨레말 한 겨레가 공통으로 쓰는 말.

겨레붙이[―부치] 같은 겨레를 이룬 사람.

겨루기 태권도에서, 기술의 활용과 시간에 아무런 제한 없이 공격과 방어법을 동시에 단련하는 일. 자유겨루기와 맞춰겨루기 따위가 있음.

겨루다 서로 버티어 이기고 짐을 다투다. 예 힘을 겨루다. 비대항하다.

겨룸 겨루는 일. ―하다.

겨를 일이 없는 사이. 한가한 때. ㉠공부를 하느라고 놀 겨를이 없다. ⓑ틈.

겨릅대 껍질을 벗겨 낸 삼대.

겨리 소 두 마리가 끄는 큰 쟁기. ⓟ호리.

겨우 ①간신히. 어렵게 힘들이어. ②가까스로. ㉠겨우 먹고 산다. ⓟ넉넉히.

겨우내 한 겨울 동안 죽. ㉠겨우내 시골에 있었다. ⓟ여름내. ⓑ겨울내.

겨우살이¹ ①겨울을 지냄. ②겨울철에 입고 먹고 지낼 생활 용품. —하다.

겨우살이² 겨우살잇과의 늘푸른 기생 떨기나무. 오리나무·밤나무 등에 기생하여 새의 둥지 모양으로 둥글게 자람.

겨운 힘에 부친. ㉠이 무거운 짐을 지고 그 먼 길을 갔다오기란 정말 힘겨운 일이었다.

겨울 한 해의 네 철 가운데 마지막 철. 눈이 오고 바람이 몹시 불고 추운 때. ⓟ여름.

겨울눈[—룬] 여름이나 가을에 생겨 이듬해 봄에 자라는 싹. 대개 비늘잎으로 싸여 있음. ⓑ동아.

겨울새[—쌔] 겨울이면 찾아와 사는 철새. 우리 나라의 겨울새는 기러기·청둥오리·개똥지빠귀 등이 있음. ⓟ여름새.

겨울잠[—짬] 곰·개구리·뱀 등과 같이 동물들이 땅 속이나 굴 속에서, 활동하지 않고 겨울을 지내는 일. ⓑ동면.

겨울철 겨울의 때. ⓑ동절. ⓟ여름철.

겨워하다 힘겹게 여기다. ㉠자기 힘에 겨워하는 벅찬 일.

겨자 빛이 누런 몹시 매운 양념. ㉠겨자채.

격(格) ①환경·조건·사정에 어울리는 분수나 품위. ㉠격에 어울리는 옷. ②자격·신분·지위. ㉠네가 주인격이다.

격감(激減) 아주 많이 줆, 또는 줄임. ㉠농촌 인구의 격감이 큰 사회 문제가 되고 있다. ⓟ격증. —하다.

격검(擊劍) 적을 물리치고 몸을 지키기 위하여 긴 칼을 잘 쓰는 법을 익힘. —하다.

격구(擊毬) 말을 타고 달리며 작대기로 공을 치던 무예, 또는 놀이.

격납고(格納庫)[경—] 비행기·비행선 따위를 넣는 창고.

격노(激怒)[경—] 몹시 화를 냄. ㉠격노한 백성들의 원성이 자자하다. —하다.

격돌(激突) 심하게 부딪침. ㉠적의 선봉 부대와 격돌하다. —하다.

격동(激動) 몹시 흔들리거나 움직임. ㉠격동한 군중들이 일시에 광장으로 몰려들었다. ⓑ충동. —하다.

격려(激勵)[경녀] 용기를 주어 힘을 내게 함. 부추김. —하다.

격렬(激烈)[경녈] 매우 심함. 지독함. ㉠격렬한 전투. ⓑ격심. —하다. —히.

격론(激論)[경논] 심하게 의견을 내세워 다툼. ㉠찬성과 반대의 격론을 벌이다. —하다.

격리(隔離)[경니] 사이를 막거나 떼어 놓음. ㉠전염병 환자를 격리시키다. —하다.

격멸(擊滅)[경—] 쳐서 없앰. ㉠

적군을 격멸하다. —하다.

격문(檄文) ①널리 세상 사람들을 선동하거나 의분을 높이기 위해 쓴 글. ②급히 여러 사람에게 알리려고 여러 곳에 보내는 글.

격변(激變) 급격하게 변함. 예 격변하는 세계. —하다.

격분(激忿) 몹시 분해함. 예 일제 침략에 격분하여 많은 의병이 일어났다. 비 격노. —하다.

격식(格式) 일정한 방식. 예 격식에 맞추다. 비 양식.

격심(激甚) 몹시 심함. 예 격심한 고생을 하다. 비 격렬. 치열. —하다. —히.

격앙(激昂) 감정이나 기운이 몹시 움직여 높아짐. 예 격앙된 감정을 누그러뜨리다. —하다.

격언(格言) 훌륭한 어른들이 남긴 말로서 교훈이 될 만한 짧은 말. 비 금언.

격월(隔月) 한 달씩 거르거나, 한 달을 거름. —하다.

격음(激音) 거센소리. 한글 자음 'ㅋ·ㅌ·ㅍ·ㅊ'의 소리.

격일(隔日) 하루씩 거름. 예 격일로 근무하다. —하다.

격전(激戰) 격렬하게 싸움. 예 격전이 벌어지다. —하다.

격전지 격전을 벌인 곳.

격정(激情) 격렬한 감정.

격증(激增) 갑자기 늘거나 붊. 썩 많아짐. 예 도시 인구가 격증하다. 반 격감. —하다.

격차(隔差) 수준이나 품질·수량 따위의 차이.

격찬(激讚) 대단히 칭찬함. 예 격찬을 받은 작품. —하다.

격추(擊墜) 적의 비행기 등을 공격하여 떨어뜨림. 예 적기를 격추하다. —하다.

격침(擊沈) 적의 배를 공격하여 가라앉힘. 예 무장간첩선을 격침하다. —하다.

격퇴(擊退) 적군을 쳐서 물리침. 예 적군을 격퇴하다. —하다.

격투(格鬪) 서로 맞붙어 때리며 싸움. 예 격투가 벌어지다. 격투기. —하다.

격파(擊破) ①쳐부숨. ②태권도에서, 쳐서 깨뜨림. 예 격파 시범을 보이다. —하다.

격하다(激—) 갑작스레 화를 내다. 몹시 흥분하다. 예 격한 감정을 드러내다.

겪다 ①당하여 치르다. 경험하다. 예 고통을 겪다. ②손님이나 여러 사람에게 음식을 차리어 대접하다. 예 귀한 손님을 겪다.

겪은 치른. 예 우리 겨레가 6.25전쟁 때 겪은 고생은 이루 다 말할 수 없다.

견갑골(肩胛骨) 어깨뼈.

견고(堅固) ①굳고 튼튼함. ②단단함. 비 견실. —하다. —히.

견디다 ①잘 참다. 예 외로움을 견디지 못하는 노인들의 문제. ②오래 버티어 나감. 비 참다.

견딜성(—性)[—썽] 잘 참아 견디는 성질. 비 인내성.

견마(犬馬) ①개와 말. ②윗사람에 대하여 자기 자신을 낮추는 말. 예 견마의 성의.

견:문(見聞) 보고 들음. 예 견문이 넓다. 비 문견. —하다.

견:물 생심(見物生心) 물건을 보면 가지고 싶은 욕심이 생김.

견:본(見本) 많은 수 속에서 하나를 보여 다른 것도 이렇다고 표시하는 물건. 예 견본품. 비 본보기.

견사(絹絲) 비단을 짜는 명주실을 통틀어 이르는 말. 비단실.

견섬유 명주실로 짠 섬유.

견ː습(見習) 남이 하는 것을 옆에서 보고 익히는 것. 남이 하는 것을 보고 배우는 것. 예견습 사원. 비견학. 수습. —하다.

견ː습공 남이 하는 일을 보고 그대로 연습하여 익히고 있는 직공. 반숙련공.

견ː식(見識) 견문과 학식. 예견식이 뛰어나다.

견실(堅實) 굳고 착실함. 튼튼하고 충실함. 예견실한 생활. 비견고. —하다. —히.

견우성(牽牛星) 칠월 칠석에 은하수를 건너서 직녀성과 서로 만난다는 별. 반직녀성.

견우 직녀 견우성과 직녀성.

견원(犬猿) 개와 원숭이라는 뜻으로, 서로 사이가 나쁜 두 사람을 빗대어 이르는 말.

견원지간 "개와 원숭이 사이"라는 뜻으로, 서로 사이가 나쁜 사람의 관계를 빗대어 이르는 말. 예어째서 너희들은 만나기만 하면 견원지간처럼 다투느냐?

견인(牽引) 끌어당김. 예사고 차량을 견인하다. —하다.

견인 자동차 다른 차량을 끄는 자동차. 견인차.

견ː적(見積) 비용 따위를 미리 대강 어림잡아 계산함. 예집 수리의 견적을 뽑아 보다. —하다.

견제(牽制) 끌어잡아 마음대로 행동을 못 하게 함. 예상대방의 움직임을 견제하다. —하다.

견제구(牽制球) 야구에서, 주자의 도루를 막거나 주자를 아웃시키기 위하여 던지는 공.

견주다 ①비교하여 가리다. 예실력을 견주다. ②맞대어 보다. 예키를 견주어 보다.

견직물(絹織物)[―징물] 누에고치에서 뽑은 생실로 짠 천.

견ː학(見學) 실물을 보고 자기의 지식을 넓힘. 예담당자의 안내로 방송국을 견학하였다. 비견습. —하다.

견ː학 기록문 실지로 보고 들은 내용을 사실대로 쓴 글.

견ː해(見解) 어떤 사물이나 현상에 대한 의견이나 생각.

견훤(甄萱, ?~936) 통일 신라 시대의 말기에 후백제를 세운 사람.

겯ː다 ①대·갈대·싸리를 엮어 그릇을 만들다. ②기름을 발라 말리다. 예장판지를 겯다.

결¹ 나무·돌·살갗 따위에 나타난 줄. 예살결이 곱다.

결² ①사이. 때. 짬. 예어느 결에 그 일을 다 했니? ②'겨를'의 준말. 예쉴 결 없이 일했다.

결³ ①얼핏 스쳐가는 짧은 동안. 예꿈결. 무심결. ②어떤 상태나 움직임이 줄·켜·무늬·리듬 따위를 이루는 것. 예숨결.

결과(結果) 어떤 원인으로 말미암아 생긴 일의 끝. 예노력한 결과 성공하였다. 반원인.

결구¹(結句)[―꾸] 문장·편지 등의 끝을 맺는 글귀.

결구²(結球) 호배추 같은 야채의 잎이 여러 겹으로 겹쳐서 구상(球狀)을 이룸. —하다.

결국(結局) ①끝에 가서는. 예삼촌은 공부를 안 하더니 결국 대학교 입학 시험에 떨어지고 말았다. ②나중에는. ③드디어는. ④말하자면. 비결말. 나중. 필경.

결근(缺勤) 일터에 나가지 않음. 예 병으로 결근했다. 무단 결근. 반 출근. —하다.

결기[—끼] ①발끈하기 잘 하는 급한 기질. 몹시 급한 성질. ②부정·불의 따위를 보고만 있지 않고 과감히 맞서는 성미.

결단¹(決斷)[—딴] 일을 결정하는 것. 마음이 내키는 대로 작정함. 예 결단을 내리다. —하다.

결단²(結團)[—딴] 단체를 맺어 이룸. 예 결단식. —하다.

결단성 결단을 내리는 성질. 맺고 끊는 듯한 성질.

결단코[—딴코] 마음먹은 대로 반드시. 분명히. 예 결단코 이 일을 이루고야 말겠다. 준 결코.

결딴나다 ①깨지다. 무너지다. ②일이 실패하다. ③집안이 망하다.

결렬(決裂) 서로 뜻이 맞지 않아 갈라짐. 예 회담이 결렬되다. 비 분열. 반 합의. —하다.

결례(缺禮) 예의 범절에 벗어남, 또는 그런 행동. 예 결례를 사과하다. 비 실례. —하다.

결론¹(決論) 의론의 가부와 시비를 따지어 결정함. 또, 그 결정된 이론. —하다.

결론²(結論) 죽 늘어놓아 설명한 말이나 글의 끝맺는 부분. 예 결론을 짓다. 비 맺음말. —하다.

결리다 몸이 잡아당기는 것처럼 아프다. 예 가슴이 결리다.

결막(結膜) 눈꺼풀의 안쪽과 눈알의 겉을 이어서 싼 무색 투명한 얇은 막.

결막염[—념] 눈의 결막에 염증이 생기는 병.

결말(結末) 일을 맺는 끝. 끝장. 비 결국. 반 시작. 발단.

결말짓다 끝장이 나도록 하다. 해결이 되도록 만들다. 예 그 일을 결말짓고 넘어가자.

결박(結縛) 두 손을 앞이나 뒤로 하여 묶음. 예 결박당한 채 끌려가다. —하다.

결백(潔白) ①깨끗하고 흼. ②마음이 깨끗하고 의심스러운 점이 없음. 예 자신의 결백을 주장하다. 비 청백. —하다.

결별(訣別) ①기약 없는 이별. ②관계나 교제를 영원히 끊음. 예 친구와 결별하다. —하다.

결부(結付) 연결시키어 붙임. 예 그 일을 이것과 결부해서는 안 된다. —하다.

결빙(結氷) 물이 얼어붙음. 반 해빙. —하다.

결사(決死)[—싸] 죽기를 각오하고 결심함. 예 결사 반대. —하다.

결사적[—싸적] 죽음을 각오하고 덤비는 모양. 예 결사적으로 나라를 지킨 독립 투사들.

결산(決算)[—싼] 일정한 기간에 들어오거나 나간 돈의 액수를 전부 계산함. 예 연말 결산을 하다. 반 예산. —하다.

결산서[—싼서] 일정한 기간에 들어오거나 나간 돈의 액수를 전부 계산하여 만든 표.

결석(缺席)[—썩] 출석하지 아니함. 빠짐. 반 출석. —하다.

결석률[—썽뉼] 전체 학생의 수에 대한 결석생 수의 비율.

결선(決選)[—썬] 마지막 당선자나 우승자를 결정하기 위하여 하는 선거. 예 결선에 진출하다. 반 예선. —하다.

결성(結成)[—썽] 단체의 조직을

맺어 이룸. [예] 노동 조합을 결성하다. —하다.

결속(結束)[—쏙] ①한 덩어리가 되게 묶음. ②뜻이 같은 사람들끼리 굳게 단결함. [예] 조합원들의 결속을 당부하다. —하다.

결손(缺損)[—쏜] ①축이 남. 부족. [예] 결손이 나다. ②금전상의 손실. [예] 결손액. [비] 적자.

결손 가정[결쏜—] 미성년자가 있는 가정에서 사망·이혼 등으로 말미암아 양친 또는 그 중 한 쪽이 없는 가정.

결승(決勝)[—씅] 완전히 이기고 짐을 결정함. [예] 결승 진출이 확정되다. —하다.

결승 문자(結繩文字)[—씅문짜] 아득한 옛날 아직 글자가 없었을 때, 새끼에 매듭을 지어서 자기의 뜻을 나타내던 것.

결승선[—씅선] 운동 경기에서 최종적인 승부가 결정되는 지점에 그은 선. [반] 출발선.

결승전[—씅전] 운동 경기 등에서 맨 나중의 승부를 가려 내는 경기. [예] 결승전을 관람하다.

결승점[—씅쩜] ①경주 따위에서 마지막 승부가 결정되는 지점. ②승부를 결정하는 득점.

결승줄[—씅줄] 마지막 승부를 가리는 곳에 쳐 놓은 줄.

결식(缺食)[—씩] 끼니를 거름. [예] 결식 아동. —하다.

결실(結實)[—씰] ①열매를 맺음. ②일의 결과가 잘 이루어짐. [예] 노력의 결실. —하다.

결심(決心)[—씸] 마음을 결정함. 또, 결정한 마음. [예] 오늘부터 저축을 하기로 굳게 결심했다. [비] 각오. 결의. 맹세. —하다.

결어(結語) 끝맺는 말. 맺음말.

결여(缺如) 있어야 할 것이 모자라거나 빠져 없음. [예] 책임감이 결여된 사람. —하다.

결연(結緣) 인연을 맺음. [예] 이웃 학교와 자매 결연을 맺다. —하다.

결원(缺員) 정한 인원에서 사람이 빠져 모자람, 또는 그 모자라는 인원. [예] 결원을 보충하다. 5명이 결원되다. —하다.

결의[1](決意) 뜻을 정하여 굳게 가짐, 또는 그 뜻. [예] 필승의 결의를 다지다. [비] 결심. —하다.

결의[2](決議) 의논해서 결정함, 또는 그 결정. [예] 만장 일치로 결의하고 회의를 끝마쳤다. [비] 결심. 의결. [반] 부결. —하다.

결의 형제(結義兄弟) 남남끼리 의리로써 맺은 형제.

결재(決裁)[—째] 부하가 제출한 의견을 상관이 헤아려 승인함. [예] 결재가 나다. —하다.

결전(決戰)[—쩐] 승패를 단번에 걸고 하는 싸움. [예] 드디어 결전의 날이 왔다. —하다.

결점(缺點)[—쩜] ①부족한 점. [예] 결점을 보완하다. ②잘하지 못하는 점. ③나쁜 점. ④흉. ⑤허물. [비] 결함. 단점. [반] 장점.

결정[1](決定)[—쩡] 결단하여 작정함. [예] 이 일은 네가 결정할 문제가 아니다. [비] 작정. 확정. [반] 미정. —하다.

결정[2](結晶)[—쩡] ①규칙 바르게 이루어진 고체. ②노력 등의 결과로 이루어진 일. [예] 오늘의 영광은 그 동안 피땀 흘린 노력의 결정이다. —하다.

결정권[—쩡꿘] 찬성과 반대가 같

결정짓다

은 수인 경우 이를 결정하는 권한.

결정짓다 결정되도록 만들다. 결정을 내리다.

결제(決濟)[—쩨] 처리하여 끝을 냄. —하다.

결집(結集)[—찝] 한데 모여 뭉침, 또는 모아 뭉치게 함. ㉠개개인의 능력을 결집하다. —하다.

결코(決—) 절대로. 어떤 일이 있더라도. 딱 잘라 말할 수 있게. '결단코'의 준말. ㉠불의는·결코 정의를 이길 수 없다.

결탁(結託) ①마음을 합하여 서로 의지함. ②주로 나쁜 일을 꾸미려고 서로 맞아 한편이 됨. ㉠결탁하여 계략을 꾸미다. —하다.

결투(決鬪) ①승부를 결정하기 위한 싸움. ㉠결투를 신청한다. ②원한이나 말다툼이 있을 때 힘으로 부닥쳐 싸움. —하다.

결판(決判) 옳고 그름이나 승부를 가리어 판가름함. ㉠승부가 결판나다. —하다.

결핍(缺乏) 물건이 대단히 적어 모자람. ㉠각기병은 비타민 B_1의 결핍이 그 원인이다. —하다.

결핍증 있어야 할 영양소가 없거나 부족하여 일어나는 증세.

결함(缺陷) 모자라는 점. 부족한 것. 갖추지 못한 것. ㉠결함이 드러나다. 힌결점. 흠.

결합(結合) 둘 이상이 서로 관계를 맺고 합쳐 하나가 됨. ㉠이 두 사람의 결합을 축복해 주시기 바랍니다. —하다.

결합체 둘 이상의 서로 다른 물체가 결합하여 이룬 한 조직체.

결항(缺航) 정기적으로 다니는 비행기나 배가 거르고 나가지 않음.

㉠짙은 안개로 인해 배가 결항했다. —하다.

결핵병(結核病)[—뼝] 결핵균이 몸속에 있음으로 말미암아 생기는 병. 준결핵.

결행(決行) 결단하여 행동으로 옮김. ㉠단식을 결행하다. —하다.

결혼(結婚) 혼인의 관계를 맺음. 비혼인. 반이혼. —하다.

결혼식 남녀가 부부 관계를 맺는 서약을 하는 의식. ㉠결혼식을 올리다. 비혼례식.

겸(兼) 두 가지 일을 아울러 함을 나타내는 말. ㉠구경도 할 겸 돈도 벌 겸.

겸비(兼備) 두 가지 이상의 좋은 점을 함께 갖추어 지님. ㉠학문과 무술을 겸비한 사람. —하다.

겸사겸사(兼事兼事) 한꺼번에 여러 가지 일을 겸하여 하는 모양. ㉠친구도 만나고 일도 보고, 겸사겸사 왔지.

겸상(兼床) 두 사람이 한 상에 마주 앉게 차린 상, 또는 그렇게 앉아서 식사하는 일. ㉠주인과 겸상을 받다. 반각상. 독상. 외상. —하다.

겸손(謙遜) 남을 높이고 자기를 낮춤. ㉠사람은 겸손한 태도로 남을 대해야 한다. 비겸허. 반불손. —하다. —히.

겸양(謙讓) 겸손한 태도로 사양함. ㉠겸양의 미덕을 갖춘 여인. —하다.

겸양어 자기를 낮춤으로써 결과적으로 상대를 높이는 뜻의 말. '저희·말씀·여쭈다' 따위.

겸업(兼業) 본업 이외에 부업을 겸하여 가지고 있음, 또는 그 업종. ㉠겸업 농가. —하다.

겸연쩍다 미안하여 볼 낯이 없다. [예] 실례되는 일을 한 뒤에 그 사람을 만나려고 하니 퍽 겸연쩍다. [비] 무안하다.

겸용(兼用) 하나를 가지고 여러 가지로 겸하여 씀. [예] 냉방과 난방을 겸용할 수 있는 에어컨. —하다.

겸임(兼任) 한 사람이 두 가지 이상의 직무를 겸하여 맡아 봄, 또는 그 직무. [예] 겸임 장관. [반] 전임. —하다.

겸하다(兼—) ①합하다. 겹치다. ②맡은 위에 더 맡다. [예] 소풍을 겸해서 고기나 잡으러 가자.

겸허(謙虛) 겸손하여 교만한 행동을 하지 않음. [예] 겸허한 자세. [비] 겸손. —하다.

겹 합쳐서 거듭됨. 포개짐. [예] 겹옷. [반] 홑.

겹겹이 ①물건 위에 물건이 포개진 모양. ②물건이 거듭 쌓인 모양. [예] 겹겹이 둘러싸다. [비] 첩첩이.

겹꽃[—꼳] 수술이 꽃잎으로 변하여 꽃잎이 여러 겹으로 겹쳐 피는 꽃. [반] 홑꽃.

겹눈[겸—] 많은 홑눈이 벌집 모양으로 모여서 이루어진 큰 눈. 곤충의 눈에서 많이 볼 수 있음. [반] 홑눈.

겹:다〔겨우니, 겨워서〕 정도와 양에 지나쳐 힘에 부치다. [예] 힘에 겨운 일.

겹받침 두 가지의 닿소리(자음)로 이루어진 받침. ㄳ·ㄵ·ㄺ·ㄼ·ㅀ 따위.

겹세로줄 보표에 수직이 되게 두 줄로 그은 세로줄.

겹저고리 솜을 두지 않고 겹으로 지은 저고리.

겹집 여러 채가 겹으로 된 집.

겹치기 두 가지 이상의 일을 한꺼번에 맡아서 하다. [예] 겹치기로 출연하다.

겹치다 ①물건 위에 또 물건을 얹다. ②여러 가지 일이 한꺼번에 생기다. [예] 동창회와 결혼식이 겹치다.

겹홀소리 발음을 할 때 입 모양이 변하는 홀소리. ㅑ·ㅕ·ㅛ·ㅠ·ㅝ·ㅖ·ㅒ·ㅢ……따위 이중모음. [반] 홑홀소리.

경[1](卿) 임금이 이품(二品) 이상의 높은 벼슬자리에 있는 신하를 대우하여 부르던 칭호.

경[2](景) 연극·그림 등에서 장면을 세는 단위. [예] 1막 2경.

경[3](經) 불교의 가르침을 적은 책. [예] 불경.

-경[4](頃) 일정한 시간의 전후를 어림잡아 일컫는 말. [예] 오후 5시경. [비] 께. 무렵. 쯤.

경각(頃刻) ①잠깐. ②눈 깜짝할 사이. [예] 생명이 경각에 달렸다.

경:각심(警覺心) 정신을 가다듬어 경계하는 마음. [예] 화재에 대한 경각심을 불러일으키다.

경감(輕減) 덜어서 가볍게 함. [예] 세금을 경감해 주다. —하다.

경개(景槪) 경치. [예] 산천 경개가 좋다.

경거(輕擧) 경솔하게 행동함, 또는 경솔한 행동. —하다.

경거 망:동(輕擧妄動) 가볍고 분수 없이 행동함. [예] 경거 망동하지 마라. —하다.

경:건(敬虔) 공경하는 마음으로 삼가며 조심성이 있음. [예] 경건한 의식이 치러졌다. —하다. —히.

경계[1](境界) ①나라와 나라가 갈

리는 곳. ②땅이 나뉘는 곳. 비지경.

경:계²(警戒) 잘못이 없도록 미리 주의하고 조심함. 예실수를 경계하다. 비주의. 반방심. —하다.

경:계색 다른 동물이 함부로 자기를 해치지 못하도록 경계하기 위하여, 동물이 가지는 유난히 뚜렷한 몸빛깔.

경계선(境界線) 일이나 물건이 맞닿은 자리를 나타내는 선.

경:고(警告) 미리부터 조심하여 잘못이 없도록 타이름. 예경고문. —하다.

경공업(輕工業) 부피에 비하여 무게가 가벼운 소비재를 만드는 공업으로, 섬유·식료품 따위. 반중공업.

경과(經過) ①시간이 지남. 예세월이 경과하다. ②어떤 곳이나 단계를 거침. 예시청 앞을 경과하다. ③일이 되어 가는 형편. 예수술 경과가 좋다. —하다.

경관¹(景觀) 산·물·자연의 아름다운 모습. 예경관이 아름답다. 비경치.

경:관²(警官) '경찰관'의 준말.

경구(硬球) 야구·정구·탁구에서 쓰는 딱딱한 공. 반연구.

경국대전(經國大典) 조선 시대 정치의 기준이 된 법전. 세조 때, 최항·노사신 등이 왕명으로 육전의 체제를 갖춘 법전 제정에 착수, 성종 때에 완성된 조선의 기본법.

경금속(輕金屬) 금속 중 비교적 가벼우며 비중 4이하의 알루미늄·마그네슘·알칼리 금속 및 이들을 주체로 하는 합금. 반중금속.

경기¹(京畿) ①서울을 중심으로 한 가까운 땅. ②'경기도'의 준말. 예서울·경기 지방에 호우 주의보가 내렸다.

경기²(景氣) 경제 생활의 변동.

경:기³(競技) 달리기·멀리뛰기·던지기 따위의 낫고 못함을 견주어 다투는 운동. 예육상 경기. 비시합. —하다.

경기⁴(驚氣)[—끼] 경련을 일으키며 아픈 어린아이의 병. 예애를 그렇게 놀래면 경기든다. 비경풍.

경기구(輕氣球) 큰 주머니를 만들어 그 안에 가벼운 기체를 넣어 공중에 높이 띄우는 물건. 예경기구를 높이 띄우다. 비기구.

경기도 우리 나라 14도의 하나. 한반도의 가운데 위치함. 도청 소재지는 수원.

경:기장(競技場) 경기를 하는 곳. 예야구 경기장.

경기체가(景幾體歌) 고려 중엽부터 학자들 사이에 불려진 가사의 한 형식. 한림별곡·죽계별곡 따위.

경기 평야 한강 하류 및 임진강 하류에 걸쳐 발달한 평야.

경내(境內) ①정하여 놓은 지경의 안. 예공원 경내에서 음주를 금하다. ②온 지방. 예올해는 경내에 농사가 잘 되었다.

경단(瓊團) 찹쌀·수숫가루 등을 작고 둥글게 만들어 삶아서 고물을 겉에 묻힌 떡.

경당(扃堂) 고구려 때에 시골의 각지에서 세운 사립 학교. 신라 시대의 화랑 제도와 비슷한 교육 단체.

경:대(鏡臺) 거울을 달아 세운 화장대.

〔경대〕

경도¹(硬度) 물체의 단단한 정도. 특히 금속이나 광물에 대하여 이름. 강도. ⑩ 다이아몬드의 경도를 재다.

경도²(經度) 경선의 위치를 '도'로 나타낸 것. 적도를 360등분하여 그리니치 천문대를 0°, 그 동·서를 각각 180°로 나타냄. 동쪽 것을 동경, 서쪽 것을 서경이라 부름. 날도. 凹 위도. ㊣ 경.

경도³(傾度) 기울어진 정도.

경독(耕讀) 농사짓기와 글읽기. 농사를 지으며 책을 봄. —하다.

경동(驚動) 뜻밖의 일에 놀라 술렁거림. ⑩ 적의 술책에 경동하지 마라. —하다.

경략(經略)[—냑] ①나라를 경영하여 다스림. ②남의 나라 땅을 쳐서 다스림. ⑩ 북방 경략에 힘쓰다. —하다.

경량(輕量)[—냥] 가벼운 무게. 凹 중량.

경량급 체급에 따른 운동 경기에서의 가벼운 체급.

경력(經歷)[—녁] 여러 가지 겪어 지내 온 일들. ⑩ 경력을 쌓다. 凹 이력. —하다.

경련(痙攣)[—년] 근육이 병적으로 오그라드는 현상. ⑩ 안면에 경련이 일다.

경:례(敬禮)[—녜] 공경하는 뜻을 나타내기 위해 인사하는 일. 凹 인사. —하다.

경:로¹(敬老)[—노] 노인을 공경함. ⑩ 경로석. —하다.

경로²(經路)[—노] ①지나는 길. ②일의 순서. ⑩ 범행 경로를 조사하다. 凹 과정.

경:로당(敬老堂)[—노당] 노인들이 모여 여가를 선용할 수 있게 마을에서 지어 놓은 집.

경:로 정신 노인을 받들어 섬기려는 정신.

경:로 효:친 노인을 공손히 대하고 존경하며, 어버이를 잘 받들어 섬김.

경륜(經綸)[—뉸] 국가를 다스리는 일, 또는 그 방책. ⑩ 경륜이 많은 정치가. —하다.

경리(經理)[—니] 돈을 주고받는 일을 맡음. —하다.

경:마(競馬) 말을 타고 달리는 경주. 흔히, 돈을 걸고 내기를 함. ⑩ 경마 대회. —하다.

경:마장 일정한 시설을 갖추고 경마를 하는 경기장.

경망(輕妄) 말과 행동이 가벼움. —스럽다. —하다. —히.

경:매(競賣) 한 물건을 여러 사람이 사려 할 때 그 중에서 값을 가장 많이 부르는 사람에게 파는 일. ⑩ 예술품을 경매에 붙이다. —하다.

경멸(輕蔑) ①업신여김. ⑩ 다른 사람을 경멸하지 마라. ②깔봄. ③우습게 여김. ④낮추어 대접함. —하다.

경:모(景慕) 우러러보고 사모함. 凹 경앙. —하다.

경:무관(警務官) 경찰 공무원 계급의 하나. 치안감의 아래, 총경의 위임.

경박(輕薄) 말이나 행동이 신중하지 못하고 가벼움. ⑩ 경박한 태도. —하다. —히.

경:배(敬拜) 공경하여 공손히 절함. —하다.

경범(輕犯) 가벼운 범죄. 예경범죄로 벌금을 물다. 본경범죄.

경:보¹(競步) 육상 경기의 한 가지. 일정한 거리를 어느 한쪽 발이 반드시 땅에 닿은 상태로 하여 걸어서 빠르기를 겨루는 경기.

경:보²(警報) 조심하라고 미리 알리는 보도. 예공습 경보.

경:보기 어떤 위험이나 재해가 닥쳐 올 때, 소리나 빛 따위를 이용하여 사람들에게 알리는 장치. 예화재 경보기를 울리다.

경:복궁(景福宮) 조선 시대 초기인 1394년(태조 3년)에 지은 궁궐. 1592년 임진왜란 때 불타 없어졌는데, 대원군이 집권한 후에 다시 세웠음.

경부 고속 국도(京釜高速國道) 서울에서 부산을 잇는 고속 도로. 길이 428km로, 1970년에 개통.

경부선(京釜線) 서울에서 부산을 잇는 철도. 길이 445.6km로 1905년에 개통.

경:북선(慶北線) 김천에서 영주를 잇는 철도로 길이 116.9km. 1931년에 완성되었음.

경비¹(經費) ①사업을 경영하는 데 필요한 돈. ②비용.

경:비²(警備) 만일을 염려하여 미리 방비·경계함. 예경비를 강화하다. —하다.

경:비선 사고가 생기지 않도록 미리 막는 일을 맡은 배. 예해안 경비선.

경:비원 경비 임무를 맡은 사람.

경:비 초소 경비원이 경비하기 위해 보초를 서는 곳.

경비행기(輕飛行機) 연습용, 또는 스포츠용으로 쓰이는 작은 비행기. 예경비행기를 출동시키다.

경사¹(傾斜) 비스듬히 한쪽으로 기울어짐, 또는 그 정도. 예경사가 급한 언덕.

경:사²(慶事) 경축할 만한 기쁜 일. 반흉사. —스럽다.

경:사³(警査) 경찰 공무원 계급의 하나. 경위의 아래, 경장의 위임.

경상(輕傷) 조금 다침, 또는 가벼운 상처. 반중상.

경:상도(慶尙道) 우리 나라의 옛날 행정 구역의 하나로, 지금의 경상 남북도를 일컫는 말.

경서(經書) 사서 오경 따위 유교의 가르침을 쓴 책.

경석(輕石) 화산의 용암이 갑자기 식어서 된 가벼운 돌.

경선(經線) 지구를 그 양극을 지나는 평면으로 잘랐을 때, 그 평면과 지구 표면이 만나는 가상적인 곡선. 비날금. 자오선. 반위선.

경성(京城) 서울의 일제 강점기 때 이름.

경세(經世) 세상을 다스림. —하다.

경솔(輕率) 말이나 행동이 조심성이 없고 가벼움. 예경솔한 언행을 후회하다. —하다. —히.

경승(景勝) 경치가 좋음, 또는 그런 곳. 예경승지. 비명승.

경시¹(輕視) 가볍게 여김. 대수롭지 않게 여김. 예인명 경시 풍조. 반중시. —하다.

경:시²(競試) 재능·능력 등을 비교하여 시상하기 위해 시험함. 예과학 경시 대회. —하다.

경식 야:구(硬式野球)[—싱냐구] 딱딱하고 무거운 공을 사용하는 야구. 반연식 야구.

경신(更新) ①옛것을 고치어 새롭

게 함. ②기록 경기에서 종전의 기록을 깨뜨림. 예마라톤 기록을 경신하다. 비갱신. —하다.

경악(驚愕) 깜짝 놀람. 예경악을 금치 못하다. —하다.

경:애(敬愛) 공경하고 사랑함. 예경애하는 국민 여러분. —하다.

경양식(輕洋食) 간단한 서양식 일품 요리.

경:어(敬語) 공경하여 높이는 말. 비높임말. 존대말. 반비어.

경:연¹(競演) 여러 사람이 모여 연극·노래 따위의 재주를 겨룸. 예동요 경연 대회. —하다.

경연²(經筵) 임금 앞에서 유교의 경전·논어·중용·시경 등을 강론하는 자리.

경영¹(經營) ①일을 다스려 가는 것. ②어떤 일을 해 가는 것. 예혼자서 대농장을 경영해 나가다. 비운영. —하다.

경:영²(競泳) 어떤 거리를 헤엄쳐 빠르기를 다투는 경기. —하다.

견:외(敬畏) 공경하고 어려워함. 예그 선생님 앞에만 서면 자연적으로 경외감이 든다. —하다.

경:우(境遇) 부닥친 형편이나 사정. 예최악의 경우. 비처지.

경우의 수 어떤 사건이 일어나는 경우의 가짓수. 예동전을 던질 때, 면이 나오는 경우의 수는 2.

경운기(耕耘機) 논이나 밭을 가는 기계.

〔경운기〕

경:원(敬遠) 겉으로만 공경하는 체하면서 속으로는 멀리함. 예서로 경원하는 사이. —하다.

경원선(京元線) 서울에서 원산을 잇는 철도. 길이 223.7km로, 1914년에 개통됨.

경위¹(經緯) ①어떤 일이 진전되어 온 경로나 경과. 예사건 경위를 설명하다. ②직물의 날과 씨.

경:위²(警衛) ①경계하고 지킴, 또는 그렇게 하는 사람. ②경찰 공무원 계급의 하나. 경감 아래, 경사의 위임. —하다.

경유¹(經由) 거치어 지남. 예대전을 경유하여 가다. —하다.

경유²(輕油) 석유의 원유를 끓일 때 얻는 기름. 발동기의 연료로 씀.

경음(硬音) 날숨으로 거의 닫힌 목청을 떨어 내는 소리. 된소리. 'ㄲ·ㄸ·ㅃ·ㅆ·ㅉ' 따위.

경음악(輕音樂) 여러 형식을 갖추지 아니하고, 간단한 악기만으로 오락을 목적으로 하는 대중 음악.

경음악단 오락을 목적으로 하는 가벼운 음악을 연주하는 단체.

경음화(硬音化) 예사소리 'ㄱ·ㄷ·ㅂ·ㅅ·ㅈ'이 된소리인 'ㄲ·ㄸ·ㅃ·ㅆ·ㅉ'으로 바뀌어 가는 현상. '가치→까치, 것거→꺾어' 등. 된소리되기.

경:의(敬意) 존경하는 마음. 예경의를 표하다.

경의선(京義線) 서울에서 신의주를 잇는 철도. 길이 499.3km로, 1906년에 개통됨.

경이(驚異) 놀라서 이상하게 여김. 예경이로운 물리학의 세계. —하다.

경인(京仁) 서울과 인천을 아울러 부르는 말.

경인 고속 국도(京仁高速國道) 서

울에서 인천을 잇는 고속 도로. 길이 24km로, 1968년에 개통.
경인 공업 지대 서울·인천·부평·안양·수원을 중심으로 중화학 및 경공업이 발달한 우리 나라 최대의 공업 지대.
경인선(京仁線) 서울에서 인천을 잇는 철도. 길이 33.2km로, 1899년 우리 나라에서 처음으로 개통된 철도.
경작(耕作) 논밭을 갈아 농사를 지음. 비농작. —하다.
경작물 경작하는 농작물.
경작지 땅을 갈아 농사를 짓는 땅. 비농경지.
경:장(警長) 경찰 공무원 계급의 하나. 경사의 아래, 순경의 위임.
경:쟁(競爭) 서로 겨루어 다툼. 예 인간의 삶은 끊임없는 경쟁의 연속이다. —하다.
경:쟁률 경쟁의 비율.
경:쟁심 경쟁하려는 마음. 남에게 지기 싫어하는 마음. 예 경쟁심이 강한 사람.
경:적(警笛) 주의·경계하느라고 울리는 고동.
경전(經典) 성인이 지은 글이나, 그들의 행실을 적은 글.
경전선(慶全線) 경남 삼랑진과 광주 광역시 송정동을 잇는 철도. 길이 324.8km. 1968년에 개통.
경정[1](更正) 바르게 고침. 예 추가 경정 예산. —하다.
경:정[2](警正) 경찰 공무원 계급의 하나. 총경의 아래, 경감의 위임.
경제(經濟) ①물건을 만들어 내고 쓰고 하는 인간의 활동. ②돈을 절약함. —하다.
경제 개발 계:획 자원의 개발과 산업의 발달을 통해 나라와 국민의 살림살이를 튼튼하고 넉넉하게 하기 위한 국가의 계획.
경제 개발 5:개년 계:획 우리 나라에서 경제의 개발을 목표로 1962년부터 추진되었던 5년 단위의 사업 계획.
경제 공:황 경제계가 극심한 혼란으로 기업이 망하고 실업자가 많이 생기는 최악의 상태.
경제난 경제상의 어려움.
경제력 개인이나 국가가 지닌 경제적인 힘.
경제 발전[—쩐] 사람들의 생활에 필요한 물건을 생산해 내고 분배·소비하는 데 관계되는 모든 활동이 점점 더 나아짐. 나라 전체의 생산과 소비 활동이 활발해지고, 국민 개개인의 살림이 넉넉해짐.
경제 사:절 국제적으로 경제 문제를 해결하기 위하여 파견하는 사절.
경제 사:회 이:사회 국제 연합의 주요 기관의 하나로 경제·사회·문화·교육의 여러 문제를 다루는 기관.
경제 성장 국민 소득·국민 총생산과 같은 국민 경제의 기본적 지표가 시간이 지남에 따라 점점 상승하는 일.
경제 순환 경제 활동에서의 생산·분배·지출의 순환.
경제 작물 농가의 수입을 위해서 특별히 가꾸는 농작물.
경제적 자립 경제에 필요한 모든 것을 남에게 의지하지 않고 스스로의 힘으로 해결함.
경제 정책 나라가 국민 경제의 발전을 위해 세우는 방책.
경제 활동[—똥] 인간 생활에 필

요한 재화의 생산·분배·소비 행위의 과정과 그 사회 관계의 개별적인 행동.

경:조(慶弔) 결혼·출생 따위의 경사스러운 일과 죽음과 같은 불행한 일.

경:종(警鐘) 뜻밖의 큰일이나 몹시 위험한 일을 경계하기 위하여 울리는 종. 예 그 사건은 인명 경시 풍조에 경종을 울렸다.

경주[1](傾注) ①기울여 쏟음. ②주의나 힘을 한 곳에 기울임. 예 온 힘을 경주하다. —하다.

경:주[2](慶州) 경상 북도에 있는 시. 천여 년 간 신라의 서울로, 첨성대·석굴암·불국사 등 많은 문화재들이 있으며, 국립 공원이 있음.

경:주[3](競走) 일정한 거리를 정하고 달려 승부를 다툼. —하다.

경중(輕重) ①가벼움과 무거움, 또는 무게. ②중요한 것과 중요하지 않은 것. 예 일의 경중을 가리다.

경지[1](耕地) 땅을 갈아 농사를 짓는 땅. 본 경작지.

경지[2](境地) ①자기의 특성과 체계로 이루어진 분야. ②쉽게 도달할 수 없는 높은 상태.

경지 정:리[—니] 농사를 편리하게 짓기 위하여 농토를 반듯반듯하게 만드는 일.

경직(硬直) ①굳어서 꼿꼿해짐. 강직. 예 사후 경직. ②생각이나 태도 등이 융통성이 없고 매우 딱딱함. 예 경직된 사고. —하다.

경:진(競進) ①서로 다투어 앞으로 나아감. ②생산품이나 제품 따위의 좋고 나쁨을 겨룸. —하다.

경:진회 생산품을 일정한 장소에 진열하고 일반에게 관람시켜 그 좋고 나쁨을 겨루는 모임.

경질[1](更迭·更送) 어떤 직위에 있는 사람을 다른 사람으로 바꿈. 예 장관을 경질하다. —하다.

경질[2](硬質) 단단하고 굳은 성질. 예 경질 고무. 반 연질.

경:찰(警察) 개인의 자유를 제한하여 사회의 안녕과 질서를 유지하는 관리. 예 경찰관. 경찰서.

경:찰 국가 통치권자가 경찰권을 마음대로 행사하여 국민 생활을 감시하고 통제하는 국가.

경:찰서 일정한 구역 안의 경찰 업무를 맡아 보는 관청.

경:찰청 정부 기구의 하나로 치안을 맡아 보는 기관.

경:천(敬天) 하늘을 공경함. 예 경천 사상. —하다.

경천 동:지(驚天動地) 하늘이 놀라고 땅이 흔들린다는 뜻으로 세상을 크게 놀라게 함을 이르는 말. 예 경천 동지할 만한 사건이 벌어졌다. —하다.

경:천사(敬天寺) 경기도 개풍군 부소산에 있었던 절.

경:천사 십층 석탑(敬天寺十層石塔) 고려 시대의 대표적인 돌탑. 경복궁에 보존되어 있음. 높이 13m. 국보 제 86 호.

경첩 문을 달 때에 대는 물건. 돌쩌귀처럼 문짝을 다는 데 쓰는 장식으로, 두 개의 쇳조각을 맞물리어 만듦. 예 경첩을 달다.

경청(傾聽) 귀를 기울이고 주의해 들음. 예 선생님의 말씀을 경청하다. —하다.

경:축(慶祝) 기쁘고 즐거운 일을 축하함. 예 독립을 경축하다. 비 경하. —하다.

경:축식 경사로운 일을 축하하는 식. 예 경축식에 참가하다.

경춘선

경춘선(京春線) 서울에서 춘천을 잇는 철도. 길이 87.3km로, 1939년 개통.

경치(景致) ①자연의 보기 좋은 구경거리. ②아름다운 산·내·들 따위. 예 금강산의 경치를 꼭 구경하고 싶다. 비 풍경.

경치다 ①매를 맞다. ②실패를 당하다. ③벌을 당하다.

경칩(驚蟄) 땅 속의 벌레가 겨울잠에서 깨어 꿈틀거리기 시작하는 시기로, 24절후의 셋째. 곧, 우수의 다음으로 양력 3월 5일경.

경:칭(敬稱) ①높여 부르는 이름. ②특히 높이는 뜻으로 일컫는 말. 예 경칭을 쓰다. —하다.

경쾌(輕快) ①정신이 산뜻함. ②마음이 거뜬함. ③걸음걸이가 대단히 가벼움. 예 경쾌한 몸놀림. —하다. —히.

경탄(驚歎) 아주 놀라 탄식함. 예 경탄을 금할 수 없다. —하다.

경통 현미경에서, 접안 렌즈와 대물 렌즈를 잇는 둥근 통.

경:포대(鏡浦臺) 강원도 강릉시 동북쪽 7km 지점에 있는 높은 다락집. 관동 팔경의 하나로 아름다운 경치를 이룸.

경:품(景品) 물건을 사는 손님에게 곁들여 주거나 제비를 뽑아 주는 물품. 예 경품을 타다.

경풍(驚風) 어린애가 깜짝깜짝 놀라는 병. 비 경기.

경필(硬筆) 붓에 대하여 끝이 딱딱한 글씨를 쓰는 용구를 이르는 말. 펜·연필 따위.

경필 대:회 글씨를 예쁘게 쓰는 재주를 겨루는 대회.

경:하(慶賀) 기쁘고 즐거운 일을 치하함. 예 졸업을 경하드립니다. 비 경축. —하다.

경하다(輕—) ①가볍다. ②사태가 중대하지 않다. ③말이나 행동이 경솔하다. ④죄나 병이 대단하지 않다. 예 병세가 경하다. 반 중하다. —히.

경:합(競合) 서로 경쟁함. 다툼질. 예 반장 선거에서 세 명의 후보자가 경합하다. —하다.

경향¹(京鄕) 서울과 시골.

경향²(傾向) ①마음이 한쪽으로 쏠림. ②한 방향으로 나아가려고 함. 예 복고적인 경향이 일다.

경험(經驗) ①몸소 겪어 봄. ②실험으로 얻은 지식과 재주. 비 체험. 반 무경험. —하다.

경:호(警護) 신변에 위험이 없도록 경계하고 보호함. 예 귀빈을 경호하다. —하다.

경:호원 다른 사람의 신변의 안전을 돌보는 일을 임무로 하는 사람. 예 대통령의 경호원.

경화(硬化) 물건이 단단히 굳어짐. 예 동맥이 경화되다. —하다.

경황(景況) 흥미나 재미를 가질 수 있는 마음의 여유. 예 바빠서 신문을 볼 경황이 없다.

경황없다 ①흥이 나지 않는다. ②몹시 바빠 겨를이 없다. 예 요즘 시험 때문에 경황없다. —이.

경:회루(慶會樓) 경복궁 안 서쪽 연못 한가운데 있는 큰 누각으로, 임금과 신하들이 모여 잔치를 하던 곳.

곁[결] =옆. 예 내 곁에 앉아라.

곁가지 가지에서 다시 곁으로 뻗은 작은 가지.

곁길 큰길에서 곁으로 갈린 길. 예 곁길로 새다.

곁눈[견—] 얼굴은 돌리지 않고

눈알만 돌려서 곁을 보는 눈. ⑩ 곁눈질.

곁다리 ①덧붙어 딸린 것. ②일에 관계가 없는 사람.

곁두리 농부나 일꾼이 끼니 밖에 때때로 먹는 음식. 샛밥. 새참.

곁들다〔곁드니, 곁들어〕①곁에서 붙잡아 부축하여 들다. ②곁에서 거들어 주다. ⑩ 밭일을 곁들다.

곁들이다 ①주로 하는 일 외의 다른 일을 겸하여 하다. ⑩ 노래에 춤을 곁들이다. ②주된 음식 재료에 다른 음식 재료를 더하다.

곁말[견-] 다른 말을 빌려서 하는 말. 빗대어 하는 말.

곁뿌리[곁-] 원뿌리에서 갈라져 나온 뿌리.

곁순 식물의 원줄기 곁에서 돋아 나오는 순.

계:¹(係) 어떤 일을 나누어 맡은 사람, 또는 그 일. ⑩ 출납계.

계:²(契) ①예로부터 있어 온 상호 협동 단체. ②금전의 융통을 목적으로 일정한 인원으로 구성한 조직. -하다.

계:가(計家) 바둑을 다 둔 뒤에 집 수를 계산하는 일. -하다.

계:간(季刊) 잡지 따위를 일 년에 네 번 철에 따라 발간하는 일. 또, 그 간행물. ⑩ 계간 아동 문학.

계곡(溪谷) 두 산 사이에 물이 흐르는 골짜기. 산골짜기.

계:관시인(桂冠詩人) 영국 왕실이 영국의 가장 뛰어난 시인에게 내리는 명예 호칭.

계:교(計巧) 요리조리 생각하여 낸 꾀. ⑩ 계교를 쓰다.

계급(階級) 신분·재산·직업 따위로 나뉘어진 갈래. ⑩ 군인 계급.

계급장(階級章) 군인 등의 복장에 달아 계급을 나타내는 표.

계급 타:파 사회적 계급을 인정하지 않고 깨뜨려 버림. -하다.

계:기¹(計器) 물건의 무게·길이·속도 등을 재는 기구. 계량기·미터기·저울 따위.

계:기²(契機) 무슨 일을 일으키고 경험하는 기회.

계단(階段) 층층대.

계단식 ①계단을 본뜬 방식. ⑩ 계단식 논. ②한 계단 한 계단씩 어떤 순서를 밟아서 하는 방식.

계:도(啓導) 깨우쳐서 이끌어 줌. ⑩ 민중을 계도하다. -하다.

계란(鷄卵) 닭이 낳은 알. 비달걀.

계:략(計略) 크고 깊은 꾀.

계:량(計量) 양의 크기를 잼. ⑩ 계량 스푼. -하다.

계:량기(計量器) 길이·부피·무게를 재는 기구. ⑩ 수도 계량기.

계:량컵 음식을 만들 때 식품의 분량을 재는 기구.

계례(笄禮) 지난날, 15세가 되거나 약혼한 여자가 땋았던 머리를 풀어 비녀를 지르던 성인식.

계류(稽留)[계-] 머무름. 머무르게 함. -하다.

계:류장(繫留場) 선박 따위를 대고 매어 놓는 장소.

계림(鷄林) ①신라의 예전 이름. ②조선의 딴 이름.

계:면조(界面調) 국악에서 쓰이는 음계의 하나로, 슬프고 처절한 느낌을 줌. 단조와 비슷함.

계면쩍다 '겸연쩍다'의 변한 말.

계명(階名) =계이름.

계:명성(啓明星) 새벽에 동쪽에 보이는 금성의 딴 이름. 비샛별.

계:모(繼母) 자기를 낳은 어머니가 아닌, 아버지가 다시 장가드는

계몽

새어머니. 의붓어머니.

계:몽(啓蒙) 사리에 어두운 사람을 가르치어 인도하는 것. 어린아이나 글을 알지 못하는 사람을 가르쳐서 알게 함. 예무지한 백성을 계몽하다. -하다.

계:몽 운:동 계몽을 하여 생활을 향상시키려는 운동.

계:미자(癸未字) 조선조 태종 3년 계미년(1403)에 주자소를 두고 구리로 만든 활자.

계:발(啓發) 재능과 슬기를 열어 줌. 예소질을 계발하다. -하다.

계백(階伯, ?~660) 백제 말기의 유명한 장군. 나·당 연합군이 쳐들어오자, 결사대 5천 명을 거느리고 황산벌에 나아가 싸우다가 전사함.

계:보(系譜) 집안의 혈통이나 학문·사상이 계승되어 온 역사를 적은 책.

계:부(繼父) 개가한 어머니의 남편. 의붓아버지.

계분(鷄糞) 닭의 똥. 질소·인산분이 많아 말려서 거름으로 씀.

계:비(繼妃) 임금이 정실 왕비 다음에 얻은 왕비.

계:산(計算) 수량을 헤아림. 셈. 예식을 계산하다. -하다.

계:산기(計算器) 각종 계산을 빠르고 정확하게 할 수 있도록 만든 기기.

계:산서(計算書) ①물건값의 청구서. ②계산을 밝힌 서류.

계:속(繼續) ①끊이지 아니하고 잇대어 나감. ②끊었던 것을 다시 이어 나감. 예실험을 계속하다. 비지속. 반중단. -하다.

계:수(計數) 수를 계산함. 계산하여 얻은 값. 예계수에 밝다.

-하다.

계:수나무(桂樹-) ①녹나뭇과에 딸린 늘푸른 큰키나무. ②옛날 사람들이 달 속에 있다고 상상하던 나무.

계:승(繼承) 조상이나 앞사람의 뒤를 이어받음. 예가업을 계승하다. 비수계. -하다.

계:시(啓示) ①일깨워서 가르쳐 보임. ②사람의 슬기로 알 수 없는 일을 신이 가르쳐 알게 함. 예신의 계시. 비묵시. -하다.

계:시다 ①'어느 곳에 머무르다.'의 높임말. 예집에 아버지가 누워 계시다. ②'어떤 상태로 지내다.'의 높임말.

계:씨(季氏) '남의 아우'를 높이어 일컫는 말. 제씨.

계:약(契約) 두 사람 사이에 서로 뜻이 맞아 앞으로 법의 효과가 생기도록 맺는 약속. -하다.

계:약금(契約金) 계약대로 일을 진행하기 위하여 한쪽이 상대방에게 미리 주는 돈. 약조금. 예계약금을 치르다. 본계약 보증금.

계:약서(契約書) 계약의 성립을 증명하여 그 조항을 적은 서면.

계:엄(戒嚴) ①경계를 심하게 함. 또, 그러한 경계. ②국가에 비상 사태가 일어났을 때, 사회의 안녕과 질서 유지를 위하여 군대가 어떤 지역을 맡아 다스리는 일. -하다.

계:엄령(戒嚴令) 국가 원수가 계엄 실시를 선포하는 명령.

계:열(系列) 서로 관련이 있거나 유사한 점에서 연결되는 계통이나 조직. 예인문 계열.

계:열 기업 같은 계열에 있는 기업의 집단.

계:원(契員) 같은 계에 든 사람.

계:원필경(桂苑筆耕) 신라 말기 최치원이 여러 가지 글을 모아 엮은 시문집. 20권 4책.

계:유정난(癸酉靖難) 조선 단종 원년(1453)에 수양 대군이 김종서·황보인 등을 없애고 정권을 잡은 일.

계:율(戒律) 불교에서, 승려가 지켜야 할 율법이나 규칙.

계이름(階-) 도·레·미·파·솔·라·시 등의 음계 이름.

계:절(季節) 봄·여름·가을·겨울의 네 철. 철. ⑩독서의 계절.

계:절품(季節品) 어떤 계절에만 시장에 나오는 물건.

계:절풍(季節風) 기후의 변화에 따라 방향을 바꾸어 부는 바람.

계:절풍 기후 계절풍의 영향으로 생겨나는 기후. 여름에는 덥고 강우량이 많아 습하며, 겨울에는 춥고 강우량이 적어 건조함.

계제(階梯) ①일이 사닥다리 밟듯 차차 진행되는 순서. ②일이 잘 되어 가거나 생기게 된 좋은 기회. ⑩계제가 좋다.

계:좌(計座) 예금을 할 수 있도록 만든 자리. 凰예금 계좌.

계:주(繼走) 릴레이 경기. 匪이어 달리기. -하다.

계:집 ①여자의 낮춤말. ②아내의 낮춤말. 凰사내.

계:집아이 아직 시집가지 아니한 어린 여자.

계:책(計策) 용한 꾀와 거기 따른 방법. 꾀.

계:축일기(癸丑日記) 조선 광해군 때 한 궁녀가 쓴 일기체 작품. 광해군이 영창 대군을 죽일 때, 인목 대비가 겪은 일을 썼음. 서궁록.

계:측(計測) 기계 따위를 써서 수나 양·길이 등을 잼. ⑩계측 기기. 匪계량. -하다.

계층(階層) 사회를 형성하는 여러 층. ⑩지식 계층.

계:통(系統) ①순서를 따라 차례로 잇대어 통일함. ⑩계통을 밟다. ②한 집안의 혈통. ③같은 종류나 방면에 딸려 있는 관계. ⑩무역 계통의 회사. ④전체가 하나의 통일성을 갖고 기능하도록 되어 있는 조직. ⑩신경 계통.

계:통수 생물이 진화하여 온 관계를 가지 벋은 나무로 계통을 세워 나타낸 그림.

계:투(繼投) 야구에서, 이제까지 공을 던지던 투수가 물러나고 다른 투수가 등판하여 이어서 공을 던지는 일. -하다.

계:표(計票) 표결에서 가부의 수를 헤아림. 표세기. -하다.

계:피(桂皮) 한방에서, '계수나무 껍질'을 약재로 이르는 말.

계:획(計畫·計劃) 꾀를 내어 일의 얽이를 세움, 또는 세우는 일. ⑩여름 방학 계획. 匪기획. -하다.

계:획성(計劃性) 어떤 일을 계획에 따라 처리하려는 성질.

곗:돈 ①계에 들어서 타거나 내는 돈. ②계에서 가지고 있는 돈.

곗술에 낯내기<속> 공동의 것으로 자기가 생색을 낸다.

고¹ 이미 말한 것이나 상대가 이미 짐작하고 있는 것을 얕잡아서 가리키는 말. ⑩고 자식. 鬯그.

고:²(故) 세상을 떠난 사람의 이름 앞에 쓰이어, '이미 세상을 떠난'의 뜻을 나타냄. ⑩고 김수환 추기경.

고³ ①두 가지 이상의 사실을 잇달

아 설명할 때 쓰는 말. 예이것은 개고 저것은 여우다. ②두 가지 이상의 사물을 아울러 설명할 때 쓰는 말. 예개고 돼지고 다 가축이다.

-고[4] ①두 가지 이상의 동작·성질·사실 등을 연결시키는 말. 예밥을 먹고 떡을 먹자. ②두 동작을 대등하게 연결시키는 말. 예문을 열고 보자. ③동작의 진행, 끝남 등을 나타내는 말. 예지금 글을 쓰고 있다.

고:가[1](古家) 지은 지 오래 된 집. 예고산 윤선도의 고가.

고가[2](高架) 땅 위로 높이 가로질러 걸침. 예고가 도로.

고가[3](高價) [-까] 비싼 가격. 예고가품. 반염가. 저가.

고갈(枯渴) 물·돈·물자 등이 마르거나 다하여 없어짐. 예자원이 고갈되다. -하다.

고개 ①목의 뒤쪽. 예고개를 끄덕이다. ②산이나 언덕으로 오르내리는 비스듬히 기울어진 곳. 예고개 너머. 비언덕.

고개가 수그러지다 존경하는 마음이 일어나다.

고객(顧客) 단골 손님.

고갯마루 산이나 언덕의 등성이가 되는 꼭대기.

고갯짓 고개를 흔들거나 끄덕이는 짓. -하다.

고걸 '고것을'의 준말. 예고걸 일기라고 썼니? 큰그걸.

고것 '그것'을 얕잡아, 또는 귀엽게 이르는 말. 예고것 참 예쁘구나. 큰그것.

고견(高見) ①뛰어난 의견. ②'남의 의견'의 높임말. 예어르신의 고견을 듣고 싶습니다.

고결(高潔) 성품이 고상하고 깨끗함. 예고결한 인품. 반비열. -하다. -히.

고경:명(高敬命, 1533~1592) 조선 시대 임진왜란 때의 의병의 지도자. 전라도에서 의병을 일으켜 금산에서 왜군을 맞아 싸우다 전사하였음.

고고(呱呱) 아이가 세상에 처음 나오면서 우는 소리. 예고고의 소리.

고:고학(考古學) 옛적의 유물에 의하여, 옛날 사람의 문화를 과학적으로 연구하는 학문.

고:고학자(考古學者) 고고학을 연구하는 학자.

고공(高空) 높은 공중. 반저공.

고공 비행(高空飛行) 15,000~20,000m 이상의 높은 하늘을 날아다님. 반저공 비행. -하다.

고공살이(雇工-) 남의 집의 일을 하여 주고 살아가는 것. 비머슴살이. -하다.

고공 침투 훈:련 적의 포탄이 미치지 못하는 높은 공중에서 낙하산을 타고 뛰어내려 예정한 곳에 안전하게 착륙하는 훈련.

고:과(考課) [-꽈] 공무원이나 회사원의 근무 성적을 자세히 따져 좋고 나쁨을 정하는 일. -하다.

고관(高官) ①높은 벼슬. ②지위가 높은 관리.

고관 대:작(高官大爵) 높고 큰 벼슬자리, 또는 그 벼슬아치.

고굉지신(股肱之臣) 임금이 가장 믿고 중히 여기는 신하.

고구려(高句麗, 기원전 37~서기 668) 삼국 시대의 한 나라.

고:구마 메꽃과의 여러해살이풀. 뿌리에 둥글고 긴 덩어리가 달리

는데 달고 맛이 좋음.

〔고구마〕

고:국(故國) 자기의 나라. 자기가 나서 자란 나라. 비본국. 조국. 반외국. 타국.

고:국 산천 조국의 산과 내. 고국의 경치.

고군 분:투(孤軍奮鬪) ①수가 적고 도움이 없는 외로운 군대가 힘에 겨운 적과 맞서 용감히 싸움. ②적은 인원으로, 도움을 받지 않고 힘에 겨운 일을 해냄. —하다.

고:궁(古宮·故宮) 옛 궁궐. 옛날에 임금이 살던 대궐.

고귀(高貴) ①신분이 높고 귀함. ②소중하고 귀함. 비존귀. 반비천. —하다.

고:금(古今) 옛적과 지금.

고:금도(古今島) 전라 남도 목포 앞바다의 완도와 조약도 사이에 있는 섬.

고:금 상정 예:문(古今詳定禮文) 고려 인종 때 최윤의가 고금의 예절에 관한 글을 모아 편찬한 책. 오늘날에는 전해지지 않으나, 우리 나라 최초의 활자로 인쇄한 책으로 추측함.

고급(高級) 높은 등급이나 계급. 반저급. 하급.

고급 언어 컴퓨터에서, 사용자가 쉽게 이해하고 마음대로 다루어 쓸 수 있는 프로그래밍 언어. 베이식·포트란·코볼 따위가 있음.

고급 장:교 소령부터 그 이상의 장교를 일컫는 말.

고급품 품질이 좋고 값이 비싼 물건. 반하급품.

고기¹ ①온갖 동물의 살. ②생선. 물고기.

고기² 그 곳. 그 곳에. 예고기 놓아라. 큰거기.

고기는 씹어야 맛이요 말은 해야 맛이라(속) 할 말은 속 시원히 다 해 버려야 좋다.

고기도 저 놀던 물이 좋다(속) 낯익은 곳이 더 좋다.

고기알붙이[—부치] 물고기를 양어장에서 기를 때 알 낳는 연못에 넣어서 알이 붙게 하는 것.

고기압(高氣壓) 주위보다 높은 기압. 반저기압.

고기잡이 ①고기를 잡는 사람. ②고기를 잡는 일. —하다.

고김살[—쌀] 고겨서 나타난 금. 큰구김살. 센꼬김살.

고깃간 쇠고기·돼지고기 따위를 파는 가게. 비푸줏간.

고깃배 고기잡이를 하는 배. 비어선.

고깔 중이 머리에 쓰는 세모지게 만든 모자. 베 조각으로 만듦. 예고깔 모자.

〔고 깔〕

고깝다〔고까우니, 고까워서〕 야속한 마음이 있다. 예그의 행동이 고깝다.

고꾸라지다 ①고부라져 쓰러지다. 예빙판길에 고꾸라지다. ②'죽다'의 속된 말. 센꼬꾸라지다.

고난(苦難) 괴로움과 어려움. 예고학하면서 많은 고난을 겪었다. 비고생. —스럽다.

고난도(高難度) 피겨 스케이팅이나 체조 따위에서 기술적으로 해내기 어려운 정도.

고뇌(苦惱) 괴로워하고 번민함, 또는 그 괴로움과 번뇌. 예고뇌에 찬 모습. 비고민. —하다.

고누 유희의 하나. 말밭을 그려 놓고 두 편으로 나누어 말을 많이 따거나 말길을 막는 것을 다투는 놀이의 한 가지.

고니 물새 중에서 제일 큰 새. 날개의 길이가 60~70cm나 되며, 온몸이 순백색으로 매우 아름다움. 우리 나라에서는 천연 기념물로 지정된 철새임. 시베리아 동부에서 번식하며 겨울에는 한국·중국·일본에 날아옴. 비백조.

고:다 뭉그러지도록 푹 삶다. 예고기를 고다. 엿을 고다.

고단자(高段者) 유도·바둑 등 단수가 있는 것에서 높은 단수를 가지고 있는 사람.

고단하다 몸이 나른하다. 기운이 없다. 예고단한 몸을 침대에 누인다. 비피곤하다.

고달프다 몹시 시달려 매우 고단하다. 기운이 없다. 예고달픈 신세를 한탄하다.

고대[1] 이제 막. 지금 막. 예학교에서 고대 왔다. 비이내.

고:대[2](古代) ①옛적. ②옛날. ③그전 세상. 반근대. 현대.

고대[3](苦待) ①몹시 기다림. ②애를 태우며 기다림. 예아무리 돌아오기를 고대하고 있어도 돌아오지 않는다. —하다.

고대로 고치지 않고 전에 있던 대로. 큰그대로.

고:대 문명 오래 전의 시대의 문명. 반근대 문명. 현대 문명.

고:대 소:설 옛날 사람이 쓴 소설. 우리 나라에서는 갑오개혁 이전의 소설. 반현대 소설.

고도(高度) 아주 높은 정도. 예고도의 훈련.

고독(孤獨) 외로움. 쓸쓸함. 예고독한 노인. —하다. —히.

고독감(孤獨感) 외롭고 쓸쓸한 마음.

고동[1] ①일의 제일 중요한 고비. ②기계를 움직여 활동시키는 장치. ③기적 등의 소리. 예뱃고동 소리. 고동을 울리다.

고동[2](鼓動) ①마음에 깊이 감동하여 움직임. ②심장의 피가 뛰어 가슴에 울리는 소리. —하다.

고:동색(古銅色) 검누른 빛.

고되다 하는 일이 힘에 겨워 피곤하다. 예일이 무척 고되다. 비힘들다.

고두밥 몹시 된 밥.

고둥 소라·우렁이 따위의 조개류를 통틀어 이르는 말.

고드랫돌 발이나 돗자리 따위를 엮을 때 날을 감아서 매는 주먹만한 돌. 준고드래.

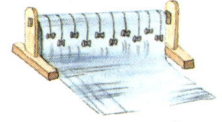

〔고드랫돌〕

고드름 낙숫물이 흘러내리다가 얼어붙어 길게 매달린 얼음.

〔고드름〕

고들고들 밥알이나 밥알 같은 것이 속은 무른 채 겉이 오돌오돌하게 말라 있는 상태. 큰구들구들. 센꼬들꼬들. —하다.

고들빼기 국화과의 두해살이풀. 씀바귀와 비슷하며 산이나 들에 저절로 남. 줄기는 곧게 자라며 가지를 많이 치고, 씀바귀보다 잎이 좀 넓음. 어린순은 먹을 수 있음. 고채.

고등¹(高等) ①정도가 높음. ②등급이 높음. ③품격이 훌륭함. 반초등. 하등. —하다.

고등²(高騰) 물건값이 많이 오름. 앙등. —하다.

고등 교:육 정도가 높은 교육. 대학 이상의 교육.

고등 동:물 진화의 정도가 높은 동물. 보통 무척추 동물에 대하여 척추 동물을 이르는 말. 반하등 동물.

고등 법원 지방 법원의 위, 대법원의 아래인 법원. 제2심 판결을 담당하는 법원.

고등 보:통 학교 지금의 중학교와 고등 학교의 과정을 함께 가르치던 옛날의 교육 제도. 1940년 중학교로 이름이 바뀜. 준고보.

고등 식물 뿌리·잎·줄기의 세 부분으로 이루어져 있는 몸구조가 발달된 식물. 반하등 식물.

고등어 바닷물고기의 한 가지. 몸길이 40~50cm, 등빛은 파랗고 배는 희며, 몸의 양쪽 옆은 누르스름함.

고등 학교(高等學校) 중학교를 나와서 들어가는 학교. 수업 연한은 3년임.

고딕(Gothic) ①활자의 획을 굵게 만든 글자체. ②중세의 건축 양식. 직선적이고 창과 출입구의 위를 뾰족한 아치로 마무른 특색이 있음. 소박·견실함.

고딕식 로마네스크에 이어 르네상스까지 프랑스를 중심으로 유럽에서 유행한 미술 양식.

고딕체 고딕으로 된 활자체.

고라니 사슴과의 짐승. 노루와 비슷하나 암수 모두 뿔이 없고 털은 거침.

〔고라니〕

고락(苦樂) 괴로움과 즐거움. 예고락을 같이하다.

고락간에 괴로우나 즐거우나 간에. 괴롭거나 즐겁거나 가릴 것 없이.

고란사(皐蘭寺) 충청 남도 부여 백마강 왼쪽 기슭에 있는 작은 절. 450년 경에 세워졌으며 경내는 경치가 아름답고 절 뒤에서는 우리 나라에서 보기 드문 식물인 고란초가 자라고 있음.

고란초(皐蘭草) 고사릿과의 여러해살이풀. 키는 10~30cm로 그늘진 바위틈에서 자라며, 홀씨주머니가 잎 뒤쪽에 두 줄로 있음.

〔고란초〕

고랑¹ 두두룩한 두 땅의 사이. 예밭고랑. 준골.

고랑² 죄인이나 피의자의 손목에 걸쳐서 채우는 쇠로 만든 형구. 예고랑을 찬 죄수. 본쇠고랑.

고랑창 폭이 좁고 깊은 고랑. 예고랑창에 빠지다. 준골창.

고랑포(高浪浦) 경기도 장단군에 있는 마을. 임진강에 임하여 배로 물건을 나르는 일이 편리하고 농사에 필요한 물을 끌어다 대기가 쉬워 농산물의 산출이 많음.

고래[1] 동물 중에 제일 큰 물고기. 새끼에게 젖을 먹여 기르고 허파로 숨을 쉼.

고래[2] 방의 구들장 밑에 연기가 통하는 길. 본방고래.

고:래[3](古來) 옛부터 오늘까지. 예고래에 없던 일.

고래고래 화가 나서 큰 소리를 지르는 모양. 예장난감을 빼앗기고 고래고래 고함을 지르다.

고래등 같다 집이 웅장하게 높고 크다. 예고래등 같은 기와집.

고래서 ①'고러하여서'의 준말. ②'고리하여서'의 준말. 큰그래서.

고래 싸움에 새우 등 터진다(속) 힘센 사람끼리 싸우는데 약한 사람이 그 사이에 끼어 아무 관계없이 피해를 입는다.

고래잡이 고래를 잡는 일.

고랭지(高冷地) 높이가 600m 이상으로 높고 한랭한 지방.

고랭지 농업 높이가 높은 고원이나 산지에서 하는 농업.

고량(高粱) 수수. 예고량주.

고량 진미(膏粱珍味) 기름진 고기와 곡식으로 만든 맛있는 음식. 준고량.

고려[1](高麗, 918~1392) 태조 왕건이 송악(후에 개경)에 세운 나라.

고려[2](顧慮) ①지난 일을 다시 생각하여 봄. ②앞일을 잘 헤아림. 예앞일을 고려하다. —하다.

고려사(高麗史) 조선 시대 세종의 명을 받아 정인지·김종서 등이 편찬한 총 139권으로 된 고려의 역사책. 고려 시대를 연구하는 데 가장 큰 자료임.

고려 인삼 우리 나라에서 나는 인삼을 흔히 일컫는 말.

고려자기 고려 시대에 만든 자기. 품질이 아주 단단하고 좋을 뿐만 아니라, 그 빛(비색)·조각·꾸밈새가 매우 아름다움. 청자가 가장 유명함.

고려장(高麗葬) 고구려 때에 늙은이나 쇠약한 사람을 구덩이나 산에 버려 두었다가 죽은 후 장사를 지냈다는 장례 풍습.

고려조 고려 나라의 조정. 고려 나라의 왕실.

고려 청자 고려 때 만들어진 푸른색의 도자기를 이르는 말로 상감 청자가 유명함.

고려 태조(高麗太祖, 877~943) 고려의 첫 임금(재위918~943). 성은 왕, 이름은 건. 궁예의 부하가 되어 그의 신임을 받았으나, 918년에 부하에게 떠받침을 받아 송악(후에 개경)에 도읍을 정하고 왕위에 오름. 왕건.

고령(高齡) 많은 나이. 예고령자.

고령토(高嶺土) 도자기를 만드는 데 쓰이는 흙. 바위가 부서져서 된 흰색, 또는 잿빛의 진흙.

고:례(古例) 옛날부터 내려오는 관습과 풍속. 반신례.

고로(故—) ①사물의 원인을 나타내는 말. ②그런 까닭에. ③그러므로.

고:료(稿料) 글을 써 주고 받는 돈. 예고료를 받다. 본원고료.

고루[1] 아무 차별 없이 두루 같게. 비골고루.

고루[2](固陋) 보고 들은 것이 좁고 고집이 셈. 예고루한 성격의 소유자. ―하다.

고루[3](高樓) 높은 다락집. 높은 누각. [예] 고루에 오르다.

고루고루 여럿이 모두 고르게. [준] 골고루.

고르다[1]〔고르니, 골라〕 서로 아무 차별이 없이 같다. [예] 아이들 키가 고르다.

고르다[2]〔고르니, 골라〕 ①가려 뽑다. [예] 신랑감을 고르다. ②편편하게 만들다. ③정상적인 상태로 순조롭다. [예] 기후가 고르지 못하다.

고름 ①피부가 곪아서 나오는 누런 액체. ②'옷고름'의 준말.

고리[1] 가늘고 긴 것을 구부리어 둥글게 만든 것. [예] 문고리.

고리[2] ①껍질을 벗긴 고리버들의 가지. ②고리나 대고리를 엮어 상자같이 만든 물건.

고리[3](高利) 비싼 이자. [예] 고리 대금. [반] 저리.

고리눈 ①눈동자 둘레에 흰 테가 둘린 눈. ②동그랗게 생긴 눈.

고리다 ①썩은 풀이나 썩은 달걀 냄새 같다. ②행동이 치사하고 인색하다.

고리 대:금(高利貸金) ①이자가 비싼 돈. ②비싼 이자를 받는 돈놀이. [준] 고리대.

고리버들 버드나뭇과의 낙엽 관목. 냇가나 들의 축축한 땅에 나는데, 가지의 껍질을 벗겨 버리고 버들고리나 키 따위를 만듦.

고리타분하다 사람의 성질이나 하는 짓이 시원하지 못하고 흐리멍텅하다. [준] 고타분하다. [큰] 구리터분하다.

고린내 고린 냄새.

고릴라(gorilla) 유인원과의 큰 짐승. 온몸에 털이 있으며, 키는 2 m, 몸무게는 약 280kg 정도로, 아프리카 적도 부근에 삶.

〔고릴라〕

고립(孤立) 남의 도움이 없이 외톨이가 됨. [예] 고립된 병사. 고립 정책. ―하다.

고립 무원(孤立無援)[고림―] 고립되어 도움을 받을 데가 없음. [예] 고립 무원의 처지. ―하다.

고마촌 옛날 고구려의 왕족 약광이 일본에 사신으로 갔다가 고구려가 패망하자 고국으로 돌아가지 않고 고구려 유민을 다스렸던 일본에 있는 마을.

고막(鼓膜) 귓속에 있어서 공기의 진동을 따라 흔들리는 얇은 막. [비] 귀청.

고만 ①고 정도까지만. [예] 이제 고만 놀아라. ②고냥 바로. [예] 일이 다 끝났으니 고만 간다.

고만하다 크지도 작지도 아니하고, 더하지도 덜하지도 아니하고, 서로 비슷하다. [예] 다들 고만하다. [큰] 그만하다.

-고말고 물음에 대하여 그렇다고 하는 뜻을 나타낼 때 쓰는 말. [예] 암, 좋고말고.

고맘때 고 때쯤. [예] 작년 고맘때도 눈이 많이 왔었지. [큰] 그맘때.

고:맙다〔고마우니, 고마워〕 은혜를 받아서 감사하다.

고매(高邁) 학식이 높고 뛰어남. [예] 고매한 인품. ―하다.

고명[1] 모양과 맛을 더하기 위하여 음식 위에 뿌리거나 덧놓는 양념을 통틀어 이르는 말.

고명[2](高名) 명성이 높음. 예 고명한 학자. —하다.

고명딸 아들이 많은 집의 외딸.

고모(姑母) 아버지의 누이.

고모부 고모의 남편. 고숙.

고ː목[1](古木) 오래 되어 묵은 나무. 비 노목.

고목[2](枯木) 말라 죽은 나무.

고무[1](프 gomme) 열대 지방에서 나는 고무나무의 껍질에서 흘러나온 액체로 만든 물질.

고무[2](鼓舞) 북을 쳐서 춤추게 한다는 뜻으로 남을 격려하며 힘이 나게 함을 이르는 말. 예 매우 고무적인 일이다. —하다.

고무관 고무로 만든 대롱. 고무호스.

고무나무 껍질에 칼자국을 내어 그 액을 채취하는 열대식물을 통틀어 이르는 말.

고무래 곡식을 긁어모으거나 펴거나, 밭의 흙을 고르는 데 쓰는 'T'자 꼴로 만든 농기구.

〔고무래〕

고무 마개 고무로 만든 마개. 실험을 할 때 플라스크나 시험관 주둥이를 막는 데 씀.

고무 밴드 고리 모양으로 만든 가는 고무줄.

고무신 고무로 만든 신.

고무줄 고무로 길게 만든 줄.

고무줄놀이 고무줄을 가지고 노는, 여자 아이들의 놀이.

고무줄 저울 고무줄이 늘어나는 성질을 이용하여 물건의 무게를 달거나, 물체를 끄는 데 쓰는 간단한 장난감 저울.

고무 지우개 연필로 쓴 것을 지우는, 고무로 만든 지우개.

고무 찰흙 찰흙과 같이 마음대로 모양을 바꿀 수 있도록 된 생고무.

고무총 고무줄의 힘을 이용하여 작은 돌멩이나 모래알 같은 것을 날릴 수 있도록 한 장난감.

고무 풍선 얇은 고무 주머니에 공기나 수소 가스를 넣어 공중에 날리는 장난감.

고ː문[1](古文) 옛 글. 옛 글자. 반 현대문.

고문[2](拷問) 죄인에게 여러 가지의 고통을 주어 죄의 사실을 캐어묻는 일. —하다.

고문[3](顧問) ①의견을 물음. ②의견의 물음을 받는 사람. —하다.

고문관 어떤 일에 대해 의견을 말하는 직책을 가진 관직.

고물[1] 떡 거죽에 묻히는 콩·팥·녹두 따위의 가루.

고물[2] 배의 뒤쪽. 비 선미. 선로. 반 이물.

고ː물[3](古物) ①낡은 물건. ②헌 물건. ③옛날 물건.

고물고물 몸을 좀스럽고 느리게 자꾸 움직이는 모양. 예 고물고물 기어가는 벌레. 큰 구물구물. 센 꼬물꼬물. —하다.

고ː물상[—쌍] 고물을 팔고 사는 장사, 또는 그 장수.

고민(苦悶) 속을 태우고 몹시 괴로워함. 예 시험을 망친 것을 고민하다. —스럽다. —하다.

고밀도 집적 회로 여러 개의 집적 회로를 한 장의 바탕에 모은 것. 엘에스아이(LSI).

고ː발(告發) 피해자가 아닌 사람

이 범죄 사실을 경찰이나 검찰에 알림. [예] 사기꾼을 고발하다. [비] 고소. —하다.

고방(庫房) 살림집에서 살림살이나 그 밖의 여러 가지 물건을 넣어 두는 방. 광.

고배(苦杯) ①쓴 술잔. ②쓰라린 경험의 비유. [예] 낙방의 고배. 고배를 마시다.

고:백(告白) 숨기지 아니하고 바른대로 다 말함. [예] 첫사랑을 고백하다. —하다.

고:백 성:사(告白聖事) 천주교에서 이르는 일곱 가지 성스러운 일의 하나. 세례를 받은 신자가 죄를 뉘우치고 고백하여 용서받는 일. '고해 성사'를 고친 말.

고:변(告變) ①재앙으로 생기는 일이나 사고를 알림. ②역모나 반란을 고발함. —하다.

고:별(告別) 떠나는 것을 알림. [예] 고별 인사. —하다.

고:본(古本) 헌 책. [예] 고본점. [반] 신본.

고봉(高峰) 높은 산봉우리.

고봉 준:령(高峰峻嶺) 높이 솟아 있는 산봉우리와 험한 산마루.

고부(姑婦) 시어머니와 며느리.

고:분(古墳) 옛날의 무덤. [예] 고분을 발굴하다.

고분고분 말이나 행동이 공손하고 부드러운 모양. [예] 고분고분 말을 잘 듣는다. —하다. —히.

고비[1] 편지·서류 따위를 꽂아 두는 벽에 붙이는 종이 상자.

고비[2] ①사물의 가장 긴요한 곳·때. ②막다른 때. [예] 심한 몸살에 걸려 죽을 고비를 넘겼다. [비] 막바지. [반] 시초.

고뿔 '감기'를 이르는 말.

고삐 소 같은 짐승을 몰기 위하여 짐승의 목에 매어 놓은 끈.

고삐를 늦추다 감시나 주의를 누그러뜨려 관대하게 대하다. [예] 고삐를 늦춰 가면서 다스리라구.

고:사[1](考査) ①자세히 조사함. ②학교에서 학생의 평소 성적을 시험함. —하다.

고:사[2](告祀) 행운을 가져다 달라고 신령에게 비는 제사. —하다.

고사[3](枯死) 나무나 풀 등이 말라 죽음. [예] 극심한 가뭄으로 고사하는 나무들. —하다.

고:사[4](故事) 예로부터 전해 오는 일. [예] 고사 성어.

고사[5](苦辭) 간절히 사양함. [예] 장관 자리를 고사하다. —하다.

고사리 참고사릿과에 딸린 산나물. 어린 잎은 식용함.

고:사장(考查場) 시험을 보는 곳. [예] 예비 고사 고사장.

고사포(高射砲) 항공기를 공격하는 데 쓰이는 큰 대포.

고사하고(姑捨—) 그만두고. [예] 홍수가 나서 집은 고사하고 목숨까지 잃을 뻔했다.

고산(高山) 높은 산.

고산 기후 높이가 높은 산악 지방의 기후. 보통 해발 2,000m이상의 산악 기후를 말함.

고산대(高山帶) 높이에 따라 식물이 자랄 수 있는 분포를 나타낸 것의 한 구역. 삼림 한계선 이상으로, 고산 식물 등 몇몇 식물만 자랄 수 있음.

고산병(高山病)[—뼝] 높은 산에 올라갔을 때 기압이 떨어지고 산소가 부족하여 생기는 병.

고산 식물 고산대에서 저절로 자라는 식물.

고상(高尙) ①언행이 점잖음. 예고상한 말씨. ②학문이 높고 깊어 남보다 뛰어남. 비숭고. 반비천. 저속. —하다. —히.

고샅[—산] ①마을 안의 좁은 골목길. 예고샅을 빠져 나오다. ②좁은 골짜기의 사이.

고:색(古色) ①오래 되어 낡은 빛. ②예스러운 경치나 모양.

고:색 창연(古色蒼然) 퍽 오래 되어 예스러운 경치가 그윽함. 예고색 창연한 절. —하다.

고생(苦生) 괴롭고 어렵게 지냄, 또는 그러한 생활. 예아버지가 안 계신 중에 삼남매를 키우느라 어머니께서 고생이 많으시다. 비고난. 고초. 수고. 반향락. 안락. 호강. —스럽다. —하다.

고생길[—낄] 고생을 면할 수 없는 방면의 길. 고생을 하게 되는 길. 예고생길에 접어들다.

고:생대(古生代) 지질 시대의 구분의 한 가지. 원생대와 중생대의 사이로 약 5억 7,000만 년 전부터 2억 3,000만 년 전까지임.

고생살이[—사리] 고생을 하며 겨우 살아가는 살림살이. —하다.

고:서(古書) 옛날의 책.

고석(蠱石) 화산의 용암이 식어서 된 돌로 잔 구멍이 많고 가벼움. 속돌.

고성(高聲) 높은 목소리나 큰 소리. 예고성 방가.

고성능(高性能) 성능이 아주 좋음. 높은 성능. 예고성능 폭탄을 장착하다.

고:소[1](告訴) 해를 입은 사람이 그 사람을 검사나 경찰에 신고하여 처벌을 구함. 예사기꾼을 고소하다. —하다.

고:소[2](高所) 높은 곳. 예고소 공포증.

고:소장(告訴狀)[—짱] 범죄의 피해자가 수사 기관에 고소할 때 제출하는 서류.

고소하다 ①깨소금의 맛이다. ②미운 사람이 잘못되었을 때 기분이 좋고 재미있다. 예놀부가 혼나는 장면을 보니 고소하군.

고속(高速) 속도가 매우 빠름. 반저속. 본고속도.

고속 도:로(高速道路) 자동차가 아주 빠른 속도로 달릴 수 있도록 넓고 평탄하게 만든 도로.

고속 버스(高速bus) 고속 도로를 빠른 속도로 달리는 버스.

고속 철도(高速鐵道)[—또] 대도시와 그 교외, 또는 대도시 사이에 고속 전용 궤도를 설치하여 서로 연결하는 빠른 속도의 철도.

고수[1](固守) 굳게 지킴. 예챔피언의 자리를 고수하다. —하다.

고수[2](高手) 수가 높음, 또는 그 사람. 예바둑의 고수.

고수[3](鼓手) 악대나 소리판에서 북을 치는 사람.

고수레 들에서 음식을 먹을 때나 무당이 굿을 할 때, 먼저 바친다고 하여 음식을 조금 던지며 하는 소리, 또는 그렇게 하는 짓. 예고수레떡. —하다.

고수머리 곱슬곱슬 꼬부라진 머리, 또는 그러한 머리를 가진 사람. 곱슬머리.

고수 부지 ①큰물이 날 때에나 물에 잠기는 높은 하천의 땅. ②서울 한강변에 널따란 둑을 쌓아 도로나 공원 등으로 이용하는 곳.

고숙(姑叔) =고모부.

고스란하다 축남이 없이 온전하

다. ⑩잃어버린 돈을 고스란히 찾았다. —히.

고슬고슬 밥이 질지도 되지도 않고 알맞게 된 모양. ⑩밥이 고슬고슬 잘 되었구나. 큰구슬구슬. —하다.

고슴도치 고슴도칫과의 동물. 굴 속에서 사는 짐승의 하나로, 주둥이는 돼지와 비슷하며 등과 몸 양편에 바늘과 같은 가시가 있어 적이 오면 몸을 웅크려 자신을 보호함. 준고슴돛.

고슴도치도 제 새끼가 함함하다면 좋아한다(속) 누구나 칭찬하여 주면 좋아한다.

고습(高濕) 습도가 높음. 축축한 기운이 많음. —하다.

고승(高僧) 학식이 많거나 지위가 높은 스님.

고:시[1](考試) ①시험. ⑩사법 고시. ②옛날, 과거의 성적을 살펴 등수를 정하는 일. —하다.

고:시[2](告示) 국가 기관 따위에서 일반에게 널리 알림. ⑩내무부 고시. —하다.

고:시조(古時調) 갑오개혁(1894) 이전에 지어진 시조. 옛시조. 비단가. 반현대 시조.

고신[1](孤臣) ①임금의 사랑이나 신임을 받지 못하는 신하. ②임금에게서 멀리 떨어져 있는 신하.

고신[2](孤身) 외로운 몸.

고신[3](苦辛) 괴롭고 쓰라림. —하다.

고신 원:루(孤臣冤淚)[—월루] 임금님께 사랑받지 못하는 외로운 신하가 흘리는 원통한 눈물.

고심(苦心) 애씀. 마음과 힘을 다함. ⑩문제 해결을 위해 고심하다. —하다.

고심 참담(苦心慘憺) 몹시 애를 쓰며 근심 걱정을 많이 함. ⑩고심 참담 끝에 어려운 결정을 내리다. —하다.

고싸움놀이 주로, 전라 남도의 민속 놀이의 하나. 두 패로 갈라서, 타원형의 고가 달린 굵은 줄을 여러 사람이 메고, 먼저 상대방의 고를 짓눌러 땅바닥에 닿게 한 편이 이기게 됨. 음력 정월 보름날에 행하거나, 독립된 놀이로 행함.

고아[1](孤兒) 부모가 없는 가엾은 아이. ⑩고아로 자라다.

고아[2](高雅) 고상하고 우아함. ⑩고아한 모습. —하다.

고아원(孤兒院) 부모가 없는 아이들만 모아서 기르는 곳. 비보육원.

고:안(考案) 어떤 일을 생각하여 냄. 또, 그 안. ⑩신제품을 고안해 내다. 비창안. —하다.

고안무(高安茂) 백제 무령왕 때의 오경 박사. 일본에 대신으로 먼저 파견되었던 단양이와 교대하여 파견된 학자.

고압(高壓) ①강한 압력. ②높은 전압. ③마구 억누름. —하다.

고압선 고압의 전류를 보내는 전깃줄. 본고압 전선.

고압적[—쩍] 위엄 있는 태도로 남을 억누르려고 하는 것. ⑩고압적인 태도를 버려라.

고액(高額) 많은 금액.

고액권 금액이 큰 지폐.

고:약하다 ①성질이 괴팍하다. ⑩놀부는 마음이 몹시 고약하였다. ②모양이 추하고 흉하다. ③날씨가 나쁘다. ④냄새가 나쁘다.

고양이 머리는 둥글고 꼬리는 길

고양이 걸음

며, 온몸에 부드러운 털이 있고, 쥐를 잘 잡는 짐승.

고양이 걸음 고양이가 쥐를 잡으러 갈 때와 같이 소리가 나지 않게 조심스럽게 걷는 걸음.

고양이 낯짝만하다 매우 좁음의 비유. 예 방이라고 고양이 낯짝만하다.

고양이 목에 방울 단다〈속〉 실행하기 어려운 쓸데없는 얘기를 한다.

고양이 보고 반찬 가게를 지키라고 한다〈속〉 지키라고 했다가 도리어 도적을 맞기 쉽다.

고양이 앞의 쥐 걸음〈속〉 무서운 사람 앞에서 설설 긴다.

고양이와 개 서로 앙숙인 관계를 이르는 말. 예 고양이와 개처럼 사이가 나쁘다.

고양이 죽은 데 쥐 눈물만큼〈속〉 매우 적거나 아주 없다.

고ː어(古語) ①지금은 쓰이지 않는 옛날 말. ②옛날 사람들이 한 말. 반 현대어.

고역(苦役) 몹시 힘들고 괴로운 일. 예 고역을 치르다.

고열(高熱) 높은 열.

고ː옥(古屋) 지은 지 오래 되어 낡은 집. 비 고가.

고온(高溫) 높은 온도. 예 고온 다습한 기후. 반 저온.

고온 처ː리기 높은 온도로 손질하여 어떤 일을 끝내는 기계.

고요의 바다 달 표면의 한 지점의 이름. 1969년 미국의 아폴로 11호가 착륙하여, 인류 최초로 달의 표면을 보행한 곳임.

고요하다 ①조용하다. ②쓸쓸하고 한가하다. 비 조용하다. 반 소란하다. —히.

고욕(苦辱) 견디기 어려운 고통과 치욕. 예 고욕을 참다.

고욤나무 감나뭇과의 갈잎 큰키나무. 높이 10m 가량. 잎은 길둥글고 끝이 뾰족하며 5~6월에 연녹색 잔꽃이 핌. 감과 비슷한 작은 열매가 열리는데 이를 고욤이라고 하며 먹을 수 있음.

고욤 일흔이 감 하나만 못하다〈속〉 자질구레한 것이 많아도 큰 것 하나를 못 당한다.

고용(雇傭) 돈을 받고 남의 일을 함. 예 고용살이. —하다.

고용원(雇傭員) 보수를 받고 남의 일을 해 주는 사람. 비 고용인.

고용주(雇用主) 삯을 주고 사람을 부리는 주인. 예 악덕 고용주.

고ː우(故友) 사귄 지 오래 된 벗. 예 죽마 고우.

고운 말ː 천하지 않은, 품위를 갖춘 아름다운 말.

고원(高原) 주위의 지형보다 넓고도 높은 벌판. 예 개마 고원.

고위(高位) 높은 지위. 예 고위급 회담. 반 하위. 저위.

고위도(高緯度) 위도가 높음. 곧, 남극과 북극에 가까운 곳.

고위층 높은 지위에 있는 층, 또는 그런 사람.

고유(固有) ①본디부터 있음. 예 고유 의상. ②어느 물건에만 특별히 있음. —하다.

고유 문화 각 민족이 제각기 다른 환경 속에서 오랫동안 살아 오면서 이룩한 특색 있는 문화. 비 민족 문화. 반 외래 문화.

고유성(固有性) 어떠한 사물이나 종족이 가지고 있는 고유한 성질.

고율(高率) 어떤 표준보다 높은 비율. 예 고율의 이자. 반 저율.

고을 ①지난날, 도를 몇으로 나눈 행정 구역. ②군을 이루는 지역.

고음(高音) 높은 소리로서 진동수가 많음. 빤저음.

고:의¹(故意) 결과가 어떻게 될 것을 알고 일부러 하는 행동이나 생각. 예고의로 반칙을 하다.

고의²(袴衣) 한복의 한 가지로 여름에 입는 남자의 홑바지.

고:이 ①삼가 조심하여. 예가보를 고이 간직하다. ②정성을 다하여. ③곱게. 예머리를 고이 빗다.

고이고이 아주 소중하게. 예아기를 고이고이 기르고 있다.

고:인(故人) ①오래 사귄 벗. ②세상을 떠난 사람.

고인돌 옛 사람의 무덤이라고 하는 돌로, 그 안에서 옛 사람의 뼈, 쓰던 그릇 따위가 나옴.

〔고인돌〕

고자세(高姿勢) 상대방에게 도도하게 대하는 태도. 예고자세로 친구를 대하다. 빤저자세.

고:자질(告者─) 남의 잘못을 몰래 일러바치는 짓. ─하다.

고작 기껏해야. 아무리 하여도. 예밤낮으로 연구했다는 것이 고작 그 정도냐! 비겨우.

고장¹ ①태어난 곳. ②생긴 곳. 예우리 고장에서는 사과가 많이 난다. 비고향. 지방.

고:장²(故障) 기계류나 사람의 몸에 뜻밖에 일어난 탈. 예갑자기 자동차가 고장나서 멈추다.

고쟁이 여자 속옷의 한 가지. 가랑이의 통이 넓으며, 속옷 위에 입음.

고저(高低) 높음과 낮음. 높낮이.

고저 장단 높고 낮음과 길고 짧음. 고저와 장단.

고:적¹(古蹟·古跡) ①옛 물건이 있던 자리. 고적지. ②남아 있는 옛적 물건.

고적²(孤寂) 외롭고 쓸쓸함. 예고적한 나날을 보내다. ─하다. ─히.

고적대(鼓笛隊) 북과 피리로 이루어진 행진용 악대.

고:전¹(古典) 옛날의 기록이나 책. 예고전 문학.

고전²(苦戰) 몹시 힘드는 괴로운 싸움. 예초반에 강팀을 만나 고전을 했다. 비고투. ─하다.

고:전극(古典劇) 가치 있는 옛날의 작품이나 책의 내용을 주제로 극을 만든 것.

고:전미 고전적인 아름다움.

고정(固定) 정해진 대로 붙박혀 있고 바뀌지 않음. 예독자의 수가 고정되다. ─하다.

고정 도르래 축이 고정되어 있어 이동하지 않는 도르래. 빤움직 도르래.

고정 불변(固定不變) 움직이지 않고 변함이 없음.

고정 재산 부동산·기계·가구 따위와 같이 유통 또는 소모를 목적으로 하지 않는 재산.

고조¹(高祖) 할아버지의 할아버지. 고조부. 예오늘은 고조 할아버지의 제삿날이다.

고조²(高潮) ①밀물이 들어와서 물의 높이가 가장 높아지는 상태. ②감정이 아주 높아진 상태를 비유하여 이르는 말. 예최고조에 달한 기분. 빤저조.

고조³(高調) ①높은 가락. ②마음에 열이 나게 함. ③시나 노래로 크게 흥겨움이 일어나는 일. 반저조. —하다.

고:조선(古朝鮮) 우리 민족이 제일 먼저 이룩한 부족 국가. 단군이 세웠다 하며, 위치는 서북 해안을 중심으로 한 기름진 넓은 평야에 걸쳐 있었음.

고졸(高卒) '고등 학교 졸업'을 줄여 이르는 말.

고종¹(姑從) '고종 사촌'의 준말.

고종²(高宗) ①고려 제23대 왕(재위 1213~1259). 몽고에 대한 철저한 항쟁을 벌였고, 8만 대장경을 이룩하게 함. ②조선 제26대 왕(재위 1863~1907). 흥선 대원군의 아들. 대원군이 물러난 후부터 정치를 맡아 하면서, 대한 제국의 탄생을 선언하는 등 여러 제도의 개선에 힘썼음.

고종 사:촌(姑從四寸) 고모의 아들이나 딸. 비내종 사촌. 준고종.

고주망태 술을 많이 마셔 정신을 차리지 못하는 상태. 준고주.

고주알미주알 속속들이 캐어묻는 모양. 미주알고주알. 예귀찮게 고주알미주알 묻지 마라.

고즈넉하다 ①잠잠하고 호젓하다. ②잠잠하고 다소곳하다. 예고즈넉이 앉아 있다. —이.

고:증(考證) 증거를 대어 설명함. 예우리 문화가 일본에 전해진 사실을 고증하다. —하다.

고:증학(考證學) 옛 문헌에서 확실한 증거를 찾아 실증적으로 연구하려는 학문.

고:지¹(告知) 어떤 사실을 관계자에게 알림. 예등록금 납부 기일을 고지하다. 반불고지. —하다.

고지²(高地) ①높은 땅. 반저지. 평지. ②어떤 목표·목적. 예고지가 바로 저기인데 이렇게 포기할 수는 없다.

고:지서(告知書) 무슨 일을 알리는 글발. 예납세 고지서.

고지식하다 ①성질이 곧고 변통성이 없다. 예고지식한 성격이지만 믿을 수 있다. ②어리석고 곧다.

고진 감래(苦盡甘來)[—내] 쓴 것이 다하면 단 것이 온다는 뜻으로, '고생 끝에 좋은 일이 옴'을 이르는 말. 반흥진 비래.

고질(痼疾) ①고치기 어려운 오래된 병. 지병. ②오래 되어 고치기 어려운 나쁜 버릇. 예고질이 된 술주정.

고집(固執) 남의 말을 듣지 않고 억지를 씀. 예네 고집만 세우지 말고 내 말도 좀 들어라. —스럽다. —하다.

고집 불통(固執不通) 고집이 세어서 변통성이 없음, 또는 그런 사람. 예고집 불통인 영감님을 설득하느라고 애를 먹었다.

고집쟁이 자기의 생각이나 의견만 주장하여 남의 말은 조금도 받아들이려 하지 않는 사람.

고차원(高次元) 정신적 또는 내용적으로 정도가 높은 것.

고착(固着) 물건 같은 것이 굳게 들러붙음. —하다.

고찰(考察) 자세하게 참고하여 살펴봄. 예역사적 고찰. —하다.

고:참(古參) 오래 전부터 한 직장이나 직위에 머물러 있는 일, 또는 그 사람. 예고참 사원. 고참병. 반신참.

고창증(鼓脹症)[—쯩] 소·양·염소

따위에 자주 일어나는 병. 겨울에 우리 속에 갇혀 있던 집짐승이 봄에 새 풀을 갑자기 많이 먹어 생기는 병.

고:철(古鐵) 낡은 쇠. 헌쇠. [예] 고철상. 고철 장사.

고체(固體) 일정한 모양과 부피를 갖추고 있는 물체.

고체 연료 고체로 된 연료. 장작·석탄·코크스 따위.

고쳐 죽어 다시 죽어.

고초(苦楚) 어려움과 괴로움. [예] 6·25 전쟁 때에 말할 수 없는 고초를 겪었다. [비] 고난. 고생. 고통. [반] 안락.

고추 붉고 매운 열매가 열리는 채소. 가루를 만들어서 음식에 넣어 먹음. [예] 고춧가루.

고추는 작아도 맵다〈속〉 사람이 몸집은 비록 작아도 일은 야무지게 한다.

고추바람 몹시 찬 바람.

고추잠자리 초가을에 떼지어 날아다니는 잠자리. 수컷은 몸이 붉고 암컷은 누르스름함.

고추장 메줏가루에 질게 지은 밥이나 떡가루를 익혀 버무리고, 고춧가루와 소금을 넣어서 담근 매운 장.

고춧가루[—추까—] 고추를 말려서 빻은 가루.

고충(苦衷) ①괴로운 마음. [예] 고충을 털어놓다. ②어려운 사정. [예] 고충이 많다.

고취(鼓吹) ①용기와 기운을 북돋아 일으킴. [예] 병사들의 사기를 고취하다. ②북을 치고 피리를 붊. —하다.

고층(高層) ①높은 층. ②위쪽의 층. [예] 고층 기류.

고층 건:물 여러 층으로 높게 지은 집. 빌딩.

고치 누에가 실을 뽑아서 짓는 집. 명주실의 원료가 됨.

고치다 ①잘못된 곳을 다시 만들다. [예] 시계를 고치다. ②일을 바로잡다. ③병을 낫게 하다.

고:태의연하다(古態依然—) 예스러운 모습 그대로 있다.

고:토(故土) 고향. 또, 그 땅.

고통(苦痛) ①괴롭고 아픈 것. ②몹시 견디기 힘든 괴로움. [예] 좋아하는 사람과의 이별이 고통스럽다. [비] 고초. [반] 쾌락. —스럽다.

고투(苦鬪) 힘드는 싸움이나 일을 함. [예] 악전 고투하다. —하다.

고:풍(古風) ①지난날의 풍속. ②예스러운 모습. [예] 고풍을 그대로 간직한 사찰. —스럽다.

고프다 시장하다. 음식이 먹고 싶다. [예] 배가 고프다.

고하(高下) 위아래, 또는 높고 낮음. [예] 지위 고하를 막론하고 위반자는 처벌하겠다.

고:하다(告—) ①일러 아뢰다. ②까바치다. [예] 비밀을 고하다.

고학(苦學) 자기가 학비를 벌어가며 공부함. —하다.

고학생 학비를 스스로 벌어서 공부하는 학생.

고함(高喊) 큰 소리로 부르짖는 목소리. [비] 함성.

고함(을) 지르다 큰 소리로 부르짖다.

고함(을) 치다 크게 소리치다.

고해(苦海) 불교에서, 괴로움이 많은 세상을 바다에 비유하는 말.

고해 바치다 일러 주다.

고행(苦行) 도를 닦기 위하여 견디기 어려운 고통스러운 일을 행하는 것. ㉠고행을 견디어 내다. —하다.

고:향(故鄕) ①제가 나서 자란 곳. ㉠내 고향 남쪽 바다. ②제 조상이 오랫동안 살던 곳. ㊗향토. ㊉타향.

고혈(膏血) 사람의 기름과 피라는 뜻으로 고생하여 얻은 이익, 또는 그렇게 모은 재산.

고혈압(高血壓) 혈압이 정상보다 높음. ㊉저혈압.

고형(固形) 단단하고 일정한 모양과 부피를 가지고 있는 것. ㉠고형 알코올.

고혼(孤魂) 의지할 데 없는 외로운 넋.

고:희(古稀) 일흔 살.

고:희연(古稀宴) 일흔 살이 되는 생일에 베푸는 잔치.

곡¹(曲) 노래의 가락.

곡²(哭) ①소리를 내어 욺. ②사람이 죽었을 때나 제사 때에 소리 내어 우는 울음. —하다.

곡가(穀價) 쌀·보리·밀 따위의 곡식의 가격.

곡괭이 단단한 땅을 파는 연모.

〔곡괭이〕

곡기(穀氣) '곡식으로 만든 음식'을 통틀어 이르는 말. ㉠곡기를 끊다.

곡류¹(曲流)[공뉴] 물이 굽이져 흘러감, 또는 그 흐름. —하다.

곡류²(穀類)[공뉴] 여러 가지 곡식. 쌀·보리·밀 등.

곡률(曲率)[공뉼] 곡선이나 곡면의 굽은 정도. ㉠곡률을 재다.

곡마단(曲馬團)[공—] 여러 가지 재주를 부리며 이를 사람들에게 구경시키는 단체. ㊗서커스단.

곡면(曲面)[공—] 곡선으로 이루어진 면. ㊉평면.

곡명(曲名)[공—] 노래의 이름. 곡조의 이름. ㊗곡목.

곡목(曲目)[공—] 연주할 악곡, 또는 곡 이름을 적어 놓은 것. ㊗곡명.

곡물(穀物)[공—] 사람이 늘 먹는 쌀·보리·콩·조·수수 따위의 총칭. ㉠곡물 시장. ㊗곡식.

곡물상(穀物商)[공물쌍] 곡물을 매매하는 장사, 또는 그 장수. ㊤곡상.

곡물 시:장 여러 종류의 곡식을 팔고 사는 시장.

곡사포(曲射砲) 탄환이 직선으로 날아가지 않고 굽어서 날아가는 화포. 박격포 따위.

곡선(曲線) 부드럽게 구부러진 선. ㉠곡선을 그리다. ㊉직선.

곡선미 ①건축·그림·조각 등에서 곡선을 써서 나타내는 아름다움. ㉠남대문은 추녀 끝의 곡선미가 매우 뛰어나다. ②몸의 곡선에서 생기는 아름다움.

곡선자 곡선을 그리는 데 쓰이는 자. 운형자.

곡성(哭聲) 울음소리.

곡식(穀—) 쌀·보리·조·수수·콩 따위를 일컬음. ㊗곡물.

곡예(曲藝) 아슬아슬하게 손발이나 몸을 놀려서 하는 재주. ㉠줄타기 곡예.

곡예사 곡예를 업으로 하는 사람.

곡옥(曲玉) 구부러진 모양의 구슬. 구옥.

곡절(曲折) ①까닭. ②자세한 일

의 내용. [예]우여 곡절.

곡조(曲調) 노랫소리의 높은 것과 낮은 것. 음악의 가락. [예] 부드러운 곡조. [비] 가락.

곡창(穀倉) ①곡식을 모아 두는 곳. ②곡식이 많이 나는 곳. [예] 호남은 우리의 곡창이다.

곡하다(哭—)[고카—] 큰 소리로 외치며 울다. 특히, 사람의 죽음을 슬퍼해 크게 울다. [예] 구슬프게 곡하다.

곡해(曲解) 사실과 어긋나게 잘못 이해함. [예] 그가 뭔가 곡해하고 있는 것 같다. —하다.

-곤 ①같은 움직임을 여러 번 되풀이함을 나타내는 말. [예] 일요일이면 등산을 가곤 한다. ②'고는'의 준말. [예] 공부를 하곤 있지만, 마음은 딴 곳에 가 있다.

곤:경(困境) ①어려운 때나 형편. ②곤란한 경우. [예] 곤경에 처하다.

곤:궁(困窮) 살기 어려움. [예] 곤궁하게 지내고 있다. [비] 곤란. —스럽다. —하다. —히.

곤돌라(이 gondola) ①이탈리아 베네치아의 명물인 작은 배. ②고층 건물의 옥상에서 늘어뜨려 오르내리는 물건 운반기.

곤두박질 별안간 몸이 넘어지거나 거꾸로 박히는 것. [예] 물 속으로 곤두박질하듯 뛰어들다. —하다.

곤두박질치다 세차게 거꾸로 내리박히다.

곤두서다 ①거꾸로 꼿꼿이 서다. [예] 머리털이 곤두서다. ②날카로워지다. [예] 신경이 곤두서다.

곤두세우다 ①거꾸로 꼿꼿이 서게 하다. ②날카롭게 하다. [예] 신경을 곤두세우다.

곤드레만드레 술에 몹시 취하거나 잠에 취하여 몸을 가누지 못하는 모양. [예] 술에 곤드레만드레가 되다. —하다.

곤:란(困難)[골—] ①괴로움. ②어려움. ③고생스러움. [예] 생활이 곤란하다. [비] 곤궁. [반] 용이. —하다. —히.

곤:룡포(袞龍袍)[골—] 임금이 입던 정복. [준] 용포.

〔곤룡포〕

곤봉(棍棒) ①짤막한 나무 몽둥이. ②체조할 때에 쓰는 방망이 모양의 나무 기구.

곤봉 체조 곤봉을 가지고 하는 체조. 양 손에 곤봉을 쥐거나 손가락 사이에 끼고 전후 좌우로 휘두름.

곤:욕(困辱) 심한 모욕. [예] 나쁜 친구 때문에 곤욕을 치르다.

곤장(棍杖) 지난날, 죄인의 볼기를 치던 형구의 하나. 버드나무로 길고 넓적하게 만든 몽둥이.

곤쟁이 새우의 한 가시. 보리새우와 비슷하나 더 작고 몸이 부드러움. [예] 곤쟁이젓.

곤전(坤殿) 왕비. 왕후. 중전.

곤죽(—粥) ①죽같이 질퍽질퍽한 땅. ②일이 얽혀 갈피를 못 잡게 됨을 이르는 말. [예] 일을 곤죽으로 만들다.

곤줄박이 박샛과의 새. 날개 길이 8cm 가량. 몸빛깔은 짙은 회색이며 가슴과 배는 적갈색임.

곤지 시집가는 새색시가 단장할 때 이마에 연지로 찍는 붉은 점.

곤충(昆蟲) 벌레를 통틀어 일컫는

말. 비벌레.

곤충기(昆蟲記) 파브르가 지은 벌레에 대한 것을 쓴 책.

곤충 학자 곤충에 대하여 연구하는 학자.

곤:하다(困—) 기운이 풀리어 나른하다. 예어젯밤 늦도록 책을 읽었더니 곤하다. —히.

곤:혹(困惑) 곤란한 일을 당하여 어찌할 바를 모름. 쩔쩔맴. —스럽다. —하다.

곧 ①즉시. 바로. 예지금 곧 가지 않으면 차를 놓친다. ②다시 말하자면.

곧다 ①똑바르다. 예자세가 곧다. ②마음이 정직하다. ③마음이 굳세고 바르다. 예대쪽같이 곧은 성격. 반굽다.

곧바로 ①즉시. ②어긋나지 않고 바르게. 예이 길을 곧바로 가면 우리집이다.

곧바르다 곧고 바르다. 예곧바른 행동.

곧뿌림 모내기를 하지 않고 논밭에 씨를 직접 뿌림. 비직파. —하다.

곧은결 결이 곧은 나무를 나이테와 직각되게 켠 면에서 나타난 나뭇결.

곧은 성:품(—性品) 굽히지 않는 성미.

곧이[고지] ①곧게. ②바로. ③거짓 없이.

곧이곧대로[고지고때—] 조금도 변통성이 없이 사실대로. 예곧이곧대로 말한다.

곧이듣다 남의 말을 바로 듣다. 예사기꾼의 말을 곧이듣다.

곧잘 ①제법 잘. 썩 잘. ②걸핏하면. 예나는 여름이면 곧잘 산에 오른다. 비제법.

곧장[—짱] ①쉬지 않고 줄곧. ②똑바로. 예이 길로 곧장 가시오. 비막. 당장.

곧추다 굽은 것을 곧게 하다. 예허리를 곧추다.

곧추세우다 곧게 세우다.

곧추앉다 꼿꼿이 앉다.

골[1] 벌컥 성내는 기운. 예골이 나다. 비화. 성.

골[2] 종이·피륙·판자 따위를 길이로 똑같이 나누어 오리거나 접는 금.

골[3] 생각하고, 몸을 움직이고, 각 기관이 제대로 작용하게 하는 등의 일을 맡아 하는 우리 몸의 사령부. 머리뼈로 보호되어 있음. 머릿골.

골:[4](goal) ①결승선. 결승점. 예골 라인. ②축구 등에서 골 라인 위에 세운 두 기둥과 골 바와의 사이. 예골키퍼. ③축구·농구 등에서 공이 골인하여 득점하는 일, 또는 그 득점. 예한 골 차로 승리하다.

골각기(骨角器) 석기 시대에, 짐승의 뼈·뿔·엄니 등으로 만들어 쓰던 기구.

골: 게터(goal getter) 축구·하키·농구 등에서, 득점을 많이 하는 선수.

골격(骨格·骨骼) 뼈대. 예골격이 튼튼하다.

골고타(Golgotha) 신약 성서에 나오는 예루살렘 근교에 있는 언덕. 그리스도가 십자가에 못박힌 곳.

골고루 하나도 빠지지 않고 똑같게. 예반찬을 골고루 먹어야 한다. 비고루. 본고루고루.

골: 네트(goal net) 축구·하키 등

에서 골의 위·옆·뒤에 치는 그물. 예공이 골 네트에 맞고 골인 되었다.
골:다〔고니, 골아서〕 잘 때에 드르렁드르렁 소리를 내다. 예코를 골다.
골:대[一때] 축구의 골 양쪽의 기둥. 예골대에 맞고 튕겨나온 공.
골동품(骨董品)[一똥품] 오래 되고 희귀한 옛날 세간이나 미술품.
골:드(gold) 금. 황금.
골똘하다 하는 일에 온 마음을 쓰다. 예무엇을 그렇게 골똘히 생각하느냐? 비열중하다. —히.
골:라 내다 여럿 가운데서 어떤 것을 가려 뽑아 내다. 예불량품을 골라 내다.
골:라인(goal line) ①결승선. ②축구나 하키에서 경기장의 양쪽 짧은 변을 가른 선. 예골 라인 아웃.
골:라잡다 마음에 드는 대로 고르다. 예한 가지만 골라잡아라.
골락새 =크낙새.
골:마루 ①안방이나 건넌방 뒤에 딸려 붙은 좁은 마루. ②집의 가장자리에 골처럼 만든 좁고 긴 마루.
골마지 간장·술 따위의 물기 있는 음식물에 생기는 곰팡이의 한 가지.
골막(骨膜) 뼈를 싼 막.
골막염[一망념] 주로 세균에 의하여 뼈의 거죽을 싸고 있는 흰막에 일어나는 염증.
골:목 큰길로 통한 좁은 길.
골:목대장 어린애들의 대장 노릇을 하는 아이.
골:목쟁이 골목에서 더 깊숙이 들어간 좁은 곳.

골몰(汨沒) 한 가지 일에만 온 정신을 쏟음. 예독서에 골몰하다. 비열중. —하다. —히.
골무 바느질할 때, 바늘을 눌러 밀기 위해 바늘 쥔 손가락 끝에 끼는 물건.

〔골 무〕

골:바람[一빠람] 산골짜기로부터 산 위로 부는 바람. 반산바람.
골반(骨盤) 척추 동물의 허리 부분을 이루며 하복부의 내장을 떠받치고 있는 깔때기 모양의 뼈.
골:방(一房) 큰방의 뒤쪽에 딸린 좁고 어두운 방.
골백번 여러 번을 강조하여 이르는 말. 예골백번 가르쳐 줘도 소용 없다.
골병(一病) 겉으로 드러나지 않게 속으로 깊이 든 병.
골병(이) 들다 병이 속으로 깊이 들다.
골:뿌림 밭에 파 놓은 골을 따라서 씨앗을 뿌림. —하다.
골상(骨相)[一쌍] ①골격의 모양. ②얼굴이나 머리뼈에 나타난, 그 사람의 성질이나 운명.
골세포(骨細胞) 골 조직을 이루고 있는 기본 세포.
골수(骨髓)[一쑤] ①뼈의 빈 곳에 차 있는 누른빛이나 붉은빛의 연한 조직. ②마음의 속. 예원한이 골수에 맺히다.
골수분자(骨髓分子)[골쑤—] 가장 핵심이 되는 구성 요원.
골수염 세균의 감염으로 골수에 생기는 염증.

골 에어리어

골 : 에어리어(goal area) 축구 등에서, 골 라인 안의 구역.

골오르다 화가 치받치다.

골육(骨肉) ①뼈와 살. ②가까운 혈통 관계가 있는 겨레.

골육 상쟁(骨肉相爭) ①부자와 형제 사이에 서로 다투는 일. ②같은 민족끼리 싸우는 일. 예 골육 상쟁의 비극이었던 6·25 전쟁. 비 골육 상잔. —하다.

골육지친(骨肉之親) 부모와 자식·형제 자매 등의 가까운 혈육.

골 : 인(goal in) 공이 골대 안에 들어감. 예 패스 받은 공을 골인시키다. —하다.

골자(骨子)[—짜] ①가장 중요한 부분. ②말이나 글의 요점.

골재(骨材)[—째] 모래·자갈과 같이 시멘트와 섞어서 콘크리트를 만드는 재료.

골 절(骨折)[—쩔] 뼈가 부러짐. 예 골절상. —하다.

골조(骨組)[—쪼] 건물의 주요 구조체가 되는 뼈대. 예 골조 공사.

골짜기 ①산의 쑥 들어간 곳. ②두 산의 사이에 깊이 파인 곳. 비 산골짜기. 반 봉우리. 준 골짝.

골치 골머리. 머릿골. 예 수학 문제만 보면 골치가 아프다.

골 : 키 : 퍼(goalkeeper) 축구·하키·수구·송구 등에서 골문을 지키는 선수. 준 키퍼.

골 : 킥(goal kick) 공격측이 공을 상대방 골 라인 밖으로 내보냈을 때 수비측이 골 에어리어 안에 공을 놓고 차는 일. —하다.

골탕 몹시 혼이 나는 것.

골탕먹다 크게 욕을 당하거나 손해를 입다. 예 그가 약속을 지키지 않아 내가 골탕먹었다.

골 : 판지 죽죽 골이 지게 만든 판지. 안쪽에 골이 진 얇은 종이를 덧붙인 판지. 상자를 만드는 데 많이 쓰임.

골 : 포스트(goalpost) 축구·럭비·핸드볼 등에서 골문의 양쪽 기둥. 골대.

골품 제 : 도(骨品制度) 신라 때의 신분 제도. 핏줄을 중히 여겨 성골·진골 등의 골품에 따라 신분을 나누고, 사회적 지위와 벼슬, 일상 생활에까지 차이를 두었음.

골프(golf) 정해진 자리에서 골프채로 공을 쳐서, 잔디밭에 파 놓은 18개의 구멍에 차례로 넣어 가는 경기.

곪 : 다[곰따] 탈이 난 살에 고름이 생기다. 예 상처가 곪다.

곬[골] ①물이 흘러 내려가는 길. ②한쪽으로 트인 길.

곯다 ①그릇에 다 차지 아니하다. ②먹는 것이 모자라서 늘 배가 고프다. 예 배를 곯다. ③속으로 물크러져 상하다. 예 수박이 곯다. ④은근히 해를 입어 골병들다.

곯아떨어지다 술이나 잠에 몹시 취하여 정신을 잃고 자다.

곰 : ①곰과의 동물. 몸길이 1~3 m. 몸이 뚱뚱하며 네 다리는 짧고 온몸이 긴 털로 덮여 있음. 나무에도 잘 오르며, 곤충·물고기·나무 뿌리 등을 먹고 사는 잡식성 동물. 겨울잠을 잠. ②미련한 사람을 놀리는 말.

곰 : 곰이 깊이깊이 생각하는 모양. 예 밤새 곰곰이 생각해 보니 내 생각이 틀렸던 것 같다. 비 곰곰.

곰 : 국[—꾹] 소의 뼈와 고기를 진하게 고아서 끓인 국.

곰방대 대의 길이가 짧은 담뱃대.

비 담뱃대.

〔곰방대〕

곰배팔이 팔뚝이 없거나 팔이 꼬부라져 붙은 사람.

곰:보 마마를 앓아 얼굴이 얽은 사람.

곰:삭다 ①오래 된 옷 따위가 삭아서 푸슬푸슬해지다. ②담가 둔 젓갈 등이 오래 되어 푹 삭다.

곰:살궂다 성질이 부드럽고 친절하며 다정하다.

곰상곰상 성질이나 행동 따위가 잘고 꼼꼼한 모양. 예곰상곰상 일을 잘 한다. —하다.

곰실곰실 작은 벌레 같은 것이 느릿느릿 곰틀거리는 모양. 큰굼실굼실. 센꼼실꼼실. —하다.

곰지락 약하고 둔한 몸짓으로 천천히 움직이는 모양. 예방 안에서 곰지락거리지만 말고 나와서 무어라도 좀 해라. 큰굼지럭. 센꼼지락. —하다.

곰:취 엉거싯과에 딸린 여러해살이풀. 깊은 산에 나며 잎은 큰 타원형으로 어린 잎은 먹음.

곰:탕 ①곰국. ②곰국에 밥을 만 음식.

곰틀 몸을 이리저리 고부리어 움직이는 모양. —하다.

곰:팡이 하등 균류에 속하는 미생물의 한 가지. 동식물에 기생하며, 침침하고 축축한 기운이 있을 때 음식·옷·세간 등에도 생김.

곱 ①곱절. 예4는 2의 곱이다. ②곱쟁이. —하다.

곱:다¹〔고와, 고우니〕 ①아름답다. 예쁘다. 예아침 이슬은 은구슬처럼 곱다. 반밉다. ②부드럽고 순하다. ③깨끗하다. 산뜻하다. ④마음이 온순하다. ⑤가루가 잘다. 예분이 곱다. 반굵다.

곱다² 한쪽으로 조금 휘어 있다. 고부라져 있다. 큰굽다.

곱다³ 추위 때문에 손가락이나 발가락이 차서 잘 움직여지지 아니하다. 예손이 곱다.

곱:다랗다 아주 곱다. 예곱다랗게 핀 장미꽃. 비아름답다.

곱돌[一똘] 윤이 나고 매끈매끈한 돌. 납석. 예곱돌솥.

곱빼기 두 잔 또는 두 그릇 몫을 한 그릇에 담은 분량.

곱사등 등뼈가 굽고 혹 모양의 뼈가 불쑥 나온 등.

곱사등이 곱사등인 사람. 꼽추.

곱사위춤 산대놀이 등에서 장구 앞에서 뒷걸음치면서 추는 춤.

곱:살스럽다〔곱살스러우니, 곱살스러워서/곱살스러이〕 얼굴 모습이 보기에 곱고 얌전하다. 예곱살스러운 처녀.

곱새기다 ①거듭하여 곰곰이 생각하다. 예선생님 말씀을 곱새겨 듣다. ②남의 말이나 행동을 좋지 않게 생각하거나 잘못 생각하다.

곱새춤 등에 방석을 넣거나 하여 곱사등이 시늉을 하며 추는 춤.

곱셈 어떤 수를 곱으로 계산하는 셈법. 반나눗셈. —하다.

곱셈표(一標) 곱셈의 기호 '×'의 이름. 곱셈 기호. 승표.

곱슬곱슬하다 털이나 실 따위가 고불고불하다. 큰굽슬굽슬하다.

곱슬머리 고수머리.

곱씹다 ①거듭해서 씹다. ②말이나 생각 따위를 거듭 되풀이하다.

곱자

예 여러 해를 두고 곱씹어 온 생각을 정리해서 쓴 책.

곱자 나무나 쇠로 'ㄱ'모양으로 만든 자. ㄱ자자. 곡척.

곱쟁이 곱절 되는 수량. 준곱.

곱절 같은 수량을 몇 번 되짚어 합치는 일, 또는 그 셈. 예 몇 곱절 더 예쁘다. —하다.

곱집합 한 집합의 원소를 첫째로 하고, 다른 한 집합의 원소를 둘째로 하는 모든 순서쌍의 집합. 예 집합 ㉮와 집합 ㉯의 곱집합은 기호로 ㉮×㉯로 나타낸다.

곱창 소의 창자.

곳[곧] ①땅. ②거처하는 장소. 예 사는 곳이 어디십니까? ③있는 자리. ④가리키는 방향. 예 위험한 곳에 가지 마시오. 비장소.

곳간(庫間)[고깐] 물건을 간직하여 두는 곳. 비창고. 곳집.

곳곳 여러 곳. 이곳 저곳.

곳곳이 곳곳마다. 예 곳곳이 헛점 투성이다.

곳집 재물을 쌓아 두기 위하여 지은 집. 비창고.

공:[1] 고무나 가죽으로 둥글게 만든 운동 기구의 한 가지.

공[2](功) ①공적. ②공로. 예 이순신 장군은 나라에 큰 공을 세운 어른이시다.

공[3](空) ①속이 텅 빈 것. 아무것도 없는 것. ②숫자 '0'을 이름.

-공[4](公) 성이나 벼슬 같은 것에 붙여서 상대를 높여 부르는 말. 예 김공. 충무공.

공간(空間) ①비어 있어 아무것도 없는 곳. 예 공간을 메우다. ②무한히 퍼져 있는 장소. 예 무한한 우주 공간.

공간적 공간에 속하거나 관련되는 것. 공간의 성질을 띤 것.

공:갈(恐喝) ①을러서 무섭게 위협함. 예 공갈로 돈을 뜯어 내다. ②'거짓말'의 낮춤말. —하다.

공:감(共感) 남의 생각이나 의견에 대하여 자기도 그러하다고 느낌. 예 모든 사람이 공감을 느낄 수 있는 의견. —하다.

공개(公開) 여러 사람에게 열어 놓음. 터놓음. 예 비밀을 공개하다. 비개방. 반비공개. 비밀. —하다.

공개 방:송 방송하는 모습을 사람들에게 보이며 하는 방송.

공개 투표 투표자의 투표 내용을 제삼자가 알 수 있는 투표 방법. 손을 들거나, 일어서는 따위의 방법으로 행하여지는 투표. 공개 선거. 반비밀 투표.

공것[—껃] 거저 얻은 물건. 예 공것이라고 너무 좋아하지 마라.

공:격(攻擊) ①나아가 적을 침. 예 적의 진지를 공격하다. ②잘못된 것을 쳐서 말함. 몹시 꾸짖음. 비돌격. 습격. 반방비. 방어. 수비. —하다.

공:격력[—녁] ①공격하는 힘. ②공격할 수 있는 병력이나 군사력.

공:격수 주로 여럿이 하는 구기 운동에서 공격을 맡고 있는 선수. 반수비수.

공경(恭敬) 삼가 섬김. 예 어른을 공경하다. —하다. —히.

공고[1](公告) 널리 세상에 알림. 예 모집 공고. —하다.

공:고[2](鞏固) 굳고 흔들림이 없음. 예 공고한 의지로 한데 뭉치다. —하다. —히.

공공(公共) ①일반 사회. 예 공공

의 안녕 질서. ②여러 사람과 같이 함. [예]공공 단체.

공공 건:물 공공 기관에 속하는 건물.

공공 단체 공공의 행정을 맡아 보는 단체. [반]사사 단체.

공공 방:송 영리 목적이 아니고 공공을 위하여 하는 방송.

공공 복리 여러 사람의 행복과 이익. [예]공공 복리를 위해 힘쓰다.

공공 사:업 여러 사람을 위해 하는 사업. 수도·전기·전화 시설 따위.

공공 시:설 공공의 편리나 복지를 위하여 만들어 놓은 시설. 공중 전화·공중 변소 따위.

공공연하다(公公然―) ①남의 눈을 꺼리는 기색이 없다. [예]거짓말을 공공연하게 하다. ②세상이 다 알게 드러나 있다. [예]공공연한 사실. ―히.

공공 요금 철도·수도·우편·전신·전화 따위의 공익 사업에 대한 요금.

공공 집단 사회의 이익을 위해 같은 목적을 가진 사람들이 이룬 사회. 학교·회사·연구소 따위.

공과(功過) 공로와 잘못. 공과 허물. [예]공과를 따져 상과 벌을 주다. [비]잘잘못.

공과금(公課金) 국가나 공공 단체에 내는 돈. 세금·조합비 따위.

공과 대학[공꽈―] 공학에 대해 깊이 있는 공부를 하는 대학.

공관(公館) ①정부의 높은 직위에 있는 사람이 공적으로 쓰는 집. ②대사관·공사관·영사관 등을 통틀어 일컫는 말. ③공공으로 쓰는 건물.

공교롭다(工巧―)〔공교로우니, 공교로워서/공교로이〕 공교한 듯하다. [예]공교롭게도 까마귀 날자 배 떨어졌다.

공교하다 ①뜻밖에 맞거나 틀리다. ②때나 기회가 우연하게도 좋거나 나쁘다. ―히.

공구[1](工具) 기계 등을 만드는 데 쓰는 기구.

공구[2](工區) 공사를 하는 구역. [예]지하철 공사 제7공구.

공군(空軍) 공중에서 싸우는 군대. [예]하늘을 지키는 우리의 공군. [반]육군. 해군.

공군 사:관 학교 공군의 초급 장교가 될 사람에게 필요한 교육을 하는 군사 학교. [준]공사.

공권력(公權力)[―꿘녁] 국가 또는 공공 단체가 국민에 대하여 명령하고 강제하는 권력.

공그르기 끝을 접을 때나 치맛단을 꿰맬 때에 쓰는 바느질 법의 하나.

공글리다 ①땅바닥 따위를 단단하게 다지다. [예]바닥을 공글리다. ②일 따위를 확실하게 매듭짓다.

공금(公金) 국가나 공공 단체 소유로 되어 있는 돈. [예]공금을 사적으로 사용해서는 안 된다.

공금 횡령 공금을 불법으로 가로채어 차지하는 일.

공:급(供給) ①요구하는 물품을 대어 줌. [비]보급. ②바꾸거나 팔 목적으로 시장에 상품을 내놓음. [예]수요와 공급의 불일치. [반]수요. ―하다.

공:기[1] 다섯 개의 밤톨만한 돌을 땅바닥에 놓고 일정한 규칙에 따라 집고 받는 아이들의 놀이.

공기[2](空氣) ①지구를 둘러싸고 있는, 빛도 맛도 냄새도 없는 기

공기

체. ②분위기. ⑩방 안 공기가 시원치 않다.

공기³(空器) ①위가 벌어지고 밑이 뾰족한 사기로 만든 그릇. ⑩밥공기. ②빈 그릇.

공기놀이 다섯 개의 조그만 돌을 규칙에 따라 던졌다 잡았다 하는 아이들의 놀이.

공기 샤워 바람으로 먼지 등을 닦아 내는 일.

공기업 국가 또는 공공 단체 등이 경영하는 기업. 철도·통신·수도 따위. ㈜사기업.

공기 청정기 더러운 공기를 맑고 깨끗하게 거르는 기계.

공기총 압축 공기의 힘으로 총알을 날려서 참새 같은 것을 잡는 데 쓰는 총.

공기 펌프(空氣pump) 그릇 속의 공기를 빼내거나 넣는 펌프.

공ː납(貢納) 지난날, 백성이 지방에서 나는 특산물을 나라에 바치던 일. ㈜공. —하다.

공납금(公納金) ①학생이 학교에 내는 돈. 수업료·육성회비 등. ②관청에 내야 하는 돈.

공노비(公奴婢) 지난날, 관청에서 부리던 사내종과 계집종. ㈜사노비.

공대(恭待) ①공손히 대접함. ②상대방에게 높임말을 씀. ⑩서로 공대를 하다. —하다.

공대말 공대하는 말. 높임말.

공덕(功德) ①공과 덕. ②여러 사람을 위하여 착한 일을 많이 쌓는 일. ⑩공덕을 쌓다.

공덕심(公德心) 여러 사람에 대한 도덕심.

공ː동(共同) 여럿이 같이 일을 함. ⑩공동 제작. ㈜개인. —하다.

공ː동 경작 여러 사람이 다 같이 농사를 지음. —하다.

공ː동 경작지 여러 사람이 공동으로 농사짓는 땅.

공ː동 기업 두 사람 이상이 공동으로 경영하는 기업.

공ː동 못자리 한 마을 또는 몇 집이 아울러 적당한 곳을 골라서 만들고 또 공동으로 관리하는 못자리.

공ː동 묘ː지 여러 사람의 무덤이 한군데 모여 있는 곳. ㈜사설 묘지.

공ː동 사ː회 가족·촌락 등과 같이 이해 관계에 의한 것이 아니라, 핏줄이나 지역 등에 의하여 자연적으로 맺어진 사회.

공ː동 생활 목적이나 환경을 같이하는 사람이 한데 모여 서로 도우며 사는 생활. —하다.

공ː동 식수 여러 사람이 다 같이 나무를 심음. —하다.

공ː동 우승 어떤 경기에서 승부가 나지 않을 때에, 양팀을 다 우승으로 인정할 경우의 우승. —하다.

공ː동 책임(共同責任) 여러 사람이 공동으로 지는 책임.

공ː동체(共同體) ①운명과 생활을 같이하는 몸. ②공동 사회. ⑩생활 공동체.

공ː동 판매 ①판매 조합을 통하여 공동으로 파는 일. ②기업체가 스스로 판매하지 않고 공동 판매장을 거쳐 파는 일. —하다.

공든 탑이 무너지랴〈속〉 힘들여 한 일은 그리 쉽게 헛일이 되지 않는다.

공들이다(功—) 마음과 힘을 다하다. 열성을 바치다. ⑩내가 공들여 가꾼 꽃나무.

공란(空欄)[—난] 지면의 빈 난. 빈 칸. ⑩공란을 채워라.

공:람(供覽)[—남] 여러 사람이 구경하게 함. ⑩참고 자료를 공람하다. —하다.

공랭식(空冷式)[—냉식] 총이나 대포·엔진 따위를 공기로 냉각시키는 방식. ⑩공랭식 기관총. 공랭식 엔진.

공:략(攻略)[—냑] 군대의 힘으로 적의 영토를 공격함. ⑩적의 진지를 공략하다. —하다.

공력(功力)[—녁] 애쓰는 힘. 힘들여 이루는 공.

공로(功勞)[—노] 애를 써 이룬 공적. ⑩공로상. 🔟공적. 공훈.

공론¹(公論)[—논] 여럿이 모여 의논함, 또는 그 의견. 사회적인 여론·의논. ⑩공론을 모으다. 🔟여론. 🔝사론. —하다.

공론²(空論)[—논] 쓸데없는 의론. ⑩탁상 공론으로 시간만 낭비하다. 공론가. —하다.

공:룡(恐龍)[—눙] 중생대에 지구상에 살았던 거대한 파충류의 화석 동물을 통틀어 이르는 말.

공리¹(公利)[—니] 사회 여러 사람의 이익, 공공의 이익. ⑩공리를 위해 노력하다. 🔝사리.

공리²(公理)[—니] 누구에게나 통할 수 있는 이치.

공리 공론(空理空論) 실천이 뒤따르지 않는 쓸데없는 이론. ⑩공리 공론만 일삼다.

공립(公立) 공공 단체가 세움. ⑩공립 학교. 🔝사립.

공립 학교 지방 자치 단체가 세워 운영하는 학교. 🔝사립 학교.

공명¹(公明) 바르고 떳떳함. ⑩공명 선거. —하다. —히.

공명²(功名) 공을 세워 이름을 떨침. ⑩공명을 떨치다. —하다.

공:명³(共鳴) ①같은 음을 내는 두 개의 물체 중 하나를 울리면 딴 것도 따라 울림. ⑩공명 현상. ②남이 하는 일에 찬성함. ⑩그의 주장에 공명하다. —하다.

공:명 상자 일정한 진동수를 가진 소리에만 공명하도록 만들어진 빈 상자. 공명 현상을 실험하는 데 쓰임. 울림 상자.

공명심(功名心) 공을 세워 이름을 떨치려는 데 급급한 마음.

공명욕(功名慾) 공을 세워 이름을 떨치려는 욕심.

공명 정:대(公明正大) 마음이 바르고 사사로운 점이 없음. —하다. —히.

공모¹(公募) 여러 사람에게 널리 알려 뽑음. ⑩창작 동화를 공모하다. —하다.

공:모²(共謀) 두 사람 이상이 어떤 일을 같이 꾀함. ⑩공모자는 누구인가? —하다.

공무(公務) ①국가 또는 공공 단체의 일. ②여러 사람의 일. ⑩공무 집행. 🔝사무.

공무국(工務局) 공장 관계의 일을 맡아 하는 부서.

공무원(公務員) 국가나 지방 공공 단체의 사무를 직접 맡아 보는 사람. 🔟관리.

공문(公文) '공문서'의 준말. ⑩학교에 공문을 보내다.

공문서(公文書) 공무에 관계되는 모든 서류. 🔖공문.

공:물(貢物) 지난날, 백성이 나라에 세금으로 바치던 물건. 🔖공.

공:물 제:도(貢物制度) 조선 시대

공미

자기 고장의 특산물을 세금으로 바치던 제도.

공:미(貢米) 지난날, 나라에 공물로 바치던 쌀.

공민(公民) ①한 나라의 국민으로서 독립 생활을 하는 사람. 凹자유민. ②공민권을 가진 사람.

공민권 국회·지방 자치 단체 의회의 선거권·피선거권을 통하여, 정치에 참여할 수 있는 지위와 자격.

공민왕(恭愍王, 1330~1374) 고려 제31대 왕(재위 1352~1374). 원나라 배척 운동을 일으켜 친원파를 내쫓고 영토의 회복과 제도의 개혁 등에 힘썼음.

공민 학교 지난날에 초등 교육을 받지 못한 사람들에게 국민 생활에 필요한 보통 교육을 실시하던 3년제 학교.

공:박(攻駁) 남의 잘못된 점을 드러내어 공격함. 예친구의 실수를 그렇게 공박할 필요가 있겠니? —하다.

공:방(攻防) 적을 치는 일과 막는 일. 예공방이 치열하다.

공:방전 서로 공격하고 막고 하는 치열한 싸움. 예적군과 아군 사이에 치열한 공방전이 벌어졌다.

공배수(公倍數)[—쑤] 두 개 이상의 정수에 공통한 배수. 예최소 공배수.

공백(空白) ①종이나 책에 글씨·그림이 없는 곳. 凹여백. ②아무 것도 없이 빔. 예공백을 메우다.

공:범(共犯) 두 사람 이상이 짜고 저지른 범죄, 또는 그 사람. 凹단독범. 본공범자. —하다.

공법(公法)[—뻡] 국가와 국가 사이의 또는 국가와 개인과의 관계 등 공동 이익에 관한 사항을 정한 법률. 예국제 공법. 凹사법.

공:변 세:포(孔邊細胞) 잎 뒷면에 있는 구멍을 둘러싸고 있는 반달형의 두 개의 세포로, 물기가 밖으로 나가는 양을 조절하는 구실을 함. 개폐 세포. 주변 세포.

공병 빈 병. 예공병을 모으다.

공병대(工兵隊) 군사상의 토목 건축, 기타 작전상의 공사를 맡은 부대. 예공병대에 속한 병사.

공병 사관(工兵士官) 공병에 속하는 소위 이상의 장교.

공보(公報) 관청에서 일반 국민에게 알리는 일. 凹사보.

공복(空腹) ①아침이 되어 아직 아무것도 먹지 아니한 배. 예공복에 먹는 약. ②고픈 배. 배고픔. 예공복을 채우다. 凹공장.

공부(工夫) ①학문과 기술을 배움. ②배운 것을 익힘. 凹수업. 학문. 학습. —하다.

공분(公憤) 공적인 일로 느끼는 분노. 예공분을 사다. 凹사분.

공분모(公分母) 여러 개의 분수를 통분한 공통 분모. 1/3, 3/4, 5/6 의 공분모는 12.

공비[1](工費) 공사에 드는 돈. 공사비. 예공비를 산정하다.

공:비[2](共匪) 공산군 또는 공산당의 유격대. 예공비 소탕.

공사[1](工事) 건축·토목 등에 관한 일. 예도로 공사를 시작하였다. 凹역사. —하다.

공사[2](公私) 여럿을 위한 일과 혼자를 위한 일. 예공사를 분명히 하다.

공사[3](公使) 조약국에 머무르며, 자기 나라를 대표하여 외교 사무를 맡아 보는 관리. 예주미 공사.

공사비 공사를 하는 데 들어가는 돈. 빕공비.

공사장 공사를 하는 곳.

공사판 어떤 공사가 진행되고 있는 일판.

공산¹(公算) 확실한 정도. 예반장에 당선될 공산이 크다. 빕확률. 가망.

공ː산²(共産) ①'공산주의'의 준말. ②재산을 공동으로 가짐.

공ː산 국가 공산주의를 신봉하고 따르는 나라.

공ː산군 공산당의 군대.

공ː산권[一꿘] 제2차 세계 대전 후 소련의 영향 밑에 공산주의 정권을 수립했던 여러 지역의 나라. 예공산권 국가.

공ː산당 공산주의의 실현을 위하여 조직된 정치 단체.

공ː산 위성 국가 지난날, 소련의 지배를 받고 있던 공산 국가.

공ː산주의 재산의 개인 소유를 부인하고 혁명을 통한 자본주의의 붕괴를 꾀하려는 주의.

공ː산 치하 공산당의 지배 아래.

공산품(工産品) 공업에서 생산되는 여러 가지 제품.

공상(空想) 이루어질 수 없는 헛된 생각. 예쓸데없는 공상에 잠기다. ─하다.

공상가 헛된 생각만 하는 사람.

공상 과학 소ː설 과학적 공상으로 상식을 뛰어넘는 세계를 그린 소설. 에스에프(SF).

공상 영화 실제로 일어날 수 없는 일을 내용으로 하는 영화.

공상적 현실에서 동떨어진 실현될 가망이 없는 것. 예그의 계획은 너무 공상적이다.

공ː생(共生) ①서로 같은 곳에서 도움을 주고받으며 함께 삶. ②딴 종류의 생물이 서로 이익을 주고받으며 한 곳에서 사는 일. 악어와 악어새. 말미잘과 소라게 따위. ─하다.

공ː생 식물 이익을 서로 주고받으며 함께 사는 식물. 콩과 식물과 뿌리혹 박테리아 따위.

공석¹(公席) ①공무를 보는 자리. ②공적인 일로 모이는 자리. 예공석에서는 사적인 말을 하지 말라. 빝사석.

공석²(空席) 빈 자리. 예교감 선생님은 공석 중이다.

공설(公設) 국가나 공공 단체에서 세움. 예공설 시장. 공설 운동장. 빝사설. ─하다.

공ː세(攻勢) 공격하는 태세나 세력. 예평화 공세. 빝수세.

공소(公訴) 검사가 법원에 재판을 요구하는 일. 예공소 시효. 공소장. ─하다.

공소권[一꿘] 검사가 법원에 대하여 공소를 할 수 있는 권리.

공손하다(恭遜─) ①겸손히 자기를 낮추다. 예웃어른을 대할 때는 항상 공손한 태도를 가져야 한다. ②남을 높이고 자기를 낮추다. 빝거만하다. 불손하다. ─히.

공ː수¹(攻守) 공격과 수비. 예이 축구팀은 공수 전환이 빠르다.

공수²(空輸) 비행기로 사람이나 짐을 보냄. 예보급품을 공수하다. 뵨항공 수송. ─하다.

공수래 공수거(空手來空手去) 빈 손으로 왔다 빈 손으로 간다는 뜻으로 사람이 세상에 태어났다가 허무하게 죽는다는 말. 예공수래 공수거하는 인생. ─하다.

공수 부대(空輸部隊) ①항공기로 병력이나 물자 따위를 옮기기 위해 조직된 부대. ②항공기로 수송되어 낙하산을 타고 적진에 들어가 작전을 하는 부대.

공수 특전단(空輸特戰團) 적의 하늘에 항공기를 타고 가서, 낙하산으로 적의 땅에 내려 싸우는 특별한 군대.

공습(空襲) 항공기로 공중에서 공격함. 예 적의 공습을 받다. ─하다.

공습 경:보 적의 비행기가 습격해 왔을 때 조심하라고 알리는 소리. 사이렌이나 종 따위를 사용함.

공시(公示) 여러 사람에게 널리 알림, 또는 그 알리는 글. 예 선거일을 공시하다. ─하다.

공시가[―까] 정부나 공공 기관에서 공시한 값.

공식(公式) ①수학에서, 셈의 규칙을 보이는 식. 곧, 삼각형의 넓이=높이×밑변÷2 따위. ②공적으로 규정한 형식이나 방식.

공식화 일정한 공식이 됨. 공식적인 것으로 됨. 또는 그렇게 되게 함. ─하다.

공신(功臣) 나라에 공로가 있는 신하. 예 개국 공신.

공신력(公信力)[―녁] 공적으로 덧붙는 신용의 효력. 예 공신력이 높은 회사.

공안(公安) 사회 질서가 편안히 지켜지는 상태. 예 공안을 해치는 범죄.

공약(公約) 여러 사람 앞에서 약속하는 것, 또는 그 약속. 예 그 후보는 깨끗한 정치를 공약으로 내걸었다. ─하다.

공약 삼장 기미 독립 선언서에 다 같이 약속한 세 조항의 글.

공약수(公約數) 두 개 이상의 정수에 모두 있는 약수. '12, 9, 6'에서 3 따위.

공:양(供養) ①어른에게 음식을 드림. ②부처 앞에 음식을 바침. 비 불공. ─하다.

공:양미 부처님께 올리는 쌀.

공:양주(供養主) ①절에 시주하는 사람. ②절에서 밥을 짓는 중.

공언[1](公言) ①공평한 말. 비 공담. ②여러 사람 앞에서 공개하여 하는 말. ─하다.

공언[2](空言) ①근거나 현실성이 없는 빈말. ②실천이 따르지 않는 빈말. 예 괜히 공언이나 하고 다니지 마라. ─하다.

공업(工業) 여러 가지 원료를 가지고 사람의 수고를 들여 필요한 물건을 만들어 내는 일. 예 공업 국가.

공업 고등 학교 공업에 관한 학문과 기술을 가르치는 실업 고등 학교.

공업 규격 →한국 산업 규격.

공업 용:수 공업 제품의 생산 과정에 쓰이는 물.

공업 지역 지리적인 조건과 산업의 발달 조건으로 특히 공업이 왕성한 지역.

공업 폐:수[―페수] 공업 생산의 과정에서 생기는 오염된 물. 예 공업 폐수로 인한 수질 오염 문제가 심각하다.

공업 표준화 제:도 공장에서 만든 물건의 규격을 나라에서 일정하게 정해 놓은 제도.

공업화 산업의 중심이 농업, 어업, 광업 같은 1차 산업에서 제조 공업으로 변해 가는 현상.

공연[1](公演) 여러 사람 앞에서 음

악·무용·연극 등을 공개하여 보여 줌. —하다.

공:연²(共演) 연극이나 영화 따위에 함께 출연함. —하다.

공연스럽다(空然—)〔공연스러우니, 공연스러워/공연스러이〕 까닭이나 필요가 없어 보이다.

공연하다 쓸데없다. 까닭이나 필요가 없다. 예공연한 걱정은 하지 말아라. 준괜하다. —히.

공염불(空念佛)〔—념불〕 ①진실한 마음이 없이 입으로만 외는 염불. ②아무리 타일러도 허사가 되는 말. ③실행이나 내용이 따르지 않는 주장이나 선전. —하다.

공영¹(公營) 관청이나 공공 단체가 경영함. 맨민영. —하다.

공:영²(共榮) 서로 함께 번영함. 예인류 공영에 이바지하다. —하다.

공:영³(共營) 공동으로 경영함. —하다.

공영 방:송 국가 기관으로부터 독립하여 방송 사업을 경영하되, 영리를 목적으로 삼지 않는 방송 기관.

공예(工藝) 물건을 아름답게 만드는 재주. 제작의 기술.

공예품 인공을 가하여 예술적으로 민들이 일상 생활에 쓰는 물건. 가구·도자기 따위.

공용¹(公用) 국가나 공공 단체가 씀. 맨사용. —하다.

공:용²(共用) 공동으로 사용함. 맨전용. —하다.

공원¹(工員) 공장에서 일하는 노동자.

공원²(公園) 여러 사람이 마음대로 와서 놀기도 하고 바람도 쐬라고 만들어 놓은 동산.

공원 묘:지 공원의 기능을 갖춘 집단 묘지.

공유¹(公有) 국가나 공공 단체의 것. 예공유 재산. 맨사유.

공:유²(共有) 한 가지를 두 사람 이상이 공동으로 가짐. 예재산을 공유하다. —하다.

공유림 지방 자치 단체나 공공 단체 소유의 삼림. 맨사유림.

공으로 힘이나 돈을 들이지 아니하고 거저. 예공으로 얻었다고 마구 쓰지 마라.

공이 절구나 방아 등의 확에 곡식을 넣고 찧을 때 쓰는 기구. 예절굿공이. 방앗공이.

공익(公益) 여러 사람의 이익. 맨사익.

공익 사:업 널리 세상 사람들에게 이롭게 하는 사업. 철도·전신·전화·수도·의료 사업 등.

공익 생활 여러 사람의 이익을 위해서 살아가는 것.

공익 정신 사회 공공의 이익을 생각하는 정신.

공인¹(公人) ①국가나 사회를 위해 일하는 사람. 예신문 기자는 공인이다. ②공직에 있는 사람. 예공인으로서의 몸가짐. 맨사인.

공인²(公認) 국가나 사회 단체가 그렇다고 인정함. 예공인 회계사 사무실. —하다.

공일(空日) 쉬는 날. 곧, 일요일.

공:자(孔子, 기원전 552~479) 중국에서 태어난 성인으로 유교를 처음으로 펴신 분. 사람은 어질게 살아야 한다고 가르쳤는데 그의 언행은 〈논어〉란 책에 기록되어 있음.

공작(工作) ①어떤 목적을 위해 계획하여 일을 꾸밈. 예다리를 파괴할 공작을 하다. ②물건을 만드는 일. —하다.

공작금(工作金) 어떤 일을 꾀하여 이루는 데 드는 돈.

공작도(工作圖) 물건을 만들 때 그 계획을 나타낸 그림.

공작물 ①재료를 기계적으로 가공하여 짜 만든 물건. ②땅 위에나 땅 속에 사람이 만든 모든 물건. 건물·교량·터널 따위.

공:작새(孔雀—) 꿩과에 속하는 몸집이 큰 새. 인도 원산으로 수컷은 머리 위에 10cm쯤 되는 털이 있고, 꽁지는 길며 아름다운데, 이것을 펴면 오색 부채처럼 찬란함. 圈공작.

공작실 간단한 기구나 물건을 만들 수 있게 시설해 놓은 방.

공장(工場) 많은 직공을 거느리고 여러 가지 필요한 물건을 만들어 내는 곳.

공장 공해 공장이 설치되어 일을 함으로써 인근의 주민이나 자연 환경에 끼치는 여러 가지 피해. 몌공장 공해로 인근의 수목들이 피해를 입었다.

공장장(工場長) 공장의 책임자.

공장 폐:수 공장의 제품 생산 과정에서 생기는 더러운 물.

공:저(共著) 한 책을 두 사람 이상이 함께 지음, 또는 그 책. 몌이 책은 두 사람이 공저한 책이다. —하다.

공적¹(公的)[—쩍] 사회적으로 관계되는 것. 여러 사람에 관계되는 일. 몌공적인 일. 凾사적.

공적²(公敵) 국가나 사회 또는 공공 대중의 적. 몌마약은 사회의 공적이다.

공적³(功績) ①일을 잘 한 성적. ②힘써 일한 공로. 凹공로. 업적.

공전¹(工錢) 물품을 만든 품삯. 몌 공전이 비싼 양복.

공전²(公田) 옛날에 백성들에게 빌려 주어 땅값을 바치게 하던 국가 소유의 땅.

공전³(公轉) 행성이 태양의 주위를 주기적으로 도는 운동. 凾자전. —하다.

공전⁴(空前) 비교할 만한 것이 전에는 없었음. 몌공전의 대성공을 거두다.

공전⁵(空轉) ①발전함이 없이 헛되이 돎. 몌서로의 입장 차이로 회의가 계속 공전되었다. ②바퀴 등이 헛돎. —하다.

공:전식 전:화(共電式電話) 핸들을 돌리지 않아도 전화기의 수화기를 들면 교환대로 신호가 가는 전화.

공전 주기 공전 운동을 하는 천체가 한바퀴 도는 데 걸리는 기간. 몌지구의 태양 공전 주기는 약 365.242일이다.

공정¹(工程) ①일이 되어 가는 정도. ②공장에서 물건을 계획적으로 생산하기 위하여 여러 가지로 나눈 단계의 하나하나. 몌자동차는 복잡한 공정을 거쳐 완성된다.

공정²(公正) ①바르고 조금도 뚤어짐이 없음. ②공평함. 몌공정한 판결에 모두 승복했다. 凾불공정. —하다. —히.

공정 가격(公定價格) 공평하고 정당한 가격. 圈공정가.

공정 거:래(公定去來) 독점 거래나 암거래가 아닌 공정한 거래.

공정표(工程表) 하나의 제품을 만들어 나가는 과정이나 그 일정을 나타낸 도표.

공:제¹(共濟) 힘을 합하여 서로 도움. 몌사원 공제 조합. —하

다.
공:제²(控除) 금액이나 수량을 필요한 만큼 빼어 냄. ⑩월급에서 세금을 공제하다. —하다.
공:제 조합(共濟組合) 조합원끼리 서로 돕기 위해 다달이 얼마씩 모은 돈으로 만든 조합.
공조(工曹) 고려·조선 시대 육조의 하나. 공업에 관한 일을 맡아 보았음.
공조 판서 고려·조선 시대 공조의 으뜸 벼슬.
공:존(共存) ① 서로 다른 두 가지 이상의 물건이나 일이 있음. ② 서로 도우며 살아감. ⑩평화 공존에 이바지하다. —하다.
공:존 의:식 공존하고 있다는, 또는 공존하여야 한다는 생각.
공주¹(公主) 임금의 딸. 비왕녀. 반세자. 왕자.
공주²(公州) 충청 남도에 있는 도시. 옛날 백제의 서울이었음. 당시의 이름은 웅진.
공중¹(公衆) 사회의 여러 사람. 뭇사람. ⑩공중 도덕.
공중²(空中) 하늘과 땅 사이의 빈 곳. 비하늘. 허공.
공중 도:덕 여러 사람이 모여서 공동 생활을 해 나가는 가운데, 여러 사람이 다 같이 지켜야 할 도리. ⑩공중 도덕을 지키다.
공중 위생 많은 사람들의 건강을 지키는 일.
공중전 항공기끼리 벌이는 공중의 싸움. 항공전.
공중 전:화 사회의 여러 사람이 요금을 내고 그때 그때 쓸 수 있도록 사람의 왕래가 많은 곳에 설치해 놓은 전화.
공중제비 양손으로 땅을 짚고 두 다리를 공중으로 쳐들어서 반대쪽으로 넘어감, 또는 그런 재주. —하다.
공중 촬영 항공기를 타고 지상의 시설이나 지형 따위를 사진으로 찍는 일. —하다.
공중 폭격 폭격기로 적진을 공중에서 폭격하는 일. —하다.
공지(公知) 세상 사람이 다 앎, 또는 알도록 함. ⑩공지 사항. —하다.
공지 사:실 사회 일반이 다 알고 있어 의심할 여지가 없는 명백한 사실.
공지 사:항 사회 일반에 널리 알리는 사항.
공직(公職) 관청이나 공공 단체의 직무. ⑩공직 생활.
공집합(空集合) 원소를 하나도 갖지 않는 집합. ⑩㉮={3,5,6,7} ㉯={4,8,9}일 때, ㉮∩㉯={ }. 즉, 집합 ㉮와 집합 ㉯의 교집합은 원소가 하나도 없는 공집합임.
공짜 거저 얻음. 거저 얻은 물건. ⑩공짜로 얻은 물건.
공채(公債) 나라의 큰 사업 또는 전쟁 따위로 재정이 모자랄 때, 나라나 공공 단체가 지는 빚. 반사채.
공책(空册) 글씨를 쓰지 아니한 책. 비노트. 학습장.
공:처가(恐妻家) 아내에게 꼼짝 못 하고 눌려 지내는 남편.
공청회(公聽會) 나라에서 중요한 일을 결정하기 전에 여러 사람의 의견을 듣는 모임.
공:출(供出) 지난날, 일제가 전쟁을 치를 목적으로 민간의 물자나 식량을 강제로 바치게 하던 일. —하다.

공치기 공을 치고 받는 운동을 통틀어 이르는 말. —하다.

공치사(功致辭) 남을 위하여 애쓴 일을 제 스스로 칭찬함. —하다.

공터(空—) 빈터. 비어 있는 땅.

공ː통(共通) 여러 사람에게 두루 통함. 예공통점. 비상통. 반특수. 상이. —하다.

공ː통되다 ①모든 것에 다 통하다. ②다 가지고 있다. 예살갗이 누렇고 머리털이 검다는 것은 동양 사람이 가진 공통되는 점이다. 비상통하다.

공ː통 분모 여러 개의 서로 다른 분수를 처음 분수의 변하지 않은 크기로 통분한 분모. 분모의 최소 공배수를 공통 분모로 함.

공ː통점[—쩜] ①서로 닮은 점. ②서로 통하는 점.

공판¹(公判) 일반 사람들 앞에서 재판을 하는 일. —하다.

공ː판²(共販) '공동 판매'의 준말. 예공판장. —하다.

공ː판장 공동으로 판매하는 장소. 예새마을 공판장.

공평하다(公平—) 한쪽으로 치우치지 아니하다. 예모두에게 기회를 공평히 주시기 바랍니다. —히.

공포¹(公布) 여러 사람에게 널리 알리려고 폄. 예헌법을 공포하다. 비선포. —하다.

공포²(空砲) 실탄을 넣지 않거나 공중을 향해 쏨. 예범인을 잡기 위해 공포를 쏘다.

공ː포³(恐怖) 무서움과 두려움. 예공포에 사로잡히다.

공ː포심 무서워하고 두려워하는 마음.

공ː포 정치 폭력적인 수단으로 반대자를 탄압하여 정치적 목적을 이루려는 정치.

공포탄 화약은 들어 있으나 탄알이 없는 탄약.

공표(公表) 세상에 널리 알림. 예새로운 학설이 공표되다. —하다.

공학¹(工學) 과학을 공업적인 생산에 이용하여 생산력과 생산품의 품질을 향상시키기 위한 과학 기술의 학문. 물리·화학·수학 따위. 예공학 박사.

공ː학²(共學) 남녀가 한 학교에서 함께 배움. 예남녀 공학에 다니다. —하다.

공한지(空閑地) ①빈터. 공지. ②농사나 집을 지을 수 있는데도 활용하지 않고 놀리는 땅.

공항(空港) 비행기가 뜨고 내리는 곳. 예김포 공항. 비비행장.

공해¹(公害) 산업이 발달함에 따라 생기는 대기 오염·수질 오염·소음 등 일반 시민에게 폐를 끼치는 해. 예산업 공해.

공해²(公海) 어느 나라의 주권도 미치지 아니하는 바다. 어느 나라의 선박이라도 자유롭게 항해할 수가 있음. 예공해에서는 어느 나라 배든지 고기잡이를 할 수 있다. 반영해.

공해 방지 시ː설 사람들에게 해를 끼치는 더러운 물과 공기·지독한 냄새·시끄러운 소리 등을 막기 위해 갖추어 놓은 장치.

공해 산ː업 공해를 일으키는 원인이 되는 산업.

공허(空虛) 속이 텅 비어 허전함. 예공허한 마음. —하다.

공허감(空虛感) 텅 빈 듯한 허전한 느낌.

공ː헌(貢獻) ①정성을 다함. ②마

음을 씀. ③이바지함. 예 학교 발전에 공헌하다. 비 기여. —하다.

공:**화국**(共和國) 국가의 의사가 국민의 합의 기관에서 결정되는 정치를 시행하는 나라로, 곧 민주 정치를 하는 나라. 예 제3공화국. 반 전제국.

공:**화 정치** 국가의 주권이 국민에게 있고, 국민의 합의체 기관에서 나라 일을 다루는 정치.

공활(空豁) 매우 넓음. —하다.

공:**황**(恐慌) ①갑자기 닥치거나 변한 사태에 놀라고 두려워하여 어찌할 바를 모름. ②'경제 공황'의 준말.

공회당(公會堂) 대중이 모이기 위하여 지은 집.

공훈(功勳) 나라를 위하여 세운 훌륭한 공. 비 공로.

공휴일(公休日) 모두가 쉬는 날. 나라의 경사스런 날이나 일요일.

공:**히**(共—) 함께. 같이. 예 공중 도덕은 누구나 공히 지켜야 할 사회 규범이다.

-**곶**(串) 지명 아래에 붙어서 반도 형으로 생긴 작은 땅을 이르는 말. 예 장산곶.

곶감 껍질을 벗기고 말린 감. 비 건시.

과(課) ①교과서나 참고서 따위의 내용상의 작은 구분. 예 제1과를 공부하다. ②관공서나 회사 등의 조직의 한 단위. '부' 아래, '계' 위에 해당됨. 예 총무과의 조과장님.

과:**감**(果敢) 일을 딱 잘라서 결정하는 성질이 있고 용감함. 예 과감하게 공격하라. —하다. —히.

과:**객**(過客) 지나가는 나그네. 예 과객이 하룻밤 묵기를 청하다.

과:**객질** 노자 없이 다니는 나그네 노릇. —하다.

과거¹(科擧) 옛날에 뛰어난 인물을 관리로 뽑을 때 보던 시험 제도. —하다.

과:**거**²(過去) ①지나간 때. ②지나간 일. 예 과거에 너무 집착하지 마라. 반 현재. 미래.

과:**거사** 지나간 일. 이미 겪은 일. 비 과거지사.

과:**격**(過激) 지나치게 사납고 세참. 예 성격이 과격하다. 반 온건. —하다. —히.

과:**꽃** 엉거싯과에 속하는 한해살이풀. 7~8월에 보라·연분홍·흰색 등의 꽃이 핌. 준 과.

과:**녀**(寡女) 남편을 여의고 혼자 사는 여자. 비 과부.

과:**녁** 활·총 따위를 쏠 때에 목표로 세워 놓는 것.

과:**녁빼기** 똑바로 건너다보이는 곳. 예 과녁빼기집.

과:**년**(過年) 여자의 나이가 시집갈 때를 지남. 예 과년한 딸. —하다.

과:**년도** 지난 연도. 작년도.

과:**다**(過多) 너무 많음. 예 위산과다증. 반 과소. —하다. —히.

과:**단**(果斷) 일을 딱 잘라서 결정함. —하다.

과:**단성**[—썽] 일을 용기 있게 결정하여 실행하는 성질.

과:**당**(過當) 정도가 보통보다 지나침. 예 요구가 과당하다. 과당 경쟁. —하다.

과:**당 경:쟁** 같은 업종의 기업끼리 투자·생산·판매 등의 경쟁이 지나칠 정도로 심해지는 일.

과:**대**¹(過大) 지나치게 큼. 예 과대 평가. 반 과소. —하다. —히.

과대[2](誇大) 작은 것을 크게 떠벌림. [예]과대 광고. ―하다.

과대 망:상(誇大妄想) 자기의 현실 상태를 터없이 과장해서 사실이거니 하고 믿는 현상. [예]과대 망상증 환자. ―하다.

과:대 평:가(過大評價)[―까] 실제보다 높게 또는 좋게 평가함, 또는 그런 평가. [예]그 사람을 너무 과대 평가하는 게 아니냐? [반]과소 평가. ―하다.

과:도[1](果刀) 과일을 깎는 칼.

과:도[2](過度) 정도에 지나침. [예]과도한 운동은 건강을 해친다. ―하다. ―히.

과:도[3](過渡) 묵은 것에서 벗어나 새것을 이루려는 도중. [예]과도기에 있는 정부.

과:도기(過渡期) 어떤 단계에서 다른 단계로 넘어가는 시기. [예]과도기적 현상.

과:로(過勞) 지나치게 일하여 피로함. ―하다.

과:망간산칼륨(過Mangan酸Kalium) 검붉은 기둥 모양의 결정체. 용량 분석용·산화제·살균 소독용으로 쓰임.

과:목[1](果木) 과실이 열리는 나무. [비]과수. 과실 나무.

과목[2](科目) ①학문의 구분. ②교과를 가른 구분. [예]배우는 과목이 열 가지도 넘는다.

과:묵(寡默) 말이 적고 침착함. [예]과묵한 성격. ―하다. ―히.

과:문(寡聞) 보고 들은 것이 적음. 견문이 좁음. [예]과문한 탓에 실수를 했습니다. ―하다.

과:민(過敏) 지나치게 날카로움. [예]신경이 과민하다. ―하다.

과:민성 체질[과민썽―] 선천적으로 알레르기성이 강한 사람의 체질.

과:반수(過半數) 반이 넘는 수. 절반 이상의 수. [예]과반수 이상이 출석하였다.

과:보호 어린이를 필요 이상으로 소중히 기르는 일. 과잉 보호.

과:부(寡婦) 남편이 죽은 여자. [비]홀어미. [반]홀아비.

과:부족(過不足) 남음과 모자람. [예]과부족 없이 딱 들어맞다.

과:분(過分) 분수에 넘침. [예]과분한 칭찬. [반]응분. ―하다. ―히.

과:산화수소수(過酸化水素水) 과산화수소를 물에 녹인 액체. 소독 작용을 하여 상처 소독에 쓰임. 상품명은 옥시풀.

과:석(過石) 작물 뿌리의 자람과 가지치기를 돕는 인산질 비료의 한 가지. [본]과인산석회.

과:세[1](過歲) 묵은 해를 보내고 새해를 맞음. 설을 쇰. ―하다.

과세[2](課稅) 세금을 매김, 또는 그 세금. [예]과세 기준. ―하다.

과세 표준 세금을 계산하는 데 기초가 되는 물건의 수량·가격·품질 따위의 수치. 소득세에 있어서의 소득 따위.

과:소(過小) 너무 작음. [예]과소 평가 [반]과대. ―하다. ―히.

과:소비(過消費) 정도에 지나치는 소비. [예]과소비 추방 운동.

과:소 평:가[―까] 실제보다 낮게 또는 나쁘게 평가함. [예]상대팀을 절대 과소 평가하지 마라. [반]과대 평가. ―하다.

과:속(過速) 제한을 넘는 속도. [예]과속 운전은 사고의 위험이 크다. ―하다.

과:수(果樹) 과실 나무. 과목.

과:수원(果樹園) 과실 나무를 많이 심어 놓은 밭.

과시(誇示) ①뽐내어 보임. 예과시욕. ②사실보다 크게 드러내어 보임. 예과시 효과. —하다.

과:식(過食) 지나치게 많이 먹음. 예과식을 하였다가 배탈이 났다. 반소식. —하다.

과:신(過信) 지나치게 믿음. 예자기 실력을 과신하다 패배하고 말았다. —하다.

과:실¹(果實) 나무에서 나는 먹을 수 있는 열매. 비과일.

과:실²(過失) ①잘못. ②허물. 예업무상 과실.

과:실 나무 먹을 수 있는 열매가 열리는 나무. 비과목.

과:실 상규(過失相規) 잘못이나 허물을 서로 일깨워 준다는 뜻으로, 향약의 네 가지 기본 정신의 한 가지.

과:언(過言) 지나친 말. 예그 사람은 천재라 해도 과언이 아니다. —하다.

과업(課業) ①일과로 정한 학과나 업무. ②마땅히 하여야 할 일. 예통일은 우리 민족의 과업이다.

과:연(果然) 진실로 그러함. 예듣던 바와 같이 과연 훌륭한 사람이었다. 비참으로.

과:열(過熱) 지나치게 뜨거움. 예입시 경쟁이 지나치게 과열되었다. —하다.

과:오(過誤) 잘못이나 그릇됨. 예과오를 인정하다. 비과실.

과외(課外) 정해진 시간 외의 수업. 예과외 공부. 본과외 수업.

과외 활동 학교의 정규 학습 이외의 학생들의 활동.

과:욕(過慾) 욕심이 지나침, 또는 지나친 욕심. 예과욕은 실패의 지름길이다. —하다.

과:용(過用) 지나치게 많이 씀. 예좋은 약도 과용하면 해가 될 수 있다. —하다.

과:음(過飮) 술 등을 지나치게 마심. —하다.

과:인(寡人) 임금이 자신을 낮추어 이르던 말.

과:인산석회 인산을 주성분으로 하는 화학 비료의 한 가지.

과:일 식용으로 하는 과실.

과:일칼 과일을 깎을 때 쓰는 칼. 비과도.

과:잉(過剩) 예정한 수량이나 필요한 수량보다 많음. 예인구 과잉. 반부족. —하다.

과:잉 생산 수요량보다 생산량이 지나치게 많은 일.

과자(菓子) 밀가루·설탕·달걀 따위를 넣어 불에 익혀 간식으로 먹는 음식.

과:작(寡作) 작품 따위를 양적으로 적게 제작함. 예과작가. 반다작. —하다.

과장¹(科場) 과거를 보이는 곳.

과장²(誇張) 실제보다 지나치게 불려서 나타냄. 예과장이 심하다. —하다.

과장³(課長) 관청이나 회사 등에서 한 과의 우두머리.

과장법 글을 꾸미는 방법의 한 가지로 어떤 사물을 실제보다 훨씬 더하게 또는 덜하게 나타내는 표현 방법. '수염이 석 자', '쥐꼬리만한 봉급' 따위.

과:정(過程) 일이 되어 가는 형편이나 순서. 예결과보다 과정이 중요하다. 비경로.

과제(課題) 내어 주고 하게 하는

ㄱ

문제. [비] 숙제.

과제물 과제로서 해야 할 거리.

과제장[—짱] ①어떤 학과의 연구·예습·복습 등에 관한 문제를 실은 책. ②과제를 기록하는 공책.

과:중(過重) 너무 무거움. [예] 과중한 세금을 부과하다. —하다. —히.

과:즙(果汁) 과일을 짜낸 물. [예] 공복에 과즙을 먹다.

과:찬(過讚) 정도에 지나치게 칭찬함. [예] 과찬의 말씀. —하다.

과:채(果菜) 과일과 채소. [예] 신선한 과채류를 섭취하다.

과:태료(過怠料) 법률상의 의무 이행이나 질서 유지 등을 위하여 위반자에게 부과하는 금전상의 벌. [예] 주차 위반으로 과태료를 물다.

과:포화(過飽和) 용액이 어떤 온도에서 녹는 정도 이상의 녹는 물질을 포함하고 있는 상태. [예] 과포화 용액.

과:하다[1](過—) 너무 지나치다. [예] 술이 과한 것 같다. —히.

과하다[2](課—) 세금 등을 매겨서 내게 하다. [예] 무거운 세금을 과하다.

과학(科學) 여러 가지 법칙과 자연의 이치를 연구하는 학문.

과학 기술부 과학 기술 진흥을 위한 사무와 원자력에 관한 사무를 관장하는 중앙 행정 기관의 하나.

과학 기지 어느 지역의 자연 현상이나 생물의 생태계 등을 연구하기 위하여 전문 연구원들이 계속 머물 수 있는 시설을 해 놓은 곳. [예] 남극 과학 기지.

과학 문명 과학이 많이 발달하여 사람의 생활이 점점 나아져 가는 상태.

과학 소:설 과학적 지식과 내용을 글감으로 하여 쓴 소설.

과학실 과학을 연구하는 방.

과학자 과학을 연구하는 사람.

과학적 과학을 바탕으로 하는 모양, 곧 이치에 잘 맞는 것. [예] 과학적인 생각.

곽란(癨亂·霍亂)[광난] 음식이 체하여 별안간 토하고 설사가 심하게 나는 위장병.

곽재우(郭再祐, 1552~1617) 임진왜란 때의 의병의 지도자. 경상도 의병을 일으켜 일본 군사들을 괴롭혔음. 홍의(붉은 옷)를 입고 싸웠다 하여 홍의 장군이라 부르기도 함.

관[1](冠) 머리에 쓰는 것의 하나. 갓 따위.

관[2](棺) 죽은 사람을 넣는 나무로 만든 궤.

관[3](貫) 무게의 단위의 하나. 한 관은 약 3.75킬로그램.

관[4](管) 둥글고 길며 속이 빈 물건. 수도관 따위.

-관[5](館) ①조선 시대에 나라 일로 여행하는 관리나 외국에서 오는 사람들에게 음식과 잠자리를 나라에서 마련해 주던 곳. [예] 벽제관. 모화관. ②'관'자가 붙은 고급 요리점. [예] 명월관. 국일관.

관가(官家) ①지방을 맡아 다스리던 곳. ②그 지방의 원을 일컫던 말. [비] 관청.

관:개(灌漑) 논밭에 물을 댐. [비] 관수. —하다.

관:개 농업 관개 시설을 갖추어서 짓는 농사.

관:개 수로 농사에 필요한 물을 논밭에 대기 위하여 만든 물길.

관객(觀客) 연극·영화 등을 구경하는 사람. 구경꾼.

관건(關鍵) 문제를 해결하기 위하여 꼭 있어야 하는 것. ㉠성공을 위한 관건.

관격(關格) 음식이 갑자기 체하여 먹지도 못하고 대소변도 못 보는 위급한 병.

관계[1](官界) 관리들의 사회. ㉠벼슬을 얻어 관계로 나아가다.

관계[2](關係) ①남의 일에 간섭함. ㉠내 일에 관계하지 마라. ②어떤 일에 손을 댐. 🔵관련. 상관. —하다.

관계식 수학·과학 등에서 여러 대상들간의 관계를 나타내는 식. 공식·등식·부등식·방정식 등.

관계없다 ①서로 관계되는 것이 없다. ㉠나는 그 일과 관계없다. ②염려할 것이 없다. ㉠승부에 관계없이 최선을 다해라. —이.

관계자 ①어떤 일에 관계를 가진 사람. ㉠관계자 이외 출입 금지. ②어떤 일에 종사하는 사람.

관공서(官公署) 나라의 여러 기관. 🔵관청.

관광(觀光) 다른 고장이나 다른 나라의 경치·풍속 따위를 가서 구경함. ㉠관광객. —하다.

관광객 관광을 하러 다니는 사람. 🔵유람객.

관광 사:업 관광에 따르는 상호 친선·문화 교류·외화 획득 등의 효과를 높이기 위한 여러 가지 사업. ㉠관광 사업을 육성하다.

관광 시:설 관광에 필요한 교통이나 숙박·오락 등의 모든 시설.

관광 안:내소 관광객에게 관광지 등에 관계되는 정보를 알려 주는 곳.

관광 자원 관광객에게 보일 만한 아름다운 자연이나 문화재.

관광지 관광 시설이 있는 경치가 매우 좋은 곳.

관광촌 관광객을 위한 호텔·여관·오락 시설 등의 관광 시설이 잘 갖추어진 곳.

관군(官軍) 정부의 군대. 관병. 정부군. 🔴적군.

관권(官權)[-꿘] 정부나 관리의 권한. ㉠관권 남용. 🔴민권.

관:내(管內) 맡고 있는 구역 안. ㉠군수가 관내를 돌아보다.

관념(觀念) 과거에 겪은 감각이 아직도 마음에 남아 있는 생각. ㉠고정 관념.

관노(官奴) 지난날, 관가의 사내 종. 🔴관비.

관대(寬大) 마음이 너그럽고 큼. ㉠관대한 처사. —하다. —히.

관동(關東) 강원도 지방을 널리 일컫는 말. 영동.

관동별곡(關東別曲) ①고려 때, 안축이 지은 경기체가. 관동 지방의 경치를 읊음. ②조선 선조 때 정철이 금강산과 동해 일대를 돌아보며 지은 기행 가사.

관동 시방 대관령 동쪽의 땅. 곧, 강원도 지역. 🔴관서 지방.

관동 팔경(關東八景) 강원도 동해안에 있는 여덟 군데의 명승지. 간성의 청간정, 강릉의 경포대, 고성의 삼일포, 삼척의 죽서루, 양양의 낙산사, 통천의 총석정, 울진의 망양정, 평해의 월송정.

관:두다 그 정도에서 그치다. 고만두다.

관등회(觀燈會) 음력 4월 8일에 등을 달고 석가의 탄생한 날을 기념하는 명절.

관디 지난날, 벼슬아치들이 입던 옷. 지금은 구식 혼례 때 신랑이 예복으로 입음. 본관대.

관람(觀覽)[괄—] 연극·영화 등을 구경함. 비구경. —하다.

관람객[괄—] 관람하는 손님.

관람권(觀覽券)[괄람꿘] 관람할 수 있는 표.

관람료[괄람뇨] 관람하기 위하여 내는 요금.

관람석[괄—] 연극·영화 따위를 구경하는 자리. 예극장 관람석.

관련(關聯)[괄—] 서로 관계가 있음. 예이번 일에 관련된 사람. 비관계. 연관. —하다.

관련짓다[괄련짇따] 관계가 맺어지다. 예그 일을 나와 관련짓지 마라.

관례¹(冠禮)[괄—] 지난날, 아이가 어른이 될 때 올리던 예식. 남자는 갓을 쓰고, 여자는 쪽을 쪘음. —하다.

관ː례²(慣例)[괄—] 습관처럼 된 선례. 예관례에 따라 일을 처리하다.

관ː록(貫祿)[괄—] 몸에 갖추어진 위엄. 예관록이 붙다.

관료(官僚)[괄—] ①같은 등급의 관리. ②관리들. ③특수한 권력을 가진 관리들.

관료주의 관료가 국민의 의사를 무시하고 독선적이고 억압적인 태도를 취하는 것. 예그의 의견은 그야말로 관료주의적인 발상에서 나온 것이다.

관리¹(官吏)[괄—] 나라 일을 맡아 보는 사람. 비공무원.

관ː리²(管理)[괄—] 맡아서 다스림. 예시설 관리. —하다.

관ː리과[괄리꽈] 어떤 일을 맡아 관할하고 처리하는 부서.

관ː리비[괄—] 사무를 맡아서 처리하는 데 쓰이는 돈.

관ː리소[괄—] 사무를 맡아서 처리하는 곳.

관ː리인[괄—] 남의 재산을 관리하는 사람.

관ː리직[괄—] 관청이나 회사 등을 전체적으로 맡아 경영하는 일에 종사하는 직업.

관립(官立) 관청에서 세움. 예관립 도서관. 반민립. 사립.

관망(觀望) 형세 따위를 넌지시 바라봄. 예그 일에 끼어들지 말고 관망만 해라. —하다.

관머리(棺—) 시체의 머리가 놓이는, 관의 윗부분.

관ː목(灌木) 진달래·앵두나무 따위와 같이 키가 작고 줄기가 많이 갈라지는 나무. 반교목.

관문(關門) ①어떤 곳을 드나드는 중요한 곳. 예김포 공항은 우리 나라의 관문이다. ②경계에 세운 문. ③국경이나 요새의 성문. 예관문을 통과하다.

관민(官民) 관리와 국민. 관청과 민간. 예관민이 협동하여 수해를 복구하다.

관보(官報) 정부가 일반 국민에게 널리 알릴 사항을 실어서 발행하는 인쇄물.

관복(官服) 벼슬아치의 정식 제복. 반사복.

관북(關北) 함경 남북도를 널리 일컫는 말. 관북 지방.

관비(官費) 관청에서 내는 비용. 공비. 반사비.

관비생 관청에서 비용을 내주어 공부시키는 학생. 반사비생.

관사(官舍) 관리가 살도록 관청에

서 지은 집.

관상¹(觀相) 사람의 얼굴을 보고 그 성질이나 운명을 판단하는 일. 예 관상을 보다. —하다.

관상²(觀賞) 구경하고 즐김. 예 관상 식물. —하다.

관상가(觀相家) 사람의 얼굴을 보고 재수·운명을 판단하는 일을 직업으로 삼는 사람.

관상대(觀象臺) 기상청의 전 이름.

관서(關西) 평안 남북도를 널리 일컫는 말. 관서 지방.

관선(官選) 관청에서 뽑음. 반 민선. —하다.

관:성(慣性) 정지하고 있는 물체는 언제나 정지해 있고, 운동하는 물체는 그 운동을 계속하려고 하는 성질. 예 관성의 법칙.

관세(關稅) 나라가 국경을 지나는 상품에 대하여 세관에서 받게 하는 세금. 예 관세청.

관세음보살 부처 다음 가는 성인. 중생이 이 이름을 외면 구제를 받는다고 함. 준 관음보살. 관세음.

관세청(關稅廳) 재정경제부에 딸린 행정 기관. 관세를 부과하여 받고, 수출입 물품의 통과·밀수 단속 등의 업무를 맡아 봄.

관속(官屬) 지난날의 지방 관청의 아전과 하인.

관:솔 송진이 많이 엉긴 소나무의 가지나 옹이.

관:솔불[—뿔] 관솔에 붙인 불.

관:습(慣習) ①널리 인정된 질서나 규칙. ②개인의 버릇.

관심(關心) 마음이 끌리어 흥미를 가지고 잊지 못함. 예 우리 나라 역사에 관심이 많다. 반 무관심. —하다.

관심거리[—꺼리] 관심을 두게 되는 일. 비 관심사.

관심사 마음에 두고 있는 일.

관아(官衙) 지난날, 관리들이 모여 나라 일을 처리하던 곳.

관:악(管樂) 관악기로 연주하는 음악. 예 관악 합주.

관:악기 입으로 관 속에 공기를 불어서 그 진동에 의해 소리를 내는 악기. 금관 악기와 목관 악기가 있음. 플루트·트럼펫 따위.

관여(關與)[과녀] 일에 관계함. 예 사회 사업에 관여하다. —하다.

관엽 식물(觀葉植物) 잎의 아름다운 모양이나 빛깔 등을 주로 보고 즐기기 위해 키우는 식물.

관영(官營) 사업 따위를 정부에서 경영하는 일, 또는 그 경영. 예 관영 기업. 비 국영. 반 민영.

관옥(冠玉)[과녹] ①관의 앞면을 꾸미는 옥. 면옥. ②남자의 아름다운 얼굴을 비유하여 이르는 말. 예 관옥 같은 얼굴.

관용¹(官用) ①관청에서 씀. 예 관용차. ②관청의 일.

관:용²(慣用) 습관적으로 늘 씀. 예 관용어. 관용구. —하다.

관용³(寬容) 너그럽게 받아들이거나 용서함. 예 관용을 베풀다. —하다.

관운(官運) 벼슬을 할 운수. 관리로서의 운수. 예 관운이 열리다.

관원(官員) 관리. 벼슬아치.

관음죽(觀音竹) 야자과에 속하는 관상용의 나무. 중국 남부 원산으로 줄기는 곧게 자라 가지가 갈라지지 않으며 높이 1~2m, 지름 약 2cm임.

관인¹(官人) 관직에 있는 사람.

관인²(官印) 관청이나 관리가 직무상으로 찍는 도장. 예 공문서에 관인을 찍다. 団사인.

관인³(官認) 관청에서 인정함. 예관인 계약서. —하다.

관인⁴(寬仁) 마음이 너그럽고 어짊. —하다.

관자(貫子) 망건에 달아 망건줄을 매는 작은 고리.

관자놀이 귀와 눈 사이에 있는 부분. 곧, 무엇을 씹으면 움직이는 부분.

관:장¹(管掌) 일을 맡아서 다룸. 맡아 봄. 예사무를 관장하다. —하다.

관:장²(灌腸) 대변이 잘 나오게 하거나 영양물을 공급하기 위해 약물을 항문을 통하여 직장이나 대장에 집어 넣음. —하다.

관:장제 관장하는 데 쓰는 약제.

관:재(管財) 재산을 관리함. 예관재인. —하다.

관저(官邸) 높은 관리가 살도록 정부에서 관리하는 집. 예대통령 관저. 団공관. 반사저.

관전(觀戰) 전쟁·경기·시합 등 승부를 다투는 것을 구경함. 예바둑을 관전하다. —하다.

관절(關節) 무릎·팔꿈치 따위와 같이 뼈와 뼈가 서로 맞닿아 움직이는 곳. 뼈마디.

관절염 세균이 들어가거나 외부의 상처로 인해 관절에 생기는 염증.

관점(觀點) [—쩜] 사물을 관찰할 때의 보는 입장. 예서로 관점이 다르다. 団시점.

관:제(管制) 필요에 따라서 어떤 것을 강제로 제한함. 예등화 관제. 보도 관제. —하다.

관제 엽서 정부에서 만들어 파는 우편 엽서.

관:제탑 비행장에서 비행기가 이륙·착륙하도록 지시하는 곳.

관중(觀衆) 연극이나 영화를 구경하는 사람들. 예관중석.

관중석(觀衆席) 관중들이 앉는 자리. 예꽉 메운 관중석.

관직(官職) 나라 일을 맡아 돌보는 자리. 団벼슬.

관찰(觀察) 사물을 주의하여 잘 살펴봄. 예벌들이 꽃에 모여 꿀을 따는 것을 관찰해 보자. 관찰 기록. —하다.

관찰 기록 관찰한 것을 차례에 따라서 그대로 적은 글.

관찰사(觀察使) [—싸] 조선 시대 8도에 파견된 지금의 도지사에 해당되는 벼슬 이름. 그 지방의 행정·군사·사법권을 맡아 다스리며 관하의 지방 관리들을 지휘·감독하였음.

관찰 일기 관찰한 내용을 기록해 나가는 일기.

관찰 학습 일이나 물건을 주의하여 살펴보며 배우고 익힘.

관창(官昌, 645~660) 신라 무열왕 때의 대표적인 화랑. 품일 장군의 아들. 16세의 나이로 황산 싸움에 나아가 싸우다 계백 장군에게 잡혀 죽음.

관철(貫徹) 자신의 생각·주장 따위를 처음부터 끝까지 변함없이 밀고 나감. 예자신의 주장을 관철하다. —하다.

관청(官廳) 관리들이 나라 일을 보는 곳. 구청·동사무소 등. 団관공서.

관측(觀測) 공중·지상 등의 자연 현상의 변화를 정확하고 세밀하게 관찰하여 재는 일. 예기상 관측. —하다.

관측 기계 자연 현상의 상태나 변화를 살피고 재는 기계.

관측선 조류·바다 밑의 높낮이 및 부근 육지와 관련된 해양의 상태를 조사할 목적으로 만들어진 배. 본 해양 관측선.

관측소 ①천문·기상 등 자연 현상을 관찰하여 측정하는 곳. ②군에서 적의 움직임을 관측하기 위하여 설치한 곳.

관통(貫通) 구멍을 꿰뚫어 통함. 예 동서를 관통한 터널. —하다.

관:포지교(管鮑之交) 옛날 중국의 관중과 포숙아의 사귐이 썩 친밀했다는 이야기에서, 아주 친한 친구 사이의 사귐을 이르는 말.

관하다(關—) 대하다. 관계하다. 예 정치에 관한 이야기.

관:할(管轄) ①사람을 거느리어 다스림. ②권리에 의하여 다스림. 또, 다스리는 범위. 예 우리 관할에서 일어난 사건. —하다.

관:행(慣行) 예전부터 관례에 따라 행하여지는 일. —하다.

관헌(官憲) ①정부나 관청의 법규. ②관리, 특히 경찰 관리를 말함. ③관청의 옛 이름.

관:현악(管絃樂) 서양 음악 합주의 일종으로, 관악기·현악기 및 타악기로 구성되는 음악.

관:현악단 관현악을 연주하는 단체. 오케스트라.

관혼상제(冠婚喪祭) 관례·혼례·상례·제례의 총칭.

관후(寬厚) 마음이 너그럽고 온후함. 예 관후한 인품. —하다. —히.

괄괄하다 ①성질이 드세고 급하다. 예 성질이 괄괄한 여자. ②목소리가 굵고 거세다. 준 괄하다.

괄목(刮目) 생각보다 발전의 속도가 너무 빨라, 눈을 비비고 다시 봄. 예 경제 성장이 괄목할 만큼 빠르다. —하다.

괄목 상대(刮目相對) 눈을 비비고 대면함. 남의 학식이나 재주가 몰라 보게 향상된 것을 이름.

괄시(恝視)[—씨] 업신여기고 대수롭지 않게 대함. 예 놀부는 흥부를 괄시했다. —하다.

괄호(括弧) 숫자나 글의 어떤 부분을 분명하게 나타내기 위하여 쓰는 부호. 단어나 문장의 앞뒤에 ( )·〔 〕·[ ]·{ } 따위. 묶음표.

광:¹ 세간이나 그 밖에 온갖 물건을 넣어 두는 곳. 비 헛간.

-광²(狂) 말끝에 붙어 '열광적인'의 뜻을 나타내는 말. 예 야구광.

광:개토 대:왕(廣開土大王, 375~413) 고구려의 제19대 왕. 일생을 두고 영토 확장에 힘썼으며 북으로는 랴오허 강 동쪽 땅까지, 남으로는 한강 이북까지의 넓은 영토를 차지했음.

광:개토 대:왕릉비 장수왕이 부왕인 광개토 대왕의 공적을 기념하기 위하여 만주 지방의 지린성에 세운 비. 높이 약 6.39m.

광견(狂犬) ①미친 개. 예 광견병. ②광견병에 걸려서 사람이나 짐승을 물려고 하는 개.

광견병[—뼝] 개에게 유행되는 세균성 전염병. 개가 미쳐서 사나워지고 마구 돌아다니는데, 사람이나 다른 동물이 물리면 전염되고 심하면 생명을 잃는 수도 있음.

광경(光景) 그 때의 형편과 모양. 예 해돋이 광경. 비 정경.

광:고(廣告) 글이나 말로 세상에 널리 알리는 일. 예 잡지 광고. —하다.

광:고주 광고를 낸 사람.

광:공업(鑛工業) 광업과 공업.

광구[1](光球) 지구에서 맨눈으로 볼 때 둥글게 보이며, 빛을 내는 태양의 표면.

광:구[2](鑛口) 광물을 파내는 구덩이의 입구.

광:구[3](鑛區) ①광물을 캐내도록 허가된 구역. ②광물을 캐내는 일정한 구역. [예] 제7광구.

광기(狂氣)[—끼] ①미친 증세. ②함부로 날뛰는 성질.

광:내다 ①빛이 나게 하다. ②윤이 나게 하다.

광년(光年) 빛이 일 년 동안에 가는 거리. 1광년은 약 9조 4,670억 km에 해당함.

광:대[1] 인형극·가면극 같은 연극이나 노래·춤·줄타기 등의 재주를 잘 부리는 사람.

광:대[2](廣大) 넓고 큼. [예] 광대한 대륙. [반] 협소. —하다. —히.

광:대놀음 정월 대보름날 호남 지방에서 하는 놀이의 하나. 농악대들이 호랑이·토끼 등 동물의 가면을 쓰고 악기를 치면서 마을을 돌아다님.

광:대 무변(廣大無邊) 한없이 넓고 커서 끝이 없음. [예] 광대 무변한 우주. —하다.

광:대뼈 뺨과 관자놀이 사이에 내민 뼈.

광도(光度) 발광 물질이 내는 빛의 강한 정도.

광디스크(光disk) 빛으로 정보를 읽어 내거나 정보를 찾아 꺼내거나 또는 그 양쪽을 다 할 수 있게 되어 있는 원판꼴로 된 기록 매체.

광디스크 장치 컴퓨터 시스템을 구성하는 기억 장치의 하나. 수지로 된 디스크에 레이저 광선을 이용하여 정보를 기록함.

광란(狂亂)[—난] 미쳐 날뜀. [예] 광란의 환락가. —하다.

광릉(光陵)[—능] 조선 시대 세조와 정희 왕후의 능. 경기도 남양주시 진접면 부평리에 있음.

광:막(廣漠) 끝없이 넓음. 아득하게 넓음. [예] 광막한 벌판. —하다. —히.

광:맥(鑛脈) 광물의 줄기.

광명(光明) ①밝은 빛. [예] 광명이 비치다. ②환하게 빛남. [반] 암흑. ③부처·보살의 몸에서 비치는 빛. —하다.

광명 정:대(光明正大) 마음이 깨끗하고 조금도 사사로운 점이 없음. [예] 광명 정대하게 행동하다. —하다.

광:목(廣木) 무명실로 좀 거칠게 짠 폭이 넓은 베. 왜포.

광무(光武) 1897년에 고종이 정한 대한 제국의 연호.

광:물(鑛物) 금·쇠·석탄·구리·유황 따위와 같은 천연으로 나는 돌붙이나 쇠붙이. [비] 광석.

광:물질[—찔] 광물로 된 물질. 광물의 성질을 가진 물질.

광:범위(廣範圍) 넓은 범위, 또는 범위가 넓음. [예] 광범위한 조직망. —하다.

광복(光復) ①옛 사업을 회복함. ②잃었던 나라를 되찾음. [예] 8·15 광복절 기념식. [비] 해방. —하다.

광복군 일제 때, 중국에서 우리 나라의 독립을 위하여 일본과 싸운 군대.

광복 운:동 잃었던 국권을 다시 찾기 위해 벌인 운동.

광복절(光復節) 우리 나라가 일본의 지배로부터 벗어난 것을 기념하고 대한 민국의 독립을 기념하는 국경일. 8월 15일.

광:부(鑛夫) 광산에서 광물을 캐내는 일꾼. 町광원.

광분(狂奔) ①목적을 이루려고 미친 듯이 날뜀. ②어떤 일에 열중하여 정신 없이 뛰어다님. ㉠광분하여 날뛰는 폭도들. —하다.

광:산(鑛山) 유용한 광물을 파내는 곳.

광:산촌 지하 자원이 많이 나는 광산 지역에 몰려 있는 마을.

광:석(鑛石) 유용한 쇠붙이가 들어 있는 돌. 町광물.

광선(光線) 빛의 줄기. ㉠태양 광선. 町빛살.

광섬유(光纖維) 전기 신호를 레이저 광선에 실어 보내는 전선으로 이용되는 섬유. 주로 석영 유리를 재료로 함.

광섬유 케이블 가는 유리 섬유로 된 전선.

광:성보(廣城堡) 인천 광역시 강화군에 있던 작은 산성. 조선 시대 효종 9년(1658)에 설치했었는데, 신미양요 때 미 해군에 한때 점령당했었음.

광속도(光速度) 진공 상태에서 빛이 나아가는 빠르기. 1초에 약 30만km. 歪광속.

광신(狂信) 어떤 사상이나 종교 따위를 미치다시피 덮어놓고 믿음. ㉠광신도. —하다.

광신자 이성을 잃고 미치다시피 덮어놓고 어떤 사상이나 종교를 믿는 사람.

광:야(廣野, 曠野) 사방이 훤하게 터진 넓은 들. 町벌판.

광양만(光陽灣) 전라 남도 남해안의 여수 반도와 경상 남도의 남해

섬 사이에 있는 만.

광양 제:철소 전라 남도 광양시 금호도의 남쪽 바다를 메워 세운 제철소.

광:어(廣魚) 넙치.

광:업(鑛業) 광물의 시굴·채굴·선광·제련 등을 행하는 산업.

광에서 인심 난다(속) 자기의 살림이 넉넉하고 유복해져야만 비로소 남을 동정하게 된다.

광:역(廣域) 넓은 구역.

광:역시(廣域市) 1995년 3월 직할시가 확장된 행정 구역. 대전, 부산, 인천, 대구, 광주에 이어 1997년 울산도 광역시가 되었음.

광:역 자치 단체 1989년 12월 19일 통과된 지방 자치법에 따른 도 단위의 지방 자치 단체. 특별시·광역시(←직할시)·도, 총 16개로 되어 있음.

광열비(光熱費) 전등료·연료비 등을 함께 일컫는 말.

광원[1](光源) 태양이나 전구 등 스스로 빛을 내는 물체. 町발광체.

광:원[2](鑛員) 광산에서 광물을 캐는 일꾼. 町광부.

광음(光陰) ①세월. ②때.

광:장(廣場) 넓은 마당. ㉠시청 앞 광장.

광전지(光電池) 금속 또는 반도체를 진공 속에서 빛을 비추어 그 표면에서 전자가 방출하는 현상을 이용, 빛의 에너지를 전류로 바꾸는 장치.

광주(光州) 전라 남도에 있는 광역시. 이 곳에 전라 남도의 도청이 있음. 광주시에서 1989년에 직할시(→광역시)로 승격됨.

광주리 대·버들·싸리 따위로 엮어 만든 그릇.

광주 학생 항일 운동

광주 학생 항ː일 운ː동(光州學生抗日運動) 1929년 11월 3일, 나주에서 광주로 통학하는 기차 안에서 우리 학생과 일본인 학생의 싸움이 원인이 되어 전국적으로 일어났던 학생들의 항일 운동.

광증(狂症)[-쯩] 미친 증세.

광채(光彩) 눈부시게 번쩍거리는 빛.

광채 나다 ①찬란하게 빛나다. ②순수하고 밝은 빛이 돌다. 예 광채 나는 보석.

광ː천(鑛泉) 광물성 물질이 많이 들어 있는 물이 솟는 샘.

광체(光體) 스스로 빛을 내는 물체. 비 발광체. 광원.

광택(光澤) 곱게 윤이 나는 빛.

광통신(光通信) 텔레비전이나 전화 따위의 전기 신호를 레이저 광선에 실어 광섬유 케이블을 통하여 보내는 통신.

광파이버(光fiber) 전기 신호를 레이저 광선에 실어 보내는 전선으로 이용되는 섬유. 광섬유.

광포(狂暴) 행동이나 마음결이 미친 듯이 사나움. ―하다. ―히.

광풍¹(光風) ①맑은 봄날에 따사롭게 부는 바람. ②비가 그치고 갠 뒤에 부는 바람.

광풍²(狂風) 미친 듯이 부는 사나운 바람.

광학(光學) 빛의 성질이나 현상에 관하여 연구하는 학문.

광학 유리 광학 기계의 렌즈나 프리즘을 만드는 데 쓰이는 맑고 투명한 유리.

광ː한루(廣寒樓)[-할루] 전라 북도 남원에 있는 다락집. 경내에는 춘향의 사당이 있음. 보물 제281호.

광합성(光合成) 녹색 식물들이 잎으로 흡수한 이산화탄소와 뿌리로 흡수한 수분을 재료로 하여, 햇빛의 힘을 빌려 녹말을 만드는 일.

광해군(光海君, 1575~1641) 조선 제15대 왕. 폭군으로 불리기도 하였으나, 후금에 대비하여 성을 쌓고 무기를 갖추는 등 국방을 튼튼히 하였음.

광ː혜원(廣惠院) 조선 고종 22년에 지금의 서울 재동에 세워 일반 사람의 병을 치료하던 병원.

광화문(光化門) 경복궁의 남쪽 정문. 조선 태조 4년 9월에 처음 세워졌으나 임진왜란 때 불탄 것을 고종 2년에 다시 세웠고, 또 6·25 전쟁 때 불타 버린 것을 1968년에 다시 세워 지금에 이름.

광ː활(廣闊) 훤하게 트이고 넓어 막힌 데가 없음. 예 광활한 대지. 반 협소. ―하다. ―히.

괘(卦) '점괘'의 준말.

괘ː념(掛念) 마음에 걸려 잊지 않음. 비 괘의. 예 그 일에 너무 괘념하지 마라. ―하다.

괘ː도(掛圖) 여러 사람 앞에서 설명할 때 쓰이는, 걸어 놓고 보는 학습용의 그림이나 지도.

괘씸하다 마땅히 지켜야 할 일을 안 지켜 남에게 언짢은 느낌을 주다. 예 선생님을 속이다니 괘씸한 일이다. ―히.

괘ː종 시계(掛鐘時計) 벽이나 기둥에 걸게 되어 있는 시계. 괘종.

괜ː스럽다[괜스러우니, 괜스러워서/괜스러이] '공연스럽다'의 준말. 예 괜스럽게 소란만 피웠다.

괜ː스레 '공연스레'의 준말.

괜찮다 ①걱정할 것 없다. ②아무렇지도 않다. ③그저 쓸만하다. ④상관없다. ―이.

괜:하다 '공연하다'의 준말. 아무런 까닭이 없다. ㉠천천히 와도 될 걸 괜히 뛰어왔구나. —히.

괭:이¹ '고양이'의 준말.

괭이² 땅을 파내는 농기구.

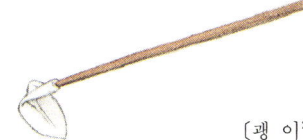

〔괭이²〕

괭:이밥 논밭이나 길가에 나는 여러해살이풀. 줄기는 신맛이 있으며 높이는 10~30cm, 잎은 심장형임. 늦여름에 노란 꽃이 핌.

괭이질 괭이로 땅을 파는 일. —하다.

괭하다 물체가 맑고 투명하여 환히 비쳐 보이다. 셈쨍하다.

괴:괴 망측(怪怪罔測) 말할 수 없이 이상야릇함. ㉠괴괴 망측한 일을 당하다. —하다.

괴괴하다 쓸쓸한 느낌이 들 정도로 매우 고요하다. 이상야릇하다. ㉠괴괴한 흥가. —히.

괴:기(怪奇) 괴상하고 기이함. ㉠괴기 영화. —하다.

괴:기 소:설 기이한 소설이나 무시무시한 내용을 글감으로 하여 쓴 소설.

괴나리봇짐 보자기에 자그마하게 싸서 진 봇짐.

괴:다¹ 우묵하게 팬 곳에 액체가 모이다. 고이다. ㉠구덩이에 빗물이 괴다.

괴:다² 귀여워하고 사랑하다.

괴:다³ ①밑을 받치다. ㉠턱을 괴다. ②음식을 그릇에 차곡차곡 쌓아 올리다. 고이다. ㉠접시에 사과를 괴다.

괴:담(怪談) 괴상한 이야기.

괴로움 몸이나 마음이 편안하지 못함. 비고통. 반즐거움.

괴로워하다 마음에 고통을 느끼다. 마음이 편하지 않다. ㉠잘못한 일 때문에 괴로워하다.

괴롭다〔괴로우니, 괴로워서/괴로이〕①고생스럽다. ②귀찮다. ③성가시다. ④아파서 견디기 어렵다. 반즐겁다. 편하다.

괴롭히다 못 살게 굴다. ㉠제발 나를 괴롭히지 마라.

괴:뢰(傀儡) 꼭두각시.

괴:뢰 정권[—꿘] 힘이 없이 다른 나라의 조종대로 꼭두각시처럼 움직이는 정권.

괴:뢰 정부 남의 나라의 명령에 따라 움직이는 정부.

괴:멸(壞滅) 깡그리 파괴되어 멸망함. ㉠적의 주력 부대를 괴멸시키다. —하다.

괴:물(怪物) 괴상하게 생긴 사람이나 물건.

괴벽¹(乖僻) 말이나 행동이 이상하고 까다로움. ㉠성격이 괴벽하다. —스럽다. —하다.

괴:벽²(怪癖) 괴이한 버릇. ㉠저 사람은 괴벽이 있다.

괴:변(怪變) 이상한 일. ㉠해가 둘 뜨는 괴변이 생기다.

괴:상 망측(怪常罔測) 말할 수 없이 이상하고 묘함. ㉠괴상 망측한 사람. —하다.

괴:상야릇하다(怪常—) 퍽 괴상하고 무엇이라 표현할 수 없을 만큼 이상하다.

괴:상하다(怪常—) 보통과 다르게 이상하다. ㉠괴상한 모습을 한 노인이 지나갔다. 비괴이하다. 반평범하다. —히.

괴:석(怪石) 괴상하게 생긴 돌.

희귀한 돌. 고석.

괴수(魁首) 나쁜 짓을 하는 무리의 우두머리. 비수괴. 반졸개.

괴:이(怪異) ①이상하고 야릇함. ②이상야릇하여 알 수 없음. 예괴이한 사건. —하다. —히.

괴:이쩍다(怪異—) 이상야릇한 느낌이 있다. 예요즘 그의 행동이 괴이쩍다.

괴:저병(壞疽病)[—뼝] 신체 조직의 일부분이 썩어 그 기능을 잃는 병. 생선이나 조개류의 비브리오균에 의해 감염됨.

괴:질(怪疾) ①원인을 알 수 없는 이상야릇한 병. ②'콜레라'를 속되게 이르는 말.

괴:짜 괴상한 사람을 거칠게 이르는 말.

괴:팍 성미가 이상야릇하고 화를 잘 냄. 예괴팍한 영감. —스럽다. —하다.

괴:한(怪漢) 차림새나 행동이 수상한 사람. 예괴한이 침입하다.

괴:혈병(壞血病)[—뼝] 잇몸 등에서 피가 나고, 상처가 나면 피가 계속해서 나게 되는 병. 비타민 시(C)가 부족하여 생김.

괸: ①우묵한 곳에 물 따위가 모인. 반흐르는. ②술이나 간장 따위가 익으려고 거품이 북적북적 솟은. ③밑을 받치어 안정시킨.

굄: 물건의 밑을 받쳐서 괴는 일, 또는 그 괴는 물건. 고임. 예굄을 낮추어라.

굄:돌[—똘] 밑을 받쳐 괴는 돌. 고임돌.

굉음(轟音) 몹시 크고 요란하게 울리는 소리. 예굉음을 내며 달리는 기차.

굉장(宏壯) ①크고 훌륭함. 예굉장한 규모. ②대단함. —스럽다. —하다. —히.

교:가(校歌) 학교의 기풍을 떨치기 위하여 만든 노래.

교각(橋脚) 다리의 몸체를 받치는 기둥. 예다리를 놓으려고 교각을 세우다.

교:감(校監) 학교장을 돕고 학교 사무와 교육을 총괄하는 직책, 또는 그 사람.

교:과(敎科) 가르치는 과목. 교과목.

교:과서(敎科書) 학교에서 가르치는 데 쓰는 책.

교:관(敎官) ①학교에서 교련을 가르치는 교사. ②학술을 교수하는 관리.

교:교(皎皎) 달이 맑고 밝음. 희고 깨끗함. 예교교한 달빛. —하다. —히.

교:구(敎具) 학습을 효과 있게 하기 위하여 쓰이는 온갖 기구.

교군꾼(轎軍—) 가마를 메는 사람. 교자꾼. 준교군.

교:권(敎權)[—꿘] 교사로서의 권위와 권리. 예교권 확립.

교:기(校旗) 학교를 상징하고 대표하는 깃발.

교:내(校內) 학교 안. 예교내 행사. 반교외.

교:단(敎壇) 선생님이 올라서서 가르치는 높은 단.

교대(交代) 서로 번갈아들어 대신함. 예교대로 보초를 서다. 비교체. —하다.

교:도¹(敎徒) 종교를 믿는 사람. 비신도. 신자.

교:도²(敎導) ①가르쳐 이끌어 줌. ②학생의 생활을 지도함. —하다.

교:도관(矯導官) 교도소에서, 죄수를 감독하는 사람. 또, 그 직책.

교:도소(矯導所) 죄를 지어 형을 받은 사람을 일정한 기간 가두어 죄를 뉘우치게 하기 위해 세운 기관. 감옥.

교두보(橋頭堡) ①다리를 지키기 위하여 쌓은 진지. ②적군이 점령하고 있는 해안 등지의 한 지역을 차지하여 아군의 상륙을 돕거나 작전을 할 수 있게 하는 곳.

교란(攪亂) 뒤흔들어서 어지럽게 함. 예 교란 작전. ―하다.

교량(橋梁) 다리. 예 폭격으로 교량이 파괴되었다.

교:련(敎鍊) ①군대에서 하는 병사 훈련. ②학생에게 하는 군사 훈련. ―하다.

교류(交流) ①서로 뒤섞여서 흐름. ②서로 주고받음. 예 문화 교류. ―하다.

교:리(敎理) 종교에서 가르치는 이치나 원리. 예 교리 문답.

교만(驕慢) ①겸손하지 않음. ②남을 얕보고 자기를 높임. 예 교만한 성격. 반 겸손. ―스럽다. ―하다. ―히.

교:명(校名) 학교의 이름.

교목(喬木) 소나무나 전나무처럼 줄기가 곧고, 높이 자라서 가지가 퍼지는 나무. 반 관목.

교:묘(巧妙) 재주나 솜씨가 아주 용하고 묘함. 예 교묘한 속임수. ―하다. ―히.

교:무(校務) 학교의 운영에 관한 여러 가지 사무. 예 교무 주임.

교:무실(敎務室) 학교 직원이 사무를 보는 방.

교:문(校門) 학교의 드나드는 큰 문.

교민(僑民) 다른 나라에 살고 있는 우리 나라 사람을 이르는 말. 예 교민 위문 공연. 비 교포.

교:본(敎本) 글을 가르치는 책.

교부(交付) 내어 줌. 예 영수증을 교부하다. ―하다.

교분(交分) 친구 사이의 사귄 정. 예 교분이 두텁다.

교:사¹(校舍) 학교의 건물.

교:사²(敎師) 가르치는 사람. 비 교원. 선생.

교:서(敎書) 미국 대통령이 의회에 보내는 정치상의 의견서.

교섭(交涉) 서로 말을 건네서 의논함. 예 막후 교섭. ―하다.

교:수(敎授) 대학에서 전문적인 학문을 가르치는 사람을 통틀어 일컫는 말. 전임 강사·조교수·부교수·교수 등.

교수형(絞首刑) 사형수의 목을 옭아매어 죽이는 형벌.

교:습(敎習) 가르쳐서 익히게 함. 예 피아노 교습. ―하다.

교신(交信) 통신을 주고받음. 예 무선 교신. ―하다.

교:실(敎室) 학교에서 학생들이 수업을 하는 방.

교:양(敎養) ①가르치고 기름. ②지식과 수양. 예 높은 교양을 쌓아서 훌륭한 사람이 되자. ―하다.

교언(巧言) 실속 없이 교묘하게 꾸며 대는 말. ―하다.

교역(交易) 서로 물건을 사고 팔아 바꿈. 예 교역국. 비 교환. ―하다.

교:열(校閱) 글이나 책의 잘못된 곳을 고치고 검사함. 예 원고 교열. ―하다.

교외¹(郊外) 공기가 깨끗하고 인

교외

가가 많지 아니한, 도시에서 좀 떨어진 곳. 비야외. 반시내.
교:외²(校外) 학교의 밖. 예교외 활동. 반교내.
교우¹(交友) 벗을 사귐, 또는 그 벗. 예교우 관계가 원만하다. —하다.
교:우²(校友) 같은 학교에서 배우는 친구. 동창의 벗.
교우 이:신(交友以信) 신라 때 화랑들이 지켜야 할 세속 오계의 하나. 벗을 믿음으로 사귀는 것.
교:원(敎員) 학교에서 학생을 가르치는 사람. 비교사.
교유(交遊) 서로 사귀어 놀거나 왕래함. —하다.
교:육(敎育) 가르쳐서 지식을 줌. 예자녀 교육에 힘쓰다. —하다.
교:육가 교육에 종사하는 사람.
교:육감 특별시와 광역시 및 각 도의 교육청의 사무를 총괄하여 처리하는 공무원.
교:육 대학 초등 학교 교사를 길러 내는 것을 목적으로 세운 대학. 준교대.
교육법 한 나라의 교육과 학문에 대한 기본 법률.
교:육 보:험 자녀가 커서 상급 학교에 가게 되었을 때를 대비해서 드는 보험.
교:육비 교육에 드는 비용.
교:육 위원회 시·도의 교육에 관한 의견을 모아 교육청과 협력하여 교육 활동을 돕는 기관.
교:육 인적 자원부 중앙 행정 기관의 하나. 학교 교육·사회 교육·학술의 진흥·보급에 관한 일을 맡아 봄.
교:육자 교육하는 사람. 비교육가.
교:인(敎人) 종교를 믿는 사람.

비신자.
교자상(交子床)[―쌍] 여러 사람이 함께 음식을 먹을 수 있게 만든 직사각형의 큰 상.
교:장(校長) 학교 교육과 사무를 관리·감독하고 학교를 대표하는 사람.
교:재(敎材) 학생을 가르치는 데 필요한 재료.
교:재원(敎材園) 교육상 필요한 동·식물 따위를 기르거나 재배하여 학생들에게 보이는 뜰.
교전(交戰) 서로 싸움. 예교전 상태에 들어가다. —하다.
교:정¹(校正) 잘못 쓰여진 글자를 바로잡는 일. —하다.
교:정²(校庭) 학교의 마당. 예교정에서 졸업식을 올렸다.
교정³(矯正) 좋지 않은 버릇이나 결점 등을 바르게 잡음. 예성격을 교정하다. —하다.
교제(交際) 서로 사귐. 예교제가 많은 사람. —하다.
교:주(敎主) 종교 단체의 우두머리.
교주도(交州道) 고려 때 전국을 5도 양계로 나눈 것 중의 하나. 지금의 강원도 지방.
교:지¹(校誌) 학생들이 학교에서 편집하여 발행하는 잡지.
교:지²(敎旨) 조선 때, 임금이 신하에게 내리던 사령장.
교:직(敎職) 학생을 가르치는 일.
교:직원 교직에 종사하는 교원 및 관계 직원.
교:직자(敎職者) ①학생을 가르치는 일에 종사하는 사람. ②교회에서 교도하는 직무. 목사·집사·전도사 따위.
교집합(交集合) 두 집합에서 공통인 원소들로 이루어진 집합. '∩'

으로 나타냄.

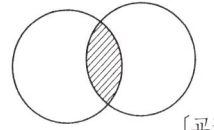
〔교집합〕

교차(交叉) 가로세로로 엇갈림. 예 교차로. —하다.

교차로 서로 엇갈린 길.

교차점[—쩜] 서로 엇갈려 있는 곳. 열십자로 만나는 곳.

교착(膠着) ①단단히 달라붙음. ②어떤 상태가 그대로 고정되어 좀처럼 변화가 없음. 예 회담이 교착 상태에 빠지다. —하다.

교체(交替) 서로 번갈아들어 대신함. 예 선수를 교체하다. 비교대. —하다.

교:칙(校則) 학교의 규칙. 학규. 예 교칙 위반자는 엄중 처벌한다.

교:탁(敎卓) 교실에서 선생님이 공부를 가르칠 때 책 따위를 놓기 위하여 교단 앞에 놓은 책상.

교통(交通) 사람이나 물건이 오고 가고 하는 일. 비왕래. —하다.

교통 기관 기차·자동차·지하철·우편 등의 모든 설비.

교통난 사람이나 차가 몹시 붐비어 차 타기나 다니기가 매우 힘드는 상태. 예 교통난이 심각하다.

교통량[—냥] 일정한 곳에서 일정한 시간에 왕래하는 교통의 분량.

교통로[—노] 사람과 차 같은 것이 왕래하는 큰길.

교통망 여러 교통로가 그물처럼 이리저리 벋어 있는 상태.

교통 법규 사람이나 차가 왕래할 때 지켜야 할 규칙.

교통비 찻삯·뱃삯 등 교통 기관을 이용하는 데 드는 비용.

교통 사:고 자동차나 기차로 인해 사람이 다치거나 죽는 일.

교통 순경 교통 정리를 하는 순경.

교통 신:호 교차로나 횡단 보도·건널목에 설치해 놓은 빨간불·파란불 따위의 신호.

교통 지옥 심한 교통난을 지옥에 비유하여 이르는 말.

교통 체증 자동차가 많이 밀려 도로의 통행이 잘 이루어지지 않는 상태.

교통편 어디를 오고갈 때 이용하는 방법이나 수단.

교통 표지판 교통의 안전에 필요한 주의·규제·지시 등을 알리는 표지판. 교통 안전 표지판.

교:편(敎鞭) ①교사가 수업함. 예 교편을 잡다. ②가르칠 때 교사가 가지는 회초리.

교포(僑胞) 외국에 나가서 사는 동포. 예 재일 교포.

교향곡 관현악을 위하여 작곡된 악곡. 보통 4악장임. 심포니.

교향악(交響樂) 교향곡·교향시 등을 연주하는 관현악단을 위하여 만든 음악의 총칭.

교:화[1](校花) 학교를 대표하고 상징하는 꽃.

교:화[2](敎化) 주로 교양·도덕 따위를 가르치어 행동을 변화시킴. 예 부랑자들을 교화하다. —하다.

교환(交換) 서로 주고받음. 서로 바꿈. 예 정보를 교환하다. 비교역. —하다.

교환 렌즈(交換—) 목적에 따라 바꾸어 쓸 수 있는 카메라용 렌즈. 망원 렌즈·광각 렌즈 따위.

교:활(狡猾) 간사한 꾀가 많음. 예 교활한 간신배. —하다. —히.

교:황(敎皇) 로마 천주교 교회에

서 가장 높은 성직자.
교:황청 천주교에서, 교황을 중심으로 하여 온 세계의 천주교 신자를 다스리는 천주교 교회 행정의 중앙 기관. 로마의 바티칸 시에 있음.
교:회(敎會) 신도들이 모여 예배드리는 곳. 예예배당.
교:회당 예수교인이 예배를 보는 집. 예예배당.
교:훈[1](校訓) 학교의 교육 이념을 간단 명료하게 나타낸 표어.
교:훈[2](敎訓) 가르치고 이끌어 줌. 예 선생님의 교훈. —하다.
구[1](句) ①둘 이상의 단어가 모여 절이나 문장의 일부분이 되는 토막. ②시조·사설의 짧은 토막. 예 시구.
구[2](具) 시체의 수를 세는 말. 예 사고 현장에서 시체 열 구가 발굴되었다.
구[3](區) ①'구역'의 준말. ②특별시·광역시 등에 딸린 행정 구역. 예 영등포구. 중구.
구[4](球) 공같이 둥글게 생긴 물체, 또는 그런 모양.
구:[5](舊) '전날의, 묵은, 낡은' 등의 뜻으로 어떤 말 앞에 붙어 쓰이는 말. 예 구체제. 반신-.
구가(謳歌) ①많은 사람이 입을 모아 칭송함. 예 어진 정치를 구가하다. ②행복한 처지나 기쁜 마음 따위를 거리낌없이 나타냄. 예 자유를 구가하다. —하다.
구간(區間) 일정한 두 곳의 사이. 예 서울역에서 시청까지의 구간.
구:강(口腔) 입 안의 빈 곳. 입에서 목에 이르는 부분. 예 구강을 깨끗이 하다.
구:강 위생 입 속에 있는 입천장·혀, 특히 이의 건강을 보호하고 질병의 예방·치료를 게을리하지 아니하는 일.
구걸하다(求乞—) 남에게 돈·밥 따위를 거저 달라고 빌다. 예 양식을 구걸하다.
구겨지다 구김살이 잡히다. 예 옷이 구겨지다.
구격(具格) 어떠한 격식을 갖춤. 예 구격에 맞는다. —하다.
구:경 경치나 경기 따위를 흥미를 가지고 봄. 예 영화를 구경하다. 예관람. —스럽다. —하다.
구:경감[—깜] 구경할 만한 대상. 예 이 고장은 구경감이 별로 없다. 예구경거리.
구:경꾼 구경하는 사람.
구공탄 ①구멍이 여럿 뚫린 원기둥 모양의 연탄을 이르는 말. 구멍탄. ②'십구공탄'의 준말.
구:관(舊官) 새로 온 벼슬아치에 대하여 앞서 그 자리에 있었던 벼슬아치. 반신관.
구관이 명관이라〈속〉 ①오랫동안 경험을 쌓은 사람이 낫다. ②사람은 언제나 지나간 것을 더 좋게 여긴다.
구관조(九官鳥) 찌르레깃과의 새. 생김새는 까마귀와 비슷하며 몸빛은 검고 날개에 커다란 흰 무늬가 있음. 사람의 말이나 다른 동물의 울음소리를 흉내냄.
구:교(舊敎) 천주교·희랍교 따위와 같은 신교 이전의 교파.
구구(區區) ①각각 다름. 예 의견이 구구하다. ②잘고 구차함. 예 구구한 변명. —하다. —히.
구구구 비둘기·닭 등이 우는 소리. 센꾸꾸꾸.
구구법(九九法)[—뻡] 곱셈 때에

쓰는 셈의 공식으로, '2×5=10',
'3×5=15' 따위.
구:국(救國) 위태하게 된 나라를 구해 냄. ⓔ이순신은 구국의 영웅이다. ⓡ매국. —하다.
구:국 인재 나라를 구할 수 있는 훌륭한 사람. ⓔ학교를 세워 구국 인재를 양성하다.
구근(球根) 공 모양이거나 덩어리를 가진 줄기나 뿌리로서 달리아·마늘 따위. ⓗ덩이뿌리.
구금(拘禁) 사람을 일정한 장소에 가둠. ⓔ불법 구금을 당하다. —하다.
구:급(救急) ①위급한 것을 구원함. ②급한 대로 우선 처리함. ③위급한 환자를 우선 목숨을 구하기 위해 처리함. ⓔ구급 환자. —하다.
구:급낭(救急囊) [—금낭] 구급약을 넣어 두는 주머니.
구:급법 응급 처치를 하는 방법.
구:급약 [—금냑] 응급 치료에 필요한 약.
구:급차 화재·교통 사고 같은 위급한 환자나 부상자를 실어나르는 차.
구기(球技) 공을 사용하는 운동 경기. 야구·축구·배구 따위.
구기다 비비어 구김살이 생기게 하다. ⓔ서류를 구기다. ⓐ고기다. ⓢ꾸기다.
구기적구기적 구김살이 많이 나게 마구 구기는 모양. ⓐ고기작고기작. ⓢ꾸기적꾸기적. —하다.
구깃구깃 ①구김살이 지게 자꾸 구기는 모양. ②구김살이 진 모양. ⓔ옷이 구깃구깃하다. ⓐ고깃고깃. ⓢ꾸깃꾸깃. —하다.
구내(構內) 큰 건물의 울 안.

구:대륙(舊大陸) 아메리카 대륙 발견 이전부터 알려진 대륙. 곧 유럽·아시아·아프리카 대륙. ⓡ신대륙.
구더기 파리의 애벌레.
구더기 무서워 장 못 담글까〈속〉 다소 방해물이 있더라도 마땅히 할 일을 해야 한다.
구덕 제주도 여자들이 쓰는 대나무로 엮은 바구니.

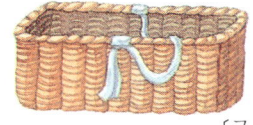

〔구 덕〕

구덕구덕 물기 있는 물체의 거죽이 약간 마른 모양. ⓢ꾸덕꾸덕. —하다.
구덩이 땅이 움푹하게 팬 곳. ⓔ구덩이를 메우다. ⓗ웅덩이.
구도[1](求道) 진리나 종교적인 깨달음의 경지를 구함. ⓔ구도자. 구도의 길. —하다.
구도[2](構圖) 전체적으로 조화 있게 배치하는 요령. ⓔ이 그림은 구도가 마음에 들지 않는다.
구독(購讀) 책·신문 따위를 사서 읽음. ⓔ잡지 구독. —하다.
구독료(購讀料) [—동뇨] 신문이나 잡지 따위를 정기적으로 받아 읽고서 치르는 돈.
구두[1] 가죽으로 만든 서양식 신.
구:두[2](口頭) 직접 입으로 말함. ⓔ구두 보고. ⓡ서면.
구두법(句讀法) [—뻡] 글을 읽기 편하게 하기 위하여 단어 구절을 점이나 부호 등으로 표하는 법.
구두쇠 돈과 물건을 지나치게 아끼는 사람.
구:두 시:험 시험관의 물음에 말

로 대답하는 시험. —하다.
구두점(句讀點)[—쩜] 말뜻을 분명히 하기 위해 표하는 모든 부호. 문장 부호.
구둣발[—빨] 구두를 신은 발.
구들 고래를 켜고 구들장을 덮고 흙을 발라 방바닥을 만들고 불을 때어 덥게 한 장치. 방구들.
구들목 방의 아랫목.
구들장[—짱] 방고래를 덮어 방바닥을 만드는 넓고 얇은 돌. 구들돌.
구라파(歐羅巴) '유럽'을 한자음으로 나타낸 것.
구락부(俱樂部) 같은 목적을 가진 여러 사람이 모인 단체. '클럽'을 한자음으로 나타낸 것.
구:랍(舊臘) 지난해의 마지막 날.
구럭 새끼로 그물처럼 엮어 만든 부대 같은 물건. 비망.
구렁 ①땅이 우묵하게 들어간 곳. ②빠지면 벗어나기 힘든 곳의 비유. 예악의 구렁에 빠져 허우적대다.
구렁이 ①큰 뱀의 하나. 몸길이 150~180cm. 동작이 느리고 집 근처 담이나 돌무덤 등에 나타남. ②성질이 음흉하고 능글맞은 사람의 별명. 예구렁이 같은 녀석.
구렁이 담 넘어가듯(속) 슬그머니 남 모르게 얼버무려 넘기는 모양.
구렁텅이 몹시 험하고 깊은 구렁.
구레나룻[—룯] 귀 밑에서 턱까지 잇달아 난 수염.
구:령(口令) 여러 사람의 움직임을 고르게 하기 위하여 부르는 호령. 차려·쉬어 따위. —하다.
구:례(舊禮) 옛날부터 내려오는 예법.
구류(拘留) ①잡아서 가둠. ②1일 이상 30일 미만 동안 구치소에 가

두어 자유를 제한하는 형벌. 예구류를 살다. —하다.
구르다¹〔구르니, 굴러서〕 데굴데굴 돌며 옮겨지다. 예공이 구르다.
구르다²〔구르니, 굴러서〕 발로 밑바닥이 울리도록 마구 내리디디다. 예발로 마루를 구르다.
구륵법(鉤勒法) 동양화에서, 윤곽선을 먼저 그리고 그 안에 색을 칠하는 방법.
구름 공기 속의 수분이 엉기어 물방울 또는 얼음 알갱이의 형태로 하늘에 연기같이 떠다니는 것.
구름다리 길 위로 높이 놓은 다리. 비굴다리. 육교.
구름바다 구름이 산꼭대기 밑으로 쫙 깔리어 마치 너른 바다처럼 보이는 모양.
구름판(—板) 멀리뛰기 운동을 할 때 발을 굴러 뛰는 판.
구릉(丘陵) 언덕.
구리 불그스름하고 윤이 나는 금속 원소. 은 다음으로 전기와 열을 잘 전달하여 널리 쓰임.
구리 귀:신 돈을 몹시 아끼는 구두쇠를 얄밉게 이르는 말.
구리다 ①똥 냄새 같은 것이 나다. ②행동이 의심스럽다. 예무언가 구린 구석이 있는 게로군!
구리터분하다 ①냄새가 구리고 신선하지 못하다. ②하는 짓이나 생각이 깔끔하지 못하고 구저분하다. 짝고리타분하다. —히.
구리판(—板) 구리를 얇고 넓게 편 것.
구린내 구리게 나는 냄새.
구릿빛[—리삗] 구리의 빛. 햇빛에 검붉게 탄 빛. 예구릿빛 얼굴.
구매(購買) 물건을 삼. 예손님의 구매 의욕을 자극하다. —하다.

-구먼 어떤 말 맨 뒤에 붙어 반말이나 혼잣말로 새삼스런 감탄을 나타내는 말. ⑩일찍 왔구먼.

구멍 파내거나 뚫어진 자리.

구멍가게 조그맣게 차린 가게.

구멍을 보아 가며 쐐기 깎는다 〈속〉 형편을 보아 가며 알맞게 일을 해야 한다.

구ː면(舊面) 이전부터 알고 있는 사람. 凹초면.

구명¹(究明) 사리나 원인 따위를 깊이 연구하여 밝힘. ⑩사고 원인을 구명하다. —하다.

구ː명²(救命) 사람의 목숨을 구함. ⑩구명 보트. —하다.

구ː명대 배의 사고시 물 위에 몸이 뜨도록 조끼처럼 입거나 허리·어깨에 착용 또는 잡아매는 기구.

구ː명정 사고가 났을 때 사람의 목숨을 구하는 데 쓰는 보트. 본선에 싣고 다님. 凹구명 보트.

구ː미¹(口味) 입맛. ⑩구미에 맞는 음식.

구미²(歐美) ①유럽과 아메리카. ②유럽과 미국. 凹서구.

구미 공업 단지 경상 북도 구미 지역에 있는 공장 단지를 일컫는 말.

구미호(九尾狐) ①오래 묵어서 꼬리가 아홉 개나 달렸다고 하는 여우. ②'교활한 사람'을 비유하여 이르는 말.

구박(驅迫) ①못 견디게 굶. ②심하게 대우함. ⑩부모 없는 아이라고 너무 구박을 하여서는 안 된다. 凹학대. —하다.

구ː변(口辯) 말솜씨. 凹언변.

구별(區別) ①갈라 놓음. ②차별을 둠. ⑩남녀를 구별하다. 凹구분. 분별. 凹혼동. —하다.

구보(驅步) 달음박질. ⑩8km 구보. —하다.

구부리다 한쪽으로 휘어 굽게 하다. ⑩구부린 손가락. 짝고부리다. 쎈꾸부리다.

구부정하다 한쪽으로 약간 비스듬하게 굽다. ⑩허리가 구부정한 노인. 짝고부장하다. 쎈꾸부정하다. —히.

구분(區分) 따로따로 갈라서 나눔. ⑩색깔을 구분하다. 凹구별. —하다.

구불구불 이리저리 구부러진 모양. ⑩구불구불 강물이 들판을 가로질러 간다. 짝고불고불. 쎈꾸불꾸불. —하다.

구비(具備) 고루 다 갖춤. ⑩등산 장비를 구비하다. —하다.

구사 일생(九死一生)[―쌩] 여러 차례 죽을 고비를 겪고 겨우 살아남. ⑩전쟁터에서 구사 일생으로 살아남다. —하다.

구상(構想) ①생각하는 것. ②생각하여 정리하는 것. —하다.

구색(具色) 여러 가지 물건을 고루 갖춤. ⑩구색이 맞다. —하다.

구석 ①가장자리에 쑥 들어간 곳. ②깊은 곳. ③모퉁이의 안쪽. 凹가운데. 복판.

구석구석 구석마다. 이 구석 저 구석 사방으로 미치지 않은 곳이 없이. ⑩구석구석을 샅샅이 살펴보아라.

구ː석기 시대 석기 시대 중에서 토기가 만들어지기 이전에 뗀석기 및 골각기를 사용하던 시대.

구석방(―房) 집의 한 구석에 있는 방.

구석지다 한쪽 구석으로 치우쳐 으슥하다. ⑩구석진 골방.

구:설(口舌) 시비하거나 헐뜯는 말. 예 남의 구설에 오르다.

구성(構成) 몇 가지 요소를 조립하여 하나로 만드는 일. 또, 그 결과. 예 구성 요소. —하다.

구성미(構成美) 꾸미어서 나타내는 아름다움.

구성 요소(構成要素)[—뇨소] 어떤 사물을 구성하는 데 없어서는 안 될 성분.

구성원 어떤 조직을 이루고 있는 사람. 성원.

구성지다 천연덕스럽고 구수하다. 예 노랫소리가 구성지다.

구:세(救世) 세상 사람들을 불행이나 죄악에서 구함. 예 구세의 영웅. —하다.

구:세군(救世軍) 예수교의 한 파. 군대식 조직 밑에서 민중 전도와 사회 사업을 함.

구:세주(救世主) ①인류를 죄악에서 구원하는 주인이라는 뜻으로 예수를 이르는 말. ②중생을 고통에서 구원해 준 석가모니를 높이어 이르는 말.

구:소설(舊小說) 갑오개혁 이전에 나온 소설. 맨신소설.

구속(拘束) 제 마음대로 못 하게 함. 자유롭지 못하게 함. 예 구속을 받다. 비속박. —하다.

구수하다 맛이나 냄새가 비위에 맞아 좋다. 예 구수한 누룽지. 좍고소하다. —히.

구:술 시:험(口述試驗) 말로써 묻는 시험. 비구두 시험. 맨필기 시험. 논술 시험.

구슬 ①사기나 유리로 만든 눈알만한 크기의 작고 둥근 장난감. ②둥글게 깎은 보석. 진주.

구슬 같은 눈물 구슬과 같이 맺혀 흐르는 눈물.

구슬땀 구슬같이 둥글게 맺힌 땀.

구슬비 풀잎 따위에 구슬처럼 맺히는 이슬비를 아름답게 나타내는 말.

구슬이 서 말이라도 꿰어야 보배 〈속〉 아무리 좋은 솜씨와 훌륭한 일이라도 끝까지 이루어야 쓸모가 있다.

구슬치기 구슬을 던져 맞혀서 따먹는 놀이. —하다.

구슬프다[구슬퍼] 마음이 쓸쓸하고 슬프다. 예 멀리서 들려오는 구슬픈 피리 소리. 비애달프다.

구:습(舊習) 옛날 풍속과 습관.

구:시대 옛 시대. 낡은 시대.

구:식(舊式) 옛것. 오래된 것. 예 구식 가구. 맨신식.

구실[1] ①꼭 하여야 할 일. 예 사람은 제 구실을 해야 한다. 비소임. 역할. 일. ②여러 가지 세금. 예 구실을 물다.

구:실[2](口實) 핑계 삼을 거리. 예 빠져나갈 구실을 찾다.

구심(球心) 구의 중심.

구심력(求心力)[—녁] 원운동을 하는 물체가 달아나지 못하도록 중심쪽으로 당기는 힘. 맨원심력.

구심점(求心點)[—쩜] 구심력의 중심이 되는 점.

구애(拘礙) 거리낌. 예 지난 일에 너무 구애받지 마라. —하다.

구:약(口約) 말로 하는 약속. —하다.

구:약 성:서(舊約聖書) 그리스도교의 경전. 예수 탄생 이전부터 전해지는 유대교의 가르침을 모은 책. 맨신약 성서.

구역[1](區域) 갈라 놓은 지역. 예 안전 구역. 줄구.

구역²(嘔逆) 속이 메스꺼워 토할 듯한 느낌. 욕지기. ㉠구역이 나다.

구역질나다 ①메스꺼워 토하고 싶어지다. ②아니꼬운 생각이 들다. ㉠그런 꼴을 보니 구역질난다.

구ː연(口演) 동화·야담 따위를 여러 사람 앞에서 말로 연기하는 일. ㉠동화 구연 대회. —하다.

구ː연 동ː화(口演童話) 어린이들을 상대로 말로써 사연을 엮어 들려 주는 동화.

구완(←救援) 병자에게 시중을 드는 일. ㉠어머니의 병구완을 하다. —하다.

구우 일모(九牛一毛) 아홉 마리 소 가운데의 털 하나라는 뜻으로 '썩 많은 가운데 섞인 아주 적은 것'을 비유하여 이르는 말.

구운몽(九雲夢) 조선 숙종 때 김만중이 지은 한글 소설.

구워 불 위나 불 속에 넣어서 익히거나 조금 타게 하여. ㉠고기를 구워 먹다.

구ː원(救援) 괴로움에서 도와 건져 줌. ㉠구원을 요청하다. 凹구제. 구조. 凹침략. —하다.

구ː원병 구원하는 병사. 구병. 凹원병.

구ː원자 도와 주는 사람.

구ː원 투수(救援投手) 야구에서, 교대하여 던지게 된 투수. 릴리프 피처.

구월(九月) 일 년 중 아홉 번째 드는 달.

구월 구일 음력 구월 초아흐렛날로 우리 나라 민속 행사의 하나. 중양절이라고도 함.

구월산(九月山)[—싼] 황해도 신천군 용진면에 있는 산. 단군이 자취를 감춘 아사달산이 바로 이 산이라고 함.

구위(球威) 야구에서, 투수가 던지는 공의 위력. ㉠지쳐서 구위가 떨어진 투수를 교체하다.

구유 말과 소의 먹이를 담아 주는 긴 통.

구이 고기나 생선에 양념을 하여 구운 음식. ㉠생선 구이. 참새 구이.

구인(求人) 필요한 사람을 구함. ㉠구인 광고. —하다.

구입(購入) 물건을 사들임. ㉠생활 용품을 구입하다. 凹판매. —하다.

구장(球場) 축구·야구 등 구기 운동 경기를 하는 운동장. ㉠넓은 잔디 구장.

구재 학당(九齋學堂) 최충이 개경에 세운 사립 학교로 9개의 학급으로 나누어 교육했음.

구저분하다 깨끗하지 못하고 더럽다. ㉠구저분한 쓰레기. —히.

구ː전(口傳) 말로써 전함, 또는 말로 전하여 옴. ㉠구전 문학. —하다.

구ː전 민요 말로 전하여 내려온 민요.

구절(句節) ①한 토막의 말이나 글. ②글의 마디.

구절 양장(九折羊腸)[—량장] ①양의 창자처럼 몹시 꼬불꼬불한 산길을 일컫는 말. ②일이나 앞길이 매우 험악함을 일컫는 말.

구절초(九節草) 산에 있는 국화 비슷한 풀. 가을에 흰 꽃이 피며, 잎은 약에 쓰임.

구접스럽다[구접스러우니, 구접스러워/구접스러이] ①너절하고 더럽다. ②하는 짓이 더럽다.

구:정[1](舊正) ①음력 설. 설날. ②음력 정월. 〖반〗신정.

구:정[2](舊情) 전부터 사귀어 온 정. 〖예〗구정을 못 잊다.

구정물 무엇을 씻거나 빨아 더러워진 물. 〖작〗고장물.

구:제[1](救濟) 어려운 사람을 도와 건짐. 〖예〗수재민을 구제하다. 〖비〗구원. ―하다.

구제[2](驅除) 해충 따위를 몰아 내어 없앰. 〖예〗해충 구제. ―하다.

구:제비 도와 주는 데 쓰는 돈.

구:제 사:업 어려운 처지의 사람들을 돕기 위하여 벌이는 사업.

구:제품 어려운 처지에 있는 사람들을 돕기 위한 물품.

구:조[1](救助) ①가난한 사람을 도와 줌. ②어려운 경우를 당한 사람을 건져 냄. 〖예〗조난자를 구조하다. 〖비〗구원. 구제. ―하다.

구조[2](構造) ①꾸며 만듦. ②꾸밈새. 〖예〗조형물의 구조. ―하다.

구:조대원 위험에 처한 사람을 도와 구해 주는 부대의 사람.

구조물 꾸며 만든 물건.

구:조 사다리 불이 나거나 위험할 때 사람을 구출하기 위하여 쓰는 사다리.

구종(驅從) 지난날, 벼슬아치를 모시고 다니던 하인.

구:주[1](救主) 구원해 주는 주인이라는 뜻으로 예수를 일컬음. 〖비〗구세주.

구주[2](歐洲) 유럽.

구주 오:소경(九州五小京) 통일 신라 시대의 지방 행정 구역. 전국에 9주와 5소경을 두었음.

구중 궁궐(九重宮闕) 문이 겹겹이 달린 깊은 대궐.

구중 심:처(九重深處) =구중 궁궐.

구중중하다 시궁창 따위가 더럽고 축축하다.

구직(求職) 일자리를 구함. 〖예〗구직 광고를 내다. ―하다.

구질(球質) 테니스·탁구·야구 등에서 치거나 던지는 공의 성질. 〖예〗구질이 좋다.

구질구질 ①지저분한 모양. 구중중한 모양. ②날씨가 맑지 못하고 비나 눈이 내려 구저분한 모양. 〖예〗날씨가 구질구질하다. ―하다.

구:차하다(苟且―) ①매우 가난하다. 〖예〗구차한 생활을 하다. 〖비〗난하다. 〖반〗넉넉하다. ②군색하고 딱하다. 〖예〗구차한 변명은 하지 마라. ―히.

구척 장신(九尺長身) 아홉 자나 되는 큰 키라는 뜻으로 아주 큰 키, 또는 그런 사람을 이르는 말.

구청(區廳) 구의 행정 사무를 맡아 보는 관청. 〖예〗종로 구청.

구체적(具體的) 실제적이고 자세한 부분까지 다루는 모양. 〖예〗구체적으로 설명하다. 〖반〗추상적.

구체화 구체적으로 되게 함. 구체적으로 됨. 〖예〗계획을 구체화하다. ―하다.

구축[1](構築) 만들어 쌓아 올림. 〖예〗진지를 구축하다. ―하다.

구축[2](驅逐) 몰아서 쫓아 냄. 〖예〗가난을 구축하다. ―하다.

구:출(救出) 구해 냄. 〖예〗인질을 구출하다. ―하다.

구충(驅蟲) 기생충이나 해충 등을 없앰. ―하다.

구충제(驅蟲劑) ①몸 속의 기생충 따위를 없애는 데 쓰는 약. 구충약. ②농작물 따위의 해충을 없애는 데 쓰는 약.

구타(毆打) 때리고 침. ―하다.

구태여 일부러. 애써. ㉠구태여 즐거운 척할 필요 없다.

구:태 의연(舊態依然) 변하였거나 진보·발전한 데가 없음. ㉠구태 의연한 생활 태도. —하다.

구토(嘔吐) 뱃속에 들어 있는 음식물 등을 입 밖으로 내놓음. —하다.

구판장(購販場) 농업 협동 조합에서 공동으로 물건을 구입하여 싸게 파는 곳. ㉠농협 구판장.

구하다¹(求—) 찾아 얻다. 바라다. ㉠직업을 구하러 다니다. ㉲찾다.

구:하다²(救—) ①물건을 주어 돕다. ②급한 일을 벗어나게 하다. ③병을 낫도록 하다. ㉠목숨을 구하다.

구현(具現) ①구체적으로 나타냄. ㉠정의 사회 구현을 위해 노력하자. ②실제로 나타냄. 또, 나타난 그것. —하다.

구형¹(求刑) 형사 재판에서 검사가 죄를 지은 사람에게 줄 벌을 판사에게 요구함. ㉠징역 1년을 구형하다. —하다.

구형²(球形) 공같이 둥근 모양. 공 모양.

구:호¹(口號) 연설이 끝났을 때에 더욱 느낌을 깊게 하기 위하여 외치는 소리. ㉠구호를 외치다.

구:호²(救護) 재난이나 어려움에 처하여 있는 사람을 도와 보호함. ㉠구호 물자. —하다.

구:호금 구호를 위하여 나라에서 내놓거나 여러 사람이 내는 돈.

구:호 기관 가난한 사람이나 불행한 일을 돕고 보호하기 위하여 설치한 기관.

구:호소 어려운 사람을 도와 주는 일을 맡은 곳.

구혼(求婚) ①혼인 자리를 구함. ②상대편에게 결혼을 청함. ㉲청혼. —하다.

구:황 작물(救荒作物) 흉작인 해에도 재배하여 가꿀 수 있는 농작물. 고구마·감자 따위.

구획(區劃) 경계를 잘라 정함. ㉠구획 정리 사업. —하다.

구:휼(救恤) 가난한 사람이나 불행한 일을 당한 사람 등을 돕고 보살핌. ㉠구휼 기관. —하다.

국 고기나 생선·채소 따위에 물을 많이 붓고 간을 맞춰 끓인 음식.

국가¹(國家) 나라.

국가²(國歌) 한 나라의 이상과 정신을 나타낸 노래.

국가 보:훈처(國家報勳處) 중앙 행정 기관의 하나. 군사 원호 대상자나 애국 지사 및 그 가족 등에 대한 지원과 군인 보험 등에 관한 사무를 맡아 봄.

국가 시:험(國家試驗) 나라에서 보이는 시험. ㉲국가 고시.

국가애 나라 사랑하는 마음.

국가적 국가 전체가 관여하는 것. ㉠국가적 차원.

국거리 생선·고기·채소 따위의 국을 끓이는 데 들어가는 재료.

국경(國境) 나라와 나라 사이의 경계. ㉲국계.

국경선(國境線) 나라와 나라 사이의 경계가 되는 선.

국경 수비대 나라와 나라 사이의 경계를 지키기 위하여 배치된 군대.

국경 아닌 삼팔선 국경은 아니면서도 국경처럼 되어 있는 삼팔선.

국경일(國慶日) 국가적으로 경축

국고

하는 기념일.

국고(國庫) 국가의 재산인 현금을 보관·출납하는 기관. ㉠국고 보조금.

국교¹(國交) 나라와 나라와의 교제. ㉠국교 정상화.

국교²(國敎) 나라에서 특별히 지정하여 온 국민이 믿도록 하는 특정한 종교.

국군(國軍) 그 나라의 군대.

국권 피:탈(國權被奪) 1910년 8월 29일, 한일 합병 조약에 의하여 일본이 강제 수단으로 우리 나라를 빼앗은 일.

국기¹(國技) 그 나라의 특유한 기예. 한국의 씨름·태권도 등.

국기²(國旗) 그 나라를 표시하기 위하여 만들어 놓은 기.

국기함 국기를 보관하는 상자.

국난(國難) 나라의 어려움. ㉠국난으로 나라가 어지럽다.

국난 극복 나라의 위태로운 상태나 어려운 형편을 이겨 냄.

국내(國內)[궁—] 나라 안. ㉣국외. 국제. 해외.

국내 사:회[궁—] 한 나라를 이루고 있는 사람들의 모임.

국내선(國內線)[궁—] 나라 안에서의 교통·통신에만 이용되는 선. ㉣국제선.

국내성(國內城)[궁—] 고구려의 옛 서울. 지금의 만주 지안 지방과 주변의 산성을 포함하는 지역에 있었음.

국내 시:장[궁—] 나라 안의 시장. ㉣해외 시장.

국내 우편[궁—] 주고받는 사람이 다 나라 안에 있는 우편. ㉣국제 우편.

국도¹(國都) 나라의 수도. 서울.

국도²(國道) 나라에서 직접 관리하는 중요한 도로.

국란(國亂)[궁난] ①나라가 어지러움. ②나라에 닥친 난리.

국력(國力)[궁녁] 나라의 힘. 나라의 세력. ㉧국세.

국록(國祿)[궁녹] 나라에서 주는 돈이나 쌀·곡식 등을 통틀어 이르는 말.

국리 민복(國利民福)[궁니—] 국가의 이익과 국민의 행복.

국립(國立)[궁닙] 나라에서 세움. ㉠국립 대학. ㉣사립.

국립 경:찰[궁닙—] 국가가 설립하여 유지하는 경찰.

국립 공원[궁닙—] 국가가 지정하여 경영·관리하는 공원. ㉠설악산 국립 공원.

국립 박물관[궁닙방—] 나라에서 문화재를 진열해 놓은 곳.

국립 은행[궁닙—] 국가에서 설립하여 경영하는 은행.

국립 현충원[궁닙—] 나라를 위하여 훌륭한 일을 하다가 돌아가신 분들의 무덤이 있는 곳. 서울 동작구, 대전 광역시 근교에 있음.

국면(局面)[궁—] 어떤 일에 부딪친 장면이나 형편. ㉠어려운 국면을 타개하다.

국명¹(國名)[궁—] 나라의 이름. ㉠국명을 떨치다. ㉧국호.

국명²(國命)[궁—] 나라의 명령. ㉠국명에 따르다.

국모(國母)[궁—] 임금의 아내. 왕후. ㉣국부.

국무(國務)[궁—] 나라의 일. ㉧국사.

국무 위원(國務委員) 나라의 중요한 일을 맡은 각부의 장관.

국무 총:리(國務總理) 대통령을

128

국보

보좌하고 국무 위원을 감독하는 특정직 공무원. 준총리.

국무 회:의 대통령과 국무 총리 및 국무 위원으로 조직된, 나라의 중요한 일을 의논하는 회의.

국문¹(國文)[궁—] ①자기 나라에서 쓰는 고유의 글자, 또는 그것으로 쓴 글. ②'국문학'의 준말.

국문²(鞠問) 지난날, 국청에서 중죄인을 신문하던 일.

국문법(國文法)[궁문뻡] 국어의 문법. 본국어 문법.

국문학(國文學) ①우리 나라의 문학, 또는 그것을 연구의 대상으로 삼는 학문. 예국문학을 전공하다. ②그 나라의 문학.

국물 국·찌개·김치 등의 물.

국민(國民)[궁—] 한 나라의 국적을 가진 백성. 비백성.

국민 가요 한 정신 밑에서 국민 전체가 부를 수 있는 노래.

국민 교:육 ①국민들의 수준을 높이기 위한 교육. ②의무 교육.

국민 교:육 헌:장 국민의 교육을 통하여 생활하여야 할 기본 방향과 목표를 밝힌 규정. 1968년 12월 5일에 선포. 준교육 헌장.

국민 대:표 국민의 대표자라는 뜻으로 국회 의원을 이르는 말.

국민 대:회 국민의 뜻을 나타내기 위하여 여는 대회.

국민 생활 백성의 살림살이.

국민성 그 나라 국민이 공통으로 가지고 있는 고유한 성질. 예부지런한 국민성.

국민 소:득 국민 전체가 일정한 기간(보통 1년) 동안에 생산하여 얻은 것을 돈으로 따져 놓은 액수. 예국민 소득이 증대되다.

국민 연금 늙거나 질병·사망 때에, 사회 보장 제도의 한 사업으로 정부가 국민 연금법에 따라 주는 돈.

국민 운:동 온 국민이 어떤 일을 이룩하기 위하여 힘을 합쳐서 하는 활동.

국민 은행 주로 서민을 상대로 적은 액수의 예금과 대부를 하여 주는 은행.

국민 의례 국가의 의식이나 예식에서 국민으로서 갖추어야 할 예법. 곧, 국기 배례·애국가 제창·묵도 등.

국민장 대통령직에 있었던 사람이나, 국가와 사회에 큰 공훈을 남기고 죽은 사람에게 국민 전체의 이름으로 베푸는 장례. —하다.

국민적 규모가 국민 전체에 관계되는 상태에 있는 모양. 예국민적 소망.

국민 정신 ①그 나라 국민의 공통된 고유한 정신. ②나라와 겨레를 위하여 충성하는 정신.

국민 투표 의원 또는 공무원의 선거 이외에 국가의 중대 사항에 대하여 모든 국민이 참가하는 투표.

국민 학교 초등 학교의 전 이름.

국밥 국과 밥. 국에 만 밥.

국방(國防) 외적에 대한 나라의 방비. 예국방력.

국방부(國防部) 행정 각부의 하나. 외적으로부터 나라를 지키는 일과 군사 사무를 맡아 처리함.

국방비 국방에 필요한 육·해·공군의 유지비.

국방 안보 나라를 외적으로부터 지키고, 그 안전을 보장함.

국법(國法) 나라의 법률.

국보(國寶) 나라에서 보배로 지정한 문화재. 예남대문(숭례문)은

국보급

국보 제1호이다.

국보급 국가가 보배로 지정하여 관리하는 문화재 수준 정도.

국부(國父) ①임금. ②나라를 세우는 데 큰 공이 있어 국민으로부터 존경을 받는 사람. 예중국의 국부로 존경받는 쑨 원 선생.

국비(國費) 나라에서 주는 돈. 예국비 장학생.

국빈(國賓) 나라의 귀한 손님으로 대접받는 외국인. 예국빈 대우.

국사[1](國史) ①한 나라의 역사. ②한국 역사.

국사[2](國事) 나라 전체에 상관되는 일. 나라의 정치. 예국사를 논하다.

국사[3](國師) ①한 나라의 스승. ②임금의 스승으로 삼던, 덕이 높은 승려.

국사 편찬 위원회 나라의 역사를 수집하고 정리하여 책을 만들어 내는 사람들로 이루어진 모임.

국산(國産) ①자기 나라에서 생산함. ②'국산품'의 준말. 예국산 자동차. 반외산. 외제.

국산 무:기 자기 나라에서 만들어 낸 전쟁에 쓰이는 기구.

국산품 자기 나라에서 생산한 물품. 반외래품.

국서(國書) ①한 나라의 원수가 다른 나라에 보내는 문서. ②한 나라의 역사와 문장에 관한 책.

국세(國稅) 국가의 경비에 쓰려고 거둬들이는 세금. 소득세·법인세 등. 반지방세.

국세 조사(國勢調査) 그 나라의 형편을 알기 위하여 어떤 정한 시간에 정한 곳에 사는 사람의 수효와 거기에 따른 여러 가지를 온 나라에 걸쳐 하는 조사.

국세청(國稅廳) 세금의 부과와 징수를 도맡고 있는 재정경제부에 딸린 관청.

국수[1] 밀가루나 메밀가루를 반죽하여 얇게 민 후 가늘게 썰어 만든 음식. 예칼국수.

국수[2](國手) ①장기나 바둑 따위의 기량이 한 나라에서 으뜸 가는 사람. ②이름난 의사.

국수 잘 하는 솜씨가 수제비 못 하랴〈속〉 어려운 것을 능히 잘 하는 사람이 그보다 쉬운 것을 못 할 리가 없다.

국수주의(國粹主義) 제 나라의 역사나 문화 따위가 덮어놓고 남보다 낫다고 믿고, 다른 나라의 문화를 싫어하는 주의.

국시(國是) 그 나라의 근본이 되는 주의와 방침. 예민주주의를 국시로 한다.

국악(國樂) ①나라의 고유한 음악. ②우리 나라의 옛날 음악. 예국악 경연 대회.

국악기 국악을 연주하는 데 쓰이는 악기.

국어(國語) 그 나라의 고유한 말. 우리말. 반외국어.

국어 문법[구거문뻡] 우리 나라 말의 낱말이 서로 관계를 맺어서 문장을 이루는 법칙.

국어 사전 자기 나라 말을 모아서 일정한 차례로 벌여 싣고, 낱낱이 그 발음·뜻·쓰임 등에 대하여 풀이해 놓은 책.

국어 운:동 자기 나라 말을 존중하여 애용하자는 운동.

국어학(國語學) 국민 전체가 사용하는 그 나라의 고유한 언어를 연구하는 학문.

국역(國譯) 다른 나라의 글을 자

기 나라 말로 바꿔 옮김. 예성경을 국역하다.. ―하다.
국영(國營) 나라에서 경영함. 예국영 방송국. 빤민영. ―하다.
국왕(國王) 그 나라의 임금.
국외(國外) 나라의 밖. 비외국. 해외. 빤국내.
국운(國運) 나라의 운명. 나라의 운수. 예국운이 기울다.
국위(國威) 나라의 권세와 위력, 또는 위신. 예국위 선양.
국유(國有)[구규] 나라의 것. 예국유 재산. 빤사유. 민유.
국유림 국가 소유의 산림.
국유 재산 국가 소유의 재산.
국유지 국가 소유의 토지.
국유 철도[구규철또] 국가가 소유·경영하는 철도. 준국철.
국유화 국가 소유가 아닌 것을 국가 소유로 함. 예모든 개인 재산을 국유화한 공산 국가. ―하다.
국으로 제가 생긴 그대로. 예국으로 가만히 있거라.
국익(國益) 국가의 이익. 국리. 예개인의 이익보다 국익을 먼저 생각해야 한다.
국자 국을 뜨는 긴 자루가 달린 기구. 구기.
국자감(國子監) 고려 시대 개경에 있던 오늘날의 국립 대학과 같은 교육 기관. 태조 때의 경학을 고친 이름으로, 성종 때 모든 제도가 정비되었음.
국장(國葬) ①국가에 큰 공을 세운 사람이 죽었을 때 나라에서 국비로 지내는 장례. ②왕족의 장례. ―하다.
국적[1](國賊)[―쩍] ①나라를 어지럽게 하는 사람. ②나라를 해롭게 하는 사람. ③자기 나라를 다른 나라에 파는 사람.
국적[2](國籍) 한 나라의 국민으로서의 자격과 신분. 예이중 국적.
국전(國展) 정부가 주최하는 전람회라는 뜻으로, 이전의 '대한 민국 미술 전람회'를 간단히 이르는 말. 예국전 출품작.
국정[1](國政)[―쩡] 나라의 정치. 나라를 다스리는 일. 예국정 감사.
국정[2](國情)[―쩡] 나라의 형편. 예국정 시찰.
국정 감사 국회가 정부에서 실행한 나라의 정치에 대하여 감독하고 조사하는 일.
국정 교:과서 교육 인적 자원부에서 편찬한 교과서.
국제(國際) 나라와 나라 사이의 교제. 또, 그 관계. 예국제 연합. 국제화.
국제 견:본 시:장 여러 나라의 상품의 견본만을 진열하여 그 견본을 보고 거래를 약속하고 뒷날에 현품을 매매하는 시장.
국제 경:기 두 나라 이상이 겨루는 운동 경기.
국제 공항 외국의 항공기가 뜨고 내릴 수 있도록 나라에서 지정한 공항. 예인천 국제 공항. 제주 국제 공항.
국제 기구 나라끼리 조직한 기구. 빤국내 기구.
국제 기:능 올림픽 대:회 젊은 기능자의 기능 향상과 국제간의 친선을 목적으로 하는 경기 대회.
국제 노동 기구 세계 노동자들의 노동 조건을 개선할 목적으로 활동하고 있는 국제 연합의 전문 기구. 약칭은 아이엘오(ILO).
국제 단체 여러 국가가 조약에 의

국제 무선 부호

하지 아니하고 자발적으로 조직한 단체.

국제 무선 부호 나라와 나라 사이에 서로 통할 수 있게 정한 무선 부호.

국제 민간 항:공 기구 민간 항공에 관한 국제 연합의 전문 기구. 1947년에 설립되었고, 본부는 캐나다의 몬트리올에 있음. 약칭은 아이시에이오(ICAO).

국제 박람회 여러 나라의 문화재 및 제품이나 상품들을 전시하여 많은 사람들에게 보이는 모임.

국제법 국가간의 합의에 따라 국가간 관계를 규칙으로 정한 법.

국제 분쟁 나라와 나라 사이에 권리나 이익에 관한 의견의 차이가 생겨 일어나는 다툼.

국제 사법 재판소 국제 분쟁을 해결하기 위한 국제 연합의 주요 기관의 하나. 네덜란드의 헤이그에 있음. 약칭은 아이시제이(ICJ).

국제 사:회 여러 나라가 각기 자기 나라의 이익이나 주장하는 바에 따라 어울려 공동 생활을 해 나가는 사회. 밴국내 사회.

국제선 국제 교통과 통신에 이용되는 각종의 선. 밴국내선.

국제 연맹 제1차 세계 대전 후, 1919년 파리 강화 회의에서 세계 평화를 유지하기 위하여 다 같이 세계의 여러 일을 처리하자고 만든 조직. 1946년에 해체됨.

국제 연합 제2차 세계 대전 이후에 생긴 국제적 조직. 본부는 미국의 뉴욕에 있음. 약칭은 유엔(UN).

국제 연합 교:육 과학 문화 기구 교육·과학·문화를 통해 세계 평화를 이룩하려고 설립한 국제 연합 전문 기구의 하나. 본부는 프랑스 파리에 있음. 약칭은 유네스코(UNESCO).

국제 연합군 국제 연합의 목적을 달성하기 위해, 가맹국의 군대로 조직된 군대. 유엔군.

국제 연합 식량 농업 기구 세계의 식량 및 농림·수산에 관한 문제를 다루며, 세계 각 국민의 영양 및 생활 수준의 향상 등을 꾀하는 기구. 약칭은 에프에이오(FAO).

국제 연합 아동 기금 아동을 활동 대상으로 하는 국제 연합의 기구. 약칭은 유니세프(UNICEF).

국제 연합 안전 보:장 이:사회 국제 연합의 중요한 기관의 하나로, 국제 평화와 안전의 유지를 임무로 함. 약칭은 유엔에스시(UNSC). 준안보리. 안보 이사회. 안전 보장 이사회.

국제 연합 총:회 국제 연합에 가입한 전체 회원국으로 구성되며 국제 연합 헌장에 있는 모든 문제를 심의 권고하는 기구. 국제 연합의 최고 기관. 유엔 총회.

국제 연합 헌:장 국제 연합의 기본적인 조직 및 활동 원칙을 정한 문서. 유엔 헌장.

국제 올림픽 위원회 국제 올림픽 경기에 대한 모든 일을 맡아 보는 단체. 약칭은 아이오시(IOC).

국제 우편 국가와 국가 사이에 왕래하는 일정한 우편물. 밴국내 우편.

국제 원자력 기구 원자력의 평화적 이용을 위해 창설된 국제 기구. 약칭은 아이에이이에이(IAEA).

국제적 나라와 나라 사이에 관계되는 것. 예국제적인 규모. 비세계적. 반국내적.

국제 적십자 위원회 1864년 앙리 뒤낭에 의해 창설된 적십자의 국제적 기구. 본부는 스위스의 제네바에 있음.

국제 전:기 통신 연합 국제 전기 통신 조약의 목적을 달성하기 위한 국제 연합의 기구. 약칭은 아이티유(ITU).

국제 전:화 국제간에 유선 또는 무선으로 연락하는 전화.

국제 정세 정치·경제·군사 등 모든 분야에 걸친 세계 여러 나라의 움직임.

국제 조약 나라와 나라 사이에 맺는 조약.

국제 중:재 재판소 국제간의 다툼을 평화적으로 해결하기 위하여 설치된 국제 재판소.

국제 철도 국경을 넘어 둘 이상의 나라로 통하고 있는 철도.

국제 통화 기금 국제 통화의 협조와 국제 무역의 증진을 목적으로 하는 국제 연합의 기구. 약칭은 아이엠에프(IMF).

국제 펜 클럽 세계 각국의 시인·극작가·편집자·평론가·소설가 등 문학에 종사하는 사람들의 모임을 통하여 국제간의 이해를 두텁게 하려는 국제적 문화 단체.

국제항 외국 선박이 많이 드나드는 큰 항구.

국제 회:의 국제적 이해 사항을 토의·결정하기 위하여 여러 나라의 대표자가 모여서 여는 회의.

국조(國鳥) 그 나라의 상징으로 정한 새. 우리 나라의 까치나 미국의 흰머리 독수리·일본의 꿩 따위. 나라새.

국주(國主) 나라의 임금. 임금.

국지(局地)[―찌] 일정하게 한정된 지역. 예국지 전쟁.

국채(國債) 한 나라의 중앙 정부가 지고 있는 빚.

국채 보:상 운:동 1907년, 대구의 김광제·서상돈 등이 중심이 되어 일본에게 진 빚을 갚자고 모금 운동을 벌인 구국 운동.

국책(國策) ①그 나라에서 생각되는 방침. ②나라의 정책.

국청(鞫廳) 조선 시대에 역적 등 중죄인을 신문하기 위하여 임시로 설치하였던 관청.

국치일(國恥日) 1910년 8월 29일 일본에 강제로 나라를 빼앗긴 치욕적인 날.

국태민안(國泰民安) 나라가 태평하고 국민의 생활이 평안함. 예국태민안했던 요순 시대. ―하다.

국토(國土) 그 나라의 영토. 그 나라의 땅. 비강토. 영토.

국토 방위 적의 침입으로부터 국토를 지키는 일.

국토 분단 국토가 갈라짐.

국토 종합 개발 사:업 한 가지 개발 사업을 함으로써 여러 가지 이익을 얻을 수 있도록 종합적인 개발 계획을 세워 개발하는 일.

국판(菊判) 책의 크기의 한 가지. 세로 21cm, 가로 14.8cm의 책의 크기.

국풍(國風) 그 나라의 특유한 풍속이나 습관.

국학(國學)[구칵] ①신라 신문왕 2년, 관리를 양성할 목적으로 세웠던 일종의 국립 대학. 경덕왕 때 태학감으로 이름이 바뀌었음. ②나라의 고유한 학문.

국한(局限)[구칸] 어떤 범위나 정도로 제한하여 정함. 예미녀 선발 대회의 참가 자격을 25세 미만으로 국한시키다. —하다.

국한문(國漢文)[구칸—] ①국문과 한문. ②국문에 한문이 섞인 글.

국한문 혼:용 글을 쓸 때 한글과 한자를 섞어서 쓰는 일.

국호(國號)[구코] 한 나라의 이름. [비]국명.

국화[1](國花)[구콰] 그 나라의 상징으로 가장 귀중히 여기는 꽃. 우리 나라의 국화는 무궁화임. 나라꽃.

국화[2](菊花)[구콰] 보고 즐기려고 심는 여러해살이풀로 꽃은 보통 가을에 많이 피며, 높이는 1m쯤 되고, 색깔이나 모양새는 여러 가지임.

국화빵[구콰—] 국화꽃 모양의 판에 부어 만든 빵.

국회(國會)[구쾨] 온 나라의 국민이 뽑은 의원들로 조직된 기관. 법을 만들고, 예산을 세우며, 국가의 모든 중요한 일을 의결함. [예]국회 의장.

국회 의사당 국회 본회의가 열리는 건물.

국회 의원 국회에서 나라의 법을 정하는 국민의 대표자.

군[1](君) 친구나 손아랫사람을 부를 때에 이름 뒤나 성 뒤에 붙여 부르는 말. [예]김 군.

군:[2](郡) 지방 행정 구역의 하나. 도의 아래, 읍·면의 위.

군가(軍歌) 군대의 사기를 돋우기 위해 지어 부르는 노래.

군거(群居) 한 곳에 떼를 지어 있음. 떼를 지어 삶. [예]군거 생활. —하다.

군:것질[—걷질] 끼니 때 이외에 음식을 먹는 일. —하다.

군경(軍警) 군대와 경찰.

군계 일학(群鷄一鶴) 닭의 무리 속에 있는 한 마리의 학이라는 뜻으로 '평범한 여러 사람 가운데의 뛰어난 한 사람'을 비유하여 이르는 말.

군관(軍官) 군사를 맡아 보는 관리. 장교.

군국기무처(軍國機務處) 조선 말, 갑오개혁 이후에 일본의 강압으로 설치한 임시 기관. 정치와 군사에 관한 모든 사무를 처리하였음. [준]기무처.

군국주의(軍國主義) 군비를 튼튼히 하고 국제간의 분쟁을 무력으로 해결하려는 주의.

군기[1](軍紀) 군대의 규칙이나 질서. [예]군기 엄수.

군기[2](軍旗) 군의 각 단위 부대를 나타내는 깃발.

군대(軍隊) 일정한 조직을 가진 군인의 모임. [준]군.

군:더더기 ①쓸데없이 덧붙는 것. [예]군더더기가 없는 문장. ②까닭없이 남을 따라다니는 사람.

군데 낱낱의 곳. [예]유리창 깨진 곳이 몇 군데인가 살펴보아라.

군데군데 여러 곳. 여기저기. [예]그의 대답에는 군데군데 이상한 점이 있다.

군도[1](軍刀) ①군인이 차는 칼. ②전투에 쓰는 칼.

군도[2](群島) 모여 있는 크고 작은 여러 섬. [비]제도.

군란(軍亂)[굴—] 군사들이 일으킨 난리. [예]임오군란.

군량(軍糧) 군대의 양식.

군량미 군대의 식량으로 쓰는 쌀.

군령(軍令) ①군대 안의 명령. ②군의 통수권을 가진 원수가 군대에 내리는 군사상의 명령.

군마(軍馬) 군인이 타는 말.

군막(軍幕) 군대가 진을 치고 있는 곳에 설치하는 장막.

군:말 하지 않아도 좋을 쓸데없는 말. 군소리. —하다.

군민¹(君民) 임금과 백성. 예 군민이 하나가 되다.

군:민²(郡民) 행정 구역인 군 안에서 사는 사람.

군:밤 불에 구운 밤. 본구운 밤.

군법(軍法)[—뻡] 군대에서의 잘못을 다스리는 법. 예 군법 회의.

군복(軍服) 군인들이 입는 옷.

군부(軍部) 군사에 관한 일을 맡아 보는 기관을 통틀어 이르는 말. 준군.

군:불 ①방을 덥게 하려고 때는 불. ②필요 없이 때는 불.

군비(軍備) 군사에 관한 설비.

군사¹(軍士) 군대의 계급이 낮은 군인. 비병사. 군인.

군사²(軍事) 군대·병비·전쟁 등에 관한 일. 예 군사 훈련.

군사 동맹 군사 행동에 대하여 두 나라 또는 여러 나라 사이에 맺어지는 동맹.

군사력 병력, 병기, 사기 등 모든 요소를 종합해서 본 전쟁을 치를 수 있는 능력.

군사 분계선 6·25 전쟁의 휴전 협정에 의하여 정하여진 동서 155 마일에 걸친 휴전선.

군사비 전쟁 및 군사 전반에 쓰이는 비용.

군사상 군대와 전쟁에 관한 일에 있어서. 예 석유는 군사상으로 매우 중요한 물자이다.

군사상 요지 군사적으로 중요한 곳. 예 이 지역은 군사상 요지이다.

군사 우편 군인이나 군무원과 주고받는 우편물, 또는 그 우편물의 취급.

군사 정전 위원회 휴전 협정에 의하여 그 협정의 실행 상태를 토의하기 위한 모임.

군산(群山) 한 곳에 모여 있는 많은 산.

군:살 필요 이상으로 찐 살. 군더더기 살. 예 군살을 빼라.

군:색하다(窘塞—) ①살기가 어렵다. ②일이 뜻대로 되지 아니하여서 어렵게 보이다. —히.

군선(軍船) 군대에서 쓰이는 배. 특히, 옛날의 해전에 사용하던 전선을 이름.

군선도(群仙圖) 신선의 무리를 그린 동양화.

군:소리 ①쓸데없는 말. ②헛소리. 예 군소리 않고 묵묵히 일하다. 비군말. —하다.

군수¹(軍需) 군사상에 필요한 물자. 예 군수 물자.

군:수²(郡守) 한 군의 우두머리.

군수 산:업 군수 물자를 생산하는 산업. 방위 산업.

군신(君臣) 임금과 신하.

군신 유:의(君臣有義) 삼강 오륜의 하나. 임금과 신하 사이에는 의리가 있어야 함을 이름. —하다.

군악(軍樂) 군대에서 쓰는 음악.

군역(軍役) ①군대의 복무나 부역. ②싸움. 전쟁.

군영(軍營) 군대가 주둔하는 곳.

군용(軍用) 군사 또는 군대에 쓰임. 예 군용 시설.

군용 도:로 군사상의 필요에 따라 만들어 놓은 도로.

군용 열차 군대에 쓰이는 물자나 병력의 수송을 위해 특별히 마련된 열차.

군:음식 끼니 때 외에 먹는 음식. 떡·과자 따위. 비간식.

군의관(軍醫官) 군대에서 의료 군무에 종사하는 장교. 준군의.

군인(軍人) 군대에 몸이 딸린 장교와 사병. 비군사.

군:일[一닐] 쓸데없는 일. —하다.

군자(君子) 학식이 뛰어나고 마음이 어질며 품행이 단정한 사람. 예현인 군자. 반소인.

군자금(軍資金) 군사에 필요한 자금. 예군자금을 조달하다.

군자란(君子蘭) 수선화과에 속하는 여러해살이풀. 관상용이며 주홍색 꽃이 핌. 남아프리카가 원산지임.

군장(君長) 원시 부족 사회에서 최고 지배자. 군주.

군정(軍政) 군대에서 하는 정치. 반민정.

군졸(軍卒) 군사. 비병졸.

군주(君主) 임금. 군장.

군주국 임금이 주권자가 되어 다스리는 나라.

군중(群衆) ①많이 모인 사람. ②한 곳에 모인 여러 사람.

군집(群集) ①떼를 지어 모임. ②어느 지역에 모여서 생활하는 같은 종류의 생물. —하다.

군창터(軍倉—) 군대의 식량 등을 보관하던 창고가 있던 자리.

군:청(郡廳) 한 군을 다스리는 사무를 맡아 보는 관청.

군청색(群靑色) 짙은 남청색.

군축(軍縮) 군사상의 준비, 전쟁을 위한 준비를 줄이는 것. '군비 축소'의 준말. 예강대국의 군축 회담. 반군확. —하다.

군:침 먹고 싶거나 음식을 보았을 때 속이 느긋거리며 입 안에 도는 침. 예보기만 해도 군침이 돈다.

군포(軍布) 옛날, 군에 가야 할 사람이 군에 가지 못할 처지일 때, 그 대신 나라에 바치던 삼베나 무명. 군포목.

군표(軍票) 전쟁하는 곳에서 물건을 사들이고 주는 표.

군:핍(窘乏) 살기가 몹시 어려움. 예군핍한 생활. —하다. —히.

군함(軍艦) 전쟁에 쓰는 큰 배. 비전함. 준함.

군항(軍港) 해군 함정의 근거지로 특수한 설비를 해 놓은 항구.

군:현제(郡縣制) 전국에 행정 구역을 정하여, 중앙 정부에서 임명한 관리가 중앙 정부의 지시·감독을 받아 그 지방의 행정을 맡아 보게 하는 제도. 반봉건제.

군호(軍號) ①군졸들 간에 주고받아 위험을 막는 암호. ②군대의 암호. ③서로 말짓이나 눈짓으로써 가만히 연락하는 일. —하다.

군화(軍靴) 군인들이 신는 구두.

굳건하다 굳세고 튼튼하며 씩씩하다. 예굳건한 의지. —히.

굳게 ①단단하게. 예나는 꼭 일등을 하겠다고 굳게 결심했다. ②뜻이 바뀌지 아니하게. ③틀림없게. 비굳이.

굳기름 지방.

굳다[1] ①단단하다. 예땅이 굳다. ②견고하다. 튼튼하다. 예굳게 닫힌 성문. ③뜻이 흔들리지 아니하다. 예굳은 의지.

굳다[2] 버릇이 되다. 예말을 더듬는 것이 굳어 버렸다.

굳세다 ①튼튼하다. ②힘이 많다. ③용기가 많다. ④강하다. 세차다. 〖반〗약하다.

굳은 땅에 물이 괸다〈속〉헤프게 쓰지 아니하고 아끼는 사람이 재산을 모은다.

굳은살[구든—] 손바닥이나 발바닥의 두껍고 단단한 군살.

굳음병[구듬뼝] 여러 가지 곰팡이 종류가 기생함으로써 생기는 누에의 병.

굳이[구지] ①굳게 고집을 부려서. 〖예〗네가 군이 그러기를 바란다면 너의 뜻대로 해라. 〖비〗기어이. ②구태여. 〖예〗지난 일은 굳이 캐묻지 않겠다.

굳히다[구치—] 굳게 하다. 〖예〗마음을 굳히다. 기반을 굳히다.

굴¹ 바다에 사는 조개의 한 종류로 바닷속 바위에 붙어 삶.

굴:²(窟) ①바위나 산에 깊이 뚫린 구멍. 〖비〗동굴. ②산이나 땅 밑을 뚫어 만든 길. 터널.

굴건(屈巾) 재래식 장례에서, 상주가 두건 위에 덧 쓰 는 건. 〔굴건〕

굴건 제:복 굴건을 쓰고 장례 때 입는 옷. —하다.

굴곡(屈曲) 이리저리 꺾이고 굽음. 〖예〗굴곡이 심한 길. —하다.

굴광성(屈光性)[—썽] 식물의 빛이 닿는 방향, 또는 반대 방향으로 굽는 성질.

굴:다 자꾸 그런 행동을 하다. 〖예〗그는 나를 자꾸 못 살게 군다.

굴:다리[—따리] 길이 서로 엇갈리는 곳에, 아래쪽 길을 밑으로 굴처럼 만든 곳.

굴:대[—때] 수레바퀴의 한가운데에 뚫린 구멍에 끼우는, 긴 나무나 쇠. 축.

굴:뚝 불을 땔 때 연기가 빠져 나가게 한 설비. 연돌.

굴뚝 같다 무엇을 하고 싶은 생각이 매우 간절하다. 〖예〗마음은 굴뚝 같지만 갈 수가 없다.

굴러온 돌이 박힌 돌 뺀다〈속〉 딴 곳으로부터 들어온 사람이 본래부터 있던 사람을 내쫓는다.

굴렁대[—때] 손으로 굴렁쇠를 밀어서 굴리는 굵은 철사나 막대기.

굴렁쇠 굴렁대로 뒤를 밀어서 굴리는 둥근 테 모양의 쇠로 된 장난감. 동그랑쇠.

굴레 소·말 따위의 머리를 얽어맨 끈. 〖예〗굴레를 씌우다.

〔굴레〕

굴:리다 ①굴러가게 하다. 〖예〗공을 굴리다. ②아무렇게나 내버려 두다. 〖예〗서류를 마구 굴리다.

굴:림대 무거운 물건을 옮길 때, 그 밑에 깔아 굴리는 둥근 나무.

굴복(屈服) 힘이 미치지 못하여 복종함. 〖비〗항복. —하다.

굴비 소금에 절여서 말린 조기.

굴성(屈性)[—썽] 식물의 줄기나 뿌리가 외부의 물리적·화학적 자극으로 그 자극 방향에 관계된 일정한 방향으로 굽어 자라는 성질. 굴광성·굴지성 따위.

굴욕(屈辱) ①남에게 업신여김을 당함. ②몸을 굽히고 부끄러움을

굴절

참음. 〔예〕굴욕을 당하다.

굴절(屈折)[―쩔] 휘어서 꺾임. 〔예〕빛의 굴절. ―하다.

굴지(屈指)[―찌] ①손가락을 꼽음. ②여럿 중에서 손가락을 꼽아 헤아릴 만큼 뛰어남. 〔예〕동양 굴지의 회사. ―하다.

굴지성(屈地性)[―찌썽] 중력의 자극을 받아 일어나는 식물의 굽는 성질.

굴착(掘鑿) 땅을 파거나 바위를 뚫음. 〔예〕굴착 공사. ―하다.

굴착기 땅이나 바위를 파서 뚫는 데 쓰이는 차.

굴하다(屈―) ①몸을 굽히다. ②힘이 부치어 넘어지다. 〔예〕실패에 굴하지 않고 노력하다.

굵다[국따] ①둘레가 크다. 〔예〕굵은 나무. ②목소리가 울려 크다. 〔예〕굵은 목소리. ③살찌다. 〔반〕가늘다.

굵다랗다[국따라타]〔굵다라니〕 매우 굵다. 〔반〕가느다랗다.

굵디굵다[국띠국따] 몹시 굵다. 〔예〕굵디굵은 밤알.

굶다[굼따] 먹지 않거나 먹지 못하여 배를 곯다. 〔예〕저녁을 굶다. 〔반〕먹다.

굶어 죽기는 정승하기보다 어렵다〈속〉 가난한 사람이라도 생명만은 이어갈 수 있다.

굶주리다[굼―] 먹을 것이 없어 먹지 못하다. 〔예〕굶주린 호랑이. 〔반〕배부르다.

굶주림[굼―] 먹지 못하여 배가 고픈 것. 〔반〕배부름.

굼닐다 몸을 구부리고 일으키고 하여 일하거나, 몸을 구부렸다 일으켰다 하다.

굼ː뜨다 동작이 둔해 느리다. 〔예〕행동이 굼뜨다. 〔비〕둔하다. 〔반〕재빠르다. 날래다.

굼ː벵이 매미의 애벌레. 누에와 비슷하나 좀 짧고 통통함.

굼실거리다 자꾸 굼실굼실하다. 〔예〕굼실거리는 저 벌레 같은 것은 무엇이냐? 〔작〕곰실거리다.

굼실굼실 벌레 같은 것이 느릿느릿 움직이는 모양. 〔작〕곰실곰실. 〔센〕꿈실꿈실. ―하다.

굼지럭 약하고 둔한 몸짓으로 느릿하게 움직이는 모양. 〔예〕굼지럭거리지 말고 냉큼 일어나거라. 〔작〕곰지락. 〔센〕꿈지럭. ―하다.

굼[굼] '구멍'의 옛말.

굽 ①말・소・양 따위의 발끝에 있는 두껍고 단단한 발톱. 〔예〕말굽. ②구두 밑바닥의 뒤축에 붙어 있는 부분. 〔예〕굽이 높은 구두.

굽다¹〔굽으니, 굽어서〕 한쪽으로 휘어져 있다. 〔예〕굽은 산길.

굽ː다²〔구우니, 구워서〕 불 위에 놓거나 불 속에 넣어서 익히다. 〔예〕생선을 굽다.

굽실거리다 남의 비위를 맞추기 위해 몸을 자꾸 구부리다. 〔예〕자존심도 없이 굽실거리지 마라. 〔반〕뻣뻣하다.

굽실굽실 남의 비위를 맞추려고 머리와 몸을 자꾸 구부리는 모양. 〔예〕굽실굽실 절하다. 〔작〕곱실곱실. 〔센〕꿉실꿉실. ―하다.

굽어보다 몸을 굽혀 아래를 내려다보다. 〔예〕산 위에서 서울 시내를 굽어보다. 〔반〕우러러보다.

굽은 나무가 선산을 지킨다〈속〉 쓸모 없는 것이 도리어 소용이 된다.

굽은 나무는 길맛가지가 된다〈속〉 세상에는 아무것도 버릴 것이 없다.
굽이[구비] 휘어서 굽은 곳. 구부러진 곳. 예산 굽이.
굽이굽이 꾸불꾸불 굽어 나간 모양. 예저 하얀 길은 마치 강물이 굽이굽이 흘러가듯 뻗쳐 있구나!
굽이치다 힘차게 굽틀거려 굽이가 나게 되다. 예낙동강은 오늘도 말없이 굽이쳐 흐른다.
굽히다[구피-] ①굽게 하다. 예허리를 굽히다. ②먹은 마음이나 뜻을 늦추거나 버리다. 예뜻을 굽히다. 비꺾이다. 반펴다.
굿[굳] 무당이 귀신 앞에 음식을 차려 놓고 노래하고 춤추며 복을 비는 일. —하다.
굿거리[굳꺼-] ①무당이 굿할 때에 치는 장단. ②장구로 맞추는 장단의 하나, 또는 그 장단에 맞추어 추는 춤.
굿거리장단 ①무당이 굿할 때 치는 9박자의 장단. ②장구로 맞추는 느린 4박자의 장단.
굿모닝(Good morning) '안녕하십니까'의 영어식 오전 인사.
굿바이(Good bye)[구빠-] '안녕'이란 뜻의 작별 인사.
굿보다 ①굿을 구경하다. ②남의 일을 옆에서 보기만 하다.
굿이나 보고 떡이나 먹지〈속〉남의 일에 쓸데없이 간섭을 말고 이익이나 얻도록 하라.
궁(宮) 임금이나 임금의 가족들이 사는 집. 비대궐.
궁궐(宮闕) 임금이 사는 집.
궁극(窮極) 극도에 달함, 또는 막다른 고비. —하다.
궁극적 궁극에 이른 것. 최종적인 것. 예궁극적인 목표.
궁금증(-症)[-쯩] 궁금하여 답답한 마음. 예그 일에 대한 궁금증이 풀렸다.
궁금하다 ①내막을 몰라 마음이 답답하다. ②염려되어 마음이 안 놓이다. 예미국에 계신 형님 소식이 궁금하다. 비답답하다. —히.
궁내(宮內) 대궐의 안. 궐내.
궁녀(宮女) 대궐에서 임금을 모시는 여자.
궁노(弓弩) 활과 쇠뇌. 여러 개의 화살을 동시에 쏠 수 있는 무기.
궁노수 지난날, 활과 쇠뇌를 쏘는 임무를 맡았던 군사.
궁도(弓道) ①활 쏘는 법을 닦는 일. ②활 쏘는 데 지켜야 할 도리.
궁둥이 앉으면 바닥에 붙는 엉덩이의 아래쪽. 비엉덩이.
궁리(窮理) 어떻게 하면 좋을까 하고 생각함. 예어떻게 할까 하고 여러 가지로 궁리하였다. 비연구. —하다.
궁박(窮迫) 어렵고 가난함. 예재정적으로 몹시 궁박하다. 비곤궁. —하다. —히.
궁벽하다(窮僻—) 매우 한적하고 구석지다. 예궁벽한 산골. —히.
궁-상-각-치-우(宮商角徵羽) 중국 음악의 오음(五音)을 아울러 이르는 말.
궁색(窮塞) 아주 가난함. 예살림살이가 궁색하다. —하다. —히.
궁성(宮城) ①궁궐을 싸고 있는 성. ②임금이 거처하는 궁전.
궁수(弓手) 예전에 활을 쏘던 군사.
궁수자리 별자리의 하나. 여름밤에 남쪽 하늘에 보임. 사수자리.
궁술(弓術) 활 쏘는 기술.
궁여지책(窮餘之策) 막다른 처지

에서 생각다 못해 내는 꾀. 비궁여일책.

궁예(弓裔, ?~918) 태봉의 왕. 신라의 왕족으로 한때 도적의 무리가 되었다가, 태봉을 세웠음(901).

궁전(宮殿) 임금이 사는 집. 비대궐. 궁궐.

궁정(宮庭) 대궐의 마당.

궁조(宮調) 아악의 조의 하나. 궁음으로 시작하여 궁음으로 끝나는 음계. 아리랑, 박연 폭포 따위.

궁중(宮中) 대궐 안. 비궐내.

궁중 무:용 궁중에서 잔치나 의식 때 추던 춤.

궁중 음악 궁중에서 연주되었던 음악. 비궁정악.

궁지(窮地) 살아갈 길이 막연하거나 매우 어려운 일을 당한 경우. 예궁지에 몰린 쥐.

궁책(窮策) 구차하게 생각해 낸 꾀. 궁계.

궁체(宮體) 조선 시대 궁녀들이 쓰던 선이 맑고 곧으며, 부드럽고 단정한 한글 글씨체.

궁터 궁전이 있던 자리.

궁핍(窮乏) 곤궁하고 가난함. 예생활이 몹시 궁핍하다. 반흡족. ―하다. ―히.

궁하다(窮―) ①가난하다. 넉넉하지 못하다. 예살림이 궁하다. ②변통할 도리가 없다.

궁합(宮合) 결혼할 남녀의 사주(생년월일시)를 서로 맞추어 보아 좋고 나쁨을 헤아리는 점. 예궁합을 보다.

궂다[굳따] ①언짢고 곱지 못하다. 예궂은 일을 맡다. ②날씨가 좋지 못하다. 예날씨가 궂은 게 곧 비가 올 것 같다.

궂은비[구즌―] 오래 두고 짜증이 나도록 오는 비.

궂은 일[구즌닐] ①언짢은 일. 예궂은 일도 마다하지 않고 해내다. ②죽음에 관계되는 일. 예집안에 궂은 일이 생기다.

권¹(卷) 책을 세는 단위. 예한 권. 두 권. 세 권.

-권²(圈) 지역이나 어떤 낱말에 붙어 어떤 한정된 구역이나 일정한 범위를 나타내는 말. 예수도권.

권:고(勸告) ①권하여 말함. ②그렇게 하라고 권함. 예권고 사항. 비권유. 반만류. ―하다.

권:농(勸農) 농사를 장려함. 예권농일. ―하다.

권:농일 농사를 장려하고 농업 생산량을 높이려는 의욕을 북돋아 주기 위해 정한 날. 5월의 넷째 화요일. 권농의 날.

권능(權能) ①권력과 능력. 예하나님의 권능. ②권리를 주장하고 행사할 수 있는 능력.

권력(權力) 남을 눌러서 복종시키는 힘. 예막강한 권력.

권력 분립 독재를 막고 국민의 정치적 자유를 보장하기 위하여 나라의 권력을 분산하는 일. 삼권 분립 따위가 이에 속함.

권리(權利) ①권세와 이익. ②마땅히 주장해서 누릴 수 있는 법적인 능력. 예사람은 누구나 행복하게 살 권리가 있다. 반의무.

권:말(卷末) 책의 맨 끝. 예권말 부록. 반권두.

권모 술수(權謀術數)[―쑤] 남을 교묘하게 속이는 꾀.

권문 귀:족 권세가 있는 집안과 귀족.

권:법(拳法)[―뻡] 정신 수양과 신체 단련을 위하여 하는 운동. 주

먹과 발을 놀리어서 함.
권:선(勸善) 착한 일을 하도록 권하고 장려함. —하다.
권:선 징악(勸善懲惡) 착한 일을 권하고 나쁜 일은 벌을 줌.
권세(權勢) ①남을 복종시킬 수 있는 힘. ②권력과 세력. 예 권세가 당당하다. 비 권력. 세력.
권:수(卷數) [—쑤] 책의 수효.
권위(權威) ①남을 강제로 복종시키는 권세와 위력. 예 권위를 세우다. ②어떤 분야에서 능히 남이 믿을 만한 뛰어난 지식이나 기술. 예 권위 있는 책.
권:유(勸誘) 권하여서 하도록 함. 예 건강을 위해 운동을 권유하다. 비 권고. —하다.
권율(權慄, 1537~1599) 조선 선조 때의 장군. 임진왜란 때 진주·의주 등에서 왜군을 무찔렀고, 특히 행주 산성 싸움에서 큰 승리를 거두었음.
권익(權益) 권리와 그에 따르는 이익. 예 발명가의 권익 보장.
권:장(勸獎) 권하여 장려함. 예 권장 가격. 반 엄금. —하다.
권좌(權座) 권력, 특히 통치권을 가진 자리. 예 권좌에 앉다.
권:주가(勸酒歌) 술을 권할 때에 부르는 노래.
권:총(拳銃) 한 손으로 쏠 수 있게 만든 짧고 작은 총. 비 피스톨. 단총.
권:태(倦怠) 싫증을 느끼어 게으러짐. 예 권태로운 생활.
권:토 중래(捲土重來) ①한 번 패했다가 힘을 돌이켜 다시 쳐들어옴. ②어떤 일에 실패한 뒤에 힘을 가다듬어 다시 시작함. —하다.

권:투(拳鬪) 두 사람이 글러브를 끼고 서로 치고 막는 운동. 복싱.
권:하다(勸—) ①하도록 말하다. ②힘쓰도록 말하다. ③음식을 드리다. 예 술을 권하다.
권한(權限) 그 사람의 판단으로 처리할 수 있는 범위. 예 그 일은 내 권한 밖이다.
궐기(蹶起) 목적을 위하여 굳게 마음먹고 벌떡 일어남. 예 궐기대회. —하다.
궐내(闕內) [—래] 대궐 안.
궤:(櫃) 나무로 넓적하게 만든, 물건을 넣는 그릇. 궤짝.
궤:도(軌道) ①기차 따위가 다니는 길. ②마땅히 밟아야 할 제대로의 길. ③천체가 움직이는 일정한 길. 예 달의 궤도.
궤:멸(潰滅) 무너져 멸망함. 예 적의 진지가 궤멸되다. —하다.
궤:범(軌範) 남의 본보기가 될 만한 기준. 모범.
궤:변(詭辯) 이치에 맞지 않는 내용을 그럴듯하게 둘러대는 말. 예 궤변을 늘어놓다.
궤:짝 =궤.
귀 ①얼굴의 좌우에 있어서 소리를 듣는 것을 맡은 기관. ②그릇의 좌우에 귀 모양으로 달린 손잡이. ③실을 꿰는 바늘 구멍. 예 바늘귀.
귀가(歸家) 집으로 돌아오거나 돌아감. 예 아버지는 벌써 귀가하셨다. —하다.
귀가 보배다〈속〉 배운 것은 없으나 들어서 아는 것이 있다.
귀감(龜鑑) 본받을 만한 모범. 본보기. 예 그의 행동은 모든 학생의 귀감이 된다.
귀걸이 귀에 거는 방한구.

귀걸이 귓바퀴가 얼지 않도록 귀를 싸는 물건.
귀고리 여자들이 귓불에 다는 장식품.

귀결(歸結) 끝을 맺음. 어떤 결론에 이름, 또는 그 결론. 예범인의 인질극이 한 사람의 희생으로 귀결되다. —하다.
귀경(歸京) 지방에서 서울로 돌아가거나 돌아옴. 예귀경길에 오르다. —하다.
귀고리 여자의 귓불에 장식으로 다는 고리.
귀:공자(貴公子) ①귀한 집안에 태어난 남자. 귀족의 아들. ②생김새가 뛰어나고 품위가 높은 남자.
귀:국¹(貴國) 상대방의 나라를 높이어 일컫는 말. 예귀국 정부의 협조를 요청합니다. 비귀방.
귀국²(歸國) 자기 나라로 돌아가거나 돌아옴. —하다.
귀:금속(貴金屬) 쉽사리 화학 변화하지 않고, 공기 중에서 산화하지도 않는 금속. 금·은·백금 따위. 반비금속.
귀 기울이다 정신을 가다듬고 주의 깊게 듣다. 예시민의 의견에 귀 기울이다.
귀담아듣다 주의해서 잘 듣다. 예어머니 말씀을 귀담아듣다.
귀:댁(貴宅) 상대방을 높이어, 그의 집이나 가정을 이르는 말. 예귀댁에 별고 없으신지요?
귀동냥 남의 말을 얻어들음.
귀따갑다〔귀따가우니, 귀따가워서〕 ①소리가 귀에 몹시 울려 시끄럽다. ②같은 소리를 되풀이해서 들어 싫증이 나다. 예귀따갑도록 잔소리를 한다.

귀뚜라미 어둡고 습한 곳에 사는 곤충. 늦여름부터 가을에 나타나 정원이나 부엌 등에 살면서 날개를 비벼 소리를 냄. 준귀뚜리.

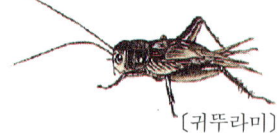
〔귀뚜라미〕

귀뚤귀뚤 귀뚜라미의 우는 소리.
귀띔〔—띰〕 눈치로 알아차릴 만큼 긴요한 점만 일깨워 줌. 예정답을 귀띔해 주다. —하다.
귀로(歸路) 돌아가거나 돌아오는 길. 예귀로에 오르다. 비회로.
귀를 울리다 힘차게 귀에 들리다.
귀:리 밭곡식의 한 가지. 높이는 60cm~90cm쯤 되며, 그 열매는 먹기도 하고 가축의 먹이로도 씀.

〔귀 리〕

귀머거리 귀가 안 들리는 사람.
귀먹다 ①귀가 어두워서 소리가 들리지 않게 되다. ②남의 말을 이해하지 못하다.
귀먹은 중 마 캐듯〈속〉 남이 무슨 말을 하거나 말거나 못 들은 체하고 저 할 일만 할 때 이르는 말.
귀:면(鬼面) ①귀신의 얼굴. ②귀신의 얼굴 모습을 새긴 탈.
귀밑샘〔—믿쌤〕 입 안에 있는 세 개의 침샘 중 가장 큰 침샘으로 분비되는 침은 점액이 없어 물 같음. 이하선.
귀 밝다 ①남이 하는 말이나 작은 소리도 잘 알아듣다. ②정보나 소식 따위를 남보다 먼저 알고 있다.

귀밝이술 음력 정월 보름날 아침에 귀가 밝아지라고 마시는 술.

귀:부인 신분이 높은 부인.

귀:빈(貴賓) 귀한 손님. [예] 귀빈 대접을 받다.

귀 설다 자주 듣지 않아 듣기에 서투르다.

귀성(歸省) 객지에 나갔다 어버이를 뵈러 고향으로 돌아감. [예] 귀성객. ―하다.

귀소성(歸巢性) 동물이 먼 곳에 갔다가도 자기가 살던 집이나 둥지로 돌아오는 성질.

귀순(歸順) 싸우던 마음을 버리고 복종하거나 순종함. [예] 귀순 용사. ―하다.

귀:신(鬼神) ①여러 가지 조화를 잘 부린다고 사람들이 생각하는 혼령. ②죽은 사람의 넋. ③특별한 재주가 있는 사람. [예] 귀신같이 잘한다.

귀신도 모른다〈속〉 지극한 비밀이어서 아무리 잘 아는 이라도 그 비밀은 모른다.

귀신 듣는데 떡 말한다〈속〉 듣고 썩 좋아할 이야기를 그 사람 앞에서 한다.

귀얄 풀칠이나 옻칠을 할 때 쓰이는 솔의 한 가지.

귀양 죄지은 사람을 벌주기 위하여 섬이나 먼 곳으로 보내던 옛날 형벌의 한 가지. [비] 유형. 유배.

귀에 거슬린다 듣기가 싫다. 마음에 마땅하지 못하다. [예] 그의 건방진 말투가 귀에 거슬린다.

귀에 걸면 귀걸이 코에 걸면 코걸이〈속〉 ①한 가지 사물이 보기에 따라 이렇게도 저렇게도 보인다. ②주견이 없이 이랬다 저랬다 한다.

귀에 못이 박히다〈속〉 같은 이야기를 너무 자주 들어서 듣기 싫을 정도가 되다.

귀에 익다 많이 듣다. [예] 귀에 익은 다정한 목소리.

귀엣말 남의 귀에다 대고 소곤소곤 하는 말. 귓속말. ―하다.

귀:여워하다 귀엽게 여기다. [예] 동물을 귀여워하는 아이.

귀:염 윗사람이 아랫사람을 아끼고 기특히 여기는 정. [예] 영수는 선생님께 귀염을 받는다.

귀:염둥이 아주 귀여운 아이, 또는 귀염을 받는 아이.

귀:염성 귀염을 받을 만한 바탕이나 성질. [예] 귀염성 있게 생겼다. ―스럽다.

귀:엽다〔귀여우니, 귀여워서〕 사랑스럽다. 예쁘다. [예] 인형이 매우 귀엽다.

귀영자(―纓子) 갓끈을 다는 데 쓰는 'S'자 모양의 고리.

귀이개 귀지를 파내는 기구.

귀:인(貴人) 신분이나 지위가 높은 사람. [반] 천인.

귀:재(鬼才) 세상에 드물게 뛰어난 재주, 또는 그 재주를 가진 사람. [예] 컴퓨터의 기재.

귀:족(貴族) 옛날에 있었던 귀한 집안. [예] 귀족 문학.

귀주 대:첩(龜州大捷) 고려 때 침입한 거란 군사를 강감찬 장군이, 오늘날 평안 북도 구성인 귀주에서 크게 물리친 싸움(1019). 거란 소배압의 10만 군사를 강물을 막았다가 갑자기 터뜨려 공격해서 크게 무찔렀음.

귀주머니 아래의 양쪽에 귀가 나오게 된 주머니. 네모지게 만들어 아가리쪽으로 절반을 세 골로 접어 만듦.

〔귀주머니〕

귀:중(貴中) 편지를 받을 단체의 이름 아래 쓰는 말. 예교학사 귀중.

귀:중품(貴重品) 귀중한 물건. 예귀중품 보관소.

귀:중하다(貴重―) 귀하고 중하다. 비소중하다. 중요하다. 반비천하다. 천박하다. ―히.

귀:지 귓구멍 속에 낀 때. 예귀지를 파내다.

귀착(歸着) ①먼 곳에서 돌아와 닿음. ②의논이나 어떤 일이 여러 과정을 거쳐 어떤 결말에 다다름. 예논쟁의 귀착점. ―하다.

귀찮다 귀엽지 않고 성가시기만 하다. 예귀찮은 일. 비성가시다.

귀:천(貴賤) 귀함과 천함. 예직업에는 귀천이 없다.

귀청 귓속에 있는 얇은 막. 이 막이 흔들리어 소리를 들을 수 있게 함. 예귀청이 떨어질 정도의 큰 소리. 비고막.

귀퉁이 ①귀의 언저리. ②물건의 쑥 내민 모퉁이. 예귀퉁이가 쑥 내밀다. ③사물의 구석. 예대청마루 귀퉁이.

귀틀집[―찝] 원시 시대 사람들의 집의 하나. 통나무를 '정(井)자' 모양으로 귀를 맞추어 얹고 흙으로 틈을 발랐음.

〔귀틀집〕

귀:하(貴下) 편지를 받을 사람의 이름 아래 쓰는 높임말. 예홍길동 귀하.

귀:하다(貴―) ①신분이나 지위가 높다. 예귀한 손님. ②흔하지 않다. ③귀염을 받을 만하다. ④값이 많다. ⑤천하지 않다. 반흔하다. 천하다. ―히.

귀항(歸港) 배가 항구로 다시 돌아옴. 예만선의 기쁨을 안고 귀항한 원양 어선. ―하다.

귀향(歸鄕) 고향으로 돌아감. 예전쟁이 끝나 귀향하는 사람들이 많다. 비귀성. ―하다.

귀화(歸化) 다른 나라의 국적을 얻어 그 나라의 국민이 됨. 예한국에 귀화한 미국인. ―하다.

귀화인 귀화한 사람.

귀환(歸還) 본래의 자리로 되돌아옴. 예우주선이 무사히 귀환하다. 비복귀. ―하다.

귓가[귀까] 귀의 가장자리. 예아직도 귓가에 쟁쟁한 할머님의 목소리. 비귓전.

귓결[귀껼] 우연히 들을 때. 뜻밖에 듣게 되는 것. 예귓결에 소문을 들었다.

귓구멍[귀꾸―] 귀의 밖에서 귀청까지 통한 구멍.

귓바퀴[귀빠―] 겉귀의 드러난 부분. 준귀.

귓불[귀뿔] 귓바퀴의 아래쪽으로 늘어진 살.

귓속말 남몰래 상대방의 귀에다 대고 하는 말. 귀엣말. 예귓속말로 속삭이다. ―하다.

귓속뼈 귀청과 속귀 사이를 연락하는 3개의 작은 뼈.

귓전[귀쩐] 귓바퀴의 가. 귀 가까이. 예귓전에 스치는 바람

규격(規格) ①일정한 표준. ②물건을 만드는 품질, 모양, 크기 등의 일정한 표준. ㉠규격을 맞추다. ㈜규모.

규격 봉투 일정한 표준에 맞게 만들어진 봉투.

규:명(糾明) 따지고 캐서 사실을 밝혀 냄. ㉠원인을 규명하다. ―하다.

규모(規模) ①본보기. ②일정한 한도나 예산. ③만드는 방법. 솜씨. ④얽어 놓은 모양. ㉠남대문은 규모가 굉장히 큰 건물이다.

규방(閨房) ①부녀자가 생활하는 방. ②침실, 특히 부부의 침실.

규범(規範) 본보기. 모범. 규모. ㉠학생의 규범.

규사(硅砂) 화강암 따위가 풍화 작용으로 변하여 생긴 모래. 도자기나 유리를 만드는 데 원료로 쓰임. 석영사. 차돌모래.

규수(閨秀) 시집갈 나이가 된 남의 집 처녀를 점잖게 이르는 말.

규약(規約) 서로 지키도록 의논되어 있는 규칙.

규율(規律) 정하여 놓은 법. 마련하여 놓은 제도·본보기. ㉠규율이 엄격하다.

규장각(奎章閣) 역대 임금의 글·글씨·문서·사진 등을 보관하던 관청. 조선 정조 때 창덕궁에 설치되었고 학문의 연구, 서적 편찬 등의 일도 맡아 보았음.

규정(規定) 어떤 일을 규칙으로 정함, 또는 그 정해진 규칙. ㉠규정이 까다롭다. ―하다.

규제(規制) 규칙을 세워 제한함, 또는 그 규칙. ㉠수입품을 규제하다. ―하다.

규조토(硅藻土) 식물인 플랑크톤의 화석이 쌓여서 된 퇴적물. 빛깔은 백색·황색·회색 등으로 가볍고 무름. 보온제·여과제의 원료로 씀.

규중(閨中) 부녀자가 생활하는 방. ㉠규중 처녀.

규칙(規則) 여러 사람이 다 같이 지키기로 정한 법. ㉠규칙을 준수하다. ㈜규정. 법칙.

규칙적 일정한 규칙을 따르고 있는 모양. ㉠소리가 규칙적으로 들린다.

규:탄(糾彈) 잘못이나 허물을 잡아내어 공격함. ㉠부정 선거를 규탄하다. ―하다.

규:합(糾合) 일을 꾸미려고 사람을 모음. ㉠동지를 규합하다. ―하다.

균(菌) 생물 중에서 가장 작은 것으로 눈으로는 볼 수 없으며, 물건을 썩게 하거나 병이 들게 하는 생물. ㈜세균.

균등(均等) 고르고 가지런하여 차별이 없음. ㉠민주 국가에서는 누구에게나 균등한 기회를 준다. ㊱차등. ―하다. ―히.

균역법(均役法)[―뻡] 조선 영조 때 군역의 무거움을 덜어 주기 위하여 실시한 병역 세법. 종래의 군역 대신 베 두 필을 받던 것을 베 한 필로 반감하여 주었음.

균역청 조선 시대 균역법의 실시에 따른 여러 가지 사무를 맡아 보던 관청.

균열(龜裂)[―녈] ①거북의 등에 있는 무늬처럼 갈라져 터짐. ㉠가뭄으로 논바닥에 균열이 생기다. ②사람 사이에 마음이 맞지 않아 틈이 생김. ㉠우정에 균열이 생기다. ―하다.

균일(均一)[규닐] 한결같이 고름. ⑩모든 제품의 규격이 균일하다. —하다.

균형(均衡) 더하고 덜함이 없이 둘이 똑같음. ⑩균형이 잡혀 있다. 凹평균.

귤(橘) ①귤나무의 열매. 빛깔은 등황색이며, 맛은 시고 달콤함. ②귤·유자·밀감 따위를 통틀어 이르는 말.

귤나무[귤라—] 귤이 열리는 나무. 따뜻하고 물기가 잘 빠지는 땅에 자라는 늘푸른 넓은잎 큰키나무. 우리 나라에서는 제주도에서 많이 재배함.

그¹ '그이·그것'의 준말. ⑩그는 위대한 예술가이다.

그² ①자기로부터 조금 떨어져 있는 곳에 있는 사물. ⑩그 학교. ②이미 말한 것, 또는 서로 이미 알고 있는 것을 가리키는 말. ⑩그 이야기.

그것 말하는 사람이 듣는 사람의 가까이에 있는 사물을 가리키는 말. ⑩그것 이리 다오.

그게 그것이. ⑩이웃돕기를 하자고 영철이가 말하니까, 반 동무들이 그게 좋겠다고 찬성하였다.

그글피 글피의 다음 날. 4일 후.

그까짓 겨우 그 정도의. ⑩그까짓 일로 걱정할 필요 없다. 준까짓. 그깟. 잭고까짓.

그끄러께 그러께의 전해. 삼 년 전의 해.

그끄저께 그저께의 앞날. 삼 일 전의 날.

그나마 그것마저도. 그것이나마. ⑩옷이 한 벌인데 그나마 해졌다. 잭고나마.

그나저나 그러하나 저러하나. 어떻든 간에. ⑩그나저나 일이 잘 되어야 할 텐데……

그냥 ①생긴 대로. 있는 대로. 그 모양으로. ⑩그것은 그냥 그대로 두세요. 凹그대로. ②알고도 모르는 체하고. 본 체 만 체하는 모양. ⑩모른 척 그냥 지나가다.

그:네 가로 질린 나무에 두 줄을 늘이어 매고, 앞뒤로 왔다 갔다 하게 만든 기구.
〔그 네〕

그늘 ①햇빛이 다른 물건에 가려서 보이지 아니하는 곳. 凹응달. 凹양지. ②어버이가 보살펴 주는 아래. ⑩부모의 그늘 아래 있다.

그늘지다 빛이 가리어지다. ⑩그늘진 나무 아래서 쉬는 여행객. 凹응달지다.

그 다음 ①돌아오는 차례. ②그 일이 있은 뒤. ⑩그 다음은 너의 차례이다.

그다지 ①그같이. ②그처럼. ③그토록. 그리. ⑩병이 그다지 심하지 않으니 안심하십시오. 凹별로.

그대 자네. 당신. 너.

그대로 ①전에 있던 대로. ⑩옛 습관 그대로. ②생긴 대로. 있는 대로. 그 모양으로. ⑩그는 그대로 웃고만 있었다. 凹그냥.

그 동안 그때부터 지금까지. ⑩그 동안 어떻게 지냈느냐? 凹그 사이.

그득 '그득히'의 준말. ⑩독에 물을 그득 채워라. 잭가득.

그득하다 분량이나 수효가 그릇이

나 정도에 차다. ㉠통에 물이 그득하다. —히.

그따위 그러한 종류의 뜻을 나타내는 말. ㉠그따위 소리는 하지도 마라.

그때 그 당시. 전에 말한 때. ㉠그때 나는 중학생이었다.

그득하다 ①넉넉하다. ②많다. ③넘도록 차다. 꼭 차다. ㉠술독에 술이 그득하다. 짝가득하다. 여그득하다. —이.

그라운드(ground) 운동장.

그랑 프리(프 grand prix) 대상. 최우수상이란 뜻의 프랑스 말.

그래 손아랫사람에게 대답하는 말. ㉠그래, 알았다.

그래그래 자기의 생각과 같을 때 만족스럽게 하는 말. ㉠그래그래, 그렇게 하자.

그래서 그렇게 하여서. 그리하여. 즉. ㉠형편이 그래서 너를 도와줄 수가 없겠다.

그래프(graph) 통계의 결과를 나타낸 표. ㉠막대 그래프.

그래픽(graphic) 그림과 사진.

그래픽 디자인(graphic design) 포스터나 그림, 광고나 표지 따위의 디자인.

그랜드 피아노(grand piano) 피아노의 현을 수평으로 만든 연주회용의 대형 피아노.

그램(gram) 무게의 단위. 4℃의 물 1cm³의 무게가 표준으로 됨. 기호는 g.

그러게 '그렇게 하게'의 준말.

그러고 '그러하고'의 준말. ㉠그러고 앉아만 있으면 어떻게 하니?

그러기에 그러기 때문에. ㉠그러기에 내가 그런 일은 하지 말라고 했잖니?

그러께 ①지난해의 앞 해. ②이태 전 해. 재작년.

그러나 그러하지마는. 그렇지마는. ㉠꽃밭에 꽃이 활짝 피었다. 그러나 아직 나비는 날아오지 않는다.

그러나저러나 '그러하나 저러하나' '어떻든 간에'의 뜻. ㉠그러나저러나 이 일을 어쩐담.

그러니까 '그러하니까'의 준말. ㉠그러니까 내 말대로 해.

그러다 '그렇게 하다'의 준말. ㉠공부 좀 해라. 그러다 낙제하면 어떻게 할래.

그러면 그와 같다 하면. 그렇게 하면. 그렇게 될 것 같으면. ㉠이걸 못 풀어? 그러면 이 문제를 풀어 봐라.

그러므로 그러한 까닭으로. 그러하기 때문에. ㉠노력은 성공의 어머니다. 그러므로 열심히 공부해야 한다.

그러므로 그러니까.
그럼으로(써) 그렇게 하는 것으로.

그러세 '그렇게 하세'의 준말.

그러안다[—따] 두 팔로 싸잡아 안다. ㉠아기를 그러안다.

그러쥐다 그러당기어서 잡다. ㉠상대의 멱살을 그러쥐다.

그럭저럭 ①이리저리 지나는 동안. ②어찌 된 지 모르게 되어 가는 대로. ㉠그럭저럭 올해도 다 갔구나.

그럭저럭 이렇다고 할 만한 것 없이.
그렁저렁 어떻게 되어 가는지 모르게.

그런데 '그러한데'의 준말. 예 그런데 그 친구는 지금은 뭘 하고 있지?

그런즉 그러한즉. 그러하니까. 예 그런즉, 이번 실수는 너의 책임이다. 준 한즉.

그럴듯하다 그렇다고 할 만하다. 제법 훌륭하다. 그럴싸하다. 예 그림이 그럴듯하다.

그럴싸하다 그럴듯하다. 비슷하게 괜찮다. 예 아주 그럴싸하게 생겼다.

그럼 ①'그러면'의 준말. 예 그럼 어떻게 해야 되지? ②그렇지. 예 그럼, 여부가 있나.

그럽시다 그렇게 합시다.

그렁그렁 ①액체가 그릇에 넘칠 듯이 차 있는 모양. ②눈에 눈물이 가득 괸 모양. 예 눈에 눈물이 그렁그렁하다. —하다.

그렁저렁 어찌 되어 가는 셈인지 모르게. 예 그렁저렁하는 사이에 하루가 지났다. —하다.

그렇게 그 모양으로. 그와 한가지로. 그처럼. 예 오늘 같은 날씨를 그렇게 덥다고 해서야 어떻게 살 수 있니?

그렇고말고 사실을 옳다고 인정할 때 쓰는 말. 그러하고말고. 예 그렇고말고, 그는 정말 좋은 사람이야.

그렇다[―러타] 그와 같다. 틀리지 않다. 반 아니다. 본 그러하다.

그렇지 그와 같이 틀림없다는 뜻으로 하는 말. 예 그렇지, 내 말이 맞지.

그렇지만[―러치만] '그러하지마는'의 준말. 예 그렇지만 그땐 그럴 수밖에 없었다.

그려 보다 어떤 모양을 머리 속에 떠올려 보다. 예 전근 가신 선생님의 얼굴을 그려 보다.

그로기(groggy) 권투에서, 상대방의 공격이나 피로로 인해 경기를 계속할 수 없을 정도로 몸을 가누지 못하고 비틀거리는 상태.

그루 ①포기. ②나무를 세는 단위. 예 한 그루의 사과나무. ③초목을 베어 낸 밑동. ④한 해에 한 땅에 농사짓는 횟수.

그루갈이 한 논밭에서 한 해에 두 차례 다른 농사를 짓는 일. 벼를 거둔 뒤에 보리를 가는 일 등. 이모작. —하다.

그루터기 풀이나 나무 따위를 베어 내고 남은 뿌리 부분.

그룬트비(Grundtvig, 1783~1872) 덴마크의 사회 사업가, 농민 교육자. 황폐한 덴마크 농촌의 부흥을 위해 노력하여 덴마크의 국부로 받들어짐.

그룹 :(group) 집단. 무리.

그르다〔그르니, 글러서〕 ①옳지 않다. ②품행이 안 좋다.

그르치다 잘못하여 그릇되게 하다. 예 서두른 나머지 그만 일을 그르치고 말았다.

그릇[1] ①물건을 담아 두는 속이 빈 물건. 예 유리 그릇. ②사람의 능력이나 도량. 예 그릇이 큰 인물.

그릇[2] 그르게. 잘못. 틀리게. 예 그릇 말하다.

그릇되다 ①잘못되다. ②바르지 않다. 예 그릇된 생각.

그리 ①그 곳으로. 그리로. 그 쪽으로. 예 그리 가지 마라. ②그다지. 예 그리 어렵지 않다.

그리고 '그리하여·또·및·와'의 뜻. 예 나 그리고 너.

그리고 문장이나 단어 등을 연결시킬 때에 '또, 및, 와'의 뜻으로 씀.

그러고 '그렇게 하고'의 뜻. 앞뒤에 상태를 나타내는 말이 옴.

그리니치 천문대(Greenwich 天文臺) 1675년에 세운 영국 런던 그리니치에 있는 천문대. 이 곳의 경도 0도의 자오선을 태양이 지날 때를 정오로 하여 세계의 표준시로 정하고 있음.

그리다[1] 물건의 형상이나 감정을 그림이나 글로 나타내다. 예 그림을 그리다.

그리다[2] 보고 싶어 마음 속으로 몹시 생각하다. 예 고국을 그리다. 비 사모하다.

그리:스(Greece) 발칸 반도의 가장 남쪽을 차지하는 나라. 수도는 아테네.

그리스도(Christ) 기독교의 창시자. 이름은 예수. 십자가에 못박혀 죽었으나, 사흘 만에 부활하였다고 전함. 예수. 기독.

그리:스 문자 그리스에서 사용하는 문자. 페니키아 문자에서 따왔으며, 대문자와 소문자가 있음. α, β, γ 따위. 희랍 문자.

그리:스 신화 옛날 그리스 반도에 거주한 아리아 민족과 그 자손들에 의하여 만들어진 여러 신에 대한 이야기. 유럽의 미술·문학 방면에 큰 영향을 주었음.

그리움 보고 싶어 애타는 마음.

그리워하다 보고 싶어하다. 예 옛 친구를 그리워하다.

그린:란드(Greenland) 대서양과 북극해 사이에 있는 세계에서 가장 큰 섬.

그린:벨트(greenbelt) 도시 주변의 경치를 아름답게 하고 자연 환경을 보존하기 위하여 개발을 제한하고 있는 지역. 녹지 지역.

그린: 피:스(Green peace) 지구 환경 보호 등을 목표로 전세계적으로 활동하는 국제 환경 단체.

그:림 물건의 형상을 종이 위에 선 또는 색채를 써서 나타낸 것. 예 그림을 그리다. 비 회화.

그:림 그래프 크기나 양을 그림으로 나타낸 그래프.

그:림 문자[-짜] 옛날 미개한 사람들이 그림을 그려서 자기의 뜻을 나타내던 것. 그림 글자.

그:림배 그림을 그려서 아름답게 꾸민 배.

그:림 연:극(-演劇) 이야기 줄거리를 그림으로 그려서 그것을 한 장씩 내보이면서 어린이들에게 설명하는 것.

그림의 떡〈속〉 모양은 좋으나 실지로 이용할 수 없다.

그:림 일기(-日記) 글 대신 그림을 그리거나 그림과 글을 함께 쓴 일기.

그림자 광선에 물건이 가리어져 나타난 검은 모양.

그:림책 그림만으로 되거나 그림이 많은, 어린이를 위한 책.

그립다〔그리우니, 그리워서〕 보고 싶은 마음이 간절하다. 예 돌아가신 어머니가 그립다.

그만 ①그 정도까지만. 예 그만 자거라. 반 더. ②그대로 곧. 예 늦잠을 자다 그만 지각을 했다. ③어쩔 도리가 없어서. 작 고만.

그만두다 ①그 정도에서 그치다. ②하던 일을 그치다. 예 농구를 열심히 하다가 공부를 하려고 그만두다.

그만저만 ①그저 그만한 정도로. 그 정도로 그만. 예병세가 그만저만하다. ②보통으로. 예그만저만한 일이 아니다. —하다.

그만큼 그만한 정도로. 예노력하면 그만큼 대가를 받는다.

그만하다 크지도 작지도 더하지도 덜하지도 아니하고 그저 비슷하다. 정도가 그것만하다. 예실력이 그만하면 잘하는 편이다. 작고만하다.

그맘때 꼭 그만큼 된 때. 예그맘때의 단풍이 가장 아름답지.

그물 노·실로 떠서 새·물고기를 잡을 때 쓰는 기구.

그물그물 날씨가 개었다 흐렸다 하는 상태. 센끄물끄물. —하다.

그물맥 식물의 잎맥이 그물처럼 엉클어져 있는 맥. 반나란히맥.

그물채 그물의 양쪽 끝에 매는 긴 막대기.

그물코 그물눈과 눈 사이의 매듭.

그믐 '그믐날'의 준말.

그믐날 한 달의 마지막 되는 날. 예사월 그믐날. 비말일. 준그믐.

그믐달[—딸] 음력으로 매월 그믐께 돋는 달. 달의 왼쪽 부분이 칼날같이 보임. 반초승달.

그믐밤[—빰] 음력 그믐날의 밤. 달이 없고 컴컴한 밤.

그믐밤에 홍두깨 내쏟다〈속〉 생각지도 않은 일이 갑자기 생긴다.

그스르다〔그슬러〕 불에 쐬어 거죽만 조금 타게 하다.

그악하다[—아카다] ①지나치게 심하다. 사납고 모질다. 예성질이 그악하다. ②억척스럽게 부지런하다. 예그악하게 일하다. —히.

그야 그것이야. 예그야 더 말할 나위 없지.

그야말로 ①그것이야말로. ②정말. 과연. 진실로. 예너의 마음씨는 그야말로 천사 같구나.

그예 마지막에 가서 그만. 마침내. 예그렇게 소원하더니 그예 바라던 바를 이루었구나.

그윽하다 ①깊고 고요하다. ②생각과 뜻이 깊다. —이.

그을다〔그으니, 그을어서〕 햇볕·연기·바닷바람 따위에 쐬어 빛이 검게 되다. 예햇볕에 그은 얼굴을 보니 믿음직스럽다.

그을리다 그을게 하다. 예천장이 연기에 그을리다.

그을음[—으름] 연기에 섞이어 있는 검은 먼지 같은 가루.

그 이상 그보다 더 나은. 예그 이상 좋은 차는 못 봤다.

그자(—者) '그 사람'을 낮추어 이르는 말. 예그자는 누구냐?

그저 ①아무 소득 없이. 아무 생각 없이. ②지금까지 그치지 아니하고 그대로 사뭇. 예어머니의 꾸중을 듣고 영이는 그저 울기만 했다.

그저께 어제의 전날.

그전 ①퍽 오래 된 지난날. ②얼마 되지 않은 지난날. ③어떤 시기의 이전날. 비예전.

그제야 그 때에야 비로소. 예그제야 겨우 도착했다.

그중 많은 가운데 가장. 예네가 고른 것이 그중 낫다.

그지없다[—업따] 끝이 없다. 헤아릴 수 없다. 예너의 소식을 들으니 기쁘기 그지없다. —이.

그처럼 그 모양으로. 그와 한가지로. 그렇게. 예시험을 앞두고 그처럼 한가하게 놀아도 되니?

그치다 ①중지하다. ②움직임이 멈추다. ③그만두다. 비멈추다. 반시작하다.

그토록 '그러하도록'이 줄어서 된 말. 그렇게까지. 예그토록 염려해 주니 고맙다.

그 후 그 뒤.

극[1](極) ①자석에서 자력이 가장 센 두 끝. ②북극과 남극.

극[2](劇) 배우가 어떠한 행동을 대화의 형식으로 표현하는 예술. 예방송극. 극영화.

극광(極光)[―꽝] 남극이나 북극 가까이의 하늘에 가끔 나타나는 아름다운 빛. 오로라.

극구(極口) 갖은 말을 다 함. 예극구 만류하다. ―하다.

극기(克己) 자기의 욕망이나 충동·감정 따위를 눌러 이김. 비자제. ―하다.

극기 훈:련[―끼훌련] 극기력을 키우기 위한 매우 힘들고 고된 운동.

극 난(極難)[궁―] 몹시 어려움. 예극난한 일. ―하다.

극단[1](極端) ①맨 끝. ②한쪽으로 지우침.

극단[2](劇團) 연극을 하는 단체.

극단적 한쪽으로 심하게 치우친 모양. 예극단적인 행동.

극대(極大) 그 이상 큰 것이 없을 정도로 큼. 예효과를 극대화하다. 반극소. ―하다.

극도(極度) 더할 수 없는 정도. 가장 심한 정도. 예몸이 극도로 쇠약해져 쓰러지고 말았다.

극도로 더할 수 없는 정도로. 최대한으로. 예극도로 화가 났다.

극동(極東) 동양의 가장 동쪽 부분. 곧, 우리 나라·중국·필리핀·일본 따위. 반근동.

극락 세:계[궁낙―] ①불교에서 말하는 편안한 이상 세계. 지극히 편안하고 아무 걱정 없는 행복한 세계. ②사람이 죽어서 가는 아주 안락하다는 세상. 극락 정토. 준극락.

극락전(極樂殿)[궁낙쩐] 서방 극락의 부처인 아미타불을 모셔 둔 법당.

극력(極力)[궁녁] 있는 힘을 다하는 것. 조금도 힘을 아끼지 않고 최선을 다하는 것. 예독서 지도에 극력 힘쓰다. 비힘껏. ―하다.

극렬(極烈)[궁녈] 지극히 열렬함. 예극렬한 투쟁. ―하다. ―히.

극론(極論)[궁논] 힘껏 주장을 내세워 의논함. ―하다.

극명(克明)[궁―] ①속속들이 똑똑히 밝힘. ②더없이 자세하고 분명함. ―하다. ―히.

극복(克服) 이겨 냄. 예난국을 극복하다. ―하다.

극본(劇本) 극의 내용을 적은 책. 비각본.

극비리(極祕裏)[―삐리] 아주 비밀로 하는 가운데. 예일을 극비리에 추진하다.

극빈(極貧)[―삔] 몹시 가난함. 예극빈자를 돕다. ―하다.

극상품[―쌍품] 가장 좋은 품질, 또는 그러한 물품. 최고품.

극성(極盛)[―썽] 매우 지독하고 과격한 성질, 또는 그러한 상태. 예극성스러운 여자. ―스럽다. ―하다.

극성떨다 극성부리다.

극성부리다 과격하거나 억세게 적극적으로 행동하다.

극소(極小) 아주 작음. 예 극소한 차이. 반 극대. —하다.

극심(極甚) 아주 심함. 예 극심한 가뭄. —스럽다. —하다. —히.

극악(極惡)[그각] 몹시 악함. 지독히 나쁨. 예 소행이 아주 극악하다. —하다.

극악 무도(極惡無道) 더없이 악하고 도덕심이 없음. 예 극악 무도한 역적. —하다.

극약(劇藥)[그갹] 생명에 관계 있는 위험한 약.

극언(極言)[그건] ①생각한 바를 거리낌없이 말함. ②극단적으로 말함. 예 극언을 삼가다. —하다.

극작(劇作)[—짝] 희곡이나 각본을 지음. —하다.

극작가 극본을 쓰는 일을 직업으로 하는 사람.

극장(劇場) 연극이나 영화를 구경시키는 곳. 비 영화관.

극장표 연극이나 영화 등을 보기 위해 사는 표.

극적(劇的) 연극을 보는 것같이 감격적이거나 인상적인 것. 예 6·25 전쟁 때 헤어진 가족을 극적으로 만나다.

극지(極地) 지구의 양쪽 끝. 남극과 북극 땅.

극지방 남극 지방과 북극 지방.

극진(極盡) 마음과 힘을 다함. 예 부모님을 극진히 모시는 효자. —하다. —히.

극찬(極讚) 몹시 칭찬함, 또는 그 칭찬. 예 우리 문화재를 극찬하는 외국인. —하다.

극치(極致) 힘을 다하여 마지막으로 도달하는 곳. 예 예술의 극치.

극한(極限)[그칸] 사물이 더 이상 나아갈 수 없는 상태. 사물의 끝 닿는 데. 예 극한 투쟁.

극한 상황 더할 수 없이 막다른 지경에까지 이른 상태. 예 극한 상황에 처하다.

극형(極刑) 더할 수 없는 무거운 형벌. 사형. 예 극형에 처하다.

극화(劇化)[그콰] 사건·소설 같은 것을 연극의 형식으로 바꿈. 예 소설을 극화한 연극. —하다.

극회(劇會) 연극을 하기 위한 모임. 예 어린이 극회.

극히 ①대단히. ②매우. ③몹시. 예 극히 짧은 시간 동안의 만남이었다.

근^1(斤) 저울로 다는 무게의 단위. 1근은 보통 0.6킬로그램. 예 쇠고기 한 근.

근:^{2}(近) 거의 가까움. 예 근 한 달.

근:간^1(近間) 요사이. 예 근간에 한번 놀러 오너라.

근간^2(根幹) ①뿌리와 줄기. ②어떤 사물의 바탕이나 가장 중심이 되는 부분.

근거(根據) ①사물의 근본. ②사물의 토대. —하다.

근:거리(近距離) 가까운 거리. 반 원거리.

근거지 활동의 근거로 삼은 곳. 예 원양 어업의 근거지.

근검(勤儉) 부지런하고 아끼어 씀. 예 근검 절약하는 생활 태도. —하다.

근:교(近郊) 도시 변두리의 마을이나 들. 예 서울 근교에서 목장을 하다. 반 원교.

근:교 농업 도시 사람들에게 공급할 목적으로 대도시 근처에서 신선한 채소나 과일 따위를 재배하는 농업. 반 원교 농업.

근:근이(僅僅—) ①간신히. ②겨우. 예 집이 가난하여 학교 공부를 근근이 하였다.

근:년(近年) ①가까운 해. ②지나간 지 오래지 아니한 해. 예 근년에 없었던 한파.

근대¹ 채소의 한 종류로 두해살이 식물. 줄기와 잎은 국을 끓여 먹거나 무쳐서 먹음.

근:대²(近代) 얼마 지나지 아니한 지금과 가까운 시대. 비 근세.

근:대식 문예 부흥 이후 현대에 이르는 시기에 하던 방법. 예 근대식 건축물.

근:대 오(5):종 경:기 올림픽 경기 종목의 한 가지. 승마·펜싱·사격·수영·크로스컨트리 등의 다섯 종목을 한 사람이 하루에 한 종목씩 하여 그 종합 점수로 승부를 겨룸.

근:대화 뒤떨어진 상태로부터 벗어나 진보된 상태로 되게 함. 예 산업의 근대화. —하다.

근:동(近東) 동양의 서쪽 부분. 곧, 터키·이란·이라크·시리아 등의 나라. 반 원동. 극동.

근:래(近來)[글—] 요사이. 이사이. 예 근래에 보기 드문 우수한 작품들이 전시되었다. 비 근간.

근력(筋力)[글—] ①기운. ②힘. 예 아직 근력이 남아 있다.

근로(勤勞)[글—] ①일에 힘씀. 예 근로 정신. ②일정한 시간 동안 노무에 종사함. 예 근로 시간. 비 노동. —하다.

근로 기본권[글로기본꿘] 근로자에게 그 생존을 확보하기 위해 인정되는 기본권. 근로권·단결권·단체 교섭권 등.

근로 소:득[글—] 근로의 대가로 얻는 소득.

근로자[글—] 육체적 노동이나 정신적 노동을 통한 소득으로 생활하는 사람.

근면(勤勉) 부지런하게 힘씀. 예 근면한 일꾼. 반 나태. —하다. —히.

근무(勤務) 일터에 나가 일함. 일을 봄. 예 근무 시간. —하다.

근무 태만 맡은 일을 충실히 하지 않음. 예 근무 태만으로 꾸중을 듣다.

근:방(近方) 가까운 곳. 예 집 근방. 비 근처. 반 원방.

근본(根本) ①일이나 물건이 생기는 맨 처음. ②뿌리. 예 근본 원리. 비 근원. 반 지엽.

근본적 ①뿌리가 되고 기본이 되는 바탕. ②가장 밑바탕이 되는 것. 예 근본적인 문제. 비 기본적. 반 지엽적.

근본 정신 본바탕이 되는 마음이나 정신. 예 근본 정신에 어긋나다.

근:사(近似) ①거의 같음. 비슷함. 예 실제와 근사하게 그리다. ②그럴듯하게 괜찮음. 예 모양이 근사하다. —하다.

근:사값[—사깝] 어떤 수값에 아주 가까운 수값.

근섬유(筋纖維) 힘줄을 이루고 있는 실 모양의 조직.

근성(根性) ①뿌리 깊게 박힌 성질. 예 상인 근성. ②타고난 성질. 비 타성.

근:세(近世) ①오래지 않은 세상. 요새 세상. ② 중세와 근대의 중간 시대.

근:세 조선 고려를 이은 조선 왕조 500년간을 일컫는 말.

근:소(僅少) 아주 적음. ㉮근소한 차이로 이기다. —하다.

근속(勤續) 한 곳에서 오래 일을 함. ㉮한 회사에서 20년 동안을 근속하다. —하다.

근:시(近視) 가까운 곳에 있는 것만 잘 보고 먼 곳에 있는 것은 잘 못 보는 눈. ㊤원시.

근:신(謹愼) ①말과 행동을 조심함. ②잘못한 행동에 대하여 반성하고 들어앉아 행동을 삼가함. ㉮집에서 근신하고 있다. —하다.

근실(勤實) 부지런하고 참됨. ㉮근실한 청년. —하다. —히.

근심 괴롭게 애를 태우는 마음. ㊥걱정. 염려. ㊤안심. —스럽다. —하다.

근심거리[—꺼리] 근심이 되는 일. 걱정거리. 근심사.

근 십 년간 거의 10년 동안.

근:엄(謹嚴) 점잖고 엄함. ㉮근엄한 분위기에 압도당하다. ㊥엄숙. —하다. —히.

근:역(槿域) 무궁화가 많은 땅이라는 뜻으로, 우리 나라를 달리 이르는 말.

근:영(近影) 최근에 찍은 인물 사진. ㉮저자의 근영.

근원(根源) ①물이 흐르기 시작하는 곳. ②맨 처음. ㉮근원을 밝히다. ③일이 일어나기 시작하는 곳. ㊥근본. 뿌리.

근:위(近衛) 임금을 가까이에서 지킴. ㉮근위대.

근:위병 지난날, 임금을 가까이에서 지키던 병사.

근육(筋肉) 힘줄과 살. 곧, 몸의 운동을 맡은 기관.

근육질 ①근육처럼 연하고 질긴 성질. ②'근육이 잘 발달한 체격'

을 이르는 말. ㉮근육질의 사내.

근:인(近因) 어떠한 사실의 가까운 원인. ㊤원인.

근:일(近日) ①요사이. 요즈음. ②여러 날이 지나지 아니한 날. ㉮근일 개업.

근절(根絶) 어떤 일이 다시 일어나지 못하도록 뿌리째 뽑아 버림. ㉮밀수 근절. —하다.

근:접(近接) 가까이 다가감, 또는 가까이 닿음. 접근. ㉮바다에 근접한 마을. —하다.

근정전(勤政殿) 경복궁 안에 있는 궁궐로 임금의 즉위식이나 중요한 의식을 행하던 곳. 고종 4년 (1867)에 세워짐.

근지럽다[근지러우니, 근지러워서] ①조금 가려운 느낌이 있다. ㉮어깨가 근지럽다. ㉰간지럽다. ②어떤 일을 하고 싶은 생각이 자꾸 일어나 참고 견디기가 어렵다. ㉮여행을 가고 싶어 몸이 근지럽다.

근질근질 근지러운 느낌이 자꾸 일어나다. ㉮며칠 쉬었더니 온몸이 근질근질하다. ㉰간질간질. —하다.

근:처(近處) 가까운 곳. ㉮집 근처에서 놀다. ㊥근방. 부근.

근:초고왕(近肖古王, ?~375) 백제의 제13대 임금. 백제의 힘을 가장 크게 떨친 임금으로 고구려의 평양성까지 공격하였으며, 중국·일본과의 해상 무역도 하였음.

근:하 신년(謹賀新年) '삼가 새해를 축하합니다'의 뜻으로 연하장 따위에 쓰는 말.

근:해(近海) 육지에서 가까운 바다. ㊤원양.

근:해 어업 근해에서 하는 어업.
근:화(槿花) 무궁화.
근:황(近況) 요새 형편. 예 사촌들의 근황을 물었다.
글 ①말을 글자로 쓴 것. ②배워 익히는 것. 글공부. 비 학문.
글감[-깜] 글로 쓸 바탕이 되는 재료. 비 소재.
글공부[-꽁부] 글을 익히거나 배우는 일. -하다.
글귀[-뀌] 글의 구절.
글놀이 말을 하지 않고 글로 써서 이야기하는 놀이.
글눈[-룬] 글을 읽을 수 있는 능력. 예 글눈이 어둡다.
글라디올러스(gladiolus) 붓꽃과의 여러해살이풀. 둥근 뿌리에서 칼 모양의 잎이 곧게 돋고, 여름에 긴 꽃줄기에 깔때기 모양의 흰색·빨강·노랑 꽃이 핌.
글라이더(glider) 엔진이나 프로펠러가 없이 공기의 흐름을 이용하여 나는 간단한 비행기.
글러브(glove) 권투나 야구를 할 때 손에 끼는 가죽 장갑.
글리세롤(glycerol) 알코올의 한 종류로 무색 투명한 액체. 물기름 빨아들이는 성질이 강하고 단맛이 나며 점성이 있음. 물보다 1.26배 정도 무거움.
글방(-房)[-빵] 옛날에 한문을 가르치던 집. 비 서당.
글썽 눈물이 그득해 넘칠 듯한 모양. 예 눈물이 글썽한 두 눈. 작 갈쌍. -하다.
글썽거리다 눈물이 눈가에 차서 넘칠 듯하다. 예 멀리 떠나는 친구가 눈물을 글썽거리며 작별 인사를 하다. 작 갈쌍거리다.
글쎄 ①확실하지 않을 때 쓰는 말. 예 글쎄, 내가 잘 할 수 있을까. ②자기의 뜻을 강조할 때 쓰는 말. 예 글쎄, 맞는다니까.
글씨 적어 놓은 글자, 또는 그 모양. 예 글씨를 쓰다. 비 문자.
글씨본 글씨 연습을 할 때 보고 쓰도록 만든 책.
글씨체 ①글씨를 쓰는 일정한 격식. ②글자를 써 놓은 격식.
글월 ①글. 문장. ②편지.
글자[-짜] 사람의 말을 적는 부호. 비 문자[1].
글재주(-才-)[-째주] 글을 잘 터득하거나 짓는 재주. 예 글재주가 뛰어나다.
글줄[-쭐] ①여러 글자를 써서 이루어진 글. ②약간의 글. 예 글줄이나 안다고 꽤나 으스대다.
글짓기 사실·생각·느낌 등을 글로 적는 일. 비 작문. -하다.
글피 모레의 다음에 오는 날.
긁다[극따] ①가려운 곳을 손톱 끝으로 문지르다. 예 가려운 데를 긁다. ②갈퀴로 거두어 모으다. ③남의 마음을 건드리다.
긁어모으다[글거-] ①흩어져 있는 물건을 긁어서 한데 모이게 하다. 예 낙엽을 긁어모으다. ②부정한 방법으로 재물을 모으다.
긁어 부스럼〈속〉 무사한 것을 건드려 사고가 나다.
긁적거리다[극쩍-] 자꾸 거죽을 문지르다. 예 미안해서 머리만 긁적거리다. 작 갉작거리다.
긁적긁적[극쩍극쩍] ①잇달아 자꾸 긁는 모양. 예 겸연쩍은 듯이 머리를 긁적긁적하다. ②글씨나 글 따위를 되는대로 손을 놀려 쓰는 모양. -하다.
긁적이다[극쩌기-] 이리저리 긁

긁히다

다. ⑩머리를 긁적이다.
긁히다[글키—] 긁음을 당하다. ⑩긁힌 자국. 困갉히다.
금¹ ①구겨진 자국. 접은 자국. ②살가죽에 있는 잔 줄. ③가늘게 갈라진 홈. ④물건값. 시세. ⑤줄을 친 자국. 旧선.
금²(金) ①누른빛의 쇠붙이. ⑩금메달. ②모든 쇠붙이.
금가다 ①터져서 금이 생기다. ②서로의 사이가 벌어지다. ⑩사소한 다툼으로 우정에 금가다.
금값[—깝] ①금의 값. ②매우 비싼 값. ⑩배추가 금값이다.
금:강(錦江) 충청 남도 공주·부여·장항을 거쳐 황해로 흘러가는 강. 길이 401 km.
금강산(金剛山) 강원도 북부에 있는 명산. 일만 이천이나 되는 봉우리에 폭포·못·절이 있어 경치가 세계적으로 유명함. 봄에는 금강산, 여름에는 봉래산, 가을에는 풍악산, 겨울에는 개골산으로 부르기도 함. 서쪽을 내금강, 동쪽을 외금강, 바다에 솟아 있는 섬들을 해금강이라 부름. 높이는 1,638m.
금강산도 식후경이라〈속〉 아무리 재미있는 일이라도 배가 부르고 난 뒤에 볼 일이라는 뜻.
금강석(金剛石) 보석의 하나. 광물 중에서 가장 단단하며, 광택이 매우 아름다움. 공업용으로도 씀. 다이아몬드.
금고(金庫) 화재·도난 등을 방지하고자 돈과 중요한 서류를 넣어 두는 쇠로 만든 궤.
금관(金冠) 금으로 만들거나 아름답게 꾸민 관.
금관 가야(金官伽倻) 경상 남도 김해 부근에 자리했던 고대 국가. 6가야의 하나로 가장 세력이 컸음. 6세기경에 신라에게 망함.
금관 악기(金管樂器) 쇠붙이로 만든 관악기. 관의 끝에 입술을 대고 불어서 입으로 음의 높낮이를 표현함. 트럼펫·트롬본 따위.
금관 장식 금으로 만든, 머리에 쓰는 관의 장식.
금관 조복 금관과 조복.
금관총(金冠塚) 경상 북도 경주시 노서동에 있는 신라의 고분. 순금의 금관·허리띠·귀고리·반지·구슬 등 많은 유물이 발견되었음.
금광(金鑛) 금을 파내는 광산.
금괴(金塊) 금덩어리.
금:군(禁軍) 고려·조선 때 궁중을 지키며 임금을 호위하던 군대.
금권(金權)[—꿘] 돈의 위력. 재산의 힘. ⑩금권 만능주의 풍조.
금:기(禁忌) ①꺼리어 금하거나 피함. ②어떤 약이나 음식을 좋지 않은 것으로 여겨 쓰지 않는 일. —하다.
금년(今年) 올. 올해. ⑩금년 농사는 풍년이다.
금당(金堂) ①황금·백금을 칠해 지은 불당. ②본존을 모신 불당.
금당 벽화 고구려 영양왕 때의 승려인 담징이 일본 호류사의 금당에 그린 벽화.
금덩이 황금의 덩이. 금괴.
금도금(金鍍金) 금속 재료의 표면에 금의 얇은 막을 입히는 것. ⑩금도금 시계. —하다.
금돈 금으로 만든 돈. 旧금화.
금력(金力)[—녁] 돈이나 재물의 힘. 旧재력.
금리(金利)[—니] 밑천이나 꾸어 준 돈에 대한 이자. ⑩금리가 오르다.

금메달(金medal). 금으로 만든 메달. 각종 경기에서 1위를 한 사람에게 줌.

금명간(今明間) 오늘이나 내일 사이. 예 금명간에 발표한다.

금:물(禁物) 해서는 안 될 것. 예 과욕은 금물이다.

금박(金箔) 금을 두드려 종이처럼 아주 얇게 만든 물건. 예 불상에 금박을 입히다.

금박 댕기 금박을 찍은 비단으로 만든 댕기.

금발(金髮) 금빛이 나는 누런 머리털. 예 금발의 소녀.

금방(今方) 지금 막. 이제 곧. 예 금방 여기 있던 영철이가 어디 갔을까. 금방 떠났다. 비 금세. 금시. 반 오래.

금방금방 잇달아 빨리. 예 책을 금방금방 읽는다.

금붕어 잉어과의 민물고기. 붕어의 변종으로 원산지는 중국. 종류가 많고 빛깔이 여러 가지이며 꼬리지느러미가 아름다움.

금붙이(金―)[―부치] 황금으로 만든 모든 물건.

금비(金肥) 돈을 주고 사서 쓰는 거름. 화학 비료. 반 퇴비.

금빛(金―)[―삧] ①금과 같은 빛. ②노란빛. 비 황금빛.

금산 위성 통신 지구국 1970년 6월 2일 통신 위성에 의한 우주 통신을 중계하기 위해서 금산에 세워진 지구국.

금:상 첨화(錦上添花) 비단 위에 꽃을 보탠다는 뜻으로 좋은 일에 또 좋은 일이 더함을 이르는 말.

금석 문자(金石文字)[―짜] 지난날, 비석이나 그릇·쇠붙이 등에 새겨진 글자. 금석문.

금성(金星) 지구의 바로 안쪽에서 태양의 주위를 도는 행성. 초저녁 하늘에 보이면 태백성·장경성, 새벽에 동쪽 하늘에 보이면 샛별·계명성이라 함.

금세 '금시에'의 준말. 비 금방.

금속(金屬) 금붙이나 쇠붙이.

금속 공업(金屬工業) 금속을 재료로 하는 제조업.

금속성¹(金屬性) 쇠붙이가 지니는 특성.

금속성²(金屬聲) 쇠붙이를 깎거나 부딪칠 때처럼 나는 소리.

금속판 금속으로 만든 편편한 조각.

금속 화:폐 금·은·구리 등으로 만든 돈. 반 지폐.

금속 활자[―짜] 구리·납 등 쇠붙이로 만든 활자.

금수¹(禽獸) 모든 짐승. 곧, 날아다니는 짐승과 기어다니는 짐승. 예 금수만도 못한 놈!

금:수²(禁輸) 수입이나 수출을 금함. 예 금수품. ―하다.

금:수³(錦繡) 비단과 수를 놓은 직물.

금:수 강산(錦繡江山) 비단에 수를 놓은 듯이 경치가 아름다운 땅. 흔히, 우리 나라를 이름. 예 삼천리 금수 강산.

금시(今時) 이제. 지금. 예 금시에 도착하였다. 비 금방.

금시 초문(今始初聞) 이제야 비로소 처음으로 들음. 예 그런 소식은 금시 초문이다.

금:식(禁食) 얼마 동안 음식을 먹지 않는 일. 예 금식 기도. 비 단식. ―하다.

금실¹ 부부 사이의 화목한 즐거움. 예 금실이 좋은 부부.

금실² 금으로 가늘게 뽑아 만든

실. 금빛이 나는 실. 🔁금사.

금싸라기 ①금의 부스러기. 금가루. ②'아주 드물고 귀한 것'을 비유하여 이르는 말. 📙서울의 금싸라기 땅.

금액(金額) 돈의 액수.

금언(金言) 훌륭한 어른들이 교훈으로 남긴 짧은 말. 📙금언집.

금 : 연(禁煙) ①담배를 피우지 않음. ②담배를 피우는 것을 금함. 📙금연 구역. —하다.

금오신화(金鰲新話) 조선 세조 때 김시습이 지은 우리 나라 최초의 한문 소설.

금와왕(金蛙王, ?~?) 지난날, 동부여의 임금. 고대 난생 설화상의 인물. 해부루의 아들로 뒤를 이어 임금이 되었음.

금요일(金曜日) 일요일에서 여섯째 되는 날.

금 : 욕(禁慾) 하고 싶은 일이나 생각을 억제함. 📙금욕적인 생활. —하다.

금융(金融) ①돈이 세상에 널리 도는 것. ②여유 있는 돈을 모아서 자금을 필요로 하는 사람에게 빌려 주는 것. 📙금융 시장.

금융 기관 돈의 수요·공급을 맡아 하는 기관. 은행·보험 회사·협동 조합 등.

금융업 금융을 목적으로 하는 영업. 은행·보험 회사·상호 신용 금고 따위.

금은방 금·은을 가공하여 매매하는 가게.

금은보 : 화(金銀寶貨) 금·은·옥·진주 따위의 귀중한 보물. 금은보패.

금 : 의환향(錦衣還鄕) 비단옷을 입고 고향에 돌아온다는 뜻으로, 벼슬하여 또는 성공하여 돌아옴. —하다.

금일(今日) 오늘. 📙금일 휴업.

금일봉(金一封) 상금이나 기부금, 조위금 등에서 금액을 밝히지 않고 종이에 싸서 주는 돈.

금자탑(金字塔) 훌륭하게 이루어 놓은 물건이나 빛나게 이루어 놓은 사업. 📙금자탑을 쌓다.

금잔디(金—) 볏과의 여러해살이풀. 뿌리줄기가 가로 뻗으며 잎은 2~5cm 정도. 잎 가장자리에 털이 나 있음.

금전(金錢) 돈.

금전 출납부 돈의 들어오고 나감을 적어 두는 장부.

금제관식(金製冠飾) 금으로 만든 여러 가지 장신구. 백제 무령왕릉에서 나온 유물.

금주[1](今週) 이번 주일. 📙금주의 인기 순위.

금 : 주[2](禁酒) ①술을 못 마시게 함. ②술을 끊음. —하다.

금 : 주령 술을 못 먹게 금하는 명령이나 포고령.

금 : 지(禁止) 말려서 못 하게 함. 📙통행 금지 구역. —하다.

금지 옥엽(金枝玉葉) ①임금의 자손이나 집안을 이르는 말. ②귀여운 자손을 이르는 말.

금 : 침(衾枕) 이부자리와 베개.

금테(金—) 금 또는 금빛 나는 것으로 만든 테. 📙금테 안경.

금품(金品) 돈과 물품.

금풍(金風) 가을의 신선한 기운을 띤 바람. 🔁추풍.

금피리 금으로 만들어진 피리. 동화나 동시 속에 흔히 나옴.

금 : 하다(禁—) 못 하게 금지시키다. 말리다. 📙외출을 금하다.

금혼식(金婚式) 결혼한 지 50주년이 되는 날을 기념하여 행하는 식 또는 잔치.

금화(金貨) 금으로 만든 돈.

금환식(金環蝕) 달이 태양의 가운데만을 가려 달의 주위에 가락지 모양으로 해가 보이는 일식.

금후(今後) 이 뒤. ㉠금후에는 이런 일이 없도록 해라. 町이후.

급격(急激) 급하고 세참. ㉠급격한 변화. —하다. —히.

급급하다(汲汲—)[—그파다] 어떤 한 가지 일에만 정신을 쏟아 골똘하다. ㉠성공하는 데 급급하다.

급등(急騰) 물가 따위가 갑자기 오름. ㉠급등세. —하다.

급료(給料)[금뇨] 일한 대가로 주는 돈. 월급. ㉠급료를 받다.

급류(急流)[금뉴] 급한 물의 흐름. ㉠급류에 휘말리다.

급변(急變) ①갑자기 일어난 사고. ②갑자기 달라짐. ㉠급변하는 세계 정세. —하다.

급보(急報) 급히 알림, 또는 급한 소식. ㉠급보를 전하다. —하다.

급사(急死) 갑자기 죽음. —하다.

급선무(急先務) 무엇보다도 먼저 서둘러 해야 할 일. ㉠가뭄 해결이 급선무이다.

급성(急性) 급한 성질. ㉠급성 맹장염. 町만성.

급속도(急速度) 몹시 빠른 속도. ㉠급속도로 발전하다.

급수(給水) 물을 공급함, 또는 그 물. ㉠급수 시설. —하다.

급습(急襲) 상대방이나 적의 방심을 틈타서 갑자기 공격함. ㉠적의 급습을 받다. —하다.

급식(給食) ①음식을 줌. ②학교나 군대에서 음식을 주는 일, 또는 그 끼니 음식. ㉠급식 당번은 돌아가면서 한다. —하다.

급우(級友) 같은 반 친구.

급자기 ①생각할 사이도 없이. 빠르게. ②뜻하지 아니한 때. ㉠급자기 닥친 일이라 어쩔 줄을 모르겠다. 좕갑자기.

급제(及第) 시험에 합격함. ㉠과거 시험에 장원 급제하다. 町합격. 반낙방. —하다.

급증(急增) 갑자기 늘어남. ㉠인구가 급증하다. —하다.

급체(急滯) 되게 체하여 소화가 안 되는, 상태가 매우 급박한 정도의 체증.

급하기는 우물에 가 숭늉 달라겠다(속) 당장 급한 것만 생각하고 사물의 절차를 생각하지 못할 때 쓰는 말.

급하다(急—)[그파—] ①빠르다. ②성미가 괄괄하다. ③병이 위독하다. ④일이 몰리다. ㉠그는 사정이 매우 급한 모양이다. —히.

급하면 바늘 허리에 실 매어 쓸까(속) 아무리 급해도 차근차근 해야 일이 바르게 된다는 뜻.

급행(急行)[그팽] 빨리 감. ㉠급행 열차. 町완행. —하다.

급훈(級訓)[그푼] 그 학급에서 특히 필요하다고 인정한 교훈. ㉠우리 학급의 급훈은 '정직'이다.

긋:다¹[그으니, 그어서] 줄을 치거나 금을 그리다. ㉠선을 긋다.

긋:다²[그으니, 그어서] 비가 잠깐 멈추다. ㉠처마 밑에서 비가 긋기를 잠시 기다리다.

긍:긍하다(兢兢—) 조마조마하여 마음을 놓지 못하다. ㉠전전 긍긍하다.

긍:정(肯定) 좋다고 승인함. ㉠친

긍지

구의 제안을 긍정적으로 받아들이다. 땐부정. —하다.

긍:지(矜持) 자신 있는 바가 있어 자랑하는 마음. 예한국인으로서의 긍지를 가지자.

긍:휼(矜恤) 불쌍히 여김. 가엾게 여김. —하다. —히.

기[1](氣) ①있는 힘의 모두. 예기를 쓰다. ②숨쉴 때에 나오는 기운. 예기가 막히다.

기[2](旗) 종이·헝겊 따위로 여러 가지 모양을 만들어 대끝에 달아 공중에 세우는 물건.

기:각(棄却) ①어떤 사물을 버림. 버리고 문제 삼지 않음. ②법원이 접수된 재판의 내용을 이유가 없는 것, 또는 부적합한 것으로 판단하여 배척하는 판결 또는 결정. 각하. 예상고를 기각하다. —하다.

기간[1](基幹) 근본이 되는 줄거리. 본바탕이 되는 줄기.

기간[2](期間) 일정한 시기의 사이. 예휴가 기간.

기간 산:업 한 나라의 모든 산업이 발달하는 데 기초가 되는 중요한 산업. 화학·기계·조선·제철 공업 등.

기갈(飢渴) 배고프고 목마름. 예기갈이 심하다.

기갑 부대(機甲部隊) 기계화 부대와 장갑 부대를 통틀어 이르는 말. 최신 무기와 기계를 갖춘 부대.

기강(紀綱) 으뜸이 되는 규율과 질서. 예기강이 해이해졌다.

기개(氣槪) 기상이 뛰어나고 절개가 높음. 예기개를 떨치다.

기겁 갑자기 놀라거나 겁에 질려 숨막히는 듯한 소리를 지름. 예기겁을 하고 놀라다. —하다.

기계(機械) 여러 가지 기관이 있는 장치.

기계 공업 기계의 힘을 사용하여 생산·가공하는 공업. 땐수공업.

기계 문명 기계의 발달로써 이룬 현대의 문명. 예기계 문명 속에서 인간은 점점 인간 본연의 모습을 잃어 가고 있다.

기계 장치 기계로 꾸며서 갖추어 놓은 설비.

기계 체조 철봉·목마·평행봉·뜀틀·링 등의 운동 기구를 사용하여 하는 체조. 땐맨손 체조.

기계톱 기계의 힘으로 톱날을 돌려서 나무를 자를 수 있게 되어 있는 기구.

기계화 인간의 노동력 대신에 기계의 힘을 이용함. 예농업의 기계화. —하다.

기고(寄稿) 신문·잡지 등에 싣기 위하여 원고를 써서 보냄. 예자유 기고가. —하다.

기고 만:장(氣高萬丈) ①일이 뜻대로 잘 되어 기세가 대단함. 예기고 만장한 태도. ②펄펄 뛸 만큼 성이 나 있음. —하다.

기골(氣骨) 힘과 골격. 예기골이 장대하다.

기공[1](起工) 공사를 시작함. 예곧 기공할 아파트. —하다.

기공[2](氣孔) ①벌레의 몸뚱이 옆에 있어서 숨쉬는 일을 하는 구멍. ②식물의 잎이나 줄기의 겉껍질에 있는 작은 구멍.

기관[1](氣管) 호흡기의 일부. 호흡이 통하는 길. 비숨관.

기관[2](器官) 동물의 생활 작용을 맡은 부분. 가슴이나 뱃속에 들어 있는 것을 '내장 기관'이라 함.

기관³(機關) ①물건을 활동하게 하는 기계. ②어떤 목적을 위하여 설치하는 시설.

기관사 물건을 활동하게 하는 기계를 움직이는 사람. 기차·기선 따위의 기관을 맡아 보는 사람. 비 기관수.

기관지(氣管支) 기관의 아래쪽에서 폐에 이르는, 나뭇가지처럼 갈라진 부분.

기관지염 기관지에 생기는 염증. 비 기관지 카타르.

기관차(機關車) 객차나 화차를 철로 위로 끌고 다니게 된 차.

기관총(機關銃) 연속적으로 총알이 재어지고 쏘아지는 총.

기ː교(技巧) 기술이 꼼꼼하고 솜씨가 아주 묘함. 예 세련된 기교를 부리다. ―하다.

기구¹(氣球) 수소나 헬륨을 넣어 공중에 띄우는 큰 공 모양의 주머니. 경기구. 풍선.

기구²(崎嶇) ①살아가기가 어려움. ②운수가 사나움. 예 팔자가 기구하다. ―하다.

기구³(器具) 그릇이나 세간·연장 등을 통틀어 일컫는 말. 예 생활 기구의 변천사. 비 도구.

기구⁴(機具) 기계와 기구. 예 농기구.

기구⁵(機構) 하나의 조직을 이루고 있는 체계. 예 행정 기구.

기ː권(棄權)〔―꿘〕 자기의 권리를 버리고 쓰지 아니함. 예 부상으로 기권하다. ―하다.

기근(饑饉) ①흉년으로 인하여 곡식이 부족함. 예 기근이 들다. ②먹을 것이 없어서 굶주림.

기금(基金) ①기초가 되는 돈. ②준비하여 놓은 돈. 비 자금.

기급(氣急) →기겁.

기기(機器) 기구와 기계를 통틀어 일컫는 말. 예 천체 관측용 기기.

기기 묘ː묘(奇奇妙妙) 매우 이상하고 묘함. ―하다.

기꺼워하다 기껍게 여기다. 기꺼운 느낌을 가지다. 예 그의 성공을 기꺼워하는 친구들.

기껍다〔기꺼우니, 기꺼워서/기꺼이〕 마음 속으로 기쁘게 여기다. 예 기꺼운 소식.

기ː껏 힘이 미치는 한껏. 힘을 다하여. 고작. 예 지금까지 한 일이 기껏 이것뿐이냐?

기ː껏해야 많이 한다고 하더라도. 예 기껏해야 30분도 안 걸렸다.

기ː나긴 매우 긴. 길고 긴. 예 기나긴 세월을 기다렸다.

기ː나길다〔기나기니〕 아주 길다. 예 기나긴 역사.

기나수(幾那樹) 꼭두서닛과의 늘푸른 큰키나무로, 잎은 둥글고 꽃은 담홍색이며 향기가 있음. 껍질은 '기나피'라고 하여 강장약으로 쓰고 키니네를 만들어 학질 치료제 및 해열제로 쓰임.

기네스북(Guinness Book) 영국의 기네스라는 맥주 회사에서 매년 발행하는, 세계 최고 기록만을 모은 책.

기념(紀念·記念) ①죽은 사람 또는 이별한 사람을 생각나게 하는 물건. ②기억하여 잊지 아니함. 예 개교 기념일. ―하다.

기념관 어떤 뜻깊은 일이나 위인 등을 기념하기 위하여 세운 집. 여러 가지 자료나 유품 등을 진열하여 둠. 예 독립 기념관.

기념물 특히 보존할 가치가 있는

기념비 어떤 일을 기념하기 위하여 세운 비.

기념식 어떤 일을 기념하기 위하여 하는 모임.

기념 우표 어떤 일을 기념하기 위하여 발행하는 우표.

기념일 어떤 일을 기념하기 위하여 정한 날.

기념탑 어떤 일을 길이 기념하기 위하여 세우는 탑.

기념품 어떤 일을 기념하기 위하여 주고받는 물건. 비기념물.

기는 놈 위에 나는 놈이 있다〈속〉 잘하는 사람 위에 더 잘하는 사람이 있다.

기:능[1](技能) 기술에 관한 재주의 능력. 비기술.

기능[2](機能) 활동하는 힘이나 어떤 물건이 가지고 있는 힘. 예심장의 기능. 비성능.

기:능공(技能工) ①기술적인 능력을 갖고 있는 사람. ②기술 자격을 얻은 사람.

기니 만(Guinea 灣) 아프리카 중부 서쪽 해안의 감비아에서 앙골라에 이르는 지역의 해안.

기다 다리와 팔을 땅에 대고 이리저리 다니다.

기:다랗다[-라타] 매우 길다.

기다리다 ①오기를 바라다. 예기다리던 여름 방학이 바로 내일이다. ②끝날 때까지 있다.

기단[1](氣團) 기온·습도가 거의 같은 공기가 수평으로 넓게 퍼져 있는 덩이. 예시베리아 기단.

기단[2](基壇) 건물이나 탑의 터전이 되는 아랫부분, 또는 그 밑에 받치는 돌.

기대(期待) 장차 이루어지거나 좋은 성과를 얻도록 바람. 예기대에 어긋나다. —하다.

기:대다 ①몸을 무엇에 의지하면서 비스듬히 대다. 예나무에 몸을 기대다. ②마음을 의지하다. 예남에게 기대어 살다.

기도[1](企圖) 일을 꾸며 내려고 꾀함. 예자살을 기도하다. —하다.

기도[2](祈禱) 소원이 이루어지기를 신께 비는 일. 예어머니를 위해 기도를 드리다. 비기원. —하다.

기도[3](氣道) 동물이 숨을 쉴 때 공기가 허파로 드나드는 통로. 예기도가 막히면 큰일이다.

기도 못 하고 뛰려 한다〈속〉 자기 실력 이상의 일을 하려고 한다.

기독교(基督敎) 예수 그리스도가 일으킨 종교. 비예수교.

기동[1](起動) 몸을 일으켜 움직임. 예기동이 불편하다. —하다.

기동[2](機動) 조직적이고 재빠르게 행동함. 예기동 훈련.

기동력[-녁] 상황에 따라 재빠르게 행동할 수 있는 힘. 예기동력이 있다.

기동성[-썽] 전략이나 전술에 응하여 움직이는 군대의 재빠른 행동성. 예기동성이 뛰어나다.

기둥 ①집이나 어떤 물건을 버티고 서 있는 나무. ②단체·집안의 가장 중요한 사람.

기라성(綺羅星) ①밤 하늘에 반짝이는 수많은 별. ②위세 있거나 훌륭한 사람들, 또는 그들이 많이 모여 있는 모양을 비유하여 하는 말. 예기라성 같은 인물들.

기:량(技倆) 재능. 예있는 기량을 다 발휘하다.

기러기 오릿과에 속하는 새로 목

은 길고, 다리는 짧으며, 부리와 다리는 누른빛임. 가을 달밤에 떼를 지어 구슬피 울며 날아감.

〔기러기〕

기러기발 거문고나 가야금 따위의 줄을 고르는 기구. 단단한 나무로 기러기의 발 모양으로 만들어 줄 밑에 굄.

기럭기럭 기러기의 우는 소리.

기력(氣力) 일을 맡아서 해 나갈 수 있는 정신과 육체의 힘. 예 일흔인데도 기력이 왕성하다. 비근력.

기로(岐路) 갈림길. 갈라진 길. 예 기로에 서다.

기록(記錄) 어떤 사실을 적어 두는 일, 또는 적어 놓은 것. 기재. 예 기록 영화. ―하다.

기록문 보고 듣고 조사한 것을 정확하게, 요점을 빠뜨리지 않고 쓴 글. 예 관찰 기록문.

기록부 ①의논할 일을 적어 두는 일을 맡아 보는 부서. ②=기록장.

기록장 남길 필요가 있는 사항을 적어 놓는 노트.

기록화[―로콰] 어떤 사실의 내용을 묘사한 그림.

기롱(譏弄) 실없는 말로 남을 놀림. 비희롱. ―하다.

기류(氣流) 대기 중에서 일어나는 공기의 흐름. 예 상승 기류.

기르다〔기르니, 길러서〕 ①영양분을 주어 크게 자라게 하다. 예 화초를 기르다. ②앞에 두고 가르치다. 예 제자를 기르다.

기르다 ①자라게 하다. ②생기게 하다.

기리다 좋은 점이나 잘하는 일을 추어서 말하다.

기를 펴다 활기 있게 기운을 내다. 예 따뜻한 봄이 되니 모두 기를 펴고 다닌다.

기름 ①식물의 씨에서 짜낸 걸쭉한 물, 또는 동물의 몸 속에서 나오는 미끄럽고 끈기 있게 엉긴 물질. 물보다 가볍고, 불에 잘 탐. ②지방.

기름기[―끼] ①기름이 많은 고기. ②윤택한 기운.

기름야자[―냐자] 야자과에 속하는 재배 식물. 높이 20m, 과일은 길이 4cm 가량의 달걀꼴이고, 과일 껍질은 비누 원료, 종자의 기름은 마가린 원료로 씀.

기름종이 기름을 먹여서 물에 젖지 않도록 한 종이.

기름지다 ①기름기가 많다. ②땅이 좋아서 곡식이 잘 되다. 예 기름진 농토. 반메마르다.

기리다 좋은 점이나 잘하는 일을 일부러 칭찬하여 말하다. 예 업적을 기리다.

기린(麒麟) 키가 6m나 되고 목과 다리가 유난히 길며, 이마에는 뿔 같은 혹이 나고, 털은 희누런 바탕에 갈색 얼룩점이 있는 동물. 〔기린〕 포유 동물 중 가장 키가 큼.

기린아(麒麟兒) 슬기와 재주가 남달리 뛰어난 젊은이.

ㄱ

기립(起立) 일어섬. [예] 기립하여 박수를 치다. —하다.

기마(騎馬) 말을 탐, 또는 타는 말. [예] 기마대. —하다.

기마대 군대나 경찰에서 말을 타고 맡은 일을 하는 부대.

기마병 말을 타고 전투하는 군사.

기마전 말을 타고 하는 싸움을 본뜬 놀이의 한 가지.

기막히다[—마키다] ①놀라서 어찌할 줄 모르다. [예] 기막히게 멋진 광경. ②너무 지나쳐서 어이없다. [예] 별 기막힌 말을 다 듣겠네. ③숨이 막히다.

기만(欺瞞) 남을 그럴듯하게 속임. [예] 친구를 기만하다. —하다.

기맥(氣脈) 서로 뜻이나 마음이 통하는 낌새. [예] 기맥이 통하다.

기맥 상통 마음과 뜻이 서로 통함. 뜻이 맞음. —하다.

기묘(奇妙) 기이하고 묘함. [예] 기묘한 생김새. —하다. —히.

기묘사화(己卯士禍) 조선 중종 14년(1519) 남곤 등의 수구파가 조광조 등의 신진 학자들을 죽이거나 귀양 보낸 사건.

기물(器物) 여러 가지 그릇. 물건. [예] 남의 기물을 상하게 하다.

기미[1] 얼굴에 있는 검은 기운의 흠. [예] 기미가 끼다.

기미[2](幾微·機微) =낌새.

기미 독립 운:동(己未獨立運動) 기미년, 곧 서기 1919년 3월 1일을 기하여 손병희 등 33인이 앞장서서 우리 나라의 독립을 선언하고 민족 해방을 위하여 일제와 싸운 독립 운동.

기민(機敏) 눈치가 빠르고 행동이 날쌤. [예] 기민하게 움직이다. [비] 민첩. —하다.

기밀(機密) 함부로 드러내지 못할 중요한 비밀. —하다. —히.

기박(奇薄) ①운수가 나쁨. ②팔자가 사나움. [예] 기박한 운명. —하다.

기반(基盤) 기초가 될 만한 자리. [예] 기반을 잡다. [비] 기초. 터전.

기발[1](奇拔) 유달리 뛰어남. [예] 기발한 생각. —하다.

기발[2](騎撥) 조선 시대에 말을 타고 급한 공문을 전달하던 사람.

기백(氣魄) 씩씩한 기력과 앞으로 나아가는 정신. [비] 기상.

기법(技法) 기교와 방법.

기별(奇別·寄別) 모르는 일을 알림. 소식을 알림, 또는 그 소식을 적은 종이. [예] 그에게서 오라는 기별이다. [비] 통지. —하다.

기병(騎兵) 말을 타고 싸우는 군사. 마병.

기본(基本) 사물의 근본. 일이나 물건의 기초나 근본. [예] 기본 실력. [비] 근본. 바탕.

기본권[—꿘] 인간으로서 누릴 수 있는 기본적인 권리.

기본금 기금.

기본적 밑바탕이 되는. [예] 기본적인 문제.

기부(寄附) 돈이나 땅·물건 따위를 사회나 공공 단체에 내어 줌. [예] 기부금. [비] 기증. —하다.

기부금 기부하는 돈.

기분(氣分) ①환경이나 대상에 따라 저절로 생기는 단순한 감정. [예] 상쾌한 기분. ②분위기.

기뻐하다 기쁘게 여기다. 즐거워하다. [반] 슬퍼하다.

기쁘다 ①마음이 즐겁다. ②반갑다. ③좋다. [반] 슬프다.

기쁨 즐거움. [반] 슬픔.

기:사[1](技師) 관청·회사 등에서 전문적인 기술을 필요로 하는 일을 맡아 보는 사람. [예] 토목 기사.

기사[2](記事) 사실을 기록함, 또는 그 기록한 것. [예] 신문 기사. ―하다.

기사[3](棋士·碁士) 바둑이나 장기를 잘 두는 사람.

기사[4](騎士) ①말을 타고 싸우는 무사. ②중세 유럽의 무사 계급의 이름. 나이트.

기사 회생(起死回生) 중병으로 죽을 뻔하다 살아남. ―하다.

기상[1](起床) 잠자리에서 일어남. [예] 6 시 기상. [반] 취침. ―하다.

기상[2](氣象) 대기 중에서 일어나는 여러 가지 현상. 날씨·기압 등. [예] 기상 통보.

기상[3](氣像) 사람의 타고난 마음씨와 겉으로 드러난 태도. [예] 꿋꿋한 기상. [비] 기백.

기상[4](機上) 비행기의 안. 또, 비행기에 타고 있음. [비] 기내.

기상 위성 대기권 밖에서 지구상의 구름을 촬영하여 지상으로 송신, 기상 예보의 자료를 주는 위성. [예] 기상 위성을 쏘아 올리다.

기상 이변 날씨가 돌변하여 옛날에 없었던 일이 일어나는 상태.

기상청(氣象廳) 기상이나 날씨를 조사하여 알려 주는 기관. 이전에는 중앙 기상대로 불리었으나 1990년 12월부터 그 규모가 커지면서 중앙 기상청으로 이름이 바뀜.

기색(氣色) ①얼굴 모양. ②기쁨·성냄·슬픔·즐거움 따위가 얼굴에 나타나는 것. [비] 안색.

기:생[1](妓生) 잔치나 술자리에서 노래 부르고 춤을 추는 것을 직업으로 하는 여자. [비] 기녀.

기생[2](寄生) 남의 몸에 붙어 사는 일. ―하다.

기생충 사람이나 다른 동물의 몸에 붙어 사는 벌레. 회충·촌충·십이지장충·이·벼룩 따위.

기선[1](汽船) 끓는 수증기의 힘으로 움직이는 배. 증기선.

기선[2](機先) ①어떤 일이 일어나려는 그 직전. ②전쟁, 경기 등에서 재빠르게 움직여 먼저 상대보다 앞섬. [예] 기선을 제압하다.

기성[1](期成) 어떤 일을 꼭 이루려고 함. [예] 기성회. ―하다.

기성[2](旣成) ①벌써 이루어짐. ②이미 만들어져 있음. ―하다.

기성세:대 현재 사회에서 활동하고 있는 나이 먹은 층.

기성회(期成會) 어떤 일을 이루고자 만든 모임. [비] 육성회.

기세(氣勢) ①의기가 강한 모양. ②기운찬 모습.

기세등등 기운차게 뻗치는 형세가 아주 높고 힘찬 모양.

기소(起訴) 형사 사건에서, 검사가 법원에 재판을 청구하는 일. [예] 기소 유예. ―하다.

기수[1](奇數) 둘로 나눠지지 않는 수. [비] 홀수. [비] 우수.

기수[2](基數) 기초로서 쓰이는 수. 1에서 9까지의 정수.

기수[3](旗手) 기를 가지고 신호를 하는 사람.

기수[4](機首) 비행기의 앞머리.

기수[5](騎手) ①말을 타는 사람. ②경마에 나가 말을 타는 사람.

기수법[―뻡] 수를 숫자로 나타내는 법.

기숙(寄宿) 남의 집에 몸을 붙여 기거함. ―하다.

기숙사 학교나 공장 등에서, 학생

이나 직공들이 자고 먹고 할 수 있도록 시설을 해 놓은 집.

기숙생[-쌩] 기숙사에서 묵고 있는 학생. 빤통학생.

기:술(技術) 이론을 실지에 쓰는 재주. 비기예. 기능.

기:술자[-짜] 어떤 분야의 전문적 기술을 가진 사람.

기:술진[-찐] 어떤 일에 참여한 기술자들의 조직.

기슭[-슥] ① 산의 아래쪽. ② 강이나 바다의 변두리. 예산기슭. 바닷기슭. 빤봉우리.

기습(奇襲) 꾀를 써서 갑자기 적진을 습격함. 예기습 공격. 비습격. -하다.

기승(氣勝) 남에게 굽히지 않는 굳세고 억척스러운 성미, 또는 그렇게 굳세고 억척스러움. 예올 겨울은 유난히 추위가 기승을 부린다. -스럽다. -하다.

기쓰다 있는 힘을 다하다. 예기쓰고 공부하다.

기아(饑餓) 굶주림. 예기아에 허덕이다.

기악(器樂) 악기를 가지고 연주하는 음악. 빤성악.

기악곡 기악 연주를 위하여 만들어진 악곡.

기악 합주 여러 가지 악기를 각각 맡아서 여럿이 함께 연주하는 일.

기안(起案) 공문 따위의 문안을 처음으로 세워 글을 씀. 예기안 작성. -하다.

기암(奇岩) 기묘하게 생긴 바위.

기암 절벽 기묘하게 생긴 바위와 깎아지른 듯한 낭떠러지.

기압(氣壓) 지구를 둘러싸고 있는 공기가 지구 표면을 누르는 힘. 예고기압. 저기압.

기압계 기압을 재는 기계.

기압 배:치 공기의 움직임에 의한 어느 지방의 고기압과 저기압의 분포 상태.

기약(期約) 때를 정하여 약속함. 예기약 없이 떠난 사람. -하다.

기약 분수[-쑤] 분모와 분자의 공약수가 하나뿐인 분수. 즉, 더 약분할 수 없는 분수.

기어(gear) 톱니바퀴, 또는 몇 개의 톱니바퀴로 이루어진 운동의 변환 장치.

기어오르다[기어올라] ① 기어서 높은 곳으로 가다. 예절벽을 기어오르다. ② 웃어른에게 버릇없이 굴다. 분수에 넘치는 짓을 하다. 예버릇없이 형에게 기어오르지 마라.

기어이(期於-) ① 꼭. 반드시. 예내가 생각한 일은 기어이 하고야 말겠어요. ② 마침내. 예기어이 뜻을 이루다.

기어코(期於-) =기어이. 예기어코 일을 저질렀구나.

기억(記憶) 마음에 새겨 두고 잊지 아니함. 예기억에 남다. 빤망각. -하다.

기억을 더듬다 옛일을 기억을 되살려 생각해 내다.

기업(企業) 영리를 목적으로 하여 사업을 경영하는 일, 또는 그 사업. 비사업. -하다.

기업주 어떤 기업을 소유하고 경영하는 사람.

-기에 원인·이유를 나타내는 말. 예오라기에 갔다.

기여(寄與) 남에게 이바지함. 비공헌. -하다.

기역자 닿소리 가운데 첫째 글자 'ㄱ'을 가리키는 말. 예낫 놓고 기역자도 모른다.
기염(氣焰) 대단한 기세. [예] 잇달아 세 번을 이기니, 그 기염은 하늘을 찌른다.
기:예(技藝) 기술에 관한 재주와 솜씨. [예] 기예를 닦다. [비] 기술.
기온(氣溫) 대기의 온도.
기와 흙이나 시멘트 따위로 구워 만든, 지붕을 덮는 물건.
기와집 지붕을 기와로 이은 집. 와가.
기왕 이미. 그렇게 된 바에. [예] 기왕에 왔으니 며칠 묵고 가거라.
기용(起用) 어떤 사람을 중요한 자리에 뽑아 씀. [예] 인재를 기용하다. —하다.
기우(杞憂) 기나라 사람이 하늘이 무너져 내려앉지 않을까 하고 걱정했다는 이야기에서 비롯된 말로, 장래의 일에 대한 쓸데없는 걱정을 이르는 말. [예] 그건 너의 기우이다.
기우뚱 ① 무엇을 한쪽으로 기울이는 모양. [예] 고개를 기우뚱거리다. ② 무엇이 한쪽으로 기울어진 모양. [예] 기우뚱한 피사의 사탑. [작] 갸우뚱. [센] 끼우뚱. —하다.
기우제(祈雨祭) 가물 때 비 오기를 비는 제사. [반] 기청제.
기운[1] ①하늘과 땅 사이에 가득 차서 만물이 나고 자라는 힘의 근원. ②생물이 살아 움직이는 힘. 생기. [예] 그 소식을 들으니 기운이 난다. ③체력. 힘. [예] 기운이 세다. ④기미. [예] 감기 기운.
기운[2](氣運) ①운수. ②시세의 돌아가는 형편.
기울 밀이나 귀리 따위의 가루를 쳐내고 남은 속껍질. [예] 밀기울.
기울기 기울어진 정도.
기울다〔기우니〕 ①어떤 방향으로 쏠리다. [예] 벽이 한쪽으로 기울다. ②형편이 불리하다. ③ 해나 달이 저물다. ④생각이 한쪽으로 쏠리다. [작] 갸울다. [센] 끼울다.
기울어지다 ①한쪽으로 쏠리다. ②형세가 나쁘게 되다. [예] 기울어지는 국세를 누가 바로잡겠는가? ③해가 서쪽으로 치우쳐지다.
기울이다 ①일정한 기준에서 한편으로 쏠리게 하다. ②어떤 방향으로 향하게 하다. [예] 귀를 기울이다. ③남기지 않고 총동원하다. [예] 총력을 기울이다.
기웃 ①무엇을 보려고 고개를 기울이는 모양. [예] 쓸데없이 기웃거리지 말고 얌전하게 있거라. ②조금 기운 모양. [작] 갸웃. [센] 끼웃. —하다. —이.
기원[1](紀元) ①역사상으로 연대를 계산하는 데 기준이 되는 해. [예] 기원전(후). ②나라를 세운 첫해.
기원[2](祈願) 소원을 빎. [예] 한국 대표팀의 승리를 기원하다. [비] 기도. —하다.
기원[3](起原·起源) 일이나 물건이 생겨난 그 근본. [예] 인류의 기원을 더듬다. —하다.
기원전 서력 기원이 시작하기 전. [예] 기원전 100년.
기음(基音) 여러 가지 음계의 첫째 음. 기본음
기이(奇異) 보통과는 달리 이상함. [예] 기이한 일. —하다. —히.
기이다 일을 숨기어 드러나지 않게 하다. [예] 조금도 기이면 안 된다. [준] 기다.
기인[1](奇人) 기이한 사람. 성질이나 말과 행동이 유별난 사람.
기인[2](起因) 일이 일어나는 원인.

기인

㉠그 사건으로 기인하여 친구 관계가 어색해졌다. —하다.
기인³(基因) 기초가 되는 원인. —하다.
기일¹(忌日) 사람이 죽은 날. 제삿날. ㉠오늘이 할아버지의 기일이다. ⓑ명일.
기일²(期日) 작정한 날짜. ㉠납부 기일을 어기지 마라.
기입(記入) 글씨를 써 넣음. ㉠약속한 일을 수첩에 기입하다. —하다.
기입장 적어 넣는 책.
기자(記者) 신문·잡지에 글을 쓰고 편집을 하는 사람.
기자실 관공서 등에 마련되어 있는 취재 기자들의 대기실.
기자 회견 기자들과 만나서 질문을 받고 대답하는 형식의 회의.
기장¹ 볏과의 한해살이풀. 수수와 비슷한, 알이 굵은 곡식.
기장²(記帳) 장부에 적음, 또는 그 장부. —하다.
기장³(機長) 항공기 승무원 가운데 최고 책임자.
기재¹(奇才) 아주 뛰어난 재주. 또, 그런 재주를 가진 사람.
기재²(記載) 적어서 넣음. 적어서 실음. ㉠기재 사항. —하다.
기재³(器材) 기구와 재료. ㉠실험용 기재.
기저귀 젖먹이의 대소변을 받아내는 헝겊. ㉠기저귀를 갈다.
기적¹(汽笛) 기차나 배에서 '뚜우' 하고 울리는 소리.
기적²(奇蹟) 사람의 힘으로 어쩔 수 없는 신기한 일. ㉠바다가 갈라지는 기적이 일어났다.
기절(氣絕) ①한때 정신을 잃음. ㉠놀라서 기절할 뻔했다. ②숨이 끊김. ③깜짝 놀람. —하다.
기점¹(起點) [—쩜] 처음으로 일어나는 곳. ㉠경부선의 기점은 서울이다. ⓑ종점.
기점²(基點) [—쩜] 기본이 되는 곳이나 점.
기정(旣定) 이미 정해져 있음. ㉠기정 사실. ⓑ미정. —하다.
기정동 마을 휴전선 부근에 있는 북한의 마을.
기정 사:실 이미 정하여진 사실. ㉠우리의 승리는 기정 사실이다.
기제사(忌祭祀) 해마다 조상이 돌아가신 날에 지내는 제사.
기조력(起潮力) 밀물과 썰물 등 바닷물을 일으키는 힘. 주로 달과 태양의 인력에 의해 생김.
기존(旣存) 이미 존재함. ㉠기존 시설. 기존 세력. —하다.
기죽다 기세가 꺾이어 약해지다.
기준(基準) 근본이 되는 표준. ㉠기준을 세우다.
기준량[—냥] 두 개의 수량을 비율을 써서 비교할 때 기준이 되는 양. ㉠기준량을 초과하다.
기준점[—쩜] 계산·측정의 기준이 되는 점. ㉠기준점을 잡다.
기중기(起重機) 무거운 물건을 들어올리거나, 수평으로 이동시키는 기계. 크레인.
기증(寄贈) 물건을 보내어 선사함. ㉠도서관에 책을 기증하다. ⓑ기부. —하다.
기지¹(基地) 어떠한 활동의 근거지. ㉠공군 기지.
기지²(機智) 그때 그때의 경우에 따라 재치 있게 변통하는 슬기. 위트. ㉠기지를 발휘하다.
기:지개 몸이 고단할 때에 팔다리를 쭉 뻗는 짓. ㉠기지개를 켜며

자리에서 일어나다. —하다.

기직 ①왕골 껍질이나 부들잎을 짚으로 싸서 엮은 돗자리. ②베틀로 베를 짜는 일. —하다.

기진(氣盡) 기력이 다함. 기운이 지침. [예]장시간의 노동으로 기진하다. —하다.

기진 맥진(氣盡脈盡) 기운과 힘이 죄다 빠짐. —하다.

기질(氣質) ①기력과 체질. [예]기질이 약하다. ②한 사람 한 사람의 밑바탕이 되는 성질. [예]예술가의 기질이 엿보인다.

기차(汽車) 증기나 디젤 기관을 원동력으로 하여 궤도 위를 달리는 차량. [비]열차.

기차다 하도 같잖고 어이가 없어 말이 안 나오다. [예]그의 하는 짓을 보니 기차다.

기차표 기차를 탈 수 있는 표. 승차권.

기착지(寄着地) 목적지로 가는 도중에 잠시 들르는 곳.

기찻길[—차낄] 기차가 달리게 만들어 놓은 길. [비]철로.

기책(奇策) 남이 생각하지 못한 뛰어난 방법이나 수단. [예]그런 기책이 있을 줄은 몰랐다.

기척 있는 줄 알 만한 소리나 자취. [예]집안에 사람 있는 기척이 없다.

기체(氣體) 공기·산소·수소 등과 같이 일정한 모양과 부피가 없는 물질. 공기·가스 따위.

기체 연료 천연 가스·석탄 가스·프로판 가스 등 기체의 상태에서 쓰이는 연료. 가스 연료.

기초[1](起草) 글의 애벌글을 씀. [예]선언문을 기초하다. —하다.

기초[2](基礎) ①근본. ②밑바탕. [예]집을 지을 때에는 기초를 튼튼히 해야 한다. [비]기반. 터전.

기초 식품군 단백질·탄수화물·지방·비타민·무기질 등 매일 필요로 하는 영양소를 포함하고 있는 다섯 종류의 식품을 이르는 말.

기초 자치 단체 1989년 12월 19일 통과된 지방 자치법에 따른 군 단위의 지방 자치 단체. 시·군·구 260여 개로 되어 있음.

기초 작업 어떤 일을 하는 데 맨 먼저 하여야 할 바탕이 되는 일.

기초적 ①밑바탕이 되는. ②기본이 되는.

기침[1] 감기로 말미암아 저절로 갑자기 터져 나오는 숨소리. —하다.

기침[2](起枕) 윗사람이 자고 일어남. [비]기상. —하다.

기타[1](其他) 그 밖. 그 밖의 또 다른 것. [예]기타 사항.

기타:[2](guitar) '8'자 모양의 나무로 된 공명 상자와 여섯 가닥의 줄로 된 현악기의 한 가지.

기탁(寄託) 금품을 남에게 맡기어 그 처리를 부탁함. —하다.

기탄(忌憚) 어렵게 생각하여 꺼림. [예]기탄 없이 생각한 바를 말하라. —하다.

기탄잘리 인도의 시성 타고르가 지은 시를 모아 놓은 책. '노래로 신께 바치는 제물'이라는 뜻. 이 것으로 타고르는 노벨 문학상을 받았음.

기특하다(奇特—) 말이나 하는 짓이 신통하여 귀염성이 있다. [예]그 아이는 참 기특하다. —히.

기틀 일의 가장 요긴한 고비. [예]기틀을 마련하다. [비]계기.

기포(氣泡) 액체 또는 고체에 생

긴 기체의 거품.

기품(氣品) 사람의 모습이나 태도, 또는 예술 작품 등에서 느껴지는 고상한 느낌.

기풍(氣風) ①여러 사람들이 공통으로 가지고 있는 마음가짐이나 정신. ②기질.

기피(忌避) 꺼리어 피함. [예]기피 인물. —하다.

기필(起筆) 붓을 들고 글자의 처음 획을 쓰기 시작함. —하다.

기필코 반드시. 꼭. [예]기필코 그 일을 이루고야 말겠다.

기하학(幾何學) 수학의 한 부문으로 점·선·면·입체 등이 만드는 공간 도형의 성질을 연구하는 학문. [준]기하.

기한(期限) ①미리 작정한 때. ②일정한 때.

기합(氣合) ①정신과 힘을 신체에 나타내어 어떤 일을 하는 기세, 또는 그 때에 지르는 소리. [예]기합을 넣다. ②군대 따위에서 훈련 삼아 주는 벌을 속되게 이르는 말. [예]단체 기합.

기항지(寄港地) 항해 중인 배나 비행 중인 항공기가 도중에 들르는 곳.

기행[1](奇行) 이상한 행동.

기행[2](紀行) 여행 중에 보고 듣고 느낀 것을 적은 문장이나 책.

기행문(紀行文) 여행에서 보고 들은 것이나 느낀 것을 기록한 글. [예]기행문을 쓰다.

기형(畸形) 동·식물의 정상이 아닌 이상한 형태. [예]기형 식물.

기형아(畸形兒) 몸의 모양이 정상이 아닌 아이.

기호[1](記號) 무슨 뜻을 나타내거나 적어 보이는 표. [예]발음 기호. [비]부호.

기:호[2](嗜好) 즐김. 좋아함. [예]기호 식품. —하다.

기호[3](畿湖) 경기도와 황해도 남부, 충청 남도 북부 지역. 기호 지방.

기호 식품 영양을 취하려는 것이 아니라 향기·맛·자극을 즐기기 위해 먹거나 마시는 것. 술·담배·차·커피 따위.

기혼(既婚) 이미 결혼함. [예]기혼자. [반]미혼. —하다.

기화(氣化) 액체가 증발하여 기체로 됨. [반]액화. —하다.

기회(機會) 어떤 일이나 행동을 하기에 꼭 알맞은 때. 좋은 때. 시기. [예]이 기회에 외갓집에 다녀오겠어요.

기획(企畫·企劃) 일을 계획함. [예]기획안을 제출하라. —하다.

기후(氣候) 하늘의 현상. 그 날의 공중의 현상. 천후. [예]이 지역은 기후의 변화가 극심한 곳이다. [비]날씨.

기후대 지구상의 육지를 기후의 차이에 따라 크게 열대·온대·한대 등으로 나눈 지대.

기후도 어떤 지역의 매년 평균적으로 되풀이되는 기상 상태(기온·강수량·바람 등)를 나타낸 지도.

긴: 기다란. [예]긴 머리칼.

긴가민가하다 '기연가미연가하다'의 준말. 그런지 그렇지 않은지 분명하지 않은 상태. [예]긴가민가하여 다시 보다.

긴급(緊急) 사건이 중대하고 또 급함. [예]긴급 사태. 긴급 회의. —하다. —히.

긴:긴해 음력 삼사월의 길고 긴

낮 동안. 예 오뉴월 긴긴해.
긴담(緊談) 긴요한 이야기.
긴:말 길고 긴 말. 또, 길게 늘어놓는 말. 예 긴말하지 마라. 반 토막말. —하다.
긴박(緊迫) 아주 급함. 예 긴박한 사태. —하다.
긴요(緊要) 꼭 필요함. 예 긴요한 사항. 비 요긴. —하다. —히.
긴장(緊張) 마음을 단단히 먹고 특히 조심함. 예 긴장된 분위기. 반 이완. —하다.
긴축(緊縮) 바짝 줄임. 예 긴축 정책. 반 이완. —하다.
긴:파람 긴 휘파람.
긴하다 꼭 소용이 되다. 예 긴히 할 이야기가 있다. —히.
긷:다〔길으니, 길어서〕 ①우물에서 물을 퍼내다. 예 물을 긷다. ②물을 퍼 나르다.
길¹ ①사람이 왕래하는 땅. ②걸어 다니게 된 곳. 도로. ③사람이 지켜야 할 도리.
길:² 사람의 키의 한 길이. 예 열 길 물 속은 알아도 한 길 사람 속은 모른다.
길³ ①익숙해진 솜씨. 예 차츰 일에 길이 들다. ②짐승을 잘 가르쳐서 부리기 좋게 된 버릇. 예 개를 길들이다. ③손질을 잘하여 생기는 윤. 예 길이 잘 든 구두.
길가[—까] 길의 가장자리.
길거리[—꺼리] 사람이나 자동차가 많이 다니는 길. 예 길거리에서 놀지 말자. 준 거리.
길고 짧은 것은 대보아야 안다 〈속〉 잘하고 못하는 것은 겨루어 보아야 안다.
길:이 ①물건이 높이 쌓인 모양. 예 장작이 길이 쌓였다. ②성이 나서 펄펄 뛰는 모양. 예 일을 망쳤다고 길길이 뛰다.
길녘[—녁] 길 옆이나 길 부근. 길이 트인 쪽.
길눈[—룬] 길을 찾아가는 정신. 한 번 본 길을 잘 기억하는 눈. 예 길눈이 밝다.
길:다 ①짧지 않다. 예 긴 막대. ②멀다. 오래다. 예 긴 세월. 반 짧다.
길동무[—똥무] 길을 함께 가는 동무. 같은 길을 가는 사람. 길벗. —하다.
길들다〔길드니〕 ①짐승이 잘 따르다. 예 길든 강아지. ②세간에 윤이 나다. 예 잘 길든 연장들.
길들이다 길들게 하다. 예 사자를 길들이다.
길라잡이 길을 인도하는 사람.
길러 키워. 예 길러 준 은혜도 모르는 녀석.
길마 짐을 실으려고 소의 등에 얹는 틀. 예 길마를 지우다.

〔길 마〕

길모퉁이 길이 구부러지거나 꺾어져 돌아간 자리. 예 길모퉁이를 돌아가면, 약국이 있다.
길목 ①큰길에서 좁은 길로 갈라져 들어가는 어귀. ②길의 중요한 통로가 되는 목. 예 적이 지나가는 길목을 지키다.
길몽(吉夢) 좋은 조짐이 되는 꿈. 예 길몽을 꾸다. 반 악몽. 흉몽.
길상(吉相)[—쌍] 복을 많이 받을 아주 좋은 얼굴의 생김새. 예 드물게 보는 길상이다. 반 흉상.

ㄱ

길섶[―썹] 길의 가장자리. [예] 길섶에 핀 꽃.

길손[―쏜] 먼 길을 가는 나그네. 집을 떠나 손님 노릇하는 사람. [예] 주막에 길손이 묵다.

길쌈 옷감을 짜는 일. ―하다.

길을 재촉하다 길을 바삐 서둘러서 걷다.

길이[1] 한 끝에서 다른 한 끝까지 이르는 거리. [예] 길이를 재다.

길:이[2] 오래오래. 오래도록. 언제까지나. [예] 역사에 길이 빛나다. [비] 오래.

길:이길이 아주 오래도록. [예] 길이길이 잊지 않으리.

길이 아니면 가지 말고 말이 아니면 탓하지 마라〈속〉 사리에 어긋나는 일이면 참견하지도 말라는 뜻.

길일(吉日) 길한 날. 좋은 날. [예] 길일을 잡아 결혼식을 올리다.

길잡이 앞에 나서서 길을 인도하는 사람. [비] 선구자.

길잡이책 기초가 되는 것을 알기 쉽게 안내한 책. 안내서.

길재(吉再, 1353~1419) 고려 말의 유학자로서 호는 '야은'. 우왕 말년에 성균관의 박사가 되어 선비들을 가르쳤으며 고려가 망하고 조선이 들어서자, 이성계는 그를 불러 벼슬을 주려고 하였으나, 충신은 두 나라를 섬길 수 없다 하여 받지 않았음.

길조(吉兆)[―쪼] 좋은 일이 있을 징조. [반] 흉조.

길짐승[―찜승] 개·소·말 따위의 기어다니는 짐승을 통틀어 이르는 말. [반] 날짐승.

길쭉길쭉 모두가 길쭉한 모양. [예] 오이, 가지가 모두 길쭉길쭉하다. [작] 갈쭉갈쭉. ―하다.

길쭉하다 너비보다 길이가 좀 길다. [예] 얼굴이 길쭉하다. [반] 짤막하다. [작] 갈쭉하다. ―이.

길:차다 아주 미끈하게 길다. [예] 대나무가 길차게 자랐다.

길하다(吉―) 운이 좋거나 일이 잘 풀려 가다. [예] 운수가 길하다.

길흉(吉凶) 좋은 일과 나쁜 일. 행복과 불행.

김:[1] ①수증기. [예] 주전자에서 김이 오른다. ②논밭에 나는 잡풀. [예] 김을 매다. ③바다에서 나는 풀의 한 가지. 곧, 종잇장같이 말린 것에 소금과 기름을 발라서 구워 먹는 반찬. [예] 김밥.

김[2] 어떻게 된 기회. [예] 이왕 온 김에 푹 쉬었다 가거라.

김광섭(金珖燮, 1904~1977) 시인. 호는 이산. 민족 문학 건설을 위해 노력함. '마음', '동경', '해바라기', '성북동 비둘기' 등의 시집을 남김.

김구(金九, 1876~1949) 독립 운동가·정치가. 호는 백범. 황해도 해주 출생. 임시 정부 주석, 한국 독립당 위원장 등을 지냄. 독립 운동으로 일생을 바쳤으며, 남북 분단을 막으려고 애썼음.

김대:건(金大建, 1822~1846) 우리나라 최초의 천주교 신부. 세례명은 안드레아. 조선 헌종 12년(1846) 순교함. 1984년 성인위에 오름.

김대:성(金大城, 700~774) 신라 경덕왕 때의 재상. 경덕왕 9년(750)에 자기 부모가 오래 살고, 나라가 편안하기를 기원하며, 경주 불국사와 석불사를 지었음.

김덕령(金德齡, 1567~1596) 임진왜

란 때 전라 남도 남양에서 의병을 일으킨 의병장. 광주 출생. '호익 장군'의 호를 받았음.

김돌손(1567~1596) 임진왜란 때 이순신 장군 밑에 소속되어 왜군과 싸운 군인.

김마리아(金瑪利亞, 1891~1945) 독립 운동가. 광무 10년(1906) 서울 정신 여학교를 졸업한 후, 일본에 유학하고 1919년에 귀국하여 전국을 순회하며 국민들의 독립 정신을 일깨우다가 일제에 잡혀 옥에 갇힘. 후에 상하이로 탈출하여 임시 정부에서 활약함.

김만:중(金萬重, 1637~1692) 조선 숙종 때의 문신·문학자. 자는 중숙, 호는 서포. 한글 소설 문학의 큰 길을 열었음. 어머니에 대한 효성이 깊었으며, 〈구운몽〉〈사씨남정기〉 등의 소설과 문집인 〈서포만필〉 등을 남김.

김:매기 논이나 밭에 나는 잡초를 뽑는 일. 제초.

김:매다 쓸모 없는 풀을 뽑고, 가꾸어 주다.

김반(金槃, 1580~1640) 조선 중기의 문관. 호는 허주. 이조 침판을 지냄. 글씨를 잘 써 필명이 높았음.

김:밥 김으로 밥을 말아서 싼 음식.

김병:연(金炳淵, 1807~1863)) 조선 철종 때의 방랑 시인. 호는 난고. 조부인 선천 부사 김익순이 홍경래의 난 때 항복하여 집안이 망한 데에 굴욕을 느껴 삿갓을 쓰고 죽장(대나무 지팡이)을 짚고 각지를 방랑하며 많은 풍자시를 지음. 김삿갓.

김부식(金富軾, 1075~1151) 고려 시대의 학자이며 정치가. 〈삼국사기)를 지었음.

김상헌(金尙憲, 1570~1652) 조선 인조 때의 학자이며 정치가. 호는 청음. 병자호란 때 끝까지 싸우기를 주장했으나 반대파에 몰려 청나라에 끌려가 고초를 겪고 돌아왔음.

김생(金生, 711~791) 신라 경덕왕 때의 명필. '해동의 서성'으로 일컬어짐.

김소:월(金素月, 1902~1934) 시인. 평안 북도 정주 출생. 본명은 정식. 민요적인 서정시를 많이 지었으며, 시집으로 〈진달래꽃〉〈소월 시집〉 등이 있음.

김시민(金時敏, 1554~1592) 조선 선조 때의 명장. 진주 판관으로 있을 때 임진왜란이 일어나 사천·고성·진주 등지에서 왜병을 크게 무찌름.

김시습(金時習, 1435~1493) 조선 초기의 생육신의 한 사람. 자는 열경. 호는 매월당. 21세 때 단종이 왕위에서 물러남을 듣고 승려가 되어, 시로써 자기의 불우함과 세상의 불우함을 읊었으며, 금오산에 들어가 〈금오신화〉를 지었음.

김 안 나는 숭늉이 덥다〈속〉 떠벌리는 사람보다 말을 안 하는 사람이 도리어 무섭다.

김옥균(金玉均, 1851~1894) 조선 말기의 정치가. 일본을 돌아보고, 일본의 앞선 문물을 받아들이자는 개화 사상을 부르짖고 갑신정변을 일으켜 신정부를 수립했으나, 실패하여 일본으로 망명, 다시 중국 상하이로 건너갔다가 자객 홍종우에게 암살됨. 시호는 충달.

김유신(金庾信, 595~673) 삼국 통

김윤후

일을 이루한 장군. 고구려를 멸망시킨 후 태대각간(신라의 최고 관직)에 올랐음.

김윤후(金允侯, ?~?) 고려 고종 때의 장군. 몽고 침입 때 몽고 장군 살리타를 처인성(지금의 경기도 용인)에서 죽이고, 몽고군을 물러가게 하였음.

김인문(金仁問, 629~694) 신라 문무왕 때의 장군. 태종 무열왕의 둘째 아들로 삼국 통일에 큰 공을 세웠음.

김장 겨울 동안 먹기 위해 김치·깍두기 등을 입동 때 담가 두는 일. 또, 그 담근 것. —하다.

김장감 김장에 쓰이는 무·배추 따위의 채소. 김장거리.

김장 김치 김장철에 담근 김치.

김장철 늦가을에서 초겨울, 김장을 담그는 시기.

김정호(金正浩, ?~1864) 조선 말기 고종 때의 지리학자. 1861년에 대동여지도를 완성하였음.

김정희(金正喜, 1786~1856) 조선 말기의 금석학자이며 서예가. 호는 추사, 완당 등. 특히 '추사체'로 유명함.

김종서(金宗瑞, 1390~1453) 세종 때 정치가이며 유명한 장군. 6진을 개척하여 두만강을 국경으로 하는 데 공이 컸음.

김종직(金宗直, 1431~1492) 조선 성종 때의 유학자. 호는 점필재. 고려 때의 야은 길재의 학통을 이어받아 많은 제자를 길러 냈으며, 나중에 영남학파의 대표가 됨.

김좌진(金佐鎭, 1889~1930) 독립 운동가. 충남 홍성 출신. 3·1 운동 때 만주로 건너가 북로군정서를 조직하였음.

김천일(金千鎰, 1537~1593) 조선 시대 임진왜란 때 전라도 나주에서 의병을 일으켰던 의병장.

김천택(金天澤, ?~?) 조선 영조 때의 가인. 호는 남파. 자는 백함. 평민 출신의 가객으로 시조집 〈청구영언〉을 엮었음.

김춘추(金春秋, 604~661) 신라 제29대 임금. 태종 무열왕. 삼국 통일을 이룩하는 데 공을 세움.

김치 무·배추 따위를 소금에 절여 고춧가루·파·마늘·생강 등의 갖은 양념을 하여 버무려 담근 반찬.

김치찌개 김치를 넣고 만든 찌개.

김칫국[—치꾹] ①김치의 국물. ②김치를 넣고 끓인 국.

김칫국부터 마신다〈속〉 줄 사람은 생각도 안 하는데 받을 편에서 공연히 서두르며 덤빈다.

김칫독[—치똑] 김치를 담아 두는 데 쓰이는 독.

김택영(金澤榮, 1850~1927) 경기도 개성에서 태어난 조선 말기의 애국자. 호는 창강. 1908년 중국으로 망명하여 우리 나라 역사책을 썼음.

김포 공항(金浦空港) 서울 강서구 공항동에 있는 비행장 이름.

김해 평야(金海平野) 김해를 중심으로 한 낙동강 하류의 평야. 쌀의 품질이 우수함.

김홍도(金弘道, 1760~?) 조선 후기의 화가로, 조선 시대 3대 화가 중의 한 사람. 호는 단원. 대표작으로는 〈서당〉〈씨름〉 등이 있음.

김홍집(金弘集, 1842~1896) 조선 말엽의 정치가. 호는 도원. 임오군란 후 한국 전권 부관으로 제물포 조약(1882년)을 체결, 갑오개혁 때에 총리 대신이 되었으나, 후에 군중들에 의해 살해됨.
깁: 명주실로 바탕을 좀 거칠게 짠 비단의 한 가지.
깁:다 해진 곳에 조각을 대고 꿰매다. 예 구멍난 양말을 깁다.
깁스 붕대(독 Gips繃帶) 붕대를 석고로 굳힌 것으로 몸의 한 부분을 고정시키는 데 쓰임.
깃[깃] ①자기 앞으로 돌아오는 물건의 한 몫. ②새 날개의 털. 예 깃을 치다.
깃[깃] '옷깃'의 준말. 예 양복깃.
깃대[기때] 기를 달아매는 긴 막대기. 예 깃대를 세우다.
깃들다 들어 있다. 예 보금자리로 깃들다.
깃들이다 ①그 안에 머물러 있다. 예 건전한 육체에 건전한 정신이 깃들인다. ②짐승이 보금자리를 만들어 그 안에서 살다. ③어둠 같은 것이 서려 들다.
깃발 기가 바람에 날리어 흔들리는, 넓적한 헝겊이나 종이 부분. 예 깃발이 바람에 펄럭인다.
깃털 ①새의 깃과 짐승의 털. ②깃에 붙어 있는 털.
깊다 ①얕지 않다. ②속이 멀다. ③아는 것이 많다. 예 학문이 깊다. ④밤이 오래 되다. 예 깊어 가는 가을 밤. 반 얕다.
깊숙하다 깊고 으슥하다. 예 깊숙한 골짜기. —이.
깊이[1] 겉에서 속까지의 길이. 예 강물의 깊이를 재다.
깊이[2] ①얕지 않게. 깊게. ②잘. 자세히. 예 학문을 깊이 깨닫다.
ㄲ[쌍기역] 'ㄱ'의 된소리.
까까머리 머리털을 깡그리 깎은 머리, 또는 그런 사람.

까꾸로 '가꾸로'의 센말. 큰 꺼꾸로. 예 가꾸로.
까:뀌 찍어서 재목을 깎는 연장.

〔까뀌〕

까놓다 ①껍질을 까서 놓다. ②마음 속의 비밀을 모두 털어놓다. 예 까놓고 이야기하다.
까다 ①껍질을 벗기다. 예 귤을 까 먹는 아이들. ②미리 쓴 것을 제하다. ③알을 품어서 새끼로 변하게 하다. 예 병아리를 까다.
까:다롭다〔까다로우니, 까다로워서/까다로이〕 ①성미가 너그럽지 못하다. ②복잡하고 어렵다.
까닥이다 머리를 앞뒤로 가볍게 흔들다. 예 고개를 까닥이다. 큰 끄덕이다. 센 까딱이다.
까닭 ①연고. ②일의 근본. ③이유. 예 우리는 학생인 까닭에 공부에 열중해야 한다. ④때문.
까닭 없:는 아무 이유도 없는. 예 까닭 없는 눈물.
까딱 ①고개를 앞으로 가벼이 꺾어 움직이는 모양. 예 고개를 까딱한다. ②조금 움직이는 모양. 예 까딱도 않는다. —하다.
까딱까딱 고개를 가볍게 앞뒤로 자꾸 움직이는 모양. —하다.
까딱없다 조금도 변하거나 움직임이 없다. 예 그 정도 가지고는 까딱없다. —이.
까딱하면 조금이라도 실수하면. 예 까딱하면 큰일난다.
까라지다 기운이 풀어져 축 늘어지다. 예 더위에 지쳐 몸이 까라진다.

ㄱ

까르르 여러 사람이 한꺼번에 자지러지게 웃는 소리. [예]아이들이 까르르 웃으며 뛰논다.

까마귀 털빛이 새까맣고 부리가 길며 까악까악 우는 새.

까마귀가 메밀을 마다 한다〈속〉 평소에 즐겨 하던 것을 뜻밖에 사양한다.

까마귀 날자 배 떨어진다〈속〉 아무 관계 없이 한 일이 마침 다른 일과 공교롭게 때가 같아서 무슨 관계가 있는 것처럼 의심을 받게 된다.

까마득하다 아주 멀거나 오래 되어서 아득하다. [예]목적지까지는 아직도 까마득하다. —히.

까막까치 까마귀와 까치.

까막눈 글을 읽을 줄 모르는 사람의 눈. [비]문맹.

까막눈이[—망누니] 글을 볼 줄 모르는 무식한 사람.

까:맣게 ①새까맣게. [예]밥이 까맣게 타다. [반]하얗게. [큰]꺼멓게. ②아주 높고 멀게. [예]어제 한 약속을 까맣게 잊었다.

까:맣게 잊다 아주 잊다. 완전히 잊다.

까:맣다 ①매우 검다. ②진하게 검다. [예]살갗이 까맣게 탔다. ③어렴풋하다. ④분명하지 않다. ⑤흐릿하다. [반]하얗다.

까:매지다 까맣게 되다. [큰]꺼매지다. [여]가매지다.

까먹다 ①껍데기를 벗겨 속의 것을 먹다. [예]밤을 까먹다. ②밑천이나 재산을 보람 없이 써서 축내거나 없애다. [예]부모님이 남겨 주신 재산을 다 까먹다. ③알고 있던 것을 잊어버리다. [예]약속을 까먹지 마라.

까무러치다 한때 정신을 잃고 죽은 상태처럼 되다. 기절하다. [예]놀라서 까무러치다. [여]가무러치다.

까무잡잡하다 얼굴 빛깔이 깨끗한 맛이 없고 조금 검다. [예]까무잡잡한 아이. [큰]꺼무접접하다. [여]가무잡잡하다.

까물거리다 ①불빛이 사라질 듯 말 듯하다. ②물건이 보일 듯 말 듯하다. ③의식이 있는 둥 만 둥하다. [큰]꺼물거리다. [여]가물거리다.

까뭇까뭇 군데군데 검은 모양. [큰]꺼뭇꺼뭇. [여]가뭇가뭇. —하다.

까발리다 ①껍데기를 벌려 젖히고, 속에 든 것을 드러내다. ②비밀 따위를 속속들이 드러내다. [예]비밀을 까발리다.

까부르다〔까부르니, 까불러서〕 곡식을 키에 담아 위아래로 부치어 섞여 있는 겨·티 등을 날려 보내다. [준]까불다.

까불다[1] ①행동을 경솔하게 하다. [예]까불지 말고 얌전히 굴어라. [반]얌전하다. ②몹시 흔들리다. [예]촛불이 까불다 꺼지다.

까불다[2] '까부르다'의 준말. [예]키로 쌀을 까불다.

까슬까슬하다 물체의 거죽이나 피부가 매끄럽지 않고 깔깔하다. [예]까슬까슬한 턱수염. [큰]꺼슬꺼슬하다. [여]가슬가슬하다.

까옥까옥 까마귀의 우는 소리. [준]깍깍. —하다.

까지 지정된 시간 안으로의 뜻. [예]내일까지 끝내라.

까지다 껍질 따위가 벗겨지다. [예]넘어져서 무릎이 까졌다.

-까짓 이·그·저·요·네 등에 붙어 '하잘것없는 정도'임을 나타내는 말. [예]그까짓 일쯤이야…….

까: 치 까마귓과의 새. 날개가 검고 등과 가슴이 희며 꼬리가 긴 새. 우리 나라의 국조임.

까: 치발 선반이나 널빤지를 받치기 위하여 버티어 놓은 직각삼각형으로 된 나무나 쇠.

까: 치 설 날[-랄] 설날의 전 날. 곧, 섣달 그믐날.

까: 치저고리 까치설빔으로 어린이들이 입는, 오색 옷감으로 지은 저고리.

까칠까칠 '가칠가칠'의 센말로 여러 군데가 거칠고 윤기가 없는 모양. ㉠피부가 까칠까칠하다. 큰꺼칠꺼칠. —하다.

까투리 암꿩을 장끼에 대하여 일컫는 말. 반장끼.

까풀 여러 겹으로 된 껍질이나 깝대기의 층. 큰꺼풀.

깍: 깍 '까옥까옥'의 준말. —하다.

깍: 깍거리다 까마귀나 까치가 자꾸 심하게 울다.

깍두기 무를 잘게 썰어 양념에 버무려 만든 반찬의 한 가지.

깍둑깍둑 무나 오이 같은 것을 거칠고 좀 잘게 써는 모양. ㉠무를 깍둑싹둑 썰다. 큰꺽둑꺽둑. —하다.

깍쟁이 ①인색한 사람을 욕하는 말. ㉠너무 깍쟁이처럼 굴지 마라. ②나이 어린 거지.

깍지 콩·팥 따위의 알맹이를 까낸 꼬투리. 콩깍지.

깎기접 가지 접붙이기의 한 방법. 바탕이 되는 나무에 'V'홈을 판 후, 접목을 깎아서 붙임.

깎다 ①얇게 베다. ②조금씩 저미다. ③머리털을 자르다. ㉠머리를 깎다. ④값을 적게 하다. ㉠물건값을 깎다.

깎듯이 예절바르게.
깎듯이 칼로 베어서 가늘거나 얇게 하듯이.

깎아지른 듯하다 반듯하게 깎아 세운 듯이 가파르다. ㉠깎아지른 듯한 절벽.

깐깐하다 행동이나 성격이 너그럽지 못하다. —히.

깔개 '눕거나 앉을 자리에 까는 물건'을 통틀어 이르는 말.

깔깔 큰 소리로 못 참을 듯이 웃는 소리. ㉠웃음을 참지 못하고 깔깔대고 말았다. 큰껄껄.

깔깔거리다 큰 목소리로 자꾸 웃다. 큰껄껄거리다.

깔깔하다 ①반드럽지 않고 거칠다. ㉠입 안이 깔깔하다. ②마음이 좁고 성미가 보드랍지 못하다.

깔끄럽다 깔깔하여 매끈하게 보드랍지 않다. 큰껄끄럽다.

깔끔하다 깨끗하고 매끈하다. ㉠옷차림이 깔끔하다. —히.

깔다〔까니〕 ①밑에 펴놓다. ㉠요를 깔다. ②늘어놓다. ③돈이나 곡식 따위를 여러 군데 꾸어 주어 놓다.

깔딱 ①물이나 술 따위의 액체를 겨우 조금 삼키는 소리, 또는 그 모양. ②숨이 곧 끊어질 듯 말 듯한 소리, 또는 그 모양. 큰껄떡. —하다.

깔때기 주둥이가 좁은 그릇에 액체를 따라 넣는 데 쓰는 원뿔 모양의 기구.

〔깔때기〕

깔리다 ①펴놓은 것같이 되다. 예 낙엽이 깔리다. ②밑에 펴놓음을 당하다. 예 흙더미에 깔린 사람.

깔보다 업신여기고 얕잡아 보다. 예 키가 작다고 깔보다.

깔아뭉개다 ①깔고 눌러 뭉개다. ②상대를 꼼짝못하도록 억누르다.

깜깜무소식 '감감무소식'의 센말. 소식이 전혀 없음. 예 한번 다녀간 후로 깜깜무소식이다.

깜깜절벽 ①'이야기가 전혀 통하지 않는 상대'를 이르는 말. ②'완전히 귀가 먹어 소리를 전연 못 듣는 상태'를 이르는 말.

깜깜하다 ①몹시 어둡다. 예 깜깜한 방. 큰 껌껌하다. ②아주 모르고 있다. 예 소식이 깜깜하다.

깜냥 일을 해내는 능력의 정도. 예 내 깜냥으로는 힘든 일이다.

깜박 ①눈을 잠깐 감았다가 뜨는 모양. ②등불이나 별 같은 것이 잠깐 흐려지다가 밝아지는 모양. ③정신이 잠깐 흐려지다가 맑아지는 모양. 예 깜박 잊다. 큰 끔벅. 센 깜빡. —하다.

깜박거리다 자꾸 깜박깜박하다.

깜박이다 ①불빛이나 별빛 따위가 잠깐 어두워졌다 밝아졌다 하다. ②눈을 잠깐 감았다 떴다 하다. 큰 끔벅이다. 센 깜빡이다.

깜부기 ①곡식 이삭이 깜부기병으로 검게 변한 것. ②얼굴빛이 까만 사람을 조롱조로 이르는 말. ③'깜부기숯'의 준말.

깜부기병 보리 종류나 조·옥수수 따위의 이삭에 생기는 병. 이 병에 걸리면 이삭이 까맣게 됨.

깜부기숯 줄거리 나무를 때고 난 뒤에 꺼서 만든 숯. 준 깜부기.

깜빡거리다 '깜박거리다'의 센말.

깜작거리다 눈을 자꾸 감았다 떴다 하다. 센 깜짝거리다.

깜짝 ①눈을 세게 잠깐 감았다가 뜨는 모양. ②갑자기 놀라는 모양. 예 천둥 소리에 깜짝 놀랐다.

깜찍하다 ①나이에 비해 너무 약다. ②영리하다. 예 깜찍하게 생겼다. ③악착스럽다. —이.

깝대기 ①알몸을 빼어 낸 겉의 물건. ②달걀·조개 등의 겉을 싼 단단한 물질. 큰 껍데기.

깝신거리다 말과 행동이 가볍고 까불거리다.

깝죽거리다 ①신이 나서 방정맞게 까불거리다. 예 깝죽거리지 좀 말고 가만히 있어라. ②잘난 체하다. 큰 껍죽거리다.

깝질 무른 물체의 겉을 싼 질긴 물질의 켜. 큰 껍질.

깡그리 하나도 남기지 아니하고 모조리. 예 깡그리 다 비우다.

깡마르다 몸에 살기가 없이 바싹 마르다. 예 깡마른 체구.

깡총하다 키가 작고 다리가 길다. 큰 껑충하다.

깡충깡충 짧은 다리로 자꾸 솟구쳐 뛰는 모양. 예 토끼가 깡충깡충 뛰다. 큰 껑충껑충. —하다.

깡통 ①얇은 쇠붙이로 만든 그릇. ②아는 것이 없이 머리가 텅 빈 사람을 조롱하여 이르는 말.

깡패 폭력 따위를 휘두르며, 남에게 못된 짓을 일삼는 불량배.

깨 '참깨·들깨'를 통틀어 이르는 말.

깨가 쏟아지다 아기자기한 재미와 정이 무르익다.

깨갱 강아지가 얻어맞거나 아플 때 다급하게 지르는 소리.

깨끗하다 ①정하다. ②맑다. ③상

쾌하다. ④더럽지 않다. 예깨끗한 차림. ⑤마음이 가뜬하다. ⑥병이 완전히 낫다. 예병이 깨끗이 낫다. ⑦산뜻하다. 비말끔하다. 맑다. 정결하다. 반더럽다. 불결하다. —이.

깨끼옷 옷의 안팎 솔기를 곱솔로 박아 지은 겹옷.

깨끼저고리 깨끼옷으로 된 웃옷.

깨끼춤 오른쪽 다리를 ㄱ자 모양으로 들고 외다리로 서서 타령에 맞추어 추는 손춤.

깨:다[1] ①자다가 눈을 뜨다. 예기적 소리에 잠을 깨다. ②취한 기운이 흩어지다. 예술이 깨다. ③지혜가 발달되다. 예의식이 깬 민중. ④미신에서 벗어나다. ⑤알이 까지다. 예알에서 깬 병아리.

깨다[2] ①부서지게 하다. 예접시를 깨다. ②일을 방해하다. 예흥을 깨다. ③약속·예정 따위를 취소하다. 예일방적으로 계약을 깨다.

깨단하다 오래 생각되지 않다가 어떤 실마리로 말미암아 환하게 깨닫다.

깨닫다[깨달으니, 깨달아서] ①알아차리다. ②생각하여 알게 되다. 예진리를 깨닫다.

깨뜨리다/깨트리다 ①부수다. 굵은 것을 잘게 만들다. 예꽃병을 쳐서 깨뜨리다. ②쪼개다. ③성한 것을 금가게 하다. ④될 일을 안 되게 하다. ⑤약속을 지키지 않다. 예약속을 깨뜨리다.

깨물다[깨무니] 이로 물어 상처를 내다. 예혀를 깨물다.

깨소금 참깨를 볶아 소금을 치고 빻아서 만든 양념. 예깨소금 맛이다.

깨알 같다 글씨 따위가 깨알처럼 매우 잘다.

깨우치다 이치나 사리를 깨닫게 하다. 예잘못을 깨우치다.

깨:지다 ①갈라지다. ②부서지다. 예돌에 유리창이 깨지다. ③상처가 나다. ④약속이 취소되다. 예혼약이 깨지다.

깨치다 깨달아 알게 되다. 예한글을 깨치다.

깻묵[깬—] 들깨나 참깨에서 기름을 짜고 남은 찌꺼기. 물고기의 먹이, 화초의 거름으로 씀.

깽깽 강아지가 놀라거나 아플 때 지르는 소리. 예강아지가 깽깽거리며 달아난다. 큰낑낑. —하다.

꺼끄러기 벼·보리·밀 따위의 낟알 겉껍질에 붙은 껄끄러운 수염 동강. 준꺼러기. 꺼럭. 짝까끄라기.

꺼:내다 ①속에 있는 것을 거죽으로 집어 내다. 예신발장에서 구두를 꺼내다. 반넣다. ②말을 시작하다. 예말을 꺼내다.

꺼뜨리다/꺼트리다 불을 꺼지게 하다. 예촛불을 꺼뜨리다.

꺼:리다 ①싫어하다. 예사진 찍기를 꺼리다. ②꺼림하게 여기다. ③주저하다. ④어려워하다.

꺼림칙하다 매우 꺼림하다. 예꺼림칙한 행동.

꺼림하다 마음에 뉘우쳐지는 언짢은 느낌이 있다. 께름하다.

꺼:멓다 빛이 심하게 검다. 예꺼먼 연기. 짝까맣다. 예거멓다.

꺼지다 ①불이 죽다. ②거품이 사라지다. 예거품이 순식간에 꺼지다. ③우묵하게 가운데가 들어가다. 예땅이 꺼지다.

꺼칠하다 살갗이나 털이 윤기가

꺼풀

없고 거칠다. ⓔ꺼칠한 피부. 㤛까칠하다. ㉥거칠하다.

꺼풀 여러 겹으로 된 껍데기 따위의 켜. ⓔ양파 한 꺼풀을 벗기다. 㤛까풀.

꺾기[꺽끼] 유도에서 굳히기의 한 가지. 상대의 팔이나 팔꿈치를 비틀어 꺾는 기술.

꺾꽂이[꺽꼬지] 가지를 잘라서 땅에 꽂아 뿌리를 내리게 해서 묘목을 만드는 일. —하다.

꺾다 ①구부리어 끊다. ⓔ꽃을 꺾다. ②말을 못 하게 하다. ③마음을 굽히다. ⓔ고집을 꺾다.

꺾어지다 부러져 동강이 나다. ⓔ바람에 나뭇가지가 꺾어지다.

꺾은선 여러 가지 길이와 방향을 가진 선분을 접선하여 얻어지는 선. ⓗ절선.

꺾은선 그래프 막대 그래프의 끝을 꺾은선으로 연결한 그래프. ⓗ절선 그래프.

껄껄 마음에 거리낄 것 없이 큰 소리로 우렁차게 웃는 소리. ⓔ호탕하게 껄껄 웃다. 㤛깔깔.

껄껄하다 거죽이 거세어 반드럽지 못하다. 㤛깔깔하다.

껄끄럽다〔껄끄러우니, 껄끄러워서〕 ①꺼끄러기 따위가 살에 닿거나 붙어 신경이 쓰이게 뜨끔하다. ②미끄럽거나 반드럽지 못하고 껄껄하다. 㤛깔끄럽다.

껄떡이 음식이나 재물에 턱없이 욕심을 내는 사람.

껄렁하다 속이 차지 않고 허술하여 꼴답지 아니하다. ⓔ껄렁한 소리 하지 마라. 돈껄렁껄렁하다.

껌(gum) 고무 액과 비슷한 치클이라는 것에 사탕과 향료를 넣어 만든 씹는 과자.

껌껌하다 ①몹시 어둡다. ⓔ껌껌한 방. 㤛깜깜하다. ②마음이 결백하지 못하다. ⓔ속이 껌껌한 사람. ㉦컴컴하다.

껍데기[—떼기] 달걀·밤·조개 따위의 겉을 싸고 있는 단단한 물질. ⓔ조개 껍데기. ⓟ알맹이.

껍적껍적 방정맞게 꺼불거리는 모양. 㤛깝작깝작. —하다.

껍죽거리다 ①신이 나서 방정맞게 꺼불거리다. ②잘난 체하다. 㤛깝죽거리다.

껍질 딱딱하지 아니한 물체와 한 살이 되어 온몸을 싼 질긴 켜. ⓔ귤 껍질. ⓟ알맹이. 㤛깝질.

-껏[껃] '있는 것은 모두'의 뜻으로 쓰이는 말. ⓔ정성껏. 힘껏.

껑쩡거리다 긴 다리로 자꾸 힘있게 뛰어가다.

껑쭝 긴 다리로 가볍고 힘있게 솟구어 뛰는 모양. 㤛깡쭝.

껑충 긴 다리로 자꾸 위로 솟구어 뛰는 모양. ⓔ껑충 뛰어오르다. 㤛깡충. ㉥겅중.

껑충거리다 신이 나서 긴 다리를 자꾸 위로 솟구쳐 뛰다. 㤛깡충거리다.

껑충껑충 신이 나서 긴 다리를 솟구쳐 뛰면서 걷는 모양. 㤛깡충깡충. —하다.

껑충하다 키가 멋없이 크고, 다리가 매우 길다. ⓔ키가 껑충하다. 㤛깡충하다.

께[1] '에게'의 높임말. ⓔ선생님께 편지를 올리다.

-께[2] 말하는 그 때. 쯤. ⓔ보름께. 그믐께.

께름하다 =꺼림하다. ⓔ그런 일을 하려니 께름하다.

께서 '이·가'의 높임말. ⓔ할아버

지께서 오셨다.

껴안다[—따] 두 팔로 끼어서 안다. ㉠ 아기를 껴안다.

껴입다 옷을 입은 위에 또 입다. ㉠ 추워서 옷을 껴입었다.

꼬기작꼬기작 구김살이 지게 자꾸 구기는 모양. ㉠ 편지를 꼬기작꼬기작 구겨서 주머니에 넣었다. 큰 꾸기적꾸기적. 여 고기작고기작. —하다.

꼬:까신 아이들이 신는 빛깔이 고운 신. ㉠ 꼬까신 신고 세배 가는 아이들.

꼬꼬 암탉이 우는 소리.

꼬끼오 수탉 우는 소리. —하다.

꼬:다 여러 가닥을 풀어지지 않도록 비비어 한 줄이 되도록 하다. ㉠ 새끼를 꼬다.

꼬드기다 ①남의 마음을 부추기어 무슨 일을 하도록 하다. ②연을 높이 오르도록 얼레를 한 손에 쥐고, 다른 한 손으로 연줄을 툭 잦히다.

꼬락서니 '꼴'의 속어.

꼬리 동물의 꽁무니와 몸뚱이의 끝에 길쭉하게 내민 부분. 꽁지. ㉠ 꼬리를 감추다. 반 머리.

꼬리가 길면 밟힌다〈속〉 나쁜 일을 오래 두고 하면 나중에는 남에게 들키고 만다.

꼬리 곰:탕 소의 꼬리를 진하게 고은 국에 밥을 만 음식.

꼬리를 물고 연달아. 그치지 않고. 연이어. ㉠ 자동차가 꼬리를 물고 잇달아 지나간다.

꼬리말 책의 끝에 그 내용의 대강이나 그에 관계된 사항을 간단히 적은 글. 반 머리말.

꼬리연 꼬리가 달린 연.

꼬리지느러미 물고기의 몸 뒤 끝에 있는 지느러미.

꼬리치 꼬리칫과의 바닷물고기. 길이는 50cm, 몸은 부드럽고 반투명이며, 입은 배쪽에 있고 배지느러미는 항문에 달함.

꼬마 ①조그마한 사물을 귀엽게 이르는 말. ㉠ 꼬마 전구. ②'꼬마둥이'의 준말.

꼬마둥이 ①어린아이. ㉠ 우리 집 꼬마둥이. ②키나 몸집이 남달리 작은 사람. 준 꼬마.

꼬마 전:구(—電球) 손전등에 쓰이는 작은 전구. 3V·4.5V용이 있음.

꼬물거리다 몸을 무겁게 자주 움직이다. ㉠ 꼬물거리지 말고 빨리 따라오너라. 큰 꾸물거리다. 여 고물거리다.

꼬박 '꼬박이'의 준말. ㉠ 그 일을 하는 데 꼬박 이틀이 걸렸다.

꼬박꼬박 ①졸거나 절할 때에 머리와 몸을 숙였다 드는 모양. ㉠ 어젯밤에 잠을 제대로 자지 못한 철수는 꼬박꼬박 졸고 있다. ②차례를 거르지 아니하는 모양. ③남의 말을 잘 듣고 따르는 모양. 큰 꾸벅꾸벅. 센 꼬빡꼬빡.

꼬박이 그대로 계속하여 기디리거나 밤을 새우는 모양. ㉠ 밤을 꼬박이 새우다. 준 꼬박.

꼬부라지다 한쪽으로 굽게 되다. ㉠ 등이 꼬부라진 할머니. 반 꼿꼿하다. 큰 꾸부러지다.

꼬부랑 글자 ①모양 없이 아무렇게나 쓴 글씨. ②'서양 글자'를 속되게 이르는 말.

꼬부랑길[—낄] 여러 굽이로 꼬부라진 길.

꼬불꼬불 이리저리 꼬부라진. ㉠ 꼬불꼬불한 산길을 올라가다. 큰

ㄱ

꾸불꾸불. [여]고불고불 —하다.

꼬빡 온밤을 뜬눈으로 새우는 모양. [예]어머니의 병환을 간호하느라고 꼬빡 뜬눈으로 밤을 새웠다. [여]꼬박.

꼬옥 조금 힘주어 쥐거나 안는 모양. [예]손을 꼬옥 쥐다.

꼬이다 ①일이 제대로 되지 않다. [예]일이 자꾸 꼬이다. ②뒤틀리다. ③'꾀다'의 본디말.

꼬장꼬장하다 ①어떠한 물건 같은 것이 가늘고 곧다. [예]꼬장꼬장한 회초리. ②사람의 성질이나 마음이 곧고 꿋꿋하다. [예]꼬장꼬장한 성격. [큰]꾸정꾸정하다.

꼬질꼬질 ①잘 자라지 못하여 몹시 뒤틀어지고 꼬불꼬불한 모양. [예]꼬질꼬질한 잡목. ②차림새나 맵시가 풀기가 죽고 때가 끼어 매우 궁상스러운 모양. [예]꼬질꼬질한 옷차림. —하다.

꼬집다 ①손가락이나 손톱으로 잡아 비틀다. [예]팔을 꼬집다. ②남의 약점이나 비밀을 들추어 내다. [예]단점을 꼬집다.

꼬창모 논에 물이 부족하여 흙이 좀 굳어서 꼬챙이로 구멍을 뚫으면서 심는 모.

꼬챙이 물건을 꿰는 데 쓰는 가느다란 막대기.

꼬치 꼬챙이에 꿴 음식. [예]참새구이 한 꼬치.

꼬치꼬치 ①몸이 몹시 여위어서 꼬챙이같이 마른 모양. ②끝까지 낱낱이 파고들며 물어 보는 모양. 미주알고주알. [예]남의 집안 일을 꼬치꼬치 캐묻지 마라.

꼬투리[1] 사건의 실마리. 일이 일어난 까닭.

꼬투리[2] 콩·팥 따위의 씨가 들어 있는 깍지.

〔꼬투리²〕

꼭 ①틀리거나 어기지 아니하고. ②힘주어 누르거나 조르는 모양. [예]눈을 꼭 감다. ③괴로움이나 아픔을 굳이 참고 견디는 모양. [예]꼭 참고 이겨 내라. [비]반드시.

꼭꼭 ①연해 힘을 주어 자꾸 누르는 모양. [큰]꾹꾹. ②숨바꼭질할 때 잘 숨으라고 외치는 소리. [예]꼭꼭 숨어라.

꼭대기 ①물건의 제일 위. [예]산꼭대기에 오르다. ②일의 맨 처음. ③여러 사람의 우두머리.

꼭두각시 ①무대 위에 놓고 놀리는 이상야릇한 탈을 씌운 인형. ②남이 시키는 대로 따라 하는 사람의 비유. [비]괴뢰.

꼭두각시놀음 ①배우 대신 인형을 만들어서 하는 민속극의 하나. 박첨지놀음. ②남이 시키는 대로 하는 일. —하다.

꼭두새벽 썩 이른 새벽. 첫새벽.

꼭지 ①그릇 뚜껑의 손잡이. [예]냄비 꼭지. ②열매가 나무에 달린 부분. [예]사과 꼭지.

꼭지각[—찌각] 이등변삼각형에서, 밑변과 마주 보는 각.

꼭지쇠 전구의 유리구와 연결된 둥글게 싼 쇠붙이로 된 통.

꼭지연 연의 이마에 종이를 둥글게 오려 붙인 것.

꼭짓점[—찌쩜] ①맨 꼭대기의 점. ②각을 이룬 두 직선이 만나는 점, 또는 다면체에서 세 개 이상의 면이 만나는 점.

꿇다[꿀타] 잘되고 잘못됨을 살피어 정하다.

꼴 ①사물의 생김새나 됨됨이. ⑩ 꼴같잖다. ②소·말에게 먹이는 풀. ⑩ 꼴을 베다.

꼴깍 적은 분량의 물이나 침 따위가 목이나 좁은 구멍으로 단번에 넘어가는 소리. —하다.

꼴뚜기 낙지와 비슷하게 생긴 바닷물고기. 몸길이는 다리까지 2cm 정도. 몸통에 도톨도톨한 혹이 있고 여덟 개의 발이 있음. 몸빛깔은 회색을 띤 적갈색임.

꼴불견 꼴이 비위에 거슬리어 차마 볼 수 없음. ⑩ 해외 여행에서 과소비는 꼴불견이다.

꼴사납다[꼴사나워, 꼴사나우니] 생김새나 됨됨이가 마음에 언짢다.

꼴찌 ①남보다 제일 빠지는 사람. ②맨 끝. 맨 나중.

꼼꼼하다 빈틈이 없이 자세하고 찬찬하다. ⑩꼼꼼한 성격. —히.

꼼지락 몸을 약하고 느리게 움직이는 모양. —하다.

꼼짝 약하고 느리게 움직이는 모양. 큰꿈쩍. 여곰작. —하다.

꼼짝 못 하다 몸을 조금도 움직이지 못하다. ⑩무서워서 꼼짝 못하다. 큰꿈쩍 못 하다.

꼽다 ①손가락을 구부리어 셈을 세다. ⑩소풍날을 손꼽아 헤아려 보다. ②사람의 이름을 들어 가며 헤아리다.

꼿꼿하다[꼳꼬타—] ①마음이나 뜻이 곧고 굳세다. ②매우 곧다. ⑩꼿꼿한 대나무. 반꼬부라지다. 비스듬하다. 큰꿋꿋하다. —이.

꽁꽁[1] ①단단히 언 모양. ⑩손발이 꽁꽁 얼다. ②단단히 묶은 모양. ⑩꽁꽁 묶어라.

꽁:꽁[2] 되게 앓는 소리. 또, 아픈 것을 참는 신음 소리. ⑩꽁꽁 앓다. 큰끙끙. —하다.

꽁무니 ①짐승이나 새의 등마루뼈의 아랫부분. ②엉덩이를 중심으로 한 몸의 뒷부분. ③사물의 맨 뒤나 맨 끝. ⑩꽁무니에 서다.

꽁보리밥 쌀은 전연 섞지 않고 보리로만 지은 밥.

꽁숫줄 연의 아랫부분 한가운데 매어진 실로, 위의 두 줄과 합쳐 연줄에 이어진 줄.

꽁지 새의 꽁무니 깃털.

꽁지깃 새의 꼬리가 되는 털.

꽁지 빠진 새 같다〈속〉 사물의 생김새나 됨됨이가 초라하다.

꽁초 '담배 꽁초'의 준말.

꽁:치 정어리와 비슷한 바닷물고기. 몸이 가늘고 긺.

꽁:하다 ①마음 속으로 못마땅하게 여겨 말이 없다. ⑩ 사소한 일로 다투고 꽁하게 토라져 있다. ②마음이 좁아 어떤 일을 잊지 않고 속으로 언짢아하다. ⑩꽁하지 말고 화를 풀어라.

꽂다 ①박아 세우거나 찔러 넣다. ⑩ 기를 꽂다. ②꼭 끼우다. ⑩플러그를 꽂다. 반뽑다.

꽃[꼳] ①식물의 줄기나 가지에 붙어서 열매를 맺기 전에 피어 아름다움을 보이는 부분. 비화초. ②아름다운 여자를 가리키는 말.

꽃가루 수꽃술 속에 있는 분과 같은 가루. 비화분.

꽃관 여러 가지 꽃으로 꾸민 관.

꽃구름 여러 빛깔로 아롱진 아름다운 모양을 한 구름.

꽃길 꽃이 아름답게 피어 있는 길. ⑩ 꽃길을 걷다.

꽃꽂이[꼳꼬지] 화초나 나무의 가

꽃나무

지를 꽃병 따위에 꽂아 자연미를 나타내는 일, 또는 그 기법. 예꽃꽂이 강습회.

꽃나무[꼰—] 꽃이 피는 나무.

꽃농장[꼰—] 꽃을 재배하는 곳.

꽃눈[꼰—] 자라서 꽃이 될 눈.

꽃다발[꼳따—] 여러 가지 꽃을 한데 묶은 것. 예졸업하는 언니에게 꽃다발을 선사하였다. 비화환.

꽃다지 오이·가지·호박 등의 맨 처음 열린 열매.

꽃답다[꼳땁따]〔꽃다우니, 꽃다워〕 꽃과 같이 아름답다. 예꽃다운 나이.

꽃대궐 꽃으로 큰 집을 지은 것처럼 아름다운 것. 즉 꽃이 많이 피었다는 말.

꽃동산 아름다운 꽃이 많이 피어 있는 동산. 화원.

꽃말[꼰—] 꽃의 특징에 따라서 상징적인 뜻으로 붙인 말. 예진달래의 꽃말은 사랑, 할미꽃의 꽃말은 추억이다.

꽃망울[꼰—] 아직 피지 않은 어린 꽃봉오리. 준망울.

꽃모종[꼰—] 옮겨 심기 위하여 기르는 꽃나무의 모종.

꽃바구니 꽃을 담거나 꽂아 장식에 쓰는 바구니.

꽃받침[꼳빧—] 꽃을 보호하는 기관의 한 가지. 꽃잎을 받치고 있는 부분.

꽃밭[꼳빧] 꽃을 심은 밭. 비화단.

꽃밭에 불지른다〈속〉 모질고 인정이 없다.

꽃병(—瓶)[꼳뼝] 꽃을 꺾어 꽂는 병. 비화병.

꽃봉오리[꼳뽕—] ①맺히어 아직 피지 아니한 꽃. 준봉오리. ②나이가 어려서 앞으로 희망이 많음을 가리키는 말.

꽃분(—盆) 꽃나무를 심어 두는 흙으로 만든 그릇. 비화분.

꽃사슴 몸에 흰 점이 박힌 예쁘고 귀여운 사슴.

꽃삽[꼳쌉] 꽃나무 따위를 옮겨 심거나 매만져 가꾸는 데 쓰는 조그만 삽.

꽃샘 이른 봄철 꽃이 필 무렵의 추위. 꽃샘추위. —하다.

꽃샘바람 이른 봄, 꽃 필 무렵에 부는 쌀쌀한 바람.

꽃샘추위 봄철 꽃이 필 무렵의 추위. 예꽃샘추위가 제법 맵다.

꽃송이[꼳쏭—] 꽃자루 위의 꽃 전체.

꽃술 꽃부리 속에 들어 있는 실같이 생긴, 꽃이 번식하는 기관. 암·수 두 가지가 있음.

꽃신 꽃무늬로 곱게 꾸민 어린 여자의 신.

꽃씨[꼳—] 꽃나무의 씨.

꽃잎[꼰닙] 꽃부리의 낱 조각.

꽃자루[꼳짜—] 꽃대나 가지에서 갈라져 나와, 꽃을 받치는 작은 자루.

꽃집[꼳찝] 꽃을 파는 집. 비꽃가게. 꽃방.

꽃창포[꼳—] 붓꽃과의 여러해살이풀. 높이는 80~95cm. 잎은 칼 모양. 여름에 자색 또는 홍자색의 꽃이 핌.

꽃피우다[꼳—] ①어떤 현상이 활짝 드러나게 하다. 예고향 이야기로 꽃피우다. ②어떤 현상을 번영되게 하다. 예근대 문명을 꽃피우다.

꽈:리 ①가짓과의 여러해살이풀.

잎은 한 군데에 두 잎씩 나오고 여름에 황백색 꽃이 피며, 둥근 열매가 붉게 익음. ②여자애들이 꽈리나무 열매를 따 가지고 씨가 든 속을 빼어 버리고 입 안에 넣고 뽀드득뽀드득 소리를 내어 부는 것.

〔꽈리〕

꽉 ①힘을 들여 누르는 모양. 예 주먹을 꽉 쥐다. ②가득 찬 모양. 예 극장에 손님들이 꽉 차서 자리가 없다.

꽝 아주 크게 나는 소리. 대포나 총을 쏘거나 폭발물이 터질 때 울리는 소리. 예 꽝하고 포탄이 터지다. 거 쾅. —하다.

꽝꽝 단단하고 세차게 잇달아 나는 총이나 대포 소리. 예 여기저기서 포탄이 꽝꽝 터진다. 거 쾅쾅. —하다.

꽤 생각보다 좀 심한 정도로. 예 사람이 꽤 많이 모였구나!

꽥: 싱닐 때나 남을 겁주고 놀라게 할 때 갑자기 목청을 높여 지르는 소리. 예 갑자기 소리를 꽥 질러서 놀랐다. —하다.

꽹과리 줄을 꿰어 손에 쥐고 나무로 된 채로 치는, 징보다 작게 놋쇠로 만든 농악기의 한 가지. 농악·불교 음악 등에 쓰임.

〔꽹과리〕

꾀 ①교묘한 수단. ②남을 잘 속이는 수단. ③일을 꾸며 내는 묘한 생각. 예 저 사람은 꾀가 없어서 고생만 한다.

꾀꼬리 꾀꼬릿과의 새로, 몸이 누르고 이른 봄부터 꾀꼴꾀꼴하고 아름다운 소리로 욺.

꾀꼴 꾀꼬리가 우는 소리.

꾀:다¹ 그럴듯한 말로 자기 생각에 따르게 하다. 예 놀자고 꾀다. 본 꼬이다.

꾀:다² 벌레 같은 것이 수없이 모여들어 뒤끓다. 예 음식물에 벌레가 꾄다. 비 꼬이다.

꾀병 거짓 꾸미는 병. 예 꾀병을 부리다. —하다.

꾀이다 ①꾀를 써서 자기의 뜻대로 되도록 힘쓰다. ②악한 일을 하게 하다.

꾀죄죄하다 몹시 꾀죄하다. 예 꾀죄죄한 얼굴.

꾀죄하다 ①옷차림이나 모양새가 지저분하다. 예 꾀죄한 옷. ②하는 짓이 너그럽지 못하고 속이 좁다. 예 꾀죄한 사람.

꾀하다 ①어떤 일을 하려고 애쓰다. ②서로 의논하다. ③일의 계획을 세우다. 도모하다. 예 음모를 꾀하다.

꾐:수[—쑤] 남을 속여서 자기가 생각하는 대로 행동하게 하려는 수단. 예 꾐수에 빠지다. 비 속임수.

꾸다〔꾸어〕 ①꿈의 현상을 보다. 예 꿈을 꾸다. ②돌려보낼 마음으로 물건을 받다. 예 돈을 꾸다. 비 빌리다.

-꾸러기 일부 낱말에 붙어서 '그 사물이나 그런 버릇이 많은 사람'의 뜻을 나타내는 말. 예 욕심꾸러기. 잠꾸러기.

꾸러미 ①꾸려서 뭉쳐 싼 물건. 예 짐 꾸러미. ②짚으로 길게 묶어 중간중간 동인 것. 예 달걀 꾸러미. ③물건의 꾸러미를 세는 단위. 예 달걀 두 꾸러미.

꾸리 ①실을 감은 뭉치. ②실 따위를 감은 뭉치를 세는 단위. 예 북실 두 꾸리.

꾸리다 짐을 싸서 묶다. 예 이삿짐을 꾸리다.

꾸물거리다 몸을 느리게 움직이다. 예 빨리 가지 않고 왜 꾸물거리느냐? [작] 꼬물거리다.

꾸미는 말 임자말이나 풀이말 앞에서 그 말의 뜻이나 내용을 자세히 설명하는 말. 꾸밈말. 수식어. '예쁜 꽃이 핀다. 바다는 매우 푸르다'에서 '예쁜'은 '꽃'이라는 임자말을 꾸미고, '매우'는 '푸르다'라는 풀이말을 꾸미는 말임.

꾸미다 ①사실이 아닌 것을 그럴듯하게 거짓으로 만들다. 예 거짓말을 꾸미다. ②매만져서 겉으로 좋게 드러나도록 하다. 예 겉모양을 꾸미다.

꾸밈 ①겉모양을 보기 좋게 만듦. ②속이기 위하여 거짓으로 만듦.

꾸밈새 꾸민 모양새. 예 꾸밈새가 세련되다.

꾸벅 졸거나 절할 때 머리나 몸을 앞으로 숙였다가 드는 모양. 예 꾸벅 인사를 하다. [작] 꼬박. [센] 꾸뻑. —하다.

꾸벅거리다 졸거나 절할 때, 머리와 몸을 자꾸 꾸벅이다. 예 꾸벅거리며 졸다.

꾸벅꾸벅 ①머리와 몸을 자꾸 꾸벅이는 모양. 예 꾸벅꾸벅 졸다. ②시키는 대로 순종하는 모양. 예 꾸벅꾸벅 말을 잘 듣는다. [작] 꼬박꼬박. [센] 꾸뻑꾸뻑.

꾸역꾸역 한군데로 많은 물건이나 사람이 잇달아 몰려들거나 몰려나는 모양. 예 사람들이 꾸역꾸역 모여든다.

꾸준하다 조금도 쉬지 않고 계속하다. 예 모임에 꾸준히 참석하다. —히.

꾸중 ①'꾸지람'의 높임말. ②잘못을 나무라는 말. 예 지각을 해서 꾸중을 듣다. [반] 칭찬. —하다.

꾸지람 아랫사람의 잘못을 꾸짖는 말. 나무라는 말. 예 꾸지람이 심하다. [비] 나무람. —하다.

꾸짖다 잘못을 나무라다. 예 공부 시간에 떠드는 아이들을 꾸짖다.

꾹 ①괴로움을 참고 견디는 모양. 예 꾹 참다. ②힘주어 누르거나 죄는 모양. 예 꾹 누르다. [작] 꼭.

-꾼 ①일부 낱말에 붙어서 어떤 일을 직업적·전문적 또는 습관적으로 하는 사람을 뜻하는 말. 예 씨름꾼. 장사꾼. ②어떤 일이나 어떤 자리에 모이는 사람을 뜻하는 말. 예 구경꾼. 장꾼.

꿀 꽃의 당분을 가져다가 모아 둔 벌의 먹이.

꿀꺽 물이나 침 따위가 목이나 좁은 구멍으로 단번에 넘어가는 소리. 예 침을 꿀꺽 삼키다. [작] 꼴깍. —하다.

꿀꺽꿀꺽 물 따위가 한꺼번에 목구멍이나 좁은 통로로 넘어갈 때 나는 소리. 예 물을 꿀꺽꿀꺽 마시다. —하다.

꿀꿀 ①물 따위가 가는 줄기로 몰리어 비스듬히 굽이진 데를 많이 흐르는 소리. [작] 꼴꼴. ②돼지의 우는 소리. —하다.

꿀단지 [—딴지] 꿀을 넣어 두는

단지. 예)꿀단지에 빠진 파리.
꿀도 약이라면 쓰다〈속〉 자기에게 이로운 충고조차 싫어한다.
꿀떡[1] 떡가루에 꿀 혹은 설탕물을 내리어서 밤·대추 등을 켜마다 넣고 찐 떡.
꿀떡[2] 목구멍으로 힘차게 많이 삼키는 모양. 예)고깃덩이를 꿀떡 삼켰다. 작)꼴딱. ―하다.
꿀렁꿀렁 ①물 따위가 자꾸 소리를 내며 흔들리는 모양. ②들떠서 크게 부푼 모양. ―하다.
꿀리다 ①구김살이 생기다. ②경제 형편이 옹색하게 되다. 예)살림이 꿀리다. ③마음 속으로 좀 켕기다. ④힘이나 능력이 남에게 눌리다. 예)힘이 꿀리다.
꿀 먹은 벙어리〈속〉 마음 속에 지닌 말을 발표하지 못하는 사람을 놀리는 말.
꿀물 꿀을 타서 달게 만든 물.
꿀밤 귀엽거나 사랑스러울 때 주먹 끝으로 가볍게 머리를 때리는 짓. 예)꿀밤을 먹이다.
꿀벌 꿀벌과의 곤충. 꽃에 생기는 달콤한 꿀을 빨아먹기도 하고 나르기도 함. 준)벌.
꿀을 뜨다 벌통 안에 있는 꿀을 뽑아 내다.
꿀을 치다 꿀을 모으다.
꿀컥 액체 등이 목구멍이나 좁은 구멍으로 한꺼번에 넘어가는 소리. 예)침을 꿀컥 삼키다. 작)꼴각. 여)꿀꺽. ―하다.
꿇다[꿀타] 무릎을 구부려 바닥에 대다. 예)무릎을 꿇고 절을 한다.
꿇어앉다 무릎을 꿇고 앉다. 예)벌로 꿇어앉아 있는 아이들.
꿈 ①잠자는 중에, 깨어 있을 때와 같이 여러 가지 사물이 보이는 일. 예)어젯밤에는 참 재미있는 꿈을 꾸었다. ②마음 속으로 바라는 것. ③현실을 떠난 생각. 반)현실. 생시.
꿈결[―껼] 꿈꾸는 사이. 예)꿈결에 돌아가신 어머님의 모습을 보았다.
꿈꾸다 ①자는 동안에 꿈이 보이다. ②속으로 은근히 뜻을 세우거나 바라다. 예)그가 항상 꿈꾸던 희망이 드디어 이루어졌다.
꿈나라 ①마음 속에 그리는 세계. ②'잠'을 이르는 말. 예)꿈나라로 가다.
꿈보다 해몽〈속〉 사실보다 그 해석이 좋다.
꿈에도 생각지 않았던 ①조금도 생각한 일이 없는. ②아주 뜻밖의. 예)꿈에도 생각지 않았던 횡재를 하다.
꿈에 본 돈이다〈속〉 아무리 좋아도 손에 넣을 수 없다.
꿈을 꾸는 터무니없는 것을 바라는, 희망을 가지는. 예)그런 꿈을 꾸는 것도 나쁘진 않지.
꿈자리 꿈에 나타난 일이나 내용. 예)꿈자리가 좋다.
꿈쩍꿈쩍 무섭고 느리게 움직이는 모양. 예)꿈쩍꿈쩍 꼭 노인과 같이 느리다. 작)꼼짝꼼짝. ―하다.
꿈쩍없다 ①꿈쩍할 수가 없다. ②조금도 움직이는 기색이 없다. 예)아무리 힘껏 밀어도 이 차는 꿈쩍없다. 작)꼼짝없다. ―이.
꿈틀거리다 몸을 이리저리 자꾸 움직이다. 예)지렁이가 천천히 꿈틀거린다. 작)꼼틀거리다. 여)굼틀거리다.
꿈틀꿈틀 몸을 이리저리 꾸부리어 자꾸 움직이는 모양. 작)꼼틀꼼

꿋꿋하다

틀. 예굼틀굼틀. —하다.
꿋꿋하다 굳세고 곧다. 굽히지 않고 바르다. 예꿋꿋하게 버틴다. 짝꽂꽂하다. —이.
꿍꿍이 '꿍꿍이셈'의 준말. 예무슨 꿍꿍이인지 알 수가 없다.
꿍꿍이셈 속으로만 우물쭈물하는 속셈. 예꿍꿍이셈을 모르겠다. 준꿍꿍이.
꿍ː하다 마음에 언짢고 못마땅하여 말도 않고 덤덤히 있다. 예왜 또 꿍하고 있느냐?
꿩 꿩과의 새로, 털이 곱고 날개는 비교적 작으며 고기맛이 썩 좋음.
꿩 구워 먹은 자리다〈속〉 어떠한 일을 하고도 아무 흔적이 보이지 않는다.
꿩 대신 닭이다〈속〉 적당한 것이 없으면 비슷한 것으로 대신한다.
꿩덫[—덛] 꿩을 잡기 위하여 장치한 도구.
꿩 먹고 알 먹는다〈속〉 한꺼번에 두 가지 이득이 생긴다.
꿩 잡는 것이 매다〈속〉 꿩을 잡지 않으면 매라고 할 수가 없으니, 실지로 제 구실을 하는 것이 제일이라는 말.
꿰ː다 ①꼬챙이 끝을 들여보내다. ②구멍으로 실·끈 따위를 들여보내다. 예바늘귀에 실을 꿰다. ③옷을 입다. 예바지를 꿰다.
꿰ː뚫다[—뚤타] ①이쪽에서 저쪽까지 꿰어 뚫어 내다. ②거죽에서 속까지 들어가게 하다. 예역사학자에게는 역사를 꿰뚫어 보는 눈이 있어야 한다.
꿰ː매다 바느질하다. 찢어지거나 터진 데를 깁다. 예찢어진 바지를 꿰매다.

꿰ː미 구멍 뚫린 물건을 꿰어 묶은 노끈, 또는 노끈 같은 것으로 꿰어 놓은 분량. 예엽전 한 꿰미.
뀌ː다 방귀를 내보내다.
끄나풀 ①끈의 길지 않은 도막. ②남의 앞잡이 노릇을 하는 사람을 낮게 이르는 말.
끄다[끄니, 꺼서] ①불을 못 타게 하다. 예촛불을 끄다. ②전깃불·라디오 따위의 스위치를 내리다. 예라디오를 끄다. ③엉기어 덩어리로 된 것을 깨어 헤뜨리다. 예얼음을 끄다.
끄덕 고개를 아래로 숙였다 드는 모양. 예그는 대답 대신 고개를 끄덕였다. 짝까닥. 센끄떡. —하다.
끄덕거리다 머리를 위아래로 움직이다. 예고개를 끄덕거린다. 짝까닥거리다. 센끄떡거리다.
끄덕이다 알았다는 뜻으로 고개를 위아래로 가볍게 움직이다. 예고개를 끄덕이다.
끄떡끄떡 고개를 자꾸 위아래로 꺾어 흔드는 모양. 예끄떡끄떡 졸다. 짝까딱까딱. 예끄덕끄덕. —하다.
끄떡없다[—떠겁따] ①단단하여 흔들리지 아니하다. ②굳세다. 짝까딱없다. —이.
끄르다[끄르니, 끌러서] ①맺은 것이나 맨 것을 풀다. 예짐을 끄르다. ②잠근 것을 열다. 예단추를 끄르다.
끄트러기 ①쓰고 남은 자질구레한 물건. ②하다가 남은 일. 예일의 끄트러기.
끄트머리 ①쓰고 남은 물건. ②하다가 덜한 일. ③실마리. 예복잡한 사건의 끄트머리를 찾았다. ④ 맨 끝이 되는 부분.

끈 물건을 묶거나 붙잡아매는 데 쓰는, 실이나 종이로 만든 가늘고 긴 물건.

끈기 참을성이 있어 끝까지 이어 가는 성질. 예 은근과 끈기의 한 민족.

끈기 있게 ①줄기차게. ②그침이 없이.

끈기 있는 ①끈적끈적한. ②성질 이 아주 질기고 끈끈한. 예 끈기 있는 남자.

끈끈이 벌레나 쥐 등을 잡는 데 쓰는 끈끈한 물질.

끈끈하다 ①끈기가 많다. 예 송진 이 끈끈하다. ②성질이 질기다. 작 깐깐하다. —히.

끈덕지다 끈기가 있어 꾸준하고 줄기차다. 예 끈덕지게 도전하다. 비 끈질기다.

끈적이다 끈끈하여 잘 달라붙다. 예 손가락에 풀이 묻어 끈적인다. 작 깐작이다.

끈질기다 끈기 있게 질기다. 예 끈질기게 조르다. 비 끈덕지다. 작 깐질기다.

끊나니 끊는 듯하구나.

끊다[끈타] ①물건을 둘로 자르 다. ②못 가게 막다. ③교제를 그 치다. 예 관계를 끊다. ④먹던 것 을 아니 먹다. 예 술을 끊다. ⑤ 죽다. 예 목숨을 끊다.

끊어지다[끄너—] ①따로 떨어지 다. 예 실이 끊어지다. ②죽게 되 다. 예 숨이 끊어지다. ③중단되 거나 차단되다.

끊음표[끄늠—] 한 음표씩 끊어서 연주함을 나타내는 기호.

끊임없는 그침이 없는. 영원한.

끊임없다 늘 잇대어 끊어지지 않 다. 꾸준하다. 예 끊임없는 노력. —이.

끌 나무에 구멍을 파거나 다듬는 연장.

〔끌〕

끌:다 ①바닥에 대고 잡아당기다. ②시간을 미루다. 예 시간을 끌 다. ③제게로 오게 하다. 당기다.

끌:려가다 억지로 붙들려 가다. 예 경찰서로 끌려가다.

끌:리다 ①저 쪽으로 잡아당김을 당하다. ②옷 따위의 늘어진 부분 이 바닥에 쓸리다. 예 치맛자락이 끌리다.

끌:어내다 끌어서 밖으로 내다. 예 감옥에서 죄인을 끌어내다.

끌:어당기다 끌어서 앞으로 가까 이 오게 하다. 예 팔을 끌어당기다.

끌:어안다[—따] 끌어당겨서 두 팔로 가슴에 껴안다. 예 아이를 끌어안다.

끌:어올리다 잡아당겨서 위로 올 리다. 예 펌프로 물을 끌어올리 다. 반 끌어내리다.

끓는점[끌른—] 액체가 끓기 시작 할 때의 온도. 비 비등점.

끓다[끌타] ①물이 불을 만나서 솟아오르다. ②음식이 불에 익다. 예 찌개가 끓다. 반 식다.

끓이다[끄리—] ①끓게 하다. ② 음식을 익히다. 반 식히다.

끔쩍 갑자기 놀라는 모양. 작 깜 짝. 예 끔적. —하다.

끔찍하다 ①지독하게 많다. ②매 우 참혹하다. 예 끔찍한 광경을 목격하다. ③정성이 아주 극진하다. —이.
끙끙 끙끙거리는 소리. 예끙끙 앓다. 짝깽깽. 낑낑. —하다.
끙끙거리다 앓거나 힘드는 일에 부대끼어 끙끙 소리를 계속 내다. 짝깽깽거리다.
끝[끋] ①맨 나중. ②맨 아래. ③맨 꼭대기. 비마지막. 반처음.
끝각[끋깍] 도형에서 양쪽 끝에 있는 각.
끝끝내[끋끈—] ①맨 나중까지. 오래도록. 예끝끝내 고집을 부리다. ②마침내. 예끝끝내 이루었구나.
끝나다[끈—] 일이 다 이루어지다. 예연극이 끝나다.
끝내다[끈—] ①일이 다 이루어지다. 일을 끝마치다. 예수업을 끝내다. ②운동 경기 따위에서 승부의 마무리를 짓다. 예한 점 차로 경기를 끝내다.
끝동[끋똥] 여자의 저고리 소매 끝에 다는 헝겊.

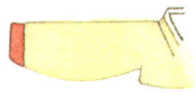

〔끝 동〕

끝마치다[끈—] 일을 끝내다. 예오늘 안으로 이 일을 끝마치자.
끝막음 일의 끝을 내어 완전히 맺는 일. —하다.
끝말[끈—] 책의 본문 끝에 싣는 글. 반머리말.
끝맺음[끈매즘] 일을 끝내어 마무리를 지음. 예끝맺음이 좋다.
끝물[끈—] 맨 나중에 나오는 과일·야채·곡식·해산물 등을 말함. 반맏물.

끝소리 ①한 음절에서 끝에 오는 자음 받침. ②한 낱말에서 맨 나중에 나는 소리. '강'에서 'ㅇ'·'산'에서 'ㄴ'소리 따위.
끝손질 일의 마지막 손질. —하다.
끝없이 한이 없이. 예끝없이 넓은 바다.
끝인사[끄딘—] 마지막 인사.
끝장 ①일의 마지막에 이루어지는 결과. 예끝장을 보자. ②일의 맨 마지막.
끝판[끋—] 일의 마지막 판.
끼 아침·점심·저녁의 밥 먹는 수를 세는 말. 예하루 세 끼.
끼니 아침·점심·저녁과 같이 일정한 시간에 먹는 밥. 또, 먹는 일. 예끼니를 걸렀더니 배가 고프다. 비식사.
끼니때 끼니를 먹을 때. 예끼니때를 좀 지켜 주시오.
끼다¹ ①좁은 사이에 빠지지 않게 밀어 넣다. 예단추를 끼다. ②끌어안거나 겨드랑이 밑에 넣어 빠지지 않게 죄다. 예가방을 옆에 끼다. ③장갑·반지 같은 것에 손가락을 꿰다.
끼:다² ①이끼·녹 따위가 생겨서 엉기다. 예오랫동안 내버려 두었더니 쇠에 녹이 끼었다. ②어떤 표정이 얼굴이나 목소리에 어리어 섞이다. 예노염이 낀 목소리. ③구름·안개 같은 것이 가리다. 예구름 낀 하늘.
-끼리 함께 패를 지음을 나타내는 말. 예오늘은 너희끼리 학교에 가거라.
끼리끼리 패를 지어 따로따로. 예끼리끼리 모이다.
끼얹다[—언따] 어떤 것의 위로 흩어지게 뿌리다. 예물을 끼얹

끼우다 두 가닥의 사이에 꼭 박혀 있게 하다. ㉠신문을 문틈에 끼우다. 㐨끼다.

끼인각 두 직선 사이에 끼인 각. 㐨낀각.

끼치다 ①몸에 소름이 돋다. ㉠소름이 끼치다. ②남에게 신세를 지다. ㉠폐를 끼치다. ③뒷세상에 남기다. ㉠영향을 끼치다.

끽소리 조금이라도 반항하는 소리. ㉠끽소리도 못 하고 서 있다. 㐨깩소리.

끽연(喫煙) 담배를 피움. ㉠끽연가. —하다.

끽해야 한껏 한다고 해도. 기껏해야. ㉠끽해야 만 원이면 된다.

낄낄 억지로 참으려다가 터져 나오는 웃음소리. 㐨깰깰. ㉢킬킬. —하다.

낌새 어떠한 일의 되어 가는 형편. 기미. 눈치. ㉠영 낌새가 이상한걸.

낑낑 ①못 견디게 아프거나 몹시 힘을 쓸 때 자꾸 내는 소리. ②어린애가 조르거나 보챌 때 자꾸 내는 소리. 㐨깽깽. —하다.

날수와 어림수

한두	하나나 둘 가량. 일이.	1일	하루.
한둘	하나나 둘. 일이.	2일	이틀.
두어	둘 가량의 뜻.	3일	사흘.
두서너	둘 혹은 서너.	4일	나흘.
두서넛	둘 혹은 서넛.	5일	닷새.
두세	둘이나 셋.	6일	엿새.
두셋	둘 혹은 셋.	7일	이레.
서너	셋이나 넷쯤. 삼사.	8일	여드레.
서넛	셋이나 넷. 삼사.	9일	아흐레.
서너너덧	셋이나 넷 또는 넷이나 다섯.	10일	열흘.
		20일	스무날.
너더댓	넷이나 다섯 가량.	30일	한 달.
너덧	넷 가량.	사날	사흘이나 나흘. 삼사일.
대여섯	다섯이나 여섯 가량.	사나나달	삼사일이나 사오일.
대엿	대여섯.	나달	나흘이나 닷새쯤.
예닐곱	여섯이나 일곱.	닷새	다섯날.
일고여덟	일곱이나 여덟.	댓새	닷새 가량.
일여덟	일고여덟.	대엿새	닷새나 엿새 가량.
여남은	열 가량에서 열 좀 더 된 수.	엿새	여섯날.
		예니레	엿새나 이레.

훈몽자회자  훈민정음자

ㄴ [니은] 한글 닿소리의 둘째 글자인 니은.
-ㄴ단다 -ㄴ다고 한다. 例 누나가 시집간단다.
-ㄴ답니다 -ㄴ다고 합니다. 例 그렇게 된답니다.
-ㄴ들 '-다고 할지라도 어찌'의 뜻으로 받침 없는 말에 붙는 말. 例 내가 간들 아주 가랴.
-ㄴ지 받침 없는 말에 붙어, 의문이나 감탄을 나타내는 말끝. 例 얼마나 예쁜지 모르겠다.
나¹ 나 장조의 '도'에 해당하는 우리 나라의 음 이름.
나² 말하는 이가 제 자신을 가리키어 이르는 말. 反 너.
-나³ 뜻이 서로 반대되는 말을 이을 때 쓰는 말. 例 너는 나를 싫어하나 나는 너를 좋아한다.
나가다 ①안에서 밖으로 가다. 例 집에서 나가다. ②앞으로 향하여 가다. 例 앞으로 나가다. ③출근 따위를 하다. 例 회사에 나가다. ④살던 집이나 직장을 다른 곳으로 옮기다. 例 직장에서 나가다. 反 들어오다.
나가동그라지다 뒤로 물러나면서 자빠지다. 例 갑자기 떠밀려 나동그라졌다. 준 나동그라지다. 큰 나가둥그러지다.
나가떨어지다 ①뒤로 물러가면서 넘어지다. ②몸과 마음이 지쳐 녹초가 되다. 例 힘든 작업을 한 후에 나가떨어졌다.
나가자빠지다 뒤로 물러나면서 넘어지다. 준 나자빠지다.
나각(螺角) 지난날 군대에서 쓰던 소라고둥의 껍데기로 만든 악기.
나간 놈의 몫은 있어도, 자는 놈의 몫은 없다〈속〉 게으른 사람을 경계하는 말.
나귀 모양은 말 같고 작으며 귀가 큰 짐승. 본 당나귀.
나:균(癩菌) 나병(문둥병)의 병균.
나그네 ①먼 길을 가는 사람. 여행하는 사람. ②집을 떠나 있는 사람. 비 길손. 여행자. 反 주인.
나그네새 북쪽 번식지로부터 남쪽으로 가는 도중, 봄과 가을에 어떤 지방을 통과하는 새.
나굿나굿하다 ①음식이나 고기 따위가 연하다. ②어린아이의 살결이 보드랍다. ③태도가 친절하고 부드럽다. —이.
나날이 날마다. 매일. 例 나날이 발전하는 우리 나라.
나누다 ①둘 또는 그 이상으로 가르다. ②구별하다. ③여러 몫을 내다. 例 이익금을 나누다. 反 합하다. 합치다.
나누어 떨어지다 나눗셈에서 한 정수를 다른 정수로 나눌 때, 그 몫이 정수가 되고 남음이 없게 되

다.
나눗셈 어떤 수를 다른 수로 나누는 계산. 제법. 땐곱셈. —하다.
나는 듯이 달리다 새가 날아가듯이 빨리 가다.
나다¹ ①나타나다. 예혼처가 나다. ②따로 살다. 예살림을 나다. ③태어나다. 예방금 난 강아지. ④잘생기다. 예난 사람. ⑤밖으로 흘러 나오다. 예땀이 나다.
나다² 동안을 지내다. 예깊은 산속에서 겨울을 나다.
나다니다 특별한 일이 없이 밖으로 나가 이곳 저곳 돌아다니다. 예쓸데없이 나다니지 좀 마라.
나 단:조[—쪼] '나'음을 으뜸음으로 하는 단조.
나도밤나무 나도밤나뭇과의 갈잎 큰키나무. 잎은 밤나무와 비슷한데 가장자리에 톱니가 있음.
나돌다〔나도니, 나돌아서〕 ①나가 돌아다니다. 예나돌지만 말고 집에서 공부 좀 해라. 본나돌아다니다. ②소문 따위가 퍼지다. 예소문이 나돌다.
나돌아다니다 집을 나가 여기저기 돌아다니다. 예어딜 그리 나돌아다니느냐? 준나돌다.
나동그라지다 '나가동그라지다'의 준말. 예계단에서 나동그라지다.
나뒹굴다〔나뒹구니, 나뒹굴어서〕 이리저리 마구 뒹굴다. 여기저기 어지럽게 널려 있다.
나들이 부녀자가 곧 돌아올 생각을 하고 가까운 데로 나가는 일. 예가까운 공원으로 봄나들이를 하다. 비외출. —하다.
나들이옷 나들이할 때 입는 옷. 비외출복.
나들잇벌 나들이할 때 입는 좋은 옷과 신발.
나라 ①한 정부가 다스리는 구획. 비국가. ②이 세상과는 다른 특별한 세계. 예꿈나라. 별나라.
나라 글자[—짜] 국민 전체가 공동으로 쓰는 글자. 국자.
나라꽃[—꼳] 한 나라의 상징으로서 그 나라의 백성이 다 같이 존중하는 꽃. 국화.
나라말 국민 전체가 쓰는 그 나라의 고유한 말. 국어.
나라새 그 나라의 상징으로 특별히 지정한 새. 국조.
나락¹ '벼'의 사투리.
나락²(奈落) ①지옥. ②도저히 벗어날 수 없는 마음의 구렁텅이. 예나락으로 떨어지다.
나란하다 고르고 가지런히 줄지어 있다. 예가로수가 나란히 늘어서 있다. —히.
나래 논밭을 반반하게 고르는 데 쓰이는 농기구. 써레와 비슷하나, 아래에 발 대신에 널빤지를 대어 자갈이나 흙덩이 같은 것을 밀어 낼 수 있게 되어 있음.

〔나 래〕

나래질 나래로 논밭을 반반하게 고르는 일. —하다.
나:례(儺禮) 음력 섣달 그믐날 저녁에 궁중이나 민가에서 잡귀나 악귀를 쫓던 의식.
나:례 도감 나례 의식을 행하는 일이나, 외국 사신을 영접하여 잔치를 벌이는 일을 맡아 하던 관청. 조선 인조 때에 폐지된 뒤에는 관상감에서 그 일을 맡아 보았음.

나루

나루 강가의 배가 드나드는 곳.
나루지기 '나루터지기'의 준말.
나루터 나룻배로 건너다니는 일정한 곳. 도선장.
나루터지기 나루터를 지키는 사람. 준나루지기.
나루턱 나룻배가 들어 닿는 일정한 자리. 예나루턱에 배를 대다.
나룻[-룬] 입가의 턱과 볼에 난 털의 총칭. 수염. 예구레나룻.
나룻가[-루까] 나루터의 근처.
나룻배[-루빼] 나루터에서 사람이나 짐 등을 건네 주는 배.
나룻이 석 자라도 먹어야 샌님 〈속〉인간으로서 먹지 않고는 아무 일도 못 한다는 뜻.
나르다[나르니, 날라서] 물건을 이 곳에서 저 곳으로 옮기다. 예이삿짐을 나르다. 비운반하다.
나른하다 몸이 피곤하여 기운이 없다. 예봄이 되니 몸이 나른하다. —히.
나름 그 됨됨이나 하기에 달림을 나타내는 말. 예잘하고 못하고는 제가 할 나름이다.
나리[1] ①백합과의 여러해살이풀. ②'참나리'의 준말. 비백합.

[나리[1]]

나:리[2] ①아랫사람이 벼슬아치를 높여 부르던 말. ②저보다 지체가 높은 사람을 높여 부르는 말. 예군수 나리.
나리꽃[-꼳] 나리의 꽃. 생김새는 개나리꽃 같으나 크고 향기가 좋음.
나:리마님 지난날, 하인이 '나리'를 높여 일컫던 말.
-나마 '-지만'의 뜻으로, 앞말이 사실임을 인정하되 뒷말이 그에 매이지 아니함을 나타내는 말. 예찬은 없으나마 많이 드십시오.
나막신 진 땅에서 신기 위해 나무를 파서 만든 신발.

[나막신]

나머지 ①남긴 부분. 예먹다 남은 나머지의 밥. ②마지막의 뜻을 나타내는 말. 예흥에 겨운 나머지 덩실덩실 춤을 추었다. ③마치지 못한 부분. 예끝내지 못한 나머지 일이 얼마나 되느냐?
나 몰라라 '나 몰라라 하고'의 뜻. 예동생 일인데 나 몰라라 방관할 수 없다.
나무[1] ①줄기와 가지가 단단한 모든 식물. ②재목. ③땔나무. 비수목.
나무[2](←南無) '돌아가 의지한다'는 뜻으로 부처나 경문 이름의 앞에 붙이어 절대적인 믿음을 표시하는 말. 예나무 관세음 보살.
나무꾼 산이나 들에서 나무를 하여 그것을 팔아 살아가는 사람.
나무라다 잘못했다고 꾸짖다. 예자식의 잘못을 나무라다. 비꾸중하다.
나무랄 데 마음에 들지 않아 흠이 되는 곳. 예저 사람은 부지런하여 나무랄 데가 없다.
나무람 꾸짖는 말. 예나무람을 듣다. 비꾸지람. —하다.
나무마치 나무로 만든, 두드리는 데 쓰이는 연장.

나무부처 나무로 만든 부처.
나무새 ①여러 가지 땔나무를 일컬음. ②나무숲.
나무 아미타불 ①'아미타불에 돌아가 의지한다'는 뜻으로 염불하는 소리. ②'공들여 해 놓은 일이 아무 소용이 없이 됨'을 이르는 말. ㉠십 년 공부 나무 아미타불이다. 㑳나무 아미타.
나무에 오르라 하고 흔드는 격 〈속〉남을 더욱 곤경에 빠지게 하는 패씸한 심사.
나무쪽 나무의 조각.
나무틀 ①나무로 만든 틀. ②나무로 된 기계.
나물 ①먹는 풀. ②채소를 잘게 썰어 갖은 양념을 해 가며 익힌 음식.
나물국[-꾹] 나물을 넣고 끓인 국.
나물밥 나물을 섞어 지은 밥.
나뭇가지 나무의 가지.
나뭇결[-무껼] ①세로로 켜서 깎은 나무에 나이테로 말미암아 나타나는 무늬. ②나무의 조직이 이루어진 상태.
나뭇단[-무딴] 나무를 베어 단으로 묶어 놓은 땔나무.
나뭇등걸 나무의 줄기를 베어 내고 남은 밑동, 곧 그루터기 부분. 㑳등걸.
나뭇잎[-문닙] 나무의 잎.
나박김치 무를 얇고 네모지게 썰어서 절인 뒤에 고추·파·마늘·미나리 등을 넣고 국물을 부어 담근 물김치.

〔나 발〕

나발 입은 좁고 끝은 넓어서 소리가 멀리 가는, 쇠붙이로 만든 우리 나라 고유의 악기.
나방 나비와 같은 곤충으로 주로 밤에 날아다님. 나비보다 배가 통통하며 대부분 해충임.
나:병(癩病) 문둥병.
나부끼다 얇고 가벼운 물건이 바람을 받거나 다른 힘을 입어서 날리어 흔들리다. ㉠깃발이 나부끼다.
나부대다 가만히 있지 못하고 자꾸 부스대다. ㉠나부대지 말고 얌전하게 있거라. 㑖나대다.
나부라지다 바닥에 쓰러져 늘어지다. ㉠길바닥에 나부라지다. 㑒너부러지다.
나부랭이 ①실·종이·헝겊 따위의 자질구레한 조각. ㉠헝겊 나부랭이. ②어떤 사물이나 어떤 부류의 사람을 하찮게 여기어 이르는 말. ㉠소설 나부랭이.
나불거리다 경솔하게 입을 놀리다. ㉠그만 좀 나불거려라. 㑒너불거리다. 㑘나풀거리다.
나불나불 ①약하고 가볍게 흔들리는 모양. ②입을 가볍게 함부로 자꾸 놀리는 모양. ㉠나불나불 말도 많다. 㑒너불너불. 㑘나풀나풀. ―하다.
나붙다 어떤 곳의 밖에 붙여지다. ㉠삼일절 기념 포스터가 거리에 나붙었다.
나비[1] 꽃으로 날아다니며 꿀을 빨아먹는 곤충의 한 가지.

〔나 비[1]〕

나비[2] 옷감이나 종이 같은 것의

나비 넓이. ⑩나비를 재다. ㉯너비. 폭.

나비³ 고양이를 부를 때 흔히 쓰는 말. ⑩나비야, 이리 온.

나비 넥타이 날개를 펴고 있는 나비 모양으로 접은 넥타이.

나비잠 갓난아이가 두 팔을 머리 위로 벌리고 자는 잠. ⑩나비잠을 자는 아이.

나비춤 나비가 날아다니듯 추는 춤의 한 가지.

나쁘다〔나빠〕 ①좋지 않다. ⑩날씨가 나쁘다. ②옳지 않다. ⑩내가 나쁘다. ③해롭다. ⑩건강에 나쁘다. ㉯좋다.

나빠 나쁘게. ⑩나빠 보다.

나사¹(螺絲) ①우렁이 껍질같이 비틀린 물건. ②'나사못'의 준말.

나사²(羅紗) 모직물의 한 가지. 털이 배게 서 있어 발이 나타나지 않고 두꺼우며, 주로 양복감으로 쓰임.

나사³(NASA) 미국 국립 항공 우주국. 미국의 우주 개발을 위하여 1958년에 설립되었음.

나사골 나사의 고랑이 진 부분. 나사의 홈. ㉯나사산.

나사돌리개 나사못을 틀어 돌려서 박거나 빼는 기구. 드라이버.

나사못 나사 모양의 못.

나사산 나사의 솟아 나온 부분. ㉯나사골.

나서다 ①나가 서다. ②생기다. ⑩일자리가 나서다.

나석주(羅錫疇, 1892~1926) 독립 운동가. 1926년 농민의 착취 기관이었던 동양 척식 회사에 폭탄을 던지고 자살하였음.

나선형 소라 껍데기나 용수철과 같이 빙빙 감아 올린 모양. ⑩나선형 계단. ㉯나선상.

나아가다 ①앞으로 가다. ②점점 좋아지다. ③앞으로 향하여 차츰차츰 가다. ⑩성공을 향해 나아가다. ㈜나가다.

나아지다 차차 잘 되어 가다. 좋아지다. ⑩형편이 나아지다.

나앉다〔―안따〕 밖이나 앞으로 앉은 자리를 옮기다.

나:약(懦弱) 뜻이 굳세지 못함. ⑩나약한 의지력으로 뭘 하겠다는 거냐. ―하다. ―히.

나열(羅列) 죽 벌이어 놓음. 죽 열을 지음. ⑩물건을 나열하다. ―하다.

나오다 ①나타나다. ⑩싹이 나오다. ②다른 곳으로 옮기다. ⑩직장에서 나오다. ③앞으로 오다. ㉯들어가다.

나왕(←lauan) 목재의 한 가지. 가구·건축 등의 재료로 쓰임.

나위 더할 수 있는 여유, 또는 해야 할 필요. ⑩하늘은 더할 나위 없이 푸르다.

나은 좋은. ⑩더 나은 제품은 없습니까? ㉯못한.

나이 사람이나 동식물이 나온 뒤 지나간 햇수. 연령.

나이 대:접 나이 많은 이를 대접하여 받드는 일. ⑩나이 대접을 받다. ―하다.

나이 덕이나 입자〈속〉 나이 많은 사람이 대접해 달라는 말.

나이스(nice) 좋음. 훌륭함.

나이 젊은 딸이 먼저 시집간다 〈속〉 ①나이 젊은 사람이 시집가기 쉽다. ②젊은 사람이 사회에 잘 쓰인다.

나이지리아(Nigeria) 아프리카 기니 만에 있는 공화국. 수도는 라

고스.

나이터(nighter) 야간 시합. 주로 야구 시합을 말함.

나이테 나무의 가로면에 해마다 하나씩 생기는 둥근 둘레. ⓑ연륜.

〔나이테〕

나이트(night) 밤. 야간.

나이트 클럽(night club) 술·음악·춤 등을 즐기는 야간 고급 음식점.

나이팅게일(Nightingale, 1820~1910) 플로렌스 나이팅게일. 영국에서 태어나 간호 사업을 개척한 간호사. 자선 사업가. 1854년 크림 전쟁 때 최초로 간호사가 되었으며, 이것이 바탕이 되어 적십자 운동이 일어났음.

나이팅게일상 국제 적십자사가 훌륭한 간호사에게 주는 상.

나이프(knife) 작은 칼. 주머니칼.

나:인¹(←內人) 궁궐 안에서 임금이나 왕비의 시중을 들던 여자들을 통틀어 이르던 말.

나인²(nine) ①아홉. 아홉 개. ②야구에서, 한 팀.

나일 강(Nile江) 아프리카 북동부를 남쪽에서부터 북쪽으로 흐르고 있는 큰 강. 길이 6,690km.

나일론(nylon) 석탄·물·공기를 원료로 하여 만든 합성 섬유. 비단보다 가볍고 질김.

나잇값[―이깝] 나이에 어울리는 말이나 행동. ⑩나잇값을 해라.

나잇살[―이쌀] '지긋한 나이'를 얕잡아 일컫는 말. ⓒ낫살.

나자빠지다 '나가자빠지다'의 준말. ⑩뒤로 나자빠지다.

나 장조 '나'음을 으뜸음으로 하는 장조.

나전(螺鈿) 광채 나는 작은 자개 조각을 여러 모양으로 박아 붙여 꾸민 공예품.

나전 칠기(螺鈿漆器) 옻칠을 하고, 자개를 박은 나무 그릇이나 공예품.

나절 ①하루 낮의 대략 절반이 되는 동안. ⑩한나절. ②낮의 어느 무렵이나 동안. ⑩아침 나절.

나주(羅州) 전라 남도 나주 평야의 중심지로 농산물의 집산지임.

나주 평야(羅州平野) 영산강 유역에 펼쳐진 평야. 나주를 중심으로 그 일대에 펼쳐 있는 넓은 들.

나중 ①얼마 지난 뒤. ②순서에 있어서 그 다음. ⑩저는 나중에 하겠어요. ⓑ결국. ⓔ처음. 우선. 먼저.

나중에 난 뿔이 우뚝하다〈속〉 후배가 선배보다 낫다는 말.

나지막하다 매우 낮다. ⑩나지막한 언덕. ―이.

나직나직 여럿이 다 나직한 모양. ⑩집들이 나직나직하다. ―하다.

나직하다 위치나 소리 따위가 좀 낮다. ⑩나직하게 말하다. ⓔ높직하다. ―이.

나철(羅喆, 1863~1916) 대종교의 창시자. 호는 홍암. 을사조약이 체결되자, 일진회를 습격하고 매국 대신들을 죽이려다 귀양을 갔으며, 후에 단군 신앙을 발전시켜 대종교를 창시하였음.

나:체(裸體) 벌거벗은 몸. ⓑ벌거숭이. 알몸뚱이.

나치스(독 Nazis) '국가 사회주의 독일 노동자당'을 일반적으로 이르는 말. 히틀러를 당수로 하였던 독일의 파시즘 정당.
나침반(羅針盤) 자침이 남북을 가리키는 특성을 이용한 계기로서, 배나 항공기 따위에서 방향을 알기 위해 씀. 예 나침반으로 방향을 찾다.

〔나침반〕

나타나다 ①겉으로 보이다. ②드러나다. ③생겨나다. 발생하다. 예 콜레라 환자가 나타났다. 반 사라지다.
나타내다 나타나게 하다. 예 기쁨을 나타내다.
나:태(懶怠) 느리고 게으름. 예 나태한 사람. 반 근면. —하다.
나토(NATO) =북대서양 조약 기구.
나트륨(독 natrium) 흰 빛깔의 금속 원소. 소금이나 그 밖의 여러 가지 화합물로서 많이 존재함.
나팔(喇叭) ①끝이 나팔꽃 모양으로 된, '금관 악기'를 두루 이르는 말. ②밸브가 없는 간단한 트럼펫. 군대가 행진할 때 붊.
나팔꽃 덩굴을 길게 벋는 한해살이풀. 나팔 모양으로 이른 아침에 피었다가 햇빛을 보면 시듦.
나팔나팔 빠르고 탄력성 있게 자꾸 나붓거리는 모양. 큰 너펄너펄. —하다.
나팔수 나팔을 부는 사람.
나:포(拿捕) 꼼짝 못 하게 붙잡아 두는 일. 죄인을 붙잡는 일. 예 간첩선을 나포했다. —하다.
나폴레옹(Napoléon, 1769~1821) 나폴레옹 1세. 프랑스의 황제. 혁명 때 군인으로 활약하다가 황제의 지위까지 오름. 거듭되는 패전에 세인트 헬레나 섬으로 귀양갔다가 죽음.
나폴리(Napoli) 이탈리아 반도의 남부 서해안에 있는 상공업 도시. 세계 3대 미항의 하나로 경치가 매우 좋음.
나풀거리다 종이나 천 따위가 바람에 가볍게 자꾸 흔들거리다. 예 나풀거리는 옷자락. 큰 너풀거리다. 예 나불거리다.
나풀나풀 꽃잎이나 풀잎 같은 것이 산들바람에 날리는 모양. 예 꽃잎이 바람에 나풀나풀 날린다. 큰 너풀너풀. 예 나불나불. —하다.
나프탈렌(독 naphthalene) 좀 따위의 해를 막는 데 쓰는 약.
나:환자(癩患者) 나병(문둥병)에 걸린 사람. 문둥병자.
나흗날[—흔날] 초하루부터 넷째 되는 날. 준 나흘.
나흘 4일. 4일 동안.
낙(樂) ①즐거움. 예 고생 끝에 낙이 온다. ②위안으로 삼는 일. 예 어머니께서는 노인들을 돌보는 일을 낙으로 삼고 계시다. 반 고.
낙관¹(落款) 그림이나 글씨에 필자가 이름을 쓰고 도장을 찍는 일. 예 휘호에 낙관하다. —하다.
낙관²(樂觀) ①일이 잘 될 것으로 봄. ②세상을 즐겁게 봄. 예 세상을 낙관적으로 보다. 반 비관. —하다.
낙관적 일이 잘 되어 나갈 것으로 보고 걱정하지 않는. 앞날을 희망적으로 보는. 반 비관적.
낙낙하다[낭나카—] 크기·수효 등

이 조금 남음이 있다. 조금 크다. [예] 신발이 좀 낙낙하다. [큰] 넉넉하다. —히.

낙농(酪農)[낭—] 소·염소 등의 젖을 원료로 하여 버터·치즈·연유 등을 만드는 농업. [예] 낙농업.

낙농품 우유로부터 생산되는 모든 제품. 낙제품. 연유·분유·치즈·버터 따위.

낙담(落膽) ①너무 놀라서 간이 떨어지는 듯함. ②일이 바라는 대로 아니 되어 기운이 꺾임. [예] 시험에 실패했다고 너무 낙담하지는 마라. —하다.

낙도(落島) 외따로 떨어져 있는 섬. [예] 낙도 어린이들의 서울 나들이. [비] 외딴섬.

낙동강(洛東江) 태백산에서 흘러나와 경상도를 지나 남해로 흘러가는 강.

낙동강 전:선 6.25 전쟁 때, 낙동강을 중심으로 국군과 공산군이 서로 치열한 공방전을 벌인 지대.

낙락 장송(落落長松)[낭낙—] 가지가 축축 늘어진 큰 소나무.

낙랑(樂浪)[낭낭] 한사군의 하나인 낙랑군. 지금의 청천강 이남, 황해도 자비령 이북에 있었던 군현. 낙랑군.

낙뢰(落雷)[낭뇌] 벼락이 떨어짐, 또는 그 벼락. [예] 어제의 낙뢰로 집이 부서졌다. —하다.

낙뢰 관측소 벼락이 떨어지는 현상을 관측하는 곳.

낙루(落淚)[낭누] 눈물을 흘림, 또는 그 눈물. [예] 낙루로 날을 보내다. —하다.

낙마(落馬)[낭—] 말에서 떨어짐. [예] 낙마하여 다리가 부러졌다. —하다.

낙망(落望)[낭—] ①희망이 없어짐. ②희망을 잃음. [예] 이번의 실패로 낙망했다. [비] 낙심. 실망. [반] 희망. —하다.

낙반(落盤) 광산이나 토목 공사 따위에서 갱내의 천장이나 벽의 암석·흙 따위가 무너져 내림. [예] 낙반 사고. —하다.

낙방(落榜) 과거에 떨어짐. [비] 낙제. [반] 급제. —하다.

낙법(落法) 유도에서, 다치지 않고 안전하게 넘어지는 방법. [예] 낙법을 배우다.

낙상(落傷) 떨어지거나 넘어져 다침, 또는 그 상처. [예] 밤길을 가다가 낙상을 입다. —하다.

낙서(落書) ①책을 베낄 때 잘못하여 글자를 빠뜨리는 일. ②장난으로 아무 데나 함부로 쓴 글이나 그림. —하다.

낙석(落石) 산이나 벼랑에서 돌이 굴러 떨어짐, 또는 그 돌. [예] 낙석 주의. —하다.

낙선(落選) ①선거에서 떨어짐. [예] 반장 선거에 낙선했다. [반] 당선. ②작품 따위가 심사에서 떨어짐. [예] 사생 대회에서 낙선한 작품. [반] 입선. —하다.

낙성(落成) 집·다리 따위의 공사가 끝남. [비] 준공. —하다.

낙성식 건축물의 공사를 끝낸 것을 기념하는 행사.

낙수(落水) =낙숫물.

낙숫물(落水—) 처마 끝에서 떨어지는 빗물. 낙수. [예] 낙숫물 떨어지는 소리.

낙숫물은 떨어지던 데 또 떨어진다〈속〉 한번 버릇이 들어 버리면 고치기 힘들다.

낙숫물이 댓돌을 뚫는다〈속〉 꾸

준히 노력하면 아무리 어려운 일이라도 이룰 수 있다.

낙승(樂勝) 운동 경기 따위에서 쉽게 이김. 凹신승. —하다.

낙심(落心) 마음이 상함. 예한 번 실패했다고 너무 낙심하지 마라. 비낙망. 실망. 凹분발. —하다.

낙엽(落葉) 떨어진 나뭇잎.

낙엽송[나겹쏭] 소나뭇과의 갈잎바늘잎 큰키나무. 높이 30 m 가량. 잎은 바늘 모양으로 흩어져 나거나 뭉쳐 남. 건축·침목·펄프·선박 등에 쓰임.

낙엽수 가을에 잎이 지는 나무를 통틀어서 일컫는 말. 참나무·밤나무·단풍나무 따위.

낙오(落伍)[나고] 지쳐 떨어짐. 예행군에서 세 사람이 낙오하다. —하다.

낙오자 낙오된 사람.

낙원(樂園) ①즐거운 곳. ②살기 좋은 곳. 패러다이스. 예지상 낙원. 비천국. 凹지옥.

낙인(烙印)[나긴] ①불에 달구어 찍는, 쇠붙이로 만든 도장. ②씻기 어려운 불명예스러운 이름이나 판정. 예배신자로 낙인 찍히다.

낙일(落日)[나길] 서쪽에서 지는 해.

낙장(落張) 책의 빠진 책장. 예낙장본은 교환해 드립니다.

낙제(落第) 시험에 합격하지 못함. 비낙방. —하다.

낙제품(酪製品) 우유나 양젖을 원료로 하여 만든 제품. 버터·치즈 따위.

낙조(落照) 저녁 햇빛. 비석양.

낙지 바다에 사는 문어 비슷한 동물의 하나. 몸길이는 발끝까지 70 cm 정도이며, 머리에 짧고 긴 여덟 개의 발을 가지고 있음.

낙차(落差) 떨어지거나 흐르는 물의 높낮이의 차. 예댐의 큰 낙차를 이용한 수력 발전.

낙착(落着) 일이 끝남. 일이 마감됨. 예그렇게 하기로 낙착을 보았다. —하다.

낙찰(落札) 경쟁에서 입찰할 목적물이나 권리 등이 자기 손에 들어옴. 예이 경매품은 십만 원에 낙찰되었다. —하다.

낙천(樂天) 세상과 인생을 만족해하며 즐겁게 생각함. 예모든 일을 낙천적으로 생각하면 세상이 평화로워진다. 凹염세.

낙천가 인생을 즐겁게 생각하는 사람.

낙천적 세상이나 인생을 즐겁게 생각하는 긍정적인 사고 방식. 예낙천적인 성격. 凹비관적.

낙타 모양은 말과 비슷하며 덩치는 말보다 좀 큰데, 등에 지방을 저장할 수 있는 살혹이 있어 사막 여행에는 꼭 필요한 짐승. 단봉 낙타와 쌍봉 낙타가 있음. 약대.

낙태(落胎) ①태아가 달이 차기 전에 죽어서 나옴. ②인위적으로 태아를 모체로부터 떼어 냄, 또는 그 태아. —하다.

낙토(樂土) 살기 좋은 땅.

낙판 윷놀이 따위에서, 윷가락이 판 밖에 떨어지는 일. —하다

낙하(落下)[나카] 높은 데서 낮은 데로 떨어짐. 예물체가 낙하하다. —하다.

낙하산(落下傘) 항공 중의 비행기에서 안전하게 땅에 내리기 위해 쓰는 기구.

낙하산병 낙하산을 타고 적의 땅에 내려 군사 활동을 하는 병사.

낙하산 부대 낙하산으로 적지에 들어가 작전을 하는 부대.

낙하점[나카쩜] 물체가 떨어지는 그 곳. 낙하 지점.

낙향(落鄕)[나컁] 서울에서 시골로 사는 곳을 옮김. ⑩벼슬을 버리고 낙향한 정승. —하다.

낙화(落花)[나콰] 꽃이 짐, 또는 그 꽃. 凹낙영. 낙홍. —하다.

낙화생(落花生) 땅콩.

낙화암(落花岩) 충남 부여의 백마강에 잇닿아 절벽을 이루고 있는 부소산 서쪽의 큰 바위. 백제가 망할 때 여기서 삼천 궁녀가 백마강에 몸을 던졌다고 함.

낙화 유수(落花流水) 떨어지는 꽃과 흐르는 물이라는 말로, 가는 봄의 풍경을 나타내는 말.

낙후(落後) 뒤떨어짐. ⑩낙후된 시설. —하다.

낚다 ①물고기를 낚시로 꿰어 잡다. ⑩대어를 낚다. ②남을 꾀다. ③바라는 것을 얻다.

낚대 '낚싯대'의 준말.

낚시 미끼를 꿰어 물고기를 낚는 작은 바늘로 된 갈고랑이. ⑩낚시꾼. 낚싯줄. 낚시터. 낚싯배. —하다.

낚시질 낚시로 물고기를 잡는 일. —하다.

낚시찌 물고기가 낚시를 물면 곧 알 수 있게 물 위에 뜨게 만든 것.

낚싯대 낚싯줄을 맨 가늘고 긴 대. 㑳낚대.

낚싯밥 낚시 끝에 다는 미끼.

낚싯봉 낚시가 물 속에 가라앉도록 낚싯줄 끝에 맨 돌이나 납 조각.

난[1] '나는'의 준말. ⑩난 가오.

난[2]:(亂) '난리'의 준말. ⑩난을 피하다.

난[3](蘭) 난초. ⑩동양란. 서양란.

난[4](欄) 책장이나 신문 지면의 가장자리를 둘러서 박은 선, 또는 그 안 부분. ⑩메모를 하는 난.

난간(欄干·欄杆) 마루 끝이나 층층대의 가장자리에 세운 살. ⑩난간에 기대다.

난감(難堪) 견디어 내기 어려움. ⑩겨울을 날 일이 난감하다. 凹난처. —하다. —히.

난공 불락(難攻不落) 공격하기가 어려워 좀처럼 함락되지 않는 일. ⑩난공 불락의 성채.

난공사 장애물이 많거나 하여 해내기가 무척 어려운 공사.

난관(難關) 일의 어려운 고비. ⑩난관에 부닥치다.

난:국[1](亂國) 어지러운 나라. 질서가 문란한 나라.

난국[2](難局) 어려운 판. ⑩일치 단결하여 난국을 헤쳐 나가자.

난다긴다하다 재주나 행동이 매우 민첩하고 비상한 데가 있다. ⑩난다긴다하는 사람.

난:대(暖帶) 열대와 온대의 중간에 있는 기후가 따뜻한 지대. ⑩난대 지방.

난:대림 난대 지역에 자라는 나무 숲으로, 주로 늘푸른 넓은잎나무를 말함.

난:데없다 별안간 나와 나온 곳이 분명하지 않다. ⑩난데없이 나타나다. —이.

난도(難度) 어려움의 정도. ⑩고난도의 묘기.

난:도질(亂刀—) 칼로 마구 베는 짓. 칼로 잘게 다지는 짓. ⑩고기를 난도질하다. —하다.

난:동[1](暖冬) 겨울답지 않게 따뜻

난동

한 겨울. 예 이상 난동.

난ː동²(亂動) 함부로 하는 사나운 행동. 예 난동을 부리다. —하다.

난ː로(煖爐)[날—] 불을 피우는 화로. 비 스토브.

난ː롯불[날로뿔] 난로에 땔감을 넣고 피운 불.

난ː류(暖流)[날—] 일정한 방향으로 흐르는 더운 바닷물. 반 한류.

난ː리(亂離)[날—] ①나라끼리 또는 같은 나라 사람끼리 무기를 가지고 하는 싸움. 예 난리가 일어나다. ②세상이 요란함.

난ː립(亂立)[날—] ①무질서하게 늘어섬. 예 거리에 가지각색의 간판이 난립해 있다. ②여럿이 나섬. 예 국회 의원 선거에 8명의 후보가 난립했다. —하다.

난망(難忘) 잊기 어려움. 잊지 못함. 잊을 수 없음. 예 은혜가 백골 난망입니다.

난ː무(亂舞) 함부로 날뜀. 예 폭력배가 난무하는 거리. —하다.

난민(難民) 전쟁 등으로 어려움을 겪는 사람. 예 난민 수용소.

난ː반사(亂反射) 빛이 불규칙하게 반사하는 일. —하다.

난ː발¹(亂發) 난사. —하다.

난ː발²(亂髮) 어수선하게 뒤섞인 머리털.

난ː방(暖房) 따뜻한 방, 또는 방을 덥게 함. 반 냉방.

난ː방 시ː설 방 또는 안을 따뜻하게 덥히는 여러 가지 설비. 반 냉방 시설.

난ː방 장치 방 안을 덥게 하는 장치. 반 냉방 장치.

난봉 말이나 행동에 거짓이 많고 성실하지 못하게 구는 짓, 또는 그런 사람.

난봉꾼 허랑방탕한 짓을 일삼는 사람. 난봉쟁이.

난ː사(亂射) 화살이나 탄환을 함부로 갈겨 쏨. 난발. 예 기관총을 난사하다. —하다.

난산(難産) ①아기 낳기에 고생함. ②일이 잘 안 됨. 예 난산 끝에 조직된 축구팀. —하다.

난색(難色) 난처한 기색. 승낙하지 않거나 찬성하지 않으려는 기색. 예 도움을 청하는 말에 난색을 나타내는 친구.

난ː생 동ː물(卵生動物) 물고기·새와 같이 알에서 새끼가 나오는 동물. 반 태생 동물.

난ː생 처음 세상에 태어난 후 처음. 예 난생 처음 만난 사람.

난선(難船) 배가 폭풍우를 만나 항해하기 곤란하여 부서지거나 엎어짐, 또는 그 배. —하다.

난센스(nonsense) ①무의미한 일. ②어리석은 일.

난ː수표 0에서 9까지의 숫자를 아무렇게나 늘어놓은 표. 통계나 암호 따위에 이용됨.

난ː시(亂視) 눈의 굴절 이상 증세. 수정체의 구면이 고르지 않아서 들어오는 광선이 한 점에 모이지 않으므로 물체가 똑바로 보이지 않는 상태, 또는 그런 눈. 예 난시 교정. 난시안.

난ː신 적자(亂臣賊子) 나라를 어지럽히는 신하와 어버이를 해치는 자식.

난이(難易) 어려움과 쉬움. 예 문제의 난이도.

난이도(難易度) 학습·운동·기술 따위의 쉽고 어려운 정도. 예 난이도가 높은 문제.

난ː입(亂入) 함부로 뛰어들어감.

㉠ 많은 사람들이 건물에 난입하다. —하다.
난:잡하다(亂雜—) ①뒤섞여 어수선하다. ②뒤죽박죽이 되어 한데 섞여 있다. ③여러 사람이 떠들다. —히.
난:장판(亂場—) 여러 사람이 함부로 떠들어 뒤죽박죽이 된 모양. ㉠심한 말다툼으로 회의장이 난장판이 됐다.
난쟁이 키가 몹시 작은 사람. 凡 키다리.
난:전(亂廛) 지난날, 궁중·관청·중국에의 진헌품을 취급하던 시장에서 팔던 물건을 관의 허락 없이 몰래 팔던 시장.
난점(難點)[—쩜] 처리하거나 해결하기 곤란한 점.
난제(難題) 어려운 문제. ㉠난제를 가까스로 해결하다.
난:중일기(亂中日記) 충무공 이순신 장군이 임진왜란에 출전하여 7년 동안 쓴 일기.
난처하다(難處—) 처리하기 매우 어렵다. ㉠난처한 일. 凡 딱하다.
난청(難聽) ①듣는 힘이 약하여 소리를 잘 들을 수 없는 상태. ②라디오 방송 등이 잘 들리지 않는 상태. ㉠난청 지역.
난청 환:자 청각 기관의 장애로 소리를 잘 듣지 못하는 사람.
난초(蘭草) 여러해살이풀의 한 가지. 줄기가 없고 잎은 좁고 긴 칼 모양이며 꽃은 빛이 곱고 향기가 좋음. 준 난.
난치(難治) 병을 고치기 어려움. ㉠난치병에 걸리다. —하다.
난:타(亂打) 함부로 마구 때림. ㉠샌드백을 난타하다. —하다.
난:투(亂鬪) 서로 덤벼들어 어지러이 싸움. —하다.
난:투극 난투가 벌어진 장면. ㉠난투극을 벌이다.
난파(難破) 배가 항해하다가 폭풍 따위를 만나 부서짐. ㉠난파한 배가 가라앉다. —하다.
난파선 사나운 비바람을 만나서 산산이 깨어진 배.
난:폭하다(亂暴—) 행동이 몹시 거칠고 사납다. ㉠난폭한 행동. —히.
난:필(亂筆) ①되는대로 마구 쓴 글씨. ②자기의 글씨를 겸손하게 이르는 말.
난:하다(亂—) 빛깔·무늬 따위가 지나치게 드러나 눈에 거슬리다. ㉠옷차림이 너무 난하다.
난항(難航) ①파도가 거칠어 어려운 항해를 함. ②일을 하는 데의 어려움. ㉠회담이 난항을 거듭하다. 凡 순항. —하다.
난해(難解) 까다로워 풀기 어려움. ㉠시가 매우 난해하다. 凡 이해. —하다.
난:행(亂行) ①난폭한 행동. ②음란한 소행. 추행. —하다.
난형 난제(難兄難弟) 누가 더 낫고 힐 수 없을 정도로 둘이 서로 비슷함. 막상 막하. —하다.
날:가리 곡식을 베어서 집 밖에 쌓아 둔 더미.
날:알[나달] ①곡식의 알맹이. ②쌀알.
날:알잎[나달닙] 날알과 잎을 함께 이르는 말.
날[1] 하루의 동안. ㉠생일날.
날[2] 칼이나 가위 따위 연장의, 물건을 베고 찍고 깎고 하는 가장 날카로운 부분. ㉠날을 세우다.
날[3] 옷감·자리·짚신 등을 짤 때

날-

세로로 놓인 실·노끈 등. ㉮짚신이 닳아 날이 다 보인다. ㉫씨.

날-⁴ ①익거나 익히지 않은 것. ㉮날고기. ②가공하지 않은 것. ㉮날두부.

날가루 익히지 않은 곡식을 빻은 가루.

날강도 아주 뻔뻔스럽고 악독한 강도.

날개 새·곤충 따위의 다리 근처에서 좌우로 길게 나온 날아다니게 된 기관.

날갯죽지[—개쭉찌] 날개가 몸에 붙어 있는 부분.

날갯짓[—개찓] 날개를 펴고 아래위로 세게 움직이는 짓.

날것 익히거나 말리거나 가공하지 않은 물건. ㉮날것은 먹지 말자.

날고 뛰다 ①날뛰다. ②갖은 재주를 다 부리다. ㉮네가 날고 뛰어 봤자 내 손바닥 안이지.

날금 남극에서 북극으로 세로로 그어진 금. ㉫씨금.

날김치 덜 익어서 풋내가 나는 김치. ㉫생김치.

날다 ①공중에 떠서 가다. ㉮나비가 날다. ②빨리 가다. ③냄새가 없어지다. ㉮옷에 친 향수 냄새가 다 날다.

날도둑 매우 악독한 도둑.

날들다[날드니, 날들어서] 날씨가 개다. ㉮날들면 떠나야지.

날뛰다 ①높이 뛰다. ②날고 뛰는 듯이 함부로 덤비다.

날라리 →태평소.

날래다 움직임이 나는 듯이 빠르다. ㉮그 새는 잠자마자 날래게 도망쳤다. ㉫날쌔다. ㉬굼뜨다.

날랜 대단히 빠른. ㉮그는 날랜 짐승처럼 뛰어나갔다. ㉮날랜 사람. ㉫날쌘.

날려 보내다 ①날아서 가게 하다. ㉮새를 날려 보내다. ②살림이나 밑천을 다 없애다. ㉮사업에 실패하여 전 재산을 날려 보내다.

날ː렵하다 ①날래고 재빠르다. ㉮제비처럼 날렵하다. ②맵시가 있다. —히.

날로¹ 나날이. 날이 갈수록. ㉮할아버지께서는 병환이 날로 심해지신다.

날로² 날것인 채로. ㉮생선을 날로 먹었다.

날름 ①혀가 입 밖으로 빨리 나왔다 들어가는 모양. ②손을 빨리 내밀어 날쌔게 가지는 모양. ㉮날름 받아서 주머니에 넣다. ㉰널름. 늘름. —하다.

날름거리다 혀나 손을 날쌔게 내었다 들였다 하다. ㉮뱀이 혀를 날름거리다. ㉰널름거리다.

날리다¹ 이름을 떨치다. ㉮한때 날리던 배우.

날리다² ①바람에 흔들리다. ②먼지나 재가 일어나다. ③공중으로 날아가게 하다. ㉮종이 비행기를 날렸다. ④공중에 높이 뜨게 하다. ⑤어름어름하다. 대강대강하다. ㉮일을 날려서 하다.

날림 아무렇게나 만든 물건. ㉮날림 공사.

날마다 그날그날. 나날이. ㉮날마다 도서관에 간다. ㉫매일.

날면 기는 것이 능하지 못하다 〈속〉 익숙하게 잘하는 재주가 겸해 있기가 어렵다.

날밤¹ 부질없이 새우는 밤. ㉮날밤을 새우다.

날밤² 익히거나 말리지 않은 날것 그대로의 밤. 생밤.

날벌레[—뻘레] 날아다니는 벌레. 빈 길벌레.

날벼락 뜻밖에 당하는 나쁜 일. 생벼락.

날벼락(을) 맞다 뜻밖의 재난을 당하다.

날삯[—싹] 날로 쳐 주는 품삯. 예 날삯꾼.

날샐녘[—력] 날이 샐 무렵. 예 날샐녘에 집을 나서다.

날숨[—쑴] 내쉬는 숨으로 보통 공기보다 탄산 가스와 수분이 많고 산소의 양은 적음. 빈 들숨.

날실 피륙 따위에서, 세로로 놓인 실. 빈 씨실.

날쌔다 동작이 나는 듯이 빠르다. 비 날래다.

날쌘 대단히 빠른. 비 날랜.

날씨 그 날의 일기. 예 어째 날씨가 비가 올 것 같다. 비 기후.

날씬하다 몸매가 호리호리하다. 예 날씬한 몸매. 비 매끈하다. 큰 늘씬하다. —히.

날아가다 ①공중을 날면서 가다. 예 새가 날아가다. ②갑자기 날리어 떨어져 나가다. 예 태풍에 지붕이 날아가다.

날아들다 ①공중에 떠서 안으로 들다. 예 나방이 방 안으로 날아들다. ②뜻하지 않게 닥쳐들다. 예 난데없이 슬픈 기별이 날아들다.

날염(捺染) 본을 대고 풀을 섞은 물감을 발라서 물을 들임. 예 날염판. —하다.

날인(捺印) 도장을 찍음. 예 서명 날인. —하다.

날조(捏造)[—쪼] 없는 사실을 거짓으로 꾸밈. 예 역사를 날조하다. —하다.

날줄[—쭐] 지도 위에 세로로 그려져 있는 줄. 빈 씨줄.

날짐승[—찜승] 날아다니는 짐승. 곧, 새의 종류. 빈 길짐승.

날짜 ①날의 차례. ②작정한 날. ③어떤 일에 소용되는 날. 비 시일.

날치 상날칫과의 바닷물고기. 몸길이 30cm 가량. 가슴지느러미가 길게 발달해 있어 이것을 날개처럼 펴서 해면 위를 날아오를 수 있음.

날치기 남의 물건을 재빨리 채가는 짓. 비 소매치기. —하다.

날치다 날뛰어 짐짓 기세를 떨치다. 예 공연히 날치지 마라.

날카롭다〔날카로우니, 날카로워서/ 날카로이〕 ①잘 들다. 예 날카로운 송곳. ②성질이 칼날 같다. 비 뾰족하다. 빈 뭉툭하다.

날품 날삯을 받고 하는 품팔이 일. 예 날품팔이.

날품팔이 날품을 파는 일, 또는 그 사람. —하다.

낡다[낙따] ①오래 되어 더럽고 해지다. ②오래 묵어 삭다. 예 낡은 건물. 비 헐다. 빈 새롭다.

낡아빠지다[날가—] 매우 낡아 쓸모 없이 되다. 예 낡아빠진 양복.

남¹ ①자기 밖의 다른 사람. ②친척이 아닌 사람. 비 타인. 빈 자기.

남²(男) 사내. 아들. 빈 여.

남³(南) 남쪽. 빈 북.

남가 일몽(南柯一夢) 꿈과 같이 헛된 한때의 부귀 영화.

남강 지리산 부근에서 시작되어 낙동강 하류로 흐르는 강물.

남구만(南九萬, 1629~1711) 시조 '동창이 밝았느냐'의 지은이. 조선 숙종 때의 소론의 우두머리. 바른 말을 잘하여 모함을 받고 남해로 귀양을 간 적도 있으나, 뒤에 풀려 나와 영의정까지 지냈음.
남국(南國) 남쪽 나라. 반 북국.
남궁 억(南宮檍, 1863~1939) 교육자·언론인으로 서울에서 출생. 호는 한서. 독립 협회의 총무와 황성 신문 사장을 지냈고〈동사략〉〈조선 이야기〉등의 저서를 남김.
남극 지구의 남쪽 끝. 반 북극.
남극광 남극에 나타나는 극광. 반 북극광.
남극 기지 세계 여러 나라가 공동으로 남극에서 특별한 자연 현상을 관측하기 위해 설치한 기지. 남극 관측 기지.
남극 대:륙 남극 지방의 두꺼운 얼음으로 덮인 땅.
남극성 남극 부근의 하늘에 있는 별.
남극 세종 기지 남극의 자원을 개발하기 위해 1984년에 우리 나라가 킹조지 섬에 세운 기지.
남극해 남극을 둘러싼 해양. 사철 얼음에 덮여 있음. 남빙양.
남기다 ①남아 있게 하다. ②이득을 보게 하다. 예 이익을 많이 남기고 팔다.
남녀(男女) 남자와 여자.
남녀 공:학 남자와 여자가 같은 학교나 학급에서 배움.
남녀노소 남자·여자·늙은이·젊은이. 곧, 모든 사람.
남녀 동등 남녀의 지위는 높고 낮음의 차이가 없음.
남녀별(男女別) 남녀의 구별. 예 남녀별 좌석.
남녀 유:별 남녀의 사이에는 분별이 있음. ―하다.
남녀 차별 남자는 귀하고 여자는 천하다는 생각.
남녘(南―) 남쪽. 남방. 반 북녘.
남:다[―따] ①더 있다. ②뒤에까지 전하다. 예 이름이 남다.
남다르다[남다르니, 남달라서] 다른 사람과 두드러지게 다르다. 예 아버지께서는 우리 남매 중 막내 동생을 남달리 귀여워하신다.
남단 남쪽 끝. 예 한반도 남단에 있는 섬. 반 북단.
남달리 남다르게. 예 남달리 큰 눈.
남대문(南大門) 서울에 남아 있는 옛날 성문의 하나. 원래의 이름은 숭례문. 국보 제1호.
남대문로 서울 특별시 종로의 보신각 앞에서 충무로 입구를 거쳐 서울역에 이르는 거리.
남동생 남자 동생. 반 여동생.
남동풍(南東風) 남동쪽에서 북서쪽으로 부는 바람.
남동향(南東向) 동쪽과 남쪽 사이의 방향.
남:루(襤褸)[―누] 옷이 해지고 더러움. 예 남루한 행색. ―하다.
남만(南蠻) '남쪽 오랑캐'라는 뜻으로 중국 남쪽 변방의 종족을 이르던 말. 남이. 반 북적.
남매(男妹) 오라비와 누이. 비 오누이.
남바위 추울 때 머리에 쓰던 옛날 모자의 하나.

〔남바위〕

남반구(南半球) 지구를 남북 두 쪽으로 나눈 것의 남쪽 부분. 반 북반구.
남:발(濫發) 함부로 발행함. 예 수표를 남발하다. ―하다.
남방(南方) 남쪽 지방. 반 북방.
남방 셔츠 여름에 양복 저고리 대

신 입는 간편한 남자용 옷. 준남방.

남:벌(濫伐) 나무를 함부로 마구 베어 냄. 예땔감을 위해 산의 나무를 남벌하다. —하다.

남보라 남색과 보라의 중간색.

남복(男服) 남자의 옷. 반여복.

남부끄럽다[남부끄러우니, 남부끄러워/남부끄러이] 창피스러워서 남을 쳐다볼 수 없다.

남부럽다[남부러우니, 남부러워] 남의 좋은 점이나 잘 되는 것을 보고 저도 그렇게 되고 싶다.

남부럽지 않다 형편이 좋아서 남이 부럽지 않을 만하다. 예우리도 부지런히 일하여 남부럽지 않게 살아야겠다.

남부 지방 ①남쪽 지방. ②부산 광역시·전라 남북도·경상 남북도·제주도를 포함한 지방.

남부형 남쪽 지방에서 쓰이는 모양. 예남부형 집.

남북(南北) 남쪽과 북쪽. 예남북 이산 가족. 반동서.

남북 대:화 우리 나라와 북한과의 사이에 이루어지고 있는 대화.

남북 적십자 회:담 남북 이산 가족의 형편을 알아보고, 이들의 소식을 알려 주며, 재회를 알선하는 '가족 찾기 운동'을 구체적으로 협의하기 위하여 열린 남북한 적십자사 사이의 회담.

남북 전:쟁(Civil war, 1861~1865) 미국의 링컨 대통령 때 노예 제도를 폐지하자는 북부와 이를 반대하는 남부 사이에 일어난 전쟁. 북부의 승리로 노예 해방이 이루어짐.

남북 통:일 남한과 북한을 통일하여 한 나라로 만드는 일. —하다.

남:분(濫分) 분수에 크게 넘침. —하다.

남비 →냄비.

남빛[—삗] 푸른빛과 자줏빛과의 중간빛. 비남색. 쪽빛.

남사당 무리를 지어 이곳 저곳으로 떠돌아다니면서 노래와 춤을 파는 사내.

남사당놀이 남사당패가 관객 앞에서 여러 가지 놀이를 차례로 펼쳐 보이는 일.

남사당패 남사당의 무리.

남산(南山) ①서울 복판에 있는 산. 본디 이름은 목멱산. ②남쪽에 있는 산이라는 뜻.

남상^1(男相) 남자 얼굴같이 생긴 여자 얼굴. 반여상.

남:상^2(濫觴) 사물의 시초. 기원. 근원.

남상거리다 욕심이 나서 목을 길게 빼어 늘이고 자꾸 넘어다보다. 예남의 지갑을 남상거리다. 큰넘성거리다.

남새 심어서 가꾸는 나물. 채소.

남색 푸른빛과 자줏빛의 중간 빛깔. 비남빛.

남생이 거북보다 작은, 민물에서 사는 동물의 한 가지.

남서(南西) 남쪽과 서쪽의 중간 방위. 서남.

남서풍 남서쪽에서 북동쪽으로 부는 바람. 서남풍.

남성(男性) 남자. 사내. 예남성복. 반여성.

남성미 남자다운 아름다움. 반여성미.

남성적 씩씩함·힘참·우람함 등의 남성다운 성격을 지니는 것. 예남성적인 용기를 보여라.

남성 합창 남자만으로 하는 합창. 반여성 합창.

남실거리다 무엇을 삼키려는 듯 너울거리다. 예남실거리는 푸른 파도. 큰넘실거리다.

남실남실 ①물이 잔물결을 이루며 너울거리는 모양. ②액체가 그릇에 가득 차서 넘칠 듯이 찰랑거리는 모양. 큰넘실넘실. —하다.

남실바람 바람이 얼굴에 느껴질 정도의 바람. 나뭇잎이 살랑거리며 수면에 잔물결이 뚜렷이 일어남. 경풍.

남십자성 남십자자리에 있는 알파·베타·감마·델타의 네 별로, 십(十)자 모양으로 대각선을 이루고 있음.

남아(男兒) ①사내아이. ②남자. 대장부.

남아돌다 아주 넉넉하여 나머지가 많이 있게 되다. 예김장 배추가 남아돌다.

남아메리카 파나마 지협에 의하여 북아메리카와 구분되는 아메리카 대륙의 남쪽 부분. 비남미주. 준남미.

남아프리카 공:화국 아프리카 대륙의 남부에 위치하고 있는 나라. 1961년 영국으로부터 독립함. 수도는 프리토리아. 준남아공.

남양(南洋) 태평양 가운데의 적도가 있는 부분.

남:용(濫用) 함부로 마구 씀. 예약을 남용해서는 안 된다. 비낭비. 반절용. —하다.

남우(男優) '남배우'의 준말. 예남우 주연상. 반여우.

남우세스럽다〔남우세스러우니, 남우세스러워서/남우세스러이〕 남에게 웃음과 조롱을 받을 만하다. 준남세스럽다.

남위(南緯) 적도로부터 남극에 이르기까지의 위도. 반북위.

남의 눈 여러 사람의 시선. 이목. 예남의 눈을 의식하지 마라.

남의 다리 긁는다〈속〉①자기를 위하여 한 일이 남을 위한 일이 되었다. ②남의 일을 제일로 알고 수고한다.

남의 말하기는 식은 죽 먹기〈속〉남의 허물을 찾아내기란 아주 쉽다.

남의살 같다 피부에 감각이 전혀 없다.

남의 잔치에 감 놓아라 배 놓아라 한다〈속〉남의 일에 옳지 못한 참견을 한다.

남의집살이 남의 집에 살면서 그 집 일을 해 주는 생활, 또는 그 사람. 비고용살이. —하다.

남자(男子) 사내. 반여자.

남자답다〔남자다우니, 남자다워〕 남자로서의 씩씩하고 강한 기개가 있다. 예남자답게 행동하다.

남작(男爵) 서양에서 나라에 공이 있는 사람에게 주던 다섯 등급의 벼슬 중 맨 아래 등급.

남장(男裝) 여자가 남자처럼 차림. 예여인이 남장을 하고 길을 떠나다. 반여장. —하다.

남존 여비(男尊女卑)〔—녀비〕사회적 지위가 남자는 높고 귀하며, 여자는 낮고 천하다는 말, 또는 그런 관습. 예남존 여비의 사상은 매우 그릇된 것이다. 반여존남비.

남중(南中) 태양이나 달이 정남쪽에 이르는 것. —하다.

남중 고도(南中高度) 태양이 남중했을 때의 태양의 높이. 하루 중에서 가장 높음.

남중부 ①남부와 중부. ②남부의

한가운데.

남진(南進) ①남쪽으로 진출함. 𝐛북진. ②남하. —하다.

남짓하다 무게·분량·수 따위가 어느 한도에서 조금 더 되다. 예동생은 키가 1m 남짓하다. —이.

남쪽(南—) 해가 뜨는 쪽을 향하여 오른쪽. 𝐛북쪽.

남창¹(男唱) 여자가 남자 목소리로 부르는 노래.

남창²(南窓) 남쪽으로 난 창. 𝐛북창.

남촌(南村) ①남쪽에 있는 마을. 예산 너머 남촌. ②조선 때 서울 안의 남쪽에 있는 동네를 이르던 말. 𝐛북촌.

남측(南側) 남쪽. 예남측 대표. 𝐛북측.

남침(南侵) ①남쪽을 침략함. ②북한이 우리 남한을 쳐들어 온 일. 예북한의 기습 남침으로 시작된 6·25 전쟁. 𝐛북침. —하다.

남파(南派) 남쪽으로 보냄. 예북한이 간첩을 남파시켰다. —하다.

남편(男便) 여자가 자기와 혼인한 남자를 일컫는 말. 𝐛아내.

남포 도화선 장치를 하여 폭빌힐 수 있게 만든 폭발약.

남포등(←Lamp燈) 석유를 담아 불을 켜는 등잔. 𝐛남포.

〔남포등〕

남풍(南風) 남쪽에서 불어오는 바람. 마파람. 𝐛북풍.

남하(南下) 남쪽으로 향하여 내려감, 또는 내려옴. 예중공군의 남하로 다시 밀린 국군. 𝐛북상. —하다.

남한(南韓) 남쪽 한국. 즉 휴전선 이남의 우리 나라. 𝐛북한.

남한강(南漢江) 한강의 한 줄기. 강원도 태백산 북쪽의 오대산에서 시작하여 강원도·충청 북도를 거쳐 경기도 양평군 양서면 양수리에서 북한강과 합류함.

남한산(南漢山) 경기도 광주에 있는 산. 높이 495 m.

남한 산성 경기도 광주시 남한산에 있는 산성. 인조 2년(1624)에 고쳐 쌓은 성으로, 1636년 병자호란 때 인조가 45일간 항전하다가 항복한 곳임.

남해(南海) 남쪽의 바다.

남해 고속 국도 순천에서 부산을 잇는 고속 도로. 1973년에 개통되었음. 길이 176.5 km.

남해 대:교 경상 남도 하동군과 남해시를 잇는 현수교로 길이 660 m. 한려 수도의 명물임.

남해안(南海岸) ①남쪽 바닷가. ②우리 나라의 남해에 면한 경상 남도와 전라 남도의 바닷가.

남행(南行) 남쪽으로 감. 예남행 열치. 히디.

남향(南向) 남쪽을 향함. 예남향으로 창을 내다. 𝐛북향. —하다.

남향집 대청이 남쪽을 향해 있는 집. 𝐛북향집.

남회귀선 적도의 23° 27′을 통과하는 위선. 𝐛북회귀선.

남:획(濫獲) 짐승·물고기 따위를 마구 잡음. 예사냥꾼들의 남획으로 멸종 위기에 놓인 동물들. —하다.

냠 '나무'의 옛말.

납 무르고 열에 잘 녹는 청백색의

ㄴ

금속. 독성이 있음. 연.
납골(納骨) 화장한 유골을 그릇이나 납골당 등에 모심. —하다.
납기(納期)[—끼] 세금·공과금 따위를 내는 기간. [예]재산세를 납기 안에 내다.
납득(納得)[—뜩] 남의 말을 잘 알아들어 이해함. [예]나를 납득시켜 보아라. —하다.
납땜 땜납으로 쇠붙이를 때우는 일. [예]납땜질. —하다.
납땜 인두 납땜에 흔히 쓰이는 기구의 한 가지. 흔히 전기를 사용함.
납땜질 납으로 쇠붙이의 이음매를 때우는 일. —하다.
납량(納涼)[남냥] 여름에 더위를 피하여 서늘한 곳에서 바람을 쐼. [예]납량 특집 방송. —하다.
납본(納本) 발행한 출판물을 본보기로 해당 관청에 바침. [예]납본 제도. —하다.
납부(納付) 관공서나 공공 단체 등에 물건이나 돈을 냄. [예]학교에 등록금을 납부하다. —하다.
납세(納稅) 세금을 냄. —하다.
납세 고:지 공과금이나 수업료 따위의 납부해야 할 금액·날짜·곳 등을 알리는 일. [예]납세 고지서.
납세액 부과된 세금의 액수.
납세 의:무 세금을 내야 하는 국민의 의무.
납입(納入) 세금이나 공과금 따위를 냄. [비]납부. —하다.
납작코 콧날이 우뚝하게 서지 못하고 납작하게 주저앉은 코.
납작하다[—짜카다] 얇고 넓다. [예]납작한 쟁반. 납작한 돌. [큰]넓적하다. —이.
납죽 ①입을 좀 넓은 듯하게 벌렸다가 얼른 다무는 모양. ②몸을 좀 넓은 듯하게 하여 바닥에 엎드리는 모양. [예]납죽 엎드려 용서를 빌다. [큰]넙죽.
납중독 납의 독성에 의한 중독. 구역질·위장병·신경 마비 등의 증세가 나타남.
납치(拉致) 억지로 끌고 감. [예]어린이가 납치되었다. —하다.
납품(納品) 주문받은 물건을 주문한 곳이나 사람에게 가져다 줌, 또는 그 물건. [예]관에 사무용품을 납품하다. —하다.
낫 풀과 나무를 베는 연장.

〔낫〕

낫 놓고 기역자도 모른다〈속〉 기역자 모양으로 생긴 낫을 곁에 놓고도 기역자를 어떻게 쓰는지 모른다. 아주 무식한 사람을 가리키는 말.
낫:다[1]〔나아, 나으니〕 병이 고쳐지다. 회복되다. [예]두통이 말끔히 낫다.
낫:다[2]〔나아, 나으니〕 ①뛰어나다. 잘하다. ②다른 물건보다 좋다. [비]좋다. [반]못하다.

낫:다 ①병이 없어지다. ②이것보다 저것이 더 좋다.
낮다 높다의 반대.
낳다 새끼나 알을 내어 놓다.

낫:살 '나잇살'의 준말.
낫:잡다 계산할 때 조금 넉넉하게 치다. [예]아무리 낫잡아도 100명도 안 되겠다.
낫질 낫으로 풀이나 나무 등을 베

는 일. —하다.

낭군(郎君) 아내가 자기 남편을 사랑스럽게 일컫는 말.

낭도(郎徒) 신라 때의 화랑의 무리. 화랑도.

낭ː독(朗讀) 글을 소리를 내어 읽음. 예 독립 선언서 낭독. 반 묵독. —하다.

낭떠러지 깎아지른 듯한 언덕. 예 천 길 낭떠러지. 비 벼랑.

낭ː랑¹(朗朗)[—낭] ① 빛이 매우 밝은 모양. ② 소리가 매우 흥겹고 명랑한 모양. 예 낭랑한 목소리. —하다. —히.

낭랑²(琅琅)[—낭] 매우 맑게 울리는 소리. —하다. —히.

낭ː만(浪漫) 사물을 이성적이기보다 감정적이며 달콤하게 느끼는 일, 또는 그렇게 느낀 세계. 예 낭만에 빠지다. —하다.

낭ː만적 비현실적이며 이상적인 달콤한 것을 구하는 모양. 환상적이며 공상적인 모양. 예 낭만적인 사람.

낭ː보(朗報) 반가운 소식. 예 우리 나라 축구팀이 일본을 이겼다는 낭보가 전해졌다.

낭ː비(浪費) 금품·시간 따위를 쓸 데없는 곳에 함부로 씀. 예 시간과 재물을 낭비하다. 비 남용. 반 절약. 저금. —하다.

낭ː비벽 낭비하는 버릇.

낭ː설(浪說) 터무니없는 소문. 예 낭설을 퍼뜨리다.

낭ː송(朗誦) 소리내어 글을 읽음. 예 동시를 천천히 낭송하다. 비 낭독. —하다.

낭자¹(娘子) 젊은 처녀.

낭ː자²(狼藉) 물건 따위가 마구 흩어져 있어 어지러움. 예 유혈이 낭자하다. —하다.

낭창거리다 가는 막대기나 줄 같은 것이 튀기듯 또는 나불거리듯 자주 흔들리다. 큰 능청거리다.

낭창낭창 줄이나 가는 막대기 따위가 탄력성 있게 휘어지거나 흔들리는 모양. 예 낭창낭창한 버들가지. 큰 능청능청. —하다.

낭ː패(狼狽) 일이 잘 안 되어 몹시 딱하게 됨. 예 차를 놓치어 큰 낭패다. —하다.

낮[낟] 해가 뜰 때부터 질 때까지의 동안. 반 밤.

낮다[낟따] ① 높지 않다. 얕다. 예 낮은 산. ② 키가 작다. ③ 목소리가 크지 않다. ④ 신분이나 지위가 천하다. 반 높다.

낮때[낟—] 한낮의 동안.

낮말은 새가 듣고 밤말은 쥐가 듣는다〈속〉 남이 안 듣는 곳에서라도 말을 삼가야 한다.

낮보다 ① 낮게 보다. ② 깔보다. 예 다른 사람을 낮보면 안 된다.

낮은 ① 높지 않은. 예 낮은 지대. 반 높은. ② 값이 싼.

낮은말 천한 말. 상말.

낮은음자리표 낮은음자리를 나타내는 기호. 지음부 기호.

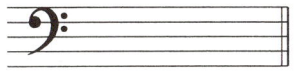

〔낮은음자리표〕

낮잠[낟짬] 낮에 자는 잠. 반 밤잠.

낮추다[낟—] ① 낮게 하다. 예 말소리를 낮추다. ② 자기를 낮게 만들고 사양하다. 예 어른 앞이라 자신을 낮추다. 반 높이다.

낮춤말[낟—] 상대방을 높이는 뜻

에서 자신을 낮추어서 쓰는 말. 반높임말.

낯[낟] ①얼굴. ②드러내서 남을 대할 만한 체면. 비면목.

낯가리다[낟까—] 어린아이가 낯선 사람을 대하기를 꺼리다.

낯가림[낟까—] 어린아이가 낯선 사람을 대하기 싫어하는 일. 예낯가림을 하는 아이. —하다.

낯들다 얼굴을 들고 남을 대하다. 예낯들고 다닐 수가 없다.

낯뜨겁다[낟뜨거우니, 낟뜨거워서] 부끄러워 얼굴이 빨개지다. 예낯뜨거운 짓은 그만두렴.

낯모를 ①얼굴을 모르는. ②알지 못하는. 반낯익은.

낯붉히다[낟뿔키—] 부끄럽거나 성이 나서 얼굴빛이 붉어지다. 예서로 낯붉히며 지내지 말자.

낯빛[낟삗] 얼굴빛. 안색.

낯설 눈에 서투른. 보지 못한. 예낯선 사람. 반낯익은.

낯설다 자주 보지 않아서 잘 모르다. 반낯익다.

낯익다[난닉따] 자주 보아 잘 알다. 예낯익은 얼굴. 비익숙하다. 반낯설다.

낱:[낟] 셀 수 있게 된 물건의 하나하나. 예낱개.

낱:개[낟깨] 따로따로인 한 개 한 개. 예낱개로 파는 물건.

낱:권[낟꿘] 따로따로인 한 권 한 권. 예낱권 판매.

낱:낱이[난나치] 따로따로. 하나하나마다. 예공책마다 낱낱이 살펴보다. 비일일이.

낱:말[난—] 한 생각을 나타내는 낱낱의 말. 예낱말 풀이. 비단어.

낱:셈[낟쎔] 개수를 하나하나 세는 셈. —하다.

낱:소리[낟쏘—] 우리말의 닿소리와 홀소리의 각각의 글자가 지니고 있는 소리.

낱:소리글자 그 이상 더 작게 나눌 수 없는 낱개의 소리로 된 글자. 음소 문자.

낱:자 [낟짜] 하나하나의 글자. ㄱ·ㄴ·ㄷ·ㄲ·ㅆ…… 따위.

낳다[나타] ①사람이나 동물이 아이나 새끼를 내어 놓다. 예아들을 낳다. ②실로 피륙을 짜다. 예베를 낳다. ③결과를 나타내다. 예열심히 공부한 결과 좋은 성적을 낳게 했다.

내:¹ 강보다 작은 큰 개천. 비시내.

내² 물건이 탈 때에 일어나는 부옇고 매운 기운. 비연기.

내³ '냄새'의 준말. 예음식에서 고소한 내가 난다.

내⁴ '나의'와 같음. 예내 것과 네 것을 가려라. 반네.

내:⁵(內) 안. 속. 반외.

-내⁶ 때를 나타내는 말 뒤에 붙어 처음부터 끝까지의 뜻을 나타내는 말. 예여름내 비가 오다.

내:각¹(內角) ①한 직선이 각각 다른 점에서 두 직선과 만날 때, 두 직선 안쪽으로 생기는 각. ②다각형에서 인접한 두 변이 안쪽에 만드는 모든 각. 반외각.

내:각²(內閣) 국무 위원이나 장관으로 조직되어 국가의 행정을 담당하는 행정상 최고 기관.

내:각 책임제 민주 국가의 주요 정부 형태의 하나. 정부의 성립과 존립이 국회의 신임을 조건으로 이루어지는 제도. 의원 내각제.

내:간체(內簡體) 부녀자들 사이에 오가던 옛날 편지의 글체.

내:갈기다 ①힘껏 때리다. 예뺨을 내갈기다. ②글씨를 아무렇게나 쓰다. 예내갈겨 쓴 편지.

내객(來客) 찾아온 손님.

내:걸다〔내거니, 내걸어서〕 ①밖으로 내어서 걸다. 예간판을 내걸다. ②문제나 조건 따위를 내어 놓다. 예조건을 내걸다. ③희생을 무릅쓰다. 예목숨을 내걸다.

내:과(內科)〔—꽈〕 내장의 각 기관의 기능에 탈이 난 병을 고치는 의술의 한 부문. 반외과.

내:구(耐久) 오래 견딤. 예내구성이 강한 가구. —하다.

내:국세(內國稅) 국내에 있는 사람 또는 물건에 부과하는 국세. 국세 중 관세와 톤세가 제외됨.

내:규(內規) 내부에서 지켜야 하는 규정. 예학교의 내규.

내:근(內勤) 회사나 관청의 안에서만 일을 봄. 반외근. —하다.

내기[1] 승부를 다투어 이기는 사람이 돈이나 물품을 차지하는 일. 예내기 바둑. —하다.

-내기[2] ①고장을 나타내는 말에 붙어 그 고장 사람임을 뜻하는 말. 예서울내기. ②'그 정도의 사람임'을 얕잡아 이르는 말. 예풋내기.

내:내 끝끝내. 처음부터 끝까지. 예북극은 일 년 내내 춥다. 비줄곧. 내리.

내년(來年) ①오는 해. ②이 다음 해. 명년. 반작년.

내:놓다〔—노타〕 ①가두었던 것을 밖으로 나가게 하다. 예소를 우리 밖으로 내놓다. ②가리지 않고 드러내다. 예살을 내놓다. ③팔 물건을 여러 사람에게 보이다. 예집을 내놓다.

내:다[1] ①나타나게 하다. 예불을 내다. ②곡식을 팔다. 예쌀을 내다. 반들이다.

내:다[2] ①약조한 돈을 주다. 예세금을 내다. ②살림이나 가게를 차리다. 예서점을 내다. ③틈을 만들다. 예시간 내서 한번 가다. ④구멍을 뚫다. 예구멍을 내다.

내:다보다 안에서 밖을 보다. 예창 밖을 내다보다. 반들여다보다.

내:닫다〔내달아, 내달으니〕 별안간 앞이나 밖으로 힘차게 뛰어나가다. 내달리다.

내:달리다 힘차게 달리다. 내닫다. 예적진을 향하여 내달리다.

내:담(內談) 비밀 이야기.

내:던지다 ①아무렇게나 냅다 던지다. 예보던 책을 내던지다. ②일에서 관계를 끊고 돌아보지 않다. 예가족을 내던지다.

내:돋다 안에서 겉으로 또는 밖으로 돋아 나오다. 예이마에 땀방울이 내돋다.

내:돌리다 물건을 함부로 내놓아 남의 손에 가게 하다. 예어렸을 적 사진을 내돌리지 마라.

내:동댕이치다 아무렇게나 뿌리쳐 버리다. 힘껏 마구 내던시나. 예그릇을 내동댕이치다.

내:두르다〔내두르니, 내둘러서〕 이리저리 휘휘 흔들다. 예지팡이를 내두르다.

내:디디다 발을 바깥쪽 또는 앞으로 밟다. 예한 발짝을 내디디다. 준내딛다.

내:뚫다〔—뚤타〕 이 끝에서 저 끝까지 통하게 뚫다.

내:락(內諾) ①남몰래 넌지시 승낙함. ②비공식적으로 승낙함. 예내락을 얻다. —하다.

내:란(內亂) 나라 안에서 생긴 난리. 땐 외란.

내려가다 ①위에서 아래로 가다. 예 계단을 내려가다. ②서울에서 시골로 떠나다. 예 고향으로 내려가다. ③음식이 소화되다. 예 먹은 것이 내려가다. ④값이 떨어지다. 예 쌀값이 내려가다.

내려놓다[-노타] 위에 있는 것을 아래로 내려서 놓다. 예 들고 있던 가방을 내려놓다.

내려다보다 위에서 아래를 보다. 예 비행기에서 경치를 내려다보다. 땐 올려다보다.

내려본각(-角) 높은 곳에서 수평으로 바라본 곳과 목표물을 내려다본 곳이 이루는 각. 땐 올려본각.

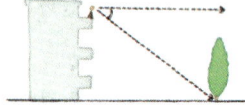
〔내려본각〕

내려서다 높은 데서 낮은 곳으로 내려와 서다.

내려쓰다 모자 따위를 이마보다 아래로 내려서 쓰다.

내려앉다[-안따] ①아래로 옮겨 앉다. ②낮은 지위에 옮겨 앉다. ③건물·다리·산 등이 무너지다. 예 홍수로 다리가 내려앉다.

내려오다 위에서 아래로 오다. 예 산을 내려오다. 땐 올라가다.

내력(來歷) ①지내 온 일. ②실지로 경험하여 온 일. ③겪어 온 자취. 예 집안의 내력.

내로라하다 어떤 분야를 대표할 만하다. 예 내로라하는 세계의 과학자들이 모였다.

내:륙 기후 일 년 또는 하루에도 기온의 차가 심하며 공기가 건조하고 맑아 비 내리는 양이 적은 기후. 비 대륙성 기후.

내:륙 지방(內陸地方) 해안 지대에 대하여 바다에서 멀리 떨어진 지방. 땐 해안 지방.

내리 ①위에서 아래로 향하여 똑바로. ②처음부터 끝까지. 예 내리 세 시간을 서 있었다.

내리긋다 줄(금)을 아래로 향하여 긋다.

> **내려긋다** 자리를 아래로 잡아서 긋다.
> **내리긋다** 아래쪽으로 줄을 곧게 긋다.

내리다¹ ①높은 데서 낮은 데로 오다. ②높은 데서 낮은 데로 옮기다. 예 짐을 내리다. 땐 올리다. ③음식이 소화되다. 예 체한 것이 내리다. ④값이 떨어지다. ⑤살이 빠지다. 예 살이 내리다. 땐 오르다. ⑥풀이나 나무의 뿌리가 나다. 예 뿌리가 내리다. ⑦이슬·서리·비·눈 따위가 오다. 예 눈이 내리다.

내리다² 윗사람이 아랫사람에게 주다. 예 명령을 내리다.

내리닫다 아래로 향해 뛰다. 예 고개 밑으로 단숨에 내리닫다.

내리닫이¹[-다지] 어린아이의 옷의 한 가지. 바지와 저고리를 한데 붙이고, 뒤를 터서 똥오줌 누기에 편하게 지었음.

내리닫이²[-다지] 두 짝의 창문이 서로 위아래로 오르내려서 여닫게 된 창.

내리막 ①내려가는 길이나 바닥. ②한창때가 지나 쇠퇴해 가는 판. 예 사업이 내리막길이다.

내리막길 비탈진 길의 아래로 향하는 길. 맨오르막길.

내리사랑 부모의 자식에 대한 사랑. 손윗사람의 손아랫사람에 대한 사랑.

내리쬐다 햇볕이 강하게 내리비치다. 예햇볕이 쨍쨍 내리쬐는 모래 벌판.

내리치다 ①위에서 아래로 힘껏 치다. 예도끼로 장작을 내리치다. ②계속해 마구 때리다.

내림[1] 혈통적으로 그 집안에 유전되어 내려오는 특성.

내림[2] (來臨) 찾아오심. —하다.

내림표 반음 내리는 기호. 플랫. 악보에 'b'로 표시함.

내:막(內幕) ①거죽에 나타나지 아니한 사실. ②사물의 내용. 예내막을 들추어 내다.

내:면(內面) ①안쪽. 안쪽을 향한 면. ②사람의 정신이나 심리에 관한 면. 예인간의 내면 세계를 잘 표현한 작품.

내:몰다〔내모니〕 밖으로 몰아 내쫓다. 예닭을 닭장 밖으로 내몰다.

내물왕(奈勿王, ?~402) 신라 제 17대 임금(재위 356~402). 성은 김씨. 내물왕 이후 김씨만 왕의 자리를 이어받았으며, 점차 힘을 길러 세력을 주위로 뻗쳤음.

내:밀다〔내미니, 내밀어〕 ①한쪽 끝이 따로 나오다. ②한쪽으로 도드라지다. ③밖이나 앞으로 나가게 하다. 예손을 내밀다.

내:방[1](內房) 안방.

내방[2](來訪) 남이 찾아옴. 예내방객을 접대하다. —하다.

내 배 부르면 종의 밥 짓지 말라 한다〈속〉 자기 몸만을 알고 남은 조금도 이해하지 못한다.

내:뱉다〔—밷따〕 ①입 밖으로 힘껏 뱉다. 예침을 내뱉다. ②아무렇게나 말을 해치우다. 예함부로 말을 내뱉지 마라.

내:버려 두다 ①건드리지 않고 그대로 두다. ②상관하거나 돌보거나 하지 않다.

내:버리다 내던져 아주 버리다.

내:보내다 ①밖으로 나가게 하다. 예아이들을 밖으로 내보내다. ②직장 따위에서 아주 떠나게 하다.

내:보이다 속에 들어 있는 것을 꺼내어 보이다.

내:복[1](內服) 속에 입는 옷. 속옷.

내:복[2](內服) 약을 먹음. 비내용. 맨외용. —하다.

내:복약〔—뇽냑〕 먹는 약. 비내용약. 맨외용약.

내:부(內部) 안쪽의 부분. 맨외부.

내:분(內紛) 내부에서 일어난 다툼. 예재산 때문에 가족끼리 내분이 일어나다.

내:비치다 ①빛이 밖으로 비치다. 예창문에 불빛이 내비치다. ②내용의 일부만을 말하다. ③감정이나 생각 따위를 말하다. 예서글픈 심정을 내비치나.

내빈(來賓) 어떤 모임에 청함을 받고 찾아온 손님. 예내빈석.

내:빼다 '달아나다'의 속된말. 예욕을 하고 내빼다.

내:뻗다 ①뻗어 나가다. ②바깥쪽으로 힘차게 뻗다. 바깥을 향하여 뻗치다. 예팔을 힘껏 내뻗다.

내:뿜다 ①밖으로 세게 뿜다. ②기체·액체 따위가 세차게 밖으로 나오다.

내:사(內査) ①몰래 조사함. 예부정 부패를 내사하다. ②자체에

서 하는 조사. —하다.

내:색(—色) 마음에 느낀 것이 얼굴에 드러나는 모양. [예] 불쾌한 내색을 보이다. —하다.

내생(來生) 죽은 후에 다시 살아남, 또는 그 생애. [예] 내생을 기약하다. [반] 전생.

내:성적(內省的) 겉으로 드러내지 아니하고 속으로만 생각하는 성격인 것.

내세(來世) 죽은 뒤에 가서 산다는 미래의 세상.

내:세우다 ①나서게 하다. [예] 대표자로 내세우다. ②자기에게 유리한 일을 자료로 삼아 내놓다. [예] 증거 자료를 내세우다.

내:숭 겉으로는 온유하게 보이나 속으로는 엉큼함. —스럽다. —하다.

내:쉬다 숨을 밖으로 내보내다. [반] 들이쉬다.

내:시(內侍) 고려·조선 시대 때 임금의 시중·왕명의 전달 등을 하는 내시부 벼슬아치를 이르던 말.

내:심(內心) 속마음. [예] 용감한 척하지만 내심 겁을 잔뜩 먹고 있다.

내:야(內野) 야구의 일루·이루·삼루·본루의 각 베이스 사이를 이은 선의 안. [예] 내야수. 내야 안타. [반] 외야.

내:역(內譯) 자세한 내용. [예] 용돈을 쓴 내역을 기록하다. [비] 명세.

내왕(來往) 오고 감. [예] 두 집안 사이에 내왕이 잦다. —하다.

내:외(內外) ①남편과 아내. [예] 내외간. [비] 부부. ②안과 밖.

내:외하다 아낙네와 사내가 예의로 서로 대하기를 피하다.

내:용(內容) ①글이나 말의 기본 줄거리나 나타나 있는 사항. ②어떤 일의 줄거리가 되는 것. [예] 사건의 내용. [반] 형식.

내:용물(內容物) 속에 든 물건.

내:의(內衣) 속옷. [반] 외의.

내:이(內耳) 귀의 가장 안 부분.

내일(來日) 오늘 바로 다음에 오는 날. [비] 명일. [반] 어제.

내:자(內子) 남에 대하여 자기 '아내'를 일컫는 말.

내:장[1](內裝·內粧) 건물의 내부를 꾸미는 일. [예] 건물의 내장 공사를 하다. —하다.

내:장[2](內藏) 안에 가지고 있음. [예] 컴퓨터에 내장된 시디롬 드라이브. —하다.

내:장[3](內臟) 배와 가슴에 들어 있는 호흡기·소화기·비뇨기 등 여러 기관의 총칭.

내:장산(內藏山) 전라 북도 정읍시에 있는 명산의 하나. 금강산과 비슷하여 남금강이란 별칭이 있음. 국립 공원으로 높이 763m.

내:적(內的) [—쩍] ①사물의 내부에 관한 모양. ②정신이나 마음의 작용에 관한 모양·상태.

내:전(內戰) 국내의 전쟁. 같은 국민끼리의 전쟁.

내:젓다〔내저으니, 내저어〕 앞이나 밖으로 내어서 휘두르다.

내:정[1](內定) 드러내지 않고 남모르게 작정함. [예] 부장으로 내정하다. —하다.

내:정[2](內政) ①안 살림살이. ②나라 안 정치. [예] 내정의 문란으로 사회가 혼란하다.

내:조(內助) 아내가 집안에서 남편의 일을 도와 줌, 또는 그 도움. [예] 내조의 공. [반] 외조. —하다.

내:종(內從) '내종 사촌'의 준말. 고모의 아들·딸을 말함. [비] 고종.

내:종 자매 고모의 딸들.

내주(來週) 다음 주일.
내:주다 ①가졌던 물건을 남에게 건네 주다. [예] 책을 내주다. ②자기가 차지한 자리를 비워서 남에게 넘기다. [예] 자리를 내주다. ③속에서 꺼내어서 주다.
내주일(來週日) 이 다음 주일.
내:지(乃至) 수량을 나타내는 말 사이에 쓰이어 '얼마에서 얼마까지'의 뜻을 나타내는 말. [예] 2시간 내지 3시간 독서를 한다.
내:쫓다[—쫃따] 있던 곳에 못 있게 하다. 억지로 내보내다.
내:처 내친 바람에. 하는 김에 끝까지. [예] 하던 김에 내처 해 버리자.
내:치다[1] ①쫓아내다. 물리치다. ②내던져 버리다.
내:치다[2] 이미 일을 시작한 바람에 더 잇달아 하다.
내:친 김에 이왕 일을 시작한 바람에. [예] 내친 김에 정상까지 정복하자.
내 코가 석 자〈속〉 내 사정이 급해서 남의 사정을 돌볼 수가 없다.
내:키다 하고 싶은 마음이 솟아나다. [예] 왠지 이번 일은 내키지 않는다.
내:통(內通) ①남 모르게 알림. ②은밀히 적과 통함. [예] 적과 내통하다. —하다.
내:팽개치다 ①힘껏 던져 버리다. ②하던 일에서 손을 떼어 버리다. [예] 공부는 내팽개치고 놀러만 다닌다.
내:포(內包) 어떠한 뜻을 그 속에 포함함. [예] 그 계획은 많은 위험을 내포하고 있다. —하다.
내:핍(耐乏) 물건이나 돈이 모자라는 것을 참고 견딤. 가난을 견딤. [예] 내핍 생활. —하다.
내한[1](來韓) 외국인이 한국에 옴. [비] 방한. —하다.
내:한[2](耐寒) 추위를 견딤. [예] 내한 훈련. [반] 내서. —하다.
내 할 말을 사돈이 한다〈속〉 자기가 하려던 말이나 해야 할 말을 도리어 남이 한다.
내:항[1](內項) 비례식에서 안에 있는 두 항. 2∶3=4∶6에서 3과 4 따위. [반] 외항.
내:항[2](內港) 큰 항구에서 가장 아늑한 곳을 이룬 안쪽의 항구.
내:화(耐火) 불에 잘 타지 않고 잘 견딤. [예] 내화 벽돌. —하다.
내:환(內患) ①나라 안의 걱정. [예] 내환이 없는 나라가 강대국이 된다. ②집안의 근심스러운 일. [예] 내환이 잦다. [반] 외환.
내후년 내년의 다음 해. 후후년.
냄비 음식을 끓이는 데 쓰는 아가리가 넓은 그릇.
냄:새 ①코로 맡을 수 있는 온갖 기운. ②어떤 사물·분위기 등이 가지는 색채·경향. [예] 진취적인 냄새가 나는 문장.
냅다 몹시 빠르고 세찬 모양. [예] 냅다 뛰다.
냅킨(napkin) 식탁 위에 접어서 얹어 놓는 수건이나 종이. 주로 양식을 먹을 때 씀.
냇:가[내까] 냇물 가까운 곳.
냇:둑[내뚝] 냇가에 쌓은 둑.
냇:물[낸—] 내에 흐르는 물.
냇:바닥[내빠—] 내의 밑바닥.
냉:가슴(冷—) 겉으로 드러내지 못하고 혼자서 속을 썩이는 마음. [예] 벙어리 냉가슴 앓듯 하다.
냉:각(冷却) 아주 차게 식힘. [예] 물을 냉각시키다. —하다.

냉:기(冷氣) ①찬 기운. ②찬 공기. 땐 열기.

냉:난방 방 안을 차게 하는 일과 덥게 하는 일.

냉:담하다(冷淡―) ①무관심하다. ②쌀쌀하다. 예 기부금 요청을 냉담하게 거절하다. ―히.

냉:대¹(冷待) 대접을 잘하지 아니함. 푸대접. 예 놀부의 냉대를 받은 흥부. ―하다.

냉:대²(冷帶) 온대와 한대의 중간에 있는 지역. 대체로 남·북위 40°~67°의 지역. 아한대.

냉:대림 온대와 한대 사이의 내륙의 냉대 지방에 많은 수풀.

냉:동(冷凍) 식품 따위를 썩지 않게 해 두기 위하여 얼림. 예 냉동 식품. ―하다.

냉:동기 액체를 얼리거나 차게 하는 기계.

냉:동실 썩지 않게 보존하기 위하여 얼리는 장치를 해 놓은 방.

냉:랭하다(冷冷―)[―냉냉―] ①쌀쌀하게 차다. 예 방이 냉랭하다. ②태도가 몹시 쌀쌀하다. 예 분위기가 냉랭하다. ―히.

냉:면(冷麵) 냉국이나 무김치 국물 등에 말아서 먹는 국수. 예 평양 냉면. 함흥 냉면. 땐 온면.

냉:방(冷房) ①찬 방. ②방 안을 차게 하는 일. 예 냉방 시설. 땐 난방.

냉:방병[―뼝] 냉방으로 인하여 일어나는 병. 냉방 장치를 한 방과 더운 바깥의 큰 기온 차이가 원인이 됨.

냉:방 장치 방 안이 시원하도록 온도를 내리게 하는 장치. 땐 난방 장치. ―하다.

냉:상(冷床) 인공으로 따뜻한 열을 공급하지 아니하는 묘상. 땐 온상.

냉:소(冷笑) 쌀쌀한 태도로 비웃음. 예 잘난 척하는 친구에게 모두들 냉소를 보냈다. ―하다.

냉:수(冷水) 찬물. 땐 온수.

냉:수 마찰 찬물에 담근 수건으로 살갗을 문지르는 건강법.

냉수 먹고 이 쑤시기〈속〉 실속이 없으면서 있는 체한다.

냉:엄(冷嚴) 냉정하고 엄숙함. 예 판사가 판결문을 냉엄하게 낭독하다. ―하다. ―히.

냉이 들이나 밭에 저절로 나는 풀. 잎은 민들레와 비슷하고 꽃은 하얀데, 잎을 넣고 국을 끓여 먹음.

[냉 이]

냉잇국 냉이를 넣고 끓인 국.

냉:장(冷藏) 음식물 따위가 썩는 것을 막기 위하여 차게 저장하는 일. ―하다.

냉:장고(冷藏庫) 식료품을 상하지 않게 하기 위하여 낮은 온도로 저장하는 상자.

냉:전(冷戰) 무기는 쓰지 않으나 전쟁을 연상하게 하는 국제간의 심한 대립. 땐 열전.

냉:정¹(冷情) ①마음이 퍽 쌀쌀함. ②매정하고 쌀쌀한 마음. 땐 온정. ―스럽다. ―하다. ―히.

냉:정²(冷靜) ①감정을 눌러 고요하게 함. ②감정에 흐르지 않고 침착하여 사물에 흔들리지 않음. 예 흥분한 환자가 냉정을 되찾다. ―하다. ―히.

냉ː차(冷茶) 얼음을 넣거나 하여 차게 만든 차.

냉ː철(冷徹) 감정에 좌우되지 않고 사물을 바라보는 데 냉정하고 날카로움. ⑩냉철한 판단을 내리다. —하다. —히.

냉ː커피(冷coffee) 얼음을 넣어 차게 만든 커피.

냉큼 빨리. 얼른. ⑩냉큼 가거라. 큰닁큼.

냉큼냉큼 앞뒤를 돌보지 않고 잇달아 빨리. ⑩주는 대로 냉큼냉큼 받아먹는 개.

냉ː탕(冷湯) 찬물의 목욕탕. 밴온탕.

냉ː하다 차다. 찬 기운이 있다.

냉ː혈 동ː물(冷血動物) 뱀·개구리·두꺼비 따위와 같이 체온이 일정하지 않고 바깥 온도에 따라 바뀌어지는 동물. 찬피 동물. 밴온혈 동물.

냉ː혹(冷酷) 인정이 없고 혹독함. ⑩냉혹한 인간. —하다. —히.

-냐 받침 없는 말끝에 붙어, 손아랫사람에게 대하여 의문의 뜻을 나타내거나 사물을 지정하며 물을 때 쓰는 말. ⑩값이 얼마냐?

냠냠 맛있는 음식을 먹으면서 내는 소리. —하다.

냠냠거리다 ①맛있게 먹다. ②냠냠 소리를 자꾸 내다.

냥(兩) ①돈의 단위의 한 가지. 열 푼이 한 냥. ②무게의 단위의 한 가지. 열 돈이 한 냥.

너 손아랫사람이나 친한 사람을 부르는 말. 밴나.

너구리 모양은 여우와 비슷하나 좀 작으며, 털빛은 암회색, 주둥이는 뾰족하고 꼬리가 큰 산짐승.

너그럽다[너그러우니, 너그러워/너그러이] 마음이 크고 넓다. ⑩너그럽게 대하다.

너끈하다 무엇을 하는 데 있어 그것을 해낼 힘의 여유가 있다. ⑩나 혼자서도 너끈히 할 수 있는 일이다. —히.

너나없이[—업씨] 너나 나나 가릴 것 없이 모두. ⑩너나없이 다 똑같은 인간이다.

너나 할 것 없ː이[—꺼덥씨] 너는 어떻고 나는 어떻다고 구별하여 말할 것 없이.

너더댓 넷이나 다섯 가량. ⑩너더댓 사람이 모였다.

너덜거리다 ①함부로 말을 지껄이다. ②여러 가닥이 늘어져서 자꾸 흔들리다. ⑩찢어진 벽보가 담벽에 붙어 너덜거리다.

너덜너덜[—러덜] ①여러 가닥으로 드리워져 흔들거리는 모양. ②함부로 지껄이는 모양. —하다.

-너라 '오다'의 '오'에 붙어 명령하는 뜻을 나타내는 말. ⑩어서 오너라.

너럭바위 넓고 평평한 바위.

너르다[너르니, 널러] 이리저리 넓고 크다. ⑩너른 바다에 갈매기 한 마리가 날고 있다. 비넓다. 밴좁다.

너리 잇몸이 헐어 헤지는 병.

너머 담·고개·산 따위의 저쪽. ⑩산 너머 저쪽.

너머 산·고개 같은 높은 곳의 저쪽.
넘어 산이나 고개 위를 지나.

너무 심하게. 정도를 지나서. 과도하게. ⑩너무 멀리 가지는 마라.

너무나 '너무'의 힘줌말. ⑩나는

너의 합격이 너무나 기쁘다.

너:무날 밀물과 썰물의 차이를 볼 때, 열사흘과 스무여드레를 일컫는 말.

너부렁이 헝겊·종이 같은 것의 자그마한 조각. 좍나부랭이.

너부시 고개를 천천히 숙이며 절하거나 차분하게 앉는 모양. 예너부시 인사하다. 좍나부시.

너부죽이 천천히 배를 아래로 하여 엎드리는 모양. 예할아버지께 너부죽이 절을 하다. 좍나부죽이.

너부죽하다 조금 넓은 듯하다. 좍나부죽하다. —이.

너비 ①가로의 길이. ②피륙 등의 넓이. 비나비². 폭.

너:와 지붕을 이는 데 쓰는, 소나무 토막을 쪼갠 널빤지.

너:와집 너와로 지붕을 인 집.

너울 ①옛날 여자가 나들이할 적에 쓰던 얇은 검정 헝겊. 예너울을 쓰다. ②볕에 쬐어 시들어 늘어진 풀이나 나무의 잎.

너울거리다 부드럽게 굽어져 흔들리거나 움직이다.

너울너울 너울거리는 모양. 예황새가 너울너울 날아간다. —하다.

너저분하다 너절하고 지저분하다. 예너저분한 거리. —히.

너절하다 허름하고 더럽다. 예너절한 물건을 치우다. —히.

너털웃음 소리를 크게 내어 호탕하게 웃는 웃음.

너트(nut) 볼트에 끼어 돌려서 물건을 움직이지 않도록 죄는 데 쓰이는 쇠로 만든 부품. 반볼트.

너희 '너'의 복수.

넉 : 넷(4).

넉가래 곡식·눈 등을 한 곳에 밀어 모으는 데 쓰이는 기구. 넓적한 나무판에 자루를 닮.

〔넉가래〕

넉넉하다 모자라지 않고 풍부하다. 반부족하다. —히.

넉살[―쌀] 조금도 부끄러워하는 기색이 없이 비위 좋게 구는 짓. 예넉살 좋은 사람. —스럽다.

넋[넉] ①사람의 혼. ②정신. 비얼. 영혼. 반육체.

넋두리[넉뚜―] ①무당이 죽은 사람의 넋을 대신하여 하는 말. ②마음에 못마땅하여 불평을 하소연하는 말. —하다.

넋잃다[너길타] 의식을 잃다. 정신이 나가다. 예어처구니없는 사고에 넋잃고 주저앉다.

넌더리 성가시어 괴로운 마음. 예이제 이 일이라면 넌더리가 난다.

넌더리대다 넌더리나게 굴다. 준넌덜대다.

넌지시 남이 모르게. 몰래. 비밀히. 살짝. 예넌지시 귀띔하다.

널 : 통나무를 톱으로 켜서 얇고 넓게 만든 재목.

널:길 고분의 입구에서 시체를 모시어 둔 방에까지 이르는 길.

널:다 볕이나 바람을 쐬거나 또는 드러내어 보이고자 하여 펼쳐 놓다. 예빨래를 널다.

널따랗다〔널따라니, 널따란〕 생각보다 훨씬 넓다. 꽤나 넓다.

〔널뛰기〕

널:뛰기 긴 널빤지의 중간을 괴고, 양 끝에서 두 사람이 번갈아 뛰어오르는 놀이. —하다.

널름거리다 ①혀끝이나 손 또는 불길이 빨리 나왔다 들어갔다 하다. ⑩혀를 널름거리며 덤벼들려는 뱀. ②탐을 내어 자꾸 고개를 내밀고 엿보다. 쫘날름거리다.

널름널름 널름거리는 모양. 쫘날름날름. —하다.

널리 ①넓게. ②멀리. ⑩종소리가 널리 퍼지다.

널리다 범위나 폭을 넓게 하다. ⑩마루를 널리다.

널:방(—房) 무덤 속의 주검이 놓여 있는 방.

널:빤지 나무를 판판하고 넓게 켜낸 큰 조각. 준널.

널:조각 널빤지의 조각.

널찍하다 꽤 너르다. ⑩마당이 널찍하다. 뺀좁다랗다. —이.

널:평상 널빤지로 만든 평상.

넓다[널따] ①터전이 좁지 않다. ②마음이 너그럽다. ⑩도량이 넓다. 뷔너르다. 뺀좁다. 비좁다.

넓디넓다[널띠널따] 매우 넓다.

넓이 넓은 정도.

넓이뛰기 →멀리뛰기.

넓적다리[넙쩍따—] 무릎 위에 살이 많은 곳.

넓적하다[넙쩌카—] 평평하게 넓다. ⑩넓적한 바위. 뺀길쭉하다. 쫘납작하다. —이.

넓죽하다[넙쭈카—] 길쭉하고 넓다. 쫘납죽하다. —이.

넓히다[널피—] 넓게 하다. ⑩방을 넓히다. 뷔늘이다. 뺀좁히다.

넘기다 ①높은 데를 넘어가게 하다. ②쓰러뜨리다. ⑩상대방을 넘기다. ③종잇장 따위를 젖히다. ⑩책장을 넘기다.

넘:나다 분수에 넘치는 짓을 하다. ⑩넘나게 사치하다.

넘:나들다 이리저리 들락날락하다. ⑩국경을 무단으로 넘나드는 밀수꾼.

넘:다[—따] ①정한 수량·정도·범위를 초월하다. ⑩총점이 평균은 넘는다. 뺀모자라다. ②때가 지나가다. ⑩기한이 넘다. ③어떤 물건 위를 지나서 저 편으로 가다. ⑩산을 넘다.

넘버(number) 수. 번호.

넘버 원(number one) 첫째. 제일 인자.

넘:보다 ①업신여기다. ②우습게 보다. 뷔깔보다. 얕잡다.

넘실거리다 물이 넘칠 듯이 출렁거리다. ⑩넘실거리며 흐르는 강물. 쫘남실거리다.

넘어가다 ①선 것이 쓰러지다. ②동안이 지나가다. ③해 또는 달이 지다. 뷔지다. ④남의 소유가 되다. ⑩채권자에게 집이 넘어가다.

넘어다보다 고개를 들어 가리운 물건 위로 저편을 보다. ⑩담을 넘어다보다.

넘어뜨리다/넘어트리다 ①바로 선 것을 가로누이다. 쓰러지게 하다. ⑩상대 선수를 배지기로 넘어뜨리다. ②남의 기운을 꺾다. 뺀일으키다.

넘어지다 ①한쪽으로 쓰러지다. ⑩발이 걸려 넘어지다. ②승부놀이에서 지거나, 어떤 싸움에서 패하다. ⑩회사가 넘어지다.

넘:치다 ①가득 차서 밖으로 흘러 나오다. ⑩강물이 넘치다. ②마음의 느낌이 한도에 지나도록 세게 일어나다. ⑩기쁨에 넘치다.

넙치

넙치 넙칫과의 바닷물고기. 근해의 모래밭에 사는데 몸길이는 60 cm 정도, 몸통은 위아래로 넓적한 긴 타원형임. 두 눈은 몸 왼쪽에 있음. 광어.

넝마 해져서 입지 못하게 된 옷 따위.

넝마주이 넝마와 헌 종이 등을 줍는 사람.

넝쿨 벋어 나가 다른 물건을 감아 오르기도 하고 땅바닥에 벋기도 하는 식물의 줄기. 비덩굴.

넣:다[너타] ①속으로 들여보내다. ②담다. ③일자리를 얻게 하다. 예회사에 넣어 주다.

네¹ ①예. ②'너의'의 준말. 예이건 네 책이다.

-네² 처지가 같은 사람의 무리. 어떠한 집안이나 가족 전체를 들어서 나타내는 말. 예순이네 집.

네:거리 동서남북으로 통하여 '十'자 모양으로 갈라져 나간 길. 비십자로. 사거리.

네덜란드(Netherlands) 유럽의 북서부에서 영국과 해협을 사이에 두고 있는 왕국. 수도는 암스테르담. 화란. 홀란드.

네 떡이 한 개면 내 떡이 한 개라 〈속〉 오는 것이 있어야 그만큼 가는 것이 있다는 말.

네:루(Nehru, 1889~1964) 인도의 정치가. 영국에 대항하여 독립 운동을 벌임. 1947년 수상이 됨.

네:모 사각형. 비사각.

네:모꼴 네 변으로 에워싸여 네모를 이룬 꼴. 비사각형.

네안데르탈인(Neanderthal人) 1856년에 라인 강 하류의 네안데르탈의 동굴에서 발견된 화석 인류. 원인류와 현생 인류의 중간층에 해당함.

네온사인(neon sign) 공기를 빼어 없앤 유리관에 네온·수은·증기·질소 따위의 가스를 넣고 전기를 통하여 아름다운 빛을 내어 비치게 한 장치. 주로 간판 등에 이용함.

네 콩이 크니 내 콩이 크니 한다 〈속〉 서로 비슷한 것을 가지고 제 것이 낫다고 다투는 것을 보고 이르는 말.

네트(net) 테니스·배구·탁구에서 시합장 중간에 친 그물.

네트워:크(network) ①방송망. 예전국 네트워크. ②컴퓨터의 데이터 통신 시스템에서, 컴퓨터와 단말기를 접속하기 위하여 쓰이는 기기·선로 따위로 구성되는 일체의 전송 매체.

네팔(Nepal) 히말라야 산맥 중에 있는 작은 왕국. 산지가 많고 농업과 목축이 주된 산업임. 수도는 카트만두.

넥타(nectar) 과실 음료의 한 가지. 과일을 으깨서 만든 진한 주스. 과일즙.

넥타이(necktie) 와이셔츠 칼라에 둘러매어 장식으로 하는 가늘고 긴 천. 준타이.

넷: 둘을 갑절한 수. 셋에 하나를 더한 수. 사.

녀석 ①남자를 욕으로 일컫는 말. ②사내아이를 귀엽게 일컫는 말. 예그 녀석 참 귀엽게 생겼다.

년¹ 여자를 낮게 부르는 말.

년²(年) ①'해'를 세는 단위. 예일 년. ②'해'의 차례를 나타내는 말. 예1988년 서울 올림픽.

녘¹[녁] 어떠한 때의 무렵을 나타내는 말. 예동틀녘.

-녘²[녁] 방향이나 지역을 나타내는 말에 붙어 어떤 방향을 나타내는 말. 예동녘.

노¹ 물건을 잡아매는 데 쓰는 가늘고 긴 끈. 예노를 꼬다.

노²(櫓) 물을 헤치고 배를 나가게 하는 참나무로 만든 기구. 예노를 젓다.

노:-³(老) 일부 낱말에 붙어 '늙은·나이 많은'의 뜻을 나타내는 말. 예노신사. 노총각.

노간주나무 향나뭇과에 속하는 늘푸른 바늘잎 큰키나무로, 높이 10m 내외이고 5월에 꽃이 피며 약용·향료로 쓰임.

〔노간주나무〕

노고(勞苦) 수고롭게 애씀. 예선생님의 노고에 보답하자. —하다.

노고지리 '종달새'의 옛말. 예뒷동산에서 노고지리 우는 소리가 들려 온다.

노곤하다(勞困—) 피곤하다. 고단하다. 예과로를 했더니 몸이 노곤하다. —히.

노:골(露骨) 자기의 감정이나 욕망 따위를 조금도 숨김없이 있는 그대로 드러냄.

노:골적 숨김없이 드러내는 것. 예노골적인 표현.

노:구(老軀) 나이를 먹어 마음대로 움직일 수 없게 된 늙은 몸. 예노구를 이끌고 찾아오셨다.

노글노글[—로글] ①좀 무르게 노긋노긋한 모양. ②뼈가 없이 몸이 보들보들한 모양. 큰누글누글. —하다.

노굿하다[—그타다] 메마르지 않고 좀 녹녹하다. —이.

노:기(怒氣) 노여운 기색. 성난 얼굴빛. 예노기 띤 얼굴.

노:기 등등(怒氣騰騰) 노여운 기색이 얼굴에 가득함. 예노기 등등해 소리를 지르다. —하다.

노:기 충천(怒氣沖天) 성이 머리 끝까지 나 있음. 예노기 충천해 적진으로 뛰어든 장군. —하다.

노끈 종이로 꼬아서 만든 가늘고 긴 끈. 노. 예짐을 노끈으로 묶다.

노:년(老年) 늙은 나이. 또는 늙은 사람. 반청년.

노느다〔노느니, 노나서〕 여러 몫으로 가르다. 예재산을 노느다.

노:닐다 이리저리 한가로이 왔다 갔다하며 걷다.

노다지 금광 속에서 나는 금이 많이 붙은 광맥. 예노다지를 캐다.

노닥이다 잔재미가 있고 좀 수다스럽게 말을 늘어놓다. 예그렇게 노닥이기만 할 거냐.

노:대가(老大家) 나이와 경험을 쌓은 그 방면의 전문가. 예서예의 노대가.

노:도(怒濤) 성난 듯 거칠고 세차게 이는 큰 물결. 예노도와 같이 진격하다.

노:독(路毒) 먼 길을 걷거나 여행하여 생긴 피로나 병.

노동(勞動) 몸을 힘들게 움직여 하는 일. —하다.

노동당 ①노동자 계급의 이해를 대표하는 정당. ②영국 정당의 하나.

노동력 ①인간이 노동할 때 쓰이는 육체적·정신적 능력. ②노동을 할 만한 사람.

노동법 근로자들의 이익과 보호를 위한 법.

노동부 중앙 행정 각부의 하나. 근로자들에 대한 문제를 맡아 처리하고 그들을 보호하며, 안정된 생활을 할 수 있도록 하기 위한 사무를 맡아 보는 행정 기관.

노동 삼대권 법으로 보장된 노동자의 세 가지 기본 권리. 즉 단결권, 단체 교섭권, 단체 행동권. 노동 삼권.

노동자 육체 노동을 하며 살아가는 사람.

노동 조합 경제적 지위가 약한 근로자를 보호하여, 생활을 안정시키려는 목적으로 조직된 조합.

-노라 자기의 동작을 말할 때 쓰는 말. [예] 나는 가노라.

-노라고 '…한다고'의 뜻. [예] 하노라고 했는데 이 모양이다.

-노라고 …한다고.
-느라고 …하는 일로 말미암아.

-노라면 '계속한다면'의 뜻을 가진 말. [예] 사노라면 언젠가는 밝은 날도 오겠지.

노랑 삼원색의 하나. 노란 빛깔이나 물감.

노랑이 ①노란빛의 물건. ②노란 몸빛깔의 개. ③'몹시 인색한 사람'을 비유하여 이르는 말.

노랑턱멧새 참샛과에 속하는 새. 들이나 낮은 산에 서식함.

노:랗다[—라타]〔노라니, 노란〕 개나리꽃 같은 빛이 나다. 짙게 노르다. [큰] 누렇다.

노래 ①곡조가 있는 소리. ②곡조에 맞추어 부를 수 있게 지은 글. [예] 즐거운 노래. [비] 시. 창가. 가요. —하다.

노래기 응달지고 습기 있는 곳에 모여 낙엽 등의 밑에서 사는 냄새가 고약한 벌레.

노래 자랑 방송 프로 등에서 노래 경연을 공개적으로 행하는 놀이.

노래지다 노랗게 되다. [예] 갑자기 얼굴이 노래지다.

노랫가락 ①노래의 곡조. ②무당이 부르는 노래의 한 가지.

노랫소리 노래를 부르는 소리.

노략질(擄掠—) 떼를 지어 돌아다니며 사람과 재물을 빼앗는 짓. —하다.

노량(露梁) 경상 남도 남해도와 하동 사이의 나루터.

노량 해:전(露梁海戰) 정유재란 때 노량 해상에서 왜군을 격파한 이순신 장군의 마지막 해전. 장군은 이 해전에서 쫓겨가는 왜군을 공격하다 적탄에 맞아 전사하였음.

노려보다 매서운 눈으로 쏘아보다. [예] 안경 너머로 노려보는 아저씨.

노력(勞力) ①힘들여 일함. ②무엇을 만들어 내려고 하는 활동. [예] 목표량을 달성하기 위하여 땀을 흘리며 밤늦게까지 노력했다. —하다.

노:련(老鍊) 오랫동안 경험을 쌓아 익숙하고 능란함. [예] 노련한 기술자. —하다.

노:령(老齡) 늙은 나이. [비] 고령. 노년.

노령 산맥(蘆嶺山脈) 소백 산맥의 추풍령 부근에서 전라 남북도의 경계를 서남으로 뻗어 무안 반도에 이르는 산맥.

노:론(老論) 사색 당파의 하나. 조

선 숙종 때 송시열·김만중 등을 중심으로 한, 서인에서 갈리어 나온 파. 囲소론.

노루 사슴과 비슷한 산짐승. 뿔은 가지가 셋인데 수컷에만 있고 겨울에 빠졌다가 봄에 다시 남.

〔노 루〕

노루목 노루가 지나다니는 길목.
노루발 ①쟁기의 볏 아래쪽에 붙어 있는 두 개의 세모진 구멍이 있는 부분. ②재봉틀의 톱니 위에서 바느질감을 알맞게 누르는 두 가랑이 진 부품.
노루 잡는 사람이 토끼가 보이나 〈속〉 큰 것을 바라는 이는 사소한 것을 돌보지 않는다.
노르딕 종:목 스키 경기에서, 거리 경기·점프 경기·복합 경기의 세 종목을 통틀어 이르는 말.
노르망디(Normandie) 프랑스 북서부 지방의 옛 주 이름. 제2차 세계 대전 말기에 연합군에 의한 노르망디 상륙 작전이 행해진 곳.
노르무레하다 산뜻하지 않고 옅게 노르다. 큰누르무레하다.
노르스름하다 산뜻하고 옅게 노르다. 큰누르스름하다. —히.
노르웨이(Norway) 유럽의 북서부 스칸디나비아 반도에 있는 왕국. 수도는 오슬로.
노른자위 ①알의 흰자위에 둘러싸인 둥글고 노란 액체. ②가장 중요한 부분. 예이 곳은 서울에서도 노른자위 땅이다.
노름 돈을 걸고 승부를 다투는 내기. —하다.

노름 돈을 걸고 따먹기를 내기하는 짓.
놀음 여럿이 모여 즐겁게 노는 일. 놀음놀이.

노름꾼 노름을 일삼아 하는 사람. 囲도박꾼.
노릇[—른] ①하는 짓. ②업을 삼는 일. 예선생 노릇.
노릇노릇하다[—른노르타다] 군데군데 노르스름하다. 예부침개가 노릇노릇하게 구워졌다. —이.
노리개 ①금·은으로 만든 여자의 장식품의 한 가지. 주로 한복 저고릿고름이나 치마허리 따위에 닮. ②취미로 가지고 노는 물건.
노리다¹ ①눈을 바로 뜨고 보다. ②눈독을 들이다.
노리다² ①노린내가 있다. ②치사스럽다. 인색하다. 예그 친구 하는 짓이 노리다.
노린내 염소·여우·노래기 등에서 나는 고약한 냄새.
노:마(老馬) 늙은 말.
노:망(老妄) 늙어서 망령을 부림. 또는 그 망령. 예노망을 부리다. 囲망령. —하다.
노:면(路面) 도로의 겉면. 실바닥. 예노면이 고르지 못하다.
노:모(老母) 늙은 어머니. 예노모를 극진히 공양하다.
노무(勞務) 돈을 얻기 위하여 하는 노동. 예노무를 제공하다.
노무자 돈을 얻기 위하여 노동을 하는 사람.
노:발 대:발(怒發大發) 크게 성을 냄. 예노발 대발하여 크게 꾸짖다. —하다.
노:벨(Nobel, 1833~1896) 스웨덴의 화학자. 다이너마이트와 무연

화약 등을 발명하여 큰 부자가 되었는데 죽을 때 유산을 노벨상 기금으로 내놓았음.

노:벨상(Nobel賞) 노벨의 유언에 따라 인류의 행복을 위하여 노력한 사람에게 주는, 세계에서 가장 권위 있는 상. 노벨의 막대한 유산을 기금으로 1901년부터 해마다 12월 10일(노벨이 죽은 날)에 스톡홀름에서 수여함.

노:변(路邊) 길가. [예] 노변에서 장사를 하다.

노:병(老兵) ①늙은 병사. ②군사에 오래 종사하여 경험이 많은 병사. [예] 노병은 죽지 않는다.

노복[1](奴僕) 남자 종.

노:복[2](老僕) 늙은 사내종.

노:부모(老父母) 늙은 부모.

노:부부 늙은 부부.

노비[1](奴婢) 사내종과 계집종을 통틀어 이르는 말. [비] 비복.

노:비[2](路費) 여행할 때 쓰는 돈. [예] 노비를 마련하다. [비] 노자.

노사(勞使) 일하는 사람과 일을 시키는 사람. 노동자와 사용자. [예] 노사 분규.

노사신(盧思愼, 1427~1498) 조선 초기의 문신·학자. 세조 때 호조 판서를 지내면서 명을 받아 경국대전 중의 호전을 맡아 지음.

노상[1] 한 모양으로 늘. [예] 노상 하는 일.

노:상[2](路上) ①길 위. ②길 가는 도중. [예] 노상 강도.

노새 수나귀와 암말과의 사이에서 난 짐승. 크기는 말만하고 나귀를 닮았으나 번식력이 없음.

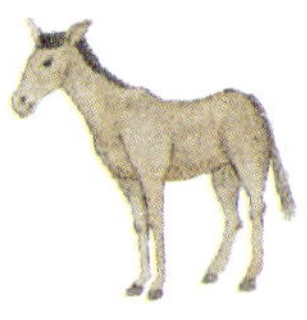
〔노 새〕

노:선(路線) ①버스·기차·항공기 따위가 정해 놓고 다니도록 되어 있는 길. [예] 비행기 노선. ②개인이나 조직·단체 따위의 일정한 활동 방침.

노:성(怒聲) 성난 목소리.

노:소(老少) 늙은이와 젊은이.

노:송(老松) 늙은 소나무.

노송나무 밑이다〈속〉 마음이 음흉하다.

노:쇠(老衰) 늙고 쇠약함. [예] 노쇠해서 기력이 없다. —하다.

노:숙[1](老熟) 경험을 많이 쌓아서 그 일에 익숙함. [예] 노숙한 척하지만 아직 풋내기이다. [비] 노련. [반] 미숙. —하다.

노:숙[2](露宿) 한데서 잠. —하다.

노스클리프(Northcliffe, 1865~1922) 데일리 메일을 창간한 영국의 신문 경영자. 제1차 세계 대전 중에는 스스로 전선에 나아가 취재도 하였으며, 영국이 승리하는 데 크게 활약하였음.

노:승(老僧) 나이가 많은 스님.

노심 초사(勞心焦思) 애를 쓰고 속을 태움. 몹시 애태움. —하다.

노:약자(老弱者) 늙은 사람과 약한 사람. [예] 노약자를 보호하다.

노역(勞役) 의무로서 하게 되는 힘드는 육체 노동. —하다.

노:염 분하고 섭섭하게 여기는 마음. [예] 노염을 사다. [본] 노여움

노:엽다〔노여우니, 노여워서〕 분하고 섭섭하다. [예] 업신여김을 받으니 아주 노엽다.

노예(奴隸) ①종. ②자유가 없고 남의 부림만 받는 사람. ③어떤 일에서 헤어나지 못하는 사람. [예]

사랑의 노예. 🖲노비. 종.
노예 제:도 봉건 사회에서 노예를 짐승처럼 부리던 사회 제도. 예 노예 제도의 폐지.
노예 해:방 노예 제도를 없애고, 노예를 사고 파는 것을 금지하며 노예들로 하여금 자유민이 되게 하는 일.
노:유(老幼) 늙은이와 어린이.
노을 해가 뜨거나 질 때 하늘이 벌겋게 물드는 현상. 준놀.
노:인(老人) 늙은이. 🖲영감. 🖲청년. 젊은이.
노:인장 '노인'의 높임말.
노:인정 동네 노인들이 모여서 휴식을 취하도록 지어 놓은 정자.
노:인회 한 지역의 노인들이 중심이 되어 만든 모임.
노임(勞賃) 일해 준 품삯.
노:자¹(老子) 중국 춘추 시대의 철학자. 도가의 시조. 저서에 '노자 도덕경'이 있음. 공자에게 '예'를 가르쳤다고 하나, 실재 인물이 아니라는 설도 있음.
노:자²(路資) 여행하는 데 드는 돈. 예노자를 넉넉히 가지고 떠났다. 🖲노비. 여비.
노:장¹(老壯) 노년과 장년. 예노장파.
노:장²(老莊) 고대 중국의 사상가인 노자와 장자.
노:장³(老將) ①늙은 장군. ②경험이 많은 노련한 장군. ③어떤 분야에서 많은 경험을 쌓아 '노련한 사람'을 비유하여 이르는 말.
노:적(露積) 가을에 익은 곡식을 거둬들여 집 밖이나 들에 쌓아 둠, 또는 그 물건. 예노적 더미. —하다.
노:적가리 집 밖에 쌓아 놓은 곡식 더미. 노적.
노:적봉(露積峯) ①서울 북쪽의 삼각산에 있는 봉우리 중의 하나. ②전라 남도 목포의 유달산에 있는 산봉우리 이름.
노:점(露店) 길가의 한데에 벌여 놓은 가게. 예노점 상인.
노 젓:다[노저어, 노저으니] 노를 물에 넣고 움직여서 배를 가게 하다.
노:정(路程) ①어떤 지점에서 목적지까지의 거리, 또는 목적지까지 걸리는 시간. ②여행에서 지나는 길이나 일정.
노조(勞組) '노동 조합'의 준말.
노즐(nozzle) 끝의 작은 구멍으로부터 액체나 기체를 뿜어내도록 만든 통 모양의 장치.
노진(盧禛, 1518~1578) 조선 선조 때의 정치가. 대사간·대사헌 등 내직을 사퇴하고 전주 등지의 지방 장관을 지낸 뒤 병조·이조 판서가 됨.
노:처녀(老處女) 결혼할 나이가 훨씬 지난 처녀. 🖲노총각.
노:천(露天) 한데. 지붕이 없는 곳.
노:천 극장 한데에 무대를 설치한 극장.
노:총각(老總角) 결혼할 나이가 훨씬 지난 총각. 🖲노처녀.
노:출(露出) 밖으로 드러냄. 예약점을 노출시키다. —하다.
노:친(老親) 늙은 부모.
노: 카운트(no count) 운동 경기에서 득점이나 실점을 점수에 넣지 않는 일.
노: 코멘트(no comment) 어떤 일에 대하여 말하거나 설명할 일이 없음. 질문에 대하여 대답하기를 피함.

노크(knock) 남의 방에 들어가기 전에 문을 똑똑 두드림. —하다.

노:터치(no touch) ①손을 대지 않음. 손을 대지 못함. ②어떤 일에 관계하지 않음.

노:트(note) 공책. 필기장.

노트르담 성:당(Notre-Dame 聖堂) 성모 마리아를 축복하기 위하여 프랑스 파리·아미앵·랭스·마르세유에 세워진 대성당. 파리의 노트르담이 가장 유명함.

노:파(老婆) 늙은 여자.

노:파심(老婆心) 남의 일에 대해 지나치게 걱정하는 마음.

노:폐물(老廢物) ①낡아서 쓸모 없이 된 물건. ②몸 안에 생긴 불필요한 찌꺼기.

노:하다(怒—) '성내다'의 높임말. 예 할아버지께서 노하셨다.

노:하우(know-how) 산업상으로 이용할 수 있는 중요한 기술 정보, 또는 그 기술 정보를 가르쳐 준 대가로 주는 돈.

노:호(怒號) ①성내어 소리를 지름. ②바람이나 파도가 울부짖듯 소리를 냄. 또, 그 소리. —하다.

노:화(老化) 나이가 많아짐에 따라 신체적·정신적 기능이 쇠퇴해짐. —하다.

노:화 검사 고무 따위가 시간이 지남에 따라 그 성질이 저하되어 감을 조사하는 검사.

노:환(老患) 늙어서 생기는 병. 예 노환으로 돌아가시다.

노획(鹵獲) 싸움한 결과 적의 군용품을 빼앗음. 예 노획 물자. —하다.

노:후^1(老朽) 낡아서 쓸모가 없음. 예 노후된 기계. —하다.

노:후^2(老後) 늙은 뒤.

노:히트 노:런(no hit no run) 야구에서, 투수가 상대편에게 한 개의 안타도 내주지 않고 실점도 하지 않은 채 이기는 일.

녹^1(祿) 벼슬아치에게 봉급으로 주던 쌀·보리·명주·돈 등을 통틀어 이르는 말. 예 녹을 받다.

녹^2(綠) 쇠붙이가 공기 속의 산소 작용으로 변하는 빛. 예 자전거 체인이 녹슬어 삐걱인다.

녹나다(綠—) 녹이 생기다. 반 윤나다.

녹녹하다[농노카—] 물이나 기름기가 섞여 보드랍고 말랑말랑하다. 큰 눅눅하다. —히.

녹다 ①물같이 되다. 반 얼다. ②기운이 꺾이다.

녹다운(knock-down) 권투에서, 공격을 당한 선수가 바닥에 쓰러지는 일.

녹두(綠豆) 팥보다 훨씬 작고 푸른빛이 나는 잡곡. 죽도 쑤고 묵도 만들며 싹을 내어 숙주나물로 해서 먹기도 함. 예 녹두 빈대떡.

〔녹두〕

녹말(綠末)[농—] 물에 불린 녹두를 갈아 가라앉은 앙금을 말린 가루. 예 녹말풀. 비 전분.

녹비(綠肥) 생풀이나 생나무 잎으로 만든 거름. 반 금비.

녹색(綠色) 파랑과 노랑의 중간색. 나뭇잎이나 풀잎의 빛과 같은 빛. 풀빛. 연초록색.

녹색말(綠色—) 녹색을 띠고 있는 바닷풀을 통틀어 일컫는 말. 파래·붕어말 따위.

녹색 식물 잎과 줄기 등이 녹색을 띠고 있는 식물. 엽록체가 있어서 광합성으로 스스로 녹말을 만듦.

녹색 혁명[—쌔켱명] 품종 개량 따위로 농작물의 수확을 크게 늘리는 일.

녹슬다[녹스니, 녹슬어서] 쇠붙이에 녹이 나다. 예 자물쇠가 녹슬었다. 비 녹나다.

녹신하다 보드랍고 녹녹하여 질기지 않다. 예 녹신한 반죽. 큰 눅신하다. —히.

녹십자(綠十字) 재해로부터의 안전을 상징하는 녹색의 십자 표시.

녹용(鹿茸) 사슴의 새로 돋은 연한 뿔. 보약으로 쓰임.

녹음¹(綠陰) 우거진 나무 그늘.

녹음²(錄音) 소리를 재생할 수 있도록 기계로 기록하는 일. 예 녹음 테이프. —하다.

녹음기 소리를 다시 들을 수 있도록 테이프 따위에 옮겨 놓는 기계.

녹음 방:송 녹음한 것을 재생시켜 방송하는 일. 반 생방송. —하다.

녹이다 녹게 하다.

녹지(綠地) 초목이 무성한 땅.

녹지대 부근 일대에 녹지가 있는 지역. 녹지 지역.

녹지 지역 도시 주변 지역의 경치를 아름답게 꾸미고 자연 환경을 보존하기 위하여 개발을 제한하는 지역. 그린벨트.

녹차(綠茶) 푸른빛이 그대로 나도록 말린 부드러운 찻잎, 또는 그것을 끓인 차.

녹초 아주 힘이 풀어져 맥을 못 쓰는 상태. 예 일이 너무 힘들어 녹초가 되다.

녹화(錄畫) 비디오 테이프에 텔레비전 방송에서 필요한 장면을 미리 찍어 두었다가 나중에 방송할 수 있도록 기록하는 일. —하다.

녹화기 텔레비전 방송 프로그램을 찍어 두었다가 나중에 방송할 수 있도록 꾸며진 기계.

논 물이 괴게 하여 벼를 심어 가꾸는 땅.

논갈이 논을 가는 일. —하다.

논고¹(論考) 여러 문헌을 살피어 증거를 대고 밝힘. —하다.

논고²(論告) 법정에서 검사가 피고인에 대해 마지막으로 의견을 말함. —하다.

논공(論功) 공의 있고 없음, 크고 작음을 논하여 정함. —하다.

논공 행상(論功行賞) 논공에 따라 알맞은 상을 내림. —하다.

논농사 논에 짓는 농사. 벼농사 따위. 반 밭농사.

논두렁[—뚜렁] 물이 괴어 있도록 논의 가를 흙으로 둘러막은 곳.

논둑[—뚝] 논의 가장자리를 흙으로 높게 쌓아 올린 곳. 비 논두렁. 반 밭둑.

논란(論難)[놀—] 서로 의견을 내어 따짐. —하다.

논리(論理)[놀—] 이치에 맞게 올바르게 생각하는 것. 예 논리에 맞지 않는 말을 삼가다.

논마지기 얼마 되지 않는 논.

논문(論文) 어떤 사실을 연구하여 그것을 이치에 맞도록 써서 세상에 펴내는 글. 예 졸업 논문.

논박(論駁) 잘못된 것을 공격하여 말함. 예 정부의 교육 정책을 논박하다. —하다.

논밭 논과 밭. 비 전답.

논배미 [—빼미] 논과 논 사이를 구분한 곳. 논의 한 구역. 준 배미.

논벌[—뻘] 논으로 된 넓고 평평

논산 평야 충청 남도 남부 지방을 남서로 흐르는 금강 유역에 발달한 평야.

논설(論說) 의견이나 주장을 조리 있게 말함, 또는 그 글. —하다.

논설반 사설이나 논문 따위를 맡아 보는 사람들의 모임.

논설 위원 신문의 논설을 맡아 쓰는 사람.

논술(論述) 의견을 논하여 진술함. 예 논술 고사. —하다.

논스톱(nonstop) 멈추지 않고 바로 감. 예 서울에서 부산까지 논스톱으로 가다.

논어(論語) 공자의 언행을 적은 유교의 경전.

논의(論議) 어떤 문제에 대하여 서로 의논함. 예 논의를 거쳐 결정하다. 비 의논. —하다.

논일[—닐] 논에서 하는 일. 예 논일을 나가다. 반 밭일. —하다.

논쟁(論爭) 말이나 글로 다툼. 예 논쟁을 벌이다. —하다.

논제(論題) 의견을 나눌 문제. 예 오늘 회의의 논제는 '자연을 보호하자'이다.

논증(論證) 사물의 도리를 증거를 들어 밝힘. 예 논증을 거치다. —하다.

논타이틀 매치(nontitle match) 선수권의 방어나 쟁탈이 아닌 시합. 반 타이틀 매치.

논평(論評) 잘 되고 잘못됨을 따져 말함. 예 정부 발표에 대하여 논평하다. —하다.

논 픽션(nonfiction) 꾸미지 않고 사실을 바탕으로 하여 쓴 작품.

논하다(論—) ①자기의 의견이나 사물의 이치 따위를 조리를 따져 말하다. 예 인생을 논하다. ②서로 옳고 그름을 따져 말하다. 예 잘잘못을 논하다.

놀: 해가 떠오르거나 지는 하늘에 구름빛이 벌겋게 보이는 것. 예 놀이 지다. 본 노을.

놀기를 일삼다 밤낮으로 놀기만 하다.

놀:다¹[노니] ①할 일이 없어서 한가히 있다. 예 놀고 먹다. ②놀이를 하거나 즐겁게 지내다. 예 놀러 나가다. ③쓰이지 않다. 예 기계가 놀다. ④직업이 없이 지내다. 예 집에서 놀다. 반 일하다.

놀:다²[노니] 윷이나 주사위 따위를 던지다. 예 윷을 놀다. 주사위를 놀다.

놀:다³[노니] 귀하고 드물다. 예 자손이 놀다.

놀:라다 ①뜻밖의 일을 당하여 가슴이 두근거리다. ②갑자기 무서운 것을 느끼다.

놀:라다 뜻밖의 일로 가슴이 두근거리거나 무서움·감동 따위를 느끼다.

놀:래다 남을 놀라게 하다.

놀:라운 장래 놀랄 만큼 훌륭해질 앞날.

놀:라움 뜻밖의 일에 갑자기 일어나는 느낌.

놀:라지 마라 큰 일을 말할 때에 큰 충격을 받지 않게 하기 위하여 쓰는 말.

놀:랍다[놀라우니, 놀라워] ①놀랄 만하다. ②몹시 장하고 갸륵하다. 예 기술이 참으로 놀랍다.

놀:래다 남을 놀라게 하다. 예 친구를 놀래 주다.

놀리다 ①아무 일도 하지 않고 놀

게 하다. 예 기계를 놀리다. ②하던 일을 그치고 쉬게 하다. ③남을 조롱하다. 예 친구를 놀리다. 비 조롱하다. ④광대들이 재주를 부리게 하다. ⑤손이나 몸을 움직이다. 예 몸을 놀리는 게 정말 빠르군. ⑥빤 빨래를 다시 빨다.

놀부 ①흥부전에 나오는 주인공의 한 사람. 마음씨가 나쁘고 심술궂음. ②마음씨 나쁜 사람의 비유.

놀이 노는 일. 예 요즘은 무슨 놀이를 주로 하니? —하다.

놀이 기구 놀이를 할 때 사용하는 기구. 그네·시소·회전 목마 등을 이름.

놀이마당 우리 나라 전통 민속 예술인 판소리·탈춤 등을 하는 일, 또는 그 자리.

놀이터 여러 가지 놀이를 할 수 있도록 꾸며 놓은 곳. 예 남산 어린이 놀이터.

놀:자 놀자고 꾀는 말.

놈 ①사내를 낮추어 일컫는 말. 예 고약한 놈. ②동물이나 물건을 가리키어 쓰는 말. 예 큰 놈을 잡아라.

놋그릇[녿끄륻] 구리에 아연을 섞어서 만든 그릇.

놋다리밟기[녿따리밥끼] 안동·의성 등지에서 정월 보름날 밤에 행해지는 민속 놀이. 단장한 젊은 여자들이 공주를 뽑아 자신들의 허리 위로 걸어가게 함.

놋쇠[녿쇠] 구리와 아연을 10 : 3으로 섞어서 만든 쇠. 준 놋.

농:¹(弄) ①쓸데없는 장난. ②실없는 말. 예 농하지 마라. —하다.

농²(籠) ①대·싸리·버들로 엮어 만들어 종이를 바른 상자. 옷 따위를 넣어 둠. ②장롱의 준말. 예 농 속에서 이불을 꺼내다.

농가(農家) 농사짓는 사람의 집. 반 비농가.

농가월령가(農家月令歌) 농가에서 일 년 동안 할 일을 가사 형식으로 만들어서 읊은 노래.

농:간(弄奸) 간사한 꾀로 남을 속이는 짓. 예 적의 농간에 속지 마라. —하다.

농게(籠—) 바위지겟과의 게. 등딱지는 앞이 넓고 뒤가 좁은 사다리꼴임. 몸빛깔은 푸른빛이나 수컷의 집게발은 붉은색임. 바닷가 진흙 속에 구멍을 파고 삶.

농경(農耕) 논밭을 갈아 농사를 지음. 예 농경 사회. —하다.

농공(農工) ①농업과 공업. ②농부와 직공.

농공 병:행 정책 농업과 공업을 함께 발전시켜 나가는 경제 정책.

농공 지구 농어촌 지역의 공업 개발을 위해 마련한 지구.

농구¹(農具) 농사에 쓰이는 기구. 비 농기구.

농구²(籠球) 다섯 사람씩 두 패로 갈리어, 일정한 시간에 서로 공을 바스킷 안에 많이 던져 넣기를 다투는 운동. 바스켓볼.

농군(農軍) 농사짓는 일꾼. 비 농민. 농부.

농기¹(農期) =농사철.

농기²(農旗) 농촌에서 농사철에 풍년을 빌기 위해 부락 단위로 만든 기. 여럿이 모여 농사일을 할 때는 이 기를 옮겨 가며 농악을 울리고 모내기나 추수 등을 함.

농기계 농사짓는 데 쓰이는 기계. 트랙터·콤바인 따위.

농기구 농사짓는 데 쓰이는 여러 가지 기구. 삽·호미 따위.

농기 세:배 농기에 대하여 새해 인사를 올리는 일.

농:담(弄談) 실없는 말. 희롱하는 말. 凹진담. —하다.

농도(濃度) 용액의 진하기. 곧, 용액 속에 녹아 있는 물질의 양을 용액 전체에 대한 퍼센트로 나타냄. 예농도를 맞추다.

농락(籠絡)[—낙] 남을 교묘하게 속임. 남을 자기 수중에 넣고 마음대로 다룸. 예착한 사람을 농락하는 사기꾼. —하다.

농로(農路)[—노] 농사에 이용되는 길. 예농로를 개설하다.

농림부(農林部) 1996년, 농림수산부를 개칭한 것임. 중앙 행정 각부의 하나로, 농업·임업·축산업·농지·수리 등에 관한 일을 맡아 보는 기관.

농무(濃霧) 짙은 안개. 예농무로 시야가 가려지다.

농민(農民) 농사를 짓고 사는 사람. 凹농군. 농부.

농민 계:몽 농사짓는 사람들에게 지식을 가르쳐 깨우치게 하는 일.

농민 독본 농민에게 읽혀서 익히게 하기 위한 책.

농민 문학 전원의 특색을 그리거나 농민의 생활상을 그리어 향토색을 드러내는 문학.

농민 운:동 농민의 경제적·정치적 이익 옹호를 위한 운동.

농민 조합 농민의 이익을 옹호하기 위해 조직된 단체.

농민 후계자 많은 농민 가운데서 특별히 선발되어 국가로부터 기술과 자금 등을 지원 받아 농사를 짓는 사람.

농번기(農繁期) 농사일이 가장 바쁜 시기. 凹농한기.

농부(農夫) 농사를 지어 생활하는 사람. 농사짓는 사람. 농사꾼.

농사(農事) 논밭을 갈아 곡식·채소의 씨를 뿌리고 가꾸고 거두는 일. 凹농업. —하다.

농사꾼 =농부.

농사 시:험장 농업상의 여러 가지를 시험하며 연구하는 공설 기관.

농사일 농사짓는 일. —하다.

농사 일지[—찌] 농사일과 계획을 적은 일기.

농사직설(農事直說) 우리 나라에 있는 가장 오래 된 농사에 관한 책. 1429년에 정초가 세종의 명을 받아 지었음.

농사짓다〔농사지으니, 농사지어서〕 논밭을 갈아서 곡식을 가꾸다.

농사철 농사짓는 시기. 농기.

농산물 곡식이나 채소 등 농업에 의하여 생산된 것.

농성(籠城) ①어떤 목적을 이루기 위하여 한 자리에 줄곧 머물러 있음. 예집단 농성을 벌이다. ②적에게 에워싸여 성문을 굳게 닫고 성을 지킴. —하다.

농수산(農水産) 농업과 수산업. 예농수산물.

농아(聾啞) 귀로 듣지 못하고 말을 하지 못하는 사람.

농아 학교 농아들에게 말을 가르치는 것을 중심으로 한 특수 교육을 하는 학교.

농악(農樂) 농부들 사이에 행하여지는 우리 나라 고유의 음악. 꽹과리·징·북·법고·장구·피리 등의 악기가 쓰임. 예농악대.

농약(農藥) 농산물이나 임산물의 병충해를 예방하거나 없애는 데 쓰는 약품.

농어 바닷물고기의 한 가지. 몸의

길이는 1m쯤이고, 횟감으로 많이 쓰임.

농어민(農漁民) 농민과 어민. 농사짓는 사람과 고기잡이로 생활을 하는 사람. [예]농어민 소득 증대 사업.

농어촌(農漁村) 농촌과 어촌. 농사를 짓거나 고기잡이를 해서 살아가는 사람들의 마을. [예]농어촌 개발 사업.

농업(農業) 농사를 짓는 직업. [예]농업 기술. 농업 학교.

농업국 주로 농사를 많이 짓는 나라. [반]공업국.

농업 기술 센터 농업 기술원에 딸려 농사짓는 방법을 연구하고 지도하는 관청.

농업 기술원 뒤떨어진 농업의 경영과 기술의 발달을 위하여 각 도에 둔 기관.

농업 시:험장 =농사 시험장.

농업 용:수 농업에 쓰이는 물.

농업 인구 농업에 종사하는 인구.

농업 창고 농산물의 가격 안정과 수요와 공급의 조절을 목적으로 농산물을 공동으로 보관하는 농민의 자치적인 창고.

농업 축산국 농업과 축산을 위주로 하는 나라.

농업 협동 조합(農業協同組合) 농산물 생산에 힘쓰며 농촌의 생활을 더 낫게 하려고 같은 지역의 농민들이 조직한 조합. [준]농협.

농요(農謠) 농부들 사이에 전해져 불리는 노래.

농우(農牛) 농사일에 부리는 소.

농원(農園) 채소·화초·과수 따위를 가꾸는 농장.

농자[1](農者) '농사·농업·농부'의 뜻.

농자[2](農資) 농사짓는 데 드는 비용. [본]영농 자금.

농자 천하지대본(農者天下之大本) 농사는 온 세상 사람들이 생활해 나가는 근본임.

농작물(農作物) 농사로 논이나 밭에 심어서 가꾸는 재배식물.

농장(農場) 일정한 농지에 집·농구·가축 및 일꾼을 갖추고 농업을 일삼는 곳.

농지(農地) 농사를 지을 수 있는 땅. 논과 밭. [비]농토.

농지 개:혁 농지를 농민에게 적절하게 나누어 줌으로써 농가의 경제적 자립을 꾀하려는 농지 소유 제도의 개혁.

농촌(農村) 농사를 짓는 사람들이 사는 마을. [예]농촌 문제. [반]도시. 도회지.

농촌 부:흥 운:동 잘사는 농촌이 되도록 농촌을 다시 일으키기 위한 활동.

농촌 지도자 농촌을 개발하여 농민이 잘살 수 있도록 이끌어 가는 사람.

농촌 진:흥청 농촌의 발전을 위한 일을 맡은 정부 기관. 농림부에 딸려 있음.

농축(濃縮) 즙(액체) 따위가 진하게 엉기어 바짝 졸아듦. [예]농축 우라늄. —하다.

농토(農土) 농사짓는 땅. [예]농토가 많다. [비]농지.

농한기(農閑期) 농사일이 바쁘지 않은 시기. [반]농번기.

농협(農協) '농업 협동 조합'의 준말.

농후(濃厚) ①빛깔이 매우 짙음. ②액체가 걸쭉하고 진함. ③그럴

가능성이나 요소가 다분히 있음. [예] 전쟁이 일어날 징조가 농후하다. [반] 희박. —하다.

높낮이[놈나지] 높고 낮음. 고저.

높다[놉따] ①위로 멀다. 위로 길다. ②신분이 위에 있다. ③유명하다. ④학식이 많다. ⑤소리가 크다. ⑥나이가 많다. [반] 낮다.

높다랗다[놉따라타]〔높다라니, 높다라서〕 썩 높다. [예] 높다랗게 매달린 상점의 간판. [반] 야트막하다.

높새바람 '북동풍'의 뱃사람 말.

높은음자리표 고음부 기호. 높은음자리를 나타내는 기호.

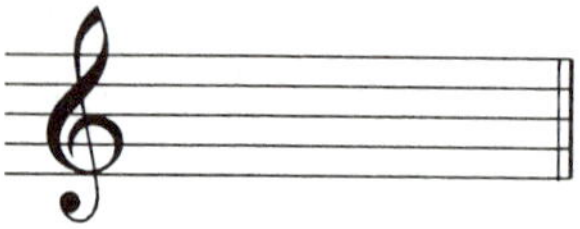

〔높은음자리표〕

높이[노피] ①아래에서부터 위까지의 거리. ②높은 정도.

높이다[노피—] 높게 하다. [비] 올리다. [반] 낮추다.

높이뛰기[노피—] 공중으로 보다 높이 뛰는 것을 겨루는 육상 경기의 하나. [예] 높이뛰기대.

높임말 상대편을 높여 하는 말. 말씀·진지 따위. [비] 존대말. 경어. [반] 낮춤말.

높직하다[놉찌카—] 높은 듯하다. [예] 높직이 걸려 있는 액자. [반] 나직하다. —이.

놓다[노타] ①두다. ②쥐고 있던 것을 그대로 두다. ③안심하다. [예] 마음을 놓다. ④불을 붙이다. [예] 불을 놓다. ⑤총을 쏘다. [예] 대포를 놓다. ⑥실로 수를 만들다. [예] 수를 놓다.

놓아 기르다[노—] 보살피지 않고 제멋대로 자라게 하다. [예] 소를 놓아 기르다.

놓아 주다[노—] 잡히거나 갇힌 것을 풀어 자유롭게 하여 주다.

놓이다[노—] ①안심이 되다. [예] 마음이 놓이다. ②얹히어 있다. [예] 강에 다리가 놓이다.

놓치다[노—] ①잡거나 얻거나 다쳐온 것을 도로 잃어버리다. [예] 도둑을 놓치다. 차를 놓치다. 때를 놓치다. ②손에 쥐었던 것을 떨어뜨리다. ③기회를 잃다. [예] 기회를 놓치다.

놓친 고기가 더 크다〈속〉 먼젓것이 지금 것보다 더 좋았다고 생각한다.

뇌(腦) ①머리 속에 있어, 정신 기능을 맡아 보는 곳. ②기억력. ③사물을 분별하는 힘.

뇌관(雷管) 폭탄이나 화약 등이 터지게 장치한 부분.

뇌까리다 남의 잘못이나 허물 또는 태도가 불쾌할 때에, 듣기 싫도록 자꾸 말하다. [예] 불평을 뇌까리다.

뇌리(腦裏) 생각하는 머리 속. [예] 문득 일이 잘못되었다는 생각이 뇌리를 스쳤다.

뇌막염(腦膜炎)[—망념] 두개골 안에 뇌를 싸고 있는 얇은 껍질에 생기는 염증.

뇌물(賂物) 개인의 이익을 위하여 권력자에게 몰래 주는 돈이나 물건. [예] 뇌물로 매수하다.

뇌빈혈(腦貧血) 뇌의 피가 적어져서 생기는 병. 얼굴이 노래지고 어지러우며 갑자기 쓰러져 정신을 잃기도 함.

뇌성 벽력(雷聲霹靂) 천둥 치는 소리와 벼락.

뇌성 소:아마비 태어날 때부터 뇌에 이상이 있어 팔다리가 마비되거나 지능이 떨어지는 일 등이 생기는 병.

뇌염(腦炎) 머릿골에 염증이 생겨 일어나는 병.

뇌우(雷雨) 번개와 천둥이 요란한 가운데 쏟아지는 비.

뇌일혈(腦溢血) 뇌 속의 혈관이 터져 피가 뇌 속에 흘러나오는 병. 혈압이 높은 사람에게 흔히 일어남.

뇌졸중(腦卒中)[―쭝] 뇌의 급격한 혈액 순환 장애로 일어나는 증상. 갑자기 의식을 잃고 쓰러지며 운동 장애를 일으킴.

뇌진탕(腦震蕩) 머리를 몹시 부딪치거나 얻어맞았을 때, 일시적으로 의식 장애를 일으키는 병.

누:(累) 해를 입고 괴로움을 받음. 예누를 끼치다.

누각(樓閣) 사방을 바라볼 수 있도록 문과 벽이 없이 높게 지은 다락집.

누:계(累計) 많은 수나 양을 처음부터 차례로 합쳐 감, 또는 합친 셈. 예일 년 생활비의 누계를 뽑다. ─하다.

누구 그 사람의 이름 대신에 '어느 사람·아무개'의 뜻을 나타내는 말. 예거기 누구 없소?

누그러지다 ①성이 나 있거나 흥분해 있던 것이 좀 부드러워지다. 예태도가 누그러지다. ②정도가 심하거나 높아져 있던 추위·더위·병세 따위가 좀 숙은 듯하다. 예더위가 좀 누그러졌다.

누긋하다[―그타다] 물건이나 성질이 메마르지 않고 여유 있게 부드럽다. 예누긋한 성질. 짝노긋하다. ─이.

누:나 사내 동생이 손윗누이를 부르는 말. 비누이. 반동생. 오빠.

누:누이(屢屢―) 여러 번. 자꾸. 예누누이 부탁하다.

누:님 '누나'의 존대말.

누다 생리적으로 똥이나 오줌을 몸 밖으로 내보내다.

누더기 더럽고 해진 옷.

누덕누덕 여기저기 해진 자리를 깁고 덧붙이고 한 모양. 예누덕누덕 기운 옷. ─하다.

누:드(nude) 벌거벗은 몸.

누:락(漏落) 적혀 있어야 할 것이 빠짐. 예선수 명단에서 누락되다. ─하다.

누렁이 ①누른 빛깔의 개. ②누런 빛깔의 물건. 짝노랑이.

누:렇다[―러타][누러니] 매우 누르다. 예벼가 벌써 누렇게 익었다. 짝노랗다.

누룩 밀을 굵게 갈아 반죽하여 띄운 것. 술·초를 담그는 중요한 원료.

누룽지 솥 바닥에 눌어붙은 밥.

누르께하다 곱지도 짙지도 않게 누르다. 누르스름하다. 예책이 오래 되어 누르께하다. 짝노르께하다.

누:르다¹[누르니, 눌러서] ①힘을 들여서 위에서 아래로 밀다. ②무거운 물건을 얹어 놓다. 예두꺼운 책으로 눌러 놓다. ③힘이나 느낌 등을 억제하다.

누르다²[누르니, 누르러서] 놋쇠나 금의 빛과 비슷한 빛이다. 짝노르다.

누르스름하다 조금 누르다. 짝노르스름하다.

누릇누릇 군데군데 누른빛이 나는 모양. 예벼가 누릇누릇 익다. 짝

노릇노릇. —하다.
누리 '세상'의 옛말. ⑩온 누리에 축복이.
누리다¹ 복을 받다. 행복하게 지내다. ⑩행복을 누리다.
누리다² 누린내가 나다. ⑩가죽 타는 냄새가 누리다.
누린내 ①머리털이 불에 타는 냄새. ②종이·헝겊 따위가 불에 타는 냄새. ③기름기가 많은 고깃국 냄새. ㊂노린내.
누:명(陋名) 억울하게 뒤집어쓴 불명예. ⑩누명을 쓰다.
누비다 ①피륙을 두 겹으로 한 사이에 솜을 두어 죽죽 줄이 지도록 성기게 꿰매다. ⑩이불을 누비다. ②이리저리 빈틈없이 다니다. ⑩거리를 누비고 다니는 수많은 자동차.
누:설(漏泄) ①비밀이 새어 나가게 함, 또는 비밀이 새어 밖으로 알려짐. ⑩회사 기밀을 누설시키다. ②물 따위가 밖으로 샘. —하다.
누:수(漏水) 물이 샘, 또는 새는 그 물.
누에 뽕잎을 먹고 고치를 짓는 벌레. ⑩누에를 치다.

〔누에〕

누에고치 누에가 번데기로 될 때에 그 바깥 둘레에 만드는 일종의 집. 명주실의 원료가 됨.
누에나방 누에나방과의 곤충. 편 날개 길이 4cm. 애벌레는 누에라 하는데 명주실을 얻기 위해 기름.
누에농사 누에를 치는 일.

누에섶 누에가 올라 고치를 짓게 하기 위하여 짚 같은 것으로 꾸민 물건.
누워먹다 ①음식을 누워서 먹다. ②거저 먹다. 놀고 먹다. ⑩아무 일 안 하고 누워먹는 셈이냐.
누워서 침 뱉기〈속〉 남을 해치려다가 도리어 제가 해를 입게 됨.
누이 누나와 누이동생.
누이다 사람의 몸이나 물체를 가로 되게 놓다. ⑩환자를 침대에 누이다.
누이동생 자기보다 나이가 어린 누이. 여동생. ㊀누이.
누:적¹(累積) 포개어 쌓임. ⑩피로가 누적되다. —하다.
누:적²(漏籍) 호적·병적·학적 등에서 빠짐. —하다.
누:전(漏電) 전기가 새어 나옴. ⑩누전 사고. —하다.
누:지다 습기가 차다. 축축하게 되다. ⑩누진 방.
누:진(累進) ①등급이나 지위 등이 차차 올라감. ②가격이나 수량이 더하여 감에 따라 그에 대한 비율이 높아짐. —하다.
누:진세(累進稅)[—쎄] 가격의 증가나 과세 대상이 많아짐에 따라 세율이 높아지는 세금.
누:차(屢次) 여러 차례. ⑩누차 타일러도 영 말을 듣지 않는구나.
누:추하다(陋醜—) 더럽고 지저분하다. ⑩이런 누추한 곳을 찾아 주시다니 감사합니다.
누:출(漏出) 새어 나옴. ⑩가스 누출 사고. —하다.
눅눅하다 '녹녹하다'의 큰말. ⑩과자가 눅눅하다. —히.
눅다 ①반죽이 무르다. ②춥던 날씨가 풀려 푸근하다. ⑩날씨가 눅다. ③값이 싸다. ⑩눅게 사다.
눅신하다 '녹신하다'의 큰말. ⑩ 점토를 눅신하게 개다. —히.
눅이다 ①굳은 물건을 부드럽게 하다. ②마음을 풀리게 하다. ③언성을 부드럽게 하다. ⑩목소리를 눅이고 말하다.
눈:¹ 공중의 수증기가 얼어서 땅으로 내려오는 육면 결정체.
눈² 얼굴에 있어서 물건을 보는 것을 맡은 기관.
눈³ 나무의 새로 막 터져 돋아 나오는 싹.
눈가다 시선이 향하여지다. ⑩자꾸 눈가는 사람.
눈 가리고 아웅〈속〉 얕은 꾀를 써서 속이려고 한다.
눈가림 겉만 잘 꾸며 남의 눈을 속여 넘기는 짓. ⑩눈가림으로 일을 한다. —하다.
눈감다[-따] ①아래위의 눈시울을 마주 붙이다. ②목숨이 끊어지다. ③못 본 체하다.
눈감아 주다 남의 허물이나 잘못을 못 본 체하여 주다. 알고도 모르는 체하다. ⑩잘못을 눈감아 주다.
눈 감으면 코 베어 먹을 인심〈속〉 세상 인심이 험악하여 언제 피해를 입을지 모른다.
눈겨룸 마주 보며 오랫동안 눈을 깜작이지 않기를 내기하는 아이들의 장난. 圓눈싸움². —하다.
눈곱[-꼽] 눈에서 나오는 끈기 있는 물이 말라붙은 것.
눈금[-끔] 저울·자·온도계 따위에 표시된 금.
눈길[-낄] 눈으로 보는 방향. 눈 가는 곳. ⑩모두의 눈길이 나에게 쏠렸다. 圓시선.

눈깔 사람의 눈을 낮춰 부르는 말.
눈깜짝이 '눈깜작이'의 센말. 눈을 자주 깜작거리는 사람.
눈 깜짝할 사이 눈 한 번 깜박할 아주 빠른 순간. ⑩눈 깜짝할 사이에 한 그릇을 먹어치웠다.
눈꺼풀 눈을 덮은 가죽.
눈꼴사납다 태도나 행동이 아니꼬워 보기 싫다.
눈:꽃[-꼳] 나뭇가지에 얹힌 눈.
눈끔적이 눈을 자주 끔적거리는 사람. ㈜끔적이. ㈜눈깜작이. 솅눈끔쩍이.
눈대중[-때중] 눈으로 대강 헤아림. 눈짐작. ⑩눈대중으로 보아도 천 명은 넘겠다. —하다.
눈독[-똑] 가지고 싶은 물건을 욕심을 내어 눈여겨보는 것. ⑩음식에 눈독들이다.
눈동자(-瞳子)[-똥자] 눈의 검고 동그란 모양으로 된 부분. 圓동공.
눈 뜨고 도둑 맞는다〈속〉 알면서도 할수없이 손해를 본다.
눈뜨다 ①감은 눈을 열다. ②잠을 깨다. ③모르는 것을 알게 되다. ⑩신학문에 눈뜨다.
눈뜬 장:님 ①무엇을 보고도 알지 못하는 사람. ②글을 모르는 사람. ⑩편지도 못 읽으니 그야말로 눈뜬 장님이로군.
눈망울 ①눈알의 앞쪽의 두두룩한 곳. 눈동자가 있는 곳. ⑩눈망울을 굴리다. ②눈알. ㈜망울.
눈 맞추다[-맏추다] ①서로 눈을 마주 보다. ②남녀가 서로 좋아하는 눈치를 보이다.
눈매 눈의 생김새.
눈멀다 ①눈이 보이지 않게 되다. ②사물에 마음을 빼앗겨 이성을

눈물

잃다. ㉠돈에 눈멀다.
눈물 ①울 때에 눈에서 나오는 물. ②동정하는 마음.
눈물겹다〔눈물겨우니, 눈물겨워서〕 몹시 불쌍하다. ㉠그의 삶은 참으로 눈물겨운 것이었다.
눈물로 호소하다 눈물을 흘려 가면서 사정을 말하다. 있는 정성을 다하여 사정을 말하다.
눈물샘 눈물이 나오는 샘. 눈망울이 박혀 움푹 들어간 곳의 바깥 윗구석에 아래위로 둘이 있음.
눈물어리다 눈에 눈물이 괴다. 눈물이 글썽글썽 괴다. ㉠눈물어린 눈으로 바라보다.
눈물짓다[―짇따]〔눈물지어〕 눈물을 흘리다. ㉠그 아이를 보고 눈물짓는 사람이 많았다. ㉫울다.
눈ː발[―빨] 내릴 때 줄이 죽죽서 보이는 눈. ㉠눈발이 날리다.
눈ː밭 눈이 녹지 않고 쌓여 있는 땅.
눈병[―뼝] 눈에 생긴 병.
눈ː보라 바람에 불리어 휘몰아쳐 내리는 눈. ㉠기차가 눈보라치는 벌판을 달린다.
눈부시다 ①빛이 강하여 바로 보기 어렵다. ②황홀하다. ㉠눈부신 옷차림.
눈빛[―삗] 눈에서 비치는 빛이나 기운, 또는 눈에 나타나는 기색.
눈ː사람[―싸람] 눈을 뭉쳐서 사람의 모양으로 만든 것.
눈살[―쌀] 눈썹과 눈썹 사이에 있는 주름. ㉠동생은 찡그렸던 눈살을 폈다.
눈ː송이[―쏭이] 꽃송이처럼 내리는 눈.
눈시울[―씨울] 눈언저리의 속눈썹이 난 곳. ㉠눈시울이 뜨거워지다.

눈ː싸움[1] 눈을 뭉치어 서로 던지는 장난. ―하다.
눈싸움[2] 서로 노려보는 아이들의 장난. ㉫눈겨룸. ―하다.
눈썰미 한 번 보아 흉내낼 수 있는 재주. ㉠눈썰미가 있어 곧 배울 것이다.
눈썹 눈 위에 난 털.
눈앞 바로 가까이. ㉠시험이 눈앞에 닥쳐왔다.
눈앞이 캄캄해지다 ①아무것도 보이지 않게 되다. ②너무 놀라거나, 겁이 나거나, 슬플 때에 하는 말. ㉠그분이 돌아가셨다는 말을 들으니 눈앞이 캄캄해진다.
눈약[―냑] 눈병의 치료에 쓰이는 약. ㉫안약.
눈어림 눈으로 보아 대강 수를 헤아림. ㉠이 목장의 양은 눈어림으로 천 마리는 되겠는걸. ㉫눈대중. ―하다.
눈에 띄다 눈에 보이다.
눈에 선ː하다 잊혀지지 않고 눈에 환히 보이는 것 같다.
눈엣가시[―에까시] 몹시 미워 늘 눈에 거슬리는 사람.
눈여겨보다[눈녀―] 잊지 않게 잘 주의하여 보다. ㉠동작 하나하나를 눈여겨보다.
눈요기[―뇨기] 눈으로 보는 것만으로 어느 정도 만족을 느끼는 일. ㉠먹지는 말고 눈요기만 해라. ―하다.
눈웃음 소리없이 눈으로만 웃는 웃음.
눈웃음치다 남의 마음을 사려고 소리를 내지 않고 눈으로 가만히 웃다.
눈을 이끌다 보고 싶은 마음을 일으키다.

눈이 부시다 빛이 너무 세어서 눈을 바로 뜨지 못하다. 예 눈이 부시게 푸르른 날.

눈인사 눈짓으로 가볍게 하는 인사. ―하다.

눈자위[―짜위] 눈알의 언저리.

눈접(―椄) 나무를 접붙이는 방법의 하나. 나뭇가지 중앙부에 있는 눈을 접칼로 잘라 접본의 자른 곳에 끼우고 묶음. 비 아접.

눈조리개 눈동자를 크게 했다 작게 했다 함으로써, 눈 속으로 들어가는 빛의 양을 조절하는 얇은 막. 비 홍채.

눈짐작[―찜작] 눈대중. 눈어림. 예 눈짐작으로도 열 근은 더 나가겠다. ―하다.

눈짓[―찓] ①눈을 놀리는 동작. ②눈을 움직여 무슨 뜻을 나타내는 것. 예 서로 의미 있는 눈짓을 주고받다. ―하다.

눈초리 눈의 꼬리. 눈이 가는 길, 또는 그 모양. 예 적수의 사나운 눈초리.

눈총 눈에 독기를 올리어 쏘아보는 기운.

눈총맞다[―맏따] 몹시 미움을 받다. 예 눈총맞을 짓을 하다.

눈치 ①남이 자기에게 대하는 태도를 살피는 것. 예 눈치가 빠르다. ②남이 저에게 대하여 속으로 싫어하는 태도. 예 눈치가 보이다.

눈치가 빠르면 절에 가도 젓국을 얻어먹는다〈속〉 영리하고 수단만 좋으면 남다른 이익을 차지할 수 있다.

눈치채다 남의 속마음을 짐작하다. 예 남의 비밀을 눈치채다.

눈칫밥[―치빱] 눈치를 보아 가며 얻어먹는 밥.

뉴기니 섬

눈 코 뜰 새 없:다 몹시 바쁘다. 예 가을이 되면 농부들은 추수하기에 눈 코 뜰 새 없다.

눋:다〔눋으니, 눌어〕 ①불에 닿아서 검고 누르게 되다. ②조금 타다. 예 밥이 눋다.

눌―**러앉다**[―안따] 그 자리에 그대로 계속 머물러 있다.

눌리다 ①눋게 하다. 예 밥을 눌리다. ②누름을 당하다. 예 짐짝에 눌리다.

눌변(訥辯) 더듬거리며 하는 서투른 말솜씨. 예 눌변이지만 말에 뼈가 있다. 반 능변. 달변.

눌은밥 솥 바닥의 눌어붙은 밥, 또는 물을 부어 불려서 긁은 밥.

눕다 ①몸을 밑바닥에 가로 대다. ②자다. 반 일어나다.

뉘¹ ①누구. 예 뉘시오? ②어느 사람.

뉘² 쌀에 섞인 벼 알갱이.

뉘:다 ①눕게 하다. 반 일으키다. ②대소변을 누게 하다.

뉘앙스(프 nuance) 빛깔·소리·뜻·감정 등의 섬세한 차이. 예 내가 들은 것과 뉘앙스가 다르다.

뉘엿뉘엿 해가 곧 지려고 하는 모양을 나타내는 말. 예 해가 뉘엿뉘엿 넘어간다. ―하다.

뉘우치다 자기가 잘못한 것을 깨닫다. 비 후회하다.

뉘 집에 죽이 끓는지 밥이 끓는지 아나〈속〉 여러 사람의 사정을 다 살피기가 어렵다.

뉴:(new) 새로운 것. 신기한 것. 신식. 예 뉴 패션.

뉴:기니 섬(New Guinea―) 오스트레일리아 북방 아라푸라 해·토레스 해협을 사이에 두고 길게 놓여 있는 세계 제2의 큰 섬.

뉴:딜 (New Deal) 미국의 루스벨트 대통령이 1933년 이래 실시한 경제 부흥 정책.

뉴:스 (news) 새 소식. 보도.

뉴:스 데스크 (news desk) 신문사·방송국 등의 뉴스 편집실.

뉴:욕 (New York) 미국에 있는 세계 제2의 도시. 세계 상공업의 중심지로 국제 연합 본부가 있음.

뉴:질:랜드 (New Zealand) 남태평양의 오스트레일리아 남동쪽에 있는 영연방을 구성한 자치국. 수도는 웰링턴.

뉴:턴 (Newton, 1642~1727) 영국의 과학자. 만유 인력의 법칙을 발견함.

뉴:펀들랜드 (Newfoundland) 캐나다의 동부 해안에 있는 세계 4대 어장의 하나.

뉴:햄프셔종 (New Hampshire 種) 닭 품종의 한 가지. 고기와 알을 얻기 위해 기름.

느긋하다 [一그타다] 마음이 흡족하다. 넉넉하다. 예 휴일에 집에서 느긋하게 쉬었다. —이.

느끼다 ①깨달음이 일어나다. 예 잘못을 느끼다. ②어떤 감정이 일어나다. 예 아름답게 느끼다.

느끼하다 음식에 기름기가 너무 많아 개운하지 않고 비위에 거슬리다. 예 돼지고기에 비계가 많아 느끼하다.

느낌 느끼는 일, 또는 느낀 일.

느낌표 부르짖음·강조·놀람·기쁨·슬픔·분노 등의 느낌을 나타낼 때, 그 말 다음에 쓰는 부호인 '!'의 이름. 감탄 부호.

-느냐 손아랫사람에게 물음을 나타내는 말. 예 어디 가느냐.

-느니라 손아랫사람에 대하여 말할 때 흔히 쓰이는 말끝. 예 그러면 못 쓰느니라.

느닷없다 어떤 것이 아무런 조짐이 없이 나타나 전연 뜻밖이고 갑작스럽다. 예 느닷없이 우는 까닭이 무엇이냐? —이.

느릅나무 느릅나뭇과의 갈잎 큰키나무. 골짜기나 개울가에서 나는데 높이는 20m 가량. 어린 잎은 먹을 수 있음.

느리다 ①빠르지 못하다. 비 더디다. 둔하다. 반 빠르다. ②새끼꼰 것이나 피륙 짠 것이 성기다. 비 배지 않다.

느림보 행동이 느린 사람. 게으른 사람.

느릿느릿 움직임이 느리게. 작 나릿나릿. —하다.

느릿하다 [—리타다] 느린 듯하다.

느슨하다 늘어나서 헐겁다. 예 허리띠를 느슨하게 풀다. —히.

느지막하다 좀 늦다. 예 느지막이 둔 자식. —이.

느타리 송이버섯과의 버섯. 모양은 조개 껍데기 비슷하고 빛은 갈색 또는 백색으로 식용함.

느티나무 느릅나무와 비슷한 매우 큰 나무로, 잎이 많아 넓은 그늘을 만듦.

[느티나무]

늑골 (肋骨) [—꼴] 갈빗대.

늑대 개와 비슷하나 성질이 사나운 산에 사는 짐승.

늑막 (肋膜) 사람의 갈빗대 안에 허파를 싼 막. 예 늑막염.

늑목 (肋木) 체조에 쓰이는 기구의

한 가지. 몇 개의 기둥에 많은 막대를 가로로 끼워 놓은 것. 몸을 바르게 하는 운동에 쓰임.

늑장 곧 해야 할 일을 두고 딴 일을 하거나 꾸물거리는 짓.

늑장부리다 곧 해야 할 일을 두고 딴 짓을 하다.

-는걸 움직임을 나타내는 말의 줄기에 붙어 어떤 움직임에 대한 자기의 느낌을 나타내는 말. 예 비가 꽤 오는걸.

-는담 '어찌 그리 한단 말인고'의 뜻을 나타내는 말끝. 예 왜 이리 늦는담.

는커녕 '커녕'의 힘줌말로 받침 없는 말에 붙는 말. 예 노래는커녕 말도 못 한다.

늘 언제든지. 항상. 예 늘 하던 일. 비 언제나. 반 이따금.

늘그막 늙어 가는 판. 늙었을 때. 말년. 예 늘그막에야 호강을 하게 되었다.

늘다〔느니, 늘어서〕 ①물건의 형상이 길어지다. ②사물이 본래보다 많아지다. ③재주가 더하여지다. 예 밑솜씨가 늘다. ④부자가 되다. 예 재산이 늘다. ⑤식구가 많아지다. 비 불어나다. 반 줄다.

늘리다 더 크거나 많게 하다. 예 수출량을 늘리다. 반 줄이다.

늘비하다 ①순서 없이 여기저기 많이 널려 있다. 예 상품이 늘비하다. ②고르지 않은 물건들이 죽 늘어서 있다.

늘씬하다 몸이 가늘고 키가 커서 맵시가 있다. 예 허리가 늘씬하다. 작 날씬하다. —히.

늘어나다 길이·부피·수량 따위가 많아지다. 예 체중이 늘어나다. 비 증가하다. 반 줄어들다.

늘어놓다[—노타] ①어지럽게 여기저기에 두다. 예 장난감을 늘어놓다. ②줄을 지어 죽 벌여 놓다. 예 상품을 죽 늘어놓다.

늘어뜨리다/늘어트리다 한쪽 끝이 아래로 처지게 하다. 예 가지를 늘어뜨리고 서 있는 나무.

늘어서다 죽 줄지어 나란히 서다. 예 한 줄로 늘어서다.

늘어지다 아래로 처지다. 예 늘어진 수양버들. 반 오그라지다.

늘이다 ①본디보다 더 길게 하다. 예 고무줄을 늘이다. ②아래로 처지게 하다.

느리다 동작이 빠르지 못하다.
늘리다 수량을 더 많게 하다.
늘이다 본디보다 더 길게 하다.

늘임봉 그네틀과 같은 높은 곳에 장대를 여러 개 늘어뜨려 놓고, 나무를 오르듯이 올라가게 한 운동 기구.

늘임표 한 마디 안에 있는 음표나 쉼표의 위쪽 또는 아래쪽에 붙여 길이를 늘이는 표. 기호는 '⌒'로 표시함. 페르마타.

늘쩍거리다 쉬엄쉬엄 느리게 행동하다. 예 그렇게 늘쩍거리다 언제 일을 끝낼래? 작 날짱거리다.

늘쩡늘쩡하다 성질이나 됨됨이가 매우 느리고 야무지지 못하다.

늘컹늘컹 너무 물러서 저절로 늘어지는 모양. 예 늘컹늘컹한 감. 작 날캉날캉. —하다.

늘푸른나무 사시사철 잎이 푸른 나무. 상록수.

늙다[늑따] ①나이가 많아지다. ②오래 되다. 반 젊다.

늙수그레하다[늑—] 꽤 늙어 보이다. 예 늙수그레한 사람.

늙은이 나이가 많은 사람. 늙은 사람. 땐젊은이.

늠:름하다[늠늠—] 의젓하고 씩씩하다. 몐우리 국군의 모습은 참 늠름하다. —히.

능(陵) 임금이나 왕후의 무덤.

능가(凌駕) 훨씬 뛰어나 남을 앞지름. 몐선배를 능가하는 뛰어난 후배. —하다.

능구렁이 ①붉고 검은 점이 박힌 큰 뱀. ②성질이 매우 음흉한 사람의 비유. 몐능구렁이라 속을 모르겠다.

능금 능금나무의 열매. 사과보다 작고 맛이 심.

능금나무 과실 나무의 한 가지로 높이 10m 가량. 5월경에 짧은 가지에 분홍 꽃이 핌. 가을에 익는 황홍색 열매는 '능금'임.

능동(能動) 제 마음에 내켜서 스스로 함. 몐모든 일을 능동적으로 하다. 땐수동.

능라(綾羅)[—나] 두꺼운 비단과 얇은 비단.

능란하다(能爛—)[능난—] 익숙하고 뛰어나다. 몐능란한 솜씨. 旧능숙하다. 땐서투르다. —히.

능력(能力) ①그 일을 감당할 수 있는 힘. 몐생활 능력. ②지혜의 힘. ③완전히 자기의 권리를 사용할 수 있는 자격. 旧실력. 땐무능력.

능률(能率)[—뉼] 일정한 시간에 할 수 있는 일의 비율. 몐능률을 올리다.

능멸(凌蔑) 업신여겨 깔봄. 몐부하가 상관을 능멸하다니! —하다.

능변(能辯) ①능란하게 잘하는 말, 또는 그러한 말솜씨. ②능변가. 旧달변. 땐눌변. —하다.

능사(能事) ①자기에게 가장 알맞아 잘 감당해 낼 수 있는 일. ②능한 일. 잘하는 일. 몐속이는 일을 능사로 삼는다.

능선(稜線) 산등성이를 따라 죽 길게 이어진 봉우리의 선. 몐정상에 이르는 능선에 올랐다.

능수(能手) 일에 능란한 솜씨, 또는 그런 사람. 몐장사의 능수.

능수버들 버들과의 갈잎 큰키나무. 흔히 가로수나 관광수로 심음.

능숙하다(能熟—) 일을 솜씨 있고 익숙하게 하다. 익숙하다. 몐능숙한 솜씨를 보이다. 旧능란하다. —히.

능원 임금이나 왕비 등의 무덤.

능지기 능을 지키는 사람.

능지처:참(陵遲處斬) 지난날, 나라에 큰 죄를 저지른 죄인에게 내리던 극형. 머리·몸·팔다리를 여러 갈래로 토막쳐서 죽임.

능청꾸러기 거짓을 정말처럼 태연하게 꾸며 대어 남을 잘 속이는 사람.

능청스럽다[능청스러우니, 능청스러워서/능청스러이] 거짓말을 그럴듯하게 하거나 남을 속이고도 태연하게 행동하다. 몐이놈이 능청스럽게 거짓말을 하고 있구나.

능청을 떨:다 거짓이 드러나지 않게 하느라고 아무 일 없는 듯이 딴전을 부리다. 몐네가 능청을 떨어도 난 네 속을 다 안다.

능통(能通) 무슨 일에 거침없이 익숙함. 몐외국어에 능통한 사람. —하다.

능하다(能—) 서투르지 않고 잘하다. 몐너라면 그 일을 능히 해낼

늦가을 늦은 가을. 비만추. 반초가을.

늦게 배운 도둑이 날 새는 줄 모른다〈속〉 늦게 시작한 일에 매우 흥미를 느끼고 골몰한다.

늦겨울 겨울의 마지막 무렵. 반초겨울.

늦다[늗따] ①이르지 않다. 반이르다. ②졸라맨 것이 좀 느슨하다.

늦되다[늗뙤―] ①나이보다 더디 철이 나다. 예늦된 아이. ②열매나 곡식 등이 제철보다 늦게 익다. 예콩이 늦되다.

늦둥이[늗뚱―] ①나이가 많아서 난 자식. ②박력이 없고 또랑또랑하지 못한 사람.

늦잠[늗짬] 아침에 늦도록 자는 잠.

늦장마 철 늦게 오는 장마.

늦추다[늗―] ①잡아맨 것을 느슨하게 하다. 예고삐를 늦추다. ②느리게 하다. ③기간을 멀리 잡다. 예출발 시간을 늦추다.

늦추위[늗―] 겨울철이 다 지나갈 무렵에 오는 추위.

늪[늡] 호수보다 작고 얕으며 늘 물이 많이 괴어 있는 곳.

닐리리 퉁소나 나발 같은 것을 운치 있게 부는 소리.

닐리리 쿵덕쿵 관악기와 타악기의 뒤섞인 풍류 소리.

닝큼 빨리. 얼른. 지체 않고. 예닝큼 물러가라. 작냉큼.

-니 ①여러 사물을 이을 때에 쓰는 말. 예옳으니 그르니 하며 토론을 벌이다. ②원인·결과를 나타내는 말에 잇는 말. 예욕을 하니 대들었다.

니그로(Negro) 주로 중부 아프리카에 사는 피부가 검은 인종. 흑인.

-니까 '-니'의 힘줌말. 예봄이 오니까 꽃이 핀다.

-니라 받침 없는 말 다음에 붙어 손아랫사람에게 사실의 법칙과 확실함을 가르쳐 줄 때 쓰는 말. 예바닷물은 맛이 짜니라.

니스(← varnish) 투명하고 빨리 마르는 칠감의 하나.

니켈(nickel) 희고 윤이 나며, 공기 중에서도 빛이 변하지 않아 쓰이는 데가 많은 쇠.

니코틴(nicotine) 주로 담배 속에 들어 있는 성분. 독성이 강하여 신경 계통의 조직을 자극하여 마비시킴. 농약 따위에 이용됨.

니크롬(nichrome) 니켈과 크롬을 주로 한 합금. 열과 산에 강하며 가늘게 만들 수 있는 것이 특징임.

니크롬선(nichrome 線) 전기 풍로·전기 다리미 등의 발열체로 쓰이는 금속선. 철과 니크롬의 합금으로, 높은 온도에도 타지 않고 열을 많이 냄.

니트(knit) 뜨개질하여 만든 옷.

니퍼(nipper) 철사를 끊거나 전선의 껍질을 벗길 때 쓰는 기구. 펜치와 비슷하게 생김.

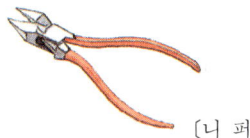

〔니 퍼〕

닐리리야 경기 민요의 한 가지.

-님 사람의 호칭 밑에 붙어 높임의 뜻을 나타내는 말. 예선생님. 사장님.

닢[닙] 쇠붙이나 잎으로 만든 납작한 물건을 낱낱의 뜻으로 세는 말. 예돈 한 닢.

훈몽자회자  훈민정음자

ㄷ[디귿] 한글 닿소리의 셋째 글자인 디귿.

ㄷ자집[디귿짜—] 지붕 중앙의 마루가 'ㄷ'자 모양으로 된 집.

다:¹ 있는 것 모두. 남김없이. ⓔ숨은 그림을 다 찾았다. ⓑ모두. 모조리. 죄다.

-다² ①결정 또는 설명을 나타내는 말끝. ⓔ하늘이 높다. ②사물의 현재 상태를 나타내는 말끝.

-다가 이어지던 동작이 일단 그치고 다른 동작으로 옮길 때, 그 그친 동작을 나타내는 말. ⓔ잡았다가 놓쳤다.

다가가다 가까이 옮아가다. ⓔ칠판 앞으로 다가가다.

다가놓다[—노타] 더 가깝게 놓다. ⓔ책상을 앞으로 다가놓다.

다가들다 ①더 가까이 옮겨 가거나 옮겨 오다. ②맞서서 덤벼들다. ⓔ무모하게 다가들지 마라.

다가붙다 더 가까이 붙다.

다가서다 가까이 옮아서다. ⓔ그의 곁으로 한 걸음 다가서다.

다가앉다 앞으로 가까이 앉다. ⓔ내 곁으로 바싹 다가앉아라.

다가오다 ①더 가까이 옮겨 오다. ②어떤 때가 가깝게 닥쳐오다. ⓔ성큼 다가온 겨울.

다각도로 여러 방면으로. 여러 모로. ⓔ이 기계는 다각도로 쓸 수 있다.

다각형(多角形) 세 개 이상의 직선으로 둘러싸인 평면형. ⓑ여러모꼴.

다감(多感) 느낌이 많고 감동하기 쉬움. 감수성이 예민함. ⓔ다정다감한 성격. —하다.

다공질(多孔質) 작은 구멍이 많이 있어 푸석푸석하게 생긴 바탕.

다과(茶菓) 차와 과자. ⓔ다과회.

다과상 다과를 차리는 상.

다과회 차와 과자를 마련한 간단한 모임. ⓔ오랜만에 친구들과 다과회를 가졌다.

다국적 여러 나라와 관계된. ⓔ다국적 기업.

다그다 ①날짜를 앞으로 끌다. ⓔ공사 완료 날짜를 다그다. ②어느 물체에 가까이 옮기다.

다그치다 상대방에게 여유를 주지 않고 계속 몰아쳐서 작용을 가하다. ⓔ진실을 확인하기 위해 다그쳐 묻다.

다급하다[—그파다] 미처 어떻게 할 여유가 없을 만큼 몹시 급하다. ⓔ다급한 사태가 벌어지다. —히.

다기(茶器) ①차를 끓이거나 담는 기구. ②절에서, 부처 앞에 맑은 물을 떠 놓는 그릇.

다난(多難) 재난이나 어려움이 많음. ⓔ다사 다난했던 한 해. —하다.

다녀가다 어떤 곳에 왔다가 가다. 들렀다가 가다. 예집에 한번 다녀가거라.

다녀오다 어떤 곳에 갔다 오다. 예학교에 다녀왔습니다.

다년간(多年間) 여러 해 동안. 예다년간 노력해서 얻은 결과.

다년생 식물의 전부 또는 일부가 3년 이상 자라는 것. 여러해살이.

다뉴:브 강(Danube江) 도나우 강의 영어식 이름. 유럽에서 둘째로 긴 강. 길이 2,860km.

다능(多能) 재주가 많음. 여러 가지에 능함. 예다재 다능한 인물. 비다재. —하다.

다니다 ①왔다갔다하다. 예차가 다니는 길. ②늘 드나들다. 예잘 다니는 가게. ③일하는 곳에 가다. 출근하다. 예회사에 다니다.

다다르다〔다다르니, 다다라서〕 ①목적한 곳에 이르러 닿다. 예목적지에 다다르다. 비도착하다. 이르다. ②기준에 미치다.

다닥다닥 조그만 물건이 아주 많이 붙은 모양. 예게시판에 광고지가 다닥다닥 붙어 있다. 큰더덕더덕. —하다.

다달이 달마다. 예이 잡지는 다달이 나온다.

다담상(茶啖床) 손님을 대접하기 위해 간단히 차려 내는 교자상.

다도(茶道) 차를 달여 마실 때의 방식 및 예의 범절.

다도해(多島海) 우리 나라의 남서 해안에 있는 바다.

다독(多讀) 책을 많이 읽음. 예여러 분야 책을 다독하다. —하다.

다독거리다 자꾸 다독다독하다. 예아기를 재우려고 다독거리다.

다독다독 ①물건을 살살 두드려 누르는 모양. ②어린아이를 재우거나 달랠 때 가볍게 가만가만 손으로 눌렀다 뗐다 하는 모양. —하다.

다 된 죽에 코 풀기〈속〉 다 된 일을 망쳐 놓았다는 뜻.

다득점 경기 따위에서 점수를 많이 얻음. 또, 그 점수. 예다득점자.

다듬다 ①맵시를 내다. 예머리를 다듬다. ②옷감 따위를 다듬잇방망이로 두드리다. ③푸성귀의 좋은 것을 고르다. ④곱게 깎다. 예회초리로 쓸 싸릿개비를 다듬다. ⑤글 따위를 짜임새 있게 고치다. 예문장을 다듬다.

다듬이 '다듬이질'의 준말. —하다.

다듬이질 옷감에 풀을 먹여 반반하게 방망이로 다듬는 일. 준다듬이. 다듬질. —하다.

다듬잇돌〔―이똘〕 다듬이질할 때 밑에 받치는 돌.

다듬잇방망이 다듬이질할 때 쓰는 두 개의 나무 방망이.

다디달다 매우 달다. 반쓰디쓰다.

다띠가 도중에 갑자기. 비별안간.

다라니경(陀羅尼經) ＝무구정광대다라니경.

다락 부엌 천장 위에 만들어 놓은 물건을 쌓아 두는 곳.

다람쥐 다람쥣과의 동물. 모양은 쥐와 비슷하나 크고, 털이 검붉고, 등에 검은 줄이 다섯 있으며, 꼬리가 길고 솔씨와 밤 따위를 잘 먹는 날랜 길짐승.

다:랍다〔다라우니, 다라워〕 ①때가 묻어 깨끗하지 못하다. ②몹시 인색하다. 큰더럽다.

다랑어 고등어 모양으로 생긴 바

-다랗다

닷물고기. 몸길이 약 3m 정도. 참다랑어.

-다랗다 모양을 나타내는 말에 붙어 그 뜻을 더 뚜렷이 나타내는 말. ㉠굵다랗다. 높다랗다.

다래 깊은 산에 나는 다래나무의 열매. 맛이 닮.

다래끼 눈껍질 언저리에 나는 작은 부스럼. ㉠다래끼가 나다.

다량(多量) 많은 분량. ㉠고분에서 다량의 문화재가 출토되었다. 비 대량. 반 소량.

다루다 ①일이나 물건을 맡아 다스리다. ②가죽 따위를 부드럽게 만들다. ③조종하다. ㉠사람을 잘 다루다.

다르다〔다르니, 달라서〕 ①같지 않다. ②틀리다. ㉠이름이 다르듯이 우리들의 얼굴 모습도 서로 다르다. 반 같다.

다르랴 '어찌 다르겠는가'의 뜻으로 쓰이는 말.

다른 같지 아니한. ㉠다른 생각을 가졌다. 비 딴. 반 같은.

다름없다 비교해 보아 다른 것이 없다. ㉠전과 다름없이 쾌활하다. ―이.

다리¹ ①동물의 몸 아래 있어서 걸음을 맡은 부분. ②물건 아래에 있어서 그 물건을 버티고 있는 것. ㉠책상다리.

다리² 개천·강의 양쪽 언덕에 걸쳐 놓아 사람이 다니게 하는 길. ㉠돌다리. 외나무다리.

다리다 다리미로 옷 따위의 구김살을 펴다. ㉠옷을 다리다.

다리다 다리미로 문지르다.
달이다 끓여서 진하게 하다.

다리미 옷의 구김살을 펴는 데 쓰는 쇠로 만든 기구.

다리밟이[-발비] 정월 대보름날 밤에 사람들이 그 해의 재앙을 막기 위해 열두 다리를 밟던 민속놀이. 비 답교. ―하다.

다리 아래에서 원을 꾸짖는다(속) 직접 말을 못 하고 안 들리는 곳에서 불평이나 욕을 한다.

다림질 다리미로 옷이나 피륙 따위를 다리는 일. 본 다리미질. ―하다.

다릿돌[-리똘] 시냇물이나 개울을 건너다니기 위해 놓은 돌. 징검다리로 놓은 돌.

다릿목 다리가 놓여 있는 길목.

다릿심[-리씸] 다리의 힘. ㉠다릿심이 세다.

다릿짓[-리찓] 다리를 움직이는 동작. ―하다.

다:만 '오직 그뿐'의 뜻을 나타내는 말. ㉠나는 다만 공부에 힘쓸 뿐이다. 비 단지. 오로지. 오직.

다망(多忙) 바쁨. 일이 매우 많음. ㉠공사(공적인 일과 사적인 일) 다망하신 중에 이렇게 찾아주시다니……. 반 한가. ―하다.

다면(多面) ①면이 많음. ②여러 방면. 다방면. ㉠그는 다면으로 아는 게 많다.

다면각 셋 이상의 평면이 한 점에 모여 이룬 뾰족한 모양.

다면성 각 방면에 걸친 여러 가지 성질.

다면체 넷 이상의 평면으로 둘러싸인 입체.

다모작(多毛作) 한 농토에서 한 해 동안에 여러 번 농작물을 가꾸어 수확하는 일. ―하다.

다목적(多目的) 여러 가지 목적으로 쓰이는 것. ㉠다목적으로 쓰이는 공구.
다목적 댐 수력 발전·농업 용수·공업 용수·홍수 조절 등 여러 가지 용도를 겸한 댐.
다물다〔다무니〕①위아래 입술을 마주 대다. ②말을 아니하다.
다박머리〔다방—〕 어린아이의 다보록하고 짧은 머리털, 또는 그러한 아이. 〖큰〗더벅머리.
다반사(茶飯事) '항다반사'의 준말. 늘 있는 일. 〖예〗거짓말하는 것을 다반사로 여기다.
다발¹ ①푸성귀 따위를 큼직하게 묶어서 단으로 만든 것. 〖예〗배추 다발. ②꽃·푸성귀 따위의 묶음을 세는 말. 〖예〗장미꽃 한 다발.
다발²(多發) 많이 발생함. 자주 일어남. 〖예〗교통 사고 다발 지역. —하다.
다방(茶房) 차 종류를 조리하여 팔거나 청량 음료 및 우유 따위를 파는 영업집. 찻집.
다방면(多方面) 여러 방면. 많은 곳. 〖예〗다방면에 재주가 많다.
다변(多變) 변화가 많음, 또는 많은 변화. 〖예〗다변하는 국제 정세. —하다.
다변형(多邊形) =다각형.
다변화(多邊化) 방법이나 모양이 여러 가지로 복잡함. 〖예〗수출 시장의 다변화. —하다.
다병(多病) 병이 많음. 병이 잦음. —하다.
다보록하다〔—로카다〕 풀·작은 나무나 머리털 따위가 무성하여 위가 소복하다. 〖예〗다보록한 수염. 〖큰〗더부룩하다. —이.
다보탑(多寶塔) 경주 불국사에 있는 탑. 흰빛 화강암으로 만들어진 높이 10미터 가량의 탑으로 통일 신라 때 세워졌음. 국보 제20호.

〔다보탑〕

다복(多福) 복이 많음. 〖예〗다복한 가정. —스럽다. —하다.
다복솔 가지가 많이 퍼져 다보록하게 된 어린 소나무.
다부지다 ①벅찬 일을 치러 낼 강단이 있다. ②생김새가 옹골차다. 〖예〗몸매가 다부지게 생겼다.
다분하다(多分—) 비율이나 가능성이 꽤 많다. —히.
다사 다난(多事多難) 여러 가지로 일도 많고 어려움도 많음. 〖예〗다사 다난했던 한 해. —하다.
다사롭다 다사한 느낌이 있다. 〖센〗따사롭다.
다사스럽다(多事—)〔다사스러우니, 다사스러워/다사스러이〕 쓸데없는 일에 간섭을 잘하다.
다사하다 조금 따뜻하다. 〖예〗다사한 봄. 〖큰〗다스하다. 〖센〗따사하다.
다섯 넷에 하나를 더한 수.
다세대 주택 여러 세대가 한 건물에 모여 살게 지은 집.
다세포(多細胞) 한 생물체 내에 세포가 여럿임. 〖반〗단세포.
다소(多少) 분량의 많음과 적음. 〖예〗다소의 차이.
다소간 많으나 적으나. 얼마쯤.
다소곳하다〔—고타다〕 고개를 좀 숙이고 말이 없다. 〖예〗다소곳한 자세. —이.
다수(多數) 수효가 많음. 〖반〗소수. —하다. —히.
다수결(多數決) 회의에서 많은 사

람 쪽의 의견에 따라 결정함. [예] 다수결의 원칙.

다수 의:견 많은 사람들의 의견. [반] 소수 의견.

다수확(多收穫) 많은 수확. [예] 다수확 작물.

다:스(←dozen) 개수를 나타내는 단위. 12개를 한 묶음으로 세는 말. [예] 연필 한 다스.

ㄷ

다스리다 ①나라·사회·집안의 일 따위를 보살피고 처리하다. ②어지럽지 않도록 단속하다. ③죄에 대하여 벌을 주다.

다스하다 좀 다습다. [큰] 드스하다. [작] 다사하다. [센] 따스하다.

다슬기 냇바닥에 사는 고둥 모양의 길쭉한 조개. 우렁이와 비슷하나, 우렁이보다 가늘고 길며 훨씬 작음. 껍데기는 나사 모양이며, 검정색 또는 검은 갈색임.

다습(多濕) 습기가 많음. [예] 고온 다습한 열대 기후. —하다.

다습다〔다스우니, 다스워〕 알맞게 따뜻하다. [큰] 드습다. [센] 따습다.

다시 ①한 번 더. ②또. ③그 위에. ④새로이. ⑤전과 같이. [비] 거듭. 또.

다시금 '다시'를 힘주어서 하는 말. 또 한 번. [예] 부모의 은혜를 다시금 느꼈다.

다시다 음식을 먹거나 먹는 것처럼 입을 열었다 닫았다 하며 놀리다. [예] 입맛을 다시다.

다시마 차고 좀 깊은 바다에서 나는 물풀의 한 가지. 아주 매끈하게 길고 넓으며 거죽이 반드럽고 줄이 있음.

다시없다[—업따] 더 나은 것이 없을 만큼 완전하다. [예] 다시없는 성공. —이.

-다시피 움직임을 나타내는 말의 줄기에 붙어 '어떠한 사실과 마찬가지로'의 뜻을 나타내는 말. [예] 보다시피 이렇게 훌륭한 집이다.

다식(茶食) 녹말·콩·검은깨 따위의 가루를 꿀이나 조청에 반죽하여 다식판에 박아 낸 음식.

다신교(多神教) 많은 신을 숭배의 대상으로 삼는 종교. [반] 일신교.

다심(多心) 잔일에까지 마음이 안 놓여 생각이나 걱정이 많음. [예] 다심한 할머니의 마음. —스럽다. —하다.

다양(多樣) 모양이나 양식 또는 종류가 여러 가지임. [예] 다양한 취미. —하다.

다:오 남에게 무엇을 청할 때 쓰는 말. [예] 이리 다오.

다용도 쓰임이 많음.

다용도실 쓰임이 많은 방. 옥내의 광을 이르는 말.

다운(down) ①권투에서, 상대 선수의 주먹을 맞고 쓰러지는 일. 녹다운. ②'지치거나 의식을 잃거나 해서 녹초가 된 상태'를 비유하는 말. —하다.

다음 ①어떠한 차례의 바로 뒤. [예] 다음은 네 차례다. ②사물의 둘째. [예] 미시시피 강 다음으로 긴 강. [준] 담.

다음다음 다음의 다음. [준] 담담.

다음해 어떤 해의 바로 뒤에 오는 해. [비] 이듬해. [반] 지난해.

다이내믹(dynamic) 힘찬 모양. 활동적. [예] 다이내믹한 몸짓. —하다.

다이너마이트(dynamite) 폭발약의 한 가지. 광산에서 바위를 깨뜨리는 데 씀.

다이빙(diving) 수상 경기의 한 가

지. 높은 곳에서 몸을 날려 물 속으로 뛰어드는 일. —하다.
다이빙대 다이빙을 할 수 있게 만들어 놓은 대.
다이아몬드(diamond) ①보석의 하나. 가장 단단하고 아름다운 빛을 냄. 圓금강석. ②야구장의 내야.
다이어트(diet) 건강이나 체중 조절을 위하여 음식의 양이나 종류를 제한하는 일.
다이얼(dial) ①시계·나침반 따위의 지침면. ②라디오의 사이클 눈금이 있는 판. ③자동식 전화기의 숫자판.
다이오:드(diode) 양극과 음극만이 있어 전류를 한 방향으로 흐르게 하는 진공관이나 반도체.
다이제스트(digest) 책 등 출판물의 내용을 요점만 알기 쉽게 간추리는 일, 또는 그런 출판물.
다작(多作) ①작품이나 글 따위를 많이 지음. 예다작가. ②농작물이나 물건을 많이 만듦. —하다.
다잡다 ①감독하여 힘써 일하게 하다. ②마음을 써서 일을 마무리하다. 예마음을 다잡이 어려운 일을 처리하다.
다 장조 '다'음을 으뜸음으로 하는 장조.
다재(多才) 재주가 많음. 예다재 다능한 사람. 圓다능. —하다.
다정(多情) ①인정이 많음. ②정다움. 예다정한 오누이. 圍냉정. 무정. —스럽다. —하다. —히.
다정 다감(多情多感) 정이 많고 느낌이 많아 감동하기 쉬움. 예성격이 다정 다감하다. —하다.
다종(多種) 종류가 많음. —하다.
다중 방:송(多重放送) 하나의 주파수로 여러 가지 방송을 동시에 내보내는 방송. 다중식 방송.
다지다 눌러서 단단하게 만들다. 예집터를 다지다.
다짐 ①마음 속으로 굳게 작정함. ②단단히 다져서 확실한 대답을 받음. 예다시는 싸우지 않겠다고 다짐을 받았다. 圓결심. —하다.
다짜고짜로 옳고 그름을 가리지 아니하고 단박에 들이덤벼서. 예다짜고짜로 덤벼들다.
다채롭다〔다채로우니, 다채로워/다채로이〕(多彩—) ①가지각색이 한데 어울려 호화롭고 아름답다. ②여러 가지 계획이 한데 조화되어 화려하다. 다양하다.
다층탑(多層塔) 탑신이 여러 층으로 된 탑.
다치다 ①부딪쳐서 깨지다. ②몸에 상처가 나다. ③상하다.

다치다 부딪쳐서 상하다.
닫치다 문·창 따위를 힘껏 닫다.
닫히다 닫음을 당하다.

다 카포(이 da capo) 악보 용어의 하나. 처음으로 되돌아가서 다시 연주하라는 뜻. 약호는 D.C.
다큐멘터리(documentary) 기록 문학. 꾸미지 않고 실제 일어난 일을 글·방송·영화 따위로 엮은 것.
다:크 호:스(dark horse) ①경마에서 실력은 알려지지 않았으나 뜻밖의 결과를 낼지도 모를 말. ②인물이나 실력은 알 수 없으나 유력하다고 생각되는 경쟁 상대.
다투다 ①싸우다. ②시비하다. ③승부를 내려고 하다.
다툼질 다투는 짓. —하다.
다:하다 ①힘이나 물자를 있는 대로 들이다. 예우리들은 오직 나라를 위해 충성을 다하여 싸울 뿐

입니다. ②죄다 사용하여 없어지게 하다. ③마치다. [예] 주어진 임무를 다하다.

다행(多幸) ①일이 좋게 됨. ②뜻밖에 잘 됨. [예] 잘 계시다니 참 다행입니다. —스럽다. —하다. —히.

다혈(多血) ①보통 사람보다 몸에 피가 많음. [반] 빈혈. ②쉽게 감정에 치우치거나 쉽게 감격함.

다혈질 쾌활하고 활동적이나 성급하고 참을성이 부족한 성격. [예] 다혈질의 인간.

다홍 산뜻한 붉은빛.

다홍치마 다홍색의 치마.

닥나무[당—] 뽕나무 비슷한 나무로서, 열매는 뱀딸기 같고 껍질은 종이의 원료가 되는 나무.

닥:닥 소리가 나도록 자꾸 긁는 모양. [예] 수저로 냄비를 닥닥 긁다. [큰] 득득.

닥지닥지 때나 먼지 따위가 많이 끼거나 오른 모양. [예] 얼굴에 때가 닥지닥지 붙다. [큰] 덕지덕지. —하다.

닥쳐오다 가까이 다다라 오다. [예] 시험 날짜가 닥쳐온다.

닥치는 대로 일이나 물건이 몸에 가까이 다다르는 대로. [예] 힘도 세고 재주도 있어서 닥치는 대로 일을 해치운다.

닥치다 어떠한 일이나 물건이 몸에 가까이 다다르다. [예] 결전의 날이 닥치다.

닦다[닥따] ①더러운 물건을 문지르거나 씻어서 깨끗하게 하다. [예] 그릇을 닦다. ②문질러서 윤기를 내다. [예] 마루를 닦다. ③평평하게 고르고 다지다. [예] 터를 닦다. ④힘써 배우다. [예] 학문을 닦다.

닦달[닥딸] 몰아대서 닦아세움. [예] 무조건 닦달하지만 마라. —하다.

닦아대다 언성을 높여 사리를 따져 가며 핀잔을 주다.

닦아세우다 몹시 나무라서 꼼짝 못 하게 하다. [예] 사과를 하라고 닦아세우다.

닦아주다 ①심하게 나무라서 꼼짝 못 하게 하다. ②닦아서 깨끗하게 해 주다.

단:[1] 푸성귀나 땔나무 따위의 묶음. 뭇. [예] 파 한 단.

단:[2](但) 오직. 단지. [예] 단 한 사람만이 찬성했다.

단[3](段) ①바둑·태권도·유도 따위의 잘하는 정도의 등급. [예] 태권도 2단. ②땅 300평의 넓이, 또는 그 넓이의 단위.

단[4](壇) 좀 높게 만들어 놓은 곳. 무대. [예] 교단.

단:가[1](短歌) 가사에 대하여 '시조'를 이르는 말.

단가[2](單價)[—까] 낱개의 값. [예] 단가를 매기다.

단감 단감나무의 열매. 단단하고 아삭아삭하며 맛이 닮.

단:거리 짧은 거리. [반] 장거리.

단:거리달리기 짧은 거리를 힘껏 달려 승부를 결정짓는 육상 경기의 하나.

단걸음에 내친 걸음을 멈추지 않고 단숨에. [예] 단걸음에 다녀왔다.

단:검(短劍) 짧은 칼. 단도.

단것 설탕물·과자류 따위의 맛이 단 음식물.

단:견(短見) ①얕은 소견. 좁은 소견. ②남에게 대하여 자기의 의견을 겸손하게 이르는 말. [예] 저의 단견일 뿐입니다.

단결(團結) 여러 사람이 마음을 하나로 한데 뭉침. 예 굳게 단결하여 싸우자. 비 단합. 협동. 반 분열. —하다.

단결력 많은 사람이 한데 뭉치는 힘. 뭉친 힘. 예 굳건한 단결력.

단결심 많은 사람이 한 마음 한 뜻으로 뭉치려는 마음. 예 너희들은 단결심이 너무 없다.

단계(段階) 일의 차례를 따라 나아가는 과정. 순서. 차례. 예 마무리 단계.

단계적 차례를 따라 구분하는 모양. 예 단계적으로 처리하다.

단골 한 가게에서만 늘 물건을 사 가는 손님. 반 뜨내기.

단:교(斷交) ① 교제를 끊음. 비 절교. ② 나라와 나라 사이의 외교 관계를 끊음. —하다.

단:구(短軀) 키가 작은 몸. 단신. 예 5척 단구. 반 장구.

단구법(單鉤法) 붓글씨를 쓸 때 붓을 잡는 법의 한 가지. 엄지와 검지로 붓대를 걸쳐 잡고, 가운뎃손가락으로 붓대를 가볍게 받침.

단군(檀君) 우리 겨레의 시조로 받드는 태초의 임금. 단군 조선을 건국하였다고 함.

단군 신:앙 단군을 신성하고 절대적인 대상으로 믿고 받드는 일.

단군 신전 단군을 신처럼 높이 받들어 그 상을 모셔 놓은 곳.

단군 신화 하늘의 자손인 단군이 고조선을 세웠다는 내용의 우리 민족의 건국 신화.

단군 왕검 = 단군.

단군 조선 단군이 기원전 2333년에 아사달에 도읍하고 건국한 나라. 고조선.

단:근질 지난날, 죄인의 살갗을 불에 달군 쇠로 지지던 형벌. —하다.

단:기¹(短期) '단기간'의 준말. 짧은 기간. 예 단기 교습. 반 장기.

단기²(單騎) 홀로 말을 타고 감, 또는 그 사람.

단기³(檀紀) 단군 기원. 단군께서 나라를 세우신 해를 중심으로 햇수를 세는 것. 서력 기원보다 2333년 전임.

단:기간 짧은 기간. 예 단기간에 끝낼 수 있는 공사. 반 장기간.

단:김에 ① 열기가 식지 않았을 때에. ② 좋은 기회를 놓치지 말고 바로 그 자리에서. 예 쇠뿔도 단김에 빼라. 비 단결에.

단꿈 달콤한 꿈. 예 단꿈을 꾸다.

단:내 ① 물건이 높은 열이나 불에 눌어서 나는 냄새. ② 몸에 열이 오를 때 코에서 나는 냄새.

단:념(斷念) 바라던 생각을 끊어 버림. 예 미국으로 공부하러 갈 것을 단념하였다. —하다.

단단하다 ① 무르지 않다. ② 굳세다. ③ 질기다. ④ 튼튼하다. 예 보기보다는 몸이 단단하다. 비 야무지다. 반 무르다. —히.

단단한 땅에 물이 괸다〈속〉 마음이 굳어야 재물이 모인다.

단:도(短刀) 짤막한 칼.

단독(單獨) ① 단지 한 사람. ② 혼자. 예 단독 등반. ③ 단지 한 개. ④ 다만 그뿐. 비 독단.

단독 주:택 한 채씩 따로 지은 살림집. 반 공동 주택.

단돈 극히 적은 돈. 다만 얼마간의 돈. 예 단돈 천 원에 팔겠다.

단 둘이 다만 두 사람만으로. 예 단 둘이 살다.

단락(段落)[달—] ① 일이 다 된 끝.

②긴 문장 중에 내용상으로 일단 끊는 곳. [예] 단락을 나누다.

단락짓다 일을 어느 정도에서 또는 다 되게 끝을 맺다. [예] 귀찮은 문제를 단락짓다.

단란(團欒)[달—] 가족 등 가까운 사람들이 화목하게 지냄. [예] 단란한 가정. —하다.

ㄷ

단련(鍛鍊)[달—] ①쇠붙이를 불에 달구어 두드림. ②몸과 마음을 닦아 기름. [예] 심신을 단련하다. [비] 연마. 수련. —하다.

단리법(單利法)[달리뻡] 이자 계산법의 하나. 원금에 대해서만 일정한 기간에 약정된 이율을 적용하여 이자를 계산하는 방법. [반] 복리법.

단막극(單幕劇) 한 막으로 사건을 구성한 연극.

단말기(端末機) 전자 계산기의 온라인 시스템에 쓰이는 입출력 기기를 통틀어 이르는 말.

단맛[—맏] 꿀이나 사탕처럼 당분이 있는 것의 맛. [반] 쓴맛.

단:면(斷面) ①자른 면. ②사물을 어떤 입장에서 본 모양. [예] 세상의 한 단면을 보여 주는 소설.

단:면도 물체를 평면으로 자른 것처럼 가정하여 그 내부의 모습을 그린 그림.

단:명(短命) ①목숨이 짧음. ②어떤 조직 따위가 '오래 가지 못하고 곧 무너짐'을 비유하여 이르는 말. —하다.

단:문(短文) ①짤막한 글. 짧은 문장. [예] 단문 짓기. [반] 장문. ②글을 아는 것이 그리 넉넉하지 않음. —하다.

단물 ①담수. 민물. [반] 짠물. ②칼슘이나 마그네슘의 화합물을 별로 포함하지 않은 물. [반] 센물.

단박 그 자리에서 바로. 한 번에. [예] 단박 먹어 치우다.

단발[1](單發) 총알이나 포탄의 한 발. [예] 단발에 목표물을 맞히다.

단:발[2](斷髮) 머리털을 짧게 깎거나 자름, 또는 그 머리털. [예] 단발 머리. —하다.

단:발령 조선 제26대 고종 32년(1895), 상투를 없애고 머리를 짧게 깎도록 한 명령.

단:백질(蛋白質) 우리 몸에 필요한 3대 영양소의 하나로, 우유·콩·고기 따위에 많이 들어 있음.

단번(單番) 단 한 번. 한 차례.

단벌 ①딴 것은 통 없고 오직 그것 하나뿐인 물건이나 재료. 단거리. ②오직 그것뿐인 한 벌의 옷. [예] 단벌 신사.

단보(段步) 밭이나 논의 면적을 나타내는 단위.

단봇짐[—보찜] 아주 간단하게 꾸린 하나의 봇짐.

단비 꼭 필요할 때 알맞게 오는 비. [예] 마른 땅에 내린 단비.

단상(壇上) 연단이나 교단 등의 단 위. [반] 단하.

단색(單色) 한 가지 빛깔. [예] 단색 옷차림. [반] 다색.

단색광 프리즘으로 분산되어 생긴 여러 가지 색의 빛을 다시 분산시켰을 때 다른 어떤 빛으로도 더 이상 나뉘지 않는 빛.

단:서[1](但書) 본문 다음에 덧붙여, 본문의 내용에 대한 조건이나 예외 등을 밝혀 적은 글.

단서[2](端緖) ①일의 처음. ②실마리. [예] 사건 해결의 단서.

단선(單線) 외줄. [반] 복선.

단성(單聲) 남성이나 여성 어느

한쪽의 목소리. 밴혼성.
단세포 그것만으로 한 생물체를 이루는 단 하나의 세포.
단세포 생물 하나의 세포로 이루어진 생물.
단:소¹(短小) 보통 것보다 짧고 작음. 밴장대. —하다.
단:소²(短簫) 앞에는 다섯, 뒤에는 한 개의 구멍이 있는, 오래 된 대로 통소보다 좀 짧게 만든 악기.

[단 소²]

단속(團束) ①주의를 기울여 단단히 다잡거나 보살핌. ②법률·규칙·명령 따위를 어기지 않게 통제함. 예교통 단속. —하다.
단수¹(段數)[-쑤] ①여러 단으로 나뉜 단위의 수. ②술책으로 쓰는 꾀의 정도. 예단수가 높다.
단:수²(斷水) 수돗물이 끊어짐. 또, 수돗물을 끊음. —하다.
단순(單純) ①복잡하지 아니함. 예단순 노동. ②섞인 것이 없음. ③제한이나 조건이 적음. 비간편. 간단. 밴복잡. —하다. —히.
단순화 단순하게 됨. 단순하게 함. —하다.
단술 엿기름을 우린 물에 밥을 넣고 삭혀서 끓인 음식. 감주.
단숨에 쉬지 아니하고 곧장. 대번에. 예언덕을 단숨에 오르다. 비한숨에.
단:시(短詩) 짧은 형식의 시. 밴장시.
단:시간(短時間) 짧은 시간. 예힘든 일인데도 단시간에 많은 일을 해내다. 밴장시간.
단:시일 짧은 시일. 예단시일 안에 마치다. 밴장시일.
단식¹(單式) 테니스나 탁구 등에서 일 대 일로 겨루는 경기. 밴복식. 본단식 경기.
단:식²(斷食) 음식을 전혀 먹지 않음. 또는 그 일. 예단식 기도. 단식 투쟁. 비금식. —하다.
단신(單身) 단 하나의 몸. 예단신으로 피난하다.
단심(丹心) 정성스러운 마음. 충심. 예일편 단심.
단심가 고려 말, 정몽주가 지은 시조. 조선 태종 이방원의 〈하여가〉에 답한 것으로 임금에 대한 충성심을 읊은 것임.
단아(端雅) 단정하고 아담함. 예단아한 자태. —하다.
단양 팔(8)경(丹陽八景) 충청 북도 단양군에 있는 8군데의 명승지로 하선암·중선암·상선암·구담봉·옥순봉·운선 구곡·도담 삼봉·석문 등이 있음.
단어(單語) 생각을 나타내는 낱낱의 말. 비낱말.
단:언(斷言) 끊어 말함. 잘라 말함. 예그가 옳다고 나는 단언한다. —하다.
단역(端役) 연극이나 영화의 대수롭지 않은 역. 또, 그 역을 맡은 사람. 예단역 배우. 밴주역.
단:연(斷然) ①반드시. 꼭. 절대로. ②두드러지게. 뚜렷하게. 예단연 그가 앞선다.
단:연코 결단코. 절대로. 단연히. 예단연코 사양하다.
단:열재(斷熱材)[다녈째] 열을 쉽사리 전하지 않는 재료. 석면·유리 섬유·코르크 따위.

단오(端午) 명절의 하나. 곧, 음력 5월 5일. 예단오절.

단옷날[—온날] =단오.

단원¹(單元) 하나로 묶은 학습의 단위. 예오늘 공부할 단원.

단원²(團員) 어떤 단체를 구성하고 있는 개인. 예합창 단원.

단원제(單院制) 국회를 상·하 양원으로 구분하지 않고 하나만 두는 제도. 우리 나라는 단원제임. 빤양원제.

단위(單位) 수량의 계산 기준이 되는 수치. 예단위를 정하다. 비하나치.

단위 분수[—쑤] 분자가 1인 분수. 예 1/2·1/3·1/4 등.

단ː음(短音) 짧게 나는 소리. 짧은소리. 빤장음.

단ː음계(短音階) 음계의 한 가지. 으뜸음에서 둘째와 셋째, 다섯째와 여섯째 음 사이의 음정이 반음인 음계. 빤장음계.

단일(單一) ①다만 하나. 혼자. 예남북한 단일 팀을 구성하다. 비단독. ②다른 것이 섞이지 않고 순수함. 예단일 민족. —하다.

단일화 하나로 됨. 하나로 만듦. —하다.

단자음(單子音) 홀로 나는 자음. ㄱ·ㄴ·ㄷ·ㄹ·ㅁ 따위. 빤복자음.

단잠 기분이 좋은 상태로 깊이 든 잠. 예단잠을 깨우다. 빤선잠.

단장¹(丹粧) 곱게 잘 꾸밈. 비화장. —하다.

단ː장²(短杖) 짧은 지팡이.

단장³(團長) 단체의 우두머리. 예올림픽 대표 선수 단장.

단적으로(端的—)[—쩌그로] 여러 말 할 것 없이 다잡아. 예이 책은 단적으로 말하면 수준 이하다.

단ː전(斷電) 전기 보내는 것을 끊음. 예변압기 사고로 단전이 되다. —하다.

단ː절¹(斷絶) 어떤 관계나 교류를 끊음. 절단. 예국교를 단절하다. —하다.

단ː절²(斷截) 자름. 끊음. 절단. 예종이를 단절하다. —하다.

단ː점(短點)[—쩜] 나쁜 점. 비결점. 빤장점.

단정¹(端正) ①바르고 얌전함. ②어수선하지 않고 아담함. 단아. 예단정한 옷차림. —하다. —히.

단ː정²(斷定) ①딱 잘라서 결정함. ②판단. 예이번 사건은 그의 소행이라고 단정하다. —하다.

단ː조¹(短調)[—쪼] 단음계의 곡조. 으뜸음의 높이에 따라 가 단조·마 단조 등으로 부름.

단조²(單調) ①사물이 단순하고 변화가 없이 싱거움. ②가락이 변화가 없고 단일함. 예단조로운 선율. —하다.

단조롭다(單調—)〔단조로우니, 단조로워서/단조로이〕 아무 변화가 없이 늘 같은 모양이다. 예일상 생활이 단조롭다.

단종¹(端宗, 1441~1457) 조선 제6대 임금. 나이 12세로 왕위에 올랐으나 숙부인 수양 대군에게 왕위를 빼앗기고 강원도 영월로 추방되어 죽음을 당함.

단ː종²(斷種) ①씨를 없애 버림. ②생식 능력을 없애 버리거나 번식 작용을 하지 못하게 함. —하다.

단지¹ 간장·꿀·술 등을 담는 작은 항아리. 예꿀단지.

단ː지²(但只) 다만.

단지³(團地) 아파트·공장 등이 무리를 이루고 있는 일정한 구역. 예 대규모 아파트 단지.

단짝 서로 뜻이 맞아 항상 함께 행동하는 사이, 또는 친구.

단:창(短槍) 짧은 창. 반 장창.

단:처(短處) 부족하거나 나쁜 점. 잘못된 곳. 단점. 결점. 반 장처.

단청(丹靑) 집의 벽이나 기둥 같은 데에 여러 가지 빛깔로 그림과 무늬를 그림. 또, 그 그림이나 무늬. ―하다.

단체(團體) 같은 목적을 이루기 위하여 결합된 두 사람 이상의 모임. 예 단체 경기. 단체 생활. 비 집단. 반 개인.

단체상 단체에 주는 상. 반 개인상.

단체 행동 개인이 아닌 단체로서 하는 행동. 반 개인 행동.

단:총(短銃) 짧막한 총. 반 장총.

단추 옷의 두 쪽을 이었다 떼었다 하기 위해 옷고름이나 맞대고 매는 끈 대신으로 구멍을 뚫어 꿰게 된 물건.

단:축(短縮) 짧게 줄어듦. 짧게 줄임. 예 단축 수업. ―하다.

단출하다 ①식구나 구성원이 많지 아니하여 홀가분하다. 예 단출한 식구. ②옷차림이나 가진 물건 따위가 간편하다. 예 단출한 차림. ―히.

단층¹(單層) 단 하나의 층. 예 단층집. 반 고층.

단:층²(斷層) 지구 내부에서 움직이는 힘의 영향을 받아 한쪽은 가라앉고 한쪽은 솟아서 생기는 지층. 예 단층 현상.

단:층 촬영 몸의 한 단면만을 촬영하는 엑스선 검사법.

단칸(單─) ①단 한 칸. ②'단칸방'의 준말

단칸방 단 한 칸인 방.

단칼(單─) 꼭 한 번 쓰는 칼. 예 굵은 나무를 단칼에 베어 넘기다.

단칼에 칼을 꼭 한 번 써서.

단타(單打) 야구에서, 1루까지 갈 수 있는 안타, 또는 배트를 짧게 쥐고 확실히 때리는 것.

단:파(短波) 파장이 약 10m 이상 50m 이하, 좀더 널리 잡아 말하면 100m 이하의 전파. 예 단파 방송. 반 장파.

단판(單─) 단 한 번에 이기고 지는 것을 판가름 내는 판. 예 단판에 이기고 말겠다.

단판 승:부 단 한 판으로 가리는 승부.

단:편(短篇) ①짧막하게 엮은 글, 또는 짧막한 영화. ②'단편 소설'의 준말. 반 장편.

단:편 소:설(短篇小說) 인간 세계에 있었던 일이나 있을 수 있는 일을 간결하게 나타낸 소설. 반 장편 소설. 준 단편.

단풍(丹楓) ①'단풍나무'의 준말. ②늦가을에 식물의 잎이 붉고 누렇게 변하는 현상, 또는 그 잎.

단풍놀이 단풍이 든 아름다운 경치를 즐기며 노는 일. ―하다.

단풍취 산에 나는 여러해살이풀. 어린 잎은 나물로 먹음.

단합(團合) 한데 뭉침. 예 단합 대회. 비 단결. ―하다.

단:행(斷行) 결단하여 실행함. 예 반대를 무릅쓰고 공사를 단행하다. ―하다.

단:호(斷乎) 결심한 것을 과단성 있게 처리하는 모양. 예 단호한 태도. ―하다. ―히.

닫는 말에 채찍질〈속〉 어떠한 일을 하는 데 더 잘하도록 격려하거나 몰아친다는 말.

닫다 ①빨리 가다. 달아나다. ②열었던 문이나 창을 도로 막다. 가리다. 凹열다.

닫히다〔다치—〕 문 따위의 열리어 있던 것이 닫아지다. 凹열리다.

달 ①밤 하늘에 떠서 세상을 밝게 비치는 지구의 위성. 예달이 밝다. 凹해. ②일 년을 열둘로 나눈 그 하나. 비월.

달가닥 단단하고 두꺼운 물건이 맞닿아서 나는 소리. 준달각. 큰덜거덕. —하다.

달가스 1870년경에 덴마크의 부흥에 힘쓴 지도자. 황무지 협회를 조직하여 식목과 개척에 힘쓰는 한편, 협동 조합 운동을 전개하여 부흥의 터전을 닦았음.

달갑다〔달가우니, 달가워서〕 ①흡족하다. 만족하다. 예달갑지 않은 일. ②거리낌없다.

달개비 습한 땅에 자라는 높이 15~50cm 정도의 한해살이풀. 줄기는 긴 마디로 되어 있으며 아침 일찍 남색의 꽃이 핌.

달걀 닭이 낳은 알. 비계란.

달걀로 성 치기〈속〉 약한 힘으로 강한 것에 대항해도 아무 소용이 없다는 뜻.

달게 받다 거리낌없이 받다. 예벌을 달게 받다.

달구다 불에 대어 뜨겁게 하다. 예쇠를 달구다.

〔달구지〕

달구지 소 한 마리가 끄는 짐수레. 예달구지로 운반하다.

달그락 단단하고 작은 물건이 부딪치거나 서로 스쳐 나는 소리. 큰덜그럭. 쎈딸그락. —하다.

달나라〔—라라〕 달의 세계.

달님 달을 사람처럼 생각하여 아름답고 다정하게 일컫는 말. 예달님처럼 고운 얼굴.

달다¹〔다니〕 ①잡아매어 늘어뜨리다. ②걸어 놓다. 예문패를 달다. ③기록하다. 예외상을 달다.

달다²〔다니〕 ①꿀맛과 같다. ②맛이 좋다. ③입에 맞다. 예입에 단 음식만 먹으면 영양에 불균형이 온다. ④마음에 들다.

달:다³〔다니〕 마음이 타다. 예애가 달다.

달다⁴〔다니〕 무게를 헤아리다. 예저울에 달다.

달달 몸을 자꾸 떠는 모양. 예달달 떨다. 큰덜덜. 쎈딸딸.

달도 차면 기운다〈속〉 모든 것이 한 번 번성하고 가득 차면 다시 쇠퇴한다는 말.

달:라다 '달라고 하다'의 준말. 남에게 무엇을 주기를 청하다. 예떡을 달라고 조르는 아이들.

달라붙다 ①끈기 있게 바짝 붙다. ②가까이 덤벼 대들다. ③한 가지 일에만 열중하다. 큰들러붙다.

달라지다 그전 것과 틀리게 되다. 다르게 되다.

달랑 ①차분하지 못하고 잇달아 까불거나 빨리빨리 움직이는 모양. ②작은 방울 따위가 한 번 흔들리어 나는 소리. 큰덜렁. 쎈딸랑. —하다.

달랑달랑 ①작은 것이 잇달아 까불거나 빨리빨리 움직이는 모양.

②작은 방울이 자꾸 흔들리어 나는 소리. 큰덜렁덜렁. —하다.

달래 백합과의 여러해살이풀. 들에 절로 나는데, 줄기는 5~12cm. 매운 맛이 있어 양념이나 나물로 먹음.

달래다 ①마음을 가라앉게 해 주다. 예설레는 마음을 달래다. ②그럴듯한 말과 수단으로 이끌거나 타이르다.

달러(dollar) 미국 돈의 단위. 1달러는 100센트.

달려나가다 빨리 뛰어서 나가다. 예마당으로 달려나가다.

달려들다 가까이 덤비다. 덤비어 대들다. 예개들이 달려들었다.

달려오다 뛰어오다. 예나를 보고 달려오는 동생이 귀엽다.

달력 한 해 동안의 날짜와 요일 등을 나타낸 것. 비책력. 월력. 캘린더.

달리 다르게. 예그 이야기를 또 달리 표현해 보았다.

달리다[1] ①물건에 걸리어 늘어지다. 예감이 주렁주렁 달리다. ②느른하여 기운이 없어지다. ③피곤하여 눈이 뒤로 당기게 되다.

달리다[2] ①무슨 물건이 잇대어 뒤를 대지 못하게 모자라다. 예물건이 달려서 못 팔고 있다. ②재주가 모자라다. ③힘에 부치다. 예힘이 달리다. 비모자라다.

달리다[3] 바쁘게 몰아쳐서 빨리 가게 하다. 예쏜살같이 달린다.

달:리아(dahlia) 국화과의 여러해살이풀. 줄기는 1.5m쯤이며 여름과 가을에 여러 가지 빛깔의 꽃이 핌.

달리하다 사정·조건 따위를 서로 다르게 가지다. 예의견을 달리하다. 반같이하다.

달맞이 음력 정월 보름날 저녁에 높은 곳에 올라가서 달을 구경하는 일. —하다.

달맞이꽃[-꼳] 바늘꽃과의 두해살이풀. 높이 60cm 가량. 여름에 큰 노란 꽃이 석양에 피었다가 이튿날 아침에 시듦.

달면 삼키고 쓰면 뱉는다〈속〉 제게 이로우면 이용하고 필요하지 않을 듯하면 버린다는 뜻.

달무리 달 언저리에 구름같이 허옇고 둥그렇게 둘린 기운. 예달무리가 서다.

달밤[-빰] 달이 있는 밤.

달밤에 삿갓 쓰고 나온다〈속〉 미운 사람이 더 미운 짓만 한다는 뜻.

달변 매우 능란한 말.

달별 떠돌이별의 둘레를 도는 작은 별. 곧, 지구를 도는 달 따위.

달빛[-삗] 달에서 비치는 빛. 비월광.

달성(達成)[-썽] 뜻하는 바나 목적하는 바를 이룸. 예목적을 달성하기 위해 꾸준히 노력하다. 비성취. 반미달. —하다.

달 세뇨(이 dal segno) 도돌이표의 하나. 이 곳에서 '𝄋'표까지 돌아와 Fine 또는 '𝄐'에서 끝마침. 기호는 'D.S.'.

달싹달싹 ①가벼운 물건이 살짝 들렸다 가라앉았다 하는 모양. ②어떤 일에 자극을 받아 마음이 들떠서 움직이는 모양. 큰들썩들썩. 센딸싹딸싹. —하다.

달싹이다 마음이 흔들리거나, 어깨나 궁둥이가 가벼이 위아래로 움직이다. 큰들썩이다.

달아나다 ①빨리 뛰어가다. ②몸을 피하여 도망하다. 예문 밖으

달아매다

로 달아나다. 凹도망치다. 凹돌아오다.
달아매다 드리워지도록 잡아매다. ㉮나무에 그네를 달아매다.
달아오르다〔달아올라서〕①얼굴이 화끈해지다. ㉮추운 날씨에 귓불이 빨갛게 달아오르다. ②쇠붙이 같은 것이 몹시 뜨거워지다. ㉮다리미가 달아오르다.
달음박질 빨리 달려가는 걸음. ㉮달음박질쳐서 도망치다. ㉿달음질. 담박질. —하다.
달이다 끓여서 진하게 만들다. ㉮약을 달이다.
달인(達人) ①학문이나 기술 등의 어떤 분야에 대해서 막힘이 없이 환히 알고 있는 사람. ②널리 사물의 이치에 밝은 사람. 凹명인.
달집〔—찝〕음력 정월 보름날에 달맞이할 때, 불을 질러 밝게 하기 위하여 집 모양으로 쌓은 나무 무더기.
달짝지근하다 조금 단맛이 있다.
달카닥 단단한 물건이 흔들려 부딪쳐 나는 소리. ㉿달칵. 凹덜커덕. ㉮달가닥. —하다.
달카닥달카닥 자꾸 달카닥 소리를 내는 모양. —하다.
달콤하다 맛이 알맞게 달아 감칠맛이 있다. 凹달큼하다. —히.
달팽이 달팽잇과의 연체 동물로 등에는 고둥 모양의 껍데기가 있고 머리에는 두 쌍의 더듬이가 있음.
달팽이관 귓속에 있는, 달팽이 집 모양으로 말려 있는 관. 고막에 전하는 소리를 받음.
달포 한 달 이상이 되는 동안. ㉮한 달포 가량 소식이 없었다.
달필(達筆) 빠르고도 잘 쓰는 글씨. 능필. 凹악필.

달하다(達—) ①뜻을 이루다. ②어떠한 곳에 닿아서 이르다. ㉮목적지에 달하다.
닭〔닥〕집에서 기르는 가축의 한 가지. 수컷은 볏이 크고 때를 맞추어 울며, 암컷은 알을 낳음.
닭살〔닥쌀〕닭의 껍질 같은 살갗.
닭싸움 싸움닭끼리 싸우게 하여 승부를 결정하는 구경거리.
닭의장 ①닭을 가두는 집. ②밤에 닭이 들어가 쉬고 자게 만든 장치. 닭장.
닭 잡아먹고 오리발 내어 놓는다 〈속〉자신이 저지른 나쁜 일을 숨기려 하나, 그 솜씨가 서투르다.
닭장 =닭의장.
닭 쫓던 개 지붕 쳐다보듯〈속〉일이 실패되어 어찌할 수 없음을 비유하는 말.
닮다〔담따〕①서로 비슷하게 생기다. ②흉내내다. 본뜨다. ㉮나쁜 친구를 닮아 가다.
닮은꼴 모습이나 모양이 판에 박은 듯 서로 비슷하게 생긴 것.
닮은 도형〔달믄—〕크기가 다른 두 개의 도형에서 대응변의 비와 대응각이 서로 같은 두 도형.
닮음비(—比) 닮은꼴의 두 도형에서 대응변의 길이의 비.
닮음의 중심 두 닮은 도형의 대응점을 이은 직선이 모두 한 점에서 만날 때, 두 도형은 '닮음의 위치에 있다'고 하고, 그 점을 '닮음의 중심'이라 함.
닳다〔달타〕①갈리어 낡아지거나 줄어들다. ㉮구두가 닳다. ②졸아 없어지다. ㉮찌개가 닳다. ③피부가 얼어서 붉어지다.
담[1] 벽돌 같은 것을 높이 쌓아올려서 집의 둘레를 막은 것. 담장.

[비]울타리.
담:[2](毯) 가래. [예]담을 뱉다.
담:[3](膽) ①쓸개. ②용감한 기운. [예]담이 크다. ③마음.
-담[4] '-단 말인가'의 뜻. [예]어찌 이리도 아름답담.
담그다 ①액체 속에 넣다. [예]더운 물에 몸을 담그다. ②간장·술·김치 따위를 만들 때, 그 원료에 물을 부어 익도록 그릇에 넣다. 익히다. ③생선에 소금을 쳐서 젓갈을 만들다.
담금질 쇠를 불에 달구었다가 찬물에 담그는 일. —하다.
담기다 그릇에 물건이 담아지다. [예]광주리에 담긴 과일.
담:낭(膽囊) 쓸개.
담:다[—따] 그릇에 넣다. [예]쌀독에 쌀을 담다. [반]꺼내다.
담:담하다(淡淡—) ①마음이 편하고 맑다. [예]담담한 표정으로 이야기를 듣고 있다. ②맛이 느끼하지 않고 산뜻하다. [예]국이 담담하다. ③빛깔이 엷고 맑다. —히.
담당(擔當) 자기가 맡아서 그 일을 처리함. [비]담임. —하다.
담:대(膽大) ①담력이 큼. ②겁이 없이 용기가 많음. [예]담대한 사람. [비]대담. —하다. —히.
담:력(膽力) 겁이 없고 용감한 기운. [예]담력이 세다.
담:배 ①가짓과의 한해살이 재배 식물. 가을에 잎을 따 말려서 담배의 재료로 쓰며 농업용 살충제로도 씀. ②담배잎을 말려서 만든 살담배·잎담배·궐련의 총칭. [예]담뱃갑.
담:백(淡白) 맛이나 빛이 산뜻함. [예]담백한 맛. [비]담박. —하다.
담:뱃대[—배때] 담배를 피우는 데 쓰는 물건. [비]곰방대.
담벼락[—뼈락] 담이나 벽의 겉으로 드러난 부분.
담벽[—뼉] →담벼락.
담보(擔保) 돈을 빌리는 사람이 빌린 돈을 못 갚을 때 돈을 빌려준 사람이 마음대로 처분해도 좋다는 약속으로 맡기는 물건이나 증권. [예]집을 담보로 하고 돈을 빌리다. [비]저당. —하다.
담비 족제빗과의 동물. 몸길이 40~50 cm, 꼬리는 20 cm 가량. 털은 여름에는 흑갈색이나 겨울에는 황색으로 곱게 변함.
담뿍 ①모두. 죄다. ②잔뜩. 함빡. [예]바구니에 고추가 담뿍 담겨 있어요. [반]조금. [큰]듬뿍.
담:색(淡色) 엷은 빛깔. [반]농색.
담소(談笑) 웃으면서 이야기함. [예]친구들과 담소를 나누다. —하다.
담:수(淡水) 단물. 민물.
담:수어 민물고기.
담:수화 공장 바닷물의 염분 농도를 묽게 하여 단물로 만드는 시설을 갖춘 공장.
담쌓다[—싸타] ①담을 만들다. ②교제를 끊다. [예]친구와 담쌓고 지내다.
담:요[—뇨] 털 같은 것으로 만들어, 깔거나 덮게 된 침구의 하나. 모포.
담임(擔任) 책임을 지고 그 일을 맡아 봄, 또는 그 사람. [예]담임 선생님. [비]담당. —하다.
담장 =담[1].
담쟁이덩굴 벽이나 담 같은 데 붙어서 뻗어 나가는 풀 이름.
담:즙(膽汁) 쓸개즙.
담:징(曇徵,579~631) 고구려의 승려

ㄷ

이며 화가. 일본 호류사에 금당 벽화를 그렸음.
담:차다 겁이 없고 담대하다.
담:채화(淡彩畫) 동양화에서 채색을 엷게 한 그림.
담판(談判) 서로 의논해서 판단함. ⑩이번에 만나서 담판을 짓자. —하다.
담:하다(淡—) ①빛깔이 연하다. ②음식 맛이 느끼하지 않고 산뜻하다. ③욕심이 없다.
담화(談話) ①이야기. ②단체나 개인이 그 의견이나 태도를 밝히기 위하여 하는 말. ⑩담화를 발표하다. —하다.
답¹(畓) 논.
답²(答) ①'대답'의 준말. ⑩묻는 말에 답하다. ②'해답'의 준말. ⑩문제의 답을 고르다. —하다.
-답다〔—다우니, —다워〕이름을 나타내는 말 밑에 붙어서 '무엇과 같다' 또는 '얼마만한 값어치가 있다'의 뜻을 나타내는 말. ⑩여자답다.
답답하다(沓沓—) ①병·근심으로 가슴이 막히어 괴롭다. ②궁금하다. ③갑갑하다. ⑩너 하는 일을 보니 답답해서 견딜 수가 없구나. ⑮시원하다. 후련하다. —히.
답례(答禮) 남에게서 받은 예를 갚음. ⑩답례 인사. —하다.
답변(答辯) 묻는 대로 분명히 대답함. ⑩답변을 회피하다. ⑮질문. 질의. —하다.
답사¹(答辭) 식장에서 식사나 축사에 대하여 답례로 하는 말. ⑮송사. —하다.
답사²(踏査) 실제 현장에 가서 보고 조사함. ⑩경주 고적을 답사하다. —하다.

답삭 와락 덤벼서 움켜잡는 모양. 〖큰〗덥석. —하다.
답삭거리다 계속해서 답삭 물거나 움켜잡다.
답삭답삭 자꾸 답삭 물거나 움켜잡는 모양. —하다.
답습(踏襲) 옛것을 그대로 따르거나 이어 나감. ⑩잘못된 관행을 답습하지 마라. —하다.
답신(答信) 회답으로 편지나 통신을 보냄. 또는 그 편지나 통신. —하다.
답안(答案) 문제의 해답.
답안지 답안을 쓸 종이.
답장(答狀) 받은 편지에 대해서 대답하는 편지. —하다.
답청(踏靑) 봄에 파릇파릇한 풀을 밟으면서 거니는 놀이. —하다.
답파(踏破) 먼 길이나 험한 길을 걸어서 끝까지 감. ⑩40 km를 5시간 만에 답파하다. —하다.
닷되 곡식·액체 따위의 분량을 재는 데 쓰는 그릇으로 다섯 그릇.
닷새 5일. 다섯 날. ⑩떠난 지 닷새나 된다.
당¹(唐) =당나라.
-당²(當) '앞에·마다'의 뜻. ⑩일인당 천 원.
당³(黨) 무리. 떼. 동아리.
당겨지다 끌리어지다.
당구(撞球) 일정한 대 위에 상아 또는 플라스틱으로 만든 붉은 공과 흰 공을 놓고 큐로 쳐서 맞히어 그 득점으로 승부를 겨루는 실내 오락. —하다.
당국(當局) 그 일을 맡아 하는 곳. ⑩관계 당국.
당근 뿌리를 먹는 식물의 하나로, 빛깔이 붉고 맛이 달콤하며 독특한 향기가 있음.

당기다 ①끌어서 가까이 오게 하다. ⑩손목을 잡아당기다. ②줄을 팽팽하게 하다. ③먹고 싶은 마음이 생기다. ⑩입맛이 당기다.

당김음 셈여림이 불규칙하여 여린박 자리에 센박이 오는 것.

당나귀 말의 한 가지. 말과 비슷하나 보통 말보다 작고, 귀는 길며 등은 불쑥 나왔음.

당나라(唐—, 618~907) 중국 왕조의 하나. 수나라가 망한 후 중국 대륙을 지배했음. 도읍은 장안.

당년(當年) ①그 해. 이 해. ②그 해의 나이. ⑩당년 스무 살.

당뇨(糖尿) 포도당이 많이 섞여 나오는 오줌. ⑩당뇨병.

당당하다(堂堂—) ①떳떳하다. ②의젓하다. ③공명 정대하다. ®떳떳하다. —히.

당대(當代) ①사람의 일대. ⑩당대에 모은 재산. ②그 시대. ⑩당대에 제일 가는 명필.

당도(當到) 어떤 곳이나 일에 닿아서 이름. ⑩목표한 지점에 당도하다. —하다.

당돌하다(唐突—) ①어려워하는 마음이 없다. ②다부지다. ③똑똑하다. —히.

당론(黨論)[—논] 정당의 의견이나 주장.

당면¹(唐麵) 감자 가루로 만든 마른국수. 잡채 따위의 재료가 됨.

당면²(當面) 일이 눈앞에 닥침. ⑩당면 과제를 해결하다. —하다.

당목(唐木) 되게 드린 무명실로 폭이 넓고 바닥을 곱게 짠 천의 한 가지.

당번(當番) 돌아오는 차례. ®담당. ®비번. —하다.

당부(當付) 부탁함, 또는 그 부탁. ⑩꼭 전해 달라고 신신 당부를 했다. ®부탁. —하다.

당분간(當分間) 앞으로 얼마 동안. 잠시 동안. ⑩당분간 못 만나겠다.

당사자(當事者) 그 일에 직접 관계가 있는 사람. ⑩당사자 이외 출입 금지. ®당자. ®제삼자.

당선(當選) 여럿 중에서 뽑힘. ⑩현상 모집에 당선되었다. ®피선. ®낙선. —하다.

당선 사:례 당선된 사람이 선거한 사람에게 당선에 대한 감사의 예를 갖추는 일. —하다.

당선작(當選作) 당선된 작품. ⑩당선작을 가리기가 매우 어렵다.

당수(黨首) 한 정당의 우두머리. 당의 최고 책임자.

당숙(堂叔) 아버지의 사촌 형제. ®종숙.

당시(當時) ①일이 생긴 바로 그 때. ⑩6·25 당시 아버지는 부산에 계셨다. ②어떤 일을 당할 때. ®그 때.

당신(當身) ①상대편을 높여서 부르는 말. ®그대. 그분. ②부부간에 서로 상대편을 일컫는 말.

당연(當然) 마땅히 그렇게 되어야 함. ⑩당연한 결과다. ®마땅. 타당. —하다. —히.

당연한 마땅한. ⑩잘못하였으면 사과하는 것이 당연한 일이다. ®부당한.

당원(黨員) 정당에 들어 정당을 구성하는 사람.

당위(當爲) 마땅히 있어야 할 것. 반드시 해야 할 일.

당의¹(唐衣) 부인이 입는 예복의

하나. 비당저고리.

〔당의¹〕

당의²(糖衣) 알약을 먹기 좋게 하기 위해 겉을 당제품으로 싼 것. 예당의정.

당인리(唐人里) 서울 마포구 당인동의 구칭. 화력 발전소가 있음.

당일(當日) 일이 생긴 바로 그 날. 예사건 당일.

당일치기 그 날 하루에 끝을 내는 일. 예당일치기로 갔다 올 만한 거리. -하다.

당자(當者) 바로 그 사람. 예당자더러 직접 오라고 해라. 비본인. 본당사자.

당장(當場) 무슨 일이 일어난 바로 그 곳. 그 때. 예언니의 편지를 받고 당장에 뛰어가고 싶었지만 어쩔 도리가 없었다. 비곧.

당장 먹기엔 곶감이 달다〈속〉 당장 좋은 것은 그 때뿐이지 참으로 좋고 이로운 것이 못 된다는 뜻.

당쟁(黨爭) 당파끼리 서로 권세를 잡으려고 다툼. 예당쟁이 벌어지다. -하다.

당좌 수표 은행에 당좌 예금을 가진 사람이 그 예금을 기초로 하여 그 은행 앞으로 발행하는 수표.

당좌 예:금(當座預金) 예금자의 요구대로 언제든지 지불한다는 약속 아래 하는 예금. 준당좌.

당직(當直) 근무하는 곳에서 숙직이나 일직 따위의 번을 듦, 또는 그 사람. 예당직 근무. -하다.

당집(堂一)[-찝] 신을 모셔 놓고 위하는 집.

당차다 몸집은 작으나 올차며 다부지고 힘세다. 예김 군은 당찬 데가 있다.

당첨 제비뽑기에 뽑힘. 예복권에서 일등으로 당첨되다. -하다.

당초(當初) 일이 생긴 처음. 애초. 예당초부터 잘못된 일이다.

당초에 맨 처음에. 애초에. 예그런 일은 당초에 그만두었어야지.

당치 아니하다(當一) 이치에 맞지 아니하다. 어림도 없다. 준당치 않다. 당찮다.

당파(黨派) 뜻이 같은 사람끼리 한 패가 되어 나누인 갈래.

당파 싸움 당파를 지어 다툼. -하다.

당포(唐浦) 지금의 경상 남도 통영시 산양읍 미륵도.

당피리 당나라 악기의 하나. 여덟 구멍인데 한 구멍은 뒤쪽에 있음. 묶은 대로 만듦.

-당하다¹(當一) ①닿아서 만나다. 처하다. 예어려운 시국에 당하여 국민이 한 마음이 되다. ②일을 만나다. 겪다. 예봉변을 당하다. ③능히 이겨 내다. 대적하다. 해내다.

-당하다²(當一) 움직임을 나타내는 말에 붙어 그 움직임이 남의 힘으로 이루어지고 있음을 나타내는 말. 예거절당하다. 포위당하다.

당혹(當惑) 갑자기 일을 당하여 어찌할 바를 모르고 쩔쩔맴. 예너무 갑작스러운 질문을 받고 당혹해한다. -하다.

당화(糖化) 전분 따위가 당분이 됨. -하다.

당황(唐慌) 놀라서 정신이 어리둥절함. 예당황해서 어쩔 줄을 모른다. -하다. -히.

닻 배를 멈추게 하는 기구.

〔닻〕

닻줄[닫쭐] 닻을 매단 줄.
닿는다 이른다. 도착한다. [예] 천장에 손이 닿는다.
닿:다 ①서로 접하다. ②가서 이르다. [비] 다다르다. [반] 떠나다.

닿다 ①물건이 서로 접하다. ②어떠한 곳에 가서 이르다.
닫다 ①빨리 가다. 달리다. ②열렸던 문 또는 뚜껑·덮개 따위를 덮다.

닿소리 자음. ㄱ·ㄴ·ㄷ·ㄹ…… 따위의 글자. [반] 홀소리.
대[1] 속이 비고 곳곳에 마디가 있는 나무. [예] 대로 만든 담뱃대.
대[2] ①식물의 줄기. [예] 수숫대. ②막대가 가늘고 길며 속이 빈 것을 통틀어 이르는 말.
대:[3](代) 임금의 자리나, 한 집안 어른의 자리 등 차례로 이어지는 계통. [예] 대를 잇다.
대[4](臺) 차·기계 따위를 셀 때 쓰는 말. [예] 자전거 한 대.
대:-[5](大) 크다는 뜻. 큰 것. [예] 대형. [반] 소-.
대:가[1](大家) 학문·기술 등에 조예가 깊은 사람. [예] 음악의 대가.
대:가[2](代價)[—까] 물건을 값으로 치르는 돈. 무엇을 희생하여 얻은 결과. [예] 노력의 대가.
대:가다 정한 시간에 목적지에 이르다. [예] 시간에 대가다. [반] 대오다.
대가리 ①'머리'의 속된말. ②짐승의 머리. [예] 말 대가리. ③길쭉하게 생긴 물건의 앞부분이나 꼭대기. [예] 못대가리.
대:가족(大家族) 식구가 많은 가족. [예] 대가족 제도. [반] 핵가족.
대:각(對角) 다각형에서 서로 마주 보는 두 쌍의 각.
대:각국사(大覺國師) =의천.
대:각선(對角線) 다각형에서 서로 이웃하지 아니한 두 각의 꼭지를 잇는 직선. [비] 맞모금.
대갈못 대가리가 큰 쇠못.
대:감(大監) 정2품 이상의 관원을 높여서 부르는 말. [예] 대감 마님.
대:감놀이 무당이 지신 앞에서 하는 굿. 풍악과 춤으로 재앙을 물리치고 복을 빎. —하다.
대:강(大綱) ①세밀하지 아니한 정도. ②거의. 그저 웬만큼. [비] 대충. 대개. 대략. [반] 확실.
대:강대강 여러 가지를 모두 중요한 부분만 간단하게.
대:갚음(對—) 은혜나 원한에 대하여 자기가 받은 만큼의 일을 돌려 보내는 일. —하다.
대:개(大概) ①대략. ②대강. [예] 우리 반 아이들은 대개 걸어서 학교에 다닌다.
대:거리(對—) ①대갚음하는 짓. ②상대방에게 맞서서 대드는 일이나 언행. —하다.
대:검(大劍) 큰 칼.
대견스럽다〔대견스러우니, 대견스러워서/대견스러이〕 보기에 대견하다. [예] 대견스러운 일이다.
대견하다 마음에 모자람이 없이 흡족하다. [예] 공부를 잘 해서 대견하다. —히.
대:결(對決) 서로 맞서서 겨룸, 또는 맞서서 옳고 그름을 결정함. [예] 실력 대결. [비] 대치. —하다.

대:경실색(大驚失色) 몹시 놀라 얼굴빛이 변함. —하다.

대:고모(大姑母) 아버지의 고모. 곧, 할아버지의 누이. 왕고모.

대:고모부 대고모의 남편.

대:곡(大哭) 큰 소리로 욺. —하다.

대:공¹(大公) 유럽에서, 군주 일가의 남자를 높여 일컫는 말.

대:공²(大功) 큰 공적. 凹소공.

대:공³(對空) 공중의 적에 대함. 예 대공 미사일.

대:공 사격 공중의 목표물에 대해 지상에서 하는 사격.

대:공원(大公園) 많은 사람들이 쉬고 거닐 수 있도록 마련한 큰 공원. 예 어린이 대공원.

대:관(戴冠) 제왕이 왕관을 받아 씀. —하다.

대:관령(大關嶺)[—괄령] 강원도 강릉과 평창군의 경계에 있는 높은 고개. 매우 험하며 아흔아홉 고개나 된다고 함.

대:관식 유럽 제국에서, 제왕이 왕관을 쓰고 왕위에 올랐음을 널리 알리는 의식.

대:관절(大關節) 여러 말 할 것 없이 요점만 말하건대. 도대체.

대:교(大橋) 큰 다리. 예 마포 대교를 지나다.

대구¹(大口) 깊은 바다에서 사는데 몸은 넓적하게 길고 둥글며, 머리와 입이 썩 크고, 비늘이 잔 바닷물고기. 겨울철에 많이 잡힘. 몸길이 75~100cm.

대구²(大邱) 경상 북도의 도청 소재지로 광역시. 대구 분지의 중앙에 위치. 경부선의 주요 역임.

대:국¹(大國) 국토가 크고 넓고 세력이 강한 나라. 凹소국.

대:국²(對局) ①마주 보고 앉아서 바둑이나 장기를 둠. ②어떤 형편이나 국면을 당함. —하다.

대:군¹(大君) 왕비가 낳은 아들. 예 양녕 대군. 안평 대군.

대:군²(大軍) 많은 군사.

대굴대굴 작고 단단한 물건이 연해 굴러 가는 모양. 예 공이 대굴대굴 굴러 간다. 쿤데굴데굴. 쎈때굴때굴.

대:권(大權)[—꿘] 나라를 다스리는 권한. 예 대권을 잇다.

대:궐(大闕) 임금이나 임금의 가족들이 사는 집. 凹궁전. 궁궐.

대:규모(大規模) 일의 범위나 짜임새가 넓고 큰 것. 예 서울 올림픽 잠실 주경기장은 대규모의 공사 끝에 만들어졌다. 凹소규모.

대:금¹(大金) 많은 돈. 큰돈.

대:금²(大笒) 목관 악기에 속하는 우리 나라 고유 악기의 하나. 대나무로 만들었으며, 13개의 구멍으로 소리를 조절함.

〔대 금²〕

대:금³(代金) 물건값. 대가. 예 신문 대금.

대:금⁴(貸金) ①꾸어 준 돈. ②돈놀이를 함. 또, 그 돈. 예 고리 대금업. —하다.

대:기¹(大氣) 땅덩이의 둘레를 싸고 있는 공기 전체. 예 대기 오염의 문제가 심각하다.

대:기²(待機) 때나 기회가 오기를 기다림. 예 대기실. —하다.

대:기권[—꿘] 지구의 둘레를 싸고 있는 대기의 층.

대:기 만:성(大器晚成) 남달리 뛰어난 인물은 보통 사람보다 늦게 크게 성공한다는 뜻.

대:기 오:염 산업·교통 등 인간의 활동에서 생기는 해로운 물질이 공기를 더럽히는 일.

대:길(大吉) 아주 좋음. 크게 길함. ㉠입춘 대길. —하다.

대:꾸 남의 말을 받아 그 자리에서 자기 생각을 나타내는 말. 본말대꾸. —하다.

대:꾼하다 지쳐서 눈이 쑥 들어가고 맥없이 보이다. ㉠눈이 대꾼하다. 큰데꾼하다. 센때꾼하다.

대나무 줄기가 곧고 마디가 있으며, 속이 빈 나무. 아시아 열대 지방에서 자람.

대낚 낚싯대를 써서 하는 낚시질. 대낚시.

대:납(代納) ①남을 대신하여 내어 줌. ㉠납부금을 대납하다. ②다른 물건으로 대신하여 바침. ㉠세금을 쌀로 대납하다. —하다.

대:낮 낮의 가운데. 비한낮.

대:내적(對內的) 내부나 국내에 상관되는 것. 반대외적.

대:농(大農) 큰 규모로 짓는 농사, 또는 그런 농가. 호농.

대:뇌(大腦) 척추 동물의 뇌의 대부분을 차지하고 있는 것으로 주로 정신 작용, 즉 생각·기억·판단 등을 맡아 보는 기관. 큰골.

대님 한복 바지의 아래를 졸라매는 좁은 끈.

〔대 님〕

대:다¹ 정한 목적에 이르게 하다. ㉠기차 시간에 대다.

대:다² ①비교하다. ㉠키를 대어 보다. ②서로 닿게 하다. ㉠귀에 수화기를 대다. ③기대다. 의지하다. ㉠등을 대다.

대:다³ ①물이 어느 곳으로 흐르게 하다. ㉠논에 물을 대다. ②뒤를 보살피다. ㉠학비를 대다.

대:다⁴ ①사실대로 일러 주다. ㉠증거를 대다. ②어떤 것을 들고 나서다. ㉠핑계를 대다.

대:단원¹(大單元) 단원 학습에서, 생활 경험을 종합적으로 장시간을 요하게 꾸민 단원. 반소단원.

대:단원²(大團圓) 연극 따위에서 사건의 엉킨 실마리를 풀어 결말을 짓는 마지막 장면. ㉠대단원의 막을 내리다.

대:단하다 매우 심하다. ㉠집에 늦게 돌아온 동생에게 아버지는 꾸중이 대단하셨다. —히.

대:담¹(大膽) 담력이 큼. 겁이 없음. ㉠영철이는 겁없이 대담한 행동을 예사로 한다. 비담대. —스럽다. —하다. —히.

대:담²(對談) 어떤 일에 대하여 서로 마주 보고 말함. ㉠대담 프로. 비대화. —하다.

대:답(對答) ①자기의 뜻을 나타냄. ②부르는 데 말로 응함. 비답변. 대꾸. 반질문. —하다.

대:대(大隊) 군대 단위의 하나로 중대의 위, 연대의 아래.

대:대로¹(大對盧) 고구려 때 나라의 정치를 총지휘하던 벼슬. 지금의 국무 총리와 같음.

대:대로²(代代—) 여러 대를 잇달아서. ㉠우리 집은 대대로 농사를 짓고 살아왔다.

대:대손손(代代孫孫) 대대로 내려

오는 자손. [예] 대대손손 번영을 누리다.

대:대적(大大的) 범위나 규모가 아주 큰 것. [예] 도로 공사를 대대적으로 벌이다.

대:덕 연:구 단지(大德硏究團地) 대전 광역시 대덕 지구에 마련된, 과학을 연구하는 연구소가 많이 모여 있는 단지.

대:도구 연극에서, 무대 장치 같은 비교적 무겁고 큰 도구를 소도구에 대하여 이르는 말.

대:도시(大都市) 큰 도시. 지역이 넓고 인구가 많으며 경제·문화·정치 따위의 중심이 되는 도시. [예] 서울은 빌딩이 많은 대도시이다. [비] 대도회.

대:독(代讀) 남의 글을 대신 읽음. [예] 교장 선생님을 대신하여 기념사를 대독하다. —하다.

대:동(大東) '동쪽에 있는 큰 나라'라는 뜻으로, 옛날에 우리 나라를 가리키던 말.

대:동강(大同江) 동백산·소백산에서 시작해서 평안 남도 평양을 거쳐 황해도와의 경계에서 황해로 흘러 들어가는 우리 나라에서 다섯째로 긴 강. 길이 약 439km.

대:동 단결 많은 사람 또는 여러 조직이 큰 덩어리로 한데 뭉침. —하다.

대:동맥(大動脈) ①핏줄의 본줄기를 이루는 굵은 동맥. 심장에서부터 시작됨. ②'한 나라 교통의 가장 중요한 도로나 철도'를 비유하여 이르는 말. [예] 경부선은 우리 나라의 대동맥이다.

대:동법(大同法)〔—뻡〕 조선 시대 선조 때부터 실시하였던 세금 제도. 농민들이 지방 특산물로 바치던 것을 쌀로 대신 바치게 하였음.

대:동 소:이(大同小異) 거의 같고 조금 다름. 비슷비슷함. [예] 내 의견과 대동 소이하다. —하다.

대:동여지도(大東輿地圖) 조선 시대 김정호가 만든, 우리 나라 전 국토를 나타낸 최초의 지도.

대:두(大豆) 콩.

대:두유(大豆油) 콩기름.

대:들다〔대드니, 대들어〕 맞서서 달려들다. [예] 형에게 대들다.

대들보(大—)〔—뽀〕 ①두 기둥을 가로질러 연결시키는 기둥. ②한 집안이나 나라를 이끌어 가는 중요한 사람. [예] 형은 우리 집의 대들보이다.

대:등(對等) 서로 비슷함. [예] 대등한 실력. —하다.

대뜸 이것저것 헤아릴 것 없이 그 자리에서 곧. [예] 말을 꺼내자 마자 대뜸 화부터 낸다.

대:란(大亂) ①몹시 어지러움. ②큰 난리. 큰 변란. —하다.

대:략(大略) ①대강의 줄거리. [예] 그 소설의 내용은 대략 알고 있다. ②뛰어난 지략. 큰 계략. [비] 대충.

대:량(大量) 많은 분량. [예] 대량 판매. [반] 소량.

대:량화 많은 분량으로 바뀜.

대:령[1](大領) 국군의 계급의 하나. 중령의 위, 준장의 아래.

대:령[2](待令) 명령을 기다림. [예] 죄인을 대령시켜라. —하다.

대로[1] ①그 모양과 같이. [예] 하라는 대로 하다. ②서로 따로따로. [예] 나는 나대로 하겠다.

대:로[2](大路) 폭이 넓고 큰 길. [비] 큰길. [반] 소로.

대롱 가느스름한 통대의 토막.
대롱대롱 매달린 물건이 가볍게 흔들리는 모양. 예커다란 수세미외가 대롱대롱 매달려 있다. 큰디룽디룽. —하다.
대:류(對流) 열이 액체나 기체에 의해 전해지는 현상.
대:류권(對流圈)[-꿘] 지구를 둘러싸고 있는 공기의 한 구간. 땅에서 약 9~16km까지임.
대:류 상자 공기가 열을 받아 위로 올라가고 식으면 아래로 내려오는 현상을 관찰하는 상자.
대:륙(大陸) 지구상의 넓고 큰 육지. 큰 땅덩어리. 비육지. 대지. 반대양. 해양.
대:륙붕 대륙의 가장자리에 이어지는 깊이 200m 정도까지의 바다 밑의 완만한 경사면. 수산물과 석유가 많이 남.
대:륙 사면(大陸斜面) 대륙붕에서 대양저에 이르는 경사면. 평균 경사도는 2°~4°, 해면 아래 200~3,000m.
대:륙성 기후 대륙 내부의 기후로서, 비가 적고 밤과 낮, 또는 여름과 겨울의 덥고 추운 온도차가 심한 기후. 반해양성 기후.
대:륙적 ①대륙에만 있는 특징적인 것. ②대범하고 도량이 크며 씩씩한 모양. 예대륙적 기질.
대:륙 횡단 철도 대륙을 가로질러 깔아 놓은 철도. 미국에 많이 있음.
대:리(代理) 남을 대신함. 비대신. —하다.
대:리석(大理石) 횟돌이 변하여 된 반드럽고 아름다운 돌.
대:리인(代理人) 남을 대신하여 스스로 의사 표시를 하거나 다른 사람으로부터 의사 표시를 받을 권한을 가진 사람.
대:리점(代理店) 독립된 상인으로서, 일정한 회사나 공장·상점의 영업을 대신하거나 관계를 맺어 주는 영업소.
대:립(對立) 마주 대하여 섬. 예감정의 대립이 날카롭다. —하다.
대:마초(大麻草) 환각제로 쓰이는 삼의 이삭이나 잎. 마리화나.
대만 =타이완.
대:만원(大滿員) 혼잡을 이룰 정도로 정한 인원이 다 참. 예극장이 대만원이다. 비초만원.
대:망¹(大望) 큰 희망. 예소년들이여, 대망을 품어라.
대:망²(待望) 바라고 기다림. 예대망의 그 날. —하다.
대:머리 머리털이 빠져 벗어진 머리, 또는 그런 사람.
대:면(對面) 서로 마주 보고 대함. 예첫 대면. —하다.
대:명(大命) 임금의 명령.
대:명사(代名詞) 명사를 대신하여 나타내는 말. 대이름씨.
대:명 천지(大明天地) 아주 밝은 세상. 예대명 천지에 그런 일이 일어나다니…….
대목 가장 긴요한 고비, 또는 경우. 예여기가 재미있는 대목이다. 비고비. 부분.
대못¹[-몯] 대나무를 깎아서 만든 못. 반쇠못.
대:못²(大—)[-몯] 길고 굵은 못. 큰 못.
대:문¹(大文) 글의 한 동강. 예논설문은 크게 세 대문으로 나뉘어진다. 비단락. 문단.
대:문²(大門) 집으로 들어가는 큰 문. 비정문.

대:문간(大門間)[―깐] 대문 안쪽에 있는 빈 칸.

대:문자(大文字)[―짜] 서양 글자의 큰 체로 된 글자. 반소문자.

대:물 렌즈(對物lens) 현미경이나 망원경 따위의 광학 기계에서, 물체를 향한 쪽의 렌즈.

대:물리다 일이나 물건 따위를 자손에게 넘겨 주다. 예대물린 책.

대:미¹(大尾) 맨 끝. 대단원. 예대미를 장식하다.

대:미²(對美) 미국에 대한 일. 예대미 무역.

대발 대로 엮은 발.

대번 서슴지 않고 한 번에. 예대번 알아보다. 비단번.

대:범하다(大泛―) 사물에 대하여 잘게 굴거나 까다롭지 않다. 예성격이 대범하다. ―히.

대:법원(大法院) 재판을 최종적으로 담당하는 최고 법원. 예대법원의 판결. 준대법.

대:법원장 대법원의 우두머리가 되는 직위, 또는 그 사람. 대통령이 국회의 동의를 얻어 임명함.

대:변¹(大便) 사람의 똥.

대:변²(代辯) 남이나 어떤 기관을 대신하여 그의 의견이나 태도를 책임지고 말함. 예정부의 입장을 대변하다. ―하다.

대:변³(對邊) 다각형에서 서로 마주 보는 두 변.

대:변인 대변하는 일을 맡아 하는 사람.

대:별(大別) 크게 나눔. 대강 분류함. ―하다.

대:보(大寶) ①귀중한 보물. ②임금의 도장. 옥새.

대:보다 이것과 다른 것을 서로 견주어 보다. 예길이를 대보다.

대:보름 음력 정월 보름(15일). 본대보름날.

대:본¹(貸本) 돈을 받고 책을 빌려 줌, 또는 그 책. ―하다.

대본²(臺本) 연극이나 영화 촬영에서 기본이 되는 각본. 예대본을 읽다. 영화 대본.

대:부(貸付) ①이자나 기한을 정하고 돈을 꾸어 줌. 예은행에서 대부를 받다. ②되돌려 받을 것을 약속하고 빌려 줌. ―하다.

대:부분(大部分) 거의 전부. 예지원한 학생은 대부분 합격하였다. 비대개. 거의 다. 반일부분.

대:분수(帶分數)[―쑤] 정수와 진분수로 이루어진 수.

대:불(大佛) 큰 부처. 큰 불상.

대:붕(大鵬) 하루에 9만 리나 날아간다는 상상의 큰 새.

대:비¹(對比) 서로 맞대어 비교함. 예색깔을 대비하다. ―하다.

대:비²(對備) 앞으로 있을 일을 맞이하기 위하여 미리 준비함. 예겨울을 대비하여 김장을 하다. 비준비. ―하다.

대:비원(大悲院) 고려 문종 때 가난한 사람과 병든 노인을 무료로 치료하여 주기 위하여, 개경의 동서 두 곳에 설치하였던 의료 구제 기관.

대:사¹(大使) 국가 원수를 대표하여 다른 나라에 가서 외교 관계를 맡아 보는 공무원. 예주미 대사.

대:사²(大事) 큰일. 예대사를 치르다. 반소사.

대:사³(大師) 뛰어난 남자 승려를 높이어 일컫는 말.

대사⁴(臺詞) 무대 위에서 연극 중에 배우가 하는 말. 대화하는 글. 예대사를 외다.

대:사간(大司諫) 조선 시대의 국왕을 돕는 중요한 벼슬의 하나로 사간원의 우두머리.

대:사관(大使館) 대사가 가 있는 나라에서 사무를 처리하는 공관.

대:사업 일정한 목적과 계획 아래에서 경영하는 규모가 큰 경제 활동. 큰 사업.

대:사헌(大司憲) 조선 시대의 국왕을 돕는 중요한 벼슬의 하나로 사헌부의 장관. 주로 관리들의 기강을 바로잡고 임금의 잘못을 말하였음.

대:상¹(大商) 큰 상인.

대:상²(大賞) 콘테스트 등에서 최우수자에게 주는 상. 그랑 프리.

대상³(隊商) 코끼리·낙타 등에 짐을 싣고 한 동아리가 되어 사막이나 초원 같은 데를 지나는 장사치.

대:상⁴(對象) 목표 또는 상대가 되는 것. 예 비난의 대상이 되다. 비상대.

대:서(代書) 서류 등을 본인 대신 써 주는 일. 예 신청서를 대서해 주다. —하다.

대:서소(代書所) 남을 대신하여 글씨를 써 주고 돈을 받는 곳.

대:서양(大西洋) 남북 아메리카와 유럽 사이에 있는 세계 제2의 큰 바다.

대:서 특필(大書特筆) 뚜렷이 드러나게 큰 글자로 씀. 예 살인 사건을 대서 특필하다. —하다.

대:선거구(大選擧區) 한 선거구에서 두 사람 이상의 의원을 동시에 뽑는 선거구.

대:설(大雪) ① 많이 내린 눈. 큰 눈. ②24절기의 하나. 소설과 동지의 사이로 양력 12월 8일경.

대:성(大成) 학문이나 일 등을 크고 훌륭하게 이룩함. —하다.

대:성 통:곡(大聲痛哭) 큰 소리로 목놓아 슬피 욺. —하다.

대:성 학교(大成學校) 1908년 안창호가 평양에 설립한 사립 학교. 독립 운동에 헌신할 인재와 민족 교육의 모범이 될 인물의 양성을 목표로 함.

대:성황(大盛況) 어떤 행사 따위에 사람이 많이 모이는 등 성대한 상황을 이루는 일. 예 그 공연은 대성황을 이루었다.

대:세(大勢) ①어떤 일이 진행되는 결정적인 형세. ②큰 세력.

대:소¹(大小) 크고 작음.

대:소²(大笑) 크게 웃음. —하다.

대:소변(大小便) 똥과 오줌.

대:소사(大小事) 크고 작은 모든 일. 예 집안에 대소사가 많다.

대:수롭다〔대수로우니, 대수로워서/대수로이〕 중요하게 여길 만하다. 예 대수롭지 않은 일.

대:수롭지 않다 ①시시하다. ②중대하지 않다. 예 병이 대수롭지 않다. ③신통할 것이 없다.

대:순환(大循環) 심장의 왼쪽 심실에서 대동맥으로 흐르는 피가 온몸을 돈 뒤 대정맥을 통해 오른쪽 심방으로 돌아오는 순환 계통.

대숲 대가 많이 우거진 숲.

대:승(大勝) 크게 이김. 대승리. 반참패. —하다.

대:승리〔—니〕 아주 큰 승리. 반대패. 준대승. —하다.

대:식가(大食家) 음식을 남달리 많이 먹는 사람.

대:신¹(大臣) 벼슬이 높은 신하. 오늘날의 장관과 같은 벼슬.

대:신²(代身) ①남을 대리함. ②

어떤 것을 갈아내고 딴 것으로 채움. 예밥 대신 빵을 먹다. 비대리. —하다.

대:안(代案) 어떤 의견을 대신하는 다른 의견. 예반대만 하지 말고 대안을 제시하라.

대야 물을 담아서 얼굴·손·발을 씻는 데 쓰는 그릇.

대:양(大洋) 넓고 큰 바다. 특히 태평양·대서양·인도양·북빙양·남빙양을 가리킴.

대:양저(大洋底) 대륙 사면에 이어지는 깊이 약 3,000~6,000m의 해저. 경사가 극히 완만하여 광대한 대지를 이룸. 전 해저의 76%를 차지함.

대:어(大魚) 큰 물고기.

대:여(貸與) 빌려 줌. 예양곡을 대여하다. 비대출. —하다.

대:역¹(大逆) 우리 나라 옛 죄명의 하나로 왕권을 침해하거나 부모를 죽이는 큰 죄.

대:역²(代役) 연극·영화 따위에서 어떤 역을 맡은 배우를 대신하여 연기를 하는 일, 또는 그런 사람. 예대역을 쓰다. —하다.

대열(隊列) 줄을 지어 늘어선 행렬. 예대열에서 이탈하다.

대오(隊伍) 군대 행렬의 줄. 예대오를 지어 나아가다. 준대.

대:왕(大王) 훌륭하고 뛰어난 왕의 높임말. 예세종 대왕.

대:왕암(大王巖) 신라 문무왕의 해중릉이 있는 곳의 바위 이름.

대:외(對外) 외부 또는 외국에 대함. 예대외 문제. 반대내.

대:외적 외부나 외국에 상관되는 일. 예대외적 위신. 반대내적.

대:용(代用) 대신으로 씀. 예대용품. —하다.

대:용식(代用食) 주식 대신으로 먹는 식품. 고구마·감자 따위.

대:우(待遇) 예의를 갖추어 대함. 신분에 맞게 하는 대접. 예대우가 형편없다. 비대접. —하다.

대:운하 ①큰 운하. ②중국 허베이 성 톈진에서 황하·양쯔 강을 연결하여 저장 성 항저우에 이르는 운하.

대:웅전(大雄殿) 절에 부처를 모셔 놓은 가장 큰 집.

대원(隊員) 어떤 무리에 딸린 사람. 예소방 대원.

대:원군(大院君) 임금의 바른 계통이 아닌 사람이 임금이 되었을 때, 그 임금의 친아버지에 대한 존칭. 예흥선 대원군.

대:응(對應) ①마주 대함. ②어떤 정해진 관계에 의하여 집합 ㄱ의 원소에 집합 ㄴ의 원소를 관련짓는 것. —하다.

대:응각 닮은꼴인 두 도형에서 대응하는 각.

대:응 규칙 어떤 수들이 일 대 일로 짝을 지을 때 가지는 규칙.

대:응변 닮은꼴인 두 도형에서 대응하는 변.

대:응점[—쩜] 합동인 도형이나 닮은 도형에서 대응하는 점. 비대칭의 중심.

대:의¹(大意) 대강의 의미. 대강의 뜻. 예대의를 파악하다.

대:의²(大義) 마땅히 해야 할 큰 의리. 예대의 명분.

대:의 명분(大義名分) 사람으로서 응당 지켜야 할 도리나 바른 일. 예대의 명분을 내세우다.

대:의원(代議員) 대의 정치에 참여하는 사람.

대:의 정치 국민이 선출한 의원이

정치에 참여하는 것.
대:입(代入) ①다른 것을 대신 넣음. ②어떤 수식의 변수를 특정한 숫자나 문자로 바꾸어 놓는 연산. ㉠숫자로 대입해 보아라. —하다.
대:자 대:비(大慈大悲) 그지없이 크고 넓은 자비. —하다.
대:자보(大字報) 대형 벽신문이나 벽보를 흔히 이르는 말로 중국에서 비롯되었음.
대:자연(大自然) 넓고 큰 자연.
대:작(大作) 내용이 훌륭하고 규모가 큰 작품.
대:장¹(大將) ①군대에서 가장 높은 사람. ②어떤 무리의 우두머리. ㉠골목 대장.
대:장²(大腸) 소장 끝에서 항문에 이르는 소화 기관. 큰창자.
대:장간(一間)[一깐] 대장장이가 쇠를 달구어 농기구나 칼 등의 도구를 만드는 곳.
대:장경(大藏經) 일체의 불경을 통틀어 모은 책.
대:장균(大腸菌) 창자 속에 늘 있는 세균의 한 가지.
대:장부(大丈夫) 사내답고 씩씩한 남자. ㉠대장부답다.
대:장선(大長船) 옛날 수군의 우두머리가 타던 배.
대:장염(大腸炎)[一념] 큰창자에 나타나는 염증.
대:장장이 쇠붙이를 달궈서 여러 가지 기구를 만드는 것을 직업으로 삼는 사람.
대:적하다(對敵—) ①서로 다투다. ②적수를 삼다. ③적을 마주 대하다.
대:전¹(大田) 대전 분지에 위치하고 있는 교통의 중심지로 대덕 연구 단지와 온천이 있음. 광역시의 하나.
대:전²(大戰) 큰 전쟁. ㉠제2차 세계 대전. —하다.
대:절(貸切) 일정한 동안 쓰기로 함. ㉠버스를 대절하다. —하다.
대:접¹ 위가 넓고 높이가 낮은 모양의 그릇. 국을 담는 데 쓰임.
대:접²(待接) ①예로써 대우함. ㉠손님이 오시면 공손히 대접해야 한다. ②음식을 먹임. ㉠식사를 대접하다. ㈎대우. 접대. ㈏괄시. 푸대접. —하다.
대:접전(大接戰) 크게 어울려 싸움.
대:정맥(大靜脈) 몸의 각 기관에 흩어져 있는 소정맥의 피를 모아서 심장으로 보내는 큰 정맥. ㈏대동맥.
대:제학(大提學) 조선 시대, 국왕을 돕는 중요한 벼슬의 하나. 홍문관이나 예문관의 으뜸 벼슬.
대:조(對照) ①둘 이상의 대상을 맞대어 봄. ②서로 반대되거나 상대적으로 대비됨, 또는 그런 대비. —하다.
대:조영(大祚榮, ?~719) 발해의 시조(재위 699~719). 고구려의 장군으로, 고구려 유민과 말갈족을 합하여 만주에 '진(震)'을 세우고 713년 이를 발해로 고침.
대:종교(大倧敎) 단군을 교조로 받드는, 옛날부터 우리 나라에 있던 종교.
대:좌(對坐) 마주 앉음. ㉠양국 대표가 대좌하다. —하다.
대:주다 돈이나 물건 따위를 끊이지 아니하고 공급하여 주다. ㉠생활비를 대주다.
대중¹ 대강으로 하는 짐작. ㉠대

대중

중 잡아 한 가마는 족히 되겠다. —하다.
대:중²(大衆) 백성의 무리. 여러 사람. 비민중.
대중말 한 나라 안에 표준이 될 만한 말. 비표준어.
대:중화(大衆化) 어떤 사물이 대중 사이에 널리 퍼져 친근하게 됨. 예컴퓨터의 대중화. —하다.
대:지¹(大地) 넓은 땅. 비땅.
대:지²(大志) 큰 뜻. 큰 마음.
대지³(垈地) 집터로서의 땅.
대:진(對陣) ①양쪽 군사가 마주 대하여 진을 침. ②시합이나 운동 경기에서 편을 갈라 맞섬. 예대진표를 작성하다. —하다.
대:질(對質) 서로 엇갈린 말을 하는 두 사람을 마주 대하여 말하게 함. 예두 사람을 대질 심문하다. —하다.
대:짜 큰 것. 예대짜로 주시오.
대쪽 대를 잘라 쪼갠 조각. 댓조각. 예대쪽같이 곧은 마음.
대:찰(大刹) 규모가 몹시 크거나 이름난 절. 거찰. 대사.
대창 대를 깎아 만든 창. 죽창.
대:책(對策) 어떤 사건에 대한 방책. 예예방 대책.
대:처(對處) 어떤 일에 대응하는 조처를 취함. 또는 그 조처. 예위기에 대처하다. —하다.
대:첩(大捷) 전쟁에서 크게 이김. 예살수 대첩. 비대승. —하다.
대청¹ 대나무 안에 붙어 있는 얇고 흰 껍질.
대:청²(大廳) 집 안의 가운데 있는 넓은 마루. 대청마루.
대:청마루 =대청².
대:청봉(大靑峰) 설악산에서 제일 높은 봉우리. 해발 1,708m.

대:청소(大淸掃) 구석구석까지 대규모로 하는 청소. —하다.
대:체¹(大體) ①사물의 전체에서 요점만 딴 줄거리. ②요점만 말한다면. 예대체 왜 그러는 거요? 비대관절.
대:체²(代替) 다른 것으로 바꿈. 예새것과 대체하다. —하다.
대:체로 대개. 일반적으로. 예지난 겨울은 대체로 따뜻한 날씨였다.
대:체 식품 어떤 음식을 대신하여 먹는 음식. 라면 따위.
대:추 대추나무의 열매.
대:추나무 갈매나뭇과의 갈잎 넓은잎 큰키나무. 촌락 및 밭둑에 남. 높이 5m, 초여름에 황록색 꽃이 피고 과실 대추가 초가을에 익음.
대:출(貸出) 돈이나 물건 따위를 꾸어 주거나 빌려 줌. 예은행에서 대출을 받다. 비대여. 반차입. —하다.
대충 ①대강 추리는 정도. 예대충 줄거리만 이야기해 보아라. ②건성으로 대강. 비대략.
대:취타(大吹打) 임금님이 행차할 때나 군대가 행진할 때 연주하던 우리 나라의 전통 음악.
대:치¹(代置) 다른 것으로 바꾸어 놓음. 예식탁을 책상으로 대치하여 쓰다. 비개치. —하다.
대:치²(對峙) 서로 마주 대하여 버팀. 예북한 공산군과 휴전선을 사이에 두고 대치해 있다. 비대립. —하다.
대:칭(對稱) 점·선·면 또는 이것들로 된 도형이 어떤 기준을 중심으로 서로 맞서는 자리에 놓이는 것. 예대칭 도형. 대칭축.

대:칭의 중심 두 도형이 한 점에 대하여 대칭될 때 그 점의 일컬음. 町대응점.

대칼 대로 만든 칼. 町죽도.

대:타(代打) 야구에서 정식 타자를 대신하여 공을 치는 일, 또는 그런 선수. —하다.

대:통령(大統領)[—녕] 국민에 의해 뽑혀서, 일정한 기간 동안 나라 전체의 일을 맡아 보고 나라를 대표하는 사람.

대:통령제 민주 국가의 주요 정부 형태의 하나. 행정부의 우두머리이면서 국가의 대표가 되는 대통령은 의회에 대해 책임을 안 지고, 임기 동안 대통령의 책임 아래 정책을 수행하는 제도. 대통령 중심제. 町내각 책임제.

대:파¹(大破) ①크게 깨짐. 예 지진으로 건물이 대파되다. ②크게 부서뜨림. —하다.

대:파²(代播) 모를 내지 못한 논에 다른 곡식을 심음. —하다.

대:패¹ 나무를 반들반들하게 밀어 깎는 연장.

대:패²(大敗) ①크게 실패함. ②싸움에 크게 짐. 예 싸움에서 대패하다. 町대승. —하다.

대:팻밥 대패질을 할 때 깎이어 나오는 얇은 나무의 조각.

대:평소(大平簫) →태평소.

대:평원(大平原) 넓고 큰 평원.

대:포(大砲) 화약의 힘으로 포탄을 쏘아 보내는 병기. 준포.

대:표(代表) 여러 사람 또는 단체를 대신하여 책임을 지고 나서는 사람, 또는 그 일. 町대표자. 사장. —하다.

대:표작 한 작가의 여러 작품 중에서 으뜸이 될 만한 작품.

대:표적 여러 가지 중에서 가장 표준이 될 만한. 예 3·1 운동의 대표적 정신은 민족 정신이다.

대:표점[—쩜] 넓이가 있는 지형이나 시설·물체의 중심점.

대:풍(大豊) 곡식이 크게 잘된 모양, 또는 그런 해. 예 대풍이 들다.

대:피(待避) 위험한 일을 당하지 않기 위하여 잠시 피함. 예 긴급 대피. —하다.

대:피소 비상시에 피할 수 있도록 만든 장소. 예 긴급 대피소.

대:피호 적의 공습시 폭탄의 파편이나 그 밖의 화력을 피하기 위해 파 놓은 구덩이.

대:필(代筆) 대신하여 글씨를 써 줌. 또, 그 글씨. 예 계약서를 대필해 주다. 町자필. —하다.

대:하(大河) 큰 강.

대:하다(對—) ①마주 보다. 예 얼굴을 대할 면목이 없다. ②접대하다. 예 손님을 대하다.

대:학(大學) 학교 중에서 정도가 가장 높은 학교. 예 대학생.

대:학교 고등 전문 지식을 가르치는 학교.

대:학 병:원 의과 대학에 딸려 있는 병원.

대:학자 학식이 아주 뛰어난 훌륭한 학자. 예 퇴계 선생은 대학자이다.

대:한¹(大寒) ①이십사 절기의 하나. 양력 1월 21일경. ②지독한 추위. 대단한 추위.

대:한²(大韓) ①'대한 제국'의 준말. ②우리 나라의 이름 '대한 민국'의 준말. 町한국.

대:한³(對韓) 한국에 대한 일.

대:한 독립 만:세[—동닙 만세]

우리 나라가 일본의 손아귀에서 벗어나 스스로의 힘으로 설 수 있게 된 것을 축하하여 부르짖었던 소리.

대:한 무:역 투자 진:흥 공사 우리 나라의 수출 무역을 활발하게 하기 위하여 만든 기관. KOTRA.

대:한 민국 우리 나라의 이름.

대:한 민국 임시 정부 3·1 운동 이후 우리 나라의 애국 지사들이 독립 투쟁을 벌이기 위하여 중국 상하이에서 임시로 조직한 정부. 1945년 8월 15일의 광복과 더불어 귀국한 후 해체되었음.

대:한 적십자사 1947년에 조직되어 재해의 구조와 국민 보건 향상에 이바지하는 기구.

대:한 제:국(大韓帝國) 조선 말 고종 34년(1897) 8월 16일부터 국권 피탈 때까지의 우리 나라 국호. 연호를 '광무'라 하고 왕을 '황제'라 하였음. [준] 대한.

대:한 해:협 우리 나라의 남해와 일본의 쓰시마 섬 사이의 바다.

대:합(大蛤) 참조갯과의 바닷물조개. 몸길이 8.5cm, 높이 6.5cm, 폭 4cm 가량. 몸빛깔은 보통 회백색에 적갈색의 세로 무늬가 있으며 안쪽은 흼. 대합조개.

대:합실(待合室) 역이나 병원 따위에서 손님이 쉬며 기다리도록 마련해 놓은 곳.

대:항(對抗) 맞서서 버팀. [예] 직장 대항 테니스 대회. [비] 대적. [반] 복종. —하다.

대:해(大海) 넓고 큰 바다. [예] 망망 대해. [비] 대양.

대:행(代行) 남을 대신하여 행함. [예] 업무를 대행하다. —하다.

대:형(大型) 대단히 큰 모양. [예] 대형 선박. [반] 소형.

대:형화(大型化) 사물의 형체·규모가 크게 됨. 또, 크게 함. [예] 건물의 대형화. —하다.

대:호(大虎) 큰 호랑이.

대:화(對話) 마주 보고 이야기함, 또는 그 이야기. [예] 대화 내용이 풍부하다. —하다.

대:화체(對話體) 문학의 한 형식으로 두 사람이 마주 대하여 말하는 형식으로 쓴 글.

대:환영(大歡迎) 성대하게 환영함, 또는 그 환영. [예] 모두 그를 대환영했다. —하다.

대:회(大會) 여러 사람의 모임. 많은 사람이 모여서 하는 큰 행사. [예] 체육 대회. —하다.

대:흑산도(大黑山島) 전라 남도 신안군에 있는 섬.

댁(宅) ①'남의 집'의 높임말. [예] 댁이 먼가요? ②상대를 가리키는 말. [예] 댁은 뉘시오?

댁내(宅內)[댕—] '남의 집안'을 높이어 일컫는 말. [예] 댁내 두루 안녕하십니까?

댄스(dance) 무용. 무도. 춤. [예] 사교 댄스.

댐(dam) 전기를 일으키거나 농업·공업용으로 물을 이용하려고 강이나 바닷물을 막아 쌓아 놓은 둑. [예] 다목적 댐.

댑싸리 밭가 같은 곳에 저절로 나는 한해살이풀. 줄기는 비를 만들고 씨는 약으로 씀.

댓구멍으로 하늘을 본다〈속〉 소견이 좁아 답답한 사람의 일컬음.

댓돌[대똘] 마루 아래에 신을 벗어 놓아 두는 돌.

댓바람 단번에 지체하지 않고 곧. [예] 댓바람에 해치우다.

댓:살 다섯 살 가량. 예 그는 나보다 댓살 어리다.

댕강[1] 작은 쇠붙이 따위가 맞부딪쳐 나는 맑은 소리. 셴땡강. —하다.

댕강[2] 여지없이 부러지거나 잘리어 나가는 모양. 예 칼이 댕강 부러지다. 큰뎅겅. —하다.

댕그랑 작은 방울이나 종 따위가 흔들리거나 부딪쳐서 맑게 울리어 나는 작은 소리. 큰뎅그렁. 셴땡그랑. —하다.

댕기 여자들이 길게 땋은 머리 끝에 드리는 헝겊.

〔댕기〕

댕기다 ①불을 옮아 붙게 하다. 예 촛불을 댕기다. ②불이 옮아붙다. 예 옷자락에 불이 댕기다.

댕댕이덩굴 산기슭의 양지바른 곳이나 밭둑에 나는 덩굴의 한 가지. 줄기는 목질에 가깝고 잔털이 났으며 다른 물체에 감겨 벋음.

더 ①그 위에. 예 더 나은 미래를 꿈꾸다. ②더욱. ③많이. 예 밥 좀 더 주셔요.

더구나 그 위에 또. 예 너도 못 하는 일을 더구나 아이가 할 수 있겠니? 본 더군다나.

더그아웃(dugout) 야구 경기장에 반지하실처럼 되어 있는 선수의 대기실.

-더니 어떤 원인이나 조건을 만들고 다음에 다른 말이 이어지게 하는 말. 예 무덥더니 비가 온다.

더더기 어떤 물건에 더덕더덕 엉겨 붙어 있는 것. 예 밥알이 더더기로 붙어 있다.

더덕 초롱꽃과에 딸린 깊은 산에 나는 여러해살이 덩굴진 풀. 뿌리는 먹으며 약으로도 쓰임.

더덕더덕 작은 것이 곳곳에 많이 붙어 있는 모양. 예 흙덩이가 벽에 더덕더덕 붙어 있다. 잭다다닥. —하다.

더덩실 가볍게 떠오르는 모양. 예 달이 더덩실 뜨다. 큰두둥실.

더뎅이 부스럼 딱지나 때가 거듭 붙어 된 조각. 예 더뎅이가 앉다.

더듬거리다 ①어두운 곳에서 손으로 이리저리 만져 보다. ②잘 알지 못하는 것을 생각해 가면서 말하는 모양. ③글을 읽을 때 술술 내리 읽지 못하고 군데군데가 자꾸 막히는 모양. 예 더듬거리며 얘기하다. 잭다듬거리다. 셴떠듬거리다.

더듬다 ①손으로 이리저리 만져 보며 찾다. ②말이 자주 막히다. 예 말을 더듬다. ③앞뒤 일을 헤아리다. 예 추억을 더듬다.

더듬더듬 ①글을 읽을 때 군데군데 막히는 모양. 예 국어책을 더듬더듬 읽다. ②보이지 않아 손으로 자꾸 어루만지는 모양. 예 더듬더듬 초를 찾았다. 잭다듬다듬. 셴떠듬떠듬. —하다.

더듬어 보다 희미한 일이나 생각을 밝혀 보다. 예 옛일을 더듬어 보다.

더듬이 =촉각[1].

더디 늦게. 느리게. 예 왜 이렇게 더디 걷느냐?

더디다 ①느리다. ②늦다. ③재빠르지 않다. 반빠르다.

-더라 지난 일을 돌이켜 생각하여 하는 말끝. 예 어제도 아침 일찍

가더라.

더러[1] ①얼마간. 얼마만큼. [예] 사람이 더러 모였더라. ②조금. ③이따금. 가끔. [예] 더러 1학년 때의 선생님이 생각난다.

더러[2] 같은 끼리나 그 이하의 경우에 '아무에게 대하여'의 뜻을 나타내는 말. [예] 너더러 뭐라고 그러시더냐?

더러더러 '더러[1]'의 힘줌말. [예] 더러더러 즐거운 일도 있어야 살지.

더:러움 더러워지는 일. 더러워진 자국. [준] 더럼.

더럭 갑자기 심할 정도로 한꺼번에 많이. [예] 겁이 더럭 나다.

더:럼타다 쉽게 더러워지다. [예] 흰 옷은 더럼타기 쉽다.

더:럽게 치사하게 느껴질 정도로 철저하게. [예] 더럽게 인색한 놈.

더:럽다〔더러우니, 더러워〕 ①때 묻다. [예] 바지가 더럽다. [반] 깨끗하다. ②보기 싫다. ③천하다.

더미 많은 물건이 한데 모여 쌓인 큰 덩어리. [예] 장작더미.

더버기 무더기로 쌓이거나 덕지덕지 붙은 상태. 또, 그 물건.

더부룩하다 ①풀·나무 따위가 우거져 쌓이다. ②뱃속이 시원하지 않다.

더부살이 남의 집에 살면서 품삯을 받고 막일을 하는 것, 또는 그 사람. —하다.

더불어 같이. 함께. [예] 오래간만에 너와 더불어 학교에 가니 즐겁기 한이 없구나.

더블(double) 겹. 이중. 갑절.

더블 베이스(double bass) 현악기 중에서 가장 낮은 소리를 내는 악기. 콘트라베이스.

더블 스틸:(double steal) 야구에서, 두 사람의 주자가 동시에 도루하는 일. —하다.

더블헤더(doubleheader) 야구에서, 두 팀이 같은 날 같은 구장에서 두 번 계속하여 경기하는 일.

더없이[—업시] 그 위에 더할 수 없이. 더할 나위 없이. [예] 친구를 만나니 더없이 기쁘다.

더욱 ①더. 조금 더. [예] 가을이 되면 고향이 더욱 그립다. ②더군다나. ③점점. 차차. ④갈수록. 할수록. [예] 공부를 더욱 열심히 해야겠다.

더욱더 한층 더. [예] 더욱더 아름다워지다.

더욱더욱 점점 더 정도가 높게. [예] 더욱더욱 심해지다.

더욱이 그러한 위에다 더욱. [예] 몸집도 작고 더욱이 몸도 약하다. [비] 더구나.

더워지다 ①여름철이 되다. ②뜨거워지다.

더위 여름철의 더운 기운. [예] 더위를 타다. [반] 추위.

더위 먹은 소 달만 보아도 헐떡인다〈속〉 어떤 일에 한 번 혼이 나면 그와 비슷한 것만 보아도 겁을 낸다는 말.

더하기 더하는 일.

더하다 ①전보다 심해지다. [예] 병세가 더하다. ②더 늘리다. [예] 하나에 둘을 더하다. ③비교하여 한 쪽이 더 많다. [예] 게으르기로 말하면 그가 더하다.

더한층 더욱더. 한층 더. [예] 더한층 열심히 공부하다.

더할 나위 없:다[—라위업따] 더 이상 뭐라고 말할 것이 없다.

덕(德) 너그럽고, 어질고, 훌륭한 마음. [예] 덕을 쌓다.

덕담(德談) 흔히 새해를 맞아 상대방에게 잘 되기를 바라서 하는 말. 빤악담. ―하다.

덕망(德望)[덩―] 여러 사람이 우러러보는 높은 덕과 인격. 예덕망 있는 선생님.

덕목(德目)[덩―] 도덕의 내용을 나눈 항목. 삼강 오륜의 각 항목 따위.

덕보다(德―) 이득·혜택을 얻다. 예덕보는 일에만 정성을 쏟다.

덕분(德分) 남의 도움을 받음. 예선생님 덕분에 병이 나았습니다. 비덕택.

덕성(德性) 어질고 너그러운 성질. 예그 처녀는 얼굴이 덕성스럽다. ―스럽다.

덕업 상권(德業相勸) 착한 일을 서로 권한다는 뜻으로 향약의 네 가지 기본 정신의 하나임.

덕육(德育) 도덕적으로 올바른 인간이 되게 하며, 정서를 풍부하게 만드는 교육.

덕으로 대:하다 위협을 하지 않고 착한 행동으로 상대하다. 예악인을 덕으로 대하여 교화시키다.

덕을 닦다 어진 사람이 되기 위해 공부를 하고, 행실을 바로잡다.

덕적도(德積島) 인천 광역시 옹진군에 있는 섬. 조기·새우 등이 많이 잡힘. 피서지로도 유명함.

덕지덕지 먼지나 때 같은 것이 두껍게 많이 끼거나 묻어 있는 모양. 예때가 덕지덕지 끼었다. 작닥지닥지. ―하다.

덕택(德澤) 덕이 다른 사람에게까지 미치는 은혜. 예선배 덕택으로 위기를 모면했다. 비덕분.

덕행(德行) 어질고 착한 행실.

-던 설명하는 말 끝에 붙여 과거의 뜻을 나타내는 말. 예나의 살던 고향은 꽃피는 산골.

던지다 ①자기의 몸을 팽개치듯이 행동하다. ②물건을 공중에 띄워 저편으로 보내다.

덜: 한도에 미처 다 차지 못함을 나타내는 말. 예잠을 덜 잤더니 피로하다.

덜거덕거리다 크고 단단한 물건이 맞닿아서 잇달아 소리가 나다. 준덜걱거리다. 작달가닥거리다. 센떨거덕거리다.

덜그럭 크고 단단한 그릇 따위가 서로 부딪쳐 나는 낮고 좀 무거운 소리. 작달그락. ―하다.

덜:다[더니, 더오] ①감하다. 예수고를 덜다. ②적게 하다. ③빼다. 빤보태다.

덜덜 춥거나 두려워서 몸을 몹시 떠는 모양. 작달달.

덜렁 ①큰 방울 따위가 한 차례 흔들리거나 무겁게 울리는 소리. ②침착하지 못하게 행동하는 모양. 작달랑. ―하다.

덜렁거리다 ①침착하지 못하고 자꾸 덤벙거리다. 예덜렁거리는 성격. ②덜렁 소리가 잇따라 나다. 작달랑거리다.

덜미 ①목덜미와 뒷덜미. ②몸의 아주 가까운 뒤쪽.

덜커덕거리다 크고 단단한 물건이 맞닿아서 잇달아 둔한 소리가 나다. 준덜컥거리다. 작달카닥거리다. 센떨커덕거리다.

덜컥 ①어떤 일이 갑자기 일어나는 모양. ②갑작스레 놀라거나 겁에 질려 가슴이 내려앉는 모양. 예덜컥 겁이 나다. ③서슴지 않고, 앞뒤를 돌아볼 겨를이 없이.

덜컹덜컹 큰 물건이 맞닿아 부딪쳐 나는 소리. 예 마차가 덜컹덜컹 소리를 낸다. —하다.

덜:하다 ①전보다 심하지 않게 되다. 예 병세가 덜하다. ②줄이다. 더 적게 하다. 감하다. 예 일을 덜하다. ③견주어 보아 한 쪽이 적다. 예 값이 덜하다. 반 더하다.

덤: ①물건을 살 때 조금 더 받는 것. ②몫 밖에 더 주는 것.

덤덤하다 ①아무 표정도 나타내지 않고 묵묵하다. 예 덤덤하게 앉아 있다. ②일을 당하여도 아무 느낌이 없다. ③음식 맛이 밍밍하다. 예 찌개가 덤덤하다. —히.

덤벙거리다 깊이 생각하지 아니하고 함부로 덤비며 까불다. 예 기운 좀 있다고 함부로 덤벙거리다가 팔만 다치고 말았다.

덤벼들다〔덤벼드니, 덤벼들어서〕함부로 달려들다.

덤불 풀이 많이 나서 엉클어진 곳. 예 가시덤불.

덤비다 ①함부로 달려들다. ②성질이 매우 급하다.

덤터기 남에게 넘겨씌우거나 넘겨맡는 걱정거리나 허물 따위. 예 덤터기를 쓰다. 짝 담타기.

덤프 트럭 실은 화물을 한꺼번에 내릴 수 있게 된 화물 자동차. 돌·자갈·모래 따위의 운반용으로 많이 쓰임. 덤프차.

덤핑(dumping) 낮은 값으로 상품을 마구 파는 일. 예 유행이 지난 옷을 덤핑으로 팔다. —하다.

덥:다〔더우니, 더워〕①더위가 심하다. 반 춥다. ②불 옆에 있는 것 같다. 반 차다.

덥석[—썩] 왈칵 덤벼서 움켜쥐거나 입에 무는 모양. 예 철이는 사과를 덥석 깨물었다.

덧—[던] 일부 낱말 앞에 붙어서 '거듭' 또는 '덧붙임'의 뜻을 나타내는 말. 예 덧저고리. 덧대다.

덧거름 씨앗을 뿌린 뒤에나 또는 모종을 옮겨 심은 뒤에 주는 거름. 웃거름.

덧거리 ①알맞은 수량 밖에 덧붙은 물건, 또는 덧붙이는 일. ②없는 사실을 보태어 불려 말하는 일. —하다.

덧나다[던—] ①병을 잘못 다루어 더치다. 예 종기가 덧나다. ②덧붙어 나다. 예 이가 덧나다.

덧내다[던—] 덧나게 하다. 덧나게 만들다. 예 상처를 덧내다.

덧니[던—] 이가 난 줄의 곁에 포개져서 난 이.

덧니박이[던—] 덧니가 난 사람.

덧대다[던때—] 댄 위에 다시 또 대다. 예 해진 바지에 헝겊을 덧대고 깁다.

덧문(—門)[던—] 문짝 겉쪽에 덧댄 문의 통칭.

덧버선 ①버선 신은 위에 덧신는 큰 버선. ②양말 위에 덧신는 목 없는 버선.

덧붙이다[던뿌치—] ①있는 위에 겹쳐 붙게 하다. ②넉넉하게 하느라고 다시 더 넣다. 예 군말을 덧붙이다.

덧셈 두 개 이상의 수나 식을 더해서 그 값을 구하는 셈. 비 가산. 더하기. 반 뺄셈. —하다.

덧소매 소매 겉에 댄 다른 소매.

덧신 구두 위에 끼어 신는 신.

덧없다[더덥따] ①세월의 흐름이 허무하게 빠르다. 예 덧없는 세월. ②무상하다. —이.

덧옷[더돋] 옷 위에 겹쳐 입는 옷.

덩굴 길게 벋어 가며 물건에 감기기도 하고 또는 퍼지기도 하는 식물의 줄기. 비넝쿨.

덩굴손 오이·포도 따위와 같이 잎이나 가지가 실처럼 다른 물체에 감기어서 줄기를 버티게 하는 가는 덩굴.

덩굴치기 열매를 크게 하기 위하여 식물의 쓸모 없는 덩굴을 잘라 내는 일.

덩그렇다[—러타]〔덩그러니, 덩그럴〕 ①높이 솟아서 우뚝하고 의젓하다. ②큰 건물의 안이 텅 비어 쓸쓸하다.

덩달아 영문도 모르고 남이 하는 대로 좇아. 예내가 노래를 부르자 동생도 덩달아 노래를 불렀다.

덩더꿍 북을 두드릴 때 나는 흥겨운 소리.

덩실덩실 신이 나서 춤을 추는 모양. 예덩실덩실 춤을 추다. 작당실당실. —하다.

덩어리 ①뭉쳐서 한 개로 된 물건. ②여럿이 모인 한 떼.

덩이 작은 덩어리.

덩치 몸집의 크기. 예덩치가 작은 사람. 비덩지.

덩칫값[—치깝] 덩치에 어울리는 말과 행동. 예이 사람아, 덩칫값을 하게나.

덩크 슛(dunk shoot) 농구에서, 키가 큰 선수가 점프하여 바스켓 위에서 볼을 내려꽂듯이 던져 넣는 일. 예멋진 덩크 슛을 연출하다.

덫[덛] 짐승을 꾀어 잡는 기구.

덮개 덮는 물건.

덮개유리 현미경에서, 표본 따위의 위를 덮는 유리.

덮다[덥따] ①씌워 얹어서 보이지 않게 하다. ②가리워서 감추다. ③그릇의 뚜껑을 씌우다. 예솥뚜껑을 덮다. 비씌우다. 반벗기다.

덮어놓고[더퍼노코] ①무턱대고. ②이유도 없이. ③제멋대로. 예덮어놓고 설치다.

덮이다[더피—] 드러난 것에 다른 것이 얹히어 보이지 않게 되다. 예장독 위에 흰 눈이 덮이다.

덮치다[덥—] ①위에서 겹쳐 누르다. ②여러 가지 일이 한꺼번에 닥치다. 예엎친 데 덮친다더니 이 일을 어떻게 할 거야? ③갑자기 엄습하다. 예추위가 덮치다.

데 ①곳. 예올 데 갈 데 없다. ②경우. 예아픈 데에 먹는 약.

데구루루 크고 단단한 물건이 딱딱한 바닥에 떨어져서 구르는 소리나 모양. 작대구루루. 센떼구루루.

데굴데굴 크고 단단한 물건이 계속하여 굴러가는 모양. 예땅에 떨어진 공이 데굴데굴 굴러갑니다. 작대굴대굴. 센떼굴떼굴.

-데기 어떤 낱말 뒤에 붙어서 그 낱말과 관련된 일을 하거나 그 성질을 가진 사람을 얕잡아 이르는 말. 예새침데기. 부엌데기.

데:다 ①불이나 끓는 물에 닿아 살이 벗겨지거나 부풀어오르다. 예끓는 물에 손을 데다. ②몹시 고통을 당해 진저리가 나다.

데드 볼:(dead ball) 야구에서, 투수가 던진 공이 타자의 몸에 닿는 일. 사구.

데리다 ①거느리다. ②이끌다. ③손아랫사람과 같이 있다.

데릴사위 딸을 시집에 보내지 않고 데리고 사는 사위.

데먼스트레이션(demonstration) 시위 운동. 준데모.

데모 '데먼스트레이션'의 준말.

데뷔(프 début) 문단·연예계 따위에 처음 나타나는 일. —하다.

데생(프 dessin) 물건의 형태를 나타내기 위하여 연필·목탄 따위로 그리는 그림. 비소묘.

데시-(라 deci) 미터법의 각 단위 앞에 붙어, 그 10분의 1을 나타내는 말.

데시리터(deciliter) 1리터의 10분의 1. 기호는 dL.

데우다 찬 것에 열을 가하여 덥게 하다. 예물을 데우다.

데이지(daisy) 국화과에 속하는 여러해살이풀. 유럽이 원산지이며, 꽃은 백색·홍색·홍자색 등 여러 가지가 있고, 봄부터 가을까지 꽃이 피므로 화단이나 화분에 심어 널리 가꿈.

데이터(data) ①결론을 내리는 데 근거가 되는 사실. 참고 자료. ②컴퓨터로 프로그램을 운용할 수 있도록 기호와 숫자로 나타낸 자료. 예각종 데이터를 입력하다.

데이트(date) ①연월일. 날짜. ②약속. —하다.

데일리 메일(Daily Mail) 영국의 런던에서 발행되는 일간 신문. 1896년 노스클리프가 창간한 이래 지금은 약 200만 부 이상을 발행하고 있으며, 보수당계에 속하는 신문이지만 중립을 지키고 있음.

데ː치다 끓는 물에 잠깐 넣어 슬쩍 삶아 내다.

데칸 고원(Deccan高原) 인도 남부의 삼각형의 고원 지대. 세계 제2의 면화 산지임.

데칼코마니(프 décalcomanie) 회화의 한 기법. 그림 물감을 바른 종이를 두 겹으로 접어 눌렀다가 폈을 때 나타나는 대칭적이고 환상적인 효과를 이용한 표현 방법.

뎅그렁 방울·종·풍경 등이 흔들리며 울리는 소리. 작댕그랑. 센뗑그렁.

도[1] 윷놀이에서의 한 끗. 윷가락의 한 짝만이 잦혀진 때의 이름.

도[2] 같은 상태의 사물을 아울러 들 때에 쓰는 말. 예하늘도 바다도 푸르다.

도ː[3](度) ①각의 단위. ②온도의 단위. 예섭씨 0도.

도ː[4](道) ①마땅히 지켜야 할 도리. ②어떠한 믿음으로 깊이 깨달은 지경. 예도를 닦다.

도ː[5](道) 우리 나라 지방 행정 구역의 하나.

-도[6](島) '섬'의 뜻.

도[7](이 do) 음계의 첫번째 음.

도가니 쇠붙이를 녹이는 데 쓰는 흑연으로 만든 그릇.

도감(圖鑑) 동물이나 식물 등의 모양이나 사는 방법 등을 사진이나 그림으로 그려 놓고 설명을 붙인 책. 예곤충 도감.

도거리 따로따로 나누지 않고 한데 합쳐서 몰아치는 일. 예일을 도거리로 맡다.

도ː계(道界) 행정 구역상의 도와 도의 경계.

도공(陶工) 도자기나 옹기를 만드는 사람. 비옹기장이.

도ː교(道敎) 중국에서 널리 행해진 민간 신앙. 예로부터의 신선 사상에 불교·유교 등 여러 가지 사상이 결합된 것으로, 노자를 교조로 함.
도:구(道具) 살림살이에 쓰는 그릇이나 일에 쓰이는 여러 가지 연장. 町기구. 연모.
도굴(盜掘) ①광업권의 허가를 받지 않거나 주인의 승낙 없이 몰래 광물을 채굴하는 일. ②고분 따위를 허가 없이 파내는 일. —하다.
도:금(鍍金) 쇠붙이의 겉에 금·은·아연 등의 얇은 막을 입히는 일. 例쇠에 은도금을 하다. —하다.
도급(都給) 일정한 기일 안에 완성해야 할 일의 양이나 비용을 미리 정하여 그 일을 맡기는 일. 例도급을 주다. —하다.
도기(陶器) 붉은 진흙을 원료로 하여 빚어서 구운 도자기.
도깨비 동물이나 사람의 형상을 하고 있으며, 여러 가지 이상한 재주를 가졌다는 귀신.
도깨비바늘 국화과에 속하는 한해살이풀. 줄기 높이는 50~100cm. 열매에 갈고리 모양의 털이 3~5개 있어서 사람의 옷이나 짐승의 몸에 잘 들러붙음.
도깨비불 어두운 밤에 무덤이나 축축한 땅, 또는 고목 등에서 인의 작용으로 번쩍이는 불꽃.
도:끼 나무를 찍거나 패는 연장의 하나. 쐐기 모양의 큰 쇠날에 자루를 맞춤.
도끼로 제 발등 찍는다〈속〉 남을 해치려다가 오히려 제가 해를 입는다는 말.
도끼 자루 썩는 줄 모른다〈속〉 시간 가는 줄 모른다는 뜻.
도난(盜難) 도둑을 맞는 재난.
도:넛(doughnut) 밀가루 반죽으로 둥글거나 고리 모양으로 만들어 끓는 기름에 튀긴 서양 과자.

도:달(到達) 목적한 데에 다다름. 町도착. 町미달. —하다.
도당(徒黨) '떼를 지은 무리'를 얕잡아 이르는 말. 例괴뢰 도당.
도대체(都大體) 대관절. 例도대체 왜 우니? 町대체. 도무지.
도:덕(道德) 사람이 지켜야 할 바른 길과 행위.
도:덕심 도덕을 지키고 받드는 마음. 선악 또는 옳은 것과 그른 것을 판별하여 선을 행하려는 마음.
도:덕적 도덕에 의하여 사물을 판단하려고 하는 모양. 또, 도덕에 적합한 모양. 例도덕적 가치.
도데(Daudet, 1840~1897) 프랑스의 소설가. 약자를 동정하는 따뜻한 정감을 나타낸 것이 특색임.
도:도하다¹ 혼자 잘난 체하여 거만하다. 例공부 좀 잘 한다고 도도하게 굴다. —히.
도도하다² ①넓은 물줄기의 흐름이 막힘이 없이 기운차다. 例도도히 흐르는 강물. ②말이 막힘 없이 기운차다. —히.
도돌이표(一標) 악곡을 연주할 때 되풀이하여 두 번 연주하라는 표. ‖: :‖로 표시함.
도둑 남의 물건을 훔치거나 빼앗는 짓을 하는 사람.
도둑놈 개 꾸짖듯〈속〉 남이 알까 두려워서 입 속으로 우물쭈물 중얼거림을 이르는 말.
도둑놈 개에게 물린 셈〈속〉 제 잘못 때문에 남에게 봉변을 당하여 아무 말 못 한다.
도둑놈 문 열어 준 셈〈속〉 나쁜 사람에게 나쁜 일을 할 기회를 만들어 주어 제가 도리어 손해를 입는다.
도둑 맞고 사립문 고친다〈속〉 미

도둑을 맞으려면~

리 대비하지 않고 일을 당하고 뒤늦게 방비한다는 뜻.

도둑을 맞으려면 개도 안 짖는다 〈속〉 운수가 나쁘면 모든 것이 잘 안 된다.

도둑을 앞으로 잡지 뒤로는 못 잡는다〈속〉 증거가 있어야 일을 밝힐 수 있다.

도둑이 제 발 저리다〈속〉 지은 죄가 있으면 자연히 마음이 조마조마하여진다.

도둑질 남의 물건을 주인 몰래 가져가거나 빼앗는 짓. 예 아무리 돈이 없어도 도둑질을 해서는 안 된다. 비 도적질. ―하다.

도둑질을 해도 손이 맞아야 한다 〈속〉 무슨 일이든 서로 뜻이 맞아야 이루기 쉽다.

도라지 산에 나는 여러해살이풀. 뿌리는 굵으며 나물로 먹기도 하고 약으로도 쓰임.

도:락(道樂) ①재미나 취미로 하는 일. ②색다른 일을 좋아하는 일. 예 식도락.

도란도란 많지 않은 사람이 나직한 목소리로 정답게 지껄이는 모습. 예 밤이 이슥하도록 도란도란 이야기를 나누었다. 큰 두런두런. ―하다.

도랑 폭이 좁은 작은 개울.

도래[1] 둥근 물건의 둘레.

도:래[2](渡來) 물을 건너서 옴. 외국에서 건너옴. ―하다.

도:량(度量) ①너그럽고 깊은 마음. 예 도량이 넓다. ②일을 잘 다루는 품성.

도:량형 자·되·저울의 총칭.

도레미파(이 do·re·mi·fa) 음의 이름. 소리의 높음과 낮음을 나타내는 것.

도:련 두루마기나 저고리 자락의 끝 둘레.

도련님 ①남자 아이를 높여 부르는 말. ②결혼 안 한 시동생을 부르는 말.

도:령 장가를 들지 않은 남자를 대접하여 이르는 말. 예 이 도령.

도로[1] 본래대로 다시. 향했던 쪽에서 돌아서 다시 반대쪽을 향하여. 예 동생은 내게 준 물건을 곧 잘 도로 빼앗는다.

도:로[2](道路) 사람이나 차들이 다닐 수 있는 넓은 길.

도:로망 그물처럼 여러 갈래로 얽혀진 도로의 짜임새.

도:로망도 도로망을 한눈에 알아볼 수 있도록 직선 등으로 그린 그림.

도로아미타불 애쓴 일이 보람 없이 처음과 마찬가지로 되었음을 이르는 말. 예 그 동안의 노력이 도로아미타불이 되다.

-도록 설명하는 말 뒤에 붙어 의도적으로 이끌어 가는 방향이나 목적을 나타내는 말. 예 그 일을 하도록 도와 주세요.

도롱이 짚 따위로 엮어 어깨에 걸쳐 두르는 비옷의 한 가지.

도료(塗料) 물체의 겉에 칠하는 것. 니스·페인트 따위.

도루(盜壘) 야구에서, 주자가 수비의 허점을 틈타 다음 누(베이스)로 가는 일. ―하다. 〔도롱이〕

도루묵 도루묵과의 바닷물고기. 몸길이 26cm 가량. 등은 약간 누

282

른빛, 배는 은백색. 은어.
도륙(屠戮) 무참하게 마구 죽임. 죄다 무찔러 죽임. ㉠죄없는 사람들이 도륙된 전쟁. —하다.
도르래 밧줄을 걸어서 물건을 끌어올리거나, 힘의 방향을 바꾸거나 하는 데에 쓰이는 바퀴.

〔도르래〕

도르르 작고 동그란 것이 재빠르게 구르는 소리. ㉠구슬이 도르르 굴러간다. 쎈또르르.
도리¹ 기둥과 기둥 위에 가로 얹은 나무. ㉠도리를 얹다.
도:리²(道理) ①사람이 행할 바른 길. ②일을 하여 낼 방도와 이치. ㉠공부를 안 하고야 대학교에 들어갈 도리가 있나. 비방법.
도리깨 벼나 보리 따위의 이삭을 쳐서 알갱이를 떨어뜨리는 데 쓰는 농구.

〔도리깨〕

도리깨질 도리깨로 곡식 따위를 두들겨 타작하는 일. —하다.
도리어 ①반대로. ②거꾸로. ㉠잘못한 아이가 도리어 화를 낸다. ③차라리. 비오히려.
도리질 ①말귀를 겨우 알아듣는 아이가 어른이 시키는 대로 머리를 흔드는 재롱. 도리도리. ②'아니다'의 뜻을 나타낼 때 머리를 좌우로 흔드는 행동.
도:립 공원 자연을 이용하고 보호하기 위해 도에서 지정한 공원.
도마 채소·고기 따위를 올려놓고 칼질을 하는 조금 넓고 두꺼운 나무토막.
도마뱀 몸의 길이는 19cm 가량이고, 네 개의 발이 있으며 꼬리가 가늘고 긴 뱀. 산이나 들판에 있으며 매우 날램.
도마에 오른 고기〈속〉 어찌할 수 없는 운명을 이르는 말.
도마 위에 고기가 칼을 무서워하랴〈속〉 죽을 지경에 이른 사람이 무엇이 무섭겠느냐는 뜻.
도마질 도마 위에 물건을 놓고 칼로 다지는 일. —하다.
도막 작고 짧은 동강.
도막말 도막으로 된 짧은 말. 내용을 짧게 한 마디로 표현한 말.
도망(逃亡) 피하여 달아남. 비도주. 도피. 반추격. —하다.
도망치다 몰래 달아나다.
도맡다 ①모든 책임을 혼자 맡다. ②도거리로 몰아서 맡다.
도매(都賣) 나누어 팔지 아니하고 한데 합하여 팖. ㉠신제품을 도매한다. 반산매. 소매. —하다.
도매값[-깝] 도매로 파는 값. 반소매값.
도매상 생산자로부터 도매로 한꺼번에 사다가 소매상에게 파는 장사, 또는 그 가게. ㉠남대문 옷도매상. 반소매상.
도매 시:장 물건을 도매로만 파는 가게들로 이루어진 시장.
도면(圖面) 무엇을 만들기 위해서, 그 모양을 그림으로 그려 놓은 것. ㉠설계 도면.
도모(圖謀) ①앞으로 할 일에 대하여 꾀함. ②꾀를 생각함. ㉠일의 편리를 도모하다. —하다.

도무지 ①이러니저러니 할 것 없이 아주. 예 도무지 안 팔린다. 비 전혀. ②아무리 생각해 봐도. 예 이 문제는 도무지 못 풀겠다. 비 도대체. 좀처럼.

도:미¹ 감성돔과의 바닷물고기. 몸은 길둥글고 너부죽하며, 머리는 크고 입은 작음. 온몸에 큰 비늘이 있고 맛이 좋음.

도:미²(渡美) 미국으로 건너감. 예 유학차 도미했다. —하다.

도민¹(島民) 섬에서 사는 사람. 섬의 주민. 섬사람.

도:민²(道民) 그 도 안에 사는 사람. 예 도민 체육 대회.

도박(賭博) 돈을 걸고 하는 노름. 예 도박사. —하다.

도발(挑發) 건드려 일이 일어나게 함. 예 무력 도발. —하다.

도방 정치(都房政治) 고려 시대 최충헌이 도방(사병 제도)을 설치한 후 그 곳에서 하던 무단 정치.

도배(塗褙) 벽이나 천장·문을 종이로 바름. 예 도배지. —하다.

도벌(盜伐) 남의 산의 나무를 몰래 베어 감. 예 국유림을 도벌하다. —하다.

도벽(盜癖) 물건을 훔치는 버릇. 예 도벽이 있는 아이.

도보(徒步) 걸어감. 예 도보 행진. —하다.

도:봉구(道峰區) 서울 특별시 행정 구역의 하나. 시의 동북쪽에 위치하며, 북으로는 의정부시와 맞닿아 있음.

도:봉산(道峰山) 서울 특별시 도봉구에 위치한 산. 예로부터 서울 근교의 유람지로 이용되어 왔음. 높이 717m.

도:사(道士) 도를 닦은 사람.

도사공(都沙工) 사공의 우두머리.

도사리다 ①두 다리를 오그려 한쪽 발을 다른 쪽 무릎 아래 받치고 있다. ②들떴던 마음을 가라앉히다. ③몸을 웅크리고 한 곳에 틀어박히다.

도:산(倒產) 돈이 안 풀려 상점·회사 등이 넘어짐. 예 상품이 안 팔려 회사가 도산하다. —하다.

도산 서원 경상 북도 안동에 있는 서원. 조선 선조 7년에 세움. 이황 선생을 모신 곳임.

도살(屠殺) ①마구 죽임. ②가축을 잡아 죽임. 예 도살장의 소. —하다.

도서¹(島嶼) 크고 작은 섬들. 예 도서 지방. 비 섬.

도서²(圖書) 글씨·그림·서적 따위. 예 도서 출판. 비 책.

도서관(圖書館) 책을 모아 놓고 여러 사람이 이용할 수 있도록 만들어 놓은 곳. 비 도서실.

도서 목록 도서관에서, 책을 쉽게 찾을 수 있도록 책이름과 지은이 등을 적어 놓은 것.

도서실 여러 가지 그림과 책 따위를 모아 두고, 일반 사람이 볼 수 있도록 만든 방. 비 도서관.

도:선(導線) 열이나 전기가 통하는 구리 따위의 쇠붙이 줄. 전기가 가장 잘 통하는 것은 백금·구리·납의 순서임.

도:수(度數) [一쑤] ①거듭하는 횟수. 예 도수가 잦다. ②각도·온도 등을 나타내는 수. 예 안경의 도수. ③어떠한 정도. 예 도수가 심하다.

도스(DOS) 디스크를 주된 보조 기억 장치로 하여 컴퓨터를 제어·관리·감독하는 운영 체제.

도승지(都承旨) 조선 시대, 승정원의 여러 승지 가운데 으뜸인 정삼품 벼슬. 도령.

도시(都市) 사람이 많이 사는 시가지. 비도회지. 반시골. 농촌.

도시 계:획(都市計劃) 도시 생활에 필요한 교통·구획·위생·주택·행정 등에 관하여 주민의 복리를 꾀하고 공공 질서를 유지하기 위한 개량 계획.

도시 국가 도시 그 자체가 하나의 국가를 이루는 정치 공동체. 아테네·로마가 특히 유명하였음.

도시락 ①고리버들이나 대오리로 길고 둥글게 만든 작은 고리짝. 점심밥을 담는 그릇. ②엷은 나무판자나 알루미늄 따위로 상자처럼 만들어 밥을 담아 가지고 다니는 데 쓰는 그릇, 또는 그 음식.

도심지(都心地) 도시의 중심이 되는 지대. 본도심 지대.

도안(圖案) 충분히 생각하여 여러 가지 형상을 채색해 가며 그린 것. 예포스터를 도안하다. —하다.

도야(陶冶) 마음과 몸을 닦아 기름. 예인격을 도야하다. —하다.

도약(跳躍) 뛰어오름. 예선진국으로 도약하다. —하다.

도열병(稻熱病)[—뼝] 벼의 잎에 검은 점이 생기며 붉게 시들고 줄기와 마디가 썩는 병.

도엽(圖葉) 지도의 장 수를 셀 때 쓰는 말.

도예(陶藝) 도자기에 관한 미술·공예. 예도예전.

도예가 도자기 예술품을 만드는 사람.

도와 주다 도움을 주다.

도:외시(度外視) 문제로 삼지 않고 가외의 것으로 보아 넘김. 예학벌은 도외시하고 실력으로 선발하다. 반중요시. —하다.

도요새 도욧과의 새를 통틀어 이르는 말. 다리·부리·날개가 길고 꽁지는 짧음. 몸빛깔은 대체로 담갈색 바탕에 흑갈색 무늬가 있고, 물가나 습지·해안에 삶.

도요지(陶窯址) 지난날, 토기나 도자기 따위를 굽던 가마터.

도요토미 히데요시(豐臣秀吉, 1536~1598) 16세기 말, 일본 통일 후 대륙 침략의 야망을 품고, 1592년 15만의 대군을 우리 나라에 보내어 임진왜란을 일으킨 사람.

도움 도와 주는 것. 예도움을 요청하다. 반방해.

도움닫기 높이뛰기·멀리뛰기 등의 육상 경기에서 가속을 내기 위하여 일정한 선까지 뛰어가는 일.

도움말 어떤 일을 더 잘 되도록 도와 주는 말. 비조언.

도읍(都邑) ①서울. 예도읍지. ②좀 작은 도시.

도이칠란트 =독일.

도:입(導入) 끌어들임. 예기술을 도입하다. —하다.

도자기(陶瓷器) 질그릇·오지그릇·사기그릇을 통틀어 말함.

도:장¹(道場) 무예를 익히는 곳.

도장²(塗裝) 물감이나 페인트 따위를 칠하거나 발라서 꾸밈. 예페인트로 벽을 도장하다. —하다.

도장³(圖章) 개인·단체의 이름을 나무 따위에 새긴 것으로 서류에 찍어 증거로 삼는 물건. 예도장을 찍다.

도:저하다(到底—) ①학문이나 생각 등이 깊고 철저하다. ②생각이나 몸가짐이 올곧고 흐트러짐이 없다.

도:저히 끝끝내. 도무지. 아무리 하여도. 예네 말은 도저히 믿을 수 없다.

도적(盜賊) 도둑.

도전(挑戰) ①싸움을 걺. ②보다 나은 수준에 승부를 걺. 예세계 기록에 도전하다. —하다.

도조(賭租) 남의 논밭을 빌려서 농사짓고 그 대가로 해마다 내는 벼.

도주(逃走) ①달아남. 예야반 도주. ②쫓겨감. 비도망. —하다.

도중(途中) 길을 걷고 있는 때. 예길을 가던 도중에 친구를 만났다. 비중도.

도중 하:차 ① 도중에 차에서 내림. ②'어떤 일을 끝까지 다하지 않고 중도에 그만둠'을 비유하여 이르는 말. 예도중 하차할려면 시작도 하지 마라. —하다.

도:증(道證) 통일 신라 시대의 승려. 효소왕 1년(692) 당나라에 다녀와 천문도를 임금에게 바침.

도지(賭地) 남의 땅을 빌려서 쓰고 도조를 주는 논밭이나 집터. 예도지를 얻어 농사를 짓다.

도:지다 ①종기나 상처 따위가 다시 덧나다. 예병이 도지다. ②매우 심하고 호되다. 예아이의 힘 치고는 꽤 도지다.

도지 볼:(dodge ball) 일정한 구획 안에서 두 편으로 갈라져 한 개의 공으로 상대방을 많이 맞히면 이기는 공놀이. 피구.

도:지사(道知事) 한 도의 행정 사무를 맡아 보는 지방 장관. 준지사.

도:착하다(到着—) 목적한 곳에 다다르다. 예제 시각에 도착하다. 비다다르다. 반출발하다.

도:처(到處) 이르는 곳마다. 여러 곳. 예도처에 널려 있다.

도청[1](盜聽) 몰래 엿들음. 예전화를 도청하다. —하다.

도:청[2](道廳) 도의 행정을 맡아 처리하는 지방 관청.

도:체(導體) 열이나 전기를 쉽게 전도하는 물체.

도축(屠畜) 가축을 도살함. 도살. —하다.

도축장 소나 돼지 같은 것을 도살하는 곳. 비도살장.

도취(陶醉) 무엇에 마음이 쏠려 취하다시피 됨. 예아름다운 음악에 도취되다. —하다.

도:치(倒置) ①뒤바뀜. ②뒤바꾸어 둠. 예도치법. —하다.

도:쿄(東京) 일본의 수도. 일본의 정치·문화·경제의 중심지.

도킹(docking) 인공 위성·우주선 따위가 우주 공간의 궤도 위에서 서로 결합함. —하다.

도탄(塗炭) 말할 수 없이 어려움. 예전쟁과 가뭄으로 국민 생활이 도탄에 빠지다.

도탑다[도타우니, 도타워/도타이] ①인정이 많다. ②쌀쌀하지 않다.

도태(淘汰) 쓸데없는 것을 줄여 없앰, 또는 줄어 없어짐. 예강자는 살아남고 약자가 도태되는 것이 세상의 이치이다. —하다.

도토리 떡갈나무의 열매.

도톨도톨 물건의 거죽이 들어가고 나오고 하여 매끈하지 않은 모양. 큰두툴두툴. —하다.

도톰하다 조금 두껍다. 예벌에 쏘여 이마가 도톰하게 부어 올랐다. 큰두툼하다. —히.

도통[1](都統) 도무지. 대대체. 예어찌된 셈인지 도통 모르겠다.

도:통[2](道通) 사물의 깊은 이치를 깨달아 앎. ―하다.

도편수(都―) 집을 지을 때 총책임을 맡는, 목수의 우두머리.

도:포(道袍) 보통 관리들이 예복으로 입던 옛날의 겉옷. 소매가 넓고 뒤에는 딴 폭을 대어 만듦. [예] 도포 자락.

도포수(都砲手) 포수의 우두머리. 사냥을 할 때 여러 포수와 몰이꾼을 총지휘함.

도포 입고 논을 갈아도 제 멋이다〈속〉 격에 맞지 않는 일을 하는 것도 자기가 좋아하는 일이니 상관할 바가 아니다.

도:표[1](道標) 앞길의 지명이나 거리 등을 적어 길가에 세운 푯말. [비] 이정표.

도표[2](圖表) ①그림과 표. ②수량 관계를 직선 또는 곡선의 그림으로 나타낸 표.

도피(逃避) 도망하여 피함. [예] 안전한 곳으로 도피하다. ―하다.

도피 행각(逃避行脚) 여기저기로 도망쳐 다니는 일. [예] 도피 행각을 벌이다. ―하다.

도:하(渡河) 강물을 건넘. [예] 도하 작전. ―하다.

도:학(道學) 도덕에 관한 학문.

도:학 군자 도학을 닦아 덕망이 높고, 행실이 바른 사람.

도합(都合) ①전부를 합함, 또는 합한 계산. [예] 도합 열이다. ②모두. [비] 총계.

도해(圖解) ①그림으로 풀어 놓은 설명. ②그림의 내용에 대한 설명. ―하다.

도형(圖形) 입체·면·줄·점 등이 모여서 된 것.

도화[1](桃花) 복숭아나무의 꽃. 복숭아꽃.

도화[2](圖畫) ①그림과 도안. ②그림을 그림.

도화서(圖畫署) 조선 시대 때 그림에 관한 일을 맡아 보던 관청.

도:화선(導火線) ①폭약을 터지게 하는 심지. ②사건을 일으킨 직접 원인.

도화지(圖畫紙) '그림 그리는 데 쓰이는 종이'를 통틀어 이르는 말. [예] 도화지에 스케치하다.

도회지(都會地) 사람이 많이 살고 번화한 곳. [비] 도시. [반] 농촌. 시골. [준] 도회.

독[1] 김치나 간장 따위를 담그는 데 쓰는 운두가 높고 배가 부른 질그릇. [예] 장독. 김칫독.

독[2](毒) 건강이나 생명을 해치는 나쁜 성분. [예] 독이 오르다.

독[3](dock) 배의 건조나 수리, 또는 하물을 싣고 부리기 위한 설비. [비] 선거.

독-[4](獨) '단독'의 뜻. [예] 독무대.

독가스(毒gas) 생물에 큰 피해를 주는 가스.

독감(毒感) 아주 독한 감기.

독농가(篤農家)[동농―] 남보다 뛰어난 솜씨로 농사에 열성이 있는 사람이나 농가.

독단(獨斷) 남과 의논하지 아니하고 혼자의 의견대로 결단함. [예] 독단적인 행동. ―하다.

독대(獨對) 지난날, 벼슬아치가 홀로 임금을 대하고 정치에 관한 의견을 말하던 일. ―하다.

독도(獨島) 우리 나라의 동해 바다 끝에 있는 화산섬. 여러 개의 섬으로 되어 있으며, 풍파가 세고 대부분이 암석으로 이루어져 있어 사람 살기에는 적당하지 못함. 경

ㄷ

상 북도 울릉군에 속하며, 넓이는 바위섬과 암초를 모두 합해 1.86 km^2임.

독도법(讀圖法)[—뻡] 지도를 보는 법.

독려(督勵) 감독하고 장려함. [예] 수험생을 독려하다. —하다.

ㄷ

독림가(篤林家)[동님—] 숲을 정성스럽게 가꾸는 사람.

독립(獨立)[동닙] ①다른 사람의 도움을 받지 아니함. [예] 부모님으로부터 경제적으로 독립하다. ②다른 사람의 속박이나 구속을 받지 아니함. ③한 나라가 완전히 자립함. [예] 독립 국가. [비] 자립. [반] 예속. —하다.

독립국[동닙꾹] 다른 나라의 힘을 빌리지 않고 스스로 백성을 다스리고 자기 민족끼리 나라를 지켜 가는 나라. 독립 국가.

독립 국가 연합(CIS) 소련이 붕괴한 후 새로 독립한 여러 공화국들의 연합체.

독립군[동닙꾼] 나라의 독립을 위하여 침략자와 싸우는 군대.

독립 기념관 우리 민족의 독립 운동을 한눈에 볼 수 있도록 국민의 성금으로 충남 천안시 목천면에 세운 기념관.

독립당[동닙땅] 1884년 보수 세력을 몰아내고자 우정국 낙성식을 기회로 갑신정변을 일으킨 친일 정치 단체. 김옥균·박영효·홍영식 등이 중심 인물임.

독립 만:세 운:동[동님—] 1919년 3월 1일에 우리 나라가 일제 치하에서 벗어나 자주 독립할 것을 목적으로 벌였던 운동.

독립문[동닙—] 1896년 독립 정신을 높이기 위하여 독립 협회에서 세운 돌문. 사적 제32호.

독립 선언문[동닙써넌—] 한 국가의 독립을 내외에 선언하는 문서.

독립 선언서[동닙써넌—] 1919년 3·1 운동 때 우리의 독립을 널리 발표한 글.

독립 신문[동닙씬—] 1896년에 서재필이 주동이 되어 발행한 우리 나라 최초의 현대식 국문판 신문. 민족 정신을 드높이고자 간행되었으나, 1898년 독립 협회의 해산과 함께 폐간되었음.

독립심[동닙씸] 남에게 의지하지 않고 혼자 힘으로 세상을 살아 나가려는 마음. [예] 독립심을 키우기 위해 여행을 떠나다.

독립 운:동[동니분—] 자기 나라가 남의 나라에게 빼앗긴 것을 도로 찾기 위하여 여러 가지 일을 하는 것.

독립 운:동가[동니분—] 나라의 독립을 찾기 위해 활동을 하는 사람.

독립적 남에게 의존하지 않고 제 힘으로 해 나가는 모양.

독립 투사[동닙—] 나라의 독립을 위해 침략자와 꾸준히 용감하게 싸운 사람.

독립 협회[동닙펴푀] 1896년 7월에 서재필·이상재·이승만 등이 중심이 되어 국가의 독립과 민족의 자립을 찾기 위하여 조직한 정치·사회 단체.

독무대(獨舞臺)[동—] ①무대에서 배우가 혼자서 연기를 하는 일. ②여럿 가운데 혼자만이 두드러지게 활약하는 일. ③혼자서 마음대로 행동하는 것.

독물(毒物)[동—] ①독이 들어 있는 물질. ②'성질이 악독한 사람'

을 이르는 말.
독미나리 미나릿과의 여러해살이풀. 연못이나 물가에 나며 독이 있음. 줄기 높이 약 1m, 잎은 바소 모양임.
독방(獨房) 혼자서 쓰는 방.
독백(獨白) ①혼자서 중얼거림. ②무대에서 배우가 혼자서 말하는 대사. —하다.
독뱀 이빨에 독을 품고 있는 뱀. 비 독사.
독버섯 독이 있는 버섯.
독벌 독을 가진 벌.
독벌레 독을 가진 벌레.
독보적(獨步的) 어떤 분야에서 남이 따를 수 없을 정도로 뛰어난. 예 문단의 독보적인 존재.
독본(讀本) 글을 배우기 위하여 읽는 책.
독불장군(獨不將軍) ①여러 사람과 사이가 틀어져 외롭게 된 사람. ②모든 일을 자기 멋대로 하는 사람.
독사(毒蛇) 살무사·방울뱀처럼 동물을 물 때에 독이 있는 물을 들여보내는 뱀. 머리는 삼각형 모양이며 몸이 굵고 꼬리가 짧음. 비 독뱀.
독사진(獨寫眞) 혼자서 찍은 사진. 예 독사진을 확대하다.
독살(毒殺) 독약을 먹이거나 써서 죽임. 예 독살된 왕. —하다.
독상(獨床) 혼자 먹게 차린 음식상. 예 독상을 받다. 비 외상. 각상. 반 겸상.
독생자 그리스도교에서, 하느님의 외아들인 예수를 이르는 말.
독서(讀書) 글을 읽음. 책을 읽음. 예 독서대. —하다.
독서 삼매(讀書三昧) 잡념이 없이 책읽기에만 골몰함.
독서 삼품과(讀書三品科) 신라 시대 원성왕 때(788) 관리를 뽑기 위하여 두었던 일종의 과거 제도. '독서 출신과'라고도 함.
독서 주간 독서를 권장하기 위하여 정한 주간.
독서 출신과(讀書出身科) =독서 삼품과.
독서회(讀書會) 책을 서로 돌려 보며, 읽은 감상과 의견을 서로 말하는 모임.
독선(獨善) 자기 혼자만이 옳다고 생각하고 행동하는 일. 예 공동 생활에서 독선적인 행동을 하면 안 된다.
독선생(獨先生) 한 집 아이만을 맡아서 가르치는 선생. '가정 교사'를 이전에 이르던 말.
독설(毒舌) 남을 사납고 날카롭게 욕하는 말. 예 독설가.
독성(毒性) 독기가 있는 성분.
독성 물질[-썽물찔] 독이 있는 물질.
독소(毒素) ①해독이 되는 성분이나 물질. ②지극히 해롭거나 나쁜 요소.
독수 공방(獨守空房) 여자가 남편 없이 혼자 밤을 지냄. —하다.
독수리 몸이 크고 빛은 검은데 밤빛이 돌며, 다리는 누르스름하고 부리는 검은 사나운 새.
독습(獨習) 스승이 없이 혼자 배워서 익힘. 자습. —하다.
독식(獨食) 어떤 이익이나 분배를 혼자서 차지함. 예 수익금을 독식하다. —하다.
독신(獨身) ①홀몸. ②결혼하지 않고 혼자 사는 사람.
독실(篤實) 인정이 있고 성실함.

열성 있고 진실함. [예] 독실한 그리스도교 집안. —하다. —히.

독 안에 든 쥐〈속〉 아무리 애써도 벗어나지 못하고 꼼짝할 수 없는 처지에 이르렀음을 말함.

독야 청청(獨也靑靑) 홀로 절개를 지켜 늘 변함이 없음. —하다.

독약(毒藥) 조금만 먹어도 생명이 위험한 독한 약.

독일(獨逸) 중부 유럽에 있는 나라 이름. 제2차 세계 대전 후 동·서로 국토가 갈렸다가 1990년 통일되었음.

독자[1](獨子) 외아들. [예] 3대 독자.

독자[2](獨自) 혼자. 홀로. [예] 독자적 결정.

독자[3](讀者) 책·신문·잡지 등 출판물을 읽는 사람. [예] 독자들의 반응이 좋다.

독자적(獨自的) 남과 어울리지 않고 저 혼자만이 따로 행동하는 것. [예] 독자적인 문체.

독재(獨裁) 특정한 개인·단체 등이 국가나 혹은 어떤 분야에서 권력을 차지하고 모든 일을 단독으로 지배·처리하는 일. —하다.

독재 정치 국가의 모든 권력이 어느 개인이나 단체·계급에 모여져 있고, 몇 사람의 생각에 의하여 행하여지는 정치. [반] 민주 정치.

독재 체제 한 나라의 권력을 지배자 한 사람이 마음대로 행사할 수 있는 체제.

독전(督戰) 전투를 감독하고 격려함. —하다.

독점(獨占) 혼자 차지함. [예] 판매권을 독점하다. —하다.

독점 사:업 경쟁 대상이 없는 독점적인 사업. 전매 사업·철도 사업 따위.

독종(毒種)[—쫑] ①성질이 매우 모진 사람. [예] 아주 독종이야. ②성질이 매우 독한 짐승의 종자.

독주[1](毒酒) ①알코올 농도가 높은 술. ②독약을 탄 술.

독주[2](獨走) ①경주 등에서 남을 앞질러 혼자 달림. ②남을 아랑곳하지 않고 자기 혼자서 날뜀. —하다.

독주[3](獨奏) 혼자서 악기를 타거나 뜯거나 함. [예] 피아노 독주회. [반] 합주. —하다.

독주머니(毒—) 독이 들어 있는 주머니.

독지가(篤志家) 도탑고 친절한 마음으로 어려운 이웃을 잘 돕는 사람. [예] 독지가의 도움으로 고아원을 운영하다.

독차지 혼자서 모두 차지함. [예] 귀염을 독차지하다. —하다.

독창[1](獨唱) 혼자서 노래를 부름. [예] 독창회. [반] 합창. —하다.

독창[2](獨創) 저 혼자의 힘으로 비로소 생각하여 내거나 처음으로 만들어 냄. [반] 모방. —하다.

독창력 스스로의 힘으로 만들어 내거나 생각해 내는 힘.

독창성 혼자 힘으로 새것을 만들어 내려 하는 성향이나 성질. [예] 독창성을 기르다.

독창적 스스로의 생각으로 창조적인 것을 만들어 내는 힘이나 재주가 있는.

독창회(獨唱會) 한 사람이 노래하는 음악회. 리사이틀. [예] 귀국 독창회.

독초(毒草) 독이 있는 풀.

독촉하다(督促—) 몹시 재촉하다. 빨리 하라고 자꾸 조르다. [예] 등록금 납부를 독촉하다.

독충(毒蟲) 독기가 있어 사람의 몸에 직접 해를 입히는 벌레. 모기·빈대·벼룩·이·벌 따위.

독침(毒針) 독이 묻은 뾰족한 침.

독탕(獨湯) 혼자서 따로 쓰도록 만든 목욕탕. 땐공동탕. —하다.

독특(獨特) 특별히 다르거나 뛰어남. 예음식 맛이 독특하다. 비특이. 판평범. —하다. —히.

독특한 아주 특별한 성질을 가지고 있는. 예제주도의 풍속은 독특한 것이 많이 남아 있다. 비특유한. 판평범한.

독파(讀破) 책을 다 읽어 냄. 예천자문을 독파하다. —하다.

독하다(毒—) ①어떤 물질에 독성이 많다. 예약이 너무 독하다. ②마음이 모질고 잔인하다. ③어려움을 참고 견디는 힘이 굳세다.

독학(獨學)[도칵] 스승이 없이 자기 혼자서 배움. 예독학으로 고시에 합격하다. —하다.

독해(讀解)[도캐] 글을 읽고 내용을 이해함. 예독해력. —하다.

독후감(讀後感) 책을 읽고 난 뒤에 그 느낌을 적은 글.

돈: 물건을 사고 팔 때 쓰는 화폐. 금전.

돈대(墩臺) 조금 높직하고 평평한 땅.

돈독(敦篤) 인정이 두터움. 예돈독한 사이. —하다. —히.

돈만 있으면 개도 멍첨지라〈속〉 천한 사람도 돈이 있으면 남들이 귀하게 대접해 준다.

돈만 있으면 귀신도 사귈 수 있다〈속〉 돈만 가지면 세상에 못할 일이 없다.

돈:방석[—빵석] '돈을 아주 많이 갖고 있음'을 비유하여 이르는 말. 예돈방석에 올라앉다.

돈:벌이[—뻐리] 돈을 버는 일. 예돈벌이가 시원찮다. —하다.

돈벼락을 맞다 갑자기 돈이 많이 생기다.

돈의문(敦義門) 서울 4대문의 하나로, 옛 서울의 서쪽에 있던 정문 이름. 보통 '서대문'이라 함.

돈:주머니[—쭈머니] 돈을 넣어 두는 주머니.

돈:지갑[—찌갑] 돈을 넣어서 가지고 다니는 조그만 주머니.

돈키호테(스 Don Quixote) 에스파냐의 세르반테스가 지은 소설의 제목으로, 그 주인공의 이름.

돈화문(敦化門) 서울 특별시 종로구에 있는 창덕궁의 앞문.

돋구다 더 높게 하다.

돋다 ①해·달이 떠오르다. 예아침 해가 돋다. ②싹이 나오다. 예움이 돋다. ③피부에 작은 종기가 나다.

돋보기 작은 물건이 크게 보이는 안경. 비확대경.

돋보기 눈 먼 데 것은 잘 보아도, 가까이 있는 물건을 잘 보지 못하는 눈. 비원시안.

돋보이다 실제보다 더 좋게 보이다. 예새 옷을 입으니 인물이 한결 돋보인다. 본도두보이다. 준돋뵈다.

돋새김 =양각.

돋아나다 싹이나 움 따위가 밖으로 솟아나오다. 예미나리 싹이 돋아났다.

돋우다[도두—] ①위로 높아지게 하다. 예땅을 돋우다. ②건드려 성나게 하다. 예화를 돋우다. ③부추기다. 예싸움을 돋우다. ④수준이나 정도를 높이다. ⑤입맛이 나게 하다. 준돌다.
돋을새김 =부조³.
돋치다 ①돋아서 내밀다. 예날개가 돋치다. ②값이 오르다.
돌:¹ 바위가 부스러진 것으로 모래보다 굵은 것. 예돌멩이.
돌² ①일이 생긴 지 만 일 년 되는 때. ②낳은 지 만 일 년 되는 날. '첫돌'의 준말. 예돌잔치.
돌격(突擊) 갑자기 쳐들어감. 예적진을 향해 돌격하다. 비공격. 습격. —하다.
돌고래 돌고랫과에 속하는 몸길이 5~6m 이하인 작은 고래. 머리가 좋아 서로 의사를 교환할 수 있으며, 온대 해안에 서식함.
돌:기둥 돌을 깎아 세운 기둥.
돌:길[—낄] ①자갈이 많은 길. ②돌을 깐 길.
돌:다〔도니, 돌아서〕 ①둘레를 따라 움직여 가다. 예동네를 한 바퀴 돌다. ②가까운 길을 두고 먼 길로 가다. ③어떤 기운이 널리 퍼지다. ④정신 이상이 생기다. 예머리가 돌다. ⑤무엇이 표면에 생기거나 나타나다.
돌:다리 돌로 놓은 다리. 석교.
돌다리도 두드려 보고 건너라〈속〉 아무리 잘 아는 일이라도 세심한 주의를 기울여 조심하여 실수 없게 하라는 뜻.
돌:담 돌로 쌓은 담.
돌:담집 제주도에서 볼 수 있는 집의 한 형태로, 구하기 쉬운 현무암 등의 돌을 이용하여 바람을 막기 위해 돌담을 쌓음.
돌:대가리 '몹시 둔한 머리'를 속되게 이르는 말.
돌:덩이[—떵이] 바위보다 작고 돌멩이보다는 큰 돌.

돌돌 ①작은 물건을 여러 겹으로 가볍게 감거나 마는 모양. ②작고 둥근 것이 가볍게 구르는 모양. 큰둘둘. 센똘똘.
돌려 놓다[—노타] 방향을 다른 쪽으로 바꿔 놓다.
돌려 보내다 ①가져온 것을 도로 보내다. ②찾아온 사람을 그냥 보내다.
돌려보다 여럿이 서로 돌려 가며 두루 보다.
돌려쓰다 서로 변통해서 쓰다.
돌려주다 도로 보내 주다. 예빌려 온 책을 돌려주다.
돌려짓기 해마다 한 땅에 다른 곡식을 바꾸어 심음. —하다.
돌로 치면 돌로 치고 떡으로 치면 떡으로 친다〈속〉 욕은 욕으로 갚고, 은혜는 은혜로 갚는다.
돌리다¹ ①병이 회복되다. 예병세를 돌리다. ②노염이 풀리다. 예틀어진 마음을 돌리다. ③없는 물건을 변통하다.
돌리다² ①돌게 하다. 예팽이를 돌리다. ②방향을 바꾸다. ③여기저기 보내다. ④마음을 달리 먹다. ⑤급한 일을 미루다. ⑥책임이나 공을 남에게 넘기다.
돌림 ①차례대로 돌아가는 일. ②항렬. 예돌림자.
돌림노래 같은 노래를 일정한 소절의 사이를 두고 뒤따라 부르는 방법, 또는 그 노래. 윤창.
돌림병[—뼝] 한 사람이 앓으면 여러 사람이 돌려 가며 앓게 되는 병. 비전염병.
돌림판(—板) 물건을 얹어서 돌리는 판.
돌맞이 어떤 일이 시작된 뒤에 해마다 돌아오는 그 날을 맞이하는 일. —하다.
돌:멩이 돌덩이보다는 작고 자갈보다는 큰 돌.
돌:무지무덤 고구려·백제 초기의 무덤 형식으로, 시신을 넣은 돌널(관) 위에 돌을 쌓아올렸음.
돌발(突發) 일이 갑자기 일어남. ㉠돌발 사고. —하다.
돌방무덤 상고 시대 무덤 양식의 하나. 관을 들여 놓는 방이 돌로 되어 있음.
돌배나무 능금나뭇과의 작은 갈잎 넓은잎 큰키나무. 봄에 흰 꽃이 피고 과실은 가을에 익음.
돌변(突變) 갑작스럽게 변함. ㉠돌변하는 국제 정세. —하다.
돌:보다 뒤를 정성껏 보살펴 주다. ㉠아기를 돌보다.
돌:부리[—뿌리] 돌멩이의 뾰족뾰족하게 내민 귀.
돌부리를 차면 발부리만 아프다〈속〉 쓸데없이 성을 내면 자기만 해롭다.
돌:부처 돌로 만든 부처.
돌:비늘[—삐늘] 유리 대신으로, 또는 전기의 절연체로 쓰이는 윤이 나는 광물. ㉥운모.
돌:산(—山)[—싼] 바위나 돌이 많은 산. ㉥석산.
돌:솥[—솓] 돌로 만든 솥.
돌아가다 ①오던 길을 되돌아 다시 가다. ㉠돌아오다. ②여러 군데를 들러서 가다. ③죽다.
돌아눕다 한쪽을 향해 누웠다가 그 반대쪽으로 눕다.
돌아다니다 ①여기저기 쏘다니다. ㉠거리를 돌아다니다. ②널리 유행하다. ㉠감기가 돌아다니다.
돌아들다[돌아드니, 돌아들어서] 다시 돌아와서 들어가다.

돌아보다 ①지난 일을 다시 생각해 보다. ㉠어린 시절을 돌아보다. ②돌보다.
돌아오다 ①떠났던 자리로 다시 오다. ㉠집으로 돌아오다. ㉥돌아가다. ②차례가 되다.
돌연(突然) 뜻밖에. 별안간. ㉠돌연 산사태가 나다. ㉥갑자기. —하다. —히.
돌연 변:이 부모의 계통에 없던 새로운 형태나 성질이 갑자기 생물체에 나타나는 일.
돌:장이 돌을 다루는 것을 직업으로 삼는 사람. ㉥석수. 석공.
돌절구도 밑 빠질 때가 있다〈속〉 아무리 튼튼한 것이라도 많이 쓰면 결딴난다.
돌진(突進)[—찐] 거침없이 곧장 나아감. ㉠적진을 향해 돌진하다. ㉥돌격. —하다.
돌짐승 무덤 앞에 세우는 돌로 만든 짐승.
돌:쩌귀 문짝을 여닫기 위해 문설주와 문짝에 각각 다는 쇠붙이.
돌쩌귀에 녹이 슬지 않는다〈속〉 ①항상 쓰는 물건은 썩지 않는다. ②부지런하면 탈이 안 생긴다.
돌출(突出) 밖으로 쑥 나옴. ㉠뜻밖의 문제가 돌출하다. —하다.
돌:탑 돌로 쌓은 탑.
돌파(突破) 뚫고 나아감. ㉠돌파 능력이 뛰어나다. —하다.
돌:팔매 무엇을 맞히려고 멀리 던지는 돌멩이.
돌:팔매질 돌 같은 작고 단단한 물건을 멀리 던지는 짓. —하다.
돌:팔이 일정한 거처 없이 여기저기 돌아다니며 점을 치거나 기술이나 물건을 파는 사람.
돌풍(突風) 갑자기 일어나는 바

람. ㉠돌풍이 일다.
돌:하르방 '제주도 사람들이 마을이나 섬 등을 지켜 준다'는 뜻으로 그 어귀에 세웠던, 돌로 만든 조각.
돔:(dome) 반구형으로 된 지붕이나 천장.
돕:고자 도와 주려고. ㉠너를 돕고자 달려왔다.
돕:다〔도우니, 도와〕 ①남을 위하여 힘쓰다. ②일을 이루게 하다. ③구원하다. 구제하다. ㉠수재민을 돕다. ㉡해치다.
돗바늘 굵고 큰 바늘.
돗:수분포표 어떤 자료를 계급에 대한 돗수로 나타낸 표.
돗자리 왕골의 줄기 따위로 엮어서 만든 고운 자리.
동[1](同) 명사 앞에 붙어 '같다'는 뜻으로 쓰는 말. ㉠동 거리.
동[2](東) 동쪽. ㉠동이 트다.
-동:[3](洞) 지방 행정 구역의 하나. 시·읍·구의 아래.
동감(同感) 남과 같게 생각하거나 느낌, 또는 그 생각이나 느낌. ㉠네 의견에 동감한다. —하다.
동갑(同甲) 나이가 같음. 같은 나이. ㉠동갑내기.
동강 긴 것을 짤막하게 자른 도막. ㉠철근 동강.
동강나다 잘리어 동강이 되다. ㉠국토가 남북으로 동강나다.
동강이 동강난 물건.
동격(同格)〔—껵〕 같은 자격.
동:결(凍結) ①얼어붙음. ②재산이나 돈의 사용을 일시 금지함. ㉠물자를 동결시키다. —하다.
동경[1](東京) 고려 시대 4경의 하나. 지금의 경주로, 우리 민족의 역사적 도시로서 중요시됨.
동:경[2](憧憬) ①어떠한 일에 마음이 팔리어 그것만 생각함. ㉠서울을 동경하는 시골 처녀들. ②그리워함. —하다.
동계(冬季) 겨울철. ㉠동계 올림픽 대회. ㉡동절.
동고 동락(同苦同樂) 같이 고생하고 같이 즐김. ㉠동고 동락하던 옛 친구. —하다.
동:공(瞳孔) 눈동자에 있어 광선의 강약에 따라 커졌다 작아졌다 하는 구멍. 눈동자.
동구[1](東歐) 동유럽. ㉡서구.
동:구[2](洞口) 동네 어귀. 마을로 들어가는 입구.
동:구 밖 동네 어귀의 바깥쪽. ㉠동구 밖 과수원길.
동국(東國) 대한의 딴 이름.
동국사략(東國史略) 단군의 건국부터 고려 말엽까지의 역사적 사실을 시대순으로 엮은 역사책. 조선 초, 태종의 명으로 권근·이첨·하륜 등이 지음.
동국여지승람(東國輿地勝覽)〔동궁녀—〕 조선 시대 성종이 노사신 등에게 명하여 만들게 한 지리책. 각 도의 풍속·역사·특산물·효자·위인 등의 이야기가 자세히 기록되어 있음. 55권 25책.
동국지도(東國地圖) 조선 제7대 세조 때 실지로 측량하여 만든 우리 나라 최초의 지도.
동국통감(東國通鑑) 고려 성종 때 (1484) 서거정·정효항 등이 왕명에 의하여, 신라 초부터 고려 말까지의 역사를 기록한 책. 56권 26책.
동:굴(洞窟) 깊고 넓은 굴. ㉠동굴 탐사. ㉡굴.
동그라미 둥글게 그린 도형, 또는

둥글게 된 모양. 〈큰〉둥그러미. 〈센〉똥그라미.

동그라지다 넘어지면서 구르다. 〈예〉비탈길에서 동그라지다. 〈큰〉둥그러지다.

동그랗다 아주 동글다. 〈큰〉둥그렇다. 〈센〉똥그랗다.

동그래지다 동그랗게 되다. 〈큰〉둥그레지다. 〈센〉똥그래지다.

동그마니 외따로 오똑하게. 〈예〉장에서 돌아오시는 어머니를 순이는 혼자 동구 앞에 동그마니 앉아서 기다리고 있다.

동그스름하다 생김새가 모나지 않고 대체로 좀 동글다. 동그스레하다. 〈예〉얼굴이 동그스름하다. 〈큰〉둥그스름하다. ―히.

동:극(童劇) 어린이들이 하는 연극. 〈예〉동극 대회. 〈본〉아동극.

동글다〔동그니, 동글어서〕 동그란 모양으로 되어 있다. 〈큰〉둥글다.

동글동글 ①여럿이 모두 동근 모양. 〈예〉그 집 식구들은 얼굴이 모두 동글동글하다. ②동그라미를 그리며 잇달아 돌아가는 모양. 〈큰〉둥글둥글. 〈센〉똥글똥글. ―하다.

동급(同級) ①같은 등급. ②같은 학급.

동급생(同級生) 같은 학급의 학생.

동기¹(同氣) 언니·아우·오라비·누이. 곧, 형제 자매.

동기²(同期) ①같은 시기. ②한 학교에서 같은 해 졸업한 사람. 〈예〉현주의 언니와 우리 언니는 중학교 동기란다.

동:기³(動機) 일을 일으키는 근본되는 원인. 〈예〉행동의 동기로 보아선 큰 잘못이 없다.

동나다 ①늘 쓰던 물건이 다 써서 없어지다. ②상품이 다 팔리다. 〈예〉라면이 동나다.

동남(東南) 동쪽과 남쪽.

동남 아시아 인도차이나 반도와 그 부근의 크고 작은 섬들이 있는 지역. 〈준〉동남아.

동:냥 ①중이 마을로 시주를 얻으러 다니는 일. ②거지가 집집마다 구걸하러 다니는 일. 〈예〉동냥질. ―하다.

동냥은 아니 주고 쪽박만 깬다 〈속〉요구하는 것은 주지 않고 나무라기만 한다.

동:네(洞―) ①제가 사는 집의 근처. ②지방 행정 구역의 하나. 〈예〉동네 어른들. 〈비〉동리. 마을.

동:네방네(洞―坊―) ①온 동네. ②이 동네 저 동네 온통.

동네 색시 믿고 장가 못 간다〈속〉될 성 싶지도 않은 것을 바라다가는 낭패만 본다.

동년(同年) ①같은 해. ②같은 나이. 동령.

동년배(同年輩) 나이가 같은 또래. 〈예〉동년배끼리 친하게 지내다.

동녘 =동쪽. 〈예〉동녘 하늘.

동대문(東大門) '흥인지문'을 서울 동쪽의 큰 성문이란 뜻으로 달리 일컫는 말.

동대문구 서울 특별시의 행정 구역의 하나. 선농단·영휘원 등의 명승 고적이 있음.

동댕이치다 ①힘차게 집어던지다. 〈예〉책을 동댕이치다. ②하는 일에서 손을 떼다. 〈비〉팽개치다.

동동¹ 물건이 떠서 움직이는 모양. '동실동실'의 준말.

동동² 발을 자꾸 구르는 모양. 〈예〉발을 동동 구르다.

ㄷ

동동거리다 ①몹시 서두르며 발을 자꾸 구르다. ②매우 춥거나 애가 타서 발을 자꾸 구르다.

동동걸음 급하거나 추워 발을 동동거리며 걷는 걸음.

동두천(東豆川) 경기도의 한 시. 양주군 북쪽에 위치한 상업 도시. 1981년에 시로 승격됨.

동등(同等) ①높낮이의 구별이 없이 같음. ②같은 등급. [예] 동등한 수준. —하다.

동등권(同等權)[—꿘] 서로 똑같이 누릴 수 있는 권리. [예] 남녀 동등권.

동떨어지다 너무 멀리 떨어지다. 서로 관계가 없이 떨어지다. [예] 동떨어진 질문을 하다.

동:란(動亂)[—난] 난리. 난리가 일어남.

동래구(東萊區)[—내구] 부산 광역시의 행정 구역의 하나. 금정산 기슭에 있는 동래 온천으로 유명함.

동:력(動力) 열·물·바람·전기 등을 이용하여 기계를 움직이는 힘.

동:력삽[—녁쌉] 동력을 이용하여 흙 따위를 푸는 삽.

동:력 자원[동녁—] 기계를 움직이게 하는 힘의 밑천이 되는 것. 석탄·수력 따위.

동:력차[—녁차] 열기관 따위로 움직이는 철도 차량. 동차와 기관차로 구분됨.

동록(銅綠)[—녹] 구리 거죽에 생긴 푸른빛의 녹.

동록(이) 슬다 구리의 빛이 푸르게 변하다.

동료(同僚)[—뇨] 같은 곳에서 함께 일하는 사람. [비] 동지.

동류(同類)[—뉴] 같은 무리. 같은 종류.

동률(同率)[—뉼] 같은 비율.

동:리(洞里)[—니] ①동네. 마을. ②지방 행정 구역인 동과 리.

동:맥(動脈) 심장의 피를 몸 안의 모든 기관으로 보내는 핏줄. [반] 정맥.

동맹[1](同盟) 개인·단체·국가가 같은 행동을 하겠다고 맺는 약속. [예] 군사 동맹. —하다.

동맹[2](東盟) 고구려 때 매년 10월에 하늘에 감사를 드리던 제사 행사. 일종의 추수 감사제.

동맹국(同盟國) 동맹을 맺은 나라. 맹방. [비] 맹약국.

동맹 휴교 어떤 조건 또는 목적을 이루기 위하여 학생들이 단결하여 수업을 거부하고 학교에 나오지 않는 일. [비] 동맹 휴학. —하다.

동메달 구리로 만든 상패. 흔히 3등의 입상자에게 주어짐.

동면(冬眠) 개구리·뱀 따위 냉혈 동물이 겨울에 땅 속에서 잠자며 봄이 되기를 기다리는 짓. [예] 봄이 되면 동면에서 깨어나는 동물들. —하다.

동명[1](同名) 이름이 서로 같음. 또, 같은 이름. [예] 동명 이인.

동:명[2](洞名) 동네의 이름.

동명 성:왕(東明聖王, 기원전 58~19) 고구려의 시조. 이름은 주몽. 해모수의 아들. 자신을 해치려고 한 동부여를 탈출하여 졸본천에 이르러 고구려를 세움. [준] 동명왕.

동:몽선습(童蒙先習) 옛날 서당에서 어린이들이 천자문을 뗀 다음 배우던 한문 교과서. 조선 중종 때 박세무가 지었다고 전함.

동무 늘 친하게 어울려 노는 사

람. 비친구.

동무 따라 강남 간다(속) 가고 싶지 않은데 친구의 권유에 이끌리어 따라가게 되는 경우를 말한다.

동문¹(同門) 같은 학교를 나온 사람. 예동문회. 비동창.

동문²(東門) 동쪽에 있는 문.

동문 서답(東問西答) 묻는 말에 딴판인 엉뚱한 대답. —하다.

동문선(東文選) 조선 성종 때, 서거정이 지은 한문으로 된 시집. 신라부터 조선 초기까지의 시문을 모아 엮음. 154권 45책.

동:물(動物) 스스로 운동을 하며 생명을 가진 생물. 예인간은 언어적 동물이다. 비짐승. 반식물.

동:물 병:원 동물들만 전문적으로 치료하는 병원.

동:물성[-썽] 동물의 본바탕이 지닌 성질. 반식물성.

동:물원 여러 가지 동물을 길러 두고 여러 사람에게 구경을 시키는 곳. 반식물원.

동:물의 사육제 1886년 프랑스의 생상스가 작곡한 곡. 여러 가지 동물의 특징이나 느낌을 표현하였음.

동:민(洞民) 한 동네나 동에 살고 있는 사람. 예동민 체육 대회.

동반(同伴) 함께 데리고 감. 동행함. 예회사에서 가족 동반 야유회를 가다. —하다.

동반구(東半球) 지구를 동서 두 쪽으로 나눈 동쪽 부분. 반서반구.

동방¹(東方) 동쪽. 동녘. 동쪽 지방. 예동방 예의지국. 반서방.

동방²(東邦) ①동쪽에 있는 나라. ②우리 나라.

동방 박사 예수가 탄생했을 때 동쪽으로부터 별을 보고 찾아와서 아기 예수 탄생을 축하하고 황금·몰약·유향을 바쳤다는 성서에 나오는 세 사람.

동방 예의지국(東方禮儀之國) '예의를 잘 지키는 동쪽의 나라'라는 뜻으로, 중국에서 '우리 나라'를 일컫던 말.

동배(同輩) 나이와 신분이 같거나 비슷한 사이의 사람. 예동배간.

동백꽃 봄에 붉게 피는 동백나무의 꽃.

동백나무(冬柏一) 따뜻한 지역에 나는 늘푸른 큰키나무. 잎은 길둥글고 끝이 뾰족하며 두꺼운데, 윤이 자르르 흐르며, 붉은빛의 아름다운 꽃이 피고, 열매는 기름을 짜서 머릿기름·등유 등으로 씀.

동병 상련(同病相憐)[-년] ①같은 병의 환자끼리 서로 가엾게 여김. ②어려운 형편에 있는 사람끼리 동정하고 도움. —하다.

동복(冬服) 겨울 옷. 반하복.

동봉(同封) 같이 넣어 함께 봉함. 예편지에 사진을 동봉하여 부쳤다. 반각봉. —하다.

동부(東部) 동쪽 부분. 예동부 지방. 동부 전선. 반서부.

동부여(東扶餘) 고대 두만강 유역에 있던 나라. 부여왕 해모수의 아들 해부루가 가섭원으로 서울을 옮긴 뒤부터의 국호임.

동분 서주(東奔西走) 이리저리 바쁘게 돌아다님. 예돈을 빌리기 위해 동분 서주하다. —하다.

동:사(動詞) 사물의 움직임을 나타내는 품사. 자동·타동이 있고 말끝이 변화하는 것. 움직씨.

동사강목(東史綱目) 조선 제21대 영조 때 안정복이 멀리 기자로부터 고려 말까지의 사적을 적은 역사책. 20권 20책.

동:사무소 행정 구역의 하나인 동의 행정 사무를 맡아 보는 곳.

동산[1] ①조그만 산. ②뜰 안에 있는 꽃밭.

동:산[2](動産) 모양이나 성질을 바꾸지 않고 옮길 수 있는 재산. 곧 돈이나 가구 따위. 밴부동산.

동:상[1](凍傷) 심한 추위로 살갗이 얼어서 상함. 심한 정도에 따라 1도 동상·2도 동상·3도 동상으로 구분함. ㉠동상에 걸리다.

동상[2](銅像) 구리로 만든 사람의 모양. 훌륭한 일을 한 사람을 길이 빛내기 위하여 그 사람 모양을 구리로 만들어 놓은 것. ㉠충무공 이순신 동상.

동상[3](銅賞) '금·은·동'으로 상의 등급을 매길 때의 3등상.

동상 이:몽(同床異夢) '같은 잠자리에서 다른 꿈을 꾼다'는 뜻으로, 겉으로는 같은 행동을 하면서 속으로는 다른 생각을 함을 이르는 말.

동생(同生) 아우 또는 손아랫누이. 비아우. 밴언니. 형.

동서[1](同壻) 형제의 아내끼리나 자매의 남편끼리 서로 일컫는 말. ㉠동서 간에 사이가 좋다.

동서[2](東西) ①동쪽과 서쪽. ②동양과 서양.

동서 고:금(東西古今) 동양이나 서양에 있어서의 예나 지금. 곧, '어디서나, 언제나'의 뜻.

동석(同席) 자리를 같이함. ㉠기차에서 동석하다. —하다.

동선(銅線) 구리 철사.

동성[1](同性) ①남녀, 암수의 같은 성. ②같은 성질. 밴이성.

동성[2](同姓) 같은 성씨.

동성 동본(同姓同本) 성도 같고 본관도 같음.

동승(同乘) 탈것에 같이 탐. ㉠함께 동승해서 가시죠. —하다.

동시[1](同時) 같은 때. 같은 시기. ㉠동시 상영.

동:시[2](童詩) 어린이가 쓴 시, 또는 어른들이 썼더라도 어린이의 마음을 나타낸 시.

동시에(同時—) ①같은 시간에. 같은 시기에. ②아울러 함께. ㉠장점인 동시에 단점이다.

동:시집(童詩集) 어린이들을 위한 시를 모아 한데 엮은 책.

동·식물(動植物) 동물과 식물.

동실동실 작은 물체가 떠서 가볍게 움직이는 모양. ㉠하늘에 구름이 동실동실 떠 있다. 쥰동동. 큰둥실둥실.

동:심(童心) 어린이의 마음. 어린이다운 마음.

동아(東亞) 아시아 주의 동부. 동아시아.

동아리 ①긴 물건의 한 부분. ㉠아랫동아리. ②같은 목적으로 한 패를 이룬 무리. ㉠한 동아리가 되다.

동아시아 아시아의 동부. 한국·중국·일본 등이 자리잡은 지역.

동아줄 굵고 튼튼하게 꼰 줄. 비밧줄.

동안 어느 때부터 어느 때까지의 시간적 사이. 비사이.

동양(東洋) 우리 나라가 있는 동쪽 아시아. 중국·일본·인도 등이 있는 지방. ㉠동양 철학. 동양사. 밴서양.

동양미(東洋美) 동양적인 특색을 지닌 아름다움.

동양적 동양의 맛을 내는. [예] 동양적 미인.

동양 척식 주식 회:사(東洋拓殖株式會社) 1908년에 일본이 우리나라의 경제를 독차지하기 위하여 세웠던 회사.

동양 평화론 안중근 의사가 뤼순 감옥에서 동양의 평화에 대한 자기의 의견을 적은 글의 제목.

동양화 동양의 여러 나라에서 역사적으로 발달해 내려온 그림. 주로 먹과 붓으로 산과 강의 정경을 그리는 그림. [반] 서양화.

동여매다 묶어서 흩어지거나 떨어지지 않게 하다. [예] 머리를 동여매다. [비] 싸매다.

동:요[1](動搖) ①흔들려 움직임. 또, 움직여 흔들림. ②마음이 불안하여 흔들림. [예] 마음의 동요가 생기다. —하다.

동:요[2](童謠) ①어린이들이 부르는 노래. ②어린이의 마음을 나타낸 어린이의 노래.

동:원(動員) 어떤 목적을 이루기 위하여 사람이나 물건을 한 곳으로 모음. [예] 길을 닦으려고 사람들을 동원했다. —하다.

동위각(同位角) 둘 이상의 평행선이 한 직선과 만나 이룬 각 가운데 평행선의 같은 위치에 있는 각.

동유럽(東Europe) 동부 유럽. 유럽의 동부에 있는 여러 사회주의 국가 지역. 동구.

동음 이:의(同音異義) 글자의 소리는 같으나 뜻이 다름.

동의[1](同意) ①의견이 같음. ②찬성함. [예] 그 의견에 동의한다. —하다.

동:의[2](動議) 회의 중에 예정된 의안 이외의 의제를 제의하는 일, 또는 그 의제. —하다.

동의보감(東醫寶鑑) 중국과 우리나라의 의학책을 모아 하나로 만든 조선 시대 제일의 의학책. 허준이 선조의 명을 받아, 1597년에 착수하여 1611년에 완성하였음. 동양에서 가장 우수한 의학서의 하나로 꼽힘.

동이 모양이 둥글고 배가 불룩하며 아가리가 넓은 질그릇. [예] 물동이.

동이다 묶어서 매다. 돌라매서 묶다. [예] 떨어지지 않게 단단히 동여라. [비] 묶다.

동이연 연의 한 가지. 머리나 허리에 띠를 두른 연.

동인(東人) 조선조 14대 선조 8년에 동서로 갈린 당파 중 김효원을 두둔하던 파. 후에 남인과 북인으로 갈라짐. [반] 서인.

동인지(同人誌) 뜻이나 취미 등이 같은 사람끼리 정기적으로 펴내는 간행물. [본] 동인 잡지.

동일(同一) 서로 똑같음. [예] 동일한 방법. —하다.

동일시(同一視) 둘 이상의 것을 똑같은 것으로 봄. [예] 그와 나를 동일시하지 마라. —하다.

동:자(童子) 나이 어린 사내아이. [예] 삼척 동자.

동:자상 어린아이 모양으로 만들어서 무덤 앞에 세우는 돌.

동:작(動作) ①몸을 움직임. [예] 동작이 느리다. ②손발을 놀림. ③활동함. [비] 행동. —하다.

동:장(洞長) 동 단위 지역에서 동 사무소의 우두머리.

동장군 '겨울'의 다른 이름.

동전(銅錢) 구리로 만든 돈.

동점(同點)[―쩜] 같은 점수.
동정¹ 한복에서 저고리 깃 위에 조붓하게 덧대는 흰 헝겊 오리.
동정²(同情) ①가엾게 여김. ②불쌍하게 생각함. ③남의 경우를 이해하여 줌. ―하다.
동:정³(動靜) 어떤 행동이나 상황 등이 전개되거나 변화되어 가는 낌새나 상태. 예 적의 동정을 살피다.
동정금(同情金) 남의 어려운 형편에 대하여 돕는 뜻으로 주는 돈.
동정심(同情心) 남을 가엾게 여겨 따뜻이 대하는 마음.
동조(同調) 남의 의견이나 주장 따위에 찬성하여 그에 따름. 예 동조자. ―하다.
동족(同族) 같은 겨레.
동족 상잔(同族相殘) 같은 민족끼리 서로 싸우고 죽임. 예 동족 상잔의 비극. ―하다.
동족애(同族愛) 동족으로서의 사랑. 동족에 대한 사랑.
동종¹(同種) 같은 종류.
동종²(銅鐘) 구리로 만든 종.
동지¹(冬至) 24절기의 하나. 양력 12월 22일경으로, 일 년 중 밤의 길이가 가장 긺. 반 하지.
동지²(同志) 뜻이 같은 사람. 뜻이 서로 같음.
동지섣달 동짓달과 섣달을 아울러 이르는 말.
동지애(同志愛) 동지로서의 사랑. 예 뜨거운 동지애를 느끼다.
동지 팥죽 동짓날 쑤는 팥죽.
동진(東進) 동쪽으로 나아감. ―하다.
동진강(東津江) 전라 북도 정읍시 산외면에서 발원하여 부안·김제 등지를 지나 황해로 흐르는 강.

동질(同質) 같은 본질. 같은 성질. 예 동질의 물건. 반 이질.
동짓달[―지딸] 일 년 중 열한 번째 드는 달. 준 동지.
동쪽(東―) 해가 뜨는 쪽. 동녘. 예 동쪽 방향. 반 서쪽.
동:차(動車) 여객이나 화물을 나르는 동력차. 기동차·전차 등.
동참(同參) 함께 참가함. 예 자연 보호 운동에 동참하다. ―하다.
동창¹(同窓) 같은 학교에서 공부한 사람. 예 고교 동창.
동창²(東窓) 동쪽으로 난 창문.
동창회(同窓會) 동창생들의 모임, 또는 그 회합. 교우회.
동채 차전놀이에 쓰이는 틀. 이 틀 위에 대장이 타고 앞뒤와 좌우로 움직이도록 지휘함.
동체¹(同體) 둘 또는 그 이상이 합치어 된 한 몸. 예 일심 동체.
동체²(胴體) 몸통. 예 비행기의 동체.
동치다 칭칭 휩싸서 동이다. 예 둘둘 동쳐 매다. 큰 둥치다.
동:치미 국물을 흥건하게 하여 통무로 맛을 싱겁게 담근 무김치.
동:태¹(凍太) 겨울에 잡아 얼린 명태. 반 북어.
동:태²(動態) 사물이 움직이는 상태, 또는 변해 가는 상태. 예 적의 동태를 감시하다.
동:토(凍土) 언 땅.
동:통(疼痛) 몹시 쑤시고 아픔. 예 동통을 느끼다.
동트기(東―) 동쪽 하늘이 밝아올 새벽녘.
동트다 동쪽 하늘이 훤히 밝아 오다. 예 동터오는 아침 거리.
동:티 공연히 건드려서 스스로 걱정이나 해를 입음. 예 동티 나다.

300

동:파(凍破) 얼어서 터짐. 예수도관이 동파했다. —하다.

동편(東便) 동쪽. 맨서편.

동포(同胞) ①형제와 자매. ②한 나라의 백성. ③겨레.

동포애(同胞愛) 같은 겨레끼리의 사랑. 비겨레사랑.

동풍(東風) ①동쪽에서 불어 오는 바람. ②봄바람.

동학¹(同學) 한 곳에서 같이 공부함. 또, 그런 사람. —하다.

동학²(東學) 조선 말 철종 11년 (1860)에 최제우가 민족적 전통을 살리려고 일으킨 새로운 종교. 천도교. 맨서학.

동학 농민 운:동 1894년 동학 교도들이 주동이 되어 전봉준의 지휘 아래 일으킨 운동. 외국 세력의 배척·계급 타파·여성 해방 등 근대 사상을 내걸었음.

동학당 조선 말기 최제우를 교조로 하는 동학교 신자들의 집단.

동해(東海) 우리 나라 동쪽에 있는 큰 바다. 맨서해.

동해 남부선 부산에서 포항 간의 철도로, 길이 147.8km.

동해안 동쪽 바닷가. 맨서해안.

동행(同行) 길을 같이 감. 예동행할 친구를 얻었다. —하다.

동향¹(同鄕) 고향이 같음. 한 고향. 예동향 친구.

동향²(東向) ①동쪽으로 향함. ②동쪽 방향. —하다.

동:향³(動向) ①마음의 움직임. ②사물이 움직이는 방향. 예학계의 동향.

동헌(東軒) 지방의 고을 원이 공적인 일을 처리하던 대청이나 집.

동:혈(洞穴) 깊고 넓은 굴. 동굴.

동형(同形) 같은 모양. 같은 형태. 예동형인 두 건물.

동호(同好) ①어떤 사물을 같이 좋아함. ②취미를 같이함. 또, 그런 사람. —하다.

동호인 어떤 사물을 같이 좋아하는 사람. 취미·오락 같은 사람. 예문학 동호인.

동호회 동호인들의 모임. 예낚시 동호회.

동화¹(同化) ①서로 다른 것이 닮아 같게 됨. 예이민족을 동화시키다. ②동식물이 몸 밖에서 영양을 섭취, 자신의 고유의 성분으로 변화시키는 기능. 예탄소 동화 작용. —하다.

동:화²(童話) 어린이를 상대로 하는, 재미가 있으며 동시에 교훈적인 이야기. 예동화책.

동:화 구:연(童話口演) 어린이들을 상대로 하여 말로 재미있게 동화를 들려 주는 일.

돛[돋] 돛대에 달아 바람의 힘으로 배가 가게 하는 큰 헝겊.

돛단배[돋딴—] 돛을 단 배. 돛을 달아 바람을 이용하여 나아가게 한 배. 돛배. 범선.

돛대[돋때] 돛을 다는 배의 기둥.

돼 '되어'의 준말. 예잔디밭에 들어가면 안 돼!

돼:지 ①고기를 얻기 위하여 집에서 기르는 짐승. 몸이 뚱뚱하고 네 다리가 짧으며 주둥이가 긺. 동작이 느리고 미련함. ②욕심이 많은 사람의 별명.

돼:지꿈 돼지가 나오는 꿈. 흔히 길몽을 이르는 말.

돼:지우리 돼지를 가두어 키우는 곳. 돈사.

되¹ 곡식의 분량을 되는 데 쓰는 네모진 그릇. 예콩 한 되.

ㄷ

되-[2] 일부 낱말 앞에 붙어 '도리어·다시'의 뜻을 나타내는 말. [예] 되묻다. 되새기다.

되글을 가지고 말글로 써먹는다 〈속〉 글을 조금 배워 가지고도 가장 효과 있게 써먹는다.

되뇌다 같은 말을 여러 번 되풀이 하여 말하다. [예] 같은 말을 수없이 되뇌다.

되는대로 아무렇게나. [예] 그날그날을 되는대로 살아가는 사람에게는 앞날에 대한 계획이란 없다.

되다[1] ①이루다. 성공하다. ②일이 끝나다. ③때가 오다. ④이르다. [예] 봄이 되면 나들이 가는 사람이 많다.

되다[2] 되로 물건의 용량을 헤아리다. 되질하다. [예] 쌀을 되다.

되:다[3] ①묽지 않다. 물기가 적다. ②밥이 오돌오돌하다. 질지 않다. ③책임이 무겁다. ④일이 힘들다. ⑤중하다. 심하다. [예] 되게 아프다.

되:다랗다[—라타]〔되다라니, 되다라오〕 묽지 않고 매우 되다.

되도록 될 수 있는 대로. [예] 되도록 일찍 일어나거라.

되돌려주다 남의 물건이나 돈을 임자에게 다시 돌려주다. [예] 빌린 물건을 되돌려주다.

되돌아가다 출발했던 곳으로 다시 돌아가다. [예] 고향 집으로 되돌아가다.

되돌아들다〔되돌아드니, 되돌아들어서〕 떠났던 곳으로 되짚어 다시 돌아들다. [예] 두루미가 옛 둥지로 되돌아들었다.

되돌아보다 이제까지 지나온 곳을 돌아보다. [예] 떠나온 집을 몇 번이고 되돌아보았다.

되:레 '도리어'의 준말. [예] 되레 화를 낸다.

되로 주고 말로 받는다〈속〉 남에게 조금 주고 그 갚음으로는 몇 곱절을 더 받는다.

되묻다〔되물으니, 되물어〕 묻는 말에는 대답하지 않고 도리어 묻다. 다시 묻다.

되바라지다 ①그윽한 맛이 없다. ②너그럽지 못하다. ③얄밉도록 지나치게 똑똑하다. [예] 되바라진 여자. [반] 아늑하다.

되받다 ①도로 받다. ②꾸짖음에 말대답을 하며 반항하다. [예] 되받아 소리치다. [큰] 뒤받다.

되살다〔되사니〕 ①먹은 것이 삭지 않고 도로 불어오르다. ②거의 죽을 듯한 것이 다시 살아나다.

되살리다 다시 살아나게 하다.

되새기다 ①소 같은 동물이 먹은 것을 다시 내어 씹다. ②지난 일을 다시 생각해 보다.

되세우다 넘어진 것을 다시 세우다. [예] 전봇대를 되세우다.

되쏘다 도로 쏘다. 반사하다.

되씌우다 제가 당할 일을 도리어 남에게 넘기다.

되씹다 ①한 말을 자꾸 되풀이하다. ②되새기다.

되우 몹시. 매우. 심하게. [예] 되우 앓다.

되지못하다[—모타다] 사람답지 못하다. [예] 되지못한 녀석.

되직하다 묽지 않고 좀 되다. [예] 되직한 밥. —이.

되짚어 ①도로 돌아서서. ②그 길로 곧. ③오던 길로 도로. [예] 친구네 집에 놀러 가다가 숙제 생각이 나서 되짚어 왔다.

되찾다 다시 찾다. [예] 잃었던 웃음

을 되찾다.
되통스럽다〔되통스러우니, 되통스러워/되통스러이〕 찬찬하지 못하여 일을 잘 저지르다. 큰뒤퉁스럽다.
되팔다 산 물건을 도로 값을 받고 넘기다. 되넘기다. 예쌀을 비싼 값에 되팔다.
되풀이 같은 일을 다시 거듭함. 예편지를 되풀이하여 읽어 보다. 비반복. —하다.
된:밥 고들고들하게 지은 밥. 예된밥을 싫어하다.
된:서리 ①늦가을에 되게 온 서리. 반무서리. ②'큰 타격'의 비유. 예된서리를 맞다.
된:소리 되게 나는 소리. 곧 ㄲ, ㄸ, ㅃ, ㅆ, ㅉ 따위.
된:장(一醬) ①간장을 담가서 떠내고 난 건더기. ②메주에 소금물을 부어 익혀서 장물을 내지 않고 그냥 먹는 장.
될 뻔하다 될 것 같은 기회가 지나가다.
될 뿐더러 될 뿐만이 아니라. 예걸어다니면 교통비도 절약이 될 뿐더러 건강에도 좋다.
될성부르다〔될썽—〕〔될성부르니, 될성불러〕 앞으로 잘 되어 갈 것 같다. 예될성부른 아이.
될성부른 나무는 떡잎부터 알아본다〈속〉 장래성이 있는 사람은 어릴 때부터 다르다.
됨됨이 사람이나 물건의 생긴 품. 예그의 됨됨이가 믿음직스럽다.
됫박〔되빡〕 되의 대신으로 쓰는 바가지. 예됫박질하다.
두각(頭角) '머리의 끝'이라는 뜻으로, 여럿 중에서 특히 뛰어난 학식이나 재능을 이르는 말. 예두각을 나타내다.
두개골(頭蓋骨) 머리뼈.
두건(頭巾) 머리에 쓰는 베로 만든 물건. 준건.
두견이(杜鵑—) 두견잇과의 새. 뻐꾸기와 비슷하나 좀 작고 다른 둥지에 알을 낳아 키움. 두견새.
두견화(杜鵑花) 진달래꽃.
두고두고 오래 두고. 오래도록. 예두고두고 읽어 보겠다.
두그르르 크고 무거운 것이 대번에 구르는 모양. 작도그르르. 센뚜그르르.
두근거리다 놀라서 가슴 속이 자꾸 뛰다.
두근두근 매우 놀라거나 겁이 나서 가슴이 자꾸 뛰노는 모양. 예가슴이 두근두근하다. —하다.
두꺼비 온몸의 살가죽에 우툴두툴한 것이 돋아 있으며, 회색을 띤 갈색의 개구리의 한 종류.
두껍다〔두꺼우니, 두꺼워서〕 ①얇지 않다. 두께가 크다. 반얇다. ②후하다.
두껍닫이〔—따지〕 미닫이를 열 적에 창짝이 속으로 들어가 가리게 된 빈 곳.
두께 두꺼운 정도.
두뇌(頭腦) ①머릿골. ②일이나 물건의 이치를 슬기롭게 판단하는 힘. ③우두머리. 두목. ④사물의 중요 부분.
두다 ①일정한 곳에 놓다. 예탁자 위에 둔 책. ②자기 집에 머무르게 하다. ③바둑이나 장기로 놀다. 예바둑을 두다.
두더지 몸은 쥐보다 크고, 머리는 뾰족하고 눈은 작으며, 땅 속으로 다니는 짐승.
두더지 혼인 같다〈속〉 제 본분을

두덩 우묵하게 빠진 땅의 가장자리로 두두룩한 곳.

두둑 밭의 가장자리를 조금 높게 만든 곳.

두둑하다〔-두카다〕 썩 두껍다, 또는 넉넉하고 풍부하다. ㉠지갑이 두둑하다. -이.

두둔하다 ①돌보아 주다. ②감싸 주다. ③잘못을 덮어 주려 하다. ㉠그는 자기 친구를 두둔하기보다는 진실 쪽에 섰다.

두둥실 공중이나 물 위로 천천히 떠 가는 모양. ㉠하늘에 솜 같은 구름이 두둥실 떠 있다. ㉴도동실.

두드러기 약이나 음식의 자극으로 피부가 부풀어올라서 몹시 가려운 피부병.

두드러지다 겉으로 드러나다. 뛰어나다. ㉠여러 사람 중에서도 가장 두드러진 일을 하였다. ㉴도드라지다.

두드리다 여러 번 때리다. 자꾸 치다. ㉠문을 두드리다.

두들기다 함부로 마구 두드리다. 匪때리다. 솅뚜들기다.

두락(斗落) 씨 한 말을 뿌릴 수 있는 논이나 밭의 면적. 마지기. ㉠한 두락의 논.

두런두런 여럿이 모여 낮은 목소리로 수선스럽게 혹은 정답게 이야기하는 소리. ㉠두런두런 애깃소리가 들린다. -하다.

두렁 논·밭 사이의 작은 둑. ㉠논두렁. 밭두렁.

두렁이 어린애의 배와 아랫도리를 가리기 위하여 솜을 두어 지은 치마의 한 가지. 두렁치마.

두레¹ 농촌에서 바쁜 농사철에 공동으로 협력하기도 하고 모자라는 일손을 덜어 주기 위해 만든 마을 단위의 모임.

두레² 웅덩이나 낮은 곳에 고인 물을 논으로 퍼올리는 데 쓰는 기구.

두레박 줄을 길게 매어 우물물을 퍼내는 기구.

〔두레박〕

두레상(-床) 여러 사람이 둘러앉아 먹을 수 있게 만든 큰 상.

두레질 두레로 물을 푸는 일. -하다.

두려움 마음에 꺼려 일어나는 무서운 느낌. ㉠두려움에 몸을 떤다. 匪겁.

두려워 ①무서워. ②겁을 내어.

두려워하다 ①겁을 내다. ㉠죽음을 두려워하다. ②공경하고 어려워하다. ㉠스승을 두려워하다.

두렵다〔두려우니, 두려워서〕 ①겁나다. ②무섭다.

두령(頭領) 여러 사람을 거느리는 사람. 匪두목.

두루 널리. 골고루. 빠짐없이. ㉠지난 여름 방학 때는 친구와 함께 동해안 지방을 두루 구경했다.

두루 빠짐없이 골고루.
도로 ①먼저대로. ②또다시.

두루두루 ①'두루'의 힘줌말. ②모나지 않고 원만하게. ㉠두루두루 좋게 행동하다.

두루마기 외투처럼 저고리 위에 입는 한복의 웃옷. 주로 외출할 때 입음.

두루마리 종이 조각을 이어 붙여 둥글게 감아 놓은 물건.

두루뭉실하다 ①모나지도 않고 아주 둥글지도 않고 그저 둥글다. 예바위가 두루뭉실하게 생겼다. ②말과 행동·태도·성격 등이 분명하지 못하다. 예매사를 두루뭉실하게 처리한다.

두루미 부리·목·다리가 모두 길고 털빛은 대개 흰빛의 큰 새. 연못·냇가·초원에 삶. 비학.

두르다 〔두르니, 둘러서〕 둘레를 돌려 감거나 휘감아 싸다. 예치마를 둘렀다.

두름 물고기나 나물을 길게 엮은 것. 물고기는 한 줄에 열 마리씩 스무 마리가 한 두름임. 예굴비 한 두름. 고사리 한 두름.

두릅 두릅나무의 어린순. 나물을 만들어 먹음.

두릅나무 두릅나뭇과의 갈잎 넓은잎 떨기나무. 산기슭이나 골짜기에 나는데, 높이는 4m 가량임. 어린순은 먹을 수 있고, 나무껍질·열매·뿌리 등은 한방에서 약재로 쓰임.

두리둥실 물건이 떠서 둥실둥실 움직이는 모양. 예두리둥실 떠가는 배. 작도리동실.

두리반(一盤) 크고 둥근 소반. 비두레상. 반모반.

두리번거리다 눈을 크게 뜨고 여기저기를 휘둘러보다. 예집을 찾다 못 찾아 길가에 서서 두리번거렸다. 작도리반거리다.

두릿그물 물고기떼를 둘러싼 다음 잡아 올리는 그물.

두만강(豆滿江) 백두산의 남동쪽에서 시작하여 동해로 흘러드는 강. 길이 521km.

두:말 이러니저러니 하는 말. 예두말할 필요 없다. —하다.

두:말 없이〔─업시〕 이러니저러니 여러 말 없이. 예그는 두말 없이 따라왔다.

두메 도회에서 멀리 떨어진 쓸쓸한 산골. 예두메 산골. 비산골. 반도시.

두목(頭目) 여러 사람의 우두머리. 비두령.

두문 불출(杜門不出) 집 안에만 틀어박혀 세상 밖으로 나다니지 아니함. 예벼슬을 그만두고 두문불출했다. —하다.

두발(頭髮) 머리털.

두부(豆腐) 물에 불린 콩을 갈아 베자루에 걸러서 소금물을 치고 익혀 엉기게 한 음식.

두서[1](頭書) ①머리말. ②본문 앞에 쓰는 글.

두서[2](頭緖) ①일의 실마리. ②차례. 예말에 두서가 없다.

두서너 둘이나 셋 또는 넷. 예나도 두서너 번 가 보았다.

두어 둘 가량. 예두어 개.

두엄 웅덩이를 파고 풀 따위를 썩여서 만든 거름.

두운(頭韻) 시에서, 글귀의 첫머리에 음이 같은 말을 되풀이하여 쓰는 시 짓는 법의 한 가지.

두유(豆乳) 불린 콩을 간 다음 물을 더하여 끓인 것을 걸러 낸 젖 같은 액체.

두절(杜絶) 교통·통신 따위가 막히거나 끊어짐. 예눈이 많이 내려서 교통이 두절되다. 비단절. —하다.

두:짝 미:세기창 두 짝으로 여닫게 된 창.

두: 쪽 이편과 저편. 예깨진 유리

두텁다

의 두 쪽을 맞추다. 町양쪽.
두텁다〔두터우니, 두터워〕 믿음이나 사랑, 인정 등이 깊고 굳다. 예두터운 정.
두통(頭痛) 머리가 아픈 증세.
두툴두툴 물건의 거죽이 들어가고 나온 곳이 많아 매끈하지 못하고 거친 모양. 예바닥이 두툴두툴하다. 困도톨도톨. −하다.
두툼하다 조금 두껍다. 예두툼한 입술. 凾얄팍하다. −히.
두:해살이풀 가을에 싹이 터서 푸른 잎으로 겨울을 난 다음, 이듬해 봄에 꽃이 피고 열매를 맺는 식물. 보리·무·유채 따위.
둑 물이 넘치는 것을 막기 위하여 내나 강의 가장자리를 흙이나 돌로 쌓은 것. 예둑길.
둔:각(鈍角) 90°보다는 크고 180°보다는 작은 각. 凾예각.
둔:감(鈍感) 감각이 무딤. 예둔감한 사람. −하다.
둔:갑(遁甲) 재주를 부려 변신하는 술법. −하다.
둔:기(鈍器) ①무딘 날붙이. ②날이 없는 흉기. 사람을 해칠만 한 몽둥이나 벽돌 따위.
둔덕 논밭의 가장자리에 있는 높직한 곳.
둔:재(鈍才) 아둔한 사람. 재주가 둔한 사람.
둔치 물이 있는 곳의 가장자리. 물가의 언덕. 예한강 둔치.
둔:탁(鈍濁) ①소리가 둔하고 흐림. ②성질이 굼뜨고 흐리터분함.
둔:하다(鈍−) ①재주가 없다. ②영리하지 않다. ③느낌이 무디다.
둘: 하나에 하나를 더한 수.
둘둘 물건을 여러 겹으로 말거나 감는 모양. 예종이를 둘둘 말다.

困돌돌. 쎈뚤뚤.
둘러대:다 ①필요한 돈이나 물건 따위를 이리저리 둘러서 갖다 대다. ②그럴듯한 말로 꾸며 대다. 예둘러대느라고 진땀을 빼다.
둘러막다 가장자리로 돌아가며 둘러서 막다.
둘러보다 주위를 두루두루 살펴보다. 예교실을 둘러보다.
둘러서다 여럿이 둥글게 빙 늘어서다. 예사람들이 둘러서서 윷놀이를 구경하다.
둘러싸다 빙 둘러서 싸다. 예담으로 둘러싸인 집.
둘러앉다[−안따] 여러 사람이 둥글게 앉다.
둘러치나 메어치나 일반이지〈속〉 수단과 방법은 다르지만 결과는 마찬가지임을 이르는 말.
둘러치다 힘있게 돌리어 세차게 내던지다.
둘레 ①가로 둘린 테두리나 바깥 언저리. ②물체의 가를 한 바퀴 돈 길이. 예가슴 둘레.
둘리다 둘러막히다. 둘러싸이다.
둘이 먹다가 하나가 죽어도 모르겠다〈속〉 음식이 매우 맛있다.
둘:째 첫째의 다음.
둥 무슨 일을 하는 것도 같고 하지 않는 것 같기도 함을 나타내는 말. 예공부를 하는 둥 마는 둥.
둥그렇다[−러타] 뚜렷하고 크게 둥글다. 困동그랗다.
둥그레지다 둥그렇게 되다. 困동그래지다. 쎈뚱그레지다.
둥글넓적하다[−넙쩌카다] 모양이 둥글고 넓적하다. 예둥글넓적한 얼굴. 困동글납작하다. −이.
둥글다〔둥그니, 둥글고〕 가에 모가 없고 보름달과 같다. 困동글다.

둥굿하다 약간 둥글다. 둥그스름하다. 짝동굿하다. —이.

둥둥¹ 큰 북을 잇달아 칠 때 나는 소리. 짝동동. —하다.

둥둥² 가벼운 것이 공중에 떠서 움직이는 모양. 예풍선이 둥둥 떠다니다. 짝동동.

둥실 구름이나 가벼운 물건이 공중에 둥둥 떠 있는 모양. 예둥실 떠 가는 흰 구름. 짝동실.

둥실둥실 물건이 떠서 움직이는 모양. 짝동실동실.

둥우리 ①짚이나 댑싸리로 바구니 비슷하게 엮어 만든 그릇. ②병아리나 새 같은 것을 기르는 보금자리. 둥주리. 둥지. 예둥우리를 틀다.

〔둥우리〕

-둥이 일부 낱말 밑에 붙어 그 낱말이 뜻하는 특징을 지닌 사람이나 동물임을 나타내는 말. 예귀염둥이. 김동이.

둥지 둥우리 모양의 새의 보금자리. 예뻐꾸기 둥지.

둥치 큰 나무의 밑동.

뒤:¹ ①앞의 반대되는 곳. 곧, 등쪽. 반앞. ②다음. 나중. ③미래. 예뒤에 다시 보자.

뒤-² ①'몹시 함부로'의 뜻을 나타내는 말. 예뒤흔들다. ②'반대로·뒤집어'의 뜻을 나타내는 말. 예뒤엎다.

뒤:곁[—껻] 뒤뜰. 뒷마당.

뒤:꿈치 발뒤꿈치의 준말.

뒤끓다[—끌타] 뒤섞여 마구 심하게 끓다. 들끓다. 예상한 음식에 벌레가 뒤끓다.

뒤낭(Dunant, 1828~1910) 스위스 사람으로 자선 사업가이며 적십자의 창설자. 1863년에 국제적인 적십자 운동의 필요를 발표, 제네바 협약을 맺는 데 성공, 적십자사 창설에 이바지했음. 1901년 노벨 평화상을 받음.

뒤:늦다[—는따] 때가 다 지나서 퍽 늦다. 예뒤늦은 후회.

뒤:대:다 ①뒤를 돌보아 주다. ②뒷돈을 이어 주다.

뒤덮다[—덥따] 가리어 덮다. 모두 덮다.

뒤:돌아보다 ①뒤쪽을 돌아보다. 예정든 고향 산천을 뒤돌아보다. ②앞서 생긴 일을 살펴보다. 예어린 시절을 뒤돌아보다.

뒤:따르다 남을 따라 행동하다.

뒤:떨어지다 ①뒤에 처지다. 예형보다 뒤떨어져서 달리다. ②뒤에 남아 있다. ③남만 못하다. 예수학이 좀 뒤떨어지다. ④시대에 맞지 않다. 예뒤떨어진 사고 방식. 반앞서다.

뒤뚱 물체가 중심을 잃고 한쪽으로 기울어지는 모양을 나타내는 말.

뒤뚱거리다 물체가 중심을 잃고 이리저리 자꾸 기울어지다, 또는 그렇게 기울이다.

뒤뚱뒤뚱 뒤뚱거리는 모양을 나타내는 말. 예곰 한 마리가 뒤뚱뒤뚱 걸어간다.

뒤뚱발이 걸음을 뒤뚱거리며 걷는 사람을 얕잡아 일컫는 말.

뒤:뜰 집채의 뒤꼍에 있는 마당.

뒤를 잇다 일이 끊어지지 않도록 뒤를 계속하다. 이어받다.

뒤:미처 그 뒤에 곧 이어. 예뒤미처 생각이 나다.

뒤:밟다 남의 행동을 살피기 위해 몰래 뒤를 따라가다. 미행하다. ㉠ 수상한 사람을 뒤밟다.

뒤범벅 마구 뒤섞여서 이것저것 구별할 수 없는 모양. ㉠ 흙탕물이 옷에 튀어 뒤범벅이 되었다.

뒤섞다 ①한데 버무리다. ㉠ 야채와 고기를 뒤섞으며 볶다. ②물건을 함부로 섞다. ③차례를 없게 하다.

뒤섞이다 물건이 한데 모여 섞이다. ㉠ 콩과 팥이 뒤섞였다.

뒤숭숭하다 정신이 어지럽다.

뒤엎다[―업따] 무너뜨리다. 뒤집어엎다. ㉠ 물그릇을 뒤엎어 바지가 물에 젖었다.

뒤웅박 쪼개지 않고 꼭지 근처에 구멍을 뚫어 속을 파낸 바가지.

뒤:이어 뒤를 이어. 계속하여. ㉠ 버스에 뒤이어 택시가 지나갔다.

뒤적거리다 이리저리 들치어 가며 살피다. ㉠ 참고서를 뒤적거리다.

뒤적뒤적 무엇을 찾느라고 들추어 보는 모양. ㉠ 음식을 뒤적뒤적 고르지 말고 한 번에 집어 먹어라. ―하다.

뒤적이다 물건을 찾느라고 이리저리 뒤지다.

뒤주 나무로 궤짝같이 만든 쌀을 담아 두는 데 쓰는 세간.

〔뒤 주〕

뒤죽박죽 ①이것저것이 함부로 뒤섞인 모양. ②질서가 없이 얽히고 헝클어져 엉망이 된 모양. ㉠ 행사 도중에 불이 나서 모든 것이 뒤죽박죽이 되었다.

뒤:지다¹ 남보다 떨어지다. ㉠ 성적이 뒤지다.

뒤지다² ①눈에 뜨이지 않는 물건을 찾다. ②속속들이 들추어 찾다. ㉠ 주머니를 뒤지다.

뒤집다 ①속을 거죽으로 오게 하다. ㉠ 옷을 뒤집어 입다. ②조용하던 것을 어지럽게 하다. ③순서를 바꾸다. ㉠ 차례를 뒤집다.

뒤집어쓰다 ①온몸을 내리덮다. ㉠ 물을 뒤집어쓰다. ②남의 허물이나 책임을 억울하게 넘겨 맡다. ㉠ 누명을 뒤집어쓰다.

뒤집어엎다 ①안과 겉을 뒤집어서 엎다. ②물건을 뒤엎어서 그 속에 담긴 것을 엎지르다. ③어떤 일이나 상태를 전혀 딴 것으로 바꾸어 놓다. ㉠ 승패를 뒤집어엎다. ④폭력이나 그 밖의 방법을 써서 아주 없애거나 딴 것으로 바꾸다.

뒤집히다 일이나 물건의 안과 겉, 위아래가 뒤바뀌어지다. ㉠ 배가 뒤집히다.

뒤:창 구두나 신의 뒤꿈머리에 대는 창.

뒤:처지다 뒤떨어지다.

뒤척뒤척 누운 몸을 자꾸 이리저리 굴리는 모양. ㉠ 잠을 못 이루고 뒤척뒤척하다. ―하다.

뒤척이다 물건을 찾느라고 이리저리 뒤지다. ㉠ 뒤적이다.

뒤:축 신이나 버선 따위의 발꿈치가 닿는 부분.

뒤:치다꺼리 뒤에서 일을 보살피고 돌보아 주는 일. ―하다.

뒤:탈 어떤 일 뒤에 생기는 탈. ㉠ 뒤탈 없이 수습되다.

뒤:통수 머리의 뒤쪽. 뒷골.

뒤:통수치다 ①느닷없이 해를 입히다. ②바라던 일이 실패되어 매

우 낙심하다.
뒤틀다〔뒤트니, 뒤틀어서〕 꼬아서 비틀다. ⑩ 온몸을 뒤틀다.
뒤틀리다 ①반대 방향으로 꼬여서 비틀리게 되다. ②이치에 어그러지다. ⑩ 일이 중간에서 뒤틀렸다.
뒤틈바리 어리석고 미련하여 하는 짓이 거친 사람.
뒤프르(1780~1865) 프랑스의 의사로, 박물학자. 곤충의 생활 습성에 대하여 깊은 연구를 하였는데, 특히 비단벌레를 잡아먹는 사냥꾼벌에 대하여 연구한 결과를 엮은 〈벌 이야기〉로 유명함.
뒤흔들다〔뒤흔드니, 뒤흔들어서〕 마구 흔들다. ⑩ 나무를 뒤흔드는 거센 비바람.
뒷ː간(—間) 대소변을 보는 곳. 변소. 화장실.
뒷간에 갈 적 맘 다르고 올 적 맘 다르다〈속〉 제 사정이 급할 때는 다급하게 굴다가 저 할 일을 다 끝내고 나면 마음이 변한다.
뒷ː거름 사람의 똥·오줌을 거름으로 이르는 말.
뒷ː걸음 뒤로 걷는 걸음. ⑩ 경제 발전이 뒷걸음친다.
뒷ː걸음질 뒷걸음으로 걷는 짓. —하다.
뒷ː골목 큰길의 뒤에 있는 좁은 골목.
뒷ː공론(—公論) ①일이 끝난 뒤에 하는 평. ②겉으로 나서지 않고 뒤에서 이러니저러니 하는 짓. ⑩ 뒷공론해도 소용 없는 일이다. —하다.
뒷ː구멍 어떤 일의 뒤에서 남의 눈을 피해 행동하는 길.
뒷구멍으로 호박씨 깐다〈속〉 겉으로는 얌전한 체하면서, 은밀히 온갖 짓을 다 하고 다님을 비유하여 이르는 말.
뒷ː날 ①앞으로 다가올 세월. ②다음 날. ⒝ 앞날. 이후.
뒷ː다리 짐승의 몸 뒤에 있는 다리. ⒝ 앞다리.
뒷ː덜미 양 어깻죽지 사이로, 목덜미보다 아래쪽.
뒷ː동산 집 뒤에 있는 동산.
뒷ː마당 집 뒤에 있는 뜰. ⒝ 뒤뜰. ⒝ 앞마당.
뒷ː마무리 일의 뒤끝을 마무름, 또는 그 마무른 일. —하다.
뒷ː말 ①일이 끝난 뒤에 이러니저러니 하는 말. ②뒷공론으로 하는 말. —하다.
뒷ː맛 ①음식을 먹은 뒤에 입에서 느끼는 맛. ②어떤 일을 끝마친 뒤의 느낌.
뒷ː면 뒤쪽의 면. ⑩ 뒷면에 이름을 써라. ⒝ 앞면.
뒷ː모습 뒤에서 본 생김새. ⑩ 뒷모습이 친구와 많이 닮았다. ⒝ 앞모습.
뒷ː목 타작할 때에 벼를 되거나 드린 다음 마당에 처진 찌꺼기 곡식.
뒷ː바라지 뒤에서 잘 하도록 도와 주는 일. ⑩ 우리를 뒷바라지하시느라 주름살이 늘어 가는 어머니. —하다.
뒷ː받침 뒤에서 받쳐 주는 물건, 또는 그 사람. ⑩ 친구를 뒷받침해 주다. —하다.
뒷ː밭 집 뒤에 있는 밭.
뒷ː북 어떤 일이 이미 끝난 뒤에 쓸데없이 수선을 피우는 일. ⑩ 뒷북을 치다.
뒷ː산 집이나 마을 뒤에 있는 산. ⒝ 앞산.

뒷:설거지 ①설거지. ②큰일을 치른 다음에 하는 뒤처리. —하다.

뒷:자락 옷의 등 뒤에 늘어진 자락. 예 뒷자락이 끌리다.

뒷:자리 뒤에 있는 자리. 예 뒷자리에 앉다.

뒷:전 ①뒤쪽이 되는 자리. 예 뒷전에 앉다. ②푸대접으로 뒤로 미루게 된 순서.

뒷:정리 일의 끝을 바로잡는 일. —하다.

뒷:조사 은밀히 하는 조사. 예 용의자를 뒷조사하다. —하다.

뒷:짐 두 손을 뒤로 돌려 마주 잡는 짓. 예 뒷짐지다.

뒹굴다 〔뒹구니, 뒹굴어서〕 누워서 몸을 이리저리 돌리다. 예 강아지가 잔디밭에서 뒹굴며 논다.

듀:스(deuce) 배구·탁구·테니스 따위의 경기에서 마지막 한 점을 남기고 동점이 되는 경우.

드나들다 〔드나드니, 드나들어서〕 자주 들어오고 나가다. 예 배가 드나드는 항구.

드날리다 세력이나 이름이 드러나서 널리 떨치다. 예 학교의 이름을 드날리다.

드높다 굉장히 높다. 번쩍 들려 매우 높다. 예 드높은 하늘. —이.

드높이다 번쩍 들어 매우 높게 하다. 예 사기를 드높이다.

드디어 무엇으로 말미암아 그 결과로. 예 노력 끝에 드디어 성공하였다. 비 마침내. 필경.

드라마(drama) '동작을 하다'라는 희랍어에서 온 말로 극·각본·희곡 등을 나타내는 말.

드라이버(driver) ①나사못을 돌려서 박거나 빼는 데 쓰는 연모. ②운전사. 예 택시 드라이버.

〔드라이버〕

드라이브(drive) 자동차를 타고 놀이 삼아 달림. —하다.

드라이 아이스(dry ice) 탄산가스를 얼려서 만든 눈 모양의 차가운 고체.

드라이어(dryer) ①건조기. 건조제. ②'헤어 드라이어'의 준말.

드라이 클리:닝(dry cleaning) 물 대신 벤젠 같은 세척액을 사용하는 건조 세탁. 준 드라이.

드라이포인트(drypoint) 판화의 한 가지. 판에 그림을 새겨 그 홈에 물감을 부어 그림을 찍어 냄.

드러나다 ①겉으로 나타나다. ②감추었던 것이 나타나다. 예 진실이 드러나다.

드러나 있다 거죽에 잘 나타나 있다. 예 그의 기분이 얼굴에 드러나 있다.

드러내다 ①감추어져 있던 것을 나타나게 하다. 예 본색을 드러내다. ②세상에 알려지도록 하다. 예 이름을 드러내다. 반 감추다.

드러눕다 〔드러누우니, 드러누워서〕 제 마음대로 편히 눕다. 예 잔디밭에 드러눕다.

드럼(drum) ①서양 음악을 연주하는 데 쓰이는 북을 통틀어 이르는 말. ②드럼통.

드럼통(drum桶) 가솔린을 넣는 크고 둥근 통.

드렁칡[—칙] 산기슭 언덕에 얽혀 있는 칡덩굴.

드레드레 물건들이 많이 매달려 있거나 늘어져서 흔들리는 모양.

드롭 커ː브(drop curve) 야구에서, 투수가 던진 공이 타자 앞에 와서 갑자기 아래로 떨어지는 일.

드롭킥(dropkick) 럭비에서, 손에 들고 있는 공을 땅에 떨어뜨려 튀어오르는 순간에 차는 일.

드르렁 코를 요란하게 고는 소리. ㉠코를 드르렁 골다.

드르르 바퀴 달린 큰 물체가 단단하고 평평한 바닥을 구를 때 나는 소리.

드르륵 ①방문 따위를 거침없이 열 때 나는 소리. ㉠드르륵 문이 열리다. ②총 따위를 잇달아 쏘는 소리.

드리고자 드리려고. ㉠아버지의 일을 도와 드리고자 부지런히 집에 돌아왔다.

드리다¹ 윗사람에게 물건을 주거나 말씀을 여쭈다. ㉠아버님께 선물을 드리다.

드리다² ①끈이나 줄을 땋거나 꼬다. ②댕기를 달다. ㉠길게 땋은 머리에 갑사댕기를 드리다.

드리다 ①곡식에 섞인 잡것을 바람에 날려 보내다. ②몇 가닥의 실을 하나로 꼬거나 땋다. ③팔기를 그만두고 가게의 문을 닫다. ④윗사람에게 말씀을 여쭈거나, 물건을 주거나 정성을 바치다.

들이다 ①손님을 모시어 들어오게 하다. ②맛을 붙이다. ③물감을 올리다. ④비용을 내거나 일이 되게 힘쓰다.

드리블(dribble) ①축구 따위에서 공을 두 발로 몰면서 달리는 일. ②농구에서 손으로 공을 바닥에 튕기면서 움직이는 동작. —하다.

드리우다 어떤 물체를 위에서 아래로 늘이다. ㉠창문에 커튼을 드리우다.

드릴(drill) ①송곳. ②맨 끝에 송곳날을 단, 공작용의 구멍 뚫는 기구.

드문드문 이따금. 띄엄띄엄. ㉰뜨문뜨문. —하다.

드물다〔드무니, 드물어서〕 ①흔하지 않다. 귀하다. ②잦지 않다. ㉠왕래가 드물다. ㉮흔하다.

드보르자크(Dvořák, 1841~1904) 구체코슬로바키아의 음악가. 작품으로 교향곡 제9번〈신세계〉〈유모레스크〉〈슬라브 춤곡〉등이 유명함.

드새다 길을 가다가 쉴 만한 곳을 찾아 밤을 지내다.

드세다 세력이 아주 강하다.

드티다 ①자리를 조금씩 서로 비키다. ②날짜를 연기하다.

득남(得男) 아들을 낳음. —하다.

득녀(得女) 딸을 낳음. —하다.

득달같다 잠시도 머뭇거리거나 기다리지 않다. ㉠득달같이 달려오다. —이.

득도(得道) ①도를 깨달음. ㉠십 년 수도로 득도한 승려. ②이치를 깨달음. —하다.

득세(得勢) ①세력을 얻음. ㉠문신들의 세력을 꺾고 무신들이 득세했다. ㉮실세. ②형세가 유리해짐. —하다.

득실득실 많은 사람들이나 동물들이 떼지어 들끓는 모양. ㉠이리떼가 득실득실하다. 㾱득시글득시글. —하다.

득점(得點) 시험이나 경기에서 점수를 얻음, 또는 그 점수. ㉠최

-든 '-든지'의 준말. 예네가 오든 말든 난 상관없다.

-든 가리는 뜻을 나타내는 말.
-던 지나간 때를 나타내는 말.

든든하다 ①무르지 않고 매우 굳다. ②약하지 않고 굳세다. ③속이 배서 여무지다. ④믿는 곳이 있어 마음이 굳세다. 예마음이 든든하다. ⑤배가 부르다. 예속이 든든하다. 짝단단하다. —히.

-든지 '무엇이나 가리지 않는'의 뜻을 나타내는 말. 예가든지 말든지 마음대로 해라.

듣기놀이 여럿이 한데 모여서 어떤 말을 맨 처음 사람이 듣고 다음 사람에게 차례차례 귓속말로 전하여, 맨 끝 사람에게 바르게 전해졌나 틀리게 전해졌나를 알아보는 놀이.

듣다¹〔들으니, 들어서〕①소리를 느끼다. 예연주를 듣다. 반말하다. ②칭찬이나 꾸지람을 받다. 예꾸중을 듣다. ③물이 방울방울 떨어지다.

듣다² ①약 따위가 효과를 나타내다. 예감기에 잘 듣는 약. ②기계 따위가 제 구실을 하다. 예기계가 말을 안 듣는다.

들:¹ 인가가 없는 넓은 평야. 비벌판. 들판. 반산. 메.

-들² '여럿·여럿이 제각기'의 뜻. 예사람들.

들:개[-깨] 집이 없이 제멋대로 돌아다니는 개.

들것[-껏] 거적의 좌우 끝에 작대기를 잡아매어 환자나 물건을 실어 나르는 데 쓰는 기구. 예환자를 들것으로 날랐다.

〔들 것〕

들:국화 가을철에 야트막한 산이나 들에 피는 국화의 한 종류.

들기름 들깨로 짠 기름.

들:길[-낄] 넓은 벌판에 사람이 다니도록 만들어 놓은 길. 예코스모스 핀 들길.

들깨 ①꿀풀과의 한해살이풀. 높이 약 60~90 cm. 잎은 크고 잔털이 있음. ②들깨의 씨.

들:꽃 산이나 들에서 절로 자라는 식물의 꽃.

들끓다[-끌타] 많은 사람이 우글우글 모여들어서 물 끓듯 움직이다. 예시장에 사람들이 들끓다.

들날리다[들랄-] 세력이나 이름을 널리 떨치다. 비드날리다.

들:녘[-력] 산에서 멀리 떨어져 평야가 많이 있는 곳.

들다¹〔드니〕①물건을 위로 올리다. ②손에 잡아 가지다. ③실지예나 증거로 사실을 끌어 말하다. 예확실한 증거를 들다.

들다²〔드니〕①내리던 비가 그치고 날이 개다. 예날이 들다. ②땀이 그치다. 예땀이 들다. ③칼·대패·톱 따위의 쇠붙이 연장의 날이 날카롭다. 예칼이 매우 잘 든다.

들다³〔드니〕①있는 곳을 정하여 들어가다. 예새 집에 들다. ②풍년이나 흉년이 되다. 예풍년이 들다. ③절기가 돌아오다. ④마음에 꼭 맞다. 예마음에 들다. ⑤물감·빛 따위가 물건에 스며들다. ⑥안으로 향하여 가거나 또는 오다. ⑦무슨 일에 어떠한 물건이 쓰이다. ⑧병이 생기다. 예병이 들다. ⑨나쁜 영향을 받아 그와 같이 되다. 예나쁜 물이 들다.

들다[4] [드니] 나이가 썩 많다. 예나이가 제법 들어 보인다.

들다[5] '음식을 먹다'를 점잖게 이르는 말. 예저녁을 들다.

들뜨다 ①단단한 바닥에 붙은 얇은 물건이 떨어져 틈이 벌어지다. ②마음이 가라앉지 않다. 예봄은 들뜨기 쉬운 계절이다. ③살갗이 누렇고 부석부석하게 되다.

들락거리다 자꾸 들어왔다 나갔다 하다. 들랑거리다.

들락날락 자꾸 드나드는 모양. 들랑날랑. 예배탈 때문에 화장실을 들락날락하다. ―하다.

들러리 결혼식에서 신랑이나 신부를 식장으로 인도하며 부축해 주는 사람.

들러붙다 어떤 물건이 끈기 있게 바짝 붙다. 예껌이 옷에 들러붙다. 본들어붙다. 작달라붙다.

들르다 지나가는 길에 잠깐 거치다. 예학교에서 오는 길에 이모 집에 들러라.

들리다[1] 소리를 알게 하다. 예천둥소리가 들리다.

들리다[2] 듦을 당하다. 예큰 바위 한쪽 끝이 번쩍 들리다.

들마루 방문 바로 앞에 잇달아 인 쪽마루.

들먹 ①묵직한 것이 한 번 들렸다가 내려앉는 모양. ②몸의 일부가 아래위로 움직이는 모양. 예어깨가 들먹거리다. ―하다.

들먹이다[1] 자꾸 들먹들먹하다. 예공연히 가슴이 들먹이다.

들먹이다[2] 남의 일을 들추어 입에 올리다. 예아무나 들먹이지 마라. 센뜰먹이다.

들며나며 ①항상. ②늘. ③들락날락.

들배지기 씨름 기술의 한 가지. 상대방을 껴안아 들어올리면서, 자기 몸을 슬쩍 돌려 넘어뜨리는 기술.

들보[―뽀] 건물의, 칸과 칸 사이의 두 기둥 위를 건너지른 나무. 준보.

들볶다 못 살게 애를 먹이다. 예과자를 사 달라고 들볶다.

들볶이다 못 살게 괴로움을 받아 애를 먹게 되다. 예어머니가 과자를 사 달라는 아이에게 들볶이다.

들숨[―쑴] 들이쉬는 숨. 반날숨.

들썩거리다 계속해서 어깨나 궁둥이를 가벼이 아래위로 움직이다. 작달싹거리다.

들썩들썩 ①물건이 들렸다 가라앉았다 하는 모양. ②마음이 들떠서 움직이는 모양. 작달싹달싹. 센뜰썩뜰썩. ―하다.

들쑥날쑥하다 들쭉날쭉하다.

들어가다 밖에서 안으로 향하여 가다. 반나오다.

들어내다 ①물건을 들어서 밖으로 내놓다. 예책상을 들어내다. ②쫓아서 보내다.

들어맞다 ①틀리지 않고 꼭 맞다. 예생각이 들어맞다. ②빈틈이 없이 꽉 차게 끼이다. 예모자가 들어맞다.

들어붓다 액체나 가루가 담긴 그릇을 들어서 통째로 쏟아 붓다. 예물을 들어붓다.

들어서다 ①밖에서 안쪽으로 다가서다. 예집 안으로 들어서다. ②

테두리 안에 자리잡다. [예] 빽빽이 들어선 집. ③막 대들다.

들어오다 밖에서 안으로 향하여 오다. [반] 나가다.

들여다보다 ①밖에서 안을 엿보다. [예] 방 안을 들여다보다. [반] 내다보다. ②가까이 대고 자세히 보다. [예] 답안지를 들여다보다.

들여보내다 안이나 속으로 들어가게 하다. [예] 집으로 들여보내다.

들으면 병이요 안 들으면 약이다 〈속〉 걱정되는 일은 차라리 안 듣는 것이 낫다.

-들이 그릇의 담기는 분량을 나타내는 말. [예] 한 되들이.

들이다 ①들어오게 하다. [예] 손님을 방으로 들이다. ②비용을 내다. ③살게 하다. [예] 방 하나를 세를 들였다.

들이닥치다 바싹 가까이 닥치다. [예] 갑자기 폭풍이 들이닥쳤다.

들이대다 ①물건을 가져다가 마주 대다. [예] 증거물을 들이대다. ②버릇없이 자꾸 대들다. [예] 건방지게 어른에게 들이대다.

들이마시다 씹지 않고 빨아 마시다. [예] 죽을 들이마시다.

들이밀다 ①안으로 향하여 밀다. [예] 창문으로 손을 들이밀다. [반] 내밀다. ②함부로 냅다 밀다. [준] 디밀다.

들이치다 비나 눈 등이 바람에 불려서 안을 향해 세차게 뿌리다. [예] 비가 들이치다.

들이켜다 세게 들이마시다. [예] 막걸리를 들이켜라.

들이키다 안쪽으로 다그다. [예] 화분을 안쪽으로 들이켜 놓다.

들:일[—릴] 논이나 밭에서 하는 일. [반] 집안 일.

들입다 마구 무리하게. [예] 차에 타려고 들입다 밀다. [준] 들이. 딥다.

들:쥐[—쮜] 들에 사는 쥐를 통틀어 일컫는 말.

들쭉 높은 산에 나는 들쭉나무의 열매.

들쭉날쭉 들어가고 내밀어 일정하지 않은 모양. [예] 책이 들쭉날쭉 멋대로 꽂혀 있다. —하다.

들창(—窓) 사람은 드나들지 않고 공기를 넣거나 방을 밝게 하기 위하여 조그맣게 단 문.

들창코 코끝이 위로 들려서 콧구멍이 드러나 보이는 코, 또는 그러한 코를 가진 사람.

들추다 ①무엇을 찾으려고 겉에 있는 것을 들어올려 자꾸 뒤지다. ②나타나지 않은 것을 드러내다. [예] 비밀을 들추다.

들추어내다 들추어서 나오게 하다. [예] 남의 비밀을 들추어내다.

들추어보다 ①물건을 들추어 찾아보다. [예] 아무리 들추어보아도 없다. ②시험삼아 들추다.

들치기 남의 눈길을 속여 물건을 잽싸게 들고 뛰는 좀도둑, 또는 그러한 죄. —하다.

들키다 숨기려던 일이나 물건이 남의 눈에 뜨이어 알려지게 되다. [예] 만화를 보다가 어머니에게 들켰다.

들통나다 숨긴 일이 드러나서 발각되다. [예] 거짓말이 들통나다.

들:판 ①벌판. ②넓은 들. [비] 평야. 벌판. 들. [반] 뫼. 산.

듬뿍 그득하게 수북한 모양. [예] 듬뿍 집어 주다. [작] 담뿍.

듯 그러한 것 같기도 하고 그렇지 않은 것 같기도 하다는 뜻을 추상적으로 나타내는 말. ㉮먹은 듯만 듯하다.

듯이¹ 그와 같이. 듯하게. ㉮날아갈 듯이 기뻤다.

-듯이² '거의 같게'의 뜻을 나타내는 말. ㉮구름에 달 가듯이.

듯하다 말끝에 붙어 객관적인 추측을 나타내는 말. ㉮찌는 듯한 더위.

등¹ ①가슴과 배의 뒤. ②뒤쪽.

등² '등나무'의 준말.

등:³(等) ①등급. ㉮일등. 이등. ②들. 기타. ㉮소·돼지·닭 등을 가축이라고 한다.

등⁴(燈) 불을 켜서 어두운 곳을 밝히는 기구. ㊣등잔.

등거리 소매나 깃 없이 베·무명으로 만들어 등에 걸치는 홑옷.

등걸 줄기를 잘라 낸 나무의 밑동. ㉮나뭇등걸.

등겨 벼의 겉껍질.

등:고선(等高線) 지도에서, 표준해면으로부터 같은 높이에 있는 지점을 연결하여 놓은 곡선.

등골[-꼴] 뇌의 명령을 신경에 전하고 신경의 흥분을 뇌에 전하는 기관. 척수.

등과(登科) 과거에 합격을 함. 등제. -하다.

등교(登校) 학교에 감. ㉮등교길. ㊤하교. -하다.

등귀(騰貴) 물건값이 뛰어오름. ㉮물가가 등귀하다. -하다.

등극(登極) 임금의 자리에 오름. 즉위. -하다.

등긁이[-글기] 등을 긁는 데 쓰는 갈고리 모양의 기구.

등:급(等級) 신분·값·품질 등의 높고 낮음, 또는 위아래를 여러 층으로 구별한 급수. ㉮농산물의 등급을 매기다.

등기 우편(登記郵便) 우편물 배달의 정확함을 기하기 위하여 만든, 우편물 특수 취급의 한 방법.

등나무(藤-) 우리 나라 중부 이남 및 일본·중국에 퍼져 있는 식물로서, 줄기는 '등'이라 하여 수공품에도 쓰임. ㊣등².

등널 의자의 등이 닿는 곳에 댄 널빤지. 배판.

등단(登壇) ①대장의 벼슬에 오름. ②연단·강단에 오름. ③어떤 방면에서 전문가로서 활동할 수 있게 됨. ㉮신춘 문예에 당선하여 소설가로 등단하다. -하다.

등대(燈臺) 밤에 뱃길의 위험한 곳을 비추거나, 목표로 삼기 위하여 등불을 켜 놓는 대.

[등 대]

등:등(等等) 여러 사물을 죽 들어 말할 때 '무엇무엇들'의 뜻으로 쓰는 말. ㉮옷·모자·신 등등 살 것이 많다.

등등하다(騰騰-) 기세가 상대를 누를 만큼 높고 당차다. 서슬이 푸르다. ㉮세도가 등등하다.

등때기 '등'의 속된말.

등록(登錄)[-녹] 문서에 적어 올림. ㉮주민 등록. -하다.

등록금(登錄金) 대학생이 입학할 때나 학기 초에 학교에 내는 수업료. ㊣납입금. 학비.

등롱(燈籠)[-농] 불을 켠 초나 호롱을 담아 밖에 내걸거나, 들고 다니며 어둠을 밝히던 기구.

등반(登攀) 높은 곳에 오름. ㉮설

악산을 등반하다. —하다.

등반대 높거나 험한 산 같은 곳에 올라갈 목표를 세우고 그것을 이루기 위하여 조직된 무리. [예] 에베레스트 산 등반대.

등받이[—바지] 의자에 앉을 때 등에 닿는 부분.

등배 운동 다리를 벌리고 서서 허리를 젖혔다 굽혔다 하는 체조.

등본(謄本) 원본을 그대로 베껴 적은 서류. [예] 주민 등록 등본.

등:분(等分) 어떤 수나 양을 서로 같은 부분으로 나눔. [예] 이익을 등분하다. —하다.

등불[—뿔] ①등에 켠 불. ②등잔의 불. [비] 등잔불.

등뼈 척추 동물의 몸을 지탱하고 있는, 등 한복판의 뼈.

등사(謄寫) ①베껴 씀. ②등사판으로 박음. [예] 시험지를 등사하다. —하다.

등산(登山) 산에 오름. [예] 등산객. 등산복. [반] 하산. —하다.

등색(橙色) 익은 귤빛과 비슷한 빛깔. 오렌지색.

등성이 산등성이. 산의 등줄기. [비] 마루[2].

등:수(等數)[—쑤] 차례를 매겨 붙인 번호.

등:식(等式) 등호(=)가 들어 있는 식. [예] 90+30=120.

등:신(等神) 어리석은 사람.

등:신대(等身大) 사람의 키만한 크기.

등심(—心) 소의 등에 붙은 고기. 기름기가 많고 연함.

등:심선(等深線) 지도에서 해면을 기준으로 하여 같은 깊이의 지점들을 이은 곡선.

등쌀 몹시 귀찮게 야단을 부리는 짓. [예] 장난꾸러기들 등쌀에 책도 볼 수 없다.

등에 등엣과의 곤충. 파리 비슷한데 가슴과 배 부분에 털이 있음. 동물의 피를 빨아먹음.

등:온선(等溫線) 같은 온도의 지점을 연결한 지도상의 선.

등:외(等外) 정한 등급에 들지 못한 것. [예] 등외로 밀려나다.

등용(登用) 사람을 뽑아 씀. [예] 인재를 등용하다. —하다.

등용문(登龍門) 용문에 오른다는 뜻으로, 출세에 연결되는 어려운 관문을 비유하여 이르는 말.

등유(燈油) 등불을 켜는 데 쓰는 기름. 석유.

등잔(燈盞) 기름을 담아서 불을 켜는 데 쓰는 그릇. [비] 등[4].

〔등 잔〕

등잔 밑이 어둡다〈속〉 가까운 곳에서 생긴 일을 모른다.

등잔불[—뿔] 등잔에 켠 불.

등장(登場) ①무대에 배우가 나옴. [비] 입장. [반] 퇴장. ②무슨 일에 어떠한 사람이 나타남. [예] 혜성같이 등장한 선수. —하다.

등장 인물 소설·영화 등에 나오는 사람.

등정(登頂) 산 따위의 정상에 오름. [예] 백두산 등정에 성공하다. —하다.

등줄기[—쭐기] 등의 가운데 줄이 진 부분.

등:지(等地) 땅 이름 밑에서 '그러한 곳들'이란 뜻으로 쓰는 말. [예] 고흥·완도 등지에서 생산되는 김.

등지다 ①돌아서다. 무엇을 등 뒤에 두다. ②떠나다. ㉠ 그는 고향을 등지고 서울로 가 버렸다.

등짐 장수[등찜—] 물건을 등에 지고 다니며 파는 사람.

등쳐먹다 위협하여 나쁜 방법으로 남의 재물을 빼앗다.

등치고 간 내먹는다(속) 겉으로는 가장 위해 주는 체하면서 속으로는 해를 끼친다.

등판(登板) 야구에서, 투수가 마운드에 서는 일. 핸강판.

등피(燈皮) 남포의 위에 덧씌우는 유리로 만든 물건. 바람을 막음.

등:한시(等閑視) 대수롭지 않게 보아 넘김. ㉠ 공부를 등한시하다. —하다.

등:한하다(等閑—) 무심히 보고 있다. 마음을 쓰지 않다. —히.

등:호(等號) 같음을 나타내는 부호. '='. ㉠ 2+3=5.

디디다 ①발을 대고 누르거나 밟다. ㉠ 돌을 디디고 서다. ②어느 지점에 발길이 닿다. 준딛다.

디:디:티:(DDT) 무색 결정성의 농업용 살충제의 한 가지.

디딜방아[—빵아] 발로 밟아 곡식을 찧는 방아. 비발방아.

〔디딜방아〕

디딤돌[—똘] 발로 디디고 오르내리게 된 돌.

디밀다 '들이밀다'의 준말.

디바이더(divider) 컴퍼스처럼 생겨서 양끝이 바늘로 되어 있는 제도 용구. 벌어진 양쪽 바늘로 일정한 길이를 다른 곳에 옮기거나 분할·측정하는 데에 쓰임.

디스카운트(discount) 할인. ㉠ 값을 디스카운트해 주다. —하다.

디스코 댄스(disco dance) 경쾌한 음악에 맞추어 추는 자유로운 춤.

디스토마(distoma) 사람이나 소·말 따위의 간이나 폐에 기생하여 병을 일으키는 기생충.

디자이너(designer) ①옷이나 옷감, 공업 제품·상업 미술 등을 도안하는 사람. ②설계자.

디자인(design) ①도안. 설계. ②무늬. 본. —하다.

디저:트(dessert) 식사 후에 먹는 과자나 과일 따위.

디:젤 기관(Diesel 機關) 주로 중유·경유를 연료로 실린더 내에 공기를 압축해서 고온·고압으로 한 후, 액체 연료를 분사하여 피스톤의 왕복 운동을 일으켜 동력을 얻는 내연 기관.

디즈니랜드(Disneyland) 1955년 만화 영화 제작자 디즈니가 로스앤젤레스 교외에 세운 유원지.

디지털(digital) 자료를 수치로 바꾸어 처리하거나 숫자로 나타내거나 하는 것. 반아날로그.

디킨스(Dickens, 1812~1870) 영국의 문학가. 재치와 익살·풍자에 찬 글로 인도주의와 사회 개선을 부르짖어 세계 문학에 큰 영향을 끼쳤으며, 〈올리버 트위스트〉〈위대한 유산〉 등의 작품을 남겼음.

디파:트먼트(department) 대규모의 소매점. 백화점. 본디파트먼트 스토어.

디프테리아(diphtheria) 두 살에서 일곱 살쯤까지의 어린 아이들에게 잘 걸리는 전염병의 한 가지. 편도선이 붓고 음식을 잘 넘

디:피:이 : (D P E) 사진의 현상·인화·확대, 또는 그런 일을 하는 가게.

딜:러 (dealer) ①무역 업자. ②특약점. 소매점. ③트럼프에서 카드를 나누어 주는 사람.

딩딩하다 힘이 세다. 튼튼하고 옹골차다. 쎈띵띵하다.

ㄸ [쌍디귿] 'ㄷ'의 된소리.

따갑다 [따가우니, 따가워서] ①몹시 더운 느낌이 있다. 예햇살이 따갑다. 큰뜨겁다. ②바늘로 찌르는 것처럼 아프다. 예가시에 찔린 곳이 따갑다.

따개 병이나 캔 따위의 뚜껑을 따는 물건.

따개비 바다 밑의 암초나 배 밑에 붙어 사는 절지 동물. 거죽에 가로세로 횐색의 융기가 있음. 비굴등.

[따개비]

따:귀 '뺨'의 속된 말. 예따귀를 때리다. 본뺨따귀.

따끈따끈 매우 따끈한 모양. 예따끈따끈한 호떡. 큰뜨끈뜨끈. —하다.

따끈하다 좀 따뜻한 느낌이 있다. 따가울 만큼 덥다. 예따끈한 보리차. 큰뜨끈하다. —히.

따끔따끔 매우 따끔한 느낌이 있다. 예벌에 쏘인 자리가 따끔따끔하게 아프다. —하다.

따끔하다 찔리거나 꼬집힐 때 느끼는 것 같은 아픈 느낌이 있다. 큰뜨끔하다. —히.

따님 남의 딸을 높이어 이르는 말. 영애. 영양.

따다 ①붙어 있는 것을 잡아떼다. 예사과를 따다. ②노름하여 돈을 얻다. 예돈을 따다.

따돌리다 무슨 일을 할 때에 밉거나 싫은 사람을 떼어 내어 그 일에 관계를 못 하게 하다. 예그 사람을 따돌리지 마라.

따뜻하다 ①기분이 좋을 만큼 알맞게 덥다. 예날씨가 따뜻하다. 큰뜨뜻하다. ②사랑이 깊다. 비따스하다. 반서늘하다. —이.

따라 그 때문에. 그대로 좇아서. 예오빠를 따라 약수터에 가다.

따라가다 ①뒤에서 좇아가다. ②남의 의견대로 좇다. 예그의 의견에 따라가다. ③남이 하는 대로 좇아가다.

따라서 ①때문에. ②그대로 좇아서. 좇아서. 예영이는 아저씨를 따라서 서울에 갔다.

따라오다 ①남의 뒤를 좇아오다. 예내 뒤를 따라오너라. ②남이 하는 대로 좇아 하다.

따러 따기 위하여. 예호박을 따러 밭으로 갔다.

따로 ①서로 다르게. 달리. ②한데 뒤섞이지 않고 떨어져서. 예그와는 따로 일을 추진했다. 비별도로. 반아울러. 한데².

따로따로 한데 뒤섞이지 않고 다 각각 떨어져서. 예따로따로 갖다 두어라.

따르다¹ [따르니, 따라서] ①남의 뒤를 좇다. ②정답게 굴다. 예그 아이는 나를 잘 따른다. ③사모하여 좇다.

따르다² [따르니, 따라서] 그릇 안이나 밖으로 액체를 붓거나 쏟다.

따르릉 전화 벨이나 작은 종 따위가 급하게 울리는 소리. —하다.

따름 '르'이나 '을' 아래에 쓰여 '그뿐'이라는 뜻을 나타내는 말. 예승패를 떠나 최선을 다할 따름이다.

따발총(—銃) 탄창이 따리 모양으로 둥글납작하고 총을 쏘면 탄알이 잇달아 나오는 소련제의 자동 소총.

따분하다 ①답답하다. ②착 까부라져서 기운이 없다. —히.

따사롭다 '다사롭다'의 센말.

따사하다 따뜻하다. 큰따스하다.

따스하다 조금 따뜻하다. 비따뜻하다. 반서늘하다.

따오기 따오깃과의 새. 해오라기 비슷한데, 몸이 희고 검은 부리는 밑으로 굽었음. 천연 기념물.

따옥따옥 따오기의 우는 소리.

따옴표 남의 말이나 어떤 글의 일부를 따다가 쓸 때, 그 말이나 글의 앞뒤에 쓰는 문장 부호. " ", ' ' 따위. 인용부.

따위 ①사람이나 사물을 얕잡아 이르는 말. 예너 따위는 상대가 안 된다. ②그것과 같은 종류임을 나타내는 말. 예빈대·벼룩·이 따위를 독충이라 한다.

따져 보다 ①캐물어 보다. ②이유를 끝까지 캐어서 알아보다. 예누가 옳고 그른지 잘 따져 보자. ③셈을 쳐보다.

따지다 ①수를 계산하다. 예이자를 따지다. ②일의 옳고 그름을 가리다. 예잘잘못을 따지다.

딱 ①꼭. ②군세게. 힘있게. ③단단한 물건이 서로 부딪치거나 부러질 때 나는 소리. ④활짝 바라진 모양. 예입을 딱 벌리다.

딱따구리 딱따구릿과에 속하는 새를 통틀어 이르는 말. 숲 속에서 살며, 날카롭고 단단한 부리로 썩은 나무에 구멍을 뚫고 그 속에 있는 벌레를 잡아먹음. 몸빛은 녹색·흑색 등이고 얼룩무늬가 있음.

딱딱거리다 딱딱한 말투로 소리를 크게 내어 을러대다. 예너무 딱딱거리지 마라.

딱딱하다 ①태도나 분위기가 부드러운 맛이 없고 거세다. ②굳어서 단단하다. —히.

딱정벌레 껍데기가 단단한 곤충의 한 가지. 몸빛은 금록색. 밤에 곤충을 잡아먹음.

딱지[1] ①상한 자리에 피나 진물이 말라붙어 생기는 껍질. ②게·소라·거북 따위의 몸을 싸고 있는 뼈처럼 단단한 껍데기.

딱지[2] 우표나 증지, 또는 어떤 표시를 그리거나 박은 종이 조각을 통틀어 이르는 말.

딱지치기 땅바닥에 놓인 종이 딱지를 서로 번갈아 가며 쳐서 상대방의 딱지가 뒤집어지면 따먹는 어린이 놀이. —하다.

딱총 ①불놀이할 때 화약을 종이나 내통에 다져 넣고 그 끝에 심지를 달고 불을 붙여 터지게 만든 총. ②장난감 권총.

딱하다 ①가엾다. 불쌍하다. 예처지가 딱하다. ②처리하기 어려워 안타깝다. 비난처하다. —히.

딴 다른. 예딴 길로 걷다.

딴마음 ①다른 것을 생각하는 마음. ②배반하려는 마음.

딴소리 본뜻에 어그러지는 말. 딴말. 예딴소리하지 마라. —하다.

딴전 그 일과는 아주 딴 짓을 하는 일. 딴청. 예딴전 피우지 말고 빨리 얘기해라.

딴죽 자기의 발로 상대자의 다리를 옆으로 치거나 끌어당기어 넘어뜨리는 재주. 예 딴죽 걸다.
딴청 =딴전.
딴판 아주 다른 모양. 예 모양이 아주 딴판이다.
딸 여자로 태어난 자식.
딸:기 장미과에 속하는 나무. 딸기·양딸기 따위의 총칭. 붉은 열매는 달며 식용함.
딸:기코 술을 많이 먹어 빨개진 코. 또, 그런 사람.
딸꾹질 숨이 한때 막혔다가 갑자기 터져 나오려고 할 때에, 그것이 목구멍에 울려서 소리나는 증세. —하다.
딸리다 어떤 것에 속해 있다. 예 내게 딸린 식구.
딸림화음 각 음계의 5도상에 이루어진 삼화음.
딸의 집에서 가져온 고추장〈속〉 무엇이나 아껴 두고 쓴다는 말.
땀 사람이나 동물의 몸에서 나는 물 같은 진액. 체온을 조절하는 일을 함. 예 땀구멍. 땀방울.
땀띠 땀을 많이 흘리어 살에 좁쌀알같이 돋는 붉은빛의 종기. 예 땀띠약.
땀받이[—바지] 땀을 받아 내기 위해 껴입는 속옷.
땀샘 살갗 속에 있으며, 땀을 걸러 내는 샘.
땅 ①우리가 사는 곳. 곧, 지구의 거죽에 흙이 쌓인 곳. ②논이나 밭. 토지. 예 기름진 땅. 빈 대지. 반 하늘.
땅거미 해가 진 뒤로 컴컴하기 전까지의 어스레한 동안.
땅광[—꽝] 땅 속에 만들어 놓은 방 같은 곳. 빈 지하실.

땅굴[—꿀] ①땅 밑으로 뚫은 굴. ②땅을 파서 굴처럼 만든 곳. 예 북괴의 남침용 땅굴.
땅꾼 뱀을 잡아 파는 사람.
땅덩이[—떵이] 땅의 큰 덩이. 대륙·국토·지구 등을 가리키는 말.
땅딸보 '키가 작은 사람'을 우스꽝스레 이르는 말.
땅마지기 몇 마지기의 논이나 밭. 예 땅마지기나 가졌다고 제법 으쓱한다.
땅바닥[—빠닥] 아무것도 깔지 않은 땅의 맨바닥. 땅거죽.
땅벌[—뻘] 몸이 작고 빛이 검으며 땅 속에 집을 짓고 사는 벌을 통틀어 일컫는 말. 토봉.
땅볼:[—뽈] 야구·축구에서, 땅 위로 굴러가도록 치거나 찬 공.
땅서리병[—뼝] 주로 운동 부족으로 생기는 돼지의 병.
땅속뿌리[땅쏙—] 땅 속에 묻혀 있는 식물의 뿌리.
땅속줄기[땅쏙—] 땅 속에 묻혀 있는 식물의 줄기.
땅임자[—님자] 논밭 등 토지의 소유자.
땅 짚고 헤엄치기〈속〉 일이 매우 하기 쉽다는 말. 예 이 정도 일쯤이야 땅 짚고 헤엄치기지.
땅콩 줄기는 무더기로 나고 땅 속에 열리는데 이것으로 기름을 짜며 익혀 그냥 먹기도 하는 콩의 한 가지.
땋다[따타] 여러 가닥을 한 가닥씩 서로 합하여 꼬다. 예 머리를 두 갈래로 땋다.
때[1] 몸이나 옷에 묻은 더러운 물질. 예 때를 벗기다.
때[2] ①시간의 어떤 점이나 부분. ②하루 밤낮을 갈라 놓은 것. 시각. ③시대. 시절. ④좋은 운수나 기회. [예] 때를 기다리다. [비] 시대.

때 ①시간. ②더러운 것.
떼 ①무리. ②억지 주장.

때굴때굴 작고 단단한 물건이 자꾸 굴러가는 모양. [예] 때굴때굴 공이 굴러가다. [큰] 떼굴떼굴.

때:다 아궁이에 불을 넣다. [예] 불을 때다.

때때로 가끔가다가. 이따금. [예] 오늘 일기 예보에서 오후에는 때때로 비가 올 것이라고 말하더라. [반] 늘. 줄곧.

때때옷[—옫] 알록달록한 색을 넣어 지은 어린아이의 고운 옷. [예] 설날이라 때때옷을 입었다.

때로 경우에 따라서. [예] 원숭이도 때로 나무에서 떨어진다.

때로는 '때로'를 힘주어 하는 말. 경우에 따라서는.

때를 가리지 않고 아무 때나. 언제든지.

때리다 사람이나 짐승을 아픔을 느끼도록 치다. [비] 두들기다.

때마침 그 때에 마침. [예] 남산에 올라갔더니 때마침 음악회가 열리고 있었다.

때문 까닭. 탓. 어떤 원인. [예] 감기 때문에 결석했다.

때아닌 뜻밖에. 의외의. [예] 봄인데 때아닌 눈이 내린다.

땔:감[—깜] 불을 때는 데 쓰이는 온갖 물건. [비] 연료.

땔:나무 땔감이 되는 나무.

땜:[1] '땜질'의 준말. —하다.

땜:[2] 어떠한 재앙이나 액운을 넘기거나 또는 다른 고생으로 대신 겪는 일. [예] 액땜. —하다.

땜:납 납과 주석의 합금. 땜질에 씀.

땜:인두 쇠붙이로 땜질할 때 쓰이는 연모.

땜:장이 때워 고치는 일을 하는 사람.

땜:질 금이 가거나 뚫어진 곳을 때우는 일. [예] 구멍을 땜질하다. [본] 때움질. [준] 땜. —하다.

땟국물 때가 낀 물기.

땡땡 종이나 꽹과리 같은 것을 치는 소리. [큰] 뗑뗑. [여] 댕댕.

땡볕 가리움 없이 따갑게 내리쬐는 뙤약볕.

땡잡다 '뜻밖에 좋은 운수가 생기다'를 속되게 이르는 말.

떠꺼머리 장가나 시집갈 나이가 넘은 총각·처녀의 길게 땋아 늘인 머리.

떠나다 ①출발하다. 길을 가다. ②다른 곳으로 옮겨 가다. 집을 옮기다. [반] 닿다. 도착하다. ③죽다. [예] 세상을 떠나다.

떠내다 ①물이나 국 등을 퍼내다. ②초목 등을 흙과 함께 파내다.

떠내려가다 물 위에 떠서 내려가다. [예] 배가 물에 떠내려가다.

떠다밀다 ①세게 밀다. ②자기 일을 남에게 넘기다. [예] 책임을 친구에게 떠다밀다.

떠돌뱅이 '떠돌아다니는 사람'을 얕잡아 이르는 말.

떠돌아다니다 정처 없이 이리저리 굴러다니다.

떠돌이별 일정한 곳에 있지 않고 지구나 달처럼 공전하는 별. [비] 행성.

떠돌이새 아주 가까운 지역을 철에 따라 옮겨 다니면서 사는 새.

떠:들다[1]〔떠드니〕 ①큰 목소리로 지껄이다. [예] 수업 시간에 떠들지

마라. ②소문이 크게 나다.

떠들다²〔떠드니〕 가리거나 덮인 물건의 한 부분을 조금 걷어 쳐들다. 예이불을 떠들다.

떠들썩하다 ①어느 한 부분이 착 달라붙지 않고 속이 떠서 들리다. ②여러 사람이 큰 목소리로 지껄여 시끄럽다. ③소문이 떠돌아서 왁자하다. 예세상이 떠들썩한 대사건. 판조용하다.

떠듬거리다 말이 막혀서 순하게 나오지 않다. 예말을 떠듬거리다. 여더듬거리다.

떠듬떠듬 ①말이 자꾸 막히어 순하게 나오지 않는 모양. ②글이 자꾸 막히어 술술 읽어지지 않는 모양. 예책을 떠듬떠듬 읽다. 작따듬따듬. 여더듬더듬. —하다.

떠맡다 남이 할 일을 온통 자기가 맡다.

떠밀다 몸을 기대고 밀어 내다. 떠다밀다. 예어깨로 떠밀다.

떠받치다 떨어지거나 쓰러지지 않게 밑에서 위로 받쳐서 버티다. 예매달린 박을 떠받치다.

떠버리 걸핏하면 떠드는 버릇이 있는 사람의 별명.

떠벌리다 ①굉장하게 떠들어대다. 예애, 그만 떠벌려라. ②굉장한 규모로 차리다.

떠보다 ①저울로 달아 보다. ②남의 속마음을 넌지시 알아보다. 예마음을 떠보다.

떠오르다〔떠올라〕 ①가라앉았던 것이 솟아서 위로 오르다. ②기억이나 생각이 되살아나다. 예옛 추억이 떠올라 그는 슬픔에 잠겼다.

떠올라 기억이 되살아나. 예누나의 모습이 자꾸만 떠올라 지울 수가 없다.

떡¹ 곡식 가루를 쪄서 만든 음식. 예시루떡.

떡² ①크게 벌어진 모양. 예가슴이 떡 벌어지다. ②굳세게 버티는 모양. 예떡 버티고 서 있다.

떡가루 떡을 만들 가루.

떡갈나무 가을에 잎이 지는 나무. 열매인 도토리로 묵을 만들어 먹음. 도토리나무. 준갈나무.

떡갈잎[—립] 떡갈나무의 잎.

떡고물 떡 거죽에 묻히는 고물.

떡메[떵—] 흰떡이나 인절미 따위를 칠 때 쓰이는 무거운 방망이.

〔떡 메〕

떡밥 낚시 미끼의 한 가지로 흔히 번데기·콩·쌀겨 따위로 만듦.

떡방아 떡쌀을 찧는 방아. 예떡방아를 찧다.

떡보 떡을 몹시 즐겨서 많이 먹는 사람.

떡 본 김에 제사 지낸다〈속〉 마침 본 김에 해 버린다.

떡쌀 떡을 만드는 데 쓸 쌀.

떡잎[떵닙] 씨앗에서 처음으로 싹터 나오는 잎.

떡 줄 사람은 아무 말도 없는데 김칫국부터 마신다〈속〉 상대편은 생각지도 않는데 자기가 지레짐작으로 다 된 일로 생각하고 행동한다.

떡 해 먹을 집안〈속〉 가족끼리 마음이 서로 맞지 않는 집안.

떨기 풀이나 나무의 한 뿌리에서 여러 줄기가 나와 더부룩하게 된 것.

떨기나무 밑동에서 가지가 나와

퍼지는, 키가 작은 나무. 철쭉·앵두나무 따위. 관목.

떨:다¹〔떠니, 떨어서〕 물체 따위가 작은 폭으로 빠르고 탄력있게 계속 흔들려 움직이다. 예문풍지가 떨다.

떨:다²〔떠니, 떨어서〕 ①먼지를 털어 버리다. ②사람의 수를 줄이다. ③곡식의 열매를 털다. ④주어야 할 셈속에서 받을 셈을 빼다.

떨:다³〔떠니, 떨어서〕 무섭거나 춥거나 분할 때 손이나 몸을 흔들다. 예추위에 떨다.

떨렁 큰 방울이 흔들리어 나는 소리. 작딸랑. —하다.

떨리다 무섭거나 춥거나 하여 몸이 세게 흔들리다. 예흥분하여 몸이 떨리다.

떨어뜨리다/떨어트리다 ①손에 들었던 것을 놓치다. ②위에서 아래로 내려지게 하다. ③값을 싸게 하다. ④신·옷 따위를 해지게 만들다. ⑤붙었던 것을 따로 갈라지게 하다.

떨어지다 ①아래로 내려지다. ②처지다. ③값이 싸지다. ④뽑히지 못하다. 예심사에서 떨어지다. ⑤붙어 있던 것이 흩어져 없어지다. 예신발 밑창이 떨어지다.

떨치다 ①이름이 널리 알려지다. 예명성을 떨치다. ②소리가 높이 울리다.

떫:다〔떨따〕 익지 않은 감의 맛과 같다.

떳떳하다〔떧떠타—〕 ①마땅하다. ②정당하다. 비당당하다. 반부끄럽다. —이.

떼¹ 사람이나 동물의 한 패를 이룬 무리. 예학생이 떼로 몰려가다. 비무리¹.

떼² 제 의견이나 요구를 고집하는 짓. 예떼를 쓰다. 비억지.

떼³ 흙을 붙여 뿌리째 떠낸 잔디. 예떼를 뜨다.

떼굴떼굴 좀 크고 딴딴한 물건이 계속 굴러가는 모양. 예공이 떼굴떼굴 굴러가다. 작때굴때굴. 여데굴데굴.

떼:다¹ 하고서도 하지 않은 체하다. 예시치미를 떼다.

떼:다² ①갈라 놓다. ②떨어지게 하다. 예벽보를 떼다. 반붙이다.

떼:다³ 빌려 준 것을 받을 수 없게 되다. 예꾸어 준 돈을 떼다.

떼돈 갑자기 한꺼번에 많이 생긴 돈. 예장사를 하여 떼돈을 벌다.

떼를 짓다 여럿이 모여 떼를 이루다. 예떼를 지어 공놀이하다.

떼:밀다〔떼미니, 떼밀어〕 힘을 들여 밀어 내다. 본떠밀다.

떼쓰다 ①억지로 해 달라고 막 덤비다. 예자전거를 사 달라고 아버지한테 떼썼다. ②이치에 맞지 아니한 말로 자기 주장을 고집하다.

떼어논 당상〈속〉 으레 자기가 차지할 것이 틀림없음을 일컫는 말. 예그 일이 나에게 돌아올 것은 떼어논 당상이다. 준떼논 낭상.

떼:어먹다 ①남에게 갚을 것을 갚지 않다. ②나쁜 방법으로 중간에서 가로채다.

떼이다 ①남에게 빌려 준 것을 못 받게 되다. ②돈이나 물건 등을 도둑맞다.

떼쟁이 떼를 잘 쓰는 사람.

떼판 같은 자연 환경에서 자라는 식물의 무리. 비군락.

뗏목 나무나 대 따위의 토막을 엮어서 물에 띄워 운반하는 재목.

뗏장 흙을 붙여 떠낸 잔디 조각.

또 ①같은 것을 거듭하여서. 예 너 또 숙제를 안 해 왔니? ②그뿐 아니라. 다시 더. 비 다시.

또는 그렇지 않으면. 혹은. 예 비 또는 눈이 올 것 같다.

또다시 ①두 번째. ②한 번 더. ③하고 나서 다시.

또닥또닥 작고 딱딱한 물건으로 단단한 물건을 가볍게 두드릴 때 나는 소리. 큰 뚜덕뚜덕. —하다.

또드락 마치 같은 것으로 가락이 있게 두드리는 소리. 큰 뚜드럭.

또드락또드락 물건을 가볍게 자꾸만 두드리는 소리. 큰 뚜드럭뚜드럭. —하다.

또랑또랑하다 아주 밝고 똑똑하여 조금도 흐린 점이 없다. 예 또랑또랑한 목소리.

또래 나이 또는 무슨 정도가 같거나 비슷한 무리. 예 같은 또래의 아이들.

또래 집단 나이·취미·생각·경험 등이 비슷한 사람들의 집단.

또렷또렷 여럿이 다 또렷한 모양. 큰 뚜렷뚜렷. —하다.

또렷하다 엉클어지거나 흐리지 않고 매우 분명하다. 예 산이 또렷하게 보인다. 큰 뚜렷하다. —이.

또르르 '도르르'의 센말.

또박또박 ①흐리터분하지 않고 똑똑한 모양. ②차례를 거르지 않는 모양. 예 회비를 또박또박 다 내었다. —하다.

또한 ①한가지로. ②이것도 저것도 마찬가지로. 예 얼굴뿐 아니라 마음 또한 아름답다.

똑[1] ①꼭. 예 엄마와 똑 닮은 아기. ②아주. 틀림없이. ③마치.

똑[2] ①작은 물건이 떨어지거나 부러질 때 나는 소리, 또는 그 모양. ②계속되던 소리가 갑자기 그치는 모양. 큰 뚝.

똑같다 조금도 틀림이 없이 같다. 예 크기가 똑같다. —이.

똑딱 단단한 물건을 가볍게 두드릴 때 나는 소리. 큰 뚝딱.

똑딱단추 수단추와 암단추를 눌러 맞추어 채우는 단추.

똑딱선 발동기로 움직여 가는 작은 배. 통통배.

똑똑 ①작은 물건이 연해 떨어지거나 부러지며 나는 소리. 예 처마에서 물이 똑똑 떨어진다. ②조금 단단한 물건을 연해 두드릴 때 나는 소리. 큰 뚝뚝. —하다.

똑똑하게 분명하게. 자세하게. 예 안경을 쓰니 똑똑하게 보인다.

똑똑하다 ①재주가 있다. 똘똘하다. 예 그 애는 매우 똑똑하다. 비 영리하다. ②자세하다. 분명하다. —히.

똑바로 ①아주 바르게. 예 선을 똑바로 긋다. 반 비스듬히. ②조금도 틀림없이. ③바른 대로. 예 사실을 똑바로 얘기해라.

똘똘하다 ①영리하다. ②매우 똑똑하다. 예 돌돌하다. —히.

똥 사람이나 동물이 음식물을 소화시키고 항문으로 내보내는 찌끼.

똥개 잡종의 개.

똥구멍 똥을 몸 밖으로 내보내는 구멍. 비 항문.

똥똥하다 '뚱뚱하다'의 작은말. 예 똥똥한 사람. —히.

똥 묻은 개가 겨 묻은 개 나무란다〈속〉 더 큰 흉이 있으면서 남의 작은 흉을 탓한다는 뜻. 비 외눈박이가 두눈박이 나무란다.

똥싼 주제에 매화 타령한다〈속〉

잘못하고도 부끄러운 줄 모르고 날뛴다.
똥이 무서워서 피하나 더러워서 피하지〈속〉 악하거나 더러운 사람을 상대하여 겨루는 것보다 피하는 것이 낫다.
똬:리 물건을 머리에 일 때 머리 위에 얹는, 짚이나 헝겊 따위로 둥글게 틀어 만든 것.

〔똬리〕

뙤약볕 되게 내리쬐는 여름의 뜨거운 볕.
뙤창 작은 들창.
뚜껑 모든 물건의 아가리를 덮는 물건. 비 마개.
뚜렷하다 똑똑하다. 분명하다. 예 캄캄한 어둠 속에서도 뚜렷하게 보이다. —이.
뚜벅뚜벅 거만한 걸음으로 점잖게 걸어가는 발자국 소리, 또는 그 모양. 예 복도에서 뚜벅뚜벅하는 발소리가 난다. 작 또박또박. —하다.
뚝 ①계속되던 것이 갑자기 그치는 모양. 예 울음을 뚝 그치다. ②성적 같은 것이 심하게 떨어지는 모양. 예 기온이 뚝 떨어지다.
뚝딱 무엇을 거침없이 시원스럽게 해치우는 모양. 예 숙제를 뚝딱 해치우다. —하다.
뚝뚝 큰 것이 연해 떨어지는 모양이나 소리. 예 눈물을 뚝뚝 흘리다. 작 똑똑. 여 둑둑. —하다.
뚝뚝하다 ①성질이 부드러운 맛이 조금도 없이 굳기만 하다. 무뚝뚝하다. 예 그 여자는 남자처럼 성격이 뚝뚝하다. ②거세고 단단하다. 준 뚝하다. —이.
뚝배기 아가리가 둥글고 속이 깊게 되어 찌개 등을 끓이는 투박한 질그릇.
뚝배기보다 장맛이 좋다〈속〉 겉모양보다 내용이 훨씬 낫다. 실속이 있다.
뚝심 ①굳세게 버티어 가는 힘. 예 뚝심이 센 사람. ②좀 미련하게 불쑥 내는 힘.
뚫다 ①구멍을 내다. 예 드릴로 구멍을 뚫다. ②길을 통하게 하다. ③헤치고 나가다. 반 막다.
뚫리다 구멍이 나다.
뚫어지게 보다 아주 자세히 쳐다보거나 들여다보다.
뚫어지다 구멍이나 틈이 생기다.
뚱기다 ①줄 등을 탄력성 있게 튕기다. 예 거문고를 뚱기다. ②슬쩍 귀띔해 주다.
뚱딴지 우둔하고 엉뚱한 사람을 이르는 말.
뚱뚱하다 살이 쪄서 몸이 가로 퍼지다. 작 똥똥하다. —히.
뚱보 살이 쪄서 뚱뚱한 사람, 또는 그런 사람을 놀리는 말.
뚱:하다 ①못마땅하여 심술이 드러나 보이다. 예 심술이 나서 뚱하고 있다. ②말이 별로 없다.
뛰놀다 이리저리 뛰어다니며 놀다. 예 마음껏 뛰노는 아이들.
뛰는 놈 위에 나는 놈 있다〈속〉 잘난 체해도 그보다 더 나은 사람이 많으니 자만심을 갖지 말라고 경계하는 말.
뛰다 ①빨리 내닫다. 힘껏 달리다. ②달아나다. ③그네나 널을 가지고 놀다. 예 널을 뛰다.
뛰어나다 ①여러 다른 사람보다

뛰어나오다

낫게 생기다. ②다른 것보다 잘 되다. 비빼어나다. 반못나다.

뛰어나오다 몸을 위로 높게 올리면서 빨리 달려 밖으로 나오다.

뛰어난 남달리 훌륭한. 예에디슨은 뛰어난 발명가다. 비빼어난. 반못난.

뛰어넘다[―따] ①몸을 위로 높게 올려서 높은 것의 위를 넘다. ②순서를 걸러 진행하다. 예노래 순서를 뛰어넘다.

뛰어오르다 몸을 위로 솟구치어 높은 데에 오르다. 예언덕에 뛰어오르다.

뛸 듯이 뛸 것처럼. 예새 옷을 사주신다는 어머니 말씀에 나는 뛸 듯이 기뻤다.

뜀 ①두 발을 한데 모으고 뛰어넘는 짓. ②몸을 날리어 높은 곳으로 오르는 짓.

뜀뛰기 두 발을 모으고 몸을 솟구쳐 앞으로 나가거나 높은 데에 오르기.

뜀틀 기계 체조 용구의 하나. 찬합처럼 여러 층으로 포개 놓을 수 있는 상자 모양으로 만든 나무틀. 예뜀틀놀이. 뜀틀 운동.

뜨개질 털실 따위로 엮어서 옷·양말 등 여러 가지 물건을 만드는 일. ―하다.

뜨거운 국에 맛 모른다〈속〉 급한 일을 당하면 정확한 판단을 못 한다는 말.

뜨겁다〔뜨거우니, 뜨거워서〕 몹시 덥다. 열을 느낄 수 있다. 반차갑다. 잭따갑다.

-뜨기 사물을 가리키는 말에 붙어서 그 사람을 조롱하여 이르는 말. 예시골뜨기.

뜨끈하다 매우 따뜻한 느낌이 나

다. 잭따끈하다. ―히.

뜨끔하다 ①찔리거나 맞아서 아픈 느낌이 있다. ②양심에 자극을 받아서 뜨거운 듯한 느낌이 있다. 예가슴이 뜨끔하다. 잭따끔하다. ―히.

뜨내기 사는 곳이 일정하지 않고 떠돌아다니는 사람.

뜨다¹〔뜨니, 떠서〕 ①물 위에 솟아 가라앉지 아니하다. ②공중에서 땅으로 떨어지지 아니하다. 예헬기가 뜨다. ③해나 달이 솟아오르다.

뜨다²〔뜨니, 떠서〕 자리를 비우다. 예밥을 먹으러 자리를 뜨다.

뜨다³〔뜨니, 떠서〕 실로 짜서 만들다. 예털실로 장갑을 뜨다.

뜨다⁴〔뜨니, 떠서〕 ①말이나 행동이 느리다. ②자람이 더디다. 늦되다. ③말수가 적다.

뜨다⁵〔뜨니, 떠서〕 눈을 열다. 예졸리운 눈을 겨우 뜨다.

뜨다⁶〔뜨니, 떠서〕 어떠한 곳에 담겨 있는 물건을 퍼내거나 덜어내다. 예샘물을 뜨다.

뜨다⁷ 죽다. 예세상을 뜨다.

뜨물 쌀 따위를 씻은 물.

뜨이다 ①감았던 눈이 열리다. 예새벽에 눈이 뜨이다. ②발견되다. 예남의 눈에 뜨이다. 준띄다.

뜬것 ①떠돌아다니는 못된 귀신. ②우연히 관계를 맺게 된 사물.

뜬구름 하늘에 떠다니는 구름. 덧없는 세상 일을 일컬음.

뜬눈 밤에 잠을 자지 못한 눈. 예뜬눈으로 밤을 새우다.

뜬소문 헛된 소문.

뜯게 헐어서 입지 못하게 된 옷 따위.

뜯기다 ①남에게 빼앗기다. 예금품

을 뜯기다. ②물것에 물리다. ⓔ 모기에 뜯기다. ③노름을 해서 돈을 잃다.

뜯다 ①붙었던 것을 잡아떼다. ②이로 물어떼다. ③손가락으로 비틀어 자르다. ⓔ 나물을 뜯다. ④거문고를 타다.

뜰 집안의 앞이나 뒤에 있는 평지. ⓑ 마당. 정원.

뜰채 낚은 물고기를 건지는 데 쓰는 그물 달린 채.

뜸[1] 쑥을 비비어 살에 놓고 불을 붙여 그 열을 몸 속에 들여보내는 치료법.

뜸[2] 한 동네 안에서 따로따로 몇 집씩이 한데 모여 있는 구역. ⓔ 위뜸. 아래뜸.

뜸[3] 찌거나 삶은 것을 불에 그대로 두어 푹 익게 하는 일. ⓔ 밥에 뜸을 들이다.

뜸들이다 ①뜸들게 하다. 잘 익게 하다. ⓔ 밥을 뜸들이다. ②일하던 도중에 하던 일을 단단히 하기 위하여 잠시 일을 중단하고 가만히 있다. ⓔ 그만 뜸들이고 이제 시작하지 그래.

뜸부기 뜸부깃과의 새. 몸길이는 수컷이 38cm, 암컷이 33cm 가량. 논이나 풀밭·연못 등에서 삶.

뜸:하다 잦거나 심하던 것이 잠시 그치고 있다. ⓔ 길에 행인이 뜸하다. 본 뜨음하다.

뜻 ①무엇을 하려고 속으로 먹는 마음. ⓔ 장대한 뜻을 품고 유학길에 오르다. ②글이나 말이 가진 속내. ⓔ 이 문장은 뜻을 헤아리기가 어렵다. —하다.

뜻글 글자 한 자 한 자가 뜻을 나타내는 글. 표의 문자·한자 따위. 가령 '天'은 하늘이란 뜻을,

'人'은 사람이란 뜻을 나타냄.

뜻글자[뜯끌짜] 글자 하나하나가 뜻을 지니고 있는 글자. 표의 문자. ⓑ 소리글자.

뜻대로 마음먹은 대로. 생각했던 대로. ⓔ 일이 뜻대로 되다.

뜻밖에 생각지도 아니한 판에. 마음먹지 아니한 사이에.

뜻을 굽히다 마음을 돌이키다.

뜻을 꺾다 희망을 굽히거나 저버리다.

뜻을 살피시고 생각을 잘 아시고. 마음을 이해하시고.

뜻있게 의미 있게. 좋게. 훌륭하게. ⓔ 돈을 뜻있게 쓰다.

뜻있는 생각이 있는.

뜻하다 마음을 먹다. 생각하다. 의미하다.

뜻하지 않은 생각지도 않은. ⓔ 뜻하지 않은 일이 생기다.

뜻한 대로 마음먹은 그대로. ⓔ 처음 뜻한 대로 일이 이루어지지 않았다.

띄:다[1] '뜨이다'의 준말. ⓔ 마을 사람들 눈에 띄다.

띄:다[2] '띄우다'의 준말.

띠다 ①없던 것이 눈에 보이다(뜨이다). ②뜨게 하다(띄우다).

띠다 허리띠 따위 물건이나 사명·용무 등을 몸에 가지다.

띄어쓰기 글을 쓸 때에 토씨 이외의 낱말을 띄어 쓰는 일.

띄엄띄엄 차례 없이 드문드문. ⓔ 신문을 띄엄띄엄 읽다. ⓑ 촘촘히.

띄엄띄엄 걸어도 황소 걸음〈속〉 느린 것 같지만 꾸준하고 믿음직스럽다.

띄우다 ①물 위나 하늘에 뜨게 하

다. ⓔ연을 띄우다. ②물건에 훈김이 생기어 뜨게 하다. ⓔ메주를 띄우다. ③부치거나 보내다. ⓔ엽서를 띄우다.
띠[1] 허리를 둘러매는 끈.
띠[2] 사람이 태어난 해를 십이지의 동물 이름으로 말할 때의 난 해. 쥐띠·소띠·호랑이띠·토끼띠·용띠·뱀띠·말띠·양띠·원숭이띠·닭띠·개띠·돼지띠.
띠그래프 전체를 100으로 보고 각 부분의 비율을 띠의 길이로 나타낸 그래프.
띠다 ①띠를 매다. ②몸에 지니다. ③일을 맡다. ④기운·감정 등을 약간 나타내다. ⓔ선생님께서는 웃음을 띠고 말씀하셨다.
띠씨름 허리에 띠를 매어 그것을 잡고 하는 씨름. —하다.
띵띵 속에서 불어나서 겉으로 매우 켕기는 모양.
띵띵하다 ①본바탕이 튼튼하다. ②마주 켕기어 몹시 팽팽하다. ㉠땡땡하다.
띵하다 ①정신이 얼떨떨하다. ②머리가 속으로 깊이 아프다. ⓔ머리가 띵하다.

수의 우리말

숫자의 우리말		차례의 우리말		달의 우리말	
1 하나	40 마흔	제 1	첫째	1월	정월
2 둘	50 쉰	제 2	둘째	2월	이월
3 셋	60 예순	제 3	셋째	3월	삼월
4 넷	70 일흔	제 4	넷째	4월	사월
5 다섯	80 여든	제 5	다섯째	5월	오월
6 여섯	90 아흔	제 6	여섯째	6월	유월
7 일곱	100 백	제 7	일곱째	7월	칠월
8 여덟	101 백하나	제 8	여덟째	8월	팔월
9 아홉	110 백열	제 9	아홉째	9월	구월
10 열	120 백스물	제 10	열째	10월	시월
20 스물	365 삼백예순다섯	제 11	열한째	11월	동짓달
30 서른		제 12	열두째	12월	섣달

훈몽자회자 ㄹ 훈민정음자

ㄹ[리을] 한글 닿소리의 넷째 글자인 리을.
-ㄹ 거야[-꺼야](←-ㄹ 것이야) ①받침 없는 말에 붙어 상대방의 의사를 묻는 말. 예할 거야 안 할 거야. ②받침 없는 말에 붙어 자신의 의사를 표시하는 데 쓰는 말. 예곤 올 거야. ③받침 없는 말에 붙어 사실에 대한 가능성 또는 추측을 나타내는 말. 예그는 당선할 거야.
-ㄹ걸[-껄](←-ㄹ것을) ①받침 없는 말에 붙어 이미 한 일에 대하여 달리 하였더면 좋았으리라고 탄식하는 말. 예약이나 더 쓸걸. ②받침 없는 말에 붙어 불확실한 추측을 나타내는 말. 예내가 더 클걸.
-ㄹ게[-께] 받침 없는 말에 붙어 어떤 행동을 하는 데 대하여 의사를 표시하면서 상대방에게 약속하는 뜻을 나타내는 말. 예다음에 또 올게.
-ㄹ까 받침 없는 말에 붙어 미래나 현재의 일을 추측할 때, 의문·의심 또는 자기의 의사를 나타내는 말. 예왜 이리 더울까?
-ㄹ까 말:까 받침 없는 말에 붙어 하는 짓을 망설이는 뜻을 나타내는 말. 예책을 볼까 말까.
-ㄹ꼬 받침 없는 말에 붙어 장래나 현재의 일에 대해 깊은 생각을 가지고 추측할 때, 의문이나 의심을 나타내는 말. 예그는 언제쯤이나 갈꼬?
-ㄹ망정 받침 없는 말에 붙어 '비록 그러하지만 그러나'의 뜻을 나타내는 말. 예나이는 어릴망정 철은 다 들었다.
-ㄹ 바에[-빠에] 받침 없는 말에 붙어 '어차피 그렇게 하기로 된 일이면'의 뜻을 나타내는 말. 예이왕 떠날 바에 뒤돌아보지 마라.
-ㄹ 바에야[-빠에야] 받침 없는 말에 붙어 '어차피 그렇게 하기로 된 일이면야'의 뜻을 나타내는 말. 예헤어질 바에야 깨끗이 남남이 되자.
-ㄹ밖에[-빠께] 받침 없는 말에 붙어 '-ㄹ 수밖에 다른 수가 없다'는 뜻을 나타내는 말. 예달라니 줄밖에.
-ㄹ뿐더러 받침 없는 말에 붙어 어떤 일이 그것만으로 그치지 않고 그 밖에도 다른 일이 더 있음을 나타내는 말. 예빛깔이 좋을뿐더러 향기도 매우 좋다.
-ㄹ세[-쎄] '아니다'에 붙어서 '하게' 할 자리에 자기의 생각을 설명하는 말. 예그것은 연필이 아닐세.
-ㄹ세라[-쎄라] 받침 없는 말줄기에 붙어 행여 그렇게 될까 염려하는 뜻을 나타내는 말. 예모처

-ㄹ수록

럼의 기회를 놓칠세라 열심히 노력하고 있다.

-ㄹ수록[-쑤록] 일이 더하여 감을 나타내는 말. 예갈수록 태산이다.

-ㄹ쏘냐 '-ㄹ 것인가'의 옛말. 예내가 너에게 질쏘냐.

-ㄹ 이만큼 받침 없는 말줄기에 붙어 '-ㄹ 사람만큼'이란 뜻을 나타내는 말. 예찬성할 이도 반대할 이만큼이나 많을 것이다.

-ㄹ지라도[-찌라도] 받침 없는 말에 붙어 '비록 그러하더라도'의 뜻으로 미래의 일을 양보적으로 가정하는 말. 예백만 장잘지라도 절약을 해야지.

-ㄹ지어다[-찌어다] 받침 없는 말에 붙어 '마땅히 그러하여라'의 뜻을 나타내는 말. 예나라에 충성을 다할지어다.

-ㄹ지언정[-찌언정] 받침 없는 말에 붙어 소망되는 두 가지 일 중 그 하나를 취하고, 특히 강조하여 '차라리 그러하다'고 시인하는 뜻을 나타내는 말. 예그는 장사일지언정 결코 약골이 아니오.

라 '라고'의 준말. 예저 새를 부엉이라 한다.

라고[1] 사물이 어떠하다는 것을 나타내는 말. 예저 동물을 돼지라고 한다.

-라고[2] 명령의 뜻을 나타내는 말. 예가라고 하였다.

라는 '라고 하는'의 뜻을 나타내는 말. 예코끼리라는 동물.

라듐(radium) 방사성 원소의 하나. 퀴리 부인이 발견한 것으로 우라늄과 함께 피치블렌드 속에 있음.

라디에이터(radiator) ①증기나 온수의 열을 이용한 난방 장치의 방열기. ②자동차의 엔진 냉각기. ③라디오의 안테나.

라디오(radio) ①전파를 이용한 음성 방송. ②'라디오 수신기'의 준말로, 전파로 보낸 음성 등을 수신하여 재생하는 기계 장치.

라디오 드라마(radio drama) 라디오를 통하여 하는 연극.

라디오 방:송 방송국에서 라디오를 듣는 사람에게 들려 주기 위하여 뉴스·노래·이야기·연극 따위를 하는 것.

라르고(이 largo) 악보에서 빠르기를 지시하는 말. '아주 느리고 폭넓게'의 뜻.

라마교(Lama教) 티베트를 중심으로 발전한 불교의 한 파. 북인도·몽고·네팔 등지에도 많이 퍼져 있음.

라면 기름에 튀겨서 말린 국수에 양념 봉지를 따로 넣어 간단히 요리할 수 있도록 만든 인스턴트 식품.

라스트(last) 마지막. 최종. 맨 끝.

라야 사물을 지정하는 데 쓰는 말. 예너라야 능히 그 일을 해낼 수 있다.

라오스(Laos) 아시아의 동남부 인도차이나 반도에 있는 공화국. 수도는 비엔티안.

라운드(round) 권투 용어로, 시합의 횟수를 말함.

라이거(liger) 사자의 수컷과 호랑이의 암컷 사이에서 태어난 동물.

라이벌(rival) 경쟁하는 사람. 예라이벌 의식이 강한 사람.

라이터(lighter) 담뱃불을 붙이기 위하여 쓰는 휴대용 점화기.

라이트(light) ①빛. ②조명등.

라이트 형제 미국의 발명가 형제. 1903년에 처음으로 하늘을 나는 실험에 성공함.

라인(line) ①선. 줄. 예라인을 긋다. ②항공기·선박의 항로. 철도 노선. 예에어라인.

라일락(lilac) 높이 5m 정도까지 자라는 꽃나무로 정원에 많이 심음. 4월경에 보라색·흰색의 꽃이 가지 끝에 모여서 피는데, 향기가 좋음.

라켓(racket) 테니스·탁구·배드민턴에서 공을 치는 채.

라틴아메리카(Latin America) 북아메리카 남부로부터 서인도 제도를 포함한 남아메리카에 걸친, 에스파냐·포르투갈 계통의 주민이나 그 문화를 가진 여러 나라의 총칭.

라틴어(Latin語) 인도-유럽 어족에 속하는 말. 고대 로마에서 쓰이고, 로마 제국 전성기에는 유럽 전체에 퍼져 오늘날의 이탈리아어·프랑스어의 근원이 됨.

라파엘로(Raffaello, 1483~1520) 르네상스 때 이탈리아의 대표적 화가이며 건축가. 성모자상과 초상화를 많이 그렸으며 고전 양식을 완성하였음.

라프족(lapp族) 핀란드·스웨덴·노르웨이의 북부와 콜라 반도와 라플란드를 중심으로 퍼져 사는 종족. 주로 순록의 사육 및 어업에 종사함.

-락 두 가지의 동작이 계속하여 변화하는 뜻을 나타내는 말. 예오락가락. 될락말락.

-랍니다 -라고 합니다. 예키는 작아도 기운이 장사랍니다.

랑 '는·은·와'의 뜻을 힘있게 쓰는 말. 예사과랑 배랑 감이랑….

랑군:(Rangoon) 미얀마의 수도, '양곤'의 전 이름.

랑데부(프 rendez-vous) ①만날 약속. 특히 남녀의 밀회. ②두 개의 우주선이 우주 공간에서 만나 같은 궤도를 돎. -하다.

램프(lamp) 남포등. 전등.

랭킹(ranking) 성적 순위. 등급 매기기. 예세계 랭킹 1위의 선수.

-랴 받침 있는 말에 붙어, '어찌 그러할 것이냐'의 뜻을 나타내는 말. 예누구를 탓하랴.

량(輛) 차량의 수를 세는 말. 예전동차 10량.

-러 일정한 목적을 정하고 동작하는 말 뒤에 붙여 쓰는 말. 예공부하러 간다.

러닝(running) 경주. 달리는 일.

러닝 셔:츠(running shirts) 흔히 경주·경기할 때 입는 소매 없는 메리야스 셔츠.

러시아(Russia) 동유럽 평원과 아시아의 시베리아에 걸쳐 위치하는 광대한 대륙 국가이며, 1990년대 초 소련의 붕괴 후 새로 결성된 독립 국가 연합에서 중추적 역할을 하는 국가.

러시 아워(rush hour) 출근이나 퇴근 또는 통학 따위로 교통이 혼잡한 시간.

러·일 전:쟁(1904~1905) 우리 나라의 이권을 독점하기 위하여 만주 땅에서 러시아와 일본이 충돌하여 일으킨 전쟁.

러키(lucky) 행운. 행복.

러키 세븐(lucky seven) 야구에서, 9회 중 행운의 7회전.

럭비(Rugby) 축구의 한 가지. 각기 열다섯 명의 두 팀이 긴 타원형 공을 손에 쥐거나 발로 차서 상대편의 골 안 땅을 손에 든 공으로 찍어서 점수를 얻는 경기.

런¹(run) 컴퓨터에서, 하나의 프로그램이나 처리를 실행함.

런²(run) ①야구에서, 베이스를 한 바퀴 돌아서 얻는 득점. 예 투런 홈런. ②흥행이 계속되는 일. 예 영화가 롱런하다.

-런가 받침 없는 말에 붙어, '-던가'와 같은 뜻으로 쓰는 말. 예 꿈이런가 생시런가.

런던(London) 영국의 수도로 정치·경제·문화의 중심지. 대영 박물관·그리니치 천문대 등이 유명함.

레그혼:(leghorn) 닭의 한 품종. 이탈리아의 북부 도시 레그혼이 원산지이며 흰 빛깔의 알을 낳음.

레디(ready) 운동 경기나 어떤 작업 등을 시작할 준비를 하라는 구호. 예 레디 고.

레몬(lemon) 운향과의 늘푸른 떨기나무. 잎은 길둥글고 가장자리에 톱니가 있으며, 5~10월에 꽃이 핌. 열매는 노랗게 익으며, 냄새가 좋고 신맛이 남.

레미콘(remicon) 수송하는 차 속에서 물·모래·시멘트를 뒤섞은 굳지 않은 콘크리트, 또는 그 시설을 한 차.

레바논(Lebanon) 서남 아시아 지중해에 면한 공화국. 수도는 베이루트.

레버(lever) ①지레. 지렛대. ②지레 장치의 손잡이.

레스토랑(프 restaurant) 서양 요리점. 양식점.

레슨(lesson) 일정한 시간에 받는 개인 지도. 예 피아노 레슨.

레슬링(wrestling) 두 사람의 경기자가 다양한 기술로 상대의 양 어깨를 바닥에 1초간 닿게 하여 승패를 겨루는 경기. 체중에 따라 체급이 나뉨.

레이더:(radar) 전파로 항공기나 배 등의 위치를 알아 내는 장치. 전파 탐지기.

레이더:망 레이더를 많이 갖추어 어떤 지역 모두가 그 관측 범위에 들도록 하는 방비 태세.

레이스(lace) 실을 바늘로 떠서 여러 가지 구멍 뚫린 무늬를 나타낸 서양식 수예품.

레이저(laser) 전자파를 이용한 빛의 증폭 장치. 레이더·광통신 등에 응용됨. 예 레이저 광선.

레이크(rake) 갈아 놓은 땅을 고르거나 풀을 긁어 모으는 데 쓰는 쇠갈퀴.

레인지(range) 가스나 전기 등을 연료로 해서 쓰는 서양식 조리 기구.

레인코:트(raincoat) 비 올 때 입는 우비. 우장. 비옷.

레일(rail) 기차·전차 등을 달리게 하기 위해 까는 가늘고 긴 철재.

레저(leisure) ①노동과 잠 등 생활 시간 이외의 자유로운 시간. ②여가를 이용한 놀이나 오락.

레코:드(record) 말이나 노래의 소리를 그대로 담아 놓은 판.

레크리에이션(recreation) 오락. 휴양. 기분 전환.

레테르(네 letter) 상표. 표찰.

렌즈(lens) 유리나 수정 같은 투명한 물질의 면을 둥그렇게 만들어 빛을 모으거나 분산시키는 물체. 오목렌즈와 볼록렌즈가 있음.

-려 생각하는 의향을 나타내는 말. 예 글을 쓰려 한다.

-려느냐 받침 없는 말에 붙어, '-려 하느냐'의 뜻을 나타내는 말. 예 네가 가려느냐. 준-련.

-려니와 '그러하겠거니와'의 뜻으로, 앞말을 인정하면서 뒷말이 그보다 더하거나 대등함을 나타내는 말. 예 가기는 가려니와 꼭 언제라고 말하지는 못하겠다.

-려무나 손아랫사람에게 어떤 일을 권하거나 허락하는 뜻을 나타내는 말. 예 너 좋을 대로 하려무나. 준-렴.

-련 윗사람이 아랫사람에게 뜻을 물어 볼 때 쓰는 말. 예 네가 나 대신 가련?

-련다 '-려 한다'의 준말. 예 집을 떠나련다.

-련마는 미래의 일이나 가정의 사실을 말할 때에 쓰이는 말. 예 오라면 가련마는.

-렴 '-려무나'의 준말. 예 어서 이리 오렴.

로 ①수단과 방법. 예 코로 냄새를 맡는다. ②방향을 나타내는 말. 예 어디로 갈까?

-로구나 감탄의 뜻을 나타내는 말. -로다. 예 알고 보니 니로구나. 준-로군.

-로다 =-로구나. 예 과연 천재로다.

로댕(Rodin, 1840~1917) 프랑스의 조각가. 조각에 있어 인상주의를 창시하였으며, 근대 사실파의 대표자임. 작품으로는 〈생각하는 사람〉이 유명함.

로도 '로'와 '도'가 겹친 말. 예 칼로도 벨 수가 없다.

로:드(road) 길. 도로.

로렌(Lorraine) 프랑스 북동쪽에 있는 도시. 철의 산지로 유명함.

로렐라이(독 Lorelei) 라인 강에 있는 큰 바위. 그 바위에 사는 물의 요정이 아름다운 노래로 뱃사람을 꾀어 빠져 죽게 한다는 전설이 있음.

로:마(Roma) ①이탈리아의 수도. 고대 로마 시대로부터의 유적이 많아 관광지로 유명함. ②로마 제국의 준말.

로:마 교:황 로마 카톨릭 교회의 최고위 성직자의 뜻으로, '교황'을 분명히 일컫는 이름.

로:마 숫:자[-수짜] 로마 시대에 생긴 숫자. 현재 세계 각국에서 번호나 시계의 문자반에 쓰이고 있음. Ⅰ·Ⅱ·Ⅲ·Ⅳ·Ⅴ·Ⅵ·Ⅶ·Ⅷ·Ⅸ·Ⅹ 등.

로:마자[-짜] 로마의 글자로, 오늘날 영국·미국을 비롯한 서양에서 쓰고 있는 소리글자. A, B, C, ……Z까지의 26자. 로마 글자.

로:마 제:국 기원전 1세기 말부터 4세기 말까지 이탈리아 반도를 중심으로 지중해 연안 일대를 통일했던 제국.

로봇(robot) 전기·자기를 이용하여 복잡하고도 교묘한 동작을 규칙적으로 하게 만든 인조 인간.

로비(lobby) ①호텔이나 극장 등 사람들이 많이 드나드는 건물에서 정문으로 이어지는 통로를 겸한 넓은 공간. ②의회에서 국회 의원이 외부 사람과 만나는 응접실.

로빈슨 크루:소(Robinson Crusoe) 1719년에 처음 간행된 디포의 소설 이름. 주인공 로빈슨 크루소가 집을 나가 뱃사람이 되어 항해하다 난파되어 무인도에 표류하였다가 가지가지 모험을 하고 돌아온다는 이야기.

로서 ①동작이 일어나는 곳을 나

-로세

타내는 말. 예 바람이 남쪽 바다로서 불어 온다. ②'지위나 신분 또는 자격을 가지고'의 뜻을 가진 말. 예 학급의 대표로서 회의에 참석하다.

-로세 '-ㄹ세'의 뜻을 나타내는 말. 예 참 놀라운 일이로세.

로:션(lotion) 화장수나 크림 따위와 같은 액체 상태로 된 화장품.

로스앤젤레스(Los Angeles) 미국의 서남쪽에 있는 도시 이름. 우리 나라 사람들이 많이 살고 있음.

로시니(Rossini, 1792~1868) 이탈리아의 낭만파 가극의 대가. 40여 곡의 가극을 작곡하였으며, 작품에는 〈세빌랴의 이발사〉〈윌리엄 텔〉 등이 있음.

로:열 박스(royal box) 극장·경기장 등에 마련된 특별석. 귀빈석.

로:열티(royalty) 특허권이나 저작권·외국에서의 기술 원조 등 남의 권리 사용의 대가로 내는 사용료.

로잔(Lausanne) 스위스 서쪽 레만 호 북쪽 호숫가에 있는 도시 이름. 풍경이 아름다워 관광객이 많으며 국제 올림픽 위원회가 있음.

로케이션(location) 촬영소 밖에서 실제의 경치나 건조물 따위를 배경으로 영화 등을 촬영하는 일. 야외 촬영. 준 로케. ─하다.

로켓(rocket) 화약 또는 액체 연료를 폭발시켜 가스를 내보내는 힘으로 앞으로 나아갈 수 있게 만든 비행체, 또는 그 장치.

로키 산맥(Rocky山脈) 북아메리카 대륙의 태평양 쪽에 남북으로 뻗은 긴 산맥.

로:터리(rotary) ①회전기. 윤전 인쇄기. ②교통이 번잡한 시가의 네거리 중앙에 교통 정리를 위하여 만든 원형의 터전.

로:프(rope) 굵은 밧줄.

롤:러(roller) 주로 길쭉하게 축으로 되어 돌거나 구르는 물건으로 그 쓰임새가 다양함.

롤:러 스케이트(roller skate) 신발 바닥에 작은 바퀴가 네 개 달린 콘크리트용 스케이트.

-롭다 어떤 말에 붙어서 '그러함' 또는 '그럴 만함'의 뜻을 나타내는 말. 예 꽃이 매우 향기롭다.

롱 슛(long shoot) 멀리서 공을 차거나 던져서 골(축구)이나 바스켓(농구)에 넣는 동작. ─하다.

롱 패스(long pass) 축구·핸드볼·농구 등에서 공을 길게 차거나 던져서 하는 패스.

루:마니아(Rumania) 동부 유럽에 있는 국가. 수도는 부쿠레슈티.

루:머(rumour) 터무니없는 소문. 풍문. 근거 없는 말. 뜬소문.

루:브르 박물관(Louvre 博物館) 프랑스 파리에 있는 국립 미술 박물관. 원래 왕궁이었으나, 그 주요 부분은 1791년 이래 박물관으로 쓰임.

루:블(ruble) 독립 국가 연합의 화폐 단위. 1루블은 100코페이카이며, 기호는 Rub임.

루:비(ruby) 보석의 한 가지. 붉은빛을 띠며 투명함.

루소[1](Rousseau, 1712~1778) 프랑스의 문학가·사상가. 자유·평등 사상을 널리 퍼뜨리어 프랑스 혁명에 큰 영향을 주었고, 〈에밀〉 등을 썼음.

루소[2](Rousseau, 1812~1867) 프랑

스의 화가. 바르비종 파의 한 사람으로 연못·숲, 특히 비 온 뒤의 경치를 착실한 필치로 그렸음.

루:스벨트(Roosevelt, 1882~1945) 제2차 세계 대전을 승리로 이끌고, 뉴 딜 정책을 수행하고, 유엔의 기초를 세운 미국의 제32대 대통령.

룩셈부르크(Luxemburg) 서부 유럽에 있는 작은 나라로, 베네룩스 3국 중의 하나임. 수도는 룩셈부르크.

룰:(rule) 규정. 규칙.

룸:(room) 방.

룸펜(독 Lumpen) 부랑자. 실업자. 예 룸펜 생활.

뤼순(중 旅順) 만주의 랴오둥 반도의 남쪽에 있는 항구.

륙색(rucksack) 산에 오르거나 할 때 식량이나 옷 등 필요한 물건을 넣어 등에 지는 배낭의 한 가지.

르네상:스(프 Renaissance) 14세기 말부터 16세기 말에 걸쳐 이탈리아에서 일어나 전세계에 퍼진 예술·학문상의 부흥 운동. 문예 부흥.

르누아르(Renoir, 1841~1919) 프랑스의 화가. 주로 풍경·나체·인물 등을 그렸음. 필치와 색조가 화사하고 밝으며 우아함.

르완다(Rwanda) 아프리카의 중앙부에 위치한 나라. 주산업은 농업으로 커피와 차를 주로 수출함. 다양한 종족의 분포로 내전이 잦아 난민과 기아 문제가 심각함. 수도는 키갈리.

를 목표로 삼는 뜻을 나타내는 말. 예 때를 기다린다.

리[1] ㄹ받침의 말 뒤에 붙어서 까닭의 뜻으로 쓰이는 말. 예 그가 입학 시험에 떨어질 리가 없다.

리[2](里) 지상 거리 단위의 하나. 10 리는 약 4 km.

리:그전(league戰) 여러 단체가 연합하여 대전하는 운동 경기로, 전체 참가 팀이 적어도 한 번씩 다른 모든 팀과 시합을 하게 되는 경기 방식.

-리까 받침 없는 말의 줄기에 붙어서 손윗사람에게 미래의 일을 물을 때 쓰는 말. 예 어떻게 하오리까.

리놀륨(linoleum) 리녹신에 수지·고무질 물질·코르크 가루 같은 것을 섞어 삼베 같은 데에 발라서 종이 모양으로 눌러 편 것. 서양식 건물의 바닥이나 벽에 붙임.

-리다 '그러하겠다'는 뜻을 나타내는 말. 예 내가 자세히 알아보리다.

리:더(leader) 지도자. 지휘자.

리:더십(leadership) 지도자로서의 능력이나 자질. 통솔력. 지도력.

리:드(lead) 경기에서 몇 점을 앞서 얻음. 예 우리 팀이 석 점을 리드하고 있다. ―하다.

리듬(rhythm) 음의 장단과 강약이 일정한 규칙에 따라 되풀이되는 것으로, 멜로디·하모니와 함께 음악의 3요소의 하나. 예 리듬에 맞춰 춤추다.

리듬 악기 캐스터네츠·북 등과 같이 가락은 없으나, 음악에 대한 흥미를 돋굴 수 있는 악기.

-리라 추측이나 미래의 뜻을 나타내는 말. 예 내일이면 늦으리라.

-리만큼 받침 없는 말줄기에 붙어서 '그러하거나 그러한 정도만큼'의 뜻을 나타내는 말. 예 나를 미워하리만큼 잘못한 일이 없다.

리바운드(rebound) 배구나 농구

경기에서 공격한 공이 상대편의 손이나 링·백 보드 등에 맞고 되돌아 나오는 일, 또는 그 공.

리바이벌(revival) ①부활. 소생. ②오래 된 노래·연극·영화 등을 다시 상연·상영하는 것. —하다.

리벳(rivet) 알루미늄이나 구리 따위로 만든 짧은 못.

리본(ribbon) 무엇을 묶거나 꾸미는 데 쓰이는 좁다란 헝겊.

리비아(Libya) 아프리카 북부에 있는 공화국. 수도는 트리폴리.

리빙스턴(Livingstone, 1813~1873) 영국의 선교사·탐험가. 아프리카에서 의료 봉사 활동을 함.

리빙 키친(living kitchen) 부엌·식당·거실을 겸한 방.

리사이틀(recital) 독창회. 독주회.

리셉션(reception) 귀한 손님을 환영하기 위하여 베푸는 연회.

리스본(Lisbon) 포르투갈의 수도이며 항구 도시.

리스트[1](list) 목록. 명부. 일람표. 예 상품 리스트.

리스트[2](Liszt, 1811~1886) 헝가리의 낭만파 음악가. '피아노의 왕'이라고도 하며 작품에는 〈헝가리 광시곡〉〈파우스트〉 등이 있음.

리시 : 브(receive) 테니스·탁구·배구에서, 상대편이 서브한 공을 받아 넘기는 일. 반서브. —하다.

리아스식 해 : 안(rias式海岸) 해안선의 드나듦이 복잡한 해안. 우리 나라의 서해안과 남해안이 대표적인 리아스식 해안임.

리어카 : (rear-car) 자전거 뒤에 달거나 사람이 직접 끌어서 물건을 운반하는, 바퀴가 둘 달린 작은 수레.

리코 : 더(recorder) 피리와 같이 세로로 부는 목관 악기의 한 가지.

리터(liter) 미터법에서 부피의 단위. 4℃의 물 1kg의 부피를 1리터라고 함. 기호는 L.

리턴 : (return) 컴퓨터에서, 한 문장의 지시 내용이 끝날 때마다 이를 컴퓨터 내부에 알려 주기 위하여 누르는 장치.

리트머스(litmus) '리트머스이끼' 류에서 짜낸 자줏빛 색소. 알칼리성·산성 반응 시험용으로 쓰임.

리트머스 종이(litmus—) 산과 염기를 구별하는 데 쓰이는 종이. 붉은 리트머스 종이는 알칼리성 용액에 넣으면 푸른빛으로 변하고, 푸른 리트머스 종이는 산성 용액에 넣으면 붉은빛으로 변함.

리포 : 터(reporter) ①취재 기자. ②보고자. ③통신원.

리허 : 설(rehearsal) 음악·연극·방송 등에서, 공개를 앞두고 하는 연습.

린스(rinse) 머리털을 부드럽고 윤기 있게 해 주는 세제.

릴 : (reel) ①실이나 녹음 테이프·영화 필름 등을 감는 틀. ②낚싯줄을 풀고 감을 수 있도록 손잡이에 달아 놓은 장치.

릴레이 경 : 주(relay競走) 여러 사람이 일정한 거리를 등분하여 달리는 경주. 이어달리기.

립스틱(lipstick) 여자들이 화장할 때 입술에 바르는, 손가락만한 막대기 모양으로 된 연지.

링(ring) ①반지. 고리. ②권투·레슬링의 시합장.

링컨(Lincoln, 1809~1865) 미국의 정치가로 16대 대통령. 흑인 노예 해방을 위해 남북 전쟁을 일으켰으며, 이를 승리로 이끌어 노예를 해방시켰음.

훈몽자회자  훈민정음자

ㅁ[미음] 한글 닿소리의 다섯째 글자인 미음.
-ㅁ으로 '…을 하는 것으로·…을 가지고'의 뜻으로 어떤 결과를 이끄는 전제 조건·방법·수단 등을 나타내는 말. 예열심히 삶으로 은혜에 보답한다.
-ㅁ으로써 '-ㅁ으로'의 힘줌말.
ㅁ자집 집채를 'ㅁ'자 모양으로 지은 집.
마:¹(麻) 마과의 여러해살이 덩굴풀. 여름에 자색 꽃이 피며, 산과 들에 나는데, 밭에 재배도 함. 살눈은 먹을 수 있고, 뿌리는 약으로 씀.
마²(碼) 영국의 길이를 재는 단위. 91.44cm 가량임. 비야드.
마³(魔) 일을 방해하거나 재잉을 가져오는 것으로 여기는 상상의 존재. 마귀. 예마의 삼각지.
마:가린(margarine) 깨끗하게 만든 동·식물성 기름에 발효유·색소·향료·소금 등을 넣어서 버터와 비슷하게 맛을 낸 식품. 인조 버터.
마감 ①끝을 맺음. ②셈을 다함. ③받아들이는 기한이 마지막이 됨. 예원서 접수 마감. ―하다.
마개 병의 아가리 따위에 끼워 막는 물건. 예마개를 뽑다. 병마개. 비뚜껑.
마고자 한복 저고리 위에 덧입는 옷. 본마괘자.

〔마고자〕

마구¹ ①아무렇게나 되는 대로. 예마구 지껄이다. ②앞뒤를 헤아리지 않고 외곬으로 세차게. 비아무렇든지. 함부로.
마:구²(馬具) 말을 부리는 데 쓰는 기구.
마:구간(馬廐間)[―깐] 말이나 소가 거처하는 곳. 비외양간. 준마구.
마구리 물건의 좌우 양쪽 머리의 면. 예베개 마구리.
마구리판 나무토막의 양쪽 머리 옆을 직각이 되게 깎는 틀.
마구잡이 이것저것 따지지 않고 마구 하는 짓.
마굴(魔窟) 악한 일을 하는 사람들이 모여 있는 곳.
마:권(馬券)[―꿘] 경마에서 이길 수 있는 말을 미리 예상하여 투표하는 용지. 승마 투표권.
마귀(魔鬼) ①정체를 모를 못된 귀신. ②이상하고 흉악한 귀신.
마귀할멈 옛 이야기에 나오는 요사스럽고 못된 귀신 할멈.
마그네사이트(magnesite) 탄산마그네슘이 많이 섞여 있는 광물.

특수 시멘트와 불에 타지 않는 벽돌을 만드는 데 쓰임.

마그네슘(magnesium) 금속 원소의 한 가지. 은백색의 금속으로 공기 중에서 가열하면 강한 빛을 내면서 타므로 사진술·불꽃놀이 등에 씀.

마그마(magma) 땅 속 깊은 곳에 있는 바위가 녹은 액체 상태의 물질. 온도가 매우 높고, 식으면 화성암이 됨.

마:나님 부인이나 할머니를 높여서 부르는 말.

마냥 ①전과 다름없이 언제나. ②흐뭇하게 실컷. 예 공부는 하지 않고 마냥 놀기만 한다.

마네킹(mannequin) 백화점 같은 데서 진열장에 세워 놓고 옷이나 장신구 등을 입히거나 건 사람 모양의 인형.

마녀(魔女) 여자 마귀. 반 선녀.

마노(瑪瑙) 흰빛이나 붉은빛이 나는데, 윤기가 흐르고 아름다워 장식품으로 쓰이는 돌.

마:누라 ①자기의 아내. ②늙은 여자. 예 주인 마누라.

마늘 백합과의 여러해살이풀. 밭에 심으며, 독특한 냄새가 있어 양념과 반찬에 쓰임.

마늘종[-쫑] 마늘의 꽃줄기.

마니산 강화도에 있는 산. 참성단이 있음.

마닐라삼 ①파초과의 여러해살이풀. 키는 2~7m. 잎은 긴 달걀꼴에 표면은 녹색. 바나나와 비슷한데, 줄기의 섬유는 선박용 로프·제지 및 해저의 전선 등의 겉을 싸는 원료로 사용됨. ②마닐라삼에서 채취한 섬유.

마:님 옛날에 지체가 높은 집의 부인을 높여 부르던 말.

마다 '낱낱이 다 그러함·모두'의 뜻을 나타내는 말. 예 해마다 선물을 보내온다.

마:다하다 싫다고 하다.

마 단:조 '마'음을 으뜸음으로 하는 단조. 이(E) 단조.

마당 집 안의 앞이나 뒤에 있는 단단하고 평평한 땅. 비 뜰.

마당놀이[-노리] 명절 때 마당에서 하는 민속 놀이를 통틀어서 부르는 말.

마당비 마당을 쓸기 위하여 댑싸리나 싸리로 만든 비.

마당질 곡식의 이삭을 떨어 내어 알곡을 거두는 일. 타작하는 일. 비 탈곡. ―하다.

마:대(馬臺) 장롱을 받치고 있는 다리.

마도 갈방아 노래 경상 남도 사천시 마포동에서 어부들이 전어를 잡으면서 불렀던 노래.

마도로스(←네 matroos) 배를 타고 배 안의 일을 맡아 하는 사람. 뱃사람. 선원.

마도요 도욧과의 새. 도요새 중에서 몸집이 가장 큰 새. 몸의 빛깔은 연한 갈색이고, 검은 무늬가 있음.

마디 ①나무 줄기에 가지나 잎이 붙은 곳. ②뼈와 뼈가 맞닿은 곳. 비 관절. ③말이나 노래의 구절. 예 노래 한 마디.

마디다 닳거나 없어지는 동안이 오래다. 예 군것질을 안 하니 용돈이 마디다. 반 헤프다.

마디충 식물의 줄기 속을 파먹는 벌레를 통틀어서 부르는 말.

마땅하다 ①잘 어울리다. 예 마땅한 물건이 없다. ②이치나 형편에 맞아 옳다. ③응당 그러하다. 비당연하다. 반못마땅하다. —히.

마라 말리는 말. 예아예 거짓말은 하지도 마라.

마라톤(marathon) 육상 경기의 한 종목. 정식 마라톤의 달리는 거리는 42.195km임.

마:력(馬力) 기계가 단위 시간 안에 하는 일로서, 1초 동안에 75킬로그램의 무게를 1m 움직이는 일의 양. 약호는 HP.

마련[1] ①계획을 세움. ②준비하여 갖춤. 예겨우살이 마련에 바쁘다. 비장만. 준비. —하다.

마련[2] 그렇게 되도록 되어 있음. 예열심히 노력하면 잘 사는 길은 열리게 마련이다.

마련 그:림 마름질하기 위해 그리는 그림. 비설계도.

마렵다[마려우니, 마려워] 대변이나 소변이 나오려고 하는 느낌이 있다. 예소변이 마렵다.

마루[1] 바닥에 널을 깔아 놓은 곳. 예툇마루.

마루[2] ①길게 등성이가 진 지붕이나 산의 꼭대기. 비등성이. ②일의 한창인 고비.

마루방 바닥이 마루로 된 방.

마루턱 산이나 지붕 등의 등성이가 가장 눈에 띄는 턱.

마룻바닥 마루의 바닥.

마르다[1][마르니, 말라서] ①더운 기운에 물기가 날아가다. 반젖다. ②몸이 야위어 가다. ③입에 물기가 없어지다. 예목이 마르다.

마르다[2][마르니, 말라서] 옷감이나 종이를 치수대로 베다.

마르카토(이 marcato) 음악에서, '음 하나하나를 또렷하게 강조하여'의 뜻을 나타내는 말.

마르코니(Marconi, 1874~1947) 이탈리아의 전기 기술자이며 발명가. 1895년에 무선 전신 장치를 발명하여, 1909년 노벨 물리학상을 받았음.

마른갈이 논에 물을 넣지 않고 가는 일. 반물갈이. —하다.

마른걸레 물에 적시지 않은 걸레. 예마른걸레질. 반물걸레.

마른날 맑게 갠 날. 반진날.

마른번개 비가 오지 않는 하늘에서 치는 번개.

마른일[—닐] 손에 물을 적시지 않고 하는 집안 일. 반진일. —하다.

마른침 몹시 긴장하여 힘들여 삼키는 물기가 적은 침.

마른하늘 비가 오지 않고 말갛게 갠 하늘.

마른하늘에 생벼락〈속〉 뜻밖에 입는 재난을 이르는 말.

마름 지주를 대신하여 논밭과 소작인을 관리하는 사람.

마름모 네 변의 길이가 모두 같으나 모든 각이 직각이 아닌 사각형.

마름새 옷이나 목새를 다듬는 솜씨. 예마름새가 나무랄 데 없다.

마름질 옷감이나 종이 따위를 치수대로 베는 일. 재단. 예바지를 마름질하다. —하다.

마리 짐승이나 물고기를 셀 때 쓰는 단위. 예열대어 다섯 마리와 금붕어 세 마리.

마리산 →마니산.

마립간(麻立干)[—깐] 신라 초기의 임금을 일컫던 말.

마:마[1](媽媽) 천연두. 예마마를 앓다.

마:마[2](媽媽) 왕과 그 가족들의

칭호 밑에 붙여, 존대의 뜻을 나타내는 말. [예] 상감 마마.
마멸(磨滅) 닳아서 얇아지거나 없어짐. —하다.
마모(磨耗) 서로 맞닿은 부분이 닳아서 작아지거나 없어짐. [예] 기계의 마모가 심하다. —하다.
마목(痲木) 몸의 근육이 굳어서 느낌이 없고 운동이 자유롭지 못한 병.
마무리 일의 끝을 맺음, 또는 그 일. [예] 일을 마무리짓다. —하다.
마:방(馬房) 옛날에 말이나 소를 매어 두는 마구간을 갖추고 있던 주막집.
마:방집(馬房—)[—찝] 말을 두고 삯짐 싣는 일을 하는 집.
마법(魔法) 요술을 부려 사람의 눈을 어리게 하는 술법. [예] 마법사. [비] 마술.
마:부(馬夫) 말을 다루는 사람.
마:분지(馬糞紙) 짚을 원료로 하여 만든, 누렇고 품질이 낮은 종이.
마:블링(marbling) 물이 담긴 그릇에 유성 페인트나 먹물 등을 흘려 막대기로 살짝 저어 무늬를 만든 다음, 한지 등으로 덮어서 찍어 내는 방법.
마비(痲痺) 신체의 일부분 또는 전체의 감각이 없어지는 상태.
마사:지(massage) 손바닥이나 손가락 끝으로 피부를 문지르거나 주물러 피로를 풀거나 병을 낫게 하는 방법. —하다.
마:산(馬山) 경상 남도에 있는 항구 도시.
마상이 통나무를 깊게 파서 만든 작은 배.
마소 말과 소.
마수[1] ①맨 처음 팔리는 것으로 미루어 말하는, 그 영업이나 그 날의 운수. ②'마수걸이'의 준말. [예] 아직 마수도 못 했다. —하다.
마수[2](魔手) 악마의 손.
마수걸이 ①가게를 내고 처음 물건을 파는 일. ②맨 먼저 하게 되는 일. —하다.
마:술[1](馬術) 말을 타는 기술.
마술[2](魔術) 요술. 특히, 무대에서 하는 요술. [비] 마법.
마술사[—싸] 마술을 잘 부리는 사람. [비] 마법사.
마스코트(mascot) 행운의 신. 행운을 가져온다고 믿어 간직하는 것. [예] 호돌이는 88 서울 올림픽의 마스코트다.
마스크(mask) ①병균이나 먼지가 우리 몸 속으로 들어가지 못하도록 입과 코를 가리는 것. ②탈. 가면. ③얼굴의 생김새.
마스터(master) ①우두머리. 장교. 주인. 음식점 주인. ②정복하거나 숙달함. —하다.
마시다 ①액체를 목구멍으로 넘기다. ②공기를 빨아들이다.
마애불(磨崖佛) 암벽에 새긴 불상.
마약(痲藥) ①진정·마취 작용을 하며 습관성을 가진 약으로 장기 복용하면 중독 증상을 나타냄. 마취약. ②아편. [예] 마약 중독자.
마요네:즈(프 mayonnaise) 주로 야채 요리에 쓰이는 샐러드용 소스의 한 가지.
마우스(mouse) 컴퓨터 입력 장치의 하나로, 손으로 잡고 화면상의 커서 또는 다른 물체를 이동시킬 때 사용함.
마운드(mound) 야구에서, 투수가

서서 공을 던지는 곳. 투수판.

마운령비(摩雲嶺碑) 함경 남도 이원군 마운령에 있는 비석. 신라의 진흥왕이 국토를 넓히고 세운 순수비의 하나임.

마을 도회지 이외에 인가가 모여 있는 곳. 비동네. 촌.

마을 문고 마을에 여러 가지 책을 모아 두고 마을 사람 누구나가 읽도록 마련해 놓은 곳이나 그 책.

마을일 마을의 여러 가지 일. 마을의 발전을 위한 일.

마을 회:관 마을 사람들의 모임을 위하여 지어 놓은 집.

마음 ①생각. 예네 마음을 모르겠다. ②정신. ③뜻. ④옳고 그른 것과 좋고 나쁜 것을 판단하는 힘. ⑤성나 정성. 비정신. 반몸. 육체. 준맘.

마음가짐 ①마음을 쓰는 태도. ②결심. 예굳은 마음가짐.

마음결[—껼] 마음의 바탕이 되는 것. 예마음결이 비단 같다.

마음껏 ①마음을 다하여. ②만족하도록. 예소풍날은 마음껏 놀아 보자. 준맘껏.

마음놓다 믿고, 의심하거나 염려하지 않다. 예이젠 마음놓겠네. 비안심하다. 준맘놓다.

마음대로 ①생각 나는 대로. ②하고 싶은 대로. 예네 마음대로 놀아라. 준맘대로.

마음먹다 ①하고 싶은 생각을 가지다. ②마음을 작정하다. 예일이 순조로워 마음먹은 대로 잘 되어 간다. 준맘먹다.

마음보[—뽀] 나쁜 마음씨를 이를 때 쓰는 말. 심보. 예마음보가 고약하다. 준맘보.

마음씨 마음을 가지는 태도. 비마음보. 심정. 준맘씨.

마음에 거리끼다 생각이 자꾸만 나서 기분을 상하게 하다.

마음에 없:다 하고 싶지 않다. 할 생각이 없다. 예마음에 없는 칭찬을 하신다.

마음엔 '마음에는'의 준말. 예나는 좋다고 생각하는데 네 마음엔 드느냐?

마음은 간절하나 마음 속으로 바라는 생각은 매우 크지만.

마음은 굴뚝 같다 속으로는 하고 싶은 마음이 많다.

마음의 그림 마음을 그대로 나타낸 그림 같다는 말.

마음의 양식(—糧食) 정신에 영양이 되는 것. 예독서를 하여 마음의 양식을 얻도록 하자.

마음 졸이다 ①마음을 조마조마하게 태우다. ②걱정을 몹시 하다.

마이너스(minus) 수학에서 감표 '—'의 이름. 반플러스.

마:이동풍(馬耳東風) 남의 말을 귀담아 듣지 않고 곧 흘려 버림을 이르는 말.

마이크(mike) 마이크로폰의 준말.

마이크로폰:(microphone) ①전화나 라디오의 송화기 등과 같이 음파를 음성 전류로 바꾸는 장치의 총칭. ②확성기.

마일(mile) 영국의 육지 거리를 재는 단위로 1마일은 1,609.4m 임.

마:장(馬場) 말을 매어 두거나 놓아 기르는 곳.

마 장조 '마'음을 으뜸음으로 하는 장조.

마저 남은 것까지 죄다. 예이것마저 먹어라.

마저도 조차도. 예조금 남은 물마저도 떨어졌다.

마:적(馬賊) 말을 타고 떼지어 다니는 도둑.

마:전 천을 빨아서 볕에 쬐어 희게 하는 일. 표백. —하다.

마제 석기(磨製石器) →간석기.

마주 서로 똑바로 향하여. 예 얼굴을 마주 보고 눈싸움을 하였다.

마주나기 잎이 줄기의 마디마다 두 개씩 마주 붙어 나는 일.

마주 놓다[—노타] 서로 똑바로 향하게 물건을 놓다. 준 맞놓다.

마주 보다 서로 똑바로 향하여 보다. 준 맞보다.

마주 서다 둘이 서로 똑바로 바라보고 서다. 예 마주 서서 이야기하다. 준 맞서다.

마주 앉다 서로 똑바로 보고 앉다. 예 마주 앉아 이야기하다.

마주 잡다 ①서로 손을 잡다. ②마주 보고 물건을 잡다. 예 책상을 마주 잡고 나르다. ③어떤 일에 서로 협력하다. 예 손을 마주 잡고 일하다. 준 맞잡다.

마주치다 ①서로 정면으로 부딪치다. ②우연히 서로 만나다. 예 복도에서 선생님과 마주치다.

마중 사람이 오는 것을 맞이하는 일. 예 정거장에 아버지의 마중을 나갔다. 비 영접. 반 배웅. —하다.

마지기 =두락.

마지막 ①일이나 순서의 끝나는 판. ②차례의 맨 끝이나 맨 나중. 예 영화의 마지막회를 관람하다. 비 끝. 맨 나중. 반 처음.

마지막 수업 프랑스의 소설가 알퐁스 도데가 지은 소설. 프랑스가 프로이센과의 전쟁에 져서 프로이센 영토가 되고 만 알자스 지방의 어느 초등 학교에서, 프랑스 말로서는 최후의 수업이 되는 날의 광경을 아멜 선생과 프랑스 소년을 통해서 그려낸 작품임.

마:지못하다 마음에 내키지 않으나 안 할 수 없다. 예 마지못해 시작하다.

마:지아니하다 진심으로 그러함을 강조하는 뜻으로 하는 말. 예 환영해 마지아니하다. 준 마지않다.

마:차(馬車) 말이 끄는 수레. 예 쌍두 마차. 마차꾼.

마:차부자리(馬車夫—) 북쪽 하늘의 오리온자리 북쪽에 있는 별자리. 마부좌.

마찬가지 꼭 같음. 서로 같음. 예 힘들기는 너나 나나 마찬가지다. 비 매한가지. 반 다름.

마찰(摩擦) ①물건과 물건을 서로 문지름. ②서로 뜻이 맞지 않아 옥신각신함. —하다.

마찰 전:기 두 가지 물체를 서로 문지를 때 일어나는 전기. 양전기와 음전기가 있음.

마천루(摩天樓) 하늘에 닿을 듯이 높이 솟은 고층 건물.

마취(麻醉) 수술 등을 할 때 약물을 사용해서 일시적으로 감각을 잃고 자극에 반응할 수 없게 하는 일. 예 마취제. —하다.

마치[1] 못을 박는 데 쓰는 연장.

마치[2] 거의 비슷하게. 예 흙이 마치 산더미처럼 쌓였다. 비 흡사.

마치가 가벼우면 못이 솟는다 〈속〉 위엄과 무게가 없으면 남이 순종하지 않고 오히려 반항한다.

마치다 ①일을 마지막으로 끝내다. 예 청소를 마치고 집으로 가다. 반 시작하다. ②못 같은 것을 박을 때, 속에 무엇이 받치다. 예 못 끝에 돌이 마치다. ③몸의 어느 부분이 결리다.

마치다 일을 끝내다.
맞히다 물음에 옳은 답을 하다.
맞추다 ①물건을 만들도록 미리 부탁하다. ②꼭 맞게 하다.

마침 ①꼭 알맞게. 예마침 잘 왔다. ②우연히 공교롭게도. 예오늘이 마침 내 생일이다.

마침내 ①드디어. 예지루하던 일이 마침내 끝이 났다. 回기어이. 드디어. 이윽고. ②끝에는. 종내. 나중에.

마침표(一標) ①한 개의 문장이 끝났음을 나타내거나 줄이어 끝맺음을 나타낼 때 찍는 부호. 回종지부. ②음악에서, 악곡의 끝을 나타내는 표.

마카오(Macao) 중국 광둥만 입구에 있는 항구 도시. 포르투갈이 차지했을 때에는 무역항으로 번창하였으나, 홍콩으로 주도권이 넘어간 뒤부터는 점차 쇠퇴하여 미약해짐.

마:크(mark) ①무엇을 상징하여 나타낸 도안이나 상표. ②축구 등에서, 상대편의 공격을 견제하고 방해함. ③기록함. 예1위를 마크하다. —하다.

마타시 임진년에 왜군의 수군 주력 부대를 거느리고 침입해 온 왜장의 한 사람.

마:태 복음 신약 성서 중에서 그 첫째 편. 마태오가 지음.

마파람 남쪽에서 불어 오는 바람. 마풍. 앞바람. 예밥 한 그릇을 마파람에 게눈 감추듯 먹다.

마:패(馬牌) 조선 시대 관리들이 지방 출장 때에 역마 징발의 증명으로 쓰던 둥근 패. 암행 어사의 인장으로 사용되었음.

〔마 패〕

마포구 서울 특별시의 한 구. 남쪽은 한강을 끼고 영등포구의 여의도 지구, 북쪽은 서대문구, 동쪽은 용산구에 각각 접하였음.

마하(Mach) 미사일이나 비행기 등의 속도를 나타내는 단위. 소리의 속도를 기준으로 함.

마:한(馬韓) 삼한의 하나. 기원전 3~4세기경에 지금의 충청 남도와 전라 남북도에 걸쳐서 50여 부족 국가로 이루어져 있던 나라.

마호메트(Mahomet, 571?~632) 이슬람교의 개조. 메카 교외의 히라 언덕에서 알라신의 계시로 새 종교를 창시함.

마흔 열의 네 곱절. 回사십.

막[1] 이제 방금. 금시. 예서울에 막 도착했다.

막[2] 걷잡을 수 없이. 몹시. 예마루 위를 막 뛰어다닌다. 본마구.

막[3](幕) ①휘장. ②무대 앞이나 뒤에 드리워 놓은 포장. 예막을 올리다.

막간(幕間) ①연극에서, 한 막이 끝나고 다른 막이 시작되기까지의 동안. ②사물의 한 단락이 끝나고 다음 단락이 시작될 때까지의 동안. 예막간에 얘기나 좀 하자.

막강(莫強)[-깡] 매우 강함. 예실력이 막강하다. —하다.

막걸리 청주를 떠내지 않고 그대로 걸러 내어 빚은 걸쭉한 술.

막국수 강원도 향토 음식의 하나. 메밀 가루로 만든 국수에 양념장을 넣고 육수에 만 음식.

막내[망—] 맨 마지막으로 난 아이. 판 맏이.

막내둥이[망—] '막내'를 귀엽게 일컫는 말. 비 막둥이.

막내딸[망—] 맨 마지막으로 난 딸. 판 맏딸.

막내아들[망—] 맨 마지막으로 난 아들. 판 맏아들.

막노동[망—] 닥치는 대로 마구잡이로 하는 힘든 일. —하다.

막다 ①통하지 못하게 하다. ②사방을 둘러싸다. ③더 못 나아가게 하다. 예 길을 막다. 판 뚫다.

막다르다 가다가 앞이 막혀서 더 나갈 길이 없다. 예 가다 보니 막다른 골목이었다.

막다른 골: ①길이 막혀 더 가지 못하게 된 골목. ②일이 절박하여 조금도 변통할 수 없는 경우.

막다른 골이 되면 돌아선다⟨속⟩ 어떻게 할 수 없는 지경에 이르면 또 다른 꾀가 생긴다.

막다른 집 막힌 골목 안의 맨 끝의 집.

막대[1] '막대기'의 준말.

막대[2](莫大) ①정도가 더할 수 없이 큼. 예 산사태로 막대한 피해를 보았다. ②수량이 말할 수 없이 많음. 예 막대한 재산을 소유하다. —하다. —히.

막대 그래프(—graph) 선분의 길이로 수나 양의 크기를 나타낸 그래프.

막대기 ①짚고 다니기에 알맞은 짧은 나무. ②가늘고 긴 나무.

막대 자석(—磁石) 둥근 막대나 넓적한 막대 모양의 자석.

막돌 쓸모 없이 아무렇게나 생긴 돌. 비 잡석.

막되다 말이나 행실이 거칠고 사납다. 예 막되게 굴다.

막둥이 끝으로 낳은 아들. 막내아들. 막내둥이.

막론(莫論)[망논] ①의논을 그만둠. 의논할 것조차 없음. ②말할 나위도 없음. 예 농촌이나 도시를 막론하고 자동차가 많다. —하다.

막막[망—] ①너르고 멀어서 아득함. 예 막막한 대양. ②의지할 데가 없어서 답답하고 외로움. 예 앞날이 막막하다. —하다. —히.

막말 함부로 아무렇게나 지껄이는 말. 예 아무리 화가 났더라도 그런 막말을 하다니. —하다.

막무가내(莫無可奈) 어찌할 수 없음. 예 막무가내로 우기다.

막바지 ①더 갈 수 없는 막다른 곳. ②일의 마지막 단계. 예 공사가 막바지에 이르렀다.

막벌이 힘든 막일로 돈을 버는 일. 예 막벌이꾼. —하다.

막사(幕舍) 임시로 당분간 살 수 있게 대충 지은 집. 예 새 집을 지을 때까지 막사에서 산다.

막상 마침내 실제에 이르러. 예 막상 해 보니 생각보다 어렵다.

막상 막하(莫上莫下)[—쌍마카] 서로의 실력이 비슷하여 낫고 못한 차이가 없음. 예 바둑 실력이 막상 막하다. —하다.

막심하다(莫甚—) 썩 심하다. 매우 대단하다. 예 태풍의 피해가 막심하다. —히.

막아 서다 가지 못하게 앞을 막아서 서다.

막연하다(漠然—) ①자세하지 않다. ②똑똑하지 못하고 어렴풋하다. 예 그런 막연한 말을 믿을 수는 없다. —히.

막자[—짜] 덩어리 약을 부수어

가루로 만들 때 쓰는 사기로 된 작은 방망이.

막자 사발 알약 등의 덩어리를 부수어 가루로 만들 때 쓰는 유리나 사기그릇.

〔막자 사발〕

막잡이 아무렇게나 함부로 쓰는 물건.

막중(莫重) ①매우 중요함. [예] 책임이 막중하다. ②매우 귀중함. —하다. —히.

막차(—車) 그 날의 마지막으로 오고 가는 차. [반] 첫차.

막판 일의 마지막 판.

막히다 ①서로 통하지 못하게 되다. [예] 길이 막히다. ②어떤 일·행동을 못하게 되다. [예] 말문이 막히다. [반] 트이다.

만[1] 그것은 있고 다른 것은 없다는 뜻을 나타내는 말. [예] 배는 없고 사과만 남았다. [비] 뿐.

만[2] 그 시일이 지났다는 뜻을 나타내는 말. [예] 일 년 만에 만났다.

만:[3](萬) ①천의 열 곱절. [예] 만 개. ②수가 많은 것.

만[4](灣) 물이 육지에 굽어 들어온 곳. [예] 아산만.

만:감(萬感) 여러 가지 느낌. 온갖 생각.

만:경강(萬頃江) 전라 북도 완주군에서 발원하여 황해로 흘러드는 강. 그 유역이 우리 나라 곡창 지대인 호남 평야의 중심부임.

만:경 창파(萬頃蒼波) 끝없이 너른 바다.

만:고(萬古) ①먼 옛날. ②오랜 세월. [예] 그는 만고의 영웅이다.

만:고 강산(萬古江山) 오랜 세월 동안 변하지 않는 산천.

만:국(萬國) 세계 여러 나라. [예] 만국 박람회. [비] 만방.

만:국기 여러 나라의 국기.

만:국 평화 회:의 러시아 황제 니콜라이 2세가 제창하여 1899년과 1907년에 열린 2차의 국제 회의. 네덜란드의 헤이그에서 개최. 특히, 2차 회의 때는 우리 나라의 특사 사건이 있었음.

만:군(萬軍) 수많은 군사.

만:기(滿期) 정한 기한이 다 참. [예] 만기 어음. —하다.

만나다 ①서로 마주치다. 서로 마주 보게 되다. [예] 친구를 만나다. ②재앙을 입다. 때를 당하다. ③사람을 대하여 용건을 말하다. ④인연으로 관계가 맺어지다.

만:난(萬難) 여러 가지의 고생. [예] 만난 극복.

만:날 늘. 항상. [예] 그는 만날 지각한다.

만:년설(萬年雪) 1년 내내 녹지 않는 눈으로, 저온 지대나 고위도 지방에서 해마다 내려 쌓인 눈이 압축되어 거대한 얼음덩어리를 이룬 것.

만:년필(萬年筆) 펜대 속에 잉크를 넣어 두고 쓸 때마다 적당하게 흘러나오도록 만든 펜.

만:능(萬能) 모든 사물에 능통함. [예] 만능 선수. —하다.

만:담(漫談) 재미있거나 익살스럽게 세상이나 인정을 풍자하는 이야기. [예] 만담가.

만돌린(프 mandoline) 배가 불룩한 통에 네 쌍 여덟 줄을 친, 비파와 비슷한 서양 악기의 한 가지.

ㅁ

〔만돌린〕

만두(饅頭) 밀가루를 반죽하여 얇게 펴서 그 속에 고기나 야채를 넣어 삶거나 찌거나 기름에 튀겨서 만든 음식.

만들다 ①물건을 이루다. 예인형을 만들다. ②글을 짓거나 모아서 꾸미다. 예사전을 만들다. ③상처 따위가 생기게 하다. ④음식을 요리하다. 예수제비를 만들다. ⑤일을 경영하다. 예공연한 일거리를 만들다.

만ː료(滿了)[말―] 한도나 기한이 꽉 차서 끝남. 예임기가 만료되다. ―하다.

만ː루(滿壘)[말―] 야구에서 1·2·3루에 모두 주자가 있는 경우.

만ː루 홈ː런 야구에서 1루·2루·3루에 주자가 있을 때에 타자가 홈런을 치는 경우.

만류(挽留)[말―] 못 하게 말림. 붙들고 말림. 예싸움을 만류하다. ―하다.

만ː리(萬里)[말―] ①천리의 열 갑절. ②매우 먼 거리임을 나타낼 때 쓰는 말. 예만리 타향.

만ː리 변성 멀리 떨어진 국경 부근의 성.

만ː리 장성(萬里長城) 중국에 있는 성벽. 춘추 시대부터 있었던 것을 진시황이 더 늘려서 쌓음. 길이 약 2,400 km.

만ː리 타국 매우 멀리 떨어져 있는 다른 나라.

만ː리 타향 멀리 떨어져 있는 타향·객지. 예만리 타향에 있는 친구가 무척 보고 싶다.

만만찮다[―찬타] 만만하지 아니하다. 예상대가 만만찮다.

만만하다 ①다루기 쉽다. 예보기에 만만하다. ②두려울 것이 없다. 예자신 만만하다. ―히.

만ː무하다(萬無―) 도무지 없다. 결코 없다. 예그럴 리 만무하다.

만ː물(萬物) 천지간에 있는 모든 물건. 예만물의 영장.

만ː물상¹(萬物相)[―쌍] ①금강산에 있는 바위가 많은 산. 바위가 이상하게 온갖 모양을 하고 있어 기묘한 경치를 보여 줌. 町만물초. ②여러 가지 물건의 갖가지 형상.

만ː물상²(萬物商)[―쌍] 생활에 필요한 갖가지 물건을 파는 장사.

만ː물 전ː시장 세상의 온갖 것을 모아서 벌여 놓고 여러 사람에게 보여 주는 곳.

만ː물초(萬物肖) 금강산의 만물상.

만ː민(萬民) 모든 백성.

만ː민 공ː동회 1898년 독립 협회 주최로 서울에서 열린 민중 대회.

만ː반(萬般) 모든 것. 빠짐없이 전부. 예만반의 준비를 갖추다.

만ː발(滿發) 꽃이 한창 보기 좋게 핌. 예장미꽃이 만발하다. 町만개. ―하다.

만ː방(萬邦) 모든 나라. 여러 나라. 예세계 만방에 국위를 떨치다. 町만국.

만ː백성 모든 사람. 모든 국민.

만ː병 통치 약효가 뛰어나 여러 가지 병을 고칠 수 있음. 예만병 통치약. ―하다.

만ː복사저포기(萬福寺樗蒲記) 조선 시대 초기에 김시습이 지은 한

문 소설. '금오신화'에 실려 전함. 남원의 노총각이 만복사의 부처님과 주사위 내기를 하여, 그 절에 숨어 사는 죽은 처녀의 혼과 결혼한다는 줄거리.

만ː분지일(萬分之一) 만으로 나눈 것 중의 하나. 매우 작거나 적은 일을 나타내는 말.

만ː사(萬事) 모든 일. 여러 가지 일. 예만사가 순조롭다.

만ː사 형통(萬事亨通) 모든 일이 계획대로 잘 됨. 예올해 운수는 만사 형통일 것이다. —하다.

만ː삭(滿朔) 아이를 낳을 때가 다 됨. 예만삭의 몸으로 힘든 일을 하다. 비만월. —하다.

만ː석꾼 벼 만 석을 수확할 수 있는 논밭을 가진 부자.

만ː선(滿船) 배에 물고기나 물건을 가득 실음. 또, 그 배.

만ː성¹(晩成) 늦게야 이루어지거나 이룸. 예대기 만성. 반속성. —하다.

만성²(慢性) ①오래 끄는 병의 성질. 예만성 위장병. 반급성. ②버릇되어 고치기 힘듦.

만ː세(萬歲) ①오랜 세월. 만년. ②오래도록 삶, 또는 영원히 살아 번영함을 뜻하는 말. ③축복하는 뜻으로 또는 승리를 기뻐하는 뜻으로 외치는 소리.

만ː수 무강(萬壽無疆) 한없이 오래 삶. 윗사람의 건강을 빌 때 쓰는 말. 예부디 만수 무강을 비옵니다. —하다.

만ː수산(萬壽山) 옛날 고려의 서울 개성에 있는 '송악산'의 다른 이름.

만ː신 창이(滿身瘡痍) 성한 데가 없이 온몸이 상처투성이임.

만ː안하다(萬安—) 아주 평안하다. 예옥체 만안하시기를 빕니다. 비만강하다.

만ː약(萬若) '혹 그러한 경우에는'의 뜻으로 어떠한 조건을 내세우는 경우에 쓰는 말. 예만약에 내일 비가 온다면 소풍을 못 갈 텐데. 비만일.

만용(蠻勇) 사물의 이치를 분별하지 못하고 함부로 날뛰는 모양. 예쓸데없는 만용을 부리다.

만ː우절(萬愚節) 서양 풍속에서, 농담으로 남을 속여도 좋다고 되어 있는 날. 4월 1일.

만ː원(滿員) 작정한 사람 수에 다 참. 예만원 버스.

만ː월(滿月) 가장 완전하게 둥근 달. 비보름달.

만ː월대(滿月臺)[—때] 개성의 송악산 기슭에 있는 고려 시대의 궁궐터.

만ː유 인ː력(萬有引力) 모든 물건의 서로 끌어당기는 힘.

만ː인(萬人) ①매우 많은 사람. ②모든 사람. 예만인 평등.

만ː인 의ː총(萬人義塚) 전라 북도 남원에 있는 큰 무덤. 임진왜란 때 전사한 의병들이 묻혀 있음.

만ː일(萬一) ①혹시. 어쩌다가. ②뜻밖의 일. 비만약.

만장(輓章) 죽은 이를 슬퍼하여 지은 글, 또는 그 글을 천이나 종이에 써서 기처럼 만든 것.

만ː장 일치(滿場一致) 한 사람도 반대하는 사람 없이 다 좋다고 하는 것. —하다.

만ː장 폭포(萬丈瀑布) 아주 높은 곳에서 떨어지는 폭포.

만ː전(萬全) ①아주 안전함. ②조금도 실수가 없이 아주 완전함.

[예]홍수 피해 대비에 만전을 기하다.

만:점(滿點)[—쩜] ①규정된 점수의 가장 높은 점수. ②결점이나 부족한 데가 없이 아주 만족할 만한 상태.

만:조(滿潮) 밀물로 인해 바닷물의 높이가 가장 높아진 상태. 고조. [반]간조.

만:조 백관(滿朝百官) 조정의 모든 벼슬아치.

만:족(滿足) 마음에 부족함이 없이 흐뭇함. [예]만족스러운 미소. [비]흡족. [반]부족. —스럽다. —하다. —히.

만:주(滿洲) 압록강과 두만강 북쪽에 있는 중국의 '둥베이 지방'을 일컫는 이름.

만:주족 만주 일대에 살았던 남방 퉁구스계의 한 종족으로, 숙신·읍루·말갈·여진 등의 민족.

만지다 ①여기저기 자꾸 손을 대어 주무르거나 쥐다. ②다루거나 손질하다.

만지작거리다 끈질기게 자꾸 만져 보다. [예]지갑을 만지작거리다.

만질만질하다 손에 닿는 느낌이 매끄럽고 부드럽다.

만:찬(晩餐) 저녁 식사. 특별하게 잘 차린 저녁 식사.

만:찬회(晩餐會) 여러 사람을 청하여 저녁밥을 먹는 모임.

만:천하(滿天下) 온 천하. 전세계. [예]거짓말이 만천하에 드러나다.

만큼 거의 같은 수량이나 정도, 또는 '실컷'의 뜻을 나타내는 말. [예]싫증이 날 만큼 먹었다.

만:파식적(萬波息笛) 신라 때의 전설상의 피리. 문무왕이 죽어서 된 해룡과 김유신이 죽어서 된 천신이 합심해서 용을 시켜서 보냈다는, 대나무로 만든 피리. 이것을 불면 소원을 이루게 되므로 소중히 여기어 나라의 보물로 삼았다고 함.

만:평(漫評) ①어떠한 주의나 체계 없이 생각나는 대로 하는 비평. ②만화로 인물이나 사회를 비평함.

만행(蠻行) 야만스러운 행동. [예]사람으로서 할 수 없는 만행.

만:화(漫畫) 이야기를 그림으로 그려서 나타낸 것. [예]만화책.

만:화가(漫畫家) 만화를 그리는 것을 직업으로 하는 사람.

만:화경(萬華鏡) 장난감의 한 가지. 원통 속에 여러 가지로 물들인 유리 조각을 장치하고, 또 사각형의 거울을 세모지게 짠 것을 넣었는데, 통 끝의 작은 구멍으로 들여다보면 온갖 형상이 대칭적으로 나타남.

만회(挽回) 잃은 것이나 뒤떨어진 것을 바로잡아 회복함. [예]점수를 만회하다. —하다.

많:다 ①적지 않다. ②남다. ③수가 넉넉하다. [반]적다. —이.

맏— 태어나는 차례의 첫번. [예]맏아들. 맏딸. 맏형.

맏딸 맨 먼저 낳은 딸. [비]큰딸. [반]막내딸.

맏물 맨 먼저 나온 푸성귀나 첫번째 딴 과실·곡식 따위.

맏아들 맨 먼저 낳은 아들. [비]큰아들. [반]막내아들.

맏이[마지] 여러 형제나 자매 중에서 제일 손위인 사람. [반]막내.

말[1] 가축의 한 가지. 중앙 아시아·몽골 원산으로 네 다리와 얼굴·목이 길며 갈기가 있음.

말:[2] 사람의 사상·감정을 나타내는 소리. [비]언어.

말³ 곡식·액체·가루 따위의 분량을 되는 데 쓰는 그릇. 예 쌀 열 말. 술 두 말.

-말⁴(末) ①'끝'의 뜻. 예 삼월말. 학년말. 반 초. ②'가루'의 뜻. 예 붕산말.

말갈기 말의 목에서 등까지 나 있는 긴 털.

말 갈 데 소 간다〈속〉 아니 갈 데를 간다.

말갈족(靺鞨族) 오늘날의 만주족. 예로부터 숙신·읍루 등으로 불리었고, 고려 이후로는 여진·야인으로 불리었으며, 조선 시대에는 청나라를 세워 중국 대륙을 지배하기도 하였음.

말:갛다 맑고 깨끗하다.

말:거리 이야기할 바탕·자료.

말거머리 거머릿과의 환형 동물. 몸이 크며 등에는 세로로 검은 줄이 다섯이 있음. 논이나 연못에서 조개 종류를 먹고 살며 사람의 피부에 상처를 내기는 하나 피를 빨지는 않음. 마질. 마황.

말건 '말거나'의 준말. 예 하건 말건 상관하지 마라.

말:결에[-껼-] 무슨 말을 하는 김에. 예 무슨 말결에 그 이야기가 튀어나왔다.

말고삐 말굴레에 매어 끄는 줄. 예 말고삐를 잡다.

말괄량이 얌전하지 않고 지나치게 덜렁거리는 여자.

말구유 말먹이를 담는 그릇.

말굽 말의 발 밑에 있는 두껍고 단단한 발톱.

말굽 자석 말굽처럼 만든 지남철. 양극이 서로 가까이 있기 때문에 자력이 오래 지속됨.

말:귀[-뀌] ①말의 뜻. ②남의 말을 알아듣는 슬기. 예 말귀를 잘 알아듣는다.

말기(末期) 끝 무렵. 비 말엽. 반 초기.

말:꼬리 말의 끝. 예 말꼬리를 흐리다. 비 말끝. 반 말머리.

말:꼬투리 말로 인하여 일이 발생하게 되는 동기.

말:꾼 시골서 밤에 동네집 사랑 같은 데에 모여 노는 사람.

말끄러미 오도카니 한 곳만 바라보는 모양. 예 하늘을 말끄러미 쳐다보다. 큰 물끄러미.

말끔하다 ①말짱하다. ②티 하나 없이 깨끗하다. 예 말끔히 청소해라. 비 깨끗하다. -히.

말:끝 말하는 끝. 예 그는 말끝마다 제 자랑만 늘어놓고는 혼자 좋아하는 버릇이 있다. 반 말머리.

말끝을 맺지 못한다 하던 말을 끝까지 하지 못한다.

말년(末年)[-련-] 일생의 마지막 무렵. 예 말년을 즐겁게 보내다. 반 초년.

말:놀이 말을 잇거나 줄이거나 지어서, 재미있게 주고받는 놀이. -하다.

말다 ①국물에 밥이나 국수를 넣다. 예 찬이 없으니 국에 말아 몇 술 뜨시구려. ②둥글게 감다. ③그치다. ④중지하다.

말:다툼 말로써 옳고 그름을 가리는 다툼. 비 입다툼. -하다.

말단(末端)[-딴] 어떤 물건이나 조직에서 맨 끝이나 마지막을 나타내는 말. 예 말단 직원.

말:대꾸 남의 말을 되받아 자기 의사를 나타내는 말. 예 그 애는 아무에게나 말대꾸를 한다. 준 대꾸. -하다.

말:대답(—對答) 윗사람의 말에 이유를 붙이는 대답. [예]말대답에 기분이 상하다. —하다.
말:더듬다[—따] 말을 더듬거리다.
말:더듬이 말을 더듬는 사람.
말더라 마는구나. '~더라'는 말끝에 붙어 지난 일을 돌이켜 말할 때 쓰는 말. [예]이야기를 하다 말더라.
말:동무[—똥무] 서로 같이 이야기할 만한 친구. [비]말벗. —하다.

말똥구리 풍뎅잇과의 곤충. 풍뎅이처럼 생겼으며 여름철에 말똥·쇠똥 등을 굴려 흙 속에 묻고 그 속에 알을 낳음. 쇠똥구리.
말똥말똥 ①정신이나 눈알이 맑고 생기 있게 또랑또랑한 모양. ②눈만 둥글게 뜨고 정신 없이 말끄러미 쳐다보는 모양. [큰]멀뚱멀뚱. —하다.
말뚝 소·말 따위를 매어 놓기 위하여 땅에 박아 놓은 나무.
말뚝이 산대놀이에 나오는 인물의 하나. 샌님의 종으로 등장하여 주인인 샌님을 골탕먹임.
말라깽이 몸이 매우 마른 사람을 놀릴 때 쓰는 말.
말라리아(malaria) 일정한 시간이 되면 열이 나고 오슬오슬 추워지는 전염병. 흔히 여름에 걸리며 말라리아 균을 가진 모기에게 물려서 걸림. 학질.
말라붙다 물기가 없이 바싹 마르거나 달라붙다. [예]가뭄에 강이 말라붙다.
말라티온(malathion) 농작물의 해충인 멸구나 진딧물을 죽이는 농약.
말랑말랑 야들야들하고 부드러운 모양. [예]갓 구워 낸 빵이 말랑말랑하다. [큰]물렁물렁. —하다.
말래도 말라고 하여도. [예]이제 제발 그런 소리는 나에게 하지 말래도 그러니?
말레이 반:도 인도차이나 반도로부터 남쪽으로 뻗은 좁고 긴 반도.
말레이시아(Malaysia) 말레이 반도와 보르네오 북부에 걸쳐 있는 나라. 고무의 산지로 유명함. 수도는 콸라룸푸르임.
말로(末路) ①생의 끝 부분. [예]악인의 말로는 비참했다. ②망해 가는 마지막 길. [예]왕국의 말로.
말리다[1] ①젖은 물건을 축축한 기운이 없게 하다. [예]빨래를 말리다. [반]적시다. ②하는 일을 못하게 하다. [예]싸움을 말리다.
말리다[2] 둥글게 감기다. [예]불어온 바람에 치마가 말리다.
말 많은 집은 장맛도 쓰다〈속〉 가정에 말이 많으면 살림이 잘 안 된다.
말:맛 말이 주는 느낌. 그 말에서 오는 느낌.
말맞추기 앞뒤의 말이 자연스럽게 뜻이 이어지도록 말을 맞추는 놀이.
말:머리 말의 첫머리. 이야기의 방향. [예]말머리를 엉뚱한 방향으로 돌리다.
말먹이 말에게 먹이는 풀이나 곡식 따위.
말: 못 하다 말로써 다 형용할 수 없다. [예]말 못 할 사정.
말:문(—門) ①말하는 것. ②말을 시작하는 것.
말문이 막히다 입이 열리지 않아 말할 수가 없다.

말미 일에 매인 사람이 다른 일로 말미암아 얻는 겨를. ㉠며칠 말미를 주십시오.

말미암다[-따] ①거쳐 오다. ②관계되다. ③인연이 되다.

말미암아 ①관계되어. ②까닭으로. ㉠그 사람의 방해로 말미암아 일이 틀려 버렸다.

말미잘 분홍말미잘과의 강장동물. 간조선의 바위 사이나 모래땅에 묻혀 사는데, 원기둥 모양이며 녹색이나 담황색에 흰 반점이 있음.

말발굽[-꿉] 말의 발굽.

말:버릇[-뻐를] 항상 써서 버릇이 된 말의 투.

말벌 말벌과의 곤충. 독침이 있고 작은 곤충을 잡아먹음.

말복(末伏) 삼복의 마지막 복. 몹시 더운 때.

말:본 ①글을 짓는 법칙. ②말하는 법. ㉥문법.

말살(抹殺)[-쌀] 있는 사물을 남김없이 모두 없애 버림. ㉠문화 말살 정책. -하다.

말:상대 같이 이야기할 만한 사람(상대). 말벗.

말:소리[-쏘리] 말하는 소리. ㉥목소리. 음성.

말:솜씨 말을 하는 재간.

말승냥이 '늑대'를 승냥이에 비해 크다는 뜻으로 이르는 말.

말:썽 문제를 일으키는 말이나 행동. ㉠내 동생은 내가 공부를 하고 있으면, 옆에 와서 자꾸 말썽을 부린다.

말:썽거리 말썽이 될 만한 일.

말:썽꾸러기 =말썽꾼.

말:썽꾼 말썽을 자꾸 부리는 사람. 말썽꾸러기.

말쑥하다 말끔하고 깨끗하다. ㉠말쑥한 모습. ㉣멀쑥하다. -히.

말:씀 어른의 말. '말'의 높임말. -하다.

말:씨 말하는 태도. 말하는 버릇. ㉠고운 말씨를 쓰자. ㉥말투.

말엽(末葉) 끝 무렵. ㉠조선 말엽. ㉥말기. ㉤초엽.

말이 떨어지기가 무섭게 어떤 말의 끝을 맺자마자 곧 이어.

말이 많으면 쓸 말이 적다〈속〉 말을 많이 하면 실속 있는 말은 오히려 적다.

말이 아니다 ①이루 말로 다할 수 없을 정도다. ②형편없다.

말:익히기 말을 바르게 잘 쓸 수 있도록 익히는 일.

말일(末日) ①어느 기간의 마지막 날. ②그 달의 마지막 날.

말:재주[-째주] 말을 아주 잘하는 재주. ㉠말재주가 뛰어나다.

말:조심(-操心) 말을 아무렇게나 하지 않고 조심해서 하는 짓. -하다.

말:주변[-쭈변] 말을 막힘이 없이 잘 둘러대는 재주.

말:질 이러니저러니 하고 말로 다투는 짓. ㉠저 둘 사이에 말질이 좀 있었다. -하다.

말짱하다 ①치울 것이 없이 깨끗하다. ㉠집 안을 말짱하게 치우다. ②옷·신 따위가 성하다. ㉠말짱한 물건. ③전혀 터무니없다. ㉠말짱한 거짓말. ㉣멀쩡하다. -히.

말:참견(-參見) ①남들이 이야기할 때 옆에서 끼여들어 말하는 짓. ②옆에서 쓸데없이 입을 놀리는 짓. -하다.

말채찍 말을 다루는 데 쓰이는 채찍. ㉣말채.

말초 신경(末梢神經) 중추 신경계와 피부·근육·감각 기관 등을 연락하는 신경을 통틀어 일컫는 말. 예 말초 신경을 자극하다.

말총 말의 갈기나 꼬리의 털.

말코 ①말의 코. ②말의 코처럼 큰 코를 가진 사람을 조롱조로 이르는 말.

말타기 말을 타는 일.

말:투(一套) ①말버릇. ②말을 하는 모양. 비 말씨.

말판 윷·고누·쌍륙 등의 말이 가는 길을 그린 판. 예 말판에 말을 세우다.

말판쓰기 윷놀이 등에서 말판에 말을 놓는 일.

말:하다 ①생각이나 느낌을 남에게 말로써 나타내다. 예 생각을 말하다. ②어떤 일을 모든 사람에게 전달하다. 예 약속 장소가 바뀌었음을 말하다.

말:하자면 이를테면. 말로 나타내기로 하면.

말 한 마디에 천냥빚도 갚는다 〈속〉 말만 잘 하면 어려운 일도 해결할 수 있다는 말로, 말의 중요성을 나타낸 말.

말:할 수 없이 이루 말로 표현할 수 없을 정도로 분량·정도가 큼을 나타내는 말. 예 오빠는 그를 잘 따르던 바둑이의 죽음을 말할 수 없이 슬퍼했다.

맑다[막따] ①다른 것이나 더러운 것이 섞이지 않고 깨끗하다. 투명하다. 예 맑은 샘물. ②흐리지 않다. 예 맑은 하늘. ③일이 헝클어지거나 터분하지 아니하다. 비 깨끗하다. 개다. 반 흐리다.

맑디맑다[막띠막따] 썩 맑다. 더할 수 없이 맑다.

맑음 흐리지 아니함. 반 흐림.

맘: '마음'의 준말. 예 맘이 맞아야 같이 일하지.

맘마 '음식'의 어린이 말.

맘:씨 '마음씨'의 준말.

맛 음식이 혀에 닿을 때의 느낌. 예 단맛.

맛나다 맛이 좋다. 맛있다.

맛들다[맏드니] 익어서 맛이 좋게 되다. 예 사과가 아직 맛들지 않아서 시다.

맛들이다 ①재미를 붙이다. 예 동화책보다 만화책에 맛들여 걱정이다. ②맛이 있게 하다. 예 고기에 맛들이다.

맛보다 ①음식의 맛을 알기 위하여 먼저 조금 먹어 보다. 예 찌개를 맛보다. ②몸소 겪어 보다, 또는 마음으로 느끼다. 예 온갖 고생을 다 맛보다.

맛없다[마덥따] ①음식의 맛이 좋지 않을 때를 나타내는 말. ②관심이 없다. —이.

맛있는 음식도 늘 먹으면 싫다 〈속〉 아무리 좋은 일이라도 너무 자주 되풀이하면 싫증이 나기 마련이라는 뜻.

맛있다[마딛따/마신따] 맛이 좋다. 맛나다.

맛조개 긴맛과의 바닷조개. 얕은 바다에 사는데, 몸길이는 13cm 가량이며 껍데기 모양은 둘로 쪼갠 대통 같음.

망:[1](望) 멀리 바라보아 남의 동정을 살핌. 예 망을 보다.

망[2](網) 그물같이 만들어서 가려 두거나 치거나 하는 물건을 통틀어 이르는 말. 예 고기를 잡기 위해 강에 망을 쳤다.

망가뜨리다/망가트리다 물건을

찌그러뜨려 아주 못 쓰게 만들다.
망각(忘却) 잊어버림. ⓔ망각의 시간. ⓑ기억. —하다.
망간(독 Mangan) 은백색의 윤이 나는 금속 원소의 하나. 철 다음으로 널리 분포함.
망건(網巾) 상투 있는 사람이 머리에 두른 그물처럼 생긴 물건. 머리카락이 흩어지지 않도록 함.

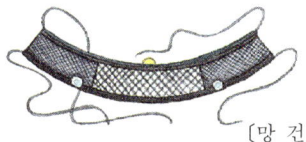
[망 건]

망국(亡國) 망한 나라. 나라를 망침. ⓔ망국민의 슬픔. —하다.
망그러지다 찌그러져서 못 쓰게 되다. ⓔ궤짝이 망그러지다.
망극(罔極) 임금이나 어버이의 은혜가 너무 커서 다 갚을 길이 없음. ⓔ성은이 망극하옵니다. —하다.
망나니 ①옛날에 죄인의 목을 베던 사람. ②성질이 아주 못되어 사람답지 못한 사람.
망년회(忘年會) 한 해가 바뀔 때 그 해에 있었던 좋지 못한 일들을 잊어버리자고 베푸는 연회, 또는 파티. ⓑ송년회.
망:대(望臺) 적의 형편을 살펴보기 위하여 높이 세운 대. 전망대. 망루.
망:둥이 망둥잇과의 바닷물고기. 몸길이는 15cm~40cm 가량임. 지느러미는 가늘고, 서해안에서 많이 남.
망라(網羅)[—나] ①남기지 않고 죄다 모음. ⓔ이 사전은 각 분야의 전문어를 총망라했다. ②휘몰이함. ③물고기나 새를 잡는 그물. —하다.
망령¹(亡靈)[—녕] 죽은 사람의 영혼. ⓑ영.
망:령²(妄靈) 늙거나 정신이 어지러워져서 이상한 말과 행동을 하는 짓. ⓔ망령들다. ⓑ노망. —스럽다.
망:루(望樓)[—누] =망대. ⓔ망루에 올라서다.
망막(網膜) 눈알의 가장 안쪽에 있는 상이 맺히는 부분.
망막염(網膜炎) 망막에 생긴 병을 통틀어 이르는 말.
망망 대:해(茫茫大海) 끝없이 넓게 펼쳐진 바다.
망망하다(茫茫—) 넓고 멀다. 아득하다. —히.
망망한 한없이 넓은. ⓔ망망한 바다를 바라보다.
망명(亡命) 혁명 운동의 실패, 또는 그 밖의 사정으로 제 나라에 있지 못하여 남의 나라로 몸을 피하여 옮김. ⓔ망명길에 오르다. —하다.
망:발(妄發) 잘못하여 자기나 자기 조상에게 욕되는 말을 하는 짓. ⓔ그런 망발을 하다니. ⓑ망조. —하다.
망:보다 상대편의 행동을 살피다. 엿보다.
망:부석(望夫石) 아내가 멀리 떠난 남편을 기다리다가 그대로 죽어서 되었다는 돌.
망:상(妄想) ①헛된 생각. ②정당하지 아니한 생각. ⓔ망상에 젖어 들다. —하다.
망설이다 ①머뭇거리다. ②어찌할 것을 결정짓지 못하다. ⓔ망설이지 말고 가자.
망신(亡身) ①창피를 당함. ②자

기의 명예와 지위를 떨어뜨림. 비 창피. —하다.
망신스럽다〔망신스러우니, 망신스러워서/망신스러이〕망신이 될 만하다. 망신이 됨직하다.
망아지 말의 새끼.
망연하다(茫然—) 넓고 멀어 아득하다. —히.
망울 작고 동글게 엉기어 뭉쳐진 덩이.
망울망울 망울들이 한 곳에 엉겨 붙어 동글동글한 모양이나 그런 상태. 큰 멍울멍울. —하다.
망ː원경(望遠鏡) 먼 곳에 있는 물건을 똑똑하게 보이도록 만든 안경의 하나.
망ː원 렌즈(望遠lens) 먼 거리의 것을 촬영하기 위해 초점 거리를 길게 만든 사진용 렌즈.
망ː원 사진 망원 렌즈를 이용하여 찍은 사진.
망ː월(望月) 보름달.
망정 ‘-니·-기에’ 등의 뒤에 붙어, ‘다행히 그러함’의 뜻을 나타내는 말. 예 네가 도와 주었기에 망정이지 늦을 뻔했다.
망종(亡種) ① 좋지 못한 사람. ② 몹쓸 종자.
망ː주석(望柱石) 무덤 앞에 세우기 위해 만든 한 쌍의 돌기둥.
망측(罔測) 보통 상태에서 많이 벗어나 어처구니가 없음. 예 망측한 말. —스럽다. —하다. —히.
망치 단단한 물건이나 달군 쇠를 두드리는 데 쓰는 도구의 하나. 마치보다 크고 무거우며 자루가 긺.
망치다 일을 못 되게 만들다. 그르치다.
망태(網—) 물건을 담아서 들고 나르는 데 쓰는, 가는 새끼나 노로 엮어 만든 그릇. 본 망태기.

〔망 태〕

망토(프 manteau) 소매가 없이 어깨로부터 내리 걸쳐 입는 외투.
망하다(亡—) 나라나 단체·개인 또는 사물이 깨어져서 못 쓰게 되거나 없어지다. 예 나라가 망하다. 비 쇠하다. 반 흥하다.
망ː향(望鄕) 고향을 그리워하며 생각함. 예 망향가. —하다.
맞고소(—告訴) 고소를 당한 사람이 고소한 사람을 상대로 마주 고소하는 일. —하다.
맞그네 그네 하나에 두 사람이 올라타 서로 마주 보고 뛰는 그네.
맞꼭지각 두 직선이 만날 때 생기는 네 개의 각 중에서 서로 마주 보는 두 각.
맞다[1] ① 틀리지 않게 되다. 예 내 생각이 맞다. 비 알맞다. 반 틀리다. ② 입맛·마음 따위에 들다. 예 간이 맞는다. ③ 매맞다. ④ 맞아들이다. 예 손님을 맞다.
맞다[2] ① 노래나 소리의 가락이 서로 같이 나오다. 예 장단이 맞다. ② 비나 눈 따위를 몸으로 받다. 예 비를 맞다. ③ 도둑에게 물건을 잃다. 예 도둑 맞다.
맞다[3] ① 물건과 물건이 틈이 없이 서로 닿다. 예 발에 맞는 신. ② 어울리다. 조화하다. 예 분에 맞는 생활. 옷 색깔이 너한테 꼭 맞다. ③ 서로 어긋나지 않고 통하다. 예 마음이 맞다.
맞닿다[맏따타] 마주 닿다. 예 지

붕과 지붕이 맞닿다.
맞대다 '마주 대다'의 준말. ㉘이마를 맞대고 의논한다.
맞돈 물건을 살 때에 그 자리에서 치르는 돈.
맞들다 두 사람이 마주 들다. ㉘백지장도 맞들면 낫다.
맞먹다 서로 비슷하여 비길 만하다. ㉘영어 실력이 서로 맞먹다.
맞물리다 마주 물리다. ㉘톱니바퀴가 서로 맞물리다.
맞바꾸다 물건과 물건을 서로 바꾸다.
맞바람 양쪽에서 서로 마주 불어오는 바람.
맞벌이 부부가 모두 일하여 버는 일. ㉘맞벌이 부부. ―하다.
맞부딪치다 마주 부딪치다.
맞붙다 사이에 다른 사람을 넣지 않고 직접 대하다. ㉘맞붙어 겨루다.
맞붙잡다 서로 마주 붙잡다.
맞서다 ①서로 마주 서다. ②서로 굽히지 아니하고 버티다. ㉘팽팽히 맞서 씨운다.
맞선 남녀가 결혼을 히기 위하여 서로 직접 만나 보는 일.
맞은편(─便) ①마주 보이는 곳. ②상대자.
맞이하다[마지―] 오는 사람이나 계절이나 정한 날을 기다려 받아들이다. ㉘하늘 높고 물 맑은 가을을 맞이하여 한층 더 공부에 힘쓰자.
맞잡다 마주 잡다. ㉘손을 맞잡고 즐겁게 춤을 추다.
맞장구 치다 남의 말에 덩달아 편들다. ㉘내가 한 말에 철수도 덩달아 맞장구 쳤다.
맞추다 ①서로 만날 것을 약속하다. ㉘날짜를 맞추다. ②물건을 만들도록 미리 부탁하다. 주문하다. ㉘옷을 맞추다. ③맞게 하다. ㉘음식에 간을 맞추다.
맞춤법(─法)[맞춤뻡] 글자를 일정한 규칙에 맞도록 쓰는 방법. 철자법.
맞춤옷 몸의 치수에 맞게 특별히 재단하여 만든 옷.
맞히다¹ 물음에 옳은 답을 하다. ㉘그 문제에 대한 답을 모두 맞혔다.
맞히다² ①목표에 맞게 하다. ㉘화살을 과녁에 맞히다. ②비나 눈 따위를 맞게 하다. ㉘빨래를 비에 맞히다.
맡기다 어떤 일을 부탁하거나 책임지게 하다. ㉘숙제를 언니에게 맡기다.
맡다 ①코로 냄새를 들이마시다. ㉘꽃 향기를 맡다. ②낌새채다. ③자기가 책임을 지고 담당하다. ④남의 물건을 보관하다. ⑤허가를 얻다. ⑥주문 따위를 받다.
매¹ ①때리는 짓. ㉘매를 맞다. ②회초리. ③'맷돌'의 준말.
매:² 맷과 매수의 새를 통틀어 일컫는 말. 수리보다 작고 부리가 짧으며 발·발가락이 가늘고, 날개와 꽁지는 비교적 폭이 좁으며 빨리 낢. 새·병아리 등을 잡아먹음.
-매³ 눈매·몸매·옷매 따위의 맵시나 모양을 뜻하는 말. ㉘눈매가 날카롭다.
매:갈이 벼를 매통에 갈아서 쌀로 만드는 일. ―하다.
매개체(媒介體) 둘 사이에서 어떤 일을 맺어 주는 구실을 하는 것. ㉘매개체 역할을 하다.
매:국(賣國) 제 나라의 명예나 복

리를 적대 관계에 있는 나라에 팖. 땐애국. —하다.

매ː국노(賣國奴)[—궁노] 제 이익을 위하여 나라의 주권이나 이권을 팔아먹는 역적. 땐애국자.

매기다 값이나 등급을 따져서 정하다. 예점수를 매기다.

매끄럽다[매끄러우니, 매끄러워] 거칠지 아니하고 반들반들하다. 큰미끄럽다.

매끈매끈 거칠지 않고 저절로 미끄러질 만큼 반드러운. 큰미끈미끈. —하다.

매끈하다 밋밋하고 흠이 없이 예쁘다. 예매끈한 다리. 큰미끈하다. —히.

매ː년(每年) 해마다.

매니저(manager) ①연예인·운동 선수 등의 섭외 교섭과 시중을 드는 사람. ②관리인. 지배인.

매ː다¹ ①풀어지지 않게 잡아 묶다. ②물건을 길게 잇다. ③가축을 묶어 두다. 땐풀다.

매ː다² 식물이 잘 자랄 수 있도록 그 사이에 난 잡초 따위를 뽑다. 예콩밭을 매다. 김을 매다.

> **매ː다** ①가축 따위를 달아나지 못하게 고삐를 말뚝 같은 데에 묶어 두다. ②풀리지 않게 동여 묶다. ③논·밭에 난 잡풀을 뽑다.
> **메ː다** ①구멍이 막히다. ②물건을 어깨에 지다.

매ː달(每—) 달마다. 다달이. 예매달 시험을 치른다. 비매월.

매ː달다[매다니, 매달아서] 묶어서 드리우거나 걸다.

매ː달리다 ①무엇에 붙어 의지하다. ②붙들고 늘어지다. 예철봉에 매달리다.

매ː도(罵倒) 몹시 욕하여 한쪽으로 몰아세움. 예일방적으로 매도하지 마라. —하다.

매도 먼저 맞는 것이 낫다(속) 어려운 일을 뒤로 미루지 말고 남보다 먼저 하는 것이 좋다.

매듭 실·끈 등을 잡아맨 자리. 예매듭이 풀리다.

매듭짓기 매듭을 만드는 일.

매력(魅力) 남의 마음을 사로잡아 끄는 힘. 예매력 있는 큰 눈.

매료(魅了) 남의 마음을 홀리어 사로잡음, 또는 홀림. 예청중을 매료하다. —하다.

매립지(埋立地) ①땅을 메워 올리거나 묻어서 쌓은 곳. 예쓰레기 매립지. ②강가나 바닷가를 메워서 만든 땅.

매만지다 정돈해 손질하다. 예머리를 매만지다.

매ː매(賣買) 물건을 사고 파는 일. 예증권 매매가 활발하다. 비흥정. —하다.

매ː매업 물건을 사고 파는 직업.

매몰(埋沒) 파묻음, 또는 파묻힘. 예쓰레기 매몰 지역. —하다.

매몰차다 인정이 없이 독하고 쌀쌀하다. 예성질이 매몰차다.

매무새 모양새. 예옷 매무새.

매무시 옷을 입을 때 매만져 단속하는 일. 예옷 매무시를 다시 하다. —하다.

매ː미 여름날 나무 위에서 맴맴하고 우는 곤충.

매ː미채 매미를 잡는 기구. 장대 끝에 망사로 된 주머니를 달았음.

매ː번(每番) 번번이. 예경기에서 매번 승리하다.

매복(埋伏) ①몰래 숨어 있음. ②

적군을 습격하기 위하여 지나는 길목에 숨어서 동정을 살피거나 기다리는 일. ⑩숲 속에 군사를 매복시키다. —하다.

매봉 충남 천안시 병천면에 있는 매봉산 봉우리.

매부(妹夫) 누이의 남편. 손윗누이나 손아랫누이의 남편을 통틀어 이르는 말.

매:부리 매의 주둥이.

매:부리코 매의 부리처럼 코끝이 뾰족하게 내리 숙은 코, 또는 그런 사람.

매:사(每事) 일마다. 모든 일. ⑩매사에 신중해라.

매:사냥 길들인 매로 꿩이나 여러 새를 잡는 사냥. —하다.

매:상(賣上) 물건을 판 수량이나 대금의 총계. ⑩올해의 매상은 지난해보다 많다. —하다.

매서운 바람 모질고 찬 바람.

매:석(賣惜) 값이 쌀 때 사들여 값이 오를 때까지 팔지 않는 일. ⑩매점 매석. —하다.

매섭다〔매서우니, 매서워〕 남이 겁을 낼 만큼 성질이나 쉼됨이 모질다. ⑩눈초리가 매섭다.

매:수¹(買收) 금품이나 어떠한 수단으로 남을 꾀어 제 편을 만듦. ⑩사람을 돈으로 매수해서는 안 된다. —하다.

매:수²(買受) 물건을 사서 넘겨 받음. ⑩물건을 매수하다. —하다.

매스 게임(mass game) 집단적으로 행하는 체조나 율동.

매스껍다〔매스꺼우니, 매스꺼워서〕 비위가 상하여 토할 것 같다. ⑩잘난 척하는 꼴이 매스껍다. 큰메스껍다.

매스 미:디어(mass media) 많은 사람에게 어떤 사실이나 사상 등을 전달하는 구실. 또, 그 전달의 매체가 되는 방송·텔레비전·신문·영화 같은 기구.

매스컴 신문·잡지·텔레비전 따위를 통해 정보나 지식 등을 넓은 지역의 많은 사람들에게 전달하는 일. 대중 전달.

매슥거리다 자꾸 매스꺼운 느낌이 들다. 큰메슥거리다.

매:시간(每時間) ①한 시간 한 시간. ⑩매시간 온도를 측정했다. ②한 시간마다.

매:식(買食) 음식을 사 먹음. —하다.

매실(梅實) 매화나무의 열매. 신맛이 있으며 술을 담그거나 약으로 먹음.

매씨(妹氏) 남의 누이를 높이어 이르는 말.

매암돌다 서서 몸을 왼쪽으로부터 또는 오른쪽으로부터 돌아가게 하다. 준맴돌다.

매:양(每—) 번번이. 언제든지. ⑩매양 바쁘다.

매연(煤煙) 그을음이 섞인 연기. ⑩자동차 매연.

매우 보통 정도보다 퍽 지나치게. ⑩매우 품질이 좋다. 비무척.

매운바람 몹시 찬 바람.

매운탕 고추장이나 고춧가루를 많이 넣고 생선이나 야채를 넣어 끓인 찌개.

매:월(每月) 달마다. 다달이. 비매달.

매월당(梅月堂) 〔—땅〕 '김시습'의 호.

매월당집 단종 때 김시습이 전국을 떠돌며 지은 시를 수록한 책.

매이다 어떤 구속이나 압력을 당

하는 처지에 놓이다. 예 일본에 매여 지낸 36년. 비 묶이다.

매ː일(每日) 날마다. 나날이.

매ː일 신문(每日新聞) 우리 나라 최초의 순 한글로 된 일간 신문. 1898년 1월 26일 창간됨.

매ː입(買入) 사들임. 예 야채를 대량으로 매입하다. 비 구입. 반 매출. —하다.

매장(埋藏) ①묻어서 감춤. ②광물 같은 것이 땅 속에 묻혀 있음. 예 매장된 석탄. —하다.

매장량[—냥] 광물 같은 것이 땅 속에 묻히어 있는 분량. 예 지하 자원의 매장량.

매ː점(賣店) 어떤 단체나 기관 안에서 물건을 파는 작은 가게.

매정스럽다[매정스러우니, 매정스러워서/매정스러이] 얄미울 정도로 인정머리가 없어 보이다. 큰 무정스럽다.

매정하다 쌀쌀하여 인정머리가 없다. 큰 무정하다.

매제(妹弟) 손아래 누이의 남편. 반 매형.

매ː주(每週) 주일마다.

매ː지구름 비를 머금은 검은 조각 구름.

매ː진¹(賣盡) 모조리 팔림. 예 입장권이 매진되다. —하다.

매ː진²(邁進) 힘써서 빨리 나아감. 예 공부에 매진하다. —하다.

매질 매나 방망이로 때리는 일. 예 매질을 삼가다. —하다.

매차다 매섭고 날카롭다. 예 눈이 매우 매차다.

매체(媒體) 한쪽에서 다른 쪽으로 전달하는 역할을 하는 것.

매ː출(賣出) 물건을 내어 팖. 예 연말 대매출. —하다.

매치다 정신에 이상이 생겨, 말과 행동이 보통 사람과 다르게 되다. 큰 미치다.

매캐하다 연기나 곰팡이 냄새가 나서 목이 조금 컬컬하다.

매콤하다 조금 매운 맛이 돌다. 예 매콤한 맛. 큰 매큼하다.

매통 벼를 갈아서 껍질을 벗기는 데 쓰는 기구. 나무로 맷돌같이 만든 것.

〔매 통〕

매트(mat) ①운동을 할 때 위험을 방지하기 위하여 바닥에 까는 푹신한 깔개. ②신의 흙을 떨기 위해 현관이나 방의 입구 같은 곳에 놓아 두는 깔개.

매트 운ː동 구르기와 돌기를 기본 동작으로 하여 이루어지는 매트 위에서 하는 운동.

매ː표(買票) 표를 삼. —하다.

매ː표구(賣票口) 표를 파는 조그마한 창구. 표를 파는 곳.

매한가지 꼭 같음. 서로 같음. 예 두 사람 다 바보스럽기는 매한가지이다. 비 마찬가지.

매형(妹兄) 누나의 남편. 비 자형. 반 매제.

매혹(魅惑) 남의 마음을 호리어 어지럽게 함. 예 아름다운 그림에 매혹되다. —하다.

매혹적 남을 매혹할 만한 데가 있는 모양. 예 매혹적인 입술.

매화(梅花) 이른 봄, 잎이 나오기 전에 향기로운 꽃이 희게 또는 연분홍으로 피는 꽃. 열매는 '매실' 이라고 하여 맛이 신데 식용하거나 약용하며, 정원수로 심음.
매:회(每回) 한 회 한 회마다. ⑩ 매회 만원이다.
맥(脈) ①기운이나 힘. ⑩ 맥이 풀리다. ②피가 돌아다니는 줄기. 본맥박.
맥류(麥類)[맹뉴] 보리·밀·쌀보리 등을 통틀어 이르는 말.
맥 못 추다 어떤 사람이나 사물에 대하여 힘을 못 쓰거나 이성을 찾지 못하다.
맥박(脈搏) 혈관이 쉬지 않고 뛰는 것. ⑩ 맥박이 뛰다.
맥아:더(MacArthur, 1880~1964) 미국의 육군 원수. 6·25 전쟁 때 유엔군의 총사령관으로서 인천 상륙 작전을 지휘하여 공산군을 물리쳤음.
맥없다 기운이 없다. 풀이 없다. ⑩ 맥없이 쓰러졌다. ―이.
맥이 빠지다 기운이 빠지다. ⑩ 시험에 떨어졌다는 소식을 듣고 그만 맥이 빠졌다.
맥진¹(脈盡) 맥이 풀리고 기운이 빠짐. ⑩ 기진 맥진. ―하다.
맥진²(驀進) 좌우도 돌아보지 않고 힘차게 나아감. ―하다.
맥쩍다 ①심심하고 무료하다. ②쑥스럽다. ⑩ 싸우고 나서 만나려니 맥쩍다.
맥풀리다 기운이 스러져 없어지다. 긴장이 풀어지다.
맨:¹ ①가장. 제일. ⑩ 맨 먼저 도착하다. ②온통. ⑩ 맨 먹을 것뿐이다.
맨-² 다른 말 앞에 붙어서 '다른 것이 섞이지 아니하고 오직 그것뿐'의 뜻을 나타내는 말. ⑩ 맨주먹. 맨몸.
맨:꼭대기 제일 위.

맨:꼴찌 맨 끝이 되는 사람. ⑩ 그가 맨 꼴찌다.
맨:나중 제일 나중. 凹마지막.
맨눈 안경이나 현미경 따위를 이용하지 않고 보는 눈. 凹육안.
맨둥맨둥하다 산에 나무가 없어 울퉁불퉁한 데가 없고 편편하다. 큰민둥민둥하다. ―히.
맨드라미 가을철에 닭의 볏 모양 같은 빨강·노랑·흰색의 꽃이 피는 화초.
맨땅 ①아무것도 깔지 않은 땅. ②거름을 주지도 않고 가꾸지도 않은 땅. ⑩ 맨땅에 씨앗을 뿌리면 싹이 잘 나지 않는다.
맨:먼저 제일 먼저. 제일 앞.
맨몸 ①아무것도 입지 않은 벌거벗은 몸. ②아무것도 지니지 아니한 몸.
맨몸뚱이 '맨몸'의 속된말.
맨바닥 아무것도 깔지 않은 바닥.
맨발 아무것도 신지 않은 발. ⑩ 맨발로 뛰다.
맨밥 반찬이 없는 밥. ⑩ 맨밥을 먹다.
맨션(mansion) ①넓은 고급 아파트. ②대저택.
맨손 아무것도 가지지 아니한 손. 맨주먹. ⑩ 맨손으로 시작하다. 凹빈손.
맨손 체조(―體操) 기구나 기계를 쓰지 않고 하는 체조. 凹도수 체조. 凹기계 체조.
맨송맨송하다 ①몸에 털이 있을 곳에 털이 없다. ②산에 나무나 풀이 없다. ③술을 마신 뒤에 취하지 않다. ⑩ 술을 아무리 마셔도 맨송맨송할 뿐이다. 큰민숭민숭하다. ―히.
맨숭맨숭하다 '맨송맨송하다'의 큰

말. 큰민숭민숭하다. —히.

맨입[—닙] 아무것도 먹지 아니한 채로 있는 입. 예 맨입으로 청을 들어 달라느냐.

맨주먹 =맨손.

맨: 처음 제일 처음.

맨홀: (manhole) 하수관이나 땅 속에 묻어 놓은 기계 장치를 청소하거나 검사할 때 드나들 수 있도록 만들어 놓은 구멍.

맴:¹ 제자리에서 몸을 뺑뺑 돌리는 장난. 본매암.

맴² 매미가 울음을 그칠 때에 내는 소리.

맴: 맴 매미의 우는 소리.

맴을 돈다 한쪽으로만 자꾸 돌아간다.

맵다[매우니, 매워서] ①고추나 겨자의 맛처럼 혀를 찌르는 감각이 있다. ②성미가 몹시 독하다. ③몹시 춥다. 예 매운 바람.

맵시 ①곱게 매만진 모양. ②생김새. 예 옷을 맵시 있게 잘 입다. 비불품.

맵싸하다 맵고도 싸한 맛이 있다. 예 맵싸한 계핏가루.

맵자하다 모양이 꼭 제격에 어울려서 맞다. 예 양복을 맵자하게 빼 입다.

맷돌 곡식을 갈아 가루를 만드는 데 쓰는 아래위 두 짝으로 된 둥근 돌. 예 맷돌로 콩을 갈다.

〔맷 돌〕

맷방석(—方席) 맷돌이나 매통 아래에 까는, 짚으로 엮은 둥근 방석.

맹: 견(猛犬) 성질이 몹시 사나운 개. 예 맹견 주의.

맹: 공격 맹렬히 공격함. 준맹공. 맹격. —하다.

맹: 꽁이 ①장마 때 못이나 개울에서 귀가 아프도록 우는 개구리의 한 가지. ②고집을 부리거나 맹추 같은 사람. 예 맹꽁이처럼 굴지 마라.

맹: 랑하다(孟浪—) ①생각과는 달리 매우 허망하다. ②처리하기가 어렵다. 예 사건이 맹랑하게 꼬이다. ③함부로 얕잡아 볼 수 없을 만큼 깜찍하다. —히.

맹: 렬(猛烈) 기운이 몹시 사납고 지독함. 예 맹렬한 공격. 비치열. 격렬. —하다. —히.

맹목적(盲目的) ①옳고 그른 것을 가리지 아니하는 것. ②덮어놓고 하는 것.

맹문이 일의 옳고 그름이나 일의 경위를 분별하지 못하는 사람.

맹물 ①아무것도 섞지 않은 깨끗하고 맑은 물. ②'하는 행동이 야무지지 못하고 싱거운 사람'을 비유하여 쓰는 말.

맹: 사성(孟思誠, 1359~1431) 조선 세종 때의 유명한 학자·정치가. 호는 고불. 글도 잘 짓고 음악에도 매우 뛰어났음.

맹세 ①신에게 약속함. ②장래를 두고 약속함. 비맹약. 다짐. 서약. —하다.

맹: 수(猛獸) 성질이 사나운 짐승. 비야수.

맹아¹(盲兒) 앞을 못 보는 아이.

맹아²(盲啞) 소경과 벙어리. 예 맹아 학교.

맹아 학교 소경이나 벙어리를 가르치는 학교.

맹:연습(猛練習)[-년습] 매우 힘들게 하는 연습. ㉠다음 경기를 위해 맹연습을 하다. -하다.

맹:위(猛威) 사나운 위세. ㉠추위가 맹위를 떨치다.

맹인(盲人) 눈먼 사람. 비소경. 장님.

맹:자¹(孟子, 기원전 372~289) 중국 춘추 전국 시대의 유명한 학자이며 사상가. 사람은 태어날 때부터 선하다고 하고, 왕도 정치를 주장하였음.

맹:자²(孟子) 맹자의 제자들이 맹자의 말과 행동을 기록한 책. 〈논어〉〈대학〉〈중용〉과 함께 중국 사서의 하나.

맹장¹(盲腸) 척추 동물에서 소장과 대장의 접속부에 있는 길이 6cm 정도의 끝이 막힌 관. 충수. 충양돌기. 막창자.

맹:장²(猛將) 굳세고 사나운 장수. 날래고 용감한 장수.

맹종(盲從) 옳고 그름을 가리지 아니하고 덮어놓고 남을 따름. ㉠힘센 사람 말이라고 무조건 맹종하면 잘못이다. -하다.

맹추 무엇이든지 곧잘 잊어버리는 흐리멍덩한 사람을 놀리는 말.

맹:활약(猛活躍) 눈부신 활약. 또는 맹렬한 활약. -하다.

맺다 ①개인이나 조직 따위가 약속을 굳게 하다. ㉠계약을 맺다. ②인연을 짓다. ③일의 끝을 내다. ④옷고름이나 끄나풀·실 따위를 얽어 매듭지게 하다. 반풀다.

맺히다[매치-] ①꽃망울이나 열매가 생기다. ㉠씨가 맺히다. ②눈물·이슬 따위가 방울지다. ㉠이슬이 맺히다. ③마음 속에 뭉쳐 있다. ㉠원한이 맺히다.

머금다[-따] ①입 속에 넣다. ②생각을 품다. ③눈에 눈물이 괴다. ㉠눈물을 머금고 뒤돌아서다. ④웃음빛을 띠다. ㉠미소를 머금은 인자하신 선생님.

머:나멀다〔머나머니, 머나멀어서〕 멀고도 멀다. 아주 멀다. ㉠머나먼 고향.

머루 포도의 한 가지. 열매의 빛이 검고 포도보다 맛이 심.

머리 ①동물의 목 위가 되는 부분. ②물건의 꼭대기. ③일의 시작. 반꼬리.

머리가 수그러지다 존경하는 마음이 일어나다.

머리말 책의 첫머리에 그 내용의 대강이나 그에 관계된 일을 간단히 적은 글.

머리맡 누웠을 때 머리가 향하는 곳. ㉠책을 머리맡에 두고 자다.

머리카락 머리털의 낱개.

머리카락 뒤에서 숨바꼭질한다 〈속〉 얕은 꾀로 남을 속이려고 한다.

머리털 머리에 난 털.

머리통 머리의 둘레.

머리핀 여자들이 머리를 치장할 때 꽂는 핀.

머릿돌 건축 공사에서 주춧돌을 놓을 때 공사 관계자·시공 날짜 따위를 새겨 일정한 장소에 앉히는 돌.

머릿살 머릿속에 있는 신경의 줄. ㉠머릿살이 아프다.

머릿속 ①상상이나 생각이 이루어지거나 지식 따위가 저장된다고 믿는 머리 안의 추상적인 공간. ②머리뼈안.

머무르다〔머무르니, 머물러〕 ①남의 집에서 임시로 묵다. ㉠여관에 머무르다. ②쉬다. 예일손을 머무르다. ③처져 남아 있다. 준머물다.

머무적거리다 딱 잘라서 하지 못하고 주저하다. 예머무적거리지 말고 빨리 해라. 준머뭇거리다.

머무적머무적하다[—정머무저카다] 딱 잘라서 하지 못하고 계속 주저하다.

머뭇거리다 ①용기 있게 나가지 못하다. ②어름어름하다. 비주저하다.

머뭇머뭇하다[—문머무타다] '머무적머무적하다'의 준말.

머미(mummy) 죽은 지 오래 되어도 거의 본디의 형상을 그대로 지니고 있는 송장. 비미라.

머슴 농사를 짓는 집에서 돈을 받고 일을 해 주는 일꾼.

머슴살이 남의 집에 매여서 돈을 받고 그 집 일을 하여 주는 생활. —하다.

머슴애 ①머슴살이를 하는 아이. ②'사내아이'의 낮춤말.

머쓱하다 ①기가 꺾여 기운이 줄어지다. 예머쓱하여 돌아서다. ②어울리지 않게 키만 크다. —히.

머:지않아 ①얼마 안 있으면. ②가까운 장래에. 예내 동생은 머지않아 유치원에 들어가요.

머:큐로크롬(mercurochrome) 상처 소독에 쓰이는 빨간 약.

머플러(muffler) ①목도리. ②권투 시합할 때 사용하는 글러브.

먹 붓글씨를 쓰고 그림을 그리는 데 쓰는 검은 물감.

먹구름 빛이 몹시 검은 구름.

먹기는 파발이 먹고 뛰기는 말이 뛴다〈속〉 애쓴 사람은 제쳐놓고 애도 쓰지 아니한 사람이 보수를 받는다.

먹는 개도 아니 때린다〈속〉 음식을 먹는 사람을 때리거나 꾸짖지 말아라.

먹는 소가 똥을 누지〈속〉 공을 들여야 효과가 있다.

먹다¹ ①음식을 씹어 삼키다. 반뱉다. ②마시다. ③담배를 피우다. ④욕을 듣다.

먹다² 귀가 들리지 않게 되다.

먹먹하다[멍머카—] 귀가 갑자기 막힌 듯이 소리가 잘 들리지 않다. —히.

먹보 밥을 많이 먹는 사람을 놀리는 말. 식충이.

먹성 음식을 먹는 분량, 또는 성미. 예먹성이 까다롭다.

먹손 머리카락을 솜으로 싸고 헝겊으로 덮어 주머니처럼 만들어서, 탁본할 때 쓰는 도구.

먹어치우다 먹어 없애다. 모두 먹어 버리다. 예음식을 모두 먹어 치우다.

먹음새 음식을 먹는 태도. 예먹음새가 복스럽다. 준먹새.

먹음직하다 ①먹을 만하다. ②음식이 보기에 맛이 있어 보이다. 예먹음직한 음식.

먹이 먹을 양식. 먹을 거리. 비식량. 양식.

먹이 그물 둘 이상의 먹이 사슬이 복잡하게 얽혀 있는 상태.

먹이다 ①음식 따위를 먹게 하다. ②짐승 따위를 기르다. 예돼지를 먹이다. ③돈을 주다. 예뇌물을 먹이다.

먹이 다툼 생물들이 서로 제가 먹겠다고 다투는 것.

먹이 사슬 먹고, 먹히고 하는 생

물 상호간의 관계.

먹이 연쇄 초식 동물을 육식 동물이, 그 육식 동물을 다른 육식 동물이 잡아먹는 것과 같이, 먹이를 중심으로 이어진 생물간의 관계. 圓먹이 사슬. 식물 연쇄.

먹이통 가축들에게 먹이를 주는 밥통.

먹이 피라미드 생산자·1차 소비자·2차 소비자·3차 소비자의 양적 관계를 나타낸 그림.

먹장 먹의 조각. 예먹장구름.

먹장구름 먹빛같이 시꺼먼 구름.

먹중 ①검은 장삼을 입은 중. ②산대놀음에 쓰이는 탈의 하나.

먹지(—紙) 검정색의 복사지.

먹통 ①먹물을 담는 통. ②'바보'나 '멍청이'를 달리 이르는 말.

먹히다[머키—] ①먹음을 당하다. 예먹느냐 먹히느냐의 싸움. ②먹게 되다. 먹어지다. 예밥이 잘 먹힌다.

먼: 시간·거리나 친분이 가깝지 않은. 예먼 옛날. 먼 친척. 먼 길. 凡가까운.

먼:눈¹ 앞을 볼 수 없는 눈.

먼:눈² 멀리 있는 곳을 바라보는 눈. 예먼눈 팔지 말고 앞을 똑바로 보아라.

먼데 무당이 영하다(속) 잘 아는 사람보다 새로 만난 사람을 더 중히 여긴다.

먼:동 날이 새어 밝아 올 무렵의 동쪽 하늘. 예먼동이 튼다.

먼:발치 조금 멀리 떨어져 있는 곳. 예먼발치에서 바라본다.

먼:산 먼 곳에 있는 산. 멀리 보이는 산.

먼저 ①앞서서. ②뒤지지 않게. ③우선. ④처음에. 예학교에서 제일 먼저 돌아온 사람은 영수였다. 凡미리. 凡나중.

먼지 가늘고 보드라운 티끌. 예선반 위에 먼지가 앉다. 圓티끌.

먼지떨이 먼지를 떨어 버리는 기구. 圓총채.

멀거니 정신 없이 물끄러미 보고 있는 모양. 예멀거니 먼산만 바라보다.

멀:겋다[멀거니, 멀게서] ①매우 묽다. 예죽이 멀겋다. ②흐릿하게 맑다. 凡말갛다.

멀:다¹[머니, 멀어서] ①가깝지 않다. ②거리가 길다. ③사이가 뜨다. ④세월이 오래다. ⑤친하지 않다. 凡가깝다.

멀:다²[머니, 멀어서] 눈이 보이지 않게 되다. 장님이 되다.

멀:리 가깝지 않게. 멀게. 예기러기떼가 멀리 날아가고 있다. 凡가까이.

멀:리뛰기 뜀뛰기 경기의 한 가지. 일정한 거리를 두고 달려와서 발구름판에서 한 발로 뛰어, 멀리 뛰는 사람이 이기는 경기.

멀:리하다 ①멀리 떨어져 있게 하다. 예고향을 멀리하다. ②접촉이나 교섭 따위를 꾀하다. 예군것질을 멀리하다.

멀미 ①진저리나는 것. ②싫증나는 것. ③배·차·비행기를 탔을 때 흔들림을 받아 메스껍고 어지러워지는 증세. 예배멀미를 하다. —하다.

멀어질수록 멀어짐에 따라. 예집이 차차 멀어질수록 자꾸 뒤를 돌아다보았다.

멀쩡하다 ①더럽지 않다. ②성하다. ③염치가 없다. 예멀쩡한 거짓말. ④흠이 없다. 圓온전하다.

짝 말짱하다. —히.
멀찍이[—찌기] 약간 멀리. 약간 멀게. 예 멀찍이 물러서라.
멈추다 ①행동을 그만두게 되다. ②하던 일을 잠시 그치다. 비 그치다. 반 나아가다.
멈칫하다 하던 말이나 짓 또는 일을 갑자기 멈추다. 예 선생님을 보자 멈칫했다.
멋 세련되고 풍채 있는 맵시. 아주 말쑥하고 풍치 있는 맛.
멋대로 마음대로. 하고 싶은 대로. 예 멋대로 생각하다.
멋들어지다 아주 멋이 있다.
멋모르다[멋모르니, 멋몰라] 일이 어떻게 진행되는 지를 알지 못하다. 예 멋모르고 까분다.
멋없다[머덥따] 격에 맞지 않아 싱겁다. 예 멋없이 키만 크다. —이.
멋있는[머딘—] 멋이 든. 예 까만 모자를 쓴 멋있는 신사.
멋있다[머딛따] 아주 말쑥하고 아름답다. 예 옷차림이 멋있다.
멋쟁이 멋있는 사람. 또는 멋을 잘 부리는 사람.
멋지다 아주 멋이 있다. 썩 훌륭하다. 예 너 참 멋진 모자를 썼구나. 멋진 경치.
멋쩍다 하는 짓이나 모양이 격에 맞지 않다. 예 멋쩍게 웃다.
멍 ①맞거나 부딪쳐서 피부 속에 퍼렇게 맺힌 피. ②일의 내부에 생긴 탈.
멍게 우렁쉥잇과의 동물. 크기는 주먹만한데 겉에 젖꼭지 같은 것이 많이 솟아 있으며, 몸에 해초 뿌리 같은 것이 있어 바위에 붙어 삶. 우렁쉥이.
멍군 장기에서 장군을 받아 막아 내는 일. —하다.
멍들다[멍드니, 멍들어서] 피부 속에 퍼렇게 피가 맺히다. 예 공에 맞아서 눈이 멍들다.
멍멍개 멍멍하고 짖는 개.
멍석 흔히 곡식을 널어 말리는, 짚으로 엮어 만든 큰 자리. 예 멍석자리를 깔았다.
멍석말이 옛날 세도를 부리는 집안에서 사사로이 가하던 형벌. 맨 멍석에 사람을 엎쳐 매고 볼기를 침. —하다.
멍에 수레나 쟁기 따위를 끌기 위하여 마소의 목에 얹는 기구.

〔멍에〕

멍울 우유 따위의 작고 둥글게 뭉쳐진 덩이. 짝 망울.
멍청이 어리석은 사람.
멍청하다 물체를 알아보는 능력이 부족하여 흐리멍덩하다. —히.
멍ː하다 정신 없이 우두커니 있다. 예 멍하니 무슨 생각을 하니?
멎다 멈추다. 그치다. 예 비가 멎다. 심장이 멎다.
메[1] ①평지보다 높은 땅덩이. 비 산. 반 들. ②메꽃의 뿌리.
메[2] 물건을 치거나 박을 때에 쓰는 나무나 쇠토막에 자루를 박아 만든 물건. 예 떡메.
메[3] 제사 때 올리는 밥.
메가-(mega) '100만 배'의 뜻. 예 메가헤르츠.
메가폰ː(megaphone) 입에 대고 말을 하며, 소리가 한 방향으로만 세게 전달되도록 하는 데 쓰는 기구. 확성 나팔.

〔메가폰〕

메:기 민물고기의 하나. 길이 25~30cm 정도. 머리는 편평하고 입이 매우 크며 네 개의 긴 수염이 있음. 몸에 비늘이 없고 미끈미끈함.

메기다¹ ①노래를 주고받을 때, 한편이 먼저 부르다. ②마주 잡고 톱질을 할 때, 한 사람이 톱을 밀어 주다. ③윷놀이에서 말을 끝밭까지 옮겨 놓다.

메기다² 화살을 시위에 물리다.

메꽃 덩굴풀의 한 가지. 낮에 피었다 저녁에 시들며, 뿌리는 쪄서 먹으면 달고 고소함.

메나리 농부들이 일하면서 부르는 노래의 한 가지.

메 남 강(Menam江) 타이의 큰 강. 편리한 수운·넓은 미작지 등으로 타이의 경제 및 문화의 대동맥을 이룸. 길이 1,200km.

메뉴(menu) 식단표.

메:다¹ 구멍이 막히다. ㉠하수도가 메다.

메:다² 물건을 어깨에 얹다. 어깨에 지다. ㉠가마를 메다.

메달(medal) 칭찬하거나 무슨 일을 기념하기 위해 납작한 쇠붙이에 여러 가지 모양을 새겨서, 개인이나 단체에게 주는 패.

메달리스트(medalist) 경기에 이겨 메달을 탄 사람.

메들리(medley) 둘 이상의 곡을 이어서 연주하는 일이나 그런 곡. 접속곡.

메떡 차지지 않은 곡식으로 만든 떡. ⑱찰떡.

메뚜기 메뚜깃과의 곤충. 모양은 베짱이와 비슷하며, 머리가 둥글고 눈이 큰 곤충. 뒷다리가 발달하여 잘 뜀.

메뜨다 밉살스럽도록 동작이 둔하다. ㉠메뜬 사람.

메리야스 면이나 털실 등으로 짠 옷감, 또는 그렇게 짠 의류. 내의·장갑·양말 등에 이용됨.

메리 크리스마스(Merry Christmas) '즐거운 성탄절'이란 뜻으로 크리스마스날에 서로 주고받는 인사말.

메마르다〔메마르니, 메말라서〕 땅이 기름지지 않고 바싹 마르다. ㉠메마른 땅. ⑱기름지다.

메모(memo) 잊지 않도록 요점을 간단히 적음. 또는 그렇게 적은 글. ―하다.

메밀 줄기는 둥글고 붉으며 꽃은 희고, 열매는 세모꼴이며 껍질은 검은 한해살이 곡식풀. 익으면 가루를 내어 국수를 해 먹음.

메밀 국수 메밀 가루로 만든 국수. 백면.

메스(네 mes) 수술할 때에 쓰이는 작은 칼.

메스껍다〔메스꺼우니, 메스꺼워서〕 속이 언짢아 헛구역질이 나고 자꾸 토할 듯하다. ㉰매스껍다.

메스 실린더(←measuring cylinder) 유리로 만든 둥근 통에 눈금을 매겨 액체의 부피를 재는 기구. 메저링 실린더의 준말.

메슥거리다 메스꺼운 느낌이 자꾸 나다. ㉠속이 메슥거리다. ㉰매슥거리다.

메슥메슥하다 ①토하고 싶다. ㉠속이 메슥메슥하다. ②대단히 아니꼽다.

메시지(message) 성명서·통지·사명 따위의 뜻.

메아리 산에서 소리를 지를 때에 마주 부딪쳐서 울리어 오는 소리. 비산울림.

메어치다 어깨 위로 휘둘러서 땅 쪽으로 힘있게 내리치다.

메우다¹ 통 따위에 테를 끼우다. 예물통에 테를 메우다.

메우다² 구멍이나 빈 곳을 채우다. 예웅덩이를 메우다. 준메다.

메이다 ①체·통·북통 따위를 메우게 하다. ②메움을 당하다.

메이드 인 코리아(made in Korea) 한국제. 국산품.

메조(이 mezzo) 음악에서, '거의·약간'의 뜻.

메조 포르테(이 mezzo forte) 악보에서, 셈여림을 나타내는 말로 '조금 세게'의 뜻. 기호는 mf.

메조 피아노(이 mezzo piano) 악보에서, 셈여림을 나타내는 말. '조금 여리게'의 뜻. 기호는 mp.

메주 간장 따위를 담그는 원료로 콩을 삶아 절구에 찧어 큰 덩어리로 만들어 말린 것.

메주콩 메주를 쑤는 데 쓰는 누런 콩.

메추라기 몸이 똥똥하고 꼬리가 짧은 새의 한 가지. 준메추리.

메:치다 '메어치다'의 준말.

메카(Mecca) 사우디아라비아에 있는 도시 이름. 이슬람교의 창시자 마호메트가 태어난 곳.

메케하다 연기나 곰팡이 따위의 냄새가 코를 찌르는 것처럼 매우 맵싸하다.

메트로놈:(프 métronome) 음악에서, 흔들리는 추의 원리를 응용하여 1분 동안에 박자의 속도를 헤아리는 기계.

〔메트로놈〕

메틸 알코올(Methyl alcohol) 목재를 분류할 때 생기는, 색이 없고 투명한 액체. 독성이 있음.

멕시코(Mexico) 미국의 남쪽 중앙 아메리카에 있는 나라. 은이 많이 남. 수도는 멕시코시티.

멕시코 패 속껍질이 오색의 아름다운 빛을 띠는 조개로 고급 자개의 재료로 쓰임.

멘델(Mendel, 1822~1884) 유전학의 바탕을 이룬 오스트리아 출신의 생물학자. 1865년에 유명한 유전 법칙인 '멘델의 법칙'을 발표함.

멘탈 테스트(mental test) 타고난 지능 수준이나 그 발달 정도를 판단하는 검사. 지능 검사.

멜로디(melody) 곡조. 노래의 가락. 비선율.

멜로디언(melodion) 건반이 있는 피아노나 오르간과 같은 악기로 입으로 바람을 불어 넣으며 건반을 눌러 소리를 냄.

멜론(melon) 참외의 한 종류로 열매는 둥글거나 길둥글며 향기가 좋고 단맛이 남.

멜빵 ①짐을 걸어 어깨에 둘러메는 끈. ②바지나 치마가 흘러내리지 않도록 어깨에 걸치는 끈.

멤버(member) 단체를 구성하는 한 사람. 구성원.

멥쌀 차지지 아니한 쌀. 끈기가 적은 쌀. 입쌀. 반찹쌀.

멧갓 나무가 많이 난 산.

멧돼지 멧돼짓과의 산짐승. 돼지

의 원종으로 빚은 흑색 또는 흑갈색, 뒷다리가 길고 어금니가 강함. 산돼지.

멧부리 산봉우리의 가장 높은 꼭대기. 🔁봉우리.

멧비둘기 산비둘기. 몸은 연한 잿빛이 섞인 갈색이며, 산이나 대나무밭에 삶.

멧새 참새와 비슷한 새. 몸빛은 밤색이며 흑색의 세로 무늬가 있고 우는 소리가 고움.

멧짐승 '산짐승'을 예스럽게 부르는 말.

-며 두 가지 이상의 동작·상태를 아울러 말할 때 쓰는 말. '고'·'면서' 따위. ㉠할 일은 해 가며 이야기해라.

며느리 아들의 아내.

며칟날 그 달의 몇째 되는 날.

며칠 ①몇 날. ②며칟날.

멱 목의 앞쪽.

멱:감다[—따] 냇물이나 강물 같은 데서 몸을 담그고 씻다. 본미역감다.

멱둥구미 짚으로 둥글고 깊게 엮어 만든 그릇. 농가에서 곡식을 담는 데 씀. 준둥구미.

멱살 목 아래 옷깃을 여민 곳.

멱서리 곡식을 담기 위하여 짚으로 날을 촘촘히 넣어 만든 그릇.

멱통 목구멍.

면:¹(面) ①겉으로 난 쪽. ②얼굴. ③체면. ④지방의 한 행정 구역. 군을 몇으로 나눈 구역.

면²(綿) 솜 또는 무명. ㉠탈지면.

-면³ 받침 없는 말에 붙어 가정적인 조건을 나타내는 말. ㉠비가 오면 좋겠다.

면:담(面談) 서로 만나서 이야기함. —하다.

면:도(面刀) 얼굴의 수염을 깎는 일. ㉠면도날. 면도칼. —하다.

면면하다(綿綿—) 끊어지지 아니하고 죽 이어져 있다. ㉠면면하게 이어진 우리의 오랜 역사. —히.

면:모(面貌) ①얼굴의 모양. ②사물의 겉모습. ㉠새로운 면모를 보여 주다.

면:목(面目) ①얼굴의 생긴 모양. ②남을 대하는 체면.

면:목없다 부끄러워 남을 대할 낯이 없다. ㉠약속을 지키지 않아 면목없게 되었다. —이.

면밀(綿密) 찬찬하여 빠짐이 없음. 🔁세밀. —하다. —히.

면:박(面駁) 서로 마주 보고 잘못된 것을 공격하여 말함. ㉠면박을 주다. —하다.

면:사무소(面事務所) 한 면의 행정을 맡아 보는 곳. 준면소.

면:사포(面紗布) 결혼식 때에 신부가 머리에 쓰는 흰빛의 천.

면:상¹(面上) 얼굴. 얼굴의 바닥. ㉠면상을 치다.

면:상²(面像) 사람의 얼굴 모습을 본떠 만든 동상이나 석상.

-면서 두 가지 동작이 한 때에 일어나는 것을 나타내는 말. ㉠웃으면서 말하다.

면섬유(綿纖維) 목화에서 얻은 실로 짠 섬유.

면:세(免稅) 세금을 면제함. ㉠면세품을 구입하다. —하다.

면:세점 면세품을 파는 가게.

면:세품 세금이 면제되는 상품.

면:식(面識) 얼굴을 서로 앎.

면양(緬羊·綿羊) 솟과의 가축. 고기와 털을 얻기 위하여 개량한 품종으로 보통 회백색의 잔털로 덮여 있음. 털은 옷감, 기름은 비누 원료로 쓰이며, 흔히 순한 것·약한 것·평화스러움으로 비유됨.

면:역(免疫) ①병균이나 독소 따위가 몸 안에 들어와도 병이 나지 않는 것. 곧, 돌림병에 걸리지 않는 저항력을 가지고 있는 일. ②자주 되풀이되어 그 일에 익숙해짐. [예] 벌받는 일에는 면역이 되었다. ―하다.

면:장(面長) 지방 행정 구역인 면의 우두머리.

면:재 구성(面材構成) 판지·베니어판·플라스틱 등 면을 재료로 사용하여 꾸민 구성.

면:적(面積) 물건의 평면의 넓이. 지면의 넓이.

면:전(面前) 눈앞. 보고 있는 앞. [예] 선생님 면전에서 싸우다니.

면:접(面接) 서로 대면하여 만나 봄. [예] 면접 시험. ―하다.

면:접 시:험 직접 만나 사람 됨됨이·말·행동 따위를 시험하는 일.

면:제(免除) 할 일이나 책임 등을 지우지 아니함. [예] 병역 의무를 면제받다. ―하다.

면직(綿織) 목화의 섬유로 짠 옷감. [예] 면직물.

면:책(免責) 책임을 면함, 또는 면해 줌. ―하다.

면포(綿布) =무명. [비] 광목.

면:하다(免―) ①벗어나다. ②피하다. [예] 화를 면하다. ③그 일을 아니하게 되다. [비] 피하다.

면:허(免許) 일반에게는 허가되지 않는 것을 특정한 사람에게만 허가해 주는 처분, 또는 그 자격. [예] 운전 면허증. ―하다.

면:허장 국가에서 단체나 개인에게 면허의 내용이나 사실을 적어 서 주는 문서.

면화(棉花) =목화.

면:회(面會) 서로 얼굴을 대함. 서로 만나 봄. [예] 면회 사절. ―하다.

멸공(滅共) 공산주의 또는 공산주의자를 없앰. ―하다.

멸구 과수나 농작물에 피해를 주는 작은 곤충.

멸균(滅菌) 세균을 죽여 없앰. [예] 멸균 우유. [비] 살균. ―하다.

멸망(滅亡) 망하여 아주 없어짐. [예] 로마 제국의 멸망. ―하다.

멸시(蔑視)[―씨] 남을 업신여김. 가볍게 봄. [비] 천시. [반] 숭배. 우대. ―하다.

멸악 산맥(滅惡山脈) 황해도를 남북으로 크게 나누는 구릉성 산맥으로, 낭림 산맥에서 장산곶에 이름. 구월산·멸악산 등의 명산이 있음.

멸종(滅種)[―쫑] 씨를 없애 버림. [예] 멸종 위기에 있는 모든 동물들을 보호하자. ―하다.

멸치 등이 검푸르고 배는 흰 바닷물고기. 몸길이 13㎝ 가량으로 길고 원통상임. 젓·조림 등을 만들어 먹음.

명[1](名) 숫자 아래에 붙어 사람의 수를 세는 말. [예] 관중이 적어도 십만 명은 될 것이다.

명:[2](命) ①목숨. [예] 명이 길다. ②'명령'의 준말. [예] 상사의 명을 받다.

명견(名犬) 이름난 개. 훌륭한 개.

명경(明鏡) 맑은 거울.

명곡(名曲) 유명한 악곡. 뛰어난 악곡. [예] 명곡을 작곡하다.

명공(名工) 손으로 물건을 만드는 사람 중에서 그 기술이 뛰어난 사람을 이르는 말.

명궁(名弓) ①활을 매우 잘 쏘는 사람. ②이름난 활.

명나라(明―, 1398~1644) 중국에 있었던 옛날 나라 이름. 원나라 다음에 있었음.

명년(明年) =내년.

명단(名單) 어떤 일에 관계된 사람들의 이름을 적은 것. 예학급 명단을 작성하다.

명당(明堂) ①아주 좋은 묏자리. 예명당을 찾으러 산으로 가다. ②썩 좋은 장소나 지위의 비유.

명당 자리[―짜리] 명당인 곳.

명도(明度) 빛의 밝고 어두운 정도. 예명도 조절을 잘 해야 눈을 보호할 수 있다.

명도 대:비 명도의 차가 있는 두 색을 이웃해 놓았을 때 일어나는 현상.

명란(明卵)[―난] 명태의 알. 예명란젓이 아주 맛있다.

명랑(明朗) ①밝고 맑아 걱정스러운 데가 없음. 예명랑한 성격. ②기분이 상쾌함. 비쾌활. 반우울. ―하다. ―히.

명량 대:첩(鳴梁大捷) 조선 선조 30년(1597) 9월에 이순신 장군이 겨우 12척의 배로 명량에서 왜의 수군을 크게 이긴 싸움.

명량 해협(鳴梁海峽) 전라 남도 진도와 육지 사이에 있는 바다의 좁은 부분.

명:령(命令) ①윗사람이 아랫사람에게 내리는 분부. ②어떤 일을 지정하여 그대로 하게 시킴. 비지시. 지령. 분부. 반복종. 순종. ―하다.

명:령문[―녕문] ①명령이나 금지의 뜻을 나타내는 문장. ②명령의 내용을 적은 글.

명:령어[―녕어] 남에게 무엇을 시키는 말.

명료(明瞭)[―뇨] 분명하고 똑똑함. 예간단 명료한 대답. 비명백. ―하다. ―히.

명륜당(明倫堂)[―뉸당] 조선 시대 성균관에서 유학을 가르치던 곳.

명마(名馬) 이름난 말. 비준마.

명망(名望) 널리 알려진 이름과 덕. 예명망이 높은 선생님.

명:맥(命脈) 생명. 목숨. 예겨우 명맥을 유지하고 있다.

명:명(命名) 이름을 붙임. 예명명식. ―하다.

명명 백백(明明白白) 의심할 필요가 없이 매우 분명함. 예명명 백백한 태도. ―하다. ―히.

명목(名目) ①표면상으로 내세우는 일컬음이나 명칭. 예명목뿐인 사장. ②이유. 구실. 비명분.

명문¹(名文) 썩 잘 지은 글. 훌륭한 글. 유명한 글.

명문²(名門) ①훌륭한 집안. ②'명문교'의 준말. 예내가 다니는 학교는 명문이다.

명물(名物) 유명한 물건. 그 지방에서 자랑할 만한 이름난 물건. 예우리 고장의 명물은 사과이다.

명배우(名俳優) 연기를 잘하여 이름난 배우. 준명우.

명백(明白) 분명하고 뚜렷함. 예명백한 사실. ―하다. ―히.

명복(冥福) 죽은 뒤의 행복. 예죽은 사람의 명복을 빌어 주다.

명봉(名峰) 유명한 산. 유명한 봉우리.

명분(名分) ①사람이 지켜야 할 도리. 예대의 명분. 비본분. ②

표면상의 이유. [예] 명분만은 그럴듯하구나. [비] 명목.

명사[1](名士) ①사회에서 이름이 널리 알려진 사람. ②이름난 선비.

명사[2](名詞) 사물의 이름을 나타내는 낱말. 이름씨.

명사수(名射手) 총이나 활 등을 매우 잘 쏘는 사람.

명사십리[-심니](明沙十里) 함경남도 원산에 있는 모래톱. 곱고 부드러운 모래와 해당화로 아름다운 경치를 이루며 해수욕장으로도 유명함.

명산(名山) 이름난 산.

명산물(名産物) 어떤 고장에서 나는 유명한 물건.

명산지(名産地) 이름난 산물이 나는 땅. 또, 그 지방. [예] 사과의 명산지.

명상(瞑想) 눈을 감고 깊이 생각함. [예] 명상의 시간. -하다.

명상곡(瞑想曲) 명상적인 기분을 잘 표현한 음악.

명석(明晳) 분명하고 똑똑함. [예] 명석한 두뇌. -하다.

명성(名聲) ①좋은 소문. ②명예로운 평판. [예] 명성을 얻다.

명성 황후(明成皇后, 1851~1895) 조선 시대 제26대 고종 황제의 비. 대원군 일파와 치열한 정치 대립을 하였으며, 1895년 일본 침략자들에게 경복궁에서 시해되었음(을미사변).

명수(名手) 그 방면에 투철하게 통달하여 이름난 사람. [예] 양궁의 명수. [비] 명인.

명승(名勝) 이름난 경치. [예] 명승고적.

명승고:적 아름답기로 이름난 경치와 지난날의 유적. [예] 경주는 명승고적이 많은 곳이다.

명승지 경치 좋기로 이름난 곳.

명시(明示) 분명하게 가리킴. 똑똑히 드러내 보임. [예] 장소와 시간을 명시하다. -하다.

명시도 멀리 두고 구별할 수 있는 배색으로, 떨어진 거리의 정도를 가지고 말함.

명심(銘心) 마음에 깊이 새기어 잊지 않음. [예] 아버지 말씀을 명심해라. -하다.

명심보:감(明心寶鑑) 어린이들의 인격 수양을 위해, 중국의 여러 고전에서 보배로운 말이나 글을 모아 엮은 책.

명아주 명아줏과의 한해살이풀. 잎은 마름모의 달걀꼴. 여름에 작은 담녹색의 꽃이 피고, 어린 잎과 종자는 식용함.

명암(明暗) ①밝음과 어두움. ②그림이나 사진 따위에서, 색의 농담이나 밝음의 정도를 이르는 말. ③기쁜 일과 슬픈 일, 또는 행복과 불행을 비유하여 이르는 말.

명암법(明暗法) 그림에서 밝음과 어두움의 대비나 변화로 입체감을 나타내는 화법.

명언(名言) ①이치에 맞는 훌륭한 말. [예] 옛 선인들이 남긴 명언. ②유명한 말.

명연기 매우 훌륭한 연기.

명예(名譽) 세상에 들리는 좋은 이름. [예] 학교의 명예.

명예롭다〔명예로우니, 명예로워서/명예로이〕 명예스럽다고 할 만하다.

명예심 명예를 중요시하는 마음.

명예 훼:손 남의 명예를 더럽히거나 손상시키는 일. [예] 명예 훼손죄. -하다.

명왕성(冥王星) 태양계의 가장 바깥쪽을 도는 별. 1930년 발견. 지구보다 작고 반경은 6,000km. 공전 주기는 248.5년.

명월(明月) ①밝은 달. ②음력 팔월 보름달. ㉠중추 명월.

명의(名醫) 병을 잘 고치는 유명한 의사. 대의.

명인(名人) 이름난 사람.

명일(明日) 내일.

명작(名作) 썩 잘 지은 글. 뛰어나게 잘 만든 물건. ㉠명작 동화. ⓑ걸작. ⓟ졸작.

명장(名將) 뛰어난 장군. 이름난 장수. ㉠명장 을지문덕.

명절(名節) 온 겨레가 즐기는 좋은 날. 설·추석·단오 따위.

명:제(命題) 제목을 정함, 또는 그 제목. —하다.

명주(明紬) 명주실로 무늬 없이 짠 피륙. 실크.

명주붙이[—부치] 명주실로 짠 각종 옷감.

명주실 누에고치에서 뽑은 실.

명주실꾸리 명주실을 둥글게 감아 놓은 뭉치.

명:중(命中) 겨냥한 곳에 바로 맞음, 또는 바로 맞힘. ㉠과녁에 명중하다. —하다.

명찰[1](名札) 이름표. ⓑ명패.

명찰[2](名刹) 유명한 절. 이름난 사찰. ㉠명찰을 둘러보다.

명창(名唱) 뛰어나게 잘 부르는 노래, 또는 잘 부르는 사람.

명칭(名稱) 사물을 부르는 이름. ㉠명칭을 붙이다. ⓑ칭호.

명콤비 서로 호흡을 잘 맞추어 일을 잘하는 한 팀.

명쾌(明快) 명랑하고 쾌활함. ㉠명쾌한 답변. —하다. —히.

명태(明太) 몸은 홀쭉하고 길며, 얼린 것은 동태라고 하고 말린 것은 북어라고 하는 바닷물고기.

명필(名筆) 글씨를 잘 쓰는 사람, 또는 그 글씨. ⓑ달필. ⓟ졸필.

명함(名銜) 성명·주소·직업·신분 따위를 적은 종이쪽.

명현(名賢) 이름이 높은 어진 옛사람.

명화(名畫) ①잘된 그림이나 영화. ②유명한 그림.

명확(明確) 아주 분명하여 틀림이 없음. ㉠명확한 판단. ⓑ정확. 분명. 확실. —하다. —히.

몇[멷] 똑똑히 모르는 수효를 나타내는 말. ㉠모두 몇 개냐?

몇몇[면멷] 두엇 남짓한 수효를 막연하게 이르는 말. ㉠생일날에 몇몇 친구들을 초대하다.

몇 푼 얼마 되지 않는 돈.

모[1] 벼의 싹. ㉠모내기하다.

모[2] 윷놀이에서, 윷짝 네 개가 다 엎어진 경우를 이르는 말.

모[3] ①물건의 뾰족한 끝. ㉠모가 난 돌. ②성격의 두드러진 점.

모가지 목을 속되게 부르는 말.

모가치 제 자기로 돌아오는 한 몫의 물건. ㉠이건 내 모가치다.

모갯돈 액수가 많은 돈. ⓑ목돈. ⓟ푼돈.

모:계(母系) 어머니 쪽의 계통.

모:과나무(木瓜—) 능금나뭇과의 갈잎 넓은잎 큰키나무. 4월에 담홍색 꽃이 피고 가을에 누렇고 커다란 타원형의 과실이 열림.

모:교(母校) 자기가 배우고 졸업한 학교.

모:국(母國) 외국에 있어서 자기 나라를 이르는 말. ㉠모국 방문.

모:국애[—구개] 외국에 있으면서

느끼는 조국에 대한 사랑.

모:국어[—구거] 자기 나라의 말. ㉠모국어를 사랑하자.

모금[1] 물 따위를 입에 머금는 분량. ㉠한 모금의 물.

모금[2] (募金) 어떤 일을 도와 줄 목적으로 여러 사람으로부터 돈을 거두어 모아들임. ㉠수재민을 위해 모금 운동을 하였다. —하다.

모금원 기부금 따위를 모아들이는 사람.

모:기 여름에 동물의 피를 빨아먹고 사는 작은 벌레.

모기 보고 칼 빼기〈속〉 아무것도 아닌 일에 너무 성을 내다.

모:기장 모기를 막기 위해 치는 망사로 만든 장막.

모:기향(—香) 제충국 가루를 송진이나 물로 개어 가느다란 막대 모양으로 만든 것. 밤에 불을 붙여 놓으면 서서히 타면서 모기가 싫어하는 독한 연기를 내므로 모기가 방에 들어오지 않음.

모:깃불[—기뿔] 모기를 쫓기 위해 연기를 피우는 불.

모나다 ①물건의 거죽에 모가 생기다. ㉠모난 돌. ②말이나 행동에 특히 두드러진 점이 있다. ㉠너무 모나게 굴지 마라.

모나리자(Mona Lisa) 이탈리아의 화가 레오나르도 다 빈치가 그린 여인상.

모나무 모가 되는 어린 나무. ⓑ묘목.

모난 돌이 정 맞는다〈속〉 말과 행동에 모가 나면 남에게 미움을 받는다.

모내기 모내는 일. —하다.

모내다 ①모를 못자리에서 논으로 옮겨 심다. ②모종을 내다.

모:녀(母女) 어머니와 딸.

모노드라마(monodrama) 혼자서 하는 연극. 18세기 독일의 배우 브란데스가 유행시킴.

모노레일(monorail) 하나의 레일로 된 철도. ⓑ단궤 철도.

모눈종이 일정한 간격을 두고 서로 직각으로 교차시켜 여러 개의 가로줄과 세로줄을 그린 종이.

모니터(monitor) 신문사나 방송국의 의뢰로 독자나 시청자 중에서 신문 기사나 방송에 관한 의견·비판을 제출하는 사람.

모:닝(morning) 아침. 오전.

모닥불 잎나무나 검불 따위를 모아 피우는 불.

모데라토(이 moderato) 음악에서, '보통의 속도로'의 뜻.

모델(model) 그림을 그리거나 글을 쓸 때 본보기로 삼는 사람이나 물건.

모:독(冒瀆) 무례하게 굴어 욕되게 함. ㉠인격 모독. —하다.

모두 전체의 수효나 양을 한데 합하여.

모둔곡 훈강 유역에 있는 골짜기의 옛 이름. 주몽이 이 부근에서 고구려를 세웠다고 함.

모둠 초등학교·중등학교에서, 효율적으로 학습을 하기 위하여 학생들을 작은 규모로 묶은 모임.

모둠발 두 발을 가지런히 같은 자리에 모은 발.

모:든 여러 가지의. 여러 종류의.

모듬살이 여럿이 집단을 이루고 살아가는 형태.

모락모락 ①연기나 냄새 같은 것이 조금씩 피어 오르는 모양. ㉠삶은 감자에서 김이 모락모락 난다. ②순조롭게 자라는 모양. ⓒ

무럭무럭.

모란(牡丹) 작약과에 속하는 꽃나무. 꽃송이가 크고 아름다우며 향기가 좋아 정원에 널리 재배됨.

모래 잘게 부스러진 돌. 돌의 부스러기.

모래 가마니 모래를 넣어 만든 가마니.

모래땅 모래흙으로 된 땅.

모래 모판 꺾꽂이 순의 뿌리를 내리기 위해서 모래로 만든 모판.

모래무지 잉어과에 속하는 민물고기. 몸길이 15~25cm. 모래 위나 모래 속에서 사는데, 머리가 크며, 입가에 한 쌍의 수염이 있음.

모래밭 모래로 덮이어 있는 곳. 비 모래톱.

모래시계(－時計) 가운데가 잘록한 호리병 모양의 유리 그릇 위쪽에 모래를 넣고, 작은 구멍을 통해서 아래쪽으로 조금씩 떨어지는 모래의 부피로 시간을 재는 장치.

〔모래시계〕

모래주머니 ①모래를 넣은 주머니. 특히 화재나 겨울철 빙판에 대비하여 준비함. ②날짐승의 위의 일부분으로 먹이를 잘게 부수는 일을 함. 비 사낭.

모래찜 병을 고치기 위하여 여름철에 뜨거운 모래 속에 몸을 묻고 땀을 내는 찜질법.

모래톱 강이나 바다를 낀 모래 벌판. 비 모래밭.

모래판 ①모래가 많이 깔려 있는 곳. ②모래땅. ③씨름판.

모랫길 ①모래밭의 길. ②모래가 깔린 길.

모략(謀略) 남을 해치려고 꾸미는 일. 예 모략을 써서 성공하려고 하는 자는 곧 실패한다. －하다.

모:레 내일의 다음 날.

모로 가도 서울만 가면 된다〈속〉 수단과 방법을 가리지 않고 목적만 이루면 된다.

모롱이 ①산모퉁이의 휘어 둘린 곳. ②굽은 물건의 내민 곳.

모:루 대장간에서 달군 쇠를 올려 놓는 받침.

모르다[모르니, 몰라서] ①알지 못하다. 예 소식을 모르다. ②깨닫지 못하다. 예 진리를 모르다. ③기억하지 못하다. 반 알다.

모르타르(mortar) 시멘트와 모래를 섞어서 물에 갠 것으로 시간이 지나면 물기가 없어지고 단단하게 됨.

모른 체 ①일에 관계를 아니하는 태도. ②알고도 모르는 듯이. 예 모른 체하고 지나가지 말고 인사를 해야지. 반 아는 체.

모름지기 마땅히. 예 모름지기 우리는 국산품을 애용해야 한다.

모면(謀免) 꾀를 내서 벗어남. 어려운 고비에서 벗어남. 예 위기를 모면하다. －하다.

모:멸(侮蔑) 업신여기고 깔봄. 예 모멸을 당하다. －하다.

모:멸감 모멸을 당하는 느낌.

모반(謀反·謀叛) 국가나 군주를 배반하고 난리를 일으킴. 예 모반죄. －하다.

모발(毛髮) 사람의 머리털.

모발 습도계 머리털이 습도에 따라서 신축하는 성질을 이용하여 만든 습도계.

모방(模倣) 남의 흉내를 냄. 남의

모범

본을 뜸. 판 창조. —하다.

모범(模範) 배워서 본받을 만함. 예 모범 운전사. 비 본보기.

모범생 학술과 품행이 우량하여 본보기가 되는 학생.

모ː빌(mobile) 알루미늄이나 셀룰로이드 판의 조각을 철사나 실에 여러 개 매달아 움직이는 아름다움을 나타낸 것.

모사[1](毛絲) 털실.

모사[2](謀士) 꾀를 세우는 사람. 꾀를 부리는 데 뛰어난 사람.

모사[3](謀事) 일을 꾸밈. 일의 해결을 위하여 꾀를 냄. —하다.

모색(摸索) 더듬어 찾음. 예 수해 예방을 모색하다. —하다.

모서리 ①수학에서, 면과 면이 만나는 선. ②물건의 날카롭게 생긴 가장자리. 예 책상 모서리.

모ː선(母船) ①어떤 작업의 중심체가 되는 큰 배. ②원양 어업 선단 등에서, 딸려 있는 여러 배들을 거느리고 그 어업 활동의 중심이 되어 잡은 고기들의 처리·냉동 등을 하는 큰 배.

모섬유 동물의 털로 만든 섬유.

모ː성(母性) 여성이 어머니로서 지니는 근본적인 성질.

모ː성애(母性愛) 자식에 대한 어머니의 본능적인 사랑. 예 어머니의 깊은 모성애에 감사하다.

모ː세(Mose) 이스라엘의 예언자이며 지도자.

모세 혈관(毛細血管) 동맥관과 정맥관을 이어 주는 가는 혈관. 이 혈관을 통하여 조직에 산소와 양분을 공급하고, 노폐물을 심장으로 되돌려 보냄. 준 모세관.

모셔가다 손윗사람을 안내하여 목적지까지 가다.

모셔들이다 조심히 받들어 들이오게 하다.

모ː션(motion) ①동작. 행동. ②자세. 몸짓.

모순(矛盾) ①창과 방패. ②말이나 행동이 서로 어긋나 앞뒤가 맞지 않는 관계를 이르는 말.

모ː스(Morse, 1791~1872) 전신기와 모스 부호를 발명한 미국의 기술자. 전자석의 실험을 하다가 전신기와 모스 부호를 발명하여 1843년에 워싱턴과 볼티모어 간의 전보 통신에 성공했음.

모ː스 부호 미국인 모스가 만든 전신 부호. 점(짧은 소리)과 선(긴 소리)을 여러 가지로 섞어 글자를 대신함.

모스크바(Moskva) 러시아 연방의 수도이며, 전 소련의 수도. 유럽 러시아의 중앙부, 모스크바 강의 양쪽 기슭에 걸쳐 있음.

모스크바 삼상 회ː의(Moskva 三相會議) 1945년 12월 모스크바에서 개최된 미·영·소의 3국 외상 회의. 이 회의에서 한국을 5년간에 걸쳐 신탁 통치하기로 결정했음.

모습 ①사람의 생긴 모양. ②됨됨이.

모시 모시풀 껍질의 실로 짠 피륙. 충청 남도 서천군 한산에서 나는 모시는 희고 곱기로 유명함.

모ː시다 ①윗사람을 받들어 손수 안내해 드리다. ②손윗사람을 받들고 함께 있다. 예 부모님을 정성껏 모시다.

모시조개 참모시조갯과에 속하는 바닷조개. 잿빛이 도는 흰 껍데기에는 푸르스름한 무늬가 있고 둥글며, 높이와 길이가 각 50mm,

폭은 32mm 내외임. 해안의 얕은 진흙 속에 사는데 식용함.

모식도(模式圖) 사물의 본·진행·조직 등을 도식적으로 정리·배열한 그림.

모심기[―끼] 벼의 모를 못자리에서 옮겨 심는 일. ―하다.

모양(貌樣·模樣) ①사람이나 물건의 겉에 나타난 생김새. ②어떠한 형편이나 상태. 비모습.

모양내다 꾸미어 예쁘게 가꾸다.

모양새 ①모양의 됨됨이. 예모양새가 우습다. ②체면.

모여들다 약속된 장소나 목적지로 오다. 예사람이 하나 둘씩 운동장으로 모여들다.

모:욕(侮辱) 업신여기어 욕되게 함. 비치욕. 반영예. ―하다.

모으다 ①쌓아올리다. ②여럿을 한 곳으로 오게 하다. ③재물을 많이 모아 가지다.

모:음(母音) 홀소리. 반자음. 닿소리.

모음곡 기악곡의 한 형식. 여러 개의 악곡을 조합하여 하나로 만든, 여러 악장으로 된 악곡. 스위트. 비조곡.

모의[1](模擬) 남의 흉내를 냄. 실제와 비슷한 형식과 내용으로 연습 삼아 해 봄. 예모의 재판. 비모방. ―하다.

모의[2](謀議) 어떤 일을 꾀하고 의논함. 예새 계획을 모의하다. ―하다.

모의 시:험 시험에 대비하여 실제의 시험과 똑같은 방법으로 치러 보는 시험.

모의 재판 실제의 재판을 본떠서 연습 삼아 해 보는 재판. 예오늘 학교에서 모의 재판이 열렸다.

모이 가축들의 먹이. 새·짐승 따위의 양식.

모이다 ①많아지다. ②여럿이 한 곳으로 몰리다. ③떼를 이루다. 반흩어지다.

모이주머니 새 종류의 밥줄에 주머니 모양으로 되어, 먹은 모이를 저장하는 곳.

모임 여러 사람이 어떤 목적을 위하여 한 곳에 모이는 일. 예매달 한 번씩 동창들의 모임이 있다.

모:자[1](母子) 어머니와 아들.

모자[2](帽子) 모양으로나 추위를 막기 위하여 머리 위에 쓰는 물건. 예밀짚모자.

모:자라다 어떤 표준에 차지 못하다. 비부족하다. 반남다.

모자반 모자반과의 바닷말. 바다 밑 바위에 나는데, 길이 1m 이상이며, 밑동에 원반 모양의 들러붙는 뿌리가 있음. 말려서 식용 또는 비료로 씀.

모자이크(프 mosaic) 나무·돌·타일·유리·색종이 등을 붙여서 도안·그림 등으로 나타낸 장식품.

모작(模作) 남의 작품을 흉내내어 만듦. 반창작. ―하다.

모잠비:크(Mozambique) 아프리카 대륙 남동부에 위치한 공화국. 북부는 고원 지대, 남부는 평야 지대이며, 아열대에 속해 있음. 주민의 대부분은 반투족임. 면화·사탕수수·땅콩 등을 재배하고, 포르투갈 지배하에서 1975년에 독립함. 수도는 마푸토.

모:정(母情) 어머니의 정.

모조(模造) ①모방하여 만듦, 또는 그러한 물건. 예모조품. ②'모조지'의 준말. ―하다.

모조리 ①하나도 남기지 않고 처

음부터 끝까지. ②차례로 죄다. 모두. 예쥐를 모조리 잡자. 비전부. 반대강.

모종 옮기어 심을 만한 식물의 어린 싹. 비묘목. —하다.

모종삽 모종을 옮겨 심을 때 쓰는 조그맣고 길쭉한 삽.

모지다 ①모양이 둥글지 않고 모가 나 있다. ②태도가 원만하지 않고 딱딱하다. 예성격이 모진 데가 있다.

모지라지다 물건의 끝이 닳아서 짧게 되다. 큰무지러지다.

모직(毛織) 털실로 짠 옷감.

모:진 ①독한. 예모진 마음을 먹다. ②강한.

모:질다 ①잔인하다. ②동정심이 없다. 인정이 없다. 예모질게 발로 차다. 비맵다. ③죽을 것 같아도 죽지 않다. 질기다.

모집(募集) 널리 뽑아 모음. 예사원 모집. 비수집. —하다.

모쪼록 아무쪼록. 부디. 예모쪼록 건강하기 바란다.

모찌기 모판에서 모를 뽑는 일. —하다.

모차르트(Mozart, 1756~1791) 오스트리아의 고전파 음악가. 음악의 천재라고도 하며, 작품으로는 〈피가로의 결혼〉〈돈 조반니〉〈마적〉 등이 있음.

모책(謀策) 꾀를 부리어 일을 벌임, 또는 그 일을 처리할 꾀·계책. 예모책을 쓰다 —하다.

모처럼 ①별러서. 일껏. ②오래간만에. 예모처럼만에 식구들이 다 모였다. 반자주.

모:체(母體) ①어머니의 몸. ②바탕이 되는 물체.

모:친(母親) 어머니. 반부친.

모:친상(母親喪) 어머니의 죽음. 반부친상.

모탕 장작 따위를 쪼갤 때에 밑에 받쳐 놓는 나무토막.

모:터(motor) 기계를 돌려 원동력을 일으키는 기계. 비발동기.

모:터보:트(motorboat) 모터에 의해서 움직이는 보트.

모퉁이 ①굽은 물건의 내민 곳. 구석의 겉쪽. ②길이 꺾인 곳. 예길모퉁이 찻집. 비귀퉁이. 반가운데.

모티프(프 motif) 예술 작품의 중심되는 내용이나 주제. 모티브. 예이 소설의 모티프는 우정이다.

모판(—板) 들어가 손질하기 편리하게 못자리의 사이사이를 떼어 직사각형으로 다듬어 놓은 조각조각의 구역.

모판흙[—흑] 모판 바닥에 까는 흙. 기름진 흙이나 퇴비 가루 따위를 씀. 비상토.

모포(毛布) 담요.

모피(毛皮) 털이 붙은 짐승의 가죽. 예모피 목도리.

모필(毛筆) 짐승의 털로 맨 붓. 비털붓.

모:함¹(母艦) '항공 모함·잠수 모함·헬리콥터 모함'의 준말.

모함²(謀陷) 여러 가지 꾀를 써서 남을 어려움에 빠지게 함. 예남을 모함하면 뒤에 자기가 당한다. 비참함. —하다.

모:험(冒險) ①위험을 무릅씀. ②성공할 가망이 적은 일을 덮어놓고 하여 봄. 비탐험. —하다.

모:험가 위험을 무릅쓰고 이곳 저곳을 찾아다니는 사람. 모험을 좋아하는 사람. 비탐험가.

모:험심 모험을 즐기는 마음. 모

모형(模型) ①어떤 물건과 모양을 같게 만든 틀. ②본. 본보기. 예 모형을 뜨다.

모형도(模型圖) 실제 모양을 본떠서 그린 그림.

모형 비행기 비행기를 본떠서 만든 장난감 비행기.

모호하다(模糊—) 분명하지 않다. 흐리터분하다. 예 모호한 대답. 비 애매하다.

목¹ ①머리와 가슴이 이어진 부분. ②중요한 곳. 다른 데로 갈 데는 없고 그 길로만 가야 되는 곳. 예 토끼가 지나다니는 길목.

목²(木) '목요일'의 준말.

목각화(木刻畫)[—까콰] 나무에 새긴 그림. 준 목각.

목거리 목이 붓고 몹시 아픈 병.

목걸이 보석이나 귀금속을 끈에 꿰어 목에 거는 장식품.

<u>**목거리** 목이 부어 아픈 병.
목걸이 여자들이 목에 거는 장식품.</u>

목검(木劍) 검술을 배울 때 쓰는 나무로 만든 칼.

목격(目擊) 눈으로 몸소 봄. 예 목격자. 비 목도. —하다.

목격자 목격한 사람. 눈으로 직접 본 사람.

목공(木工) 목재를 재료로 물건을 만드는 일, 또는 만드는 사람.

목공구(木工具) 목공일을 하는 데 쓰는 톱·대패·끌·송곳 따위의 기구.

목공소(木工所) 목재를 가공하여 가구·창문 등을 만드는 곳.

목관(木棺) 나무로 만든 관.

목관 악기 몸통이 나무로 되어 있는 관악기. 오늘날에는 금속으로 되어 있어도 구조·음색이 같으면 목관 악기라 이름. 색소폰·플루트·클라리넷 등.

목구멍 입 속의 깊숙한 안쪽, 곧 기도와 식도로 통하는 곳. 준 목.

목구멍이 포도청⟨속⟩ 먹는 일 때문에 못할 일까지 한다.

목기(木器) 나무로 만든 그릇.

목놓다[몽노타] 소리를 내어 울다. 참지 못하고 마구 울다. 예 목놓아 울다.

목덜미 목의 뒷부분.

목도(目睹) 직접 봄. 예 내가 목도한 일이야. 비 목격. —하다.

목도꾼 무거운 물건이나 돌덩이를 밧줄로 얽어 어깨에 메고 옮기는 사람.

목도리 추위를 막거나 모양으로 목에 두르는 물건.

목도장(木圖章) 나무로 만든 도장.

목돈 푼돈이 아니고 한목의 많은 돈. 예 목돈 마련 저축. 비 모갯돈. 반 푼돈.

목동(牧童) 풀을 뜯기며 소·양 따위를 치는 아이.

목련(木蓮)[몽년] 이른 봄에 크고 향기 있는 흰빛 또는 자줏빛 꽃이 잎보다 먼저 피는 나무.

목례(目禮)[몽녜] 눈짓으로 가볍게 하는 인사. 눈인사. —하다.

목록(目錄) ①책의 차례. ②선물하는 물건의 이름을 죽 적은 것. ③조목을 죽 쓴 것. 비 목차.

목마(木馬)[몽—] 어린아이들이 타고 놀 수 있도록 나무로 만든 말. 예 회전 목마.

목마르다〔목마르니, 목말라〕 ①물이 먹고 싶은 상태다. ②무엇을 몹시 바라는 상태다.

목마름

목마름[몽―] 목이 말라 물이 몹시 마시고 싶은 상태.

목말[몽―] 남의 어깨 위에 두 다리를 벌리고 앉거나 올려놓고 서는 짓. 예목말타다.

목메다[몽―] ①목구멍이 음식물 따위로 막히다. ②설움이 북받치어 목구멍이 막히는 듯하다. 예목메어 울다.

목멱산(木覓山)[몽―] 서울에 있는 '남산'의 본래 이름.

목목이[몽모기] 중요한 길목마다. 예목목이 보초를 서게 하다.

목민(牧民)[몽―] 백성을 다스리는 일. ―하다.

목민심서(牧民心書)[몽―] 정약용이 쓴 계몽서. 예로부터 지방 장관(목민관)의 사적을 수록하여 목민관의 백성을 다스리는 도리를 논한 책.

목발(木―) 다리 불구자가 겨드랑이에 대고 짚는 지팡이.

목불인견(目不忍見) 너무 딱하고 참혹하여 눈뜨고는 도저히 볼 수 없음. 예목불인견의 참상.

목사(牧師) 기독교에서 신자를 가르치고 예배를 인도하며 교회를 다스리는 사람.

목석(木石) ①나무와 돌. ②나무나 돌과 같이 감정이 없는 사람을 비유하여 이르는 말.

목선(木船) 나무로 만든 배.

목성(木星) 태양계의 다섯째 떠돌이별로, 아홉 떠돌이별 중에 가장 크며 금성과 함께 가장 빛남.

목소리 ①사람의 목구멍으로 내는 소리. ②목청을 울리어 내는 소리. 말소리. 비음성. ③의견이나 주장. 예업계의 목소리.

목수(木手) 집을 지을 때 재목을 다루는 사람. 비목공.

목수가 많으면 집을 무너뜨린다 〈속〉 의견이 구구하면 도리어 탈을 일으킨다.

목숨 살아 있는 힘. 살아가는 데 밑바탕이 되는 힘. 비생명.

목쉬다 목이 잠겨 소리가 제대로 나지 않다.

목어(木魚) 불교에서, 경전을 읽을 때 두드리는 기구. 나무로 만든 길이 1m 가량의 잉어 모양으로 속이 비어 있음.

목요일(木曜日) 일요일에서 다섯째 되는 날.

목욕(沐浴) 머리를 감고 몸을 씻는 일. 비목간. ―하다.

목욕재계(沐浴齋戒) 목욕하여 몸을 깨끗이 하고 부정을 피하여 마음을 가다듬는 일.

목욕탕 목욕을 할 수 있도록 시설을 갖추어 놓은 곳.

목운동 머리와 목을 움직여 하는 맨손 체조의 하나. ―하다.

목자(牧者)[―짜] ①양을 치는 사람. ②목사나 신부 등의 성직자를 이르는 말.

목잠기다 목이 쉬어서 목소리가 제대로 나오지 아니하다.

목장(牧場) 소·말·양 따위를 놓아 기르는 넓은 곳.

목재(木材) 건축에 쓰이는 나무의 재료. 비재목.

목재상 목재를 사고 팔고 하는 장사, 또는 그런 일을 하는 장수.

목적(目的) ①일을 이루려는 목표. ②뜻하는 것. ③마음먹은 것. 비목표. ―하다.

목적지 가고자 하는 곳. 예목적지에 도착하다.

목전(目前) ①눈앞. 예성공이 목

전에 있다. ②지금 당장. 예목전의 이익만 생각한다.

목젖[―젇] 목구멍 위에 고드름처럼 아래로 내민 둥그스름한 살. 비현옹수.

목조(木造) 나무를 재료로 하여 만듦, 또는 그 만든 물건. 예목조 건물. ―하다.

목차(目次) 순서. 차례. 예책의 목차를 보다. 비목록.

목청 ①목에서 울려나오는 소리. 예목청이 좋다. ②소리를 내는 기관. 비목소리. 성대.

목청껏 있는 힘을 다하여 소리를 질러. 예목청껏 외치다.

목초(牧草) 소·말·양·토끼 따위를 먹이는 풀. 비사료.

목축(牧畜) 돼지·소·말 따위의 가축을 기르는 일. 예목축업. 목축 농업. ―하다.

목침(木枕) 나무로 만든 베개.

목타다 ①목이 몹시 마르다. ②애가 타다.

목탁(木鐸) 절에서 염불할 때 치는 기구. 둥글넓적하게 다듬은 나무로, 속이 비어 있음. 비목어.

〔목 탁〕

목탁 귀:신 ①목탁만 치다가 죽은 중의 귀신. ②목탁 소리만 나면 모여드는 귀신.

목탄(木炭) ①숯. ②그림의 재료로 쓰려고 버드나무·오동나무 따위로 만든 숯.

목통 ①목구멍의 넓이. ②'욕심이 많은 사람'을 비웃는 말.

목판(木版) 나무에 글자나 그림을 새긴 판. 예목판 인쇄.

목판화(木版畫) 나무판에다 직접 조각한 그림, 또는 조각한 나무판에 잉크·물감을 묻혀서 종이 따위에 찍어 낸 그림.

목판 활자(木版活字)[―짜] 나무에 판 활자.

목포(木浦) 전라 남도의 남서쪽에 있는 항구 도시.

목표(目標) 목적으로 삼는 것. 일을 할 때의 대상. 예사람은 목표를 가지고 살아야 한다. 사격 목표. 비목적. ―하다.

목화(木花) 열매에서 솜을 얻는 풀 이름. 비면화. 솜.

〔목 화〕

몫 여럿으로 나누어 가지는 각 부분. 예이것이 네 몫이다.

몫몫이 여럿이 똑같이 별러 나눈 것의 몫마다. 예재산을 몫몫이 나누다.

몬순 지대(monsoon 地帶) 계절풍이 부는 지대.

몰-(沒) 낱말의 앞에 붙어서 '전혀 없음'의 뜻을 나타내는 말. 예몰상식. 몰인정.

몰골 볼품이 없는 모양새. 예몰골이 사납게 생기다. ―스럽다.

몰:다〔모니, 몰아서〕 ①뒤에서 쫓아 앞으로 나가게 하다. 예양떼를 몰다. ②남을 못된 자리에 밀어 넣다. 예범인으로 몰다.

몰두(沒頭)[―뚜] 무슨 일에 열중함. 예독서에 몰두하다. 비골몰. 열중. ―하다.

몰:라보게 알아보지 못할 만큼.

㉠ 몰라보게 자랐다.
몰:라주다 알아주지 아니하다. ㉠ 남의 속을 통 몰라주다.
몰락(沒落) ①싸움에 져서 나라가 망함. ②집안이 망함. —하다.
몰랑거리다 자꾸 몰랑한 느낌이 나다.
몰랑하다 ①물체가 찰기 있게 좀 무르다. ②사람의 성질이 야무지지 아니하고 무르다.
몰:래 남이 모르도록 가만히.
몰려가다 ①떼를 지어 가다. ㉠ 여럿이 몰려가다. ②쫓기어 가다.
몰려나오다 ①쫓기어 나오다. ②떼지어 나오다. ㉠ 경기가 끝나자 관중들이 우르르 몰려나왔다.
몰려다니다 ①여럿이 떼를 지어 다니다. ㉠ 아이들이 몰려다닌다. ②억지로 쫓겨 다니다.
몰려들다〔몰려드니, 몰려들어서〕 한꺼번에 여러 사람이 떼를 지어 들어오다.
몰려오다 한꺼번에 떼를 지어 오다. ㉠ 적군이 몰려오다.
몰리다 ①여럿이 한쪽으로 밀려 뭉치다. ②몰아댐을 당하다. ㉠ 궁지에 몰리다.
몰살(沒殺)[—쌀] 하나도 남김없이 죄다 죽임. 몰사. ㉠ 일가가 몰살당하다. —하다.
몰상식(沒常識)[—쌍식] 상식이 없고 사리 판단이 어두움. ㉠ 몰상식한 행동. —하다.
몰수(沒收)[—쑤] ①빼앗음. ②법률을 어겼을 때 개인이 가진 재산의 권리를 나라에서 빼앗음. —하다.
몰수 경:기(—沒쑤—) 게임을 계속 하지 않는다거나 고의로 많은 반칙을 해서 퇴장당해 경기를 할 선수가 부족할 때 반칙을 하지 않은 팀에게 승리를 선언하는 일.
몰아 ①이끌고. ㉠ 양떼를 몰아 가다. ②데리고.
몰아내다 바깥쪽으로 쫓아 버리다. ㉠ 못된 사람을 동네에서 몰아내다.
몰아넣다[—너타] ①있는 대로 휩쓸어 들어가게 하다. ㉠ 가방에 책을 몰아넣다. ②억지로 몰려 들어가게 하다.
몰아붙이다[모라부치—] 잘잘못을 따져 호되게 꾸짖다.
몰아세우다 마구 나무라다. ㉠ 너무 나만 몰아세우지 말라구.
몰아치다 ①한 곳으로 몰리게 하다. ②한꺼번에 급히 하다. ㉠ 하루 일을 몰아쳐서 몇 시간만에 끝내다.
몰이 짐승이나 물고기를 잡을 때 한 곳으로 몰아넣는 일. ㉠ 사슴 몰이. —하다.
몰이꾼 사냥할 때에 짐승을 몰이 하는 사람.
몰 인정(沒人情)[모린—] 인정이 없음. ㉠ 아무리 사정을 해도 몰인정하게 거절하다. —하다.
몰입(沒入)[모립] ①어떤 일에 깊이 빠짐. ㉠ 독서에 몰입해 있다. ②지난날, 관가에서 죄인의 재산이나 가족을 몰수하던 일. —하다.
몰지각(沒知覺) 알지도 깨닫지도 못함. ㉠ 몰지각한 행동. —하다.
몸 동물의 머리에서 발까지의 전체. 囲육체. 신체. 凹마음.
몸가짐 몸의 동작이나 몸을 가지는 모양. 囲자세. 태도.
몸놀림 몸의 움직임.
몸단장 =몸치장. —하다.
몸담다[—따] 어떤 한 곳을 생활

몸동작 몸을 움직이는 동작.
몸뚱이 사람이나 짐승의 몸의 덩치. 체구.
몸매 몸의 맵시.
몸무게 몸의 무게. 비체중.
몸부림 ①떼를 쓰거나 발악할 적에 몸을 흔들고 부딪는 짓. ②잠잘 때에 이리저리 뒹굴며 자는 짓. —하다.
몸부림치다 몹시 몸부림을 하다.
몸살 몸이 몹시 피로하여 일어나는 병. 예몸살이 나다.
몸서리 ①무서워서 몸을 떠는 것. ②지긋지긋하게 싫증이 나서 다시 하고 싶지 않은 마음.
몸서리나는 무서워서 몸이 떨리는. 몸서리치는. 예몸서리나는 6·25 전쟁.
몸서리치다 어떤 일에 지긋지긋하도록 싫증이 나다. 예그 일은 생각만 해도 몸서리쳐진다.
몸소 자기가 친히. 자신이 스스로. 예대통령께서 몸소 일선 장병을 위문하셨다. 비손수. 친히.
몸수색 무엇을 찾아 내려고 남의 몸을 뒤지는 일. —하다.
몸져눕다〔몸져누우니, 몸져누워서〕병이 심하여 자리에 누워 있다. 예어머니께서 병으로 몸져눕다.
몸조리 허약해진 몸을 회복하기 위하여 앓는 몸을 품. —하다.
몸조심 ①몸을 함부로 쓰지 아니함. ②말과 행동을 삼감. —하다.
몸집〔-찝〕몸의 부피.
몸짓〔-찓〕몸을 놀리는 태도. 예재빠른 몸짓. —하다.
몸차림 몸의 차림새. 예단정한 몸차림. —하다.
몸채 여러 채로 된 살림집에서 주가 되는 채.
몸체(—體) 비행기 같은 것의 몸이 되는 부분.
몸치장 몸차림새를 잘 매만져서 맵시 있게 꾸밈. —하다.
몸통 몸의 둘레. 원줄기.
몸통 운ː동 허리를 앞뒤로 굽히거나 좌우로 돌리는 운동.
몸풀다 ①몸의 피로를 풀다. ②몸의 움직임이 부드러워지도록 가벼운 운동을 하다. 예경기를 하기 전에 가볍게 몸풀다.
몹ː시 ①대단히. ②심히. ③더할 수 없이. 예몇 달 만에 할머니를 뵈니 몹시 늙으신 것 같았어요. 비무척. 아주.
몹ː쓸짓 못되고 고약한 일.
못 ①살가죽에 무엇이 스치거나 해서 두껍게 된 자리. ②물건을 떨어지지 않도록 붙이기 위하여 박는 뾰족한 쇠. 예못을 박다. ③땅이 넓고 깊게 패고, 그 속에 늘 물이 괴어 있는 곳. 비연못.
못가 못의 가장자리.
못ː갖춘마디 악보의 첫머리에 있는 박자표대로 되어 있지 않은 마디. 만갖춘마디.
못ː나다 생김새·성질·지능 따위가 남보다 많이 떨어지다. 비어리석다. 만잘나다.
못ː난이 어리석은 사람. 미련한 사람. 비바보.
못ː내 잊지 못하고 늘. 예못내 그리워하다.
못ː돼먹다 '못되다'의 힘줌말. 예못돼먹은 녀석.
못ː되다 ①되지 못하다. ②모진 성질을 가지고 있다.
못된 송아지 엉덩이에 뿔 난다

〈속〉 못된 자가 더욱 건방지고 나쁜 짓을 한다.

못:마땅하다 ①언짢다. ②마땅하지 않다. [예]아주머니는 너무 지나치게 까부는 철수를 보시고 좀 못마땅해하시는 눈치였다. [반]마땅하다. —히.

못박다 ①물건에 못을 박다. ②남의 마음에 상처를 입히다.

못박이다 ①분한 생각이 마음 속 깊이 생기다. ②손이나 발에 굳은살이 생기다. ③똑같은 말을 되풀이하여 들어서 잊혀지지 아니하다. [예]그런 말은 귀에 못박일 정도로 들었다.

못박히다 못으로 단단히 박아 놓아 꼼짝 못 하게 되다.

못뽑이 못을 뽑는 연장의 총칭. 노루발장도리 따위.

못:살다[몯쌀—] ①가난하게 살다. [예]못사는 마을. ②기를 펴지 못하다.

못:생기다 잘나지 못하다. [비]못나다. [반]잘생기다.

못:쓰다 ①어떤 행동을 해서는 안 된다는 뜻. [예]공부 시간에 장난을 치면 못쓴다. ②쓸모 없게 되다. 고장이 나다. [예]라디오가 고장이 나서 못쓰게 되다.

못자리 ①볍씨를 뿌리어 모를 기르는 논. ②논에 볍씨를 뿌리는 일. —하다.

못줄[모쭐] 모 심을 때 간격을 맞추기 위하여 대는 긴 줄.

못:지않다 '못하지 아니하다'의 준말. [예]나도 너에 못지않게 노력하겠다.

못:하다 ①다른 것보다 나쁘다. [예]어제 산 물건보다 못하다. ②미칠 수 없다. [반]낫다[2].

몽고(蒙古) 몽고 지방에 칭기즈칸이 나타나 몽고족을 통일하여 세운 나라. 지금의 '몽골'을 이름.

몽고반(蒙古斑) 어린아이의 엉덩이·등·허리 따위에 나타나는 푸른색의 반점.

몽고족 중국 북부·만주·시베리아 남부에 걸쳐 사는 여러 민족을 통틀어 이르는 말. 피부색은 황색이며, 머리털은 짙은 갈색임.

몽그작몽그작 ①제자리에서 계속해서 비비대는 모양. ②우물쭈물하는 모양. [준]몽긋몽긋. [큰]뭉그적뭉그적. —하다.

몽글몽글 망울진 것이 몰랑몰랑하여 요리조리 볼가지며 매끄러운 모양. [큰]뭉글뭉글. [거]몽클몽클. —하다.

몽:금포(夢金浦) 황해도 장연군 장산곶 동북쪽에 있는 항구. 어업이 성하고 일대의 모래 언덕과 더불어 해수욕장으로 유명함.

몽니 심술궂게 욕심부리는 성질. [예]몽니를 부리다. [준]몽.

몽당붓 끝이 닳아서 쓰기 어려운 정도가 된 붓.

몽당비 끝이 닳아서 거의 쓸 수 없게 된 비.

몽당연필 다 써서 거의 못 쓰게 된 짧은 연필 도막.

몽둥이 방망이보다 굵고 조금 긴 나무.

몽땅 ①꽤 많은 부분을 대번에 자르는 모양. ②하나도 남김없이 전부. [예]몽땅 도둑맞았다. [비]전부. [큰]뭉떵. [거]몽탕.

몽땅하다 작게 싹독 잘린 도막처럼 생기다. [큰]뭉떵하다.

몽똑 끝이 아주 짧고 무딘 모양. [큰]뭉뚝. —하다.

몽롱하다(朦朧—) ①연기나 구름이 끼어 흐릿하다. ②뚜렷하지 않고 희미하다. 예몽롱한 의식.

몽:상(夢想) 꿈 속 같은 헛된 생각. 예몽상가. —하다.

몽유병(夢遊病) 잠을 자다가 갑자기 일어나 어떤 행동을 하다가 다시 잠을 자는 병적인 증세. 깬 뒤에는 기억을 하지 못함.

몽촌 토성(夢村土城) 서울 특별시 송파구 올림픽 공원 안에 있는 백제 초기의 토성. 타원형의 내성과 그 바깥에 달린 외성으로 나누어져 있음.

몽치 짤막하고 단단한 몽둥이.

몽:타주(프 montage) 미술에서, 각종 사진을 오려 붙여서 환상적인 작품을 만드는 방법.

뫼:[1] 사람의 무덤. 묘.

뫼[2] '산'의 옛말.

뫼[3] '진지·밥'의 옛말.

뫼시다 '모시다'의 옛말.

묘:(墓) =뫼[1].

묘:기(妙技) 교묘한 기술과 재주.

묘:년(卯年) 토끼해. 예신묘년.

묘:목(苗木) 옮겨 심게 된 어린 나무. 비모나무. 모종.

묘:미(妙味) ①뛰어난 맛. ②이상 야릇한 것. ③사물의 뛰어난 점. ④묘한 취미.

묘:비(墓碑) 무덤 가에 세워 놓은 비석. 죽은 사람의 이름, 한 일 등을 새겨 넣은 비. 묘석.

묘:비명(墓碑銘) 묘비에 새긴 글.

묘:사(描寫) 사물이나 마음의 상태를 꼭 그와 같이 그려 냄. 예아침 풍경을 묘사하다. —하다.

묘:상(苗床) 꽃·나무 따위의 모종을 키우는 자리.

묘:석(墓石) =묘비.

묘:소(墓所) '산소'의 높임말. 예묘소를 참배하다.

묘:수[1](妙手) ①뛰어난 솜씨. 묘한 재주. 예바둑의 묘수. ②기술이 교묘한 사람.

묘:수[2](妙數) 기묘한 운수.

묘:안(妙案) 아주 뛰어난 생각. 예묘안이 없다.

묘:약(妙藥) 신통하게 잘 듣는 약.

묘:역(墓域) 묘소로서 정한 구역.

묘:연하다(杳然—) ①아득하고 멀다. ②알 길이 전연 없다. 예친구 소식이 묘연하다. —히.

묘:지(墓地) 죽은 사람을 묻어 놓은 곳. 비분묘.

묘:지기 남의 산소를 보살피고 지키는 사람.

묘:책(妙策) ①좋은 계교. ②훌륭한 꾀. 예묘책을 짜내다.

묘:청(妙淸, ?~1135) 고려 인종 때의 승려. 북진 정책을 주장함으로써, 고려 초기의 외교 정책을 이끌어 가려 하였음.

묘:촌(墓村) 조상의 산소가 있는 마을.

묘:판(苗板) ①못자리. ②모판.

묘:포(苗圃) 묘목 또는 모종을 심어 기르는 밭. 비모판.

묘:표(墓標) =묘비.

묘:표 관리 무덤 앞에 세우는 푯돌의 유지 등을 맡아 하는 일.

묘:품(妙品) 섬세하고 훌륭한 작품. 정묘한 작품.

묘:하다(妙—) 이상하다. 신기하다. 예묘한 꿈. 비야릇하다.

묘:향산(妙香山) 평안 북도 영변에 있는 산. 단군이 하늘에서 속세로 내려왔다는 곳으로, 서산·사명 두 대사의 원당이 있음.

무:[1] 뿌리가 위는 푸르고 아래는

흰 채소. [예] 무김치.
무:[2](戊) 십간(十干)의 다섯째.
무[3](無) 없음. 존재하지 않음. [예] 무능력. 무방비. [반] 유. —하다.
무가당(無加糖) 단것을 넣지 않음. [예] 무가당 음료수.
무가치 가치가 없음. —하다.
무감각 감각이 없음. —하다.
무개차(無蓋車) 지붕이 없는 차.
무거리 곡식이나 고추의 찧은 것을 체에 쳐서 고운 가루를 빼고 남은 찌끼. [예] 쌀 무거리.
무겁다〔무거우니, 무거워서〕 ①저울에 달아서 근수가 많이 나가다. [예] 짐이 무겁다. ②깊이 생각한 뒤에 말이나 행동을 천천히 하다. ③부담이 많다. [예] 책임이 무겁다. [반] 가볍다.
무게 물건의 무거운 정도. [비] 중량.
무게 중심(—中心) 물체를 바늘이나 송곳 같은 것으로 받쳐 기울지 않게 되는 점. 그 물체가 모여서 작용한다고 생각하는 점.
무결(無缺) 결점이나 결함이 없음. [예] 완전 무결. —하다.
무계획 계획이 없음. [예] 무계획한 행동. [반] 계획. —하다.
무고[1](無故) ①아무 연고가 없음. ②아무 탈이 없음. ③편안함. [예] 그 동안 무고하셨습니까? [비] 무사. —하다. —히.
무:고[2](誣告) 없는 사실을 거짓으로 꾸며 남을 고발하거나 고소함. [예] 무고죄. —하다.
무:곡(舞曲) 춤과 악곡.
무:공(武功) 나라를 위해서 싸운 군사상의 공적. [예] 무공 훈장.
무공해 식품 화학 비료와 농약을 사용하지 않고 생산된 농축산물. 또, 그 가공 식품.
무:공 훈장 높은 무공을 세운 군인에게 주는 훈장.
무:과(武科) 조선 시대에 무관을 뽑던 과거 시험. [반] 문과.
무:관[1](武官) ①옛날 과거 시험의 하나인 무과 출신의 벼슬아치. ②군사 일을 맡아 보는 관리. 군관. [반] 문관.
무관[2](無關) 관계 없음. [예] 나와 무관한 일. —하다. —히.
무관심(無關心) ①관심을 갖지 아니함. 마음에 두지 아니함. ②흥미를 느끼지 아니함. —하다.
무구정광대다라니경(無垢淨光大陀羅尼經) 불경의 하나. 1966년 불국사 석가탑에서 발견된 세계에서 가장 오래 된 목판 인쇄물.
무궁(無窮) 끝이 없음. [예] 무궁한 발전. —하다. —히.
무궁 무진(無窮無盡) 한이 없고 끝이 없음. [예] 우주는 무궁 무진한 신비를 가지고 있다. —하다.
무궁화(無窮花) 잎은 뽕나무잎과 같고, 꽃은 흰빛과 보랏빛이며, 아침에 피었다가 저녁에 시드는 꽃. 우리 나라 국화임.
무궁화 위성(無窮花衛星) 1995년 발사된 우리 나라 최초의 통신·방송 위성.
무근(無根) ①뿌리가 없음. ②근거가 없음. [예] 그 소문은 사실과 무근하다. —하다.
무:기[1](武器) 적과 싸울 때 쓰는 기구. [비] 병기.
무기[2](無期) '무기한'의 준말. [예] 무기 정학. [반] 유기.
무:기고 무기를 보관하는 창고.
무기력(無氣力) 기운이 없음. [예] 무기력한 사람. —하다.
무기명(無記名) 성명을 쓰지 않

ㅁ

음. 예무기명 투표. 반기명.
무기물(無機物) 생활 기능을 가지지 않은 물질 및 그것을 원료로 하여 인공적으로 만든 물질을 통틀어 이르는 말. 공기·물·광물 등. 반유기물.
무기 염류(無機塩類)[—뉴] 무기산과 염기가 반응하여 생긴 물질을 통틀어 일컫는 말. 식염·황산암모늄·질산칼슘 따위.
무기질(無機質) 생체의 성장과 신체 조직을 구성하는 중요한 영양소로 생물체 내에 들어 있는 칼슘·칼륨·마그네슘·나트륨·철을 통틀어 이르는 말.
무기한(無期限) 기한이 없음. 예무기한 연기. 반유기한. —하다.
무기 호흡 생물이 산소 없이 하는 호흡. 반유기 호흡.
무기 화:합물 탄소를 함유하지 않는 화합물 및 이산화탄소 등과 같은 간단한 탄소 화합물을 통틀어 이르는 말. 반유기 화합물.
무꾸리 무당이나 판수에게 길흉을 점치는 일. —하다.
무난(無難) 말썽이니 흠잡을 것이 없음. 예시험에 무난히 합격하다. —하다. —히.
무남 독녀(無男獨女) 아들이 없는 집안의 하나밖에 없는 딸.
무너지다 ①쓰러지다. ②넘어지다. ③결딴나다. ④헐어지다.
무념(無念) 아무 생각이 없음. —하다.
무논 ①물이 있는 논. ②쉽게 물을 댈 수 있는 논.
무는 개를 돌아다본다〈속〉 말이 많은 사람을 두려워한다.
무능(無能) ①아무 재주가 없음. ②수완이 없음. 예무능한 남자. 반유능. —하다.
무능력[—녁] 일을 처리할 만한 힘이 없음. 준무능. —하다.
무늬 거죽에 여러 가지 형상이 나타난 모양.
무단(無斷) 미리 허락을 받거나 신고하지 않음. 예무단 출입.
무:단 정치(武斷政治) 무력만 가지고 해 나가는 정치.
무단히(無端—) 아무 까닭 없이 덮어놓고. 예무단히 싫어하다.
무:당(巫—) 귀신을 섬기어 길흉을 예언하는 여자. 비무녀.
무:당벌레 무당벌렛과의 곤충. 몸 길이는 8mm 가량이고, 몸은 달걀꼴로 진딧물을 잡아먹는 익충임.
무대¹ 일정한 방향으로 흐르는 바닷물. 예더운무대. 비해류.
무:대²(舞臺) ①연극·춤·노래 등을 하기 위하여 정면에 높직하게 만들어 놓은 단. ②마음껏 활동하고 솜씨를 나타낼 수 있게 된 판. 예세계 무대로 진출한다.
무더기 한데 모아 수북히 쌓은 물건의 더미.
무더위 찌는 듯한 더위.
무던하다 ①정도가 어지간하다. ②성질이 덕이 있고 너그럽다. 예무던한 사람. —히.
무덤 죽은 사람을 땅을 파서 묻어 놓는 곳. 비묘. 산소.
무덥다〔무더우니, 무더워서〕 찌는 듯이 덥다. 반서늘하다.
무:도¹(武道) ①무술하는 사람이 지켜야 할 도리. ②'무예·무술'을 통틀어 이르는 말. 반문도.
무:도²(舞蹈) 춤을 추는 오락. 예무도회. 비무용. 댄스. —하다.
무도하다(無道—) ①사람이 마땅히 지켜야 할 일에 어그러지다.

②어리석다. 지혜가 없다. ③무뚝뚝하다. —히.
무:도회 여러 사람이 모여서 춤을 추는 모임. 예 가면 무도회.
무:동(舞童) 지난날, 나라 잔치 때에 춤을 추고 노래를 부르던 사내아이.
무:동서다 서 있는 사람의 어깨 위에 올라서다.
무:동타다 남의 어깨 위에 올라가 목 뒤로 걸터앉다.
무득점(無得點) 득점이 없음.
무등산(無等山) 광주 광역시와 전남 화순군 사이에 있는 산. 차밭이 있고, 수박이 유명함. 높이 1,187m.
무디다 ①날카롭지 않다. ②성질이 둔하다. 예 무딘 성격. ③느끼고 깨달아 아는 힘이 모자라다. 반 날카롭다.
무뚝뚝하다[—뚜카다] 성질이 쾌활하지 않고 인정미가 없다. 아기자기한 맛이 없다. 예 무뚝뚝한 사나이. —히.
무량사(無量寺) 충청 남도 부여군에 있는 절. 신라 때 창건한 것으로 그 후 여러 차례 고쳐 지었음. 극락전·석등·5층 석탑 등이 있음.
무량수전(無量壽殿) 무량수불인 아미타 여래를 모신 법당. 경상 북도 영주시의 부석사 무량수전은 국보 제18호임.
무럭무럭 ①김이나 연기가 많이 올라가는 모양. 예 김이 무럭무럭 나고 있어요. ②동물이나 식물이 기운차게 자라는 모양. 예 무럭무럭 자라다. 작 모락모락.
무려 어떤 수효를 말할 때 그만큼은 넉넉히 됨을 뜻하는 말. 예 사상자가 무려 50명이나 되었다.
무:력¹(武力) ①군대의 힘. 예 무력 남침. 비 병력. 군사. 완력. ②마구 우겨대는 힘.
무력²(無力) 힘이 없음. 능력이나 활동할 힘이 없음. 예 모든 일에 무력한 사람. 반 유력. —하다.
무렵 일이 있은 그 때. 예 해가 저물 무렵에야 그가 돌아갔다. 비 즈음.
무:령왕릉(武寧王陵)[—능] 충청 남도 공주시 금성동에 있는 백제 제25대 무령왕과 그 왕비의 무덤. 백제의 서울이었던 공주에서 1971년 발견되었으며, 백제 금관을 비롯하여 우리 나라 최고의 지석과 유물이 발굴되었음.
무례하다(無禮—) 예의가 없다. 예 무례한 사람. —히.
무뢰배 무뢰한, 또는 그 무리.
무뢰한 일정한 직업도 없이 돌아다니는, 행동이 나쁜 사람.
무료¹(無料) 값이나 요금을 받지 않음. 예 무료 입장. 반 유료.
무료²(無聊) ①심심함. 예 무료하게 시간을 보내다. ②탐탁하게 어울리는 맛이 없다. —하다. —히.
무르녹다 ①익을 대로 다 익다. ②그늘이 매우 짙다. ③일이 이루어지는 지경에 이르다.
무르다¹[무르니, 물러] 샀던 것을 도로 바꾸다.
무르다²[무르니, 물러] 바탕이 단단하지 않다. 반 단단하다.
무르익다 익을 대로 충분히 익다. 예 벼가 황금빛으로 무르익다.
무릅쓰다 하기 어려운 일을 참고 해내다. 예 비가 오는 것을 무릅쓰고 길을 떠났다.
무릇 대저. 대체로 보아. 살펴보

건대. [예] 무릇 사람이란.

무릎 다리의 굽어진 마디의 앞부분. [예] 무릎을 꿇다.

무릎걸음 꿇은 무릎으로 몸을 옮기는 걸음.

무릎맞춤 서로 만나 옳고 그른 것을 밝히게 하는 일. [예] 무릎맞춤을 시키다. —하다.

무릎을 치다 매우 좋은 일이나 놀라운 일이 있을 때 무릎을 탁 치다. [예] 무릎을 치며 웃다.

무릎장단 곡조에 맞추어 손으로 무릎을 치는 일.

무리[1] ①여럿이 모여 한 덩어리가 된 것. [예] 무리를 짓다. [비] 떼[1]. 패. ②어떤 물건이 한때 많이 나오는 시기. [예] 오징어 무리.

무리[2](無理) ①이치에 맞지 아니함. [예] 무리한 요구. ②억지가 많음. ③하기 어려움. [예] 그런 무리한 요구는 아예 안 하는 것이 좋겠다. [반] 순리. —하다.

무리수(無理數) 분수의 형식으로 나타낼 수 없는 실수. [반] 유리수.

무:마(撫摩) 남을 달래어 위로함. [예] 사건을 무마하다. —하다.

무명[1] 무명실로 짠 피륙.

무명[2](無名) ①세상에 이름이 알려져 있지 않음. [예] 무명 가수. [반] 유명. ②명분이 없음. —하다.

무명실 면화의 솜을 자아 만든 실. [비] 면사.

무명씨(無名氏) 남에게 제 이름을 내걸지 않으려고 할 때 쓰는 말.

무명 작가 아직 이름이 널리 알려지지 않은 작가.

무명지(無名指) 약손가락.

무모증(無毛症) 선천적으로 털이 나지 않거나 자라지 않는 병.

무모하다(無謀—) ①꾀가 없다. ②깊은 생각이 없다. [예] 그 계획은 무모하다. —히.

무미(無味) ①맛이 없음. ②재미가 없음. [예] 무미 건조한 생활. —하다.

무방(無妨) 괜찮음. 방해될 것이 없음. [예] 참석하여도 무방한 자리이다. —하다.

무방비(無防備) 적의 침입에 대한 방어 시설과 경비가 없음. [예] 무방비 상태.

무법(無法) ①법이 없음. ②도리에 어긋나고 난폭함. —하다.

무병 장수(無病長壽) 병 없이 오래 삶. —하다.

무보수(無報酬) 보수가 없음.

무분별(無分別) 분별이 없음. 앞뒤 생각이 없음. [예] 앞으로 무분별한 행동은 삼가라. —하다.

무불통지(無不通知) 무슨 일이든 다 통해 모르는 것이 없음. —하다.

무:사[1](武士) 무예에 익숙한 사람. [반] 문사.

무사[2](無事) ①일이 없음. ②아무 탈이 없음. [예] 사고가 났을 때 재빨리 도망친 사람들은 무사했다. ③잘 있음. ④손해가 없음. [비] 무고. —하다. —히.

무사 태평(無事泰平) 아무 탈 없이 편안함. —하다.

무상[1](無常) ①나고 죽고 흥하고 망하는 것이 한결같지 못함. ②세월이 빠르고 목숨이 덧없음. [예] 인생 무상. —하다.

무상[2](無償) ①값을 치르지 않아도 됨. [예] 무상으로 물건을 나누어 주다. ②한 일에 대하여 보상이 없음.

무색(無色) ①부끄러워서 볼 낯이

[ㅁ]

없음. 예화가가 무색할 만큼 그림을 잘 그리다. 비무안. ②아무 빛깔이 없음. 예무색 투명. 반유색. —하다.
무생물(無生物) 생활할 힘이 없는 물건. 곧, 흙이나 광물 따위. 반생물.
무:생채(—生菜) 무를 채쳐서 양념을 하여 무친 나물.
무선(無線) 전선이 없거나 사용되지 않음. 반유선.
무선 부호 전파로 통신하기 위해 특별히 정해 놓은 기호.
무:선사(武選司) 조선 시대 때 병조의 일을 처리하던 곳. 무과에 관한 일을 맡아 봄.
무선 전:신 줄을 통하지 않고 전파로 통신할 수 있는 장치.
무선 전:화 전선 없이 전파를 이용하는 전화. 국제 전화 등에 쓰임. 반유선 전화.
무선 호출기 휴대용 소형 수신기에 개인 가입자 번호를 부여하여 그 번호로 호출기 소지자를 호출할 수 있게 한 기계. 속칭 삐삐.
무섬 '무서움'의 준말.
무섬(을) 타다 걸핏하면 무서워하다.
무섬증[—쯩] 무서워하는 버릇, 또는 그런 현상.
무섭다[무서우니, 무서워서] ①겁나는 마음이 나다. 비두렵다. ②사람이 다부지고 영악하다. 예작은 체구로 무섭게 일을 해낸다.
무:성(茂盛) 나무가 잘 자람. 초목이 번성함. 예풀이 무성하다. 비울창. —하다. —히.
무소속 소속된 곳이 없음. 예무소속으로 당선되다.
무소식 소식이 없음. 예이민간 친구가 무소식이다. —하다.
무쇠 ①솥 같은 것을 만드는 재료가 되는 쇠. 비선철. ②'강하고 굳센 것'을 비유하여 이르는 말. 예무쇠처럼 힘이 세다.
무수리 옛날 궁궐에서 심부름을 하던 여자 종.
무수하다(無數—) 헤아릴 수 없이 많다. 예밤하늘에는 무수한 별이 반짝인다. —히.
무순(無順) 순서가 없음.
무:술(武術) 무기 및 무력으로 상대와 싸우는 기술. 무도에 관한 기술. 비무예.
무슨 사물의 내용이나 속성에 대한 의문의 뜻을 나타내는 말. 예무슨 일로 왔냐. 비어떤. 어느.
무승부(無勝負) 이기고 지는 것이 없이 비김.
무시(無視) 깔봄. 업신여기고 상대하지 않음. 예약하다고 무시해선 안 된다. —하다.
무시로 시도 때도 없이 아무 때나. 수시로. 예무시로 찾아오다.
무시무시하다 두려움에 떨게 하는 무서운 기운이 있다. 예무시무시한 괴물.
무시험 시험이 없음. 예무시험으로 합격하다. 반유시험.
무식(無識) 배운 것이 없음. 예무식쟁이. 무식한 행동. 비무지. 반유식. —하다.
무:신(武臣) 무관인 신하. 반문신.
무신경(無神經) ①느낌이 없음. 감각이 둔함. 예무신경한 남자. ②어떤 치욕이나 자극 따위에 반응이 없음. —하다.
무심(無心) 아무 생각이 없음. 관심이 없음. 예무심히 하늘만 쳐다보다. —하다. —히.

무심결(無心―)[―껼] 아무 생각 없이. ⓔ무심결에 입 밖에 내다.

무심코 뜻하지 않고. 아무 생각 없이. ⓔ무심코 한 짓이다.

무쌍(無雙) 견줄 만한 짝이 없음. ⓔ용감 무쌍. ―하다. ―히.

무안하다(無顔―) 남을 대할 면목이 없다. 볼 낯이 없다. ⓔ책을 빌려 줄 수 없다는 말에 무안해서 슬그머니 돌아와 버렸다. ⓑ무색하다. ―히.

무어[1] 손아랫사람에게 의문의 뜻을 나타내는 말. ⓔ무어, 대체 그게 무슨 소리야? ⓒ머. 뭐.

무어[2] '무엇'의 준말. ⓔ무어라 할 말이 없다.

무언(無言) 말이 없음. 말을 하지 않음. ⓔ무언의 시위. ―하다.

무엄하다(無嚴) 버릇없이 함부로 굴다. ⓔ무엄하게 굴다. ―히.

무엇 이름이나 내용 따위의 모르는 사물을 가리키는 말. ⓔ무엇을 드릴까요? ⓒ무어. 뭣.

무:역(貿易) 내 나라의 물건과 다른 나라의 물건을 바꿈질함. ⓔ해외 무역. ⓑ교역. ―하다.

무:역량[―영냥] 나라 사이의 물건을 팔고 사는 일의 많고 적은 정도.

무:역항 외국과의 무역의 중심지가 되는 항구.

무연탄(無煙炭) 태워도 연기가 나지 않는 석탄. 탄소 함유량이 90% 이상이며, 검고 금속 광택이 남. ⓔ유연탄.

무염(無塩) 소금기가 없음. 간을 치지 않음. ⓔ무염 식사.

무영탑(無影塔) '불국사 삼층 석탑'·'석가탑'의 다른 이름.

무:예(武藝) ①무사가 닦는 재주. ②활·말·칼 따위를 쓰는 법. ⓔ무예를 닦다. ⓑ무술.

무:왕[1](武王, ?~641) 백제의 제30대 임금(재위 600~641). 수·당과 화친하고 일본에 문화를 전하는 등 국력을 길렀으나, 만년에는 사치와 유흥에 빠져 국력을 약화시켰음. 향가 작품인 〈서동요〉를 지음.

무:왕[2](武王, ?~737) 발해의 제2대 임금(재위 719~737). 일본과 국교를 열고 무력을 양성하여 크게 세력을 떨쳤음.

무:용[1](武勇) ①무예와 용맹. ②싸움에서의 용맹스러움. ⓔ무용이 뛰어나다.

무:용[2](舞踊) 음악에 맞추어 율동적인 동작으로 감정과 의지를 표현하는 예술. ⓑ춤. ―하다.

무:용가 춤을 잘 추는 사람이나 무용을 연구하는 사람.

무:용단 무용을 하는 사람들로 이루어진 단체.

무:용담(武勇談) 싸움에서 용감하게 활약하여 공을 세운 이야기.

무용지물(無用之物) 가로거치기만 하는 쓸데없는 사람이나 물건.

무:용총(舞踊塚) 만주 지린 성에 있는 고구려의 대표적인 무덤. 무덤 안의 춤을 추는 남녀를 그린 벽화가 유명함.

무위 도식(無爲徒食) 아무 하는 일 없이 먹고 놀기만 함. ⓔ다니던 직장을 그만두고 무위 도식하다. ―하다.

무의미(無意味) ①아무 뜻이 없음. ②아무런 가치나 의의가 없음. ⓔ무의미한 싸움. ⓒ무미. ―하다.

무의식(無意識) 의식이 없음.

무의식 중에 한 행동. —하다.
무의촌(無醫村) 의사나 의료 시설이 전혀 없는 마을. ㉠무의촌을 돌며 의료 활동을 벌이다.
무익(無益) 이로울 것이 없음. ㈆유익. —하다.
무:인¹(武人) 무예를 닦은 사람. ㈏무사. ㈆문인.
무인²(無人) 사람이 살고 있지 않음. 사람이 전혀 없음. ㉠무인 비행선. ㈆유인.
무인도(無人島) 사람이 살고 있지 않은 섬. ㉠태풍을 만나 무인도에 표류하다.
무인 판매대 주인이 지키지 않고, 물품을 팔 수 있게 만들어 놓은 설비.
무일푼 가진 돈이 한 푼도 없음.
무임(無賃) ①임금이 없음. ②삯을 치르지 않음. ㉠무임 승차.
무자격(無資格) 자격이 없음. 어떤 일을 할 수 있는 자격이 없음. ㉠무자격 선수. ㈆유자격. —하다.
무자비(無慈悲) 인정이나 사정이 없음. ㉠무자비하게 때리다. ㈆자비. —하다.
무작정(無酌定) ①계획이 없음. ㉠무작정 상경하다. ②좋고 나쁘고를 헤아림이 없음. —하다.
무:장(武裝) 전쟁 때에 차리는 몸차림. 전쟁을 할 준비의 차림새. ㉠무장 간첩. —하다.
무:장 공:비 무장을 갖춘 공산당의 게릴라.
무저항(無抵抗) 저항하지 않음. ㉠무저항 운동. —하다.
무적(無敵) 겨룰 만한 적이 없음. ㉠천하 무적의 용사.
무전(無電) '무선 전신·무선 전화'의 준말.
무전기(無電機) 무선 전신 또는 무선 전화를 하도록 장치가 되어 있는 기계.
무절제(無節制)[—쩨] 알맞게 조절하지 못함. ㉠무절제한 생활. —하다.
무정(無情) 인정이나 동정심이 없음. ㉠무정하게 돌아서다. —스럽다. —하다. —히.
무:주(茂朱) 전라 북도 무주군의 군청 소재지. 부근에는 무주 구천동·덕유산 등의 명승지가 있음.
무중력(無重力)[—녁] 중력이 없음.
무중력 상태 무게를 느끼지 않는 상태. ㉠무중력 상태에서 행한 실험.
무:지¹(拇指) 엄지손가락.
무지²(無知) ①아무것도 모름. ㉠무지를 드러내다. ②하는 짓이 거칠고 우악스러움. ㈏무식. ㈆유식. —스럽다. —하다.
무지개 햇빛이 공중에 떠 있는 무수한 물방울을 비칠 때 반사되어 보이는 현상으로 빨강·주황·노랑·초록·파랑·남·보라의 7가지 빛깔로 나타남.
무지 막지(無知莫知) 매우 무지하고 우악스러움. ㉠무지 막지한 행동 —스럽다. —하다.
무직(無職) 일정한 직업이 없음.
무진장(無盡藏) 다함이 없이 얼마든지 많이 있음. ㉠석탄이 무진장하게 있다. ㈏무한량. —하다.
무질서(無秩序)[—써] 질서가 없음. ㉠무질서한 행동. ㈆질서. —하다.
무찌르다 ①닥치는 대로 함부로 죽이다. ②가리지 아니하고 마구 쳐들어가 짓부수거나 없애다. 예적을 여지없이 무찔렀다.

무차별(無差別) 차별이 없음. 예무차별 사격. —하다.

무참¹(無慘) 매우 끔찍하고 참혹함. 예무참하게 파괴되다. 비참혹. —스럽다. —하다. —히.

무참²(無慚) 말할 수 없이 부끄러움. —스럽다. —하다. —히.

무채색(無彩色) 밝기의 차이는 있으나 색상과 순도가 없는 색의 일컬음. 흰색·검정색·회색 등. 반유채색.

무책임(無責任) ①책임이 없음. ②자기가 맡은 일에 책임을 느끼는 생각이 없음. 예무책임한 행동. 반책임. —하다.

무척 매우. 대단히. 다른 것보다 훨씬. 예저 나무는 무척 오래 되었다. 비아주.

무:청 무의 잎과 잎줄기.

무치다 나물에 여러 가지 양념을 섞어 버무리다. 예산나물을 고추장에 무쳐 먹다.

무턱 아무 까닭이나 능력이 없음. 헛턱.

무턱대다 아무런 까닭이 없다. 예무턱대고 뛰어들다.

무표정하다 아무 표정이 없다. 예무표정한 얼굴.

무학 대:사(無學大師, 1327~1405) 고려 말 조선 초의 승려로 태조의 스승. 조선의 도읍을 한양으로 정하는 데 영향을 끼쳤음.

무한(無限) 크기·넓이·시간 따위에 한이 없음. 예무한한 영광. 반유한. —하다. —히.

무한 궤:도 앞뒤 차바퀴의 둘레를 긴 고리 모양의 벨트로 이어 걸어 놓은 장치.

묵다

무한대(無限大) 끝없이 큼. 예무한대의 가능성. —하다.

무한 소:수 소수점 이하가 한없이 계속되는 소수. 반유한 소수.

무한정(無限定) 한정이 없음. 예무한정 기다릴 수 없다. —하다.

무허가(無許可) 허가가 없음. 예무허가 건물.

무혈 혁명 피를 흘리지 아니하고 평화적인 방법으로 이루는 혁명.

무형(無形) 형체가 없음. 형상으로 보이지 아니함. 예무형의 재산. 반유형. —하다.

무형 문화재 무형의 문화적 소산으로 역사적으로나 예술적으로 가치가 큰 것. 연극·음악·공예 기술 따위. 반유형 문화재.

무화과(無花果) 잎은 세 갈래의 손바닥 모양이고, 3m 크기의 갈잎 큰키나무. 열매는 달걀 형상인데, 검보랏빛이며 맛이 좋음.

무효(無效) ①효력이 없음. 예무효로 간주되다. ②보람이 없음. ③쓸데없음. 반유효. —하다.

무휴(無休) 휴일이 없음. 쉬지 않음. 예연중 무휴의 가게.

무희(舞姬) 춤추는 것을 직업으로 삼는 여자.

묵 녹두나 도토리 같은 것의 앙금을 풀 쑤듯이 되게 쑤어 그릇에 퍼 놓아 굳힌 음식.

묵과(默過) ①말없이 그냥 지나침. ②보고도 못 본 체하고 말없이 넘겨 버림. 예친구의 잘못을 묵과하다. —하다.

묵념(默念)[뭉—] 눈을 감고 고개를 숙여 마음 속으로 조용히 생각하거나 빎. 예순국 선열에 대해 묵념을 올리다. —하다.

묵다 ①오래 되다. 예십 년 묵은

구렁이. 맨새롭다. ②머무르다. 예호텔에서 묵다.

묵다 ①오래 되다. ②나그네로서 머무르다.

묶다 ①잡아매거나 얽어매다. ②한군데로 모아 합치다.

묵독(默讀) 소리를 내지 않고 글을 읽음. 예책을 묵독하다. 비목독. 반음독. —하다.

묵묵 부답(默默不答) 입을 꼭 다문 채 아무 대답이 없음. 예뭐라 물어도 묵묵 부답이다. —하다.

묵묵하다(默默—) 아무 말이 없다. 예그는 슬픈 얼굴을 하고 묵묵히 앉아 있다. —히.

묵사발 일이나 물건이 몹시 잘못 되거나 망그러진 형편.

묵살(默殺)[—쌀] ①보고도 못 본 체하고 그냥 내버려 두다. 예그의 의견이 묵살되었다. ②듣고도 못 들은 체하다. —하다.

묵상(默想) 말없이 마음 속으로 생각함. 예묵상에 잠기다. 비묵념. —하다.

묵은해 새해를 맞이하여 지난해를 일컫는 말. 반새해.

묵인하다(默認—) 말은 아니하나 속으로 허락하다. 예불법 행위를 묵인할 수 없다.

묵직하다 조금 무겁다. 예자루가 제법 묵직하다. —이.

묵화(墨畫) 먹물로 그린 그림.

묵히다 쓰지 않고 내버려 두다. 예쓸 수 있는 물건을 묵히다.

묶다 ①새끼나 노 따위로 단을 지어 잡아매다. ②풀어지지 않도록 단단히 매다. 예이 책들을 잘 묶어 두어라. ③몸을 자유로 놀리지 못하게 얽어매다. 예손발을 묶

다. ④여러 가지를 한데 합치다.

묶음[무끔] 한데 묶어 놓은 덩이.

묶음표 다른 것과 구별하기 위하여 단어나 숫자, 또는 문장의 앞뒤를 막는 부호.

묶이다 묶음을 당하다. 반풀리다.

문¹(文) ①글. 예문은 무보다 강하다. ②'학문·문학' 등을 두루 이르는 말. 반무.

문²(文) 신의 크기를 나타내는 단위. 1문은 약 2.4cm.

문³(門) 집으로 드나들 수 있게 뚫린 구멍. 예대문이 열려 있다.

문간(門間)[—깐] 대문이 있는 자리. 예문간방.

문간채 대문 양쪽으로 있는 집채.

문갑(文匣) 문서나 문구 등을 넣어 두는 서랍이 여러 개인 긴 궤.

문건(文件)[—껀] 공적인 성격을 띤 문서나 서류.

문경지교(刎頸之交) 죽고 살기를 같이 하는 사귐, 또는 그런 벗.

문고(文庫) ①여러 사람이 읽을 수 있도록 책을 모아서 놓아 둔 곳. 예학급 문고. ②널리 보급하기 위해 값이 싸고 가지고 다니기 편하도록 자그마하게 만든 총서.

문고리[—꼬리] 문을 여닫고 잠그는 데 쓰는 쇠고리.

문고본(文庫本) 문고 형식으로 간행한 책.

문고판(文庫版) 책의 크기의 일종. 가로 10.5cm, 세로 14.8cm.

문관(文官) ①옛날 과거 시험의 하나인 문과 출신의 벼슬아치. ②군사 밖의 행정 사무에 관계하는 관리. 반무관.

문교(文敎) ①학문으로써 사람을 가르쳐 이끄는 일. ②문화에 관한 교육.

문구¹(文句) 글의 구절. 글귀. ⑩ 문구를 다듬다.

문구²(文具) '문방구'의 준말.

문구멍[—꾸멍] 문에 바른 종이가 찢어져서 난 구멍. ⑩ 문구멍으로 보다.

문단¹(文段) 긴 문장 중에 크게 끊은 글의 단위. ⑩ 문단의 내용을 파악하다.

문단²(文壇) ① 글을 쓰는 작가들의 사회. ② 문인들의 무대. ⑩ 문단의 등용문.

문단속(門團束) 사고가 일어나지 않도록 문을 단단히 잠그는 일. ⑩ 외출할 때 문단속을 철저히 하다. —하다.

문:답(問答) 물음과 대답, 또는 서로 묻고 대답함. ⑩ 정치에 대해 문답하다. —하다.

문대다 마구 여기저기 문지르다.

문둥병[—뼝] 몸에 나균이 침입하여 생기는 만성 전염병. 살갗이 헐고 손발의 마디가 떨어지며 털이 빠짐.

문둥이 문둥병에 걸린 사람.

문드러지다 ① 썩어서 힘없이 처져 떨어지다. ⑩ 썩어 문드러진 과일은 골라 버려라. ② 지나치게 익어서 물러지다. ③ 해져서 찢어지다.

문득 ① 갑자기. ② 별안간에. ⑩ 문득 고향 생각이 나다. ⑩ 문뜩.

문:란(紊亂)[물—] 어지럽게 흩어져서 규칙이 서지 않음. ⑩ 교통 질서가 대단히 문란해졌다. —하다. —히.

문루(門樓)[물—] 대궐이나 성 등의 문 위에 지은 다락집. ⑩ 문루에 오르다.

문맥(文脈) 글의 줄거리. ⑩ 문맥이 통하는 글.

문맹(文盲) ① 글자를 읽거나 쓸 줄을 모르는 사람. ② 눈 뜬 소경. ⑲ 까막눈.

문맹률 전체 인구에서 글을 모르는 사람들의 비율.

문맹 퇴:치 글 모르는 사람을 가르쳐 내는 일. —하다.

문명(文明) 학문이 발달하고 정신적·물질적 생활이 풍부하고 편리하게 되는 것. ⑲ 문화. ⑳ 미개. —하다.

문명 국가 문명이 발달하여 문화 수준이 높고 국민의 생활 수준이 높은 나라.

문명인 문화 생활을 하는 사람. ⑲ 문화인. ⑳ 야만인.

문무(文武) 학문과 무예. 곧, 글을 읽는 것과 말 타고 활 쏘는 일을 통틀어 가리키는 말.

문무 백관(文武百官) 모든 문관과 무관들. 모든 관원들.

문물(文物) 문화의 발달로 이루어진 것. 곧, 학문·교육·예술·정치·경제·법률·종교 등 문화에 관계되는 것.

문민(文民) 군인이 아닌 일반인.

문바람(門—)[—빠람] 문이나 문틈으로 들어오는 바람. 문풍. ⑩ 문바람이 차다.

문방구(文房具) 붓·종이·벼루·먹·펜·연필 등 문방(책을 읽거나 글을 쓰는 방)에 필요한 기구. 문방제구. ⑲ 문구.

문방 사:우(文房四友) 문방에 꼭 있어야 할 네 가지 벗. 종이·붓·벼루·먹.

〔문방 사우〕

문벌(門閥) 대대로 내려오는 그 집안의 신분과 지위.

문법(文法) [一뻡] 자기 나라 말·글을 바로 쓰기 위하여 배우는 글의 법칙. 回말본.

문:병(問病) 아픈 사람을 찾아보고 위로함. 엔아파서 입원한 친구에게 문병 가다. —하다.

문비를 거꾸로 붙이고 환장이만 나무란다〈속〉 제가 잘못하여 놓고 남만 그르다고 한다.

문빗장 문을 닫고 가로질러 잠그는 나무때기나 쇠장대. 준빗장.

문사(文士) 문학에 뛰어나고 시문을 잘 짓는 사람. 반무사.

문살[문쌀] 문짝의 뼈대를 이루는 가늘고 긴 나무나 대나무의 조각.

문서(文書) 글로써 사실이나 약속을 나타낸 것. 엔계약 문서.

문선(文選) 좋은 글을 가려서 뽑음, 또는 그러한 책. —하다.

문설주[문설쭈] 문짝을 끼워 달려고 문의 양쪽에 세운 기둥.

문신(文身) 미신이나 맹세의 표시로 살갗을 바늘로 떠서 먹물이나 물감으로 글씨나 그림·무늬 등을 새겨 넣음. 엔어깨에 용의 문신을 새기다. —하다.

문:안(問安) 웃어른의 편안하고 아니한 것을 여쭘. 엔할아버지께 문안 편지를 써 보냈다. 回안부. —하다.

문어(文魚) 몸이 낙지와 비슷한 연체 동물로 낙짓과에서 가장 큼. 우리 나라 동북 바닷가에 나며, 겨울과 봄에 많이 잡힘.

문예(文藝) ①시·소설·희곡·수필과 같이 아름다움을 나타내는 예술 작품. 엔문예 작품. ②문학과 예술. 학문과 기예.

문예 부:흥(文藝復興) 14〜16세기 사이에 이탈리아를 중심으로 유럽 여러 나라에 일어난 예술 운동. 인간의 타고난 성품을 억누르지 말고 자유롭게 발전하도록 하자는 운동. 르네상스.

문외한(門外漢) 그 방면에 전문이 아니어서 직접적인 관계가 없는 사람.

문:의(問議) 물어 보고 의논함. 엔문의 전화. —하다.

문익점(文益漸, 1329〜1398) 공민왕 때의 성품이 곧고 학식이 뛰어난 선비. 원나라에 사신으로 갔다가 목화씨를 얻어 붓뚜껑 속에 넣어 가지고 와 퍼트렸음.

문인(文人) 문학에 종사하는 사람.

문자¹(文字) [一짜] 말을 눈으로 볼 수 있도록 적어 놓는 기호. 回글자.

문자²(文字) 한문으로 된 어려운 글귀. 엔문자를 섞어서 말하다.

문장(文章) ①글월. 엔문장에 능하다. ②글을 잘 하는 사람. '문장가'의 준말.

문장 부:호 문장의 뜻을 돕거나 알아보기 쉽게 하기 위하여 쓰이는 여러 가지 부호.

문전 성:시(門前成市) 찾아오는 사람이 많음을 이르는 말. 엔음식이 맛있다는 소문이 나서 그 집은 문전 성시를 이룬다.

문:제(問題) ①대답을 요구하느라고 내는 물음. 엔국어 문제. 반해답. ②아직 해결되지 아니하고 그대로 있는 사건.

문:제아 성격·행동 등이 다른 아동들과 달라 특별한 교육과 지도를 필요로 하는 아동. 엔문제아를 잘 지도하다.

문조(文鳥) 참샛과의 새. 참새와 비슷한데 부리가 크고 발과 함께 붉은색임. 머리와 꽁지는 검고, 벼 따위의 농작물을 크게 해침. 애완용임.

문종(文宗, 1019~1083) 고려 제11대 임금. 대각국사 의천의 생부. 학문을 좋아하고 서예에 능했음.

문지기 문을 지키는 사람.

문지르다〔문지르니, 문질러서〕 물건을 서로 대고 이리저리 밀거나 비비다. [예] 손바닥을 문지르다.

문지방(門地枋)[문찌방] 문 아래 문설주 사이에 가로 놓인 나무.

문진[1](文鎭) 책장 또는 종이 쪽지 따위가 바람에 날리지 않도록 누르는 물건. [비] 서진.

문:진[2](問診) 진단의 기초로 삼기 위하여 의사가 환자의 병력·증세·투약 경력·현재의 상태 등을 묻는 일. ―하다.

문집(文集) 시나 글 따위를 모아 엮은 책. [예] 학급 문집.

문짝 문의 한 짝.

문:책(問責) 잘못을 캐묻고 꾸짖음. ―하다.

문체(文體) 글의 체재. 글의 특징. [예] 문체가 경쾌하다.

문:초(問招) 죄인의 죄를 캐어 물음. ―하다.

문틈 닫힌 문의 틈바구니. [예] 문틈으로 불빛이 새어 나가다.

문패(門牌) 성명을 적어 대문 기둥에 다는 작은 패.

문풍지(門風紙) 문틈으로 들어오는 바람을 막기 위하여 문짝 가를 돌아가며 바르는 종이.

문하(門下) 스승의 밑, 또는 스승의 집.

문하생(門下生) 스승 밑에서 가르침을 받는 제자.

문학(文學) 사상이나 감정을 상상의 힘을 빌려 말과 글로써 나타낸 예술 작품. 시·소설·희곡 따위.

문학상 문학 부문에 대한 공적을 기리는 상.

문헌(文獻) 학문 연구에 참고 자료가 될 만한 기록이나 책. [예] 참고 문헌.

문호(門戶) ①집으로 드나드는 곳. ②출입구가 되는 긴요한 곳. [예] 영화 시장의 문호를 개방하다.

문호 개방(門戶開放) ①문을 열어 아무나 드나들게 함. ②자기 나라의 영토를 다른 나라의 경제 활동을 위하여 터놓음. ―하다.

문화(文化) ①사람이 깨어 세상이 밝게 됨. ②세상이 깨어 살기 좋아짐. [비] 문명. [반] 야만. 미개.

문화 관광부 문화 산업과 관광 산업의 지원 및 예술·사회 체육 등에 관한 일을 맡아 보는 중앙 행정 기관의 하나.

문화 민족 문화가 많이 발달한 겨레. [반] 미개 민족.

문화 생활 현대 문명의 좋은 점을 충분히 이용하는 살림살이.

문화 수준 문화 생활을 나타내는 정도. [예] 문화 수준이 높다.

문화 시:설 문화를 발전시키는 데 필요한 설비. 도서관·박물관·극장 따위.

문화어(文化語) 평양말을 중심으로 한 북한의 표준어.

문화 영:화 극영화를 제외한 교육이나 과학 등 학술 연구를 위하여 만든 영화.

문화 유산 다음 세대에 물려줄 모든 문화를 이르는 말.

문화인 ①학문이나 예술에 종사하

문화재

는 사람. ②높은 지식과 교양을 지닌 사람. 비 문명인.
문화재 문화적 가치를 지니고 있는 역사적인 유물. 예 문화재로 지정되다.
묻:다[1] ①모르는 것의 설명을 청하다. ②책임 따위를 추궁하다.
묻다[2] ①흙 또는 물건 속에 넣고 덮어 감추다. ②물·가루 따위가 달라붙다. 예 옷에 흙이 묻다.
묻히다[무치—] 물건이 흙 속에 들어가 감추어지다. 예 땅에 묻힌 김장독.
물 순수한 상태에서는 아무 빛깔도 냄새도 맛도 없는 투명한 액체. 수소 2와 산소 1의 화합물로, 생물이 살아가는 데 없어서는 안 될 물질임. 예 물을 마시다.
물가[1][—까] 바다나 강 따위의 가장자리.
물가[2](物價)[—까] 물건의 값.
물갈퀴 오리·기러기·개구리 등의 발가락 사이에 있는 얇은 막. 헤엄칠 때 지느러미 구실을 함.
물감[—깜] 천이나 가죽 등에 물을 들이는 재료. 비 염료.
물개[—깨] 물갯과의 바다 짐승. 길이가 수컷은 2m, 암컷은 1m 정도. 네 다리는 지느러미 같은데 헤엄도 치고, 걷기도 함. 북태평양에 많이 삶.
물거품 ①물의 거품. ②노력이 헛되게 된 상태. 예 모든 계획이 물거품이 되다.
물건(物件) 이 세상에 여러 가지 모양을 갖추고 있는 모든 것.
물걸레 물에 축여서 쓰는 걸레. 반 마른걸레.
물것[—껏] 사람이나 동물의 살을 물어 피를 빨아먹는 벌레의 총칭.

벼룩·모기·이·빈대 따위.
물결[—껼] 물이 움직이어 올라갔다 내려왔다 하는 현상. 비 파도.
물결선[—껼선] 물결 모양으로 구불구불한 선. 비 물결줄. 파선.
물고기[—꼬기] 물에서 사는 고기. 예 물고기를 잡다.
물관 식물의 뿌리에서 빨아들인 물기와 양분을 줄기나 잎으로 보내는 대롱 모양의 조직.
물구나무서기 손을 땅에 대고 몸을 거꾸로 세우는 일.
물굽이[—꾸비] 바다나 강 따위에서 물이 구부러져 흐르는 곳.
물귀신[—뀌신] 물 속에 있다는 잡귀.
물기[—끼] 축축한 물의 기운. 수분. 예 물기가 많아 축축하다.
물기둥[—끼둥] 물줄기가 기둥처럼 솟구쳐 위로 치솟는 모습. 예 물기둥이 솟다.
물긷다[물길으니, 물길어서] 물을 푸거나 뜨거나 받다. 예 샘에서 물긷는 처녀.
물길[—낄] ①배가 다니는 길. ②물이 흐르거나 물을 보내는 통로. 수로. ③물을 길으러 다니는 길.
물꼬 논에 물이 넘어 들어가거나 흘러 나가게 만들어 놓은 어귀. 예 물꼬를 트다.
물끄러미 별로 주의하지 않고 멍하니 바라보는 모양. 예 그는 먼 하늘만 물끄러미 바라보고 있다.
물 끓듯 물이 끓는 것같이. 즉, 대단히 많은 사람이 들끓는 모양. 예 올림픽 개회식이 열리는 잠실 운동장에는 사람들이 물 끓듯했다. —하다.
물난리(—亂離)[—랄리] ①큰물이 나서 이루는 수라장. 예 홍수로 온통 물난리가 났다. ②먹을 물이 달리어 우물이나 수돗물을 다투어 긷거나 받으려고 하는 소동. 예 가뭄에 물난리.

물놀이 ①잔잔한 물이 공기의 움직임을 받아 움직이는 것. ②물장난. —하다.

물:다¹ 덥거나 습기로 말미암아 물건이 상하다. 예 준치가 물다.

물다² ①윗니와 아랫니로 물건을 깨물다. 예 개가 고기를 물다. ②물건을 입 속에 머금다. ③손해를 갚다. 예 벌금을 물다.

물대기 농사를 짓는 데 필요한 물을 인공적으로 논밭에 댐.

물독 물을 담아 두는 독.

물동이[—똥이] 물을 긷는 데 쓰이는 동이. 예 넘어져서 물동이를 깨뜨리다.

물들다〔물드니, 물들어서〕 ①빛깔이 옮아 묻다. 예 하얀 옷이 붉게 물들다. ②행동·말·버릇 등이 닮아 가다. 예 악에 물들다.

물들이다 물들게 하다. 염색하다. 예 머리를 노랗게 물들이다.

뭎땅낳이 물 땅땅잇과에 딸린 곤충. 못이나 늪에 삶.

물때 ①아침 저녁으로 바닷물이 드나드는 때. ②밀물이 들어오는 때.

물량(物量) 물건의 적고 많은 정도의 양. 예 알맞은 물량을 확보하다.

물러가다 ①뒷걸음질쳐 가다. 예 뒤로 물러가다. ②윗사람 앞에 있다가 나가다. 예 이만 물러가겠습니다.

물러나다 ①하던 일이나 자리를 내놓고 나오다. 예 장관 자리에서 물러나다. ②뒤로 가다. 후퇴하다. 예 한 발 물러나다.

물러서다 뒤로 나서다. 뒷걸음질하다. 예 조금만 물러서라.

물렁물렁하다 매우 무르고 물렁하다. 예 감이 물렁물렁하다. 작 말랑말랑하다. 몰랑몰랑하다.

물렁뼈 물러서 굽힐 수 있는 연한 뼈. 코나 귀에 있음.

물렁하다 물기가 많고 야들야들하며 매우 부드러워 보이다.

물레 솜으로 실을 만드는 기계.

〔물레〕

물레방아 물의 힘으로 돌려 방아를 찧게 만든 것. 비 물방아.

〔물레방아〕

물려받다 재물이나 지위 같은 것을 뒤이어 받다. 비 상속받다. 반 물려주다.

물려주다 재물이나 지위·기술 등을 자손이나 남에게 선하여 주다. 예 후손에게 재산을 물려주다. 반 물려받다.

물론(勿論) 두말 할 것도 없이. 예 교과서는 물론 참고서도 다 보았다. 비 무론. 암.

물리(物理) ①만물의 이치. ②모든 물체의 운동·성질·변화의 법칙을 연구하는 학문.

물리다¹ 싫증이 나다. 예 라면이라면 이제 물렸다.

물리다² ①입으로 물게 하다. 예 개에게 물리다. 아이에게 젖을 물

물리적 변화

리다. ②돈을 물어내게 하다. 손해를 갚게 하다. ⑩벌금을 물리다. ③날짜나 시간을 연기하다. ⑩약속 시간을 물리다.

물리적 변ː화 물이 얼음으로 변하는 따위와 같이 바탕은 변하지 않고 모양이나 형태만 변화하는 현상. 凹화학적 변화.

물리치다 물러나게 하다. 쫓아 없애 버리다. ⑩몰려오는 적을 물리치고 나아갔다. 凹받아들이다.

물리친 쳐서 쫓아 버린. ⑩적군을 물리친 장수.

물리학(物理學) 자연 과학의 한 부문. 물질의 물리적 성질과 현상·구조 등을 연구하며, 그 사이의 관계·법칙을 밝히는 학문. ⑩물리학자.

물리학과 물리학을 전문적으로 공부하는 대학의 한 과.

물리학상 물리학 부문에 대한 공적을 기리는 상.

물림 ①정해 놓은 날짜를 뒤로 미룸. ②물려받거나 물려주는 일. ⑩대물림.

물마개 물이 나오지 않게 막는 마개.

물맛 먹는 물의 맛.

물매[1] 한꺼번에 또는 여럿이 많이 때리는 매. 凹뭇매.

물매[2] 높은 가지에 달린 과일을 떨어뜨리기 위해 던지는 몽둥이. ⑩물매로 감을 따다.

물매암이 물방개와 비슷한 곤충. 등과 배에 각 두 쌍의 눈이 있으며 물 위를 도는 버릇이 있음.

물매질 물매로 때리거나 과실 따위를 따는 짓. ─하다.

물멀미 움직이는 큰 물결을 보면 어지러운 증세. ─하다.

물물 교환(物物交換) 물건과 물건을 직접 바꾸는 경제 행위. ─하다.

물물 교환 시대 생산한 물건을 서로 바꾸어 쓰던 시대. 연모의 발달로 생산 방법이 개량되어 자기들이 쓰고 남을 만큼 물건을 많이 만들게 되자, 물물 교환이 시작되었으며, 우리 나라에서는 삼국 시대를 전후하여 물물 교환이 이루어졌음.

물밀듯이 물이 세차게 밀려오듯이 연달아 많이 몰려오는 모양. ⑩사람들이 물밀듯이 밀려온다.

물바다 홍수로 말미암아 넓은 지역이 물에 잠긴 상태.

물받이[─바지] 처마 끝에 달아 놓아 빗물이 한 곳으로 흘러내리게 하는 물건.

물방개 등은 흑색이고 밑부분과 다리는 황갈색이며 딱딱한 껍질을 가진 곤충. 죽은 개구리나 뱀 등의 살을 뜯어 먹음.

물방아 물의 힘으로 찧는 방아. 凹물레방아.

물방앗간 물방아로 곡식을 찧는 시설을 해 놓은 집.

물방울[─빵울] 물에서 떨어져 나온 작고 동글동글한 물의 덩어리. ⑩풀잎에 물방울이 맺히다.

물벌레 물에서 사는 벌레.

물벼락 벼락을 맞듯이 물을 갑자기 뒤집어씀. ⑩길을 가다가 물벼락을 맞았다.

물벼룩 민물 속을 헤엄쳐 다니는 아주 작은 동물. 벼룩과 비슷하며 몸길이 1~3mm. 물고기의 먹이가 됨.

물병[─뼝] 물을 넣는 병.

물보라 안개 모양으로 잘게 흩어

지는 물방울.
물불 '고난이나 위험'을 비유하여 이르는 말. 예 물불을 안 가리다.
물뿌리개 화초나 야채 따위에 물을 뿌려 주는 도구.
물산(物産)[―싼] 그 지방에서 나는 물품.
물산 장:려 운:동[물싼장녀―] 일제 때인 1920년대에 전개되었던 경제 자립 운동. 1922년 조만식 등 여러 민족 지도자들이 우리 자본과 기술로써 물건을 만들어 쓰게 하자는 뜻을 편 전국적인 민족 운동으로서 국산품 장려·소비 절약·금주·금연·자급 자족 등을 통한 민족 경제 자립을 목표로 함. 일제의 탄압으로 큰 성과를 거두지는 못함.
물살[―쌀] 물의 흐르는 힘이나 줄기. 예 물살이 세어서 건너기 어렵다.
물상(物象)[―쌍] ①온갖 물체의 꼴. ②물리·화학·생물 따위의 학문.
물새[―쌔] 물 위나 물가에서 사는 모든 새를 일컬음.
물색(物色)[―쌕] ①쓸 만한 사람 또는 물건을 찾아봄. 예 적임자를 물색하다. ②물건의 빛깔. 예 물색이 곱다. ―하다.
물색없다[―쌕업따] 말과 행동이 어울리지 아니하다. 예 물색없는 소리 하지 마라. ―이.
물샐틈없다 ①꼭 막혀 조금도 빈틈이 없다. ②주위가 아주 엄밀하게 단속되어 있다. 예 물샐틈없이 경계를 서다. ―이.
물소[―쏘] 강이나 호수의 주변에 무리를 지어 사는 소.
물소리[―쏘리] 물이 떨어지거나 흐르거나 또는 물에 무엇이 떨어지거나 하여 나는 소리.
물수건 ①물에 적신 수건. ②소독을 한 젖은 수건.
물수레 ①길에서 먼지가 나지 않게 물을 뿌리는 차. ②물을 싣고 다니는 수레.
물시계(―時計) 물을 이용하여 시간을 알 수 있게 만든 시계.

〔물시계〕

물쓰듯 돈이나 물건을 아낌없이 마구 쓰는 모양. 예 돈을 물쓰듯 하다. ―하다.
물씬 냄새가 갑자기 코를 찌르는 모양. 예 향기가 물씬 풍기다.
물안경 물 속에서 볼 수 있도록 만든 안경.
물알 곡식·열매 따위의 알이 덜 익어서 물기가 많고 말랑한 것.
물약[―략] 액체로 된 약.
물어내다 어떤 일에 손해를 주거나, 물건을 망가뜨렸을 때, 돈이나 똑같은 물건으로 배상해 주다. 예 깨뜨린 화병 값을 물어내다.
물어뜯다 이나 부리로 물어서 끊어 내다. 예 옷을 물어뜯다.
물어주다 남의 것에 손해를 보게 한 만큼 물건이나 돈으로 갚아 주다. 예 손해를 물어주다.
물오리 오릿과에 속하는 겨울새. 만·연못 등지에 사는데 집오리보다 좀 작음.
물오징어 말리지 않은 오징어. 예 물오징어회.
물옥잠 늪·못·물가에 자라는 물풀. 잎은 심장 모양인데 반들반들

물욕(物慾) 물건에 대한 욕심. ㉠ 물욕에 사로잡히다.

물위 ①물의 겉면. 수면. ㉠ 물위를 달리는 모터보트. ②물이 흘러내려오는 위편. 상류.

물은 트는 대로 흐른다〈속〉 사람은 가르치는 대로 되고 일은 사람이 주선하는 대로 된다.

물음 남에게 대답을 구하는 것. 비 문제. 질문. 반 대답.

물음표 묻거나 의심을 나타낼 때에 그 말의 끝에 쓰는 부호 '?'의 이름. 비 의문표.

물자(物資)[-짜] 물건을 만드는 데 드는 여러 가지 재료.

물장구 손이나 발 등으로 물위를 잇달아 치는 짓.

물장군 물에 사는 곤충 중 가장 큰 곤충. 몸은 납작하고 짙은 회색으로 개구리·물고기 등의 피를 빨아먹음.

물장난 물에서 놀거나 물을 가지고 노는 장난. —하다.

물장수 삼 년에 궁둥이짓만 남았다〈속〉 애써 일한 보람이 없다.

물정(物情)[-쩡] 세상의 인심이나 사정. ㉠ 세상 물정에 어둡다.

물줄기[-쭐기] ①물이 한데 어우러져 개천이나 강으로 흘러가는 줄기. ②물이 좁은 구멍에서 힘있게 내뻗치는 줄.

물지게[-찌게] 물을 길어 나르는 데 쓰는 지게.

물질(物質)[-찔] 물건의 형체를 이루는 바탕.

물질 문명[물찔-] 자연을 개척하고 물질을 기초로 하여 이루어진 문명. 반 정신 문명.

물짐승[-찜승] 물에서 사는 짐승을 통틀어 이르는 말. 물개·물소·하마 따위.

물집[-찝] 살이 부르터 오르고 속에 물이 괸 것.

물체(物體) ①물건의 형체. ②감각·정신이 없는 유형물.

물총(-銃) 대롱 따위에 물을 넣어 내쏘게 만든 장난감 총.

물총새 물총샛과의 부리가 긴 물새. 물가에 사는 여름새임.

물컹이 ①신체·의지가 굳세지 못한 사람의 별명. ②물컹한 물건.

물컹하다 너무 익거나 곯아서 물크러질 듯이 물렁하다. ㉠ 감이 곯아서 물컹하다. 작 말캉하다.

물탱크 쇠나 콘크리트로 만들어 물을 저장하는 큰 통.

물통(-桶) ①물을 긷는 데 쓰는 통. ②물을 담는 통을 통틀어 일컫는 말. 수통.

물풀 물 속에 나는 풀.

물품(物品) 쓸 만한 값어치가 있는 물건. ㉠ 물품 절약.

물허벅 제주도에서 물항아리를 이르는 말.

묽다[묵따] ①진하지 않다. ㉠ 죽이 너무 묽다. ②되지 않다. ③재미가 적다. 비 싱겁다.

뭇[1] =단. ㉠ 장작 다섯 뭇.

뭇[2] 수효가 많음을 나타내는 말. ㉠ 뭇 사내의 시선을 받다.

뭇[3] 고기잡이에 쓰는 큰 작살.

뭇매 여러 사람이 한꺼번에 덤비어 때리는 매. 몰매. ㉠ 불량배들에게 뭇매를 맞다.

뭉개다 ①문질러 으깨거나 짓이기다. ㉠ 찐 감자를 뭉개다. ②일을 어쩔 줄 몰라서 머무적거리다.

뭉게구름 밑은 평평하고 꼭대기는

둥글어 솜을 쌓아 놓은 것 같은 구름. 비쎈구름. 적운.

뭉게뭉게 연기나 구름이 잇대어 자꾸 나오는 모양.

뭉떵 한 번에 꽤 큰 덩어리로 뚝 자르거나 잘리어 끊어지는 모양. 예뭉떵 잘라 주다. 짝몽땅.

뭉실뭉실 통통하게 살져서 부드러운 느낌을 주는 모양. 짝몽실몽실. —하다.

뭉치 뭉친 덩어리.

뭉치다 여럿을 합쳐서 한 덩어리로 만들다. 예굳게 뭉치다.

뭉클하다 동정이나 감동 따위의 깊은 느낌으로 가슴이 꽉 차 넘치는 듯하다. 짝몽클하다.

뭉텅이 큰 뭉치.

뭉툭하다 끝이 짧고 무디다. 예연필이 뭉툭하다. 짝몽톡하다.

뭍 물에 덮이지 아니한 땅. 예뭍에 오르다. 비육지.

뭍바람 육지에서 바다로 부는 바람. 육풍. 반바닷바람.

뭍사람 '뭍에서 사는 사람'을 이르는 말.

뭐: '무어'의 준말. 그게 무슨 소리냐는 놀람을 나타내는 말. 예뭐, 그 사람이 돌아왔다고?

뭐라고 '무엇이라고'의 준말. 그게 무슨 소리냐는 놀람을 나타내는 말. 예뭐라고? 철수가 입원했어?

뭐람 '무엇이란 말인가'의 준말. 예내 꼴이 이게 뭐람.

뮤:지컬(musical) 춤·노래·무용·연극 등으로 이루어진 예술의 한 형식.

뮤:직(music) 음악.

-므로 '까닭으로'의 뜻을 나타내는 말. 예그러므로.

미:¹(美) 아름다움. 반추.

미²(이 mi) 장음계의 제3음, 또는 단음계의 제5음의 계이름.

미각(味覺) 혓바닥을 자극하는 맛의 느낌.

미:간지(未墾地) 아직 논밭을 일구지 않은 거친 땅. 본미개간지.

미:감(美感) 사물의 아름다움에 대한 느낌. 예미감이 뛰어나다.

미:개(未開) ①꽃이 아직 피지 않음. ②아직 땅을 개간하지 아니함. ③문명한 세상이 되지 못함. ④사람의 슬기가 발달되지 못함. 비야만. 원시. 반개명. 문명. 문화. —하다.

미:개인 아직 문화가 깨이지 않은 사람. 비야만인. 반문명인.

미:개척지(未開拓地) 아직 개척하지 않은 땅. 준미개지.

미:거(未擧) 철이 아직 나지 않아 아둔함. 예키만 컸지 미거한 자식입니다. —하다.

미:결(未決) ①아직 결정되거나 해결되지 아니함. ②죄가 있고 없음이 아직 확정되지 않음. 예미결수. 반기결. —하다.

미:관(美觀) 아름다운 구경거리. 훌륭한 경치. 예미관상 좋지 못한 건물.

미관 말직 지위가 낮은 벼슬.

미국(美國) 북아메리카에 있는 연방 공화국. 수도는 워싱턴. 면적 936.3만km². 비미합중국.

미군(美軍) ①미국의 군대. ②미국의 군인.

미꾸라지 몸은 가늘고 길며 입에 수염이 있고 진흙물 속에 사는 작은 물고기.

미꾸라지 용 되었다〈속〉 가난하고 보잘것 없던 사람이 큰 사람이 되었다.
미꾸라짓국 먹고 용트림한다〈속〉 ①시시한 일을 해 놓고 큰 일이나 한 것처럼 으스댄다. ②재간도 없으면서 큰 인물의 소질이 있는 체한다.
미끄러지다 ①반들반들하거나 미끄러운 곳에서 밀려나가 넘어지다. 예 얼음판에서 미끄러지다. ②뽑거나 고르는 데에 들지 못하다. 짝 매끄러지다.
미끄럼틀 아이들이 앉아서 미끄러져 내려올 수 있도록 널빤지 따위로 경사지게 만든 놀이 시설. 미끄럼대.
미끄럽다〔미끄러우니, 미끄러워〕 물건의 거죽이 썩 반드럽다. 짝 매끄럽다.
미끈거리다 미끄러워 자꾸 밀리어 나가다. 짝 매끈거리다.
미끈미끈 겉면이 매우 미끄러워서 닿거나 만지면 자꾸 밀려나가는 모양. 짝 매끈매끈. —하다.
미끈액 뼈마디의 뼈와 뼈 사이에 들어 있는 미끈미끈한 액체. 마디의 운동을 부드럽게 함.
미끈하다 ①겉모양이 흠이 없이 곧고 깨끗하다. 예 미끈한 허리. ②미끄러울 정도로 흠이나 거침새가 없다. 짝 매끈하다. —히.
미끼 ①물고기를 잡을 때 낚시에 꿰는 먹이. ②남을 꾈 때에 쓰는 물건. 예 미끼를 던지다.
미나리 습한 곳에 나는 여러해살이풀. 독특한 향기가 있고 연하여, 나물로 먹음.
미나리아재비 산과 들에 나는 미나리아재빗과의 여러해살이풀. 미나리와 비슷한데, 높이는 30~60cm. 다섯 개의 꽃잎이 핌.

미:남(美男) '미남자'의 준말. 얼굴이 썩 잘생긴 남자. 비 호남. 반 미녀. 추남.
미:납(未納) 아직 내지 못함. 예 전화 요금을 미납하다. —하다.
미:녀(美女) 얼굴이 아름다운 여자. 미인. 반 추녀.
미농지(美濃紙) 닥나무 껍질로 만든 종이의 한 가지. 얇고 질기며 깨끗하고 흼.
미뉴에트(Menuet) 프랑스에서 생겨난 보통 빠르기의 아름다운 4분의 3박자의 춤곡.
미늘 낚시의 갈고리.
미니(mini) '작다'의 뜻으로 쓰이는 말. 예 미니 카세트.
미니 스커:트(mini skirt) 길이가 짧은 치마.
미:닫이〔—다지〕 옆으로 밀어 여닫는 문. 예 미닫이를 열다.
미:달(未達) 아직 어떤 한도에 이르지 못함. 못 미침. 모자람. 예 학생 수가 미달되다. —하다.
미:담(美談) 뒤에 전할 만한 아름다운 이야기. 예 어린 학생들이 경로 잔치를 벌였다는 미담이 우리들을 흐뭇하게 했다.
미덥다〔미더우니, 미더워서〕 믿음성이 있다. 믿을 만하다. 예 그의 말은 항상 미덥다.
미들급(middle級) 권투 따위에서, 몸무게 별로 정한 체급의 한 가지. 아마추어는 71~75kg, 프로는 69.85~72.57kg까지임.
미:라(포 mirra) 사람이나 동물의 시체가 바짝 말라 원래의 비슷한 상태로 남아 있는 것. 예 피라미드에서 발견된 미라.
미:래(未來) 아직 오지 아니한 앞날. 예 어린이는 미래의 주인공.

[비] 장래. [반] 과거.
미:래상(未來像) 미래의 모습. 앞으로 다가올 모습. [예] 나의 미래상은 훌륭한 건축가이다.
미량(微量) 아주 적은 양. [예] 미량의 독극물도 치사량에 가깝다.
미:려(美麗) 아름답고 고움. [예] 문장이 미려하다. —하다. —히.
미련[1] 어리석고 둔한 태도나 행동. [예] 미련스러운 행동. [작] 매련. —스럽다. —하다.
미:련[2](未練) ①생각을 딱 끊을 수 없음. [예] 미련을 가지다. ②익숙하지 못함. [비] 미숙. —하다.
미련퉁이 꾀가 없이 매우 어리석고 둔한 사람. [비] 미련쟁이. [작] 매련퉁이.
미로(迷路) 한번 들어가면 드나드는 곳이나 방향을 찾기에 매우 어렵게 된 길.
미루나무 버들과에 속하는 갈잎 넓은잎 큰키나무. 강변·촌락 부근에 많이 심으며 줄기는 곧게 자람. 목재는 젓가락·성냥개비 등의 재료로 씀.
미루다 ①정한 기한을 연기하다. [예] 출발 날짜를 좀 미루자. [반] 당기다. ②이미 아는 것으로 다른 것을 비추어서 헤아리다. [예] 미루어 짐작하다. ③책임을 남에게 넘기다. [예] 책임을 미루다.
미륵(彌勒) 돌로 만든 부처.
미륵 보살(彌勒菩薩) 56억 7천만 년 후에 미륵불로 나타나 중생을 구한다는 보살. 미륵불.
미륵 보살 반:가 사유상 구리에 금을 도금한 삼국 시대의 불상. 크기나 양식에 있어서 삼국 시대의 불상을 대표할 만한 작품임.
미륵불 =미륵 보살.
미리 앞서서 먼저. 어떠한 일이 생기기 전에. 지레. [예] 화재는 나기 전에 미리 막아야 합니다. [비] 먼저. [반] 나중.
미리미리 '미리'를 강조한 말. [예] 일을 미리미리 해 두어라.
미:만(未滿) ①일정한 수에 차지 아니함. [예] 60점 미만은 낙제이다. ②넉넉하지 못함. 흡족하지 아니함. [반] 초과. —하다.
미:망인(未亡人) 남편이 죽고 홀로 사는 부인. [비] 과부.
미:명(未明) 날이 밝기 전.
미:모(美貌) 아름다운 얼굴. 예쁜 얼굴. [예] 미모의 여인.
미묘(微妙) 이상하여 알 수 없음. [예] 미묘한 관계. —하다. —히.
미미하다(微微—) 아주 작거나 적고 보잘것 없다. [예] 그의 역할은 미미할 뿐이다.
미:비(未備) 아직 다 갖추지 못함. [예] 시설이 미비하다. —하다.
미쁘다 ①믿음성이 있다. ②미덥다. 믿음직하다. [예] 아들을 미쁘게 여기다.
미사[1](라 missa) 천주교에서 행하여지는 최대의 예배 의식.
미사[2](微砂) 작고 고운 모래.
미사일(missile) 로켓이나 제트 엔진으로 날아가는 장거리 포탄. 대륙간 탄도 유도탄 등이 있음. 유도탄.
미:상(未詳) 자세하지 않음. 알려지지 않음. [예] 작가 미상의 작품. [반] 자상. —하다.
미생물(微生物) 현미경으로만 볼 수 있는 썩 작은 생물.
미:성(未成) 아직 완성되지 아니함. [반] 기성. —하다.
미:성년자(未成年者) 법률에서,

아직 만 스무 살이 되지 않은 사람. 예 미성년자 출입 금지.

미세(微細) 몹시 가늘고 작음. 예 미세한 가루. —하다.

미:세기 두 짝을 한편으로 밀어 겹쳐서 여닫는 문이나 창.

미:소¹(媚笑) 아양부리며 웃는 웃음. —하다.

미소²(微笑) ①싱긋 웃음. ②소리 없이 웃음. 예 입가에 미소를 짓다. 비 웃음. 반 폭소. —하다.

미·소 공:동 위원회 1946년과 1947년에 걸쳐 미국과 소련의 대표가 서울에 모여 한국의 통일 문제를 논의한 회의.

미:수(未遂) 어떠한 목적을 이루지 못함. 예 살인 미수. —하다.

미:숙(未熟) 일에 익숙하지 못하고 서투름. 예 운전 미숙. 반 익숙. 숙달. —하다.

미:술(美術) 아름다움을 형태로 나타내는 예술. 곧, 그림·조각 따위. 예 미술 시간. 미술실.

미:술계(美術界) 미술가들의 사회. 미술의 사회.

미:술관(美術館) 미술 작품을 보관하고 전시하는 건물. 예 친구와 미술관에 가다.

미숫가루 찹쌀·멥쌀·보리쌀 따위를 찌거나 볶아서 가루로 만든 식품.

미스¹(Miss) 미혼 여성.

미스²(miss) 실패. 실책. 착오. 예 서브 미스. —하다.

미스터(mister, Mr.) 주로 남자의 성 앞에 붙이는 호칭. 예 미스터 김. 반 미즈.

미신(迷信) 옳지 못한 일에 홀리어서 망령되게 믿는 일. 예 미신 타파. 반 과학. —하다.

미아(迷兒) 길을 잃고 헤매는 아이. 예 미아 보호소. 본 미로아.

미:안(未安) ①마음이 편하지 못하고 거북함. ②남에게 대하여 겸연쩍은 마음이 있음. 예 약속을 못 지켜 미안하다. 비 죄송. —스럽다. —하다. —히.

미약(微弱) 아무 힘도 없이 매우 약함. 예 미약하나마 너에게 도움이 되기를 바란다. —하다.

미얀마(Myanmar) 인도차이나 반도 서부에 있는 연방 공화국. 수도는 양곤.

미얄 양주 별산대놀이·봉산 탈춤에서 쓰는 여자 탈, 또는 탈춤 후반부에 그 탈을 쓰고 춤을 추는 인물.

미어지다 ①팽팽하게 된 가죽이나 종이 따위가 해져서 구멍이 생기다. 찢어지고 터지다. ②심한 고통이나 슬픔을 느끼다. 예 슬픔으로 가슴이 미어지다. 준 미이다.

미역¹ 해안의 바위에 붙어 사는 바닷말. 다시마보다 얇고 부드러우며 날개 모양으로 갈라졌음.

미역² 냇물이나 강물에 몸을 담그고 씻거나 노는 짓. 준 멱.

미역감다[—따] 물로 몸을 씻거나 놀다. 예 냇가에서 미역감다.

미역국 미역을 넣고 끓인 국.

미역국 먹다 '일이나 시험에서 떨어져 나가다'를 속되게 이르는 말.

미역취 엉거싯과에 속하는 여러해살이풀. 산과 들에 나는데 가을에 꽃이 피고 과실에는 관모가 있어 스스로 살포되어 번식함. 약용으로 씀.

미열(微熱) 건강한 몸의 온도보다 조금 높은 체온. 예 미열이 나다.

미:완성(未完成) 완성되지 못함.

[예] 슈베르트의 미완성 교향곡. [반] 완성. —하다.

미:용(美容) 용모를 아름답게 매만지는 일. —하다.

미:용사(美容師) 미용을 직업으로 하는 사람.

미:용 체조 몸매를 아름답게 하기 위하여 하는 여러 가지 체조.

미움 밉게 여기는 마음. [예] 남에게 미움받을 짓을 하면 안 된다.

미워하다 밉게 여기다. [예] 죄는 미워하되 사람은 미워하지 마라.

미음[1] 쌀에 물을 많이 붓고 끓이어 체에 밭인, 주로 환자가 먹는 음식. [예] 미음을 쑤다.

미음[2] 한글 자모의 자음 'ㅁ'의 이름.

미:인(美人) 얼굴이 예쁜 여자.

미:장원(美粧院) 머리나 얼굴 모습을 아름답게 매만져 주는 일을 영업으로 하는 집.

미장이 집을 짓거나 고칠 때 벽 따위에 흙을 바르는 직업을 가진 사람.

미:정(未定) 아직 결정하지 못함. [예] 출발 시간은 미정이다. [반] 결정. —하다.

미제(美製) 미국에서 만든 물건. [예] 미제 냉장고.

미주(美洲) 아메리카 주.

미주알고주알 아주 하찮은 일까지 속속들이. [예] 따라다니면서 미주알고주알 캐묻다.

미:지(未知) 알지 못함. 아직 모름. [예] 미지의 세계. —하다.

미지근하다 더운기가 약간 있는 듯하다. [예] 방바닥이 미지근하다. —히.

미:지수(未知數) ①짐작할 수 없는 앞일의 속셈. [예] 그 일을 할 것인지는 아직 미지수이다. ②방정식에서, 아직 알려지지 않은 수. [반] 기지수.

미:지항(未知項) 산수식에서 그 값을 알 수 없는 항.

미진[1](微塵) ①아주 작고 쓸모 없는 물건. ②아주 작은 티끌이나 먼지.

미진[2](微震) 가만히 있는 사람이나 지진에 민감한 사람에게만 느껴지는 아주 약한 지진. [반] 강진.

미처 아직. 거기까지. [예] 네가 올 줄은 미처 생각하지 못하였다.

미천하다 신분이나 지위가 낮고 천하다. [예] 미천한 집안에서 태어나 성공하다.

미치광이 미친 사람.

미치다 ①정신에 이상이 생기다. ②너무 좋아하여 정신 없이 덤비다. ③이르다. 닿다. [예] 아직 나는 너의 실력에 미치지 못했다.

미친 듯이 미친 사람처럼. [예] 미친 듯이 소리지르며 골목 밖으로 달려갔다.

미:터(meter) 길이의 기본 단위. 기호는 'm'. 1m는 100cm.

미:터법 도량형을 미터·센티미터·킬로그램 등의 단위로 나다내는 방법으로 오늘날 널리 사용하고 있음.

미투리 삼껍질로 짚신같이 만든 신. [비] 마혜.

〔미투리〕

미트(mitt) 야구에서, 포수나 1루수가 공을 받을 때 쓰는, 엄지손가락만 떨어져 있고 나머지는 전

[ㅁ]

부 붙은 글러브.

미:팅(meeting) 만남. 모임. 집회. —하다.

미:풍1(美風) 아름다운 풍속. [예] 우리 나라의 미풍 양속.

미풍2(微風) 솔솔 부는 바람. 산들바람. [반] 태풍.

미:필(未畢) 어떤 일을 아직 다 마쳐서 끝내지 못함. [예] 병역 미필자. —하다.

미행(尾行) 남의 행동을 감시하기 위해 그 사람 몰래 뒤를 따라다님. [예] 범인을 미행하다. —하다.

미:혼(未婚) 아직 결혼을 하지 않음. [예] 미혼 여성. [반] 기혼.

미:화(美化) 아름답게 또는 보기 좋게 꾸밈. —하다.

미:화부 곱게 꾸미고, 깨끗이 소제하는 것을 맡은 부서.

미:흡(未洽) 아직 충분하지 못함. [예] 실력이 많이 향상되었지만 아직은 미흡하다. —하다.

믹서(mixer) 과실이나 채소 따위를 잘게 갈아 즙을 내는 데 쓰이는 전기 기구.

민가(民家) 일반 서민들이 사는 살림집. 민호.

민간(民間) 관이나 군대에 속하지 않은 일반 백성들의 사회. [예] 민간 기업. 민간 단체.

민간 무:역 정부가 끼지 아니하고 민간 자본으로 민간 업자에 의하여 외국과 직접 행하는 무역. [반] 정부 무역.

민간 방:송 민간 자본으로 설립하여 광고료 따위로 경영하는 방송. [비] 상업 방송. [반] 공공 방송. [준] 민방.

민간 설화(民間說話) 예로부터 입에서 입으로 민간에 전해 내려오는 이야기. [비] 민담.

민간 신:앙 예로부터 민간에 전하여 내려오는 신앙.

민간 외:교 예술·문화·스포츠 등을 통하여 민간인의 자격으로 하는 외교 활동.

민간 요법[—뇨뻡] 민간에서 예로부터 전해 내려오는 병의 치료법. 침술·뜸질 따위.

민간인(民間人) 관리나 군인이 아닌 보통 사람. [반] 관인.

민감(敏感) 감각이 예민함. 날카롭고 빠른 감각. [예] 민감한 반응을 보이다. [반] 둔감. —하다. —히.

민국(民國) ①국민의 나라. ②민주 정치를 하는 나라. [예] 민국 수립 100주년 기념 행사.

민권주의(民權主義)[민꿘—] ①국민의 권리를 높이는 것을 목적으로 하는 주의. ②정치에 참여하는 권리를 모든 국민에게 평등하게 주자는 주의.

민단(民團) '거류민단'의 준말. 외국의 일정한 곳에 살고 있는 같은 겨레로서 조직된 자치 단체. [예] 거류민단의 조국 방문.

민담(民譚) 예로부터 민간의 입을 통해 전해 내려오는 신화·전설·동화 따위를 통틀어 이르는 말. [비] 민간 설화.

민둥산 나무가 없어 흙이 드러난 산. [예] 민둥산에 나무를 심자.

민들레 잎이 뿌리에서 갈라져 나고 잎 사이에 꽃줄기가 나와 노랗고 둥근 꽃이 피며, 씨에 털이 붙어 바람에 날리어 멀리 흩어지는 산과 들에 저절로 나는 꽃풀.

민립(民立) 민간인이 설립함.

민망스럽다[민망스러이] 민망한 느낌이 있다.

민망하다(憫憫―) 답답하고 딱하여 걱정스럽다. ⓔ성적이 떨어져 부모님 보기가 민망하다. ―히.

민며느리 며느리로 삼기 위해 미리 데려다 키우는 여자아이.

민물 뭍에 있는 짜지 않은 물. ⓑ바닷물.

민물고기[―꼬기] 짜지 않은 물에 사는 물고기. 잉어·붕어·미꾸라지 따위. ⓑ바닷물고기.

민방위(民防衛) 국민들이 스스로 적의 공격이나 재난을 막아 내는 일. ⓔ민방위 훈련.

민방위대 민방위를 위하여 일반 국민들로 조직한 단체.

민방위 훈련[―훌련] 적의 공격이나 재난에 의한 여러 사태에 대비하기 위하여 실시되는 민방위대의 훈련.

민법(民法)[―뻡] 사회 생활에 관한 일반 법률.

민병(民兵) 평상시에는 생업에 종사하고, 전쟁 등이 일어났을 때에만 군복무에 종사하는 군대, 또는 그 대원. ⓔ민병대.

민비(閔妃, 1851~1895) → 명성 황후.

민사(民事) ①관리나 군인이 아닌 보통 사람에 관한 일. ②사법상 법률 관계에 관련되는 사항.

민사 사:건[―껀] 개인과 개인, 친척 사이에 일어난 사법 사건. ⓑ형사 사건.

민사 재판 국민들 사이에서 사사로운 재산 문제 등으로 권리 다툼이 생겼을 때 하는 재판. ⓑ형사 재판.

민생(民生) 국민의 생활. ⓔ민생 치안에 힘쓰다.

민생주의(民生主義) 사회의 모든 계급적 압박을 없애 백성들의 생활을 풍족하게 하려는 주의. 삼민주의의 하나.

민선(民選) 국민이 뽑음. ⓔ민선 의원. ⓑ관선. ―하다.

민속¹(民俗) 일반 백성들의 풍속. ⓔ민속 무용.

민속²(敏速) 민첩하고 빠름. ⓔ민속한 행동. ―하다. ―히.

민속극 민간에 전해 내려오는 전설 등을 내용으로 하는 연극. 가면극·민속 인형극 따위.

민속 놀이 각 지방의 생활과 풍습이 나타나 있는 놀이. 민간에서 시작되어 전해 내려오는 놀이. 그네뛰기·씨름 등.

민속 무:용[민송―] 각 지방의 생활과 풍속을 내용으로 민간에 전해 오는 무용.

민속 박물관 조상들의 풍속·습관·생활 모습 등에 관한 자료나 도구 등을 모아 놓은 곳. 온양 민속 박물관 등이 있음.

민속 신앙 옛날부터 민간에서 전해 내려오는 신앙.

민속악 옛날부터 민간에 전해 내려오는 그 민족만의 음악.

민속 자료 백성들이 생활해 온 모습을 알 수 있는 자료.

민속촌 민간에 전해 오는 풍습·예술 등을 옛 모습대로 보존하여 전통미를 간직하고 있는 마을. 용인시 기흥읍 보라리에 있음.

민숭민숭하다 '맨송맨송하다'의 큰말. ―히.

민습(民習) 민간의 풍속.

민심(民心) 국민들의 마음. 백성들의 마음. ⓔ민심이 천심이다.

민영(民營) 민간인이 경영함. ⓑ관영. 국영.

민영환(閔泳煥, 1861~1905) 조선 말기의 충신. 시호는 충정공. 을사조약이 체결되자, 조약의 효력을 없앨 것을 상소하였다가, 뜻을 이루지 못하자 자결하였음.

민요(民謠) 일반 민간에서 여러 해를 두고 전하여 내려오는 순박한 노래로서 한 겨레의 인정·풍속·생활 감정 등이 담겨 있음.

민요풍 민요의 가락을 띤 형식.

민원(民願) 국민이 원함. 국민의 소원이나 청원.

민원실 민원 사무를 접수·처리하는 관청의 한 부서.

민의(民意) 국민의 뜻. 예 민의를 반영하다.

민의원(民議員) 5·16 군사 정변 전의 국회 의원. 반 참의원

민정¹(民政) ①민간인에 의한 정치. 예 민정 이양. 반 군정. ②국민의 안녕과 행복을 꾀하는 정치.

민정²(民情) 국민이 살아가는 사정과 형편. 민심. 예 민정 시찰.

민족(民族) 일정한 지역에서 오랜 세월에 걸쳐 독특한 말·풍습·역사 등을 같이한 인간 집단. 예 민족 의식.

민족 국가 같은 민족이 하나의 국가를 이루고 있거나, 한 민족이 국민의 대다수를 이루고 있는 상태의 국가. 예 우리 나라는 민족 국가이다.

민족 기업 외국의 자본에 의지하지 않고 그 민족의 자본으로 경영하는 기업.

민족 문화 한 민족의 말·풍습 등을 토대로 이루어진 독특한 문화. 예 독특한 민족 문화를 이룩하다.

민족성 한 민족이 가지고 있는 독특한 성질. 예 성실한 민족성.

민족애 같은 민족끼리의 믿음과 사랑.

민족 운:동 민족의 통일이나 독립을 이룩하고, 민족이 당연히 누려야 할 권리를 되찾기 위하여 하는 활동.

민족 자결주의 미국의 제28대 대통령인 윌슨이 제창한 주의. 곧, '어느 한 민족이 스스로 한 나라를 세우느냐, 또는 다른 나라에 속하느냐 하는 문제는 그 민족 자체가 결정해야 한다는 주의'를 말함. 이 주의는 3·1운동을 일으킨 배경 사상이 되기도 했음.

민족적 온 민족에게 관계되거나 포함되는 것. 예 민족적 비극.

민족 정:기 민족의 얼이 깃든 바르고 큰 기운. 예 민족 정기가 서린 산과 강.

민족 정신 ①그 민족만이 가지고 있는 정신. ②한 민족은 하나로 뭉쳐서 독립해 나가야 한다는 생각. 예 민족 정신을 고취시키다.

민족 종교 주로 어떤 한 민족에게만 신앙되는 종교. 창시자의 이름이 알려지지 않고, 민족의 성립과 더불어 형성되고 성장한 종교.

민족주의 남의 지배를 받지 아니하고 같은 민족으로 나라를 조직하고자 하는 주의.

민족 중흥 쇠퇴하였던 민족의 힘을 불러일으켜 다시 성하고 기운차게 함.

민족혼 어느 한 민족만이 지니고 있는 고유한 정신.

민주(民主) ①주권이 국민에게 있음. ②'민주주의'의 준말. 예 민주 교육. 반 전제. 독재.

민주 공:화국 국가를 다스리는 최고·독립·절대의 권리가 국민에

민주 국가 주권이 국민에게 있는 나라. 반 군주 국가.

민주대다 몹시 귀찮고 밉게 굴다. 예 하도 민주대서 죽을 지경이다.

민주 정치 국민이 주가 되도록 나라를 다스리는 정치. 반 독재 정치. 전제 정치.

민주주의 국민의 모든 의견을 좇아서 국민이 다 잘 살도록 하자는 생각.

민주화 정치 체제나 사고 방식을 민주적으로 되게 함. —하다.

민중(民衆) 백성의 무리. 민간의 일반 사람들. 예 민중 예술.

민지(民智) 국민의 슬기.

민첩(敏捷) ①언행이 빠름. ②눈치를 잘 채고 일을 잘 함. ③재빠름. —하다. —히.

민촌충 사람의 창자 속에 기생하는 촌충과의 기생충.

민폐(民弊) 민간에게 끼치는 폐해. 예 민폐가 극심하다.

민화¹(民畫) 지난날 작자를 밝히지 않은 민간 전설·민속·서민 생활 등을 소재로 하여 그린 그림.

민화²(民話) 일반 서민들의 사이에서 전해 내려오는 이야기.

민활(敏活) 날쌔고도 활발함. 예 민활히 움직이다. —하다. —히.

민휼(憫恤) 불쌍한 사람을 도와 줌.

믿는 도끼에 발등 찍힌다〈속〉 믿는 일 또는 사람에게 배반당하고 해를 입는다.

믿다 ①꼭 그렇게 여겨 의심을 아니하다. ②마음으로 의지하다. 반 의심하다.

믿음 믿는 마음. 예 주위 사람의 믿음을 저버리다.

믿음직하다 믿을 만한 성질이 있다. 예 믿음직한 국군 용사.

밀 ①꿀의 찌끼를 끓여 짜낸 기름. ②볏과에 속하는 재배 식물. 열매는 녹말과 단백질이 많아 가루를 만들어 식용함.

밀가루[—까루] 밀을 갈아 만든 가루. 예 밀가루 음식.

밀가루 장사하면 바람이 불고 소금 장사하면 비가 온다〈속〉 하는 일마다 잘 되지 않는다.

밀감(蜜柑) 귤나무, 또는 그 열매.

밀고(密告) 비밀히 알림. 남몰래 넌지시 일러바침. 고자질. 예 밀고자. —하다.

밀기울[—끼울] 밀을 빻아서 체로 쳐서 가루를 내고 남은 찌끼. 곧, 밀의 껍질이 많이 섞인 것.

밀ː다 ①물건을 앞 또는 뒤로 나가게 하다. 예 대문을 밀다. ②연기하다. ③책임을 넘기다. 예 책임을 밀다. ④대패 등으로 바닥을 반반해지도록 깎다.

밀담(密談)[—땀] 비밀스럽게 하는 말. 은밀히 의논함. 예 밀담을 나누다. —하다.

밀도(密度)[—또] 빽빽한 정도. 예 인구 밀도.

밀ː뜨리다/밀ː트리다 갑자기 세차게 밀어 버리다.

밀레(Millet, 1814~1875) 프랑스의 유명한 화가. 농민 출신으로 스스로 농사를 지으면서 주로 농민과 농촌을 소재로 하여 종교적 그림을 많이 그렸음. 〈이삭 줍기〉〈만종〉〈씨뿌리는 사람들〉 등의 그림이 유명함.

밀려나다 ①어떤 자리에서 몰리거나 쫓겨나다. 예 회장직에서 밀려나다. ②어떤 힘에 의해서 떼밂을 당하거나 서 있던 자리에서 다른 방향으로 비껴나다.

밀려나오다 여럿이 한꺼번에 몰려 나오다. ㉠군중이 물밀듯이 밀려 나오다.

밀려다니다 여럿이 떼를 지어 돌아다니다.

밀려들다〔밀려드니, 밀려들어서〕 한꺼번에 여럿이 들이닥치다. ㉠마감날에 지원자가 밀려들었다.

밀려오다 ①밀림을 당하여 이쪽을 향해 오다. ㉠밀려오는 거친 파도. ②여럿이 한꺼번에 몰려오다.

밀렵(密獵) 허가를 받지 않고 몰래 사냥함, 또는 그런 사냥. ㉠밀렵꾼. —하다.

밀리그램 질량의 단위. 1그램의 1,000분의 1. 기호는 mg.

밀리다[1] 미처 다 처리하지 못한 일이나 물건이 쌓이다. ㉠숙제가 밀리다.

밀리다[2] 떠밂을 당하다. ㉠강한 힘에 멀리 밀리다.

밀리리터 용량의 단위. 1리터의 1,000분의 1. 기호는 mL.

밀리미:터 길이의 단위로 센티미터를 열로 나눈 하나. 기호는 mm. 준밀리.

밀림(密林) 나무가 빽빽하게 들어선 숲. ㉠밀림의 왕자 타잔.

밀매(密賣) 어떤 물건을 몰래 팖. ㉠마약 밀매. —하다.

밀모(密謀) 비밀히 꾀함. 몰래 꾀함. ㉠반란을 밀모하다. 비밀계. —하다.

밀:물 육지를 향해 밀려들어오는 바닷물. 반썰물.

밀반죽 '밀가루 반죽'의 준말.

밀:방망이 가루 반죽을 밀어서 얇고 넓게 펴는 데 쓰는 방망이.

밀범벅 밀가루로 만든 범벅.

밀봉[1](密封) 단단히 붙여 봉함. ㉠비밀 문서가 들어 있는 봉투를 밀봉하다. —하다.

밀봉[2](蜜蜂) 꿀벌.

밀봉 교:육 일정한 기간 동안 일정한 곳에 수용하여 외부와의 접촉을 금하고 비밀로 행하는 교육. ㉠밀봉 교육을 받은 간첩이 자수를 하다.

밀사(密使)[—싸] 비밀히 보내는 심부름꾼. ㉠밀사를 보내다.

밀서(密書)[—써] 비밀히 보내는 편지나 문서.

밀수(密輸)[—쑤] 세관을 거치지 않고 비밀히 하는 수입과 수출. ㉠밀수는 우리의 경제를 어렵게 만든다. —하다.

밀실(密室)[—씰] 아무나 함부로 드나들지 못하게 하고 비밀리에 쓰는 방. ㉠밀실 정치.

밀씨 밀의 씨앗.

밀어(密語) 남이 알아듣지 못하게 비밀히 하는 말. ㉠밀어를 나누다. —하다.

밀어내다 뒤에서 힘을 주어 밖으로 나가게 하다.

밀어붙이다[미러부치—] ①밀어서 한쪽 구석에 붙어 있게 하다. ②고삐를 늦추지 않고 계속 몰아붙이다. ㉠계속 밀어붙여 상대 팀을 꺾다.

밀잠자리 잠자리의 한 종류로 가을 하늘에 떼지어 날아다니며, 농촌에서 많이 볼 수 있음.

밀접(密接)[—쩝] 사이가 아주 가까움. 서로 떨어질 수 없는 관계에 있음. ㉠선생님과 학생은 밀접한 관계이다. —하다. —히.

밀정(密偵)[—쩡] 몰래 남의 사정을 살핌, 또는 그 사람. ㉠적진에 밀정을 잠입시키다. 비첩자. —하다.

밀집(密集)[—찝] 빽빽하게 모임. 예음식점이 밀집해 있는 거리. —하다.

밀짚모자[밀찝—] 밀짚이나 보릿짚으로 만든 여름 모자.

밀착(密着) 빈틈없이 서로 달라붙음. 예밀착제. —하다.

밀:치다 힘껏 밀다. 예사람을 밀치고 겨우 버스를 탔다.

밀크(milk) 우유.

밀크 셰이크(milk shake) 우유에 설탕·달걀·향료·얼음 따위를 넣어 만든 청량 음료.

밀폐(密閉) 틈이 없이 꼭 막거나 닫음. 예밀폐된 상자. —하다.

밀항(密航) 허락 없이 몰래 배를 타고 외국으로 감. 예밀항선을 타고 미국으로 가다. —하다.

밀회(密會) 몰래 모이거나 만남. 특히 남녀가 몰래 만나는 것. 예밀회 장소. —하다.

밉다〔미우니, 미워서〕 ①하는 짓이나 말이 마음에 들지 아니하고 싫다. 예말을 안 들어서 밉다. ②얼굴이나 생김새가 볼품이 없다. 비얄밉다. 반곱다.

밉살스럽다[—쌀스럽따]〔밉살스러우니, 밉살스러워서 / 밉살스러이〕 말과 행동이 남에게 몹시 미움을 받을 만하다.

밋밋하다 ①물건이 길고 곧다. ②흠집 없이 잘 자라다. —이.

밍밍하다 ①음식 맛이 몹시 싱겁다. 예찌개가 밍밍하다. ②술·담배의 맛이 독하지 아니하다.

및 그 밖에도.

밑[1] ①아래. 예책상 밑에 떨어진 게 뭐냐? ②아래쪽. ③사물의 근본. 비아래. 반위.

밑[2] 수학의 4^3, 5^3 따위에서 '4, 5'와 같이 거듭 곱해질 수.

밑각 수학에서, 도형의 밑변과 만나서 이루는 각.

밑거름 농작물의 씨를 뿌리거나 모를 내기 전에 주는 거름. 예밑거름을 주다.

밑그림 ①모양의 대충만을 초잡아 그린 그림. 예밑그림을 그려 보다. ②수의 본으로 쓰기 위하여 종이나 헝겊에 그린 그림.

밑깎기 나무 밑부분에 돋아 있는 잔가지를 잘라 주는 일.

밑넓이[민널비] 입체 도형에서 밑면의 넓이. 밑면적.

밑동 ①나무의 아래쪽. ②채소의 뿌리쪽. 예배추 밑동.

밑둥치 나무의 뿌리에 가까운 맨 밑부분. 예느티나무의 밑둥치를 톱으로 자르다.

밑들다〔믿드니〕 ①무 등의 뿌리가 굵게 자라 땅 속에 들다. ②연이 공중에서 남의 연줄에 눌리다.

밑면 밑바닥을 이루는 평면.

밑바닥 ①그릇이나 물체의 바닥이 되는 밑부분. ②사회 생활에서 매우 낮은 지위나 자리를 이르는 말. 예밑바닥 생활을 하다.

밑바탕 ①사물의 근본 바탕. ②사람의 타고난 근본 바탕. 예사람은 각자 타고난 밑바탕이 다르다. 비본바탕.

밑반찬 만들어서 오래 두고 언제나 손쉽게 내 먹을 수 있는 반찬. 장아찌·자반 등.

밑받침 밑에 받치는 물건.

밑변 삼각형이나 사다리꼴의 밑바닥을 이루는 면.

밑 빠진 가마(독)에 물 붓기〈속〉

밑씨

①벌이는 적고 쓸 곳은 많아 늘 어렵게 지낸다. ②아무리 힘들여 애써도 보람이 나타나지 않는다.

밑씨 씨방 안에 들어 있는, 나중에 씨가 되는 부분.

밑줄[믿쭐] 글의 밑에 주의하기 위하여 그은 줄. ㉮밑줄을 그으며 공부한다.

밑지다 들인 밑천을 다 건지지 못하다. 손해를 보다. ㉮밑지는 장사. 반남다.

밑창 ①신의 바닥 밑에 붙이는 창. ㉮구두의 밑창을 갈다. 반속창. ②배나 그릇 따위의 맨 밑바닥을 속되게 이르는 말.

밑천 ①장사를 하는 데 필요한 자본. ㉮밑천이 있어야 무얼 해도 하지. ②일을 경영하는 데 들인 재물. 본전.

밑층(—層) 아래층.

밑판(—板) 밑에 대는 판, 또는 밑이 되는 판.

시킴과 입음을 나타내는 말

시킴을 나타내는 말 만들기	보기
① 움직임을 나타내는 말 끝이나 사이에 **-이-**·**-히-**·**-기-**·**-리-**·**-우-**·**-구-**·**-추-**·**-이키-**·**-으키-**를 붙인다.	먹다→ 먹이다 / 입다→ 입히다 / 남다→ 남기다 / 돌다→ 돌리다 / 지다→ 지우다 / 솟다→ 솟구다 / 늦다→ 늦추다 / 돌다→ 돌이키다 일다→ 일으키다
② '-하다'가 붙어 움직임을 나타내는 말에 '-하,' 대신 **-시키-**를 붙인다.	걱정하다→ 걱정시키다
③ 움직임을 나타내는 말에 **-게 하다**를 붙인다.	가다→ 가게 하다
입음을 나타내는 말 만들기	보기
① 사람·물건의 시킴이나 힘으로 말미암아 행동하는 말을 만들 때에는 쓰이는 말에 따라 **-이-**·**-히-**·**-기-**·**-리-** 등을 붙인다.	보다→ 보이다 잡다→ 잡히다 쫓다→ 쫓기다 밀다→ 밀리다
② '-하다'를 붙여 쓸 수 있는 말에 '-하-' 대신 '-되다·-받다' 등의 **-되-**··**-받-**을 붙인다.	걱정하다→ 걱정되다 존경하다→ 존경받다
③ 움직임을 나타내는 말에 **-지다**를 붙인다.	묶다→ 묶어지다

훈몽자회자 ㅂ  ㅂ 훈민정음자

ㅂ [비읍] 한글 닿소리의 여섯째 글자인 비읍.

-ㅂ디까 지난 일을 돌이켜 묻는 뜻을 나타내는 말. 예 어느 쪽으로 갑디까?

바¹ 윗말을 받아서 방법 또는 일이란 뜻으로 쓰이는 말. 예 옳다고 생각하는 바이다.

바² '밧줄'의 준말.

바³ 서양 음계 '파'에 해당하는 우리 나라 음 이름. 바 장조의 도에 해당함.

바:⁴ (bar) 카운터가 있으며, 주로 양주를 파는 서양식 술집.

바가지 물을 푸거나 물건을 담아 두는 데 쓰는 그릇. 예 바가지로 물을 푸다.

바가지긁다 ①남의 잘못을 몹시 나무라다. ②잔소리를 듣기 싫도록 하다. 예 바가지긁는 엄마.

바가지쓰다 남의 속임수에 걸리어 부당하게 많은 돈을 치르거나 도맡아 책임을 지게 되다. 예 바캉스를 갔다가 바가지썼다.

바각 호두 같은 작고 단단한 물건이 맞닿아서 나는 소리. 큰 버걱. 센 빠각. —하다.

바각거리다 바각바각 소리가 잇달아 나다. 예 바각거리는 소리가 난다. 큰 버걱거리다.

바각바각 바각거리는 소리. 예 바각바각하는 소리에 그만 잠이 깨었다. —하다.

바:겐 세일 (bargain sale) 싼 값으로 물건을 팖.

바구니 대·싸리·버들 따위로 둥글게 얽어 속이 깊숙하게 만든 그릇. 예 꽃바구니.

바:구미 쌀·보리 따위를 파먹는 벌레. 몸길이 약 3mm.

바그너 (Wagner,1813~1883) 독일의 낭만파 가극 작곡가. '가극의 왕'이라고 불림. 작품에는 〈탄호이저〉〈로엔그린〉 등이 있음.

바그르르 ①적은 물이 넓게 퍼지면서 끓어오르는 소리나 모양. ②잔 거품이 일어나는 모양이나 소리. 예 물이 바그르르 끓는다. 큰 버그르르. 센 빠그르르. —하다.

바글바글 ①적은 양의 액체가 자꾸 끓어오르는 소리나 모양. ②사람·짐승·벌레 따위가 많이 보여 움직이는 모양. 예 바닷가는 피서객으로 바글바글하다. 큰 버글버글. 센 빠글빠글. —하다.

바깥 밖이 되는 곳. 예 안은 어두운데 바깥은 환하다. 비 밖. 외부. 반 안.

바깥양반 그 집의 남자 주인. 남편. 바깥어른.

바깥쪽 바깥으로 드러난 쪽. 반 안쪽.

바꾸다 ①어떤 물건을 주고 딴 물건을 받다. 예 쌀과 보리를 바꾸

다. ②변화시키다. [예] 모양을 바꾸다.

바꾸이다 서로 바꾸어지다. [준] 바뀌다.

바꿈질 물건과 물건을 서로 바꾸는 일. —하다.

바뀌다 '바꾸이다'의 준말. [예] 물건이 바뀌다.

바끄럽다〔바끄러우니, 바끄러워서/바끄러이〕 양심에 거리낌이 있을 때에 남을 대할 면목이 없다. [예] 남의 물건을 훔치는 것은 바끄러운 일이다. [큰] 부끄럽다.

바나나(banana) 나무가 파초같이 생긴, 열대 지방에서 나는 과실의 한 가지. 그 열매는 씨가 없고 영양분이 많음.

바느질 바늘로 옷을 짓거나 꿰매는 일. [예] 바느질 솜씨가 좋다. —하다.

바느질고리[—꼬리] 바느질에 쓰이는 물건들을 담아 두는 그릇. [준] 반짇고리.

바늘 가늘고 끝이 뾰족하며 위에 있는 구멍에 실을 꿰어 옷을 꿰매는 데 쓰는 물건.

바늘 가는 데 실이 간다〈속〉 밀접한 관계가 있는 것은 서로 따른다. 둘이 붙어 다닌다.

바늘 갑옷 바늘 같은 것이 돋은 갑옷.

바늘귀[—뀌] 바늘의 위쪽에 뚫린, 실을 꿰는 구멍.

바늘꽂이 바늘을 꽂아 두는, 헝겊으로 만든 물건.

바늘 도둑이 소 도둑 된다〈속〉 작은 도둑이 자라서 큰 도둑이 된다는 말로, 나쁜 일일수록 늘어가기 쉽다는 말.

바늘 방석(—方席) 앉아 있기가 몹시 불안한 자리.

바늘 방석에 앉은 것 같다〈속〉 자리에 있기가 몹시 불안하다.

바늘뼈에 두부살〈속〉 몸이 몹시 연약한 사람.

바늘 허리 바늘의 한가운데. [예] 아무리 바빠도 바늘 허리 매어 못 쓴다.

바닐라(vanilla) 난초과의 여러해살이 덩굴풀. 열대 지방에 분포하며, 잎은 줄기 끝에 타원형으로 남. 과실은 오이만하며 익기 전에 '바닐린'을 채취함.

바다 육지 이외에 짠물이 괴어 있는 매우 넓은 곳. [예] 바닷가. 바닷길. 바닷물. [비] 해양. [반] 육지.

바다표범 바다표범과의 짐승. 북극해·베링 해 등지에 삶. 물개와 비슷한데 회색 바탕에 작은 흑색 점이 있고 귓바퀴가 없음. 물고기·조기 등을 먹고 살며, 수컷 한 마리가 여러 암컷을 거느림.

바닥 ①물체가 편평한 평면을 이룬 부분. [예] 마룻바닥. [반] 천장. ②일 또는 물건의 다 된 끝. [예] 쌀이고 연탄이고 바닥이 났다. ③인가가 번화한 곳. [예] 서울 바닥.

바닥(이) 나다 다 소비되다. 다 없어지다. [예] 바닥이 난 쌀통.

바닥(이) 드러나다 ①밑바닥이 드러나다. 숨겨져 있던 정체가 드러나다. ②다 소비되어 없어지다.

바닷말 바다에서 나는 조류를 통틀어 이르는 말. [비] 해조.

바닷바람 바다에서 불어 오는 바람. [비] 해풍. [반] 산바람.

바대 홑적삼이나 속옷의 잘 해지는 부분에 안으로 덧대는 헝겊 조각. [예] 바대를 대다.

바:덴바:덴(Baden-Baden) 독일

의 남서부에 있는 휴양 도시로, 온천·요양소·병원 등이 많음. 로마 시대부터 국제적인 휴양지로 알려졌으며, 제24회 올림픽 대회의 서울 개최가 결정된 곳임.

바동거리다 자빠지거나 매달리거나 또는 신체의 어느 부분을 구속당하여 팔다리를 내저으며 몸을 자꾸 움직이다. ⑩다리를 바동거리다. 큰바둥거리다. 버둥거리다.

바동바동 자빠지거나 매달리어 팔과 다리를 내저으며 몸을 자꾸 움직이는 모양. ⑩팔다리를 바동바동 움직이다. 큰바둥바둥. 버둥버둥. —하다.

바둑 ①바둑을 두는 데 쓰는 작고 납작하고 둥근 검은 돌과 흰 돌. ②바둑판에 흑백의 바둑돌을 에워싸서 집을 많이 차지하는 것으로 승부를 다투는 놀이.

바둑이 털에 검은 점과 흰 점이 섞인 개.

바둑판 바둑을 두는 판.

바둥거리다 자빠지거나 주저앉기나 매달려서 팔다리를 좀 크게 내저으며 몸을 자꾸 움직이다. 큰버둥거리다. 짝바동거리다.

바드득 단단하거나 질긴 물건을 되게 비빌 때 나는 소리. ⑩이를 바드득 갈다. 큰부드득. 쎈빠드득. —하다.

바득바득 ①제 고집만 자꾸 부리는 모양. ⑩제가 옳다고 바득바득 우기다. ②자꾸 졸라대는 모양. ⑩바득바득 졸라대다. 큰부득부득. 쎈빠득빠득.

바들바들 몸을 좀 작게 떠는 모양. 큰부들부들. —하다.

바듯하다 [—드타다] 꼭 맞아서 헐

렁거리지 않다. ⑩새로 맞춘 구두가 발에 바듯하다. 큰부듯하다. 쎈빠듯하다. —이.

바디 베의 날실을 고르며 북의 통로를 만들어 주고 씨실을 쳐서 짜는, 베틀에 딸린 기구.

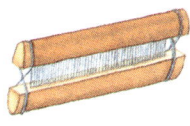

〔바 디〕

바:라 '자바라'의 준말.

바라건대 제발 부탁하노니. 원컨대. ⑩바라건대 저에게 용기를 주소서.

바라다 소원대로 되기를 기대하다. ⑩시험에 합격되기를 바라다. 비원하다.

바라보다 ①멀리 건너다보다. ⑩달을 바라보다. ②은근히 제 차지가 되기를 바라며 있다. ③그 나이에 이를 날을 가까이 두고 있다. ⑩나이 50을 바라보다.

바라지 ①벽을 뚫어 만든 작은 창. ②여러 가지로 돌보아 주는 일. ⑩뒷바라지. —하다.

바락 성이 나거나 하여 갑자기 기를 쓰는 모양. ⑩바락 악을 쓰다. 큰버럭.

바락바락 성이 나거나 하여 자꾸 기를 쓰는 모양. ⑩바락바락 대들다. 큰버럭버럭.

바람[1] ①기압의 변화로 말미암아 일어나는 공기의 움직임. ⑩바람이 세차게 분다. ②들뜬 마음이나 짓. ⑩바람을 피우다. ③작은 사실을 크게 불려서 말하는 일. ⑩바람이 세다. 비허풍. ④'풍병'의 속된말.

바람[2] ①무슨 일의 결에 따라 일

어나는 기운. ㉠개가 짖는 바람에 도둑놈이 달아났다. ②차릴 것을 차리지 않고 나서는 차림. ㉠잠옷 바람으로 돌아다니다.

바람개비 ①바람에 뱅뱅 돌도록 만든 어린이 장난감. 町팔랑개비. ②바람 부는 방향을 알기 위하여 만든 장치. 町풍향계.

〔바람개비〕

바람결[-껼] ①바람이 지나가는 겨를. ㉠바람결에 나부끼는 잎. ②어떤 말을 풍문으로 들었을 때. ㉠바람결에 들리는 소문.

바람구멍[-꾸멍] ①바람이 새어 들어오는 구멍. ②바람이 통하도록 뚫은 구멍.

바람둥이 실없어서 믿을 수 없는 사람의 별명.

바람막이 바람을 막는 일. 바람을 막는 물건. -하다.

바람맞다[-맏따] ①풍병에 걸리다. ② 남에게 허황된 일을 당하거나 속다.

바람받이[-바지] 바람이 마주치는 곳. ㉠바람받이에 있는 나무.

바람벽[-뼉] =벽.

바람 앞에 등불〈속〉매우 위태한 처지.

바람직하다[-지카다] 바라는 대로 된 듯한 상태다. ㉠거짓말을 하는 것은 바람직하지 못한 일이다.

바:랑 길 가는 중이 등에 짊어지는 자루.

바:래다[1] ①햇볕을 받아 빛깔이 변하다. 오래 되어 변색하다. ②빨래 등을 볕에 쬐어 희게 하다. ㉠광목을 바래다.

바래다[2] 가는 사람을 중도까지 배웅하다. ㉠바래다 주다. 역까지 바래다 드려라.

바레인(Bahrain) 중동 페르시아 만 서쪽에 있는 8개 섬으로 이루어진 나라. 석유가 매우 많이 남. 수도는 마나마.

바렌 판화를 찍을 때 쓰는 도구.

바로 ①바르게. ㉠옷을 바로 입다. ②곧게. ㉠선을 바로 긋다. ③곧, 곧장. ㉠지금, 바로 집에 가라. ④틀림없이. ㉠그것이 바로 나의 연필이다. 町비뚜로.

바로잡다 ①굽은 것을 곧게 하다. ㉠굽은 등뼈를 바로잡다. ②잘못된 것을 고치다.

바르다[1][바르니, 발라] ①풀·물·도료·화장품 등을 묻히다. ㉠페인트를 바르다. ②종이에 풀칠을 하여 다른 물건에 붙게 하다. ㉠벽지를 바르다.

바르다[2][바르니, 발라] ①비뚤어지지 않고 곧다. ㉠바른 자세. ②정직하다. ㉠바른 생각. ③참되다. 옳다. 町그르다.

바르르 ①추워서 갑자기 몸을 떠는 모양. ㉠바르르 떨다. ②갑자기 성을 내는 모양. ㉠분노로 온 몸을 바르르 떨다. 큰버르르. 센파르르. -하다.

바르샤바(Warszawa) 폴란드의 수도.

바르셀로나(Barcelona) 에스파냐 제2의 도시. 지중해에 임한 에스파냐 최대의 항구로 상공업이 매우 성함. 1992년 제25회 올림픽 대회 개최지임.

바르작거리다 자꾸 바르작바르작하다. ㉠아기가 바르작거리며 울다. 큰버르적거리다.

바르작바르작 괴로움이나 어려운 고비에서 헤어나려고 팔다리를 내저으며 몸을 자꾸 움직이는 모양. 큰버르적버르적. —하다.

바른길 ①굽지 않고 곧은 길. ②참된 도리. 정당한 길. 예바른길로 인도하다.

바른말 이치에 합당한 말. 거짓이 없고 의로운 말. 예언제나 바른말을 해야 한다. 반거짓말.

바른손 =오른손.

바른쪽 =오른쪽.

바리 ①놋쇠로 만든 여자의 밥그릇. ②'바리때'의 준말.

바리때 절에서 쓰는 승려의 밥그릇. 나무로 대접처럼 만들어 안팎에 칠을 했음. 준바리.

바리케이드(barricade) 들어오지 못하도록 임시로 가시·철사 등으로 둘러막거나 쌓아 놓은 것. 예길에 바리케이드를 치다. 비방책.

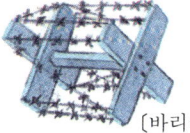

〔바리케이드〕

바리톤(baritone) 음악에서, 테너와 베이스 사이인 남자의 소리.

바:보 어리석은 사람의 별명. 비천치. 반천재.

바:비큐:(barbecue) 고기를 통째로 직접 불에 굽는 요리.

바빌로니아(Babylonia) 지금의 이라크가 있는 곳에 있었던 나라. 옛날의 페르시아 만의 북쪽 메소포타미아 평야에 있었음.

바빠하다 마음을 바쁘게 먹다. 조급해하다.

바쁘게 쉴 겨를이 없이. 예일을 바쁘게 서두르면 항상 실수를 하게 마련이다.

바쁘다〔바쁘니, 바빠〕일이 많거나 급해서 쉴 겨를이 없다. 예바쁘신 데도 불구하고 이렇게 많이 와 주셔서 대단히 감사합니다. 비분주하다. 반한가하다.

바쁜 쉴 겨를이 없는. 예바쁜 일. 비분주한. 반한가한.

바삐 바쁘게. 급하게. 예바삐 서두르다. 비급히. 반천천히.

바삭 ①가랑잎을 밟을 때에 나는 소리. ②단단하고 부스러지기 쉬운 물건을 깨물 때 나는 소리. 예사탕을 바삭 깨물다. 큰버석. 센바싹. —하다.

바삭거리다 바삭 소리가 연해 나다. 예가랑잎이 바람에 바삭거린다. 큰버석거리다.

바삭바삭 자꾸 바삭거리는 소리. 큰버석버석. —하다.

바셀린(vaseline) 석유를 증류하고 남은 찌꺼기로 만든 엷은 황색 기름의 일종. 연고 등에 쓰임.

바:소 곪은 데를 째는 데 쓰는 침. 파침.

바수다 두드리어 잘게 깨뜨리다. 예메주를 바수다. 큰부수다.

바순(bassoon) =파곳.

바스락 마른 나뭇잎이나 종이 같은 것을 건드리거나 뒤적일 때 나는 소리. 예숲에서 바스락 소리가 나다. 큰버스럭. 센빠스락. —하다.

바심 ①굵은 것을 잘게 만드는 일. ②벼·보리 따위를 떠는 일. 예풋바심하다. —하다.

바싹 ①물기가 아주 없이 마르거나 타 버린 모양. 예논에 물이 바싹 말랐다. ②갑자기 죄거나 달라붙거나 우기는 모양. ㉠바싹 껴안다. ③단단한 물건을 깨물 때에 나는 소리. ④몸이 매우 마른 모양. ㉠몸이 바싹 마르다.

바싹거리다 바싹 소리가 계속해서 나다. 匣버석거리다.

바싹바싹 점점 가까이 다가가거나 마르는 모양. ㉠입이 바싹바싹 탄다. 匣버썩버썩. —하다.

바야흐로 지금 바로. 이제 한창. ㉠때는 바야흐로 가을이 되었다.

바위 매우 큰 돌. ㉠흔들바위.

바위를 차면 제 발부리만 아프다 〈속〉일시적 흥분을 참지 못하고 일을 저지르면 제게만 해롭다.

바위섬 바위로 된 섬.

바위 식물 바위틈이나 바위 위에 나는 식물의 총칭.

바위틈 ①바위의 갈라진 사이. ②바위와 바위의 사이.

바이 다른 도리 없이 전연. 아주.

바이러스(virus) ① 특수 현미경으로만 볼 수 있는 미생물. 인플루엔자·천연두·소아마비 등을 일으키는 병원체. 비루스. ② 컴퓨터 프로그램을 파괴하거나 작업을 방해하는 나쁜 프로그램. 컴퓨터 바이러스.

바이브레이션(vibration) ①진동. ②성악·기악에서 소리를 떨리게 내는 일, 또는 그런 소리.

바이스(vise) 기계 공작에서 작은 공작물을 아가리에 물려 꽉 죄어서 고정시키는 기계. ㉠바이스로 물건을 고정시키다.

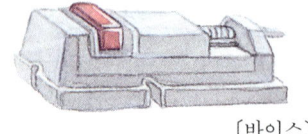

〔바이스〕

바이어(buyer) ①물건을 사는 사람. ②물건을 사기 위하여 외국에서 온 상인.

바이어스(bias) ①바느질을 할 때 제품의 가장자리에 따로 대는 단. ②엇비뚜름하게 자르거나 꿰맨 옷감의 금.

바이오리듬(biorhythm) 사람의 신체·감정 등에 규칙적으로 나타나는 일정한 현상.

바이올린(violin) 가운데가 잘록한 타원형의 통에 네 줄을 매어 활로 문질러 연주하는 현악기.

바이킹(Viking) 8~11세기에 걸쳐 유럽에서 활약한 북방 노르만족을 통틀어 이르는 말. 싸우기를 매우 좋아하고 모험심이 강한 족속으로 해상을 무대로 약탈과 침략을 일삼았고, 상업 활동도 하였음.

바이트(byte) 컴퓨터가 처리하는 정보량의 기본 단위. 8비트(bit)를 1바이트로 함.

바인더(binder) ①신문 등을 철하여 꽂는 딱딱한 표지. ②벼를 베어 단으로 묶어 나오게 하는 기계.

바자:(bazar) 공공 사업이나 사회 사업 등의 자금을 모으기 위해 벌이는 시장. 자선시. ㉠바자회.

바작바작 마음이 몹시 죄는 모양. ㉠바작바작 속을 태우다.

바 장조 '바'음을 으뜸음으로 하는 장조. 에프(F) 장조.

바주:카포(bazooka砲) 포신을 어깨에 메고 직접 조준하여 쏘는 로켓식 대전차포. 㑃바주카.

바지 아랫도리에 입는 옷.

바지라기 바지라깃과의 조개의 총칭. 㑃바지락.

바지랑대[—때] 빨랫줄을 받치는

장대.
바지런하다 놀지 않고 일을 꾸준히 하다. 예바지런한 농부. 큰부지런하다. —히.
바지춤 바지의 허리 부분을 접어 여민 사이.
바짓가랑이 다리를 꿰는 바지의 부분.
바짓부리 바짓가랑이의 끝 부분.
바짝 ①물기가 아주 졸아붙은 모양. 예빨래가 바짝 마르다. ②아주 가까이 달라붙거나 또는 몹시 죄거나 우기는 모양. 예바짝 다가앉다. 큰버쩍.
바치다 ①신이나 웃어른께 드리다. 예햇곡식을 바치다. ②마음과 몸을 내놓다. 예목숨을 바치다. ③세금 따위를 갖다 내다. 예세금을 바치다.

바치다 ①윗사람에게 드리다. ②마음과 몸을 내놓다. ③세금 따위를 내다.
받치다 ①넘어지지 않게 버티어 놓다. ②우산이나 양산 따위를 펴서 들다. ③어떤 물건의 속이나 안에 다른 것을 꺼 대다.
받히다 머리나 뿔 따위로 떠받음을 당하다.
밭치다 건더기와 액체가 섞인 것을 체 따위로 거르다.

바캉스(프 vacance) 휴가. 주로 피서지나 휴양지 등에서 지내는 경우를 이름.
바ː코ː드(bar code) 상품의 관리를 컴퓨터로 처리할 수 있도록 상품에 표시해 놓은 막대 모양의 기호. 나라 이름·회사 이름·상품 이름 등이 표시됨.
바퀴 ①수레를 나가게 하는 물건. ②둥글게 구부린 물건. ③빙 돌아서 본디 위치까지 이르는 한 번 차례. 예한 바퀴 돌아오다.
바퀴벌레 바큇과의 곤충. 몸은 1~1.5cm의 납작한 타원형이며, 황갈색임. 음식물과 옷 등에 해를 끼침.
바탕 ①그 사람이 본디 가지고 있는 성질. 예바탕이 착한 사람. ②사물의 근본을 이루는 기초. 예바탕이 튼튼하다. ③글씨·그림·수·무늬 따위가 놓이는 바닥. 예노란 바탕에 붉은 꽃무늬.
바탕글 극본에서 등장 인물이 대화를 할 때, 인물의 동작·표정·속마음 등을 설명하기도 하고 말할 때의 소리의 높낮이·강약 등을 지정하기도 하는 글.
바탕음 음의 높이를 고정하기 위해 그 기준으로 하는 음.
바탕천 어떤 물건의 재료가 되는 천.
바탱이 흙으로 빚은 작은 독 모양의 오지 그릇.
바투 ①짧게. 예머리를 바투 깎다. ②가까이. ③조금씩.
바특하다 국물이 흔건하지 않고 조금 톡톡하다. 예국물이 바두륵하다. —이.
바티칸(Vatican) 이탈리아의 로마 서북부에 있는, 교황을 원수로 하는 세계에서 가장 작은 독립국.
바하마(Bahamas) 미국 플로리다 반도 동쪽에 위치한 나라. 700여 개의 섬과 2,000여 개의 암초·산호초로 이루어짐. 아열대성 기후로 피한지·관광지로 유명함. 수도는 나소.
바흐(Bach, 1685~1750) 독일의 고전파 음악가. '음악의 아버지'라고

박

불리는데, 대표작에 〈마태 수난곡〉 등이 있음.

박[1] 속은 먹고 겉은 바가지를 만들어 쓰는 덩굴 벋는 식물.

박[2](拍) 풍류나 춤의 박자를 맞추는 타악기의 한 가지.

박격포(迫擊砲) 가까운 거리에 이용되는 구조가 간단하고 가벼운 대포의 한 가지.

박꽃 박에서 피는 흰 꽃.

박다 ①물건을 다른 물건의 속으로 들여보내다. ⑩못을 박다. 비꽂다. ②음식에 소를 넣다. ③인쇄하다. ⑩명함을 박다. ④사진을 찍다. ⑤박음질을 하다.

박달나무 자작나뭇과의 갈잎 큰키나무. 나무의 성질이 단단하고 반드러워 윷·다듬잇방망이 따위를 만드는 데 쓰임.

박대(薄待) 대접을 나쁘게 함. ⑩박대를 받다. 비천대. 반후대. —하다.

박덕(薄德) 덕이 적음. —하다.

박동(拍動·搏動) ①장기의 율동적인 수축 운동. ⑩심장이 박동을 멈추다. ②맥박이 뜀. —하다.

박두(迫頭) 가까이 닥쳐옴. ⑩개봉 박두. —하다.

박두진(朴斗鎭, 1916~) 〈돌아오는 길〉을 지은 청록파 시인. 경기도 안성에서 출생. 자유 문학상·예술원상을 받음. 어린이를 위한 시 작품으로는 〈봄바람〉〈바다와 아기〉〈바닷가에서〉 등이 있음.

박람(博覽)[방남] ①사물을 널리 보고 들어서 많이 앎. ②책을 많이 읽음. —하다.

박람회(博覽會) 여러 가지 상품과 학예에 관한 것을 모아 벌여 놓고 여러 사람에게 관람 또는 사 가게 하여 산업의 진보·발달을 꾀하는 모임.

박력(迫力)[방녁] ①강하게 일을 밀고 나가는 힘. ⑩박력 있게 일하다. ②보는 이나 듣는 이의 마음을 강하게 사로잡는 긴박감.

박리(薄利)[방니] 적은 이익.

박리 다매(薄利多賣) 상품의 이익을 적게 보고 많이 팔아 이문을 남기는 일. —하다.

박멸(撲滅) 짓두드려서 없애 버림. ⑩결핵 박멸 운동. —하다.

박목월(朴木月, 1917~1978) 〈한가위 보름달〉〈털양말〉을 지은 청록파 시인. 본이름은 박영종. 경북 경주에서 출생. 작품집으로는 〈초록별〉〈산새알 물새알〉 등이 있음.

박물(博物)[방—] ①온갖 사물에 대하여 두루 많이 앎. ②여러 가지 사물과 그에 대한 참고가 될 만한 물건. ⑩박물관.

박물관 여러 가지 옛날의 유물이나 예술 작품 따위를 널리 모아 놓고 여러 사람에게 보이는 곳.

박박 ①세게 문지르거나 닦는 모양. ⑩박박 문질러 닦아라. ②머리를 아주 짧게 깎아 버린 모양. ⑩머리를 박박 밀다. 센빡빡.

박복(薄福) 복이 적음. 복이 없음. 팔자가 사나움. ⑩박복한 인생. —하다.

박사[1](博士) 학문이 깊은 사람에게 주는 지위. 어떤 학문을 깊이 연구한 사람에게 주는 칭호. ⑩철학 박사.

박사[2](薄謝) 고마움을 나타내기 위하여 주는, 얼마 안 되는 돈이나 물품.

박살 깨어져 산산이 부서지는 일. ⑩유리가 박살났다.

박살나다 산산이 부서져서 조각이 나다.

박살내다 완전히 때려 부수어 조각을 내다.

박색(薄色) 아주 못생긴 얼굴, 또는 그러한 여자. 圕 일색.

박석 고개 서울 은평구 불광동에서 구파발로 넘어가는 고개.

박세당(朴世堂, 1629~1703) 조선 숙종 때의 문관. 특히 농업에 대한 연구를 하여 〈산림 경제〉란 농서를 저술했음.

박수[1] 남자 무당.

박수[2](拍手) ①두 손뼉을 마주 두드려서 소리를 냄. ②기쁨·찬성·환영의 뜻을 나타내는 일. ―하다.

박수 갈채 손뼉을 치고 소리를 질러 찬성 또는 환영하는 일. 예 승리하고 돌아온 선수들에게 박수 갈채를 보내다. ―하다.

박스(box) ①상자. 예 라면 박스. ②극장이나 카페의 칸을 막은 특별석. ③야구 경기에서, 타자·코치가 서는 자리.

박식(博識) 보고 들은 것이 많아서 아는 것이 많음. 넓은 지식. 예 예법에 박식한 사람. ―하다.

박씨 박의 씨앗.

박아내다 ①사진을 찍어 내다. ②글자를 인쇄하다.

박애(博愛) 모든 사람을 다 같이 사랑함. 예 박애주의. ―하다.

박약하다(薄弱―) ①확실하지 않다. 분명하지 않다. ②굳세지 않다. 예 의지가 박약한 남자.

박연(朴堧, 1378~1458) 조선 세종 때의 사람으로 우리 나라의 3대 악성. 아악을 훌륭하게 이루어 국악 발전에 많은 공헌을 하였음.

박은식(朴殷植, 1859~1926) 독립 운동가. 3·1 운동 뒤에 상하이에서 독립 신문 등의 주필을 지낸 후에 1925년에는 대한 민국 임시 정부 국무 총리, 그 이듬해에는 대통령을 지냈고 〈한국 독립 운동지혈사〉를 엮었음.

박음질 바느질법의 한 가지. 실이 되돌아 나오게 곱걸어서 꿰매는 일. ―하다.

박이다[1] ①책이나 잡지를 인쇄하게 하다. ②사진을 찍게 하다. 예 사진을 박이다.

박이다[2] ①한 곳에 붙어 있거나 끼어 있다. 예 손에 못이 박이다. ②오랜 버릇이나 느낌이 몸에 꼭 배다. 예 인이 박여 담배를 끊기 어렵다.

박이옷 박음질하여 지은 옷.

박자(拍子) 음악에 있어서 곡조의 진행하는 시간을 헤아리는 단위.

박자표 악곡의 박자 모양을 보표 위에 나타내는 표.

박장 대:소(拍掌大笑) 손뼉을 치며 한바탕 크게 웃음. ―하다.

박절하다(迫切―) ①냉정하다. 예 내 부탁을 박절하게 거절했다. ②인정이 없다. ―히.

박정(薄情) 인정이 없고 쌀쌀함. 동정심이 없음. 예 박정한 사람. 圕 다정. ―스럽다. ―하다. ―히.

박제(剝製) 새·짐승 등의 가죽을 곱게 벗겨 속을 솜 따위로 메우고 방부제를 발라서 살아 있는 모양으로 만드는 일, 또는 그 표본. 예 박제된 독수리. ―하다.

박제가(朴齊家, 1750~1815) 조선 후기의 북학파에 드는 실학자. 〈북학의〉를 써서 상공업을 일으켜야 한다고 주장했음.

박:쥐 박쥣과의 짐승. 모양이 쥐 같이 생겼는데 날개가 있으며, 낮에는 바위틈에 숨어 있다가 밤이면 나와 다니는 짐승.

박지원(朴趾源, 1737~1805) 조선 후기의 북학파에 드는 실학자의 대표적인 한 사람. 호는 연암. 〈열하일기〉를 씀.

박진(迫眞) 표현 따위가 실제의 모습과 같음. —하다.

박진감 예술적 표현이 현실의 모습과 똑같을 만큼 사실감이 넘치는 느낌. [예] 박진감 넘치는 연기.

박차(拍車) ①일의 나아감을 빨리 하기 위하여 더하는 힘. [예] 신한국 건설에 박차를 가하다. ②말타는 신 뒤축에 달려 있어 말의 배를 차서 빨리 가게 하는, 쇠로 만든 톱니바퀴.

박차다 ①발길로 냅다 걷어차다. [예] 불이야! 하고 소리를 지르면서 방문을 박차고 밖으로 뛰어나갔다. ②제 몫으로 있는 것이나 돌아오는 것을 내쳐 물리치다. [예] 들어오는 복을 박차다.

박탈하다(剝奪—) 남의 물건을 빼앗다. [예] 권리를 박탈하다.

박테리아(bacteria) 생물 중에서 가장 작은 것으로 병의 근원이 되는 균. [비] 세균.

박하(薄荷) 특별한 향기가 있어 약재·향료·음료 등을 만드는 데 쓰이는 식물.

박하다(薄—) ①후하지 않다. 인색하다. [예] 인심이 박하다. ②이익이나 소득이 보잘것 없이 적다. [예] 이익이 박하다. [반] 후하다.

박학(博學) 배운 것이 썩 넓고 많음. [예] 박학 다식한 사람. [반] 천학. —하다.

박해(迫害) 못 견디게 굴어서 해롭게 함. [예] 조선 말에는 천주교를 몹시 박해하였다. —하다.

박혁거세(朴赫居世) 신라의 시조. 왕호는 거서간. 기원전 57년 13세로 왕위에 올랐음. 농사와 양잠을 장려하였으며, 국호를 서라벌, 서울을 금성이라 하고 국가의 기틀을 닦았음.

박히다 ①물건이 다른 물건 속으로 들어가 꽂히다. [예] 말뚝이 박히다. ②인쇄물이나 사진 따위가 박아지다. [비] 찍히다.

밖 ①안의 반대되는 곳. [예] 밖에서 놀아라. ②거죽. [비] 바깥. [반] 안.

밖에 그것 이외에는. [예] 도망갈 수밖에 없었다.

반:[1](半) ①둘로 똑같이 나눈 한 부분. [예] 빵을 반으로 나누다. ②일의 중간 부분.

반[2](班) ①어떤 공통점을 가지고 모인 집단. [예] 미술반. ②한 학년을 한 교실의 수용 인원 단위로 나눈 이름. [예] 5학년 3반. [비] 학급.

반:가상(半跏像) 오른발을 왼편 무릎에 얹고, 앉은 형태의 부처의 상. [예] 금동 미륵 반가상.

반가운 기쁘고 즐거운. [예] 군인 아저씨들에게 가장 반가운 것은 우리들의 편지란다.

반가워하다 즐겁고 기뻐하다. [예] 언니는 무척 반가워하였다.

반:감[1](反感) ①노여운 감정. ②반대 의사를 가진 감정.

반:감[2](半減) ①절반을 덞. [예] 세금을 반감하다. ②절반으로 줆. [예] 수출량이 반감되다. —하다.

반갑다〔반가우니, 반가워서/반가

이〕 ①만나서 기쁘다. [예] 오랜만에 만나니 반갑다. ②듣기에 기쁘다. [반] 섭섭하다.

반:값 원래 물건값의 절반. [예] 남은 물건을 반값에 팔다.

반:격(反擊) 쳐들어오는 적군을 도리어 침. [비] 공격. —하다.

반:공[1](反共) 공산주의에 반대함. [예] 반공 정신. —하다.

반:공[2](半空) ①하늘과 땅의 중간. ②하늘과 땅 사이.

반:공일(半空日) 오전만 일을 하고 오후에 노는 날. 곧, 토요일.

반:구(半球) ①둥글게 생긴 물체의 절반, 또는 그런 물체. ②지구 표면을 두 쪽으로 나눈 한 부분. [예] 북반구.

반:구형 반구와 같이 생긴 모양. 공을 절반으로 나눈 모양.

반:군(叛軍) 반란을 일으킨 군대. [비] 반란군.

반:기[1](反旗) ①어떤 조직을 쓰러뜨리기 위해 행동하려 할 때 그 집단의 표시로 내세운 기. ②반대의 기세를 나타내는 표시. [예] 반장의 의견에 반기를 들었다.

반:기[2](半旗) 조의를 표하여 기를 깃대 끝에서 기폭만큼 내려 다는 기. [비] 조기.

반기다 반가워하다. 반갑게 여기다.

반:나절 하루 낮의 반의 반.

반:납(返納) 도로 돌려 바침. 돌려줌. [예] 빌려 온 물건을 반납하다. —하다.

반:년(半年) 한 해의 반. 6개월. [예] 반년 동안이나 소식이 없다.

반:닫이[—다지] 앞의 위쪽 절반이 문짝으로 되어 아래로 젖혀 여닫게 된 나무로 만든 세간.

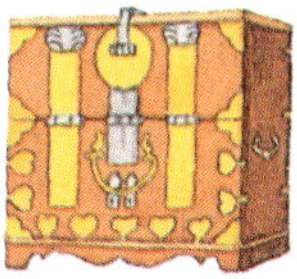

〔반닫이〕

반:달 ①절반만 둥근 달. [반] 보름달. ②한 달의 반. [비] 반월.

반:달곰 포유강 식육목 곰과의 한 종. 앞가슴에 반달 모양의 V자형의 크고 흰 무늬가 있음. [비] 반달가슴곰.

반:대(反對) ①안에 대한 밖. ②속에 대한 거죽. ③남의 말이나 의견을 찬성하지 않고 뒤집어 거스름. [비] 거역. [반] 찬성. —하다.

반대기 얄팍하고 둥글넓적하게 만든 조각. [예] 찰흙 반대기.

반:대말 =반대어.

반:대색 섞여서 백색 또는 회백색이 되는 두 개의 색. 곧, 서로 보색을 이루는 빨강과 초록, 주황과 파랑 등임.

반:대어 서로 반대의 뜻을 나타내는 말. '가다'와 '오다', '크다'와 '작다' 따위. 반대말.

반:대쪽 반대가 되는 방향. [예] 청군은 백군의 반대쪽에 있다.

반:도(半島) 삼면이 바다로 둘러싸이고 한 면이 육지에 닿은 땅. [예] 한반도.

반:도국 삼면이 바다로 둘러싸이고 한 면은 육지에 이어져 있는 나라. [예] 우리 나라는 반도국이다.

반:도체(半導體) 낮은 온도에서는 전류가 흐르지 않으나 높은 온도일수록 전류가 잘 흐르는 물질. 전자 공업에 많이 이용됨. [예] 반도체 산업.

반:동(反動) 어떠한 움직임에 대하여 그 반대로 일어나는 움직임.

ㅂ

⑩ 반동 세력. —하다.
반:동력[-녁] ①반동하는 힘. ②반동으로 인하여 일어나는 힘.
반두 양쪽 끝에 막대기를 대어, 두 사람이 맞잡고 고기를 몰아 잡도록 되어 있는 그물.

〔반 두〕

반드럽다〔반드러우니, 반드러워〕①껄껄하지 않고 매끄럽다. ⑩피부가 반드럽다. ②거칠지 않고 곱다. ③성질이 약삭빨라 믿기 어렵다. 團번드럽다. 쎈빤드럽다.
반드르르 윤기가 있고 매끄러운 모양. ⑩볼이 반드르르하다. 團번드르르. 쎈빤드르르. —하다.
반드시 ①틀림없이. ⑩나는 반드시 성공하고야 말겠다. ②의심할 나위 없이. 圓꼭.

반드시 꼭. 틀림없이.
반듯이 비뚤어지거나 기울거나 굽지 않고 바르게.

반들반들 매끄럽게 윤기가 흐르는 모양. ⑩반들반들한 마루. 團번들번들. 쎈빤들빤들. 거판들판들. —하다.
반듯하다 ①어디가 비뚤어지거나 기울거나 하지 않고 바르다. ⑩책상을 반듯하게 놓아라. ②생김새가 반반하다. ⑩얼굴이 반듯하다. 團번듯하다. 쎈반뜻하다. —이.
반디 =개똥벌레.
반딧불 개똥벌레 꽁무니에서 반짝이는 불빛.
반딧불로 별을 대적하랴〈속〉아

무리 억척을 부려도 불가능한 일은 이루어지지 않는다.
반:란(反亂・叛亂)[발-] 나라를 뒤집으려고 일으키는 난리. ⑩반란군을 무찌르다. —하다.
반:란군[발-] 반란을 일으킨 군대. 凷반군.
반:려¹(伴侶)[발-] 짝이 되는 친구. 생각이나 행동을 같이하는 사람. ⑩인생의 반려자.
반:려²(返戾) 도로 돌려줌. ⑩사직서를 반려하다. —하다.
반:론(反論) 남의 의견에 대하여 반대 의견을 말함. ⑩반론을 제기하다. —하다.
반:만년(半萬年) 만년의 반. 즉, 5000년. ⑩반만년 역사.
반:말 손아랫사람에게 하듯 낮추어 하는 말. ⑩아무에게나 반말하지 마라. —하다.
반:면¹(反面) 앞에 말한 것과는 달리. 어떠한 사실과는 반대로. ⑩너는 성실한 반면에 너무 느리다.
반:면²(半面) ①반쪽 면. ⑩달의 반면. ②얼굴의 좌우 어느 한쪽. ⑩반면 마비.
반:목(反目) 서로 못 사귀어 미워함. —하다.
반:문(反問) 물음에 답하지 않고 되받아서 물음. ⑩그의 의견에 반문하고 나서다. —하다.
반:물 검은빛을 띤 짙은 남빛. 감색. ⑩반물 치마.
반:미(反美) 미국에 반대하는 일. ⑩반미 운동.
반:민족(反民族) 민족에 반역되는 일. ⑩반민족 행위.
반:민주(反民主) 민주주의에 반대하는 일. 또는 반대되는 일.
반:바지 짧은 바지.

반:박(半拍) 반 박자.

반:박하다(反駁—) 남의 글이나 의견에 반대하여 말하다. ㉠그의 의견에 반박하고 나서다.

반반하다 ①구김살이 없다. ②울퉁불퉁하지 않다. ③얼굴이 예쁘장하다. ㉠얼굴이 반반하다. ④가문이 조금 좋다. ㉠반반한 집 자손. 큰번번하다. —히.

반:발(反撥) ①되받아 퉁겨짐. ②상대에 대하여 언짢게 여겨 그에 반항하는 태도를 나타내는 일. ㉠부당한 대우에 반발하다. —하다.

반백(斑白) 센 머리털이 절반 정도 되는 머리털. ㉠반백의 머리.

반:벙어리 발성 기관에 이상이 있어 남이 잘 알아듣지 못하게 말을 하는 사람.

반:보(半步) 반 걸음. 한 걸음의 반.

반:복(反復) 한 것을 또 되풀이함. ㉠공부는 반복 학습이 중요하다. 凹되풀이. —하다.

반:복 기호 음악에서, 도돌이표의 일컬음.

반:분(半分) ①절반으로 나눔. ㉠재산을 반분하다. ②절반의 분량. 凹분반. —하다.

반:비례(反比例) 한 쪽의 양이 2배, 3배가 되면 이에 따라 다른 쪽의 양이 $\frac{1}{2}$, $\frac{1}{3}$ 이 되는 관계. 凹정비례. —하다.

반:사(反射) ①되쏘임. ②부딪쳐서 되돌아옴. ㉠반사 운동. 凹복사. 직사. —하다.

반:사각 투사점에 있어 반사선과 법선이 이루는 각.

반:사경 빛을 받아서 반사하는 거울.

반:사 광선 반사되어 비치는 광선. 凹입사 광선.

반:사 망:원경 대물 렌즈 대신에 오목거울을 써서 물체에서 오는 빛을 여기서 반사시켜 접안 렌즈로 확대하게 된 망원경. 보통 천체 관측용으로 씀.

반:사열 햇볕 또는 불에 뜨거워진 물체에서 내쏘는 열.

반:사 운:동 외부의 자극에 대하여 무의식적으로 일어나는 신체 작용. 호흡 운동이나 위장 운동 따위.

반상(飯床) 밥을 주식으로 하고 찬을 부식으로 해서 차린 상차림. 반찬의 수에 따라 3첩 반상·5첩 반상 등으로 나뉨.

반상기 격식을 갖추어 밥상 하나를 차리게 만든 한 벌의 그릇.

반상회(班常會) 정부나 시·도 등에서 널리 알리는 내용을 듣거나 의견을 모아 건의하는 등, 이웃끼리 서로 돕고 얼굴도 익히기 위하여 반 단위로 매월 한 번씩 가지는 모임.

반색 몹시 반가워함. ㉠반색을 하고 맞이하다. —하다.

반:생(半生) 한평생의 절반. ㉠반생을 남을 위해 희생하다.

반석(盤石) ①넓고 편편한 바위. ②아주 믿음직스럽고 든든함을 비유하여 이르는 말. ㉠우리의 국방은 반석 같다.

반:성(反省) 지난 일에 대하여 잘한 것과 잘못한 것을 살핌. ㉠지난날의 잘못을 반성하고 착한 사람이 됩시다. —하다.

반:세기(半世紀) 1세기의 절반. 곧, 50년. ㉠반세기에 걸친 독립 운동.

반:송(返送) 도로 돌려보냄. ㉠편

지를 반송하다. —하다.
반:수(反數)[—쑤] =역수.
반:숙(半熟) 과일이나 곡식 또는 음식물이 반쯤 익음, 또는 반쯤 익힘. [예]달걀 반숙. —하다.
반:승낙(半承諾) 달갑게 여기지 아니하거나 또는 마지못하여 대체로 좋겠다는 정도로 하는 승낙. [예]어머니께 반승낙은 얻었다. —하다.
반:신 반:의(半信半疑) ①반은 믿고 반은 의심함. [예]그의 말을 반신 반의하다. ②믿기는 믿으나 의심을 함. —하다.
반:신 불수(半身不隨)[—쑤] 병으로 몸의 절반이 마비되는 일, 또는 그런 사람.
반:신상(半身像) 상반신의 사진이나 초상화 따위.
반:액(半額) ①원값의 절반. [예]반액 세일. [비]반값. ②전액의 반.
반:역(反逆·叛逆) ①배반하여 돌아섬. ②뒤집어엎으려고 꾀함. [예]반역을 꾀하다. —하다.
반:영(反映) ①반사하여 비침. ②어떤 영향을 받아 드러나거나 드러냄. —하다.
반:영구(半永久)[—녕구] 거의 영구에 가까움. [예]반영구적인 물건.
반:올림 끝수의 4이하는 버리고, 5이상은 10으로 하여 올려서 계산하는 일. 곧, 4.4는 4로 하고 4.5는 5로 하는 따위. [비]사사 오입. —하다.
반:원(半圓) 원을 이등분한 한 부분.
반:음(半音) 음과 음 사이가 반음으로 되어 있는 음. [반]온음.
반:응(反應) 어떤 물건의 작용으로 일어나는 변화의 현상. [예]화학 반응. —하다.
반:의(反意) ①뜻에 반대함. 뜻을 어김. ②반대의 뜻. —하다.
반:의어 반대되는 뜻을 지닌 낱말. [반]동의어.
반:일(反日) 일본에 대하여 반대함. [예]반일 감정. [반]친일.
반입(搬入) 어떤 물품을 운반하여 들여옴. [예]물건을 반입하다. [반]반출. —하다.
반자 방이나 마루에 종이나 나무로 반반하게 만든 천장.
반:자르마신(Bandjarmasin) 인도네시아 보르네오 섬의 최대의 도시. 후추·금을 수출함.
반:작용(反作用) 작용과 그 크기가 같고 방향이 반대인 힘. 반동. [반]작용.
반장(班長) 반의 일을 맡아 보는 사람. [비]급장.
반:전(反轉) ①반대쪽으로 구름. ②일의 형세가 뒤바뀜. [예]형세가 반전되다. —하다.
반:절[1](反切) 지난날, 한글을 천대하여 이르던 말.
반:절[2](半切) 절반으로 자르거나 꺾음. —하다.
반:점(半點) ①온전한 점수의 절반. ②문장 부호의 한 가지. 가로쓰기 글에서의 쉼표인 ','의 이름.
반:제품 손질을 다 하지 못하여 아직 완전하지 못한 물건. [예]반제품을 가공하다. [반]완제품.
반:주(伴奏) 어떠한 악기나 노래에 맞추기 위하여 연주하는 일. [예]피아노 반주. —하다.
반죽 가루에 물을 조금 섞어서 이기는 일, 또는 그렇게 이긴 것. [예]밀가루 반죽. —하다.
반:죽음 거의 죽게 된 상태.

반:증(反證) 어떤 주장에 대하여 그것을 부정할 증거를 드는 일, 또는 그 증거. ⑩반증을 대다. —하다.

반지(斑指) 손가락에 끼는 고리.

반지르르 매끄럽고 윤이 나는 모양. 큰번지르르. 센빤지르르. —하다.

반:지름 동그라미나 공 따위의 한 가운데서 가에 이르는 거리.

반지빠르다 ①말과 행동이 얄밉다. ⑩반지빠른 녀석. ②어중간하여 쓰기에 거북하다.

반짇고리 =바느질고리.

반질거리다 매끄럽게 윤기가 흐르다. ⑩이마가 반질거리다.

반질반질 매끄러운 윤기가 흐르고 반지라운 모양. 큰번질번질. 센빤질빤질. —하다.

반짝¹ 빛이 잠깐 나타나는 모양. 큰번쩍. 센빤짝. —하다.

반짝² ①갑자기 정신이 들거나 어떤 생각이 떠오르거나 마음이 끌리는 모양. ②물건을 아주 가볍게 얼른 드는 모양. 큰번쩍.

반짝거리다 작은 불빛이 되풀이하여 반짝이다. 큰번쩍거리다.

반짝반짝 반짝거리는 모양이 계속적으로 일어나는 모양. 큰번쩍번쩍. 센빤짝빤짝. —하다.

반짝이다 빛이 세게 잠깐 나타났다가 없어지다, 또는 그리 되게 하다. ⑩별이 반짝이다.

반:쪽 ①한 개를 둘로 쪼갠 부분. ⑩배 반쪽. ②살이 많이 빠지고 야윈 모습. ⑩독감을 앓더니 얼굴이 반쪽이다.

반찬(飯饌) 밥과 아울러 먹는 여러 가지 음식.

반찬거리[—꺼리] 반찬을 만드는 데 쓰이는 여러 가지 재료.

반창고 잘 달라붙는 물질을 발라 만든 헝겊이나 테이프. 상처를 보호하거나 붕대 따위를 고정시키는 데에 쓰임.

반:추(反芻) ①소나 염소 따위가 한번 삼킨 먹이를 다시 게워 내어 씹음. 비되새김질. ②되풀이하여 음미하고 생각함. ⑩광복의 의미를 반추하다. —하다.

반출(搬出) 운반하여 냄. ⑩문화재를 반출하다. 맨반입. —하다.

반:칙(反則) 법칙이나 규정에 어그러짐. —하다.

반:침(半寢) 큰 방에 붙어 물건을 넣어 두게 만든 작은 방.

반:투명체(半透明體) 반쯤 투명한 물체로서 흰 유리·기름종이·비닐 따위.

반포(頒布) 처음으로 세상 사람들에게 널리 알림. ⑩훈민정음을 반포하다. —하다.

반:포지효(反哺之孝) 자식이 자라서 어버이의 은혜에 보답하는 효성.

반:품(返品) 사들이거나 구입한 물건을 도로 돌려 보냄, 또는 그러한 물품. ⑩개고품을 반품시키다. —하다.

반:하다 ①마음이 취하다. ②끌리다. ⑩목소리에 반하다. ③마음에 사랑을 느끼다.

반합(飯盒) 밥을 지을 수 있게 알루미늄으로 만든 휴대용 식기.

반:항(反抗) 반대하여 버팀. 맞섬. 맨복종. —하다.

반:향(反響) 어떤 일의 영향이 다른 일에 미쳐서 같은 결과가 생기는 현상.

반:환(返還) ①도로 돌려줌. ⑩책을 반환하다. ②되돌아오거나 감.

[예] 마라톤의 반환점. —하다.

받다 ①주는 것을 손에 가지다. [예] 상을 받다. [반] 주다. ②머리로 내밀다. ③우산을 펴서 쓰다. [예] 우산을 받고 가다. ④도매로 물품을 가져오다.

받드는 높이는. 중하게 여기는. [예] 어른을 받드는 마음.

받들다 높여 모시다. [예] 부모님을 잘 받들다.

받아들이다 ①받아서 자기 것으로 하다. [예] 외국 문물을 받아들이다. ②어떤 말이나 청을 들어 주다. [예] 친구의 청을 받아들이다.

받아쓰기 초등 학교 등에서 맞춤법 따위를 올바로 익히게 하려고 부르는 낱말이나 문장을 받아서 쓰게 하는 일. [예] 받아쓰기 시험. —하다.

받치다 ①'받다'의 힘줌말. [예] 우산을 받치다. ②다른 물건으로 괴다. [예] 주춧돌을 받치다.

받침 ①물건을 받쳐 놓는 물건. ②한글에서 끝소리로 되는 닿소리. '한'에서 'ㄴ' 따위.

받침대[—때] 무거운 물건 등을 받치는 데 쓰는 물건.

받침소리 한글의 받침. [비] 끝소리. 말음.

받히다 떠받음을 당하다. [예] 어둔 밤중에 기둥에 받혔다.

발:[1] 가늘게 쪼갠 대오리나 갈대를 엮어 만든 물건. [예] 발을 내리다.

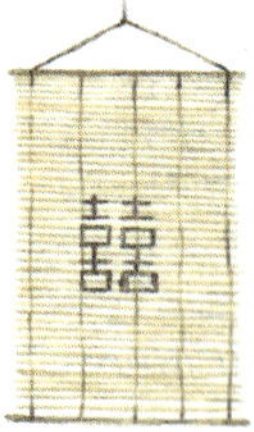

〔발[1]〕

발:[2] 두 팔을 펴서 벌린 길이.

발[3] 동물의 다리 끝에 있어서 땅을 밟는 부분.

-발[4](發) ①떠남의 뜻. [예] 서울발 부산행. ②발신의 뜻. [예] 런던발 기사.

발가락[—까락] 발의 맨 앞에 따로 갈라진 가락.

발가벗다 옷을 죄다 벗다. 알몸뚱이가 되다. [큰] 벌거벗다. [센] 빨가벗다.

발가숭이 옷을 벗고 알몸으로 있는 사람. [예] 여름에 냇가에 가서 발가숭이가 되어 멱을 감았다. [큰] 벌거숭이. [센] 빨가숭이.

발각(發覺) 숨긴 일이 드러나게 됨, 또는 들킴. [예] 범행이 발각되다. —하다.

발간(發刊) 신문·잡지 따위를 간행함. [예] 잡지를 새로 발간하다. —하다.

발:갛다〔발가니〕 조금 연하고도 곱게 붉다. [큰] 벌겋다. [센] 빨갛다.

발:개지다 발갛게 되다. [예] 무안을 당한 영희는 얼굴이 발개졌다. [큰] 벌개지다. [센] 빨개지다.

발견(發見) 세상 사람에게 알려지지 않은 일·물건을 처음으로 찾아 냄. [예] 신대륙 발견. —하다.

발광[1](發光) 빛을 냄. [예] 발광 물질. —하다.

발광[2](發狂) ①병으로 미친 증세가 일어남. ②미친 듯이 날뜀. —하다.

발광체 제 몸에서 저절로 빛을 내는 물체로서 해·촛불 따위.

발군(拔群) 여럿 가운데서 특히 뛰어남. [예] 발군의 실력으로 당당히 입상하다. —하다.

발굴(發掘) ①땅 속에 묻혀 있는 물건을 파냄. [예] 유적 발굴단. ②알려지지 않거나 뛰어난 것을 찾아 냄. 예 인재 발굴. —하다.

발그레하다 조금 곱게 발그스름하다. 예 볼이 발그레하다. 큰 벌그레하다.

발그림자[-끄림자] 오가는 발자취. 예 발그림자도 보이지 않는다.

발급(發給) 발행하여 줌. 예 주민 등록증을 발급받다. —하다.

발기(發起) 새로운 일을 꾸며 일으킴. 예 발기인. —하다.

발:기다 ①속이 드러나게 헤치다. 예 귤 껍질을 발기다. ②갈기갈기 찢다. 예 책을 찢어 발기다.

발기발기 자꾸 발기어 찢는 모양. 예 종이를 발기발기 찢다.

발길[-낄] ①발이 앞으로 나아가는 기운. ②오고 감. 예 발길이 끊어지다.

발길질[-낄질] 발로 차는 짓. 준 발질. —하다.

발깍 ①갑자기 성을 내거나 기운을 쓰는 모양. ②갑자기 뒤집히는 모양. 예 갑작스런 소식에 집안이 발깍 뒤집히다. 큰 벌꺽. 거 발칵.

발꿈치 발 뒤쪽의 전체.

발끈 ①사소한 일에 왈칵 성을 내는 모양. 예 발끈 성을 내고 나가다. ②뒤집어엎을 듯이 시끄러운 모양. 예 별일도 아닌데 발끈하다. 큰 벌끈. 센 빨끈. —하다.

발단(發端)[-딴] 일이 처음으로 일어남. 예 사건의 발단. —하다.

발달(發達)[-딸] ①자람. 커짐. ②진보하여 완전해짐. 예 과학의 발달. 비 발전. 반 퇴보. —하다.

발돋움 ①높은 곳에 손이 닿게 하기 위하여 딛고 서는 받침. ②발 끝으로 딛고 서는 짓. 예 발돋움을 하고 구경하다. —하다.

발동(發動)[-똥] ①움직이기 시작함. ②동력을 일으킴. 예 발동이 걸리다. —하다.

발동기[-똥기] 기계를 돌려 원동력을 일으키는 기계.

발동선[-똥선] 기계의 힘으로 움직이는 배. 비 통통배.

발뒤꿈치[-뛰꿈치] 발바닥의 뒤 조금 높은 곳.

발등[-뜽] 발바닥의 반대되는 곳. 곧, 발의 위쪽. 반 발바닥.

발등에 불이 떨어지다〈속〉 갑자기 매우 급한 일이 닥쳐왔다는 뜻.

발라맞추다 겉만 슬슬 꾸며 대어 알랑거리며 남을 속여 넘기다. 예 얼렁뚱땅 발라맞추다.

발랄(潑剌) 표정이나 행동이 밝고 활기가 있음. 예 발랄한 행동. —하다. —히.

발레(프 ballet) 음악과 미술을 곁들인 예술적인 무용이나 무용극.

발레리:나(이 ballerina) 발레의 여자 무용수. 특히 주역.

발렌타인 데이(St.Valentine's Day) 성 발렌타인이 순교한 날인 2월 14일. 남녀간에 선물을 주고받는 풍습이 있음.

발령(發令) 법령이나 사령·경보 등을 냄. 예 교사 발령. —하다.

발로(發露) 숨겨 두었거나 간직하고 있었던 것이 겉으로 드러남. 예 애국심의 발로. —하다.

발름거리다 자꾸 발름발름하다. 예 화가 나서 코를 발름거리다. 큰 벌름거리다.

발름발름 탄력 있는 물체가 크게 바라졌다 오므라졌다 하는 모양. 예 코를 발름발름하다. 큰 벌름벌름. —하다.

발맞추다 여러 사람이 걸음걸이를 서로 맞추다. 예 발맞추어 앞으로 나가자.

발명(發明) 전에 없던 물건을 만들어 내거나 생각하여 냄. 예 발명가. —하다.

발명가 발명한 사람, 또는 발명을 많이 한 사람.

발명왕 많은 발명을 한 사람.

발명품 새로 발명하여 낸 물품.

발목 발의 관절이 있는 곳.

발바닥[—빠닥] 발이 땅에 닿는 곳. 발의 아래쪽. 반 발등.

발바리 ①개의 한 종류. ②점잖지 못하고 큰 볼일 없이 여기저기 돌아다니는 사람을 가리키는 말.

발ː발[1] ①춥거나 무서워 작게 자꾸 떠는 모양. 예 날이 추워서 발발 떤다. ②하찮은 것을 가지고 몹시 아까워하는 모양. 예 돈 몇 푼 가지고 발발 떤다.

발발[2](勃發) 일이 갑자기 크게 일어남. 예 6·25 전쟁이 발발하다. —하다.

발버둥질 불만이 있어서 다리를 뻗었다 오므렸다 하며 몸부림치는 짓. 예 아무리 발버둥질해도 소용없다. 준 버둥질. —하다.

발벗고 나서다 무슨 일에 적극적으로 덤벼들다. 예 모금 운동에 발벗고 나서다.

발벗다 ①버선이나 양말 또는 신을 신지 않다. ②있는 재주나 힘을 다하다.

발 병[1](—病)[—뼝] 발에 생기는 병.

발병[2](發病) 병이 남. 예 발병 원인. —하다.

발본 색원(拔本塞源) 잘못된 일의 근본 원인을 뽑아 없앰. 예 공무원의 부조리를 발본 색원하다. —하다.

발뺌 책임을 벗어나려고 하는 짓, 또는 그러한 변명. 예 잘못을 하고도 발뺌만 하다. —하다.

발사(發射)[—싸] 총·대포·활·로켓 등을 쏨. 예 로켓 발사. —하다.

발산(發散)[—싼] 퍼져서 흩어짐. 예 열을 발산하다. —하다.

발상(發想)[—쌍] 궁리하여 새로운 생각을 내어 놓는 일, 또는 그 새로운 생각. 예 뛰어난 발상.

발상지(發祥地)[—쌍지] 큰 사업이나 문화가 처음으로 일어난 땅. 예 고대 문명의 발상지.

발생(發生)[—쌩] ①처음 생겨남. ②태어남. ③처음 일어남. 예 발생지. —하다.

발성 영ː화(發聲映畵)[발썽—] 영사할 때에 영상과 동시에 음성·음악 등이 나오는 영화. 반 무성 영화.

발소리[—쏘리] 걸을 때, 발이 땅에 부딪쳐 나는 소리.

발송(發送)[—쏭] 편지나 물품을 띄워 보냄. 예 합격 통지서를 발송하다. —하다.

발신(發信)[—씬] 전보·우편·전신·전파 따위를 보냄. 예 발신소. 반 수신. —하다.

발신인 편지나 전보 따위를 부친 사람. 예 발신인이 없는 편지. 반 수신인.

발싸개 버선에 발이 잘 들어가도록 버선을 신을 때 발을 싸는 천이나 종이.

발아(發芽) 풀이나 나무에서 싹이 틈. 예 예년보다 발아가 더디다. —하다.

발악(發惡) 앞뒤를 가리지 않고 모진 소리나 짓을 마구 함. 악을 쏨. —스럽다. —하다.

발안(發案) ①어떤 새로운 안을 생각해 냄. ②의견을 내놓음. [예] 발안권. 발안자. —하다.

발암(發癌) 암이 생김. 암이 생기게 함. [예] 발암 물질. —하다.

발언(發言) 자기의 의견을 말함, 또는 그 말. [예] 발언의 기회를 얻다. [반] 침묵. —하다.

발언권[—꿘] 회의 석상에서 발언할 수 있는 권리. 말할 권리. [예] 회장이 발언권을 주다.

발 없는 말이 천 리 간다〈속〉 몰래 한 말이 금방 전해진다.

발열(發熱) ①열을 냄. ②체온이 보통 상태보다 높아짐. —하다.

발열 반:응 열을 내면서 일어나는 반응. 물질을 태우거나 산에 금속을 녹이면 일어남.

발원[1](發源) ①강물이 비롯하여 흐르는 근원. [예] 발원지. ②어떤 현상·사상 등이 발생하여 일어남, 또는 그 근원. —하다.

발원[2](發願) 무엇을 바라고, 원하는 생각을 냄. [예] 신께 발원하여 자식을 얻다. —하다.

발육(發育) 발달되어 크게 자람. [예] 발육이 몹시 빠르다. [비] 성장. —하다.

발음(發音) 소리를 냄, 또는 그 소리. [예] 김 군은 영어 발음이 좋다. —하다.

발음 기관 사람이 소리를 내는 데 필요한 기관.

발음체 스스로 진동되어 소리를 낼 수 있는 물체.

발자국[—짜국] 발로 밟은 흔적이나 모양.

발자취[—짜취] ①사람이 지나간 종적. ②발로 밟은 흔적.

발장단[—짱단] 흥에 겨워 발로 장단을 맞추는 것. —하다.

발전[1](發展)[—쩐] ①일이 뻗어나가 번영해짐. [예] 문명의 급속한 발전. ②보다 높은 단계로 옮겨짐. [예] 사태의 발전을 지켜 보다. [비] 발달. [반] 퇴보. —하다.

발전[2](發電)[—쩐] 전기를 일으킴. [예] 수력 발전. —하다.

발전기[—쩐기] 전기를 일으키는 기계.

발전량[—쩐냥] 발전한 전기의 총량.

발전상[—쩐상] 발전하는 모습. [예] 서울의 발전상.

발전소[—쩐소] 전기를 일으키는 곳. [예] 원자력 발전소.

발족(發足)[—쪽] 어떤 단체나 모임 따위가 새로 생기어 그 활동을 시작함. [예] 민족 자본 회사가 발족되다. —하다.

발주(發注)[—쭈] 제품이나 상품 따위를 주문함. [예] 공사를 발주하다. [반] 수주. —하다.

발진(發進)[—찐] 군함이나 항공기 따위가 기지를 출발함. [예] 항공기가 발진하다. —하다.

발진티푸스(發疹 typhus)[발찐—] 법정 전염병의 한 가지로 온몸에 좁쌀 같은 종기가 돋고 40도의 고열이 계속됨.

발짝 한 발씩 떼어 놓는 걸음의 수효를 나타내는 말. [예] 한 발짝.

발차(發車) 기차·자동차 따위가 떠남. [반] 정차. —하다.

발착(發着) 떠나감과 닿음. [예] 발착 시간. —하다.

발:채 지게에 얹어서 짐을 담는 제구. 싸리나 대오리로 둥글넓적하게 결어 만듦.

ㅂ

발췌(拔萃) 글 가운데에서 필요하거나 중요한 부분만을 가려 뽑음, 또는 그 글. —하다.

발치 ①누워 있을 때 발을 뻗는 곳. 반머리맡. ②어떠한 물건의 아랫부분이나 끝부분.

발칵 ①기운이 갑자기 세게 솟는 모양. ②상태가 갑자기 딴판으로 바뀌는 모양. 큰벌컥.

발칸 반:도(Balkan半島) 유럽의 동남부에 있는 큰 반도.

발코니(balcony) 서양식 건축에서 문 밖으로 길게 달아 내어, 위를 덮지 않고 드러낸 자리.

〔발코니〕

발탁(拔擢) 많은 사람 가운데서 특별히 사람을 뽑아 씀. 탁발. 예신인을 발탁하다. —하다.

발톱 발가락 끝에 있는 뿔같이 단단한 부분.

발트 해(Balt海) 유럽 대륙과 스칸디나비아 반도의 사이에 있는 바다. 스웨덴·핀란드·리투아니아·라트비아·에스토니아·폴란드 및 독일 북부·덴마크가 이에 접함.

발파(發破) 바위 같은 데에 구멍을 뚫고 폭약을 넣어서 터뜨리는 일. 예발파 작업. —하다.

발 파 라 이 소(Valparaiso) 남아메리카 칠레 중부의 항구 도시. 수도 산티아고의 외항으로 남아메리카 서해안 제일의 무역항이며, 남아메리카 횡단 철도가 시작됨.

발판 높은 곳에 올라가기 위하여 걸쳐 놓은 널.

발포(發砲) 총이나 대포를 쏨. 예발포 명령. —하다.

발표(發表) 드러내어서 세상에 널리 알림. 예합격자 발표. 비공포. —하다.

발표회 학술이나 예술 등의 창작 또는 연구 결과를 발표하는 모임.

발해(渤海) 고구려의 장군 대조영이 698년 만주 지방에 세운 나라. 926년 거란족의 침입으로 멸망함.

발행(發行) 출판물을 박아 냄. 예신문 발행. 비발간. —하다.

발행인(發行人) ① 출판물을 발행하는 사람. 펴낸이. ② 어음이나 수표 따위를 발행한 사람.

발현(發現) 숨겨져 있던 것이 드러나 보임, 또는 드러나게 함. 예민족 정신의 발현. —하다.

발화(發火) ①불이 남. 예자연 발화. ②점화. —하다.

발화점[—쩜] 어떤 물건이 공기 속에서 불이 붙어 타기 시작하는 가장 낮은 온도. 예발화점이 낮은 물질. 비착화점.

발효(醱酵) 효모·세균·곰팡이 등의 작용으로, 유기물이 변하여 알코올이나 이산화탄소 등으로 바뀌는 현상. 예발효 식품. —하다.

발휘(發揮) 지니고 있는 재능이나 힘 따위를 떨치어서 나타냄. 예실력을 발휘하다. —하다.

밝다[박따] ①어둡지 않고 환하다. ②불빛 따위가 흐리지 아니하고 분명하다. ③똑똑하다. 예사리에 밝다. 반어둡다.

밝을녘[발글력] 날이 새어 밝아 올 때. 예밝을녘에 일어나다.

밝혀지다[발켜—] 분명하게 알게 되다. 예사실이 밝혀지다.

밝히다[발키—] ①어둡던 것을 환하게 하다. 예불을 밝히다. ②옳고 그른 것을 잘라 분명하게 하다. [예] 뜻을 밝히다.

밟:다[밥따] ①물건 위에 발을 올려놓고 누르다. ②발을 땅 위에 대다. [예] 고국 땅을 밟다. ③남의 뒤를 몰래 좇다. [예] 뒤를 밟다. ④어떤 순서나 절차를 거치다.

밟히다[발피—] 밟음을 당하다.

밤[1] 저녁부터 새벽 사이. [반] 낮.

밤:[2] 밤나무의 열매.

밤길[—낄] 밤에 걷는 길.

밤낮 ①밤과 낮. ②밤이나 낮이나. 늘. 언제나. [비] 항상.

밤낮없이[—나덥씨] 늘. 언제나.

밤눈 밤에 어떠한 것을 보는 눈의 힘. [예] 밤눈이 어둡다.

밤늦다[—늗따] 밤이 깊다.

밤새[—쌔] 밤의 동안. [예] 밤새 안녕하십니까? [본] 밤사이.

밤소경 밤눈이 어두운 사람.

밤:송이 밤나무 과실을 싸고 있는 겉껍데기. 가시가 많이 돋아 있고 익으면 네 갈래로 벌어짐.

밤일[—닐] 밤에 하는 일. [비] 야근. —하나.

밤잠[—짬] 밤에 자는 잠.

밤중[—쭝] 밤이 깊은 때.

밤차 밤에 운행하는 차.

밤참 밤에 먹는 군음식.

밤:톨 밤의 낱개만한 크기를 나타내는 말, 또는 밤의 알.

밥 쌀에 물을 붓고 불을 때어 끓인 음식.

밥맛 ①밥의 맛. ②음식을 먹고 싶은 욕망. [예] 밥맛이 돌다.

밥벌이 겨우 밥이나 먹고 살아갈 정도의 벌이. —하다.

밥상 음식을 차려 놓는 데 쓰는 상. [예] 밥상을 차리다.

밥술 ①밥을 떠 먹는 숟가락. ②밥 몇 숟가락.

밥알[바발] 밥의 한 알 한 알.

밥풀 ①풀 대신에 무엇을 붙이는 데 쓰는 밥알. ②밥알.

밥통 ①밥을 담는 통. ②식도와 장 사이에 있는 주머니 모양의 소화 기관. [비] 위.

밧줄 볏짚이나 삼 따위로 굵고 길게 꼰 줄. [비] 동아줄.

방(房) 사람이 먹고 자고 하기 위하여 집 안에 만든 칸.

방:가(放歌) 큰 소리로 노래를 부름. [예] 고성 방가. —하다.

방갈로(bungalow) 여름에 산이나 바닷가에서 지내도록 만든 집.

방:게 바위겟과의 게. 껍데기는 네모꼴로 어두운 녹색임. 바닷가에 가까운 민물의 모래 속에 삶.

방고래[—꼬래] 방의 구들장 밑에 연기가 통하는 길.

방:곡(放哭) 목을 놓아 욺. [예] 대성 방곡하다. —하다.

방공호(防空壕) 전쟁 때 적의 공습을 피하기 위하여 뚫거나 파서 만든 굴이나 구덩이.

방:과(放課) 그 날의 공부가 끝남. [예] 방과 후에 보자. —하다.

방관하다(傍觀—) 곁에서 보기만 하고 있다. [예] 수수 방관하다.

방광(膀胱) 콩팥에서 흘러 나오는 오줌을 한동안 저장하는, 엷은 막으로 된 주머니 모양의 기관.

방:구리 동이와 모양이 같고 크기는 조금 작은, 물긷는 질그릇.

방:귀 뱃속에 생긴 가스가 똥구멍으로 나오는 구린내 나는 가스.

방그레 입만 방긋이 벌리고 복스럽게 웃는 모양. [예] 방그레 웃다. [큰] 벙그레. [센] 빵그레.

방글거리다 입을 벌려 소리 없이

ㅂ

부드럽게 웃는 모양. ㉠방글거리는 귀여운 아이. ㉡벙글거리다. ㉣빵글거리다.

방글라데시(Bangladesh) 1972년 무력에 의해 동파키스탄이 독립한 공화국. 황마·쌀·사탕수수·담배 등이 많이 남. 수도는 다카.

방글방글 좋아서 입만 조금 벌리고 복스럽게 자꾸 웃는 모양. ㉠방글방글 웃고 있는 저 아이는 참으로 예쁘게 생겼다. ㉡벙글벙글. ㉣빵글빵글. —하다.

방금(方今) 이제. 금방. ㉠방금 도착했다. ㉯지금.

방긋 소리 없이 입만 조금 벌리고 자연스럽게 웃는 모양. ㉠귀여운 아기가 방긋 웃는다. ㉯생긋. ㉡벙긋. —하다.

방긋방긋 소리 없이 입만 벌리고 연해 웃는 모양. ㉠아기가 방긋방긋 웃는다. ㉡벙긋벙긋. ㉣빵긋빵긋. —하다.

방년(芳年) 여자의 스무 살 안팎의 꽃다운 나이. ㉠방년 19세.

방도(方途·方道) 일을 치러 갈 길. ㉠이제는 다시 살아나갈 방도를 찾아야 한다.

방독면(防毒面) 독가스나 연기 따위로부터 호흡기나 눈 등을 보호하기 위하여 얼굴에 쓰는 마스크.

방:랑(放浪)[—낭] 어디라고 정한 바가 없이 떠돌아다님. ㉠방랑 생활. ㉯방황. —하다.

방:류(放流)[—뉴] 가두어 놓은 물을 터서 흘려 보냄. ㉠저수지 물을 방류하다. —하다.

방:만(放漫) 하는 일이나 생각이 야무지지 못하고 엉성함. ㉠방만한 계획. —하다. —히.

방망이 무엇을 두드리거나 다듬는 데에 쓰는 기구. ㉠빨랫방망이. 다듬잇방망이.

방면(方面) ①뜻을 두거나 생각하는 분야. ㉠문학 방면. ②동서남북 중의 어느 위치. ㉠경상도 방면. ㉯방향.

방:목(放牧) 소·말·양 따위의 가축을 놓아 기름. ㉠말을 방목해서 키우는 목장. —하다.

방문¹(房門) 방으로 드나드는 문. ㉠방문을 닫다.

방:문²(訪問) 남의 집을 찾아감. ㉠방문 판매. —하다.

방물장수 옛날에 여자에게 소용되는 잡화를 팔러 다니던 여자.

방바닥[—빠닥] 방의 바닥.

방방곡곡(坊坊曲曲) 여러 곳. 이르는 곳마다. ㉠방방곡곡에 메아리치다. ㉯구석구석.

방백(傍白) 연극에서 연기자가 청중에게는 들리나 무대 위의 상대방에게는 들리지 않는 것으로 하고 말하는 대사.

방범(防犯) 범죄를 방지함. ㉠방범대. —하다.

방법(方法) ①그 일을 하는 법. ㉠좋은 방법이 생각났어요. ②그 일을 할 솜씨. ㉯방도. 수단.

방부제(防腐劑) 물건이 썩지 않게 하는 약제. 알코올이나 포르말린 따위. ㉠방부제를 넣은 음식은 몸에 해롭다.

방:불(彷彿) 거의 비슷함. ㉠궁전을 방불케 하는 저택. —하다.

방비(防備) 막기 위하여 준비함. ㉠적의 침략을 방비하다. ㉯방어. 수비. ㉰공격. —하다.

방비선 적을 막는 선.

방:사(放射) 바퀴살 모양으로 가운데서 그 둘레에 곧은 살로 내뻗

침. 예 방사선. —하다.
방:사능(-能) 물질을 구성하는 원자가 저절로 무너져 방사선을 내뿜는 성질, 또는 그 현상.
방:사선 우라늄이나 라듐이 내는 특수한 광선. 다른 물질에 부딪히면 열과 빛을 내고, 물질을 뚫고 나가는 힘이 센 것이 있음. 예 방사선으로 암을 치료하다.
방:생(放生) 불교에서, 사람에게 잡혀 죽게 된 생물을 놓아서 살려 주는 일. 예 물고기를 방생하다. —하다.
방석(方席) 깔고 앉기 위하여 조그맣게 만든 요.
방설림(防雪林) 눈에 의한 피해를 막기 위하여 가꾼 숲.
방:성 대:곡(放聲大哭) 목을 놓아 크게 욺. 예 시일야 방성 대곡(우국지사 장지연이 을사조약이 체결되자 황성 신문에 낸 비분에 찬 논설). —하다.
방:송(放送) ①무선 전파를 보내 라디오·텔레비전을 듣고 보게 함. 예 방송실. 유선 방송. ②놓아 보냄. 석방. —하다.
방:송국 방송을 보내는 곳.
방:송극 라디오와 텔레비전을 통해 방송하는 연극.
방수(防水) 물이 넘쳐 흐르거나 스며드는 것을 막음. 예 방수 처리를 한 옷감. —하다.
방:수로(放水路) 물을 뽑아 내거나, 내어 보내기 위하여 인공적으로 만든 물길.
방수복(防水服) 물이 새어들지 않도록 방수제를 발라 가공한 피륙으로 만든 옷.
방습(防濕) 습기를 막음. 예 방습제. —하다.

방식(方式) ①일정한 격식. 꼴. 틀. 본. ②일을 하는 차례. 절차. 예 추첨 방식.
방실방실 귀엽게 자꾸 웃는 모양. 예 방실방실 웃는 아기. —하다.
방:심(放心) 마음을 다잡지 않고 놓아 버림. 예 방심은 금물이다. 반 조심. —하다.
방싯 입을 귀엽게 벌리며 소리 없이 한번 가볍게 웃는 모양. 예 방싯 웃는 아이. 큰 벙싯. 센 빵싯. —하다.
방아 곡식을 절구에 담고 공이로 찧는 기구. 예 디딜방아.
방아깨비 머리는 앞으로 나오고 뒷다리가 매우 긴 곤충. 몸빛은 녹색 또는 회색임.
방아쇠 총에 붙어 있는 굽은 쇠. 손가락으로 잡아당겨 총을 쏘게 되어 있는 장치.
방아 타:령 경기 민요의 한 가지. 4분의 3박자로 되어 있음.
방안(方案) 일을 처리하기 위한 방법이나 계획. 예 더 좋은 방안을 궁리하다.
방안지(方眼紙) 모눈종이.
방앗간 곡식을 찧는 방아의 설비가 되어 있는 집.
방어(防禦) 적이 공격하는 것을 막아 냄. 예 몸을 방어하다. 반 습격. 침략. —하다.
방어선 적의 공격을 막기 위하여 진을 쳐 놓은 전선.
방언(方言) 사투리. 반 표준어.
방역(防疫) 전염병이 생기거나 전염되는 것을 막음, 또는 그것을 위해 취하는 조처. —하다.
방:영(放映) 텔레비전으로 방송함. 예 방영 시간. —하다.
방울 쇠붙이를 둥글고 속이 비게

만들어 그 속에 알을 넣어 흔들면 소리가 나는 물건.

방울꽃 물방울을 아름답게 일컫는 말.

방울방울 물 같은 것이 구슬같이 동글동글 맺혀 있는 모양.

방울새[—쌔] 참샛과에 속하는 새. 산이나 들·숲에 사는데, 벼·보리·조·풀씨·곤충 등을 먹음. 울음소리가 매우 고우며 다른 새의 우는 흉내를 잘 냄.

방울집게 못대가리를 집는 부분이 둥글게 된, 못을 뽑는 연장.

방위¹(方位) 어떤 방향의 위치. ㉮방위 측정. ⓑ방향.

방위²(防衛) 적이 쳐들어오는 것을 막아서 지킴. ㉮방위 성금. 방위병. —하다.

방위각(方位角) 북쪽을 기준으로 시계 바늘이 돌아가는 방향과 이루는 각도.

방위 산ː업 나라를 지키기 위한 무기 등의 군수 물자를 생산하는 산업. ㉮방위 산업체.

방위선 방향과 위치를 정하기 위해 그어 놓은 씨금과 날금.

방위세[—쎄] 국토 방위를 위한 재원 확보를 목적으로 걷는 세금.

방위 조약 집단 안전 보장의 필요에 따라 방위를 목적으로 국가간에 맺는 조약.

방위판 거리와 방위각을 그린 판.

방위표 방위를 나타내는 표.

방음(防音) 바깥의 소리가 안으로 들어오거나 안의 소리가 바깥으로 나가는 것을 막음. ㉮방음 장치. —하다.

방음벽 실외의 잡음이나 실내에서 생기는 소리의 반사를 막는 벽.

방ː임(放任) 되는 대로 내버려둠. ㉮방임 상태에 빠지다. —하다.

방ː자(放恣) 꺼리거나 삼가는 태도가 없고 제멋대로 놂. ㉮어른 앞에서 매우 방자하구나. —스럽다. —하다.

방적(紡績) 동물이나 식물의 섬유를 가공하여 실을 만드는 일. ㉮방적 공장. —하다.

방ː전(放電) 전기가 밖으로 나가는 현상. ㉮배터리가 방전되다. ⓑ충전. —하다.

방정 가볍게 하는 말과 행동. ㉮방정 떨지 마라. —스럽다.

방정맞다 말이나 하는 짓이 까불까불하다. ㉮방정맞은 녀석.

방정식(方程式) 미지항이 있는 등식. ⓑ항등식.

방정하다(方正—) 말이나 행동이 바르고 점잖다. ㉮품행이 방정한 아이. —히.

방정환(方定煥, 1899~1931) 호는 소파. 서울 출생. 색동회를 만들어 우리 나라에서 처음으로 어린이 운동을 하였으며, '어린이'란 말을 만들어 쓰고 '어린이날'을 정하였음.

방제¹(方劑) 약을 조합함, 또는 그 약. —하다.

방조제(防潮堤) 바닷물이 육지로 밀려드는 것을 막기 위하여 해안에 쌓은 둑.

방ː종(放縱) 아무 거리낌이 없이 함부로 행동함. ㉮방종한 생활. —하다.

방죽(防—) 물을 막기 위하여 쌓은 둑. ㉮방죽을 쌓다.

방지(防止) 어떠한 일을 막아 그치게 함. ㉮사고를 미연에 방지하자. —하다.

방직(紡織) 피륙을 짜는 일. ㉮방

방진(防塵) 먼지가 들어오는 것을 막음. 예 방진 장치. —하다.

방진복 실내나 기계의 먼지가 들어오는 것을 막기 위하여 입는 작업복.

방:짜 두들겨 만든 놋쇠 그릇.

방책(方策) 방법과 꾀. 예 적을 무찌를 방책을 세우다.

방첩(防諜) 간첩을 막음. 예 반공 방첩. —하다.

방청(傍聽) 회의나 방송 등을 옆에서 직접 보고 들음. 예 방청객이 몰리다. —하다.

방청권[-꿘] 회의나 방송 같은 것의 방청을 허락하는 표.

방초(芳草) 향기로운 풀. 봄의 싱그러운 풀. 예 녹음 방초.

방촌(方寸) ①한 치 사방의 넓이. ②마음. 마음 속.

방:출(放出) ①내놓음, 또는 한꺼번에 내놓음. 예 에너지 방출. ②모아 두었던 물자나 자금을 풀어서 일반 사람에게 제공함. 예 곡식을 방출하다. —하다.

방충(防蟲) 해충을 막음. —하다.

방충망 파리나 모기·나방 등의 벌레들이 날아 들어오지 못하도록 창 같은 데에 치는 그물.

방충제 해충을 방지하는 약제. 나프탈렌·디디티 등.

방:치(放置) 그대로 내버려 둠. 예 사고 차량을 길가에 그냥 방치하다. 반 보호. —하다.

방침(方針) ①앞으로 나아갈 일정한 목적·주의. 예 교육 방침. 외교 방침. 비 방향. ②방위를 가리키는 자석의 바늘.

방콕(Bangkok) 타이의 수도. 메남 강 하류에 위치하고 있으며 불교 사원이 많음.

방탄(防彈) 탄알을 막음. —하다.

방탄 유리[-뉴리] 두 장 이상의 유리를 특수한 접착제로 밀착시켜 총탄에도 깨지지 않도록 만든 유리.

방탄 조끼 권총 따위의 사격에 대하여 탄알을 막고 가슴 부위를 보호하기 위해 입는 특수 조끼.

방:탕(放蕩) 나쁜 구렁에 빠지어 성실히 일을 아니함. 예 방탕한 생활. —하다. —히.

방파제(防波堤) 바다로부터 밀려오는 세찬 물결을 막기 위하여 바닷가 둘레에 쌓아 놓은 둑. 예 방파제를 쌓다.

방패(防牌) ①전쟁에서 적군이 쏜 창이나 화살을 막는 데 쓰던 병기. ②무슨 일을 하는 데 있어서 앞장을 세울 만한 사람의 비유.

방풍림(防風林) 바람으로 인한 해를 막기 위하여 가꾸어 놓은 숲.

방:학(放學) 학교에서 학기나 학년이 끝난 뒤에 기한을 정하고 공부를 쉬는 일. 예 겨울 방학. 반 개학. —하다.

방한(防寒) 추위를 막음. —하다.

방한모 추위를 막기 위하여 쓰는 모자.

방해(妨害) 남의 일에 헤살을 놓아 해롭게 함. 예 떠들면 공부에 방해되니 조용해요. 비 훼방. 장애. 반 협력. 도움. —하다.

방향(方向) 향하는 쪽. 예 앞으로의 방향을 잘 잡아야 한다. 비 방위. 방침.

방화[1](防火) 화재를 미리 막음. 예 방화 훈련. —하다.

방화[2](邦畫) 국산 영화. 반 외화.

방:화[3](放火) 일부러 불을 지름.

—하다.

방화사(防火沙) 불을 끄기 위하여 마련해 둔 모래.

방화수(防火水) 불을 끄기 위하여 마련해 둔 물.

방황(彷徨) 일정한 방향이나 목적이 없이 떠돌아다님. [예] 거리를 방황하다. [비] 방랑. —하다.

밭[받] 물을 대지 않고 식물을 심는 땅. [예] 밭을 갈다. [반] 논.

밭갈이 밭을 가는 일. —하다.

밭걷이 밭에 심었던 곡물·야채 따위를 거두어들이는 일. —하다.

밭고랑 밭의 이랑과 이랑 사이의 홈이 진 곳.

ㅂ

밭농사 밭에서 가꾸는 농사. [반] 논농사. —하다.

밭다 건더기와 액체가 섞인 것을 체 같은 데에 부어서 국물만 따로 받아 내다.

밭두둑 밭과 밭 사이의 경계를 이루는 두두룩하게 된 언덕.

밭둑 밭 가에 둘려 있는 둑. [예] 밭둑을 거닐다. [반] 논둑.

밭뙈기 많지 않은 밭을 얕잡아 이르는 말.

밭머리 밭이랑의 양쪽 끝이 되는 부분.

밭이랑 밭에 흙을 높게 올리어 길게 만든 것.

밭일[반닐] 밭에서 하는 모든 일. [예] 밭일을 나가다. —하다.

배[1] 동물의 가슴 아래와 다리 위의 부분. [예] 배가 아프다.

배[2] 사람이나 물건을 싣고 물길로 다니는 물건. [예] 바다에 배가 떠 있다. [비] 선박.

배[3] 배나무의 열매. [예] 배는 소화제 구실을 한다.

배:[4](倍) 갑절. 곱절. [예] 은혜를 배로 갚아라.

배격(排擊) ①밀어 내침. ②남의 의견을 쳐서 말함. [예] 무조건 남의 의견을 배격해서는 안 된다. [비] 배척. —하다.

배:경(背景) ①무대 위에 꾸며 놓은 그림이나 장치 따위. [예] 무대 배경. ②뒤에서 도와 주는 힘. [예] 배경이 든든하다. ③뒤쪽의 경치. [예] 사진의 배경이 아름답다.

배:경 음악 영화나 연극·방송극 등에서 그 장면의 분위기를 돋우기 위해 내보내는 음악.

배:경 지식 작품의 시대적·역사적인 환경에 대한 지식.

배곯다[—골타] 늘 먹는 것이 적어서 배가 차지 않다. 굶거나 주리거나 하여 고통을 받다. [예] 예전에는 배곯는 사람이 많았다.

배:관(配管) 가스나 물 등 액체나 기체를 보내기 위하여 관을 설치함, 또는 그 설치물. [예] 배관 공사. —하다.

배구(排球) 여섯 명 또는 아홉 명씩 두 패로 나뉘어 서로 공을 땅에 떨어뜨리지 않도록 해 가며 하는 경기.

배:금(拜金) 돈을 지나치게 소중하게 여기는 일. [예] 배금주의.

배:급(配給) 별러서 줌. 나누어 줌. [예] 배급품. —하다.

배기(排氣) 속에 든 공기를 뽑아 버림. —하다.

배기 가스 엔진 따위에서 내부 연소가 끝나고 빠져 나가는 가스.

배기다[1] 억누르는 힘으로 밑에서 단단히 받치는 힘을 느끼게 되다. [예] 등이 배기다.

배기다[2] 어려운 일을 참고 견디다. 고통을 참고 버티다. [예] 끝까지 배겨 내다.

배꼽 ①배의 가운데에 있는 탯줄을 끊은 자리. ②열매의 꽃받침이 붙었던 자리. 꼭지.

배나무 배가 열리는 나무.

배:낭(背囊) 물건을 담아 등에 지도록 만든 주머니.

배다[1] 빽빽하다. 촘촘하다. [예] 모를 배게 심다. [반] 성기다.

배:다[2] ①뱃속에 아이나 새끼 또는 알을 가지다. [예] 고양이가 새끼를 배다. [비] 잉태하다. ②식물이 줄기 속에 이삭을 가지다. [예] 벼 이삭이 배다.

배:다[3] ①스미어 바깥으로 젖어 나오다. [예] 종이에 기름이 배다. ②버릇이 되어서 익숙하다. [예] 일이 몸에 배다.

배:다 ①물기가 스미어 젖다. ②버릇이 되어 익숙해지다. ③뱃속에 아이나 새끼 따위를 가지다. ④사이가 매우 촘촘하다.

베:다 ①베개·목침 따위로 머리를 받치다. ②칼·가위 따위로 물건을 끊거나 자르거나 가르다.

배다리 배를 잇달아 띄워 놓고 그 위에 널빤지를 걸쳐서 만든 다리.

배:달[1](配達) 돌아다니면서 물건을 날라 줌. [예] 신문 배달. [비] 배부. [반] 수집. —하다.

배:달[2](倍達) 오랜 옛적에 우리나라를 일컫던 말. [예] 배달 나라. 우리는 배달 민족이다.

배:달 민족 우리 겨레를 역사상으로 또는 예스럽게 일컫는 말.

배:달원 신문·편지 또는 물건을 날라다 주는 일을 직업으로 삼는 사람. [예] 우유 배달원. [비] 배달부.

배:당(配當) ①나누어 줌. [예] 이익 배당. ②나누어 주는 몫. [예] 배당이 적다. —하다.

배동 벼가 알을 밸 때, 대가 불룩해지는 현상. [예] 배동이 서다.

배드민턴(badminton) 네트를 사이에 두고 라켓으로 제기같이 생긴 셔틀콕을 쳐 넘기는 경기.

배럴(barrel) 야드 파운드법에서의 부피의 단위. 석유 등의 액체 계량에 주로 쓰임.

배:려(配慮) 여러 모로 자상하게 마음을 씀. 염려해 줌. [예] 불편함이 없도록 배려하다. —하다.

배리다 ①맛이나 냄새가 조금 비리다. ②매우 적어서 마음에 차지 아니하다. [큰] 비리다.

배:면(背面) 향한 곳의 뒤쪽. [반] 복면.

배목 걸쇠나 문고리에 꿰어 자물쇠를 꽂게 되어 있는 쇠.

배:반(背反) 신의를 저버리고 돌아섬. [예] 친구를 배반하지 마라. —하다.

배:배 여러 번 꼬이거나 뒤틀린 모양. [예] 배배 꼬인 끈. [큰] 비비.

배뱅잇굿 황해도를 중심으로 서도 지방에서 유행한 민속극의 하나.

배보다 배꼽이 크다〈속〉 으레 작아야 될 물건이나 그에 딸린 것이 도리어 크다.

배:본(配本) ①책을 가져다 줌. ②예약된 출판물을 예약한 사람에게 나누어 줌. —하다.

배:부(配付) 나누어 줌. 돌라 줌. [예] 시험지를 배부하다. —하다.

배부르다〔배부르니, 배불러서〕 ①음식을 넉넉히 먹어서 배 안이 꽉 차다. [예] 배부르게 먹다. ②배가 뚱뚱하고 크다. ③군색하거나 아

ㅂ

쉽지 않다. 반 배고프다.
배부른 흥정〈속〉 조금도 아쉽지 않아 자기 마음에 꼭 들면 하고, 만족하지 않으면 안 함.
배불뚝이 배가 불뚝 나온 사람.
배:상¹(拜上) 편지 끝에 쓰는 말로 삼가 올린다는 뜻. —하다.
배상²(賠償) 손해를 갚아 줌. 예 배상금. —하다.
배:색(配色) 두 가지 이상의 색을 배합함. 또, 배합한 색. 예 그 옷은 배색이 잘 되어 있다. —하다.
배:서(背書) =이서. 뒷보증.
배:선(配線) 전기의 이용에 편리하게 전선을 배치하는 일. 예 전기 배선도. —하다.
배설(排泄) 몸 속에 필요 없는 물질을 똥·오줌·땀 등으로 내보내는 일. 예 배설 작용. —하다.
배:수¹(配水) 물을 보내 줌. 예 수도 배수관. —하다.
배:수²(倍數) 갑절이 되는 수.
배:수관¹(配水管) 상수도의 물을 보내는 관.
배수관²(排水管) 불필요한 물을 뽑아 내는 관.
배수로(排水路) 물을 흘려 보내기 위한 수로. 예 배수로를 뚫다.
배:수진(背水陣) 더 이상 물러설 수 없도록 강이나 호수 따위의 물을 등지고 치는 진. 즉 목숨을 걸고 싸우는 경우의 비유. 예 배수진을 친 싸움.
배시시 다소곳한 모습으로 소리 없이 가볍게 웃는 모양.
배:신(背信) 남에 대한 신의를 저버리고 돌아섬. 예 친구를 배신하다. —하다.
배아(胚芽) 씨 속에 있어 자라서 어린 식물이 되는 부분. 쌀눈.

배:알(拜謁) 지체 높은 분을 만나 뵘. 예 황제를 배알하다. —하다.
배앓이 배를 앓는 병.
배:양(培養) ①식물을 심어 기름. ②사람을 가르쳐 기름. 예 전문 기술인을 배양하다. —하다.
배:양토 화초나 나무를 가꾸기 위하여 인위적으로 만든 흙.
배어들다 속에까지 스미다. 예 빗물이 속옷까지 배어들다.
배:역(配役) 연극이나 영화 같은 데서 배우에게 어떤 구실을 맡기는 일, 또는 그 구실. 예 흥부전의 배역을 정하다. —하다.
배열(排列) 일정한 차례나 간격으로 죽 벌여서 열을 지음. 예 가나다순으로 배열하다. —하다.
배:영(背泳) 위를 향해 반듯이 누워서 치는 헤엄. 송장 헤엄.
배우(俳優) 영화나 연극에서 연기하는 사람.
배우다 ①가르침을 받다. ②학문을 닦아서 지식을 얻다. 예 기술을 배우다. 반 가르치다.
배:우자(配偶者) 남편이 아내를, 아내가 남편을 '부부로서 짝이 되는 상대자'라는 뜻으로 이르는 말. 예 배우자를 만나다.
배웅 떠나가는 손님을 따라 나가 작별하여 보내는 일. 예 손님을 배웅하러 문 밖까지 나가다. 비 배행. 송별. 반 마중. —하다.
배유(胚乳) =배젖.
배:율(倍率) 현미경이나 망원경 따위의 확대되는 비율. 예 현미경의 배율을 조정하다.
배:은(背恩) 은혜를 저버림. 예 배은 망덕한 사람. —하다.
배자¹(胚子) 동물이 밴 새끼나 알의 날 때까지의 일컬음.

배:자²(褙子) 마고자 모양의, 소매가 없는 덧저고리.

배:재 학당(培材學堂) 우리 나라 최초의 근대식 중등 교육 기관. 현재 배재 중·고등 학교의 전신.

배:점(配點)[—쩜] 점수를 줌, 또는 그 점수. ㉠각 문제의 배점을 달리하다. —하다.

배젓기[—젇끼] 배가 나아가게 노를 젓는 일.

배:정(配定) 나누어 몫을 정함. ㉠할당량을 배정받다. —하다.

배젖[—젇] 씨앗 속에 있어, 식물이 싹틀 때에 양분이 되는 조직.

배제(排除) 물리쳐서 없앰. ㉠감정을 배제하다. —하다.

배중손(裵仲孫, ?~1273) 고려 원종 때의 장군. 삼별초의 지도자로서 몽고군에 대항해 강화도에서 항전하였음.

배:증(倍增) 갑절로 늚. 갑절로 늘림. ㉠소득 배증 사업을 벌이다. —하다.

배지기 씨름의 들기술. 상대방을 들거나 배를 지거나 하여 넘어뜨리는 공격 기술.

배짱 ①마음 속으로 다져 먹은 생각을 얕잡아 이르는 말. ②조금도 굽히지 않고 버티어 나가는 힘. ㉠배짱이 두둑하다.

배:차(配車) 자동차·전차 등을 여러 곳으로 벌려서 보냄. 차를 배치함. ㉠고속 버스의 배차 간격이 길다. —하다.

배척(排斥) 반대하여 물리침. ㉠수입품을 배척하다. 비배격. 반환영. —하다.

배:추 줄기·잎·뿌리를 먹을 수 있는 채소. ㉠김장 배추.

배:추벌레 배추흰나비의 애벌레. 몸에 털이 있고 녹색이며, 배춧잎을 먹고 자라는 해충임.

배:추흰나비 무꽃·배추꽃에 모여서 알을 낳는 흰나비. 배추벌레가 자라서 됨.

배출¹(排出) 불필요한 물질을 밀어서 밖으로 내보냄. 배설. ㉠공해 배출 업소를 적발하다. —하다.

배:출²(輩出) 인재가 계속 나옴. ㉠우리 학교에서는 뛰어난 인재들이 많이 배출되었다. —하다.

배:춧국[—추꾹] 배추를 넣어 끓인 국.

배:치¹(背馳) 반대쪽으로 향하여 어긋남. ㉠목적에 배치되는 행위. —하다.

배:치²(配置) 적당한 자리나 위치에 나누어 둠. ㉠사건 현장에 경찰을 배치하다. —하다.

배:치도 건물의 위치 관계를 나타낸 도면. ㉠좌석 배치도.

배탈 먹은 음식이 체하여 설사가 나는 병. ㉠그렇게 먹다가는 배탈난다.

배터리(battery) ①야구에서, 투수와 포수를 아울러 이르는 말. ②축전지.

배터리식 닭장(battery式—)[—닥짱] 닭을 한두 마리씩 통에 넣어 여러 층(아파트식)으로 쌓아올려 기르는 닭장.

배턴(baton) 릴레이 경주에서, 주자가 다음 주자에게 넘겨 주는 막대기.

배트(bat) 야구에서, 공을 치는 방망이. 야구 방망이.

배:포¹(配布) 널리 나누어 줌. ㉠광고지를 배포하다. —하다.

배포²(排布) 궁리하여 이리저리 조리 있게 꾀함. ㉠배포가 크다

(도량과 담력이 크다). —하다.

배:필(配匹) 부부로서의 짝. 배우. [예] 천생 배필.

배:합(配合) 알맞게 섞어 합침. [예] 사료를 배합하다. —하다.

배:합 사료(配合飼料) 여러 가지 재료를 섞어서 만든 영양분이 많은 가축의 먹이.

배회(徘徊) 정처 없이 거닒. [예] 거리를 늦게까지 배회하다. —하다.

배:후(背後) ①등 뒤. ②후원하여 주는 것. ③정면에 나서지 아니한 일의 뒷면. [예] 배후 조정.

백[1](白) ①흰 빛깔. [예] 흑과 백의 조화. ②바둑돌의 흰 알. [예] 백을 잡고 두다.

백[2](back) 등 뒤. 배경. 이면.

백[3](bag) 물건을 넣어 가지고 다니는 조그만 가방.

백골(白骨) 죽은 사람의 살이 썩고 허옇게 남은 뼈. 흰 뼈.

백골 난망(白骨難忘)[—란망] 죽어 백골이 된다 하여도 은혜를 잊을 수 없음.

백곰 털빛이 흰 곰.

백과 사:전(百科事典) 학문·예술·기술·일상 생활 등 인간 생활과 관계 깊은 온갖 사항을 간단하고 알기 쉽게 풀이해 놓은 책.

백과 전서(百科全書) 여러 가지 지식을 모아 설명하여 놓은 여러 권으로 된 책.

백관(百官) 모든 벼슬아치. 백공. 백료. [예] 문무 백관.

백구(白鷗) 흰 갈매기.

백군(白軍) 경기에서, 청·백 또는 홍·백의 두 편으로 가를 때의 백색 표의 편.

백금(白金) 열에 강하고 빛깔은 은백색이며 대단히 귀한 쇠붙이.

백기(白旗) ①흰 기. ②항복의 표시로 쓰이는 흰 기. [예] 백기를 들다(항복하다).

백날(百—) 아이를 낳은 지 백일이 되는 날.

백년 가약(百年佳約) 젊은 남녀가 결혼하여 한평생을 함께 지내자는 아름다운 약속. [예] 백년 가약한 사이. —하다.

백두산(白頭山) 함경 북도·함경 남도와 중국과의 국경 사이에 있는 우리 나라에서 제일 높은 산. 높이 2,744m. 산꼭대기에는 천지가 있음.

백랍 ①백랍벌레의 집. ②백랍벌레 수컷의 유충이 분비한 물질을 가열·용해하여 찬물로 식혀서 만든 물건. 고약·초 따위의 원료로 쓰임.

백로(白鷺)[뱅노] 부리·목·다리가 모두 길고 몸빛이 흰 새. 물고기 등을 잡아먹음. [비] 해오라기.

백록담(白鹿潭) 제주도 한라산 봉우리에 있는 못.

백마(白馬) 털빛이 흰 말.

백마강(白馬江) 금강의 하류이며 부여를 돌아 부소산을 싸고 흐르는 강. 백강.

백마 고지(白馬高地) 강원도 철원군 서북쪽에 위치한 고지. 6·25 전쟁 때의 격전지임. 높이는 395 m.

백만 대:군(百萬大軍) 아주 수가 많은 군대. [예] 백만 대군이 쳐들어왔다.

백모(伯母) 큰어머니. [반] 백부.

백묵(白墨) 분필.

백문(百聞) 여러 번 들음. [예] 백문이 불여일견(백 번 말로만 듣는 것보다 실제로 한 번 보는 것이 더 나음).
백미[1](白米) 흰쌀.
백미[2](白眉) 여럿 중에 가장 뛰어난 사람·물건. [예] 서정시의 백미.
백미에 뉘 섞이듯〈속〉 썩 드물어서 좀처럼 찾아보기 어렵다.
백반[1] 명반을 구워 만든 덩이. 염색을 들이거나 지혈제로 쓰임.
백반[2](白飯) 흰밥. 쌀밥.
백반 용액 백반이 녹아서 된 액체.
백발(白髮) 하얗게 센 머리털. [예] 백발이 성성한 노인.
백발 백중(百發百中) 총이나 활 따위를 쏠 때마다 겨눈 곳에 꼭꼭 맞음. —하다.
백방(百方) ①여러 가지 방법. [예] 백방으로 손을 쓰다. ②여러 방향 또는 방면. [예] 백방으로 알아보다.
백배(百倍) ①백 곱절. [예] 용기 백배. ②여러 곱절. —하다.
백배 사:례하다 매우 고마워 거듭거듭 사례하다.
백배 사:죄하다 여러 번 절을 하며 거듭거듭 용서를 빌다.
백병전(白兵戰) 서로 직접 맞붙어서 하는 전투. —하다.
백부(伯父) 큰아버지. [반] 백모.
백분율(百分率)[—뉼] 비율을 퍼센트로 나타낸 것. 곧, 기준량을 100으로 보았을 때, 비교하는 양을 나타내는 비율. 그 단위를 '퍼센트' 또는 '프로'라고 함.
백사(白蛇) 빛깔이 흰 뱀.
백사장(白沙場) 강이나 바닷가의 흰 모래가 깔린 곳.
백삼(白蔘) 수삼의 껍질을 벗겨 햇볕에 말린 흰 인삼. [반] 홍삼.
백색(白色) 흰 빛깔.
백서(白書) 정부가 정치·경제·외교 등에 관한 실제의 형편이나 시책을 국민에게 알리기 위하여 발표하는 보고서. [예] 노동 백서.
백설(白雪) 흰 눈.
백설 공주 〈그림 동화집〉에 나오는 옛 이야기. 아름다운 공주가 심술궂은 새어머니 때문에 갖은 고생을 겪다 일곱 난쟁이와 이웃 나라 왕자님의 도움으로 마술에서 풀려나 행복하게 살게 되고 새어머니는 벌을 받게 된다는 이야기.
백설기 시루떡의 한 가지. 멥쌀가루를 고물 없이 시루에 찐 떡.
백성(百姓) 벼슬아치가 아닌 일반 국민. [비] 국민.
백송(白松) 소나뭇과의 늘푸른 바늘잎 큰키나무. 중국의 특산으로 높이는 15m 가량. 밋밋한 껍질은 차차 비늘처럼 벗겨져 회백색으로 됨. 우리 나라에서는 천연 기념물로 지정된 것도 있음.
백숙(白熟) 고기나 생선 따위를 양념하지 않고 맹물에 푹 삶아 익히는 것, 또는 그렇게 익힌 음식. [예] 영계 백숙. —하다.
백안시(白眼視) 업신여기거나 냉대하여 흘겨봄. [반] 청안시. —하다.
백야(白夜) 위도가 높은 지방에서 밤이 되어도 어두워지지 않는 현상. [반] 극야.
백약 무효(百藥無效) 온갖 약을 다 써도 병이 낫지 않음. —하다.
백열 전:구[뱅녈—] 진공 또는 특별한 기체를 넣은 유리공 안에 필라멘트를 넣어 흰빛을 내게 만든 전구.
백엽상(百葉箱) 기온·습도·기압 등을 측정하기 위하여 만들어진 상자. 지상 1m의 높이에 설치하

ㅂ

며 안을 흰 페인트로 칠하고 온도계·습도계 등을 넣어 네 다리로 고정시켜 둠.

백옥(白玉) 흰 빛깔의 옥. 흰 구슬. [예]백옥 같은 얼굴.

백우선(白羽扇) 새의 흰 깃으로 넓게 만든 부채.

백운(白雲) 흰 구름. [반]흑운.

백운교(白雲橋) 불국사로 들어가는 윗층층대로 16계단임.

백운동 서원(白雲洞書院) 조선 중종 때 주세붕이 영주시 순흥면에 안향을 모시고자 세운 우리 나라 최초의 서원.

백의(白衣) 흰 옷.

백의민족(白衣民族) 옛날부터 흰 옷을 즐겨 입어 온 우리 민족을 가리키는 말.

백의종군(白衣從軍) 벼슬이 없는 사람으로 군대를 따라 싸움터에 나가는 일. -하다.

백인(白人) 얼굴빛이 흰 사람. 서양 사람. [반]흑인.

백인종(白人種) 피부색이 흰 인종. 유럽 인종은 거의 여기에 속함. [본]백색 인종.

백일(百日) ①백 날 동안. ②아이의 출생일로부터 백 번째의 날.

백일몽(白日夢)[배길-] '대낮에 꿈을 꾼다'는 뜻으로 도저히 실현될 수 없는 헛된 공상을 비유하여 이르는 말.

백일장(白日場)[배길짱] ①조선 때, 학업을 장려하기 위해 각 지방에서 베풀던, 시나 글을 짓도록 하는 시험. ②글짓기 대회.

백일청천(白日靑天) 해가 비치고 맑게 갠 푸른 하늘.

백일해(百日咳) 아이들에게 흔히 있는, 모진 기침을 하는 돌림병.

백일홍(百日紅) 여름부터 가을에 걸치어 빨간색의 아름다운 꽃이 피는 화초. 그 꽃이 백 날 동안이나 피어 있다 함.

백자(白瓷·白磁) 흰 빛깔로 된 도자기. 조선 시대에 유명한 자기로 서민적이며 소박한 점이 특징임. 경기도 광주의 분원이 명산지로 유명함.

백장 ①소·돼지·개 따위를 잡는 일을 업으로 삼는 사람. ②지난날, 버들고리를 겯는 일을 업으로 하던 사람.

백장이 버들잎을 물고 죽는다〈속〉 죽을 때를 당하여도 근본을 잊지 아니한다.

백전백승(百戰百勝) 백 번 싸워 백 번 이긴다는 뜻으로, 싸울 때마다 이김을 이르는 말.

백정(白丁) =백장.

백제(百濟, 기원전 18~660) 고구려·신라와 더불어 삼국 시대의 한 나라.

백조 오릿과의 물새. 날개 길이 50~55cm. 몸빛깔은 전체가 흰색이고 부리는 노란색, 다리는 검은색임. 고니.

백조자리 여름철의 초저녁 동북쪽 하늘의 은하 속에 있는 별자리. 6개의 밝은 별이 十자 모양으로 늘어서 있음.

백주(白晝) 대낮.

백중[1](百中) 음력 7월 보름날의 명절. 여러 가지 음식과 과일을 먹고 노는 날.

백중[2](伯仲) 우열을 가리기 힘듦. [예]백중한 경기. -하다.

백중맞이(百中-) 백중날에 드리는 불공. 죽은 사람의 명복을 빎.

백중지세(伯仲之勢) 서로 우열을

백지장(白紙張)[—찌짱] 하얀 종이의 낱장. 예 얼굴이 백지장 같다.

백지장도 맞들면 낫다⟨속⟩ 아무리 쉬운 일이라도 여럿이 힘을 합치면 더 쉽게 된다.

백출(百出) 여러 가지로 많이 나옴. 예 의견이 백출하다. —하다.

백치(白痴·白癡) 지능이 낮은 사람. 비 천치.

백토(白土) 빛깔이 희고 고운, 모래가 많이 섞인 흙.

백파이프(bagpipe) 스코틀랜드의 민속 악기. 가죽 주머니에 서너 개의 음관이 달려 있는, 높은 음을 낼 수 있는 통소.

백팔 번뇌(百八煩惱) 불교에서 이르는 108가지의 괴로움.

백합[1](白蛤) 참조갯과의 조개. 껍데기는 거의 둥글며 연회색임. 길이 8cm 가량이며 민물이 흘러드는 얕은 모래나 진흙 속에 사는데 맛이 좋음.

백합[2](百合) 개니리꽃같이 생긴 향기가 좋고 아름다운 흰 꽃. 비 나리.

백혈구(白血球) 피를 이루는 중요한 성분으로, 일정한 형체를 가지지 않으며 모세 혈관 밖에까지 나와서 병균을 잡는 성질이 있음.

백혈병(白血病)[—뼝] 혈액 속의 백혈구가 정상보다 많아지는 병.

백화(百花)[배콰] 여러 가지 꽃. 온갖 꽃.

백화점(百貨店) 여러 가지 상품을 벌여 놓고 파는 큰 규모의 소매 상점.

밴드[1](band) 끈. 띠.

밴드[2](band) 악단. 악대.

밸 : ① 창자. ② 마음. 예 밸도 없는 녀석. 본 배알.

밸브(valve) 기계의 실린더에서 액체나 기체의 드나드는 구멍을 여닫는 구실을 하는 것.

뱀 : 몸이 길고 둥글며, 발이 없고 입이 커서 비교적 큰 물건을 통으로 삼키며 보기에 징그러운 동물.

뱀 : 골[—꼴] 뱀이 많이 사는 곳의 일컬음.

뱀 : 장어(—長魚) 뱀같이 미끈하고 길게 생긴 물고기의 한 가지. 잔비늘로 덮였고 눈은 작으며, 등은 암갈색으로 맛이 좋음.

뱁댕이 베를 짤 때에 날이 서로 붙지 못하게 사이사이에 지르는 막대. 준 뱁대.

뱁 : 새 박샛과의 새. 날개 길이 5cm, 꽁지 6cm 가량. 굴뚝새와 비슷하나 더 곱고 예쁨.

뱁새가 황새를 따라가면 다리가 찢어진다⟨속⟩ 힘에 넘치는 일을 하면 도리어 해만 입는다.

뱁 : 새눈 작고 가늘게 찢어진 눈.

뱃고동[배꼬—] 배가 떠날 때 '붕' 하며 내는 소리. 예 뱃고동 소리.

뱃길[배낄] 배가 다니는 길. 예 뱃길을 잘 아는 어부.

뱃놀이[밴—] 배를 타고 즐겁게 노는 일. —하다.

뱃머리[밴—] 떠 있는 배의 앞끝.

뱃멀미[밴—] 배를 타면 어지러워서 괴로워하는 병. 예 배만 타면 뱃멀미를 한다. —하다.

뱃사공[배싸—] 배를 저어 부리는 사람. 준 사공.

뱃사람[배싸—] 배를 타고 고기를 잡는 사람. 예 그는 이제 뱃사람

뱃삯

이 다 되었다. 비선원. 사공.
뱃삯[배싹] 배를 타거나 배에 짐을 싣는 데 내는 돈. 비선임.
뱃살[배쌀] 배를 싸고 있는 살가죽. 예뱃살을 잡고 웃다.
뱃속[배쏙] 배의 속. 배 안.
뱃심[배씸] 염치 없이 욕심만 부리며 버티는 힘. 예뱃심이 있다.
뱃전[배쩐] 배의 좌우쪽 가장자리. 예뱃전에 걸터앉았다.
뱅 ①일정한 범위를 한 바퀴 도는 모양. ②둘레를 둘러싸는 모양. 예울타리를 뱅 둘러싸다. ③갑자기 정신이 아찔해지는 모양. 예머리가 뱅 돌다. 큰빙.
뱅글뱅글 작은 것이 매끄럽게 자꾸 도는 모양. 큰빙글빙글. 센뺑글뺑글. 거팽글팽글. —하다.
뱅뱅 ①작은 것이 연달아 도는 모양. 예팽이를 뱅뱅 돌리다. ②하는 일 없이 이리저리 돌아다니는 모양. 예집에서 뱅뱅 돌고 있다. 큰빙빙. 센뺑뺑. 거팽팽.
뱅:어 몸은 가늘고 기름하며, 빛이 흰 바닷물고기.
뱉:다[밷따] 입 속의 물건을 입 밖으로 내보내다. 예길에 침을 뱉지 마라.
버겁다[버거우니, 버거워] 힘에 겨워 다루기에 벅차다. 예나에게는 버거운 상대다.
버금 첫째의 다음 되는 차례. 다음. 예부산은 서울에 버금 가는 도시이다.
버금딸림화음 장조에서는 '파·라·도', 단조에서는 '레·파·라'의 3화음.
버:너(burner) 기체나 액체 연료 따위로 불을 피우는 장치.
버둥거리다 드러눕거나 매달려서

팔다리를 내저으며 움직이다. 예아이들이 철봉에 매달려 버둥거리고 있다. 작바동거리다.
버드나무 개울가나 들에 나는 높이 8~10m의 나무. 4월에 꽃이 피며, 가늘고 긴 가지가 늘어져 가로수로 많이 심음. 버들.
버드렁니 바깥쪽으로 벋은 이. 비뻐드렁니. 벋니.
버들 버드나무.
버들강아지 =버들개지.
버들개지 버드나무의 꽃. 솜 비슷하며 바람에 날려 흩어짐. 버들강아지.
버들잎[―닙] 버드나무의 잎.
버들치 잉어과의 민물고기. 피라미와 비슷하며, 몸길이는 8~15cm. 입에 수염이 없고 비늘이 비교적 큼.
버럭 갑자기 화를 몹시 내거나 소리를 냅다 지르는 모양. 예영길이 아버지는 화가 나셔서 소리를 버럭 지르셨다. 작바락.
버르적거리다 고통 따위에서 헤어나려고 팔다리를 내저으며 몸을 괴롭게 움직이다. 준버릇거리다. 작바르작거리다. 센뻐르적거리다.
버:르집다 ①오므라진 것을 벌려서 펴다. ②숨은 일을 들추어 내다. ③작은 일을 크게 떠벌리다. 예아무 일도 아닌 것으로 버르집어 난리냐! 작바르집다.
버릇[―륻] ①늘 하기 쉬운 짓이나 성질. 예영길이는 아침에 늦잠을 자는 버릇이 있다. 비습관. 습성. ②어른에게 대하여 차리는 예의.
버릇없다 어른에 대하여 마땅히 지켜야 할 예절을 못 차리다. 예

버릇없는 말을 하다. ―이.

버릇하다 어떤 말 아래에 쓰이어 무슨 일을 되풀이하여 버릇이 됨을 나타내는 말. [예] 손가락을 물어 버릇하면 못쓴다.

버릊다 파서 헤집어 놓다.

버리다[1] ①내던지다. [예] 휴지를 버리지 말아라. [반] 줍다. ②돌보지 아니하다. ③쓰지 못하게 만들다. [예] 과로로 몸을 버리다. ④떠나다. 등지다.

버리다[2] 움직이는 말 아래에 붙어 그 움직임을 완전히 끝냄을 나타내는 말. [예] 깜박 잊어 버리다.

버마(Burma) '미얀마'의 옛 이름.

버무리 여러 가지를 한데 뒤섞어서 만든 음식. [예] 콩버무리.

버무리다 여러 가지를 골고루 한데 뒤섞다.

버선 양말처럼 발에 꿰어 신는 물건으로, 무명으로 만듦. [예] 버선을 신다.

〔버 선〕

버섯 그늘진 땅이나 썩은 나무 따위에 나는 식물. 식용 버섯과 독버섯이 있음.

버스(bus) 일정한 요금을 내고 여러 사람이 함께 탈 수 있는 큰 자동차. [예] 관광 버스.

버저(buzzer) 전기의 힘으로 소리를 내는 장치.

버적버적 ①물기가 거의 없는 물건을 씹거나 빻거나 할 때 나는 소리. ②마음이 죄는 모양. [예] 가슴이 버적버적 타다. [작] 바작바작. [센] 뻐적뻐적. ―하다.

버젓하다 ①번듯하여 흠잡을 데가 없다. ②떳떳하여 굽힐 것이 없다. [예] 언제나 버젓한 행세를 하려면 죄를 짓지 말아라. [센] 뻐젓하다. ―이.

버짐 가렵거나 진물이 나거나 하는 피부병의 한 가지.

버찌 벚나무의 열매. 앵두보다 잘고 빛이 검붉음.

버캐 액체 속에 섞이었던 소금기가 엉기어 뭉쳐진 찌끼.

버:크셔(Berkshire) 영국의 버크셔 지방에서 개량된 돼지의 한 품종. 털빛이 검고 네 다리의 끝과 주둥이·꼬리 끝 등의 부분만 흼.

버클(buckle) 가죽 허리띠 따위를 죄어 고정시키는 장치가 있는 장식물.

버터(butter) 우유의 지방으로 만든 영양이 많은 식품.

버튼(button) ①단추. ②전기 장치에 전류를 잇거나 끊을 수 있게 만든 손으로 누르는 단추.

버티다 ①쓰러지지 아니하게 가누다. ②서로 맞서서 겨루다. [예] 떡 버티고 서다. ③참고 배기다. [예] 끝까지 버티어 가다. ④의지하게 하다. [예] 기둥으로 벽을 버티다.

버팀목 쓰러지지 않게 버티어 세우는 나무.

버팅(butting) 권투 경기에서 선수끼리 머리를 부딪치는 일.

벅벅 억지를 쓰면서 우기는 모양.

벅차다 ①힘에 부치다. [예] 어린 너에게 이 일은 너무나 벅차다. ②밖으로 넘쳐 나올 듯하다. [예] 가슴이 벅차다.

벅찬 감:정 넘칠 듯이 가득찬 감정.

번(番) ①밤을 지키는 일. 숙직.

ㅂ

㉠번들다. ②차례. ㉠5번.
번갈아 차례를 섞바꾸어. ㉠번갈아 당번이 되다. ㉫교대로.
번개 천둥칠 때에 번쩍거리는 불빛. 전기를 띤 구름과 구름이 부딪쳐 빛을 내는 현상. ㉠번갯불.
번개가 잦으면 천둥을 한다〈속〉 자주 말이 나는 일은 마침내는 그대로 되고야 만다.
번개같이 빠르다 굉장히 빠르다. ㉠손놀림이 번개같이 빠르다.
번갯불에 솜 구워 먹겠다〈속〉 거짓말을 쉽게 잘한다.
번갯불에 콩 볶아 먹겠다〈속〉 행동이 매우 민첩하고 빠르다.
번거롭다〔번거로우니, 번거로워/번거로이〕①일이 어수선하고 복잡하다. ②조용하지 못하고 수선스럽다.
번뇌(煩惱) 마음이 시달려서 괴로움. ㉠번뇌에 휩싸이다. ─하다.
번데기 자루 같은 고치 속에 죽은 듯이 들어 있는 애벌레.
번둥거리다 아무 일도 않고 뻔뻔스레 게으름만 부리다. ㉠젊은 사람이 집에서 번둥거리다.
번드레하다 외모가 윤기가 있고 미끄러워 보이다. 실속이 없이 겉만 번드르르하다. ㉠겉으로 보기에만 번드레하다. ㉣반드레하다. ㉦뻔드레하다.
번드르르 윤기가 있고 매끄러운 모양. ㉣반드르르. ㉦뻔드르르. ─하다.
번득이다 물건의 겉에 비치는 빛이 번쩍거리다. ㉠눈을 번득이다. ㉣반득이다. ㉦번뜩이다. 뻔득이다.
번들거리다 부드럽고 윤기가 날 정도로 미끄럽게 보이다. ㉠얼굴이 너무 번들거리다. ㉣반들거리다. ㉦뻔들거리다.
번들번들 ①매끄럽게 윤기가 흐르는 모양. ㉠구두를 번들번들하게 닦다. ②아무 하는 일 없이 게으름만 피우는 모양. ㉠번들번들 놀기만 한다. ㉣반들반들. ㉦뻔들뻔들. ㉧편들편들. ─하다.
번듯하다 비뚤어지거나 기울거나 굽지 않고 바르다. ㉣반듯하다. ㉦뻔듯하다. ─이.
번민(煩悶) 마음이 답답하여 괴로워함. ㉠번민에 사로잡히다. ㉫고민. ─하다.
번번이 늘. 자주. 여러 번. ㉠번번이 약속을 어기다. ㉬가끔.
번번하다 ①구김살이나 울퉁불퉁한 데가 없다. ②생김생김이 얌전하다. ㉠외모는 번번하다. ③지체가 남만 못지않게 상당하다. ㉠번번한 집 자손. ㉣반반하다. ─히.
번성(繁盛) 한창 잘 되어 성함. ㉠후손이 번성하다. ─하다.
번식(繁殖) 붇고 늘어서 많이 퍼짐. 또는 퍼지게 함. ㉠토끼를 번식시키다. ─하다.
번식기 동물이 새끼를 치는 시기.
번역(飜譯) 한 나라의 말을 다른 나라의 말로 옮김. ㉠번역이 잘 된 작품. ─하다.
번연히(幡然─) 환히. 분명히.
번영(繁榮) 일이 번성하고 영화롭게 됨. ㉠날로 번영하다. ㉫번창. ㉬쇠퇴. ─하다.
번잡하다(煩雜─) 쓸데없는 일이 많고 어수선하다. ㉠번잡한 중심가. ㉫복잡하다. ㉬쓸쓸하다.
번지(番地) 번호를 매겨서 갈라 놓은 땅. 또는 그 번호. ㉠번지가 틀려 편지가 되돌아왔다.
번ː지다 ①물이 묻은 자리가 넓게 퍼지다. ㉠잉크가 번지다. ②일이 벌어지다. ㉠일이 크게 번지기 전에 빨리 처리해라.
번지럽다〔번지러우니, 번지러워〕기름기가 묻어서 미끄럽고 윤이 나다. 〖작〗반지랍다.
번지르르 ①몹시 윤이 나고 매끄러운 모양. ㉠얼굴이 번지르르하다. ②실속은 없이 겉으로만 그럴듯한 모양. ㉠말만 번지르르하게 하다. 〖작〗반지르르. 〖센〗뻔지르르. —하다.
번질거리다 ①미끄럽게 윤기가 흐르다. ㉠얼굴이 번질거리다. ②일은 하지 않고 게으름만 피우다.
번질번질 ①윤기가 흐르고 번지러운 모양. ㉠구두가 번질번질하다. ②자꾸 게으름만 피우고 번질거리는 모양. 〖작〗반질반질. 〖센〗뻔질뻔질. —하다.
번쩍 ①가볍게 들어올리는 모양. ㉠역기를 번쩍 들다. ②갑자기 눈을 크게 뜨는 모양. ㉠눈을 번찍 뜨다. ③갑자기 정신이 드는 모양. ㉠정신이 번쩍 나다. 〖작〗반짝. 〖센〗뻔쩍.
번쩍거리다 자꾸 번쩍이는 모양. ㉠번갯불이 번쩍거리다. 〖작〗반짝거리다. 〖센〗뻔쩍거리다.
번쩍이다 빛이 잠깐 똑똑하게 나타났다 없어지다. ㉠번개가 번쩍이다. 〖작〗반짝이다. 〖센〗뻔쩍이다.
번창(繁昌) 사람이 많이 살고 번성함. ㉠우리 상점은 점점 번창해 가고 있다. 〖비〗번영. 번화. 〖반〗쇠퇴. —하다.
번트(bunt) 야구에서, 타자가 방망이로 공을 가볍게 치는 것.

번호(番號) 차례를 나타내는 호수. ㉠전화 번호.
번화(繁華) ①큰 상점이 많고 사람과 차의 왕래가 복잡함. ②번성하고 화려함. 〖비〗번잡. 번창. 〖반〗한적. —스럽다. —하다.
번화가 번성하고 화려한 거리. 번화한 거리.
벋다 ①길게 자라 나가다. ㉠덩굴이 벋다. ②힘이 미치다. ③밖으로 향해 있다.
벋정다리 자유롭게 구부렸다 폈다 하지 못하고 항상 뻗치기만 하는 다리, 또는 그런 다리를 가진 사람. 〖센〗뻗정다리.
벌¹ 벌판이나 넓은 들. ㉠황산벌 싸움.
벌ː² 꿀을 만들며 꽁무니 끝에 침이 있어서 쏘이면 아픈 벌레.
벌³ 짝을 이루는 물건을 세는 말. ㉠옷 한 벌.
벌⁴(罰) 죄를 지은 사람에게 몸과 마음에 고통을 주는 일. ㉠나쁜 짓을 하여 벌을 받았다. 〖비〗처벌. 형벌. 〖반〗상. —하다.
벌거숭이 옷을 벗고 알몸으로 있는 사람. 〖비〗알몸. 〖작〗발가숭이. 〖센〗뻘거숭이.
벌거숭이산 나무나 풀이 없는 산. 〖비〗민둥산.
벌ː겋다〔—거타〕 연하고도 곱게 붉다. ㉠눈이 벌겋다. 〖작〗발갛다. 〖센〗뻘겋다.
벌그스름하다 조금 벌겋다. 벌그스레하다. ㉠난로 옆에 있으니 얼굴이 벌그스름하다. 〖작〗발그스름하다. 〖센〗뻘그스름하다. —히.
벌금(罰金) 잘못하여 벌로 내는 돈. ㉠거리에 침을 뱉어 벌금을 물었다. 〖비〗벌과금.

벌:다¹ 틈이 벌어지다. 예 문짝이 벌다.

벌:다² ①돈벌이를 하다. 예 생활비를 벌다. ②못된 짓을 하여 벌을 스스로 청하다. 예 매를 벌다.

벌떡 급하게 일어나거나 뒤로 자빠지는 모양. 예 앉았다가 어른이 들어오시면 벌떡 일어나야 한다.

벌:떼같이 벌들이 떼를 지어 날아드는 것같이. 예 벌떼같이 몰리는 인파.

벌러덩 팔다리를 쩍 벌리고 가볍게 뒤로 자빠지거나 눕는 모양을 나타내는 말.

벌렁 '벌러덩'의 준말.

벌레 사람·짐승·새·물고기·조개 이외의 동물. 비 곤충.

벌름거리다 부드럽고 넓게 벌어졌다 닫혔다 하다. 예 코를 벌름거리다. 작 발름거리다.

벌:리다 ①두 사이를 넓히다. 예 틈을 벌리다. ②우므러진 것을 펴서 열다. 예 입을 벌리다.

벌목(伐木) 산의 나무를 벰. 예 벌목 작업이 한창이다. -하다.

벌:벌 ①춥거나 무서워서 몸을 자꾸 떠는 모양. 예 벌벌 떨다. ②얼마 되지 않는 것을 가지고 몹시 아끼는 모양. 예 몇 푼 가지고 벌벌 떤다. 작 발발.

벌써 ①이미. 예 벌써 따뜻한 봄이 왔구나! ②일찍이. ③앞서. 전에. ④어느 틈에. 예상보다 빠르게. 반 아직.

벌쓰다〔벌쓰니, 벌써서〕 잘못한 것이 있어 벌을 당하다.

벌:어먹다 벌이를 하여 먹고 살다. 예 근근이 벌어먹다.

벌:어지다 ①틈이 나서 사이가 넓어지다. ②펴지다. 반 오므라지다. ③일이 생기다. 예 경기가 벌어지다.

벌에 쐰 바람 같다〈속〉 왔다가 머무를 사이도 없이 빨리 가 버린다.

벌:이 벌어 먹고 살기 위하여 하는 일. 예 맞벌이. -하다.

벌:이다 일을 늘어놓다. 차리다.

벌:이줄 ①연이 버티도록 벌여 매는 줄. ②물건이 넘어지거나 기울어지지 않게 당겨 매는 줄.

벌:집〔-찝〕 벌의 알을 기르거나 꿀을 받기 위해 육모진 구멍을 내어 만든 집. 비 벌통.

벌집을 건드렸다〈속〉 섣불리 건드려서 큰 탈이 났다.

벌채(伐採) 산의 나무를 베어 내는 일. 예 벌채 작업. -하다.

벌칙(罰則) 법을 어겼을 때의 처벌을 정해 놓은 규칙.

벌컥 ①기운이 갑자기 나는 모양. ②어떤 상태나 일이 갑자기 뒤집히는 모양. 예 살인 사건으로 온 마을이 벌컥 뒤집히다. ③갑자기 성을 세게 내는 모양. 예 화를 벌컥 내다. 작 발칵.

벌:통 꿀벌을 치는 통. 비 벌집.

벌판 넓은 들. 비 들. 들판.

범: 모양이 표범 같으나 크고 날쌔며 사나운 짐승. 깊은 산 속에 삶. 비 호랑이.

범:나비 형상이 크고 다갈색 날개에 검은 무늬가 있는 나비.

범도 제 말하면 온다〈속〉 남의 말을 하자 마침 그 사람이 나타난다.

범:람(氾濫)〔-남〕 물이 차서 넘쳐 흐름. 예 장마로 한강이 범람하다. -하다.

범:례(範例)〔-녜〕 모범으로 삼는 예. 예 범례에 따라야 한다.

범벅 뒤섞이어 갈피를 잡을 수가 없게 된 일이나 물건. 예 일이 범벅이 되다.

범:법(犯法)[―뻡] 법에 어긋나는 일을 함. 예 범법 행위. ―하다.

범:법자 법을 어긴 사람. 예 범법자를 처벌하다.

범상(凡常) 평범함. 대수롭지 않음. 예 범상한 아이가 아니다. 비 평범. ―하다. ―히.

범:선(帆船) 돛을 달아 바람의 힘으로 가도록 한 배. 비 돛단배. 돛배.

범실(凡失) 운동 경기 등에서, 대수롭지 않은 경우에 저지르는 실수. 예 오늘 경기는 범실이 많이 났다.

범 없는 골에는 토끼가 스승이라 〈속〉 잘난 사람이 없는 곳에서는 그보다 못난 사람이 잘난 체한다.

범:연하다(汎然―) 구속되지 아니하다. 깊이 주의하지 아니하다. 예 범연한 행동. ―히.

범:위(範圍) 일정한 둘레의 언저리. 예 시험 범위.

범:인(犯人) 죄를 지은 사람. 예 살인 사건의 범인을 잡다.

범절(凡節) 법도에 맞는 모든 절차나 질서. 예 예의 범절.

범:종(梵鐘) 절에서 사람을 모이게 하거나 시각을 알리기 위하여 치는 큰 종.

범:죄(犯罪) 죄를 저질러서 법을 어김. 예 청소년 범죄가 늘어간다. ―하다.

범:하다(犯―) ①규칙을 어기다. 예 계율을 범하다. ②남의 권리를 무시하다. ③남의 땅에 발을 들여 놓다. ④옳지 못한 행동을 감히 하다. 예 잘못을 범하다.

법(法) ①법률. 예 법 앞에서는 누구나 평등하다. ②도리. ③규칙. ④형식. ⑤방법.

법고(法鼓) 부처 앞에서 치는 작은 북. 농악에서 치는 작은 북. 비 소고.

법관(法官) 법원에서 법률에 의하여 재판을 담당하는 사람.

법당(法堂) 불상을 모셔 놓고 염불도 하고 중들에게 불교의 도리를 설교도 하는 절 본채의 큰 방. 예 법당에서 설교하다.

법도(法度) ①법률과 제도. ②생활상의 예절이나 제도. 예 법도에 맞는 행동.

법랑(琺瑯)[범낭] 금속 그릇·도자기 따위의 표면에 구워 올려 윤이 나게 하는 유약. 에나멜.

법령(法令)[범녕] 법률과 명령. 예 새로 제정된 법령을 공포하다.

법률(法律)[범뉼] 나라에서 정하여 국민이 지키도록 하는 규율.

법무(法務)[범―] ①법률에 관한 사무. ②절의 법회 의식의 사무, 또는 이것을 맡아 보는 승려의 직위.

법무부 나라의 법률에 관한 일을 주로 맡아 보는 중앙 행정 기관.

법사(法師) 불법에 대해 바르게 알고, 모범이 되는 승려.

법석 여러 사람이 어수선하게 떠드는 모양. 예 학예회 준비를 하느라고 법석을 떨다. ―하다.

법선(法線) 곡선이나 곡면 위의 접선과 직각으로 교차하는 선.

법왕(法王) 로마 교회의 우두머리. 비 교황.

법원(法院) 나라의 법률에 따라 법관이 옳고 그른 것을 가려서 재판하는 기관. 대법원·고등 법

법전

원·지방 법원 등이 있음.

법전(法典) 어떤 종류의 법을 정리하여 엮은 책.

법정(法廷·法庭) 재판관이 죄인을 심문하고 판결을 하는 곳. 예법정 재판.

법주사(法住寺) 충청 북도 보은군 속리산에 있는 절. 신라 진흥왕 때 의신 대사가 세웠다고 하며, 우리 나라 유일의 나무로 만든 탑이 있는 것으로 유명함.

법치국(法治國) 일정한 법률에 의하여 다스리는 나라.

법칙(法則) ①원인과 결과의 규정. ②법식과 규칙.

법학(法學) 법률에 관한 학문.

법학도 법학을 배우고 연구하는 학생.

벗: 마음이 서로 통하여 사귄 사람. 비친구. 동무.

벗겨지다 옷·껍질 따위가 몸에서 떨어져 나가다. 예칠이 벗겨지다. 본벗기어지다.

벗기다 ①옷 따위를 벗게 하다. ②껍질을 깎거나 뜯어 내다. 예사과 껍질을 벗기다.

벗다 ①옷을 몸에서 떼어 놓다. 반입다. ②모자·신발을 몸에서 떼어 놓다. 반신다. ③빚을 갚아 가다. ④책임이나 누명을 면하다. 예맡은 책임을 벗다.

벗:삼다 벗이라고 생각하고 대하다. 예할아버지께서는 날씨만 좋으면 낚싯대를 벗삼아 하루를 즐기신다. 비벗하다.

벗어나다 ①어려운 일에서 헤쳐 나오다. 예위기에서 벗어나다. ②이치나 규율에 어그러지다. 예이치에 벗어난 발언. ③자유롭게 되다. 예시험 지옥에서 벗어나다.

벗:하다 ①친구로 삼다. 예자연을 벗하다. ②서로 허물없이 사귀다. 비벗삼다.

벙거지 털로 검고 두껍게 만든 갓처럼 쓰는 옛날 모자.

벙거지꾼 조선 시대 후기에 편지를 전해 주던 집배원.

벙글거리다 입을 벌려 소리 없이 연하여 부드럽게 웃다. 예좋아서 연해 벙글거리다. 작방글거리다. 센뻥글거리다.

벙글벙글 입을 벌려 소리 없이 연하여 부드럽게 웃는 모습. 작방글방글. 센뻥글뻥글. —하다.

벙긋 소리 없이 입만 넝큼 벌려 웃는 모습. 예벙긋 웃으시는 할아버지. 작방긋. 센뻥긋. —하다.

벙벙하다 ①정신이 얼떨떨하다. ②물이 빠지지 않고 가득하다. 예논에 물이 벙벙하다. 센뻥뻥하다. —히.

벙어리 말을 못 하는 사람.

벙어리 냉가슴 앓듯(속) 답답한 일이 있어도 남에게 말하지 못하고 혼자만 걱정하는 모양.

벙어리 장:갑 엄지손가락 외의 네 손가락이 한데 들어가도록 만든 장갑.

벚꽃[벋꼳] 벚나무의 꽃. 봄에 연분홍빛으로 피며 5개의 꽃잎으로 되어 있음.

벚나무[번—] 봄에 연분홍 꽃이 피고, 7월에 버찌가 익는 나무.

베 ①삼실이나 무명실·명주실 따위로 짠 여름 옷감. ②'삼베'의 준말. 예농가에서 베를 짜다.

베개 누울 때에 머리를 받치는 물건. 예팔베개를 베다.

베갯머리[베갠—] 베개를 베고 누

베갯속 베개를 통통하게 하기 위하여 속에 넣는 물건. 겨·조·메밀 껍질 따위를 씀.

베끼다 글을 옮겨 쓰다. ⑩ 공책에 시를 베끼다.

베네룩스 삼국(Benelux三國) 유럽에 있는 벨기에·네덜란드·룩셈부르크의 세 나라를 합쳐서 이르는 말.

베네수엘라(Venezuela) 남아메리카의 북서부에 위치한 공화국. 수도는 카라카스.

베넷(Bennett, 1867~1931) 영국 사람으로 목사이며 사회 사업가. 가난한 사람들을 위해 힘썼고 인보관을 세웠음.

베니어 합판(veneer合板) 여러 장의 얇은 널빤지를 겹쳐 붙여서 만든 판자.

베:다 ① 날이 있는 연장으로 물건을 자르거나 끊다. 町 치다. ② 머리를 베개에 대다.

베란다(veranda) 서양식 건축에서 집채의 앞쪽으로 넓은 툇마루같이 튀어나오게 잇대어 만든 부분.

베레모(프 béret帽) 천·가죽 등으로 만든, 차양이 없고 동글납작한 모자.

베르디(Verdi, 1813~1901) 이탈리아의 최대의 가극 작곡가. 웅장한 가극을 많이 작곡하였음. 작품에는 〈아이다〉〈리골레토〉〈춘희〉등이 있음.

베르사:유 조약 ① 1783년 9월 미국 독립 전쟁의 종결에 관하여 영국과 프랑스 사이에 맺은 조약. ② 제1차 세계 대전이 끝난 뒤, 1919년 6월, 프랑스의 베르사유에서 연합국과 독일 사이에 이루어진 평화 조약.

베를리오즈(Berlioz, 1803~1869) 프랑스 낭만파의 선구적인 작곡가. 작품에는 〈환상 교향곡〉〈로미오와 줄리엣〉〈로마의 사육제〉 등이 있음.

베를린(Berlin) 1990년부터 통일 독일의 수도. 제2차 세계 대전 후 미국·영국·프랑스·소련 4개국의 공동 관리하에 있다가, 1948년 이래 동·서로 나뉘어져 동부는 동독의 수도가 되고, 서부는 서독에 편입되었음.

베리 굿(very good) 대단히 좋음. 썩 잘함.

베목 삼으로 짠 옷감. 베.

베스트 셀러(best seller) 어떤 기간에 가장 많이 팔리는 책. ⑩ 금주의 베스트 셀러.

베어내다 얼마쯤을 베어서 따로 떼내다. ⑩ 고기를 한 토막 베어내다. 匿 베내다.

베어링(bearing) 회전 운동이나 왕복 운동을 잘 할 수 있도록 받치는 기계 부품. 축받이.

베이스¹(base) 야구에서, 내야의 네 귀퉁이에 놓은, 방석같이 생긴 물건, 또는 그 위치.

베이스²(bass) ① 성악에서, 남자의 가장 낮은 음. ② 베이스 음을 연주하는 악기.

베이스 볼:(baseball) ① 야구. ② 야구공.

베이식(BASIC) 컴퓨터 프로그래밍 언어의 한 가지. 누구나 쉽게 배워서 사용할 수 있도록 일상 언어의 표현에 가깝게 만든 대화형 언어임. 컴퓨터 프로그래밍을 이해하기 위한 교육용 언어로 사용되고 있음.

베이식 프로그램 베이식 언어로 작성된 프로그램.

베이징(北京) =북경.

베이컨(bacon) 돼지의 등이나 배 부분의 고기를 소금에 절여 연기를 쐬어 만든 보존 식품.

베이킹 파우더(baking powder) 빵이나 과자를 구울 때 이산화탄소를 발생하여 부풀게 하는 가루.

베일(veil) ①면사포. ②씌워서 보이지 아니하게 가리는 것. 예 베일에 싸인 사건. 비 장막.

베잠방이 베로 만든, 가랑이가 짧은 홑바지.

베짱이 여칫과의 곤충. 모양은 귀뚜라미 같고 빛이 푸르며 가을에 우는 벌레.

베테랑(프 vétéran) 어떤 방면의 기술이나 기능에 뛰어난 사람. 노련한 사람. 예 그는 이 방면에서 아주 베테랑이다.

베토벤(Beethoven, 1770~1827) 독일의 세계적인 작곡가. 고전파 말기에 낭만파의 선구를 이룸. 말년에 귀머거리가 되었으나 〈영웅〉〈운명〉〈전원〉 등 9개의 교향곡과 〈비창 소나타〉〈월광곡〉 등의 훌륭한 작품을 많이 작곡함.

베트남(Vietnam) 프랑스의 지배를 받았던, 인도차이나 반도 동쪽에 있는 나라. 수도는 하노이.

베트콩(Vietcong) 북베트남 공산당의 지원을 받아 남베트남을 치기 위해 게릴라전을 벌였던 무리.

베틀 베를 짜는 기계.

베풀다〔베푸니, 베풀어서〕 ①널리 펴다. 예 선정을 베풀다. ②주다. ③은혜를 끼치다. 예 은혜를 베풀다. ④행하다. ⑤차려서 하다. 예 잔치를 베풀다.

벤젠(benzene) 지방 따위를 녹이는 데 쓰는 물질. 특이한 냄새가 있고 불이 잘 붙음.

벤처 기업(Venture 企業) 새로운 아이디어와 기술을 바탕으로, 소규모로 시작하는 모험적인 기업.

벤치(bench) ①몇 사람이 같이 앉을 수 있게 만든 긴 의자. ②야구 경기장 안의 선수석과 감독석.

벨^1(Bell, 1847~1922) 미국의 발명가. 음성에 관한 연구를 하다가 자석식 전화기를 발명하였음.

벨^2(bell) 종. 초인종.

벨기에(België) 서부 유럽에 있는 입헌 군주국. 수도는 브뤼셀.

벨트(belt) ①혁대. 예 벨트를 매다. ②두 개의 기계 바퀴에 걸어 동력을 전하는, 띠 모양의 물건.

벵골 만(Bengal 灣) 인도양 북동부의 큰 만. 인도 반도와 미얀마에 둘러싸여 있음.

벼 쌀의 껍질을 벗기지 아니한 것. 논·밭 등에 심음.

벼농사(—農事) 벼를 가꾸고 거두는 일. —하다.

벼락 공중에 있는 전기와 땅 위의 물건이 서로 부딪쳐 일어나는 불. 예 벼락이 떨어지다.

벼락 같다 번갯불이 터지는 것처럼 기운이 세고 소리가 높다. 예 벼락 같은 호령.

벼락 공부 시험이 닥쳐서 갑자기 서둘러 하는 공부.

벼락 부:자 '갑작스럽게 된 부자'를 비유하여 이르는 말.

벼락치는 하늘도 속인다〈속〉 속이려면 못 속일 사람이 없다.

벼랑 산·언덕·들의 깎아지른 듯한 곳. 예 벼랑길. 비 낭떠러지.

벼루 먹을 가는 데 쓰는 돌.

벼룩 뛰기를 잘하며 사람과 짐승의 몸에 붙어 피를 빨아먹는 작은 벌레.

벼룩의 선지를 내어 먹지〈속〉 얼마 되지 않는 이익을 극히 부당한 곳에서 얻어먹으려고 한다.

벼룻길[—루낄] 낭떠러지를 따라서 강가로 통하는 길.

벼르다[1]〔벼르니, 별러서〕 어떤 일을 하려고 미리부터 마음을 먹다. [예] 지난 봄부터 여행을 가려고 벼르고 있었다.

벼르다[2]〔벼르니, 별러서〕 여러 몫으로 고르게 나누다. [예] 이번 과제는 여럿이 별러서 하기로 했다.

벼리다 무디어진 쇠붙이 연장을 불에 달구고 두드려 날카롭게 만들다. [예] 칼을 벼리다.

벼멸구 볏잎의 진을 빨아 해치는 작은 벌레. 몸에 비하여 날개가 크고 벼룩처럼 잘 뛰고 옆으로도 걸음.

벼베기 벼를 베는 일.

벼슬 관청 사무를 맡아 보는 자리. [비] 관직. —하다.

벼슬길[—낄] 벼슬아치가 되는 길. [예] 징원 급제를 하여 벼슬길이 트이다.

벼슬아치 벼슬자리에 있는 사람. [비] 관원.

벼슬자리[—짜리] 관청에 나가 나라 일을 맡아 하는 자리. [비] 관직.

벼 이삭 벼가 꽃대의 주위에 붙어서 익은 것.

벼훑이[—훌치] 벼를 훑어서 떠는 간단한 농기구의 하나. 두 개의 나뭇가지나 수숫대 등의 한 끝을 동여매어 집게처럼 만듦.

벽(壁) 집의 주위 또는 방의 칸막이에 흙을 발라 만든 것. 바람벽. [예] 흙벽.

벽골제(碧骨堤)[—쩨] 옛날 신라 때의 유명한 저수지. 전라 북도 김제시에 있었음. 사적 제111호.

벽난로[병날—] 화구를 벽에다 내고 굴뚝은 벽 속으로 통하게 만든 난로. [준] 벽로.

벽돌 끈기 있는 흙을 반죽하여 구워 만든 건축 재료.

벽두(劈頭) ①글이나 말의 첫머리. ②일의 첫머리. [예] 공사가 벽두부터 난관에 부딪히다.

벽란도(碧瀾渡)[병난—] 예성강 하류에 있었던 항구. 멀리 아라비아 상인들까지도 진귀한 물건을 가지고 찾아올 정도로 외국 상인들로 붐비었음.

벽력(霹靂)[병녁] 우르르 쾅쾅하는 천둥 소리. [예] 벽력치는 소리.

벽력같다 목소리가 매우 크고 우렁차다. [예] 벽력같은 소리. —이.

벽면[병—] 벽의 거죽. [예] 벽면을 칠하다.

벽보(壁報) 벽에 쓰거나 붙여 여러 사람에게 알리는 글.

벽신문(壁新聞) 여러 사람에게 보이기 위하여 벽에 신문처럼 써 붙이는 보도.

벽안(碧眼) ①눈동자가 파란 눈. [예] 벽안의 소년. ②서양 사람.

벽오동(碧梧桐) 오동나무의 한 종류로 늙어도 껍질의 푸른빛이 그대로 남아 있는 나무. 재목은 단단하고 결이 곧아 가구나 악기 등의 재료로 쓰임.

벽옥(碧玉) 푸른빛이 나는 고운 옥. [예] 벽옥 노리개.

벽장(壁欌) 벽을 뚫어 물건을 넣도록 만들어 둔 곳.

벽지¹(僻地) 도시에서 멀리 떨어져 으슥하고 한적한 곳. 예 산간 벽지.

벽지²(壁紙) 벽에 바르는 종이.

벽창호 고집이 세고 무뚝뚝한 사람을 일컫는 말.

벽촌(僻村) 외딴 곳에 떨어져 있는 으슥한 마을.

벽화(壁畫) 장식하기 위하여 건물의 벽에 그린 그림.

변ː(變) ①난리. 예 을미사변. ②갑자기 생긴 이상한 일. 예 여름에 우박이 내리니 무슨 변일까?

변경¹(邊境) 나라의 경계가 되는 곳. 비 국경.

변ː경²(變更) 바꾸어 고침. 예 출발 시간을 변경하다. —하다.

변고(變故) 재변이나 사고. 괴이쩍은 사고. 예 뜻밖의 변고를 당하다.

변ː괴(變怪) ①마땅한 도리에 어긋나는 못된 짓. ②괴이한 일.

변ː덕(變德) 이랬다저랬다 하여 자주 변하는 성질. —스럽다.

변ː덕꾸러기 변덕을 잘 부리는 사람.

변ː덕부리다 변덕스런 짓이나 말을 잘 하다.

변ː덕스럽다〔변덕스러우니, 변덕스러워/변덕스러이〕 이랬다저랬다 하여 변하기를 잘하다. 예 변덕스러운 여름 날씨.

변덕이 죽 끓듯 한다〈속〉 변덕을 몹시 부린다.

변ː덕쟁이 변덕스러운 사람.

변ː동(變動) 움직여서 변함. 예 변동 사항 없음. —하다.

변두리 ①번화하지 아니한 한적하고 구석진 땅. ②가장자리.

변ː란(變亂)〔별—〕 어떤 일로 말미암아 세상이 어지러워지는 일.

변ː론(辯論)〔별—〕 ①말로써 옳고 그름을 따짐. ②재판을 받고 있는 사람이나 변호인이 법정에서 하는 말. —하다.

변리(邊利) 빚에서 느는 이자.

변ː리사(辨理士) 특허·의장·실용신안·상표 등의 신청이나 출원 따위의 일을 대신해 주는 사람.

변ː명(辨明) 어떤 사건의 옳고 그른 것을 가리어 밝혀 말함. 예 쓸데없는 변명을 하다. —하다.

변ː발(辮髮) 남자 머리의 둘레는 밀어서 깎고, 가운데 머리만을 땋아 뒤로 길게 늘이던 머리. 지난날, 만주족의 풍습.

변방(邊方) =변경¹.

변변하다 ①별다른 흠이 없이 그런 대로 괜찮다. ②잘 갖추어져 훌륭하거나 쓸 만하다. ③격에 어울리게 의젓하다. —히.

변ː별(辨別) ①옳고 그름, 좋고 나쁨을 가림. ②분별. —하다.

변비증(便祕症)〔—쯩〕 대변이 순조롭게 누어지지 않는 증세. 준 변비.

변ː상(辨償) ①빚을 갚음. ②남에게 입힌 손해를 돈이나 물건 따위로 물어 줌. 예 깨뜨린 유리를 변상하다. —하다.

변ː색(變色) 빛깔이 변함. 예 옷이 누렇게 변색되다. —하다.

변성(邊城) 나라의 경계가 되는 변두리의 땅에 있는 성.

변ː성기(變聲期) 사춘기 때 성대에 변화가 생겨 목소리가 굵고 낮게 변하는 시기.

변ː성암(變成岩) 땅 속에서 새로운 온도나 압력 등의 영향으로 성질이나 조직이 변한 암석을 통틀어 이르는 말.
변소 =뒷간.
변:수(變數) 어떤 관계에 있어서 어떤 범위 안에서 변할 수 있는 수. 예변수가 작용하다. 반상수.
변:신(變身) 몸이나 모습을 다르게 바꿈, 또는 바뀐 그 모습. 예새롭게 변신하다. ─하다.
변:신술 몸의 모양을 바꾸는 기술. 예변신술에 능한 사람.
변:심(變心) 마음이 변함. 예변심한 애인. ─하다.
변:압기(變壓器) 교류 전압을 변화시키는 장치.
변:역(變域) 변수가 취할 수 있는 값의 범위.
변:온 동:물 몸 밖의 온도에 따라 체온이 바뀌는 동물. 뱀·개구리 따위. 반항온 동물.
변:장(變裝) 옷차림이나 모양을 고쳐서 다른 모습으로 꾸밈. 예거지처럼 변장했다. ─하다.
변:전소(變電所) 발전소에서 보내 오는 고압 교류 전류의 압력을 내리는 곳.
변:조(變造) 형태나 내용을 다르게 고침. 예서류를 변조하다. ─하다.
변:주(變奏) 어떤 주제를 바탕으로 하여, 리듬·선율 따위를 여러 가지로 바꾸고 장식하며 연주함. ─하다.
변:주곡(變奏曲) 어떤 가락을 바탕으로 해서 리듬·가락·화성·장식음 등을 변화시켜서 하나의 곡으로 만든 것.
변죽 그릇 따위의 가장자리.
변죽을 치면 복판이 운다(속) 넌지시 알리기만 하면 대번에 눈치를 채서 알아듣는다는 뜻.

변:질(變質) 물질이나 사물의 성질이 변함, 또는 그 변한 성질. 예변질된 우유. ─하다.
변:천(變遷) 세월이 흐르는 동안에 바뀌고 변함. 옮겨 달라짐. 예변천하는 시대. ─하다.
변:칙(變則) 보통의 규칙이나 원칙에서 벗어난 형태나 형식.
변:태(變態) ①형태·상태가 달라짐. ②동물이 시기에 따라 여러 가지 형태로 변하며 자라는 현상.
변:통(變通) ①일에 따라서 이리저리 처리함. 예임시 변통. ②물건을 이것과 저것을 서로 돌려 맞추어 씀. 예아무 돈이나 변통 좀 해라. ─하다.
변:하다(變─) ①달라지다. 예김치 맛이 변하다. ②새롭게 되다. ③고치다. ④바꾸다. 예안색이 변하다.
변:한 삼한의 하나. 현재의 경상남북도 및 경기도·강원도 일부를 차지하는 20여 부족 국가로 이루어졌음.
변:함없다 달라지지 않다. 예내 마음은 변함없다. ─이.
변:형(變形) 모습을 바꿈. 모양이 바뀜, 또는 그 바뀐 모양. 예머리 모양을 변형시키다. ─하다.
변:호(辯護) 남의 이익을 위하여 변명함. 예변호사. ─하다.
변:화(變化) 달라지거나 달라지게 함. 예우리 나라는 많이 변화되었다. 반불변. ─하다.
별:[1] 맑게 갠 날 밤에 하늘에서 반짝거리는 수없이 많은 물체.
-별[2](別) 이름을 나타내는 말 밑에 붙어 그 말과 같은 종류로 구별할 때 쓰이는 말. 예학급별 학생 수가 각각 다르다.

별개(別個) 서로 다른 것. ㉮이것은 그것과 별개의 문제이다.

별걱정 쓸데없는 걱정. ㉮너는 별걱정 다 한다.

별것 이상하거나 특별한 것. 보통과 특별히 다른 것. ㉮실제로 보니 별것 아니군.

별고(別故) 뜻밖의 사고. 다른 까닭. ㉮그 동안 별고 없으셨습니까?

별관(別館) 본관 외에 따로 지은 건물. ㉮K.B.S. 별관.

별궁리(別窮理)[―니] 달리 하는 궁리. ㉮별궁리를 다 해 보다.

별기군(別技軍) 특별한 기술 교육을 받은 군대. 조선 말기(1881년)에 생긴 신식 군대.

별꼴 남의 눈에 거슬려 보이는 꼬락서니. ㉮정말이지 별꼴이야.

별나다 보통과 다르다. ㉮별난 친구가 다 모여서 떠든다.

별놈 생김새나 성질·언행 따위가 별난 놈. ㉮별놈 다 보겠군.

별다르다〔별다르니, 별달라서〕 특별히 다르다. 유난히 다르다. ㉮별다른 사람.

별달리 별다르게. ㉮별달리 생각 마라.

별도리(別道理) 별다른 도리. 딴 방법. ㉮별도리가 없다.

별:똥 밤에 공중으로 빠르게 지나가는 작은 빛. ㉯유성.

별로 그다지. 남달리. 다르게. ㉮이건 별로 어려운 문제가 아니다. ㉯별반.

별말 ①뜻밖의 말. ㉮별말을 다 하는군. ㉯별소리. ②별다른 말. ㉮별말은 없었네. ―하다.

별말씀 '별말'의 높임말. ㉮별말씀을 다 하십니다. ―하다.

별맛 별다른 맛. ㉮별맛 없는 요리.

별명(別名) 본이름 외에 그 사람의 성격·용모·태도 따위의 특징을 따서 남이 지어 부르는 딴 이름. ㉯본명.

별무반(別武班) 고려 숙종 때 여진족을 정벌하기 위해 윤관이 편성한 특별 부대. 기병·보병으로 조직되었고 승려들로 조직된 항마군이 있었음.

별별(別別) 보통보다 아주 다른 이상한 가지가지. ㉮별별 생각을 다 하다. ㉯별의별.

별수(別數) 보통보다 더 좋은 어떤 방법. ㉮가는 수밖에 별수가 없다.

별수단 ①특별한 수단. ②여러 가지 수단. ㉮별수단을 다 쓰다.

별수없다 달리 어떻게 할 방법이 없다. ㉮너도 별수없구나. ―이.

별스럽다〔별스러우니, 별스러워서/별스러이〕 별난 데가 있다. 남달리 이상하다. ㉮별스런 짓.

별안간 갑자기. 잠깐 사이. 난데없이. ㉮별안간 소나기가 왔다. ㉯갑자기. ㉰이윽고.

별:이 삼형제 별 셋이 정답게 있는 모습.

별일(別―)[―닐] ①드물고 이상한 일. ②특별히 다른 일. ㉮별일이 다 많다.

별:자리[―짜리] 별이 늘어서 있는 모양을 동물이나 물체에 비유해서 이름을 붙인 것. 큰곰자리·오리온자리 등.

별장(別莊)[―짱] 자기가 사는 집 이외에 바닷가나 경치 좋은 곳에 따로 지어 두고 가끔 가서 묵는 집. ㉮바닷가에 별장을 짓다.

별채 따로 지어 놓은 집. 예별채를 서재로 꾸미다. 반본채.

별책(別册) 따로 나누어 엮어 만든 책. 예별책 부록.

별천지(別天地) 별세계. 예별천지에 온 기분.

별칭(別稱) 달리 부르는 이름. 별명. 예별칭을 부르다.

별:표 별 모양의 표. 예중요 사항에는 별표를 해 두었다.

별행(別行) 글을 써 내려가다 따로 잡는 줄. 다른 줄. 예별행을 잡다.

볍쌀 멥쌀·찹쌀을 잡곡에 대해서 일컫는 말.

볍씨 못자리에 치는 벼의 씨. 예충실한 볍씨를 고르다.

볏¹ 닭·꿩의 머리 위에 있는 맨드라미꽃같이 생긴 살. 예수탉의 볏이 빨갛고 크다.

볏² 보습 위에 비스듬히 대어 흙이 한쪽으로만 떨어지게 하는 쇠.

볏가리 벼를 베어 차곡차곡 쌓아 놓은 것.

〔볏가리〕

볏단 벼를 베어 묶어 놓은 것.

볏섬〔벼썸〕 벼를 담은 섬.

볏짚〔벼찝〕 벼의 이삭을 떨어 낸 줄기. 예볏짚으로 소 여물을 만들다. 준짚.

병:¹(病) ①건강이 안 좋아 괴로움을 느끼는 증세. 예감기는 만병의 근원이다. ②온갖 사물에 생기는 탈. 비병환.

병²(甁) 사기·오지·유리 따위로 만든, 물 같은 것을 담는 데 쓰는 목이 좁은 그릇.

병:간호(病看護) 앓는 사람을 잘 보살펴 도와 줌. 예병간호할 사람을 찾다. 준병간. —하다.

병구(兵具) 전쟁에 쓰는 도구. 비무기. 병기.

병:구완 병을 앓는 사람을 돌봐 주는 일. 예어머니 병구완을 하다. —하다.

병기(兵器) 전쟁에 쓰는 모든 무기. 비무기. 병구.

병:나다 ①몸에 고장이 생기다. 예무리를 했더니 병났다. ②기계 따위에 고장이 생기다.

병:동(病棟) 병원 안에 있는 여러 병실로 된 한 채의 건물.

병:들다 몸이나 마음에 병이 생기다. 예마음이 병들다.

병:들어 몸이 아파서. 예병들어 눕다.

병력(兵力) 군대와 병기의 힘. 비군력.

병:렬(並列) 연결 전지 따위를 같은 극끼리 잇는 방법. 양(+)극을 다른 전지의 양(+)극에 잇는 것. 반직렬. —하다.

병마개 병의 아가리를 막는 마개.

병:명(病名) 병의 이름. 예병명도 모르는 이상한 질병에 걸렸다.

병:문안 아픈 사람을 찾아보고 위로함. 예병문안 오는 친구들. —하다.

병법(兵法)〔—뻡〕 군사 작전의 방법. 예손자 병법.

병비(兵備) 미리 갖추어 놓은 군대나 병기 따위.

병사(兵士) 병정. 비군사.

병:상(病床) 병자가 눕는 침상. 예병상에 눕다.

병:석(病席) 병자가 앓아 누워 있

병선

는 자리. 예병석에 있는 친구.
병선(兵船) 전쟁에 쓰는 모든 배. 군선. 전선. 전함.
병:세(病勢) 병이 더하고 덜하는 형세. 예병세가 호전되다.
병:시중 병구완. 예병시중을 들다. —하다.
병:신(病身) ①몸의 한 부분이 부족한 사람. ②병든 몸. ③재주가 남만 못한 사람.
병:실(病室) 환자가 있는 방.
병아리 닭의 새끼.
병:약(病弱) ①병에 시달려 몸이 약함. ②몸이 허약하여 병에 걸리기 쉬움. 예병약한 몸. 반강건. —하다.
병어 병어과의 바닷물고기. 몸길이 60cm 가량, 몸통은 납작하고 둥그스름한 마름모꼴이며, 등은 푸른빛을 띤 은백색임.
병역(兵役) 군대에 들어가 군복무를 다하는 일. 예병역 의무.
병역법 국민이 군인이 되어 일할 것을 규정한 법률.
병역 의:무 국토 방위를 위해 일정한 나이에 이른 남자가 군대에서 복무할 의무. 예병역 의무를 마치다.
병영(兵營) 병사들이 집단으로 들어가 생활하는 집.
병:와(病臥) 병으로 자리에 누움. 와병. —하다.
병:원¹(病院) 질병을 진찰·치료하는 곳. 비의원.
병:원²(病源) 병의 근원. 예병원을 알 수 없다.
병:원놀이 병원에서 의사나 간호사가 하는 일을 흉내내어 노는 놀이.
병:원선 다치거나 병든 사람을 수용하여 진찰하고 치료하는 배.
병:원체 생물체에 기생하여 어떤 병을 일으키는 생물.
병:인양요(丙寅洋擾) 1866년 병인년에 대원군이 천주교를 억누를 때 프랑스인도 함께 처형한 것을 트집잡아, 프랑스가 자국 함대를 강화도에 불법 상륙시켜 소란을 피운 사건.
병:자(病者) 병이 든 사람. 예병자를 보살피다. 비환자.
병:자호란(丙子胡亂, 1636~1637) 조선 인조 때 청 태종의 침입으로 일어난 청나라와의 싸움.
병정(兵丁) 군인. 비병사.
병졸(兵卒) 계급이 낮은 군인. 비병정. 반장군.
병 주고 약 준다〈속〉 해를 입힌 뒤에 어루만진다.
병:중(病中) 병으로 앓는 동안. 예병중의 몸.
병:진(並進) 함께 나란히 나아감. —하다.
병참(兵站) 전장의 후방에서, 식량·탄약 따위 군수품의 보급과 후방 연락선의 확보 등을 맡아 보는 일, 또는 그 기관. 예병참 기지.
병:창(並唱) 여럿이 한데 모여 노래를 부름. 예들을수록 좋은 가야금 병창. —하다.
병:충(病蟲) 병해를 일으키는 벌레. 예병충의 피해를 입다.
병:충해 식물이 병균과 벌레 때문에 입는 해. 예농작물의 병충해를 예방하다.
병:치(並置) 나란히 놓음, 또는 나란히 설치함. —하다.
병풍(屛風) 바람을 막거나 물건을 가리기 위하여 방 안에 치는 물건.

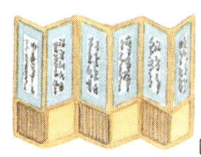
〔병풍〕

병풍바위 병풍 모양으로 죽 서 있는 바위.

병:합(倂合) 둘 이상의 기관을 합쳐 하나로 만듦. 합병. —하다.

병:해(病害) 병 때문에 입는 농작물의 피해.

병:행(並行) ①나란히 같이 감. ②두 가지 일을 한꺼번에 함. —하다.

병화(兵禍) 전쟁으로 인한 피해.

병:환(病患) 어른의 병을 높여 일컫는 말.

볕 햇빛으로 말미암아 따뜻하고 밝은 기운.

볕들다〔볕드니, 볕들어〕 볕이 비치어 들어오다.

보(洑) 논에 물을 대고자 막아 놓은 둑. '봇물'의 준말.

보:강(補強) 빈약한 것을 보태고 채워서 더 튼튼하게 함. ㉠체력을 보강하다. —하다.

보:건(保健) 건강을 지키고 유지하는 일. ㉠보건소. —하다.

보:건 복지부 보건 위생·방역·의약·아동 등에 관한 일을 맡아 보는 중앙 행정 기관의 하나.

보:건소 고장 사람들의 건강을 보살피고, 질병을 예방하는 일을 맡아 보는 행정 기관.

보:건 위생 건강을 돌보고 병의 예방과 치료에 힘쓰는 일.

보:검(寶劍) 매우 귀중하고 보배로운 칼. ㉲보도. 명검.

보:결(補缺) 빈 자리를 채움. ㉠보결 시험. —하다.

보:고¹(報告) ①알려 줌. ②시킨 일을 하고 나서 그 경과를 말 또는 글로 알림. ㉲신고. 통고. —하다.

보:고²(寶庫) ①재물을 쌓아 둔 곳집. ㉠부여는 백제 문화의 보고이다. ②많은 재물이 나는 곳. ㉠남해는 수산 자원의 보고이다.

보:고문 견학 기록이나 조사·실험·연구·관찰 기록 등을 간추려서 쓴 글.

보:고서 보고하는 내용을 적은 문서. ㉳보고.

보:관(保管) 보호하여 잘 간수함. ㉠이 책을 잘 보관해라. —하다.

보:교(步轎) 가마의 한 가지. 앞뒤에서 사람이 걸머메고 다니는 옛날의 탈것. ㉠보교꾼.

보:국(報國) 충성을 다하여 나라의 은혜를 갚음. —하다.

보:균자(保菌者) 병에 걸리지 않았으나, 병원균을 몸 안에 지니고 있는 사람.

보그르르 물이나 거품이 좁은 범위 안에서 야단스럽게 끓어오르거나 일어나는 모양, 또는 그 소리. ㉠씨개가 보그르르 끓다. ㉰부그르르. ㉱뽀그르르.

보금자리 ①새가 사는 곳. 새의 둥지. ②재미있게 사는 가정. 자기의 집. ㉠여기가 우리의 보금자리다.

보:급¹(普及) 널리 퍼지게 함. ㉠컴퓨터가 보급되다. —하다.

보:급²(補給) 물품을 뒷바라지로 대어 줌. ㉠쌀을 보급하다. ㉲공급. —하다.

보:급로(補給路) 〔—금노〕 보급품을 나르는 데 이용되는 길. ㉠식량의 보급로를 차단하고 공격을

시작했다. 町보급선.
보ː급소(補給所) 일정한 지역 안에서 신문의 보급과 배달을 맡아 하는 신문사의 한 조직.
보ː급판(普及版) 널리 보급하기 위해 싼 값으로 박아내는 인쇄물.
보기 본보기. 예보기에서 골라라. 町예.
보기 좋은 떡이 먹기도 좋다〈속〉 겉모양이 좋으면 내용도 좋다는 말.
보기 흉한 보기 싫은. 보기에 좋지 못한. 예보기 흉한 모습.
보길도(甫吉島) 전라 남도 완도군에 있는 섬. 윤선도가 이 곳에서 시조〈어부사시사〉를 지은 것으로 유명함.
보깨다 먹은 음식이 소화가 안 되어 뱃속이 거북하고 괴롭다.
보나마나 볼 것도 없이. 자기의 짐작이 틀림없을 것이라는 표현. 예그건 보나마나야. ─하다.
보내기 번트 야구에서, 주자를 전진시키기 위한 번트.
보내다 ①물건을 부쳐 주다. ②사람을 가게 하다. 예심부름을 보내다. ③시간을 지나가게 하다. 예요양을 하며 나날을 보내다.
보ː너스(bonus) 상여금. 예연말 보너스를 타다.
보다[1] ①구경하다. 예영화를 보다. ②일을 맡아서 하다. 예그 일을 책임지고 보다. ③지키다. 예집을 보다. ④두루 살피다.
보다[2] ①두 가지를 비교할 때에 쓰는 말. 예작년보다 춥다. ②짐작의 뜻을 나타내는 말. 예비가 오나 보다.
보ː답(報答) 은혜를 갚음. 예그의 은혜를 무엇으로 보답할 수 있을까. ─하다.
보ː도[1](步道) 사람이 걸어다니는 길. 예횡단 보도. 町인도.
보ː도[2](報道) 여러 가지 소식을 전하여 알림. 예신문 보도. 町통보. ─하다.
보ː도국 방송국에서, 국내외의 여러 가지 새로운 소식을 모아 간추려서 방송에 내보내는 일 등을 맡은 부서.
보ː도 블록(步道block) 보도 바닥에 까는 시멘트 덩어리.
보드득 물건을 힘주어 비빌 때 나는 소리. 예이를 보드득 갈다. 큰부드득. 쎈뽀드득. ─하다.
보드랍다[보드라우니, 보드라워서] ①거세지 아니하고 매끄럽다. ②곱고도 순하다. 예살결이 보드랍다. 큰부드럽다.
보디(body) 사람의 몸. 신체.
보디빌딩(body building) 운동을 하여 근육을 잘 발달시켜 우람하고 보기 좋은 몸매로 가꾸는 일.
보따리 물건을 보자기로 싸서 꾸린 뭉치. 예보따리 장수.
보라 '보랏빛'의 준말.
보라매 그 해에 난 새끼를 길들여서 사냥에 쓰는 매.
보람 한 일의 좋은 결과. 예보람 있는 일을 하고 싶어요. 町효과. 효력. 성과.
보람차다 매우 보람있다. 예보람 찬 하루였다.
보랏빛 자주에 남빛이 조금 섞인 빛. 예보랏빛의 제비꽃.
보렴 보아라. 예아기가 잘 자고 있는지 가 보렴. 본보려무나.
보ː료 짐승의 털이나 솜으로 두껍게 만들어 앉는 자리에 항상 깔아 두는 요.

보:루(堡壘) 돌·흙·콘크리트 따위로 튼튼하게 쌓은 진지.

보:류(保留) 어떤 일의 결정을 뒷날로 미루어 둠. [예] 소풍 계획을 보류하다. —하다.

보르네오(Borneo) 동남 아시아에 있는 세계 제3위의 큰 섬.

보르도액(프 Bordeaux液) 살균제의 하나. 황산구리와 생석회를 혼합한 액체로, 채소·과일 등의 해충을 죽이는 데 쓰임.

보름 ①열다섯 날 동안. ②그 달의 십오일. [예] 팔월 보름.

보름날 음력으로 그 달의 초하룻날부터 시작하여 열다섯째의 날.

보름달[—딸] 음력 보름날에 뜨는 매우 둥근 달. [예] 뒷동산에 보름달이 떠올랐어요. [비] 만월.

보릅이 벼농사가 끝난 뒤에 논에 또 보리를 심기 위해 다시 밭을 가는 일.

보리 볏과에 딸린 한해살이 곡식풀. 봄보리와 가을보리가 있는데 열매는 주요 잡곡임. [예] 보리밥.

보리밥에는 고추장이 제일이다 〈속〉 무엇이든지 자기의 격에 알맞도록 해야 좋다.

보리밭 보리를 심은 밭.

보리수(菩提樹) 인도 가야산 밑에 있는 나무. 석가가 이 나무 아래에서 도를 깨달았다고 함.

보릿고개 지난날, 농촌에서 묵은 곡식은 떨어지고 보리는 아직 여물지 않아 식량이 없어 지내기 가장 어려웠던 음력 4·5월.

보:모(保姆) ①유치원의 여교사의 옛 이름. ②옛날에 왕세자를 교육하던 여자.

보:무(步武) 씩씩하게 걷는 걸음걸이. [예] 보무도 당당하다.

보:물(寶物) ①금·은·금강석·진주 같은 아주 귀하고 좋은 물건. [비] 보배. ②국보 다음 가는 중요 유형 문화재.

보:물섬 ①보물이 있는 섬. 보물을 감추어 둔 섬. ②영국의 작가 스티븐슨이 지은 모험 소설 이름.

보:물찾기 상품의 이름을 적은 쪽지를 미리 여러 곳에 감추어 두고 이것을 찾아 가지고 오는 사람에게 그 적힌 물건을 주는 놀이의 한 가지. —하다.

보:배(←寶貝) 귀중한 물건. [비] 보물. 보화. —스럽다.

보:배롭다〔보배로우니, 보배로워서/보배로이〕 보배로 삼을 만한 가치가 있다. [예] 보배로운 조상의 문화 유산.

보:병(步兵) 소총을 가지고 도보로 전투하는 군대.

보:복(報復) 원수를 갚음. [예] 범인의 보복이 두려워 증인 진술을 거부하다. [비] 앙갚음. —하다.

보부상(褓負商) 조선 시대 시골의 장터를 다니던 행상. 화장품 같은 일용품을 팔러 다니는 봇짐 장수와 농기구 등을 팔러 다니는 등짐 장수를 두루 이르던 말.

보살(菩薩) ①부처 다음 가는 성인의 이름. ②불교를 알뜰히 믿는 여자 늙은이.

보살피다 ①친히 보며 감독하다. ②돌보아 주다. [예] 고아들을 보살피는 고아원.

보:상[1](補償) 남의 손해를 갚아 줌. [예] 홍수로 인한 피해를 보상해 주다. —하다.

보:상[2](報償) 남으로부터 받은 것이나 빚진 것을 갚음. —하다.

보:색(補色) 색상이 다른 두 가지

보색 대비

빛을 합하여 흑색 또는 회색의 한 빛을 이룰 때 이 두 빛을 서로 일컫는 말. 곧 빨강과 초록, 주황과 파랑 등.

보ː색 대ː비 보색 관계에 있는 색끼리 이웃해 놓았을 때에 일어나는 현상.

보서다(保—) 남을 보증하여 주다. ㉠ 함부로 보서지 말아라.

보ː석(寶石) 몸치장에 쓰이는 귀하고 값진 돌. 금강석 따위.

보성 학교 조선 말, 광무 9년(1905)에 이용익이 서울 전동에 세운 민족 학교. 민족 교육에 앞장 섰음.

보ː세 가공(保稅加工) 외국으로부터 수입한 원료를 가공하는 일.

보송보송 ① 잘 말라서 물기가 없이 보드라운 모양. ② 얼굴이나 살결이 때가 빠지고 보드라운 모양. ㉠ 목욕시킨 아기 얼굴이 보송보송하다. 〔큰〕 부숭부숭. —하다.

보ː수¹(保守) 낡은 생각이나 풍습 따위를 그대로 가지고 지킴. ㉠ 보수 정당. 〔반〕 혁신. —하다.

보ː수²(報酬) ① 보답함. 갚음. ② 한 일에 대한 소득. ㉠ 보수를 받다. —하다.

보ː수주의(保守主義) 지금 상태가 유지됨을 바라면서, 전통·역사·관습·사회 조직을 지키려는 주의나 주장. ㉠ 보수주의 세력이 다수를 차지한다. 〔반〕 진보주의.

보ː수파 ① 보수주의를 믿고 받드는 당파. ② 조선 시대 말, 개화파에 대하여 예로부터 내려오는 우리의 것을 쉽게 바꿈으로써 일어나는 폐단을 막고 옳은 것을 골라 서서히 개혁하자는 파. 사대당이라고도 함.

보스(boss) 우두머리.

보스턴(Boston) 미국 매사추세츠 주의 중심 도시이며 항구 도시. 공업이 성하며 교육 도시로서 역사가 깊음.

보슬보슬 눈이나 비가 가늘고도 성기면서 보드랍게 떨어지는 모양. ㉠ 봄비가 보슬보슬 내리다. 〔큰〕 부슬부슬.

보슬비 보슬보슬 오는 비. 〔큰〕 부슬비.

보습 모양이 삽같이 생긴, 땅을 파서 헤치는 농기구.

보ː습(補習) 일정한 학과 과정을 마치고 다시 학습이 부족한 것을 보충하여 익힘.

보ː시(布施) 절이나 승려 또는 가난한 사람 등에게 돈이나 물품을 베풂. —하다.

보시기 김치·깍두기 따위를 담는 작은 사기그릇.

보ː신(補身) 보약이나 영양 식품을 먹어서 몸의 힘을 도움. ㉠ 보약을 먹고 몸 보신하다. —하다.

보ː신각(普信閣) 서울 종로에 있는 누각. 조선 태조 때 처음 세운 것으로 보신각의 종을 울려 서울로 통하는 4대문을 열고 닫았음. 보물 제2호로 지정됨.

보쌈(褓—) ① 양푼만한 그릇 바닥에 먹이를 붙이고 고기가 들어갈 구멍을 내고 보로 싸서 물 속에 가라앉혔다가 건져 내어 물고기를 잡는 제구. ② 뜻밖에 어떤 사람에게 붙잡혀 가는 일.

보쌈김치(褓—) 배추를 쪼개 절여 속을 넣고 잎사귀로 휘감아 담근 김치.

보ː얗다[—야타] 맑지 않고 안개나 연기가 낀 것같이 희끄무레하다. ⓔ유리창이 보얗다. ⓚ부옇다. ⓢ뽀얗다.

보:얘지다 보얗게 되다. ⓔ그 동안에 보얘졌구나. ⓚ부예지다. ⓢ뽀얘지다.

보:온(保溫) 일정한 온도를 보전함. ⓔ보온병. —하다.

보:완(補完) 모자라는 것이나 잘못된 것을 더하여 완전하게 함. ⓔ결점을 보완하다. —하다.

보:우(保佑) 보살피어 도와 줌. ⓔ하느님이 보우하사 우리 나라 만세. —하다.

보:위(保衛) 보호하여 지킴. ⓔ국토를 보위하다. —하다.

보:유(保有) 지니고 있음. ⓔ현금을 많이 보유하다. —하다.

보:유액(保有額) 지니고 있는 액수. ⓔ현금 보유액.

보:육(保育) 어린이를 보호하여 기름. ⓔ보육원. —하다.

보:은(報恩) 은혜를 갚음. ⓔ결초보은. —하다.

보이다[1] 눈에 뜨이다. ⓔ산이 보이다. ⓩ뵈다.

보이다[2] 남으로 하여금 보게 하다. ⓔ웃어 보이다. ⓩ뵈다.

보이 스카우트(boy scouts) 소년 수양 단체의 하나. 소년단 또는 소년군이라고도 함. 1908년 영국의 베이든 포웰 장군이 처음 조직한 것으로 현재 세계적으로 널리 퍼져 있음.

보이콧(boycott) 소비자들이 단결하여 어떤 물건이나 상품을 사지 않고 거래를 단절하는 일. —하다.

보일러(boiler) 실내를 덥게 하거나 욕탕 등에 더운물을 보내기 위해 물을 끓이는 시설.

보자기 물건을 싸기 위하여 피륙으로 네모지게 만든 물건.

보잘것없다[--꺼덥따] 볼 만한 값어치가 없다. ⓔ그것은 보잘것 없는 물건입니다. —이.

보:장(保障) 손해를 보거나 어려움을 겪거나 하는 일이 없도록 보호함. ⓔ신분을 보장하다. —하다.

보:전(保全) 잘 보호하여 지켜 나감. ⓔ환경을 보전하다. —하다.

보:조[1](步調) ①여럿이 함께 걸을 때, 걸음걸이나 걸음의 속도. ⓔ보조를 맞추다. ②여럿이 함께 무슨 일을 할 때, 서로의 조화나 통일 상태. ⓔ서로 보조가 맞지 않는다.

보:조[2](補助) ①모자람을 채우기 위하여 도와 주는 일, 또는 그 도움. ⓔ국가의 보조를 받다. ②일손을 돕는 일, 또는 그런 사람. ⓔ보조 교사.

보조개 볼에 옴폭하게 우물져 들어가는 자리. ⓑ볼우물.

보:조국사(普照國師, 1158~1210) 고려 시대의 유명한 승려. 성은 정, 이름은 지눌. 보문사 등에서 수도하였음.

보:조선사(普照禪師, 804~880) 신라 시대의 이름난 승려. 성은 김, 이름은 체징. 당나라에 유학하고 돌아와 불교를 위하여 크게 활약하였음.

보:존(保存) 없어지거나 상하거나 하지 않고 그대로의 상태를 잘 지니게 함. ⓔ유적을 보존하다. —하다.

보:증(保證) ①거짓이 없다는 것을 증명함. ②빚 쓴 사람이 아니 갚을 때에는 자기가 대신 갚겠다

고 약속함. [예] 보증서. —하다.

보:증금 계약을 맺을 때 담보로 내는 돈. [예] 공사 계약 보증금.

보:증 수표 은행의 지급 보증을 받은 수표. [준] 보수.

보:직(補職) 공무원에게 어떤 일을 맡을 것을 명령함, 또는 그 일. [예] 건설국 과장으로 보직되다. —하다.

보짱 ①담대한 마음. [예] 보짱이 크다. ②속에 품은 생각. ③거만한 태도. ④염치를 모르는 것.

보채는 아이 밥 한 술 더 준다 〈속〉 무슨 일에나 가만히 있지 않고 조르며 서두르는 사람에게 더 잘 해 주게 된다.

보채다 ①억지를 부려 심하게 조르다. [예] 자전거를 사 달라고 보채다. ②남을 몹시 성가시게 굴다.

보:청기(補聽器) 귀가 잘 들리지 않는 사람이 청력을 보강하기 위하여 귀에 꽂는 기구.

보:초(步哨) 부대에서 경계·감시의 임무를 맡은 병사. [예] 보초병. [비] 파수.

보:충(補充) 모자라는 것을 보탬. 결점을 채움. [예] 보충 설명. 보충 학습. —하다.

보:충 수업 정해진 학습의 부족을 메꾸기 위해 실시하는 수업. [예] 방학 동안 보충 수업을 받다.

보:크사이트(bauxite) 알루미늄의 원료가 되는 광석.

보태다 ①모자라는 것을 채우다. [예] 보태서 설명하자면……. ②더하다. [반] 덜다.

보:통(普通) 특별하지 아니함. 널리 일반에 통함. [예] 보통의 일. [비] 일반. 평범. 예사. [반] 특별.

보:통 선:거 선거 원칙의 하나. 남녀·직업·재산 등의 구별 없이 모든 국민이 똑같이 선거에 참가하는 제도. [반] 제한 선거.

보:통 예:금 시중 은행에 언제든지 예금을 할 수 있고 찾아 쓸 수도 있는 예금.

보:통 학교 지금의 초등 학교의 옛 이름.

보퉁이 물건을 보자기에 싸 놓은 것. [비] 보따리.

보:트(boat) 서양식의 작은 배.

보:편(普遍) 널리 서로 통함. [예] 보편주의. [반] 특수.

보:편적 전체에 두루 널리 통하는 것. [예] 보편적인 생각.

보:폭(步幅) 한 걸음의 너비. [예] 보폭이 넓다.

보:표(譜表) 음표·쉼표 따위를 적기 위한 다섯 줄의 평행선. 오선.

보:필[1](補筆) 덜 된 데를 보충하여 씀. —하다.

보:필[2](輔弼) 임금을 도움. —하다.

보:합산(步合算) 돈을 빌리거나 할 경우에 원금·보합·기간·이자 중에서 세 값은 알고 하나는 모를 때, 그 모르는 값을 구하는 셈법.

보:행(步行) 탈것을 타지 않고 걸어서 감. [예] 다리를 다쳐 보행이 불편하다. —하다.

보:행기 젖먹이 아이에게 걸음을 익히게 하는 데 쓰이는, 바퀴 달린 기구. [예] 아기가 보행기를 타고 논다.

보:행자 걸어다니는 사람.

보:험(保險) 재산이나 신체에 재난을 당하였을 때를 보장하기 위하여 일정한 적립금을 마련하고 보상 계약을 맺는 제도. [예] 생명

ㅂ

보험.

보:험금 보험에 든 사람이 사고가 났을 때 보험 회사가 그 사람에게 주는 돈.

보:험료[—뇨] 보험 계약에서 보험에 든 사람이 보험 회사에 지불하는 돈. ㉠보험료를 내다.

보:호(保護) 잘 돌보아서 지킴. ㉠어린이 보호. 비옹호. 반박해. 방치. —하다.

보:호 감호(保護監護) 죄지은 사람을 사회로부터 격리 수용하여 감독하고 보호하며 사회에 필요한 직업 훈련 등을 베풀어 재범을 막는 일.

보:호국 나라의 힘이 모자라서 일정한 조건으로 다른 강한 나라의 보호를 받는 나라.

보:호 무:역 국내의 산업을 보호하고 발전시키기 위하여, 정부가 국제 무역에 간섭하는 일. 반자유 무역.

보:호색 주변의 빛깔과 비슷하게 되어 있는 동물의 몸빛깔. 먹이가 되는 동물의 눈을 속이거나, 외적으로부터 자기 몸을 지키는 구실을 함.

보:호자 약한 처지에 있는 사람을 보호하는 사람.

보:호조 어느 정한 동안에는 잡지 못하도록 법률로 보호하는 새. 두루미·딱따구리·크낙새·꾀꼬리·제비 따위.

보:화(寶貨) 값나가는 재물. 보물. 비보배.

복¹ 참복과의 바닷물고기를 통틀어 이르는 말. 몸이 뚱뚱하고 비늘이 거의 없으며, 고기 맛은 좋으나 알이나 내장 등에는 강한 독이 있음. 복어.

복²(福) 아주 좋은 운수. 좋은 일. 팔자가 좋은 것. ㉠웃으면 복이 온다. 반액. —스럽다.

복개(覆蓋) ①뚜껑. 덮개. ②덮개를 덮음. ㉠하천 복개 공사. —하다.

복고(復古) ①옛날 상태로 돌아감. ②과거의 생각·전통 등을 본뜨려고 하는 일. ㉠복고주의. —하다.

복구(復舊) 그 전의 상태로 돌아가게 함. ㉠수해 복구 작업. —하다.

복구 작업 그 전의 상태대로 만들기 위해 하는 일. ㉠도로 복구 작업에 힘쓰다.

복닥거리다 복잡한 곳에서 여러 사람이 떠들다. ㉠시장에는 장사치들이 복닥거리고 있다.

복덕방(福德房) 집이나 땅을 팔고 사는 것을 중개하는 곳.

복도(複道) 사람이 다닐 수 있도록 만든, 방의 한 옆으로 통한 마루. ㉠복도에서 뛰지 마시오. 비낭하.

복리(複利)[봉니] 이자에 다시 이자가 덧붙는 셈. 반단리.

복무(服務)[봉—] 일을 맡아 봄. ㉠군복무를 마치다. —하다.

복바가지 복을 가져다 준다는 바가지.

복받치다 ①속에서 들고 오르다. 솟아오르다. ②감정이 치밀어오르다. ㉠설움이 복받치다. 큰북받치다.

복병(伏兵) 적이 쳐들어오기를 숨어 기다렸다가 갑자기 습격하는 군사.

복부(腹部) 사람이나 동물의 배 부분.

복사

복사¹(複寫) 그림·사진 따위를 되박음. 예복사기. —하다.

복사²(輻射) 열이나 빛이 물체로부터 직사의 경로를 밟아 사방으로 비치는 현상. 예복사열. 반복사. —하다.

복사기 문서나 자료 등을 복사하는 데 쓰이는 기계.

복사꽃 복숭아꽃.

복수(復讐) 원수를 갚음. 예원수에게 복수하다. 비보복. 앙갚음. —하다.

복숭아 복숭아나무의 열매.

복숭아꽃 복숭아나무의 꽃. 비복사꽃.

복스럽다〔복스러우니, 복스러워서/복스러이〕 얼굴의 생김새 따위가 복이 있어 보이다.

복슬강아지 살이 찌고 털이 많은 새끼개.

복슬복슬 짐승이 살이 찌고 털이 많이 난 모양. 예복슬복슬한 강아지. 큰북슬북슬. —하다.

복습(復習) 배운 것을 다시 익힘. 예복습 문제. 반예습. —하다.

복식 경기 테니스·탁구 등에서, 서로 두 사람씩 짝을 지어 싸우는 경기. 반단식 경기. 준복식.

복싱(boxing) 권투. —하다.

복역(服役) 징역을 삶. —하다.

복용(服用) 약을 먹음. 예위장약을 복용하다. —하다.

복운(福運) 행복을 누릴 좋은 운수나 운세.

복원(復元) 원래의 상태나 위치로 돌아감, 또는 돌아가게 함. 예옛 건물을 복원하다. —하다.

복위(復位) 잠시 물러났던 임금이 다시 그 자리에 오름. 예단종의 복위를 꾀한 사육신. —하다.

복음(福音) ①반가운 소식. ②구세주 그리스도를 통하여 하느님이 인간에게 준 계시. ③그리스도의 생애와 교훈을 적은 마태·마가·누가·요한의 네 가지 책.

복의 이 갈듯 한다〈속〉 원한이 있어서 이를 바드득 간다.

복잡(複雜) 갈피가 뒤섞여 어수선함. 예복잡한 거리에서는 길조심을 해야 한다. 비번잡. 반간단. 단순. 간결. —스럽다. —하다.

복쟁이 참복과의 바닷물고기. 몸길이 15cm 내외로 등과 배에 작은 가시가 많이 있음. 까만 등에는 흰 점이 있고 강한 독을 지녔음.

복조리(福笊籬) 한 해의 복을 받을 수 있다고 해서, 정월 초하룻날 새벽에 사서 걸어 두는 조리.

복종(服從) 명령대로 좇음. 예상관에게 복종하다. 비순종. 굴복. 반불복. 명령. 반항. —하다.

복지(福祉) 행복과 이익. 예복지 정책. 아동 복지.

복지 국가 국민 전체의 복지 증진을 도모하는 나라, 또는 복을 누리면서 잘 사는 나라.

복직(復職) 한때 그 직을 그만두었던 사람이 다시 본디의 자리로 돌아옴. 비복임. —하다.

복창(復唱) 명령이나 지시하는 말을 그대로 소리내어 외는 일. 예명령을 복창하다. —하다.

복통(腹痛) ①배의 아픔. 배가 아픈 증세. ②원통하고 답답할 때 쓰는 말. 예복통 터지다. —하다.

복판 편편한 물건의 한가운데. 비중심. 가운데. 반가장자리. 둘레.

복학(復學) 학교를 떠나 있던 학생이 다시 그 학교를 다니게 됨. 예3학년에 복학하다. —하다.

468

복합(複合) 두 가지 이상의 것이 합하여 하나가 됨. [예] 두 가지 원소가 복합되어 만들어진 물질. —하다.

볶다 ①물을 섞지 않고 불에 익히다. [예] 콩을 볶다. ②못 살게 굴다. [예] 공연히 들볶다.

본(本) ①'본보기'의 준말. ②'본전'의 준말.

본거지 생활이나 활동의 중심이 되는 곳. [예] 도적들의 본거지를 공격하다.

본격적[—껵쩍] 제대로의 격식을 온전히 갖춘 모양. [예] 일을 본격적으로 시작하다.

본고장 ①자기가 나서 자란 본고향. ②어떤 물건이 나는 곳.

본관(本館) 중심이 되는 건물. [반] 별관. 분관.

본국(本國) 자기의 국적이 있는 나라. [반] 타국. 외국.

본그림자 불투명체에 가로막혀 광원으로부터 전혀 빛을 받지 못해 어둡게 된 곳.

본능(本能) 태어날 때부터 지니고 있는 성질이나 능력.

본당(本堂) ①절에서 석가모니의 불상을 모셔 두는 주된 건물. ②카톨릭교에서 주임 신부가 머무르고 있는 성당. [예] 본당 신부.

본드(bond) 접착제의 한 가지.

본디 처음부터. 전부터. [예] 본디 착한 사람이다. [비] 본래.

본뜨다(本—)〔본뜨니, 본떠서〕 ①이미 만들어진 물건을 본보기로 해서 그대로 따라 하다. [예] 본떠서 만들다. ②배워서 따라 하다. [비] 본받다.

본뜻 본디의 뜻. 옳은 뜻. [예] 나의 본뜻은 그게 아니었다.

본래(本來)[볼—] ①처음부터. [예] 그는 본래 서울에서 자랐다. ②본디. [예] 본래 타고난 소질.

본론(本論)[볼—] 말·글 등에서 주장이 되는 부분. [예] 여러 말 하지 말고 본론만 이야기해라.

본루(本壘)[볼—] 야구에서 투수가 던진 공을 타자가 받아치는 곳. 타자가 1루·2루·3루를 돌아 이 곳으로 돌아오면 1점을 얻음. 홈 베이스.

본류(本流)[볼—] 강이나 내의 원줄기. [예] 낙동강의 본류.

본마음(本—) ①본디부터 가지고 있는 마음. ②진심. 본심. [예] 너의 본마음을 알고 싶다. [준] 본맘.

본명(本名) 본래의 이름. [예] 이퇴계 선생의 본명은 '이황'이다. [반] 가명. 예명. 필명.

본문(本文) 서론·부록 등을 제외한 본 줄거리가 되는 글. [예] 본문을 요약하다.

본바닥(本—) ①근본이 되는 곳. ②자기가 나서 자란 곳. [예] 본바닥 사람.

본바탕 ①사람이 본디부터 가지고 있는 성질. [예] 본바탕을 드러내다. ②물건이 본디부터 가지고 있는 품질. 본질.

본받다 ①따라 하다. [예] 형을 좀 본받아라. ②좇아 하다. ③흉내내다. [비] 본뜨다.

본보기 모양을 알리기 위하여 보여 주는 사물의 한 부분. [예] 청백리의 본보기. [비] 모범. 견본.

본부(本部) 어떤 기관이나 단체의 중심이 되는 조직. [예] 수사 본부. [반] 지부.

본분(本分) 그 사람이 마땅히 하여야 할 본디의 의무. [예] 학생의 본분을 다하다.

본사(本社) 회사나 신문사의 지점·지국에 대하여 그 으뜸이 되는 곳. 吧지사.

본선(本選) 예선에 대하여 우승자를 결정하는 마지막 선발. 뗸올림픽 본선에 진출하다. 吧예선.

본성(本城) 중심이 되는 성.

본시(本是) 본디. 본래. 본디부터. 뗸본시 곱던 얼굴.

본심(本心) ①본디의 마음. ②거짓이 없는 참마음. 진심. 뗸본심을 말하다.

본연(本然) 자연 그대로의 상태. 본시 그대로의 모습. 뗸본연의 자세로 돌아가다.

본위(本位) ①본래의 자리. ②표준으로 삼는 기준.

본인(本人) 그 사람 자신. 뗸본인의 생각을 말하라.

본적(本籍) ①그 사람의 호적이 있는 곳. ②'본적지'의 준말. 뗸본적을 옮겨 오다.

본전(本錢) 이자나 이익을 붙이지 않은 본래의 돈. 뗸본전도 못 받고 물건을 팔다.

본존 불상 법당에 모신 부처 중 가장 으뜸되는 부처의 상. 㭰본존상.

본즉 보니까.

본질(本質) =본바탕.

본채(本—) 한 울타리 안에 있는 여러 채의 집 가운데 으뜸이 되는 집채.

본체만체 보고도 못 본 것처럼. 뗸만나도 본체만체한다. 뗸본척만척. —하다.

본초 자오선(本初子午線) 런던 그리니치 천문대를 지나는 날금 0도를 이르는 말로, 세계의 시간 표준이 됨.

본토(本土) ①자기가 나서 자란 곳. 뗸본토박이. ②이 땅.

본토박이 대대로 그 고장에서 살아오는 사람. 뗸서울 본토박이. 㭰토박이.

본회의 ①구성원 전원이 참가하는 정식 회의. ②현재 개최되고 있는 이 회의. 뗸본회의가 시작되다.

볼[1] 좌우쪽 뺨 아래에 있는 살. 볼따구니. 뗸아기의 볼이 말랑말랑하다. 뗸뺨.

볼:[2] (ball) ①공. ②야구에서 스트라이크가 아닌 투구.

볼가 강(Volga江) 유럽과 러시아를 흐르는 유럽 제일의 강. 수력 발전이 성하며 하천 교통에 큰 구실을 함.

볼겸[—껌] 그것도 보고 이것도 보려고. 뗸옛 친구도 볼겸 고향으로 여행을 떠났다.

볼:기 ①넓적다리 위 좌우쪽에 살이 두둑한 곳. ②형벌의 한 가지. 볼기 맞는 것.

볼:기짝 볼기의 좌우 두 쪽.

볼 낯이 없다 부끄럽다. 서로 대할 면목이 없다. 뗸면목이 없다.

볼따구니 =볼[1].

볼록 통통하게 겉으로 쏙 내밀어 있음. 뗸오목. —하다.

볼록거울 ①돋보기의 알. ②반사면이 볼록하고 공같이 둥근 모양의 거울. 뗸오목거울.

볼록 다각형(—多角形) 볼록 폐곡선으로 된 다각형.

볼록 렌즈 가운데가 볼록하게 도드라진 렌즈. 사진기나 망원경 따위에 이용함. 뗸오목 렌즈.

볼록판 판의 도드라진 부분에 물감을 묻혀 찍어 내는 판.

볼록하다 통통하게 겉으로 쑥 내밀어 있다. ⑩주머니가 볼록하다. 邑불룩하다. —이.

볼리비아(Bolivia) 남아메리카 중앙부에 있는 공화국. 광산이 많고 특히 주석은 세계적으로 유명함. 수도는 라파스.

볼:링(bowling) 실내 경기의 한 가지. 길이 18m 가량의 평평한 마루 위에 지름 20cm 정도의 단단한 공을 굴려 앞쪽에 세워 놓은 10개의 나무 핀을 넘어뜨려 그 수효로 점수를 계산함.

볼 만하다 보아서 재미있거나 이로운 점이 있을 듯하다. ⑩영화가 볼 만하다.

볼멘소리 성이 나서 퉁명스럽게 하는 말투. ⑩볼멘소리로 중얼거리다.

볼모 ①나라 사이에 침략을 아니하기 위하여 사람을 상대방에게 넘겨 그 곳에 머물게 함. ②물건을 전당 잡혀 두는 일.

볼썽 남의 눈에 뜨이는 모양이나 태도. 남의 눈에 뜨이는 체면이나 예절에 맞는 태도.

볼썽사납다 체면이나 예절을 차리지 않아 보기에 언짢다. ⑩볼썽 사나운 행동.

볼우물 보조개.

볼:일[—릴] 해야 할 일. 용무. ⑩무슨 볼일로 찾아왔니?

볼장[—짱] 하여야 할 일. 용무. 볼일. ⑩볼장 다 보다(일이 다 틀려 버리다. 일이 끝장나다).

볼: 컨트롤(ball control) ①야구에서, 투수가 던지는 공을 마음대로 조절하는 일. ②축구에서, 발이나 머리로 공을 잘 다루는 일. ⑩볼 컨트롤이 미숙하다.

볼트[1](bolt) 둥근 쇠막대의 한쪽 끝에 대가리가 있고 다른 끝은 나사로 되어 있는 공구의 하나. 너트(nut)와 함께 두 물체를 죄는 데 쓰임.

볼트[2](volt) 전압의 실용 단위. 기호는 V.

볼:펜 펜 끝에 끼운 조그만 강철 알이 지면 위에 굴러서 펜대 안의 잉크가 나오도록 만든 필기구.

볼품 겉으로 볼 만한 모양. ⑩화를 버럭 낸 그의 얼굴은 볼품 사나웠다. 비맵시.

봄 일 년의 첫째 철. 날이 따뜻하고 초목에 새싹이 나오는 때.

봄갈이 봄철에 논밭을 가는 일. 비춘경. 반가을갈이. —하다.

봄날 봄철의 날씨. 봄철의 날.

봄맞이 봄을 맞아서 베푸는 놀이, 또는 봄을 맞는 일. —하다.

봄바람[—빠람] 봄철에 불어 오는 훈훈한 바람. ⑩봄바람이 산들산들 분다. 비춘풍.

봄볕[—뼡] 봄날의 햇볕. ⑩봄볕이 따사롭다.

봄보리[—뽀리] 이른 봄에 씨를 뿌리어 첫여름에 거두는 보리. 반가을보리.

봄비[—삐] 봄에 내리는 비. 특히 조용히 내리는 가는 비.

봄타다 봄철에 입맛을 잃고 잘 먹지 못하여 몸이 약해지다. ⑩봄타는지 힘이 없다.

봇도랑[보또—] 보에 괸 물을 논에 대는 도랑.

봇물[본—] 보에 괸 물. 보에서 나오는 물. ⑩봇물 터지듯 곳곳에서 불평이 터져 나오다.

봇짐 물건을 보자기에 싼 보따리.

봇짐 장수 물건을 보자기에 싸서

메고 다니며 파는 사람. 回보상.
봉건 국가(封建國家) 임금이나 황제가 직접 다스리는 땅 이외의 영토를 제후에게 나누어 주어 다스리게 하는 나라.
봉:급(俸給) 계속적으로 근무하는 사람이 받는 일정한 보수. 예봉급 인상. 回임금.
봉기(蜂起) 많은 사람들이 일제히 들고 일어나 일을 일으킴. 예민중 봉기. —하다.
봉당(封堂) 안방과 건넌방 사이에 마루가 아닌 흙바닥 그대로 있는 곳. 예봉당 마루.
봉덕사 종 =성덕 대왕 신종.
봉돌[—똘] 낚싯줄에 매다는 작은 납덩이나 돌. 줄봉.
봉래산 '금강산'을 여름철에 일컫는 이름.
봉:림 대:군[봉님—] 조선 시대의 효종이 임금이 되기 전의 이름.
봉변(逢變) 뜻밖에 화를 입음. 예어두운 골목에서 봉변을 당하다. —하다.
봉분(封墳) 흙을 둥글게 쌓아 무덤을 만듦, 또는 그 흙 무더기. 예봉분을 쌓다. —하다.
봉:사¹(奉仕) 아무 조건도 없이 몸바쳐 일함. 예남을 위하여 봉사하다. 回공헌. —하다.
봉:사²(奉事) ①앞을 못 보는 사람. 回장님. 소경. ②웃어른을 받들어 섬김. —하다.
봉:사단 남을 위하여 자기를 돌보지 않고 애쓰기 위해 모인 모임이나 단체. 예자원 봉사단.
봉:사자 남을 위하여 자기를 돌보지 않고 노력하는 사람.
봉:산 탈:춤 황해도 봉산 지방에서 전해 내려오는 가면극으로 모두 일곱 마당임.

봉:송(奉送) ①웃어른을 전송함. ②귀중한 것을 받들어 보냄. 예올림픽 성화를 봉송하다. —하다.
봉쇄(封鎖) 사람이나 물건이 드나들지 못하도록 막음. —하다.
봉수대(烽燧臺) 옛날의 통신 방법의 하나인 봉화를 올리기 위해 산 위에 돌로 단을 쌓아올린 곳.
봉:숭아 봉선화과의 한해살이풀. 꽃의 빛깔은 여러 가지로 붉은 꽃잎을 백반과 섞어 짓찧어, 손톱을 빨갛게 물들이는 데 사용함. 봉선화.
봉:양(奉養) 어버이를 받들어서 모심. —하다.
봉:오동 전:투(鳳梧洞戰鬪) 1920년 홍범도의 대한 독립군이 최진동의 군무 도독부군·안무의 국민회 독립군과 합세하여, 독립군의 본거지인 만주 봉오동을 공격해 온 일본군을 크게 무찌른 전투.
봉오리 '꽃봉오리'의 준말.
봉우리 '산봉우리'의 준말.
봉제품(縫製品) 재봉틀이나 손으로 바느질하여 만든 물건. 주로 옷·장난감·인형 따위.
봉지(封紙) 종이로 만든 주머니.
봉착(逢着) 맞닥뜨림. 당면함. 예새로운 난관에 봉착하다. —하다.
봉투(封套) 편지나 서류 따위를 넣는 봉지. 예편지 봉투.
봉함(封緘) 편지나 문서 따위를 봉투에 넣고 부리를 풀로 붙이는 일. 凹개봉. —하다.
봉화(烽火) 난리를 알리는 불. 신라 때부터 있었으며 평상시에는 매일 저녁때 햇불을 올리는데, 만약 아니 올릴 때에 올리면 그 방면에 사고가 있는 줄 짐작하였음.

봉화대 봉화를 올릴 수 있도록 만들어 놓은 곳.

봉:황(鳳凰) 상상의 새. 수컷을 봉, 암컷을 황이라 하며 몸은 뱀의 머리·제비의 턱·거북의 등·물고기의 꼬리의 모양을 하였고, 깃에는 오색 무늬가 있다고 함. ⓑ봉황새. 봉새. ㊂봉.

뵈:다 웃어른을 만나 보다. ⓔ할아버지를 뵈다.

뵈온 적 '본 때'의 높임말. ⓔ전에 뵈온 적이 있습니다.

뵙지 못한 '만나 보지 못한'의 높임말.

부¹(部) 갈라서 구분한 것의 하나. ⓔ문예부. 도서부.

부:²(富) 재산이나 재물이 많음.

부:가(附加) 이미 있는 것에 붙이어서 더함. ⓔ부가 가치. ⓑ첨가. ─하다.

부:가 가치세 기업이 일정 기간의 생산 과정에서 새로이 만들어 낸 가치를 과세 표준으로 하여 그 사업을 경영하는 개인이나 단체에게 매기는 세금.

부각(浮刻) ①사물의 특징을 두드러지게 드러냄. ⓔ기계의 장점을 부각시키다. ②돋을새김. ─하다.

부:강(富強) 재물이 넉넉하고 힘이 강함. ⓔ부강한 나라. ⓑ부유. ⓟ빈약. ─하다.

부:검(剖檢) 시체를 해부하여 죽은 원인을 검사하는 일. ⓔ부검 결과를 밝히다. ─하다.

부:결(否決) 회의에 낸 의견이 옳지 않다는 결정을 내리는 일. ⓔ정부에서 낸 의안이 국회에서 부결되다. ⓟ가결. ─하다.

부:고(訃告) 사람이 죽은 것을 알리는 통지. ⓔ부고장이 날아오다. ⓑ부음. ─하다.

부:과(賦課) 세금 및 부담금 등을 매기어 부담하게 함. ⓔ세금을 부과하다. ─하다.

부관 페리호(釜關ferry號) 우리 나라 부산항에서 일본 시모노세키를 정기 왕래하는 여객선.

부:국(富國) 나라의 살림살이가 넉넉한 나라. ⓟ빈국.

부군(夫君) '남편'의 높임말.

부:귀(富貴) 돈이 많고 지위가 높음. ⓔ부귀 공명. ─하다.

부:근(附近) 그 둘레의 가까운 곳. ⓑ근처. ⓟ원방.

부글거리다 ①많은 물이 자꾸 끓어오르다. ②큰 거품이 자꾸 일어나다. ㉠보글거리다. ㉡뿌글거리다.

부글부글 물 같은 것이 야단스레 자꾸 끓어오르는 모양. ⓔ주전자의 물이 부글부글 끓는다. ㉠보글보글. ㉡뿌글뿌글. ─하다.

부기(簿記) 회사·상점·은행 등에서 돈이 나가고 들어오는 것이나 재산이 늘고 줄어드는 것 등을 일정한 방식으로 정리하여 장부에 적는 방법.

부끄러워하다 부끄러운 태도를 나타내다.

부끄럽다〔부끄러우니, 부끄러워/부끄러이〕 ①남을 볼 낯이 없다. ②수줍다. ③양심에 거리끼다. ⓔ부끄러운 일. ⓑ창피하다. ⓟ떳떳하다.

부닥치다 몸에 부딪힐 정도로 닥치다. 부딪쳐 닥치다. ⓔ어려운 일에 부닥치다.

부:담¹(負擔) ①일을 맡음. ②책임을 짐. ─스럽다. ─하다.

부:담²(負擔) 옷·책 따위를 넣는

농짝. 부담농.
부당(不當) 이치에 맞지 않음. 예 부당한 대우에 항의하다. 반 정당. —하다. —히.
부:대^1(負袋) 종이·가죽 같은 것으로 만든 큰 자루. 비 포대.
부대^2(部隊) ①한 무리의 인원으로 조직된 사람들의 모임. ②군대의 조직 단위. 예 특수 부대.
부대끼다 무엇에 시달려 괴로움을 당하다. 예 회사일에 부대끼다.
부덕^1(不德) 덕이 없음. 덕이 부족함. —하다.
부덕^2(婦德) 어질고 너그러운 부녀자의 덕행. 예 부덕을 지니다.
부도^1(不渡) 수표나 어음의 발행 액수보다 예금 액수가 부족하여 지급을 못 받는 일.
부:도^2(附圖) 어떤 책에 부속된 지도나 도표. 예 지리 부도.
부도^3(婦道) 여자가 마땅히 지켜야 할 도리.
부도체(不導體) 열이나 전기를 전하지 않는 물체로서, 유리·고무·나무 따위.
부동(不動) ①움직이지 않음. 예 부동 자세. ②마음이 안정되어 흔들리지 않음. 예 부동심. —하다.
부동산(不動産) 움직여서 옮길 수 없는 재산. 곧, 토지·가옥 등.
부동산 중개인 일정한 수수료를 받고 거래 당사자들 간에 토지·건물 등의 매매·교환 따위의 행위를 하는 사람.
부동액(不凍液) 자동차 엔진의 냉각수를 얼지 않게 하려고 쓰는 액체.
부두(埠頭) 항구에서, 배를 대고 여객이 타고 내리거나 짐을 싣고 부리는 곳. 비 선창.

부둥켜안다[-따] 두 손으로 힘껏 끌어안다. 예 부둥켜안고 울다.
부둥키다 두 팔에 힘을 주어 힘껏 안거나 붙잡다.
부드럽다〔부드러우니, 부드러워서/부드러이〕 ①억세거나 거칠지 않다. 예 살결이 부드럽다. ②곱고도 순하다. ③태도나 움직임이 유연하다. 예 말씨가 부드럽다.
부득부득 ①제 고집만 자꾸 부리는 모양. ②자꾸 졸라대는 모양.
부득불(不得不) 아니 할 수 없어.
부득이(不得已) 마지못하여 어찌 할 수 없이. —하다.
부들 부들과에 속하는 여러해살이풀. 줄기는 곧고 잎은 가느다랗고 긺. 여름에 원주형의 누런 꽃이 피는데, 꽃가루는 지혈제로, 어린 싹은 식용으로 쓰며 잎과 줄기는 자리·부채 등을 만듦.
부들부들 ①몸이나 몸의 일부를 자꾸 크게 떠는 모양. ②두렵거나 하여 자꾸 불안해 하는 모양.
부들부들하다 살갗에 닿는 느낌이 매우 부드럽다.
부듯하다 빈틈없이 꽉 차다. —이.
부등가리 오지그릇이나 질그릇 깨진 것으로 만들어 부삽 대신으로 쓰는 기구.
부등식(不等式) 수학에서, 두 수나 두 식을 부등호로 연결한 관계식. 반 등식.
부등호(不等號) 같지 않은 두 수의 크고 작음을 나타내는 기호. >, <, ≠로 표시.
부:디 아무쪼록. 틀림없이. 꼭.
부딪다 물건과 물건이 힘있게 마주 닿다. 예 바위에 부딪는 파도.
부딪치다 '부딪다'의 힘줌말.
부딪히다 부딪음을 당하다.

부딪치다 물체와 물체가 세게 마주 닿다.
부딪히다 부딪음을 당하다.

부뚜막 아궁이 위의, 솥이 걸린 편편한 언저리.
부뚜막의 소금도 집어 넣어야 짜다〈속〉 아무리 쉽고 좋은 기회나 형편도 이용하지 않으면 소용이 없다.
부라리다 위협하느라고 눈을 부릅 뜨고 눈알을 사납게 굴리다. ㉠ 눈을 부라리고 호통치다.
부랑(浮浪) 일정한 거처나 직업이 없이 이리저리 떠돌아다님. —하다.
부랑배(浮浪輩) 일정한 직업이 없이 떠돌아다니면서 나쁜 짓을 일삼는 무리.
부랑아 부모나 보호자의 곁을 떠나 떠돌아다니는 아이.
부랑자 일정한 거처나 직업이 없이 떠돌아다니며 방탕한 생활을 하는 사람.
부랴부랴 매우 급히 서두르는 모양. ㉠ 역으로 부랴부랴 달렸다. 부랴부랴 길을 떠났다.
부러 일부러. 짐짓. 실없는 거짓으로. ㉠ 부러 아픈 척하다.
부러뜨리다 꺾어서 부러지게 하다. ㉠ 연필을 부러뜨리다.
부러워하다 부럽게 생각하다. ㉠ 그의 재능을 부러워하다.
부러지다 꺾여 둘로 잘라지다. ㉠ 칼이 부러지다.
부러진 칼자루에 옻칠 하기〈속〉 쓸데없는 일을 함.
부:럼 일 년 내내 부스럼을 앓지 않게 된다 하여 정월 대보름날에 까서 먹는 밤·잣·호두·땅콩 따위를 이르는 말.
부럽다〔부러우니, 부러워서〕 ① 남이 잘 하는 것을 보고 자기도 그렇게 하고 싶어 하다. ㉠ 그의 성공이 부럽다. ② 남의 좋은 물건을 보고 자기도 가지고 싶어 하다.
부레 물고기의 뱃속에 있어 물고기를 뜨고 잠기게 하는 공기 주머니. ㉤ 어표. 부낭.
부레뜸 연줄을 빳빳하고 억세게 하기 위하여 부레를 끓인 물을 연줄에 먹이는 일. —하다.
부려먹다 제 이익을 채우기 위하여 마구 시키다. ㉠ 직원을 부려 먹는 사장.
부령¹(部令) 행정 각부의 장관이 소관 사무에 관해 내리는 명령. ㉠ 법무부령.
부:령²(副領) 갑오개혁 뒤의 무관 계급의 하나. 정령의 아래. 참령의 위.
부:록(附錄) ① 본문에 덧붙인 기록. ② 신문·잡지 따위에 덧붙여 발행하는 것.
부룩 곡식·채소를 심은 밭고랑 사이에 다른 농작물을 듬성듬성 심는 일.
부류(部類) 어떤 공통된 성격 등에 따라 나눈 갈래. ㉠ 이 동물은 원숭이의 한 부류이다.
부르다¹〔부르니, 불러서〕 ① 사람을 오라고 소리치다. ㉠ 친구를 부르다. ② 사람을 청하다. ③ 일컫다. ④ 노래하다.
부르다²〔부르니, 불러서〕 ① 뱃속이 차서 가득하다. ㉠ 배가 부르다. ② 사람이나 물건의 배가 통통하다.
부르르 춥거나 무서워서 몸을 움츠리면서 갑자기 부들부들 떠는 모양. [예] 물 묻은 개가 몸을 부르르 떨다. [작] 보르르. [센] 뿌르르.
부르짖다 ①큰 소리로 외치거나 말하다. ②어떤 의견이나 주장을 열렬히 말하다. [비] 외치다.
부르짖음 소리를 높여 말함.
부르트다 ①살가죽이 들뜨고 그 속에 물이 괴다. [예] 손이 부르트다. ②물것에 물리어 살이 부어오르다. [예] 모기에 물려 부르트다.
부름 어떤 일을 이루기 위하여 불러들임. [예] 나라의 부름을 받다.
부름켜 식물의 줄기나 뿌리에서 겉껍질과 목질부 사이에 있는 조직. 세포 분열로 줄기와 뿌리가 굵어짐.
부릅뜨다 남이 보기 사납게 눈을 크게 뜨다. [예] 눈을 부릅뜨다.
부리 ①새나 짐승의 주둥이. ②물건의 끝이 뾰족한 곳.
부리나케 몹시 급하게. [예] 식사를 마치자마자 부리나케 뛰어갔다.
부리다 ①일을 시키다. ②사람을 쓰다. ③짐을 내려놓다. ④재주나 꾀 따위를 피우다. [예] 수단을 부리다.
부리부리하다 눈방울이 무섭도록 크고도 생기가 있다. [예] 눈이 부리부리하다.
부:마(駙馬) '부마 도위'의 준말. 임금의 사위를 이르는 말.
부모(父母) 아버지와 어머니. [비] 어버이. 양친.
부:목(副木) 팔다리가 부러지거나 했을 때, 뼈나 근육을 고정시키기 위하여 대는 막대 모양, 또는 판자 모양의 기구.
부문(部門) 전체를 몇으로 갈라놓은 부분. [예] 동양화 부문에 입상하다. [비] 분야.
부:반장 반에서 반장을 도와 학급 일을 보는 학생.
부벽루(浮碧樓) 평양의 모란대 밑 절벽 위에 있는 누각. 고려 때 세워진 것으로 대동강에 면해 있어 마치 물 위에 떠 있는 듯한 느낌을 주는 아름다운 곳임.
부부(夫婦) 남편과 아내. [예] 부부유별. [비] 내외.
부분(部分) 전체가 못 되는 한 쪽. [예] 각 부분들을 잘 살펴라. [반] 전부. 전체.
부분 월식 달의 일부분만 가려지는 월식 현상. [반] 개기 월식.
부분 일식 해의 일부분만 가려지는 일식 현상.
부분 집합 어떤 집합에 포함되는 원소들만으로 이루어진 집합.
부분품 전체 중의 한 조각을 이루는 물건.
부사관(副士官) 육·해·공군에서 상사·중사·하사를 통틀어 이르는 말.
부:사령관(副司令官) 군대의 지휘를 맡아 보는 사령부의 두 번째 가는 우두머리.
부산(釜山) 한반도의 남동쪽에 있는 우리 나라 제일의 항구 도시로 광역시임.
부:산물(副産物) ①어떤 제품을 만드는 과정에서 생기는 물건. ②어떤 일의 발생이나 진행에 따라서 일어나는 다른 일.
부산하다 떠들썩하고 바쁘다. [예] 부산한 움직임. —히.
부삽(—鍤) 숯불이나 아궁이의 재 따위를 담아 옮기는 데 쓰는 삽.
부:상[1](負傷) 몸을 다치어 상처가 남. [예] 폭격으로 부상당하다. [비] 상이. —하다.

부:상[2](副賞) 정식으로 주는 상 이외에 따로 덧붙여서 주는 상. [예]승용차를 부상으로 받다.

부:상병 전쟁에서 몸을 다쳐 상처가 난 병사. [비]상이 군인.

부서(部署) 일을 나누어 맡은 부분. [예]각 부서에 공문을 돌리다.

부서지다 단단한 물건이 잘게 깨어져 흩어지다. [예]부서진 바위. [작]바서지다.

부석부석 살이 약간 부어 오른 모양. [예]잠을 못 자서 얼굴이 부석부석하다. [센]뿌석뿌석. —하다.

부석사(浮石寺) 경상 북도 영주시 부석면에 있는 절. 신라 문무왕 때 의상 대사가 왕명을 받고 지었다고 하며, 의상은 이 곳에서 화엄종을 처음으로 열었음. 고려 때에 지은 무량수전과 조사당이 남아 있음.

부:설[1](附設) 일이나 물건을 어느 것에 딸려서 설치함. [예]부설 중학교. —하다.

부설[2](敷設) 깔아서 설치함. [예]철도를 부설하다. —하다.

부소산(扶蘇山) 부여 북쪽에 있는 작은 산. 낙화암·고란사 등의 고적이 남아 있음.

부:속(附屬) 무슨 일이나 물건에 딸려서 붙음. [예]부속 건물. 부속 병원. —하다.

부:속품 어떤 기계·기구에 딸려 붙은 물건. [예]자동차 부속품.

부:송하다(付送—) 물건을 부치어 보내다. [예]소포를 부송하다.

부수[1](部首) 한문 자전에서 글자를 찾는 길잡이가 되는 한자의 한 부분.

부수[2](部數)[—쑤] ①부류의 수. ②책의 수효. ③신문·잡지 따위의 수효. [예]발행 부수.

부수다 여러 조각이 나게 두드려 깨뜨리다. [예]유리창을 부수다. [작]바수다.

부:수입(副收入) 기본적인 수입 이외에 부업 따위로 얻어지는 수입. [예]부수입을 얻다.

부스러기 잘게 부스러진 찌끼. [작]바스라기.

부스럭 나뭇잎 또는 마른 검불 따위를 밟거나 뒤적일 때 나는 소리. [예]천장에서 부스럭하는 소리가 난다. —하다.

부스럭거리다 나뭇잎이나 마른 검불 따위를 밟거나 뒤적일 때 자꾸 부스럭 소리가 나다. 또, 그런 소리를 내다.

부스럼 살갗이 헐어서 생기는 종기. [예]부스럼이 생기다. [비]헌데.

부스스 ① 천천히 느리게 움직이는 모양. [예]눈을 부스스 뜨다. ②머리털 등이 몹시 헝클어진 모양. [예]부스스한 머리. [작]바스스. —하다.

부슬부슬 ①눈이나 비가 가늘고 성기게 내리는 모양. [예]아침부터 봄비가 부슬부슬 내린다. ②덩이가 쉽게 부스러지는 모양. [작]보슬보슬. [거]푸슬푸슬.

부슬비 부슬부슬 내리는 비. [작]보슬비.

부시 부싯돌을 쳐서 불을 일으키는 데 쓰는 쇳조각.

부시다 광선이나 색채가 마주 쏘아 눈이 어리어리하다. [예]눈이 부시다.

부시시 →부스스.

부:식[1](副食) 주로 먹는 음식에 곁들여 먹는 음식. 반찬 따위. [예]감자를 부식으로 먹다. [반]주식.

부:식²(腐蝕) 썩어서 벌레가 먹음. 썩어서 문드러짐. —하다.

부:식토(腐植土) 식물이 썩어서 된 검은 흙으로, 농사에 좋음. 囹 부토.

부실하다(不實—) ①몸이 튼튼하지 않다. ⑳몸이 부실하다. ②재산이 넉넉지 못하다. ③내용이 충실하지 않다. ⑳신축 공사가 부실하다.

부:심¹(副審) 운동 경기에서, 주심을 돕는 심판.

부:심²(腐心) 근심·걱정이 있거나 무엇을 생각하느라고 마음을 썩임. ⑳수해 복구에 부심하다. —하다.

부싯돌 석영의 한 가지로, 부시로 쳐서 불을 일으키는 데 쓰는 돌.

부아 ①동물의 호흡을 맡은 부분. 비 허파. ②분한 마음. ⑳부아가 치밀다.

부안(扶安) 전라 북도 부안군의 군청 소재지로 읍.

부액(扶腋) 곁부축. 겨드랑이를 붙들어 걸음을 돕는 일. —하다.

부양(扶養) 혼자 살아갈 능력이 없는 사람의 생활을 돌봄. ⑳부양 가족. —하다.

부:언(附言) 덧붙여서 하는 말, 또는 말함. ⑳한 마디 부언하자면. —하다.

부:업(副業) 본 직업 이외에 하는 벌이. ⑳부업을 가지다. 凹본업.

부엉이 소리도 제가 듣기에는 좋다고〈속〉 자기의 단점을 자기는 잘 모른다.

부엌[—억] 밥을 짓고 음식을 만드는 곳.

부엌데기 부엌일을 맡아 하는 여자를 낮추어 일컫는 말.

부엌에서 숟가락을 얻었다〈속〉 하잘것없는 일을 성공이나 한 듯이 자랑한다.

부여¹(扶餘) 충청 남도 부여군의 군청 소재지. 옛날 백제의 수도로 옛 이름은 사비임.

부:여²(賦與) 나누어 줌. 별러 줌. ⑳각자에게 책임을 부여하였다. —하다.

부:역¹(附逆) 국가에 반역하는 일에 가담함. —하다.

부:역²(賦役) 국가나 공공 단체가 국민에게 의무적으로 지우는 육체 노동. —하다.

부:엽토(腐葉土) 풀이나 나무 따위의 낙엽 같은 것이 썩어서 이루어진 흙.

부:옇다〔부여니, 부옇〕 연기나 안개가 낀 것같이 투명하지 않고 희끄무레하다. ⑳하늘이 부옇다. 좍보얗다. 쎈뿌옇다.

부왕(父王) 아버지인 임금.

부용(芙蓉) ①아욱과의 갈잎 떨기나무. 높이는 1~3m. 가지에 짧은 털이 있으며, 8~10월경에 담홍색의 꽃이 핌. ②연꽃의 딴 이름.

부원(部員) 부를 구성하는 사람. 부에 속하는 사람. ⑳야구 부원.

부:원군(府院君) 고려·조선 시대 왕비의 친아버지나 정일품 공신에게 주던 벼슬 이름.

부:원수(副元帥) 옛 군대에서 원수 다음 가는 자리, 또는 그 사람.

부:월(斧鉞) 지난날, 중국에서 천자가 제후에게 또는 싸움터로 나가는 장군에게 통솔권의 상징으로 주던 작은 도끼와 큰 도끼.

부위(部位) 전체에 대한 부분의 위치. ⑳돼지고기를 부위별로 나누다.

부:유(富裕) 재산이 많음. 살림이 넉넉함. [예]부유한 생활. [반]빈곤. 빈궁. —하다.

부:응(副應) 무엇에 좇아서 응함. [예]국민들의 열렬한 성원에 부응하여 경기에서 이기다. —하다.

부:익부(富益富) 부자일수록 더욱 부자가 됨. [반]빈익빈. —하다.

부인[1](夫人) 남의 아내를 높여 부르는 말.

부:인[2](否認) 그렇다고 인정하지 아니함. [예]그런 일은 한 적이 없다고 부인한다. [반]시인. —하다.

부인과(婦人科)[—꽈] 부인병을 진찰·치료하는 의학의 한 부분.

부:임(赴任) 임명을 받아 일할 곳으로 감. [예]시골 학교 교사로 부임하다. —하다.

부자[1](父子) 아버지와 아들.

부:자[2](富者) 돈이 많고 살림이 넉넉한 사람. [비]부호. [반]빈자.

부자연(不自然) 어울리지 않음. 자연스럽지 못함. [예]아이가 어른 흉내를 내면 부자연스럽다. [비]어색. [반]자연. —스럽다. —하다.

부:자재(副資材) 기계유·연료 등과 같이 물건을 만드는 데 보조적으로 소비되는 자재. [반]주자재.

부:작용(副作用) ①병을 낫게 하는 작용에 곁들여 나타나는 약의 해로운 작용. ②어떤 일에 덧붙어 일어나는 바람직하지 못한 일.

부:잣집[—자찝] 재산이 많아 살림이 넉넉한 사람의 집.

부장[1](部長) 부(部)의 우두머리. 부의 책임자.

부:장[2](副長) ①장을 보좌하는 지위, 또는 그 사람. ②군함에서 함장을 보좌하는 직, 또는 그 사람.

부:장품(副葬品) 죽은 이를 묻을 때 시체와 함께 묻는 물건.

부재자 투표 투표일에 정당한 이유로 투표소에 갈 수 없는 유권자가 우편으로 미리 하는 투표(군인이나 해외 여행자 등이 많이 함).

부재중(不在中) 자기 집이나 직장에 있지 아니한 동안.

부:적(符籍) 귀신을 쫓기 위하여 붉은색으로 야릇한 글자나 모양을 그린 종이. 벽에 붙이거나 몸에 지니고 다님.

부적당(不適當) 꼭 들어맞지 아니함. [예]경찰관으로서 부적당한 사람. [반]적당. —하다.

부:전강(赴戰江) 함경 남도 서부를 북으로 흐르는 장진강의 지류. 길이 121km임.

부전승(不戰勝) 추첨이나 상대편의 기권에 의하여 경기를 하지 않고 이기는 일. [예]부전승으로 예선을 통과하다. —하다.

부전자전(父傳子傳) 대대로 아버지가 아들에게 전함.

부젓가락 화로에 꽂아 두고 쓰는 쇠젓가락. [준]부저.

부정[1](不正) 바르지 않음. 옳지 못함. [예]부정 선거. —하다.

부정[2](父情) 자식에 대한 아버지의 정.

부:정[3](否定) 그렇다고 인정하지 아니함. [예]부정적 의견. [반]긍정. —하다.

부정 선:거 부정한 수단과 방법에 의한 선거. [반]공명 선거.

부정 투표 올바르지 않은 수단과 방법으로 하는 투표. —하다.

부:제학(副提學) 조선 시대 때 홍문관에 둔 정삼품 당상관의 벼슬.

부조[1](父祖) 아버지와 할아버지,

ㅂ

또는 조상.

부조²(扶助) ①도와 줌. ②잔칫집이나 초상집에 금품을 보냄. 예 부조금. —하다.

부조³(浮彫) 앞쪽에서 감상할 수 있도록 필요한 부분만을 도드라지게 새긴 반입체적 형태의 표현.

부조는 않더라도 제상이나 치지 말라⟨속⟩ 도와 주지는 못할망정 방해나 하지 말라.

부조리(不條理) 이치에 맞지 않는 일. 또는 조리에 안 맞음. 예 사회 부조리를 추방하자. —하다.

부:조정실(副調整室) 방송실에서 나오는 방송을 1차로 받아서 고르게 하는(조정하는) 방.

부족¹(不足) ①모자람. 예 경험 부족. ②만족하지 못함. —하다.

부족²(部族) 원시 또는 미개 사회의 구성 단위로 공통의 조상·언어·종교 등을 가진 지역적 생활 공동체. 예 부족 사회. 부족 국가.

부주의(不注意) 주의하지 아니함. 주의가 모자람. 예 부주의로 생긴 사고. —하다.

부지(敷地) 집을 짓거나 길을 내거나 하는 데 쓰이는 땅. 예 공장 부지.

부지깽이 불 땔 때에 아궁이의 불을 헤치는 막대기.

부지런하다 열성이 있게 일을 꾸준히 하다. 반 게으르다. —히.

부지중(不知中) 알지 못하는 사이. 모르는 동안.

부직포(不織布) 섬유를 짜지 않고 열과 압력을 가하여 천 모양으로 만든 것.

부진¹(不進) 앞으로 나아가지 못함. 예 진도가 지지 부진하다. —하다.

부진²(不振) 성적 또는 활동 따위가 활발하지 못함. 예 식욕 부진. 성적 부진. —하다.

부질없다 쓸데없다. 보람 없다. 예 부질없는 걱정. —이.

부쩍 ①외곬으로 세차게 우기는 모양. 예 부쩍 우기는 통에 지고 말았다. ②사물이 갑자기 늘거나 주는 모양. 짝 바짝.

부쩍부쩍 ①외곬으로 빡빡하게 자꾸 우기는 모양. ②사물이 자꾸 늘거나 줄거나, 줄기차게 나아가는 모양. 예 키가 부쩍부쩍 크다.

부:착(附着·付着) 딱 붙어서 떨어지지 않음. 예 부착물. —하다.

부창부수(夫唱婦隨) 남편이 주장하고 아내가 따른다는 뜻으로, 부부가 서로 화합함을 이름.

부채¹ 손에 쥐고 흔들어 바람을 일으키는 물건. 예 부채질.

부:채²(負債) 남에게 진 빚. 예 부채를 청산하다. 비 빚.

부채꼴 한 원에서 두 반지름과 그에 대한 원의 한 부분으로 된 부채 모양의 도형.

부채질 ①부채로 바람을 일으키는 짓. ②흥분된 감정이나 싸움 따위를 더욱 부추기는 말이나 행동. 예 불난 집에 부채질하다. —하다.

부챗살[—채쌀] 부채를 만드는 여러 개의 대나무 가지.

부처¹ 불교를 처음으로 세운 사람인 석가모니.

부처²(夫妻) 남편과 아내. 부부.

부처³(部處) 정부 기관으로서의 '부'와 '처'를 함께 이르는 말.

부처님 '부처'를 높여 이르는 말.

부천(膚淺) 말이 천박함. —하다.

부:추 백합과의 여러해살이풀. 잎은 파와 비슷하고 특이한 냄새가 나는 풀로 양념·잡채에 씀.

부:추기다 어떤 일을 하도록 옆에서 들쑤시다. [예] 싸움을 하도록 자꾸 부추기다.

부:축 옆에서 겨드랑이나 팔을 잡아 도와 주는 것. [예] 할머니를 부축하여 차에 오르시게 하였다. ―하다.

부치다 ①힘이 모자라다. [예] 힘에 부치다. ②부채로 흔들어서 바람을 일으키다. ③편지나 물건을 보내다. [예] 이 편지를 부치고 오너라. ④농사를 짓다. [예] 남의 논을 부치다.

부치다 ①힘이 미치지 못하다. ②부채 따위를 흔들어 바람을 일으키다. ③편지나 물건을 보내다. ④논밭을 다루어서 농사를 짓다. ⑤번철에 기름을 바르고 음식 따위를 익히다. ⑥어떤 문제를 의논 대상으로 내놓다. ⑦원고를 인쇄에 넘기다. ⑧몸이나 식사 등을 남에게 의탁하다.

붙이다 ①붙게 하다. ②서로 맞닿게 하나. ③두 편의 관계를 맺게 하다. ④암컷과 수컷을 교합시키다. ⑤불이 옮아서 타게 하다. ⑥노름·싸움 따위를 어울리게 만들다. ⑦딸려 붙게 하다. ⑧습관이나 취미 등이 익어지게 하다. ⑨이름을 가지게 하다. ⑩뺨이나 볼기를 손바닥으로 때리다.

부친(父親) 아버지. [예] 부친상을 당하다. [반] 모친.

부침개 빈대떡·저냐·전병 따위로 기름에 부치는 음식을 통틀어 이르는 말. 지짐이.

부:탁(付託) 남에게 일을 당부하여 맡김. [예] 취직을 부탁하다. [비] 청탁. 당부. ―하다.

부탄(독 Butane) 천연 가스 등에 들어 있는 무색의 기체. 연료나 화학 공업의 원료가 됨. 부탄가스.

부터 시작의 뜻을 나타내는 말. [예] 처음부터 끝까지. [반] 까지.

부:통령 대통령을 보좌하고 대통령이 직무를 수행하지 못할 때 그 일을 대신하는 직위, 또는 그 직위에 있는 사람.

부:패(腐敗) ①썩음. ②썩어서 냄새가 남. [예] 부패 식품. ③타락함. ―하다.

부:표(否票) 반대의 뜻을 나타내는 표. [예] 부표가 나왔다. [반] 가표. 찬표.

부풀다〔부푸니, 부풀어서〕 ①종이나 피륙 따위에 부푸러기가 일어나다. ②살가죽이 부르터 오르다. ③몹시 즐겁거나 희망에 넘쳐서 마음이 들떠 있다. [예] 가슴이 부풀다. ④물체가 늘어나면서 부피가 더 커지다. [예] 빵 반죽이 잘 부풀었다. [반] 오그라들다.

부품(部品) 어떤 물체를 만드는데 부분적으로 필요한 물건. [예] 자동차 부품 공장.

부피 물건이 차지하고 있는 공간의 크기. [예] 부피가 큰 물건.

부하(部下) 남의 명령을 받아 움직이는 사람. 남의 밑에 있는 사람. [예] 부하를 사랑하다. [비] 졸병. [반] 우두머리. 상관.

부:하다(富―) ①살림이 넉넉하다. ②살이 쪄서 몸이 뚱뚱하다. [예] 몸이 부하다.

부:합(附合) 서로 맞대어 붙음. [예] 말과 행동이 부합하다. [비] 일치. ―하다.

부형(父兄) 아버지와 형.

부호¹(符號) 어떤 뜻을 나타내는 표시. 예문장 부호. 비기호.

부:호²(富豪) 재산이 많고 권세가 있는 사람. 예이 마을의 제일 가는 부호. 비부자.

부화(孵化) 집짐승의 알이나 물고기의 알을 인공적으로 깨게 함. 알까기. 예병아리를 부화시키다. 부화장. 비부란. —하다.

부화기 가축의 알이나 물고기의 알을 인공적으로 깨게 하는 기구. 비부란기.

부:화 뇌동(附和雷同) 아무런 생각 없이 남의 의견이나 행동에 찬성하여 행동함. —하다.

부화실 알을 깨는 방.

부:활(復活) ① 죽었다가 다시 살아남. 예예수의 부활. ② 다시 일어남. 예화랑 정신을 부활시키자. 비소생. 재생. —하다.

부황(浮黃) 오래 굶어서 살가죽이 들떠 붓고 누렇게 되는 병.

부:회장(副會長) 회장의 다음 직위, 또는 그 사람.

부:흥(復興) 다시 일으킴, 또는 다시 일어남. 예문예 부흥 운동. 비재건. 반쇠퇴. —하다.

북¹ 타악기의 한 가지. 나무로 둥글게 통을 만들고 양쪽에 가죽을 팽팽하게 매어 방망이로 치면 둥둥 소리가 나는 악기.

북² 베틀에 딸린 기구의 하나. 씨실의 꾸리를 넣는 나무통.

북³(北) 북쪽. 반남.

북⁴(book) 책.

북경(北京) 중국 허베이 성에 있는 대도시. 요나라 시대 이래 역대 900년간의 수도로, 천안문·공자묘 등의 명승 고적이 많으며 현재 중국의 수도임. 베이징.

북계(北界) 고려 시대의 행정 구역의 하나. 평양의 서쪽 지역을 가리킴. 반남계.

북극(北極) 지구의 북쪽 끝. 예북극 탐험. 반남극.

북극성 북극 가까이 있는 별로, 위치가 변하지 않아 밤에 북쪽 방위의 지침이 됨.

북극 지방 한계는 분명하지 않으나 대체로 북위 66° 30′의 북쪽 지방. 반남극 지방.

북녘(北—) 북쪽 방면. 예북녘 지방. 반남녘.

북단(北端) 북쪽 끝. 반남단.

북대서양 대서양의 중부 이북의 수역. 북쪽은 아이슬란드와 그린란드를 거쳐 북미와 북유럽을 연결함.

북대서양 조약 기구 북대서양 조약에 가맹하여 있는 미국·영국·캐나다·프랑스 등 16개국에 의하여 설립된 집단 안전 보장 조직. 벨기에의 브뤼셀에 본부가 있음. 나토(NATO).

북대천(北大川) 함경 남도 단천군 북두일면을 흘러 동해에 들어가는 큰 내.

북데기 짚·풀 따위의 엉클어진 뭉텅이.

북돋우다 ① 뿌리에 흙을 덮어서 식물을 기르다. ② 사람을 가르쳐 기르다. ③ 기운·정신을 더욱 높여 주다. 예시험 점수가 나빠서 힘을 잃은 동생에게 나는 좋은 말로 힘을 북돋우어 주었다.

북동 구성(北東九城) 고려 시대(1107)에 윤관이 별무반을 이끌고 함흥 평야의 여진족을 내몰고 아홉 곳에 쌓은 성.

북동 육진(北東六鎭) 조선 시대

세종 때 김종서가 함경도 지방에 여진족을 몰아 내고 설치한 국방상의 요지 여섯 곳.

북두 칠성(北斗七星)[—썽] 북쪽 하늘에 국자 모양으로 벌여 있는 일곱 개의 뚜렷하게 보이는 별.

북만주(北滿洲) 만주의 북부 지방.

북망산 ①중국 하남성 낙양의 북쪽에 있는 작은 산. ②(옛날 북망산에 귀족들의 무덤이 많았다는 데에서) 무덤이 많은 곳, 또는 죽어 묻히는 곳을 이르는 말.

북미(北美) 북아메리카. [예] 북미 대륙. [반] 남미.

북반구(北半球) 적도를 중심으로 지구를 등분했을 때의 적도 이북. [예] 우리 나라는 북반구에 위치하고 있다. [반] 남반구.

북받쳐오르다 마음 속에서 치밀어 오르다. [예] 합격되었다는 소식을 듣고 북받쳐오르는 기쁨을 참지 못하였다.

북받치다 ①안이나 밑에서 솟거나 치밀다. ②생각이 치밀어 오르다. [예] 설움에 북받쳐 흐느껴 울다. [작] 복받치다.

북방(北方) ①북쪽. 북녘. ②북한·러시아 등 북쪽에 위치한 나라. 예전에는 공산주의·사회주의 국가를 가리켰음. [예] 북방 외교.

북벌(北伐) 북쪽의 나라를 토벌하는 일. [예] 북벌 정책. [비] 북정. —하다.

북부형(北部形) 북부에서 쓰이는 형태.

북:북 ①부드럽고 무른 물건의 면을 계속 세게 갈거나 긁는 소리. ②무르고 두툼한 물건을 계속 찢는 소리. [작] 복복. [센] 뿍뿍.

북새통 여러 사람이 한 곳에 모여서 부산하게 움직이며 떠드는 바람. [예] 북새통에 그만 지갑을 잃어버렸다.

북서(北西) 북쪽과 서쪽의 중간이 되는 방향. [반] 남동.

북서 사:군 조선 세종 때 북서 방면의 여진족을 막기 위하여 압록강 상류 지방에 설치한 국방상의 요지 네 곳.

북서풍 북서쪽에서 불어 오는 바람. [반] 남동풍.

북송(北送) 물건이나 사람을 북쪽으로 보냄. —하다.

북실 피륙을 가로 건너 짜는 실. [비] 씨실. [반] 날실.

북씨 지구의 북반구에 있는 씨줄. [반] 남씨.

북악산(北岳山) 서울 북쪽에 있는 산. 인왕산·북한산·낙산·남산 등과 함께 서울을 둘러싸고 있음. 백악산.

북어(北魚) 말린 명태. [예] 북어포. [반] 동태.

북위(北緯) 적도에서 북쪽으로 잰 위도. [예] 북위 38°. [반] 남위.

북은 칠수록 소리가 난다〈속〉 못된 사람과는 다툴수록 손해만 더 커진다.

북적거리다 많은 사람이 좁은 곳에서 수선스럽게 뒤끓다. [예] 시장에는 많은 사람들로 북적거린다. [작] 복작거리다.

북주다 흙을 긁어 올려 식물의 뿌리를 덮어 주다. 북돋우다.

북진(北進) 북쪽으로 나아감. [예] 고려의 북진 정책. [반] 남진. —하다.

북쪽 해가 돋는 동쪽을 향하여 왼쪽. [예] 뱃머리를 북쪽으로 돌리

ㅂ

북채 북을 치는 방망이.

북청 사자놀이(北靑獅子—) 함경남도 북청군 일대에서 정월 대보름경에 행하는 민속 놀이. 잡귀를 물리친다 하여 사자 모양을 꾸미어 집집마다 다니며 춤을 춤. 무형 문화재 제15호.

북춤 북을 두드리며 추는 고전 무용.

북편 장구 칠 때, 손으로 치는 면.

북풍(北風) 북쪽에서 불어 오는 바람. 예 북풍이 몰아치는 겨울. 비 삭풍. 반 남풍.

북한(北韓) 우리 나라의 휴전선 이북의 지방. 반 남한.

북한강(北漢江)[부칸—] 강원도 회양군 사동면에서 발원하여 강원도·경기도를 거쳐 한강으로 들어가는 강. 길이 371km.

북한산(北漢山)[부칸—] 서울 북쪽과 경기도 고양시에 걸쳐 있는 산. 백운봉·인수봉·국망봉의 세 봉우리가 있어 '삼각산'이라고도 함. 산성이 있으며 일대는 국립공원으로, 제일 높은 봉우리는 백운대임. 높이 836m.

북한산비[부칸—] 신라 진흥왕의 북한산 순행을 기념하여 비봉에 세운 비. 국보 3호. 문화재로서의 이름은 '북한산 신라 진흥왕 순수비'임.

북한산성 북한산에 쌓아 만든 산성. 조선 숙종 40년(1714)에 유사시를 대비하여 만듦. 주위 8km.

북한산 신라 진흥왕 순수비 = 북한산비.

북해(北海) ①영국의 동해안과 유럽 대륙과의 사이에 있는 바다. 청어·대구가 많이 남. ②함경북도의 동쪽 바다.

분[1] 사람을 가리킬 때 높여 부르는 말. 예 저 분이 철수의 할아버지이시다.

분[2](分) ①낱도·씨도의 단위. 곧, 1도의 60분의 1. ②시간의 단위. 곧, 1시간의 60분의 1.

분:[3](忿) 억울한 일을 당하였을 때 마음 속에 치미는 노여움. 예 분을 참지 못하다.

분[4](盆) 흙을 담아 화초나 나무를 심는 그릇. 화분.

분[5](粉) ①가루. 예 소맥분. ②얼굴에 바르는 백분. 예 얼굴에 분을 바르다.

분가(分家) 가족의 일부가 딴 살림을 차림. 예 결혼한 동생을 분가시키다. —하다.

분간(分揀) ①이것과 저것을 구별함. 예 어느 것이 옳은지 분간할 수 없다. ②죄를 용서함. —하다.

분갈이 화분에 심어져 있는 식물을 다른 화분에 옮기거나 흙을 바꾸는 일. —하다.

분:개(憤慨) 매우 분하게 여김. 몹시 화를 냄. 예 분개한 시민들. —하다.

분계(分界) 서로 나누인 두 땅의 경계. 예 군사 분계선.

분골 쇄:신(粉骨碎身) 뼈가 가루가 되고 몸이 부서진다는 뜻으로, 있는 힘을 다하여 노력함을 이르는 말. —하다.

분교(分校) 한 학교의 학생 일부를 따로 떼어 가르치기 위해 멀리 떨어진 다른 곳에 세운 학교. 예 벽지에 분교를 세우다.

분권(分權)[—꿘] 권리나 권력을 나눔. 예 지방 분권. 반 집권. —하다.

분규(紛糾) 일이 뒤얽혀 말썽이 많고 시끄러움. 예 노사 분규.

분기¹(分期) 한 해를 석 달씩, 넷으로 나눈 기간. 예 일사 분기.

분:기²(奮起) 기운을 내어 힘차게 일어남. —하다.

분기점(分岐點) [—쩜] 갈라져 나가는 곳. 갈라진 곳. 예 경부선과 호남선의 분기점은 대전이다.

분꽃 분꽃과로 남아메리카 원산의 여러해살이풀이지만, 우리 나라에서는 한해살이풀. 여름부터 가을에 걸쳐 하양·빨강·노랑 꽃이 핌. 열매는 까맣게 익는데 씨 속에 흰 가루가 들어 있음.

분납(分納) 몇 차례로 나누어서 냄. 예 세금을 분납하다. —하다.

분:노(忿怒) 분하여서 몹시 성을 냄. —하다.

분단¹(分團) ①한 단체를 작게 나눈 그 부분. ②한 학급을 몇으로 나눈 그 하나. 예 분단별로 실험하다. —하다.

분단²(分斷) 여러 개로 나누어 끊음. 나누어 자름. 예 분단된 조국. —하다.

분단장(粉丹粧) 얼굴에 분을 바르며 곱게 꾸미는 일. —하다.

분담(分擔) 일을 갈라서 맡음. 예 일을 분담하다. —하다.

분대(分隊) 군대 편성 단위의 하나. 소대의 아래 단위로 일반적으로 9명으로 이루어짐. 예 분대장.

분동(分銅) 저울에 물건의 무게를 달 때에 쓰는 추.

〔분 동〕

분등(分等) 등급을 나눔. —하다.

분란(紛亂) [불—] 어수선하고 떠들썩함. 예 가정에 분란을 일으키다. —하다.

분:량(分量) [불—] 부피·수량·무게 등의 적고 많은 정도. 예 물의 분량을 잘 잡다.

분류(分類) [불—] 종류를 따로 구별함. 예 분류 작업. —하다.

분리(分離) [불—] 서로 따로 나뉘어 떨어짐, 또는 갈라서 떼어 놓음. 예 쓰레기 분리 수거. 반 결합. —하다.

분립(分立) [불—] 각각 나누어져서 따로 섬. 예 삼권 분립. —하다.

분만(分娩) 아이를 낳음. 해산. 예 분만실. —하다.

분말(粉末) 가루.

분망(奔忙) 매우 바쁨. 예 일 때문에 매우 분망하다. —하다. —히.

분명하다(分明—) 똑똑하다. 밝다. 환하다. 예 분명한 태도. 비 확실하다. 명확하다. 반 희미하다. 불분명하다. —히.

분모(分母) 수학의 분수에서 가로 그은 선의 아래에 있는 수. 1/5의 5 따위. 예 공통 분모. 반 분자.

분:무기(噴霧器) 물이나 약품을 안개처럼 흩어 뿜는 기구.

분반(分班) 여러 반으로 나눔, 또는 그렇게 나뉜 반. —하다.

분:발(奮發) 마음과 힘을 돋우어 일으킴. 예 축구 시합에 진 우리 학교 선수들은 다시 분발하여 맹렬한 연습을 하고 있다. —하다.

분방(奔放) 보통의 규칙에 따르지 않고 제멋대로임. 예 자유 분방한 생활. —하다.

분배(分配) 몫몫이 고르게 나누어

줌. [예] 이익을 정확히 분배하다. —하다.

분별(分別) ①사물의 이치를 아는 것. ②가려 냄. [예] 옳고 그름을 분별하다. —하다.

분별 깔때기 실험 기구의 하나. 물과 기름처럼 서로 섞이지 않는 두 액체의 혼합물을 분리하는 데 쓰임.

분별없다 세상 물정을 알아서 가리지를 못하다. [예] 분별없이 행동하지 마라. —이.

분부(吩咐) 아랫사람에게 명령하는 말. [예] 아버지께서 분부하시는 일은 무엇이든지 다 해낼 수 있다. [비] 명령. —하다.

분분하다(紛紛—) ①말썽이 많다. ②의견이 많다. [예] 의견이 분분하다. ③뒤숭숭하고 어수선하며 시끄럽다. [예] 세상이 분분하다.

분비(分泌) ①액즙이 스며 나옴. ②선세포의 작용에 의하여 특수한 액즙을 만들어 배출하는 기능. [예] 분비액. —하다.

분비물 생물체 안의 샘으로부터 분비되어 나온 물질. 침·위액·땀·젖 등.

분:사(噴射) 세차게 내뿜음. [예] 분사식. —하다.

분산(分散) 갈라져서 이리저리 흩어짐. [예] 인구 분산 정책. [반] 결합. —하다.

분석(分析) 낱낱이 나누어서 가름. [예] 작품 분석. —하다.

분속(分速) 1분 간을 단위로 해서 잰 속도.

분쇄(粉碎) 가루가 되도록 잘게 부스러뜨림. [예] 분쇄기. —하다.

분쇄기 고체를 분쇄하는 기계. [비] 파쇄기.

분:수[1](分數) ①자기 처지에 적당한 한계. [예] 분수에 맞게 살다. ②사물을 구별할 줄 아는 지혜. [예] 분수도 모르는 철부지.

분수[2](分數)[—쑤] 어떠한 수효나 분량을 몇으로 나누어 가를 때에 두 수의 관계를 나타내는 수. 1/2, 2/3, 2/5 따위.

분:수[3](噴水) ①물을 뿜음, 또는 그 물. ②물을 뿜어 내게 만든 설비.

〔분 수[3]〕

분수령(分水嶺) 양쪽으로 갈라져 흐르는 물의 경계가 되는 산 또는 산맥.

분식(粉食) 가루 음식, 또는 가루 음식을 먹음. [예] 분식점. —하다.

분신[1](分身) 어떤 본체에서 갈라져 나간 부분. [예] 분신처럼 따라다닌다.

분신[2](焚身) 종교나 정의를 위하여 몸을 불에 태움. [예] 분신 자살. —하다.

분실(紛失) 잃어버림. [예] 지갑을 분실했다. —하다.

분야(分野) 어디에 딸린 범위나 환경. [예] 과학 분야. [비] 부문.

분업(分業) 같은 관계가 있는 일을 여럿으로 나누어서 함. [비] 협업. —하다.

분업화 분업 형태로 되어 감. [예] 분업화 현상. —하다.

분에 심어 놓으면 못된 풀도 화초라 한다〈속〉 못난 사람도 좋은 지위만 얻게 되면 그럴싸해 보인다.

분:연[1](恣然) 벌컥 성을 내는 모양. ㉮분연히 자리를 박차고 일어났다. —하다. —히.

분:연[2](奮然) 떨치고 일어나는 모양. ㉮자유를 위해 분연히 일어서다. —하다. —히.

분열(分裂)[부녈] ①하나가 여럿으로 나뉨. ㊉통일. ②생물의 세포나 핵이 갈라져서 불어나는 일. ㉮세포 분열. —하다.

분:외(分外) 분수에 넘치는 일. ㉮분외의 대접을 받다.

분원(分院) 본원에서 따로 분설한 병원이나 학원 같은 것. ㊉본원.

분위기(雰圍氣) ①지구를 싸고 있는 대기. ②어떤 경우를 싸고 있는 한때의 기분. ㉮분위기가 심상치 않다.

분유(粉乳) 우유에서 물기를 증발시키고 가루 모양으로 만든 것. 가루우유.

분자(分子) ①물질을 아주 잘게 나눈 알갱이. ②수학의 분수에서 가로 그은 선의 위에 있는 수. 1/5의 1 따위. ㊉분모.

분자식(分子式) 원소 기호를 써서 분자의 구조를 나타낸 식. 물의 분자식은 H_2O임.

분잡하다(紛雜—) 사람이 많이 모여 북적거리다. —히.

분장[1](分掌) 일이나 사무를 한 부분씩 나누어 맡음. ㉮업무를 분장하다. —하다.

분장[2](扮裝) 몸을 매만져 꾸밈. ㉮임금으로 분장하다. —하다.

분재(盆栽) 보고 즐기기 위하여 줄기나 가지를 아름답게 다듬거나 변형시켜 가꾼, 화분에 심은 나무, 또는 그렇게 가꾸는 일. —하다.

분쟁(紛爭) 말썽을 일으키어 시끄럽게 다툼. ㉮종교 분쟁으로 두 나라가 싸우다. —하다.

분:전(奮戰) 힘을 다하여 싸움. ㉮끝까지 분전했으나 아깝게 준우승에 머물고 말았다. ㊉분투. —하다.

분점(分店) 본점이나 지점에서 다시 갈라서 세운 점포. ㊉본점.

분주하다(奔走—) 일이 많아 몹시 바쁘다. 분망하다. ㉮농부가 분주히 일을 하고 있다. ㊉한가하다. —히.

분지(盆地) 산 따위의 높은 땅으로 둘러싸인 평평한 땅.

분청 사기(粉靑沙器) 조선 초기의 자기. 고려 청자를 발전시켜 계승한 것으로 회청색 또는 회황색의 평민적인 형태미를 지님.

분:출(噴出) 내뿜음. 뿜어 냄. ㉮석유가 분출하다. —하다.

분:출물 내뿜은 물질.

분침(分針) 시계의 분을 가리키는 긴 바늘.

분:통(憤痛) 몹시 분하여 마음이 쓰리고 아픔. ㉮분통이 터지다. —하다.

분:통 터지다 썩 분한 마음이 치밀어오르다. ㉮분통 터지는 일이 벌어지다.

분:투(奮鬪) 있는 힘을 다하여 맹렬히 싸움. ㉮고군 분투하다. —하다.

분:패(憤敗) 이길 수 있는 것을 분하게 짐. ㉮다 이긴 게임을 마지막에 역전되어 분패하였다. —하다.

분포(分布) ①여러 곳으로 퍼져 있음. ㉮분포도. 분포율. ②나누어서 널리 퍼뜨림. —하다.

분:풀이 분하고 원통한 마음을 풀어 버림. —하다.

분필(粉筆) 칠판에 글씨를 쓰는 흰 가루로 만든 물건.

분:하다(忿—) ①억울하고 원통하다. ②될 듯한 일이 되지 않아 아깝다. —히.

분할(分割) 둘 또는 그 이상으로 나눔. [예] 토지 분할. —하다.

분할 통:치 여럿으로 나누어 쪼개 놓고 다스림.

분합(分閤) 대청 앞에 드리는 네 쪽의 긴 창살문.

분해(分解) ①한 덩이로 이루어진 물체를 따로따로 나눔. [예] 시계를 분해하다. ②한 물질이 두 가지 이상의 물질로 나뉘어지는 화학적 변화. [예] 분해 효소. —하다.

분향(焚香) 부처 또는 죽은 이를 위하여 향을 불에 피움. 소향. [예] 분향 재배. —하다.

〔분 향〕

분:홍(粉紅) 엷고 고운 붉은빛.

분:화(噴火) ①불을 내뿜음. ②화산의 화구에서 화산재·수증기·용암 따위를 내뿜는 일. —하다.

분:화구 화산의 불이나 재·가스 등을 내뿜는 구멍.

분:황사 석탑(芬皇寺石塔) 신라 선덕 여왕 때 경상 북도 경주시 분황사에 세운 탑. 현재는 일부만 남아 있음.

붇:다〔불으니, 불어서〕 ①물에 젖어서 부피가 부풀어 커지다. ②수효가 많아지다. [예] 인구가 붇다.

불 ①물건이 탈 때 붉게 빛나는 것. ②등에 켜서 어두운 곳을 밝히는 것. [예] 불을 켜다.

불가[1](不可) ①옳지 않음. 좋지 않음. [예] 남의 의견을 무시하는 일은 불가한 일이다. ②할 수 없음. 되지 않음. [예] 흡연 불가. [반] 가. —하다.

불가[2](佛家) ①불교를 믿는 사람, 또는 그 사회. ②절.

불가결(不可缺) 없어서는 아니 됨. 없어서는 안 될 것. [예] 소금은 음식 간을 맞추는 데 불가결한 요소이다. —하다.

불가능(不可能) 될 수 없음. [예] 불가능한 도전. [반] 가능. —하다.

불가리아(Bulgaria) 유럽 발칸 반도 동부에 있는 공화국. 수도는 소피아.

불가분(不可分) 나누려고 해도 도저히 나눌 수가 없음. [예] 말과 글은 불가분의 관계에 있다.

불가불(不可不) 꼭. 반드시.

불가사의(不可思議) 인간의 생각으로는 미루어 헤아릴 수 없을 만큼 이상하고 야릇함, 또는 그 일. [예] 세계 4대 불가사의. —하다.

불 가져오라는데 물 가져온다〈속〉 하라고 시킨 일은 하지 않고 엉뚱한 일을 할 때 쓰는 말.

불가침(不可侵) 침범할 수 없음. [예] 상호 불가침 조약.

불가피(不可避) 피할 수 없음. [예] 불가피한 사정으로 회의에 불참하다. —하다.

불가항력(不可抗力) 인간의 힘으로는 어찌할 수 없는 힘. [예] 불가항력적인 사건.

불각(不覺) 깨닫지 못함. —하다.

불간섭 일에 간섭하지 아니함. [예] 불간섭주의. [반] 간섭. —하다.

불거지다 ①속에 든 둥근 물건이 거죽으로 툭 비어져 나오다. ②숨겨졌던 일이나 어떤 현상이 갑자기 드러나다. ③무엇이 둥글게 솟아오르다. [예]이마에 혹이 툭 불거지다. [작]볼가지다.

불건전(不健全) 건전하지 못함. [예]불건전한 사고 방식. ―하다.

불결하다(不潔―) 깨끗하지 못하고 지저분하다. [반]청결하다. 깨끗하다. ―히.

불경[1](不敬) 무례하게 굴어 예의를 잃음. [예]불경한 행동. ―스럽다. ―하다.

불경[2](佛經) 부처의 설법을 적어 놓은 책. 불교의 경전.

불경기(不景氣) 여러 가지 이유로 경제 형편이 좋지 않은 상태. 불황. [예]불경기라 회사 사정이 어렵다. [반]호경기.

불계(不計) ①바둑에서, 승부가 확실해 집 수를 계산하지 않음. [예]불계로 이기다. ②옳고 그름이나 이해 관계를 따지지 않음. ―하다.

불고기 살코기를 얇게 저며서 상념을 하여 재었다가 불에 구운 고기.

불고하다(不顧―) 돌아보지 아니하다. 관계하지 아니하다.

불곰 곰과의 동물. 몸길이 2m 가량으로 곰 중에서 가장 큼.

불공(佛供) 부처 앞에 공양하는 일. [예]불공을 드리러 절에 가다. [비]불향. ―하다.

불공평(不公平) 공평하지 아니함. [예]불공평하게 분배하다. [반]공평. ―하다.

불과(不過) 지나지 아니함. 그 정도밖에 아니 됨. [예]내 동생은 입학한 지 불과 몇 주일 만에 책을 읽어 집안 식구들을 놀라게 하였다. ―하다.

불교(佛敎) 인도의 석가모니가 세운 세계 3대 종교의 하나.

불구(不具) 몸에 결함이 있음. [예]불구의 몸.

불구자 몸의 어느 부분이 온전하지 못한 사람. [비]병신.

불구하고(不拘―) '-에도', '-는데도' 다음에 붙어서 앞의 말뜻을 뒤집어 뒷말에 이어지게 하는 말. [예]책이 있음에도 불구하고 읽지 않는다.

불국사(佛國寺) 경상 북도 경주시 남쪽 토함산 기슭에 자리잡은 절. 541년(신라 법흥왕 27년)에 처음 지어 임진왜란 때 불탔으나, 조선 시대 영조 때 다시 지어 대웅전과 극락전이 남아 있다 최근에 옛 모습대로 복원되었음.

불굴(不屈) 뻗대고 굽히지 아니함. [예]불굴의 정신으로 북극을 탐험하다. ―하다.

불귀(不歸) 한 번 가고는 다시 돌아오지 않음. 곧, 죽음. [예]불귀의 객이 되다. ―하다.

불규칙(不規則) ①규칙이 서지 않음. [예]불규칙한 생활. ②일정하지 않음. [예]맥박이 불규칙적이다. [반]규칙. ―하다.

불그레하다 조금 곱게 불그스름하다. [예]얼굴이 불그레하다. [작]볼그레하다.

불그스름하다 조금 붉다. [준]불그름하다. [작]볼그스름하다. [센]뿔그스름하다. ―히.

불긋불긋 붉은 점이 군데군데 있는 모양. ―하다.

불기[―끼] 불을 때서 생기는 따

ㅂ

뜻한 기운. ⑩방에 불기가 없어 춥다. 回화기.

불기둥[―끼둥] 기둥 모양으로 높이 솟는 불길. ⑩가스가 폭발하여 불기둥이 높이 치솟았다.

불길[―낄] ①활활 타오르는 불꽃. ②세찬 기세로 전개되는 어떤 현상의 비유. ⑩방방곡곡에서 독립 운동의 불길이 일어났다.

불길하다(不吉―) 운수나 재수가 좋지 않다. ⑩불길한 예감. 凹대길하다.

불꽃 ①쇠붙이나 돌 같은 것이 서로 부딪칠 때 일어나는 불빛. ②타는 불에서 일어나는 붉은빛을 띤 기운.

불꽃놀이 밤하늘에 화포를 쏘아올려 불꽃이 일어나게 하는 놀이. 주로 경축이나 기념 행사 때에 함.

불꽃심(―心) 불꽃 중심의 어두운 부분. 기체로 변한 물질이 타지 않는 상태임.

불끈 ①물 속에서 떠오르는 모양. ②공중으로 솟아오르는 모양. ③성을 왈칵 내는 모양. ④주먹을 단단히 쥐는 모양. ⑩매를 맞고 화가 나서 주먹을 불끈 쥐었다.

불끈 쥐:다 주먹을 야무지게 단단히 쥐다. ⑩주먹을 불끈 쥐고 덤벼들다.

불나다[―라다] 화재가 일어나다.

불난 데 부채질한다〈속〉 엎친 데 덮치는 격으로 불운한 사람을 더 불운하게 만들거나 성난 사람을 더 성나게 한다.

불난리[―랄리] 불이 나서 수라장을 이룬 난리. 凹물난리.

불난 집에서 불이야 한다〈속〉 제 밑이 구린 사람이 남이 할 말을 제가 한다.

불납(不納)[―랍] 세금 등을 내지 아니함. ⑩요금 불납. ―하다.

불놀이[―로리] 등불·화포 따위로 흥취 있게 노는 놀이. ⑩경축 불놀이. ―하다.

불놓다[―로타] 불을 대어 타게 하다.

불능(不能) ①능력이 없음. ②할 수 없음. ⑩조작 불능. ―하다.

불:다¹ [부니, 불어서] 바람이 일어나다. ⑩바람이 불다.

불:다² ①악기를 연주하다. ⑩피리를 불다. ②자기의 죄를 자백하다. ⑩죄상을 다 불다. ③입김을 내보내다. ⑩추워서 손끝을 호호 불다.

불당(佛堂)[―땅] 부처를 모셔 놓은 대청. 回불전.

불덩이[―떵이] ①불이 붙어 있는 덩이. ②'열이 심한 몸이나 뜨겁게 단 물체'를 비유하여 이르는 말. ⑩온몸이 불덩이 같다.

불도(佛道)[―또] 불교의 가르침. ⑩절에서 불도를 닦다.

불도:저(bulldozer) 땅을 다지거나 지면을 고르고 편평하게 하는 토목 공사용 기계. 트랙터의 앞머리에 호미처럼 생긴 튼튼하고 커다란 철판이 달려 있음.

불독(bulldog) 개의 한 품종. 영국이 원산으로 머리가 크고 넓적하며 양쪽 볼이 처져서 사나워 보이나 성질은 온순함. 코는 납작하고 네 다리는 휘었음.

불때다 아궁이에 나무를 넣어 불을 붙여 타게 하다.

불똥 ①심지의 끝이 다 타고 난 작은 불덩이. ②타는 물건에서 튀는 작은 불덩이.

불량(不良) ①착하지 못하고 행실이 나쁨. ②물건의 질이 좋지 않음. 예불량 식품. —하다.

불량배 나쁜 행동을 일삼는 사람, 또는 그런 무리.

불러 내다 불러서 나오게 하다. 예친구를 밖으로 불러 내다.

불러들이다 불러서 안으로 들어오게 하다. 예친구들을 집으로 불러들이다.

불러 오다 불러서 오게 하다. 예의사를 불러 오다.

불러일으키다 숨어 있는 것을 드러나게 하다. 예아군의 사기를 불러일으키다.

불려 가다 부름을 받고 가다. 예선생님한테 불려 가다.

불로초(不老草) 먹으면 늙지 않는다는 전설의 풀.

불리(不利) 이롭지 아니함. 해로움. 빤유리. —하다.

불리다 ①액체에 축여 붇게 하다. 예밥에 두려고 콩을 불렸다. ②재산을 붇게 하다. 예천 원을 만 원으로 불렸다.

불만(不滿) 마음에 흐뭇하지 아니함. 예불만을 품다. 비불평. 빤만족. —스럽다. —하다. —히.

불망(不忘) 잊지 아니함. 예오매 불망. —하다.

불매¹(不買) 사지 않음. 예외국 농산물 불매 운동. —하다.

불매²(不賣) 팔지 아니함. —하다.

불면(不眠) 잠을 자지 아니함. 잠을 못 잠. 예불면증 때문에 밤을 꼬박 새웠다.

불면 꺼질까 쥐면 터질까 〈속〉 자녀를 아주 소중히 기름.

불면증(不眠症)[—쯩] 잠을 잘 수 없는 상태가 오래도록 지속되는 증세. 예불면증에 시달리다.

불멸(不滅) 사라지지 않음. 예영원 불멸의 업적. —하다.

불명(不明) 분명하지 않음. 예행방 불명. 본불분명. —하다.

불명예(不名譽) 명예스럽지 못함. 예불명예스러운 행동. 빤명예. —스럽다. —하다.

불모(不毛) 땅이 메말라 식물이나 농작물이 자라지 않음, 또는 그런 땅. 예불모의 사막.

불모지 나무나 풀이 나지 않는 거친 땅.

불목 온돌 아랫목의 가장 더운 자리. 예불목을 차지하다.

불문(不問) ①캐묻지 않음. 예지난 일은 모두 불문에 부치다. ②가리지 않음. 예지위가 높고 낮음을 불문하고 처벌하다. —하다.

불미(不美) 아름답지 못하고 추잡함. 떳떳하지 못함. 예불미스러운 일을 저지르다. —스럽다. —하다.

불민하다(不敏—) 어리석고 둔해 민첩하지 못하다.

불바다 넓은 지역에 걸쳐서 타오르는 불.

불발탄(不發彈) 쏜 뒤에도 터지지 않은 총탄이나 포탄.

불법(不法) 법에 어그러짐. 예불법 행위. 비위법. 빤합법. —하다.

불변(不變) 변하지 아니함. 예영구 불변. 빤가변. —하다.

불복(不服) 복종하지 아니함. 예명령에 불복하다. 빤복종. 순종. —하다.

불복종 복종하지 아니함. 불복. —하다.

불분명하다(不分明—) 분명하지 못하다. 예 내용이 불분명하다. 반 분명하다. 준 불명하다.

불붙는 눈초리 불이라도 붙을 듯이 열렬한 눈매.

불붙다 ①불붙은 것처럼 세차게 일어나다. 예 싸움이 다시 불붙다. ②불이 붙어 타오르다.

불붙이다[—부치다] 불을 대어서 붙게 하다. 예 장작에 불붙이다.

불사르다[불사르니, 불살라] 불에 태워 없애다. 예 옛 편지를 불사르다.

불사신(不死身)[—싸신] 어떤 고통이라도 견디어 내는 강한 신체.

불사약(不死藥)[—싸약] 먹으면 죽지 않는다는 전설의 약.

불사조(不死鳥) 500년마다 스스로 쌓은 제단의 불에 타 죽고는 그 잿속에서 다시 태어난다는 새. 이집트 신화에 나오는 '피닉스'를 이르는 말.

불상(佛像)[—쌍] 부처의 모습을 새긴 것이나 그린 것.

불상사(不祥事)[—쌍사] 상서롭지 못한 일. 좋지 않은 일. 예 불상사가 생기다.

불성실(不誠實)[—썽실] 성실하지 못함. 예 불성실한 자세. 반 성실. —하다.

불손(不遜)[—쏜] 공손하지 않음. 예 행동이 불손하다. 반 겸손. —하다. —히.

불순¹(不純)[—쑨] 참되지 못함. 순수하지 아니함. 예 생각이 불순하다. —하다. —히.

불순²(不順)[—쑨] ①온순하지 못함. ②순조롭지 못함. 예 날씨가 불순하다. —하다. —히.

불순물(不純物)[—쑨물] 순수하지 못한 물건.

불시에(不時—)[—씨에] 뜻하지 아니한 때에. 별안간에. 예 불시에 습격을 받다.

불시착(不時着)[—씨착] 비행기가 고장이나 날씨의 악화 따위로 목적지가 아닌 장소에 착륙하는 일. 예 사막에 불시착하다. —하다.

불신(不信) 믿지 아니함. 예 친구를 불신하다. 불신감. —하다.

불심 검:문(不審檢問) 행동이 수상한 사람에 대하여 경찰관이나 헌병 등이 길거리 같은 곳에서 검문하는 일. —하다.

불쌍하다 가엾고 애처롭다. 동정할 만하다. 예 불쌍한 이웃을 돕다. —히.

불쏘시개 장작이나 숯불을 피울 때 불을 옮겨 붙이기 위하여 먼저 쓰는 잎나무나 관솔 따위. 준 쏘시개.

불쑥 갑자기 쑥 내밀거나 나타나는 모양. 예 불쑥 손을 내밀다. 작 볼쑥.

불씨 언제나 불을 붙일 수 있게 불을 이어 나가는 불덩이.

불안(不安) ①마음이 평안하지 아니함. 예 거짓말을 하여 불안하다. ②세상이 떠들썩하여 편안하지 아니함. 비 격정. 반 안심. —스럽다. —하다. —히.

불안정(不安定) 안정되지 못함. 예 불안정한 생활을 하다. 반 안정. —하다.

불야 불이 났다고 급히 외치는 소리. 본 불이야.

불어나다 본디보다 커지거나 많아지다. 예 비가 많이 내려 강물이 불어나다.

불어넣다 안으로 들어가게 하여서

지니게 하다. [예] 자유주의 사상을 불어넣다.

불어 오다 바람이 일어나 이쪽으로 오다. [예] 산들바람이 불어 오다.

불어터지다 국수 따위가 너무 불어서 먹지 못할 지경이 되다.

불에 놀란 놈이 부지깽이만 보아도 놀란다〈속〉 무엇에 몹시 놀란 사람은 그에 관련 있는 물건만 보아도 겁을 낸다.

불연속(不連續) 연속되어 있지 않음. 도중이 끊어져 있음.

불온하다(不穩―) ①온당하지 아니하다. [예] 불온한 문서. ②사리에 어그러지다. ③험상궂다.

불완전(不完全) 완전하지 못함. [예] 불완전 동사. [반] 완전. ―하다.

불완전 연소(不完全燃燒) [―년소] 산소의 공급이 넉넉지 못한 상태에서의 연소. [반] 완전 연소.

불우(不遇) 좋은 때를 못 만나 세상에 잘 쓰이지 못함. 복이 없음. [예] 불우한 어린 시절을 보내다. [비] 불행. ―하다.

불운(不運) 운수가 사나움. [예] 불운하게도 대학 입시에 낙방하였다. [비] 비운. ―하다.

불원간(不遠間) 멀지 아니하여. 며칠 안 되어서. [예] 불원간 한번 들르겠습니다.

불유쾌하다(不愉快―) 유쾌하지 아니하다. 즐겁지 않다. [예] 불유쾌한 휴가를 보내다.

불응(不應) 응하지 아니함. 듣지 아니함. [예] 질문에 불응하다. ―하다.

불의[1](不意) 뜻밖에 생각지 아니하던 판. [예] 불의의 사고. [비] 뜻밖. 의외.

불의[2](不義) 의롭지 못함. 옳지 못함. [예] 불의에 항거하다. [반] 정의. ―하다.

불이익(不利益) [―리익] 이익이 되지 아니함. ―하다.

불자동차 불끄는 여러 장비를 갖춘 자동차. 붉은색을 칠했음. [비] 소방차.

불장난 아이들이 불을 붙여 갖고 노는 일. [예] 아이들의 불장난. ―하다.

불조심(―操心) 불이 나지 않도록 조심함. ―하다.

불집을 건드린다〈속〉 위험한 짓을 사서 하다.

불찰(不察) 자세히 살펴보지 아니한 까닭으로 생긴 잘못. [예] 그 일은 나의 불찰이다.

불참(不參) 어떠한 자리에 참석하지 않음. [예] 학급 모임에 불참하다. [반] 참석. 참가. ―하다.

불철 주야(不撤晝夜) 밤낮을 가리지 않고 힘씀. [예] 불철 주야 연구에 몰두하다. ―하다.

불청객(不請客) 청하지 아니하였는데 우연히 온 손님. [예] 생일 파티에 초대하지 않은 불청객이 찾아왔다.

불초자(不肖子) 부모에게 내하여 자기를 일컫는 말. [준] 불초.

불충(不忠) 충성을 다하지 아니함. [예] 불충한 신하. ―하다.

불충분(不充分) 충분하지 못함. [예] 조건이 불충분하다. [반] 충분. ―하다.

불치(不治) 병이 낫지 아니함. 고칠 수 없음. ―하다.

불친절하다(不親切―) 친절하지 아니하다. [예] 불친절한 점원. [반] 친절하다.

불침번(不寢番) 밤에 자지 않고

ㅂ

번을 서는 일. 또는 그 사람.

불쾌(不快) 마음이 유쾌하지 아니함. 예불쾌한 기분. 반유쾌. 상쾌. —하다. —히.

불타는 듯한 매우 세찬.

불타다 ①불이 붙어서 타다. ②의욕·정열이 북받치어 솟아나다. 예애국심에 불타다.

불통(不通) ①교통이 막혀서 통하지 못함. ②세상 일에 어둡거나 눈치를 알아채지 못함. 예소식 불통. —하다.

불투명 수채화 물을 적게 섞어서 밑그림이 비치지 않도록 그린 그림.

불티 타는 불에서 튀어나오는 작은 불똥.

불티같이[―가치] 내놓기가 무섭게 다 팔리거나 없어지는 모양. 예불티같이 다 팔리다.

불편(不便) ①편리하지 못하고 거북스러움. 예길가에 철근이 놓여 있어 통행이 불편하다. 반편리. ②몸이 편하지 못하다. —스럽다. —하다.

불평(不平) ①남을 원망함. 예불평을 잘하는 사람. ②마음에 들지 않아 만족을 느끼지 못함. 비불만. 반만족. —하다.

불필요(不必要) 필요하지 않음. 예불필요한 행동은 삼가도록 해라. 반필요. —하다.

불한당(不汗黨) 떼를 지어 다니는 강도.

불합격(不合格) 합격하지 못함, 또는 일정한 기준에 미치지 않음. 예시험에 불합격하다. 반합격. —하다.

불합리(不合理) 이치나 도리에 어긋남. 예불합리한 제도를 고치다. 반합리. —하다.

불행(不幸) ①복이 없음. ②운수가 나쁨. 예그는 불행히도 어머니를 일찍 여의었다. 비불우. 반행복. —스럽다. —하다. —히.

불허(不許) 허락하지 아니함. 예주차를 불허하다. 반허가. 허락. —하다.

불현듯이 갑자기 생각이 치밀어 걷잡을 수 없게. 예하늘을 보니 불현듯이 고향에 가고 싶은 생각이 났다. 준불현듯.

불호령 크게 화를 내며 큰 소리로 꾸짖는 일. 예적을 향해 불호령을 치다.

불화(不和) 화목하지 못함. 사이가 좋지 못함. 예가정 불화. —하다.

불화살 화살 끝에 불을 붙여 쏘는 화살.

불확실(不確實) 확실하지 아니함. 예불확실한 증거. —하다.

불확정(不確定) 확실히 결정하지 못함. 예불확정한 상태. 반확정. —하다.

불황(不況) 경기가 좋지 못함. 불경기. 예근검 절약으로 불황을 이겨 내다. 반호황.

불효(不孝) 어버이를 잘 섬기지 아니함. 예불효 막심. —하다.

불효자(不孝子) ①불효한 자식. ②편지에서, 부모에게 자기를 낮추어 가리키는 말.

불후(不朽) ①썩지 않음. ②영원히 전하여 없어지지 않음. 예불후의 명작. —하다.

붉다[북따] 빛이 핏빛 같다. 예붉은 노을.

붉디붉다[북띠북따] 아주 진하게 붉다.

붉으락푸르락[불그—] 몹시 화가 나거나 흥분하거나 해서 얼굴빛이 붉게 또는 푸르게 변하는 모양. [예] 화가 나서 얼굴이 붉으락푸르락한다. —하다.

붉히다[불키—] 성이 나거나 부끄러워 얼굴을 붉게 하다. [예] 부끄러워 얼굴을 붉히다.

붐비다 ①사람들이 들끓어서 복잡하다. [예] 기차가 붐비다. ②사물이 한데 엉클어져 복잡하다. [예] 일이 붐비다.

붓 ①글씨를 쓰고 그림을 그리는 데 쓰는 물건. [예] 붓글씨. ②털붓·연필·철필·만년필 따위.

붓글씨 붓으로 먹을 찍어 한지 따위에 쓴 글씨.

붓:다[1]〔부으니, 부어서〕 ①액체를 그릇에 쏟다. [예] 물통에 물을 붓다. ②씨앗을 뿌리다. [예] 배추씨를 붓다. ③이자·곗돈 따위를 치르다. [예] 적금을 붓다.

붓:다[2]〔부으니, 부어서〕 ①살가죽이 부풀어오르다. [예] 얼굴이 붓다. ②성이 나다. [예] 욕을 먹고 잔뜩 부어 있다.

붓두껍 붓의 촉에 끼우는 뚜껑. 붓대보다 조금 굵은 대나무 따위로 만듦.

붕괴(崩壞) 허물어져 무너짐. [예] 둑이 붕괴하다. [비] 붕궤. —하다.

붕대(繃帶) 몸을 다쳤을 때 약을 바르고 아픈 곳을 묶는 좁고 길게 오린 헝겊.

붕붕 ①벌이 날개를 떨어서 내는 소리. ②자동차 따위에서 연이어 울리는 경적 소리.

붕산(硼酸) 양칫물이나 의약품으로 쓰이는 물질 중의 하나. 무색 투명하며 뜨거운 물이나 알코올에 녹음.

붕:어[1] 몸이 잉어 같으나 좀 작은 민물고기.

붕어[2](崩御) 임금이 세상을 떠남. [비] 승하. [준] 붕. —하다.

붕:어말 얕은 물 속에 나는, 줄기가 가늘고 긴 물풀.

붕우(朋友) 벗. 친구.

붕우 유:신(朋友有信) 오륜의 하나. 벗 사이에는 믿음이 있어야 한다는 것.

붕:장어 먹붕장어과의 바닷물고기. 몸길이 90cm 가량. 생김새는 장어와 비슷함.

붙다[붇따] ①마주 닿다. ②보태어지다. ③떨어지지 않다. ④불이 옮아서 당기다. ⑤좇아서 따르다. ⑥시험 따위에 뽑히다.

붙들다[붇뜰—]〔붙드니, 붙들어서〕 ①손으로 쥐고 놓지 않다. [예] 손목을 붙들다. ②가지 못하게 하다. [예] 가겠다는 사람을 붙들다. ③도와 주다. [예] 버스 안에서 노인을 붙들다.

붙박이 한 곳에 고정되어 움직일 수 없게 된 것. [예] 붙박이장.

붙박이다 한 곳에 꽉 박혀 있어 움직이지 않다.

-붙이[부치] ①가까운 일가. [예] 일가붙이. ②딸리어 있는 같은 종류. [예] 쇠붙이.

붙이다[부치—] ①붙게 하다. [예] 그림을 벽에 붙이고 바라보다. [반] 떼다. ②거간하거나 소개하다. [예] 흥정을 붙이다. ③손으로 때리다. [예] 한 대 올려 붙이다.

붙임성[부침썽] 남과 잘 사귀는 성질. [예] 붙임성이 있는 아이.

붙임줄[부침쭐] 악보에서 같은 높이의 두 음을 한 음과 같이 소리

ㅂ

내는 것을 나타내는, 음표와 음표를 건너지른 좁은 줄. '⌒'으로 나타냄.

붙임표[부침—] 사전 따위에서, 두 말을 한데 붙이거나 한 낱말 안의 구분을 보이는 표. '-'로 나타냄.

붙잡다[붇짭따] ①붙들어 쥐다. ㉖손을 붙잡다. ②달아나는 것을 잡아오다. ㉖도둑을 붙잡다. ③벌이할 자리를 얻다. ④가지 못하게 말리다. ㉖손님을 붙잡다. ㉺놓치다.

붙잡아매다 다른 것에다 동여 묶다. ㉖개를 붙잡아매다.

붙잡아 주다 ①쓰러지지 않도록 곁을 부축하다. ㉖환자를 붙잡아 주다. ②도와 주다.

붙잡히다[붇짜피—] 붙들려서 잡히다. ㉖도둑질을 하다 붙잡히다.

뷔페(프 buffet) 여러 가지 음식을 차려 놓고, 먹을 사람이 마음대로 덜어 먹을 수 있게 한 식탁.

브라스 밴드(brass band) 금속제의 관악기를 중심으로 편성된 악대. 취주 악단.

브라운관(Braun管) 진공관의 일종. 전류의 강약을 빛의 강약으로 바꾸는 작용을 하며, 레이더·텔레비전 등에 이용됨.

브라질(Brazil) 남아메리카의 동부에 있는 연방 공화국. 수도는 브라질리아.

브람ː스(Brahms, 1833~1897) 독일의 신고전파 음악가. 작품에는 〈헝가리 춤곡〉〈자장가〉〈독일 진혼곡〉 등이 있음.

브레이크(brake) ①기차·자동차·자전거 따위의 바퀴의 회전을 멈추게 하는 장치. ②어떤 일의 진행이나 활동을 하지 못하게 하거나 방해하는 일. ㉖그의 활동에 브레이크가 걸리다.

브로ː치(brooch) 윗저고리나 깃에 핀이나 줄로 꽂거나 다는 장식품.

브로ː커(broker) 중개인.

브리ː핑(briefing) 어떤 일의 배경이나 사정·상황 따위를 간단하게 설명함, 또는 그 설명. ㉖상황을 브리핑하다. —하다.

블라디보스토크(Vladivostok) 러시아 동부 연해주 남쪽에 있는 항구 도시.

블라우스(blouse) 여자나 아이들의 겉에 입는 셔츠 모양의 낙낙한 윗옷의 한 가지.

블록(block) ①덩어리. ②길에 깔거나 벽 등을 쌓는 데 쓰는 벽돌 모양의 콘크리트 덩어리.

비[1] ①하늘에서 떨어지는 물방울. ㉖비가 내린다. ②먼지나 쓰레기를 쓸어 내는 기구.

비ː[2](比) 두 개 이상의 수량을 가로로 써서 그 사이에 ':'를 넣어서 두 수의 비율을 나타내는 것.

비감(悲感) 슬픈 느낌. ㉖비감에 잠기다. —하다.

비ː겁(卑怯) 겁이 많아서 행동이 버젓하지 못함. ㉻비열. ㉺용감. —하다.

비격 진ː천뢰(飛擊震天雷) 1592년 화포공 이장손이 만든 특수한 폭탄. 일종의 박격포와 같은 무기.

비ː견(比肩) 낫고 못함이 없이 서로 비슷함. ㉖세종 대왕과 비견할 만한 왕은 없다. —하다.

비ː결(祕訣) 감추어 두고 남에게 알리지 아니하는 썩 좋은 방법. ㉖장수의 비결. ㉻비법.

비:경(祕境) ①신비스러운 곳. 예 지리산의 비경. ②사람들에게 거의 알려지지 않은 곳.
비계¹ 짐승, 특히 돼지의 가죽 안쪽에 붙은 두꺼운 기름 조각.
비계² 높은 곳에서 일을 할 수 있게 긴 나무나 쇠파이프 등으로 가로세로 얽어서 만든 시설.
비:고(備考) 참고하기 위하여 갖춤, 또는 갖추어 놓은 것. 예 비고란.
비공개(非公開) 공개하지 않음. 예 비공개 회의.
비관(悲觀) 세상의 사물을 슬프게만 보고 실망함. 예 세상을 비관하다. 반 낙관. —하다.
비:교(比較) 둘을 서로 대어서 견주어 봄. 예 크기를 비교하다. —하다.
비:구니(比丘尼) 여승.
비:굴(卑屈) 용기가 없고 마음이 고상하지 아니함. 예 비굴한 행동. —스럽다. —하다. —히.
비극(悲劇) ①슬픈 일을 나타낸 연극. 예 비극으로 끝나다. ②매우 비참한 일. 비 참극. 반 희극.
비:근(卑近) 우리 주변에 흔하게 있고 손쉽게 대할 수 있게 가까움. 예 비근한 예. —하다.
비금속 금속의 성질을 갖지 않은 물질.
비금속 원소 산소·질소·염소·탄소 등 금속의 성질이 없는 원소를 통틀어 일컫는 말.
비기다 ①견주어서 지고 이김을 가려내지 못하다. 예 이 시합은 비겼다. ②서로 견주어 보다. ③셈할 것을 서로 에우다. 예 서로 비긴 것은 빼고 계산해라.
비기어 견주어. 예 참새에 비기어 제비는 빨리 난다.
비길 데 ①견줄 데. ②비교할 곳. 예 승리의 기쁨은 비길 데 없다.
비꼬다 ①비틀어 꼬다. ②말로는 칭찬하나 속으로는 욕하다. 예 자꾸 비꼬지 마라.
비끗거리다 ①일이 될 듯 될 듯 하면서도 잘 아니 되다. ②서로 맞지 아니하여 자꾸 어긋나며 소리가 나다. 예 비끗거리는 책상.
비끼다 ①비스듬하게 놓이거나 늘어지다. 예 칼을 비껴 차다. ②비스듬히 비치다. 예 산기슭에 석양이 비끼다.
비난(非難) 남의 잘못을 나무람. 남의 결점을 비웃음. 비 비방. 반 칭송. 칭찬. 찬송. —하다.
비:너스(Venus) ①로마 신화의 아름다움과 사랑의 여신. 그리스 신화의 아프로디테. ②금성을 달리 이르는 말.
비녀 여자의 쪽진 머리에 꽂는 장신구.

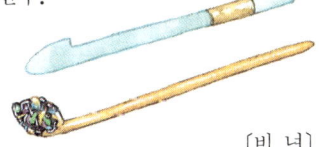

〔비 녀〕

비누 때를 씻을 때 쓰는 물건. 예 비누질. 비눗물.
비눗물 비누를 푼 물.
비늘 물고기의 몸 표면을 덮고 있는 둥글고 단단한 조각.
비능률적[—늋쩍] 능률적이 아닌 모양. 예 비능률적인 생산 방법을 개선하다. 반 능률적.
비닐(vinyl) 주로 석탄산을 원료로 하여 만든 인조 섬유. 우비 등을 만듦.
비닐론(vinylon) 석탄과 석회석을

원료로 하여 만든 합성 섬유의 하나. 모포나 천막 등에 쓰임.

비닐 터널 화초나 채소를 일찍 가꾸기 위해 고랑을 따라 뼈대를 세우고 비닐을 씌워 터널 모양으로 만든 온상.

비닐 하우스(vinyl house) 꽃이나 채소를 일찍 재배하거나 열대 식물을 가꾸기 위해 비닐을 써서 온실처럼 만든 집.

비:다[1] 속에 아무것도 없다. [예] 주머니가 비어 있다. [반] 차다.

비:다[2] '비우다'의 준말.

비단[1](非但) '다만'의 뜻으로 부정을 나타내는 말. [예] 비단 그것만을 말하는 게 아니다.

비:단[2](緋緞) 명주실로 짠 피륙을 통틀어 일컬음.

비:단결[—결] 비단의 곱고 보드라운 짜임새.

비:단길[—낄] 아시아 내륙을 동서로 가로지르던 고대의 무역 교통로. 중국의 비단이 서역으로 운반되는 데서 생긴 말. 실크 로드.

비:대(肥大) 살이 쪄서 몸집이 크고 뚱뚱함. [예] 비대한 체구라 많이 먹는구나. —하다.

비도덕적(非道德的) 도덕적이 아닌 모양. 도덕에 벗어나는 모양. [예] 친구의 물건을 훔치는 것은 비도덕적인 행동이다.

비:둔하다(肥鈍—) 살이 쪄서 동작이 느리다. [예] 행동이 비둔하다.

비둘기 몸이 그리 크지 않고 부리와 다리는 짧으며, 날개는 크고 굳센 새. 길들이기 쉽고 방향을 잘 기억함.

비듬 머리에서 생기는 살가죽의 부스러기.

비:등(沸騰) ①액체가 끓어오름. ②여러 의논이 물 끓듯이 떠들썩하여짐. [예] 정부 시책을 비난하는 여론이 비등하다. —하다.

비:등점[—쩜] 액체가 끓기 시작하는 온도. [반] 빙점.

비:등하다(比等—) 비교하여 보기에 서로 비슷하다. [예] 두 사람의 실력이 비등하다.

비디오(video) ①텔레비전에서 음성에 대하여 '화면이 나오는 부분'을 이르는 말. [반] 오디오. ②'비디오테이프 리코더'의 준말.

비디오 테이프(video tape) 소리와 함께 영상 신호를 기록하기 위한 자기 테이프.

비디오 테이프 리코:더(video tape recorder) 텔레비전 화면의 신호를 기록하고 또 재생하는 장치.

비딱하다[—따카다] 물체가 한쪽으로 조금 비뚤어져 있다. [예] 비딱하게 놓여 있는 책상. [작] 배딱하다. [센] 삐딱하다. —이.

비뚜로 바르지 않게. 한쪽으로 기울어지게. [예] 비뚜로 걸린 액자. [반] 바로. [작] 배뚜로. [센] 삐뚜로.

비뚜름하다 한쪽으로 조금 비뚤어져 있다. [예] 모자를 비뚜름하게 쓰다. [작] 배뚜름하다. [센] 삐뚜름하다. —히.

비뚝거리다 ①한쪽이 기울어서 흔들거린다. ②기우뚱하게 걷다. [작] 배뚝거리다.

비뚤다〔비뚜니, 비뚤어서〕 바르지 않고 한쪽으로 기울거나 쏠려 있다. [예] 책상 줄이 비뚤다. [작] 배뚤다. [센] 삐뚤다.

비뚤어지다 ①중심을 잃고 한쪽으로 기울어지다. ②마음이 바르지 못하고 비꼬이다. [예] 마음이 비뚤어진 아이. [작] 배뚤어지다. [센] 삐뚤어지다.
비렁뱅이 거지.
비:례(比例) ①서로 견주어 봄. ②수를 서로 견주어 같은 관계를 셈하는 법. —하다.
비:례 배:분 어떤 양을 주어진 비의 값에 따라 나누는 셈법.
비:례 상수 두 변수의 비가 일정한 식에서 비례 관계를 나타내는 데 쓰이는 정수.
비:례식 두 개의 비가 같음을 등식으로 나타낸 식.
비로봉 금강산에서 가장 높고 아름다운 봉우리. 높이 1,638m.
비로소 처음으로. 마침내. ㉠나는 비로소 그 이치를 깨달았다. ㉫이미.
비로자나불(毘盧遮那佛) 큰 덕의 빛으로 온 세상을 두루 비춘다는 부처. 법신불. ㉣비로자나. 노자나불.
비록 가령. 아무리. 암만. ㉠힘은 비록 약하나 마음만은 굳세다. ㉫다만.
비롯하다 ①처음으로 시작하다. ②여럿 가운데서 첫 자리로 하다. ㉠아버지를 비롯하여 온 집안 식구가 모두 즐겁게 노래를 부르며 놀고 있다.
비:료(肥料) 거름.
비:료 공장 비료를 만들거나 가공하는 곳.
비루스(독 Virus) =바이러스.
비:루하다(鄙陋—) 행동이나 성질 따위가 고상하지 아니하고 더럽다. ㉠비루한 녀석.
비리(非理) 이치에 어그러짐. ㉠공직자의 비리를 조사하다.
비리다 ①생선의 냄새가 나다. ㉠비린 생선. ②날콩을 씹을 때의 맛이 있다. ㉣배리다.
비리비리 몹시 여위고 약한 모양. ㉠겉보기에도 비리비리하여 힘이 약할 것 같다. ㉣배리배리. —하다.
비린내 비린 냄새.
비릿하다 조금 비린 듯하다. ㉠이 생선은 좀 비릿하다.
비:만(肥滿) 몸에 기름기가 많아 뚱뚱함. ㉠비만한 몸. —하다.
비:만증[—쯩] 몸에 지방질이 많아져서 지나치게 뚱뚱해지며 운동을 못 하게 되거나, 여러 기능에 이상을 일으키는 증세.
비:망록(備忘錄)[—녹] 잊었을 때를 대비하기 위하여 기록해 두는 책자. 메모.
비매품(非賣品) 팔지 아니하는 물품. ㉫매품.
비명¹(非命) 제 타고난 수명이 아님. 뜻밖의 재난으로 죽음. ㉠아까운 사람이 비명에 가다니. ㉫천명.
비명²(悲鳴) ①슬피 욺. ②매우 아프거나 급할 때에 지르는 외마디 소리. ㉠비명 소리가 들리다. ㉫환성. —하다.
비몽 사:몽(非夢似夢) 꿈 속 같기도 하고 실제 있는 일 같기도 한 어렴풋한 상태. ㉠비몽 사몽간에.
비무장(非武裝) 전쟁이나 전투를 할 준비를 하지 않음. ㉠비무장 지대.
비문(碑文) 비석에 새긴 글. ㉠비문을 새기다.
비:밀(祕密) 숨기어 남에게 알리지 아니하는 일. ㉣기밀. ㉫공개. —스럽다. —하다. —히.
비:밀 결사[—싸] 법률적·사회적으로 인정되지 않은 활동이나 목

적을 위해서 그 조직을 비밀로 하고 있는 단체. 정치적·종교적·범죄적 목적이 있음.

비:밀 선:거 비밀 투표로 하는 선거. 빤공개 선거.

비:밀 투표 자기가 누구에게 투표하였는지 남이 모르도록 하는 선거 제도. 빤공개 투표.

비바람 비와 바람. 비풍우.

비바람치다 비가 오고 바람이 불다. 예비바람치는 바다를 헤치며 나아가는 배.

비:방¹(祕方) ①비밀한 방법. ②세상에 알려지지 않은 용한 약방문. 비비법.

비방²(誹謗) ①비웃으며 욕함. ②남을 헐뜯어 말함. 예친구를 비방하지 마라. 비비난. —하다.

비범(非凡) 평범하지 아니함. 남보다 뛰어남. 예비범한 재능. 빤평범. —하다.

비법(祕法) 남에게 잘 알려지지 않은 비밀스런 방법. 비비방.

비:변사(備邊司) 조선 시대 군무의 일을 맡아 보던 관청. 처음에는 변방의 방비를 목적으로 설립되었는데, 왜란 후에는 문·무의 최고 결정 기관으로 그 권한이 강화되었으며 고종 때 폐지되었음.

비보(悲報) 슬픈 소식. 예형님이 돌아가셨다는 비보가 전해졌다.

비:복(婢僕) 계집종과 사내종.

비분(悲憤) 슬프고 분함. 예비분의 눈물. —하다.

비분 강:개(悲憤慷慨) 의롭지 못한 일이나 잘못되어 가는 세상 일 따위에 슬프고 분하여 마음이 북받침. —하다.

비브라토(이 vibrato) 현악기나 관악기 또는 성악에서 음정을 아래위로 가볍게 떨게 하는 기법.

비:비 꼬:다 ①여러 번 비틀어서 꼬다. 예끈을 비비 꼬다. ②빈정거리다. 예말을 비비 꼬아 하다.

비:비 꼬이다 ①여러 번 비틀려 꼬이다. ②일이 잘 되지 않고 어그러지다. 예일이 비비 꼬이다.

비비다 ①맞대어서 문지르다. 예손을 비비다. ②손가락 끝이나 바닥을 문질러서 사이에 든 것을 둥근 덩이로 만들다. ③한데 뒤섞어서 버무리다. 예밥을 비비다.

비비새 멧새의 한 가지. 부리가 길고 눈이 작으며 빛이 회색인 아름다운 새. 뱁새.

비빔밥 밥에 고기·채소 따위를 섞고 갖은 양념을 하여 비빈 밥.

비:사(祕史) 세상에 드러나지 아니한, 비밀히 감추어진 역사. 예조선 건국의 비사.

비상(非常) ①뜻밖에 급한 일. 예비상이 걸리다. ②평범하지 않음. 예비상한 머리. —하다. —히.

비상구 평상시에는 닫아 두었다가 위급한 일이 생겼을 때에 급히 피할 수 있도록 만든 문.

비:서(祕書) 중요한 자리에 있는 사람에게 딸리어 기밀의 문서나 용무 따위를 맡아 보는 직책, 또는 그 사람. 예비서로 채용되다.

비석(碑石) 넓적한 큰 돌에 그 사람의 공이나 내력을 적어 세운 것. 비빗돌.

비석차기 아이들의 놀이의 한 가지. 손바닥만한 납작하고 네모진 돌을 비석처럼 세우고 좀 떨어진 곳에서 돌을 던지거나 발로 차 쓰러뜨리는 놀이. 비사차기.

비선대(飛仙臺) 설악산의 외설악에 있는 명소.

비:수(匕首) 잘 드는 짧은 칼.
비스듬하다 조금 기울어져 있다. ㉠비스듬히 앉다. ㈤꼿꼿하다. 똑바르다. —히.
비스킷(biscuit) 밀가루에 버터·우유·설탕을 반죽하여 구운 양과자의 한 가지.
비슬거리다 쓰러질 듯이 힘없이 비틀거리다. ㈜배슬거리다.
비슬비슬 ①슬슬 피하는 태도로 자꾸 밖으로 도는 모양. ②탐탁스럽게 하기를 싫어하는 모양. ㈜배슬배슬. —하다.
비슷비슷하다 여럿이 모두 비슷하다. ㉠키가 비슷비슷한 사람끼리 모였다.
비슷하다 ①거의 같다. ㉠비슷하게 생긴 물건. ②한쪽으로 약간 기울다. ㉠비슷하게 세워진 거울. —이.
비:시:지:(B.C.G.) 결핵 예방 백신. ㉠비시지 접종.
비실비실 힘없이 비틀거리는 모양.
비싸다 값이 정도에 지나치게 많다. 싸지 않다. ㈤싸다.
비:싸다 ①마음에는 있으나 안 그런 체하다. ②일부러 사양하는 태도를 하다.
비아냥거리다 얄밉게 빈정대다. ㉠남의 일에 비아냥거리다.
비애(悲哀) 슬픔과 설움. ㉠인생의 비애를 느끼다.
비약(飛躍) ①높이 뛰어오름. ②급격히 발전하거나 향상됨. ㉠비약적인 발전을 한 우리 경제. ③밟아야 할 단계나 순서를 거치지 않고 앞으로 나아감. ㉠비약적인 생각. —하다.
비:어(卑語) ①점잖지 못하고 천한 말. ②사물을 낮추어 부르는 말. ㉠비어를 사용하지 마라.
비:열(卑劣) 하는 짓이나 마음씀씀이가 천하고 못남. ㉠비열한 사기꾼의 짓이다. —하다.
비:염(鼻炎) 코의 점막에 생기는 염증.
비:옥(肥沃) 땅이 걸고 기름짐. ㉠비옥한 농토. —하다.
비 온 뒤에 땅이 굳어진다⟨속⟩ 어떤 풍파를 겪은 뒤에 일이 더 단단해진다는 말.
비올라(이 viola) 바이올린보다 조금 큰 현악기. 연주법 등이 바이올린과 거의 같고, 음률은 바이올린보다 5도씩 낮음.
비옷[—온] 비에 젖지 않도록 하기 위해 옷 위에 덧입는 옷.
비:용(費用) ①드는 돈. ㉠고정 비용. ②쓰는 돈. ㈥경비.
비우다 ①안에 들어 있는 것을 비게 하다. ②있던 사람이 나가고 그 자리만 남게 하다. ㉠자리를 비우다.
비운¹(飛雲) 바람에 불리어 날아가는 구름.
비운²(悲運) 슬픈 운수. 슬픈 운명. ㉠비운의 공주.
비웃 청어를 식료품으로 일컫는 말. ㉠생선 비웃.
비웃다 흉을 보며 웃다. 코웃음을 치다. 깔보고 웃다. ㉠바보라고 비웃다.
비웃음 남의 흉을 보며 웃는 짓. ㉠남의 비웃음을 사다. ㈥조소.
비위¹(非違) 법에 어긋나는 일. ㉠공무원의 비위를 조사하다.
비:위²(脾胃) ①음식의 맛이나 그 밖의 좋고 나쁨을 분간하는 기분. ㉠음식이 비위에 안 맞는다. ②아니꼽거나 언짢은 일을 잘 견디

어 내는 힘. [예] 비위가 좋다.

비위생적 위생적이 아닌. [예] 비위생적인 음식. [반] 위생적.

비:유(比喩) 어떠한 사물의 의미를 다른 사물을 가지고 설명함. [예] 비유법. —하다.

비:유법[—뻡] 어떤 것을 알기 쉬운 다른 것에 빗대어서 나타내는 표현의 한 방법.

비:육(肥育) 가축을 살찌게 기르는 일. [예] 비육소. —하다.

비:율(比率) 어떤 수나 양의 다른 수나 양에 대한 비. [예] 대학교 합격자 비율.

비:음(鼻音) ①입 안의 통로를 막고 코로 공기를 내보내면서 내는 소리. ㄴ·ㅁ·ㅇ 등. ②코가 막힌 듯이 내는 소리.

비인간적 사람답지 못한. [예] 비인간적인 대우.

비인도적 사람이 지켜야 할 도리에 어긋나는 모양. [예] 비인도적 행위.

비장[1](悲壯) 슬픔 속에 오히려 씩씩한 기운이 있음. [예] 비장한 각오. —하다.

비장[2](裨將) 조선 시대, 감사·유수·병사·수사 등을 따라다니던 무관의 하나.

비정(非情) 인간다운 감정을 갖지 않음. [예] 자식을 학대하는 비정한 어머니. —하다.

비정상(非正常) 정상이 아닌 것. [예] 비정상인 몸. [반] 정상

비제(Bizet, 1838~1875) 프랑스의 가극 작곡가. 가극 〈카르멘〉을 발표하여 유명해졌는데, 작품에는 〈아를의 여인〉 〈조국〉 등이 있음.

비:좁다 넓지 않다. [예] 비좁은 방. [반] 넓다.

비죽거리다 비웃거나 울려고 할 때 소리 없이 입끝을 앞으로 내밀어 실룩거리다. [예] 입을 비죽거리다. [작] 배죽거리다. [센] 삐죽거리다.

비:준(批准) 서명이 확정된 조약을 국가 원수가 심사하여 동의하는 일. —하다.

비:중(比重) 어떤 물건의 무게와 그 부피가 같은 섭씨 4도인 물의 무게와의 비율.

비:중계 액체나 고체 등의 비중을 재는 기구.

비지 두부를 짜낸 찌끼.

비지땀 힘드는 일을 할 때에 쏟아져 나오는 땀.

비지 먹은 배는 연약과도 싫다 한다〈속〉 배가 잔뜩 부르면 연한 약과라도 식욕이 나지 않는다.

비질 비로 쓰는 일. —하다.

비:집다 좁은 틈을 헤쳐서 넓히다. [예] 좁은 자리를 비집고 들어가 앉다.

비짓국 먹고 용트림한다〈속〉 아주 거친 음식을 먹고도 잘 먹은 체하고 거드름 부린다.

비참하다(悲慘—) ①보기에 끔찍하다. [예] 그의 아버지는 사변 때 비참한 죽음을 당하셨다. ②퍽 불쌍하다. 가련하다. 가엾다. [비] 처참하다. —히.

비척비척 다리에 힘이 없어서 걸음걸이가 어지럽게 꼬이는 모양. [예] 병든 노인이 비척비척 걸어온다. —하다.

비:천(卑賤) 신분이나 지위가 낮고 천함. [예] 비천한 신분을 숨기다. [반] 귀중. —하다.

비철 금속 철 이외의 금속을 통틀어 이르는 말. 구리·알루미늄·

니켈·주석 따위.

비추다 ①빛을 내쏘아 밝게 하다. [예] 불을 비추다. ②맞대어 보다. ③거울이나 물 따위에 모습이 나타나게 하다.

비:축(備蓄) 미리 장만하여 저축해 둠. [예] 식량을 비축해 두다. —하다.

비:취(翡翠) 빛이 푸른 옥.

비:취빛[—삗] 곱고 아름다운 푸른 빛깔. [예] 비취빛 하늘.

비:치(備置) 갖추어 둠. [예] 응급약품을 비치하다. —하다.

비치다 ①환하게 되다. ②거울이나 물 따위에 모습이 나타나게 하다. [예] 달빛에 그림자가 비치다. ③넌지시 깨우쳐 주다.

비:치 파라솔(beach parasol) 해수욕장에서 햇볕을 가리기 위하여 쓰는 큰 양산.

비:커(beaker) 물을 따르기 편리하게 만든 아가리가 넓고 귀때가 달린 실험용 유리 그릇.

비키니(bikini) 가슴과 하복부만을 가리고 몸을 노출시킨, 여자용 수영복이나 속옷.

비:키다 ①무엇을 피하여 있던 곳에서 몸을 옮기다. [예] 좁은 골목길에 차가 들어와 길을 비켜 주었다. ②물건을 옮기어 놓다. 한쪽으로 밀어 놓다.

비타민(Vitamin) 적은 양으로 동물의 성장을 돕는 데에 꼭 필요한 영양소의 한 가지.

비타민제 몸의 비타민 보충을 위하여 식물 등에서 비타민 성분을 뽑아 내어 제조한 약.

비탄(悲嘆) 슬퍼 탄식함. [예] 교통사고로 자식을 잃고 비탄에 빠져 있는 어머니. —하다.

비탈 언덕·낭떠러지 따위의 기울어진 곳. [예] 비탈길. [비] 언덕.

비탈지다 땅이 매우 가파르게 기울어져 있다. [예] 비탈진 언덕길.

비통(悲痛) 몹시 슬퍼서 마음이 쓰리고 아픔. [예] 비통한 표정. [비] 비장. 침통. —하다. —히.

비트(bit) 컴퓨터의 정보 처리 장치가 저장할 수 있는 이진수의 자릿수. 8비트·16비트 따위.

비틀 힘이 없거나 어지러워 이리저리 쓰러질 듯한 모양. [예] 이리 비틀 저리 비틀. [작] 배틀. —하다.

비틀거리다 이리저리 쓰러질 듯이 걷다. [예] 술에 취해 비틀거리다. [작] 배틀거리다.

비:틀다 힘있게 꼬면서 틀다. [예] 빨래를 비틀어 짜다. [작] 배틀다.

비:틀리다 비틂을 당하다. [예] 심하게 비틀린 철사. [작] 배틀리다.

비:티:비: 용액(BTB 溶液) 약품의 성질을 알아보는 데 쓰는 시험약.

비파(琵琶) 동양 현악기의 하나. 몸은 둥글고 긴 타원형이며 자루는 곧음. 현이 5줄인 향비파와 4줄인 당비파가 있음.

비:판(批判) 잘하고 잘못한 까닭을 가리어 밝힘. [예] 정당한 비판. [비] 비평. —하다.

비:평(批評) 옳고 그른 것을 평가함. [예] 문학 비평. [비] 비판. —하다.

비표준어(非標準語) 표준어가 아닌 말. 사투리 등.

비:품(備品) 학교·관공서·회사 등에서 업무용으로 갖추어 두는 물품. [예] 비품을 정리하다.

비:하다(比—) 견주다. 비교하다. [예] 여름에 비하면 겨울의 낮은 너무 짧다.

비합법 법률이 정한 바에 어긋남.

비핵 지대

예 비합법적 수단. 반 합법.

비핵 지대 핵무기의 제조·저장·실험·배치·사용 등을 하지 않기로 한 지대. 본 비핵무장 지대.

비행[1](非行) 도리나 도덕 또는 법에 어긋나는 행위. 예 비행 사실이 드러나다.

비행[2](飛行) 하늘을 날아다님. 예 우주 비행. —하다.

비행기(飛行機) 발동기를 써서 공중에 떠서 날아다니게 된 탈것. 비 항공기.

비행 물체 날아다니는 물체.

비행선 공기보다 가벼운 기체의 힘으로 뜨게 하는, 비행기보다 훨씬 크고 느린 기계.

비ː호[1](庇護) 감싸 보호함. 예 친구를 비호하다. —하다.

비호[2](飛虎) ①나는 듯이 날랜 범. ②'움직임이 용맹스럽고 날쌘 것'을 비유한 말. 예 마치 비호같이 달려간다.

비ː화(祕話) 세상에 알려지지 않은 이야기. 예 궁중 비화.

비희극 울렸다 웃겼다 하는 내용이 한데 뒤엉켜진 극. 비 희비극.

빅토리아 여왕(Victoria女王) 영국의 여왕. 1837년부터 1901년까지 65년 동안이나 여왕으로 있으면서 영국이 강대하게 된 기초를 이룩했음.

빈ː[1] 속이 차지 아니한. 예 빈 지갑. 반 찬.

빈ː[2](Wien) 유럽의 중앙에 있는 오스트리아의 수도.

빈곤(貧困) 가난하여 살기가 어려움. 예 빈곤한 집안. 비 가난. 반 부유. —하다. —히.

빈궁(貧窮) 가난함과 궁함. 예 빈궁한 처지에 놓이다. 비 빈한. 반 부유. —하다. —히.

빈농(貧農) 가난한 농민. 예 빈농의 아들로 태어나다. 반 부농.

빈대 사람을 물어 피를 빨아먹고 사는 납작하고 작은 벌레.

빈대떡 녹두를 갈아 나물이나 고기 같은 것을 섞어서 부쳐 만든 음식.

빈둥거리다 아무 하는 일이 없이 게으름만 부리고 놀다. 예 하루 종일 빈둥거리며 놀기만 한다. 작 밴둥거리다. 센 삔둥거리다. 거 핀둥거리다.

빈둥빈둥 빈둥거리는 모양. 예 빈둥빈둥 놀기만 한다. 작 밴둥밴둥. 센 삔둥삔둥. 거 핀둥핀둥. —하다.

빈ː말 실속이 없는 말. 그저 공으로 하는 말. 예 실행도 못 할 빈말만 늘어놓는다. —하다.

빈민(貧民) 가난하여 구차한 살림을 하는 사람. 반 부자.

빈민 구ː제소 가난한 사람을 도와 주는 곳.

빈민굴(貧民窟) 가난한 사람이 많이 모여 사는 마을.

빈번하다(頻繁—) 잦다. 자주 있다. 늘 일어나다. —히.

빈부(貧富) 가난함과 넉넉함. 예 빈부의 차가 크다.

빈소(殯所) 상여가 나갈 때까지 관을 놓아 두는 방.

빈ː속 먹은 지가 오래 되어 시장한 뱃속. 예 빈속에 약을 먹어서 속이 쓰리다.

빈ː손 아무것도 가진 것이 없는 손. 예 빈손으로 시작하다. 빈손으로 돌아오다. 비 맨손.

빈 수레가 더 요란하다⟨속⟩ ①참으로 아는 사람은 가만히 있으나 잘 알지도 못하는 이가 더 아는 체하고 떠든다는 뜻. ②가난한 자가 있는 체하고 유세 부릴 때 이르는 말.

빈약(貧弱) ①내용이 충실하지 못함. [예] 소설 내용이 빈약하다. ②가난하고 약함. [반] 부강. —하다.

빈익빈(貧益貧) 가난한 사람일수록 경제 활동의 기회가 적으므로 더욱 가난해지기 마련이라는 뜻. [반] 부익부. —하다.

빈자(貧者) 가난한 사람. [반] 부자.

빈:자리 ①비어 있는 자리. [비] 공석. ②결원이 되어 비어 있는 직위. [예] 빈자리를 채우다.

빈정거리다 겉으로는 칭찬을 하는 체하며 속으로는 비웃다. [예] 빈정거리지 마라.

빈:주먹 아무것도 가진 것이 없는 주먹. 맨주먹. [예] 빈주먹으로 사업을 시작하다.

빈촌(貧村) 가난한 사람들이 모여 사는 마을. [비] 궁촌. [반] 부촌.

빈:칸 비어 있는 칸.

빈:터 비어 있는 땅. [예] 빈터에서 공차기를 하다. [비] 공터.

빈:털터리 재물을 다 없애고 아무것도 없게 된 사람. [예] 사업에 실패하여 빈털터리가 되다. [작] 빈탈타리.

빈:틈없다 ①허술한 데가 없다. [예] 빈틈없는 사람. ②사이가 떨어져 비어 있는 부분이 없다. —이.

빈한(貧寒) 살림이 가난하여 집안이 쓸쓸함. [예] 빈한한 살림살이. [비] 빈궁. —하다. —히.

빈혈(貧血) 혈액 속에 적혈구나 헤모글로빈이 줄어든 상태. [예] 악성 빈혈. [반] 다혈.

빌:다 ①물건을 달라고 구걸하다. [예] 빌어먹다. ②바라다. 원하다. [예] 복을 빌다. ③잘못을 용서해 달라고 원하다. [예] 잘못을 빌다.

빌딩(building) 높고 크게 지은 현대식 건물.

빌라(villa) 별장. 교외 주택.

빌리다〔빌리니, 빌려서〕 남의 물건을 돌려주기로 하고 가져다가 쓰다. [예] 친구의 옷을 빌려 입다. [비] 꾸다.

빌어먹다 남에게 음식을 구걸하다. 얻어먹다. [작] 배라먹다.

빔: 명절·잔치 때에 새 옷을 갈아입는 일, 또는 그 옷. [예] 설빔.

빗[1] 머리털을 빗는 데 쓰는 기구.

빗-[2] '바로 곧지 않게·가로 비스듬하게·잘못'의 뜻을 나타내는 말. [예] 빗나가다. 빗맞다.

빗가다 '빗나가다'의 준말.

빗나가다 비뚜로 나가다. [예] 탄알이 빗나가다. [준] 빗가다. 빗나다.

빗다 빗으로 머리털의 때를 빼고 곱게 만지다. [예] 참빗으로 머리를 곱게 빗다.

빗대다 ①엇비슷하게 대다. ②다른 것과 견주어 보다. [예] 빗대어 설명하다. ③시실과 틀리게 고백하다. [예] 옳게 일러 주지 않고 빗대다.

빗돌 글자를 새겨 세운 돌. 비석.

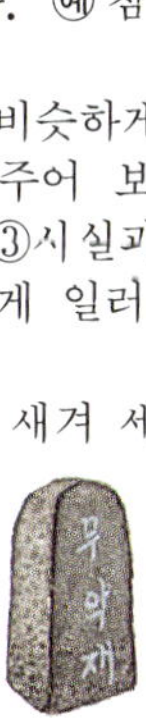

〔빗 돌〕

빗맞다[빈맏따] 목표에 어긋나 딴 곳에 맞다. [예] 화살이 빗맞다.

빗면(—面)[빈—] 비스듬하게 경사가 진 면.

빗물[빈—] 비가 내려 괸 물.

ㅂ

빗발

빗발[비빨] 비가 내려칠 때 줄이 진 것처럼 보이는 빗줄기.

빗발처럼 빗줄기가 세차게 쏟아지는 것처럼. 예 화살이 빗발처럼 날아오다.

빗발치다 ①빗줄기가 세차게 쏟아지다. ②독촉이 몹시 심하고 급하다. 예 비난의 소리가 빗발치다.

빗방울 비로 떨어지는 물방울.

빗속[비쏙] 비가 내리는 가운데. 예 빗속을 걷다. 비 우중.

빗장[비짱] '문빗장'의 준말. 문을 잠글 때에 가로지르는 나무나 쇠장대. 예 빗장을 지르다.

빗줄기 세차게 내려치는 비.

빙 ①한 바퀴 도는 모양. 예 운동장을 한 바퀴 빙 돌다. ②정신이 아찔해지는 모양. 예 정신이 빙 돌다. 작 뱅. 센 삥. 거 핑.

빙과(氷菓) 얼음 과자.

빙구(氷球) =아이스 하키.

빙그레 입만 약간 벌리고 소리 없이 웃는 모양. 예 빙그레 미소 짓다. 작 뱅그레. —하다.

빙그르르 ①물건이 미끄럽게 도는 모양. 예 얼음판 위를 빙그르르 돌다. ②눈물이 방울지게 맺혀 도는 모양. 작 뱅그르르. 센 삥그르르. 거 핑그르르.

빙글빙글 잇달아 미끄럽게 자꾸 도는 모양. 예 빙글빙글 도는 팽이. 작 뱅글뱅글. 센 삥글삥글. 거 핑글핑글.

빙긋이 소리 없이 입만 벌리고 한 번 웃는 모양. 빙긋하게. 예 빙긋이 미소를 띄우다. 비 싱긋이.

빙빙 ①자꾸 슬슬 도는 모양, 또는 돌리는 모양. 예 어지러워서 눈이 빙빙 돈다. ②사람이 하는 일 없이 슬슬 돌아다니는 모양. 작 뱅뱅. 센 삥뼁. 거 핑핑.

빙산(氷山) 빙하의 끝이 바다에 이르러 쪼개져서 바다 위에 뜬 큰 얼음덩어리.

빙상 경:기(氷上競技) 스케이팅·아이스 하키 등 얼음 위에서 하는 여러 가지 운동 경기.

빙설(氷雪) ①얼음과 눈. ②성질이 결백하고 곧음을 이르는 말.

빙수(氷水) 얼음 냉수. 예 팥빙수.

빙원(氷原) 땅의 표면이 얼음으로 뒤덮인 벌판.

빙자 ①남의 힘을 빌려 의지함. ②핑계를 댐. 예 병을 빙자하여 회의에 불참하다. —하다.

빙점(氷點)[一쩜] 물이 얼기 시작하는 온도로 섭씨 0도.

빙:충맞다 똑똑하지 못하고 어리석다. 작 뱅충맞다.

빙판(氷板) 얼어붙은 길바닥. 예 빙판에서 넘어지다.

빙하(氷河) ①얼어붙은 강. ②남북극 지방에 수만 년 된 얼음이 내리누르는 무게로 하여 쪼개져서 경사진 곳으로 흘러내린 것.

빙하 시대 육지의 대부분이 빙하(얼어붙은 강)로 덮여 있던 시대. 지금으로부터 70~80만 년 전으로 짐작됨.

빚 꾸어 쓴 돈이나 물건 등 남에게 갚아야 할 금품. 예 돈이 없어서 빚을 졌다. 비 부채.

빚다 ①밥과 누룩을 버무려 술을 담그다. ②가루를 반죽해 만두·송편 따위를 만들다.

빚 주고 뺨 맞는다〈속〉 남에게 후하게 하고 도리어 모욕을 당한다.

빛 ①어두운 곳을 환하게 하는 것. 예 불빛. ②빛깔. 예 봉숭아의 빨간빛이 아름답다.

빛깔 눈에 비치어 빨강·노랑·파랑 따위로 느낄 수 있는 빛의 성질. ㉠파란 빛깔. 凹색.

빛나다 ①윤이 나다. ②영광이 되다. ㉠우리는 부지런히 공부하여 이 나라의 빛나는 일꾼이 되자.

빛바래다 본디의 빛깔이 엷어지거나 윤기가 없어지다, 또는 볼품이 없어지다. ㉠빛바랜 사진.

빛에너지 빛이 물질에 흡수되면 열에너지로 변하고 사진 필름을 변화시키며, 물건의 빛깔을 변하게 하는 따위의 일을 할 수 있는 능력.

빛 좋은 개살구〈속〉 겉만 번지르르하고 실속이 없다.

ㅃ[쌍비읍] ㅂ의 된소리.

빠개다 ①작고 단단한 물체를 두 쪽으로 갈라서 조각을 내다. ㉠호두를 빠개다. ②다 되어 가는 일이 어긋나다. ㉠이제 다 된 일인데 그만 빠개고 말았다.

빠끔빠끔 ①담배를 잇달아 세게 빨면서 피우는 모양, 또는 그 소리. ②물고기 따위가 둥근 입을 벌렸다 다물었다 하는 모양. 큰뻐끔뻐끔. ─하다.

빠끔하다 작은 틈이나 구멍이 깊고 또렷하다. ㉠문이 빠끔하게 열려 있다. 큰뻐끔하다. ─히.

빠듯하다 남지 않고 꼭 되다. ㉠날짜가 너무 빠듯하다. ─이.

빠:뜨리다/빠:트리다 ①빼어 놓다. ㉠한 줄을 빠뜨리고 읽다. ②빠지게 하다. ㉠함정에 빠뜨리다. ③가진 것을 부주의로 잃다. ㉠지갑을 빠뜨리다.

빠르기표 악곡의 처음 부분에 적어서 그 악곡의 빠르기를 나타내는 기호.

빠르다[빠르니, 빨라] ①더디지 않다. ②느리지 않다. 凹느리다.

빠:지다 ①구덩이 속으로 깊이 떨어지다. ㉠구멍에 빠지다. ②물 속으로 들어가다. ③마음을 빼앗기다. ㉠도박에 빠지다.

빡빡 ①힘들여 닦을 때 나는 소리. ㉠유리창을 빡빡 문지르다. ②머리 따위를 아주 짧게 깎아 버린 모양. ㉠머리를 빡빡 깎다. 큰뻑뻑. 여박박.

빡빡하다 ①물기가 없어서 목이 메다. ②여유가 없이 꼭 맞아 빠듯하다. ㉠구두가 빡빡하다. 凹헐겁다. 큰뻑뻑하다. ─이.

빤:하다 분명하다. 확실하다. 큰뻔하다. ─히.

빨강 빨간 빛깔이나 물감.

빨:갛다[─가타] 진하고도 곱게 붉다. ㉠고추가 빨갛다. 큰뻘겋다.

빨긋빨긋 군데군데 빨간 점이 있는 모양. ㉠발긋발긋. ─하다.

빨다¹ ①입 속으로 당겨 들어오게 하다. ㉠젖을 빠는 아이. ②속으로 배거나 스며들게 하다.

빨다² 더러운 물건을 깨끗하게 씻다. ㉠빨래를 빨다.

빨대[─때] 병 속에 든 사이다나 주스 같은 것을 빨아먹는 데 쓰는 가느다란 대롱.

빨래 ①때묻은 옷. ②때묻은 옷을 물에 빠는 일. ─하다.

빨랫줄 빨래를 빨아서 널어 말리는 줄.

빨리 속히. 빠르게 ㉠빨리 일어나라. 凹급히. 凹천천히.

빨리빨리 ①얼른 하라고 재촉하는 말. ㉠빨리빨리 행동해라. ②일이나 말을 아주 얼른 하는 모양.

빨아들이다 빨아서 속으로 들어오

게 하다. 예물을 빨아들이다.
빳빳하다 단단하고 꼿꼿하거나 풀기가 세다. 예빳빳하게 풀을 먹이다. 큰뻣뻣하다. —이.
빵 곡식 가루를 반죽하여 불에 익힌 음식.
빻ː다 찧어서 가루를 만들다. 예곡식을 빻다.
빼ː기 빼는 일. 반더하기.
빼꼼이 어떤 물체가 살짝 밖으로 내민 모양을 나타내는 말.
빼ː내다 ①박힌 것을 뽑다. 예기둥의 못을 빼내다. ②여럿 중에서 필요한 것만을 골라 내다.
빼ː다[1] ①박힌 것을 뽑다. 예못을 빼다. ②골라 내다. ③덜어 내다. ④써서 없애다. 예힘을 빼다.
빼ː다[2] 달아나다. 예꽁무니를 빼다.
빼ː돌리다 슬쩍 빼내어 감추다.
빼ː먹다 =빠뜨리다. 예머리말을 빼먹었다.
빼앗기다 빼앗음을 당하다. 예빼앗긴 조국. 준뺏기다.
빼앗다 ①남의 물건을 강제로 가져오다. 예돈을 빼앗다. ②남이 하는 일을 가로채 가다. 준뺏다.
빼어나다 여럿 가운데서 뛰어나다. 예빼어난 재주를 가지다.
빽빽하다 가득 들어서서 사이가 몹시 촘촘하다. 예산에 나무가 빽빽하다. 반듬성듬성하다. —이.
뺄셈 어떤 수에서 어떤 수를 덜어 내는 셈. 빼기로 계산함. 반덧셈. —하다.
뺑뺑 잇달아 빨리 도는 모양. 여뱅뱅. 거팽팽.
뺑ː소니치다 몸을 빼쳐서 급히 달아나다. 예교통 사고를 내고 뺑소니치다.

뺨 얼굴의 양쪽 살이 많이 붙은 부분. 비볼.
뺨따귀 '뺨'을 얕잡은 말.
뺨 맞는 데 구레나룻이 한 부조 〈속〉 소용이 없는 듯한 것이라도 때로는 쓰일 곳이 있다.
뻐근하다 움직이기에 거북하다. 예어깨가 뻐근하다. —히.
뻐기다 제가 잘난 체하고 으쓱거리면서 뽐내다.
뻐꾸기 두견잇과의 새. 초여름에 남쪽으로부터 날아오는 여름새로, 산이나 숲 속에 삶. 때까치·지빠귀 같은 딴 새의 집에 알을 낳아 까게 함.

〔뻐꾸기〕

뻐꾹새 =뻐꾸기.
뻐끔뻐끔 '빠끔빠끔'의 큰말.
뻐드렁니 밖으로 뻗은 앞니.
빽빽하다[-뻐카다] ①물기가 적어서 부드러운 맛이 없다. 예죽이 빽빽하다. ②여유가 없이 빠듯하다. ③국물보다 건더기가 그들먹하게 많다. 작빡빡하다. —이.
뻑적지근하다[뻑쩍찌—] 가슴이나 어깨 같은 데가 뻐근하고 거북한 감이 있다. —히.
뻔ː하다 ①한 군데만 매우 똑똑하게 훤하다. ②잠깐 틈이 생기다. ③그렇게 될 것이 훤하게 들여다 보이다. 예우리 팀이 이길 것은 뻔한 일이다. 작빤하다. —히.
뻔뻔하다 잘못한 일이 있어도 부끄러운 줄 모르다.
뻗다 ①꼬부렸던 것을 펴서 길게 내밀다. 예다리를 뻗다. ②어떤 것에 미치게 손 같은 것을 내밀다. 예 번다.

뻗치다 ①이 끝에서 저 끝까지 연해 닿다. ②고집을 쓰다. ③내밀다. ④'뻗다'의 힘줌말.

뻘 진흙이 더러운 물 속에서 검게 변하여 미끈미끈하게 된 것.

뻘:겋다 매우 붉다. 작 빨갛다.

뻘뻘 땀이 많이 흐르는 모양. 예 일이 힘들어 땀이 뻘뻘 난다.

뻥 ①갑자기 무엇이 요란하게 터지는 소리. ②공을 세차게 차는 모양, 또는 그 소리. 예 공을 뻥 차다. ③구멍이 뚜렷이 뚫어진 모양. 예 뻥 뚫린 구멍.

뻥튀기 쌀·옥수수 등을 밀폐된 그릇 속에서 가열하여 튀기는 일, 또는 그 튀긴 것. —하다.

뼈 동물의 몸을 버티는, 살 속에 있는 단단한 물건.

뼈마디 ①뼈와 뼈가 이어진 부분. 골격의 관절. 예 뼈마디가 쑤시다. ②뼈의 낱낱의 토막.

뼈아프다 뼛속이 아플 정도로 마음 속 깊이 사무치다. 예 뼈아픈 고통을 겪디다.

뼈저리다 뼛속이 저릴 정도로 마음 속 깊이 사무치다. 예 뼈저리게 느끼다.

뼘: 물건의 길이를 잴 때 엄지손가락과 다른 손가락의 잔뜩 벌린 거리. 예 한 뼘 정도의 길이.

뼛가루 지방을 뽑아 낸 동물의 뼈로 만든 가루.

뽀:얗다[—야타] 연기나 안개가 낀 것 같다. 큰 뿌옇다.

뽐내다 ①제가 제일인 체하다. ②의기 양양하다. 비 으스대다. 자랑하다. 반 겸손하다.

뽑다 ①박힌 것을 잡아당기어 나오게 하다. 반 박다. ②가려 내다. 예 반장을 뽑다. ③도로 거두어들이다. 예 밑천을 뽑다. ④없애다. 예 악습을 뽑아 버리다.

뽑아 놓다 ①골라 놓다. ②가려 놓다.

뽑히다 ①여럿 가운데서 가려 내어지다. 예 선수로 뽑히다. ②뽑아지다. 빠지다. 예 못이 절로 뽑히다.

뽕 ①뽕나무의 잎. 뽕잎. ②방귀를 뀌는 소리.

뽕나무 뽕나뭇과의 갈잎 넓은잎 큰키나무, 또는 떨기나무. 밭에서 재배하는 것은 높이 2~3m임. 핵과 오디는 먹으며 잎은 누에의 먹이가 됨.

뽀두라지 =뾰루지.

뽀로통하다 잔뜩 성이 나서 노여워하는 빛이 사뭇 엿보이다. 예 입을 뽀로통하게 내밀다. 큰 뿌루퉁하다.

뽀루지 뾰족하게 부어 오르는 작은 부스럼. 뾰두라지. 예 이마에 뾰루지가 나다.

뾰족하다 끝이 날카롭다. 예 뾰족한 못. 비 날카롭다. 반 뭉툭하다. 큰 뾰죽하다. —이.

뿌다구니 물건의 뾰죽하게 내민 부분, 또는 쑥 내민 모퉁이. 준 뿌다귀.

뿌듯하다 가득 차서 빈틈이 없다. 예 가슴이 뿌듯하다. 작 빠듯하다. 여 부듯하다. —이.

뿌리 ①풀·나무 등의 줄기에 붙어서 땅 속에 박고 양분을 빨아올리는 것. ②모든 사물의 기초가 되는 것. 예 악의 뿌리를 뽑다. 비 근원.

뿌리다 ①넓게 헤뜨려 끼얹거나

뿌리뽑다

던지다. 예 길에 물을 뿌리다. ②눈·비 등이 흩날려 떨어지다.

뿌리뽑다 잘못된 일의 원인을 없애다. 예 범죄를 뿌리뽑다.

뿌리치다 ①붙잡은 것을 놓치게 하다. 예 잡은 손을 뿌리치다. ②말리는 것을 물리치다.

뿌리털 식물의 뿌리 끝에 아주 작고 빽빽하게 나는 털. 이것으로 땅 속에서 양분과 물을 흡수함.

뿌리혹 박테리아 콩과 식물의 뿌리에 기생하여 뿌리혹이 생기게 하는 세균(뿌리에 영양을 공급하는 세균임).

뿌:옇다[―여타]〔뿌여니, 뿌열〕 투명하거나 선명하지 않고 희끄무레하다. 연기나 안개가 짙게 낀 것 같다. 예 서리가 껴서 창문이 뿌옇다. 작 뽀얗다.

뿐[1] 다만 어떠하거나 어찌할 따름이라는 뜻을 나타내는 말. 예 나는 다만 그의 말을 전했을 뿐이다. 비 따름.

-뿐[2] 그것만은 있고 다른 것은 없다는 뜻을 나타내는 말. 예 가진 것은 이것뿐이다. 비 만[1].

뿐만 아니라 '그러할 뿐만 아니라'의 준말. 예 영희는 음악을 잘할 뿐만 아니라 미술도 잘한다.

뿔 짐승의 머리 위에 나는 단단하고 길며 끝이 뾰족한, 뼈같이 생긴 물질.

뿔 뺀 소 상이라〈속〉 지위는 있어도 세력이 없다.

뿔뿔이 서로 각각 나뉘어지는 모양. 따로따로 제각기. 예 학교가 파하자, 뿔뿔이 흩어져 자기 집으로 돌아갔다.

뿜다[―따] ①속에 있는 것을 밖으로 불어 내어 보내다. 예 불을 뿜는 화산. ②빛·냄새·기운 따위를 세차게 풍기다. 예 향기를 뿜는 꽃.

뿜어 내다 속의 것을 뿜어 밖으로 나오게 하다.

삐걱 딱딱한 물건이 서로 부딪칠 때 나는 소리. 예 문이 삐걱 열린다. ―하다.

삐끗하다[―끄타다] ①맞추어 끼일 물건이 어긋나서 맞지 않다. ②잘못해 일이 어긋나기만 하고 되지 아니하다. 작 빼끗하다. 예 비끗하다.

삐:다[1] 괴었던 물이 줄다.

삐:다[2] 뼈가 퉁겨지다. 예 손목을 삐다.

삐뚤삐뚤 바르지 못하고 이리저리 기울어지거나 구부러져 있는 모양. 작 빼뚤빼뚤. ―하다.

삐뚤어지다 ①중심을 잃고 한쪽으로 기울어지다. ②마음이 바르지 못하다. 작 빼뚤어지다.

삐라(←bill) 사람들에게 돌리거나 눈에 잘 띄는 곳에 붙이거나 하는 종이. 전단.

삐죽 ①비웃거나 마음에 들지 않을 때 입을 쭉 내미는 모양. ②물건의 끝이 날카롭게 내밀어져 있는 모양. 예 삐죽한 못. ③잠깐 나타났다 없어지는 모양. 예 얼굴만 삐죽 내밀다. 작 빼죽. 센 삐쭉. ―하다.

삐죽거리다 마음이 마땅하지 않을 때 입을 쭉 내밀다. 예 삐죽거리지 마라. 작 빼죽거리다. 센 삐쭉거리다.

삐죽이 곧잘 성을 내거나 불평하는 사람을 가리키는 말.

삐:치다[1] 마음이 틀어져 토라지다. 예 삐쳐서 말도 안 한다.

삐:치다² 글씨의 삐침 획을 긋다.
삑 기적 또는 새 같은 것이 날카롭게 지르는 소리. ㉠자동차가 삑 소리를 내며 멈추었다. 困빽.
삥: ①일정한 둘레를 한 바퀴 도는 모양. ②둘레를 둘러싼 모양. ㉠남산을 삥 둘러 가며 성을 쌓았다. ③갑자기 눈물이 글썽해지는 모양. ㉠눈물이 삥 돌다.

날짜와 우리말

1일 초하루	5일 초닷새	9일 초아흐레
◦초하룻날	◦초닷샛날	◦초아흐렛날
2일 초이틀	6일 초엿새	10일 초열흘
◦초이튿날	◦초엿샛날	◦초열흘날
3일 초사흘	7일 초이레	15일 보름
◦초사흗날	◦초이렛날	◦보름날
4일 초나흘	8일 초여드레	31일 그믐
◦초나흗날	◦초여드렛날	◦그믐날

이십사 절기

봄	입춘: 2월 4~ 5일		가을	입추: 8월 8~ 9일
	우수: 2월 19~20일			처서: 8월 23~24일
	경칩: 3월 5~ 6일			백로: 9월 8~ 9일
	춘분: 3월 21~22일			추분: 9월 23~24일
	청명: 4월 5~ 6일			한로: 10월 8~ 9일
	곡우: 4월 20~21일			상강: 10월 23~24일
여름	입하: 5월 6~ 7일		겨울	입동: 11월 7~ 8일
	소만: 5월 21~22일			소설: 11월 22~23일
	망종: 6월 6~ 7일			대설: 12월 7~ 8일
	하지: 6월 21~22일			동지: 12월 22~23일
	소서: 7월 7~ 8일			소한: 1월 6~ 7일
	대서: 7월 23~24일			대한: 1월 20~21일

훈몽자회자  훈민정음자

ㅅ[시옷] 한글 닿소리의 일곱째 글자인 시옷.

사:각¹(四角) ①네 각. 네 모. ②네 개의 모진 귀가 있는 모양.

사:각²(死角) 힘이나 눈이 미치지 못하는 일이나 범위. 예자연 재해의 사각 지대.

사각거리다 연한 사과나 과자 같은 것을 씹을 때 나는 소리가 자꾸 나다. 큰서걱거리다.

사각사각 사각거리는 소리. —하다.

사:각형(四角形) 네 개의 직선으로 이루어진 다각형. 예사각형 케이크. 비네모꼴. 준사각.

사:각형 그래프 사각형의 가로·세로를 10등분해서 전체 모눈의 수를 100으로 하여 모눈의 수로 전체에 대한 부분의 비율을 나타낸 그래프.

사간원(司諫院) 조선 시대 삼사의 하나. 임금에게 옳지 못한 일을 고치도록 아뢰는 일을 맡아 봄.

사:개 ①상자 따위의 네 귀퉁이가 꼭 물리도록 들쭉날쭉하게 만들어 맞추게 된 곳. ②건축에서, 도리나 장여를 박기 위하여 기둥머리를 네 갈래로 오려 낸 부분.

사:건(事件)[—껀] ①일거리. ②뜻밖에 일어난 일. 비사고. ③법률에 관한 일. 예강력 사건.

사격(射擊) 대포나 총을 쏨. 예사격전. 집중 사격. —하다.

사:경¹(死境) 죽을 지경. 예사경을 헤매다.

사경²(沙耕) 모래에 양분을 주어 작물을 재배하는 일. —하다.

사:계(四季) 봄·여름·가을·겨울의 네 계절. 비사철.

사:계절(四季節) 사철. 사계.

사:고¹(史庫) 조선 시대에 역사에 관한 중요한 기록이나 책들을 보관하여 두던 곳. 강화 마니산·무주 적상산·봉화 태백산·강릉 오대산에 있었음.

사:고²(社告) 회사·신문사 따위에서 알리는 글.

사:고³(事故) ①일이 일어난 까닭. ②사건. 일. ③뜻밖에 일어난 탈. 예교통 사고.

사고⁴(思考) 생각하고 궁리함. 예건전한 사고. 비생각. —하다.

사고력 사고하는 능력.

사고 방식(思考方式) 어떤 일을 생각하는 방법과 태도.

사공(沙工) 배를 저어 부리는 일을 업으로 삼는 사람.

사공이 많으면 배가 산으로 간다 〈속〉 지시하고 간섭하는 사람이 많으면 일이 뜻밖의 방향으로 진행하는 수가 있다는 말.

사과¹(沙果) 사과나무의 열매. 능금보다 큼.

사:과²(謝過) 자기의 잘못을 뉘우

치고 용서를 바람. [예] 자신의 그릇된 행동을 사과하다. [비] 사죄. —하다.

사:관[1](士官) ①병사를 지휘하는 무관. ②장교를 통틀어 일컫는 말. ③'사관 후보생'의 준말. [예] 사관 학교.

사:관[2](史官) 지난날, 나라에서 일어나는 일을 기록하던 벼슬, 또는 그 관원.

사:관[3](史觀) 역사를 바라보는 시각이나 견해. [예] 올바른 사관.

사:교[1](社交) ①여러 사람이 모여 교제함. [예] 사교성이 좋다. ②사회의 여러 사람들과의 사귐. [예] 사교 생활. —하다.

사교[2](邪敎) 부정하고 요사한 종교. 사회에 해악을 끼치는 종교.

사:군 이:충(事君以忠) 신라 시대 화랑도의 세속 오계의 하나. 임금을 충성으로써 섬겨야 한다는 계율.

사:군자(四君子) 매화·난초·국화·대나무를 일컬음, 또는 그것을 그린 그림.

사귀다 ①남과 사이좋게 지내다. ②교제하다. [예] 친구를 사귀다.

사귐성[—썽] 남과 사귈 만한 성품. [예] 사귐성이 있다.

사:규(社規) 회사의 규칙. [예] 사규를 어기다.

사그라뜨리다/사그라트리다 사그라지게 하다.

사그라지다 삭아서 없어지다. [예] 울분이 사그라지다.

사:극(史劇) 역사 속의 사실을 소재로 하여 꾸민 연극. [본] 역사극.

사근사근하다 ①성질이 부드럽고 싹싹하다. [예] 사근사근한 성격. ②배나 사과를 씹는 것과 같이 연하다. [큰] 서근서근하다. —히.

사글세(←朔月貰)[—쎄] 남의 집이나 방을 빌려 살면서 다달이 내는 돈. [비] 월세.

사금(砂金) 모래 중에 섞여 있는 금. [비] 금모래.

사금파리 사기그릇의 깨어진 조각.

사:기[1](士氣) ①용기를 내는 기운. [예] 병사들의 사기가 오르다. ②정의를 꿋꿋이 내세우는 선비의 기개.

사기[2](沙器·砂器) 백토로 구워 만든 그릇.

사기[3](詐欺) 못된 목적으로 꾀를 써서 남을 속임. [예] 사기꾼. —하다.

사나운 개 콧등 아물 틈이 없다 〈속〉 성품이 나쁘면 언제나 해를 입는다.

사나이 남자. [반] 계집.

사나흘 사흘이나 나흘. [예] 출장이 사나흘 걸린다. [준] 사날.

사:납다〔사나우니, 사나워〕 ①성질이나 모양이 악하고 험상궂다. [예] 사나운 얼굴. [반] 착하다. 순하다. ②운수가 나쁘다.

사내[1] ①'사나이'의 준말. ②'남편'의 낮은말.

사:내[2](社內) 회사의 안. [예] 사내 방송.

사내답다〔사내다우니, 사내다워서〕 남자로서의 기질과 성품을 가지고 있다. [예] 사내다운 사내. [비] 남자답다. [본] 사나이답다.

사내 대:장부 '대장부'를 강조해서 이르는 말.

사내아이 어린 남자 아이. [반] 계집아이. [준] 사내.

사냥 들과 산에 가서 짐승을 잡는

ㅅ

일. 예사냥철. —하다.
사냥개[—깨] 사냥할 때 쓰기 위하여 길들인 개.
사냥꾼 사냥을 하는 사람.
사냥터 사냥을 하는 곳. 비엽장.
사:농공상(士農工商) 지난날, 선비·농부·장인·상인의 네 가지 신분을 아울러 이르던 말.
사늘하다 ①산산하고 좀 찬 기운이 있다. 예새벽 공기가 사늘하다. ②성격이나 태도 따위가 차가운 느낌을 주다. 예사늘한 표정. 큰서늘하다. 센싸늘하다. —히.
사다 ①돈을 주고 제 것으로 만들다. 예새 옷을 사다. 반팔다. ②제 탓으로 고생이나 병을 얻다. 예젊어 고생은 사서 한다.
사다리 '사닥다리'의 준말.
사다리꼴 한 쌍의 상대되는 변이 서로 나란히 되는 네모꼴.
사다함(斯多含) 신라 진흥왕 때 대표적인 화랑. 15세 때 대가야 정벌에 공을 세웠음.
사닥다리 높은 곳에 발로 디디며 올라갈 수 있도록 나무나 쇠 따위로 만든 기구. 준사다리.

〔사닥다리〕

사:단[1](事端) 어떤 일의 실마리.
사단[2](師團) 군대 편성의 단위. 육군에서는 군단의 아래, 연대의 위임.
사단장 사단을 거느려 나가는 우두머리되는 군인. 보통, 소장이 그 직에 속함.
사 단:조 '사'음을 으뜸음으로 하는 단조.

사:담[1](史談) 역사상에 실제로 있었던 이야기. 예사담을 모으다.
사담[2](私談) 사사로이 하는 이야기. —하다.
사:당[1] 패를 지어 다니며 노래와 춤을 팔며 천하게 노는 여자, 또는 그들의 무리. 예사당패.
사당[2](祠堂) 죽은 사람의 신주를 모셔 놓은 집.
사당지기 사당을 지키는 사람.
사:대당(事大黨) ①세력이 강한 쪽에 붙는 무리. ②조선 말기에 개화당에 대하여 청나라 세력에 의존하려고 한 보수 세력. 명성황후 일파가 중심이었음.
사:대문(四大門) 지난날, 서울 둘레를 막은 네 대문. 곧 동쪽은 흥인지문(동대문), 서쪽은 돈의문(서대문), 남쪽은 숭례문(남대문), 북쪽은 숙정문(북대문).
사:대 성:인(四大聖人) 이 세계 모든 사람의 스승이 될 만한 네 사람. 즉 공자·석가·예수·소크라테스. 준사성.
사:대주의(事大主義) 세력이 강한 나라를 붙좇아 섬기자는 생각.
사:도(使徒) 보람 있고 훌륭한 일을 위해 자기를 돌보지 않고 힘쓰는 사람. 예평화의 사도.
사도 세자(思悼世子, 1735~1762) 조선 영조의 아들. 세자로 책봉되었으나, 어지러운 생활과 미친 사람 같은 행동으로 영조의 노염을 사서 뒤주에 갇혀 굶어 죽었음. 장헌 세자.
사돈(査頓) 혼인 관계로 친척이 되는 사람.
사돈집과 뒷간은 멀어야 한다〈속〉 말이 나돌기 쉬운 사돈집이나 냄새 나는 뒷간은 다 멀수록 좋다.

사들이다 사서 들여오다. 예물건을 마구 사들이다.

사:또(←使道) 옛날 지방의 우두머리가 되는 관원을 아랫사람이 높여 일컫던 말.

사또 덕분에 나팔 분다〈속〉 남의 힘을 빌려 제 일을 한다.

사또 떠난 뒤에 나팔 분다〈속〉 해야 할 때는 안 하다가 지난 뒤에 함을 놀리는 말.

사라센(Saracen) 유럽에서, 최초에는 시리아 부근의 아랍인을, 중세 이후에는 이슬람 교도를 일컫는 말.

사라지다 ①자취나 모습이 없어지다. 예달이 구름 속으로 사라지다. ②꺼지다. ③안 보이다. ④녹다. ⑤'죽다'를 비유하여 이르는 말. 囝스러지다.

사락사락 어떤 물체가 서로 가볍게 스칠 때 나는 소리. —하다.

사:람 슬기와 덕성을 갖춘 진화한 동물. 비인간.

사:람답다〔사람다우니, 사람다워서〕 사람으로 마땅히 해야 할 행동에 어그러짐이 없다.

사:람됨 사람의 됨됨이. 예사람됨이 진실하다.

사랑[1] ①아끼어 한없이 베풂. 예자식에 대한 사랑. ②이성을 그리워하는 마음. 예짝사랑. ③사물을 소중히 여기거나 좋아하는 마음. 예예술에 대한 사랑. 비애정. 빤증오. 미움. —하다.

사랑[2](舍廊) 안채와 따로 떨어진 방. 바깥주인이 머물며 남자 손님을 맞아들이는 방. 예손님을 사랑으로 모시다.

사랑니 보통의 어금니가 다 난 뒤, 새로 나는 작은 어금니.

사랑방 사랑채에 있는 방이나 또는 사랑으로 쓰는 방.

사랑스럽다〔사랑스러우니, 사랑스러워서/사랑스러이〕 마음에 꼭 들도록 귀엽게 생각되다.

사랑채 사랑으로 쓰는 집채.

사래 '이랑'의 옛말.

사:레 음식을 잘못 삼키어 숨구멍으로 들어갈 때 재채기처럼 뿜어 나오는 기운.

사려(思慮) 여러 가지로 신중하게 생각함. 또는 그 생각. 예사려 깊은 행동. 비사념. —하다.

사:력[1](死力) 목숨을 아끼지 않고 쓰는 힘. 죽을 힘. 예사력을 다하다.

사력[2](沙礫) 모래와 자갈.

사력 댐 중심부에 흙을 넣고 양쪽을 자갈과 모래로 다지고 돌을 쌓아서 만든 댐.

사:령(使令) 옛날 관아에서 심부름하던 사람.

사령관(司令官) 군대의 지휘를 맡아 보는 사령부의 우두머리.

사:례[1](事例) 전에 있었거나 실제로 있었던 일. 예성공 사례.

사:례[2](謝禮) 입은 은혜에 대하여 고마운 뜻을 나타내는 일. 예사례금. —하다.

사로잡다 ①산 채로 잡다. ②생각이나 마음을 한쪽으로 쏠리게 하다. 예마음을 사로잡다.

사로잡히다 ①산 채로 붙잡히다. ②얽매이어 옴짝달싹 못 하게 되다. 예공포에 사로잡히다.

사뢰다 웃어른에게 말씀을 드리다. 여쭙다.

사:료[1](史料) 역사 연구에 필요한 문헌이나 유물 등 여러 자료.

사료[2](飼料) 가축 따위의 먹이.

㉠ 배합 사료.

사료 작물 사료로 쓰기 위하여 재배하는 작물. 보리·귀리·옥수수·고구마 따위.

사:륙판(四六判) 가로 13cm에 세로가 19cm 되는 책의 크기.

사:륜 마:차 바퀴가 넷인 마차.

사르다〔사르니, 살라서〕 물건에 불을 붙여 태우다. ㉠ 낙엽을 모아 사르다.

사르르 ① 눈이 힘없이 저절로 감기는 모양. ㉠ 눈이 사르르 감기다. ② 저절로 힘없이 풀어지는 모양. ㉠ 보자기가 사르르 풀렸다. 🔒 스르르.

사리[1] '한사리'의 준말.

사리[2] 국수·실·새끼 따위를 동그랗게 포개어 감아 놓은 것. ㉠ 국수 한 사리를 추가하다.

〔사 리[2]〕

사리[3](私利) 자기 한 사람의 이익. ㉠ 사리 사욕. 🔄 공리.

사리[4](舍利) ① 부처나 고승의 유골. ② 송장을 화장하고 남은 뼈.

사:리[5](事理) 일의 이치. 사람이 마땅히 지켜야 할 이치. ㉠ 사리에 맞지 않는 일을 하지 마라.

사리다 ① 일에 힘을 다 쓰지 않고 조심하다. ㉠ 몸을 사리다. ② 정신을 바짝 가다듬다.

사리 사욕(私利私慾) 개인의 이익과 욕심. ㉠ 사리 사욕만 채우다.

사리탑(舍利塔) 부처의 사리를 받들어 모셔 놓은 탑.

사립(私立) 사사로이 설립함. ㉠ 사립 학교. 🔄 공립. 국립.

사립문 수숫대·싸리·대 같은 나뭇가지로 엮어 만든 문.

사:마귀[1] 살갗에 생기는 녹두알만한 작은 군살.

사:마귀[2] 사마귓과의 곤충. 풀밭에 살며 앞다리가 길고 큰 것이 특징임. 버마재비.

사마리아(Samaria) 팔레스타인 중부에 있는 구릉 지대의 지방 이름. 옛 이스라엘 왕국의 땅이었으며 현재는 이스라엘 공화국의 점령 지역임.

사막(砂漠·沙漠) 모래만이 깔린 넓은 벌판.

사:막하다〔—마카다〕 ① 심히 악하다. ② 가혹하여 조금도 용서함이 없다. 🔒 심악하다.

사:망(死亡) 사람이 죽음. ㉠ 사망 진단서. 🔄 출생. —하다.

사:망률〔—뉼〕 일 년 동안의 사망자 수의 총인구에 대한 비율.

사:면[1](四面) ① 동·서·남·북. ② 모든 방면. 사방. ㉠ 사면이 바다로 둘러싸인 외딴섬.

사:면[2](赦免) 죄를 용서하여 형벌을 면제·감면·변경하는 일(대통령의 권한임). ㉠ 사면장. —하다.

사면[3](斜面) 한쪽으로 기울어진 면. 비스듬한 면. ㉠ 경사면.

사:면체 네 개의 평면으로 둘러싸인 입체.

사:면 초가(四面楚歌) 중국의 고사에서 나온 말. 사방이 모두 적에게 둘러싸인 경우와 고립된 경우를 뜻함. 🔄 진퇴 유곡.

사:면 팔방(四面八方) 모든 방면.

사:명(使命) ① 남에게서 받은 의무. ② 해야 할 일. 책임. ㉠ 중대한 사명을 띠다. 🔄 임무.

사:명당(四溟堂, 1544~1610) 조선

선조 때의 유명한 승려. 본이름은 임이환. 임진왜란 때 승병을 이끌고 큰 공을 세웠음. 유정.

사모¹(思慕) ①애틋하게 생각하며 몹시 그리워함. ㉠사모하는 여인. ②우러러 받들고 마음으로 따름. ㉠스승을 사모하다. —하다.

사:모²(紗帽) 지난날, 관원이 관복을 입을 때 쓰던, 명주실로 짠 모자. ㉠사모 관대.

사:모 관대(紗帽冠帶) 관복과 사모. 정식 예장. —하다.

사모님(師母—) 스승의 부인. 윗사람의 부인.

사모아(Samoa) 남태평양 중앙에 있는 '사모아 제도'를 이루는 섬.

사모에 갓끈이다〈속〉제격에 어울리지 않는다.

사:무(事務) 맡아 보는 일. ㉠사무를 보다. ㉢직무. 업무.

사:무국 주로 일반 행정 사무를 맡아 보는 부서. ㉠유엔 사무국.

사:무소 어떤 단체나 회사 따위의 사무를 보는 곳. ㉠동사무소.

사:무실 사무를 보는 방.

사:무원 사무를 맡아 보는 사람. ㉢사무 직원.

사:무 자동 기기 인력과 시간을 절약하면서 제 스스로 작동하여 사무를 처리하는 기계.

사:무 자동화 기계를 써서 사무를 자동적으로 처리하여 인력·시간을 줄이는 일. 문서 자동 편집기·팩시밀리·전자 우편·원격 회의 시스템 등이 있음.

사:무직 회사에서 사무를 처리하는 일에 종사하는 직업. ㉢기술직.

사무치다 속까지 깊이 미치어 닿다. ㉠뼛속 깊이 사무친 원한.

사물¹(私物) 개인이 가지고 있는 물건. ㉢공물. 관물.

사:물²(事物) 일과 물건. ㉠사물을 깊이 관찰하다.

사:물놀이 민속 타악기인 사물, 곧 꽹과리·징·북·장구로 하는 농악놀이. ㉣사물.

사뭇 ①거리낌없이 마구. ②계속하여 줄곧. ㉠사뭇 떠들어 댄다. ③아주 딴판으로. ㉠듣던 말과는 사뭇 다르다.

사바(←娑婆) 괴로움이 많은 이 세상. 사람이 사는 이 세상. ㉠사바 세계.

사박거리다 ①배나 사과 따위를 씹는 것과 같은 소리가 자꾸 나다. ②모래밭을 걷는 것 같은 소리가 자꾸 나다. ㉣서벅거리다.

사박사박 사박거리는 소리. ㉠모래 위를 사박사박 걷다. —하다.

사:박자(四拍子) 악곡의 한 마디가 네 박자로 된 것.

사발(沙鉢) 사기로 만든 밥그릇이나 국그릇. 아래는 좁고 위는 넓은 모양임.

사:방¹(四方) ①여러 곳. 사면. ㉠사방의 경치. ②네 방위. 곧, 동·서·남·북.

사방²(砂防) 산·강가 따위에 흙이나 모래가 빗물에 씻겨 내려가는 것을 막기 위해 나무를 심거나 돌을 쌓는 일. ㉠사방 공사.

사:방치기 땅바닥에 칸을 긋고 납작한 돌을 한 발로 차서 옮기는 어린이들의 놀이.

사:방 팔방(四方八方) 여기저기. 모든 방면. 여러 방면. ㉠일자리를 사방 팔방으로 알아보다.

사범(師範) ①스승으로서의 모범이 될 만한 사람. ②학술 및 권투·바둑·유도 등의 기예를 가르치는 사람.

사범 학교(師範學校) 교육 대학의 이전 이름.

사법(司法) 삼권의 한 가지. 법률에 따라 재판을 하는 일.

사법부(司法府) 대법원 및 그에 딸린 모든 기관.

사:변(事變) 나라의 큰 사건. 전쟁에 비길 만한 큰 일. 예만주 사변. 비난리.

사:변형(四邊形) 네 직선으로 둘린 평면형. 비사각형.

사:별(死別) 죽음으로 서로 이별함. 예아내와 사별하다. 반생별. —하다.

사:병(士兵) 장교가 아닌 모든 병사. 반장교.

사복¹(私服) 교복이나 군복이 아닌 보통 옷.

사복²(私腹) ①자기의 뱃속. ②자기의 욕심. 예사복을 채우다.

사:본(寫本) 옮기어 베낌. 또는 베낀 책이나 서류. —하다.

사부(師父) ①스승과 아버지. ②스승을 높여 일컫는 말.

사(4):부 합주 제1바이올린·제2바이올린·비올라·첼로 등 4부로 이루어지는 기악 합주.

사:분 오:열(四分五裂) 여러 갈래로 흩어져 어지럽게 됨. 예조직이 사분 오열되다. —하다.

사비(私費) ①개인의 비용. 예사비로 연수를 다녀오다. ②자기가 사사로이 들이는 비용. 비자비. 반공비.

사:비성(泗沘城) 백제의 마지막 서울. 충청 남도 부여의 옛 이름. 백제 제26대 성왕부터 제31대 의자왕까지의 도읍지였음. 부소산성.

사뿐 소리가 나지 않게 가볍게 발을 내디디는 모양. 예사뿐 일어나서 나가다. 큰서뿐. —히.

사뿐사뿐 발소리가 크게 나지 않도록 가볍게 걷는 모양이나 소리. 예사뿐사뿐 걷는 아가씨. 큰서뿐서뿐. 거사푼사푼.

사뿐하다 몸과 마음이 매우 가볍고 시원하다. —히.

사사¹(私事) 개인적인 일. 예사사로 외출하다. 반공사.

사:사²(事事) 이 일 저 일. 모든 일.

사:사건건(事事件件) [—껀껀] 모든 일. 온갖 사건. 예사사건건 간섭하며 시비를 걸다.

사사롭다[사사로우니, 사사로워/사사로이] 공적이 아닌 개인적인 성질을 띠고 있다. 예공금을 사사로이 써서는 안 된다.

사:사 오:입(四捨五入) →반올림.

사:살¹ 늘어놓는 잔소리. 예사살을 늘어놓다. —하다.

사살²(射殺) 총이나 활로 쏘아 죽임. 예적군 사살. —하다.

사:상¹(死傷) 죽음과 다침. 예사상자. —하다.

사상²(私傷) 공무중이 아닌 때의 부상. 반공상.

사상³(思想) ①생각. 뜻. 의견. 예건전한 사상. ②사회나 정치에 대한 일정한 의견이나 생각. 예진보적 사상가.

사상가 사회·인생 등에 대한 사상이 풍부하여 여러 사람에게 영향을 주는 사람.

사:색¹(四色) ①네 가지 빛깔. ②조선 때, 정치적 대립을 일삼던 네 당파.

사:색²(死色) 죽을상이 된 얼굴

빛. 죽은 사람과 같은 창백한 얼굴빛. [예] 두려움으로 사색이 된 얼굴.

사색[3](思索) 사물의 이치나 줄거리를 따지어 깊이 생각함. [예] 사색에 잠겨 있다. ―하다.

사:색 당파 조선 시대에 있었던 네 당파. 즉, 남인·북인·노론·소론을 말함.

사:생(寫生) 실지의 경치나 물건을 보고 그대로 그림. [예] 사생 대회. ―하다.

사:생 결단(死生決斷)[―딴] 죽고 삶을 돌보지 않고 끝장을 냄. [예] 사생 결단을 내다. ―하다.

사:생화(寫生畫) 있는 그대로를 보고 그린 그림.

사생활(私生活) 개인의 사사로운 일상 생활. [예] 사생활을 간섭하다.

사:서[1](四書) 논어·맹자·대학·중용의 네 책. [예] 사서 삼경.

사:서[2](史書) 역사에 관한 책. [비] 역사책.

사서[3](司書) 도서관에서 책의 정리·보존 및 열람에 관한 일을 맡아 보는 직분.

사:선[1](死線) 죽을 고비. [예] 사선을 겨우 넘다.

사선[2](斜線) ①비스듬하게 그은 선. ②한 직선이나 평면에 수직이 아닌 선.

사설[1](私設) 개인이 설립함. [예] 사설 단체. [반] 공설. ―하다.

사:설[2](社說) 신문사나 잡지사의 주장을 쓴 글.

사설 시조 시조 형식의 하나. 종장 첫 구를 제외한 초장·중장 등의 글자 수가 제한 없이 길어진 시조. 장형 시조.

사:성(四聖) 공자·석가·예수·소크라테스의 네 성인. 사대 성인.

사:세(事勢) 일이 되어 가는 형편. [예] 사세를 살피다.

사소(些少) 매우 적음. 하찮음. [예] 사소한 일. ―하다.

사:수[1](死守) 목숨을 걸고 지킴. [예] 진지 사수. ―하다.

사수[2](射手) 총포나 활을 쏘는 사람. [예] 명사수.

사숙[1](私淑) 존경하는 사람에게 직접 가르침을 받을 수는 없으나 그 사람의 인격이나 학문을 본으로 삼고 배움. ―하다.

사숙[2](私塾) 개인이 세운 서당. 글방.

사슬 쇠로 만든 고리와 고리를 여러 개 이은 물건.

사슴 다리가 길고, 수컷은 뿔이 나고, 암컷은 뿔이 없는 짐승. 뿔은 녹용이라 하여 보약에 쓰임.

〔사 슴〕

사:시(四時) 봄·여름·가을·겨울의 네 절기. [예] 사시 푸른 소나무. [비] 사철.

사시나무 버들과의 갈잎 큰키나무. 한국 중부 이북의 산야에 남. 나무는 성냥개비를 만듦.

사신[1](私信) 사사로이 하는 편지. 개인의 편지.

사:신[2](使臣) 임금이나 나라의 명령으로 외국에 심부름을 가는 신하. [예] 일본에 사신을 보내다.

사:실(事實) ①실제로 있는 일.

㉠그 소문이 사실이라니 정말 놀랍다. ②참된 일. 비실상. 실제. 진실. 반허위.

사ː실 무근(事實無根) 사실이라는 근거가 전혀 없음. ㉠사실 무근한 소문으로 곤욕을 치르다. —하다.

사심(私心) 제 욕심을 채우려는 마음. ㉠공무원은 사심이 없어야 한다. 반공심.

사ː씨남정기 조선 숙종 때 김만중이 지은 한글 소설. 숙종이 인현왕후를 내쫓고 장희빈을 좋아한 사실을 풍자하여 쓴 것임.

사악(邪惡) 마음이나 생각이 간사하고 악독함. ㉠사악한 꾀를 쓰다. —하다.

사암(砂岩) 모래가 물 속에 가라앉아 굳어서 된 암석.

사양하다(辭讓—) ①받을 것을 받지 아니하다. ㉠상을 사양하다. ②겸손한 마음으로 물러나서 남을 대신하게 하다. ㉠총리직을 사양하다.

사ː업(事業) 어떤 계획을 세워 하는 일. ㉠철수의 아버지는 사회 사업을 하신다. —하다.

사ː업가(事業家) 사업을 계획하고 경영하는 사람, 또는 사업에 능숙한 사람. 사업자.

사ː에이치 클럽(4H club) 머리(지식)·마음(도덕)·건강(체육)·손(기술) 등 4가지를 신조로 삼고, 농촌의 진흥을 위하여 농촌 청소년들이 조직한 모임.

사연(辭緣) ①하고자 하는 말. ㉠사연이 많다. ②편지의 본문. 비내용.

사열(査閱) ①조사하기 위하여 죽 살펴봄. ㉠사열관. ②군인들을 세워 놓고 장비와 사기 등을 검사함. ㉠부대 사열. —하다.

사열식 사열을 하는 의식.

사영(私營) 개인이 경영함, 또는 그 사업. 반공영. —하다.

사ː예(四藝) 거문고·바둑·글씨·그림의 네 가지를 이름.

-사오니 '으니'의 높임말. ㉠있사오니. 없사오니.

사욕(私慾) 자기 한 몸의 이익만 차리는 욕심. ㉠사리 사욕.

사ː용(使用) ①물건을 씀. ㉠남의 물건을 사용할 때는 더욱 조심해야 한다. ②사람을 부림. 비이용. —하다.

사ː용자 ①물건이나 시설 등을 쓰는 사람. ㉠도서관 사용자. ②일을 시키고 그 대가로 보수를 주는 사람. 반근로자.

사우디아라비아(Saudi Arabia) 서아시아 아라비아 반도의 대부분을 차지하고 있는 나라. 주민은 아라비아인, 공용어는 아라비아어이며, 종교는 이슬람교임. 수도는 리야드.

사운드 트랙(sound track) 영화 필름에서 소리가 녹음된 부분.

사원[1](寺院) ①절이나 암자. ②천주교·그리스도교·회교 등의 교당.

사ː원[2](社員) 회사에서 일을 보는 사람.

사ː월 초파일 부처님이 탄생한 날. 음력 사월 초여드렛날.

사위 딸의 남편.

사위다 불이 다 타서 재가 되다. ㉠숯불이 잘 사위다.

사위 사랑은 장모〈속〉 사위를 사랑하는 마음은 장인보다 장모가 더하다.

사위스럽다〔사위스러우니, 사위스

러워/사위스러이] 어쩐지 불길하고 꺼림칙하다.

사유[1](私有) 개인이 갖는 것. 예 사유 재산. 반 공유. —하다.

사:유[2](事由) 일의 까닭. 예 사유서. 비 이유.

사유 재산 국가가 아닌 개인이 소유하는 재산.

사육(飼育) 짐승을 먹여 기름. 예 토끼를 사육하다. —하다.

사육비 집짐승을 먹여 기르는 데 쓰이는 돈.

사육 상자 짐승이나 곤충을 먹여 기르기 위해 만든 상자.

사:육신(死六臣) 조선 세조 때 단종의 복위를 꾀하다 죽은 여섯 충신. 이개·하위지·박팽년·유성원·유응부·성삼문을 이름.

사:육제(謝肉祭) 천주교에서, 사순절에 앞서서 3일 동안 베풀어지는 축제. 여러 사람이 모여서 가면을 쓰고 행렬하거나 신나게 떠들고 노는 축제. 카니발.

사:은회(謝恩會) 졸업생이 스승의 은혜에 감사하는 뜻으로 베푸는 연회나 다과회.

사:의(謝意) ①감사하는 뜻. 예 선물로써 사의를 표하다. ②사과하는 뜻. 예 지난번 실수에 대해 사의를 표하다.

사이 ①한 곳에서 다른 곳까지의 거리. 예 사이가 멀다. ②물건과 물건의 틈. ③어떤 때로부터 다른 때까지의 동안. 비 틈. 동안. ④사귀는 정분. 예 사이가 좋다.

사이갈이 농작물 사이의 땅을 파 일구는 일. —하다.

사이드라인(sideline) 축구·농구·배구 등 구기에서 경기장의 경계를 나누는 세로줄.

사이렌(siren) 시간이나 급한 일을 널리 소리내어 알리는 신호 기계.

사이보:그(cyborg) 인조 인간.

사:이비(似而非) 비슷한 것 같으나 속은 다름. 예 사이비 종교.

사이시옷 합성어에서 뒷마디의 첫 소리를 된소리나 'ㄴ' 소리나게 앞 말에 받치어 적는 'ㅅ'받침. 예 바닷가. 나뭇잎. 아랫방.

사이음 음악에서 원음을 반음 내리거나 올린 음.

사이잘삼 수선화과의 여러해살이풀. 용설란과 비슷한데 줄기가 짧으며, 10~15년간 자라면 3m 내외의 긴 꽃줄기에서 꽃이 핌. 잎에서 섬유를 빼어 씀.

사이좋다 정답다. 예 사이좋은 형제. 비 의좋다.

사이즈(size) 크기. 치수. 문수. 예 사이즈를 재다.

사이짓기 주가 되는 작물 사이에 다른 작물을 심어 가꿈. 비 간작. —하다.

사이클(cycle) ①순환. 주기. 한 바퀴. ②자전거.

사이클론(cyclone) 인도양에서 발생하는 태풍.

사이펀 장치 한 쪽은 길고 한 쪽은 짧은 'U'자 모양의 굽은 관. 압력의 차를 이용하여, 그릇을 기울이지 않고 속의 물을 다른 곳에 옮기는 데 씀.

사인(sign) ①부호. 기호. 암호. ②서명. —하다.

사:인 여천(事人如天) 천도교의 가르침. 사람을 하늘같이 공경하고 존중하라는 뜻.

사인펜(signpen) 볼펜과 비슷하게 생긴 필기 도구. 잉크에 따라 수성과 유성이 있음.

사:일구(4·19) 혁명(四一九革命) 1960년 4월, 12년 동안에 걸친 이승만 정권의 독재 정치와 3·15 정·부통령 선거의 부정에 항거하여 학생과 시민이 들고일어난 일. 사일구 의거.

사일로(silo) 겨울철에 가축의 먹이인 풀이나 곡물 따위를 마르지 않게 저장하는 창고.

사임(辭任) 그 동안 맡고 있던 일자리를 스스로 그만둠. 예 과장직을 사임하다. —하다.

사잇소리 ①한 소리와 한 소리와의 사이에서 나는 소리. ②두 낱말이 합쳐 하나의 낱말을 이룰 때에 나는 된소리되기 현상을 살려 발음대로 표기하기 위하여 그 사이에 넣는 소리.

사:자¹(使者) 어떠한 구실을 띠고 심부름하는 사람. 예 저승 사자.

사자²(獅子) 아프리카 초원에 사는 동물의 왕으로, 수컷에는 뒷머리와 앞가슴에 긴 갈기가 있는 사나운 맹수.

사자놀이 사자의 탈을 만들어 쓰고 노는 민속 놀이.

사자자리 봄철의 대표적인 별자리. 앞발을 쳐들고 선 사자의 모습에 빗대어서 붙인 이름임.

사:장(社長) 회사의 대표자. 예 신문사 사장으로 취임하다.

사 장조 '사'음을 으뜸음으로 하는 장조. 지(G) 장조.

사재기 앞으로 물건이 귀해지거나 값오르기를 예상하고 당장 필요한 이상으로 물건을 사 두는 일. —하다.

사:적¹(史蹟) 역사에 남은 자취.

사:적²(事蹟) 어떤 사건의 끼친 자취.

사:전¹(事前) ①일이 있기 전. ②일을 시작하기 전. 예 사전 협의. 땐 사후.

사전²(辭典) 말을 모아서 찾기 쉽게 일정한 순서로 벌여 놓고 낱낱이 그 뜻을 풀이한 책.

사:절(謝絕) 요구하는 것을 받아들이지 않고 거절함. 예 신청을 사절하다. —하다.

사:절단(使節團)[-딴] 한 나라를 대표하여, 일정한 임무를 띠고 외국에 파견되는 사람들의 한 무리. 예 친선 사절단.

사:절지(四折紙) 전지를 넷으로 접은 크기의 종이. 예 사절지 모조지.

사:정¹(事情) ①일의 형편이나 그렇게 된 까닭. 예 딱한 사정. 비 형편. 실정. ②일의 형편이나 그렇게 된 까닭을 말하고 무엇을 간청함. —하다.

사정²(査定) 하나하나 조사하여 결정함. 예 사정 기관. —하다.

사:정없다 조금도 인정이 없고 헤아려 돌봄이 없다. 예 사정없이 매질을 하다. —이.

사제¹(司祭) 천주교에서의 신부.

사제²(師弟) 스승과 제자.

사조(思潮) 어떤 시대에 일반적으로 널리 유행하는 흐름이나 경향. 예 문학 사조. 예술 사조.

사:족(四足) ①짐승의 네 발. ②'사지'를 낮추어 이르는 말.

사족을 못 쓴다〈속〉 반하거나 혹하여 어쩔 줄을 모른다. 예 돈이라면 사족을 못 쓴다.

사:죄(謝罪) 죄에 대한 용서를 빎. 예 잘못을 사죄하다. 비 사과². —하다.

사:주¹(四柱) 사람이 태어난 해·

달·날·시의 네 가지.

사 : 주²(使嗾) 어떤 일을 하도록 남을 부추김. ㉠범죄 행위를 뒤에서 사주하다. ―하다.

사 : 주단자(四柱單子)[―딴자] 신랑 집에서 신부의 사주를 적어 신부 집으로 보내는 종이. ㉤주단.

사 : 주쟁이 사주로써 운명을 점치는 일을 업으로 하는 사람.

사 : 중주(四重奏) 네 개의 악기로 하는 연주. 보통 바이올린 둘에 비올라·첼로로 구성됨.

사 : 지¹(四肢) 두 팔과 두 다리. ㉠사지가 벌벌 떨리다.

사 : 지²(死地) 죽게 될 만큼 위험한 곳. ㉠사지로 몰아넣다.

사직(辭職) 맡은 직무를 놓고 물러남. ㉠사직서. ―하다.

사 : 직단(社稷壇) 옛날에 임금이 백성을 위하여 흙을 맡은 신과 곡식을 맡은 신에게 제사 지내던 제단. ㉤사단.

사진(寫眞) 사진기로 찍고 화학적으로 가공하여 종이에 재생시킨 물체의 형상.

사진기 사진을 찍는 기계.

사진첩 사진을 붙이거나 끼워 두는 책. 앨범.

사 : 차선(四次線) 4대의 차가 나란히 달릴 수 있는 넓이의 자동차 길. ㉠사차선 도로.

사(4) : 차원 세 : 계 상대성 이론에서 쓰이는 개념으로, 3차원의 세계에 시간을 더한 공간과 시간을 합쳐서 생각한 세계. 시공간의 세계.

사찰¹(寺刹) =절.

사찰²(査察) 조사하여 살핌. ㉠세무 사찰. ―하다.

사 : 창(社倉) 조선 시대에 환곡을 저장해 두던 각 고을의 곳집.

사채¹(私債) 개인 사이의 사사로운 빚. ㉠사채를 얻다.

사채²(社債) 주식 회사가 그 사업상 필요한 자금을 일반인에게 빌리기 위해 발행하는 증권. 이자가 붙고, 일정 기한이 지나면 상환됨.

사 : 철 ①봄·여름·가을·겨울의 네 철. ②언제나. 항상. ㉥사시.

사 : 철나무[―라무] 노박덩굴과에 속하는 늘푸른 떨기나무. 해안에 나는데 높이 2~3m, 잎은 두껍고 반들반들함. 정원에 많이 심음.

사 : 체(死體) 사람이나 생물의 죽은 몸뚱이.

사초(飼草) 가축의 먹이로 쓰이는 풀. ㉠사초를 뜯다.

사 : 촌(四寸) 아버지와 형제 되는 분의 아들딸. ㉠사촌 형.

사 : 촌 형님 아버지의 형님이나 동생의 아들 중에서 형이 되는 사람. ㉥종형.

사춘기(思春期) 청년의 초기로 몸의 생식 기능이 거의 완성되며, 이성에 대해 관심을 갖는 나이를 일컫는 말.

사취(砂嘴) 모래땅의 한 쪽은 해안에 붙고, 다른 쪽은 바다 가운데로 길게 벋어서 새의 부리 모양으로 생긴 땅.

사치(奢侈) 자기의 생활 정도에 지나치는 차림을 함. 필요 이상으로 호사스러움. ㉠사치한 생활. ㉫검소. ―스럽다. ―하다.

사치품 분수에 지나친 사치스러운 물품. ㉥호사품.

사 : 칙(四則) 덧셈·뺄셈·곱셈·나눗셈의 네 가지. ㉠사칙을 배우다.

사 : 칙 연 : 산 사칙을 이용한 계산법으로, 숫자의 식이 보여 주는 대로 값을 계산해 내는 일.

사:친 이:효(事親以孝) 세속 오계의 하나. 어버이를 섬김에는 효도로써 함.

사카린(saccharin) 단맛이 매우 강한 빛깔이 하얀 가루.

사타구니 두 다리의 사이.

사탕 눈깔 사탕·드롭스 등 설탕을 끓여 모양을 만든 과자.

사탕발림 달콤한 말로 비위를 맞추어 살살 달램, 또는 그 말이나 짓. ㉠사탕발림에 속다. —하다.

사탕수수(砂糖—) 사탕의 원료로 쓰이는 여러해살이풀.

사:태(事態) 일이 되어 가는 형편. ㉠사태가 악화되다.

사:택(社宅) 회사에서 사원을 위하여 마련한 주택. ㉠직원용 사택을 짓다.

사퇴(辭退) 어떤 지위에서 물러남. ㉠교수직을 사퇴하다. —하다.

사:투(死鬪) 죽을 힘을 다하여 싸움. 목숨을 내걸고 싸움. ㉠사투를 벌이다. —하다.

사:투리 어떠한 지방에서만 쓰는 표준어가 아닌 말. ㉠충청도 사투리. ㉢방언. ㉣표준어.

사파이어(sapphire) 푸른 빛깔을 내는 투명한 보석의 한 가지.

사:팔뜨기 두 눈의 눈동자가 보는 물체에 바로 향하지 않고 한쪽은 다른 곳을 향하는 정상이 아닌 눈을 가진 사람. ㉢사시.

사포(砂布) 헝겊에 금강석 가루나 모래·유리 가루 등을 아교로 붙여서 나무나 철의 표면을 닦을 수 있게 한 것. 샌드 페이퍼. ㉠사포로 녹을 갈다. 사포질.

사표¹(師表) 남의 모범이 될 만한 학식과 도덕이 높은 사람. ㉠겨레의 사표가 되다.

사표²(辭表) 맡고 있는 일자리를 물러날 때 내는 문서.

사풋 발을 가볍게 내디디는 모양. ㉠사풋 한 걸음 내디디다.

사:필귀정(事必歸正) 모든 잘잘못은 반드시 바른 길로 돌아옴.

사하라 사막(Sahara沙漠) 아프리카 북부에 있는 세계 제1의 사막.

사:학¹(四學) 조선 시대 성균관 밑에 설치된 동학·서학·남학·중학의 4학당. 4부 학당.

사:학²(史學) 역사를 연구의 대상으로 하는 학문. ⓑ역사학.

사학³(私學) 개인이 설립한 학교. 사립 학교. ㉣관학.

사할린(Sakhalin) 일본 북쪽에 있는 러시아의 섬 이름.

사:항(事項) 일의 낱낱의 조항.

사:해¹(四海) ①사방의 바다. ②세계. 온 천하. ㉠사해 동포.

사:해²(死海) 서아시아의 팔레스타인 동쪽에 있는 소금기가 많은 호수. 세계에서 가장 수면이 낮음. 염해.

사:해 형제 세상의 모든 사람이 형제와 같다는 말. 사해 동포.

사행심(射倖心) 우연한 이익을 얻고자 운수나 요행을 노리는 마음. ㉠사행심을 조장하다.

사헌부(司憲府) 조선 시대 삼사의 하나. 나라일을 비판하고 벼슬아치의 잘못을 가려 내던 관청.

사:형(死刑) 죄인의 목숨을 끊는 형벌. ㉠사형 선고. —하다.

사:화¹(士禍) 조선 시대 양반들의 세력 다툼으로 선비들이 화를 입은 사건. ㉠기묘사화.

사:화²(史話) 역사에 관한 이야기. 역사 이야기.

사:화³(史禍) 역사책에 관련된 일에 얽혀 입는 화.

사:화산(死火山) 화산 활동이 완전히 끝난 화산. 반활화산.

사:환(使喚) 잔심부름을 시키기 위해 고용한 사람. 비급사.

사:활(死活) 죽느냐 사느냐의 갈림. 예회사의 사활이 걸렸다.

사회¹(司會) 회의 등의 진행을 맡아 보는 것. —하다.

사:회²(社會) ①여러 사람이 모여서 공동 생활을 하는 단체. 비집단. 반개인. ②이 세상. 우리가 사는 세상.

사:회과[—꽈] 지리·역사·윤리·정치·경제·민주 생활 등의 분야에 걸친, 초등 학교·중고등 학교의 교과명. 예사회과 부도.

사:회 관계 사람과 사람 사이에 사회적 행동의 결과로 생기는 인간 관계.

사:회 교:육 학교 교육 이외의 주로 청소년 및 성인에 대하여 행해지는 조직적인 교육 활동으로 집단에 적응하는 힘을 가르침.

사:회 교:육 방:송 학교 교육 이외의 주로 청소년 및 어른들에 대하여 사회의 여러 가지 내용을 교육하기 위한 방송.

사:회 규범 사회 생활과 질서를 유지하기 위하여 요구하는 도덕이나 법.

사:회 보:장 제:도 국민의 건강과 최저의 문화 생활을 보장하는 제도. 국민에게 국가 부담으로 물질적·의료상의 도움을 주어 그들의 생활을 안정시키고 사회를 개선하는 정책임.

사:회 복지 국민의 생활 안정과 이익 향상을 추구하여 이루어지는 여러 사회적 정책.

사:회부 신문사에서 사회 일반의 사건에 대한 뉴스를 맡아 보는 부서. 예사회부 기자.

사:회 사:업 의지할 곳이 없거나 아주 가난하여 생활이 곤란한 사람들을 도와 주는 일. 즉 고아원·양로원·구호소 따위에서 하는 일.

사:회 생활 여러 형태의 인간들이 집단적으로 모여서 질서를 유지하며 살아가는 공동 생활.

사:회성(社會性)[—썽] 집단을 만들어 서로 어울려 생활하려는 사람들의 근본 성질.

사:회적(社會的) 개인을 벗어나서 사회에 영향을 미치는 것.

사:회적 동:물 사회를 떠나 혼자서는 살아갈 수 없는 인간을 일컬음. 예인간은 사회적 동물이다.

사:회적 지위 한 사회 속에서 소득이나 능력 등에 따라 차지하는 위치. 예사회적 지위가 높다고 훌륭한 사람은 아니다.

사:회 제:도 한 사회에 의하여 지지받고 있는 정치·경제 등의 제도 및 종교·도덕 등의 문화.

사:회주의 자본주의에 반대하여 생산 수단과 이익을 공동으로 하는 사회 제도.

사:회 질서 사회가 올바른 상태를 유지하기 위하여 지켜야 할 일정한 규칙이나 순서. 예사회 질서를 지키기 위해 힘쓰는 경찰.

사:후¹(死後) 죽은 뒤. 반생전.

사:후²(事後) 일이 지난 뒤. 일을 끝낸 뒤. 반사전¹.

사흗날 초하룻날부터 세번째 되는 날.

사흘 세 날. 3일.

사흘 굶어 도둑질 아니할 놈 없다〈속〉 아무리 착한 사람이라도 빈곤하게 되면, 마음이 변하여서 옳지 못한 짓을 하게 된다.

삭감(削減)[一깜] 깎아서 줄임. 예 용돈을 삭감하다. —하다.

삭다 ①먹은 음식이 소화되다. ②물건이 오래 되어 썩은 것처럼 되다. ③죽이 물처럼 되다.

삭막(索莫)[상一] 황폐하여 쓸쓸함. 예 삭막한 풍경. —하다.

삭발(削髮) 머리털을 깎음. 예 삭발승. —하다.

삭삭[一싹] 무엇을 맞대어 가볍게 비비는 모양, 또는 그 소리. 예 삭삭 비벼 털다. 큰 슥슥.

삭신[一씬] 몸의 근육과 뼈마디. 예 삭신이 쑤시다.

삭이다 음식을 먹어서 소화시키다. 예 음식을 잘 삭이다.

삭정이 살아 있는 나무에 말라붙은 가는 가지.

삭제(削除) 지워 버림. 예 명단에서 이름을 삭제하다. 반 첨가. —하다.

삭풍(朔風) 겨울철의 북풍. 예 삭풍이 몰아치다.

삭히다 삭게 하다. 예 항아리에 담근 단술을 아랫목에 묻어 삭히다.

삯[삭] 일을 한 데에 대하여 보수로 받는 돈이나 물건. 예 일한 삯을 받다.

산¹(山) 평지보다 높게 솟은 곳. 예 산에 오르다. 비 메. 반 들.

산²(酸) 수소를 포함하는 화합물로 청색 리트머스를 붉게 변하게 하는 성질이 있음.

-산³(産) 물건이 나거나 생산되는 곳을 나타내는 말. 예 국산 화장품. 제주도산 밀감.

산간 벽지(山間僻地) 산 속에 있는 외진 곳. 비 산간 오지.

산간 지역 산과 산 사이에 있는 땅. 골짜기가 많은 산으로 된 지역.

산:개(散開) 흩어져 넓게 퍼짐. —하다.

산객(山客) ①산에 살며 세상에는 나타나지 않는 사람. ②등산하는 사람.

산거머리[산꺼一] 열대의 산에 살며 사람이나 짐승의 피를 빨아먹고 사는 거머리. 몸의 길이는 약 2cm임.

산:고(産苦) 아이를 낳는 고통. 예 산고를 겪다.

산골[一꼴] ①산과 산 사이에 있는 우묵히 꺼진 곳. ②산 속의 외지고 으슥한 곳. 비 산마을.

산골짜기[산꼴一] 산골의 깊이 팬 곳. 비 골짜기. 계곡. 반 산마루. 준 산골짝.

산골짝[一꼴짝] '산골짜기'의 준말.

산 귀신[一뀌신] 산에 살면서 지나가는 사람을 괴롭힌다는 귀신.

산기슭[一끼슥] 산 밑의 편편한 곳. 산의 아랫부분.

산길[一낄] 산에 있는 험한 길. 반 들길.

산꼭대기 산의 맨 위. 산정.

산나물 산에서 나는 먹는 나물. 비 산채.

산 너머 산의 저쪽.

산누에 산누에나방의 애벌레. 누에보다 훨씬 크고 몸 빛깔은 흑갈색임. 뽕이나 떡갈나무·참나무 따위의 잎을 먹음.

산대극(山臺劇) 고려 시대부터 조선 시대에 걸쳐 성행했던 우리 나라의 대표적인 가면극. 비 산대놀이. 산대도감극. —하다.

산대도감(山臺都監) 지난날, 산대극을 보호하고 장려하기 위하여 둔 관청.

산더미[—떠미] 물건이나 일이 썩 많이 쌓인 모양. 예 사과 상자가 산더미처럼 쌓여 있다.

산동(山童) 두메 산골에서 자란 아이.

산돼지[—뙈지] =멧돼지.

산들바람 시원하고 가볍게 부는 바람. 큰 선들바람.

산들산들 시원한 바람이 연달아 가볍게 부는 모양. 예 산들산들 부는 바람에 땀을 식히다. 큰 선들선들. —하다.

산등성마루 산등성이의 가장 높은 곳. 준 산마루.

산등성이[산뜽—] 산의 등줄기.

산디놀음 '산대놀이'의 변한 말.

산딸기(山—) 산에 나는 갈잎 넓은잎 떨기나무인 산딸기나무에 여는 붉은 열매.

산뜻하다 깨끗하고 시원하다. 예 옷차림이 산뜻하다. —이.

산:란(産卵)[살—] 알을 낳음. 예 산란기에 접어든 물고기. —하다.

산:란하다(散亂—) ①흩어져 어지럽다. ②정신이 어수선하다. 예 정신이 산란하다. —히.

산림(山林)[살—] 산과 수풀. 산의 수풀. 예 산림이 우거지다.

산림계[살—] 자치적으로 고향의 산림을 가꾸고 보호하기 위해 조직한 모임.

산림 녹화 헐벗은 땅과 산에 식목·산림 보호·사방 공사 등을 하여 나무를 무성하게 하는 일. 예 산림 녹화 사업.

산림욕(山林浴)[살림녹] 숲 속에 들어가 맑은 공기를 쐬는 일.

산림 전문가[살—] 수풀을 가꾸거나 이용하는 일 등을 많이 연구하여, 그 방면에 지식과 경험이 풍부한 사람.

산림 조합[살—] 산림의 보호 육성과 산림 자원의 증가를 위해 조직된 단체.

산림 처:사(山林處士)[살—] 벼슬이나 속세를 떠나서 산 속이나 시골에 파묻혀 글이나 읽고 지내는 사람.

산림청[살—] 농림부에 딸린 행정 기관으로 산림의 보호·육성 등 산림에 관한 사무를 맡아 봄.

산마루 '산등성마루'의 준말. 반 산골짜기.

산:만(散漫) 정돈되지 않고 흩어져 있음. 예 주의가 산만하다. —하다. —히.

산:말 ①살아 있는 말. ②눈에 보는 듯이 알맞게 잘 나타낸 말. 반 사어.

산맥(山脈) 여러 산이 일정한 방향으로 한 줄 또는 여러 줄로 연이어 길게 뻗은 지대. 산줄기.

산머리 산 꼭대기. 예 산머리에 걸린 듯한 반달.

산명 수려(山明水麗) 자연의 경치가 아름다움. —하다.

산:모(産母) 아이를 낳은 지 며칠 안 되는 여자. 비 산부.

산모롱이(山—) 산기슭의 휘어져 돌아간 곳.

산:문(散文) 글자의 수나 운율의 제한을 받지 아니하고 자유롭게 쓰는 글. 반 운문.

산:문시 행이나 연의 구분 없이 자유로운 형식으로 쓰는 시.

산:문 정신 자유로운 문장을 쓰려

는 정신.

산:물(產物) 그 고장에서 나는 물건이나 생산되는 물건. 예특산물. 비산출물.

산바람[—빠람] 산에서 부는 바람. 반바닷바람.

산:발¹(散發) 일이 여기저기서 이따금 발생함. 예산발적인 전투가 벌어지다. —하다.

산:발²(散髮) 머리를 풀어 헤침, 또는 그 머리. 예머리를 산발한 여인. —하다.

산벌[—뻘] ①산에 있는 꿀벌. ②사람이 기르지 않는 꿀벌.

산:보(散步)[—뽀] 한가한 마음으로 바람을 쐬며 거닒. 예밤거리를 산보하다. 비산책. —하다.

산봉우리[산뽕—] 산꼭대기의 뾰족하게 솟은 곳. 준봉우리.

산불[—뿔] 산에 난 불.

산비탈[—삐탈] 산 아랫부분의 비스듬한 곳.

산사(山寺) 산 속에 있는 절. 예산사에서 울려 퍼지는 종 소리.

산 사람 입에 거미줄 치랴〈속〉 살기가 어렵다고 쉽사리 죽기야 하랴.

산사태 비나 지진 등으로 산비탈이 무너지는 일. 예오랜 장마로 여기저기서 산사태가 나다.

산:산이(散散—) 남김없이 흩어진 모양. 예산산이 깨진 꿈.

산:산조각(散散—) 아주 잘게 깨어진 여러 조각. 예도자기가 땅에 떨어져 산산조각이 났다.

산삼(山蔘) 깊은 산이나 들에서 저절로 자라는 삼.

산새[—쌔] 산에 사는 새.

산성¹(山城) 적을 막기 위해 산 위에 높이 쌓은 성.

산성²(酸性) 신맛이 나는 물질의 성질. 푸른 리트머스 종이를 붉은 색으로 변하게 함. 반알칼리성.

산성비 산성을 띤 비. 동식물에 피해를 줌.

산성 토양 산성 물질이 많이 들어 있는 흙. 비가 많이 오는 곳에 많고 농사짓기에는 좋지 않음.

산세(山勢) 산의 생긴 형세. 예이곳은 산세가 험하다.

산소¹(山所) '무덤'의 높임말.

산소²(酸素) 맛·냄새·빛깔이 없으며, 생물이 숨쉬는 데 필요한 기체 원소. 예산소 호흡기.

산소 마스크(酸素 mask) 산소가 희박한 곳에 들어갈 적에 산소 탱크에 연결하여 호흡을 돕는 휴대용 마스크.

산송장 살아 있으나 죽은 것이나 다름없는 사람을 이름. 예오랜 투병 생활로 산송장이 되다.

산수(山水) 산과 물의 경치. 예산수를 구경하다. 비산천. 강산.

산수화(山水畫) 산과 내의 경치를 그린 그림. 비산수 그림.

산:술(算術) 더하기·빼기·곱하기·나누기의 계산법.

산:술 기호 산술에 쓰이는 기호. +, −, ×, ÷ 따위.

산:식(算式) 셈의 차례나 방법을 적은 식.

산신령(山神靈) 산을 맡아 지키어 보호한다는 신령.

산:실(產室) ①아이를 낳는 방. ②무슨 일을 이루어 내는 곳이나 그 바탕. 예과학 한국의 산실.

산:아(產兒) 아이를 낳음, 또는 그 아이. 예산아 조절. —하다.

산:아 제:한 아이 낳는 것을 조절하는 일. 비산아 조절. 준산제.

산악(山嶽·山岳) 크고 작은 모든 산. 땐평야.

산악 국가 국토가 크고 작은 산으로 이루어진 나라.

산악 기후 산악 지대의 독특한 기후. 기온이 낮고 일기 변화가 심하며 바람도 거셈.

산악인 산에 오르내리는 것을 남달리 잘하거나 즐기는 사람.

산악 지대 크고 작은 산으로 이루어진 지대.

산악회 산을 좋아하여 함께 산에 오르는 사람들로 이루어진 모임.

산야(山野) 산과 들.

산:업(産業) 살림살이에 필요한 모든 물건을 만들어 내는 일. 즉 농업·임업·목축업·수산업·광업·공업·상업·무역 따위.

산:업 공해 공장에서 나오는 매연·폐수 따위로 말미암은 공해.

산업 단지 경제 성장을 위한 공업화 계획의 추진을 위하여 공장·사무소 따위를 한 곳에 몰아 놓은 지역.

신:업 박람회〔—방남회〕 생산한 온갖 물건을 모아 벌여 놓고 여러 사람에게 구경시키고 파는 행사.

산:업 사:회 전문적인 지식인과 기술자가 우대 받고, 기술이 분업화·전문화·조직화된 사회.

산:업 시:설 광업·제조업·전기 가스업·방송 통신업 등을 영위하기 위해 설치한 기계 장치 및 설비.

산:업 자:금 산업을 유지·발전시키기 위하여 소비되는 돈.

산:업 자원부 상업·공업·특허에 관한 사무·지하 자원 및 전기 등에 관한 일을 맡아 보는 중앙 행정 기관의 하나.

산:업 재해 근로자가 일하는 도중에 뜻하지 않게 일어나는 부상이나 사고. 준산재.

산:업 철도 산업에 필요한 물자를 주로 실어나르는 철도.

산:업 폐:수 산업 활동에 쓰이다가 버려진 못 쓰게 된 물. 예산업 폐수로 물 오염이 심각하다.

산:업 혁명 18세기에 기계와 증기 기관의 발명으로 말미암아 영국을 중심으로 하여 전 유럽에 일어난 산업상의 대변동.

산:업화 산업으로 돌림. 산업의 형태로 나타냄. 예산업화에 성공하다. —하다.

산에 가야 범을 잡는다〈속〉 어떤 일을 이루려면 직접 그 일에 발벗고 나서야만 성공할 수 있다는 뜻.

산울림 산에서 소리가 맞은쪽 산이나 절벽에 부딪혀 되돌아오는 현상, 또는 그 소리. 비메아리.

산:유국(産油國) 원유를 생산하는 나라.

산자락 산의 기슭 부분. 산기슭의 비탈진 부분.

산장(山莊) 산 속에 있는 별장.

산:재(散在) 여기저기 흩어져 있음. 예크고 작은 섬들이 산재해 있다. 땐밀집. —하다.

산적¹(山賊) 산 속에 근거를 두고 사는 도둑.

산적²(山積) 일이나 물건 따위가 산더미처럼 많이 쌓여 있음. 예산적해 있는 경제 문제. —하다.

산전수전(山戰水戰) 산과 물에서의 싸움이란 뜻으로, 세상의 온갖 고생을 이르는 말. 예산전수전 다 겪다.

산정(山頂) 산꼭대기.

산:조(散調) 우리 전통 음악에서 가야금·거문고·대금 따위를 장

구의 반주로 연주하는 기악 독주 악곡. 예 가야금 산조. 반 병창.

산줄기[-쭐기] 큰 산에서 뻗어 내려간 산의 줄기. 비 산맥.

산중(山中) 산 속.

산중턱 산허리쯤 되는 곳.

산중 호걸 산 속의 호걸이라는 뜻으로 호랑이를 이르는 말.

산지^1(山地) ①산이 많은 땅. ②무덤을 쓰기에 적당한 땅.

산ː지^2(産地) ①그 물건이 나는 곳. ②사람이 태어난 땅.

산지기 남의 산이나 산소를 맡아 지키는 사람.

산지니 산 속에서 오랫동안 자란 매. 반 수지니.

산ː지 사ː방(散之四方) 여기저기 사방으로 흩어짐, 또는 그런 모양.

산ː지식(-知識) 실지로 써먹을 수 있는 지식.

산짐승[-찜승] 산 속에서 사는 짐승. 비 들짐승.

산ː책(散策) 바람을 쐬려고 한가한 마음으로 구경도 하며 이리저리 거니는 일. 예 거리를 산책하다. 비 산보. -하다.

산천(山川) 산과 내. 비 산수.

산천제(山天祭) 산을 지키고 보호하는 신에게 지내는 제사. 비 산신제.

산천 초목(山川草木) ①산과 물과 풀과 나무. ②자연.

산촌^1(山村) 산에 있는 마을.

산ː촌^2(散村) 집들이 드문드문 흩어져 있는 마을. 반 집촌.

산ː출^1(産出) 물건이 남, 또는 물건을 냄. 예 인삼이 산출되다. -하다.

산ː출^2(算出) 계산을 해냄. 예 산출된 자료. -하다.

산타 클로스(Santa Claus) 흰 수염에 빨간 외투를 입고 크리스마스 전날 밤, 굴뚝으로 들어와 어린이들에게 선물을 나누어 준다고 하는 할아버지. 준 산타.

산토끼 토낏과의 짐승. 야생하는 토끼로 길이 45~60cm이며, 집토끼에 비해 앞다리가 긺. 털빛은 다갈색에 회색이 섞였으며 나무 껍질이나 농작물을 먹음.

산토닌(santonin) 회충약의 하나.

산ː통(算筒) 소경이 점칠 때 쓰는, 산가지를 넣는 조그마한 통. 예 산통을 깨다(어떤 일을 이루지 못하게 하다).

산ː파(産婆) 아이를 낳을 때에 아이를 받고 아이 어머니를 보호하는 것을 직업으로 삼는 여자. 비 조산원.

산ː파역 어떤 일을 잘 주선하여 이루어지게 하는 구실. 예 학교 설립의 산파역을 맡다.

산ː표현 살아 있는 듯이 잘 나타내는 것.

산하(山河) 산과 강. 자연의 경치. 예 조국의 산하.

산해 진미(山海珍味) 산과 바다의 온갖 산물로 잘 차린 음식.

산행(山行) ①산길을 걸어감. ②산에 놀러 가는 일. -하다.

산허리 산 둘레의 중턱.

산호(珊瑚) 산호충의 많은 몸뚱이가 이룬 나뭇가지 형상의 뼈. 장식용으로 씀.

〔산 호〕

산호꽃 흡사 꽃처럼 화려해 보이는 산호.

산호도 죽은 산호의 뼈가 바다 위에 드러나 이루어진 섬.

산호충 남쪽 따뜻한 바다 밑에 사는 원시 동물. 산호를 이루는 작은 벌레로 여럿이 모여 붙어 삶.

산화(酸化) 어떤 물질이 산소와 화합하는 것으로, 숯을 공기 중에서 태우면 산소와 결합하여 탄산 가스가 생기는 따위. —하다.

살¹ ①동물의 뼈를 싸고 있는 연한 고기. ②과실 같은 것의 껍질 속에 든 부드러운 물질.

살² ①벌의 꽁무니에 박혀 있는 침. ②해·별·불 같은 것들의 내뻗치는 기운. 예 햇살. ③'화살'의 준말. 예 살에 맞다.

살³ 나이를 세는 단위. 예 너 지금 몇 살이냐?

살⁴ 창문·부채·갓모·연 등의 뼈대가 되는 나무 오리나 대오리. 예 부채의 살이 부러지다.

〔살⁴〕

살강 그릇 따위를 얹어 놓는 부엌의 선반.

살강 밑에서 숟가락 얻었다〈속〉 횡재한 것 같으나 사실은 물건 임자가 분명하여 헛좋았다.

살갗[—깟] 살가죽의 겉면. 비피부.

살같이[—가치] 화살과 같이 빠르게. 예 살같이 빠른 세월.

살결[—껼] 살갗의 곱고 거친 결. 예 살결이 곱다.

살곶이 다리 서울 성동구 성동교 동편 사근동 낮은 지대에 놓인 돌다리. 지금의 돌다리는 조선 성종 때 건립된 것임.

살구 살구나무의 열매. 처음에는 푸르고, 익으면 누르스름하게 되며 맛이 시큼함.

살구꽃 살구나무에 피는 꽃.

살균(殺菌) 세균 등의 미생물을 죽여 없애는 일. 예 살균제. 비소독. 멸균. —하다.

살균제 세균을 죽이는 데 쓰이는 약품. 석탄산·크레졸·알코올·옥도 정기 따위.

살그머니 남이 모르게 넌지시 행동하는 모양. 예 살그머니 다가서다. 비살며시. 큰슬그머니.

살금살금 몰래 가만히 하는 모양. 예 아무도 모르게 살금살금 걸어갔다. 큰슬금슬금.

살:기다툼 생물들이 서로 살려고 다투는 일. 비생존 경쟁.

살:다(사니, 살아서) ①집을 정하여 먹고 자다. 예 내가 사는 집. ②살림하다. ③목숨을 이어 나가다. 반죽다.

살뜰하다 ①매우 알뜰하다. 예 살뜰한 살림 솜씨. ②사랑하는 마음이 깊고 세밀하나. 예 살뜰하게 보살피다. —히.

살랑 바람이 가벼이 부는 모양. 예 봄바람이 살랑 불다.

살랑살랑 바람이 연달아 살랑 부는 모양. 큰설렁설렁. 센쌀랑쌀랑. —하다.

살래살래 몸의 한 부분을 가볍게 가로 흔드는 모양. 예 고개를 살래살래 흔들다. 큰설레설레. 센쌀래쌀래.

살려 소용이나 쓸모 따위를 있게 하여. 예 취미와 특기를 살려 나갈 수 있는 직업을 선택하다.

살리다 ①죽게 된 것을 살게 하다. ㉮꺼져 가는 불길을 다시 살리다. 핸죽이다. ②잘 이용하다. ㉮아이디어를 살리다.

살림 한 집안을 이루어 살아나가는 일, 또는 그 형편. ㉮살림을 차리다. 살림이 넉넉하다. 비생활. —하다.

살림꾼 살림을 알뜰하게 잘 하는 사람. ㉮수줍던 새색시도 이제 살림꾼이 다 되었군.

살림살이 살림을 차려서 사는 일. —하다.

살:맛 세상을 살아가는 즐거움. ㉮살맛 나는 세상.

살며시 남이 모르게 넌지시 행동하는 모양. ㉮그는 살며시 창문을 열고 밖을 내다보았다. 비살그머니. 큰슬며시.

살무사 몸이 비교적 굵고 등에 검정 점이 있는 독이 있는 뱀.

〔살무사〕

살벌(殺伐) 거동이 거칠고 무시무시함. ㉮살벌한 분위기 때문에 겁이 난다. —하다.

살별 ①빛나는 긴꼬리를 끌고 타원형으로 해의 둘레를 도는 별. 비혜성. ②뚜렷하게 뛰어남을 비유하는 말.

살붙이[—부치] 가까운 혈족. ㉮제 살붙이처럼 아끼고 사랑하다.

살:살 ①가볍게 가만가만히 걷거나 피하거나 문지르는 모양. ㉮살살 다가가서 병아리를 붙잡았다. ②바람이 조금씩 가볍게 부는 모양. ③보드랍게 녹는 모양. ㉮아이스크림이 살살 녹는다. ④남을 달래거나 꾀거나 속이는 모양. 큰슬슬. ⑤넓은 그릇의 물이 천천히 끓는 모양. ⑥온돌방이 고루 뭉근하게 더운 모양. 큰설설.

살상(殺傷)[—쌍] 죽이거나 상처를 냄. ㉮이번 사고로 많은 살상자가 났다. —하다.

살생(殺生)[—쌩] 사람이나 짐승 등의 생물을 죽임. ㉮함부로 살생함은 좋지 않다. —하다.

살생 유:택(殺生有擇) 화랑도의 세속 오계의 하나. 살아 있는 것을 함부로 죽이지 아니함.

살수[—쑤] '청천강'의 옛 이름.

살수 대:첩(薩水大捷) 고구려의 을지문덕 장군이 수나라 양제가 이끌고 쳐들어온 대군을 살수에서 크게 쳐부순 승리.

살신 성인(殺身成仁)[살씬—] 옳은 일을 위해 자기 몸을 희생함. ㉮살신 성인의 정신. —하다.

살아가다 ①목숨을 이어 나가다. ②살림을 해 나가다. ㉮적은 수입으로 근근이 살아가다.

살아나다 ①죽게 되었다가 다시 살게 되다. 비소생하다. ②불이 꺼지려다 다시 일어나다. ③어려운 지경을 벗어나다.

살아 생전 이 세상에 살아 있는 동안. ㉮살아 생전에 효도하다.

살얼음 얇게 언 얼음.

살얼음판[사러름—] ①살얼음이 언 얼음판. ②큰 변이 날 듯이 아슬아슬하게 위태로운 고비의 비유. ㉮살얼음판 같은 형세.

살육전 사람을 마구 죽이는 싸움.

살을 에:다 살을 베어 내다. ㉮창문을 여니까 살을 에는 듯한 바람이 들어온다.

-**살이** '어떤 방식으로 살아가는 생활'의 뜻을 나타내는 말. 예 종살이. 옥살이.

살인(殺人)[사린] 사람을 죽임. 예 살인 사건. —하다.

살지다 ①몸에 살이 많다. 예 살진 돼지. ②땅이 기름지다.

살짝 ①남이 모르는 사이에 재빠르게. 예 살짝 방문을 열다. ②힘들이지 않고 능숙하게. 큰 슬쩍.

살찌다 몸에 살이 많아지다. 반 야위다.

살찌우다 몸에 살이 많아지게 하다. 예 가축을 살찌우다.

살충(殺蟲) 벌레를 죽임. 예 살충제. 비 제충. —하다.

살충제 농작물 등에 해가 되는 벌레를 죽이거나 없애는 약품.

살코기 기름·힘줄·뼈 등을 가려 낸 살로만 된 고기.

살쾡이 산과 들에 사는 고양잇과의 산짐승. 몸빛은 회색 바탕에 머리와 등에 검붉은 무늬가 있으며 성질이 사나워서 꿩·닭 따위를 잡아먹음.

살:판나다 좋은 일이 생겨 기를 펴고 살 수 있게 되다. 예 놀이터에 오니까 애들이 살판났다.

살펴보다 마음을 쏟아 자세히 주의하여 보다. 예 주위를 살펴보다. 본 살피어 보다.

살포(撒布) 뿌림. 예 과수원에 농약을 살포하다. —하다.

살포시 매우 가볍게. 살며시. 예 살포시 눈을 감다.

살풀이[-푸리] 좋지 않은 일을 피하려고 하는 굿. —하다.

살풍경(殺風景) ①살기를 띤 무시무시한 광경. ②풍경이 아주 보잘것 없음. —스럽다. —하다.

살피다 ①조심하여 자세히 보다. 예 눈치를 살피다. ②어떤 현상을 관찰하거나 미루어 헤아리다. 예 동정을 살펴라.

살해(殺害) 남의 생명을 해침. 곧 죽임. 예 살해범. —하다.

삵[삭] '살쾡이'의 준말.

삶:[삼] ①살아 있음. ②살아가는 일. 예 인간다운 삶을 살다. 반 죽음. ③목숨. 생명.

삶:다[삼따] ①물건을 물에 넣고 끓이어 무르게 만들다. 예 감자를 삶다. ②말을 잘 듣도록 일러두다. 예 잘 구워삶다.

삼¹ 껍질의 섬유로 삼베 따위를 짜는 한해살이풀.

삼²(蔘) 인삼과 산삼을 통틀어 이르는 말.

삼가 삼가는 마음으로. 예 삼가 글월을 올립니다.

삼가다 ①말이나 행동을 조심하다. 예 남의 말을 삼가고 자기 일이나 충실히 하여라. ②경계하여 꺼리다. 예 술을 삼가다.

삼각모 명주로 된 검은 모자. 유럽 지방에서 의식 때 씀.

삼각뿔 밑면이 삼삭형인 각뿔.

삼각산(三角山) 서울의 북쪽, 경기도 고양시에 있는 산. 북한산의 딴 이름.

삼각자 세모난 자.

삼각주 모래와 흙이 물에 밀려 강어귀에 쌓여서 이루어진 삼각형의 모래톱.

삼각주 평야 삼각주가 발달하여 이루어진 퇴적 평야의 한 가지. 나일 강, 미시시피 강, 황하 등에서 볼 수 있음.

삼각 플라스크 밑면이 평평하고 목이 좁은 원뿔 모양의 실험용 플라스크.

삼각형(三角形) 세 개의 직선이 세모를 이룬 형상. 비 세모꼴.

삼간 초가(三間草家) 세 칸밖에 안 되는 초가라는 뜻으로, 썩 작은 집. 초가 삼간.

삼강(三綱) 임금과 신하, 아버지와 아들, 남편과 아내 사이에 마땅히 지켜야 할 도리.

삼강행실도 조선 시대 군신·부자·부부의 도리에 모범이 될 만한 충신·효자·열녀 등에 관한 전기를 모아 엮은 책.

삼거리 세 갈래가 난 길.

삼겹살 비계가 안팎으로 붙은 돼지고기.

삼경(三更) 하룻밤을 다섯으로 나눈 셋째 때. 밤 11시~1시.

삼고 초려(三顧草廬) 중국의 유비가 제갈공명의 집을 세 번 찾아가 맞아들인 일에서 나온 말로, 훌륭한 인재를 맞아들이기 위해 여러 번 찾아가서 예를 다하는 일.

삼관왕(三冠王) 운동 경기에서 세 부문에 걸쳐 우승한 사람. 예 육상에서 삼관왕을 차지하다.

삼구의 태양을 중심으로 한 지구·달의 공전 관계를 실험할 수 있게 만든 기구.

삼국(三國) 고구려·백제·신라의 세 나라.

삼국사기 고려 인종 때(1145) 김부식 등이 왕명을 받아 지은, 지금까지 남아 있는 가장 오래된 우리 나라 역사책.

삼국 시대 우리 나라 역사에서 신라·백제·고구려의 세 나라로 갈라져 싸우던 시대.

삼국유사 고려 충렬왕 때의 중 일연이 지은 단군·고구려·백제·신라 등의 사적을 적은 역사책. 특히 단군 신화에 대한 내용과 불교에 관한 이야기·전설·설화·시가 등이 풍부히 수록되어 있음.

삼국지(三國志) ①중국 삼국 시대의 역사를 기록한 책. 진나라의 진수가 수집 기록함. ②나관중이 지은 역사 소설. 촉나라 유비·관우·장비가 활약한 사적을 소설로 쓴 것. 본 삼국지 연의.

삼군(三軍) ①육·해·공군. 예 삼군을 호령하다. ②군대의 중군·좌익·우익을 일컫는 말. ③전체의 군대.

삼권(三權)[-꿘] 통치권의 세 가지로, 곧 입법·사법·행정. 예 삼권 분립.

삼권 분립 제:도[삼꿘불-] 국가의 권력을 입법·사법·행정의 삼권으로 나누어, 서로 침범하지 못하게 견제함으로써 권력의 균형을 유지하려는 정치 제도. 민주 국가에서 많이 채택하는 제도임.

삼남(三南) 삼남 지방.

삼남 지방 전라 남북도·경상 남북도·충청 남북도를 합쳐서 부르는 말.

삼년상(三年喪) 돌아가신 부모의 상을 당하여 삼 년 동안 기리는 일. 삼년 초토.

삼:다^1[-따] ①짚신을 만들다. 예 짚신을 삼다. ②인연을 맺다. 예 벗을 삼다. ③무엇을 무엇으로 여기다. 예 실패를 성공의 어머니로 삼다.

삼다^2(三多) 글짓기 공부에 필요한 세 가지. 곧 많이 읽고, 많이 짓고, 많이 생각함.

삼다도(三多島) 여자·돌·바람이 많은 섬이라는 뜻으로, 제주도를 가리키는 말.
삼대¹[—때] 삼의 줄기.
삼대²(三代) 아버지와 아들과 손자의 세 대.
삼대목(三代目) 신라 진성 여왕 2년(888)에 위홍과 대구 화상이 왕명으로 지은 향가집. 현재 전하지 아니함.
삼대양(三大洋) 태평양·대서양·인도양의 세 바다.
삼도(三道) ①부모에 대한 세 가지 효도. 곧, 부모를 잘 모시고, 돌아가셨을 때에 언행을 삼가며, 돌아가신 후에 제사를 받드는 일. ②충청도·전라도·경상도의 3도.
삼도 수군 통:제사 조선 시대의 벼슬 이름. 요즈음의 해군 사령관과 비슷한 직책.
삼등분(三等分) 셋으로 똑같이 나눔. ⑩떡을 삼등분하다. —하다.
삼라 만:상(森羅萬象)[삼나—] 우주에 있는 모든 사물과 현상.
삼랑성(三郞城)[—낭성] 인천 광역시 강화군 정족산에 있는 옛 성. 전설에 의하면 단군이 세 아들에게 쌓게 하였다 함. 성내에 전등사가 있음. 정족 산성.
삼루(三壘)[—누] 야구에서 이루(세컨드)와 본루(홈) 사이의 누.
삼루수 야구에서 삼루를 지키는 선수.
삼루타 야구에서 타자가 삼루까지 갈 수 있는 안타.
삼류(三流)[—뉴] 어떤 부류에 있어서 가장 낮은 층. ⑩삼류 기업.
삼림(森林)[—님] 나무가 많이 난 곳. 비숲.
삼림욕 숲 속에 들어가 거닐면서 맑은 공기를 쐬는 일.

삼림 지대 나무가 많이 우거져 있는 지역.
삼매(三昧) 한 가지에만 마음을 집중시켜 마음이 흔들리지 않는 경지. ⑩독서 삼매에 빠지다.
삼면(三面) 세 방면.
삼무도(三無島) 도둑·거지·대문이 없는 섬이라는 뜻으로, 제주도를 일컫는 말.
삼민주의(三民主義) 중국의 쑨 원이 주장한, 중국 민주주의 혁명의 3대 정치 이론. 민족주의, 민권주의, 민생주의.
삼박자(三拍子) 음악에서 3박이 한 단위가 되는 박자.
삼발이 철로 만든 둥근 테에 발을 세 개 붙여서 설 수 있도록 되어 있는 기구. 과학 실험에서 알코올 램프로 가열할 때 플라스크나 증발 접시 등을 받쳐 놓는 데 씀.

[삼발이]

삼밭 삼을 심어 가꾸는 밭.
삼백예순날 일 년 내내. 변함없이 언제나. ⑩삼백예순날 마음 편한 날이 없다.
삼베 삼실로 짠 옷감. 준베.
삼별초(三別抄) 고려 고종 때 생긴 특수 조직의 군대. 최우가 조직한 야별초의 좌·우 부대와 신의군을 통틀어 부르는 이름. 몽고와 끝까지 싸울 것을 주장하고 저항하다가 실패하였음.
삼복(三伏) 초복·중복·말복의 세 복. 한창 더운 때. ⑩삼복 더위.
삼부 요인(三府要人) 국회·법원·정부의 중요한 지위에 있는 사람.

삼부 합창

삼부 합창 세 가지 소리에 의한 합창. 예 여성 삼부 합창.

삼분법(三分法)[―뻡] 어떤 것을 세 가지로 나누어 생각하는 법.

삼사(三司) 조선 시대 중앙 관청의 하나인 사헌부·사간원·홍문관을 함께 이르는 말.

삼삼 오:오(三三五五) 사오 명씩 떼를 지은 모양.

삼삼하다 ①조금 싱거운 듯하면서 맛이 있다. 예 찌개가 삼삼하다. ②눈에 어리다. 예 어려서 떠나온 고향 산천이 눈에 삼삼하다. 비 어리다. ―히.

삼생(三生) 과거·현재·미래를 일컬음.

삼성(三省) 하루에 세 번씩 자신이 한 일을 반성함. ―하다.

삼성 육부(三省六部) 고려 시대 나라 일을 맡아 보았던 최고 관청. 3성은 중서성·문하성·상서성, 6부는 이부·호부·예부·병부·형부·공부.

삼세대 가정(三世代家庭) 아버지·아들·손자의 삼대가 함께 사는 집안.

삼세판 '세 판'의 힘줌말.

삼수 갑산(三水甲山) 함경 남도에 있는 삼수와 갑산이 험하고 매우 교통이 불편하여 가기 힘든 곳이라는 뜻에서 온 말로, '몹시 어려운 상황'을 비유하여 이르는 말. 예 삼수 갑산에 갈망정…….

삼시(三時) 아침·점심·저녁의 세 때, 또는 세 끼니.

삼신[1](三辰) 해·달·별(특히 북두칠성)의 세 가지.

삼신[2](三神) ①건국 신화에서의 환인·환웅·환검의 세 신. ②아기를 점지해 주고, 산모와 아기의 건강을 맡아 수호한다는 신령. 삼신할머니.

삼신산(三神山) 중국의 전설에서 동쪽 바다 복판에 있는, 신선이 산다는 세 개의 산.

삼신할머니 =삼신[2].

삼심 제:도 국민의 권리 보호를 위하여 한 사건에 대해, 소송 당사자나 소송 관계인이 재판을 세 번 청구할 수 있는 제도.

삼십 ①서른. ②나이 서른 살.

삼십육계(三十六計)[―뉵께] ①서른여섯 가지 계략. ②일이 불리하거나 곤란할 때에 도망가는 것. 예 삼십육계 줄행랑을 치다.

삼십육계 줄행랑이 제일 〈속〉 어려울 때는 그저 도망치는 것이 제일이다.

삼십팔도선(三十八度線)[―또선] 우리 나라 중부를 횡단하고 있는 북위 38도선. 1945년 8·15 광복 후부터 1953년 7월 휴전 성립 전까지의 남과 북의 정치적 경계선을 이루었음.

삼엄(森嚴) 질서가 바로 서고 무서우리만큼 엄숙함. 예 삼엄한 경비. 반 허술. ―하다. ―히.

삼연패[1](三連敗) 세 번을 연달아 짐. ―하다.

삼연패[2](三連覇) 어떤 경기에서 세 번을 연달아 우승함. 예 코리안 시리즈를 삼연패하다. ―하다.

삼원보 1910년에 서간도에 설치한 해외 독립 운동 기지. 독립 운동의 지도자들이 해외에 한민족의 집단적 거주 지역을 만들어 항일 독립 운동의 거점으로 삼았음.

삼원색(三原色) 다른 어떠한 색을 섞어서도 만들 수 없고, 그 이상

나눌 수도 없는 세 가지 바탕이 되는 색. 빨강·파랑·노랑.

삼월(三月) 일 년 동안에 세 번째 드는 달.

삼위(三位) ①성적 등이 세 번째인 지위. ㉠삼위 입상. ②세 개. ㉠삼위의 불상을 모셔 놓다.

삼위불 세 분의 부처.

삼위 일체(三位一體) ①세 가지 것이 하나로 통일되는 일. ㉠학생·학부모·교사가 삼위 일체가 되다. ②성부·성자·성신이 본래 한몸이라는 생각.

삼은(三隱) 고려 말기의 포은 정몽주, 목은 이색, 야은 길재의 세 사람을 아울러 이르는 말.

삼일(3·1) 운ː동(三一運動) 일본의 속박에서 벗어나 자주 독립을 누리려고 1919년 3월 1일, 서울을 중심으로 전국 방방곡곡에서 만세를 부르며 힘차게 일어났던 독립 운동. 기미 독립 운동.

삼일절(三一節) [―쩔] 3·1 운동을 기념하는 날.

삼일 정신(三一精神) 3·1 운동을 일으킨 우리의 민족 정신. 곧 민족이 한데 뭉치자, 자유를 찾고야 말겠다, 평화를 사랑하자는 고귀한 정신.

삼일 천하(三日天下) 삼일 동안만 천하를 얻음. 곧 아주 짧은 기간 동안 정권을 잡았다가 무너짐을 이름. ㉠김옥균의 삼일 천하.

삼자(三者) ①이야기하는 사람 이외의 사람이나 사물. 제삼자. ②세 사람. ㉠삼자 회담.

삼정(三政) 조선 시대 국가 재정의 3대 요소인 전정·군정·환곡.

삼정승 조선 때 영의정·좌의정·우의정을 아울러 이르는 말.

삼족(三族) ①부모·형제·처자. ②부계·모계·처계. ㉠삼족을 멸할 큰 죄.

삼종 기도(三鐘祈禱) 천주교에서 아침·정오·저녁에 종을 칠 때마다 올리는 기도.

삼종지의(三從之義) 지난날, 여자가 지켜야 했던 도리. 곧 어렸을 때는 아버지를, 시집가서는 남편을, 남편이 죽은 후에는 아들을 좇아야 했던 일. 삼종지덕.

삼주야(三晝夜) 사흘 밤 사흘 낮.

삼중(三重) 세 가지가 겹치는 일. ㉠삼중 충돌. 삼중 결합.

삼중주(三重奏) 세 가지 악기에 의한 합주. ㉠현악 삼중주.

삼중창(三重唱) 소리를 세 부로 나누어 부르는 중창.

삼진(三振) 야구에서, 타자가 스트라이크를 세 번 당하여 아웃이 되는 일. 스트럭 아웃.

삼짇날 [―진날] 음력 삼월 초사흘 날. ㉰삼질.

삼질 '삼짇날'의 준말.

삼차원(三次元) 차원이 셋 있는 것. 일반적으로 가로·세로·높이의 셋의 차원을 사용하여 표현되는 공간을 이르는 말.

삼창(三唱) 세 번 되풀이해서 외침. ㉠만세 삼창. ―하다.

삼채(三彩) 녹색·황색·백색 등 세 가지 빛깔의 유약을 발라 구워 낸 도자기.

삼척 동자(三尺童子) 키가 작은 아이. '철부지 어린아이'를 이르는 말. ㉠삼척 동자도 할 수 있는 일이다.

삼천 궁녀 백제가 망할 때, 왕과 더불어 낙화암에서 뛰어내려 죽었다는 많은 궁녀들.

삼천리(三千里)[―철―] 함경 북도 북쪽 끝에서 제주도의 남쪽 끝까지 3000리 가량 된다고 하여, 우리 나라 땅을 이르는 말. 예삼천리 방방곡곡.

삼천리 금수 강산(三千里錦繡江山) 비단에 수를 놓은 것처럼 아름다운 우리 나라의 강과 산. 곧, 우리 나라의 아름다운 자연을 이르는 말.

삼천지교(三遷之敎) 맹자의 어머니가 아들의 교육을 위하여 집을 세 번이나 옮긴 일. 맹모삼천.

삼촌(三寸) 아버지의 형제.

삼추(三秋) ①가을의 석 달 동안. ②세 해의 가을. 삼 년의 세월. ③긴 세월. 예하루가 삼추 같다.

삼층밥 밥을 서툴게 지어, 타고 설고 해서 삼층을 이루는 밥.

삼치 몸길이가 약 1m 가량으로 갸름하며 등이 새파랗고 배가 흰 바닷물고기. 고기 맛이 좋으며 식용함.

삼키다 ①물건을 목구멍으로 넘기다. 예침을 삼키다. ②감정이나 말 따위를 억지로 참다. 예분노를 삼키다.

삼태기 대나 짚으로 엮어 거름·흙을 담아 나르는 기구.

〔삼태기〕

삼투(滲透) 물질이 막을 통과하여 스며들거나 확산하는 현상. 예삼투압. 삼투 조절. ―하다.

삼파전(三巴戰) 셋이 서로 얽혀 다투거나 겨룸.

삼판 양:승 승부를 결정할 때 세 판에서 두 판을 먼저 이기는 편이 승리하는 일.

삼팔선(三八線) 북위 38도선.

삼포¹(三浦) 조선 세종 때, 왜인들의 청을 받아들여 무역을 할 수 있도록 허가한 부산포·제포·염포 세 항구를 일컫는 말.

삼포²(蔘圃) 인삼을 재배하는 밭. 비삼밭

삼한(三韓) 삼국 시대 이전에 지금의 전라도와 경상도에 있던 세 나라. 즉 마한·진한·변한.

삼한 사:온(三寒四溫) 겨울에 사흘 동안은 춥고 나흘 동안은 따뜻해지는 현상.

삼한 시대 우리 나라 남부에 자리잡고 있던 마한·진한·변한의 세 부족 사회 시대.

삼합사(三合絲) 세 올로 꼰 실.

삼화음(三和音) 어느 음 위에 3도 음정의 음과 5도 음정의 음을 겹쳐서 만든 화음.

삽(鍤) 땅을 파고 흙을 뜨는 데 쓰는 보습 비슷한 기구.

삽교천(揷橋川) 충청 남도 홍성군 장곡면에서 시작하여, 당진·예산·아산을 지나 안성천으로 합쳐 황해도 들어가는 강. 길이 61km.

삽날 흙을 파는 삽의 날.

삽사리[―싸―] =삽살개.

삽살개 몸과 얼굴에 털이 복실복실 많이 나 있는 우리 나라 재래 품종의 개. 천연 기념물 제368호. 삽사리.

삽시간(霎時間) 아주 짧은 시간. 예시꺼먼 비구름이 삽시간에 하늘을 뒤덮었다. 비순식간.

삽입(揷入) 꽂아 넣음. 끼움. ―하다.

삽입구(揷入句) 문장 가운데에 끼워 넣은 구절.

삽질 삽으로 땅을 파거나 흙을 떠 내는 일. —하다.

삽화(插畫) 책 따위 인쇄물 속에 간간이 끼워 넣은 그림.

삿갓 대오리나 갈대로 엮어서 비나 볕을 가리는 데 쓰는 갓.

삿갓구름 산봉우리 꼭대기 부근에 걸리는 삿갓 모양의 구름.

삿대 배를 밀어 갈 때에 사용하는 장대. 상앗대.

삿대질 ①말다툼을 할 때 손가락으로 상대편의 얼굴을 향해 내지르는 짓. [예] 삿대질을 하며 대들다. ②'상앗대질'의 준말. —하다.

상:[1](上) ①위. [예] 천상(天上). [반] 하. ②꼭대기.

상[2](床) 소반·책상 따위.

상[3](喪) ①친족의 죽음, 또는 죽음을 추도하는 예. ②'초상'의 준말. [예] 상을 당하다.

상[4](想) 작품을 제작하는 작자의 생각. [예] 시골길을 걷다가 좋은 상이 갑자기 떠올랐다.

상[5](像) 빛의 반사 또는 굴절로 인해 생기는 물체의 형상. 실상과 허상이 있음.

상[6](賞) 잘한 일을 칭찬하여 주는 물건. [예] 일등상. [반] 벌.

상가[1](商街) 상점이 죽 늘어서 있는 거리. [예] 지하 상가.

상가[2](喪家) 초상난 집. 초상집. [예] 상가에서 밤을 세우다.

상:감[1](上監) 임금을 높이어 일컫는 말. [예] 상감 마마.

상감[2](象嵌) 재료 표면을 파고 다른 재료를 채워 넣는 장식법.

상감 청자 도자기의 겉면에 새·과일·꽃 등의 무늬를 새기어 그 속에 자개 따위의 장식을 박아 넣고 청자유를 발라 구워 낸 자기.

상거(相距) 서로 떨어진 거리. 서로 거리가 떨어져 있음. —하다.

상거래(商去來) 상업상의 거래. [예] 상거래를 트다.

상:거지 말할 수 없을 만큼 불쌍한 거지. [예] 거지 중의 상거지.

상:경(上京) 시골에서 서울로 올라옴. [예] 아무 계획 없이 무작정 상경하다. —하다.

상:고[1](上古) 먼 옛날. [예] 상고 시대. [반] 근고.

상:고[2](上告) 재판의 판결에 불만이 있을 때, 상급 재판소에 그 변경을 요구하는 일. [예] 고등 법원에 상고하다. —하다.

상고머리 뒷머리를 치올려 깎은 머리.

상:고 시대(上古時代) 역사 시대로서 가장 오래 된 시대.

상:공(上空) ①높은 하늘. [예] 상공을 유유히 나는 매. ②어떤 지역에서 수직되는 공중.

상공업(商工業) 상업과 공업.

상:관(上官) 어떤 사람보다 높은 자리에 있는 사람. [예] 상관의 훈계를 듣다. [반] 부하.

상관없다(相關—) ①서로 관련 없다. ②괜찮다. 염려할 것 없다. [예] 좀 늦어도 상관없다. —이.

상관하다 서로 관계나 관련을 맺다. [예] 네가 상관할 일이 아니다.

상:권[1](上卷) 두 권이나 또는 세 권으로 가른 책의 첫째 권.

상권[2](商圈)[—꿘] ①상업이 주로 이루어지는 지역. [예] 상권을 넓히다. ②상업상의 세력권.

상극(相剋) 두 사람 또는 사물이 서로 맞지 않거나 마주치면 서로 충돌하는 상태임을 이르는 말. [예] 두 사람은 성격이 서로 상극이다.

ㅅ

상금(賞金) 상으로 주는 돈.
상급(賞給) 상으로 줌. —하다.
상:급생(上級生) 학년이 높은 학생. 예새 학기에는 상급생이 된다. 閉하급생.
상:기¹(上氣) 흥분이나 수치감으로 얼굴이 붉어짐. 예상기된 얼굴을 감추지 못하다. —하다.
상:기²(想起) 전에 있었던 일을 다시 생각해 냄. 예지난 일을 상기하다. —하다.
상냥하다 성격이 싹싹하고 다정하다. 예어머니는 언제나 상냥하고 정다운 말씨로 나에게 타이르신다. 閉무뚝뚝하다. —히.
상:념(想念) 마음 속에 떠오르는 생각. 예깊은 상념에 잠기다.
상놈(常—) 지난날, 신분이 낮은 남자를 낮춰 이르던 말. 閉양반. 쎈쌍놈.
상:늙은이 여러 늙은이 중에 가장 나이가 많은 늙은이. 閉상노인.
상담(相談) 어떤 일을 서로 의논함. 예진학에 대하여 상담을 하다. 閉상의. —하다.
상담소(相談所) 어떤 일에 관해 묻고 의논할 수 있도록 설치된 사회 시설. 예법률 상담소. 결혼 상담소. 직업 상담소.
상당수 어지간히 많은 수. 예상당수의 학생이 열심히 공부한다.
상당하다(相當—) ①꼭 맞다. ②어울리다. 비슷하다. ③뛰어나다. 예상당한 재력가. —히.
상대(相對) ①서로 마주 대하고 있음. 예말 상대. ②서로 관계가 있음. ③상대자의 준말. 예상대가 너무 강하다. 閉대상. —하다.
상대방 맞은편. 상대가 되는 쪽이

나 사람. 閉상대편.
상대 습도 현재 공기 속에 있는 실제 수증기의 양과 그 온도의 포화 수증기의 양과의 비율. 閉절대 습도.
상대역 연극·영화 등에서 어떤 역의 상대가 되는 역. 예주인공의 상대역을 맡다.
상대 오:차 오차의 한계의 측정값에 대한 비율. 閉절대 오차.
상대자 서로 마주 대하고 있는 사람. 예마땅한 결혼 상대자가 없다. 圊상대.
상대편 서로 마주 대하고 있는 쪽. 閉상대방.
상도의(商道義) 상업상 지켜야 할 도의. 예상도의에 어긋난 일. 閉상도덕.
상동(相同) 서로 같음. —하다.
상:등병(上等兵) 군인 계급의 한 가지. 일등병의 위, 병장의 아래. 圊상병.
상례(喪禮)[—네] 상중에 행하는 모든 예절.
상록수(常綠樹)[—녹쑤] 소나무·잣나무처럼 잎이 사철 푸른 나무. 閉늘푸른나무. 閉낙엽수.
상:류(上流)[—뉴] 강물이 흘러내리는 근원이 되는 부분. 예상류로 거슬러 올라가다. 閉하류.
상:륙(上陸)[—뉴] 바다에서 뭍으로 올라옴. 물에서 땅에 오름. 예인천 상륙 작전. 閉등륙. —하다.
상면(相面) 서로 대면함. 예상면해서 이야기하다. —하다.
상:명(上命) 위에서 내리는 명령.
상모¹(相貌·狀貌) 얼굴의 생김새. 閉용모.
상모²(象毛) 벙거지의 꼭대기에다

참대와 구슬로 꾸미고 그 끝에 백로의 털이나 긴 종이를 오려 붙인 것. 예 상모돌리기의 일인자.

상민(常民) 지난날의 평민으로 상업·공업·농업·수공업 등에 종사하던 계급. 비상인. 반양반.

상:반¹(上半) 아래위로 절반 나눈 것 중 위쪽 부분. 예 상반부. 반하반.

상반²(相反) 서로 반대됨. 서로 어긋남. 예 상반된 의견. —하다.

상:반신(上半身) 사람 몸에서 허리 위의 부분. 비상체. 반하반신.

상벌(賞罰) 잘하는 것을 칭찬하고 잘못하는 것을 벌주는 일. 예 상벌을 엄격히 하다. —하다.

상법(商法)[一뻡] 상업에 관한 권리 관계를 규정한 법률.

상병(傷兵) 부상당한 병사.

상보¹(床褓)[一뽀] ① 음식상을 덮는 보자기. 예 예쁘게 수놓은 상보. ② 상 아래를 가리는 헝겊.

상보²(詳報) 자세하게 보고함, 또는 그러한 보고. —하다.

상 보 다 음식 상을 차리다. 예 지금 상보는 중이다.

상 복¹(常服) 보통 때에 입는 옷.

상 복²(喪服) 상중에 입는 예복.

상:봉(上峯) 가장 높은 산봉우리. 예 백두산 상봉에 오르다.

〔상 복²〕

상봉하다(相逢—) 서로 만나다. 예 이산 가족이 상봉하다. 반이별하다. 작별하다.

상부 상조(相扶相助) 서로서로 도움. 예 상부 상조하며 살아가다. —하다.

상비약(常備藥) 병원이나 가정 등에서 언제든지 쓸 수 있도록 항상 마련해 두는 약. 예 가정 상비약.

상:사(上司) 자기보다 더 높은 사람. 윗사람. 예 상사의 명령.

상:상(想像) ① 어떠한 일을 미루어 생각함. 예 내가 자는 모습을 상상해 보아라. 비짐작. 추측. ② 새로운 일을 꾸미어 생각함. 비공상. —하다.

상상도 할 수 없:다 생각조차 할 수 없다. 어떻다고 짐작할 수도 없다. 예 상상도 할 수 없는 일이 벌어지다.

상:상력(想像力)[一녁] 마음 속에 그리며 미루어 생각하는 능력. 예 뛰어난 상상력.

상:상봉(上上峯) 여러 봉우리 가운데 가장 높은 봉우리.

상:상조차 상상할 수도. 예 그런 일이 벌어질 줄은 상상조차 못했다.

상:서(上書) 웃어른에게 편지할 때 쓰는 말로 글을 올린다는 뜻, 또는 그 글. 예 아버님 전 상서. 반하서. —하다.

상서롭다(祥瑞—)[一따][상서로우니, 상서로워서/상서로이] 복스럽고 길한 징조가 있는 듯하다. 예 상서로운 기운.

상:석¹(上席) 높은 사람이 앉는 위의 자리. 반말석.

상석²(象石) 능·원 따위에 사람이나 짐승의 모양으로 만들어 세우는 돌.

상선(商船) 장사를 하러 다니는 배. 무역선, 화물선 따위.

상설(常設) 항상 마련하여 둠, 또

는 그 시설이나 설비. [예] 상설 기관. 상설 시장. ―하다.

상세하다(詳細―) 자세하다. 세밀하다. [예] 상세히 설명해라. ―히.

상:소[1](上疏) 임금에게 글을 올림, 또는 그 글. [예] 상소문. [비] 진소. ―하다.

상:소[2](上訴) 법원의 판결·명령·결정 등에 복종하지 않고, 상급 법원에 재심사를 청구하는 일. ―하다.

상소리(常―)[―쏘리] 상스러운 말. 상스러운 소리. [센] 쌍소리.

상:소문(上疏文) 임금에게 올리던 글. 상소하는 글.

상속(相續) 재산·권리·의무 따위를 이어받음. [예] 상속세. ―하다.

상쇄(相殺) 양편의 셈을 서로 비김. ―하다.

상:쇠(上―) 농악대에서 꽹과리를 가장 잘 치는 사람으로 농악대 전체를 지휘하는 사람.

상:쇠놀음 농악을 연주할 때 상쇠가 꽹과리를 치며 전립에 단 끈을 앞뒤 좌우로 흔들어 돌리거나 재주를 부리고 춤을 추는 등의 흥겨운 짓거리.

상수(常數) 정해진 수량. 변하지 않는 수. [반] 변수.

상:수도(上水道) 먹는 물이나 공업에 쓰는 물을 철관 따위를 통하여 대어 주는 설비. [반] 하수도.

상:수리 상수리나무의 열매. 도토리와 비슷함.

상:수리나무 참나뭇과의 갈잎 큰키나무. 묵을 만들어 먹는 상수리가 열림.

상:수원(上水源) 상수도에 보내지는 물의 근원지.

상수항(常數項) 어느 관계식에서 문자를 가지지 않는 항. 관계식 $y=2x+10$에서 10이 상수항에 해당함.

상:순(上旬) 초하루부터 초열흘까지의 사이. [반] 하순.

상:술[1](上述) 앞부분에서 말함. [예] 상술한 바와 같다. ―하다.

상술[2](商術) 장사하는 솜씨. [예] 상술이 좋아 많은 돈을 벌다.

상스럽다(常―)〔상스러우니, 상스러워/상스러이〕 말이나 하는 짓이 야하고 천하다. [예] 상스러운 행동. [센] 쌍스럽다.

상습(常習) 항상 하는 버릇. [예] 거짓말을 상습적으로 하다.

상:승(上昇) 위로 올라감. [예] 물가 상승. [반] 하강. 하락. ―하다.

상승 작용(相乘作用) 여러 가지가 동시에 작용하여 더 큰 효과를 나타내는 작용.

상:식[1](上食) 초상집에서 아침 저녁으로 위패를 모셔 놓은 상에 드리는 음식. [예] 상식을 올리다.

상식[2](常識) 누구나 가질 수 있는 보통 지식. [예] 일반 상식.

상실(喪失) 잃어버림. [예] 기억 상실. 자격 상실. ―하다.

상심(傷心) 마음이 상함. 걱정을 함. [예] 대학에 떨어져 상심이 크다. ―하다.

상아(象牙) 코끼리의 앞니.

상아탑(象牙塔) ①학자의 연구실. ②속된 세상을 떠나 고요히 학문 연구에 몰두하려는 경지.

상앗대 =삿대.

상앗대질 상앗대로 배를 움직이게 하는 일. [준] 삿대질. ―하다.

상약(相約) 서로 약속함, 또는 그 약속. ―하다.

상어 몸은 둥근 송곳 모양이고 꼬

ㅅ

리가 뾰족하며, 살갗이 깔깔한 바닷물고기로 성질이 포악함.
상업(商業) 상품을 사고 팔아 이익을 얻는 영업.
상업 도시 상업으로 번영하고 발전하는 도시.
상여¹(喪輿) 송장을 묘까지 나르는 제구.

〔상 여¹〕

상여²(賞輿) 회사 등에서 사원들에게 급료 이외에 특별히 수고의 대가로 금전을 줌, 또는 그 돈. ―하다.
상여금(賞輿金) 상여로 주는 돈. 보너스. ⓔ연말 상여금.
상:연(上演) 연극을 무대에서 나타내 보임. ⓔ연극을 상연하다. ―하다.
상엿소리[―여쏘리] 상여를 메고 갈 때 상여꾼들이 부르는 슬픈 소리.
상:영(上映) 영화관에서 영화를 보여 줌. ⓔ상영 시간이 지났다. ―하다.
상:오(上午) 밤 12시부터 낮 12시까지의 동안, 또는 아침부터 점심 때까지의 사이. 오전. ⓑ하오.
상용(常用) 늘 씀. 일상적으로 사용함. ⓔ두통약을 상용하다. ―하다.
상용어 일상 생활에서 항상 쓰는 말. ⓔ영어를 상용어로 하다.
상:원사 동종(上院寺銅鐘) 오대산 상원사에 있는 범종. 신라 성덕왕 24년(725)에 만듦. 우리 나라에서 가장 오래되었음. 국보 36호.

상:위(上位) 높은 지위. ⓑ하위.
상:위권 위쪽에 속하는 범위. ⓔ성적이 상위권에 속한다.
상응(相應) 서로 맞음. 알맞음. ⓔ직위에 상응한 대우. ―하다.
상의(相議) 서로 의논함. ⓔ진로 문제를 부모님과 상의하는 것이 좋겠다. ―하다.
상이 군인(傷痍軍人) 전쟁에서 몸을 다친 군인. ⓑ부상병.
상인(商人) 장사하는 사람. ⓑ장수.
상임(常任) 일정한 직무를 늘 계속하여 맡음, 또는 맡은 사람. ⓔ상임 지휘자. ―하다.
상임 위원회 ①항상 일정한 임무를 담당하는 위원회. ②국회에서 의원을 각 전문 분야별로 나누어 배치한 위원회.
상자(箱子) 나무나 두꺼운 종이 따위로 만들어 물건을 넣게 된 그릇. ⓑ통.
상자모 비닐 하우스 안에서 상자에 심어 기르는 모.
상장(賞狀)[―짱] 상으로 주는 증서. ⓔ우등상장.
상전의 빨레에 종의 발뒤축이 희다〈속〉 남의 일을 하여 주면 그만한 소득이 있다.
상점(商店) 물건을 파는 가게. ⓔ상점을 열다. ⓑ점포.
상제(喪制) ①부모나 장손으로, 조부모의 상중에 있는 사람. ②상례에 관한 제도. 상중의 복제.
상조(相助) 서로 도움. ⓔ상부 상조. ―하다.
상종하다(相從―) 서로 친하게 지내다. ⓔ그런 소인배와 상종하지 말아라. ⓑ교제하다.
상주¹(尙州) 경상 북도에 위치한

시로, 명주가 예로부터 유명함.
상주²(常住) 한 곳에서 늘 살고 있음. 항상 머무름. ⓔ상주 인구. —하다.
상주³(喪主) 상제 중에서 장례의 중심이 되는 사람. 대게 죽은 사람의 맏아들이나 맏손주.
상주 보고 제삿날 다툰다⟨속⟩ 정확히 아는 사람에게 도리어 자기의 틀린 것을 고집한다.
상주 인구 한 지역에 죽 살고 있는 인구. 잠시 머무르는 사람은 제외하고, 일시적으로 떠나 있는 사람은 포함함.
상징(象徵) 눈에 보이지 않는 내용을 어떤 한 물건이나 일을 통해서 나타내는 일. ⓔ무궁화는 우리 겨레의 상징이다. —하다.
상처(傷處) 몸을 다친 곳.
상청(常靑) 늘 푸름. —하다.
상:체(上體) 몸의 윗부분. ⓑ상반신. ⓟ하체.
상추 엉거싯과의 한해살이 또는 두해살이 풀. 높이 1m 가량이며 초여름에 담황색 꽃이 핌.
상춘(賞春) 봄 경치를 구경하며 즐김. —하다.
상:층(上層—) ①위의 층. ②위의 계급 ⓟ하층.
상치되다(相値—) 두 가지 일이 공교롭게 마주치다.
상:쾌하다(爽快—) 속이 시원하고 기분이 좋다. ⓔ상쾌한 아침. ⓟ불쾌하다. —히.
상태(狀態) 사물이 처해 있는 현재의 모양이나 되어 가는 형편. ⓔ건강 상태가 좋다.
상통(相通) ①서로 막힘 없이 길이 트임. ②서로 공통됨. ⓔ생각이 서로 상통되다. ③서로 마음과 뜻이 통함. —하다.
상투¹ 지난날, 우리 나라 성인 남자의 전형적 머리 모양. ⓔ상투를 틀다. ⓑ상두.

〔상 투¹〕

상투²(常套) 예사로 하는 말투나 버릇. ⓔ상투 수단.
상패(賞牌) 상으로 주는 패.
상:편(上篇) 두 편 또는 세 편으로 된 책의 첫째 편. ⓟ하편.
상평창(常平倉) 고려 성종 때의 물가 조절 기관. 가을에 곡식을 사들였다가 봄에 싼값으로 팔았음.
상평통보(常平通寶) 조선 후기 숙종 때에 만든 엽전의 이름.
상표(商標) 다른 상품과 구별하기 위해 자기 상품에 붙이는 고유의 표지. 브랜드. 트레이드마크.
상표권[—꿘](登錄된 상표를 독점적으로 사용할 수 있는 권리.
상품¹(商品) 팔고 사는 물건.
상품²(賞品) 상으로 주는 물건.
상품권(商品券) 상점에서 발행하는 상품 교환권. ⓔ도서 상품권.
상품화 팔 수 있는 물건이 되게 함. —하다.
상:피(上皮) 외면을 덮은 가죽.
상:하(上下) ①위와 아래. ②윗사람과 아랫사람. ③높고 낮음.
상:하권(上下卷) 두 권으로 된 책의 상권과 하권.
상:하 노:소(上下老少) 윗사람·아랫사람·늙은이·젊은이. 곧 모든 사람.
상하다(傷—) ①다치다. ②썩다. ⓔ상한 음식을 조심해라. ③근심

으로 마음이 언짢게 되다. 예속이 상하다. ④여위다.
상:하수도 상수도와 하수도.
상하이(중 上海) 중국의 양쯔 강 어귀에 있는 중국 최대의 무역항이며 공업 도시.
상:하이 임시 정부(上海臨時政府) 대한 민국 임시 정부.
상:한(上限) 위쪽의 한계. 예상한가. 반하한.
상:한선(上限線) 더 이상 올라갈 수 없는 한계선. 반하한선.
상항(商港) 상선이 드나들고 여객이 오르내리며 화물을 싣고 풀 수 있는 항구. 비무역항.
상해¹(傷害) 남의 몸에 상처를 내어서 해를 입힘. 예상해 치사 사건. —하다.
상해²(詳解) 자세하고 알기 쉽게 풀이함. —하다.
상:향(上向) ①상태가 좋아져 감. ②물가가 오름. ③위를 향함. 반하향. —하다.
상:현달(上弦―)[―딸] 달의 오른쪽 반이 빛나 보이는 상태의 반달. 음력 7~8일의 달. 반하현달.
상형 문자(象形文字)[―짜] 물체의 모양을 본떠 만든 글자. 한자의 일부와 고대 이집트 문자.
상호¹(相互) 서로서로. 피차가 서로. 예상호 계약. 비호상.
상호²(商號) 상점이나 회사의 이름. 예상호를 새롭게 바꾸다.
상호 신:용 금고(相互信用金庫) 서민 금융 회사의 하나. 상호 신용계·신용 부금·소액 신용 대출·어음 할인 등을 맡아 봄.
상환¹(相換) 서로 교환함. 예현금과 상환하다. —하다.
상환²(償還) 빚을 갚음. 예외상을 상환하다. —하다.

상황(狀況) 일이 되어 가는 형편이나 모양. 예상황 보고.
상회 ①상점에 쓰이는 칭호. ②몇 사람이 모여 장사하는 회사.
샅 두 다리 사이. 사타구니.
샅바 씨름할 때 다리에 걸어서 상대편의 손잡이로 쓰는 헝겊.
샅샅이[삳싸치] ①빈틈없이 모조리. ②틈이 있는 곳마다.
새¹ 낡지 않은. 새로운. 예새 옷.
새:² 날짐승의 총칭.
새:³ '사이'의 준말.
새⁴ 산에 있는 갈대 비슷한 풀. 띠·억새 등의 총칭.
새-⁵ 빛깔이 매우 짙고 산뜻함을 나타내는 말. 예새빨갛다.
새겨듣다 자세히 뜻을 풀어 가면서 듣다. 예선생님의 말씀을 새겨듣다.
새경 지난날, 농촌에서 주인이 머슴에게 주던 곡물이나 돈.
새근거리다 ①화가 치밀거나 배부를 때 계속 가쁜 숨을 쉬다. ②뼈마디가 자꾸 시다. ③어린아이가 곤히 잠들어 조용히 숨을 쉬다.
새근새근 연이어 새근거리는 모양. 예아기가 새근새근 잠자다. 큰시근시근. 센쌔근쌔근. —하다.
새기다 ①글자나 그림의 형상을 파다. 예도장을 새기다. ②마음에 깊이 기억하다. 명심하다. 예뜻을 새기다.
새김질 일단 삼킨 음식물을 도로 입 속으로 내보내어 다시 씹어먹는 일. —하다.
새까맣다 ①아주 까맣다. ②멀어서 앞이 아득하다. ③아는 것이 전혀 없거나 전혀 기억이 나지 않는다. 예새까맣게 잊어버렸다.

새까매지다 새까맣게 되다. 예 햇볕에 타서 살갗이 새까매지다. 큰 시꺼메지다. 거 새카매지다.

새 까먹은 소리 〈속〉 근거 없는 말을 듣고 잘못 옮긴 헛소문.

새끼[1] 짚으로 꼰 줄. 새끼줄. 예 새끼를 꼬다.

새끼[2] ①짐승의 어린것. ②'자식'의 낮은말.

새끼손가락 다섯 손가락 중 가장 작은 손가락.

새끼줄 =새끼[1].

새끼치다 새끼를 낳거나 알을 까서 번식하다.

새:나다 비밀이 밖으로 드러나다. 새다. 예 회사 비밀이 새나다.

새날 ①새로 밝아 오는 날. ②새로운 시대. 예 새날을 맞는 기쁨.

새는 앉는 곳마다 깃이 떨어진다 〈속〉 자주 이사를 하거나 직장을 자주 옮기면 좋지 않다.

새:다 ①틈에서 흘러 나오다. ②비밀이 드러나다. ③날이 밝다. 예 날이 새다. 비 밝다.

새:다 ①날이 밝아 오다. ②틈으로 조금씩 흘러 나오다.

세:다 ①수효를 헤아리다. ②힘이 많다. ③심지가 굳다. ④머리털이 희어지다.

새달 이 달 다음에 오는 달. 예 새달 보름에 보자.

새:둥지 짚 같은 것으로 바구니 비슷하게 엮어 만든 새의 보금자리로 알을 낳고 새끼를 키움.

새로 '새로이'의 준말. 예 새로 산 가방.

새록새록 뜻밖의 일이 잇달아 새로 생기는 모양. 예 새록새록 보고 싶은 마음이 생긴다.

새롭다〔새로우니, 새로워/새로이〕 ①본디의 새것인 상태로 있다. 예 새로운 책. 반 낡다. ②지금까지 있은 일이 없다. 예 새로운 시도.

새마을 금고 자금의 조성 및 지역민의 경제적·사회적 지위 향상과 지역 개발 등을 목적으로 한, 이익을 꾀하지 않는 금융 기관.

새마을 운:동 마을 사람들이 힘을 합하여 살기 좋은 마을을 이룩하자는 운동. 자조·협동·근면을 내걸고 70년대에 시작됨.

새만금 지구 2000년대의 산업화와 인구 증가에 대비하여 만경강과 동진강 하구, 변산 반도를 연결하는 33km의 둑을 쌓아 만들 국내 최대의 간척지.

새:매 몸이 날쌔어서 새를 잘 잡는 매의 한 가지.

새발의 피〈속〉 분량이 너무 모자라 쓸모가 거의 없다.

새벽[1] ①날이 막 밝았을 때. ②밝을녘. 새벽녘.

새벽[2] 누른빛의 차진 흙에 고운 모래와 말똥을 섞어서 벽이나 방바닥에 바르는 흙.

새벽같이 아침 일찍이. 예 새벽같이 일어나 운동을 하다.

새벽녘[-병녁] 새벽이 될 무렵.

새벽달 보자고 초저녁부터 기다린다〈속〉 너무 일찍 서두른다.

새벽잠 새벽에 깊이 드는 잠.

새봄 새로 오는 봄. 비 신춘.

새빨간 아주 터무니없는. 예 새빨간 거짓말.

새빨갛다〔새빨가니〕 아주 짙게 빨갛고 새뜻하다. 예 새빨간 사과. 큰 시뻘겋다.

새빨개지다 새빨갛게 되다. 예 부끄러워 얼굴이 새빨개지다.

새뽀얗다 아주 뽀얗다. 예 새뽀얀 안개. 큰 시뿌옇다.

새살림 처음으로 하는 살림. 예 분가하여 새살림을 차리다. —하다.

새삼 한동안 잊었다가 다시 생각나 새로움. 예 지나간 일을 새삼 생각해 낼 것 없다.

새삼스럽다 [새삼스러우니, 새삼스러워서/새삼스러이] ①한동안 안 하다가 다시 하고 있다. 예 그런 생각은 새삼스럽게 뭘 하니? ②지나간 일을 잊었다가 다시 생각하고 있다. 예 노력이 부족함을 새삼스레 느꼈다.

새색시 새로 시집간 여자. 비 신부. 판 새신랑.

새서방 새로 장가든 사람. 새신랑. 비 신랑.

새 소식 여러 사람이 모르는 새로 알려진 일. 뉴스.

새순 새로 나온 순. 예 대나무의 새순이 돋아나다.

새실거리다 생글생글 웃으면서 재미있게 지껄이다. 작 새살거리다.

새싹 ①새로 돋은 싹. ②사물의 근원이 되는 새로운 시초.

새:일 새가 낳은 일.

새앙 =생강.

새야 새야 파랑새야 경기 지방에서 주로 불리는 전래 동요. 동학 농민 운동이 실패로 돌아간 뒤부터 불리기 시작했는데, 당시 '녹두 장군'이란 별명이 붙은 동학당의 우두머리인 전봉준을 애석하게 여겨 부른 노래라고 전해짐.

새 옷 한 번도 입지 아니한 옷. 예 새 옷을 입다. 판 헌 옷.

새옹지마(塞翁之馬) 한때의 이로움이 장래에 해가 되기도 하고, 한때의 화가 장래에 복을 가져오기도 함. 예 인간 만사 새옹지마.

새우 몸이 갸름하고 온몸에 껍질이 덮였으며 등이 굽고 긴 수염이 난, 갑각류에 속하는 동물의 한 가지.

〔새 우〕

새우다¹ 한숨도 자지 않고 밤을 밝히다. 예 밤을 새우다. 준 새다.

새우다² ①샘을 내다. ②시기하다. 시새우다.

새우다 ①온밤을 자지 않고 밝히다. ②샘을 내다.
세우다 ①곧추 서도록 일으키다. ②멈추게 하다. ③뜻을 정하다.

새우등 ①새우의 등. ②새우의 등처럼 구부러진 등.

새우잠 새우같이 모로 몸을 구부리고 자는 잠.

새:장 새를 넣어 기르는 장. 예 새장에 갇힌 새. 비 조롱.

새재 경상 북도 문경시와 충청 북도 괴산군 사이에 있는 높은 고개로 문경 새재라 함.

새 집¹ 새로 지은 집. 예 새 집을 짓고 이사하다. 판 헌 집.

새:집² 새가 깃들이는 집.

새치¹ 다랑어 종류의 일종. 따뜻한 바다에 살며 몸의 길이는 3.5 m, 무게는 60kg이고 코끝에 단단하고 긴 뼈가 창같이 달려 있음. 남쪽 먼 바다에서 잡히며 고기맛이 썩 좋음.

새:치² 젊은 사람의 머리에 난 하얗게 센 머리카락.

새:치기 순서를 어기고 남의 자리

새침데기[—떼기] 겉으로만 얌전한 체하는 사람.

새침데기 골로 빠진다〈속〉 얌전한 체하는 사람일수록 한번 길을 잘못 들면 걷잡을 수 없게 된다.

새콤달콤하다 조금 시면서 맛깔스럽게 달다.

새큼하다 맛이 조금 시다. ㉠새큼한 요구르트. 큰시큼하다. 여새금하다.

새:털구름 구름의 한 가지. 상층 구름 중에서 가장 높은 구름. 흰 머리털같이 보임. 비털구름.

새파랗다 ①아주 파랗다. 진하게 푸르다. ㉠새파란 하늘. ②몹시 노하고 있다. ㉠새파랗게 질렸다. ③썩 젊다. 큰시퍼렇다.

새파래지다 새파랗게 되다. 새파란 빛깔로 변하다. ㉠겁에 질려 얼굴이 새파래지다.

새하얗다 매우 하얗다.

새해 새로 맞은 해. 비신년.

색(色) 물건의 빛깔.

색깔 빛깔.

색다르다〔색다르니, 색달라서〕 종류가 다르다. 보통 것과 다른 특색이 있다. ㉠색다른 행사.

색동 아이들의 저고리 소매를 오색 비단 조각으로 잇대어 만든 헝겊감.

색동옷 색동으로 지은 옷. ㉠색동옷을 입었다.

색동저고리 오색 비단으로 소매를 이어 만든 어린아이의 저고리. ㉠설날에 아기가 색동저고리를 입고 세배를 한다.

색동회 1922년 일본 도쿄에서 방정환을 중심으로 세워진 어린이를 위한 문화 단체.

색맹(色盲) 색의 구별이 되지 않는 상태, 또는 그런 사람.

색상(色相) 빨강·파랑 등 사람의 눈으로 느낄 수 있는 색의 종류. 유채색에만 있음. ㉠밝은 색상의 옷이 어울린다.

색상 대:비 색상이 다른 두 색을 이웃해 놓았을 때에 일어나는 현상.

색색[1] 숨을 약간 가쁘고 불규칙하게 쉬는 소리. 큰식식. —하다.

색색[2](色色) 여러 가지의 빛깔.

색색거리다 연이어 색색하다.

색색이 여러 가지 빛깔로. ㉠색색이 물들이다.

색소(色素) 빛깔을 나타내게 하는 본바탕이 되는 물질. ㉠식용 색소. 유해 색소.

색 소 폰:(saxophone) 목관 악기의 하나로 부드럽고 풍부한 음량을 지닌 것이 특징임.

색:시 ①아직 시집을 안 간 처녀. ②'새 색시'의 준말. 〔색소폰〕

색:시걸음 새색시처럼 조심스럽고 얌전하게 걷는 모양.

색:시비 보슬비.

색신(色神) 색채를 식별하는 감각. ㉠색신 검사. 비색각.

색실 물감을 들인 실. 비색사.

색안경 ①렌즈에 빛깔이 들어 있는 안경. ②주관이나 감정에 사로잡힌 한쪽으로 치우친 생각. ㉠색안경을 쓰고 보다.

색약(色弱)[새갹] 색맹만큼 심하지 않으나 빛의 판별력이 약한 현상. 유전적임.
색연필[생년―] 연필의 심에 광물질 물감을 섞어서 색이 나게 만든 연필.
색유리[생뉴―] 금속 또는 금속의 산화물을 써서 여러 가지 색으로 물들인 유리.
색인(索引)[새긴] 책 속의 내용이나 낱말을 쉽게 찾아볼 수 있도록 벌여 놓은 차례. 인덱스. [예] 색인을 찾아보다.
색조(色調) 빛깔의 조화. 색채의 강약, 짙음과 엷음 등의 정도.
색종이 물감을 들인 종이. 공작용으로 씀. [비] 색지.
색채(色彩) 빛깔.
색출(索出) 뒤지어 찾아 냄. [예] 범인을 색출하다. ―하다.
색칠(色漆) 색을 칠함, 또는 그 칠. [예] 대강의 윤곽을 그린 후 색칠을 시작했다. ―하다.
색환(色環) 색을 색상이 비슷한 차례로 시계 바늘 방향으로 둥글게 늘어놓은 것.
샌:님 '생원님'의 준말. 행동이나 성격이 얌전하거나 고루하고 융통성이 없는 사람을 놀리는 뜻으로 하는 말.
샌드백(sandbag) 권투에서, 펀치력을 기르기 위한 연습용의 모래 주머니.
샌드위치(sandwich) ①얇게 썬 두 조각의 빵 안쪽에 버터를 바르고 사이에 고기·야채 등을 넣은 음식. ②사이에 끼여 있는 상태.
샌들(sandal) ①지난날, 이집트·그리스·로마 사람이 신던 신발. ②끈이나 밴드로 여미게 되어 있는, 발등 부분이 거의 드러나도록 고안된 구두.
샌프란시스코(San Francisco) 미국의 태평양 연안에 있는 항구 도시. 상항.
샐:녘[―력] 날이 샐 무렵. [예] 샐녘에 일어나다.
샐러드(salad) 채소·과일 등을 버무려 만든 서양 음식.
샐러리맨(salaried man) 월급을 받고 일하는 사람. 봉급 생활자.
샐비어(salvia) 차조깃과의 한해살이, 또는 여러해살이풀. 꽃이 아름답고 향기가 좋아 관상용으로 많이 가꿈.
샘:[1] 남이 잘하는 것을 미워하고 시기하는 일. 또, 그 마음. [예] 공연히 샘을 부리다. ―하다.
샘:[2] ①물이 땅 속 바위틈에서 솟아 나오는 자리. [예] 샘을 파다. ②'샘터'의 준말.
샘:굿 우물의 신에게 정초에 지내는 제사. 마을의 대표 세 사람이 한밤중에 우물가에 음식을 차려 놓고, 그 동네에 사는 모든 호주의 이름을 부르고 제사를 지냄.
샘:내다 샘하는 마음을 가지다. [예] 친구의 성공을 샘내다.
샘:물 샘에서 솟아 나오는 물.
샘:바리 샘이 많은 사람.
샘:솟다 ①샘물이 솟아나다. ②힘이나 용기가 힘차게 일어나다.
샘:터 ①샘이 있는 곳. ②샘물이 솟아 나오는 빨래터.
샘플(sample) 견본. 양복감의 견본. [예] 샘플을 보이다.
샛-[샏] 빛깔이 더할 수 없이 산뜻하게 짙음을 나타내는 말. [예] 샛노랗다. [큰] 싯-.
샛:강 큰 강에서 갈라져서 흐르다가 가운데에 섬을 이루고, 다시 하류 쪽에서 합쳐진 강.

ㅅ

샛:길 큰길 옆에 있는 좁은 길.
샛노랗다〔샛노라니〕 빛깔이 더할 수 없이 노랗다. ⑩샛노란 은행잎. 囯싯누렇다.
샛눈[샌—] 감은 듯하면서 살짝 뜨고 보는 눈. ⑩샛눈 뜨고 분위기를 살피다.
샛:문[샌—] 정문 말고 정문 가까이 따로 만든 작은 문.
샛바람[새빠—] '동풍'의 뱃사람 말. 준새.
샛:밥[새빱] 끼니 때 외에 먹는 밥. 곁두리. 간식.
샛:별[새뼐] 새벽에 동쪽 하늘에서 반짝이는 별. 금성을 가리킴.
생(生) ①높은 사람에게 자기를 낮추어 이르는 말. ⑩소생. ②산다는 뜻. ⑩보람 있는 생을 산다. 비삶.
생가(生家) 그 사람이 태어난 집.
생가슴 이유 없는 근심이나 걱정으로 아픈 마음.
생가지 살아 있는 나무의 가지.
생각 ①마음 속으로 느끼는 의견. ⑩네 생각은 어떠냐? ②사상. 관념. ⑩우리와는 생각이 다르다. 비사고. 반행동. —하다.
생각다 못하여 아무리 생각하여도 별로 신통한 수가 없어서. ⑩생각다 못하여 그는 마을을 떠나기로 했다. 준생각다 못해.
생각에 젖다 그 생각만 하다. ⑩옛 생각에 젖다.
생강 생강과의 여러해살이풀. 뿌리는 맛이 맵고 향기가 좋아 양념으로 쓰임. 새앙.
생걱정 대수롭지 않은 일로 하는 쓸데없는 걱정. ⑩공연히 생걱정 시키지 마라.
생겨나다 ①없던 것이 생기어 나오다. ②발생하다. ⑩손에 사마귀가 생겨났다.
생계(生計) 살아가는 방법. ⑩생계가 막연하다.
생글거리다 소리 없이 부드럽고 정답게 연해 눈으로 웃다. ⑩생글거리며 웃다. 囯싱글거리다.
생글생글 소리 없이 정답게 눈웃음치는 모양. ⑩생글생글 웃는다. 囯싱글싱글. 쎈쌩글쌩글. —하다.
생긋 소리 없이 얼핏 눈만 조금 움직여 정답게 웃는 모양. 囯싱긋. 쎈쌩긋. —하다. —이.
생기(生氣) 싱싱하고 힘찬 기운. ⑩얼굴에 생기가 돈다.
생기다 ①없던 것이 있게 되다. ②일어나다. ③자기의 소유가 되다. ⑩집이 생기다. ④어떠하게 보이다. ⑩잘생긴 아이.
생기 발랄(生氣潑剌) 생기가 있고 성격이 발랄함. ⑩생기 발랄한 학생들. —하다.
생김새 생긴 모양새.
생나무 벤 후 아직 마르지 않은 나무. ⑩생나무를 태우다.
생난리[—날리] 아무 까닭 없이 몹시 시끄러운 판국. ⑩생난리를 피우다.
생년월일 출생한 해와 달과 날. ⑩생년월일이 어떻게 되냐?
생도(生徒) 학생. 특히, 사관 학교의 학생.
생동(生動) 살아 움직임. ⑩생동하는 듯한 그림. —하다.
생동감 살아 있는 듯한 느낌. ⑩생동감 넘치는 아이들.
생떼(生—) =생떼거리. ⑩생떼를 마구 쓰다.
생떼거리(生—) 당치 않은 일을

억지로 하려는 고집. 준생떼.

생략(省略) 덜어서 줄임. 예절차를 생략하다. 반첨가. —하다.

생로병사(生老病死)[생노—] 인간이 겪어야 하는 네 가지 고통. 즉 나고, 늙고, 병들고, 죽는 일.

생리(生理) ①생물체의 생명 활동과 관련되는 현상. ②생활의 방식 또는 습성.

생리 작용 생물의 생활하는 작용. 곧, 혈액 순환·호흡·소화·배설·생식 등에 관한 모든 작용을 통틀어 일컫는 말.

생매장(生埋葬) ①산 채로 사람을 묻음. ②잘못 없는 사람에게 누명을 씌워 명예를 떨어뜨림. 예학계에서 생매장되다. —하다.

생면(生面) 처음으로 만나 봄, 또는 그 사람. 예생면 부지. 반숙면. 본생면목. —하다.

생면 부지(生面不知) 이전에 만나 본 일이 없어 전혀 모르는 사람. 예생면 부지의 남자.

생명(生命) 살아가는 근원이 되는 힘. 비목숨.

생명력[—녁] 생명의 힘. 목숨을 이어 가려는 힘.

생명선 ①살아남기 위해 필요한 최소한의 것. 예석유 산유국들은 석유가 곧 그들 국가의 생명선이다. ②생명을 지켜 주는 것.

생명수 생명을 유지하는 데 필요한 물.

생명체 목숨이 있는 모든 것.

생모(生母) 자기를 낳은 어머니. 친어머니. 반양모.

생목숨(生—) ①살아 있는 목숨. ②죄 없는 사람의 목숨.

생무지(生—) 어떤 일에 익숙하지 못한 사람.

생물(生物) 생명이 있는 모든 동물과 식물. 반무생물.

생물의 적응 생물이 환경에 알맞도록 자신의 형태·습성을 변화시키는 현상. 일시적인 것과 유전적인 것이 있음.

생물학 생물의 기능·구조·발달 등 생물에 관한 학문.

생방송(生放送) 미리 녹음·녹화하지 않고 그 시간에 직접 해서 보내는 방송. 예생방송 쇼. 반녹음 방송. 녹화 방송.

생병(生病) 무리한 일로 생기는 병. 예밤샘을 일삼더니 생병이 났구나.

생부(生父) 자기를 낳은 아버지. 친아버지. 반양부.

생사¹(生死) 죽고 사는 것. 예생사를 함께 하다. 비사생.

생사²(生絲) 삶지 않은 명주실.

생사람 살아 있는 사람.

생산(生産) ①물건을 만들어 냄. 예대량 생산. 반소비. ②아이를 낳음. —하다.

생산량[—냥] 일정한 기간에 만들어 낸 물건의 수량. 예자동차 생산량이 매년 증가한다. 반소비량.

생산력[—녁] 물건을 만들어 낼 수 있는 힘. 기계 등과 같은 생산 수단과 물건을 만드는 사람, 곧 노동력으로 이루어짐. 예생산력의 저하.

생산액 일정한 기간에 만들어 내는 물건의 양이나 값어치. 비생산고. 반소비액.

생산 요소[—뇨소] 물건을 만드는 데 꼭 필요한 요소. 노동·자본·토지 등.

생산자 살아가는 데 필요한 물건

을 만드는 사람. 빤소비자.
생산지 어떤 상품을 생산하는 곳.
생산품 캐내거나 만들어 낸 물건.
생살(生—) ①상처난 자리에 새로 돋아나는 살. 비새살. ②아프지 않은 성한 살. 예생살을 찌다.
생 상 스(Saint-Saëns, 1835~1921) 프랑스의 작곡가. 파리 출생. 〈삼손과 델릴라〉〈동물의 사육제〉〈죽음의 무도〉 등의 작품이 유명함.
생색(生色) 낯이 나도록 하는 일.
생생하다(生生—) ①축나거나 썩지 않고 본디 그대로의 생기를 가지다. ②빛이 맑고 산뜻하다. 비신선하다. 큰싱싱하다. —히.
생선(生鮮) 말리거나 소금에 절이지 않은 물고기.
생선 전유어 얇게 저민 생선의 살에 밀가루를 바르고 달걀을 씌워 기름에 지진 음식.
생성(生成) 무엇이 생겨남. 또, 생기게 함. 예과학은 새로운 물질을 생성한다. —하다.
생소(生疎) ①낯이 섦. 예생소한 사이. ②서투름. —하다.
생소병주(笙簫倂奏) 국악에서, 생황과 단소의 이중주.
생손 손가락 끝에 나는 종기. 예생손을 앓다. 본생인손.
생수(生水) 끓이거나 소독하지 않은 맑은 물.
생시(生時) ①살아 있을 때. ②자지 아니하고 깨어 있을 때. 예꿈이냐 생시냐? 비평소. 빤꿈.
생식[1](生食) 식물을 날것으로 먹음. 빤화식. —하다.
생식[2](生殖) 생물이 자기와 똑같은 종류의 생물을 새로이 만들어 내는 일. 예생식 기관. —하다.
생식 기관 생물이 자기와 같은 개체를 새로 낳는 기관. 비생식기.
생신(生辰) '생일'의 높임말.
생애(生涯) 살아 있는 동안. 예음악가로서의 생애를 마감하다.
생야단 ①공연히 떠들고 법석거리는 일. 예아이들이 생야단이다. ②공연히 심하게 꾸짖는 일. 예생야단을 맞아 언짢다. —하다.
생약(生藥) 한약에서 천연 그대로 사용하는 식물성의 약. 초근·목피·과실 등.
생업(生業) 살아가기 위하여 하는 일. 예글쓰는 일을 생업으로 삼다. 비직업.
생원 ①조선 시대 때 생원과의 과거에 합격한 사람. ②지난날, 나이 많은 선비의 성 뒤에 붙여 부르던 말. 예이 생원
생육(生育) 낳아서 기름. 나서 자람. 예소의 생육 기간. —하다.
생육신(生六臣) 조선 시대, 조카인 단종을 내쫓고 임금의 자리에 오른 세조에게 불만을 품고 절개를 지키어 끝내 벼슬을 하지 않은 여섯 충신. 곧 이맹전·조여·원호·김시습·성담수·남효온.
생으로 ①익거나 마르거나 삶지 아니한 대로. 예생으로 먹다. ②저절로 되지 아니하고 무리하게. 억지로. 예생으로 떼어 놓다.
생이별[—니별] 혈육이나 부부 사이에 살아서 하는 이별. 빤사별. 준생별. —하다.
생인손 손가락 끝에 나는 종기.
생일(生日) 세상에 태어난 날. 비탄생일. 빤기일.
생장(生長) 자라남. 키가 커짐. 예식물의 생장 기간. —하다.
생전(生前) 살아 있을 동안. 비생시. 빤사후.

생존(生存) 살아 있음. 살아남음. ㉠ 생존자. ㉫ 생활. —하다.

생존 경:쟁 서로 악착같이 살려고 다투는 일. ㉠ 치열한 생존 경쟁.

생존권(生存權)[―꿘] 사람들이 인간답게 살아갈 수 있는 권리. ㉠ 민족의 생존권.

생존자(生存者) 살아 있는 사람. ㉠ 난파선의 생존자. ㉬ 사망자.

생:쥐 몸이 매우 작고 털빛이 잿빛보다 조금 검은 쥐의 한 종류. 곡물·야채 등을 먹음.

생즙(生汁) 식물을 익히지 아니하고 날것을 짓찧어서 짜낸 액체.

생지옥 이 세상에서 지옥과 같이 몹시 괴롭거나 고생스러운 일, 또는 그런 상태. ㉠ 출근 때 만원 버스는 생지옥이나 다름없다.

생채기 손톱 따위로 할퀴어 생긴 작은 상처. ㉠ 생채기를 내다.

생철(生鐵) =무쇠.

생체(生體) 살아 있는 몸. 산 몸. ㉠ 생체 실험.

생태계(生態系) 어느 지역 안에 살고 있는 생물의 무리와 이들의 생활에 깊은 관계를 가진 환경 요소가 조화를 이룬 자연 체계.

생태계의 평형 어느 지역 안의 생물들과 그에 영향을 주는 환경이 한쪽으로 기울지 않고 안정되게 균형이 잡힌 상태.

생트집 아무 까닭이 없이 일부러 부리는 트집. ㉠ 공연한 일로 생트집을 부리다. —하다.

생판 ①전혀 알지 못함. ②아주 생소하게. ㉠ 생판 모르는 사람.

생포(生捕) 산 채로 잡음. ㉠ 적을 생포하다. —하다.

생화(生花) 산 화초에서 꺾은 살아 있는 생생한 꽃. ㉬ 조화.

생활(生活) ①살아서 활동함. ㉠ 동물의 생활 형태. ②생계를 유지하여 살아감. —하다.

생활 계:획표 어떤 행동이나 활동을 규칙적으로 하며 살아가기 위해 계획을 적은 표.

생활고 가난 때문에 겪는 괴로움.

생활권[―꿘] 생활하는 범위. ㉠ 일일 생활권.

생활력 살아가는 힘. ㉠ 생활력이 강한 사람.

생활문(生活文) 우리가 살아가는 중에서 글감을 찾아 형식에 얽매이지 않고 자유롭게 쓴 글.

생활 방식 생활을 해 나가는 방법과 양식. ㉠ 현대인의 생활 방식.

생활비 생활하는 데 필요한 모든 비용. ㉠ 생활비를 줄이다.

생활 수준 살림살이의 정도나 형편. ㉠ 생활 수준이 높다.

생활 양식 살아가는 방법. 생활하는 데 있어서의 일정한 형식.

생활 용수 생활하는 데 필요한 모든 물. 특히 수돗물.

생활 일기 하루의 생활을 통하여 보고, 듣고, 느끼고, 생활한 점을 그대로 솔직하게 쓴 일기.

생활 정보 상품 구입·행사 등, 일상 생활에 직접 관련을 갖는 정보.

생활 지도 학생들의 일상 생활 활동을 직접 지도하여, 바람직한 습관이나 태도를 기르는 일.

생활 체험 살면서 몸소 겪은 일.

생활 통지표 학교에서 각 학생의 품행·학업 성적·건강 상태·출석 상황 등을 기록하여 학부모에게 알리는 표.

생활 필수품 일상 생활에 꼭 있어야 하는 물품.

생활화 일상 생활 속에 한 관습으

로 익음, 또는 익게 함. ―하다.
생후(生後) 태어난 뒤. ㉰생후 3개월이 된 아기.
샤:머니즘(shamanism) 원시 종교의 하나. 무당이 죽은 이의 혼을 불러 내어 예언하는 것 따위.
샤워(shower) 소나기처럼 물을 뿌리는 물뿌리개 모양의 장치. 또 그것으로 몸을 씻는 일. ―하다.
샤:프(sharp) ①필기 도구의 하나. 심이 나왔다 들어갔다 하는 만년필 모양의 연필. 〔본〕샤프 펜슬. ②음악에서 반음을 높이는 기호. 악보에 '#'로 표시함. 올림표. ③날카로움. 신랄함. ―하다.
샬레(독 Schale) 둥글고 운두가 낮은 유리 용기. 뚜껑이 있어서 세균 배양 등의 실험에 쓰임.
서¹ '에서'의 준말. ㉰학교서 바로 오는 길이다.
서²(西) 서쪽. 〔반〕동.
서간(書簡) 편지. ㉰서간문.
서간문 편지글. 편지투의 글.
서:거(逝去) 상대방의 '죽음'을 높이어 이르는 말. ㉰교황의 서거 소식이 전해지다. ―하다.
서걱 ①연한 사과나 과자 따위를 씹을 때 나는 소리. ②갈대나 풀 먹인 천 따위가 마찰하는 소리. 〔작〕사각. 〔센〕써걱.
서경¹(西京) 평양의 딴 이름.
서경²(書經) 고대 중국의 3경 및 5경의 하나. 공자가 중국의 요순 시대부터 주나라 때까지의 정사에 관한 문서를 모아 엮은 책.
서:경³(敍景) 자연의 경치를 글로 적음. 〔반〕서사. ―하다.
서경덕(徐敬德, 1489~1546) 조선 성종 때부터 명종 때의 유학자로 호는 화담. 황진이·박연 폭포와 함께 '송도 삼절'로 일컬어짐.
서:경시(敍景詩) 자연의 경치를 노래한 시. 〔반〕서사시.
서경 천도 운동(西京遷都運動) 묘청을 중심으로 수도를 서경으로 옮기려고 일으켰던 반란. 김부식 등 개경 정치 세력의 반대로 실패함.
서고(書庫) 책을 넣어 두는 창고.
서:곡(序曲) ①가극이나 성극 등의 주요한 부분을 시작하기 전에 연주하는 기악곡. ②일의 시작. ㉰전쟁의 서곡을 알리다.
서:광(曙光) ①동틀 때 비치는 빛. ②희망적인 징조. ㉰승리의 서광이 비치다.
서구(西歐) 서유럽을 이르는 말. 〔반〕동구.
서구 사조(西歐思潮) 서구 사상의 흐름. 서구 사람들의 사상의 일반적인 경향.
서글서글하다 생김새나 마음이 너그럽고 부드러우며 상냥하다. ㉰서글서글한 성격. 〔작〕사글사글하다.
서글프다〔서글프니, 서글퍼〕 마음이 슬프고 허전하다.
서기¹(西紀) 서양에서 햇수를 세는 기원. 예수 그리스도가 난 후 4년을 기원 1년으로 해서 계산함.
서기²(書記) ①관청에서 상관의 지휘를 받고 문서 따위를 받아 처리하는 사람. ②무슨 일을 하는 데에 기록을 맡아 보는 사람.
서까래 도리에서 처마끝까지 건너지른 재목.
서남(西南) ①서쪽과 남쪽. ②서쪽과 남쪽의 사이. 〔반〕북동.
서남 아시아 아시아 대륙의 남서부에 해당되는 지역. 이란·이라크·사우디아라비아·터키·예멘 등의 나라가 있음.
서낭 ①서낭신이 붙어 있다는 나무. ②'서낭신'의 준말. 본성황.
서낭당 한 마을을 지키는 신을 모신 곳.

〔서낭당〕

서너 셋이나 넷 정도.
서녘 서쪽 방면. 예서녘 하늘에 붉은 노을이 깔려 있다.
서늘하다 ①몹시 선선하다. 예아침 바람이 서늘하게 분다. 비선선하다. 시원하다. 반따뜻하다. 따스하다. ②마음 속에 찬 기운이 나는 듯하다. 예등골이 서늘하다. 비선뜩하다. 작사늘하다. 센써늘하다. ―히.
서다 ①가로놓였던 물건이 세로 곧게 되다. ②일어나다. 예차렷 자세로 서다. ③걸음을 멈추다. 예거기 서라. ④날카롭게 되다. 예칼날이 서다.
서당(書堂) 동네 아이들에게 한문을 가르치던 집. 비글방.
서당 개 삼 년에 풍월을 읊는다 〈속〉무식한 사람이라도 글 잘하는 사람과 오래 있게 되면 자연히 견문이 생긴다.
서대문(西大門) 서울 서쪽에 있던 문. 원 이름은 돈의문이며 지금은 헐리고 없음.
서대문구 서울 특별시 행정 구역의 하나.
서덕출(徐德出, 1906~1940) 경상 남도 출생의 동요 작가. 1925년에 잡지 '어린이'에 〈봄 편지〉를 발표하여 문단에 나온 후, 70여 편의 동요를 남겼음.
서도¹(西道) 황해도와 평안 남북도 지방을 함께 이르는 말.
서도²(書道) 글씨를 쓰는 방법을 배우는 일. 붓으로 글씨를 맵시 있게 쓰는 기술. 예서도를 익히다. 비서예.
서도³(書圖) 글씨와 그림.
서:동(薯童) =무왕.
서:동요(薯童謠) 신라 때 백제 무왕이 지었다는 노래. 신라의 선화 공주를 아내로 맞기 위해 아이들로 하여금 부르게 하였다고 함.
서:두¹(序頭) 어떤 일이나 차례의 첫머리. 예서두부터 잘못되다.
서두²(書頭) 글의 첫머리. 예서두를 잘 다듬다.
서두르다〔서두르니, 서둘러서〕①일을 빨리 해치우려고 바쁘게 움직이다. ②부산하게 수선을 부리다. 예일을 서두르면 그르치기 쉽다. 준서둘다.
서라벌(徐羅伐) ①'신라'의 옛 이름. ②'경주'의 옛 이름.
서랍 책상·장롱 따위에 빼었다 끼웠다 하게 된 뚜껑 없는 상자. 예서랍을 열다. 서랍을 정리하다.
서:럽다〔서러우니, 서러워서〕언짢은 생각이 들어 마음이 원통하고 슬프다. 예야단을 쳤더니 서럽게 운다. 비슬프다.
서려 ①김이 엉기어. 예창문에 김이 서려 있다. ②둥그렇게 여러 겹으로 포개어 감아.
서려 놓다 긴 끈이나 그물 같은 것을 차곡차곡 개켜 놓다. 예밧줄을 서려 놓다.
서력(西曆) 서양의 책력. 서력 기원. 비서기.
서로 ①함께. 예우리 반 친구들은

언제나 서로 사이좋게 지낸다. ② 쌍방. 양쪽 다. ㉠ 서로 가지겠다고 다투다.

서로서로 많은 사람들의 하나하나가 함께. ㉠ 서로서로 돕다.

서:론(序論) 본론의 머리말이 되는 글. ㉠ 서론 부분. ㉰ 서설. ㉱ 결론.

서류(書類) ① 글자로 쓴 문서. ② 사무에 관한 문서.

서류철(書類綴) 서류를 한데 매어 두는 책. 파일.

서른 열의 세 곱절. 삼십.

서룻다 ① 그릇을 씻다. ② 좋지 못한 것을 쓸어 없애다.

서리¹ 밤에 공기의 온도가 낮아 수증기가 얼어서 땅·지붕·초목에 희게 깔리는 물질.

서리² 떼를 지어서 주인 몰래 훔쳐다 먹는 장난. ㉠ 수박 서리. 닭 서리. ─하다.

서리다¹ 김이 엉기어 축축하게 되다. ㉠ 창문에 김이 서리다.

서리다² 엉클어진 물건을 풀어서 감다. ㉠ 밧줄을 서리다.

서리 맞은 구렁이〈속〉 찬서리를 맞은 구렁이같이 힘이 없고 행동이 몹시 느리다.

서릿바람 서리 내린 아침의 쌀쌀한 바람.

서릿발[─리빨] 땅 속의 수분이 얼어 땅 위로 솟아오르는 것. ㉠ 서릿발이 서다.

서:막(序幕) ① 연극 등에서 처음 여는 막. ② 시작. ㉠ 서막을 장식하다. ㉱ 종막.

서머 타임(summer time) 여름철 일광 절약 시간.

서먹서먹하다 낯이 익지 못하여 어색하다. ㉠ 초면이라 서먹서먹하다. ㉰ 어색하다. ㉱ 자연스럽다.

서면(書面) 글씨를 쓴 종이. ㉠ 서면 보고. ㉱ 구두.

서:명(署名) 자기의 이름을 문서에 씀. ㉠ 서명 운동. ─하다.

서:명 운:동 어떤 주장이나 의견의 찬성 또는 반대 서명을 얻기 위한 운동.

서:무실(庶務室) 학교 등에서 일반 사무를 맡아 보는 곳.

서:문(序文) 책의 첫머리에 그 책에 대하여 쓴 글.

서:민(庶民) ① 벼슬이 없는 일반 사람. 평민. ② 중류 이하의 넉넉하지 못한 국민.

서:민층 서민의 계층.

서반구(西半球) 지구를 경도 0° 및 180° 선에서 동서 두 쪽의 반구로 나눈 것의 서쪽 부분. ㉱ 동반구.

서방¹(西方) ① 서쪽 방향. ② 서부 유럽. ㉠ 서방 자유 세계.

서방²(書房) ① 어른된 사내의 성 아래에 붙이어 부르는 말. ㉠ 김 서방. ② 남편의 낮은말.

서방님 '서방'의 높임말.

서부 영:화 개척기의 미국 서부를 배경으로 한 영화.

서북쪽 서쪽과 북쪽의 사이가 되는 쪽. ㉠ 뱃머리를 서북쪽으로 돌리다.

서:브(serve) 정구·탁구·배구 등에서 공격측이 먼저 공을 상대편 코트에 쳐 넣는 일, 또는 그 차례나 그 공. ─하다.

서:비스(service) 봉사. 직무. 사무. 심부름. ─하다.

서:비스업 남을 위해 봉사하는 사업. 자동차 수리업·미용업·광고

업·여관 호텔업 등.

서:비스직 호텔·식당·세탁·이발 등 서비스를 하는 일에 종사하는 직업.

서빙고(西氷庫) 조선 초기에 설치한 얼음을 보관하던 창고의 하나. 지금의 서울 동부 이촌동 부근에 있었음.

서:사시(敍事詩) 신화나 전설·역사적 사건·영웅의 일생 같은 것을 읊은 시. (凹)서경시. 서정시.

서산(西山) 해 지는 쪽에 있는 산. 서쪽에 있는 산.

서산 대:사(西山大師, 1520~1604) 조선 선조 때의 이름난 승려. 본 이름은 최현응. 승명은 휴정. 임진왜란 때 팔도 승병을 일으켜 나라에 큰 공을 세웠으며, 문장에도 뛰어나 〈청허당집〉을 남겼음.

서산머리 서쪽에 있는 산꼭대기.

서서히(徐徐—) 차례대로 천천히. (凹)급히.

서성대다 망설이거나 또는 마음이 가라앉지 아니하여 왔다갔다하다. (예)차례를 기다리느라고 정류장에서 서성내다.

서성이다 마음이 가라앉지 아니하여 서서 왔다갔다하다. (예)문 밖에서 서성이는 사람이 누구냐?

서:수(序數) 순서를 나타내는 첫째·둘째 등의 수.

서:술문(敍述文) 사실이나 자기의 생각을 그대로 나타낸 글. 보통 '이다'로 끝맺음. '비가 올 것이다.' 따위의 문장.

서슬 날카로운 기세. (예)서슬이 퍼렇다.

서슴다[—따] 말이나 행동을 머뭇거리며 망설이다. (예)서슴지 않고 이야기하다.

서슴없다 말이나 행동에 거침이 없다. 망설임이 없다. (예)서슴없이 말하다. —이.

서슴지 않다 주저하지 않다. 머뭇거리거나 망설이지 않다. (예)선생님께서 꾸중하실 것을 짐작하였으나 나는 서슴지 않고 우리의 계획을 말씀드렸다.

서:시(序詩) 긴 시의 머리말 구실을 하는 시.

서식(書式) 증서·청원서 따위의 문서를 쓰는 격식. (예)서식을 따르다.

서신(書信) 편지.

서안(西岸) 바다·강 등의 서쪽 기슭. (예)라인 강 서안.

서:약(誓約) 맹세하여 약속함. (예)서약서. —하다.

서양(西洋) 유럽과 아메리카를 합하여 이르는 말. (예)서양의 문물을 받아들이다. (凹)서구. (凹)동양.

서양사 서양 여러 나라의 역사. (凹)동양사.

서양 음악 서양에서 생겨 발달한 음악. (예)국악과 서양 음악의 비교 감상.

서양화 서양에서 발달한 그림으로 그림 물감·크레파스·크레용·파스텔 등으로 그린 그림. (凹)동양화. (준)양화.

서역(西域) 지난날, 중국의 서쪽에 있던 여러 나라들과 그 지방을 일컫는 말.

서:열(序列) 일정한 순서에 따른 높낮이. (예)서열을 정하다.

서예(書藝) 붓글씨를 맵시 있게 쓰는 예술. (凹)서도.

서예가 붓글씨를 직업적으로 쓰는 예술가. (凹)서도가.

서운관(書雲觀) 고려·조선 왕조

서운하다

때 천문·기상 등의 일을 맡아 보던 관청. 세종 때 '관상감'으로 바뀜.

서운하다 마음에 모자람을 느끼어 속의 한 구석이 빈 것 같다. 예서운한 감정이 남아 있다. 비섭섭하다. 반반갑다. ─히.

서울 ①그 나라의 정부가 있는 곳. ②우리 나라의 수도. 비수도.

서울 깍쟁이 시골 사람이 까다롭고 인색한 서울 사람을 얄밉게 여기어 이르는 말.

서울내기 서울에서 태어난 사람.

서원(書院) 선비들이 학문을 연구하고 또 훌륭한 사람들을 제사 지내던 곳. 조선 중기부터 각 지방에 세워졌음.

서유견문(西遊見聞) 조선 고종 32년(1895)에 유길준이 미국을 다녀와서 보고 들은 것을 쓴 책. 한글과 한문을 섞어서 쓴 문체로 된 최초의 기행문임.

서유:구(徐有榘, 1764~1845) 조선 말기의 농정가. 일본으로부터 고구마 종자를 구입해와서 그 재배를 장려하고 〈종저보〉를 지어 재배법을 세상에 알림.

서유기(西遊記) 중국 명나라 때 오승은이 지은 소설. 당나라의 삼장법사가 손오공·저팔계·사오정의 세 부하를 거느리고 온갖 재난을 극복하여 무사히 불경을 구해 온다는 줄거리.

서 유럽(西Europe) 유럽 서부에 있는 프랑스·영국 등의 국가가 있는 지역. 서구.

서:자(庶子) 첩에서 난 아들. 비얼자. 반적자.

서:장(署長) 경찰서·세무서·소방서 따위의 총책임자.

서재(書齋) 책을 갖추어 두고 글을 읽는 방.

서재:필(徐載弼, 1863~1951) 우리 나라의 독립 운동가. 일찍부터 개화 사상에 눈을 떠 독립 협회 고문으로 있으면서 독립문을 세우고, 독립 신문을 발간하였음.

서적(書籍) 글·그림 따위를 종이에 인쇄하여 꿰맨 물건. 비책. 도서.

서:전(緖戰) 전쟁이나 운동 경기의 첫번째 싸움이나 경기. 예서전을 승리로 장식하다.

서점(書店) 책을 파는 가게.

서:정시(抒情詩) 기쁨과 슬픔 등 자기 마음을 읊은 시. 반서사시.

서쪽 해가 지는 쪽. 비서편. 서녘. 반동쪽.

서찰(書札) 편지.

서책(書册) 책.

서체(書體) ①문자의 모양. ②글씨를 쓰는 여러 가지 방법. 예추사 김정희의 독특한 서체를 '추사체'라고 한다.

서캐 이의 알.

서:커스(circus) 사람과 짐승이 여러 가지 재주를 부리는 것을 구경시키는 단체. 비곡마단.

서:클(circle) ①원. 권(유성의 궤도). ②활동 범위. ③연구 또는 친목을 꾀하기 위한 모임. 예독서 서클에 가입하다.

서:투르다〔서투르니, 서툴러〕①눈에 익지 않다. ②보기에 어색하다. ③손에 익지 않다. 예솜씨가 서투르다. 반능란하다. 익숙하다. 준서툴다.

서편(西便) 서쪽 편. 예서편 하늘로 해가 진다. 반동편.

서:푼 아주 보잘것 없는 것. [예] 서푼어치도 안 되는 물건.
서풍(西風) 서쪽에서 불어오는 바람. [비] 갈바람. 하늬바람.
서학(西學) ①옛날 서양의 학문을 이르던 말. ②조선 시대에 천주교를 이르던 말.
서한(書翰) =편지.
서해(西海) ①서쪽 바다. ②우리나라의 황해.
서해안 서쪽 바닷가. [반] 동해안.
서행(徐行) 천천히 나아감. [예] 서행 운전. —하다.
서화(書畫) 글씨와 그림.
서화가 글씨와 그림에 능한 사람. 또, 그것을 직업으로 삼는 사람.
서화전 글씨·그림 등의 전람회.
서화첩 글씨와 그림을 모은 책.
서희(徐熙, 940~998) 고려 초기의 훌륭한 외교관이며 장군. 성종 때 거란의 침입을 받고, 뛰어난 외교적 솜씨로 적장 소손녕과 담판을 벌여 그들을 물러가게 하였으며, 강동 6주를 개척하여 압록강 이남의 땅을 다시 차지하는 데 공을 세웠음.
석:[1] 셋(3). [예] 석 달. 석 상.
석[2] ①무엇을 단번에 자르는 모양. [예] 나무를 석 베다. ②무엇을 거침없이 쓸어 버리는 모양. [예] 책상을 석 뒤로 물리다. [센] 썩.
석[3](石) 곡식 따위의 양을 셈하는 단위로 한 말의 열 곱절. 섬.
석가모니(釋迦牟尼) 불교의 교조. 세계 사대 성인의 하나.
석가탑(釋迦塔) 불국사 뜰의 다보탑 맞은편에 있는 삼층 석탑. 통일 신라 시대의 대표적인 석탑으로 '무영탑'이라고도 함. 불국사 삼층 석탑

석간 신문 저녁때 나오는 신문. [반] 조간 신문. [준] 석간.
석고 흰색의 석회질 광물. 미술 공예나 물감·시멘트 따위의 혼합재로 씀.

〔석가탑〕

석고 붕대 석고 가루를 포함하고 있는 붕대. 골절·관절염 등의 환부를 고정하는 데 씀. 깁스.
석공(石工) =석수[1].
석굴암(石窟庵) 경주 토함산 동쪽에 있는 돌로 만든 건축물. 신라 경덕왕 때 김대성이 세웠음. 정면 중앙에 석가 여래상을 앉히고 벽에는 관세음 보살상 등 여러 불상을 조각하였음.
석권(席卷) 자리를 돌돌 말듯이 쉽게 쳐서 빼앗음, 또는 빠르고 널리 세력을 폄. [예] 전종목을 석권하다. —하다.
석기 시대(石器時代) 인류 문화의 원시 시대에 쇠붙이를 쓸 줄 모르고 중요한 기구를 돌로 만들어 쓰던 시대.
석다 ①쌓인 눈이 안에서부터 녹다. ②식혜 등이 익을 때 생기는 거품이 속으로 사라지다.
석둑 연한 물건을 단번에 가볍게 베는 모양, 또는 그 소리. [예] 머리카락을 석둑 자르다. [작] 삭독.
석둑거리다 연한 물건을 자꾸 토막쳐 자르다. 또, 연이어 석둑 소리를 나게 하다.
석등(石燈) 돌로 네모지게 만든 등. [비] 석등롱. 장명등.
석류(石榴)[성뉴] 석류나무의 열

ㅅ

매. 크기는 보통 고무공 정도이고 익으면 두꺼운 껍질이 쪼개지고 연분홍의 신맛을 가진 씨가 나옴.

석면(石綿)[성—] 번쩍번쩍하며 질기고 불에 타지 않아 소방수의 옷을 만들거나 전기의 절연용으로 쓰이는 섬유. 비돌솜. 석융.

석방(釋放) 법에 의해 구속된 사람을 풀어 자유롭게 함. 예죄인을 석방하다. 포로 석방. 비방면. —하다.

석별(惜別) 서로 떨어지기를 섭섭히 여김. 이별을 서운하게 여김. 예석별의 정. —하다.

석불(石佛) =돌부처.

석불상(石佛像)[—뿔쌍] 돌로 만든 부처의 모습.

석비레 푸석푸석한 돌이 많이 섞인 흙. 풍화된 편마암.

석빙고(石氷庫) 돌로 만든 얼음 창고. 석빙고를 만들기 시작한 때는 신라 시대부터이지만 오늘날 남아 있는 석빙고들은 대부분 조선 시대의 것임.

석사(碩士) 대학원 학위 논문이 통과된 사람에게 주는 학위, 또는 그 학위를 받은 사람.

석산(石山) 돌로 이루어진 산. 돌산.

석:삼년 세 번 거듭되는 3년이라는 뜻으로, 오랜 시일을 이르는 말.

석상(石像) 돌로 만든, 사람이나 동물의 형상.

석석 ①거침없이 가볍게 비비거나 쓸거나 하는 소리, 또는 그 모양. ②종이나 헝겊 따위를 거침없이 가볍게 베어 나가는 소리, 또는 그 모양. 작삭삭. 센썩썩.

석쇠 물건을 얹어 굽는 데 쓰는, 가는 철사로 그물같이 엮어 만든 기구. 예생선을 석쇠에 굽다.

석수¹(石手) 돌을 쪼아서 여러 가지 물건을 만드는 사람.

석수²(石獸) →돌짐승.

석수장이(石手—) '석수'의 낮춤말.

석순¹(石筍) 석회 동굴 안의 물에 녹은 탄산칼슘이 천장에서 떨어지면서 오랫동안 굳어서 된 죽순 모양의 암석.

석실분(石室墳) →돌방무덤.

석양(夕陽) 저녁때의 해.

석연하다 의심스럽거나 꺼림칙한 일들이 완전히 풀려 마음이 개운하다. 예그의 말에는 아무래도 석연하지 않은 데가 있다. —히.

석영(石英) 육방정계에 딸린 광물의 한 가지. 이산화규소를 주성분으로 함. 주로 육각 기둥 모양의 결정을 이루며 유리와 같은 광택이 남. 유리나 도자기 원료로 쓰임. 비차돌.

석유(石油) 땅 속에서 솟아나는 탄소와 수소의 혼합물. 걸러서 휘발유·등유·경유 등을 만듦.

석유 화:학 공업 석유·천연 가스 등을 원료로 하여 화학 제품을 만들어 내는 공업.

석전제(釋奠祭) 매년 음력 2월과 8월에 문묘에서 공자에게 지내는 제사.

석조(石造) 돌로 만드는 일, 또는 그 물건. 예석조전.

석조 건:축 돌을 다듬고 매만져서 건물을 짓는 일.

석차(席次) ①자리의 차례. ②성적의 차례.

석청(石淸) 산 속의 나무나 돌 틈에 벌이 모아 놓은 꿀.

석탄(石炭) 옛날 식물이 땅에 묻히어 숯으로 변한 것.

석탄 가스 석탄을 공기가 통하지 않게 하고 가열할 때에 나오는 기체.

석탑(石塔) 돌로 쌓은 탑.

석패(惜敗) 조금의 점수 차이로 아깝게 짐. 비분패. —하다.

석호(潟湖) 사주나 사취 등의 발달로 바다의 일부분이 떨어져 나와서 생긴 호수.

석회(石灰)[서쾨] 횟돌을 불에 구워 만든 흰 가루. 탄산칼슘. 예석회 비료. 준회.

석회석 석회분이 바다 밑에 쌓여서 굳은 퇴적암. 회색을 띠며 시멘트의 원료로 많이 쓰임. 석회석에 염산을 떨어뜨리면 거품을 내면서 탐.

석회수 소석회를 물에 넣어서 잘 놓아 두었을 때 생기는 윗물. 소독·살균제로 쓰임.

석회암(石灰岩) 석회를 주요 성분으로 한 수성암. 건축 용재·석회·시멘트의 원료로 쓰임.

섞갈리다 갈피를 잡지 못하게 여러 가지가 뒤섞이다. 예이야기가 섞갈리다.

섞다 ①넣어서 혼합하다. 예모래와 시멘트를 섞다. ②다른 것을 보태다.

섞어짓기 한 농토에 두 가지 이상의 농작물을 같이 재배하는 일. 비혼작.

섞이다 섞음을 당하다. 예물과 기름은 잘 섞이지 않는다.

선:[1] 좋고 나쁨과 맞고 안 맞음을 가리기 위하여 만나 보는 일. 예새로 만든 옷을 손님들에게 선보였다.

선:[2](善) 착하고 올바름. 어질고 좋음. 반악. —하다.

선[3](線) 줄이나 금. 비금.

선[4](禪) 정신을 가다듬어 높은 경지로 드는 일. 예좌선.

선각(先覺) 남보다 앞서 깨달음. —하다.

선각자 남보다 먼저 깨달은 사람. 예한글 연구의 선각자.

선:거(選擧) 많은 사람의 뜻으로 여러 사람 가운데서 뽑아 냄. 예선거 운동. 비선출. —하다.

선:거권[—꿘] 선거에 참가하여 투표를 행할 수 있는 권리. 반피선거권.

선걸음 지금 서서 가는 그대로의 걸음. 예선걸음에 그 곳에 좀 다녀오너라.

선견지명(先見之明) 닥쳐올 일을 미리 아는 슬기로움.

선결(先決) 다른 일보다 먼저 해결함. 예선결 문제. —하다.

선경(仙境) 경치가 좋은 곳.

선고(宣告) ①널리 알도록 일러 줌. ②재판관이 재판의 결과를 말해 줌. 예집행 유예를 선고하다. —하다.

선공(先攻) 야구 경기 따위에서 먼저 공격을 함. 예선공을 정하다. —하다.

선교(宣敎) 종교를 널리 선전함. 예선교 활동. 비포교. —하다.

선교사 종교를 전도하는 사람.

선구(先驅) ①말을 탄 행렬에서 앞장을 서는 일. ②다른 사람에 앞서서 무슨 일을 함. —하다.

선구자 생각이 남보다 앞선 사람. 비선도자. 준선구.

선글라스(sunglasses) 여름에 강렬한 햇빛으로부터 눈을 보호하기 위하여 쓰는 색안경.

선금(先金) 치러야 할 돈을 미리

선남 선녀

치르는 것, 또는 그 돈.

선:남 선:녀(善男善女) 착하고 어진 일반 사람들.

선녀(仙女) 선경에 산다는 여자 신선.

선단(船團) 선박의 한 무리. 예수송 선단.

선대(船隊) 많은 배의 무리.

선대칭(線對稱) 도형 중의 서로 맞서는 두 점을 잇는 직선이 주어진 직선에 같은 거리에 있는 관계.

선대칭 도형 도형을 어떤 직선으로 접어서 포개어 볼 때 완전히 겹쳐지는 도형.

선:도(善導) 올바르고 좋은 길로 잘 가르쳐 인도함. 예청소년 선도에 힘쓰다. —하다.

선도자(先導者) 앞서서 인도하는 사람. 비선구자.

선돌 원시 시대 사람들이 기념비로 세운 돌.

선동(煽動) 남을 부추기어 일을 일으킴. 예군중을 선동하다. —하다.

선두(先頭) 첫머리. 맨 먼저. 예선두 주자. 반후미.

선두 주자 선두를 달리는 사람.

선둥이(先—) 쌍둥이 중에서 먼저 나온 아이.

선들바람 선들선들 부는 바람. 작산들바람.

선뜩거리다 갑자기 놀라거나 찬 느낌이 자꾸 들다. 작산뜩거리다. 예선득거리다.

선뜩하다 ①찬 기운이 몸에 닿아서 별안간 춥다. ②무서워서 마음이 서늘하다. 예마음이 선뜩하다. 비서늘하다. 작산뜩하다.

선뜻 가볍고 빠르고 시원스럽게. 예선생님의 질문에 선뜻 대답을 못 하였다. 비얼른. 작산뜻.

선뜻하다[—뜨타다] 깨끗하고 말쑥하여 시원스레 보이다. 예머리를 선뜻하게 자른 아이. 작산뜻하다. —이.

선:량¹(善良) 착하고도 어짊. 예그는 선량한 시민이다. 반불량. —하다.

선:량²(選良) ①뛰어난 인물을 선출함. 또, 그 인재. ②국회 의원.

선례(先例) 앞의 예. 예선례를 따라 행동하다. 비전례.

선로¹(船路)[설—] =뱃길. 예선로를 따라 항해하다.

선로²(線路)[설—] 전차·기차 등이 지나가는 길. 예선로가에 핀 코스모스.

〔선 로²〕

선:망(羨望) 남을 부러워하고 자기도 그렇게 되기를 바람. 예선망의 대상. —하다.

선:머슴 장난이 심하고 몹시 덜렁거리는 아이.

선명하다(鮮明—) 산뜻하다. 깨끗하다. 말쑥하다. 예빛깔이 선명하다. —히.

선:무당 익숙하지 못한 무당.

선무당이 사람 죽인다〈속〉 서투른 사람이 익숙한 체하여 일을 망친다.

선:물(膳物) 보답이나 정으로 물건을 보냄, 또는 그 물건. 예생일 선물. 비선사. —하다.

선박(船舶) 크고 작은 배들. 예선박 회사. 비배.

선반[1] 널빤지를 벽에 가로질러 놓고 물건을 얹는 데 쓰는 장치. [예] 선반을 달다.

선반[2](旋盤) 쇠붙이를 자르거나 깎는 데 쓰이는 금속 공작 기계. [예] 선반공.

선발[1](先發) 미리 나서거나 떠남. [예] 선발대. [반] 후발. —하다.

선:발[2](選拔) 많은 속에서 골라 냄. [예] 대표 선수로 선발되다. —하다.

선발대(先發隊)[—때] 다른 부대보다 앞서 출발한 부대. 먼저 떠난 부대. [반] 후발대.

선발 투수 야구에서 첫회부터 공을 던지는 투수.

선:발팀 여러 팀의 선수 중 우수 선수만을 뽑아 구성한 팀.

선배(先輩) 학식과 덕망이 자기보다 나은 사람. [반] 후배.

선:별(選別) 가려서 골라 내거나 추려 냄. [예] 선수를 선별하다. —하다.

선:보다 사람이나 사물의 형편을 보다. [예] 할머니께서는 며느리감을 선보셨습니다.

선:보이다 ①물건을 처음 사람들에게 공개하다. [예] 새 모델을 선보이다. ②선을 보게 하다.

선봉(先鋒) 맨 앞에 섬. [예] 선봉 대장.

선분(線分) 곧은 줄. 두 점 사이를 가장 짧게 이은 직선.

선:불[1] 정확히 맞추지 못한, 즉 설맞은 총알. [반] 된불.

선불[2](先拂) 일이 끝나기 전에 먼저 돈을 냄. [예] 대금을 선불하다. [반] 후불. —하다.

선비 ①학문을 닦는 사람. [비] 학자. ②옛날에 학식은 있으나 벼슬하지 아니한 사람. ③어질고 순한 사람을 비유하는 말.

선:사 ①고마운 일에 대한 보답이나 정으로 남에게 물건을 줌. ②신이나 부처에게 음식을 올림. —하다.

선사 시대(先史時代) 역사 이전의 시대. 문자가 없던 시대.

선산(先山) 조상의 무덤이 있는 곳. 선영. [예] 선산에 묻히다.

선상[1](船上) 배의 위. [예] 선상에서 바라본 수평선.

선상[2](線上) ①선의 위. [예] 직선상의 두 점. ②두 갈래로 갈라지는 일정한 상태.

선상지(扇狀地) 물이 골짜기에서 낮은 땅으로 흐를 때, 물의 흐름이 느려져서 골짜기 어귀에 자갈이나 모래가 쌓여서 이루어진 부채꼴 모양의 땅.

선생(先生) ①학문·기술을 가르쳐 주는 사람. ②나이나 학식이 맞서거나 그 이상인 사람에 대한 일컬음. [비] 스승. [반] 학생. 제자.

선서(宣誓) 여럿 앞에서 맹세를 함. [예] 대통령 취임 선서. —하다.

선선하다 ①조금 춥다. ②매우 서늘하다. [예] 선선한 바람이 분다. ③성질이 쾌활하다. [예] 그 사람은 선선해서 좋아. [비] 서늘하다. [반] 훈훈하다. —히.

선:수(選手) ①특별히 선발된 사람. ②경기에 익숙한 사람.

선:수단 어떤 경기의 선수들로 만들어진 단체.

선:수촌 선수들을 위해 집단 숙박 시설을 갖추어 놓은 일정한 지역.

선:심[1](善心) ①착한 마음. ②남을 도와 주는 마음. [예] 선심을 쓰

ㅅ

다. [반]악심.

선심²(線審) 정구·야구·축구 등에서 선에 관한 규칙의 위반을 맡아 보는 보조 심판원.

선:악(善惡) 착한 것과 악한 것. 선과 악.

선약(先約) 먼저 약속함, 또는 그 약속. —하다.

선양(宣揚) 드러내어 널리 떨치게 함. [예]국위 선양. —하다.

선어(鮮魚) 말리거나 절이지 않은 물고기. [예]선어 수입. [비]생선.

선언(宣言) ①의견을 널리 알도록 말함. ②단체나 국가가 자기의 방침 등을 정식으로 말함. [예]선언문. 선언서. [비]선고. —하다.

선열(先烈) 정의를 위하여 싸우다 죽은 열사. [예]순국 선열.

선왕(先王) 돌아간 임금.

선:용(善用) ①알맞게 잘 이용하여 씀. [예]여가 선용. ②좋은 일에 씀. [반]악용. —하다.

선:웃음 우습지도 아니하면서 꾸미어 웃는 웃음.

선원(船員) 배를 타고 배 안의 일을 맡아 보는 사람. [비]뱃사람. 선인.

선율(旋律) 소리가 규칙적으로 이어져 나가는 움직임. [예]아름다운 선율. [비]멜로디.

선:의(善意) ①착한 마음. 좋은 뜻. [예]선의의 경쟁. ②남을 위해서 생각하는 마음. [비]호의. [반]악의.

선인¹(先人) 옛날 사람. 선조. [예]선인들의 미풍 양속.

선인²(船人) =뱃사람. [비]선원.

선:인³(善人) 착한 사람. [반]악인.

선인장(仙人掌) 선인장과의 다년초. 줄기는 넓적하고 즙이 많으며, 마디와 가시가 많음.

선임¹(先任) 먼저 어떤 일을 맡음. [예]선임자 우대. —하다.

선:임²(選任) 많은 사람 가운데서 선출하여 임명함. [예]반장을 선임하다. —하다.

선입감(先入感) 일에 앞서 미리 가지고 있는 느낌. [예]선입감이 좋지 않다. [비]선입견. 선입관.

선:자(選者) 골라서 뽑는 사람.

선:잠 깊이 들지 못한 잠. [예]선잠을 깨다.

선장(船長) 선원의 우두머리. [비]함장.

선적(船積) 배에 짐을 실음. [예]선적한 배가 부두에 닿다. —하다.

선전(宣傳) ①어떠한 주의나 주장을 많은 사람에게 퍼뜨림. ②널리 펴서 알게 함. [예]제품을 선전하다. [비]광고. —하다.

선전비 어떤 일이나 상품을 널리 알리는 데 드는 비용.

선전 포:고(宣戰布告) 전쟁을 하겠다는 뜻을 국내외에 널리 알림. —하다.

선점(先占) 남보다 앞서서 차지함. —하다.

선:정¹(善政) 바르고 착하게 다스림, 또는 그런 정치. [예]선정을 베풀다. [반]악정. —하다.

선:정²(選定) 가려 뽑아서 정함. [예]교재 선정. [비]선발. —하다.

선제 공:격(先制攻擊) 상대방을 제압하기 위해 먼저 공격하는 일. [예]선제 공격으로 기세를 꺾다.

선조¹(先祖) 조상. [반]후손.

선조²(宣祖) 조선 시대 제14대 왕.

선:죽교(善竹橋) 경기도 개성시에 있는 돌다리. 고려 말의 충신 정몽주가 이성계 일파에게 죽음을 당한 곳임.

선진(先進) ①남보다 일찍 사물을 깨달음. ②학식과 덕망이 자기보다 나음. ③남보다 앞서 나아감. [예] 선진국. [반] 후진.

선진국 산업 기술이나 일반 문화가 비교적 먼저 발달한 나라. [반] 후진국.

선:집(選集) 일정 기준을 두고 가려 뽑아 한데 모은 책. [예] 현대 소설 선집.

선착순(先着順) 먼저 와 닿는 차례. [예] 선착순으로 앉다. [준] 선착.

선착장(船着場) 배가 와 닿는 곳. [예] 여의도 선착장.

선창[1](先唱) ①맨 먼저 주창함. ②맨 먼저 부름. —하다.

선창[2](船艙) 물가에 다리처럼 만들어서 배가 닿아 짐을 풀고 싣게 된 곳. [비] 부두.

선천성(先天性)〔—썽〕 태어날 때부터 가지고 있는 성질. [예] 선천성 심장병. [반] 후천성.

선체(船體) 선박의 몸뚱이.

선:출(選出) 여럿 중에서 고르거나 뽑아 냄. [예] 반장 선출. [비] 선발. —하다.

선취(先取) 남보다 먼저 차지함. [예] 선취점을 얻다. —하다.

선:택(選擇) 골라서 뽑음. [예] 선택 과목. —하다.

선포(宣布) 널리 세상에 알림. [예] 계엄령이 선포되다. —하다.

선풍(旋風) =회오리바람.

선풍기(扇風機) 작은 전동기에 날개를 달아 회전시킴으로써 바람을 일으키는 기계.

선:하다[1] ①눈에 보이는 듯하다. ②마음에 잊혀지지 않다. [예] 그의 모습이 눈에 선하다. —히.

선:하다[2](善—) 착하다. [예] 바보스러울 정도로 선한 녀석.

선:하품 ①음식이 체하였을 때에 자꾸 나는 하품. [예] 선하품이 자꾸 난다. ②억지로 하는 하품.

선:행(善行) 착한 행실. [반] 악행.

선:호(選好) 여럿 중에서 가려서 좋아함. [예] 남아 선호. —하다.

선홍색 산뜻하고 밝은 홍색.

선회(旋回) ①원을 그리며 돎. [예] 선회 운동. ②항공기가 곡선을 그리듯 진로를 바꿈. [예] 비행기가 선회하다. —하다.

선후(先後) ①앞과 뒤. [예] 일의 선후를 가리다. ②먼저와 나중. ③앞서거니 뒤서거니 함. —하다.

섣:달 일 년 중의 마지막 달.

섣:달 그믐 음력으로 한 해의 마지막 날. 음력 12월 30일.

섣:부르다〔섣부르니, 섣불러〕 솜씨가 아주 설고 어설프다. [예] 섣부른 행동.

설: 새해의 첫날.

설거지 그릇을 씻어 제자리에 두는 일. —하다.

설경(雪景) 눈 내리는 경치. 눈이 쌓인 경치.

설계(設計) 제작이나 공사 따위에 앞서 그 목적에 맞도록 모든 계획을 세움. —하다.

설계도 설계의 차례를 자세하게 보인 도면.

설교(說教) ①종교의 가르침을 설명함. ②단단히 타일러서 가르침. [예] 착하게 살라고 설교하다. [비] 설득. —하다.

설:날 정월 초하룻날.

설:다〔서니〕 ①익지 않다. 덜 익다. [예] 밥이 설다. ②서투르다. [예] 손에 선 공구.

설득(說得)〔—뜩〕 설명하여 알아

ㅅ

듣게 함. [예] 반대 의견을 가진 사람을 설득하다. [비] 설복. —하다.

설득력 설득하는 힘. [예] 그의 이야기에는 설득력이 있다.

설렁탕 소의 머리·내장·무릎도가니 등을 푹 삶아서 만든 국.

설렁하다 ①서늘한 바람이 불어 좀 추운 듯하다. [예] 창문을 여니 방안이 설렁하다. ②텅 빈 듯하다. [작] 살랑하다. [센] 썰렁하다.

설레다 두근거리다. [예] 내일 소풍 갈 일을 생각하니 가슴이 설렌다.

설레설레 머리나 꼬리 따위를 가볍게 좌우로 흔드는 모양. [준] 설설. [작] 살래살래. [센] 썰레썰레.

설령(設令) 그렇다 치더라도. 설사. [예] 설령 고의가 아니었어도 그것은 너의 책임이다.

설립(設立) 만들어 세움. 시설하여 세움. [예] 학교 설립. —하다.

설마 아무리 그러하더라도. [예] 설마 했더니 그게 사실이구나.

설마가 사람 죽인다〈속〉 설마 그러할 수가 있나 하고 마음을 놓아 버린 곳에서 탈이 일어난다.

설맞다 총알 따위가 빗맞다. [예] 설맞은 멧돼지처럼 날뛰다.

설명(說明) 풀어서 밝혀 말함. [예] 설명문. [비] 해설. 해명. —하다.

설명문(說明文) 사물의 이치를 설명하여 독자의 이해를 돕는 글.

설명서(說明書) 사물의 내용·사용법 등을 자세히 설명한 글.

설문(設問) 문제·물음을 만들어 냄, 또는 그 문제나 물음. [예] 설문 조사. —하다.

설문 조사 몇 가지 질문을 통하여 관심 있는 연구 사항을 조사하는 일. —하다.

설법(說法)[—뻡] 불교의 도리를 설명하여 가르침. [예] 스님의 설법을 듣다. —하다.

설복(說伏·說服) 알아듣도록 말하여 수긍하게 함. [예] 적을 설복시키다. [비] 설득. —하다.

설비(設備) 베풀어서 갖춤. [예] 건축 설비. [비] 시설. —하다.

설:빔 설에 입는 새 옷. —하다.

설사[1](泄瀉)[—싸] 배탈이 나서 누는 묽은 똥. —하다.

설사[2](設使)[—싸] ＝설령.

설삶다[—삼따] 반쯤 삶다.

설상 가상(雪上加霜) 눈 위에 또 서리가 덮인다는 뜻으로, 불행이 연거푸 일어남을 이르는 말.

설상차(雪上車) 폭이 넓은 궤도를 장비하여 눈 위나 얼음 위를 달릴 수 있도록 장치한 특수 자동차.

설설[1] ①물이 끓는 모양. ②온돌방이 뜨거워지는 모양. [예] 방이 설설 끓는다.

설설[2] 천천히 기는 모양. [예] 미끄러워 설설 기어다닌다. [작] 살살.

설설 기다 남 앞에서 매우 두려워하여 기를 펴지 못하다.

설:쇠다 설을 지내다.

설악산(雪嶽山) 강원도 양양군과 인제군 사이에 있는 산. 주봉은 대청봉이며 1970년 3월에 국립공원으로 지정됨. 높이 1,708 m.

설왕설래(說往說來) 옳고 그름을 따지느라 말로 옥신각신함. —하다.

설욕(雪辱) 전에 패배했던 부끄러움을 씻어 내고 영광을 되찾음. [예] 옛날의 패배를 설욕하다. 설욕전. —하다.

설:움 서러운 느낌. 슬픈 마음.

설워하다 서럽게 여기다. [예] 자신의 처지를 설워하다.

설익다 반쯤 익다.
설정(設定) 새로 만들어 정해 둠. ㉘목표를 설정하다. —하다.
설주(—柱)[—쭈] ①문짝을 끼워 달려고 중방과 문지방 사이 문의 양쪽에 세우는 기둥. 본문설주. ②얼레의 기둥이 되는 나무 부분.
설총(薛聰) 신라 시대의 학자. 강수·최치원과 함께 신라의 3대 문장가. 원효 대사의 아들로 이두를 만들었다 함.
설치(設置) 베풀어 둠. ㉘공원에 놀이 기구를 설치하다. —하다.
설치다[1] 몹시 날뛰다. ㉘불량배가 설치다.
설치다[2] 한도에 못 미치고 그만두다. ㉘잠을 설치다.
설컹거리다 설삶은 콩·밤 등이 씹히는 소리가 자꾸 나다. 또, 그런 느낌을 주다. 짝살캉거리다. 센썰컹거리다.
설컹설컹 자꾸 설컹거리는 모양. —하다.
설탕(雪糖) 사탕가루.
설파(說破) 사물의 내용을 밝혀 말함. ㉘의견을 설파하다. —하다.
설피다 짜거나 엮은 깃이 기칠고 성기다. ㉘베가 설피다. 짝살피다.
설형 문자 지난날, 바빌로니아와 아시리아에서 쓰던 쐐기 모양의 글자. 쐐기 문자.
설화(說話) ①이야기. ②신화·전설·민담 등을 줄거리로 한 사실과는 먼 옛 이야기.
섬[1] ①곡식을 담기 위하여 짚으로 엮어 만든 멱서리. ②한 말의 열 곱절. ㉘쌀 한 섬. 비석.
섬:[2] 바다 또는 늪 가운데에 물위로 드러나 있는 땅.

섬[3] 돌층계의 계단.
섬광(閃光) 순간적으로 강렬히 빛나는 빛.
섬기다 우러러 받들다. ㉘부모를 섬기다.
섬:나라 섬으로 이루어진 일본·필리핀과 같은 나라.
섬돌[—똘] 집채의 앞뒤에 오르내리게 만들어 놓은 돌층계.
섬뜩하다 가슴이 덜렁하도록 무섭고 꺼림칙하다. ㉘비명 소리에 가슴이 섬뜩했다.
섬멸(殲滅) 다시 일어날 수 없도록 모조리 무찔러 없앰. —하다.
섬멸전 적을 모조리 무찔러 멸망시키는 전투.
섬세(纖細) ①곱고 가늚. ②매우 찬찬하고 세밀함. ③감수성이 예민함. —하다. —히.
섬유(纖維) 생물체의 몸을 이루는 실 같은 물질. ㉘섬유 조직.
섬유 공업 면화·누에고치·양털 등에서 실을 뽑아 내거나 옷감을 짜는 공업.
섬유질 섬유로 이루어진 물질.
섬진강(蟾津江) 전라 북도 진안군에서 시작하여 남해로 흘러 들어가는 강. 길이 212km.
섭렵(涉獵) 이곳 저곳을 널리 찾아다니거나 여러 책을 두루 읽음. ㉘고전 작품을 섭렵하다. —하다.
섭리(攝理) 전 우주를 지배하는 원리. ㉘자연의 섭리.
섭새김 조각에서, 글자나 그림이 두드러지도록 새기는 일. 돋새김. ㉘섭새김질. —하다.
섭생(攝生) ①병이 걸리지 않게 함. ②병이 낫게 함. —하다.
섭섭하다 ①마음이 끌리어 서로 헤어지기 어렵다. ㉘철이가 전학을 간다는 말을 듣고 섭섭한 마음을 누를 수 없었다. ②없어지는 것이 아깝다. ③남이 대하는 태도가 서운하고 흡족하지 아니하다. [예] 네가 그런 식으로 나오니 섭섭하다. [비] 서운하다. [반] 반갑다. —히.

섭씨 온도계(攝氏溫度計) 물의 빙점을 0도, 비등점을 100도로 하는 온도계.

섭취(攝取) 영양분을 빨아들임. [예] 영양을 섭취하다. —하다.

성:[1] 노여워하여 분하게 여기는 마음. [예] 성이 나다. [비] 화.

성:[2](姓) 한 겨레붙이의 갈래를 나타내기 위하여 대대로 이어 내리는 일컬음. 이·김·최·안·정·박 따위. [비] 씨.

성:[3](性) 생물의 암수나 사람의 남녀 구별.

성[4](城) 적의 군대를 막기 위하여 쌓은 높은 담과 집.

성가(聲價)[—까] 일정한 물건이나 사람 등에 대한 세상의 좋은 평판.

성가시다 ①귀찮다. [예] 성가시게 굴지 좀 마라. ②괴롭다. ③싫다. [비] 귀찮다. 괴롭다.

성:격(性格)[—껵] 개인이 가지고 있는 성질. [비] 성미. 성품. 성질.

성:경(聖經) 예수교의 교리를 적은 구약과 신약 전서.

성:골(聖骨) 신라 시대의 골품 제도에서, 부모가 모두 왕족인 혈통.

성공(成功) ①자기가 하고자 한 목적을 다 이룸. [예] 실패는 성공의 어머니. ②사회적인 지위를 얻음. [예] 그만하면 성공한 편이다. [비] 성취. [반] 실패. —하다.

성과(成果) 일이 이루어진 결과. [예] 성과를 올리다. [비] 효과. 보람.

성곽(城郭·城廓) 성 둘레의 벽.

성:교육(性敎育) 청소년에게 성에 대한 바른 지식을 가르치는 교육.

성균관(成均館) 조선 태조 때 서울에 설치한 최고 교육 기관.

성균관 개구리〈속〉 자나깨나 글만 읽는 글방 도련님.

성글다 사이가 배지 않고 뜨다. [예] 올이 성글다.

성금(誠金) 정성으로 내는 돈.

성:급하다(性急—) 성질이 급하다. [예] 성급한 행동. —히.

성기다 ①사이가 배지 않고 뜨다. [예] 성긴 머리카락. ②관계가 깊지 않고 버성기다. [반] 배다.

성:깔 ①성질을 부리는 형세. [예] 성깔있게 생긴 남자. ②날카로운 성질.

성:나다 ①노하다. 화나다. [예] 성난 호랑이. ②종기가 덧나다.

성나 바위 차기〈속〉 안 될 일을 무리하게 하면 스스로 해를 당한다는 뜻.

성남(城南) 경기도의 한 시로, 서울의 남쪽에 있는 신흥 도시.

성:내다 화를 내다.

성냥 작은 나뭇개비 끝에 유황을 발라서 불을 켜는 물건.

성냥갑(—匣)[—깝] 성냥개비를 넣는 갑.

성냥개비[—깨비] 성냥의 낱개.

성냥불 성냥에 붙은 불.

성냥팔이 소:녀 안데르센이 지은 동화. 어느 눈 내리는 날 밤에 추위에 얼어서 목숨을 잃은 성냥팔이 소녀의 가엾은 이야기.

성년(成年) 만 스무 살 이상이 되어 신체나 지능이 완전히 발달되어 행위 능력이 있다고 보는 나이. 비성인. 반미성년.

성년식(―式) ①왕·왕족이 성년에 이를 때에 베푸는 의식. ②미개인 사이에서 일정한 나이에 달한 남녀에게 씨족·종교 단체 등의 성원으로서의 자격을 주는 의식.

성 : 능(性能) 기계 따위가 일을 해낼 수 있는 능력. 비기능.

성 : 당(聖堂) 천주교의 교회당.

성대(聲帶) 목구멍의 소리를 내는 곳. 비목청.

성 : 대하다(盛大―) 크고 훌륭하다. 예성대한 졸업식. 비굉장하다. 반간소하다. ―히.

성덕 대 : 왕 신종(聖德大王神鐘) 신라 경덕왕이 선왕 성덕왕을 위해 제작한 종으로, 우리 나라 최대(직경 227cm, 높이 333cm)이며 에밀레종, 봉덕사 종이라고도 함.

성량(聲量) 사람이 낼 수 있는 소리의 크기나 또는 강한 정도.

성 : 리학(性理學) 중국에서 일어난 유학의 한 종류. 인간의 참다운 모습을 물질적인 것보다 이성적인 측면에서 연구하는 학문.

성립(成立) 일이나 물건이 이루어짐. 예예산을 성립하다. ―하다.

성 : 마르다 도량이 좁고 성미가 급하다. 예성마른 사람.

성 : 명¹(姓名) 성과 이름. 성함.

성명²(聲明) 여러 사람에게 밝혀서 말함. 예성명서. ―하다.

성 : 모(聖母) ①거룩한 어머니. ②예수의 어머니 마리아.

성묘(省墓) 조상의 산소를 찾아가서 살피어 돌봄. ―하다.

성문(城門) 성을 드나드는 문.

성 : 미(性味) ①본디 타고난 특별한 성질. 예까다로운 성미. ②성질과 취미. 비성격.

성벽(城壁) 성의 담벼락.

성 : 별(性別) 남녀의 구별.

성부(聲部) 발성이 가능한 높낮이에 따라 구분한 각 목소리의 부분. 소프라노·알토·테너 따위.

성분(成分) ①물체를 이루는 분자. 예성분 분석. ②문장의 각 부분. 예문장의 주성분.

성불사(成佛寺) [―싸] 황해도 황주군 정방산 속에 있는 절. 신라 말에 도선이 창건하였음.

성사¹(成事) 일을 이룸. 예계약을 성사시키다. ―하다.

성 : 사²(聖事) 거룩한 일.

성삼문(成三問, 1418~1456) 조선 시대 단종 때의 충신이며 학자. 사육신 중의 한 사람. 집현전 학사로 세종 대왕을 도와 한글을 만드는 데 큰 공을 세웠음.

성 : 서(聖書) =성경.

성 : 선설(性善說) 인간의 본성은 본디 착하다는 주장. 반성악설.

성성하다(星星―) 머리털이 희끗희끗하게 많이 세다. 예백발이 성성하다.

성 : 쇠(盛衰) 성함과 쇠퇴함. 잘되고 못 됨. 예흥망 성쇠.

성 : 수기(盛需期) 어떤 물건이 한창 쓰이는 시기.

성숙(成熟) ①열매가 익음. ②다 자람. 예안 본 사이에 성숙해졌구나. 반미숙. ―하다.

성 : 스럽다(聖―) [성스러우니, 성스러워/성스러이] 거룩하고 고상하며 깨끗하다. 예성스러운 의식.

성실(誠實) ①정성스럽고 실속이 있음. 예성실한 성격. ②참되고 거짓이 없음. ③부지런함. 예성실한 태도. ―하다. ―히.

성심(誠心) 참된 마음. 정성이 있는 마음. [예] 성심 성의. [비] 성의.
성심껏 정성을 다하여. [예] 환자를 성심껏 간호하다. [비] 정성껏.
성ː씨(姓氏) 성을 높여 부르는 말.
성악(聲樂) 사람의 목소리로 아름답게 나타내는 음악. [예] 성악가. [반] 기악.
성ː악설(性惡說) 인간의 본성은 악이라고 주장하는 학설. 중국의 순자가 제창한 것으로 인간은 태어날 때부터 자기 이익만을 취하려는 마음이 강하다고 함.
성ː어기(盛漁期) 계절적으로 어떤 물고기가 많이 잡히는 시기.
성에 겨울의 추운 날, 창·굴뚝 등에 수증기가 허옇게 얼어붙은 것. [예] 창에 성에가 끼다.
성ː역(聖域) 종교상 신성하여 잘못을 저지르면 안 되는 지역.
성ː왕(聖王) 백제 제26대 왕(재위 523~553). 서울을 웅진(지금의 공주)에서 사비(지금의 부여)로 옮긴 후 나라의 기틀을 잡고, 잃었던 한강 유역을 되찾았으며 불교와 우리 문화를 일본에 전해 주기도 했음.
성우(聲優) 주로 라디오 방송극에 출연하는 배우.
성ː웅(聖雄) 거룩하리만큼 뛰어난 영웅. [예] 성웅 이순신 장군.
성원(聲援) 옆에서 소리쳐서 힘을 북돋우어 줌. [예] 우승팀에 성원을 보내다. —하다.
성ː은(聖恩) ①임금의 은혜. [예] 성은을 입다. ②하느님의 은혜.
성의(誠意) 참되고 정성스러운 마음. [예] 저의 조그만 성의입니다. [비] 성심.
성의껏 있는 성의를 다하여. [예] 질문에 성의껏 답하다. [비] 정성껏.
성인[1](成人) 만 스무 살 이상이 된 남녀. [비] 어른. [반] 미성인.
성ː인[2](聖人) 지혜와 도덕이 뛰어나 영구히 남의 모범이 될 만한 사람. [비] 성자. [반] 범인.
성ː자(聖者) 지혜와 덕이 뛰어나 길이 남들이 본받을 만한 사람. [예] 슈바이처는 아프리카의 성자로 불린다. [비] 성인.
성장(成長) 자라서 커짐. [예] 성장기. [비] 장성. 성숙. [반] 위축. 쇠퇴. —하다.
성장기 체구나 규모가 성장하는 시기.
성적(成績) ①학습에 의하여 얻은 지식·기능·태도 따위의 평가된 결과. [예] 성적표. ②일을 다 마친 뒤의 결과.
성적표 성적을 기록한 표. [예] 성적표를 받다.
성ː전[1](聖傳) 성서 외에 전해 오는 예수의 행적에 관한 전설.
성ː전[2](聖殿) 거룩하고 성스러운 곳. 성당. 예배당.
성조기(星條旗) 미국의 국기. 열세 줄의 적백색의 가로선과 푸른 바탕에 주를 상징하는 쉰 개의 흰 별이 있음.
성종[1](成宗) 고려 제6대 왕(재위 982~997). 교육·정치 제도를 정비하였음.
성종[2](成宗) 조선 제9대 왕(재위 1469~1494). 유교를 장려하였으며 〈경국대전〉을 완성하여 국가 제도를 정비하였음.
성주[1] 민간에서 집을 지키고 보호한다는 신령.
성주[2](城主) 성의 우두머리.

성:지(聖地) 종교상으로 관련이 있는, 거룩하게 여겨지는 땅. [예] 예루살렘 성지.

성:직자(聖職者) 종교적 직분을 맡은 사람. 목사·신부·승려 등.

성:질(性質) ①사람이 타고난 본바탕. [예] 개개의 성질이 다 다르다. ②사물이나 현상이 본디 가지고 있는 특징. [비] 성격.

성:징(性徵) 남녀·암수의 구별에 의해 몸에 나타나는 성적 특징. [예] 이차 성징.

성:찬(盛饌) 풍성하게 잘 차린 음식. [예] 진수 성찬.

성:찬식(聖餐式) 예수의 최후를 기념하여 그의 살과 피를 상징하는 빵과 포도주를 나누는 의식.

성찰(省察) 지난 일을 돌이켜보고 반성함. [예] 자기 성찰. —하다.

성채(城砦) 성과 요새.

성충(成蟲) 곤충이 알에서 깨어 새끼 벌레가 되고 그것이 자라 큰 벌레가 된 것. [반] 유충.

성취(成就) 목적을 이루어 냄. [예] 성취감. —하다.

성층권(成層圈)[—꿘] 지구를 둘러싼 공기의 한 구간. 지구 표면에서 약 10~50 km 까지의 높이.

성큼성큼 다리가 긴 사람이 걸어가는 모양. [예] 성큼성큼 쫓아가다.

성:탄(聖誕) ①성인이나 임금의 탄생. ②'성탄절'의 준말.

성:탄절(聖誕節) 예수 탄생을 기념하는 날. 매년 12 월 25 일.

성패(成敗) 일의 성공과 실패.

성:품(性品) 사람이 본디 가지고 있는 성질. [비] 성격. 인격. 인품.

성하다[1] ①깨진 곳이나 흠이 없다. [예] 성한 과일로 골라라. ②몸에 병이나 상처가 없다. [예] 몸 성히 잘 지내다. —히.

성:하다[2](盛—) ①자손이 많아지다. ②초목이 무성하다. [예] 나무가 성하여 이룬 수풀. ③세력이 강하다. [예] 기력이 성하다. —히.

성:함(姓銜) '성명'의 높임말. [예] 성함을 여쭈어 보다.

성:행[1](性行) 성질과 행동. 몸을 가지는 태도.

성:행[2](盛行) 매우 성하게 유행함. [예] 감기가 성행하다. —하다.

성:향(性向) 성질의 경향. [예] 남다른 성향의 사람. [비] 기질.

성:현(聖賢) 덕망이 높고 어진 사람.

성형(成形) ①일정한 모양을 이룸. [예] 성형 수술. ②흙을 빚어 그릇의 본새를 만듦. —하다.

성호사설(星湖僿說) 조선 숙종 때의 실학자 이익이 지은 책. 천지·만물·인사·시문 등으로 나누어 모은 책. 30권 30책.

성홍열(猩紅熱) 어린이에게 많이 나타나는 전염병의 하나. 목의 통증과 고열·두드러기가 나며 살갗이 빨갛게 됨.

성화[1](成火) ①몹시 마음을 태워 답답함. ②성가시게 굶. [예] 징님 감을 사달라고 성화다. —하다.

성:화[2](聖火) 성스러운 올림픽 대회 때의 횃불. [예] 성화를 올리다.

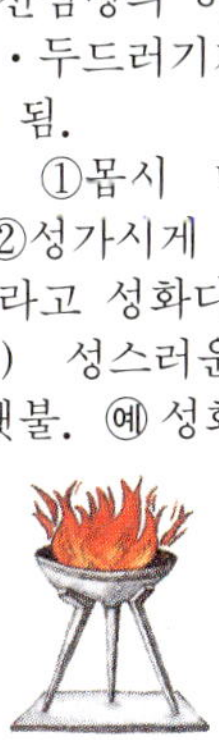

〔성 화[2]〕

성화같다 몹시 다급하다. [예] 재촉이 성화같다. —이.

성:황(盛況) 어떤 일이 성대하게 이루어지고 있는 모양. [예] 발표회

ㅅ

는 대성황을 이루었다.

성황당(城隍堂) →서낭당.

성황리 성황을 이룬 가운데. ㉠연주회는 성황리에 끝났다.

성희안(成希顏, 1461~1513) 조선 중종 때의 공신. 중종 반정을 성공적으로 이끌어 영의정이 됨.

섶 ①누에가 올라가 고치를 짓도록 마련해 놓은 짚이나 잎나무. ②저고리 깃 아래에 딸린 긴 헝겊. ㉣옷섶.

섶을 지고 불로 들어가려 한다 〈속〉 제가 짐짓 그릇된 짓을 해서 화를 더 당하려 한다.

세:¹ 셋. 삼(3). ㉠세 사람.

세:²(貰) 남의 집이나 물건을 빌려 쓰고 내는 돈. ㉠방세를 내다.

-세³ 어떤 말에 붙어 같이 하자는 뜻을 나타내는 말. ㉠밤이 깊었으니 그만 돌아가세.

세:가(勢家) 권세 있는 집안. ㉠권문 세가.

세:간 집안 살림에 쓰는 모든 물건. ㉠신혼 세간. ㉥살림살이.

세:간나다 같이 살던 가족이 살림을 따로 차리다.

세:계(世界) ①온 세상. ㉠세계 속의 한국. ②같은 무리.

세:계 곳곳 전세계에 걸쳐 빠짐이 없이. ㉠세계 곳곳을 여행하다.

세:계관 세계와 거기에 살고 있는 사람들에 대하여 생각하는 의견.

세:계 대:전 세계적인 규모로 일어난 대전쟁. 흔히 제1차 및 제2차 세계 대전을 이름.

세:계 만:방 세계의 모든 나라. ㉠국력을 세계 만방에 떨치다.

세:계 무:역 기구 국제 무역에서 발생하는 문제들을 해결해 주고, 거래 질서를 어지럽히는 국가에 대해서는 법적 강제력을 행사하는 등 국가 간의 자유로운 거래가 이루어질 수 있도록 1995년에 설립된 국제 기구. 약칭은 더블유티오(WTO).

세:계 보:건 기구 국제 연합 전문 기구의 하나. 1946년 유엔 총회 결의에 의해 1948년 4월 7일(세계 보건일)에 설립. 본부를 스위스의 제네바에 두고 있음.

세:계사 세계 전체를 체계적으로 연관시킨 인류의 역사.

세:계 인권 선언 1948년 국제 연합 총회에서 채택된 선언. 세계의 모든 국민이나 국가가 이룩해야 할 인권 존중의 기준을 밝힘.

세:계적 ①온 세상에 널리 알려진. ㉠세계적인 선수. ②세계에 내놓아도 부끄럽지 않은. ㉠고려 청자는 세계적으로 유명하다.

세:계주의 온 나라의 평화와 발달을 주장하는 주의.

세:공(細工) ①작은 물건을 만드는 수공. ②잔손이 많이 가는 수공. ㉠세공품.

세:관(稅關) 수출입 화물의 허가·검열, 관세·톤(ton)세의 부과 또는 징수 등의 사무를 맡아 보는 행정 관청.

세:관원 비행장·항구·국경 지대 등에 있는 세관에서 여객이나 수출입 화물에 대한 검사·검역 등의 일을 맡아 보는 사람.

세:균(細菌) 생물 가운데서 가장 작은 것으로 우리의 눈으로는 볼 수 없으며, 물건을 썩게 하고 병들게 하는 것. ㉥균. 박테리아.

세:금(稅金) 국가 또는 지방 단체가 경비를 쓰기 위하여 국민에게서 받아들이는 돈.

세:기(世紀) ①시대. 연대. ②백 년을 단위로 하는 시대 구분. ㉮ 21세기가 코앞에 다가오다.

세:끼 하루 세 번 먹는 밥.

세:뇌(洗腦) 어떤 관념으로 머리가 굳어진 사람에게 선전이나 계몽을 통하여 새로운 사상을 주입함. ㉮ 세뇌 공작. —하다.

세:다¹ 머리털이 희어지다. ㉮ 머리가 허옇게 세다.

세:다² 사물의 수를 계산하다. ㉮ 숫자를 세다. 비 헤아리다.

세:다³ ①힘이 많다. ②마음이 굳다. ③세력이 크다. ㉮ 불길이 세다. ④속력이 빠르다.

세:대(世代) ①여러 대. ②한 시대 사람들. 한 대. 약 30년. ㉮ 젊은 세대. ③세상. ㉮ 범죄가 들끓는 이 세대.

세:대 교체 새 세대가 낡은 세대와 교대함. ㉮ 정치권의 세대 교체가 이루어지다. —하다.

세:도 정치(勢道政治) 왕의 신임을 받는 사람이 모든 정치를 맡아 하던 정치. 조선 시대 순조 이후 3대에 걸쳐 왕의 외척들이 정권을 잡고 50년 가까이 세도 정치를 계속하였음.

세레나:데(독 serenade) ①밤에 연인의 창가에서 부르는 노래. 비 소야곡. ②18세기에 많이 쓰여진 기악 형식으로, 교향곡보다 규모가 작으며 보통 5~6악장으로 이루어짐.

세:력(勢力) ①남을 복종시키는 힘. ②권세의 힘. 비 권세.

세:력가 세력이 있는 사람.

세:력권 세력이 미치는 범위.

세:련(洗練) 갈고 다듬어 우아하고 고상하게 함. ㉮ 세련된 문장.

세:례(洗禮) 천주교에서, 죄악을 씻고 새 사람이 된다는 표로 하는 의식의 한 가지. ㉮ 세례를 받다.

세:례명 천주교 신자가 세례 때 받는 이름.

세:로 위에서 아래로 똑바로 그은 것. 비 종. 반 가로.

세:로글씨 위에서 아래로 내리쓰는 글씨. 한자 등을 쓸 때 많이 쓰임. 반 가로글씨.

세:로 좌:표 좌표 평면 위의 점에서 세로축에 내린 수선이 마주 대하는 세로축 위의 수.

세:로줄 ①세로로 그은 줄. 반 가로줄. ②악보에서 마디를 구별하는 세로로 그은 줄.

세:로축 좌표 평면에서 세로로 놓인 수직선.

세르반테스(Cervantes,1547~1616) 〈돈키호테〉를 지은 에스파냐의 소설가. 전쟁·노예 생활·감옥 생활 등 기구한 생애를 겪다가 〈돈키호테〉를 발표하여 이름을 냈는데, 폭넓은 공상을 바탕으로 뛰어난 작품을 썼음.

세:마치 대장간에서 쇠를 불릴 때에 세 사람이 돌려 가니 치는 큰 마치.

세:마치 장단 국악에서, 세마치를 치는 것 같은 8분의 9박자의 빠른 장단.

세메다인(cemedine) 나무나 플라스틱 따위를 붙이는 데 쓰이는 풀의 상품명.

세:면(洗面) 얼굴을 씻음. ㉮ 세면 도구. 비 세수. —하다.

세:면대 세면 시설을 해 놓은 대.

세:면 도:구 세수하는 데 쓰이는 용품. 비누·수건 따위.

세:모 삼각형의 각 모. 삼각.

세:모꼴 세 변으로 둘러싸인 꼴. 🖪 삼각형.

세:모나다 세모 모양으로 생기다.

세:목(細木) 올이 썩 가는 고운 무명.

세:무(稅務) 세금을 매기고 거두는 일. 예 세무 사찰.

세:무서(稅務署) 각 지방의 세금에 관한 일을 맡아 보는 관청.

세미나(seminar) 대학 따위에서 교수의 지도 밑에서 학생들이 공동으로 토론·연구하는 교육 방법의 하나.

세:밀(細密) 세세하고 조밀함. 예 세밀한 계획. —하다. —히.

세:밑(歲—) 한 해의 마지막 때. 연말. 🖪 세모.

세:발 자전거 어린애들이 타는, 바퀴가 셋 달린 자전거.

세:배(歲拜) 새해의 인사로 하는 절. 예 세배를 드리다. —하다.

세:뱃돈[—배똔] 세배를 한 아이들에게 주는 돈.

세:병관(洗兵館) 경상 남도 통영시에 있는, 이순신 장군의 전공을 기념하기 위하여 지은 조선 시대의 건축물. 보물 제 293호.

세:부(細部) 자세한 부분.

세:분(細分) 잘게 나누거나 자세하게 분류함. 예 토론할 내용을 세분하다. —하다.

세브란스 병:원 미국인 선교사 에비슨이 세브란스로부터 기부금을 받아 1900년 숭례문 밖에 건립한 병원. 지금의 연세 대학교 의과 대학.

세:사(細沙) 잔모래.

세 살 적 버릇 여든까지 간다〈속〉 어릴 때의 나쁜 버릇은 좀처럼 고치기가 어렵다.

세:상(世上) ①모든 사람이 살고 있는 지구 위. 예 세상이 떠들썩했던 사건. ②한 사람이 살고 있는 동안. 예 가난 속에 한 세상을 보내다. ③마음대로 할 수 있는 곳. 예 제 세상인 듯이 날뛴다.

세:상 만:사 세상의 온갖 일. 예 세상 만사가 쉽지만은 않다.

세:상살이 세상을 살아가는 일. 예 고달픈 세상살이. —하다.

세:상없이 더할 나위 없이. 천하 없이. 예 세상없이 착한 사람.

세:상에 그런 일도 다 있나 하고, 크게 놀라는 뜻으로 쓰는 말. 세상 천지에. 예 선생님께 대들다니 세상에 그럴 수가 있을까.

세:상을 떠나다 '죽다'의 존대말.

세:세하다(細細—) ①아주 자세하다. 예 세세한 계획. ②자디잘아 보잘것 없다. 예 벗을 만나 세세한 사연을 털어놓다. —히.

세:속(世俗) 이 세상. 속세. 예 세속을 떠나 살다.

세:속 오:계(世俗五戒) 신라 때 화랑들이 꼭 지키기로 정했던 다섯 가지 가르침. 나라에 충성하고, 부모에 효도하며, 믿음으로 친구를 사귀고, 싸움에 나가서는 물러서지 않으며, 산 것을 함부로 죽이지 않을 것 등임.

세:수(洗手) 얼굴을 씻음. 예 세수하고 밥 먹어야지. —하다.

세:숫대야[—수때—] 세숫물을 담는 대야.

세:숫비누[—수삐—] 세수할 때에 쓰는 비누.

세:습¹(世習) 세상의 풍습.

세:습²(世襲) 재산·지위·업무 등을 물려받는 일. 예 왕위를 세습하다. —하다.

세:시(歲時) ①새해. 설날. ②일 년 중의 때때. [예] 세시 풍속.

세:시 풍속 옛날부터 내려오는 일 년 중의 행사나 명절 의식.

세:심(細心) 작은 일에도 꼼꼼하게 조심하는 마음. [예] 세심한 배려. —하다. —히.

세:액(稅額) 세금의 액수.

세우다 ①물건을 서게 하다. ②일으키다. ③짓다. ④걸음을 그치게 하다. ⑤뜻을 정하다. [예] 뜻을 세우다. ⑥칼날을 날카롭게 만들다. [예] 날을 세우다.

세:월(歲月) ①날과 달과 해가 지나가는 시간. [예] 세월이 흐르다. [비] 연월. 시일. ②장사의 거래. [예] 세월이 좋다.

세:율(稅率) 세금을 매기는 비율. [예] 세율이 낮다.

세이프(safe) ①안전. ②야구에서 주자가 아웃을 면함.

세:인(世人) 세상 사람. [예] 세인의 웃음거리가 되다.

세인트루이스(Saint Louis) 미국 미주리 주 동부에 있는 도시. 축산과 자동차 공업 등이 발달했음.

세인트헬렌스 화:산 미국 워싱턴 주 남쪽의 화산. 1980년에 대폭발을 일으켰음.

세일(sale) 판매. 매출. [본] 바겐세일. —하다.

세일즈맨(salesman) =외판원.

세:입(稅入) 조세에 의한 수입. [예] 세입의 증가.

세:자(世子) 임금의 자리를 이어받을 아들.

세:자빈(世子嬪) 왕세자의 아내.

세:제(洗劑) 몸이나 의류 따위에 묻은 물질을 씻어 내는 데 쓰이는 약품. [예] 합성 세제.

세제곱 같은 수를 세 번 곱함.

세:제곱 미:터 한 모서리의 길이가 1m인 정육면체의 부피의 단위. ‘$1m^3$’로 씀.

세:조(世祖, 1417~1468) 조선 제7대 왕(재위 1455~1468). 임금이 되기 전은 수양 대군. 단종을 몰아내고 왕위에 오른 후 문화 발전에 힘썼음.

세:종(世宗, 1397~1450) 조선 제4대 왕(재위 1419~1450). 〈훈민정음〉을 창제했으며, 밖으로는 국토를 정비하고, 안으로는 민족 문화를 크게 일으키는 등 여러 방면에 큰 업적을 남겼음.

세:주다 셋돈을 받고 집이나 물건을 빌려 주다. [예] 방을 세주다.

세:차(洗車) 자동차에 묻은 흙이나 먼지 따위를 씻어 내는 일. [예] 세차장에서 세차를 하다. —하다.

세:차다 몹시 강하다. 매우 억세다. [예] 세찬 바람. [비] 힘차다. 거세다. [반] 약하다.

세:찬(歲饌) 세배 온 사람에게 대접하는 음식. [예] 손님들에게 세찬을 내놓다. —하다.

세:척(洗滌) 깨끗이 씻음. [예] 위를 세척하다. —하다.

세:칭(世稱) 세상에서 흔히 말함. [예] 세칭 일류 대학에 다니다.

세컨드(second) ①둘째. ②‘세컨드 베이스’의 준말. 야구에서 2루를 뜻하는 말.

세:탁(洗濯) =빨래. [예] 커튼을 세탁하다. —하다.

세:탁비 빨래할 때 드는 비용.

세:탁소 돈을 받고 남의 빨래를 해 주는 곳.

세:태(世態) 세상의 형편이나 상태. [예] 세태 풍자 소설.

ㅅ

세트(set) ①그릇이나 가구 따위의 한 벌. ②테니스·배구·탁구 등에서, 한 시합 중의 한 승부. ③촬영용 장치. 예야외 세트.

세:파(世波) 파도처럼 거센 세상의 어려움. 예모진 세파를 헤쳐 나가다.

세:평(世評) 세상 사람들의 비평. 예작품에 대한 세평.

세:포(細胞) ①생물체를 이루는 단위. ②단체의 하부 조직.

세:피리(細—) 가늘고 작은 피리.

센:말 뜻은 같되, 어감이 강한 말. '방긋'에 대한 '빵끗' 같은 말. 반여린말.

센:머리 희게 된 머리털. 비백발.

센:물 칼슘이나 마그네슘·철분 따위의 광물질이 많이 들어 있는 물. 반단물.

센:박 악곡의 한 마디에서 세게 연주되는 박자. 반여린박.

센세이션(sensation) 일시적인 큰 평판. 선풍적인 인기. 예일대 센세이션을 불러일으키다.

센스(sense) 감각. 분별. 본능. 판단력. 예센스 있는 사람.

센터(center) ①중심. 복판. 중추. 핵심. ②물건이나 사람이 집중되어 있는 곳.

센트(cent) 미국 돈으로 1달러의 100분의 1.

센트럴 파:크(Central Park) 미국 뉴욕의 맨해튼 섬 중앙에 있는 공원.

센티미:터(centimeter) 길이의 단위. 1m의 100분의 1. 기호 cm.

셀로판(cellophane) 비스코스라는 물질로 만든 종이 같은 물건. 유리 모양으로 환히 비치며 반짝거림. 셀로판지.

셀로판 종이 셀로판을 종이처럼 얇게 한 것. 담뱃갑이나 캐러멜 갑 등의 포장지에 쓰임.

셀룰로이드(celluloid) 플라스틱의 한 가지. 필름이나 장난감에 쓰이며 무색이고 반투명함.

셀프서:비스(self service) 음식점이나 상점에서 손님이 직접 필요한 것을 챙기도록 하는 것.

셈: ①세어서 헤아림. 예셈이 빠르다. 비계산. ②사물을 분별하는 슬기. ③사실의 형편 또는 그 까닭. 예어찌 된 셈인지 모르겠다. 비셈판. ④주고받을 액수를 서로 따지어 밝히는 일. 예셈이 흐리다. —하다.

셈:속[—쏙] ①사실의 내용. ②겉으로 드러나지 않은 속내. 이해타산. 예그 셈속을 모르겠다.

셈:여림[—녀림] 세기와 약하기.

셈:여림표 악곡의 셈여림의 정도를 나타내는 표. 강약 부호.

셈:치다 ①어떤 동작이나 사실을 헤아려 어림잡다. 예받은 셈치다. ②계산하다. 헤아려 셈하다.

셋:방(貰房) 세를 내고 빌려 쓰는 방. 예셋방살이.

셋:방살이 남의 집 방을 빌려서 사는 살림살이. —하다.

셋:집 일정한 셋돈을 주고 남에게 빌려 사는 집. 예셋집을 얻다.

셋:째 둘째의 다음. 넷째의 위.

셔:츠(shirts) 윗도리에 입는 소매가 긴 서양식 속옷.

셔터(shutter) ①좁은 철판을 가로 연결한 덧문. ②사진기 따위에서 렌즈의 뚜껑을 재빨리 여닫는 장치.

셔틀콕(shuttlecock) 배드민턴 경기에 쓰이는 깃털 공.

셰일(shale) 작은 진흙층이 굳어

서 된 퇴적암.
소¹ 가축의 하나. 머리 위에 뿔이 둘 있고, 눈이 크며 털이 짧음. 밭을 갈고 짐을 나르는 데 쓰며 고기는 먹음.
소² 만두나 송편 따위의 속에 넣는 여러 가지 재료.
소³(沼) ①시내의 바닥이 특히 깊게 된 곳. ②늪.
소가 우마코(蘇我馬子, ?~626) 일본 아스카 시대에 실권을 잡았던 사람. 백제인의 후손으로 아스카 사를 지음.
소ː가족(小家族) 부부 중심으로 이루어진, 식구가 적은 집안. 비핵가족. 반대가족.
소ː가족 제ː도(小家族制度) 부부 중심으로 이루어진 오늘날의 가족 제도. 부부 중심 제도. 비핵가족 제도. 반대가족 제도.
소가죽 소의 가죽. 쇠가죽.
소각(消却) 태워 없애 버림. 예쓰레기를 소각 처리하다. —하다.
소ː갈머리 '무엇을 하려는 마음'의 낮춤말. 비소사지. 소갈딱지.
소ː감(所感) 느낀 바의 생각. 예소감이 어떻습니까?
소개(紹介) ①두 사람 사이에 서서 어떤 일을 주선함. ②모르는 사람을 알게 하여 줌. 예영희는 나에게 자기 친구 하나를 소개해 주었다. —하다.
소개말 서로 모르는 사이를 소개하는 말.
소개업 소개비를 받고 직업·집·토지 등의 매매나 임대·전세 등을 소개하여 알선하는 직업.
소개장[—짱] 소개하는 편지.
소ː견(所見) 일이나 물건을 보고 헤아리는 생각. 예소견이 좁아서 아무 일도 못 한다. 비의견.
소ː견머리 '소견'의 낮춤말.
소ː경 눈이 멀어서 앞을 보지 못하는 사람. 비장님. 봉사.
소경 기름 값 내기〈속〉 아무런 소득도 없는데 남과 같이 돈을 내니 억울하다는 말.
소경 단청 구경〈속〉 내용의 분별도 못하며 사물을 봄.
소경 매질하듯〈속〉 옳고 그름을 판별하지 못하고 일을 함부로 처리함을 이르는 말.
소경 북자루 쥐듯〈속〉 쓸데없이 일이나 물건을 잔뜩 쥐고 놓지 않음을 이르는 말.
소경이 개천을 나무란다〈속〉 제 잘못은 모르고 남만 나무란다.
소경이 저 죽을 날을 모른다〈속〉 아는 체하여도 제 앞일을 알지 못한다.
소경 제 닭 잡아먹기〈속〉 공것으로 알고서 먹고 보니 자기만 손해를 본다는 말.
소경 팔매질하듯〈속〉 대중없이 함부로 일을 하는 모양.
소ː계(小計) 한 부분만의 합계. 반총계.
소ː고(小鼓) 농악기의 하나. 작고 운두가 낮으며 얇은 가죽으로 메운 북으로 자루가 달렸음.

〔소 고〕

소고기 소의 고기. 쇠고기.
소ː곡(小曲) 짤막한 곡조.
소곤거리다 남이 못 알아듣게 작은 소리로 이야기하다. 예둘이서만 소곤거리지 말고 말해 보아라.

ㅂ속삭이다. 큰수군거리다. 센쏘곤거리다.

소곤소곤 연이어 소곤거리는 모양. 예교실에서 소곤소곤 속삭이다. 큰수군수군. 센쏘곤쏘곤. —하다.

소:공녀 미국의 버네트 여사가 지은 소설. 언제나 용기를 잃지 않고 슬픔을 이겨 가는 한 소녀의 이야기.

소:공자 미국의 여류 소설가 버네트가 지은 소설. 착한 마음을 지닌 어린 소년의 이야기.

소:관[1](所管) 어떤 사무를 맡아 관리함, 또는 그 사무. 예구청 소관. —하다.

소:관[2](所關) 관계되는 바. 예팔자 소관이다.

소:국(小國) 작은 나라.

소굴(巢窟) 도둑 또는 나쁜 짓을 하는 무리들의 근거지.

소:규모(小規模) 일의 범위 또는 단체나 조직 따위의 작은 규모.

소극(消極) ①자발적이지 못하고 마지못해 일하는 태도. ②무슨 일을 결정하지 못하고 어물거림. 예소극적인 행동. 반적극.

소금 음식물에 짠맛을 내는 데 쓰이는 나트륨과 염소의 화합물. 염화나트륨이라고도 하며, 흰빛의 정육면체 결정으로 바닷물을 증발시켜서 얻음.

소금구이 생선·쇠고기 따위에 소금을 쳐서 굽는 일, 또는 그 고기. —하다.

소금 먹은 놈이 물을 켠다〈속〉죄지은 놈이 벌을 당한다.

소금물 소금을 녹인 물. 또, 짜디짠 물. ㅂ염수.

소금물가림 알찬 볍씨를 가려 내기 위하여 소금물에 볍씨를 넣어 일찍 뜨는 쭉정이를 골라 내는 일.

소금에 아니 전 놈이 장에 절까 〈속〉비상한 흉계에 빠지지 아니한 사람이 여간한 꾀임에 속을 리가 없다.

소금쟁이 소금쟁잇과에 딸린 곤충. 몸은 흑갈색이나 앞가슴 부분에는 갈색의 세로 무늬가 있으며 발이 길고 끝에 털이 있어 물위를 뛰어다님.

소금절이 고기·채소 등을 소금에 절이는 일. —하다.

소급(遡及) 과거로 거슬러 올라가서 미침. 예세금을 소급해서 부과하다. —하다.

소:기(所期) 기대하는 바. 예소기의 목적을 달성하다.

소 꼬리보다 닭 대가리가 낫다 〈속〉크고 훌륭한 것이 모인 중에서 말석을 차지하여 대접을 못 받는 것보다 작고 좋지 않은 것 중에서 앞장서 대접받음이 낫다.

소꿉놀이 소꿉질하며 즐기는 놀이. —하다.

소꿉동무 어린 시절 함께 소꿉질하며 놀던 동무.

소꿉질 계집애들이 장난감을 가지고 음식 차리는 흉내를 내는 장난. —하다.

소나기 여름철에 날이 말짱하다가 갑자기 쏟아지는 비. 소낙비.

소나기밥 보통 때는 조금 먹다가 어떤 때 갑자기 많이 먹는 밥.

소나무 잎이 바늘 같고 사철 푸른 나무.

소나타(이 sonata) 보통 4개 악장으로 되어 있는 큰 악곡.

소낙비 =소나기.

소:녀(少女) 나이 어린 여자아이. 땐소년.

소:년(少年) 나이 어린 사내아이. 땐소녀.

소:년단(少年團) 보이 스카우트. 땐소녀단.

소:뇌(小腦) 대뇌의 아래, 연수의 뒤에 있는 타원형의 뇌수의 한 부분. 몸의 평균 운동을 조절함. 비작은골.

소:다(soda) 식염과 유산을 가열하여 얻은 하얀 가루, 또는 결정물. 알칼리성을 나타냄.

소:다수 설탕물에 이산화탄소를 넣은 청량 음료. 탄산수.

소 닭 보듯 닭 소 보듯(속) 아무 관심이 없이 지낸다는 뜻.

소:담(小膽) 담력이 적음. 용기가 없음. 땐대담. —하다.

소담스럽다〔소담스러우니, 소담스러워/소담스러이〕 소담하게 보이다. 소담한 맛이 있다. 예소담스럽게 핀 꽃. 비탐스럽다.

소담하다 ①먹음직하고 풍성하다. ②생김새가 탐스럽다. —히.

소:대(小隊) 네 개의 분대로써 이루어지는 군대의 한 단위.

소:대원 소대를 이루는 구성원.

소:대장 소대를 거느려 나가는 장교. 보통 소위나 중위가 됨.

소댕 솥을 덮는 뚜껑. 솥뚜껑.

소독(消毒) 병균이나 병독을 죽임. 예일광 소독. —하다.

소독 약〔—동냑〕 소독에 쓰이는 약. 비소독제.

소동(騷動) ①시끄럽게 떠듦. ②여러 사람이 법석을 함. 비소란. 난동. —하다.

소:득(所得) 얻은 바의 이익. 예소득세. 비수입. 땐손실.

소등(消燈) 불을 끔. 예소등 시간. 땐점등. —하다.

소:라 껍데기는 두껍고 모양은 달팽이 같은데 달팽이보다 큰 해산물.

소:라게 바닷게를 통틀어 일컫는 말. 새우와 게의 중간형으로 집 같은 껍데기를 이끌고 다니며, 대개 바닷속 모래 바닥에 삶. 살은 식용함.

소:라고둥 바다에서 삶. 껍데기는 홍색·갈색·백색 따위로, 아름다운 물결 무늬가 있음. 살은 먹으며 조가비는 '소라' 또는 '나각'이라 하여 부는 악기를 만듦.

소란(騷亂) 시끄럽고 어수선함. 땐정숙. —스럽다. —하다.

소:량(少量) 적은 분량. 땐다량.

소:로(小路) 작은 길. 땐대로.

소록소록 ①아기가 곱게 잠자는 모양. 예소록소록 잠자는 아기. ②비가 보슬보슬 내리는 모양. 예소록소록 내리는 봄비. —하다.

소:론(少論) 조선 시대 붕당의 하나. 서인에서 윤증 등 소장파가 갈리어 나와 세운 붕당. 땐노론.

소르르 ①얽힌 물건이 잘 풀리는 모양. 예옷고름이 소르르 풀리다. ②부드러운 바람이 천천히 부는 모양. 예소르르 불어 오는 실바람. ③졸음이 오는 모양. 예소르르 잠이 들다. 큰수르르.

소르본 대:학(Sorbonne 大學) 파리에 있는 가장 오래 된 대학의 하나. 1253년에 성직자 소르봉이 세웠음.

소:름 춥거나 무섭거나 할 때에 피부에 도톨하게 돋아나는 것. 예소름끼치다.

소리 ①귀에 들리는 것. ②소식.

③노래. 비음성.
소리굽쇠 소리의 성질을 연구하는 데 쓰이는 U자 모양의 쇠붙이. 망치로 가볍게 치면 맑은 소리를 냄.
소리글자[―짜] 글자 하나하나에 뜻이 없이 소리만 나타내는 글자. 한글·로마 글자·일본의 가나 따위. 비표음 문자. 반뜻글자.
소리꾼 판소리나 잡가·민요 따위를 잘 부르는 사람. 소리쟁이.
소리마디 닿소리와 홀소리가 어울려 소리를 내는 단위. 비음절.
소리치다 ①소리를 지르다. 예시끄러우니 소리치지 마라. ②기세를 떨치다. 비외치다.
소:만(小滿) 이십사 절기의 하나. 양력 5월 21일경.
소말리아(Somalia) 아프리카 동부에 위치한 공화국. 오랜 가뭄과 내전으로 질병과 식량난이 극심함. 수도는 모가디슈.
소:망(所望) 바라는 바. 예간절한 소망. 비소원. 희망. ―하다.
소매¹ 웃옷의 좌우에 있어 두 팔을 꿰는 부분.
소:매²(小賣) 소비자에게 직접 팔거나 조금씩 나누어 팖. 반도매. ―하다.
소매를 걷다 본격적으로 어떤 일을 하려고 나서다.
소:매상(小賣商) 도매 시장이나 생산 공장·도매상에서 물건을 사다가, 중간 이익을 얻고 소비자에게 파는 장사, 또는 그 장수.
소매치기 남의 몸에 지닌 것을 몰래 훔쳐 내는 일, 또는 그런 짓을 하는 사람. ―하다.
소맷자락 소매의 드리운 부분. 예소맷자락에 매달리다.

소멸(消滅) 사라져 없어짐. 자취도 남지 않도록 없애 버림. 예시효가 소멸되다. ―하다.
소모(消耗) 써서 없앰. 써서 닳아 없어짐. 예소모품. 체력 소모. 비소비. ―하다.
소모전 인원·무기·물자 따위를 마구 투입해도 쉽게 결판이 나지 않는 전쟁.
소모품 쓰는 대로 닳아서 없어지거나 못 쓰게 되는 물품. 잉크·종이·연탄 따위.
소몰이 풀밭을 따라 소를 몰고 다니는 일, 또는 그 사람. ―하다.
소:묘(素描) 어떤 한 가지 색으로 대상물의 윤곽을 그린 그림. 비데생. ―하다.
소:문(所聞) ①전하여 들리는 말. ②세상의 평판. 예요새 이상한 소문이 떠돈다. 비소식. 풍문.
소문난 잔치에 먹을 것 없다〈속〉 평판과 실제는 일치하지 않는다.
소:박하다(素朴―) 꾸밈이 없이 그대로이다. 예소박한 성품. 비순박하다. 반사치하다.
소:반(小盤) 밥이나 반찬 따위를 올려놓는 상. 비밥상.
소방관(消防官) 화재를 예방·경계 또는 진압함을 직무로 하는 사람. 예자신의 직무에 충실한 소방관.
소방서(消防署) 불이 나지 않도록 단속하고, 난 불을 끄는 일을 맡은 기관.
소방차 불을 끄는 자동차.
소:백 산맥(小白山脈) 태백 산맥에서 갈리어 서쪽으로 달리다가 서남쪽으로 뻗어 내려 영남과 호남 지방과의 경계를 이루는 산맥.
소:변(小便) =오줌.
소:복(素服) ①하얗게 차려 입은

옷. 비흰옷. ②상중에 입는 예복. 예소복을 입다. 비상복. —하다.

소복소복 여럿이 모두 소복한 모양. 물건이 도드라지게 많이 담기어 있거나 쌓이는 모습. 예눈이 소복소복 쌓이다. 큰수북수북. —하다.

소복하다 ①제법 높게 쌓여 있다. 예소복이 쌓인 눈. ②한자리에 배게 많다. 예풀들이 소복하게 돋아나 있다. 큰수북하다. —이.

소비(消費) 써서 없앰. 예소비자. 비소모. 반절약. —하다.

소비자 돈이나 물건을 쓰는 사람, 또는 생산에 직접 관계하지 않는 사람. 반생산자.

소비재 사람들의 욕망 충족을 위하여 일상 생활에서 직접 소비하는 물품들.

소비 조합 물건을 사 쓰는 사람 즉 소비자가 물건을 싸게 사기 위하여 만든 단체.

소상하다(昭詳—) 분명하고 자세하다. 예잘 알도록 소상하게 이야기하였다. 비상세하다. —히.

소:생¹(小生) '자기'의 낮춤말.

소생²(蘇生) 살아남. 다시 삶. 예만물이 소생하는 봄. 비부활. 회생. —하다.

소석회(消石灰) 생석회를 물에 작용시켜 만든 흰 가루. 비수산화칼슘. 석회.

소:설(小說) 짓는 사람의 생각대로 사실을 꾸미고 덧붙이어 이 세상 일을 그린 문학적 이야기.

소:설가 소설을 짓는 사람.

소소리바람 이른 봄의 맵고 스산한 바람.

소:속(所屬) 어떠한 기관이나 단체에 딸림. 예운동부 소속. 자기의 소속을 밝히다. —하다.

소손녕(蕭遜寧) 거란의 장수. 고려 성종 때 80만의 대군을 이끌고 고려의 서북 국경을 침범함.

소송(訴訟) 법률상의 재판을 법원에 요구함, 또는 그 절차. 예소송을 걸다. —하다.

소:수¹(小數) ①작은 수. ②1이 못 되는 수를 십진법으로 나타낸 수. 곧 0.25 따위.

소:수²(少數) 적은 수효. 예소수의 의견을 존중하다.

소수³(素數) 2 이상의 정수 중 각각 그 인수가 1과 그 수 자신뿐인 수. 2·3·5·7·11 따위.

소:수림왕(小獸林王, 371~384) 고구려 제17대 임금. 재위 2년에 중국 전진으로부터 불교가 들어옴.

소수 서원(紹修書院) 조선 시대 중종 38(1543)년 풍기 군수 주세붕이 백운동에 세운 우리 나라 최초의 서원인 '백운동 서원'의 후신.

소:수점[—쩜] 소수를 나타내는 점.

소:수파 딸린 인원 수가 적은 파.

소:스(sauce) 간장 비슷한 서양 요리의 액체 조미료.

소스라치다 깜짝 놀라 몸을 떠는 듯이 움직이다. 예발소리에 소스라쳐 놀라다.

소슬바람 으스스하고 쓸쓸하게 부는 가을 바람.

소:승(小僧) 승려가 남 앞에서 자기를 낮추어 이르는 말.

소:시지(sausage) 돼지 창자에 양념을 하여 곱게 다진 고기를 채우고 삶은 서양식 순대.

소식(消息) ①안부를 전하는 편지. ②형편·상태를 알리는 보도.

[예] 왜 그렇게 소식이 없었니. [비] 기별. 소문.
소식 불통 소식이 닿지 않는 일. [예] 그 친구와 벌써 몇 년째 소식 불통이다.
소식통 ①새 소식이 전해지는 통로. ②새 소식에 밝은 사람. [예] 문화계의 소식통.
소:신(所信) 자기가 믿고 생각하는 바. [예] 소신껏 일하다.
소:심(小心) 마음 씀씀이가 작음. [예] 성격이 소심해 일을 밀어붙이지 못한다. ―하다. ―히.
소:아(小兒) 어린아이.
소:아과[―꽈] 어린아이의 병을 전문으로 보는 의학의 한 분과.
소:아마비 어린아이의 손발에 마비가 일어나는 병. 처음에는 열이 높다가 열이 내리면서 마비 증세를 보임. 생후 2, 3개월부터 예방 주사를 맞아 예방함.
소:야곡(小夜曲) 밤에 사랑하는 사람의 집 창 밑에서 남자가 부르거나 연주하던 사랑의 노래. [비] 세레나데.
소:양(素養) 평소의 교양. [예] 소양을 쌓다.
소양강(昭陽江) 북한강의 지류. 춘천시의 북쪽에서 북한강에 합류됨. 길이 166.2km
소양강 댐 소양강의 물길을 막아 만든 다목적 댐. 1973년에 완공되었음.
소양호 소양강 댐으로 생긴 호수. 물의 양은 29억 톤.
소외감(疎外感) 주위로부터 따돌림을 받는 것 같은 느낌. [예] 소외감을 느끼다.
소:요[1](所要) 필요한 것. [예] 소요 시간. ―하다.

소요[2](消遙) 한가롭게 슬슬 거닐어 돌아다님. [예] 거리를 소요하다. ―하다.
소요[3](騷擾) 소란스러운 일이나, 소란을 피우며 사회 질서를 어지럽히는 일. [예] 대규모의 소요 사건이 일어나다. ―하다.
소:용(所用) ①쓰일 데. ②쓰임. [예] 아무 소용이 없는 물건. [비] 필요. ―하다.
소용돌이 물이 빙빙 돌며 흘러가는 현상, 또는 그런 곳.
소:우주 우주 속에 포함되어 있는 소규모의 우주.
소:원(所願) 원하고 바람. 하고 싶어 바람. [예] 남북 통일이 되어 북한에 계시는 할아버지를 뵙는 것이 나의 간절한 소원이다. [비] 소망. 숙원. ―하다.
소:위[1](少尉) 중위의 아래 계급.
소:위[2](所謂) 이른바. [예] 소위 지식인이 그럴 수 있느냐.
소:유(所有) 가지고 있음. 가짐. [예] 소유권. ―하다.
소:유물 소유하는 물건.
소음(騷音) 떠들썩한 소리. 시끄러운 소리. [예] 소음 공해.
소의문(昭義門) 조선 시대의 4소문의 하나. 태조 때 건립했으며 서소문의 본이름.
소:인[1](小人) ①아주 작은 사람. [반] 거인. ②속이 좁고 말이나 하는 짓이 떳떳하지 못한 사람. [반] 군자. ③옛날에 천한 사람이 높은 사람에게 자기를 일컫던 말. [비] 소생.
소인[2](消印) 우체국에서 한 번 사용한 우표 따위에 찍는 날짜 도장. [예] 소인이 찍힌 편지.
소:인수(素因數)[―쑤] 어떤 수의

인수 중에서 소수인 인수.
소:인수 분해 어떤 수를 소수인 인수만의 곱으로 나타내는 것.
소일(消日) 심심하게 세월을 보냄. 예 바둑으로 소일하며 지내다. —하다.
소일거리 시간을 보내기 위하여 심심풀이로 하는 일. 예 소일거리로 시작한 화초 가꾸기.
소 잃고 외양간 고친다〈속〉 이미 일을 그르친 뒤에 뉘우쳐도 쓸데없다는 말.
소:임(所任) 맡은 바 직책. 예 소임을 다하다.
소:자(小子) 부모에게 대하여 자기를 낮춰 이르는 말.
소:작(小作) 남의 땅을 빌려서 농사를 지음. 예 지주의 땅을 소작하다. 반 자작. —하다.
소:작료[—장뇨] 빌린 땅의 사용료로 땅 임자에게 내는 얼마의 곡식이나 돈.
소 잡은 터전은 없어도 밤 벗긴 자리는 있다〈속〉 나쁜 일이면 조그마한 일이라도 드러난다.
소:장¹(小腸) 장기의 한 부분. 위와 대장 중간에 있으며, 음식물을 소화하고 영양을 빨아들임. 길이 6~7m. 작은창자.
소:장²(少將) 군인 계급의 하나. 준장의 위. 예 육군 소장.
소:장³(所長) 연구소·사무소 등과 같은 직장 일을 돌보는 책임자. 예 연구소 소장.
소:재¹(所在) 있는 곳. 예 소재가 분명하지 않다.
소:재²(素材) 예술 작품의 기초가 되는 재료. 예 소설의 소재가 될 만한 사건.
소:재지(所在地) 있는 곳. 있는 지점. 예 도청 소재지. 준 소재.
소:절(小節) ①작은 예절. ②문장이나 노래 등의 짧은 한 구절. 예 노래 한 소절을 뽑다.
소정방(蘇定方, 595~667) 당나라의 장군. 660년에 백제에 쳐들어와서 신라군과 합세하여 백제를 멸망시켰음.
소:제(掃除) 깨끗하게 쓸고 닦고 정돈함. 예 서랍을 소제하다. 비 청소. —하다.
소:조(塑造) 찰흙·석고 등으로 속에서부터 붙여 조각품을 만듦. 부조와 환조가 있음. —하다.
소:중하다(所重—) 매우 필요하고 중하다. 예 소중한 친구. 비 귀중하다. 반 소홀하다. —히.
소:지(所持) 가지거나 지니고 있음. 예 무기를 소지하다. —하다.
소:지품 가지고 있는 물건. 지니고 있는 물품.
소:질(素質) 태어날 때부터 가지고 있는 성질. 예 모차르트는 음악가로서의 소질을 타고났다.
소집(召集) 불러 모음. 예 학생들을 소집하다. —하다.
소집장 제대 군인이나 예비역 군인을 소집하는 나라의 명령을 적은 종이. 본 소집 영장.
소쩍궁 소쩍새의 울음소리.
소쩍새 새의 한 가지. 크기는 비둘기만하고 등은 진한 잿빛이며, 배는 흰빛에 검은 줄이 있고 다리는 누름.
소철 소철과의 늘푸른 큰키나무. 열대성 식물로 높이는 3m. 잎은 가늘고 길며 줄기 끝에 돌려 나고, 수꽃은 긴 원통형의 솔방울 모양임. 씨는 식용·약용함.
소:청(所請) 남에게 무슨 일을 청

하는 바. 예소청을 말하다.
소:총(小銃) 들고 다닐 수 있는 총으로 권총보다 큰 것.
소추(訴追) ①검사가 공소를 제기함. ②탄핵의 발의를 하여 파면을 구하는 행위. —하다.
소:출(所出) 일정한 논밭에서 나는 곡식의 양, 또는 곡식이 생산되는 형편.
소:치(所致) 무슨 까닭으로 빚어진 일. 예제 무지의 소치입니다.
소치는 소를 먹여 기르는. 예소치는 목동.
소켓(socket) 전구 따위를 끼우는 나사 모양의 기구.
소쿠리 바구니의 한 가지.
소크라테스(Socrates, 기원전 469~399) 고대 그리스의 대철학자로 세계 사대 성인의 한 사람.
소탈(疎脫) 예절과 형식에 얽매이지 않고 수수하고 털털함. 예소탈한 성격. —하다.
소:탕(掃蕩) 휩쓸어 죄다 없애 버림. 예공비 소탕 작전. 비전멸. —하다.
소통(疏通) ①막히지 않고 잘 통함. 예공기가 잘 소통하다. ②의사가 상대편에게 잘 통함. 예의사 소통이 잘 되다. —하다.
소파(sofa) 등을 기댈 수 있고, 양쪽 가에는 팔걸이가 있는 긴 안락 의자.
소:포(小包) 우편으로 부치는 물건. 소포 우편물.
소:폭(小幅) ①폭이 좁음. ②시세 등의 차가 적음. 예소폭 상승. 반대폭.
소:품(小品) ①짤막한 글. 조그만 작품. ②변변하지 못한 물건. ③소도구.

소풍[1](消風) 답답한 마음을 풀기 위하여 바람을 쐼. —하다.
소풍[2](逍風) 운동이나 자연의 관찰을 겸하여 먼 길을 걸음. 비원족. —하다.
소프라노(이 soprano) 여자의 가장 높은 목소리.
소프트볼:(softball) 가죽으로 만든 부드럽고 큰 공. 또, 그 공으로 하는 야구. 주로 어린이·여자들이 함.
소프트웨어(software) 컴퓨터에서 기계 부분인 하드웨어(hardware)를 움직이는 기술. 곧 프로그램을 통틀어 이르는 말.
소피스트(sophist) ①기원전 5세기경 그리스에서 젊은이들에게 웅변술이나 지식·기능을 가르치던 사람. ②궤변학파. 궤변가.
소:학(小學) 지난날, 양반의 자제들이 여덟 살이 되면 배우던 유학의 기초가 되는 책.
소:학교 초등 학교의 전 이름.
소:행[1](所行) 한 일. 하는 일. 예그의 소행이 틀림없다.
소:행[2](素行) 평소의 행실.
소현 세:자(昭顯世子, 1612~1645) 조선 인조의 세자. 병자호란 때 청나라 심양에 8년간 볼모로 있었음.
소:형(小形) 물건의 작은 형체. 예소형 컴퓨터. 반대형.
소홀하다(疏忽—) 힘을 들이지 않고 아무렇게나 하다. 예작은 일이라도 소홀히 해서는 안 된다. 비경솔하다. 허술하다. 반소중하다. 신중하다. —히.
소화[1](消化) ①먹은 음식을 삭임. 예점심 먹은 게 잘 소화가 안 된다. ②보고 들은 지식을 자기 것으로 만듦. ⓔ배운 것을 소화하다. —하다.

소화²(消火) 불을 끔. ⓔ소화 장비. ⓑ방화. —하다.

소화기(消火器) 불을 끄는 기구.

소화 기관 섭취한 음식물의 소화와 흡수에 관계되는 입·식도·위·창자·간 등을 통틀어 이르는 말. ⓒ소화기.

소화 불량 먹은 음식이 잘 소화되지 않는 증세.

소화액(消化液) 먹은 음식물을 소화시키는 액체.

소화전(消火栓) 불을 끄는 데 쓰는 수도의 급수전.

소화제 소화가 잘 되게 하려고 먹는 약.

소:흑산도(小黑山島) 전라 남도의 서해상, 신안군 흑산면에 속하는 흑산 군도의 한 섬. 우리 나라의 섬 중에서는 가장 서남쪽에 위치함. 면적 $8.64km^2$.

속: ①거죽과 반대되는 곳. ②밖과 반대되는 곳. ③가운데. ⓔ마음 속. ⓑ안. ⓑ겉. 밖.

속가(俗歌) 속된 노래. 곧 유행가 따위.

속개(續開) 일단 멈추었던 회의를 다시 계속하여 엶. —하다.

속결(速決) 빨리 끝을 맺음. ⓔ속전 속결로 마무리짓다. —하다.

속공(速攻) 재빨리 공격함. ⓔ속공 전술. —하다.

속구(速球) 야구에서 투수가 던지는 빠른 공.

속국(屬國) 다른 나라에 매여 있는 나라. ⓑ식민지.

속기(速記) 남이 말하는 것을 간단한 부호로 빨리 받아 씀. ⓔ속기사. —하다.

속:끓다[—끌타] 걱정이 되어 애가 타다.

속:끓이다 화가 나거나 걱정이 돼서 속을 태우다. ⓔ속끓이지 말고 잊어버려라.

속다 ①남의 꾐에 빠지다. ⓔ친구에게 속다. ②거짓말을 곧이듣다.

속닥거리다 자꾸 소곤거리다. ⓚ숙덕거리다.

속단(速斷) 빨리 판단함. 속히 판단함. 신속하게 결단함. ⓔ속단하기는 아직 이르다. —하다.

속달(速達) 썩 빠른 도달·배달. ⓔ속달로 부치다. —하다.

속담(俗談) 옛날부터 전하여 내려오는 교훈적인 짧은 말.

속도(速度) 사물이 빨리 움직이는 정도. ⓑ속력.

속독(速讀) 빨리 읽음. ⓔ속독으로 책을 보다. —하다.

속:돌 화산 용암이 갑자기 식어서 된 돌. 구멍이 많이 나 있고 가벼움. ⓑ경석. 부석.

속되다(俗—) ①고상하지 않다. 점잖지 않다. ⓔ속된 인간. ②세속적이다.

속:떠보다 남의 속마음을 넘겨짚어 알아보려 하다.

속:뜻[—뜯] ①마음 속에 품고 있는 깊은 뜻. ②글의 바탕이 되는 뜻.

속력(速力)[송녁] 앞으로 나가는 빠른 힘. 빠르기. ⓔ속력을 내다. ⓑ속도.

속리산(俗離山)[송니—] 충청 북도에 있는 산. 법주사라는 큰 절이 있으며 국립 공원으로 지정되어 있음. 입구에는 유명한 정이품 소나무가 있음. 높이 1,057m.

속:마음 겉으로 드러나지 않은 참마음. 내심. ⓒ속맘.

속:말 속마음에서 우러나오는 참된 말. —하다.
속물(俗物) 자신의 명예와 이익만을 좇는 사람.
속박(束縛) 꼼짝 못 하게 묶어 놓은 것. 비구속. 반해방. —하다.
속:배포(—排布) 마음 속에 품고 있는 생각. 예그 사람의 속배포는 따로 있다.
속보¹(速步) 빨리 걷는 걸음.
속보²(速報) 사람들에게 빨리 알림, 또는 그 보도. —하다.
속:불꽃 불꽃심 밖의 밝은 부분. 불꽃 중에서 가장 밝은 빛을 내는 부분. 반겉불꽃.
속삭이다 나지막한 목소리로 비밀스런 이야기를 정답게 하다. 예사랑을 속삭이다. 비소곤거리다.
속삭임 속삭이는 짓. 예봄을 맞은 종달새들의 아름다운 속삭임.
속살거리다 나지막한 목소리로 정답게 이야기하다.
속:상하다(—傷—) 마음이 불편하고 괴롭다. 화가 나다. 예지갑을 잃어버려 속상하다.
속성(速成) 빨리 이룸. 빨리 됨. 예속성 재배. —하다.
속세(俗世) 속된 세상. 예속세를 떠나다.
속:셈 ①마음 속으로 하는 요량이나 판단. ②연필이나 계산기를 쓰지 않고 마음 속으로 하는 계산. —하다.
속:속들이 겉에서부터 속까지. 샅샅이. 예그의 비밀을 속속들이 알고 있다.
속수 무책(束手無策) 어찌할 도리가 없어 꼼짝할 수 없음.
속어(俗語) 통속적인 저속한 말.
속:옷 겉옷의 속에 껴입는 옷. 비내의. 반겉옷.
속이다 ①거짓말을 정말로 알게 하다. ②거짓말로 남을 꾀다.
속임수(—數)[—쑤] 남을 속이는 짓, 또는 그 수단. 예속임수를 쓰다. 비꾐수.
속장경 고려 때 송나라·요나라·일본 등지에 사람을 보내 모아 온 불교에 관한 책을 정리하여 의천이 만든 불교의 경전.
속절없다 희망이 없어 단념할 수밖에 별 도리가 없다. 예속절없는 세상. —이.
속초(束草) 강원도 동해안의 항구 도시. 설악산·해수욕장·비행장이 있으며, 어획량이 많아 동해의 어업 기지 구실을 함.
속출(續出) 잇대어 나옴. 예신기록이 속출하다. —하다.
속하다¹(速—) 느리지 않다. 빠르다. 예속한 연락. —히.
속하다²(屬—) 무엇과 관계되어 딸리는 그 범위에 들어가다. 예지식층에 속하다.
속행¹(速行) 빨리 행함. —하다.
속행²(續行) 계속하여 행함. 예비가 그쳐 중단되었던 경기가 속행되었다. —하다.
솎다 ①골라 뽑다. ②사이를 떼어서 촘촘하지 않게 하다.
솎아베기 배게 자란 나무를 잘 자라게 하기 위하여 필요 없는 나무를 솎아 베어 내는 일. 비간벌.
솎음질 촘촘히 난 채소 따위를 뽑아 내는 일. 예배추를 솎음질하다. —하다.
손¹ ①사람의 좌우쪽 팔 끝에 있어서 물건을 만지고 붙잡고 하는 부분. ②돌봐 주는 일. 일할 수 있는 사람. 예손을 빌리다.

손[2] 주인을 찾아온 사람. [예]손을 대접하다. [비]나그네. [본]손님.

손:[3](孫) 자손. 후예. [예]손을 보다. 손이 끊어지다.

손가락[—까락] 손끝에 달린 다섯 개의 가락. [반]발가락.

손가락질[—까락질] ①손가락으로 가리키는 짓. ②남을 흉보는 짓. [예]손가락질 받을 일은 하지 말아라. —하다.

손거울[—꺼울] 손에 들고 쓰는 작은 거울.

손금[—끔] 손바닥 거죽에 난, 줄 무늬의 잔 금. [예]손금을 보다.

손기정(孫基禎, 1912~) 마라톤 선수. 우리 나라 처음으로 올림픽(1936, 베를린) 마라톤에서 우승함.

손길[—낄] ①손바닥을 펴서 늘어뜨린 손. [예]손길이 닿을 만한 거리. ②위해 주려는 마음으로 내미는 손. [예]불우 이웃을 돕는 사랑의 손길.

손꼽다 손가락을 꼽아 수를 세다. [예]추석날을 손꼽아 기다리다.

손꼽히다 많은 가운데서 특히 손가락을 꼽아 셀 정도로 뛰어나다. [예]손꼽히는 관광지.

손끝 손가락의 끝.

손녀(孫女) 아들의 딸. [반]손자.

손님 찾아온 사람. [비]객. 내빈.

손님마마 '천연두'를 달리 이르는 말.

손대다 ①어떤 사물에 손이 닿게 하다. [예]전시 작품에 손대지 마시오. ②일을 시작하다. [예]오늘부터 손대기 시작했다. ③남의 물건을 제 것으로 하다. [예]남의 물건에 손대다.

손도장(—圖章)[—또장] 도장 대신에 찍는 엄지손가락의 무늬.

손독(—毒) 가려운 곳이나 헐어진 살에 손을 대어서 생긴 독기.

손들다 ①항복하다. ②도중에 그만두다.

손등[—뜽] 손의 바깥쪽. 손바닥의 뒤. [반]손바닥.

손때 오랫동안 길들이고 만져서 묻은 때. [예]손때 묻은 도장.

손떼다 중도에 그만두다. [예]그 사업에서 손떼다.

손목 손과 팔이 이어진 관절이 있는 곳. [비]팔목.

손목시계 손목에 차는 작은 시계.

손바느질[—빠느질] 손으로 하는 바느질. —하다.

손바닥[—빠닥] 손의 안쪽. [예]손바닥 뒤집기. [반]손등.

손바닥만하다[—빠닥만하다] 아주 좁다는 것을 이르는 말.

손발 손과 발. [비]수족.

손:방 할 줄 모르는 솜씨. [예]그림은 손방이다.

손버릇[—뻐른] 남의 물건을 훔치거나 망가뜨리는 버릇.

손병희(孫秉熙, 1861~1922) 3·1 운동 때 민족 대표 33인 중의 한 사람. 호는 의암. 동학의 3대 교주로 동학의 이름을 천도교로 바꾸었음.

손보다 시설·연장 따위를 고치거나 손질을 하다. [예]고장난 데를 손보다.

손부끄럽다 무엇을 받으려고 손을 내밀었다가 못 받게 되어 남 보기에 부끄럽다.

손뼉 손가락과 손바닥을 합친 전체의 바닥.

손:상(損傷) 떨어지고 상함. [예]명예 손상. —하다.

손:색(遜色) 서로 견주어 보아서 못한 점. [예]선진국 제품에 비해 손색 없는 국산품.
손수 자기 스스로. [예]어머님이 손수 지으신 옷. [비]몸소. 친히.
손수건(一手巾)[一쑤건] 땀이나 코를 씻는 작은 헝겊.
손수레 사람이 직접 손으로 밀거나 끌 수 있도록 만든 수레.
손쉽다〔손쉬우니, 손쉬워서〕 힘들거나 어렵지 않다.
손:실(損失) ①재물이 줄어 없어짐. [예]태풍으로 많은 손실을 입다. ②이익을 잃어버림. [비]손해. [반]이익. 소득. 一하다.
손쓰다 어떤 일에 대해 필요한 조처를 취하다. [예]둑이 무너지기 전에 빨리 손써야 한다.
손씻다[一씯따] 관계를 청산하다. 손떼다. [예]노름에서 손씻다.
손아귀 엄지손가락과 다른 네 손가락과의 사이.
손아래 ①자기보다 항렬이 아래이거나 나이가 적음. [비]수하. [반]손위. ②손아랫사람.
손아랫사람 손아래가 되는 사람. [반]손윗사람.
손위 ①자기보다 나이가 많음. [반]손아래. ②손윗사람.
손윗사람 손위가 되는 사람. [반]손아랫사람.
손:익(損益) 손해와 이익. [예]손익 계산서.
손자(孫子) 아들의 아들. [반]손녀.
손잡이 무슨 물건에 손으로 잡게 된 자루. [예]가방 손잡이.
손재주[一째주] 손으로 물건을 만드는 재주. [비]솜씨.
손전등[一쩐등] 가지고 다니는 작은 전등. [비]회중 전등.
손질 물건을 잘 매만지는 일. [예]공구 손질. 一하다.
손짓[一찓] 손을 놀려서 어떤 뜻을 나타내는 짓. [예]빨리 오라고 손짓하다. 一하다.
손톱 손가락 끝에 있어 그 부분을 보호하는 단단한 부분.
손:해(損害) ①이익이 없음. ②해를 입음. ③밑짐. [예]이번 장사는 손해만 보았다. [비]손실. [반]이익.
솔가지[一까지] 꺾어서 말린 소나무 가지의 땔나무.
솔개 부리와 발톱은 날카롭고 날개가 커서 잘 나는 맷과의 새.
솔개 까치집 빼앗듯〈속〉 남의 것을 억지로 빼앗는 모양.
솔개도 오래면 꿩을 잡는다〈속〉 재주 없는 사람도 오래 되면 제법 할 줄 알게 된다.
솔거(率居, ?～?) 신라 진흥왕 때의 화가. 황룡사의 〈노송도〉, 분황사의 〈관음 보살〉 등의 작품이 있으나 모두 전하지 아니함.
솔기 옷 따위를 지을 때 두 폭을 맞대고 꿰맨 줄.
솔깃하다 그럴듯하여 마음이 쏠리다. [예]그의 꼬임에 솔깃하다.
솔라닌(solanine) 감자의 눈이나 싹에 들어 있는 유독 성분.
솔로몬(solomon, 재위 기원전 971?～932?) 고대 헤브루 왕국의 제3대 임금. 다윗왕의 아들. 헤브루 왕국 전성기에 군림하여 그의 치세는 '솔로몬의 영화'라 일컬어짐. 지혜로도 유명함.
솔바람 소나무 사이로 불어 오는 바람.
솔밭 소나무가 많이 들어선 땅.
솔선(率先)[一썬] 남보다 앞장 서서 함. [예]솔선 수범. 一하다.

솔선 수범(率先垂範) 앞장 서서 하여 모범을 보임. —하다.

솔:솔 바람이 부드럽고 가볍게 부는 모양. 예솔솔 부는 봄바람. 큰술술.

솔숲 소나무가 우거진 숲. 예솔숲이 우거지다. 비송림.

솔이끼 흔히 볼 수 있는 이끼의 한 가지. 줄기는 가지 없이 곧게 자라고 그늘진 습지에서 남.

솔잎[ㅡ립] 소나무의 잎.

솔직(率直)[ㅡ찍] 거짓이나 꾸밈 없이 바르고 곧음. 예솔직히 말하면 내 잘못이다. —하다. —히.

솔:질 솔로 먼지 등을 문질러 털거나 닦는 짓. —하다.

솜: 겨울 옷이나 이불 속에 넣는, 목화에서 씨를 뽑아 낸 섬유질의 물질. 비목화.

솜:사탕 설탕을 기계로 돌려 솜처럼 부풀려서 만든 과자.

솜씨 ①손으로 물건을 만드는 재주. 예요리 솜씨. ②일을 처리하는 수단이나 수완. 예솜씨 좋은 목수. 비손재주. 재주.

솜:이불[ㅡ니불] 솜을 넣어 만든 이불.

솜:털 썩 잘고 보드랍고 고운 털.

솜:틀 쓰던 솜을 부풀려 펴서 타는 기계.

솟구다 높이 뛰어오르다.

솟구치다 빠르고 세게 높이 뛰어오르다. 예불길이 솟구치다.

솟다 ①위로 오르다. 예물이 솟다. ②감정·힘이 생기다. 예기운이 솟다. ③스며 나오다. ④우뚝 서다. 예큰 건물이 솟다.

솟:대 민속 신앙을 목적으로, 또는 과거에 급제한 사람을 축하하거나 이듬해의 풍년을 기원하는 뜻으로 세우던 긴 대.

솟:대쟁이 탈을 쓰고 솟대 꼭대기에 올라가 재주를 부리는 사람.

솟아나다 ①솟아서 밖으로 나오다. ②뛰어나다. ③높이 솟다. 반가라앉다.

솟아오르다 위로 힘있게 솟구쳐 오르다. 예물줄기가 솟아오르다.

솟을대문(ㅡ大門) 대문 양쪽에 행랑채보다 높이 솟게 만든 대문.

송(song) =노래.

송:가(頌歌) 찬양하는 노래.

송골매(松鶻ㅡ) =매².

송골송골 땀이나 소름 따위가 자디잘게 많이 돋아나는 모양. 예송골송골 맺힌 땀방울. —하다.

송:곳[ㅡ곧] 작은 구멍을 뚫는 데 쓰는 기구.

송:곳니[ㅡ곤니] 앞니와 어금니 사이의 뾰족한 이.

송곳도 끝부터 들어간다〈속〉 일이란 순서가 있는 것이다.

송곳 박을 땅도 없다〈속〉 땅이라고는 조금도 없다.

손:구¹(送舊) 묵은 해를 보냄. 예송구 영신. 반영신. —하다.

송:구²(悚懼) 마음에 두렵고 거북함. 예송구스러워 몸둘 바를 모르겠다. —스럽다. —하다. —히.

송:금(送金) 돈을 부쳐 보냄. 예시골에 송금하다. —하다.

송:나라(宋ㅡ) 중국 왕조의 하나(960~1279). 우리 나라와는 학문과 예술에 있어서 활발한 교류를 하며 가깝게 지냈음.

송:년(送年) 한 해를 보냄. 예송년회. 반영년.

송:년사 묵은 해를 보내면서 하는 인사말이나 이야기. 반신년사.

송:년호 정기 간행물의 그 해에

마지막 내는 호.

송:달(送達) 편지나 서류 또는 물건 등을 보내어 줌. —하다.

송:덕(頌德) 공덕을 기림. —하다.

송:덕비 공덕을 기리기 위하여 세운 비석.

송도(松都) 개성의 옛 이름.

송도삼절(松都三絕) 조선 시대 때 개성의 유명한 세 존재. 서화담·황진이·박연 폭포를 이름.

송두리째 있는 것은 죄다. 모조리. 전부. [예]송두리째 빼앗기다.

송림(松林)[—님] 소나무 숲. [예]울창한 송림. [비]솔숲.

송만갑(宋萬甲, 1865~1939) 우리나라 근대의 광대. 동편의 명창. 고종 앞에서 판소리를 불러 감찰 벼슬을 받음.

송:별(送別) 사람을 떠나 보냄. [예]송별연. [비]배웅. —하다.

송:별사 떠나는 이를 위하여 보내는 이가 하는 인사말.

송:사[1](送辭) '송별사'의 준말.

송:사[2](頌辭) 공덕을 기리는 말.

송:사리 민물에 사는 작은 물고기. 냇물이나 봇도랑 같은 곳에 떼지어 헤엄쳐 다님.

송:신(送信) 다른 곳에 통신을 보냄. [반]수신. —하다.

송:신기 통신을 보내는 기계. [예]송신기를 설치하다. [반]수신기.

송:신소 통신을 보내는 곳. [반]수신소.

송:신탑 방송 전파나 전신을 보내는 탑.

송아지 소의 새끼.

송알송알 ①술이나 장이 괴어서 끓는 모양. ②물이 방울방울 엉긴 모양. [예]꽃잎에 이슬이 송알송알 맺혔다. [큰]숭얼숭얼.

송어(松魚) 바다에 사는 연어과 물고기의 하나. 몸길이는 약 60cm이며 등은 짙은 남색, 배는 은백색이고 알을 낳을 때는 강이나 개울로 거슬러 올라감.

송:영(送迎) 떠나는 사람을 보내고 오는 사람을 맞음. —하다.

송:영대 공항 등에서 사람을 보내거나 맞이할 때, 먼발치에서 바라볼 수 있도록 만든 대.

송:월대(送月臺)[—때] 충청 남도 부여의 부소산에 남아 있는 백제 때의 정자. 기우는 달을 보며 술잔을 돌렸다고 하여 송월대라 일컫는다고 전함.

송:유관(送油管) 석유나 원유 등을 딴 곳으로 보내기 위하여 시설한 관.

송이[1] 꽃이나 열매 따위가 모여 달린 한 꼭지. [예]꽃 한 송이.

송이[2](松栮) 솔밭에서 나는 먹는 버섯으로 향기가 매우 좋음.

송이송이 송이마다.

송:장 죽은 사람의 몸. [비]시체.

송:전(送電) 발전기에서 일으킨 전기를 송전선을 통하여 가정이나 공장으로 보냄. —하다.

송:전선 전기를 멀리 보내기 위해 설치한 전선.

송진(松津) 소나무에서 나는 끈끈한 액체.

송:출(送出) 다른 곳으로 보냄. —하다.

송충나방(松蟲—) 솔나방과의 곤충. 날개를 편 길이 7cm로, 불규칙한 흰 줄 또는 검은 줄이 있음. 유충은 송충이.

송충이 소나무를 갉아먹어 큰 해를 주는 벌레의 한 가지. 갈색 또는 검은빛 털이 몸에 많이 나 있음.

송판(松板) 소나무 널빤지.

송편 멥쌀가루를 반죽하여 소를 넣고 반달 모양으로 빚어 솔잎을 깔고 찐 떡.

송:화기(送話器) 음성의 진동을 전류 진동으로 바꾸는 데 쓰는 장치. 전화의 송화기나 라디오의 마이크 등. [반]수화기.

송:환(送還) 도로 돌려 보냄. [예]포로 송환. —하다.

솥 밥을 짓거나 국 따위를 끓이는 쇠로 만든 그릇.

솥 씻어 놓고 기다리기〈속〉 다 준비하여 놓고 기다린다.

솥에 개 누웠다〈속〉 여러 날 동안 밥을 아니 지었음을 알 수 있다.

쏴: ①바람이 몹시 부는 소리. [예]쏴 부는 솔바람. ②소나기가 세차게 내릴 때의 비바람 소리. [센]쏴.

솰:솰 물이 세차게 흐르는 모양이나 소리.

쇄:골(鎖骨) 사람의 어깨를 형성하는, 가슴 위쪽에 있는 긴 뼈.

쇄:국 정책(鎖國政策) 다른 나라와 통상을 하지 않고 내왕도 하지 않으려는 정책.

쇄:국주의 다른 나라와 장사나 교통을 안 하려는 주의.

쇄:도(殺到) 세차게 몰려서 들어옴. [예]주문이 쇄도하다. —하다.

쇠 ①쇠붙이를 통틀어 일컫는 말. ②'열쇠'·'자물쇠'의 준말.

쇠:가죽 소의 가죽. '쇠'는 '소의'라는 뜻을 나타냄. 소가죽.

쇠:고기 소의 고기. 소고기.

쇠고랑 죄인의 손목을 묶는 둥근 쇠. [비]수갑. [준]고랑.

쇠:귀 소의 귀.

쇠귀에 경 읽기〈속〉 가르치고 일러 주어도 알아듣지 못한다.

쇠:기름 소의 기름.

쇠다[1] ①채소 같은 것이 너무 자라 억세다. [예]나물이 쇠어서 먹을 수 없다. ②병이 오래 되어 고치기 어렵다. [예]병세가 쇠다.

쇠:다[2] 명절이나 생일 같은 날을 지내다. [예]추석을 쇠다.

쇠:똥 소의 똥.

쇠:똥구리 껍데기가 단단한 풍뎅잇과의 벌레로, 쇠똥을 뭉쳐 굴리는 버릇을 가졌음.

쇠뜨기 속샛과에 속하는 여러해살이풀. 들에 남.

쇠망치 쇠로 만든 망치.

쇠붙이[—부치] 금·은·구리·철이나 그런 것들이 섞이어 된 물질. [비]금속.

쇠:비름 밭이나 길가에 나는 한해살이풀. 굵고 연한 줄기가 땅으로 뻗고 전체가 붉은빛을 띰. 메마른 땅에서도 잘 자람.

쇠:뼈 소의 뼈. 소뼈.

쇠뿔도 단김에 빼랬다〈속〉 무슨 일이든지 기회가 왔을 때 바로 해치워야 한다.

쇠사슬 쇠로 만든 고리를 여러 개 이어 놓은 줄.

쇠스랑 쇠를 갈퀴 모양으로 만들고 나무 자루를 길게 박은 농기구. 땅을 파헤치는 데 씀.

〔쇠스랑〕

쇠약(衰弱) 힘이 차차 줄어서 약하여짐. [예]몸이 쇠약해지다. [비]허약. [반]건강. —하다.

쇠자 쇠로 만든, 길이나 높이를 재는 기구.

쇠:죽(一粥) 짚과 콩을 섞어 끓인 소의 먹이.

쇠죽가마에 달걀 삶아 먹을라〈속〉 불량한 아이를 훈계한다는 것이 도리어 나쁜 방법을 가르친다.

쇠진(衰盡) 약하여 없어짐. 예쇠진한 기력. —하다.

쇠창살 쇠로 만든 창살. 보통 '감옥'을 달리 이르는 말.

쇠칼 쇠로 만든 칼.

쇠:코뚜레 소의 코청을 뚫어서 꿰는, 고리 모양의 나무.

쇠:털 소의 털.

쇠톱 쇠를 자르는 데 쓰는 톱.

쇠통 →전혀.

쇠퇴(衰退) 쇠하여 전보다 못하여짐. 예국력이 쇠퇴하다. 반발전. —하다.

쇠하다(衰一) ①힘이나 세력 등이 약해지다. 예기력이 쇠하다. ②운수가 다하다. 예국운이 쇠하다.

쇳물 쇠가 녹은 물.

쇼:(show) ①보임. 전시. 예패션 쇼. ②가벼운 오락 연극.

쇼:맨 십(showmanship) ①많은 사람에게 자기를 잘 보여서 인기를 모으는 재능. ②관객을 즐겁게 해 주려고 하는 정신.

쇼크(shock) 놀람. 심적 충격. 타격. 예사고 소식에 쇼크를 받다.

쇼팽(Chopin, 1810~1849) 폴란드의 낭만파 음악가. 작품에는〈강아지 왈츠〉〈군대 폴로네즈〉〈이별의 노래〉〈즉흥 환상곡〉등이 있음.

쇼핑(shopping) 물건 사기. 장보기. 물건을 사러 가게를 돌아다님. 예쇼핑을 나가다. —하다.

쇼핑 백(shopping bag) 산 물건을 넣는, 손잡이가 달린 가방.

쇼핑 센터(shopping center) 상품을 파는 소매점이 집중된 상점가.

수[1] 생물의 남성. 반암.

수[2](手) ①바둑·장기 등에서 번갈아 두는 일, 또는 그 솜씨. 예그보다 한 수 위다. ②수법. 꾀. 예그런 수에는 안 넘어간다.

수[3](首) 시나 노래를 세는 말. 예시조 한 수.

수[4](數) 좋은 운수.

수:[5](數) 셀 수 있는 물건의 많고 적음. 예수를 세다.

수:[6](繡) 헝겊에다 색실로 떠서 그림이나 글씨를 놓음, 또는 그 무늬. 예베갯잇에 수를 놓다.

수감(收監) 감옥에 가두어 감금함. 예사기죄로 수감하다. 반석방. —하다.

수갑(手匣) 죄인의 두 손에 채우는 쇠로 만든 형구. 예양 손에 수갑을 채우다.

수강(受講) 강습이나 강의를 받음. 예수강 신청. —하다.

수거(收去) 거두어 감. 예쓰레기 분리 수거. —하다.

수:건(手巾) 손·얼굴·몸 따위를 닦기 위해 너비보다 길이를 길게 만든 헝겊 조각. 비타월.

수경 재배(水耕栽培) 흙을 사용하지 않고, 성장에 필요한 영양분이 들어 있는 수용액 속에서 식물을 재배하는 방법.

수:고 일을 하는 데 애를 쓰고 힘을 들임. 예먼 길을 찾아오시느라고 참 수고하셨습니다. 비노고. 고생. —스럽다. —하다.

수공(手工) ①손으로 만드는 기술. 예수공품. ②간단한 물건을 만드는 재주를 가르치는 교과.

수공업 기계를 쓰지 않고 손으로 물건을 만드는 작은 규모의 공업. 땐기계 공업.

수교(修交) 나라와 나라 사이에 교제를 맺음. ⑩중국과 수교하다. —하다.

수구(守舊) 묵은 습관을 지킴. ⑩수구파. 땐개화. —하다.

수구 초심(首丘初心) 여우가 죽을 때 머리를 제 살던 굴 쪽으로 두고 죽는다는 이야기에서 나온 말로, '고향을 그리워하는 마음'을 비유하여 이르는 말.

수구파(守舊派) 진보적인 것을 외면하고 낡은 제도나 옛 습관만을 고집하고 따르려는 완고한 파.

수국(水菊) 수국과의 갈잎 넓은잎 떨기나무. 높이 1m. 잎은 넓은 타원형이며 톱니가 있음. 가을에 꽃이 피며 결실을 못 함.

수군(水軍) 옛날에 바다를 지키던 군대. 해군. ⑩수군 절도사.

수군거리다 다른 사람이 알아듣지 못하게 저희끼리만 이야기하다.

수궁가 판소리 열두 마당의 하나. 〈토끼전〉을 판소리로 엮은 것.

수그루 암수로 구별되는 나무 중 수컷에 해당되는 나무로, 열매를 맺지 못함. 땐암그루.

수그리다 고개를 앞으로 기울이다. ⑩머리를 수그리고 공부를 했더니 고개가 아프다.

수금(收金) 받아야 할 돈을 거두어들임. ⑩외상값을 수금하다. —하다.

수긍(首肯) 옳다고 인정함. ⑩네 말에 수긍할 수 없다. —하다.

수기[1](手記) 체험을 손수 적음, 또는 그 기록. —하다.

수기[2](手旗) 신호할 때 쓰는, 손에 쥐는 작은 기.

수기 신:호 눈으로 볼 수 있는 거리에서 하는 통신 방법의 하나. 오른손에는 빨간 깃발, 왼손에는 하얀 깃발을 들고 신호를 함.

수꿩 꿩의 수컷. 장끼. 땐암꿩.

수나라(隋, 581~618) 한나라가 망한 후 중국 대륙을 지배한 중국 왕조의 하나. 고구려를 여러 번 침략하였으나 번번이 실패하였음.

수나사(—螺絲) 표면에 나선형의 홈이 있어 암나사에 끼우게 된 나사. 땐암나사.

수난(受難) 재난을 당함. 어려운 일에 부닥침. ⑩온갖 수난을 당하다. —하다.

수납(收納) 받아 거둠. ⑩수납 창구. —하다.

수녀(修女) 수도하는 여자. ⑩수녀원. 땐수사.

수녀원 일정한 규율 밑에서 수도하는 수녀의 단체, 또는 그 곳.

수놈 짐승의 수컷을 귀엽게 이르는 말. 땐암놈.

수:놓다[—노타] 헝겊에 그림이나 글자를 색실로 떠서 놓다. ⑩아름답게 수놓은 비단.

수뇌(首腦) 어떤 집단 등에서 가장 주요한 자리에 있는 인물.

수:다스럽다〔수다스러우니, 수다스러워서/수다스러이〕 말이 많고 수선스럽다. ⑩수다스런 여자.

수:다하다(數多—) 수효가 많다. ⑩수다한 사람들이 경기장에 모여들다. 圓허다하다. —히.

수단(手段) ①목적을 이루기 위한 방법. ②일을 처리하는 솜씨. ⑩수단이 좋다. 圓방법. 수완.

수달 바다에 사는 족제빗과의 짐승. 해달.

〔수 달〕

수당(手當) 정한 월급 이외에 주는 돈.

수더분하다 성질이 순하고 소박하다. 예 수더분한 성격.

수덕사(修德寺) 충청 남도 예산군 덕산면에 있는 절. 고려 시대 충렬왕 때 세움.

수도¹(水道) 물을 소독하여 가정이나 그 밖에 필요한 데에 보내 주는 시설. 예 수도관.

수도²(首都) 한 나라의 정치의 중심지. 비 서울. 수부.

수도³(修道) 도를 닦으며 수양을 쌓는 일. —하다.

수도권[—권] 수도를 중심으로 밀접한 관계를 맺고 있는 지역의 범위. 예 수도권 전철화.

수도꼭지 수돗물을 나오거나 그치게 할 수 있게 만든 수도의 꼭지.

수도자 도를 닦는 사람.

수돗가 수돗물이 나오는 곳의 가장자리.

수돗물 상수도에서 나오는 먹는 물. 예 수돗물을 아껴 쓰다.

수동(手動) 손으로 움직임. 예 수동 재봉틀. 반 자동.

수동적(受動的) 남 또는 다른 것으로부터 움직임을 받는 모양. 예 수동적인 태도. 반 능동적.

수두(水痘) 어린이의 피부에 붉고 둥근 좁쌀만한 종기가 생겼다가 얼마 뒤에 물집으로 변하는 유행병. 비 작은마마.

수두룩하다 매우 흔하고 많다. 예 산길에도 쓰레기가 수두룩하다.

짝 소도록하다. —이.

수라상[—쌍] 임금의 끼니 음식을 차린 상.

수라장(修羅場) ①전란이나 싸움으로 비참하게 된 곳. ②야단이 난 곳. 예 뜻밖의 화재로 수라장이 되었다. 비 난장판.

수락(受諾) 요구를 받아들여 승낙함. 예 제안을 수락하다. —하다.

수란(水卵) 달걀을 끓는 물 속에 넣어서 반쯤 익힌 음식.

수:량(數量) 수효와 분량. 예 수량을 계산하다. 비 수효.

수런거리다 여러 사람이 한데 모여 수선스럽게 지껄이다. 예 학생들이 복도에서 수런거리다.

수렁 흙물이 괸, 오목하게 빠지어 들어간 땅. 예 수렁에 빠지다.

수레 바퀴를 달아서 굴러가게 만든 물건.

수레 위에서 이를 간다〈속〉 이미 때가 늦은 뒤에 남을 원망한들 소용이 없다.

수려(秀麗) 경치나 얼굴 따위가 뛰어나게 아름다움. 예 수려한 경치. 비 화려. —하다.

수력(水力) 물의 힘.

수력 발전소(水力發電所)[—쩐소] 높은 곳에서 흘러 떨어지는 물의 힘으로 발전기를 돌려서 전기를 일으키는 곳. 반 화력 발전소.

수력 전:기 물이 흘러내리는 힘으로 일으킨 전기.

수련(修鍊) 힘이나 정신을 닦아 단련함. 예 정신 수련. 비 단련. —하다.

수렴¹(收斂) 거두어들임. 예 여론 수렴. 의견 수렴. —하다.

수렴²(垂簾) ①발을 드리움. 또는 그 발. ②'수렴청정'의 준말. —하다.

수렴 청:정(垂簾聽政) 옛날, 임금이 어릴 경우 왕대비나 대왕 대비가 임금을 대신하여 나라의 일을 돌보던 일. 㐀수렴. —하다.

수령¹(守令) 조선 시대 각 고을을 맡아 다스리던 지방관. 관찰사·군수·현감 등. 삐원.

수령²(首領) 당파나 무리의 우두머리. 삐두령. 두목.

수로(水路) 뱃길. 물길. ㉮수로로 중국에 갔다. 딴육로.

수로왕(首露王, 재위 42~199) 가야의 시조. 신라 유리왕 때 하늘로부터 김해의 구지봉으로 내려와서 6가야를 세웠다는 여섯 형제의 맏이. 김수로.

수록(收錄) 모아 적은 기록. ㉮많은 어휘가 수록된 사전. —하다.

수뢰(水雷) 물 속에서 폭발시키어 적의 배를 부숴 버리는 병기.

수료(修了) 학업을 마침. ㉮수료식. —하다.

수룡음(水龍吟) 나라 잔치 때 아뢰는 풍류 음악으로, 향피리 중심의 관악 합주로 연주함.

수루(戍樓) 적의 동정을 살피려고 성 위에 높게 쌓아 놓은 망대.

수류(水流) 물의 흐름.

수류탄(手榴彈) 적의 가까이에서 손으로 던지는 조그만 폭탄.

수륙(水陸) ①물과 뭍. 바다와 육지. ㉮수륙 양용 자동차. ②수로와 육로.

수륙 만:리 바다와 육지를 사이에 두고 멀리 떨어져 있음을 이르는 말. ㉮수륙 만리 고향 땅.

수리¹ 모양은 솔개 같고 등은 검고 배는 흰데, 성질이 사납고 부리와 발톱이 날카로워서 닭·토끼 등을 잘 잡아먹는 새.

수리²(水利) 물을 이용하는 일. ㉮수리 시설.

수리³(受理) 받아서 처리함. ㉮사표 수리. —하다.

수리⁴(修理) 고장이 나거나 허름한 데를 손보아 고침. ㉮냉장고를 수리하다. —하다.

수:리⁵(數理) 수학의 이론. ㉮수리에 밝다.

수리떡 쑥으로 수레바퀴처럼 둥글게 만들어 수릿날에 먹는 떡.

수리 시:설 논밭에 물을 대어 주기 위하여 마련해 놓은 것. 저수지나 물길 등.

수리취 엉거싯과의 여러해살이풀. 줄기 높이는 80~100cm, 어린 잎은 먹음.

수립(樹立) 어떤 일을 베풀어 세움. ㉮임시 정부 수립. —하다.

수릿날[—린날] 단오의 옛 이름.

수마(水魔) 몹시 심한 수해.

수마석(水磨石) 물에 닳고 닳아서 날카로운 곳이 없어지고 반들반들하게 된 돌.

수:많다 수효가 한없이 많다. ㉮수많은 군중.

수매화(水媒花) 물에 의해 꽃가루가 암술머리에 옮겨져 열매를 맺는 꽃. 연꽃·나사말꽃 따위.

수면¹(水面) 물의 표면. 물 위의 면. ㉮수면에 비친 달 그림자.

수면²(睡眠) 잠자는 일. ㉮수면 부족. 삐잠. —하다.

수명(壽命) =목숨. ㉮수명이 다하다. 삐명.

수모(受侮) 남에게 모욕을 당함. ㉮갖은 수모를 당하다. —하다.

수목(樹木) 살아서 자라는 나무. ㉮수목이 우거지다. 삐나무.

수목원(樹木園) 연구를 하고 여러 사람에게 보이기 위하여 갖가지 나무와 풀을 모아 기르는 곳.

수묵(水墨) 엷은 빛의 먹물.

수묵화 채색을 하지 않고 먹의 짙고 엷음으로 나타내는 그림.

수문¹(水門) 저수지에 설치하여 물의 양을 조절하는 문. ㉮수문을 열어 수위를 낮추다.

수문²(守門) 문을 지킴. ㉮수문장. ―하다.

수문식 독 항구에 배가 정박할 수 있도록 수문으로 물의 양을 조절하는 시설. 인천항에 있음.

수:박 열매가 박처럼 둥글고 살과 물이 많으며 여름에 나는 한해살이 덩굴식물. ㉮씨 없는 수박.

수박 겉 핥기(속) 내용이나 참뜻은 모르면서 대충 일하는 것을 비유해서 쓰는 말.

수반¹(首班) 행정부의 우두머리. ㉮내각 수반.

수반²(隨伴) ①반려로서 붙어 따름. ㉮수반자. ②어떤 일과 함께 일어남. ㉮성공에는 피나는 노력이 수반된다. ―하다.

수발 시중들며 보살피는 일. ㉮수발을 들다. ―하다.

수배(手配) 범인 등을 잡기 위해 수사망을 폄. ―하다.

수:백(數百) 100의 두서너 배. ㉮수백 년 된 나무.

수:백만(數百萬) 이삼백만 또는 사오백만. 아주 많은 수효를 이름. ㉮휴가철에 수백만 인파가 서울을 빠져 나갔다.

수벌 벌의 수컷. ㊉암벌.

수법(手法)[―뻡] ①작품을 만드는 솜씨. ②수단과 방법. ㉮사기치는 수법이 놀랍다.

수병(水兵) 바다를 지키는 군인. ㊌해병.

수복(收復) 잃었던 땅을 도로 찾음. ㉮9·28 서울 수복. ㊌탈환. ―하다.

수부(首府) 한 나라의 중앙 정부가 있는 곳. ㊌서울. 수도.

수북하다 많이 담기거나 쌓여 있다. ㉮밥이 수북하게 담겨져 있다. ㊂소복하다. ―이.

수분(水分) 축축한 물의 기운. 물기. ㉮수분이 많은 음식.

수비¹(水肥) 액체로 된 비료. ㊌액비.

수비²(守備) 지키어 미리 막음. ㉮국경을 수비하다. ㊌방비. ㊉공격. ―하다.

수비군 지키고 막는 일을 맡은 군대. ㊉공격군.

수사¹(水使) 수군 절도사. 수군을 거느리고 다스리던 벼슬의 하나.

수사²(搜査) ①찾아서 조사함. ②범인의 행방을 찾거나 증거를 수집함. ㉮수사 기관. ―하다.

수산(水産) 바다·강·호수 등 물 속에서 나는 산물. ㉮수산 시장. ㊉육산.

수산물 물 속에서 나는 산물. ㉮수산물 시장. ㊌해산물.

수산업 수산물의 어획·양식·제조 등에 관한 사업.

수산 자:원 바다에서 얻어지는 자원. 어류·조개류 따위.

수산제(守山堤) 삼한 시대의 유명한 저수지의 하나로, 경상 남도 밀양에 있었음.

수산화나트륨(水酸化Natrium) 소금물을 전기 분해해서 얻는 흰색의 고체. 수용액은 강한 알칼리성을 나타내며 공업용으로 많이 쓰임.

수산화칼슘(水酸化calcium) 표백제의 원료. 소석회. 가성석회.

수삼(水蔘) 땅에서 캔 채로 아직 말리지 않은 인삼.

수상[1](水上) 물의 위. [예]수상 스키를 타다.

수상[2](受賞) 상을 받음. [예]대통령상을 수상했다. —하다.

수상[3](首相) 내각의 우두머리. [비]총리. 재상.

수상[4](殊常) 보통과 달리 매우 이상함. [예]수상한 사람. —스럽다. —하다. —히.

수상 경:찰 바다나 강 따위에서 배의 교통 정리·위험 방지 등의 일을 맡아 하는 경찰.

수상 교통 강이나 바다를 교통로로 하는 물 위의 교통. 배·나룻배 등이 교통 기관으로 사용됨. [반]육상 교통.

수상기(受像機) 방송된 텔레비전 전파를 받아서 영상을 만드는 장치. [반]송상기.

수상 스키:(水上ski) 모터보트가 끄는 스키로 물 위를 활주하는 스포츠. [예]수상 스키장.

수상 시:장(水上市場) 상인들이 배를 타고 강가 등 물 위에서 물건을 사고 파는 시장. '타이'에 있음.

수상 치:환(水上置換) 수조 안에 관으로 기체를 보내어 거품을 일게 하고, 이 거품을 물이 가득찬 용기 안으로 보내어 기체를 모으는 방법.

수색(搜索) 죄진 사람을 찾아 잡아 냄. 더듬어 찾음. [예]수색 영장. —하다.

수색대 적의 위치나 병력 등을 살피기 위하여 파견되는 군대.

수생 동:물 물 속에서 사는 동물을 통틀어 이르는 말.

수생 식물 물 속에서 자라는 식물을 통틀어 이르는 말.

수석[1] (水石) ①물과 돌. ②물 속에 있는 돌. 천석.

수석[2](首席) 차례에서 제일 위. 맨 윗자리. [예]수석 합격.

수선[1] 정신을 어지럽게 하는 말이나 짓. [예]수선을 떨다. —스럽다. —하다.

수선[2](垂線) 하나의 직선이나 평면과 수직으로 만나는 직선. [비]수직선.

수선[3](修繕) 낡거나 허름한 것을 손보아 고침. [예]수선공. 양복 수선. [비]수리. —하다.

수선화(水仙花) 여러해살이풀로 따뜻한 지방에서 자라는 둥근 뿌리 꽃. 관상용임. [준]수선.

수성[1](水性) ①물의 성질. ②물에 녹는 성질. [비]수용성.

수성[2](水星) 태양계에 딸린 별의 하나. 해에서 가장 가까운 떠돌이별. 머큐리.

수성암(水成岩) 생흙이나 모래가 물 밑에 가라앉아서 된 바위. 횟돌·청석 따위.

수세(守勢) 적을 맞아 지키는 태세, 또는 힘에 부쳐서 밀리는 형세. [예]수세에 몰리다. [반]공세.

수세미 설거지할 때 그릇을 씻는, 짚이나 수세미외의 속으로 만든 물건.

수세식(水洗式) 화장실에 급수 장치를 하여 오물이 물에 씻겨 내려가도록 처리한 방식. [예]수세식 화장실.

수소[1] 소의 수컷. [반]암소.

수소^2(水素) 빛·맛·냄새가 없는 가장 가벼운 원소.

수소문(搜所聞) 세상의 소문을 더듬어 살핌. 예 실종된 남자의 행방을 수소문하다. —하다.

수속(手續) 순서를 밟음. 예 여권 수속. 비 절차. —하다.

수송(輸送) 물건이나 사람을 실어 보냄. 예 수송기. —하다.

수수 포아풀과의 한해살이 재배 식물. 열매는 식용하고 줄기는 비 등을 만듦. 예 수수밭.

수수깡 수수의 줄기.

수수께끼 ①사물을 빗대어서 그 말의 뜻을 알아맞히는 놀이. ②괴이하고 알 수 없는 사물이나 일. 예 비행 접시는 20세기의 수수께끼다.

수수료(手數料) 어떠한 일을 맡아 처리해 주는 데 대한 보수. 예 송금 수수료를 물다.

수수 방:관(袖手傍觀) 팔짱을 끼고 바라만 본다는 뜻으로, 마땅히 해야 할 일을 하지 않고 그대로 버려 둠을 이르는 말. —하다.

수수하다 ①모양이 좋지도 않고 흉하지도 않다. ②사치하지 않다. 예 수수한 옷차림. 비 평범하다.

수술^1 끝에 꽃밥을 달고, 암술 둘레에 서 있는 꽃의 한 기관. 반 암술.

수술^2(手術) 몸의 탈이 난 곳을 째거나 자르거나 하여 고치는 일. 예 맹장 수술. —하다.

수숫대[—수때] ①수수의 줄기. ②'수수깡'의 다른 이름.

수숫목[—순목] 수수의 이삭.

수습^1(收拾) ①흩어진 물건을 주워 모음. ②어지러운 것을 바로잡아 질서를 세움. 예 사태를 수습하다. —하다.

수습^2(修習) 정식으로 일을 맡기 전에 배워 익힘, 또는 그런 일. 예 수습 사원. —하다.

수습책(收拾策) 사건을 수습하는 방책. 예 수습책을 찾다.

수시로 때때로. 언제든지. 예 날씨가 수시로 변하다.

수식^1(修飾) 겉모양을 꾸밈. 예 수식어. —하다.

수:식^2(數式) 수학에서, 숫자·문자를 계산 기호로 연결한 식.

수신^1(受信) 우편·전보 따위의 통신문을 받음. 예 전보를 수신하다. 반 발신. 송신. —하다.

수신^2(修身) 착하게 살려고 몸과 마음을 닦아 도덕을 배움. 예 수신에 힘쓰다. —하다.

수신기 다른 곳에서 보내 오는 통신을 받는 기계. 반 송신기.

수신사(修信使) 조선 시대, 나라의 명령으로 일본에 심부름 가던 사신. 통신사의 고친 이름.

수심^1(水深) 물의 깊이. 예 호수의 수심이 깊다.

수심^2(愁心) 근심하는 마음, 또는 근심함. 예 그의 얼굴은 수심이 가득하다. —하다.

수:십(數十) 열의 두서너 곱절되는 수효. 예 수십 마리의 양떼가 뛰노는 목장.

수안보 온천 충청 북도 충주시에 있는 온천. 유황·라듐 성분이 많이 포함되어 있어 피부병에 효과가 있다고 함.

수압(水壓) 물의 누르는 힘. 예 수압을 높이다.

수압 철관 수력 발전소에서 높은 곳으로부터 수차에까지 물을 이끌어 오는 관. 수압관.

수양(修養) 학문을 닦고 덕을 기름. 예수양이 부족하다. —하다.

수양딸(收養—) 남의 딸을 제 딸로 삼아 데려다 기른 딸. 비수양녀. 양녀.

수양딸로 며느리 삼는다〈속〉 아무렇게나 일을 처리하여 자기 이익만을 꾀한다.

수양버들(垂楊—) 버들과의 갈잎큰키나무. 중국이 원산으로 가로수로 많이 심으며, 가지는 길게 드리워짐. 실버들. 준수양.

수양 부모(收養父母) 자기를 낳지는 않았으나 데려다가 길러 준 부모. 반본생 부모.

수어장대 조선 시대 인조 때 남한산성을 수호하기 위하여 둔 수어청의 건물.

수업¹(修業) 학문과 기술을 익히어 닦음. 예무예 수업. —하다.

수업²(授業) 학업이나 기술의 가르침을 받음. —하다.

수업료(授業料)[--엄뇨] 학생이 학교에서 가르침을 받는 것에 대한 대가로 내는 돈.

수:없다¹ 썩 많아 헤아릴 수 없다. 예하늘에는 별들이 수없이 많다. —이.

수없다² 해 볼 도리나 방법이 없다.

수없다³ 재수가 조금도 없다. 예수없는 하루.

수에즈 운:하(Suez運河) 아프리카 북동부 지중해와 홍해 사이를 연결하는 운하. 길이 168km로 1869년에 개통되었음.

수여(授與) 상장이나 상품 따위를 줌. 예졸업장을 수여하다. 반수취. —하다.

수염 어른인 남자의 코 밑·턱· 뺨에 나는 털.

수염이 대 자라도 먹어야 양반이다〈속〉 배가 불러야만 체면도 차릴 수 있다.

수영(水泳) 헤엄. —하다.

수영만 부산시 남구와 해운대구 사이에 있는 만. 요트 경기장 및 해수욕장이 있음.

수영복 헤엄칠 때 입는 옷. 비해수욕복.

수영장 수영하는 장소.

수예(手藝) 자수나 편물같이 손으로 하는 기예. 예수예품.

수예점 손으로 만든 자수나 편물 따위의 가정 공예품을 파는 곳.

수온(水溫) 물의 온도. 예수온을 일정하게 맞추다.

수완(手腕) 일을 꾸미거나 치러 나가는 솜씨. 예수완이 뛰어나다. 비수단.

수완가 수완이 좋은 사람. 예그는 유명한 수완가이다.

수요(需要) 상품을 사들이려는 희망이나 그 분량. 예수요자의 구미를 끌다. 반공급.

수요일(水曜日) 칠요일의 하나. 일요일에서 넷째 되는 날.

수요자 필요해서 물건을 얻고자 하는 사람. 반공급자.

수용¹(收容) ①거두어들여 넣어 둠. ②일정한 곳에 넣어 둠. 예포로 수용소. —하다.

수용²(受容) 받아들임. 예많은 의견을 수용하다. —하다.

수용성(水溶性) 어떤 물질이 물에 용해되는 성질. 예수용성 물질.

수용소(收容所) 사람이나 특정물을 한 곳에 가두거나 넣어 두어서 맡는 곳. 예포로 수용소.

수용액(水溶液) 어떤 물질을 물에

녹인 용액. 설탕물·소금물 등.

수운(水運) 뱃길로 물건을 운반함. —하다.

수원[1](水原) 경기도의 도청 소재지로 농업 연구의 중심지.

수원[2](水源) 물의 근원.

수원성(水原城) → 화성(華城).

수원지(水源池) 상수도에 보낼 물을 모아 두는 곳.

수월하다 힘이 안 들고 하기가 쉽다. [예] 수월한 문제. —히.

수위[1](水位) 강·바다·저수지 등에서 물 표면의 높이. [예] 비가 와서 댐의 수위가 올라갔다.

수위[2](守衛) ①지킴. ②주로 지키는 일을 맡아 보는 사람. —하다.

수위[3](首位) 첫째 가는 지위. [예] 수위를 차지하다. [비] 일위.

수유(授乳) 젖먹이에게 젖을 먹임. —하다.

수육 삶아 익힌 쇠고기.

수은(水銀) 보통 온도에서 액체로 있는 은백색 금속 원소. 어느 금속과도 합금을 만들기 쉬움.

수은 기압계 기압계의 하나. 유리 대롱에 수은을 넣어서 만든, 기압을 잴 수 있는 기구.

수은주 수은 온도계 따위에서 온도를 나타내는 가느다란 수은의 기둥. [예] 수은주가 올라가다.

수의[1](囚衣) 죄수가 입는 옷.

수의[2](壽衣) 죽은 사람의 몸을 씻긴 후에 입히는 옷.

수의[3](隨意) ①마음대로 함. 뜻대로 함. ②속박이 없음. 제한이 없음. [예] 수의 계약.

수의사(獸醫師) 가축의 병을 진찰·치료하는 의사. [준] 수의.

수익(收益) 이익을 얻음, 또는 그 이익. [예] 수익을 올리다. —하다.

수익권(受益權) 국민이 국가에 대하여 어떠한 일이나 보호를 요구할 수 있는 권리.

수임(受任) 임무를 받음. 위임을 받음. —하다.

수입[1](收入) ①들어오는 돈. ②돈이나 곡식을 거두어들임. [예] 수입금. [비] 소득. [반] 지출. —하다.

수입[2](輸入) 다른 나라에서 나는 물건을 사들여 옴. [예] 수입 상품 코너. [반] 수출. —하다.

수자원(水資源) 농업·공업·발전용 등의 자원으로서의 물.

수작[1](秀作) 뛰어난 작품. 우수 작품. [예] 수작으로 꼽히는 작품.

수작[2](酬酌) ①술잔을 주고받음. ②말을 서로 주고받음. [예] 수작을 걸다. ③남의 말이나 행동을 업신여겨 하는 말. —하다.

수장[1](收藏) 물건 따위를 잘 간직함. [예] 귀중한 골동품을 수장하다. —하다.

수장[2](首長) 우두머리.

수재[1](水災) 장마나 홍수로 말미암아 받는 피해.

수재[2](秀才) ①재주가 뛰어난 사람. ②장가들지 아니한 남자를 높이어 이르는 말.

수재민 큰물로 인하여 피해를 입은 사람.

수저 ①숟가락과 젓가락. ②숟가락을 점잖게 이르는 말.

수전노 돈을 모을 줄만 알고 쓸 줄 모르는 지나치게 인색한 사람을 얕잡아 이르는 말. [비] 구두쇠.

수절하다(守節—) 절개를 지키다. 정절을 지키다. [예] 젊은 나이에 혼자되어 평생을 수절하다.

수젓집 수저를 넣어 두는 주머니.

수정[1](水晶) 돌의 한 가지. 무색

투명한 여섯 모난 돌.

수정[2](受精) 암·수의 생식 세포가 결합하는 일. [예] 인공 수정. —하다.

수정[3](修正) 바로잡아서 고침. [예] 원고 수정. —하다.

수정과(水正果) 생강을 달인 물에 설탕이나 꿀을 타고 곶감·계피 등을 넣어서 잣을 띄운 전통 음료.

수정체(水晶體) 빛을 꺾어서 물체의 상이 선명하게 망막 위에 생기도록 하는 눈의 한 부분.

수제비 밀가루를 반죽하여 맑은 장국이나 미역국에 적당한 크기로 떼어 넣어 익힌 음식.

수제자(首弟子) 여러 제자 중에서 배움이 가장 뛰어난 제자.

수조(水槽) 물을 담아 두는 큰 통. [비] 물탱크.

수족(手足) 손과 발. [예] 상사의 수족처럼 일하다. [비] 팔다리.

수족관(水族館) 물 속에 사는 동물을 모아 기르고 구경시키는 시설.

수준(水準) 사물의 어느 정도의 표준. [예] 수준 이하의 작품.

수줍다 부끄러워하는 태도가 있다. [예] 수줍어 고개를 들지 못하다. [비] 부끄럽다. [반] 활발하다.

수줍어하다 부끄러워하는 기색을 하다.

수줍음 수줍어하는 성질이나 태도. [예] 수줍음을 잘 타는 성격.

수중[1](水中) 물 속. 물 한가운데. [예] 수중 탐사. 수중 촬영.

수중[2](手中) ①손 안. [예] 수중에 있는 돈. ②자신의 힘이 미칠 수 있는 범위. [예] 정보가 상대방의 수중에 들어가다.

수중 생물(水中生物) 물 속에 사는 생명체.

수중 안:경(水中眼鏡) 물 속에서 볼 수 있도록 만든 안경. 물안경.

수증기(水蒸氣) 물이 증발하여 기체로 변한 것.

수지[1](收支) 수입과 지출. [예] 수지 맞는 장사.

수지[2](樹脂) 나무에서 나오는 끈적한 진. [예] 합성 수지.

수직(垂直) 직선과 직선, 직선과 평면, 평면과 평면 등이 닿아서 직각을 이룬 상태. [예] 수직으로 세우다. [반] 수평.

수직선 직선 또는 평면과 수직으로 만나는 선. [비] 수선.

수직 이:등분선 평면상에서 어느 선분을 수직으로 이등분하는 직선.

수질(水質) 물의 상태가 좋고 나쁨의 성질. [예] 수질 검사.

수질 검:사 물의 좋고 나쁨. 음료수로서의 적합·부적합 등을 조사하여 판정하는 일.

수질 오:염 어떤 장소의 물이 사람의 건강을 해치거나 생태계를 파괴할 정도로 더러워진 상태.

수집[1](收集) 거두어 모음. [반] 배부. 분배. —하다.

수집[2](蒐集) 많이 모으는 것. 여러 가지 재료를 찾아서 모음. [예] 우표 수집. [비] 채집. —하다.

수집 반출상 청과물이나 곡식 등을 생산자로부터 직접 모아 도매상에게 넘기는 일을 하는 상인.

수집상 고서나 골동품 등을 모아 파는 장사, 또는 장수.

수차[1](水車) 물을 자아올리는 기계의 하나로서 우리 나라에서는 조선 시대 세종 때부터 이용했음.

수:차[2](數次) 두서너 차례. [예] 수차 독촉하다.

ㅅ

수채 집 안에서 쓰는 허드렛물을 버려 흘러 나가게 만든 시설.
수채화(水彩畫) 물감을 물에 풀어서 그린 서양화.
수척하다(瘦瘠—) 몸이 야위어 파리하다. 몸이 몹시 말랐다. [예] 병을 앓고 나더니 얼굴이 수척해졌다. [비] 파리하다.
수:천(數千) 천의 여러 배 되는 수효. 몇 천. [예] 수천 명의 병사.
수첩(手帖) 주머니에 넣고 다닐 수 있도록 만든 조그만 공책.
수초(水草) ①물과 풀. ②물 속이나 물가에서 자라는 풀. 물풀. [예] 수초를 키우다.
수축[1](收縮) 물체의 부피가 줄어듦. [예] 수축 작용. —하다.
수축[2](修築) 헐어진 데를 고쳐서 쌓음. [비] 개축. —하다.
수축색(收縮色) 같은 크기의 면에 칠해져 있으나 더 작아 보이는 색. 파랑·녹색 같은 차가운 느낌의 색깔. [반] 팽창색.
수출(輸出) 다른 나라로 물건을 내보냄. [예] 수출량. 수출품. [반] 수입. —하다.
수출고 수출한 분량. 수출해서 얻은 돈의 액수. [예] 경기 회복으로 수출고가 크게 늘어났다.
수출 무:역 국내에서 생산된 상품을 외국에 파는 일.
수출선 외국에 팔 물건을 실어나르는 큰 배.
수출액 우리 나라의 물건을 다른 나라에 팔아서 받은 돈. [예] 수출액 증가.
수출입 수출과 수입.
수취(受取) 받아서 가짐. 받음. [예] 수취인. [반] 수여. —하다.
수치[1](羞恥) 부끄러움. [예] 수치스러운 일생을 살지 마라. [반] 자랑. —스럽다.
수:치[2](數値) ①계산하여 얻은 수. ②어떤 양의 크기를 나타낸 수.
수칙(守則) 지켜야 하는 규칙. [예] 수영장 안전 수칙.
수캉아지 강아지의 수컷. [반] 암캉아지.
수캐 개의 수컷. [반] 암캐.
수컷 동물의 남성. [반] 암컷.
수키와 두 암키와 사이에 엎어 놓는 기와. [반] 암키와.
수탈(收奪) 속임수나 협박으로 남의 재물을 빼앗음. —하다.
수탉 닭의 수컷. [반] 암탉.
수탕나귀 당나귀의 수컷. [반] 암탕나귀.
수톨쩌귀 암톨쩌귀에 꽂게 된 촉이 달린 돌쩌귀. [반] 암톨쩌귀.
수통(水桶) 물을 넣는 통.
수퇘지 돼지의 수컷. [반] 암퇘지.
수:틀 수를 놓을 때 쓰는 틀.
수:판(數板) 셈을 하는 데 쓰이는 기구. 주판. [예] 수판을 놓다.
수펄 →수벌.
수평(水平) 잔잔한 물의 면처럼 평평한 상태. [반] 수직.
수평면 바다 윗면같이 기울지 아니하고 평평한 면.
수평선 하늘과 바다가 맞닿은 것처럼 보이는 선.
수평아리 병아리의 수컷. [반] 암평아리.
수포[1](水泡) ①물 위에 떠 있는 거품. [예] 수포가 일다. ②보람 없는 결과. [예] 계획한 일이 수포로 돌아갔다.
수포[2](水疱) 살가죽이 부풀어올라 속에 물이 잡힌 것. [예] 수포가 생기다. [비] 물집.

수표(手票) 돈을 대신하여 쓸 수 있도록 된 쪽지.

수표교(水標橋) 조선 세종 때 건립된 서울 청계천에 있던 다리. 1958년 청계천 복개 공사로 장충단 공원에 옮겨 보관 중임.

수풀 나무가 무성한 곳.

수필(隨筆) 생각나는 대로 형식 없이 써 나가는 산문의 하나. ㉠수필가. 수필집.

수하물(手荷物) 여행하는 사람이 손수 휴대한 작은 짐.

수학¹(受學) 학문을 배움. 수업을 받음. ㉠동문 수학하다. —하다.

수:학²(數學) 수에 대한 것을 연구하는 학문.

수학 여행(修學旅行) 실지로 보고 들으면서 지식을 넓히기 위하여 학교에서 학생들을 데리고 가는 여행.

수합(收合) 거두어 합함. —하다.

수해¹(水害) 홍수로 말미암아 세간이 물에 잠기고 집이나 논밭이 떠내려가는 재잉. ㉠수해를 입다. ⊕한해.

수해²(樹海) '넓게 펼쳐진 울창한 삼림'을 바다에 비유한 말.

수행¹(修行) ①행실을 바르게 닦음. ②불도를 닦음. ㉠끊임없는 수행을 하다. —하다.

수행²(遂行) 계획한 대로 해냄. ㉠예정한 대로 수행하다. —하다.

수행³(隨行) 따라서 감. ㉠대통령을 수행하다. —하다.

수행원(隨行員) 높은 지위에 있는 사람을 따라다니며 돕거나 신변을 보호하는 사람.

수험(受驗) 시험을 치름. ㉠수험생. —하다.

수혈(輸血) 피가 모자라는 환자의 혈관에 건강한 사람의 피를 넣는 일. ㉠수혈을 받다. —하다.

수형도(樹形圖) 문장의 구절 구조 등을 나무의 가지 모양으로 간단하게 나타낸 표.

수호(守護) 지키어 보호함. ㉠나라를 수호하다. —하다.

수호신 개인·가정·국가 등을 지켜 보호하는 신.

수화(手話) 농아들이 말 대신에 손짓으로 하는 대화. —하다.

수화기(受話器) 전화기의 일부로서 귀에 대고 전화를 받는 장치. ⊕송화기.

수확(收穫) ①곡식을 거두어들임. ②거두어들여서 얻음. ㉠수확의 계절. ⊕획득. —하다.

수확량[-황냥] 곡식을 거두어들인 양. ㉠밀 수확량이 늘었다.

수:회(數回) 여러 번. 두서너 번. ㉠수회에 걸친 교섭.

수:효(數爻) 물건의 낱낱의 수. ㉠수효를 세다. ⊕수량.

수훈(首勳) 으뜸 가는 특수한 공훈. ㉠수훈을 세운 선수.

숙고(熟考) 깊이 잘 생각함. ㉠심사 숙고. —하다.

숙녀(淑女) 교양을 갖춘 점잖은 여인. ⊕신사.

숙달(熟達) 어떤 일에 익숙하고 통달함. ㉠숙달된 사격 솜씨. ⊕미숙. —하다.

숙덕거리다 자꾸 은밀하게 수군거리다. ㉠교실에서 숙덕거리지 마라. ㊂속닥거리다. ㊁쑥덕거리다.

숙덕이다 남이 알아듣지 못하게 수군거리며 말하다. ㊂속닥이다. ㊁쑥덕이다.

숙독(熟讀) 글의 뜻을 생각하면서

읽음. 충분히 음미하면서 읽음. 예 논어를 숙독하다. —하다.

숙련(熟練)[숭년] 익숙하게 익힘. 예 숙련된 기술자. —하다.

숙망(宿望)[숭—] 오래도록 지닌 소망. 예 우리 모두의 숙망인 통일. 비 소원. 숙원.

숙 맥(菽麥)[숭—] ①콩과 보리. ②'콩과 보리조차 구별하지 못할 정도로 어리석고 못난 사람'을 비유하여 이르는 말. 예 그걸 모르다니 숙맥이로군. 본 숙맥 불변.

숙면(熟眠)[숭—] 잠이 깊이 듦. 예 숙면을 취하다. —하다.

숙명(宿命)[숭—] 날 때부터 정해진 운명. 예 숙명의 대결.

숙모(叔母)[숭—] 아버지의 동생의 아내. 작은어머니. 반 숙부.

숙박(宿泊) 여관에 머물러 묵음. 예 숙박료. 숙박 시설. —하다.

숙부(叔父) 아버지의 동생. 작은아버지. 반 숙모.

숙성하다(夙成—) ①나이에 비하여 키가 크다. ②나이는 어리나 속이 있다. 예 숙성한 아이.

숙소(宿所) 머물러 묵는 곳.

숙식(宿食) 잠을 자고 끼니를 먹음, 또는 그 일. 예 숙식을 제공하다. —하다.

숙어(熟語) 두 가지 이상의 말을 합하여 한 뜻을 나타내는 말. 비 익은말.

숙어지다 ①앞으로 기울어지다. 예 고개가 저절로 숙어지다. ②기운이 줄어들다.

숙연(肅然) ①삼가고 두려워하는 모양. ②고요하고 엄숙함. 예 분위기가 숙연하다. —하다. —히.

숙원(宿願) 오래 된 소원. 예 숙원을 풀다. 비 숙망.

숙이다 고개를 숙게 하다. 예 머리를 숙여 용서를 빌다. 반 쳐들다.

숙정문(肅靖門) 서울 4대문의 하나로 북정문. 조선 시대 태조 4년(1395)에 건립함. 지금의 삼청 공원 뒤에 있음.

숙제(宿題) ①미리 내주어서 풀어 오게 하는 문제. ②뒤에 두고 처리하거나 생각할 문제. 비 과제.

숙종¹(肅宗, 재위 1054~1105) 고려 제15대 왕. 화폐 제도를 시작함. 고려의 황금 시대를 이룸.

숙종²(肅宗, 재위 1675~1720) 조선 제19대 왕. 주전도감을 두어 상평통보를 주조·통용시킴.

숙주나물 녹두를 물에 불리어 싹이 나게 한 것을 양념하여 볶은 나물. 준 숙주.

숙직(宿直) 관청·회사 등의 직장에서 밤에 지킴, 또는 그 사람. 예 숙직실. —하다.

숙질(叔姪) 아저씨와 조카. 삼촌과 조카.

숙청(肅淸) ①잘못이나 그릇된 일을 치워 없앰. ②반대파를 모두 제거하는 일. 예 반대파를 숙청하다. —하다.

순(筍) 식물의 싹. 예 순이 돋다.

순간(瞬間) 눈 깜짝할 사이. 잠깐 동안. 예 총을 쏘려는 순간에 피했다. 비 찰나. 반 영원.

순간적 아주 짧은 시간인 것. 예 순간적으로 일어난 사고.

순결(純潔) 아무 잡된 것이 섞이지 않고 깨끗함. 예 순결 무구한 마음. —하다.

순경¹(巡警) 경찰관의 최하 계급.

순:경²(順境) 일이 뜻대로 잘 되어 가는 경우. 반 역경.

순교(殉教) 자기가 믿는 종교를

위하여 목숨을 바침. 예순교자. -하다.
순국(殉國) 나라를 위하여 목숨을 바침. 예나라의 독립을 위해 순국하다. -하다.
순국선열 나라를 위하여 목숨을 바친 애국 열사.
순금(純金) 다른 것을 섞지 않은 순전한 금.
순대 돼지의 창자 속에 쌀·두부·숙주나물 등을 넣고 삶은 음식.
순도(純度) 품질의 순수한 정도. 예순도를 측정하다.
순두부 눌러서 굳히지 않은 두부.
순례(巡禮)[술-] 옛 자취를 더듬어 참배함. 예성지 순례. -하다.
순:리(順理)[술-] 도리에 순종함. 순조로운 이치. 예순리에 따르다. -하다.
순면(純綿) 면사만으로 짠 직물.
순모(純毛) 아무것도 섞이지 않은 순수한 털실이나 모직품.
순물질 아무것도 섞이지 않은, 한 종류만으로 이루어진 물질.
순박(淳朴) 성질이 순하고 꾸밈이 없음. 예순박한 청년. -하다.
순발력(瞬發力) 어떠한 충격이 있자마자 순간적으로 몸을 움직이어 곧 힘을 낼 수 있는 능력.
순방(巡訪) 차례로 찾아다님. 예유럽 순방. -하다.
순:번(順番) 차례로 돌아오는 순서. 예청소 순번이 돌아오다.
순산(順産) 아무 탈이 없이 수월하게 아이를 낳음.
순색(純色) 순수한 빛깔.
순:서(順序) 차례.
순:서도 컴퓨터에서 프로그램을 작성하기 전에 일의 처리 순서를 도표로 나타낸 것.
순소수(純小數) 수학에서, 0과 1사이의 소수. 곧, 정수 부분이 없는 소수.
순수¹(巡狩) 임금이 나라 안을 두루 보살피며 돌아다님. 비순행. -하다.
순수²(純粹) ①다른 것이 조금도 섞이지 않음. 예동기가 순수하다. ②완전함. 반불순. -하다.
순수비(巡狩碑) 임금이 나라 안을 돌아다니며 살핀 곳을 기념하여 그 곳에 세운 비석. 예진흥왕 순수비.
순:순하다(順順-) 성질이 고분고분하고 순하다. 예순순히 복종하다. -히.
순시(巡視) 경계·감독하기 위하여 돌아다니며 살펴봄, 또는 그 사람. 예지방 관청을 순시하다. -하다.
순식간(瞬息間) 눈 깜짝할 사이. 잠깐 동안. 예순식간에 벌어진 일이라 모두 어리둥절해 했다. 비삽시간. 갑자기.
순:위(順位) 어떤 기준에 의한 순번에 따라 정해진 위치나 지위. 예득표 순위.
순:응(順應) 순순히 따름. 예자연에 순응하며 살다. -하다.
순전(純全) 잡것이 섞이지 않고 순수하고 완전함. 예이 꿀은 설탕을 섞지 않은 순전한 꿀입니다. -하다. -히.
순정(純情) 꾸밈이나 거짓이 없는 순수한 마음.
순:조롭다(順調-)〔순조로운, 순조로워/순조로이〕 아무 탈 없이 일이 잘 되어 나가다. 예일이 순조롭게 되어 예정보다 빨리 끝났다.

순:종(順從) 거스르지 않고 잘 좇음. [예] 선생님 말씀에 순종하다. [비] 복종. —하다.

순지르기(筍—) 곁순을 잘라 내는 일. [예] 초목의 순지르기를 하다. —하다.

순직(殉職) 직장에서 일을 하다가 목숨을 잃음. [예] 현장에서 순직한 공무원. —하다.

순진(純眞) 마음이 꾸밈이 없고 참됨. [예] 순진한 학생. —하다.

순:차적(順次的) 순서대로 차례차례 하는 것. [예] 순차적으로 문제를 해결하다.

순찰(巡察) 여러 곳으로 돌아다니며 사정을 살핌. [예] 기동 순찰대. —하다.

순찰사[—싸] 난리 때 지방의 군무를 순찰하던 임시 벼슬.

순찰 초소 경찰이 지정된 구역 안에서 그 안에 사는 사람들의 범죄나 사고의 방지 등 안전을 유지하기 위하여 이동 근무하는 곳.

순치기 발육을 좋게 하기 위해 식물의 순을 자르는 일.

순:탄(順坦) ①길이 험하지 않고 평탄함. [예] 순탄한 길. ②탈이 없이 순조로움. [예] 평생을 순탄하게 살아가다. —하다. —히.

순:풍(順風) ①솔솔 불어 오는 온화한 바람. ②배가 가는 방향으로 부는 바람. [예] 순풍을 타고 항해하다. [반] 역풍.

순:하다(順—) ①성질이 사납지 않다. [예] 순한 강아지. ②맛이 독하지 않다. [예] 순한 담배. ③일이 쉽고 거침이 없다.

순:해지다 몸가짐이나 성질이 부드러워지다. [예] 철이 들더니 애가 순해졌다.

순행(巡行) 이곳 저곳을 돌아다님. [예] 여러 도시를 순행하다. —하다.

순화(純化) 순수하게 함. [예] 정신 순화. 국어 순화. —하다.

순환(循環) 쉬지 않고 돎. 자꾸 돌아감. [예] 혈액 순환. —하다.

순환 도:로 일정한 지역을 순환할 수 있도록 닦아 놓은 도로. [예] 남부 순환 도로.

순환 운:동 걷기·매달리기·달리기 등을 잇달아 하여 기본 체력을 기르기 위한 운동.

순회(巡廻) 여러 곳을 차례로 돌아다님. [예] 각 지방을 순회하다. —하다.

숟가락 밥이나 국 따위를 떠 먹는 기구. [반] 젓가락.

숟갈 '숟가락'의 준말.

술[1] 알코올 성분이 있어 마시면 취하는 음료의 총칭.

술[2] 숟가락으로 헤아릴 만한 적은 분량. [예] 밥 한 술.

술래 술래잡기할 때에 숨은 아이를 찾는 구실을 맡은 아이.

술래잡기 여럿 가운데서 한 아이가 술래가 되어 숨은 아이를 찾아내는 놀이. —하다.

술렁거리다 세상 인심이 안정되지 않고 소란하다. [예] 충격적인 소식에 민심이 술렁거리다.

술렁이다 어수선하게 설레다.

술밥[—빱] 술을 담글 때 쓰는 고두밥.

술병(—病)[—뼝] 술을 많이 마셔서 일어난 병.

술:술 ①물·가루 등이 잇대어 새어 나오는 모양. ②문제나 얽힌 실 따위가 수월하게 잘 풀리는 모양. ③말이 막힘 없이 잘 나오는

모양. 짝 솔솔.
술어¹(述語) 동사나 형용사 따위와 같이 그 주어의 동작이나 상태를 풀이하는 말.
술어²(術語) 학문에서 전문적으로 쓰는 말. 본 학술어.
술주정 술을 먹고 부리는 행패. 예 술주정꾼. 술주정이 심하다.
술책(術策) 일을 벌여 나가는 꾀. 예 남의 술책에 빠지다. 비 술수.
술회(述懷) 마음 속에 품고 있는 여러 가지 생각을 말함. 또, 그 말. 예 옛일을 술회하다. ―하다.
숨: 코나 입으로 공기를 내쉬고 들이마시는 기운.
숨:가쁘다[숨가쁘니, 숨가빠서] ①숨쉬기가 몹시 힘들다. 숨이 차다. ②어떤 상황이 급박한 상태이다. 예 숨가쁘게 변하는 세상.
숨:결[―껼] 숨쉬는 속도나 높낮이. 예 숨결이 거칠다.
숨:골[―꼴] 호흡이나 피돌기를 맡아 보며, 소화를 시키는 소화액과 소화 운동을 맡은 기관. 연수.
숨:관 공기가 허파로 드나드는 관. 식도의 앞에 있으며 좌우 두 갈래로 갈라져서 허파 속으로 연결됨. 기관. 숨통.
숨구멍[―꾸멍] ①숨쉬는 구멍. ②갓난아이의 정수리가 굳지 않아 숨쉴 때마다 뛰는 곳. 숫구멍.
숨기다 다른 사람이 모르도록 보이지 않게 감추다. 드러나지 않게 하다. 예 신분을 숨기다.
숨:다[―따] 보이지 않게 몸을 감추다. 예 지하실에 숨다.
숨:돌리다 바쁜 중에 잠시 쉬다. 예 숨돌릴 여유조차 없었다.
숨:막히다 숨이 막힐 정도로 몹시 긴장되다. 예 숨막히는 상황.

숨바꼭질 숨은 사람을 찾아 내는 아이들의 놀이. ―하다.
숨:소리[―쏘리] 숨을 내었다 들이마셨다 하는 소리.
숨:을 거두다 목숨이 끊어지다. 비 죽다.
숨:을 죽이다 숨을 쉬지 않다. 예 숨을 죽이고 눈치를 살피다.
숨:지다 목숨이 끊어지다. 죽다. 예 어린 나이에 숨지다.
숨:차다 숨쉬기가 가쁘다. 예 달리기를 했더니 숨차다.
숨:표 노래 도중에 숨을 쉬라는 표. 기호는 ',' 또는 '∨'.
숫기[숟끼] 수줍어하지 않는 활발한 기운. 예 숫기 없는 아이.
숫돌[숟똘] 칼이나 연장 따위의 날을 가는 데 쓰는 돌.
숫되다 순진하고 어수룩하다. 예 숫된 처녀.
숫색시 =숫처녀.
숫양[순냥] 양의 수컷.
숫염소[순념―] 염소의 수컷.
숫:자(數字)[수짜] 수효를 나타내는 데 쓰는 글자로서 1, 2, 3…이나 一, 二, 三… 따위.
숫처녀(―處女) 남자와 교접한 일이 없는 처녀. 숫색시. 맞 숫총각.
숭고(崇高) 매우 높고 엄숙하고 고상함. 예 숭고한 희생 정신. 반 저속. ―하다.
숭늉 밥을 퍼낸 뒤에 그 솥에 물을 부어 데운 물.
숭덩숭덩 ①물건을 굵직하고 거칠게 써는 모양. ②바느질할 때 드문드문 거칠게 꿰매는 모양.
숭례문(崇禮門) 남대문의 본래 이름. 서울 남쪽에 있는 성문. 사대문의 하나. 국보 제1호.
숭배(崇拜) 높이어 우러러 존경

함. [예] 위인을 숭배하다. [비] 숭상. 존경. [반] 멸시. —하다.

숭상하다(崇尙—) 공경하고 사모하다. 소중하게 여기다. [예] 학문을 숭상하다.

숭숭 ①조금 큰 구멍이 많이 뚫린 모양. [예] 구멍이 숭숭 뚫리다. ②물건을 듬성듬성 빨리 써는 모양. [예] 호박을 숭숭 썰다. [작] 송송.

숭:어 등은 짙은 잿빛, 배는 은빛으로 온몸에 빽빽한 비늘이 있으며, 봄과 가을에 많이 잡히는 가까운 바다에서 사는 물고기.

숯 나무를 숯가마에 넣어서 구워 낸 땔감. [비] 목탄.

숯가마 숯을 구워 만들어 내는 구덩이.

ㅅ

숯이 검정 나무란다〈속〉 자기 흠이 더 큰 사람이 도리어 흠이 작은 사람을 흉본다.

숱 물건의 부피. 물건의 분량. [예] 머리 숱이 많다.

숱하다 넉넉하다. [예] 숱한 어려움을 이겨 내다. [비] 많다.

숲 '수풀'의 준말. [비] 삼림.

숲길 숲 속에 있는 길.

숲 속 수풀의 안.

쉬: 닭이나 참새 같은 것을 쫓을 때 내는 소리. 쉬이.

쉬:[1] ①떠드는 것을 못 떠들게 하는 말. ②젖먹이에게 오줌을 누일 때에 쓰는 말.

쉬:[2] ①쉽게. [예] 쉬 배우다. ②오래지 않아. [예] 쉬 돌아오리다.

쉬[3] 파리의 알.

쉬:다[1] ①목이 잠기어서 목소리가 똑똑하게 나오지 않게 되다. [예] 목이 쉬다. ②음식이 상하여 맛이 변하다. ③하던 일을 잠시 그만두다. [반] 일하다.

쉬:다[2] ①자다. ②그치다. ③피곤한 것을 낫게 하다. [예] 편히 쉬다. ④숨을 마시었다 내었다 하다. [예] 숨을 쉬다.

쉬:쉬하다 소문나지 않도록 비밀 등을 숨기다. [예] 말이 퍼지지 않도록 너나없이 쉬쉬하다.

쉬엄쉬엄 쉬어 가면서 일하는 모양. [예] 쉬엄쉬엄 해라.

쉬운 어렵지 않은. [예] 하기 쉬운 일. [반] 어려운.

쉬이 ①쉽게. [예] 이 일은 그리 쉬이 해결될 게 아니다. [반] 어렵게. ②오래지 않아.

쉬파리 몸이 크고 빛이 검푸르며 나는 소리가 큰 파리.

쉰: 열의 다섯 곱절. [비] 오십.

쉰:내 음식 따위가 쉬어서 나는 시금한 냄새. [예] 쉰내가 나다.

쉴새없이 끊이지 않고. [예] 공장의 기계 소리가 밤새도록 쉴새없이 들려와 잠을 이루지 못하였다.

쉼:표 ①악보에 쓰는 부호의 한 가지. 어느 시간 동안 연주하던 것을 쉬게 하는 표. ②글에 찍는 휴지부.

쉽:게 어렵지 않게. [예] 쉽게 얻은 것은 쉽게 잃기 마련이다. [비] 쉬이.

쉽:다〔쉬우니, 쉬워서〕 ①어렵지 않다. [예] 쉬운 문제. [비] 수월하다. [반] 어렵다. ②가능성이 많다. [예] 그 친구 잠자고 있기 쉽지.

쉽:사리 아주 쉽게. 빨리. [예] 쉽사리 해결하다.

슈바이처(Schweitzer, 1875~1965) 프랑스의 의사·철학자·목사 및 음악가로서 아프리카의 가봉에서 원주민의 의료와 전도에 헌신함. 1952년 노벨 평화상을 받음. 저서에 '문화 철학' 등이 있음.

슈:베르트(Schubert, 1797~1828) '가곡의 왕'이라고 불리는 오스트리아의 낭만파 음악가. 작품에는 〈마왕〉〈겨울 나그네〉〈아름다운 물레방앗간의 아가씨〉〈들장미〉 등이 있음.

슈:크림 얇게 구운 빵 속에 크림을 넣은 서양 과자의 하나.

슈:트 신사복 한 벌, 또는 웃옷과 스커트로 된 여성복 한 벌.

슈트라우스(Strauss, 1864~1949) 독일의 작곡가. 바그너·베를리오즈의 영향을 받아 표제 음악적 경향의 대곡을 만듦.

슈:퍼마:켓(supermarket) 손님이 물품을 마음대로 골라 계산대에서 물건값을 지불하게 되어 있는 규모가 큰 가게.

슈:퍼맨(superman) 보통 사람과는 달리 놀랍고 엄청난 힘을 가진 사람.

슐레스비히(Schleswig) 유틀란트 반도의 남쪽 지방. 북부는 덴마크, 남부는 독일의 영토.

슛:(shoot) 축구·핸드볼·농구 등에서 골을 향해 공을 던지거나 차는 일. —하다.

스낵 코:너(snack corner) 가벼운 식사를 할 수 있는 간이 식당.

스냅[1](snap) 야구에서 손에 힘을 주어 공을 속력 있게 던지는 일.

스냅[2](snap) 단추의 한 가지. 똑딱단추.

스님 ①중이 그 스승을 일컫는 말. ②중을 높여 일컫는 말.

스러지다 모양이나 자취가 차차 엷어져 없어지다. 예무지개가 스러지다. 짝사라지다.

-스럽다〔스러우니, 스러워〕어떤 말 아래 붙어 형용하는 말을 만드는 말. 예사랑스럽다.

스로:인(throw-in) 축구에서 터치라인 밖에 나간 공을 두 손으로 들고 경기장 안으로 던져 넣는 것. —하다.

스르르 ①얽히거나 뭉친 것이 저절로 풀어지는 모양. 예보자기가 스르르 풀리다. ②눈이 힘없이 감기는 모양. 예졸음이 와서 눈이 스르르 감기다. ③슬며시 가만가만 움직이는 모양. 예기차가 스르르 움직였다. 짝사르르.

스르르륵 ①벌레들이 우는 소리. ②창문 따위가 미끄러지듯 닫히거나 열리는 소리. 예스르르륵, 문이 열렸다.

-스름하다 빛깔이나 형상을 나타내는 말에 붙어 빛이 옅거나 그 형상과 비슷하다는 뜻을 나타내는 말. 예불그스름하다. 둥그스름하다.

스리랑카(Sri Lanka) 인도 반도 남동쪽의 인도양에 있는 섬나라. 수도는 스리자야와르데네푸라.

스리:런(three-run) 야구에서 타자까지 합쳐서 베이스에 나가 있는 3인의 주자, 또는 이에 의한 득점.

스마:트(smart) 몸가짐이나 모양이 단정하고 맵시 있음. 예스마트한 용모. —하다.

스며들다 기어 들어가다. 스미다. 예장마로 물이 집 안에 스며들다. 본스미어들다.

스모그(smog) 대도시나 공장 지대에서, 여러 오염 물질이 공기 중에 안개처럼 끼여 있는 것.

스무 스물(20)을 나타내는 말. 예스무 살. 스무고개.

스무고개 스무 번 묻는 동안 문제 낸 사물을 알아맞히는 놀이.

스물 열의 갑절.

스미다 물이 번져 들어가다. 예 땀이 스미다.

스산하다 거칠고 쓸쓸하다. 예 스산한 가을 바람. —히.

스스럼없다 부끄럽거나 조심스러운 마음이 없다. 예 스스럼없는 행동. —이.

스스로 ①저절로. 비 자연히. ②자기 힘으로. 예 스스로 일어나다.

스승 자기를 가르쳐 주는 사람. 예 그들은 스승과 제자 사이다.

스웨터(sweater) 털실로 두툼하게 짠 자켓.

스위스(Switzerland) 유럽 중남부에 있는 연방 공화국. 영세 중립국이며 관광·정밀 기계 공업으로 유명함. 수도는 베른.

스위치(switch) 전기의 흐름을 이었다 끊었다 하는 기구.

스치다 ①서로 살짝 닿으면서 지나가다. 예 뺨을 스치는 바람. ②생각이 문득 떠올랐다 사라지다. 예 온갖 잡념이 스치다.

스카 : 프(scarf) 목도리. 머릿수건.

스칸디나비아 반 : 도(Scandinavia 半島) 유럽의 북서부에 있는 반도. 노르웨이, 핀란드, 스웨덴 등의 나라가 있음.

스캐너(scanner) 컴퓨터에서, 입력 장치의 하나로 그림이나 사진을 읽어들이거나 문자·바코드를 판독하는 장치.

스커 : 드 미사일 걸프 전쟁에서 이라크가 사우디아라비아·이스라엘에 발사한 미사일.

스컹크(skunk) 땅 속 구멍에 사는 족제빗과의 동물로 밤에 활동하며 긴 털로 덮여 있음. 항문에서 독한 냄새를 냄.

스케이트(skate) 구두 바닥에 쇠날을 붙여 얼음지치기할 때 신는 운동 기구.

스케이팅(skating) 스케이트를 신고 얼음을 지치는 일. —하다.

스케일(scale) 규모. 꾸밈새. 예 스케일이 크다.

스케줄 : (schedule) ①계획. 일정. ②시간표.

스케치(sketch) 실지의 경치나 물건을 보고 그대로 그림, 또는 그런 그림. —하다.

스케치북(sketchbook) 그림을 그릴 수 있도록 여러 장의 종이를 한데 묶은 책.

스코어(score) 경기할 때 얻는 점수, 또는 그 득점을 적은 표.

스크래치(scratch) 크레파스를 덧칠한 다음 송곳이나 칼 등으로 긁어 내어 바탕색이 나타나게 하는 일, 또는 그런 그림.

스크랩(scrap) 신문이나 잡지에서 필요한 부분을 오려 내는 일, 또는 그 오려 낸 것. 예 스크랩북.

스크린 : (screen) ①영사막. 은막. ②영화의 화면, 또는 영화계. 예 스크린에 데뷔하다.

스키 : (ski) 눈이나 얼음 위를 타고 가는 도구, 또는 그것을 이용하여 하는 운동.

스키핑 스텝(skipping step) 기본 스텝의 한 가지. 한 박자 사이에 오른발을 앞에 내고 가볍게 뛰면서 왼쪽 무릎을 굽혀서 앞으로 올리는 스텝.

스킨 다이빙(skin diving) 수중 호흡기·물안경·물갈퀴 등 간단한 장비만 갖추고 물 속을 헤엄치는 스포츠.
스타 : (star) ①별. ②인기 있는 배우나 운동 선수. 일반적으로 인기 있는 사람. ⑩슈퍼 스타.
스타디움 (라 stadium) 관람석을 갖춘 운동 경기장.
스타일 (style) 모양. 자태. 형. ⑩ 최신 스타일의 자동차.
스타카 : 토 (이 staccato) 한 음씩 끊어서 연주하는 일, 또는 그 기호. 음표 아래에 '·'을 붙임.
스타킹 (stocking) 목이 길고 얇은 여성용 양말.
스타 : 트 (start) 출발. 시작. 착수. 출발 신호. —하다.
스태프 (staff) ①어떤 조직을 이루는 부원. 간부. 참모. ②연극이나 영화에서 연기자 이외의, 제작에 참여하는 사람을 이르는 말.
스탠드 (stand) 운동장 따위에 계단식으로 된 관람석.

[스탠드]

스탬핑 (stamping) 물체의 겉모양에 물감을 묻힌 후 도화지에 찍어 내는 표현 방법.
스턴트 맨 (stunt man) 영화에서 위험한 장면을 대신 연기하는 전문 배우.
스테레오 (stereo) 입체 음향.
스테이크 (steak) 서양 요리의 하나로 두껍게 썰어 구운 고기.
스테인리스 스틸 : (stainless steel) 철·니켈·크롬 등을 넣어 녹슬지 않도록 한 강철. 준스테인리스.
스텝 (step) 댄스에서 한 발 한 발의 움직임.

스토 : 리 (story) 소설이나 희곡·영화 등의 줄거리.
스토 부인 (Stowe夫人, 1811~1896) 미국의 여류 소설가이며 노예 해방가. 흑인 노예의 비참한 생활을 보고 쓴 소설 〈톰 아저씨의 오두막집〉과 고향 모습을 그린 〈그리운 고향의 사람들〉이 있음.
스톡홀름 (Stockholm) 스웨덴의 수도. 매년 노벨상 수상식이 열림.
스톱 (stop) =정지. —하다.
스튜디오 (studio) ①화가나 조각가의 제작실. ②라디오나 텔레비전의 방송실.
스튜어디스 (stewardess) 비행기 안에서 승객에게 서비스하는 여자 승무원.
스트라이커 (striker) 축구에서 득점 능력이 뛰어난 공격수.
스트라이크 (strike) ①동맹 파업. 동맹 휴학. 요구를 관철할 목적으로 집단적으로 공부나 일을 하지 않는 것. ②야구에서, 투수가 가운데로 던진 공을 타자가 치지 못하고 포수가 받는 일.
스트레스 (stress) 몸이나 마음에 해가 되는 여러 자극이 주어졌을 때 일어나는 갖가지 반응. ⑩스트레스를 해소시키다.
스트렙토마이신 (streptomycin) 1944년 미국의 왁스먼이 땅 속의 박테리아에서 얻은 항생 물질. 폐결핵의 특효약임.
스트로 : (straw) 음료를 빨아먹기 위한 빨대.
스티로폼 : (styrofoam) 열·습기 등을 막거나 포장 재료로 쓰는 합성 수지의 한 가지.
스티커 (sticker) 상표나 광고 또는 어떤 표지로서 붙이는, 풀칠되어

있는 작은 종이.
스틸:(still) 영화의 한 장면을 크게 인화한 선전용 사진.
스팀:(steam) ①증기. ②증기 난방 장치. 증기 히터.
스파:링(sparring) 권투에서, 실제의 시합처럼 하는 연습 시합.
스파이(spy) 적의 비밀을 알아 내는 사람. 비 간첩. 밀정.
스파:크(spark) 불꽃, 특히 전기가 방출될 때 일어나는 불꽃.
스패너(spanner) 손잡이의 끝에 볼트나 너트의 머리를 끼워 죄거나 풀 때 사용하는 도구.
스펀지(sponge) 합성 수지를 성글게 만들어 공기를 많이 품을 수 있도록 푹신하게 만든 것.
스페이스(space) ①비어 있는 곳. 공간. ②지면에서 글씨나 그림이 없는 부분.
스페인(Spain) =에스파냐.
스펙트럼(spectrum) 빛을 프리즘 등에 통과시켰을 때 생기는 무지개와 같은 빛깔의 띠.
스포이트(네 spuit) 물이나 약품 등을 한 방울씩 떨어뜨리는 데 쓰이는 실험 기구.
스포:츠(sports) 육상 경기·야구·테니스 등에서 등산·사냥에 이르기까지 몸을 튼튼히 하기 위한 모든 운동.
스포:츠맨십(sportsmanship) 운동 선수로서 정정 당당하게 행동하는 경기 정신.
스푼:(spoon) 주로 양식에 쓰는 숟가락. 예 티 스푼.
스프레이(spray) =분무기.
스프링(spring) ①봄. ②용수철.
스프링클러(sprinkler) 밭이나 정원 등에 세워 놓은, 물의 압력에 의해 자동적으로 물을 뿌리는 장치.
스피:드(speed) 속력. 속도.
스피:커(speaker) 소리를 크게 하여 멀리 들리게 하는 장치. 비 확성기.
스핑크스(그 Sphinx) 옛날 이집트에서 왕궁이나 신전·피라미드 등의 어귀에 세웠던 돌. 머리는 사람, 몸은 사자의 모습을 하고 있음.
슬그머니 남이 모르게 넌지시 행동하는 모양. 예 슬그머니 회의장을 빠져 나오다. 비 넌지시. 가만히. 작 살그머니.
슬근슬근 물건과 물건이 서로 맞닿아 가볍게 비비는 모양. 예 슬근슬근 톱질하세. 작 살근살근. —하다.
슬금슬금 남이 모르도록 자꾸 하는 모양. 예 족제비가 집 모퉁이를 슬금슬금 돌아다닌다. 비 가만가만. 작 살금살금.
슬기 사리를 밝게 잘 처리해 가는 재능. 비 재주. 지혜.
슬기롭다〔슬기로우니, 슬기로워서/슬기로이〕꾀가 많다. 지혜가 많다. 재주가 뛰어나다. 예 난관을 슬기롭게 헤쳐 나가다. 비 지혜롭다. 반 우둔하다.
슬다〔스니〕①물고기나 벌레 따위가 알을 깔겨 놓다. 예 모기가 알을 슬다. ②쇠에 녹이 생기다. 예 칼에 녹이 슬다.
슬라이더(slider) 야구에서, 타자 가까이에 와서 미끄러지듯 바깥쪽으로 빠지는 공.
슬라이드(slide) 필름을 옆에서 밀어 넣게 된 환등기.
슬라이딩(sliding) ①미끄러짐. 활주. ②야구에서, 미끄러지면서 베이스를 밟는 일. —하다.

슬래브(slab) ①건축에서, 바닥이나 지붕을 한 장의 판자처럼 콘크리트로 부어 만든 구조. [예]슬래브 구조. ②등산 용어로 널빤지 모양으로 평평한 큰 바위.

슬랙스(slacks) 여성용의 느슨한 바지.

슬럼프(slump) 일시적으로 몸이 좋지 않거나 사업이 잘 되지 않는 상태. [예]슬럼프에 빠지다.

슬레이트(slate) 지붕을 덮는 데 쓰는 얇은 판. 시멘트에 석면을 섞고 물을 부어 압력을 가하여 편편한 모양으로 만든 것. 청회색 또는 청흑색.

슬로:건(slogan) =표어.

슬로: 모:션(slow motion) 영화나 텔레비전의 화면에서 물체의 움직임이 실제 속도보다 느리게 보이도록 비추는 일, 또는 그 완만한 동작.

슬로: 볼:(slow ball) 야구에서, 투수가 던지는 빠르지 않은 공.

슬며시 드러나지 않도록 힘을 적게 들여서 넌지시. [예]언니는 슬며시 일어나 나가 버렸다. [비]슬그머니. [작]살며시.

슬:슬 ①가만가만 기어가는 모양. ②눈이나 설탕 따위가 모르는 사이에 녹아 가는 모양. [예]입에서 슬슬 녹다. ③남을 슬그머니 달래거나 꾀거나 속이는 모양. [예]좋은 말로 슬슬 달래다. [작]살살.

슬쩍 ①남에게 들키지 않게 얼른. [예]슬쩍 피하다. ②힘들이지 않고 익숙하게. [작]살짝.

슬쩍슬쩍 ①남의 눈을 피해 가면서 연이어 재빠르게 하는 모양. [예]슬쩍슬쩍 집어가다. ②힘들이지 않고 능숙하게 하는 모양.

슬퍼하다 슬픈 마음이 되다. [예]친구와의 이별을 슬퍼하다.

슬프다〔슬프니, 슬퍼〕 원통하고 서러운 생각이 들다. [비]서럽다. [반]기쁘다.

슬픔 슬픈 마음이나 느낌. [비]설움. [반]기쁨.

슬피 슬프게. 서럽게. [예]슬피 우는 두견새.

슬하(膝下) ①무릎 아래. ②어버이의 따뜻한 사랑 아래. [예]부모의 슬하를 떠나다.

습격(襲擊) 갑자기 적을 덮쳐서 침. [예]불시에 습격하다. [비]공격. 기습. [반]방어. 방비. —하다.

습곡(褶曲) 평평한 지층이 옆으로부터 힘이 작용하여 구불구불하게 굴곡을 이루고 있는 상태.

습관(習慣) 버릇. [예]나쁜 습관은 빨리 고쳐야 한다. [비]습성.

습기(濕氣) 축축한 기운. 물기가 많은 것. [예]습기가 차다.

-습니까 받침 있는 말에 붙어 물음의 뜻을 나타내는 말. [예]부르셨습니까?

-습니다 설명하는 말 밑에 붙어서 끝맺음을 하는 말. [예]했습니다.

습도(濕度) 공기의 습한 정도. 공기 중에 포함된 수증기의 양. 백분율로 표시함. [예]습도를 재다.

습도계 공기 중에 있는 습기가 어느 정도인가를 재는 기구.

습독(習讀) 글을 익혀 읽음. —하다.

습득[1](拾得) 남이 잃은 물건을 주워 얻음. [예]습득물. [반]분실. —하다.

습득[2](習得) 익혀서 얻음. 배워서 앎. [예]기술 습득. —하다.

습성(習性) ①버릇이 되어 버린 성질. 예남 앞에서 머리를 긁적이는 습성. 비습관. ②동물의 한 종류에 나타나는 특유한 성질.

습윤(濕潤) 습기가 많음. 예기후가 습윤하다. —하다.

습윤 기후 증발량보다 강우량이 많은 지방의 기후. 반건조 기후.

습자(習字) 글씨 쓰기를 배워 익힘. 예습자 시간. —하다.

습작(習作) 아직 세상에 발표하지 않은 작품, 또는 연습으로 쓴 작품. —하다.

습지대 습지가 많은 곳.

습진(濕疹) 피부의 표면에 생기는 염증.

습하 다(濕—)[스파—] 축축하다. 물기가 있어 젖을 듯하다.

승(僧) =중. 비승려.

승강(昇降) 오르고 내림. 예승강기. —하다.

승강구 기차·자동차·비행기 등을 타고 내리는 출입구.

승강기 전력·증기·수력에 의하여 사람이나 짐을 위아래로 오르내리는 기계. 엘리베이터.

승강대 사람이 오르내릴 수 있도록 만들어 놓은 층대.

승강이 서로 제 주장을 고집하여 옥신각신함. 예좋은 자리를 차지하려고 승강이를 벌이다. —하다.

승객(乘客) 배나 차 따위를 타는 손님. 예택시에 승객을 태우다.

승격(昇格)[—껵] 한층 높이 오름. 곧, 낮은 자리에서 윗자리로 오름. 예시로 승격하다. —하다.

승계(承繼) 뒤를 이어받음. 예가업을 승계하다. —하다.

승:공(勝共) 공산주의와 싸워 이김. —하다.

승낙(承諾) 청하는 것을 들어 줌. 예결혼을 승낙하다. 비승인. 허락. 반거부. —하다.

승냥이 갯과의 짐승. 이리와 비슷하며 성질이 사나움.

승:리(勝利) 다투거나 싸워서 이김. 예노력하는 자만이 승리할 수 있다. 비승전. 승첩. 반패배. —하다.

승:리 투수[승니—] 야구에서, 팀의 승리에 가장 공이 큰 투수. 반패전 투수.

승마장(乘馬場) 말을 타는 곳.

승무(僧舞) 고깔을 쓰고 장삼을 입어 중처럼 차리고, 때때로 법고를 치며 풍류에 맞춰 추는 춤.

승문원(承文院) 조선 시대 때 외교 문서를 맡던 관아.

승병(僧兵) 중들로 이루어진 군사. 승군.

승복¹(承服) ①납득하여 따름. 예판정에 승복하다. ②죄를 스스로 고백함. —하다.

승복²(僧服) 승려가 입는 옷.

승:부(勝負) 이기는 것과 지는 것. 예승부를 겨루다. 비승패.

승:산(勝算) 이길 가망. 예승산 없는 경기가 계속되다.

승상(丞相) 지금의 장관과 비슷한 높은 벼슬. 비정승.

승선(乘船) 배를 탐. 예배가 출발하오니 빨리 승선하시기 바랍니다. 반하선. —하다.

승:세(勝勢) 이길 기세. 예승세를 굳히다. 반패세.

승:소(勝訴) 재판에 이김. 예원고 승소. 반패소. —하다.

승순하다(承順—) 웃어른의 명을 잘 따르다.

승승장구(乘勝長驅) 싸움에서 이

긴 여세를 타고 계속 몰아침. 예 승승장구하며 진격하다. —하다.

승용차(乘用車) 너덧 사람이 타는 작은 자동차.

승인(承認) 옳다고 승낙하고 인정함. 예 독립을 승인하다. 비 승낙. 반 거부. —하다.

승:자 총통(勝字銃筒)[승짜—] 옛날 대포의 한 가지. 화력이 강하여 많이 쓰였음.

승:전(勝戰) 싸움에 이김. 예 승전 소식을 듣고 기뻐하는 백성들. 비 승리. 반 패전. —하다.

승:전고(勝戰鼓) 싸움에서 이겼을 때 치는 북.

승:점(勝點)[—쩜] 경기나 내기 따위에서 이긴 점수.

승제(乘除) 곱하기와 나누기. 예 가감승제.

승지(承旨) 승정원의 도승지·좌승지·우승지·좌부승지·우부승지·동부승지를 통틀어 이르는 말.

승진(昇進) 벼슬이나 지위가 오름. 예 승진 시험. —하다.

승차(乘車) 차를 탐. 예 승차삼. 반 하차. —하다.

승천(昇天) 하늘에 오름. —하다.

승:패(勝敗) 이기고 짐. 예 승패를 결정짓다. 비 승부.

승하(昇遐) 임금이 세상을 떠남. 비 붕어. —하다.

승화(昇華) 가열하였을 때 고체가 액체의 상태를 거치지 않고 기체로 변하는 현상. —하다.

시:¹(市) ①특별시와 광역시를 함께 일컫는 명칭. 예 서울시. ②인구 5만 이상의 도시로서 지방 자치 단체의 하나. 예 수원시. ③도시. 시티. 예 뉴욕시.

시²(時) 시간의 단위. 하루의 24분의 1임.

시³(詩) 마음에 깊이 느낀 것이나 실지로 경험한 것을 리듬에 맞춰 쓴 글. 반 산문.

-시-⁴ 받침 없는 말에 붙어 존경하는 뜻을 표시하는 말. 예 아버님께서 오시었다.

시:가¹(市街) ①저잣거리. ②도시의 큰길. ③인가가 많고 번화한 곳. 비 시내.

시가²(時價)[—까] 현재의 물건 값. 시장의 시세.

시가³(詩歌) ①시와 노래. 예 시가 문학. ②노래의 말.

시:가전(市街戰) 도시의 길거리에서 서로 싸우는 전투. 예 시가전이 벌어지다. —하다.

시:가지(市街地) 시가를 이룬 지역이나 토지.

시:가 행진 여러 사람이 모여서 인가가 많은 거리를 지나가는 것. 예 시가 행진 때문에 차량 통행이 통제되다. —하다.

시각¹(時刻) 때. 예 출발 시각은 아홉시 정각이다. 비 시간.

시:각²(視角) 무엇을 보는 각도. 보거나 생각하는 방향. 예 사람마다 보는 시각이 다르다.

시:각³(視覺) 물체의 모양이나 빛깔 등을 분간하는 눈의 감각.

시:각 장애 시각에 이상이 생김. 예 시각 장애를 일으키다.

시간(時間) ①어느 때로부터 어느 때까지의 사이. 예 시간이 흐르다. ②세월. 비 시각. 반 공간.

시간적 시간에 관한 것. 예 시간적 여유. 반 공간적.

시간표 계획대로 하기 위해 시간을 나누어 일감을 정해 놓은 표. 예 수업 시간표.

시경(詩經) 오경의 하나로, 중국에서 가장 오래 된 시집.

시계¹(時計) 시간을 가리키는 기계. ㈀시계탑.

시:계²(視界) 일정한 자리에서 바라볼 수 있는 범위. ㈀시계가 넓다. ㈁시야.

시계추 시계 등에 매달린 추. 좌우로 흔들림에 따라 일정한 속도로 태엽이 풀리면서 바늘이 움직임.

시골 ①서울에서 떨어져 있는 곳. ②고향. ㈀휴가를 시골에서 보내다. ㈁촌. 두메. 지방. ㈂도시. 도회. 서울.

시골내기 시골에서 태어나서 자란 사람. ㈂서울내기.

시골뜨기 ①'시골 사람'이라고 낮추어 하는 말. ②듣고 본 것이 적은 시골 사람. ㈁촌뜨기.

시골집 ①시골에 있는 집. ㈁촌가. ②시골 고향에 있는 자기 집.

시골티 시골 사람의 촌스러운 모습이나 태도. ㈁촌티.

시:공(施工) 공사를 시행함. ㈀시공을 서두르다. —하다.

시구(詩句) [—꾸] 시의 구절.

시:구식(始球式) 큰 야구 경기 따위에서, 경기 개시 직전에 내빈이 첫 공을 캐처에게 던지는 행사.

시국(時局) 세상 형편. 사회의 안팎 사정. ㈀시국이 어수선하다.

시궁창 더러운 물이 잘 빠지지 않고 썩어서 질척질척한 곳.

시그널(signal) ①신호. ②건널목 어귀에 세운 신호등 따위.

시:금석(試金石) ①귀금속의 품질을 알아보는 데 쓰이는 돌. ②어떤 것의 가치를 평가하는 데 기준이 될 만한 것.

시금치 채소의 하나. 뿌리가 붉으며 잎에는 비타민과 철분이 많이 들어 있음.

시금털털하다 맛이 시고도 상당히 떫다. ㈀시금털털한 개살구.

시급(時急) 때가 몹시 급함. ㈀시급한 문제. —하다. —히.

시기¹(時期) ①정한 때. ②바라고 기다리던 때. ㈀적절한 시기. ㈁기회. 시절.

시기²(猜忌) 자기보다 남이 잘 하거나 잘 되는 것을 미워함. 시새움. ㈀그의 재능을 시기하다. ㈁시샘. —하다.

시기 상:조(時機尙早) 때가 아직 덜 되었음. 때가 이름. ㈀그 일을 이야기하기에는 시기 상조다.

시김새 판소리에서, 본음의 앞이나 뒤에서 본음을 꾸며 주는 일종의 장식음으로, 관악기에서 꾸밈음 주법을 말함.

시꺼멓다 매우 꺼멓다. ㈂새까맣다. ㈃시커멓다.

시끄럽다〔시끄러우니, 시끄러워서〕소리가 크거나 듣기 싫을 만큼 떠들썩하다. ㈀시끄럽게 떠들다.

시끌벅적하다[—쩌카다] 많은 사람이 벅적거려 시끌시끌하다.

시끌시끌하다 정신이 어지럽도록 시끄럽다. ㈀살인 사건으로 나라가 온통 시끌시끌하다.

시나리오(scenario) 영화로 할 수 있도록 써 놓은 이야기. 각본.

시나위 속악의 하나. 향피리·대금·해금·장구로 편성된 합주로, 남도의 무악임.

시:내¹ 골짜기나 평지에서 물이 흐르는 조그만 내. ㈁내¹.

시:내²(市內) 그 도시의 안. ㈁시가. ㈂교외. 시외.

시:냇가 시내의 물가.

시:냇물 시내에서 흐르는 물.
시네라리아(cineraria) 엉거싯과의 한해·두해살이 원예 화초. 온실에서 관상용으로 재배함.
시:녀(侍女) 지난날, 임금이나 높은 사람의 시중을 들던 여자.
시누이 남편의 누이. 준시뉘.
시늉 어떤 움직임이나 모양을 흉내내는 짓. 예아픈 시늉을 하다. 비흉내. —하다.
시늉말 흉내말.
시다 ①초맛과 같다. ②덜 익은 살구맛과 같다. ③뼈마디를 삐어서 시큰거리다. 예손목이 시다.
시달리다 괴로움을 당하다. 예빚쟁이에게 시달리다.
시달림 괴로움.
시대(時代) ①시간을 역사적으로 나눈 한 기간. 예중세 시대. 비때. 시절. ②그 당시. 당대.
시대상 그 시대의 모습이나 사회의 형편. 예시대상을 반영하다.
시대 착오 시대에 맞지 않는 일이나 뒤떨어지는 일. 예시대 착오적인 사고 방식.
시댁(媤宅) 시집간 집. 곧 시부모가 있는 집을 높여서 하는 말. 비시가. 반친정.
시덥지 않다 보잘것 없어 마음에 차지 않다.
시:도(試圖) 무엇을 실현해 보려고 계획하거나 행동함. 예새로운 시도. —하다.
시:동(始動) 기계 따위가 움직이기 시작함. 예차의 시동을 걸다. —하다.
시동생(媤同生) 남편의 남동생.
시들다〔시드니, 시들어서〕 ①꽃이나 잎 따위가 거의 마르게 되다. 예꽃잎이 시들다. ②기운이 없어

져서 약해지다.
시들시들 약간 시들어 힘이 없는 모양. 예시들시들해진 푸성귀. 작새들새들. —하다.
시들하다 대수롭지 않다. 마음에 차지 않다. 예계속 시들한 소식만 전해 오다. —히.
시:디:롬(Compact Disc Read Only Memory) 지름 12cm의 콤팩트 디스크에 컴퓨터의 데이터를 기록해 두고 판독 전용 기억 장치로 사용되는 기억 매체.
시디시다 맛이 몹시 시다.
시뜻하다 무슨 일에 지쳐서 싫증이 나다. 예노는 것도 이젠 시뜻하다.. —이.
시래기 무청을 말린 것.
시럽(syrup) 녹인 설탕에 과즙·향료·색소 따위를 넣어 만든 음료. 예딸기 시럽.
시렁 물건을 얹어 놓기 위하여 방이나 마루에 나무를 걸너지른 것.
시:력(視力) 눈으로 물건을 볼 수 있는 힘. 예시력 검사.
시:련(試鍊) 무슨 일을 하는 데 겪게 되는 고난. 예많은 시련을 겪고 나서 성숙해시다.
시루 떡을 찌는 데 쓰는 둥근 질그릇.

〔시 루〕

시루에 물 붓기〈속〉 아무리 비용을 들이고 애를 써도 효과가 나타나지 않음을 이르는 말.
시름 늘 마음에 걸리는 근심과 걱정. 예시름에 잠기다. —하다.
시름시름 병세가 더하거나 낫지도

않으면서 오래 끄는 모양. [예] 시름시름 앓다.

시름없이 ①근심과 걱정이 있는 태도로. [예] 무슨 일로 그리 시름없이 있느냐? ②아무 생각 없이.

시리다 손·발 따위가 몹시 차게 느껴지는 기운이 있다.

시리아(Syria) 지중해 동해안에 있는 공화국. 수도는 다마스쿠스.

시리:즈(series) 계속 이어지는 책이나 경기 따위.

시:립(市立) 시의 경비로 설립·유지하는 일, 또는 그러한 시설. [예] 시립 공원. 시립 병원.

시마즈 요시히로(島津義弘, 1535~1619) 일본 전국 시대의 무장. 정유재란 때 노량 해전에서 이순신에게 대패함.

시멘트(cement) 석회암에 찰흙을 섞은 것을 가마에 넣고 구워서 빻은 가루. [비] 양회.

시묘살이(侍墓—) 부모의 상 중에, 무덤 옆에 움막을 짓고 3년 동안 지내던 일. —하다.

시무룩하다 ①마음 속으로 언짢게 여겨 아무 말이 없다. [예] 영수는 선생님께 혼나고 시무룩하게 앉아 있다. ②날이 흐리어 그늘지다. [작] 새무룩하다. —이.

시문[1](詩文) ①솜씨 있게 지은 시와 글. ②시가와 산문.

시:문[2](試問) 시험하여 물어 봄. [예] 구두 시문. —하다.

시:민(市民) 도시에 사는 사람, 또는 나라의 국민. [예] 서울 시민.

시:민권[—꿘] 국민으로서 정치에 참여할 수 있고, 생명·재산의 불가침, 언론·집회·출판의 자유 등 국민으로서 가질 수 있는 기본적 권리.

시:발(始發) 맨 처음의 출발이나 발차. [예] 시발점. —하다.

시방(時方) 방금. 이제. 금시.

시:범(示範) 모범을 보임. [예] 시범 경기. —하다.

시베리아(Siberia) 우랄 산맥에서 베링 해에 이르는 러시아 땅으로 몹시 추운 지방.

시부모(媤父母) 남편의 부모.

시:비(是非) ①옳은 것과 그른 것. [예] 시비를 가리다. ②옳으니 그르니 하고 다투는 일. [예] 시비가 벌어지다. —하다.

시뻘겋다〔시뻘거니〕 아주 붉다. [예] 시뻘건 태양. [작] 새빨갛다.

시사(時事) 그 당시에 생기는 여러 가지 세상일. [예] 시사 만화.

시:사(試寫) 영화를 개봉하기 전에 시험적으로 특정인에게 상영해 보이는 일. [예] 시사회를 갖다.

시:사하다(示唆—) 미리 암시하여 일러 주다. [예] 이번 사건은 시사하는 바가 크다.

시:상[1](施賞) 상품이나 상금을 줌. [예] 시상대. 시상식. —하다.

시상[2](詩想) 시를 짓기 위한 시인의 생각이나 구상. [예] 시상이 떠오르지 않는다.

시새우다 저보다 나은 사람을 미워하고 샘하다. [예] 친구의 성공을 시새우다. [준] 시새다.

시새움 시새우는 마음이나 짓. [준] 시샘.

시샘 '시새움'의 준말.

시:선[1](視線) 눈이 이르는 방향. 눈이 가는 곳. [예] 시선이 머무는 곳. [비] 눈길.

시선[2](詩選) 시를 뽑아 모은 책. [예] 한용운 시선.

시:설(施設) 베풀어서 차림. [예] 시

설물. 시설비. 回설비. —하다.
시성(詩聖) 역사상 위대한 시인.
시:성식(諡聖式) 천주교에서, 성인품에 오를 때 드리는 예식.
시세(時勢) ①지금 형편. 예시세가 좋지 않다. ②그 때의 물건 값. 예배추 시세.
시:소:(seesaw) 긴 널판의 한가운데를 괴어 그 양쪽 끝에 사람이 타고 번갈아 오르락내리락하는 놀이, 또는 그 놀이 기구.

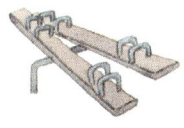

〔시 소〕

시:소: 게임(seesaw game) 서로 번갈아 졌다 이겼다 하여 어느 편이 이길는지 모르는 게임.
시속(時速) 1시간을 단위로 하는 속력. 예시속 30마일.
시스템(system) ①조직이나 제도. ②계통. 체계.
시:시:(cc) 가로·세로·높이가 각각 1cm인 용적, 곧 세제곱센티미터. 1,000분의 1리터.
시시각각(時時刻刻) 시각마다. 예주가가 시시각각 변한다.
시시덕거리다 실없이 잘 웃고 몹시 지껄이다. 준시시거리다.
시:시비비(是是非非) 옳은 것은 옳고 그른 것은 그르다고 하는 일. 예시시비비를 가리다.
시시콜콜 ①미주알고주알 따지고 캐는 모양. 예시시콜콜 간섭하다. ②시시하고 고리타분한 모양. 예시시콜콜한 이야기로 시간을 허비하다. —하다. —히.
시시하다 신통할 것 없다. 변변하지 못하다. 예영화 내용이 시시하다.
시:식(試食) 맛을 보기 위해 시험 삼아 먹어 봄. —하다.
시:아:르티:(CRT) 브라운관의 딴 이름으로, 컴퓨터의 표시 장치에 쓰일 경우에 이름.
시아버지(媤—) 남편의 아버지.
시아주버니(媤—) 남편의 형.
시:안(試案) 시험적으로 만든 계획. 임시로 만들어 본 계획.
시:야(視野) 시력이 미치는 범위. 예시야가 넓다. 回시계.
시:약(試藥) 화학 분석에서 물질의 성질을 조사할 때 쓰이는 약품.
시어(詩語) 시에 쓰는 말. 시에 있는 말.
시어머니(媤—) 남편의 어머니.
시어머니 미워서 개 옆구리 찬다 〈속〉 꾸지람을 듣고 그 화풀이를 다른 데다가 한다.
시:업(始業) 학교에서, 학년이나 학기 처음에 수업을 시작함. 回종업. —하다.
시오리(←十五里) 십 리에 오 리를 더한 거리.
시옷자 닿소리 'ㅅ' 글자.
시:외(市外) 그 도시의 밖. 回교외. 回시내.
시:외 버스 시가지 밖으로 다니는 버스. 回시내 버스.
시울 눈이나 입 따위의 가장자리. 예눈시울이 붉어지다.
시원섭섭하다 한편으로는 시원하고 한편으로는 섭섭하다.
시원스럽다〔시원스러우니, 시원스러워서/시원스러이〕 시원한 태도나 느낌이 있다.
시원시원하다 말이나 하는 짓, 또는 생김새가 거리낌없이 매우 시원스럽다. [예] 시원시원한 성격. —히.
시원찮다 시원하지 않다. [예] 대답이 시원찮다.
시원하다 ①마음이 상쾌하다. [예] 숙제가 끝나니 시원하다. ②언행이 활발하다. ③날씨가 상쾌하게 차다. [예] 시원한 바람. ④국물 맛이 탑탑하지 않다. [반] 답답하다. —히.
시월 상:달(←十月上—)[—딸] 음력 시월이 새로 난 곡식을 신에게 드리기에 가장 좋은 달이라는 뜻에서 이르는 말. [준] 상달.
시위[1] 활에 살을 꿰어 잡아당기는 줄. [예] 시위를 당기다. [본] 활시위.
시:위[2](示威) 힘이나 기세를 드러내어 보임. [예] 시위 행진. 시위 군중. —하다.
시:위 운:동 많은 사람이 힘이나 용기를 드러내 보임, 또는 그 행진이나 모임. [비] 데모.
시:음(試飮) 술이나 음료수 따위를 맛보기 위하여 시험 삼아 마셔 봄. [예] 콜라 시음장. —하다.
시:인[1](是認) 옳다고 또는 그러하다고 인정함. [예] 잘못을 시인하다. [반] 부인. —하다.
시인[2](詩人) 시를 잘 짓는 사람. [비] 시객.
시일(時日) 때와 날. [예] 시일을 어기다. [비] 날짜. 세월.
시:작(始作) ①처음으로 함. [예] 새로운 사업을 시작하다. ②쉬었다가 다시 하기를 비롯함. ③착수함. [비] 처음. 개시. 시초. [반] 끝. 완료. —하다.
시작이 반이다〈속〉 시작하기가 어렵지, 일단 손만 대면 반 이상을 한 것이나 같다는 말.
시장[1] 배가 고픔. [예] 시장하던 참에 맛있게 먹었다. —하다.
시:장[2](市長) 시의 일을 맡은 우두머리.
시:장[3](市場) 사람이 많이 모여서 물건을 사고 팔고 하는 곳. [예] 시장 조사. [비] 장터.
시장기[—끼] 배가 고픈 느낌. [예] 시장기가 들다. [비] 허기.
시:장 바구니[—빠구니] 부인네들이 장보러 갈 때 들고 가는 그물 모양으로 얽은 바구니. [준] 장바구니.
시장이 반찬이다〈속〉 배고프면 반찬이 없어도 밥맛이 좋다.
시장질 어린아이를 세워 두 손을 잡고 앞뒤로 밀었다 당겼다 하는 짓. —하다.
시재(時在) 현재 가지고 있는 돈이나 곡식.
시:전(市廛) 일정한 장소에 허가를 받고 자리잡은 가게. 시중의 상점.
시절(時節) ①때. [예] 청년 시절. ②세상. ③좋은 기회. [비] 시기.
시점[1](時點)[—쩜] 시간의 흐름 위의 어떤 한 점. [예] 오늘의 시점에서 보면 그것은 당연한 일이다.
시:점[2](視點)[—쩜] 사물을 보는 점. [예] 시점을 바꾸다.
시:접 속으로 접혀 들어간 옷솔기의 한 부분.
시:정(是正) 잘못된 것을 바로잡음. [예] 잘못된 점을 시정하다. —하다.
시제(時制) 사건이나 동작이 일어난 시간. 현재 시제·과거 시제·미래 시제의 구별이 있음.
시:조[1](始祖) ①한 족속의 맨 첫번 조상. ②학문이나 기술 등의

[ㅅ]

길을 처음 연 사람.
시조²(時調) 우리 나라에서만 발달된 시가의 한 형식으로, 대개 초·중·종 세 장으로 나뉘며 글자 수는 합하여 약 45자 안팎임.
시:조새 원시 시대에 살았던, 새의 조상.
시:종¹(侍從) 임금을 가까이 모시고 따라다니는 신하.
시:종²(始終) 처음부터 끝까지의 사이. 예시종 일관.
시:종 일관(始終一貫) 처음부터 끝까지 한결같이 함. 예시종 일관 자기 주장을 펴다. —하다.
시:주(施主) 부처 또는 중을 위하여 돈이나 물건을 바침, 또는 그 사람. 예공양미 삼백 석을 시주하다. 비공양. —하다.
시중¹ 윗사람의 옆에 있으면서 심부름을 함. 예하인이 주인의 시중을 들고 있다. —하다.

시:종 임금을 가까이 모시고 따라다니는 신하.
시중 옆에서 보살피거나 잔심부름을 하는 일.

시:중²(市中) 도시의 안. 예시중에 도는 소문.
시중들다 옆에서 보살피거나 온갖 심부름을 하다. 예환자를 시중드는 간호원.
시집¹(媤—) 시부모가 계신 집. 예시집살이하다.
시집²(詩集) 시를 모아 엮은 책. 예시집을 내다.
시집가다 남편을 얻다. 여자가 결혼하다. 예시집가는 누나.
시집도 가기 전에 기저귀 마련한다⟨속⟩ 너무 준비가 빠르다.
시집살이 시집에 가서 하는 살림살이. 예시집살이가 고달프다. —하다.
시차(時差) 시간의 차이. 예시차를 두고 출근하다.
시:찰(視察) 돌아다니며 실지 사정을 살펴봄. 예산업 시찰. 현지를 시찰하다. —하다.
시:찰단(視察團) 실지 사정을 돌아다니며 살펴보기 위하여 조직한 단체. 예산업 시찰단.
시:책(施策) 어떤 일에 대한 계획과 그 일을 실지로 하는 방법, 또는 그것을 베풂. 예시책을 세우다. —하다.
시:청¹(市廳) 시의 행정 사무를 맡아 보는 곳.
시:청²(視聽) 눈으로 보고 귀로 들음. 예시청자. —하다.
시:청각 시각과 청각.
시:청각 교:육 영화·텔레비전·비디오 등을 이용하여 행하는 교육. 예시청각 교육 자료.
시:청률[—뉼] 텔레비전의 프로그램이 시청되고 있는 정도.
시:체(屍體) 죽은 사람의 몸뚱이. 비송장. 주검. 사체. 시신.
시:초(始初) 처음. 최초. 예단군이 우리 나라 역사의 시초이다. 비시작. 반종말.
시:추선(試錐船) 지질 조사나 광맥의 탐지를 위하여 구멍을 깊이 파 보는 일을 하는 데 쓰이는 배.
시치다 바느질할 때에 임시로 드문드문 꿰매다.
시치미 알고도 모르는 체하는 말이나 짓.
시치미떼다 알면서도 모르는 체하다. 예모르는 척 시치미떼다.
시:침¹(施鍼) 몸에 침을 놓음. —하다.

시침²(時針) 시계에서 시간을 가리키는 짧은 바늘.

시침질 바느질을 할 때, 두 겹 이상의 옷감을 고정시키기 위해 임시로 듬성듬성 뜨는 일. —하다.

시침핀 바느질을 할 때, 헝겊이 어긋나지 않게 고정시키는 핀.

시카고(Chicago) 미국 제2의 도시. 세계에서 가장 큰 곡물·가축 시장으로 유명함.

시커멓다 ①빛깔이 매우 꺼멓다. ⑩연기가 시커멓다. ②마음이 몹시 엉큼하고 음흉하다. ⑩마음이 시커멓다.

시큰거리다 뼈마디의 신경이 계속하여 약간 저리다. ⑩발목이 시큰거리다. ㉰새큰거리다.

시큰둥하다 마음에 내키지 않아 말이나 하는 짓에 성의가 없다. ⑩녀석의 행동이 시큰둥하다.

시큰하다 뼈마디가 매우 저리고 시리다. ⑩허리가 시큰하다. ㉰새큰하다. ㉥시근하다.

시큼하다 맛이 조금 시다. ⑩시큼한 사과. ㉰새큼하다. ㉥시금하다.

시키다 무엇을 하게 하다. ⑩일을 시키다.

시키다 하게 하다.
식히다 더운 기운을 없어지게 하다.

시:판(市販) 시장에서 팖. 시중에 물건을 판매함. ⑩시판되고 있는 상품. —하다.

시퍼렇다〔시퍼러니〕①아주 퍼렇다. ⑩시퍼렇게 멍들다. ②날카롭다. ⑩서슬이 시퍼렇다. ③세력이 굉장하다.

시퍼레지다 ①시퍼렇게 되다. ② 얼굴에 추워하는 기색이 뚜렷하게 드러나다. ⑩입술이 시퍼레지다. ㉰새파래지다.

시프트(shift) ①타자기나 컴퓨터 키보드에서 시프트 키를 누름. ②컴퓨터의 연산에서 문자열이나 2진수의 비트열을 왼쪽 또는 오른쪽으로 자리 이동시키는 것.

시:피:유:(CPU) 컴퓨터에서 중앙 처리 장치.

시한(時限) 어떤 일을 하는 데 있어 시간의 한계. ⑩시한 내에 접수하다.

시한 폭탄 일정한 시간이 지나면 저절로 폭발하게 된 폭탄.

시:합(試合) 서로 재주를 다툼. ㉯경기. —하다.

시:해(弑害) 부모나 임금을 죽임. ㉯시살. —하다.

시:행¹(施行) 실제로 베풀어 함. ⑩법령을 시행하다. ㉯실시. ㉮폐지. —하다.

시:행²(試行) 시험적으로 행함. ⑩시행 착오. —하다.

시:행 착오 시험과 실패를 거듭하는 가운데 학습이 이루어지는 일.

시:험(試驗) 문제를 내어 답안을 쓰게 하고 그 결과로 급제와 낙제를 정하는 일. ㉯고사. —하다.

시:험관¹(試驗官) 시험하는 일을 맡아 보고 감독하는 사람.

시:험관²(試驗管) 적은 양의 약품이나 액체를 넣어 그 성질의 반응을 실험하는 데 쓰이는 유리관.

시:험대 능력이나 기량을 시험하는 자리. ⑩시험대에 오르다.

시:험 방:송 시험적으로 방송해 보는 것.

시:혜(施惠) 은혜를 베풂. —하다.

시화(詩畫) 시와 그림. 예시화전.

시화 지구 조밀한 공장을 옮기기 위해 경기도 반월 공단을 중심으로 안산시·화성군에 조성될 공단.

시화첩(詩畫帖) 시와 그림을 한데 모아 엮은 책.

시효(時效) 어떤 효력이 지속되는 일정한 기간. 예구속 시효 기간.

식(式) ①여러 가지 예식. 예졸업식. ②일정한 표준·규정. 예한국식. ③계산의 순서. 예방정식.

식견(識見) 사물을 올바르게 판단할 수 있는 능력. 예높은 식견.

식곤증(食困症)[―쯩] 식사 후에 몸이 나른하고 졸음이 오는 증세.

식구(食口) 한 집안에서 함께 사는 사람. 비가족.

식기(食器) 음식을 담는 그릇.

식다 더운 것이 차게 되다. 예국이 식다. 반끓다.

식단표(食單表) 일정한 때에 먹을 음식의 종목, 또는 그 가격을 적은 표. 차림표.

식당(食堂) ①음식을 먹는 방. ②음식을 파는 집. 비음식점.

식당차 식당의 설비를 갖춘 찻간.

식도(食道) 먹은 음식을 목구멍에서 위로 넘기는 길.

식도락(食道樂) 여러 가지 맛있는 음식을 먹는 것을 즐거움으로 삼는 일. 예식도락가.

식량(食糧) 먹을 양식. 비양식.

식량 증산 양식의 수확이 늘어남. 또, 수확을 늘림.

식료품(食料品)[싱 뇨―] 음식의 재료가 되는 물품. 비식품.

식모(食母) 남의 집에서 음식을 하여 주는 여자.

식목(植木) 나무를 심음. 비식수². 반벌목. ―하다.

식목일 산을 푸르게 하기 위하여 나무를 심는 날. 매년 4월 5일.

식물(植物) 뿌리를 땅이나 다른 물건에 박고, 양분을 빨아먹으며 사는 나무나 풀. 반동물.

식물원 여러 사람에게 보이거나 연구를 하기 위하여 여러 가지 풀과 나무를 모아 기르는 곳.

식물 인간 호흡·소화·배설 등의 기능은 유지되나, 생각·운동·지각 등 대뇌 기능이 상실되어 의식 불명인 채 살아 있는 사람.

식물 채:집 들이나 산의 식물을 그대로 따 모음. ―하다.

식물학 식물의 모양·자라남 등 모든 현상과 이용에 대하여 연구하는 생물학의 한 분야.

식민지(植民地) 본국의 밖에 있으면서 본국의 특수 통치를 받는 지역. 비속국.

식민지 정책 식민지를 다스리기 위해 마련한 정책.

식별(識別) 잘 알아서 구별함. 예식별 능력. 비판별. ―하다.

식빵(食―) 밀가루에 효모를 넣어 반죽하여 구운 빵.

식사(食事) 사람의 끼니로 음식을 먹는 일, 또는 그 음식. 예식사 시간. 비끼니. ―하다.

식사 예:절 음식을 먹을 때 지켜야 할 예절.

식생활(食生活) 먹고 사는 생활. 예식생활을 개선하다.

식서(飾緒) 올이 풀리지 않게 짠 피륙의 가장자리. 반푸서.

식성(食性) 음식을 좋아하고 싫어하는 성질. 예식성이 좋다.

식수¹(食水) 먹는 물. 예식수난. 비음료수.

식수²(植樹) 나무를 심음. 예창립

기념 식수. 비식목. —하다.

식수난 식수가 모자라서 겪는 어려움. 예식수난이 심각하다.

식순(式順) 의식의 진행 순서. 예식순을 따르다.

식식 숨을 가쁘게 쉬는 소리. 예숨이 차서 식식거리다. 작색색. 센씩씩. —하다.

식염(食鹽) =소금. 예식염수.

식욕(食慾) 음식을 먹고 싶은 마음. 예왕성한 식욕.

식용(食用) 먹을 것으로 씀. 예식용 버섯. —하다.

식용유 먹을 수 있는 기름. 참기름·콩기름·옥수수기름·들기름 따위.

식용 작물 먹을 목적으로 재배하는 농작물. 채소·곡식 등. 예식용 작물을 재배하다.

식은땀 ①몸이 쇠약하여 병적으로 나는 땀. ②정신이 몹시 긴장되어 나는 땀.

식은 죽 식어서 먹기 쉽게 된 죽. 예줄넘기 백 번은 식은 죽 먹기다.

식은 죽 먹기〈속〉 일이 매우 쉬워 예사로이 하는 모양.

식음(食飮) 먹고 마심, 또는 그 일. 예식음을 전폐하고 누웠다. —하다.

식이 요법 의학적 입장에서 음식물 등을 조절하여 병을 치료하거나 예방하는 방법. 영양 요법.

식인종(食人種) 사람을 잡아먹는 풍습이 있는 미개 인종. 아프리카에 있다는 사람의 무리.

식자 우:환(識字憂患) 학식이 많은 것이 도리어 근심을 사게 된다는 말.

식장(式場) 식을 하는 곳. 예졸업식장이 울음 바다가 되다.

식전(食前) ①아침밥을 먹기 전, 곧 아침 일찍. 예식전에 떠났다. ②식사하기 전. 예식전에 약을 복용하시오. 반식후.

식중독(食中毒) 음식물에 포함된 세균으로 일어나는 병. 복통·설사 등의 증상이 나타남.

식지에 붙은 밥풀〈속〉 대수롭지 않은 것은 그럭저럭 없어진다는 뜻.

식체(食滯) 먹은 음식이 소화가 안 되는 병.

식초(食醋) 초산을 물로 묽게 하여 음식물에 신맛을 내는 데 쓰는 투명한 액체.

식충이 '밥을 많이 먹는 사람'을 놀리는 뜻으로 하는 말.

식칼 집안에서 음식을 만드는 데 쓰는 칼.

식탁(食卓) 식사할 때에 음식을 차려 놓는 상. 예식탁보.

식품(食品) 사람이 날마다 섭취하는 음식물. 예식품점.

식혜(食醯) 찹쌀이나 멥쌀로 밥을 되직하게 지어 엿기름가루를 우린 물을 부어 삭힌 음식.

식히다 더운 것을 차게 만들다. 예열을 식히다. 반끓이다.

신[1] 발에 신는 물건. 예고무신.

신[2] 어떤 일에 으쓱해지는 마음. 예신이 나서 춤을 춘다.

신[3](神) ①하늘과 땅의 신령. ②귀신. 예신이 들리다. ③종교의 대상으로써의 초월적인 존재.

신-[4](新) 이름을 나타내는 말 위에 붙어 '새롭다'는 뜻을 나타내는 말. 예신대륙. 신무기. 신제품. 반구-.

신간(新刊) 책을 새로 냄, 또는

그 책. 예 신간 서적. 반 구간.
신경(神經) 사물을 느끼거나 생각하는 힘. 예 사소한 일에 너무 신경 쓰지 마라.
신경 과:민 신경이 예민하여 조그만 자극에도 쉽게 반응하는 불안정한 상태.
신경 안정제 신경을 안정시킬 때 먹는 약.
신경전 모략이나 선전으로 상대방의 신경을 피로하게 만들어 혼란으로 몰아넣는 수법.
신경질적[-쩍] 성질이 날카롭고 화를 잘 내는 모양. 예 신경질적인 성격.
신고[1](申告) 어떠한 사실을 관청에 보고함, 또는 그 보고. 예 출생 신고. —하다.
신고[2](辛苦) ①어려운 일을 당해 애를 씀. 예 신고를 겪다. ②마음과 힘을 수고롭게 함. —스럽다. —하다.
신곡(新曲) 새로 지은 곡. 예 신곡 발표회.
신구(新舊) 새것과 헌것. 예 신구 세력의 갈등.
신규(新規) ①새로운 규모나 규정. ②새로운 일. 예 신규 채용.
신기다 신게 하다. 예 꼬마에게 신을 신기다.
신기록(新記錄) 새로운 기록. 운동 경기에 있어서 최고 성적. 예 우리 나라 선수들은 신기록을 수립하려고 노력하고 있다.
신:기루(蜃氣樓) 바람 없이 잔잔한 날 광선의 굴절로 인하여 사막 지방 또는 바다 위 공중에 육지·나무·가게 등이 있는 것처럼 보이는 현상.
신기원(新紀元) 획기적인 사실로 말미암아 전개되는 새로운 시대. 예 기술 혁신의 신기원을 열다.
신기하다(神奇—) 이상하고 묘하다. 예 신기한 재주. 비 기이하다. 신비하다.
신나다 매우 좋아하다. 흥미가 일어나다. 예 소풍을 간다는 말에 신나서 달려왔다.
신년(新年) 새해. 설.
신:념(信念) 반드시 되리라고 굳게 믿는 마음.
신다[—따] 신이나 버선을 발에 꿰다. 예 신을 신다. 반 벗다.
신단수(神壇樹) 단군 신화에서 환웅이 처음 하늘에서 그 밑에 내려왔다는 신령한 나무.
신대륙(新大陸) ①새로 발견된 대륙. ②남북 아메리카와 오스트레일리아를 가리킴. 예 콜럼버스가 신대륙을 발견했다. 반 구대륙.
신데렐라(cinderella) ①유럽 동화 속의 여주인공 이름. ②하루 아침에 유명하게 된 사람을 이르는 말. 예 가요계의 신데렐라.
신:도(信徒) 종교를 믿는 사람들.
신돌석(申乭錫, ?~1906) 조선 말의 의병장. 을사조약이 맺어진 이듬해 경상 북도 울진군에서 의병을 일으켜 활약함.
신동(神童) 여러 가지 재주와 지혜가 남달리 뛰어난 아이.
신라(新羅)[실—] 삼국 시대의 한 나라(기원전 57~기원후 935). 박혁거세가 경주를 도읍으로 삼아 건국하였으며 태종 무열왕 때 백제와 고구려를 멸하고 삼국을 통일하였음. 고려 태조 왕건에게 망함.
신라관[실——] 신라인이 당나라에 설치하여 신라의 유학승과 사신의 편리를 보아 주던 곳.

신라방[실-] 당나라 산둥 반도에 있던 신라인들이 모여 살던 마을.

신라소[실-] 신라방에 있던 신라인을 다스리던 관청.

신라원[실-] 신라방에 있던 신라인의 절.

신랄(辛辣)[실-] ①맛이 대단히 쓰고 매움. ②수단이 매우 날카로움. 예그 연극은 신랄한 비판을 받았다. —하다. —히.

신랑(新郞)[실-] 새로 장가드는 사람. 비새서방. 반색시. 신부.

신령(神靈)[실-] 신통하고 이상한 힘을 가지고 있다는 귀신. 비신선. —스럽다. —하다.

신령님 이 세상에 있다고 상상하는 성스러운 혼령. 비귀신.

신록(新綠)[실-] 초목의 새 잎의 푸른빛. 예신록의 계절.

신:뢰(信賴)[실-] 믿고 의지함. 예그를 신뢰하다. —하다.

신립(申砬, 1546~1592) 조선 선조 때의 장군. 임진왜란 때 왜적을 맞아 싸우다가 충청 북도 충주 탄금대에서 최후를 마쳤음.

신맛 식초와 같은 시큼한 맛.

신:망(信望) 믿음과 덕망. 믿고 바람. 예신망이 두텁다. —하다.

신명[1] 흥겨운 신과 멋. 예신명나는 우리의 가락.

신명[2](神明) 하늘과 땅의 신령. 예천지 신명께 비옵니다. 준신[3].

신:문[1](訊問) ①캐어 물음. ②증인·피고인 등에게 물어 보아 조사함. —하다.

신문[2](新聞) ①새로운 소식이나 비판을 빨리 보도하는 정기 간행물. 예신문 기자. ②새로운 소식.

신문고(申聞鼓) 조선 태종 때, 백성들이 억울한 일을 왕에게 직접 하소연할 때 치던 북. 대궐 문루에 달았음.

신문명 새 시대의 새로운 문명.

신문사 신문을 내는 회사.

신문왕(神文王, ?~692) 신라 31대 왕(재위 681~692)으로 당나라의 학문을 받아들이고 양국 관계를 다시 정비함.

신문학(新文學) 우리 나라 19세기 말, 특히 갑오개혁 이후 개화 사상에 따라 일어난 새로운 경향과 형식의 현대 문학.

신물 ①지긋지긋하여 진절머리가 남. 예신물날 정도로 일하다. ②체했거나 트림을 할 때 목구멍으로 넘어오는 시척지근한 물.

신미양요(辛未洋擾) 1871년, 미국이 대동강을 거슬러 올라가다가 포격당한 상선인 제너럴 셔먼 호의 문제로, 군함 5척을 보내 강화도를 공격해 온 사건.

신바람[-빠람] 흥겹고 신이 나서 우쭐해지는 기분.

신발 운동화·짚신·구두 같은 발에 신는 물건. 비신[1].

신변(身邊) 몸의 주변. 예신변의 위험을 느끼다.

신:봉(信奉) 옳다고 믿고 받듦. 예민주주의를 신봉하다. —하다.

신부[1](神父) 천주교에서 한 구역을 맡아 신자들을 지도하는 사람. 비사제.

신부[2](新婦) 처음으로 시집간 여자. 비새색시. 반신랑.

신분(身分) 그 사람의 사회에서의 지위. 예학생의 신분.

신분증[-쯩] 신분을 밝히는 증명서. 신분 증명서.

신비(神祕) 사람의 생각으로는 헤아리기 어려운 일. 예이 세상에는 신비스러운 일이 아주 많다. 비 신기. —스럽다. —하다.

신:사(紳士) 교양이 있고 예절이 있는 남자. 점잖은 남자. 반 숙녀.

신:사복 신사가 입는 옷. 양복.

신:사 유람단 1880년대의 개화기를 맞아 박정양 등 신사 10여 명을 일본에 파견하여 그들의 문물과 하는 일을 살펴보고 오게 한 시찰단.

신사임당(申師任堂, 1504~1551) 조선 시대의 유학자 율곡의 어머니. 문장·서화·경학·자수 등 학문과 예술에 뛰어났고 어진 어머니로 이름이 높음.

신:사적 신사다운 모양.

신상(身上) 한 사람의 신변에 관련된 형편. 예 신상에 좋지 않다.

신생(新生) ①새로 생겨남. 예 신생 국가. ②전과는 달리 인생을 새출발함. —하다.

신생아(新生兒) =갓난아이.

신석기 시대(新石器時代) 인류가 간석기를 사용하고, 정착하여 농사를 짓고 사냥을 하며 씨족이 모여 부족을 이루었던 시대로, 구석기와 청동기 시대의 중간.

신선(神仙) ①여러 가지 조화를 부릴 수 있다고 생각되는 사람. ②도를 닦아서 신통하게 된 사람. 비 선인. 신령.

신선하다(新鮮—) 새롭고 깨끗하다. 산뜻하다. 예 신선한 공기.

신설(新設) 새로 세움. 새로 마련함. 예 신설 학교. —하다.

신성(新星) ①희미하던 별이 갑자기 환해졌다가 다시 희미해지는 불박이별. ②갑자기 나타나 인기를 끄는 사람. 예 가요계의 신성.

신성하다(神聖—) ①매우 거룩하고 성스럽다. ②깨끗하고 더럽지 않다.

신세(身世) ①한 몸의 경우. ②자기의 사정. 예 신세가 처량하다. ③남에게 도움을 받는 것. 예 친구에게 신세지다.

신세계(新世界) ①새로 발견된 세계. 신대륙. ②새로운 세상.

신세대 새로운 세대.

신세(를) 지다 남에게 많은 도움을 받다.

신소설(新小說) 개화기에 씌어져 나온 새로운 소설.

신:속성 매우 빠른 성질.

신:속하다(迅速—) 매우 빠르다. 예 신속한 배달. —히.

신수¹(身手) 사람의 얼굴에 나타난 건강색. 예 신수가 훤하다.

신수²(身數) 사람의 운수. 예 신수가 불길하다.

신숙주(申叔舟, 1417~1475) 조선 세종 때의 집현전 학사로, 한글을 만드는 데 공을 세운 학자이며 정치가임.

신시(新詩) 한시가 아닌 새로운 형식의 시.

신시가지 본디의 도시에서 새로 뻗어나가 발전한 새로운 시가. 예 일산 신시가지.

신시대(新時代) 새로운 시대. 반 구시대.

신식(新式) 옛날과 다른 새로운 형식. 예 신식 결혼. 반 구식.

신신 당부(申申當付) 여러 번 간곡히 하는 부탁. —하다.

신:앙(信仰) 종교의 교리를 믿고 그에 따르는 일. 예 신앙의 자유. 비 종교. —하다.

신약 성:서 기독교의 성서의 하나. 예수 탄생 이후의 신의 계시

를 기록한 책. 맨구약 성서.

신:용(信用) 믿고 의심하지 않음. 약속을 지킬 것을 믿는 일. 예신용할 수 있는 사람. —하다.

신:용 카:드(信用card) 외상·월부 등 신용 판매 제도에 가입한 소비자의 증표로 쓰이는 작은 카드. 크레디트 카드.

신윤복(申潤福, 1758~?) 조선 후기의 화가. 호는 혜원. 인물도·풍속도에 능함.

신음(呻吟) ①병자가 앓는 소리를 냄. 예아파서 신음하다. ②근심으로 끙끙거림. —하다.

신:의(信義) 믿음성과 의리. 예친구 사이의 신의를 지키다.

신의주 학생 반:공 의:거(新義州學生反共義擧) 1945년 11월 23일 신의주에서 일어난 학생들의 반소·반공 운동.

신인(新人) ①새사람. 새댁. ②새로 나타난 사람. 예신인 가수.

신:임(信任) 믿고 일을 맡김. 예임금의 신임을 받다. —하다.

신:임장[—짱] 외교관을 파견하는 나라의 원수가 그 나라에 외교관의 신분과 파견하는 목적을 알리는 문서. 맨해임장.

신:자(信者) 종교를 믿는 사람.

신작로(新作路)[—장노] 새로 낸 큰길.

신장[1](身長) 사람의 키.

신:장[2](腎臟) 콩팥.

신장[3](新裝) 설비나 외관 따위를 새롭게 꾸밈, 또는 그 꾸밈새. 예신장 개업. —하다.

신전(神殿) 신의 궁전.

신:조[1](信條) 굳게 믿어 지키고 있는 생각. 예생활 신조.

신조[2](新造) 새로 만듦. 예신조어. —하다.

신주(神主) 죽은 이의 이름을 적은 나뭇조각. 예신주를 모시다.

신:중하다(愼重—) 매우 조심스럽고 경솔하지 아니하다. 예신중한 결정을 내리다. —히.

신진(新進) 어떤 분야에 새로 나아감, 또는 그 사람. 예신진 세력. —하다.

신진 대:사 ①묵은 것이 없어지고 새것이 대신 생김. ②물질 대사. 몸의 새 성분을 만들고, 노폐물을 배설하는 생리 작용. —하다.

신채호(申采浩, 1880~1936) 구한말의 언론인. 호는 단재. 상하이 등지에서 독립 운동을 하였고 우리 나라 국사 연구에 힘썼음.

신천지(新天地) 새로운 땅. 처음으로 알게 된 세상. 신세계.

신청(申請) 어떠한 일을 청함. 예장학금을 신청하다. —하다.

신체(身體) 사람의 몸. 예신체 검사. 신체 마비. 맨육체. 몸.

신체 검:사(身體檢査) 건강 상태를 알기 위해 몸의 각 부분을 검사함. 준신검. —하다.

신체 부위 몸의 각 부분.

신체시(新體詩) 자유시의 초기 형식으로, 정형시의 틀을 벗어남.

신체 장애인 태어날 때부터 또는 질병이나 불의의 사고로 인해 신체에 장애가 있는 사람.

신체적(身體的) 신체에 관한 것.

신체조(新體操) 반주 음악에 맞추어 연기하는 여자의 체조 경기. 공·링·로프·리본·곤봉 등 5가지 도구를 사용함. 맨리듬 체조.

신축[1](伸縮) 늘어남과 줄어듦. 늘이고 줄임. 예새로 산 바지의 신축성이 좋다. —하다.

신축²(新築) 집·다리 등을 새로 세움. 예신축 공사. —하다.

신출(新出) 새로 나옴, 또는 그 인물이나 물건. 맏물. —하다.

신출 귀:몰(神出鬼沒) 귀신처럼 자유자재로 나타났다 사라짐. 예신출 귀몰하는 홍길동. —하다.

신출내기[-래기] 어떤 일에 처음으로 나서서 아직 익숙하지 못한 사람. 예신출내기라 서툴다.

신:탁(信託) 다른 사람에게 재산의 관리·운용·처분 등을 맡기는 일. 예신탁 은행. —하다.

신:탁 통:치(信託統治) 국제 연합의 감독 아래 위탁을 받은 나라가 특정 지역을 통치하는 제도.

신토불이(身土不二) 몸과 흙은 밀접한 관계이므로, 우리 농산물이 우리 체질에 가장 좋다는 말.

신통(神通) ①모든 일을 헤아릴 수 없이 신기하게 통달함. ②이상하고 묘함. 비신기. ③대견하고 훌륭함. —스럽다. —하다.

신트림 신물이나 시큼한 냄새가 목구멍으로 나오는 트림. —하다.

신판(新版) 전에 나온 책을 새롭게 다시 출판한 책. 반구판.

신품(新品) 새로운 물품.

신필(神筆) 아주 잘 쓴 글씨.

신하(臣下) 임금의 밑에서 나라 일을 보는 사람.

신학(神學) 그리스도교의 교리나 신앙에 대해서 연구하는 학문.

신학문(新學問) 이제까지의 중국 학문에 대하여 서양에서 들어온 새 학문을 이르는 말.

신행(新行) =혼행. —하다.

신형(新型) 옛날 것과 다른 새로운 형. 예신형 냉장고. 반구형.

신:호(信號) 일정한 부호나 손짓으로 서로 떨어진 사람끼리 뜻을 통하게 하는 방법. 예신호를 보내다. —하다.

신:호등 거리에 설치하여 색등을 켜고 끔으로써 운전자나 보행자에게 정지·진행 등을 지시하는 장치.

신:호탄 야간 전투에서 우군끼리 서로 연락하기 위하여 쏘는 신호용 탄알.

신혼(新婚) 갓 결혼함. 예신혼 생활. 신혼 여행. —하다.

신화(神話) 역사가 있기 전의 전설로 신을 중심으로 한 이야기. 예그리스 신화.

신효(神效) 아주 신통한 효력. 예신효한 약. —하다.

신흥(新興) 새로 일어남. 예신흥 종교. —하다.

싣:다[실으니, 실어서] ①짐을 수레 따위에 얹다. 예배에 물건을 싣다. 반내리다. ②신문이나 잡지 따위에 글을 기재하다.

실: 솜이나 고치에서 가늘고 길게 뽑아 만든 물건.

실:가지 실처럼 아주 가느다란 나뭇가지.

실각(失脚) ①발을 헛디딤. 실족. ②실패하여 지위·설자리를 잃음. 예권좌에서 실각하다. —하다.

실감(實感) 실지로 그 지경을 당한 것 같은 느낌. 예농부들의 어려움을 실감하다. —하다.

실감나다 실물을 접한 것 같은 생생한 느낌이 들다. 예실감나는 영화.

실:개울 산골짜기에서 흐르는 폭이 좁은 작은 개울.

실격(失格)[-껵] 기준에 미치지 못하여 자격을 잃음. 예잇따른 반칙으로 실격되다. —하다.

실:고추 실같이 가늘게 썬 고추. 음식의 고명으로 씀.

실권(實權)[一꿘] 실제로 행사할 수 있는 권리. 예실권을 잃다.

실기(實技) 실지의 기술. 예실기 대회. 실기 시험.

실:낟 ①실의 올. ②아주 작고 가늚. 예실낟 같은 목숨.

실내(室內) 방 안. 반실외.

실내악(室內樂) 크지 않은 장소나 작은 모임에서 연주하기에 적당한 음악. 본실내 음악.

실내 장식[실래—] 건축물의 내부를 그 용도에 따라 아름답게 꾸미는 일. 예실내 장식가.

실:눈[一룬] 가늘게 뜬 눈. 예실눈을 뜨고 바라보다.

실:뜨기 실의 양 끝을 마주 매어 두 손에 건 다음, 양쪽 손가락에 얼기설기 얽어 가지고 두 사람이 주고받고 하면서 여러 가지 모양을 만드는 놀이.

실랑이 실랑이질. 예사소한 일로 실랑이가 벌어지다. —하다.

실랑이질 ①남을 못 견디게 굴어 시달리게 하는 짓. ②서로 옥신각신하는 짓. 준실랑이. —하다.

실력(實力) 실제로 가지고 있는 힘. 예실력 배양. 비능력.

실력 행사(實力行使) 어떤 일을 이루려고 완력이나 무력 따위를 쓰는 일.

실례[1](失禮) 예의에 어그러짐. 예절에 맞지 아니함. 예실례합니다. —하다.

실례[2](實例) 실제 있는 본보기. 예. 보기. 예실례를 보이다.

실로(實—) 참으로. 과연. 정말. 예공부 못하던 영길이가 백점을 받았다니 실로 놀라운 일이다.

실로폰(xylophone) 두드려서 소리를 내는 악기의 한 가지.

〔실로폰〕

실록(實錄) ①한 임금 일대의 사실을 기록한 것. 예조선 왕조 실록. ②사실을 그대로 적은 기록.

실룩거리다 근육의 한 부분을 자꾸 움직이는 모양. 예볼을 실룩거리다.

실리(實利) 현실적인 이익. 예실리만을 좇다.

실리다 출판물에 글이나 그림이 나타나다. 예내 작품이 신문에 실리다.

실리카 겔(silica gel) 습기를 방지하기 위하여 사용하는 흰색의 단단한 알갱이. 단, 염화코발트로 물들인 것은 습기를 흡수하지 않았을 때는 파란색이고 습기를 흡수하면 분홍색이 됨.

실린더(cylinder) 엔진 등에서 피스톤이 움직이는 둥근 모양의 통.

실린더 블록 자동차나 증기 기관 등에서 피스톤이 왕복 운동하는 원기둥 꼴의 실린더가 있는 부분.

실:마리 ①감겼거나 헝클어진 실의 첫머리. ②일의 첫머리. ③해결의 열쇠. 예사건의 실마리를 풀다.

실망(失望) 희망을 잃어버림. 예떨어졌다고 실망하지 마라. 비낙망. 반희망. —하다.

실명[1](失明) 눈이 멂. 예사고로 실명하다. —하다.

실명[2](實名) 실제의 이름. 비본명. 반가명.

실무(實務) 실제의 업무. 예실무에 경험이 풍부하다.
실물[1](失物) 물건을 잃어버림. 예분실물. —하다.
실물[2](實物) 실제로 있는 물건. 예실물 크기의 장난감.
실:바람 솔솔 부는 바람.
실:밥[-빱] ①옷 등에 누벼져 있는 실. ②옷을 뜯을 때에 뽑아 내는 실의 부스러기.
실백 껍데기를 깐 알맹이 잣. 예식혜에 실백을 띄우다.
실:버들 가늘고 길게 늘어진 버들. 수양버들.
실비(實費) 실지로 드는 비용. 예실비로 사들이다.
실상(實相)[-쌍] 실제 형태. 그 때 사정. 예실상을 파악하다. 비사실. 실황. 반가상.
실 생활(實生活)[-쌩 활] 실제의 생활. 예실생활에 맞는 교육.
실선(實線)[-썬] 제도상에서, 점선에 대한 보통의 선.
실성(失性)[-썽] 정신에 이상이 생김. 미침. 예실성한 사람. —하다.
실소(失笑)[-쏘] 더 참지 못하고 저도 모르게 웃음. 예실소를 자아내다. —하다.
실속(實-)[-쏙] ①사실의 내용. ②거죽에 나타나지 아니한 이익. 예실속을 차리다.
실수(失手)[-쑤] ①잘못하여 그르침, 또는 그 잘못. 예나의 실수를 용서해 주기 바란다. 비실책. 실패. ②실례. —하다.
실습(實習)[-씁] 실지로 배워 익힘. 예가사 실습. —하다.
실시(實施)[-씨] 실제로 일을 함. 예훈련을 실시하다. 비시행. 반폐지. —하다.
실신(失神)[-씬] 정신을 잃음. 의식을 잃은 상태. 예너무 놀란 나머지 실신하다. —하다.
실:실 실없이 웃거나 말을 수다스럽게 지껄이는 모양. 예아무런 말도 하지 않고 실실 웃기만 한다. 짝샐샐.
실업[1](失業) 일자리를 잃어버림. 예실업자가 늘어나 사회 문제가 되다. 반취업. —하다.
실업[2](實業) 농·상·공업의 이익을 꾀하는 경제적 사업.
실업가 생산·경제에 관한 사업을 하는 사람.
실업 교:육 실업에 관한 지식이나 기능을 가르치는 일.
실업자 일자리가 없는 사람.
실업 학교 실업에 관한 교육을 실시하는 학교.
실없는 말 미덥지 않은 말. 예실없는 말을 잘하는 친구. 비농담.
실없다 말이나 짓이 실답지 않다. 예나는 영식이의 실없는 장난에 속아 5km나 헛걸음을 했다. —이.
실연(實演) ①실제로 해 보임. ②영화 배우 들이 무대에서 극을 연기함. —하다.
실:오라기 한 가닥의 실.
실용(實用) 실제에 이용하여 씀. 예실용 가치. —하다.
실용성[-썽] 실지에 사용하기 알맞은 성질이나 실제로 쓰이는 성질. 예실용성이 없는 물건.
실용 신안 특허(實用新案特許) 이미 나와 있는 물건의 모양이나 구조 등을 전보다 더 좋게 고친 것에 대한 권리의 특허.
실용적 실지로 쓰기에 적당한 것. 예실용적 가치.

실용화 실제로 유용하게 쓰이게 됨. [예] 실용화 단계에 접어들다. —하다.

실은 사실은. 실제로는. [예] 실은 나도 아직 하지 못했다.

실의(失意) 기대에 어긋나 의욕을 잃어버리는 일. [예] 실의에 빠져 헤어나지 못하다.

실재(實在)[—째] 실제로 있음. [예] 실재의 사건. [반] 가상. —하다.

실적(實績)[—쩍] 실제로 이룬 업적이나 공적. [예] 좋은 실적을 나타내었다.

실전(實戰)[—쩐] 실제의 싸움, 또는 그 전쟁. [예] 실전을 능가하는 훈련.

실점(失點)[—쩜] 경기·승부 등에서 점수를 잃음, 또는 그 점수. [반] 득점. —하다.

실정(實情)[—쩡] 실제의 사정. [예] 실정을 살피다. [비] 실태.

실제(實際)[—쩨] 거짓이 아닌 경우나 형편. [예] 말로만 떠들지 말고 실제로 해 보아라. [비] 실지.

실제로[—쩨로] 사실 그대로. [예] 실제로 해 보니 이 일도 쉬운 게 아니군. [비] 실지로.

실조(失調)[—쪼] 조화를 잃어버림. [예] 영양 실조.

실족(失足)[—쪽] ①발을 잘못 디딤. [예] 실족해 절벽에서 떨어지다. ②행동을 잘못함. —하다.

실존(實存)[—쫀] 실제로 존재하는 일. [예] 실존 인물. —하다.

실종(失踪)[—쫑] 종적을 잃음. 행방을 모름. 생사를 모름. [예] 전쟁 때 실종되다. —하다.

실증(實證)[—쯩] 실물이나 사실에 근거하여 증명함, 또는 그에 따른 증거. —하다.

실지(實地)[—찌] ①실제의 처지. [예] 무슨 일이든 실지로 해 보아라. ②사물이 현재 있는 곳. [예] 실지 답사. [비] 실제.

실ː지렁이 붉은 실부스러기 모양으로 인가 근처의 수채나 늪 속의 진흙에 사는 지렁이. 물고기의 먹이. 낚싯밥으로 쓰임.

실지로[—찌로] 있는 그대로. [예] 실지로 경험하다. [비] 실제로.

실직(失職)[—찍] 일자리를 잃어버림. [예] 불경기로 실직자가 늘어나다. [반] 취직. —하다.

실질(實質)[—찔] ①실지의 본바탕. ②꾸미거나 헛됨이 없이 실다움. [예] 실질 소득. [반] 형식.

실책(失策) ①잘못된 생각. ②잘못된 계획. [예] 농정의 실책. [비] 실수. —하다.

실천(實踐) 실제로 행함. [예] 계획을 실천에 옮기다. [비] 실험. 실현. 실행. [반] 이론. —하다.

실체(實體) ①실제의 물체. ②성질 또는 작용의 본체.

실추(失墜) 떨어뜨림. 잃음. [예] 명예가 실추되다. —하다.

실컷 마음껏. 하고 싶은 대로 한껏. [예] 실컷 자거라.

실탄(實彈) 총이나 대포 등에 재어 쏘아서 실제로 효력을 낼 수 있는 탄알.

실태(實態) 실제의 태도나 형편. 실정. [예] 피해 실태 조사.

실토(實吐) 거짓말을 섞지 아니하고 사실대로 말함. [예] 모든 사실을 실토하다. —하다.

실ː톱 실같이 가는 톱. 목재를 둥글게 도려 내는 데 씀.

실팍하다 사람이나 물건이 보기에 매우 튼튼하다.

실패(失敗) ①성공하지 못함. [예] 실패의 고배를 마시다. ②잘못함. ③남에게 짐. [비] 실수. [반] 성공. —하다.

실:핏줄 동맥의 끝 부분과 정맥의 첫 부분을 이루는 가느다란 핏줄. 살갗과 힘살, 각 기관 등에 실뿌리처럼 갈라져 퍼져 있음.

실하다(實—) ①재산이 많다. ②기운이 세다. [예] 몸이 실하다. [비] 건강하다. ③신용이 두텁다.

실학(實學) 조선 시대 영·정조 때에 성리학에 대한 반동으로 일어난 학풍. 학문은 실생활에 이용할 수 있는 것이어야 한다고 주장하는 사상. 우리가 개척한 학문임.

실행(實行) 실제로 함. [예] 실행 능력. [비] 실천. —하다.

실향민(失鄕民) 고향을 잃고 타향살이하는 백성.

실험(實驗) 실제로 시험해 봄. [예] 실험 기구. [비] 실천. —하다.

실험실 실험을 목적으로 만든 방.

실현(實現) 기대나 계획 따위가 실제로 나타남. [예] 우리는 남북 통일의 실현을 위해 힘쓰고 있다. —하다.

실형(實刑) 집행 유예가 아닌 실제로 받는 형벌. [예] 실형 선고.

실화(實話) 실지로 있었던 사실의 이야기. [예] 실화 소설.

실황(實況) 실제의 모양. [예] 실황 중계. [비] 실정. 실상.

싫다[실타] ①마음에 좋지 않다. ②하고 싶지 않다. [예] 먹기가 싫다. ③밉다. [반] 좋다.

싫어하다[시러—] ①싫게 여기다. [예] 싫어하는 음식. ②하기를 꺼려하다. [예] 보기 싫어하다.

싫증[실쯩] ①마음이 가지 않고 싫은 생각. ②반갑지 않게 여기는 마음. [예] 일에 싫증을 느끼다. [비] 염증. [반] 재미.

심[1](心) ①죽에 곡식 가루를 잘게 뭉쳐 넣은 덩이. 새알심. ②양복 저고리 어깨나 깃 따위에 넣는 헝겊. [예] 심을 넣은 양복.

심[2](心) 연필의 나무 속에 박혀 있어 글씨를 쓸 수 있게 된 부분. [예] 연필의 심이 잘 부러진다.

심각(深刻) ①정도가 아주 심함. [예] 심각한 교통 체증. ②깊이 새김. —하다. —히.

심경(心境) 마음의 상태. [예] 심경을 솔직히 밝히다.

심금(心琴) 자극을 받아 움직이는 미묘한 마음. [예] 심금을 울리다(감동하게 하다).

심기(心氣) 마음으로 느끼는 기분. [예] 심기가 불편하다.

심기 일전(心機一轉) 지금까지의 생활 태도를 버리고 마음의 자세를 완전히 바꿈. [예] 새해를 맞아 심기 일전하여 공부에 임하다. —하다.

심:난(甚難) 매우 어려움. 매우 곤란함. —하다.

심:다[—따] ①풀·나무 따위의 뿌리를 땅에 묻다. [예] 감나무를 심다. ②씨앗을 땅에 묻다. [반] 뽑다. 캐다.

심란(心亂)[—난] 마음이 산란하여 건잡을 수 없음. [예] 마음이 심란하다. [비] 심산. —하다.

심려(深慮)[—녀] 마음 속으로 걱정함, 또는 그 걱정. [예] 심려치 마십시오. —하다.

심리(心理)[—니] ①마음의 상태와 현상. [예] 아동 심리. ②마음.

심마니 산삼 캐는 일을 업으로 하

ㅅ

는 사람.
심:문(審問) 자세히 따져서 물음. 예 범인을 심문하다. —하다.
심방(尋訪) 사람을 방문하여 찾아봄. 예 신도들의 집을 심방하다. —하다.
심벌즈(cymbals) 타악기의 하나. 둥글고 얇은 두 개의 구리판을 마주 쳐서 소리를 냄.
심보(心—)[—뽀] 마음을 쓰는 것이 좋지 않거나 그르다는 뜻으로 쓰는 말. 예 놀부는 심보가 고약하다. 비 마음보.
심복(心腹) 관계가 깊고 요긴하여 없어서는 안 될 일이나 물건. 예 심복 부하. 본 심복지인.
심:부름 시키는 일을 함. 남의 명령을 전함. 예 아버지의 심부름. —하다.
심:부름꾼 심부름을 하는 사람.
심사¹(心思) 남을 해치려는 심술궂은 마음. 예 심사가 사납다.
심:사²(審査) ①자세히 조사함. ②조사하여 정함. 예 논문을 심사하다. 심사 위원. —하다.
심사 숙고(深思熟考) 깊이 잘 생각함. 예 심사 숙고해 결정하다. —하다.
심산(深山) 깊은 산.
심상(尋常) 대수롭지 않고 예사스러움. 예 분위기가 심상치 않다. 비 범상. 반 비상. —하다. —히.
심상치 않다[—안타] 예사스럽지 않다.
심성(心性) 타고난 마음씨. 예 심성이 착하다.
심술(心術) 고집을 부리고 남을 시기하는 마음. —스럽다.
심술궂다 ①심술이 많다. ②남이 잘 되는 것을 방해하다. 예 심술궂은 행동. 비 짓궂다. 반 양순하다.
심술꾸러기 심술이 많은 사람. 예 나의 동생은 참 심술꾸러기이다.
심술패기 심술궂은 아이.
심신(心身) 마음과 몸.
심심풀이 심심함을 잊고 시간을 보내기 위하여 무엇인가를 하는 일. 예 심심풀이로 뜨개질을 하고 있는 언니. —하다.
심심하다 ①할 일이 없어 괴롭다. 예 집에만 있으니 심심하다. ②음식 맛이 싱겁다. —히.
심야(深夜) 깊은 밤. 반 백주.
심야 극장 깊은 밤에 영화를 상영하는 극장. 토요일이나 일요일 밤 12시 이후까지 상영함.
심오(深奧) 사물의 뜻이 매우 깊고 오묘함. 예 심오한 진리. —하다.
심:의(審議) 제출된 안건을 상세히 검토하고 그 가부를 논의함. 예 예산안 심의. —하다.
심장(心臟) ①온몸에 피를 보내 주는 기관. ②가장 중요한 곳. 예 자동차는 엔진이 심장이다.
심장병[—뼝] 심장에 생기는 병을 통틀어 이르는 말.
심장부 ①심장이 있는 곳. ②가장 중요한 곳.
심정(心情) ①생각. 마음. 예 괴로운 심정을 털어놓다. ②마음에 느끼는 상태. 비 마음씨.
심중(心中) 마음 속. 예 심중을 헤아리다.
심지¹(心—) 양초나 남포·등잔 따위에 헝겊이나 실을 꼬아서 꽂고 불을 붙이게 된 물건. 예 심지에 불을 붙여라.
심지²(心地) 마음의 바탕. 심전. 마음밭. 예 심지가 곱다.

심지³(心志) 무엇을 하려고 하는 의지. 예 심지가 굳다.

심:지어(甚至於) ①심하면. ②나아가서는. ③드디어는. 예 심지어 나에게 주먹질까지 했다.

심청전(沈淸傳) 조선 시대의 고대 소설. 지은이와 연대를 모름. 심청의 희생적인 효성이 아버지의 눈을 뜨게 했다는 이야기임.

심취(心醉) 어떤 것에 깊이 빠져 도취함. 예 서양 문학에 심취하다. —하다.

심통(心統) 마음의 본바탕. 예 심통이 사납다.

심:판(審判) ①경기를 잘하고 잘못하는 것을 판단함. 예 축구 경기의 심판을 보다. ②사건의 진상을 자세히 조사하여 판결함. 예 심판관. —하다.

심포니(symphony) 교향곡.

심포니 오:케스트라(symphony orchestra) 교향악단.

심:하다(甚一) 정도가 지나치다. 예 감기가 심하다. —히.

심혈(心血) 있는 대로의 힘. 온 정신. 예 심혈을 기울이다.

심호흡(深呼吸) 깊숙이 공기를 들이마셨다 내뱉었다 하며 크게 숨을 쉬는 일. 예 산에 올라 심호흡을 하다. —하다.

심:화(深化) 정도가 깊어지거나 심각해짐, 또는 그렇게 되도록 함. 예 갈등이 심화되다. —하다.

심:훈(沈熏, 1901~1936) 소설가·영화인. 본명은 대섭. 농촌 계몽 소설인 〈상록수〉를 발표하고 유명해졌음. 주로 대중적이며 계몽적인 소설을 많이 썼으며, 작품으로는 〈먼동이 틀 때〉〈영원의 미소〉 등이 있음.

십(十) 열. 예 십 미터.

십년 공부 나무 아미타불/십년 공부 도로 아미타불〈속〉 여러 해 애써 한 일이 아무 보람이 없게 됨의 일컬음.

십년이면 강산도 변한다〈속〉 십년이란 세월이 지나는 동안에는 세상에 변하지 않는 것이 없이 다 변한다는 말.

십대(十大) 열 가지의 큰. 예 십대 사건.

십리(十里) 약 4km의 거리가 되는 길. 예 명사 십리.

십상 꼭 알맞은 일이나 물건. 예 책 읽기에는 십상 좋은 때다.

십수년(十數年) 십년이 넘은.

십이월(十二月) 섣달.

십이지장(十二指腸) 위 가까이에 있는 작은창자의 일부분으로 소화에 필요한 담즙 및 소화액을 장에 보냄. 샘창자.

십이지장충 기생충의 한 가지. 십이지장에 붙어서 살며 사람의 피를 빨아먹음.

십일월(十一月) 동짓달.

십자가(十字架) 十자 모양의 나무를 죄시은 사람의 팔과 다리에 대고 못을 박아 죽게 하는 형틀.

십자매(十姉妹) 참새목의 새. 참새와 비슷하며 몸길이 12~13cm, 빛은 희며 가슴에 갈색 띠가 있고 눈알은 붉음.

십장생(十長生) 죽지 않고 오래 산다는 '해·산·물·돌·구름·솔·불로초·거북·학·사슴'의 열 가지.

십종 경:기 육상 경기 종목의 하나. 한 사람이 10종목의 경기를 하여 총득점으로 승부를 가리는 경기.

십중 팔구(十中八九) 열 가운데 여덟이나 아홉이 된다는 뜻으로, 거의 그러할 것이라는 추측을 이르는 말. 예 십중 팔구 합격.

십진 기수법의 전개식 10의 거듭제곱을 써서 나타낸 식.

십진법(十進法)[—뻡] 수를 셀 때, 10개의 문자 0, 1, 2, 3, 4, 5, 6, 7, 8, 9 다음은 한 자리 올려 10으로 적고, 10이 열 곱절되면 100으로 …1000으로 적는 법.

십진수 수를 셀 때 어떠한 단위가 열이 모이면 한 자리씩 올라가는 수. 십진법으로 나타낸 수.

십팔기(十八技) 중국에서 전해 온 18가지 무예.

싯누렇다 아주 누렇다. 예 싯누런 옷. 작 샛노랗다.

싱가포르(Singapore) 말레이 반도의 남쪽 끝에 있는 도시인 공화국. 수도도 싱가포르임.

싱거운 말과 행동이 자기에게 어울리지 않고 멋쩍은. 예 영수는 싱거운 농담을 잘한다.

싱겁다〔싱거우니, 싱거워서〕①짜지 않다. 예 국이 싱겁다. 비 묽다. 반 짜다. ②말이나 하는 짓이 제격에 어울리지 않고 멋쩍다. 예 싱거운 녀석.

싱그럽다〔싱그러우니, 싱그러워〕①냄새에 신선한 향기가 있다. 예 싱그러운 오렌지. ②싱싱하게 보이다. 비 싱싱하다.

싱글(single) ①한 개. 단일. 예 싱글 홈런. ②테니스·탁구 등의 단식 경기. 반 더블.

싱글거리다 눈과 입을 슬며시 움직이며 소리 없이 부드럽게 자꾸 웃다. 예 좋아서 자꾸만 싱글거린다. 작 생글거리다. 센 씽글거리다.

싱글벙글 소리 없이 입으로 웃는 모양. 예 동생은 새 옷을 입고 좋아서 싱글벙글 웃고 있다. 작 생글뱅글. —하다.

싱글싱글 은근한 태도로 연해 부드럽게 눈웃음치는 모양. 예 싱글싱글 웃는 꼬마. 작 생글생글. 센 씽글씽글. —하다.

싱긋 소리 없이 눈만 조금 움직여 부드럽게 얼핏 웃는 모양. 예 아저씨는 영희의 물음에 싱긋 웃으신 다음 이야기를 들려 주셨다. 작 생긋. —하다. —이.

싱숭생숭 마음이 들떠 어수선하고 갈팡질팡하는 모양. 예 하루 종일 싱숭생숭하여 안절부절못한다. —하다.

싱싱하다 ①원기가 좋다. ②축나거나 썩지 않고 생기가 있다. 예 낚시질 가셨던 아버지가 싱싱한 붕어를 낚아 오셨다. ③빛이 맑고 산뜻하다. 비 생생하다. 싱그럽다. 반 시들다. 상하다.

싱크로나이즈드 스위밍(synchronized swimming) 음악에 맞추어 여러 가지 방법으로 헤엄치면서 동작과 표현의 아름다움을 겨루는 수중 경기. 수중 발레.

싶다 희망의 뜻을 나타내는 말. 예 어디로든 가고 싶다.

ㅆ[쌍시옷] 'ㅅ'의 된소리.

싸고돌다〔싸고도니〕①중심을 싸고 둘레에서 움직이다. ②누구를 두둔하여 행동하다. 예 자식이라고 싸고돌아서는 안 된다.

싸구려 ①품질이 좋지 않은 값싼 물건. ②시가보다 싸게 파는 물건. ③장수가 싸다는 뜻으로 외치는 소리.

싸늘하다 선선하고 좀 찬 기운이 있다. [예] 싸늘한 겨울 날씨. [반] 훈훈하다. 따사하다. ―히.

싸다[1] ①물건을 덮어 가리다. [예] 이삿짐을 싸다. ②주위를 둘러막다. ③대소변이 급하여 바지에 누다. [예] 오줌을 싸다.

싸다[2] ①값이 비싸지 않다. [예] 값이 싼 물건. [비] 헐하다. ②행실에 대하여 마땅하다. [예] 낙제를 하였으니 매맞아 싸다.

싸다니다 여기저기 함부로 채신없이 돌아다니다. [예] 늦게까지 싸다니지 마라. [준] 싸대다.

싸대다 '싸다니다'의 준말.

싸라기 벼를 찧을 때 잘게 부스러진 쌀.

싸라기눈 빗방울이 내리다가 갑자기 찬 공기에 얼어서 떨어지는 싸라기 같은 눈. [준] 싸락눈.

싸리 싸리나무. 줄기가 가늘고 길며 잎이 작음.

싸리꽃 싸리나무의 꽃. 작은 나비 모양으로 붉은 자줏빛임.

싸리나무 콩과의 갈잎 넓은잎 떨기나무. 산지에 나며, 잎은 세 잎이 나오고 한여름에 붉은 자주색 꽃이 핌. 나무 껍질은 섬유용으로, 잎은 사료로 쓰임.

싸리문 싸리나무로 만든 문.

싸매다 헝겊 따위로 싸서 묶다. [예] 상처를 붕대로 싸매다. [비] 동여매다.

싸안다[―따] 휘감아 싸서 안다. [예] 포대기로 아기를 싸안고 나가다.

싸우다 누가 이기나 다투다. [예] 친구와 싸우다. [비] 다투다.

싸움 싸우는 짓. 전쟁하는 짓. 다투는 짓. [비] 전쟁. ―하다.

싸움터 ①싸움을 하는 곳. ②전쟁을 하는 곳. [비] 전장.

싸이다 ①물건이 덮이어 보이지 않게 되다. [예] 종이에 싸인 물건. ②사방이 둘러막히다.

싸전 쌀과 그 밖의 곡식을 벌여 놓고 파는 가게. 쌀가게.

싸:하다 혀나 목구멍에 아린 듯한 느낌이 있다. [예] 입이 싸하다.

싹 풀이나 나무의 씨앗에서 나오는 잎이나 줄기. [예] 어린이는 나라의 새싹.

싹독 연한 물건을 토막쳐 자르는 모양. [예] 무를 싹독 자르다. [큰] 썩둑. [여] 삭독.

싹싹 잘못을 용서하여 달라고 빌 때 손을 비비는 모양. [예] 잘못을 싹싹 빌다. [큰] 썩썩. [여] 삭삭.

싹싹하다 성질이 상냥하고 재빠르다. 말을 잘 듣는다. [예] 싹싹한 성격. [큰] 썩썩하다.

싹트다 ①싹이 올라오다. ②어떠한 일이 일어나기 시작하다. [예] 우정이 싹트다.

싹틔우기 식물의 싹이 생겨나게 함.

쌀 벼의 껍질을 벗긴 알맹이.

쌀겨[―껴] 쌀을 쓿을 때 나오는 가장 고운 속겨.

쌀독[―똑] 쌀을 담아 두는 독. [예] 쌀독에 쌀이 그득하다.

쌀뜨물 쌀을 씻은 뿌연 물.

쌀쌀하다 ①몹시 서늘하다. 차다. [예] 쌀쌀한 날씨. ②인정이 없다. 정다운 맛이 없다. [예] 쌀쌀한 성격. ―히.

쌀장사 쌀을 사고 파는 일.

쌈[1] 김·상추·배추의 속대로 밥과 반찬을 싸 먹는 일. 또, 그 음식.

쌈:[2] '싸움'의 준말. ―하다.

쌈[3] 바늘 24개를 한 묶음으로 세는 단위. [예] 바늘 한 쌈.
쌈지 담배를 담아 가지고 다니는, 헝겊에 기름을 발라 말린 주머니.
쌉쌀하다 조금 쓴맛이 있다. [예] 쌉쌀한 맛. [큰] 씁쓸하다.
쌍(雙) 짝이 맞는 물건을 세는 단위. [예] 다람쥐 한 쌍을 키우다.
쌍꺼풀 겹으로 된 눈꺼풀.
쌍동밤 한 껍질 안에 두 쪽이 들어 있는 밤.
쌍두 마:차 두 마리의 말이 끄는 마차. [비] 양두 마차.
쌍둥이 한 번에 낳은 두 아이.
쌍떡잎 식물[—떵닙싱물] 밑씨가 두 장의 떡잎을 가진 식물. 감·밤·완두 따위. [반] 외떡잎 식물.
쌍무지개 쌍을 지어 선 무지개. [예] 쌍무지개 뜬 하늘.
쌍받침 똑같은 닿소리가 겹쳐서 된 받침. 'ㄲ'이나 'ㅆ' 따위.
쌍방(雙方) 대립하고 서로 관계되는 양쪽. [비] 양방.
쌍벽(雙璧) ①두 개의 구슬. ②여럿 가운데에서 특별히 뛰어난, 우열이 없는 둘. [예] 현대 문단의 쌍벽을 이루다.
쌍소리[—쏘리] 쌍스러운 말, 또는 그 소리. '상소리'의 센말.
쌍쌍이 짝을 지어서. [예] 쌍쌍이 놀러왔다.
쌍안경 두 개의 망원경을 평행으로 장치하여 두 눈으로 볼 수 있게 한 광학 기계.
쌓다 ① 여러 겹으로 포개어 놓다. [반] 헐다. ②여러 번 거듭하다. ③경험을 얻다. [예] 경험을 쌓다.
쌓이다 물건이나 일 따위가 한데 많이 겹치다. [예] 숙제가 쌓이다. [준] 쌔다.
쌔근거리다 ①화가 나서 숨소리가 조금 거칠게 나다. ②어린아이가 곤히 잠들어 조용히 숨을 쉬다. [여] 새근거리다.
쌔근쌔근 숨이 급하게 나오는 모양. [예] 쌔근쌔근 자는 아기. [큰] 씨근씨근. [여] 새근새근. —하다.
써 ①그것을 가지고. ②그에 대하여. ③그것으로 말미암아.
써느렇다[써느런] 매우 서늘하다. [예] 써느런 날씨. [여] 서느렇다.
써늘하다 몹시 찬 느낌이 있다. [예] 써늘한 바람. [작] 싸늘하다.
써:레 말이나 소로 끌게 하여 갈아 놓은 논밭의 바닥을 고르거나 흙덩이를 잘게 부수는 농구.

〔써 레〕

써:레질 써레로 갈아 놓은 논바닥을 고르거나 흙덩이를 잘게 깨는 일. —하다.
썩 ①빨리. 급히. [예] 썩 사라지거라. ②매우. 몹시. 퍽. [예] 썩 좋은 성적.
썩다 ①물건이 상하여 못 쓰게 되다. [예] 사과가 썩다. ②굶아서 못 먹게 되다. ③마음이 상하다. [예] 속이 썩다.
썩둑썩둑 연한 물건을 토막쳐 자르는 모양. [예] 무를 썩둑썩둑 자르다. [작] 싹독싹독.
썩썩[1] ①거침없이 쓸거나 닦는 모양이나 소리. ②종이나 피륙 등을 거침없이 베어 나가는 소리나 모양. [작] 싹싹.
썩썩[2] 잘못을 용서해 달라고 원하거나 애걸할 때에 손으로 비는 모

쓱 양. ⑩ 바달라고 손을 썩썩 빌다. 〖작〗싹싹.

썩이다[써기—] 썩게 하다. ⑩ 아까운 고추를 썩이다.

썰:다〔써니〕 물건을 잘게 베다. ⑩ 가래떡을 썰다.

썰매 눈 위나 얼음 위로 타고 다니는 기구.

썰물 빠지어 나가는 바닷물, 또는 바닷물이 빠져 나가는 현상. 〖반〗밀물.

쏘가리 농어과의 민물고기로 길이 40~50cm. 머리가 길고 입이 크며 맛이 좋음.

쏘다 ①화살이나 총을 놓아 날아가게 하다. ⑩ 총을 쏘다. ②듣는 사람이 뜨끔하게 느낄 만한 말을 하다. ⑩ 톡 쏘아붙이다. ③벌레가 살을 찌르다.

쏘다니다 이곳 저곳을 바쁘게 돌아다니다. ⑩ 책을 구하려고 쏘다니다. 〖준〗쏘대다.

쏘대다 '쏘다니다'의 준말.

쏘아 놓은 살이요 엎질러진 물이라〈속〉 한번 저지른 일은 어떻게 다시 고쳐 할 수 없다는 말.

쏘아보다 꿰뚫을 듯이 따갑게 노려보다. ⑩ 너무 그렇게 쏘아보지 마라.

쏘아붙이다[—부치다] 듣고 있는 사람의 마음이 뜨끔하게 느낄 만한 말을 하다.

쏘옥 천천히 귀엽게 내미는 모양. ⑩ 문틈으로 손가락을 쏘옥 내민다.

쏙 ①몹시 내밀거나 푹 들어간 모양. ⑩ 옹이 구멍에 동전이 쏙 들어가다. ②깊이 밀어 넣거나 길게 뽑아 내는 모양.

쏜살같이 날아가는 화살처럼 빠르게, 번개같이. ⑩ 소방차가 사이렌을 울리며 쏜살같이 달린다.

쏟다 ①흘러 나오게 하다. ⑩ 물을 쏟다. ②마음에 있는 대로 죄다 드러내다. ③마음을 기울이다. ⑩ 마음을 쏟다.

쏟아지다[쏘다—] 한꺼번에 많이 떨어지거나 몰려 나오거나 생겨나다. ⑩ 소나기가 쏟아지다.

쏠:다〔쏘니〕 쥐·좀 따위가 물건을 물어뜯거나 갉아서 구멍내다.

쏠리다 ①기울어지면서 한쪽으로 치우쳐 몰리다. ②어떤 것에 끌리어 마음이 기울어지다. ⑩ 네게 쏠리는 마음.

쐐:기¹ ①물건과 물건과의 틈에 박아서 사개가 물러나지 못하게 하는 나무못. ②면화의 씨를 발라 내는 기구.

쐐:기² ①부나비 따위의 유충. ②송충이와 같이 생긴 벌레로, 쏘는 힘을 가지고 있음.

쐬:다 ①바람·연기 따위를 몸이나 얼굴에 받다. ⑩ 찬바람을 쐬며 나돌아다니다. ②자기 물건의 가치가 있고 없고를 남에게 평가받아 보다. ⑩ 전시하여 남의 눈을 쐬다. ③벌 따위에게 쏘임을 당하다. ⑩ 벌에 쐬다.

쑤군대다 목소리를 낮추어 비밀히 말하다.

쑤다 묵·죽·풀 따위를 불에 익히다. ⑩ 죽을 쑤다.

쑤시다¹ 찌르는 것같이 아프다. ⑩ 팔다리가 쑤시다.

쑤시다² 구멍 같은 데를 꼬챙이나 막대기 따위로 찌르다. ⑩ 이를 쑤시다.

쑥¹ 엉거싯과의 여러해살이풀. 잎은 국화잎 같은데 연한 잎은 떡에 넣어 먹고, 쉰 것은 약재로 씀.

쑥² 깊이 밀어 넣거나 힘을 주어서 길게 뽑아 내는 모양. ㉮칼을 쑥 뽑았다. 㘰쏙.

쑥갓 [—갇] 모양은 쑥잎 같고 특별한 향기가 있어 상추쌈에 넣어 먹는 채소.

쑥스럽다 [쑥스러우니, 쑥스러워서] 하는 짓이나 그 모양이 격에 어울리지 아니하여 어색하고 싱겁다. ㉮쑥스러운 표정.

쑥쑥 많이 내밀거나 많이 들어간 모양. ㉮콩나물이 쑥쑥 자란다. 㘰쏙쏙.

쑨 원 (孫文, 1866~1925) '손문'을 중국음으로 읽은 것. 중국의 정치가. 삼민주의를 주장하고 신해 혁명 후 중화 민국의 대총통이 되었으나, 위안 스카이(원세개) 일파에게 실권을 빼앗긴 뒤에 국민당을 조직, 1924년 제1차 국공 합작에 성공하고 북벌을 단행하였으나 목적을 이루지 못하고 이듬해 병사하였음. 중국의 국부로 추앙됨.

쑬쑬하다 웬만하고 무던하다. 㘱웬만하다. 㘰쏠쏠하다. —히.

쓰개 머리에 쓰는 물건의 총칭.

쓰개치마 옛날에 여자들이 외출할 때 머리로부터 몸의 윗부분을 가리어 쓰는 치마의 한 가지. 㘱장옷.

〔쓰개치마〕

쓰다¹ [쓰니, 써] ①글씨를 그리다. ㉮글을 쓰다. 편지를 쓰다. ②글을 짓다. ㉮책을 쓰다. ③사람을 부리다. ㉮사람을 쓰다. ④돈이나 물건을 없애다. ㉮돈을 쓰다. ⑤힘을 들이다.

쓰다² [쓰니, 써] ①머리 위에 얹다. ㉮모자를 쓰다. ②우산을 받다. ㉮우산을 쓰다.

쓰다³ [쓰니, 써] ①혀에 불쾌한 맛을 느끼다. ㉮쓴 약. ②입맛이 없다. ③괴롭다.

쓰다듬다 [—따] ①어루만지다. ②사랑하다. ③위로하다. ㉮선생님은 우는 숙이의 머리를 쓰다듬어 주셨다.

쓰라리다 몹시 찌르는 것같이 아프다. ㉮쓰라린 상처.

쓰라림 몹시 찌르는 것 같은 아픔. 㘱고통.

쓰러뜨리다/쓰러트리다 한쪽으로 쏠리어 넘어지도록 하다. ㉮나무를 베어 쓰러뜨리다.

쓰러지다 쌓여 있거나 서 있던 것이 한쪽으로 쏠리어 넘어지다. ㉮과로로 쓰러지다. 㘱넘어지다.

쓰레기 ①비로 쓸어 모은 먼지. ②못 쓸 물건. ㉮쓰레기통.

쓰레받기 방이나 마루의 쓰레기를 담아 내는 기구.

쓰레질 비로 쓸어 집 안을 깨끗하게 하는 일. —하다.

쓰르라미 몸이 조금 작고 '쓰르람 쓰르람' 하고 우는 매미의 한 가지.

쓰리다 ①찌르는 것같이 아프다. ②시장하여 허기가 지다. ㉮배가 고파 속이 쓰리다.

쓰이다 ①들다. ②쓰게 되다. ③소용되다. ㉮창고로 쓰이는 집.

쓰임 쓰이는 일. ㉮쓰임이 많은 기계.

쓰임새 쓰임의 수량이나 정도. ㉮쓰임새가 많은 물건.

쓱 빨리 지나가는 모양. 예 뱀이 발 옆으로 쓱 지나가다.

쓱싹쓱싹 톱질이나 줄질을 할 때 나는 소리. —하다.

쓱쓱 ①여러 번 문지르는 모양이나 소리. ②일을 손쉽게 하는 모양. 예 쓱쓱 닦아 내다.

쓴웃음 기가 막히거나 마지못해 웃는 웃음. 예 어이가 없어 쓴웃음만 나온다.

쓸개 소화에 필요한 소화액을 만드는 주머니 같은 내장.

쓸개즙 간에서 만들어져 쓸개에 저장되었다가 음식물이 지날 때에 십이지장으로 나오는 소화액. 지방의 소화를 도움.

쓸다[쓰니] 비로 쓰레기를 없애다. 예 바닥을 쓸다.

쓸데없다[―떼업따] 아무 효력이 없다. 소용이 없다. 예 쓸데없는 노력. —이.

쓸리다 마찰되어 거죽이 벗겨지다. 예 새로 입은 바지에 쓸리어 살이 아프다.

쓸모 ①쓸 만한 값어치. 예 쓸모 없는 물건. ②쓰이게 될 자리.

쓸쓸하다 ①외롭고 저적하다. 예 쓸쓸한 오후. 반 번잡하다. ②날씨가 차고 음산하다. —히.

쓸어 주다 쓰다듬어 주다. 예 머리를 쓸어 주다.

씷다 곡식을 찧어 속껍질을 벗기고 깨끗하게 하다.

씀바귀 잎은 양귀비잎 같고, 꽃은 노랗고, 뿌리는 나물을 무쳐 먹는 여러해살이풀.

씀씀이 돈이나 물건 따위를 쓰는 일. 예 씀씀이가 헤픈 사람.

씌우다 ①머리에 쓰게 하다. 예 모자를 씌우다. ②남의 탓으로 돌리다. 예 누명을 씌우다.

씨 ①식물의 싹이 나오는 근본. 예 꽃씨를 심다. 비 종자. 씨앗. 반 열매. ②동물이 발생하는 근본. ③아버지의 혈통. 자손.

씨근거리다 숨을 가쁘게 쉬다. 예 씨근거리며 달려오다. 작 쌔근거리다. 예 시근거리다.

씨금 =위선. 반 날금.

씨눈 씨앗에 있는 배. 이것이 자라서 식물이 됨.

씨도리 씨를 받기 위해 뿌리를 남기고 베어 낸 배추.

씨동무 '씨앗처럼 새롭게 자라나는 어린 동무'라는 뜻으로 동요에서 쓰인 말.

씨름 두 사람이 서로 붙잡고 힘을 다투어, 넘어뜨리는 것으로 승부를 겨루는 민속 경기. —하다.

씨름꾼 씨름하는 사람.

씨름판 씨름을 하는 곳.

씨방(―房) 꽃의 암술 아래쪽에 있는 불룩한 부분. 속씨 식물에만 있으며 자라서 열매가 됨.

씨실 피륙을 가로 건너 짜는 실. 반 날실.

씨아 목화씨를 빼는 기구. 정천익이 만들었다고 전함.

씨앗 곡식이나 채소의 씨. 비 씨. 종자.

씨족(氏族) 원시 사회에 있어서 같은 조상을 가진 혈족 단체.

씨족 사:회 핏줄을 같이 하는 사람을 중심으로 한데 모여 사는 원시 사회.

씨줄 지도 위에 가로로 그려져 남북 어디쯤인가를 나타내는 줄. 반 날줄.

-씩 각각 같은 수로 나누는 뜻을 나타내는 말. 예 한 사람 앞에 두

씩씩하다

개씩 차례가 되다.
씩씩하다 ①기운차고 용감하다. 예씩씩한 남자. 비용감하다. ②목소리가 밝고 활발하다. 반힘없다.
씹다 입에 음식을 넣고 이로 잘게 깨물다. 예고기를 씹다. 비먹다.
씻기다[씯끼―] 씻음을 당하다.
씻다 ①물에 흔들어 더러운 것을 없애다. ②깨끗하게 닦다. ③더러운 소문을 벗다. 예오명을 씻다.

씻은 듯이 아주 깨끗하게. 예병이 씻은 듯이 나았다.
씽긋 가볍게 얼른 웃는 모양. 예씽긋 웃는 모습. 작쌩긋. 여싱긋. ―하다. ―이.
씽씽 나뭇가지나 전선 같은 데에 계속해서 부딪치는 바람 소리, 또는 그 모양. 작쌩쌩. 여싱싱.
씽씽하다 썩 생기가 왕성하다. 예밤을 새고도 피로한 기색이 없이 씽씽하다. 작쌩쌩하다.

쓰임에 따라 띄어쓰기를 달리하는 말

구분하여 쓰는 말	보 기
대로	◦ 너는 너대로 나는 나대로 / 부모님 뜻대로 행동하다. ◦ 배운 대로 실천하다. / 주는 대로 받아 쓰다.
데	◦ 비가 오는데 어디를 가니? / 키는 큰데 몸이 약하다. ◦ 갈 데가 없다. / 빨리 달리는 데는 철호가 최고다.
들	◦ 소·돼지·고양이·염소 들을 가축이라고 한다. / 전철·택시·버스 들 ◦ 늦기 전에 어서들 가게. / 아직까지 자고들 있네.
리	◦ 곧 돌아오리라. / 장차 조국의 기둥이 되리라. ◦ 그럴 리가 없다. / 올 리가 없다.
만	◦ 이것은 저것만 못하다. / 공부만 잘하는 것은 좋지 않다. ◦ 3년 만에 친구를 만나다. / 이게 얼마 만인가?
만큼	◦ 이만큼 해 놓았으니 이젠 쉬어야지. / 나도 너만큼 할 수 있다. ◦ 키가 큰 만큼 옷도 크다. / 공부한 만큼 성적이 오르다.
밖에	◦ 무작정 기다릴 수밖에 없다. / 돈이 500원밖에 없다. ◦ 집 밖에 나가다. / 저녁 식사를 밖에서 하다.
뿐	◦ 친한 친구는 너뿐이다. / 가진 거라곤 이것뿐이다. ◦ 그저 보고 싶을 뿐이다. / 말해 봤을 뿐이다.

훈몽자회자  훈민정음자

ㅇ [이응] 한글 닿소리의 여덟째 글자인 이응.

아:¹ 감탄할 때에 나오는 소리. ⑩ 아, 화창한 날씨.

아² 받침 있는 말 밑에 붙어서 사람이나 물건을 부를 때에 쓰는 말. ⑩ 복동아.

-아³ ①일부 낱말 밑에 붙어서 '어린아이'임을 나타내는 말. ⑩ 우량아. ②'사나이(남자)'임을 나타내는 말. ⑩ 풍운아.

아가 '아기'를 귀엽게 부르는 말.

아가리 ①'입'의 속된말. ②물건을 넣거나 낼 수 있게 만든 구멍의 어귀. ⑩ 병 아가리.

아가미 물고기의 숨쉬는 구멍.

아가씨 '처녀'의 높임말.

아가위 이가위나무의 열매. 맛이 심. 식용 또는 약용함.

아가위나무 능금나뭇과의 갈잎 큰 키나무. 정원수로 심음.

아가페(그 agapē) 인간에 대한 신의 사랑, 또는 신·이웃에 대한 인간의 사랑. ⑭ 에로스.

아관 파천(俄館播遷) 을미사변으로 인하여, 1896년 고종과 태자가 러시아 공사관에 옮겨 가 약 1년간 거처한 사건.

아교(阿膠) 동물의 가죽을 끈끈하게 고아서 만든 풀.

아구 '맞다·맞추다'와 함께 쓰이어 '채우거나 맞추어야 할 수효'의 뜻을 나타내는 말.

아구맞추다 여럿을 어울러서 대중을 잡은 숫자에 들어맞게 하다.

아:국(我國) 자기 나라. ⑭ 아방.

아:군(我軍) 우리 편 군대. ⑭ 우군. ⑮ 적군.

아궁이 방·솥 같은 데에 불을 때려고 만든 구멍.

아귀¹ ①물건의 갈라진 곳. ②씨의 싹이 트고 나오는 구멍.

아귀² 아귓과의 바닷물고기. 암초가 있는 곳이나 바닷말이 무성한 곳에서 삶. 몸길이는 1 m 가량이고, 대가리는 넓적하고 크며 몸통과 꼬리는 짧음.

아:귀³(餓鬼) ①먹을 것에 굶주린 귀신. ②염치도 없이 먹을 것만 탐내는 사람의 비유.

아귀다툼 서로 악을 쓰며 헐뜯고 다투는 일. ⑩ 아귀다툼을 벌이다. ―하다.

아귀세다 =아귀차다.

아귀지다 물건에 갈라진 곳이 생기다.

아귀차다 ①뜻이 굳세어 남에게 굽히지 않다. ②손으로 쥐는 힘이 세다. 아귀세다.

아귀힘 손아귀에 잡고 쥐는 힘. ⑩ 아귀힘이 세다.

아기 ①어린아이. ②나이가 많지 않은 딸 또는 며느리를 귀엽게 일컫는 말. ⑩ 새아기.

아기씨 ①시집갈 처녀나 새색시를 높이어 이르는 말. ②여자 아이를 대접하여 부르는 말. ③올케가 손아래 시누이를 높이어 부르는 말.

아기자기 ①썩 아름다운 모양. ⑩아기자기한 장식품. ②재미있고 오순도순한 모양. ⑩아기자기한 신혼 살림. —하다.

아까 조금 전. 조금 먼저. ⑩나는 숙제를 아까부터 하고 있었다.

아깝다〔아까우니, 아까워서〕①버리거나 잃기가 싫다. ⑩아까운 죽음. ②마구 할 수가 없다. 귀하고 소중하다. ⑩아까운 인재. ③아주 섭섭하고 아쉽다.

아끼다 ①함부로 쓰지 아니하다. ⑩시간을 아끼어 쓰다. ②마음에 들어 알뜰하게 여기다. ⑩친구를 아끼다.

아낌없다 주거나 쓰는 데 아끼는 마음이 없다. ⑩아낌없이 주겠다. —이.

아나마나하다 알아도 괜찮고 몰라도 괜찮다.

아나운서(announcer) 방송국에서 사회·실황 방송·보도 등을 전문으로 하는 사람. ⑩뉴스 아나운서.

아낙네 남의 집 부녀를 일컫는 말. ⑩빨래하는 아낙네들.

아날로그(analogue) 어떤 수치를 길이나 각도, 또는 전류 등 연속된 물리량으로 나타낸 것. ⑩아날로그 시계. 맨디지털.

아내 시집가서 남자의 짝이 되어 사는 여자를 그 남자에 대하여 일컫는 말. 처. ⑩사랑받는 아내. 맨남편.

아냐 '아니야'의 준말. ⑩그건 내 것이 아냐.

아네로이드 기압계(aneroid 氣壓計) 수은 대신 금속제의 상자를 써서 기압을 재는 기계.

아네모네(anemone) 미나리아재빗과의 여러해살이풀. 꽃에는 꽃부리가 없고, 꽃받침이 꽃부리처럼 보임. 봄에 꽃줄기 끝에 빨강·하양·노랑 따위의 꽃이 핌. 분이나 화단에 관상용으로 심음.

아녀자(兒女子) ①여자를 낮추어 일컫는 말. ②어린아이와 여자. 준아녀.

아늑하다 둘레가 폭 싸여 오목하다. 큰으늑하다. —히.

아는 길도 물어 가랬다〈속〉아무리 쉬운 일이라도 소홀히 하지 말고 신중을 기하라는 말.

아니[1] 놀라거나 의아스러움·감동 등을 나타내는 말. ⑩아니, 이게 도대체 누구야?

아니[2] 말 앞에 놓여 부정 또는 반대의 뜻을 나타내는 말. ⑩아니 가다. 공부도 아니 하고 놀기만 한다. 준안.

아니고말고 '아니다'를 강조하는 말. ⑩그야 물론 박쥐는 새가 아니고말고.

아니꼽다〔아니꼬우니, 아니꼬워〕비위가 뒤집혀 볼 수가 없다. 구역이 나다. ⑩잘난 척 하는 꼴이 아니꼽다.

아니다 사실을 부정할 때 쓰는 말. ⑩이 사람의 말은 사실이 아니다. 맨그렇다.

아니 땐 굴뚝에 연기 날까〈속〉사실과 원인이 없으면 그런 일이 있을 수 없다.

아니리 판소리에서, 창을 하는 사이사이에 극적인 줄거리를 엮어 나가는 말.

아니야 친구나 아랫사람에게 부정

의 뜻을 나타내는 말. ⑩그게 아니야. 㑉아냐.
아니하다 '-지' 아래 붙어 부정의 뜻을 나타내는 말. ⑩울지 아니하다. 㑉않다.
아닌게아니라 과연 그렇다는 뜻으로 쓰는 말. ⑩아닌게아니라 네 말이 옳다.
아닌 밤중에[-쭝에] 뜻밖에. ⑩아닌 밤중에 그게 무슨 소리냐?
아닌 밤중에 홍두깨〈속〉 갑자기 뜻밖의 일이 생겼을 때 하는 말.
아다지오(이 adagio) 음악에서, '느리게·천천히'의 뜻.
아ː담(雅淡) 보기 좋게 말쑥함. 고상하고 깨끗함. ⑩아담한 초가집. —스럽다. —하다. —히.
아동(兒童) 어린이.
아동극 ①어린이가 펼치는 연극. ②어린이를 대상으로 한 연극.
아동 문학 어린이에게 읽히기 위한 문학 작품. 동요·동시·동화·아동극·소년 소설 따위.
아동복 어린아이들이 입도록 만든 옷. 어린이옷.
아동 복지법 아동의 인권과 행복한 생활을 보장하기 위해 필요한 여러 가지 제도를 정한 법률.
아둔하다 ①슬기롭지 못하고 재주가 둔하다. ②약지 못하다.
아드님 남의 집 아들의 높임말.
아드득 ①단단한 물건을 힘껏 깨물어서 부서뜨리는 소리. ②야무지게 이를 한 번 가는 소리. ⑩이를 아드득 갈다. —하다.
아득바득 ①억지스레 우기거나 조르는 모양. ⑩끝까지 아득바득 대들다. ②있는 힘을 다하여 애쓰는 모양. —하다.
아득하다 ①한없이 멀다. ⑩아득히 먼 수평선을 바라보고 있다. ②까마득하게 오래다. ⑩아득한 옛날. ③앞길이 멀다. —히.
아들 자기가 낳은 사내 자식. 凮자식. 凡딸.
아등바등 매우 악지스럽게 애를 쓰거나 우겨대거나 하는 모양. ⑩아등바등 살기는 싫다. —하다.
아뜩하다 갑자기 몹시 어지럽다. ⑩정신이 아뜩하다. 凮아찔하다. 凯어뜩하다. —히.
-아라 명령하는 뜻을 나타내는 말. ⑩어서 가 보아라.
아라베스크(프 arabesque) 아라비아인의 장식 무늬. 건축·공예품 장식에 쓰임.
아라비아(Arabia) 서남 아시아에 있는 큰 반도. 㑉아랍.
아라비아 숫ː자 산수에서 사용하는 1, 2, 3, 4…… 등의 숫자.
아라비안 나이트(Arabian nights) 페르시아에서 생겨나 오랜 세월에 걸쳐서 이루어진 대중적 이야기를 모은 책. 이 중에서 '알라딘의 요술 램프', '신드바드의 모험', '알리바바와 40인의 도적' 따위는 널리 알려져 있음. 凮천일 야화.
아람 아주 잘 익은 밤.
아랍(Arab) 이슬람교를 믿고 아라비아어를 사용하며, 이슬람 문화의 영향을 받고 있는, 서남 아시아와 북아프리카 지역에 흩어져 사는 민족.
아랍 국가 이슬람교를 믿고, 아라비아어를 사용하는 나라들을 통틀어 일컫는 말. 서아시아로부터 북아프리카까지 포함됨.
아랑곳 남의 일에 나서서 알려고 들거나 참견하는 짓. ⑩남의 말에 아랑곳하지 않다. 凡모른 체.

—하다.

아랑곳없다 관계하거나 간섭할 필요가 없다. 예 나는 그 일에 아랑곳없다. —이.

아래 ①위의 반대되는 곳. ②밑. ③낮은 곳. ④바닥. 비 밑. 반 위.

아래층 이층 이상으로 된 집의 밑층. 반 위층.

아래통 아랫부분의 둘레. 예 아래통이 가늘다. 반 위통.

아랫도리 ①인체의 허리 아랫부분. 하반신. ②위아래로 구분된 옷 중에 치마나 바지와 같이 아래에 입는 옷. 반 윗도리.

아랫목 구들을 놓는 방에서 아궁이에 가까운 쪽의 방바닥. 반 윗목.

아랫방 아궁이에 가까운 쪽의 방. 반 윗방.

아랫변 다각형에서 아래의 변. 비 하변. 반 윗변.

아랫사람 ①손아랫사람. 반 웃어른. ②지위가 낮은 사람. 예 아랫사람의 말을 잘 들어 주다. 반 윗사람.

아:량(雅量) 너그럽고 깊은 마음. 예 아량이 넓다.

아련하다 ①정신이 희미하다. ②생각이 분명하지 못하고 아리송하다. 예 옛일이 아련히 떠올랐다. 비 아렴풋하다. —히.

아:령(啞鈴) 쥐기에 알맞도록 쇠로 양 끝을 공처럼 만든 운동 기구의 하나. 두 개가 한 쌍임.

〔아 령〕

아로새기다 ①또렷이 기억해 두다. 예 마음에 아로새기다. ②교묘하게 새기다. 예 이렇게 딱딱한 돌에 여러 가지 꽃무늬를 아로새긴 솜씨가 참으로 놀랍다.

아롱거리다 점이나 줄이 고르게 무늬져 아른거리다. 큰 어룽거리다. 센 알롱거리다.

아롱다롱 점이나 줄이 고르지 아니하게 무늬를 이룬 모양. 큰 어룽더룽. 센 알롱달롱. —하다.

아롱아롱 점이나 줄이 고르게 무늬를 이룬 모양. 큰 어룽어룽. 센 알롱알롱. —하다.

아롱지다 아롱아롱한 모양이 있다. 예 아지랑이가 아롱진 봄동산. 큰 어룽지다. 센 알롱지다.

아뢰나이다 '알리다'의 높임말. 윗사람에게 알리다.

아뢰다 웃어른께 말씀 올리다. 예 사실대로 아뢰다. 비 여쭙다.

아:르(프 are) 한 변의 길이가 10m인 정사각형의 넓이의 단위로, 이 넓이의 단위를 '1아르'라 하고 '1a'로 씀. $1a = 100m^2$.

아르메니아(Armenia) 독립 국가 연합을 구성하는 공화국의 하나. 터키 북동쪽에 위치하며, 수력·광업 자원이 풍부하고 식품·화학 공업이 활발함. 수도는 예레반.

아르바이트(독 arbeit) 일. 작업. 노동. 학비를 벌기 위한 일반직 이외의 일거리.

아르헨티나(Argentina) 남아메리카의 남동부에 있는 공화국. 수도는 부에노스아이레스.

아른거리다 ①무엇이 조금 보이다 말다 하다. 예 숲 사이로 희미한 불빛이 아른거리다. ②그림자가 희미하게 움직이다. 예 강물에 아른거리는 달빛. 큰 어른거리다. 센

알른거리다.

아름 두 팔을 벌리어 껴안은 둘레의 길이. 예세 아름이나 되는 느티나무.

아름답다〔아름다우니, 아름다워서〕 ①예쁘다. ②곱다. ③깨끗하다. 맨추하다. 흉하다.

아름드리 한 아름이 넘는 큰 나무나 물건. 예아름드리 소나무가 서 있는 뒷동산.

아리다 ①음식이 혀끝을 찌르는 것 같은 맛이 있다. 예매워서 혀가 아리다. ②상처가 찌르는 것 같이 아프다.

아리땁다〔아리따우니, 아리따워〕 마음씨나 몸가짐이 사랑스럽고 아름답다. 예아리따운 아가씨.

아리랑 우리 나라에서 널리 불리는 민요의 하나. 본아리랑 타령.

아리송하다 생각이 분명하지 않다. 희미하다. 예그의 말이 사실인지 아리송하다. 큰어리숭하다.

아리아(이 aria) 가곡에 나오는 아름다운 선율의 독창곡.

아리안(Aryan) 인도유럽 어족에 딸린 인종을 통틀어 이르는 말.

아마 거의. 대개. 예아마 내일쯤은 무슨 기별이 올 테지.

아마도 ①'아마'를 강조하는 말. ②아무래도.

아마존 강(Amazon江) 브라질에 있는 세계 제2의 강. 남아메리카의 안데스 산맥에서 브라질 고원을 거쳐 대서양으로 흐름.

아마추어(amateur) ①전문적 또는 직업적이 아닌 운동가·기술자·예술가 등. 예아마추어 선수. 맨프로페셔널. ②어떤 일에 익숙하지 못한 사람.

아말감(amalgam) 이가 삭은 자리를 때우는 데 쓰이는 수은·주석·은의 합금.

아:망 아이들이 부리는, 남에게 지기 싫어하는 마음.

아메리고 베스푸치(Amerigo Vespucci, 1454~1512) 이탈리아의 탐험가. 남아메리카를 세 번 탐험했음.

아메리카 대:륙(America 大陸) 태평양·대서양·북극해로 둘러싸인 대륙.

아메:바(amoeba) 원생 동물의 하나. 몸의 조직이 매우 간단하고 형태가 일정하지 않음.

아:멘(히 amen) 그리스도교에서 기도나 찬미가 끝났을 때 자기도 '진실로 그와 같이 기도한다'는 뜻으로 하는 말.

아:무[1] 꼭 이름을 지정하지 않은 어떤 사람. 예아무나 오너라.

아:무[2] 확실하지 않음을 나타내는 말. '어떠한·무슨'의 뜻. 예아무 걱정 마라.

아:무개 '아무'의 낮추어 일컫는 말. 예김 아무개 집에 다녀왔지.

아:무 데 아무 곳. 예아무 데도 없다.

아:무 때 어떠한 때. 예아무 때나 와도 좋다.

아:무래도 아무리 하여도. 예아무래도 너를 못 당하겠다.

아:무렇게나 되는대로. 정성들이지 않고. 예아무렇게나 옷을 벗어 던지다.

아:무렇든지 아무렇게 하든지. 아무려나. 아뭏거나. 예아무렇든지 하긴 해야 한다. 비마구. 맨신중히.

아:무리 ①어떻게 하여도. 암만 하여도. 예이 문제는 아무리 생

각해도 모르겠다. 본제아무리. ②설마.

아무리 바빠도 바늘 허리 매어 쓰지 못한다〈속〉급하다고 서두르거나 격식대로 하지 않으면 오히려 더 늦어진다.

아:무짝 아무 방면. 예아무짝에도 쓸모가 없다.

아:무쪼록 꼭 될 수 있는 대로. 모쪼록. 예아무쪼록 몸 건강히 다녀오너라.

아무튼 '아무렇든지'의 준말. 예아무튼 잘 해 봅시다.

아문센(Amundsen, 1872~1928) 노르웨이의 탐험가. 1911년 처음으로 남극에 도달함.

아물거리다 희미하여 눈에 똑똑하게 보이지 않다. 예아지랑이가 아물거리다.

아물다〔아무니, 아물어서〕부스럼·상처가 나아서 살가죽이 맞붙다. 예상처가 아물다.

아물아물 ①정신이 자꾸 희미해지는 모양. 예정신이 아물아물하다. ②작은 것이 보일 듯 말 듯 자꾸 움직이는 모양. —하다.

아물거나 '아무러하거나'의 준말.

아미(蛾眉) 누에나방의 수염처럼 아름다운 눈썹. 곧, 미인의 눈썹.

아미치스(Amicis, 1846~1908) 이탈리아의 소설가. 북이탈리아 태생으로, 여행을 즐겨서 세계 각지를 돌아다니며, 풍속을 조사하고 여행기도 썼음. 1886년, 소설〈쿠오레〉를 써서 유명해짐.

아밀라아제(독 Amylase) 녹말을 분해하여 덱스트린·맥아당 등의 당분으로 변화시키는 효소.

아바마마 임금이나 임금의 자녀가 그 아버지를 일컫는 말.

아방궁(阿房宮) ①중국 진시황이 지은 궁전. ②매우 크고 화려한 집의 비유. 예아방궁 같은 집.

아버지 자기를 낳은 남자 어버이. 반어머니.

아베 마리아(라 Ave Maria) 천주교에서 성모 마리아를 찬양하는 노래.

아베크(프 avec) 한 쌍의 남녀가 함께 행동하는 일, 또는 그 남녀.

아부(阿附) 남의 비위를 맞추고 알랑거림. 비아첨. —하다.

아비 ①아버지가 자기를 낮출 때 쓰는 말. ②여자가 자식을 낳은 뒤에 시부모에게 자기 남편을 이르는 말. 예철이 아비는 지금 일 나갔습니다. 반어미.

아비 규환(阿鼻叫喚) 아비 지옥과 규환 지옥을 아울러 이르는 말로 참혹한 고통 속에서 살려 달라고 울부짖는 상태를 이르는 말.

아빠 아버지의 어린이말. 반엄마.

아뿔싸 잘못되거나 언짢은 일을 뉘우쳐 깨달았을 때 내는 소리. 예아뿔싸, 이 일을 어찌 한담.

아:사(餓死) 굶어 죽음. 예아사 직전에 놓인 난민들. 비기사. —하다.

아사달 단군 조선을 열 때의 도읍지. 대체로 황해도 구월산으로 전해지고 있으나, 지금의 평양 부근의 백악산이라는 설도 있음.

아삭 연한 과실 따위를 깨물 때 나는 소리, 또는 그 모양. 예사과를 아삭 깨물다. 큰어석. 센아싹. —하다.

아삭거리다 연해 아삭 소리가 나다. 큰어석거리다. 센아싹거리다.

아삭아삭 연해 아삭거리는 모양.

—하다.

아산(牙山) 충청 남도 천안 서쪽의 작은 도시. 이순신 장군의 사당인 현충사가 있음.

아서라 하지 말라는 뜻을 나타내는 말.

아성(牙城) ①우두머리가 있는 성. 본거지. ②아주 중요한 곳. [예]적의 아성을 무너뜨리다.

아세테이트(acetate) 합성 섬유. 물에 비교적 강하고 부드러우나 변질하는 결점이 있음.

아세톤(acetone) 나무를 가열한 후 냉각시키거나 아세틸렌을 원료로 합성해 얻은 휘발성의 액체.

아소카 왕(Asoka, 재위 기원전 272~232) 인도 마가다국의 마우리아 왕조 제3대 왕. 영토 확장에 힘쓰고 불교를 보호·선전하여 세계적 종교로 만들었음.

아수라(阿修羅) 불교에서, 싸움을 일삼는 나쁜 귀신.

아수라장 =수라장.

아쉽다 ①없어서 불편하거나 서운하다. [예]헤어지기가 아쉽다. ②적어서 퍽 모자라다.

아스라하다 ①아슬아슬하게 높거나 까마득하게 멀다. ②기억 따위가 희미하고 어렴풋하다. [예]아스라한 기억. —이.

아스완 댐(Aswan dam) 이집트 나일강 중류에 건설된 댐.

아스파라거스(asparagus) 백합과에 속하는 여러해살이풀. 어린순은 식용함.

아스팔트(asphalt) 도로 포장·방수 따위에 쓰이는 검은 물질, 또는 이 물질이 깔린 길. [예]아스팔트 포장. [비]포장 도로.

아슬아슬 ①몹시 위태로워 두려움을 느끼는 모양. [예]아슬아슬한 순간. ②감기나 몸살 따위로 추위가 느껴지는 모양. —하다.

아슴푸레하다 기억이 몹시 희미하다. [큰]어슴푸레하다.

아시아(Asia) 중국·인도·시베리아·우리 나라 등이 포함되어 있는 세계에서 가장 큰 대륙.

아시아 경:기 대:회 아시아 여러 나라 국민들이 모여서 하는 체육 대회. 4년에 한 번 올림픽 중간 해에 열림. 아시안 게임.

아시아-태평양 경제 협력체[—협녁체] 아시아·태평양 지역의 경제적 통일과 개방적 시장 경제 체제 실현을 목적으로 1989년 한국, 일본, 미국, 호주, 캐나다, 뉴질랜드 등 6개국이 창설한 기구. APEC.

아:씨 ①'아가씨'의 준말. ②나이가 젊은 결혼한 여자.

아:악(雅樂) 옛날 고려 때부터 내려오던 궁중 음악. 원래는 중국의 고악을 조선 시대 세종 대왕이 박연을 시켜 우리의 예식 음악으로 완성시켰음. [반]속악.

아야[1] ①아파서 내는 소리. [예]아야, 바늘에 찔렸어. ②무슨 일이 그릇되었을 때 무심코 하는 말.

-아야[2] ①어떤 조건이 꼭 필요함을 나타내는 말. [예]알아야 대답을 하지. ②영향을 끼치지 못함을 나타내는 말. [예]돈이 아무리 많아야 무슨 소용이 있나.

아양 ①남에게 잘 보이려고 하는 짓. [예]아양을 떨다. ②남에게 환심을 사려고 하는 짓. —스럽다.

아양떨다 남에게 귀여움을 받으려고 일부러 애교 있는 말이나 행동을 하다.

아역(兒役) 영화나 연극에서 어린 이의 역, 또는 그 역을 맡은 어린 이. 예아역 배우.

아연¹(亞鉛) 회고 푸른빛이 나는 쇠붙이로서 질이 비교적 무름.

아연²(俄然) 급작스러운 모양. 예회의장이 아연 소란해졌다. —하다. —히.

아연 실색(啞然失色)[—쌕] 뜻밖의 일에 너무 놀라서 얼굴빛이 변함. —하다.

아연하다(啞然—) 너무 놀라워서 말이 안 나오거나 어안이 벙벙하다. —히.

아:열대[—때] 열대와 온대의 중간이 되는 지대. 예아열대 기후.

아예 ①처음부터. 애당초. 예아예 그만두어라. ②절대로. 예아예 믿지 말게.

아오지(阿吾地) 함경 북도 경흥군 북쪽의 읍. 두만강을 사이에 두고 중국과 접하고 있음. 우리 나라 제1의 무연탄광 지대임.

아옹다옹 서로 트집을 잡아 자꾸 다투는 모양. 예만나기만 하면 아옹다옹한다. —하다.

아우 형제 중에서 자기보다 나이가 적은 사람. 비동생. 반형.

아우르다[아우르니, 아울러] 둘 또는 여럿이 한 덩어리나 한 판이 되게 하다. 예몇 사람이 아울러 선물 가게를 차렸다.

아우성 여러 사람이 기세를 올리며 악써 지르는 소리. 예큰불이 났다고 아우성을 치며 도망한다.

아우트라인(outline) 윤곽. 대강의 사연.

아욱 아욱과에 속하는 한해살이풀. 잎은 손바닥 모양이고 잎꼭지가 깊. 우리 나라 특산의 재배 식물로 연한 잎과 줄기는 식용함.

아울러 ①여럿을 한데 합하여. 예아울러 일컬음. ②여럿을 함께. 예행운과 아울러 건강을 빕니다. 반따로.

아울리다 ①몸에 맞다. ②일이 순조롭게 되다. ③잘 조화되다. 예옷에 잘 아울리는 모자. 큰어울리다.

아웃(out) 테니스·축구·탁구·배구 등의 구기에서 공이 일정한 선 밖으로 나가는 것.

아유 뜻밖에 일어난 일에 대한 놀라움을 나타내는 소리. 예아유, 깜짝이야. 큰어유.

아이 나이가 어린 사람. 비어린이. 반어른.

아이고 ①아플 때, 힘들 때, 놀랄 때, 원통할 때 등에 부르짖는 소리. 예아이고, 큰일났구나. ②우는 소리. 특히, 상중에 곡하는 소리. 큰어이구.

아이디어(idea) 관념. 이상. 착상. 좋은 생각.

아이러니(irony) ①풍자. 비꼼. 반어. ②전하려는 생각의 반대되는 말을 써서 효과를 높이는 표현법.

아이맥스 영화 사람의 눈으로 볼 수 있는 최대 크기의 화면의 영화. 일반 화면의 10배임. 서울 여의도 63빌딩 내에 설치되어 있음.

아이스 링크(ice rink) 실내 스케이트장.

아이스박스(icebox) 얼음을 넣어 쓰는 냉장고.

아이스 쇼:(ice show) 얼음판에서 스케이트를 타면서 곡예나 가벼운 연극·춤 등을 보이는 쇼.

아이스 캔디(ice candy) 과즙이나 우유·향료·설탕 등을 넣은 물을 얼려서 만든 과자.

아이스 케이크(ice cake) 꼬챙이를 끼어 만든 아이스 캔디.

아이스 크림: (ice cream) 달걀·우유·설탕·과실즙 따위를 섞은 것을 얼려 만든 과자.

아이스 하키(ice hockey) 얼음 위에서 6명의 경기자가 스케이트를 지치며 하는 운동의 한 가지. 빙구.

아이아:르시: (IRC) 국제 적십자. 적십자 국제 위원회. 적십자 연맹과 각국의 적십자사를 통틀어서 이르는 말.

아이에이이:에이 (IAEA) 국제 원자력 기구. 1957년에 창설된, 원자력의 평화적 이용을 목적으로 하는 국제 기구.

아이엘오: (ILO) 국제 노동 기구. 세계 노동자의 노동 조건 개선 등을 목적으로 활동하고 있는 국제 연합의 전문 기구.

아이엠에프 (IMF) 국제 통화 기금. 국제 금융 기관의 한 가지. 국제 연합의 전문 기관으로 가입국이 자금을 내어 기금을 만들고, 이의 이용에 의해 국제 무역의 증대나 통화의 안정을 꾀함.

아이참 바라던 것이 어그러졌을 때의 느낌을 나타내는 말. 예아이참 속상해.

아이쿠 몹시 부딪치거나 갑자기 깜짝 놀랐을 때 지르는 소리. 예아이쿠, 사람 살려. 큰어이쿠.

아이큐: (IQ) 지능 검사에 나타난 지능의 발달 정도를 수치로 나타내는 것. 지능 지수.

아인슈타인 (Einstein, 1879~1955) 독일 태생의 미국 물리학자. 1905년에 특수 상대성 이론, 1916년에 일반 상대성 이론을 발표하였으며, 1921년에 노벨 물리학상을 받았음. 제2차 세계 대전 때에는 루스벨트 대통령에게 원자 폭탄을 만들 것을 건의하였는데 이것이 미국에서의 원자 폭탄 연구의 시초가 되었음.

아작 연한 과실이나 무 같은 것을 단번에 씹을 때 나는 소리. 큰어적. 센아짝. —하다.

아작거리다 연해 아작 소리가 나다. 큰어적거리다. 센아짝거리다.

아작아작 계속해서 아작거리는 모양. —하다.

아장걸음 아장아장 걷는 걸음.

아장아장 어린이가 처음 걷는 모양. 예아기가 아장아장 걸어서 엄마에게 간다. —하다.

아쟁(牙箏) 거문고와 비슷하며, 대쟁보다 조금 작고 7개의 줄로 된 우리 나라 고유 현악기의 한 가지.

아저씨 부모와 같은 항렬의 남자. 비삼촌. 숙부. 반아주머니.

아전(衙前) 지난날, 고을의 관청에 딸린 낮은 벼슬아치.

아:전 인:수(我田引水) '제 논에 물 대기'라는 뜻으로, 자기에게 이로운 쪽으로만 생각하거나 행동함을 이르는 말. 예아전 인수격으로 행동하다.

아주 ①온통. ②전연. 무척. ③참. ④영원히. 비몹시. 반전혀.

아주까리 대극과의 한해살이풀. 줄기는 2m 가량. 잎은 넓적하며 손바닥 모양으로 깊이 갈라져 있음. 8~9월에 꽃이 피며 씨로 기름을 짬. 피마자.

아주머니 ①부모와 같은 항렬의

여자. 곧 아저씨의 아내. ②부인네를 높이어 정답게 부르는 말. 〖반〗아저씨.

아주버니 여자가 남편의 형뻘이 되는 남자를 이르는 말. 시숙.

아주뿌리기 씨앗을 경작지에 직접 뿌리는 일. 〖비〗직파.

아주심기 모판에서 기른 식물을 밭의 제자리에 옮겨 심는 일.

아지랑이 봄날 먼 공중에서 아른거리는 공기.

아지직 짜여진 물건이 찌그러지는 소리. 〖큰〗으지직. —하다.

아직 ①'때가 오지 아니한'의 뜻을 나타내는 말. 〖예〗날이 밝으려면 아직 더 있어야 된다. ②'이미 있던 일이 달라지지 아니함'의 뜻. 〖예〗아직 비가 오고 있다. 〖반〗이미.

아직기(阿直岐) 백제 근초고왕 때의 학자. 일본에 건너가 일본 태자의 스승이 되었으며, 왕인 박사를 천황에게 추천, 일본에 한학을 전하게 하였음.

아찔하다 정신이 별안간 어지럽다. 〖예〗기둥에 이마를 부딪쳐 아찔하다. 〖큰〗어찔하다.

아차 잘못된 것을 깨달았을 때에 선뜻 나오는 소리. 〖예〗아차, 도시락을 깜박 잊고 안 가져왔구나.

아첨(阿諂) ①남의 비위를 맞춤. ②남에게 좋게 보이려고 하는 짓. —하다.

아ː치(arch) ①건축 기술의 하나로 창이나 문의 위쪽을 둥글게 쌓아 올린 것. ②축하·환영의 뜻으로 소나무·측백 등의 푸른 나무로 둥글게 만든 것.

아침 ①날이 밝아 올 때. ②새벽부터 서너 시간 동안. ③'아침밥'의 준말. 〖반〗저녁.

아침 나절 아침밥을 먹은 뒤로 한나절.

아침놀 아침에 해가 뜨기 전에 하늘이 붉게 보이는 것.

아침뜸 아침에 해안 지방에서 해풍과 육풍이 바뀔 때 한동안 바람이 자는 현상.

아침밥[—빱] 아침때에 끼니로 먹는 밥. 〖비〗조반.

아카데미(academy) ①학문·예술에 관한 지도적이고 믿을 만한 단체. 학술원·예술원·한림원 등을 이름. ②대학이나 연구소 따위를 두루 이르는 말.

아카시아(프 acacia) 희거나 누런 꽃이 피는데 향기가 매우 좋으며 길거리에 많이 심는 나무.

아ː케이드(arcade) 도로 위에 지붕 같은 덮개를 씌운 상점가.

아코ː디언(accordion) 손풍금.

〔아코디언〕

아퀴 어수선한 일의 갈피를 잡아 마무르는 끝매듭.

아퀴(를) 짓다 일을 끝마무리하다.

아크릴(acryl) ①합성 수지의 하나. 안전 유리나 전기의 절연 재료에 쓰임. 〖본〗아크릴산 수지. ②아크릴 섬유.

아크릴 섬유 가볍고 보온성이 뛰어나며 염색이 자유로운 합성 섬유. 스웨터 등에 쓰임.

아킬레스(Achilles) 그리스 신화에 나오는 영웅. 호머의 시 일리아드의 주인공. 불사신이었으나 약점인 발뒤축에 화살을 맞고 죽었다 함.

아테네(Athine) 그리스의 수도. 고대 그리스 문명의 중심지로 유명한 관광 도시.

아:트(art) '예술·미술'의 뜻. [예] 아트 디자이너.

아틀라스[1](Atlas) 그리스 신화에 나오는 거인. 하늘 나라를 혼란하게 한 죄로, 아프리카 서북안에서 어깨로 하늘을 떠받치는 벌을 받았음.

아틀라스[2](Atlas) 아프리카 서북부 튀니지·알제리·모로코에 걸친 지방.

아틀리에(프 atelier) ①화가·조각가의 작업하는 방. 화실. ②사진관의 촬영실. 스튜디오.

아파치족(Apache族) 미국의 뉴멕시코 주와 애리조나 주에 살고 있던 아메리칸 인디언의 한 부족.

아파:트(←apartment) 한 채의 큰 건물 안에 여러 가구가 사는 서양식 건물.

아편(阿片) 양귀비 열매의 진액으로 만든 마취시키는 약으로, 습관성 중독을 일으킴. 마약.

아편 전:쟁(阿片戰爭, 1839~1842) 청나라가 아편의 수입을 금지시킴으로써 일어난, 영국과 청나라 사이의 전쟁.

아폴로 십일호(Apollo 十一號) 달에 처음으로 착륙한 미국의 유인 우주선.

아폴론(Apollon) 그리스 신화에서, 태양·예언·궁술·의료·음악 및 시의 신. 아폴로.

아프가니스탄(Afghanistan) 아시아 남서부에 위치한 나라. 밀·목화·사탕수수 따위를 산출하며, 양가죽은 주요 수출품임. 수도는 카불. [준] 아프간.

아프다〔아프니, 아파〕 몸이나 마음이 견디기에 거북하게 몹시 괴롭다. [예] 몸이 몹시 아프다.

아프로디테(Aphrodite) 그리스 신화에 나오는 아름다움과 사랑의 여신. 로마 신화의 비너스.

아프리카(Africa) 유럽의 남쪽에 있는 세계 제2의 대륙.

아픔 아픈 느낌.

아하 미처 생각지 못한 일을 깨달아 느낄 때 내는 소리. [큰] 어허.

아:호(雅號) 문인·학자·화가 들이 본이름 외에 따로 갖는 고상하고 멋있는 이름.

아홉 여덟에 하나를 더한 수.

아황산가스 황을 태울 때 생기는 유독한 무색의 기체. 직물의 표백제에 쓰임. 이산화황.

아흐렛날 초하룻날부터 아홉 번째 되는 날.

아흔 여든에 열을 더한 수.

악[1] 있는 힘을 다하여 모질게 마구 쓰는 기운. [예] 악을 쓰다.

악[2](惡) 착하지 않음. 올바르지 아니함. [반] 선. —하다.

악감(惡感) 좋지 않게 생각하는 감정. [예] 악감을 품다. [반] 호감.

악감정 좋지 않게 생각하는 감정. [반] 호감정. [준] 악감.

악곡(樂曲) 음악의 곡조.

악공(樂工) 악기로 음악을 연주하는 사람.

악기(樂器) 음악의 필요한 소리를 내는 데 쓰이는 기구.

악녀(惡女) 성질이 모질고 나쁜 여자. [반] 선녀.

악다구니 ①서로 욕하며 싸우는 것. ②버티고 겨룸. —하다.

악단(樂團) 음악을 연주하는 단

체. 비악대.

악담(惡談) 남을 비방하거나 저주하는 나쁜 말. 예악담을 퍼붓다. 반덕담. —하다.

악당(惡黨) 악한 무리. 예악당을 모조리 붙잡다.

악대(樂隊) 음악을 연주하기 위하여 조직된 단체. 음악대. 예군악대. 비악단.

악덕(惡德) 도의에 어긋나는 나쁜 마음이나 나쁜 짓. 예악덕 상인. 악덕 업주. —하다.

악도리 모질게 덤비기 잘하는 사람이나 짐승. 영악한 싸움쟁이.

악독(惡毒) 모질고도 독함. 예사람을 죽이다니 참 악독한 놈이다. 비잔악. 지독. 반인자. —스럽다. —하다. —히.

악동(惡童) ①행실이 나쁜 아이. ②장난꾸러기.

악랄(惡辣)[앙날] 매섭고 표독함. 예악랄한 수단. —하다. —히.

악력(握力)[앙녁] 손아귀로 무엇을 쥐는 힘.

악마(惡魔) 사람을 괴롭게 하는 나쁜 귀신.

악명(惡名) 악하기로 소문난 이름. 나쁜 평판. 예구두쇠로 악명이 높다.

악몽(惡夢) 좋지 않은 꿈. 무서운 꿈. 흉악한 꿈. 예마치 악몽 같다. 비흉몽. 반길몽.

악물다[악무니, 악물어서] 매우 아플 때나 무엇을 결심할 때, 아래위의 이를 힘주어 물다. 예이를 악물고 공부하다. 큰윽물다.

악바리 ①성미가 깔깔하고 고집 세고 모진 사람. ②지나치게 똑똑하고 영악한 사람.

악법(惡法) ①나쁜 법률. ②나쁜 방법.

악보(樂譜) 음악의 곡조를 일정한 기호로써 나타낸 것.

악사(樂士) 극장이나 댄스 홀 따위에 고용되어 악기로 음악을 연주하는 사람.

악상(樂想) ①음악의 곡조에 대한 생각. ②악곡을 짓기 위한 작곡가의 생각 또는 주제. 예악상이 떠오르다.

악성^1(惡性) ①모질고 악독한 성질. ②병의 질이 나쁨. 예악성 종양.

악성^2(樂聖) 음악에 몹시 뛰어난 사람. 예악성 베토벤.

악센트(accent) ①말 가운데서의 어떤 음절, 글 가운데서의 어떤 말을 특히 높이거나 힘주어 발음하는 것. ②어느 한 점을 특히 강조하는 일. 예날렵한 허리 부분에 커다란 리본을 달아 악센트를 주었다.

악수^1(握手) 두 사람이 서로 손을 마주 잡음. —하다.

악수^2(惡手) 장기나 바둑에서, 잘못 놓은 나쁜 수.

악습(惡習) 나쁜 습관. 못된 버릇. 예전해 내려오는 악습을 버리다.

악쓰다[악쓰니, 악써] 몸이 몹시 아프거나 괴로울 때 못 견디어 소리를 지르다. 예악쓰며 울다.

악어 모양은 도마뱀과 같은데 몸이 크고 성질이 흉악하며 사람을 해치는 열대 짐승.

악역(惡役) 연극이나 영화 등에서 나쁜 사람으로 꾸미는 배역, 또는 그 사람. 예악역 배우.

악연(惡緣) 불행한 인연. 나쁜 인연.

악영향(惡影響) 나쁜 영향. [예]아이들에게 악영향을 미치는 향락 업소.

악용(惡用) 잘못 씀. 나쁜 일에 씀. [예]지위를 악용하다. [반]선용. 이용. —하다.

악운(惡運) 사나운 운수. [예]악운이 겹치다. [반]호운.

악음(樂音) 소리결이 고와서 들으면 좋은 느낌을 주는 소리.

악의(惡意) 악한 마음. 못된 생각. [반]선의. 호의.

악인(惡人) 악한 사람. [반]선인.

악장(樂章) 소나타·교향곡 등과 같이 여러 개의 소곡이 모여서 큰 악곡이 되는 경우의 각 소곡.

악전(樂典) 박자·음정·속도 등에 대한 규칙을 설명한 책.

악전 고투(惡戰苦鬪) 죽을 힘을 다하여 싸움. [예]선거에서 악전 고투했다. —하다.

악절(樂節) 두 개의 악구로 성립되어 하나의 악상을 표현하는 구절. [예]작은악절. 큰악절.

악정(惡政) 국민을 괴롭히고 나라를 그르치는 나쁜 정치. [예]악정에 시달리는 국민들. [반]선정.

악조건(惡條件) 나쁜 조건. [예]악조건 속에서도 승리하다. [반]호조건.

악지 잘 안 될 일을 무리하게 해내려는 고집. [예]악지를 쓰다. [큰]억지. —스럽다.

악질(惡質) 성질이 모질고 독한 사람이나 동물. [예]악질적인 인간. 악질 상인.

악착(齷齪) ①마음이 좁음. ②성질이 모질고 끔찍스러움. [예]악착같이 덤비다. —스럽다. —하다.

악착같다 성질이 모질고 끈질기다. [큰]억척같다. —이.

악처(惡妻) 마음이 부정하고 사나워 남편에게 못되게 구는 나쁜 아내. [반]양처.

악천후(惡天候) 몹시 나쁜 날씨.

악취(惡臭) 나쁜 냄새. 불쾌한 냄새. [예]하수구에서 악취가 나다.

악취미(惡趣味) 남을 괴롭히거나 도덕에 어긋나는 짓을 예사로 하는 일.

악평(惡評) ①좋지 않은 평판이나 평가. ②남을 나쁘게 비평함. [반]호평. —하다.

악풍(惡風) 나쁜 풍습. 좋지 않은 습관. 악습. [예]사람을 사고 파는 악풍을 없애다. [반]미풍.

악하다(惡—) ①모질고 독하다. ②성질이 흉악하다. ③도덕에서 벗어나다. [예]악한 짓만 골라 한다. [반]착하다.

악학궤범(樂學軌範) 조선 성종 때, 성현·신말평·유자광 등이 왕명에 의하여 장악원에 있던 의궤·악보를 정리하여 편찬한 음악책.

악한(惡漢) 나쁜 일을 하는 사람. 몹시 나쁜 사람.

악행(惡行) 나쁜 짓. [예]악행을 일삼다. [반]선행. —하다.

악화(惡化) ①일이 나쁘게 변함. ②병이 더 깊어짐. [예]병세가 악화되어 살아날 가망이 없다. [반]호전. —하다.

안 ①둘러싸인 가에서 가운데로 향한 곳이나 쪽. [예]집 안으로 들어가다. [비]속. [반]바깥. 밖. ②표준에 달하지 못한 정도. [예]열흘 안에 끝내라. ③'아니'의 준말.

안간힘[—깐힘] 불평이나 고통, 아픔 등을 꾹 참으려고 할 때 저절로 나오는 힘. [예]일등을 하려고 안간힘을 쓴다.

안감[—깜] 옷 안에 받치는 감. 물건의 안에 대는 감. [예] 한복 안감. [비] 안찝. [반] 겉감.

안:갚음 ①부모의 은혜를 갚음. ②까마귀 새끼가 자라 어미를 먹임. —하다.

안:개 수증기가 찬 기운을 만나 공기 속을 연기처럼 부옇게 떠돌아다니는 것. [예] 안개가 끼다.

안:개꽃 석죽과의 한해살이풀. 높이는 30~45 cm, 가늘고 긴 잎이 마주 나고 가지를 많이 침. 여름부터 가을에 걸쳐 잔가지 끝에 자잘한 흰 꽃이 많이 핌.

안:개뿜이 파리약 같은 걸 뿜는 데 쓰는 기구. 분무기.

안:건(案件) 토의·조사하여야 할 사항. [예] 국회에 안건을 올리다.

안견(安堅, 1418~?) 조선 시대 초기의 화가. 산수화를 잘 그렸음. 〈몽유도원도〉 〈청산백운도〉 〈적벽도〉 등이 유명함.

안:경(眼鏡) 눈을 보호하거나 불완전한 시력을 돕기 위하여 눈 위에 쓰는 기구.

안:경점 안경을 만들어서 팔거나 고쳐 주는 가게.

안:과(眼科)[—꽈] 눈에 관한 의학의 한 분과, 또는 그 병원.

안:광(眼光) ①눈의 정기. 눈빛. ②사물의 진실을 꿰뚫어 보는 힘.

안기다 남의 품 속에 들다. [예] 엄마 품에 안기다.

안:내(案內) ①인도하여 줌. [예] 길을 안내해 주다. ②어떤 내용이나 사정을 알림. [예] 안내장. —하다.

안내 방송 라디오나 텔레비전을 통해 알려 주는 일.

안녕(安寧) 편안히 잘 있음. [비] 평안. —하다. —히.

안:다[—따] ①두 팔로 끼어서 가슴에 품다. [예] 아기를 안다. [반] 업다. ②남의 일을 책임지고 맡다.

안단테(이 andante) ①악보에서 '천천히·느린 속도로'의 뜻. ②소나타 등의 느린 악장.

안단티노(이 andantino) 악보에서 빠르기를 지시하는 말. '조금 느리게'의 뜻.

안달 조급하게 걱정하면서 속을 태우는 짓. [예] 안달이 나서 견디지 못하다. —하다.

안달뱅이 ①걸핏하면 안달하는 사람. ②소견이 없고 인색한 사람.

안:대(眼帶) 눈병이 났을 때 눈을 가리는 가제 등의 천 조각.

안데르센(Andersen, 1805~1875) 덴마크 출신의 유명한 동화 작가이며 시인. 아름다운 마음씨를 지닌 약하고 가난한 사람을 그린 동화를 많이 썼음. 작품에는 〈인어공주〉 〈미운 오리 새끼〉 〈성냥팔이 소녀〉 등이 있음.

안데스 산맥(Andes山脈) 남아메리카의 태평양 쪽에 남북으로 길게 뻗은 산줄기.

안도(安堵) ①마음을 놓음. [예] 안도의 한숨을 쉬다. ②자기 사는 곳에서 편안히 지냄. —하다.

안도감 불안함이 없어지고 마음이 푹 놓이는 편안한 느낌.

안돈(安頓) ①사물을 잘 정돈함. ②편안히 정착함. —하다.

안동(安東) 경상 북도 중부에 있는 도시. 특산물은 안동포이며, 하회 마을이 유명함.

안되다 섭섭하거나 가엾어 마음이 언짢다. [예] 아프다니 안됐구나.

안 되면 조상 탓〈속〉 제 잘못을 모

르고 당치도 아니한 데에 탓을 돌린다.

안락(安樂) 몸과 마음이 편안하고 즐거움. 예 말년을 안락하게 지내다. 반고생. —하다.

안락사(安樂死) 살아날 가망이 없는 병자의 고통을 덜어 주기 위하여 죽음에 이르게 하는 일.

안락 의자 편히 기대 앉도록 푹신푹신하게 만든 팔걸이 의자.

안:마¹(按摩) 손으로 몸을 두드리거나 주물러서 피의 순환을 도와 주는 일. 비마사지. —하다.

안:마²(鞍馬) 체조 경기의 한 종목. 또, 그 기구. 쇠붙이나 나무로 만든 두 개의 손잡이를 잡고 운동함.

안마당 집의 안채에 있는 마당.

안면¹(安眠) 편히 잠 잠. 안침. 예 안면 방해. —하다.

안면²(顔面) ①얼굴. 예 안면을 가리다. ②서로 낯이나 익힐 만한 친분. 예 서로 안면이 있다.

안:목(眼目) 사물을 보고 분별하는 힘. 예 안목이 높다. —하다.

안:무(按舞) 노래나 음악에 맞추어서 무용의 동작을 만듦, 또는 그것을 연기자에게 가르침. 예 부채춤을 안무하다. —하다.

안민(安民) ①민심을 어루만져 안정시킴. ②백성이 편안히 생활할 수 있도록 함. —하다.

안방(—房)[—빵] ①집 안채의 부엌에 붙은 방. ②안주인이 거처하는 방. 반바깥방.

안방 극장[안빵—] 안방이 그대로 극장 구실을 한다는 뜻으로 텔레비전을 가리키는 말.

안보(安保) 안전하게 보호함. 예 총력 안보. 본안전 보장.

안부(安否) 잘 있느냐 못 있느냐를 물음, 또는 그 소식. 예 안부 편지. 비소식. 문안. —하다.

안빈 낙도(安貧樂道) 가난한 생활 가운데서도 편안한 마음으로 도를 즐김. —하다.

안사랑(—舍廊)[—싸랑] 안채에 붙은 사랑방.

안사의 난(755~763) 안녹산과 사사명이 일으킨 중국 당의 현종 때의 반란. 안녹산의 난.

안색(顔色) 얼굴에 나타나는 기색. 예 안색이 변하다. 비얼굴빛.

안석주(安碩柱, 1901~1950) 삽화가·영화인. 호는 석영. 나도향의 '환희'의 삽화를 그려 삽화계의 선구자가 됨.

안성맞춤 생각한 대로 잘 된 물건이나 때맞추어 잘 된 일. 경기도 안성에다 주문하여 만든 유기 그릇이 제일 좋다는 뜻에서 나옴.

안:수(按手) 목사나 장로가 기도를 받는 사람의 머리 위에 손을 얹어 성령의 힘이 내릴 것을 기도하는 일. —하다.

안:수 기도 목사나 장로가 안수하여 기도하는 일.

안시성 싸움 고구려 28대 보장왕 4년(645) 당나라 태종의 공격에 양만춘이 만주 영성자 부근에 있는 안시성에서 적군을 막아 크게 이긴 싸움.

안식(安息) 편안히 쉼. 예 안식일. —하다.

안식년제(安息年制) ①유대인이 7년 만에 한 번씩 쉬던 해. ②산림의 보호를 위해 사람들의 출입과 등산을 잠시 통제하는 제도.

안식처 편안히 쉬는 곳.

안심(安心) ①마음을 놓음. ②마

음이 편안함. ㉠이제 안심이다. 빤불안. 걱정. 염려. —하다.

안쓰럽다〔안쓰러우니, 안쓰러워〕자기만 못한 사람에게 폐를 끼치거나 도움을 받았을 때, 또는 그런 사람이 힘에 겨운 일을 할 때 미안하고 딱한 마음이 들다. ㉠고생하는 모습을 보니 안쓰럽다.

안압지(雁鴨池) 경상 북도 경주시 북동쪽에 있는 연못. 문무왕 때 신라의 지도 모양으로 판 못.

안ː약(眼藥) 눈병의 치료약. 눈약.

안온(安穩) 조용하고 편안함. ㉠안온한 나날. —하다.

안용복(安龍福) 조선 숙종 때의 민간 외교가. 울릉도를 자기네 섬이라고 우기는 일본인들을 모두 몰아냄.

안울림소리 날숨이 목청을 진동시키지 않고 내는 소리. ㄱㆍㄷㆍㅂㆍㅅㆍㅈㆍㅊㆍㅋㆍㅌㆍㅍㆍㅎ 따위. 맑은소리. 무성음. 빤울림소리.

안이(安易) ①하기에 어렵지 않음. ②근심이 없이 편안함. ③충분히 생각함이 없이 적당히 처리하려는 태도가 있음. ㉠안이한 생각을 버리다. —하다.

안익태(安益泰, 1905~1965) 작곡가ㆍ지휘자. 유럽 각국을 순례하며 교향악단을 지휘함. '애국가'의 작곡자로 이름이 났으며, 작품에는〈한국 환상곡〉〈강상의 의기 논개〉등이 있음.

안 인심이 좋아야 바깥양반 출입이 넓다〈속〉아내가 찾아온 손님 대접을 잘하여야 남편이 다른 데 가서도 대접을 잘 받는다.

안일(安逸) ①평안하고 한가로움.
②편하고 쉬움. ㉠안일한 생각을 버려라. —하다. —히.

안 잠 자 기[안짬—] 남의 집에서 먹고 자며 살림살이를 도와 주는 여자.

안장(鞍裝) 말ㆍ나귀 따위의 등에 얹는 가죽으로 만든 물건. 곧 사람이 탈 때 깔고 앉는 것.

〔안장〕

안전(安全) 편안하고 아무 탈이 없음. ㉠안전 교육. 비편안. 빤위험. —하다. —히.

안전 개폐기 과도한 전류가 흐르면 퓨즈가 녹아 자동적으로 전류가 차단되는 스위치 장치. 비안전기.

안전 규칙 공장ㆍ광산ㆍ공사장 등에서, 작업자의 신체의 안전과 사고의 방지를 위하여 정해 놓은 규칙. ㉠안전 규칙을 지키다.

안전띠 자동차나 비행기 따위에서 어떤 충격으로부터 사람의 몸을 보호하기 위하여 몸을 좌석에 고정시키는 띠. 안전 벨트.

안전모 공장이나 공사장에서 머리를 보호하기 위하여 쇠나 플라스틱으로 만든 모자.

안전 보ː장 이ː사회 '유엔 안전 보장 이사회'의 준말.

안전 사ː고(安全事故) 공장이나 공사장 같은 데에서 안전 교육의 불완전, 또는 부주의 등으로 일어나는 사고.

안전 속도 교통 사고를 막기 위하여 미리 정해 놓은 일정한 속도.

안전 장치 ①총의 방아쇠가 움직

이지 않도록 한 장치. ②위험을 막기 위해 붙여진 장치.

안전 지대 ①사람의 안전을 위해 교통이 복잡한 도로나 전차 정류장 등에 마련한 지역. ②피해를 당할 위험성이 없는 안전한 지대.

안전핀 ①타원형으로 구부려서 끝을 안전하게 숨긴 핀. ②수류탄이나 포탄 따위가 함부로 터지지 않도록 신관에 꽂는 핀.

안절부절못하다 마음이 불안하여 어쩔 줄을 모르다. ㉠결과를 기다리며 안절부절못했다.

안정(安定) ①편안하게 있음. ②자리가 잡힘. ㉠안정된 사회. ㈑진정. —하다.

안정감 안정된 느낌. 편안한 느낌. ㉠안정감을 느끼다.

안정복(安鼎福, 1712~1791) 조선 정조 때의 학자. 우리 나라의 역사·지리에 관한 연구를 시작한 대표적인 실학자.

안정시키다(安靜—) 마음과 몸을 안정하게 하다.

안주¹(安住) 아무 걱정 없이 자리 잡고 삶. ㉠그 곳을 안주의 땅으로 삼다. —하다.

안주²(按酒) 술을 마실 때에 곁들여 먹는 음식. 술안주.

안:중(眼中) ①눈 속. ②생각하거나 관심을 가지는 범위의 안. ㉠그런 일은 안중에도 두지 않는다.

안중근(安重根, 1879~1910) 조선 고종 때의 독립 투사. 1909년 만주 하얼빈에서 침략자의 우두머리인 일본의 이토 히로부미를 사살하고, 1910년 뤼순 감옥에서 순국하였음.

안:질(眼疾) 눈에 생긴 병. 눈병.

안짱다리 두 발끝을 안쪽으로 우긋하게 하고 걷는 다리, 또는 다리가 그렇게 생긴 사람.

안찝 옷 안에 받치는 감. ㉠안찝이 없는 옷. ㈑안감.

안착(安着) 무사히 도착함. ㉠안착하였다는 소식. —하다.

안창남(安昌男, 1900~1930) 우리 나라 최초의 비행사. 특히 중국에 건너가 독립 운동을 하면서 후배를 길러 내는 데 힘썼음.

안창호(安昌浩, 1878~1938) 독립 운동가. 호는 도산. 1906년 신민회를 조직하여 독립 운동을 폈으며, 1913년 다시 미국에서 흥사단을 조직함. 중국·미국 등에 망명하여 민족의 자주 독립을 위해 몸 바침.

안채 안팎 각 채로 된 집에서 안에 있는 집. ㈑바깥채.

안치다 찌거나 끓일 물건을 솥이나 시루에 넣다. ㉠밥을 안치다.

안치다 끓이거나 찔 물건을 솥이나 시루에 넣다.
앉히다 앉게 하다.

안타(安打) 야구에서, 타자가 베이스에 나아갈 수 있도록 안전하게 친 공. 히트.

안타깝다〔안타까우니, 안타까워/안타까이〕 일이 뜻대로 잘 되지 않아 마음이 갑갑하고 조바심이 나다. ㉠안타까운 표정.

안테나(antenna) 라디오나 텔레비전 따위의 전파를 송신 또는 수신하기 위하여 공중에 세우는 장치.

안티몬(독 Antimon) 청백색의 광택이 나는 무른 금속. 납을 섞어서 활자를 만드는 데 쓰임.

안팎 ①안과 밖. ②약간 웃돌거나 덜함. ㉠열 살 안팎의 나이. ③

아내와 남편. ㉠안팎이 다 착실하다.

안:표(眼標) 나중에 보아서 알 수 있게 한 표. —하다.

안:하 무인(眼下無人) 교만해서 모든 사람을 업신여김. ㉠안하 무인으로 설쳐 대다.

안향(安珦, 1243~1306) 고려 충렬왕 때의 학자. 우리 살림에서 여러 가지 나쁜 점을 고쳐 살기 좋은 고장을 만들기에 힘썼음.

앉다 ①궁둥이를 자리에 대다. ②자리를 잡다. ㈜서다. 일어나다.

앉아 주고 서서 받는다〈속〉 빌려 주기는 쉬워도 돌려받기는 어렵다.

앉으나서나 늘. 항상. 자나깨나. ㉠앉으나서나 자식을 걱정한다.

앉은뱅이 일어나 앉기는 해도 서지 못하는 불구자.

앉은 자리에 풀도 안 나겠다〈속〉 사람이 너무 깔끔하고 매서울 만큼 냉정하다는 말.

앉은키[안즌키] 바닥에 앉아 있는 사람의, 땅에서 머리끝까지의 높이. ㈜선키.

앉음새 자리에 앉아 있는 모양새. ㉠앉음새가 다소곳하다.

않다 '아니하다'의 준말.

알[1] ①새·물고기 따위의 새끼가 될 물질. ②'낱알'의 준말.

알–[2] ①덮어 싼 것이나 딸린 것을 다 떨쳐 버린 것임을 뜻하는 말. ㉠알밤. ②아주 작은 것을 뜻하는 말. ㉠알개미. ③진짜 또는 알짜임을 뜻하는 말. ㉠알부자.

알갱이 아주 작은 조각. ㉠모래 알갱이.

알곡 쭉정이나 잡것이 섞이지 아니한 곡식. 알곡식.

알깍쟁이 ①알미울 정도로 성질이 다부지고 모진 아이. ②어려서부터 깍쟁이인 사람.

알:다 ①깨닫다. ㉠자기 잘못을 알다. ②기억하다. ③서로 낯이 익다. ④분별하다. ⑤사귀다. ⑥생각하여 판단하다. ㈜모르다.

알뜰살뜰 생활비를 아끼며 규모 있고 정성스레 살림하는 모양. —하다. —히.

알뜰하다 ①헤프게 쓰지 않고 아끼다. ②일을 규모 있게 하여 빈 구석이 없다. ㉠알뜰하게 살림하다. ㈜헤프다. —히.

알라(Allah) 이슬람교에서 받드는 유일·절대·전능의 신. 정의·인애·관용 등을 그 이상으로 하고 있음. 교도들은 마호메트를 알라의 사도라고 함.

알랑거리다 교묘한 말을 꾸며 대고 간사하게 아첨하는 짓을 잇달아 하다. ㉠자꾸 앞에서 알랑거리지 마라. ㈜얼렁거리다.

알랑방귀 알랑거리며 아첨하는 짓을 속되게 이르는 말.

알래스카(Alaska) 북아메리카 북서부에 있는 큰 반도. 1959년 49번째로 미국의 주로 편입되었음.

알량하다 하찮고 보잘것 없다. ㉠알량한 실력.

알레그레토(이 allegretto) 악보에서, '조금 빠르게'의 뜻.

알레그로(이 allegro) 악보에서, '빠르게 연주하라'는 뜻.

알레르기(독 allergie) 주사나 먹은 음식에 의해 체질이 변화하여 그 물질에 대해 이상적으로 과민한 반응을 나타내는 일. 또는 알레르기 현상으로 나타나는 질병. 두드러기·페니실린 쇼크 따위.

알렉산더 대:왕(Alexander大王, 기

원전 356~323) 고대 그리스 문화를 널리 퍼뜨린 마케도니아의 왕. 20세 때 왕위에 올라 그리스·페르시아·시리아·이집트를 손에 넣고 인도에까지 쳐들어갔었음.

알력(軋轢) 서로의 의견이 맞지 않아 싸움. 예 그들 사이에는 언제나 알력이 있다.

알로에(라 aloe) 백합과 알로에속의 늘푸른 여러해살이풀을 통틀어 이르는 말. 잎은 두꺼운 칼 모양이고, 가장자리에 가시가 나 있으며, 주황색 또는 분홍색 꽃이 핌. 잎은 약으로 쓰임.

알록달록 여러 가지 빛깔이 섞여 있는 모양. 큰 얼룩덜룩. —하다.

알루미늄(aluminium) 가볍고 부드러운 은백색으로 된 쇠붙이의 한 가지.

알루미늄박 아주 얇게 만든 알루미늄 판.

알루미늄 새시 알루미늄으로 만든 문틀·창틀을 말함. 가볍고 튼튼하여 최근에 많이 사용되는 대표적인 건축 자재임.

알류샨 열도[-또] 미국 일래스카 반도에서 서쪽으로 뻗은 활 모양의 화산 열도. 군사상 요지임.

알른알른 ①매우 아리송하게 조금 보이다 말다 하는 모양. 예 수평선에 하얀 돛배가 알른알른거리다. ②그림자가 매우 희미하게 움직이는 모양. ③물이나 거울에 비친 그림자가 매우 흔들리는 모양. 큰 얼른얼른. —하다.

알 리가 알 까닭이. 알 턱이. 예 그가 알 리가 없다.

알리다 ①통지하다. ②일러 주다. ③알게 하다. 예 합격 소식을 알리다.

알리바바(Ali Bābā) 〈알리바바와 40인의 도적〉에 나오는 주인공. 이 이야기는 〈아라비안 나이트〉에 나오는 이야기의 하나로, 동굴 속의 보물을 알리바바에게 빼앗긴 도적들이 알리바바의 집을 찾아 복수를 하려고 하나 슬기로운 시녀의 꾀에 넘어가 전멸한다는 내용임.

알리바이(alibi) 사건이 일어난 시각에 그 장소에 없었다는 사실을 주장하여 무죄를 증명하는 방법.

알림판 여러 사람에게 알리는 내용을 걸거나 붙여 놓은 판. 비 게시판.

알:맞다 정도에 지나치거나 모자라지 아니하다. 예 이 책은 저학년에게 알맞은 책입니다. 비 맞다¹. 적합하다.

알맹이 물건의 껍질을 벗기고 남은 속. 반 껍데기.

알몸 ①아무것도 입지 않은 몸. 벌거벗은 몸. 예 알몸으로 뛰노는 어린아이. ②'가진 재산이라고는 아무것도 없는 사람'을 비유하여 이르는 말. 예 알몸으로 시작하다. 비 맨몸.

알밤 밤송이에서 깐 익은 밤.

알부자 실속이 있는 부자.

알뿌리 양파·마늘·감자 등과 같이 덩어리 모양으로 된 뿌리를 통틀어 이르는 말.

알뿌리 꽃 뿌리 또는 땅속줄기가 양분을 저장하고, 둥글게 덩이를 이루는 화초. 백합·수선화·튤립 따위.

알사탕 알 모양의 잘고 동그란 사탕. 눈깔사탕.

알선(斡旋)[-썬] 남의 일을 주선

알싸하다 매운 맛이나 냄새 때문에 혀와 콧속이 얼얼하다.

알쏭달쏭 생각이 자꾸 헛갈리어 얼른 분간할 수 없는 모양. ㉠ 알쏭달쏭한 수수께끼. 큰얼쑹덜쑹. —하다.

알씬거리다 눈앞에 자꾸 뱅뱅 돌며 떠나지 아니하다. 큰얼씬거리다.

알아 내다 ①모르던 것을 새로 깨닫다. ㉠ 속사정을 알아 내다. ②찾거나 연구하여 내다. ㉠ 행방을 알아 내다.

알아듣다 남의 말을 듣고 그 뜻을 알다. ㉠ 말을 알아듣다.

알아맞히다 ①맞는 답을 말하다. ㉠ 수수께끼의 답을 알아맞히다. ②사실과 꼭 맞게 추측이나 예측을 하다.

알아보다 ①조사하거나 탐지하여 보다. ㉠ 사실인지 알아보다. ②다시 볼 때에 잊지 않고 기억해 내다. ㉠ 개가 주인을 알아보다.

알아주다 ①남의 좋은 점을 인정하다. ②남의 처지를 이해하다. 반몰라주다.

알아차리다 =알아채다.

알아채다 눈치를 미리 알다.

알알하다 혀끝이나 살이 매우 아리다. ㉠ 김치가 매워 혀끝이 알알하다. 큰얼얼하다.

알약 작고 둥글게 만든 약. 비환약.

알은체 ①남을 보고 인사하는 듯한 표정. ㉠ 그는 길에서 나를 보고 알은체도 안 했다. ②남의 일을 간섭함. —하다.

알을 까다 알을 품고 있다가 새끼가 나오게 하다.

알음 ①사람끼리 서로 아는 일. ㉠ 사업상의 알음. ②알고 있음.

알자스(Alsace) 프랑스 북동쪽에 있는 작은 도시.

알젓 생선의 알로 담근 젓갈.

알제리(Algérie) 아프리카의 북부에 있는 나라. 수도는 알제.

알짜 ①여럿 중에 가장 중요한 물건. ㉠ 알짜를 뽑아 내다. ②음식 중에 제일 맛있는 음식.

알짱거리다 아무 일도 없으면서 자꾸 돌아다니다.

알차다 속이 단단하고 여물다. 좋은 내용이 담기다. ㉠ 알찬 내용의 책.

알칼리(alkali) 물에 녹는 염기의 총칭. ㉠ 알칼리성 식품.

알코올(alcohol) 쌀·보리·감자 따위의 녹말을 원료로 하여 만든 화학품. 투명한 액체이며 향기가 있고 술의 주성분임.

알코올 램프 알코올을 태워 불꽃을 내는 기구. 그을음이 없고 화력이 세어 화학 실험할 때 쓰임.

알타미라(Altamira) 에스파냐에 있는 선사 시대의 동굴. 들소와 멧돼지가 그려진 구석기 시대의 벽화가 있음.

알토(이 alto) 여성의 음역 가운데 가장 낮은 음, 또는 그 음의 범위를 가진 가수.

알토란(—土卵) 털을 다듬은 토란.

알토란 같다 ①내용이 꽉 차다. ②살림이 오붓하여 아무것도 부러운 것이 없다.

알통 사람의 몸에서 근육이 불룩 나온 부분.

알파(alpha) ①그리스 글자의 첫 자($A, α$). ②어떤 일의 시작의 뜻. 예 알파와 오메가(처음과 마지막). 반 오메가. ③'그 이상의 얼마쯤'의 뜻.

알파벳(alphabet) 그리스 문자나 로마자를 적는 데 쓰이는 A,B,C ……, X, Y, Z 등 로마 글자 26 자를 일컬음.

알파카(alpaca) 낙타과의 젖먹이 동물. 염소보다 조금 크고 목이 긺. 검정 또는 흰색의 털이 아름다움. 털은 옷감으로 쓰이고, 고기는 먹을 수 있음.

〔알파카〕

알퐁스 도데(Alponse Doudet, 1840~1897) 〈마지막 수업〉을 지은 프랑스의 애국적 소설가. 어려서는 온갖 고생을 겪으며 자라났으나 그의 성격은 조금도 삐뚤어지지 않아 많은 사람에게 깊은 존경을 받았음.

알프스(Alps) 유럽 평원과 지중해 사이에 있는 큰 산맥. 경치가 아름다워 관광객이 많이 모여듦.

알프스 산 프랑스·독일·이탈리아·스위스·오스트리아 등의 나라의 국경을 이루고 있는 알프스 산맥에 있는 산.

알프스의 소:녀 스위스의 요한나 슈피리가 지은 소설. 알프스 산에서 알롬 할아버지와 함께 사는 마음씨 곱고 예쁜 '하이디'라는 소녀의 이야기.

알현(謁見) 지위나 신분이 높은 사람을 찾아뵘. 예 임금님을 알현하다. —하다.

앓다[알타] ①병이 나서 아프게 지내다. 예 몸살이 나서 앓고 있다. ②마음에 괴로움을 느끼다. 예 말 못하고 속으로만 앓다.

암:¹ ①그렇다는 뜻을 나타내는 말. ②말할 것도 없이. 예 암, 그렇고말고. 비 물론. 본 아무렴.

암:²(癌) ①악성 종양. 위암·유방암·폐암 따위가 있음. ②고치기 힘든 나쁜 폐단. 예 암적 존재.

암:갈색[—쌕] 검은빛을 띤 갈색. 어두운 갈색.

암:거래 법으로 사고 팔지 못하게 된 물건을 몰래 사고 파는 일. 예 밀수품이 암거래되다. —하다.

암:군(暗君) 정치에 어두운 어리석은 임금. 비 혼군. 반 명군.

암그루 암수로 나누는 식물에서 암컷에 해당되는 나무로 열매를 맺음.

암글 지난날, 여자들이나 쓸 글이라는 뜻으로 한글을 업신여겨 이르던 말.

암:기(暗記) ①마음 속에 기억하여 잊지 아니함. ②외움. 예 암기력. 단어를 암기하다. —하다.

암꿩 꿩의 암컷. 까투리. 반 수꿩.

암놈 짐승의 암컷을 귀엽게 이르는 말. 반 수놈.

암:담하다(暗澹—) ①어둡고 침침하다. ②어찌 하여야 좋을지 기가 막히다. 예 막상 그 일을 당하니 암담하기 그지없다. ③쓸쓸하고 희망이 없다.

암:만¹ 밝혀 말하지 않을 때 숫자나 분량을 일컫는 말. 예 이번에 암만의 돈을 벌었다.

암만² 아무리. 예 암만 생각해도 그 까닭을 모르겠다.

암만해도 아무리 하여도. 도저히. 예 암만해도 저 바위는 혼자서 들

수가 없다.

암모나이트(ammonite) 화석으로 발견되는, 고생대에서 중생대에 걸쳐서 살았던 조개. 암몬조개.

〔암모나이트〕

암모니아(ammonia) 질소와 수소의 화합물. 냄새가 지독한 색깔 없는 기체의 한 가지.

암모니아수 암모니아의 수용액. 무색으로 알칼리성이 강한 액체이며, 시약이나 의약 등으로 쓰임.

암반(岩盤) 다른 바위 속으로 뚫고 들어가서 굳어진, 모양이 일정하지 않은 큰 바위.

암벽(岩壁) 벽 모양으로 깎아지른 듯이 높이 솟은 바위. 예 암벽을 기어오르다.

암ː산(暗算) 주판을 놓지 아니하고 머리 속으로 계산함, 또는 그런 계산. 반 필산. —하다.

암ː살(暗殺) 몰래 사람을 죽임. 비 도살. —하다.

암ː상 샘내는 마음. 시기하는 마음. —스럽다. —하다.

암ː상인 법으로 사고 팔지 못하는 물건을 몰래 사고 파는 상인.

암석(岩石) 바위. 바윗돌.

암ː송(暗誦) 책을 보지 않고 글을 욈. —하다.

암수 암컷과 수컷을 한꺼번에 이르는 말. 비 자웅.

암술 꽃의 일부분. 머리에 붙은 꽃가루를 씨방으로 보내는 역할을 함. 반 수술.

암ː시(暗示) 남이 모르게 넌지시 깨우쳐 줌. 반 명시. —하다.

암ː시장 법으로 사고 팔지 못하는 물건들을 취급하는 상점이 모여 있는 시장.

암ː실(暗室) 햇빛이 들어오지 못하도록 어둡게 꾸민 방.

암ː약(暗躍) 남의 눈을 피하여 몰래 활동함. —하다.

암염(岩塩) 암석의 사이 등에서 천연으로 나는 소금. 돌소금.

암ː울 어둡고 침울함. —하다.

암자(庵子) 작은 절.

암장(岩漿) 땅 속의 아주 깊은 곳에 녹은 상태로 있는 뜨거운 물질. 비 마그마.

암ː죽 어린아이에게 젖 대신 먹이는 묽은 죽.

암ː체(暗體) 제 스스로 빛을 내지 못하는 물체. 반 발광체.

암ː초(暗礁) 물 속에 감추어져 보이지 않는 바위나 산호. 예 배가 암초에 부딪쳐 침몰했다.

암치 소금에 절여 말린 암민어.

암컷[—컫] 동물의 암놈. 반 수컷.

암키와 지붕의 고랑이 되게 젖혀 놓은 기와. 반 수키와.

암탉 닭의 암컷. 반 수탉.

암톨쩌귀 문짝에서 수톨쩌귀의 뾰족한 부분을 끼는 구멍. 구멍 뚫린 돌쩌귀. 반 수톨쩌귀.

암ː투(暗鬪) 겉으로 드러나지 않게 은근히 다툼. 예 주도권을 잡으려고 암투를 벌이다. —하다.

암팡지다 ①몸은 작으나 담은 크다. ②몸은 자그마하여도 힘차고 다부지다. 예 암팡진 고양이.

암페어(ampere) 전류의 실용 단위. 매초 1쿨롱의 전기량이 흐를 때의 전류의 세기가 1암페어임. 기호는 A.

암ː표(暗票) 차표·배표·입장권 따

위에서 정상적으로 거래되는 과정을 거치지 않은 암거래 표.

암:행(暗行) 비밀히 다님. 예암행어사. —하다.

암:행 어:사(暗行御史) 조선 시대에 지방 정치의 잘못을 조사하기 위하여 임금이 비밀히 파견하던 벼슬 이름. 준어사.

암:호(暗號) 당사자끼리만 알도록 비밀히 약속한 신호.

암:호문 암호로 쓴 글.

암:흑(暗黑) 캄캄하고 어두움. 예암흑 세계. 반광명.

암:흑가 도덕에 어긋나는 일이나 범죄가 자주 일어나 치안이 제대로 유지되지 않는 거리.

암:흑 대:륙 문명의 혜택을 받지 못한 어둡고 컴컴한 대륙. 곧 아프리카 대륙.

암:흑 시대 ①세상이 혼란한 시대. ②도덕이나 문화가 쇠퇴하고 어지러운 시대. 비암흑기.

압권(壓卷) 책이나 예술 작품 따위에서 가장 뛰어난 부분, 또는 여럿 중에서 가장 뛰어난 것. 예그의 논문 발표는 이번 세미나의 압권이다.

압도(壓倒) ①상대방을 눌러서 넘어뜨림. ②힘이나 재주가 남보다 뛰어남. 예그의 연설에 압도되다. —하다.

압력(壓力)〔암녁〕 ①어떤 물체가 다른 물체를 누르는 힘. 예공기의 압력. ②사람을 위압하는 힘. 권세로 누르는 힘. 예정부에 압력을 가하다. 비압박.

압력 단체 정부나 정당 또는 의회에 압력을 가하여 자기들의 이익을 지키려는 사회 단체. 노동 조합·여성 단체 따위.

압력솥 뚜껑을 밀폐하여 내부의 압력을 높임으로써 높은 온도가 유지되도록 만든 솥.

압록강(鴨綠江)〔암녹—〕 우리 나라와 만주 사이에 있는 우리 나라에서 제일 긴 강. 길이 790km.

압박(壓迫) ①내리누름. ②기운을 펴지 못하게 억누름. 예일제의 압박에서 벗어나 광복을 되찾다. 비속박. 반해방. —하다.

압사(壓死) 무거운 것에 눌려 죽음. —하다.

압송(押送) 죄인을 어떤 곳에서 다른 곳으로 옮김. 예죄인을 다른 감옥으로 압송하다. —하다.

압수(押收) 법원·경찰서 같은 곳에서 증거물로 생각되는 물건을 강제로 빼앗아 감. 예압수 수색 영장. —하다.

압정^1(押釘) 손가락 끝으로 눌러 박는, 대가리가 크고 납작하며 길이가 짧은 쇠못.

압정^2(壓政) 권력이나 폭력으로 국민의 자유를 누르는 정치. 예폭군의 압정을 물리치다.

압제(壓制) 권력으로 압박하고 억제함. 예일세의 압제에서 벗어나다. —하다.

압축(壓縮) 기체나 물체를 눌러서 오그라뜨리거나 부피를 줄임. 예압축 가스. —하다.

앗 깜짝 놀랐을 때 내는 소리. 예앗, 저기 불이 났다!

앗:다 ①빼앗다. 예생명을 앗다. ②껍질을 벗기고 씨를 빼다. 예목화씨를 앗다. ③깎아 내다.

앙가슴 두 젖 사이의 가슴.

앙감질 한 발을 들고 한 발로만 뛰어가는 짓. —하다.

앙갚음 원수를 갚음. 예앙갚음을

하다. 비보복. 복수. —하다.

앙고라 토끼 터키의 앙카라 지방 원산인, 집토끼의 한 품종. 귀는 짧고 털빛은 대개 희나 갈색·회색·흑색도 있음. 털의 길이는 12~15cm로 한 해에 3~4회 깎음. 털을 이용하기 위해 기름.

앙그러지다 ①하는 짓이 어울리다. ②모양이 보기가 좋다. ③음식이 먹음직하다. 예앙그러진 밥상을 보니 식욕이 돋는다.

앙금 물에 가라앉은 녹말 따위의 부드러운 가루.

앙금앙금 잔걸음으로 느리게 기거나 걷는 모양. 예앙금앙금 기는 어린아이. 큰엉금엉금.

앙등(昂騰) 물건값이 뛰어오름. 비등귀. —하다.

앙:모하다(仰慕—) 우러러보고 사모하다. 예스승을 앙모하다.

앙:부일영(仰釜日影) 해시계의 한 가지. 가마와 비슷한 모양이며, 안쪽에 24절기의 선을 그어 놓아, 선 위에 비치는 해의 그림자가 시간을 나타내게 되어 있음. 앙부일구.

앙상하다 ①꼭 째이지 못하다. ②뼈만 남도록 바짝 마르다. 예나뭇잎이 다 떨어지고 가지만 앙상하게 남아 있다. —히.

앙숙(怏宿) 앙심을 품고 있어 사이가 나쁨. 예정치적인 의견 차이로 서로 앙숙이 되다.

앙심(怏心) 원한을 품고 앙갚음하기를 벼르는 마음. 예적에게 앙심을 품다.

앙양(昂揚) 높이 쳐들어서 드러냄. 높이고 북돋음. 예사기를 앙양하다. —하다.

앙증스럽다〔앙증스러우니, 앙증스러워서〕앙증하게 보이다. 예인형이 앙증스럽다.

앙증하다 ①모양이 제격에 어울리지 않게 작다. ②작으면서도 갖출 것은 다 갖추어 귀엽고 깜찍하다. 예곰인형이 무척 앙증하다.

앙:천 대:소(仰天大笑) 하늘을 쳐다보고 크게 웃음. —하다.

앙:축(仰祝) 우러러 축하함. 예스승님의 생신을 앙축합니다. —하다.

앙칼지다 ①제 힘에 넘치는 일에 악을 쓰고 덤비다. ②모질고 날카롭다. 예앙칼진 목소리.

앙케:트(프 enquête) ①신문·잡지 등에서 여러 사람에게 같은 질문을 하여 답을 구하는 조사 방법. ②조사. 질문.

앙코:르(프 encore) 음악회 등에서 구경꾼이 연주를 재청하는 일, 또는 그 연주. 예앙코르곡.

앙큼하다 욕심이 많고 담이 크다. 예앙큼한 녀석. 큰엉큼하다.

앙탈하다 ①시키는 말을 듣지 않고 꾀를 부리다. ②마땅히 할 것을 핑계를 대어 피하다.

앙화(殃禍) ①죄를 받는 것. ②나쁜 일을 함으로 말미암아 갚음을 받는 것. 예앙화를 입다.

앞 ①얼굴이 향한 곳. ②눈으로 보이는 편. ③지금보다 먼저. ④다음. ⑤장래. 반뒤.

앞가림 겨우 자기 앞에 닥친 일이나 해결할 수 있는 정도. 예네 앞가림이나 해라.

앞길 ①앞으로 나아갈 길. 예앞길이 창창한 젊은이. ②장차 당할 일. 비장래.

앞날 앞으로 올 날. 남은 세월. 예불투명한 앞날. 비장래. 뒷날.

앞니 아래위턱의 앞쪽 중앙에 각

각 네 개씩 나는 이.
앞다투다 뒤지지 않으려고 다투어 나아가거나 행하다.
앞당기다 이미 정한 날짜나 시간을 당겨서 미리 하다. [예] 계획을 앞당기다.
앞뒤 앞과 뒤. 전후. [예] 앞뒤를 잘 살펴라.
앞뜰 집 앞으로 난 뜰. 앞마당. [예] 앞뜰에 핀 목련꽃. [반] 뒤뜰.
앞산 집이나 마을 앞쪽에 있는 산. [반] 뒷산.
앞서다 남보다 먼저 나아가다. [예] 실력이 앞서다.
앞세우다 ①먼저 내어 놓다. ②앞에 서게 하다. [예] 태극기를 앞세우고 행진하다.
앞앞이[압아피] ①저마다의 앞에. 각각의 앞으로. [예] 앞앞이 서류를 놓다. ②몫몫이.
앞이마[암니—] ①'이마'의 힘줌말. ②이마의 가운뎃부분.
앞일[암닐] 앞으로 닥쳐올 일. [예] 앞일이 걱정이다. [반] 뒷일.
앞잡이 ①앞에서 이끌어 주는 사람. [비] 선구. ②남의 시킴을 받아 움직이는 사람.
앞장 여럿이 나아갈 때에 맨 앞에 서는 사람. [예] 유행에 앞장 서다.
앞장 서다 맨 앞에 서서 나아가다. [예] 앞장 서서 행진하다.
앞지르다〔앞지르니, 앞질러〕 빨리 가서 남보다 먼저 앞을 차지하다. [예] 택시가 버스를 앞지르다.
앞치마 부엌일을 할 때 몸의 앞을 가리는 겉치마. 행주치마.
애:[1] '아이'의 준말.
애:[2] ①걱정에 싸인 초조한 마음속. [예] 걱정이 되어 애가 탄다. ②마음과 힘의 수고로움. [예] 잘 살아 보려고 애쓰다.
애-[3] 일부 낱말 앞에 붙어 '어린·처음의' 등의 뜻을 나타내는 말. [예] 애송이. 애벌레.
애:간장 '애'는 창자라는 뜻의 옛말로, '간장'을 강조하여 이르는 말. [예] 애간장을 태우다.
애걔 ①가벼운 뉘우침이나 탄식을 나타내는 말. ②얕잡아 하는 말. [예] 애걔, 겨우 고거야.
애걸 복걸(哀乞伏乞) 애처롭게 사정하여 굽실거리며 빌고 또 빎. —하다.
애걸하다(哀乞—) ①꼭 달라고 간청하다. [예] 돈을 꿔 달라고 애걸하다. ②슬프게 빌다.
애:교(愛嬌) 남에게 귀엽게 보이려고 아양을 떠는 것. [예] 애교 있는 웃음.
애:국(愛國) 자기 나라를 사랑함. [예] 애국 정신. [반] 매국. —하다.
애:국가 나라를 사랑하는 정신을 집어넣어 지은 노래.
애:국단 항일 독립 운동 단체. 1926년 12월 김구 등이 중심이 되어서 발족했으며 이봉창·윤봉길 등 많은 애국자들을 배출하였음.
애:국심 자기의 나라를 사랑하는 마음.
애:국 애:족(愛國愛族) 자기의 나라와 겨레를 사랑함.
애:국자 나라를 사랑하는 마음이 강한 사람. [반] 매국노.
애:국 지사 나라를 위한 일에 자기 한 몸을 희생하여 이바지하려는 높은 뜻을 가진 사람.
애꾸눈 한쪽이 먼 눈.
애꿎다 ①아무런 잘못 없이 어떤 일을 당하여 억울하다. [예] 친구 때문에 애꿎은 봉변을 당했다. ②

그 일과는 아무런 상관이 없다.

애:끊다[-끈타] 몹시 슬퍼서 창자가 끊어질 듯하다. 예그 소식을 듣고 나의 가슴은 애끊는 듯하였다. 비애타다.

애:끓다[-끌타] 몹시 걱정이 되어 속이 끓는 듯하다.

애:달다[애다니] 마음이 쓰여 속이 달아오르는 듯하다. 예장사가 잘 안 되어서 애달아 한다.

애달프다[애달프니, 애달파] 마음이 아프고 쓰라리다. 예애달픈 일. 비구슬프다.

애달피 애달프게.

애당초 '애초'의 힘줌말.

애덤스 부인(Adams夫人, 1860~1935) 미국의 자선 사업가이며 평화주의자. 1885년에 스탈 부인과 함께 시카고의 빈민굴에 헐하우스(사랑의 집)를 세워 가난한 이웃을 도와 1931년에는 노벨 평화상을 받았음.

애도(哀悼) 사람의 죽음을 슬퍼함. 예애도 행렬. -하다.

애:독(愛讀) 즐겨서 읽음. 예추리 소설을 애독하다. -하다.

애:독자 신문·잡지·기타의 글을 즐겨 읽는 사람.

애드벌룬:(ad balloon) 광고·선전용으로 공중에 띄운 큰 풍선.

애락(哀樂) 슬픔과 즐거움.

애련(哀憐) 애처롭고 가엾게 여김. -하다. -히.

애로(隘路) ①좁고 험한 길. ②지장. 곤란. 예애로 사항.

애를 끊나니 간장이 다 녹는 듯하니.

애:림(愛林) 숲을 사랑함. 나무를 잘 가꿈. 예애림 녹화. -하다.

애:마(愛馬) 사랑하고 아끼는 말.

애:매(曖昧) 희미하여 확실하지 못함. 예대답이 애매하다. -하다.

애:매 모호(曖昧模糊) 분명하지 아니하고 희미함. 예질문의 내용이 애매 모호하다. -하다.

애:물 몹시 속을 태우는 물건이나 사람. 예애물단지.

애벌 같은 일을 거듭해야 할 때 그 첫번째 차례. 예도자기의 애벌구이.

애벌갈이 논이나 밭을 처음 가는 일. 비애갈이. 초경. -하다.

애:벌레 알에서 깨어나 번데기가 되기까지의 벌레.

애벌빨래 삶지 않고 대강 겉때만 빼는 빨래.

애사(哀史) 슬픈 역사. 슬픈 이야기. 예단종 애사.

애상(哀傷) 슬퍼하고 가슴 아파함. -하다.

애석하다(哀惜-) 매우 슬프고도 아깝다. 예선생님의 죽음은 애석한 일이다. -히.

애:송(愛誦) 좋은 글이나 노래를 즐겨 욈. 예애송 시집. -하다.

애송이 어린 티가 있는 사람이나 물건.

애순(-箚) 초목의 어린 싹.

애:쓰다[애쓰니, 애써] 마음과 힘을 다하여 움직이다. 힘을 쓰다. 예애써 가꾼 꽃밭을 강아지가 망가뜨렸다. 비수고하다.

애오라지 넉넉하지는 못하나마 좀. 예애오라지 나라를 위해 힘쓰다.

애:완용(愛玩用) 매우 아껴 구경하며 즐기기에 알맞은 것. 예고양이를 애완용으로 기르고 있다.

애:용(愛用) 사랑하여 씀. 예국산품을 애용하자. -하다.

애원(哀願) 간절히 원하고 바람. ㉠살려 달라고 애원하다. ㈜간청. 사정. —하다.

애:인(愛人) ①사랑하는 사람. ②남을 사랑함. —하다.

애자 전선을 매기 위하여 전주 따위에 고정시키는 사기나 플라스틱으로 만든 기구.

애저녁 초저녁.

애절하다(哀切—) 매우 슬프다. ㉠애절한 울음소리. —히.

애:정(愛情) ①사랑하는 마음. ②그리워하는 마음. ㉠애정이 넘치는 편지. ㈜연정.

애조(哀調) 슬픈 가락. 애절한 곡조. ㉠애조 띤 노랫소리.

애:족(愛族) 겨레를 사랑함. ㉠애국 애족 정신. —하다.

애:증(愛憎) 사랑과 미움. ㉠애증이 엇갈리다.

애:착(愛着) ①사랑하여 끌림. ②단념하기 어려움. ㉠공부에 대한 애착을 버릴 수 없다. —하다.

애:착심 사랑하는 마음이 세어 떨어질 수 없는 마음. ㉠그는 떠나온 고향에 대한 애착심이 강하다.

애:창(愛唱) 노래·시조 등을 즐겨 부름. —하다.

애:창곡 즐겨 부르는 곡.

애:처(愛妻) 아내를 사랑함. 또, 사랑하는 아내. —하다.

애처로운 가련한. 보기에 딱한. ㉠애처로운 광경.

애처롭다〔애처로우니, 애처로워/애처로이〕 슬픈 느낌이 들도록 불쌍하다. ㉠평생 소원이던 남북 통일을 못 보고 돌아가시다니 정말 애처로운 일이다. ㈜딱하다.

애초 맨 처음. ㉠애초에 잘못된 계획. ㈜처음.

애:칭(愛稱) 본이름 외에 다정하게 부르는 이름.

애:타다 걱정이 대단하여 마음이 타는 것 같다. ㉠애타게 기다리다. ㈜안타깝다. 애끓다.

애통하다(哀痛—) 매우 슬퍼하다. ㉠애통한 일이다. —히.

애틋하다 ①매우 아깝다. ②퍽 섭섭하다. ㉠애틋한 이별. —이.

애팔래치아 산맥(Appalachia山脈) 북아메리카 동부에 있는, 북동으로부터 남서로 뻗은 산맥. 석탄·석유·철광 등의 매장량이 풍부함.

애프터 서:비스(after service) 상품을 판 뒤에 무료나 실비로 수리 및, 기타 여러 가지 봉사를 하는 일. 사후 봉사.

애햄: 점잖을 빼거나 '내가 여기 있다'는 것을 알리기 위해 헛기침하는 소리. ㈜에헴. —하다.

애:호(愛護) 사랑하고 보호함. ㉠동물 애호. —하다.

애:호가(愛好家) 어떤 사물을 몹시 좋아하는 사람. ㉠음악 애호가. 그림 애호가.

애호박 열린 지 얼마 안 되는 어린 호박.

애환(哀歡) 슬픔과 기쁨. 희비. ㉠애환을 함께 겪다.

액¹(厄) 모질고 사나운 운수. ㉠액을 막다.

액²(液) 물이나 기름 따위와 같이 흘러 움직이는 물질.

액땜 앞으로 당할 나쁜 일을 미리 가벼운 어려움을 겪음으로써 때우는 일. ㉠액땜한 셈 쳐라. ㈜액때움. —하다.

액면(額面)〔앵—〕 표면에 내세운 사물의 가치. ㉠액면 그대로 받아들이다.

액비(液肥) 똥물·오줌·뜨물 따위와 같이 묽은 거름.

액세서리(accessory) 복장의 조화를 돕기 위한 부속품. 넥타이·핸드백·브로치 등.

액션(action) ①활동. 행동. 동작. ②배우의 연기 동작, 특히 움직임이 많은 연기.

액수(額數) 돈 같은 것의 머릿수. [예]상당한 액수의 돈. [비]금액.

액운(厄運) 불행한 운수. [예]액운 뒤에는 행운이 찾아온다. [반]길운.

액자(額子) 글·그림·사진 등을 넣어 벽에 거는 틀.

액체(液體) 물이나 기름과 같이 흐르는 물질. [예]얼음이 녹으면 액체인 물이 된다.

ㅇ

액체 공기 압축·팽창 작용을 되풀이하여 액체화한 공기.

액화(液化) 기체가 액체로 변하는 현상. —하다.

앨범(album) 사진첩.

앰뷸런스(ambulance) ①구급차. ②환자 수송차.

앳되다 나이에 비해 좀 어리다. 애티가 있다. [예]앳된 얼굴.

앵글로아메리카(Anglo-America) 북아메리카 대륙 중에서 미국·캐나다·그린란드를 포함하는 지역.

앵두 앵두나무의 열매.

앵두나무 장미과의 갈잎 넓은잎 떨기나무. 높이는 3 m 가량이고, 어린 가지에 털이 빽빽이 나 있음. 열매는 둥글며 6월에 익음.

앵무새 머리는 둥글며, 윗부리는 갈고리같이 굽고, 아랫부리는 짧음. 털빛이 아름답고, 사람의 말을 잘 흉내내는 새.

앵커맨(anchor man) ①라디오나 텔레비전의 종합 뉴스 사회자. ②토론회의 사회자.

〔앵무새〕

야: ①놀랄 때에 나오는 소리. [예]야, 정말 멋지다. ②아랫사람을 부르는 소리. [예]야, 나 좀 봐.

야:간(夜間) 밤사이. [반]주간.

야:경[1](夜景) 밤의 경치. [예]서울의 야경. [비]야색.

야:경[2](夜警) 밤에 공공 건물·회사·동네 등을 돌며 화재나 범죄 따위를 경계하는 일. —하다.

야경꾼(夜警—) 방범·방화를 목적으로 야경을 도는 사람.

야:공(夜攻) 어둠을 타서 적을 침. [비]야습. —하다.

야:광 시계(夜光時計) 밤이나 어두운 곳에서도 볼 수 있도록 발광 도료를 발라 만든 시계.

야:광패(夜光貝) 밤이면 방사선에 의해 빛을 내는 조개. 고급 자개의 재료로 쓰임.

야:구(野球) 한 편에 아홉 사람씩, 두 패가 공을 쳐서 점수를 다투는 운동.

야:구장 야구 경기를 할 수 있도록 마련된 운동장.

야:구팀 한 팀을 이루는 야구 선수의 집단. [비]야구단.

야:구팬 야구 경기를 몹시 좋아하는 사람.

야:근(夜勤) 밤에 일함. [본]야간근무. —하다.

야금거리다 무엇을 입 안에 넣고 찬찬히 깨물다.

야금야금 ①무엇을 입 안에 넣고 조금씩 씹는 모양. [예]과자를 야금야금 먹다. ②조금씩 탐내어 가지거나 소비하는 모양. [예]야금야금 먹어 들어가다. —하다.

야:기(惹起) 무슨 일이나 사건 따위를 일으킴. [예]그 계획은 중대한 문제를 야기한다. —하다.

야누스(Janus) 로마 신화에 나오는 두 얼굴을 가진 신.

야:단(惹端) ①떠들고 법석거림. [예]귀성객들이 버스를 타려고 야단들이다. ②소리 높여 꾸짖는 일. [예]야단맞다. —스럽다. —하다.

야:단나다 큰 일이 생기다. 떠들썩한 일이 벌어지다. [예]숙제를 못 해서 야단났구나.

야:단 법석 서로 다투고 떠들고 시끄러운 판. [예]서로 먼저 가려고 야단 법석이다.

야:단치다 ①함부로 떠들어 대다. ②크게 꾸짖다. [예]숙제를 안 해 온 학생을 야단치시는 선생님.

야:담(野談) 민간에서 만든 역사의 이야기. [예]야담책.

야:당(野黨) 현재 정권을 잡지 못한 정당. [반]여당. [준]야.

야:드(yard) 영국의, 길이를 재는 단위. 1야드는 91.44cm임. [비]마[2].

야들야들 부드럽고 연하며 윤이 나는 모양. [예]야들야들한 살결. [큰]이들이들. —하다.

야릇하다 괴상하다. 이상하다. [예]야릇한 분위기에 휩싸이다.

야:만(野蠻) ①문화가 깨지 못하고 유치함. [예]야만인. ②교육을 받지 못하여 어리석고 야비함. [예]야만스러운 행동. [비]미개. [반]문명. —스럽다. —하다.

야:만인 깨이지 못한 사람. [비]미개인. [반]문명인.

야:만족 문화가 낮아 예의를 모르는 미개한 종족.

야말로 어떤 사물의 당연함을 나타내는 말. [예]너야말로 얌체야.

야:망(野望) 바라서는 안 될 일을 바라는 일. [예]헛된 야망을 품다.

야:맹증(夜盲症)[—쯩] 망막의 능력이 감퇴하여 밤에는 사물을 잘 알아보지 못하는 병. 선천적인 경우와 비타민 에이(A)의 부족에 의해 일어나는 경우가 있음.

야멸치다 자기 생각만 하고 남의 사정을 아랑곳하지 아니하다. [예]부탁을 야멸치게 뿌리치다.

야무지다 똑똑하고 모질다. [예]수를 놓는 솜씨가 야무지다.

야물다[1] 낟알이나 과일 등이 알이 들어 단단히 익다. [큰]여물다.

야물다[2] ①바탕이 굳고 단단하다. ②몸이나 말과 행동이 단단하고 깜찍하다. ③돈 따위를 헤프게 쓰지 않고 알뜰하다.

야:바위 ①속임수로 돈을 따 먹는 노름의 한 가지. ②속임수로 그럴듯하게 꾸미는 일.

야:박하다(野薄—) ①남의 사정을 돌보지 아니하고 자기 생각민 한다. [예]놀부는 흥부의 부탁을 야박하게 거절했다. ②정이 두텁지 아니하고 제 생각만 한다. —히.

야:밤(夜—) 깊은 밤.

야:밤중[—쭝] 한밤중.

야:별초(夜別抄) 고려 고종 때, 최우가 도둑을 막기 위해 조직한 특수 군대. 후에 삼별초로 발전함.

야:비하다(野卑—) ①성격이 고상하지 아니하고 낮고 좁다. [예]야비한 성격. ②천하다. ③더럽다. [비]속되다.

ㅇ

야:사(野史) 민간에서 개인적으로 기록한 역사. 정사에 기록되지 않은 역사상의 사실. 비외사. 야승. 반정사.

야:산(野山) 들 근처의 나지막한 산. 예야산 개발.

야:생(野生) 동식물이 산이나 들에서 저절로 자람, 또는 그런 동식물. 예야생 동물. —하다.

야:성(野性) 자연 또는 본능 그대로의 성질. 산과 들에서 절로 나서 제멋대로 자란 것 같은 성질.

야:속하다(野俗—) ①인정이 없고 쌀쌀하다. ②마음이 섭섭하고 언짢다. 예야속한 생각이 들다. —히.

야:수¹(野手) 야구에서, 내야수와 외야수를 통틀어 이르는 말.

야:수²(野獸) 야생의 동물. 사람이 기르지 않고 산이나 들에서 자연 그대로 자란 짐승.

야:습(夜襲) 밤에 갑자기 쳐들어감. 예야습을 감행하다. 비야공. —하다.

야:시(夜市) 밤에 길거리에 죽 벌이는 시장. 본야시장.

야:심(野心) ①사람을 해치려 하는 마음. ②바라서는 아니 될 것을 이루려는 마음. ③쓸데없이 출세를 바라는 마음. ④욕심이 많아 혼자 잘 되려는 마음. 예야심가.

야아 놀라거나 반가울 때 내는 소리. 예야아, 너로구나.

야:영(野營) ①군대 등이 들에 진을 침. ②들에 천막을 치고 잠. 예캠핑을 가서 야영하다. —하다.

야옹야옹 고양이의 우는 소리. 예창 밖에서 야옹야옹 고양이 우는 소리가 들린다.

야:외(野外) 들 밖. 들판. 예야외 수업. 비교외.

야:욕(野慾) 분수에 넘치는 지나친 욕심. 예정권 장악의 야욕을 버리지 못하다. 비탐욕.

야위다 살이 빠져서 마르다. 예굶주려서 몸이 야위다. 반살찌다. 큰여위다.

야:유(揶揄) 남을 빈정거리며 놀림, 또는 그런 말이나 행동. 예상대 선수의 거친 행동에 야유를 보내다. —하다.

야:유회(野遊會) 들놀이를 하는 모임.

야:인(野人) ①벼슬을 하지 않은 사람. ②만주족.

야:자(椰子) 야자나무의 열매

야:자나무 야자과의 늘푸른 큰키나무. 열대 지방에서 자라며 줄기는 가지를 내지 않고 곧추 자람. 잎은 지붕을 이는 데 쓰며 열매는 먹음.

야:전(野戰) 들판에서 하는 전투. 예야전군. —하다.

야:전 병:원 싸움터의 군인들을 일시 수용·치료하기 위하여 임시로 차린 병원.

야:채(野菜) 들이나 밭에서 나는 푸성귀. 비채소.

야트막하다 썩 야틈하다. 약간 얕은 듯하다. 예야트막한 담. 반높다랗다. 큰여트막하다. —이.

야:포(野砲) 야전에서 보병을 지원하는 데 쓰이는 구경 75~105 mm의 대포.

야:하다(冶—) 깊은 맛이 없이 상스럽고 천박하다.

야:학(夜學) 밤에 배우는 공부, 또는 그 학교. 예야학에서 공부하는 학생들. —하다.

야ː학교 밤에 학생들을 모아 글을 가르치는 학교. 비야학.

야ː학회 밤에 공부를 하기 위하여 마련된 모임.

야ː합(野合) 좋지 못한 목적 아래 서로 어울림. 예상인들이 야합하여 소비자들을 속이다. —하다.

야호 등산하는 사람이 서로 부르는 소리.

약¹ 몹시 기분이 나쁠 때 끓어오르는 감정. 화. 부아. 예친구가 자꾸 놀려서 약이 오른다.

약²(約) ①거의. ②대강. 예약 3천 명의 관중이 입장했다.

약³(藥) 병을 고치기 위하여 먹거나 바르는 물건.

약간(若干) 얼마 되지 아니함. 예돈이 약간 모자란다.

약골(弱骨) 몸이 약한 사람. 약한 몸. 비약질.

약과(藥果) ①우리 나라 고유 과자의 한 가지. 밀가루에 기름과 꿀을 반죽하여 기름에 지져서 만듦. ②감당하기 어렵지 않은 일. 예그 정도의 일이라면 약과지.

약관¹(約款) 계약이나 조약 등에서 정해진 하나하나의 조항. 예약관에 위배된 사항.

약관²(弱冠) ①남자의 나이가 스무 살이 된 때를 일컬음. 예약관에 벼슬에 오르다. ②젊은 나이.

약국(藥局) 약을 지어 파는 곳. 약사가 약을 조제하기도 하고 팔기도 하는 곳. 비약방.

약다 미련하지 않다. 예약게 굴다. 비영리하다. 반어리석다.

약대 =낙타.

약도(略圖) 간단하게 줄여 대충 그린 그림.

약동(躍動) ①뛰어 일어남. ②생기가 있게 움직임. 예약동감. ③완연히 나타남. —하다.

약력(略歷) 간단하게 적은 이력. 예지은이 약력.

약령시(藥令市) 지난날, 봄과 가을에 정기적으로 열려 약재를 팔고 사던 시장. 대구·청주·공주·대전·전주 등지에 섰으며, 조선 효종 때부터 시작되었음.

약물(藥物)〔양—〕 ①약이 되는 물질. ②몸에 어떤 변화를 일으키게 하는 화학 물질. 예약물 중독.

약물터 바위 틈에서 맑고 찬 물이 솟아 나오는 곳. 비약수터.

약밥〔—빱〕 찹쌀 고두밥에 꿀이나 설탕·대추·진간장·참기름·밤·곶감·잣 등을 넣어서 시루에 찐 음식. 약식. 예어머니가 약밥을 만드신다.

약방(藥房) ①약국. ②한약방.

약방에 감초(속) ①꼭 있어야 할 필요한 물건. ②안 끼이는 데가 없다.

약병아리 병아리보다 조금 큰 닭.

약분(約分) 분수의 분모와 분자를 그들의 공약수로 나누어 간단하게 하는 일. —하다.

약빠르다〔약빨라서〕 약고 눈치가 빠르다. 예약빠른 사람.

약사(藥師) 약의 제조, 의사의 처방에 따른 조제 및 의약품을 파는 자격증을 가진 사람.

약사 여래(藥師如來) 불교에서, 중생을 질병으로부터 구원해 주고 법약을 준다는 부처.

약세(弱勢) ①세력이 약함. ②물가나 주식의 값이 내려가는 시세. 예약세를 보이는 주가. —하다.

약소¹(弱小) 힘이 약하고 작음. 예약소 국가의 설움. 반강대.

—하다.
약소[2](略少) 간략하고 적음. [예] 약소한 선물. —하다.
약소국 국토·군사력·자원 등이 보잘것 없는 작고 힘이 약한 나라. [반] 강대국.
약소 민족 힘이 약한 민족.
약속(約束) 서로 말로 정하여 놓음. [비] 언약. —하다.
약수[1](約數) 곱셈에서의 인수를 말함. [예] 12의 약수는 1, 2, 3, 4, 6, 12의 6개이다.
약수[2](藥水) 약효가 있는 샘물.
약수터(藥水—) 약물이 나는 샘터. [비] 약물터.
약시(弱視) 약한 시력, 또는 그런 시력을 가진 사람.
약식[1](略式) 정식의 절차를 줄인 간단한 방식. [예] 행사를 약식으로 치르다. [반] 정식.
약식[2](藥食) =약밥.
약오르다〔약올라〕 성나다. 골나다.
약용(藥用) 약으로 씀. [예] 약용 식물. —하다.
약육 강식(弱肉強食) 약한 자는 강한 자에게 먹힘. [예] 약육 강식의 동물 사회. —하다.
약은꾀 제게만 이롭도록 생각하는 꾀. 약삭빠른 꾀. 잔꾀. [예] 상대방의 약은꾀에 깜빡 넘어가다.
약자(弱者) ①아무 힘이 없는 약한 사람. [예] 약자의 편을 들다. ②기술 따위가 모자라는 사람. [반] 강자.
약장수 ①약을 파는 사람. ②재치 있게 이야기를 잘 하는 사람을 얕잡아 이르는 말.
약재(藥材) '약재료'의 준말.
약재료 약을 짓는 데에 쓰이는 재료. [비] 약종. [준] 약재.
약점(弱點) 모자라서 남에게 뒤떨어지는 점. [예] 약점을 보강하다.
약정서(約定書) 약속하여 정한 내용을 적은 문서.
약제실(藥劑室) 병원이나 약국에서, 약사가 약을 만드는 방.
약조(約條) 조건을 붙여 약속함. [예] 철석 같은 약조를 어기다. [비] 약속. —하다.
약진[1](弱震) 진도 3의 지진. 집이 흔들리고 창문이 덜그덕거리며 매달린 것이 눈에 뜨일 정도로 흔들리는 정도의 지진.
약진[2](躍進) ①껑충 뛰어 나아감. ②매우 빠르게 발전하거나 나아감. [예] 약진하는 한국. —하다.
약초(藥草) 약의 재료로 쓰이는 풀. 약풀.
약탈(掠奪) 폭력을 써서 남의 것을 덮어놓고 빼앗음. [예] 점령군이 식량을 약탈하다. —하다.
약포지(藥包紙) 약을 싸는 데 쓰는 흰 종이. 약포.
약풀 = 약초.
약품(藥品) 병자나 부상자의 병이나 상처를 고치기 위하여 먹거나 바르는 물건.
약하다(弱—) ①튼튼하지 않다. 병이 많다. [예] 병으로 오래 누워 있었더니 몸이 아주 약해졌다. ②의지 따위가 굳지 못하고 여리다. ③무르다. [반] 강하다.
약혼(約婚) 결혼하기로 약속함, 또는 그 약속. [비] 혼약. —하다.
약화(弱化) 힘이나 실력 따위가 약해짐, 또는 약하게 함. [예] 세력이 약화되다. [반] 강화. —하다.
약효(藥效) 약의 효력.
얄궂다[—굳따] ①성질이 괴상하다. ②이상야릇하고 짓궂다.

얄따랗다[-라타]〔얄따라니〕 생각보다 매우 얇다.

얄:밉다〔얄미우니, 얄미워서〕하는 짓이 간사하여 매우 밉다. 예자기는 놀고 있으면서 남에게는 일을 하라고 하니 참 얄밉다. 비밉다. 반귀엽다.

얄타 회:담(Yalta 會談) 1945년 2월, 미국·영국·소련의 대표들이 얄타에서 맺은 협정. 이 회담에서 한국을 38도 선으로 분할하여 미국·소련이 점령하기로 결정함.

얄팍하다 매우 얇다. 예고기를 얄팍하게 썰다. 반두툼하다.

얇다[얄따] ①두께가 두껍지 않다. 예얇은 종이. 반두껍다. ②빛이 진하지 않다. 큰엷다.

얌전하다 ①성질이 조용하다. 예새색시같이 얌전하다. 비점잖다. 반까불다. ②일솜씨가 맵시가 있다. 예바느질 솜씨가 얌전하다. -히.

얌체 부끄러움을 아는 마음이 없는 사람을 얕잡아 이르는 말.

양¹(羊) 몸 외 털이 곱실곱실하고 두 개의 고부장한 뿔이 난, 염소와 비슷한 짐승.

양:²(量) ①분량. ②수량·무게·부피의 정도. 반질.

양각(陽刻) 선·형의 윤곽 이외의 부분을 파내는 것. 돋새김.

양:감(量感) 미술 작품에서, 실물의 부피나 무게의 느낌이 나도록 그린 것. 예양감이 뛰어나다.

양:계(養鷄) 닭을 기름, 또는 그 닭. -하다.

양:계장 닭을 기르기 위해 설비한 곳. 닭을 기르는 곳.

양곡(糧穀) 양식으로 쓰는 곡식. 쌀·보리·밀 등.

양과자 서양식 과자.

양관(梁灌) 조선 성종 때의 사람. 교리. 의주 목사를 지냈으며 청백리에 뽑힘.

양:국(兩國) 두 나라.

양궁(洋弓) ①서양식의 활. ②서양식 활을 쏘아 일정한 거리에 있는 표적을 맞추어, 얻는 점수에 따라 승부를 겨루는 경기.

양귀비(楊貴妃) 고운 꽃이 피며, 열매의 진은 아편을 만드는 원료가 되는 약초.

〔양귀비〕

양규(楊規, ?~1011) 고려의 장군. 현종 때 요나라 군사와 잘 싸워 전과를 올렸음.

양:극(兩極) ①남극과 북극. ②양극(+)과 음극(-).

양금(洋琴) 국악에 쓰이는 현악기의 한 가지. 네모 모양의 나무판에 열네 개의 쇠줄을 매고, 채로 쳐서 소리를 냄.

양기(陽氣) 만물이 태어나고 움직이려고 하는 기운. 반음기.

양기탁(梁起鐸, 1871~1938) 독립 운동가. 대한 매일 신보의 주필로 항일 사상을 고취하였으며, 뒤에 만주로 망명하여 독립 운동을 전개, 임시 정부 국무령에 추대됨.

양:날톱 양쪽에 날이 있는 톱. 톱 몸은 약간 넓으며, 켜는 톱니와 자르는 톱니로 나뉨.

양:녀(養女) 낳지 않고 데려다가 기른 딸. 비수양딸. 반양자.

양념 음식에 섞어서 맛이 나게 하는 고추·마늘·파·기름 따위.

[예] 불고기 양념을 하다. —하다.
양단(洋緞) 누에고치 섬유로 짠 비단의 한 가지.
양:단간(兩端間) 어찌 되든지. 두 가지 중. 좌우간. [예] 되고 안 되고 양단간에 결정을 내려라.
양달(陽—) 볕이 잘 드는 곳. [비] 양지. [반] 응달.
양:도(讓渡) 권리·재산·법률상의 지위 등을 남에게 넘겨 줌. [예] 건물을 양도하다. —하다.
양도체 전기나 열을 잘 전하는 물질. 은·구리·알루미늄 등.
양:돈(養豚) 돼지를 먹여 기름. [예] 양돈 농가. —하다.
양동이 함석 따위로 만들어 물을 담아 들고 다니게 만든 원통형의 그릇.
양동 작전(陽動作戰) 본디의 목적과는 다른 움직임을 일부러 드러냄으로써 적의 주의를 그 쪽으로 쏠리게 하여 정세 판단을 그르치게 하려는 작전.
양:득(兩得) '일거 양득'의 준말. —하다.
양력(陽曆) 지구가 태양의 둘레를 한 바퀴 도는 시간을 한 해로 잡고 마련한 달력. 1년을 365일로 치고 4년에 한 번씩 윤달을 두어, 그 해 2월을 29일로 함.
양:로(養老)[—노] 노인을 위로하여 편안히 받드는 일. —하다.
양:로 보:험[양노—] 늙어서 생활비를 벌 수 없을 때를 대비하여 드는 보험.
양:로원[—노원] 의지할 곳 없는 늙은이를 수용하여 돌보아 주는 곳.
양류(楊柳)[—뉴] =버드나무.
양만:춘(楊萬春, ?~?) 고구려의 명장. 644년 당의 태종이 30만 대군을 이끌고 고구려에 쳐들어왔을 때, 안시성을 결사적으로 지켰음.
양말 발을 보호·보온하기 위해 신는 서양식 버선.
양:면(兩面) 두 면. 양쪽의 면. [예] 양면 인쇄. [반] 단면.
양명학(陽明學) 중국 명나라 때 왕양명이 주창한 유학의 한 갈래. 지식과 실천의 일치를 부르짖음.
양모(羊毛) 양의 털. 모직물의 원료가 됨. [예] 순 양모 제품.
양:미(兩眉) 양쪽 눈썹.
양:미간(兩眉間) 두 눈썹 사이. [예] 양미간을 찌푸리다.
양민(良民) ①선량한 백성. 나라의 법을 잘 지키는 착한 국민. [비] 양인. ②일반 백성.
양:반(兩班) 문벌·신분이 높은 사람. [비] 귀족. [반] 상놈.
양:반전 조선 정조 때 박지원이 지은 한문 소설. 양반의 무능과 허식, 특권 의식 등을 풍자함.
양배추 십자화과에 속해 있는 한해·두해살이 채소. 유럽이 원산지로 잎은 두껍고 크며 가을에 공 모양으로 고갱이를 겹겹이 에워쌈. 중요한 채소의 하나로 널리 이용되고 있음.
양:변(兩邊) 등식에서 좌변과 우변을 통틀어서 말한 것.
양:병(養兵) 군사를 양성함. —하다.
양:보(讓步) ①남에게 제 자리를 내줌. ②자기의 주장을 굽혀 남의 의견을 좇음. —하다.
양복(洋服) 서양식의 옷. [예] 양복 바지. [반] 한복.
양복점 양복을 짓거나 또는 파는 가게.

양:봉(養蜂) 꿀을 받을 목적으로 벌을 기르는 일. —하다.

양:분[1](兩分) 둘로 나눔. [예] 재산을 양분하다. —하다.

양:분[2](養分) 몸에 영양이 되는 성분이나 물질. [비] 영양분.

양비둘기 비둘기의 한 종류. 몸은 연한 회색, 머리·가슴은 녹색, 부리는 검음.

양사언(楊士彦, 1517~1584) 조선 중기의 학자. 호는 봉래. 금강산 만폭동에 들어가 세상을 잊고 글씨를 쓰며 청빈하게 지냈으며, 조선조 4대 명필의 한 사람임.

양산(陽傘) 볕을 가리느라고 쓰는 가는 쇠살에 헝겊을 씌운 물건. 파라솔

양상(樣相) 생김새. 모습. 모양. 상태. [예] 전쟁이 새로운 양상으로 바뀌다.

양:생(養生) ①몸을 튼튼히 하기 위해 힘씀. ②토목·건축에서, 콘크리트를 완전히 굳히기 위하여 얼마 동안 가마니 따위로 덮거나 물을 뿌리거나 하여 보호하는 일. —하다.

양서(良書) 내용이 좋은 책. 읽어서 이로운 책. [예] 양서 보급에 힘써야 한다.

양:서류(兩棲類) 어류와 파충류의 중간에 위치하는 척추 동물의 한 무리. 개구리·도롱뇽 등.

양성[1](陽性) 적극적으로 나아가는 성질. [예] 양성 반응. [반] 음성.

양:성[2](養成) 가르쳐서 기름. [예] 인재 양성. —하다.

양:성소 어떠한 기술자를 길러 내는 곳.

양:성화(兩性花) 하나의 꽃 속에 수술과 암술을 모두 갖추고 있는 꽃. 벚꽃·유채화·진달래 등. [반] 단성화.

양속(良俗) 아름다운 풍속.

양송이(洋松栮) 농촌에서 부업으로 지하실이나 창고·움 같은 곳에서 기르는 서양종의 송이버섯.

양:수[1](兩手) 두 손. 쌍수. 양 손.

양수[2](揚水) 물을 위로 퍼 올림, 또는 퍼 올린 그 물. —하다.

양수[3](陽數) 양의 정수, 또는 양의 유리수. +1, +2, +3··· 등.

양수기(揚水機) 모터나 발동기를 이용하여 물을 퍼 올리는 기계. 펌프. [비] 무자위.

〔양수기〕

양순하다(良順—) 어질고 순하다. [예] 양순한 백성. [반] 심술궂다. —히.

양식[1](良識) 건전한 생각과 태도. 건전한 판단력. [예] 양식 있는 행동. 양식을 의심하다.

양식[2](洋食) 서양 음식. [반] 한식.

양식[3](樣式) 일정한 형식이나 방법. [예] 생활 양식.

양:식[4](養殖) 물고기·굴·김 따위를 인공적으로 기르고 번식시키는 일. [예] 굴을 양식하다. —하다.

양식[5](糧食) ①사람이 먹을 곡식. [비] 식량. ②정신적인 활동에 양분과 같은 구실을 하는 것. [예] 독서는 마음의 양식이다.

양:식업(養殖業) 김·굴·고막 등을 길러 수확하는 수산업.

양심(良心) 사람으로서 마땅히 가져야 할 착한 마음. [예] 양심에 부끄러운 행위.

ㅇ

양악(洋樂) '서양 음악'의 준말.

양약(洋藥) 서양 의술에 의해 만든 약. 짠한약.

양양(洋洋) 사람의 앞길이 한없이 넓어 발전성이 큰 모양. 예앞길이 양양하다. —하다.

양:어장(養魚場) 물고기를 인공적으로 알을 까게 하여 큰 물고기로 기르는 곳.

양옥(洋屋) 서양식으로 지은 집. 짠한옥.

양요(洋擾) 서양 사람들로 인해서 일어난 난리. 조선 고종 3년(1866)에 프랑스 군함이 강화도에 침입한 난리와 고종 8년(1871) 미국 군함이 강화도에서 침입한 난리를 가리킴. 양란. 예병인양요.

양:용(兩用) 양쪽 방면에 쓰임.

양:원(兩院) 이원제 국회의 두 개의 의원. 곧 민의원과 참의원, 상원과 하원 등.

양:위(讓位) 임금의 자리를 물려줌. 예임금의 자리를 양위하다. —하다.

양:육(養育) 길러 자라게 함. 예양육비. —하다.

양은(洋銀) 구리·아연·니켈 등을 합금하여 만든 쇠. 은백색으로 단단하고 녹이 안 남.

양:자(養子) ①아들 없는 집에서 대를 잇기 위해 한 계통에서 데려다 기르는 사내아이. ②입양으로 아들이 된 사람. 짠양녀.

양자강(揚子江) =양쯔 강.

양:자 택일(兩者擇一) 두 사람 또는 두 사물 중에서 하나를 선택함. —하다.

양:잠(養蠶) 고치를 얻기 위해 누에를 기름. —하다.

양:잠업 누에치기를 업으로 삼는 일. 준잠업.

양장(洋裝) 머리나 옷을 서양식으로 가꾸어 꾸밈. —하다.

양장점 여자의 양장 옷을 만들고 파는 가게.

양재기 ①금속의 안팎에 법랑을 입힌 그릇. ②알루미늄 그릇.

양잿물[—잰물] 빨래의 때를 빼는 약품. 수산화나트륨. 준잿물.

양적(量的)[—쩍] 양으로 따지는 모양. 짠질적.

양전기(陽電氣) 유리 막대를 헝겊에 문지를 때, 그 유리에 생기는 전기. '+' 부호로 나타냄. 짠음전기. 준양전.

양:정 의:숙(養正義塾) 1905년에 엄주익이 세운 민족 학교. 지금의 양정 중고등 학교의 전신.

양:조(釀造) 술·간장 따위를 만드는 것. 예양조장. —하다.

양:조장 술이나 간장·식초 따위를 담그는 공장.

양지(陽地) 햇볕이 잘 드는 곳. 비양달. 짠음지. 응달.

양지바르다 햇볕이 잘 든다.

양:진(兩陣) 서로 맞서고 있는 두 편의 진. 예동서 양진의 대결.

양질(良質) 좋은 바탕. 좋은 품질. 예양질의 섬유.

양:쪽 두 쪽. 예양쪽 손. 비양편. 짠한쪽. 한편.

양쯔 강(揚子江) 중국의 중앙부를 동쪽으로 흐르는 아시아에서 제일 큰 강. 세계 3대 하천 중의 하나. 총길이 5,800 km.

양처(良妻) 어질고 착한 아내. 예현모 양처. 비현처. 짠악처.

양철(洋鐵) 안팎에 주석을 입힌 얇은 철판. 통조림통·기름통 같은 것을 만드는 데 쓰임. 생철.

양초 실·헝겊으로 심지를 만들고 밀·백랍·쇠기름 따위를 끓여서 부어 굳힌, 불을 켜는 데 쓰는 것.
양:측(兩側) ①두 편. 양방. 예양측 대표. ②양쪽.
양:치(養齒) '양치질'의 준말. 예식사 후에 양치하다. —하다.
양치기 양을 치는 일. 또, 그 사람. 예양치기 소년.
양:치질 이를 닦고 물로 입 속을 씻어 내는 일. —하다.
양:친(兩親) 아버지와 어머니. 비부모. 어버이.
양:칫물 양치질할 때 쓰는 물.
양탄자 굵은 베실에 짐승의 털을 박아서 짠 피륙. 융단.
양파 알뿌리가 크게 생기는 파의 일종. 알뿌리는 식용함.
양:팔 저울 가로막대의 중심을 받치고 양쪽에 똑같은 접시가 달린 저울. 비천칭.
양:편(兩便) 양쪽 편. 비양쪽.
양푼 음식을 담거나 데우는 데 쓰는 놋그릇.
양품(洋品) 서양에서 수입했거나 서양식으로 만든 장신구·일용품 등의 잡화. 특히 옷이나 그에 딸린 물건, 또는 장신구를 이름.
양품점 양품을 파는 상점.
양피(羊皮) 양의 가죽.
양해(諒解) ①사정을 알아서 너그러운 마음을 씀. ②이해함. 예양해를 구하다. —하다.
양호(良好) 매우 좋음. 예건강 상태가 매우 양호하다. —하다.
양:호실(養護室) 학교에서, 양호 교사 등이 학생의 건강 위생에 관한 일을 맡아 보는 방.
양화점(洋靴店) 구둣방. 구두를 만들어 파는 가게.
얕다 ①깊지 않다. 예얕은 시내. ②학문·지식이 적다. 예얕은 생각. 반깊다.
얕보다 업신여겨 깔보다. 예상대를 얕보고 덤비다가 큰코다쳤다. 비깔보다.
얕은꾀 속이 들여다보이는 잔꾀.
얕은 내도 깊게 건너라〈속〉 모든 일을 조심스럽게 하여라.
얕은맛 산뜻하고 부드러운 맛.
얕잡다 남을 업신여겨 하찮게 대접하다. 정도를 낮추어 다루다. 예상대를 얕잡아 보고 덤비다.
얘: 손아랫사람을 부르는 소리. 예얘, 잠깐 기다려.
얘:기 '이야기'의 준말.
어^1: ①감탄할 때에 나오는 소리. 예어! 참 아름답군. ②손아랫사람이나 벗에게 대답하는 소리. 예어! 나 좀 보세.
어^2(敔) 옛날 궁중에서 쓰던 타악기의 한 가지. 엎드린 범의 형상과 같은데, 그 등에 27개의 톱니가 있어 견으로 긁어 소리를 냄.
어:가(御駕) 임금이 타는 수레. 대가.
어:간(語幹) 말의 줄기. 곧 말의 변하지 아니하는 부분. 반어미.
어:감(語感) 말에 따르는 느낌·맛. 예어감이 부드럽다.
어:구(語句) 말의 구절.
어군 탐지기 초음파를 이용하여 고기 떼가 있는 곳을 찾아 내는 기계.
어귀(←於口) 드나드는 목의 첫머리. 예마을 어귀.
어:근(語根) 말을 나누어 더 나눌 수 없는 데까지 이른 부분. 곧, '쓸쓸하다'의 '쓸쓸' 따위.

어글어글하다 ①얼굴의 각 구멍새가 널찍널찍하다. 예눈이 어글어글하게 생겼다. ②서글서글하다.
어금니 송곳니 뒤에 있는 이.
어금버금하다 서로 비슷하여 크고 작음, 길고 짧음의 차가 적다. 비어금지금하다.
어긋나다 ①서로 길이 갈려 만나지 못하다. 예길이 어긋나다. ②서로 엇갈리게 되다. 예다리뼈가 어긋나다. ③계획이 틀어지다. 예모든 일이 어긋난다.
어기다 ①지키지 아니하다. 예약속 시간을 어기다. ②배반하다. 예맹세를 어기다. ③틀리게 하다. 반지키다.
어기야디야 뱃사람들이 노를 저으며 내는 소리.
어기여차 여럿이 힘을 합할 때 함께 지르는 소리. 예어기여차 노 젓는 뱃사공.
어김없다 어기는 일이 없다. 틀림없다. 예어김없이 실행하다. —이.
어깃장 마음은 그렇지 않으면서 일부러 반항하는 말이나 행동. 예어깃장을 놓다.
어깨 팔이 몸에 붙은 자리에서 목까지의 부분.
어깨동무 같은 또래의 어린이 친구, 또는 서로 팔을 어깨에 얹어 끼고 노는 일. —하다.
어깨를 겨누다 어떤 일에서 서로 나란히 하다.
어깨뼈 척추 동물의 팔과 손을 이루는 뼈와 몸통을 연결하는 등 위쪽의 한 쌍의 뼈. 비견갑골.
어깨춤 ①신이 나서 어깨를 으쓱거리는 짓. ②어깨를 으쓱거리며 추는 춤. 예어깨춤을 추다.

어깻죽지 팔이 어깨에 붙은 부분.
어느 여럿 가운데의 어떤. 예어느 길로 갈까.
어느 게오 어느 것이오.
어느 날 언제라고 정할 수 없는 날. 예어느 날엔가는 꼭 통일이 되리라 믿는다.
어느덧 모르는 동안에. 어느 사이에. 예여기에 온 지도 어느덧 3년이 된다. 비어느 새.
어느 때 언제.
어느 모로 보나 어느 면으로 보든지. 예저 아이는 어느 모로 보나 그런 나쁜 짓을 할 아이가 아니다.
어느 새 알지 못하는 사이. 생각할 틈이 없는 동안. 어언간에. 예어느 새 가을로 접어들었다. 비어느덧.
어느 장단에 춤추랴〈속〉 일을 하는 데 참견하는 사람이 많아 어느 말을 쫓아야 할지, 어떻게 해야 할지 모르겠다는 말.
어느 틈 어느 겨를. 예어느 틈에 가을이 왔다.
어두운 환하지 않은. 예어두운 데서 책을 읽으면 눈이 나빠진다.
어두운 밤중에 홍두깨 내밀듯〈속〉 생각도 아니한 일이나 의견 또는 안건을 갑자기 제시한다.
어두워서 환하지 않아서. 예방 안이 어두워서 시계가 안 보인다. 비캄캄해서.
어두 육미(魚頭肉尾) 물고기는 머리, 짐승은 꼬리 쪽이 맛이 있다는 말.
어두컴컴하다 어둡고 컴컴하다. 비어둠침침하다.
어둑어둑하다 날이 저물어서 어두워지다. 예농부는 어둑어둑할 때까지 밭에서 일을 한다.
어둠 어두운 상태. 어둡고 캄캄함. 어두움.
어둠 상자 ①빛의 성질을 알아보는 데 사용되는, 안을 검게 칠한 상자. ②밖에서 빛이 새어들지 않게 만든 상자.
어둠침침하다 어둡고 흐리다. ⑩어둠침침한 골방. 回어두컴컴하다. —히.
어둡다〔어두우니, 어두워서〕 ①밝지 않다. ⑩방이 어둡다. ②어리석다. ⑩세상 물정에 어둡다. ③눈이 잘 보이지 않다. ⑩밤눈이 어둡다. 回캄캄하다. 凾밝다.
어드레스(address) 컴퓨터의 기억 장치에 프로그램이나 정보가 저장되는 장소를 가리키는 말.
어디 ①정하여 있지 않은 '어느 곳'을 가리키는 말. ②밝힐 필요가 없는 '어느 곳'을 가리키는 말. ⑩어디 좀 갔다올게. ③무엇이라고 말하기 어려운 '어떤 점'을 가리키는 말. ⑩어딘지 모르게 허전해 보인다. ④수량적인 것이 매우 중요하다는 뜻으로 쓰는 말. ⑩돈 만 원이 어디야.
어디 대어 어디다 비교하여.
어디론가 어느 곳으로든. 아무 곳으로든가.
어디론지 어느 곳으로든지.
어디메 → 어디.
어딘지 어디인지. ⑩그의 이야기는 어딘지 모르게 사람의 마음을 끄는 데가 있다.
어때 ①어떠하냐. 곧 괜찮다(상관없다)는 말. ②어떤 생각이나 느낌이 드느냐. ⑩어때 정말 근사하지.
어떠하다 일의 성질이나 상태가 어찌 되어 있다. ⑩오늘은 몸이 어떠하십니까? 歪어떻다.
어떻게 어떠하게. 어찌. ⑩어떻게 하든지 그건 내 알 바가 아니다.
어떻든지 어떻게 하든지. 아무렇든지. ⑩어떻든지 간에 이 일만은 꼭 해내야 한다.
어뜩 휙 지나가는 바람에. ⑩창문에 어뜩 비친 것이 무엇인지 모르겠다.
어뜩하다 갑자기 몹시 어지러워 까무러칠 듯하다. ⑩피로해서 정신이 어뜩하다. 凾아뜩하다.
-어라 명령의 뜻을 나타내는 말. ⑩빨리 먹어라.
어레미 바닥의 구멍이 굵은 체.
어려 비쳐. ⑩샘물에 어려 있는 제 그림자에 놀랐다.
어려려려 얼하량 말을 부리거나 다룰 때 하는 소리. 제주도 지방에서 쓰임.
어려서 나이가 적어서. ⑩어려서 철이 없다. 凾늙어서.
어려운 ①힘든. ⑩어려운 일을 당하다. ②까다로운. 凾쉬운.
어려운 고비 가장 힘든 때. ⑩어려운 고비를 무사히 넘기다.
어련하다 잘 알아서 하여 틀림없다는 뜻으로 쓰이는 말. ⑩네가 어련했겠니? —히.
어렴풋하다 ①기억이 또렷하지 않다. ⑩어렴풋한 기억을 더듬다. ②자세히 들리지 않다. ③환하게 보이지 않다. ⑩나무가 안개에 싸여 어렴풋하다. 回아련하다. 凾아렴풋하다. —이.
어렵(漁獵) ①고기잡이. ②고기잡이와 사냥.
어렵다〔어려우니, 어려워〕 ①쉽지 않다. ⑩문제가 좀 어렵다. ②가난하다. ㉠살림이 어렵다. ③병이 중하다. ㉠살아나기 어렵다.
어렵 시대 농경 생산이 아직 발달하지 않고, 고기잡이와 사냥에 의하여 생활하던 원시 시대.
어로(漁撈) 물고기·조개·바닷말 등의 수산물을 잡거나 채취함. ㉠어로 작업. —하다.
어·록(語錄) 위인이나 유명한 사람들의 말들을 모은 기록, 또는 그 책. ㉠처칠 어록.
어뢰(魚雷) 물 속에서 목표물을 폭파시키는 물고기 모양의 병기.
어루만지다 ①가볍게 문지르다. ㉠머리를 어루만지다. ②위로하여 주다. ㉠마음의 상처를 어루만지다. ⓑ쓰다듬다.
어룽 어룽진 점, 또는 그런 점이 있는 짐승이나 물건. 어룽이.
어룽지다 점이나 무늬 같은 것이 고르게 촘촘하다.
어류(魚類) 물고기의 무리. 지느러미로 움직이며, 부레가 있어 물 속에서 헤엄쳐 다니고 아가미로 호흡하는 척추동물의 한 무리. 비늘로 덮여 있음.
어:르다〔얼러서〕 어린아이를 달래거나 즐겁게 해 주려고 몸을 추슬러 주거나 또는 물건을 보여 주다. ㉠아기를 어르다.
어르신네 남의 아버지나 나이 많은 사람을 높이어 일컫는 말. 준어르신.
어:른 ①윗사람. ②남의 아버지를 대접하여 이르는 말. ③아이가 아닌 사람. ⓑ성인.
어른거리다 ①보였다 아니 보였다 하다. ㉠어릴 때 떠난 고향이 눈앞에 어른거린다. ②똑똑하게 보이지 아니하다. 좍아른거리다.

어:른 벌레 곤충의 형태를 완전히 갖추고 알을 낳을 수 있게 된 곤충. 성충.
어:른스럽다〔어른스러우니, 어른스러워서〕 아이의 행동이 어른처럼 점잖다. ㉠어른스러운 말투.
어:름 두 물건의 끝이 닿은 데. ㉠두 강이 만나는 어름에 산다.

<u>**어름** 두 물건의 끝이 닿은 데.
얼음 물이 얼어서 굳어진 것.</u>

어름어름하다 말과 행동을 똑똑하게 하지 않다. ㉠어름어름하다가 차를 놓쳤다. ⓑ우물쭈물하다.
어름치 잉어과에 속하는 민물고기. 몸빛은 은색 바탕에 등 쪽은 갈색을 띤 암색, 배 쪽은 흰빛임. 몸길이 25 cm 가량. 한국 특산종.
어리 병아리를 가두어 기르는 싸리 따위로 만든 기구.

〔어 리〕

어리광 어린 체하는 짓. ㉠어리광을 부리다. —스럽다. —하다.
어리다¹ ①눈에 눈물이 약간 괴다. ㉠눈에 눈물이 어리다. ②눈 앞에 자꾸 떠오르다.
어리다² ①나이가 적다. ㉠어린 아이. ②경험이 적거나 수준이 낮다. ㉠기술이 아직 어리다.
어리대다 남의 눈앞에서 귀찮게 어정거리다.
어리둥절하다 정신이 얼떨떨하다. ㉠갑작스러운 상황에 어리둥절할 뿐이다. —히.
어리벙벙하다 어리둥절하여 갈피를 잡을 수 없다. —히.

어리비치다 어떤 기운이나 현상이 드러나 보이다. 어리어 비치다.

어리석다 슬기롭지 못하고 둔하다. 예어리석은 생각. 비우매하다. 반슬기롭다.

어린 왕자 프랑스의 생텍쥐페리의 소설. 거짓과 권위주의를 꼬집음.

어린이 어린아이. 나이가 어린 사람. 예어린이 대공원. 비아동. 아이. 반어른.

어린이날 어린이들을 사랑하고 착하게 기르자는 것을 특별히 강조하는 날. 5월 5일.

어린이 은행 어린이들의 저축을 맡아 보기 위하여 어린이들 스스로가 학교에 만든 은행.

어린이 임원회 학교 어린이회의 회장을 의장으로 하고, 4학년 이상 각반 어린이회의 회장과 부회장을 임원으로 하여, 그들이 모여 하는 회의.

어린이 헌:장 인간으로서의 어린이들의 권리와 행복을 보장해 줄 것을 어른들 전체가 서약한 헌장. 1957년 5월 5일에 선포함.

어린이회 초등 학교에서 학교 생활을 잘 해 나가는 데 필요한 여러 가지 일을 어린이들이 모여서 의논하는 모임.

어린이 회:관 어린이를 위한 문화·오락 시설을 해 놓은 집. 서울 어린이 대공원 안에 있음.

어림 대강 짐작으로 헤아림. 예어림잡은 수. —하다.

어림도 없:다 당치도 않다. 예철수가 나를 이기겠다고 덤비다니 어림도 없는 짓이다.

어림셈 대충 짐작으로 셈을 함, 또는 그 셈. —하다.

어림수[—쑤] 대충 짐작으로 잡은 수. 예총생산량을 어림수로 나타내다.

어림잡다 대강 짐작으로 헤아려 보다. 예대충 돈이 얼마나 들지 어림잡아 보아라.

어릿광대 ①광대가 나오기 전에 먼저 나와서 우습고 재미있는 말과 행동으로 관객을 웃기는 사람. 피에로. ②익살을 떨며 남을 잘 웃기는 사람.

어릿어릿 어렴풋하고 어지럽게 눈에 어리거나 움직이는 모양. 작아릿아릿. —하다.

어릿하다 자극적인 맛으로 혀끝이 꽤 아리다. 예생마늘을 씹었더니 혀끝이 어릿하다. 작아릿하다.

어마마마 임금이나 왕자가 그 어머니를 부르는 말.

어마어마하다 엄청나고 굉장하고 장엄하다. 놀랄 만큼 으리으리하다. 예어마어마한 액수의 돈을 사회 사업에 기부하다.

어머나 끔찍하고 엄청난 것에 놀라는 때에 내는 소리. 예어머나, 이 일을 어쩌지.

어머니 ①자기를 낳은 여자 어버이. ②지식을 가진 부인. 비모친. 반아버지.

어:명(御命) 임금의 명령.

어묵 생선의 살을 으깨어 갈분이나 조미료 등을 섞고, 나무판에 올리거나 여러 가지 모양으로 만들어 익힌 음식. 생선묵.

어물(魚物) 물고기, 또는 손질하여 말린 해산물.

어물어물 말이나 짓을 똑똑하지 아니하게 하는 모양. 예똑똑히 대답을 하지 못하고 왜 어물어물하느냐. —하다.

어물전 어물을 파는 가게.

어물전 망신은 꼴뚜기가 시킨다 〈속〉 못난 것이 그와 함께 있는 동료까지 망신시킨다.

어미[1] 어머니의 낮춤말. 〔반〕아비.

어:미[2] (語尾) 어떤 말의 줄기에 붙어서 여러 가지로 변화하는 부분. '밟다·밟고·밟으면·밟을수록…' 등에서 '-다·-고·-으면·-을수록' 따위. 〔반〕어간.

어미닭[-닥] 병아리를 데리고 있는 암탉.

어민(漁民) 고기잡이를 업으로 삼는 사람.

어버이 어머니와 아버지. 〔예〕어버이를 공경하다. 〔비〕부모. 양친.

어버이날 어머니와 아버지의 고마움을 생각하기 위하여 정해진 날. 5월 8일.

어:법(語法)[-뻡] 말의 구성이나 쓰는 법칙. 〔예〕어법에 맞는 말. 〔비〕문법.

어부(漁夫·漁父) 고기잡이를 하는 사람.

어부사시사 조선 효종 때 윤선도가 지은 연시조. 봄·여름·가을·겨울 각 10 수씩 40 수임.

어부지리(漁父之利) 도요새와 조개가 싸우고 있는 사이에, 어부가 쉽게 둘을 다 잡았다는 이야기에서 유래한 말로 둘이 다투고 있는 사이에 엉뚱한 사람이 이익을 가로챔을 이르는 말.

어분(魚粉) 물고기나 조개를 찌거나 말려서 가루로 만든 것. 비료로 씀.

어:불성설(語不成說) 말이 조금도 사리에 맞지 않음. 말이 되지 않음. 〔준〕불성설.

어:사(御使) '암행 어사'의 준말.

어:사화(御賜花) 지난날, 임금이 과거에 급제한 사람에게 내리던 종이로 만든 꽃.

어:색(語塞) ①어울리지 않음. ②격에 맞지 않음. ③서먹서먹하고 멋쩍음. 〔예〕어색한 웃음. ④보기에 서투름. 〔예〕안 입던 양복을 입으니 정말 어색하다. 〔비〕부자연. ―하다. ―히.

어서 빨리. 속히. 얼른. 〔예〕어서 가야지 늦겠구나. 〔반〕천천히.

어서어서 빨리 시작하기를 재촉하는 말. 〔예〕해가 지기 전에 어서어서 돌아가거라.

어선(漁船) 바다에 나가 고기잡이를 하는 배. 고깃배.

어:설프다[어설프니, 어설퍼] ①꼭 짜이지 못하여 갖추어 있지 못한 데가 많다. 〔예〕어설프게 만든 장난감. ②탐탁하지 않다.

어셈블러(assembler) 어셈블리 언어로 작성된 프로그램을 기계어로 변환하는 프로그램.

어셈블리어 0과 1로 구성되는 기계어를 기호화하여 1대1로 대응시킨 저급 언어.

어수룩하다 되바라지지 않고 조금 어리석은 듯하다. 〔예〕어수룩한 시골 사람. 〔작〕아수룩하다.

어수선하다 가지런하지 않고 마구 헝클어지다. 〔예〕방 안을 어수선하게 하지 마라.

어스름 저녁이나 새벽의 어둡고 컴컴한 빛, 또는 그 때.

어슬렁거리다 몸이 크고 다리가 긴 사람이나 짐승이 천천히 걸어가다. 〔예〕사자가 먹이 주변을 어슬렁거린다.

어슬렁어슬렁 몸집이 큰 사람이나 짐승이 천천히 걷는 모양. ―하다.

어슴푸레하다 ①흐리어서 똑똑하지 않다. 예 항구의 불빛이 어슴푸레하다. ②희미해서 생각이 잘 안 나다. 작 아슴푸레하다.

어슷비슷하다 ①서로 비슷하다. 예 실력이 어슷비슷하다. ②서로 가지런하지 않다. 예 막대기를 바닥에 어슷비슷하게 늘어놓다.

어슷하다[―스타다] 물건의 모양이 한쪽으로 비뚤어져 있다. 예 어슷하게 자르다.

어시스트(assist) 농구나 축구 경기 등에서, 알맞은 패스로써 직접 득점을 돕는 일. ―하다.

어시장(魚市場) 생선이나 조개·젓갈류를 파는 시장. 준 어시.

어썩 단단하고 싱싱한 과실 등을 단번에 힘있게 깨물어 부서뜨리는 소리. 작 아싹. ―하다.

어:안이 벙벙하다 기가 막히거나 어이가 없어 말이 나오지 아니하다. 예 엉뚱한 생트집에 어안이 벙벙하다.

어어 뜻밖의 일을 당했을 때 내는 소리. 예 어어, 이상하다. 여기에 둔 시계가 어디 갔지? 작 아아.

어언간(於焉間) 모르는 동안. 어느덧. 예 어언간 3년이 지났다.

어업(漁業) 영리의 목적으로 수산물을 잡거나 또는 기르는 사업.

어여머리 지난날, 부인이 예의를 갖추어 치장할 때 머리에 얹는 큰 머리. 준 어염. ―하다.

[어여머리]

어여쁘다[어여쁘니, 어여뻐] '예쁘다'의 예스러운 말. 예 어여쁜 색시의 보조개.

어여차 힘을 합할 때에 여럿이 일제히 내는 소리. 어기여차.

어엿한 행동이 당당하고 떳떳한. 버젓한. 예 대학을 졸업한 형님은 어엿한 신사가 되었다.

어영부영 되는 대로 아무렇게나 어물어물 넘겨서 처리하는 모양.

어:용(御用) 권력에 아첨하고 자주성이 없는 사람이나 단체·작품 따위를 경멸하여 이르는 말.

어우러지다 여럿이 한 동아리를 이루게 되다. 예 우리들은 서로 어우러져서 재미있게 윷놀이를 했다. 작 아우러지다.

어우르다〔어울러〕 여럿이 합쳐지다. 한 덩어리가 되다. 예 친구들과 어울러 농촌 봉사 활동을 벌이다. 작 아우르다.

어울려서 여럿이 한 덩어리가 되어서. 예 한데 어울려서 놀다.

어울리다 ①조화되어 자연스럽다. 예 양복과 어울리는 넥타이. ②합당하다. ③격식·제격에 맞다. 준 얼리다. 작 아울리다.

어울리지 않는 ①여럿이 한 덩어리가 되지 않는. ②격에 맞지 않는. 예 할아버지의 안성을 쓴 동생의 모습은 어울리지 않는다.

어:원(語源) 말의 근원.

어유 뜻밖에 벌어진 사건에 놀람의 느낌을 나타내는 소리. 예 어유, 이거 큰일났구나. 작 아유.

어육(魚肉) ①생선의 살. ②생선의 고기와 짐승의 고기.

어음 일정한 시기에 일정한 장소에서 일정한 돈을 치르겠다는 것을 적은 증권.

어이 어처구니. 예 하도 어이가 없어 할 말을 잊었다.

어이가 없:다 엄두가 나지 않는다. ⑩어이가 없어 말도 안 나온다.

어이구 몹시 아플 때, 놀랐을 때, 힘들 때, 원통하여 기가 막힐 때 나오는 소리. ⑩어이구, 귀찮아. 㽵에구. 㽴아이고.

어이없다 일이 맹랑하여 기막히다. ⑩어이없는 일을 당하다. 비어처구니없다. —이.

어인 '어찌 된'의 옛말.

어장(漁場) 고기잡이를 하는 곳. 수산물이 풍부한 곳.

어저께 =어제.

어:전(御前) 임금의 앞.

어:전 회:의 중요한 나라 일을 의논하기 위하여 임금 앞에서 중신들이 하는 회의. —하다.

어절(語節) 문장을 이루고 있는 도막도막의 성분. 우리말에서는 한 낱말로 이루어지기도 하고 낱말에 토씨(조사)가 붙어서 이루어지기도 함.

어정쩡하다 ①미심하여 마음이 꺼림칙하다. ②또렷하지 않고 흐릿하다. ③매우 난처하다. —히.

어제 오늘의 전날. 어저께. 반내일.

어젯밤 어저께의 밤. 비간밤.

어:조(語調) 말하는 투. 말의 가락. ⑩격렬한 어조.

어족[1](魚族) 물고기의 종족.

어:족[2](語族) 같은 언어를 조상으로 하여 갈라졌다고 생각되는 언어의 한 무리.

어:줍다 ①말이나 동작이 부자연스럽고 시원스럽지 않다. ⑩어줍은 대답. ②손에 익지 않아 서투르다. ⑩일하는 폼이 어줍다.

어중간(於中間) ①거의 중간이 되는 곳. ②넘고 처져서 어느 것에도 알맞지 않음. —하다. —히.

어중되다(於中—) [—되다] 정도가 넘거나 처져서 알맞지 아니하다. ⑩출발하기에는 어중된 시간이다.

어:중이떠중이 여러 방면에서 모인 여러 종류의 탐탁하지 못한 사람들을 얕잡아 이르는 말.

어지간하다 ①웬만하다. ②꽤 무던하다. ③어떤 정도에 거의 가깝다. ⑩인물은 그만하면 어지간한 편이다.

-어지다 ①동사의 변하지 않는 부분에 붙어 '…게 되다'의 뜻을 나타내는 말. ⑩찢어지다. 이루어지다. ②형용사의 변하지 않는 부분에 붙어서 동사를 만드는 말. ⑩붉어지다. 늙어지다.

어지러뜨리다/어지러트리다 어지럽게 하다.

어지럽다〔어지러우니, 어지러워/어지러이〕 ①얼떨떨하여 정신을 차릴 수 없다. ②눈앞이 캄캄하고 머리가 아프다. ③온갖 물건이 헝클어져 있어 수선하다. ④도덕이나 질서가 흐트러진 상태에 있다. ⑩어지러운 세상.

어지르다〔어질러서〕 정돈되어 있는 것을 흐트러 놓다.

어지빠르다〔어지빨라〕 정도가 넘고 처져서 어느 쪽에도 맞지 않다. 비어중되다.

어:진(御眞) 임금의 화상이나 사진.

어질다 마음이 너그럽고 인정이 도탑다. ⑩어진 임금.

어질병[—뼝] 정신이 어질어질해지는 병.

어질어질하다 현기가 나서 정신이 자꾸 어지럽다. ⑩수면 부족으로 어질어질하다. 셴어찔어찔하다.
어째서 어떤 까닭으로. '어찌하여서'의 준말. 예어째서 안 올까?
어쨌든 ①어찌하였든지. ②어찌되었든지. 예결과야 어쨌든 시작하고 볼 일이다.
어쩌나 어떻게 하나. 예이를 어쩌나, 시험을 망쳤으니……
어쩌다 ①가끔. 이따금. 예어쩌다 오는 손님. ②뜻밖에 우연히. 예어쩌다 길에서 선생님을 만났다. 본어쩌다가.
어쩌면 어찌하면. 예시골 간 언니가 어쩌면 오늘쯤 올 것 같다.
어쩐지 어찌 된 까닭인지는 모르나. 예어쩐지 기분이 좋지 않다.
어쩔 줄 어찌해야 좋을는지. 예사고를 당하니 어쩔 줄 모르겠더라.
어찌 ①어떠한 방법으로. 예먼 길을 어찌 갈꼬. ②어떠한 이유로. 예네 어찌 그런 짓을 할 수 있단 말이냐? ③어떠한 정도로.
어찔하다 갑자기 정신이 내둘리어 쓰러질 것 같다. 작아찔하다.
어차피(於此彼) 이렇게 하느시 지렇게 하든지. 예어차피 끝난 일이다. 본어차어피에.
어창(魚倉) 배에서 잡은 물고기를 넣어 두는 곳간.
어처구니없다 엄청나게 기가 막히다. 예사기꾼에게 어처구니없이 당하다. 비어이없다. —이.
어촌(漁村) 어업 생산을 주로 하는 지역이나 마을. 갯마을.
-어치 그 값에 상당하는 분량이나 정도. 예백 원어치. 한 푼어치.
어:투(語套) 말버릇. 말투.
어패류(魚貝類) 식품으로 쓰이는 생선과 조개 종류를 통틀어 이르는 말.
어포(魚脯) 생선을 얇게 저며서 양념을 하여 말린 조각.
어필:(appeal) ①스포츠 따위에서, 심판에게 항의함. ②흥미를 불러일으키거나 매력을 느끼게 함. —하다.
어:학(語學) ①말의 발달과 변천을 연구하는 학문. ②문법. ③외국말 공부. 예어학 연수.
어항¹(魚缸) 물고기를 기르는 유리 항아리. 예어항을 놓다.
어항²(漁港) 어선이 정박하며, 고기잡이에 필요한 설비를 갖추고 있는 항구.
어허 ①미처 생각하지 못한 일을 깨달아 느꼈을 때 내는 소리. 예어허, 참 그렇군. ②크게 놀라거나 못마땅할 때 내는 소리. 예어허, 야단났구나! 작아하.
어허둥둥 아기를 어를 때에 노래 겸하여 내는 소리. 준어둥둥.
어험 자기의 위엄을 나타내거나, 사람의 기척을 나타낼 때 내는 헛기침 소리. 예대문 앞에서 어험 하고 기침을 하다.
어:혈(瘀血) 타박상 등으로 피부 밑에 멍이 들어 피가 맺혀 있는 것, 또는 그런 병.
어:화¹ 기쁜 마음을 나타내어 노래로 누구를 부르는 소리. 예어화, 벗님네야.
어화²(漁火) 어선에 켜는 등불이나 횃불.
어획(漁獲) 수산물을 잡거나 채취함, 또는 그 수산물. 예어획량이 크게 늘어났다. —하다.
어:휘(語彙) 낱말을 모은 수.
억(億) 만의 만 곱절.
억누르다 [억누르니, 억눌러서] 억

지로 마구 내리누르다. ㉮때리고 싶은 마음을 억누르다.

억류(抑留)[엉뉴] 억지로 머무르게 함. ㉮억류 생활. —하다.

억만 장:자(億萬長者) 헤아릴 수 없을 정도의 많은 재산을 가진 사람. 아주 큰 부자를 가리킴.

억보 자기의 생각을 고집하는 사람. 억지가 센 사람.

억:새 볏과의 여러해살이풀. 산이나 들에 절로 나는데 높이는 1~2m. 잎은 가늘고 긺.

억설(臆說) 근거 없이 자기의 생각을 고집하는 말. ㉮억설을 부리다. —하다.

억세다 ①뜻이 굳고 세차다. ㉮고집이 억센 사람. ②뻣뻣하고 세다. ㉮억센 머리털. ㉯강하다. ㉰부드럽다.

억수 물을 퍼붓듯 세차게 내리는 비. 호우. ㉮억수 같은 비.

억압(抑壓) 억누름. ㉮일제의 억압에 항거하다. —하다.

억양(抑揚) 말이나 글에서, 소리의 높낮이와 강약. ㉮억양이 서울 사람 같지 않다.

억울하다 ①억제함을 당하여 답답하다. ②원통하여 기가 막히다. ㉮죄 없이 매를 맞다니, 억울한 일이다. ③죄 없이 누명을 쓰다. —히.

억제(抑制) ①내리눌러서 못 일어나게 함. ㉮감정을 억제하다. ②억지로 못 하게 함. —하다.

억조 창생(億兆蒼生) 수많은 백성. 온 세상 사람.

억지 자기의 생각이나 행동을 무리하게 해내려는 고집. ㉮그렇게 억지쓰지 마라. ㉯떼². ㉰악지. —스럽다.

억지로 강제로. 무리하게. ㉮따라오려는 동생을 억지로 떼어 놓고 왔다. ㉯저절로.

억지 웃음 웃기 싫지만 억지로 웃는 웃음.

억척 어렵고 힘든 일에 버티는 태도가 끈질기고 억셈, 또는 그런 사람. ㉮억척을 떨다. —스럽다.

억측(臆測) ①이유나 근거 없이 제 생각으로 추측함. ㉮억측에 지나지 않는다. ②어림치고 생각함. —하다.

언권(言權)[—꿘] 어떤 자리에서 말을 할 수 있는 권리.

언급(言及) ①어떤 일에 대해서 말함. ㉮언급을 회피하다. ②하는 말이 그 곳까지 미침. —하다.

언니 자매 사이나 여자들 사이에서 자기보다 나이가 많은 사람을 부르는 말. ㉯아우. 동생.

언더라인(underline) 밑줄. ㉮중요한 글귀에 언더라인을 치다.

언더스로:(under-throw) 야구에서, 투수가 공을 어깨 아래로부터 던지는 방법, 또는 그 투수.

언덕 땅이 산보다는 낮고 둔덕보다는 높은 곳. ㉮언덕이 지다. ㉯비탈. ㉰골짜기.

언덕길 언덕으로 오르내리는 비탈진 길.

언덕바지 =언덕배기.

언덕배기 언덕의 꼭대기, 또는 언덕의 비탈이 심한 곳. =언덕바지.

언덕투성이 언덕이 매우 많음을 이르는 말.

언도(言渡) '선고'의 옛 이름. ㉮사형을 언도하다. —하다.

언동(言動) 입으로 하는 말과 몸으로 하는 행동. ㉮언동을 삼가다. 비언행.
언뜻 ①잠깐. 매우 짧은 동안. 예 언뜻 눈에 띄다. ②문득.
언론(言論) 옳고 그른 것, 좋고 나쁜 것에 관하여 말과 글로써 자기의 생각을 나타내는 일. 예 언론의 자유. —하다.
언론 기관 신문사·잡지사·방송국 등 언론을 담당하는 기관.
언론의 자유 헌법에서, 기본적 인권으로서 보장되는 자유의 하나로, 개인의 생각이나 의견을 언론에 의해서 발표할 수 있는 자유.
언명(言明) 말로써 자기의 뜻을 분명히 나타냄. 예 자신의 입장을 언명하다. —하다.
언:문(諺文) 지난날, 한글을 좀 천시하여 일컫던 말.
언:문청 세종 대왕이 한글을 만들기 위해 세운 관청.
언밸런스(unbalance) 불균형. 부조화. 반 밸런스.
언변(言辯) 말솜씨. 말재주. 예 언변이 좋다. 비 구변. 입담.
언사(言辭) 말. 말씨. 예 불손한 언사.
언성(言聲) 말의 소리. 예 언성이 높다.
언약(言約) 말로써 약속함, 또는 그 약속. 예 결혼을 언약한 사이. 비 약속. —하다.
언어(言語) 사람의 생각을 나타내는 소리말. 비 말².
언어 도:단(言語道斷) 너무 어이가 없어 말도 나오지 않을 정도임. 준 도단.
언어 상통 말이 서로 통함.
언어 생활 언어 행동의 면에서 본 인간 생활. 인간 생활의 태반을 차지함.

언어 장애 말을 바르게 발음하지 못하거나 정확하게 이해하지 못하는 상태.
언:월도[—또] 반달 모양으로 된 중국의 칼. 준 월도.
언쟁(言爭) 말다툼. 예 친구와 언쟁을 벌이다. —하다.
언저리 둘레의 근방. 주위의 부근. 예 귀 언저리. 비 둘레.
언:제 어느 때. 예 언제 다시 만날 수 있을까?
언:제나 어느 때나. 예 순이는 언제나 깨끗한 몸차림을 하고 있다. 비 항상. 언제든지. 반 가끔.
언:젠가 ①어느 때에 가서는. 예 언젠가는 가게 되겠지. ②이전 어느 때에. 예 언젠가 그를 본 일이 있다.
언질(言質) 어떤 일을 약속하는 말의 꼬투리. 예 언질을 받다.
언짢다 ①마음에 좋지 않다. 예 친구와 말다툼한 일이 매우 언짢았다. ②보기에 싫다. 반 달갑다.
언청이 윗입술이 태어날 때부터 찢어진 사람.
언턱 물건 위에 층이 진 곳.
언:해(諺解) 한문을 우리말로 풀이함, 또는 그 책. —하다.
언행(言行) 말과 행실. 예 언행을 조심하다. 비 언동.
얹다[언따] ①물건을 높은 곳에 놓다. 예 책을 선반에 얹다. ②물건 위에 물건을 놓다. ③덮다.
얹혀 살다 자립 생활을 못 하고 남에게 의지해서 살다. 예 부모에게 얹혀 살다.
얻:다 ①주는 것을 받아 가지다. ②줍다. 예 길에서 지갑을 얻다. ③깨닫다. 예 지식을 얻다.
얻:어듣다[어러듣따] 우연히 들어

689

서 알다. 예 얻어들은 풍월.
얻:어맞다 남에게 매를 맞다. 예 몽둥이로 얻어맞다.
얻:어먹다 ①남에게 빌어먹다. 예 밥을 얻어먹다. ②욕을 듣다.
얼: 정신. 혼. 예 얼이 나간 사람 같다. 비 넋.
얼간 ①과히 짜지 않게 소금에 절이는 간. 예 얼간 고등어. ②언행이 주책없는 사람의 별명. 예 얼간이. —하다.
얼:갈이 논이나 밭을 겨울에 대강 갈아엎는 일. —하다.
얼개 짜임새. 구조. 예 꽃의 얼개.
얼굴 머리의 앞쪽. 입·코·눈·눈썹이 있는 부분. 비 낯.
얼굴빛〔-삗〕 얼굴에 나타나는 기색과 움직임. 비 안색.
얼기설기 이리저리 뒤얽혀 있는 모양. —하다.
얼:다〔어니, 얼어서〕 물이 얼음이 되다. 예 강이 얼다. 반 녹다.
얼떨결〔-결〕 여러 가지가 복잡하고 혼란되어 정신이 얼떨떨한 판. 예 얼떨결에 저지른 실수.
얼:뜨기 다부지지 못하고 어수룩한 사람.
얼:뜨다〔얼뜨니, 얼떠〕 다부지지 못하고 어수룩하다.
얼렁뚱땅 엉터리로 남을 교묘히 속이는 모양. 예 얼렁뚱땅 해치우다. —하다.
얼레 실을 감아 연을 날리는 데 쓰는 기구. 예 얼레를 감다.

〔얼 레〕

〔얼레빗〕

얼레빗 빗살이 굵고 성긴 큰 빗. 반 참빗.
얼루기 ①얼룩얼룩한 점. ②얼룩진 동물.
얼룩 본바탕의 어떤 부분에 다른 빛의 점이나 줄이 뚜렷이 섞인 자국. 예 얼룩무늬.
얼룩덜룩 어떤 바탕에 다른 빛깔의 얼룩이나 무늬가 고르지 않게 무늬져 있는 모양. 예 얼룩덜룩한 벽. 작 알록달록. —하다.
얼룩말 말과의 짐승. 백색 또는 담황색 바탕에 흑색 줄무늬가 있음. 초원에 떼지어 사는데, 사나워서 길들이기 어려움.
얼룩무늬〔-룽무니〕 얼룩진 무늬.
얼룩빼기 겉이 얼룩진 동물이나 물건.
얼룩소 털빛이 얼룩얼룩한 소.
얼룩얼룩 어떤 바탕에 여러 가지 빛깔의 얼룩이나 무늬 따위가 고르게 무늬져 있는 모양. 작 알록알록. —하다.
얼룩점 얼룩얼룩한 점. 작 알록점.
얼룩지다 ①얼룩얼룩하게 얼룩이 생기다. ②액체가 스며들어 얼룩이 생기다.
얼룽얼룽 어떤 바탕에 뚜렷한 점이나 무늬 따위가 고르게 촘촘히 무늬져 있는 모양. 작 알롱알롱.
얼른 빨리. 곧. 비 선뜻. 속히. 반 천천히.
얼른얼른 ①그림자가 매우 희미하게 움직이는 모양. ②물이나 거울에 비친 그림자가 매우 흔들리는 모양. —하다.
얼:리다 한데 섞이다. 서로 얽히게 되다. 예 한데 얼려 살아가다. 본 어울리다.
얼:마 ①어떠한 수효의 분량과 정

도. ㉠이것은 얼마입니까? ②밝혀 말할 수 없는 수효나 정도. ㉠재고가 얼마 남지 않았다.

얼:마나 ①얼마 가량이나. ㉠요새는 얼마나 바쁘십니까? ②오죽. ㉠얼마나 힘들겠니?

얼버무리다 ①음식을 잘 씹지 않고 삼키다. ②분명하게 말하지 아니하다. ㉠대답을 얼버무리다.

얼:비치다 광선이 눈에 반사되게 비치다.

얼:빠지다 정신이 혼란하여지다. 정신이 없어지다. ㉠얼빠진 짓을 하다.

얼싸 흥에 겨워 내는 소리.

얼싸안다[-따] 두 팔을 벌리어 껴안다. ㉠오랜만에 사촌 동생을 만나 반가워 얼싸안다.

얼쑤절쑤 민속춤을 출 때, 굿거리 장단이나 자진모리 장단에 맞추어 흥겹게 춤을 추면서 내는 소리나 말.

얼씨구 신이 나서 나오는 소리. ㉠얼씨구 좋다.

얼씬 어떤 것이 눈앞에 잠깐 나타나는 모양. ㉠이젠 내 앞에 얼씬도 하지 마라. 짝알씬. —하다.

얼씬거리다 눈앞에서 떠나지 않고 자꾸 나타나다. ㉠좀도둑이 가게 앞에서 자꾸 얼씬거린다. 짝알씬거리다.

얼씬 못 하다[-모타다] 눈앞에 잠깐도 나타나지 못하다.

얼어붙다 얼어서 꽉 들러붙다. ㉠강물이 꽁꽁 얼어붙다.

얼얼하다 ①햇볕 따위에 데어서 몹시 아리다. ②혀가 아프도록 몹시 맵다. ㉠매워서 혀가 얼얼하다. ③상처가 몹시 아리다. 짝알알하다.

얼음 물이 섭씨 0도 이하의 온도에서 얼어서 덩이가 된 것.

얼음장[-짱] 얼음의 좀 넓은 조각. ㉠손이 얼음장 같다.

얼음장 같다 방바닥·손발 등이 매우 차다. ㉠방바닥이 얼음장 같다.

얼음주머니 얼음을 넣어 얼음찜질을 하는 데 쓰는 주머니.

얼음집 얼음이나 눈덩이를 얼려서 벽돌 모양으로 잘라 만든 집. 이글루(에스키모인들의 집).

얼음찜질 몸의 한 부분에 얼음을 대어 열을 내리게 하는 일. —하다.

얼음판 얼음이 마당처럼 된 곳.

얼쩡거리다 아무 일도 없이 자꾸 돌아다니다. 짝알짱거리다.

얼쩡얼쩡 자꾸 얼쩡거리는 모양. 짝알짱알짱. —하다.

얼추 ①대강. 대충. ㉠일이 얼추 끝났다. ②거의 가깝게. ㉠얼추 다 왔다.

얼큰하다 ①매워서 입 안이 얼얼하다. ㉠얼큰한 찌개. ②술이 거나하여 정신이 어렴풋하다. —히.

얼토당토아니하다 관계가 전혀 없다. 아주 가당찮다. ㉠얼토당토아니한 의견을 주장하다. 준얼토당토않다.

얽다[억따] ①얼굴에 마마의 흔적이 생기다. ㉠얼굴이 살짝 얽다. ②물건의 거죽에 흠이 많이 나다. ㉠이 꽃병은 많이 얽었다. 짝앍다.

얽다[억따] ①묶다. ㉠짐을 얽다. ②엮다. ③매다. ④감다.

얽매이다 ①얽혀서 매이다. ②어떤 일에 걸리어서 몸을 빼지 못하다. ㉠시험에 얽매이다.

얽어매다 이리저리 얽어서 매다. 예얽어맨 밧줄.

얽은 울퉁불퉁하게 생긴. 옴파 옴팍 팬 자국이 많은. 예얽은 얼굴.

얽히고 설키다 이리저리 매우 복잡하게 얽히다. 예사건이 얽히고 설켜 처리하기가 곤란하다.

얽히다 얽음을 당하다. 서로 엇갈리다. 예실이 얽히다.

엄격(嚴格)[—껵] 말이나 행동이 엄숙하고 딱딱함. 예엄격한 규율. —하다. —히.

엄금(嚴禁) 엄하게 금지함. 예미성년자의 출입을 엄금하다. 반권장. —하다.

엄:니 육식 동물의 아래위 턱에 난 굳세고 날카로운 송곳니.

엄단(嚴斷) 절대로 용서하지 않고 엄하게 결단하여 처리함. 예부정 공무원을 엄단하다. —하다.

엄동(嚴冬) 몹시 추운 겨울.

엄동 설한(嚴冬雪寒) 겨울의 심한 추위. 예엄동 설한에 핀 꽃.

엄두 감히 하려는 마음이나 생각. 예내 힘으로는 감히 엄두도 내지 못하겠다.

엄마 어린아이가 어머니를 정답게 부르는 말. 반아빠.

엄밀(嚴密) ①아주 비밀함. ②엄중하고 세밀함. 예엄밀한 조사. —하다. —히.

엄벌(嚴罰) 엄하고 중한 형벌. 심한 벌. —하다.

엄벙덤벙 주관 없이 함부로 덤벙거리는 모양. 예엄벙덤벙 일을 해서 실수를 자주 한다. —하다.

엄살 일부러 아픈 체하는 짓. 예머리가 아프다고 엄살을 부리다. —스럽다. —하다.

엄살꾸러기 엄살을 잘 부리는 사람.

엄선(嚴選) 엄격하고 공정하게 고름. 예작품을 엄선하다. —하다.

엄수(嚴守) 엄하게 지킴. 예규칙 엄수. —하다.

엄숙하다(嚴肅—) ①위엄이 있게 보이다. 예엄숙한 얼굴. ②엄하고 삼가는 태도가 있다. 예조용히 하라는 선생님의 엄숙한 목소리에 떠들썩하던 교실 안이 갑자기 조용해졌다. 비근엄하다. 엄하다. 반경박하다. —히.

엄:습(掩襲) 불시에 습격함. 예갑자기 추위가 엄습했다. —하다.

엄:연하다(儼然—) ①씩씩하고 점잖다. ②아무리 하여도 부인할 수 없다. 예숨길 수 없는 엄연한 사실이다. —히.

엄정하다(嚴正—) 엄격하고 바르다. 엄중하고 정직하다. 예엄정하게 중립을 지키다. —히.

엄중(嚴重) 몹시 엄함. 예엄중한 처단. 비엄격. —하다. —히.

엄지 ①손발의 제일 굵은 가락. ②중요한 지위에 있는 사람.

엄청나게 ①굉장하게. ②몹시. 매우. 비가 많이 와서 냇물이 엄청나게 불었다.

엄청나다 생각보다 정도가 너무 과하다. 예장마로 홍수가 나서 피해가 엄청나다.

엄친(嚴親) 남에게 대하여 자기의 '아버지'를 이르는 말.

엄:폐(掩蔽) 가리어 숨김. 예사건의 진상을 엄폐하다. —하다.

엄:포 실속 없는 큰소리로 남을 으르는 짓. 예엄포를 놓다.

엄하다(嚴—) ①잘못되지 않도록 단속이 심하다. ②무섭다. 예엄한 할아버지. 비엄중하다. —히.
업(業) ①자기가 날마다 하고 있는 벌이·공부. 예생업. 학업. ②일부 낱말에 붙어 그러한 '직업'이나 '업종'임을 뜻하는 말. 예농업. 운수업.
업계(業界) 같은 산업이나 상업에 종사하는 사람들의 사회. 예업계의 반응을 살피다.
업다 사람을 등에 지다. 예아기를 업다. 반안다.
업무(業務) 직업으로서 하는 일. 맡아서 하는 일. 예업무를 소홀히 하다.
업보(業報) 불교에서, 전 세상에서 한 나쁜 짓으로 말미암아 받는 갚음을 이르는 말. 예전생의 업보.
업ː신여기다[업씬녀—] 만만히 여기다. 깔보다. 넘보다. 예네가 부자라고 해서 가난한 사람을 업신여기면 안 된다. 반존경하다.
업ː신여김[업씬녀—] 업신여기는 일. 예업신여김을 당하다.
업어치기 유도·씨름 따위에서, 메치기 기술의 하나. 상대방을 자기 뒤로 업듯이 하여 둘러 메쳐 넘기는 기술.
업은 아기 삼 년 찾는다〈속〉 가까운 데 있는 것을 모르고 다른 곳에 가서 찾는다는 말.
업적(業績) ①일의 성적. ②해 놓은 일의 보람. 예박 선생님은 교육 사업에 많은 업적을 남기셨다. 비공적.
없ː건마는 없지마는. 예아무도 날 반길 이 없건마는 나는 고향에 가고 싶다.
없ː다 ①있지 않다. 예산에 나무가 없다. ②비다. 예집안에 사람이 없다. ③가지지 아니하다. 예

돈이 없다. ④가난하다. 예없는 살림. 반있다.
없ː애다 ①없어지게 하다. 예나쁜 습관을 없애다. ②죄다 쓰다.
엇가다 언행이 어그러지게 나가다. 예말이 엇가다.
엇각[얻깍] 한 직선이 다른 두 직선과 만나서 생기는 네 개의 내각 중, 한 직선을 사이에 두고 비스듬히 마주 보는 두 각을 서로 이르는 말.
엇갈리다 이리저리 서로 걸리다. 서로 어긋나게 놓이다. 예친구와 길이 엇갈렸다.
엇나가다 ①비뚜로 나가다. 예엇나가기만 하는 친구. ②언행이 상대편을 어기어 나가다.
엇메다 이쪽 어깨에서 저쪽 겨드랑이 밑으로 걸어서 메다. 예전대를 엇메다.
엇바꾸다 서로 바꾸다.
엇비슷하다 어지간하게 거의 같다. 예실력이 엇비슷하여 쉽게 승부가 나지 않는다. —이.
엇시조 초장이나 중장이 평시조보다 글자 수가 더 많은 시조. 종장은 변화가 없음.
-었다 과거를 나타내는 말끝. 예어제 시장에 갔었다.
엉거주춤하다 ①앉지도 서지도 않고 몸을 굽히고 있다. 예엉거주춤한 자세. ②일을 딱 잘라 하지 못하고 망설이다.
엉겁결 ①자기도 미처 모르는 사이에 갑자기. 예놀라서 엉겁결에 소리치다. ②뜻하지 아니한 순간.
엉겅퀴 국화과의 여러해살이풀. 산이나 들에 저절로 나는데, 잎에는 가시털이 있고 줄기는 1m 안팎이며, 초여름에 붉은색 꽃이

핌. 우리 나라 각지에 있으며 뿌리나 잎은 나물을 해 먹음.

엉금엉금 굼뜨게 기어가는 모양. [예] 엉금엉금 기는 아기. [작] 앙금앙금. [거] 엉큼엉큼.

엉기다 물 같은 것이 죽이나 풀 같이 되다. [예] 기름이 엉기다.

엉너리 남의 환심을 사려고 어벌쩡하게 서두르는 짓.

엉:덩방아 넘어져 털썩 주저앉는 짓. [예] 얼음판에서 엉덩방아를 찧었다.

엉:덩이 볼기가 있는 부분.

엉:덩이뼈 엉덩이에 붙은 뼈.

엉:덩춤 몹시 흥겹거나 신이 나서 엉덩이를 들썩거리는 짓.

엉뚱하다 ①욕심이 많고 담이 크다. ②요령 없는 말을 하다. [예] 하라는 일은 않고 엉뚱한 짓만 하는구나. —히.

엉망 ①뒤죽박죽인 상태. [예] 일이 엉망이다. ②뒤섞여 차례가 없는 상태. ③퍽 가난한 상태. [예] 생활이 엉망이다.

엉망진창 '엉망'의 힘줌말. [예] 일이 엉망진창이 되다.

엉성하다 꽉 짜이지 않다. 갖추어져 있지 못한 데가 많다. [예] 엉성한 나뭇가지. [반] 치밀하다. —히.

엉엉 크게 소리내어 우는 모양. [예] 너무 약이 올라서 엉엉 울어 버렸다. —하다.

엉클다〔엉크니〕 실·새끼 따위를 서로 뒤섞어서 풀어지지 않게 하다. [거] 헝클다.

엉클어뜨리다/엉클어트리다 엉클어지게 하다. [거] 헝클어뜨리다.

엉클어지다 실이나 새끼 따위가 서로 얽히어져서 풀어지지 않게 되다. [예] 계획했던 일이 엉클어졌다. [거] 헝클어지다.

엉클 톰스 캐빈(Uncle Tom's Cabin) 미국의 스토 부인이 쓴 〈톰 아저씨의 오두막집〉의 본디 이름.

엉큼엉큼 ①기운차게 기어가는 모양. ②걸음을 활발하게 걷는 모양. [작] 앙큼앙큼. [여] 엉금엉금.

엉큼하다 욕심이 많고 담력이 크다. 엉뚱한 속심을 품고 도에 넘치는 일을 하는 경향이 있다. [예] 엉큼한 생각을 품다. [작] 앙큼하다.

엉키다 실·노·새끼가 서로 얽히어 풀어지지 않게 되다. [예] 밧줄이 엉키다.

엉터리 ①터무니없는 사실. ②얼렁뚱땅하고 지내는 사람. [예] 그 아저씨는 말은 그럴듯하게 하는데 엉터리다.

엊그저께 두어 날 전. 며칠 전. [준] 엊그제.

엊그제 어제 그저께. 이삼 일 전. [예] 엊그제 다녀왔다.

엊저녁 어제 저녁.

엎다 ①그릇의 아가리를 땅으로 가게 하다. [예] 재떨이를 엎다. ②뒤집다. ③망쳐 버리다.

엎드러지면 코 닿을 데〈속〉 거리가 매우 가까운 곳.

엎드리다 몸의 앞과 배를 땅에 대다. [예] 땅에 엎드리다.

엎어 버리고 없애 버리고. 무너뜨리고.

엎어지다 ①앞으로 넘어지다. [예] 문지방에 걸려 엎어지다. ② 위아래가 뒤집히다.

엎지르다〔엎질러〕 담기어 있는 물 따위를 쏟아지게 하다. [예] 물을 엎지르다.

엎치락뒤치락 자꾸 엎쳤다 뒤쳤다

하는 모양. 예잠이 오지 않아 엎치락뒤치락하다. —하다.

엎친 데 덮친 격〈속〉 난처한 일이나 불길한 일이 겹쳐 일어난다는 말. 비설상 가상.

에[1] 장소·방향에 쓰는 말. 예산 위에 걸린 구름.

에:[2] 무엇을 생각하거나 뒷말이 얼른 나오지 않을 때 뜸들이는 말.

에[3] ①마음에 마땅하지 않을 때 내는 소리. 예에, 기분 잡쳤어. ②남을 나무랄 때 하는 소리.

에게 상대편을 나타내는 말. 예누구에게 줄까?

에구 '어이구'의 준말. 예에구, 놀래라.

에그 가엾거나 끔찍하거나 징그럽거나 섬뜩할 때 내는 소리. 예에그, 끔찍해라.

에:끼 마음에 마땅치 않을 때 내는 소리. 예에끼, 몹쓸 사람 같으니!

에끼다 서로 주고받을 물건이나 일을 비겨 없애다. 상쇄하다.

에나멜(enamel) 사기그릇이나 쇠붙이에 바르는 칠. 겉이 매끈하고 윤이 남. 예에나멜선.

에너지(energy) 물체가 일을 할 수 있는 능력.

에너지원 에너지의 근원이 되는 것. 석탄·석유·태양열·수력·풍력 따위.

에너지 전:환 한 형태의 에너지가 다른 형태의 에너지로 바뀌는 것.

에누리 ①사실 받을 값보다 더 많이 부르는 물건값. ②보태어 말함. ③물건값을 깎는 일. 예물건값을 에누리하다. —하다.

에:다 날카로운 연장으로 도려 내다. 예살을 에는 듯한 겨울 바람.

에도[1] 일본 '도쿄'의 옛 이름.

에도[2] '또한'의 뜻을 나타내는 토씨. 예겨울에도 꽃이 핀다.

에듀넷(EDUNET) 국가에서 개발한 교육용 프로그램으로, 자율·보충 학습은 물론 인터넷에 연결하여 자료를 검색할 수 있는 교육 정보 종합 서비스.

에디슨(Edison, 1847~1931) 미국의 발명가. 축음기·전등·영사기 등 1000여 종을 발명하였음. '발명왕'이라 불림.

에라 실망하여 단념해 버리려고 할 때에 내는 소리.

에러(error) ①과실. 실책. 잘못. ②야구에서, 공을 잡거나 던지거나 할 때 일어나는 잘못.

에메랄드(emerald) 녹색 광택이 있는 보석.

에밀레종 경주 박물관에 보관되어 있는 신라 '성덕 대왕 신종'을 흔히 이르는 말. 봉덕사 종.

에베레스트 산(Everest山) 히말라야 산맥에 있는 세계에서 가장 높은 산. 높이는 8,848 m.

에비 아이들에게 무서운 것이라는 뜻으로 놀라게 하는 말. 예에비, 만지지 마라.

에비앙(Evian) 프랑스의 레만 호 남쪽에 있는 피서지로, 샘물이 병에 효험이 있다 하여 유명함.

에서 어떤 말에 붙어 장소, 공간, 범위, 영역 등을 나타내거나 움직임의 출발점을 나타내는 말. 예학교에서 돌아오다. 압박에서 벗어나다.

에스극 자석의 남극. S극.

에스에프(SF) 과학적 공상으로 상식을 초월한 세계를 그린 소설. 공상 과학 소설.

에스오:에스(SOS) 국제적으로 쓰이는 무전에 의한 조난 신호.
에스컬레이터(escalator) 전기의 힘으로 사람을 위층이나 아래층으로 오르내릴 수 있게 한 자동식 계단. 자동 계단.
에스키모(Eskimo) 북아메리카의 북극해 연안과 그린란드 등지에 살고 있는 몽고 및 인디언 계통의 문명이 미개한 인종. 키가 작고 피부는 황색, 머리칼은 검은빛이며 고기잡이와 사냥으로 생활함.
에스파냐(España) 남유럽 이베리아 반도의 대부분을 차지한 공화국. 수도는 마드리드. 다른 이름은 스페인.
에스페란토(Esperanto) 1887년에 폴란드의 자멘호프가 만든 국제어. 28개의 자음과 모음, 1,900개의 기본 단어로 이루어지며, 문법이 매우 간단함.
에어(air) ①공기. ②'비행·항공'을 나타내는 말.
에어 내다 너무 슬퍼서 사람의 마음을 깎아 내는 듯하다. [예] 가슴을 에어 내는 듯한 슬픔.
에어라인(airline) 정기 항공로. 정기 항공로를 가진 항공 회사.
에어로빅 댄스(aerobic dance) 운동에 의하여 일정 시간에 사람이 섭취할 수 있는 최대 산소량을 높이는 미용 체조의 한 가지.
에어 백(air bag) 자동차 사고가 났을 때 부풀어서 충격을 막아 주는 공기주머니.
에어 쇼:(air show) 비행기가 공중에서 펼치는 성능 시험 비행·곡예 비행 따위를 이르는 말.
에어 컨디셔너(air conditioner) 실내의 온도와 습도를 자동적으로 조절하는 기계. [준] 에어컨.
에어 클리:너(air cleaner) 공기 속의 먼지를 없애는 장치. 공기 청정기.
에우다 ①둘레를 빙 둘러싸다. ②어떤 음식을 먹어 끼니를 때우다. [예] 오늘 점심은 라면으로 에우기로 하였다. [준] 에다.
에워싸다 가장자리를 둘러막다. 사방으로 빙 둘러싸다. [예] 적군을 에워싸다. [비] 둘러싸다.
에워싸이다 에워쌈을 당하다.
에이 속이 상하거나, 실망하여 집어치우려는 뜻을 나타내는 말. [예] 에이, 그만두겠다.
에이디:(A.D.) 서력 기원. 서기.
에이스(ace) ①각종 운동 경기에서 가장 큰 활약을 하는 선수. ②야구에서의 주전 투수.
에이치 비:(HB) 연필의 짙고 연한 정도를 나타낸 기호. '썩 검다'는 뜻.
에이치엘케이에이(H.L.K.A.) 한국 방송 공사 중앙 방송국 제1방송의 국제 무선 부호의 이름.
에이프런(apron) 양 어깨에 거는 서양식 앞치마나 턱받이.
에잇 비위에 거슬려 불쾌할 때 내는 소리. [예] 에잇, 속상해.
에콰도르(Ecuador) 남아메리카의 북서쪽 태평양 연안에 있는 공화국. 수도는 키토.
에:테르(ether) 산소 원자에 두 개의 탄화 수소기가 결합한 유기 화합물의 총칭.
에티오피아(Ethiopia) 아프리카의 동부 고원에 있는 공화국. 수도는 아디스아바바.
에티켓(프 étiquette) 예의. 예법.
에펠탑(Eiffel塔) 프랑스 파리에

있는 철탑. 1889년 만국 박람회 때 에펠이 설계한 것으로 파리의 관광 명소임. 높이는 312 m.

에프비:아이(FBI) 미국 연방 수사국의 약칭.

에피소:드(episode) 이야기나 또는 문장 중에 끼워 본줄기와는 관계없는 짤막한 토막 이야기.

엑스(x) 수학에서, 모르는 수(미지수)를 나타내는 데 쓰는 기호.

엑스레이(X-ray) ①엑스선. ②엑스선으로 찍는 사진.

엑스선(X線) 사람의 몸의 내부를 꿰뚫어 보고 특수 질병의 치료에 이용되는 의학상 중요한 광선.

엑스 좌:표 가로 좌표.

엑스축 좌표축에서 가로로 그은 수직선. 가로축.

엑스트라(extra) 연극·영화 촬영 때 단역을 하는 임시 고용 배우.

엑스포(EXPO) 산업의 발달을 촉진시키기 위해 4년마다 각국의 생산품을 합동 전시하는 국제 박람회. 1993년에 우리 나라의 대전에서도 개최되었음. 만국 박람회.

엔(일 円) 일본의 화폐 단위.

엔드 라인(end line) 테니스·배구·농구 등에서 코트의 짧은 쪽의 구획선.

엔지니어(engineer) 기술자. 기계 기사. 기관사.

엔진(engine) 기계를 움직여서 활동시키는 장치. 발동기.

엔트리(entry) 운동 경기 등에서의 참가 신청, 참가 등록, 또는 참가자 명부.

엘리베이터(elevator) 동력으로 사람이나 짐을 아래위로 나르는 기계. 🖻승강기.

엘리트(프 élite) 우수한 사람으로 인정 받은 소수의 빼어난 사람.

엘엔지:(LNG) 액화 천연 가스.

엘피:지:(LPG) 액화 석유 가스.

엠시:(MC) 라디오나 텔레비전의 연예 프로그램의 사회자.

엥겔 법칙 소득이 낮은 가족일수록 가계 지출에서 차지하는 식비의 비율이 커진다는 법칙.

-여(餘) 수효나 순서를 뜻하는 말 밑에 붙어 그 이상이라는 뜻을 나타내는 말. 예십여 명.

여가(餘暇) 겨를. 틈.

여간(如干) ①보통. ②조금. 예그는 키가 여간 크지 않다. 🖻몹시. 대단히.

여객(旅客) 여행하는 손님. 🖻나그네. 여행자.

여객기 여행하는 손님을 태우는 비행기.

여객선 여행하는 손님을 태우는 배. 객선. 🖻화물선.

여:건(與件)[-껀] 주어진 조건. 예불리한 여건. 🖻조건.

여:과(濾過) 액체 속에 있는 불순물을 걸러서 받아 내는 일. 예물을 여과시키다. —하다.

여:과지 거름종이.

여관(旅館) 일정한 돈을 빌고 나그네를 묵게 하는 집.

여군(女軍) 여자 군인, 또는 그 군대.

여권[1](女權)[-꿘] 여자의 사회·정치·법률상의 권리. 부권. 예여권 신장 운동.

여권[2](旅券)[-꿘] 국가가 해외 여행자의 신분·국적을 증명하고, 상대국에게 그 보호를 의뢰하는 문서.

여권 신장 여자의 사회적·정치적 권리와 지위를 높이는 일.

여기 ①자기에게 가장 가까운 곳. ②자기가 있는 곳. 예여기서 좀 쉬었다 가십시오. 반저기.

여기다 마음으로 어떠하다고 생각하다. 예섭섭히 여기다.

여기저기 이곳 저곳에. 예여기저기 돌아다니다.

여깁니다 생각합니다. 예물론 그렇다고 여깁니다.

여뀌 마디풀과의 한해살이풀. 습기가 있는 곳에 절로 나는데 줄기는 40~80 cm. 잎과 줄기는 짓이겨 물에 풀어서 고기를 잡음. 특히, 잎은 맛이 매워 조미료로 쓰임.

여남은 열 가량으로부터 열 좀더 되는 어림수. 예여남은 개.

여년(餘年) ①남은 나이. ②나머지 해. ③남은 목숨. ④그만큼의 해. 비여생.

여년 전 몇 년 전.

여념(餘念) 다른 생각. 어떤 일에 정신을 쓰고 남은 생각. 예독서하느라 여념이 없다.

여느 보통의. 예사로운. 예여느 때보다 일찍 일어났다.

여단(旅團) 군대 조직에서 사단보다는 작으나 연대보다는 큰 단위 부대. 보통 2개 연대로 구성됨. 예여단 병력.

여:닫다 열고 닫고 하다. 예창문 여닫는 소리.

여:닫이[—다지] ①열고 닫는 일. ②밀거나 당겨서 여는 문.

여담(餘談) 딴 이야기. 이야기의 본줄기에서 벗어난 잡담. 예한가하게 여담을 즐기다.

여:당(與黨) 정권을 잡고 있는 정당. 예여당 국회 의원. 비정부당. 반야당.

여대생 '여자 대학생'의 준말.

여덟[—덜] 일곱에 하나를 더한 수. 예여덟 시. 비팔.

여덟 팔 자[—덜 팔 짜] 한자의 팔(八)이란 글자, 또는 그 글자와 비슷한 모양. 예여덟팔자 걸음.

여독(旅毒) 여행으로 말미암아 쌓인 피로. 예여독을 풀다.

여동생 여자 동생. 반남동생.

여드레 여덟 날. 본여드렛날.

여드렛날 초하룻날로부터 여덟째의 날.

여드름 청소년의 얼굴 등에 나는 작은 종기의 한 가지.

여든 열의 여덟 갑절. 80.

여러 수효가 많은. 예여러 종류의 꽃이 피어 있다.

여러 가지 많은 수. 온갖 종류. 예여러 가지 상품.

여러 날 많은 날. 예비가 여러 날 오다.

여러 모 여러 가지.

여러모꼴 여러 모로 이루어진 꼴로서, 다섯 모가 더 되는 꼴. 비다각형.

여러 번 많은 횟수.

여러분 한 곳에 모인 여러 사람을 부르는 말. 예신사 숙녀 여러분.

여러 지방 여러 곳.

여러 차례 여러 번 거듭하는 차례. 예여러 차례의 협상.

여러 해 많은 해.

여러해살이 뿌리나 땅속줄기가 있어 해마다 줄기·잎이 돋아나는 식물. 다년생. 반한해살이.

여럿 ①물건 따위가 많은 수. 예그릇 여럿이 깨지다. ②많은 사람. 예여럿이 같이 갔다. 반혼자.

여력(餘力) 어떤 일을 하고 또 다

른 일을 할 수 있는 힘. [예] 너를 도와 줄 여력이 없다.
여로(旅路) 나그네길. 여행의 경로. [예] 여로에 오르다.
여:론(輿論) 사회 여러 사람의 공통된 의견. [예] 정치가는 여론에 귀를 기울여야 한다. [비] 공론.
여류(女流) 전문적인 일에 능숙한 여성을 이름. [예] 여류 시인.
여름 일 년 사시 중 둘째 절기. 봄과 가을 사이. [예] 여름 휴가. [비] 하절. [반] 겨울.
여름내 온 여름 동안. [예] 여름내 장마가 계속되다.
여름 불도 쬐다 나면 섭섭하다 〈속〉 쓸데없는 듯한 것이라도 없어지면 서운하다.
여름새 봄이나 초여름이 되면 찾아와 여름을 나는 새. 제비·뻐꾸기·두견새 등.
여리다 ①부드럽고 약하다. ②모질지 못하다. [예] 마음이 여리다.
여린내기 음악에서, 센박 다음을 여리게 연주하는 것으로, 못갖춘마디에서 여린박으로 시작함.
여린박(—拍) 약하게 연주하는 박자. [반] 센박.
여:망(輿望) 세상 사람들이 믿고 따르는 마음. 여러 사람의 기대. [예] 국민의 여망에 부응하다.
여:명(黎明) 밝을녘. 새벽.
여무지다 ①영악하고 다부지다. [예] 사람이 여무지다. ②여물게 되다. [작] 야무지다.
여물 소·말 따위의 먹이로, 말린 짚을 썬 것. [예] 여물을 썰다.
여물다〔여무니〕 ①열매가 잘 익다. [예] 벼가 여물다. [비] 익다. ②일이 이루어지다.
여물박〔—빡〕 소나 말의 먹이를 뜨는 데 쓰는 바가지.
여물통 여물을 담는 통.
여미다 옷깃·장막 따위를 바로잡아 합치다. [예] 옷깃을 여미다.
여반장(如反掌) 손바닥을 뒤집는 일처럼 '아주 쉬운 일'을 비유하여 이르는 말. [예] 그까짓 일이야 여반장이지.
여백(餘白) 그림·글씨를 쓰고 남은 빈 자리. [예] 여백을 남기다.
여보 부부 사이에 부르는 말.
여보시오 나이가 비슷한 친구나 남을 부를 때에, 보통으로 높여서 부르는 말.
여봐라 '여기 보아라'의 준말. 손아랫사람을 부르거나 주의를 일으키는 소리. [예] 여봐라, 게 누구 없느냐.
여:부(與否) 그러함과 그렇지 아니함의 분간. [예] 한창 경기 중이라 승패 여부를 알기 힘들다.
여북 ①오죽. [예] 여북 애가 탈까? ②얼마나 심했으면. [예] 여북하면 그런 부탁을 하겠니. —하다.
여분(餘分) 쓰고 남아 있는 분량. [예] 식량의 여분이 얼마나 되나? [비] 나머지.
여비(旅費) 여행하는 데 드는 돈. 노자. [예] 왕복 여비.
여사(女史) ①'시집간 여자'의 높임말. ②사회적으로 덕망이 있고 이름이 있는 여자의 이름 아래 쓰는 말. [예] 김 여사.
여생(餘生) 남은 평생. [예] 할아버지는 화초 가꾸기로 여생을 보내신다. [비] 여년.
여섯 다섯에 하나를 더한 수.
여성(女性) ①여자. ②여자의 성질. [비] 여자. [반] 남성.
여세(餘勢) 어떤 일을 해낸 뒤에

또 다른 일도 할 수 있는 남은 기세, 또는 세력. 예여세를 몰아 적의 근거지까지 쳐들어가다.

여수(麗水) 전라 남도의 한 시. 여수 반도 끝에 있는 항구 도시로, 농산물과 수산물이 풍부하며 각종 공업이 성함.

여승(女僧) 여자 중. 비구니.

여식(女息) 딸.

여신¹(女神) 여자인 신.

여:신²(與信) 금융 기관에서, 고객에게 돈을 빌려 주는 일. 예여신 업무. 반수신.

여실(如實) 사실과 똑같음. 현실 그대로임. 예여실히 보여 주다. —하다. —히.

여염집[—찝] 일반 백성이 살림하는 집. 예여염집 처녀.

여왕(女王) 여자 임금님.

여왕개미 개미의 무리에서, 알을 낳을 수 있는 암개미. 일개미보다 몸집이 크며 개미 사회의 우두머리임.

여왕벌 벌 사회의 우두머리로 알을 낳을 수 있는 능력이 있는 암벌. 비장수벌. 여왕봉.

여우¹ 모양은 개와 비슷하고 입은 뾰족하며, 꼬리는 굵고 긴 짐승.

여우²(女優) '여배우'의 준말. 예여우 주연상. 반남우.

여운 ①일이 끝난 뒤에도 가시지 않고 남은 느낌이나 정취. 예녹차 향의 여운이 가시지 않는다. ②떠난 사람이 남겨 놓은 좋은 영향.

여울 강가나 바닷가에 물살이 빠르고 세게 흐르는 곳.

여울목 여울이 턱진 곳.

여위다 ①몸에 살이 빠지다. 몸이 마르다. 예여윈 얼굴. ②살림이 보잘것 없다. 작야위다.

여의다 ①죽어 헤어지다. ②시집보내다.

여위다 ①몸이 마르다. ②가난하여 살림이 보잘것 없다.

여유(餘裕) ①넉넉하여 남음이 있음. ②성급하지 않고 너그러움.

여의다 죽어 헤어지다. 예부모를 여의다.

여의주(如意珠) 불교에서, 모든 소원을 뜻대로 이루어지게 해 준다는 신기한 구슬.

여인(女人) 성년이 된 여자.

여자(女子) 여성인 사람. 비여성. 반남자.

여장부(女丈夫) 남자 이상으로 씩씩하고 용기가 있고 강한 의지가 있는 여자. 여걸.

여전하다(如前—) 전과 다름이 없다. 전과 꼭 같다. 예그 버릇은 여전하군. 비의구하다. —히.

여정(旅程) 여행하는 일정이나 길의 차례. 예여정이 빡빡하다.

여지(餘地) ①들어설 수 있거나 이용할 수 있는 땅, 또는 공간. ②무슨 일을 하거나 생각하거나 하는 여유. 나위. 예딴 생각할 여지도 없이 일을 시키다.

여지없다(餘地—)[—업따] 더할 나위가 없다. 예오랑캐를 여지없이 쳐부수다. —이.

여진¹(餘塵) 옛 사람이 남긴 자취.

여진²(餘震) 큰 지진 따위가 있은 다음에 잇따라 일어나는 작은 진동. 예여진이 계속되다.

여진족(女眞族) 옛날 우리 나라 북쪽에 살고 있던 오랑캐들.

여집합(餘集合) 전체 집합 ㅈ= {0, 1, 2, 3, 4, 5, 6, 7, 8, 9}이고, 집합

ㄱ={0, 2, 4, 6, 8} 집합 ㄴ={1, 3, 5, 7, 9}일 때, 집합 ㄱ의 원소가 아니면서 전체 집합의 원소로 된 집합. 즉, 집합 ㄱ의 여집합은 집합 ㄴ임.

여:쭈다 웃어른께 말씀드리다. 예 선생님께 여쭈다.

여:쭈어 말씀을 드리어. 아뢰어. 예 친구네 집에 놀러가도 좋으냐고 나는 어머니께 여쭈어 보았다.

여:쭙다〔여쭈워〕말씀을 드리다. 비 아뢰다. 고하다.

여차하면 무슨 일이 일어나기만 하면. 예 여차하면 도망쳐라.

여축(餘蓄) 쓰고 남은 물건을 모아 둠. —하다.

여:치 날개는 푸른빛이고 배는 누른빛이며, 여름에 나타나 수컷은 꽤 큰 소리로 우는 곤충.

〔여 치〕

여타(餘他) 그 밖의 다른 일. 또는 다른 것. 그 나머지.

여태 ①아직도. ②지금끼지도. 예 공부는 하지 않고 여태 놀고만 있었구나.

여트막하다〔—마카다〕좀 옅은 듯하다. 잘 야트막하다.

여파(餘波) ①바람이 잔 뒤에도 일고 있는 물결. ②무슨 일이 끝난 뒤에 주위에 미치는 영향. 예 불경기의 여파로 많은 실업자가 생겼다.

여편네 ①결혼한 여자. ②아내의 낮춤말.

여하간(如何間) 어떠하든 간에. 예 여하간 시킨 일이나 잘 하여라.

여하튼(如何—) 어떻든. 예 여하튼 일을 끝내라.

여학생(女學生) 여학교의 학생. 여자 학생. 반 남학생.

여한(餘恨) 남은 원한. 예 더 이상 여한이 없다.

여행¹(旅行) 볼일이나 구경을 위해 먼 길을 감. —하다.

여:행²(勵行) 힘써서 실행함. 예 저축을 여행하다. —하다.

여행사(旅行社) 일반 여행 손님이나 관광객을 안내하는 일을 업으로 하는 영업 기관.

여행자(旅行者) 여행을 하는 사람. 비 나그네. 여객.

여호와(Jehovah) 구약 성서에 나오는, 이스라엘 민족의 최고 유일한 신. 야훼.

여흥(餘興) 모임이나 연회 끝에 흥을 돋우기 위하여 하는 춤·노래·장기 자랑 따위. 예 여흥을 즐기다.

역(驛) 기차의 정거장.

역겹다(逆—)〔역겨우니, 역겨워〕성이 날 만큼 몹시 거슬리다. 예 나 보기가 역겨워 가실 때에는 말없이 고이 보내 드리오리다.

역경(逆境) 모든 일이 뜻대로 되지 아니하여 불행한 처지. 예 역경에 처하다. 반 순경.

역군(役軍) 어떤 분야에서 땀 흘려 일하는 사람. 일꾼. 예 조국 근대화의 역군.

역귀(疫鬼) 돌림병을 일으킨다는 귀신.

역기(力器) 역도를 할 때 들어올리는 기구.

역단층(逆斷層) 단층면에 따라서 암반의 일부가 밀려 올라간 단층. 반 정단층.

역대(歷代) 차례차례 서로 전해 내려오는 여러 대. 예역대 회장.

역도(力道) 역기 운동을 통하여 몸과 마음을 닦는 운동. 예역도 경기.

역량(力量) 무엇을 할 수 있는 힘. 예역량이 부족하다.

역력하다(歷歷—) 또렷하다. 예피로한 기색이 역력하다. —히.

역로(歷路) 거쳐서 지나는 길.

역류(逆流)[역뉴] 물 따위가 거슬러 흐름, 또는 그러한 물. 예바닷물이 강으로 역류하다. —하다.

역마차(驛馬車)[영—] 서양에서, 철도가 통하기 전에 정기적으로 사람이나 화물·우편물 따위를 옮기던 마차.

역모(逆謀)[영—] 반역을 모의함, 또는 반역하는 꾀. —하다.

역병(疫病)[—뼝] 악성의 전염병. 예역병이 돌다.

역사¹(力士) 뛰어나게 힘이 센 사람. 비장사.

역사²(役事) 길을 닦거나 다리를 놓거나 집을 짓는 따위의 큰 일. 예대규모의 역사. —하다.

역사³(歷史) ①사람이나 세상이 변해 온 자취. ②변해 온 과정을 적은 기록. 청사. 예역사에 길이 남을 업적.

역사상 역사에 나타나 있는 바. 예인류 역사상 없던 일. 준사상.

역사 소:설 역사상에 있었던 사건이나 인물·풍속 등을 소재로 하여 쓴 소설.

역사적 오래오래 전하는 중요한 것. 예역사적인 사건.

역사 지도 지난날, 우리 조상들이 세웠던 각 나라의 위치, 국토의 넓이, 또는 그 때의 이름난 고장이나 행정 구역의 모습 등을 나타낸 지도.

역사책 역사를 기록한 책.

역설(力說) 힘써 말하거나 주장함. 예자연 보호의 중요성을 역설하다. —하다.

역성 옳고 그름을 따지지 않고 한쪽 편만 두둔하여 줌. 예역성들다. —하다.

역수(逆數) 두 수의 곱이 1일 때, 두 수는 서로 역수라고 함. 즉, 어떤 수에 대한 1의 비의 값을 말하고, 분수에서는 분자와 분모를 바꾼 수를 말함. 반수.

역수입 한번 수출했던 물건을 그 나라로부터 다시 수입함. —하다.

역수출 한번 수입했던 물건을 그 나라로 다시 수출함. —하다.

역순(逆順) 거꾸로 된 순서. 예구구단을 역순으로 외우다.

역습(逆襲) 적의 공격을 받고 있던 수비측이 거꾸로 공격하는 일. 예역습을 받다. —하다.

역시(亦是) 또한. 여전히. 예너는 역시 착한 아이다.

역신(逆臣) 임금을 반역한 신하.

역암(礫岩) 자갈이 진흙이나 모래에 섞여 굳어져서 된 암석. 퇴적암의 하나.

역연하다(歷然—) 누가 보아도 분명하다. 예피로한 기색이 역연하다. —히.

역원제(驛院制) 옛날에 여행하는 사람이나, 관청의 명령을 지방에 전하는 관리를 위해 편의 시설인 역과 원을 두던 제도.

역임(歷任) 차례로 여러 관직을 거침. 예정부의 요직을 역임하다. —하다.

역작(力作) 힘들여 지음. 또, 그러한 작품. 예 필생의 역작. —하다.

역장(驛長) 기차역의 우두머리.

역적(逆賊) 반역을 꾀한 사람.

역적 모의 역적들이 모여서 반역을 꾀함. —하다.

역전¹(力戰) 힘껏 싸움. —하다.

역전²(逆轉) ①반대로 돎. ②형세가 뒤바뀜. 예 다 이긴 경기가 역전되다. ③일이 잘못되어 좋지 않게 벌어져 감. —하다.

역전³(驛前) 정거장 앞. 예 서울역전에 있는 시계탑.

역전 경:기(驛傳—) 장거리 경주의 하나로서, 일정한 길을 각 편이 몇 사람씩 이어 달리며, 전체의 시간으로 승부를 다투는 경기.

역전승 처음에는 지다가 나중에 가서 도리어 이김. 예 역전승을 거두다. 반 역전패. —하다.

역점(力點) 힘을 가장 많이 들이는 중요한 점. 예 글의 마지막 부분에 역점을 두다.

역정(逆情) '화'의 높임말. 예 아버지께서 역정을 내시다. —스럽다.

역졸(驛卒) 지난날, 역에 딸려 심부름하던 사람. 비 역부.

역주(力走) 힘을 다하여 달림. 예 100m 경주에서 역주하다. —하다.

역청탄(瀝青炭) 검고 광택이 있는 가장 보편적인 석탄. 도시 가스·코크스의 원료가 됨. 연탄.

역투(力投) 힘껏 던짐. 특히, 야구에서 투수가 힘을 다하여 공을 던짐. —하다.

역풍(逆風) 자기가 가고 있는 방향에서 마주 불어 오는 바람. 예 역풍이라 배가 잘 나아가지 못한

다. 반 순풍.

역하다(逆—) ①구역이 날 듯 속이 메슥메슥하다. 예 역한 냄새. ②마음에 거슬리다. 예 그의 말이 역했다.

역학(力學) 물체 사이에 작용하는 힘과 물체의 운동과의 관계를 연구하는 학문. 예 항공 역학.

역할(役割) 각각 자기가 맡은 일. 예 중대한 역할을 하다. 비 소임.

역행(逆行)[여캥] 거슬러 올라감. 순서를 바꾸어 행동함. —하다.

역효과(逆效果) 얻고자 하던 것과는 정반대로 나타나는 결과. 예 약을 잘못 써서 오히려 역효과를 가져왔다.

엮다[역따] ①실·새끼 따위로 이리저리 맞추어 물건을 만들다. 예 대로 발을 엮다. ②물건을 얼기설기 매다. ③책을 만들다. 예 학급 문집을 엮다.

엮음 ①엮어서 만듦. ②책을 만듦. 예 편집부 엮음.

연¹ 댓가지에 종이를 붙이고 실을 매어 공중에 날리는 장난감. 예 방패연. 꼬리연.

〔연¹〕

연²(聯) 느낌이나 내용을 한 묶음으로 한 시의 한 절.

연간(年間) ①한 해 동안. 예 연간 생산량. ②어느 왕이 재위한 동안. 예 세종 연간.

연개소문(淵蓋蘇文, ?~666) 고구려 말기의 정치가. 당나라의 침략에 대비하여 천리 장성을 쌓고 국방을 튼튼히 하였으며, 당의 침략

을 물리치는 데 큰 공을 세웠음.

연거푸 잇달아 여러 번. ㉠연거푸 세 번을 이기다.

연결(連結) 떨어진 물건을 이어 맺음. 잇대어 맺음. ㉠경상 남도와 전라 남도를 연결하는 경전선 철도. ⓑ절단. —하다.

연ː경(燕京) 중국 북경의 옛 이름. 옛날 연나라의 도읍이었음.

연계(連繫) 서로 밀접한 관계를 가짐, 또는 그런 관계. ㉠이번 사건과 연계되어 있다. —하다.

연고(緣故) ①혈통상이나 법률상의 관계. ②까닭. ③인연.

연ː골(軟骨) ①척추 동물의 뼈 중 비교적 연한 뼈. 물렁뼈. ②의지나 태도가 연약한 일이나 그런 사람을 비유하여 일컫는 말.

연관(聯關) 서로 관계를 맺음. ㉠나와 연관이 없는 일이다. 연관성. ⓑ관련. —하다.

연관성[—썽] 서로 걸리어 얽힌 성질. 서로 관계되는 성질. ㉠연관성 있는 사건. ⓑ관련성.

연교차 일 년 동안, 가장 높은 기온과 가장 낮은 기온의 차이.

연ː구(研究) 깊이 생각하며 조사해 가면서 공부하는 일. ㉠연구소. ⓑ탐구. 궁리. —하다.

연ː극(演劇) 배우가 극본에 의하여 치장을 하고 대사하며 여러 가지로 행동하는 예술.

연금¹(年金) 국가 또는 공공 단체가 특별한 공로가 있거나 국가 기관에 근무한 사람에게 매년 정기적으로 주는 돈. ㉠국민 복지 연금.

연ː금²(軟禁) 신체의 자유는 속박하지 않으나, 외부와의 일반적인 접촉을 금하고 제한하는 감금. ㉠가택 연금. —하다.

연기¹(延期) 정하여진 기한을 뒤로 물림. ㉠출발을 다음 주로 연기하다. —하다.

연기²(煙氣) 물건이 불에 탈 때 일어나는 검거나 희뿌연 기체. ㉠담배 연기. ⓑ내².

연ː기³(演技) 관객 앞에서 영화·연극·노래·춤·곡예 따위를 행동하여 보이는 일. —하다.

연길(延吉) =옌지.

연꽃(蓮—) 연못에 피는 연분홍의 예쁜 꽃.

연날리기 바람을 이용하여 연을 공중에 날리는 놀이.

연내(年內) 올해 안. ㉠연내에 완성하기는 어렵다.

연년(年年) 해마다. 매년.

연년생 해마다 아이를 낳음, 또는 한 살 터울로 된 형제.

연ː단(演壇) 연설하는 사람이 서는 좀 높게 만들어 놓은 곳.

연달다(連—)[연다니] 잇달다. ㉠연달아 일어난 교통 사고.

연대¹(年代) ①지나온 시대. ②시대. 세상. ㉠연대를 밝히다. ③햇수와 대수.

연대²(連帶) 두 사람 이상이 공동으로 책임을 짐. ㉠연대 서명. 연대 보증. —하다.

연대³(聯隊) 군대 구성의 하나. 사단의 아래, 대대의 위로서 보통 3개 대대로 편성됨.

연대표(年代表) 역사적 사실을 연대의 차례대로 적은 표. 연표.

연도¹(年度) 사무의 편의를 위해 구분한 일 년 간의 기간.

연도²(沿道) 도로에 연해 있는 곳. ㉠연도에 늘어선 수많은 환영 인파.

연도³(羨道) →널길.
연돌(煙突) =굴뚝.
연두¹(年頭) 그 해의 첫머리. 예 연두 기자 회견.
연ː두²(軟豆) 푸른빛과 노란빛을 합한 빛.
연두 교ː서(年頭敎書) 대통령이 새해를 맞이하여 국회에 보내는 그 해의 중요 정책에 관한 의견서.
연ː둣빛 연한 초록빛. 비 연두색. 준 연두.
연등(燃燈) ①'연등절'의 준말. ②'연등회'의 준말.
연등절 등을 달고 불을 켜는 명절이라는 뜻으로, 사월 초파일. 준 연등.
연등 행사 부처님 오신 날에 연등을 들고 행하는 불교 의식.
연등회(燃燈會) 고려 시대부터 내려온 봄철의 불교 의식의 하나. 처음에는 음력 정월 보름에 하다가 후에 음력 이월 보름으로 바뀌었고, 나중에는 사월 초파일로 바뀌었음. 준 연등.
연락(連絡)[열-] ①서로 관련을 맺음. ②서로 이어 놓음. ③서로 사정을 알림. 예 편지를 하든지 전화를 걸든지 곧 연락을 하여라. —하다.
연락망(連絡網) 소식 전달을 빠르고 정확하게 하기 위하여 마련해 놓은 조직. 예 비상 연락망.
연락병(連絡兵) 각 단위 부대 사이의 연락을 맡은 병사.
연락처(連絡處) 연락을 주고받을 수 있는 장소.
연령(年齡)[열-] =나이.
연령별 나이대로 가름. 나이에 따라 나눔. 예 연령별 인구.

연령층 같은 나이 또는 가까운 나이의 사람들의 층.
연례(年例)[열-] 해마다 내려오는 예. 예 연례 행사.
연로(年老)[열-] 나이가 많아서 늙음. 예 연로하신 조부모님. 비 연고. 반 연소. —하다.
연료(燃料)[열-] 열을 이용하기 위하여 때는 재료. 숯·석탄·석유·나무 따위. 비 땔감.
연료림[열-] 땔감으로 쓰기 위하여 가꾸는 숲.
연루(連累) 남이 일으킨 일에 관계되어 죄를 덮어쓰거나 피해를 입게 됨. 예 살인 사건에 연루되다. —하다.
연륙교(連陸橋) 육지와 섬을 잇는 큰 다리.
연륜(年輪) ①나이테. ②노력이나 경험에 의한 숙련의 정도. 예 연륜을 쌓다.
연립(聯立) 둘 이상의 것이 어울리어 성립함. 예 연립 내각. 연립 주택. —하다.
연립 주ː택 한 채의 건물 안에 여러 가구가 각각 독립된 생활을 할 수 있노록 지은 공동 주택.
연ː마(研磨·練磨) ①갈고 닦음. ②배우고 닦음. 예 기술을 연마하다. 비 연습. —하다.
연막(煙幕) 적군의 눈에 뜨이지 않으려, 자기 군대 또는 땅 위의 물건에 퍼뜨리는 짙은 연기.
연맹(聯盟) 공동의 목적을 가진 다수인이 동일하게 행동할 것을 맹약하는 일. 또, 그 조직체. 비 연합. —하다.
연명(延命) 목숨을 이어 감. 겨우 살아나감. 예 초근 목피로 연명하다. —하다.

연모 물건을 만드는 데에 쓰는 기구와 재료. 비연장.

연못 ①연꽃을 심은 못. ②작은 못.

연민(憐憫) 불쌍하고 가련함. 예연민의 정. —하다.

연발(連發) ①계속하여 일어남. 예실수 연발. ②총포를 잇달아 쏨. 예연발총. —하다.

연방¹ 잇달아 곧. 예자동차가 연방 지나간다. 비연속.

연방²(聯邦) 자치권을 가진 여러 주나 국가가 결합하여 구성하는 국가. 미국·캐나다·스위스 등.

연배(年輩) 서로 비슷한 나이. 나이가 서로 비슷한 사람.

연백 평야(延白平野) 황해도 예성강 하류에 발달한 평야.

연변¹(沿邊) 큰 길가나 강가 또는 국경을 따라 길게 이어져 있는 일대의 지방.

연변²(延邊) 중국 지린성에 있는 지방 이름. 옌볜.

연:병장(練兵場) 병영의 소재지에 시설하여 군대의 교련 연습 등을 하는 장소.

연보(年譜) 그 사람의 한평생에 대하여 연대순으로 적은 기록. 예윤봉길 의사 연보.

연봉(年俸) 1년을 단위로 정한 봉급. 예연봉 인상을 요구하다.

연분 구등법 조선 세종 때의 세금 제도의 하나. 그 해 농사의 잘 되고 못 됨에 따라 세금의 기준을 달리하였음.

연:분홍(軟粉紅) 빛깔이 엷은 분홍. 예연분홍 치마.

연:붉다 연하게 붉다.

연비(連比) 세 개 이상의 수나 양의 비. 50:80:100 따위.

연:사(演士) 연설하는 사람.

연상¹(年上) 자기보다 나이가 많음. 반연하.

연상²(聯想) 한 가지 일이나 물건으로 말미암아 관계되는 다른 여러 가지를 생각함. 예대구 하면 사과가 연상된다. —하다.

연:설(演說) 여러 사람 앞에서 자기의 생각을 말함. —하다.

연세(年歲) '나이'를 높여 하는 말. 예할아버지는 연세가 많으시다. 비춘추.

연소¹(年少) 나이가 젊음, 또는 어림. 반연로. —하다.

연소²(燃燒) 물건이 탐. 산소와 화학 변화를 일으키는 현상. 예완전 연소. —하다.

연소자 나이가 젊은 사람, 또는 나이가 어린 사람. 예연소자 입장 불가. 반연장자.

연속(連續) 끊이지 아니하고 죽 이음. 예연속극. —하다.

연속극 라디오나 텔레비전 등에서 한 편의 드라마를 정기적으로 일부분씩을 연속하여 방송하는 극.

연쇄(連鎖) ①서로 이어 맺음. 예연쇄 충돌 사고. ②이어져 있는 사슬. 예먹이 연쇄. —하다.

연쇄점 상품을 구입하거나 광고 따위를 공동으로 하는 소매점의 집단. 체인 스토어.

연수¹(延髓) 뇌와 척수 사이에 있는 부분으로, 뇌의 명령의 전달로 기침·소화·순환·침·호흡 등을 조절함. 비숨골.

연:수²(軟水) 칼슘이나 마그네슘을 약간 품고 있는 물로, 비누가 잘 풀림. 단물. 반경수.

연:수³(研修) 학업을 연구하고 닦음. 예외국어 연수. —하다.

연:습(練習) 학문이나 기술 등을

계속해서 배우고 익힘. ㈀연습 문제. ㈐연마. —하다.

연승(連勝) 연달아 이김. ㈀연전 연승. ㈐연패. —하다.

연시¹(年始) 한 해의 처음. 연초. ㈀연말 연시.

연:시²(軟柿) 붉고 말랑말랑하게 무르익은 감. 홍시.

연시조(聯時調·連時調) 두 연 이상으로 된 시조. 평시조가 겹쳐 있는 시조 형식.

연:식 야:구 보통 야구공보다 좀 더 크고 말랑말랑한 공을 사용해서 하는 야구. ㈐경식 야구.

연싸움 연날리기에서 연줄을 걸고 서로 상대방의 연줄을 끊으려는 놀이.

연안(沿岸) 강이나 바닷가.

연안 어업 해안에서 가까운 곳, 또는 그 나라의 영해 안에서 하는 어업. 연해 어업.

연:애(戀愛) 남녀 사이에 서로 애틋하게 그리워하고 사모하는 애정. ㈀연애 편지. —하다.

연:약(軟弱) 무르고 부드러움. ㈀연약한 몸. ㈐강건. 강인. —하다.

연어 연어과의 바닷물고기. 몸은 원통 모양으로 길게 생겼으며 등은 남회색, 배는 은백색임. 가을에 강을 거슬러 올라와 알을 낳고 죽음.

연:연(戀戀) ①잊혀지지 않고 안타깝게 그리움. ②미련이 남아서 잊지 못함. ㈀승부에 너무 연연하지 마라. —하다. —히.

연:예(演藝) 여러 사람 앞에서 연극·음악·춤 같은 재주를 보임. ㈀연예인. —하다.

연유(緣由) ①유래함. ②까닭. ㈀무슨 연유로 우느냐? —하다.

연이율(年利率)[—니율] 일 년을 단위로 하여 정한 이율.

연:인(戀人) 사랑하는 사람. ㈀연인 사이.

연일(連日) 날마다. 여러 날을 계속하여. ㈀연일 대만원이다.

연잇다[연이으니, 연이어] 연속하여 잇다. ㈀연이어 달리는 자동차들의 행렬.

연잎(蓮—)[—닙] 연의 잎. ㈐연엽.

연:자매 소·말·나귀에게 끌게 하여 곡식을 찧는 큰 맷돌.

〔연자매〕

연장¹ 물건을 만들거나 일을 하는 데 쓰는 기구. ㈀농사를 지으려면 농사짓는 데 필요한 연장이 있어야 한다. ㈐연모.

연장²(年長) 자기보다 나이가 많음. ㈀연장자. ㈐연상. —하다.

연장³(延長) ①늘여서 길게 함. ㈀기한을 연장하다. ②길게 뻗침. —하다.

연장자(年長者) 자기보다 나이가 많은 사람. ㈀연장자에게 자리를 양보하다.

연장전 경기에서, 예정 시간 안에 승부가 나지 않을 경우에 다시 시간을 연장하여 계속하는 경기.

연재(連載) 신문이나 잡지 따위에 소설이나 논문·기사·만화 따위를 연속해서 싣는 일. ㈀연재 소설. —하다.

연:적(硯滴) 벼룻물을 담아 두는 그릇. 보통 도자기로 만듦.

연전 연승(連戰連勝) 싸울 때마다 이김. 땐연전 연패. —하다.

연전 연패(連戰連敗) 싸울 때마다 짐. 땐연전 연승. —하다.

연ː정(戀情) 사모하여 그리는 마음. 예남몰래 연정을 품다.

연ː주(演奏) 여러 사람 앞에서 음악을 들려 줌. 예피아노를 연주하다. —하다.

연ː주가 악기 연주를 직업으로 하는 사람.

연ː주회 음악을 연주하여 여러 사람에게 들려 주는 모임. 콘서트.

연중 무휴(年中無休) 한 해 동안 하루도 쉬지 아니함. —하다.

연중 행사(年中行事) 해마다 정기적으로 있는 행사.

연지 여자가 단장할 때 양쪽 뺨에 찍는 붉은 칠.

연착(延着) 정각보다 늦게 닿음. 예기차가 연착했다. —하다.

연ː철(軟鐵) 탄소 함유량이 적은 아주 무른 철.

연체(延滯) 돈의 지급이나 납입 따위를 기한이 지나도록 지체함. 예전화 요금 납부를 연체하다. —하다.

연ː체 동ː물(軟體動物) 뼈가 없고 부드러우며 근육이 풍부한 동물. 물 속에서 생활하는 것이 많음. 달팽이·조개·문어 따위.

연체료 세금·공과금 등을 내야 할 날짜에 내지 못하였을 때, 기간을 어긴 날짜만큼 가산하여 내는 돈.

연초¹(年初) 새해의 첫머리. 예연초의 계획. 땐연말.

연초²(煙草) =담배.

연ː출(演出) 연극·영화 따위에서, 대본을 바탕으로 전체를 종합하여 하나의 작품이 되게 하는 일. 예연극 연출. —하다.

연ː출자 극을 지도해서 이끌어 가는 사람.

연타(連打) ①연이어 침. ②야구에서, 안타가 계속되는 것. 예연타를 치다. —하다.

연ː탄 주원료인 무연탄에다 목탄·코크스 가루 등을 반죽하여 만든 연료. 구공탄 등. 준탄.

연ː탄 가스 중독 연탄을 피울 때 나는 가스의 주성분인 일산화탄소로 몸에 기능 장애가 생기는 일.

연통(煙筒) 양철로 둥글게 만들어 옮길 수 있게 된 굴뚝.

연파(連破) 싸움이나 경기에서 잇달아 상대를 물리침. 예우리가 상대편을 연파했다. —하다.

연판(鉛版) 지형에다 납을 끓여 부어 만든 인쇄판.

연패¹(連敗) 싸울 때마다 짐. 예연전 연패. 땐연승. —하다.

연패²(連霸) 연달아 패권을 잡음. 예영광의 3연패. —하다.

연평도(延坪島) 인천 광역시 옹진군에 있는 섬.

연표(年表) 연대 차례로 그 해에 일어났던 사실을 죽 벌여 적은 표. 본연대표.

연필(鉛筆) 가는 나무 속에 흑연을 넣어 만든 필기 도구의 하나.

연하(年下) 나이가 적음, 또는 그 사람. 땐연상.

연ː하다¹(軟—) ①질기지 않다. 예고기가 연하다. 땐질기다. ②빛이 옅고 산뜻하다. 땐진하다.

연하다²(連—) ①잇달아 이어 대다. ②계속하다. 예두 집이 연하여 있다.

연하장(年賀狀)[—짱] 새해를 축하하는 뜻으로 보내는 편지.

연한(年限) 정해진 기한. 예일 년 연한이 지나다.

연합(聯合) 둘 이상의 단체나 나라가 서로 힘을 합함. 예연합 작전. 비연맹. 반분립. ―하다.

연합국 주의·사상 따위를 같이 하여 같은 행동을 하기로 약속한 나라들. 비동맹국.

연합군 두 나라 이상의 군대가 합한 군대. 예국제 연합군.

연합 작전 단일 임무 수행을 위하여, 공동 행동을 하는 두 나라 이상의 부대에 의해 실시되는 작전.

연해¹(沿海) ①바닷가 근처 지방. 비연해변. ②육지 가까이 있는 얕은 바다. 예연해 어업.

연해²(連―) 죽 잇대어. 잇달아. 예총소리가 연해 요란스럽게 들려 왔다.

연해주(沿海州) 시베리아 남동쪽 끝 동해에 면해 있는 지방.

연행(連行) 강제로 데리고 감. 특히 범인이나 수상한 사람 등을 경찰서로 데리고 가는 일. ―하다.

연혁(沿革) 변천하여 온 내력. 예학교의 연혁.

연:화(軟化) ①단단한 것이 부드럽고 무르게 됨. ②강경하게 주장하던 태도가 부드러워짐. 반경화. ―하다.

연화석(蓮花石) 연꽃 모양으로 만든 돌받침.

연:회(宴會) 여러 사람이 모여 음식을 먹고 즐겁게 지내는 일. 예축하 연회. 비잔치.

연후(然後) 그런 뒤에. 예숙제를 한 연후에 놀러 나가거라.

연휴(連休) 쉬는 날이 이틀 이상 겹쳐 연달아 노는 일. 예연휴에 여행을 다녀오다.

열¹ 아홉에 하나를 더한 수. 십.

열²(列) 사람이나 물건이 죽 벌여 선 줄. 예열을 서다.

열³(熱) ①물질의 온도를 높이는 에너지. 예태양열. ②몸에서 나는 더운 기운. 예열이 내리다. ③흥분된 마음. 예열을 내며 싸우다. ④열심히 하는 일. 예공부에 열을 올리다. 비열성.

열간 압연(熱間壓延) 강철 따위의 금속을 가열하여 눌러 폄.

열강(列強) 세력이 강한 여러 나라. 예열강의 각축.

열거(列擧) 여러 가지를 하나씩 들어 말함. 예법 위반 사례를 열거하다. ―하다.

열광(熱狂) ①미친 것처럼 흥분하여 날뜀. 예열광하는 관중들. ②너무 열심히 함. 예열광적인 응원. ―하다.

열국(列國) 여러 나라.

열기(熱氣) ①뜨거운 기운. ②흥분한 기운. 예시합은 점점 열기를 더해 간다. 반냉기. 한기.

열기구(熱器具) 전기·가스·석유 등을 연료로 하는 난로나 가스 레인지 등이 기구.

열 길 물 속은 알아도 한 길 사람의 속은 모른다(속) 사람의 마음은 헤아릴 수 없다.

열김(熱―)[―낌] ①가슴 속에서 타오르는 열의 운김. ②홧김.

열나다[―라다] ①몸에서 열이 나다. ②화가 나다.

열네댓 열넷 내지 열다섯.

열녀(烈女) 절개와 정조가 굳은 여자. 비열부.

열녀 춘향 수절가 =춘향전.

열:다[여니, 열어서] ①닫았던 문·창을 터놓다. 예대문을 열

다. ②시작하다. ㉠가게를 열다. ③열매가 맺히다.
열대(熱帶)[—때] 기후가 몹시 더운 지방. ㊥한대.
열대 과:일[열때—] 아주 더운 열대 지방에서 나는 과일. 바나나·파인애플·야자 등.
열대 기후[열때—] 일 년 내내 매우 덥고, 사철의 구별이 없으며 비가 많이 내리는 기후.
열대림(熱帶林) 열대 지방에서 자라는 숲.
열대 식물 열대 지방에서 자라는 식물. 대체로 늘푸른 넓은잎나무임. 바나나·고무나무·야자수 등.
열대어 ①열대에 사는 물고기를 통틀어 이르는 말. ②열대·아열대 지방이 원산인 물고기. 생김새가 여러 가지로 빛깔이 아름다우며 동작이 재빠름.
열대 우:림 기후 연중 비가 많이 오며 기온이 높고 건조한 때가 없는 열대 기후 형태의 한 가지.
열도(列島)[—또] 바다 위에 줄을 지은 모양으로 죽 늘어서 있는 섬들. ㉠쿠릴 열도.
열두대 신립 장군이 열두 번이나 오르내리며 싸웠다는 뜻으로 붙여진 '탄금대'의 딴 이름.
열두 제:자(—弟子)[열뚜—] 예수 그리스도의 많은 제자 중 그 가르침에 충실하였던 열두 사람.
열두째 열둘을 셀 때의 맨 끝.
열둘째 열두 개째의 뜻.
열등(劣等)[—뜽] 품질이 떨어짐. ㉠열등감. ㊥우등. —하다.
열등감[—뜽감] 자기가 다른 사람보다 뒤떨어져 있다는 느낌, 또는 그럴 때의 불쾌한 감정.
열등생[—뜽생] 성적이 보통보다 뒤떨어지는 학생.
열등 의:식[열뜽—] 자신이 남보다 열등하다고 느끼는 의식.
열띠다(熱—) 열성을 띠다. 열기를 뿜다. ㉠열띤 응원을 보내다.
열람(閱覽) 책이나 신문 따위를 죽 훑어보거나 조사하여 봄. ㉠도서를 열람하다. —하다.
열량(熱量) 물체의 온도를 높이는 데 소요되는 열의 양. 칼로리로 나타냄.
열량계 열량을 재는 기계.
열렬(熱烈) ①몹시 정열을 내어 열성스러움. ㉠열렬한 사랑. ②열심의 정도가 대단함. ㊗맹렬. —하다. —히.
열리다 ①닫힌 것이 틔다. ㉠문이 열리다. ㊥닫히다. ②문화가 발달되다. ③열매가 맺히다. ④무슨 일이 시작되다. ㉠생일 파티가 열리다.
열망(熱望) 열렬히 바람. ㉠평화를 열망하다. —하다.
열매 ①식물의 꽃이 핀 뒤에 맺히는 물건. ②일의 결과. ㉠그 동안의 노력이 열매를 맺다.
열목어(熱目魚) 연어과의 민물고기로 몸빛은 은색이며 옆구리·지느러미에 점무늬가 있음. 일생을 하천 상류의 찬물에서만 삶.
열무 어린 무. ㉠열무 김치.
열반(涅槃) ①불교에서, 불도를 완전하게 이루어 모든 고통과 근심에서 벗어나는 최고의 정신적인 상태. ㉠열반의 경지. ②덕망 있는 승려의 죽음을 이르는 말. ㉠열반에 들다. —하다.
열 번 찍어 아니 넘어가는 나무가 없다(속) 아무리 꼿꼿한 사람이라도 여러 차례 꾀고 달래면 나

열병(熱病) 몸에 높은 열이 나는 병. 예 열병을 앓다.

열복사 열이 중간에 있는 물체에 의하지 않고, 직접 다른 곳으로 옮겨 가는 현상.

열사¹(烈士)[一싸] 절개를 굳게 지킨 사람. 예 이준 열사.

열사²(熱砂)[一싸] ①여름 햇볕에 뜨거워진 모래. ②뜨거운 사막. 예 열사의 대지.

열사병(熱射病)[一싸뼝] 고온 다습한 곳에서, 체온 조절이 곤란하여 의식을 잃고 쓰러지는 병.

열상(裂傷)[一쌍] 피부 따위가 긁히거나 찢어진 상처. 열창.

열성(熱性)[一썽] 흥분되기 쉬운 성질. 비 열³.

열성껏(熱誠一) 열성을 다하여.

열성적(熱誠的)[一썽적] 열성을 다하는 모양. 예 열성적인 사람.

열세(劣勢)[一쎄] 힘이나 세력 따위가 상대편보다 떨어져 있음, 또는 그런 형세나 상태. 예 열세를 만회하다. 반 우세. —하다.

열:쇠[一쐬] 자물쇠를 여는 쇠. 반 자물쇠.

열심(熱心)[一씸] 대단히 정성 들이는 마음. 예 공부를 열심히 하여 꼭 성공하겠다. 비 열중. 반 태만. —하다. —히.

열악(劣惡) 품질·능력 따위가 몹시 떨어지고 나쁨. 예 열악한 환경. —하다.

열어젖뜨리다 문이나 창 따위를 넓게 열어 놓다. 예 문을 열어젖뜨리다. 반 닫아 버리다.

열어젖히다[여러저치—] =열어젖뜨리다.

열어제치다 =열어젖뜨리다.

열:없다 ①담이 크지 못하고 겁이 많다. ②조금 겸연쩍고 부끄럽다. ③성질이 묽고 다부지지 못하다. 예 아이가 열없다. —이.

열에너지(熱energy) 열이 다른 물질에 온도 변화를 일으킬 수 있는 능력.

열연¹(熱延) 금속을 어느 온도 이상으로 가열하여 눌러 펴서 판자 모양 또는 막대 모양으로 가공하는 일. 반 냉연. 본 열간 압연.

열연²(熱演) 연극 따위에서, 연기를 열심히 정열적으로 함. 예 무대 위에서 열연하는 배우. —하다.

열올리다 ①열중하다. 예 공부에 열올리다. ②무슨 일에 열중하여 흥분하다. 예 논쟁에 열올리다.

열외(列外) 늘어선 줄의 밖. 대열의 바깥.

열의(熱意) 뜨거운 마음. 열렬한 성의. 예 열의가 대단하다.

열의 이동 열의 온도가 높은 곳에서 낮은 곳으로 옮겨 가는 현상.

열전(熱戰)[一쩐] ①무력으로써 하는 맹렬한 싸움. 반 냉전. ②운동 경기에서의 맹렬한 싸움. 예 양팀이 열전을 벌이다.

열전도(熱傳導) 열이 온도가 높은 물질쪽에서 낮은 쪽으로 옮겨지는 현상. 물체 중 열전도가 잘 되는 것을 양도체라 함.

열정(熱情)[一쩡] ①열을 내는 마음. 몹시 흥분된 마음. 예 그는 그 일에 온 열정을 다 쏟아 부었다. ②열렬한 애정. 반 냉정.

열정적(熱情的)[一쩡 적] 열정이 있는 모양. 예 열정적인 연주.

열중(熱中)[一쭝] ①어떤 일에 온 정신을 바쳐 열심히 함. 예 공부에 열중한 철수는 밖에서 불러도 몰랐다. ②마음을 오로지 함. 비골몰. 열심. 반태만. —하다.

열중 쉬어(列中—)[열쭝—] 약간 편한 자세를 가지라는 구령.

열차(列車) 기관에 객차·화차 등을 달아 운전의 장치를 한 기차. 비기차.

열창(熱唱) 노래 따위를 열심히 부름. —하다.

열처리(熱處理) 재료를 가열하거나 식힘으로써 그 성질을 바꾸는 일. —하다.

열풍(熱風) 태양이나 전기 등으로 인한 고온의 바람. 예가열된 육지로부터 열풍이 분다.

열하(熱河) 중국 허베이성 동북단에 있는 강.

열하일기(熱河日記) 조선 정조 4년에 박지원(호 연암)이 청나라에 가는 사신을 따라 열하에 다녀와서 그 곳의 풍속·경제·병사·천문·문학 등에 대한 내용을 적은 기행문. 전 26권으로 된 이 책 속에 〈호질〉〈허생전〉 등의 소설이 들어 있음.

열혈(熱血) ①더운 피. ②'열렬한 정신·정열'을 비유하여 이르는 말. 예열혈 청년.

열화(烈火) 맹렬히 타는 불. 예열화같이 노하다.

열흘 열 날. 10일. 예이 일에 열흘이나 걸렸다.

엷 : 다[열따] ①물건의 두께가 두껍지 않다. 예엷은 담요. ②빛이 진하지 아니하다. 예엷은 회색. 반짙다. ③사람의 하는 짓이 빤히 들여다보인다.

염가(廉價)[—까] 가격이 쌈. 싼값. 예염가 판매.

염기(鹽基) 붉은 리트머스 종이를 푸른색으로 변화시키는 성질을 가진 물질. 물에 잘 녹는 것을 '알칼리'라고 함. 반산.

염기성(鹽基性)[—썽] 염기가 갖는 성질. 비알칼리성. 반산성.

염기성 용액 붉은 리트머스 종이를 푸른색으로 변하게 하는 용액. 반산성 용액.

염낭 허리에 차는 작은 주머니.

염 : 두(念頭) ①생각의 기초. ②마음 속. 예내 말을 염두에 두고 행동하여라.

염라 대 : 왕(閻羅大王)[염나—] 사람이 죽은 뒤에 생전의 선악을 헤아리어 상과 벌을 준다고 하는 저승의 임금.

염 : 려(念慮) ①마음을 놓지 못함. ②걱정하는 마음. 예부모님은 우리의 장래를 염려하신다. 비걱정. 반안심. —스럽다. —하다.

염 : 료(染料)[—뇨] 염색에 쓰는 재료. 물감.

염 : 병(染病) ①장티푸스. ②'전염병'의 준말.

염분(鹽分) 물질 속에 포함되어 있는 소금의 양.

염 : 불(念佛) ①불경을 욈. ②실패하거나 아까워서 자꾸 되씹음. —하다.

염불에는 마음이 없고 잿밥에만 마음이 있다〈속〉 마땅히 할 일에는 정성을 들이지 않고 딴 곳에 마음을 둔다.

염산(鹽酸) 염소·수소의 화합물로서, 자극적 냄새가 있는 액체. 공업용·약용으로 쓰임.

염 : 색(染色) 염료를 써서 물을 들임. 예머리를 염색하다. 반탈색. —하다.

염:세(厭世) 세상이 괴롭고 귀찮아서 싫어함. 예염세가. —하다.
염소¹ 모양은 양과 비슷한데 턱수염이 있는 짐승.
염소²(塩素) 녹황색의 기체로서, 표백·살균제로 쓰임.
염알이 몰래 염탐함. 예염알이꾼. 비염탐. —하다.
염:원(念願) 마음 속 깊이 생각하고 바람. 예우리의 염원은 통일이다. 비소원. —하다.
염장(塩藏) 소금에 절이어 저장함. 예명태의 알을 염장한 것이 명란젓이다.
염전(塩田) 바닷물을 끌어들여 햇빛에 증발시켜 소금을 만드는 밭.
염:좌(捻挫) 관절을 삠. 곧 관절에 무리한 힘이 가해져 관절 내부나 주위의 조직에 일어난 손상.
염:주(念珠) 보리수 나무·모감주 나무 열매 따위를 여러 개 실에 꿰어서 둥글게 만든 것. 부처에 절하거나 염불할 때, 손가락 끝으로 한 알씩 넘김.
염증¹(炎症)[—쯩] 몸의 한 부분이 빨갛게 붓고 진물이 나며 열이 나는 증세. 준염.
염:증²(厭症)[—쯩] 싫증.
염초(焰硝) '초석'이라고도 하는, 빛깔이 없거나 흰빛을 띠는 물질. 화약이나 비료의 원료가 됨.
염치(廉恥) 마음이 깨끗하여 부끄러움을 아는 것. 예염치가 없는 사람.
염치없다 염치를 알아차리는 마음이 없다. —이.
염탐(廉探) 몰래 사정을 살펴봄. 예염탐꾼. —하다.
염탐꾼 비밀히 염탐하는 사람. 예적의 염탐꾼이 잠입하다. 비염알이꾼.
염통 가슴 속에 있는 주머니 모양의 내장으로, 피를 돌게 하는 기관. 비심장.
염:하다(念—) 조용히 불경이나 진언 등을 외거나 마음에 품다.
염화나트륨 소금의 화학명.
염화수소 염소와 수소의 화합물. 소금에 황산을 부어서 만듦. 물에 잘 풀림.
염화칼슘 흰색의 고체. 습기를 흡수하는 성질이 크므로 건조제로 사용함.
엽관(獵官) 온갖 방법으로 벼슬을 얻으려고 이리 저리 다니며 서로 다툼. —하다.
엽록소(葉綠素)[염녹쏘] 식물의 세포 가운데 있는 초록빛의 색소로, 특히 잎 속에 많이 있는데, 해의 도움을 받아 물과 탄산가스를 원료로 하여 전분을 만듦. 잎파랑이.
엽록체[염녹—] 녹색 식물의 잎이나 줄기의 껍질 속에 있는 녹색의 알갱이. 엽록소를 함유하고 있으며, 광합성 작용을 함.
엽서(葉書) 크기와 지질이 한정되고 우편 요금의 우표를 인쇄한 통신 용지. 예엽서를 띄우다.
엽전(葉錢) 놋으로 만든 옛날의 돈. 둥글고 납작하며 가운데에 네모진 구멍이 있음.
엽차(葉茶) 차나무의 어린 잎을 달여서 만든 차.
엽초(葉草) 잎담배.
엽총(獵銃) 사냥에 쓰는 총.
엿 쌀·수수·옥수수 따위와 엿기름을 고아서 만든 달고 끈끈한 음식의 한 가지.
엿기름 보리를 물에 축여 싹이 나

게 한 것의 가루.

엿:듣다 몰래 듣다. 남이 모르게 가만히 듣다. [예] 전화를 엿듣다.

엿:보다 몰래 보다. 남이 모르게 넌지시 보다. [예] 누가 오는가 엿보고 있다.

엿새 6일. 여섯 날.

엿장수 엿을 파는 사람.

엿치기 엿가래를 부러뜨려서 그 속의 구멍의 크고 작음을 비교하여 승부를 겨루는 내기. —하다.

영:[1](永) '영영'의 준말. [예] 소식이 영 없다.

영[2](零) 수가 없는 것. '0'을 기호로 함.

영[3](靈) 죽은 사람의 혼. [비] 신령. 영혼. 혼령. 망령.

영가(靈歌) 미국 흑인들이 부르는 일종의 종교적인 노래.

영:감[1](令監) 나이가 많은 남자. [비] 노인.

영감[2](靈感) 신비스러운 느낌. [예] 영감이 떠오르다.

영걸(英傑) 큰일을 이룰 수 있을 만큼 용기와 지혜가 뛰어남, 또는 그런 인물. [예] 영걸스러운 인물. —스럽다. —하다. —히.

영:겁(永劫) 한없이 오랜 세월. 영원한 세월.

영:결(永訣) 영원히 헤어짐. '죽은 사람과 헤어짐'을 뜻함. [예] 영결식. [비] 영별. 영이별. —하다.

영계(—鷄) 병아리보다 조금 큰 닭. 약병아리.

영계 백숙(—鷄白熟) 영계의 털과 내장을 없앤 후 통째로 삶은 음식.

영고(迎鼓) 지난날, 부여국에서 추수가 끝난 섣달(12월)에 하늘에 제사 지내던 의식. 날마다 마시고 먹으며 노래와 춤을 즐겼으며, 죄수를 풀어 주기도 했음.

영공(領空) 한 나라의 영해와 영토의 상공으로 그 나라의 주권이 미치는 공간. [예] 영공 침범.

영광(榮光) ①좋은 일. ②좋은 명예. 좋은 자리. [예] 오늘 졸업식에서 언니가 영광스럽게도 최우수상을 받았다. [비] 영예. [반] 치욕. —스럽다.

영:구(永久) 길고 오램. [예] 영구히 보전되어야 할 문화재. [비] 영원. —하다. —히.

영:구 자석 자석의 성질이 오랫동안 변하지 않고 유지되는 자석. [반] 일시 자석.

영:구적 시간적으로 변하지 않고 오래갈 수 있는 것. [반] 일시적.

영구차(靈柩車) 시체를 담은 관을 실어나르는 차.

영:구치 젖니가 빠진 다음에 나는 이. 간니. [반] 유치.

영국(英國) 유럽의 서부인 대서양을 끼고 유럽과 아메리카를 잇는 통로에 자리잡고 있는 섬나라. 수도는 런던.

영글다 →여물다.

영기[1](令旗) 옛날 군대에서 명령을 전하던 기. 푸른 비단 바탕에 붉게 '영(令)'자를 새겨 붙였음.

영기[2](英氣) 뛰어난 기상. 지혜. [예] 영기 발랄한 소년.

영남(嶺南) 경상 남북도를 일컫는 말. [예] 영남 지방.

영내(營內) 부대 안. 병영 안.

영내 거주 군인이 부대 안에서 생활하는 일.

영농(營農) 농업을 경영함. [예] 과학적 영농. 영농 후계자. —하다.

영단(英斷) ①지혜롭고 용기 있게

내리는 결단. ㉠영단을 내리다. ②과감한 결단. —하다.

영달(榮達) 높은 지위에 오르고 귀하게 됨. ㈓출세. —하다.

영도(領導) 거느려 이끎. 앞장 서서 지도함. ㉠영도력. —하다.

영동(嶺東) 강원도 대관령의 동쪽 땅을 일컫는 말. ㈎영서.

영동선 경북 영주에서 강릉 경포대 사이를 잇는 철도. 길이 193.4 km.

영락없다[—낙업따] 조금도 틀리지 아니하고 번번이 들어맞는다. ㉠공부에 꾀를 부리면 성적은 영락없이 떨어진다. —이.

영령(英靈)[—녕] ①훌륭한 사람의 영혼. ②죽은 사람, 특히 전쟁에서 죽은 사람의 영혼을 높여 이르는 말. ㉠호국 영령.

영롱하다(玲瓏—) 빛이 찬란하다. ㉠영롱한 아침 이슬. —히.

영리(營利) 재산상의 이득을 얻으려고 꾀함. —하다.

영리 단체 재산상의 이익을 목적으로 조직된 단체. ㈎비영리 단체.

영:리하다(怜悧-) 슬기롭고 똑똑하다. ㉠영리한 꼬마.

영림창[—님창] 옛날 압록강과 두만강 연안의 삼림에 대한 일을 맡아 보던 관공서.

영마루(嶺—) 고개의 맨 꼭대기.

영매(英邁) 재주와 지혜가 뛰어남. 특히 임금에 대하여 씀. ㉠영매한 임금. —하다.

영묘(靈妙) 사람의 지혜로는 짐작할 수 없을 만큼 훌륭하고 신비로움. ㉠영묘한 자연의 법칙. —하다. —히.

영문¹ 까닭. 형편. ㉠어찌 된 영문인지 모르겠다. ㈓이유.

영문²(英文) 영어로 된 글.

영물(靈物) ①영묘하고 신비로운 물건이나 짐승. ②'썩 영리한 짐승'을 신통하게 여겨 이르는 말.

영민하다(英敏—) 똑똑하고 재빠르다. ㉠그는 영민하기로 소문났다. —히.

영봉(靈峰) 신령한 봉우리. ㉠백두산 영봉.

영부인(令夫人) 남의 부인을 높이어 이르는 말. ㈓귀부인.

영빈(迎賓) 손님을 맞음. ㉠영빈관. —하다.

영사¹(映寫) 영화 필름이나 슬라이드 따위를 영사막에 비춤.

영사²(領事) 외국에 있으면서 자기 나라 무역 이익과 국민 보호에 관한 일을 맡아 보는 공무원.

영:사기(映寫機) 영화 필름의 화상을 크게 하여 스크린에 비추는 기계.

영:사실 영사기를 놓고 영화 따위를 상영하는 방.

영산(靈山) 신령스러운 산. 영봉. ㉠겨레의 영산인 백두산.

영산강(榮山江) 호남 평야를 흘러 황해로 들어가는 강.

영:상¹(映像) 광선의 굴절 또는 반사에 의하여 비쳐지는 형상. ㉠거울에 비친 영상.

영상²(零上) 온도가 0℃ 이상임을 나타내는 말. ㈎영하.

영상³(領相) 영의정의 다른 이름. ㉠영상 대감.

영:생(永生) 영원히 삶. 오래 사는 것. ㉠영생을 꿈꾼 진시황. —하다.

영서 지방(嶺西地方) 태백 산맥을 가운데로 하여 서쪽 지방을 이르는 말. ㈎영동 지방.

영선사(領選使) 1881년대의 개화기를 맞아 청나라에 파견된 사절. 당시 청나라의 과학 기술을 익히고자 청년 학도들을 뽑아 김윤식을 영선사로 하여 파견하였음.

영세¹(零細) ①작고 가늘어 변변하지 못함. ②수입이 적고 생활이 어려움. 예영세 기업. —하다.

영세²(領洗) 성세 성사를 받음. 세례를 받음. 예영세를 받다. 비세례.

영세민(零細民) 수입이 적어 겨우 살아가는 주민.

영:세 중립국(永世中立國) 국제법상 영구히 다른 여러 국가간의 전쟁에 간섭하지 않는 대신, 그 독립과 영토의 보전이 다른 국가들로부터 보장되어 있는 국가. 스위스·오스트리아 따위.

영:속(永續) 오래 계속함. 비지속. —하다.

영수(領收) 돈이나 물건을 받음. 예영수증. —하다.

영수증 돈이나 물건을 확실히 받았다는 표로 내주는 물표.

영식(令息) 남을 높이어 그의 아들을 이르는 말. 비영애. 영양.

영신(迎新) 새해를 맞음. —하다.

영아(嬰兒) 젖먹이.

영악하다 이해에 분명하고 약다. 예영악한 아이. 비약다.

영애(令愛) 남의 딸을 높여 이르는 말. 영양. 반영식.

영약(靈藥) 신비한 효과가 있는 약. 비신약.

영양¹(令孃) =영애.

영양²(營養) 생물이 취하여 몸의 소모를 보충하며, 생활력을 보전하는 양분. 예영양이 부족하다. 영양 주사.

영양가[—까] 식품 가운데 있는 영양소의 양·질·칼로리 수 따위로 정해지는 영양상의 가치. 예영양가 높은 음식.

영양분 영양이 되는 성분. 비양분.

영양소 사람의 몸이 생활해 나가는 데 필요한 중요 성분으로 탄수화물·지방·단백질과 비타민·무기질·물 따위임.

영양 실조[—쪼] 영양의 부족으로 일어나는 이상 상태.

영양제 영양분을 보충하는 약제.

영어(英語) 영국을 비롯한 미국·캐나다·뉴질랜드 등에서 일상어로 쓰이는 말.

영업(營業) 경영하는 일. 장사하는 일. 예영업 시간. —하다.

영역(領域) ①국가의 주권이 미치는 범위. ②차지하여 세력이 미치는 곳. 예영역을 침범하다.

영연방(英聯邦) 영국의 국왕을 형식상의 원수로 하여 독립된 각 나라들이 영국 본토와 연방 관계를 맺고 있는 영국의 국가 조직. 예영연방 체육 대회.

영:영(永永) 영원히. 영구히. 오래오래. 예어머니는 영영 돌아오지 못할 곳으로 가셨구나! 비영원히. 반잠간.

영예(榮譽) 영광스러운 명예. 좋은 소문. 예영예를 얻다. 비명예. 영광. 반수치. —스럽다.

영예로운 영광스럽고 명예로운.

영웅(英雄) 재주·용맹이 뛰어나 큰일을 이룬 사람.

영웅심 지혜와 담력과 용맹이 뛰어남을 나타내 보이고 싶은 마음. 예영웅심이 강하다.

영:원(永遠) 오래오래. 길이길이.

예영원한 스승. 비영구. 반순간. —하다. —히.

영ː원 무궁(永遠無窮) 영원하여 다함이 없음. 영세 무궁. —하다.

영ː원 불멸(永遠不滅) 영원히 계속되어 없어지지 않음. —하다.

영ː원한 생 언제라도 살아 있는 생명.

영월대(迎月臺)[—때] 충청 남도 부여의 부소산에 있는 고적. 백제 때 임금이 달맞이하던 곳이라 함.

영위(營爲) 일을 경영함. 예생활을 영위해 나가다. —하다.

영은문(迎恩門) 조선 시대에, 중국에서 오는 사신을 맞아들이던 문. 대한 제국 때, 서재필 등이 그 문을 헐어 내고 그 자리에 독립문을 세웠음.

영의정(領議政) 조선 시대의 최고 관청인 의정부의 으뜸 벼슬. 내각을 총괄하는 으뜸 지위임.

영ː인(影印) 책 따위를 사진으로 복사하여 인쇄함. 예영인본. —하다.

영입(迎入) 환영하여 받아들임. 예사장을 영입하다. —하다.

영장[1](令狀)[—짱] 명령의 뜻을 적은 문서. 예구속 영장.

영장[2](靈長) 알 수 없는 이상한 힘을 가진 첫째 되는 것. 곧, 사람을 가리키는 말. 예인간은 만물의 영장이다.

영재(英才) 뛰어난 재주나 지능, 또는 그런 재주나 지능을 가진 사람. 예영재 교육. 비수재.

영적(靈的)[—쩍] 신령스러움. 정신이나 영혼에 관한 것. 반육적.

영전[1](榮轉) 먼저 있던 자리보다 더 좋은 자리나 나은 지위로 옮김. 예영전을 축하하다. 비승전. 반좌천. —하다.

영전[2](靈前) 신이나 죽은 사람의 영혼을 모셔 놓은 앞. 예할머니 영전에 분향 재배하다.

영접(迎接) 손님을 맞아 대접함. 예손님을 영접하다. 비환영. —하다.

영ː정(影幀) 그림 따위로 나타낸 사람의 모습. 예충무공의 영정.

영조(英祖, 1694~1776) 조선조 제21대 왕(재위 1724~1776). 학문을 즐겼으며, 정쟁을 막기 위해 탕평책을 써 인재를 고루 등용하였음.

영ː존[1](永存) ①영원히 존재함. ②영원히 보존함. —하다.

영존[2](令尊) 남의 아버지를 높여서 이르는 말.

영ː주[1](永住) 한 곳에 영원히 삶. 예미국에서 영주하다. —하다.

영주[2](英主) 영명한 군주. 뛰어난 임금.

영주[3](領主) 봉건 제도에서, 왕이 내린 영토의 소유주.

영ː주권(永住權) 일정한 자격을 갖춘 외국인에게 주는, 그 나라에서 영주할 수 있는 권리.

영지(靈芝) 모균류에 딸린 버섯. 산 속 넓은잎나무의 뿌리에서 남. 높이 10cm 가량. 전체가 적갈색 또는 자갈색이며 광택이 있음. 한방에서 약재로 쓰임.

영ː차영차 여럿이 힘을 합쳐 한 가지 일을 할 때, 기운을 돋우려고 함께 계속 지르는 소리. 본이영차이영차.

영ː창[1](映窓) 방을 밝게 하기 위하여 낸 두 쪽의 미닫이.

영창[2](營倉) 규율을 어긴 군인을 가두어 두는 부대 안의 건물, 또는 그 곳에 들어가는 형벌.

영:치기 무거운 물건을 여럿이 어깨에 메어 운반할 때 힘을 맞추기 위해 내는 소리. [예] 영치기 영차.

영토(領土) 한 나라의 주권을 행사할 수 있는 지역.

영특(英特) 재주가 뛰어남. [예] 영특한 아이. —하다.

영패(零敗) 경기 따위에서 한 점도 얻지 못하고 패함. [예] 겨우 영패는 모면했다. —하다.

영하(零下) 온도가 섭씨 0° 아래로 내려감. [예] 영하의 추운 날씨.

영하다(靈—) ①효험이 좋다. ②사람의 지혜로는 알 수 없는 이상한 힘이 뚜렷하게 있다.

영합(迎合) 남의 마음에 들도록 뜻을 맞춤. 아첨하여 좇음. [예] 소비자의 기호에 영합한 상품을 판매하다. —하다.

영해(領海) 그 나라의 통치권을 행사할 수 있는 범위로서 연안해·항만·내해·해협 등. 간조선으로부터 12해리 이내.

영:향(影響) 한 가지 사물로 인하여 다른 사물에 작용이 미치는 결과. [예] 환경은 사람의 건강에 영향을 준다.

영혼(靈魂) 죽은 사람의 넋. [비] 넋. 영. [반] 육체.

영:화[1](映畫) 연속 촬영한 필름을 연속적으로 스크린에 비추어, 움직이는 영상으로 보이는 그림. [예] 영화를 상영하다.

영화[2](榮華) 몸이 귀하게 되어서 이름이 빛남. [예] 영화를 누리다. —스럽다.

영:화관 영화를 상영하여 관객에게 볼 수 있도록 한 곳.

옅다[엳따] ①깊지 않다. [예] 옅은 물. ②빛깔이 묽다. [예] 옅은 빨강. ③학문이나 지식이 적다.

옆 오른편과 왼편 곁의 근방이나 가. 곁. [예] 옆으로 눕다.

옆구리 갈빗대가 있는 가슴과 등 사이를 이룬 부분.

옆구리 찔러 절 받기〈속〉 저편에서 바라지도 않는 일, 또는 모르는 일을 이편에서 요구하거나 알려 주어 대접받는 일.

옆넓이[염널비] 물체의 옆면의 넓이.

옆면 앞뒤에 대한 양 옆의 면. [비] 측면.

예:[1] 웃어른에게 대답하는 말.

예[2] '여기'의 준말. [예] 예서 놀자.

예:[3](例) 그전부터 하여 내려온 일. [비] 보기.

예[4](禮) 공경하는 뜻으로 표하는 인사. [비] 예의. —하다.

예:각(銳角) 직각보다 작은 각. [반] 둔각.

예:감(豫感) 무슨 일이 있기 전에 암시적으로 미리 느끼는 일, 또는 그런 느낌. [예] 불길한 예감이 든다. —하다.

예:견(豫見) 어떤 일이 있기 전에 미리 앎. [비] 선견. —하다.

예:고(豫告) 어떠한 사실을 미리 알림. [예] 예고편을 방영하다. —하다.

예광탄(曳光彈) 탄환이 지나가는 길을 알 수 있도록, 빛을 내면서 날아가는 포탄.

예:궐(詣闕) 대궐에 들어감. 입궐. —하다.

예:금(預金) 은행 같은 곳에 돈을 맡겨 둠. [예] 예금 통장. —하다.

예:금 통장 은행이나 우체국 등 금융 기관에서 예금자에게 예금과

지금의 내용을 적어 주는 통장. 비 저금 통장.

예:기¹(銳氣) ①날카롭고 강한 기상. ②세찬 기세. 예 초반에 적의 예기를 꺾다.

예:기²(豫期) 앞으로 닥쳐올 일에 대해 미리 기대함. 예 예기치 못했던 일이다. —하다.

예:년(例年) 여느 해. 예 예년에 볼 수 없는 홍수.

예:능(藝能) 음악·무용·연극·영화 등을 모두 가리키는 말.

예닐곱 여섯이나 일곱.

예다 ①'가다'의 옛말. ②'행하다'의 옛말.

예당 평야(禮唐平野) 충청 남도 예산군과 당진군에 걸쳐 분포하는 평야. 삽교천 유역에 형성된 충적 평야로 토양이 비옥하고 농업 용수가 풍부하여 벼농사가 발달함.

예:로부터 그전부터. 옛날부터. 예 예로부터 전해 오는 이야기.

예:리(銳利) ①연장 따위가 날카로워 잘 듦. 예 예리한 칼날. ②감각이나 통찰력 따위가 날카로움. —하다.

예:매¹(豫買) 시기가 되기 전에 미리 삼. 예 입장권 예매. —하다.

예:매²(豫賣) 일정한 시기가 되기 전에 미리 팖. 예 고속 버스 승차권 예매를 시작하다. —하다.

예맥족 옛날 중국의 동북 변경 밖에 살던 민족으로 우리 민족의 중심이 되고 있음.

예:명(藝名) 연예인이 연예 활동을 하면서 본이름 이외에 따로 지어 부르는 이름.

예:문(例文) 설명을 위한 본보기나 예가 되는 문장.

예물(禮物) ①사례의 뜻을 나타내기 위하여 주는 물건. ②혼례 때에 신랑 신부가 주고받는 기념품.

예:민(銳敏) 날카롭고 빠름. 민감함. 예 예민한 신경. —하다.

예:방¹(豫防) 일이 생기기 전에 미리 막음. 예 예방 주사. —하다.

예방²(禮訪) 인사차 방문함. 예 국가 원수를 예방하다. —하다.

예:방 접종 전염병의 발생 및 만연을 미리 막기 위하여 예방액을 몸 속에 주사함.

예:방 주:사 몸 안에 면역이 생겨 전염병에 걸리지 않도록 예방액을 놓아 주는 주사.

예배(禮拜) 신이나 부처 앞에 존경하여 공손히 절하는 일. 예 아침 예배. —하다.

예배당 기독교 신자들이 모여서 예배를 보는 회당. 비 교회당.

예법(禮法)[—뻡] 예의의 법칙. 예절을 행동으로 나타내는 것. 예 예법에 맞게 절을 하다.

예:보(豫報) 다가올 일을 미리 알림. 예 일기 예보. —하다.

예복(禮服) 예식 때 입는 옷.

예부(禮部) 고려 때, 나라를 다스리던 관청의 하나로 의례·제사·조회·학교·과거·외교에 대한 일을 맡아 보던 곳.

예불(禮佛) 부처에게 예배함. —하다.

예:비(豫備) 미리 준비함. —하다.

예:비군 예비역으로 짜여진 군대.

예:비역 현역에서 제대한 군인이 일정 기간 복무하는 병역. 예 예비역 장군. 반 현역.

예:쁘다 ①매우 아름답다. ②곱다. ③보기에 좋다. 반 밉다.

예:쁘장하다 꽤 예쁘다. 예 예쁘장한 소녀.

예:사(例事) 보통으로 있는 평범한 일. ⑩그 정도 돈은 예사로 알고 마구 쓴다. ⒷI보통. 逴특별.

예:사로 보통 있는 일처럼 아무렇지도 않게. ⑩폭력은 예사로 보아 넘길 일이 아니다.

예:사롭다〔예사로우니, 예사로워서/예사로이〕 보통 일처럼 있을 만하다. 흔한 일이다. ⑩이건 예사로운 일이 아니로군.

예:사말 ①보통으로 예사롭게 하는 말. ②높이거나 공손한 뜻이 없는 보통의 말. 逴겸사말. 공대말. 높임말. 존대말.

예:사소리 자음(닿소리)의 한 갈래. 예사로 숨쉴 때의 날숨으로 내는 소리. 'ㄱ·ㄷ·ㅂ·ㅈ'이 이에 딸림.

예:산(豫算) ①미리 계산함. ②국가나 기업에서 일정 기간 동안 돈의 들어오고 나감에 대한 계획. ⑩예산 편성. 逴결산. —하다.

예:삿일〔—산닐〕 보통 있는 일.

예:상(豫想) ①어떠한 일을 당하기 전에 미리 생각함. ②미리 헤아리어 어림침. ⑩예상 문제. —하다.

예:상외(豫想外) 생각 밖. 뜻밖. ⑩예상외로 성적이 좋다.

예서 여기서.

예:선(豫選) 본선이나 결선 전에 미리 뽑음. ⑩예선 탈락. 逴결선. 본선. —하다.

예성강(禮成江) 황해도 언진산에서 시작하여 황해로 흘러드는 강.

예:속(隸屬) 남의 지배 아래 매임. ⑩강대국에 예속된 나라. 逴독립. —하다.

예속 상교(禮俗相交) 풍속과 예절로써 서로 사귄다는 뜻으로, 향약의 4대 기본 정신의 하나.

예:수교(Jesus敎) 종교 개혁으로 카톨릭에서 갈려 나온 개신교를 우리 나라에서 이르는 말. ⒷI기독교.

예순 열의 여섯 배. 육십.

예:술(藝術) ①학예와 기술. ②특별한 재료·모양·재주로 아름다운 점을 표현하려고 하는 것. 곧 음악·미술·문학·연극 따위.

예:술가 예술 작품을 만들어 내는 사람. ⒷI예술인.

예:술단〔—딴〕 예술 활동을 목적으로 예술인들로 조직된 단체.

예:술의 도시 예술이 많이 발달되고 예술하는 사람이 많은 도시.

예:술 작품 문학·미술 따위의 창작물.

예:술적〔—쩍〕 예술다운 상태. 예술에 관한 것. ⑩예술적 가치가 높은 문화재.

예:술품 예술미가 표현된 작품.

예:술 학교 미술·문학·음악·연극·영화 따위를 가르치는 학교.

예:술 활동 아름다움을 창조해 내는 활동.

예:스럽다〔예스러우니, 예스러워서〕 옛것을 대하는 것 같은 느낌이 있다. ⑩예스러운 건물.

예:습(豫習) 미리 학습함. 미리 익힘. 逴복습. —하다.

예:시¹(例示) 예를 들어 보임. ⑩사용 방법을 몇 가지 예시하다. —하다.

예:시²(豫示) 미리 보이거나 알림. ⑩시험 날짜를 예시하다. —하다.

예식(禮式) 예법에 따른 의식. 예의의 법식.

예식장 예식을 하도록 여러 가지

시설을 갖춘 곳. 주로 결혼식장을 말함.

예:약(豫約) 미리 약속함. 예좌석을 예약하다. 비선약. —하다.

예:언(豫言) 앞으로 다가올 일을 미리 헤아리는 말. —하다.

예:언자 앞날을 미리 말해 주는 사람.

예:외(例外) 일반적인 규칙에서 벗어나는 일. 예모든 법칙에는 예외가 있다.

예우(禮遇) 예로써 대접함. 예의를 다하여 대우함. —하다.

예의(禮儀) 예를 차리는 절차와 지키는 일. 예예의바른 아이. 비예. 예절.

예:전 오래 된 지난날. 비그전. 옛날. 반요즈음.

예절(禮節) 예의와 절차. 비예의. 반실례.

예절바르다 예의와 범절이 제대로 맞다.

예:정(豫定) 미리 작정함. 예예정된 시간을 어기지 말아라. 비계획. —하다.

예:제(例題) 교과 내용 따위의 이해를 돕거나, 연습을 시키기 위하여 보기로서 내는 문제.

예조(禮曹) 조선 때, 육조의 하나. 예법·외교·제사·학교·과거 따위의 일을 맡아 보던 곳.

예찬(禮讚) 좋거나 아름다움을 높이고 기림. 예청춘 예찬. —하다.

예:측(豫測) 앞으로 생길 일을 미리 짐작함. —하다.

예:치(預置) 맡겨 둠. —하다.

예:컨대 예를 들건대. 이를테면.

예포(禮砲) 어떤 일을 축하하거나 조의를 나타내기 위하여 총이나 대포를 탄알 없이 쏨.

예:하(隷下) 그 사람에게 딸림, 또는 딸린 사람. 예예하 부대.

예:행(豫行) 미리 행함. 예예행연습. —하다.

옌지(延吉) 중국 만주 지린성 간도 지방의 중심 도시. 청나라 초에는 주로 사냥을 하던 수렵지였으나 중국인과 한국인이 옮겨와 삶으로써 생활의 터전을 이룸.

옛: 지나간 때의. 예옛 모습.

옛:날 지난 지가 오래된 날. 비예전. 옛적. 반오늘날.

옛:일[옌닐] 옛적의 일.

옛:적 오랜 옛 시대.

옜다 손아랫사람에게 무엇을 줄 때 하는 말.

오:¹ 상대방에게 '그러냐'는 뜻으로 하는 말.

오:² 느낌을 나타내는 말. 예오, 슬프다! 비아.

오:³(五) 다섯.

-오⁴ ①말귀의 끝남을 나타내는 말. 예어디로 가오. ②바라는 것을 나타내는 말. 예내게 다오.

오가다 오고 가고 하다. 왕래하다. 예오가는 사람.

오:각기둥 다섯 보가 진 기둥. 비오각주.

오:각형 다섯 모가 진 평면 도형.

오:감(五感) 보고·듣고·냄새 맡고·맛보고·만져 보는 다섯 가지 감각. 오각.

오:거(五炬) 조선 시대의 통신 연락망으로 햇불을 올린 중요한 곳. 서수라·만포진·의주·동래·돌산도의 다섯 군데.

오:경(五經) 시경·서경·주역·예기·춘추의 다섯 가지 책.

오:곡(五穀) 쌀·보리·조·콩·기장의 다섯 가지 곡식.

오:곡밥 다섯 가지 곡식을 섞어 지은 밥. 음력 정월 대보름에 지어 먹음.

오:곡 백과(五穀百果) 온갖 곡식과 여러 가지 과실.

오골계 동남 아시아가 원산인 닭의 한 품종. 깃털·가죽·살·뼈가 검은 빛깔이나 변종도 있음. 습증·풍병·허약증에 약으로 씀.

오:관(五官) 오각을 일으키는 다섯 가지 감각 기관. 곧, 눈(시각)·귀(청각)·코(후각)·혀(미각)·피부(촉각).

오:광대(五廣大) 경남 해안 지방에서 음력 정월 보름에 탈을 쓰고 노는 민속 연극의 한 가지. 본오광대 가면극.

오:군영(五軍營) 임진왜란을 계기로 서울을 방비할 목적으로 조직된 훈련 도감·총융청·수어청·어영청·금위영의 다섯 군영.

오그라들다 점점 오그라져서 작아지다. 큰우그러들다.

오그라지다 ①가장자리가 안쪽으로 옥아들다. ②작아지다. 좁아들다. ③주름이 지거나 줄어들다.

오그리다 오그라지게 하다. 예몸을 오그리다. 큰우그리다.

오글오글[1] ①벌레 따위가 한 곳에 많이 모여 자꾸 움직이는 모양. ②액체 따위가 오그르르 끓어오르는 모양. 큰우글우글. —하다.

오글오글[2] ①군데군데가 오그라져 있는 모양. ②주름이 많이 잡힌 모양. 큰우글우글. —하다.

오금 무릎·팔뚝의 구부러지는 안쪽. 예오금이 저리다.

오금박다 큰소리를 치던 이가 그와 반대되는 말이나 행동을 할 때, 그 장담한 말을 내세워 몹시 꾸짖다.

오금아 날 살려라 도망칠 때 너무 조급해서 빨리 다리가 놀려지기를 바랄 때 쓰는 말.

오금팽이 구부러진 물건의 굽은 자리의 안쪽.

오긋하다[-그타다] 안으로 조금 오그라진 듯하다. —이.

오:기[1](傲氣) 힘이 달리면서도 남에게 지기 싫어하는 마음.

오:기[2](誤記) 잘못 적음. 예이 글은 오기 투성이다. —하다.

오:냐 ①손아랫사람에게 대답하는 말. 예오냐, 알겠다. ②자기 혼자 무엇을 결심했을 때 내는 소리. 예오냐, 두고 보자.

오:너(owner) ①소유자, 특히 기업의 소유자. ②선주.

오:너 드라이버(owner driver) 자기 차를 운전하는 사람.

오너라 오라는 명령. 예이리 오너라.

오누이 오라비와 누이. 비남매. 준오뉘.

오뉘 '오누이'의 준말.

오:뉴월(五六月) 오월과 유월.

오뉴월 감기는 개도 안 걸린다〈속〉 여름철에 감기 앓는 사람을 조롱하는 말.

오뉴월 곁불도 쬐다 나면 섭섭하다〈속〉 당장에는 대단치 않게 생각되던 것도 없어진 뒤에는 아쉽다는 뜻.

오는 앞으로 올. 예오는 일요일에는 북한산으로 놀러 가기로 했다.

오는 말이 고와야 가는 말이 곱다〈속〉 남이 나를 욕하면, 나도 욕하게 되기 마련이다.

오는 정이 있어야 가는 정이 있다〈속〉 남이 잘하면 이 쪽에서도 그만큼 상대편에게 보답을 하게 된다.
오늘 ①이 날. 금일. 예오늘이 제 생일입니다. ②오늘날.
오늘날 지금의 시대. 예오늘날의 한국. 반옛날. 준오늘.
오다[1] ①이 쪽에 가까이 미치다. 반가다. ②비·눈이 내리다. ③때가 되다. ④이르다.
오다[2] 움직임이나 형용을 나타내는 '―아'나 '―어'의 뒤에 쓰여 그 동작이나 상태가 시작되거나 비롯됨을 나타내는 말. 예날이 밝아 오다.
오다가다 가끔 어쩌다가. 우연히. 예오다가다 만난 사람.
오달제(吳達濟, 1609~1637) 병자호란 때 남한산성에 들어가 홍익한·윤집과 함께 청나라에 항복하는 것을 끝까지 반대한 삼학사의 한 사람. 청나라 심양에 잡혀 가 죽임을 당함.
오:달지다 허술한 데가 없이 야무지고 실속이 있다. 예행동이 오달지다. 준오지다.
오:대산(五臺山) 강원도 평창군과 홍천군 경계에 있는 산. 태백산맥에 속하며, 한강의 발원지임. 설악산과 함께 금강산 다음 가는 명승지로 월정사·상원사가 있음. 고산 식물과 약초가 풍부함.
오:대양(五大洋) 지구상에 있는 다섯 바다. 곧, 태평양·대서양·인도양·남빙양·북빙양.
오:대주(五大洲) 지구상의 다섯 대륙. 곧, 아시아 주·유럽 주·아프리카 주·오세아니아 주 및 아메리카 주.
오:대호 북아메리카 중부에 있는 다섯 호수. 곧, 슈피리어 호·미시간 호·휴런 호·이리 호·온타리오 호.
오도독 ①단단한 물건을 깨물 때 나는 소리. 예밤을 오도독 깨물다. ②단단하고 가는 물건을 단번에 부러뜨릴 때 나는 소리. 큰우두둑. ―하다.
오:도 양:계(五道兩界) 현종 때 만들어진 고려 시대 지방 행정 구역의 하나. 5도는 서해도·교주도·양광도·경상도·전라도, 양계는 북계와 동계임.
오도카니 ①넋이 나간 듯이 가만히 서 있거나 앉아 있는 모양. 예오도카니 앉아 있는 아이. ②아무 하는 일 없이 빈둥거리며 노는 모양. 큰우두커니.
오독오독 단단한 물건을 자꾸 깨물 때 나는 소리, 또는 그러한 모양. 예밤을 오독오독 씹어먹다. 큰우둑우둑. ―하다.
오돌또기 제주도의 대표적 민요의 한 가지.
오동(梧桐) '오동나무'의 준말.
오동나무 오동과의 넓은잎 큰키나무. 높이는 10~15m. 넓은 잎이 마주 나며, 봄에 보랏빛 꽃이 핌. 가볍고 부드러워 가구·악기를 만드는 데 많이 쓰임.
오동도 전라 남도 여수시에 있는 섬. 섬 전체가 동백꽃과 대나무 따위로 숲을 이루고 기암 절벽으로 된 해안 경치도 뛰어남.
오동통하다 몸집이 작으며 통통하다. 예오동통한 몸매.
오동포동 몸이 오동통하며 살이 포동포동한 모양. 예오동포동 살찐 아이. ―하다.
오두막집 사람이 겨우 살 정도의 조그마한 집.
오들오들 춥거나 무서워서 몸을

자꾸 떠는 모양. 예비에 맞아 오들오들 떠는 참새. 큰우들우들.
오디 뽕나무의 열매.
오:디오(audio) ①텔레비전의 영상에 대하여 '음성' 부분을 뜻하는 말. 반비디오. ②'오디오 기기'의 준말.
오:디오 기기 음악을 듣고 즐기기 위한, 음질이 좋은 고급 음향 재생 장치.
오뚝 서 있는 물건의 윗머리가 조금 높은 모양. 예시상대에 오뚝서 있는 우리 나라 선수. 반움푹. 큰우뚝. —하다. —이.
오뚝이 아무렇게 던져도 오뚝오뚝 일어서는 아이들의 장난감.

〔오뚝이〕

오:라 지난날, 도둑이나 죄인을 묶던 붉고 굵은 줄. 오랏줄. 포승.
오:라기 길게 자른 가는 끈. 예실오라기.
오라버니 자기보다 나이가 많은 오라비.
오라비 여자가 자기의 남자 형제를 일컫는 말.
오:락(娛樂) 즐기는 것. 위로를 받으려고 하는 장난. 예오락 시설. 비유희. —하다.
오락가락 ①왔다갔다하기를 되풀이하는 모양. ②정신이 있다 없다 하는 모양. —하다.
오:락실 오락하는 방.
오랑우탄 유인원과의 짐승. 키가 1.4m 가량이고 원숭이와 비슷하며 팔이 길어 서 있어도 손끝이 땅에 닿음. 얼굴 이외의 온몸에 황갈색의 털이 나 있음. 보르네오·수마트라 등지의 삼림에 살며 나무 위에서 생활함. 성성이.
오랑캐 ①두만강 근방에 살던 종족. ②미개한 백성. 비되놈.
오랑캐꽃 잎은 길고 둥글며 꽃은 자줏빛인 여러해살이풀.
오래 시간이 길게. 예그렇게 오래 기다렸니? 비한참². 반금방.
오래간만 오래 지난 뒤. 예오래간만에 고향에 돌아오니 감회가 새롭다. 준오랜만.
오래다 한 때로부터 다른 때까지의 사이가 길다. 예철이를 본 지 오래다.
오래달리기 자기 체력을 끈기 있게 유지하면서 먼 거리를 끝까지 달리는 육상 운동.
오래도록 시간이 오래 되도록. 예오래도록 간직하다.
오래오래 아주 오래 지나도록. 예오래오래 사셔요.
오랜 긴. 예오랜 시간을 참고 기다렸다. 반잠깐. 짧은.
오랫동안 시간적으로 썩 긴 동안. 예오랫동안 외국에서 생활하다. 반잠시.
오렌지(orange) ①귤. ②귤빛.
오:로라(aurora) 지구의 북극과 남극 지방의 높은 하늘에 이따금 나타나는 아름다운 빛의 현상. 극광.
오로지 오직. 예마음을 오로지 학문에만 쏟다. 비다만.
오로지하다 ①한 가지만 하다. ②어떤 일을 전문으로 하다.
오:륜¹(五倫) 사람으로서 지켜야 할 다섯 가지. 곧, 임금과 신하 사이의 의리와 부부간의 구별, 어른과 아이 사이의 차례와 친구간

의 신의, 그리고 아버지와 아들 사이의 친애를 이름.

오:륜²(五輪) 올림픽 마크. 청색·황색·흑색·녹색·적색의 순서로 5대륙을 상징하여 'W'자형으로 연결한 다섯 개의 고리.

오:륜기 흰 바탕에 오륜을 그린 올림픽 대회에 쓰이는 기.

오:륜 행:실도[-또] 조선 정조 때 이병모 등이 지은 책. 오륜에 뛰어난 사람들의 행적을 그림으로 그리고 한글로 설명하였음.

오르간(organ) =풍금.

오르내리다 ①올라갔다 내려갔다 하다. ②남의 입에 자주 말거리가 되다. 예 헛소문이 사람들 입에 오르내렸다.

오르다〔오르니, 올라서〕 ①위로 가다. 예 산을 오르다. ②값이 비싸지다. 예 물가가 오르다. ③몸에 살이 많아지다. 예 살이 오르다. ④병독이 옮게 되다. 예 옻이 오르다. ⑤기록에 적히다. 예 명단에 오르다. 반 내리다¹.

오르막 올라가는 길. 예 헐레벌떡 오르막을 오른다. 반 내리막.

오르지 못할 나무는 쳐다보지도 말라〈속〉 분에 넘치는 일은 아예 생각도 말라.

오른손 오른편에 붙어 있는 손. 반 왼손.

오른씨름 샅바를 왼쪽 다리에 걸고 서로 상대방의 오른쪽 어깨를 맞대고 하는 씨름. 반 왼씨름.

오른쪽 앞을 향해 오른손의 쪽. 예 오른쪽으로 가다. 비 우측.

오른편 오른쪽. 반 왼편.

오름세 물가나 기세 따위가 오르는 형세. 반 내림세.

오:리¹ 모양은 기러기와 같고, 부리가 넓적하며, 다리가 짧은 가축의 하나. 집오리·물오리·청머리오리 등이 있음.

오:리²(五里) 십 리의 절반 되는 거리.

오:리걸음 오리처럼 뒤뚱거리며 걷는 걸음걸이.

오리나무 산과 들에 저절로 나는 나무로, 솔방울 모양의 열매는 가을에 익음.

오 리를 보고 십 리를 간다〈속〉 적은 일이라도 유익한 일이면 수고를 아끼지 말아야 된다.

오:리 무:중(五里霧中) 짙은 안개 속에 있어서 방향을 알 수 없는 것처럼 무슨 일에 대해 알 길이 없음을 이르는 말. 예 범인의 행방이 오리 무중이다.

오:리발 ①물갈퀴. ②'손가락이나 발가락 사이가 맞붙은 손이나 발'을 이르는 말. ③'엉뚱하게 부리는 딴전'을 이르는 말. 예 닭 잡아 먹고 오리발 내어 놓는다.

오리엔테이션(orientation) 신입생이나 신입 사원 등에게 새로운 환경에 대한 소개나 적응 방법 등을 지도하거나 이르는 말.

오리온(Orion) 그리스 신화에 니오는 거인 사냥꾼의 이름.

오리온자리(Orion-) 겨울철의 별자리. 바깥쪽의 4개의 밝은 별과 가운데의 3태성으로 이루어져 있음.

오막살이 ①작고 낮은 초가집. ② 오두막집의 살림살이.

오:만(傲慢) 잘난 체하고 업신여기는 태도. 거만. 예 오만한 태도. -스럽다. -하다.

오:만날(五萬-) 허구한 날. 만날.

오:만 불손(傲慢不遜)[-쏜] 오만

하여 겸손한 데가 없음. ―하다.

오:만상(五萬相) 얼굴을 잔뜩 찌푸린 형상, 또는 그 얼굴. [예] 오만상을 찌푸리다.

오:망 떨다(迂妄―) ①말이나 하는 짓이 가볍다. ②몹시 까불다.

오:매 불망(寤寐不忘) 자나깨나 잊지 못함. ―하다.

오:명(汚名) ①더러워진 이름이나 명예. ②누명. [예] 오명을 벗다.

오목거울 바닥이 오목한 반사면으로 된 거울.

오목 다각형(―多角形) 오목 폐곡선으로 된 다각형.

오목 렌즈(―lens) 가운데가 얇고 가장자리가 두꺼워 오목한 렌즈. [반] 볼록 렌즈.

오목오목 쏙쏙 들어간 모양. [반] 볼록볼록. [큰] 우묵우묵. ―하다.

오목조목 조금 큰 것과 작은 것이 오목오목하게 섞여 있는 모양. [큰] 우묵주묵. ―하다.

오목판 판의 오목한 부분에 물감을 넣어서 찍어 내는 판화.

오목 폐곡선(―閉曲線) 폐곡선 내부의 두 점을 이을 때 폐곡선과 만나게 되는 폐곡선.

오목하다 속이 조금 깊다. [예] 오목한 그릇. [반] 볼록하다.

오:묘하다(奧妙―) ①깊고 그윽하여 알 수 없다. [예] 오묘한 자연의 신비. ②이상하여 알 수 없다.

오:물(汚物) 지저분하고 더러운 물건. [예] 오물 수거. [비] 쓰레기.

오물거리다 ①음식을 자꾸 오물오물하며 씹다. ②말을 자꾸 오물오물하다. [큰] 우물거리다.

오:물세[―쎄] 쓰레기·분뇨 등을 치워 가는 데 내는 돈.

오물오물 ①벌레 등이 한군데 모여 자꾸 꼼지락거리는 모양. [예] 지렁이가 오물오물하다. ②입 안에 든 음식을 이리저리 자꾸 씹는 모양. ―하다.

오므라이스 채소와 고기를 잘게 썰고 케첩을 섞어 볶은 밥을 넓게 지진 달걀로 싼 서양 음식.

오므리다 가장자리의 끝이 한군데로 모이게 하다. [예] 입을 오므리다. [큰] 우므리다.

오:미(五味) 신맛·쓴맛·짠맛·매운맛·단맛의 다섯 가지 맛.

오:미자 오미자나무의 열매. 폐를 돕는 효능이 있어 기침·갈증에 쓰임.

오밀조밀 솜씨가 교묘하고 세밀한 모양. [예] 오밀조밀 잘 꾸며 놓았다. ―하다.

오:발(誤發) ①총을 잘못 쏨. [예] 총기 오발 사고. ②실수로 말을 잘못함. ―하다.

오:밤중(午―中)[―쭝] 한밤중.

오:방색 예로부터 즐겨 사용되어 온 청·적·백·흑·황의 색.

오:버센스(oversense) ①지나치게 예민한 생각. ②신경 과민.

오:버타임(overtime) 배구·농구 등에서, 규정 시간 또는 규정 횟수 이상 공을 만지는 반칙.

오:보(誤報) 그릇되게 보도함, 또는 그릇된 보도. ―하다.

오보에(이 oboe) 관현악용의 높은 음을 내는 목관 악기. 소리가 부드럽고 슬픔.

오:복(五福) 유교에서 이르는 다섯 가지 복. 곧, 오래 살고, 잘 살고, 건강하고, 덕을 닦고, 목숨을 탈없이 제대로 마침의 다섯 가지.

오:봉산(五峰山) 강원도 금강산에 있는 산. 1264m.

오불관언(吾不關焉) 상관하지 아니함, 또는 그러한 태도.

오붓하다 ①물건이 비교적 많다. ②살림이 알뜰하고 어렵지 않다. [예] 오붓한 살림살이. —이.

오븐(oven) 조리 기구의 한 가지. 속에 재료를 넣고 상하 좌우에서 열을 보내어 재료를 굽는 기구.

오:비:(O.B.) 학교를 졸업한 사람으로 구성된 팀. old boy의 준말.

오빠 계집아이가 손위의 오라비를 부르는 말.

오:산(誤算) ①잘못 셈함, 또는 잘못된 셈. ②잘못된 추측. [예] 그 일은 나의 오산이었다. —하다.

오:산 학교(五山學校) 조선 말기에 이승훈이 평안 북도 정주군 오산면에 세운 사립 중등 학교.

오:색(五色) ①파랑·노랑·빨강·하양·검정의 다섯 가지 빛깔. ②여러 가지 빛깔. [예] 오색이 찬란하다.

오:색실 다섯 가지 알록달록한 빛깔로 된 실.

오:색 찬:란[—찰란] 여러 가지 빛깔이 한데 섞이어 황홀하고 아름다움. —하다.

오:선지(五線紙) 음악에서 악보를 그리기 위하여, 다섯 줄을 띄어서 그은 종이.

오세아니아(Oceania) 남태평양의 멜라네시아·폴리네시아·미크로네시아 및 오스트레일리아·뉴질랜드 따위의 섬과 대륙. [비] 대양주.

오소리 족제빗과의 짐승. 몸길이 70~90cm, 꼬리는 10~18cm. 몸은 너구리와 비슷하나 앞발에는 큰 발톱이 있어서 땅을 파기에 알맞음. 등은 갈색이며 털끝에 회백색 털이 섞여 있음. 모피는 방한용, 털은 붓·솔 등을 만드는 데 씀.

오솔길[—낄] 폭이 좁은 호젓한 길. [예] 꼬불꼬불한 오솔길.

오:수(午睡) 낮잠.

오순도순 의좋게 지내는 모양. [예] 오순도순 노는 아이들.

오스트레일리아(Australia) 오스트레일리아 대륙과 뉴기니의 일부로 이루어진 연방 공화국. 수도는 캔버라. 영연방에 속함. 목축 산업이 발달함. 호주.

오스트리아(Austria) 중부 유럽에 있는 나라. 수도는 빈.

오슬오슬 소름이 끼칠 듯이 자꾸 추워지는 모양. [예] 오슬오슬 추워진다. [큰] 으슬으슬. —하다.

오:심(誤審) 잘못 심판함, 또는 그 심판. [예] 오심을 번복하다. [비] 오판. —하다.

오:십보백보 차이가 심하지 않고 대체로 비슷함. [예] 이 물건이나 그 물건이나 오십보백보다.

오싹 매우 무섭거나 추워서 몸이 자꾸 움츠러드는 모양. [예] 소름이 오싹 끼치다. —하다.

오아시스(oasis) 사막 가운데 물이 흐르고, 풀과 나무가 있어 쉴 수 있는 곳.

오아시스 농업 사막 지방의 샘이 있는 곳이나 강물이 흐르는 곳에서 밀·대추야자 등을 가꾸는 농업.

오얏 =자두.

오:역(誤譯) 잘못 번역함, 또는 잘못된 번역. —하다.

오:열[1](五列) 스파이. [비] 간첩.

오열[2](嗚咽) 목이 메도록 욺. [예] 유가족들의 오열 속에서 장례식이 거행되었다. —하다.

오:염(汚染) 공기·물·땅 같은 곳에 생물이 생활하는 데 해로운 물질이 섞이는 것. [예] 오염 지대. —하다.
오:염도 오염된 정도.
오:염원 자동차의 배기 가스, 공장의 폐수 등 환경을 오염시키는 근본적 원인.
오:욕(汚辱) 남의 명예를 더럽히고 욕되게 함. [예] 오욕의 역사. —하다.
오:용(誤用) 잘못 씀. [예] 약을 오용하다. —하다.
오:우가(五友歌) 조선 시대 윤선도가 지은 연시조. '물·돌·소나무·대나무·달'을 읊은 내용.
오:월(五月) 일 년 중 다섯 번째에 드는 달.
오:음 음계 '도·레·미·솔·라'의 5음으로 이루어진 우리 나라의 음계.
오이 덩굴에 거죽이 두툴두툴하고 모양이 길둥근 열매가 열리는 한해살이 덩굴풀. [준] 외.
오이는 씨가 있어도 도둑은 씨가 없다〈속〉 도둑질은 유전이 아니다.
오이소박이 오이를 두세 토막으로 나누어 그 끝을 조금 남기고 +자 모양으로 쪼개 그 속에 갖은 양념을 한 소를 넣어 만든 김치.
오이씨 오이의 씨. [준] 외씨.
오:인(誤認) 잘못 보거나 잘못 인정함. [예] 산돼지를 간첩으로 오인하다. —하다.
오일(oil) =기름.
오:일륙(5·16) 군사 정변(五一六軍事政變) 1961년 5월 16일, 박정희 육군소장을 비롯한 청년 장교들이 장면 내각을 뒤엎고 정권을 장악한 일. 오일륙 혁명.
오:일장 닷새에 한 번씩 열리는 시골의 장.
오:자(誤字)[—짜] 잘못 쓴 글자. 틀린 글자. [예] 오자를 교정하다.
오작교(烏鵲橋) ①칠월 칠석날 견우와 직녀의 두 별이 만날 수 있도록 까마귀와 까치가 모여 만든다는 전설의 다리. ②전라 북도 남원의 광한루에 있는 돌로 된 다리. '춘향전'으로 더욱 유명해진 다리임.
오:장(五臟) 몸 안의 다섯 가지의 내장. 곧 간장·심장·비장·폐장·신장.
오:장 육부(五臟六腑) 한방에서, '내장'을 통틀어 이르는 말.
오:전(午前) 밤 열두 시부터 오정까지. 오정 전. [비] 상오. [반] 오후.
오:점(汚點)[—쩜] ①더러운 점. 얼룩. ②명예롭지 못한 흠.
오:정(午正) 낮 열두 시. [비] 정오. [반] 자정.
오존(ozone) 염소와 비슷한 냄새를 가진 기체. 살균·소독·표백에 씀.
오존층 오존을 많이 포함하고 있는 공기층. 지상에서 약 20~25 km 위에 있으며, 인체나 생물에 해로운 태양의 자외선을 흡수하는 성질이 있음.
오종종하다 ①잘고 둥근 물건이 빽빽이 놓여 있다. ②얼굴이 작고 옹졸스럽다. [예] 오종종한 얼굴.
오죽 얼마나. [예] 네 병이 낫기만 한다면 오죽 기쁘겠니. —하다.
오죽헌(烏竹軒) 강릉시 죽헌동에 있는 보물 제165호로 지정된 집. 이율곡이 탄생한 집. 조선 시대 초기에 지은 목조 건물로서 유적·유물·필적·각판 따위가 보존되어 있음.

오줌 혈액에서 걸러지고 남은 노폐물과 수분으로, 몸 밖으로 배설되는 액체. 소변.

오줌보 콩팥에서 걸러진 오줌이 괴는 살 주머니.

오줌싸개 오줌을 잘 가누지 못하는 아이.

오:중주(五重奏) 다섯 개의 악기에 의한 합주. 예 현악 오중주.

오:지 해안이나 도시에서 멀리 떨어진 육지 안에 있는 땅. 예 산골 오지.

오지그릇 붉은 진흙으로 만들어 볕에 말리거나 약간 구운 다음 잿물을 입히어 다시 구운 질그릇.

오:지다 '오달지다'의 준말.

오지랖 웃옷이나 윗도리에 입는 겉옷의 앞자락.

오직 그것만. 단지. 오로지. 한갓. 예 오직 너만은 믿을 수 있다. 비 다만.

오:진(誤診) 잘못 진단함, 또는 그릇된 진단. ―하다.

오:진법 0, 1, 2, 3, 4 따위의 다섯 가지 숫자로만 나타내는 기수법의 한 가지. 다섯씩 모일 때마다 한 자리씩 올려 적는 방법임. 보기 $23_{(5)} = 2 \times 5 + 3 \times 1$.

오짓물[―진물] 흙으로 만든 그릇에 바르는 잿물. 구우면 윤이 남.

오징어 연체동물의 하나. 몸은 작은 주머니 같고, 열 개의 발이 있으며 등 속에 작은 뼈 같은 흰 물질이 있는데, 적을 만나면 시꺼먼 먹물을 뿜음.

오징어포 오징어 말린 것을 기계에 넣어서 얇게 편 것.

오:차(誤差) 참값과 근사값의 차이.

오:차의 백분율[―뉼] 상대 오차를 백분율로 나타낸 것.

오:차의 한:계 그 수값으로 반올림하여 얻은 근사값. 올림과 버림에 의하여 얻은 값.

오:찬(午餐) 여느 때보다 잘 차려 먹는 점심. 비 주찬.

오:케스트라(orchestra) 관악과 현악의 협주. 비 관현악.

오:케이(O.K.) 좋아, 틀림없어, 또는 알아들었어의 뜻.

오:토바이 엔진의 힘으로 바퀴를 회전시켜 달리게 만든 자전거.

오톨도톨 물건의 거죽이 고르지 못하여 요리조리 잘게 부풀어오른 모양. 큰 우툴두툴. ―하다.

오:트밀:(oatmeal) 귀리의 가루로 죽을 쑤어 소금과 설탕·우유 따위를 넣어 먹는 서양 음식.

오:판(誤判) 잘못 판단함, 또는 그릇된 판정. 예 순간적으로 오판하여 일을 그르치다. ―하다.

오:판화(五瓣花) 꽃잎이 다섯인 꽃.

오퍼레이터(operator) 기계를 다루는 사람. 무선 통신사·계산기 조작자·전화 교환수 등.

오페라(opera) 대사를 노래로 부르며 하는 연극. 비 가극. 악극.

오페르트(oppert, 1832~?) 독일의 상인. 조선 시대 말 충남 행담도에 정박, 대원군의 아버지인 남연군의 묘를 발굴하려다 실패함. 이 사건으로 대원군은 배외 정책을 강화했음. 그가 지은 〈금단의 나라, 한국 기행〉은 〈하멜 표류기〉와 함께 우리의 민속·풍경을 소개한 귀중한 자료임.

오프사이드(offside) 축구·럭비

따위에서, 경기하는 사람이 경기를 해서는 안 되는 위치에서 공격하거나 방해하는 일. 땐온사이드.

오:픈 게임(open game) 주요한 경기가 시작되기 전에 누구든지 자유롭게 참가할 수 있는 경기.

오:픈 카:(open car) 지붕이 없는 승용차.

오피스텔 먹고 자고 생활할 수 있게 꾸민 사무실.

오:한(惡寒) 몸이 오슬오슬 춥고 괴로운 증세. ⑩오한이 나다.

오합지졸(烏合之卒) 까마귀 떼처럼 아무 규율도 통일도 없이 몰려 있는 무리나 그러한 군사.

오:해(誤解) 그릇 해석함. 그릇된 해석. 땐이해. —하다.

오호(嗚呼) 슬플 때나 탄식할 때 내는 소리. ⑩오호, 통재라.

오:후(午後) 오정부터 밤 열두 시까지. 오정 뒤. 町하오. 땐오전.

오히려 이것보다는 차라리 다른 것이 낫다는 뜻으로 쓰이는 말. ⑩그것보다는 오히려 이것이 낫다. 町차라리. 도리어.

옥¹(玉) ①환하게 보이고 푸른빛을 띤 돌. ②구슬. ③보석.

옥²(獄) 죄지은 사람을 가두어 두는 곳. 町감옥.

옥개석(屋蓋石) 석탑의 탑신을 이루는 돌 위에 덮은 돌뚜껑.

옥고(獄苦) 옥살이하는 고통.

옥니[옹—] 끝 부분이 안으로 조금 고부라져 난 이. 땐벋니.

옥답(沃畓) 땅이 기름진 논.

옥당(玉堂) 조선 시대 삼사의 하나인 '홍문관'의 다른 이름.

옥동자(玉童子) 옥같이 예쁜 어린 아들. 소중한 아들.

옥바라지 죄수에게 사사로이 옷과 음식을 대어 주는 일. —하다.

옥사¹(獄死) 감옥살이를 하다 감옥에서 죽음. —하다.

옥사²(獄舍) 죄인을 가두어 두는 건물.

옥살이 =감옥살이. —하다.

옥상(屋上) ①지붕 위. ②현대식 건물에서, 지붕 부분을 평평하게 만들어 놓은 곳.

옥새(玉璽) 임금의 도장. 국새.

옥쇄(玉碎) 옥처럼 아름답게 부서져 흩어진다는 뜻으로, 명예나 충절을 지키어 목숨을 바침을 이르는 말. —하다.

옥수수 옥수수나무의 열매. 줄기·잎은 수수와 비슷하고, 열매는 여러 겹의 껍질에 싸였으며, 끝에 술이 달렸는데 그 껍질을 벗기어 찌거나 구워 먹는 식물.

옥수숫대 옥수수나무의 줄기.

옥신각신 옳으니 그르니 하고 서로 다투는 모양. ⑩사소한 문제로 옥신각신하다. —하다.

옥양목(玉洋木) 목화 섬유로 짠 천의 한 가지로 얇고 빛이 흼.

옥에도 티가 있다〈속〉 아무리 훌륭한 사람이나 물건이라도 한 가지 결점은 있다는 말.

옥이다 한쪽으로 오그라지게 만들다. 큰욱이다.

옥잠화 백합과의 여러해살이풀. 잎은 자루가 길고 넓은 달걀 모양임. 한여름에 흰 꽃이 피는데, 꽃봉오리의 모양이 옥비녀와 비슷함. 연못 등에 관상용으로 심음.

옥저(沃沮) 함경도 일대에 자리잡았던 고조선의 한 부족 국가.

옥좌(玉座) 임금이 앉는 자리.

옥중(獄中) 죄지은 사람을 가두어 두는 감옥의 안.

옥체(玉體) ①임금의 몸. ②남을 높이어 그의 몸을 이르는 말.

옥타브(octave) 한 음으로부터 위 아래 여덟째 음까지의 음, 또는 그 거리.

옥토(沃土) 기름진 땅. 비옥한 땅. ⑲황무지. 박토.

옥토끼 ①달 속에 산다고 하는 토끼. ②털빛이 흰 토끼.

옥편(玉篇) 한문 글자의 음과 뜻을 설명하여 놓은 책.

옥황 상:제(玉皇上帝) 중국 도가(노자·장자의 가르침을 따르는 학파)에서 말하는 하느님.

온:¹ 전부의. 예온 세상. ⑭온갖.

온² 이상하거나 못마땅할 때에 나오는 소리. 예온, 이게 무슨 짓이람.

온:갖 여러 가지의. 모든 종류의. 예나라를 위하여 온갖 노력을 다 바치다. ⑭갖은. 모든.

온:건하다(穩健—) 말이나 하는 짓이 사리에 어그러지지 아니하고 착실하다. —히.

온고 지신(溫故知新) 옛것을 익히고 미루어 새로운 것을 앎. —하다.

온기(溫氣) 따뜻한 기운. 예방 안의 온기. ⑲냉기.

온난(溫暖) 기후가 따뜻함. 예온난한 기후. —하다.

온난 전선(溫暖前線) 따뜻한 공기가 찬 공기를 밀치고 나아갈 때 생기는 전선. 폭 넓은 구름이 발생하여 비가 내리게 하고 비가 그친 뒤에는 기온이 갑자기 높아짐. ⑲한랭 전선.

온달(溫達, ?~590) 고구려 평원왕 때의 장군. 집이 가난하여 남루한 옷차림을 하고 구걸하고 다녀, '바보 온달'이라고 불렸는데 평강 공주와 결혼한 뒤에는 무술을 익혀 장군이 되었음.

온:당하다(穩當—) 사리에 어그러지지 아니하고 이치에 옳다. 예온당한 조치. ⑲부당하다. —히.

온대(溫帶) 열대와 한대 사이의 지대. 기후가 온화하며 사철의 구별이 뚜렷한 지대.

온대 기후 사철의 구별이 확실하며, 추위와 더위의 차가 심한 기후. 연평균 기온은 10°C 안팎.

온데간데없다 갑자기 어디로 갔는지 찾을 수가 없다. 예싸움 구경을 하고 돌아와 보니, 내 가방이 온데간데없이 사라졌다. —이.

온도(溫度) 덥고 추운 정도.

온도계 온도를 재는 기구.

온돌(溫突) =구들.

온돌방[—빵] 방바닥 밑으로 불기운을 넣어 방을 덥게 하는 장치를 한 방.

온땀침 박음질의 한 가지.

온라인(on-line) 컴퓨터의 입출력 장치가 중앙 연산 장치와 직접 연결되어 작동되는 상태에 있는 일.

온량하다(溫良—) 성질이 온순하고 착하다.

온면(溫麵) 더운 장국에 만 국수. ⑲냉면.

온:몸 몸의 전체. 예추워서 온몸이 떨린다. ⑭전신.

온방(溫房) 실내를 따뜻하게 하는 일. 예온방 장치. ⑲냉방.

온상(溫床) 인공적으로 열을 가해 속성으로 재배하는 묘판. 예온상 재배. ⑲냉상.

온수(溫水) 따뜻한 물. ⑲냉수.

온수기 물을 덥게 하는 장치.

온순(溫順) 마음이 부드럽고 순

함. 예 온순한 아내. 비유순. 반 난폭. —하다. —히.

온:쉼표 한 마디 전체를 쉴 때 쓰이는 쉼표. 길이는 4분쉼표의 4배. 전휴부.

온스(ounce) 영·미 두 나라의 무게의 단위. 파운드의 16분의 1. 1온스는 약 28.35g.

온실(溫室) 겨울에 화초를 기르느라고 덥게 장치한 방.

온실 효:과 대기 중의 수증기나 탄산가스가 온실의 유리와 같은 작용을 함으로써 지표 부근의 기온이 높아지는 현상.

온유(溫柔) 온화하고 유순함. 예 온유한 선생님. —하다.

온:음 음과 음 사이가 반음의 갑절로 되어 있는 음정. 곧 '미-파·시-도' 이외의 음. 전음. 반 반음.

온장고(溫藏庫) 음식이나 약 등을 넣어 두고 따뜻하게 보관하는 상자 모양의 장치. 반 냉장고.

온:전하다(穩全—) 결점이 없고 완전하다. —히.

온점[1](—點) 한 문장이 끝났음을 나타낼 때 찍는 부호(.). 비마침표.

온점[2](溫點)[—쩜] 피부 위에 분포되어 있어 체온 이상의 온도 자극을 느끼는 감각점. 반 냉점.

온:종일 하루가 다 지나도록 내내. 예 온종일 집에 있었다. 비하루 종일.

온천(溫泉) 땅 속에서 더운물이 솟는 곳.

온천물 땅 속으로 스며든 지하수가 땅 속 깊은 곳에서 데워져 다시 땅 위로 솟아 나오는 물. 비온천수.

온탕(溫湯) ①온천의 뜨거운 물. ②적당한 온도의 따뜻한 탕. 반 냉탕.

온:통 모두. 죄다. 통째. 예 비를 맞아서 옷이 온통 젖었다. 비전부. 준통.

온풍(溫風) 따뜻한 바람.

온풍기(溫風器) 공기를 덥게 하여 이것을 실내에 보내는 난방 기기.

온혈 동:물 체온이 바깥 온도에 관계 없이 항상 같은 동물. 비항온 동물. 반 냉혈 동물.

온화하다(溫和—) ①날씨가 따뜻하고 바람이 없다. 예 온화한 날씨. ②성질이 온순하고 인자하다.

온 힘 있는 힘을 모두. 예 온 힘을 기울이다.

올[1] 올해. 예 올 농사는 풍년이다. 비금년.

올:[2] 피륙의 날과 씨의 하나하나. 예 올이 부드럽고 가늘다.

올—[3] 열매가 자라나 익는 정도가 빠름을 나타내는 말. 예 올밤. 올벼. 반 늦—.

올:가꾸기 농작물을 제철에 앞서 일찍 가꾸는 일.

올가미 새끼·노 따위로 고리를 지어 짐승을 잡는 장치.

올:감자 철 이르게 수확하는 감자. 반 늦감자.

올:곧다 ①마음이 정직하다. ②줄이 바르고 곧다.

올동말동[—똥말똥] 올지 안 올지. 예 비가 올동말동하다. —하다.

올:드 미스(old miss) 결혼할 나이가 훨씬 지난 처녀. 비노처녀.

올라가다 낮은 데서 높은 데로 향하여 가다. 예 그는 아침마다 산에 올라간다. 반 내려오다.

올라서다 ①꼭대기에 다다르다.

㉠산 정상에 올라서다. ②무엇을 디디고 그 위에 서다. ㉠장독대에 올라서다. ③낮은 지위에서 높은 지위로 가다.

올랑거리다 ①물결이 잇달아 흔들리다. ㉠바람에 강물이 올랑거리다. ②너무 놀라거나 설레어서 가슴이 자꾸 두근거리다. ㉠너무 기뻐서 가슴이 올랑거리다. 큰울렁거리다.

올려다보다 아래쪽에서 위쪽을 바라보다. 반내려다보다.

올려본각(—角) 나무의 높이나 건물의 높이를 잴 때, 올려다보는 방향이 수평면과 이루는 각. 반내려본각.

올록볼록 물체의 거죽이나 면이 고르지 않게 높고 낮은 모양. 큰울룩불룩. —하다.

올리다 ①윗사람에게 바치다. ㉠아버님께 진짓상을 올리다. ②올라가게 하다. ㉠깃발을 높이 올리다. 반내리다¹.

올리브(olive) 늘푸른 큰키나무로, 보통 감람이라고 함. 열매로 짠 기름은 식료와 약품 등에 쓰임. ㉠올리브 기름.

올림¹ 윗사람에게 편지를 쓸 때 자기 이름 밑에 쓰는 말. ㉠김철수 올림.

올림² 근사값을 구하는 경우에, 구하는 자리의 숫자를 1만큼 크게 하고 그것보다 아랫자리의 숫자는 모두 0으로 하는 방법.

올림푸스(Olympus) 그리스 서북부에 있는 산으로 그리스 신화에 나오는 신들이 살았다고 함.

올림피아(Olympia) 고대 올림픽이 시작된 그리스의 땅 이름.

올림픽(Olympic) 그리스에서 4년마다 올림피아에서 행하던 경기. 지금은 세계 각국에서 돌아가면서 열림. ㉠올림픽 신기록.

올림픽 경:기 ①옛 그리스에서 제우스신에게 제사를 지낼 때 5일간 올림피아 언덕에서 시행한 경기. ②1896년부터 4년마다 세계 각국이 참여한 가운데 열리는 운동 경기. 준올림픽.

올망졸망 작고 또렷한 덩어리 같은 것이 고르지 않게 벌여 있는 모양. ㉠올망졸망 모여 있는 어린애들. —하다.

올무 새나 짐승을 잡는 올가미.

올:바로 곧고 바른 대로. ㉠올바로 행동하라.

올:바르게 똑바르게. 틀림이 없이. ㉠올바르게 살아가다. 반그르게.

올:바르다〔올바르니, 올발라서〕 옳고 바르다. ㉠모든 일을 올바르게 처리해야 한다.

올:밤 일찍 익는 밤.

올:벼 일찍 여무는 벼. 반늦벼.

올:보리 일찍 여무는 보리 품종. 반늦보리.

올봄〔—뽐〕 올해의 봄.

올빼미 얼굴 모양은 부엉이와 비슷하고, 눈이 둥글며 낮에는 숨었다가 밤에 나와서 활동하여 작은 새나 쥐 등을 잡아먹는 새.

〔올빼미〕

-올시다 '옵니다'보다 좀더 친근하게 쓰이는 말. ㉠가을이올시다.

올:실 →외올실.

올:차다 ①야무지고 기운차다. ㉠

올챙이

그 아이 참 올차다. ②곡식의 알이 일찍 들다. ㉮올찬 벼 이삭.

올챙이 알에서 깨어나 완전한 개구리가 되기까지의 상태. 물 속에서 아가미로 호흡함.

올케 누이가 '오빠나 남동생의 아내'를 이르는 말.

올통불통 물체의 거죽이나 면이 고르지 않게 들쭉날쭉한 모양. 〈큰〉울퉁불퉁. —하다.

올해 이 해. ㉮올해는 비가 많이 왔다. 〈비〉금년. 〈반〉내년.

옭다[옥따] ①친친 감아서 잡아매다. ②올가미를 씌우다. ③행동이 자유롭지 못하게 얽매다. ㉮이번엔 꼼짝 못 하게 옭아 두었다.

옭매다[옥—] 잘 풀어지지 않도록 단단히 매다. ㉮끈을 옭매다.

옭매듭[옥—] 잘 풀리지 않게 고를 내지 않고 막 맨 매듭. 〈반〉풀매듭.

옭아매다 ①올가미를 씌워서 잡아매다. ㉮미친 개를 기둥에 옭아매다. ②없는 죄를 이리저리 꾸미어 씌우다.

옮겨심기[옴겨심끼] 원래의 자리에서 다른 자리로 바꾸어 심음. 〈비〉이식. —하다.

옮기다[옴—] ①자리를 바꾸다. ㉮가구를 옮기다. ②말을 전하다. ③병을 전염시키다. ㉮감기를 남에게 옮기다.

옮:다[옴따] ①있던 곳을 바꾸다. ②물들다. ③전염되다. ㉮감기가 옮다.

옮아가다[올마—] 말·소문·병 따위가 퍼져 가다. ㉮소문은 금방 옮아갔다.

옮아오다[올마—] 퍼져 오다. ㉮병균이 옮아오다.

옳다[올타] ①무엇을 옳게 여길 때 내는 소리. ㉮옳다, 그런 수도 있었구나. ②이치에 맞다. ㉮문제의 옳은 해답.

옳아[오라] ①옳지. ②암. ③정말. ㉮옳아, 네가 아파서 못 왔구나.

옳지[올치] 그렇다는 뜻을 나타내는 말. ㉮옳지, 그래야지.

옳지옷 '올바르지'의 옛말. '옷'은 뜻을 강조하기 위하여 쓰는 말.

옳지옷 못하면 '올바르지 못하면'의 옛말.

옴: 손가락·발가락 사이가 짓무르기 시작하여 차차 온몸에 퍼지며 몹시 가려운 피부병.

옴실옴실 작은 벌레 따위가 한군데 모여서 오글거리는 모양. ㉮설탕 그릇 속에 개미들이 옴실옴실한다. 〈큰〉움실움실. —하다.

옴짝달싹 극히 조금 움직이는 모양. ㉮방이 너무 좁아서 옴짝달싹할 수가 없다. 〈큰〉움쭉달싹. —하다.

옴찔 갑자기 몸을 옴츠리는 모양. 〈큰〉움찔. —하다.

옴찔거리다 옴찔하는 동작을 계속하다. 〈큰〉움찔거리다.

옴찔옴찔 계속 옴찔거리는 모양. 〈큰〉움찔움찔. —하다.

옴츠러들다[옴츠러드니] 옴츠러져 들어가다. 〈큰〉움츠러들다.

옴츠러지다 ①춥거나 무서워서 몸이 작아지다. ㉮강추위에 몸이 옴츠러지다. ②겁을 먹고 용기를 잃어버리다. ㉮무서워서 옴츠러지다. 〈큰〉움츠러지다.

옴폭하다 속으로 폭 들어가 오목하다. ㉮이 그릇은 가운데가 옴폭하다. 〈큰〉움푹하다.

-옵- 높여 말할 때 가운데 끼워서 쓰는 말. 예가시옵소서.

옵서:버(observer) ①관찰자. ②국제 회의에서 의견을 말할 수 있으나 표결권이 없는 사람.

옵션(option) ①선택. 선택권. ②상거래에서 일정한 금액을 치르고 계약 기한 전에 언제든지 할 수 있는 매매, 또는 권리.

옷 몸을 가리거나 꾸미기 위해 피륙 따위로 만들어 몸에 입는 물건. 비의복. 피복.

옷감 옷을 만드는 천.

옷걸이 옷을 거는 도구.

옷고름 저고리·두루마기 따위의 앞에 달아 옷자락을 여미어 매는 끈. 준고름.

옷깃 저고리나 두루마기의 목에 둘러 대어 앞으로 여미는 부분.

옷단 옷의 끝 가장자리를 안으로 접어 붙이거나 감친 부분. 준단.

옷맵시 옷을 입은 맵시. 예옷맵시가 있다.

옷소매 윗옷의 두 팔을 꿰는 부분. 비소매.

옷을 갈아입는 느티나무 철이 바뀜에 따라 나뭇잎이 돋아나기도 하고 또 떨어지기도 하는 느티나무를 사람에 빗대어 한 표현.

옷을 여미고 옷의 앞쪽을 단정히 모으고.

옷이 날개다〈속〉 좋은 옷을 입으면 못난 사람도 잘나 보인다.

옷자락 옷 앞뒤의 아래로 늘어진 부분.

옷장 옷을 넣어 두게 된 세간. 비의장. 장롱.

옷차림 옷을 입은 모양. 예그 사람의 옷차림은 부자 같아 보인다.

옹:고집 성질이 빡빡하고 억지가 매우 심한 고집.

옹:고집전 판소리 계열의 고전 소설. 중을 학대하던 옹고집이 자신의 잘못을 뉘우친다는 이야기.

옹골차다 실속 있게 꽉 차고 기운차다. 예그 아이는 옹골찬 데가 있다.

옹:기 질그릇이나 오지그릇.

옹:기장이 옹기를 만드는 사람.

옹:기전 옹기를 파는 가게.

옹기종기 크고 작은 것들이 많이 모여 있는 모양. 예양지바른 마당에 아이들이 옹기종기 모여서 놀고 있다. —하다.

옹달샘 땅에서 물이 솟아 나오는 작고 오목한 샘.

옹달우물 앉아서 바가지로 퍼낼 수 있는 우물.

옹:립(擁立)[—닙] 임금의 자리 따위에 모시어 세움. 예왕건을 옹립하고 궁예를 쫓다. —하다.

옹배기 질그릇 만드는 흙으로 만든 작은 그릇. 본옹자배기.

옹:색(壅塞) ①살기 어려움. 예옹색한 살림살이. ②막히어서 통하지 않음. 비군색. —하다.

옹솥 조그마한 솥. 짝기마솥.

옹알거리다 ①똑똑하지 않게 입속말로 종알거리다. ②아직 말을 잘 못하는 어린아이가 혼자 입속말로 소리를 내다. 큰웅얼거리다.

옹알옹알 ①입속말로 똑똑하지 않게 중얼거리는 모양. 큰웅얼웅얼. ②말을 못 하는 어린아이가 입속말처럼 소리를 내는 모양. —하다.

옹이 나무의 몸에 박힌 가지의 그루터기. 예이 바둑판에는 옹이가 있다.

옹:졸(壅拙) 성질이 너그럽지 못

옹크리다 하고 생각이 좁음. 예옹졸한 행동. —하다.

옹크리다 몸을 옴츠려 작게 하다. 예웅크리고 숨다. 큰웅크리다.

옹:호(擁護) ①부축하여 보호함. ②편을 듦. 예자유를 옹호하기 위하여 싸우다. —하다.

옻 옻나무에서 나는 진. 물건에 바르는 칠의 원료로 쓰임.

옻나무[온—] 옻나뭇과의 갈잎 큰키나무. 높이는 7m 가량. 잎은 깃 모양의 겹잎이며, 6월 경에 연두색의 꽃이 핌. 껍질에서 뽑은 진을 '옻'이라고 함.

와 받침 없는 두 말 사이에서 비교·연결의 뜻을 나타낼 때 쓰는 말. 예너와 나.

와가(瓦家) =기와집.

와그르르 쌓였던 단단한 물건이 갑자기 한꺼번에 무너지는 소리나 모양. 큰워그르르. —하다.

와글와글 많은 사람들이 모여서 떠드는 모양. 예장터에 사람들이 와글와글 들끓다. —하다.

와드득 단단한 물건을 깨물 때나 마구 부러뜨릴 때 나는 소리. 예호두를 와드득 깨물다. —하다.

와들와들 몹시 춥거나 무서워 야단스럽게 떠는 모양. 예추워서 와들와들 떨다. —하다.

와락 급히 대들거나 잡아당기는 모양. 예문을 와락 열다. 큰워럭.

와르르 쌓였던 것이 야단스럽게 무너지는 소리. 예담이 갑자기 와르르 무너졌다. —하다.

와이셔:츠(← white shirts) 양복 저고리 속에 바로 입는 소매가 긴 서양식 셔츠.

와이어 게이지(wire gauge) 철사의 굵기를 재는 기구.

와이엠시:에이(Y.M.C.A.) 기독교 청년회.

와이 좌:표(Y座標) 점의 좌표의 구성 성분의 하나. 세로 좌표.

와이축(Y軸) 좌표축에서 세로로 그은 수직선.

와이퍼(wiper) 자동차의 앞유리에 들이치는 빗방울 등을 자동적으로 좌우로 움직여서 닦아 내는 장치.

와인(wine) 술. 양주. 포도주.

와인드업(windup) 야구에서, 투수가 공을 던지기 위한 예비 동작으로 팔을 크게 휘두르는 일.

와일드(wild) 거칠고 난폭함. 예성격이 와일드하다. —하다.

와작와작 김치나 깍두기 따위를 마구 씹는 소리. 큰우적우적. —하다.

와전(訛傳) 그릇되게 전함. 예소문이 와전되다. —하다.

와중(渦中) 복잡한 일이 벌어진 가운데.

와지끈 여러 가지 단단한 물건이 부서지는 소리. 예기둥이 와지끈 무너지다. —하다.

와지끈뚝딱 크거나 작은 여러 가지 단단한 물건이 부서지는 소리. —하다.

와트[1](Watt, 1736~1819) 증기 기관을 발명하여 산업 혁명에 공헌한 영국의 기계 기술자.

와트[2](watt) 전력의 세기를 재는 단위. 기호는 W.

와해(瓦解) 사물이 흩어짐. 깨어짐. 예내부 다툼으로 조직이 와해되다. —하다.

왁자지껄하다 여러 사람이 모여 소리를 높여 몹시 떠들다. 예시장바닥이 왁자지껄하다.

왁자하다 몹시 떠들썩하다. ㉠밤이 왁자해서 나가 보았다.

완강하다(頑強—) 태도가 거칠고 의지가 굳세다. ㉠그들은 완강히 저항했다. ㊗굳세다. ㊙나약하다. —히.

완결(完結) 완전하게 끝마침. ㉠작업을 완결하다. —하다.

완고하다(頑固—) 새롭지 못하고 성질이 완강하며 고집이 세다. ㉠완고한 노인. —히.

완:곡(婉曲) 말이나 행동을 빙 둘러서 함. ㉠입장을 완곡하게 표현하다. —하다. —히.

완공(完工) 공사를 마침. 공사가 끝남. ㊗준공. —하다.

완:구(玩具) 어린이가 가지고 노는 물건. ㊗장난감.

완납(完納) 남김이 없이 완전히 납부함. ㉠한 해 동안 밀린 세금을 완납하다. —하다.

완:두(豌豆) 콩과의 한해·두해살이 덩굴풀. 잎은 새깃 모양의 겹잎인데, 작은 잎은 말리어 덩굴손으로 변함. 꽃은 희거나 자줏빛이며, 연한 꼬투리가 열리는데 속에 든 둥근 씨는 먹음.

완:력(腕力)[왈—] ①주먹 기운. 팔의 힘. ㉠완력이 세다. ㊗뚝심. 힘꼴. ②육체적으로 상대편을 억누르는 힘. ㉠완력으로 해결하다.

완료(完了) 완전히 끝을 냄. ㉠여행 준비를 완료하다. —하다.

완:만(緩慢) ①가파르지 않음. ㉠완만한 경사. ②행동이 느릿느릿함. —하다. —히.

완벽(完璧) 결점이 없이 훌륭함. ㉠일처리가 완벽하다. —하다.

완봉(完封) ①완전히 막음. ②야구에서, 투수가 상대 팀에게 득점을 주지 않는 일. ㉠완봉승을 거두다. —하다.

완불(完拂) 남김없이 완전히 지불함. ㉠물품 대금을 완불하다. —하다.

완비(完備) 빠짐없이 완전히 갖춤. ㉠냉방 완비. —하다.

완:상(玩賞) 좋아서 구경함. 취미로 구경함. —하다.

완성(完成) ①다 이루어 냄. ②완전히 됨. ㉠작품이 드디어 완성되었다. ㊗완수. 완공. ㊙미완성. 착수. —하다.

완수(完遂) 목적을 완전히 달성함. ㉠책임을 완수했다. ㊗완성. —하다.

완숙(完熟) 완전히 익음. ㉠완숙한 기술. ㊙반숙. —하다.

완승(完勝) 완전히 승리함. ㉠완승을 거두다. ㊙완패. —하다.

완:연하다(宛然—) ①뚜렷하다. ㉠완연한 봄이다. ②모양이 비슷하다. —히.

완:장(腕章) 옷의 팔 부분에 두르는 표장.

완전(完全) ①부족한 것이 없음. ②흠이 없음. ㉠오래 된 병이 이제는 완전히 나았다. ㊗완벽. 온전. ㊙불완전. —하다. —히.

완전 무결(完全無缺) 부족함이 없고 결점이 없음. ㉠완전 무결한 뒷처리. —하다.

완전 식품 사람에게 필요한 영양소를 모두 갖춘 식품. 우유·달걀 따위.

완제품(完製品) 일정한 조건에 맞추어 완전하게 만든 물건.

완주(完走) 마지막까지 다 달림. ㉠전 구간을 완주하다. —하다.

완:충 지대(緩衝地帶) 두 나라 사

완치(完治) 병을 완전히 고침. 예 상처가 완치되다. —하다.

완쾌(完快) 병이 완전히 나음. 비 쾌유. —하다.

완패(完敗) 여지없이 패함. 반 완승. —하다.

완ː행(緩行) 느리게 감. 예 완행 열차. 반 급행. —하다.

완ː행 열차 각 역마다 정거하는 빠르지 않은 열차. 반 급행 열차. 준 완행.

완ː화(緩和) 급박한 것을 느슨하게 하는 것. 예 경계 태세를 완화하다. 반 강화. —하다.

왈가닥 '덜렁거리며 수선스럽게 구는 사람'을 속되게 이르는 말.

왈가닥거리다 여러 개의 단단한 물건이 서로 부딪쳐 소리가 나다. 큰 월거덕거리다. 거 왈카닥거리다.

왈가 왈부(曰可曰否) 어떤 일에 대해서 옳다느니 그르다느니 하고 말함. 예 이 일은 네가 왈가 왈부할 문제가 아니다. —하다.

왈강달강 여러 개의 단단한 물건이 어수선하게 자꾸 서로 부딪치는 소리, 또는 그 모양. —하다.

왈츠(waltz) 춤출 때 쓰는 3박자의 곡조, 또는 그 춤. 원무곡.

왈카닥 ①별안간 힘껏 잡아당기거나 밀치는 모양. ②갑자기 마구 쏟아지는 모양. 큰 월커덕. —하다.

왈칵 일이나 감정이 갑자기 심하게 나타나는 모양. 예 눈물이 왈칵 쏟아지다. 큰 월컥. —하다.

왕(王) 임금. 반 신하.

왕거미 ①큰 거미. ②여름에 수레바퀴 같은 그물을 치는 보통의 큰 거미. 암컷은 몸길이 3cm, 수컷은 1.5cm. 온몸이 짙은 갈색임.

왕건(王建, 877~943) 고려의 태조(재위 918~943). 원래 태봉의 왕인 궁예의 신하였으나, 궁예의 부하들의 추대를 받아 송악에 도읍하고 왕위에 올라 고려를 세움.

왕겨 벼를 찧을 때 처음 생기는 굵은 겨. 반 쌀겨.

왕골 돗자리를 만드는 데 쓰는 한해살이풀.

왕관(王冠) 왕이 머리에 쓰는 관.

왕국(王國) 임금이 다스리는 나라. 비 군주국.

왕궁(王宮) 임금이 사는 궁전. 비 궁궐.

왕ː년(往年) 지나간 해. 옛날. 예 왕년에 있었던 일.

왕ː래(往來) 오고 감. 예 자동차의 왕래가 빈번한 도로. 비 내왕. 왕복. —하다.

왕릉(王陵)[-능] 임금의 무덤.

왕ː림(枉臨) 남이 찾아오는 일을 높이어 이르는 말. 예 왕림하여 주셔서 감사합니다. —하다.

왕명(王命) ①임금의 명령. 비 왕령. 어명. ②임금의 목숨.

왕모래 알이 굵은 모래.

왕밤 굵은 밤.

왕ː방(往訪) 찾아감. —하다.

왕방울 가장 큰 방울. 예 왕방울 같은 눈.

왕ː복(往復) ①가고 오고 함. ②갔다가 돌아옴. 예 왕복 차표를 사다. —하다.

왕비(王妃) 임금의 아내.

왕사(王師) 임금의 스승.

왕산악(王山岳) 우리 나라 3대 악성 중의 한 사람. 고구려 때의 음악가로서, 중국의 칠현금을 개조하여 거문고를 만들었음.

왕:생 극락(往生極樂) 불교에서, 죽어서 극락 세계에 태어남을 이르는 말. 극락 왕생. —하다.

왕:성(旺盛) ①한창 성함. 예 식욕이 왕성하다. ②세력이 일어남. ③자손이 많아짐. ④기운이 좋음. 예 혈기 왕성한 청년. 반쇠퇴. 부진. —하다. —히.

왕세자(王世子) 왕위를 이을 왕자. 동궁. 준세자.

왕소금 알이 굵은 소금.

왕실(王室) 임금의 집안. 비왕가. 황실.

왕:오천축국전(往五天竺國傳) 신라의 중 혜초가 인도와 그 근처의 여러 나라를 순례하고 그 행적을 적은 기행문.

왕왕[1] 귀가 먹먹하게 울릴 정도로 큰 소리로 시끄럽게 떠드는 소리. —하다.

왕:왕[2](往往) 가끔. 때때로. 예 사람은 왕왕 실수를 한다.

왕위(王位) 임금의 자리. 예 왕위에 오르다. 비왕좌. 제위.

왕인(王仁, ?~?) 백제의 학자. 일본에 건너가 〈천자문〉〈논어〉 등을 전달·교육함. 일본 고대 문화 발전에 공헌이 큼.

왕자(王子) 임금의 아들.

왕자와 거지 미국의 마크 트웨인이 지은 소설의 제목. 얼굴이 똑같이 생긴 거지와 왕자가 옷을 바꾸어 입었다가 일이 벌어지는 재미있는 이야기.

왕정(王政) 임금이 하는 정치.

왕조(王朝) 임금이 직접 다스리는 조정. 예 조선 왕조.

왕족(王族) 임금의 일가.

왕좌(王座) ①임금의 자리. ②으뜸 가는 자리. 확고 부동한 위치. 예 왕좌를 다투다. 비왕위.

왕:진(往診) 의사가 환자의 집에 가서 진찰함. 예 왕진을 가다. —하다.

왕창 '엄청나게 큰 규모로'의 뜻으로 쓰이는 속된말. 예 돈을 왕창 벌다.

왕초 거지·넝마주이 따위의 우두머리. 예 거지 왕초.

왕후(王后) 임금의 아내.

왕희지(王羲之, 307~365) 중국 진나라 때의 유명한 명필. 힘차고 아름다운 글씨체로 서예의 성인으로 존경받음.

왜:[1] 무슨 까닭으로. 어째서. 예 왜 웃니?

왜[2] 의문의 뜻을 나타내는 말. 예 왜? 무슨 일이 생겼니?

왜[3](倭) 왜국. 일본.

왜:가리 해오라기의 한 가지. 몸빛은 잿빛인데 머리와 목은 흰빛이며 다리가 긺.

왜간장 일본 간장. 집에서 만든 간장이 아닌 양조장 등에서 만든 간장. 반진간장.

왜곡(歪曲) 비틀어서 구부러지게 함. 사실과 다르게 곱새김. 예 우리의 역사를 왜곡하다. —하다.

왜구(倭寇) 옛날 우리 나라를 침범하던 일본의 해적.

왜국(倭國) '일본'의 낮춤말. 예 왜국의 군사. 준왜.

왜군(倭軍) 일본의 군사. 왜병.

왜놈(倭—) 일본 사람 남자를 낮게 욕으로 이르는 말.

왜무(倭—) 재래종 무에 대하여 굵고 길며 살이 연한 일본 무.

왜병(倭兵) 일본의 군인을 얕잡아 이르는 말. 왜군.

왜선(倭船) 일본 군대의 배.

왜소(矮小) 짧고 키가 작음. 예 왜소한 체격. —하다.
왜인(倭人) 지난날, '일본 사람'을 얕잡아 이르던 말.
왜장(倭將) 일본 군대의 대장.
왜적(倭敵) 적국인 일본.
왱 작은 벌레가 날아다닐 때나 바람이 나뭇가지에 스칠 때 나는 소리. 큰 웽. —하다.
외:¹(外) 밖. 이외. 예 학생 외 출입 금지.
외²(椳) 한옥을 지을 때, 흙을 바르기 위해 벽 속에 엮는 가느다란 나뭇가지.
외:-³ 말 위에 붙어 하나만으로 됨을 뜻하는 말. 예 외아들. 외짝.
외:가(外家) 어머니의 친정.
외:갓집 어머니의 친정집.
외겹 겹겹이 되어 있지 않은 단 한 켜. 예 외겹실.
외:계(外界) ①사람이나 사물 등을 둘러싸고 있는 모든 것. 환경. ②지구 밖의 세계.
외:계인(外界人) 지구 밖의 다른 별에서 온 사람. 우주인.
외곬[-골] ①한 곳으로 통한 길. ②다른 일은 하지 않고 오직 그 일만 하는 것. 예 외곬으로 생각하는 사람.
외:과(外科)[-꽈] 몸의 외부의 상처나 내장 기관의 병을 수술에 의하여 고치고 치료하는 의학의 한 분과. 예 외과의. 반 내과.
외:과 의사(外科醫師)[외꽈 —] 외과의 치료나 수술을 전문으로 하는 의사. 반 내과 의사.
외:곽(外廓) ①성 밖으로 다시 둘러 쌓은 성. ②바깥 테두리.
외:관(外觀) 거죽의 모양. 겉보기. 비 볼품.
외:교(外交) ①외국과의 교제나 교섭. 예 외교 정책. ②바깥일의 주선. 예 외교가.
외:교관 외교 사무를 맡아 보는 공무원을 통틀어 이르는 말.
외:교권[-꿘] 제3국의 간섭을 받지 않고 외국과 국교를 맺는 등의 외교 교섭을 할 수 있는 권리.
외:교 통상부 국제 기구에 관한 외교 정책·재외 국민 보호·외국과의 통상에 관한 외교 정책 등의 일을 맡아 보는 중앙 행정 기관의 하나.
외:국(外國) 자기 나라 밖의 다른 나라. 비 타국. 반 조국.
외:국 공관(外國公館) 자기 나라의 대표로 사명을 띠고 온 사람들이 머무르는 집.
외:국산 외국에서 나는 물건. 반 국산. 국내산.
외:국어 다른 나라의 말. 예 외국어를 잘 한다. 반 모국어.
외:국인 다른 나라의 사람. 비 타국인. 반 내국인. 준 외인.
외:금강(外金剛) 금강산 주봉의 동쪽을 일컫는 말.
외기러기 짝이 없는 한 마리의 기러기.
외길 한 군데로만 난 길.
외나무다리 한 개의 통나무로 만든 다리.
외:다〔외어〕'외우다'의 준말.
외대가꾸기 나무나 풀의 단 한 대만 가꾸는 일.
외돌토리 기댈 데 없고 매인 데도 없는 홀몸. 준 외톨이. 외톨.
외동딸 하나뿐인 딸을 귀엽게 이르는 말. 반 외동아들.
외동아들 하나뿐인 아들을 귀엽게

이르는 말. 凹외동딸.
외:등(外燈) 집 밖에 켜 놓은 등불. 본옥외등.
외따로 홀로. 외롭게.
외딴 따로 떨어져 있는. 예외딴 길. 외딴섬. 외딴집.
외딴곳 홀로 떨어진 곳.
외딴집 따로 떨어져 있는 집.
외떡잎 식물 밑씨가 한 장의 떡잎을 가진 식물. 벼·보리 따위. 凹쌍떡잎 식물.
외:람되다(猥濫—) 도리나 분수에 넘치는 짓을 하여 죄송하다. 예외람된 생각. —이.
외:래(外來) ①밖에서 옴. 예외래 환자. ②외국에서 옴. 凹재래.
외:래어(外來語) 외국에서 들어와 우리말처럼 쓰이는 말. 아파트·버스·라디오 따위. 凹고유어.
외:래품 외국에서 들어온 물품. 凹국산품.
외:로 ①왼쪽으로. 예치마를 외로 여미다. ②비뚤게. 뒤바꿔서.
외로움 홀로 쓸쓸함.
외롭다〔외로운, 외로워/외로이〕①의지할 곳이 없다. ②쓸쓸하다. 凹고독하다.
외:륜산(外輪山) 중복해서 생긴 화산에서 중앙의 분화구를 둥글게 에워싸고 있는 산.
외마디 '악, 앗' 등과 같은 한 음절의 짧은 소리. 예외마디 소리를 지르며 쓰러지다.
외마디 소리 괴로움을 이기지 못하여 부르짖는 소리.
외:면(外面) 겉면. 겉모양.
외:면하다(外面—) 아는 체를 안 하고 낯을 돌리다. 예싸운 뒤로 나를 보면 곧 외면한다.
외:모(外貌) 겉모습. 겉모양.

외:박(外泊) 집을 나가서 다른 곳에서 잠. —하다.
외발제기 한 발로 차는 제기.
외:밭 오이나 참외를 심은 밭.
외:벽(外壁) 바깥쪽의 벽.
외:부(外部) ①겉쪽. 밖. ②그 조직에 속하지 않는 범위. 예외부의 간섭을 받다. 凹바깥. 凹내부.
외:빈(外賓) 외부나 외국에서 온 귀한 손님.
외:사촌 외삼촌의 아들이나 딸.
외:삼촌 어머니의 남자 형제. 凹외숙. 외숙부.
외:상 돈은 나중에 주기로 하고 먼저 물건을 사는 일. 凹맞돈.
외상이면 소도 잡아먹는다〈속〉당장 돈만 안 낸다면 뒷일은 생각지 않고 뭐든지 하고 본다. 외상 좋아하는 사람을 비꼬는 말.
외:설(猥褻) 성욕을 자극시킬 목적으로 하는 추잡하고 예의 없는 일. 또는 그런 행위.
외:세(外勢) 외국의 세력.
외:손자 딸이 낳은 아들.
외:숙모 외삼촌의 아내.
외:식(外食) 자기 집이 아닌 밖에서 음식을 먹는 일. 또는 그 음식. —하다.
외:신(外信) 외국에서 들어온 통신. 예외신 보도. 凹내신.
외:씨버선 오이씨처럼 예쁜 버선이라는 뜻으로, 볼이 갸름하여 신으면 맵시가 있는 버선.
외아들 형제가 없이 단 하나만 있는 아들. 凹독자. 凹외딸.
외:야(外野) 야구에서, 내야의 뒤쪽, 파울라인 안의 지역. 아웃필드. 凹내야.
외:야수 야구에서, 외야를 지키는 선수들을 통틀어 이르는 말.

외:양(外樣) 겉모양. 겉보기. 예 사람을 외양으로 판단하지 마라.

외양간[-깐] 소·말 따위가 자고 먹는 곳. 비 마구간.

외올실 하나의 올로 된 실.

외우다 글이나 말을 기억하여 그대로 말하다. 준 외다.

외:유 내:강(外柔內剛) 겉으로는 부드럽고 순하게 보이나 마음 속은 단단하고 굳셈. 만 외강 내유.

외:인(外人) ①다른 사람. 남. ②어느 일에 관계 없는 사람. 예 외인 출입 금지.

외:자(外資) 외국으로부터 들여오는 자금이나 물자. 예 외자를 끌어들이다. 만 내자.

외:적(外敵) 다른 나라로부터 쳐들어오는 적. 비 외구.

외:족(外族) ①어머니 편의 일가. ②외국 민족. 우리와 같은 민족이 아닌 다른 민족.

외줄기 단 하나의 줄기.

외:지(外地) ①나라 밖의 땅. 식민지. ②제 고장 이외의 땅. 예 외지에서 이사 온 사람. 만 내지.

외지다 사람의 왕래가 적어서 으슥하고 후미지다. 예 외진 산길.

외:척(外戚) ①같은 본 이외의 친척. ②외가쪽 친척. 만 내척.

외:출(外出) 집 밖으로 나감. 예 비가 와서 외출하지 못했다. 비 나들이. ―하다.

외:출복(外出服) 바깥에 나갈 때 입는 옷. 나들이옷.

외:치다 ①소리를 크게 지르다. 예 "불이야!" 하고 외치다. ②큰 소리로 부르짖다. 예 구호를 외치다. 비 소리치다.

외톨박이 ①'알이 하나만 든 밤송이나 마늘통'을 이르는 말. ② 외돌토리.

외톨이 ①'외돌토리'의 준말. ②다른 짝이나 동아리가 없이 홀로 있는 물건.

외:투(外套) 겨울 양복 위에 덧입는 겉옷. 오버코트.

외:판(外販) 판매 사원이 직접 고객을 찾아가 상품을 파는 일. 예 외판원. ―하다.

외:판원 외판 일을 하는 사원. 세일즈맨.

외팔이 '한쪽 팔만 있는 사람'을 이르는 말.

외:할머니 어머니의 친정 어머니. 외조모.

외:할아버지 어머니의 친정 아버지. 외조부.

외:항(外港) 선박이 입항하기 전에 잠깐 머무르는 항구. 만 내항.

외:항선(外航船) 많은 물자를 싣고 외국을 드나드는 배.

외:해(外海) 육지를 멀리 떠난 넓은 바다. 만 내해.

외:형(外形) 겉으로 드러난 모양. 겉모양. 예 외형이 단정하다. 비 외모. 외양.

외:화(外貨) 다른 나라의 돈. 예 외화 획득.

외:환(外患) 외적이 침범해 오는 근심. 만 내우. 내환.

왼:손 왼쪽에 있는 손. 만 오른손.

왼:씨름 샅바를 오른쪽 다리에 걸고 서로 상대방의 왼쪽으로 돌려 대고 하는 씨름의 한 가지.

왼:쪽 왼편. 예 왼쪽에서 오른쪽으로 쓰다. 만 오른쪽.

요[1] ①받침 없는 말에 붙어 '고'의 뜻을 나타내는 말. 예 이것은 책이요, 그것은 붓이요, 또 저것은 먹이다. ②의문을 나타내는 말끝.

[예] 누구요?

요² 사람이 누울 때 방바닥에 까는 것으로 솜을 두어 만든 물건. [예] 요를 깔다. [반] 이불.

요가(범 yoga) 인도 고유의 심신 단련법의 한 가지. 자세를 바르게 하여 호흡을 고르고, 감정을 억제하여 마음과 몸을 닦는 법.

요강¹(尿鋼) 오줌을 누는 데 쓰는 둥그런 그릇.

요강²(要綱) 중요한 사항이나 줄거리. [예] 대학 입시 요강.

요건¹ 자기에게 가장 가까운 곳에 있는 물건을 가리킬 때 일컫는 말. [예] 요건 내 거다. [본] 요것은.

요건²(要件)[—껀] ①중요한 용건. [예] 건강은 성공의 제일 요건이다. ②필요한 조건. [비] 요소.

요걸 요것을. [예] 요걸 가지고 싸우느냐? [큰] 이걸.

요괴(妖怪) ①요사스럽고 괴상함. ②요사스러운 마귀. —스럽다. —하다.

요구(要求) ①무엇을 달라고 청함. [예] 손해 보상을 요구하다. ② 하라고 청함. [비] 요청. —하다.

요:구르트(독 Yogurt) 우유에 젖산균을 넣고 발효시켜 응고한 영양 식품.

요:금(料金) 보거나 쓰거나 수고를 끼친 값으로 치르는 돈.

요기¹ '여기'를 얕잡거나, 가리키는 장소를 퍽 좁힐 때 쓰는 말. [예] 요기가 가렵다. [큰] 여기.

요기²(療飢) 배고플 때에 간단히 음식을 먹음. [예] 빵으로 요기하다. —하다.

요긴(要緊) 썩 필요함. [예] 적은 돈이지만 요긴하게 써라. [비] 긴요. —하다. —히.

요나라(遼—) 거란족이 랴오허 강 상류에 세운 나라(916~1125). 3차에 걸쳐 고려에 침입했으나 서희의 외교와 강감찬의 공격으로 물러났음.

요다음 이번이 아닌 다음 기회. [예] 어머니께서 요다음 학기에는 공부를 더 잘하라고 하셨다.

요도(尿道) 방광에 괸 오줌을 몸 밖으로 내보내는 관.

요동(搖動) 흔들림. 흔들어 움직임. 흔들음. [예] 물결이 요동치는 바다. —하다.

요란(搖亂) 시끄럽고 떠들썩함. [예] 빈 달구지가 더 요란하다. [비] 소란. [반] 고요. 조용. —스럽다. —하다. —히.

요람(搖籃) ①어린이를 누이고 흔드는 작은 그물이나 채롱. ②어떤 일이 발달되는 처음 시대. [예] 고대 문명의 요람.

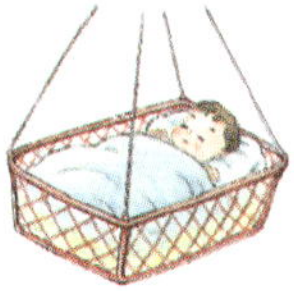

〔요 람〕

요량(料量) ①앞일에 대한 생각. ②짐작. [예] 잘 요량해서 행동해라. —하다.

요렇다〔요러니〕 요런 모양과 같다. [예] 그 일의 진상은 요렇다. [본] 요러하다. [큰] 이렇다.

요령(要領) ①제일 필요한 대목. ②반드시 알아야 할 점. ③적당히 꾀를 부려 하는 짓.

요령껏 있는 요령을 다하여. [예] 요령껏 해결하시오.

요르단(Jordan) 서남 아시아의 이스라엘과 사우디아라비아와의 사이에 있는 왕국. 수도는 암만.

요르단 강 서아시아 팔레스타인에 있는 강. 시리아에서 시작하여 사해로 흘러들어감. 예수가 세례를 받은 강임. 성서에서는 '요단 강'이라 함. 길이 252km.

요리(料理) ①음식을 만듦. 또, 그 음식. ㉠요리를 잘 하다. ②어떤 일을 다룸. ㉠네가 알아서 잘 요리해라. —하다.

요리사 음식을 만드는 일을 하는 사람.

요리조리 방향이 일정하지 않은 모양. 요 쪽으로 조 쪽으로. ㉠요리조리 피하다. ㈜이리저리.

요망[1](妖妄) ①요사스러움. ②언행이 경솔함. ㈚요사. —스럽다. —하다.

요망[2](要望) 매우 바람. ㉠요망 사항. —하다.

요모조모 요런 면 조런 면. 여러 방면. ㉠요모조모를 잘 살피다. ㈜이모저모.

요물(妖物) ①요망스러운 물건. ②간사하고 악한 사람을 빗대어 이르는 말.

요사(妖邪) 경솔하고 간사한 태도가 있음. ㉠요사스러운 간신. ㈚요망. —스럽다. —하다.

요사이 이 동안. ㉠요사이 어떻게 지냈소? ㈚요즈음.

요새[1] '요사이'의 준말. ㉠요새 좀 바빠. ㈚요즘. 요즈음.

요새[2](要塞) 나라를 방비하는 데 중요한 곳.

요소[1](尿素) 질소 성분이 가장 많이 들어 있는 비료.

요소[2](要素) 어떠한 일에 꼭 필요한 원소. ㉠생산의 3대 요소. ㈚요건.

요소 비:료 질소 성분이 가장 많이 들어 있는 비료.

요소요소(要所要所) 어떤 위치상의 중요한 지점들. ㉠요소요소를 지키다.

요술(妖術) 사람의 눈을 어리게 하는 이상한 술법. —하다.

요술쟁이 요술을 부리는 재주가 있는 사람. ㈚마술사. 마법사.

요식(要式) 일정한 방식을 좇을 것을 필요로 하는 일. ㉠이제 요식 행위만 남았다.

요앞서 바로 얼마 전. ㉠요앞서 만난 사람.

요약(要約) 요점을 추려 냄. ㉠줄거리를 요약하다. —하다.

요양(療養) 병을 고치기 위해 치료하고 휴양함. ㉠지금 그 사람 요양 중이야. —하다.

요양소 요양에 필요한 시설이 갖추어진 곳. ㈚요양원.

요업(窯業) 기와·벽돌·사기·질그릇 등 흙을 구워 물건을 만드는 일. ㉠요업 공업.

요염(妖艶) 매우 아리따움. ㉠요염한 자태. —하다.

요오드(독 Jod) 알코올에 녹여 요오드 용액을 만드는 데 쓰는 갈색의 고체인 물질.

요오드 용액 요오드를 알코올에 녹인 것으로 소독약으로 쓰임.

요원(要員) 필요한 인원. ㉠요원 충당.

요원하다(遼遠—) 멀고 멀다. 아득히 멀다. ㉠나의 소원이 이루어질 날은 요원하다.

요인[1](要人) 중요한 자리에 있는 사람. ㉠정부 요인.

요인[2](要因) 사물의 성립에 필요한 원인. 주요한 원인.

요일 한 주일의 7일인 일·월·화·

수·목·금·토의 끝에 붙는 말.
요전 며칠 전. 예요전에는 내가 참 미안했다. 큰이전.
요:절¹(夭折) 나이가 젊어서 죽음. 예요절한 천재 시인. 비요사. —하다.
요절²(腰折) 하도 우스워 허리가 부러질 듯함. 예요절 복통할 코미디. —하다.
요절나다[—라다] ①못 쓰게 될 만큼 깨어지거나 해어지다. 예장난감이 금방 요절났다. ②꾸미고 있던 일이 깨져서 실패하다.
요점(要點)[—쩜] 중요한 점. 예요점만 간단히 말해라. 비중점.
요정(妖精) 서양의 전설이나 옛날 이야기에 많이 나오는 정령으로, 사람의 생각으로 미루어 헤아릴 수 없는 여러 가지 이상야릇한 일을 함.
요:조숙녀(窈窕淑女)[—숙녀] 품위 있고 얌전한 여자.
요주의(要注意) 주의를 필요로 함. 예요주의 인물.
요즈음 요사이. 예요즈음은 단풍이 한창일 때다. 준요즘.
요지¹(要旨) 중요한 뜻. 대강의 내용. 예글의 요지.
요지²(要地) 정치·문화·교통·군사 등의 핵심이 되는 중요한 곳. 예군사상의 요지.
요지경(瑤池鏡) ①통 속에 그림을 넣고 그것을 돋보기를 통하여 들여다보게 만든 장난감. ②알쏭달쏭하고 묘한 세상 일을 비유하는 말. 예세상은 요지경 속이다.
요지부동(搖之不動) 흔들어도 조금도 움직이지 않음. 예결심이 요지부동이다. —하다.
요직(要職) 중요한 직위. 중요한

직업. 예요직에 앉다.
요청(要請) 요긴하게 청구함. 예구원을 요청하다. —하다.
요충지(要衝地) ①교통·상업 면에서 매우 중요한 곳. ②전쟁에서 아군에게 매우 유리한 곳.
요컨대(要—) 중요한 점을 말하자면. 딴 말은 할 것 없이. 예우정이란 요컨대 서로를 믿는 것이다.
요:크셔(Yorkshire) 영국 요크셔 지방에서 개량된 돼지의 한 품종.
요통(腰痛) 허리가 아픈 증세.
요트(yacht) 놀이나 경기에서 쓰이는 서양식의 돛단배.
요한 슈트라우스(Johann Strauss, 1825~1899) 오스트리아의 낭만파 음악가. '왈츠의 왕'이라고도 함. 작품에는 〈예술가의 생애〉〈아름답고 푸른 도나우〉〈봄의 소리〉 등이 있음.
요항(要項) 중요·요긴한 사항.
요행(僥倖) ①뜻밖에 얻은 행복. 예요행만 바라지 말고 노력해라. ②행복을 바람. —하다. —히.
욕(辱) ①남을 저주하는 말. ②명예스럽지 못한 일. 예욕먹을 짓을 하다. —히다.
욕구(欲求) 무엇을 얻거나 무슨 일을 하고자 바라고 원함, 또는 그 마음. 예자신의 욕구를 충족시키다. —하다.
욕되다(辱—) 부끄럽고 불명예스럽게 되다. 예가문을 욕되게 하는 행동.
욕망(欲望) ①하고자 하는 마음. 예욕망을 억제하다. ②부족을 느껴 이를 채우려는 마음. 비욕심. —하다.
욕먹다(辱—) ①남에게 악평을 듣다. 예욕먹을 짓만 하는구나. ②

명예가 더러워지다.
욕설(辱說) ①남을 못 되도록 하거나 미워하는 말. [예] 욕설을 퍼붓다. ②남의 이름을 더럽히는 말. 욕지거리. [반] 칭송. —하다.
욕심(慾心) ①탐내는 마음. [예] 욕심이 없다. ②분수에 넘치게 무엇을 하고자 하는 마음. [예] 명예에 대한 욕심. [비] 욕망.
욕심꾸러기 욕심이 많은 사람의 별명. 욕심쟁이.
욕심나다 욕심이 생기다. [예] 그 물건을 보니 은근히 욕심난다.
용[1](龍) 모양은 큰 구렁이 같고, 온몸이 비늘로 싸여 있으며 갖은 재주를 다 부릴 수 있다는 상상의 동물.
-용[2](用) 어떤 말 아래에 붙어 '쓰임'의 뜻을 나타내는 말. [예] 학생용 가방. 자가용.
용:감하다(勇敢—) ①용기가 있어서 일을 척척 잘 처리하여 나가다. ②결단성이 있다. [예] 씩씩하고 용감한 우리 국군. [비] 씩씩하다. [반] 비겁하다. —히.
용:건(用件)[—껀] 볼일. 해야 할 일. [예] 무슨 용건으로 왔니?
용광로(鎔鑛爐)[—노] 높은 온도의 불로 광석을 녹여 금속을 뽑아내는 가마.
용:구(用具) 무엇을 하거나 만드는 데 쓰이는 기구.
용궁(龍宮) 바닷속에 있다고 생각하는 용왕의 궁전.
용:기[1](勇氣) ①씩씩한 기운. [예] 용기를 잃다. ②겁을 먹지 아니하는 기운. [반] 겁. 비겁.
용기[2](容器) 물건을 담는 그릇.
용납(容納) ①너그러운 마음으로 남의 말을 받아들임. ②남의 잘못을 잘 감싸 줌. [예] 너의 잘못을 더 이상은 용납할 수 없다. [비] 용인. —하다.
용:단(勇斷) 용기 있게 일을 결단함. [예] 그 일을 시작하기로 용단을 내리다. —하다.
용:달(用達) 물건이나 짐을 배달함, 또는 그 일. [예] 용달사. 용달차. 용달 회사. —하다.
용:도(用途) 쓰이는 곳. 쓰이는 법. [예] 용도가 다양하다.
용:돈[—똔] 개인의 자질구레한 일에 쓰이는 적은 액수의 돈. [예] 용돈을 아껴 쓰다.
용두레 지난날, 낮은 곳에 있는 물을 높은 논에 퍼올리던 농기구.

〔용두레〕

용두 사미(龍頭蛇尾) 머리는 용이나 꼬리는 뱀이라는 뜻으로, '처음 시작은 훌륭하나 뒤로 갈수록 흐지부지하고 잘못됨'을 비유하여 이르는 말.
용:량[1](用量)[—냥] ①쓰이는 분량. ②약제에서 한 번이나 하루의 사용 분량. [예] 용량 엄수.
용량[2](容量) 물건이 담기는 분량. [예] 용량이 큰 냉장고.
용렬(庸劣)[—녈] 평범하고 재주가 남보다 못함. [예] 용렬한 사내. —스럽다. —하다.
용:례(用例)[—녜] 쓰고 있는 예. 쓰이는 본보기. [예] 용례를 들다.
용마루 지붕 위의 등성이가 진 곳.
용매(溶媒) 물질을 녹여 용액으로

만드는 물질. 凹용질.

용:맹(勇猛) 씩씩하고 사나움. 예 용맹한 군사. —스럽다. —하다.

용모(容貌) 사람의 얼굴 모양.

용:무(用務) 볼일. 예 긴급한 용무. 凹용건.

용:법(用法)[—뻡] 쓰는 방법.

용:변(用便) 똥이나 오줌을 눔. 예용변을 보다. —하다.

용:병¹(用兵) 군사를 부림. 凹용군. —하다.

용:병²(傭兵) 돈을 주고 병사를 고용하는 일. 또, 그 병사. —하다.

용:병술 군사를 부리는 기술. 예 용병술이 뛰어난 장군.

용비어:천가(龍飛御天歌) 조선 세종 27년에 왕명에 의하여 한글로 처음 지어진 글로, 조선의 건국을 기린 글.

용:사(勇士) ①용기가 있는 군인. ②날쌔고 씩씩한 남자.

용상(龍床) 임금이 앉는 자리.

용서(容恕) 나쁜 점을 꾸짖지 않음. 예 한 번만 용서해 주세요. 凹처벌. —하다.

용소(龍沼) 폭포수가 떨어지는 바로 밑에 있는 웅덩이.

용솟음 솟아오르거나 끓어오름, 또는 그 기세. —하다.

용솟음치다 물이 끓어오르는 것처럼 힘있게 솟아 나오다. 예 학문에 대한 열정이 용솟음친다.

용:수(用水) 물을 쓰는 일. 예 공업 용수. 농업 용수.

용수철(龍鬚鐵) 나사 모양으로 되어 늘었다 줄었다 하는 철사. 凹코일. 스프링.

용수철 저울 나선형으로 된, 탄력이 강한 쇠줄이 늘어난 정도를 보고서 물체의 무게를 재는 장치.

용:쓰다(勇—) ①기운을 몰아서 내다. 예 쓸데없는 일로 용쓰지 마라. ②괴로움을 억지로 참다.

용안(龍顏) '임금의 얼굴'을 높이어 이르는 말.

용암(鎔岩) 화산이 폭발할 때 화구에서 흘러나온 마그마, 또는 그것이 식어 굳어진 바위.

용액(溶液) 물질이 녹아 있는 액체. 소금물·설탕물 등.

용:어(用語) ①쓰는 말. ②일정한 분야에서만 전문적으로 쓰는 말.

용:언(用言) '무엇이 어찌한다' 또는 '무엇이 어떠하다'에서 '어찌한다'와 '어떠하다'에 해당하는 말. '물이 흐른다'와 '꽃이 아름답다'에서 '흐른다·아름답다'를 이름. 용언은 '흐르고·흐르니', '아름다운·아름다워'처럼 어미가 활용할 수 있는 것이 특징임.

용:역(用役) 물자 생산 이외에 우리 사회 생활에 필요한 일을 위해 노동력을 제공하는 일. 서비스. 예 용역 회사.

용왕(龍王) 용궁의 임금.

용용[—뇽] 어린아이들이 양쪽 엄지손가락을 자기 볼에 대고, 나머지 손가락을 흔들며 남을 약올리는 짓, 또는 그 때 하는 소리.

용:의(用意) 마음을 씀, 또는 그 생각. —하다.

용의자(容疑者) 범행의 의심을 받고 있는 사람. 예 용의자를 붙잡다. 凹피의자. 凹피해자.

용:의 주도(用意周到) 마음의 준비가 두루 미쳐 빈틈이 없음. 예 용의 주도한 행동. —하다.

용이(容易) 어렵지 않고 쉬움. 예 용이한 일이 아니다. 凹곤란. —하다. —히.

용자(容姿) ①얼굴과 자세. ②얼굴의 모습. 비용모.

용적(容積) 물건을 담을 수 있는 그릇의 부피. 예용적이 크다. 비들이. 체적.

용접(鎔接) 두 금속에 높은 전열이나 가스열을 주어 접합시키는 일. 예용접공. —하다.

용접기 용접하는 땜질 기구.

용ː지¹(用地) 어떤 일에 쓰기 위한 토지. 예건축 용지.

용ː지²(用紙) 어떤 일에 쓰이는 종이. 예답안 용지.

용질(溶質) 물이나 알코올 같은 액체에 녹아 있는 물질. 예소금 물에서 용질은 소금이다. 비용해질. 반용매.

용트림 거드름을 피우느라고 짐짓 크게 하는 트림. —하다.

용틀임(龍―) 임금이 거처하는 궁전 등에 장식한 용의 그림이나 새김.

용ː품(用品) 무엇에 쓰이거나 필요한 온갖 물품. 예사무 용품.

용ː하다 ①재주가 좋다. ②성질이 무던하다. 착하다. ③장하다. 잘하다. 예그렇게 힘든 일을 해내다니 정말 용하다. —히.

용해(溶解) ①물질이 어느 액체 속에서 고루 녹는 현상. ②녹음. 또, 녹임. —하다.

용해도 포화 용액 속에 들어 있는 용질의 농도.

용호(龍虎) ①용과 호랑이. ②뛰어난 두 사람, 또는 두 사람의 영웅을 일컫는 말.

용호 상박(龍虎相搏) 용과 호랑이가 서로 싸운다는 뜻으로, 두 강자끼리 서로 싸우는 것을 말함. 예용호 상박의 경기. —하다.

우간다(Uganda) 아프리카 동부의 내륙에 있는 공화국. 농업이 주이며, 면화·커피 등을 수출함. 수도는 캄팔라.

우ː거(寓居) ①남의 집에 임시로 삶. ②'자기가 사는 곳'을 낮추어 이르는 말. —하다.

우거지 푸성귀에서 뜯어 낸 떡잎이나 겉대.

우거지다 나무나 풀이 빽빽하게 들어차다. 예숲이 우거지다. 비무성하다. 울창하다.

우겨대다 계속해서 우기고 주장하다. 예자기 주장을 우겨대다.

우격다짐 억지로 우겨서 남을 굴복시킴. 예우격다짐으로 물건을 팔려고 하다. —하다.

우국(憂國) 나라의 일이나 나라의 장래에 대하여 걱정함. 예우국 충정. —하다.

우국지사 나라의 일이나 나라의 장래에 대하여 걱정하는 사람.

우ː군(友軍) 자기 편의 군대. 예우군이 도착하니 마음이 든든하다. 비아군. 반적군.

우그르뜨리다/우그러트리다 힘을 주어 우그러지도록 만들다. 예깡통을 우그러뜨리다.

우그러지다 ①물건의 바닥이 안쪽으로 욱어 들다. ②물건 위에 주름이 잡히다. 작오그라지다.

우글거리다 여럿이 모여 자꾸 움직이다. 예사나운 짐승들이 우글거리는 밀림 속을 취재하다. 비들끓다. 작오글거리다.

우글쭈글 주름 따위가 많이 잡힌 모양. 예손수건이 우글쭈글하게 되었다. 작오글쪼글. —하다.

우ː기(雨期) 비가 많이 내리는 시기. 우계. 반건기.

우기다 자기의 주장이나 의견을 고집스럽게 내세우다. ㉠아니라고 끝까지 우기다.

우당탕 잘 울리는 바닥에 물건이 요란스레 떨어지거나 널마루에서 마구 뛸 때 나는 소리. ㉠아이들이 우당탕 뛰어간다. —하다.

우대하다(優待—) 특별히 잘 대접하다. ㉠손님을 우대하다. ㉯후대하다. ㉰천대하다. 학대하다.

우덕순(禹德淳, 1876~?) 애국지사. 충청 북도 제천 출신. 안중근 의사와 같이 이토 히로부미를 죽이러 하얼빈에 갔다가 안 의사가 이토를 죽인 후 안 의사와 함께 붙잡혀서 3년 동안 감옥살이를 하였음.

우두(牛痘) 천연두(마마)의 전염을 예방하기 위하여 사람의 몸에 놓는 약. 종두.

우두둑 ①단단한 물건을 깨무는 소리. ㉠돌이 우두둑 씹힌다. ②갑자기 무엇인가가 세게 부러지는 소리. ③굵은 빗방울 따위가 세차게 떨어지는 소리. ㉡오도독. —하다.

우두머리 ①물건의 꼭대기. ②단체의 수령. ㉯두목. ㉰졸개.

우두커니 정신 없이 멀거니 서 있거나 앉아 있는 모양. ㉠우두커니 서서 하늘만 본다.

우둔(愚鈍) 어리석고 둔함. ㉠우둔한 생각. —하다.

우등(優等) ①높은 등급. ②성적이 훌륭하게 빼어남. ㉠우등생. ㉰열등. —하다.

우등생 성적이 우수하고 품행이 단정하여 모범이 되는 학생. ㉰열등생.

우뚝 ①높이 솟은 모양. ㉠우뚝 솟은 건물. ㉡오뚝. ②남보다 뛰어난 모양. —하다. —이.

우뚝우뚝 군데군데 서 있는 물건이 모두 윗머리가 몹시 높은 모양. ㉠건물이 우뚝우뚝 서다. —하다.

우라늄(uranium) 방사성 원소의 하나로 원자 폭탄·원자로 등 원자력의 이용에 필요한 중요한 원료.

우락부락 몸집이 크고 험상궂게 생긴 모양, 또는 행동이 다소곳하거나 공손하지 않은 모양. ㉠우락부락한 얼굴. —하다.

우랄 산맥(Ural山脈) 아시아와 유럽을 남북으로 가르는, 러시아 연방에 있는 낮은 산맥.

우람하다 큰 것이 모양이 웅장하여 위엄이 있다. ㉠몸집이 우람하다.

우:량¹(雨量) 비가 온 분량.

우량²(優良) 뛰어나게 좋음. ㉠우량품. —하다.

우:량계 비가 얼마나 왔는가를 재는 기계.

우러나다 물에 잠긴 물건의 빛 또는 맛이 빠짐. ㉠떫은 맛이 잘 우러나다.

우러나오다 어떤 생각이 마음 속에서 스스로 생겨나다. ㉠동정심이 우러나오다.

우러러보다 ①위를 쳐다보다. ㉠하늘을 우러러보다. ②존경하다. ㉠우리 학생들 모두가 우러러보는 교장 선생님. ㉯쳐다보다. ㉰굽어보다.

우러르다 〔우러르니, 우러러서〕 공경하는 마음을 가지다. ㉠부모님을 우러러 받들다.

우렁쉥이 =멍게.

우렁우렁 소리가 크게 울리는 모

우렁이

양. ㉮목소리가 우렁우렁하다. —하다.

우렁이 논이나 개울물에 사는 작은 조개. 나사 모양으로 된 껍질이 있고, 머리와 가슴의 구별이 없으며, 배로 기어다니고 빛은 녹갈색임.

우렁잇속[—이쏙] ①내용이 복잡하거나 속을 내보이지 아니하여 알 수 없는 일의 비유. ②'바르게 털어 놓지 않은 속마음'을 비유하여 이르는 말.

우렁차다 소리가 크고 힘차다. ㉮우렁찬 나팔 소리.

우레[1] 공중에서 전기의 작용으로 일어나는 소리. ㉯천둥.

우:레[2] 꿩사냥 때 장끼 소리처럼 내어 암꿩을 부르는 물건. 살구씨나 복숭아씨로 만듦.

우레 같은 박수 좋아라고 손뼉을 치는 소리가 마치 천둥소리 같다는 말.

우레같이 우레 소리같이. 곧 큰 소리.

우려(憂慮) 근심하거나 걱정함. ㉮빙판길에서의 교통 사고가 우려된다. —하다.

우려내다 ①아양을 떨거나 위협하거나 하여 억지로 금품을 얻어 내다. ㉮돈을 우려내다. ②물건을 물 속에 담가 진액·맛·빛깔 등을 빼내다.

우루과이(Uruguay) 남아메리카 남서쪽 대서양에 위치한 공화국. 수도는 몬테비데오.

우루과이 라운드(Uruguay round) 1986년 9월 남아메리카 우루과이에서 시작된 무역 협상. 이전의 물자의 무역 외에 서비스 무역·해외 투자·지적 재산권이 포함된 것이 특징임.

우르르 ①큰 것들이 급하게 몰려가거나 움직이는 모양. ㉮사람들이 우르르 몰려왔다. ②쌓였던 물건이 무너지는 것과 같은 모양, 또는 소리. ㉮벽이 우르르 무너졌다. ㉰오르르. —하다.

우륵(于勒) 우리 나라 3대 악성 중의 한 사람. 원래는 가야 사람이었으나, 신라에 가서 가야금을 만들었음.

우리[1] 짐승을 가두어 두는 곳. ㉮돼지우리.

우리[2] 자기나 자기 동아리. ㉮우리 한국인. ㉯너희.

우리네 자기와 관계가 있는 사람 모두. ㉮우리네 살림 형편.

우리다 물건을 물에 담가 맛이나 빛을 빼다. ㉮쓴맛을 우리다.

우리들 자기와 관계되는 모든 사람. '우리'의 복수. ㉮우리들은 나라의 기둥이다.

우리말 우리 나라 말. 한국어.

우릿간(—間) 돼지·소·말 들이 먹고 자는 곳.

우마(牛馬) 소와 말. 마소.

우마차(牛馬車) 소와 말이 끄는 수레.

우매하다(愚昧—) 어리석고 어둡다. 아무것도 모르다. ㉮우매한 백성. ㉯어리석다. ㉰현명하다.

우묵하다 속이 조금 둥글게 깊숙하다. ㉮우묵한 그릇. ㉰오목하다. —히.

우문(愚問) 어리석은 질문. ㉮우문 현답.

우물 땅을 파고 샘물을 괴게 하여 물을 얻게 하는 설비.

우물가 우물의 가장자리.

우물거리다 ①음식을 입에 넣고

시원스럽지 않게 자꾸 씹다. ②어떤 일을 시원스럽게 하지 않고 머뭇거리다. 예 우물거리지 말고 속시원히 대답해라. 작 오물거리다.

우물 안 개구리〈속〉 세상 물정에 어두운 사람을 일컫는 말.

우물에 가서 숭늉 찾는다〈속〉 일의 순서도 모르고 성급하게 덤빈다는 뜻.

우물우물 ①입을 다문 채 입 안에 든 음식물을 이리저리 천천히 씹는 모양. ②말이나 행동을 시원스럽게 하지 못하고 자꾸 꾸물거리는 모양. 작 오물오물. ―하다.

우물을 파도 한 우물을 파라〈속〉 무슨 일이든지 한 가지 일을 꾸준히 계속해야만 성공할 수 있다.

우물쭈물하다 말이나 행동을 똑똑하게 하지 못하고 흐리멍덩하게 하다. 예 우물쭈물하고 있을 때가 아니다. 비 어름어름하다.

우뭇가사리 우뭇가사릿과의 바닷말. 높이 7~9cm. 검붉은 깃 모양의 가지가 많음. 바닷속의 모래나 암석에 붙어 삶.

우미(優美) 뛰어나게 아름다움. ―하다.

우:박(雨雹) 봄·여름에 공중에서 오는 싸라기눈보다 굵은 눈덩이.

우:발(偶發) 우연히 일어남, 또는 그 일. 예 우발 사고. ―하다.

우:방(友邦) 가까이 사귀는 나라. 예 6·25 전쟁 때 우리는 자유 우방의 도움을 많이 받았다. 비 우방 국가.

우범(虞犯) 성격이나 환경 등으로 죄를 저지를 우려가 있음. 예 우범 지역. 우범 청소년.

우:변(右邊) 등식에서, 등호(=)의 오른편 부분. 반 좌변.

우:비(雨備) 비를 맞지 않게 가리는 여러 가지 기구.

우비다 ①속에 붙은 물건을 떼다. 예 콧구멍을 우비다. ②구멍 속을 넓게 깎다. 예 박 속을 우비다. 작 오비다. 거 후비다.

우:산(雨傘) 펴고 접을 수 있게 만들어 비가 올 때 손에 들고 머리 위를 가리는 제구.

우:상(偶像) 나무나 돌·쇠붙이 따위로 만든 사람이나 신의 형상. 예 우상 숭배.

우:상화 우상이 됨. 또, 우상이 되게 함. ―하다.

우선(于先) ①먼저. 예 우선 아는 문제부터 풀어라. ②아쉬운 대로. 그럭저럭. 반 나중.

우선권(優先權)[―꿘] 남보다 먼저 할 수 있는 권리. 예 그에게 우선권이 있다.

우선 먹기는 곶감이 달다〈속〉 나중에는 어떻게 되든 간에 당장은 좋은 편을 취한다.

우세(優勢) 세력이 남보다 월등히 뛰어남. 예 A팀보다 B팀이 우세하다. 반 열세. ―하다.

우:수¹(偶數) 2로 나누어지는 수. 비 짝수. 반 기수.

우수²(憂愁) 근심과 걱정. 예 우수에 잠기다.

우수³(優秀) 여럿 가운데 아주 뛰어남. 예 우수한 인재. 비 우월. 반 열등. ―하다.

우수리 물건값을 제하고 거슬러 받는 잔돈. 준 우수.

우:수사(右水使) 조선 때 우수영의 우두머리, 또는 그 직책.

우수성[―썽] 여럿 가운데 가장 빼어난 성품이나 성질. 예 한국 상품의 우수성.

우수수 물건이 떨어져 쏟아지는 모양이나 소리. 예낙엽이 우수수 떨어지다. —하다.

우스개 남을 웃기려고 하는 농이나 짓.

우스갯소리 남을 웃기려고 하는 말. 예우스갯소리는 그만 하고 찾아온 용건을 말하라.

우스꽝스럽다〔우스꽝스러우니, 우스꽝스러워/우스꽝스러이〕 몹시 우습다.

우:습다〔우스우니, 우스워〕 ①웃음이 날 만하다. 예우스운 이야기. ②보잘것 없다. 가소롭다. 예우스운 일로 서로 다투다.

우승(優勝) 많은 가운데서 첫째되게 이김. 예연속 우승을 노리다. 凹참패. —하다.

우승기 경기에서, 우승한 사람이나 단체에 주는 영예의 기.

우승자 경기에서 이긴 사람.

우아하다(優雅—) 고상하고 아름답다. 예우아한 태도.

우악(愚惡) 어리석고 포악함. 예우악한 성격. —스럽다. —하다.

우:애(友愛) 형제 간이나 친구 사이에 정이 두터움. 예우애가 두터운 형제. —하다.

우엉 엉거싯과의 두해살이풀. 높이 1m, 살이 많은 뿌리와 어린 잎은 먹고 열매는 약재로 쓰임.

우여 곡절(迂餘曲折) 뒤얽힌 복잡한 사정. 예우여 곡절 끝에 일을 끝마쳤다.

우역(牛疫) 소가 걸리는 돌림병의 한 가지.

우:연(偶然) 뜻하지 않은 일. 뜻하지 않은 바. 예길을 가다가 우연히 친구를 만났다. 凹필연. —스럽다. —하다. —히.

우열(優劣) 나음과 못함. 예우열을 가리기 어려운 두 팀.

우왕(禑王) 고려의 제32대 왕. 공민왕이 죽은 후 10세(1374)에 왕이 되었으나, 14년(1388)에 이성계에게 피살당함.

우:왕좌왕(右往左往) ①이리저리 오락가락함. ②결정을 짓지 못하고 망설임. 예우왕좌왕하다 일을 망치다. —하다.

우:우 여러 사람이 시시하거나 야비한 것을 한꺼번에 야유하여 내는 소리.

우울(憂鬱) 마음이 답답함. 기분이 개운하지 않음. 예기분이 우울하다. 凹명랑. —하다. —히.

우월(優越) 뛰어나게 나음. 예우월한 실력을 보이다. 凹우세. 凹열등. —하다.

우월감 자기가 남보다 뛰어나다고 스스로 느낌. 예우월감을 갖다. 凹열등감.

우위(優位) 남보다 우세한 자리. 예우위에 오르다. 凹열위.

우유(牛乳) 젖소에서 짜낸 젖. 흰빛의 액체로서 지방·단백질·당분이 많고 소화가 잘 됨. 완전 식품의 하나.

우유병 우유를 담아 두는 병.

우유 부단(優柔不斷) 줏대 없이 어물거리기만 하고 딱 잘라 결정을 내리지 못함. 예우유 부단한 성격. —하다.

우:의[1](友誼) 친구 사이의 정의. 예우의가 두텁다. 凹우정. 우애.

우:의[2](雨衣) 비에 젖지 않게 덧입는 옷. 凹비옷.

우:의[3](寓意) 어떤 사물에 빗대서 은연중 어떤 의미를 비침. 예우의극. —하다.

우:인(友人) =벗.
우장춘(禹長春, 1898~1959) 우리 나라의 농학자. 육종학을 연구, 특히 씨 없는 수박과 한 번 심어 두 번 거두는 벼를 연구하는 등 많은 공로를 세웠음.
우:정(友情) 벗의 정. 벗들끼리 서로 믿고 사랑하는 마음. 예변함 없는 우정. 비우의¹.
우정국 조선 말기의 우편 사무를 맡아 보았던 관청.
우:주(宇宙) 해·달·별을 싸고 있는 한없이 큰 공간과 시간. 예우주선. 우주 시대. 비세계. 천지.
우:주 개발 로켓이나 인공 위성 따위를 이용하여, 천체나 지구 주변의 기상 관측 등으로, 인류의 활동 범위를 우주 공간으로 넓히려는 작업.
우:주 여행 사람이 우주선을 타고 달이나 별과 같은 다른 천체로 가는 여행. —하다.
우:주 왕:복선 우주 여행을 갔다가 돌아오는 데 쓰는 비행기.
우:주인(宇宙人) ①지구 이외의 다른 행성에서 살고 있을지도 모를, 지능이 높은 생물의 일컬음. 외계인. ②우주 비행사.
우:주 정거장 우주 여행의 중간 기지로서, 지구 둘레의 궤도에 만들어지는 큰 인공 위성.
우중충하다 ①속이 깊고 밝지 않다. ②어둡고 흐리어 침침하다. 예우중충한 날씨.
우지(牛脂) 소의 살이나 뼈에서 녹여 낸 지방. 쇠기름.
우지끈 부피가 크고 단단한 물건이 갑자기 부러지는 소리, 또는 그 모양. 예문짝이 우지끈 부서지다. —하다.
우지직 ①잘 마른 보릿짚이나 나뭇가지 따위가 불에 타거나 부러지는 소리. ②질기고 단단하게 생긴 물건이 부러지거나 부서지는 소리. 잘오지직. —하다.
우지진다 시끄럽게 몹시 운다. 예꾀꼬리가 우지진다.
우:짖다 ①울부짖다. 예늑대의 우짖는 소리가 무섭게 들린다. ②울며 지저귀다. 비지저귀다.
우쭐거리다 뽐내듯 장단에 맞추어 멋있게 움직이다. 예우쭐거리며 걸어간다. 잘오쭐거리다. 여우줄거리다.
우쭐하다 자기가 잘난 듯이 생각되어 자꾸 뽐내고 싶은 느낌이 들다. 예일등을 했다고 우쭐하다.
우차(牛車) 소가 끄는 수레. 소달구지.
우체국(郵遞局) 전신·전화·통신의 사무를 맡아 보는 곳.
우체통 부칠 편지를 넣는 통.
우:측(右側) 오른편. 예우측 통로. 비오른쪽. 반좌측.
우크라이나(Ukraina) 러시아 연방의 남서부에 있는 독립 국가 연합의 한 공화국. 1922년 소연방의 동맹국이 되었다가 1991년 12월 독립을 선언함. 수도는 키예프.
우편(郵便) 국민의 부탁을 받아 편지나 그 밖의 물건을 받을 사람이나 장소에 전하는 일.
우편물 우편으로 부치는 편지나 물품.
우편 번호 우편물의 행선지를 숫자로 표시한 것.
우편 저:금 우체국에서 맡아 관리하는 저금 사업.
우편 제:도 우표를 이용하여 편지를 전해 주는 제도.

우편 집배원 편지·소포·전보 따위를 배달하는 사람.

우표(郵票) 우편물에 붙이는, 우편 요금을 냈다는 표.

우:호(友好) 개인이나 나라 사이가 친함. [예] 우호 관계를 맺다. 우호 조약. [반] 적대.

우:화(寓話) 어떤 사물에 비겨서 의견이나 교훈의 뜻을 나타낸 이야기. 대표적인 것이 〈개미와 베짱이〉〈여우와 두루미〉 등이 나오는 이솝 우화임.

우황(牛黃) 소의 쓸개에 병이 생겨 뭉쳐진 물건. 약재로 쓰임.

우회(迂廻) 멀리 돌아서 감. [예] 위험 지역을 우회하다. —하다.

욱신욱신 몸의 잘못된 곳이나 상처가 자꾸 쑤시는 듯이 아픈 모양. [예] 어깨가 욱신욱신 쑤신다. [작] 옥신옥신. —하다.

욱하다[우카—] 앞뒤의 헤아림도 없이 발끈하는 성질이 있다. [예] 욱하는 성격.

운:(運) 인간에게 일어나는 모든 행복과 불행이 인간적인 힘을 벗어나 어떤 커다란 힘에 의해 좌우되어 가는 형편. [예] 운이 나쁘다. [본] 운수.

운:동(運動) ①몸을 튼튼하게 하기 위하여 팔·다리·몸통 등을 움직임. [예] 운동 기구. 운동 종목. ②여러 가지의 경기. [비] 체육. ③분주히 주선함. [예] 선거 운동. —하다.

운:동 경:기 일정한 규칙에 따라 재주를 서로 겨루는 일.

운:동 선:수 무슨 경기를 특별히 잘 하는 사람.

운:동 에너지 운동을 하고 있는 물체가 갖고 있는 에너지.

운:동장 운동 경기·유희를 하기 위하여 만들어 놓은 넓은 마당. [비] 경기장.

운:동화 운동할 때 신는 편하고 튼튼한 신발.

운:동회 운동 경기의 큰 모임. [비] 체육회.

운두 그릇이나 신 따위의 둘레의 높이. [예] 운두가 낮은 접시.

운량(雲量)[울—] 구름이 하늘을 덮는 비율. 전혀 구름이 없을 때를 0, 온 하늘을 덮을 때를 10으로 하여 눈대중으로 관측하여, 그 값을 정함. 구름량.

운:명[1](運命) ①타고난 운수와 목숨. [예] 운명론. ②잘 살게 되는 것과 못 살게 되는 것에 관한 일. [비] 운수. 숙명.

운:명[2](殞命) 죽음. 목숨이 끊어짐. —하다.

운모(雲母) 6각 널빤지꼴의 결정으로, 엷게 벗겨지기 쉬운 광물. [비] 돌비늘.

운무(雲霧) 구름과 안개. [예] 운무에 싸인 산정.

운:반(運搬) 사람·물건 따위를 옮겨 나름. [예] 운반비. [비] 수송. 운송. —하다.

운:석(隕石) =별똥.

운:송(運送) 물건을 운반하여 보냄. [예] 운송비. [비] 운반. —하다.

운:송업 일정한 삯을 받고 여객이나 짐을 실어나르는 영업.

운:수[1](運數) 사람에게 돌아오는 좋은 일과 나쁜 일. [예] 운수가 나쁘다. [비] 재수. 운명.

운:수[2](運輸) 운반이나 운송보다 규모가 크게 화물이나 여객을 나름. [예] 운수 회사. —하다.

운:수업 규모가 크게 화물이나 여

객 운송을 하는 영업.

운:영(運營) 일을 경영하여 나감. [예] 출판사를 운영하다. [비] 경영. ―하다.

운요호 사:건(雲揚號事件) 1875년 일본 군함 운요호와 우리 나라 강화도 포대 간에 일어난 포격 사건. 이로 인해 강화도 조약이 체결됨.

운:용(運用) 움직여 씀. 부리어 씀. [비] 활용. ―하다.

운:율(韻律) 시에서 느껴지는 말의 가락. 우리 나라 시가에서는 3·4조, 4·4조, 7·5조의 운율이 대표적임. 리듬.

운:임(運賃) 물건을 나른 삯으로 받는 돈. 운송비. [예] 열차 운임.

운작(雲雀) =종달새.

운:전(運轉) ①움직여 굴림. ②자동차 따위를 부림. [예] 운전사. [비] 조종. ―하다.

운:전대[1](運轉―)[―때] 자동차 따위의 핸들. [예] 운전대를 잡다.

운:전대[2](運轉臺) 운전을 하는 자리. [비] 운전석.

운:전사 자동차나 기차·선박·기계 따위를 운전하는 사람.

운지법(運指法)[―뻡] 리코더 연주 등에서 손가락 끝으로 구멍을 막거나 여는 등 악곡을 연주하는 데 정확하게 손가락을 놀리는 방법.

운집(雲集) 구름처럼 많이 모임. [예] 많은 사람들이 거리에 운집해 있다. ―하다.

운:하(運河) 육지를 파서 강을 내고 배가 다니게 만든 길.

운:항(運航) 배나 항공기가 정해진 항로를 따라 오고 감. [예] 태풍으로 비행기의 운항이 중지되었다. ―하다.

운:행(運行) 운전하여 다님. [예] 여객선을 운행하다. ―하다.

울[1] 담 대신에 풀이나 나무를 엮어서 집 주위를 둘러막은 것. [본] 울타리.

울:[2](wool) ①털실. ②짧은 양털로 짠 모직물의 한 가지.

울긋불긋 여러 가지 빛이 뒤섞인 모양. [예] 앞산에 진달래가 울긋불긋 피었다. [비] 알록달록. ―하다.

울:다〔우니〕 ①아프거나 슬퍼서 소리를 내면서 눈물을 흘리다. [반] 웃다. ②새들이 노래하다.

울:대뼈[―때뼈] 앞 목에 도드라져 나온 뼈.

울돌목 전라 남도 해남군 문내면 앞바다의 수로. '명량'의 우리말 이름으로 물살이 빠름. 이 곳에서 이순신 장군이 왜의 수군을 격멸하였음(명량 대첩).

울렁거리다 가슴이 두근거리다.

울렁울렁 ①마음이 설레거나 하여 가슴이 두근거리는 모양. ②물결이 자꾸 흔들리는 모양. ―하다.

울:력 여러 사람이 힘을 합하여 일을 함, 또는 그 힘. ―하다.

울릉도 우리 나라 동해안에 있는 섬으로 경상 북도에 속해 있으며 화산으로 이루어져 있음.

울리다[1] ①소리가 퍼지다. [예] 종이 울리다. ②널리 퍼지다. 알려지다. [예] 장안에 울리는 명성.

울리다[2] ①울게 하다. [예] 사람을 울리는 소설. ②소리가 나게 하다. ③널리 세상에 알려지게 하다.

울림 소리가 무엇에 부딪쳐 되울려 나오는 일, 또는 그 소리. [예] 산울림.

울림 마이크 소리가 어떤 데 부딪쳐 되울려 나오도록 장치된 마이크. 방송극이나 연극에서 유령이

울림소리

나 산울림 소리를 낼 때 쓰임. 에코 마이크.

울림소리 날숨이 목청을 진동시켜 내는 소리. 모든 모음과 ㄴ·ㄹ·ㅁ·ㅇ이 이에 속함. 유성음. 반안울림소리.

울먹거리다 자꾸 울먹이다. 반방글거리다.

울먹울먹 울상이 되어 금방이라도 울 듯한 모양. —하다.

울먹이다 금방이라도 울음이 터질 듯하다. 예울먹이며 말하다.

울멍줄멍 크고 작은 것들이 고르지 않게 벌여 있는 모양. 예울멍줄멍 늘어선 꼬마들. 작올망졸망. —하다.

울며 겨자 먹기⟨속⟩ 마음에 없는 일을 억지로 함.

울밑[-믿] 울타리의 밑. 예울밑에 선 봉선화야.

울부짖다 큰 소리를 치고 울다. 예울부짖는 아우성 소리.

울분(鬱憤) 분한 마음이 가슴에 가득함, 또는 그 마음. 예울분을 터뜨리다. —하다.

울상(-相)[-쌍] 울려고 하는 얼굴 모양. 예갑자기 울상이 되다.

울안 울타리로 둘러싸인 안쪽. 예울안에 피어 있는 장미.

울어대다 계속해서 자꾸 울다.

울음 ①우는 소리. ②우는 일. 반웃음.

울음바다 '많은 사람이 한꺼번에 울음을 터뜨려 온통 울음으로 뒤덮임'을 비유하여 이르는 말.

울음보[우름뽀] '울음'의 속된말. 참다 못해 터뜨린 울음을 이르는 말. 예울음보를 터뜨리다.

울적하다(鬱寂-)[-쩌카다] 마음이 쓸쓸하고 기분이 좋지 아니하다. 예비가 오면 괜히 울적하다.

울지 않는 아이 젖 주랴⟨속⟩ 어떠한 일에나 요구하지 않으면 주지 않는다.

울창하다(鬱蒼-) 나무가 시퍼렇게 우거지다. 예울창한 나무는 나라의 자원이다. 비우거지다. 무성하다. 반황폐하다.

울컥 ①먹은 것을 갑작스레 세게 토하려고 하는 모양. ②분한 생각이 한꺼번에 치미는 모양. 예화가 울컥 치밀다. —하다.

울타리 담 대신에 풀이나 나무 따위를 얽어서 집을 둘러막은 물건. 비담. 담장. 준울.

울퉁불퉁 물건의 거죽 모양이 고르지 않고 들어갔다 나왔다 한 모양. 예길이 울퉁불퉁하다. 작올통볼통. —하다.

울화(鬱火) 속이 답답하여 나는 화. 예울화가 치밀다.

움: ①땅을 파고 거적으로 위를 덮어 바람·비·추위를 피하는 곳. ②겨울에 화초·채소를 넣어 두기 위하여 만든 장치. 예움을 파다. ③식물의 새싹. 예움이 트다.

움:돋다 움이 돋아 나오다.

움:막 움으로 지은 임시 집. 움집보다 작음.

움:막살이 움막에서 지내는 생활. —하다.

움:막집 짚이나 풀 따위로 지은 허술한 집.

움직 도르래 바퀴가 돌아감에 따라 축의 위치가 자유롭게 바뀌는 도르래. 무거운 것을 적은 힘으로 끌어올릴 수 있어 편리함. 반고정 도르래.

움직이다 ①마음이 끌리거나 흔들리다. 예사람의 마음을 움직이다. ②자리를 옮기다. ③흔들거나 몸짓을 하다. ④바뀌다. 변동하다. ⑤활동하다. 행동에 옮기다. ⑥운영하다. 예 기계는 전기의 힘으로 움직인다.

움:집[―찝] 사람이 사는 움.

움찔 갑자기 몸을 움츠리는 모양. 예 뱀을 보고 움찔하다. ―하다.

움츠리다 몸을 꼬부리고 오므라지게 하다. 예 거지가 담 밑에 움츠리고 앉아 있다. 짝 옴츠리다.

움켜잡다 손가락을 구부리어 꼭 잡다. 예 옷자락을 움켜잡다. 짝 옴켜잡다.

움켜쥐다 손가락을 오므리어 힘있게 움키어 쥐다. 예 과자를 움켜쥐다. 짝 옴켜쥐다.

움큼 손으로 한 줌 쥔 분량. 예 사탕을 한 움큼 집다. 짝 옴큼.

움키다 ①손가락을 오므려 잡다. ②주먹 속에 넣다. 짝 옴키다.

움:트다[움터] 싹이 나오다.

움:파 겨울에 움 속에서 기른 빛이 누런 파.

움퍽 가운데가 우묵하게 쑥 들어간 모양. 짝 옴팍. ―하다.

움푹 속으로 푹 들어가 우묵한 모양. 예 움푹 들어간 눈. 짝 옴폭. ―하다.

움푹움푹 군데군데 겉면이 넓고 깊게 들어간 모양. 예 장마로 움푹움푹 패인 길. 짝 옴폭옴폭. ―하다.

웃거름 농작물의 싹이 나와 그것이 자라는 동안에 주는 거름. 반 밑거름. ―하다.

웃국 간장이나 술 따위를 담가서 익은 뒤에 맨 처음으로 떠내는 진한 국.

웃기 떡·포·과실 따위를 괸 위에 볼품으로 올려 놓은 재료.

웃기다[우끼―] 웃게 하다. 예 친구들을 웃기다.

웃는 낯에 침 뱉으랴〈속〉 공손하게 머리를 숙여 간절히 청하여 오는 이에게는 듣기 싫은 말이나 욕을 할 수 없다.

웃다 ①마음에 기쁜 것을 얼굴에 나타내다. 예 웃는 얼굴. ②좋아서 입을 벌리고 소리내어 기뻐하다. 예 배를 움켜쥐고 웃다. 반 울다. ③꽃이 활짝 피다.

웃돈 물건을 서로 맞바꿀 때에 그 값의 차이를 없애기 위하여 값이 싼 물건 위에 얹어 주는 돈.

웃돌다[웃도니, 웃돌아] 어떤 수량보다 많다. 예 모집 정원에 웃돌다.

웃어넘기다 웃어 버리고, 그냥 없던 일로 하다.

웃어른 나이나 지위·신분 등이 높아서 직접·간접으로 자기가 모셔야 할 어른.

웃옷[우돋] 위에나 겉에 입는 옷. 겉옷.

웃음 ①웃는 소리. ②웃는 일. 비 미소. 반 울음.

웃음거리 ①웃을 만한 거리. ②남에게 비웃음을 살 만한 행동. 예 웃음거리가 되다.

웃음꽃 유쾌한 웃음을 형용하여 이르는 말. 예 웃음꽃이 피다.

웃음바다 여러 사람이 한꺼번에 웃는 웃음. 예 교실 안은 웃음바다가 되었다.

웃음보[우슴뽀] 크게 웃는 웃음. 예 웃음보를 터뜨리다.

웃자라다[욷짜―] 식물이 정상을 지나쳐 너무 자라다.

웅건(雄健) 웅대하고 힘참. 예 웅

건한 태도. ―하다.

웅녀(熊女) 전설상의 단군의 어머니. 곰이 변하여 여자가 되었다고 전해짐.

웅담(熊膽) '바람에 말린 곰의 쓸개'를 약재로 이르는 말.

웅대하다(雄大―) 굉장히 크다. [예]웅대한 계획을 세우다. [비]웅장하다.

웅덩이 늘 물이 괴어 있는 곳. 작은 늪. [비]구덩이.

웅변(雄辯) 조리가 있고 거침없이 말을 잘 함, 또는 그 말. [예]웅변가. ―하다.

웅비(雄飛) 기운차고 씩씩하게 활동함. [예]세계로 웅비하는 우리 조국. ―하다.

웅성거리다 많은 군중이 모여 수군수군하며 소란을 피우다. [예]교실에서 웅성거리지 말아라.

웅얼웅얼 입속말로 똑똑하지 않게 중얼거리는 모양. ―하다.

웅장하다(雄壯―) 굉장히 크다. [예]웅장한 산맥. [비]웅대하다. [반]빈약하다.

웅진(熊津) 충청 남도 '공주'의 옛 이름. 곰나루.

웅크리다 몸을 몹시 움츠러뜨리다. [예]닭이 응달에 웅크리고 있다. [비]쪼그리다. [작]옹크리다.

워: 말이나 소를 멈추게 할 때 내는 소리.

워낙 ①처음부터. 원래. 본디부터. ②아주. [예]몸이 워낙 약해서 병이 잘 낫지 않는다.

워낭 마소의 귀에서 턱 밑으로 늘여 단 방울.

워:드 프로세서(word processor) 타자기에 컴퓨터를 부착한 문서 작성기.

워:밍업(warming-up) 경기 전에 몸을 풀기 위해서 하는 준비 운동이나 가벼운 연습.

워싱턴(Washington) 미국의 수도로서 백악관과 의사당, 각국의 대사관이 있는 정치·교육·문화의 중심지.

워:크(work) ①일. 작업. ②공부. ③사업.

워:키토:키(walkie-talkie) 가까운 거리에서의 연락을 위한 휴대용 소형 무전기.

원[1] 놀랍거나 언짢거나 뜻밖의 일을 당할 때에 하는 말. [예]원, 세상에 그럴 수가 있나.

원[2](院) 옛날 역과 역 사이에 공용으로 여행하는 관원을 위하여 베풀던 국영 여관. [예]장호원.

원[3](員) 옛날에 고을을 지키던 수령. [예]변학도가 남원 고을의 원으로 부임했다.

원[4](圓) 동그라미.

원[5](圓) 한국의 돈의 단위.

원:[6](願) 마음에 바라는 일. [예]훌륭하게 되기를 원한다. [비]소망. ―하다.

-원[7](院) 일부 낱말 밑에 붙어, 그것을 위해 일하는 관청이나 시설을 나타내는 말. 고아원·양로원·요양원 따위.

원가(原價)[―까] 본래의 값. 처음 사들일 때의 값. [예]원가를 내리다.

원각사[1](圓覺寺) 조선 세조 때, 지금의 서울 종로구 탑골 공원에 지은 절.

원각사[2](圓覺社) 우리 나라 최초의 국립 극장.

원:거리 멀고 긴 거리. 장거리. [예]원거리 사격. [반]근거리.

원:격 제:어 멀리 떨어진 곳에 있는 기계나 장치에 대해서 자동으로 조종 하는 일. —하다.

원:경(遠景) ①먼 데서 보는 경치. ②화면 등에 나타나 있는 먼 쪽의 부분. [반]근경.

원고[1](原告) 법원에 재판을 걸어 온 사람. [반]피고.

원고[2](原稿) 연설하거나 인쇄하기 위하여 쓴 글.

원고지 글을 쓰기 알맞게 가로·세로 줄을 쳐서 칸을 만들어 놓은 종이. [본]원고 용지.

원관념(元觀念) 비유법에서, 표현하고자 하는 대상. [반]보조 관념.

원광 법사(圓光法師, ?~630) 신라 진평왕 때의 승려. 세속 오계를 지어 화랑도의 기본 정신으로 삼게 하였음.

원:교 농업(遠郊農業) 대도시에서 멀리 떨어진 고장에서 채소·달걀·화초 등을 도시 사람들에게 공급하기 위해서 하는 농업.

원구단(圜丘壇) 고려 때부터 하늘과 땅에 제사를 지내기 위해 쌓은 단. 지금도 조선 호텔 내부에 일부 유적이 남아 있음.

원군:(援軍) 도와 주는 군대.

원귀(冤鬼) 원통하게 죽은 사람의 귀신. 예 원귀를 달래기 위하여 굿을 하다.

원균(元均, ?~1597) 조선 선조 때의 장수. 임진왜란 때 이순신 장군의 후임으로 삼도 수군 통제사가 되었다가 정유재란 때 전사하였음.

원그래프(圓graph) 전체를 1로 보아 전체에 대한 각 부분의 비율로 중심각을 나누어 부채꼴 모양으로 그린 그림표. 전체에 대한 부분의 비율을 알아보기에 편함.

원:근(遠近) 멀고 가까움, 또는 먼 곳과 가까운 곳.

원:근감 멀고 가까운 느낌.

원:근법[—뻡] 그림 등에, 멀고 가까운 느낌을 나타내는 방법.

원금(元金) ①밑천. 본전. ②꾸어 준 돈에서 이자를 붙이지 아니한 본디의 돈. [반]이자.

원기(元氣) ①본디 타고난 기운. 예 원기를 회복하다. ②만물의 정기. [비]정력.

원기둥(圓—) 원으로 된 두 평면과 곡면으로 이루어진 도형.

원나라(元—) 중국 왕조의 하나 (1271~1367). 13세기 중엽 몽고족의 추장 칭기즈 칸이 몽고족을 통일하고 중국에 침입하여 세운 나라.

원:납전(願納錢) 조선 말에, 경복궁의 건립을 위하여 대원군이 백성들로부터 거두어들인 기부금을 이르던 말.

원년(元年) ①임금이 즉위한 해. 예 세종 원년. ②나라를 세운 해. ③연호를 정한 첫해.

원님(員—) 옛날 한 고을을 맡아 다스리던 벼슬아치를 높여 부르던 말.

원님 덕에 나팔 분다〈속〉 다른 사람이 좋은 대접을 받게 되어 자기까지 그와 같이 좋은 대접을 받게 되었다는 뜻.

원단(原緞) 아직 물을 들이거나 자르지 않은 그대로의 옷감.

원:대(遠大) 생각이나 계획이 깊고 큼. 예 원대한 꿈. —하다.

원동력(原動力) ①사물을 활동시키는 근원이 되는 힘. ②물체나 기계의 운동을 일으키는 힘.

원두[1](原豆) 가공하기 전의 커피 열매를 일컫는 말. 예원두 커피.

원두[2](園頭) 밭에 심은 오이·참외·수박 따위를 통틀어 이르는 말.

원두막 참외·수박 따위를 심은 밭을 지키기 위해 높직하게 지어 놓은 막.

〔원두막〕

원래(元來)〔월―〕 본디. 전부터. 워낙. 예만주는 원래 우리 나라 땅이었다. 비본래.

원로(元老)〔월―〕 어떤 분야에 오래 종사하여 공로가 많고 덕망이 높은 사람. 예예술계의 원로.

원료(原料)〔월―〕 물건을 만들 때 재료가 되는 거리. 밑감. 예원료비. 비재료. 원재료. 반제품.

원리[1](元利)〔월―〕 원금과 이자.

원리[2](原理)〔월―〕 ①으뜸이 되는 이치. ②사물을 판단하는 근본이 되는 이치. 비원칙.

원리 합계 원금과 이자를 합한 것. 원리 합계=원금+이자=원금×(1+이율×기간).

원만하다(圓滿―) ①부족함이 없다. ②서로 사이좋게 지내다. 예원만한 인간 관계. ③마음에 만족을 느끼다. ―히.

원말(原―) 고쳐지기 전의 본디의 말. 비본디말.

원:망(願望) 원하고 바람, 또는 원하고 바라는 바. ―하다.

원:망하다(怨望―) ①못마땅하게 알고 탓하다. ②불평을 품고 미워하다. 예나는 자네를 원망하지 않네. 비저주하다. 반감사하다.

원맨 쇼:(one-man show) 한 사람이 무대에 나와 벌이는 쇼.

원면(原綿) 무명실의 원료가 되는, 가공하지 아니한 솜.

원목(原木) 어떤 목적을 위하여 사람의 손을 거치거나 톱질을 하지 않은 나무.

원반(圓盤) 원반던지기에 쓰는, 나무 바탕에 쇠붙이로 심과 테두리를 씌우고 둥글넓적하게 만든 판.

원반던지기 원반을 멀리 던지는 것을 다투는 경기.

원:병(援兵) 구원하는 군사. 예원병을 파견하다. 비원군.

원불교(圓佛敎) 1916년 박중빈이 세운 불교의 한 파. 불교의 현대화·생활화를 주장함. 시주·동냥·불공 등을 폐지하고 각자 적당한 직업을 갖고 교화 사업을 시행하는 것이 특징임.

원뿔 직각 삼각형이 직각의 한 변을 축으로 하여 돌아갈 때 생기는 입체. 예원뿔 도형. 비원추.

원사(原絲) 섬유를 가볍게 꼬아서 만든, 직물의 원료가 되는 실.

원산(原産) 본디 나는 일, 또는 그 물건. 예원산물.

원산지 ①물건의 생산지, 또는 제조하는 곳. ②동식물의 본디 난 땅. 비본산지.

원산 학사 1883년에 세워진 최초의 근대적인 사립 학교.

원상(原狀) 본래의 형편이나 상태. 예건물을 원상 복구하다.

원색(原色) 여러 가지 빛깔의 근본이 되는 빛깔로, 곧 빨강·파랑·노랑의 세 가지 빛깔.

원생 동:물(原生動物) 하나의 세포로 된 최하등의 아주 작은 동물. 아메바 따위. 반후생 동물.

원:서(願書) 청원하는 뜻을 기록한 서류. ⓔ 입학 원서.

원:성(怨聲) 원망의 소리. ⓔ 국민의 원성이 자자하다.

원성왕(元聖王) 신라 제38대 왕(재위 785~798). 선덕왕의 별세 후 즉위. 독서 출신과를 두어 관리를 선발했으며, 전라 북도 김제에 저수지인 벽골제를 증축했음.

원소(元素) ①만물의 본바탕. ②물질을 화학적으로 나눌 수 있는 최소의 단위. ③집합을 이루는 낱낱의 것.

원소 기호 원소를 나타내는 기호. 라틴어로 된 원소 이름에서 머리 글자의 하나나 두 문자로 나타냄. 수소는 H, 산소는 O 따위.

원수[1](元首) 한 나라를 대표하는 임금이나 대통령. ⓔ 국가 원수.

원수[2](元帥) 군인의 가장 높은 계급. 대장의 위. 별이 다섯 개란 뜻에서 오성 장군이라 함.

원:수[3](怨讎) ①자기·자기 집·나라에 해를 끼친 사람. ②원한이 되는 것. ⓔ 사람은 사는 동안 남과 원수짓는 일은 삼가야 한다. ⓑ 적. ⓟ 은인.

원수는 외나무다리에서 만난다〈속〉 남에게 악한 일을 하면 그 죄를 받을 때가 반드시 온다는 말.

원:숭이 사람과 비슷하게 생긴 짐승. 흉내를 잘 내며, 나무를 잘 오르내림.

원숭이도 나무에서 떨어진다〈속〉 아무리 능숙한 사람도 혹 실수할 경우가 있다는 말.

원:시(遠視) 가까운 데 있는 것이 잘 보이지 않는 시력, 또는 그러한 사람. ⓟ 근시.

원시림(原始林) 자연 그대로의 무성한 숲. ⓑ 처녀림.

원시 산:업 원시 시대의 산업. 수렵이나 어로, 또는 기초적인 농목 축업 따위.

원시 생활 원시 시대에 나무 열매를 따먹고, 물고기·짐승 따위를 잡아먹고 살던 생활.

원시 시대 사람이 처음 지구에 나타났던 시대. 아주 옛날.

원:시안(遠視眼) 먼 것은 잘 보이나 가까운 것은 잘 보이지 않는 눈. ⓟ 근시안. ⓩ 원시.

원시인(原始人) 원시 시대나 미개 사회의 사람. 미개인.

원시적 아득한 옛날의 미개한 상태 그대로인. ⓔ 원시적 생활. ⓑ 야만적. ⓟ 현대적.

원:심력(遠心力)[―녁] 운동을 하는 물체가 중심으로부터 떨어져 나가려는 힘. ⓟ 구심력.

원아(園兒) 유치원에 다니는 어린이. ⓔ 원아 모집.

원앙(鴛鴦) ①모양은 물오리보다 작고 암컷·수컷이 늘 같이 사는 새. ②다정하게 지내는 부부를 일컫는 말.

원:양(遠洋) 육지에서 멀리 떨어져 있는 바다. ⓟ 근해.

원:양 어선 육지에서 멀리 떨어져 있는 넓은 바다에 나가 고기잡이를 하는 배.

원:양 어업 잡은 물고기를 오래 간수할 수 있는 냉장·냉동 시설과 통조림을 만드는 가공 시설이 되어 있는 큰 배로 먼 바다에 나가 고기잡이를 하는 일. ⓟ 근해 어업. 연안 어업.

원예(園藝) 농업의 한 부분으로 과수·채소·화초의 재배 및 정원을 가꾸는 일.

원예 작물 화초·채소·과수 등의 농작물.

원운동 추를 실에 달아 돌릴 때와 같이 하나의 원을 그리면서 도는 운동.

원월(元月) '정월'의 딴 이름.

원위치 본디 있던 자리. 예사용한 물건을 모두 원위치에 가져다 놓아라.

원유(原油) 땅에서 파내어 아직 골라서 깨끗이 만들지 않은 잡것이 섞인 기름.

원유회(園遊會) 여러 사람이 정원이나 산 또는 들에 나가서 노는 모임. 비야유회.

원이름 본디의 이름.

원인¹(原因) 일의 말미암은 까닭. 근원. 이유. 예교통 사고의 원인을 알아 내다. 반결과.

원인²(猿人) 가장 원시적이고 오래 된 화석 인류를 통틀어 이르는 말.

원일(元日) 정월 초하룻날. 설날.

원자¹(元子) 아직 세자에 책봉되지 않은 임금의 맏아들.

원자²(原子) 더 작게 나눌 수 없는 극히 미세한 물질.

원자 기호 원자의 종류를 나타내는 기호. 원소 기호.

원자력 원자핵의 붕괴나 핵반응에 따라 방출되는 힘.

원자력 발전소 원자로 안에서 발생시킨 열로써 수증기를 만들고 이것으로 터빈 발전기를 돌려 전기를 일으키는 곳.

원자력 연료 원자력 발전을 위한 원자로의 연료. 농축 우라늄·천연 우라늄 등.

원자로 우라늄 따위의 방사성 물질을 천천히 핵분열시켜 그 에너지를 이용할 수 있도록 한 장치.

원자 에너지 원자가 깨어질 때 생기는 큰 힘. 비원자력.

원자재(原資材) 공업 생산의 원료가 되는 자재. 반시설 자재. 소비재.

원자탄(原子彈) =원자 폭탄.

원자 폭탄 원자의 힘을 이용하여 만든 폭탄으로, 폭발력이 말할 수 없이 큼. 원자탄.

원자핵 원자의 중심부에 있는 작은 입자.

원작(原作) 번역하거나 고쳐 쓰기 전의 본디의 작품. 예이 영화는 원작의 흥미를 반감시킨다.

원:장(院長) 병원·서원·학원 등 '원'자가 붙은 시설의 우두머리. 예병원 원장. 학원 원장.

원적(原籍) =본적.

원점(原點)[-쩜] ①점의 위치를 좌표로 나타낼 때 기준이 되는 점. ②시작되는 점. 예모든 일이 원점으로 돌아갔다.

원:정(遠征) ①먼 곳에 가서 운동 경기 같은 것을 함. 예농구 팀의 일본 원정 경기. ②먼 곳을 치러 감. 예원정을 떠나다. ―하다.

원조¹(元祖) ①한 겨레의 맨 처음 조상. ②어떤 일을 시작한 사람.

원:조²(援助) 어려운 이를 도와 줌. 예아프리카 난민들에게 식량을 원조하다. 비원호. 조력. 협조. 반방해. ―하다.

원주(圓周) 원의 둘레.

원주민(原住民) 본디부터 살고 있는 사람. 반이주민.

원주율(圓周率) 원의 지름과 둘레의 비율. 보통 3.14. 파이.

원줄기 근본이 되는 줄기. 어미줄

기. 본간.

원천(源泉) ①물이 솟아나는 원줄기. ②사물의 근원. 예원천 징수. 비근원.

원: 천만에 '원 당치도 않은 말입니다', '별 말씀을 다 하십니다'의 뜻으로 쓰는 말.

원체(元體) ①워낙. ②본디부터. 예원체 몸이 튼튼하니까 병도 잘 걸리지 않는다.

원초(原初) 사물이 비롯되는 맨 처음. 발생의 기초.

원칙(原則) ①많은 일에 공통되는 근본의 법칙. 예원칙을 세우다. ②사리에 꼭 맞는 일. 비원리.

원:컨대 바라건대. 예원컨대 제 소원을 들어 주십시오.

원탁(圓卓) 둥근 탁자.

원탁 회:의 원탁에 둘러앉아서 하는 회의. 주로 자리의 차례에 관계없이 참가자가 모두 평등한 위치임을 내세울 때 이용함.

원통[1](冤痛) 분하고 억울함. 예돈을 빼앗긴 것이 원통해서 잠을 이루지 못하다. 비원한. 통분. —하다. —히.

원통[2](圓筒) 위아 아래 어느 쪽도 막히지 않은 둥근 통.

원판(原板) 사진에서, 밀착 또는 확대에 쓰는 음화. 필름.

원폭(原爆) '원자 폭탄'의 준말. 예원폭 피해자.

원:풀이[1](怨—) 원한을 풀어 없애는 일. —하다.

원:풀이[2](願—) 소원을 이루는 일. —하다.

원:하다(願—) ①바라다. 하고자 하다. 예평화를 원하다. ②부러워하다. ③청원하다. 비바라다.

원:한(怨恨) ①원통한 생각. ②분한 생각. 예원한이 뼈에 사무치다. 비원망. 원통. 반은혜.

원:한을 품다 원통하고 답답한 마음을 가지다.

원형[1](原形) 본디의 모양. 예원형을 유지하다.

원형[2](圓形) ①둥근 모양. 예원형으로 오려내다. ②대열을 둥글게 한 형태.

원형 극장 계단으로 둘러싸인 관람석 중앙에 마련된 원형의 무대, 또는 그러한 상연 형식.

원형질(原形質) 생물의 세포를 이루는 기초 물질.

원:호(援護) 도와 주며 보살핌. 예원호 대상자. 비원조. —하다.

원혼(冤魂) 원통하게 죽은 사람의 넋. 예원혼을 달래다.

원활(圓滑) ①뜻이 맞아 원만함. ②일이 거침없이 잘 되어 나감. 예차량 소통이 원활하다. —하다. —히.

원효 대:사(元曉大師, 617~686) 신라 말기의 고승. 성은 설, 이름은 서당. 원효는 호. 당나라로 유학하러 가다가 깨달은 바가 있어 되돌아와서 많은 저서를 내었고, 불교를 널리 퍼뜨리는 데 큰 공을 세웠음.

원흉(元兇) 못된 짓을 한 사람의 우두머리. 예전쟁의 원흉.

월[1](月) '월요일'의 준말.

월[2](月) 1년을 열둘로 나눈 달. 또, 달을 세는 단위. 예1월.

월간 잡지(月刊雜誌) 한 달에 한 번씩 내는 잡지.

월경(月經) 성숙한 여자의 자궁에서 매월 정기적으로 출혈하는 생리적 현상. 멘스. —하다.

월계관(月桂冠) ①월계나무의 잎

으로 만든 관. 옛날 고대 그리스에서 경기에 우승한 사람에게 씌워 줌. ②우승의 영예.
월계수(月桂樹) 높게 자라며 꽃은 희누르고 열매는 갸름한 늘푸른 큰키나무.
월광(月光) 달빛.
월광곡(月光曲) 베토벤이 작곡한 유명한 피아노 소나타.
월권(越權)[—꿘] 자기 권한 밖의 일을 함. [예]그것은 명백한 월권 행위다. —하다.
월급(月給) 다달이 받는 급료. [예]월급쟁이. [비]봉급.
월남(越南) 남쪽으로 넘어옴. [반]월북. —하다.
월동(越冬)[—똥] 겨울을 남. [예]월동 준비. —하다.
월:드컵 축구 국제 축구 연맹(FIFA)에서 4년마다 여는 축구 대회. 우리 나라는 2002년에 일본과 공동 개최했음.
월등하다(越等—)[—뜽하다] ①정도의 차이가 대단하다. [예]최 군의 성적이 너보다 월등히 좋다. ②훨씬 낫다. —히.
월말(月末) 그 달의 마지막. [예]월말 시험. [반]월초.
월반(越班) 학생의 학습 능력이 높아서 학년의 차례를 걸러서 상급반으로 오르는 일. —하다.
월별(月別) 달에 따라 나눈 구별. [예]월별로 자리를 바꾸는 반.
월부(月賦) 물건값 또는 빚을 다달이 얼마씩 갚아 가는 일. [예]3개월 월부로 사다.
월북(越北) 어떤 경계선을 지나 북쪽으로 넘어감. [예]월북 작가. [반]월남. —하다.
월석(月石)[—썩] 달의 표면에 있는 암석.
월세(月貰)[—쎄] 사글세.
월식(月蝕) 지구가 해와 달 사이를 지나게 되어, 지구가 달을 가리기 때문에 달의 한쪽 또는 전체가 보이지 않는 현상. —하다.
월요병 토요일과 일요일에 지나치게 놀거나 푹 쉬지 못하여, 월요일에 느끼는 피곤한 상태.
월요일(月曜日) 칠요일의 둘째. 일요일의 다음 날.
월이율(月利率) 기간의 단위가 1개월일 때의 이율.
월인천강지곡(月印千江之曲) 조선 시대 세종이 석가모니를 기리어 지은 노래를 실은 책.
월척(越尺) 낚시에서, 잡은 물고기의 길이가 한 자 남짓함, 또는 그 물고기. [예]월척을 낚다.
월초(月初) 그 달 처음. [반]월말.
월출(月出) 달이 떠오름. [예]월출을 보러 산에 오르다. —하다.
웨딩 드레스(wedding dress) 신부가 입는 서양식 혼례복.
웨딩 마:치(wedding march) 결혼 행진곡.
웨일스(Wales) 영국의 그레이트브리튼 섬 남서부의 넓은 반도. 주민은 켈트계로 비영국 국교도이고 웨일스어를 사용하는 사람이 많음.
웬: ①어찌 된. [예]웬 사람이 이렇게 많으냐? ②어떠한.
웬:만큼 ①그저 그만하게. ②보통으로. 웬만하게. [예]웬만큼 했으면 좀 쉬어라.
웬:만하다 ①그저 그만하다. ②그대로 쓸 만하다.
웬:일[—닐] 어찌 된 일. [예]웬일로 여길 다 왔니?

위[1] ①중간 이상이 되는 곳. ②꼭대기. ③거죽. ④높은 지위나 촌수. 땐밑. 아래.

위[2](胃) 식도와 십이지장 사이에 있는, 주머니 모양의 소화 기관.

위관(尉官) 군대의 계급에서 대위·중위·소위를 통틀어 이르는 말. 예위관급의 장교.

위급하다(危急-) ①위태하고 급하다. ②병세가 마음을 놓을 수 없이 급하다. 예어머니의 병환이 위급하다. 비위독하다.

위기(危機) 위험한 때. 위험한 기회. 예위기를 넘기다.

위기 일발(危機一髮) 눈앞에 닥친 위기의 순간을 이르는 말. 예위기 일발의 순간.

위나라(魏-) ①중국 전국 시대의 일곱 나라 중의 한 나라. ②중국의 위·촉·오 등 삼국 시대의 한 나라.

위대하다(偉大-) 뛰어나고 훌륭하다. 예위대한 업적.

위도(緯度) 적도를 0°로 하여 남북으로 각각 평행하게 90°로 나누어 지구의 위치를 나타내는 선(좌표). 반경도. 준위.

위독하다(危篤-) 병이 매우 중하여 생명이 위태하다. 예할머니의 병환이 매우 위독하다. 비위급하다. 위태하다.

위뜸 위쪽 마을. 반아래뜸.

위력[1](威力) ①사람을 위압하는 힘. ②권위 있는 힘. 큰 권세. 예국가의 위력.

위력[2](偉力) 뛰어난 힘. 위대한 힘.

위령탑 죽은 사람의 혼령을 위로하고 추모하기 위해 세운 탑. 예무명 용사의 위령탑을 세우다.

위례성(慰禮城) 백제 초기의 도읍지. 온조왕이 부여로부터 내려와 처음으로 도읍을 정한 곳. 지금의 풍납 토성으로 예상됨.

위로(慰勞) 좋은 말을 하여 걱정과 근심을 덜어 줌. 예뭐라고 위로해야 할지 모르겠다. 비위안. -하다.

위만(衛滿, ?~?) 위만 조선의 창시자. 고조선의 준왕을 쫓아 내고, 왕이 되어 위만 조선을 세움.

위문(慰問) 위로하기 위하여 방문함. 예위문단. 위문 편지. -하다.

위문품 위문하기 위한 물건. 예일선에 보낼 위문품을 전달하다.

위반(違反) 정한 것을 어김. 예교통 신호 위반. -하다.

위배(違背) 지켜야 할 일을 어기거나 지키지 아니함. -하다.

위법(違法) 법을 위반함. 불법. 예위법 행위. 반준법. -하다.

위병(衛兵) 경비하거나 단속하기 위하여 일정한 곳에 배치된 병사.

위병소 위병 근무를 맡은 병사가 근무하는 곳.

위산(胃酸) 위액 중에 섞인 산. 특히 염산.

위생(衛生) 몸을 튼튼하게 하고 병이 나지 않도록 하는 일. 예보건 위생.

위생병 병이나 상처를 치료하는 일을 맡아 보는 병사.

위생실 아픈 사람이나 다친 사람을 데려다가 쉬게 하고 또 약을 주는 방.

위선[1](僞善) 겉으로만 착한 체함, 또는 겉치레로 보이는 선행. 예위선적인 행동. 반위악. -하다.

위선[2](緯線) 지도 위에 가로로 그어져 있는 선. 위도. 반경선.

위선자

위선자 겉으로만 착한 체하는 사람.

위성(衛星) 지구의 둘레를 돌고 있는 달과 같이, 혹성의 둘레를 도는 별. 예 위성 관측소.

위성국 '위성 국가'의 준말.

위성 국가 큰 나라의 주변에 있어 그 나라의 지배와 보호를 받는 국력이 약한 나라. 맹주가 되는 국가의 보호를 받고 그의 명령에 따라 움직이는 나라.

위성 도시 대도시 주변에 있으면서 대도시와 깊은 관계를 맺고 있는 작은 도시.

위성 사진 인공 위성에서, 지구나 다른 천체를 찍어 지구에 보낸 사진.

위성 중계 방:송 어떤 나라의 방송국에서 방송되는 내용을 통신 위성이 중간에서 다른 나라의 방송국에 이어 주는 방법에 의해 방송되는 것.

위성 통신 인공 위성이 중계소 구실을 하는 장거리 통신 방법.

위세(威勢) 위엄 있는 기세. 맹렬한 세력. 예 위세가 당당하다. 비 위엄.

위신(威信) 위엄과 신용. 예 위신을 잃다.

위아래 ①위와 아래. 상하. ②윗사람과 아랫사람. 예 위아래도 모르는 사람.

위안(慰安) 위로하여 안심시킴. 예 책에서 위안을 얻다. 비 위로. —하다.

위안 스카이(袁世凱, 1859~1916) 청나라의 총리 대신을 지내고 청나라가 망한 후 중국의 대총통을 지낸 정치가.

위암(胃癌) 위 속에 생기는 암.

위압(威壓) 을러대어 억누름. 예 무력으로 약소국을 위압하다. —하다.

위압감 억눌림을 당하여 느끼게 되는 두려운 감정. 예 위압감을 느끼다.

위액(胃液) 위벽으로부터 분비되는 아무 빛깔이 없이 맑은 소화액. 살균 작용도 함.

위엄(威嚴) 점잖고 엄숙함. 예 교장 선생님은 위엄이 있으시다. 비 위세. —스럽다. —하다.

위업(偉業) 위대한 사업이나 업적. 예 평생에 위업을 남기다.

위원(委員) 어떤 일의 처리를 위임 받은 사람. 예 학급 위원.

위원회 위원들의 모임.

위인(偉人) 뛰어나고 훌륭한 사람. 반 범인.

위인전 훌륭한 사람의 업적 및 일화 등을 역사적 사실에 입각하여 적은 글, 또는 그 책.

위임장 어떤 사람에게 일정한 일을 위임한다는 뜻을 적은 서류.

위임하다(委任—) 맡기다. 위탁하여 권리를 주다. 예 회사의 관리를 부사장에게 위임하다.

위장[1](胃腸) 위와 장.

위장[2](僞裝) 본래의 속셈이나 모습이 드러나지 않도록 거짓으로 꾸밈, 또는 그러한 수단. 예 위장 전술에 속지 말자. —하다.

위장망 전투시에, 나뭇가지나 풀 따위로 위장하는 데 쓰는 그물.

위조하다(僞造—) 진짜와 비슷하게 물건을 만들어서 사람의 눈을 속이다. 예 외국의 유명 상표를 위조하다.

위주(爲主) 으뜸으로 삼음.

위중하다(危重—) 병세가 무거워

위태하다. ⑩할아버지의 병세가 위중하다.

위증(僞證) 거짓으로 증명하거나 허위로 증언하는 일. ⑩증인의 진술이 위증임을 밝히다. —하다.

위증죄 법률에 따라 선서한 증인이 거짓 진술을 한 죄.

위쪽 위가 되는 쪽. 凹아래쪽.

위채 한 집안의 높은 쪽에 있는 채. 凹아래채.

위축(萎縮) ①시들어서 우그러지고 쪼그라듦. ⑩추위에 식물이 위축되다. ②졸아들어서 펴지지 못함. ⑩잘못을 저질러 마음이 위축되다. —하다.

위출혈(胃出血) 위궤양·위암·위동맥 경화 등으로 위에서 출혈을 일으키는 증상.

위층 여러 층 가운데에서 위에 있는 층. 凹상층. 凹아래층.

위치(位置) ①차지한 자리. ⑩학교는 좋은 위치에 있다. 凹방위. 자리. ②지위나 역할.

위치 에너지(位置 energy) 높은 곳에 있는 물체가 떨어질 때에 일을 할 수 있는 힘.

위:크(week) 주간. 일주일.

위:크엔드(weekend) 주말. 주말 휴가.

위탁(委託) 어떤 일을 남에게 하여 달라고 맡김. ⑩위탁한 상품을 보내다. —하다.

위태하다(危殆—) ①마음을 놓을 수 없이 아슬아슬하다. ⑩위태한 곡예 비행. ②형세가 어렵고 안전하지 못하다. ⑩경기 침체로 회사가 위태하다.

위턱 위쪽의 턱. 凹아래턱.

위통(胃痛) 위가 아픈 증세.

위트(wit) 재치. 기지. 익살.

위패(位牌) 죽은 이의 이름을 적은 나무 패. ⑩위패를 모시다.

위품(位品) 관직의 품계.

위풍(威風) 위엄 있는 풍채.

위풍 당당(威風堂堂) 풍채가 의젓하고 떳떳한 모양. ⑩위풍 당당한 대장군. —하다.

위:하다(爲—) ①소중하게 여기다. ②무엇을 이루거나 이롭게 하다. ⑩성공을 위해 노력하다.

위험(危險) 위태하여 안전하지 못함. ⑩비가 많이 와 축대가 위험하다. 凹위태. 凹안전. —스럽다. —하다.

위험성[—썽] 위험한 성질. 위험해질 가능성.

위험 수위 강이나 호수가 물이 넘쳐 홍수가 일어날 우려가 있을 정도의 물 높이. ⑩오랜 장마로 강물이 위험 수위를 넘어섰다.

위험 신:호 열차나 통행인에게 위험을 알리는 신호. 붉은 기나 등 따위를 사용함.

위험 천만 몹시 위험함. ⑩위험 천만한 생각. —하다.

위협(威脅) 으르고 억누름. 힘으로 윽박지름. ⑩약자를 위협하다. 凹협박. —하다.

위화감(違和感) 서로 잘 어울리지 않아서 생기는 어설픈 느낌. ⑩값비싼 수입 제품으로 부유층과 서민층 사이의 위화감을 조성한다.

위화도 회군(威化島回軍) 고려 우왕(1388)때 요동 정벌 도중, 압록강의 위화도에서 이성계가 군대를 돌이킨 사건. 개경으로 돌아와서 최영 등 친원파인 구귀족을 몰아내고 유학자들의 도움으로 실권을 잡았음.

윈도:쇼핑(window-shopping) 상

점이나 백화점의 진열장이나 쇼윈도 안의 상품을 구경만 하고 돌아다니는 일. 아이 쇼핑.

윌 슨(Wilson, 1856~1924) 미국 제28대 대통령. 대학 교수·총장을 지내다가 1912년에 대통령에 당선되었음. 국내적으로도 업적이 많지만 특히 제1차 세계 대전 당시 민족 자결주의를 부르짖었으며, 국제 연맹 창설과 세계 평화에 기여한 공으로 노벨 평화상을 받았음.

윗니 윗잇몸에 난 이. 啝아랫니.

윗도리 사람 몸의 허리의 윗부분. 啝아랫도리.

윗도리옷 윗도리에 입는 옷. 㫡윗도리.

윗동네 위쪽에 있는 동네. 윗마을. 啝아랫동네.

윗목 굴뚝에 가까운 방바닥. 啝아랫목.

윗몸 운ː동(―運動) 몸의 윗도리를 전후 좌우로 굽혔다 폈다 하는 운동. 상체 운동.

윗물 강이나 내의 상류 쪽의 물. 啝아랫물.

윗물이 맑아야 아랫물이 맑다(속) 무슨 일이든지 윗사람의 행동이 깨끗해야 아랫사람도 행실이 바르다는 말.

윗방 잇달아 있는 두 방의 위쪽 방. 啝아랫방.

윗벌 한 벌로 된 옷에서 윗도리에 입는 옷. 啝아랫벌.

윗변 사다리꼴의 위의 변.

윗사람 자기보다 나이나 지위, 신분이 높아서 윗자리에 있는 사람. 예윗사람에게 예의를 지키다. 啝아랫사람.

윗입술[윈닙―] 위쪽의 입술. 啝아랫입술.

윗잇몸[윈닌―] 위의 잇몸. 啝아랫잇몸.

윗자리 ①윗사람이 앉는 자리. ②여럿이 모인 곳에서 높은 자리. 예손님을 윗자리로 정중히 모셔라. 啝아랫자리.

윗집 바로 위쪽에 이웃하여 있는 집.

윙윙 무엇이 매우 빨리 도는 모양, 또는 이 때 나는 소리. 㘚욍욍. ―하다.

윙윙거리다 윙윙 소리가 나다. 예벌들이 윙윙거리며 날아다니다.

윙크(wink) 한쪽 눈을 깜짝여서 보내는 눈짓. ―하다.

유가족(遺家族) 죽은 이의 뒤에 남아 있는 식구. 예전몰 군경 유가족.

유감(遺憾) ①마음에 남아 있는 아쉬운 느낌. 예유감의 뜻을 나타내다. ②못마땅하게 여기는 마음. ―스럽다.

유격(遊擊) 그때 그때의 형편에 따라 우군을 도와 적군을 침. 예유격 훈련. ―하다.

유격대 유격의 임무를 띠고, 주로 적의 뒤나 옆에서 움직이는 특수 부대.

유격수 야구에서, 2루와 3루 사이를 지키는 내야수.

유ː고(有故) 사고가 있음. 啝무고. ―하다.

유골(遺骨) 죽은 사람의 뼈. 특히, 화장하고 남은 뼈. 凰유해.

유ː공(有功) 공로가 있음. 예유공 훈장. ―하다.

유ː공자 공로가 있는 사람. 예국가 유공자.

유관순(柳寬順, 1902~1920) 3·1 운

동 때 독립 만세를 부르다가 옥에 갇혀 숨진 소녀. 충남 천안 태생. 이화 학당 1학년 때 고향에 내려가 독립 만세 운동에 참가했음.

유괴(誘拐) 사람을 속여서 꾀어 내는 일. ㉠어린이를 유괴하다. —하다.

유괴범 남을 유괴한 범인이나 그 범죄.

유교(儒敎) 중국 고대의 성인인 공자의 가르침을 받드는 교.

유구(悠久) 연대가 길고 오램. ㉠유구한 역사. —하다. —히.

유:구 무언(有口無言) '입은 있으나 할 말이 없다'는 뜻으로, 변명할 말이 없음을 이르는 말.

유급(留級) 학교 등에서 진급하지 못하고 그대로 남음. 낙제. ㉠유급생. —하다.

유기(鍮器) =놋그릇.

유:기물(有機物) 생물과 같이 목숨이 있는 물질. ㉫무기물.

유:기 화:합물 탄소를 함유하는 화합물. ㉫무기 화합물. ㉳유기물.

유:난하다 보통과 아주 다르다. ㉠오늘은 유난히 밥맛이 좋아요. ㉫평범하다. —히.

유네스코(UNESCO) 국제 연합 전문 기관의 하나. 교육·과학·문화를 통하여 각 나라 사이의 이해를 깊게 하며 세계 평화에 이바지함을 그 목적으로 함. 국제 연합 교육 과학 문화 기구.

유년(幼年) 나이 어린 사람, 또는 어린 시절. ㉫노년.

유년기 유아기와 소년기의 중간 시기. 곧, 유아기의 후반과 초등 학교 1·2학년의 시기.

유념하다(留念—) 마음에 새기고 생각하다. ㉠잊지 말고 유념해 두거라.

유:능(有能) 재주와 능력이 뛰어남. ㉠유능한 인물. ㉫무능. —하다.

유니세프(UNICEF) 개발 도상국의 아동 복지 향상 및 건강 개선을 목적으로 1946년 설립된 유엔 전문 기구의 하나. 본부는 미국의 뉴욕에 있음. 국제 연합 아동 기금.

유니폼:(uniform) 제복이나 운동복. ㉠유니폼을 입다.

유:다르다〔유다르니, 유달라〕 다른 것에 비하여 두드러지게 다르다. 별나다. 특별나다. ㉠유달리 눈에 띄다. ㉳남다르다.

유:단자(有段者) 검도·유도·태권도·바둑·장기 등에서 초단 이상인 사람을 일컫는 말.

유:달리 유다르게. 별나게. ㉠바다를 유달리 좋아하다.

유대¹(紐帶) 둘 이상의 관계를 연결시키는 것. ㉠주변국과의 유대를 강화하다.

유대²(히 Judea) 기원전 10~6세기경 지금의 팔레스타인 지방에 있었던 유대인 왕국.

유대교(Judea敎) 모세의 가르침을 기초로 기원전 4세기경부터 발달한 유대인의 민족 종교. 유태교.

유대인 팔레스타인을 원주지로 하는 셈족의 일파로 1948년 이스라엘 공화국을 세움.

유도(柔道) 상대편이 공격하는 힘을 이용하여 공격 또는 방어하는 무술.

유동(流動) ①액체나 기체 따위가 흘러 움직임. ②사람이나 형세 따위가 이리저리 옮겨 다니거나 변천함. ㉫고정. —하다.

유동성[—썽] 액체처럼 흘러 움직이는 성질.

유동체 물과 같이 흘러 움직일 수 있는 물체. 비동체.

유두(流頭) 음력 유월 보름날로 우리 나라 명절의 하나. 동쪽으로 흐르는 물에 머리를 감고, 수단 따위를 만들어 먹음.

유들유들[—들] 부끄러운 줄 모르고 뻔뻔스럽게 구는 모양. 예성격이 유들유들해서 사람을 잘 사귄다. —하다.

유라시아(Eurasia) 유럽과 아시아를 포함한 대륙.

유람(遊覽) 돌아다니며 구경함. 예팔도 강산을 유람하다. —하다.

유람객 유람하는 사람.

유람선 관광이나 유람용으로 사용되는 여객선. 예한강 유람선.

유랑(流浪) 일정한 목적 없이 떠돌아다님. 예유랑 생활. —하다.

유래(由來) 사물이 경과하여 온 길. 사물의 내력. 예씨름의 유래를 찾다. 비내력. —하다.

유:럽(Europe) 아시아의 서북부에 위치한 독일·프랑스 등의 나라가 있는 대륙. 구라파.

유:럽 연합 유럽의 정치·경제 통합을 위해 93년 11월에 유럽 12개국이 모여 만든 기구. 약칭은 이유(EU).

유:력(有力) 힘이 있음. 세력이 있음. 예그는 이 나라의 유력한 정치가 중의 한 사람이다. 반무력. —하다.

유령(幽靈) ①죽은 사람의 혼령. ②이름만 있고 실제는 없는 것. 예유령 회사. 비허깨비.

유:례(類例) 같거나 비슷한 사례. 또, 그 전례. 예역사상 유례가 없는 일.

유:례 없:다 그와 비슷한 전례가 없다. —이.

유:료(有料) 요금을 내게 되어 있는 일. 예유료 주차장. 반무료.

유:리¹(有利) 이익이 있음. 예유리한 고지. 비유익. 반불리. 유해. —하다.

유리²(琉璃) 단단하나 깨지기 쉽고 환하게 내다보이는 물질. 예유리병. 유리알.

유리 등피 램프에 덧씌워 불을 반사시켜 밝게 하는 유리 덮개.

유:리수(有理數) 정수와 분수를 통틀은 수, 또는 모든 양의 유리수와 0과 모든 음의 유리수를 통틀은 수. 반무리수.

유리창 유리를 끼운 창문.

유린하다(蹂躪—) ①짓밟다. 예아이들의 희망을 유린하다. ②폭력으로 남의 권리를 누르다.

유:망하다(有望—) ①희망이 있다. ②앞으로 잘 될 것 같다. 예앞날이 유망한 청년.

유:머(humor) 익살스러운 농담. 해학. 예유머가 있다.

유:머레스크(humoresque) 익살스럽고 경쾌한 곡. 특히 드보르자크의 작품이 유명함.

유:명하다(有名—) 이름이 높다. 소문나다. 예글씨 잘 쓰기로 유명하다. 비저명하다. 반무명하다.

유모(乳母) 자기가 아이를 낳지는 않고 그 어머니 대신 젖만 먹여 키우는 여자. 비젖어머니.

유모차 어린아이를 태워서 밀거나 끌고 다니게 만든 자그마한 차.

유목(遊牧) 물과 목초를 따라 가축을 몰고 옮겨 다니는 목축. 예유목 생활. —하다.

유목민 목축을 업으로 삼고 물·초목을 따라 옮기며 사는 사람들.
유:무(有無) 있음과 없음.
유:무 상통(有無相通) 서로 있고 없음을 융통함. —하다.
유물(遺物) 옛 사람이 남긴 물건. ⑩신라 시대의 유물. 맨유적.
유민¹(流民) 고향을 떠나 이곳 저곳을 떠돌아다니는 백성.
유민²(遺民) 없어진 나라의 남아 있는 백성. ⑩고구려의 유민.
유발(誘發) 꾀어 일으킴. 어떤 일이 원인이 되어, 다른 일이 일어남. —하다.
유배(流配) 죄인을 귀양 보냄. ⑩유배지. —하다.
유:별(有別) 다름이 있음. ⑩남녀유별. —스럽다. —하다. —히.
유:별나다 다른 것과 두드러지게 다르다. 별나다. ⑩유별난 사람.
유복자(遺腹子) 어머니의 뱃속에 있을 때 아버지를 여의고 태어난 자식. ⑩유복자로 태어나다.
유복하다(裕福—) 살림이 넉넉하다. ⑩유복한 가정.
유:사시(有事時) 비상한 일이 생겼을 때. ⑩유사시에 대비하다.
유:사 이:래(有史以來) 인류의 역사가 생긴 뒤 이제껏.
유:사품 어떠한 물건과 비슷하게 만든 가짜 물품.
유:사하다(類似—) 서로 비슷하다. ⑩유사한 제품.
유산¹(乳酸) 당분이 있는 물질이 썩을 때 생기는 산으로서, 공업용 또는 청량 음료에 쓰이는 물질. ⑩유산균 발효유.
유산²(流産) ①태아가 달이 차기 전에 죽어서 나옴. ⑩아기가 유산되다. ②계획한 일이 중지됨. ⑩계획이 유산되다. —하다.
유산³(遺産) ①죽은 사람이 남긴 재산. ②후대에 남긴 가치 있는 문화나 전통. ⑩문화 유산.
유산균 유산을 만드는 박테리아.
유:생물(有生物) 스스로 생활을 해 나가는 것. 곧, 동식물.
유서¹(由緖) 예로부터 전해 오는 까닭과 내력. ⑩유서 깊은 고장.
유서²(遺書) 유언하는 글.
유:선(有線) 전깃줄을 써서 전파를 보내는 것. 맨무선.
유:선 방:송 전선을 사용하여 하는 방송.
유:선 전:화 전화선이 연결되어 통화하는 전화. 맨무선 전화.
유:선 통신 전선을 사용해서 하는 통신. 맨무선 통신.
유선형(流線型) 물이나 공기 같은 유체의 저항을 가장 적게 하기 위하여 곡선으로 만든 꼴. ⑩유선형 자동차.
유성¹(油性) 기름의 성질. 기름과 같은 성질. ⑩유성 페인트.
유성²(流星) 우주 공간을 떠돌던 별부스러기가 지구에 끌려 지구로 떨어질 때, 대기와의 마찰로 타서 밝은 빛을 내는 별. 맨별똥별.
유성룡(柳成龍, 1542~1607) 조선 선조 때의 정치가. 호는 서애. 임진왜란 때 중국 명나라 장군들과 함께 나라의 어려움을 수습하였음. 저서에 〈징비록〉이 있음.
유:세¹(有勢) ①세력이 있음. ②자랑삼아 세도를 부림. —하다.
유세²(遊說) 각처로 돌아다니면서 자기 또는 자기가 소속한 당의 주장 따위를 선전함. ⑩선거 유세. —하다.
유세부리다 재물이나 힘이 있음을

유속

자랑삼아 세도를 부리다.

유속(流速) 흘러가는 물의 속도.

유:수¹(有數) 손꼽힐 만큼 두드러짐. 예 국내 유수 회사. —하다.

유수²(留守) 개성·강화·광주·수원·춘천 따위의 옛 도읍을 다스리던 정2품 벼슬.

유수대 물의 흐름에 따라 흙·모래·물길 따위가 어떻게 변화하는가를 살피는 교육 보조 도구.

유숙(留宿) 남의 집에 묵음. 예 하룻밤 유숙하고 떠나다. —하다.

유순(柔順) 성질이 부드럽고 순함. 예 성질이 유순한 아이. —하다. —히.

유:스 호스텔(youth hostel) 청소년들이 여행할 때 그 여비의 부담을 덜어 주기 위한 회원제의 간이 숙박 시설.

유시(諭示) 관청에서 말이나 문서로써 타일러 가르침. —하다.

유:식하다(有識—) 아는 것이 많다. 예 유식한 학자. 반 무식하다.

유:신¹(有信) 믿음성이 있음. 신용이 있음. 반 무신. —하다.

유신²(維新) 묵은 제도를 새롭게 고침. 예 유신 정책. —하다.

유신 헌:법[—뻡] 1972년 11월 12일 국민 투표에 붙여 그 해 12월 27일에 공포된 우리 나라의 헌법.

유실¹(流失) 떠내려가서 없어짐. 예 홍수로 많은 집들이 유실되다. —하다.

유실²(遺失) 갖고 있던 물건을 잃어버림. 예 유실물 보관 장소. 비 분실. —하다.

유:실 녹화(有實綠化) 과일도 따 먹고 숲도 만들 수 있도록 빈터에 과일 나무를 심는 일.

유:실수(有實樹)[—쑤] 밤나무·잣나무·감나무 등과 같이 유용한 열매가 열리는 나무.

유:심하다(有心—) 주의를 기울이다. 예 개미를 유심히 관찰하다. 반 무심하다. —히.

유아¹(幼兒) 어린아이.

유아²(乳兒) 젖먹이.

유아기 모유나 우유로 양육되는 생후 약 1년 간의 시기.

유아 독존(唯我獨尊) 세상에서 자기만이 잘났다고 뽐내는 일.

유아등(誘蛾燈) 곤충이 빛에 모여드는 성질을 이용하여 밤에 산이나 들에 불을 켜서 해충을 잡는 데 쓰는 등불.

유아원(幼兒園) 유치원에 가기 전의 유아의 보육 시설.

유약(釉藥) 도자기 표면에 칠하는 약. 비 잿물.

유언¹(流言) 터무니없는 소문. 예 유언 비어를 퍼뜨리다.

유언²(遺言) 죽을 때 자손들에게 부탁하는 말. —하다.

유언 비어(流言蜚語) 아무 근거 없이 널리 퍼진 소문. 뜬소문.

유:에프오:(UFO) 확실히 알려지지 않은 비행 물체. 비행 접시. '유포'로도 읽음.

유:엔(UN) 제2차 세계 대전 후에 세계 여러 나라 사이의 싸움을 없애고 평화와 안전을 지키기 위하여 만든 단체. 국제 연합.

유:엔군 국제 연합에 가입한 여러 나라와 군인들로 이루어진 군대. 국제 연합군.

유:엔 안전 보:장 이:사회 유엔의 중요 기관의 하나. 국제 분쟁의 평화적 해결, 평화에 대한 위협·파괴·침략 행위의 방지 등을 목적으로 함. 준 안보리.

유:엔 총:회 국제 연합 총회. 1945년에 미국·영국·중국·소련 등이 중심이 되어 제2차 세계 대전 후의 세계 평화를 유지하기 위하여 조직된 국제 기구의 가맹국으로 구성되는 총회.

유:엔 평화 유지군 분쟁 당사국이 원할 때에 안전 보장 이사회의 결의에 따라 여러 국가에서 자발적으로 소집, 파견되는 군대.

유:엔 한국 위원단 국제 연합 임시 한국 위원단. 1947년 11월에 설립되었던, 한국 통일을 위한 임시 기구. 1948년 5월 10일 총선거 실시와 정부 수립에 도움을 줌.

유:엔 헌:장 유엔의 목적·원칙·조직·기능 등을 정한 기본 법규. 1945년 10월 24일 발효함.

유:엔 환경 개발 회:의 1992년 브라질의 리우데자네이루에서 각국 정상들이 참여하여 '지구 온난화 방지 협약' 등 지구 환경 보전 문제를 논의한 회의.

유역(流域) 강이나 내가 흘러가는 그 언저리의 땅. 例금강 유역

유연(柔軟) 부드럽고 연함. 例유연한 허리. —하다. —히.

유연성[—썽] 유연한 성질.

유연 체조 체조의 하나. 맨손으로 하며, 몸을 부드럽게 할 목적으로 전신을 충분히 굽혔다 폈다 함.

유:연탄(有煙炭) 탈 때 연기가 나는 석탄. 갈탄·역청탄 따위. 반무연탄.

유:용(有用) 소용이 됨. 이용할 데가 있음. 반무용.

유원지(遊園地) 놀기 좋게 시설된 곳. 비관광지.

유월(六月) 일 년 중 여섯 번째 드는 달.

유유하다(悠悠—) ①마음이나 태도가 여유가 있다. 例유유히 떠나다. 반초조하다. ②느릿느릿하다. 例유유히 흐르는 강물. —히.

유의(留意) 마음에 두어 주의하거나 관심을 가짐. 유념. —하다.

유의점 꼭 마음에 두어야 할 일.

유:익(有益) 이익이 있음. 도움이 될 만함. 반무익. —하다.

유:인(有人) 인공 위성 등에 그것을 다루는 '사람이 타고 있음'을 이르는 말. 반무인.

유인하다(誘引—) 남을 꾀어 내다. 例적을 유인하다.

유일(唯一) 오직 하나. 오직 그것 하나뿐임. 例유일한 친구. —하다.

유임(留任) 그대로 머물러서 일을 맡아 봄. 例유임 장관. —하다.

유:자(柚子) 운향과의 늘푸른 큰키나무의 열매. 모양은 둥글납작하고, 향내가 나며 맛이 심.

유작(遺作) 죽은 뒤에 남긴 작품. 例고인의 유작을 전시하다.

유적(遺蹟) 옛사람이 남긴 자취. 例신라의 유적. 비유물.

유적지 ①지난날, 건물 따위가 있었던 장소. 고석지. ②조개더미·고분 등 고고학적 유물이 있는 곳. ③고인이 남긴 땅.

유전[1](油田) 석유가 나오거나 땅속에 묻혀 있는 지역.

유전[2](遺傳) ①끼쳐 내려옴. ②조상의 체질·성질이 그 자손에게 전해짐. —하다.

유전 공학 유전의 인자를 인위적으로 재조합하여 인간이 필요로 하는 새 생물을 만들어 내는 기술을 연구하는 학문.

유전자 유전을 일으키는 근본이라고 생각되고 있는 물질. 염색체

안에 있음.
유정¹(油井) 천연의 석유를 퍼 올리기 위해 땅 밑으로 깊게 판 우물. 예유정을 뚫다.
유정²(惟政) =사명당.
유제품 우유를 가공하여 만든 식품. 버터·치즈·연유·분유 등.
유조(油槽) 석유나 가솔린 따위를 저장할 수 있는 아주 큰 용기.
유조선(油槽船) 기름을 전문적으로 실어나르는 배. 탱커.
유족(遺族) 죽은 사람의 뒤에 남은 가족. 예고인의 유족으로 두 아들이 있다.
유:종(有終) 끝맺음이 있음. 예유종의 미를 거두다. —하다.
유:죄(有罪) ①죄가 있음. ②재판에 의하여 죄가 인정됨. 예유죄로 판결나다. 반무죄. —하다.
유주(幼主) ①나이 어린 임금. ②나이 어린 주인.
유:지¹(有志) ①뜻이 있는 사람. ②세상 일에 관심을 가지어 그 일을 이루려는 뜻이 있음. —하다.
유지²(油脂) 동물 또는 식물에서 채취한 기름. 예공업용 유지.
유지³(維持) 지니어 감. 지탱하여 감. 예평화를 유지하다. —하다.
유지류 지방·기름 따위를 통틀어 일컫는 말. 동·식물체에 많이 들어 있음.
유착(癒着) ①서로 떨어져 있어야 할 피부나 막이 염증으로 들러붙는 일. ②어떤 사물이 깊은 관계를 가지고 서로 떨어지지 않게 결합되어 있음.
유창하다(流暢—) ①하는 말에 거침이 없다. ②글을 거침없이 잘 읽다. —히.
유채¹(油彩) =유화.

유채²(油菜) 겨잣과의 식물. 봄에 노란 꽃이 피며, 씨는 기름을 짜서 먹음. 비평지.
유:채색(有彩色) 색을 가진 빛깔. 빨강·노랑·주홍·파랑 따위. 반무채색.
유:추(類推) 어떠한 사실을 근거로 하여 그것과 같은 조건 아래에 있는 다른 사실을 미루어 헤아리는 일. —하다.
유:축 농업(有畜農業)[유축—] 가축의 노동력을 경작에 이용하고, 그 배설물을 거름으로 이용하며, 또 수확의 일부를 가축의 먹이로 하는 농업 경영 방법.
유출¹(流出) 밖으로 흘러 나감, 또는 흘러 나옴. 예페놀 유출 사건. —하다.
유출²(溜出) 증류할 때, 어떤 성분이 액체가 되어 방울방울 떨어져 나옴. —하다.
유충(幼蟲) 알에서 아직 성충이 되지 못한 벌레. 반성충.
유치¹(幼稚) ①나이가 어림. 예유치원생. 비유소. ②생각이나 하는 짓이 정도가 낮거나 미숙함. 예유치한 행동. —하다.
유치²(留置) 사람이나 물건을 일정한 곳에 잡아 가둠. —하다.
유치³(誘致) 설비 등을 갖추어 두고 권하여 오게 함. 예국제 행사를 부산에 유치하다. —하다.
유치원 초등 학교에 들어가기 전의 어린이가 다니는 교육 기관.
유치장 경찰서에서, 형사 피의자 등을 한동안 가두어 두는 곳.
유쾌하다(愉快—) 즐겁고 기분이 좋다. 예유쾌한 소식. 비상쾌하다. 반불쾌하다. —히.
유태교(猶太敎) =유대교.

774

유:토피아(라 Utopia) 사람들이 가장 좋다고 생각하는 모든 것을 갖춘 완벽한 사회. 비이상향.

유통(流通) ①흘러 드나듦. 예공기의 유통. ②세상에 두루 쓰임. ③상품이 생산자·상인·소비자 사이에 거래되는 일. —하다.

유통 경로 상품이 생산지로부터 소비자에게까지 이동되는 과정.

유통 기구 생산자가 생산한 상품이 소비자의 손으로 넘어가기까지의 판매 경로. 수송 수단·시장·중간 업자 등을 통틀어 이르는 말.

유틀란트 반도(Jutland半島) 독일 북서쪽에 있는 반도로 덴마크가 위치. 빙하 시대에 빙하의 작용으로 토양이 비옥하지 못하고 세계적으로 낙농업이 발달한 지역.

유품(遺品) 살아 생전에 쓰다가 남긴 물건. 비유물.

유풍(遺風) ①예로부터 전해 내려오는 풍속. 비유속. 유습. ②선인이 남긴 기풍이나 가르침.

유프라테스 강(Euphrates江) 이라크의 메소포타미아 평야를 흐르는 강.

유:하다[1](留—) 머무르다. 자다.

유하다[2](柔—) 부드럽다. 예마음이 유하다. 반강하다.

유학[1](留學) 다른 나라에 가서 공부함. 예외국 유학. —하다.

유학[2](遊學) 고향을 떠나 타향에 가서 공부함. 예삼촌은 독일에서 유학하고 있다. —하다.

유학[3](儒學) 공자의 가르침을 근본으로 삼는 학문. 예유학자.

유학생(留學生) 외국에 가서 공부하는 학생.

유:한[1](有限) 일정한 한도나 한계가 있음. 반무한. —하다. —히.

유한[2](遺恨) 원한을 남김, 또는 뒤에 남는 원통한 마음.

유:해[1](有害) 해로움. 해가 있음. 예유해 식품. 반무해. —하다.

유해[2](遺骸) ①죽은 사람의 몸. ②죽은 사람의 뼈. 유골.

유행(流行) 어느 일정한 때에 여러 사람에게 널리 퍼짐. 예독감이 유행한다. 비성행. —하다.

유행가 어느 한 시기에 널리 불리는 대중 가요.

유행병[—뼝] 한동안 널리 옮아 퍼지는 병. 돌림병.

유행성[—썽] 유행하는 성질 또는 특성.

유행어 어느 시기에 여러 사람들에게 널리 퍼져 쓰이는 말. 비요샛말.

유행성 이:하선염(流行性耳下腺炎) 귀 아래의 침샘에 생기는 전염병. 붓고 열이 남. 볼거리.

유혈(流血) ①피를 흘림. 예유혈 난투극. ②살상이 벌어지는 일.

유:형[1](有形) 어떤 모양이나 형체가 있는 것. 반무형. —하다.

유:형[2](類型) 비슷한 모양이나 본. 예몇몇 유형으로 나누다.

유:형 문화재 역사적으로나 예술적으로 가치가 큰 문화 유산으로, 형체가 있는 문화재. 건축·조각·예술품 등. 반무형 문화재.

유형원(柳馨遠, 1622~1673) 조선조 효종 때의 실학자. 〈반계수록〉을 지어 토지 제도의 개혁을 주장하였음.

유혹(誘惑) 남을 꾀어서 정신을 어지럽게 함. —하다.

유화(油畫) 기름으로 갠 물감으로 그리는 서양식 그림. 유채.

유:효(有效) 보람이나 효과가 있

다. 뗸무효. —하다. —히.
유희(遊戲) ①즐겁게 놂. ②재미있게 노는 운동. ③음악에 맞추어 아이들이 춤을 추는 것. ㉮활발한 유희. 밴오락. —하다.
유희장 아이들이 재미있게 놀 수 있도록 여러 가지 시설을 갖추어 놓은 곳.
육각 기둥 밑면이 육각형이고 옆면이 여섯 개인 각기둥.
육각형 여섯 개의 직선으로 싸인 평면도형. 육모꼴.
육갑 ①'육십 갑자'의 준말. ②남의 행동이나 말을 얕잡아 이르는 말. ㉮육갑을 떨다. —하다.
육계도(陸繫島) 사주의 발달로 육지와 이어져 있는 섬.
육교(陸橋) 교통이 복잡한 도로나 철로 위에 걸친 다리.
육군(陸軍) 땅에서 전투 및 방어를 맡은 군대. ㉮육군 병원.
육대주(六大洲) 아시아 주·아프리카 주·유럽 주·오세아니아 주·남아메리카 주·북아메리카 주의 여섯 주를 이름.
육로(陸路)[융노] 육지로 난 길. 밴수로.
육류(肉類)[융뉴] 먹을 수 있는 짐승의 고기 종류.
육림(育林) 나무를 잘 길러 가꿈.
육면체(六面體) 6개의 면으로 둘러싸인 모양.
육박(肉薄)[—빡] 바싹 가까이 다가붙음. ㉮점점 적군이 육박해 온다. —하다.
육박전(肉薄戰) 직접 맞붙어서 손이나 주먹 등으로 마주 덤비어 싸우는 전투. ㉮치열한 육박전.
육방(六房) 조선 시대 지방 관청에 두었던 이방·호방·예방·병방·형방·공방의 여섯 기관. 중앙의 6조와 비슷한 일을 나누어 맡아 보았음. ㉮육방 관속.
육상(陸上) 땅 위. 육지. 밴해상.
육상 경:기 땅 위에서 하는 여러 가지 운동 경기. 달리기·멀리뛰기·높이뛰기·던지기 등.
육상 교통 도로와 철도를 교통로로 하는 육지의 교통. 자동차·기차 등이 이용됨.
육상 운ː동 땅 위에서 하는 여러 가지 운동. 달리기·멀리뛰기·높이뛰기·던지기 등.
육성¹(肉聲)[—썽] 기계를 통하지 않고 직접 들리는 사람의 목소리. ㉮유언을 육성으로 남기다.
육성²(育成) 길러 냄. 길러서 키움. ㉮직업 훈련원에서 기술자를 육성하다. —하다.
육송(陸松) =소나무.
육식(肉食) ①고기를 먹음. 밴채식. ②일반 동물에 있어서 동물의 고기를 먹이로 하는 일. ㉮육식 동물. 밴초식. —하다.
육신(肉身)[—씬] 사람의 몸. ㉮육신은 죽어 썩는다. 비육체.
육십 갑자(六十甲子) 십간과 십이지를 순차로 배합하여 예순 가지로 배열한 순서. 준육갑.
육십(6·10) 만ː세 운ː동(六十萬歲運動) 조선 마지막 황제 순종의 장례식날인 1926년 6월 10일에 청년 학생들이 일으킨 독립 운동.
육아(育兒) 어린아이를 기름. ㉮육아 수첩. 육아 일기. —하다.
육안(肉眼)[유간] 육체에 갖추어져 있는 맨눈. 밴심안.
육영(育英) 인재를 기름. ㉮육영 사업. 육영 재단. —하다.
육영 공원(育英公院) 조선조 26대

고종 23년(1886)에 나라에서 세운 근대식 학교.

육의전(六矣廛) 조선 시대 서울 종로구에 자리잡고 있던, 나라에서 세운 여섯 가지 종류의 가게.

육이오(6·25) **전:쟁**(六二五戰爭) 1950년 6월 25일 북한 공산군이 남한으로 쳐들어와서 일어난 난리. 1953년 7월 27일 휴전함.

육자배기 남도 지방의 유명한 민요의 하나. 서도 지방의 소리는 비교적 슬픈 느낌을 주고, 서울 지방의 소리는 경쾌하고 아름다운데 비하여 남도 지방의 소리는 구성지고 억양이 강하여 멋이 있음.

육조(六曹) 조선 시대 의정부 밑에서 실제 나라의 행정을 맡아 보던 이조·호조·예조·병조·형조·공조의 여섯 관청. 지금의 행정부와 비슷함.

육종(育種)[—종] 현재의 품종을 개량하거나, 또는 우수한 개량종을 만드는 일. ㉠신품종을 육종하다. —하다.

육중하다(肉重—) 덩치나 생김새가 투박하고 무겁다. ㉠육중한 몸매. ㊉가볍다.

육지(陸地) 지구 위의 땅. ㊁물. 육상. 대륙. 땅. ㊉바다. 해양.

육진(六鎭) 여진족을 대비하여 조선 세종 때 함경 북도 경원·경흥·부령·온성·종성·회령에 두었던 군대.

육체(肉體) 사람의 몸. ㊁몸뚱이. 신체. ㊉마음. 넋. 정신.

육체 노동 육체를 움직여 그 물리적 힘으로써 하는 노동. ㉠육체 노동자. ㊉정신 노동.

육체미 육체의 아름다움.

육체적 육체에 관련됨. 육체를 중시함. ㊉정신적.

육추(育雛) 알에서 깐 새끼를 키움, 또는 그 새끼. —하다.

육추기 알에서 깐 새끼를 키울 수 있게 만든 기계나 장치.

육친(肉親) 부자나 형제와 같이 혈족 관계에 있는 사람. ㉠전쟁 통에 육친과 헤어졌다.

육탄(肉彈) 적진에 뛰어들어 몸으로 직접 덤비는 일. 또, 그 육체. ㉠육탄전.

육풍(陸風) 육지에서 바다로 불어 가는 바람. ㊉해풍.

육필(肉筆) 인쇄나 사진에 의한 것이 아닌, 직접 손으로 쓴 글씨. ㉠육필 원고.

육하 원칙(六何原則) 보도 기사 등의 글을 쓸 때에 지켜야 하는 기본적인 원칙. 곧, '누가·언제·어디서·무엇을·어떻게·왜'의 여섯 가지.

육해공군(陸海空軍) 육군·해군·공군을 아울러 이르는 말. 삼군.

윤곽(輪廓) ①사물의 대강의 테두리. ㉠이야기의 윤곽을 알아 내다. ②대강의 테두리나 모습. ㉠얼굴 윤곽이 뚜렷한 사람이다.

윤관(尹瓘, ?~1111) 고려 시대 중기의 장군. 1107년, 여진 정벌의 원수가 되어 별무반을 이끌고 함흥 평야의 여진족을 몰아내고서 아홉 곳에 성을 쌓았음.

윤극영(尹克榮, 1903~1988) 작곡가. 서울에서 출생. 1923년에 방정환 선생과 함께 '색동회'를 조직하고 우리 나라 최초의 동요 단체인 '다알리아회'를 만들었으며, 〈반달〉〈설날〉〈할미꽃〉 등 많은 동요를 작사·작곡하였음.

윤:기[—끼] 매끈하고 빛이 나는

기운. ㉠윤기 있는 얼굴. ㉣윤.
윤:년(閏年) 윤달이 든 해.
윤:달(閏─) 음력 윤년에 두 번 거듭되는 달.
윤동주(尹東柱, 1917~1945) 시인. 만주 북간도 출생. 일제 시대의 억압받는 민족적 슬픔을 지성적이면서도 민족주의적인 시로 씀. 시에 〈자화상〉〈별 헤는 밤〉 등이 있으며, 시집으로 〈하늘과 바람과 별과 시〉가 있음.
윤리(倫理)[율─] ①사람이 살아가는 데 지켜야 할 도리상의 의리. 인륜. ㉠윤리에 어긋나는 행동. ②'윤리학'의 준말.
윤봉길(尹奉吉, 1908~1932) 독립운동가. 1932년 상하이 홍커우 공원에서 폭탄을 던져 일본 시라카와 대장 등 왜인 수십 명을 죽이고, 24세의 나이로 일제의 손에 사형당하였음.
윤전기(輪轉機) 인쇄의 속도가 굉장히 빠른 최신식 인쇄기.
윤:택하다(潤澤─) ①아름답게 빛나다. ②물건이 풍부하다. ㉠살림이 윤택하다. ㉤넉넉하다.
윤:활유(潤滑油) 기계가 맞닿는 부분의 마찰을 줄이기 위하여 쓰는 미끈미끈한 기름.
윤회(輪廻) ①차례로 돌아감. ②육체는 죽더라도 영혼은 영원히 살아 다른 몸에 옮아 새로 태어나 삶과 죽음을 끝없이 되풀이함. 또, 그 사상. ─하다.
율곡(栗谷, 1536~1584) 이이(李珥)의 호.
율동(律動)[─똥] ①음악에 맞추어 추는 춤. ㉠율동 체조. ②규율이 바른 활동.
율법(律法)[─뻡] 지켜야 할 규칙. ㉠율법을 지키다.
융(絨) 감의 거죽이 보드라운 천의 한 가지.
융기(隆起) ①어느 한 부분이 높이 솟아오름. ②땅이 바다의 표면에 대하여 높아짐. ─하다.
융단(絨緞) =양탄자.
융성하다(隆盛─) 매우 기운차고 성하게 일어나다. ㉠국운이 크게 융성하다.
융숭(隆崇) 대우하는 태도가 정중하고 극진함. ㉠어른을 융숭하게 대접하다. ─하다. ─히.
융자(融資) 돈을 돌려줌, 또는 그 돈. ㉠학자금을 융자받다. ─하다.
융털(絨─) 작은창자의 안벽에 촘촘하게 나 있는 부드러운 털. 소화된 영양소를 흡수하는 일을 함. 융모.
융통성(融通性)[─썽] 일을 그때 그때의 사정에 알맞게 그 자리에서 해결하는 재주. ㉠융통성 없는 사람.
융통하다(融通─) ①서로 돌려쓰다. ㉠돈을 융통해 쓰다. ②막힘 없이 통용하다.
융합하다(融合─) 녹아서 한데 합치다. ㉠서로의 의견을 융합해야 한다.
융해(融解) ①녹아서 풀어짐. ②열을 받은 고체가 액체로 되는 현상. ㉠융해점. ㉤응결. 응고. ─하다.
융화(融化) 서로 어울려 화목하게 됨. ─하다.
융화 정책 의견을 서로 통하여 화목하게 하는 정치상의 방책.
윷: 둥근 나무쪽 두 개를 반으로 쪼개어 네 쪽으로 만든 놀잇감.

윷:놀이 편을 갈라 윷으로 승부를 다투는 민속 놀이. —하다.

으깨다 ①눌러 터뜨리다. ②뭉개다. 예감자를 으깨다.

으뜸 ①첫째. 예으뜸상. ②두목. ③근본. 비제일.

으뜸꼴 어떤 낱말의 기본이 되는 꼴. 가다·보다 따위.

으뜸화음 장조에서는 '도·미·솔', 단조에서는 '라·도·미'로 이루어진 삼화음.

-으랴 '랴'와 같은 뜻으로, 받침 있는 말줄기에 붙는 말. 예그 기세를 누가 꺾을 수 있으랴.

으레 응당. 반드시. 두말 할 것 없이. 예그것은 으레 우리가 할 일이다. 비마땅히.

-으려느냐 '-으려고 하느냐'의 준말. 예무슨 노래를 들으려느냐. 준-으련.

-으려무나 받침 있는 말에 붙어 '-려무나'와 같은 뜻을 나타내는 말. 예더우면 벗으려무나. 준-으렴.

-으련 '-으려느냐'의 준말. 예무엇을 먹으련?

-으련다 '-으려고 한다'의 준말. 예잃은 것을 찾으련다.

-으련마는 받침 있는 말에 붙어 '-련마는'과 같은 뜻을 나타내는 말. 예시간이 있으면 책도 읽으련마는….

으로 'ㄹ받침' 이외의 받침 있는 말에 붙어, 수단이나 방법 또는 방향을 나타내는 말. 예돈으로 사다. 동쪽으로 가다.

으로서 '어떤 자격을 가지고'의 뜻을 나타내는 말. 예국군으로서 지켜야 할 의무.

으로써 '수단'의 뜻을 나타내는 말. 예닭으로써 꿩을 대신했다.

으르다〔으르니, 을러〕 놀라게 하다. 위협하다. 예을러도 달래도 소용이 없다.

으르렁 사나운 짐승이 성내어 우는 소리. —하다.

으름장〔-짱〕 말과 행동으로 남을 위협하는 일. 예으름장 놓다. —하다.

-으리라 받침 있는 말에 붙어, '-리라'와 같은 뜻으로 쓰이는 말. 예크게 해를 입으리라.

-으리만큼 받침 있는 말끝에 붙어, '…을 정도로'의 뜻을 나타내는 말. 예알아들으리만큼 얘기해 주었다.

으리으리하다 매우 굉장하거나 엄숙한 느낌이 있다. 예으리으리한 궁전.

-으므로 받침 있는 말의 줄기에 붙어, 까닭을 나타내는 말. 예돈이 없으므로 못 간다.

으스대다 어울리지 않게 으쓱거리며 뽐내다. 예으스대고 다니다.

으스러지다 크고 단단한 물체가 센 힘에 짓눌려서 부서지다. 예뼈가 으스러지다. 작아스러지다.

으스스 찬 기운이나 싫은 물건이 몸에 닿았을 때 소름이 끼치는 듯한 모양. 예찬바람에 으스스 몸을 떨다. 작아스스. 오스스. —하다.

으슥하다 ①깊고 고요하다. ②번화하지 않고 조용하다. 예으슥한 숲 속.

으슬으슬 소름이 끼칠 듯이 자꾸 차가운 느낌이 드는 모양. 예날씨가 으슬으슬 춥다. 작아슬아슬. 오슬오슬. —하다.

으쓱[1] 제가 잘난 듯이 느끼어 뽐

으쓱 내거나 어깨를 번쩍 쳐드는 모양. ⑩시험에 합격했다고 으쓱해졌다. -하다.

으쓱² 갑자기 무섭거나 차가울 때 몸이 움츠러드는 모양. 困아쓱. -하다.

윽박다 몹시 억누르다.

윽박지르다〔윽박질러서〕억지로 몹시 눌러서 기를 꺾다.

은(銀) 금보다 조금 가볍고 빛이 흰 쇠붙이. ⑩은도금. 凹금.

은거(隱居) 세상에 나타나지 않고 숨어서 사는 일. ⑩은거 생활. 凹은둔. -하다.

은공(恩功) 은혜와 공로. ⑩부모의 은공을 모르다니.

은광(銀鑛) 은이 나는 광산.

은근하다 ①은밀하다. ②드러나지 않게 다정하다. ⑩그는 은근한 태도로 말을 걸어왔다. -히.

은덕(恩德) ①은혜와 신세. ②뒤를 잘 돌보아 준 은혜. ⑩선생님의 은덕을 입다.

은돈 은으로 만든 돈. 凹은화.

은둔(隱遁) 세상을 버리고 숨음. ⑩은둔 생활. 凹은거. -하다.

-은들 받침 있는 말 줄기에 붙어 '-다 할지라도 어찌'의 뜻으로 쓰는 말. ⑩겉이 검은들 속조차 검을소냐.

은막(銀幕) 영사막. 凹스크린.

은밀(隱密) 숨어 있어서 겉으로 드러나지 않음. ⑩은밀히 의논하다. -스럽다. -하다. -히.

은박(銀箔) 은을 두드려서 얇은 종이와 같이 만든 것.

은반(銀盤) 스케이트장. 링크.

은빛〔-삧〕은과 같은 빛깔. 흰빛. 凹은색.

은사¹(恩師) 은혜를 많이 입은 스승. ⑩은사님께 감사드리다.

은사²(隱士) 벼슬을 하지 않고 숨어 지내는 선비.

은사시나무 1950년 미국산 은백양과 한국의 사시나무 사이에서 생긴 천연 잡종.

은신(隱身) 몸을 숨김. ⑩친구 집에 은신하다. 凹피신. -하다.

은신처 몸을 숨기는 곳.

은어(隱語) 어떤 동아리의 사람들이 자기들끼리만 알고 남이 모르도록 만들어 쓰는 말.

은연중(隱然中) 남이 모르는 가운데. ⑩은연중에 속뜻을 밝히다.

은유법〔-뻡〕본뜻은 숨기고 겉으로 빗대어 말하는 법. 'A는 B이다'와 같이 표현함. 㐨은유.

은율 탈춤 놀이 황해도 은율 지방에 전해 내려오는 가면 무용극. 중요 무형 문화재 제61호.

은은하다(隱隱-) 희미하게 멀리 보이거나 들리다. ⑩은은한 종소리가 들리다. -히.

은인(恩人) 은혜를 베풀어 준 사람. ⑩생명의 은인. 凹원수.

은종이 ①은가루 또는 은박을 입힌 종이. ②납과 주석의 합금을 종이처럼 편 것.

은진 미륵 충청 남도 논산시 은진면 관촉사에 있는 석조 미륵 보살의 입상. 동양에서 제일 큰 석불로서, 보물 제218호.

은총(恩寵) ①은혜와 특별한 사랑. ②하느님의 사랑. ⑩하느님의 은총을 빌다.

은커녕 '커녕'의 힘줌말. ⑩밥은커녕 죽도 못 먹는다.

은택(恩澤) 은혜와 덕택.

은퇴(隱退) 맡은 직책에서 물러남. ⑩은퇴한 선수. -하다.

은팔찌 은으로 만든 팔찌.

은폐(隱蔽) 가리어 숨김. 덮어 감춤. ⑩ 사건을 은폐하다. —하다.

은하(銀河) 맑게 갠 날 밤에 흰 구름 모양으로 남북으로 길게 보이는 별의 무리.

은하계 태양계가 딸리어 있는 항성의 큰 집단.

은하수 '은하'가 강처럼 보여 이르는 말.

은행(銀行) 신용을 기초로 하여 일반인의 예금을 맡고, 대출·어음 할인 및 증권 인수 등의 업무를 하는 대표적인 금융 기관.

은행나무(銀杏—) 은행나뭇과의 갈잎 큰키나무. 잎은 부채 같고 나무 줄기는 굵고 크며, 가지가 많이 퍼짐. 열매는 10월에 노랗게 익는데 약으로 쓰임. 가로수·정자목으로 심으며, 목재는 조각·가구용 재료 등에 쓰임.

은허 문자 중국 허난 성 안양 현의 은허에서 나온, 거북의 등딱지와 짐승의 뼈에 새겨진 상형 문자. 갑골 문자.

은혜(恩惠) 고마운 혜택. 신세가 되는 것. ⑩ 부모님 은혜.

은화(銀貨) 은으로 만든 돈.

은화 식물(隱花植物) 꽃이 피어 씨로 번식하지 아니하고 홀씨로 번식하는 식물로서, 세균·박테리아 따위. 맨 현화 식물.

-을게[—께] 받침 있는 말끝에 붙어서, 상대방에게 약속하는 뜻을 나타내는 말. ⑩ 이따가 먹을게.

-을까 말:까 받침 있는 말끝에 붙어서, 행동을 망설이는 뜻을 나타내는 말. ⑩ 밥을 먹을까 말까.

을:러대다 마구 우격으로 으르다. ⑩ 돈을 주지 않으면 비리를 폭로하겠다고 을러대다. 囲 을러메다.

-을망정 받침 있는 말끝에 붙어, '비록 그러하지만 그러나'의 뜻을 나타내는 말. ⑩ 키는 작을망정 품은 뜻은 큽니다.

을미사변(乙未事變) 1895년 명성 황후를 시해하는 등 명성 황후 일파의 친러 세력을 없애고, 일본의 세력을 넓히기 위하여 일본 공사 미우라 등이 일으킨 반란.

-을뿐더러 그러할 뿐만 아니라. ⑩ 그는 학식이 있을뿐더러 덕망도 있다.

을사조약(乙巳條約)[을싸—] 러·일 전쟁에서 승리한 일본이, 1905년에 우리 나라 주권과 외교권을 빼앗기 위하여 조선 정부와 강제로 맺은 조약.

-을세라[—쎄라] '-ㄹ세라'와 같은 뜻. ⑩ 늦을세라 뛰어갔다.

-을수록[—쑤록] 받침 있는 말끝에 붙어, '어떤 일이 더하여 감'을 나타내는 말. ⑩ 많을수록 좋다.

을씨년스럽다[을씨년스러우니, 을씨년스러워서/을씨년스러이] 남이 보기에 퍽 쓸쓸해 보이거나 날씨 등이 스산하고 썰렁하다. ⑩ 초겨울 날씨가 을씨년스럽다.

-을지[—찌] 받침 있는 말끝에 붙어, 추측으로 의심함을 나타내는 말. ⑩ 안 먹을지 모르겠다.

을지문덕(乙支文德)[을찌—] 고구려 영양왕 때의 장군. 612년 고구려에 쳐들어온 수나라 양제의 대군을 살수(청천강)에서 거의 전멸시켰음.

-을지언정[을찌—] 받침 있는 말끝에 붙어, '그렇다고 하더라도'의 뜻을 나타내는 말. ⑩ 몸집은 작을지언정 당당한 대표 선수다.

읊다

읊다[읍따] ①시를 읽다. ②시를 외다. ③시를 짓다.

읊조리다 시에 곡조를 붙여 점잖게 읊다. 예 시조를 읊조리다.

음¹ 보거나 듣거나 느낌을 받고 스스로 마음 속에 작정을 할 때 내는 소리. 예 음, 그럴 테지.

음²(音) ①물체의 진동으로 말미암아 귀에 들리는 소리. ②한자를 읽을 때의 소리.

음각(陰刻) 선이나 형을 파내어 움푹 들어가게 새기는 것, 또는 그 조각. 반 양각. —하다.

음계(音階) 음악에서, 음정을 일정한 순서로 배열하여 정한 단계.

음공(陰功) ①뒤에서 돕는 공. ②세상이 모르는 숨은 공덕. 예 음공을 쌓다.

음극(陰極) 전류가 밖에 있는 선을 돌아서, 전지 또는 발동기로 흘러 돌아오는 쪽의 전극. 비 음전극. 반 양극. 준 음.

음덕(陰德) 숨은 덕행. 남 앞에 드러내지 않고 베푼 덕행. 예 음덕을 쌓다.

음독(音讀) 소리내어 읽음. 예 아이가 동화책을 음독하다. 반 묵독. —하다.

음량(音量)[—냥] 음성 또는 악기가 내는 소리의 양. 예 음량이 풍부하다.

음력(陰曆)[—녁] 달의 차고 이지러짐을 표준으로 하여 만든 달력. 예 음력 생일. 반 양력.

음:료(飲料)[—뇨] 마시는 것을 통틀어 이르는 말. 물·술·차 등. 예 음료수를 마시다.

음:료수(飲料水)[—뇨수] 사람이 마셔도 좋은 물.

음률(音律)[—뉼] 소리와 음악의 가락.

음매 소의 우는 소리.

음모(陰謀) ①남이 모르게 일을 꾸밈. ②나쁜 짓 할 계략. 예 뒤에 숨어서 어떤 음모를 꾸미고 있느냐? 비 흉계. —하다.

음미(吟味) ①시·노래 따위를 읊어 참뜻을 맛봄. 예 시를 음미하다. ②어떤 사실을 자세히 조사함. —하다.

음반(音盤) 오디오에 걸어 소리를 들을 수 있게 만든 동그란 판. 디스크. 예 가곡 음반.

음:복(飲福) 제사를 지내고 난 뒤에 제관들이 제사상에 놓였던 술이나 기타 음식을 나누어 먹는 일. —하다.

음부(音符) 음의 높낮이·장단을 표시하는 부호. 비 음표.

음산하다(陰散—) 날이 흐리고 조금 춥다. 예 음산한 날씨. —히.

음색(音色) 어떤 음향이 다른 음향과 구별되는 특별한 성질. 예 음색이 곱다.

음성¹(音聲) 목소리. 예 여자 음성을 내다.

음성²(陰性) ①밖으로 드러나지 아니하는 숨은 성질. ②소극적인 성질. 반 양성.

음속(音速) 소리의 속도. 15℃의 대기 중에서 1초에 340m임.

음수(陰數) 음의 정수, 또는 음의 유리수. 0보다 작은 수. -1, -2, -3 따위. 반 양수.

음:식(飲食) 먹고 마심, 또는 그 물건.

음:식물 사람이 먹고 마시는 것을 통틀어 이르는 말.

음:식상 음식물을 차려 놓은 상.

음신(音信) 소식. 편지.

음악(音樂) 음의 조화에 의해 사람의 감정·상상을 표현한 예술.
음악가 음악을 잘하거나, 직업으로 삼는 사람.
음악도 음악을 공부하는 사람.
음악 반:주 노래를 하는 데 따라서 장단을 맞추며 하는 음악.
음악인 ①음악계에 종사하는 사람. ②음악을 즐겨 하는 사람.
음악회 음악을 연주하는 모임.
음양(陰陽) ①천지 만물을 만들어 내는 상반하는 성질의 두 가지 기운. 곧, 음과 양. [예] 음양의 조화. ②전기 또는 자기의 음극과 양극.
음영(陰影) 어두운 부분. 곧 그림자. 그늘. [예] 음영이 지다.
음운(音韻) 말을 이루는 하나하나의 소리.
음운 연구 말의 소리가 나는 원리를 연구하는 것.
-음으로 'ㄹ받침' 이외의 받침 있는 말의 줄기에 붙어 '…을 하는 것으로'·'…을 가지고'의 뜻으로 어떤 결과로 이끄는 전제 조건·방법·수단 등을 나타내는 말.
음자리표 악보의 첫머리(왼쪽 끝)에 적어 음의 높이를 정하는 기호. 음부 기호.
음전기 에보나이트로 털을 문지르거나 유리 방망이를 깁으로 문지를 때 생기는 전기. [반] 양전기.
음전하다 말이나 하는 짓이 곱고 점잖다. [예] 음전한 아가씨. —히.
음절(音節) 음악의 가락의 마디. [비] 음곡. 음조.
음정(音程) 두 소리의 진동수에 의한 높낮이의 차. [예] 음정이 복잡해서 따라 부르기가 힘들다.
음조(音調) 소리의 가락. 음의 높낮이의 장단. [예] 음조가 높다.
음지(陰地) =응달. [반] 양지.
음지도 양지된다〈속〉 오늘날의 불행이나 역경도 때를 만나면 행운과 행복을 누리게 된다.
음치(音癡) 음악에 대하여 아는 것이 없거나 노래를 바르게 부를 줄 모름, 또는 그러한 사람. [예] 음치라 항상 박자가 안 맞는다.
음침하다(陰沈—) ①흐리고 밝지 않다. [예] 음침한 날씨. ②성질이 음울하다. [예] 음침한 성격.
음파(音波) 소리결. 소리의 파동. [예] 음파 탐지기.
음파 탐지기 음파·초음파를 이용하여 바닷속에 있는 물체의 거리나 방향 등을 측정하는 일, 또는 그 장치를 통틀어 이르는 말.
음표(音標) 음의 장단과 고저를 표시하는 기호. [예] 4분 음표. [비] 음부.
음표 문자[—짜] 말의 소리를 적는 글자.
음향(音響) 소리의 울림. [예] 음향 조절.
음향 효:과 연극이나 영화·라디오에서 여러 가지 소리를 내어 감상자의 마음을 움직이는 효과.
음흉하다(陰凶—) ①마음이 흉악하다. ②남을 해하고 자기만 잘되려는 마음을 가지다. [예] 음흉한 사람.
읍(邑) =고을. [예] 읍사무소.
읍내(邑內) 읍이 있는 곳.
읍루(挹婁)[읍누] 중국의 한·위 시대에, 중국의 동북 지방에서 활약하던 부족.
읍장(邑長) 읍을 다스리는 사무를 처리하는 우두머리.
응 친구 사이나 손아랫사람에게 대답하는 소리. [예] 응, 꼭 갈게.

응:고(凝固) 뭉치어 굳어짐. [예] 혈액이 응고하다. —하다.

응:급(應急) 급한 대로 우선 처리함. [예] 응급 치료. —하다.

응:낙(應諾) 요구에 응하거나 허락함. [예] 제의에 응낙하다. [비] 허락. —하다.

응달 햇빛이 비치지 아니하는 곳. 음지. [예] 아이들이 응달에 모여 있다. [비] 그늘. [반] 양달.

응달에도 햇빛 드는 날이 있다 〈속〉 불행한 처지에 있는 사람에게도 더러는 좋은 운이 온다.

응:답(應答) 물음에 대한 대답. [예] 질문에 응답하다. [비] 대답. [반] 질의. —하다.

응:당(應當) ①꼭. ②반드시. ③으레. 당연히. [예]어른을 보면 응당 인사를 해야 될 것이 아니냐?

응:모(應募) 모집에 응함. [예] 응모작품. —하다.

응:석 어른에게 못난 체하고 버릇없는 행동을 하는 짓. [예] 응석꾸러기. 응석받이. —하다.

응:석받이[—빠지] ①응석을 받아 주는 일. ②응석을 부리며 자란 아이. [예] 응석받이로 자라다.

응:시[1](凝視) 눈길을 한 곳으로 모아 가만히 바라봄. —하다.

응:시[2](應試) 시험에 응함. [예] 응시자. —하다.

응어리 ①근육이 뭉치어 단단해진 덩어리. [예] 종아리에 응어리가 생겼다. ②원한 등의 감정이 맺혀 있음. [예] 의견 충돌로 서로 응어리져 있다.

응:용(應用) 어떤 이치를 실지에 이용함. [예] 학문의 이치를 응용하여 생활 수준을 향상시키다. 응용 문제. —하다.

응:원(應援) 도와 줌. 후원함. [예] 응원가. [비] 성원. 후원. —하다.

응:원가 운동 경기 등에서, 자기편 선수를 응원할 때 합창하는 노래. [예] 응원가를 부르다.

응:원단 주로 운동 경기를 응원하는 단체.

응:접(應接) ①접대하는 것. ②만나 봄. —하다.

응:접실 손님을 접대하는 방. [비] 접대실.

응:집(凝集) 엉기어 모임. [예] 시멘트는 응집력이 강하다. —하다.

응:하다(應—) ①부르거나 찾을 때 대답하거나 따르다. ②따라서 일어나다. ③시키는 대로 하다. [예] 나는 여러 가지 방법으로 부탁해 보았으나 그는 끝내 응해 주지 않았다.

의 사물의 소유를 나타내는 말. [예] 남의 물건.

의:거(義擧) 정의를 위하여 일으키는 의로운 거사. [예] 학생 의거. —하다.

의:견(意見) 어떤 사물에 대하여 마음 속에 일어난 생각. [예] 누구든지 다른 사람의 의견을 존중해야 한다. [비] 견해. 의사.

의결(議決) 의논하여 결정함. [예] 의결 기관. —하다.

의관(衣冠) ①옷과 갓. [예] 의관을 차리다. ②옷차림. —하다.

의관을 갖추다 옷을 단정히 입고 모자를 바르게 쓰다.

의구심(疑懼心) 의심하고 두려워하는 마음. [예] 수술 결과에 대해 의구심을 가지다.

의구하다(依舊—) 옛날과 다름이 없다. [예] 산천은 의구한데 인걸은 간 곳 없다. [비] 여전하다. —히.

의:군(義軍) 나라를 구하기 위해 국민이 조직한 군대. 비 의병.

의:금부(義禁府) 조선 시대 임금의 명령을 받들어 죄인을 신문하던 관청.

의:기¹(意氣) 적극적으로 무엇을 하려는 마음. 예 의기가 충천하다.

의:기²(義氣) 정의감에서 일어난 장한 마음. 비 패기.

의:기 소침(意氣銷沈) 의기가 약하여져 가라앉거나 사그라짐. 예 성적이 떨어져 의기 소침한 철수. —하다.

의:기 양양(意氣揚揚) 바라는 것이 이루어져 좋아하는 빛이 얼굴에 나타나는 모양. —하다.

의:기 충천(意氣衝天) 의기가 하늘을 찌를 듯이 솟아오름. 예 의기 충천한 병사들. —하다.

의논(議論) 어떻게 하자고 서로 이야기함. 예 어려운 일은 서로 의논하여 결정하자. 비 상의. 논의. —하다.

의당(宜當) 마땅히. 으레. 예 우리는 의당 서로 도와야 한다. —하다. -히.

의:도(意圖) ①생각. ②앞으로 하려고 하는 계획. 예 의도하는 대로 되다. —하다.

의례(儀禮) 의식을 차리는 예법. 예 국민 의례.

의:롭다〔의로우니, 의로워/의로이〕 의기가 있다. 의리가 있다. 예 나라를 위해 의롭게 죽어가다.

의뢰(依賴) 남에게 의지하거나 부탁함. 예 변호사에게 소송을 의뢰하다. —하다.

의료(醫療) 의술로 병을 치료함.

의료 기관 의술로 병을 치료하기 위해 설치된 기구.

의료 보:험 사회 보험의 하나. 개인·기업·정부가 매달 낸 얼마간의 보험료를 모아 두었다가, 가입자가 갑자기 병에 걸렸을 때, 그 보험금으로 치료비의 얼마를 혜택 받을 수 있게 하는 제도.

의료 봉:사단 의료 시설이 없는 곳을 찾아가서 아픈 사람을 돌보아 주는 단체.

의료비 병을 치료하는 데에 드는 비용.

의료 시:설 병을 고치기 위하여 마련된 설비. 병원·구호소 따위.

의류(衣類) 옷가지. 비 의복.

의:리(義理) 사람으로서 마땅히 지켜야 할 바른 도리.

의림지(義林池) 충청 북도 제천에 있는 저수지로 김제의 벽골제·밀양의 수산제와 함께 삼한 시대의 3대 수리 시설의 하나.

의:무(義務) ①자기가 마땅히 하여야 할 일. ②맡은 바 책임. 예 국방의 의무. 비 책임. 반 권리.

의:무 교:육 일정한 나이에 달한 아동은 누구나 법의 규정에 따라 받아야 하는 보통 교육.

의문(疑問) 의심하여 물음. 의심스러움. 예 사실인지 아닌지 의문을 품다. —스럽다. —하다.

의뭉하다 겉으로는 어리석은 듯하나 속은 엉큼하다.

의:미(意味) 말이나 글의 뜻. 예 의미 심장한 말. —하다.

의:병(義兵) 나라의 어려움을 구하기 위해 일반 국민들이 스스로 조직한 군사. 비 의군.

의복(衣服) 옷.

의:분(義憤) 의를 위하여 일어나는 분한 마음. 예 의분을 참을 수 없다.

의:붓자식 두 번째 부인이 데리고 들어온 전남편의 자식.

의:사¹(義士) 옳음을 위해 뜻을 굽히지 않는 꿋꿋한 사람. 예안중근 의사. 비의인.

의:사²(意思) ①생각. ②마음. ③뜻. 의향. 의견. 예의사 표시.

의사³(醫師) 병을 고쳐 주는 것을 직업으로 삼는 사람. 예내과 의사. 비의원. 반병자. 환자.

의사당(議事堂) 국회 의원들이 모여 회의하는 장소. 예국회 의사당(우리 나라 국회 의사당은 서울 여의도에 있음).

의:사 표시(意思表示) 의사를 밖으로 나타내는 일. 예의사 표시를 분명히 해라. ―하다.

의상(義湘, 625~702) 통일 신라 시대의 명승. 화엄종의 창시자.

의상실 ①옷을 두거나 갈아입는 방. ②여자의 서양식 옷을 만들어 파는 곳.

의생(醫生) 한방 의술로 병을 고치는 일을 업으로 하는 사람.

의석(議席) ①회의를 하는 자리. ②의회 안의 의원의 자리. 예다수 의석을 차지한 정당.

의성어(擬聲語) 사물의 소리를 흉내내어 만든 말. 뻐꾹뻐꾹·졸졸 따위. 반의태어.

의술(醫術) 병을 고치는 기술. 예의술은 인술이다. 비의학.

의:승(義僧) 정의를 위하여 일어선 승려. 예의승 사명 대사.

의식¹(衣食) 의복과 음식. 예의식이 넉넉하다.

의:식²(意識) ①사물을 깨닫는 모든 작용. ②눈 뜨고 있을 때 여러 가지 일을 아는 마음. 비정신. 반무의식. ―하다.

의식³(儀式) 여러 가지 행사 때에 행하는 예법. 의례. 예성대한 의식을 거행하다.

의식주(衣食住) 인간 생활에 필요한 세 가지 요소. 곧 옷과 양식과 집. 예의식주 문제를 해결하다.

의심(疑心) ①이상히 여김. ②믿지 못하는 마음. 예잘 될지 의심스럽다. 비의혹. 의문. 반믿음. 확신. ―스럽다. ―하다.

의심쩍다 의심스러운 데가 있다. 예의심쩍은 행동.

의아(疑訝) 의심스럽고 놀라워함. 예의아스러운 얼굴을 하다. ―스럽다. ―하다. ―히.

의안(議案) 회의에서 의논할 안건. 예의안에 반대하다.

의약(醫藥) 병을 고치는 약.

의약품(醫藥品) 병을 고치는 데 쓰이는 약품. 예새로운 의약품.

의:역(意譯) 개개의 단어나 구절에 너무 구애되지 않고 전체의 뜻을 살리는 번역. 예의역이 잘 된 번역 소설. 반직역. ―하다.

의연(毅然) 의지가 굳세어서 끄떡없음. 예그는 의연히 불행을 견디고 있다. ―하다. ―히.

의:연금(義捐金) 불쌍한 사람을 돕기 위해 기부하는 돈. 예의연금을 모금하다. 준연금.

의연하다(依然―) 전과 다름없다. 예구태 의연한 태도. ―히.

의:열(義烈) 의롭고 씩씩하여 열렬함. ―하다.

의:외(意外) 뜻밖. 생각 밖. 예애가 싸움을 했다니 참 의외의 일이구나. 비불의.

의:욕(意欲) 무엇을 하고자 하는 마음. 예의욕을 잃다. 비욕망.

의:욕에 불타다 하고 싶어하는

생각을 참지 못하다.

의:용(義勇) 의로운 일을 위하여 일으키는 용기.

의:용군 정의를 느끼어 스스로 지원해 가는 군대.

의:용병 징병에 의하지 않고 자원해서 입대한 병사.

의원[1](醫員) '의사와 의생'을 통틀어 이르는 말.

의원[2](醫院) 병자를 치료하는 집. ㉠소아과 의원. 间병원.

의원 내:각제(議院內閣制) =내각 책임제.

의:의(意義) ①속뜻. ②가치. ㉠1945년 8월 15일은 한국인에게 의의 깊은 날이다.

의:인(義人) 의로운 사람. 정의감이 강한 사람.

의인법(擬人法)[-뻡] 사람이 아닌 것을 사람인 것처럼 비유하여 말하는 표현법. 예를 들면 '성난 물결' '꽃이 웃는다' 따위.

의자(椅子) 걸터앉아 몸을 기대는 물건. 间결상.

의자식 ①결상에 앉아 생활하는 방시. ㉠의자식 생활. ②의자와 같은 모양의 것.

의장[1](衣欌) 옷을 넣는 장.

의:장[2](意匠) 상품이 잘 팔리도록 하기 위해, 그 모양·색깔·무늬 등에 여러 가지 연구를 한 것. ㉠참신한 의장. 间고안. 디자인.

의장[3](議長) 회의할 때의 우두머리. ㉠국회 의장.

의:장권(意匠權)[-꿘] 공업 소유권의 하나. 의장을 등록함으로써 얻은 소유권. 등록된 의장을 독점적·배타적으로 제작·사용·판매할 권리. 존속 기간은 등록한 날로부터 8년간임. 의장 전용권.

의장단(議長團) 의장과 부의장을 아울러 이르는 말.

의젓하다 말이나 하는 짓이 무게가 있다. ㉠의젓한 말투. 间점잖다. —이.

의정부(議政府) 조선 시대의 중앙의 최고 관청. 영의정·좌의정·우의정이 국왕과 의논하여 나랏일에 결정을 내리던 기관.

의제(議題) 회의에 붙여 의논할 문제. ㉠의제를 발표하다.

의존(依存) 남에게 의지하고 있음. —하다.

의:좋다(誼—) 사이가 좋다. ㉠의좋은 형제.

의:중(意中) 마음 속. ㉠의중을 헤아리다. 间심중.

의지[1](依支) ①몸을 기댐. ②남에게 도움을 받음. ㉠의지할 곳 없는 신세. 间의탁. —하다.

의:지[2](意志) ①마음. 뜻. 생각. ②결심하여 실행에 옮기려는 마음. ㉠의지가 강한 사람.

의:창(義倉) 평시에 곡식을 저장하여 두었다가, 흉년에 생활이 어려운 사람을 도와 주었던 옛날의 빈민 구제 기관.

의:천(義天, 1055~1101) 고려 때의 승려. 시호는 대각국사. 문종의 넷째 아들. 11세에 중이 되어, 송나라에 유학하고 돌아와서 천태종이라는 새로운 종파를 열었고, 〈속장경〉을 간행하기도 했음.

의:총(義塚) 나라에 훌륭한 일을 하다 죽은 사람의 무덤. 의사의 무덤. ㉠의총비. 칠백 의총.

의:치(義齒) 만들어 박은 가짜이. 间틀니.

의타심(依他心) 남에게 의지하려는 마음. ㉠의타심을 버려라.

의탁(依託) 남에게 맡김. 남에게 부탁함. 예의탁할 곳이 없다. 비의지. —하다.

의태(擬態) 어떤 모양이나 움직임을 흉내내어 그와 비슷하게 꾸미는 일. 짓시늉.

의태어 어떤 사물의 모양·동작·태도 등을 흉내내어 만든 말. 뒤뚱뒤뚱·방실방실·싱글벙글·오싹오싹 따위. 반의성어.

의:표(意表) 예상 밖. 예의표를 찌르다.

의하다(依—) ①무엇으로 말미암다. ②어떠한 사실에 근거하다. 예법에 의하여 심판 받다. 본의거하다.

의학(醫學) 병의 치료·예방에 관한 것을 연구하는 학문. 비의술.

의:향(意向) 마음. 뜻. 생각. 예의향을 묻다.

의:혈(義血) 정의를 위하여 흘린 피. 예의혈 남아.

의:협(義俠) 강한 자를 누르고 약한 사람을 도우려는 마음.

의:협심 남의 어려움이나 억울함을 풀어 주기 위해 제 몸을 희생하는 마음. 예의협심이 강한 청년.

의:형제(義兄弟) '결의 형제'의 준말. 남남끼리 의리로써 형제 관계를 맺음, 또는 그런 형제. 예의형제를 맺다.

의혹(疑惑) 의심하여 분별하기 어려움. 예의혹을 살 만한 것은 조금도 없다. 비의심. 의아. 반확신. —하다.

의회(議會) 의원들이 모여서 회의를 하는 기관. 국회·시의회·도의회 등.

의회 정치 의회가 국가 최고 기관으로서 국가의 최고 의사를 결정하는 방식의 정치. 준의정.

이¹ 사람이나 사물을 뜻하는 말. 예저기 앉은 이가 누구냐?

이² 동물의 입 속에 있어서 음식을 씹는 일을 하는 기관.

이³ 사람의 피를 빨아먹고 사는 벌레. 예이 잡듯 찾다.

이⁴ 톱니처럼 가장자리에 뾰족뾰족 나온 부분.

이:⁵(利) ①장사하여 덧붙는 돈. 예이 사업은 이가 많이 남는다. ②유익함. 반해.

이⁶(哩) 마일. 1마일은 약 1.609 km.

-이⁷ 말의 줄기에 붙어 그 뜻을 한정하는 말. 예삑삑이. 축축이.

이간(離間) 남의 정이나 관계를 떼어 사이를 벌어지게 함. 예이간질. —하다.

이갈다¹ 젖니가 빠지고 간니가 새로 나다.

이갈다² 분에 못 이겨 이를 악물고 벼르다.

이갈리다 몹시 분하여 이가 절로 갈리다. 예그 생각을 하면 지금도 이갈린다.

이같이[—가치] 이렇게. 이와 같이. 예이같이 예쁜 꽃은 처음 보았다. 작요같이.

이거 '이것'의 준말. 작요거.

이것 가까운 자리에 있는 사물을 가리키는 말. 예이것이 바로 그거야. 작요것.

이것저것 이것과 저것. 예이것저것 할 것 없이 바쁘다.

이겨 내다 견뎌 내다. 참아 내다. 예고통을 이겨 내다.

이:경(二更) 하룻밤을 다섯 경으로 나눈 둘째의 때. 밤 10시를 전후한 두 시간.

이고 두 가지 이상의 말을 아울러 일컬을 때 쓰는 말. 예이것은 밥이고, 저것은 떡이다.

이ː골나다 어떤 방면에 길이 들어서 그 버릇에 익숙하여지다. 예그 일이라면 아주 이골났다.

이ː관명(李觀命, 1661~1733) 조선 영조 때의 문신. 자는 자빈. 호는 병산. 본관은 전주. 숙종 24년에 등과하여 경종 때에 사화에 관련되어 덕천으로 귀양갔다가, 영조 때 돌아와 1년(1725)에 좌의정이 되었음. 시호는 충정. 문집에는 〈병산집〉이 있음.

이ː국(異國) 자기 나라가 아닌 다른 나라. 비외국. 타국. 반모국.

이ː권(利權)〔─꿘〕 이익을 얻을 수 있는 권리. 예이권 운동.

이ː규보(李奎報, 1168~1241) 고려 제23대 고종 때의 유명한 문장가. 자는 춘경. 호는 백운 산인. 작품에 〈동국이상국집〉〈백운 소설〉 등이 있음.

이글루ː(igloo) 에스키모인들이 사는 둥근 얼음집. 얼음집.

〔이글루〕

이글이글 불꽃이 어른어른하며 불이 잘 타오르는 모양. 예이글이글 타오르는 불꽃. ─하다.

이ː기¹(李芑, 1476~1552) 조선 시대의 정치가. 시호는 문경. 문과에 급제하였으며, 을사사화를 일으켜 윤임 일파를 몰아내고, 그 공으로 영의정까지 지냈으나 급사하였음.

이ː기²(利器) 인간 생활을 이롭게 하는 편리한 기구. 예컴퓨터는 현대 산업의 이기다.

이기다 ①상대편을 지게 하다. 예농구 경기에서 이기다. 비승리하다. 반지다. ②싸워 적을 쳐부수다. 예전쟁에 이기다. ③억누르다. 예자기를 이기다. ④칼로 잘라서 잘게 만들다. ⑤반죽하다. 예밀가루를 이기다.

이ː기심(利己心) 자기의 이익·쾌락만 꾀하는 마음.

이ː기주의(利己主義) 남이야 어찌 되건 자기의 이익만을 생각하는 사고 방식이나 태도. 예이기주의자. 반이타주의.

이기죽거리다 쓸데없는 말을 밉살스럽게 지껄이다. 준이죽거리다. 작야기죽거리다.

이까짓 고작 이 정도밖에 안 되는. 예이까짓 돈. 작요까짓.

이끌다〔이끄니〕 ①앞잡이로 서서 남을 따라오게 하다. ②보다 나은 길로 나아갈 수 있도록 길 잡아 주다. 예참된 길로 이끌어 주시는 우리 선생님.

이끌리다 이끎을 당하다. 예마음이 이끌리다.

이끼 고목이나 돌 따위의 축축한 데 나는 풀을 통틀어 이름.

이나마 이것이나마. 이것이라도. 예이나마 있으니 다행이다.

이ː남(以南) 어떤 한계로부터의 남쪽. 반이북.

이내¹ ①그 때에 곧. 예이내 잠들다. 비금방. ②내처. 예헤어진 후 이내 소식을 모른다.

이내² '나의'의 힘줌말. 예애타는 이내 가슴.

이ː내³(以內) 어떤 일정한 범위 안. 예한 시간 이내에 돌아오너

이년생 식물

라. 턘이외.

이:년생 식물 식물체가 싹트고, 자라고, 꽃이 피고, 열매 맺은 다음에 말라 죽기까지 일 년 이상, 이 년 이내의 시일이 걸리는 초본 식물. 두해살이풀. 줌이년생.

이:념(理念) 이상적인 것으로 여겨지는 생각.

이놈 바로 앞에 있는 남자나 물건을 얕잡아 욕되게 부르는 말.

이농(離農) 농사짓는 일을 그만두고 농촌을 떠남. 예이농 현상. 턘귀농. —하다.

이:다¹ 기와나 볏짚 등으로 지붕을 덮다. 예기와를 이다.

이다² 물건을 머리 위에 얹다. 예보따리를 이고 간다.

이다음 이 뒤. 이번의 다음. 예이다음에 다시 보자. 턘이전.

이다지 이같이. 이렇게. 이토록. 예기차가 왜 이다지 느리지. 좐요다지.

이닦기 이를 닦는 일. 양치질.

이대로 이와 같이. 이 모양으로. 예이대로 물러설 수는 없다.

이:덕형(李德馨, 1561~1613) 조선 선조·광해군 때의 문신. 호는 한음. 임진왜란 때 청군을 청해 오는 등 큰 공을 세움. 이항복과 더불어 '오성과 한음'으로 알려짐.

이동(移動) ①옮기어 움직임. 예이동 문고. ②위치를 바꿈. 턘이전. 턘고정. —하다.

이동 방:송 방송 중계에서, 송신기를 가지고 이곳 저곳으로 자리를 옮겨가며 방송하는 일.

이동식 이동할 수 있게 된 방식. 턘고정식.

이:두(吏讀) 훈민정음을 만들기 전 한자의 음과 뜻을 빌려 우리 말을 적던 글.

이드르르 번들번들하고 윤기가 도는 모양. 좐야드르르. —하다.

이:득(利得) 이익을 얻음. 예이득을 보다. 턘이익. 턘손실. 손해.

이들이들[—리들] 매우 이드르르한 모양. 좐야들야들. —하다.

이듬해 바로 다음 해.

이:등변 삼각형 두 변의 길이가 서로 같은 삼각형.

이:등분 둘로 똑같이 나눔. 예사과를 이등분하다. —하다.

이:디:피:에스(EDPS) 컴퓨터를 중심으로 한 데이터 처리 체계의 총칭. 원하는 정보를 얻기 위해 데이터를 가공·처리·저장함.

이따가 조금 뒤에. 예이따가 좀 보자.

이따금 가끔. 때때로. 예이따금 듣는 소리. 턘늘. 자주.

이 따위 ①이러한 종류. ②'이런 것들'을 얕잡아 하는 말. 예이 따위는 필요 없다.

이 때 이제의 때. 바로 이 시간.

이때껏 지금에 이르기까지. 이제까지. 여태까지. 예이때껏 해 놓은 것이 하나도 없다.

이라도 앞의 말을 뒤집는 뜻으로 쓰는 말. 예제 적은 힘이라도 도움이 되었으면 좋겠어요.

이라크(Iraq) 서남 아시아의 메소포타미아 평원에 있는 공화국. 수도는 바그다드.

이란(Iran) 서남 아시아에 있는 나라. 수도는 테헤란.

이랑 밭의 한 두둑과 고랑을 아울러 가리키는 말. 예한 이랑의 밭.

이:래(以來) 그러한 뒤. 예이런 비는 10년 이래 처음이다. 턘이후. 턘이전.

이러니저러니 이러하다느니 저러하다느니. [예] 여러 사람이 모이면 언제나 이러니저러니 말이 많다.

이러하다 이와 같다. [예] 사실인즉 이러하다. —히.

이럭저럭 ①이같이 하는 일 없이 어름어름하는 가운데. 어느덧. [예] 이럭저럭 봄도 다 갔다. ②되어 가는 대로. [예] 이럭저럭 밥은 먹고 삽니다.

이런 이러한. [예] 저런 종류의 사과보다는 이런 종류의 사과가 더 맛이 좋다고 한다.

-이런가 받침 있는 말에 붙어서 '이던가'를 예스럽게 하는 말. [예] 꿈이런가.

이런들 '이러한들'의 준말. 이렇게 한들. [예] 이런들 뾰족한 수가 있나?

이렁저렁 이런 모양과 저런 모양으로. [작] 요렁조렁. —하다.

이렇게 이러하게. 이같이. [예] 이렇게 추운 날씨는 처음이다.

이렇다〔이러니〕 '이러하다'의 준말. [예] 이렇다 할 만한 일도 못 해 주고 떠나서 미안하다.

이렇다 할 특별히 내세울 만한. [예] 이렇다 할 증거가 없다. [작] 요렇다 할.

이렇듯 이러하듯. [예] 이렇듯 아름다울 수가!

이레 ①7일. ②이렛날.

이렛날 일곱 번째 되는 날.

이:력(履歷) 지금까지 경험하여 온 일. [예] 이력서.

이:력(이) 나다 오래 겪어 익숙하여지다.

이:례(異例) 상례를 벗어난 특이한 예. [예] 이례적인 행사였다.

이로부터 이 뒤로.

이로써 ①이러한 까닭으로 해서. 이것으로 말미암아. [예] 이로써 모든 고민은 끝이다. ②이것을 가지고.

이:론[1](理論) 사물의 이치. [예] 상대성 이론. [반] 실천.

이:론[2](異論) 다른 의견. [예] 이론을 제기하다. [비] 이의.

이:롭다(利—)〔이로우니, 이로워서/이로이〕 이익이 있다. 유익하다. [예] 몸에 이로운 약. [반] 해롭다.

이루 ①도저히. ②있는 것을 모두. [예] 그 때의 고생은 이루 다 말할 수 없다. [비] 도저히.

이루다 ①목적을 달성하다. [예] 소망을 이루다. ②일을 마치다. ③뜻대로 되게 하다.

이루어지다 ①뜻대로 되다. [예] 오랜 소망이 비로소 이루어지다. ②만들어지다. [예] 이 대학은 10개의 단과 대학으로 이루어져 있다.

이룩되다 어떤 큰 현상이나 사업이 이루어지다.

이룩하다 ①나라·집 등을 새로 세우다. ②이루어 내다. [예] 남북을 통일하여 살기 좋은 조국을 이룩하자. [비] 완성하다.

이룰 수 없:다 이룩할 수 없다. [예] 너의 헛된 꿈은 결코 이룰 수 없을 것이다.

이륙(離陸) 비행기 따위가 땅에서 떠나 떠오름. [반] 착륙. —하다.

이:륜차(二輪車) 바퀴가 둘 달린 차. 자전거나 오토바이 따위.

이르다[1]〔이르니, 이르러〕 ①도달하다. [예] 목적지에 이르다. [비] 다다르다. ②미치다. [예] 위험 지경에 이르다.

이르다[2]〔이르니, 일러〕 ①말하다.

예 이것을 새우라고 이른다. ②깨닫게 하다. 예 잘 알아듣도록 이르다. ③고자질하다. 예 선생님께 이르다. ④늦지 아니하고 빠르다. 예 이른 아침.

이른 빠른. 예 매일 이른 아침에 예배당 종소리가 울린다. 반 늦은.

이른바 말하기를. 이르기를. 예 이것이 이른바 대한 민국의 국보 제1호다. 비 소위.

이른 새벽 새벽 일찍이.

이를 이것을. 예 이를 어째.

이를 데 없:다 이루 다 말할 수 없다. 예 미안하기 이를 데 없다.

이를테면 가령 말하자면. 예컨대. 예 이를테면 사자나 호랑이 같은 맹수. 본 이를터이면.

이름 사람이나 물건을 다른 종류와 구별하기 위하여 부르는 일컬음. 예 이 꽃의 이름은 무엇입니까? 비 성명.

이름나다 이름이 세상에 널리 퍼지다. 예 화가로 이름나다. 비 유명하다. 반 무명하다.

이름 있다 세상에 그 이름이 널리 알려져 있다. 예 이름 있는 가수.

이름짓다 이름을 만들어 붙이다.

이름표 이름을 써서 가슴에 다는 표. 비 명찰.

이름하다 이름으로 부르다.

이리¹ 이 곳. 이쪽. 예 할아버지, 이리 앉으셔요.

이리² 늑대보다 크고 개와 비슷하며 성질이 흉악한 산짐승. 사람이나 집에서 기르는 짐승에게 해를 끼침.

이리 닫고 이쪽으로 달려오고. 이쪽으로 오고.

이리로 이 곳으로. 이쪽으로. 예 모두 이리로 오십시오.

이리저리 방향이 일정하지 않은 모양. 이쪽으로 저쪽으로. 예 이리저리 정처 없이 떠돌아다닌다. 작 요리조리.

이마 얼굴의 눈썹 위, 머리 아래의 부분.

이마빼기 '이마'의 속된말.

이만저만하다 이만하고 저만하다. 예 이만저만한 추위가 아니다. 작 요만조만하다.

이만하다 이것만하다. 정도가 이것과 같다. 예 이만하면 청소는 만점이야. 작 요만하다.

이맘때 이만한 정도에 이른 때. 예 이맘때 쯤이면 항상 눈이 왔었는데……. 작 요맘때.

이맛살 이마에 잡힌 주름살. 예 이맛살을 찌푸리다.

이:면(裏面) ①겉에 나타나지 아니한 내부의 사실. 예 이면을 관찰하다. ②속. 안. 내면. 예 표지의 이면. 반 표면.

이모(姨母) 어머니의 자매.

이:모작(二毛作) 한 해 같은 땅에 두 번 농사지음. 비 그루같이.

이모저모 사물의 이런 면 저런 면. 여러 방면. 예 이모저모 뜯어보다. 작 요모조모.

이:목(耳目) ①귀와 눈. 예 이목구비. ②남들의 주의. 예 사람들의 이목을 끌다.

이:목구비(耳目口鼻) ①눈·코·입·귀를 중심으로 본 얼굴의 생김새. ②눈·코·입·귀를 아울러 이르는 말. 예 이목구비가 수려하다.

이:무기 용이 되려다 못 되고 물 속에 산다는 큰 구렁이.

이:문(利文) 이가 남은 돈. 예 장사는 이문이 남아야 한다.

이:물질(異物質)[一찔] 보통과 다른 물질. 예 이물질이 섞여 들어가다.

이:미 벌써. 앞서. 예 기차는 이미 떠났다. 빈 미처. 비로소. 아직.

이미지(image) 마음 속에 그려지는 사물의 감각적 영상.

이민(移民) 외국 땅에 옮겨 가서 삶. —하다.

이:민족(異民族) 핏줄이나 언어·풍속 따위가 다른 민족.

이바지하다 ① 정성들여 음식 같은 것을 보내 주다. ② 사회에 이익이 되는 좋은 일을 하다. 예 국가에 이바지하다. 비 공헌하다.

이:발(理髮) 머리털을 깎고 다듬음. —하다.

이:발사(理髮師)[一싸] 이발을 업으로 하는 사람.

이:방(吏房) 지방 수령 밑에서 비서 등의 일을 맡아 보던 아전.

이:방인(異邦人) ① =외국인. ② 유대인들이 그들 이외의 다른 민족을 얕잡아 이르던 말.

이번 이제 돌아온 바로 이 차례. 예 이번에 오신 선생님. 비 금번.

이벤트(event) ① 사건. 경기 따위의 종목·시합. ② 행사. 예 메인 이벤트. 이벤트 홀.

이:변(異變) 예상하지 못한 사태. 예 이변이 벌어졌다.

이별(離別) 같이 있던 사람이 서로 떨어져 갈림. 예 이별의 슬픔을 맛보다. 비 작별. 헤어짐. 반 상봉. —하다.

이:병기(李秉岐, 1891~1968) 국문학자. 시조 작가. 호는 가람. 전북 익산에서 태어났으며, 옛 문학 작품을 많이 풀이했고 현대 시조의 새로운 경지를 개척했음. 남긴 책으로는 〈가람 시조선〉〈국문학전사〉 등이 있음.

이:보다(利—) 이익이 되다. 이익을 얻다.

이:복(異腹) 아버지는 같고 어머니가 다름. 예 이복 형제.

이:봉창(李奉昌, 1901~1932) 항일 독립 운동가. 서울 출신. 일왕에게 폭탄을 던졌으나 실패한 후 붙잡혀 1932 년 10월 10일 순국함.

이부자리 '이불과 요'를 통틀어 일컫는 말.

이:부제 수업(二部制授業) 교실 부족 관계로 학생들을 오전·오후의 두 반으로 나누어 하는 수업.

이:북(以北) 어떤 한계로부터의 북쪽. 예 38도선 이북. 반 이남.

이:북 오:도 1945년 8월 15일 현재의 행정 구역으로 아직 수복되지 않은 황해도·평안 남도·평안 북도·함경 남도·함경 북도의 다섯 도를 말함.

이분[1] ① 이 어른. 예 이분을 잘 모셔라. ② 이 사람.

이:분[2](二分) ① 둘로 나눔. 예 이분된 국토. ② 춘분과 추분. —하다.

이:분 쉼:표 온쉼표의 2분의 1 길이에 해당하는 쉼표.

이:분 음표 온음표의 절반의 길이를 가지는 음표.

이불 누워 잘 때 몸을 덮는 물건.

이불잇[一닏] 이불에 시치는 천.

이:비인후과 귀·코·목구멍·기관 및 식도의 질병 치료를 전문으로 하는 의학의 한 분야나 그 병원.

이빨 '이'의 속된 말.

이:사[1](理事) 어떠한 기관의 사무를 처리하며 대표하는 사람.

이사[2](移徙) 집을 옮김. 예 새 집

이사벨라

으로 이사하다. 비이전. —하다.
이사벨라(1451~1504) 카스티야의 여왕. 아라곤의 왕자 페르난디와 결혼하여, 1479년에 두 나라가 합병, 에스파냐 왕국이 성립되었음. 콜럼버스를 원조하여 신대륙 발견을 달성시킨 일로도 유명함.
이사이 좀 가까운 이전부터 이제까지의 비교적 짧은 동안. 이즈음. 준이새. 작요사이.
이삭 곡식의 열매.
이삭줍기 곡식을 거두고 난 뒤에 땅에 떨어진 이삭을 줍는 일.
이산 가족 헤어져 흩어진 식구. 특히 국토가 분단되어 남한과 북한으로 헤어져 살고 있는 가족을 가리킴. 예이산 가족 찾기 운동.
이산 가족 찾기 헤어져 흩어진 가족을 찾는 일.
이ː산화망간 검은 회색의 가루. 물에는 녹지 않고 열을 가하면 분해하여 산소를 발생함.
이ː산화탄소 물질이 탈 때에 생기는 기체. 탄소와 산소의 화합물이며 공기보다 무겁고, 사람이 내쉬는 숨 속에도 많이 포함되어 있음. 탄산가스.
이ː산화황 황이 공기 중에서 탈 때 발생하는 기체. 독한 냄새가 남. 표백제 등으로 쓰임.
이삿짐[—짐] 이사할 때 옮기는 짐. 예이삿짐을 꾸리다.
이ː상¹(以上) ①이 위. 예이상에서 살펴본 바와 같이. 반이하. ②편지·서류의 끝에 적어 '그만'의 뜻을 나타내는 말.
이ː상²(異常) ①보통과 다름. ②정상에서 벗어난 상태. 예저 친구 행동이 좀 이상해. 반정상. —스럽다. —하다. —히.

이ː상³(理想) 각자의 지식·경험의 범위 안에서 가장 완전한 상태라고 생각되는 제일 높은 목표. 예이상은 높게 가져라. 반현실.
이ː상 건조(異常乾燥) 맑은 날씨가 오래 계속돼, 습도가 낮아진 상태. 예이상 건조 주의보.
이ː상설(李相卨, 1871~1917) 조선 고종 때 의정부 참찬. 독립 운동가. 헤이그 특사의 한 사람이며 1910년 일본에게 주권을 빼앗기는 것을 반대하는 성명서를 세계 여러 나라에 보내는 등 독립 운동에 크게 이바지했음.
이ː상야릇하다 무엇이라고 표현할 수가 없을 정도로 이상하고 묘하다. 예이상야릇한 기분. —이.
이ː상재(李商在, 1850~1929) 정치가이며 종교가. 호는 월남. 일찍이 신앙 생활을 통하여 국민의 민족 정신을 일깨워 주었고, 1898년에는 서재필과 함께 독립 협회를 조직하여 민중 계몽에 힘썼음.
이ː상적(理想的) 자기의 생각에 이렇게 되었으면 하고 바라는 그것. 예이상적인 국가.
이ː상향(理想鄕) 이상적이며 완전한 사회. 비유토피아.
이ː색(異色) ①다른 빛깔. ②색다름. 예이색적인 분위기.
이ː색적 보통과 달리 특이한 모양. 예이색적인 옷차림.
이생 이 세상에 살아 있는 동안.
이ː서(裏書) 어음·수표 등의 소유자가 그 뒷면에 필요한 사항을 적고 서명하여 상대방에게 주는 일. 배서.
이ː성¹(異性) ①성질이 다름. ②남자와 여자로 구별짓는 말. 예이성 친구. 반동성.

이:성²(理性) 사물의 이치를 생각하는 능력. 예 이성적으로 행동하다. 비 지성.

이:성계(李成桂) 조선의 제1대 왕(재위 1392~1398). 고려 말의 장군이었으나, 위화도에서 회군한 후 1392년에 조선을 건국하고 왕이 되었음. 이후 새로운 정책을 세워 조선의 기반을 튼튼히 닦아 놓았음.

이:세(二世) ① 다른 나라에 이민 간 사람의 자녀. ② '이세 국민'의 준말. ③ 자녀.

이:세 국민 다음 세대의 국민. 곧, 어린이들. 준 이세.

이:솝(Aesop, ?~?) 고대 그리스의 우화 작가.

이:솝 우:화 고대 그리스의 이솝이 지었다는 우화. 동물을 의인화하여 인간 세계를 풍자함.

이송(移送) 다른 곳으로 옮기어 보냄. -하다.

이:수광(李睟光, 1563~1628) 조선 중기의 학자. 호는 지봉. 실학의 학풍을 처음 일으킨 선구적인 학자. 〈지봉유설〉이란 책을 썼음.

이:순신(李舜臣, 1545~1598) 조선 선조 때의 장군. 시호는 충무. 임진왜란 때 거북선을 만들어 목포·부산·한산도 등의 싸움에서 큰 승리를 거두고 노량 해전에서 왜군의 총탄에 맞아 전사함.

이스라엘(Israel) 지중해의 동쪽 서남 아시아의 기슭에 있는 공화국. 수도는 예루살렘.

이:스트(yeast) 효모균.

이슥하다 밤이 매우 깊다. 예 밤이 이슥한데도 언니는 책을 읽고 있다.

이슥하도록 밤이 매우 깊도록. 예 밤이 이슥하도록 일하시는 어머니.

이슬 ① 찬 공기 중에 있는 수분이 엉기어 물방울이 된 것. ② 덧없는 생명을 가리키는 말. 예 형장의 이슬로 사라지다.

이슬람교(Islam敎) 마호메트가 일으킨 세계 3대 종교의 하나. 회교. 마호메트교.

이슬비 아주 가늘게 오는 비. 비 보슬비. 반 소나기.

이슬점[-쩜] 이슬이 맺히기 시작할 때의 온도. 곧 대기 중의 수증기가 식어서 엉겨붙기 시작할 때의 온도. 노점.

이슬점 습도계 이슬점을 재어 공기 속의 습도를 구하는 장치. 노점 습도계. 다니엘 습도계.

이승 불교에서 말하는 살아 있는 동안. 이 세상. 예 이승을 떠나다. 반 저승.

이:승만(李承晩, 1875~1965) 독립 운동가이며 정치가. 일찍부터 국내와 해외에서 독립 운동에 힘썼으며 대한 민국 초대 및 2대·3대 대통령을 지냄. 1960년 4·19 혁명으로 정계에서 물러남.

이:승훈¹(李承薰, 1756~1801) 우리 나라에서 처음으로 천주교 영세를 받은 사람.

이:승훈²(李昇薰, 1864~1930) 3·1 운동 때 민족 대표의 한 사람으로 교육자. 신민회를 만들고 오산 중학교를 설립하여 인재 양성에 힘썼음.

이:승휴(李承休, 1224~1300) 고려 말기의 학자·문인. 한시로 중국과 우리 나라의 역대 사적을 적은 〈제왕운기〉를 지었음.

이식(移植) ① 농작물이나 나무를

옮겨 심음. ②인체의 조직이나 장기를 몸의 다른 곳이나 다른 사람에게 옮기는 일. [예] 심장 이식. —하다.

이:실 직고(以實直告) 사실 그대로 고함. 이실 고지. [예] 빨리 이실 직고해라. —하다.

이심(移審) 소송 사건을 다른 법원으로 이송하여 심리하는 일, 또는 그 심리. —하다.

이:심 전심(以心傳心) 말이나 글에 의하지 않고 마음에서 마음으로 전함. [예] 이심 전심으로 통한다. —하다.

이:십사(24) 절기 지구에 태양이 보이는 위치에 따라 정한 일 년의 절기.

이 아픈 날 콩밥 한다〈속〉 불행한 일이 거듭하여 일어난다. [비] 설상가상.

이암(泥岩) 진흙이 지층 속에서 굳어져 된 암석.

이앙기(移秧機) 모를 내는 기계.

이야기 ①서로 말을 주고받고 함. [예] 무슨 이야기가 그리 재미있니. ②말. [예] 혼사 이야기. ③소설. ④소문. [예] 이야기를 퍼뜨린 사람. —하다.

이야기책 ①옛날 이야기를 적은 책. ②'소설책'을 달리 이르는 말.

이야깃거리 이야기할 만한 거리. 이야기가 될 만한 자료.

이야깃주머니 재미있는 이야깃거리를 많이 가지고 있는 사람.

이양(移讓) 남에게 넘겨 줌. [예] 정권을 이양하다. —하다.

이:양선(異樣船) ①개화기 때 우리 나라에 온 서양의 배를 이르던 말. ②외국의 배.

이어달리기 네 선수가 한 조가 되어, 일정한 거리를 나누어 차례로 배턴을 주고받으며 달려서 그 빠르기를 겨루는 단체 육상 경기. [비] 계주. —하다.

이어링(earring) 귀고리.

이어받다 물려받다. 계승하다. [예] 가업을 이어받다.

이어서 ①대를 물려받아서. ②계속해서. [예] 이어서 영화를 보다.

이어지다 끊어졌던 것이 서로 잇대어지다. [예] 온정의 손길이 이어지다.

이어짓기[—짇끼] 한 땅에 같은 작물을 해마다 이어서 심음. [비] 연작. 이어갈이. [반] 돌려짓기. 윤작. —하다.

이언만 받침 있는 말에 붙어 '이건마는'의 뜻으로, 보다 예스럽게 일컫는 말.

이 없으면 잇몸으로 산다〈속〉 없으면 없는 그대로 아쉬운 대로 살아갈 수 있다.

이엉 지붕·담을 덮는 데 쓰기 위하여 엮은 짚.

이에 그래서. 이리하여. [예] 공로를 기리어 이에 상장을 수여함.

이여 하소연하는 뜻을 나타내는 말. [예] 하늘이여.

이:역(異域) ①다른 나라의 땅. [예] 이역 만리. ②제 고장 아닌 다른 곳.

이오 ①사물이 확실히 그러하다는 것을 단정하는 데 쓰는 말. [예] 이것은 텔레비전이오. ②의문의 뜻을 나타내는 말. [예] 저것이 무엇이오?

이온(ion) 양 또는 음의 전기를 띤 원자, 또는 원자가 모인 것. [예] 양이온. 음이온.

이완(弛緩) 느슨함. 풀려 늦춰짐.

⑩근육이 이완되다. 빤긴장.수축. —하다.

이:왕(已往) 지금보다 이전. ⑩이왕의 일.

이:왕이면 이미 그렇게 된 바에야. ⑩이왕이면 잘 그려라. 비기왕이면.

이:왕지사(已往之事) 이미 지나간 일. 기왕지사. ⑩이왕지사 이렇게 된 걸 어떡하니.

이:외(以外) 일정한 범위 밖. 이 밖. 그 밖. ⑩학생 이외는 출입 금지. 빤이내.

이:욕(利慾) 이익을 탐하는 욕심. ⑩이욕에 눈이 멀다.

이:용(利用) ①이롭게 씀. ⑩강물을 이용한 수력 발전. ②방편으로 씀. ⑩출세의 도구로 이용하다. 비사용. 빤악용. —하다.

이울다〔이우니〕 ①꽃·잎 들이 지기 시작하다. ②쇠약하여지다. ⑩집안의 운세가 이울다.

이웃 ①가까운 곳. ②집이 서로 이어진 곳. ⑩이웃 사촌. ③마주 붙은 땅. 비인근. 근처. —하다.

이웃 사:촌 이웃에 사는 사람이면 친척보다 살아가는 데 더 가까움을 이르는 말.

이웃집 이웃하여 있는 집. 옆집.

이웃집 새 처녀도 내 정지에 들어 세워 보아야 안다〈속〉 뜻이 맞는 사람을 고르기란 참으로 힘든 것이다.

이:원수(李元壽, 1911~1981) 아동 문학가. 1925년 동요 〈고향의 봄〉을 발표, 문단에 나옴. 현대 아동 문학 개척자의 한 사람.

이:월(二月) 일 년 중, 두 번째 드는 달.

이:유(理由) ①까닭. ②이르게 된 내력. ⑩그 이유가 뭐야? 비사유. 근거. 영문.

이유기(離乳期) 젖먹이의 젖을 떼는 시기. 보통 태어난 지 6·7개월부터 시작함.

이유식(離乳食) 젖먹이의 이유기에 먹이는, 젖 이외의 음식.

이:윤(利潤) 장사하여 남은 돈. ⑩이윤이 많이 남는 장사.

이:율(利率) 밑천에 대한 이익의 비율. ⑩이율을 인상하다.

이윽고 조금 있다가. ⑩먹구름이 끼더니, 이윽고 소나기가 쏟아졌다. 비드디어. 마침내. 빤곧.

이:은상(李殷相, 1903~1982) 시인. 호는 노산. 경상 남도 마산 출생. 〈가고파〉〈성불사〉〈고향 생각〉〈봄처녀〉 등의 시로 알려짐. 저서로는 〈노산시조집〉〈이충무공의 일대기〉 등이 있음.

이음매 이은 자리.

이음줄[—쭐] 높이가 다른 둘 이상의 음을 끊지 말고 이어서 연주하라는 뜻으로 음표의 위나 아래에 그리는 활 모양의 줄.

이응 한글의 닿소리인 'ㅇ'의 이름.

이:의(異議) 남과 의견이나 주장을 달리함. ⑩이의를 제기하다. 빤동의. —하다.

이:이(李珥, 1536~1584) 조선 중종·선조 때의 대학자·정치가. 호는 율곡. 사임당 신씨는 그의 어머니. 대제학, 호조·이조·병조 판서 등을 지냈으며 이황과 더불어 주자학을 발전시킴.

이:익^1(利益) ①물질적으로나 정신적으로 보탬이 된 것. ②장사에서 남는 것. 비이득. 빤손해.

이:익^2(李瀷, 1681~1763) 조선

영조 때의 실학자. 유형원의 학풍을 이어받아 실학의 대가가 되었으며, 특히 천문·지리·의약·역사 등에 많은 업적을 남겼음.

이:익 배:당(利益配當) 은행 또는 회사 등에서, 어느 기간의 순이익을 주주에게 분배하는 일.

이:익 사:회(利益社會) 사회 집단의 하나. 노동 조합·영업 회사 따위와 같이 결합의 목적이 이익에 있음.

이자[1] 위 밑쪽에 있으며, 이자액을 내는 몸의 기관.

이자[2](—者) '이 사람'의 낮은말. [예]이자가 누구냐?

이:자[3](利子) 꾸어 쓰는 돈에 덧붙어 가는 돈. [비]변리. [반]원금.

이:자겸의 난:(李資謙—亂, ? ~1126) 고려 인종 때 이자겸이 일으킨 난. 이자겸은 왕의 외척으로 권세를 누리다가, 왕이 되려고 난을 일으켰으나 실패하였음.

이자액 이자에서 나오는 소화액. 녹말·단백질·지방을 소화시키는 구실을 함.

이:장[1](里長) 행정 구역의 하나인 이(里)의 사무를 맡아 보는 사람.

이장[2](移葬) 무덤을 다른 데로 옮김. 개장. —하다.

이:재[1](異才) 남다른 재주.

이:재[2](理財) 재물을 유리하게 다룸. [예]이재에 밝다. —하다.

이재민(罹災民) 재앙을 당한 사람. [예]이재민 구호 성금.

이 저녁 오늘 저녁.

이:전[1](以前) 이제보다 전. 오래 전. 예전. [예]이전보다 살기가 낫다. [반]이후.

이전[2](移轉) 옮김. 집을 옮김. [비]이사. —하다.

이:점(利點)[—쩜] 이로운 점. 이익이 되는 점. [예]이 사업은 우리에게 많은 이점이 있다.

이:정표(里程表) 육로의 거리·방향 따위를 표시하여 찾아가기 쉽게 해 놓은 표. [예]이정표를 따라가다.

이제 바로 이 때. [예]이제 다 마쳤다. [비]지금.

이제까지 지금까지. [예]너는 이제까지 뭘 하느라고 숙제도 제대로 못 했느냐. [비]여태.

이제껏 지금에 이르기까지. 여태껏. 입때껏.

이제야 이제 겨우. 이제 비로소. [예]이제야 알았다.

이젠 지금에 이르러서는. [예]이젠 가야겠다. [본]이제는.

이:조 판서(吏曹判書) 조선 시대 육조의 하나인 이조의 으뜸 벼슬. 정이품임. [준]이판.

이:족(異族) ①성이 다른 겨레붙이. ②다른 민족. [반]동족.

이종[1](姨從) '이종 사촌'의 준말

이종[2](移種) 모종을 옮겨 심음. 이식. —하다.

이종 사:촌 이모의 아들과 딸. [준]이종.

이종 자매 이종 사촌간의 여자 형제.

이종 형제 이종 사촌간의 남자 형제.

이주(移住) 집을 옮겨서 사는 것. [예]교외로 이주하다. [비]이사. —하다.

이죽거리다 쓸데없는 말을 밉살스럽게 지껄이다. [예]그렇게 이죽거리다 혼날 줄 알아라. [본]이기죽거리다.

이:준(李儁, 1859~1907) 조선 말

엽 고종 때의 열사. 1907년 고종 황제의 밀서를 가지고 이상설·이위종과 함께 만국 평화 회의에 참석하였으나, 일본의 방해로 뜻을 이루지 못하게 되자 분함을 참지 못하고 순국함.

이:중(二重) ①두 겹. [예] 이중벽. ②거듭함. [예] 이중으로 기입하다. [비] 두 겹. 중복.

이:중섭(李仲燮, 1916~1956) 서양 화가. 일본 도쿄 문화 학원을 졸업. 1937년 일본 자유 미술 협회 전람회에 출품한 이래, 야수파의 영향을 받은 작품으로 소·게 등 향토적인 그림을 남겼음. 우리나라 서구 근대화의 화풍을 도입하는데 공헌함.

이:중 인격[—껵] 한 사람이 전혀 다른 두 가지 성격을 지니고 때때로 다른 사람처럼 행동하는 일, 또는 그 성질.

이:중주(二重奏) 두 사람이 서로 다른 두 개의 악기로 합주하는 일. 듀엣. 이부 합주.

이:중창(二重唱) 두 사람이 두 개의 성부로 동시에 또는 교대로 노래를 부름. 이부 합창. 듀엣.

이:중환(李重煥, 1690~1756) 조선 영조 때의 실학자. 우리 나라 인문 지리서인 〈택리지〉를 지어 전국의 지형·풍토·풍속·교통 등을 소개하였음.

이즈음 이사이. 이 때. [예] 이즈음의 일. [작] 요즈음.

이지러지다 ①그릇의 이가 빠지다. ②한쪽이 차지 않다. [예] 달이 이지러져 간다.

이:지적(理智的) 용모나 말·행동에서 사물을 분별·이해하는 슬기가 풍기는 것. [예] 그녀의 이지적인 용모가 돋보인다.

이:직(李稷, 1362~1431) 시조 '까마귀 검다 하고……'의 지은이. 조선의 개국 공신으로 벼슬이 영의정에까지 이르렀음.

이:진법 0, 1 두 가지 숫자를 써서 나타내는 수의 표시 방법. 컴퓨터 등에서 이용됨.

이질[1](姨姪) ①여자의 자매간의 자녀. ②아내의 자매의 자녀.

이:질[2](異質) 성질이 다름. [예] 이질적인 문화. [반] 동질.

이:질[3](痢疾) 피똥이 나오고 대변이 자주 마려운 병.

이:질 아메:바 아메바성 이질을 일으키는 원생 동물.

이집트(Egypt) 북아프리카의 동부 나일 강 하류 지역에 있는 나라. 수도는 카이로.

이집트 문자 고대 이집트에서 사용했던 상형 문자. 오늘날 알파벳의 원조가 됨.

이쯤 이만한 정도. [예] 이쯤하면 되겠지. [작] 요쯤.

이차돈(異次頓, 503~527) 신라 법흥왕 때의 순교자. 신라에서는 이차돈의 순교 뒤에 비로소 불교를 인정하게 되었음.

이:차 소비자 풀을 뜯어먹고 사는 연약한 동물을 잡아먹는 동물들. 곧 사자·범·표범 등.

이착륙(離着陸)[—창뉵] 이륙과 착륙을 아울러 이르는 말. [예] 비행기의 이착륙 조정. —하다.

이:채(異彩) ①색다른 빛. ②뛰어남. ③남과 다른 것. [예] 이채로운 전시회.

이처럼 이같이. [예] 이처럼 와 주셔서 고맙습니다.

이:천(李蕆, 1376~1451) 조선 초

ㅇ

기의 무관. 장영실과 함께 해시계·물시계 등의 과학 기구를 제작하였음.

이:층(二層) ①단층 위에 한 층 더 올려 지은 층. [예]이층집. ②여러 층으로 된 건물의 아래에서 둘째 번 층.

이:치(理致) 사물의 정당한 조리. 도리에 맞는 취지. [예]이치에 맞는 말.

이퀄(equal) 같음. 부호는 '='.

이키 갑자기 놀랐을 때 지르는 소리. [예]이키! 다리가 놓여 있지 않구나. 어떻게 건너지?

이:타(利他) 자기를 희생하여 남을 이롭게 함. [예]이타심. 이타주의. [반]이기.

이탈(離脫) 떨어져 나감. 관계를 끊음. [예]궤도 이탈. —하다.

이탈리아(Italia) 유럽 남부에 있는 나라. 수도는 로마.

이토록 이러하도록. 이와 같이. [예]이토록 무성의할 수가!

이토 히로부미(伊藤博文, 1841~1909) 1905년 고종 때에 맺은 을사조약을 비롯하여 우리 나라 침략에 주동적인 역할을 했던 일본의 정치가. 안중근 의사에게 하얼빈에서 사살됨.

이튿날 ①하룻날의 다음 날. ②이틀째의 날. [예]이튿날이면 오늘 있었던 일은 다 잊을 거야. [비]다음 날. [준]이틀.

이틀 '이튿날'의 준말.

이틀거리 이틀씩 걸러서 앓는 좀처럼 낫지 않는 학질.

이파리 살아 있는 나무나 풀의, 넓이가 있는 낱잎. 잎사귀.

이판사판/이판새판 막다른 데에 이르러 더는 어찌할 수 없게 된 판.

이판암(泥板岩) 진흙이 물 속에서 쌓여 굳어진 바위.

이:팔 청춘(二八青春) 열여섯 살 전후의 젊은이.

이:하(以下) 일정한 한도의 아래. 이 다음. [예]이하 생략. [반]이상.

이항(移項) 방정식에서 좌변의 식을 우변으로, 또는 우변의 식을 좌변으로 옮기는 것. 예를 들면, x+30=70, x=70−30 따위. —하다.

이:항복(李恒福, 1556~1618) 조선 시대의 이름난 정치가. 호는 백사. 임진왜란 때 선조 임금을 모시고 피난을 갔으며, 국난을 수습하는 데 공훈을 세워 오성군에 봉해짐.

이:해[1](利害) 이익과 손해. [예]이해를 초월하다. [비]득실.

이:해[2](理解) ①사리를 헤아려 앎. [예]무슨 말인지 잘 이해할 수 없다. ②남의 사정을 잘 알아줌. [비]양해. [반]오해. —하다.

이:해 관계 이로우냐 해로우냐에 대한 것.

이:해 타:산 이익과 손해를 이모저모 따져 셈함. —하다.

이:행하다(履行—) 실지로 하다. [예]약속을 이행하다. [비]실행하다.

이·호·예·병·형·공 고려 시대와 조선 시대의 행정부의 기구. 고려 시대에는 '부'라 불렀으며(6부), 조선 시대에는 '조'라 불렀음(6조).

이:화명나방 명충나방과의 곤충. 몸빛은 회색을 띤 엷은 갈색에 앞날개는 좀 길고 황갈색 또는 암회갈색이며 뒷날개와 배 부분은 흼. 명충나방. 이화명아.

이:화명충(二化螟蟲) 이화명나방

ㅇ

의 애벌레. 벼 따위를 갉아먹음. ⓑ마디충.

이화 학당(梨花學堂) 1886년에 미국인 선교사 스크랜턴 여사가 세운 우리 나라 최초의 여성 교육 기관. 현재의 이화 여자 대학교.

이:황(李滉, 1501~1570) 조선 중기의 유학자로 호는 퇴계. 관직을 버리고 지방에 내려가 주자학 연구에 몰두하였고, 도산 서원을 세워서 많은 후배를 길렀음.

이:후(以後) ①이 뒤. ② 이다음. ㉠이후에는 주의하여라. ⓑ금후. 뒷날. ⓟ이전.

이:흥렬(李興烈, 1909~1980) 작곡가. 함경 남도 원산 출생. 일본 도쿄 음악 학교 피아노과를 졸업하고 예술원 회원을 지냄. 가곡 〈바위 고개〉〈어머니 마음〉등 많은 작곡을 했음.

익다 ①익숙하게 되다. ㉠손에 익다. ②자주 만나서 사이가 가까워지다. ③음식이 끓어 삶아지다. ㉠감자가 잘 익지 않았다. ④열매가 여물다. ㉠익지 않은 과일. ⓑ여물다. ⓟ설다.

익명(匿名)[잉—] 본이름을 숨김, 또는 그 이름. ㉠익명으로 투고하다. —하다.

익반죽[—빤죽] 가루에 끓는 물을 부어 가며 하는 반죽. —하다.

익사(溺死)[—싸] 물에 빠져 죽음. ㉠수영을 하다 익사했다. —하다.

익살 말이나 행동을 재미있고 우습게 함, 또는 그러한 말이나 행동. ㉠익살스런 몸짓으로 친구들을 웃기다. —스럽다.

익살꾼 익살을 잘 부리는 사람. 익살꾸러기.

익살떨다 남을 웃기려고 일부러 우스운 말이나 행동을 하다. 익살부리다. ㉠억지로 익살떨 필요는 없다.

익숙하다 ①자주 보아 눈에 익다. ②자주 만나서 사이가 가깝다. ③여러 번 하여 손에 익다. ㉠그 일을 아주 익숙하게 처리하다. ⓑ낯익다. 능숙하다. ⓟ서투르다. 미숙하다. —히.

익숙한 손에 익은. 연습이 많이 된. ㉠기술자들이 익숙한 솜씨로 기계를 돌리고 있다.

익은 밥 먹고 선소리 한다〈속〉이치에 맞지 않는 말로 싱겁게 구는 사람을 핀잔하여 이르는 말.

익조(益鳥) 농업상 해가 되는 벌레를 잡아먹는 제비·크낙새 따위. ⓟ해조.

익충(益蟲) 직접·간접으로 사람에게 이익을 주는 유익한 벌레. 잠자리·누에·꿀벌 따위. ⓟ해충.

익히다 ①익숙하게 하다. 연습하다. ㉠영어 회화를 익히다. ②익게 하다. ㉠고기를 익히다.

익힘 ①연습함. ㉠익힘 문제. ②익게 힘.

인¹(人) 사람. 인간.

인²(仁) 어진 것. 착한 것.

인³(燐) 불이 일어나기 쉬운 쇠붙이가 아닌 원소.

인가¹(人家) 사람이 사는 집. ㉠멀리 인가가 보인다.

인가²(認可) 인정하여 허락함. ㉠공장 설립을 인가하다. ⓑ허가. —하다.

인간(人間) ①사람. ②세상. ⓑ인류. 사람.

인간 문화재(人間文化財) 중요한 무형 문화재를 지니고 있는 사람

인간 사회

을 통틀어 이르는 말.

인간 사:회 사람이 많이 모여서 서로 도와 가며 사는 모임.

인간 상록수[-녹쑤] 고장을 위해 남에게 모범이 될 만한 일을 하여 우러러볼 만한 사람.

인간성[-썽] 사람으로서 본디부터 가지고 있는 본바탕. ㉠그 친구는 인간성이 좋다.

인걸(人傑) 뛰어난 사람. ⓑ호걸.

인격(人格)[-껵] ①사람의 품격. ②사람다운 점. 사람의 됨됨이. ⓑ성품. 인품. ⓒ신격.

인격자 품위 있고 덕을 많이 닦은 사람.

인:계(引繼) 하는 일을 넘겨줌. 또는 이어받음. ㉠사무 인계를 받다. ⓑ인수. -하다.

인고(忍苦) 괴로움을 참음. ㉠인고의 세월. -하다.

인공(人工) 사람이 하는 일. 사람이 자연물에 손을 대어 만드는 일. ㉠인공 호수. ⓒ자연. 천연.

인공 가루받이[-바지] 사람의 힘으로 꽃가루를 암술머리에 묻혀 주어 씨와 열매를 자라게 하는 것.

인공림 사람이 계획적으로 심어 가꾸어 이룬 숲. ⓒ자연림.

인공 수정 인위적으로 수컷의 정액을 채취하여 암컷의 생식기 속으로 주입시켜 수정시키는 일. 인공 정받이. -하다.

인공 위성 지구의 인력을 떠나서 지구의 둘레를 마치 위성과 같이 돌도록 만든 물체.

인공 지능 인간의 사고 과정 또는 지적 활동의 일부를 기계화한 것. 시간 예약 기능·자동 속도 조절 기능 따위. ㉠인공 지능 세탁기.

인공 호흡 정신을 잃어 호흡이 곤란한 사람에게 인공적으로 폐에 공기를 보내 소생시키는 구급법.

인과(因果) ①원인과 결과. ②불교에서, 선악의 업에 따르는 결과. ㉠인과 응보.

인구(人口) 어떠한 지역 안에 사는 사람의 수효.

인구 밀도[-또] 면적 1 ㎢ 안에 사는 평균 인구수.

인구 분포 일정한 지역 안에서 사람들이 여기저기 흩어져 살고 있는 모습.

인구 조사 한 나라의 인구 상황을 총체적으로 파악하기 위하여 일정 시점을 기준으로 동시에 행하는 전국적인 인구 실태에 대한 조사. 인구 센서스.

인구 집중[-쭝] 일정한 지역 안에 사람들이 많이 모임.

인권(人權)[-꿘] 사람이 당연히 가지는 기본적 권리. 곧 자유와 평등의 권리. ㉠인권 존중.

인권 선언 1789년 8월 26일, 프랑스 국민 의회의 결의에 따라 채택된, 인간의 자유·평등 등 인권에 관한 선언.

인근(隣近) 이웃. 근처. ㉠인근 마을에 살다.

인기(人氣)[-끼] 여러 사람의 마음이 쏠리는 것. 세상 사람의 좋은 평판. ㉠공부 잘하고 마음씨 좋은 인수는 인기가 대단하다.

인기척[-끼척] 사람의 나타남을 알아 낼 수 있는 자취와 소리. ㉠현관에서 인기척이 난 것 같다.

인내(忍耐) 괴로움이나 노여움 따위를 참고 견디는 굳은 마음. ㉠인내심. ⓑ참을성. -하다.

인내력 참고 견디는 힘.

인내천(人乃天) 천도교의 근본 교

의로서 '사람이 곧 하늘'이라는 뜻.

인당수 고대 소설인 '심청전'에 나오는 깊은 물 이름.

인대(靭帶) 관절을 강하고 튼튼하게 하거나, 또는 그 운동을 억제하는 작용을 하는 조직 섬유.

인더스 강(Indus江) 파키스탄의 중앙부를 남서로 흐르는 강. 고대 문명의 발상지임.

인도¹(人道) 사람으로서 마땅히 지켜야 할 도리. 예인도주의.

인도²(人道) 사람이 다니는 길. 예사람은 인도로, 차는 차도로. 반차도.

인:도³(引渡) 넘겨 줌. 예포로를 인도하다. 반인수. —하다.

인도⁴(印度) 인도 반도의 대부분을 차지하고 있는 공화국. 수도는 뉴델리.

인도네시아(Indonesia) 동남 아시아의 적도 바로 아래에 있는 공화국. 수도는 자카르타.

인도양(印度洋) 오대양의 하나. 아시아·아프리카·오스트레일리아의 세 대륙에 둘러싸여 있음.

인:도자(引導者) 가르쳐 이끄는 사람. 비안내자. 지도자.

인도주의 인류 전체를 행복스럽게 하려는 것을 이상으로 하는 주의.

인도차이나 반:도 아시아 대륙 남동부에 있는 반도. 라오스·미얀마·타이·베트남·캄보디아 등의 나라가 있음.

인:도하다(引導—) ①가르쳐 이끌다. 지도하다. 예친구를 바른길로 인도하다. ②길을 가르쳐 주다. ③앞길을 열어 주다.

인두 바느질할 때에 불에 달구어 천의 구김살을 눌러 펴거나 자국을 내는 데 쓰는 기구.

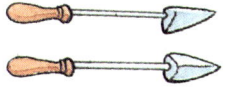

〔인두〕

인두세(人頭稅) 원시적인 조세 형태의 한 가지. 성·신분·소득 등에 관계없이, 가족의 수에 따라 일정하게 매기는 세금.

인디고(indigo) 어두운 청색의 물감. 아닐린을 원료로 합성함.

인디언(Indian) ①미국의 원주민을 일컫는 말. ②인도의 흑인.

인력¹(人力) 사람의 힘이나 노동력. 예인력으론 불가능한 일이다. 반신력.

인:력²(引力) 두 물체가 서로 끌어당기는 힘. 예만유 인력.

인력 개발 사회 구성원 개개인에게 교육·훈련 등을 통하여 기술과 지식을 습득시킴으로써, 국민 경제의 근대화 과정의 원동력이 될 수 있도록 추진하는 일.

인력거(人力車)〔일력꺼〕 사람을 태우고 사람이 끌도록 만든 수레. 예인력거꾼.

〔인력거〕

인력난 인력이 없어 겪는 어려움. 예인력난을 겪다.

인력 수출〔일—〕 의사·간호사·기술자·노동자 등이 외국에 나가 일하게 하는 일.

인류(人類)〔일—〕 사람. 지구 위에 사는 모든 사람. 예인류의 역사. 비인간.

인류 공영

인류 공:영[일—] 모든 사람이 함께 번영함.

인류 보:건 지구상에 사는 모든 사람들의 건강을 지키는 일.

인류애 세상 모든 사람에 대한 사랑. 인류를 사랑하는 일.

인류 평화 온 세계의 모든 사람들이 전쟁이나 무력 충돌이 없이 국내적·국제적으로 평온하고 화목하게 지내는 상태.

인륜(人倫)[일—] 사람이 지켜야 할 떳떳한 도리. ⑩인륜에 어긋나는 일.

인륜 대:사(人倫大事) 사람의 일생에서 겪게 되는 중요한 일. 곧 출생·혼인·사망 등의 일.

인명¹(人名) 사람의 이름.

인명²(人命) 사람의 목숨. ⑩인명 구조. 인명 피해가 적다.

인물(人物) ①사람. ②뛰어난 사람. 비인재. ③사람의 생김새. ⑩인물이 훤하다.

인물화 사람을 그린 그림.

인민(人民) ①한 정부에 딸린 일반 사람. ②어떤 사회를 구성하는 사람. 비국민.

인민 재판 공산주의 국가에서, 민중을 배심으로 하여 직접 행하여지는 재판 형식.

인보관(隣保館) 이웃끼리 서로 돕고 협력하기 위해서 세운 단체, 또는 그 집.

인본주의(人本主義) 인간이 모든 것의 중심이 된다는 사상. 휴머니즘.

인부(人夫) 노동일을 하여 먹고 사는 사람. 비막벌이꾼.

인분(人糞) 사람의 똥.

인사(人事) ①남에게 공경하는 뜻으로 하는 예의. ②사람 사이에 지키는 예의. 비경례. 절. 문안. —하다.

인사말 안부를 묻거나 상대편을 높이는 뜻으로 하는 말.

인사 불성(人事不省)[—썽] 정신을 잃어 의식이 없음.

인산¹(人山) 사람이 수없이 많이 모인 모양. 비인해.

인산²(燐酸) 인을 태웠을 때 나오는 흰빛의 가루가 물과 작용하여 생기는 산.

인산 비:료(燐酸肥料) 인산 성분이 많이 들어 있는 비료.

인산 인해(人山人海) 사람이 헤아릴 수 없이 많이 모인 상태.

인삼(人蔘) 오갈피나뭇과의 여러해살이풀. 예로부터 약용으로 많이 재배해 오는 식물. 줄기 높이는 60cm 가량. 뿌리는 희고 살이 많으며 가지를 많이 침. 줄기 끝에 손바닥 모양의 잎이 서너 잎 돌려 나며 여름에 연한 녹색 꽃이 피고 길쭉한 열매가 붉게 익음. 4~6년 만에 수확함.

인상¹(人相) 사람의 얼굴 생김새. ⑩인상이 참 좋다.

인:상²(引上) ①끌어올림. ②물건 값이나 요금·월급 따위를 올림. ⑩요금 인상. 반인하. —하다.

인상³(印象) ①영향을 받아 생긴 모든 의식. ②보거나 듣거나 했을 때 대상물이 주는 느낌. ⑩어딘지 모르게 곧 친해질 것 같은 인상을 받았다.

인상(이) **깊다** 마음 속에 강렬하게 어떤 감동이 생겨 잊혀지지 않다. ⑩인상 깊은 영화.

인상적 마음 속에 깊이 남아서 잊혀지지 않는 것. ⑩퍽 인상적인 풍경이었다.

인:색하다(吝嗇—) 너무 재물을 아끼다. 예인색한 사람. —히.
인생(人生) ①생명을 가진 사람. 비인간. ②사람이 세상에서 사는 동안. 비생애.
인생관(人生觀) 인생의 존재 가치·의미·목적 등에 관하여 가지고 있는 전체적인 사고 방식.
인:솔(引率) 사람을 이끌어 거느리고 감. 예어린이를 인솔하다. 인솔자. 비인도. —하다.
인쇄(印刷) 기계에 넣어 글이나 그림을 찍어 내는 일. —하다.
인쇄 기계 글씨·그림을 종이에 찍어 내는 기계.
인쇄소 인쇄 설비를 갖추고 전문적으로 인쇄일을 하는 곳.
인쇄술 활자로써 글자를 박아 내는 기술.
인:수¹(引受) 물건이나 권리를 넘겨 받음. 예인수 인계. 비인계. 반인도. —하다.
인수²(因數) 어떤 다항식을 두 다항식 또는 그 이상의 다항식의 곱으로 나타내었을 때 본디의 다항식에 대하여 각각의 다항식을 일컬음.
인:수 인계(引受引繼) 업무 따위를 넘겨 받고 물려줌. —하다.
인스턴트 식품 인스턴트는 '즉석'이란 뜻으로, 시간에 쫓기는 현대인의 생활에 편리하도록 즉석에서 조리할 수 있고 저장·운반이 간편한 식품.
인습(因習) 이전부터 전하여 몸에 젖은 풍습. 예나쁜 인습은 고쳐야 한다.
인식(認識) ①알아봄. ②인정함. ③깨닫고 헤아려 판단하는 작용. 예인식을 새로이 하다. —하다.

인신(人身) ①사람의 몸. ②개인의 신분. 예인신 공격은 피해라.
인신 공:격 남의 일신상에 관한 일을 들어 비난함. —하다.
인신 매:매 사람을 팔고 삼. —하다.
인심(人心) ①사람의 마음. ②남의 사정을 헤아려 주고 도와 주는 마음. 예인심이 좋다.
인심 사:납다 인정이 없고 매우 야박하다. 예인심 사납게 굴다.
인심 사다 남에게서 좋은 사람이라는 평을 듣다. 예남의 돈으로 인심 사는군.
인어(人魚) 허리 위는 사람의 몸과 같고 허리 아래는 물고기와 같다는 상상의 동물.
인연(因緣) ①서로 알게 되는 기회. ②의지하고 지낼 관계. ③사물의 유래. 비연분. —하다.
인:용(引用) 다른 글 가운데서 한 부분을 끌어다 씀. 예남의 말을 인용하다. —하다.
인원(人員) ①단체를 이룬 사람. ②사람의 수효.
인위(人爲) 사람의 힘으로 이루어지는 일. 인공. 반자연. 천연.
인의(仁義) 어질고 의로움.
인의예지신(仁義禮智信) 사람으로서 갖추어야 할 다섯 가지 덕. 곧 어짊과 의로움과 예의와 지혜와 믿음.
인자(仁慈) 어질고 자애가 깊음. 예인자한 할아버지. 반악독. —스럽다. —하다.
인재(人材) 학식과 능력이 뛰어난 사람. 쓸모 있는 사람. 예인재 양성. 비인물.
인적(人跡) 사람의 발자취.
인접(隣接) 이웃하여 있음. 예인

인정

접 마을에 살다. —하다.

인정¹(人情) ①사람의 본디 가지고 있는 애정. ②남을 동정하는 따뜻한 마음. —스럽다.

인정²(認定) ①옳다고 믿고 정함. ㉠당신이 옳다고 인정합니다. ②허락함. ㉠종교의 자유를 인정하다. ㈂확정. 승인. —하다.

인정미(人情味) 인정이 깃들인 따뜻한 맛.

인정 없다 남을 생각하고 도와 주려는 마음이 없다. —이.

인제 지금에 이르러. 이제. 이제부터. 지금부터. ㉠인제 내가 대장이다.

인제서야 지금 와서 겨우. ㉠인제서야 겨우 마음이 놓인다.

인조(人造) 사람이 만듦, 또는 그 물건. ㉠인조 가죽.

인조견(人造絹) 인공으로 비단같이 만든 피륙.

인조 반:정(仁祖反正) 광해군 15년(1623)에 이서·이귀·이괄 등이 김후와 합세하여 광해군을 몰아 내고, 능양군인 인조를 왕으로 세운 일.

인종(人種) 피부색·골격·머리털의 빛깔 등 신체적 특성으로 인류를 분류한 종류. ㉠황인종.

인종 차별 한 인종이 다른 인종을 멸시·박해 등 차별하는 일.

인주(印朱) 도장을 찍을 때 쓰는 붉은 재료.

인중(人中) 코의 밑과 윗입술 사이의 우묵한 곳.

인지(印紙) 세금·수수료 따위를 징수하기 위하여 정부에서 발행하는 증표. ㉠수입 인지.

인지상정(人之常情) 사람이 보통 가질 수 있는 인정.

인질(人質) 사람을 볼모로 잡아 두는 일. 볼모.

인:책(引責) 스스로 책임을 짐. ㉠인책 사퇴. —하다.

인천 국제 공항(仁川國際空港) 인천 광역시 중구, 영종도와 용유도 사이에 있는 국제 공항.

인천 상:륙 작전[—뉴작쩐] 6·25 전쟁이 일어난 1950년 9월 15일, 유엔군 총사령관인 맥아더 장군의 지휘 아래 인천에서 감행된 작전. 6·25 전쟁에서 가장 큰 반격 작전으로 성공하여 전세를 유리하게 전개시켰음.

인체(人體) 사람의 몸. ㉠인체에 해로운 음식.

인:출(引出) 예금을 찾아 냄. ㉠현금을 인출하다. —하다.

인치(inch) 영국·미국의 길이를 재는 단위. 1인치는 약 2.54㎝.

인터넷(Internet) 컴퓨터의 네트워크를 연결하는 세계적 규모의 컴퓨터 통신망. 전자 우편·전자 뉴스 등의 교환이 이루어짐.

인터뷰:(interview) 면회. 회담. ㉠스타와 인터뷰하다. —하다.

인터셉트(intercept) 럭비·축구·농구 등의 경기에서, 상대편의 패스를 중간에서 빼앗는 일. —하다

인터체인지(interchange) 고속 도로와 보통 도로를 입체적으로 이어서 자동차가 드나들 수 있도록 만든 길.

인터페론(interferon) 바이러스에 감염된 동물의 세포에서 생성되는, 바이러스의 번식을 억제하는 단백질. 감기나 암세포의 번식 억제 등에 효과가 있어 바이러스성 질환이나 암 치료 등에 쓰임.

인터폰:(interphone) 옥내의 통화

에 쓰이는 간단한 유선 장치. 건물이나 열차·선박 등의 안에서 내부 연락용으로 사용함. 구내 전화.

인터폴(Interpol) 국제 형사 경찰 기구. 아이시피오(ICPO).

인턴:(intern) 의과 대학을 졸업한 후 일 년 동안 병원에서 실습 겸 조수로 근무하는 수련의. 실습 의학생.

인테리어 디자인(interior design) 실내의 공간을 종합적·조형적으로 아름답게 꾸미는 실내 설계. 실내 장식.

인파(人波) 많은 사람이 움직여 그 모양이 물결처럼 보이는 상태. ㉠여름철 피서 인파로 가득 메운 해수욕장.

인편(人便) 사람이 오고 가는 편. ㉠인편에 편지를 보내다. 준편.

인품(人品) 사람의 성품이나 됨됨이. 비성품. 인격.

인풋(input) 정보를 코드화하여 컴퓨터에 넣는 것, 또는 그 정보. 입력. 반아웃풋. ─하다.

인플레이션(inflation) 한 나라에서 발행하는 돈이 너무 많아지고 생산품은 적을 때, 돈의 값어치는 떨어지고 물가가 오르는 현상. 준인플레.

인플루엔자(influenza) 유행성 감기. 독감.

인필:더(infielder) 야구에서 내야수. 반아웃필더.

인:하(引下) 끌어내림. 예가격 인하. 반인상. ─하다.

인하여(因─) ①의지하여. ②인연하여. ③말미암아. 예너로 인하여 이 계획은 성공했다.

인해(人海) 많은 사람이 모인 상태를 바다에 비유하여 이르는 말.

인해 전:술(人海戰術) 전쟁에서 공격할 때, 엄청난 인원을 동원하여 적을 누르는 원시적인 전술.

인허(認許) 인정하여 허가함. 비인가. ─하다.

인형(人形) 사람 모양을 한 장난감.

인형극 사람이 인형을 움직여서 하는 연극.

인화[1](人和) 여러 사람이 서로 화합함. 예인화 단결이 잘 되다. ─하다.

인:화[2](引火) 불이 옮아 붙음. 예인화가 잘 되는 물질. ─하다.

인:화점 물질이 불붙는 최저 온도.

일:[1] ①직업으로 삼고 하는 모든 노동. 예아침에 일 나가셨다. ②용무. 예무슨 일로 왔니? ③큰 난리나 변동. 사고. 예일이 터졌다. ─하다.

일[2](一) ①'한'의 뜻. ②하나.

일가(一家) ①한 집. ②한 집안. ③같은 성, 같은 본의 친족. 비친척.

일가 친척 일가와 외척·인척의 모든 겨레붙이. 예일가 친척 하나 없는 외톨이.

일간(日間) ①하루 동안. ②요 며칠 사이. 예일간 만납시다.

일간 신문 날마다 박아 내는 신문. 비일간지. 준일간.

일:감[─깜] 일을 할 재료. 예일감이 많다. 비일거리.

일:거리[─꺼리] 하여야 할 일. 예일거리가 쌓여 있다. 비일감.

일거수 일투족(一擧手一投足) 사소한 하나하나의 동작이나 행동을 이름. 예일거수 일투족을 감시하다.

일거 양:득(一擧兩得) 한 가지 일을 하여 두 가지 이익을 얻음. 일석 이조.

일거 일동(一擧一動)[—똥] 모든 동작. 예일거 일동을 주시하다. 비일거수 일투족.

일격(一擊) 한 번 세게 침. 예일격을 가하다.

일고여덟[—덜] 일곱이나 여덟. 준일여덟.

일곱 여섯에 하나를 더한 수.

일과(日課) 날마다 하는 일. 예몹시 게으른 그는 낮잠 자는 것이 하루 일과였다.

일과표 날마다 하는 일을 정하여 놓은 시간표.

일관(一貫) 태도나 방법 등을 처음부터 끝까지 한결같이 함. 예일관성 있게 행동하다. —하다.

일괄(一括) 한데 묶음. 예일괄하여 처리하다. —하다.

일괄 처:리 컴퓨터에서, 입력 데이터를 일정량 또는 일정 기간 모아, 한꺼번에 처리하는 방법.

일광욕(日光浴)[—뇩] 온몸을 햇빛에 쬐어 몸을 튼튼하게 하는 일. —하다.

일교차(日較差) 하루 중 가장 높은 기온과 가장 낮은 기온의 차이. 예요즘은 일교차가 크다.

일구다 ①논밭을 만들려고 땅을 파서 일으키다. 예땅을 일구는 농부. 비갈다. 반다지다. ②두더지 따위가 땅 속을 쑤셔 흙이 솟게 하다.

일구 이:언(一口二言) 한 입으로 두 가지 말을 함. 곧 약속을 어김. —하다.

일그러지다 한쪽이 약간 틀려 비뚤어지다. 예일그러진 얼굴.

일기¹(日記) 날마다 일어난 사실과 자기의 생각을 적은 기록. 예난중 일기. 비일지.

일기²(日氣) 그 날의 하늘의 모양. 비날씨.

일기도(日氣圖) 일정 시각에 어떤 지방의 기압·날씨·바람 등을 기호로 써서 지도 위에 나타낸 것.

일기 예:보 날씨의 변화를 미리 알리는 일. —하다.

일기장(日記帳)[—짱] ①일기를 적은 공책. ②영업상의 거래나 기업 재산에 관한 나날의 상태를 기록하는 장부.

일깨우다 가르쳐서 깨닫게 하다.

일:껏 일부러 애써서. 모처럼 애써서. 예일껏 만들어 놓은 것을 망가뜨렸다.

일:꾼 ①품팔이하는 사람. 예일꾼을 쓰다. ②일을 잘 처리하는 사람. 예유능한 일꾼.

일:내다[—래다] 말썽을 일으키다. 사고를 저지르다.

일 년(一年) 한 해.

일년감 열매가 감과 비슷한 것이 열리는 채소. 토마토.

일 년 내 일 년 동안 계속.

일년생 식물 식물체가 한 해 동안에 싹트고, 자라고, 꽃이 피고, 열매 맺고, 말라 죽는 초본 식물. 한해살이풀.

일념(一念)[—렴] 한결같은 마음. 예조국 통일의 일념.

일:다〔이니, 일어서〕 ①가만히 있는 몸이나 물건이 위로 향하여 움직이다. ②물을 부어서, 곡식에 섞인 모래 따위를 조리를 써서 가려 내다. 예쌀을 일다.

일단(一旦)[—딴] 한번. 잠깐. 우선. 예일단 여기서 끝내자.

일단락(一段落)[―딸락] 일의 한 단계가 끝남. ㉠일단락을 짓다. ―하다.

일당¹(一黨)[―땅] ①행동·목적을 같이하는 무리. ② 한 개의 정당. ㉠일당 독재.

일당²(日當)[―땅] 하루 몫의 수당이나 보수.

일대¹(一大)[―때] 어떤 말 위에 붙어 '굉장한·중대한'의 뜻을 나타내는 말. ㉠일대 사건.

일대²(一帶)[―때] 그 지역 전체. ㉠마을 일대가 물바다가 되었다.

일대일 대:응[일때―] 집합 X의 모든 원소와 집합 Y의 모든 원소가 하나도 빠짐없이 꼭 한 개씩 서로 대응되는 것.

일대 혼란[―때호란] 아주 뒤죽박죽이 되어 질서가 없는 모양.

일동(一同)[―똥] ①누구나 죄다. ②한 단체 죄다. ㉠일동 기립.

일등(一等)[―뜽] 첫째.

일러 가르쳐. ㉠동생에게 주의 사항을 일러 주었다.

일러두기 꼭 알아야 할 것을 책의 맨 앞에 써 놓은 글. 凹범례.

일러바치다 어떤 비밀이나 나쁜 일을 윗사람에게 고자질하다.

일러 주다 잘 알아듣도록 이야기해 주다. ㉠사실대로 일러 주다.

일렁이다 물 위에 뜬 물건이 물결에 따라 이리저리 흔들리어 움직이다. ㉠파도에 일렁이는 종이배. 卧알랑이다.

일렁일렁 물에 뜬 물건이 물결에 따라 이리저리 움직이는 모양. 卧알랑알랑. ―하다.

일련(一連) 하나로 이어진 것. ㉠일련 번호.

일렬(一列) ①하나의 줄. ㉠일렬로 서다. ②첫째 줄.

일렬 종대(一列縱隊) 세로로 한 줄로 늘어선 대형.

일례(一例) 하나의 보기. ㉠일례를 들어 설명하다.

일루 ①야구에서, 주자가 밟을 첫째 번 누. 퍼스트 베이스. ②'일루수'의 준말.

일루수 야구에서, 일루를 맡아 지키는 선수. 囧일루.

일류(一流) 첫째 가는 자리나 갈래. ㉠일류 디자이너.

일리(一理) 하나의 이유. 그런 대로 합당하다고 생각할 만한 이치.

일망 타:진(一網打盡) 한꺼번에 모조리 다 잡음. ㉠폭력배들을 일망 타진하다. ―하다.

일맥 상통(一脈相通) 처지나 생각 등이 서로 통함. 성격 등이 서로 비슷함. ―하다.

일면(一面) 한 쪽. ㉠일면만 보지 말고 전체를 보아라.

일모작(一毛作) 일 년 동안 같은 논밭에서 한 차례만 작물을 지어 거두는 일.

일몰(日沒) 해가 짐. ㉠일몰 시간. 凹일출.

일미(一味) 가장 좋은 맛. ㉠물고기는 머리가 일미라고 한다.

일박(一泊) 하룻밤을 묵음. ㉠일박 이일의 여행. ―하다.

일반(一般) ①보통 사람들. ②전체에 두루 해당하는 것. 凹특수.

일반 국민 보통의 모든 국민.

일반 은행 은행법에 의하여 주식회사로 설립된 은행. 조흥 은행·우리 은행·제일 은행 등. 凹특수 은행.

일반적 전체적인 것. 凹전문적.

일발(一發) ①활이나 총포 따위를

한 번 쏘는 일. ②총알이나 탄환 따위의 하나. 한방.

일방(一方) 어느 한편에만 치우치는 것. [예] 일방적인 요구.

일방 통행 사람이나 차량이 도로의 한쪽 방향으로만 다님.

일:벌 꿀벌 중의 일을 맡아 하는 벌.

일보[1](一步) 한 걸음. [예] 일보 전진하다.

일보[2](日報) ①일간 신문. ②나날의 보도 또는 보고.

일:보다 ①일을 맡아서 처리하다. [예] 회사에서 일보다. ②볼일을 보다. ③남의 일을 돌봐 주다.

일본(日本) 우리 나라와 동해를 사이에 두고 있는 나라. 1910년 한국을 빼앗고 중국에까지 손을 뻗치다가 1945년 연합군에게 패전하였으나 다시 부흥함. 수도는 도쿄.

일본식 성명 강요 우리 민족의 고유한 문화와 전통을 없애려고 일제가 강제로 우리 나라 사람의 성과 이름을 일본식으로 바꾸어 짓도록 한 일.

일부(一部) 한 부분. [예] 일부분. [비] 부분. [반] 전부. 모두. 전체.

일부러 짐짓. 알면서 굳이. [예] 일부러 모른 체하였다. [반] 우연히.

일부분 한 부분. 한 덩어리를 몇 몫으로 나눈 얼마. [예] 수입의 일부분을 저축하다.

일분 일초(一分一秒) 썩 짧은 시간. [예] 일분 일초를 다투는 화급한 일.

일사병[―싸뼝] 한여름에 뙤약볕 아래에서 오랫동안 햇볕을 직접 받을 때 눈이 아찔하고 머리가 어지러운 증세. [예] 일사병으로 쓰러지다.

일사(1·4) 후퇴 6·25 전쟁 때 북진했던 유엔군과 국군이 1951년 1월 4일 중공군의 개입으로 다시 서울을 버리고 후퇴한 일.

일산화탄소 탄소나 탄소 화합물이 산소가 부족한 상태에서 탈 때 발생하는 무색·무취의 유독한 기체. 탄소와 산소의 화합물이며, 연탄 가스 중독의 원인이 됨.

일:삼다[―따] ①그 일을 전문으로 하다. [예] 러시아 문학 번역을 일삼다. ②어떤 일을 자기의 직무처럼 자주 하다. [예] 아버지께서는 화초 가꾸기를 일삼아 하신다.

일상(日常)[―쌍] 늘. 항상. [예] 일상 쓰는 물건. [비] 평상.

일상 생활[일쌍―] ①늘 살아서 움직이는 것. 항상 살아가는 것. ②보통 때의 살림살이.

일생(一生)[―쌩] 살아 있는 동안. 한세상. [비] 평생.

일생 일대(一生一代) 사람의 평생. 사람의 한평생.

일석 이:조(一石二鳥)[일썩―] = 일거 양득.

일선(一線)[―썬] 전쟁을 하는 곳. 전쟁을 하는 곳과 가장 가까운 곳. [예] 일선 장병. [반] 후방.

일선 진지[일썬―] 전쟁을 하기 위하여 군인들이 전쟁 준비를 해 놓고 있는 곳. 적과 맞서서 진을 치고 있는 곳.

일성(一聲)[―썽] 한 마디의 소리.

일성 호가(一聲胡笳) 한 가락의 피리 소리. '호가'는 풀잎 피리, 또는 피리 소리.

일세[―쎄] 받침 있는 말에 붙어 '이다'보다 높이고, '입니다'보다 낮추어서 말할 때 쓰이는 말. 예저게 우리 집일세.

일세기(一世紀)[-쎄기] 백 년 동안. 예일세기에 한 사람 나올까 말까 한 영웅.

일소(一掃)[-쏘] 남김없이 모조리 쓸어 버림. 예부정 부패를 일소하다. -하다.

일 : 손[-쏜] ①일하는 솜씨. 예일손이 시원스럽다. ②일하는 사람. 예일손이 모자라다. ③일하고 있던 손. 예일손을 멈추다.

일순간 눈 깜짝할 사이. 아주 짧은 시간 동안. 삽시간. 예일순간에 벌어진 일.

일시(一時)[-씨] ①한때. ②같은 때. 예일시에 떠들다. 비동시.

일시적[-씨적] 한때·한동안만 관계 있는 모양. 예일시적 인기. 반영구적. 항구적.

일식(日蝕)[-씩] 달이 지구와 해 사이에 들어 해를 가리는 현상. 예개기 일식. -하다.

일신(一身)[-씬] 한 몸. 예일신의 영예를 돌보지 마라.

일심(一心)[-씸] 여러 사람이 한 가지 마음을 가짐. 예모두가 일심 단결하자.

일심 동체 한마음 한몸. 곧, 밀접하고 굳게 결합함을 일컫는 말. 예일심 동체가 되어 일하다.

일쑤 곧잘 하는 버릇. 가끔 그렇게 잘 됨. 예그는 지각하기가 일쑤다.

일어나다 ①앉았다가 서다. 예의자에서 일어나다. 반앉다. ②누웠다가 앉다. 예병석에서 일어나다. 반눕다. ③불이 붙다. 예불이 잘 일어난다. ④성하다. 예나라가 크게 일어나다.

일어서다 ①앉았다가 서다. 예벌떡 일어서다. ②번창하다. 예기울었던 사업이 다시 일어서다.

일억(一億) 1만의 만 배인 수.

일언(一言) 한 마디의 말.

일 : 없다 ①쓸데없다. 필요가 없다. 예이렇게 많이는 일없다. ②괜찮다.

일었느냐 일어났느냐.

일연(一然, 1206~1289) 고려 충렬왕 때의 승려. 보각국사. 〈삼국유사〉를 지음.

일요일(日曜日) 칠요일의 첫째 날. 토요일의 다음 날. 비공휴일. 준일.

일용품(日用品) 날마다 쓰는 물품. 생활 필수품.

일원[1](一員) 단체를 이루는 한 사람. 예사회의 일원.

일원[2](一圓) =일대[2]. 예경기도 일원에 폭우가 내리다.

일월[1](一月) 열두 달 중 첫째 달. 정월.

일월[2](日月) 해와 달.

일으키다 ①일어나게 하다. 예넘어진 아이를 일으키다. ②번성하게 하나. 예사업을 일으키다. 반넘어뜨리다.

일인당 한 사람마다.

일인 일기(一人一技) 한 사람이 한 가지의 기술을 가지는 일. 예일인 일기 교육.

일일(日日) 매일매일. 나날이.

일일 생활권(一日生活圈)[-꿘] 하루 동안에 오가며 살 수 있는 범위.

일일이[-리리] ①사사 건건. 일마다. ②낱낱이. 하나씩. 죄다. 예그 많은 사람의 이름을 일일이 욀 수 있어요? 비낱낱이. 하나하나. 반

일자리

한꺼번에.

일:자리[-짜리] 일터. 예일자리를 구하다. 비직장.

일자 무식(一字無識) 글자를 한 자도 모를 정도로 무식함.

일장검(一長劍)[-짱검] 허리에 차는 한 자루의 길고 큰 칼.

일장기[-짱기] 일본의 국기.

일절(一切)[-쩔] '아주·도무지'의 뜻을 나타내는 말로, 주로 사물을 부인하거나 금지할 때 씀. 예수업 중 잡담 일절 금지.

일정(日程) 그 날에 할 일. 예체육 대회 일정.

일정하다(一定-)[일쩡-] 한 번 정하여 움직이지 않다. 예출근 시간이 일정하다. -히.

일제(日帝)[-쩨] 일본 제국 또는 일본 제국주의를 줄여서 이르는 말.

일제 사격(一齊射擊)[일쩨-] 여럿이 총을 한꺼번에 쏨. -하다.

일제히[-쩨히] 모두 다 함께. 예오늘부터 전국에서 일제히 입학 시험이 시작된다. 비한꺼번에.

일조(日照) 햇볕이 내리쬠. 예일조량. 일조권.

일종(一種)[-쫑] 한 종류. 한 가지. 예동물의 일종.

일주¹(一周)[-쭈] 한 바퀴를 돎. 또는 그 한 바퀴. -하다.

일주²(一週) '일주간·일주일'의 준말.

일주간(一週間) 이레 동안. 칠일간. 일주일. 준일주.

일주 운동(日周運動)[일쭈 -] 별·태양·달 등이 하루에 한 바퀴씩 지구의 둘레를 도는 것처럼 보이는 운동. 지구가 자전하기 때문에 일어나는 현상임.

일주일(一週日)[-쭈일] 일요일부터 토요일까지 이레 동안.

일지(日誌) 그날 그날의 직무상의 기록을 적은 책. 예업무 일지.

일직선(一直線)[-찍썬] ①하나의 직선. ②쪽 곧음.

일진회(一進會)[-찐회] 대한 제국 말 송병준·윤시병·이용구 등이 조직하여 매국적인 활동을 한 정치 단체.

일찌감치 조금 더 일찍이. 예일찌감치 떠나도록 하자.

일찍 '일찍이'의 준말. 예아침 일찍 일어나다. 반늦게.

일찍이 ①앞서. 전번에. ②늦지 않게. 얼른. 빨리. 예일찍이 출발하다. 준일찍.

일착(一着) ①맨 먼저 닿음. ②맨 처음 시작함. -하다.

일체(一切) 모든. 온갖. 예일체의 관계를 끊다.

일출(日出) 해가 돋음. 해돋이. 예일출봉. 반일몰. -하다.

일층(一層) ①한 겹. ②여러 층으로 겹친 것의 맨 첫째 층. ③한결. 한층.

일치(一致) ①한마음 한뜻이 됨. 예일치 단결. ②서로 의견이 맞음. 예의견이 일치하다. -하다.

일컫다[일컬으니, 일컬어서] ①이름지어 부르다. 예그 꽃을 무궁화라 일컫는다. ②우러러 칭찬하거나 기리어 말하다.

일컬음 ①부름. ②우러러 칭찬함. 예이순신 장군은 민족의 영웅이라는 일컬음을 받고 있다.

일:터 일을 하는 곳.

일편 단심(一片丹心) 충성된 마음. 한결같은 참된 정성.

일평생(一平生) 살아 있을 동안.

ⓑ한평생.

일품(逸品) 썩 뛰어난 품질, 또는 물건. ⓑ절품.

일:하다 맡은 바 일을 하다.

일할(一割) 전체의 십분의 일.

일행(一行) ①길을 같이 가는 사람. ②행동을 같이하는 사람. ⓔ우리 일행은 모두 합쳐 8명이다. ⓑ동행.

일화(逸話) 세상에 널리 퍼지지 아니한 이야기.

일확 천금(一攫千金) 힘들이지 않고 단번에 많은 재물을 얻음. ⓔ일확 천금을 노리다. —하다.

일환(一環) 밀접한 관계가 있는 사물의 일부분. ⓔ수출 정책의 일환으로 추진된 사업.

일후(日後) 뒷날. 이다음. 나중.

일흔 예순에 열을 더한 수. 칠십.

읽다[익따] 소리를 내거나 눈으로 살펴 글을 보다. ⓔ책을 읽다.

잃다[일타] ①가졌던 물건이 없어지다. ⓔ돈을 잃다. ⓟ얻다. 찾다. ②놓치다. ⓔ기회를 잃다. ③떨어뜨리다. ④빠뜨리다. ⑤죽다. ⓔ목숨을 잃다.

잃어버리다 아주 잃다. ⓔ길에서 지갑을 잃어버렸다.

임 사모하는 사람을 일컫는 말.

임경업(林慶業, 1594~1646) 조선 때의 명장. 병자호란 때에 명과 합세하여 청을 치고자 했으나 뜻을 이루지 못하고 도리어 김자점의 모함으로 죽음.

임:관(任官) ①관직에 임명됨. ②장교로 임명됨. ⓔ대위로 임관되다. —하다.

임:금¹ 한 나라를 다스리는 사람. ⓑ왕. ⓟ신하.

임:금²(賃金) 일한 대가로 받는 돈. 노임. ⓔ한 달 임금을 미리 받다.

임:기(任期) 일정한 임무를 맡아 보는 기간. ⓔ대통령 임기.

임기 응:변(臨機應變) 그때 그때의 형편에 따라 알맞게 일을 처리함. 기변. ⓔ임기 응변에 능하다. ㉡응변. —하다.

임:대(賃貸) 돈을 받고 자기의 물건을 빌려 줌. ⓔ임대 아파트. —하다.

임도 보고 뽕도 딴다〈속〉 한꺼번에 두 가지 일을 겸해서 이룸을 이르는 말.

임마 이놈아.

임:명(任命) ①어떤 일을 맡김. ②벼슬을 줌. ⓔ주미 대사로 임명되다. ⓟ파면. —하다.

임:무(任務) 맡은 일. ⓔ중대한 임무. ⓑ책무. 사명. 책임.

임박(臨迫) 어떤 시기가 가까이 닥쳐옴. ⓔ시험 날짜가 임박했다. —하다.

임산물(林産物) 산림에서 산출되는 물건.

임:산부(妊産婦) 임신 중의 부인 및 출산 전후의 부인을 이르는 말. 임부와 산부.

임산 자원(林産資源) 산이나 산림에서 얻어지는 자원. 나무·버섯·약초 따위.

임시(臨時) ①정하지 아니한 시기. ⓔ임시 열차. ②잠시 아쉬운 것을 면함. ⓔ임시 변통.

임시 정부 정식이 아니고 임시로 세운 정부. ⓔ상하이 임시 정부.

임시표 음악에서, 곡의 중간에 음을 반음 올리거나 내리기 위해 쓰는 표(♯—반음 올림표, ♭—반음 내림표, ♮—제자리표).

임야(林野) 나무가 들어서 있는 넓은 땅. 숲과 벌판.

임업(林業) 산림으로부터 인간 생활에 이용할 수 있는 나무를 가꾸고 베어 내는 산업.

임:오군란(壬午軍亂)[—굴란] 1882년 신식 군대인 별기군이 특별한 대우를 받는 데 대한 반발로 구식 군인들이 일으킨 반란. 개화에 반대하는 보수 세력이 주동이 되었음.

임:원(任員) 어떤 모임의 일을 맡아 처리하는 사람. ㉠어린이회 임원에 선출되다.

임:의(任意) 마음대로 하는 일. ㉠그 물건을 임의로 쓸 생각은 마라.

임:자 물건을 차지하고 있는 사람. 물건의 소유자. 비주인.

임:자말 글월 속에서 '무엇이·무엇은'에 해당되는 말. '노력은 성공의 어머니다'에서 '노력' 따위. 비주어.

임종(臨終) 죽게 된 때를 당함. 죽음에 이름. ㉠할아버지의 임종이 다가온 것 같다. —하다.

임:진년(壬辰年) 임진왜란이 일어난 해. '임진'은 육십 갑자의 스물 아홉째.

임:진왜란(壬辰倭亂) 조선 선조 때 임진년에 일본의 도요토미 히데요시의 군대가 우리 나라에 쳐들어왔던 난리.

임하다(臨—) 어떤 일에 대하다. 어떤 일을 당하다. ㉠경기에 임하여 마음을 가라앉히다.

임해(臨海) 바다에 닿아 있음. ㉠임해 학교. —하다.

임해 공업 도시 바닷가에 있는 공업이 발달한 도시. 울산·여수·포항·군산 등.

임 향한 임금님을 위하는. ㉠임 향한 일편 단심이야 가실 줄이 있으랴.

임화(臨畫) 미술책 따위의 그림을 본떠 그림. 또, 그 그림. —하다.

입 ①동물이 음식을 먹는 곳. ㉠하마는 입이 크다. ②말하는 기관. ㉠입이 가볍다.

입가[—까] 입의 가장자리.

입교[1](入校) 입학. —하다.

입교[2](入敎) 어떤 종교를 믿기 시작함. ㉠천주교에 입교하다. —하다.

입구(入口) 들어가는 어귀. ㉠시장 입구. 반출구.

입국(入國) 어떤 나라에 들어감. ㉠입국 비자. 반출국. —하다.

입금(入金) ①돈이 들어옴, 또는 들어온 그 돈. ②은행 같은 금융 기관에 예금하거나 빚을 갚기 위하여 돈을 들여 놓음, 또는 그러한 돈. 반출금. —하다.

입금표(入金票) 은행 등에서 돈이 들어오는 상황을 적은 쪽지.

입김 ①입에서 나오는 더운 기운. ㉠입김을 불어 언 손을 녹이다. ②영향력. ㉠입김이 세다.

입다 ①몸에 옷을 꿰다. ㉠옷을 입다. ②받다. ㉠은혜를 입었다. ③당하다. ㉠큰 손해를 입었다.

입단(入團) 어떤 단체에 가입함. ㉠입단식. —하다.

입담 ①말솜씨. ②말하는 재주. 비언변.

입대(入隊) 군대에 들어가 군인이 됨. ㉠해군에 입대하다. 반제대. —하다.

입동(立冬) 이십사 절기의 하나. 양력 11월 7일경. 곧 겨울이 시작되는 때. 땐입하.
입력(入力)[-녁] 컴퓨터에서, 문자나 숫자를 기억하게 하는 일. 예컴퓨터에 자료를 입력하다. 땐출력. —하다.
입력 장치 전자 계산기·컴퓨터 등의 중앙 처리 장치에 정보를 넣어 주는 장치. 키보드 따위.
입맛[임맏] 입이 받는, 음식의 자극이나 맛. 구미.
입바르다[입발라, 입발라서] 바른 말을 하는 데 거침없다. 예입바른 소리를 잘 하다.
입버릇 입에 굳은 말버릇.
입법(立法) 법률 또는 법규를 제정함. 예입법 기관. —하다.
입사각(入射角)[-싸각] 입사 광선이 입사점에서 경계면과 이루는 각. 투사각.
입상(立像) 서 있는 모양으로 만든 형상. 땐좌상.
입선(入選) 심사에 뽑힘. 예입선작. 비당선. 땐낙선. —하다.
입센(Ibsen, 1828~1906) 노르웨이의 극작가. 여성·사회 문제를 주로 다루었음. 작품에 〈인형의 집〉〈사랑의 희극〉 등이 있음.
입술 입의 아래위에 붙은 살.
입시(入試)[-씨] 학교에 입학하기 위해 치르는 시험. 본입학 시험.
입신(立身) 세상에 나아가 출세함. 예입신 출세. —하다.
입신 양명(立身揚名)[-냥명] 출세하여 세상에 이름을 날림. 예입신 양명의 뜻을 품다. —하다.
입:쌀 멥쌀을 잡곡에 대하여 일컫는 말. 준쌀.
입씨름 말다툼. —하다.
입양(入養)[이뱡] 혈연 관계가 아닌 일반인 사이에서 법적으로 부모와 자식 관계를 맺는 일. —하다.
입원(入院) 병을 고치기 위하여 병원에서 거처하면서 치료를 받는 일. 땐퇴원. —하다.
입은 거지는 얻어먹어도 벗은 거지는 못 얻어먹는다〈속〉 사람이 옷만은 깨끗하게 입어야 대우를 제대로 받을 수 있다.
입을 모아 의견을 같이하여. 예사람들은 입을 모아 그를 칭찬하였다.
입이 닳도록 말을 많이 하는 것. 예입이 닳도록 칭찬하다.
입자(粒子) 물질을 구성하는 아주 작은 알갱이.
입장[1](入場) 어떤 장소에 들어감. 땐퇴장. —하다.
입장[2](立場) =처지. 예지금 내 입장이 곤란하다.
입증(立證) 증거를 댐. 증명을 함. 예피고인이 무죄임이 입증되다. 비거증. —하다.
입지(立志) 뜻을 작정하여 세움. —하다.
입지적(立地的) 위치·환경에 관계되는 것. 예입지적 조건.
입지전(立志傳) 어려운 환경을 이기고 뜻을 세워 이룬 사람의 전기. 예입지전적인 인물.
입찬말 자기 지위·능력을 믿고 장담하는 말. 입찬소리. —하다.
입체(立體) 길이와 너비와 두께가 있는 물체. 땐평면.
입체 구성 어떤 재료를 가지고 구성미의 요소를 생각하여 입체적인 모양을 꾸민 구성.
입체 도형 한 평면 위에 있지 않고 공간적인 넓이를 가지는 도형. 공간 도형.
입체적 옆으로 넓기만 한 것이 아

니고 아래위 사방이 있어 입체감을 주는 것. [예] 입체적인 기법. [반] 평면적.

입추[1](立秋) 이십사 절기의 하나. 양력 8월 7일경. 곧 가을로 들어가는 때. [반] 입춘.

입추[2](立錐) 송곳을 세움. [예] 입추의 여지도 없다. —하다.

입춘(立春) 이십사 절기의 하나. 양력 2월 4·5일경. 곧 봄이 시작되는 때. [반] 입추.

입하(立夏) 이십사 절기의 하나. 양력 5월 5·6일경. 곧 여름이 시작되는 때. [반] 입동.

입학(入學) 학교에 들어가 학생이 됨. [예] 입학 시험. [비] 입교. [반] 졸업. —하다.

입항(入港) 배가 항구에 들어옴. [예] 고기를 가득 실은 배들이 입항하다. [반] 출항. —하다.

입헌 정치(立憲政治) 헌법을 정해 놓고 하는 정치.

입후보(立候補)[이푸—] 선거에 후보자로 나섬. [예] 국회 의원 선거에 입후보하다. —하다.

입히다[이피—] ①입게 하다. [예] 옷을 입히다. ②물건의 거죽에 무엇을 올리거나 바르다. [예] 구리에 금을 입히다.

잇:다〔이으니, 이어서〕 ①끊어진 것을 맞대어 하나로 만들다. [예] 끊어진 줄을 잇다. ②짧은 것을 잡아매어 길게 만들다. [예] 두 가닥의 새끼를 잇다. [반] 끊다.

잇:달다〔잇다니, 잇달아〕 뒤를 이어 달다. [예] 오늘은 좋은 일이 잇달아 일어났다.

잇:닿다 뒤를 이어 닿다.

잇:대다 서로 잇닿게 하다. [예] 책상을 잇대어 놓다.

잇:따르다〔잇따르니, 잇따라서〕 뒤를 잇다. 뒤를 따르다. [예] 차들이 잇따르다.

잇몸 이를 싸고 있는 연한 살.

잇새 이와 이의 사이.

잇:속(利—) 이익이 있는 실속. [예] 자기 잇속만 챙긴다. [비] 이익. [반] 손해.

잇자국 이로 문 자국. [예] 개가 물어 잇자국이 생겼다.

있건만 있지마는. [예] 가랑비가 부슬부슬 내리고 있건만 우리들은 소풍을 갔다.

있다 ①없지 않다. [예] 죄는 내게 있다. ②가지다. [예] 음악에 재주가 있다. ③살다. ④생기다. [예] 사고가 있었던 장소. [반] 없다.

잉글리시 호른(English horn) 음높이가 오보에보다 5도 낮은 목관 악기.

잉꼬(일 いんこ) 앵무샛과의 새. 몸길이 21~26 cm, 머리 위는 노란빛, 뺨에는 푸른빛의 굵고 짧은 점이 한 쌍 있으며, 그 사이에 둥근 점이 두 쌍 있음. 사랑새.

잉아 베틀의 날실을 끌어올리도록 맨 굵은 줄. [예] 잉앗대.

잉:어 힘이 세고, 둥글고 큰 비늘이 있으며, 입에 한 쌍의 수염이 있는 민물고기.

잉어국 먹고 용트림한다〈속〉 작은 일을 큰 일인 체하고 남에게 거짓 태도를 보이거나 행동한다.

잉:여(剩餘) 쓰고 난 나머지. [예] 잉여 생산물.

잉:용(仍用) 전의 것을 그대로 씀. —하다.

잉잉 어린아이가 우는 소리. [예] 잉잉거리며 우는 아이. —하다.

잉카 문명(Inca文明) 14세기경 남

아메리카의 안데스 산맥을 중심으로 잉카족이 이룩한 고대 문명.
잉카 제:국 13~16세기에 남아메리카의 페루를 중심으로 잉카족이 세운 왕국.
잉크(ink) 필기 또는 인쇄에 사용하는 색이 있는 액체. 여러 가지 빛깔이 있음. ㉠만년필 잉크.
잉:태(孕胎) 아이를 뱀. 임신. —하다.
잊다 ①할 일을 하지 않다. ㉠심부름을 깜박 잊다. ②물건을 어떤 곳에 두고 생각을 못 하다. ㉠우산을 잊고 그냥 왔다. ③알던 일을 생각해 내지 못하다. ㉠영어 단어를 잊다. ④생각을 끊어 버리다. ㉠그 일은 이제 그만 잊어라.
잊어버리다 아주 잊어서 기억이 없어지다. ㉠숙제를 깜빡 잊어버렸다.
잊지 잊어버리지. ㉠숙제는 잊지 말고 꼭 해야 한다.
잊혀지지 잊게 되지. ㉠어머니의 거룩한 사랑은 일평생 잊혀지지 않을 것이다.
잊히다 ①잊게 되다. ②생각이 나지 않다. ③알았던 사실을 모르게 되다.
잎 초목의 가지·줄기에서 나서 호흡을 맡은, 보통 빛이 푸르고 넓적한 얇은 조각. ㉠가을 바람에 나뭇잎이 떨어지다. 囲잎사귀.
잎나무 가지에 잎이 붙은 땔나무.
잎눈 자라서 줄기나 잎이 될, 식물의 눈.
잎담배 썰지 아니한 잎사귀로 된 담배. 凹살담배.
잎맥[임—] 수분과 양분의 통로가 되는 잎 속의 관.
잎사귀 낱낱의 잎.
잎자루 잎의 일부분으로서 잎몸을 줄기나 가지에 붙게 하는 꼭지. 물과 양분의 통로가 됨.
잎줄기 잎의 줄기.
잎집무늬마름병[입찜무니마름뼝] 벼농사에 생기는 병충해의 이름.
잎파랑이 =엽록소.

훈몽자회자 ㅈ 훈민정음자

ㅈ [지읃] 한글 닿소리의 아홉째 글자인 지읒.

자¹ 무슨 일을 재촉할 때에 내는 소리. 예 자, 밥 먹자.

자² ①물건의 길이나 높이를 잴 때에 쓰는 기구. ②길이의 단위. 예 이 옷감은 꼭 다섯 자다.

자³(者) 사람을 얕잡아 일컫는 말. 예 저 자가 누구냐?

-자⁴(者) 앞말에 붙어서 '어떠한 사람·어떤 방면에 능통한 사람'을 뜻하는 말. 예 교육자.

자가(自家) 자기 집. 맨 타가.

자가 수분(自家受粉) 같은 그루에 핀 꽃끼리 수분이 되는 일. 제꽃가루받이. 맨 타가 수분. ─하다.

자가용(自家用) ①오로지 자기 집에서만 쓰는 물건. 준 가용. ②자가용차. 맨 영업용.

자가 운:전(自家運轉) 자기 차를 자기가 직접 운전함. ─하다.

자각(自覺) 스스로가 자기를 깨달음. 예 자신의 부족함을 자각하다. ─하다.

자갈 잘고 반들반들한 돌멩이.

자갈치 등가시칫과의 바닷물고기. 몸은 길고 꼬리 쪽이 가늘며, 몸빛깔은 연한 갈색이고 배지느러미가 없음. 우리 나라 동해와 오호츠크 해에 분포함.

자개 꾸밈새로 널리 쓰이는 금조개 껍데기를 썰어 낸 조각.

자:객(刺客) 사람을 몰래 찔러 죽이는 사람.

자격(資格) ①신분과 지위. ②신분이나 지위를 갖춘 것. 예 교육 대학을 졸업하면 선생님이 될 수 있는 자격을 얻는다. 자격증.

자격루(自擊漏) [─경누] 조선 세종 때에 물로써 시간을 알 수 있도록 만든 시계.

〔자격루〕

자격증[─쯩] 일정한 자격을 인정하여 주는 증서. 예 교사 자격증.

자결(自決) ①자기의 일을 스스로의 힘으로 해결함. 예 민족 자결주의. ②스스로 자기의 목숨을 끊음. 비 자살. ─하다.

자고로(自古─) '자고 이래로'의 준말. 예 자고로 우리 민족은 경로 효친 사상을 중시해 왔다.

자고 이:래로 예로부터 내려오면서. 자고로. 예 자고 이래로 없던 일.

자공(子貢, 기원전 520~456 ?) 중국 춘추 시대 위나라의 유학자. 공자의 제자로 10철의 한 사람.

자국¹ 닿거나 지나간 자리. 뒤에 남은 흔적. 예 손자국. 비 형적.

자국[2](自國) 자기의 나라. 제 나라. [예]자국민. [반]타국.

자귀 나무를 깎아 다듬는 연장의 하나.

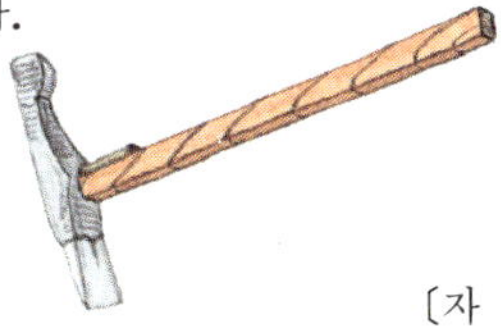

〔자 귀〕

자그락거리다 딱하도록 옥신각신하며 다투다. [큰]지그럭거리다. [센]짜그락거리다.

자그락자그락 계속해서 자그락거리는 모양. ―하다.

자그마치 생각했던 것보다 훨씬 많을 때 쓰는 말. [예]자그마치 백 명이 넘는다.

자그마하다 보기에 좀 작다. [예]몸집이 자그마한 소녀.

자그맣다〔자그마니〕 '자그마하다'의 준말. [예]자그만 집.

자:극[1](刺戟) ①감각을 일으킴. [예]자극물. ②기운이 나게 함. ③흥분시킴. [예]환자를 자극하면 안 된다. ―하다.

자극[2](磁極) 자석의 극. 자석의 힘이 가장 센 남(S)극과 북(N)극으로 구분함. 자석의 양 끝 부분.

자:극물 자극을 주는 물질.

자금(資金) 무슨 일을 하는 데 꼭 있어야 하는 돈. [비]기금.

자급(自給) 필요한 물건을 자기 힘으로 마련하여 씀. ―하다.

자급 자족(自給自足) 자기의 생활에 필요한 모든 물건을 자기 손으로 만들어 씀. [예]자급 자족 경제. ―하다.

자기[1](自己) ①스스로. ②제 몸. 저. [예]자기 일이나 똑바로 하라고 해라. [비]자신. [반]타인. 남.

자기[2](磁氣) 자석의 기운. 쇠붙이를 당기는 기운.

자기[3](磁器) 사기그릇.

자기 감:정 자신에 대하여 갖는 감정. 우월감·자만심 따위.

자기극 자석에서 가장 힘이 센 양쪽 두 끝 부분. [준]자극.

자기력(磁氣力) 자석의 서로 당기고 밀치는 힘, 또는 이와 같은 종류의 힘. [준]자력.

자기력선 자기력이 작용하는 방향을 나타내는 선. 자석의 북극에서 남극으로 들어가는 방향.

자기 반:성 자기가 한 일을 스스로 돌이켜 생각하는 일.

자기 발견 스스로가 모르고 있던 자신의 능력이나 실상 따위를 발견하는 일.

자기 소개 처음 만난 사람에게 자기의 이름이나 경력·직업 따위를 알리는 일.

자기장 자기력이 미치는 장소와 공간.

자기 중심 제 일을 첫째로 생각하고, 남의 일은 생각지 않는 일. [예]자기 중심주의.

자기편 자기와 같은 입장에 선 쪽, 또는 그 사람.

자꾸 쉬지 않고 잇달아 여러 번. [예]같은 말을 자꾸 되풀이할 필요는 없다. [비]연방. 자주.

자꾸만 '자꾸'를 조금 강조하는 말. [예]자꾸만 독촉을 하다.

자꾸자꾸 잇따라서 여러 번. [예]귀찮게 자꾸자꾸 묻다.

자끈 작고 단단한 물건이 갑자기 세게 부러지는 소리나 모양. [예]나무가 자끈 부러지다. [큰]지끈. ―하다.

자나깨나 자고 있을 때에나 깨어

ㅈ

있을 때에나. 언제나. 예 자나깨나 불조심.

자네 '너'라는 뜻으로 친구 또는 나이가 적은 사람을 부르는 말. 예 자네도 함께 가세.

자넨(독 Saanen) 산양의 한 품종. 스위스의 자넨 지방이 그 원산으로 젖이 가장 많이 남.

자녀(子女) 아들과 딸. 예 자녀 교육. 비 자식. 반 부모.

자다 ①잠이 들다. 예 낮잠을 자다. 반 깨다. ②불던 바람이 그치다. 예 거세게 불던 바람이 자다.

자당(慈堂) 남의 어머니를 높이어 이르는 말.

자동(自動) 제 힘으로 움직임. 스스로 활동함. 예 자동 카메라. 반 타동. ―하다.

자동 개폐기 스스로 움직여서 전기 회로를 열고 닫는 기계.

자동 관측 시:설 어떤 일이나 모양의 변화를 기계로 살피고 재는 장치.

자동 기계 스위치만 눌러 놓으면 스스로 움직여 일을 해 나가는 기계.

자동 날염 기계 흰 원단에 자동적으로 무늬를 물들이는 기계.

자동 수위 측정기 자동으로 강물 수면의 높이를 재는 기계.

자동식(自動式) 스스로 움직이게 된 방식. 반 수동식.

자동식 전:화 송·수화기를 들고 전화 번호대로 다이얼을 돌리면 교환 없이 상대편으로 직접 신호가 가는 전화.

자동적(自動的) 저절로 움직이고 일하는 모양.

자동 접시 저울 접시같이 생긴 저울대에 물건을 올려놓으면 지침이 회전하여 그 무게를 가리키게 만든 저울.

자동 지급기 '현금 자동 지급기'의 준말.

자동 직기 피륙을 짤 때 씨실이 자동적으로 보충되고, 날실이 끊어졌을 때 자동적으로 멈추게 되어 있는 기계.

자동차(自動車) 발동기의 동력으로 굴러가는 차.

자동차 보:험 자동차의 사고로 재산상의 손해를 보았을 때 보상해 주는 보험.

자동 판매기(自動販賣機) 돈을 넣고 스위치만 누르면 물건이 나오는 기계. 준 자판기.

자동 포장기 포장 작업을 자동적으로 하는 기계. 설탕·비료 따위를 포대 속에 넣거나 맥주·우유 따위를 병 속에 넣는 기계 따위.

자동화(自動化) 자동적으로 됨. 자동적으로 되게 함. ―하다.

자동화 장치 자동으로 되게 하는 시설이나 기계의 장치.

자두 자두나무의 열매. 복숭아와 비슷한데 조금 작고 신맛이 있음.

자라 모양은 거북과 비슷한데 등껍데기는 둥그스름하고 가운데만 단단하며, 가장자리는 무른 짐승. 꼬리는 짧고 입은 뾰족함.

자라다 차차 커지다. 예 병 없이 자라는 어린이. 비 크다. 성장하다.

자라 보고 놀란 놈이 소댕 보고 놀란다〈속〉어떤 사물에 몹시 놀란 사람이 그와 비슷한 사물만 보아도 겁을 낸다.

자락 옷·피륙 따위의 아래로 드리운 넓은 조각. 예 옷자락.

자랄 나무는 떡잎부터 알아본다〈속〉 앞으로 크게 될 사람은 어

자랑 자기 또는 자기와 관계되는 것을 남에게 드러내어 뽐냄, 또는 그렇게 뽐낼 수 있는 거리. ㉠미모를 자랑하는 여자. ㉤수치. —스럽다. —하다.

자랑거리[—꺼리] 남에게 자랑할 만한 거리. ㉠불국사는 우리 나라의 자랑거리이다.

자랑 끝에 불붙는다(속) 무엇을 너무 자랑하면 그 끝에 무슨 말썽거리가 생긴다.

자랑이 아니라 내 칭찬이 아니라. ㉠자랑이 아니라, 나는 매일 아침 6시면 일어난다.

자력¹(自力) 제 스스로의 힘. ㉠무슨 일이든 자력으로 하자. ㉤타력.

자력²(磁力) 자석의 서로 끌고 미는 힘. 쇠끌림. 자기력.

자력선 자기장에 있어서의 자기 작용의 방향을 나타내는 곡선.

자로(子路, 기원전 542~481) 중국 춘추 시대 노나라 사람. 공자의 제자로 10철의 한 사람. 위나라에서 벼슬하였음.

자료(資料) 바탕이 되는 재료. ㉠자료 수집. ㉤재료. 자재.

자루¹ ①홑겹으로 길게 지은 큰 주머니. ㉠쌀자루. ②연장이나 기구에 박은 손잡이. ㉠칼자루.

자루² 연필·칼·괭이 같은 것을 세는 단위. ㉠볼펜 두 자루.

자르는 톱니 나무를 결에 따라 켜기에 알맞게 되어 있는 톱니.

자르다〔자르니, 잘라〕 ①끊다. 동강을 치다. ②남의 요구를 거절하다. ㉠딱 잘라 거절하다.

자르르 ①거죽에 물기나 기름기·윤기 같은 것이 골고루 빛나게 흐르는 모양. ②살이나 뼈마디가 저린 느낌이 일어나는 모양. —하다.

자리 ①서거나 앉거나 누울 곳. ㉠자리에 눕다. ②깔고 앉는 물건. ③물건을 두는 곳. ㉠책상 놓을 자리가 없다. ④따로 정한 곳. ⑤이전에 무슨 일이 있었던 자국이나 자취. ⑥사회나 어떤 조직에서 사람이나 물건이 차지하는 직위나 위치. ㉠과장 자리.

자리다툼 좋은 지위나 자리를 차지하려고 다투는 일.

자리잡다 터를 잡다. 한 자리 차지하고 기초를 삼다. ㉠그 사람 이제 완전히 자리잡았어.

자린고비(玼吝考妣) 매우 인색한 사람을 일컫는 말.

자립(自立) 남에게 의지하지 아니하고 자기의 힘으로 섬. —하다.

자립 경제 남에게 예속되지 않은 자주적인 경제. ㉤의존 경제.

자릿그물 그물을 바다에 고정시켜 놓고 물고기가 그 안에 들어오게 하여 잡는 그물.

자릿세(—貰)[—리쎄] 자리를 빌리고 무는 셋돈.

자릿수 십진법에 익한 자리의 숫자. ㉠일의 자릿수.

자릿점 수판에 수의 자리를 나타내기 위하여 표시한 점.

-자마자 '그 동작을 하자 곧'의 뜻을 나타내는 말. ㉠역에 이르자마자 기차가 떠났다.

자막(字幕) 영화나 텔레비전 등에서, 제목·배역·해설 등을 글자로 나타낸 화면.

자만(自慢) 스스로 잘난 체함. 자랑함. —하다.

자만심 자랑하고 오만한 마음.

자매(姉妹) ①손위 누이와 손아래

누이. [예] 형제 자매. ②여자끼리의 언니와 아우. [반] 형제.

자매 결연(姉妹結緣) ①자매의 관계를 맺는 일. ②어떤 단체나 집단이 다른 단체나 집단과 친선이나 협조를 목적으로 서로 밀접한 관계를 맺는 일. [예] 학교끼리 자매 결연을 맺다.

자맥질 물 속에 들어가서 떴다 잠겼다 하며 팔다리를 놀리는 짓. [본] 무자맥질. —하다.

자멘호프(Zamenhof, 1859~1917) 유대인으로 폴란드의 안과 의사. 1887년 국제어 에스페란토를 창안·발표하고, 1905년 제 1 회 에스페란토 만국 대회를 열었으며, 그 후 이의 보급에 힘썼음.

자멸(自滅) ①자연히 망함. ②제 탓으로 멸망함. —하다.

자명고(自鳴鼓) 지난날에 낙랑이라는 나라에 있었다고 하는 북으로, 적이 침입하면 저절로 울렸다 함. 특히 호동 왕자와 낙랑 공주의 이야기로 널리 알려짐.

자명종(自鳴鐘) 맞추어 놓은 때가 되면 저절로 울려서 시간을 알려 주는 시계.

자모[1](字母) 글자 맞추는 데 근본이 되는 글자.

자모[2](慈母) '어머니'를 사랑이 깊다는 뜻으로 일컫는 말.

자못 매우. 대단히. [예] 자못 기대가 크다.

자문(自問) 자신에게 스스로 물음. —하다.

자문 자답(自問自答) 자기가 묻고 자기가 대답함. [예] 앞일에 대하여 자문 자답해 보다. —하다.

자물쇠[—쐬] 여닫는 물건에 꽂아서 열지 못하게 잠그는 쇠로 만든 기구. [반] 열쇠.

자바라 국악기 중 타악기의 하나. 접시처럼 생긴 엷고 둥근 한 쌍의 놋쇠판을 마주쳐서 소리 냄. [준] 바라.

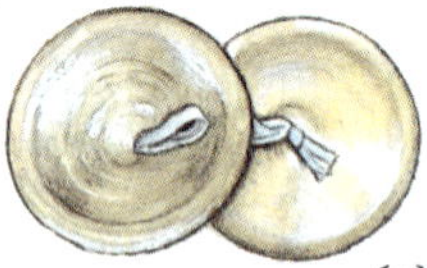

〔자바라〕

자바 해(Java海) 인도네시아의 자바·수마트라·보르네오·셀레베스 등의 섬으로 둘러싸인 바다.

자박 가볍게 한 번 내디디는 발자국 소리, 또는 그 모양. [큰] 저벅.

자박거리다 가만가만 가벼운 발걸음으로 걷다. [큰] 저벅거리다.

자박자박 자꾸 자박거리는 모양. [큰] 저벅저벅. —하다.

자:반(佐飯) 생선을 소금에 절인 굴비·고등어·준치 등의 반찬, 또는 콩·미역·쇠고기 등을 간장에 졸이거나 튀겨서 만든 반찬.

자발적(自發的)[—쩍] 제 스스로 행동하는 모양. [예] 집안 일을 자발적으로 하다.

자방(子房) 암꽃술의 밑에 있는 볼록한 부분으로, 자라서 과실이 되는 부분. [비] 씨방.

자배기 둥글넓적하고 아가리가 벌어진 질그릇.

자백(自白) ①자기가 지은 죄를 스스로 말함. [예] 그는 자기 자신의 죄를 자백하고 용서를 빌었다. ②자기의 허물을 스스로 말함. —하다.

자벌레 자벌레나방의 애벌레로 가슴과 배에 각각 세 쌍과 한 쌍의 발이 있고, 그 사이가 매우 떨어져 있음.

자별하다(自別―) ①남보다 특별히 친근하다. 예 자별한 사이. ②저절로 서로 다르다. ―히.

자본(資本) 어떠한 일을 하는 데 있어야 할 밑천. 예 자본을 대다.

자본주의 자본가가 경제상 세력의 중심이 되어, 노동자를 부리고 계약한 삯을 주는 주의.

자부[1](子婦) 며느리. 예 시어머니와 자부 사이가 좋다.

자부[2](自負) 자기가 자기 능력이나 재주를 믿음. 예 지나치게 자부하는 것은 좋지 않다. ―하다.

자부심 자기가 자기의 능력을 믿는 마음. 예 그 사람은 자부심이 너무 강하다.

자비[1](自費) 스스로 부담하는 비용. 예 자비로 여행을 하다.

자비[2](慈悲) 사랑하고 가엾게 여김. 예 자비를 베풀다. 자비심. ―스럽다. ―하다.

자비롭다〔자비로우니, 자비로워/자비로이〕 사랑하고 불쌍히 여기는 마음이 깊다. 예 자비로운 부처님.

자빠져도 코가 깨진다〈속〉 일이 순조롭지 않으려니까 뜻밖의 탈이 난다는 말.

자빠지다 뒤로 넘어지다. 예 빙판길에서 자빠지다.

자살(自殺) 자기가 자기의 목숨을 끊음. 예 투신 자살. 반 타살. ―하다.

자상(仔詳) ①성질이 찬찬하고 꼼꼼함. 예 자상하게 일러주다. ②말이나 글이 매우 자세함. 비 상세. ―스럽다. ―하다. ―히.

자새 새끼나 바 같은 것을 꼬거나 실을 감는 데 쓰이는 얼레. 모양은 여러 가지임.

〔자 새〕

자서전(自敍傳) 자기가 쓴 자신의 전기. 예 자서전을 쓰다.

자석(磁石) 쇠를 끌어당기는 힘을 가진 쇠붙이. 비 지남철.

자석식(磁石式) 자석을 이용하는 방식.

자석식 전:화 전화기의 핸들을 돌리면 교환대로 신호가 가는 전화.

자선(慈善) ①선의를 베풂. 구조함. ②불행이나 재해 등으로 고생하는 사람을 도와 줌. 예 자선 사업. ―하다.

자선 기관 남에게 은혜를 베풀어 착한 일을 하는 기관.

자선 냄비 연말에 그리스도교의 한 파인 구세군에서 어려운 사람을 도울 목적으로 길가에 놓고 성금을 모으는 그릇.

자성(磁性) 물체가 쇠붙이를 끌어당기는 성질.

자세[1](子細·仔細) 미세한 것에까지 빠짐없이 속속들이 미침. 예 자세한 내용을 알고 싶다. 비 상세. 반 간략. ―하다. ―히.

자세[2](姿勢) 몸을 가지는 모양. 예 자세를 바르게 해야 등이 굽지 않는다. 비 태도.

자손(子孫) ①아들과 손자. ②먼 후손. 예 자손이 번창하다. 비 후손. 반 조상.

자수[1](自首) 죄진 사람이 스스로 잘못을 알림. 예 도망다니지 말고 자수하여라. ―하다.

자:수[2](刺繡) 수를 놓음, 또는 그 수. 수놓기. 예 자수를 놓는 누

나. 자수용 실. —하다.

자수 성가(自手成家) 물려받은 재산 없이 혼자만의 힘으로 한 살림을 이루는 일. —하다.

자습(自習) 자기 스스로 배워 익힘. 예 조용히 자습하다. —하다.

자습서 스스로 학습할 수 있게 만든 책. 예 수학 자습서.

자식(子息) ①자기의 자녀. 예 자식이 많다. 비 자녀. ②남자를 욕하는 말.

자식 둔 골은 범도 돌아본다〈속〉 사나운 짐승도 제 자식을 돌보니 사람이야 더 말할 나위가 없다는 말.

자신[1](自身) 제 몸. 예 자신과의 싸움에서 승리하다. 비 자기.

자신[2](自信) 스스로 믿음. 예 이번에는 틀림없이 성공할 것이라고 자신했다. —하다.

자신감 자신의 능력이나 가치를 스스로 믿는 느낌. 비 자부감.

자신 만:만(自信滿滿) 자신감이 넘쳐 있음. 매우 자신이 있음. 예 자신 만만하게 행동하다. —하다.

자신 있게 스스로 틀림이 없다고 믿고. 예 자신 있게 밀고 나가다.

자아(自我) 자기 자신. 자기. 예 자아 의식.

자아내다 ①실을 뽑아 내다. ②생각을 일으켜 내다.

자아올리다 기계의 힘으로 물 따위를 빨아올리다.

자애(慈愛) 아랫사람에 대한 깊은 사랑. 예 자애를 베풀다.

자애롭다〔자애로우니, 자애로워/자애로이〕 사랑이 아주 도탑다.

자양(滋養) 몸의 영양을 좋게 함. 예 자양분. 비 영양. —하다.

자양분 몸에 영양이 되어 건강을 좋게 하는 음식의 성분. 예 시금치는 자양분이 많다. 비 영양분.

자업 자득(自業自得) 자기가 저지른 일의 과보를 자기 자신이 받음. 예 벌을 받는 것은 자업 자득이다. 비 자업 자박. —하다.

자에도 모자랄 적이 있고 치에도 넉넉할 적이 있다〈속〉 경우에 따라 많아도 모자랄 적이 있고 적어도 남을 때가 있다.

자연(自然) ①사람의 힘을 더하지 아니하고 저절로 된 것. 예 자연을 보호하자. ②생긴 그대로. 비 천연. 반 인공.

자연계 우주 주위의 모든 자연의 세계.

자연 공원 인공적인 시설이 많지 않아 자연 그대로의 풍경을 즐길 수 있는 공원.

자연 과학 자연에 속하는 모든 대상을 연구하는 학문. 반 인문 과학.

자연 관찰 자연의 법칙이나 움직임을 잘 살펴보는 일. —하다.

자연 녹지 물가·산림·들판 따위의 녹지.

자연 도태 '시대의 흐름에 따라가지 못하는 것은 저절로 없어지고 만다는 것'을 비유한 말.

자연림 자연적으로 이루어진 수풀. 비 원시림. 반 인공림.

자연미 꾸밈이 없는 자연 그대로의 아름다움. 비 천연미.

자연 보:호 운:동 1978년 10월 5일에 선포된 자연 보호 헌장을 계기로 시작된 우리 나라의 국민 운동. 자연을 아끼고 공해를 없애며, 자연의 질서와 조화를 지키자는 운동임.

자연석(自然石) 사람의 힘을 가하

지 않은 천연 그대로의 돌. [비] 천연석. [반] 인조석.

자연수 1, 2, 3……과 같이 차례로 끝없이 나가는 수.

자연스럽다〔자연스러우니, 자연스러워/자연스러이〕 어색하지 않다. 꾸밈이 없다. [예] 자연스러운 말씨. [반] 어색하다.

자연식 사람이 만든 색소나 방부제 등을 첨가하는 따위의 가공을 하지 않은 자연 그대로의 식품.

자연의 평형 일정한 지역 내의 생물간에서는 생산자와 1차 소비자 및 2차 소비자가 양적으로 자연히 서로 균형을 이루게 되는 현상.

자연 재해 홍수나 가뭄과 같이 자연 현상에서 오는 피해. [예] 올해는 자연 재해를 크게 당했다.

자연적(自然的) 자연 그대로의 모양이나 성질. [예] 자연적인 변화. [반] 인위적. 인공적.

자연 증가 늘리려고 애쓰지 않아도 저절로 늘어남. —하다.

자연 현:상 인간과 관계 없이 자연계에서 저절로 일어나는 현상.

자연 환경 우리가 살고 있는 둘레의 지리·사원·기후 등의 형편.

자연히 =저절로. [예] 자주 만나다 보니 자연히 정이 들었다.

자오선(子午線) 날줄. 곧, 지구의 남북에 그은 상상의 줄로서 자는 정북쪽, 오는 정남쪽.

자옥하다 연기나 안개 같은 것이 잔뜩 끼어 흐릿하다. [예] 안개가 자옥이 낀 산골짜기. [큰] 자욱하다. —이.

자:외선(紫外線) 파장이 가시 광선보다 짧고 엑스선보다 긴, 눈에 보이지 않는 복사선. 태양 스펙트럼에서 보랏빛의 바깥쪽에 나타남.

자:운영(紫雲英) 줄기가 땅 위로 뻗어 가는 콩과의 두해살이풀. 자줏빛 꽃이 핌.

자웅(雌雄) ①암컷과 수컷. ②승부·우열·강약을 비유하는 말. [예] 자웅을 겨루다.

자원[1](自願) 자기가 원함. 스스로 그렇게 하기를 바람. [예] 자원 입대. —하다.

자원[2](資源) 생산에 이용되는 온갖 물자의 근원. [예] 지하 자원. [비] 밑천.

자원 봉:사 어떤 일을 스스로 하고 싶어서 자신의 이해를 돌보지 않고 성실하게 일함. —하다.

자원 봉:사자 스스로 원하여 봉사하는 사람.

자위[1] 눈알이나 새 따위의 알에 있어 빛깔에 따라 구분된 부분. [예] 달걀의 노른자위.

자위[2](自衛) 제 몸 따위를 스스로 막아 지킴. [예] 자위 수단. —하다.

자유(自由) 남의 구속을 받지 아니하고 제 마음대로 행동함. [예] 가고 안 가고는 네 자유다. [비] 해방. [반] 강제. 속박. —스럽다.

자유 경제 국가의 간섭이나 통제 없이, 기업이나 개인의 경제 활동의 자유가 인정되는 경제.

자유 국가 ①타국의 보호·간섭을 받지 않는 독립국. ②공산주의나 독재주의 체제가 아닌 나라.

자유권[—꿘] 인간이 함부로 남의 간섭을 받지 않고 자유롭게 생활할 수 있는 권리.

자유롭다〔자유로우니, 자유로워서/자유로이〕 자유가 있다. 마음대로 활동할 수 있다. [예] 행동이 자유롭다.
자유 무:역 국가의 규제나 보호를 받지 않고 자유롭게 하는 무역. [반]보호 무역.
자유민 정당한 행위에 대하여 자유권을 가진 국민. [반]노예.
자유 분방(自由奔放) 누구에게도 구속되지 않고 자유로이 행동함. [예]자유 분방한 성격. —하다.
자유 세:계 ①자유로운 세계. ②공산 국가에 대하여 미국·한국과 같은 민주주의 국가를 일컫는 말. [반]공산 세계.
자유시(自由詩) 글자의 놓임이 어떤 형식에 구애받지 않고 자유로운 형식으로 표현되는 시. 동시·현대시 따위. [반]정형시.
자유 우:방 십육 개국[—뉵개국] 6·25 전쟁 때 국제 연합의 결의에 따라 한국에 파견된 미국·영국·프랑스 등의 16개 나라.
자유의 마을 휴전선 안 중립 지대에 있는 마을. 판문점에서 서남쪽 2km 지점에 있음.
자유 의:사 남에게 속박이나 강제 당하지 않는 자유로운 의사. [예]자유 의사에 맡기다.
자유의 집 자유를 지키려고 싸운 국군과 유엔군을 기념하기 위하여 1965년 9월에 판문점에 지은 집.
자유인 아무 구애도 받지 않는 자유스러운 사람.
자유 자재(自由自在) 어떤 범위 안에서 구속이나 제한을 받음이 없이 마음대로 할 수 있음. [예]자유 자재로 움직이다.
자유 정신 자유롭게 살고자 하는 마음.
자유주의 몸과 목숨·사상·교육·결혼·언론 따위에 대하여 강제나 구속이 없이 자유로 하자는 주의.
자유 진영 개인의 자유를 존중하는 민주주의 국가들.
자유항(自由港) 수출입하는 데 관세를 물리지 않고 출입이 자유로운 항구. 자유 무역항.
자유형(自由型) 수영에서, 형의 제한이 없는 자유로운 수영법.
자유화(自由畫) 본 대로 그리지 아니하고, 자기의 마음대로 표현한 그림.
자율(自律) 자기의 의지로 자기 행동을 억제함. [반]타율.
자율적[—쩍] 자기가 자신을 억제하는 모양. [예]자율적인 행동.
자율 학습 스스로 하는 공부. —하다.
자음(子音) =닿소리. [반]모음. 홀소리.
자의(自意) 자기 스스로의 생각이나 뜻. [예]자의 반 타의 반으로 결정하다. [반]타의.
자의식(自意識) 자기 자신에 관한 의식. [예]자의식이 강한 사람.
자인(自認) 스스로 인정함. [예]잘못을 자인하다. [비]시인. —하다.
자일(독 seil) 등산용 밧줄. [예]자일을 타고 높은 바위에 오르다.
자자 손손(子子孫孫) 자손의 여러 대. 자손 만대. [예]자자 손손 벼슬을 한 집안.
자:자하다(藉藉—) 소문이나 칭찬 따위가 여러 사람의 입에 오르내려 떠들썩하다. [예]그의 선행에 대한 칭찬이 자자하다.
자작(自作) 스스로 무엇을 만듦, 또는 그 물건. [예]자작농. 자작시. —하다.
자작곡 스스로 지어 부르는 곡.
자작나무 키 20~30m의 잎이 넓

적한 나무. 재목은 기둥·가구의 재료·땔감 등으로 쓰임.

자작농 자기 땅을 자기가 직접 경작함, 또는 그 농가. 凹소작농. 임대농.

자잘하다 여러 개가 다 잘다. 예자잘한 사과들.

자장(慈藏, ?~?) 신라 선덕 여왕 때의 승려. 통도사를 세웠고, 태백산에 정암사를 세우는 등 불교에 많은 업적을 남겼음.

자장가 젖먹이나 어린아이를 재우려고 할 때 부르는 노래.

자장자장 아기를 재울 때 조용히 노래처럼 부르는 소리. 예자장자장 우리 아가.

자재(資材) 무엇을 만드는 근본이 되는 재료. 凹자료.

자전¹(字典) 한문 글자를 모아 차례로 벌여 놓고 낱낱이 그 뜻을 풀이한 책. 凹옥편.

자전²(自轉) ①스스로 돌아감. ②천체가 그 몸 자체의 한 직선을 축으로 하여 돌고 있는 일. 예지구는 하루에 한 번 자전한다. 凹공전. —하다.

자전거(自轉車) 탄 사람의 말의 힘으로 바퀴가 돌아 빨리 가도록 장치한 수레. 凹사이클.

자정¹(子正) 밤 열두 시. 凹오정. 정오.

자정²(自淨) 바다·강·공기 따위가 스스로 오염을 지워 없애는 일. 예자정 작용. —하다.

자정 작용 땅·물 따위가 스스로 깨끗해지는 작용.

자제¹(子弟) ①남의 아들의 높임말. 예자제분들은 지금 무얼 합니까? ②남의 집안의 젊은이.

자제²(自制) 욕망·감정 따위를 스스로 억제함. 극기. 예흥분을 자제하다. —하다.

자조(自助) 자기 힘으로 자기를 도움. 예자조 정신. —하다.

자족(自足) ①스스로 넉넉함을 느낌. ②자기가 가진 것으로써 충분함. 예자급 자족. —하다.

자존¹(自存) ①자신의 존재 또는 생존. ②스스로의 힘으로 생존하는 일. —하다.

자존²(自尊) ①스스로 잘난 체하거나 자기를 높임. ②자기의 품위를 높이 지킴. —하다.

자존심(自尊心) 제 몸이나 품위를 스스로 높게 가지는 마음.

자주¹ 여러 번 되풀이하여. 잇달아 잦게. 예자주 놀러 와. 凹자꾸. 흔히. 凹가끔. 이따금.

자주²(自主) 자기의 주장대로 하는 것. 예자주 정신. 凹자립.

자주국 주권이 있는 독립된 국가.

자주 독립 남의 간섭을 받거나 남에게 의지하지 아니하고, 제 힘으로 일을 처리함. —하다.

자주색(紫朱色) 푸른빛에 붉은빛이 조금 섞인 빛깔. 凹자줏빛.

자주성(自主性)[-썽] 남에게 의지함이 없이 제 힘으로 처리해 나가려는 정신.

자주적 자기 일을 자기 힘으로 해갈 수 있는. 예자주적으로 해결하다. 凹자립적. 凹예속적.

자줏빛[-주삗] 짙은 남빛에 붉은 빛을 띤 빛. 凹자주색.

자중(自重) ①자신을 소중하게 여김. ②품위를 떨어뜨리지 않도록 행실을 삼감. —하다.

자지러지다 ①몹시 놀라서 몸이 움츠러지다. ②생물이 중간에 병이 생겨 순조롭게 자라지 못하다.

③웃음소리나 치는 장단 따위가 빨라서 잦아지다. 예 순이는 할아버지의 이야기를 듣고 자지러지게 웃었다.

자진(自進) 스스로 나아감. 예 자진 출두. —하다.

자진모리장단 국악에서 쓰는 장단법의 하나, 또는 자진모리장단에 의한 악장의 이름. 매우 빠른 12박으로 1박을 8분음표로 나타내면 8분의 12박자가 되나 일반적으로는 3박을 묶어 1박으로 치기 때문에 4박이 1장단이 됨.

자질(資質) 타고난 성품과 바탕. 예 음악에 자질이 있다. 비 천성.

자질구레하다 여러 개가 다 잘다. 예 자질구레한 일거리.

자짜리 낚시에서, 한 자짜리 물고기. 예 자짜리를 낚다.

자찬(自讚) 스스로 자신을 칭찬함. 예 자화 자찬. —하다.

자책(自責) 제가 제 자신을 스스로 꾸짖음. 예 자책감에 사로잡히다. —하다.

자청(自請) 자기 스스로 청함. 예 일을 자청해서 하다. —하다.

자체(自體) 제 몸. 그 자신. 예 자체 정화.

자초[1](自初) 어떤 일이 비롯된 처음. 예 자초지종.

자초[2](自招) 제 스스로 어떤 결과를 끌어들임. 예 스스로 불행을 자초하다. —하다.

자초지종(自初至終) 처음부터 끝까지의 사실.

자축(自祝) 자기가 당한 경사 등을 스스로 축하함. 예 자축 행사. —하다.

자취[1] 있었거나 남긴 자국. 비 흔적. 형적.

자취[2](自炊) 손수 밥을 지어 먹음, 또는 그 일. 예 방을 얻어 자취를 하다. —하다.

자치(自治) 제 일은 제 스스로가 다스림. 예 자치 단체. —하다.

자치기 손에 알맞은 나무때기로 짤막한 나무때기를 쳐서 그 거리를 재어 승부를 겨루는 아이들의 놀이.

자치제 중앙 정부의 지시를 받지 않고 지방 자치 단체가 자주적으로 행정을 하는 제도. 자치 제도.

자치회 ①학교에서, 학생들의 자치 활동을 위하여 만든 교육적인 조직. ②지역의 주민들이 지역 생활의 향상을 위하여 만든 자치적인 조직. 예 아파트 자치회.

자칫하면 까딱 잘못하면. 조금이라도 어긋나면. 예 눈길은 자칫하면 넘어지기 쉽다.

자칭(自稱) ①남에게 대하여 자기 자신을 일컬음. 예 자칭 천재. ②스스로 자기를 칭찬함. —하다.

자카르타(Jakarta) 인도네시아 공화국의 수도이며, 자바 섬 서북 해안에 있는 항구 도시. 커피·차 등을 수출함.

자태(姿態) 아름다운 모양이나 태도. 예 눈부신 자태. 비 맵시.

자택(自宅) 자기의 집. 비 자가.

자퇴(自退) 스스로 물러남. 예 학교를 자퇴하다. —하다.

자투리 팔거나 쓰다 남은 피륙의 조각.

자판기(自販機) '자동 판매기'의 준말.

자포 자기(自暴自棄) 자신을 버리고 돌보지 아니함. 예 잇단 실패로 자포 자기하다. —하다.

자필(自筆) 글씨를 자기 손으로

직접 씀, 또는 그 글씨. 예 자필 원고. 반 대필. —하다.
자학¹(自虐) 스스로 자기를 학대함. 예 자학 행위. —하다.
자학²(自學) 자기 스스로 배움. —하다.
자형(字形) 글자의 모양. 글자의 생김새. 자양. 자체.
자혜롭다(慈惠—)〔자혜로우니, 자혜로워/자혜로이〕 인자하고 은혜롭다. 예 자혜로우신 선생님.
자화상(自畫像) 자기가 자신의 모습을 그린 그림. 예 자화상을 그리다.
자화 자찬(自畫自讚) 자기가 한 일을 자기 스스로 자랑함. —하다.
자활(自活) 제 스스로의 힘으로 살아감. 예 그는 자활할 수 있는 능력이 있다. —하다.
작가(作家) 문예 작품을 짓는 사람. 예 동화 작가.
작고(作故) '사망'의 높임말. 예 선생님께서 작고하셨다. —하다.
작곡(作曲) 음악의 곡조를 지음. 예 작곡에 소질이 있다. —하다.
작곡가 작곡을 하는 사람.
작년(昨年) 올해의 전해. 지난해. 예 영희는 작년에 초등 학교에 입학했다. 비 지난해. 반 명년. 내년.
작:다 ①크지 않다. 예 키가 작다. ②어리다. ③잘다. 반 크다.

작다 크지 않다.
적다 많지 않다.

작다리[—따리] '키가 작달막한 사람'을 놀리는 듯이 하는 말.
작달막하다[—딸마카다] 키가 몸에 비하여 작다. 예 키는 작달막하지만 아주 굳세 보인다.

작대기 긴 막대기. 예 지게를 작대기로 받치다.
작동(作動)[—똥] 기계가 움직이거나 기계를 움직이게 함. 예 기계를 작동하다. —하다.
작두[—뚜] 소나 말에게 먹일 풀·짚 따위를 써는 연장. 예 작두로 풀을 썰다.

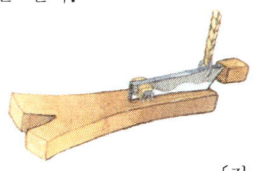
〔작 두〕

작렬(炸裂) 포탄 따위의 폭발물이 터져 산산이 흩어짐. 터져 퍼짐. 예 작렬하는 포탄 속을 헤쳐 나오다. —하다.
작문(作文)[장—] 글을 지음, 또는 그 글. 예 작문 시간. —하다.
작물(作物)[장—] 사람이 생활하는 데에 필요한 것을 얻기 위해서 가꾸는 식물. 예 원예 작물. 본 농작물.
작별(作別) 서로 인사를 나누고 헤어짐. 예 작별 인사. 비 이별. 반 상봉. 히다.
작사(作詞) 노래말을 지음. 예 작사 작곡. —하다.
작살 물고기를 찔러 잡는 기구.

〔작 살〕

작살나다 산산조각으로 박살나다.
작성(作成) 지어 이룸. 예 원고 작성. —하다.
작시(作詩) 시를 지음. —하다.
작심(作心) 마음을 단단히 먹음,

또는 그 마음. [예] 공부를 열심히 하기로 작심하다. ―하다.

작심 삼일(作心三日) 어떤 일을 결심해 봤자 겨우 사흘이라는 뜻으로, '결심이 굳지 못함'을 빗대어 이르는 말.

작약(芍藥) 미나리아재빗과의 여러해살이풀로서 높이 50~80cm임. 5~6월에 줄기와 잎 사이에 흰색이나 붉은색의 큰 꽃이 피는데, 함박꽃이라고도 함. 꽃이 크고 아름다워 관상용으로 심음.

작업(作業) 일을 함. [예] 작업장. 작업 환경 개선. ―하다.

작업모 일을 할 때 쓰는 모자.

작업복 일을 할 때 입는 옷.

작열(灼熱) ①불에 새빨갛게 닮. ②몹시 뜨겁게 타오름. [예] 여름에는 태양이 작열하게 내리쬔다. ―하다.

작용(作用) ①어떤 물건이 다른 물건에 미치는 영향. [예] 전기 작용. ②한 물체의 힘이 다른 물체의 힘에 미치어서 영향을 주는 일. ―하다.

ㅈ

작용점(作用點)[―쩜] 어떤 물체에 작용하는 힘이 미치는 한 점.

작은 크지 않은. [예] 작은 책상. [반] 큰.

작은 고추가 더 맵다〈속〉 몸집이 작은 사람이 큰 사람보다 도리어 단단하고 재주가 뛰어나다.

작은골 큰골 밑에 있으면서, 몸의 모든 평균을 지탱하고, 맘대로근의 운동을 지배하는 부분. [비] 소뇌.

작은곰자리 북쪽 하늘 별자리의 하나. 북두칠성 옆에 있으며, 북극성이 그 주성임.

작은댁 작은아버지와 그 식구들이 사는 집. [비] 작은집. [반] 큰댁.

작은따옴표 따옴표의 한 가지. 남의 말을 따올 때나 강조 등을 할 때, 단어나 글 앞뒤에 쓰이는 부호. ' '의 이름.

작은말 어떤 말과 뜻은 같으면서도 작고 가볍고 밝은 느낌을 주는 말. '쿵쿵'의 작은말은 '콩콩' 따위. [반] 큰말.

작은방 집 안의 큰방과 나란히 딸려 있는 조그만 방. [반] 큰방.

작은북 타악기의 한 가지. 목에 걸거나 대 위에 놓고, 두 개의 가는 나무 막대기로 두들겨서 소리를 냄. [반] 큰북.

작은아버지 아버지의 아우. [반] 큰아버지.

작은악절 2개의 동기로 이루어진 악절. [반] 큰악절.

작은어머니 ①작은아버지의 아내. [반] 큰어머니. ②서모를 자기 어머니와 구별하여 부르는 말.

작은집 형이나 그 자손이 아우나 그 자손의 집을 일컫는 말. [비] 작은댁. [반] 큰집.

작은창자 위와 큰창자의 사이에 있으며, 먹은 것을 소화하고 영양을 흡수하는 내장 기관. 길이 6~7 m. [비] 소장.

작자(作者) ①문예 작품을 지은 사람. [비] 지은이. ②물건을 살 사람. ③사람을 낮추어 부르는 말. [예] 우스운 작자다.

작작 어지간하게. 너무 지나치지 않게. [예] 농담 좀 작작 해라.

작전(作戰) 싸움하는 방법을 세움. [예] 공동 작전. ―하다.

작전 타임 배구·농구 등의 운동 경기에서, 감독이나 주장이 자기 팀의 선수에게 작전을 지시하기 위하여 심판에게 요구하는 시간.
작정(酌定) 일을 짐작하여 결정함. 예 나는 일기를 열심히 쓸 작정이다. —하다.
작중 인물(作中人物) 작품 가운데에 등장하는 인물.
작품(作品) 시·소설·그림·조각 등 예술 활동으로 만든 것. 예 미술 작품을 감상하는 취미를 갖자.
작품란(作品欄) 신문이나 잡지에서 시나 소설 따위를 싣는 지면.
작품집(作品集) 문학·미술 등의 작품을 모아서 엮은 책.
작황(作況) 농사의 잘 되고 못 된 상황. 예 올해는 벼농사의 작황이 어떻습니까?
잔^1(盞) ①술잔. ②찻잔. 컵.
잔-^{2} 잘거나 가늘다는 뜻을 나타내는 말. 예 잔심부름. 잔소리.
잔걸음 ①가까운 곳을 자주 왔다 갔다하는 걸음. ②걸음의 폭을 좁게 떼면서 재빠르고 날쌔게 걷는 걸음.
잔고(殘高) 수입과 지출을 계산한 나머지 액수. 예 잔고가 없다.
잔고기 가시 세다〈속〉 몸은 자그맣게 생겼어도 속은 알차다.
잔금(殘金) 쓰고 남은 돈. 예 잔금을 치르다. 비 잔액.
잔기침 작은 소리로 자주 하는 기침. 반 큰기침. —하다.
잔꾀 약고도 작은 꾀. 예 놀기 위해 잔꾀를 부리다.
잔돈 작은 돈. 많지 아니한 돈. 예 잔돈도 모으면 큰돈 된다.
잔등이 '등'의 낮춤말.
잔디 마디마디 잔뿌리가 내리어 서로 엉키는 풀. 떼.
잔디밭 잔디가 많이 난 곳.
잔디밭에서 바늘 찾기〈속〉 무엇을 고르거나 찾거나 얻어 내기가 매우 어렵거나 불가능한 경우에 하는 말.
잔뜩 ①어떤 한도에 꽉 찬 모양. 예 영희는 잔뜩 화가 났다. ②음식을 배부르게 먹은 모양. ③물건이 가득하게 찬 모양. ④자신 있게 믿는 모양. ⑤물건을 꽉 묶는 모양.
잔뜩 찌푸린 날씨 구름이 많이 낀 날씨.
잔말 쓸데없이 되풀이하는 말. 여러 말을 자꾸 하는 것. 예 잔말 말고 따라오너라. 비 잔소리.
잔망스럽다(孱妄—)〔잔망스러우니, 잔망스러워서/잔망스러이〕 잔망한 데가 있다. 예 어린것이 꽤나 잔망스럽다.
잔망하다 몸이 작고 약하며 하는 짓이 경망하다.
잔멸(殘滅) 쇠잔하여 다 없어짐. —하다.
잔모래 자디잔 고운 모래.
잔무(殘務) 아직 처리되지 않은 나머지 사무. 예 잔무 때문에 늦도록 회사에 남아 있다.
잔물결〔—껼〕 잔잔한 물결. 조그만 물결.
잔병 자주 앓는 여러 가지 가벼운 병. 예 잔병이 잦다.
잔뼈 아직 다 자라지 못한 뼈.
잔뼈가 굵어지다〈속〉 어려서부터 어떤 일 속에서 자라나 익숙해지다. 예 시장에서 잔뼈가 굵어지다.
잔뿌리 잘게 많이 난 뿌리.
잔생이 ①지긋지긋하게 말을 듣지 않는 모양. 예 잔생이 말을 안 듣는구나. ②애걸 복걸하는 모양. 예 용서해 달라고 잔생이 빌었다.
잔설(殘雪) 녹다가 남아 있는 눈,

잔소리

또는 봄이 되어도 남아 있는 눈.
잔소리 ①듣기 싫게 늘어놓는 말. ②꾸중으로 하는 여러 말. 비잔말. —하다.
잔손 무슨 일에 여러 번 돌아가는 손질. 예그 일은 잔손이 너무 가서 더디다.
잔손질 자질구레하게 여러 번 손을 놀리어 매만지는 짓. —하다.
잔솔 어린 소나무. 예잔솔가지.
잔시중 자질구레한 시중.
잔심부름 쉽게 해낼 수 있는 작은 심부름. —하다.
잔악(殘惡) 몹시 모질고 악독함. 예잔악한 폭군. 비잔인. 포악. —하다. —히.
잔액(殘額) 남은 돈의 액수. 예잔액을 지불하다. 비잔고. 잔금.
잔약(孱弱) 몸과 마음이 튼튼하지 못하고 약함. —하다.
잔인(殘忍) ①인정이 없음. ②사납고 몹쓸 짓을 함. 예잔인한 행위. 비잔악. 포악. —스럽다. —하다.
잔잔하다 ①바람이 심하지 않다. 예바람이 잔잔하다. ②물결이 가라앉아 조용하다. 예잔잔한 호수의 풍경이 아름답다. —히.
잔재(殘滓) 남아 있는 찌꺼기. 남아 있는 것. 예일제의 잔재를 없애자.
잔재미 자질구레한 재미. 예잔재미 없는 무뚝뚝한 사람.
잔재주 잘고 시시한 일을 잘 해내는 재주.
잔챙이 여럿 가운데 가장 작고 보잘것 없는 것. 예오늘 낚시에서는 잔챙이만 걸린다.
잔치 기쁜 일을 축하하기 위하여 음식을 준비하여 놓고 여러 사람이 모여 즐기는 모임. 예환갑 잔치. 비연회. 향연. —하다.
잔칫날[—친날] 잔치하는 날.
잔칫상[—치쌍] 경사 때 음식을 차려 놓은 상.
잔칫집 잔치를 베푸는 집.
잔품(殘品) 팔거나 쓰다가 남은 물건. 예잔품을 처리하다.
잔학(殘虐) 잔인하고 포악함. 예잔학한 행동. —하다.
잔해(殘骸) 부서지고 남아 있는 물건. 예비행기의 잔해.
잔혹(殘酷) 잔인하고 혹독함. 예잔혹한 영화. —하다.
잘 ①좋게. ②주의하여. ③능란하게. 예그림을 잘 그린다. 반잘못.
잘근잘근 질긴 물건을 가볍게 자주 씹는 모양. 예잘근잘근 씹어 먹다. 큰질근질근.
잘나다 ①잘생기다. 예얼굴이 잘나다. ②뛰어나다. ③똑똑하다. 예잘난 체하다.
잘다 ①굵지 않다. 가늘다. 반굵다. ②자세하다. ③작다. 반크다. ④성질이 좀스럽다. 예성격이 잘아서 큰일을 못 하겠다.
잘되다 ①일이 생각한 대로 되다. ②신분이나 지위가 좋게 되다.
잘 되면 제 탓 못 되면 조상 탓 〈속〉일이 잘되면 제가 잘해서 된 것으로 여기고, 못 되면 남을 원망한다는 뜻.
잘들 아무 탈없이. 예아기들이 재미있게 잘들 놉니다.
잘라 말:하다 분명히 단정하여 말하다. 예이것이 틀림없다고 잘라 말하다.
잘라매다 단단히 졸라 동여매다.
잘래잘래 고개를 자꾸 가볍게 가

로 내젓는 모양. ㉠머리를 잘래잘래 흔들며 거절하다. 囲절레절레. 쎈짤래짤래.

잘록하다 긴 물체의 한 부분이 홀쭉하다. ㉠허리가 잘록하다. 囲질룩하다. 쎈짤록하다.

잘리다 ①끊어지게 되다. ㉠머리카락이 잘리다. ②남에게 잘라먹음을 당하다. ③해고 당하다. ㉠회사에서 잘리다. 쎈짤리다.

잘못 잘하지 못하는 짓. 잘 되지 않은 일. ㉠잘못을 뉘우치다. —하다.

잘살다 ①넉넉하게 살아가다. ②탈이 없이 무사히 지내다.

잘생기다 얼굴이 잘나다. 점잖게 생기다. ㉠잘생긴 아이.

잘 입다 좋은 옷을 입다.

잘잘못 옳음과 그름. ㉠잘잘못을 가리다.

잘하다 ①익숙하게 하다. ②버릇으로 자주 하다.

잠 ①동물이 심신의 활동을 쉬면서 무의식 상태가 되는 일. ㉠그는 잠이 많다. 비수면. ②누에가 허물 벗기 전에 뽕을 먹지 않고 쉬는 상태. ㉠석 잠 잔 누에.

잠결[—껼] 자면서 아무 의식이 없이 흐릿한 겨를. ㉠잠결에 무슨 소리를 들은 것 같다.

잠결에 남의 다리 긁는다〈속〉 자기를 위하여 한 일이 뜻밖에 남을 위한 일이 되어 버린다.

잠귀[—뀌] 잠결에 소리를 듣는 감각. ㉠잠귀가 어둡다.

잠그다 ①자물쇠를 채우다. ㉠현관문을 잠그다. ②물건을 물 속에 넣다. ㉠물 속에 발을 잠그다.

잠금 장치 문을 열지 못하게 무엇을 걸거나 꽂거나 하는 장치.

잠기다¹ 여닫는 물건이 잠가지다. ㉠문이 잠기다. 凹열리다.

잠기다² ①물 속에 들어가 가라앉다. ㉠물에 잠기다. 凹떠오르다. ②한 가지 일에만 정신이 쏠리다. ㉠생각에 잠기다.

잠깐 오래지 아니한 동안. 매우 짧은 동안. ㉠잠깐 얘기 좀 하자. 비잠시. 凹오래. 한참.

잠꼬대 ①자는 동안에 자기도 모르게 나오는 말. ②엉뚱한 말. —하다.

잠꾸러기 잠을 많이 자는 사람.

잠들다〔잠드니, 잠들어서〕①잠을 자게 되다. ㉠아기가 잠들다. ②죽다. ㉠무명 용사 여기 잠들다.

잠망경(潛望鏡) 물 속에서 물 위를 비춰 보는 기구. 거울·프리즘·렌즈 등을 이용하여 만듦.

잠방 작은 물체가 액체에 떨어져 잠길 때 나는 소리나 그 모양. 囲첨벙. —하다.

잠방이 가랑이가 무릎까지 내려오는, 여름에 입는 짧은 홑바지.

잠버릇[—뻐륻] 잘 때에 하는 버릇이나 짓.

잠복(潛伏) ①드러나지 아니하게 숨어 있음. ㉠잠복 근무 중인 형사. ②병에 걸렸으나 증상이 나타나지 않음. ㉠잠복기. —하다.

잠복기 병원체가 체내에 침입하여 발병하기까지의 기간.

잠수(潛水) 물 속에 잠겨 들어감. ㉠잠수교. 잠수부. —하다.

잠수 도:구 물 속에 잠겨 들어갈 때에 쓰이는 물건.

잠수부(潛水夫) 물 속에 들어가 일하는 사람.

잠수함 물 속에서 적함에 대해 어뢰를 발사하는 군함.

잠수함 투수 야구에서, 팔을 들어 올리지 않고 밑으로부터 던지는 투수. 언더스로 투수.

잠:시(暫時) 오래 걸리지 않는 시간. 예 잠시 기다려라. 비 잠깐. 반 한동안. 오래. 오랫동안.

잠실(蠶室) 누에를 치는 방.

잠실벌 서울 특별시 한강 이남을 일컫는 말. 지금의 송파구 일대.

잠옷 잠을 잘 때에 입는 옷.

잠을 자야 꿈을 꾸지〈속〉 원인을 짓지 않고 결과를 바랄 수 없다.

잠입(潛入) 몰래 들어감. 예 적진에 잠입하다. ―하다.

잠자다 ①잠이 들어 심신의 활동이 정지하거나, 무의식 상태로 들어가다. ②사물이 쓰이지 않고 묻혀 있다. 예 잠자고 있는 기계.

잠자리¹ 여름철에 많이 날아다니는 날벌레. 두 눈이 툭 불거져 크고, 환히 비치는 날개가 양쪽에 네 개 달렸음.

잠자리²[―짜리] 잠을 자는 곳.

잠자리 비행기 '헬리콥터'를 흔히 이르는 말.

잠자리채 잠자리 따위의 곤충을 잡기 위해 긴 막대에 그물 주머니를 단 채.

잠자코 아무 말이 없이. 예 나서지 말고 잠자코 있거라. 비 묵묵히.

잠자코 있는 것이 무식을 면한다〈속〉 아무 말도 하지 않고 가만히 있으면 자기의 무식이 드러나지 않는다.

잠잠하다(潛潛―) ①가만히 있고 말이 없다. ②조용하다. 예 교실 안이 잠잠하다. ―히.

잠재(潛在) 속에 숨어 있음. 예 잠재 능력. 잠재 의식. ―하다.

잠재력(潛在力) 겉으로 드러나지 않고 속에 숨어 있는 힘.

잠적(潛跡) 종적을 아주 감춤. 예 범인이 잠적했다. ―하다.

잠:정(暫定) 잠깐 임시로 정함. 예 잠정적인 결론. ―하다.

잠투정 어린애가 잠들기 전이나 잠을 깬 뒤에 부리는 투정. ―하다.

잠항정(潛航艇) 물 속으로 숨어 다니는 군함의 한 가지.

잡가(雜歌) ①정악 이외의 노래. 속된 노래. ②조선 말엽, 평민들이 지어 부르던 노래로, 긴 사설에 노래를 얹어 불렀음.

잡곡(雜穀) 쌀 이외의 보리·콩·팥·밀·조 등의 여러 가지 곡식.

잡곡밥 잡곡을 섞어 지은 밥.

잡균(雜菌) 여러 가지 세균 등의 미생물.

잡기장(雜記帳) 여러 가지 일을 적어 두는 공책.

잡념(雜念) 여러 가지 쓸데없는 생각. 예 잡념이 많다.

잡다¹ ①손으로 움켜쥐다. ②정하다. 예 자리를 잡다. ③달아나거나 숨어 있는 사람을 붙잡다. 예 범인을 잡다. ④권리·이권 등을 쥐다. ⑤죽이다. 예 소를 잡다.

잡다² 의복에 주름을 내다. 예 바지 주름을 잡다.

잡다하다(雜多―) 여러 가지가 뒤섞여 있다. ―히.

잡담(雜談) 쓸데없이 지껄이는 말. 예 잡담 금지. ―하다.

잡도리 잘못되지 아니하도록 엄하게 다룸. ―하다.

잡동사니 마구 뒤섞인 물건들.

잡목(雜木) 중요하게 쓰이지 못할 여러 가지 나무.

잡비(雜費) 자질구레하게 쓰이는 돈. 예 잡비를 절약하다.

잡상인(雜商人) 잡다한 물건을 들고 다니면서 파는 상인.
잡석(雜石) 별로 소용되는 곳이 없는 돌. 비 막돌.
잡수시다 '먹는다'의 높임말. 예 할아버지 진지 잡수세요.
잡식(雜食) 여러 가지 음식을 섞어 먹음. 또는 그 음식. —하다.
잡식 동:물 동물성 먹이와 식물성 먹이를 두루 먹는 동물. 참새·쥐·닭·고양이 따위.
잡아가다 붙들어 데려가다. 예 경찰이 도둑을 잡아가다.
잡아넣다 붙잡아 가두다. 예 범인을 잡아넣다.
잡아당기다 잡아서 자기 쪽으로 끌다. 예 소매를 잡아당기다.
잡아떼다 ①붙은 것을 잡아당겨서 떨어지게 하다. 예 벽보를 잡아떼다. ②한 짓을 안 하였다고, 아는 일을 모른다고 우겨 말하다. 예 모르는 일이라며 잡아떼다.
잡아뜯다 붙어 있는 것을 잡아당겨 떨어지게 하다.
잡아매다 ①흩어지지 않게 한데 매다. ②고정된 곳에 묶어 두다. 예 소를 말뚝에 잡아매다.
잡아먹다 ①잡아 죽여서 그 고기를 먹다. ②시간 따위를 낭비하다. 예 공연히 시간만 잡아먹었다.
잡음(雜音) 시끄러운 소리. 예 거리의 잡음. 비 소음.
잡종(雜種) 순수하지 않고 온갖 것이 뒤섞인 종류. 반 순종.
잡지(雜誌) 여러 가지 종류의 글을 모아서 한 달에 한 번 또는 일정한 동안을 두고 정기적으로 발행하는 책.
잡지사 잡지를 만드는 출판사. 예 여성 잡지사.
잡채(雜菜) 당면에 고기와 채소를 썰어 넣고 양념하여 볶은 음식.
잡초(雜草) 여기저기 멋대로 나서 자라는 풀. 반 화초.
잡치다 ①잘못해 그르치다. 예 시험을 잡치다. ②기분을 상하다. 예 기분 잡치다.
잡학(雜學) 조선조 때, 중인 계급의 자제가 배우던 기술 교육 기관. 전의감·관상감·소격서 따위.
잡화점(雜貨店) 일상 생활에 필요한 여러 가지 물건을 파는 상점.
잡히다¹ ①붙들리다. 반 놓이다. ②논 등에 물이 들어가 차게 되다. 예 모내기할 물이 논에 잡히다. ③마음이 안정되다. 예 겨우 마음이 잡혔다.
잡히다² ①굽은 것이 곧게 잡음을 당하다. 예 굽은 못이 잡히다. ②의복 등에 주름이 서다. 예 주름 잡힌 치마를 사다.
잣: 잣나무의 열매. 솔방울같이 생긴 단단한 송이에 들어 있음.
잣:나무 잣이 열리는 나무. 높이가 10m 이상 자라며 잎은 바늘꼴임. 씨앗은 고소하여 먹고 나무는 건축재로 쓰임.
잣눈[잔—] 길이를 재는 자에 새겨진 눈금.
잣눈도 모르고 조복 마른다〈속〉 아무것도 모르고 가장 어려운 일을 하려고 한다.
잣:다[자아, 자으니] 물레를 돌려 실을 뽑다. 예 물레로 실을 잣다.
잣:죽[잗쭉] 잣과 쌀을 물에 불려 갈아서 쑨 죽.
장:¹(長) 단체나 관청의 각 부서의 우두머리. 예 계장. 과장. 부장.
장²(章) 시가나 문장의 한 편.

장³(張) 종이나 널쩍한 조각을 세는 단위. 예 종이 열 장.

장⁴(場) 연극에서의 한 장면. 예 3막 5장.

장⁵(場) 많은 사람이 모여서 물건을 사고 파는 곳. 예 장날.

장⁶(腸) 뱃속에 있는 소화기의 일부. 길고 꼬불꼬불하며 음식물의 소화·흡수·배설 등을 행함. 비 창자.

장:⁷(醬) 음식의 간을 맞추는 간장·된장·고추장의 총칭. 예 장을 담그다.

장:⁸(欌) 물건을 넣어 두는 가구.

장:가 사내가 아내를 맞아들이는 일. 예 장가를 들다.

장가락 다섯 손가락 중 한가운데에 있는 제일 긴 손가락.

장:갑(掌匣) 추위를 막거나 모양으로 손을 가리기 위하여 끼는 물건. 예 가죽 장갑.

장:거(壯擧) 장한 일. 크나큰 계획. 예 히말라야 정복의 장거.

장거리¹(長距離) 멀고 긴 거리. 예 장거리 전화를 걸다.

장거리²(場—)[—꺼리] 장에 내다 팔아서 돈을 마련할 물건, 또는 장에 가서 사 올 물건.

장거리 경:주 육상 경기 종목의 한 가지. 5,000m·10,000m 및 마라톤 경주를 두루 가리킴. 비 장거리달리기. 반 단거리 경주.

장거리 전:화 일반 가입 구역 밖인 특정의 먼 구역과 통화할 수 있는 전화.

장:계(狀啓) 임금의 명을 받아 지방에 나가 민정을 살피는 벼슬아치들이 임금에게 글로 써서 올리던 보고서. —하다.

장:관¹(壯觀) 굉장하여 볼 만한 일이나 경치. 예 장관을 이루다.

장:관²(長官) 행정 각부의 우두머리. 예 법무부 장관.

장:교(將校) 육·해·공군의 소위 이상의 군인.

장구¹ 북의 한 가지. 가운데가 잘록하고 양쪽 옆에 가죽을 붙여 치도록 만든 것. 예 장구를 치다.

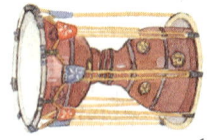

〔장 구¹〕

장구²(長久) 길고 오램. 예 장구한 세월. —하다. —히.

장구벌레 모기의 애벌레. 여름철 물 속에서 깨어 번데기가 되었다가 모기가 됨.

장구애비 장구애빗과의 곤충. 몸빛깔이 흑갈색이며 배 부분에 한 쌍의 긴 숨구멍이 있고 논이나 늪에 삶.

장군(將軍) 군사를 거느리는 우두머리. 비 장수. 반 군졸. 졸병.

장군총(將軍塚) 만주에 있는 고구려 시대의 무덤. 크고 모양이 단정함. 광개토 대왕릉비가 있음.

장기¹(長技)[—끼] ① 나은 기능. ② 아주 능한 재주. 예 장기 자랑. 비 특기.

장기²(長期) 오랜 시기. 예 장기 계획. 반 단기.

장:기³(將棋) 두 사람이 32짝의 말을 움직여 싸우는 놀이의 하나.

장기간 오랜 동안. 긴 기간. 예 장기간 집을 떠나 있다. 반 단기간.

장:기판 장기짝을 벌여 놓고 두는 나무판.

장기화(長期化) 일이 오래 끌게

됨, 또는 그렇게 함. ㉠ 전쟁이 장기화되다. —하다.

장꾼(場—) 장에서 물건을 팔고 사는 사람들.

장끼 =수꿩. 때 까투리.

장난 ①아이들이 노는 것. ②남몰래 하는 못된 짓. —하다.

장난감[—깜] 아이들이 가지고 노는 물건. 때 완구.

장난감 교향곡 보통의 현악기 외에 장난감 나팔·장난감 피리 등을 사용하여, 어른들의 기분 전환 및 어린이들에게 들려 주기 위한 가벼운 교향곡. 하이든이 작곡한 것이 가장 유명함.

장난꾸러기 장난이 심한 사람.

장난꾼 장난을 좋아하는 사람.

장난질 아이들의 놀음. 못된 희롱을 하는 짓.

장날 장이 서는 날. 보통 닷새 만에 섬. 준 장.

장 : 남(長男) 맏아들. 큰아들.

장내(場內) 어떤 장소의 안. 회의장의 안. 때 장외.

장 : 년(壯年) 기운이 씩씩한 사람. 곧, 나이 서른 살에서 마흔 살 안팎의 사람. 때 장령.

장 : 년기 ①장년의 시기. ②침식 작용이 가장 왕성하고 활발하여 지형이 매우 험한 시기.

장뇌(樟腦) 썩는 것의 방지와 좀 따위를 몰아 내는 데 쓰는 약으로, 독한 냄새가 있음.

장 : 님 눈이 멀어 앞을 보지 못하는 사람. 때 소경. 봉사.

장다리꽃 배추나 무 등의 줄기가 커 올라서 피는 꽃.

장단(長短) ①긴 것과 짧은 것. ②장점과 단점. ③노래나 음악의 길고 짧은 박자. ㉠ 장단에 맞춰 손뼉을 치다. 때 박자.

장단 맞추다 ①악기를 다룰 때 장단이 맞게 하다. ②남의 비위를 맞추다.

장단점(長短點)[—쩜] 장점과 단점. ㉠ 장단점을 비교하다.

장 : 담(壯談) 확신을 가지고 자신 있게 하는 말. ㉠ 우승을 장담하다. —하다.

장 : 대¹(壯大) 씩씩하고 큼. ㉠ 기운이 장대하다. —하다. —히.

장대²(長—)[—때] 가는 나무나 대를 길게 자른 것.

장대높이뛰기[장때노피—] 육상 경기의 하나. 긴 막대를 짚고, 걸쳐 놓은 나무를 뛰어넘어 그 높이를 겨룸.

장대비[—때비] 장대처럼 굵고 거센 비.

장 : 도(壯途) 중대한 사명이나 장한 뜻을 품고 떠나는 길. ㉠ 장도에 오르다.

장 : 도리 못을 쳐서 박거나 뺄 때 쓰는 쇠로 만든 망치.

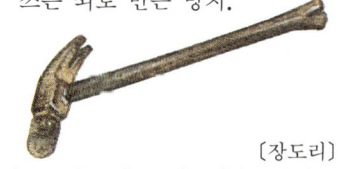

[장도리]

장 : 독(醬—)[—똑] 장을 담아 둔 독. ㉠ 장독대.

장 : 독간[—똑깐] 고추장이나 된장 따위의 장독을 놓아 두는 장소.

장 : 독대[—똑때] 장독을 놓아 두는 조금 높은 곳.

장독보다 장맛이 좋다(속) 겉모양은 보잘것 없으나 속 내용은 매우 좋다는 말.

장 : 딴지 종아리 뒤쪽의 살이 불룩한 부분.

장래(將來) ①앞으로 닥쳐올 날. 앞날. 예 나라의 장래를 걱정하다. ②앞날의 전망이나 앞길.

장:려(奬勵)[-녀] 어떤 일을 힘써 하도록 권함. 예 저축을 장려하다. -하다.

장:려금(奬勵金) 어떤 일을 장려하는 뜻으로 보조해 주는 돈.

장:렬(壯烈) 씩씩하고 맹렬함. 예 장렬히 전사했다. -하다. -히.

장:례(葬禮)[-네] 죽은 사람을 장사 지내는 일. 예 장례를 치르다. 비 장의.

장:례식 장사를 지내는 의식.

장:로(長老)[-노] ①나이가 많고 덕이 높은 사람을 이르는 말. ②장로교의 교직의 하나.

장:로교(長老敎)[-노교] 목사와 장로가 교회 운영을 협의하는 개신교의 한 교파.

장:롱(欌籠)[-농] 옷 등을 넣어 두는 장과 농을 아울러 이르는 말.

장:리(長利)[-니] 봄에 꾸어 준 곡식에 대하여 가을에 그 절반을 이자로 쳐서 받는 변리.

장마 여러 날 계속 비가 내리는 현상, 또는 그런 날씨. 예 장마가 지다. 반 가뭄.

장마철 비가 계속하여 많이 내리는 시기.

장:막(帳幕) ①사람이 들어가 볕이나 비를 피할 수 있도록 한 데에 둘러치는 막. ②무엇을 가리려고 둘러치는 막.

장만 ①만들거나 사들여 준비함. 예 음식을 장만하다. ②갖추어 만듦. ③물건을 사서 둠. 예 살림을 장만하다. -하다.

장면(場面) ①연극·영화 등의 한 정경. ②일이 벌어진 광경.

장면 전:환 연극·영화 따위에서 장면이 갈리어 바뀌는 일.

장:모(丈母) 아내의 친정 어머니.

장목¹ 꿩의 꽁지깃을 끝에 꽂아 다는 꾸밈새. 흔히 군기나 농기에 씀.

장목²(長木) 큰 물체를 버티는 데 쓰는 굵고 긴 나무. 비 장나무.

장물(贓物) 범죄 행위로 옳지 못하게 얻은 다른 사람의 물건.

장미(薔薇) ①가지에는 가시가 있고, 잎은 깃꼴 겹잎임. 관상용으로 개량되어 꽃은 모양이 다양하며 향기가 짙고, 빛깔은 빨강·분홍·노랑 등 여러 가지임. ②장미꽃.

장미-꽃(薔薇-) 장미의 꽃. 장미.

장밋빛 ①장미꽃의 빛깔. 붉은빛. 장미색. ②낙관적이고 희망적이거나 또는 그런 상태를 비유하는 말.

장바구니(場-)[장빠-] 시장에 다닐 때 쓰는 바구니.

장발(長髮) 길게 기른 머리털.

장발장(Jean Valjean) 빅토르 위고의 소설인 〈레 미제라블〉의 주인공.

장방형(長方形) 직사각형.

장백산(長白山) 백두산.

장백 산맥 백두산이 솟아 있으며, 중국과 경계를 이루고 있는 산맥.

장:병(將兵) 장교와 사병. 예 국군 장병에게 위문품을 보내자.

장보:고(張保皐, ?~846) 신라 말의 장수. 흥덕왕 때 당나라 수군에서 활약하다가 귀국, 해적을 없애기 위해 지금의 완도인 청해에 진을 베풀었으며 청해진 대사가 되어 해상권을 잡고 신라와 당나라와의 무역을 활발하게 하였음.

장보기 장에 가서 물건을 팔거나 사오는 일.

장본인(張本人) 어떠한 일의 근본이 되는 사람. ㉠그 일을 한 장본인이다.

장:부¹(丈夫) 다 자란 남자. ㉠사나이 대장부.

장부²(帳簿) 수입과 지출을 적어 두는 책, 또는 그 일. ㉠장부 정리. —하다.

장비(裝備) ①부속품이나 비품 등을 장치함. ②군대나 함정 등의 무장. ③꾸미어 갖춤. ㉣장치. —하다.

장사¹ 이익을 얻으려고 물건을 파는 일. ㉣상업. —하다.

장사 물건을 사고 파는 일.
장수 물건을 사고 파는 사람.

장:사²(壯士) 힘이 센 사람.

장:사³(葬事) 시체를 땅 속에 묻거나 불에 태우는 일. ㉠장사를 지내다. —하다.

장사가 나면 용마가 난다⟨속⟩ 무슨 일이거나 잘 되면 좋은 기회가 저절로 따른다.

장사꾼 장사를 하는 사람.

장사치 장사를 하는 사람을 낮추어 이르는 말.

장살¹ 문살 중에 세로로 세워서 짜는 살.

장살²(戕殺) 무찔러 죽임. —하다.

장삼(長衫) 검은 베로 만든, 길이가 길고 소매가 넓은 중의 웃옷.

장삼 이:사(張三李四) 장씨의 셋째 아들과 이씨의 넷째 아들이라는 뜻으로, 이름이나 신분이 뚜렷하지 못한 평범한 사람들.

장삿길 장사를 하려고 나선 길.

장서(藏書) 책을 간직하여 둠, 또는 그 책. ㉠장서가 수천 권이다. —하다.

장서각(藏書閣) 지난날, 궁 안에 많은 책을 간직해 두었던 서고.

장석(長石) 화성암의 주요 성분 중의 하나. 사기그릇·유리 따위를 만드는 데 쓰임.

장:성하다(長成—) ①키가 커지다. ②자라다. ㉠훌륭하게 장성하다. ③기운이 많다.

장소(場所) =곳. ㉣처소.

장:손(長孫) 맏손자.

장:손녀(長孫女) 맏손녀.

장송(長松) 높이 자란 큰 나무.

장수¹ 물건을 파는 사람. 장사를 하는 사람. ㉣상인. 장꾼.

장수²(長壽) 오래 삶. 목숨이 긺. ㉠장수의 비결. —하다.

장:수³(將帥) 군사를 거느리는 우두머리. ㉠고구려 장수 을지문덕. ㉣장군.

장수왕(長壽王, 394~491) 고구려의 제20대 왕. 남하 정책에 뜻을 두어 서울을 국내성에서 평양으로 옮기고 영토를 넓혀, 고구려의 전성기를 이루었음.

장:수하늘소 하늘솟과의 곤충. 수컷의 몸길이는 70~110 mm, 암컷은 60~90 mm 정도로 보통 하늘소보다 배 이상 큼. 산림을 해치는 해충이지만 천연 기념물로 지정하여 보호하고 있음.

장승 사람의 얼굴 모양을 새기고 ⟨천하대장군⟩⟨지하여장군⟩이라고 써서, 마을이나 절 입구 같은 데에 세워 놓은 기둥.

장시간 오랜 시간. 긴 시간.

장식¹(粧飾) 겉모양을 곱게 꾸밈. ㉠화려한 장식. ㉣치장. —하다.

장식²(裝飾) ①치장하여 꾸밈, 또는 그 꾸밈새. 예실내 장식. ②그릇이나 가구 따위에 꾸밈새로 박는 쇠붙이. —하다.

장식품 장식에 쓰이는 물품.

장신(長身) 키가 큰 몸. 예장신의 농구 선수. 반단신.

장신구(裝身具) 반지나 귀고리 등 몸치장을 하는 데 쓰는 제구.

장아찌 무나 오이 따위를 썰어서 말린 뒤에 간장을 붓고, 갖은 양념을 한 음식.

장ː악(掌握) 권세 따위를 손아귀에 넣음. 예정권을 장악하다. 비지배. —하다.

장안(長安) '서울'을 일컬음. 예장안의 화제로 떠오르다.

장애물(障礙物) 거치적거리는 물건. 예장애물 경주.

장애물달리기 달리는 길에 여러 개의 장애물을 놓고, 달리면서 뛰어넘는 육상 운동.

장애인(障礙人) 몸을 상해 영구적으로 불편한 사람.

장어(長魚) '뱀장어'의 준말. 몸길이 60 cm 가량. 몸은 가늘고 길쭉하여 뱀과 비슷함. 5~12년 간 민물에서 살다가 산란기에 바다 깊은 곳으로 내려가 알을 낳음.

장엄하다(莊嚴—) 으리으리하게 크고 위엄이 있게 보이다. 엄하고 고상하게 보이다. 예장엄한 의식. 비엄숙하다. —히.

장영실(蔣英實, ?~?) 조선 시대 세종 때의 과학자. 세종의 명을 받들어 해시계와 물시계를 제작하였음.

장옷 지난날, 부녀자들이 나들이할 때에 얼굴을 가리기 위하여 머리에서부터 길게 내리 쓰던 두루마기 모양의 옷. 초록 바탕에 흰 끝동을 달았음.

장외(場外) 어떠한 장소의 바깥. 예장외 경기. 반장내.

장ː원¹(壯元) 과거 시험의 갑과에 첫째로 뽑힌 사람. 예장원 급제. —하다.

장원²(莊園) 귀족이나 사찰이 소유하고 있던 토지.

장ː유 유ː서(長幼有序) 오륜의 하나. 나이가 많은 사람과 나이가 적은 사람 사이에는 지켜야 할 차례가 있음을 이르는 말.

장음(長音) 길게 나는 소리. 긴소리. 반단음.

장음계(長音階) 셋째와 넷째 음 사이의 음정과 일곱째와 여덟째 음 사이의 음정이 반음이고 기타 각 음의 사이는 온음정을 이루는 음계. 반단음계.

장ː의사(葬儀社) 장례에 필요한 물건을 팔거나 세놓는 집.

-장이(匠—) 어떠한 기술을 가진 사람을 가리켜 낮게 이르는 말. 예대장장이. 유기장이.

장ː인¹(丈人) 아내의 친정 아버지. 반장모.

장인²(匠人) ①옛날에 공업 제품을 생산하던 기술자. 주로 천민이 이에 속함. ②물건 만드는 일을 업으로 삼는 사람. 예장인 정신.

장ː자(長子) 맏아들.

장작 통나무를 쪼개어 만든 길쭉길쭉한 땔나무.

장작더미 쌓아 둔 장작 무더기.

장ː점(長點) [—쩜] 특히 뛰어난 점. 예장점을 살리다. 반단점.

장ː정(壯丁) 나이가 젊고 기운이 있는 젊은 남자.

장 제스(蔣介石, 1887~1975) 중국

의 정치가. 1927년부터 중국 국민 정부의 실권을 잡고 공산당과 싸웠고, 중·일 전쟁에서는 일본의 침략에 대항해서 싸웠으나, 1949년에 공산군과의 싸움에서 패하여 타이완으로 건너갔음.

장조(長調)〔—쪼〕 장음계로 된 곡조. 예 다 장조. 凹단조.

장:조림 간장에 쇠고기를 넣고 졸인 반찬.

장:졸(將卒) 군대의 장교와 사병을 함께 이르는 말. 비장병.

장중(莊重) 장엄하고 정중함. 예 장중한 음악. —하다. —히.

장지(障—) 방에 칸을 막아 끼운 미닫이. 예 장지문.

장지문 지게문에 장지짝을 덧들인 문. 준장지.

장질부사(腸窒扶斯) '장티푸스'의 한자말.

장차(將次) 이제 앞으로. 예 너는 장차 어떤 일을 할 거니? 비장래. 미래. 凹과거.

장처(長處) ①가장 잘하는 점. ②그중 나은 점. 凹단처.

장치(裝置) ①차려 둠. 예 실내 장치. ②만들어 둠. ③기계의 설비. 예 안전 장치. 비장비. —하나.

장:쾌(壯快) 씩씩하고 상쾌함. 예 장쾌한 군인의 걸음걸이. —하다. —히.

장타(長打) 야구에서, 공을 멀리 쳐 보내는 것. 예 장타를 날리다. 凹단타.

장터(場—) 장이 서는 곳. 장을 보는 곳. 비시장.

장티푸스(腸Typhus) 장티푸스균이 장에 들어감으로써 일어나는 급성 전염병. 염병. 장질부사.

장판지(壯版紙) 방바닥에 바르는 기름 먹인 두꺼운 종이. 준장판.

장편 소:설(長篇小說) 구성이 복잡하며 취재한 세계가 광범하고 양이 긴 소설. 凹단편 소설.

장:하다(壯—) ①훌륭하다. ②볼 만하다. ③놀랍다. 예 네가 그 일을 했다니 참 장하다. —히.

장:학(獎學) 학문을 장려함, 또는 그 일. —하다.

장:학관 교육의 지도 및 조사·감독을 맡은 교육 공무원.

장:학금 ①학문을 장려하는 목적으로 쓰는 돈. ②가난한 학생을 위한 학비 보조금.

장:학생 가난하거나 공부를 잘하여 학비 보조금을 받는 학생.

장해(障害) 무슨 일을 하는 데 방해가 됨. 비장애. —하다.

장해물 장해가 되는 사물.

장화(長靴) 목이 무릎 밑까지 올라오는 가죽신이나 고무신.

장화홍련전〔—년전〕 조선조 숙종 때부터 철종 때에 걸친 한글 소설. 작자는 모름. 계모에 의한 가정 비극을 그렸음.

장황하다(張皇—) 번잡하고 길다. 예 장황한 언설. —히.

잦다¹ 뒤로 기울어지다. 예 몸이 뒤로 잦다.

잦다² 거듭되는 어떤 일이 짧은 동안에 자주 있다. 예 여름에는 비가 잦다. 지각이 잦다.

잦다³ ①액체가 졸아들어 밑바닥에 깔리다. 예 냄비의 물이 졸아 잦아졌다. ②잠잠해지거나 가라앉거나 하다.

잦아들다 액체 따위가 차츰 졸아들어 없어져 가다. 예 가뭄으로 못의 물이 잦아들다.

잦아서 자주 있어서. 예 병이 잦아

잦아지다 점점 말라서 없어지게 되다. 예 가뭄에 냇물이 잦아졌다.
잦은걸음 두 발을 자주 놀려 걷는 걸음. 예 잦은걸음으로 걷다.
잦혀지다 속의 것이 겉으로 드러나다. 예 바람에 문이 잦혀지다.
잦히다¹[자치—] 밥이 끓은 뒤에 불을 약하게 하였다가 다시 조금 때어 물이 잦아지게 하다.
잦히다²[자치—] ①물체를 뒤로 기울어지게 하다. ②물건의 안쪽이 겉으로 드러나게 하다. 예 옷섶을 잦히다. 큰 젖히다.
재¹ 조금 높은 산길. 예 천둥산 박달재. 비 고개.
재² 물건이 다 탄 뒤에 남는 가루. 예 담뱃재.
재간(才幹) 재주. 예 재간이 많은 아이.
재갈 말의 입에 물리는 쇠로 만든 물건. 이것에 고삐를 맴.

〔재 갈〕

재ː개(再開) 회의나 활동 등을 한 동안 쉬었다가 다시 엶. 예 모임을 재개하다. —하다.
재ː개발(再開發) 다시 개발함, 또는 그 일. 예 재개발 지역. —하다.
재ː건(再建) 무너진 것을 다시 일으켜 세움. 예 무너진 다리를 재건하다. —하다.
재ː결정(再結晶)[—쩡] 냉각하거나 증발시켜 다시 결정시키는 일.
재ː고(再考) 다시 생각해 봄. 예 재고할 가치도 없다. —하다.

재ː고품(在庫品) ①창고에 있는 물품. ②아직 상점에 내놓지 않았거나, 팔고 남아서 창고에 쌓아 둔 상품. 준 재고.
재ː기(再起) 능력이나 힘을 모아서 다시 일어남. 예 재기의 기회를 기다리다. —하다.
재난(災難) 사람의 힘으로 막기 어려운, 뜻밖에 일어난 불행한 일. 예 갑자기 닥치는 재난을 막을 수가 없었다.
재는 넘을수록 험하고 내는 건널수록 깊다〈속〉 일이 되어 갈수록 더 어려워진다.
재능(才能) 재주와 능력. 일을 해내는 힘. 비 재주.
재ː다¹ ①물건을 가지런하게 포개어 놓다. ②총에 탄약을 넣다. ③자로 물건의 길이를 헤아리다. 예 길이를 재다.
재ː다² ①민첩하다. ②재빠르다. ③굼뜨지 않다. 예 몸이 재다. 비 빠르다.
재단(裁斷) =마름질. 예 한복을 재단하다. —하다.
재담(才談) 재치 있고 우스운 이야기. 남을 웃기는 이야기. 비 만담. —하다.
재떨이 담뱃재를 떠는 그릇.
재떨이와 부자는 모일수록 더럽다〈속〉 재물이 많으면 많을수록 마음이 더 인색해진다.
재ː래(在來) 전부터 있어 내려온 것. 이제까지 해 오던 일. 예 재래의 풍습. 반 외래.
재ː래식 그전부터 내려오는 식. 예 재래식 농업. 반 개량식.
재ː래종 어떤 지방에서 오랜 세월 동안 재배되어 다른 지방의 가축·작물 등과 교배한 일 없이 그

재래종 지방의 풍토에 적응한 종자. 예 재래종 감자. 땐 개량종.

재력(財力) ①재물의 힘. ②비용을 낼 수 있는 힘.

재롱(才弄) 어린애가 말과 행동을 영리하게 하는 짓. 예 재롱을 피우다. —스럽다.

재료(材料) ①물건을 만드는 감. ②일거리.

재:림(再臨) ①두 번째 옴. ②'다시 내림한다'는 뜻으로, 부활하여 승천한 예수가 최후의 심판 때 이 세상에 다시 온다는 일. —하다.

재목(材木) ①건축의 재료로 쓰이는 나무. 땐 목재. ②어떤 직위에 합당한 인물. 예 이 일을 감당할 만한 재목이 없다.

재무(財務) 재정에 관한 사무.

재물(財物) 돈이나 그 밖의 값나가는 물건. 땐 천량. 재화.

재물대 현미경에 딸린 것으로 관찰 재료를 얹어 놓는 수평한 대.

재미 ①아기자기하게 즐거운 맛. ②생활의 형편. 예 재미가 어떻습니까? ③이익이 됨. 예 장사를 하여 재미 보다. —스럽다.

재미나다 아기자기하게 즐겁고 유쾌한 맛이 있다.

재미있다 아기자기하고 즐거운 느낌이 있다. 예 재미있는 이야기.

재바르다〔재발라〕 재치 있고 날렵하다. 젠 재빠르다.

재:발(再發) 병이나 사건이 다시 일어남. 예 중동 전쟁이 재발하다. —하다.

재배(栽培) 식물을 심어서 기름. 예 농작물 재배. —하다.

재배국 어떤 식물을 많이 심고 가꾸는 나라. 예 인삼 재배국.

재벌(財閥) 경제계에서 큰 세력을 가진 자본가·기업가의 무리. 또는 일가나 친척으로 구성된 대자본가의 집단.

재:벌구이(再—) 도자기 같은 것을 두 번째로 굽는 일.

재봉(裁縫) 옷을 꿰매어 만듦, 또는 그 일. —하다.

재봉틀 바느질 또는 물건을 꿰맬 때 쓰는 기계.

재빠르다〔재빨라〕 동작이 재치 있고 빠르다. 예 재빠르게 달아나다.

재빨리 재치 있고 빠르게. 예 재빨리 숨다.

재산(財産) 돈과 물건. 땐 자산. 재물. 천량.

재산세〔—쎄〕 재산의 소유, 또는 재산의 이전 사실에 대하여 부과하는 조세.

재:삼 재:사(再三再四) 몇 번씩 되풀이하여. 거듭거듭. 예 재삼 재사 확인하다.

재:상(宰相) 옛날에 있었던 높은 벼슬을 일컫는 말.

재색(才色) 여자의 재주와 용모. 예 재색을 겸비한 여인.

재:생(再生) ①다시 살아남. 땐 갱생. ②다시 쓰게 만듦. 예 재생종이. —하다.

재:생 섬유 목재·펄프 등의 섬유소에 약품 녹인 것을 섬유 상태로 뽑아 내어, 약액으로 처리하여 만든 섬유.

재:선거(再選擧) 다시 하는 선거. 예 재선거를 실시하다. 준 재선. —하다.

재수(財數) 재물을 얻는 운수. 운이 좋은 것. 예 재수가 좋다.

재앙(災殃) 천지 자연의 변동으로 인한 불행한 사고. 예 재앙을 당하다.

재:연(再演) ①영화 등을 다시 보여 줌. ②한 번 행했던 일을 다시 되풀이함. [예]조금 전의 동작을 다시 한 번 재연하다. —하다.

재우다 자게 하다. [예]아기를 재우다. [반]깨우다.

재우치다 빨리 하여 몰아치다. [예]사건의 경위를 재우쳐 묻다.

재:위(在位) 임금의 자리에 있음. 또, 그 동안. —하다.

재:일 동포(在日同胞) 일본에서 살고 있는 우리 나라 국민들.

재:임[1](在任) 직무에 있음, 또는 그 자리에 있는 동안. [예]재임 동안 최선을 다하다. —하다.

재:임[2](再任) 본디의 직책에 두 번째 임명됨. —하다.

재:작년(再昨年) 그러께. 2년 전의 해. 지지난해.

재잘거리다 빠른 말로 잇달아서 지껄이다. [큰]지절거리다.

재잘재잘 ①여러 사람이 작게 지껄이는 소리, 또는 그 모양. ②참새 따위가 지저귀는 소리, 또는 그 모양. [큰]지절지절. —하다.

재재거리다 수다스럽게 재잘거리다. [예]재재거리는 제비.

재:적(在籍) 호적·학적 등에 있음. [예]재적 학생 수. —하다.

재정(財政) ①나라나 공공 단체의 필요한 돈. ②가정·기업의 경제 상태. [예]재정이 넉넉한 기업.

재정 경제부 외환 및 외채 관리 정책의 수립·조세 제도·금융 정책 등의 일을 맡아 보는 중앙 행정 기관의 하나.

재:종간(再從間) 육촌 형제 자매의 사이.

재주(才—) ①일을 잘 해내는 재간. ②타고난 솜씨나 꾀. [예]비상한 재주. [비]재능. 솜씨.

재주껏 있는 재주를 다하여.

재주꾼 재주가 뛰어난 사람.

재주넘다[—따] 몸을 날려서 머리와 다리를 거꾸로 하여 뛰어넘다. [예]재주넘는 원숭이.

재즈(jazz) 흑인 민속 음악을 본떠 미국에서 시작된, 춤출 때 쓰는 대중 음악의 한 가지.

재:직(在職) 어떤 직무에 매여 있음. [예]재직 증명서. [비]재임. —하다.

재질(才質) 재주와 성질.

재:차(再次) 두 번째. 두 차례째. 또다시. [예]재차 다짐을 했다.

재:창(再唱) 다시 노래 부름. [예]노래를 재창하다. —하다.

재채기 코 안의 점막 신경이 자극을 받아 간질간질하다가 숨을 터뜨려 내뿜으면서 큰 소리를 내는 일, 또는 그러한 현상. —하다.

재:청(再請) ①두 번째 청함. 다시 청함. ②회의 시 남의 동의에 찬성하여 거듭 청함. —하다.

재촉하다 빨리 하게 하다. [예]일을 너무 재촉하면 제대로 되지 않는다. [비]독촉하다. 조르다.

재치(才致) ①눈치 빠른 재주. ②문득 생기는 재주.

재치꾼 재치 있는 사람.

재킷(jacket) 양복의 짧은 윗도리를 통틀어 이르는 말.

재:탕(再湯) 한 번 달여서 먹은 약재를 다시 달임. [예]한약을 재탕하다. —하다.

재:택 근무 개인용 컴퓨터와 사무실 컴퓨터를 연결하여 출근하지 않고 집에서 회사 일을 할 수 있는 미래의 근무 형태.

재:판[1](再版) ①이미 찍어낸 책

등을 다시 찍어냄, 또는 그 책. 중판. ②지난 일이 다시 되풀이되는 일. —하다.

재판²(裁判) ①옳고 그름을 살펴서 판단함. ②소송을 심판함. 예 민사 재판. —하다.

재판관 재판에 관한 사무를 맡아 보는 사람.

재판소 소송을 재판하는 관청.

재·판정¹(再判定) 어떤 일을 다시 판정함, 또는 그 판정. —하다.

재판정²(裁判廷) 법관이 재판을 행하는 장소. 법정.

재·평가(再評價)[—까] 고쳐 다시 평가함. —하다.

재·학생(在學生) 현재 학교에서 공부하고 있는 학생. 예 재학생 대표로 축사를 읽다.

재해(災害) 재앙으로 인하여 입은 피해. 예 재해 대책을 세우다.

재·향 군인(在鄕軍人) 현역에서 물러나와 사회에 돌아와 있는 군인. 예비역 등. 준 향군.

재·현(再現) 다시 나타남. 또, 다시 나타냄. 예 추억의 장면을 재현하다. —하다.

재화(財貨) 사람의 욕망을 만족시키는 모든 물질.

재·활(再活) 다시 살리거나 활동함. 예 직업 재활원. —하다.

재활용(再活用) 다 쓰거나 못 쓰게 된 물건 따위를 다시 활용하여 쓰거나 그런 상태로 재생함. 예 폐품을 모아 재활용하다. —하다.

재·회(再會) ①두 번째 만남. ②헤어졌다 다시 만남. —하다.

잭(jack) 기중기의 하나로 무거운 것을 수직으로 들어올리는 기구.

잼(jam) 과일을 삶아 즙을 내어 설탕을 넣고 약한 불로 가열하여 졸이어 만든 식품.

잼버리(jamboree) 보이 스카우트의 대회. 흔히, 캠핑·작업·경기 등을 행함.

잽(jab) 권투에서, 계속적으로 팔을 뻗어 가볍게 치는 공격법.

잽싸다 동작이 매우 재빠르고 날래다. 예 잽싸게 빼앗다.

잿간(—間)[재간] 거름으로 쓰기 위한 재를 모아 두는 헛간.

잿더미[재떠—] ①재를 모아 쌓은 무더기. ②불에 타서 못 쓰게 된 자리. 예 화재로 인해 잿더미로 변한 마을.

잿물[잰—] ①재에 물을 부어 우려낸 물. ②사기그릇 따위의 몸에 덧씌우는 약.

잿밥[재빱] 불공을 드릴 때, 부처님께 올리는 밥. 예 염불에는 마음이 없고 잿밥에만 마음이 있다.

잿빛[재삗] 엷은 검정빛. 비 회색.

쟁고 꽹과리와 북.

쟁그랑 얇은 쇠붙이 따위가 가볍게 맞부딪치거나 떨어질 때 울리어 나는 소리. 큰 젱그렁. 셴 쨍그랑. —하다.

쟁그랑거리다 연해 쟁그랑 소리가 나다.

쟁기 마소에 끌려서 논밭을 가는 데 쓰는 연장. 예 쟁기질.

[쟁 기]

쟁기질 쟁기를 부리어 논밭을 가는 일. —하다.

쟁반(錚盤) 사기·나무·양철 따위로 얇고 둥글넓적하게 만든 그릇.

-쟁이 특성 있는 행동이나 모양을 나타내는 사람을 가리켜 낮게 이르는 말. [예] 거짓말쟁이.

쟁이다 여러 개를 차곡차곡 포개어 쌓다.

쟁쟁하다[1](琤琤—) 지나간 소리가 잊히지 않고 귀에 울리는 듯하다. [예] 그의 말이 아직도 귀에 쟁쟁하다. —히.

쟁쟁하다[2](錚錚—) 여럿 가운데서 아주 뛰어나다.

쟁점(爭點) 서로 다투는 중요한 점. [예] 논의의 쟁점

쟁취(爭取) 싸워서 빼앗아 가짐. [예] 민주주의를 쟁취하다. —하다.

쟁탈(爭奪) 서로 다투어 가며 싸움. [예] 우승기를 놓고 쟁탈을 벌이다. —하다.

쟁탈전 서로 다투어 어떤 사물이나 권리 등을 빼앗는 싸움. [예] 세계 선수권 쟁탈전. —하다.

쟁투(爭鬪) 서로 다투며 싸움. [비] 투쟁. —하다.

쟁패(爭霸) ①지배자가 되려고 다툼. 패권을 다툼. ②운동 경기에서 우승을 다툼. —하다.

쟤: '저 아이'의 준말.

저[1] 어른에게 자기를 가리키는 말.

저[2] 입에 가로 대고 부는 관악기를 통틀어 일컫는 말.

저[3] 멀리 떨어져 있는 사물을 일컫는 말. [예] 저 고개를 넘어야 고향 땅이다.

저:[4] 미처 생각이 잘 나지 않을 때 내는 말. [예] 저, 뭐라고 했더라.

저[5](箸) 젓가락. [예] 수저.

저걸 '저것을'의 준말. [작] 조걸.

저격(狙擊) 노리어 보다가 냅다 쏘거나 침. [예] 괴한에게 저격을 당하다. —하다.

저고리 윗통에 입는 옷. [반] 바지.

저:금(貯金) ①돈을 모아 둠, 또는 그 돈. ②돈을 우체국이나 은행에 맡김. [예] 저금통. 저금 통장. [비] 저축. [반] 낭비. —하다.

저:급 언어 컴퓨터로 프로그램을 작성하기 위한 언어의 한 가지로, 기계 중심의 언어임. 기계어·어셈블리어 등이 있음.

저기 자기에게서 멀리 떨어져 있는 곳을 일컫는 말. 저 곳. [예] 저기가 우리 집이야. [작] 조기.

저:기압(低氣壓) 대기의 압력이 주위보다 낮은 현상. [반] 고기압.

저까짓 겨우 저만한 정도의. [예] 저까짓 일은 나도 할 수 있다. [준] 까짓. [작] 조까짓.

저:널리스트(journalist) 신문이나 잡지의 기자.

저녁 ①해가 지고 아직 밤이 되지 아니한 동안. ②'저녁밥'의 준말.

저녁 굶은 시어머니 상이다〈속〉 못마땅하여 얼굴을 잔뜩 찌푸리고 있다.

저녁나절 해가 질 무렵의 한동안.

저녁놀 저녁에 해가 진 하늘이 붉게 보이는 기운. [본] 저녁 노을.

저녁밥 저녁에 끼니로 먹는 밥.

저녁상 저녁밥을 차려 놓은 밥상.

저:능아(低能兒) 지능이 보통 아이보다 낮은 아이.

저다지 저러하도록. 저렇게까지. [예] 어쩌면 저다지 예쁠까! [작] 조다지.

저다지도 저렇게도.

저:당(抵當) 일정한 동산이나 부동산 따위를 재산상의 처리 문제로 담보로 삼음. [예] 집을 저당 잡히다. —하다.

저따위 '저러한 종류'의 뜻. [예] 저

따위 물건은 살 필요 없다.
저ː락(低落) 값이 떨어짐. 삔 앙등. —하다.
저러하다 저 모양과 다름없다. 예 하는 짓이 다 저러하다. 준 저렇다. 작 조러하다.
저런 ①저와 같이. ②놀라운 일을 보거나 들었을 때, 가볍게 놀람을 나타내는 소리. 예 저런, 어쩌나. 본 저러한. 작 조런.
저렇게 저같이. 저렇듯. 예 저렇게 착한 사람도 드물다.
저렇다[저러니] 저것과 비슷하다. 본 저러하다. 작 조렇다.
저ː력(底力) 겉으로 드러나지 않고, 속에 간직하고 있는 끈기 있는 힘. 예 민족의 저력.
저ː렴(低廉) 물건값이 쌈. 예 저렴한 가격. —하다.
저리 ①저 곳으로. 저쪽으로. 예 저리 가서 놀아라. 삔 이리. ②저같이. 저렇게. 예 저리 해도 괜찮을까?
저리다 뼈마디가 쑤시는 것처럼 아프다. 예 팔다리가 저리다.

저리다 뼈마디가 쑤시는 듯이 아프다.
절이다 소금을 뿌려서 절게 하다.

저릿하다[-리타다] 감전된 것처럼 순간적으로 자지러지게 저리다. 예 손가락이 저릿하다. 작 자릿하다. 센 쩌릿하다.
저마다 사람마다. 예 저마다 제가 옳다고 한다. 비 제각기.
저만치 저만한 거리를 두고 떨어져서. 예 이 곳은 위험하니 저만치 떨어져 있거라.
저만큼 약간 떨어진 거리를 가리킴. 저만한 정도로. 예 저만큼 떨어져 있어라.
저만하다 크기와 정도가 같거나 거의 비슷하다. 예 저만한 크기의 나무. 작 조만하다.
저맘때 꼭 저만큼 된 때.
저ː명(著名) 이름이 세상에 드러남. 예 저명한 성악가. 비 유명. —하다.
저ː명 인사 세상에 이름이 널리 알려진 사람.
저물다[저무니, 저물어서] 해가 지고 어두워지다. 저녁이 되다. 예 해가 저물기 전에 서둘러 가자. 삔 날 새다.
저물도록 ①날이 저물어 가도록. 예 날이 저물도록 기다리다. ②늦게까지. 예 저물도록 일하다.
저미다 얇게 베다. 얇게 깎다. 예 생선의 살을 저미다.
저버리다 ①약속을 어기다. ②은혜를 마음에 두지 아니하다. 예 부모를 저버린 패륜아.
저벅 묵직하고 크게 한 번 내디딜 때 나는 발자국 소리, 또는 그 모양. 작 자박.
저벅거리다 발을 묵직하고 느리게 내딛어 걷다. 예 저벅거리는 군화 소리. 작 자박거리다.
저벅저벅 연해 저벅거리는 소리. —하다.
저ː번(這番) 지난번. 예 저번 일은 미안해. 비 접때.
저ː변 확대(底邊擴大) 어떤 특정 분야의 인력 확보를 위하여 신진 인력의 수를 늘리어 가는 일. 예 기술 인력의 저변 확대.
저ː서(著書) 책을 지음, 또는 그 책. 예 훌륭한 저서를 남기다. —하다.

저:성(低聲) 낮은 목소리. 땐고성.

저:소득(低所得) 소득이 낮음. 낮은 소득. 땐고소득.

저:속(低俗) ①학문·예술성 따위의 정도가 고상하지 못하고 천박함. ②인격 따위가 낮고 속됨. 예저속한 성격. 땐고상. ―하다.

저:수(貯水) 산업용이나 상수도용으로 물을 가두어 모아 둠, 또는 모아 둔 물. ―하다.

저:수지(貯水池) 둑을 쌓고 물을 모아 두는 큰 못.

저:술(著述) 책을 지음, 또는 그 지은 책. ―하다.

저승 사람이 죽은 뒤에 넋이 간다고 하는 곳. 땐이승.

저승길이 대문 밖이다〈속〉 죽는 일이 먼 듯하면서도 실상은 매우 가깝다.

저:압선 배전선에서, 변압기에 의하여 다시 전압을 낮추어 수요자에게 보내는 전선. 땐고압선.

저어하다 두려워하다. 예일을 그르칠까 저어하다.

저울 물건의 무게를 달아 보는 데 쓰는 기구. 예용수철 저울.

저울대[―때] 저울판과 저울추를 거는, 눈금이 새겨져 있는 가느스름한 긴 막대기.

저울질 ①저울로 물건을 달아 보는 일. ②사람의 마음이나 인품 등을 이리저리 헤아림. ―하다.

저:음(低音) 낮은 소리로서 진동수가 적음. 예저음의 목소리. 땐고음.

저:의(底意) 드러내지 않고 속에 품고 있는 뜻. 예너의 저의를 밝혀라.

저자¹ ①아침과 저녁으로 반찬거리를 팔고 사기 위하여 열리는 장. ②시장에서 물건을 파는 가게. 예저자에서 물건을 사다. 비시장.

저:자²(著者) 책을 지은 이.

저:작(著作) 책을 지음. ―하다.

저:작권[―꿘] 저작물의 저작자가 그 저작물의 복제·번역·방송·상연 등을 독점하는 권리.

저:작물 생각이나 느낌 따위를 나타내어 저작한 것으로, 문학·학술·미술·음악의 범위에 드는 것.

저잣거리 가게가 죽 늘어서 있는 거리.

저:장(貯藏) 물건을 모아서 간직하여 둠. 예창고에 식량을 저장하다. ―하다.

저:장뿌리 여러 가지 영양분을 모아 두는 식물의 뿌리. 무·고구마·더덕·인삼 등.

저절로 제 스스로. 자연히. 제 바람에. 예성공은 저절로 되는 게 아니다. 쥰절로.

저:조(低調) ①낮은 가락. 예곡조가 저조하다. ②능률이 오르지 아니함. 예생산량이 저조하다. 땐고조. ―하다.

저:주(詛呪) ①원한이 있는 사람에게 화가 미치기를 신명에게 빎. 예신의 저주를 받다. ②미워하는 사람이 하는 일이 실패되기를 바람. 예원수를 저주하다. ―하다.

저지¹(沮止) 막아서 그치게 함. 예양편을 타일러 저지시키다. ―하다.

저지²(judge) 경기의 진행 판정을 맡은 사람. 심판원. 예저지의 판정에 항의하다.

저지난 지난번의 바로 전번.

저지난달 지난달의 전달. 예저지난달에 외국을 여행했다.

저지르다〔저지르니, 저질러서〕 잘못하여 그르치다. 예사고를 저지르다.

저지선 더 이상 범하지 못하게 막는 경계선. 예저지선을 뚫다.

저지 페이퍼(judge paper) 권투에서, 심판이 두 선수의 득점을 채점하여 적어 넣는 용지.

저:촉(抵觸) ①서로 부딪침. 모순이 생김. ②법에 걸려듦. 예법에 저촉된다. —하다.

저:축(貯蓄) 돈이나 물건을 아끼어 모아 둠. 예용돈을 저축하다. 비저금. 반낭비. —하다.

저:축 예:금 개인이 저축 및 이자를 늘리는 것을 목적으로 하는 은행 예금의 한 가지.

저:택(邸宅) 규모가 큰 집.

저토록 저러하도록. 저렇게까지. 예저토록 착한 이는 처음이다.

저편 ①저쪽. 예언덕 저편에 있는 성당. ②저쪽의 사람들. 반이편.

저:하(低下) ①높게 있던 것이 낮아짐. ②수준·물가·능률 따위가 떨어져 낮아짐. 예기능이 저하되다. 반향상. —하다.

저:항(抵抗) 서로 버티고 있음. 두 쪽이 서로 굽히지 아니함. 맞섬. 예독재 정권에 저항하다. —하다.

저:항력(抵抗力)〔-녁〕 외부의 힘에 반항하는 힘.

저:해(沮害) 막아서 못 하게 해침. 예경제 발전의 저해 요인.

저:혈압(低血壓) 혈압이 정상보다 낮은 현상. 성인에 있어서 최고 혈압이 100mmHg보다 낮은 혈압. 반고혈압.

저희 ①'우리'의 낮춤말. 예저희가 이 일을 맡겠습니다. ②저 사람들.

적¹ 무슨 일이 어찌 되었을 그 때. 예어릴 적에.

적²(炙) 어육·채소 등을 양념하여 대꼬챙이에 꿰어 구운 음식.

적³(敵) ①상대자. 예적의 공격을 받다. ②원수.

적개심(敵愾心) 적에 대한 마음속의 분노. 예적개심을 품다.

적격(適格) 어떤 일에 자격이 알맞음. 반결격.

적공(積功) 공을 쌓음. 어떤 일에 애씀. —하다.

적국(敵國) 우리와 싸우는 나라. 원수의 나라.

적군(敵軍) 적의 군대. 비적병. 반아군. 우군.

적극(積極) 바싹 다잡아 활동함. 예너의 일이라면 무슨 일이든지 적극 돕겠다. 반소극.

적극적 어떤 일에 바싹 다잡아 힘을 기울이는 것. 예적극적인 활동. 반소극적.

적금(積金) ①돈을 모아 둠, 또는 그 돈. ②은행 예금의 한 가지로서, 일정한 기간 동안 푼돈을 넣다가 끝날 때 목돈을 타는 일. 예정기 적금. —하다.

적기¹(適期) 적당한 시기. 예추수의 적기.

적기²(敵機) 적의 비행기.

적나라(赤裸裸)〔정—〕 있는 그대로 다 드러내어 숨김이 없음. 예모든 실상을 적나라하게 파헤치다. —하다.

적다¹ 기록하다. 글로 쓰다. 예일기를 적다.

적:다² ①많지 않다. ②모자라다. 예용돈이 적다. 반많다.

적당하다(適當—) 꼭 알맞다. 예

집짓기에 적당한 터. 비적절하다. 적합하다. 반부적당하다. —히.

적대(敵對) 적으로서 맞섬. 예적대 행위. 반우호. —하다.

적대시(敵對視) 적으로 여김. 예적대시하는 태도. —하다.

적대적 서로 적으로 맞서는 모양. 예양국은 적대적인 관계이다.

적도(赤道) 위도의 기준이 되는 위선. 지구의 남북 양극으로부터 90°의 거리에 있음.

적령(適齡)[정녕] 어떠한 표준이나 기준에 알맞은 나이. 예결혼할 적령이 되다.

적립(積立)[정닙] 모아서 쌓아 둠. 예매달 월급의 일부를 은행에 적립하다. —하다.

적립금(積立金)[정닙끔] 적립해 두는 돈. 준비금.

적막(寂寞)[정—] 고요하고 쓸쓸함. 비정적. —하다. —히.

적막감(寂寞感)[정막깜] 고요하고 쓸쓸한 느낌. 외로운 느낌. 예적막감이 돌다.

적반하장(賊反荷杖) 잘못한 사람이 도리어 잘한 사람을 나무라는 경우를 이르는 말. 예적반하장도 유분수지, 누구한테 화를 내니?

적발(摘發)[—빨] 숨어 드러나지 않은 것을 들추어 냄. 예가짜 돈을 적발하다. —하다.

적벽가(赤壁歌) 판소리의 하나. 조선 때 신재효가 지은 것임.

적병(敵兵) 적국의 병사. 비적군. 반아군.

적삼 윗도리에 입는 홑저고리.

적색(赤色) 붉은 빛깔.

적선[1](敵船) 적국의 배.

적선[2](積善) 착한 일을 많이 함. 예적선을 베풀다. —하다.

적성(適性) 알맞은 성질. 예적성에 맞는 직업을 선택하다.

적성 검:사(適性檢査) 개인의 적성을 알아 내기 위해 언어·수리 등의 영역으로 구분하여 측정하는 검사.

적시다 액체를 묻혀서 젖게 하다.

적신호(赤信號) ①교통 신호에서 '멈춤'을 나타내는 신호. ②위험 신호. 반청신호.

적십자(赤十字) 흰 바탕에 붉게 십자형을 그린 휘장.

적십자사 박애와 봉사의 정신으로 사회 사업을 하는 국제 구호 기관.

적십자 정신 모든 사람을 사랑하여 서로서로 도와 주자는 마음.

적십자 회담 남과 북의 적십자 대표들이 모여서 통일 문제나 경제·체육 교류 등의 문제를 의논하는 모임. 예남북 적십자 회담.

적외선(赤外線) 복사선 중 파장이 가시 광선보다 길며 극초단파보다 짧은 전자파. 눈으로는 볼 수 없고 공기 중의 투과력이 강함.

적요(摘要) 요점을 따져 적음. 또는 그 기록. —하다.

적용(適用) 맞추어 씀. —하다.

적응(適應) 생물의 생김새나 기능이 주위의 사정에 알맞게 되는 것. 예학교 생활의 변화에 쉽게 적응하다. —하다.

적응력[저긍녁] 적응하는 힘.

적의(敵意) 서로 적으로 여기려는 마음. 예적의를 품다.

적:이 얼마 못 되게. 조금. 다소. 예그 소식에 적이 안심이 된다.

적임(適任) ①어떤 일에 적합함. 또는 그 임무. ②그 일에 재간이 있는 사람. 예적임자.

적자(赤字) 수입보다 지출이 많은

상태. ⓔ 행사의 경비가 적자이다. ⓟ 흑자.

적자 생존 (生存) 생존 경쟁의 세계에서 외계의 상태나 변화에 적합하거나 잘 적응하는 것만이 살아남고, 그렇지 못한 것은 멸망하는 일. ⓔ 적자 생존의 법칙.

적잖다[-짠타] 적은 수나 양이 아니다. ⓔ 적잖게 놀라는 모습. ⓑ 적지 아니하다. —이.

적장(敵將) 대적하는 군대의 우두머리.

적재¹(適材) 어떤 일에 알맞은 재목, 또는 그와 같은 인재. ⓔ 적재 적소.

적재²(積載) 물건이나 짐을 쌓아 실음. ⓔ 화물차에 짐을 적재하다. —하다.

적재 적소(適材適所) 알맞은 인재를 알맞은 장소에 씀. ⓔ 직원들을 적재 적소에 배치하다.

적적하다(寂寂—) 외롭고 쓸쓸하다. 고요하다. ⓔ 산중에서 적적하게 지내다. —히.

적절하다(適切—) 잘 맞다. 꼭 알맞다. ⓔ 시기가 적절하다. ⓥ 적당하다. —히.

적절한 딱 들어맞는. 적당한. ⓔ 적절한 판단.

적정¹(適正) 알맞고 바름. ⓔ 적정한 값. —하다. —히.

적정²(敵情) 적군의 사정. 적군의 형편. ⓔ 적정을 살피다.

적중(的中) 무엇에 꼭 들어맞음. 예측이 들어맞음. ⓔ 예상 문제가 적중했다. —하다.

적중률[-쭝뉼] 목표에 어김없이 들어맞는 비율.

적지(敵地) 적이 차지하고 있는 곳. ⓔ 적지에 들어가다.

적지 않이 적지 아니하게. 꽤. ⓔ 그 소식에 적지 않이 놀랐다.

적진(敵陣) 적의 군대가 진을 치고 있는 곳.

적탄(敵彈) 적군이 쏜 탄알.

적합(適合) 꼭 합당함. ⓔ 적합한 대답을 하다. ⓥ 적당. —하다.

적혈구(赤血球) 피를 이루는 중요한 성분으로 붉은빛을 띠고 있으며 알맹이가 없고, 산소나 탄산가스와 결합·분리할 수 있음. 헤모글로빈이 있음.

적확하다(的確—) 확실하다. ⓔ 적확한 증거를 찾다. —히.

전¹(前) ①앞. ②이전. 그전. ⓔ 전에는 부자였다. ⓟ 후. 나중.

전:²(煎) 생선이나 야채 같은 재료를 얇게 썰어 밀가루나 달걀 등을 입혀 기름에 지져 낸 음식. ⓔ 파전. 동태전.

전³(全) 낱말 앞에서 '전체'의 뜻을 나타내는 말. ⓔ 전 재산.

-전⁴(傳) 낱말 뒤에 붙어 위인의 일생을 적은 글임을 나타내는 말. ⓔ 이순신전.

전:가(轉嫁) 죄나 책임을 남에게 넘김. ⓔ 책임을 남에게 전가히다. —하다.

전:각(篆刻) 나무나 돌 또는 금·옥 등에 글자를 새김, 또는 그 새긴 글자.

전갈¹(全蠍) 독이 있는 동물의 하나로, 몸은 가재와 비슷하며 사막에서 많이 삶.

전갈²(傳喝) 사람을 시켜 안부를 묻거나 말을 전함, 또는 그 말. ⓔ 전갈을 보내다. —하다.

전갈자리 여름철의 남쪽 지평선 부근에 보이는 별자리. 가재와 비슷한 '전갈'의 모양과 같다고 해서

전:개(展開) ①열려서 벌어짐. 예평야가 전개되다. ②펴서 열음. 예재미있는 사건이 전개되다. —하다.

전:개 과정 내용이 펼쳐지는 순서. 예이 소설은 전개 과정이 흥미 진진하다.

전:개도 입체 도형을 펼쳐서 그린 그림.

전:격(電擊) 번개처럼 빠르고 날카로움. 번개처럼 갑작스럽게 들이침. 예전격적인 공격. —하다.

전경(全景) 전체의 경치. 예밤의 전경이 아름답다.

전곡(田穀) 밭에서 나는 곡식. 팥·콩·녹두·수수 따위.

전:골 쇠고기나 돼지고기를 잘게 썰어 양념을 하고, 어패류·채소·버섯 따위를 섞어서 국물을 조금 부어 끓인 음식.

전공[1](專攻) 그것 한 가지만 몸과 마음을 다하여 연구함. 예전공 학과. —하다.

전:공[2](電工) 전기 관계의 작업에 종사하는 직공. 본전기공.

전:공[3](戰功) 싸움에 이긴 공로. 예전공을 세워 표창을 받다.

전과[1](全科)[—꽈] ①학교에서 규정한 모든 교과. ②초등 학교의 전 과목에 걸친 학습 참고서의 이름. 예전과 지도서.

전:과[2](戰果)[—꽈] 전쟁에서 얻은 성과. 예눈부신 전과를 올려 포상을 받다.

전:광 게:시판 판판한 곳에 촘촘히 배열한 전구를 껐다 켰다 하여 문자·그림 따위가 나타나게 만든 게시판. 준전광판.

전교(全校) 한 학교의 전체. 예전교 어린이회.

전교생 그 학교의 모든 학생. 예전교생이 운동장에 모였다.

전:구(電球) 전깃불이 켜지는 심지가 들어 있는 유리알.

전국(全國) 한 나라의 전체. 비거국. 온 나라.

전국 각지 온 나라 구석구석. 예이 시장의 물건들은 전국 각지에서 온 것이다.

전국구 전국을 한 단위로 한 선거구. 반지역구.

전국적 전국에 걸치는 모양. 온 나라에 관계되는 모양. 예전국적으로 퍼지다.

전국 체전 우리 나라 각 도의 대표 선수들이 매년 10월경에 모여 자기 도의 명예를 걸고 힘을 겨루는 체육 대회.

전권 대:사(全權大使)[전꿘—] 본국 정부를 대표하여 외국에 주재하며 외교 임무를 처리하는 가장 높은 등급의 외교 사절.

전:근(轉勤) 근무하는 곳을 옮김. 예서울로 전근 되다. 비전출. —하다.

전기[1](前期) 한 기간을 몇 개로 나눈 첫 시기. 예전기 대학 입학 시험. 반후기.

전기[2](傳記) 한 사람의 공로와 지내 온 내력을 적은 것. 예세계 위인 전기.

전:기[3](電氣) 빛과 열을 내고 여러 가지 기계를 움직이게 하는 에너지. 예전기 담요.

전:기[4](轉機) 사물이 바뀌는 때. 전환의 시기. 예그 일은 내 삶에 있어서 하나의 전기가 되었다.

전:기 기구 전력을 열·빛·동력 등의 근원 에너지로 이용한 기구.

비 전기 제품.

전:기 기호(電氣記號) 전기 기구나 부속품 등을 간단하게 표시한 기호.

전기문(傳記文) 살아 있었던 실제 인물이나 오늘날 살고 있는 훌륭한 인물에 대하여, 그에게서 본받을 만한 일이나 가르침을 이야기식으로 적어 놓은 글.

전:기 스탠드 책상 위에 놓게 된 이동식 전기등.

전:기 요금 전기를 쓰고 내는 돈.

전:기장 대전체의 주위에 전기적인 힘이 미치는 공간.

전:기 철도[-또] 전기의 힘으로 궤도를 달리는 철도. 전철.

전:기 축음기 레코드에 녹음한 진동을 바늘에 받아 진동 전류로 바꾸고, 이것을 증폭하여 확성기를 통해 원음을 재생하는 축음기. 준전축.

전:기 회로 전기가 일정한 방향으로 흐를 수 있도록 마련된 길. 준회로.

전:나무 솔방울과 비슷한 열매가 열리는 늘푸른 큰키나무. 줄기는 곧고 가지가 사방으로 퍼지며, 잎은 바늘 같음.

전념(專念) 오로지 한 가지 일에만 마음을 씀. 예평생을 암 치료 연구에 전념했다. ―하다.

전단(傳單) 선전 광고의 취지를 적은 종이. 예연설회를 알리는 전단을 돌리다.

전달하다(傳達―) ①계통을 따라 차례로 전하다. ②어떤 일을 차례차례로 전하다. ③전하여 이르게 하다. 예고아원에 선물을 전달하다. 비통지하다.

전담¹(全擔) 온통 다 담당함. 예비용을 전담하다. ―하다.

전담²(專擔) 전문적으로 담당함. 예미술 전담 교사. ―하다.

전답(田畓) 밭과 논. 비논밭.

전:당(殿堂) 크고 화려한 집. 또, 어떤 분야의 중심이 되는 건물. 예예술의 전당.

전도¹(前途) 앞길. 장래. 예그 청년은 전도가 매우 밝다.

전도²(傳導) 열이나 전기가 물체의 한 부분에서 다른 곳으로 옮겨 감. 예열의 전도. ―하다.

전도사(傳道師) 그리스도교의 교리를 전하여 기독교를 믿지 않는 사람에게 신앙을 갖게 하는 사람.

전도율 열이나 전기가 전해지는 정도를 수치로 나타낸 것.

전도회 신앙이 없는 사람에게 신앙을 갖게 하는 일을 맡은 모임.

전:동(←箭筒) 화살을 넣어 메고 다니게 만든 둥근 통. 전통.

전:동기(電動機) 전류가 흐르면 빠른 속도로 회전 운동을 하여 다른 기계들을 움직여 일을 하게 할 수 있는 기계.

전:동력[-녁] 전기 회로에 전류를 통하게 하여 기계를 움직이게 하는 힘.

전:동 발전기[-쩐기] 전동기로써 발전기를 돌리어 어떤 전류를 다른 전류로 변환하는 장치.

전:동차 전동기의 힘으로 움직이는 차.

전:등(電燈) 전기를 이용하여 빛을 내는 기구. 예전등을 켜다.

전:등갓 전등 위에 씌우는 갓.

전:락(轉落) ①굴러 떨어짐. ②망하여 빈곤하여짐. 예거지로 전락하다. 비타락. ―하다.

전:란(戰亂) 전쟁으로 말미암은

나라 안의 혼란. ㈜전란을 겪다.
전:람(展覽) ①펼쳐서 봄. ②여러 가지 물품을 한군데 모아 진열하여 놓고 보임. —하다.
전:람회(展覽會) 많이 벌여 놓고 여러 사람이 보도록 한 모임. ㈜미술 전람회. ㈐전시회.
전래(傳來) ①옛날부터 전하여 내려옴. ㈜전래 동화. ②외국에서 전하여 들어옴. —하다.
전래 동요 옛날부터 전해 내려오는, 아이들이 부르는 노래.
전:략(戰略) 전투를 하는 수단과 방법. ㈜전략을 세우다.
전력¹(全力) 모든 힘. 온통의 힘. ㈜전력 투구.
전:력²(電力) 전기의 힘. ㈜전력 손실을 줄이다.
전:력³(戰力) 전투·경기 등을 해낼 수 있는 능력. ㈜상대 팀의 전력을 분석하다.
전:류(電流) 전기가 도체를 따라 흐르는 현상. ㈜전류가 통하다.
전:리층(電離層) 대기의 성층권내에 공기가 분리되어 있어 전파를 반사하는 공기의 층.
전:립(戰笠) 옛날 군인이 쓰던 모자.

〔전 립〕

전:말(顚末) 일의 처음부터 마지막까지의 과정. ㈜사건의 전말을 밝히다. 전말서.
전:망(展望) 멀리 바라봄. 주위의 경치를 두루 바라봄. ㈜전망이 좋다. —하다.
전:망대 먼 곳까지 보려고 만들어 놓은 높은 곳.
전매¹(專賣) 정부에서 어떤 물건을 혼자 맡아 놓고 파는 일. ㈜전매권. —하다.
전:매²(轉賣) 샀던 물건을 도로 팖. ㈜땅의 전매 행위를 금하다. —하다.
전매 특허(專賣特許) 새로운 물건을 만들어 낸 사람을 장려·보호하기 위하여 정부가 발명품에 관한 이익을 독점시키는 일.
전매품 전매권이 있는 기관에서만 생산·판매할 수 있는 물품.
전면(前面) 앞면. 앞쪽. ㈜건물의 전면 사진.
전면적(全面的) 모든 면에 걸친 모양. ㈐부분적.
전멸(全滅) 죄다 없어짐. 모두 망함. ㈜적군을 전멸시키다. ㈐몰살. 소탕. —하다.
전모(全貌) 전체적인 모양. ㈜사건의 전모를 파헤치다.
전무(專務) 회사의 일을 오로지 맡아 보는 사람. ㈜전무 이사.
전문¹(全文) 글의 전체.
전문²(專門) 오로지 한 가지 일에만 매달려 힘씀. —하다.
전:문³(電文) 전보의 글귀.
전문가 그 일에 대하여 깊은 지식과 경험이 있는 사람.
전문적 어떤 한 가지 일에 대해서 깊이 공부해서 아는 바가 많은 것. ㈜전문적 지식. ㈐일반적.
전문점 옷·모자·금·은 등의 특정한 물건만을 파는 상점.
전문 지식 그 방면에 대한 깊은 지식.
전문직 한 가지 일에 전심하는 직업. 학자·과학 기술자·건축 기사·의사·변호사 따위. ㈜전문

직에 종사하고 싶다.

전문화(專門化) 전문적으로 됨. 또, 그렇게 함. —하다.

전반(前半) 전체를 둘로 나누었을 때의 앞부분이 되는 절반. 예전반전. 반후반.

전반전(前半戰) 운동 경기에 있어서 정해진 기간을 똑같이 나눈 경우에 앞의 절반의 싸움. 예전반전 경기가 끝나고 후반전으로 들어갔다. 반후반전.

전방(前方) ①앞쪽. 예전방을 주의해서 살펴보다. ②적과 마주하고 있는 쪽. 반후방.

전번 지난번. 예전번에 보았을 때보다 많이 자랐구나. 반금번.

전:별(餞別) 먼 곳으로 이사·전근하는 사람에게 잔치를 베풀어 이별하여 보냄. 비전송. 반영접. —하다.

전:보(電報) 전신으로 보내거나 받거나 하는 통신이나 통보. 예전보를 치다. —하다.

전:보문 전보의 내용이 되는 짤막한 글. 준전문.

전복¹(全鰒) 바다에서 나는 커다란 조개. 예전복죽.

전:복²(顚覆) 뒤집혀 엎어짐. 예열차가 전복되다. —하다.

전:봇대(電報—)[—보때] ①전선을 늘여매기 위하여 세운 기둥. ②키 큰 사람의 별명.

전:봇줄[—보쭐] 전기가 통할 수 있도록 늘여 놓은 줄. 예제비가 전봇줄에 앉았다. 비전선.

전봉준(全琫準, 1853~1895) 조선 고종 때의 동학 농민 운동의 지도자. 녹두 장군이라고도 불렀음. 백성을 구하고자 전라도 지방에서 기세를 올렸으나, 청·일군의 출동으로 뜻을 이루지 못하고 체포되어 서울에서 처형되었음.

전부(全部) 온통. 죄다. 예이 사과는 한 상자가 전부 썩었다. 비전체. 몽땅. 모두. 반일부.

전:분(澱粉) 식물 속에 있어 녹말이나 앙금 따위와 같은 영양분이 되는 흰 가루. 특히 감자에 많음.

전분 육등(田分六等) 조선조 때의 세금 제도의 하나. 세종 때(1444년), 토지의 기름지고 메마름에 따라 6등급으로 나누어 세금의 기준을 정하였음.

전:사(戰死) 전쟁터에서 싸우다가 죽음. 예용감히 싸우다 전사하다. 비전몰. 전망. —하다.

전:산실(電算室) 전산 처리 시설이 되어 있는 곳.

전:산 처리 어떤 일이나 업무를 컴퓨터로 해내는 것.

전생(前生) 불교에서 말하는 세 가지의 세계 중 하나로, 이 세상에 나오기 이전에 태어났던 세상. 예전생의 인연. 반내생. 이생.

전서(全書) ①어떤 한 사람의 저작물 전부를 모아 한 질로 만든 책. 예퇴계 전서. ②어떤 부문의 것을 전부 모아서 만든 책.

전서구(傳書鳩) 먼 곳에 편지를 지니고 날아가 전하는 비둘기.

전선¹(前線) 따뜻한 공기와 찬 공기가 서로 만나는 경계선. 예한랭 전선. 온난 전선.

전:선²(電線) 전류가 통하는 쇠붙이 줄. 전깃줄. 비전봇줄.

전:선³(戰船) 전쟁에 사용되는 모든 배. 비전함.

전:선⁴(戰線) 싸움하는 지역. 예적의 전선을 돌파하다.

전설(傳說) 옛날부터 내려오는 이

야기. ㉠전설의 인물.
전성 시대(全盛時代) ①일이 한창 잘 되어 가는 때. ②세력이 가장 왕성한 때.
전세^1(專貰) 일정 기간 그 사람에게만 빌려 줌. ㉠전세 버스.
전세^2(傳貰) 일정 금액을 맡기고, 그 이자로 부동산을 빌려 쓰는 일. ㉠집을 전세 들다.
전:세^3(戰勢) 전쟁이 되어 가는 형편. 전황. ㉠불리한 전세.
전세계(全世界) 온 세상. ㉠전세계에 알리다.
전속(專屬) 어떤 단체에 딸려 있음. ㉠전속 가수. ―하다.
전속 단체 어떤 곳에 딸리어 있는 단체.
전속력(全速力)[―송녁] 힘껏 다 낸 최대의 속력. ㉠전속력으로 달리는 차.
전송^1(傳送) 소식·물건 따위를 사람을 시켜 보냄. ―하다.
전:송^2(電送) 사진·그림 등을 전류나 전파로 멀리 떨어진 곳에 보냄. ㉠사진을 전송하다. ―하다.
전:송^3(餞送) 떠나가는 사람을 잔치를 베풀어 작별하여 보내는 일. ㉠전송을 받다. ⒷⒺ배웅. 전별. ⒷⒹ마중. ―하다.
전수^1(專修) 기술이나 지식을 전문적으로 닦음. ㉠전통 무용을 전수하다. ―하다.
전수^2(傳受) 전하여 받음. ㉠비법을 전수하다. ―하다.
전:술(戰術) 싸우는 기술. ㉠교묘한 전술.
전:술가 전술에 능한 사람.
전승^1(全勝) 한 번도 지지 않고 모조리 이김. ㉠5전 전승의 기록. ⒷⒹ전패. ―하다.

전승^2(傳承) 계통을 전하여 받아 이음. ㉠도자기 굽는 기술을 전승하다. ―하다.
전:승^3(戰勝) 싸워 이김. ⒷⒹ패전. ―하다.
전:승국 전쟁에서 이긴 나라. ⒷⒺ승전국. ⒷⒹ패전국.
전:시^1(展示) 책·그림 등 여러 가지 물건을 모아 벌여 놓고 보임. ㉠작품 전시. 전시회. ―하다.
전:시^2(戰時) 전쟁을 하고 있는 때. ㉠전시 체제. ⒷⒹ평시.
전신^1(全身) 온몸. 온 몸뚱이.
전신^2(前身) 변하기 전의 본체. 바뀌기 전의 신분. ㉠교육 대학의 전신은 사범 학교였다.
전:신^3(電信) 전기의 힘으로 먼 곳에 소식을 전하는 통신. ㉠무선 전신.
전:신기 전자석에 전류를 통하면 앞에 있는 철편을 끌어 붙이고, 전류를 끊으면 철편을 놓는 성질을 이용하여 통신하는 장치. 송신기와 수신기 전원이 전선으로 연결되어 있음.
전신 운:동 온몸을 고루 움직이는 운동. ⒷⒺ온몸 운동.
전심^1(全心) 온 마음. ㉠전심을 다해 부모님께 효도하다.
전심^2(專心) 마음을 한 곳에만 오로지 씀. ㉠공부에 전심하다. ―하다.
전:압(電壓) 전류가 통하는 도선 상의 두 점 사이의 전위의 차. ㉠전압이 높다.
전액(全額) 전체의 액수.
전야(前夜) 전날 밤. ㉠전야제.
전:어 전어과의 바닷물고기. 몸길이 20~30cm 내외로 등이 솟고 배가 불러 긴 달걀꼴임. 등지느러

856

미의 마지막 여린 줄기가 특히 깊.

전연(全然) 아주. 도무지. ㉮이 책에 있는 문제들은 내가 전연 모르는 것뿐이다. ㊽전혀.

전:열(電熱) 전류에서 생기는 열. ㉮전열 기구.

전:열기 전류에 의해 열을 생기게 하는 기구. 전기 다리미 따위.

전:열선 전류를 통해 전열을 발생시키는 도선.

전염(傳染) ①병독이 남에게 옮음. ㉮눈병이 전염되다. ②못쓸 풍속이 전하여 물이 듦. —하다.

전염병[—뼝] 병독이 남에게 전염되는 병. 이질·장티푸스·콜레라·뇌염 따위. ㊽돌림병.

전용(專用) ①혼자서 씀. ㉮사장 전용 승용차. ②한 가지만을 씀. ㉮한글 전용. ㊽공용. —하다.

전:우(戰友) 생활과 전투를 같이 한 같은 부대 동료.

전:우애 전우로서의 사랑.

전원¹(田園) 논밭과 산이 있는 곳. 시골. 교외. ㉮한가로운 전원 풍경. ㊽농촌. ㊽도시.

전원²(全員) 전체의 인원. ㉮전원 집합. ㊽일원.

전:원³(電源) 전력을 공급하는 근원. ㉮전원을 차단하다.

전:위(電位) 두 물체 사이의 전압의 차.

전:율(戰慄)[—뉼] 놀랍거나 두려워서 몸이 벌벌 떨림. ㉮연이은 강력 사건에 전율하다. —하다.

전:이(轉移) 자리를 옮김. ㉮전이 원소. —하다.

전인 교:육(全人敎育) 지식에만 치우친 교육이 아니고, 성격 교육·정서 교육 등도 중요하게 여기는 교육.

전일(前日) 지난날. 요전날. ㉮전일 부탁했던 물건이야. ㊽후일.

전임(前任) ①이전에 맡았던 일. ②바로 그 앞에 임무를 맡고 있었던 사람. ㉮전임 장관. ㊽후임.

전:입(轉入) ①이 학교에서 저 학교로 옮기어 들어감. ㉮전입생. ②사는 곳을 옮기어 들어감. ㉮전입 신고. ㊽전출. —하다.

전:자¹(電子) 물질을 이루는 데 공통되는 전기를 띤 알맹이로, 음전자와 양전자가 있음.

전:자²(電磁) 전기와 자기가 함께 작용하는 것.

전:자 레인지(電子range) 고주파로 가열하는 조리 기구. 고주파 전자 중의 분자가 심하게 진동하여 열을 발생하는 것을 이용함.

전:자석(電磁石) 철심에 코일을 여러 번 감고, 이 코일에 전류를 통하여 자석의 성질을 갖도록 해 놓은 것. 본전기 자석.

전:자 오:락기 소형 컴퓨터를 가정용 텔레비전에 부착하여 만든 오락용 기기.

전:자 출판 활자로 책을 찍는 대신 컴퓨터로 편집하여 판을 짜고 인쇄하는 출판 방법.

전:자 키트(電子kit) 라디오·초인종·사이렌 등의 전자 제품을 쉽게 만들 수 있도록 필요한 부품들을 한데 모아 놓은 상자.

전:장(戰場) 싸움하는 곳. ㉮전장에 나가다. ㊽싸움터. 전쟁터.

전:쟁(戰爭) 나라와 나라 사이의 무력에 의한 큰 싸움. ㉮남북 전쟁. ㊽전투. ㊽평화. —하다.

전:쟁 고아 전쟁으로 말미암아 부모를 잃은 아이. 전재 고아.

전적(全的)[—쩍] 하나도 남김없

이 모두. ㈁모든 일은 전적으로 내가 맡겠다.

전:적지(戰跡地) 전쟁 뒤에 그 자취가 남아 있는 곳. ㈁전적지를 돌아보다.

전:전 긍긍(戰戰兢兢) 몹시 두려워하며 조심함. ㈁자기에게 불똥이 떨어질까 모두 전전 긍긍하고 있다. ㈜전긍. —하다.

전전날(前前—) ①어떤 날의 이틀 전. ②그저께.

전전년(前前年) ①어떤 일이 있던 2년 전. ②그러께.

전정(前程) 앞길. 장래. ㈁전정이 구만리 같다.

전:정 가위(剪定—) 나뭇가지를 자를 때에 쓰는 가위.

전제 정치(專制政治) 혼자서 혹은 몇 사람이 자기들의 생각과 이익만을 위해서 하는 정치.

전제주의 국민의 의사를 존중하지 아니하고 지배자의 독단에 의하여 정치가 행하여지는 것을 합리화하려는 주의. ㈃민주주의.

전조등(前照燈) 자동차나 기관차의 앞에 단 등. 헤드라이트.

전:주(電柱) 전선을 늘여 매기 위하여 세운 기둥. ㈂전봇대.

전주곡(前奏曲) 음악의 본곡조의 앞에 있는 곡조.

전:지(電池) 화학 작용으로 전류를 일으키는 장치. ㈁건전지.

전지 전능(全知全能) 모든 것을 다 알고 모든 것을 다 할 수 있음. ㈁전지 전능한 신. —하다.

전:직(轉職) 직업을 바꿔 옮김. ㈁은행원으로 전직하다. ㈂이직. —하다.

전진(前進) 앞으로 나아감. ㈁막힘 없는 전진. ㈃후퇴. —하다.

전집(全集) 같은 종류의 책을 모은 것. ㈁세계 동화 전집.

전:차¹(電車) 전기의 힘으로 궤도 위를 다니는 차.

전:차²(戰車) ①전쟁에 쓰이는 차. ②탱크.

전천후(全天候) 어떠한 기상 조건에서도 사용, 또는 활용할 수 있는 것. ㈁전천후 전투기.

전:철(電鐵) =전기 철도.

전체(全體) 온통. 죄다. ㈁전체 회의. ㈂전부. ㈃부분.

전:축(電蓄) '전기 축음기'의 준말.

전:출(轉出) ①딴 곳으로 이주하여 감. ㈃전입. ②딴 곳으로 전직하여 감. —하다.

전치(全治) 병을 완전히 고침. ㈁전치 2주의 부상. —하다.

전통(傳統) 계통을 밟아 전함, 또는 이어받은 계통. ㈁민족의 전통을 빛내자.

전통 문화 역사적으로 이어 온 민족 고유의 문화. ㈁전통 문화를 지키다.

전통 예:술품 역사적으로 이어 온 예술미를 표현한 작품.

전통적 대대로 계통 있게 역사적으로 이어 온 것. ㈁전통적 가옥 구조.

전:투(戰鬪) 적과 직접 맞서서 무기로 싸움. ㈂전쟁. —하다.

전:투기 하늘에서 싸움을 하는 군용 비행기.

전:투 부대 실제 전투에 참가하여 적과 싸우는 부대.

전:파(電波) ①전기의 결. ②전기가 물체를 전해 나가는 것. ㈁전파 방해.

전:파 망:원경 천체로부터 오는

전파를 잡는 수신기의 하나.

〔전파 망원경〕

전:파 탐지기 =레이더.

전파하다(傳播—) 널리 전하여 펴다. 점점 널리 퍼지다. 예 종교를 전파하다.

전폐하다(全廢—) ①완전히 닫아 버리다. ②아무것도 먹지 아니하다. 예 식음을 전폐하다.

전표(傳票) 은행이나 회사에서 금전의 출납을 적는 작은 쪽지. 예 전표 정리.

전:하(殿下) 왕이나 왕비 또는 황태자를 높여 부르는 말. 비 각하.

전하다(傳—) ①이 사람이 저 사람에게 주다. 예 기념품을 전하다. ②물려주다. ③가르치다. ④알리다. 예 소식을 전하다.

전:학(轉學) 다니던 학교에서 딴 학교로 옮기어 공부함. —하다.

전:함(戰艦) 싸움을 하는 큰 배. 비 군함. 전선.

전항(前項) ①앞에 적혀 있는 사항. ②비의 앞에 있는 항. 2:3에서 2가 전항, 3이 후항임. 반 후항.

전해(前—) ①지난해. ②어떤 해의 바로 이전 해.

전:해질(電解質) 물이나 기타 용매에 녹아 전류가 흐르도록 하는 물질. 산·알칼리·염류 따위. 전해물. 반 비전해질.

전:향(轉向) ①방향을 바꿈. ②자기의 사상을 그 사회에 맞추어 바꿈. 예 자연주의에서 사실주의로 전향하다. —하다.

전혀(全—) 도무지. 아주. 조금도. 예 나는 그 일을 전혀 모르고 있었다. 비 전연.

전:형(銓衡) 쓸모 있는 사람을 골라 뽑음. 예 서류 전형. —하다.

전:화(電話) ①전화기. ②전화기를 이용하여 말을 주고받는 일. 예 친척집에 전화를 걸다. —하다.

전:화국(電話局) 전화 가입자들의 전화 회선을 집중시켜 교환·중계 또는 새로운 가설 등의 업무를 맡아 보는 곳.

전:화기(電話機) 말소리를 전파나 전류로 바꾸었다가 다시 말소리로 바꾸어 전하는 기계. 준 전화.

전:화 위복(轉禍爲福) 불행한 일이 바뀌어서 도리어 복이 됨. 예 이번 실패를 전화 위복의 기회로 삼다. 비 새옹지마. —하다.

전:환(轉換) 이리저리 변하여 바뀜. 예 기분 전환. —하다.

전:환점(—쩜) 전환하는 계기가 되는 고비나 시기. 예 그 사건이 내 일생의 전환점이 되었다.

서:황(戰況) 전쟁이 되어 가는 형편이나 모양. 예 싸움의 전황을 알려 주다.

전후(前後) ①앞과 뒤. ②먼저와 나중. ③처음과 끝. 예 전후 사정을 얘기해 보아라.

전후 좌:우(前後左右) 앞쪽과 뒤쪽과 왼쪽과 오른쪽. 곧, 사방. 예 전후 좌우를 잘 살펴라.

절[1] ①부처를 모셔 놓고 스님이 모여 사는 집. ②몸을 굽히고 고개를 숙여 인사함. 예 절을 올리다. 비 인사. —하다.

절[2] '저를'의 준말.

절[3](節) ①문장이나 시의 한 단락. ②악곡이나 가요의 한 마디.

-절[4](節) ①명절. 예 단오절. 개천절. ②절기. 예 하절. 동절.

절간[-깐] '절'을 속되게 이르는 말.

절감[1](切感) 절실하게 느낌. 예 절약의 중요성을 절감하다. —하다.

절감[2](節減) 절약하여 줄임. 예 경비를 절감시키다. —하다.

절개(節槪) 의리를 지키는 곧은 마음. 예 죽음으로 절개를 지킨 사육신. 준 절.

절경(絶景) 더할 수 없이 훌륭한 경치. 예 설악산의 절경. 비 가경.

절교(絶交) 서로 사귐을 끊음. 예 친구와 절교하다. —하다.

절구 곡식을 찧거나 빻고 떡을 치는 데 쓰는 기구.

〔절 구〕

절구질 곡식을 절구에 넣고 찧거나 빻는 일. —하다.

절구통 ①곡식을 찧거나 빻는 데 쓰기 위해 통나무 또는 돌의 속을 파내어 우묵하게 만든 기구. ②굵은 몸집의 비유. 예 허리가 절구통 같다.

절규(絶叫) 있는 힘을 다해 큰 소리로 부르짖음. 예 피맺힌 절규. —하다.

절기(節氣) ①한 해를 24등분하여 나타낸 그 하나. ②24절기 가운데 양력 매월 상순에 드는 절기. 입춘·경칩·청명 따위.

절:다[1]〔저니, 절어서〕 걸음을 절뚝거리다. 예 다리를 절다.

절:다[2]〔저니, 절어서〕 물체에 염분이 속속들이 배어들다. 예 배추가 적당히 절었다.

절단(切斷)[-딴] 끊어 냄. 예 철판을 절단하다. —하다.

절대(絶對)[-때] ①맞서 비교될 만한 것이 없음. ②아무 제한을 받지 않음. ③아무 조건을 붙일 수 없음. 반 상대.

절대로[-때로] 무슨 일이 있더라도. 예 나쁜 짓은 절대로 하지 말아라. 준 절대.

절대 습도[절때-] 1m³의 공기 속에 들어 있는 수증기의 양을 g 단위로 나타낸 수.

절대자[-때자] 아무에게도 제약을 받음이 없고 의존하지도 않으며, 만물의 근원을 이루는 초월적 존재. 신과 같은 존재. 예 절대자의 섭리.

절댓값[-때깝] 수직선 위에서 어떤 수 a에 대응하는 점과 원점 사이의 거리를 a의 절댓값이라 함. 기호는 $|a|$.

절도[1](節度)[-또] 일이나 행동을 똑똑 끊어 맺는 마디. 예 절도 있게 행동하다.

절도[2](竊盜)[-또] 남의 물건을 몰래 훔치는 짓, 또는 그 사람. 예 절도죄.

절뚝거리다 한쪽 다리가 짧거나 탈이 나서 기우뚱거리다. 예 다리를 몹시 절뚝거리다.

절뚝발이 걸음을 절뚝거리는 사람의 별명. 센 쩔뚝발이.

절뚝절뚝 한쪽 다리가 짧거나 탈이 나서 기우뚱거리는 모양. 작 잘똑잘똑. 센 쩔뚝쩔뚝. —하다.

절락(絶落) 끊어져서 떨어짐. —하다.

절로 '저절로'의 준말. 예 절로 머

절룩거리다 다리를 절면서 걷다. 짝잘록거리다. 센쩔룩거리다.

절름거리다 한쪽 다리가 짧거나 탈이 나서 약간 절룩거리다. 짝잘름거리다. 센쩔름거리다.

절름발이 걸음을 절름거리는 사람의 별명.

절망(絶望) 소망이 끊어짐. 희망이 끊어짐. 예절망에 빠지다. 반희망. —하다.

절면서 절뚝거리면서. 예다리에 쥐가 나 절면서 가다.

절묘(絶妙) 매우 신기함. 예절묘한 솜씨. —하다.

절미(節米) 쌀을 아낌. 예절미 운동. —하다.

절박(切迫) ①기한이 썩 급하여 여유가 없음. 예시간이 절박하다. ②일이 매우 급하여 긴장하게 됨. —하다.

절반(折半) 하나를 둘로 똑같이 나눔. 하나의 반.

절벅절벅 얕은 물이나 진창을 자꾸 밟을 때 나는 소리. 예흙탕물을 절벅절벅 딛고 간다. 짝잘박잘바. 거철버철버. —하다.

절벽(絶壁) ①바위가 바람벽같이 깎아 세운 듯한 낭떠러지. ②사리에 어두운 사람을 가리키는 말. 예귀가 절벽이다. 비절벽 강산.

절색(絶色) [—쌕] 빼어난 미인. 예천하 절색.

절세 가인(絶世佳人) 이 세상에서는 비길 사람이 없을 만큼 빼어나게 아름다운 여자. 절세 미인.

절수(節水) [—쑤] 수돗물을 아껴 씀. 예가뭄 때문에 절수 생활을 하다. —하다.

절실하다(切實—) ①사실에 꼭 들어맞다. 예절실한 표현. ②아주 긴요하거나 간절하다. 예건강이 얼마나 귀중한 것이냐 하는 것은 병이 들어 보아야 절실히 느끼게 된다. —히.

절약(節約) 아끼어 씀. 예돈을 될 수 있는 대로 절약하여 쓰자. 반낭비. —하다.

절에 가면 중 노릇 하고 싶다〈속〉 주견이 없이 덮어놓고 남을 따르려고 한다.

절에 가면 중인 체 촌에 가면 속인인 체〈속〉 장소에 따라 지조와 태도가 변한다.

절에 간 색시〈속〉 남이 시키는 대로 따라 하는 사람을 이르는 말.

절연체(絶緣體) 전기나 열이 잘 통하지 않는 물체.

절용(節用) 아껴서 씀. 비절약. 반남용. —하다.

절의(節義) 어떠한 일에도 굽히지 않고 굳게 지키는 절개와 의리. 예절의를 지키다.

절이다 소금을 쳐서 절게 하다. 예배추를 절이다.

절이 망하려니까 새우젓 장수가 들어온다〈속〉 운수가 그릇되려면 뜻밖의 일이 생긴다.

절전(節電) [—쩐] 전기를 아껴 씀. 예절전 운동. —하다.

절절 ①물 따위가 끓는 모양. 예물이 절절 끓다. ②열기로 몹시 달아 있는 모양. 예아랫목이 절절 끓다. 짝잘잘. 센쩔쩔.

절정(絶頂) [—쩡] ①산의 맨 꼭대기. 비정상. ②어떤 일의 극도. 고비. 예흥분 상태가 절정에 달했다.

절제(節制) [—쩨] ①자기의 욕망을 억눌러 방탕하지 아니함. ②알맞게 조절함. [예]술을 절제하다. —하다.

절차(節次) 일의 순서나 방법. [예]절차가 바뀌다.

절찬(絶讚) 더할 수 없는 칭찬. [예]연극 공연이 절찬 속에 연장되다. —하다.

절충[1](折衷) 한편으로 치우치지 아니하고 이것과 저것을 섞어서 알맞은 것을 얻음. [예]절충안을 내놓다. —하다.

절충[2](折衝) 외교상의 교섭이나 담판. [예]절충을 거듭하여 무역 마찰을 줄이다. —하다.

절친하다(切親—) 매우 친하다. [예]절친한 사이. —히.

절터 절이 있거나 있던 터.

절통(切痛) 지극히 원통함. [예]절통한 일. —하다. —히.

절판(絶版) ①출판하여 펴낸 책이 떨어져 없음. ②지형이 없어져서 다시 인쇄하지 못하게 됨. [예]절판된 책. —하다.

절호(絶好) 더할 나위 없이 좋음. [예]절호의 기회. —하다.

절효 정문(節孝旌門) 충신·효자·열녀 등을 기리어 세운 정문.

젊:다[점따] 나이가 적고 혈기가 왕성하다. [예]누구나 젊어서 일을 열심히 해야 한다. [반]늙다.

젊은이 ①나이가 젊은 사람. ②혈기가 왕성한 사람. [예]아버지는 젊은이처럼 기운이 왕성하다. [반]늙은이.

점[1](占) 좋고 나쁨을 미리 판단하는 일. [예]점을 치다.

점[2](點) ①작고 둥글게 찍힌 표나 자리. ②글자를 쓸 때 한 번 찍는 획. [예]한 점 한 획. ③문장의 구절을 구별하기 위하여 찍은 표. 구두점. ④여럿 가운데서 선택하여 결정할 때 쓰는 말. [예]점을 찍어 놓다.

-점[3](店) '가게'의 뜻. [예]철물점.

점거(占據) 일정한 곳을 차지하여 자리를 잡음. [예]점거 농성. —하다.

점:검(點檢) 자세히 조사하거나 낱낱이 검사함, 또는 그 검사. [예]안전 점검을 받다. —하다.

점괘(占卦)[—꽤] 길흉을 점쳤을 때 나오는 괘. [예]점괘를 보다.

점그래프(點graph) 통계 도표의 한 가지. 점의 개수로 양의 많고 적음을 나타냄.

점대칭 도형 도형의 한 점을 중심으로 하여 180°만큼 회전하였을 때, 처음 도형과 꼭 맞아 포개지는 도형. [반]선대칭 도형.

점령(占領)[—녕] 남의 땅을 쳐서 제 것으로 함. [예]점령군. [비]점거. —하다.

점막(粘膜) 소화관·기도·비뇨 등의 내면을 덮는 끈끈하고 부드러운 막을 통틀어 이르는 말.

점박이(點—) 얼굴이나 몸에 점이 있는 사람이나 짐승을 이르는 말. [비]점둥이.

점벙 큰 물체가 물에 떨어져 잠길 때에 나는 소리, 또는 그 모양. [작]잠방. [거]첨벙.

점보 제트기(jumbo jet機) 미국에서 만든 여객기. 몸체 길이 70 m, 날개 길이 60m로, 한꺼번에 400명이나 되는 사람을 태울 수 있음. '점보'란 '보잉 747'의 애칭으로 매우 크다는 뜻임.

점뿌림 씨앗을 한 개 또는 몇 개씩을 한 곳에 일정한 사이를 두고 뿌리는 방법. —하다.

점선 점을 이어서 찍어 놓은 줄. ⑩ 점선으로 원을 그리다.

점성술(占星術) 별의 빛이나 위치를 보고 점을 치는 방법.

점수(點數)[-쑤] ①숫자로 나타낸 성적의 평가. ⑩ 시험 점수를 매기다. ②물건의 가짓수.

점ː심(點心) 낮에 먹는 끼니.

점액(粘液) 끈끈한 액체.

점ː원(店員) 상점에서 일을 보살피는 사람. 凹 주인.

점음표(點音標) 음악에서, 음표 머리 오른쪽에 점을 찍어 그 소리의 반 배 만큼을 늘인 음표.

점자 책(點字册)[-짜 책] 두꺼운 종이에 도드라진 점들을 일정한 방식으로 나타내어, 맹인들이 손가락으로 더듬어 읽도록 만든 책.

점ː잖다[-잔타] ①태도가 의젓하다. ②말이나 행동이 야하지 않고 고상하다. ⑩ 점잖은 신사. -이.

점잖은 개가 부뚜막에 오른다〈속〉 점잖다고 믿고 있던 사람이 엉뚱한 짓을 한다.

점쟁이(占-) 남의 운수를 점쳐 주고 돈을 받는 일을 직업으로 삼는 사람.

점ː점(漸漸) 조금씩 조금씩. ⑩ 점점 어두워지다. 凹 점차. 차차.

점점이 점을 찍은 듯이 여기저기 하나씩 흩어져 있는 모양. ⑩ 들판에 점점이 양들이 놀고 있다.

점ː진(漸進) 차례를 따라 차차 조금씩 나아감. ⑩ 점진적인 발전. 凹 급진. -하다.

점찍다(點-) 마음 속에 작정하여 두다. ⑩ 점찍어 둔 옷.

점ː차(漸次) 차례를 따라 점점. ⑩ 성적이 점차로 좋아지다.

점토(粘土) 물에 이기면 차지고 끈끈해지며, 수분을 잘 흡수하는 성질이 있는 흙.

점판암(粘板岩) 이암이 더욱 굳어진 것. 질이 치밀하고, 넓게 쪼개지는 성질이 있음.

점프(jump) 뛰어오름. 육상 경기의 멀리뛰기·높이뛰기·삼단뛰기·장대뛰기 등. ⑩ 점프력. -하다.

점ː화(點火) 불을 켜거나 불을 붙임. ⑩ 장작에 점화하다. 凹 소화. -하다.

접견(接見) 직접 대하여 봄. ⑩ 외국 사신을 접견하다. -하다.

접골(接骨) 어그러지거나 부러진 뼈를 이어 맞춤. -하다.

접근(接近) 가까이 다가감. 바싹 다가붙음. ⑩ 적진 깊숙이 접근하다. -하다.

접눈[점-] 접붙이기 위하여 접가지에서 도려낸 눈.

접다 ①꺾어서 여러 겹으로 만들다. ⑩ 종이를 접다. ②폈던 것을 본디의 모양이 되게 하다. ⑩ 우산을 접다.

접대(接待) 손님을 맞아 대접함. ⑩ 손님 접대. 凹 응대. -하다.

접대비(接待費) 손님을 접대하는 데 드는 비용.

접동새 '소쩍새'의 다른 이름.

접ː때 얼마 되지 아니한 지나간 그 때. ⑩ 접때 만났던 사람. 凹 저번. 지난번.

접목(椄木) 과수나 일반 수목의 품종 개량이나 번식을 위한 방법의 하나. 좋은 접지를 접본의 목질부와 껍질 사이에 붙여서 이어 주는 일. 접. 접붙이기. -하다.

접바둑 하수가 미리 화점에 2점 이상 놓고 두는 바둑.

접본(椄本) 접붙일 때 바탕이 되

접붙이기

는 나무. 대목. 접대.

접붙이기 한 나무에 다른 나무의 가지나 눈을 따다 붙이는 방법. 접목. 접. —하다.

접속(接續) 서로 맞대어 이음. 예 인터넷에 접속하다. —하다.

접수(接受) 어떤 신청 또는 신고를 말이나 문서로 받음. 예 원서 접수. —하다.

접수(椄穗) =접지. —하다.

접시 운두가 낮고 납작한 그릇.

접시 천칭(一天秤) 약품 조제 따위에 쓰이는, 접시가 위쪽에 붙은 천칭.

접안 렌즈 현미경·망원경 따위의 눈을 대고 보는 쪽의 렌즈.

접어들다〔접어드니, 접어들어서〕 ①시기나 나이 따위가 다가오다. 예 장마철로 접어들다. ②어느 지점을 넘거나 갈림길로 들어서다. 예 산길로 접어들다.

접영(蝶泳) 수영법의 한 가지. 두 손을 동시에 앞으로 뻗쳐 물을 끌어당기면서 헤엄쳐 나아감. 비 버터플라이.

접전(接戰) ①어울려서 싸움. ②서로 힘이 비슷하여 승부가 쉽게 나지 않는 싸움. 예 치열한 접전을 벌이다. —하다.

접종(接種) 병을 미리 예방하기 위해 병원균이나 독소를 몸에 집어 넣는 일. 예 간염 예방 접종. —하다.

접지(椄枝) 나무를 접붙일 때 대목에 꽂는 나뭇가지나 눈, 또는 그것을 꽂는 일. —하다.

접착(接着) 달라붙음. 예 접착 테이프. —하다.

접착제(接着劑) 금속·목재·플라스틱 등 두 물체를 붙이는 데 쓰이는 약품이나 풀 종류.

접책(摺冊) 긴 종이를 앞뒤로 여러 겹 접어서 책처럼 만든 것.

접촉(接觸) ①맞붙어 닿음. 예 접촉 사고. ②서로 사귐. 예 외부와의 접촉을 끊다. —하다.

접히다 ①접어지다. ②접음을 당하다. 예 종이가 접히다.

젓 새우·생선·조기 따위를 소금에 절인 짠 음식. 예 오징어젓.

젓가락 음식이나 그 밖의 다른 물건을 집는 데 쓰는 한 벌의 막대기. 예 나무 젓가락. 준 젓갈.

젓가락으로 김칫국을 집어먹을 놈(속) 어림없는 짓을 하는 사람을 이르는 말.

젓갈[1] 젓으로 담근 음식.

젓갈[2] '젓가락'의 준말.

젓국 젓갈에서 우러난 국물.

젓:다〔저으니, 저어서〕 ①배를 움직이려고 노를 둥글게 돌리다. 예 노를 젓다. ②액체를 고르게 하기 위하여 휘둘러 섞다. 예 소금물을 젓다. ③어떤 뜻을 말 대신 손이나 머리를 흔들어 표하다. 예 머리를 좌우로 젓다.

젓다 ①막대기 따위로 휘저어 섞다. ②노를 움직여 배가 앞으로 가게 하다.

젖다 ①축축하게 되다. ②어떤 마음의 상태에 깊이 잠기다. ③몸에 배어 버릇이 되다.

젓대 가로 대고 부는 악기를 통틀어 이르는 말. 저.

정:[1] 돌에 구멍을 뚫거나 돌을 쪼아서 다듬는, 쇠로 만든 연장.

정:[2] '참으로'의 뜻을 나타내는 말. 예 정 달라면 주지.

정[3](情) ①느끼어 일어나는 마음.

②사랑하거나 불쌍히 여기는 마음. 예 정이 들다.

정:가(定價)[—까] ①정해 놓은 값. ②값을 정함. —하다.

정:각(正刻) 작정한 바로 그 시각. 예 정각 12시.

정:각뿔(正角—) 밑면이 정다각형이고 옆면이 모두 이등변 삼각형으로 이루어진 각뿔.

정:간보(井間譜) 조선 세종 때 만들어진, 칸을 쳐서 소리의 높낮이와 길이를 나타낸 악보.

정갈하다 모양이나 옷 따위가 깨끗하고 말쑥하다. —히.

정감(情感) 사람의 마음에 호소해 오는 것 같은 느낌. 예 정감이 넘치는 말.

정강이 아랫다리의 앞쪽에 뼈가 있는 부분.

정거(停車) 가던 차가 머무름. 예 급정거. 비 정차. —하다.

정거장(停車場) 차가 잠시 머무르면서 사람이 타고 내리며, 화물을 싣고 내리는 곳.

정:견(定見) 일정한 주장이나 의견. 예 정견 발표회.

정결하다(淨潔—) 맑고 깨끗하다. 예 정결한 아름다움. —히.

정겹다〔정겨우니, 정겨워서〕 정이 넘치는 듯하다. 예 정겨운 고향.

정경(情景) 마음에 감동을 불러 일으킬 만한 경치나 장면. 예 농촌의 정경.

정계(政界) 정치가들이 활동하는 사회. 예 정계에 나아가다.

정:계비(定界碑) 조선 숙종 때 청나라와의 국경을 정하기 위하여 1758년에 백두산에 세운 비. 백두산 정계비.

정곡(正鵠) ①과녁의 한복판이 되는 점. ②사물의 가장 중심이 되는 요점. 핵심. 예 정곡을 찌르다.

정교하다(精巧—) 꼼꼼하게 썩 잘 만들다. 예 정교한 솜씨. —히.

정구(庭球) =테니스.

정국(政局) 정치의 국면. 정치계의 형편. 예 정국을 안정시키다.

정권(政權)[—꿘] 정치를 하여 나가는 권력. 예 정권 교체.

정:규(定規) ①정해진 규칙. 예 정규 방송. ②제도할 때 쓰는 자의 한 가지.

정근(精勤) 맡은 바 일에 힘씀. 예 정근상. —하다.

정글(jungle) 열대 지방의 원시림. 밀림.

정글 짐(jungle gym) 쇠파이프를 가로 세로로 네모지게 짜 맞춘 것으로 어린이들의 놀이 기구.

정:기[1](正氣) 공명 정대한 기운. 예 민족 정기.

정:기[2](定期) 정한 기한, 또는 기간. 예 정기 총회. 반 부정기.

정:기[3](精氣) ①만물을 생성하는 근원이 되는 기운. ②심신 활동의 근본이 되는 힘.

정:기 여객선 정기석으로 사람을 실어나르는 배.

정:기 예:금 미리 일정한 기간을 정하여 그 기간 중에는 찾을 수 없는 예금.

정:기적 일정 기간을 두거나 정해진 때에 일이 행해지는 모양.

정나미(情—) 사물에 대한 애착의 정.

정나미(가) 떨어지다 정나미가 아주 없어져서 다시 대할 마음이 없게 되다.

정:남(正南) 똑바른 남쪽.

정년(停年) 공무원이나 회사의 직

원 또는 종업원들이 일정한 나이에 이르면 근무하던 곳에서 물러나도록 정해진 그 나이. 예정년퇴직.

정녕(丁寧) 틀림없이. 꼭. 예이번엔 정녕 이기고 돌아오리다.

정:다각형(正多角形) 다각형 가운데에서 변의 길이가 모두 같고, 각의 크기가 모두 같은 다각형.

정다운(情一) ①사이좋은. ②다정하고 따뜻한. 예돌아가신 어머님의 정다운 모습이 떠오른다.

정:단층(正斷層) 강한 횡압력으로 지각에 틈이 생겨 이에 따라 지반이 깨어져 된 층. 반역단층.

정담(情談) 다정한 이야기. 예정담을 나누다.

정:답(正答) 옳은 답. 반오답.

정답다(情一)〔정다우니, 정다워/정다이〕 ①사이가 가깝다. 예둘이는 아주 정답다. ②다정하고 따뜻하다. 비다정하다. 반매정하다.

정당(政黨) 정치에 대한 주장이 같은 사람끼리 뭉친 단체. 예정당 정치. 준당.

정:당하다(正當一) 이치에 마땅하다. 바르다. 도리에 맞다. 예정당한 주장을 하다. 비합당하다. 반부당하다. —히.

정:대(正大) 바르고 옳아서 사사로움이 없음. —하다.

정:도¹(正道) 올바른 길. 바른 도리. 예정도를 걷다.

정:도²(定都) 나라의 도읍을 정함. —하다.

정도(程度) ①알맞은 한도. 예참는 것도 정도가 있다. ②분량이 얼마쯤이나 되는가 하는 대중. 예한 컵 정도. 비한도. 가량.

정:도전(鄭道傳, 1337~1398) 조선을 세우는 데 큰 공을 세운 정치가이며 학자.

정독(精讀) 내용을 맛보거나 따져가며 자세히 읽음. 새겨 읽음. 예보고서를 정독하다. —하다.

정:돈(整頓) ①가지런히 바로잡음. ②깨끗하게 치워 놓음. 예책상을 정돈하다. 비정리. —하다.

정들다(情一)〔정드니〕 정이 깊어지다. 정이 생기다. 예정든 집을 떠나다.

정떨어지다 애착심이 떨어지고 싫은 생각이 나다. 예정떨어지는 짓 좀 하지 마라.

정력(精力) 활동할 수 있는 힘. 원기. 기력. 예정력을 쏟다.

정:렬(整列)〔—녈〕 가지런히 줄지어 벌여 섬. 예4열로 정렬하다. —하다.

정류장(停留場)〔—뉴장〕 승객이 타고 내리도록 버스가 잠시 머무는 곳. 비정류소.

정리¹(情理) 인정에 따른 도리.

정:리²(整理) ①차례를 바로잡음. ②쓸데없는 것을 버리고 가지런히 추림. 예그렇게 흩어 놓지 말고 잘 정리해라. 비정돈. —하다.

정:립(定立) 어떤 논점에 대하여, 반론을 예상하고 주장되는 의견이나 학설 따위. 반반정립.

정:말(正一) ①참된 말. 거짓이 없는 말. 진실한 말. ②어떤 일에 대해 심각한 느낌을 나타내는 말. 예오늘은 정말 추운 날씨다. 비참말. 반거짓말.

정:맥(靜脈) 몸의 각 부분을 돌아서 더러워진, 곧 탄산가스와 찌끼를 지닌 피를 심장으로 보내는 핏줄. 반동맥.

정:면(正面) 마주 보이는 면. 예

정면 충돌. 빤측면. 후면.
정:면 공:격 ①적을 바로 맞대고 공격하는 일. ②상대방을 바로 맞대고 비난하는 일. —하다.
정:면도(正面圖) 사물의 정면을 보고 그린 그림.
정:면 충돌 ①두 물체가 정면으로 맞부딪침. ②의견이나 감정 따위가 맞부딪쳐 서로 싸움. —하다.
정 몽주(鄭夢周, 1337~1392) 고려 말기의 충신. '삼은'의 한 사람으로, 호는 포은. 뛰어난 학자요, 정치가였으며 외교 수완이 탁월했음. 이방원이 보낸 자객에게 선죽교에서 피살되었음.
정묘호란(丁卯胡亂) 1627년 인조 때 후금의 침입으로 일어난 싸움. 왕은 강화도로 피난, 후금과 평화 조약을 맺어 형제국이 됨.
정:문(正門) 건물의 정면에 있는 문. 빤후문. 측문.
정:문부(鄭文孚, 1565~1624) 조선 때의 의사. 임진왜란 때 함경북도 경성에서 의병을 일으켜 공을 세움.
정:물(靜物) ①정지하여 움직이지 않는 물건. 생명이 없는 물건. ②'정물화'의 준말.
정:물화(靜物畫) 꽃·과일·그릇 등 움직이지 않는 것을 배치하여 놓고 그린 그림. 준정물.
정미(精米) ①깨끗하게 찧은 흰 쌀. ②기계 장치로 벼를 찧어 쌀을 만듦. —하다.
정미소(精米所) 동력을 이용하여 벼를 찧어 쌀을 만드는 곳.
정밀(精密) ①가늘고 촘촘함. ②아주 잘고 자세함. 예정밀하게 조립된 시계. —하다.
정밀도(精密度)[一또] 측정의 정밀함을 나타내는 정도.
정밀화(精密畫) 대상물의 자세한 부분까지 세밀하게 그린 그림.
정박(碇泊) 닻을 내려 배를 세움. 예부두에 정박하다. —하다.
정박아 '정신 박약아'의 준말.
정:반대(正反對) 완전히 반대되는 일.
정벌(征伐) 적이나 죄 있는 무리를 군대로써 침. —하다.
정변(政變) 혁명·쿠데타 따위 정치상의 큰 변동. 예갑신정변.
정병(精兵) 우수하고 강한 군사.
정보(情報) ①사정의 보고. ②사정을 알려 주는 자료. 예정보 제공. 정보 사회.
정보 통신부 우편·전기 통신·통신 등에 관한 일을 맡아 보는 중앙 행정 기관의 하나.
정보 통신 산:업 전자적 유통망을 통하여 정보 유통을 담당하는 정보 산업.
정복(征服) ①적을 쳐서 항복시킴. ②어려운 일을 이겨내어 자신의 뜻을 이룸. —하다.
정부(政府) 나라를 다스리는 일을 맡아 보는 기관.
정부미 쌀값 조절 및 군수용이나 구호용으로 충당하기 위하여 정부가 보유하고 있는 쌀.
정:비(整備) 뒤섞이거나 흩어진 것을 가다듬고 정리하여 바로 갖춤. 예전열을 정비하다. —하다.
정:비 공장 차량·비행기 따위를 정비하여 고치기 위한 공장.
정:비례(正比例) 두 양의 변화가 늘 일정한 비일 때, 그 두 양에 대한 일컬음. 빤반비례. —하다.
정:사(正使) 사신의 우두머리.
정:사각형(正四角形) 네 각이 모

두 직각이고 네 변이 모두 같은 사각형.

정:사면체(正四面體) 네 면이 정삼각형인 사면체.

정:삼각형(正三角形) 세 변의 길이가 같은 삼각형. 세 각도 모두 같음.

정:상[1](正常) 특별한 변화 없이 제대로인 상태. [예] 건강이 정상으로 회복되다. [반] 비정상.

정상[2](頂上) ①산 위의 맨 꼭대기. [예] 정상에 오르다. ②그 위에 다시 없는 것. 우두머리. 최상. [예] 남북 정상 회담.

정:상아 마음과 몸의 상태에 이상이 없는 아이. [반] 이상아.

정상 회:담 두 나라 이상의 최고 지도자끼리 모여 하는 회담. [예] 판문점에서 정상 회담이 열리다.

정:색(正色) 얼굴빛을 엄정하게 가짐. [예] 정색을 하고 말하다. —하다.

정서(情緖) 어떤 사물 또는 경우에 부딪쳐 일어나는 갖가지 감정. 기쁨·슬픔·노염 등. [예] 정서가 풍부하다.

정:석(定石) 바둑에서, 예로부터 공격과 방어에 최선으로 여겨지는 방식으로 돌을 놓는 법.

정:선(鄭敾, 1676~1759) 조선 영조 때의 화가. 호는 겸재. 국내 명승 고적을 두루 돌아다닌 뒤 한국적 산수화풍을 세웠음. 작품으로는 〈여산 초당도〉〈금강산 만폭동도〉 등이 있음.

정성(精誠) ①참되어 거짓이 없는 마음. ②알뜰한 마음으로 섬김. [예] 정성을 기울이다. [비] 지성. —스럽다.

정성껏 정성을 다하여. 성의가 미치는 데까지. [예] 환자를 정성껏 보살피다. [반] 함부로.

정세(情勢) ①일이 되어 가는 형편. [예] 정세를 살피다. ②일의 사정. [비] 형세.

정:수[1] …−3, −2, −1, 0, 1, 2, 3, …과 같은 수. 즉 0과 자연수, 음의 정수를 통틀어 일컫는 수.

정수[2](淨水) 깨끗한 물, 또는 물을 깨끗하게 하는 일. [예] 정수 시설. —하다.

정수기 더러운 물을 깨끗하고 맑은 물로 걸러 내는 기구.

정수리 머리 위에 숫구멍이 있는 자리.

정:숙하다[1](整肅—) 몸가짐이 바르고 엄숙하다. —히.

정:숙하다[2](靜肅—) 고요하고 엄숙하다. [예] 정숙한 분위기. —히.

정승(政丞) 조선조 초기에 있어서 가장 으뜸 가는 벼슬. 영의정·좌의정·우의정을 일컬음. [비] 승상.

정:식(正式) 가짜나 거짓이 아니고 참말로 그렇게 하기로 한 것. [예] 유엔에 정식으로 가입하다. [비] 공식. [반] 약식.

정:식 종:목 규정된 방식에 따라 치르는 정규의 경기 종목. [예] 정식 종목으로 채택되다.

정신(精神) ①마음. 영혼. [반] 육체. ②의식. [예] 정신을 잃다. ③근본 뜻. [예] 민주주의 정신.

정신 과학 정신 작용에 관한 모든 현상을 연구하는 과학.

정신 노동 주로 두뇌를 쓰는 노동. [반] 육체 노동.

정신력(精神力)[—녁] 정신적인 힘. [예] 강한 정신력으로 어려움을 이겨내다.

정신 박약아(精神薄弱兒) 지능 발

정신병[-뼝] 정신 이상으로 정상적인 사회 생활을 하지 못하게 되는 병.

정신 없:다 마음을 빼앗겨 멍하다. 예 정신 없이 달려오다. —이.

정신적 정신에 관한 바. 정신 활동을 중하게 여기는 것. 예 정신적 고통. 반 물질적. 육체적.

정신 지체아(精神遲滯兒) 정신 능력의 발달이 늦어진 아이. 보통 정신 박약아보다 가벼운 정도를 가리킴.

정신 차리다 ①정신을 가다듬다. ②잃었던 정신을 다시 모으다. 예 정신 차리고 잘 들어라.

정:악(正樂) 속되지 않은 정식의 음악. 반 속악.

정약용(丁若鏞, 1762~1836) 조선 말기의 대학자로 유형원·이익을 통해서 내려온 실학 사상을 모아 완성하였음. 호는 다산. 저서로는 〈목민심서〉〈흠흠신서〉 등이 있음.

정:양(靜養) 몸과 마음을 편안하게 쉼. 예 시골에서 정양하다. 비 요양. 휴양. —하다.

정어리 모양은 멸치와 비슷하나 크고 등은 남빛, 배는 흰 바닷물고기.

정에서 노염 난다〈속〉 정다울수록 예의를 지켜야 한다.

정:연하다(整然—) 짜임새가 있고 가지런하다. 질서 있다. 예 질서 정연하게 서 있다. —히.

정열(情熱)[-녈] 힘있게 일어나는 감정의 힘. 예 정열을 불태우다. 비 열정.

정:오(正午) 꼭 열두 시 되는 한낮. 비 오정. 반 자정.

정:원¹(定員) 일정한 인원. 예 정원이 초과되다.

정원²(庭園) 집 안에 있는 뜰. 예 정원을 가꾸다. 비 뜰.

정원사 정원을 가꾸는 일을 직업으로 하는 사람.

정원수 정원에 심어 가꾸는 나무.

정월(正月) 일 년 중의 첫째 달. 1월. 예 정월 대보름.

정유(精油) 각종 식물의 꽃·잎·열매·가지·줄기·뿌리 따위에서 뽑아 정제한, 향기를 가진 휘발성 기름. 예 정유 공장.

정유재란(丁酉再亂) 1597년 왜군이 우리 나라를 다시 침략해 온 난리. 보통 임진왜란 때의 제2차 침입을 독립하여 말할 때 정유재란이라 부름.

정육(精肉) 지방이나 뼈 따위를 발라 낸 살코기.

정:육각형 각 변의 길이와 각 내각이 모두 같은 육각형.

정:육면체 여섯 개의 똑같은 정사각형으로 둘러싸인 육면체.

정육점 정육을 파는 가게. 비 푸줏간.

정:음(正音) 우리 나라 글자의 본디 이름이자, 그 원리와 풀이를 적은 책의 이름. 본 훈민정음.

정:음청 세종 25년 훈민정음을 만들기 위하여 대궐 안에 설치하였던 기관. '언문청'이라고도 함.

정:의¹(正義) ①바른 뜻. ②바른 의리. 예 우리는 정의를 위해 싸우고 있다. 반 불의.

정:의²(定義) 어떤 것의 뜻을 확정하여 밝히는 일, 또는 그 뜻. 예 정의를 내리다. —하다.

정의³(情誼) 서로 사귀어 가까워진 사랑의 마음.

정:의감(正義感) 올바른 도리를 지키려는 마음. 예 정의감에 불타

정:**의롭다**〔정의로우니, 정의로워서/정의로이〕 정의에 어긋나지 않고 올바르다. 예 정의로운 기사.

정:**이월**(正二月) 1월과 2월.

정:**이품**(正二品) 지난날, 관직의 하나. 조선 시대 벼슬을 18품계로 나눈 것 중의 3번째 품계.

정:**이품 소나무** 충북 보은군 속리산 법주사 입구에 있는 소나무.

정:**인지**(鄭麟趾, 1396~1478) 조선 세종 때 집현전 학사로, 한글을 만드는 데 힘쓴 학자이며 정치가. 〈용비어천가〉〈고려사〉를 지었음.

정:**일품** 고려·조선 때의 문무관 벼슬의 첫째 등급.

정자(亭子) 산수가 좋은 곳에 경치를 즐기며 편히 쉴 수 있게 지은 작은 집.

정자나무 집 근처나 길가에 있는 큰 나무.

정:**작** ①요긴하거나 진짜인 것. ②막상. 꼭. 실지로. 예 정작 어려운 일은 이제부터다.

정쟁(政爭) 정치상의 싸움.

정적(政敵) 정치적인 의견이 달라 서로 대립되는 처지에 있는 사람. 예 정적을 제거하다.

정:**적**(靜寂) 고요하며 시끄러움이 없음. 예 밤의 정적 속에 울려 퍼지는 종소리. —하다.

정:**전**[1](正殿) 왕이 나와서 조회를 하던 궁전.

정전[2](停電) 전기가 한때 끊김. 예 갑자기 정전이 되어 촛불을 켰다. —하다.

정:**전**[3](停戰) 싸움을 정지함. 예 정전 협정을 맺다. 반 개전. —하다.

정:**전기**(靜電氣) 마찰한 물체가 띠는 이동하지 않는 전기.

정절(貞節) 여자의 곧은 절개.

정정(訂正) 잘못된 것을 바르게 고침. 예 정정안. —하다.

정:**정당당**(正正堂堂) 바르고 떳떳함. 예 경기에 나가서는 정정당당히 싸우자. —하다. —히.

정정하다(亭亭－) 노인이 건강하고 굳세다. 예 정정한 노인. —히.

정제(精製) ①정성들여 잘 만듦. ②물질에 섞인 불순물을 없애어 그 물질을 더 순수하게 만듦. 예 원유를 정제하다. —하다.

정:**조**[1](正祖, 1752~1800) 조선조 제22대 왕(재위 1776~1800). 영조의 뜻을 이어 탕평책을 실시하였으며, 규장각을 설치하여 학문의 연구와 서적의 편찬에 힘썼음.

정:**조**[2](貞操) 여자의 깨끗한 절개. 예 정조가 굳은 여자.

정:**조**[3](情操) 정신의 활동에 따라 일어나는 고상하고도 복잡한 감정, 또는 그 작용.

정:**조식**(正條植) 농작물을 줄을 맞추고 간격을 두어 바르게 심는 일. 비 줄모. —하다.

정:**족수**(定足數) 의사의 의결에 필요한 구성원의 출석수.

정:**좌**[1](正坐) 몸을 바르게 하고 앉음. 비 단좌. —하다.

정:**좌**[2](靜坐) 조용히 앉음. 마음을 가라앉히고 몸을 바르게 하여 앉음. 예 정좌하여 호흡을 가다듬다. —하다.

정주간(鼎廚間) 부엌과 안방 사이에 벽이 없이 한데 잇달린 곳.

정:**중**(鄭重) 태도나 말씨가 점잖고 무게 있음. —하다. —히.

정:**중부**(鄭仲夫, 1106~1179) 고려 의종 때의 장군이며 무신. 1170년에 무신의 난을 일으켜 정권을 잡

앉음.

정:중부의 난 고려 의종 때 정중부·이의방 등이 중심으로 일으킨 무신의 난(1170). 무신을 멸시한 데 불만을 품고 보현원에서 난을 일으켜 문신들을 죽이고 왕을 새로 세워 정권을 잡았음. 이로 인하여 무신들의 세상이 되었음.

정지[1](停止) 하던 일을 중도에 멈추거나 그침. 예 작업을 정지하다. 반 진행. —하다.

정:지[2](靜止) 머물러 움직이지 아니함. 예 정지한 자세. 반 운동. —하다.

정:지[3](整枝) 나무의 가지를 잘라 가지런히 다듬음. 예 정지 작업. —하다.

정:직(正直) ①바르고 곧은 마음. ②남을 속이지 않는 것. 예 철이는 우리 반에서 제일 정직한 아이다. 비 솔직. 반 거짓. 부정직. —하다. —히.

정진(精進) ①힘을 다하여 나아감. 예 학업에 정진하다. ②몸을 깨끗이 하고 마음을 가다듬음. —하다.

정차(停車) 차가 멎음. 예 정차 금지. 비 정기. 반 발차. —하다.

정:착(定着) ①달라붙어 떨어지지 않음. ②한 곳에 자리잡아 떠나지 않음. 예 농촌에 정착하여 농사지으며 살다. 반 유랑. —하다.

정:착 생활 한 곳에 오래 자리를 잡고 생활함.

정:찰[1](正札) 팔 물건의 정당한 값을 적은 쪽지. 예 정찰 판매.

정찰[2](偵察) 몰래 적군의 형편을 살핌. 더듬어 살핌. 예 정찰 비행. —하다.

정찰기(偵察機) 정찰을 임무로 하는 군용 비행기.

정찰병 몰래 적의 정세를 살피기 위해서 보내는 병사.

정:찰제 물건을 에누리 없는 정당한 가격으로 파는 제도.

정책(政策) 나라를 다스리는 목표나 방법. 예 문화 정책.

정:처(定處) 정한 곳. 일정한 곳. 예 정처 없이 떠돌다.

정:철(鄭澈, 1536~1593) 조선 선조 때의 정치가이며 학자. 호는 송강. 영의정까지 지냈으나 정쟁에 패해 일생의 거의 전부를 귀양살이로 보냈음. 우리 나라 가사의 으뜸 가는 대가로서 〈관동별곡〉〈성산별곡〉〈사미인곡〉 등 많은 작품을 남겼음.

정:체[1](正體) ①거짓 없는 바른 형체. ②본심의 모양. 예 저 사람은 어떤 사람인지 정체를 모르겠다. 비 본체.

정체[2](停滯) 더 나아가지 못하고 한 곳에 머물러 막힘. 예 차량 정체가 극심하다. —하다.

정체 전선 온난 전선이나 한랭 전선의 방향이 동서로 길게 뻗어 지행이 거의 없는 상태의 기상 전선.

정초[1](正初) ①정월의 처음 며칠. ②그 해의 맨 처음.

정:초[2](鄭招, ?~1434) 조선 세종 때의 문신. 왕명으로 정인지 등과 간의대를 만들고, 〈농사직설〉 등의 편찬을 주재함.

정취(情趣) 정조와 흥취. 예 그윽한 정취를 풍기다.

정치(政治) 나라의 주권자가 영토와 백성을 다스리는 일. 예 민주 정치. —하다.

정치가 나라의 살림살이를 맡아

하는 사람.

정치계 정치 활동이 행하여지는 사회. 정치 사회.

정치부 신문사 등에서 정치에 관한 기사를 맡아 보는 부서.

정치적 정치에 관한 성격을 많이 포함한 모양. 예정치적 문제.

정탐(偵探) 몰래 형편을 알아봄. 예적을 정탐하다. —하다.

정탐꾼 정탐하는 사람.

정:태(靜態) 조용한 모양. 정지해 있는 상태. 반동태.

정통(精通) 깊고 자세히 통해 앎. 예정통한 소식통. —하다.

정:평(定評) 모든 사람이 다 그렇다고 하는 평판. 예이 책이 제일 낫다고 정평이 났다.

정:하다¹(定—) ①자리를 잡다. ②일을 결정하다. 예약속 시간을 정하다. ③뜻을 세우다. 예마음을 정하다. ④마음을 가라앉히다.

정하다²(淨—) ①깨끗하다. 예정한 샘물. ②맑고 아름답다. —히.

정:해(正解) 바르게 풀이함, 또는 그 풀이. 바른 해답. —하다.

정:형시(定型詩) 글자 수와 행·절이 일정한 형식으로 되어 있는 시. 동요·민요·시조 따위. 반자유시. 산문시.

정:호¹(正號) 정수를 나타내는 부호. 곧, '+'. 반부호.

정호²(情好) 정의가 서로 좋은 사이.

정:혼(定婚) 혼인을 정함. 예정혼한 사이이다. —하다.

정화(淨化) 깨끗하게 함. 예사회 정화 운동. —하다.

정화조 오물이나 더러운 물을 깨끗하게 하여 하수도로 흐르게 하기 위한 수조.

정:확(正確) 바르고 틀림없음. 반확실. 반부정확. —하다. —히.

젖[젇] 젖먹이나 새끼들을 먹이는 희고 달착지근한 액체. 예젖을 먹는 아기.

젖니 젖먹이 적에 난 이. 비배냇니. 반간니.

젖다 ①물이 묻다. 축축하게 되다. 예비에 젖은 옷. 반마르다. ②귀로 늘 듣다. ③나쁜 습관에 빠지다.

젖 먹던 힘이 다 든다(속) 일에 힘이 몹시 든다.

젖먹이 젖을 먹는 어린아이. 비유아. 영아.

젖먹이 동:물 =포유류.

젖병 우유를 담아 두는 병.

젖빛 젖과 같이 뿌연 빛깔. 예젖빛 유리.

젖산 음료 우유나 탈지유에 젖산균을 섞어 젖산 발효를 시켜 만든, 독특한 풍미와 새콤한 맛이 나는 음료. 유산 음료.

젖소 젖을 짜기 위하여 기르는 소. 반일소.

젖어머니[저더—] 남의 아이에게 어머니 대신 젖을 먹여 키우는 여자. 유모.

젖줄 젖이 나오는 줄기.

젖통 젖이 들어 있는 곳.

젖혀지다[저처—] ①물건의 밑쪽이 겉으로 드러나다. ②속의 것이 드러나게 열리다. 작잦혀지다.

젖히다 ①몸의 윗부분을 뒤로 기울어지게 하다. 예몸을 젖히다. ②속의 것이 겉으로 드러나게 하다. 예방문을 열어젖히다. 작잦히다.

제¹ '나' 및 '자기'의 낮춤말인 '저'가 '가' 앞에서 쓰이는 말. 예제가 쓸겠습니다.
제² '나의·자기의'의 낮춤말인 '저의'의 준말. 예 그건 제 것입니다.
제³ 때. '적에'의 준말. 예 해돋을 제 왔다.
제:-(第) '째'나 '차례'의 뜻을 나타내는 말. 예 제1차 세계 대전. 제24회 서울 올림픽.
제가 '내가'를 낮추어 어른에게 하는 말. 예 제가 하겠습니다.
제각각 여럿이 모두 각각. 예 쌍둥이라도 성격은 제각각이다.
제각기 ①모두가 따로따로. ②자기는 자기대로. 예 그들은 제각기 다른 생각을 가졌다. 비 저마다. 각자. 반 다같이.
제값 제가 지닌 값. 예 제값이나 받아라, 거저는 싫다.
제:강(製鋼) 시우쇠를 불려 강철을 만듦, 또는 그 강철. —하다.
제거(除去) 덜어 내어 버림. 예 먼지를 제거하다. —하다.
제격(一格) ①그 지닌 바의 알맞은 격식. ②제 신분에 알맞은 격식. 예 제격에 어울리다.
제곱 같은 수를 두 번 곱함. 비 자승. —하다.
제곱미터 넓이의 단위. 한 변이 1m인 정사각형의 넓이를 1제곱미터라 하고, '1㎡'라 씀.
제곱센티미터 넓이의 단위. 한 변이 1㎝인 정사각형의 넓이를 1제곱센티미터라고 하고, '1㎠'라 씀.
제곱킬로미터 넓이의 단위. 한 변의 길이가 1km인 정사각형의 넓이를 1제곱킬로미터라 하고, '1㎢'라 씀.
제공(提供) 이바지함. 갖다 바침. 예 신문 기사가 되는 자료를 제공하다. 비 제출. —하다.

제:과(製菓) 과자를 만듦. 예 제과점. —하다.
제:과점(製菓店) 과자를 만들어 파는 가게.
제:구(制球) 야구에서, 투수가 뜻하는 곳으로 공을 던질 수 있는 일. 예 제구력.
제 구실 자기가 마땅히 해야 할 일. 예 제 구실을 다하다. —하다.
제:국¹(帝國) 황제가 우두머리가 되어 다스리는 나라.
제국²(諸國) 여러 나라. 예 유럽 제국.
제:국주의(帝國主義) 나라의 힘이 미치는 한, 영토와 권력을 확장하려는 주의. 예 제국주의자.
제군(諸君) 여러분.
제금가(提琴家) 바이올린을 잘 켜는 사람. 바이올리니스트.
제기¹ 엽전을 종이나 헝겊 따위로 싸서 발로 차는 아이들의 장난감.
제:기²(祭器) 제사 때 쓰는 그릇.
제기³(提起) ①의견을 붙여 의논할 것을 내놓음. ②드러내어 문제를 던짐. 예 이의를 제기하다. —하다.
제기차기 제기를 발로 차는 놀이. 땅에 떨어뜨리지 않고 많이 차는 쪽이 이김.
제까짓 겨우 저 따위 정도의.
제꺽 무슨 일을 닥치는 대로 시원스럽게 척척 해내는 모양. 작 재깍. 센 쩨꺽.
제 꾀에 제가 넘어간다〈속〉 꾀를 너무 부리다가 제가 도리어 그 꾀 때문에 손해를 보게 된다.
제 나름 자기대로. 예 제 나름대로 해결 방안을 찾다.
제날짜 정했거나 기한이 찬 날. 예 제날짜를 지키다.

873

제 낯에 침 뱉기〈속〉 스스로 자기를 욕되게 한다.

제네바(Geneva) 스위스의 남서부 레만 호 가에 있는 국제 도시. 정밀 공업이 성하고, 국제 적십자사 본부가 있음.

제:단(祭壇) 제사나 의식을 지내게 만들어 놓은 단.

제달 정했거나 기한이 찬 달. [예] 제달에 공사를 끝내다.

제:당(製糖) 설탕을 만듦. [예] 제당업. —하다.

제대(除隊) 군인이 규정된 기한이 차거나 그 밖의 일로 군대를 떠남. —하다.

제대로 ①제가 생긴 대로. ②바르게. 옳게. [예] 그 일을 제대로 하자면 하루는 걸린다.

제대로근 척추 동물에서, 의지와는 상관 없이 운동하는 근육.

제:도[1](制度) ①마련하여 놓은 법률. ②정해 놓은 규칙이나 습관. [예] 입시 제도.

ㅈ

제:도[2](製圖) 기계·건축물·공작물 등을 도면에 그리어 만듦. [예] 제도 연필. —하다.

제:도기 도면을 그리는 데 쓰는 기구. 먹줄펜·컴퍼스 따위.

제독(提督) 함대의 총사령관. 해군 장군. [비] 함장.

제:동(制動) 운동을 제지함. [예] 계획에 제동을 걸다. —하다.

제등 행렬 축하하는 뜻을 표하기 위해 여러 사람이 등불을 들고 줄을 서서 돌아다니는 일. —하다.

제 딴은 제 생각으로는. 제 요량으로는. 제 깐에. [예] 제 딴은 열심히 한다고 했겠지.

제때가 오면 자기가 바라고 기다리던 그 때가 되면.

제 똥 구린 줄은 모른다〈속〉 자기 허물을 반성할 줄 모른다.

제라늄(geranium) 아욱과에 속하는 여러해살이 화초. 흰색·붉은색 등의 꽃이 핌.

제:련(製鍊) 광석을 용광로에 넣고 금속을 뽑아 내어 더욱 순수하게 만듦. [예] 제련공. —하다.

제:련소(製鍊所) 제련을 하는 곳. 정련소.

제:례(祭禮) 제사의 절차나 예절. [예] 종묘 제례.

제록스(Xerox) ①전자 복사기의 상품명, 또는 그것으로 복사한 것. ②전자 복사기로 복사함. —하다.

제멋대로 제 마음대로.

제명(除名) 명부에서 이름을 빼어 버림. [예] 제명 처분. —하다.

제목(題目) ①겉장에 쓴 책의 이름. [예] 소설의 제목. [비] 표제. ②글을 짓는 문제.

제:문(祭文) 죽은 사람을 조상하여 읽는 글.

제:물(祭物) 제사에 쓰는 음식.

제물로 그 자체가 스스로. 저절로. [예] 제물로 화가 풀어지다.

제물에 스스로 하는 김에. [예] 제물에 지치다.

제:물포 조약 조선 26대 고종 19년(1882)에 임오군란으로 인한 일본측의 피해 보상 문제를 협상하고 체결한 조약.

제:발 바라는 바는. 간절히 바라건대. [예] 제발 그만두어라.

제 발등을 제가 찍는다〈속〉 제 일을 제가 그르친다.

제 발등의 불을 먼저 끈다〈속〉 급한 일을 당하면 누구보다도 제 몸을 먼저 생각한다.

제방(堤防) 홍수를 막기 위해서

흙으로 쌓은 둑. [예] 수해에 대비하여 제방을 쌓다.
제 버릇 개 줄까〈속〉 나쁜 버릇은 여간해서 고치기 어렵다.
제법 ①어지간한 정도. [예] 밤 사이에 제법 많은 비가 내렸다. ②꽤 잘하는 모양. [비] 곧잘. 꽤.
제:복(制服) 어느 단체나 기관에서 일정하게 만들어 입는 복장.
제:본(製本) ①만든 물건의 본보기. ②책을 만듦. —하다.
제:분(製粉) 곡식 따위를 빻아 가루를 만듦. [예] 제분 공장에서 나오는 밀가루. —하다.
제:분기 곡식 따위를 가루로 만드는 기계.
제:비[1] 봄에 왔다 가을에 남쪽 지방으로 가는 제빗과의 철새. 다리는 작고 가늘지만 날개는 크고 길어 잘 날며, 부리는 작으나 입이 넓게 찢어져 날면서 작은 벌레를 잘 잡아먹음.
제비[2] 종이 조각 따위에 적은 기호로 차례나 승패 등을 결정하는 방법. [예] 제비 뽑기로 결정하다. [비] 추첨.
제:비꽃 들에서 사라는 여러해살이풀. 오랑캐꽃이라고도 하는데 보랏빛의 꽃이 핌.
제비는 작아도 강남 간다〈속〉 몸집은 비록 작아도 제 할 일은 다 한다.
제:빙(製氷) 물을 얼리어 얼음을 만듦. [예] 제빙 공장. —하다.
제:사[1](祭祀) 신령 또는 죽은 사람의 넋에게 음식을 차려 놓고 절하는 예절. [비] 차례.
제:사[2](製絲) 고치 또는 솜 등으로 실을 만듦. —하다.
제:사 공장 솜이나 고치 따위로 실을 뽑아 내는 공장.
제:사(4) 공:화국 1972년 10월 유신 헌법이 마련된 이후부터 1980년까지의 우리 나라 정부. 유신 체제.
제사 덕에 쌀밥이라〈속〉 무슨 일을 핑계로 거기에서 이익을 얻다.
제:사장 유대교에서, 예루살렘 성전의 일을 맡아 보던 우두머리.
제:사(4)차 산:업 정보·의료·교육 서비스 등의 지식을 전달하는 산업을 이름.
제:삼(3) 공:화국 1963년 10월 총선거로 탄생되어 1972년 유신 헌법이 마련되기까지의 우리 나라 정부. 박정희 정부.
제:삼국 당사국이 아닌 나라. [예] 제삼국으로 망명하다.
제:삼(3)기 지질 시대의 한 구분. 신생대 전반의 시대.
제:삼(3) 세:계 제2차 세계 대전 후, 아시아·아프리카·라틴아메리카의 개발 도상국을 통틀어 이르는 말.
제:삼(3)의 불 인류가 세 번째로 발견했다는 불로 원자력을 일컫는 말. 제1은 불, 제2는 전기임.
제:삼자(第三者) 나와 너 이외의 다른 사람. [예] 제삼자가 참견할 일이 아니다. [반] 당사자.
제:삼차 경제 개발 오:(5)개년 계:획 농어촌의 개발·수출의 증대·중화학 공업의 건설·4대 강 유역 개발·국민 복지와 생활 향상을 위해 세운 계획. 기간은 1972년부터 1976년까지임.
제:삼(3)차 산:업 판매·운수·통신·금융·보험 따위의 각종 서비스 산업.
제:삿날 제사 지내는 날.

ㅈ

제:삿밥 제사 지내고 먹는 밥.

제:상(祭床)[—쌍] 제사 때 제물을 벌여 놓게 만든 상.

제석(除夕) 섣달 그믐날 밤.

제석의 아저씨도 벌지 않으면 아니 된다(속) 누구든지 힘써 벌어야만 된다.

제설(除雪) 쌓인 눈을 치우는 일. ㉠제설 작업. ⓑ소설. —하다.

제소(提訴) 소송을 일으킴. ㉠법원에 제소하다. —하다.

제수¹(除數)[—쑤] 어떤 수를 다른 어떤 수로 나눌 때, 그 나누는 수. 4÷2에서 2가 제수임. ⓟ피제수.

제:수²(祭需) 제사에 쓰이는 여러 가지 물건이나 음식. ㉠제수를 장만하다.

제스처(gesture) 말의 효과를 더하기 위하여 하는 손짓이나 몸짓.

제:승당(制勝堂) 경상 남도 통영시 한산면에 있는, 1593~1597년까지 삼도 수군의 본영. 사적 113호. 이순신 장군이 수군을 지휘했던 곳임.

제시(提示) 어떠한 뜻을 글이나 말로써 나타내어 보임. ㉠증거를 제시하다. —하다.

제시간 정한 시간.

제아무리 남을 얕잡는 뜻을 나타내는 말. ㉠제아무리 잘났어도 이번 일은 쉽지 않을 거다.

제안(提案) 어떤 생각이나 문제를 내놓음. ㉠학급 신문을 내자고 제안했다. ⓑ제의. —하다.

제암리 양민 학살 사건 3·1 운동 당시 일본 군대가 경기도 화성군 향남면 제암리에서 주민을 집단적으로 살해한 만행 사건.

제:압(制壓) 누르고 통제함. ㉠적을 제압하다. —하다.

제야(除夜) 섣달 그믐날 밤. ㉠제야의 종소리. ⓑ제석.

제:약(制約) ①사물의 성립에 필요한 조건이나 규정. ㉠법규의 제약이 많다. ②어떤 조건을 붙이어 제한함. ㉠행동을 제약하다. —하다.

제:약 회:사(製藥會社) 약을 만드는 것을 전문으로 하는 회사.

제:어(制御) ①억눌러 복종하게 함. ②기계·설비 따위가 적당한 상태로 움직이도록 조절함. ㉠자동 제어 장치. —하다.

제언(提言) 생각이나 의견을 제출함, 또는 제출한 그 생각이나 의견. —하다.

제:오(5) 공:화국 1980년 10월 제8차 개헌 후 탄생되어 1988년 2월까지의 우리 나라 정부. 전두환 정부.

제:왕운기(帝王韻記) 고려 때 이승휴가 지은 역사책. 상권에는 중국 왕조의 이야기, 하권에는 우리 나라 왕조의 이야기가 썩어 있어 단군 연구에 도움이 됨.

제외(除外) 그 범위 밖에 둠. 뺌. ㉠이번 경기에서 그는 제외되었다. —하다.

제우스(그 Zeus) 그리스 신화에 나오는 최고의 신. 천지의 모든 현상을 주재한다고 함. 주피터.

제:위(帝位) 제왕의 자리. ㉠제위에 오르다.

제육 돼지고기.

제:육감(第六感) 경험에 의하여 직감적으로 깨닫는, 오관 이외의 감각. ⓒ육감.

제의(提議) 어떤 의논을 제출함. ㉠만날 것을 제의하다. —하다.

제:이(2) 공:화국 4·19 혁명 이후 5·16 군사 정변 이전까지의 우리 나라 정부. 민주당 집권 시대. 장면 내각.

제:이의 고향 자기가 나서 자란 곳 외에 오래 살아 정이 든 곳.

제:이(2)차 산:업 건설업·광업·제조업 등 공업 원료가 되는 자재를 가공·정제하는 산업.

제:이(2)차 세:계 대:전 1939년에서 1945년 사이에 걸친 세계적인 큰 전쟁. 미국·영국·프랑스·소련 등의 연합군이 독일·이탈리아·일본 등과 싸워 승리하였음.

제:일(第一) 첫째. ㉠ 내 동생이 제일 예쁘다. ㉯ 가장. 으뜸.

제:일(1) 공:화국 1948년 8월 15일 정부 수립 후 1960년 4·19 혁명 이전까지의 우리 나라 정부. 자유당 집권 시대. 이승만 정부.

제:일선(第一線)[—썬] ①계획을 실행하는 데 있어서의 맨 앞장. ②최전선. 최전방.

제:일심(第一審)[—씸] 소송에서 제1차로 받는 심판. ㉯ 초심. ㉰ 일심.

제:일위(第一位) 으뜸 되는 자리. 일등.

제:일인자(第一人者) 어느 사회나 분야에서 견줄 이가 없을 만큼 뛰어난 사람. ㉰ 일인자.

제:일(1)차 산:업 농업·임업·수산업·목축업 따위로 직접 자연을 상대하여 원재료를 생산·채취하는 산업. 원시 산업.

제:일(1)차 세:계 대:전 1914~1918년 사이에 일어났던 큰 전쟁. 유럽을 중심으로 30여 개국이 참가하여 싸웠음.

제:자(弟子) 가르침을 받는 사람. ㉠ 스승과 제자. ㉯ 스승.

제자리 본디 있던 자리. 거기에 마땅히 있어야 할 자리. ㉠ 쓰고 난 물건은 제자리에 놓아라.

제자리걸음 ①일이 진전되지 않음. ㉠ 성적이 제자리걸음이다. ②한 자리에서 한 발씩 올렸다 내렸다 하는 운동. —하다.

제자리높이뛰기 육상에서, 도움닫기 없이 제자리에서 가로대를 뛰어넘는 경기.

제자리멀리뛰기 육상에서, 도움닫기 없이 발구름판 위에 두 발을 놓고 멀리 뛰는 경기.

제자리표 악보에서, ♯나 ♭으로 높였거나 낮춘 음을 본디의 음으로 되돌아가게 하는 표. ♮로 나타냄.

제:작(製作) 재료를 가지고 물건을 만들거나 예술 작품을 만듦. ㉠ 영화를 제작하다. ㉯ 제조. —하다.

제:작법 물건을 만드는 방법. ㉠ 제작법을 배우다.

제:재¹(制裁) 잘못한 것에 대하여 나무라거나 처벌함. ㉠ 법적인 제재를 가하다. —하다.

제:재²(題材) 말이나 글의 중심 내용의 재료.

제:재소(製材所) 베어 낸 나무로 재목이나 판자를 만드는 곳.

제적(除籍) 호적·학적 따위에서 빼어 버림. ㉠ 학교에서 제적당하다. —하다.

제:전(祭典) ①제사를 지내는 의식. ②성대히 열리는 음악회나 체육회 등을 뜻하는 말. ㉠ 전국 체육 제전.

제:정(制定) 제도를 만들어서 정함. ㉠ 헌법 제정. —하다.

제정신(—精神) 자기 본래의 바른

정신. [예] 그것은 제정신으로 한 일이 아니다.

제:정 일치(祭政一致) 제사와 정치가 일치하는 사상, 또는 그러한 정치 형태. 고대 사회의 특징이었음. [비] 정교 일치.

제:조(製造) ①물건을 만듦. [예] 비행기를 제조하다. ②원료에 인공을 가하여 물건을 만듦. [예] 제조 기술. [비] 제작. ―하다.

제:조업 원료를 가공하여 물품을 만들어 내는 영업.

제:중원(濟衆院) 우리 나라에 세워진 최초의 근대식 병원. 처음 이름은 광혜원이었으나, 1886년 고종이 백성의 치료에 공이 크다 하여 제중원으로 고쳤음.

제:지[1](制止) 하려고 하는 일을 말려서 못 하게 함. ―하다.

제:지[2](製紙) 종이를 만듦. [예] 제지 공장. ―하다.

제 집 개에게 발뒤꿈치를 물리었다〈속〉 자기가 도와 준 사람에게 해를 입는다.

제짝 한 벌이 이루어지는 그 짝. [예] 제짝을 찾다.

제창[1](提唱) 내세워 부르짖음. [예] 자연 보호를 제창하다. ―하다.

제창[2](齊唱) 같은 노래를 두 사람 이상의 많은 사람이 함께 부르는 것. [예] 교가 제창. ―하다.

제:천(祭天) 하늘에 제사를 지냄. ―하다.

제:천 행사(祭天行事) 하늘을 숭배하고 제사 드리는, 부족 국가 시대의 원시적인 종교 행사. 동맹・영고・무천 따위.

제철[1] 옷・음식 따위의 마땅한 시절. [예] 제철 음식이 건강에 좋다.

제:철[2](製鐵) 철광석을 녹여 무쇠를 뽑음. [예] 제철 공업. ―하다.

제:철소[―쏘] 제철하는 곳.

제쳐놓다[―처노타] ①어떤 일을 뒤에 하려고 미루어 놓다. [예] 하던 일을 제쳐놓고 놀러 나간다. ②거치적거리지 않게 따로 치워 놓다. [예] 책가방을 한 쪽으로 제쳐놓고 숙제를 하다.

제초(除草) 잡초를 뽑아 없앰. 김매기. ―하다.

제초기 잡초를 뽑아 없애는 기계. 김매기틀.

제초제 농작물은 해치지 않고 잡초만 없애는 약.

제출(提出) 의견이나 안건・문안 따위를 내어 놓음. [예] 월말 보고서를 제출하다. 동의서를 제출하다. [비] 제공. ―하다.

제충국(除蟲菊) 국화과의 여러해살이풀. 진딧물・배추 벌레 등 농작물의 해충을 죽이는 농약으로 쓰임.

제치다 거치적거리지 않게 치워 없애다. [예] 그것은 제쳐 두고 이것부터 하여라.

제:터(祭―) 제사를 올리는 터.

제트기(jet機) 제트 엔진을 장치한 속력이 빠른 비행기.

제:패(制覇) 어떤 분야에서 으뜸가는 세력을 차지함. [예] 천하 제패를 꿈꾸다. ―하다.

제풀로 저 혼자 저절로. [예] 제풀로 감기가 나았다.

제풀에 자기 스스로의 영향에. 제 바람에. [예] 고함을 지르다 제풀에 지쳐 그쳤다.

제:품(製品) 원료를 가지고 만들어 낸 물건, 또는 물건을 만듦. [예] 가전 제품을 생산하다. [반] 원료. ―하다.

ㅈ

제하다(除―) ①일정한 수에서 어떤 수를 덜어내다. 예월급에서 세금을 제하다. ②나누다. ③빼거나 없애다.

제:한(制限) 일정한 한도. 한도를 정함. 예속력 제한. 반무제한. ―하다.

제:해권(制海權)[―꿘] 바다를 지배하는 권력. 예제해권을 잡다.

제:헌(制憲) 헌법을 제정함. 예제헌 국회. ―하다.

제:헌절 국경일의 하나. 1948년 7월 17일, 대한 민국 헌법이 공포·시행된 것을 기념하는 날.

제:혁(製革) 생가죽을 다루어 제품으로서의 가죽을 만듦. ―하다.

제호(題號) 책 따위의 제목. 예제호를 새롭게 바꾸다.

제휴(提携) 서로 붙들어 도와 줌. 예기술 제휴. ―하다.

제 흉 열 가지 가진 놈이 남의 흉 한 가지를 본다〈속〉 제 결점은 모르면서 남의 결점만 들추어 낸다.

젠체하다 잘난 체하다. 예젠체하는 여자.

젯:날 '제삿날'의 준말.

젯:밥 제사에 쓰고 물린 밥.

쟁겅거리다 얇고 조금 무거운 쇠붙이가 맞부딪쳐 소리가 연해 나다. 작쟁강거리다. 센쨍겅거리다.

쟁그렁 얇은 쇠붙이 따위가 맞부딪치거나 떨어지면서 나는 소리. 작쟁그랑. 센쨍그렁. ―하다.

조¹ 쌀과 같이 중요한 곡식의 하나로서 잘고 누른 것. 비좁쌀.

조²(兆) 수의 단위. 억의 만 곱절.

조³(組) 적은 인원으로 짜여진 소규모의 집단. 예여러 조로 나누다.

조가비 조개의 껍데기.

조각¹ 갈라져서 따로 떨어져 나간 물건. 예깨진 유리 조각.

조각²(彫刻) 그림·글씨 또는 물건의 모양 따위를 돌·나무 등에 새김. 예나무를 깎아 만든 조각품. ―하다.

조각가 조각을 하는 사람.

조각배 작은 배.

조각조각 여러 조각으로 깨진 모양. 예조각조각 깨진 유리.

조각칼 판목을 새겨 내는 칼. 창칼·끌칼·둥근칼 등이 있음.

조각품 나무·돌·금속 따위의 물건에 형체나 도안을 새겨 만든 작품. 예조각품 전시회.

조간 신문(朝刊新聞) 일간 신문 가운데서 아침에 펴내는 신문. 조간지. 반석간 신문. 준조간.

조감도(鳥瞰圖) ①건물을 건축하기 전에 종이에다 모형을 뜬 것. ②높은 곳에서 아래를 내려다본 상태의 도면.

조개 두 쪽의 단단한 조가비에 싸인, 물 속에 사는 동물.

조개더미 옛날 원시인들이 먹고 버린 조개 껍데기가 쌓여 층을 이루고 있는 유적. 주로 석기 시대의 것으로, 웅기·김해의 조개더미가 유명함. 조개무지.

조건(條件)[―껀] ①규약·약속 따위의 조항. ②제한하여 붙이는 조목. 예계약 조건.

조계종(曹溪宗) ①고려 때 신라의 구산 선문을 합친 종파로, 천태종에 대하여 이르는 말. ②태고 국사를 종조로 삼은 우리 나라 불교의 한 종파.

조국(祖國) 조상 적부터 태어나 살아오는 나라. 비모국. 고국. 반

외국. 타국.

조그마하다 조금 작은 편이다. 그리 크거나 많지 않다. ㉠조그마한 사람이 힘이 세군! ㈂작다. ㈃크다. ㈜조그맣다.

조그만 아주 작은. ㉠조그만 집.

조그만 실뱀이 온 바다를 흐린다 ⟨속⟩ 한 사람의 못된 행동으로 말미암아 한 집안이나 한 사회 전체가 해를 입는다.

조그맣다 '조그마하다'의 준말. ㉠조그만 집. ㈃커다랗다.

조금[1] ①정도나 수효·분량이 적게. ㉠조미료를 조금만 넣다. ②시간적으로 짧게. ㉠조금만 기다리면 끝난다. ㈜좀.

조금[2] 지구·달·태양의 위치가 직각으로 놓여 해수면의 높이의 차가 가장 낮은 때인 음력 매달 8일과 23일을 이름. ㈃한사리.

조금도 전혀. 전연. ㉠나의 잘못은 조금도 없다.

조금씩 정도나 분량이 적게.

조금조금 ①여럿이 다 조그마하게. ②조금씩. ㈅쪼금쪼금. 조끔조끔.

조급하다(躁急―) 참을성이 없이 매우 급하다. ㉠성질이 조급하다. ―히.

조기[1] 몸길이 30cm 정도의 바닷물고기. 붕어와 비슷한데 머리는 작고 살은 연하며 맛이 좋음.

조:기[2](弔旗) ①반기. ②조의를 표하는 뜻으로 검은 선을 두른 기.

조:기[3](早起) 아침 일찍 일어남. ㉠조기 체조. 조기회. ―하다.

조:기[4](早期) 이른 시기. ㉠암을 조기에 발견했다.

조끔 '조금'을 힘있게 쓰는 말.

조끼 ①한복 저고리 위에 입는, 소매가 없고 호주머니가 둘 이상 달린 옷. ②양복 저고리 밑에 입는 소매 없는 옷. ㉠방탄 조끼.

조:난(遭難) 재앙을 만남. ㉠조난 사고. ―하다.

조달(調達) 자금이나 물자를 갖추어서 대어 줌. ㉠자금을 조달하다. ―하다.

조:도(照度) 일정한 면이 일정한 시간에 받는 빛의 양. 조명도.

조동아리 입 또는 부리의 낮춤말. ㈜조동이. ㈄주둥아리.

조랑말 몸체가 작은 종자의 말. ㈂왜마.

조랑조랑 ①잔 열매 따위가 많이 달려 있는 모양. ㉠감나무에 감이 조랑조랑 달려 있다. ②한 사람에게 작은 아이들이 많이 딸려 있는 모양. ㈄주렁주렁. ―하다.

조:력[1](助力) 힘을 써 도와 줌. ㉠조력을 얻다. ㈂협력. ―하다.

조력[2](潮力) 밀물과 썰물의 차에서 생기는 힘. ㉠조력 발전소.

조련사(調練師) 동물에게 곡예 따위의 재주를 훈련시키는 사람.

조련찮다 만만할 정도로 헐하거나 쉽지 않다. ㉠병드신 할머니의 시중이 조련찮다.

조령(鳥嶺) 경상 북도 문경시와 충청 북도 괴산군 사이의 소백 산맥에 있는 고개. 문경 새재.

조례(朝禮) 학교에서 담임 선생님이 수업하기 전에 학생들과 행하는 아침 인사. ㈂조회. ㈃종례.

조록조록 비가 족족 내리는 소리, 또는 그 모양. ㉠비가 조록조록 온다. ㈄주룩주룩. ㈅쪼록쪼록.

조롱(嘲弄) 비웃거나 얕보고 놀림. ㉠조롱을 당하다. ―하다.

조롱박 재배 식물로, 7월경에 흰 다섯 잎 꽃이 핌. 열매는 길둥글고 가운데가 잘록함. 껍질은 말려서 그릇으로 씀. 호리병박.

조롱조롱 =조랑조랑. —하다.

조:룡대(釣龍臺) 백마강 가에 있는 바위 이름. 당나라 장수 소정방이 백제를 멸망시키기 위하여, 여기서 부여를 지켜 주는 용을 낚았다는 전설이 있음.

조류[1](鳥類) 날개가 있어 날아다니는 새 종류. [예] 조류 도감.

조류[2](潮流) ①밀물·썰물에 의하여 일어나는 바닷물의 흐름. ②세상의 흐름. [예] 세계 조류.

조류학자(鳥類學者) 새에 관한 모든 것을 연구하는 사람.

조르다〔조르니, 졸라〕 ①단단히 죄어 매다. ②무엇을 요구하다. 보채다. [예] 또 돈을 달라고 조르기 시작하는구나. [비] 재촉하다.

조르르 ①작은 물건이 비스듬한 곳을 가볍게 미끄러져 내리는 모양. ②종종걸음으로 뒤따르는 모양. [예] 철수는 엄마 뒤를 조르르 따라간다. [큰] 주르르. [센] 쪼르르.

조:름 ①물고기의 아가미 인에 있는 빗살 모양으로 된, 숨을 쉬는 기관. ②소의 염통에 붙은 고기의 한 가지.

조:리[1](笊籬) 쌀을 이는 데 쓰는, 대로 엮어 만든 기구. [예] 조리로 쌀을 일다.

〔조 리[1]〕

조리[2](條理) 어떤 일이나 말·글 등에서 앞뒤가 들어맞고 체계가 서는 것. [예] 조리 있게 말하다.

조리[3](調理) ①음식을 만듦. ②병을 다스림. —하다.

조리개 사진기에 있어서 빛이 렌즈 속으로 통과할 때 빛의 양을 조절하는 장치.

조리다 고기·채소 따위에 양념을 하여 국물이 적어지도록 바짝 끓이다. [예] 생선을 조리다.

조리다 고기나 채소 따위를 양념하여 국물이 바특하게 바짝 끓이다.

졸이다 속을 태우다시피 마음을 초조하게 먹다.

조리대 음식 등을 만드는 대.

조림[1] 고기나 채소 등을 졸여서 만든 반찬. [예] 생선 조림.

조:림[2](造林) 나무를 심어 숲을 만듦. [예] 인공 조림. —하다.

조립(組立) 여러 부분품들을 하나의 구조물로 모아 맞추어 짬. [예] 컴퓨터 부품 조립. —하다.

조립식 어떤 물건을 만드는 데 필요한 작은 부품을 끼워 맞추는 방법. [예] 조립식 주택.

조마조마하다 위태롭고 두려운 느낌이 생기다. [예] 지각할까 봐 마음이 조마조마하다.

조막손 손가락이 없거나 오그라져서 제대로 펴지 못하는 손.

조막손이 달걀 만지듯〈속〉 사물을 자꾸 만지기만 하고 꽉 잡지를 못함.

조:만간(早晩間) ①이르거나 늦거나. ②얼마 안 가서. [예] 조만간 알려 주겠다.

조만식(曺晩植, 1882~?) 독립 운동가·정치가. 호는 고당. 평안 남도 강서에서 태어남. 1913년 일본

ㅈ

메이지 대학 졸업. 3·1 운동에 참가하였고 오산 학교 교장, 1932년 조선일보사 사장 등을 역임함. 6·25 전쟁 때 공산당에게 총살당한 것으로 알려짐.

조:망(眺望) 먼 곳을 바라봄. 또, 그 경치. ㉠남산에 올라 서울 시내를 조망하다. —하다.

조매화(鳥媒花) 새에 의해 꽃가루가 암술머리에 옮겨져 열매를 맺는 식물. 동백꽃 따위.

조:명(照明) 무대 효과를 높이기 위하여 무대를 밝게 또는 어둡게 하거나, 여러 빛깔의 빛을 비추는 일, 또는 그 광선. ㉠무대에 조명 장치를 하다. —하다.

조:명등 조명에 사용하는 촉수가 높은 전등.

조:명탄 밤에 적의 사정을 살펴보기 위해 비처 보는 포탄.

조모(祖母) =할머니. ㉮조부.

조목(條目) 낱낱이 들어 벌인 일의 가닥. ㉠조목을 들어 설명하다. ㉯조항.

조목조목 조목마다. 하나하나. ㉠잘못을 조목조목 따지다.

조몰락거리다 물건을 손으로 자꾸 주무르다. ㉲주물럭거리다.

조몰락조몰락 자꾸 조몰락거리는 모양. ㉲주물럭주물럭. —하다.

조무래기 ①자질구레한 물건. ②작고 고만고만한 아이들.

조:문(弔問) 남의 죽음에 대하여 슬퍼하는 뜻을 드러내며 위문함. ㉠조문객. —하다.

조:물주(造物主)[—쭈] 우주 만물을 창조하고 다스리는 신.

조미료(調味料) 음식의 맛을 내는 데 쓰는 재료. 양념.

조밀하다(稠密—) 몹시 빽빽하다. 촘촘하다. ㉠서울은 인구가 매우 조밀하다. ㉮희박하다.

조바심 겁이 나거나 걱정이 되어서 마음에 불안을 느낌. ㉠차가 밀려 제시간에 못 갈까 봐 조바심을 내다. —하다.

조반(朝飯) 아침밥. ㉮석반.

조방 농업(粗放農業) 자연의 힘이나 자연물을 주로 이용하고 돈이나 노동력을 적게 들여 짓는 농업. ㉮집약 농업.

조부(祖父) 아버지의 아버지. 할아버지. ㉮조모.

조부모(祖父母) 할아버지와 할머니.

조붓하다 조금 좁은 듯하다. ㉠조붓한 골목길. —이.

조:사[1](弔詞) 죽은 이를 슬퍼하는 뜻을 나타낸 글. ㉠조사를 낭독하다.

조사[2](調査) 사물의 내용을 자세히 살펴 알아봄. ㉠여러 가지 사투리를 조사하다. 여론 조사. ㉯검사. —하다.

조사단 어떤 사건이나 사항 따위를 조사하기 위하여 여러 사람으로 구성된 단체. ㉠조사단을 현지에 파견하다.

조사부 신문사 같은 데서 조사와 통계를 맡아 보는 부서.

조:산(早産) 아이를 달이 차기 전에 미리 낳음. ㉠인공 조산. ㉮만산. —하다.

조:상[1](弔喪) 사람의 죽음에 대하여 슬픈 뜻을 표함. ㉠조상하러 가다. ㉯문상. —하다.

조상[2](祖上) 윗대의 어른. 한 갈래의 혈통을 받아 오는 어른. ㉠우리들의 조상은 대대로 예절을 중시해 왔다. ㉯선조. ㉮자손.

조상신 사대조 이상의 조상으로, 자손의 보호를 맡아 본다고 믿고 신으로 받듦. 町조상 대감.

조서(調書) 조사한 사실을 적은 문서. 예조서를 작성하다.

조석¹(朝夕) 아침과 저녁. 예조석으로 문안 인사를 드리다.

조석²(潮汐) 바닷물이 하루에 2회씩 높아졌다 낮아졌다 하는 현상. 밀물과 썰물.

조:선¹(造船) 배를 지어 만듦. 예조선 공업. —하다.

조선²(朝鮮) ①고대로부터 써 내려오던 우리 나라의 이름. ②이성계가 고려를 멸망시키고 세운 나라. 예조선 왕조.

조선 물산 장려회 1922년에 조만식을 중심으로 한 민족 운동 단체의 하나. 일제에 반대하여 국산품 애용, 민족 기업의 육성 등을 내걸고 강연회와 시위 등을 벌였음.

조:선소 배를 만들거나 모양을 바꾸고, 수리하는 곳.

조:선술 선박을 설계하여 건조하는 기술.

조선 시대 고려와 대한 민국 사이에 있던 시대.

조선어 학회 '한글 학회'의 이전 이름.

조선 왕조 실록 조선 시대 500여 년 동안 꾸준히 기록해 온 역사책으로, 오늘날까지 전해오고 있음.

조선일보 우리 나라 신문의 하나. 1920년 3월 5일 창간됨.

조선족 중국에 사는 우리 동포들을 부르는 말.

조선 총:독부 1910년부터 1945년 광복의 그 날까지 36년 간에 걸쳐, 우리 나라에 대하여 식민지 정치를 폈던 일본의 통치 기관.

조선 팔도[-또] 조선 시대에 전국을 여덟 도로 나눠 다스렸던 지방 행정 구역.

조섭(調攝) 음식·거처 등을 적당히 하여 쇠약해진 몸을 낫게 함. 예산후 조섭. 町조리³. —하다.

조:성(造成) 무엇을 만들어 이룸. 예화단을 조성하다. —하다.

조세(租稅) 나라 또는 자치 단체가 경비로 쓰기 위하여 국민에게서 받아들이는 돈. 예조세를 걷어들이다. 준세.

조소¹(彫塑) 찰흙으로 만든 인물의 모형, 또는 그 일. —하다.

조소²(嘲笑) 비웃고 놀리는 태도로 웃는 웃음. 예친구들에게 조소의 대상이 되다. —하다.

조:속(早速) 이르고도 빠름. 예조속히 끝마치다. —하다. —히.

조:수¹(助手) 옆에서 일을 도와주는 사람.

조수²(潮水) 아침에 밀려들어왔다가 밀려나가는 바닷물. 예조수 간만의 차.

조:숙하다(早熟—) ①곡식·과일이 일찍 익다. ②나이에 비해 심신의 발달이 빠르다. 예예선에 비해 요즘 아이들은 조숙하다.

조식¹(朝食) 아침밥. 예조식을 거르다.

조식²(曺植, 1501~1570) 조선 명종 때의 학자·처사. 자는 건중. 호는 남명. 세상에 나오지 않고 두류산의 산천재에서 성리학의 연구와 후진 양성에 전념하여 명망이 높았음.

조:실부모(早失父母) 어려서 부모를 여읨. 町조상부모. —하다.

조:심(操心) 삼가고 주의함. 예길을 건널 때에는 차조심을 해야 한

다. 비주의. 반방심. —스럽다. —하다.

조:심성(操心性)[—썽] 그릇되거나 잘못이 없도록 조심하는 태도.

조:심조심 마음을 써서 행동하는 모양. 예경사진 곳을 조심조심 걸어 올라가다. —하다.

조아리다 이마가 바닥에 닿을 정도로 고개를 숙이다.

조약(條約) 나라와 나라가 합의하여 서로의 권리와 의무를 약속한 계약. 예국제 평화 조약.

조약돌 잘고 반들반들한 돌.

조:언(助言) 남의 말에 덧붙여 도와 줌, 또는 그 도움말. 비도움말. —하다.

조:엄(趙曮, 1719~1777) 조선 영조 때의 문신. 영조 39년(1763) 통신사로 일본에 갔다 돌아와 우리 나라 최초의 고구마 재배를 실현함.

조:예(造詣) 학문과 기술이 깊은 지경에까지 나아감. 예미술에 조예가 깊다.

조옮김(調—)[—옮김] 악곡 전체를 다른 조로 옮겨서 연주하거나, 악보에 옮겨 쓰는 일.

조왕신 부엌을 맡아 보는 신.

조용하다 ①아무 소리 안 들리고 고요하다. 예성당 안이 조용하다. ②얌전하다. 반시끄럽다. —히.

조:우(遭遇) 우연히 만나거나 맞닥뜨림. —하다.

조운(漕運) 배로 물건을 실어나름. —하다.

조:위(弔慰) 죽은 이를 조상하고 그 유족을 위문함. 조문과 위문. 예조위금. —하다.

조율(調律) 악기의 음을 일정한 기준음에 맞추어 고름. 예피아노를 조율하다. 비조음. —하다.

조:의(弔意) 남의 죽음을 슬퍼하는 마음. 예조의를 표하다.

조인(調印) 계약하는 서류에 도장을 찍음. —하다.

조인식 조인을 하는 식.

조:작(造作) ①지어서 만듦. ②일부러 무엇과 비슷하게 만듦. 예사건을 조작하다. —하다.

조작 운:동(操作運動) 물체에 힘을 주어 이동 또는 정지시키는 운동. 던지기・차기・받기 등.

조잘거리다 새나 아이들이 입을 빠르게 놀리며 지껄이다.

조잘조잘 ①낮은 목소리로 좀 수다스럽게 종알거리는 모양. 예조잘조잘 떠드는 아이들. ②참새 따위가 쉴새없이 자꾸 지저귀는 소리, 또는 그 모양. 큰주절주절. —하다.

조잡하다(粗雜—) 거칠고 좀스럽다. 예조잡한 물건. 반정밀하다.

조절(調節) 잘 골라서 알맞게 함. 예온도 조절. —하다.

조절 나사[—라사] 기계 등의 상태를 조절하는 데 쓰이는 나사.

조절제 식물이 자라는 속도를 조절해 주는 약품.

조정[1](朝廷) 임금이 나라의 정치를 의논하여 집행하던 곳.

조정[2](調停) 싸움의 중간에 서서 화해시킴. 예분쟁을 조정하다. 비중재. —하다.

조정[3](調整) 골라서 알맞도록 정돈함. 예버스 노선을 조정하다. —하다.

조제(調劑) 여러 가지 약제를 조합하여 약을 만듦. 예약을 조제하다. —하다.

조종(操縱) 마음대로 다룸. 자유

로이 부림. ㉮비행기를 조종하다. —하다.

조ː종도(趙宗道, 1537~1597) 조선 선조 때의 문신. 양지 현감으로 선정을 베풀어 표리를 하사받았음. 정유재란 때 의병을 규합, 안음 현감 곽준과 함께 황석 산성에서 왜장 가토 기요마사의 군사와 싸우다가 전사함.

조종사 비행기를 조종하는 사람.

조ː준(照準) 목표에 명중하도록 겨냥하는 일. —하다.

조직(組織) ①맞춤. ②얽어 만듦. ③짜서 만듦. ④여러 사람이 모여 어떤 단체를 만듦. ㉮동창회를 조직하다. 비편성. 반해산. 해체. —하다.

조직체 조직적으로 구성된 체제나 단체.

조짐(兆朕) 어떤 일이 생길 기미가 보이는 현상. ㉮불길한 조짐.

조차¹ '도·따라서'의 뜻으로, 그 앞의 말을 강조하는 말. ㉮그가 그런 끔찍한 사고를 낼 줄은 짐작조차 못 했다.

조차²(租借) 다른 나라 영토의 한 구역을 빌려 자기 나라 통치 아래 두는 일. —하다.

조찬(朝餐) 아침 식사.

조창(漕倉) 고려 시대부터 두었던, 지방에서 거두어들이는 세금인 쌀이나 특산물의 수송을 위해 나루터 근처에 두었던 창고.

조처하다(措處—) 어떤 문제나 사태를 해결하기 위하여 필요한 대책을 강구함. 또는 그 대책. 조치.

조촐하다 ①아주 아담하고 깨끗하다. ㉮방이 조촐하다. ②맵시가 깔끔하고 얌전하다. —히.

조총(鳥銃) ①새총. ②화승총의 옛 이름.

조카 형제 자매가 낳은 아들.

조ː퇴(早退) 정한 시간 이전에 물러감. —하다.

조판(組版) 활판을 짬. ㉮원고를 조판하다. —하다.

조ː폐 공사(造幣公社) 화폐·은행권·국채 및 증권 따위를 만들어 내는 법인 기관. 본한국 조폐 공사.

조표(調標) 악보 첫머리의 음자리표 다음에 '#'(올림표)나 'b'(내림표)를 붙여 음계를 달리 하는 것.

조합(組合) ①두 사람 이상이 돈을 내어 어떤 사업을 경영하는 단체. ㉮협동 조합. ②직업이 같은 사람들로 조직된 단체. ㉮노동조합.

조합원 조합에 가입한 사람.

조행(操行) 보통 때에 몸을 가지는 태도. 비품행.

조ː헌(趙憲, 1544~1592) 조선 시대 선조 때의 학자. 호는 중봉. 임진왜란 때 홍성에서 의병을 일으켜 싸우다가 충남 금산 전투에서 700명의 의병과 함께 전사함.

조ː혈(造血) 몸 안에서 피를 만듦. ㉮소혈 삭용. —하다.

조ː형(造形) 형체를 이루어서 만듦. ㉮조형 미술. —하다.

조ː형미(造形美) 사람의 힘으로 만든 물건의 아름다움.

조ː혼(早婚) 결혼 적령기 이전에 결혼함. 또는 그 혼인. 반만혼. —하다.

조ː홍(早紅) 일찍 익고 빛깔이 붉은 감의 한 가지. 조홍감.

조ː화¹(造化) ①모든 물건을 만들어 기른다는 자연의 힘과 재주. ㉮자연의 조화. ②야릇하거나 신통한 일. ㉮조화를 부리다.

조:화² (造花) 종이나 헝겊 따위로 만든 꽃. 凹생화.

조화³ (調和) ①고르게 하여 알맞게 맞춤. ②잘 어울리게 하거나 잘 어울림. ㉠옷과 화장이 잘 조화되었다. —하다.

조회¹ (朝會) 주로 학교에서, 아침에 학생을 한 곳에 모아 놓고 체조 또는 훈화를 하는 모임. ㉠조회대. 凹조례. 凹종례. —하다.

조:회² (照會) 어떤 사람의 인적 사항 등을 관계 기관에 알아봄. ㉠신원 조회. —하다.

조흔색 (條痕色) 광물의 가루가 나타내는, 그 광물의 독특한 색.

족¹ 소나 돼지 따위의 무릎 아랫부분을 식용으로 이르는 말.

-족² (族) '겨레'의 뜻을 나타내는 말. ㉠한민족.

족두리 여자가 전통 예복을 갖출 때 머리에 쓰는 관. 주로 비단으로 만들어 구슬로 꾸밈.

족보 (族譜) 한 집안의 계통을 적은 책. ㉠족보를 캐다.

족속 (族屬) ①같은 종족에 속하는 사람들. ②같은 부류.

족숙 (族叔) 장례 때 복을 입어야 하는 친척 이외의 아저씨뻘이 되는 사람. 凹족질.

족자 (簇子) 글씨나 그림 등을 꾸며서 벽에 거는 물건.

족장 (族長) 한 겨레붙이의 우두머리.

족제비 족제빗과의 동물. 머리는 짧고 꼬리와 몸은 길며, 털빛은 누르스름함.

족제비도 낯짝이 있다⟨속⟩ 사람이 염치가 없어서는 안 된다는 말.

족제비 잡은 데 꼬리 달라는 격 ⟨속⟩ 가장 긴요한 부분을 남이 차지하려 한다.

족집게 주로 잔털이나 가시 따위를 뽑는 데 쓰는, 쇠로 만든 자그마한 집게.

족치다 사정없이 치거나 두들겨 패다. ㉠죄인을 족치다.

족하다 (足—) ①넉넉하다. ㉠그 정도면 족하다. ②마음에 푸근하다. ③양에 차다. —히.

존경 (尊敬) 높이어 공경함. 받들어 섬김. ㉠국민의 존경을 한몸에 받다. 凹공경. 凹경멸. 멸시. —하다.

존경심 높이어 공손히 받드는 마음. 凹공경심.

존귀 (尊貴) 높고 귀함. ㉠존귀한 신분. 凹귀중. 凹비천. —하다.

존당 (尊堂) 상대방의 어머니를 높여 이르는 말.

존대 (尊待) 받들어 대접함. ㉠어른을 존대하다. 凹하대. —하다.

존대말 윗사람이나 남을 존대하여 쓰는 말. 凹경어.

존대하고 뺨 맞지 않는다⟨속⟩ 남에게 공손하면 욕이 돌아오지 않는다.

존립 (存立) [졸—] 생존하여 자립함. ㉠존립이 위태로운 상황. —하다.

존망 (存亡) 존속과 멸망.

존속¹ (存續) 계속 존재함. 그대로 있음. ㉠호주제 존속. —하다.

존속² (尊屬) 부모와 같은 세대 이상의 친족. 부모·조부모·삼촌 등의 일컬음. 凹비속.

존엄 (尊嚴) 높고 엄숙함. ㉠존엄한 분. —하다.

존엄성 (尊嚴性) [—썽] 높고 엄숙한 성질. ㉠인간의 존엄성.

존장 (尊長) 존대해야 할, 나이가 많은 어른을 이르는 말.

존재(存在) ①지금 있음. 사물이 있음. ②어떤 특별한 능력을 지닌 사람. 예위대한 존재. —하다.

존중(尊重) 높이 받들고 중하게 여김. 예남의 의사는 존중해야 한다. 비존경. 반멸시. 천대. —하다. —히.

존칭(尊稱) 존경하는 뜻으로 높여 일컬음. 반비칭. —하다.

존폐(存廢) 남아 있는 것과 없어지는 것. 예존폐의 갈림길.

존함(尊啣) 남을 높이어 그의 '이름'을 이르는 말. 존명. 예존함이 어떻게 되십니까?

존호(尊號) 왕이나 왕비의 덕을 기리어 올리던 칭호.

졸개(卒—) 남에게 매인 부하를 얕잡아 이르는 말.

졸깃졸깃 씹히는 맛이 매우 질긴 듯한 모양. 예졸깃졸깃한 찹쌀떡. 큰줄깃줄깃. 질깃질깃. 센쫄깃쫄깃. —하다.

졸깃하다 조금 질긴 듯하다. 큰질깃하다. 센쫄깃하다.

졸:다[조니] 피곤하여 자꾸 잠을 자는 상태로 들어가다. 예앉아서 꾸벅꾸벅 졸다.

졸도(卒倒)[—또] 갑자기 정신을 잃고 쓰러짐. 예고혈압으로 졸도하다. —하다.

졸라대다 무엇을 달라고 바득바득 조르다. 예장난감을 사 달라고 졸라대다.

졸라매다 느슨하지 않게 단단히 묶다. 예허리띠를 졸라매다.

졸라서 재촉해서. 예아이들이 하도 졸라서 데리고 나왔다. 비보채서.

졸랑졸랑 가벼운 몸놀림으로 계속 따라오는 모양. 예바둑이가 나를 졸랑졸랑 따라온다. 센쫄랑쫄랑. 거출랑출랑. —하다.

졸렬(拙劣) 서투르고 보잘것 없음. 정도가 낮고 나쁨. 예졸렬한 방법. —하다.

졸리다[1] ①조름을 당하다. 예목이 졸리다. ②단단히 매어지다.

졸:리다[2] 자고 싶은 느낌이 들다. 예밥을 먹고 나니 졸리다.

졸망졸망 ①고르지 않게 울퉁불퉁 내민 모양. ②자질구레한 물건이 많이 모여 있어 보기 좋은 모양. 예아이들이 졸망졸망 모여 있다. 큰줄멍줄멍. —하다.

졸병(卒兵) 계급이 낮은 병사.

졸보기눈 먼 곳의 물체를 잘 못 보는 눈. 비근시안.

졸본천 고구려의 시조 주몽이 나라의 터를 처음 잡았다는 졸본성 부근의 내. 지금의 만주 훈 강 유역.

졸아들다 졸아서 부피가 작게 되거나 양이 적게 되다. 예찌개가 다 졸아들었다. 큰줄어들다.

졸아붙다 바싹 졸아들어서 물기가 거의 없게 되다. 예국이 너무 졸아붙었다.

졸업(卒業) 학교에서 규정한 공부를 마침. 반입학. —하다.

졸업반 졸업을 앞둔 학년.

졸업생 ①졸업한 사람. ②정해진 교과 과정을 모두 마친 사람.

졸업식 졸업 때 행하는 의식. 예대학 졸업식. 반입학식.

졸업장 졸업을 증명하는 뜻으로 졸업생에게 주는 증서. 졸업 증서. 예빛나는 졸업장.

졸연하다(猝然—) 소문도 없이 갑작스럽다. —히.

졸:음 자고 싶은 느낌. 예졸음을

졸이다

쫓으려고 세수를 했다.

졸이다 ①졸아들게 하다. ⓔ간장을 졸이다. 큰줄이다. ②속을 태우다시피 마음을 초조하게 먹다. ⓔ합격자 발표를 마음 졸이며 기다리다.

졸장부(拙丈夫) 쾌활하지 못한 남자. 옹졸한 사내. 반대장부.

졸졸 ①가는 물줄기가 끊이지 아니하고 흐르는 모양. ②떨어지지 아니하고 줄곧 뒤를 따라다니는 모양. ⓔ강아지가 졸졸 따라다닌다. 큰줄줄. 센쫄쫄.

졸지에(猝地—) 갑자기. 느닷없이. ⓔ졸지에 거지가 되었다.

졸필(拙筆) 잘 쓰지 못한 글씨. 서투른 글씨.

좀[1] ①'조금'의 준말. ⓔ동생의 키가 형보다 좀 크다. ②무엇을 청할 때 부드럽게 하기 위하여 쓰는 말. ⓔ연필 좀 빌려 줘.

좀[2] 옷·나무·책 따위를 쏠아 구멍을 내는 아주 작은 벌레의 하나.

좀:[3] 그 얼마나. ⓔ좀 좋을까.

좀더 조금 더. 그보다는 더. ⓔ좀더 열심히 해라.

좀도둑 사소한 물건을 훔쳐 가는 도둑.

좀먹다 ①좀이 물건을 쏠다. ⓔ털옷이 좀먹다. ②어떤 일에 대하여 모르는 가운데서 손해를 입히다. ⓔ세금을 내지 않는 것은 나라를 좀먹는 행위다.

좀스럽다〔좀스러우니, 좀스러워서/좀스러이〕 ①도량이 좁고 성질이 잘다. ⓔ좀스런 성격. ②사물의 규모가 보잘것 없이 작다.

좀약[—냑] 좀벌레가 해치는 것을 막기 위해 쓰는 약품. 나프탈렌 따위. ⓔ장롱에 좀약을 넣다.

좀:처럼 ①그것만으로는. 여간해서. ⓔ그는 좀처럼 남의 말을 듣지 않는다. ②쉽게. ⓔ좀처럼 풀기 힘든 문제.

좁다 ①넓지 않다. ⓔ방이 너무 좁다. ②소견이 너그럽지 않다. ⓔ속 좁은 사람. 반넓다.

좁다랗다〔좁다라니〕 매우 좁다. ⓔ자전거를 타고 좁다란 시골길을 달린다. 반널따랗다.

좁쌀 쓿은 조의 낟알. 비조.

좁쌀 친구 어린 조무래기 친구.

좁쌀 한 섬 두고 흉년 들기를 기다린다〈속〉 변변하지 못한 것을 가지고 허욕을 채우고 허세를 부려 보려고 한다.

좁히다 좁게 만들다. ⓔ간격을 좁히다.

종:[1] 다른 사람 밑에 매여서 천한 일을 하는 사람. 비노예.

종[2](鐘) 달아 놓고 나무로 쳐서 소리를 내게 하는 쇠로 만든 물건.

종가(宗家) 한 문중에서 맏이로만 이어 온 큰집.

종각(鐘閣) 커다란 종을 달아 놓은 누각.

종강(終講) 강의를 끝마침, 또는 그 강의. 반개강. —하다.

종결(終結) 일을 끝냄. ⓔ회의를 종결하다. —하다.

종교(宗敎) 기독교·불교 따위와 같이, 위대한 것을 믿고 이로써 마음의 안정과 행복을 얻고자 하는 일. 비신앙.

종교 개:혁 16세기에 로마 카톨릭 교회의 옳지 못한 일을 비판하고, 이의 개혁을 주장하여 프로테스탄트 교회를 세운 기독교의 개혁 운동.

종교 음악 종교 의식이나 포교상

의 필요에 따라 발달한 음악.
종국(終局) ①끝판. 마지막판. ②바둑을 다 둠.
종군(從軍) ①부대를 따라 싸움터에 감. ⑩종군 기자. ②싸우러 싸움터에 나감. ―하다.
종:기(腫氣) 큰 부스럼.
종내(終乃) 마침내. 끝끝내. ⑩그는 종내 오지 않았다.
종다래끼 댓개비·싸릿개비 따위로 만든 작은 바구니.

〔종다래끼〕

종다리 =종달새.
종달새[―쌔] 종다릿과의 새. 몸은 참새보다 좀 크고 등쪽은 갈색, 아래쪽은 담색이며 가슴에 암갈색 반점이 있음. 공중에 높이 오르며 고운 소리로 욺. 종다리.
종대(縱隊) 세로로 줄을 지어서 늘어선 모양. ⑩일렬 종대로 모이다. 뜬횡대.
종:두(種痘) 천연두를 막기 위해 우두를 맞음. ―하다.
종래(從來) 지금까지 지나온 그대로. ⑩종래의 방침. 비종전.
종량제(從量制) 무게·길이·용적 등에 따라 요금을 내는 제도. ⑩쓰레기 종량제.
종려나무(棕櫚―) 야자나무와 비슷하며 잎이 늘푸른 나무. 높이 3~7m로, 잎이 매우 크고 부채꼴 모양을 하고 있음. 정원수로 재배하고 장식용 재목으로 씀.
종렬(縱列) 세로로 줄지음, 또는 그 줄. 뜬횡렬. ―하다.
종례(終禮) 학교 등에서 그 날의 일과를 다 마친 뒤에 담임 선생과 학생이 모여 나누는 인사. ⑩종례 시간. 뜬조례.
종로에서 뺨 맞고 한강에 가서 눈 흘긴다〈속〉 욕을 본 자리에서는 아무 말도 못하고 딴 데 가서 화풀이한다.
종료(終了)[―뇨] 일을 마침. 끝냄. ⑩작업 종료. ―하다.
종:류(種類)[―뉴] 사물을 각각 부문에 따라서 나눈 갈래. ⑩종류별로 나누다. 비가지.
종막(終幕) 연극 따위의 끝 막. 사건의 최후. ⑩종막을 고하다.
종말(終末) 끝판. 나중의 끝. ⑩인생의 종말. 비최후. 끝판.
종말론 유대교나 기독교에서, 세계와 인류 문명의 종말을 믿고, 메시아의 재림·최후의 심판·죽은 이의 부활 등을 내세우는 설.
종:목(種目) 종류의 이름. ⑩경기 종목. 비항목.
종묘¹(宗廟) 조선 시대 옛 임금의 위패(죽은 이의 이름을 적은 나뭇조각)를 모시는 사당.
종:묘²(種苗) 식물의 씨나 싹을 심어 묘목을 가꿈, 또는 그 묘목. ⑩종묘상. ―하다.
종반(終盤) ①장기·바둑·경기 따위에서 승부가 끝판에 이름. ⑩경기 종반에 한 골을 넣었다. ②사물의 끝판에 가까운 단계. 뜬초반.
종사자 한 가지 일에 마음과 힘을 다하는 사람.
종사하다(從事―) ①어떤 일에 마음과 힘을 다하다. ②어떤 일을 하다. ⑩교육계에 종사하다.
종서(縱書) 글을 세로로 씀. 비세로쓰기. 뜬횡서. ―하다.

종성자(終聲字) 끝소리글자. 한글에서 받침 글자는 닿소리글자를 그대로 사용함.

종소리[—쏘리] 종을 울리는 소리. 예 멀리 종소리가 들리다.

종속(從屬) 주되는 것에 딸려 붙음. 예 종속 국가. —하다.

종손¹(宗孫) 종가의 맏손자, 또는 종가의 대를 이을 자손.

종 : 손²(從孫) 형이나 아우의 손자.

종신(終身) ①죽을 때까지. 빈 한평생. ②일생을 마침. —하다.

종신형(終身刑) 죽을 때까지 감옥에서 옥살이를 하도록 하는 형벌.

종씨(宗氏) 같은 성으로서 촌수를 따지지 않는 족속을 일컬음.

종 : 아리 무릎과 발목 사이의 뒤쪽 부분. 예 종아리를 맞다.

종 : 아리마디 종아리의 마디 부분.

종알종알 ①혼잣말로 자꾸 불평을 말하는 소리나 모양. 예 용돈이 적다고 종알종알한다. ②자꾸 재깔이는 소리나 그 모양. 큰 중얼중얼. 쎈 쫑알쫑알. —하다.

종업(從業) 어떤 일을 일삼아서 함. —하다.

종업원 어떤 일에 종사하는 사람.

종요롭다[종요로우니, 종요로워/종요로이] 없어서는 안 될 만큼 몹시 긴요하다.

종용(慫慂) 설명하고 달래서 권함. 예 화해를 종용하다. —하다.

종유석 석회 동굴의 천장에 고드름같이 달려 있는 석회석.

종이 식물성 섬유로 만든, 글을 쓰거나 책을 만드는 일 등에 쓰이는 얇은 물건.

종이배 종이로 접은 장난감 배. 예 시냇물에 종이배를 띄우다.

종이 클립 여러 장의 종이를 물려놓는 데 쓰는 간단한 기구. 가느다란 강철선을 굽혀서 만듦.

종이 피리 종이를 세 번 접고 가운데에 구멍을 낸 것. 입에 대고 세게 불면 종이의 진동으로 인하여 소리가 남.

종일(終日) 하루의 낮 동안. 아침부터 저녁까지. 예 하루 종일 방에서 무얼 하고 있니?

종일토록 아침부터 저녁까지. 하루낮 내내.

종일품 고려·조선 때의 문무관 품계의 둘째 등급.

종잇장(—張) 종이의 낱장.

종 : 자(種子) 씨. 씨앗.

종작없다 일정한 주견이 없다. 예 종작없는 소리를 하는구나. 빈 대중없다. 주책없다. —이.

종잡다 대중으로 헤아려 잡다. 예 이야기를 종잡을 수가 없다.

종장(終章) 시조나 노래의 마지막 장. 반 초장.

종적(蹤迹) 뒤에 남은 자취. 예 종적을 감추다.

종전¹(從前) 지금보다 이전. 예 종전보다 값이 내렸다.

종전²(終戰) 전쟁이 끝남, 또는 끝냄. 예 종전 협정을 맺다. 반 개전. —하다.

종점(終點)[—쩜] 기차·전철·버스 따위의 마지막 도착점. 예 종점에서 내리다. 빈 종착역.

종 : 조부(從祖父) 할아버지의 형이나 아우. 준 종조.

종 : 족(種族) 같은 조상·언어·풍속·습관 등을 가진 사회 집단.

종 : 족 보 : 존 본능 종족을 보존하려는 생물의 본능.

종 : 종(種種) ①물건의 가지가지. ②가끔. 이따금. 때때로. 예 둘은

좋은 약은 입에 쓰다

종종 싸우곤 한다.
종종걸음 발을 자주 떼면서 급히 걷는 걸음. 예 종종걸음으로 급히 갔다.
종종종 발을 자주 떼어 가며 급하게 걷는 모양. 예 병아리들이 엄마닭 뒤를 종종종 따라간다.
종주국(宗主國) ①종속국에 대하여 종주권을 가진 나라. 반 종속국. ②어떤 일이나 활동을 처음 시작했거나 주도권을 잡고 개발시킨 나라. 예 태권도의 종주국은 한국이다.
종중(宗中) 조상을 같이하는 한 겨레의 문중. 예 종중 회의.
종지¹ 간장·고추장 같은 것을 담아서 상에 놓는 작은 그릇.
종지²(終止) 끝마쳐 그침. —하다.
종지부 한 문장이 끝났음을 나타내거나 연이어 끝맺음을 나타낼 때 찍는 부호. 곧 '.'나 '。' 따위. 마침표.
종지뼈 무릎을 덮고 있는 종지같이 생긴 뼈. 비 슬개골.
종:질(從姪) 사촌 형제의 아들.
종착(終着) 기차·전철·버스 따위가 종점에 도착함. —하다.
종착역(終着驛) [—녁] 전철·기차 따위의 최종 도착역. 예 종착역에 도착하다. 비 종점. 반 시발역.
종:축(種畜) 씨 받을 가축. 씨짐승. 예 종축 목장.
종친(宗親) ①임금의 친족. ②어머니가 같은 형제. ③친족.
종친회(宗親會) 일가붙이끼리 여러 사람이 모이는 잔치, 또는 그 일을 맡아 하는 모임.
종파(宗派) ①종가의 계통. ②같은 종교를 믿으면서도 주장하는 교리가 다른 갈래.
종합(綜合) 이것저것을 한데 모아서 합침. 예 종합 상가. —하다.
종합 병:원 각종 질병을 고칠 수 있도록 여러 종류의 의원을 한 곳에 모아 둔 병원.
종합 예:술품 개개의 예술을 종합한 대규모의 통일적 작품.
종횡(縱橫) 가로와 세로.
종횡 무진(縱橫無盡) 제 마음대로 모든 것이 자유롭고 거침없는 상태. 예 종횡 무진으로 돌아다니다.
좇다 ①뒤를 따르다. 예 친구의 행방을 좇다. ②남의 뜻을 따라 그대로 하다. 예 선생님 말씀을 좇다. ③대세를 따르다. 예 여론을 좇다. 비 따르다. 복종하다.

좇다 ①뒤를 따르다. ②복종하다.
쫓다 ①몰아 내다. ②급히 뒤를 따라가다.

좇아가다 ①뒤를 따라가다. 예 앞선 친구들을 좇아가다. ②남이 하는 대로 따라가다.
좇아오다 ①뒤를 따라오다. 예 나를 좇아오는 이유가 무어냐? ②남이 내가 하는 대로 따라오다.
좋:다 ①잘 사귀어 정답다. 예 사이가 퍽 좋다. ②마음에 들 만하다. 예 경치가 좋다. ③맛이 있다. 예 맛 좋은 냉면. ④마음이 상쾌하다. 예 기분이 좋다. 반 나쁘다. 싫다.
좋:아하다 ①좋은 느낌을 가지다. 예 꽃을 좋아하는 소녀. ②하고 싶어하다. 예 농구를 좋아하다. ③귀엽게 여기다. 반 싫어하다.
좋은 약은 입에 쓰다〈속〉 듣기 싫

고 귀에 거슬리는 말이라도 제 인격 수양에는 이롭다는 뜻.

좌:고(座鼓) 북의 한 가지. 나무로 된 나지막한 틀에 매달고 나무채로 앉아서 침.

좌:담(座談) 여러 사람이 마주 앉아서 형식에 얽매이지 않고 자유롭게 하는 이야기. 예특별 좌담. —하다.

좌:담회 여러 사람이 마주 앉아서 이야기하는 모임.

좌르르 ①물이 세차게 쏟아지는 모양. ②작은 물건 여러 개를 한 번에 쏟는 소리. 예구슬이 좌르르 쏟아졌다. 쎈좌르르.

좌:변(左邊) ①왼편짝. ②왼편 가장자리. ③등식에서, 등호(=)의 왼쪽 부분. 반우변.

좌:상¹(坐像) 앉아 있는 모습을 나타낸 그림이나 조각. 예여인의 좌상 조각. 반입상.

좌:상²(座上) 한 자리에 모인 여러 사람 가운데 가장 어른이 되는 사람.

좌:석(座席·坐席) 깔고 앉는 자리. 예좌석 버스. 비자리.

좌:수사(左水使) 조선 때, 바다를 지키던 좌수영의 우두머리 벼슬 이름.

좌:수영(左水營) 조선 때, 수군의 군영. 반우수영.

좌:우(左右) ①왼편과 오른편. ②곁. 옆. 예좌우에 앉다.

좌:우간 이러하든지 저러하든지. 예좌우간 하고 보자. 비어떻든.

좌:우하다 마음대로 다루거나 움직이다. 예정권을 좌우하다.

좌:의정(左議政) 조선 때, 의정부의 정일품 벼슬. 비좌상.

좌:익수(左翼手) 야구 경기에 있어서 외야의 왼쪽 수비를 맡아 지키는 선수. 준좌익.

좌:절(挫折) ①마음과 기운이 꺾임. 예좌절하지 말고 다시 시작해라. ②어떤 계획이나 운동이 실패로 돌아감. 예폭풍 때문에 계획이 좌절되었다. —하다.

좌:중간 야구에서, 좌익수와 중견수의 사이. 예좌중간으로 빠지는 2루타. 반우중간.

좌:지 우:지(左之右之) ①제 마음대로 다룸. 예일국을 좌지 우지 하는 권력자. ②남에게 이래라 저래라함. —하다.

좌:천(左遷) 높은 직위에서 낮은 직위로 떨어짐. 예도심에서 변두리로 좌천되다. 반영전. —하다.

좌:측(左側) 왼쪽. 예사람은 좌측 통행. 반우측.

좌:표(座標) 어떤 위치나 점의 자리를 나타내는 데 표준이 되는 표.

좌:표축 좌표의 기준이 되는 가로 세로의 두 직선.

좌:향좌(左向左) '왼쪽으로 90° 돌아서라'는 구령.

좌:회전(左回轉) 차 따위가 왼쪽으로 돎. 반우회전. —하다.

좍 무엇이 넓게 퍼지는 모양. 예소문이 좍 퍼지다. 쎈쫙. —하다.

좍좍 ①굵은 빗방울이나 물줄기가 세게 쏟아지는 모양이나 소리. 예비가 좍좍 오다. ②글을 거침없이 내리 읽는 모양. ③연해 넓게 퍼지는 모양. 쎈쫙쫙. —하다.

좔좔 액체가 많이 힘차게 흐르는 모양, 또는 그 소리. 예물이 좔좔 흐르다. —하다.

좔좔거리다 액체 따위가 연해 좔

쫠 소리를 내며 흐르다.
쟁:이 원추형 모양으로 생긴, 물고기를 잡는 그물의 한 가지. 비투망.
죄:(罪) ①도덕·법률에 벗어난 나쁜 행실. 예절도죄. ②벌을 받을 만한 짓. 예늦게 간 죄로 벌금을 내다. 비허물. —스럽다.
죄는 지은 데로 가고 덕은 닦은 데로 간다〈속〉 죄를 지은 사람은 벌을 받고, 덕을 닦은 사람은 복을 받는다.
죄:다[1] ①마음을 졸여 간절히 바라고 기다리다. 예마음을 죄다. ②벌어진 사이를 좁히다. 예죄어 앉아라. ③느슨한 것을 잡아 켕기게 하다. 예허리띠를 죄다.
죄:다[2] 조금도 남기지 않고 모두. 예죄다 먹어라. 준죄.
죄:명(罪名) 저지른 죄의 이름.
죄:목(罪目) 범죄 행위의 명목. 예사기 죄목으로 구속되다.
죄:받다 지은 죄에 대한 벌을 받다. 예나쁜 짓을 하면 죄받는다. 반죄주다.
죄:상(罪狀) 죄를 저지른 실제의 사정. 구체적인 죄의 내용. 예죄상이 드러나다.
죄:송(罪悚) 죄스럽고 미안함. 예발을 밟아 죄송합니다. 비송구. 황송. —스럽다. —하다. —히.
죄:수(罪囚) 교도소에 수감된 죄인. 비수인.
죄:악(罪惡) ①종교의 가르침과 교리를 어기는 짓. ②죄가 될 만한 나쁜 행동.
죄:악시 죄악으로 여김. —하다.
죄암죄암 젖먹이에게 죄암질을 시킬 때 하는 말. 준죔죔. 큰쥐엄쥐엄.
죄암질 젖먹이가 두 손을 쥐었다 폈다 하며 재롱을 부리는 일. 큰쥐엄질. —하다.
죄어들다[죄어드니] ①긴장 같은 것이 높아지다. 예조바심에 마음이 죄어들다. ②바싹 죄어서 안으로 오그라들다.
죄이다 죔을 당하다. 예나사가 꼭 죄이다.
죄:인(罪人) 죄를 지은 사람.
죄:주다 죄를 지은 사람에게 벌을 주다. 예죄주는 것만이 능사는 아니다. 반죄받다.
죄:짓다[죄지어] 죄를 저지르다. 예죄짓고는 못 사는 사람이다.
주[1](洲) ①흙이나 모래가 두둑하게 쌓여 물 위에 나타난 땅. 예삼각주. ②지구상의 대륙을 나눈 명칭. 예아시아 주.
주[2](週) 일요일부터 토요일까지의 7일 동안. 예주 2회 출석.
주가 되어 ①중심이 되어. ②으뜸이 되어. 예그가 주가 되어 일으킨 폭동이다.
주간[1](主幹) 주장하여 처리하는 일, 또는 처리하는 사람. —하다.
주간[2](晝間) 낮. 낮 동안. 예주간에만 장사를 하다. 반야간.
주간[3](週刊) 한 주일마다 발행하는 출판물. 예주간 잡지.
주객(主客) 주인과 손님.
주객 일체(主客一體) 나와 나 이외의 대상이 하나가 됨.
주:거(住居) 어떤 곳에 머물러 삶, 또는 그 집. 예주거 환경이 좋다. —하다.
주:거 자유 법률에 따르지 않고는 어떤 사람이라도 살고 있는 곳에 대하여 침입이나 수색 또는 압수를 당하지 않는 권리.

주:거 침입 사람이 거주하고 있는 집이나 방 따위에 주거자의 허락 없이 함부로 들어가는 일.

주걱 솥 속의 밥을 푸는 데 쓰는 기구.

주검 죽은 몸뚱이. 旧시체.

주경기장 경기나 시합 등을 할 때에 중심이 되는 곳.

주경 야:독(晝耕夜讀) '낮에는 농사를 짓고 밤에는 글을 읽는다'는 뜻으로, 곧 바쁜 틈에서도 공부함을 이르는 말. —하다.

주고받다 서로 주기도 하고 받기도 하다. 예선물을 주고받다.

주관(主觀) 자기대로의 생각. 예너무 주관에 치우치지 마라. 反객관.

주:광성(走光性)[一썽] 생물이 빛을 따라 움직이거나 이동하는 성질. 旧추광성.

주교(主敎) 천주교에서, 일정한 구역(교구)을 관할하는 교직. 대주교의 아래이고 사제의 위임.

주권(主權)[一꿘] ①가장 주된 권리. ②나라의 구성 요소인 가장 높고 독립된 권력. 예민주 국가의 주권은 국민에게 있다.

주기(週期) 한 바퀴 도는 시기. 예지구의 공전 주기.

주기도문 예수가 제자들에게 가르친 모범 기도문. 〈신약 성서〉마태 복음 6장 9~13절 및 누가 복음 11장 2~4절에 있음.

주기성(週期性) 일정한 시간마다 진행되거나 나타나는 성질.

주낙 낚싯줄에 여러 개의 낚시를 달아 물살을 따라서 얼레를 감았다 풀었다 하여 물고기를 잡는 기구.

주:눅 윗사람이나 여러 사람 앞에서 기가 죽어 움츠러드는 일. 예주눅이 들다.

주다 ①내 것을 남에게 가지게 하다. 예동생에게 연필을 주다. ②받게 하다. 입게 하다. 예피해를 주다. 反받다.

주도(主導) 어떤 일을 중심이 되어 이끌거나 지도함. 예민간 주도 산업. —하다.

주동(主動) 주장이 되어 행동함. 예주동 인물. 旧주장³. —하다.

주동자 어떤 일에 주동이 되어 행동하는 사람. 예데모 주동자. 旧주모자.

주되다(主—) 기본이나 주장이 되다. 중심이 되다. 예주된 사업.

주:둔(駐屯) 군대가 어떤 지역에 머물러 있음. 예국경 지대에 군대가 주둔해 있다. —하다.

주:둔군(駐屯軍) 어떤 지역에 일시적으로 머물러 있는 군대. 예주둔군 사령관.

주둥이 '입'을 속되게 이르는 말. 부리. 예주둥이가 싸다.

주렁주렁 ①열매 같은 것이 많이 매달려 있는 모양. 예배가 주렁주렁 열리다. ②한 사람에게 여러 사람이 딸린 모양. 예키워야 할 자식들이 주렁주렁하다. 函조랑조랑. —하다.

주력¹(主力) 중심이 되는 세력.

주:력²(走力) 달리는 힘. 예주력이 뛰어나다.

주:력³(注力) 온 힘을 기울임. 예경제 발전에 주력하다. —하다.

주력 부대 중심을 이루는 부대.

주례(主禮) 예식을 맡아 진행하는 일. 또는 그 사람. —하다.

주례사(主禮辭) 주례하는 사람이 예식에서 하는 축하의 말.

주로(主―) 주장 삼아서. 주되게. ⑩아침에는 주로 빵을 먹는다.

주룩 굵은 물줄기 등이 짧은 동안 좁은 데를 빨리 흐르다 멈추는 소리. 困조록. 센쭈룩.

주룩주룩 ①주름이 고르게 잡힌 모양. ②비가 계속하여 쏟아지는 모양. ⑩아침부터 비가 주룩주룩 온다. ③잇달아 나는 주룩 소리. 困조록조록. 센쭈룩쭈룩.

주류(主流) ①원줄기가 되는 큰 흐름. ②어떤 사상이나 운동 등의 여러 갈래에서 으뜸이 되는 갈래.

주르르 ①눈물 따위가 거침없이 흘러내리는 모양. ⑩주르르 흐르는 눈물. ②잰걸음으로 따르는 모양. ⑩주르르 달려 나갔다. 困조르르. 센쭈르르.

주름 ①종이나 헝겊 따위의 거죽에 생긴 구김살. ②치마의 폭을 접어서 금을 낸 것. ⑩주름치마.

주름살[―쌀] 피부가 쇠하여 잔 주름이 잡힌 금들.

주름살지다 살갗·옷·종이 따위에 주름살이 생기다. 준주름지다.

주름잡다[―따] ①옷의 폭 따위를 접어서 주름을 내다. ⑩치마를 주름잡다. ②집단이나 단체 등의 중심 인물이 되어 그 조직을 마음대로 움직이다. ⑩정계를 주름잡는 거물.

주:리다 ①먹을 것을 먹지 못하여 배고프다. ⑩주린 배를 물로 채우다. ②받아야 할 것을 얻지 못해 부족함을 느끼다.

주리다 먹지 못하여 배곯다.
줄이다 수나 양, 부피 따위를 줄게 하다.

주마 주겠다. ⑩그럼, 편지 꼭 해 주마.

주:마 가편(走馬加鞭) 달리는 말에 채찍질을 가하여 더욱 빨리 달리게 함을 이르는 말. 곧, 열심히 하는 사람을 더 몰아침을 이름. ―하다.

주막(酒幕) 지난날, 시골의 길거리에서 술과 밥을 팔고 나그네도 재우던 집. 주막집.

주말(週末) 한 주일의 끝. 곧, 토요일부터 일요일에 걸치는 동안. 밴주초.

주머니 옷에 달아 물건을 넣게 헝겊으로 만든 것.

주머니 돈이 쌈지 돈〈속〉 '결국은 마찬가지'라는 뜻.

주먹 다섯 손가락을 꽉 쥔 손.

주먹다짐 ①주먹으로 마구 때리는 짓. ②주먹심으로 윽박지르는 짓. ―하다.

주먹밥 주먹처럼 뭉친 밥덩이.

주모¹(主謀) 주장하여 일을 꾀함. ⑩주모자. 비주동. ―하다.

주모²(酒母) 지난날, 술집에서 술을 팔던 여자.

주:목(注目) 어떤 일을 주의하여 봄. ⑩세계의 주목을 받다. 비수시. ―하다.

주목적(主目的) 주되는 목적. ⑩이번 행사의 주목적은 '심장병 어린이 돕기'이다.

주몽(朱蒙) 고구려의 시조. 동명성왕의 이름.

주무(主務) ①사무를 주장하여 맡아 봄. ⑩교육을 주무하는 관청. ②주무자. ―하다.

주무르다〔주무르니, 주물러서〕 ①물건을 쥐었다 놓았다 하다. ②사람을 마음대로 놀리다. ③안마하다. ⑩어깨를 주무르다.

주무시다 '잠을 자다'의 높임말. [예] 할아버지께서 주무신다.

주무자 어떤 사무를 주관하여 그에 따른 권한과 직무를 맡아 처리하는 사람.

주:문[1](注文) ①물건을 미리 맞춤. ②남에게 부탁하여 물건을 보내 달라고 청구함. [예] 주문 상품. ―하다.

주:문[2](呪文) 귀신을 쫓으려 할 때에 외는 글귀.

주물럭거리다 물건을 자꾸 주무르다. [예] 손으로 고기를 주물럭거리다. [작] 조몰락거리다.

주:민(住民) 그 땅에 사는 사람. [예] 주민 등록증.

주방(廚房) 음식을 만들거나 차릴 때에 쓰도록 정해진 방. 부엌.

주방장 주방에서 조리를 맡은 사람의 우두머리가 되는 사람.

주번(週番) 군대나 학교 같은 곳에서 한 주일씩 교대해 가며, 생활 지도·풍기 단속·규율의 시행 등을 감독하는 임무, 또는 그 사람. [예] 주번 사관.

주:변[1] 일을 주선하고 변통함, 또는 그 재주. ―하다.

주변[2](周邊) 어떤 물건이나 지역의 둘레의 가장자리. [예] 학교 주변의 퇴폐 업소. [비] 주위.

주보(週報) 한 주일에 한 번씩 발행하는 신문이나 잡지.

주부(主婦) ①안주인. ②한 집안의 살림을 맡아 하는 아내.

주뼛하다 ①몹시 놀라서 머리카락이 꼿꼿이 서는 듯하다. [예] 놀라서 주뼛하다. ②물건 끝이 삐죽 솟아나와 있다. [작] 조뼛하다. [센] 쭈뼛하다.

주:사(注射) 약물을 침으로 몸 속에 들여보냄. ―하다.

주:사기 약물을 근육이나 혈관 등에 넣는 기구.

주사위 단단한 나무나 짐승의 뼈로 만든 장난감의 한 가지. 이를 굴려 점수의 많고 적음을 겨룸.

주산(珠算) 주판을 가지고 하는 계산. [반] 암산. ―하다.

주산물(主產物) 어떤 고장의 산물 가운데서 주되는 생산물. [예] 이 고장의 주산물은 쌀이다.

주산지(主產地) 어떤 산물이 주로 생산되는 지역. [예] 밀의 주산지.

주석[1](朱錫) 은백색의 광택이 나며 잘 변하지 않아 도금·합금에 쓰이는 쇠붙이 원소.

주석[2](柱石) ①기둥과 주춧돌. ②'가장 중요한 위치에 있거나 역할을 하는 사람'을 비유한 말.

주선(周旋) ①이리저리 변통함. [예] 취직을 주선해 주다. ②일을 도와 줌. ―하다.

주섬주섬 여기저기 흩어진 물건을 하나하나 주워 거두는 모양. [예] 휴지를 주섬주섬 줍다. ―하다.

주성분(主成分) 어떤 물질 속의 가장 중요한 성분. [예] 이 금속의 주성분은 무엇이냐. [반] 부성분.

주세:붕(周世鵬, 1495~1554) 조선 시대 중종·명종 때의 학자. 중종 때(1543)에 풍기 군수로 있으면서 우리 나라 최초의 서원인 백운동 서원을 세웠음.

주:소(住所) 살고 있는 곳.

주:스(juice) 식물의 즙. 특히 과일의 즙을 말할 때가 많음.

주승(主僧) 한 절의 주지로 있는 승려.

주:시(注視) ①어떤 것을 자세히 봄. ②어떤 일에 온 정신을 모아

살핌. 예사태를 주시하다. 비주목. —하다.

주시경(周時經, 1876~1914) 한글 학자. 한글 연구의 선구자로서, 일생을 한글 연구에 바침. 쓴 책으로는 〈국어 문법〉〈조선어 문법〉등이 있음.

주식(株式) 주식 회사의 자본을 이루는 단위. 준주.

주식 거:래(株式去來) 주식 시세를 이용하여 현물 없이 주식을 매매하는 일. 일종의 투기 행위임.

주식 회:사(株式會社) 주식의 발행을 통해 여러 사람으로부터 자본을 만들어, 모든 주주가 소유 주식의 금액 이상으로는 책임을 지지 않는 종류의 회사.

주심(主審) 운동 경기에서 주장으로 심판을 하는 사람. 반부심.

주십사고 '주십시오'의 뜻으로 '달라고'의 높임말. 예아버님께 꼭 와 주십사고 말씀드리고 오너라.

주:악(奏樂) 악기를 울리어 하는 연주 음악. —하다.

주안상(酒案床) [—쌍] 술과 안주를 차린 상.

주야(晝夜) 밤낮.

주역(主役) ①주되는 구실. 주인 구실. 중심이 되는 구실을 하는 사람. ②연극이나 영화 따위의 중심이 되는 역할. 반단역.

주연(主演) 연극·영화 따위에 주인공으로 출연함. 예주연 배우. —하다.

주옥(珠玉) 구슬과 옥. 예주옥 같은 문장.

주옵소서 '주십시오'의 공손한 말. 예우리들의 잘못을 용서하여 주옵소서.

주요하다(主要—) 썩 소중하다.

퍽 긴요하다. 가장 필요하다. 예주요한 사항을 뽑아 외워 두자. 비중요하다.

주워 ①떨어진 물건 따위를 손으로 집어. 예휴지를 주워 쓰레기통에 버렸다. ②흩어진 물건을 거두어.

주워대다 조리 없이 이말 저말 끌어다 대다.

주워듣다[주워들어, 주워들으니] ①귓결에 한 마디씩 얻어듣다. ②제대로 배우지 않고 건성으로 들어 알다. 예주워들은 풍월이 많구나.

주워섬기다 들은 대로 본 대로 사실들을 죽 들어서 이야기하다.

주원료(主原料) 주되는 원료.

주위(周圍) 어떤 지점의 바깥 둘레. 예집 주위를 둘러보다. 비주변. 환경. 반중심.

주위 환경 어떤 것을 둘러싸고 있는 바깥 둘레의 사정.

주:유소(注油所) 거리의 요소 요소에 특별한 장치를 차리고 자동차에 경유·휘발유 등을 넣어 주는 곳. 비급유소.

주의[1](主義) ①일정한 밝침 또는 주장. ②뜻하는 바 목표. ③설. 이론. 예민족주의.

주:의[2](注意) ①마음을 씀. 예건강에 주의하다. ②경계함. 예주의 사항. ③충고함. 예선생님께 주의를 듣다. 비경고. 조심. 관심. —하다.

주:의력 마음에 새겨 두어 조심하는 능력. 예주의력을 요하다.

주:의보(注意報) 기상청 등에서, 기상으로 말미암아 피해가 예상될 때 내는 예보. 예태풍 주의보.

주인(主人) ①한 집안의 어른이

되는 사람. 🔁객. 나그네. 손님. ②남편. ③물건 임자. ⑩주인 없는 책. 🔁임자.

주인공 ①'주인'의 높임말. ②이야기·연극·영화 따위에서 중심이 되는 사람. ⑩소설의 주인공.

주인 모르는 공사 없다(속) 무슨 일이든지 주장하는 사람이 알지 못하면 되지 않는다.

주인 보탤 나그네 없다(속) 손님은 언제나 주인의 신세를 지게 마련이다.

주인 의:식 어떤 일 따위를 처리함에 있어서, 남에게 얽매이지 않고 주체적으로 행한다는 생각.

주일(主日) 기독교에서, 일요일을 일컫는 말. ⑩주일 학교.

주:입(注入) ①쏟아 부음. ②지식을 기계적으로 외우게 하여 가르침. ⑩주입식 교육. ─하다.

주자¹(朱子) 지난날, 중국의 유학자 '주희'의 높임말.

주:자²(走者) ①달리는 사람. ②야구에서, 아웃되지 않고 누에 나가 있는 사람. ⑩1루 주자.

주자학(朱子學) 중국 송대의 학문. 주자가 완성했으므로 주자학이라 하는데, 일명 '성리학' 또는 '도학'이라 부름. 조선 후기에는 너무 헛된 이론과 형식에 치우친 학문이라 하여 비판받았음.

주장¹(主張) 자기의 의견을 고집함. ⑩나의 주장을 굽히지 않을 것이다. 🔁주창. ─하다.

주장²(主將) 운동 선수 가운데서 우두머리. ⑩배구부 주장.

주장³(主掌) 어떤 일을 오로지 맡아 함. ⑩집안 살림을 주장하다. 🔁주동. ─하다.

주장 강 중국의 화남 지방에 있는 강.

주:재(駐在) ①일정한 곳에 머물러 있음. ②직무상 파견된 곳에 머물러 있음. ⑩파리 주재 특파원. ─하다.

주저(躊躇) 망설여 머뭇거리고 나아가지 못함. ⑩앞에 나서기를 주저하다. ─하다.

주저리주저리 ①열매가 많이 열려 있는 모양. ⑩포도송이가 주저리주저리 달려 있다. ②너저분한 물건이 어지럽게 많이 매달린 모양. 🔁조자리조자리.

주저앉다[-안따] ①기운 없이 섰던 자리에 그대로 내려앉다. ⑩털썩 주저앉다. ②물건의 밑이 저절로 움푹하게 빠져 들어가다. ⑩지붕이 폭삭 주저앉다. ③하던 일을 그만두고 물러나다.

주저주저 머뭇머뭇하고 자꾸 망설이는 모양. ⑩주저주저하지 말고 말을 해 봐라. ─하다.

주전(主戰) 주력이 되어 싸움. ⑩주전 투수. ─하다.

주전부리 군음식을 때없이 자꾸 먹는 짓. 군것질. ⑩주전부리가 심하다. 🔁조잔부리. ─하다.

주전자(酒煎子) 술이나 물 따위를 담아서 데우기도 하고 술잔에 따르기도 하는 그릇.

주절주절¹ 과실 따위가 많이 매달렸거나 어우러져 있는 모양. ⑩주절주절 매달린 포도송이. ─하다.

주절주절² 낮은 목소리로 중얼거리는 모양. 🔁조잘조잘. ─하다.

주접들다 ①잔병이 많아서 잘 자라지 못하다. ②몸차림이 추해지다. ③생활이 가난해지다.

주접스럽다〔주접스러우니, 주접스

러워서/주접스러이〕 주로 음식에 대하여 더럽고 염치 없게 욕심을 부리는 태도가 있다. [예]주접스럽게 먹다. [작]조잡스럽다.

주:정(酒酊) 술에 취하여 정신 없이 함부로 하는 말이나 짓. [예]술주정이 심하다. ―하다.

주:정꾼(酒酊―) 술을 마시고 주정하는 사람.

주제(主題) ①중요한 문제. 주장이 되는 문제. ②문학 작품 등의 작자가 그 작품에서 나타내려고 하는 중심 생각. [예]이 작품의 주제는 '평화'이다. ③음악에서, 중심이 되는 가락.

주제가 주제의 내용과 밀접한 관계를 가진 노래. 테마 송.

주제넘다[―따] 젠체하는 태도가 있다. 건방지다. [예]주제넘은 행동을 하다.

주조[1](主調) 악곡의 기초가 되는 주요한 가락.

주:조[2](鑄造) 쇠붙이를 녹여서 물건을 만듦. [예]기념 메달을 주조하다. ―하다.

주조색 그림을 그릴 때 중심이 되는 색.

주조정실(主調整室) 부조정실을 거쳐 나온 방송을 고르게 조정하여 송신소로 보내는 곳.

주종(主從) 주인과 부하. [예]돈키호테와 산초는 주종 관계이다.

주주(株主) 주식 회사에 자본을 내놓은 사람. 주식을 가진 사람. [예]주주 총회.

주:차(駐車) 자동차를 세워 둠. [예]주차 위반. ―하다.

주:차장 자동차를 세워 두도록 마련해 놓은 곳. [예]유료 주차장.

주창(主唱) 중심 인물이 되어 앞장 서서 부르짖고 이끌어 나감. [예]민족 자결주의를 주창하다. [비]주장[1]. ―하다.

주책 확실하게 정한 생각. [예]주책을 부리다. 주책바가지.

주책없다 잘 생각하여 헤아림이 없이 이랬다 저랬다 하여 몹시 실없다. [예]주책없는 노인. ―이.

주체(主體) 주가 되는 사물. [예]혁명의 주체 세력. [반]객체.

주체성[―썽] 자기의 자유로운 생각이나 판단에 따라서 행동하는 태도. [예]주체성을 지닌 우리 나라 국민.

주초(週初) 그 주일의 첫머리. [예]주초에 만나기로 하다. [반]주말.

주최(主催) 행사나 회합을 앞장서서 내세워 엶. [예]음악회를 주최하다. ―하다.

주추(柱―) 기둥 밑에 받쳐 놓는 돌. [예]주추를 놓다.

주춤 가볍게 놀라거나 망설이는 태도로 갑작스럽게 하던 동작을 멈추거나 몸을 조금 움직이는 모양. [예]비명 소리에 놀라 주춤했다. [작]조촘. ―하다.

주춤주춤 ①선뜻 나아가지 못하고 망설이며 조금씩 움직이는 모양. ②무슨 일을 할까 말까 망설이며 자꾸 머뭇거리는 모양. ―하다.

주춧돌 주추로 쓰인 돌. 초석.

주치의(主治醫) 어떤 사람의 병을 맡아 치료하는 것을 책임진 의사. [예]주치의의 치료를 받다.

주:택(住宅) 사람이 살 수 있게 지은 집. 거택. [예]단독 주택.

주:택지 ①여러 조건이 주택을 짓기에 알맞은 땅. ②주택이 많이 들어선 곳.

ㅈ

주파수(周波數) 1초 동안에 되풀이되는 주기 운동의 횟수. 단위는 헤르츠. 전파나 음파·교류 따위의 진동수를 나타낼 때 쓰임.

주:판(籌板·珠板) 셈을 하는 데 쓰는 기구. 수판.

주필(主筆) 신문사·잡지사 등에서 중요한 기사나 논설을 쓰는, 지위가 높은 기자.

주:해(註解) 글의 뜻을 알기 쉽게 풀이함, 또는 그 글. [예] 논어를 주해하다. —하다.

주행[1](舟行) 배를 타고 감. 배가 물에 떠서 다님. —하다.

주:행[2](走行) 자동차 따위의 바퀴가 달린 탈것이 달려감. [예] 주행거리. —하다.

주홍색(朱紅色) 누른빛과 붉은빛의 중간 빛깔.

죽[1] 옷이나 그릇 따위의 열 벌을 한 단위로 세는 말. [예] 버선 한 죽. 그릇 다섯 죽.

죽:[2] ①차례로 늘어선 모양. [예] 달밤이면 멍석 위에 죽 둘러앉아 노래 부르며 논다. ②종이나 피륙 따위를 찢는 소리. [센] 쭉.

죽[3](粥) 쌀에 물을 많이 부어 묽게 끓인 음식.

죽고 죽어 죽고 또다시 죽어. 여러 번 되풀이해 죽어. [예] 이 몸이 죽고 죽어 일백 번 고쳐 죽어.

죽는소리 엄살부림, 또는 엄살부리는 말. [예] 죽는소리만 하지 말고 과감히 부딪쳐라. —하다.

죽는 한이 있어도 죽게 되는 일이 있어도. [예] 죽는 한이 있어도 이 일을 꼭 해내겠다.

죽다 ①숨이 끊어지다. ②불이 꺼지다. [예] 연탄불이 죽다. ③생생한 기운이 없어지다. [반] 살다.

죽도(竹刀) ①대로 만든 칼. 대칼. ②검도 연습에 쓰이는 제구의 한 가지. 길고 두꺼운 네 개의 대쪽을 동여서 만듦.

죽 떠 먹은 자리〈속〉 무슨 일이고 감쪽같이 뒤 흔적이 보이지 않게 되었을 때 하는 말.

죽림(竹林) 대숲.

죽마 고:우(竹馬故友) 어릴 때부터 같이 놀던 친한 친구. [비] 죽마구우.

죽맞다 둘이 서로 뜻이 통하다.

죽부인(竹夫人) 대오리로 길고 둥글게 만든 제구. 여름 밤에 끼고 자면서 서늘한 기운을 취함.

〔죽부인〕

죽세공(竹細工) 대를 재료로 써서 작은 물건을 만드는 일.

죽순(竹筍) 대나무의 땅속줄기에서 돋아나는 어리고 연한 싹.

죽어 석 잔 술이 살아 한 잔 술만 못하다〈속〉 살아 있는 동안에 위해 주어야 한다.

죽은 자식 나이 세기〈속〉 이왕 그릇된 일은 생각하여도 쓸데없다.

죽은 정승이 산 개만 못하다〈속〉 죽고 나면 권력도 돈도 다 아무 소용 없다.

죽을힘 죽기를 한하고 쓰는 힘. [예] 죽을힘을 다했지만 실패했다. [비] 사력.

죽음 죽는 일. [비] 사망. [반] 삶.

죽음의 재 공중에서의 핵폭발로 인하여 생기는 방사능진의 일컬음.

죽의 장:막(竹—帳幕) 중국과 자

유주의 국가 사이에 가로 놓인 장벽을 중국 명산물인 대에 비유하여 이르는 말.

죽이 끓는지 밥이 끓는지 모른다 〈속〉 무엇이 어떻게 되어 가는지 도무지 알 수가 없다.

죽이다 ①죽게 하다. ②숨을 낮추어 쉬다. ㉠숨을 죽이고 노래를 듣고 있었다. ③불이 꺼지게 하다. ㉠화롯불을 죽이다.

죽장(竹杖)[-짱] 대로 만든 지팡이. 대지팡이. ㉠죽장을 짚다.

죽:죽 ①여러 줄로 늘어선 모양. ②거침없이 나아가는 모양. ㉠책을 죽죽 읽다. ③종이나 피륙을 계속해서 찢는 모양. ㉠헝겊을 죽죽 찢다. ④계속해서 줄을 치거나 선을 긋는 모양. ㉠밑줄을 죽죽 긋다. 〈작〉족족. 〈센〉쭉쭉.

죽지[-찌] 팔과 어깨가 잇닿은 관절의 부분. ㉠어깻죽지.

죽창(竹槍) 대로 만든 창.

죽통¹(竹筒) 굵은 대로 만들어 술·간장·기름 등을 담는 긴 통.

죽통²(粥筩) 미소익 먹이를 담는 통. 〈비〉구유.

준:결승전[-씅전] 운동 경기 등에서, 결승전 바로 전에 치러 결승에 나아갈 자격을 결정하는 경기. 〈준〉준결승.

준:공(竣工) 공사를 마침. 토목 건축의 일을 마침. ㉠다리를 준공하다. 〈비〉완공. 낙성. 〈반〉착공. 시공. —하다.

준:령(峻嶺) 높고 험한 고개. ㉠태산 준령.

준:마(駿馬) 잘 달리는 말.

준:말 긴 말을 줄인 간단한 말. '가지고'를 '갖고', '맞추어'를 '맞춰' 하는 따위.

준법(遵法)[-뻡] 법을 지킴. 법을 따름. ㉠준법 정신. 〈반〉위법. —하다.

준:비(準備) 미리 마련하여 갖춤. ㉠소풍 갈 준비를 하였는데 비가 왔다. 〈비〉채비. 예비. —하다.

준:비물 미리 필요한 것을 마련하여 갖추어 놓은 물건.

준:비 운:동 운동을 하기 전에 가벼운 동작으로 온몸을 고르게 푸는 운동. ㉠수영을 하기 전에 반드시 준비 운동을 해야 한다.

준:설(浚渫) 물 속 바다을 쳐서 깊게 함. ㉠준설 작업. —하다.

준:수¹(俊秀) 재주·슬기·풍채 따위가 뛰어남. ㉠준수한 외모. —하다.

준수²(遵守) 규칙·명령 등을 그대로 좇아 지킴. ㉠법을 준수하는 시민이 되자. —하다.

준:엄(峻嚴) 매우 엄격함. ㉠준엄한 표정의 교장 선생님. —하다.

준:우승(準優勝) 운동 경기에서 우승 다음 가는 성적. ㉠축구에서 준우승을 했다. —하다.

준:치 몸이 넓적하고 밴댕이와 모양이 비슷하며, 몸에 빳빳한 가시가 많은 바닷물고기.

준:칙(準則) 어떤 일을 근거로 하여 거기에 따라야 할 기준이 되는 규칙. ㉠가정 의례 준칙.

준:평원(準平原) 오랫동안 계속된 침식으로 산이 깎이어 지역 전체가 낮고 평평하게 된 평지.

준:하다(準—) 어떤 본보기에 비추어 그대로 좇다. ㉠국가 원수에 준하여 대접하다.

줄¹ ①새끼나 노끈. ②가로나 세로로 걸린 선. ③벌여 선 행렬. ㉠한 줄로 늘어서시오.

줄² 어떠한 방법·셈속을 나타내는 말. ⑳ 꾀부릴 줄 모르는 성실한 사람.

줄³: 금속이나 목재의 표면을 다듬는 데 쓰는 공구.

〔줄³〕

줄거리 ①잎이나 덩굴의 줄기. ②소설 따위의 대략 요긴한 이야기. ⑳ 글을 읽었으면 줄거리 정도는 알아야 한다.

줄곧 조금도 쉬지 않고. ⑳ 줄곧 걷다. 비 내내. 사뭇. 반 때때로.

줄기 ①가지·잎이 붙는, 나무나 풀의 굵은 부분. ②물이 줄대어 흐르는 부분. ③산이 갈라져 나간 갈래. ④소나기의 한 차례. ⑳ 소나기가 한 줄기 퍼붓다.

줄기차다 잇달아 억세게 나가다. ⑳ 줄기차게 퍼붓는 비.

줄깃줄깃[—긴쭐긴] 씹히는 맛이 차지고도 질긴 모양. 좍 졸깃졸깃. 쎈 쭐깃쭐깃. —하다.

줄넘기[—끼] 아이들이 줄을 넘으면서 하는 놀이. —하다.

줄:다〔주니〕 분량이나 수량 등이 적어지다. ⑳ 가뭄으로 강물이 줄었다. 반 늘다.

줄다리기 여러 사람이 편을 갈라서 굵은 줄을 서로 잡아당겨 이기고 짐을 겨루는 놀이. —하다.

줄달다〔줄다니〕 끊이지 않고 줄을 지어 연하다. ⑳ 손님이 줄달다.

줄달아 끊이지 않고 잇달아. ⑳ 차가 줄달아 오다.

줄달음질 단숨에 내처 달리는 달음박질. 준 줄달음. —하다.

줄멍줄멍 그만그만하게 굵직한 것들이 한데 어울려 있는 모양. 좍 졸망졸망. —하다.

줄모 못줄을 대고 가로와 세로가 줄이 지게 심는 모. 비 정조식. 반 허튼모.

줄무늬 실을 차례로 놓은 것같이 줄로 된 무늬.

줄바둑 바둑돌을 한 일자로 늘어놓기만 하는 서투른 바둑.

줄뿌림 논밭에 일정한 거리를 두고 평행하게 고랑을 내어 한 줄로 죽 씨를 뿌려 흙을 덮는 씨뿌리기의 한 가지.

줄어가다 크거나 많던 것이 점점 작거나 적게 되어가다. ⑳ 식량이 줄어가다. 반 늘어가다.

줄어들다 수가 적어지다. ⑳ 수입이 줄어들다. 반 늘어나다.

줄어지다 점점 줄게 되다. 반 늘어지다. 좍 졸아지다.

줄이다 줄게 하다. ⑳ 비용을 줄이다. 반 늘이다. 좍 졸이다.

줄인자 실물보다 줄여서 그릴 때의 줄이는 비율. 축척.

줄임표 문장에 쓰이는 부호의 한 가지. 문장이 생략되었거나, 말이 없음을 나타내는 부호. '……'의 이름. 비 생략표.

줄자 헝겊·노끈·강철 등의 줄로 길게 만든 자. ⑳ 줄자로 가슴둘레를 재다.

줄:잡다 실제보다 줄이어 헤아리다. ⑳ 관객이 줄잡아 삼천 명은 되겠다. 좍 졸잡다.

줄줄 ①굵은 물줄기가 계속해서 흐르는 소리. ⑳ 천장에서 비가 줄줄 새다. ②굵은 줄 따위가 끌리는 모양. ③줄곧 뒤를 따라다니는 모양. ⑳ 동생이 줄줄 따라다

닫다. ④막힘이 없이 무엇을 읽거나 외는 모양. 예글을 줄줄 외다. 작졸졸. 센쭐쭐.

줄줄이 ①줄마다 모두. 예줄줄이 읽어 가다. ②여러 줄로. 예깃발이 줄줄이 늘어서 있다.

줄짓다〔줄지어〕 줄을 이루어. 예극장 앞에 줄지어 늘어서다.

줄타기 공중에 친 줄 위를 걷거나 건너다니며 재주를 부림, 또는 그런 곡예. —하다.

줄표 문장 부호의 한 가지. 이미 말한 내용을 다른 말로 보충·정정할 때 쓰는 부호. '—'의 이름.

줄행랑(을) 치다 ①쫓기어 도망하다. ②낌새를 알고 그 자리를 피하여 달아나다. 예삼십육계 줄행랑을 치다.

줌 : 주먹으로 쥘 만한 분량. 예한 줌의 흙.

줍 : 다〔주우니, 주워서〕 떨어진 것을 도로 손으로 집다. 흩어진 물건을 거두다. 예이삭을 줍다.

줏대(主—)〔—때〕 마음먹은 굳은 뜻. 예줏대 없이 행동하다.

중 : ¹ 절에서 불경을 공부하면서 불교의 교리를 널리 베푸는 일을 하는 사람. 비승려.

중 ²(中) ①무엇을 하는 동안. 예운동 경기 중. ②여럿의 가운데. 예꽃 중의 꽃 무궁화꽃. ③속.

중간(中間) ①가운데. 중앙. ②두 물건의 사이. ③끝나지 않은 때나 장소. 예중간 발표. 비중도.

중간치 크기·품질 따위가 다른 여럿 가운데서 중간이 되는 물건. 중치. 예옷을 중간치로 사다.

중 : 개(仲介) 제삼자로서 두 당사자 사이에 서서 일을 주선하는 일. 예중개역을 맡다. —하다.

중 : 개 무 : 역(仲介貿易) 제3국의 무역업자가 거래의 주체가 되어, 물자를 수출국에서 수입국으로 이동시키는 무역 형태.

중 : 개인(仲介人) 상품 매매를 중간에서 중개하는 사람.

중거리(中距離) ①짧지도 길지도 않은 중간 정도의 거리. 예중거리 슛. ②'중거리달리기'의 준말.

중거리달리기 육상 경기의 한 가지. 남자 800m·1,500m 달리기와 여자 400m·800m 달리기 등을 통틀어 이르는 말. 준중거리.

중 : 건(重建) 절·궁궐 등의 건물을 고쳐 짓거나 세움. —하다.

중견(中堅) 단체나 사회의 중심이 되는 사람. 예중견 작가.

중견수 야구에서, 2루의 뒤쪽을 지키는 선수.

중 : 경상(重輕傷) 중상과 경상.

중계(中繼) 중간에서 받아 이어 줌. 예위성 중계 방송. —하다.

중계 방 : 송(中繼放送) 극장·경기장 따위의 현장에서, 실제 상황을 일반 청취자나 시청자에게 보내는 방송. 준중계.

중계소(中繼所) 어떤 사물을 중계하는 장소나 건물.

중고(中古) 약간 낡은 물건. 예중고 텔레비전. 본중고품.

중고품(中古品) 아주 낡지 않은 꽤 오래 쓴 물건. 준중고.

중공군(中共軍) 중국 공산당의 지휘를 받던 군대. 현재는 중국군.

중 : 공업(重工業) 부피에 비하여 무게가 비교적 무거운 철·기계 따위를 만들어 내는 공업. 반경공업.

중 : 과 부적(衆寡不敵) 적은 수효가 많은 수효를 상대하지 못함.

[예] 중과 부적으로 패하다. —하다.
중:구 난방(衆口難防) '뭇 사람의 여러 가지 의견을 하나하나 받아 넘기기 어려움'을 이르는 말.
중국(中國) 동부 아시아에 있는 큰 나라. 고대 문명의 발상지로서 오랜 역사를 이어 옴. 수도는 베이징. 중화 인민 공화국.
중군(中軍) 전군의 중간에 자리잡고 있는 중심 부대.
중근동(中近東) 중동 지방과 근동 지방을 합쳐서 부르는 말. 서남 아시아. [예] 중근동 지방.
중:금속(重金屬) 비중이 4 이상인 쇠붙이로서, 금·은·구리·철 따위. [반] 경금속.
중기[1](中期) 일정한 기간의 중간인 시기. [예] 고려 중기.
중:기[2](重機) ①건설 공사에 사용되는 일정한 무게 이상의 기계. ②중공업용의 기계.
중길(中—)[—낄] 같은 종류에서 품질이 중간쯤 되는 물건. [예] 중길의 가구.
중년(中年) 마흔 살 안팎의 나이. [예] 중년 부인.
중:노동 육체적으로 몹시 힘이 드는 노동. [반] 경노동.
중노미 음식점이나 여관 등에서 허드렛일을 하는 남자. '죽놈이'가 원말.
중농(中農) 중간 정도의 농토를 가지고 비교적 여유 있는 생활을 하는 농가나 농민.
중뇌(中腦) 간뇌와 소뇌 사이에 있는 뇌의 한 부분. 시각 및 청각에 관계하는 외에 몸의 자세를 바로 갖게 하는 작용을 맡아 봄.
중단(中斷) 중간에서 그침. [예] 일을 하다가 중단하였다. [비] 중지. [반] 계속. —하다.
중대(中隊) 몇 개의 소대가 모여서 이루어진 부대. [예] 보병 중대.
중:대가리 중처럼 빡빡 깎은 머리, 또는 그렇게 깎은 사람을 속되게 이르는 말.
중:대성(重大性)[—썽] 사물의 내용이나 정도의 중대한 성질. [예] 사건의 중대성으로 보아 무슨 조치가 곧 있을 것이다.
중:대시(重大視) 중대하게 여김. [반] 경시. [준] 중시. —하다.
중대장(中隊長) 중대를 지휘·통솔하는 지휘관. 보통 대위로 임명함.
중:대하다(重大—) ①중요하고 크다. [예] 중대한 임무. ②가볍게 여길 수 없다. [비] 중요하다. 귀중하다. [반] 사소하다. 하찮다.
중도(中途) 일이 되어 가는 동안. [예] 중도 하차. [비] 도중.
중도금(中渡金) 부동산 거래 등에서 계약금과 잔금 사이에 주고받는 돈.
중독(中毒) 음식물이나 약품의 독한 성질로 인하여, 기능에 장애가 일어나는 일. [예] 식중독.
중동(中東) 극동과 근동의 중간 지역. 보통 이라크·이란·아프가니스탄·파키스탄 등을 가리킴.
중동무이 끝마치지 못하고 중간에서 흐지부지함. —하다.
중동 지역 서남 아시아와 북아프리카에 걸쳐 있는 지역으로, 석유가 발견되고서부터 세계의 관심이 집중되고 있음.
중등(中等) 가운데 등급. 초등과 고등, 상등과 하등의 사이.
중등 교:육(中等敎育) 초등 교육을 받은 사람에게 베푸는 중등 정

도의 교육, 곧 중학교 및 고등 학교에서 실시하는 교육.

중략(中略)[—냑] 말이나 글의 중간의 일부를 줄임. 땐상략. 하략. —하다.

중:량(重量) ①무게. ⑩중량을 재다. ②무거운 무게. 땐경량.

중:력(重力) 지구가 지구 위의 물체를 끄는 힘. 지구의 인력. ⑩중력을 받다.

중:력 가속도 물체가 중력 밑에서 운동할 때 중력 작용으로 말미암아 생기는 가속도.

중로(中路) 오가는 길의 중간. 길 가운데. ⑩집으로 가던 중로에 친구를 만났다.

중:론(衆論)[—논] 여러 사람의 의논·의견. ⑩중론을 존중하다.

중류(中流)[—뉴] ①강의 상류와 하류 사이. ⑩강의 중류. ②중간쯤 되는 정도나 계층.

중류 계급 생활이나 문화 수준 등이 중류쯤 되는 계급.

중류 사:회[중뉴—] 생활이나 문화 수준이 중류쯤 되는 사회.

중류층[—뉴층] 중류의 생활을 하고 있는 사회 계층.

중립(中立) 어느 쪽으로든지 기울어지지 아니함. ⑩중립 국가.

중립국[—닙꾹] 전쟁하고 있는 어느 쪽에도 참가하지 않은 나라.

중립주의 중립적 정책을 취해 나가려는 외교상의 입장.

중립 지대 ①전쟁 행위가 금지된 지대. ②임진강과 한강 어귀에서 동해에 이르는 155마일의 휴전선을 중심으로 남북 각각 2km 폭 안의 지대. 땐비무장 지대.

중매(中媒) 남녀 사이에서 혼인을 주선해 주는 일, 또는 그 사람. ⑩중매쟁이. —하다.

중매 들다 중매하기 위하여 남자와 여자 사이에 들어 주선하다. ⑩결혼을 중매 들다.

중모리장단 국악에서, 4분의 12박자의 장단. 강강술래·농부가 등.

중모음 단모음의 한 갈래로 입을 중간 정도 벌려서 발음하는 모음. ㅔ·ㅚ·ㅓ·ㅗ 따위.

중반(中盤) 어떤 사건의 진행이 본격적으로 일어나는 단계. ⑩축구 경기가 중반에 접어들었다.

중:벌(重罰) 무거운 형벌. 중한 형벌. ⑩중벌을 받다.

중:병(重病) 목숨이 위태로울 만큼 크게 앓는 위중한 병. 중태에 빠진 병. 중환. ⑩중병을 앓다.

중복¹(中伏) 삼복의 하나. 하지 뒤의 넷째 경일.

중복²(重複) 거듭함. 한 것을 또 함. ⑩일의 중복을 피해라. 땐반복. —하다.

중부(中部) 어떠한 곳의 가운데의 부분. ⑩중부 지방에 큰비가 내리다. 땐중앙.

중부 전:선 ①어떤 지역의 중앙에 위치한 전선. ②6·25 전쟁 때, 강원도 김화·철원·평강 능지의 중부를 이루는 지대에서 치열한 싸움이 벌어졌던 전선.

중부 지방 ①어떤 지역의 중앙에 자리잡고 있는 지방. ②서울 특별시·경기도·강원도·충청 남북도를 포함하는 지역.

중뿔나다[—라다] 관계 없는 사람이 곁에서 참견을 하다. ⑩중뿔나게 굴지 마라.

중산(中産) ①중등 정도의 재산. ②자본가와 노동자의 중간에 있는 계급. 중산 계급.

중산층(中產層) 자본가와 노동자와의 중간에 있는 계층. 생활 정도나 재산 상태가 중간 정도의 계층. [예]중산층을 대변하다.

중상[1](中傷) 근거 없는 말로 남을 헐뜯음. [예]중상 모략하지 마라. [비]모략. —하다.

중:상[2](重傷) 몹시 다침. [예]중상자. [반]경상. —하다.

중:생(衆生) ①생명이 있는 것들. ②불교에서, 부처의 구제 대상이 되는 인간과 그 밖의 일체의 생물. [예]중생을 불쌍히 여기다.

중:석(重石) 매우 단단하고 강철빛이 나는 쇠붙이. 텅스텐.

중석기 시대 구석기 시대와 신석기 시대의 중간 시대. 나무나 뼈에 석기를 꽂아 톱이나 활·창 등을 만들어 썼음.

중선거구 대선거구 가운데 2~5명을 뽑는 선거구를 이르는 말.

중성(中性) ①이것도 저것도 아닌 중간의 성질. ②산성과 염기성의 중간 상태. [예]중성 반응. ③남자 같은 여자. 여자다운 맛이 없는 여자. 또, 여자 같은 남자.

중성 모:음 한글의 모음 가운데 'ㅣ'모음을 이르는 말.

중성 반:응 산성도 염기성도 나타내지 않는 반응.

중성 세:제 합성 세제의 한 가지. 물에 녹아서 중성을 나타내기 때문에 섬유를 상하게 하지 않으며 산성 속에서도 때를 씻어 내는 성질이 있음.

중성 용액 산성도 아니고 염기성도 아닌 용액. 푸른 리트머스 종이나 붉은 리트머스 종이를 다 같이 변화시키지 않는 용액으로, 물·설탕물·소금물 따위.

중세기(中世紀) 시대 구분의 하나. 고대에서 근대에 이르는 중간의 시대. 우리 나라에서는 고려 초기부터 고려 멸망까지의 시기에 해당되는 시기.

중소 기업(中小企業) 자본금이나 종업원 수, 또는 그 밖의 시설 등이 중소 규모인 기업.

중수(重修) 낡은 것을 다시 손대어 고침. [예]경복궁을 중수하다. —하다.

중순(中旬) 한 달의 11일부터 20일까지의 열흘 동안. [예]10월 중순.

중:시(重視) '중요시'의 준말. [예]실력을 중시하는 사회. [반]경시. —하다.

중심[1](中心) ①한가운데. ②마음속. ③매우 중요한 지위. [예]중심 인물. [비]핵심. [반]주위.

중:심[2](重心) 물체의 무게 중심이 되는 점. [예]중심을 잘 잡다.

중심각(中心角) 원의 중심에서 두 반지름이 이루는 각.

중심부 한가운데가 되는 곳. [예]서울의 중심부. [비]중앙부.

중심선 원의 중심을 지나는 직선, 또는 주어진 두 원이나 구의 중심을 잇는 선분.

중심점[—쩜] 사물의 중심에 해당하는 점.

중심지(中心地) 중요한 자리를 차지하는 곳. 으뜸이 되는 곳.

중:압(重壓) 무겁게 내리누름, 또는 그 압력. 강한 압력. [예]중압을 가하다. —하다.

중앙(中央) ①한가운데. [예]교실의 중앙에 난로를 놓다. ②첫째 되는 도회지. [예]중앙에 진출하다. [비]중부. [반]지방.

중앙 관청 전국에 그 권한이 미치는 행정 관청.

중앙 난:방 중심이 되는 한 곳에서 건물 각 부분으로 증기나 더운 물을 보내어 실내를 덥게 하는 방식. 집중 난방.

중앙선[1] 서울 청량리와 경주를 잇는 철도. 길이 382.7km. 1942년에 개통되었음.

중앙선[2] (中央線) 차도에서, 상행선과 하행선을 구분하기 위해 가운데에 그어 놓은 선.

중앙 은행 한 나라의 화폐 금융의 중심이 되는 은행.

중앙 정부 내각을 조직하여 온 나라의 행정을 통치하는 곳.

중앙 집권 정치상의 권력이 중앙 정부에 집중되어 있는 일. ⟨예⟩중앙 집권 제도. ⟨반⟩지방 분권.

중양절(重陽節) 우리 나라 옛 명절의 하나로 음력 9월 9일임.

중언 부:언(重言復言) 이미 한 말을 자꾸 되풀이함. ⟨예⟩중언 부언 늘어놓지 마라. —하다.

중얼거리다 남이 잘 알아듣지 못하게 낮은 목소리로 혼자 말하다. ⟨예⟩입 속으로 중얼거리지 말고 똑똑히 얘기해라. ⟨반⟩고함치다.

중얼중얼 못마땅하여 남이 알아듣기 어려울 정도의 혼잣말로 자주 불평하는 모양, 또는 그 소리. ⟨예⟩혼자서 중얼중얼 외다. ⟨작⟩종알종알. ⟨센⟩쭝얼쭝얼. —하다.

중:역(重役) 은행·회사 등의 중요한 일을 맡고 있는 임원. 책임이 무거운 역할. ⟨예⟩중역 회의.

중엽(中葉) 어느 시대 가운데 그 중간쯤 되는 때. ⟨예⟩고려 중엽.

중외(中外) ①국내와 국외. ⟨예⟩중외에 이름을 떨치다. ②정부와 민간. ③서울과 시골.

중:요성[—썽] 일의 중요한 성질. 중대성. ⟨예⟩평화의 중요성을 깊이 깨달아야 한다.

중:요시 중요하게 봄. 중요하게 여김. ⟨예⟩형식보다 내용을 중요시하다. ⟨준⟩중시. —하다.

중:요하다(重要—) 소중하다. 썩 요긴하다. ⟨비⟩귀중하다. —히.

중용[1] (中庸) 치우치지 않고, 지나친 것과 부족함이 없는 것. ⟨예⟩중용을 지키다.

중:용[2] (重用) 사람을 중요한 자리에 임명하여 씀. ⟨예⟩인재를 중용하다. —하다.

중원 고구려비 충청 북도 충주시 가금면 용전리 선돌 마을에서 1979년에 발견된 고구려 문자왕의 남진 순수비. 높이 135cm, 폭56 cm, 두께 33cm의 화강암에, 1행 23자꼴로 528자가 새겨져 있음.

중위(中尉) 군인의 장교 계급의 하나. 소위의 위, 대위의 아래.

중:유(重油) 석유에서 휘발유를 뽑아 내고 난 걸쭉한 기름.

죽의 관자 구멍이다⟨속⟩ 소용이 없게 된 물건이다.

중이 고기맛을 알면 절에 빈대가 안 남는다⟨속⟩ 무슨 좋은 일을 한 번 당하면 그것에 빠져 정신을 잃고 덤빈다.

중이염(中耳炎) 병원균에 의하여 귀청 속에 생기는 염증. 귀와 머리가 아프고 열이 남.

중이 제 머리를 못 깎는다⟨속⟩ 아무리 긴한 일이라도 자기 일을 자기 손으로 할 수는 없다.

중인(中人) 조선 시대 양반과 상민의 중간 계급. 낮은 관리직·기술직 등을 맡았음.

중·일 전:쟁(中日戰爭) 1937년 중국에 대한 일본의 침략 전쟁. 중국의 항전으로 인하여 1941년의 태평양 전쟁으로 발전하였음.

중:임¹(重任) 중대한 임무. 예중임을 맡다.

중임²(重任) 먼저 근무했던 직위나 임무를 거듭 맡게 됨. —하다.

중장¹(中將) 군인 계급의 하나. 대장의 아래, 소장의 위임.

중장²(中章) 시조나 노래 따위에서, 초장·중장·종장의 세 개로 나뉜 것 중 가운데의 장.

중:장비(重裝備) 토목·건축에 쓰이는 중량이 큰 기계의 통칭.

중:재(仲裁) 다툰 상대들의 사이에 끼어들어 서로 화해시킴. 예싸움을 중재하다. —하다.

중전(中前) 야구에서, 중견수의 앞. 예중전 안타.

중전 마:마 왕비, 곧 중전을 높이어 마마의 경칭을 덧붙인 말.

중절 모자(中折帽子) 꼭대기의 가운데가 접히고 챙이 둥글게 달린 신사용 모자.

중점¹(中點)[—쩜] 선분 위에 있으면서 선분의 양쪽 끝으로부터 같은 거리에 있는 점.

중:점²(重點)[—쩜] 중요한 것. 중시해야 할 점. 예수출 증대에 중점을 두다.

중졸(中卒) '중학교 졸업'을 줄여 이르는 말.

중주(重奏) 둘 이상의 성부를 한 사람이 하나씩 맡아 동시에 악기로 연주하는 일. 예피아노 3중주. 반독주. —하다.

중중모리장단 중모리 장단을 조금 빠르게 치는 것. 12박이 1장단임.

중중첩첩(重重疊疊) 겹겹이 포개어진 모양. —하다. —히.

중:증(重症)[—쯩] 매우 위중한 병의 증세. 반경증.

중지¹(中止) 무엇을 하다가 중간에서 그침. 예회의를 중지하다. 비중단. 반계속. 진행. —하다.

중지²(中指) 가운뎃손가락.

중진국(中進國) 문화나 경제의 발달 정도가 선진국과 후진국의 중간쯤인 나라. 비개발 도상국.

중창(重唱) 둘 이상의 성부를 한 사람이 하나씩 맡아 동시에 노래함. 또는 그 노래. —하다.

중:책(重責) 무거운 책임. 예회사에서 중책을 맡다.

중천(中天) 하늘의 한복판. 예해가 중천에 떴다. 비중공.

중:천금(重千金) 가치가 매우 귀함. 예장부 일언은 중천금.

중추(中秋) 가을의 한창인 때. 한가을(음력 팔월).

중추 신경계(中樞神經系) 동물의 신경계에서, 중추부인 뇌와 척수를 담당하는 신경 섬유와 신경 세포가 모여 있는 부분.

중추원(中樞院) ①조선 초기 궁궐의 호위와 군사 기밀을 맡았던 관아. ②조선 말기 의정부에 딸린 관아. ③일제 때, 조선 총독부의 어용 자문 기관.

중추적(中樞的) 사물의 중심이 되는 중요한 부분이나 자리가 되는. 예중추적 역할. 비중심적.

중키 보통 키. 예보통 몸집에 중키의 사나이.

중탕(重湯) 끓는 물 속에 음식 담은 그릇을 넣어, 그 음식을 익히거나 데움. 예한약을 중탕하다. —하다.

중:태(重態) 병이 위중한 상태.

[예] 중태에 빠지다.

중턱(中—) 산이나 고개 또는 입체로 된 물건의 허리쯤 되는 곳. [예] 산 중턱까지 오르니 숨이 가쁘다.

중퇴(中退) 학업 따위를 끝내지 못하고 중도에 그만둠. [예] 학교를 중퇴하다. —하다.

중편(中篇) ①세 편으로 나눈 책의 가운데 편. ②중편 소설. 단편보다 길이가 긴 소설.

중풍(中風) 일반적으로 뇌일혈로 인해 생기는, 온몸이나 몸의 일부가 마비되는 병.

중:하다(重—) ①책임·의무 등이 무겁다. ②소중하다. ③위중하다. [예] 병이 중하다. [반] 경하다. —히.

중학교(中學校) 초등 학교를 마치고 들어가는 윗학교. [예] 중학교에 입학하다.

중학생 중학교에 다니는 학생.

중:해도 중요해도. 뜻이 대단하여도. [예] 뜻이 아무리 중해도 실천하지 않으면 소용 없다.

중형(中型) 크지도 작지도 않은 중간쯤 되는 형. [예] 중형차.

중화(中和) 산과 알칼리 용액을 적당한 비율로 섞을 때, 둘 다 그 특성을 잃어버리는 현상. [예] 중화 반응을 일으키다. —하다.

중화 민국(中華民國) 1911년 신해 혁명으로 청나라가 무너지고, 그 다음 해 세워진 근대적 민주주의 국가로서 중국 공산당과의 내전에 패하여 1949년 타이완으로 옮겼음.

중:화학 공업(重化學工業) 중공업과 화학 공업을 함께 이르는 말.

중:환(重患) 위중한 질환. 중병. [반] 경환.

중:환자(重患者) 크게 앓아 병세가 위독한 환자. [반] 경환자.

중:후(重厚) 태도가 점잖고 마음씨가 너그러움. [예] 중후한 인품. [반] 경박. —하다.

중흥(中興) 쇠하던 것을 다시 일으키거나 일어남. [예] 민족 중흥. —하다.

쥐[1] 쥐아목에 딸린 몸길이 15~20 cm의 짐승. 털빛은 거뭇하고, 꼬리는 가늘고 길며 음식을 잘 훔쳐 먹고 물건을 쏢.

쥐[2] 몸의 어느 한 곳이 자기 생각대로 움직여지지 않는 현상. [예] 운동을 하다가 발에 쥐가 났다.

쥐고 펼 줄을 모른다〈속〉 돈을 모아 가지고 쓸 줄을 모른다.

쥐구멍 ①쥐가 드나드는 구멍. ②숨을 만한 곳.

쥐구멍에도 볕들 날이 있다〈속〉 고생을 몹시 하는 사람도 좋은 때를 만날 적이 있다.

쥐구멍에 홍살문 세우겠다〈속〉 어림도 없는 일을 주책없이 하려고 하다.

쥐구멍을 찾는다 몹시 부끄러워 급히 몸을 숨기려고 애를 쓴다.

쥐꼬리만하다 분량이 매우 적음을 비유하여 이르는 말. [예] 쥐꼬리만한 용돈.

쥐나다 갑자기 다리나 손에 경련이 일어나다.

쥐:다 ①손으로 잡다. ②권력 따위를 손아귀에 넣다. [예] 실권을 쥐다. ③남을 휘어잡다. [반] 펴다.

쥐:락펴락 당당한 권력으로 남을 마음대로 부리는 모양. —하다.

쥐며느리 쥐며느릿과의 좀벌레와 비슷한 벌레. 햇빛을 싫어하여 마

쥐불놀이

루 밑이나 음침한 곳의 돌 밑 또는 썩은 나뭇잎 같은 곳에 삶.

쥐불놀이 음력 정월에 논둑·밭둑과 잔디의 잡초 속에 있는 해충을 태우기 위하여 불을 놓는 민속 놀이. —하다.

쥐뿔도 모른다〈속〉 아무것도 모르고 아는 체한다.

쥐어뜯다 ①단단히 쥐고 뜯어 내다. ②뜯다시피 함부로 꼬집거나 잡아당기다. ㉠머리를 쥐어뜯다. ③몹시 괴롭거나 답답하여 가슴 따위를 뜯다시피 긁다. ㉠가슴을 쥐어뜯다. ㊟쥐뜯다.

쥐어박다 주먹으로 내지르다. ㉠머리를 쥐어박다. ㊟쥐박다.

쥐어지르다 주먹으로 냅다 지르다. ㊟쥐지르다.

쥐어짜다 ①단단히 쥐고 액체 따위를 짜내다. ㉠빨래를 쥐어짜다. ②오기 있게 떼를 쓰며 조르다. ㉠돈을 달라고 쥐어짜다.

쥐엄쥐엄 젖먹이에게 주먹을 쥐었다 폈다 하게 시킬 때 부르는 소리. ㊈죄암죄암.

쥐엄질 젖먹이가 두 손을 쥐었다 폈다 하며 재롱을 부리는 일. ㊈죄암질. —하다.

쥐었다 폈다 하다 ①무슨 일을 자기 마음대로 조종하다. ②어떤 사람을 자기 마음대로 부리다.

쥐오르다 =쥐나다.

쥐죽은듯 ①무서워서 숨도 크게 쉬지 못하는 모양. ②퍽 고요한 모양. —하다. —이.

쥘:부채 접었다 폈다 할 수 있는 부채.

즈음 때. 기회. 무렵. 적. ㉠요즈음에는 왜 이리 연락이 뜸하냐? ㉯당시. ㊟즘.

즉(卽) ①그리하여. 그래서. ②다시 말할 것 없이. ③다른 것이 아니라. ㉯곧.

즉각(卽刻) 당장에 곧. ㉠이 일을 즉각 실행하라.

즉결(卽決) 즉시 사건을 처결함. 그 자리에서 일을 결정함. ㉠즉결 처분. —하다.

즉결 심:판 가벼운 범죄 사건에 대하여 정식 형사 소송 절차를 밟지 아니하고 경찰 서장의 청구를 받아들여 순회 판사가 하는 약식 재판. ㉠무단 횡단으로 즉결 심판을 받다. ㊟즉심.

즉사(卽死) 그 자리에서 곧 죽음. ㉠현장에서 즉사하다. —하다.

즉석(卽席) 그 자리. 그 자리에서 곧. ㉠즉석 요리. ㉯바로.

즉시(卽時) 곧. 바로 그 때. ㉠즉시 달려오다. ㉯즉각.

즉시즉시 그때 그때마다 곧. ㉠모르는 것은 즉시즉시 물어라.

즉위(卽位) 임금 자리에 오름. ㉠즉위식. ㉰퇴위. —하다.

즉일(卽日) 그 날. 그 당장. ㉠급한 전갈을 받고 즉일로 떠났다.

즉행(卽行) ①곧 감. ②곧 행함. —하다.

즉효(卽效) 즉시 효력이 나타남. ㉠이 약이 즉효구나.

즉흥(卽興)[즈쿵] 그 자리에서 일어나는 흥취. ㉠즉흥시.

즉흥곡(卽興曲) 즉흥적으로 지은 악곡.

즉흥시(卽興詩) 그 자리에서의 느낌을 그대로 읊는 시.

즐겁다〔즐거우니, 즐거워/즐거이〕 ①마음이 흐뭇하고 기쁘다. ㉠오늘은 즐거운 설날이다. ②반갑다. ㉯기쁘다. ㉰슬프다.

즐기다 ①어떤 일에 취미를 붙여 좋아하다. ㉠산책을 즐기다. ②마음을 즐겁게 가지다. ㉠청춘을 즐기다.

즐비하다(櫛比―) 빗살 모양으로 가지런하고 빽빽하게 늘어서 있다. ㉠산에 나무가 즐비하다.

즙(汁) 과실 따위에서 배어 나오거나 짜낸 물. ㉠사과즙.

즙액 즙을 짜낸 액.

-증(證) '증명서'의 뜻을 나타내는 말. 학생증·신분증 따위.

증가(增加) 더 늘어남. 많아짐. ㉠인구 증가. ⑬감소. ―하다.

증감(增減) 늘림과 줄임. 많아짐과 적어짐. ㉠인구의 증감을 조사하다. ―하다.

증강(增強) 인원·설비 등을 더 늘려 굳세게 함. ㉠병력을 증강하다. ⑬감소. ―하다.

증거(證據) 그것이 꼭 그렇다고 말할 수 있을 만한 근거. ㉠증거를 확보하다.

증권(證券)[―꿘] 정부에서 발행하는 국채나 회사의 주권 따위. 돈과 같은 값을 지니고 있으나 시세에 따라 오르내림이 있음.

증권 거:래소 유가 증권의 공정한 가격 형성과 원활한 유통을 위하여 설립된 법인.

증권 시:장 돈의 가치를 지니고 있는 증권을 사고 파는 시장.

증권 회:사[증꿘―] 증권의 인수·매매 따위 업무를 위주로 삼는 주식 회사.

증기(蒸氣) ①김. 수증기. ②액체가 증발하여 생기는 기체.

증기 기관 수증기의 압력을 이용하여 기계를 움직이는 장치.

증기 터:빈 보일러에서 만들어진 고온·고압의 증기를 빠른 속도로 깃 달린 바퀴에 내뿜어 축을 회전시켜서 동력을 얻는 원동기.

증대(增大) 더하여 늘어남. 커짐. ㉠수출 증대. ⑬감소. ―하다.

증량(增量)[―냥] 수량이 늚, 또 늘림. ㉠귀성객 편의를 위해 열차를 증량하다. ―하다.

증류(蒸溜) 액체를 끓여 생긴 증기를 냉각시켜, 다시 액체로 만드는 일. ㉠증류수. ―하다.

증류수 보통 물을 증류시켜 다른 물질을 제거한 깨끗한 물.

증면(增面) 신문·책 등에서 발행 쪽수를 늘림. ―하다.

증명(證明) 증거를 들어서 사물의 확실함을 밝힘. ㉠결백을 증명하다. ―하다.

증명서(證明書) 어떠한 사실을 증명하는 문서. ㉠신원 증명서.

증발(蒸發) ①액체나 고체가 기체로 변하여 그 표면으로부터 달아나는 현상. ②사람이나 물건이 아무도 모르게 사라져 버리는 일. ㉠범인이 증발했다. ―하다.

증발 접시 용액 중의 수분을 증발시켜 결정을 얻고자 할 때에 용액을 담고 가열하는 데 쓰는 기구.

증보(增補) 책 따위의 내용을 더 보태고 부족한 것을 보충함. ㉠증보판을 내다. ―하다.

증빙(證憑) 증거가 되는 것, 또는 증거로 삼음. ―하다.

증빙 서류 증거가 되는 서류.

증산(增産) 더 남. 많이 산출함. ㉠식량 증산에 힘쓰다. ⑬감산. ―하다.

증산 작용(蒸散作用) 식물체 안의 수분이 수증기가 되어 몸 밖으로 배출되는 현상.

증:상(症狀) 병이나 상처의 상태. [예]증상이 호전되다. [비]증세.
증서(證書) 증거가 될 만한 서류. [예]졸업 증서. [비]증명서.
증설(增設) 시설이나 설비 따위를 더 늘려 설치함. [예]연구 기관을 증설하다. —하다.
증:세(症勢) 병의 형편. 병으로 앓는 여러 모양. [예]독감 증세.
증손(曾孫) 손자의 아들. 증손자.
증식(增殖) ①더욱 늚. [예]재산 증식. ②생물 또는 그 조직 세포 따위가 생식이나 분열에 의하여 늘어남. —하다.
증액(增額) 액수를 늘림, 또는 그 액수. [반]감액. —하다.
증언(證言) ①사실을 증명함, 또는 그 말. [예]역사의 증언. ②증인으로서 하는 말. [예]재판에서 증언하다. —하다.
증오(憎惡) 몹시 미워함. [예]증오에 가득 찬 눈초리. —하다.

증오심 몹시 미워하는 마음.
증원(增員) 사람 수를 늘림. [예]사원을 증원하다. [반]감원. —하다.
증인(證人) 어떠한 사실을 증거하는 사람. [예]역사의 산 증인.
증정(贈呈) 남에게 선물이나 기념품 따위를 드림. [예]화환을 증정하다. —하다.
증조(曾祖) 아버지의 할아버지.
증진(增進) ①더 나아가게 함. ②점점 더하여 나감. [예]식욕 증진. [반]감퇴. —하다.
증차(增車) 차량 수를 더하여 늘림. —하다.
증축(增築) 지금 있는 건물에 더 늘려서 지음. [예]회사 건물을 증축하다. —하다.
증표(證票) 증거가 되는 표. [예]사랑의 증표.
지 어떤 동작이나 일이 있었던 때로부터 지금까지의 동안을 나타내는 말. 반드시 'ㄴ' 아래에 쓰임. [예]헤어진 지 일 년이 되었다.
지각[1](地殼) 지구를 싸고 있는 땅 껍데기. [예]지각 변동.
지각[2](知覺) 알아서 깨달음, 또는 그 힘. —하다.
지각[3](遲刻) 정한 시각보다 늦음. [예]지각생. —하다.
지각나다 사물을 분별할 줄 아는 힘이 생기다.
지각 변:동 지구 내부의 원인 때문에 땅 위에 일어나는 여러 가지 운동. [예]급작스런 지각 변동으로 바다에서 섬이 솟았다.
지각없다 하는 짓이 어리고 철이 없다. 분별력이 없다. [예]지각없이 행동하다. —이.
지갑(紙匣) 가죽이나 헝겊으로 만든, 돈을 넣는 주머니.
지게 짐을 얹어 등에 지는, 나무로 만든 기구.

〔지 게〕

지게꾼 지게로 짐을 나르는 일을 직업으로 삼는 사람.
지게를 지고 제사를 지내도 제멋이다〈속〉 무슨 일이든지 제 뜻이 있어 하는 짓이니 남의 일에 참견할 것 없다.
지게차 차의 앞 부분에 두 개의 철판이 나와 있어 이것을 위아래로 움직여 짐을 운반하거나 내리는 차. 포크리프트.

지겹다〔지겨우니, 지겨워〕 몸서리가 처지도록 몹시 지루하고 싫증이 나다. 지긋지긋하다. ㉠이제는 말만 들어도 지겹다.

지경(地境) ①땅과 땅과의 경계. 경지. ②어떠한 경우. ㉠더워 죽을 지경이다. ㉣처지.

지고(至高) 지극히 높음. ㉠지고지순한 사랑. —하다.

지구¹(地球) 사람이 살고 있는 땅덩어리.

지구²(地區) 땅의 한 구획, 또는 특별히 지정된 지역. ㉠공업 지구. 산림 지구.

지구³(持久) 어떤 상태를 오래 버티어 견딤. ㉠지구력. —하다.

지구당(地區黨) 중앙당에 대하여 각 지구에 설치된 당의 지역 조직. ㉠지구당을 결성하다.

지구력(持久力) 오래 견디어 내는 힘. ㉠지구력이 강하다.

지구본 지구의 모양을 본떠 만든 작은 모형. 지구의.

지구의 =지구본.

지구의 돌:대[—때] 항상 빙빙 돌고 있는 지구의, 그 도는 중심이 되는 것.

지구전(持久戰) 오랫동안 끌어 가며 벌이는 싸움. ㉠지구전을 펼치다.

지구촌 지구를 하나의 마을로 비유하여 이르는 말. ㉠지구촌의 축제인 올림픽 대회.

지그시 슬그머니 누르거나 당기거나 닫는 모양. ㉠지그시 눈을 감고 옛일을 생각했다.

지그재그(프 zigzag) 번개·Z자·갈짓자 모양.

지극하다(至極—) 극진하다. 극도에 이르다. ㉠부모에 대한 효성이 지극하다. —히.

지근지근 ①남을 은근히 못 견디게 괴롭히거나 조르는 모양. ②머리가 조금 쑤시듯 아픈 모양. ㉠머리가 지근지근 아프다. ㉮자근자근. ㉯찌근찌근. —하다.

지글지글 계속하여 소리를 내면서 끓는 모양. ㉠지글지글 끓는 된장 찌개. ㉮자글자글. ㉯찌글찌글. —하다.

지금(只今) 시방. 이제. ㉠지금은 일하기에 한창 바쁜 때이다. ㉣현재. 방금. ㉤지난날. 과거.

지금거리다 음식에 섞인 잔모래 따위가 자꾸 씹히다. ㉠밥이 지금거리다. ㉮자금거리다.

지금껏 여태까지.

지급¹(支給) 물건이나 돈을 치러 줌. ㉠직원들에게 월급을 지급하다. ㉣지불. —하다.

지급²(至急) 매우 급함. ㉠지급한 사정. —하다. —히.

지긋지긋하다 몸서리가 나다. 아주 성가시다. ㉠약도 너무 많이 먹으니까 이제는 지긋지긋하다. ㉮자긋자긋하다. —이.

지긋하다[—그타다] 나이가 비교적 많고 듬직하다. ㉠연세가 지긋하신 교장 선생님. —이.

지기¹(知己) 서로 마음이 통하는 친한 벗. ㉤지기지우.

-지기² '그것을 지키는 사람'이라는 뜻을 나타내는 말. 등대지기·문지기·종지기 따위.

지껄이다 조금 떠들면서 이야기하다. ㉮재깔이다.

지끈 단단한 물건이 단박에 깨지거나 부러지는 소리. ㉠폭풍에 나무가 지끈 부러져 나갔다. ㉮자끈. —하다.

지끈지끈 ①골치가 쑤시며 몹시 아픈 상태. ②단단한 물건이 부러지거나 깨지는 소리. 짝자끈자끈. ―하다.

지나가다[1] ①들르지 않고 가다. 예 가게 앞을 지나가다. ②일정한 한도가 넘다. ③세월이 가다. 예 지나간 시절을 돌아보다.

지나가다[2] 어떤 곳을 거쳐서 가다. 예 대전을 지나가다.

지나다 ①기한이 넘다. 예 10년이 지난 뒤에 만나자. ②지나서 가거나 또는 오다. 예 들판을 지나다. ③과거가 되다. 예 이미 지난 일이다. 반다가오다.

지나치다 ①정도보다 훨씬 넘다. 예 옷이 지나치게 많다. ②행동이 거칠고 거세다. 예 말씀이 지나치시군요. ③지나가거나 지나오다. 예 앞으로는 그냥 지나치지 말고 저희 집에 들러 주세요.

지난 시간이 간. 세월이 간. 예 지난날.

지난날 이미 지나간 오늘 이전의 날. 그리 멀지 않은 과거의 어느 무렵. 예 지난날의 추억을 잊지 못하다.

지난달 바로 앞의 지나간 달. 예 지난달에 결혼했다.

지난밤 어젯밤. 예 지난밤에 도둑이 들었다.

지난번 요전의 그 때. 먼젓번.

지난해 이 해의 바로 전 해. 예 지난해는 풍년이었다. 비작년. 거년. 반명년. 내년.

지남철(指南鐵) ①늘 남북의 방향을 가리키는 쇠. ②쇠붙이를 끌어당기는 성질이 있는 쇠. 비자석.

지:내다 ①살아가다. ②서로 사귀어 가다. 예 형제처럼 지내다. ③일을 치르다. 예 장례를 지내다.

지네 발이 많이 달려 있으며, 독즙을 내어 작은 벌레를 잡아먹고 사는 벌레.

지눌(知訥, 1158~1210) 고려 신종 때의 명승. 보조국사라고도 하며 조계종의 창시자임.

지느러미 물고기의 등과 배의 양쪽과 꼬리에 달린 날개 같은 부분으로, 이를 움직여서 헤엄을 침.

지능(知能) ①슬기와 재주. ②지식과 능력.

지능 검:사(知能檢查) 개인의 선천적인 지능 수준이나 지능적 발달 정도를 판단하는 검사.

지능범(知能犯) 지능적인 수단을 써서 하는 범죄, 또는 그런 범인.

지능 지수(知能指數) 지능 검사의 결과로 얻은, 정신 연령을 실제 연령으로 나눈 뒤 100을 곱한 수. 아이큐(IQ).

지니다 ①몸에 간직하여 가지다. 예 신분증을 지니고 다니다. ②오래 기억하고 잊지 아니하다. ③원래의 모양을 간직하다. 예 원형을 지니다.

지다[1] ①꽃·잎이 시들어 떨어지다. 예 장미꽃이 지다. ②해와 달이 서쪽으로 넘어가다. 예 해가 지자 어두워졌다. ③젖이 불어 저절로 나오다. 예 애가 하도 보채서 젖이 질 새가 없다. ④거죽에 묻은 점·흠 들이 없어지다. 예 얼룩이 지다. ⑤싸움을 해서 이기지 못하다. 예 야구 시합에 지다. 반이기다.

지다[2] ①물건을 짊어서 등에 얹다. 예 짐을 지다. ②책임을 맡다. 예 책임지고 일하다.

-지다[3] 일이나 물건이 어떻게 되

어 감을 나타내는 말. ㉠넘어지다. 기름지다.

지당[1](至當) 이치에 꼭 맞음. 아주 적당함. ㉠지당하신 말씀. 🔲타당. —하다. —히.

지당[2](池塘) 못. 연못.

지대(地帶) 한정된 땅의 온 구역. ㉠이 마을은 지대가 높아 여러 모로 불편하다. 🔲지역.

지대공(地對空) 지상에서 공중으로 향함. ㉠지대공 미사일.

지대하다(至大—) 더없이 크다. ㉠지대한 관심을 보이다.

지덕(知德) 지식과 어진 품성.

지도[1](地圖) 지구 위의 바다·육지·산·강의 지형을 그린 그림.

지도[2](指導) 가르쳐 이끎. ㉠학생들을 지도하다. —하다.

지도력(指導力) 남을 가르치거나 이끌어 가는 능력.

지도자(指導者) ①가르치고 이끌어 주는 사람. ㉠민족의 지도자. ②앞길을 인도하여 주는 사람.

지독하다(至毒—) ①인정이 없다. ㉠그 교관은 지독한 사람이다. ②더할 수 없이 심하거나 독하다. ㉠더위가 지독하다. —히.

지동설(地動說) 다른 별과 같이 지구가 태양의 둘레를 돌고 있다고 하는 학설. 🔲천동설.

지라 위의 왼쪽 뒤에 있는, 빛이 검붉고 모양은 달걀 형상이며 주로 백혈구를 만들고 묵은 적혈구와 백혈구를 파괴하는 일을 하는 기관. 비장.

지랄 ①'도를 벗어난 말과 행동'을 욕으로 이르는 말. ②'지랄병'의 준말. —하다.

지랄병[—뼝] 갑자기 몸을 뒤틀거나 까무라치는 따위의 증상을 일으키는 병. 간질. ㉰지랄.

지략(智略) 뛰어난 슬기. ㉠지략이 뛰어난 장수. 🔲꾀. 지혜.

지:렁이 습한 곳에 살며 기어다니는 원통형의 기다란 벌레.

지렁이도 밟으면 꿈틀한다(속) 아무리 순하고 보잘것 없는 사람이라도 너무 업신여기면 반항한다.

지레[1] 무거운 물건을 움직일 때 어느 점을 괴어 그 물건을 움직이는 데 쓰는 막대기. 지렛대.

지레[2] 무슨 일이 채 되기 전이나 어떤 기회나 시기가 성숙되기 전에 미리. 먼저. ㉠지레 놀라다.

지레짐작 미리 넘겨짚어 어림으로 헤아림. ㉠지레짐작하여 누명을 씌우다. —하다.

지렛대 =지레[1].

지렛목 지레를 받치는 점.

지령(指令) ①상부의 명령. ②어떤 활동에 관한 명령. —하다.

지례(地禮) 땅에 제사 지내는 예.

지로 제:도(Giro制度) 직접 만나지 않고 받을 사람의 통장에 돈을 입금시켜 자동적으로 보내 주는 결제 방법.

지론(持論) 늘 주장하는 의견이나 이론. ㉠그것이 나의 지론이다.

지뢰(地雷) 땅 속에 얕게 묻어 놓고, 적군이나 적의 탱크 등이 밟으면 터지도록 장치한 폭약.

지뢰망 지뢰를 여기저기 그물처럼 설치한 것.

지루하다 시간이 오래 걸려 괴롭고 싫증이 나다. ㉠지루한 장마가 지나갔다. —히.

지류(支流) 원줄기로부터 갈려 흐르는 물줄기. ㉠한강의 지류. 🔲본류. 원류.

지르다〔지르니, 질러서〕 ①힘껏

건드리다. 예옆구리를 지르다. ②불을 붙이다. 예불을 지르다. ③큰 목소리로 부르짖다. 예소리를 지르다. ④지름길을 통해 가깝게 가다. 예질러서 가다.

지르르 물기·윤기·기름기 따위가 번드럽게 흐르는 모양. —하다.

지름 원이나 공 따위에서 그 중심을 통하여 둘레 위의 두 점에 이르는 거리. 예원의 지름을 재다.

지름길[—낄] 질러서 가는 가까운 길. 비첩경.

지리(地理) ①땅의 생긴 모양과 형편. 예이 곳 지리에 밝다. ②지구 위의 지형과 그 밖의 상태.

지리다¹ 똥이나 오줌을 참지 못하고 조금 싸다. 예바지에 오줌을 지리다.

지리다² 오줌 냄새와 같다, 또는 그런 맛이 있다.

지리산(智異山) 경남 함양군과 산청군, 전북 남원시와 전남 구례군에 걸쳐 있는 산. 화엄사가 유명한 우리 나라 최초의 국립 공원임.

지리학(地理學) 지구 위의 온갖 상태 및 생긴 모양 등을 연구하는 학문. 곧, 땅의 모양·기후·생물·교통 등을 연구하는 학문.

지린내 오줌 냄새와 같은 냄새.

-지마는 앞말을 인정하되 뒷말이 그에 얽매이지 아니함을 나타내는 말. 예나귀지마는 말같이 생겼다. 준-지만.

지망(志望) 원하고 바람. 하고 싶어함. 뜻을 둠. 비지원. —하다.

지면¹(地面) 땅의 표면.

지면²(紙面) ①종이의 겉면. ②신문의 기사를 싣는 면.

지명¹(地名) 땅 이름.

지명²(地鳴) 지진.

지명³(知名) 이름이 널리 알려져 있음. 예지명 인사.

지명⁴(指名) 여러 사람 가운데서 누구의 이름을 지정하여 가리킴. 예후계자 지명. —하다.

지명 수배 범죄인을 지명하여 수사망을 폄. —하다.

지모(智謀) 슬기 있는 꾀. 예지모가 뛰어난 사람. 비지략.

지목(指目) 사람이나 사물을 어떠하다고 가리키어 정함. 예용의자로 지목되다. 비지적. —하다.

지문¹(地文) 시나리오에서, 인물의 동작·표정·말투·기분 등을 설명한 글.

지문²(指紋) 손가락 끝마디의 안쪽에 이루어진 무늬.

지물포(紙物鋪) 여러 가지 종이를 파는 가게. 지전.

지반(地盤) ①세상에 살고 또 일을 해 나가는 근거지. ②토대가 되는 땅. ③땅의 표면.

지방¹(地方) ①어느 한 방면의 넓은 지역. 예남부 지방. ②서울 이외의 지역. ③시골. 반중앙.

지방²(脂肪) 동물·식물에 들어 있는, 보통 온도에서 고체 상태인 기름기. 열과 힘을 내는 데 쓰이는 중요한 영양소.

지방관(地方官) ①각 지방에 주재하면서 일반 행정 사무를 맡아 보는 국가 공무원. ②지난날, 주·부·군·현의 으뜸 벼슬.

지방도 시·도에서 건설·관리하는 도로. 가까운 고장끼리 연결됨.

지방 문화재 국유 문화재 이외에 향토 문화 보존상 관리·보호가 필요하다고 인정되는 문화재.

지방 법원(地方法院) 제1심 판결을 담당하는 하급 법원.

지방 산림 관리청(地方山林管理廳) 나라에서 가지고 있는 산의 나무나 수풀 따위를 보살피는 일을 맡은 관청.

지방색 어떤 지방의 자연·풍속·인정 등에서 풍기는 고유한 특색. 향토색. ㉠지방색이 짙다.

지방시(地方時) 어떤 지방에서 그 지점을 통과하는 자오선을 기준으로 하여 정한 시간. ㉣표준시.

지방 의회(地方議會) 지방 자치 단체의 예산을 짜고, 조례를 새로 만들거나 개정하는 기관.

지방 자치(地方自治) 각 고장의 특색을 살리고 이익을 얻도록 고장 실정에 맞는 정치를 하는 일.

지방 자치 단체 지방 자치 행정을 하기 위한 기관.

지방 자치 제:도 헌법의 지방 자치에 관한 규정에 따라 지방 공공 단체의 자주성·자율성을 높이기 위한 제도. 도지사나 시·군·구의 장 등을 직접 뽑거나 지방 의회의 권한 강화 같은 것이 지방 자치 제도의 기본 내용임.

지배(支配) 힘으로 다스려 자기 마음대로 처리함. ㉠인간을 지배하는 신. ㉣통치. —하다.

지배인 ①지배하는 사람. ②주인을 대신하여 회사나 상점의 일을 관리하는 사람.

지벅거리다 어둡거나 길이 험해서 발이 뜻대로 잘 놓여지지 않아 휘청거리며 걷다. ㉢지뻑거리다. 찌뻑거리다.

지범지범 음식물 따위를 채신없이 이것저것 집어 먹는 모양. —하다.

지병(持病) 잘 낫지 않아 늘 앓으면서 고통을 당하는 병. 고질.

지봉유설(芝峯類說)[—뉴설] 조선 시대 광해군 때 이수광이 지은 일종의 백과 사전으로, 서양의 사정과 천주교 지식을 소개한 책.

지분거리다 짓궂게 자꾸 남을 건드려 귀찮게 하다. ㉠약한 자를 지분거리다.

지불(支拂) 돈을 내어 줌. 물건 값을 치름. ㉣지급. —하다.

지붕 집의 위를 기와나 짚 따위로 이어 덮은 부분.

지사[1](支社) 본사에 딸리어 일정 지역의 일을 맡은 곳. ㉠지사장.

지사[2](志士) ①나라나 사회를 위해 몸과 마음을 바쳐 일하는 사람. ㉠애국 지사. ②기개가 있는 사람.

지사[3](知事) '도지사'의 준말.

지상[1](至上) 더할 수 없이 높은 위. 절대적인 것. 최상.

지상[2](地上) ①땅의 위. ㉣지하. ②이 세상. ㉠지상 최대의 쇼.

지상 낙원 =지상 천국.

지상 명:령(至上命令) 절대로 복종해야 할 명령.

지상 천국(地上天國) 이 세상에서 이룩되는 다시없이 자유롭고 풍족하며 행복한 사회.

지새다 달이 지면서 밤이 새나.

지서(支署) 본서에서 갈라져 나가 일정 지역의 업무를 맡아 보는 곳. 관서. ㉠지서장.

지석(誌石) 죽은 사람의 이름, 태어나고 죽은 날짜, 행적 및 무덤의 방향 등을 적어서 무덤 앞에 묻는 돌.

지석영(池錫永, 1855~1935) 조선 말기의 학자. 일본에 건너가 종두약 제조법을 배워 와서, 종두법의 보급에 힘썼음.

지선[1](支線) 본선에서 갈려 나간

지선

노선. 판간선. 본선.
지선²(至善) 지극히 착함. 예지고 지선. ―하다.
지성¹(至誠) ①지극히 성실함. ②정성이 지극함. 예지성을 다하면 하늘도 감동한다. 비정성. ―스럽다. ―하다.
지성²(知性) 이성적인 사고나 판단의 능력.
지성껏(至誠―) 지성을 다하여. 예지성껏 모시다.
지세(地勢) 땅의 생긴 형세. 예지세를 살피다.
지속(持續) 유지하여 계속함. 비계속. ―하다.
지수(指數) 숫자나 문자의 오른쪽 어깨에 쓰는 숫자. 5^3(5의 세제곱)에서의 3 따위.
지스러기 고르고 남은 부스러기나 찌꺼기.
지시(指示) ①가리켜 보임. ②하라고 시킴. 예지시 사항을 알려주다. 판복종. ―하다.
지시약(指示藥) 용액의 분석이나 성질을 알아보는 데 쓰이는 시약을 통틀어 이르는 말.
지식(知識) ①사물에 관하여 아는 것. 예책은 간접 지식을 전해 준다. ②사물을 분명히 깨닫는 것. 예지식을 쌓다. 비학문.
지식 수준 ①아는 정도. ②공부를 해서 배운 정도. 예시험을 통해서 지식 수준을 알아보다.
지신(地神) 땅을 맡아 다스리는 신령. 판천신.
지신밟기[―밥끼] 땅을 맡은 신을 받드는 뜻으로 집집마다 돌아다니며 음식을 차리고 풍악을 울리는 민속 행사의 하나. 음력 정월 보름경에 행하여짐.

지아비 '남편'을 웃어른 앞에서 낮추어 일컫는 말. 판지어미.
지압(指壓) 아픈 곳을 손바닥이나 손가락 끝으로 누르거나 또는 두드리는 일. ―하다.
지어미 '아내'를 웃어른 앞에서 낮추어 일컫는 말. 판지아비.
지엄(至嚴) 매우 엄함. 예지엄하신 분부. ―하다. ―히.
지역(地域) 일정한 구역 안의 토지. 비지대.
지역구(地域區) 시·군·구 따위의 일정한 지역을 한 단위로 하여 설정한 선거구. 판전국구.
지역 사:회(地域社會) 한 지역의 일정한 범위 안에서 성립되어 있는 생활 공동체. 농촌·어촌·도시 따위의 사회.
지연¹(地緣) 살고 있는 지역을 근거로 하는 연고 관계.
지연²(遲延) 더디게 끌어감. 예기차가 지연되었다. ―하다.
지열¹(止熱) 병으로 말미암아 생긴 열이 내림, 또는 내리게 함. ―하다.
지열²(地熱) 땅덩이가 원래부터 가지고 있는 열.
지옥(地獄) ①생전에 못된 일을 한 사람이 죽은 후에 잡혀 가서 죄를 받는다는 곳. 판극락. 천당. ②괴로운 지경. 예교통 지옥.
지온(地溫) 땅 표면 또는 땅 속의 온도.
지우개 ①칠판에 쓴 글씨나 그림을 지우는 데 쓰는 도구. ②연필 글씨를 지우는 고무. 본고무 지우개.
지우다¹ 나타났던 것을 없애다.
지우다² ①짐 등을 지게 하다. 예

지게를 지우다. ②책임을 맡기다.

지원[1](支援) 지지하여 도움. 힘을 보태줌. [예] 자금을 지원해 주다. [비] 원조. 후원. —하다.

지원[2](志願) 하고 싶어서 바람. [예] 자원 봉사를 지원하다. [비] 지망. —하다.

지원병 의무 또는 고용에 의하지 아니하고 현역을 자원하여 복무하는 병사.

지위(地位) 개인의 사회적인 신분에 따르는 어떠한 자리나 계급.

지육(智育) 지식을 얻게 하기 위하여 가르쳐 깨우치는 교육.

지은이 책 따위를 지어 낸 사람. [비] 저자. 작자.

지자기(地磁氣) 지구가 갖는 자기. [본] 지구 자기.

지자 총통 화승(화약이 터지도록 불을 붙이는 심지)의 불로 터지게 하여 쏘는 대포의 한 가지.

지장[1](支障) 일을 하는 데에 방해가 되는 것. [비] 방해. 장애.

지장[2](指章) 손도장. [예] 지장을 찍다.

지저귀다 새가 시끄럽게 울다. [예] 아름답게 지저귀는 꾀꼬리.

지저분하다 ①어수선하고 더럽다. [예] 지저분한 거리. ②말이나 행동이 거칠고 깨끗하지 않다. —히.

지적[1](知的) [—쩍] 지식이 있는 상태. 지식에 관한 모양. [예] 지적인 용모.

지적[2](指摘) ①손가락으로 가리킴. ②잘못된 일이나 잘된 일을 가려서 가리킴. [비] 지목. —하다.

지적 재산권 과학·문학·예술 분야에서 독창적인 기술이나 지식·기능을 남이 함부로 사용하지 못하게 하는 권리. 저작권 따위.

지절거리다 여러 소리로 잇달아 지껄이다. [작] 재잘거리다.

지절대다 지절거리다. 여러 소리로 되는 대로 잇달아 지껄이다. [예] 지절대는 참새들. [작] 재잘대다.

지점[1](支店) ①본점에서 갈리어 나온 가게. [예] 지점에서 근무하다. ②본점에 딸리어 그 지휘·명령에 따르는 영업소. [반] 본점.

지점[2](地點) 땅 위의 일정한 점. [예] 결승 지점에 도착하다.

지점토(紙粘土) 펄프나 신문지 따위를 잘게 찢은 것을 물에 불려 곤죽같이 된 것에 접착제를 섞은 찰흙의 한 가지.

지정(指定) ①여럿 가운데에서 몇 개만 가려 내어 정함. ②어떤 곳에만 특별한 권리를 줌. [예] 지정 판매소. —하다.

지조[1](地租) 토지 수익에 대하여 물리는 세금.

지조[2](志操) 꿋꿋한 뜻과 바른 몸가짐. [예] 지조가 굳은 선비.

지주[1](支柱) ①받침대. ②의지할 수 있는 물체나 힘의 비유. [예] 어머니는 나의 정신적 지주이시다.

지주[2](地主) 땅을 가지고 있는 사람. [예] 악덕 지주. [반] 소작인.

지중해(地中海) 유럽·아프리카·아시아의 세 대륙에 깊숙이 둘러싸여 외해와 해협으로 연결되어 있는 바다.

지중해성 기후 온대 기후의 하나. 겨울이 따뜻하며, 여름보다 겨울에 강수량이 많은 기후.

지지(支持) ①사물을 붙들어서 버팀. ②옳게 여기어 받듦. [예] 국민이 지지하는 정부. —하다.

지지난달 지난달의 전달. 전전달.

지지난밤 그저께 밤.

지지난번 지난번의 전번. 전전번.

지지난해 그러께. 재작년.
지지다 ①음식을 끓여 익히다. ②지짐질을 하다. 예빈대떡을 노릇노릇하게 지지다. ③불에 달군 물건을 대어 누르다.
지지 부진(遲遲不進) 매우 더디어 일이 잘 진행되지 않음. 예공부가 지지 부진하다. —하다.
지진(地震) 땅 속의 급격한 변화로 땅이 흔들리는 현상.
지진계(地震計) 지면의 진동을 탐지하여 기록하는 장치. 검진기.
지진파(地震波) 지진으로 말미암아 진원 또는 진앙에서 사방으로 퍼지는 파동.
지질(地質) 지각을 이루고 있는 암석이나 지층의 성질 또는 상태. 예지질 조사.
지짐이 ①국물이 국보다 적고 찌개보다 많은 음식. ②부침개.
지참(持參) 무엇을 가지고 가거나 가지고 옴. 예도시락 지참. —하다.
지척(咫尺) 서로 떨어진 거리가 매우 가까움. 예학교를 지척에 두고 매일 지각이냐.
지체 대대로 전해 내려온 지위나 문벌. 예지체가 높다.
지체하다(遲滯—) ①동작을 느리게 하다. 예지체하지 말고 떠나라. ②시간이나 기한에 늦다.
지축(地軸) 지구의 중심을 꿰뚫어서 남북 양극을 연결하는 직선. 비땅꽂이.
지출(支出) 어떠한 목적을 위하여 돈을 치르는 일. 예수입과 지출의 균형. 반수입. —하다.
지층(地層) 층을 이루고 쌓여 있는 땅. 시냇물에 의하여 운반된 진흙·모래·자갈·돌 등이 바다 밑에 차례로 쌓여서 이루어짐.
지:치다¹ ①빗장이나 고리를 걸지 않고 문을 닫아만 두다. 예대문을 지치다. ②얼음 위를 미끄러져 달리다. 예얼음을 지치다.
지:치다² 병이나 괴로움에 시달려 기운이 다 빠지다. 예울다가 지쳐서 잠이 들었다.
지침(指針) 생활이나 행동의 방향과 방법 같은 것을 인도하여 주는 길잡이. 예문제 해결의 지침.
지침서(指針書) 지침이 된 내용이 담긴 글이나 책.
지칭하다(指稱—) 가리키어 부르다.
지켜보다 눈을 떼지 않고 줄곧 보다. 잘 살펴보다. 예아기의 노는 모습을 지켜보다.
지키는 사람 열이 도둑 하나를 못 당한다〈속〉 아무리 조심해서 감시해도 은밀한 가운데에 생기는 재난은 막아 내기가 어렵다.
지키다 ①물건을 잃어버리지 않도록 살피다. 예가게를 지키다. ②감시하다. 예초소를 지키다. ③절개를 굳게 가지다. 예지조를 지키다. ④유지하다.
지탄(指彈) 잘못을 꼬집어 나무람. 지목하여 나쁘게 말함. 예지탄받을 행동. —하다.
지탱하다(支撐—) ①그대로 견디어 나가다. 예아침 운동으로 건강을 지탱하다. ②오래 가지고 있다. 비유지하다.
지팡이 걸어다닐 때 짚는 기름한 막대기.
지퍼(zipper) 서로 이가 맞는 금속 조각 따위를 헝겊 테이프에 박아, 두 줄을 쇠고리로 밀고 당겨 여닫을 수 있도록 만든 것.

지평선(地平線) 지평면과 하늘이 서로 맞닿아진 것같이 보이는 선. [예] 지평선이 이어지는 평야.
지폐(紙幣) 종이로 만든 화폐.
지표[1](地表) 지구의 표면. 땅의 겉면.
지표[2](指標) 방향을 가리켜 보이는 표지.
지푸라기 잘게 부스러진 짚. 짚의 낱개.
지:프(jeep) 군대나 작업장에서 간편하게 쓸 수 있도록 만든 소형 자동차.
지피다[1] 땔나무·석탄 따위에 불을 붙여 타게 하다. [예] 방에 불을 지피다.
지피다[2] 신이 사람의 영에 내리다. [예] 무당에게 신령이 지피다.
지필묵(紙筆墨) 종이와 붓과 먹.
지하(地下) ①땅의 아래. ②죽은 넋이 돌아간다는 땅 속. [반] 지상.
지하도 땅 밑을 파고 낸 길.
지하 상가 대도시의 지하도나 지하철역 따위에 만들어진 상점가.
지하수 땅 속에 스며든 물. 땅 속에 있는 흙·돌 등의 빈틈을 채우고 있는 물. [비] 지표수.
지하실 땅 속을 파고 만들어 놓은 방이나 광. [비] 땅광.
지하 자원 땅 속에 묻혀 있는 자원. 석탄·석유·흑연 따위.
지하철 땅 밑을 파고 궤도를 만들어 다니는 철도. [본] 지하 철도.
지하철역[—력] 지하 철도를 타고 내리는 곳.
지향(指向) ①뜻하여 향함. [예] 지향하는 목표. ②지정하여 그 쪽으로 향하게 함, 또는 그 방향. —하다.
지향 없:다[—업따] 일정하게 지정한 방향이 없다. [예] 지향 없이 떠돌다. —이.
지혈(止血) 피가 나오다 그침, 또는 나오는 피를 그치게 함. [예] 지혈제. —하다.
지형[1](地形) 땅의 생긴 모양. [예] 지형을 조사하다.
지형[2](紙型) 활자를 꽂아 놓은 판 위에 두꺼운 종이를 놓고 무거운 것으로 눌러서 그 종이에 활자의 모양이 오목하게 나오도록 만든 것. [예] 지형을 뜨다.
지형도 지형을 나타낸 지도.
지혜(知慧·智慧) ①슬기. ②재주. ③뛰어난 머리. [예] 어려운 때일수록 지혜가 필요하다. [비] 슬기. 지략. [반] 우매.
지휘(指揮) 지시하여 일을 하도록 시킴. [예] 작업을 지휘하다. [비] 지시. —하다.
지휘관 명령하고 지휘하는 사람. [예] 엄격한 지휘관. [비] 지도자.
지휘봉 음악을 연주할 때, 악대를 이끌어 나가는 사람이 들고 휘두르는 조그만 막대기.
지휘자 ①지시하여 시키며 이끌어 나가는 사람. [비] 지도자. ②음악에서, 합주나 합창을 이끌어 가는 사람. [비] 컨덕터.
직각(直角) 가로 세로 곧게 늘인 두 직선으로 이룬 90도 되는 각.
직각 삼각형 직각이 들어 있는 삼각형. [준] 직삼각형.
직감(直感) 설명이나 증명을 거치지 않고 사물을 접촉함으로써 느껴지는 감각. [예] 직감이 뛰어나다. —하다.
직결(直結) 바로 이어짐. 직접 관계됨. [예] 생사와 직결된 문제. —하다.

ㅈ

직경(直徑) =지름. ⓔ직경을 재다.

직계(直系) 친족 사이의 핏줄이 할아버지·아버지·아들·손자 등으로 곧게 이어지는 계통. ⓔ직계 자손. ⓑ방계.

직공(職工) 공장에서 일을 하는 일꾼.

직구(直球) 야구에서, 투수가 타자에게 던지는 커브를 넣지 않은 똑바른 공.

직권(職權) 관직상의 자격으로 명령·처분할 수 있는 권한.

직기(織機) 옷감을 짜는 기계.

직녀성(織女星) 칠월 칠석에 은하수를 건너 견우성과 서로 만난다는 별. ⓑ견우성.

직렬(直列)[징녈] 전지를 다른 극끼리 이은 것. 즉 전지의 양극(+)에 다른 전지의 음극(-)을 이은 것. ⓑ병렬. ⓞ직렬 연결.

직류(直流)[징뉴] 방향이 일정한 전기의 흐름. ⓑ교류.

직매(直賣)[징—] 생산자가 중간 상인을 거치지 않고 소비자에게 상품을 직접 파는 일. ⓔ농산물을 직매하다. —하다.

직매장 직매하는 곳.

직면(直面)[징—] 어떠한 사태에 직접 부닥침. ⓔ비상 사태에 직면하다. —하다.

직무(職務)[징—] 직업으로 맡아서 하는 일. ⓔ직무에 충실하다.

직물(織物)[징—] 옷감 등 실로 짠 천을 통틀어 일컬음.

직박구리 직박구릿과에 속하는 새. 봄에는 산지에, 가을부터는 인가·들에서 생활함. 등은 잿빛을 띤 갈색, 가슴은 잿빛에 흰 반점이 있으며, 지렁이·곤충·열매 따위를 먹음.

직분(職分) ①자기가 마땅히 하여야 할 부분. ②직업상의 맡은 바 책임. ⓑ직책.

직사(直射) 직선으로 곧게 비침. ⓔ직사 광선. —하다.

직사각형(直四角形) 네 각이 모두 직각인 사각형.

직사포탄(直射砲彈) 쏜 탄알이 곧게 나가는 대포의 탄알.

직선(直線) ①곧은 선. ②두 점 사이의 가장 짧은 선. ⓑ곡선.

직업(職業) 생활을 꾸려 나가기 위하여 매일 해야 하는 일. ⓔ직업 선택. ⓑ생업. 일자리.

직업병(職業病)[지겁뼝] 그 직업의 특수한 환경이나 작업 상태가 원인이 되어 일어나는 병.

직업인 어떤 직업에 종사하고 있는 사람.

직원(職員) 직장에서 일정한 직무를 맡아 보는 사람.

직위(職位) 직무상의 지위. ⓔ모든 직위를 박탈당하다. ⓩ직.

직육면체(直六面體)[징뉵—] 서로 이웃하는 두 면이 모두 수직으로 교차할 때의 육면체. ⓑ직방체.

직인(職印) 공무원이나 회사원이 직무상 쓰는 도장. ⓔ직인을 찍다. 사장 직인. ⓑ사인.

직장(職場) 각기 자기가 맡은 일을 하는 곳. ⓑ일터.

직전(直前) 일이 생기기 바로 전. ⓔ경기 시작 직전. ⓑ직후.

직접(直接) 중간에 다른 물건이나 사람을 넣지 않고 대함. ⓔ나보고 말해 달라지 말고 네가 직접 말하여라. ⓑ간접.

직접 선:거 선거 원칙의 하나. 국민이 직접 입후보자에게 투표하고

대리인에 의한 투표를 할 수 없는 제도. [반] 간접 선거. —하다.

직접세 세금의 부담이 직접 납입자의 부담에 속하여 다른 사람에게 떠맡길 수 없는 세금. [반] 간접세. [준] 직세.

직조(織造) 무명·베·비단 등의 천을 짜는 일. [예] 직조 기술. —하다.

직종(職種) 직업이나 직무의 종류. [예] 다양한 직종.

직지심체요절(直指心體要節) 고려 1377년에 불교 경전을 찍어 낸 책으로, 현재 존재하는 세계 최고의 금속 활자본.

직직 ①걸을 때 신을 끄는 소리. [예] 슬리퍼를 직직 끌다. ②마구 글씨의 획을 긋거나, 종이 따위를 찢는 소리. [작] 작작. [센] 찍찍.

직진(直進) 곧게 나아감. —하다.

직책(職責) 직무상의 책임.

직통(直通) 어떤 곳에서 다른 곳에 바로 이르는 것. [예] 직통 전화를 개설하다. —하다.

직판(直販) 유통 기구를 거치지 않고 생산자가 소비자에게 직접 판매함. [예] 농산물 직판장. —하다.

직하나[1] '할 것 같다·하면 좋을 것 같다'의 뜻으로 'ㅁ·음' 아래에 쓰이는 말. [예] 먹음직하다.

-직하다[2] 표준에 가까움을 나타내는 말. [예] 굵직하다. 높직하다.

직할시(直轄市) '광역시'의 이전 이름.

직행(直行) 중간에서 멈추지 않고 바로 목적지로 감. —하다.

직후(直後) 바로 뒤. [반] 직전.

진(陣) 군사가 머물러 있는 곳.

진가(眞價)[—까] 참된 값어치. 진실된 가치.

진:격(進擊) 앞으로 나아가서 적을 공격함. [예] 적진을 향해 진격하다. —하다.

진골(眞骨) 신라 때 계급 제도의 하나. 부모 중 어느 한쪽만이 왕족의 혈통을 지니고 있는 계급.

진공(眞空) 물질이 전혀 없는 공간, 또는 공기 따위의 기체가 전혀 없는 상태.

진공관 안의 공기를 뺀 유리 대롱. 라디오·텔레비전에 쓰임.

진공 상태 ①진공인 상태. ②아무것도 없는 상태.

진공 청소기 배기기 등으로 저압부가 생기게 하고 거기서 먼지 등을 흡수시키는 장치를 한 청소 기구의 한 가지.

진국(眞—) 참되어 거짓이 없는 사람.

진:군(進軍) 군대를 내보내어 앞으로 나아가게 함. [예] 보무 당당히 진군하다. [반] 퇴군. —하다.

진귀하다(珍貴—) 이상하고 귀중하다. 흔하지 아니하고 드물다. [예] 진귀한 보배.

진:급(進級) 등급·계급 등이 오름. [예] 대리에서 과장으로 진급하다. [비] 승급. —하다.

진기하다(珍奇—) 귀하고 이상하다. 이상하고 묘하다. [예] 진기한 기후 현상이 나타나다.

진나라(秦—) 춘추 전국 시대의 중국의 한 나라. 비자를 시조로 주나라의 효왕으로부터 진, 곧 지금의 간쑤 지방을 하사받아 양공 때 비로소 제후가 되었음. 시황제에 이르러 주나라 및 6국을 멸망시키어 천하를 통일한 후, 3세 16년 만에 한 고조에게 멸망함.

진날 나막신 찾듯〈속〉 평시에는 돌아보지 않던 것을 아쉬울 때에

ㅈ

찾음을 가리키는 말.
진ː노(震怒) 성내어 노여워함. ⓔ 할아버지께서 크게 진노하셨다. —하다.
진눈깨비 비가 섞여 내리는 눈.
진ː단(診斷) 의사가 환자의 병의 상태를 진찰함. ⓑ진찰. —하다.
진ː단서 병을 진찰한 결과를 적은 서류. ⓔ건강 진단서.
진달래 이른 봄, 산에 피는 철쭉과의 연분홍색 꽃.
진달래꽃 진달래의 꽃.
진담(眞談) 진실된 이야기. 참된 말. ⓔ그 말 진담이냐? ⓟ농담.
진ː대법(賑貸法)[—뻡] 고구려 때 가난한 사람을 도와 주기 위하여 실시하였던 빈민 구제 제도. 봄에 곡식을 나누어 주었다가 가을 추수 때에 받아들이는 제도.
진ː도¹(進度) 일의 진행되는 속도. 나아가는 정도. ⓔ학습 진도가 빠르다.
진ː도²(震度) 지진이 일어났을 때 몸에 느껴지는 강도나, 건물이 받는 영향 등을 정도에 따라 등급으로 나눈 것(0에서 7까지 8등급으로 나눔).
진돗개(珍島—) 전라 남도 진도에서만 나는 개. 귀가 꼿꼿이 서며 몸이 빠르고, 꾀가 있어 도둑도 잘 지킴. 천연 기념물 제53호로 지정하여 보호하고 있음.

〔진돗개〕

진ː동¹(振動) 물체가 하나의 점을 중심으로 같은 움직임을 주기적으로 되풀이하는 운동. —하다.
진ː동²(震動) 물체가 몹시 울리어 움직임. ⓔ천지를 진동하는 대포 소리. —하다.
진ː동수 단위 시간 내의 진동의 횟수. 단위는 헤르츠(Hz)임.
진득거리다 ①자꾸 차지게 들러붙다. ⓔ손에 풀이 묻어 진득거린다. ②매우 질기어 도무지 끊어지지 않다. ⓐ잔득거리다. ⓢ찐득거리다.
진득진득 검질기게 쩍쩍 들러붙는 모양. ⓐ잔득잔득. ⓢ찐득찐득. —하다.
진득하다 ①성질이 가라앉고 경솔하지 않다. ⓔ서두르지 말고 진득하게 기다려라. ②나이가 지긋하고 점잖은 태도가 있다. —이.
진딧물[—딘물] 농작물의 진을 빨아먹는 해충으로, 초목에 수없이 모여 사는 몸이 작은 벌레.
진ː땀(津—) 무서운 생각이나 어려운 일을 당하여 흘리는 땀. ⓔ생각만 해도 진땀 나는 일이다.
진ː력나다(盡力—) 있는 힘을 다하여 온갖 애를 다 쓰고 나서 싫증이 나다.
진ː력하다 마음과 힘을 다하다. 최선을 다하다. ⓔ회사 발전에 진력하다. ⓑ노력하다.
진ː로(進路)[질—] 앞으로 나아가는 길, 또는 나아갈 길. ⓔ진로를 결정하다. ⓟ퇴로.
진ː료(診療)[질—] 진찰하고 치료함. ⓔ농촌 진료 사업. —하다.
진ː료소[질—] 진료 시설을 갖춘 곳. 일반적으로 보건소를 이름.
진ː루(進壘)[질—] 야구에서, 다음 베이스로 나아감. ⓔ안타를 치고 진루하다. —하다.

진리(眞理) 진실한 이치. 참된 이치. 예진리 탐구. 반허위.

진:맥(診脈) 손목의 맥을 짚어 보아 진찰함. 검맥. 맥진. —하다.

진:멸(盡滅) 죄다 멸망함, 또는 죄다 멸망시킴. —하다.

진:물 부스럼이나 상처 따위에서 흐르는 물. 예진물이 나다.

진미(珍味) 음식의 썩 좋은 맛.

진배없다 그만 못하거나 다를 것이 없다. 예이 옷은 새것이나 진배없다. —이.

진범(眞犯) 실제로 죄를 저지른 범인.

진:보(進步) ①앞으로 나아감. ②사물이 차차 발달됨. 예과학의 진보. 비발달. 반퇴보. —하다.

진보라 진한 보랏빛.

진분수(眞分數)[—쑤] 분자의 값이 분모보다 작은 분수. 1/2, 2/3 따위. 반가분수.

진분홍 썩 짙은 분홍빛.

진:사(進士) 과거 제도의 하나인 소과의 첫번 시험에 합격한 사람의 칭호.

진:사과 ①고려 때 합격자에게 진사의 칭호를 주므로 일컬었던 제술과의 딴 이름. ②조선조 유생이 보던 과거인 사마시의 하나.

진상¹(眞相) 사물의 참된 모습이나 실제의 형편. 예사건의 진상을 밝히다.

진:상²(進上) 지방에서 나는 귀한 물건을 왕이나 높은 벼슬아치에게 바침. 예진상품. —하다.

진서(珍書) 아주 귀한 책. 보배로운 책.

진선미(眞善美) 참된 것·착한 것·아름다운 것을 아울러 이르는 말. 예진선미를 고루 갖춘 진정한 미인.

진수(珍羞) 보기 드물게 잘 차린 음식. 맛이 썩 좋은 음식.

진수 성:찬(珍羞盛饌) 맛이 좋고 많이 잘 차린 음식.

진술(陳述) 자세하게 말함. 예피고의 진술을 듣다. —하다.

진실(眞實) 거짓이 없이 바르고 참됨. 예진실한 사랑. 비성실. 반허위. —하다. —히.

진실로 바르고 참되게.

진실성 거짓이 없는 참된 성질. 예진실성이 없는 청년.

진심(眞心) 거짓이 없는 참된 마음. 예진심으로 감사드립니다. 비진정. 반허위. 사심.

진:압하다(鎭壓—) 눌러 진정시키다. 누르다. 예폭동을 진압하다.

진:앙(震央) 진원의 바로 위에 해당하는 지표의 기점.

진열(陳列) 물건을 벌여 놓음. 예새로운 상품을 진열하다. 비나열. —하다.

진열대 여러 사람이 볼 수 있게 상품 따위를 죽 벌여 놓은 대.

진열실 물건을 진열하여 두는 방.

진열장[—짱] 상점에서 파는 물건을 벌여 놓는 데 쓰는 장. 예진열장을 둘러보다.

진영(陣營) ①군사가 주둔하고 있는 일정한 구역. 진. 군영. ②서로 대립하는 각각의 세력. 예자유 진영. 공산 진영.

진:원(震源) 땅 속에서 지진이 처음 일어난 곳. 지진의 기점.

진의(眞意) 참뜻. 거짓이 없는 본마음. 예적장의 진의를 살피다.

진일[—닐] ①밥 짓고 빨래하는 일 따위의 물을 써서 하는 일. ②궂은 일. —하다.

진:입(進入) 내쳐 들어감. 향해 들어감. 예 진입로. —하다.

진:자(振子) 줄 끝에 매달려서 좌우로 움직이는 물건.

진:작 바로 그 때에. 조금 일찍. 예 진작 가야 했는데.

진:재(震災) 땅이 흔들려 일어난 불행한 일. 지진의 재해.

진저리 몸을 떠는 짓. 예 너무 끔찍해 생각만 해도 진저리가 난다.

진:전(進展) 일이 진보하고 발전함. 예 수사가 진전되다. —하다.

진정[1](眞情) ①진실한 마음. ②거짓이 없는 마음. 예 진정으로 사과하다. 비 진심.

진정[2](陳情) 사정을 자세히 말함. 예 억울한 사정을 진정하다. —하다.

진:정[3](進呈) 물건을 자진하여 드림. —하다.

진:정[4](鎭靜) ①마음을 가라앉힘. 예 마음을 진정시키다. ②고요하게 함. —하다.

진정서(陳情書) 어떤 일의 사정을 자세히 적어 청원하는 문서. 비 탄원서.

진:정제(鎭靜劑) 신경 작용을 가라앉히는 데 쓰는 약제.

진주(眞珠) 조개류의 껍질이나 살 속에 생기는 구슬 형상의 물질로 장식용으로 쓰임.

진주성(晋州城) 경상 남도 진주의 진주 공원 일대와 내성동에 걸쳐 있는 조선 시대의 읍성. 고려 말기에 왜구를 막기 위하여 축성한 것이라 하며 임진왜란 때 이 성에서 장렬한 항전이 있었음. 성내에 촉석루가 있음.

진:지[1] '밥'의 높임말. 예 아버님, 진지 잡수세요.

진지[2](陣地) 싸움터에서 군대가 자리잡은 곳. 예 적의 진지.

진지[3](眞摯) 말이나 태도가 참되고 진실함. 예 진지한 태도로 말하다. —하다.

진진하다(津津—) 끊임없이 솟아나듯 푸짐하거나 재미있다. 예 흥미 진진하다. —히.

진짜(眞—) 거짓이 아닌 참된 것. 진정한 물건. 예 이 보석이 진짜인지 감정해 보자. 반 가짜.

진:찰(診察) 병자를 보고 어떤 병인가를 살펴봄. 예 의사가 환자를 진찰하고 있다. 비 진단. —하다.

진:찰실 의사가 의학의 원리·경험 등을 바탕으로 하여 병의 유무·질병의 상태 등을 살피는 방.

진:척(進陟) 일이 잘 되어 감. 예 일의 진척이 빠르다. —하다.

진:출(進出) ①앞으로 나아감. 예 본선에 진출하다. ②어떠한 방면으로 나섬. 예 해외로 진출하다. 정계 진출. 반 후퇴. —하다.

진:취(進就) 일을 점점 이루어 감. 예 진취적인 기상을 가지고 나아가다. —하다.

진탕(—宕) 싫증이 날 만큼 충분하게. 예 술을 진탕 마셨다.

진토(塵土) 티끌과 흙.

진:통(鎭痛) 아픈 것을 진정시킴. 예 진통 작용. —하다.

진:통제(鎭痛劑) 신경 작용을 둔하게 하여 상처의 아픔을 느끼지 못하도록 하는 약제.

진:퇴(進退) 나아감과 물러감. 예 진퇴 양난.

진:폭(振幅) 물체가 진동을 일으켜서 정지 상태로부터 오른쪽이나 왼쪽에 이르는 거리.

진품(眞品) 가짜가 아닌 물품. 비

진짜.

진하다(津―) ①묽지 않다. [예]소금물이 진하다. [반]묽다. ②빛이 엷지 않다. [예]화장이 진하다.

진:학(進學) ①학문에 나아가 공부함. ②상급 학교에 들어감. [예]진학 상담. ―하다.

진한(辰韓) 삼한의 하나. 3세기경까지 경상 남북도에 걸쳐 있었던 초기의 국가.

진:행(進行) 앞으로 향하여 나아감. [비]진척. [반]중지. ―하다.

진형(陣形) 진지의 형태. 전투의 대형. [예]진형을 갖추다.

진홍색(眞紅色) 짙게 붉은빛. [준]진홍.

진:화[1](進化) 생물이 여러 요인에 의해 고등으로 점점 발전해 감. [예]진화론. [반]퇴화. ―하다.

진:화[2](鎭火) ①불이 꺼짐. [예]산불이 진화되었다. ②불을 끔. [예]진화 작업. ―하다.

진:화론 모든 생물은 원시적인 생물로부터 진화하여 고등한 것이 되었다는 이론. 다윈의 학설.

진흙[―흑] 대부분이 찰흙이고, 모래가 매우 적게 섞인 흙.

진흙탕[―흑탕] 질척질척하게 죽같이 된 흙.

진:흥(振興) 떨치어 일으킴. [예]무역 진흥. ―하다.

진흥왕(眞興王, 534~576) 신라 제24대 왕. 영토를 넓혀 삼국 통일의 터전을 닦았으며, 화랑 제도를 두어 화랑 정신을 장려했음.

진흥왕 순수비 신라 진흥왕이 국토를 넓힌 뒤 국가의 위세를 떨치기 위하여 국경을 돌아보고 기념으로 세운 비석.

질[1](帙) 여러 권으로 되어 있는 책의 한 벌. [예]이 동화집은 열 권이 한 질로 되어 있다.

질[2](質) ①물건이 성립하는 본바탕. [예]질 좋은 상품. ②타고난 성질. [반]양.

-질[3] ①옳지 않은 짓임을 나타내는 말. [예]도둑질. ②되풀이되는 동작이나 행동을 나타내는 말. [예]걸레질. ③일정한 직업이나 노릇을 나타내는 말. [예]선생질.

질감(質感) 재료의 질에 따라 다르게 느껴지는 느낌. [예]부드러운 질감.

질겁하다 뜻밖의 일을 당하여 숨이 막히듯 깜짝 놀라다. [예]쥐를 보고 질겁하다. [작]잘겁하다.

질겅거리다 질긴 물건을 계속하여 잘게 씹다. [작]잘강거리다.

질겅질겅 질긴 물건을 거칠게 잇달아 씹는 모양. [예]껌을 질겅질겅 씹다. [작]잘강잘강. ―하다.

질경이 질경잇과에 딸린 여러해살이풀. 어린 잎은 삶아서 먹음.

질그릇[―른] 진흙을 구워서 만든 그릇. 겉면에 윤기가 없음.

질금 액체가 조금 새어 흐르거나 쏟아지다가 그치는 모양. [작]잘금. [센]찔끔. ―하다.

질금거리다 연해 질금하다. [예]눈물을 질금거리다. [작]잘금거리다. [센]찔끔거리다.

질금질금 계속해서 질금거리는 모양. [예]오줌을 질금질금 싸다. ―하다.

질기다 ①연하지 않다. [예]고기가 질기다. ②단단하다. ③튼튼하다. [예]옷감이 질기다.

질끈 바싹 동이거나 단단히 졸라매는 모양. [예]수건으로 머리를 질끈 동여매다. [작]잘끈.

ㅈ

질녀(姪女)[—려] 조카딸.
질다[지니] ①반죽이 되지 않고 물기가 많다. 예밥이 질다. 만되다. ②땅이 질척질척하다. 예비가 와서 땅이 질다.
질량(質量) 물체가 가지고 있는 실질의 양. 예질량을 재다.
질리다 ①몹시 놀라거나 무서워서 얼굴빛이 변하다. 예천둥 소리에 새파랗게 질렸다. ②기가 막히다. ③진력이 나서 귀찮은 느낌이 들다. 예라면에 질렸다.
질문(質問) 모르는 것을 물어서 밝힘. 예엉뚱한 질문. 비물음. 질의. 만응답. 대답. —하다.
질박(質朴) 꾸밈이 없이 수수함. 예질박한 느낌을 주는 질그릇. 비순박. —하다.
질병(疾病) 몸의 온갖 병. 비질환.
질빵 짐을 짊어지는 데 쓰는 끈.
질색(窒塞)[—쌕] 몹시 놀라거나 싫어서 기막힐 지경에 이름. 예외상은 딱 질색이다. —하다.
질서(秩序)[—써] ①여러 사람이 지켜야 할 차례. 예교통 질서. ②사리에 맞도록 통일을 꾀하는 조리나 순서. 비규칙. 만무질서.
질서가 어지럽다 모든 절차가 잘 지켜지지 아니하다.
질서 의식 규칙·법령 따위를 지키려는 생각의 수준.
질소¹(窒素)[—쏘] 빛깔·맛·냄새가 없는 기체 원소. 공기의 약 78%를 차지함.
질소²(質素)[—쏘] 꾸밈없이 소박함. 예질소한 옷차림. 비검소. —하다.
질소 비:료[질쏘—] 질소의 성분이 많이 들어 있는 비료. 농작물의 잎줄기를 자라게 함.
질식(窒息)[—씩] 숨이 막힘. 예연기에 질식되다. —하다.
질의(質疑) 의심 나는 것을 물어서 밝힘. 예질의 응답 시간. 비질문. 만응답. 대답. —하다.
질질 ①바닥에 늘어져 끌리는 모양. 예신을 질질 끌다. ②주책없이 무엇을 빠뜨리거나 흘리는 모양. 예돈을 질질 흘리다. ③기한을 자꾸 미루어 가는 모양. 예약속 날짜를 질질 끌다.
질책(叱責) 꾸짖어서 나무람. 예어머님께서 동생을 질책하시다. —하다.
질척질척하다 물기가 너무 많아서 질다. 예땅이 질척질척하다. 작잘착잘착하다.
질탕(佚蕩) 거의 방탕에 가깝도록 흠씬 노는 일. 예질탕하게 놀다. —하다. —히.
질투(嫉妬) 자기보다 나은 사람을 시기하여 미워함. —하다.
질퍽하다 보드랍게 질다. 예비가 와서 땅이 질퍽하다.
질펀하다 ①넓게 열린 땅이 아주 평평하다. ②비스듬히 앉아서 게으름을 피우고 있다. 예질펀하게 앉아서 잡담하다. —히.
질풍(疾風) 몹시 빠르게 부는 바람. 예질풍같이 달리다.
질환(疾患) 질병. 예피부 질환.
짊어지다 ①짐을 등에 메다. ②책임을 맡다. 예조국의 미래를 짊어지다. ③빚을 지다.
짐¹ ①운반하도록 마련하여 놓은 물품. 예짐을 나르다. ②자기가 맡은 일. 예반장으로서의 큰 짐을 지다. 비책임. ③괴로운 것.
짐²(朕) 임금이 '나'라는 뜻으로 자

기를 일컫던 말.
짐꾼 짐을 나르는 사람.
짐수레 짐을 싣는 수레.
짐스럽다[짐스러우니, 짐스러워/짐스러이] 책임을 느껴 마음이 편치 않다. ㉠ 짐스러운 부탁은 하지 마라.
짐승 온몸에 털이 나고 네 발로 기어다니는 동물.
짐작 ①어림쳐서 헤아림. ②겉가량으로 생각함. ㉠ 내 짐작이 들어맞았구나. 町추측. 団확신. —하다.
짐짓[—진] 일부러. ㉠ 짐짓 아픈 체하다.
짐짝 묶어 놓은 짐의 덩어리.
집 사람이 사는 건물. ㉠ 새 집으로 이사 가다. 町가옥.
집게 물건을 집는 데 쓰는, 끝이 두 가닥으로 갈라진 기구.
집게발 게나 가재 등의 끝이 집게처럼 생긴 큰 발.
집게손가락[—께손가락] 엄지손가락과 가운뎃손가락 사이의 둘째 손가락. 町검지. 식지.
집결(集結) 한데 모여서 뭉침. ㉠ 광장에 집결한 군중. 団산재. —하다.
집계(集計) 모아 합계함, 또는 그 합계. ㉠ 중간 집계. —하다.
집광 렌즈(集光lens) 빛을 한 곳으로 모으기 위한 렌즈.
집권¹(執權) 정권을 잡음. ㉠ 집권 세력. —하다.
집권²(集權) 권력을 한군데로 모음. ㉠ 중앙 집권 제도. 団분권. —하다.
집권자 정권을 잡은 사람.
집기병 과학 실험에서 기체를 모으는 데 쓰는 입이 큰 병.

집안이 떠나갈 듯

집념(執念)[짐—] 한 사물에만 끈덕지게 정신을 쏟음. ㉠ 집념이 강하다. —하다.
집다 ①손가락으로 물건을 잡다. ㉠ 손으로 땅에 떨어진 밤을 집다. ②집게 따위로 사이에 끼워서 들다. 団놓다.
집단(集團) 모여서 단체를 이룬 것. ㉠ 사회 집단. 町사회.
집단 농장 모든 설비를 갖추어 여러 사람이 조직적으로 경영하는 큰 규모의 농장.
집단 생활 상호간에 결합하여 함께 지내는 생활.
집단체 모임을 이룬 것.
집대성(集大成) 여럿을 모아 하나로 크게 완성함. ㉠ 성리학을 집대성한 학자. —하다.
집들이 이사한 후에 이웃과 친구를 불러 대접하는 일. —하다.
집문서(—文書) 집의 소유권을 증명하는 문서.
집배원(集配員) 우편물을 모아서 배달하는 일을 하는 사람. 본우편 집배원.
집사람 남에게 대하여, 자기 '아내'를 겸손하게 이르는 말.
집산지(集散地) 생산지로부터 산물이 모여들고, 또 다른 지방으로 내어 보내지는 곳.
집세(—貫) 남의 집을 빌린 삯으로 내는 돈.
집시(Gipsy) 정처 없이 떠돌아다니는 사람.
집안 ①가정. ②가까운 일가. ㉠ 집안 어른.
집안 사람 한 가족, 또는 가까운 살붙이.
집안이 떠나갈 듯 정신을 차릴 수 없을 만큼 집안이 떠들썩한 상

929

태. [예] 집안이 떠나갈 듯 울어대는 아이.

집안 일[―닐] 집안에서 일어나는 일. 집에서 해야 할 일.

집약(集約) 한데 모아 요약함. [예] 의견을 집약하다. ―하다.

집어삼키다 ①입에 집어넣고 삼키다. [예] 상어가 물고기를 집어삼키다. ②슬쩍 남의 것을 가로채어 제 것으로 만들다.

집어치우다 하던 일을 그만두고 아주 치워 버리다. [예] 학업을 집어치우다.

집 없는 아이 프랑스의 작가 말로가 지은 소설. 슬기·인내·사랑으로써 고난을 이겨 가는 소년 레미의 이야기.

집에서 새는 바가지 밖에서도 샌다〈속〉 천성이 나쁜 사람은 어디를 가나 그 성품을 고치기 어렵다는 뜻.

집오리 집에서 기르는 오리.

집요(執拗) ①자기 의견을 우겨대는 고집이 매우 셈. ②성가시게 따라붙어 떨어지지 않음. [예] 집요하게 쫓아다니다. ―하다.

집전(執典) 의식이나 전례를 다 맡아서 집행함. ―하다.

집중(集中) 어떤 물건을 중심으로 하여 그 곳으로 모이거나 모이게 함. [예] 집중 사격. 집중 연구. [반] 분산. ―하다.

집중 호우(集中豪雨) 어느 한 지역에 집중적으로 내리는 큰비.

집짐승 집에서 기르는 짐승. [비] 가축.

집착(執着) 마음이 한 곳에 쏠리어 잊혀지지 않음. [예] 돈에 집착하다. ―하다.

집찰(集札) 철도역 등에서 도착한 손님으로부터 승차권을 받아 모으는 일. ―하다.

집채 ①집의 한 덩이. ②부피가 썩 큼을 나타내는 말. [예] 집채 같은 파도가 몰려온다.

집채만하다 부피가 집채처럼 아주 크다. [예] 집채만한 호랑이.

집치장 집을 손질하여 잘 꾸미는 일. 집치레. ―하다.

집필(執筆) 붓을 들어 글씨나 글을 씀. 원고를 씀. [예] 소설을 집필하는 중이다. ―하다.

집합(集合) ①서로 모임. ②한데 모음. [예] 운동장으로 집합하다. [반] 해산. ―하다.

집행(執行) 실제로 함. [예] 사형을 집행하다. ―하다.

집행부(執行部) 정당이나 조합 따위의 단체에서, 의결 기관의 결의 사항을 집행하는 부서.

집현전(集賢殿) 고려 이후 조선 초기에 걸쳐 설치되었던 일종의 왕립 학술 연구 기관의 하나. 이 곳에서 〈훈민정음〉 창제 등 많은 문화 사업이 이루어졌음.

집형(執刑) 형을 집행함. ―하다.

집회(集會) 여러 사람이 모임. 여러 사람의 모임. [예] 야외 집회를 열다. [비] 모임. [반] 산회. ―하다.

-짓 몸을 놀리는 일. [예] 눈짓. 몸짓. [비] 행동. 동작.

짓:궂다 남을 일부러 괴롭혀 온화하고 다정하지 않다. [예] 짓궂은 내 짝. [비] 심술궂다. ―이.

짓누르다〔짓눌러〕 위에서 몹시 누르다. [예] 어깨를 짓누르다.

짓눌리다 짓누름을 당하다.

짓:다〔지으니, 지어〕 ①재료로 만들다. [예] 집을 짓다. ②창작하다. ③농사를 하다.

짓무르다〔짓물러〕 살이 상하여 문드러지다. 예 살갗이 짓무르다.

짓무찌르다[진—]〔짓무찔러서〕 짓이기다시피 마구 무찌르다.

짓밟다 ①마구 밟다. ②함부로 남의 권리를 침해하다. 예 남의 체면을 짓밟다. 비 유린하다.

짓밟히다 함부로 밟히다. 여지없이 밟음을 당하다. 예 무참히 짓밟힌 인생.

짓씹다 짓이기다시피 잘게 씹다.

짓이기다[진니—] 썩 잘게 이기다. 마구 이기다.

짓찧다 ①몹시 세게 찧다. ②찧어으깨다. 예 마늘을 짓찧어 국에 넣다.

징¹ 신바닥에 박는, 쇠로 만든 물건.

징² 놋쇠로 대야같이 만든 작은 악기의 하나. 예 징을 치다.

〔징²〕

징거두다 옷이 해지지 아니하게 딴 천을 대고 듬성듬성 꿰매어 누다.

징검다리 내나 개천에 돌덩이·흙더미를 드문드문 띄어 놓은 다리.

징계(懲戒) ①버릇을 가르침. ②잘못을 뉘우쳐 다시 못 하도록 함. 예 징계 위원회. —하다.

징계 처:분 국가 및 지방 공무원의 의무 위반에 대하여, 징계로서 과하는 행정 처분. 면직 따위.

징그럽다〔징그러우니, 징그러워/징그러이〕 ①소름이 끼치도록 무섭다. ②보기에 불쾌하다.

징 발(徵發) ①강제적으로 끌어냄. ②전쟁 때 필요한 물품이나 사람·마소 따위를 모아 거둠. 비 징용. —하다.

징벌(懲罰) ①뒷일을 경계하기 위하여 벌을 줌. ②부당한 행위에 대하여 제재를 가함. 예 징벌에 처하다. —하다.

징병(徵兵) 국가가 법률에 따라 일정한 나이에 이른 국민을 징집하여 일정 기간 강제로 병역에 복무시킴. —하다.

징수(徵收) 법규나 규약 등에 따라 세금이나 수수료 따위를 거두어들임. 예 세금을 징수하다. —하다.

징역(懲役) 교도소에 가두어 두고 어떤 일을 시키는 벌.

징용(徵用) 나라에서 국민을 강제로 뽑아다가 일을 시킴. 예 일제의 강제 징용에 끌려가다. 비 징발. —하다.

징조(徵兆) 무슨 일이 일어날 것이 미리 보이는 조짐. 예 먹구름이 일면 비가 올 징조다.

징집(徵集) ①물품을 거두어 모음. ②국가가 일정한 나이가 된 장정에게 국방의 의무를 주는 처분. 예 징집 영장. —하다.

징후(徵候) 겉으로 나타나는 조짐. 예 불길한 징후.

짖다 ①개가 울다. 예 개가 도둑을 보고 사납게 짖다. ②까막까치가 시끄럽게 지저귀다.

짙다 빛이 진하다. 예 짙은 청색 옷을 입었다. 반 흐리다. 옅다.

짙어 가는 빛이 점점 더 진해져 가는. 예 녹음이 짙어 가는 여름.

짙푸르다〔짙푸르니, 짙푸르러〕 빛깔이 짙게 푸르다. 예 짙푸른 숲.

짚 ①벼 따위의 이삭을 떨어 낸

짚다 줄기. ②'볏짚'의 준말.
짚다 ①지팡이를 손에 잡고 땅 위에 대다. ②맥박 위에 손가락을 대다. ㉠한의사가 맥을 짚다.
짚더미 벼·밀·조 등의 이삭을 떨어 낸 줄기의 무더기.
짚둥우리 볏짚으로 만든 둥우리.
짚뭇[짐문] 볏짚의 묶음. 짚단.
짚불 볏짚을 태운 불.
짚신 볏짚으로 삼은 신.

〔짚 신〕

짚자리 볏짚으로 만든 자리.
ㅉ[쌍지읃] 'ㅈ'의 된소리.
짜개 콩·팥 따위를 둘로 쪼갠 한 쪽.
짜개다 나무 따위의 단단한 물체를 둘 이상으로 갈라지게 하다. ㉠장작을 짜개다.
짜깁다〔짜기우니, 짜기워서〕 모직물의 찢어진 데를 그 감의 올로 본디대로 표나지 않게 깁다.
짜다¹ ①가구의 사개를 맞추다. ㉠장롱을 짜다. ②단체를 만들다. ㉠조를 짜다. ③꼭 비틀어 물기나 기름을 빼다. ㉠빨래를 짜서 널다. ④피륙을 만들다. ㉠털실로 장갑을 짜다.
짜다² ①소금 맛 같다. ㉠국이 짜다. ㈑싱겁다. ②인색하여 마음에 달게 여겨지지 않다.
짜랑짜랑하다 목소리가 세고 야무져 울림이 크다. ㉠짜랑짜랑한 목소리. ㈜쩌렁쩌렁하다.
-짜리 얼마만한 수나 양으로 된 물건을 가리키는 말. ㉠열 개짜리. 한 말짜리.

짜릿짜릿하다 ①연하여 저리는 느낌이 들다. ②아주 실감이 나다. ㉠짜릿짜릿한 생동감. ㈜쩌릿쩌릿하다. 찌릿찌릿하다.
짜부라지다 ①망하거나 허물어지다시피 되다. ㉠짜부라진 오두막. ②기운이 아주 줄어 더 버틸 수 없게 되다. ㉠배가 고파 짜부라지겠다.
짜이다 규모가 어울리거나 규격에 맞다. ㉠잘 짜인 구성.
짜임 짜여 있는 모양. ㉠글의 짜임이 허술하다.
짜임새 짜인 모양새. ㉠짜임새가 있는 글.
짜증(─症) 기분이 언짢거나 싫증이 남. ㉠짜증나는 목소리.
짜증나다 불평이 얼굴에 나타나다. ㉠너무 더워서 짜증나다.
짝¹ ①한 쌍으로 되는 물건의 한 쪽. ㉠양말 한 짝이 어디 갔지? ②부부. ㈐내외.
짝² ①활짝 바라진 모양. ㈜쩍. ②종이나 피륙 등을 찢는 소리. ㉠짝 찢다. ㈜쩍.
짝그네 두 사람이 옆으로 나란히 서서 한 손으로 짝의 허리를 끼고 또 한 손으로는 그넷줄을 쥐고 뛰는 그네.
짝수(─數) 2로 나누어서 나머지가 남지 않는 수. 즉 2, 4, 6, 8과 같이 쌍을 이룰 수 있는 수. ㈑홀수.
짝없다 ①비교할 만한 것이 없다. ②더할 수 없다. ㉠이번 일로 너에게 미안하기 짝없다. ㈐이를 데 없다. ─이.
짝짓기 짝을 짓는 일. ㉠철새들의 짝짓기 철. ─하다.
짝짓다 짝이 이루어지게 하다.

짝짜꿍 젖먹이가 손뼉을 치는 재롱. ─하다.

짝짜꿍짝짜꿍 젖먹이에게 짝짜꿍을 시킬 때 하는 소리.

짝짝이 서로 크기나 모양이 다른 것이 하나의 짝을 이룬 것. [예]신발을 짝짝이로 신었다.

짠지 무를 통째로 소금에 짜게 절여 묵혀 두고 먹는 반찬.

짠:하다 지난 일이 뉘우쳐져 마음이 언짢고 아프다. [예]어린 동생을 때려서 울리니 마음이 짠하다. [큰]찐하다.

짤까닥 부딪치거나 떨어지는 소리. [예]동전이 짤까닥 떨어지다. [준]짤깍. [큰]쩔꺼덕. [여]잘가닥. [거]찰카닥. ─하다.

짤깍짤깍 '짤까닥짤까닥'의 준말. [예]볼펜을 짤깍짤깍하지 말아라. [여]잘각잘각. [센]찰칵찰칵. ─하다.

짤따랗다〔짤따라니, 짤따란〕 생각보다 썩 짧다. [예]짤따란 막대기.

짤랑짤랑 작은 방울이 자꾸 흔들려서 어지럽게 나는 소리. [예]방울이 짤랑짤랑 흔들린다. [큰]쩔렁쩔렁. ─하다.

짤록하다 긴 물건의 한 군데가 패어 들어가 오목하다. [예]짤록한 허리. [큰]찔룩하다. [여]잘록하다.

짤막짤막 여러 개가 모두 짤막한 모양. [예]짤막짤막한 이야기를 모은 책. ─하다.

짤막하다 조금 짧은 듯하다. [예]줄거리를 짤막하게 써라. [반]길쭉하다. ─이.

짧고 콕 찌르게 말하는 데 짧은 말로 뚜렷하게 드러나게.

짧다[짤따] ①길이가 작다. 길지 않다. [예]짧은 치마. ②오래지 않다. 동안이 가깝다. [예]인생은 짧고 예술은 길다. [반]길다.

짬: ①두 물체가 맞붙은 틈. ②어떤 일에서 손을 떼어 다른 일에 손댈 수 있는 겨를. [예]쉴 짬도 없이 바쁘다.

짱아 '잠자리'의 어린이 말.

-째[1] 사물의 순서나 등급을 나타내는 말. [예]첫째.

-째[2] 어떤 말 아래 붙어서, '그대로·통째로'의 뜻을 나타내는 말. [예]그릇째 가져가다.

째:다 ①얇은 가죽이나 피륙을 찢다. [예]가죽을 째다. ②옷이나 신이 몸에 작다. [예]작년에 입었던 옷이 몸에 꼭 짼다.

째:지다 터져서 갈라지다. 터져서 벌어지다. [예]가방이 째지다. [본]째어지다.

짹짹 참새나 쥐 따위가 우는 소리. [예]참새가 짹짹 아침 인사를 한다. [큰]찍찍. ─하다.

쨍그랑 얇은 금속이 떨어져서 울리는 소리. [예]동전이 바닥에 떨어져 쨍그랑 소리가 난다. [큰]쩽그렁. [여]쟁그랑. ─하다.

쨍쨍 ①볕이 따갑게 내리쬐는 모양. [예]햇볕이 쨍쨍 내리쬐는 해변가. ②굳은 물질이 세게 맞부딪치거나 갈라져 터질 때 울리는 소리. ─하다. ─히

쩌렁쩌렁하다 목소리가 세고 여무져 울림이 몹시 크다. [예]쩌렁쩌렁한 목소리. [작]짜랑짜랑하다.

쩔쩔매다 어찌할 바를 모르고 갈팡질팡하다. [예]시험 시간이 모자라 쩔쩔매다.

쪼가리 작은 조각. [예]빵 쪼가리.

쪼개다 하나를 둘로 가르다. [예]사과를 둘로 쪼개다. [비]째다. 분할하다.

ㅈ

쪼그리다 ①무거운 것으로 눌러서 부피를 오그리다. ②팔다리를 오그리고 앉거나 눕거나 하다. 예 고양이가 담 위에 쪼그리고 앉아 있다. 큰 쭈그리다.

쪼:다 부리 따위의 뾰족한 끝으로 잇달아 찍다. 예 병아리가 모이를 쪼다.

쪼들리다 ①남에게 몹시 시달리다. ②생활에 괴로움을 당하다. 예 살림에 쪼들리다.

쪼르르 날쌘 발걸음으로 앞을 향하여 나가는 모양. 예 대문이 열리자 강아지가 쪼르르 나왔다.

쪼아대다 뾰족한 끝으로 자꾸만 찍다. 예 딱따구리가 나무를 쪼아댄다.

쪼아먹다 부리로 콕콕 집어 먹다. 예 닭이 모이를 쪼아먹다.

쪽[1] 책의 면. 페이지.

쪽[2] 7~8월에 피는 한해살이 식물. 다섯 개의 꽃덮이로 싸인 붉은 꽃으로, 잎에는 남빛 색소의 원료가 들어 있음.

쪽[3] 부인네의 아래 뒤통수에 땋아서 틀어 올려 비녀를 꽂는 머리털. 예 쪽을 찌다.

〔쪽3〕

쪽[4] 쪼개진 물건의 한 부분. 예 마늘 세 쪽.

쪽[5] =방향. 예 서쪽.

쪽문 사람이 드나들 수 있도록 대문짝 가운데나 한쪽에 작게 따로 낸 문.

쪽박 작은 바가지.

쪽배 통나무를 쪼개고 속을 파서 만든 배.

쪽빛 푸른 하늘빛보다 더 짙은 남빛. 예 쪽빛 하늘.

쪽지(—紙) ①작은 종이쪽. 예 쪽지 시험. ②작은 종이에 쓴 편지.

쫄딱 더할 나위 없이 모두. 남김없이 통틀어. 예 사업 실패로 쫄딱 망했다.

쫑그리다 짐승 따위가 귀를 꼿꼿이 치켜세우다.

쫑긋 ①말을 하려고 입술을 한 번 달싹이는 모양. 예 입을 쫑긋하다. ②짐승이 귀를 한 번 쫑그리는 모양. 예 귀를 쫑긋 세우다. 큰 쭝긋. —하다.

쫑긋거리다 입술이나 귀 따위를 자꾸 쫑그리다.

쫓기다 ①남에게 쫓음을 당하다. 예 경찰에 쫓기다. ②일에 몹시 몰려 지내다. 예 잡무에 쫓기다.

쫓다 ①있던 곳에 못 있게 하다. ②뒤에서 몰아가다. 예 새를 쫓다. ③내보내다. ④급한 걸음으로 뒤를 따르다. 예 범인을 쫓다.

쫓아오다 ①뒤에서 바싹 따라오다. 예 경찰이 내 뒤를 쫓아온다. ②달음박질하여 오다.

쫙 넓게 퍼지는 모양. 예 소문이 쫙 퍼지다. 예 좍. —하다.

쬐:다 ①해의 볕이 내리비치다. 예 햇볕이 잘 쬐는 양달. ②볕이나 불에 쐬거나 말리다. 예 불에 쬐다.

쭈그렁 밤송이 삼 년 간다〈속〉 아주 약한 사람이 얼마 못 살 것 같아도 오래 산다.

쭈그리다 ①팔다리를 우그리어 앉거나 눕다. 예 쭈그리고 앉다. ②누르거나 우그려서 부피를 작게 하다. 작 쪼그리다.

쭈글쭈글 물체가 쭈그러져서 주름이 고르지 않게 많이 잡힌 모양. ㉠쭈글쭈글한 피부. [작]쪼글쪼글. —하다.

쭈뼛쭈뼛 거침새 없이 내닫지 못하고 부끄러운 태도로 머뭇거리는 모양. [작]쪼뼛쪼뼛. —하다.

쭈뼛하다 놀라서 머리끝이 솟는 듯한 느낌이 들다. ㉠깜짝 놀라서 머리카락이 쭈뼛하다. —이.

쭉 ①무엇이 한 줄로 연이은 모양. ㉠뒤로 쭉 줄을 서 있다. ②동작이 단번에 내쳐 나아가는 모양. ㉠팔을 쭉 펴고 운동을 하다. ③종이나 피륙을 힘차게 찢는 소리. [작]쪽. [여]죽.

쭉정이 껍질만 있고 알맹이는 없는 곡식·과실 등의 열매.

쭝긋거리다 ①말을 하려고 입을 자꾸 움직이다. ②짐승이 귀를 자꾸 치켜세우다. ㉠귀를 쭝긋거리다. [작]쫑긋거리다.

-쯤 얼마나 되나 그 정도를 나타내는 말. ㉠어디쯤 가고 있을까? [비]께. 가까이.

쯧쯧 가엾거나 언짢을 때 혀를 차는 소리. ㉠쯧쯧, 어린것이 불쌍하기도 해라.

찌 낚싯대의 위치와 물고기가 미끼를 먹는 상태를 알기 위해 낚싯줄에 단 것. [본]낚시찌.

찌개 고기나 채소에 된장·고추장 등을 풀어 끓인 음식. 〔찌〕

찌꺼기 ①액체의 밑에 가라앉은 못 쓸 물건. ②좋은 것을 골라 내거나 떼어 낸 나머지. ㉠음식 찌꺼기. [준]찌끼.

찌끼 '찌꺼기'의 준말.

찌는 더위 솥에 넣고 찌는 것 같은 심한 더위.

찌다¹ ①물건에 뜨거운 김을 올리어 익히다. ㉠감자를 찌다. ②뜨거운 김을 쐬듯이 더워지다.

찌다² 살이 올라서 뚱뚱해지다. ㉠살찐 돼지.

찌들다〔찌드니, 찌들어〕①물건이 오래 되어 때가 끼고 더럽게 되다. ㉠땀에 찌들다. ②많은 어려운 일을 겪느라고 몹시 시달리다. ㉠세파에 찌들다. [작]짜들다.

찌르다〔찌르니, 찔러〕①끝이 뾰족한 물건을 속까지 들어가게 하다. ㉠바늘로 풍선을 찌르다. ②벌레가 살을 쏘다. ③일부러 남의 잘못이나 비밀을 다른 사람에게 알리다. ④감정 등을 날카롭게 건드리다. ⑤냄새가 후각을 자극하다. ㉠코를 찌르는 악취.

찌르르 저린 느낌이 세게 일어나는 모양. [작]짜르르. [여]지르르. —하다.

찌르륵 ①좁은 댓구멍으로 액체를 빨 때 어렵게 빨려 오르는 소리. [센]찌르륵. ②찌르레기의 울음소리. —하다.

찌푸리다 ①날이 흐리다. ㉠잔뜩 찌푸린 하늘. ②얼굴을 몹시 찡그리다. ㉠눈살을 찌푸리다.

찍다 ①도장을 누르다. ㉠부모님 도장을 찍어 오너라. ②도끼로 쳐서 자르다. ㉠나무를 찍다. ③차표에 구멍을 뚫다. ④사진을 박다. ⑤눈여겨 두다.

찍소리 '아무 소리·꼼짝·반항'의 뜻으로 쓰이는 말. ㉠찍소리도 못 하다.

찍어매다 바늘에 실을 꿰어 대충

꿰매다.

찍자 찍자 하여도 차마 못 찍는다〈속〉 벼르기만 하다가 막상 당하면 못 한다.

찐득찐득 ①연해 검질기게 들러붙다. ㉠찐득찐득 들러붙다. ②검질겨서 연방 자르려고 해도 끊어지지 않다. ㉠진득진득. —하다.

찐빵 밀가루 반죽에 팥소를 넣고 뜨거운 김으로 찐 음식.

찐:하다 지난 일이 뉘우쳐져 마음이 언짢고 아프다. ㈜짠하다.

찔끔찔끔 물건을 여러 번에 걸쳐 조금씩 나누어 주는 모양. ㈜짤끔짤끔.

찔끔하다 갑자기 놀라거나 겁이 나서 몸을 뒤로 물리듯 움츠리는 모양. ㈜짤금하다.

찔레 줄기에 가시가 돋고, 꽃은 작고 빛깔은 희며, 향기가 좋은 장미과의 작은 나무.

찜 건더기를 흐무러지게 무르도록 삶은 음식. ㉠갈비찜.

찜질 얼음·더운물·약물 따위를 헝겊에 적시거나 주머니에 넣거나 하여 아픈 곳에 대고 병을 치료하는 법. ㉠환부에 얼음 찜질을 하다. —하다.

찜찜하다 마음에 꺼림칙한 느낌이 있다. ㉠찜찜해서 일을 못 맡기겠다.

찜통 불 위에 올려놓고 음식을 찌는 통.

찝찔하다 ①감칠맛이 없이 좀 짜다. ②일이 뜻대로 되지 않아 못마땅하다.

찡 콧등이 시큰하면서 속으로 뻐근하게 울리는 듯한 모양. ㉠코끝이 찡하다. —하다.

찡그리다 근심스럽거나 언짢을 때, 이마나 눈살을 찌푸리다. ㉠배가 아프다고 얼굴을 찡그리다.

찡긋 어떤 뜻을 남에게 알아채게 하기 위해 끔벅이는 모양. ㉠눈을 찡긋해 보이다. —하다.

찡얼거리다 어린아이가 자꾸 보채다. ㈜짱알거리다.

찡찡하다 ①마음에 걸리는 일이 있어 겸연쩍다. ②코가 막혀서 답답하다.

찢다 ①잡아당기어 둘로 가르다. ㉠종이를 갈기갈기 찢다. ②이곳저곳에서 끌다. ㉠시장 거리에서 손님을 찢다.

찢어지다 찢기어서 갈라지다. ㉠책이 찢어지다.

찧다 절구에 곡식 등을 빻기 위하여 공이로 내려치다. ㉠방아를 찧다.

훈몽자회자  훈민정음자

ㅊ[치읓] 한글 닿소리의 열째 글자인 치읓.

차¹(次) 어떤 일의 틈을 타서 다른 일까지 하게 됨을 나타내는 말. 예 고향에 갔던 차에 친구를 찾아보았다.

차²(車) 온갖 수레. 마차·기차·자동차 따위.

차³(茶) ①차나무의 잎을 물에 달인 음료의 재료. ②차를 달인 물. 예 녹차. 홍차.

차⁴(差) 견주어서 더하거나 덜한 정도나 분량·수효. 예 일교차를 측정하다.

-차⁵(次) 횟수·도수를 나타내는 말. 예 제2차 세계 대전.

차갑다〔차가우니, 차가워서〕 ①찬 물건이 살에 닿아 아주 찬 느낌이 나다. 예 차가운 손. ②냉정하다. 예 차가운 시선.

차고(車庫) 차를 넣어 두는 곳간.

차곡차곡 물건을 가지런하게 포개거나 겹치는 모양. 예 이불은 차곡차곡 개야 한다.

차관¹(次官) 행정부에서 장관을 돕고 대리할 수 있는 관직.

차ː관²(借款) 다른 나라의 정부나 은행으로부터 필요한 돈을 빌려 쓰는 것. —하다.

차ː광(遮光) 빛을 가리어 막음. 예 창문에 차광을 하다. —하다.

차근차근 한 가지 한 가지를 차례차례로 하는 모양. 예 그는 무슨 일이든지 차근차근 해 나가는 성격이다. 반 엄벙덤벙. —하다. —히.

차남(次男) 둘째 아들. 반 차녀.

차내(車內) 기차나 자동차의 안.

차녀(次女) 둘째 딸. 반 차남.

차다¹ ①가득하다. ②기한이 되다. ③이지러짐이 없이 온전하게 되다. 예 달이 차다. ④정한 수효가 되다. 예 정원이 다 찼다.

차다² ①발로 힘있게 내밀다. 예 공을 차다. ②옷 위에 달아 늘어뜨리다. 예 노리개를 차다.

차다³ ①물체의 온도가 낮다. 예 물이 차다. ②기온이 낮다. 예 날씨가 차다.

차ː단(遮斷) 막아서 멈추게 함. 예 교통이 차단되어 갈 수가 없다. 반 개통. —하다.

차도¹(車道) 차가 다니는 길. 예 사람은 인도로, 차는 차도로. 비 차로. 찻길. 반 인도.

차도²(差度) 병이 조금씩 나아가는 일. 효험이 있는 일. 예 약을 먹어도 차도가 없다.

차돌 ①유리와 같이 광택을 가지며, 무색 투명하게 보이는 광물. 석영. ②야무진 사람의 비유.

차등(差等) 차이가 나는 것. 예 나이별로 차등을 두다. 반 균등.

차디차다 아주 차다.

차라리 저리하는 것보다 이리하는 것이 오히려 나음을 나타내는 말. ⑩ 걸어갈 바엔 차라리 안 가겠다. 비 도리어.

차랑차랑 그릇에 담긴 물이 넘칠 듯한 모양. ⑩ 큰 대야에 차랑차랑하게 담긴 물. —하다.

차량(車輛) ①기차의 한 칸. ②여러 가지 차를 두루 일컫는 말. ⑩ 차량 검사.

차려 구령의 하나. 몸과 정신을 바로 차리어 똑바른 자세를 가지라는 뜻. ⑩ 일동 차려!

차려 놓다[—노타] 장만하여 갖추어 놓다. ⑩ 잔칫상을 차려 놓다.

차령 산맥(車嶺山脈) 태백 산맥의 오대산에서 시작하여 충청 남도의 태안 반도에 이르는 산맥. 백운산·계룡산 등이 있으며, 금·은·텅스텐 등이 남. 길이 200km 가량.

차례[1](次例) ①순서 있게 벌여 나가는 관계. ⑩ 차례를 지키다. 비 순서. ②책 따위의 목차.

차례[2](茶禮) 음력 매달 초하룻날과 보름날·명절날·조상 생일 등의 낮에 지내는 제사.

차례차례 차례를 따라서. ⑩ 차례차례 구경하다.

차리다 ①음식을 장만하다. ⑩ 저녁상을 차리다. ②정신을 모으다. ⑩ 정신을 차리다. ③준비하다. ⑩ 여행 갈 차림을 차리다. ④몸치장을 하다. ⑩ 옷을 잘 차려 입었다.

차림 차린 모양. ⑩ 차림을 단정히 합시다.

차림새 차려 입은 모양새. ⑩ 화려한 차림새.

차ː마 어떤 말 위에 쓰여 어찌할 수 없다는 뜻을 나타내는 말. ⑩ 앙상하게 여윈 그 꼴을 차마 못 보겠다.

차멀미 차를 타서 그 흔들림을 받아 메스껍고 어지러워지는 증상. —하다.

차반(茶盤) 찻그릇을 올려놓는 조그만 쟁반. 비 다반.

차별(差別) ①등급을 가림. ②사람을 대우하는 데 높낮이를 구별함. ⑩ 사람을 차별하지 말아라. 반 평등. —하다.

차분하다 착 가라앉아서 조용하다. ⑩ 차분한 마음으로 공부하다. 반 들뜨다. —히.

차비[1] '채비'의 본디말. —하다.

차비[2](車費) 차를 타고 내는 돈. 찻삯.

차서(次序) =차례[1]. ⑩ 차서를 정하다.

차석(次席) 수석의 다음 자리, 또는 그 자리의 사람. ⑩ 입학 시험에 차석으로 합격하다. 비 차위.

차선(車線) 도로에서 자동차 한 대씩만 지나갈 수 있도록 그어 둔 선. ⑩ 차선을 지키자.

차ː양(遮陽) 처마 끝에 달아 볕이나 비를 막는, 나무나 함석 따위로 만든 물건.

차에 때에. ⑩ 점심을 먹으려고 수저를 들던 차에 친구가 왔다.

차ː용(借用) 돈이나 물건을 빌려 씀. ⑩ 차용 증명서. —하다.

차이(差異) 서로 같지 않고 틀림. ⑩ 능력의 차이. 나이 차이. 비 상이. 반 동일.

차이다 ①발로 참을 당하다. ②중간에서 가로챔을 당하다. ⑩ 상대 선수에게 공을 차이다. 준 채다[1].

차이코프스키(Chaikovskii, 1840~

1893) 러시아의 국민 음악과 음악가. 작품에는 〈백조의 호수〉〈호두까기 인형〉〈비창〉 등이 있음.

차:일(遮日) 볕을 가리려고 치는 장막. ⑩ 차일을 치다.

차일 피:일(此日彼日) 이날 저날로 약속한 날짜를 미루는 모양. ⑩ 차일 피일 미루다. —하다.

차임(chime) ①타악기의 하나. 반음계로 조율된 18개의 금속관을 해머로 쳐서 연주함. ②시각을 알리거나 호출용으로 쓰이는 종의 일종. ⑩ 차임 벨.

차:입(借入) 돈이나 물건을 꾸어 들임. ⑩ 차입금. —하다.

차장(車掌) 기차·버스 따위에서 차 안의 일을 맡아 보는 사람.

차전놀이(車戰—) 음력 정월 보름날의 민속놀이. 경상 북도 안동에서는 동서 두 패로 나누어 동채에 탄 대장의 지휘 아래, 수백 명의 장정이 어깨에 멘 동채를 밀었다 당겼다 하여 동채를 먼저 땅에 닿게 한 편이 이김. 강원도 춘천, 경기도 가평 등지에서는 외바퀴 수레를 밀어 빨리 가는 편이 이김.

차점(次點)[—쩜] 최고 점수의 다음 가는 점수.

차종(車種) 자동차의 종류.

차주(車主) 차의 주인.

차중(車中) 차의 안.

차지다 ①끈기가 많다. ⑩ 반죽이 차지다. ②성질이 깜찍하고 알뜰하며 빈틈이 없다.

차지 자기의 소유로 만듦. ⑩ 이익을 차지하다. —하다.

차질(蹉跌) ①발을 헛디뎌 넘어짐. ②일이 실패로 돌아감. ⑩ 계획에 차질이 생기다. —하다.

차차(次次) 어떠한 상태가 조금씩 진행하는 모양. ⑩ 경기가 차차 좋아지다. ⓑ 점점.

차창(車窓) 기차·자동차 따위의 유리창.

차체(車體) 차량의 일부분으로 승객이나 화물을 싣는 부분.

차축(車軸) 바퀴의 굴대.

차츰 =차차.

차츰차츰 갑작스럽지 않게 조금씩 앞으로 나아가는 모양. ⑩ 차츰차츰 일이 손에 익는다.

차:트(chart) 어떤 내용을 알기 쉽게 정리한 일람표. ⑩ 칠판에 차트를 걸어 놓다.

차편(車便) 차가 오고 가는 편.

차표(車票) 차를 타기 위하여 일정한 돈을 주고 산 표.

차후(此後) 이다음. 이 뒤에. ⑩ 이 일은 차후에 의논하자.

착[1] 잘 달라붙는 모양. ⑩ 품에 착 안기다. 囨 척.

착:[2] ①몸가짐이나 목소리 등이 태연스럽고 잔잔한 모양. ⑩ 착 가라앉은 목소리. ②물체가 휘거나 바닥에 길게 늘어진 모양. 囨 척.

착각(錯覺) 잘못 깨닫거나 생각함. ⑩ 착각을 일으키다. —하다.

착공(着工) 공사를 시작함. ⑩ 착공식. ⓑ 완공. 준공. —하다.

착란(錯亂)[창난] ①뒤섞이어 어수선함. ②정신이 어지럽고 혼란함. ⑩ 정신 착란증. —하다.

착륙(着陸)[창뉵] 비행기가 육지에 내림. ⑩ 착륙 지점. ⓑ 이륙. —하다.

착복(着服) ①옷을 입음. ②남의 돈이나 물건을 부당하게 자기 것으로 함. ⑩ 공금 착복. —하다.

착상(着想) ①일의 실마리가 될 만한 생각. ⑩ 기발한 착상이 떠오르다. ②예술 작품을 창작할 때 그 내용을 머리 속에서 구성하는 일. —하다.

착색(着色) 어떤 물건에 색을 입힘, 또는 그 색. —하다.

착석(着席) 자리에 앉음. ⑩모두 착석해 주시오. 뻰기립. —하다.

착수(着手) 일에 손을 대어 시작함. ⑩공사를 착수하다. —하다.

착수금(着手金) 어떤 일을 시작할 때 치러야 할 돈의 일부를 미리 주는 돈. 뻬선금.

착실하다(着實—) 침착하고 충실하다. 경솔하지 아니하며 진실이 있다. ⑩착실한 청년. —히.

착안(着眼) 어떤 일을 주의 깊게 눈여겨보아 그 일을 성취할 기틀을 잡음. ⑩착안점. —하다.

착오(錯誤) ①착각에 의한 잘못. ②생각과 사실이 일치되지 아니함. ⑩시대 착오. —하다.

착용(着用) ①옷을 입음. ⑩교복을 착용하다. ②물건을 몸에 붙이거나 닮. —하다.

착잡(錯雜) 갈피를 잡지 못하게 뒤섞이어 복잡하고 어수선함. ⑩친구가 많이 아파 마음이 착잡하다. —하다. —히.

착지(着地) ①체조에서, 체조 동작을 마치고 땅바닥에 내려서는 일. ⑩완벽한 착지 자세. ②멀리뛰기 경기에서, 뛴 다음에 발이 땅에 닿는 일. ③비행기가 땅 위에 내림. —하다.

착착(着着) ①사물이 차례로 잘 되어 가는 모양. ⑩착착 이루어지다. ②끈끈하여 몹시 달라붙는 모양. 큰척척.

착취(搾取) ①몹시 누르거나 비틀어서 즙이나 기름을 짜냄. ②근로자나 농민에게 일한 만큼의 임금을 지급하지 않고 나머지 이익 부분을 자본가나 지주가 가로챔. ⑩임금 착취. —하다.

착하다 마음씨나 행동이 바르고 어질다. ⑩어려운 사람을 돕는 착한 마음씨. 뻰악하다. —히.

찬ː(饌) '반찬'의 준말.

찬ː가(讚歌) 훌륭함을 기리는 뜻을 나타내는 노래. ⑩조국 찬가.

찬ː동하다(贊同—) 찬성하여 의견이 같다. 뻬찬성하다.

찬ː란하다(燦爛—) ①눈이 부시다. ②정신이 홀리다. ③빛나고 훌륭하다. ⑩찬란한 우리 문화. ④광채가 영롱하다. —히.

찬물 데우거나 끓이지 않은 맹물. 뻬냉수. 뻰더운물.

찬ː미(讚美) 아름다운 덕을 기림. —하다.

찬ː미가 기독교에서, 하느님 또는 예수의 덕을 기리는 노래. 뻬송가. 찬송가.

찬바람 ①차가운 바람. ②가을에 부는 싸늘한 바람.

찬ː반(贊反) 찬성과 반대. ⑩찬반 투표.

찬밥 지은 지 오래 되어 차갑게 식은 밥.

찬ː부(贊否) 찬성과 불찬성. ⑩찬부를 묻다.

찬ː불(讚佛) 부처님의 공덕을 찬미함. ⑩찬불가. —하다.

찬ː사(讚辭) 칭찬하는 말. ⑩우리 춤이 유럽 무대에서 찬사를 받다.

찬ː성(贊成) 옳다고 여김. ⑩그의 의견에 찬성하다. 뻬동의. 찬동. 뻰반대. 불찬성. —하다.

찬ː송(讚頌) 덕을 기리어 칭찬함. 뻬칭송. 뻰저주. —하다.

찬:송가 하나님이나 예수의 덕을 기리는 뜻으로 부르는 노래. 비 찬미가.
찬:스(chance) 좋은 기회.
찬:양(讚揚) 아름다움을 칭찬하고 착함을 드러내어 밝힘. 예 공적을 찬양하다. 비 칭찬. —하다.
찬:연하다(燦然—) 눈부시게 빛나다. 예 아침 햇살이 찬연하다. —히.
찬이슬 주로 밤에 내리는, 찬 기운이 느껴지는 이슬.
찬:장(饌欌)[—짱] 그릇이나 음식 등을 넣어 두는 장.
찬:조(贊助) 찬성하여 도와 줌. 예 찬조 출연. —하다.
찬:조금 찬조의 뜻으로 내는 돈.
찬찬 꼭꼭 감거나 동여매는 모양. 예 찬찬 동여매다. 큰 친친.
찬찬하다¹ 주의가 깊다. 썩 자세하다. 예 찬찬한 성격. —히.
찬:찬하다² 일이나 행동이 급하지 않고 편안하며 느리다. —히.
찬:칼 반찬을 만드는 데 쓰는 작은 칼.
찬:반(讚歎·贊歎) 칭찬하고 감탄함. 예 이구 동성으로 찬탄하다. —하다.
찬:탈(簒奪) 왕의 자리를 빼앗음. 예 왕위 찬탈. —하다.
찬피 동:물 =냉혈 동물.
찬:합(饌盒) 반찬이나 술안주 따위를 담는 그릇.
찰가닥 쇠붙이 따위가 서로 맞부딪칠 때 나는 소리, 또는 그 모양. 예 자석에 찰가닥 붙다. 큰 철거덕.
찰거머리 ①몸이 비교적 작고 흡반이 잘 발달되어, 몸에 붙으면 떨어지지 않는 거머리. ②남에게 달라붙어 귀찮게 구는 사람을 비유하여 이르는 말.
찰깍쟁이 몹시 약고 욕심이 많은 사람을 욕되게 이르는 말.
찰나(刹那)[—라] 몹시 짧은 시간. 예 건너가려고 망설이는 찰나 빨간 신호등이 켜졌다. 비 순간.
찰상(擦傷)[—쌍] 무엇에 쓸리거나 긁히어 난 상처. 찰과상. 예 가벼운 찰상을 입다.
찰싹거리다 잔물결이 부딪치는 모양이나 그 소리. 큰 철썩거리다.
찰싹찰싹 ①물 위를 납작한 물건으로 잇따라 때릴 때 나는 소리. ②물결이 연이어 부딪치는 소리. 큰 철썩철썩. —하다.
찰찰 물 따위의 액체가 조금씩 넘치는 모양.
찰찰이 불찰이다〈속〉 지나치게 살펴보는 것이 오히려 살피지 않음만 못하다.
찰찰하다(察察—) 썩 자세하다. 예 찰찰한 성격.
찰흙[—혹] 이기면 끈기가 있어서 차진 흙. 예 찰흙 반대기.
참¹ ①거짓이 없음. ②옳고 바른 일. 예 참뜻을 살리자. 반 거짓.
참² 까맣게 잊었던 일이 문득 생각나거나 느낌이 극진할 때, 감탄을 품은 '참말로'와 같은 뜻으로 쓰는 말. 예 참, 우리가 약속했었지.
참³ '정말·과연·진실로' 등의 뜻을 나타내는 말. 예 참 아름답다.
참:⁴(站) ①일을 하다가 쉬는 시간, 또는 그 때 먹는 음식. 예 새참. ②조선 시대에 급한 소식을 전할 때 말과 사람을 대기시켜 교대하던 곳.
참가(參加) 어떠한 모임이나 단체에 참여함. 예 서울에서 열린 제

24회 올림픽은 무려 160개 국가가 참가한 세계적인 제전이었다. 만 불참. —하다.

참값[—깝] 일정한 측정에 의하여 알려고 하는 정확한 값.

참견(參見) 남의 일에 간섭함. 예 남의 일에 참견하지 마시오. 비 간섭. —하다.

참경(慘景) ①딱한 모습. ②슬프고 참혹한 광경. 예 참경을 목격하다.

참고(參考) ①이것저것 맞추어 가며 생각함. ②공부에 도움이 될 만한 것으로 삼음. 예 어린이의 말이라도 참고로 삼을 것이 많다. 비 참조. —하다.

참고서 참고가 되는 책.

참관(參觀) 어떤 곳에 참가하여 봄. 예 올림픽 경기를 참관하다. —하다.

참관인 선거 때 투표와 개표의 진행 과정을 참관하는 사람. 예 투·개표 참관인.

참극(慘劇) ①잔인하고 끔찍하게 벌어진 일. 예 동족 상잔의 참극이 벌어지다. ②비참한 내용을 줄거리로 한 연극.

참기름 참깨로 짠 기름.

참깨 밭에 심어 가꾸는 농작물로, 온몸에 잔털이 나고 향기가 있음. 씨는 기름을 짜서 먹는데 고소한 맛을 냄.

참꽃 '진달래꽃'의 다른 이름.

참나무 ①갈참·물참 나무 등 참나뭇과에 속한 나무를 통틀어 부르는 이름. ②상수리 나무.

참나물 미나리과에 딸린 여러해살이풀. 산의 나무 그늘에 나며 향기가 있음.

참:다[—따] ①억지로 견디다. 예 슬픔을 참다. ②될 때까지 기다리다. 비 인내하다. 견디다.

참:다 못해 더 이상 참을 수가 없어서. 예 참다 못해 울어 버렸다.

참담하다(慘憺—) ①보기에 끔찍하다. ②비참하다. 예 참담한 몰골. ③앞이 캄캄하다. ④마음이 상하다. —히.

참답다〔참다우니, 참다워서〕 거짓이 없고 참되다. 예 참다운 사람.

참대 대나무 이름. 우리 나라 남쪽에서 많이 심는 대의 한 가지로 순은 먹음.

참되다[—뙤다] 거짓이 없고 진실되다. 예 열심히 공부하여 이 나라의 참된 일꾼이 되자. 비 진정하다. 만 거짓되다. —이.

참뜻 거짓이 없는 참된 뜻. 예 너의 참뜻을 알았다. 비 진의.

참례(參禮) 예식에 참여함. 예 기념식에 참례하다. —하다.

참마음 거짓이 없는 진실한 마음. 예 네 참마음은 무엇이냐?

참말 거짓이 없는 말. 참된 말. 비 정말. 진담. 만 거짓말.

참모(參謀) ①일의 계획·전술·작전 등을 짜고 지도하는 일, 또는 그 일을 맡은 사람. 예 선거 대책 참모. ②군에서 인사·작전·정보 등의 계획을 맡아 보는 장교. 예 작전 참모. —하다.

참모습 거짓이나 과장이 없이 생긴 대로의 본디 모습. 예 너의 참모습을 밝혀라.

참모 총:장 대장의 계급인, 육·해·공 각 군의 우두머리.

참배(參拜) ①신이나 부처에게 절하고 빎. ②무덤이나 기념비 등의 앞에서 경의·추모의 뜻을 나타내며 절하고 기리는 일. 예 묘에 참배하다. —하다.

참변(慘變) 아주 끔찍한 사고. [예] 가스 폭발 사고로 참변을 당하다.

참봉(參奉) 조선 시대에 여러 관아에 속했던 종9품 벼슬.

참비름 비름과의 한해살이풀. 어린 잎은 연하고 맛이 좋아 나물로 무쳐 먹음.

참빗 빗살이 아주 가늘고 촘촘한 대빗. [반] 얼레빗.

〔참 빗〕

참빗으로 훑듯〈속〉 샅샅이 뒤져 내는 모양.

참사[1](慘史) 비참한 역사.

참사[2](慘死) 끔찍하게 죽음. [예] 전쟁에서 참사하다. —하다.

참사[3](慘事) 끔찍한 사건. [예] 참사를 당하다. [비] 참변.

참사랑 진실하고 순수한 사랑.

참상(慘狀) 참혹한 형상. 보기에 끔찍한 모양. [예] 전쟁의 참상.

참새 인가의 처마 끝에 집을 짓고 사는 새. 몸빛은 다갈색, 부리는 검고 발톱은 누름.

참새가 방앗간을 그냥 지나랴〈속〉 욕심이 많은 사람이 이로움을 보고 그냥 지나쳐 버릴 리 없다.

참새가 죽어도 짹 한다〈속〉 아무리 약한 사람이라도 너무 괴롭히면 대든다.

참새를 까 먹었다〈속〉 잔소리를 몹시 재잘거린다.

참석(參席) 모임의 자리에 나아감. [예] 회의에 참석하다. [비] 참가. 출석. [반] 불참. —하다.

참선(參禪) 불교에서, 고요히 앉아서 도를 닦는 일. —하다.

참성단(塹城壇) 단군이 처음 나라를 세우고 온 겨레와 나라를 위해 하늘에 제사를 지내던 제단. 강화도 마니산에 있음.

참:수(斬首) 목을 벰. [예] 죄인을 참수하다. —하다.

참숯 참나무 등으로 구운 숯.

참:신(斬新) 취향이 매우 새로움. [예] 참신한 디자인의 구두를 샀다. [반] 진부. —하다.

참여(參與) 참가하여 관계함. [예] 우리 나라 국민들은 선거를 통하여 나라의 정치에 참여하고 있다. [비] 참가. —하다.

참외 박과의 한해살이 식물. 잎은 호박잎 같고 꽃은 누르며, 길둥근 열매가 열리는데 열매는 단맛이 있음.

참외밭 참외를 심은 밭.

참으로 진실로. [예] 오늘은 참으로 날씨가 좋습니다. [비] 정말로.

참을성[—썽] 참고 견디는 성질.

참을 인자 셋이면 살인도 피한다 〈속〉 아무리 어려운 일이 있거나 아무리 분한 일이 있더라도 꾹 참는 것이 가장 좋다.

참의원(參議院) 5·16 군사 정변 전에 있었던 국회의 양원 중의 하나. [반] 민의원.

참작하다(參酌—) ①참고하여 헤아리다. [예] 정상을 참작하다. ② 생각하여 보다.

참전(參戰) 전쟁에 참가함. [예] 참전 용사. —하다.

참정(參政) 정치에 참여함. [예] 참정권. —하다.

참정권(參政權)[—꿘] 국민의 3대 기본권의 하나로, 나라의 정치에 참여할 수 있는 권리.

참조(參照) 참고로 맞대어 봄. [예] 보고서를 쓸 때 이 서류를 참조하십시오. [비] 참고. ―하다.

참조기 민어과의 바닷물고기. 길이 30cm, 몸빛은 회색을 띤 누른빛으로 입술은 불그스름함.

참찬(參贊) 지난날, 벼슬의 한 가지. '좌참찬'과 '우참찬'을 아울러 이르는 말.

참:참이 일정한 기간을 두고 이따금. [예] 일하면서 참참이 책을 읽다. [준] 참참.

참치 =다랑어.

참판(參判) 조선 시대 6조의 판서 다음 가는 벼슬로 지금의 차관급에 해당되는 관직.

참패(慘敗) 여지없이 짐. 참혹하게 패배함. [예] 참패를 당하다. [반] 압승. ―하다.

참:하다 ①생김새가 조촐하고 말쑥하다. [예] 참하게 생겼다. ②얌전하며 착하고 곱다.

참:형[1](斬刑) 목을 베어 죽이는 형벌. [예] 참형에 처하다. ―하다.

ㅊ

참형[2](慘刑) 끔찍하고 참혹한 형벌. [예] 참형을 받다.

참호(塹壕) 전쟁에서 적의 공격을 막기 위해 파 놓은 구덩이.

참혹(慘酷) 보기에 끔찍하고 매우 비참함. [예] 높은 건물에 불이 나서 참혹하게 죽은 사람이 많았다. ―하다. ―히.

참회(懺悔) 자기가 지은 죄를 뉘우치어 신이나 뭇 사람 앞에 용서를 비는 일. [예] 지난날의 잘못을 참회하다. ―하다.

참회록 자기의 생활을 뉘우쳐 고백한 기록.

참흙[―흑] 진흙과 모래가 알맞게 섞여서 농작물을 가꾸는 데 알맞은 흙.

찹쌀 찰벼를 찧은 쌀. [예] 찹쌀 가루. [반] 멥쌀.

찹찹하다 ①쌓인 물건이 부풀지 않고 가라앉아 엉성하지 않다. ②마음이 가라앉아 조용하다.

찻간(車間) 기차나 전차의 사람이 타게 되어 있는 곳. [예] 그를 찻간에서 만났다.

찻길 자동차나 수레 따위가 다니는 길. 차도.

찻삯 기차나 자동차를 타는 데 내는 돈. [예] 찻삯을 치르다.

찻종(茶鍾) 차를 담아 마시는 그릇. [예] 찻종에 따라 마시다.

창[1] 구두·고무신 등의 밑바닥 부분, 또는 거기에 덧붙이는 가죽이나 고무 조각. [예] 구두창을 대다.

창[2](窓) 채광이나 통풍을 위하여 지붕 또는 벽에 뚫어 놓은 문. [예] 창을 활짝 열다. [본] 창문.

창:[3](唱) ①가락에 맞추어 노래를 부름. ②가곡 곡조·잡가조·판소리조 등으로 노래나 소리를 함.

창[4](槍) 옛날 사람이 전쟁 때 사람을 찌르던 무기의 하나. 긴 막대기 끝에 칼 모양으로 생긴 쇠가 꽂혔음.

〔창[4]〕

창가[1][―까] 창 가까운 곳.

창:가[2](唱歌) 곡조에 맞추어 노래함, 또는 그 노래. ―하다.

창:간(創刊) 신문이나 잡지를 처음으로 펴냄. [반] 폐간. ―하다.

창:간호 정기적으로 발행되는 책 따위의 첫 호.

창:건(創建) 사업·건물 따위를 처음으로 세우거나 건설함. 예 독립 기념관을 창건하다. —하다.

창경궁(昌慶宮) 서울 종로구에 있는 궁궐. 1907년 조선 순종이 창덕궁으로 옮긴 뒤, 동물원과 식물원을 시설하여 '창경원'이라고 했다가 1984년 이후 동·식물원을 서울 대공원으로 옮기고 복원 사업을 진행, 옛 모습을 되찾음.

창고(倉庫) 물건을 쌓아 두느라고 지은 집. 비 곳간. 곳집.

창고업 보관료를 받고 남에게 창고를 빌려 주는 영업.

창공(蒼空) 맑게 개어 새파란 하늘. 비 창천.

창구(窓口) 사무실에서 바깥 손님을 상대하여 돈이나 문서 따위를 주고받는 곳. 예 은행 창구.

창구멍 창에 뚫린 구멍.

창:극(唱劇) 우리 나라 고유의 음악인 창에 의한 민속극.

창난젓 명태의 창자에 소금과 고춧가루를 버무려 담근 젓.

창녕비(昌寧碑) 경남 창녕군 창녕읍 교상리에 있는 신라 진흥왕 순수비. 국보 제33호.

창:달(暢達) ① 거침없이 자람. ② 의견이나 주장 등이 막힘 없이 통함. 예 국민 의사의 창달. —하다.

창덕궁(昌德宮) 조선 초기(1405)에 세워진 대궐. 조선 왕조의 역대 왕들이 정치를 하던 곳. 국보인 돈화문 등이 있음.

창던지기 창으로 멀리 던지기를 겨루는 경기. 비 투창. —하다.

창:립(創立)〔—닙〕 처음으로 베풀어 세움. 예 창립 기념일. 비 창설. —하다.

창문(窓門) 공기나 빛이 들어올 수 있도록 벽에 만들어 놓은 작은 문. 예 창문을 닫다. 준 창².

창백하다(蒼白—) 얼굴빛이 희고 푸르다. 핼쑥하다. 예 밤을 샜더니 얼굴이 창백하다. —히.

창살(窓—)〔—쌀〕 창문에 가로 세로 지른 가는 나무 오리.

창:설(創設) 처음으로 설치하거나 설립함. 예 학교를 창설하다. 비 창립. —하다.

창:설자(創設者)〔—짜〕 처음으로 만들어 세운 사람. 창립자.

창:세기(創世記) 〈구약 성서〉 중 〈모세 오경〉의 하나. 세상과 인류의 창조·죄의 기원·최초의 하느님 말씀 등이 기록되어 있음.

창:씨 개:명(創氏改名) → 일본식 성명 강요.

창:안(創案) 없었던 것을 처음으로 생각하여 냄, 또는 그 고안. 예 한글을 창안하다. —하다.

창알창알 어린아이가 아프거나 못마땅할 때 자꾸 보채는 소리. 큰 칭얼칭얼. —하다.

창:업(創業) ① 나라를 처음으로 세움. ② 사업을 처음으로 일으킴, 또는 그 기초를 닦음. —하다.

창연(蒼然) ① 빛깔이 매우 푸름. ② 물건이 오래 되어 예스러운 빛이 드러남. 예 고색이 창연하다. ③ 날이 저물어 어둑어둑해짐. —하다. —히.

창:의(創意) 새로 의견을 생각해 냄, 또는 그 의견. 예 창의적인 발상. 창의력. —하다.

창:의문(彰義門) 서울 특별시 종로구에 있는 사소문의 하나로, 일명 '자하문'이라고도 함.

창:의성〔—썽〕 새로운 의견을 생각해 내는 성질.

창:의적 새로운 방안을 생각하는 모양. 예 창의적인 작품.

창자 소장과 대장을 아울러 이르는 말. 비 장.

창자샘 작은창자의 안벽 융털 사이에 많이 퍼져 있으며 창자액을 내는 샘.

창자액 작은창자의 창자샘에서 나오는 소화액. 창자액은 다른 소화액이 소화시키지 못한 것을 모두 소화시킴. 비 장액.

창:작(創作) ①처음 만드는 것. ②어떤 감흥을 받아 문예·그림·음악 등의 예술품을 만들어 냄. 예 창작 동화. 반 모방. —하다.

창:제(創製) 처음으로 만들어 제정함. 예 세종 대왕 때 훈민정음이 창제되다. —하다.

창:조(創造) 처음으로 만듦. 예 새로운 문화를 창조하자. 비 창작. 반 모방. —하다.

창창하다(蒼蒼—) ①앞길이 아득하고 멀다. 예 어린이는 미래가 창창하다. ②빛이 썩 푸르다. —히.

창칼 여러 가지 작은 칼의 총칭.

창틀 창문을 달거나 여닫기 위해 만든 틀.

창파(滄波) 푸른 물결.

창포(菖蒲) 잎은 길고 특이한 향기가 있으며 연둣빛 꽃이 피는 여러해살이풀로 관상용임.

창포물 창포의 잎과 뿌리를 우려낸 물. 5월 단오에 이 물에 머리를 감고 몸을 씻으면 나쁜 귀신을 쫓는다고 함.

창피하다(猖披—) 모양새가 좋지 않아 부끄럽다. 예 창피한 일.

창해(滄海) 넓고 푸른 바다.

창호(窓戶) 창과 문을 통틀어 이르는 말. —하다.

창호지(窓戶紙) 문에 바르는 재래식 종이의 한 가지.

찾다 ①어디 있는지 모르는 것을 얻어 내려고 뒤지거나 살피다. 예 단어를 사전에서 찾다. ②있는 곳을 알려고 하거나, 불러서 오게 하다. 예 전화로 찾다. ③모르는 것을 알아 내거나 밝혀 내다. 예 원인을 찾다. ④잃거나 빼앗겼던 것을 도로 얻어 내다. 예 권리를 찾다. ⑤맡긴 물건을 도로 가져오다. ⑥만나러 오거나 가다. 예 웃어른을 찾아 문안을 드리다.

찾아오다 ①남이 나를 만나러 오다. 예 친구가 찾아오다. ②맡겨 두었던 물건 등을 가져오다. 예 빌려 준 책을 찾아오다.

채¹ 그대로. 그 모양대로. 예 나는 너무나 피곤해서 옷을 입은 채 방바닥에 쓰러져 잠이 들어 버렸다.

채² ①'채찍'의 준말. 예 팽이채. ②북·장구 따위를 쳐서 소리를 내는 도구. 예 북채.

채³ 집이나 큰 기구의 덩이를 세는 데 쓰는 말. 예 집 한 채.

채⁴ 어떠한 정도에 아직 미치지 못한 꼴. 예 채 익지 않은 감.

채 ①어떠한 상태대로 그냥. ②일정한 정도에 아직 이르지 못한 상태. ③장구 등을 쳐서 소리를 내는 가는 막대기. ④집·수레·이불 따위를 세는 단위. ⑤야채를 가늘고 잘게 써는 일, 또는 그 썬 것.

체 ①그럴듯하게 꾸미는 거짓 태도. ②가루를 치는 데 쓰는 기구. ③소화가 잘 안 되는 체증의 준말.

채:⁵ 무·오이 같은 것을 가늘고 잘게 써는 것, 또는 썬 것. 예오이를 채치다.

채:광(採光) 건축물에 창 따위를 내어 빛을 받아들임. 예채광이 좋은 방. —하다.

채:굴(採掘) 땅을 파서 속에 묻혀 있는 광물 등을 캐냄. 예금을 채굴하다. —하다.

채:권¹(債權) [—꿘] 빚 준 사람의 빚 받을 권리. 반채무.

채:권²(債券) [—꿘] 공채·사채 등의 채무를 증명하는, 재산권을 표시한 증권.

채널(channel) 라디오나 텔레비전 방송 등에 할당된 전파의 주파수.

채:다¹ ①걷어참을 당하다. ②중간에서 빼앗기다.

채다² ①빨리 짐작하다. 예눈치를 채다. ②값이 좀 오르다. 예물가가 약간 채다.

채:도(彩度) 색의 3요소의 하나. 색의 뚜렷하고 희미한 정도. 순도라고도 함. 예채도 대비.

채:독(菜毒) 채소를 날것으로 먹어서 생기는 중독증. 본재독증.

채:독벌레 십이지장충.

채롱(—籠) 싸릿개비로 엮어 만든 운두가 높은 그릇.

〔채 롱〕

채:륜(蔡倫, ?~107) 중국의 공예가. 나무 껍질·삼 부스러기·넝마·그물 따위로 제지법을 개발하여 종이를 만들었음.

채:마밭(菜麻—) 채소를 심는 밭.

채:무(債務) 남에게 얻어 쓴 돈을 갚아 주어야 할 의무. 반채권¹.

채반 싸리 같은 것을 엮어서 만든 납작하고 울이 없는 그릇.

〔채 반〕

채반이 용수가 되게 우긴다〈속〉 사리에 맞지 않는 제 의견만 고집한다.

채:변(採便) 검사하기 위해 변을 받음. —하다.

채:보(採譜) 노래를 듣고 그것을 악보로 적음. —하다.

채비(—備) 갖추어 차림, 또는 그 일. 예학교 갈 채비를 하다. 비준비. —하다.

채:색(彩色) 그림에 색을 칠함. 예화려한 채색. —하다.

채:석(採石) 바위에서 건축·토목 따위에 쓰일 돌을 캐내는 일. 예채석장. —하다.

채:석장 건축 등 여러 가지 공사에 쓰일 돌을 캐어 내는 곳.

채:소(菜蔬) 온갖 푸성귀.

채송화(菜松花) 여름에서 가을에 걸쳐 피는, 여러 가지 빛깔의 한해살이 관상용 화초.

채:식(菜食) 푸성귀로 만든 반찬만을 먹음. 예채식가. 비초식. 반육식. —하다.

채:용(採用) ①사람을 골라서 씀. 예사원 채용. ②채택하여 씀. —하다.

채우다 ①단추·자물쇠 따위를 끼우거나 잠그다. 예자물쇠를 채우다. ②상하기 쉬운 물건을 찬물·얼음에 넣어 두다. 예수박을 얼음에 채워서 먹으니 시원하구나.

③가득하게 만들다. ④모자라는 것을 보태다.
채:점(採點)[-쩜] ①점수를 매김. 예 답안지를 채점하다. ②얻은 점수에 따라 성적의 좋고 나쁨을 결정함. ―하다.
채:집(採集) 잡아서 모음. 찾아서 모음. 캐어 모음. 예 곤충 채집. 비 수집. ―하다.
채:집망 채집할 때 쓰는 그물.
채찍 나무나 댓가지 끝에 끈을 매어 말이나 소를 모는 데 쓰는 회초리.
채찍질 ①채찍으로 치는 짓. 예 달리는 말에 더욱 채찍질을 하였다. ②엄하게 가르쳐 격려하는 일. 예 더욱더 노력하라고 채찍질하다. ―하다.
채:취(採取) 찾아서 캐내거나 거두어 냄. 예 지문 채취. ―하다.
채:택(採擇) 골라서 가려 냄. 가려서 뽑음. 예 회의에서 내 의견이 채택되다. 비 채용. ―하다.
채편 장구의 채로 치는 쪽.
채:혈(採血) 병의 진단이나 수혈 등을 위해 피를 뽑음. ―하다.
채:화(採火) 태양열 따위에서 불을 얻음. 흔히 볼록 렌즈나 오목 거울을 이용함. 예 올림픽 성화를 채화하다. ―하다.
책(冊) ①종이에 인쇄하여 꿰매어 놓은 것. ②서적·공책·장부 따위. 예 책을 읽다. 비 서적. 도서.
책가방 책을 넣어 가지고 들거나 메고 다니게 된 물건.
책갈피 책의 낱장과 낱장과의 사이. 예 책갈피에 끼워 놓은 시간표를 찾아 내다.
책거리 =책씻이.
책꽂이 책을 세워 꽂아 두는 장치. 비 서가. 책장.
책략(策略)[챙냑] 어떤 일을 처리하는 꾀와 방법. 예 우승하기 위한 책략을 꾸미다. 비 책모.
책망하다(責望―) 허물을 들어 꾸짖다. 예 약속 시간에 늦게 온 친구를 책망하다. 비 나무라다.
책무(責務) 책임과 의무. 예 맡은 바 책무를 다하다.
책받침 글씨를 쓸 때 종이 밑에 받치는 물건.
책방(冊房) 책을 팔거나 사는 상점. 비 서점.
책벌레 책 읽는 것을 너무 좋아하는 사람을 빗대어 쓰는 말.
책보(冊褓) 책을 싸는 보자기.
책사(冊肆) 책을 파는 가게. 비 책방. 서점.
책상(冊床) 책을 올려놓고 공부하는 상. 예 책상머리.
책상다리 한쪽 다리를 다른 다리 위에 포개고 앉는 자세. ―하다.
책상보 책상을 덮기 위해 네모지게 만든 천.
책씻이 옛날 서당에서 책 한 권을 뗀 아이가 훈장과 동료들에게 한턱 내던 일. 책거리. ―하다.
책임(責任) 맡아서 꼭 해야 할 일. 비 의무. 반 무책임.
책임감 책임을 중요하게 생각하는 마음. 예 책임감이 강하다.
책임자 무슨 일을 주장이 되어 맡아 보는 사람.
책장[1](冊張) 책의 낱낱의 장. 예 책장을 넘기다.
책장[2](冊欌) 책을 넣어 두는 장. 예 책장에 책이 많이 꽂혀 있다.
챔피언(champion) ①전사. 선수. ②선수권을 가진 사람. 우승자.
챙기다 ①빠짐없도록 갖추어 간수

하다. ㉠장롱 속의 옷을 챙기다. ②어떤 일에 소용되는 물건을 찾아 한데 모으다. ㉠등산 도구를 챙기다.

처(妻) =아내.

처가(妻家) 아내의 본집. 판시가.

처:결(處決) 결정하여 처리하거나 조처함. 비결처. —하다.

처남(妻男) 아내의 남자 형제. 판매부.

처:녀(處女) 아직 시집가지 아니한 여자. 판총각.

처:단(處斷) 결단을 내려 처치하거나 처분함. —하다.

처량하다(凄涼—) ①거칠고 황폐하여 쓸쓸하다. ②초라하고 구슬프다. ㉠처량한 신세. 비쓸쓸하다. —히.

처럼 '거의 같다'는 뜻을 나타내는 말. '같이'와 같음. ㉠선생님은 어머님처럼 고마우신 분이다.

처:리(處理) 일을 다스림. 일을 끝냄. ㉠법적으로 처리하다. 비처치. 처분. —하다.

처마 지붕의 서까래 끝이 내민 곳. 비추녀¹.

처매다 끈으로 잡아매다. ㉠붕대로 무릎을 처매다. 비동여매다.

처먹다 ①'음식을 함부로 많이 먹다'의 낮춤말. ②'먹다'의 낮춤말.

처박다 ①몹시 세게 또는 함부로 박다. ㉠호박에 말뚝을 처박다. ②마구 쑤셔 넣거나 밀어 넣다. ㉠옷장에 옷을 처박아 놓다.

처:방(處方) ①병을 다스리기 위해 약을 조제하는 방법. ㉠감기약을 처방하다. ②잘못이나 결함을 고쳐서 바로잡기 위한 대책.

처:벌(處罰) 형벌에 처함. 벌을 줌. ㉠도둑은 잡아서 처벌해야 한다. 비처형. —하다.

처:분(處分) 명령을 내리거나 일을 처리함. ㉠행정 처분. 비처리. —하다.

처:세(處世) 이 세상에서 살아감. ㉠처세에 능하다. —하다.

처:세술 이 세상에서 원만히 살아나가는 수단이나 방법.

처:소(處所) 사람이 거처하는 곳.

처:신(處身) 세상을 살아감에 있어서의 몸가짐이나 행동. ㉠처신을 바르게 해라. —하다.

처음 ①일이 일어나는 근본. 시작. ㉠처음부터 잘못된 일이다. ②먼저. 비최초. 시초. 시작. 애초. 판나중. 끝. 마지막.

처자(妻子) 아내와 자식.

처절하다(悽絶—) 참혹하리만큼 구슬프다. ㉠처절한 울음소리. 비처량하다. —히.

처제(妻弟) 아내의 여동생.

처족(妻族) 아내의 겨레붙이.

처:지(處地) ①서로 사귀어 지내는 관계. ㉠서로 농담할 수 있는 처지. ②지위 또는 신분. ③그 때에 당한 자리. 입장. ㉠딱한 처지. 비경우.

처:지다 ①바닥으로 잠기어 가라앉다. ②동아리에서 뒤떨어져 남다. ㉠모두 가고 나만 처지다. ③팽팽했던 것이 아래로 늘어지다. ㉠전깃줄이 처지다.

처참(悽慘) 슬프고 참혹함. 보기에 끔찍함. ㉠처참한 광경을 목격하다. —하다. —히.

처:치하다(處置—) ①일을 처리하여 마감하다. ㉠적을 처치하다. ②다루다. 비처리하다.

처:칠(Churchill, 1874~1965) 영국의 수상으로 제2차 세계 대전을

승리로 이끈 정치가. 그림과 문장에도 뛰어나〈제2차 세계 대전 회고록〉으로 1953년 노벨 문학상을 받았음.

처:하다(處—) ①어려운 처지를 당하다. 예 어려움에 처하다. ②어떠한 형벌을 주다. 예 사형에 처하다.

처형[1](妻兄) 아내의 언니.

처:형[2](處刑) 형벌에 처함. 예 죄인을 처형하다. 비 처벌. —하다.

처:형장 처형하는 장소.

척[1] 체[1]. 예 잘난 척한다.

척[2] ①빈틈없이 잘 들러붙는 모양. 예 척 들러붙은 옷. 잘 착. ②서슴지 않고 선뜻 행하는 모양. 예 성금을 척 내놓다.

척[3] 늘어지거나 휘어진 모양. 예 피곤하여 몸이 척 늘어지다.

척[4](尺) 길이의 단위. 약 30.3cm.

척[5](隻) 배의 수효를 세는 말. 예 배 한 척.

척결(剔抉) 나쁜 행동이나 생각을 모두 파헤쳐 깨끗이 없앰. 예 부정 선거를 척결하라. —하다.

척도(尺度) ①자로 잰 길이. ②평가하는 기준.

척박(瘠薄) 땅이 메마름. —하다.

척사(擲柶) =윷놀이.

척수(脊髓) 척추의 관 속에 들어 있는 신경 계통으로, 뇌와 말초 신경 사이의 자극 전달과 반사 기능 등을 맡음.

척주(脊柱) 등골뼈가 죽 이어진 곳. 비 등마루. 척추.

척척 ①끈끈하여 몹시 달라붙는 모양. 예 강력 접착제는 뭐든지 척척 붙는다. ②차례대로 거침없이 잘 되어 가는 모양. 예 그는 힘든 일도 척척 해 낸다.

척척박사 ①무슨 질문이든지 막힘 없이 대답을 잘 하는 사람. ②어떤 일이든지 맡기는 대로 잘 해 내는 사람.

척추(脊椎) 등골뼈.

척화비(斥和碑) 조선 고종 때 병인양요·신미양요를 치른 후, 서양인을 배척하기 위하여 서울 종로 네거리를 비롯하여 전국 각지에 세운 비석.

척후(斥候) 적의 형편·지형 따위를 엿봄. 예 척후병. —하다.

천:[1] 옷·이불 따위의 감이 되는 피륙. 예 천을 짜다. 비 헝겊.

천[2](千) 백의 열 곱절.

천[3](天) =하늘.

천:거하다(薦擧—) 재주가 뛰어난 사람을 추천하다. 예 부장으로 천거하다.

천고 마:비(天高馬肥) '하늘이 높고 말이 살찐다'는 뜻으로, 가을이 썩 좋은 계절임을 이르는 말. 예 천고 마비의 계절.

천공(天工) 하늘의 조화로 이루어진 재주. 반 인공.

천국(天國) ①세상에서 가장 살기 좋은 나라. 예 지상 천국. ②죄 없는 이가 죽은 후에 간다는, 영혼이 영원히 축복 받는 나라. 비 천당. 반 지옥.

천군 만:마(千軍萬馬) 매우 많은 군사와 말.

천궁(天弓) =무지개.

천근(千斤) ①백 근의 열 배. ②'아주 무거움'을 이르는 말.

천금(千金) ①엽전 천 냥. ②많은 돈. 예 일확 천금을 꿈꾸다.

천기(天機) ①천지 조화의 기밀. ②중대한 기밀. 예 천기 누설.

천냥(千兩) 매우 많은 돈.

천냥 빚도 말로 갚는다〈속〉 사람을 사귀는 데 있어 말솜씨가 중요하다는 말.

천년(千年) 백 년의 열 배로 '아주 오랜 세월'을 이르는 말.

천당(天堂) 기독교에서, 사람이 죽은 뒤에 죄가 없는 영혼이 간다고 하는 상상의 세계. 비천국. 반지옥.

천:대(賤待) ①업신여기어 푸대접함. 예홍부는 놀부에게 천대를 받았다. ②낮게 보아 예로써 대우하지 아니함. 함부로 다룸. 반우대. —하다.

천:도(遷都) 서울을 다른 곳으로 옮김. 예개성으로 천도하다. —하다.

천도교(天道敎) 수운 최제우를 교조로 하는 동학을 제3대 교주 손병희가 개칭한 종교. 유교·불교·도교·기독교의 모든 요소를 가미하였음.

천동설(天動說) 지구는 우주의 중앙에 있고, 모든 천체가 지구 주위를 돈다고 하던 설. 반지동설.

천둥 공중에서 방전으로 말미암아 일어나는 소리. 비우레. —하다.

천:량[철—] 재물과 양식. 비재산.

천렵(川獵)[철—] 냇물에서 물고기를 잡는 일. —하다.

천륜(天倫) 부자·형제 사이에 마땅히 지켜야 할 도리.

천리(千里) 아주 멀고 먼 길.

천리 길도 한 걸음부터〈속〉 아무리 큰일이라도 처음 시작은 작은 것부터 비롯된다는 말.

천리마(千里馬) 하루에 천 리를 달릴 만한 썩 좋은 말.

천리마 운:동[철—] 북한 동포에게 강제 노동을 시키기 위해 짜낸 계획.

천리안(千里眼) 천 리 밖을 보는 눈이란 뜻으로, 먼 데서 일어난 일도 잘 알아맞힘을 이르는 말.

천리 장:성(千里長城)[철—] 고려 덕종 때 유소에게 명하여 쌓게 한 천여 리의 긴 성벽. 거란과 여진족의 침입에 대비하여 쌓았음.

천마(天馬) ①옥황 상제가 타고 하늘을 달린다는 말. ②아라비아산의 좋은 말.

천마총(天馬塚) 경주시 황남동에 있는 신라 고분의 하나.

천막(天幕) 천으로 비나 따가운 햇볕을 가리기 위하여 한데에 치는 장막. 텐트. 예천막집.

천만(千萬) ①만의 천 곱절. ②'썩 많은 수'를 이르는 말. 예천만금을 준다 해도 싫다. ③'비길 데 없음'의 뜻. 예천만 다행이다.

천만뜻밖에 생각지도 않았는데. 예천만뜻밖에 이런 데서 너를 만났구나. 비의외에.

천만에 아주 그렇지 않다고 반대할 때 쓰는 말. 예천만에, 별 말씀을 다 하십니다.

천명(天命) ①하늘로부터 받은 복숨. 예천명을 다하다. 비천수. ②하늘의 명령. ③타고난 운명.

천문(天文) 하늘·별·달 등에서 일어나는 일을 연구하는 학문. 본천문학.

천문 관측 하늘에서 일어나는 여러 가지 현상들을 자세히 살피는 일.

천문대(天文臺) 천문을 관측하기 위해 설치한 시설.

천문학(天文學) 천체에 대하여 연구하는 학문. 해·달·별 등의 본

바탕·운동·크기 등에 대하여 관찰·연구하는 학문. 준천문.

천:민(賤民) 지난날, 사회에서 가장 낮았던 계층의 사람들. 노비·광대·백정·무당 등.

천:박하다(淺薄—) ①얕고 엷다. ②아는 것이 적다. ③말이나 행동이 고상하지 못하고 천하다. 예 인격이 천박하다. 판고상하다.

천방 지축(天方地軸) ①어리석은 사람이 앞뒤 가리지 않고 덤벙대는 일. ②너무 급해서 정신 없이 허둥지둥 날뛰는 모양.

천벌(天罰) 하늘이 내리는 벌.

천변(川邊) =냇가.

천부(天賦) 선천적으로 타고남. 예 천부적인 소질. —하다.

천부인(天符印) 하늘의 아들임을 밝히는 증표로서, 건국 신화에서 거울·칼·방울을 말함.

천부 인권(天賦人權)[—꿘] 선천적으로 평등하게 주어진 권리. 예 천부 인권주의.

천부적 선천적으로 타고난 것. 예 천부적인 재질.

천불동(千佛洞)[—똥] 설악산에 있는, 기암 괴석이 아름답게 어우러진 명승지.

천사(天使) ①하늘에서 내려온 사람. ②착하고 어진 사람. 판악마.

천생(天生) 세상에 태어날 때부터 타고난 본바탕. 날 때부터. 예 그는 천생 바보다.

천생 연분(天生緣分) 하늘이 미리 정하여 준 연분, 또는 인연. 예 두 사람은 천생 연분이다.

천석꾼(千石—) 천 석의 추수를 할 만큼 땅이 많은 부자.

천성(天性) 본래부터 타고난 성질. 천품. 예 천성이 착하다.

천수답(天水畓) 비가 와야만 모를 내고 기를 수 있는 논. 비 천둥지기. 판수리답.

천:시(賤視) 천하게 여김. 깔봄. 예 남을 천시하지 마라. —하다.

천:식(喘息) 일정한 기간을 두고 일어나는 호흡 곤란. 기관지에 경련이 일어나는 병.

천신 만:고(千辛萬苦) ①갖은 괴로움. ②갖은 애를 쓰고 고생함. 예 천신 만고를 겪다. —하다.

천안(天顔) 임금의 얼굴. 용안.

천안문 광:장 중국 베이징에 있는 넓은 광장. 1989년 봄, 학생을 중심으로 이 곳에서 자유화 운동이 일어났음.

천안 삼거리 충청도 민요의 하나. 사설의 끝 구절마다 '흥'소리를 넣기 때문에 '흥타령'이라고도 함.

천야만야하다(千耶萬耶—) 천 길 만 길이 되는 듯 까마득하게 높거나 깊다. 예 천야만야한 절벽.

천연[1](天然) ①본래의 성질. ②인공을 더하지 아니한 상태. 비자연. 판인공.

천연 가스 유전 지역이나 탄광 지역의 땅에서 분출되는 자연성 가스. 메탄가스·프로판가스 등.

천연 기념물 드물고 귀하여 나라에서 특별히 법으로 정하여 보호하는 동물·식물·광물.

천연덕스럽다 =천연스럽다. 예 천연덕스럽게 거짓말을 하다.

천연두(天然痘) 몸에 열이 나고 두통이 생기는데, 잘못하면 얼굴이 얽게 되는 돌림병.

천연색 자연 그대로의 빛깔.

천연스럽다 거짓이 없이 자연스러운 태도가 있다. 천연덕스럽다. 예 천연스러운 표정으로 이야기를 계속했다.
천연 자원(天然資源) 자연에서 얻는 모든 자원.
천연하다 ①생긴 대로 꾸미거나 거짓이 없이 자연스럽다. ②감쪽같이 시치미를 떼어 아무렇지 않은 듯하다. [예] 거짓말을 하고도 천연하게 앉아 있다. —히.
천왕문(天王門) 절 입구에 있는, 사천왕을 모신 문.
천왕성(天王星) 태양계의 안쪽에서 7번째인 떠돌이별. 둘레에 100개 가까운 위성들로 이루어진 위성군이 있음. 약 84년 걸려서 태양을 한 바퀴 돎.
천우 신조(天佑神助) 하늘과 신의 도움. [예] 천우 신조로 위험을 벗어나다. —하다.
천운(天運) 하늘이 정한 운수. 자연히 돌아오는 운수. [비] 천수.
천원(泉源) 샘의 근원.
천의 무봉(天衣無縫) 시나 문장 따위가 '꾸밈이 없이 퍽 자연스러움'을 이르는 말.
천:인(賤人) 신분이 아주 낮은 사람, 또는 천한 일을 직업으로 삼아 지내넌 사람. 백정. 노비 등.
천인 공:노(天人共怒) 도저히 용서할 수 없음을 이르는 말. [예] 천인 공노할 범죄. —하다.
천일염(天日塩) 바닷물을 햇볕에 증발시켜서 만든 소금.
천자(天子) 임금. 황제.
천자문(千字文) 옛날, 한문을 처음 배울 때 쓰던 교과서.
천장(天障) 마루나 방의 위 되는 곳. [비] 보꾹. [반] 바닥.
천재[1](天才) ①타고난 재능. ②뛰어난 재주. [반] 둔재.
천재[2](天災) 자연의 재앙. 곧, 지진·홍수·태풍 따위.
천재 지변(天災地變) 자연 현상으로 일어나는 재앙이나 괴변. [예] 천재 지변이 일어나다.
천적(天敵) 먹이 사슬 관계에서 잡아먹는 생물. 꿩에 대한 매, 쥐에 대한 고양이 등.
천정천(天井川) 흙이나 모래가 쌓여 강바닥이 둑 좌우의 평지면보다 높아진 강.
천제[1](天帝) =하느님.
천제[2](天祭) 하느님께 지내는 제사. [비] 천제사.
천주(天主) 천주교에서 하느님을 이르는 말.
천주교(天主教) 기독교의 한 갈래로서 로마 교황이 다스림.
천주실의 마테오 리치라는 선교사가 지은 천주교에 관한 책.
천지[1](天地) ①하늘과 땅. ②우주. 세상. [비] 천하. 우주.
천지[2](天池) 백두산 꼭대기의 화산이 터진 구멍에 생긴 호수.
천지 개벽(天地開闢) ①하늘과 땅이 처음으로 생겨남. ②자연계나 사회에서 '큰 변동'을 비유하여 이르는 말. —하다.
천지 신명(天地神明) 하늘과 땅에 있는 모든 신령.
천직(天職) ①타고난 임무. [예] 교사를 천직으로 알고 열심히 일하다. ②자연으로 몸에 갖춘 의무. ③사람으로서 하여야 할 일.
천진(天眞) 꾸밈이 없고 참됨. [예] 천진한 성격. —스럽다. —하다.
천진 난:만(天眞爛漫) 말이나 행동에 조금도 꾸밈이 없고, 순진하고 착함. —하다.
천차 만:별(千差萬別) 여러 가지 사물에 제각기 서로 차이와 구별

ㅊ

이 많이 있음. 천태 만상. [예] 천차 만별한 직업. ―하다.

천:천히 ①말이나 행동을 느리게 하는 모양. [예] 천천히 움직이다. ②차례를 따라 일을 처리하는 모양. [비] 느리게. 서서히. [반] 빨리. 속히. 얼른.

천체(天體) 해·달·별 등 우주에 존재하는 물체의 총칭.

천추(千秋) 긴 세월.

천치(天癡) 어리석고 못난 사람. [비] 바보. 백치.

천태 만:상(千態萬象) 모든 사물이 각각 다른 모습임을 이르는 말. 천상 만태. 천차 만별.

천태종(天台宗) 대승 불교의 한 갈래. 우리 나라에는 고려 때 대각국사 의천이 소개함.

천품(天稟) =천성.

천하(天下) 하늘 아래의 온 세상. [예] 천하를 호령하다. [비] 천지.

천:하다(賤―) ①생긴 모양이나 말과 행동이 정도가 낮다. [예] 천한 말씨. ②물건이 너무 많고 흔하여 귀중하지 않다. [예] 금반지도 천해졌다. ③사회 계급으로 보아 신분이 낮다. [예] 천한 직업.

천하 무적(天下無敵) 세상에 상대할 만한 사람이 없음을 이르는 말.

천하 장:사(天下壯士) 세상에서 보기 드물게 매우 힘센 장사.

천하 태평(天下泰平) ①온 세상이 태평함. ②세상 걱정을 모르고 편안함, 또는 그러한 사람. [예] 시험을 앞두고도 천하 태평이다.

천행(天幸) 하늘이 준 행운. 하늘이 보살펴 주어 일이 좋게 됨. [예] 천행으로 살아나다. [비] 다행.

천황(天皇) ①옥황 상제. ②일본에서, 그들의 '임금'을 이르는 말.

천후(天候) =기후. [예] 전천후.

철[1] 일 년을 네 시기로 나눈 한 때. 계절. [예] 철따라 피는 꽃.

철[2] 사물을 분별하는 힘. [예] 나이는 먹었어도 철이 없다.

철[3](鐵) ①쇠. ②쇠를 가늘고 길게 만든 줄.

철가루[―까루] 가루 모양의 철. 모래 속에 섞여 있음.

철갑(鐵甲) 쇠로 만든 갑옷.

철갑선(鐵甲船) 쇠로 거죽을 싼, 전쟁에 쓰이는 배.

철강(鐵鋼) =강철. [예] 철강 산업.

철강재 여러 가지 기계나 물건을 만드는 재료가 되는 쇠.

철거(撤去) 건물·시설 등을 걷어 치움. [예] 오래 된 건물을 철거하다. ―하다.

철걱 쇠붙이 따위가 세게 부딪칠 때 묵직하게 울리어 나는 소리. [작] 찰각. [센] 철꺽. [거] 철컥.

철공소 쇠를 가지고 갖가지 기구를 만드는 작은 규모의 공장.

철관(鐵管) 쇠로 만든 둥글고 속이 비어 있는 대롱.

철광(鐵鑛) 철을 파내는 곳.

철광석 철을 포함하고 있는 광석.

철교(鐵橋) 쇠로 놓은 다리.

철군(撤軍) 있던 곳에서 군대를 철수함. 철병. ―하다.

철궁(鐵弓) 쇠로 만든 활.

철권(鐵拳) 쇠뭉치 같은 주먹이란 뜻으로, '굳센 주먹'을 이르는 말.

철근(鐵筋) 건물을 지을 때 콘크리트 속에 넣는 가늘고 긴 철봉.

철금(鐵琴) 실로폰의 생김새와 비슷한 타악기의 하나.

철기 시대(鐵器時代) 청동기 시대보다 더 진보한 단계로서, 단단한 철로 된 쇠붙이로 연모를 만들어 쓰던 시대.

철나다 사리를 분별하는 힘이 생기다. 철들다.

철도(鐵道)[-또] 땅 위에 두꺼운 쇠줄을 깔고 그 위로 기차가 다니게 한 설비. 〖비〗철로. 철길.

철도 회:사[철또-] 철도를 마련하여 장사를 하는 곳.

철두 철미(徹頭徹尾)[철뚜-] 처음부터 끝까지 철저함. 〖예〗일을 철두 철미하게 해라. -하다.

철들다 =철나다.

철따구니 '철'의 속된말. 〖비〗철딱서니. 철딱지.

철딱서니 철따구니.

철렁 ①넓고 깊은 곳에 괸 물이 한 번 움직이는 소리. ②마음에 크게 충격을 받아 흔들리는 모양. 〖예〗폭발음에 가슴이 철렁 내려앉다. 〖작〗찰랑. -하다.

철렁거리다 자꾸만 철렁하다. 〖작〗찰랑거리다.

철로(鐵路) 철도. 레일. 〖예〗철로를 깔다. 〖비〗기찻길.

철마(鐵馬) '기차'를 말에 비유하여 이르는 말.

철망(鐵網) ①철사로 그물같이 얽은 것. ②사람의 통행을 막기 위하여 나무를 박고 그 위에 가시철을 드문드문 걸어 박은 것. 〖본〗철조망.

철매 연기 속에 섞여 나오는 검은 가루, 또는 그 가루가 엉겨 붙은 그을음.

철면피(鐵面皮) 부끄러운 줄을 모르는 뻔뻔한 사람.

철모(鐵帽) 전투할 때에 쓰는 쇠로 만든 모자.

철물(鐵物) 쇠로 만들어진 온갖 물건. 〖예〗철물점.

철바람 춘하추동의 계절을 따라서 일정한 시기에 일정한 방향으로 부는 바람. 〖비〗계절풍.

철벅철벅 얕은 물 위를 자꾸 밟는 소리. 〖예〗비 오는 시골길을 철벅철벅 소리내며 걸어가다. 〖작〗찰박찰박. 〖예〗절벅절벅. -하다.

철벙철벙 깊은 물에 크고 무거운 물건이 연이어 떨어지는 모양, 또는 그 소리. 〖작〗찰방찰방. 〖예〗절벙절벙. -하다.

철벽(鐵壁) 몹시 튼튼한 장벽이나 방비를 비유하여 이르는 말. 〖예〗철벽 같은 수비.

철봉(鐵棒) ①쇠로 길게 만든 몽둥이. ②기계 체조 기구의 한 가지. 좌우 두 기둥에 쇠막대기를 가로 걸친 기구.

철부지(-不知) 철이 없는 어리석은 사람.

철분(鐵分) 어떤 물질 속에 섞이어 있는 철의 성분. 〖예〗철분이 많이 들어 있는 음식.

철사(鐵絲)[-싸] 쇠로 가늘고 길게 만든 줄. 〖비〗철선.

철새[-쌔] 철을 따라 이리저리 살 곳을 옮기는 새. 후조. 〖반〗텃새.

철석(鐵石)[-썩] 쇠와 돌. 〖예〗철석같이 굳은 마음.

철수(撤收)[-쑤] ①거두어들임. 걷어치움. 〖예〗바리케이드를 철수하다. ②진지 따위를 걷어치우고 군대가 물러남. 〖예〗군대를 철수시키다. -하다.

철썩 액체의 면이 넓적한 물체와 세게 부딪칠 때 나는 소리. 〖예〗파도가 바위에 철썩 부딪치다. 〖작〗찰싹. 〖예〗절썩. -하다.

철썩철썩 ①연해 물결이 부딪치는 소리. ②물 위를 넓적한 것으로 연해 때릴 때 나는 소리. [작]찰싹찰싹. 예절썩절썩. —하다.

철썩쿵 널뛰기에서 널빤지 양쪽이 번갈아 땅에 떨어질 때 나는 소리를 흉내낸 말.

철야(徹夜) 잠을 자지 않고 밤을 샘. 예철야 작업. —하다.

철없다 사리를 분별할 만한 지각이 없다. 예철없는 행동. —이.

철원 평야(鐵原平野) 강원도 철원군에 있는 넓은 들.

철의 삼각 지대(鐵—三角地帶) 6·25 전쟁 때의 격전지였던 김화·철원·평강을 연결하는 산악 지대.

철의 장:막(鐵—帳幕) 자유 세계와 공산 세계 사이의 장벽이란 뜻으로 공산 국가의 폐쇄성을 비유했던 말임.

철인[1](哲人) 사리에 밝고 인격이 뛰어난 사람. 예철인 아리스토텔레스. [비]철학자.

철인[2](鐵人) 몸이나 힘이 무쇠처럼 강한 사나이.

철자(綴字)[—짜] 닿소리(자음)와 홀소리(모음)를 맞추어 글자를 만듦, 또는 그 글자. 'ㄱ'과 'ㅏ'가 모여 '가'가 되는 것 등. —하다.

철자법(綴字法)[—짜뻡] 자모를 서로 맞추어 글자를 만드는 법. [비]맞춤법.

철재(鐵材)[—째] 철의 재료. 공업용으로 쓰이는 무쇠 재료.

철저하다(徹底—)[철쩌—] 속속들이 빈틈이 없다. 예비밀을 철저히 캐다. —히.

철전(鐵錢)[—쩐] 쇠를 녹여 만든 돈.

철제[1](鐵製)[—쩨] 쇠를 재료로 하여 만듦, 또는 그 물건. 예철제 무기. 철제 상자.

철제[2](鐵蹄)[—쩨] 마소의 발바닥에 대는 쇠. 편자.

철제[3](鐵劑)[—쩨] 쇠를 성분으로 하는 약제. 보혈약으로 씀. 황산철 따위.

철조망[—쪼망] 가시철로 된 철조를 늘여서 쳐 놓은 울타리. 예철조망을 뛰어넘어 탈출하다.

철쭉 진달래꽃보다 좀 짙은 빛의 고운 꽃이 피는 갈잎 떨기나무.

철창(鐵窓) ①'감옥(교도소)'을 비유하여 이르는 말. 예철창에 갇히다. ②쇠로 창살을 만든 창문.

철책(鐵柵) 쇠로 만든 말뚝 같은 것을 죽 벌여 박은 울.

철천지원수 원한이 하늘에 사무칠 정도로 크나큰 원수.

철:철 물 따위가 많이 넘치는 모양. 예욕조에 물이 철철 넘친다. [작]찰찰.

철철이 돌아오는 철마다. 예철철이 옷을 사 입는 우리 누나.

철칙(鐵則) 고치거나 어길 수 없는 굳은 규칙.

철커덕 끈기 있거나 넓적한 물건끼리 서로 맞부딪치거나 붙었다가 떨어지는 소리. [준]철컥. [작]찰카닥. 예절거덕. —하다.

철컥 쇠붙이 따위가 세게 부딪칠 때 나는 소리. [작]찰칵. 예절컥. 절컥. 철걱. —하다.

철탑(鐵塔) ①전선을 지탱하기 위해 세운 쇠기둥. ②철근이나 철골을 사용해서 만든 탑.

철통(鐵桶) ①쇠로 만든 통. 쇠통. ②조금도 빈틈이 없고 튼튼함. 예철통같이 지키다.

철퇴(撤退) 거두어 가지고 물러

감. —하다.
철판(鐵板) 쇠로 된, 널빤지 모양의 넓은 판.
철폐하다(撤廢—) 폐지하다. 그만두다. 예 사형 제도를 철폐하다.
철필(鐵筆) ①펜. ②끝이 뾰족한 등사판용의, 쇠로 만든 붓. ③도장을 새기는 새김칼.
철학(哲學) 자연·인생·사회 등에 관한 근본 원리를 연구하는 학문. 예 실존 철학.
철학자(哲學者) 철학을 전문으로 연구하는 사람.
철회(撤回) 이미 한 것을 도로 거두어들임. 예 노조의 요구를 철회하다. —하다.
첨가(添加) 이미 있는 것에 덧붙임. 예 향료를 첨가한 음식. 첨가물. 凹삭감. —하다.
첨단(尖端) ①뾰족한 끝. ②시대·유행에 앞서는 일. ③사물의 맨 앞을 가는 일. 예 첨단 과학.
첨벙 갑자기 물 속에 잠길 때 나는 소리, 또는 그 모양. 예 강물에 첨벙 뛰어들다.
첨부(添附) 덧붙임. —하다.
첨삭(添削) 글을 보태고 깎고 고침. 예 첨삭을 가하다. —하다.
첨성대(瞻星臺) 신라 때에 천문을 관측하기 위하여 만든 대. 동양에서 가장 오래 된 천문대로서 경주에 있음. 국보 제31호.

〔첨성대〕

첨지(僉知) 나이 많은 이를 낮추어 일컫던 말. 예 김 첨지.
첨탑(尖塔) 뾰족한 탑.
첩¹(貼) 약봉지에 싼 약을 세는 말. 예 한약 한 첩.
-첩²(帖) 사진·그림·쪽지 따위를 붙이기 위하여 맨 책의 뜻. 예 사진첩. 그림첩.
첩경(捷徑) ①지름길. 첩로. ②쉽고 빠른 방법. 예 성공의 첩경은 노력이다.
첩보(諜報) 적의 행동이나 사정을 보아 알려 줌, 또는 그 보고. 예 첩보원. —하다.
첩자(諜者) 상대방의 내부에 침입하여 비밀을 알아 내는 사람. 예 적의 첩자를 알아 내다. 凹간첩.
첩첩(疊疊) ①거듭 쌓임. 겹겹이 쌓임. ②산이 깊음. 예 첩첩 산중. —하다. —이.
첩첩 산중 첩첩이 겹친 산 속.
첫 맨 처음. 예 첫 시도.
첫걸음 ①목적지를 향하여 맨 처음 내딛는 걸음. ②어떤 일의 시작이나 단계. 첫출발. 예 영어 공부의 첫걸음.
첫길 ①처음 가보는 길. ②시집이나 장가를 들러 가는 길.
첫눈¹[천—] 그 해 겨울에 처음 오는 눈.
첫눈²[천—] 사물을 처음으로 보고 눈에 뜨이는 느낌이나 인상. 예 첫눈에 반하다.
첫딸[천—] 처음으로 낳은 딸.
첫마디[천—] 맨 처음으로 하는 말의 한 마디.
첫말 첫마디로 내는 말. 凹끝말.
첫머리 처음이 시작되는 머리나 맨 앞 부분. 예 글의 첫머리.
첫새벽 날이 밝기 시작하는 이른 새벽. 동틀 때.
첫서리 그 해의 가을에 처음으로 내리는 서리.

첫소리 한 음절에서 처음으로 나는 소리. '날'에서 'ㄴ'소리 따위. 비초성.

첫손가락을 꼽다 여럿 중에서 제일 으뜸이 되다. 예국내 의학계에서 첫손가락을 꼽는 의사이다.

첫술에 배부르랴 〈속〉 어떤 일이든 처음부터 단번에 만족할 수는 없다는 말.

첫아들 [처다―] 처음으로 낳은 아들.

첫여름 [천녀―] 여름의 처음. 반늦여름.

첫인사 [처딘―] 처음으로 하는 인사. ―하다.

첫인상 [처딘―] 첫눈에 뜨이는 인상. 첫눈에 느낀 인상. 예그 사람 첫인상이 참 좋더라.

첫째 처음 되는 차례.

첫해 처음 해.

청¹(淸, 1616~1912) 중국 최후의 왕조. 명나라를 멸망시킨 여진족들이 만주에 후금을 세운 후, 1636년에 나라 이름을 청이라 고쳤음. 청국. 청나라.

청²(請) 무슨 일을 되게 하여 주기를 남에게 부탁하는 일. 예무슨 청이 있느냐. 비부탁. ―하다.

청ː각(聽覺) 귀로 소리를 듣는 감각.

청강¹(淸江) 맑게 흐르는 강.

청ː강²(聽講) 강의를 들음. 예청강생. ―하다.

청개구리 ①등은 파랗고 배는 희며 다리에는 갈색 무늬가 있는 개구리. 비가 오려고 할 때 나뭇가지 같은 데서 욺. ②모든 일을 반대로 하는 사람을 비유하는 말.

청결(淸潔) 맑고 깨끗함. 예청결한 위생복. 반불결. ―하다. ―히.

청과(靑果) 신선한 과실과 채소를 통틀어 이르는 말.

청과물(靑果物) 무·배추 등의 채소와 사과·배 같은 과일을 상품으로 이르는 말. 예청과물 시장.

청구¹(靑丘) 옛날 중국에서 우리 나라를 가리키던 말.

청구²(請求) 달라고 요구함. 예물품 청구. ―하다.

청구권(請求權) [-꿘] 어떤 사건으로 손해를 입은 사람이 손해를 입힌 상대방에게 법률이 정하는 바에 의하여 배상을 청구할 수 있는 권리. 손해 배상 청구권·형사 보상 청구권 따위.

청구도(靑邱圖) 조선 순조 때 김정호가 만든 조선 지도. 세로와 가로줄을 전문으로 넣어서 만든 신식 지도임. 본청구 선표도.

청구서(請求書) 청구하는 내용이 적힌 문서나 쪽지.

청구영언(靑丘永言) 김천택이 시조 천여 수를 모아 엮어 놓은 책.

청국(淸國) =청. 청나라.

청군(靑軍) 운동 경기 따위에서, 푸른 빛깔의 상징물을 사용하는 쪽의 편. 반백군.

청기와 푸른 빛깔의 단단한 기와.

청나라 =청. 청국.

청년(靑年) 젊은 사람. 예착실한 청년 실업가. 비청춘. 반노년.

청년 시대 젊은 시절.

청담(晴曇) 날씨의 맑음과 흐림.

청대콩 덜 익어 아직 물기가 있는 콩.

청동(靑銅) 구리에 주석을 섞어 녹여서 만든 합금.

청동기 시대 석기 시대보다는 발달되어 청동을 써서 연모를 만들어 쓰던 시대.

청둥오리 추운 지방에서 번식하고 가을에 우리 나라에 와서 겨울을 지내는 철새. 'V'자 모양으로 무리를 지어 낢. 물오리.

청량¹(淸亮)[―냥] 소리가 맑고 깨끗함. ⑩ 청량한 목소리로 노래를 부르다. ―하다.

청량²(淸涼)[―냥] 맑고 서늘함. ⑩ 청량한 날씨. ―하다.

청량 음:료 이산화탄소가 들어 있어 마시면 시원한 쾌감을 주는 음료수의 총칭. 사이다 따위.

청:력(聽力)[―녁] 귀로 소리를 듣는 힘.

청렴(淸廉)[―념] 성품이 고결하고 탐욕이 없음. ⑩ 청렴한 공무원. ―하다. ―히.

청렴 결백(淸廉潔白) 욕심이 없고 마음이 깨끗함. ―하다.

청록색 푸른빛이 도는 녹색.

청명하다(淸明―) 날씨가 맑고 밝다. ⑩ 청명한 날씨.

청문회(聽聞會) 국회가 국정에 관한 중요한 안건을 심사하는 데 필요한 경우, 그 일과 관련 있는 사람들로부터 증언이나 진술을 들을 수 있도록 한 제도.

청바지(靑―) 청색의 바지. 특히, 블루진 바지의 일컬음.

청백리(淸白吏)[―뱅니] 부정이 없는 아주 결백한 관리.

청사¹(靑史) 역사상의 기록.

청사²(廳舍) 관청의 건물을 두루 이르는 말.

청사진(靑寫眞) ① 선이나 글자, 물체의 모양 등이 청색 바탕에 흰색으로 나타나도록 한 사진. ② 건물이나 기계의 설계도. ③ 계획이나 구상.

청산(淸算) 셈이나 일 따위를 깨끗이 처리함. ⑩ 떠돌이 생활을 청산하고 집에 돌아왔다. ―하다.

청산리 대:첩[청살―] 1920년 만주의 청산리에서 김좌진 장군이 이끄는 독립군이 일본군을 크게 무찔러 이긴 싸움.

청산별곡(靑山別曲) 지은이와 지은 때를 알 수 없는 고려 가요의 하나.

청산 유수(靑山流水) 막힘 없이 말을 썩 잘함을 비유하여 이르는 말.

청색(靑色) 푸른 빛깔.

청소(淸掃) 비로 쓸고 걸레로 닦고 하여 깨끗이 치움. ―하다.

청소년(靑少年) 청년과 소년. 나이 어린 사람. 젊은이.

청소함 비·걸레·양동이 등의 청소 용구를 넣어 두는 상자.

청송(靑松) 푸른 소나무.

청순(淸純) 맑고 순박하거나 순수함. ⑩ 청순한 아가씨. ―하다.

청승맞다 궁상스럽고 처량한 태도가 있다. ⑩ 청승맞게 앉아 있다.

청승스럽다〔청승스러우니, 청승스러워/청승스러이〕 궁상스럽고 처량한 듯한 태도가 있다.

청신하다(淸新―) 깨끗하고 산뜻하다. ⑩ 청신한 새벽 공기.

청심환(淸心丸) 심경의 열을 푸는 데 쓰는 환약.

청아하다(淸雅―) 맑고 깨끗하다. 맑고 아름답다. ⑩ 청아한 미소.

청어(靑魚) 청어과의 바닷물고기로 몸길이 35cm. 가을에서 봄에 걸쳐 잡히며 맛이 썩 좋음.

청와대(靑瓦臺) 경복궁 뒤 북악산 기슭에 있는 넓은 터, 또는 그 터에 있는 대한 민국 대통령의 관저. 예전에는 '경무대'라고 불렀

청요리(清料理) '중국 요리'를 다르게 이르는 말.

청우계(晴雨計) 대기의 압력, 곧 기압에 의하여 날씨가 맑거나 비가 올 것을 미리 알아보는 기계.

청운(青雲) 높은 명예나 벼슬을 이르는 말. 예 청운의 뜻을 품다.

청운교(青雲橋) 불국사의 대웅전으로 올라가는 돌층층대의 아랫부분.

청원¹(請援) 어떤 일을 도와 주기를 바람. —하다.

청원²(請願) 어떤 허가를 내주기를 바람. 예 학교 신설을 정부에 청원하다. —하다.

청음(清音) 맑고 깨끗한 음성. 맑은 소리. 반 탁음.

청·일 전:쟁(清日戰爭) 조선 말기 고종 31년(1894) 동학 농민 운동이 일어나 우리 나라 정부에서 청국에 구원병을 청하자, 일본도 텐진 조약에 의하여 동시 출병하게 되어 일어난 청국과 일본의 전쟁.

청자(青瓷, 青磁) 고려 때 만든 푸른 빛깔의 자기. 예 상감 청자.

청장년(青壯年) '청년'과 '장년'을 아울러 이르는 말.

청정(清淨) 맑고 깨끗함, 또는 깨끗하여 더러움이 없음. 예 청정해역. —하다. —히.

청정 재배 채소를 가꿀 때 농약이나 사람의 분뇨를 사용하지 않는 농사 방법. —하다.

청:중(聽衆) 강연이나 설교를 듣는 무리. 예 청중 동원.

청:진(聽診) 환자의 몸 안에서 일어나는 심장·호흡 등의 소리를 듣고 진단함. —하다.

청:진기(聽診器) 청진할 때 사용하는 의료 기구의 한 가지.

청천강(清川江) 평안 북도 적유령에서 흘러나와 황해로 들어가는 강. 199km. 옛날 이름은 살수.

청천 벽력(青天霹靂)[—병녁] ① 맑게 갠 하늘의 벼락. ② 뜻밖에 일어난 사변이나 타격. 예 청천 벽력 같은 일.

청첩장(請牒狀) 경사스러운 일이 있을 때 남을 청하는 편지. 예 결혼 청첩장. 준 청첩.

청청하다(青青—) 싱싱하게 푸르다. 예 청청한 바닷물빛. —히.

청초(清楚) 깨끗하고 고움. 예 청초한 아침 이슬. —하다. —히.

청춘(青春) ① 젊은 나이. 젊은 시절. 비 청년. ② 인생의 봄. 예 청춘 남녀.

청:취(聽取) 말·음악·라디오 등을 자세히 들음. 예 라디오를 청취하다. —하다.

청컨대 바라건대. 원컨대. 예 청컨대 내 말을 좀 들어주시오.

청탁(請託) 청하여 부탁함, 또는 그 부탁. 예 원고를 써 달라고 청탁을 하다. —하다.

청포(清泡) 물에 불려 껍질을 벗긴 녹두를 맷돌에 곱게 갈아서 쑨 묵. 녹두묵.

청포도(青葡萄) 다 익어도 빛깔이 푸르스름한 포도 종류를 통틀어 이르는 말.

청풍(清風) 맑게 부는 바람.

청하다(請—) ① 바라다. 구하다. 예 도움을 청하다. ② 초대하다. 예 친구들을 청하다.

청해서 부탁해서.

청해진(清海鎭) 신라 시대에 장보고가 전라 남도 완도에 설치했던 해군 군사 기지.

청혼(請婚) 결혼하기를 청함. 예 청혼을 받다. —하다.

청홍 비:단 명주실로 곱게 짠 푸른색과 붉은색의 비단.

청화 백자(青華白瓷) 흰 바탕에 푸른 빛깔로 그림을 그린 자기. 청화 자기.

체[1] 그럴듯하게 꾸미는 거짓 태도. '-ㄴ·-은·-는' 아래에 쓰임. 예 잘난 체하다. 비 척[1]. —하다.

체[2] 가루를 치는 데 쓰는 기구.

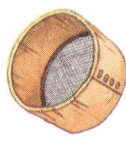
[체[2]]

체[3] 못마땅하여 아니꼽거나 억울할 때 내는 소리. 예 체, 제가 뭐라고.

체[4](滯) 먹은 것이 잘 삭지 아니하고 위 속에 답답하게 처져 있음. 비 체증. —하다.

체감(體感) 몸에 느끼는 감각.

체감 온도 사람의 몸으로 느끼는 추위·더위의 온도. 기온·습도·풍속 등에 영향을 받음.

체격(體格) 몸의 생김새나 뼈대의 모양. 예 체격이 좋다.

체결하다(締結—) ①계약이나 조약을 맺다. 예 불가침 조약을 체결하다. ②얽어서 매다.

체경(體鏡) 온몸이 비치는 큰 거울. 몸거울.

체계(體系) ①낱낱이 다른 것을 계통을 세워 통일한 전체. ②일정한 원리에 따라 조직한 지식의 통일된 전체. 예 체계 있는 학문.

체계적 체계를 이룬 모양. 예 체계적인 설명.

체공(滯空) 비행기 따위가 공중에 머물러 있음. —하다.

체관(—管) 식물의 잎에서 광합성의 결과 만들어진 양분이 저장 기관으로 이동하는 통로.

체급(體級) 권투·레슬링 따위에서, 경기자의 몸무게에 따라 매긴 등급. 밴텀급·미들급 등.

체납(滯納) 세금이나 공과금을 정한 날짜에 내지 않음. 예 세금을 체납하다. —하다.

체내(體內) 몸의 안. 반 체외.

체념(諦念) 곤경 따위에서 벗어날 길이 없어 운명에 따르기로 딱 잘라 마음먹는 일. 예 모든 것을 체념하다. —하다.

체능(體能) 어떤 일을 해낼 만한 몸의 능력.

체득(體得) ①몸소 경험하여 얻음. 예 컴퓨터 다루는 방법을 체득하다. ②체험하여 진리를 터득함. 예 학문의 진리를 체득하다. —하다.

체력(體力) 몸의 힘. 몸의 작업 능력. 예 강인한 체력을 기르다.

체르니(Czerny, 1791~1857) ①오스트리아의 작곡가이자 피아니스트. ②체르니가 만든 피아노의 초보 교본.

체면(體面) 남을 대하는 낯이나 모양. 면목. 예 체면 유지.

체법(體法) 글자 모양과 글씨 쓰는 법.

체신부(遞信部) '정보통신부'의 이전 이름.

체온(體溫) 동물의 몸의 온도로서, 사람의 체온은 보통 섭씨 37도 전후. 예 체온 조절.

체온계 체온을 재는 기구.

체위(體位) ①체격이나 건강·운동 능력 등의 정도. 또, 그 수준. 예 체위 향상. ②몸의 위치·자세.

체육(體育) 신체의 발달·단련을 꾀하는 교육.

체육관 여러 사람이 모여서 운동을 할 수 있게 만든 건물.

체육복 운동을 할 때 입는 옷. 운동복.

체육회[―유쾨] ①체육의 발전과 향상을 위하여 조직된 단체. ②운동회.

체인지(change) ①변화. 변경. ②교환. 교체. ―하다.

체적(體積) 입체가 차지하는 공간의 크기. ⓑ부피.

체전(體典) 체육 대회. 예 전국 체전.

체제(體制) ①꾸밈새. 됨됨이. ②사회적인 제도와 조직의 양식. 예 자본주의 체제. ③생물체 각 부분의 분화 상태 및 그것들의 상호 관계.

체조(體操) 몸의 발달을 돕고 동작을 민첩하게 하기 위하여 하는 운동. 예 맨손 체조. ―하다.

체중(體重) 몸의 무게.

체증(滯症) 음식이 체하여 소화가 잘 안 되는 증세. ⓑ체⁴.

체질(體質) 타고난 몸의 바탕. 몸의 성질. 예 허약 체질.

체첩(體帖) ①모범이 될 만한 필법. ②글씨를 쓰는 본보기.

체크(check) ①대조. 검사. ②바둑판 모양의 무늬. ―하다.

체통(體統) 지위나 신분에 알맞은 체면이란 뜻으로, 점잖은 체면을 이르는 말. 예 체통을 지키다.

체포하다(逮捕―) 죄인을 쫓아가서 잡다. 예 범인을 체포하다.

체하다(滯―) 먹은 음식이 소화되지 않고 위 속에 걸리다.

체험(體驗) 몸소 경험함, 또는 그 경험. ⓑ경험. ―하다.

체험담 직접 겪은 이야기. 예 체험담을 얘기하다.

첼레스타(이 celesta) 피아노와 비슷하게 생겼으며, 철금과 같이 건반을 때려서 쇳조각의 소리를 내는 타악기와 건반 악기를 겸한 악기.

첼로(cello) 바이올린계의 큰 현악기로 저음이며 무릎 사이에 끼우고 연주하는 악기.

쳇 못마땅하거나 아니꼬울 때 또는 원통하여 탄식할 때 내는 소리. 예 쳇, 그게 뭐 대수라고.

쳇바퀴[체빠―] 얇은 나무로 둥글게 만들어 쳇불을 메우게 된 물건. 곧, 체의 몸이 되는 부분.

쳐내다 ①더러운 것들을 모아서 한 곳으로 옮기다. 예 쓰레기를 쳐내다. ②힘껏 쳐서 멀리 보내다. 예 야구공을 쳐내다.

쳐:다보다 ①위를 향하여 보다. 예 하늘을 쳐다보다. ②우러러보다. ⓟ내려다보다.

쳐:들다 위로 들어올리다. 예 고개를 쳐들다. ⓟ숙이다.

쳐들어오다 무찔러 들어오다. 예 적이 쳐들어오다.

쳐부수다 쳐서 무찌르다. 예 적을 쳐부수다.

초¹ 불을 켜는 데 쓰는 물건.

초²(秒) 시간의 단위로서 1분의 1/60.

초³(草) 풀.

초⁴(醋) 조미료의 하나로, 시고 단맛이 나는 액체.

초―⁵(初) '처음'의 뜻을 나타내는 말. 예 초겨울.

초―⁶(超) '정도가 대단한', '관계를 벗어난' 등의 뜻을 나타내는 말. 예 초강력 접착제.

초가(草家) 짚으로 지붕을 이은 집. 반와가.

초가을(初—) 초기의 가을. 반늦가을.

초가집 이엉으로 지붕을 이은 집. 초가.

초간본(初刊本) 맨 처음, 또는 첫 번째로 간행한 책.

초겨울(初—) 초기의 겨울.

초고(草稿) 시문의 초벌 원고.

초과(超過) 일정한 한도나 수를 넘음. 예예산 초과. —하다.

초교(初校) 인쇄물의 맨 첫번째 교정, 또는 그 교정지.

초급(初級) 초·중·고로 나누었을 때 가장 낮은 등급이나 단계.

초기(初期) 맨 처음으로 비롯되는 시기. 예이 그림들이 그 화가의 초기 작품이다. 반말기.

초년(初年) ①일생의 초기. 중년이 되기 전까지의 시기. ②첫해 또는 처음의 시기. 반만년.

초년 고생은 사서도 한다〈속〉 초년에 고생을 겪은 사람이라야 세상 사리에 밝고 경험이 많아서 복을 누릴 수 있으므로 그 고생을 달게 받아야 한다.

초능력(超能力) 현재의 과학적 지식으로는 설명하기 어렵다고 일반적으로 생각되고 있는, 기묘한 현상을 일으키는 능력.

초단(初段) 유도나 바둑 따위의 기술이나 수에 대한 등급의 한 가지. 곧, 단의 첫 등급.

초단파(超短波) 파장 1~10m, 주파수 30~300메가헤르츠의 전파. 텔레비전·에프엠 방송 등에 쓰임. 예초단파 방송.

초닷샛날 달의 처음 다섯째의 날.

초당(草堂) 집의 원채 밖 한적한 곳에 지어 놓은 초가집.

초당 삼간이 타도 빈대 죽는 것만 시원하다〈속〉 비록 큰 손해를 보더라도 마음에 들지 않거나 저를 괴롭히던 것이 없어져서 속이 후련하다.

초대¹(初代) 어떤 계통의 최초의 사람, 또는 그 시대. 예초대 대통령.

초대²(招待) 손님을 오라고 청하여 대접함. 예친구를 모임에 초대하다. 비초청. —하다.

초대권[—꿘] 공연장이나 극장에 오도록 초대하는 표.

초대장[—짱] 초대하는 편지. 예생일 초대장을 받다. 비초청장.

초대형(超大型) 극히 대형의 것. 예초대형 극장.

초등(初等) 맨 처음의 등급.

초등 학교 공부할 나이가 된 아동들에게 초등 교육을 가르치는 학교로 수업 연한은 6년임.

초라하다 ①겉모양이 허술하여 보잘것 없다. 예초라한 옷차림새. 비허술하다. 반화려하다. ②생생한 기운이 없다.

초래(招來) 불러옴. 어떤 결과가 오게 함. 예비극을 초래하다. —하다.

초려(草廬) ①초가집. 초가. ②'자기 집'을 낮추어 일컫는 말.

초로(草露) 풀 끝에 맺힌 이슬.

초로 인생 풀 끝의 이슬 같은 덧없는 인생.

초록(草綠) =초록빛.

초록별 초록빛 별. 동화나 동시에서 별을 예쁘게 부르는 말로 흔히 쓰임.

초록빛 푸른 빛깔과 누른 빛깔의 중간 빛. 곧 풀빛. 초록.

초롱[1] 석유통 같은 데에 석유나 술 따위를 담았을 때에 세는 말. ㉠석유 한 초롱.

초롱[2] (-籠) 대·쇠 따위로 테를 만들고 비단·종이를 씌워 불을 켜는 등. ㉠청사 초롱.

초롱불[-뿔] 초롱에 켜 놓은 불.

초롱초롱 눈에 잠기가 없이 생기가 돌고 맑은 모양. —하다.

초막(草幕) 풀이나 짚으로 지붕을 이은 조그만 별장 같은 집.

초만원(超滿員) 정원을 훨씬 넘는 인원이나 상태. ㉠아침에는 지하철이 초만원이다.

초면(初面) 처음으로 대하는 얼굴이나 처지. ㉠초면에 실례를 하다. 凹구면.

초목(草木) 풀과 나무. ㉠산천 초목.

초반(初盤) 바둑·장기·운동 경기 따위에서 승부의 첫 단계. ㉠초반부터 승리를 결정짓다. 凹종반.

초반전 시작한 지 얼마 안 된 무렵의 싸움.

초벌(初-) =애벌. ㉠신문지로 초벌을 바른다.

초벌구이 도자기 같은 것을 처음으로 굽는 일. —하다.

초벌질 초벌로 하는 짓.

초범(初犯) 처음으로 저지른 죄, 또는 그 범인.

초보(初步) 첫번 또는 처음으로 착수하는 것. ㉠초보 운전.

초본(抄本) 원본 내용에서 필요한 일부분만을 베끼거나 발췌한 문서. ㉠주민 등록 초본.

초봄 봄이 시작될 무렵. 이른 봄.

초빙(招聘) 예를 갖춰 불러 맞아 들임. ㉠훌륭한 교수를 초빙하여 강의를 듣다. —하다.

초사흘 그 달의 셋째 날. 초삼일. 사흗날. 凰초사흗날.

초사흘 달 음력 초사흘쯤에 뜨는 달. 눈썹처럼 가는 달.

초산(醋酸) 탄소·산소·수소가 합하여 된 신맛의 무색 액체.

초상[1] (初喪) 사람이 죽은 일. ㉠초상나다.

초상[2] (肖像) 어떤 사람의 모습을 그린 화상이나 조각.

초상집 초상이 난 집. 凹상가.

초상화 사람의 얼굴이나 모습을 본떠서 그린 그림.

초생(初生) ①처음 생겨남. ㉠초생아. ②그 달의 처음.

초생지(草生地) 풀이 난 땅.

초석(礎石) 주춧돌. 기초. ㉠경제 발전의 초석을 다지다.

초성(初聲) 한 소리 마디에서의 첫 자음. '첫'에서의 'ㅊ' 따위.

초소(哨所) 보초가 서 있는 곳. ㉠방범 초소.

초속(秒速) 1초 동안에 간 거리. 초속=간 거리÷걸린 시간(초). ㉠초속 40m의 강풍.

초순(初旬) 그 달 하룻날부터 열흘날까지 열흘 동안. 凰상순. 凹하순.

초승달 초승에 돋는, 눈썹처럼 가는 조각달.

초시(初試) 과거에서 맨 처음 시험. 또, 그 시험에 급제한 사람.

초식 동:물(草食動物) 소·노루 등과 같이 식물성 먹이만 먹는 동물. 凹육식 동물.

초안(草案) 초잡은 글발.

초야(草野) 시골의 궁벽한 땅. ㉠초야에 묻혀 살다.

초여름 =첫여름.

초엽(初葉) 한 시대를 셋으로 나

눈 때, 맨 처음의 기간. 예 20세기 초엽.

초옥(草屋) 풀로 이엉을 엮어 지붕을 이은 집. 초가집.

초원(草原) 풀만 자라는 넓은 평지. 비 풀밭.

초월하다(超越—) ①뭇 사람 중에서 뛰어나다. ②뛰어넘다. 넘어가다. 예 상상을 초월하다.

초유(初乳) 아기를 낳은 후 2~3일 동안 나오는 젖.

초음속(超音速) 소리의 속도를 능가하는 속도. 예 초음속 비행기.

초음파(超音波) 진동수가 너무 많기 때문에 사람의 귀에는 들리지 않는 음파. 예 초음파 탐지기.

초인적(超人的) 보통 사람보다 매우 뛰어난 능력을 가지고 있는 것. 예 초인적인 인내심.

초인종(招人鐘) 사람을 부르기 위하여 누르면 따르릉 하고 울리도록 만든 것.

초잡다 ①글씨를 초벌로 쓰다. ②글을 쓰기 시작하다.

초장(初章) 3장으로 된 시조에 있어 첫째 장.

초서녁 날이 어두워진 지 얼마 안 되는 때.

초점(焦點)[—쩜] ①사물의 가장 중요한 곳. ②빛이 한 곳에 모이는 점. 예 렌즈의 초점을 맞추다.

초정(椒井) 충청 북도에 있는 지방으로, 세종 대왕이 눈병을 치료하였다는 약수터가 있음.

초조하다(焦燥—) ①마음이 타는 것같이 괴롭다. ②일이 되고 아니 됨을 몰라 몹시 갑갑하다. 예 초조한 마음. 비 안타깝다. 반 태연하다. —히.

초지 일관(初志一貫) 처음에 품은 뜻을 끝까지 밀고 나감. —하다.

초청(招請) 청하여 부름. 예 초청 경기. 비 초대. —하다.

초췌(憔悴) 걱정이 있거나 고생·병 등으로 인해 몸이 마르고 얼굴색이 파리하고 해쑥함. 예 초췌한 모습. —하다.

초침(秒針) 초를 가리키는 시계 바늘.

초콜릿(chocolate) 코코아에 설탕을 섞고 우유로 개어서 다진 과자.

초:크(chalk) 헝겊에 바느질선이나 자르는 선을 표시하는 데 쓰는 분필류의 한 가지.

초토(焦土) ①불에 타서 검게 된 흙. ②불타서 없어진 자리.

초특급 열차 특급보다 더 빠르고 고급화된 열차.

초파리 파리의 일종으로 식초·간장·술 따위에 잘 모여듦.

초판(初版) 책을 최초로 인쇄하여 발행한 판. 예 초판본.

초하루 그 달의 첫째 날. 예 구월 초하루에 만나자. 반 그믐. 본 초하룻날.

초행(初行) 처음 감, 또는 그 길. 첫길. 예 초행이라 모든 것이 힘들다. —하다.

촉:[1] 작은 물건이 길게 늘어지거나 처진 모양. 큰 축.

촉[2](燭) 광도의 단위. 흔히 전등불의 밝은 정도. 1촉광은 촛불 한 개의 불빛임.

촉각[1](觸角) 벌레나 짐승 따위의 머리 위에 뿔같이 나와 감각을 맡은 기관. 비 더듬이.

촉각[2](觸覺) 온도나 아픔 따위를 분간하는 살갗의 감각.

촉감(觸感) 살갗에 닿는 느낌. 손

끝으로 비벼 본 느낌.
촉광(燭光) ①촛불의 빛. ②'광도' 또는 '조도'의 단위.
촉구(促求) 재촉하여 요구함. [예] 대책을 촉구하다. —하다.
촉망(屬望·囑望) 잘 되기를 바라고 기대함. [예] 촉망받는 젊은이. —하다.
촉매(觸媒) 화학 반응 때 그 자체는 변화하지 않으나 다른 물질의 반응을 빠르거나 느리게 변화시키는 물질. [예] 촉매 작용.
촉박하다(促迫—) 썩 급하다. [예] 시일이 촉박하다.
촉수(觸手) 무척추동물의 입 주위에 있는, 가늘고 긴 끈 같은 감각 기관. 먹이 잡는 구실을 함.
촉진(促進) 재촉하여 빨리 나아가게 함. [예] 소화 촉진. [반] 억제. —하다.
촉촉하다 조금 물기가 있어 젖은 듯하다. [큰] 축축하다. —이.
촉탁(囑託) ①일을 부탁함. ②부탁을 받은 사람. —하다.
촌:(村) 마을. [비] 시골.
촌닭 관청에 잡아 온 셈이다〈속〉 경험 없는 일을 당하여 어리둥절하다.
촌:뜨기 시골에 사는 촌스러운 사람의 별명.
촌:락(村落)[촐—] 촌에 집이 모여 있는 곳. [비] 마을. [반] 도시.
촌:색시[—쌕씨] ①촌에서 사는 색시. ②촌스러운 색시.
촌:수(寸數)[—쑤] 친척이나 친족 간의 관계를 나타내는 수.
촌:스럽다[—쓰럽따]〔촌스러우니, 촌스러워서/촌스러이〕 촌티가 나다. 세련되지 않다.
촌:음(寸陰) 썩 짧은 시간. [예] 촌음도 아껴라. [비] 촌시.
촌:충(寸蟲) 척추동물의 창자에 기생하는 기생충의 한 가지.
촌:티 촌스러운 경향이나 차림새.
촌:평(寸評) 짧게 비평함. 또는 그 비평. —하다.
촐랑이 '예의 없이 촐랑거리는 사람'을 장난으로 부르는 말.
촐랑촐랑 ①깊고 좁은 곳에 담긴 물이 연해 흔들리는 소리나 모양. ②방정맞게 까부는 모양. [큰] 출렁출렁. [여] 졸랑졸랑. —하다.
촐싹거리다 ①수선을 떨며 돌아다니다. ②들쑤셔서 들먹거리게 하다. [큰] 출썩거리다.
촘촘하다 빽빽하고 빈틈이 없다. [예] 스웨터를 촘촘히 뜨다. —히.
촛농 초가 탈 때에 녹아서 흘러 엉키는 것.
촛대 초를 꽂아 놓는 기구.
촛불 양초에 켜 놓은 불.
총[1](銃) 탄환을 쏘는 기계.
총:-[2](總) 온통. [예] 총선거. 총계.
총:각(總角) 결혼하지 않은 성년 남자. [예] 노총각. [반] 처녀.
총:각김치 총각무로 담근 김치의 한 가지.
총:각무 무청이 달린 채로 김치를 담그는, 뿌리가 작은 무.
총:계(總計) 전체를 묶은 계산. [비] 합계. [반] 소계. —하다.
총:공격(總攻擊) 모두가 한꺼번에 힘을 합하여 쳐들어감. —하다.
총:괄(總括) 여러 가지를 한데로 모아서 뭉침. [예] 의견을 총괄하다. —하다.
총구(銃口) 총부리.
총:궐기(總蹶起) 사건의 해결책을 위해 뜻있는 사람들이 한꺼번에 일어남. [예] 일제의 압정에 총궐기한 백성들. —하다.

총기[1](銃器) 소총·권총 따위의 무기. [예] 총기 불법 소지를 금하다.
총기[2](聰氣) 영리한 기운. [예] 눈에 총기가 있다.
총대(銃—)[—때] 소총의 몸.
총:독(總督) 남의 나라를 빼앗아 다스리기 위하여, 그 나라에 가 있는 제일 높은 사람.
총:독부 빼앗은 나라를 다스리려고 그 땅에 세운 관청.
총:동원(總動員) 어떤 목적을 이루기 위하여 전인원을 동원하는 일. —하다.
총:력(總力) 모든 힘. 전체의 힘. [예] 수출 증대에 총력을 기울이다.
총:력 안보(總力安保) 국민의 온 힘을 다 기울여서 나라의 안전을 보장하는 일.
총:력전 국민 또는 겨레가 있는 힘을 다하여 결행하는 싸움. [예] 총력전을 펼치다.
총:리(總理) ①국무 위원의 우두머리가 되는 관직. 국무 총리. ② 전체를 모두 관리함. —하다.
총:리 대:신(總理大臣)[총니—] 임금이 있는 나라에서 백성을 다스리는 가장 으뜸 가는 벼슬. 시금의 국무 총리와 같음.
총망(悤忙) 매우 급하고 바쁨. [예] 총망히 사라지다. —하다. —히.
총명하다(聰明—) ①영리하고 기억력이 좋다. [예] 총명한 아이. ② 재주가 있다.
총부리[—뿌리] 총의 탄알을 내쏘게 된 부분의 아가리. [예] 총부리를 겨누다.
총:사령관(總司令官) 군대 전부를 이끌고 있는 제일 윗사람.
총살(銃殺) 총으로 쏘아 죽임. [비] 총살형. —하다.
총상(銃傷) 총에 맞아 다친 상처, 또는 그 부상. [예] 총상을 입다.
총:선거(總選擧) 국회 의원 전체를 한꺼번에 선출하는 선거. [예] 국회 의원 총선거. —하다.
총성(銃聲) 총소리. [예] 총성이 들린다.
총알 총에 재어 쏘아 보내는 탄알. 총탄.
총:애(寵愛) 특별히 사랑을 받음. [예] 임금의 총애를 받다. —하다.
총:액(總額) 모두를 합한 액수. [예] 총액은 모두 얼마냐.
총:영사(總領事)[—녕사] 외국에 주재하는 제일 높은 영사.
총:영사관[총녕—] 총영사가 주재하여 외교 사무를 맡아 보는 공관.
총:원(總員) 전체의 인원. 총인원. [예] 총원 40명인 학급.
총잡이 총, 특히 권총을 잘 쏘는 사람을 이르는 말.
총:장(總長) 전체 사무를 관리하는 최고 책임자. [예] 대학 총장.
총:재(總裁) 사무를 총괄하여 결재하는 일, 또는 단체나 기관의 최고의 자리에 있는 사람. [예] 적십자사 총재. —하다.
총:점(總點)[—쩜] 전체의 점수. [예] 중간 고사의 총점.
총채 말총·헝겊 따위로 매어 만든 먼지떨이.
총총[1](悤悤) ①일이 매우 급하고 바쁜 모양. [예] 총총히 걸어가다. ②몹시 몰리어 급한 모양. —하다. —히.
총총[2](葱葱) 나무가 무성히 들어선 모양. —하다. —히.
총총[3](叢叢) 많은 물건이 빽빽이 들어선 모양. —하다. —히.

ㅊ

총 : 칭(總稱) 통틀어 일컬음, 또는 그 이름. —하다.

총칼 ①총과 칼. ②무력.

총탄(銃彈) =총알.

총통(銃筒) 임진왜란 때 썼던 총포의 종류. 화전·화통·화포 등을 말함.

총 : 화(總和) ①전체의 수나 양. 비총계. ②전체의 화합. 예국민 총화로 통일을 이루자.

총 : 회(總會) 그 단체 모든 회원의 모임. 예정기 총회.

촬영(撮影) 물체의 형상을 사진 찍음. 예영화 촬영. —하다.

최 : 강(最強) 가장 강함. 예세계 최강의 선수.

최 : 고¹(最古) 가장 오래 됨. 예최고의 문화. 반최신.

최 : 고²(最高) 가장 높음. 예최고 기록. 최고점. 반최하. 최저.

최 : 고 기록(最高記錄) 운동 경기 따위에서, 일찍이 보지 못하였던 가장 높은 기록.

최 : 고봉(最高峰) ①가장 높은 봉우리. ②어떤 분야에서 '가장 뛰어남'을 비유하여 이르는 말.

최 : 고 인민 회 : 의 공산 독재 정치하에서 국회와 같은 구실을 하는 기관.

최 : 근(最近) ①거리가 가장 가까움. ②지나간 지 얼마 안 되는 날. 요즈음. 예최근 청소년 범죄가 급증하고 있다.

최남선(崔南善, 1890~1957) 사학가이며 문학자. 호는 육당. 신문학 운동의 선구자로서 잡지 〈소년〉 등을 간행하였고, 독립 선언문의 초안을 썼음.

최 : 다(最多) 가장 많음. 예최다 득점. 반최소. —하다.

최 : 단(最短) 가장 짧음. 예최단 거리. 반최장. —하다.

최 : 대(最大) 가장 큼. 예최대의 관심사. 반최소. —하다.

최 : 대 공약수 공약수 중 가장 큰 수. 반최소 공배수.

최 : 대한 가장 큰 한도. 최대 한도. 예최대한으로 빨리 가게. 반최소한.

최루탄(催淚彈) 눈물샘을 자극하여 눈물이 나오도록 하는 독가스를 넣은 탄환.

최면(催眠) 잠이 오게 함. 잠을 재촉함. 예자기 최면.

최면술(催眠術) 암시나 명령으로 잠이 오게 하는 술법. 병이나 나쁜 버릇을 치료함.

최면제 잠이 오게 하는 약제.

최무선(崔茂宣, ?~1395) 홍건적과 왜구를 토벌하는 데 공을 세운 고려 말기의 장군. 특히 화약을 이용한 새로운 무기인 화포를 만들어서 왜구의 배 500척을 쳐부수었음.

최 : 상(最上) ①맨 위. ②가장 우수함. 예최상의 방법. 반최하.

최 : 상급(最上級) 가장 위의 등급.

최 : 선(最善) ①모든 힘. 예최선의 노력. 비전력. ②가장 착하고도 좋음. 예최선의 방법. 반최악.

최 : 소(最小) 가장 작음. 예최소의 노력으로 최대의 효과를 거두다. 반최대. —하다.

최 : 소 공배수 공배수 중에서 0을 제외한 가장 작은 공배수. 반최대 공약수.

최승로(崔承老, 927~989) 고려 초기의 문신. 나라를 다스리는 방법을 28조로 분석하여 왕에게 바침.

최시형(崔時亨, 1827~1898) 조선

말 동학의 제2대 교주. 전봉준의 난 이후 동학을 다시 일으키려다 체포되어 처형됨.

최:신(最新) 가장 새로움. 예)최신 기술. 반)고.

최:신식 가장 새로운 방법이나 형식, 또는 가장 새로운 방식이나 형식의 것. 예)최신식 컴퓨터.

최:악(最惡) 어떤 조건이나 상태 따위가 가장 나쁨. 예)최악의 경우. 반)최선. —하다.

최영(崔瑩, 1316~1388) 고려 말의 장군. 요동 정벌을 주장하다가 이성계와 대립하여 이성계 일파에게 붙잡혀 귀양 갔다가 피살됨.

최:우수(最優秀) 가장 뛰어남. 가장 우수함. 예)최우수상. —하다.

최윤덕(崔潤德, 1376~1445) 조선 초기의 장수. 1419년에 수군을 이끌고 대마도를 정벌하였고, 세종 대왕 때에는 강순과 함께 여진족을 정벌하여 압록강을 경계로 4군을 개척하였음.

최:장(最長) 가장 긺. 예)최장 거리. 반)최단. —하다.

최:저(最低) 가장 낮음. 예)최저 가격. 최저 기록. 반)최고.

최:적(最適) 가장 알맞음. 예)최적의 온도. —하다.

최:전방(最前方) 적과 가장 가까운 전방. 비)제일선. 최전선.

최:전선(最前線) 적과 맞서는 맨 앞의 전선. 예)최전선의 장병들. 비)제일선. 최전방.

최제:우(崔濟愚, 1824~1864) 동학의 창설자. 호는 수운. 천도교 교조. 서른일곱 살에 동학을 창도하였는데, 동학을 전도한 지 5년 만에 '간사한 도로써 바름을 어지럽힌다'는 죄목으로 체포되어 참형되었음.

최:종(最終) 맨 나중. 예)최종 득표. 비)최후. 반)최초.

최:첨단(最尖端) 유행이나 시대 따위의 가장 선두. 예)유행의 최첨단.

최:초(最初) 맨 처음. 예)최초의 경험. 반)최종. 최후.

최충(崔冲, 984~1068) 고려 문종 때의 학자로 '동방의 공자'라고 불림. 9재 학당을 세워 많은 제자를 길러 냈음.

최충헌(崔忠獻, 1149~1219) 고려 후기의 대신. 무신간의 싸움에서 최후 승리자로서 정권을 잡고 (1196) 독재 정치를 실시하였음.

최치:원(崔致遠, 857~?) 통일 신라 말의 유학자이며 대문장가. 12세에 당나라에 건너가 17세에 그곳 과거에 합격하고 한림 학사를 지낸 바 있음.

최:하(最下) 맨 아래. 예)최하의 생활. 반)최상.

최:하급(最下級) 가장 낮은 등급.

최항(崔恒, 1409~1474) 조선 세종 때의 학자이자 정치가. 훈민정음을 만들 때 공이 많았음.

최:후(最後) 맨 마지막. 맨 끝. 예)최후 순간까지 최선을 다해 싸우다. 비)최종. 반)최초.

최:후의 만:찬 예수가 십자가에 못박히기 전날 밤에 자기 제자들과 같이 한 저녁 식사.

최:후의 심판 그리스도교에서 세계의 종말에 인류가 신에 의하여 심판을 받는다는 것.

추(錘) 저울추나 시계추처럼 끈에 달려 늘어져서 흔들리게 된 물건을 통틀어 이르는 말.

추가(追加) 나중에 더 넣어 보태

거나 채움. ⑩ 추가 비용. —하다.

추격(追擊) 뒤쫓아가서 냅다 침. ⑩ 범인을 추격하다. ㉯ 도망. —하다.

추계(秋季) 가을철. 추기(秋期). ⑩ 추계 체육 대회.

추곡(秋穀) 가을에 거두어들이는 곡식. ⑩ 추곡 수매.

추구(追求) 자기가 하고자 하는 바를 끈기 있게 뒤쫓아 구함. ⑩ 이상을 추구하다. —하다.

추궁(追窮) 잘못한 일을 엄하게 따짐. 끝까지 따져서 밝힘. ⑩ 책임을 추궁하다. —하다.

추기경(樞機卿) 천주교에서, 교황의 바로 아래 성직.

추기다 ① 꾀어서 자기 편을 들게 하다. ⑩ 달콤한 말로 추기다. ② 선동하다.

추남(醜男) 보기 흉하게 생긴 남자. 못생긴 남자. ㉯ 미남.

추녀[1] 집의 네 모퉁이의 기둥 위에서 지붕 끝이 위로 들린 부분. ㉯ 처마.

추녀[2] (醜女) 보기 흉하게 생긴 여자. 못생긴 여자. ㉯ 미녀.

추다 ① 남을 일부러 칭찬하다. ⑩ 너무 추어 주지 말라고. ② 숨은 물건을 찾아내려고 뒤지다. ③ '춤추다'의 준말. ⑩ 춤을 추다.

추대(推戴) 단체장 따위로 떠받듦. ⑩ 그룹의 회장으로 추대하다. —하다.

추도회(追悼會) 죽은 사람을 생각하여 슬퍼하는 뜻을 나타내는 모임.

추돌(追突) 기차·자동차 따위가 뒤에서 들이받음. ⑩ 추돌 사고. —하다.

추락(墜落) 높은 곳에서 떨어짐. ⑩ 비행기가 추락하다. —하다.

추렴 무슨 모임의 비용으로 돈을 얼마씩 내어 거둠. ⑩ 비용을 추렴하다. —하다.

추리(推理) 이미 아는 사실을 근거로 아직 모르는 사실을 미루어 알아 냄. ⑩ 사건을 추리하다. —하다.

추리다 섞여 있는 것 가운데서 가려 뽑다. ⑩ 입을 만한 옷가지를 추리다. ㉯ 선택하다. 뽑다.

추모(追慕) 죽은 사람을 생각하고 그리워함. ⑩ 돌아가신 부모님을 추모하다. —하다.

추물(醜物) 더럽고 지저분한 물건이나 사람을 얕잡아 이르는 말.

추방(追放) 멀리 쫓아냄. ⑩ 국외로 추방하다. —하다.

추분(秋分) 24절기의 하나로, 양력 9월 20일경에 드는데 낮과 밤의 길이가 같음.

추사(秋史) 조선 말기의 서도가 김정희의 호.

추사체(秋史體) 추사 김정희의 독창적 글씨체.

추산(推算) 짐작으로 미루어서 계산함, 또는 그 계산. ⑩ 석유 매장량을 추산하다. —하다.

추상[1] (抽象) 낱낱의 사실이나 관념에서 공통되는 요소·성질을 빼내어 일반적인 개념을 만드는 일. 예컨대, 자동차·비행기·배 따위에서 '탈것'이란 공통성을 빼내는 일 따위. ㉯ 구상.

추상[2] (追想) 지나간 일을 생각하고 그리워함. ⑩ 추상에 잠기다. ㉯ 추억. 회상. —하다.

추상[3] (推想) 앞으로 올 일 등을 미루어 생각함, 또는 그 생각. ㉯

예상. —하다.
추상적 낱낱의 사물에서 공통되는 속성을 뽑아 내어 종합한 상태, 또는 그것. 凹구체적.
추상화(抽象畫) 실제 대상물의 모양에 얽매이지 않고 생각하는 대로 그리는 그림. 凹구상화.
추석(秋夕) 우리 나라 명절의 하나. 음력 8월 15일. 凹한가위.
추세(趨勢) 되어 가는 형편. 例세계화의 추세에 따르다.
추수(秋收) 가을에 곡식을 거두어 들이는 일. 凹가을걷이. —하다.
추수 감:사절 기독교 신자들이 1년에 한 번씩 추수한 뒤에 하느님에게 감사하는 예배를 올리는 날.
추수기 추수하는 시기.
추스르다〔추스르니, 추슬러서〕 ①물건을 위로 추어올리다. 例바지춤을 추스르다. ②잘 수습하여 다스리다.
추신(追伸) 편지 등에서 글을 추가할 때, 덧붙이는 글의 머리에 쓰는 말. 凹추백. —하다.
추악(醜惡) 더럽고 흉악함. 例추악한 형상. —하다.
추앙(推仰) 높이 받들어 우리러 섬김. 例추앙받는 지도자. —하다.
추어주다 실지 이상으로 남을 높이 칭찬하여 주다. 例얼굴이 예쁘다고 추어주다. 凹추어올리다.
추어탕(鰍魚湯) 미꾸라지를 넣고 여러 가지 국거리 양념과 함께 끓인 국. 준추탕.
추억(追憶) 지나간 일을 생각함, 또는 그 생각. 例지난날을 생각하며 추억에 잠기다. —하다.
추억담(追憶談) 추억을 더듬어 하는 이야기.
추억이 새롭다 지나간 일을 다시 생생하게 한다.
추월(追越) 뒤따라가서 앞지름. 例앞차를 추월하다. —하다.
추위 추운 기운. 凹더위.
추이(推移) 일이나 형편이 변하여 가는 일. 例사태의 추이를 지켜보다.
추임새 판소리에서 창의 사이사이에 고수가 흥을 돋우기 위하여 내는 '좋다·얼씨구' 따위의 소리.
추잡하다(醜雜—) 말과 행동이 지저분하고 잡스럽다.
추장(酋長) 미개인들이 사는 부족이나 마을의 우두머리.
추적(追跡) 도망하는 것의 뒤를 밟아 쫓음. 例레이더로 미사일을 추적하다. —하다.
추정(推定) 미루어 헤아려서 판정함. 例추정 인구. —하다.
추종(追從) ①남의 뒤를 따라 좇음. ②아첨하여 좇음. —하다.
추진(推進) 밀고 나아감. 例계획대로 일을 추진하다. —하다.
추진기 배·비행기 따위를 나아가게 하는 장치. 프로펠러.
추천(推薦) 사람을 소개하여 올림. 例추천을 받다. —하다.
추천서(推薦書) 추천의 말을 적은 서류. 凹추천장.
추첨(抽籤) 제비를 뽑음. —하다.
추측(推測) 미루어 생각하여 헤아림. 例추측이 들어맞다. —하다.
추켜들다 힘있게 위로 치켜올리다. 例등불을 높이 추켜들다.
추켜세우다 ①위로 치올려 세우다. ②정도 이상으로 칭찬하여 주다.
추태(醜態) 더러운 꼴. 부끄러운 태도. 추잡한 행동. 例추태를 부리다.
추풍(秋風) 가을 바람.

추하다(醜―) 지저분하고 더럽다. ㉠추한 옷차림. ㉡아름답다.

추후(追後) 나중. 뒤. 다음. ㉠추후에 연락드리겠습니다.

축[1] 같은 무리나 또래의 한 동아리. ㉠잘 하는 축에 든다.

축:[2] 물건이 길게 아래로 늘어지거나 처진 모양. ㉠전깃줄이 축 늘어져 있다.

축[3](軸) 도형 또는 물체의 중심이 되는 부분. 굴대. ㉠회전축.

축가(祝歌) 축하하는 뜻으로 부르는 노래. ㉠생일 축가.

축구(蹴球) 11명이 한 팀이 되어 공을 차서 상대편의 골문 속으로 넣는 경기.

축나다 ①일정한 수효에서 부족이 생기다. ㉠돈이 축나다. ②병으로 몸이 약해지다. ㉠앓고 나더니 몸이 많이 축났구나!

축농증(蓄膿症)[충농쯩] 코의 안에 고름이 고여 코로 숨쉬기가 어렵고 머리가 아픈 병.

축대(築臺) 높게 쌓아올린 대.

축도(縮圖) 어떤 도형을 모양은 그대로 두고 크기만 줄여서 그린 그림. ㉠축도법.

축문(祝文) 제사 때 천지 신명께 고하는 글. ㉠축문을 읽다.

축배(祝杯) 축하하는 술잔.

축복(祝福) 앞길의 행복을 빎, 또는 비는 일. ㉠결혼을 축복하다. ㉡저주. ―하다.

축사[1](畜舍) 가축을 기르는 건물. ㉠축사를 짓다.

축사[2](祝辭) 축하하는 말이나 글. ㉠축사를 낭독하다. ―하다.

축산물(畜産物) 가축에서 얻는 물품. 고기·가죽·젖 따위.

축산업(畜産業) 가축 등을 치고 또 그 생산물을 가공하는 산업.

축성(築城) 성을 쌓음, 또는 군사상 중요한 곳에 세워진 방어 구조물. ㉠축성학. ―하다.

축소(縮小) 큰 것을 줄여 작게 함. ㉠군비를 축소하다. ㉡확대. 확장. ―하다.

축원(祝願) 신불에게 복을 빎. ㉠성공을 축원하다. ―하다.

축음기(蓄音機) 말이나 음악의 소리결을 소리판 속에 넣어서 필요할 때마다 들을 수 있는 기계. ㉡유성기.

축의[1](祝意) 축하하는 마음.

축의[2](祝儀) 축하하는 의례.

축의금 축하의 뜻으로 내는 돈.

축이다 물에 적셔서 축축하게 만들다. ㉠목을 축이다.

축일(祝日) 축하하는 날. 경사스러운 날. ㉠민족의 축일.

축재(蓄財) 재물을 모아 쌓음, 또는 모은 재산. ㉠부정 축재자를 가려 내다. ―하다.

축적(蓄積) 많이 모아서 쌓아 둠. ㉠에너지를 축적하다. ―하다.

축전지(蓄電池) 전기 에너지를 화학 에너지로 바꾸어 저축하고, 필요에 따라 전기 에너지로 끌어 낼 수 있는 장치. 배터리.

축제[1](祝祭) ①축하하여 벌이는 큰 규모의 행사. ㉠올림픽 개막 축제. ②축하와 제사.

축제[2](築堤) 둑을 쌓음. ―하다.

축조(築造) 쌓아 만듦. ㉠진지를 축조하다. ―하다.

축지법(縮地法)[―뻡] 먼 거리를 매우 가깝게 하는 술법.

축척(縮尺) 어떤 도형을 축소해서 그릴 때 축소시킬 비율의 정도. ㉠축척 5만분의 1 지도.

축축하다 물기가 있어 젖은 듯하다. ⑩비를 맞아 온몸이 축축하다. 쩍촉촉하다. —이.

축출(逐出) 쫓아 냄. 몰아 냄. ⑩반대파를 축출하다. —하다.

축하(祝賀) 기쁘고 즐거운 일을 빌고 치하함. ⑩생일 축하. 비축복. —하다.

춘궁기(春窮期) 농가에서 양식이 떨어져 궁하게 지낼 때. 곧, 음력 삼사월경. 보릿고개.

춘부장(春府丈) 남의 아버지를 높여 일컫는 말. 비춘당.

춘분(春分) 24절기의 하나로, 양력 3월 21일경에 드는데 낮과 밤의 길이가 같음. 판추분.

춘삼월(春三月) 봄 경치가 가장 좋은 '음력 3월'을 아름답게 이르는 말. ⑩꽃 피는 춘삼월.

춘추(春秋) ①봄과 가을. ②어른의 나이. ⑩아버님의 춘추가 어떻게 되시냐. 비연세.

춘추관(春秋館) 고려와 조선 때, 정치의 기록을 맡아 보던 관아.

춘하추동(春夏秋冬) 봄·여름·가을·겨울. 곧, 일 년의 네 철.

춘향가(春香歌) '춘향전'을 창곡으로 엮은 판소리의 한 가지.

춘향전(春香傳) 조선 시대 영조 때부터 정조 때 사이에 이루어진 것으로 짐작되는 고대 소설의 하나. 남녀의 애정과 계급 타파 등을 주제로 한 작품임.

출가(出嫁) 처녀가 시집을 감. ⑩출가한 딸. —하다.

출격(出擊) 주로 항공기가 적을 공격하러 나감. ⑩긴급 출격. —하다.

출구(出口) ①나가는 어귀. ⑩비상 출구. ②빠져 나갈 길. 비출로. 판입구.

출국(出國) 다른 나라로 가기 위하여 밖으로 나감. ⑩출국 허가. 판입국. —하다.

출근(出勤) 일을 하러 공장·회사·관청 등 근무하는 곳으로 나감. ⑩회사에 출근하다. 판결근. 퇴근. —하다.

출납(出納) 돈이나 물건을 내어 주거나 받아들임. —하다.

출동(出動) [—똥] 나아감. 나가서 행동함. ⑩출동 명령. —하다.

출두(出頭) [—뚜] 어떤 곳에 몸소 직접 나감. —하다.

출렁거리다 깊고 큰 그릇에 담긴 물이 흔들려 자꾸 소리가 나다. 쩍출랑거리다.

출렁출렁 출렁거리는 모양, 또는 그 소리. —하다.

출력(出力) ①일을 할 수 있는 전기적 또는 기계적인 힘의 양. ②컴퓨터에서, 입력된 데이터와 프로그램에 의해 처리되어 나오는 정보. 판입력. —하다.

출력 장치 전자 계산기의 중앙 처리 장치로부터 처리 결과를 뽑아내는 장치.

출루(出壘) 야구에서, 타자가 안타나 포볼로 일루에 진출함. ⑩포볼로 출루하다. —하다.

출마(出馬) 선거 등에 입후보자로 나섬. ⑩국회 의원 선거에 출마하다. —하다.

출발(出發) ①길을 떠남. ⑩우리는 내일 부산으로 출발한다. 판도착. ②일을 시작함. 비시발. —하다.

출발 신ː호 출발하라는 신호.

출생(出生) [—쌩] 세상에 태어남. ⑩아기가 출생하다. 비탄생. 판사망. —하다.

출생률(出生率)[—쌩뉼] 인구 천 명에 대한 1년 간의 출생 비율.

출생 신고(出生申告) 출생한 사실을 관청에 알리는 일. —하다.

출석(出席)[—썩] ①참석함. [예] 전원이 출석하다. ②어떤 모임에 나아감. [반] 결석. —하다.

출세(出世)[—쎄] ①숨었던 선비가 세상으로 나옴. ②높은 자리에 나아감. 잘 됨. [예] 자녀들이 모두 출세하다. —하다.

출신(出身)[—씬] 일정한 학교나 고장 또는 경력 따위를 거쳐 나옴. [예] 양반 출신.

출연(出演) 무대에 나가서 연극이나 무용을 함. [예] 방송 출연. —하다.

출입(出入) ①드나드는 일. 나가고 들어옴. [예] 출입구. 출입문. ②남자 어른의 나들이. —하다.

출장(出張)[—짱] 직무를 띠고 임시로 다른 곳으로 나감. [예] 지방으로 출장 가다. —하다.

출전(出戰)[—쩐] 전쟁·시합 등에 싸우러 감. [비] 출정. —하다.

출정(出征)[—쩡] 군대에 참가하여 싸움터로 나감. [예] 출정 명령을 받다. [비] 출전. —하다.

출제(出題)[—쩨] 시험 문제를 냄. [예] 출제 경향. —하다.

출중(出衆)[—쭝] 뭇 사람 가운데에서 뛰어남. [예] 학문이 출중한 사람. —하다.

출출하다 배가 조금 고프다. [예] 속이 출출하다. —히.

출토(出土) 고대의 유물·유적이 땅 속에서 나옴. [예] 고려 시대의 유물이 출토되다. —하다.

출토품 고분 따위에서 발굴되어 나온 고대의 유물.

출판(出版) 책·그림 따위를 인쇄하여 세상에 내놓음. [예] 논문집을 출판하다. —하다.

출판권[—꿘] 지은이나 출판사가 저작물을 인쇄하여 팔거나 널리 퍼뜨릴 수 있는 권리.

출판사 출판을 영업 내용으로 하는 회사.

출품(出品) 전시회나 전람회 같은 곳에 물건·작품을 내어 놓음. [예] 국전에 출품하다. —하다.

출하(出荷) ①짐을 실어 냄. ②생산품을 시장으로 실어 냄. [예] 마늘을 출하하다. [반] 입하. —하다.

출현(出現) 나타남. 나타나서 보임. [예] UFO 출현. —하다.

출혈(出血) ①피가 혈관 밖으로 나옴. [예] 교통 사고로 출혈이 심하다. ②금전이나 인명 등이 지나치게 손해를 당함. [예] 출혈을 무릅쓴 판매 전략. —하다.

춤 장단에 맞추어 여러 가지로 손짓·발짓·몸짓을 하는 동작. [예] 덩실덩실 춤을 추다. [비] 무용.

춤곡 춤을 출 때 연주하기 위하여 작곡된 곡.

춤사위 민속춤에서 손이나 발 등의 일정한 동작.

춤추다 춤을 동작으로 나타내다. [예] 노래하고 춤추다.

춤판 춤을 추는 판.

춥다〔추우니, 추워〕 날씨가 차다. [예] 추운 날씨. [반] 덥다.

충간[1](忠肝) 충성스러운 마음. 진정으로 임금을 섬기는 마음.

충간[2](忠諫) 진정으로 간함, 또는 그 말. —하다.

충격[1](衝激) 서로 세차게 부딪침. —하다.

ㅊ

충격²(衝擊) ①마음에 심한 자극을 받음. 예충격적인 사건. ②물체에 대하여 급격히 가해지는 힘.

충격적(衝擊的) 충격을 받고 느끼는 모양. 예충격적인 뉴스.

충고(忠告) ①착한 길로 권고함. ②참된 마음으로 남의 잘못을 타이름. 예친구의 잘못을 충고하다. —하다.

충당(充當) 모자라는 것을 알맞게 채워 메움. 예부족한 인원을 충당하다. —하다.

충돌(衝突) ①서로 부딪침. 예자동차 충돌 사고를 목격하다. ②서로 의견이 맞지 않음. 예의견 충돌. —하다.

충동(衝動) 마음을 들쑤시어 움직이게 함. 예훌륭한 그림을 보고 나도 화가가 되고 싶은 충동을 느꼈다. —하다.

충동적 충동을 주는 모양. 예충동적인 어조.

충렬사(忠烈祠) [—녈싸] 충성을 다하여 바른 도리와 절개를 지킨 사람의 영을 모신 사당.

충렬왕(忠烈王, 1236~1308) 고려 제25대 왕(재위 1274~1308). 원나라에 굴복, 원 세조의 제국 공주와 결혼함.

충만(充滿) 가득하게 참. 예행복이 충만한 집. —하다. —히.

충매화(蟲媒花) 나비나 벌의 매개에 의하여 다른 꽃의 꽃가루를 받아 생식하는 꽃.

충무공(忠武公) 이순신 장군이 돌아가신 뒤 그 공로를 기리는 뜻으로 임금이 내린 호.

충복(忠僕) 주인을 정성껏 모시는 남자 종. 예방자는 이도령의 충복이다.

충분(充分) 모자람이 없음. 예충분한 음식. 연료가 충분하다. 반부족. —하다. —히.

충성(忠誠) ①참마음으로 섬김. ②몸과 마음을 다 바침. 예나라에 충성을 다하다. 비충심. 충의. 반반역. —스럽다. —하다.

충성심 참마음에서 우러나오는 정성스러운 마음. 예충성심이 강한 장군.

충수(蟲垂) 맹장의 아래 끝에 붙어 있는 가느다란 작은 돌기. 충양 돌기. 예충수염.

충신(忠臣) 나라를 위하여 충절을 다하는 신하. 반역신. 역적.

충실하다(充實—) ①몸이 튼튼하다. ②맡은 일을 열심히 하다. 예자기 생활에 충실하다. ③내용이 알차다. 예벼가 충실히 익었다. 반부실하다. —히.

충심¹(忠心) 충성스러운 마음.

충심²(衷心) 속에서 우러나는 참된 마음. 예충심으로 환영하다.

충언(忠言) 충고하는 말. 충직하고 바른 말. 예충언을 서슴지 않는 신하. —하다.

충원(充員) 인원을 채움. 예모자라는 병사를 충원하다. —하다.

충의(忠義) 나라에 대한 충성과 의리. 예충의를 다하다. 비충성.

충적(沖積) 흐르는 물에 의하여 흙·모래가 운반되어 쌓임. 예충적 평야. —하다.

충적 평야 흐르는 물에 흙·모래 등이 실려와 쌓여 생긴 평야.

충전(充電) 축전지에 전기를 축적시킴. 예충전기. —하다.

충절(忠節) 충성스런 절개와 의리. 예충절을 지키다.

충족(充足) ①일정한 분량에 차거

나 채움. 넉넉하게 채움. ⓔ요구 조건을 충족시키다. ②분량에 차서 모자람이 없음. —하다. —히.

충천(衝天) ①하늘을 찌를 듯이 높이 솟음. ②기세 따위가 북받쳐 오름. ⓔ군인들 사기가 충천하다. —하다.

충치(蟲齒) 세균에 의하여 상하게 된 이. 벌레 먹은 이.

충해(蟲害) 해충으로 인하여 입은 농작물의 피해.

충혈(充血) 혈액 순환이 되지 않아 몸의 한 곳에 피가 지나치게 많아짐. ⓔ눈이 충혈되다.

충혼탑(忠魂塔) 나라에 충성을 다하다 죽은 사람들의 넋을 기리기 위하여 세운 탑.

충효(忠孝) 나라를 위한 정성과 부모를 잘 섬기는 도리.

취 단풍취·참취 등 '취'가 붙는 산나물을 통틀어 일컫는 말.

취:급소 어떤 일을 다루어 처리하는 곳. ⓔ우편물 취급소.

취:급하다(取扱—) ①일을 처리하다. ②사물을 다루다. ③사람을 어떤 자격으로 대하다. ⓔ바보 취급하다.

취나물 삶은 참취와 쇠고기·기름·깨소금·마늘·파 따위를 넣고 양념하여 볶은 나물.

취:득(取得) 자기 소유로 만들거나 수중에 넣음. ⓔ자격증을 취득하다. —하다.

취:락(聚落) 사람들이 마을을 이루고 집단으로 모여 사는 곳.

취:미(趣味) ①전문적으로 하는 것이 아니라 즐기거나 좋아하여 하는 일. ②아름다움이나 멋을 이해·감상하는 능력.

취바리 산대놀이에 쓰이는, 이상한 모양을 한 남자의 탈.

취:사(炊事) 식사를 마련하는 일. 밥짓는 일. ⓔ취사병. —하다.

취:소(取消) 어떤 약속이나 계획을 나중에 안 지키기로 함. ⓔ예약을 취소하다. —하다.

취:수탑(取水塔) 강이나 저수지 등에서 물을 끌어들이기 위한 관이나 수문의 설비가 되어 있는 탑 모양으로 생긴 구조물.

취:식(取食) ①밥을 먹음. ②남의 밥을 염치 없이 먹음, 또는 그 일. ⓔ무전 취식을 하다. —하다.

취약(脆弱) 무르고 약함. ⓔ취약한 과목을 보충하다. —하다.

취:임(就任) 맡은 자리에 나아가 임무를 봄. ⓔ장관으로 취임하다. 취임식. ⓑ이임. —하다.

취:입(吹入) ①공기 따위를 불어 넣음. ②레코드·녹음 테이프 따위에 소리를 녹음함. —하다.

취:재(取材) 기사 따위의 재료나 제재를 찾아서 얻음, 또는 그 일. ⓔ취재 기자. 취재단. —하다.

취:주악(吹奏樂) 입으로 불어 연주하는 음악.

취:중(醉中) 술에 취하여 있는 동안. ⓔ취중에 한 실수.

취:지(趣旨) 어떤 일을 하려고 하는 그 근본 생각. ⓔ창립 취지.

취:직(就職) 일자리를 구하여 얻음. ⓔ취직 시험. —하다.

취:침(就寢) 잠을 잠. 잠자리에 듦. ⓑ기상. —하다.

취:타(吹打) 옛 군대에서 나발·소라·대각 등을 불고, 징·북·바라를 치던 일, 또는 그 군악.

취:하다¹(取—) ①남에게 금품을 빌리다. 꾸다. ②가지다. 제 것으로 만들다. ⓔ장점은 취하고 단

점은 버려라.
취:하다²(娶―) 장가를 들어 아내를 맞아들이다.
취:하다³(醉―) ①술을 먹어 술기운이 온몸에 퍼지다. 예 술에 취하다. 반 깨다. ②반하여 마음을 빼앗기다. 예 음악에 취해 내가 들어간 것도 모르고 있었다.
취:학(就學) 학교에 입학하여 공부함. 예 취학 연령. ―하다.
취:향(趣向) 마음이 쏠리는 방향. 예 취향에 맞게 고르다.
-측(側) 어떠한 쪽의 뜻을 나타내는 말. 예 상대측. 좌측.
측간(厠間) 뒷간. 변소. 화장실.
측근(側近) ①곁의 가까운 곳. 예 대통령을 측근에서 모시다. ②곁에서 가까이 모시는 사람. 예 측근에게 배신을 당하다.
측량(測量) 물건의 높이·길이·넓이 따위를 잼. 예 토지를 측량하다. ―하다.
측면(側面) 물건의 앞으로부터 좌우의 면. 예 측면 공격. 반 정면.
측선(側線) ①본선 이외의 옆 선로. ②물고기들의 몸 옆구리에 있는, 감각을 느끼는 줄. 옆줄.
측우기(測雨器) ①우량을 측정하는 기구. ②조선 세종 때(1442) 장영실이 만든 비 온 양을 재던 기구로, 서양보다 200년이나 앞서 만들었음.

〔측우기〕

측은(惻隱) 불쌍하고 딱함. 예 거지 아이를 보니 측은한 생각이 들었다. ―하다. ―히.

측정(測定) ①헤아려서 정함. ②어떤 양의 크기를 기계나 장치를 써서, 어떤 단위를 기준으로 하여 잼. 예 거리를 측정하다. ―하다.
측후소(測候所) 기상 관측과 일기에 관한 정보를 전달하는 곳으로, 기상청의 업무를 나누어 맡아 보는 하부 기관.
층(層) ①여러 겹 포개진 것, 또는 그 포개진 것의 한 켜. 예 대기층. ②층층대의 계단.
층계(層階) 층층이 높이 올라가게 만들어 놓은 설비. 비 계단.
층리(層理) 퇴적암이 쌓인 면에 대하여 직각으로 잘랐을 때, 퇴적물의 크기·색깔 따위의 변화로 생긴 평행한 구조. 퇴적암에서만 볼 수 있음.
층수(層數) 층의 수효.
층층대(層層臺) 높이 쌓은 돌이나 나무로 만든 층계.
층층이 ①층마다. ②여러 층으로 겹겹이. 예 벽돌을 층층이 쌓다.
치¹ 길이의 단위. 한 자의 10분의 1. 촌.
치²(値) 측정하거나 계산하여 얻은 수. 예 근삿치.
치-³ '위로 올라가는'의 뜻을 나타내는 말. 예 치솟다.
-치⁴ 값에 상당한 분량 가치를 나타내는 말. 예 보름치 양식.
-치⁵ 기미를 알아차리는 짓을 나타내는 말. 예 눈치 코치.
치가 떨리다 매우 분하여 이가 떨리다. 예 분노로 치가 떨리다.
치과(齒科)〔―꽈〕 이를 전문적으로 치료하거나 연구하는 의학의 한 부분. 예 치과 의사.
치기 태권도에서, 손기술의 한 가지. 팔을 돌려 상대방을 치는 공격 기술.

치다[1] ①때리다. ⑩어깨를 치다. ②적을 무찌르다. ③모기장·장막 등을 펴서 걸다. ④병풍을 세워 놓다. ⑩병풍을 치다. ⑤체로 가루를 뽑아 내다. ⑩체로 치다. ⑥우물을 깨끗하게 하다. ⑦가축을 기르다. ⑩돼지를 치다. ⑧손·꼬리·발 따위를 물 속이나 공중에서 세게 흔들다.

치다[2] 바람·눈보라·물결·번개 따위가 몹시 일어나거나 때리다. ⑩빗발치다. 번개치다.

치다[3] ①점·선을 긋거나 찍다. ⑩선을 치다. ②가량으로 셈하다. ⑩10만원으로 치다.

치다꺼리 ①일을 처러 내는 일. ②남의 일을 도와 주어 이루게 함. ⑩아이들 치다꺼리가 힘들다. —하다.

치달다 〔치달으니, 치달아서〕 위로 향해 달리다. ⑩언덕 위로 치달아 오르다. 凹내리달다.

치뜨다 〔치뜨니, 치떠〕 눈을 치켜 뜨다. ⑩눈을 치뜨고 바라보다.

치레 잘 손질하여 모양을 내는 일. ⑩옷치레. —하다.

치료(治療) 병을 고침. ⑩병을 치료하다. 치료제. —하다.

치르다 〔치르니, 치러〕 ①물건값을 내다. ⑩계약금을 치르다. ②중요한 일을 마치다. ③겪다.

치마 여자가 속옷 위에 입는 아랫도리의 겉옷. 凹저고리.

치마폭 피륙을 이어 대어서 만든 치마의 폭.

치마폭이 스물네 폭이다〈속〉 자기는 아무 상관도 없는 남의 일에 지나치게 참견한다.

치맛자락 입은 치마폭의 늘어진 부분.

치매(癡呆) 말과 행동이 느리고 정신이 흐릿함.

치:명상(致命傷) ①죽음의 원인이 된 상처. ⑩교통 사고로 치명상을 입다. ②다시 일어나지 못하게 된 사태의 근본.

치밀(緻密) 자세하고 꼼꼼함. ⑩계획이 치밀하다. —하다. —히.

치밀다 ①복받쳐오르다. ②화·욕심 따위가 힘차게 일어나다.

치받치다 밑을 버티어 위로 치밀다. ⑩짐을 치받쳐 들다.

치:부(致富) 재물을 모아 부자가 됨. —하다.

치:사[1](致死) 죽음에 이르게 함. ⑩과실 치사. —하다.

치사[2](恥事) 남부끄러운 일. ⑩치사한 녀석. —스럽다. —하다.

치:사[3](致謝) 고맙고 감사하는 뜻을 나타냄. ⑩많은 도움에 대하여 치사하다. —하다.

치석(齒石) 이의 안팎이나 틈 사이에 누렇게 굳어 붙은 단단한 물질. ⑩치석을 제거하다.

치:성(致誠) ①있는 정성을 다함. ②신이나 부처에게 정성을 드림. ⑩산신령께 치성을 드리다. —하다.

치솟다 ①위를 향하여 힘차게 솟다. ⑩연기가 치솟다. ②느낌·생각 따위가 세차게 북받쳐오르다. ⑩울분이 치솟다.

치수(-數) 길이에 대한 몇 자 몇 치의 셈. ⑩가구의 치수를 재다.

치수선 설계도에서 길이를 나타내는 선.

치아(齒牙) 사람의 이빨. ⑩치아가 고르다.

치안(治安) ①나라를 편하게 다스

림, 또는 나라가 편안히 다스려짐. ②국가 사회의 안녕과 질서를 보전함, 또는 보전됨. 예치안 유지에 힘쓰다. —하다.

치안 본부 국가 사회의 안녕과 질서를 유지하는 직무를 맡던 행정 기관. 1991년 '경찰청'으로 새로이 발족함.

치약(齒藥) 이 닦는 데 쓰는 약.

치열(熾烈) 세력이 불길같이 아주 세차고 사나움. 예치열한 전투. 비극렬. 맹렬. —하다. —히.

치욕(恥辱) 부끄러움과 업신여김을 당하여 욕됨. 예치욕을 당하다. 반영광. —스럽다.

치우다 ①흩어진 물건을 정돈하여 놓다. ②깨끗하게 쓸어 내다. 예방을 깨끗이 치우다. 비소제하다. ③물건을 한 곳으로 몰아 놓다. 예책을 한쪽으로 치우다.

치우치다 한쪽으로 몰리다. 한 곳으로 쏠리다. 예감정에 치우쳐 일을 그르치다.

치유(治癒) 치료로 병이 나음. 예감기가 완전히 치유되다. —하다.

치읓[—읃] 한글의 자음 글자 'ㅊ'의 이름.

치이다 무거운 물체나 차의 밑에 눌리거나 깔리다. 예버스에 사람이 치이다.

치장(治粧) 매만져서 모양을 곱게 냄. 예우리 교실을 예쁘게 치장하다. 비장식. 단장. —하다.

치:중하다(置重—) 어떤 일에 정신을 모아 쓰다. 예환경 보호에 치중하다.

치:즈(cheese) 우유 중의 단백질을 굳혀 발효시킨 식품.

치질(痔疾) 항문의 안팎에 생기는 병을 통틀어 이르는 말.

치치다 위로 올라가게 하다.

치켜세우다 정도 이상으로 칭찬하여 주다. 추켜세우다. 예잘했다고 치켜세우다.

치키다 위로 끌어올리다. 예바지를 치키다.

치킨(chicken) ①닭고기. ②병아리. ③'프라이드 치킨'의 준말.

치:타(cheetah) 고양잇과의 포유동물. 몸길이 1.5m, 꼬리 길이 1m 가량. 포유류 중 가장 빠른 속도로 달리며 아프리카 및 인도 사막 지대에서 삶.

치통(齒痛) 이가 아픈 증세.

치하¹(治下) 다스리는 범위의 안. 관할하는 구역. 예일제 치하.

치:하²(致賀) ①남의 경사를 축하함. 예업적을 치하하다. ②기쁘다는 뜻을 나타냄. —하다.

칙칙폭폭 증기 기관차가 연기를 뿜으며 달리는 소리. 예칙칙폭폭 긴 연기를 끌며 달려가는 기차.

친가(親家) =친정.

친교(親交) 친하게 지내는 관계. 예이웃 나라와 친교를 맺다.

친구(親舊) 서로 친하게 사귀는 사람. 예우정이 눈독한 친구. 비벗. 친우.

친근하다(親近—) 사이가 매우 가깝다. 예그 손님은 나와 친근한 사이다. 비친밀하다. —히.

친남매 한 부모에게서 난 남매.

친목(親睦) 서로 가깝고 화목함. 예친목회. —하다.

친밀(親密) 지내는 사이가 아주 친하고 가까움. 예이웃끼리 서로 친밀하게 지내다. —하다. —히.

친부모(親父母) 자기를 낳아 준 아버지와 어머니.

친분(親分) 매우 가깝게 느끼는

정분. 예 친분이 두텁다.

친선(親善) 서로 친하게 사귐. 예 친선 게임.

친손자는 걸리고 외손자는 업고 간다〈속〉 딸에 대한 극진한 사랑으로 친손자가 더 소중하면서도 외손자를 더 귀여워한다.

친숙(親熟) 친하여 익숙함. 예 친숙하게 지내다. ㅡ하다. ㅡ히.

친애(親愛) 퍽 사랑함. 예 친애하는 학생 여러분! ㅡ하다.

친우(親友) 오래 두고 사귀어 온 가까운 친구. 친한 벗. 예 친우를 만나다.

친일파(親日派) ①일본과 친하게 지내는 무리. ②일제 때, 일본의 앞잡이가 되어 우리 겨레에 해를 끼쳤던 한 무리.

친절하다(親切ㅡ) 매우 정답고 고분고분하다. 예 친절히 길을 가르쳐 주었다. 반퉁명스럽다. 불친절하다. ㅡ히.

친정(親庭) 시집간 여자의 본집. 친가. 예 친정에 다녀오다. 반시가. 시집.

친정 일가 같다〈속〉 남이지만 흉허물이 없이 가깝게 지낸다.

친족(親族) 자기 집과 혈통이 가까운 일가.

친지(親知) 서로 잘 알고 가깝게 지내는 사람. 예 많은 친지들로부터 축하를 받다.

친척(親戚) 같은 조상에서 태어난 자손들. 예 일가 친척. 비일가.

친:친 실·노끈 등으로 여러 번 감거나 또는 단단하게 동여매는 모양. 예 손을 붕대로 친친 감다. 작찬찬.

친친하다 축축하고도 끈끈하여 불쾌한 느낌이 있다. 예 아기가 이렇게 칭얼대는 것을 보니까 차고 있는 기저귀가 친친해졌나 보다. 비축축하다.

친필(親筆) 손수 쓴 글씨. 예 친필 원고. 비진필.

친하다(親ㅡ) ①사이가 가깝다. ②사귀는 정이 두텁다. 비정답다. ㅡ히.

친형제 한 부모에게서 난 형제.

친히(親ㅡ) 다른 사람을 시키지 않고 자기의 몸이나 손으로. 예 오늘은 할머니께서 친히 밥을 지으셨다. 비몸소. 손수.

칠[1](七) 일곱.

칠[2](漆) 물건에 옻·페인트 같은 것을 바름. 예 벽에 페인트를 칠하다. ㅡ하다.

칠기(漆器) 옻칠과 같이 검은 잿물을 입힌 도자기.

칠뜨기 ①'칠삭둥이'의 속된말. ②바보와 같은 사람을 놀리는 말.

칠레(Chile) 남아메리카의 남서부 태평양 쪽에 있는 공화국. 수도는 산티아고.

칠면조(七面鳥) 꿩과에 속하는 새. 꼬리를 펴면 부채 모양으로 되고 때때로 볏빛이 빨강·파랑 등으로 변함.

칠삭둥이(七朔ㅡ) ①'아주 어리석고 모자라는 사람'을 조롱조로 이르는 말. ②밴 지 일곱 달 만에 태어난 아이.

칠색(七色)[ㅡ쌕] 일곱 가지 빛깔. 빨강·주황·노랑·초록·파랑·남빛·보라. 예 칠색 무지개.

칠석(七夕)[ㅡ썩] 음력 칠월 칠일. 견우성과 직녀성이 은하수에서 만난다는 날.

칠순(七旬)[ㅡ쑨] ①일흔 살. 예 칠순 잔치. ②70일.

칠십(七十)[-씹] ①일흔. 70. ②'칠십 세'의 준말.

칠월(七月) 일 년 중 일곱 번째 드는 달.

칠월 칠석(七月七夕)[-썩] 명절의 하나. 음력 칠월 초이렛날의 밤. 해마다 이 날 은하 동쪽에 있는 견우성과 서쪽에 있는 직녀성이 오작교에서 만난다는 전설이 있음. 준칠석.

칠장이 칠하는 일을 업으로 삼는 사람. 도장공.

칠전 팔기(七顚八起)[칠쩐-] '일곱 번 넘어지고 여덟 번 일어난다'는 뜻으로, 여러 번 실패하여도 굽히지 않고 꾸준히 일어서서 분투함을 이르는 말. —하다.

칠칠맞다 성질이나 하는 짓이 칠칠하지 못하다.

칠칠하다 ①잘 자라서 아주 길다. ⑩칠칠하게 자란 무. ②하는 일이 거침새없이 민첩하다. ⑩행동이 칠칠하다. —히.

칠판(漆板) 검정이나 녹색 칠을 하여 분필로 글씨를 쓰게 만든 널 조각. 비흑판.

칠팔월 수숫잎〈속〉 줏대가 없이 생각을 잘 바꾸는 사람의 비유.

칠팔월 은어 곯듯 한다〈속〉 갑자기 수입이 줄어서 살아가기가 곤란하다.

칠:패(七牌) 조선 시대에 있었던 난전 시장. 쌀·옷감·생선 등을 팔았으며 지금의 서소문 밖에 있었음.

칠하다 물체 거죽에 페인트·물감 따위를 바르다. ⑩스케치한 그림에 물감을 칠하다.

칠현금(七絃琴) 일곱 줄을 매어 만든 현악기의 하나.

칠흑(漆黑) 검은 윤이 나는 빛깔. ⑩칠흑 같은 밤.

칡[칙] 콩과의 여러해살이 덩굴진 풀. 줄기는 끈으로 씀.

칡덩굴 칡의 벋은 덩굴.

칡범 범을 '표범'과 구별하여 일컫는 말.

침¹ 입 속의 타액선에서 분비되는 끈기 있는 소화액.

침²(針) ①바늘. ②시계 바늘.

침³(鍼) 한방에서, 사람이나 마소 등의 병을 고치는 데 쓰는 바늘.

침강(沈降) 밑으로 가라앉음. ⑩침강 운동. —하다.

침공(侵攻) 침범하여 공격함. ⑩적의 침공에 대비하다. —하다.

침:구(寢具) 잠을 자는 데 쓰는 이부자리·베개 따위.

침노(侵擄) ①남의 나라에 쳐들어감. 비침략. ②조금씩 손해를 주며 빼앗음. —하다.

침:대(寢臺) 사람이 누워 자는 상. 침상. ⑩이층 침대.

침략(侵略) 남의 나라를 침노하여 땅을 빼앗음. ⑩적국의 침략을 받다. 비침노. 침입. 반구원. 방이. 하다.

침략군 남의 나라를 침략하는 군대. ⑩침략군을 무찌르다.

침략자 침범하여 빼앗는 사람.

침:모(針母) 남의 바느질을 해 주고 일정한 값을 받는 여자.

침몰(沈沒) 물 속에 가라앉음. ⑩배가 침몰하다. —하다.

침묵(沈默) 아무 말 없이 잠잠함. 반발언. —하다.

침 뱉고 밑 씻겠다〈속〉 정신이 아주 없어서 일의 갈피를 차리지 못한다.

침 뱉은 우물물 다시 먹는다〈속〉

다시는 안 볼 듯이 하여도 후에 다시 만나야 할 일이 있게 될 것이다.

침범(侵犯) 남의 나라를 쳐들어감. [예] 영해를 침범하다. ―하다.

침봉(針峰) 꽃꽂이에서, 굵은 바늘이 빽빽히 꽂혀 있어 꽃줄기나 나뭇가지를 세울 수 있는 도구.

침:상(寢牀, 寢床) ＝침대.

침샘 침을 내보내는 샘. 귀밑샘·턱밑샘·혀밑샘이 있음.

침:소(寢所) 사람이 잠을 자는 곳. [예] 침소에 들다.

침수(浸水) 물이 들어와 젖거나 잠김. [예] 침수 가옥. ―하다.

침술(鍼術) 침을 놓아 병을 치료하는 한방의 의술.

침식[1](侵蝕) 차츰 먹어 들어감. [예] 폐를 침식하는 결핵. ―하다.

침식[2](浸蝕) 지구의 표면이 바람·비·강·바닷물 등의 외부의 힘으로 말미암아 깎여 나감. ―하다.

침:식[3](寢食) 잠자는 일과 먹는 일. [예] 침식을 같이하다. ―하다.

침:실(寢室) 잠을 자는 방.

침엽수(針葉樹) 잎이 가늘고 긴 나무들을 통틀어 이르는 말. 잣나무·전나무 따위. [반] 활엽수.

침울 마음이나 생각이 근심·걱정으로 맑지 못하고 우울함. [예] 침울한 표정의 얼굴. ―하다. ―히.

침입(侵入) 침범하여 들어옴. [예] 불법 침입. [비] 침략. ―하다.

침쟁이 침술로 병을 치료하는 한의사를 낮추어 이르는 말.

침전(沈澱) 액체 속에 섞인 물건이 가라앉음. ―하다.

침착(沈着) 허둥지둥하지 않고 마음이 잘 가라앉아 있음. [예] 침착하게 대처하다. ―하다. ―히.

침체(沈滯) 일이 잘 되지 않음. [예] 경제 침체. ―하다.

침침하다(沈沈―) 어둡거나 흐리다. [예] 침침한 날씨.

침통(沈痛) 슬픔이나 근심 때문에 마음이 아프고 괴로움. [예] 침통한 분위기. ―하다. ―히.

침투(浸透) ①액체가 스며 젖어 듦. ②어떤 현상·사상 등이 깊이 스며듦. ―하다.

침팬지(chimpanzee) 유인원과의 원숭이로 키는 1.5m 가량. 털은 검은 갈색이고, 주로 나무 열매를 먹고 살며 지능이 높음.

침해(侵害) 침범하여 손해를 끼침. [예] 저작권 침해. ―하다.

칩거(蟄居) 나가서 활동하지 않고 집 안에 틀어박히어 있음. ―하다.

칫솔 이를 닦는 솔.

칭기즈 칸(Chingiz khan, 1167~1227) 이름은 테무친. 몽골 고원의 여러 몽고 부족을 통일하고, 서하와 중앙 아시아를 정복하여 몽고 제국을 세웠던 원나라의 태조. 왕위에 올라 위대한 군주라는 뜻의 칭기즈 칸, 한자로는 성길사한(成吉思汗)이라 불리웠음.

칭송(稱頌) 칭찬하여 일컬음. [비] 찬송. 칭찬. ―하다.

칭얼거리다 어린아이가 몸이 불편하거나 마음에 못마땅하여 짜증을 내며 보채다.

칭얼칭얼 어린아이가 보채며 자꾸 우는 모양. ―하다.

칭찬(稱讚) ①잘한다고 추어 줌. ②아름답고 착한 행실을 기림. [비] 칭송. [반] 꾸중. ―하다.

칭하다(稱―) 일컫다. 부르다.

칭호(稱號) 어떠한 뜻으로 일컫는 이름. [비] 명칭.

ㅊ

훈몽자회자 ㅋ  ㅋ 훈민정음자

ㅋ [키읔] 한글 닿소리의 열한째 글자인 키읔.

카나리아(canaria) 모양은 종달새와 비슷하나 훨씬 작고, 깃과 털이 누렇고 아름다운 새. 아프리카 서쪽 카나리아가 원산지임.

카ː네이션(carnation) 잎은 실과 같고, 여름에 향기가 좋은 희거나 붉은 꽃이 피는, 패랭이꽃과에 딸린 여러해살이풀. 높이는 약 30~90㎝임. 관상용으로 재배함.

카논 형식 하나의 가락이 먼저 나오면 뒤이어 똑같은 가락이 나와, 적당한 간격을 두고 앞의 가락을 뒤쫓아가도록 만든 악곡.

카누ː(canoe) ①나무 껍질·짐승 가죽·통나무 등으로 만든 길쭉한 작은 배. ②'카누 경기'의 준말.

카ː드(card) ①조그맣게 자른 두꺼운 종이. 명함·엽서 따위. ②크리스마스 카드. ③카드놀이에 쓰이는 패.

카랑카랑하다 목소리가 쇳소리같이 맑고 똑똑하다. 예 카랑카랑한 목소리.

카리스마(독 Charisma) ①예언이나 기적을 나타낼 수 있는, 초인적인 능력이나 자질. ②지배자의 비범한 정신력과 위엄. 예 카리스마적인 인물.

카리에스(라 caries) 뼈에 결핵균이 좀먹는 병. 예 척추 카리에스.

카메라(camera) =사진기.

카멜레온(라 chameleon) 카멜레온과에 딸린 파충류. 몸길이는 30 cm 정도이며, 도마뱀과 비슷하나 꼬리가 길고, 빛과 온도에 따라 몸색깔이 쉽게 변함.

카바 신전 메카에 있는 신전의 명칭. 세계 각국의 많은 이슬람교도들이 성지를 순례하기 위하여 모여드는 곳임.

카ː바이드(carbide) '탄화칼슘'의 상품명. 석회나 숯을 전기로 안에서 화합시킨 회색의 고체. 고약한 냄새가 나는데, 태우면 가스가 나며 잘 타므로 불을 켜는 데나 열을 내는 데 쓰임.

카세인(casein) 우유 속에 있는 단백질. 알칼리나 석회와 섞어 접착제로 쓰며 수성 페인트 원료로도 쓰임.

카세트(cassette) ①녹음할 수 있는, 또는 녹음된 테이프를 감아 담은 작은 갑. ②'카세트 테이프'의 준말. 녹음 테이프.

카스텔라(포 castella) 과자의 한 가지. 밀가루·달걀·설탕 등을 버무려서 구워 낸 것.

카ː스트(caste) 인도의 계급 제도. 곧, 브라만·크샤트리아·바이샤·수드라의 네 계급.

카시오페이아자리(Cassiopeia—) 북쪽 하늘에 W자 모양으로 늘어

서 있는 5개의 별.

카우보이(cowboy) ①목동. ②주로 북미의 목장에서 말을 타고 일하는 억센 남자.

카운슬러(counselor) 상담을 전문으로 하는 사람. 상담원.

카운터(counter) ①상점 등에서, 계산하는 일을 맡아 보는 사람. ②은행·상점 등의 계산대.

카운트(count) ①운동 경기에서, 득점 계산. ②권투에서, 녹다운의 경우에 초를 재는 일. —하다.

카운트다운(countdown) 우주선이나 로켓을 쏘아올리기 전의 발사 순간까지의 초읽기.

카이로 회담(Cairo會談) 제2차 세계 대전 중 1943년 11월 27일 연합국측의 루스벨트 미국 대통령·처칠 영국 수상·장 제스 중국 총통이 이집트의 수도 카이로에 모여 우리 나라의 독립을 비롯한 전후 처리를 논의한 모임.

카이저 황제(Kaiser皇帝, 1859~1941) 제1차 세계 대전을 일으킨 독일의 황제. 흔히 빌헬름 2세라고 불리며, 전쟁에 지고 1918년 황제 자리에서 물러났음.

ㅋ

카자흐스탄(Kazakhstan) 중앙 아시아 북쪽에 있는 나라. 독립 국가 연합에 속함. 수도는 아스타나.

카카오(스 cacao) 코코아를 얻기 위하여 열대 지방에서 재배하는 키가 큰 늘푸른나무. 씨는 코코아와 초콜릿의 원료가 됨.

카탈로그(catalogue) ①상품 목록. 영업 안내. ②도서 목록.

카톨릭교(Catholic敎) →가톨릭교.

카페인(caffeine) 커피·차 따위에 들어 있는 알칼로이드의 한 가지. 흥분제·이뇨제 등으로 쓰임.

카:폰(car phone) 자동차 안에서 통화할 수 있는 전화.

카피라이터(copywriter) 광고의 문안을 작성하는 사람.

칵 목구멍에 무엇이 걸렸을 때 빼내려고 목에 힘을 주어 내뱉는 소리. [예] 침을 칵 뱉다. —하다.

칸 ①사방을 둘러막은 그 선의 안. ②집 칸살의 수효를 세는 말. [예] 방 한 칸.

칸나(라 canna) 칸나과의 여러해살이풀. 줄기는 넓적하고 잎은 긴 타원형으로 파초와 비슷함.

칸델라(candela) 광도의 단위로 기호는 cd. 1.0067cd가 1촉임.

칸막이 방 따위를 가로질러 사이를 막음, 또는 그 물건. —하다.

칸살 건축물에서, 일정한 간격으로 나누어 막은 하나하나의 공간.

칸잡이그림 방의 배치를 나타낸 평면도. 건축의 설계도.

칸타빌레(이 cantabile) 악보의 나타냄말. '노래하듯이'의 뜻.

칸트(Kant, 1724~1804) 독일의 철학자. 근대 철학의 아버지로 불리움. 저서에 〈순수 이성 비판〉〈실천 이성 비판〉 등이 있음.

칼 날카로운 날에 자루가 달린, 물건을 베는 연장. [예] 부엌칼.

칼국수 밀가루를 반죽하여 방망이로 얇게 민 후 가늘게 썰어 만든 국수. 손칼국수.

칼날 칼의 얇고 날카로운 쪽.

칼데라(스 caldera) 화산의 중심부에 생긴, 분화구 모양으로 크게 움푹 패인 곳.

칼데라호 칼데라 안에 물이 괴어 된 호수. 백두산의 천지 따위.

칼라(collar) 양복이나 와이셔츠의 깃. [예] 스탠드 칼라.

칼럼(column) 신문·잡지 등에서 시사·사회·풍속 등을 짧게 비평한 기사.

칼로리(calorie) 열량의 단위. 순수한 물 1그램의 온도를 1기압에서 섭씨 1도 높이는 데 필요한 열량을 말함.

칼로 물 베기〈속〉 '싸우지만 갈라지지 않고 다시 화합한다'는 뜻에서, 부부 싸움을 이르는 말.

칼륨(라 kalium) 돌이나 흙에 섞여 있는 쇠붙이 원소로, 은빛이 나고 부스러지기 쉬움.

칼륨 비:료 농작물의 뿌리와 줄기를 튼튼히 하며, 병과 벌레에 잘 견디게 하는 비료.

칼리만탄(Kalimantan) 인도네시아의 보르네오 섬. 세계에서 셋째 가는 큰 섬. 일 년 내내 더위가 계속되며 스콜이라 불리는 소나기가 매일같이 내림.

칼 물고 뜀뛰기〈속〉 죽을 각오로 일을 한다는 뜻.

칼부림 칼을 가지고 함부로 사람을 위협하는 짓. —하다.

캄슘(라 calcium) 은백색의 가벼운 쇠붙이 원소로서, 석회석이나 생물의 뼈에 들어 있음.

칼싹두기 밀가루 반죽을 조각지게 썰어서 끓인 음식.

칼자국[—짜국] 칼에 찔리거나 베이거나 하여 생긴 자국.

칼자루[—짜루] 칼의 손잡이.

칼잡이 지난날, 소나 돼지 따위를 잡는 일을 직업으로 하는 사람을 얕잡아 이르던 말.

칼질 칼로 물건을 깎거나 썰거나 베는 일. —하다.

칼집 칼날을 보호하기 위하여 칼의 몸을 꽂아 두는 물건.

칼춤 칼을 들고 추는 민속 춤.

캄보디아(Cambodia) 동남 아시아 인도차이나 반도에 있는 공화국. 쌀·고무가 주산물이고 수도는 프놈펜.

캄캄하다 ①매우 어둡다. ②정보나 소식을 전혀 듣지 못하다. 예 소식이 캄캄하다.

캉캉 몸집이 작은 개가 짖는 소리. 큰 컹컹. —하다.

캐나다(Canada) 북아메리카의 북부에 있는 영연방에 딸린 연방 국가. 수도는 오타와.

캐:다 ①땅 속에 묻힌 물건을 파내다. 예 석탄을 캐다. 비 파다. 반 심다. ②비밀을 자꾸 찾아 밝혀 내다. 예 원인을 캐다.

캐디(caddie) 골프장에서, 경기자를 따라다니면서 골프채를 나르거나 공을 줍거나 하는 일을 직업으로 하는 사람.

캐러멜(caramel) 서양식 사탕 과자의 한 가지. 설탕·우유 따위를 섞어 고아서 만듦.

캐럴(carol) 크리스마스를 축하하는 민요풍의 가곡.

캐럿(carat) ①보석의 무게의 단위. 1캐럿은 200밀리그램. ②합금 중에 섞인 금의 비율로서, 순금은 24캐럿임.

캐비닛(cabinet) 서류나 물품을 넣어 두는 철판으로 만든 장.

캐슈:(cashew) 열대 아메리카 원산의 옻나무와 비슷한 식물. 씨는 먹으며, 열매에서 짜낸 기름은 인디언들이 흰개미의 습격을 막기 위해 마루에 발랐다고 함.

캐스터네츠(castanets) 에스파냐의 타악기. 두 짝의 나무 쪽이나 상아를 손가락에 끼워 서로 마주 때리면서 소리를 냄.
캐스팅(casting) 연극이나 영화에서 배역을 정하는 일.
캐시미어(cashmere) 인도의 서북부 카슈미르 지방에서 나는 염소 털로 짠 부드러운 옷감.
캐시밀론(Cashmilon) 합성 섬유의 상품명. 일본에서 나온 것으로 부드럽고 푹신함.
캐어묻다 자세히 파고들어 묻다. 자꾸 다짐하여 묻다. 예꼬치꼬치 캐어묻다. 준캐묻다.
캐주얼(casual) 옷 따위를 간편하게 입는 일. 예캐주얼한 옷차림.
캐처(catcher) 야구의 포수. 빤피처.
캐치(catch) 잡음. 파악함. —하다.
캔디(candy) 드롭스·캐러멜·초콜릿·누가 등 설탕을 주로 하여 굳혀 만든 과자.
캔버스(canvas) 유화를 그리는 삼베와 같은 형겊.
캘리포:니아 주(California州) 미국의 태평양 연안에 있는 주. 지중해식 기후로 농업이 성하며, 미국 유수의 석유·천연 가스의 생산지이기도 함. 주도는 새크라멘토.
캘린더(calendar) =달력.
캠페인(campaign) 사회적·정치적 목적을 위해 조직적으로 행해지는 운동. 예불조심 캠페인.
캠프(camp) 산이나 들에 지은 임시 막사, 또는 거기서 지내는 생활. 야영하는 일. 예야영지에 캠프를 설치하다. —하다.
캠프장 여러 집단이 야영할 수 있도록 설치해 놓은 곳.
캠프파이어(campfire) 야영지에서, 밤에 야영하는 사람들이 모두 모여 피우는 모닥불.
캠핑(camping) 천막을 치고 생활함. 예여름 방학을 이용하여 캠핑을 가다. —하다.
캡틴(captain) ①스포츠 팀의 주장. ②육군 대위. ③선장.
캥 여우의 울음소리. —하다.
캥거루:(kangaroo) 오스트레일리아에서 나는 짐승으로, 앞다리는 짧고 뒷다리는 길며 암컷의 배에는 주머니가 있어 새끼를 거기에 넣고 기름. 초식 동물임.

[캥거루]

커녕 어떤 사실을 부정하는 것은 물론 그보다 덜하거나 못한 것까지 부정하는 뜻을 나타내는 말. 예밥커녕 죽도 못 먹었다.
커닝(cunning) 시험 중에 남의 것을 보는 행위를 하는 일. —하다.
커:다랗다〔커다라니〕매우 크다. 아주 큼직하다. 빤조그맣다.
커뮤:니케이션(communication) ①전달. 통신. ②사람끼리 말이나 글자·음성·몸짓 등으로 생각이나 감정을 전달하는 일.
커버(cover) 덧씌우는 물건.
커버 글라스(cover glass) 현미경으로 물체를 관찰할 때, 슬라이드 유리 위에 놓은 재료를 덮는 얇고 작은 유리판. 덮개 유리.
커:브(curve) 야구에서, 투수가 타자에게 던진 공이 타자의 몸 가까이에서 굽어 날아오는 일. 빤스트레이트.
커:서(cursor) 컴퓨터가 사용자의 명령 입력을 받아들일 준비가 되어 있음을 알리는 입력 촉진 부호.

커지다 크게 되다. ㉠일이 커지기 전에 마무리하다. ㊉작아지다.

커트라인(cutline) ①끊어 버리는 선. ②합격권의 최저선.

커ː튼(curtain) 햇빛을 가리거나 방 안을 아늑하게 하기 위하여 문이나 창문 따위에 치는 휘장.

커플(couple) ①한 쌍. ②남녀의 한 쌍.

커ː피(coffee) ①열대 지방에서 나는 커피나무의 열매를 볶아서 만든 가루. 카페인이 많고 향기가 좋은 식료품. ②뜨거운 물에 커피·설탕 등을 넣어 만든 차.

커ː피포트(coffeepot) 커피를 넣고 끓이는 데 쓰는 주전자.

-컨대 '-하건대'가 줄어서 된 말. 요컨대·원컨대 따위. ㉠원컨대 저의 소원을 들어주소서.

컨덕터(conductor) ①관리자. ②음악 용어로는 악단의 지휘자.

컨디션(condition) ①환경이나 조건 따위. ②몸의 건강 상태.

컨베이어(conveyor) 공장 등에서 재료나 제품 등을 자동적·연속적으로 운반하는 기계 장치.

컨테이너(container) 화물 수송에 쓰이는, 쇠로 만든 커다란 상자.

컬러(color) 색채. 빛깔. 색.

컬러 필름(color film) ①천연색 필름. ②천연색 영화.

컬컬하다 목이 몹시 마르다. ㉠목이 컬컬하다. ㊂칼칼하다.

컴백(comeback) ①제자리로 돌아옴. ②복귀. 재기. ㉠예술계로 컴백하다. —하다.

컴컴하다 침침하게 아주 어둡다. ㊂캄캄하다.

컴퍼스(compass) 그림의 길이를 재고, 원을 그리거나 또는 선의 길이를 나누는 데 쓰는 제도기.

컴퓨ː터(computer) 전자 장치를 이용하여 많은 자료를 기억하고, 많은 정보를 고속·자동으로 처리하거나 계산하는 기계.

컴퓨ː터 언어 =프로그램 언어.

컴퓨ː터 통신 개인용 컴퓨터의 모뎀에 전화선을 연결한 후, 상대방과 컴퓨터를 이용하여 정보를 주고받을 수 있는 통신 방법.

컴퓨ː터 프로그램(computer program) 목적하는 작업의 결과를 얻기 위하여, 실행의 순서를 프로그램 언어로 나열한 명령의 집합.

컵(cup) ①유리로 만든 술잔. ②찻잔. ③금이나 은으로 만든 우승배.

컹컹 몸집이 큰 개가 짖는 소리. ㊂캉캉. —하다.

케이블카ː(cable car) 공중을 건너지른 강철로 된 줄 위로 운전하는 객차나 짐차.

케이비ː에스(KBS) '한국 방송 공사' 또는 '한국 방송 공사에서 하는 방송'을 뜻하는 말.

케이에스(KS) '한국 산업 규격'을 나타내는 표시. 정부가 제품의 품질을 보증한다는 뜻으로 쓰임.

케이오ː(KO) '녹아웃(knockout)'의 준말. 권투 용어로 상대자를 때려 눕혀 10초 안에 다시 일어나지 못하게 하는 일. —하다.

케이오ː시ː(KOC) 한국 올림픽 위원회.

케이지식 닭장[-닥짱] 닭을 사육하기 위한 새장. 좁은 장소에 많은 닭을 분산 사육할 수 있고, 산란량의 개별적 파악과 병든 닭의 조기 발견이 가능함.

케이크(cake) ①서양식 과자를 통

틀어 이르는 말. ②우유·밀가루·달걀 따위를 섞어서 구운 빵.

케일(kale) 양배추의 한 종류로, 잎이 오글오글하고 속이 차지 않으며 비타민과 무기 염류가 많음.

케첩(ketchup) 소스의 한 가지. 토마토·양송이·호두 따위를 갈아서 거른 다음, 설탕·소금·식초·향신료를 섞어 졸여서 만듦.

케케묵다 일이나 물건이 매우 오래 묵어서 그리 쓸모가 없다.

켄트지(Kent 紙) 그림·제도·인쇄용으로 쓰이는 종이.

켕기다 ①팽팽하게 되다. ②마음에 거리끼다. 예거짓말한 것이 마음에 켕기다.

켜 물건을 포개어 놓은 층.

켜내다 고치에서 실을 켜서 뽑아 내다. 예고치를 켜내다.

켜다¹ ①조수가 빠지다. ②물이나 술 따위를 한목에 많이 마시다. 예물을 켜다. ③등불·촛불 등에 불을 붙이다. 예불을 켜다. 반끄다. ④톱으로 나무를 베거나 자르다. 예나무를 켜다. ⑤기지개를 하다. 예기지개를 켜다.

켜다² 활로 현악기의 현을 문질러서 소리를 내다. 예첼로를 켜다.

켤레 버선·신 따위의 두 짝을 단위로 하여 세는 말.

코¹ ①숨쉬는 것과 냄새를 맡는 일을 하는 기관. ②코에서 나오는 진득한 액체. 예코를 풀다.

코² 그물이나 뜨개질한 물건을 이루는 하나하나의 매듭.

코골다 잘 때에 소리를 크게 내어 콧숨을 쉬다. 예네가 밤새 코고는 통에 한숨도 못 잤다.

코끼리 몸이 크고 눈은 작고, 코는 길어 자유롭게 놀릴 수 있으며, 윗잇몸에서 길고 큰 두 개의 앞니가 입 밖으로 나온 길짐승. 육지에 사는 동물 중에 제일 큼.

코:너(corner) 구석. 모퉁이.

코:너 킥(corner kick) 축구에서, 수비측이 자기네 골 라인 밖으로 공을 내보냈을 때에 공격측이 코너에 공을 놓고 차는 것. —하다.

코대답 콧구멍으로 내는 소리로 하는 대답. —하다.

코:드(cord) 전등 또는 전기 기구에 접속하는 전선.

코떼다 핀잔을 받거나 무안을 당하다.

코뚜레 소의 코청을 꿰뚫어 끼는 고리 모양의 나무. 다 자란 송아지 때부터 고삐를 매는 데 씀. 본쇠코뚜레.

〔코뚜레〕

코뚜렛감 코뚜레로 쓸 거리.

코:란(Koran) 이슬람교의 경전. 마호메트가 신의 지시를 받아 적었다는 글로, 종교를 믿는 사람들의 생활 방법과 지켜야 될 일이 114장에 걸쳐 기록되어 있음. 코란경.

코:러스(chorus) 합창. 합창곡. 합창대.

코르크(cork) 코르크나무의 안 껍질. 병마개 따위로 쓰임.

코리아(Korea) 우리 나라를 영어로 부르는 말.

코리언(Korean) 한국인. 한국어.

코멘 소리 코가 막힌 것처럼 되어 나는 소리.

코미디(comedy) =희극. 반비극.

코미디언(comedian) 희극을 전문으로 하는 배우.

코바늘 뜨개질을 할 때 쓰이는 끝이 갈고리 모양인 바늘.

코발트(cobalt) 붉은빛을 띤 은백색 광택이 있는 금속 원소. 쇠보다 무겁고 단단함. 유리나 도자기의 착색 염료·페인트나 니스의 건조제로 사용됨.

코브라(cobra) 적을 위협할 때 몸의 앞부분을 세워 목부분을 국자 모양으로 만드는 종류의 뱀. 독을 가지고 있음.

코빼기 '코'의 낮춤말.

코뿔소[─쏘] 코뿔솟과의 짐승. 코 위에 하나 또는 두 개의 뿔이 있음. 다리가 짧고 살갗이 두꺼우며 단단함. 뿔은 약으로 쓰임.

코:스(course) ①진로. 방향. ⑩산책 코스. ②경주 따위에서, 선수가 나아가는 길.

코스모스(cosmos) 국화과의 한해살이풀. 가을에 꽃이 핌. 잎이 가늘게 갈라졌고 줄기가 길며, 꽃은 대개 분홍색·자주색·흰색임.

코안경 안경다리가 없이 콧대에 걸치어 쓰는 안경.

코앞 바로 마주 보이는 가까운 곳. ⑩코앞에다 두고 못 찾니?

코웃음 비웃는 뜻으로 웃는 웃음.

코일(coil) 전기의 전열선을 나사 형상으로 여러 번 감은 줄.

코주부 코가 큰 사람의 별명.

코청 두 콧구멍 사이의 얇은 막.

코:치(coach) 운동 경기의 정신과 기술을 지도·훈련하는 일. 또, 그 사람. ⑩농구 코치. ─하다.

코코아(cocoa) 카카오나무 열매의 가루. 음료·과자·약재로 쓰임.

코털 콧구멍 안에 난 털.

코:트(court) 테니스·배구·농구 따위의 경기장. ⑩테니스 코트.

코:팅(coating) 물체의 겉면을 비닐 따위의 얇은 막으로 씌우는 일. ⑩코팅 렌즈. ─하다.

코펠 등산용 취사 도구.

코프라(포 copra) 야자나무 열매의 배젖을 말린 것. 비누·양초·마가린 따위의 원료가 됨.

코피 콧속에서 나는 피.

코흘리개 ①늘 콧물을 흘리는 아이를 놀림조로 이르는 말. ②철없는 어린아이를 이르는 말.

콕[1] ①되게 부딪쳐 박히는 모양. ②부리나 연장의 끝으로 단단한 물건을 쪼는 모양. ㉰쿡.

콕[2](cock) 수도·가스 등 기체나 액체의 흐름을 조절하는 꼭지.

콘덴서(condenser) 전기의 도체에 전기를 잠시 저장해 두는 장치. 축전기.

콘사이스(concise) 간결·간명·간편하고 요령 있는 휴대용 사전. 소형 사전. ⑩영어 콘사이스.

콘서:트(concert) ①음악회. 연주회. ②연주 단체.

콘서:트 홀:(concert hall) 연주를 하는 장소. 음악당.

콘센트(← concentric plug) 옥내 배선에서 전기 기구를 접속하기 위하여 쓰이는 기구.

콘크리:트(concrete) 시멘트에 모래·자갈 등을 섞어 물에 반죽하여 굳힌 것. 집 짓는 데 쓰임.

콘택트 렌즈(contact lens) 각막에 밀착시켜 안경처럼 근시·원시 등의 교정에 쓰이는 작은 렌즈.

콘테스트(contest) ①서로 겨룸. 경쟁. ②선발 대회.

콘트라베이스(contrabass) 바이올

린류의 현악기 중 가장 낮은 음을 내는 악기. 더블 베이스.

콜더(Calder, 1898~1976) 미국의 조각가. 움직이는 조각인 모빌을 만들어 널리 알려졌음.

콜ː드 게임(called game) 야구에서, 경기가 5회 이상 지난 뒤 비가 오거나, 많은 점수 차 등으로 한쪽이 이길 때 그 때까지의 득점으로 승패를 결정짓는 경기.

콜라ː주(프 collage) 화면에 종이·머리카락·나뭇잎 등을 붙여 작품을 만드는 미술 기법의 하나.

콜럼버스(Columbus, 1451~1506) 아메리카 대륙을 발견한 이탈리아의 항해가.

콜레라(cholera) 콜레라균으로 말미암아 일어나는 소화기 계통의 급성 전염병. 구토와 설사가 심하고 열이 몹시 남.

콜레스테롤(cholesterol) 동물의 신경 조직 등에 함유되어 있는 지방 비슷한 물질. 혈관 속에 괴면 고혈압증을 일으킨다고 함.

콜로이드 용액(colloid 溶液) 보통 분자보다 큰 알갱이가 액체 중에 흩어져 있는 것.

콜록 감기에 걸렸을 때 내는 기침 소리. 큰쿨룩. ―하다.

콜롬비아(Colombia) 남아메리카의 북서부에 위치한 공화국. 수도는 보고타. 세계 제2의 커피 산지임.

콜콜[1] 좁은 구멍으로 물이 쏟아져 흐르는 소리. 큰쿨쿨. ―하다.

콜ː콜[2] 어린애가 곤하게 잠잘 때 숨쉬는 소리, 또는 그 모양. 예콜콜 자는 아이. 큰쿨쿨. ―하다.

콜 택시(call taxi) 전화로 호출하여 부리는 택시.

콤바인(combine) 수확과 탈곡을 아울러 할 수 있는 농업 기계.

콤비(←combination) 무슨 일을 하는 데 있어서의 단짝.

콤비나ː트(러 kombinat) 같은 종류의 공장을 한 곳에 모은 공장의 집단.

콤팩트 디스크(compact disc) 음성을 디지털 신호로 기록해 두고 레이저 광선을 이용한 검출로 소리를 재생하는 방식의 레코드. 시디(CD).

콤팩트 디스크 플레이어(compact disc player) 레이저 광선의 특성을 이용하여 원래의 소리에 가까운 소리를 재생하는 음향 기기.

콤플렉스(complex) ①억압되어 있는 의식 속에 잠겨 있는 관념. ②열등감. 예신체적 콤플렉스.

콧구멍 코에 뚫린 두 구멍.

콧김 코에서 나오는 더운 김.

콧날 콧등의 날카로운 줄.

콧노래[콘―] 기분이 좋아 흥겨울 때 콧소리로 부르는 노래.

콧대 콧등의 우뚝한 줄기.

콧등 코의 등성이.

콧방귀 코로 '흥' 하고 불어 내는 소리. 예콧방귀를 뀌다.

콧소리 ①숨을 코로 내보내면서 내는 소리. ②코가 막힌 소리.

콧수염 코 아래에 난 수염.

콧잔등 콧등의 잘록하게 된 곳.

콩[1] 콩과에 딸린 한해살이풀. 키는 60~100cm. 여름에 흰색, 붉은색 나비 모양의 꽃이 피고, 꼬투리를 맺음. 씨는 식용하거나 기름을 짬.

콩[2] 단단한 바닥에 작고 무거운 물건이 떨어지거나 부딪쳐 울리는 소리. 큰쿵. ―하다.

콩고 강(Congo江) 아프리카 대륙 중앙부를 서쪽으로 흐르는 강.

콩국수 콩국에 밀국수를 말아 소금으로 간을 한 음식.

콩기름 콩에서 짜낸 기름.

콩깍지 콩을 떨어 낸 껍데기.

콩꼬투리 콩알이 들어 있는, 콩을 싸고 있는 껍질.

콩나물 그늘에서 콩에 물을 주어 뿌리를 내리게 한 식료품.

콩닥콩닥 방아 따위를 찧는 소리로 자꾸 콩닥하는 소리. —하다.

콩밥 ①쌀에 콩을 섞어서 지은 밥. ②지난날, 죄수에게 콩으로 지은 밥을 먹인 데서 '죄수의 끼니 밥'을 흔히 이르는 말.

콩밭에 가서 두부 찾는다〈속〉 성미가 몹시 급하다.

콩새 참샛과의 조그만 새로 몸빛은 갈색, 날개는 청흑색임. 숲 속에서 열매·곤충을 먹고 삶.

콩 심은 데 콩 나고 팥 심은 데 팥 난다〈속〉 원인이 있으면 으레 그에 따르는 결과가 있게 마련이다.

콩알 ①콩의 낱낱의 알. ②'매우 작은 물건'을 가리키는 말

콩으로 메주를 쑨다 하여도 곧이듣지 않는다〈속〉 평소에 거짓말을 질 하여 믿을 수기 없다.

콩을 팥이라 해도 곧이듣는다〈속〉 남의 말을 무엇이나 말하는 대로 곧이듣는다.

콩이야 팥이야 한다〈속〉 서로 비슷한 것을 구별하려고 따지며 시비를 한다.

콩자반 콩을 간장에 끓여서 설탕을 넣고 바싹 조린 반찬.

콩쥐 팥쥐 지은이를 모르는 조선 시대의 소설. 콩쥐가 계모의 학대를 두꺼비의 도움으로 이겨 냄.

콩쿠:르(프 concours) 음악이나 연극 따위의 재주가 낫고 못함을 겨루는 경연 대회.

콩트(프 conte) 산문 형식의 하나. 짧고 재치 있게 쓴 단편.

콩팥 오줌을 걸러 내는 기관. 핏속에서 남는 수분과 쓸데없는 물질을 걸러 오줌보로 보냄. 신장.

콱콱 ①몹시 덥거나 춥거나 지독한 냄새로 숨이 막히는 모양. ⑩ 더워서 숨이 콱콱 막힐 지경이다. ②힘껏 들이지르는 모양. —하다.

콸콸 많은 물이 흘러내리는 소리. ⑩ 수돗물이 콸콸 흐른다. 큰퀄퀄. —하다.

쾅 폭발물이 터질 때 나는 소리. ⑩ 수류탄이 쾅 터지다. 큰쿵. —하다.

쾌감(快感) 기쁜 마음. 즐거운 느낌. ⑩ 쾌감을 느끼다.

쾌거(快擧) 가슴이 후련할 만큼 훌륭한 일. 통쾌한 행동.

쾌남아(快男兒) 시원하고 쾌활한 남자. 비쾌남자.

쾌락¹(快樂) ①욕망을 만족시킴으로써 느끼는 감정. ②즐거움. 기쁨. ⑩ 쾌락에 빠지다. —하다.

쾌락²(快諾) 쾌히 승낙함. 기쁜 마음으로 승낙함. ⑩ 어머니는 나의 여행을 쾌락하셨다. —하다.

쾌미(快味) 상쾌한 맛. 기분 좋은 느낌. 즐거움.

쾌속(快速) 자동차나 배 따위의 속도가 아주 빠름. —하다.

쾌속선(快速船) 썩 빠르게 달리는 배. 비쾌속정.

쾌승(快勝) 통쾌한 승리. 시원스럽게 이김. ⑩ 우리편의 쾌승으로 경기가 끝나다. 반참패. —하다.

쾌유(快癒) 병이 개운하게 다 나음. 쾌차. —하다.

쾌자(快子) 옛 군복의 하나. 조끼

모양으로 뒷솔기가 단에서 허리께까지 틔었고 길이가 두루마기처럼 긺. 근래는 복건과 함께 명절이나 돌날에 어린아이들에게 입힘.

쾌적하다(快適一)[一저카다] 심신에 적합하여 기분이 썩 좋다. ⑩ 쾌적한 날씨.

쾌지나 칭칭 나네 경상도 민요의 하나. 한 사람이 사설로 메기면, 여럿이 '쾌지나 칭칭 나네'란 후렴으로 받는, 한이 없는 노래임.

쾌차(快差) 병이 완전히 나음. 쾌유. ⑩ 부친의 병환이 빨리 쾌차하시기를 빕니다. 一하다.

쾌청(快晴) ① 하늘이 맑고 깨끗하게 갬. ⑩ 쾌청한 하늘. ② 날씨가 좋음. ⑩ 쾌청한 날씨. 一하다.

쾌활(快活) 마음씨가 씩씩하고 하는 짓이 활발함. ⑩ 쾌활한 성격. 一하다. 一히.

쾌히 하는 짓이 시원스럽게. 거침없이. ⑩ 쾌히 승낙하다.

쾨쾨하다 냄새가 매우 고리다. ⑩ 쾨쾨한 냄새. 圈 퀴퀴하다.

쿠데타(프 coup d'État) 한 사람 또는 소수의 권력자가 비합법적으로 무력이나 폭력을 써서 국가 통치권을 빼앗는 정변.

쿠바(Cuba) 중앙 아메리카 서인도 제도의 가장 큰 섬과 그 주변의 섬으로 이루어진 사회주의 나라. 수도는 아바나.

쿠베르탱(Coubertin, 1863~1937) 근대 올림픽 경기를 부흥시킨 프랑스의 체육가. 올림픽의 부활을 계획하여 1896년에 그리스의 아테네에서 제1회 대회를 여는 데 성공하였음.

쿠션(cushion) 단단한 물체끼리 직접 닿지 않도록 그 사이에 두는 탄력성이 있는 물건. ⑩ 쿠션이 좋은 의자.

쿠오레(이 Cuore) 이탈리아의 아미치스가 지은 소설. 엔리코라는 초등 학교 4학년 어린이와 자기 아들의 교육을 위해서 온 정성을 다하는 그의 아버지가 가정과 학교에서 겪는 갖가지 이야기를 일기체로 썼음. 〈사랑의 학교〉라고 번역되어 있음.

쿠웨이트(kuwait) 아라비아 반도 동북부, 페르시아 만에 있는 나라. 국민의 대부분은 쿠웨이트인이며, 석유의 매장량이 많음. 수도는 쿠웨이트.

쿠키(cookie) 밀가루를 재료로 하여 구운 서양식 비스킷.

쿠:폰(프 coupon) ① 한 장씩 떼어 쓰게 되어 있는 종이 쪽지. ② 상품에 붙은 할인권·경품권 따위.

쿡쿡 ① 부리 따위로 단단한 물건을 여러 번 쪼는 모양. ⑩ 비둘기가 모이를 쿡쿡 쪼다. ② 끝이 무딘 물건으로 세게 찌르는 모양. ⑩ 손가락으로 허리를 쿡쿡 찌르다. 困 콕콕. 一하다.

쿨:리(coolie) 중국이나 인도의 하층 육체 노동자.

쿨:쿨 곤하게 자면서 크게 코를 고는 소리, 또는 그 모양. ⑩ 아무것도 모르고 쿨쿨 잔다. 困 콜콜. 一하다.

쿵 크고 무거운 물건이 떨어질 때, 또는 대포나 폭탄이 터질 때 나는 소리. ⑩ 건물이 쿵 내려앉다. 困 콩. 一하다.

쿵덕 꽤 무거운 물건 또는 방앗공이 따위가 떨어져서 크게 울리는 소리. ⑩ 쿵덕쿵덕 방아를 찧다.

[작]콩닥.
쿵쾅 북소리나 폭발물 따위가 크고 작게 뒤섞이어 요란히 울리는 소리. —하다.
쿵쾅거리다 자꾸 쿵쾅 소리가 나다. 쿵쾅대다.
퀴리 부부 폴란드 출신의 물리학자 마리 퀴리와 프랑스의 물리학자 피에르 퀴리. 우라늄으로부터 라듐·폴로늄을 발견하여 1903년에 노벨 물리학상을 받았음.
퀴즈(quiz) 어떤 질문에 대한 답을 알아맞히는 놀이 및 그 질문의 총칭. [예]퀴즈 콘테스트.
퀴퀴하다 비위가 상할 정도로 냄새가 구리다. [예]퀴퀴한 냄새가 나다. [작]쾨쾨하다.
퀸ː(queen) ①여왕. 왕비. ②많은 여자 가운데서 재주나 미모가 가장 빼어난 여자.
큐ː피드(Cupid) 로마의 신화에 나오는 사랑의 신.
크기 큰 정도.
크나크다〔크나크니, 크나커〕 클 수 있는 데까지 크다. 상당히 크다. [예]크나큰 부모님의 사랑.
크낙새 딱따구릿과의 새. 몸빛깔은 흑색. 우는 소리가 크고 주둥이로 나무를 쪼는 소리가 요란함. 천연 기념물 제197호.
크다[1] 자라다. [예]커서 과학자가 될 것이다.
크다[2] ①작지 않다. [예]발이 크다. ②중대하다. 위대하다. [예]큰 인물. ③대단하다. 심하다. [예]손해가 크다. [반]작다.
크라운(crown) 관. 왕관.
크래버넷(Cravenette) 양털 섬유로 짠 천의 한 가지.
크래커(cracker) 단맛이 나지 않는 얇고 바삭바삭한 과자.
크렁크렁 눈에 눈물이 가득 괸 모양. [여]그렁그렁. —하다.
크레디트(credit) ①신용. ②신용 판매. 신용 거래.
크레디트 카ː드(credit card) = 신용 카드.
크레용(프 crayon) 그림 그릴 때 빛깔을 칠하는 막대 모양의 재료.
크레인(crane) 무거운 물건을 나를 때 쓰는 기구. 기중기.
크레졸(cresol) 석탄 타르 및 목타르 중에, 석탄산과 함께 발생하는 물질. 소독약·방부제로 쓰임.
크레졸 비눗물 크레졸 50%를 포함한 투명한 액체. 살갗·변소·쓰레기통 등의 소독에 쓰임.
크레파스(craypas) 크레용보다 색의 효과가 있는, 그림을 그리는 재료의 한 가지.
크로노스(그 Kronos) 그리스 신화 중에 농사와 시간의 신. 제우스의 아버지였으나, 자기의 자리를 잃을까 봐 자식들을 잡아먹다가 제우스에게 죽임을 당하였음.
크로스 게임(cross game) 운동 경기에 있어서의 접선·육박진·백열전 등. [비]시소 게임.
크로커스(crocus) 붓꽃과의 여러해살이풀. 솔잎 같은 것이 한꺼번에 나오는데 한가운데에 세로 흰 줄이 있음. 꽃은 큼직하고 자주·하양 따위가 있음.
크로키(프 croquis) 미술에서, 초안·스케치·밑그림, 또는 빨리 그린 그림 따위를 뜻하는 말.
크리스마스(Christmas) 예수의 탄생을 축하하는 날. 매년 12월 25일. 성탄일. 성탄절.
크리스마스 실ː(Christmas seal) 결

ㅋ

핵을 치료하고 예방하는 데 쓰일 돈을 마련하기 위하여 크리스마스 전후에 발행되는 증표.

크리스마스 이:브(Christmas Eve) 크리스마스 전날인 12월 24일 밤. 성야.

크리스마스 카:드(Christmas card) 크리스마스를 축하하는 뜻을 적어 친한 사람끼리 주고받는 카드.

크리스마스 캐럴(Christmas carol) 크리스마스를 축복하는 노래.

크리스마스 트리:(Christmas tree) 크리스마스를 축하하기 위하여 여러 가지 장식을 한 나무. 보통 상록수에 여러 가지 장식물이나 종·꼬마 전등 따위를 닮.

크리스천(christian) 그리스도교를 믿는 사람을 이르는 말.

크리스털(crystal) ①수정. 수정 제품. ②크리스털 글라스. ③결정. 결정체. ④원자가 규칙성을 가지고 배열된 고체 물질.

크리스털 글라스(crystal glass) 고급 식기·공예품 등에 쓰이는 고급 유리. 크리스털 유리.

크리스트(christ) 구세주. 예수.

크리스트교 예수교. 그리스도교.

크림:(cream) 우유에서 뽑아 낸 노르무레한 지방질. 버터·양과자의 원료로 쓰임.

크림 전:쟁(Krym戰爭) 터키가 영국·프랑스 등의 원조로 1853년에서 1856년까지 크림 반도에서 러시아와 싸운 전쟁. 러시아는 패하고, 터키는 큰 피해를 입었음.

큰개자리 겨울철에 남쪽 하늘에 보이는 별자리의 하나.

큰골 머릿골의 대부분을 차지하는데, 지각·기억·판단 따위 정신 작용을 맡아 보는 부분. 이상이 생기면 기억과 판단하는 힘이 없어짐. 대뇌.

큰곰 곰과의 짐승. 보통의 곰보다 큰데, 털빛은 갈색 또는 흑적갈색임. 성질이 용감하고 사나우며 냇가의 숲 속에서 삶.

큰곰자리 북두칠성을 포함하는 큰 별자리. 북두칠성은 이 별자리의 꼬리와 허리에 해당함.

큰기침 남에게 위엄을 보이려고, 또는 자기 마음을 가다듬는 태도를 보이기 위해 소리를 크게 내어 하는 기침. 凰잔기침. —하다.

큰길 넓은 길. 대로. 凰한길.

큰놈 ①남 앞에서 '자기의 큰아들'을 겸손하게 이르는 말. 凰이 녀석이 우리 집 큰놈입니다. 凰작은놈. ②다 자란 놈.

큰달 한 달의 날수가 큰 달. 양력으로는 31일, 음력으로는 30일이 되는 달. 凰1월은 큰달이다.

큰댁 아우나 그 자손이 맏형이나 그 자손의 집을 높여 이르는 말. 凰큰집. 凰작은댁.

큰따옴표 따옴표의 한 가지. 글 가운데서 남의 말을 인용하거나 직접 대화를 표시할 때, 단어나 글 앞뒤에 쓰이는 " "의 이름.

큰딸 맨 위의 딸을 이르는 말. 凰맏딸. 장녀. 凰작은딸.

큰뜻 높은 목표를 실현하려고 하는 마음. 凰큰뜻을 품다.

큰마음 크게 먹은 마음씨. 크게 쓰는 마음씨. 凰큰맘.

큰말 낱말의 실질적인 뜻은 작은 말과 똑같으면서 표현상의 느낌이 크게 되는 말. '캄캄하다'의 큰말은 '컴컴하다', '노랗다'의 큰말은 '누렇다' 따위. 凰작은말.

큰 말이 나가면 작은 말이 큰 말

노릇한다〈속〉 윗사람이 없으면 아랫사람이 윗사람 노릇을 한다.

큰물 장마가 져서 내나 강에 크게 불은 물. 凷홍수.

큰 방죽도 개미 구멍으로 무너진다〈속〉 작은 일이라고 업신여긴다면 그 때문에 큰 화를 입는다.

큰보표(一譜表) 높은음자리표와 낮은음자리표를 한데 묶어 세로줄로 이은 보표.

큰북 ①땅에 놓거나 달아 놓고 치는, 크게 만든 북. 대고. ②베이스 드럼.

큰 북에서 큰 소리 난다〈속〉 ①크고 훌륭한 데에서라야 무엇이나 좋은 것이 생길 수 있다. ②도량이 커야 훌륭한 일을 한다.

큰불 크게 일어난 불. 큰 화재.

큰비 오래도록 많이 오는 비. 例여름에는 큰비가 온다.

큰살림 규모를 크게 차리고 잘 사는 살림살이. —하다.

큰상(一床) 많은 음식을 차릴 수 있도록 크게 만든 상.

큰소리 ①크게 나는 소리. ②야단치는 소리. ③장담하는 소리. 例형은 큰소리만 친다. —하다.

큰스님 '덕이 높은 승려'를 높이어 이르는 말.

큰아버지 아버지의 맏형. 백부. 凷작은아버지.

큰악절(一樂節) 2개의 작은 악절로 이루어진 악절. 凷작은악절.

큰어머니[크너—] 큰아버지의 아내. 백모. 凷작은어머니.

큰일 ①힘이 많이 들고 범위가 넓은 일, 또는 중대한 일. 例큰일을 저지르다. 凷잔일. ②큰 예식이나 잔치를 치르는 일. 例큰일을 치르다. 凷대사.

큰절[1] 어른 앞에 두 손을 바닥에 짚으며 무릎을 꿇고 고개를 얌전히 숙이는 절. —하다.

큰절[2] 불교에서, 딸린 절에 상대하여 가장 큰 절.

큰조카 큰형의 맏아들.

큰집 아우나 그 자손이 '맏형이나 그 자손의 집'을 이르는 말.

큰창자 =대장[2].

큰코다치다 크게 봉변을 당하다. 例그 사람을 작다고 얕보다간 큰코다친다.

큰키나무 줄기가 굳고 굵으며 높이 자라고 비교적 위쪽에서 가지가 퍼지는 나무. 감나무·느티나무·소나무 따위.

클라리넷(clarinet) 목관 악기의 하나. 아름다운 음색으로 각종 합주에서 중요한 구실을 함. 금속으로 만든 것도 있음.

〔클라리넷〕

클라이맥스(climax) 가장 긴장·흥분되는 장면. 凷최고조.

클래식(classic) ①고전적. 전형적. ②고전 음악. 例클래식 음악을 감상하다. —하다.

클랙슨(klaxon) 자동차의 경적. 본디는 상표명.

클램프(clamp) 공작물을 기계의 테이블 위에 고정시키는 장치.

클럽(club) ①취미·오락 등의 같은 목적으로 모인 사람들의 단체. 例펜 클럽. ②골프채.

클로:버(clover) 콩과의 여러해살이풀. 길이 30~60cm로, 잎꼭지 끝에 작은 잎이 보통 세 개가 손

바닥을 편 모양으로 붙어 있음. 여름에 흰 꽃이 긴 꽃줄기 끝에 나비 모양으로 핌. 토끼풀.

클린:업 트리오(cleanup trio) 야구에서, 3·4·5번의 강타자.

클린치(clinch) 권투에서, 상대편의 공격을 피하기 위해 껴안는 일. [예] 클린치가 심하다. —하다.

클린: 히트(clean hit) 야구에서, 깨끗하게 뻗어 나간 안타.

클립(clip) 종이나 서류 따위를 묶음으로 끼우는 철사로 된 기구. [예] 이 서류를 클립으로 묶어라.

큼직하다 꽤 크다. —이.

키[1] ①선 물건의 높이. ②몸의 길이. ③배의 가는 방향을 조정하는 기구. [비] 타.

키[2] 곡식의 겨를 까부르는 기구.

〔키[2]〕

키:[3](key) =열쇠.

키내림 곡식에 섞인 티끌을 바람에 날려서 고르려고 곡식을 키에 담아 높이 들고 천천히 쏟아 내리는 일. —하다.

키니네(네 kinine) 기나수의 껍질에서 만드는, 알칼리성의 쓴맛이 있는 알칼로이드의 한 가지. 해열·강장약으로 쓰이며 말라리아의 특효약임. 금계랍.

키다리 키가 큰 사람의 별명. [예] 키다리 아저씨. [반] 작다리.

키:보:드(keyboard) ①피아노 따위의 건반. ②컴퓨터나 워드 프로세서 등에서 명령이나 글자가 있는 부분. 자판.

키스(kiss) 입맞춤. —하다.

키우다 크게 하다. [예] 목장에서 소를 키우다.

키위(kiwi) 과일의 한 가지. 중국 원산이며 뉴질랜드에서 개량된 덩굴식물의 열매. 거죽은 녹갈색이며, 잔털이 있음.

키읔 한글 자모 'ㅋ'의 이름.

키질 키로 곡식 따위를 까부르는 짓. —하다.

키친(kitchen) 부엌. 주방.

키 크고 속 없다〈속〉 키가 큰 사람을 놀리는 말.

키:퍼(keeper) '골키퍼'의 준말.

키:포인트(key point) 문제 해결의 실마리. 해결점. 사물의 요점.

킥 참을 수 없어 절로 한 번 나오는 웃음소리. [예] 킥하고 웃다. —하다.

킥복싱(kickboxing) 발로 차기도 하고 팔꿈치·무릎을 쓰기도 하는 태국 특유의 권투.

킬로(kilo) 천의 뜻으로, 미터법의 기본 단위 앞에 붙어 그 1,000배의 단위를 나타내는 말.

킬로그램(kilogram) 무게의 단위. 1킬로그램은 1000그램. 기호는 kg.

킬로미:터(kilometer) 길이의 단위. 1킬로미터는 1000미터. 기호는 km.

킬로와트(kilowatt) 전력 양의 단위. 1킬로와트는 1000와트. 기호는 kW.

킷값[키깝] 키가 큰 만큼 부끄럽지 않게 행동함을 일컫는 말. [예] 킷값도 못 하는 놈.

킹킹거리다 어린애가 울음 섞인 소리로 응석을 부리거나 무엇을 조르는 소리를 계속 내다. [예] 아기가 킹킹거리며 엄마를 찾는다.

ㅋ

훈몽자회자 **ㅌ** **ㅌ** 훈민정음자

ㅌ [티읃] 한글 닿소리의 열두째 글자인 티읕.

타:개(打開) 어려운 일을 뚫고 나감. 곤란한 일을 해결함. [예] 난관을 타개하다. ―하다.

타:격(打擊) ①손해를 당함. [예] 비 피해로 농가의 타격이 크다. ②때리어 침. ③기운이 꺾임. ④야구에서, 투수가 던진 공을 방망이로 침. [예] 타격상.

타:결(妥結) 서로 다투던 여러 편이 타협하여 좋도록 일을 마무르거나 약속함. [예] 마라톤 협상 끝에 타결을 보다. ―하다.

타계(他界) ①다른 곳의 세계. 저승. ②어른이나 귀한 분의 죽음. [예] 선생이 타계하신 지 백 년이 되었다. ―하다.

타고:르(Tagore, 1861~1941) 인도의 유명한 시인·사상가. 종교와 문학에 뛰어났음. 시집 〈기탄잘리〉로 세계적인 시인이 되어 동양에서는 최초로 1913년 노벨 문학상을 받았음.

타관(他官) 다른 고을. [예] 타관에서 온 사람.

타:구(唾具) 침이나 가래를 뱉는 그릇.

타국(他國) 다른 나라. [비] 외국. [반] 고국. 자국. 조국.

타다[1] ①불이 붙다. [예] 장작이 타다. ②많이 눋다. [예] 밥이 타다. ③걱정이 되어 마음이 달아오르다. [예] 애가 타다.

타다[2] ①탈것이나 짐승의 등에 몸을 싣다. [예] 비행기를 타다. ②얼음 위로 가다. [예] 썰매를 타다. ③기회를 이용하다. [예] 어둠을 타서 공격하다. ④섞다. 풀다. [예] 커피에 설탕을 타다. ⑤상품을 받다. [예] 우등상을 타다. ⑥콩·팥 등을 맷돌에 갈다. ⑦악기를 치다. 뜯다. ⑧나무·산이나 줄을 올라가다. [예] 바위를 타다.

타다[3] ①머리를 갈라 가르마를 내다. [예] 가르마를 타다. ②박 따위를 두 쪽으로 쪼개어 가르다. [예] 박을 타다.

타다[4] 부끄럼·추위·더위·노여움 따위를 쉽게 느끼다. [예] 노여움을 타다.

타:당성(妥當性) [―썽] 적절하게 들어맞는 성질. [예] 그의 말에는 타당성이 없다.

타:당하다(妥當―) ①꼭 들어맞다. ②온당하다. [예] 타당한 처사.

타:도(打倒) 쳐서 거꾸러뜨림. [예] 적을 타도하다. ―하다.

타:락(墮落) 품행이 나빠서 못된 구렁에 빠짐. [예] 타락한 생활. ―하다.

타래 실·고삐 같은 것을 감아서 틀어 놓은 분량의 단위.

타래박 물을 푸는 기구의 한 가

ㅌ

지. 나무나 대로 긴 자루를 만들고 그 한쪽 끝에 큰 바가지를 달아 매어 만듦. 回두레박.

타:력(打力) 야구에서, 타자가 공을 때리는 힘이나 능력. 예타력이 강한 선수.

타:령(打令) ①우리 나라 고유 음악 곡조의 한 가지. ②노래. ③어떤 사물에 대해 자주 이야기하는 일. 예그는 늘 돈타령만 한다. —하다.

타:박상(打撲傷) 맞거나 부딪쳐서 생긴 상처. 예머리에 타박상을 입다.

타박타박 지친 다리로 힘없는 발걸음을 천천히 떼어 놓는 모양. 예타박타박 걸어가다. —하다.

타:박 ①나무람. 예타박을 주다. ②좋으니 나쁘니 말이 많음. 예타박 말고 먹기나 해라. —하다.

타:산(打算) 이익과 손해를 셈하여 봄. 예이해 타산. —하다.

타살(他殺) 남이 죽임, 또는 그 죽음. 凹자살. —하다.

타:석(打席) ①야구에서, 타자가 투수의 공을 치기 위해 서는 장소. 예타석에 서다. ②타석수.

타:석수 야구에서, 타자로서 타석에 선 횟수. 준타석.

타:선(打線) 야구에서, 타력의 면에서 본 타자의 짜임새. 예막강한 타선.

타:성(惰性) ①물체가 외부의 작용을 받지 않는 한, 정지하거나 또는 일정한 속도로 진행을 계속하는 것. 回관성. ②오래 굳어진 버릇. 예타성에 젖다.

타:순(打順) 야구에서, 공을 치러 나갈 선수의 차례. 예타순을 정하다.

타:악기(打樂器) 손이나 채로 두드리거나 서로 부딪쳐서 소리내는 악기를 통틀어 이르는 말. 북·징·탬버린 따위.

타오르다〔타오르니, 타올라서〕 ①불이 붙어 타기 시작하다. 예불꽃이 타오르다. ②마음이 달아오르다. 예타오르는 창작 의욕.

타워(tower) 탑. 누대.

타:원(楕圓) 길쭉하게 둥근 원. 예타원을 그리다.

타:원 운:동 천체 따위가 타원형의 궤도를 그리는 운동.

타:원형(楕圓形) 길쭉하게 둥근 모양. 곧, 달걀 형상. 예타원형 얼굴.

타:율(打率) 야구에서, 타격수에 대한 안타수의 비율. 본타격률.

타의(他意) ①다른 생각. 딴마음. ②다른 사람의 뜻. 예자의 반 타의 반. 凹자의.

타이¹(Thailand) 인도차이나 반도의 중앙부에 있는 왕국. 수도는 방콕. 태국.

타이²(tie) ①끈. 줄. ②'넥타이'의 준말. 예타이를 매다. ③운동 경기에서, 동점. 무승부. 예양 팀은 지금 타이를 이루고 있다.

타이 기록(tie記錄) 운동 경기에서, 이제까지의 기록과 동등한 기록. 예세계 타이 기록.

타이르다〔타이르니, 타일러〕 ①알아듣도록 말하다. 말하여 깨닫게 하다. 예나쁜 짓 하지 말라고 타이르다. ②잘하도록 가르치다. 回훈계하다. 凹윽박지르다.

타이머(timer) ①운동 경기에서, 시간을 재는 사람. ②원하는 시각에 스위치가 자동적으로 켜졌다 꺼졌다 하게 된 장치.

타이 스코어(tie score) 운동 경기에서, 동점. 무승부. 㽤타이².

타이어(tire·tyre) 차 바퀴의 바깥 둘레에 끼는, 쇠 또는 고무로 만든 테. 㘽자동차 타이어.

타이완(Taiwan) 중국 화남 지방의 동쪽에 있는 큰 섬. 벼·사탕수수 등의 생산이 많으며 공업도 발달. 중심 도시는 타이베이.

타이틀(title) ①제목. 책 이름. 㘽타이틀을 붙이다. ②직업명. ③자격. 권리. ④선수권. 㘽타이틀을 획득하다. ⑤영화의 자막.

타이틀 매치(title match) 선수권을 걸고 겨루는 시합. 선수권 쟁탈전. 凡논타이틀 매치.

타입(type) '타이프라이터'의 준말. 㘽타이프를 치다. ―하다.

타이프라이터(typewriter) 타자기. 㽤타이프.

타이피스트(typist) =타자수.

타인(他人) 다른 사람. 㘽타인 출입 금지. 凭남. 凡본인.

타일(tile) 점토를 구워서 만든 얇은 판. 벽이나 바닥에 붙이는데, 색깔이 여러 가지임.

타임(time) 시간. 소요 시간.

타임 머신(time machine) 과거나 미래로 갈 수 있다는 공상의 기계.

타임아웃(time-out) 운동 경기의 시합 도중 경기 팀이 요구하는 휴식, 또는 협의를 위한 짧은 시간.

타입(type) 양식. 모양. 유형. 㘽예술가 타입.

타:자¹(打字) 타자기의 키를 두드려서 종이 위에 글자를 찍음, 또는 그 일. 타이프라이트. 㘽영문 편지를 타자하다. ―하다.

타:자²(打者) 야구에서, 배트로 공을 치는 공격진의 선수.

타:자기(打字機) 손가락으로 키를 눌러서 종이 위에 글자를 찍는 기계. 타이프라이터.

타:자수(打字手) 타자기로 글자를 찍는 사람. 타자를 직업으로 삼는 사람. 타이피스트.

타:작(打作) 곡식의 이삭을 떨어서 알을 거두는 일. 마당질. 㘽보리 타작. ―하다.

타:점(打點) 야구에서, 타자가 안타 등으로 자기 편에 득점하게 한 점수. 㘽타점왕.

타:조(駝鳥) 아프리카·아라비아 사막·황무지 등에 사는 큰 새로 머리까지의 키가 2~2.5m이며, 날지는 못하지만 다리가 몹시 발달되어 잘 달림.

타:진(打盡) 모조리 잡음. 㘽범인들을 일망 타진하다. ―하다.

타:파(打破) 나쁜 관습·제도 등을 깨뜨림. 㘽미신 타파. ―하다.

타향(他鄕) 제 고향이 아닌 고장. 凭객지. 타관. 凡고향.

타:협(妥協) 양쪽이 서로 좋도록 의논하여 일을 처리함. 㘽타협적인 자세. ―하다.

탁 ①막힘이 없이 시원스럽게 트인 모양. 㘽탁 트인 길. ②갑자기 어깨나 등을 손바닥으로 치는 소리. 㘽어깨를 탁 쳐서 놀랐다. ―하다.

탁구(卓球) 나무대 위에 네트를 치고 마주 서서 작은 공을 라켓으로 쳐 넘기는 실내 운동. 핑퐁.

탁류(濁流)〔탕뉴〕 ①흐린 물. 㘽홍수로 탁류가 흐르다. ②불량한 무리, 또는 나쁜 풍조.

탁본(拓本) 쇠붙이·돌 등에 새긴 글씨나 그림을 종이에 그대로 박

탁상

아 낸 것. ⓔ탁본을 뜨다. ⓑ탑본. —하다.

탁상(卓上) 탁자의 위.

탁상 시계(卓上時計) 책상 위에 올려놓고 보는 시계.

탁색(濁色) 순색에 회색을 섞은 빛깔.

탁아소(託兒所) 부모들이 일터에 나가 일을 하는 동안 아이들을 맡아서 보호해 주는 곳.

탁월(卓越) 남보다 월등히 뛰어남. ⓔ운동 실력이 탁월하다. ⓑ월등. ⓟ졸렬. —하다.

탁자(卓子) 물건을 올려놓는 책상 모양의 가구. ⓑ테이블.

탁탁 ①일을 결단성 있게 잘 처리하는 모양. ⓔ일을 탁탁 끝내다. ②숨이 자꾸 막히는 모양. ⓔ숨이 탁탁 막히다. ⓒ턱턱.

탁하다(濁—) ①맑지 않다. 흐리다. ⓔ공기가 탁하다. ②소리가 거칠다. ⓔ목소리가 탁하다.

탄:가루[—까루] 석탄이나 연탄의 가루.

탄:광(炭鑛) 석탄을 파내는 광산. ⓔ탄광촌. ⓞ석탄광.

탄:광촌 탄광 노동자들이 모여 사는 마을.

탄:금대(彈琴臺) 충북 충주시 북서쪽 4km 지점에 있는 명승지. 우륵이 가야금을 타던 곳이라고 전하여짐. 임진왜란 때 신립 장군이 왜장과 싸워 전사한 곳임.

탄:도(彈道) 발사된 탄환이 공중을 날아가 표적에 이르기까지의 길, 또는 그것이 그리는 곡선.

탄:도 미사일 로켓 엔진으로 발사되어 대포의 탄도 곡선과 비슷한 곡선을 그리며 나는 미사일.

탄:력(彈力) 물건이 어떤 힘에 의하여 형상에 변화가 생겼다가, 그 힘이 없어지면 그전 상태로 돌아가는 힘. ⓔ피부 탄력을 잃다.

탄:로(綻露)[탈—] 숨겨져 있던 일이 드러남, 또는 그 일을 드러냄. ⓔ비밀이 탄로가 나다.

탄:복(歎服) 참으로 훌륭하다고 칭찬함. ⓔ그의 불굴의 의지에 탄복하다. —하다.

탄:산(炭酸) 이산화탄소가 물에 녹아서 생기는 약한 산.

탄:산가스(炭酸gas) =이산화탄소.

탄:산수소나트륨 청량 음료나 소화제로 쓰이는 흰 가루. 물에 잘 녹으며 가열하면 쉽게 이산화탄소를 발생함.

탄:산천 이산화탄소가 풀린 물이 천연으로 솟아 나오는 샘. 화산 지방에 많음.

탄:산칼륨 습기를 흡수하여 녹는 성질을 가진 흰 가루. 물에 잘 녹음. 비누·유리 따위에 쓰임.

탄:산칼슘 대리석·석회석·조개 껍데기의 주성분을 이루고 있는 육각형의 결정.

탄:생(誕生) ①사람이 태어남. 특히, 훌륭한 사람에 대해 쓰는 말. ⓑ출생. ⓟ사망. ②어떤 조직·제도·사업체 등이 생겨남. ⓔ새로운 내각이 탄생하다. —하다.

탄:성(彈性) 물체에 힘을 가했다가 놓으면 그 부피와 모양이 일정한 정도로 변했다가, 그 힘이 없어지면 근본 형상으로 돌아가려는 성질. ⓔ탄성이 강하다.

탄:소(炭素) 빛·맛이 없는 기체 원소로서 금강석이나 숯 따위에 들어 있음.

탄:소 동화 작용(炭素同化作用)

잎에 든 엽록체가 햇볕의 힘을 빌려서, 뿌리가 빨아들인 물과 숨구멍을 통하여 들어온 탄산가스를 원료로 탄수화물을 만드는 일.

탄ː수화물(炭水化物) 탄소·산소·수소의 화합물로, 단백질·지방과 더불어 3대 영양소의 하나.

탄ː식(歎息·嘆息) 한숨을 쉬며 한 탄함. —하다.

탄ː압(彈壓) 함부로 을러대고 억누름. 예 언론 탄압. —하다.

탄ː약(彈藥) 총알과 대포알.

탄ː약고(彈藥庫) 탄약이나 폭발물 따위를 저장하여 두는 창고.

탄연(坦然, 1069~1158) 고려 인종 때의 명필. 신품 사현의 한 사람.

탄ː원(歎願) 사정을 자세히 말하고 도와 주기를 바람. 예 석방을 탄원하다. 비 애원. —하다.

탄ː원서(歎願書) 탄원하는 글이나 문서. 예 탄원서를 내다.

탄탄하다 됨됨이나 생김새가 굳고 단단하다. 큰 튼튼하다. —히.

탄ː하다 ①남의 일에 참견하다. ②남의 말을 대꾸하여 시비조로 나서다.

탄ː핵(彈劾) 죄를 밝혀 꾸짖음. —하다.

탄ː핵 소추권(彈劾訴追權)[—꿘] 특정 공무원의 위법·비행 따위를 조사하여 그 책임을 추궁하고 파면을 구할 수 있는 국회의 권리. 준 탄핵권.

탄ː화수소 탄소와 수소와의 화합물을 통틀어 이르는 말.

탄ː환(彈丸) 탄알·총알·총탄·포탄을 통틀어 일컫는 말.

탈ː[1] ①종이·나무 따위로 만든 얼굴의 모양. ②속뜻을 감추고 겉으로 슬슬 꾸미는 의뭉스런 얼굴. 예 양의 탈을 쓴 늑대. 비 가면.

탈ː[2](頉) 뜻밖에 일어난 사고 또는 변고. 예 탈이 나다. 비 고장.

탈것[—껏] 사람이 타고 다니게 된 도구. 말·기차·비행기 따위.

탈곡(脫穀) ①곡식의 낟알을 이삭에서 떨어 냄. ②곡식의 겉겨를 낟알에서 떨어 냄. —하다.

탈곡기(脫穀機) 탈곡하는 농기구.

탈ː나다(頉—)[—라다] ①고장이 나다. ②병이 나다.

탈ː놀음 꼭두각시놀음이나 산대놀음 따위와 같이, 탈을 쓰고 하는 연극. 가면극.

탈당(脫黨)[—땅] 당원이 소속하였던 정당에서 떠남. 예 탈당 선언. 반 입당. —하다.

탈락(脫落) 어떤 데에 끼지 못하고 떨어져 나가거나 빠짐. 예 예선 탈락. —하다.

탈모[1](脫毛) 털이 빠짐, 또는 그 털. 예 탈모제. —하다.

탈모[2](脫帽) 모자를 벗음. 반 착모. —하다.

탈모증(脫毛症)[—쯩] 주로 머리카락이 빠지는 병의 증세.

탈무ː드(히 Talmud) '교훈·교의'의 뜻으로, 유대인의 생활 규범과 삶의 지혜를 담은 책. 오늘날까지도 유대인의 정신 문화의 근원으로서 높이 평가되고 있음.

탈ː바가지[탈빠—] 바가지로 만든 탈.

탈ː바꿈 변태. —하다.

탈삼진(奪三振) 야구에서, 투수가 타자를 삼진하도록 하는 일.

탈상(脫喪)[—쌍] 아버지·어머니의 삼년상을 마침. —하다.

탈색(脫色)[—쌕] ①피륙 따위에 들인 물색을 뺌. 반 염색. ②빛이 바래어 엷어짐. —하다.
탈선(脫線)[—썬] ①기차·전차가 선로에서 벗어남. 예 탈선 사고. ②행동이 나빠짐. —하다.
탈세(脫稅)[—쎄] 세금의 일부 또는 전부를 내지 않는 일. 예 탈세 혐의로 구속되다. —하다.
탈수(脫水)[—쑤] 물질 속에 들어 있는 수분을 제거함. —하다.
탈싹 작은 사람이나 물건이 갑자기 주저앉거나 내려앉는 모양, 또는 그 소리. 큰 털썩. —하다.
탈의(脫衣) 옷을 벗음. 예 탈의장. 반 착의. 착복. —하다.
탈의실(脫衣室) 온천이나 목욕탕 따위에서, 옷을 벗는 방.
탈:잡다(頉—) 잘못된 점을 기어이 꼬집어 내다. 트집을 잡다.
탈장(脫腸)[—짱] 뱃속의 창자가 제자리에서 빠져 나오는 병. 헤르니아. —하다.
탈주(脫走)[—쭈] 몸을 빼어 달아남. 예 탈주범. 비 탈출. —하다.
탈지면(脫脂綿)[—찌면] 기름기와 깨끗하지 못한 것을 없애고 소독한 솜으로, 외과 치료에 쓰임. 비 소독면. 약솜.
탈진(脫盡)[—찐] 기운이 다 빠져 없어짐. 예 탈진 상태. —하다.
탈출(脫出) 몸을 빼서 도망함. 예 전쟁 포로들이 수용소에서 탈출하다. 비 탈주. —하다.
탈:춤 놀이 얼굴에 탈을 쓰고 춤을 추는 놀이. —하다.
탈퇴(脫退) 단체 따위에서 빠져 나옴. 벗어남. 예 정당에서 탈퇴하다. 비 이탈. 반 가입. —하다.
탈피(脫皮) ①곤충류·파충류 등이 자람에 따라 낡은 껍질이나 허물을 벗는 일. ②낡은 사고 방식에서 벗어나 새로워짐. 예 구습에서 탈피하다. —하다.
탈화(脫化) 곤충 따위가 허물을 벗고 모양을 바꿈. —하다.
탈환(奪還) 도로 빼앗음. 예 고지를 탈환하다. 비 수복. —하다.
탐(貪) ①욕심을 냄. 예 탐욕. ②가지고 싶어함. —하다.
탐관 오:리(貪官汚吏) 탐욕이 많고 깨끗하지 못한 관리.
탐구(探究) 찾아 가며 연구함. 예 탐구 정신. 비 연구. —하다.
탐구심 깊이 찾아 연구하려는 마음. 예 탐구심이 많은 어린이.
탐나다(貪—) 마음에 들어 몹시 가지고 싶은 욕심이 나다. 예 탐나는 물건.
탐내다(貪—) 몹시 가지고 싶어 욕심을 내다. 예 남의 물건을 탐내다. 비 욕심내다.
탐라(耽羅)[—나] ①제주도의 옛 이름. ②삼국 시대에 제주도에 있었던 나라. 본 탐라국.
탐문(探問) 아직 알려지지 않은 사실이나 소식을 더듬어 찾아서 물음. 예 탐문 수사. —하다.
탐미(耽美) 깊이 맛보거나 음미함. 예 탐미주의. —하다.
탐방[1] 좀 묵직한 물건이 물에 떨어질 때 나는 소리, 또는 그 모양. 예 바윗돌을 냇물에 탐방 떨어뜨렸다. 큰 텀벙. —하다.
탐방[2] (探訪) 찾아봄. 사건을 더듬어 찾음. 예 고대 유적지를 탐방하다. —하다.
탐사(探査) 더듬어 조사함. 예 석유 탐사. —하다.
탐색(探索) ①감추어진 사실을 이리저리 더듬어 찾음. ②범죄 사건에 관계된 사람이나 물건 따위를 더듬어 샅샅이 찾음. 예 지문을 탐색하다. —하다.

탐스럽다〔탐스러우니, 탐스러워/탐스러이〕 마음이 몹시 끌리도록 보기에 좋다. 예 탐스럽게 핀 꽃.

탐욕(貪慾) 지나치게 탐하는 욕심. 예 탐욕스러운 눈. 비 야욕. —스럽다.

탐정(探偵) 비밀 사정을 몰래 살핌, 또는 그 사람. 예 사설 탐정. 비 밀정. —하다.

탐조등(探照燈) 반사경으로 먼 거리를 비쳐 보는 장치.

탐지(探知) 더듬어 살펴서 알아냄. 예 적의 비밀을 탐지하다. —하다.

탐지기 어떤 사물의 소재나 사실 여부를 탐지하는 데 쓰이는 기계를 통틀어 이르는 말. 예 지뢰 탐지기. 거짓말 탐지기.

탐탁하다 마음에 들어맞도록 모양이나 태도가 믿음직하다. 예 탐탁한 반응을 보이다. —히.

탐탐(眈眈) 야심을 품고 잔뜩 노리는 모양. —하다.

탐히다(貪—) 지나치게 욕심을 부려 제 것으로 만들고 싶어하다. 예 재물을 탐하다.

탐험(探險) 위험을 무릅쓰고 모르는 지방을 찾아다니며 살핌. 예 동굴 탐험. 비 모험. —하다.

탐험가 탐험을 하러 다니는 사람.

탐험대 탐험하는 사람들의 무리. 예 아프리카 탐험대.

탐험 소:설 탐험을 내용으로 하는 소설.

탑(塔) ①사리나 부처의 유품 등을 안치하고 공양을 하기 위해 절 안에 돌로 여러 층을 쌓아 높게 올린 건축물. ②여러 층으로 높고 뾰족하게 세운 건축물. 예 시계탑.

탑골 공원 서울 종로구 종로 2가에 있는 공원. 1897년에 영국 사람 브라운이 설계하여 건설함. 파고다 공원.

탑본(搨本) 금석에 새긴 글씨나 그림을 그대로 박아 냄, 또는 그 종이. 비 탁본. —하다.

탑승(搭乘) 배나 비행기 등에 올라탐. 예 탑승권. —하다.

탑승객 탑승한 손님.

탑승원 탑승하여 일정한 일에 종사하는 사람. 승무원.

탑신(塔身) 탑의 받침대와 꼭대기에 있는 장식 사이의 탑의 몸통.

탑재(搭載) 배나 항공기 따위에 물건을 실음. —하다.

탓 ①일이 잘못된 원인·까닭. 예 그 일은 모두 내 탓이다. ②잘못된 것을 원망하는 일. 예 그 사람을 탓할 일이 아니다. —하다.

탕[1] 속이 비어서 아무것도 없는 모양. 큰 텅.

탕[2] 총포가 터지면서 나는 소리. 예 권총을 탕 쏘다. —하다.

탕[3](湯) 목간이나 온천 따위의 목욕하는 곳. 예 목욕탕.

탕약에 감초 빠질까〈속〉 어떤 일에나 빠짐없이 끼는 사람을 조롱하여 이르는 말.

탕:진하다(蕩盡—) 죄다 써 버리다. 예 재산을 탕진하다.

탕탕 ①총·대포가 계속 터지는 것 같은 소리. ②실속 없는 장담을 함부로 하는 모양. 예 큰소리만 탕탕 치더니. 큰 텅텅.

탕:평책(蕩平策) 조선 제21대 영조가 정치적 싸움을 없애기 위하여, 노론과 소론에서 고르게 사람을 뽑아 쓰게 한 정책.

태[1] 질그릇·놋그릇의 깨진 금. [예] 태를 메우다.

태[2](胎) 모체 안에서 새 생명체를 싸고 있는 막과 주머니·탯줄을 통틀어 이르는 말.

태고(太古) 아주 오랜 옛날. [예] 태백 산맥에는 아직도 태고의 원시림이 남아 있다.

태국(泰國) =타이[1].

태권도(跆拳道)[—꿘도] 우리 나라 고유의 무술. 맨손과 맨주먹으로 찌르기·치기·발로 차기 등을 이용하여 자기 몸을 방어하는 기술. 태권.

태그(tag) 야구에서, 수비수가 손이나 글러브로 공을 잡아 몸을 누에 대는 일, 또는 공이나 글러브를 주자에게 대는 일.

태그 매치(tag match) 프로 레슬링에서, 두 사람 또는 세 사람이 한 조가 되어 벌이는 경기.

태극(太極) 태극기 중앙의 둥근 모양.

태극기(太極旗) 우리 나라의 국기로서, 흰 바탕의 한가운데 붉은빛·남빛으로 태극을 그리고, 사방에 검정빛으로 네 괘를 그렸음.

태극 부채 태극 모양을 그린 둥근 부채. [비] 태극선.

태기(胎氣) 아이 밴 낌새. [예] 지난달부터 태기가 있다.

태:깔(態—) ①모양과 빛깔. ②교만한 태도. —스럽다.

태:깔(이) 나다 맵시 있는 태도가 보이다.

태껸 발길로 맞은편 사람의 다리를 차서 넘어뜨리는 전통 무술로, 호신술의 하나. —하다.

태:도(態度) ①몸을 가지는 모양. ②속이 드러나 보이는 겉모양. [예] 태도를 분명히 해라. [비] 자태.

태동(胎動) ①모체 안에서 태아가 움직이는 일. ②무슨 일이 생기려는 기운이 싹틈. [예] 민주주의가 태동하다. —하다.

태두(泰斗) ①'태산 북두'의 준말. ②그 방면에 썩 권위 있는 사람. [예] 국문학의 태두.

태만(怠慢) 대단히 게으름. [예] 직무 태만. [반] 노력. —하다. —히.

태몽(胎夢) 어머니가 아기를 가질 징조의 꿈. [예] 태몽을 꾸다.

태반(太半) 절반이 지남. 절반 이상. [예] 참가자 태반이 모임에 지각했다.

태백산(太白山) 경상 북도 봉화군과 강원도 삼척시 사이에 있는 산. 높이 1549m.

태백성(太白星) 저녁때 서쪽 하늘에 빛나는 '금성'을 이르는 말.

태봉[1](胎封) 왕실의 태를 묻던 일, 또는 그 묻은 곳. —하다.

태봉[2](泰封) 후삼국 중의 한 나라(901~918). 신라 말기 궁예가 세운 후고구려의 도읍을 철원으로 옮긴 뒤, 나라 이름을 '태봉'이라 고쳤음.

태산(泰山) ①굉장히 큰 산. 높은 산. ②크고 많음을 가리키는 말. [예] 은혜가 태산 같다.

태산 북두(泰山北斗) 세상 사람들로부터 존경 받는 사람. [준] 태두.

태산을 넘으면 평지를 본다〈속〉 고생 끝에 즐거움이 온다.

태상(太上) 가장 뛰어난 것.

태상왕(太上王) 왕의 자리를 물려준, 살아 계신 전 임금을 높여 이르던 말. 태왕. [준] 상왕.

태생(胎生) ①사람이 어떤 곳에 태어남. [예] 시골 태생. ②포유 동물과 물고기가 어미의 뱃속에서 어느 정도 발육한 다음 태어나는 일. 빤난생.

태세(態勢) 어떤 일을 앞두고 갖추어진 모양이나 몸가짐. 예전투 태세를 갖추다. 비자세.

태수(太守) 지방관.

태아(胎兒) 어미의 태 안에서 자라고 있는 아기.

태양(太陽) 해¹.

태양계 해를 중심으로 하여 운행하는 천체의 집단. 9개의 혹성과 이에 속한 31개의 위성 및 약 1500개의 소혹성으로 이루어졌음.

태양 광선 햇빛.

태양력 지구가 해의 둘레를 한 번 도는 시간을 1년으로 하여 만든 달력. 곧, 365.2422일이 됨. 빤태음력. 준양력.

태양 에너지 태양의 열과 빛 속에 들어 있는 힘.

태양열[-녈] 태양으로부터 나와서 지구에 도달하는 열.

태양열 주:택 태양열을 이용하여 난방과 온수를 공급하도록 되어 있는 주택.

태양의 고도 태양이 떠 있는 높이. 태양의 방향을 가리키는 선이 수평면과 이루는 각도를 나타냄.

태양의 남중 태양이 정남쪽에 있게 되는 것.

태양 전:지 태양 광선으로 직접 전기를 일으키는 전지.

태양 흑점 태양 표면에 나타나는 어두운 무늬. 지구상의 기온·기후에 여러 가지 영향을 끼친다고 함. 준흑점.

태어나다 어미의 태로부터 세상에 나오다. 준태나다.

태연 자약(泰然自若) 마음에 무슨 충동을 받을 만한 일이 있어도 태연하고 천연스러움. 예혼나고도 태연 자약하다. ―하다.

태연하다(泰然―) 천연스럽게 있다. 기색이 조금도 변하지 아니하고 그냥 그대로 있다. ―히.

태엽(胎葉) 시계나 장난감 따위의 속에 든 것인데, 얇고 좁은 강철을 돌돌 말아 놓은 것.

태우다¹ ①불에 타게 하다. 사르다. 예종이를 태우다. ②마음을 괴롭게 하다. 예애를 태우다.

태우다² 탈것에 몸을 얹게 하다. 예동생을 차에 태우다.

태음력(太陰曆) 달이 한 번 차고 기움을 기초로 하여 만든 달력. 빤태양력. 준음력.

태자(太子) 임금의 자리를 이어받을 왕의 아들. 비세자.

태자궁 황태자의 궁전. 동궁.

태자비 황태자의 아내.

태조(太祖) ①한 왕조의 첫대의 임금. ②고려 제1대 왕. ③조선 제1대 왕. 예태조 이성계.

태조왕(太祖王, 47~165) 고구려 제6대 임금(재위 53~146). 영토의 확장과 국가 체제 확립에 힘씀.

태종(太宗, 1367~1422) 조선 태조의 다섯째 왕자로 제3대 왕. 이름은 방원. 조선을 세우는 데 공로가 컸으며 신문고 설치 등 많은 업적을 남겼음.

태종대(太宗臺) 부산 영도의 바닷가에 자리잡은 명소.

태종 무:열왕 =김춘추.

태질치다 되게 넘어뜨리거나 메어치다. 예가방을 땅에 태질치다.

태초(太初) 하늘과 땅이 맨 처음 생겨났을 때. 아주 먼 옛날.

태클(tackle) ①축구에서, 상대

선수가 몰고 가는 공을 적당한 기회를 노려서 몸을 날려 빼앗는 기술. ②레슬링에서, 양팔로 상대편의 아랫도리나 허리를 잡아 밀어서 넘기는 공격 기술. —하다.

태평(太平) ①성격이 느긋하여 근심 걱정 없이 태연함. ②몸이나 마음·집안 등이 평안함. —스럽다. —하다. —히.

태평가(太平歌) 세상의 태평함을 기뻐하여 부르는 노래.

태평 성:대(太平聖代) 어진 임금이 다스리는 태평한 세상, 또는 그 시대. 예 태평 성대를 누리다.

태평소(太平簫) 여덟 구멍이 뚫린 나무관에 깔때기처럼 생긴 놋쇠를 달아 부는 국악 목관 악기의 하나. 새납.

[태평소]

태평양(太平洋) 아시아와 남북 아메리카 및 오스트레일리아에 둘러싸인 세계 최대의 바다.

태평양 전:쟁(太平洋戰爭) 제2차 세계 대전의 일부로서, 1941년부터 1945년까지의 연합군 대 일본의 전쟁. 이 전쟁으로 인하여 우리 나라는 광복되었음.

태평 연월(太平烟月) 시끄러운 일이 없이 온화하고 안락한 세월.

태평 천국(太平天國) 사람이 살기 좋은 평화스러운 나라.

태풍(颱風) 북태평양 남서부에서 발생하여 아시아 동부로 불어 오는 맹렬한 바람. 반 미풍.

태학(太學) 고구려 소수림왕 때 중앙에 세운 국립 학교. 주로 벼슬아치들의 자제에게 유학과 역사를 가르쳤음.

태형(笞刑) 지난날, 매로 볼기를 치던 형벌.

태후(太后) '황태후'의 준말.

택리지(擇里志) [탱니—] 조선 영조 때 이중환이 지은 우리 나라 지리책. 우리 나라 전국에 걸친 지형·풍토·풍속 등을 실었음.

택배(宅配) 신문·우유·짐 등을 각호별로 배달함. 본 자택 배달.

택시(taxi) 요금을 받고 손님을 태우는 작은 자동차.

택일(擇一) 여럿 중에서 하나만 고름. 예 양자 택일. —하다.

택지(宅地) 주택을 짓기 위한 땅. 집터. 예 택지 조성.

택하다(擇—) 여럿 가운데서 고르다. 예 좋은 책을 택해서 읽다. 비 선택하다.

탤런트(talent) ①재능. 수완. ②라디오·텔레비전에 나오는 가수·배우 등의 연예인.

탬버린(tambourine) 금속 또는 나무로 만든 둥근 테의 한쪽에 가죽을 입히고, 둘레에는 작은 방울을 단 타악기.

탯돌 타작할 때, 태질에 쓰는 돌.

탱자 탱자나무의 열매. 향기가 좋으며 약으로도 씀.

탱자나무 귤처럼 생긴 열매가 열리는 나무. 잎은 세 갈래로 갈라지며, 가을에 탱자가 누렇게 익음.

탱크(tank) ①물·가스·기름 등을 저장하는 큰 통. 예 물 탱크. ②무한 궤도를 갖추고, 총포가 장치되어 있는 공격용 차량.

탱탱 속이 옹골차서 겉으로 매우 볼록한 모양. 예 물풍선이 탱탱하다. 큰 팅팅. —하다.

탱화(←幀畫) 불교에서, 부처나 보살의 초상 또는 경전의 내용을 그려서 벽에 거는 그림.

터¹ ①장소. 예옛 절터. ②일이 이루어진 밑자리. ③건축물을 지을 자리. ④'터수'의 준말.

터² 말끝 '-ㄹ·-을·-일' 등의 아래에서 예정의 뜻을 나타내는 말. 예여행을 갈 터이다.

터널(tunnel) =굴².

터놓다 ①막은 물건을 치우다. 예벽을 터놓다. ②친구끼리 말을 트다. 예터놓고 지내다.

터ː닝(turning) 수영에서, 풀의 반환점에서 되돌아오기 위하여 방향을 바꾸어 꺾는 일. 턴.

터ː닝 슛ː(turning shoot) 구기에서, 몸을 돌려서 공을 던져 넣거나 차 넣는 일. —하다.

터덜거리다 ①몸이 몹시 나른하여 걸음을 무겁게 힘없이 걷다. ②깨어진 질그릇 등을 두드려 흐린 소리가 나다. 작타달거리다.

터덜터덜 걸음을 몹시 무겁고 기운 없이 걷는 모양. 작타달타달. —하다.

터ː득하다(攄得—) 생각하여 깨달아 알아 내다. 예요령을 터득하다. 비해득하다.

터ː뜨리다/터ː트리다 터지게 하다. 예화약을 터뜨리다.

터럭 사람이나 길짐승의 몸에 난 길고 굵은 털.

터무니 ①터를 잡은 자취. ②똑똑히 있는 사실·근거.

터무니없다 이치나 도리에 맞지 않다. 예터무니없이 비싼 옷. —이.

터ː미널(terminal) 버스·열차 등의 노선의 시발점이나 종점.

터벅터벅 ①가루 음식 따위가 물기가 없어 씹기에 조금 뻑뻑한 모양. ②기운이 지쳐서 걸음이 잘 걸리지 아니하는 모양. 예힘이 빠져 터벅터벅 걸어가다. 반사뿐사뿐. 작타박타박. —하다.

터ː번(turban) 인도인이나 이슬람교도의 남자가 머리에 둘둘 감는 머릿수건.

터부룩하다 머리털이나 풀·나무 따위가 우거져서 매우 수북하다. 여더부룩하다. —이.

터ː빈(turbine) 수력이나 증기의 힘으로, 회전축을 돌리는 원동기.

터수 ①살림살이의 형편과 정도. 예터수가 점점 나아지다. ②사귀는 분수. 예친한 터수. 준터¹.

터울 한 어머니가 낳은 자녀의 나이의 차이. 예동생과는 한 살 터울이다.

터울거리다 뜻한 바를 이루려고 애를 몹시 쓰다. 작타울거리다.

터이다 형편이다. 예정이다. 예지금 집에 갈 터이다.

터전 ①밑바탕이 되는 터. 바탕. 예생활 터전. ②자리를 잡고 앉은 곳. 비기반.

터주(—主) 집터를 지키는 토지를 맡은 신. 예터주를 모시다.

터주에 붙이고 조왕에 붙인다〈속〉 여기저기 갈라 놓는다.

터줏대감[—주때—] 일정한 마을이나 직장 등에서 가장 오래 되어 관록을 가지고 있는 사람을 가리키는 말.

터ː지다 ①막혔던 것이 뚫어지다. 반막히다. ②바느질한 것이 뜯어지다. 예바지 솔기가 터지다. ③감정 따위가 왈칵 쏟아지다. 예웃음이 터지다. ④무슨 일이 벌어지다. 예 전쟁이 터지다. ⑤화약 따위가 불붙어 튀다. 예 폭탄이 터지다. 비 폭발하다.

터진 꽈리 보듯〈속〉 사물을 탐탁하게 보지 않는다.

터치(touch) ①손 같은 것을 댐. 건드림. ②야구에서, 공을 주자에게 갖다 대는 일. —하다.

터치 아웃(touch out) 야구에서, 수비측이 주자의 몸에 공을 대어 아웃시키는 일. —하다.

터ː키(Turkey) 서남 아시아의 북쪽, 유럽의 동남쪽에 있는 공화국. 수도는 앙카라.

턱¹ 사람이나 동물의 입 아래에 있어서 발성이나 씹는 일을 하는 기관. 예 턱을 괴고 앉아 있다.

턱² ①관계된 까닭. 이유. 예 그럴 턱이 없다. ②그만한 정도. 예 아직 그 턱인가.

턱³ 좋은 일이 있을 때 남에게 베푸는 음식 대접. 예 한턱 내다.

턱걸이 철봉 운동의 한 가지. 철봉을 손으로 잡고 몸을 올리어 턱이 그 위까지 올라가게 하는 운동. —하다.

턱 떨어진 개 지리산 쳐다보듯〈속〉 되지도 않을 일을 쓸데없이 탐낸다.

턱받이 어린아이의 턱 아래에 대어 음식물이나 침을 받아 내는, 헝겊으로 만든 물건.

턱받침 손으로 턱을 굄, 또는 그러한 행동. —하다.

턱뼈 동물의 턱을 이루는 뼈.

턱수염 아래턱에 난 수염.

턱없다〔터겁따〕 ①이유에 닿지 않다. 예 턱없는 값. ②신분에 맞지 않다. —이.

턱짓 턱을 움직여 자기의 의사를 나타냄, 또는 그러한 행동. 예 턱짓으로 알리다. —하다.

턱찌끼 먹다 남은 음식.

털 ①사람이나 동물의 몸에 나는 가느다란 실 모양의 것. 예 몸에 털이 많다. ②물건의 거죽에 부풀어 일어난 실 모양의 것.

털가죽 털이 붙은 채 벗긴 짐승의 가죽. 모피.

털갈이 짐승이나 조류가 털이나 깃을 가는 일. —하다.

털구멍 피부 표면에 있는, 털이 나는 작은 구멍.

털끝도 못 건드리게 한다〈속〉 조금도 손을 못 대게 한다.

털ː다〔터니, 털어〕 ①붙은 물건을 떼다. 예 먼지를 털다. ②물건을 흔들어 떨어뜨리다. ③남의 물건을 모조리 가져가거나 훔쳐 내다. 예 창고를 털다.

털도 아니 난 것이 날기부터 하려 한다〈속〉 어리석은 사람이 제 분수나 실력을 넘어 엄청난 짓을 하려 한다.

털도 아니 뜯고 먹으려 한다〈속〉 ①지나치게 성급히 하려고 덤빈다. ②제 것도 아닌 것을 통째로 먹으려 한다.

털레털레 힘없이 건들거리며 걷거나 행동하는 모양. 작 탈래탈래. 예 덜레덜레. —하다.

털모자 털로 만든 모자.

털버덕 아무렇게나 털썩 주저앉는 모양이나 소리. 예 땅에 털버덕 주저앉았다. 작 탈바닥. —하다.

털보 수염이 매우 많이 났거나, 몸에 털이 많은 사람을 별명으로 이르는 말.

털붓 가는 대의 끝에 털을 박아 그 털에 먹을 찍어 글씨를 쓰는 물건. 비모필.

털실 짐승의 털로 만든 실.

털썩 ①사람이 갑자기 주저앉는 소리나 모양. ②조금 두껍고 넓은 물건이 갑자기 내려앉는 소리나 모양. 예짐을 털썩 내려놓다. 작탈싹. ―하다.

털어놓다 마음 속에 있는 생각이나 걱정 따위를 남에게 숨기지 않고 모두 이야기하다. 예속마음을 털어놓다.

털어먹다 재물을 다 없애다. 예집안 재산을 털어먹다.

텀벙 크고 무거운 물건이 깊은 물 속에 떨어지는 소리. 예개구리가 물 속으로 텀벙 뛰어들다. 작탐방. ―하다.

텀벙텀벙 물놀이를 할 때 물장구를 치듯이 잇달아 수면을 세차게 치는 소리나 모양. ―하다.

텀블링(tumbling) ①공중제비. ②여러 사람이 손을 잡거나 어깨에 올라타 앉는 것과 같은 동작으로 여러 가지 모양을 만드는 체조.

텁석 갑자기 넙쳐 쥐거나 잡는 모양. 예손을 텁석 잡다. 작탑삭.

텁석부리 수염이 많이 난 사람의 별명. 예텁석부리 아저씨.

텁수룩하다 많이 난 털 같은 것이 어수선하게 덮여 있다. 예텁수룩한 수염. 작탑소록하다. ―이.

텁텁하다 ①성질이 까다롭지 않다. ②눈이 깨끗하지 못하다. ③입맛·음식 맛이 산뜻하지 않다. 예입 안이 텁텁하다.

텃밭 집터 가까이에 있는, 집에서 먹을 채소를 심는 밭.

텃새 한 고장에 머물러 사는 새. 반철새.

텃세¹(―貰)[터쎄] 터를 빌린 세.

텃세²(―勢)[터쎄] 먼저 자리잡은 사람이 뒤에 들어오는 사람을 업신여기는 짓. 예텃세를 부리다. ―하다.

텅¹ 속이 비어서 아무것도 없는 모양. 예텅 빈 교실. 작탕.

텅² 쇠붙이로 된, 속이 빈 큰 통을 세게 두드릴 때 울려 나는 소리. 작탕. ―하다.

텅스텐(tungsten) 쇠붙이 원소의 한 가지. 회백색이고 매우 단단하며 질김. 중석.

텅잉 주:법(tonguing奏法) 관악기 연주에서 센 음을 낼 때, 숨을 세게 불어넣어 '투투' 하는 식으로 소리를 끊어 연주하는 기법.

테 ①둘레를 두른 물건. 예안경테. ②'테두리'의 준말.

테너(tenor) 음악 용어로 남성의 최고음. 또, 그 가수.

테니스(tennis) 중앙에 네트를 치고 코트의 양편에 서서 공을 라켓으로 치고 받는 경기. 단식·복식·혼합 복식으로 나뉨.

테다 터이다. 예내가 물어 볼 테니 너는 잠자코 있거라.

테두리 물건의 가장자리. 비기. 둘레. 준테.

테라스(프 terrasse) 집의 마루 끝에 마당보다 약간 높게 하여 콘크리트를 하거나 타일을 입힌 곳.

테라 코타(이 terra cotta) 미술에서 점토를 구워서 만든 조각 작품.

테러(terror) 폭력 수단을 행사하여 적을 위협하거나 공포에 빠지게 하는 행위. 예테러 사건.

테:마(독 thema) 주제. 제목. 문제. 예테마 송.

테스트(test) ①시험. 고사. ②검사. ―하다.

테이블(table) 물건을 올려놓는 세간. 곧, 책상 따위나 여러 사람이 식사할 때에 쓰는 큰 상. 비탁자. 식탁.

테이블스푼(tablespoon) 수프 먹을 때 쓰는 큰 숟가락.

테이프(tape) ①종이를 좁고 길게 자른 것. ②녹음·녹화하는 데에 쓰이는 필름.

테플론(Teflon) 플라스틱의 신제품. 플루오르 수지의 하나로, 에틸렌 및 그것을 실로 자아서 얻은 합성 섬유의 상품 이름.

텐트(tent) 야영할 때 사용하는 작은 천막. 예 텐트를 치다.

텔레비전(television) 전파를 이용하여, 실지의 경치를 그대로 움직이는 활동 사진처럼 보내서 화면에 나타나게 하는 장치.

텔레비전국 방송국에서 텔레비전 방송에 관한 일을 맡아 보는 곳. 텔레비전 방송국.

텔레텍스(teletex) 워드 프로세서로 작성한 문서를 전화선 등을 통해 다른 곳으로 전송하는 장치.

텔레텍스트(teletext) 일반 텔레비전 방송을 방해하지 않으면서, 정지 화면이나 문자에 의한 뉴스·생활 정보가 방송되는 다중 방송.

텔레파시(telepathy) 감각 기관에 자극을 주지 않고, 어느 한 생명체로부터 다른 생명체에로 관념이나 인상이 전달되는 것.

텔렉스(telex) 다이얼로 상대방을 불러서 텔레타이프라이터로 정보를 교환하는 전신 장치.

템포(이 tempo) ①악곡을 연주하는 속도. ②소설에서의 사건 진행 속도. 예 템포가 빠르게 전개되는 소설.

토[1] 윷놀이에서, '도'를 다른 말 아래에 붙여 쓸 때에 이르는 말. 예 개토, 걸토.

토[2] 말에 붙여 그 관계를 나타내는 말. 예 토를 붙이다.

토[3](土) '토요일'의 준말.

토건업(土建業) 토목과 건축에 관한 일을 청부 맡아 하는 영업. 예 토건업자.

토공(土工) 흙을 다루는 일, 또는 그 일을 하는 사람.

토공 연모(土工一) 토공에 쓰이는 연모.

토굴(土窟) ①흙을 파낸 큰 구덩이. ②땅 속으로 뚫린 큰 굴. 땅굴.

토기(土器) 흙으로 만들어 볕에 말리거나 불에 구운 오지그릇.

토끼 귀가 크고, 앞다리는 짧고 뒷다리는 길며 동작이 날쌘 짐승.

토끼몰이 토끼를 잡으려고 한 곳으로 모는 일.

토끼와 거북 이솝이 지은 이야기. 거북이와 토끼가 달리기 시합을 하였는데, 토끼가 거북을 얕보고 낮잠을 자서 지고 말았다는 이야기.

토끼의 간 〈토끼전〉〈별주부전〉으로 널리 알려진 이야기. 용왕의 명을 받고 거북이가 토끼의 간을 약으로 쓰려고 토끼를 속여 용궁으로 데려갔으나 오히려 토끼에게 속아 넘어갔다는 이야기.

토끼장 토끼를 넣어 기르는 우리.

토끼풀 콩과의 여러해살이풀. 잎꼭지 끝에 3~4개의 작은 잎이 붙고 여름에 나비 모양의 흰 꽃이 핌. 클로버.

토:너먼트(tournament) 운동 경기에서 진 편이 떨어져 나가고 마

지막 남은 두 편이 우승을 겨루는 시합, 또는 그 경기 방법. 반리그전.

토닥거리다 자꾸 토닥토닥하며 다투다. 예 친구들끼리 서로 토닥거리다. 큰 투덕거리다.

토닥토닥 잘 울리지 않는 물건을 가볍게 두드리는 소리, 또는 그 모양. 예 아기 등을 토닥토닥 두드리다. —하다.

토담 흙으로 쌓아올린 담. 예 토담을 쌓다.

토담집 나무는 거의 쓰지 않고 토담을 쌓아서 그 위에 지붕을 덮어 지은 집. 예 고향의 토담집.

토대(土臺) ① 집·다리 따위의 맨 아래에서 위의 무게를 떠받들고 있는 밑바탕. ② 사물의 근본. 예 국어는 모든 공부의 토대가 된다. 비 기초. 터전.

토라지다 ① 먹은 음식이 제대로 삭지 않아 신트림이 나다. ② 마음먹은 것과 틀려 싹 돌아서다. 예 토라져서 말도 하지 않는다.

토란(土卵) 잎은 연잎과 비슷하고 땅 속에 감자와 비슷한 산이 많은 열매가 달리는, 밭에 심어 가꾸는 여러해살이풀.

토:로(吐露) 속마음을 죄다 드러내어 말함. 예 심경을 토로하다. —하다.

토록 '하도록'의 준말로 '이·그·저'에 붙어, '어느 정도나 얼마의 수량에 미치기까지'의 뜻을 나타내는 말. 예 이토록 많은 줄은 몰랐다.

토:론(討論) 어떤 문제에 대하여 서로 비평하면서 의논함. 예 토론을 벌이다. 비 토의. —하다.

토:론회 어떤 문제에 대해 그 옳고 그름을 논의하기 위한 모임.

토마루 지난날, 시골집에서 볼 수 있던 것으로 흙을 평평하게 쌓아서 마루 대신으로 이용하던 곳을 말함.

토마토(tomato) 잎은 새잎 모양의 겹잎. 꽃은 가지 꽃과 같고 열매는 크고 물기가 많으며, 익으면 빛이 발갛게 되고 비타민이 많아 널리 식용하는 한해살이풀.

토마토 케첩(tomato ketchup) 토마토를 갈아 조린 후 향료 따위를 가미하여 만든 소스.

토막^1 긴 것을 짧게 자른 그 하나. 예 나무토막.

토막^2(土幕) =움집.

토막말 이야기의 뜻을 길게 설명하지 않고, 내용을 간추려서 한 마디로 나타낸 말. 반 긴말.

토막토막 여러 토막으로 잘린 모양. 예 생선을 토막토막 자르다.

토목(土木) '토목 공사'의 준말.

토목 공사(土木工事) 흙·모래·나무 등을 써서 도로나 다리 등을 만드는 공사.

토박(土薄) 땅이 메말라 기름지지 못함. 예 토박한 밭. 반 비옥. —하다.

토박이 일정한 곳에서 대대로 오래도록 살아 내려오는 사람. 예 서울 토박이. 본 본토박이.

토박이말 대대로 그 땅에서 살아 온 사람들이 쓰는 말. 예 아름다운 토박이말을 잘 지켜 나가자.

토:벌(討伐) 죄 있는 무리를 쳐서 없애 버림. 예 산적을 토벌하다. —하다.

토분^1(土粉) 쌀을 쓿을 때에 함께 섞는 희고 고운 흙가루.

토분^2(土墳) 흙을 모아 임시로 간

단하게 만든 무덤.

토사(土砂) 흙과 모래.

토:사 곽란(吐瀉癨亂) 한방에서, 토하고 설사하면서 배가 몹시 아픈 병증을 이르는 말. —하다.

토산물(土産物) 그 지방에서 나는 산물. ㈜토산.

토:설하다(吐說—) 숨겼던 사실을 비로소 밝히다.

토성¹(土城) 흙으로 쌓은 성.

토성²(土星) 태양계에서 목성 다음 가는 큰 별.

토속(土俗) 그 지방의 특유한 풍속. 예토속 신앙.

토스카넬리(Toscanelli, 1397~1482) 이탈리아의 지리학자·수학자·천문학자. 서쪽으로 항해하면 인도에 닿을 수 있다는 것을 콜럼버스에게 말함으로써, 아메리카 대륙 발견의 실마리를 제공함.

토:스트(toast) 식빵을 살짝 구워서 버터나 잼 따위를 바른 것.

토시 저고리 소매처럼 생겨서 팔목에 끼워 추위를 막는 제구.

토실토실 살이 보기 좋게 많이 찐 모양. 예토실토실 살찐 창호네 강아지. 큰투실투실. —하다.

토씨 말에 붙어 그 관계를 나타내는 말. 비조사. ㈜토².

토양(土壤) ①흙. ②식물, 특히 농작물을 자라게 하는 흙.

토양 오:염(土壤汚染) 농작물이나 사람 또는 동물 따위에 해가 되는 물질이 흙에 섞여드는 일.

토역(土役) 집을 지을 때 흙을 바르는 일. 비흙일.

토옥(土沃) 땅이 걸고 기름짐. 예토옥한 논. 반토척. —하다.

토요일(土曜日) 칠요일의 마지막 날. 일요일의 전날. ㈜토³.

토월회(土月會) 신극의 극단 이름. 1922년에 일본 유학생인 박승희·김을한·김기진 등이 조직함.

토:의(討議) 토론하여 의논함. 예집단 토의. 비토론. —하다.

토인(土人) ①대대로 그 땅에서 붙박혀 사는 사람. ②더운 곳에 사는 야만인. ③흑인.

토정 비:결(土亭祕訣) 토정 이지함이 지은 책으로, 그 해의 운수를 풀어 보는 데에 씀.

토종(土種) 그 땅에서 나는 종자. 예토종닭. 비재래종.

토지(土地) ①땅. ②나라가 차지한 경계의 안. 비육지.

토질¹(土疾) 그 곳의 물·흙·기후 따위가 맞지 않아서 생기는 병. 토질병. 풍토병.

토질²(土質) 흙의 성질.

토질병[—뼝] =토질¹.

토착(土着) 조상 대대로 그 땅에서 삶. 예토착민. —하다.

토착민(土着民) 대대로 그 땅에서 살고 있는 백성. 본토박이.

토착화 외국에서 들어와서 거의 우리 나라의 것이 됨. —하다.

토:치카(러 totschka) 군사상 중요한 지점에 굴을 파서 튼튼하게 한 다음 전투 장비를 준비해 두고 적과 싸울 수 있게 만든 진지.

토카타(이 toccata) 피아노·오르간 등의 건반 악기를 위해 쓰인, 화려하고 빠른 연주를 주조로 하는 전주곡.

토:큰(token) 버스 요금이나 자동 판매기 등에 사용하기 위하여 만든 동전 모양의 물건.

토:키(talkie) 영사할 때에 영상과 동시에 음성·음악 등이 나오는 영화. 발성 영화.

토탄(土炭) 햇수가 오래지 않아서 완전한 석탄이 되지 못한 종류의 땔감으로서 흙덩어리 같아 보이는데, 황해도에서 많이 남.

토픽(topic) ①이야깃거리. 예 해외 토픽. ②제목. 논제.

토:하다(吐—) ①가래·피 따위를 뱉다. 예 피를 토하다. ②생각하고 있는 바를 말로 나타내다. 예 열변을 토하다.

토:함산(吐含山) 경상 북도 경주시 동남쪽 불국사 뒤에 있는 산. 석굴암이 있음.

톡[1] ①가볍게 치는 모양. 예 친구를 톡 건드리다. ②무엇이 별안간 터지는 모양. 예 물집이 톡 터지다. ③별안간 튀는 모양이나 소리. 예 벼룩이 톡 튀다. 큰 툭.

톡[2] ①물건의 어느 한쪽이 볼가져 나온 모양. 예 톡 볼가진 눈. ②말을 다부지게 쏘아붙이는 모양. 예 말을 톡 쏘다. 큰 툭.

톡탁 서로 치는 소리. 예 톡탁거리며 싸우다. 큰 툭탁. —하다.

톡톡 쏘:다 방정맞은 말로 말하다. 비위에 거슬리게 하다. 예 얄미워서 말끝마다 톡톡 쏘다.

톤[1](ton) 무게의 단위. 1톤은 1000킬로그램. 예 5톤 트럭.

톤:[2](tone) ①소리. 음조. 음색. 예 톤이 굵다. ②어조. 억양.

톨 밤·도토리 따위의 단단한 과실을 세는 말. 예 밤 한 톨.

톨:게이트(tollgate) 고속 도로나 유료 도로에서, 통행료를 받는 곳.

톰 소:여의 모:험 미국의 작가 마크 트웨인이 1875년에 지은 모험 소설. 장난꾸러기 소년 톰 소여가 보물을 찾는 이야기.

톰 아저씨의 오두막 원제목은 〈엉클 톰스 캐빈〉. 미국의 스토 부인이 지은 소설. 검둥이 톰과 그를 둘러싼 노예의 비참한 생활을 그린 것으로 읽는 이의 마음을 감동시켜 노예 폐지 운동을 일으키는 데 밑바탕이 되었음.

톱(top) 앞장. 첫째. 수위. 예 반에서 톱을 차지하다.

톱 기사(top記事) 신문 지면의 첫머리, 또는 잡지의 머리에 실리는 가장 중요한 기사.

톱날[톰—] 톱 양 끝에 세운 날카로운 이. 톱니.

톱 뉴:스(top news) 뉴스 방송에서 가장 중요하게 다루는 보도.

톱니 톱의 날을 이룬 뾰족뾰족한 이. 예 톱니가 무디어져 나무가 잘 잘리지 않는다.

톱니바퀴 톱니처럼 되어서 서로 엇물고 돌아가는 바퀴.

톱밥 톱질할 때에 나무 등에서 쓸려 나오는 가루.

톱양[톱냥] 톱의 이가 서 있는, 얇고 긴 쇳조각.

톱질 톱으로 나무 따위를 자르거나 켜는 일. 예 슬근슬근 톱질하세. —하다.

톱질대 톱으로 나무나 그 밖의 물건을 자르거나 켤 때 받침대로 쓰는 물건.

톱톱하다 국물이 바특하여 묽지 않다. 큰 툽툽하다.

톳 김 백 장 또는 마흔 장을 한 묶음으로 묶은 덩어리, 또는 그것을 세는 단위. 예 김 한 톳.

통[1] 아주. 전혀. 도무지. 예 사투리를 써서 통 못 알아듣겠다.

통[2] 소매나 바짓가랑이 따위의 속의 넓이. 예 통이 넓은 바지.

통[3] 정신을 바로 가질 수 없을 정도의 기세. [예] 옆에서 떠드는 통에 잠을 설쳤다.

통[4](通) 편지·글 따위를 세는 말. [예] 호적 초본 한 통.

통가죽 솔기를 뜯지 아니하고 그대로 빨아 입는 옷.

통:각(痛覺) 피부 및 몸 안에 아픔을 느끼는 감각.

통:감(痛感) 마음에 몹시 사무치게 느낌. 절실히 느낌. [예] 건강의 중요성을 통감하다. —하다.

통:감부(統監府) 일제가 을사조약의 체결을 발표한 후부터 국권을 강탈할 때까지 우리 나라를 침략하기 위해 서울에 두었던 기관.

통:계(統計) ①온통 몰아서 계산함. [예] 통계를 내다. ②숫자로 어떤 일의 상태를 나타낸 것.

통고(通告) 글이나 말로 통하여 알림. [예] 사전에 통고하다. [비] 보고. —하다.

통:곡(痛哭) 소리를 높여 슬피 욺. [예] 대성 통곡. —하다.

통과(通過) ①통하여 지나감. ②회의에서 어떤 일이 결정됨. [예] 안건을 통과시키다. ③관청에 내놓은 서류가 허가됨. —하다.

통과세[—쎄] 통과 화물에 대하여 부과하는 조세.

통:괄(統括) 낱낱의 일을 한데 뭉뚱그려서 잡음. [예] 통괄해서 보고하시오. —하다.

통구(通溝) 중국 만주 지방에 있는 도시. 고구려 19대 광개토 대왕릉비가 있음. 퉁커우.

통:극(痛劇) 몹시 극렬함. 매우 지독함. —하다. —히.

통근(通勤) 집에서 일자리로 매일 다니며 근무함. [예] 통근 버스로 출근하다. —하다.

통근차(通勤車) 통근하는 사람의 편의를 위하여 운행되는 자동차나 기차 따위.

통금(通禁) '통행 금지'의 준말.

통꼭지(桶—) 통의 바깥쪽에 달린 손잡이. [비] 통젖.

통꽃 진달래나 벚꽃 따위와 같이 꽃잎이 한 개의 꽃판을 이루는 꽃. [비] 합판화. [반] 갈래꽃.

통나무 톱으로 켜지 아니한 굵고 둥근 재목. [비] 원목.

통나무배 통나무 속을 파서 만든 작은 배.

통념(通念) 일반에 두루 통하는 개념. 일반적인 생각. [예] 사회적인 통념을 깨다.

통달(通達) 막힘이 없이 환히 앎. [예] 음악에 통달하다. —하다.

통독(通讀) 대충 대강의 뜻이나 요점을 잡아 읽음. 대충 읽기. [반] 정독. —하다.

통례(通例)[—녜] 일반적으로 통하여 쓰이는 예. [예] 그 일은 통례적인 것이다. [비] 상례.

통로(通路)[—노] 통해서 다닐 수 있게 트인 길. [예] 넓은 통로.

통:리기무아:문(統理機務衙門) 조선 말기의 관청. 1880년 청나라의 제도를 본떠 설치한 중앙 행정 기관으로 장관을 총리 대신이라 하였으나, 설치된 지 1년 만에 대원군에 의하여 폐지됨.

통발(筒—) 가는 댓조각이나 싸리를 엮어서 통과 같이 만든 고기잡이 도구의 하나.

통분(通分) 두 개 이상의 분수에서 분모를 같게 하는 것. [예] 분모를 통분하다. —하다.

통사정(通事情) 저의 사정을 남에

게 알림. [예] 도와 달라고 통사정하다. ―하다.

통상[1](通商) 나라와 나라 사이에 물건을 서로 팔고 사고 함, 또는 그 일. ―하다.

통상[2](通常) 특별하지 않고 늘 있는 일임. [예] 통상 겪는 일.

통상 수교의 거부 조선 시대 흥선 대원군이 서양 세력과 통상도 내왕도 하지 않으려 한 외교 정책.

통속(通俗) ①일반 세상의 풍속. ②일반에게 널리 통하여 알기 쉬움. [예] 통속 소설.

통:솔(統率) 온통 몰아서 거느리어 지도함. [예] 부하 직원을 통솔하다. ―하다.

통:솔력(統率力) 어떤 무리를 온통 몰아서 거느리는 힘.

통:수권(統帥權)[―꿘] 한 나라의 군대를 지휘·통솔하는 권력.

통신(通信) 전신·전화 따위로 소식을 전함. 또 그 소식. ―하다.

통신 교:육 우편·방송 등을 이용하여 일정한 교육 과정을 마칠 수 있게 하는 교육 활동.

통신기 통신에 관한 일을 처리하는 기계.

통신대 군대에서, 통신에 관한 임무를 수행하는 특수 부대.

통신망 언론 기관에서, 통신원들을 여러 곳에 보내어 본사에 알리도록 하는 조직이나 설비.

통신사[1](通信社) 여러 곳에서 뉴스를 모아, 각 신문사나 방송국 등에 전해 주는 일을 하는 회사.

통신사[2](通信使) 수신사.

통신소(通信所) 통신기 등의 시설을 갖추고 통신을 하는 곳.

통신 시설 소식을 전하기 위해서 설치하는 것.

통신용 소식을 전하는 일에 쓰임. [예] 통신용 인공 위성.

통신 위성 대륙간 등 먼 거리 사이의 전파 통신을 이어 주는 데 쓰이는 인공 위성.

통역(通譯) 언어가 통하지 않는 사람 사이에서, 양쪽의 언어를 번역하여 그 뜻을 전하여 줌. [예] 통역 장교. ―하다.

통역관 통역에 종사하는 관리.

통용(通用) 일반에 널리 쓰임. [예] 통용어. ―하다.

통운(通運) 물건을 실어서 옮김. [예] 통운 회사. ―하다.

통:일(統一) 여럿을 모아서 하나로 만듦. [예] 천하를 통일하다. [비] 통합. [반] 분열. ―하다.

통:일 국가 중앙 집권적인 근대의 민족 국가를 이르는 말.

통:일부(統一部) 행정 각부의 하나. 우리 나라의 남북 통일에 관한 모든 문제를 조사·연구하고, 통일 후의 정책에 관한 사무를 맡아 봄. 1990년 12월 국토 통일원을 개칭한 것임.

통:일 신라 시대[―실라시대] 신라가 삼국을 통일하여 단일 민족 국가로 출발한 후 후삼국으로 갈리어지기까지의 시대.

통:일 천하 천하를 통일함, 또는 통일된 천하. ―하다.

통장[1](通帳) 은행에서, 예금을 하거나 찾은 후에 그 상태를 기록해 주는 장부. [예] 예금 통장.

통:장[2](統長) 통에 관한 사무를 맡아 보는 책임자.

통:절(痛切) ①몹시 절실함. ②몹시 고통스러움. ―하다. ―히.

통정 대:부(通政大夫) 조선 시대 때 문관의 정삼품 당상관의 품계.

통제

고종 2년(1865)부터 문관·종친·의빈의 품계로 아울러 사용했음.

통:제(統制) 일정한 방침에 따라 제한하거나 제약함. ㉠통제 구역. —하다.

통:제영(統制營) 삼도 통제사의 군영. 조선 선조 26년(1593)에 둠. 처음에 한산도에 설치했다가 곧 이어 훗날의 통영으로 옮김. ㉢통영.

통조각 여러 폭으로 되지 않고 하나로 이루어진 조각.

통조림 고기·과실·채소 따위를 오래 보존하기 위하여 양철통에 넣고 꼭 봉한 물건.

통:증(痛症)[—쯩] 아픈 증세. ㉠통증을 느끼다.

통지(通知) 기별하여 알림. ㉠모임 계획을 통지하다. ㉥기별. —하다.

통지서 어떤 일을 알려 주는 글. ㉠합격 통지서.

통짜로 나누지 아니한 덩어리 물건으로. ㉠통짜로 삼키다.

통째 나누지 않고 덩어리 그대로. ㉠혼자서 통째 가지다.

통:찰(洞察) 환히 내다봄. 꿰뚫어 봄. ㉠통찰력. —하다.

통:찰력 사물을 환히 꿰뚫어 보는 능력. ㉠뛰어난 통찰력.

통첩(通牒) ①관청 또는 단체에서 문서로 통지하는 글. ②국가의 일방적 의사 표시를 내용으로 하는 문서. ㉠최후 통첩. —하다.

통치¹(通治) 한 가지의 약이 여러 가지 병에 두루 잘 듣음. ㉠만병 통치. —하다.

통:치²(統治) ①도맡아 다스림. ②한 나라의 우두머리가 그 나라를 다스림. ㉠통치권. —하다.

통:치권(統治權)[—꿘] 국토·국민을 다스리는 국가의 절대적 권리. ㉠통치권을 행사하다.

통치마 양쪽 선단이 없이 통으로 지은 치마. ㉥풀치마.

통:쾌(痛快) 뜻대로 잘 풀리어 썩 기분이 좋음. ㉠통쾌한 홈런을 때리다. —하다. —히.

통:탄(痛歎) 몹시 탄식함. 또는 그 탄식. ㉠망국 풍조를 통탄하다. —하다.

통통¹ 몸이 붓거나 살지거나 불어서 굵은 모양. ㉠손목이 통통 부었다. ㉢퉁퉁. —하다. —히.

통통² ①빈 통 같은 것을 연해 치는 소리. ②발로 탄탄한 데를 자꾸 구르는 소리. —하다.

통통거리다 자꾸 통통하는 소리를 내다. ㉠통통거리는 똑딱선. ㉢퉁퉁거리다.

통통배 석유 발동기를 장치하여 통통 소리를 내는 조그만 배.

통틀다〔통틀어서〕 있는 대로 모두 한데 묶다. ㉠통틀어 몇 개냐?

통:폐합(統廢合) 여러 기업·기구 따위를 없애거나 합쳐서 정리함. ㉠언론 통폐합. —하다.

통풍(通風) 바람을 통하게 함. 공기를 잘 드나들 수 있게 함. ㉠통풍이 잘 된다. —하다.

통풍기 바람이 잘 통하도록 하기 위하여 장치한 기계.

통하다(通—) ①막힘 없이 트이다. ㉠길이 사방으로 통하다. ②거침없이 서로 사귀다. ㉠친구와 잘 통하다. ③어떤 경로를 따라 움직여 가다. ㉥막히다.

통학(通學) 자기 집이나 하숙집에서 학교에 다님. ㉠도보로 통학하다. —하다.

통:한(痛恨) 가슴 아프게 몹시 한탄함. 예 통한의 세월. —하다.

통:합(統合) 하나로 합침. 예 야당 통합. 비 통일. 반 분열. —하다.

통행(通行) ①지나다님. ②길로 오고 가고 함. 예 고속 도로를 통행하다. —하다.

통행증[—쯩] 어떤 지역이나 특정 시간에 통행을 허가하는 증서.

통화¹(通貨) 한 나라 안에서 통용되고 있는 화폐를 통틀어 이르는 말. 예 통화 관리.

통화²(通話) ①말을 서로 주고받음. ②전화 따위로 말을 서로 통함. 예 시골에 계신 할머니와 통화했다. —하다.

통화량 한 나라 안에서 실제로 유통되고 있는 통화의 양.

퇴:각(退却) ①물러남. 예 퇴각 명령. ②물리침. —하다.

퇴:거(退去) 살고 있는 곳을 옮김. 예 퇴거 신고. —하다.

퇴고(推敲) 시나 글의 글귀를 여러 번 생각하여 좋게 고침. 예 원고의 퇴고가 끝나다. —하다.

퇴:궐(退闕) 대궐에서 물러나옴. 반 입궐. —하다.

퇴:근(退勤) 직장에서 일하는 시간을 마치고 물러나옴. 예 일찍 퇴근하다. 반 출근. —하다.

퇴락(頹落) 무너지고 떨어짐. 예 퇴락한 기와집. —하다.

퇴:박맞다(退—) 마음에 들지 아니하여 물리침을 받다. 예 결재 서류가 퇴박맞다.

퇴:보(退步) ①뒤로 물러섬. ②재주나 힘이 점점 줄어감. 예 기술이 퇴보하다. 반 진보. 발달. 발전. —하다.

퇴비(堆肥) 잡초·낙엽 같은 것을 쌓아 썩힌 거름. 예 논에 퇴비를 내다. 비 두엄. 반 금비.

퇴:사(退社) 회사를 그만두고 물러남. 예 사표를 내고 퇴사하다. 반 입사. —하다.

퇴:색(退色) 빛이 바램. 예 단청이 퇴색하다. —하다.

퇴:원(退院) 입원한 환자가 병원에서 나옴. 예 퇴원 수속. 반 입원. —하다.

퇴:장(退場) 회의장·경기장·무대 등에서 물러남. 예 퇴장 명령. 반 등장. —하다.

퇴적암(堆積岩) 지층을 이루고 있는 암석. 물에 떠내려간 진흙·모래·자갈 등이 바다 밑에 쌓인 다음 큰 압력을 받아 암석으로 변한 것. 수성암.

퇴적 작용 흐르는 물이 운반해 온 흙이나 돌을 쌓는 작용. 예 퇴적 작용으로 이루어진 평야.

퇴적층 퇴적 작용에 의하여 이루어진 지층.

퇴적 평야 퇴적 작용에 의하여 이루어진 평야.

퇴:주(退酒) 제사 때, 올린 술을 물림, 또는 물린 그 술. 예 퇴주잔. —하다.

퇴:직(退職) 직장을 그만둠. 현직에서 물러남. 예 정년 퇴직. 비 퇴임. 반 취직. —하다.

퇴:직금 퇴직하는 사람에게 근무처 등에서 한꺼번에 주는 돈.

퇴:진(退陣) 하던 일을 그만두고 물러남. 예 회원 모두가 퇴진하다. —하다.

퇴:짜 받아들이지 않고 물리치는 일. 예 퇴짜를 맞다.

퇴:청(退廳) 관청에서 일을 마치고 나옴. 반 등청. —하다.

퇴:치(退治) 물리쳐서 없애 버림. ⓔ병균을 퇴치하다. —하다.

퇴폐(頹廢) ①도덕이나 건전한 풍습 따위가 문란해짐. ⓔ퇴폐 풍조. ②쇠퇴하여 무너짐. —하다.

퇴:학(退學) 학생이 학교를 그만두거나 학교에서 학생을 그만 다니게 함. ⓔ사고를 저질러 퇴학을 당하다. —하다.

퇴:행(退行) ①뒤로 물러감. ②=퇴화. —하다.

퇴:화(退化) ①복잡하던 것이 간단하여지거나 또는 아주 없어짐. ②뒷걸음질하여 전만 못하여짐. ⓜ진화. —하다.

툇:마루 방의 앞에 달아 놓은 좁은 마루. ⓢ퇴.

투(套) ①버릇이 된 일. ⓔ말하는 투가 좋지 않다. ②관행처럼 된 일정한 법식. ⓔ편지투. ③무슨 일을 하는 품이나 솜씨. ⓔ하는 투가 좀 해 본 사람이다.

투견(鬪犬) 주로 싸움을 시키기 위하여 기르는 개. ⓑ투구.

투고(投稿) 신문·잡지·논문집 등에 실을 원고를 보냄, 또는 그 원고. ⓔ잡지사에 소설을 투고하다. ⓑ기고. —하다.

투과(透過) 꿰뚫고 지나감. ⓔ벽을 투과한 빛. —하다.

투구[1] 옛날 사람들이 싸움을 할 때 쓰던 쇠로 만든 모자.

투구[2](投球) 야구에서, 투수가 공을 던짐, 또는 던진 그 공. ⓔ투수의 투구 내용이 좋다. —하다.

투기[1](投機) 기회를 엿보아 큰 이익을 보려는 짓. ⓔ부동산 투기. —하다.

투기[2](鬪技) 우열을 가리기 위하여 재주나 힘 따위를 겨루는 일. ⓔ투기 종목. —하다.

투기꾼 투기를 일삼는 사람.

투덜거리다 혼자 자꾸 불평의 말을 중얼거리다. ⓔ못마땅한 듯이 투덜거리다.

투덜투덜 혼자서 자꾸 중얼거리며 불평하는 모양. ⓔ투덜투덜 불평을 늘어놓다. ⓔ두덜두덜. —하다.

투레질 젖먹이가 위아래 입술을 떨며 '투루루' 소리를 내는 짓. ⓔ아기가 투레질을 한다. —하다.

투막집 울릉도의 통나무집. 많은 눈에 대비하여 집 주위를 싸리·수숫대로 둘러쌈.

투망(投網) 물고기를 잡기 위해 그물을 물 속에 던지는 일. ⓔ투망을 치다. —하다.

투명(透明) 환히 비쳐 보임. 말갛게 보임. ⓔ투명한 유리. ⓜ불투명. —하다.

투명 반:구 투명한 공을 반으로 쪼갠 것과 같은 모양.

투명 종이 투명이나 반투명의 얇은 종이의 총칭. 제도·전사·포장 등에 쓰임. ⓑ투명지.

투명체 속이 환히 틔어 보이는 물체. 유리·물·공기 따위.

투박하다 볼품 없이 튼튼하기만 하고 모양이 없다. ⓔ투박한 질그릇.

투베르쿨린(독 Tuberkulin) 결핵균을 길러 열로 살균하여 만든 투명한 백신으로, 결핵을 진단하는 데 쓰임.

투병(鬪病) 적극적으로 질병과 싸움. ⓔ투병 생활. —하다.

투사[1](透寫) 글씨나 그림 따위를 얇은 종이 밑에 받쳐 놓고 그대로 베낌. ⓔ투사지. —하다.

투사[2](鬪士) ①전장이나 경기장에

서 싸우려고 나선 사람. ②나라나 사회를 위해 활동하는 사람. 예 애국 투사.

투사지 그림을 밑에 받쳐 놓고 그대로 옮겨 그릴 때 쓰는 얇고 비치는 종이. 트레이싱 페이퍼.

투서(投書) ①이름을 감추고 편지를 보냄. 예 신문사에 투서하다. ②드러나지 않은 사실이나 남의 비행을 적어 보냄. —하다.

투서함(投書函) 투서를 넣는 통.

투석(投石) 돌을 던짐. 예 투석전이 벌어지다. —하다.

-투성이 ①온몸에 묻어서 더럽게 됨을 뜻하는 말. 예 피투성이. 먼지투성이. ②매우 많음을 이르는 말. 예 잡초투성이.

투수(投手) 야구에서, 내야의 중앙에서 포수를 향해 공을 던지는 사람. 피처. 반 포수.

투숙(投宿) 여관 따위에 들어서 묵음. 예 투숙객. —하다.

투:스텝(two-step) 4분의 2박자의 사교 댄스. 기초 스텝의 하나.

투시(透視) 속의 것을 환히 비추이 봄. 예 투시 능력. —히다.

투시도 어떤 시점에서 투시하여 본 물체의 형태를 눈에 보이는 그대로 나타낸 그림.

투신(投身) ①무슨 일에 몸을 던져 관계함. 예 교육계에 투신하다. ②죽으려고 몸을 던짐. 예 투신 자살. —하다.

투약(投藥) 의사가 병에 알맞은 약을 지어 주거나 씀. 예 환자에게 투약하다. —하다.

투여(投與) 남에게 줌. 특히 의사가 환자에게 약 같은 것을 줌. 예 진통제를 투여하다. —하다.

투옥(投獄) 옥에 가둠. 예 죄수를 투옥하다. —하다.

투우(鬪牛) ①소싸움을 붙이는 경기, 또는 그 경기에 나오는 소. ②투우사가 사나운 소와 겨루는 결사적인 투기, 또는 그 투기에 나오는 소. —하다.

투우사(鬪牛士) 투우 경기에 나오는 소와 싸우는 사람.

투우장(鬪牛場) 투우를 하는 곳.

투입(投入) ①던져 넣음. ②정한 인원 밖의 사람을 더 넣음. 예 병력을 투입하다. —하다.

투자(投資) 이익을 목적으로 사업의 밑천을 댐. 예 컴퓨터 산업에 투자하다. 비 출자. —하다.

투자 신:탁 증권 회사가 일반 투자가로부터 자금을 모아 증권 투자를 하고, 이에 따른 이자·배당금·매매 차익 등을 투자가에게 나누어 주는 제도.

투쟁(鬪爭) 다투어 싸움. 예 반공 투쟁. —하다.

투정질 어린아이가 무엇이 마음에 들지 않거나 불만이 있을 때 떼를 쓰며 조르는 짓. 예 음식 투정질을 하다. 준 투정. —하다.

투정하다 '투정질하다'의 준말.

투지(鬪志) 싸우고자 하는 마음. 예 강인한 투지가 엿보인다.

투척(投擲) 던짐. 예 수류탄을 투척하다. —하다.

투척 경:기 필드 경기 중에서, 포환던지기·원반던지기·창던지기 따위를 통틀어 일컫는 말.

투철하다(透徹—) ①사리가 밝고 뚜렷하다. ②속속들이 철저하다. 예 사명감이 투철하다. —히.

투표(投票) 자기가 지지하고자 하는 사람의 성명을 쪽지에 써서 넣는 일, 또는 그 표. 예 부정 투표. —하다.

투표구 선거구 안에서 투표를 위하여 편의상 나눈, 단위가 되는 구역. [예] 제3투표구.

투표권[—꿘] 투표를 할 수 있는 권리. [예] 투표권을 행사하다.

투표소 투표를 할 수 있게 만든 일정한 장소. [비] 투표장.

투표함 투표자가 기입한 투표 용지를 넣는 상자.

투하(投下) 아래로 내어 던짐. [예] 폭탄을 투하하다. —하다.

투합(投合) 뜻이나 성격 등이 서로 잘 맞음. 서로 일치함. [예] 의기 투합. —하다.

투항(投降) 적에게 항복함. [예] 적에게 투항하다. —하다.

투호(投壺) 청색·홍색의 화살을 병 속에 던져 넣어서 그 수효의 많고 적음으로 승부를 가리는 놀이. —하다.

투혼(鬪魂) 끝까지 투쟁하려는 정신. [예] 투혼을 불태우다.

툭 슬쩍 치는 모양, 또는 그 소리. [예] 어깨를 툭 치다. ②어느 한쪽이 불거져 나온 모양. [예] 눈이 툭 불거진 금붕어. [작] 톡.

툭탁 서로 치는 소리나 모양. [예] 만나기만 하면 툭탁거리느냐. [작] 톡탁. —하다.

툭툭 ①여러 번 슬쩍 치는 모양이나 소리. [예] 툭툭 치다. ②여러 번 뛰는 모양이나 소리. [예] 콩이 볶이어 툭툭 튀다. ③무엇이 여러 번 터지는 모양이나 소리. [예] 치맛단이 툭툭 터지다. [작] 톡톡.

툭하면 걸핏하면. [예] 영희는 툭하면 운다.

툰드라(러 tundra) 기온이 0℃ 이하로 눈과 얼음이 덮여 있고 여름이 짧으며, 이끼가 끼는 유라시아·북아메리카 북부의 대평원.

퉁 속이 텅 빈 나무통이나 큰 북 따위를 칠 때 나는 소리. [예] 북소리가 퉁 울리다. [작] 통. [여] 둥.

퉁기다 ①버티어 놓은 물건을 빠져 나오게 건드리다. ②뼈의 관절이 어긋나게 하다. ③기회가 어그러지게 하다. [작] 통기다.

퉁명스럽다〔퉁명스러우니, 퉁명스러워/퉁명스러이〕 말이나 행실이 정답지 못하고 불쾌한 빛을 보이다. [예] 그 아이는 퉁명스럽게 대답하였다. [반] 친절하다.

퉁소 구멍이 여섯 개 뚫린, 대로 만든 피리의 하나.

퉁퉁 큰 몸피가 불룩하게 붓거나 살진 모양. [예] 눈이 퉁퉁 붓다. [작] 통통. —하다. —히.

퉤퉤 침 따위를 함부로 뱉는 소리. [예] 침을 퉤퉤 뱉지 마라.

튀각 다시마를 잘라서 기름에 튀긴 반찬.

튀:기 종족이 다른 남녀, 암컷과 수컷 사이에서 낳은 사람이나 짐승.

튀기다 ①엄지손가락에 다른 손가락을 굽혀 대었다가 힘껏 펴다. ②발로 물을 차서 멀리 튀게 하다. [예] 물을 튀기다. ③끓는 기름에 넣어서 부풀어 오르게 하다. [예] 생선을 튀기다.

튀김 요리의 한 가지. 생선·고기 따위에 물에 푼 밀가루를 묻혀 끓는 기름 속에 넣어 튀긴 것.

튀다 ①갑자기 불꽃 따위가 부딪쳐서 세차게 퍼지다. [예] 불꽃이 튀다. ②공 따위가 부딪쳐서 세게 뛰다. ③달아나다.

튀어나오다 ①튀어서 나오다. ②

불거지다. ㉠눈이 튀어나오다.
튜:바(tuba) 금관 악기의 하나. 3~5개의 밸브를 가진 큰 나팔. 장중하고 낮은 음을 냄.

〔튜 바〕

튜:브(tube) 헤엄이 서툰 사람이 쓰는 바퀴 모양의 공기 주머니.
튤:립(tulip) 알뿌리를 가진 여러해살이풀. 잎은 넓은 피침형으로 늦봄에 종 모양의 꽃이 핌.
트다¹〔트니, 터〕①싹·꽃봉오리가 벌어지다. ㉠싹이 트다. ②동녘이 밝아 오다. ㉠동이 트다.
트다²〔트니, 터〕①터놓다. ㉠길을 트다. ②서로 스스럼없는 관계를 맺다. ㉠트고 지내는 사이다.
트라이앵글(triangle) 강철 막대를 정삼각형으로 구부려 한쪽 끝을 실로 매달고 금속봉으로 두드려 소리를 내는 타악기.
트라코마(trachoma) 전염되는 눈병. 눈알이 빨개지며 눈곱이 끼고 심하면 시력을 잃게 됨.
트랙(track) 육상 경기장, 또는 경마장의 달리는 길.
트랙터(tractor) 화물 자동차에 실을 수 없는 물건을 싣고, 이를 끌고 나르는 특수한 자동차.
트랜스(trans) =변압기.
트랜지스터(transistor) 진공관 대신에 게르마늄을 이용하여 진동의 폭을 늘리는 장치.
트랜지스터 라디오(transistor radio) 트랜지스터를 사용한 라디오.
트랩(trap) 배나 비행기를 오르내릴 때 쓰는 사닥다리.

트럭(truck) ①화물 자동차. ②기차의 화물을 싣는 수레.
트럼펫(trumpet) 금관 악기의 하나. 소형 나팔로서 소리가 높고 날카로우며 명쾌함.

〔트럼펫〕

트럼프(trump) 서양 화투.
트렁크(trunk) ①손에 들고 다닐 수 있는 네모진 커다란 가방. ②자동차 뒤쪽에 짐 넣게 만든 곳.
트레머리 가르마를 타지 않고 머리를 뒤에다 틀어서 붙인 여자의 머리. —하다.
트레몰로(이 tremolo) 몇 개의 음을 최대한 빨리 반복하여 잔결 소리를 내는 주법. 기호는 ♪.
트레이싱 페이퍼(tracing paper) =투사지.
트로피(trophy) 운동 경기에서, 우승자에게 주는 우승컵.
트롬본(trombone) 금관 악기의 하나. 낮은 음을 내며 U자형의 관을 늘였다 줄였다 하여 소리냄.
트롬빈(thrombin) 혈액이 엉기는 데 관계되는 단백질 분해 효소.
트리오(이 trio) ①삼중주. ㉠피아노 트리오. ②삼인조. ③삼중창. ㉠남성 트리오.
트리폴리(Tripoli) 북아프리카에 있는 리비아의 수도. 중요한 항구로서 고대로부터 수단·기니 만 등과 지중해를 맺는 기점임.
트:림 먹은 음식이 잘 삭지 않아서 입으로 가스가 복받쳐 나오는 일. ㉠트림이 나오다. —하다.
트이다 ①막혔던 것이 없어져 통

하다. [예] 길이 트이다. ②생각이 환히 열리다. ③구멍이 뚫리다. [반] 막히다. [준] 틔다.

트집 ①말썽부리는 말이나 행동. ②공연히 남의 흠을 드러냄. [예] 공연히 트집을 잡는다.

트집 잡다 남의 조그만 흠집을 끄집어 공연히 귀찮게 굴다.

특공대(特攻隊) 특수 임무나 기습 공격을 하기 위하여 특별히 훈련된 부대. [예] 특공대를 파견하다.

특권(特權)[—꿘] ①어떤 사람에게 한하여 인정하는 특별한 이익이나 권리. ②특별한 권리.

특권 계급 일반 또는 특정 사회에서 우월권이나 지배권을 가지는 사람들, 또는 그 신분.

특근(特勤) 근무 시간 이외에 특별히 더 하는 근무. [예] 회사에서 특근을 하다. —하다.

특급(特級) 특별한 등급이나 계급. [예] 특급 호텔.

특급 열차(特急列車)[—끔녈차] '특별 급행 열차'의 준말. 큰 정거장에만 쉬며 빠른 속력으로 달리는 기차. [반] 완행 열차.

특기(特技) 특수한 기능. [예] 나의 특기는 수영이다.

특대[1](特大) 물품·옷 등이 특별하게 아주 큰 것.

특대[2](特待) 특별한 대우, 또는 특별히 대우함. —하다.

특등(特等) 특별한 등급. [예] 특등석을 예약하다.

특명(特命)[등—] ①특별한 명령. [예] 특명을 받다. ②특별히 임명함. —하다.

특별(特別) 보통과 다름. 일반과 다름. [예] 특별 취재반. [비] 특수. [반] 보통. —하다. —히.

특별 방:송 정규 프로가 아닌 특별한 내용의 방송.

특별시(特別市) 도와 똑같이 직접 중앙의 감독을 받는 지방 자치 단체의 하나. [예] 서울 특별시.

특별 활동 학교에서의 교육 과정의 하나. 학생의 자치적인 활동을 주로 하는 자치회 활동·클럽 활동 따위. [준] 특활.

특보(特報) 특별히 알림, 또는 그 보도. —하다.

특사(特使) 나라의 특별한 임무를 띠고 파견되는 사절. [예] 외국에 특사를 파견하다.

특산물(特産物) 그 지방의 독특한 산물. [예] 화문석은 강화도의 특산물이다.

특색(特色) 보통의 것과 다른 점. 남보다 다른 점. [비] 특징.

특석(特席) 열차·극장 따위에서 보통 좌석과 달리 특별히 지정된 고급 좌석.

특선(特選) 특별히 골라 뽑음, 또는 뽑힌 그것. —하다.

특성(特性) 특별한 성질. [예] 특성을 살리다.

특수(特殊) 보통과 특별히 다름. [예] 특수한 지형. [비] 특별. 특이. [반] 보편. 일반. —하다.

특수 교:육 ①신체 장애자 및 정신 이상자 등에게 특별히 행하는 교육. ②천재 교육.

특수 문자 숫자나 로마자 따위 이외에, 컴퓨터에 쓰이는 문자. '+, −, (,), =, ₩' 등.

특수성[—썽] 일이나 물건의 특수한 성질. [반] 일반성.

특수 은행 법률에 의하여 특별한 일을 맡아 보는 은행. 한국 은행·한국 산업 은행·중소 기업

은행·협동 조합 등.

특수 학교 ①일반 학교와는 다른 교육을 담당하는 학교. 맹아 학교·농아 학교 따위. ②영재 교육을 담당하는 학교.

특약(特約) 특별한 조건의 약속. ㉠특약 판매. —하다.

특용 작물(特用作物) 목화·삼·담배 등과 같이 식용 이외의 특별한 데에 쓰이는 농작물.

특유(特有) 그것만이 특별히 가지고 있음. ㉠특유의 성질. —하다.

특이(特異) 다른 것과 특별히 다름. 凹특수. ㉠특이 체질. —하다.

특전(特典) 특별한 대우나 혜택.

특정(特定) 특별히 정함. ㉠특정 가격. 凹불특정. —하다.

특종(特種) ①특별한 종류. ②'특종 기사'의 준말. ㉠특종을 잡다.

특종 기사(特種記事) 어느 신문사·잡지사에서만 독점 취재하여 보도한 중대 기사. 㽞특종.

특진(特進) 뛰어난 공로로 특별히 진급함. ㉠특별한 공로로 2계급 특진하다. —하다.

특질(特質) ①특수한 기질. ㉠우리 민족의 특질. ②특별한 품질.

특집(特輯) 신문·잡지 따위에서, 특별한 문제를 중심으로 엮음. ㉠광복절 특집 방송.

특징(特徵) 특별히 눈에 띄는 표. ㉠신제품의 특징. 凹특색.

특파(特派) 특별한 임무를 띠워 보냄. ㉠조사단을 현지로 특파하다. —하다.

특파원 방송국·신문사 등에서 특별한 사명을 지워 외국에 보내는 기자. ㉠런던 주재 특파원.

특허(特許) ①특별히 허가함. ②어떤 사람의 발명품에 대하여 그 사람에게 특정한 권리를 주는 행정 행위. ㉠특허권. —하다.

특허청(特許廳) 산업자원부에 딸린 행정 기관. 특허·실용 신안·의장 및 상표에 관한 사무와 이에 대한 심사·심판 및 변리사에 관한 사무를 관장함.

특허품(特許品) 특허를 얻어 만든 제품. 다른 사람은 팔 수 없도록 특별히 허가된 물건.

특혜(特惠) 특별한 은혜. 혜택. ㉠특혜를 받다.

특효(特效) 특별한 효험.

특효약 어떤 질병에 대해 특별히 효험이 있는 약.

특히(特—) ①유달리. ㉠특히 좋아하는 음식. ②특별히. ㉠환절기 건강에 특히 유의하라.

튼튼하다 ①몸이 건강하다. ②굳고 실속이 있다. ③매우 단단하다. 굳다. ㉠튼튼하게 만들어진 침대. ④믿음성이 많다. 건실하다. 凩탄탄하다. —히.

틀 ①기계. ㉠재봉틀. ②테두리로 된 물건. ③일정한 격식이나 형식. ㉠틀에 얽매이다.

틀니 잇몸에 끼웠다 떼었다 함 수 있도록 인공적으로 만든 이.

틀다[트니] ①물건의 양 끝을 서로 반대 방향으로 꼬다. ㉠방향을 틀다. ②나사 장치로 된 것을 돌리다. ㉠수도 꼭지를 틀다. ③일이 어그러지도록 방해하다. ④솜틀로 솜을 타다.

틀리다 ①비꼬이다. ㉠심보가 틀리다. ②서로 어긋나다. ③일이 잘 안 되다. ④사이가 나빠지다. ㉠친구 사이가 틀리다.

틀림없다 어긋남이 없다. 확실하다. ㉠내일은 틀림없이 비가 올 것이다. —이.

틀어박다 ①좁은 곳에 억지로 돌리면서 들어가게 하다. ②무엇을 어떤 곳에 함부로 넣어 두다.

틀어지다 ①꾀하는 일이 어긋나다. [예] 계획이 틀어지다. ②사이가 벌어지다. [예] 사소한 말다툼으로 사이가 틀어지다.

틈 ①겨를. [예] 놀 틈도 없이 공부에 열중한다. [비] 여가. 사이. 겨를. ②벌어져 사이가 뜬 곳.

틈틈이 시간이 있을 때마다. [예] 우리들도 틈틈이 집안 일을 돕자.

티 ①티끌의 낱개. [예] 눈에 티가 들어가다. ②작은 흠. [예] 옥에도 티가 있다. ③몸을 가지는 모양. 기색. [예] 처녀티가 난다.

티격나다 뜻이 서로 맞지 않아 사이가 벌어지다.

티격태격 서로 의견이 맞지 않아 시비하는 모양. [예] 만나기만 하면 티격태격 싸운다. —하다.

티그리스 강 이란의 중부를 지나 동남쪽으로 흐르는 강. 이 강 유역인 메소포타미아 지방은 고대 문명의 발상지임. 길이 1,950km.

티끌 바람에 날리는 먼지나 티.

티끌 모아 태산〈속〉 적은 것도 거듭 쌓이면 많아진다.

티눈 발가락 사이에 생기는 사마귀 비슷한 굳은 살. [예] 작은 신발을 신으면 티눈이 생긴다.

티뜯다 ①흠을 자꾸 찾아내다. ②무엇에 붙은 티를 자꾸 뜯어내다.

티베트 고원(Tibet高原) 중국 남서부, 히말라야 산맥의 북쪽에 있는 건조한 고원 지대.

티:셔츠(T-shirts) 'T'자 모양으로 생긴 반소매의 셔츠.

티:스푼:(teaspoon) 차를 저을 때 쓰는 작은 숟가락. 찻숟가락.

티아민(독 Thiamin) '비타민 B_1'의 학술적 용어로, 쌀눈·효모에 많이 들어 있고 부족하면 각기병에 걸림.

티읕 한글 자음 'ㅌ'의 이름.

티:자(T—) 'T'자 모양으로 생긴 자. 도면의 평행선이나 직선을 그을 때 쓰이는 자.

티:케이오:(TKO) 프로 권투에서, 기술이 엄청나게 차이질 때나 부상이 심할 때 심판관이 시합 도중에 승패를 결정짓는 일.

티켓(ticket) 차표. 입장권. 허가장. [예] 음악회 티켓.

티티새 동부 시베리아 사할린 등지에서 번식하며, 우리 나라에서는 가을부터 봄까지 떼지어 다니는 새. 지빠귀.

틴:에이저(teenager) 십대의 소년 소녀.

팀:(team) 경기에서, 두 편으로 나눈 선수의 한 편짝.

팀:워:크(teamwork) ①협동해서 일을 함. ②경기에 있어서 단결하여 제 편을 도움. [예] 팀워크가 좋은 선수단.

팀파니(이 timpani) 수평으로 쇠가죽을 붙이고 둘레에 있는 나사로 소리를 조절하는 타악기.

〔팀파니〕

팁(tip) 시중드는 사람에게 계산 밖에 따로 주는 돈.

팅팅 속에서 팽팽해져 겉으로 불어 나온 모양. [예] 물에 팅팅 붇다. [작] 탱탱. —하다.

ㅌ

훈몽자회자 **ㅍ** 훈민정음자

ㅍ[피읖] 한글 닿소리의 열셋째 글자인 피읖.

파¹ 양념으로 쓰는 채소의 한 가지. 잎은 푸른데 둥글고 속이 비었으며, 끝이 뾰족함.

파²(이 fa) 장음계의 넷째 음, 또는 단음계의 여섯째 음의 계이름.

파:격(破格) 일정한 격식을 깨뜨림, 또는 그렇게 깨뜨려진 격식. ㉑파격적인 대우. —하다.

파견(派遣) 일정한 임무를 주어서 사람을 보냄. ㉑사절단을 파견하다. —하다.

파:계승(破戒僧) 계율을 지키지 않은 승려.

파고(波高) 물결의 높이. ㉑오늘 바다의 파고는 3m이다.

파고계 파도의 높이를 재는 기계.

파고다 공원(pagoda公園) '탑골 공원'의 전 이름.

파고들다 ①깊숙이 안으로 들어가다. ㉑이불 속으로 파고들다. ②비집고 들어가 발을 붙이다. ③깊이 캐어 알아 내다. ㉑이치를 파고들다. ④깊이 스며들다.

파고토(이 fagotto) →파곳.

파곳(이 fagott) 오보에보다 두 옥타브 낮은 음을 내는 목관 악기. 관현악에서 매우 중요한 자리를 차지함. 바순.

파:괴(破壞) 깨뜨리어 헐어 버림. 깨뜨리어 기능을 잃게 함. ㉑오존층이 파괴되다. ㊙파손. ㊙건설. —하다.

파:괴자 깨뜨려 부수는 사람.

파:국(破局) 판국이 결딴나는 일, 또는 그 판국. ㉑파국에 이르다. 파국을 맞다. —하다.

파:급(波及) 어떤 일의 영향이나 여파가 차차 전하여 먼 데까지 미침. ㉑파급 효과. —하다.

파:기(破棄) 깨뜨리거나 찢어서 없앰. ㉑약속 파기. —하다.

파나마 운:하(Panama運河) 중앙 아메리카 파나마 지역에 있는 태평양과 대서양을 연결하는 운하.

파내다 묻히거나 박힌 것을 파서 꺼내다. ㉑땅에 박힌 돌을 삽으로 파내다.

파노라마(panorama) 전체의 경치를 나타낸 그림 장치.

파다 ①땅을 뚫다. ②깊이 알아내다. ③땅 속에 묻힌 물건을 꺼내다. ④뿌리를 캐다.

파닥파닥 ①새가 날개를 가볍고 빠르게 쳐서 내는 소리. ②작은 물고기가 꼬리로 물을 치거나 뒤척이면서 내는 소리. ㊀퍼덕퍼덕. ㊁파딱파딱. —하다.

파도(波濤) 큰 물결. ㊙물결.

파도머리 높고 큰 물결의 제일 위쪽 봉우리.

파동(波動) ①물결의 움직임. ②사회적으로 일어난 큰 변동. ㉑

파들파들 탄력 있게 바들바들 떠는 모양. ㉠몸이 파들파들 떨다. ㈜푸들푸들. ㈐바들바들.

파라과이(Paraguay) 남아메리카 내륙 브라질 남서쪽에 위치한 공화국. 수도는 아순시온.

파라티온(독 parathion) 이화명충·볏짚굴파리·진딧물·나방 따위의 농작물의 해충을 죽이는 농약. 독성이 강함.

파라핀(독 paraffin) 석유를 만들 때의 부산물로서 흰빛의 반투명한 결정체.

파란(波瀾) ①작은 물결과 큰 물결. ②순조롭지 못하고 어수선하게 일어나는 여러 가지 곤란이나 사건. ㉠파란 많은 생애.

파란 만:장(波瀾萬丈) '인생을 살아가는 데 있어서 기복과 변화가 심함'을 이르는 말. ㉠파란 만장한 일생. —하다.

파랑 파란 물감이나 빛깔.

파랑새 푸른 빛깔을 띤 새. 날개 길이 18~20cm. 모기·매미·잠자리 등을 잡아먹음. 중국·일본 등지에서 지냄.

파:랗다〔파라니〕산뜻하고 곱게 푸르다. ㉠가을 하늘은 파랗다. ㈐푸르다. ㈜퍼렇다.

파래 파랫과의 바닷말. 민물이 섞여 드는 바다에 나고, 빛깔은 푸른색임. 영양가가 높아 국·튀각 따위를 만들어 먹음.

파:래지다 ①파랗게 되다. ②창백하게 되다. ㉠얼굴이 파래지다. ㈜퍼레지다.

파력 발전 파도의 힘을 이용한 발전.

파:렴치(破廉恥) 염치를 모르고 뻔뻔스러움. ㉠파렴치한 녀석. ㈐몰염치. —하다.

파르르 경련을 일으키듯 몸을 떠는 모양. ㉠입술을 파르르 떨다.

파르스름하다 조금 파랗다.

파릇파릇 새뜻하게 군데군데 파르스름한 모양. ㉠싹이 파릇파릇 돋아난다. ㈜푸릇푸릇. —하다.

파:리¹ ①더러운 데서 생기는 날벌레. ②구더기가 자란 것.

파리²(Paris) 프랑스의 수도. 유럽의 경제·문화의 중심지. 예술의 도시·유행의 도시라고도 함.

파리하다 몸이 마르고 해쓱하다. ㉠파리한 얼굴. ㈐수척하다.

파:면(罷免) 일자리에서 쫓겨남. ㉠직장에서 파면되다. ㈐면직. 해면. —하다.

파:멸(破滅) 깨어져 멸망함. ㈐멸망. ㈑번영. —하다.

파문(波紋) ①물결의 무늬. ㉠파문이 일다. ②어떤 일이나 주위에 동요를 일으킬 만한 영향.

파묻다¹〔파묻어, 파묻으니〕①파고 그 속에 묻다. ㉠황금을 땅 속에 파묻다. ②깊이 숨기다.

파묻다²〔파묻어, 파묻으니〕모르는 것을 밝히거나 알아 내려고 자세하게 따지면서 묻다. ㉠진실을 파묻다.

파미르 고원(Pamir高原) 아시아 대륙의 중앙에 있는 '세계의 지붕'이라 불리는 고원.

파발(擺撥) 조선 시대, 공문서를 신속하게 전달하기 위하여 역마를 갈아타는 곳. 보발과 기발의 두 가지 방법이 있었음.

파발마 조선 때, 공무로 다른 지방으로 가는 사람이 타던 말.

파벌(派閥) 생각의 차이에 따라

따로따로 갈린 사람들의 집단. 예 파벌 싸움이 치열하다.
파병(派兵) 군대를 파견함. 예 월남전에 파병하다. —하다.
파브르(Fabre,1823~1915) 프랑스의 곤충학자로 벌의 생태 관찰로 유명하며, 그가 연구한 것을 적은 〈곤충기〉 10권은 세계적으로 널리 알려짐.
파삭파삭 매우 파삭한 모양. 예 파삭파삭 바스러지는 과자. 큰 퍼석퍼석. —하다.
파삭하다 부드러운 물건이 메말라 보송보송하고 부스러지기 쉽다. 큰 퍼석하다.
파 : 산(破産) 재산을 죄다 잃어버려 망함. 예 사업에 실패하여 파산하고 말았다. —하다.
파 : 상풍(破傷風) 상처로부터 파상풍균이 몸 안에 들어가서 일으키는 급성 전염병.
파생(派生) 하나의 본래 몸에서 다른 사물이 갈려 나와 생김. 예 환경 오염으로 여러 가지 문제가 파생되다. —하다.
파 : 선[1](破船) 풍파·암초에 배가 부서짐, 또는 그 배. 예 심한 폭풍우에 배가 파선되다.
파 : 선[2](破線) 짧은 선을 간격을 두고 그어 놓은 선. ········.
파 : 손(破損) ①깨어짐. 예 기물 파손. ②헐리어짐. 비 파괴. 반 수리. —하다.
파수(把守) 경계하여 지킴, 또는 그 사람. 비 보초. —하다.
파수꾼 파수를 보는 사람.
파수막 파수를 보려고 지은 막.
파수병 파수 보는 병사. 보초.
파스텔(pastel) 크레용의 한 가지. 빛깔이 있는 가루 원료를 굳힌 것.

파스텔화 파스텔로 그린 그림.
파 : 슬리(parsley) 잎은 당근 잎과 비슷하며 여러 갈래로 갈라져 있고 향기가 나는 서양 채소.
파시(波市) 고기가 한창 잡힐 때 바다 위에서 열리는 생선 시장. 예 파시가 열리다.
파식 동굴(波蝕—) 물결이 육지를 깎아 내려 생긴 동굴.
파악(把握) 어떤 사정·본질·내용 등을 확실히 이해함. 예 사건의 진상을 파악하다. —하다.
파 : 안 대 : 소(破顔大笑) 즐거운 표정으로 한바탕 크게 웃음. 예 파안 대소하는 장군. —하다.
파 : 약(破約) 약속을 깨뜨림. 예 약혼을 파약하다. 비 해약. —하다.
파 : 업(罷業) 하던 일을 중지함. 예 총파업. 본 동맹 파업. —하다.
파 : 열(破裂) ①깨어져 갈라짐. 예 추위에 수도관이 파열되다. ②깨뜨리어 가름. —하다.
파운드(pound) ①영국의 무게 단위. ②영국 화폐의 단위.
파울(foul) 반칙. 예 파울 선언. 반 페어.
파울 볼 :(foul ball) 야구에서, 타자가 파울 라인 밖으로 친 공.
파이(pie) 밀가루를 반죽하여 과일·고기 등을 넣어 구운 서양 과자. 예 애플 파이.
파이렉스 유리 내열 유리 제품. 열팽창 계수가 보통 유리보다 매우 적어서, 특수 진공관·전기 절연용·내열용 등으로 쓰임.
파이팅(fighting) '힘내라·힘내자'의 뜻으로 경기하는 선수를 격려하는 외침, 또는 경기하는 선수들끼리 외치는 구호.
파이프(pipe) ①주로 물이나 가스

따위를 보내는 데 쓰는 관. ②살 담배를 피울 때 쓰는 서양식 담뱃대. 예 파이프를 물다.

파이프 오르간(pipe organ) 소리를 내는 파이프를 많이 갖추어 이 파이프를 통하여 소리를 내는 오르간. 웅장한 저음을 냄.

파인애플(pineapple) 더운 지방에서 나는 아나나스라는 식물의 열매. 향기가 좋고 단백질을 소화시키는 힘이 있음.

파인 플레이(fine play) 훌륭한 경기. 예 파인 플레이를 펼치다.

파일럿(pilot) 비행기를 조종하는 사람. 비행사.

파자마(pajamas) 위아래 두 개로 된 잠옷의 한 가지.

파장(波長) 파동에 있어서 서로 이웃하고 있는 같은 위치를 가진 두 점 사이의 거리.

파종(播種) 논밭에 곡식의 씨를 뿌려 심음. 비 파식. —하다.

파죽음 몹시 맞거나 지쳐서 녹초가 된 상태를 이르는 말.

파:지(破紙) 인쇄나 제본 과정 등에서 구겨지거나 찢어져서 못 쓰게 된 종이.

파:직(罷職) 관직에서 물러나게 함. 예 봉고 파직. —하다.

파초(芭蕉) 열대 지방에서 나는 높이 3m 가량의 큰 풀. 잎은 크고 긴 타원형, 꽃은 연꽃의 봉오리와 비슷함.

파출부(派出婦) 임시로 남의 집안일 따위를 돌봐 주는 직업 여성.

파출소(派出所)[—쏘] 경찰관이 파견되어 관할 구역의 치안을 맡아보는 곳. 본 경찰관 파출소.

파충류(爬蟲類) 척추 동물의 한 강. 냉혈이며 허파로 호흡함. 대개 난생임. 거북·뱀·악어 등.

파:키스탄(Pakistan) 인도의 북서부에 위치한 공화국. 1947년에 독립함. 수도는 이슬라마바드.

파:킨슨병(Parkinson病) 뇌 질환의 한 가지. 손발이 마비되고 행동이 자유스럽지 못하게 되는 병.

파:킹(parking) ①차를 세워 두는 일. ②주차장.

파:탄(破綻) 일이나 계획 따위가 원만히 해결되지 아니하고 그릇됨. 예 경제 파탄. —하다.

파:트너(partner) 춤이나 경기 따위에서 두 사람이 한 조가 되는 경우의 상대.

파:티(party) 모임. 잔치.

파:편(破片) 깨어진 조각. 부서진 조각. 예 포탄의 파편.

파:하다¹(破—) 적을 쳐부수어 이기다. 예 적진을 파하다.

파:하다²(罷—) ①공동으로 하던 일이 끝나서 다 헤어지다. 예 백일장이 파하다. ②하던 일을 마치거나 그만두다.

파헤치다 ①속에 있는 것을 파서 젖히다. 예 땅을 파헤치다. ②남의 비밀 등을 들추어 세상에 드러내다. 예 비리를 파헤치다.

파:혼(破婚) 약혼한 것을 깨뜨림. 예 파혼을 선언하다. —하다.

팍 아무지게 냅다 내지르는 모양, 또는 그 소리. 예 주먹으로 팍 치다. 큰 퍽. —하다.

팍팍하다 음식이 물기가 적어 부드러운 맛이 없다. 큰 퍽퍽하다.

판¹ 달걀 30개를 오목오목하게 팬 종이나 플라스틱 판에 세워 담은 것을 세는 말. 예 달걀 한 판.

판² 승부를 겨루는 일의 수효를 세는 말. 예 씨름 한 판.

판³(版) 활판 인쇄를 할 수 있도록 활자를 원고대로 꽂아 놓은 판.

판가름 옳고 그름이나, 낫고 못함 따위를 판단하여 가름. —하다.

판가름나다 시비나 승패 따위가 가리어지다. 예 결국 우리 팀의 승리로 판가름났다.

판갈이 모판에서 묘목을 캐어 다른 모판으로 옮기는 일.

판검사(判檢事) 판사와 검사.

판결(判決) ①잘잘못을 가려서 정함. ②재판소에서 소송 사건에 관하여 해결을 지음. 예 공평한 판결을 내리다. —하다.

판결문 판결 내용과 그 근거 따위를 적은 문서.

판관(判官) ①심판관. 재판관. ②조선 시대 중앙 여러 관아의 종오품의 벼슬.

판국(—局) 어느 사건이 벌어져 있는 형태. 예 나라가 어려운 판국에 외화를 낭비하다니.

판다(panda) 중국 특산의, 곰을 닮은 희귀한 동물. 몸길이 1.6m 가량, 몸무게 75~160kg. 숲 속에 살면서 죽순과 댓잎을 먹고 삶.

판단(判斷) 옳고 그름을 헤아려 결정함. 예 너의 판단에 맡기겠다. 비 판별. —하다.

판단력[—녁] 사물을 정확히 판단하는 힘. 예 예리한 판단력.

판도(版圖) ①한 나라의 영토. 예 신라의 판도. ②어떤 세력이 미치는 영역·범위. 예 정치계의 판도가 바뀌다.

판로(販路)[팔—] 상품이 팔리는 방면이나 길. 예 판로 개척.

판막음[—마금] 그 판에서의 마지막 승리. —하다.

판매(販賣) 상품을 팖. 예 판매량. 할인 판매. 반 구매. —하다.

판매 가격 상품을 파는 값. 준 판가. 판매가.

판매량 일정 기간 동안 판매한 양. 예 판매량의 증가.

판면(板面) 널빤지의 겉면.

판명하다(判明—) 똑똑하게 드러나다. 예 진상을 판명하다.

판목(版木) 옛날에 책을 박아 내기 위하여 글자나 그림을 새긴 나무. 예 판목장이.

판문점(板門店) 경기도 파주시의 군사 분계선에 있는 마을. 유엔군과 북한의 군사 정전 위원회와 군사 연락 장교 회의장 등이 있음.

판별(判別) 판단하여 구별함. 분명히 가름. 예 상황을 고려해 잘잘못을 판별하다. —하다.

판본체(板本體·版本體) 훈민정음이나 용비어천가를 판에 새긴 글씨체로, 한문 서예의 전서나 예서의 필법으로 쓴 글씨체.

판사(判事) 재판을 맡아 보는, 대법관 이외의 법관.

판서(判書) 조선 시대 6조의 으뜸가는 벼슬. 각 조의 책임자로 지금의 장관에 해당하는 관식임.

판소리[—쏘리] 조선 중기 이후에 발달한 민속 예술 형태의 하나. 광대 한 사람이 북 장단에 맞추어 줄거리가 있는 이야기를 노래로 부르는 형식임. —하다.

판수 ①점을 쳐 주는 것으로 생업을 삼는 소경. ②소경.

판옥선(板屋船) 널빤지로 지붕을 만든 작은 배.

판이하다(判異—) 아주 다르다. 예 사실과 판이한 이야기.

판자(板子) 깎아서 편편하게 만든 나무. 비 널빤지. 나무판.

판자촌 판잣집이 모여 있는 동네.

판잣집[―자집] 널빤지로 허술하게 지은 집.

판재(板材) 관을 만드는 재목.

판정(判定) 옳고 그른 것을 똑똑히 갈라 결정함. 예 선수는 심판 판정에 따라야 한다. ―하다.

판정승(判定勝) 권투·레슬링 등에서, 심판의 판정으로 이김. 반 판정패. ―하다.

판지(板紙) 널빤지처럼 단단하고 두껍게 만든 종이. 마분지.

판치다 여럿이 어울린 판에서 어떤 일을 제일 잘 하다. 예 불신 풍조가 판치는 세상.

판판이 판마다. 온통. 사뭇. 예 판판이 놀기만 하다.

판판하다 물건의 표면이 높고 낮은 데가 없이 고르고 넓다. 예 운동장을 판판하게 고르다. 큰 펀펀하다. ―히.

판화(版畫) 나무·금속·돌 등의 판에 그림을 새겨서 먹물이나 물감을 묻혀 찍어 내는 그림. 목판화·동판화 따위.

팔¹ 어깨와 손목 사이의 부분.

팔²(八) 여덟.

팔가락지 여자의 팔목에 끼는, 금·은 등으로 만든 고리 모양의 장식품. 준 팔찌.

팔각형(八角形) 여덟 개의 변으로 이루어진 다각형.

팔걸이 의자의 양팔을 걸치게 된 부분.

팔경(八景) 어떤 지역의 여덟 곳의 아름다운 경치. 예 관동 팔경.

팔관회(八關會) 고려 시대의 불교 의식으로, 토속신에게 제사 지내던 국가적인 행사.

팔꿈치 팔의 관절을 굽힐 때에 밖으로 내미는 부분.

팔놀림 팔을 이리저리 움직이는 모양. 예 팔놀림이 부자유스럽다.

팔다〔파니, 팔아〕 ①값을 받고 물건을 주다. 예 땅을 팔다. 반 사다. ②눈이나 정신이 다른 데로 쏠리다. 예 한눈 팔다.

팔다리 팔과 다리. 비 수족.

팔도(八道)[―또] ①조선 시대 국토를 여덟 개의 도로 나눈 행정 구역(경기도·충청도·전라도·경상도·황해도·강원도·함경도·평안도). ②우리 나라의 '전국'을 달리 이르는 말. 팔로.

팔도 강산(八道江山)[팔또―] 우리 나라 전국의 산수.

팔도지리지(八道地理志) 조선 세종 때 윤회·신색·맹사성 등이 팔도의 지리를 비롯하여 인구·토질 등을 기록한 지리책. 현재는 전하지 않음.

팔딱 ①작은 것이 힘을 모아 가볍게 뛰는 모양. 예 개구리가 팔딱 뛰어 도망치다. ②맥이 뛰는 모양. 큰 펄떡. ―하다.

팔뚝 팔꿈치로부터 손목까지의 부분. 예 팔뚝이 굵다.

팔랑개비 어린이 장난감의 한 가지. 종이 따위로 바람을 받아 잘 돌게 만든 장난감. 바람개비.

팔랑팔랑 바람에 날리어 가볍게 계속하여 나부끼는 모양. 큰 펄렁펄렁. ―하다.

팔레트(프 palette) 그림 물감을 섞어서 필요한 색깔을 내는 데 쓰는 그림 도구.

팔리다 ①남이 사 가게 되다. 예 땅이 팔리다. ②마음이 쏠리다. 예 정신이 팔리다.

팔만 대:장경(八萬大藏經) 고려

고종 때(1237년) 최우가 대장도감을 설치하여 15년 만에 완성을 보아 간행한 불경. 세계적인 문화재로 총 8만여 매. 경상 남도 합천 해인사에 보관되어 있음.

팔매 돌 따위의 작고 단단한 물건을 힘껏 던지는 일. ⓔ 돌팔매.

팔매질 물건을 들어 던지는 짓. ⓔ 돌팔매질. —하다.

팔면체(八面體) 여덟 개의 평면으로 둘러막힌 입체.

팔모가지 '팔목'의 낮춤말.

팔모나다 여덟 모가 있다.

팔목 손과 잇닿은 팔의 끝 부분.

팔방(八方) ①동·서·남·북·동북·동남·서북·서남의 여덟 방위. ②모든 방향. 이곳 저곳.

팔베개 팔을 베개 삼아 베는 일.

팔분 음표 온음표의 8분의 1의 길이를 가진 음표. 부호는 '♪'.

팔불출(八不出) '몹시 어리석은 사람'을 이르는 말.

팔상전(捌相殿)[—쌍전] 충청 북도 보은군 법주사에 있는 석가의 팔상을 모신 법당. 목조 5층 건물로 현존하는 것은 조선 인조 때 재건한 것임. 국보 제55호.

팔십(八十)[—씹] 여든.

팔씨름 두 사람이 손을 마주 잡고 팔심을 겨루는 내기. —하다.

팔월(八月) 일 년 중 여덟 번째의 달. ⓔ 팔월 초순.

팔은 안으로 굽는다⟨속⟩ 사람은 조금이라도 자기와 가까운 사람에게 정이 쏠린다.

-팔이 물건을 파는 사람. ⓔ 성냥팔이 소녀.

팔일오(8·15) **광복**(八一五光復) 제2차 세계 대전이 연합군의 승리로 끝난 1945년 8월 15일, 우리 민족이 36년 간 일본의 속박에서 벗어난 날.

팔자(八字)[—짜] 사람의 한평생의 운수. ⓔ 팔자가 사납다.

팔죽지[—쭉찌] 팔꿈치에서 어깻죽지 사이의 부분.

팔짝 갑자기 가볍게 날거나 뛰어오르는 모양. ⓔ 개구리가 팔짝 뛰다. 凰 펄쩍. —하다.

팔찌 ①'팔가락지'의 준말. ②활을 쏠 때에 활을 쥐는 쪽의 팔소매를 걷어 매는 띠.

팔팔 적은 물이 용솟음치며 자꾸 끓는 모양. ⓔ 물이 팔팔 끓는다. 凰 펄펄.

팔팔하다 ①성질이 괄괄하다. ②생기가 넘치고 활발하다. ⓔ 금방 낚은 잉어가 팔팔하다.

팝콘:(popcorn) 튀긴 옥수수에 소금 간을 한 식품.

팡파ㆍ르(프 fanfare) 집회의 개회나 축하 행사에 쓰이는, 삼화음을 쓰는 트럼펫의 신호.

팥 콩과에 속하는 곡식의 한 가지. 여름에 노란 꽃이 피고, 씨의 빛깔은 여러 종류가 있음.

팥밥 팥을 두어 지은 밥.

팥으로 메주를 쑨다 하여도 곧이 듣는다⟨속⟩ 남이나 남의 말을 지나치게 믿는다.

팥을 콩이라 하여도 곧이듣는다 ⟨속⟩ 남을 지나치게 믿는다.

팥죽 팥을 삶아 으깨어 거른 물에 쌀을 넣고 쑨 죽.

패¹(牌) ①작고 평평하게 깎아 사물을 기록하는 데 쓰는 나뭇조각. ②몇 사람이 어울린 동아리. ⓔ 싸움패. 패를 가르다.

패:²(覇) 바둑에서, 서로 한 수씩 걸러 가며 잡고자 하는 한 집. ⓔ

패를 쓰다.

패:가(敗家) 집·재산을 다 탕진하여 없앰. [예]노름으로 패가 망신하다. —하다.

패거리 '패[1]'의 낮춤말.

패:권(霸權)[—꿘] ①한 부류 속의 우두머리가 가진 권력. [예]선수권 대회의 패권을 잡다. ②무력으로 천하를 다스리려는 사람이 가진 권력. [예]패권을 다투다.

패:기(霸氣) 어떤 어려운 일을 해내겠다는 자신을 보이는 정신. [예]패기가 넘쳐 흐르다.

패:다[1] 팜을 당하다. 패어지다. [예]소나기가 와서 땅이 패다.

패:다[2] ①도끼로 찍어 쪼개다. [예]장작을 패다. ②사정없이 마구 때리다. [예]두들겨 패다.

패다[3] 곡식의 이삭이 나오다. [예]보리 이삭이 패다.

패랭이꽃 꽃잎이 톱 모양으로 생긴 화초. 석죽.

패러다이스(paradise) 근심 걱정 없이 행복을 누릴 수 있는 곳. [예]이 곳은 우리들만의 패러다이스이다. [비]낙원.

패:륜(悖倫) 사람으로서 마땅히 지켜야 할 도리에 어긋남. [예]패륜 범죄가 성행하다. —하다.

패:륜아 사람이 마땅히 지켜야 할 도리에 어긋난 짓을 한 사람.

패:망(敗亡) 싸움에 져서 망함. [예]패망한 나라. [비]멸망. [반]승리. —하다.

패:물(佩物) ①사람의 몸에 차는 장식물. ②노리개.

패:배(敗北) ①싸움에 짐. [예]패배 의식. [반]승리. ②싸움에 지고 달아남. [비]패주. —하다.

패션(fashion) ①옷 등의 유행. ②일정한 형식.

패션 모델(fashion model) 유행하는 옷을 입고 관객에게 선보이는 것을 업으로 하는 사람.

패스(pass) ①통과. 합격. [예]시험에 패스하다. ②무임 승차권. 무료 입장권. —하다.

패스트 볼:(passed ball) 야구에서, 투수가 던진 공을 포수·일루수·이루수·삼루수 들이 놓치어 뒤로 빠뜨리는 일.

패스포:트(passport) ①외국 여행자에게 주는 신분증. 여권. ②통행증. [준]패스.

패:습(悖習) 좋지 못한 버릇. 못된 풍습. [예]패습을 고치다.

패싸움[1](牌—) 패끼리 싸우는 일. [예]패싸움을 벌이다. [준]패쌈.

패:싸움[2](霸—) 바둑에서, 패가 났을 때 서로 양보하지 않고 패를 씀으로써 끝까지 싸우는 일.

패:쓰다(霸—) 바둑에서, 패를 만들어 이용하다.

패:인(敗因) 싸움에 진 원인. [예]패인은 방심이었다. [반]승인.

패:자[1](敗者) 싸움이나 경기에 진 사람. [예]패자 부활전. [반]승자.

패:자[2](霸者) 주로 운동 경기에서의 우승자를 이름.

패:잔병(敗殘兵) 전쟁에 지고 살아남은 병사.

패:전(敗戰) 싸움에 짐. [예]패전국. [반]승전. —하다.

패:전 투수 야구에서, 팀의 패전에 책임이 가장 큰 투수. [반]승리 투수.

패:주(敗走) 전쟁에 져서 달아남. [예]패주하는 적을 뒤쫓아 무찌르다. [비]패배. —하다.

패:총(貝塚) →조개더미.

패키지(package) ①소포 우편물. ②물건의 포장 용기.

패킹(packing) ①관의 이음매 등에 공기나 물의 침입을 막기 위해 넣는 재료. ②짐을 꾸리는 일. 포장. 예 패킹 페이퍼. —하다.

패턴(pattern) ①본보기가 되는 일정한 형태. 예 미개 민족의 사회 패턴. ②행동이나 사고 따위의 양식이나 견본. 예 소비 패턴.

패:하다(敗—) ①싸움에 지다. 예 전투에서 패하다. 반 승리하다. ②살림이 거덜나다. ③얼굴이나 몸이 여위고 못되다.

팩시밀리(facsimile) 전기를 이용하여 문서를 전송하면 다른 곳에서 이것을 수신하여 재현하는 기계. 복사기 및 전화기, 전송 장치 등이 합해짐. 준 팩스.

팬(fan) 운동 경기나 영화·연극 따위를 몹시 즐기는 사람.

팬더(panda) →판다.

팬 레터(fan letter) 연예인·운동선수 등에게 팬이 보내는 편지.

팬지(pansy) 제비꽃과에 속하는 화초. 줄기 높이 20cm 가량. 봄에 자주색·흰색·노란색의 꽃이 피며, 관상용으로 재배함.

팬터마임(pantomime) 말은 하지 않고 몸짓과 표정만으로 하는 연극. 무언극.

팬티(panties) 속옷의 하나로 여성용의 짧은 바지.

팸플릿(pamphlet) ①간단하게 꿰맨 작은 책. 예 전시회 팸플릿. ②소논문.

팻말 패를 붙였거나 거기에 글을 써 놓은 나뭇조각 또는 말뚝.

팽개치다 집어던져 버리다. 예 가방을 팽개치다. 비 동댕이치다.

팽그르르 물건을 빨리 돌리는 모양. 큰 핑그르르.

팽나무 느릅나뭇과에 속하는 넓은 잎 큰키나무. 잎은 타원형인데 위쪽에 가는 톱니가 있음. 골짜기나 개울가에 남. 건축·기구에 쓰이며 숯의 원료가 됨.

팽이 둥글고 짧은 나무의 한쪽 끝을 뾰족하게 깎아 채찍으로 쳐서 팽팽 돌리는 아이들의 장난감.

팽이치기 팽이를 채로 쳐서 돌리는 놀이. —하다.

팽창(膨脹) ①부풀어 땅땅하게 됨. ②퍽 늘어남. ③크게 번져 퍼짐. 예 인구 팽창. 반 수축. —하다.

팽창색 같은 면에 칠해져 있으나 더 커 보이는 색. 빨강·노랑 등과 같은 따뜻한 느낌의 색.

팽팽하다 ①물건이 힘있게 켕기다. 예 팽팽한 줄. ②양쪽 힘이 서로 비슷하다. 예 팽팽한 결승전. 비 탱탱하다. 반 느슨하다. —히.

퍼내다 깊숙한 데에 담긴 것을 길어 내거나 떠내다. 예 우물물을 퍼내다.

퍼덕거리다 날짐승이 날개를 자주 치며 수리내다. 예 날개를 퍼덕거리며 나는 새. 작 파닥거리다.

퍼드덕 큰 새나 물고기가 날개나 꼬리를 요란스럽게 퍼덕거리는 소리. 작 파드닥. —하다.

퍼:뜨리다/퍼:트리다 ①널리 펴다. ②소문을 내다. 예 쓸데없는 소문을 퍼뜨려 남을 괴롭히다.

퍼뜩 어떤 생각이 별안간 머리에 떠오르는 모양. 예 퍼뜩 답이 생각났다. 작 파뜩. —하다.

퍼:렇다 매우 푸르다. 예 강물 빛이 퍼렇다. 작 파랗다.

퍼레이드(parade) 축하 행렬. 예

고적대 퍼레이드.

퍼ː머넌트(permanent) 전기나 약품 따위로 머리를 곱슬곱슬하게 지지는 일. 본퍼머넌트 웨이브. 준퍼머. 웨이브. —하다.

퍼붓다〔퍼부으니, 퍼부어서〕 ①퍼서 붓다. 예물을 퍼붓다. ②비·눈 따위가 억세게 쏟아지다. 예소나기가 퍼붓다. ③마구 욕설을 하다. 예비난을 퍼붓다.

퍼ː센트(percent) 백분율을 나타내는 말. 기호는 %. 예우리가 승리할 확률은 몇 퍼센트냐?

퍼ː스널 컴퓨ː터(personal computer) 개인용 컴퓨터. 피시(PC).

퍼즐(puzzle) ①수수께끼. 알아맞히기. 예퍼즐 게임. ②어려운 문제, 또는 생각하게 하는 문제.

퍼ː지다 ①널리 미치다. 예소문이 퍼지다. ②초목이 무성하게 되다. 예가지가 퍼지다. ③자손이 번성하여지다. 예자손이 퍼지다. ④널리 흩어지다. ⑤부피가 늘다. ⑥삶은 것이 불어 커지다. 예죽이 너무 퍼지다.

퍼지 이ː론(fuzzy理論) 사물을 혹이나 백, 또는 참과 거짓으로 나누는 것이 아니라 그 중간 존재를 수학적으로 파악하려고 하는 집합 이론.

퍽¹ ①힘있게 냅다 지르는 모양이나 소리. ②힘없이 한 번에 쓰러지는 모양이나 소리. —하다.

퍽² 썩 많이. 아주 지나치게. 예노래를 퍽 잘하다. 비매우.

펀치(punch) ①권투에서 주먹으로 치는 일, 또는 그 주먹. ②차표 등에 구멍을 뚫는 가위.

펄 ①바닷가나 강가의 개흙이 질척질척한 곳. 개펄. ②아주 넓고 평평한 땅. 벌판.

펄떡 힘을 모아 가볍게 뛰는 모양. 예갓 잡아 올린 물고기가 펄떡 뛰다. 작팔딱. —하다.

펄떡펄떡 힘을 모아 가볍게 자꾸 뛰는 모양. 작팔딱팔딱. —하다.

펄럭 바람에 날리어 한 번 가볍게 나부끼는 모양. 작팔락. —하다.

펄럭거리다 바람에 날리어 아주 빠르게 잇따라 나부끼다. 예태극기가 바람에 펄럭거리다.

펄렁펄렁 큰 물건이 바람에 날리어 가볍게 나부끼는 모양. 작팔랑팔랑. —하다.

펄쩍 ①문을 갑작스레 여닫는 모양. ②갑자기 뛰거나 솟아오르는 모양. 예개구리가 펄쩍 뛰어오르다. 작팔짝. —하다.

펄쩍 뛰다 깜짝 놀라며 세게 부인하거나 화를 내다.

펄쩍펄쩍 힘있게 여러 번 뛰는 모양. 작팔짝팔짝. —하다.

펄펄 ①많은 물이 잘 끓는 모양. 예물이 펄펄 끓는다. ②새들이 공중을 나는 모양. 예펄펄 나는 새들. ③눈 따위의 작은 물건이 세게 나부끼는 모양. 작팔팔.

펄펄 뛰다 억울한 일을 당했을 때에 매우 세게 부인하다. 예펄펄 뛰며 부인하다. 작팔팔 뛰다.

펄프(pulp) 종이나 인조견을 만드는 식물의 섬유.

펌프(pump) 피스톤 장치에 의하여 낮은 데서 높은 곳으로 물을

〔펌 프〕

퍼올리는 기계.

펌프 작용 흡입 및 압축 작용으로 액체·기체를 빨아올리거나 또는 이동시키는 힘.

펑 갑자기 무엇이 터지거나 튀는 소리. 困팡. —하다.

펑펑 눈이나 액체 따위가 세차게 쏟아져 내리는 모양. 예눈이 펑펑 내리다. 困팡팡. —하다.

페가수스자리(Pegasus—) 가을철의 하늘 한복판에 보이는 대표적인 별자리. 거꾸로 된 말의 머리 부분과 같은 모양이라고 함.

페널티(penalty) 경기자의 규칙 위반 행위에 대한 벌.

페놀프탈레인(phenolphthalein) 따뜻한 알칼리에 녹아 짙은 홍색을 나타내는 무색의 가루로 된 물질. 지시약으로 쓰임.

페니실린(penicillin) 푸른곰팡이에서 얻은 항생 물질로, 1929년 영국의 플레밍이 발견하였음. 폐렴 등에 효력이 있음.

페니키아(Phoenicia) 옛날 시리아 지방 연안에서 페니키아 사람이 세운 도시 국가.

페달(시 pedal) 피아노·풍금·재봉틀 등의 발판, 또는 자전거 등의 발걸이. 예페달을 밟다.

페레스트로이카(러 perestroika) '개혁·재건'의 뜻으로 1980년대 중반 구 소련의 고르바초프가 추진했던 정책. 구 소련을 민주화·자유화시키는 데 큰 역할을 함.

페루(Peru) 남아메리카의 서북부에 있는 공화국. 수도는 리마.

페르시아(Persia) 이란의 옛 이름. 다리우스 1세 때 큰 제국을 건설했으나, 그리스와의 전쟁에서 세력이 약해져 기원전 33년에 망함.

페르시아 만 이란과 아라비아 반도에 둘러싸인 만. 옛날부터 동서 교통의 중요한 통로임.

페스탈로치(Pestalozzi,1746~1827) 스위스의 교육가·교육학자. 빈민 학교와 고아원을 경영했으며 처음으로 초등 학교를 세웠음. 사랑·평등·경험을 바탕으로 인간성을 기르는 데 힘쓴 그의 교육 사상은 오늘날의 새 교육 사상에 큰 영향을 끼쳤음.

페스트(pest) 페스트균에 의한 급성 전염병. 고열·두통·현기증 등의 증세가 있고 피부가 흑자색으로 변함. 흑사병.

페어(fair) 법규에 맞음. 적법. 예페어 플레이. 巴파울.

페어 스케이팅(pair skating) 남녀가 한 쌍이 되어 하는 피겨 스케이팅.

페어 플레이(fair play) 경기를 정정당당하게 하는 일.

페이(pay) 봉급. 급료.

페이지(page) 책이나 노트 등의 한 장의 한쪽 면.

페인트[1](feint) 운동 경기에서, 상대방을 속이기 위한 동작이나 작전. 예페인트 모션.

페인트[2](paint) 칠감의 한 가지. 투명하지 않아서 밑바닥을 감추어 칠하기에 알맞음.

페인트칠 페인트를 바르는 일, 또는 그 칠. —하다.

페트리어트 미사일(patriot missile) 미국의 최첨단 미사일. 걸프전 때 이라크가 발사한 스커드 미사일을 상공에서 격파하였음.

펜(pen) 잉크나 먹물을 찍어서 글씨를 쓰는 도구. 비철필.

펜싱(fencing) 유럽 검술의 한 가

지. 가늘고 긴 검으로 상대를 찌르거나 베거나 하여 승부를 겨룸.

펜치(←pincers) 철사를 집거나 자르거나 또는 구부리는 데 쓰이는 금속 가공 연모.

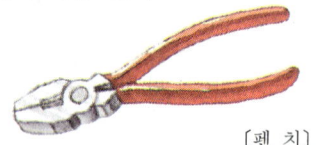

〔펜 치〕

펜 팔(pen pal) 편지를 교환함으로써 우정을 맺고 사귀는 벗. 편지 친구.

펭귄(penguin) 펭귄과의 바닷새. 날개는 짧고 지느러미 모양인데 날지 못하고 똑바로 서서 걸음. 남극 지방에서 떼지어 삶.

펴내다 책 따위를 발행하다. ㉠위인전을 펴내다.

펴낸이 책을 발행한 사람.

펴다 ①개킨 것을 젖혀 놓다. ②구김살을 없애다. ③넓게 깔다. ㉠돗자리를 펴다. ㈘접다. ④마음을 놓다. ⑤손발을 뻗다. ⑥세상에 널리 알리다. ㉠훈민정음을 펴다. ⑦굽은 것을 곧게 하다.

펴지다 ①구김살이 없어지다. ㉠주름이 펴지다. ②접힌 것이 벌어지다. ㉠우산이 펴지다.

편¹(便) ①패로 갈린 한쪽. ㉠우리 편이 이겼다. ②'인편'의 준말. ㉠빌려 온 책을 동생 편에 돌려 보냈다. ③일정한 방향.

편²(篇) 시·글의 수효를 세는 단위. ㉠시 한 편.

편가르다(便—)〔편갈라〕①동아리를 나누다. ②단체를 구별하다.

편견(偏見) 공정하지 못하고 한쪽으로 기울어진 생각. ㉠편견을 버리다.

편경(編磬) 아악기의 한 가지. 두 층으로 된 걸이에 한 층에 여덟 개씩 경쇠를 매어 달았음.

편곡(編曲) 어떤 곡을 다른 형식으로 바꾸어 꾸며서 연주 효과를 달리함. 또는 그 곡. —하다.

편달(鞭撻) ①채찍으로 때림. ②일깨우고 격려함. ㉠지도 편달. ③종아리나 볼기를 침. —하다.

편대(編隊) 비행기 따위가 대형을 갖추는 일. 또 그 대형. —하다.

편:도(片道) 가고 있는 길 중 어느 한쪽, 또는 그 길. ㉠편도 승차권. ㈘왕복.

편도선(扁桃腺) 사람의 입 속 구석에 작은 달걀 모양으로 좌우에 하나씩 볼록하게 된 부분.

편도선염〔—념〕편도선에 생기는 염증. 목이 붓고 아픔.

편두통(偏頭痛) 갑자기 일어나는 발작성의 두통. 주로 한쪽 머리만 심하게 아픔.

편들다(便—) 같은 편이 되어 도와 주다. ㈘후원하다.

편람(便覽)〔펼—〕보기에 편리하도록 간단하고 명료하게 만든 책. ㉠학교 편람. 학습 편람.

편리(便利)〔펼—〕편하고 손쉬움. ㉠생활에 편리한 물건. ㈘간편. 편의. ㈘불편. —하다.

편:마암(片麻岩) 석영·운모 등으로 이루어진 암석. 검은 부분과 흰 부분이 교차하며 줄무늬가 있음.

편물(編物) 털실·실 따위로 여러 가지 물건을 엮어 만듦, 또는 그 물건. 뜨개질.

편법(便法)〔—뻡〕편리한 방법. 쉬운 방법. ㉠편법을 쓰다.

편성(編成) 흩어져 있는 것을 모아서 하나의 형태를 갖춘 것으로

편-

만듦. 예 학급 편성. —하다.

편식(偏食) 음식을 가려 먹음. 예 편식은 건강에 해롭다. —하다.

편안하다(便安—) 편하고 좋다. 거북하지 아니하다. 비 평안하다. 안전하다. 반 불편하다. —히.

편애(偏愛) 어느 한 사람이나 한 쪽만을 매우 사랑함. —하다.

편의(便宜) ①형편이 좋음. ②그 때 그때에 적당히 처리함. 예 편의를 제공하다. 비 편리. —하다.

편의점(便宜店) 생필품을 취급하는 소형 셀프 서비스 상점으로, 하루도 빠짐없이 24시간 문을 엶.

편익(便益) 편리하고 유익함. 예 편익을 주다. —하다.

편자[1](編者) 책을 엮은 사람.

편자[2] 말굽에 대어 붙이는 쇳조각.

편저(編著) 책 따위를 저술하고 편집함, 또는 그 책. —하다.

편ː전(片箭) 짧고 작은 화살.

편종(編鐘) 아악기의 한 가지. 한 개가 한 음씩 내는 종을 16개 엮어서 만듦.

편중(偏重) 어느 한쪽으로 치우침. 예 시험에 편중된 공부를 해서는 안 된다. —하다.

편ː지(片紙·便紙) 소식을 전하기 위해 보내는 글. 비 서한. 서신.

편ː지글 편지 형식의 글.

편ː지꽂이 편지를 꽂아 두게 된 물건.

편ː지틀 편지글의 격식 등을 본보기로 보이는 책.

편집(編輯) 여러 가지 글의 재료를 모아 신문·잡지·서적 등으로 꾸며 만드는 일. 예 편집국. 편집 기자. 편집실. —하다.

편집부(編輯部) 편집에 관한 일을 맡아 보는 부서.

편찬(編纂) 여러 종류의 재료를 모아 책의 내용을 꾸며 냄. 예 사전을 편찬하다. —하다.

편찮다(便—) ①편하지 아니하다. ②어른이 병으로 앓고 있다. 예 어머님이 편찮으시다.

편충(鞭蟲) 기생충의 하나. 사람의 장, 특히 맹장에 기생하는데, 빈혈·신경증·설사 등을 일으킴.

편파(偏頗) 생각이나 행동 따위가 한쪽으로 치우쳐 공평하지 못함. 반 공평. —하다.

편파적 공평하지 못하고 편파성을 띤 것. 예 편파적인 심판.

편ː편이(片片—) 조각조각마다. 조각조각으로.

편편하다(便便—) ①물건의 배가 부르지 아니하다. 비 평평하다. ②아무 일 없이 편안하다. —히.

편평하다(扁平—) 넓고 평평하다. 예 편평한 땅. —히.

편하다(便—) ①거북하거나 괴롭지 않다. 예 잠자리가 편하다. ②근심이 없다. 예 마음이 편하다. ③쉽다. 예 편한 일을 맡다. 반 불편하다. —히.

편협(偏狹·褊狹) ①사물을 너그럽게 처리하지 못하고 도량이 퍽 좁음. 예 편협한 생각. ②땅이 좁음. 비 협소. —하다.

펼치다 넓게 펴다. 펴서 드러내다. 예 책을 펼치다. 반 덮다.

평[1](坪) 땅의 넓이의 단위로 사방 6자. 약 3.3 제곱미터.

평ː[2](評) 옳고 그름을 갈라 말함, 또는 그 말. 예 시사회의 평이 좋다. 비 비평. —하다.

평-[3](平) 낱말 앞에 붙어 특별하지 않은 보통의 뜻을 나타내는 말. 예 평교사. 평사원.

평:가(評價)[—까] ①값어치를 따져 밝힘. 예 골동품의 가치를 평가하다. ②수준·능력 등을 측정함. 예 학력 평가. —하다.

평각(平角) 두 변이 꼭지점의 양쪽으로 벌어져 한 직선이 되어 있는 각. 곧, 180°인 각.

평강 공주(平岡公主) 고구려 제25대 평원왕의 딸. 온달의 아내.

평과(苹果) 사과.

평균(平均) ①많고 적음이 없이 고름, 또는 그렇게 함. ②많은 수나 양의 중간적인 값, 또는 그런 값을 구함. 예 내 성적은 평균 90점이다. —하다.

평균값(平均—)[—깝] 평균하여 얻어지는 값. 고른값.

평균 기온 일정 기간 동안의 기온의 평균값.

평균대 체조할 때 쓰는 기구의 하나, 또는 그 위에서 하는 운동.

평균 수명 사람이 태어나서 평균하여 몇 년을 살 수 있는가를 나타내는 연수. 예 의학의 발달로 평균 수명이 늘어나다.

평년(平年) ①윤년이 아닌 해. 1년이 365일인 해. 반 윤년. ②농사가 보통 정도의 수확을 올린 해. 예 올해 농사는 평년작이다.

평당(坪當) 한 평에 대한 값이나 수량. 예 평당 500만 원의 땅.

평등(平等) 아무 차별이 없이 똑같음. 예 인간은 평등하다. 비 동등. 반 차별. —하다.

평등권(平等權)[—꿘] 모든 국민이 성별·직업·종교 등의 차별이 없이 갖는 동등한 권리.

평등 선거 한 사람에 한 표씩, 선거권이 평등하게 주어지는 선거.

평:론(評論)[—논] 지니고 있는 값어치나 잘 되고 못 됨 따위를 평함, 또는 그 글. 예 평론가. —하다.

평:론가(評論家)[—논—] 평론을 전문으로 하는 사람. 예 문학 평론가.

평면(平面) ①평평한 면. ②일정한 면에 있는 두 점을 지나는 직선이 항상 그 면 위에 놓이는 면. 예 평면 도형.

평면각 한 평면 위에 있는 각.

평면도 건물이나 물체 등을 똑바로 위에서 보고 그린 그림.

평면 도형 한 평면 위에 그려진 도형. 준 평면형.

평명(平明) 아침에 해가 돋아 밝아 올 무렵.

평민(平民) 벼슬이 없는 사람. 보통 사람. 반 귀족.

평범하다(平凡—) 나은 점이 없다. 보통이고 뛰어난 점이 없다. 예 평범한 생활을 하다. 반 비범하다. —히.

평복(平服) 평상시에 입는 옷. 평상복. 예 평복 차림. —하다.

평사원(平社員) 어떤 특별한 직위나 직책을 맡지 않은 보통의 사원. 예 평사원으로 근무하다.

평상(平床·平牀) 밖에다 내어 앉거나 드러누워서 쉴 수 있도록 나무로 만든 침상의 한 가지. 살평상과 널평상이 있음.

평상복(平常服) 보통 때 집에서 입는 옷. 평복. 예 평상복 차림.

평상시(平常時) 보통 때. 예 평상시와 다른 행동. 비 평소.

평생(平生) 살아 있는 동안. 예 그는 평생 고생만 했다. 비 일생.

평생 교:육 가정 교육·학교 교육·사회 교육 등을 통하여 일생

평생 면:역 한 번의 접종으로 평생 동안 면역이 되는 일.
평생토록 일생 동안 걸려서. ⑩ 평생토록 어려운 사람을 돕다.
평서문(平敍文) 감동·명령·의문 등의 뜻을 가지지 않은 보통 글.
평소(平素) 보통 때. 비 평상시.
평시(平時) ①보통 때. 본 평상시. ②평화로운 때. 반 전시.
평시조(平時調) 초장·중장·종장으로 되어 있고 글자 수가 45자 안 팎인 가장 기본적인 시조.
평안(平安) ①무사히 잘 있음. ⑩ 집안은 평안하십니까? ②아무 탈이 없고 걱정이 없음. 비 편안. —하다. —히.
평야(平野) 편편한 들. 넓은 들. ⑩ 김해 평야. 비 평원.
평양 감사도 저 싫으면 그만이다 〈속〉 아무리 좋은 일이라도 저 하기 싫으면 억지로 시킬 수 없다.
평영(平泳) 수영의 한 가지. 개구리처럼 두 발을 함께 오므렸다 뻗치며 치는 헤엄. 개구리헤엄.
평온(平溫) ①평상시의 온도. ②평균 온도.
평온하다(平穩—) 고요하고 편안하다. ⑩ 평온한 하루. —히.
평원(平原) 평평하고 너른 들판.
평원왕(平原王) 고구려의 제25대 임금. 온달의 장인.
평인(平人) ①평민. ②잘못이나 죄가 없는 보통 사람.
평일(平日) ①평상시. 평소. ②보통 날. 휴일이나 기념일이 아닌 날.
평작(平作) ①논밭에 고랑을 치지 않고 작물을 재배하는 법. ②'평년작'의 준말.

평정¹(平正) 공평하고 올바름. ⑩ 평정한 태도를 가지다. —하다.
평정²(平定) 난리를 평온하게 진정시킴. ⑩ 반란군을 평정하다. —하다.
평정³(平靜) 마음이 평안하고 고요함. ⑩ 마음의 평정을 되찾다. —하다. —히.
평조(平調) 국악의 음계. 서양 음악의 장조에 가까움.
평준화(平準化) 자격이나 수준이 차이가 나지 않게 됨. 또는 그렇게 함. ⑩ 고등 학교 평준화. —하다. —되다.
평지(平地) 바닥이 편편한 땅.
평지 풍파(平地風波) '뜻밖에 일어나는 분쟁'의 비유.
평탄하다(平坦—) ①땅이 편편하다. ②마음이 고요하다.
평:판(評判) ①세상의 비평. ⑩ 평판이 높다. ②비평하여 좋고 나쁨을 결정함. —하다.
평평하다(平平—) 높낮이가 없다. ⑩ 산을 평평하게 깎아 운동장을 만들었다. 비 편편하다. —히.
평:하다(評—) 사물의 가치나 좋고 나쁨 따위를 가려서 말하다.
평행(平行) 두 직선이 같은 평면 위에서 나란히 있어 서로 만나지 아니함. ⑩ 평행 사변형. —하다.
평행봉(平行棒) 기계 체조 용구의 한 가지. 두 개의 평행 가로대를 적당한 높이로 어깨 넓이만큼 벌려서 버티어 놓은 것.
평행 사:변형 맞보는 두 쌍의 대변이 서로 평행한 사변형.
평행선 나란히 간 금.
평행 이동 물체 또는 도형의 각 점이 일정한 방향으로 같은 거리만큼 평행으로 옮겨지는 일. —하다.

평형(平衡) 한 물체에 작용하는 힘이 서로 맞서는 것. 한 물체에 크기가 같고 힘의 방향이 서로 반대인 힘이 작용하면, 그 힘은 평형이 됨. —하다.

평화(平和) ①화합하고 고요함. ②전쟁이 없이 세상이 평온함. [예] 평화의 상징 비둘기. [비] 화평. [반] 전쟁. —스럽다. —하다.

평화롭다〔평화로우니, 평화로워/평화로이〕 ①아무 일이 없이 고요하다. ②태평스럽다. [예] 평화로운 마을.

평화상 세계의 평화를 위하여 애쓴 사람에게 주는 상. [예] 노벨 평화상.

평화의 문 서울 올림픽 공원에 있는 문. 제24회 서울 올림픽을 기념하기 위하여 세움.

평화의 잔치 평화스러운 잔치, 또는 평화를 이룩하기 위하여 여러 사람이 모이는 잔치.

평화적 평화에 관한 것. 평화로운 모양. [예] 평화적인 해결.

평화 정신 전쟁이 없이 평화롭게 살자는 정신.

평화 조약 서로 싸우던 나라끼리 전쟁을 중지하고 평화를 회복하기 위하여 맺는 조약. [예] 양국 간에 평화 조약을 맺다. [준] 화약.

평화주의 모든 문제를 전쟁이나 싸움에 의하지 않고 평화롭게 해결하자는 태도.

폐:[1](肺) 뭍에 사는 동물의 호흡기의 하나. 허파.

폐:[2](弊) 남에게 끼치는 신세나 괴로움. [예] 남에게 폐가 되는 행동을 삼가다. [본] 폐단.

폐:가(廢家) 버려 두어 낡아 빠진 집. —하다.

폐:간(廢刊) 신문·잡지 등의 간행을 폐지함. [예] 신문을 폐간하다. [반] 창간. —하다.

폐:결핵(肺結核) 결핵균의 침입에 의해 생기는 허파의 병. 기침·열·호흡 곤란 등의 증세가 일어나고 심하면 피를 토함. 폐병.

폐:곡선(閉曲線) 곡선 위에 있는 한 점을 출발점으로 하여 한 번만 지나서 되돌아올 수 있는 곡선. 원 따위. [반] 개곡선.

폐:관(閉館) 시간이 되어 도서관·박물관 따위의 문을 닫음. [예] 폐관 시간. [반] 개관. —하다.

폐:교(閉校) 학교에서 수업을 중지하고 쉼. [반] 개교. —하다.

폐:국(弊國) 자기 나라를 겸손하게 이르는 말. [반] 귀국.

폐:기(廢棄) 못 쓰게 된 것을 버림. [예] 폐기 처리장. —하다.

폐:단(弊端) ①괴롭고 번거로움. ②좋지 못하고 해로운 점. [예] 복잡한 행정 절차의 폐단을 없애다. [비] 결점.

폐:동맥 심장에서 폐로 정맥혈을 보내는 혈관. [반] 폐정맥.

폐:디스토마(肺distoma) 폐흡충과의 디스토마의 하나. 몸길이 7~12mm, 폭 4~8mm의 홍갈색 달걀꼴의 흡충. 포유류의 폐에 기생함.

폐:렴(肺炎) 폐에 생기는 염증. 열과 오한이 나고 가슴을 찌르는 듯한 아픔과 심한 기침 및 호흡 곤란을 일으킴.

폐:막(閉幕) 연극을 마치고 막을 내림. [반] 개막. —하다.

폐:막식 어떤 행사를 마치면서 하는 식. [예] 올림픽 경기 폐막식. [반] 개막식.

폐:문(閉門) 문을 닫음. 사용하지 않는 문. 맨개문. —하다.
폐:물¹(幣物) 선사하는 물건.
폐:물²(廢物) 못 쓰게 된 물건. 예폐물 이용. 비폐품.
폐:병(肺病)〔—뼝〕 =폐결핵.
폐:비(廢妃) 왕비의 자리를 물러나게 함, 또는 그 왕비. —하다.
폐:사¹(弊社) 자기 회사를 겸손하게 이르는 말.
폐:사²(斃死) 쓰러져 죽음. 예닭이 집단 폐사하다. —하다.
폐:쇄(閉鎖) ①문을 닫고 자물쇠를 채움. 예입구를 폐쇄하다. ②어떤 기관이나 단체 등을 없애 버림. 맨개방. 개설. —하다.
폐:수(廢水) 사용하고 난 뒤에 버린 물. 예공장 폐수.
폐:수 처:리 공장이나 가정에서 버린 물을 한 곳에 모아 약품 따위로 깨끗하게 처리하는 일.
폐:업(閉業) 영업을 그만둠. 예폐업 신고. 맨개업. —하다.
폐:왕(廢王) 폐위된 임금.
폐:위(廢位) 왕위를 물러나게 함. 맨복위. —하다.
폐:인(廢人) ①병으로 몸을 망친 사람. 예술로 인해 폐인이 되다. ②남에게 버림을 받아 쓸모 없이 된 사람. 비기인.
폐:점(閉店) 장사를 마치고 가게 문을 닫음. 맨개점. —하다.
폐:정맥(肺靜脈) 폐에서 깨끗해진 동맥혈을 심장으로 보내는 좌우 두 개의 혈관. 허파 정맥. 맨폐동맥.
폐:지(廢紙) 못 쓰게 된 종이. 예폐지를 재생한 종이. 비휴지.
폐:지하다(廢止—) 실시하던 일이나 풍습·제도 따위를 그만두거나 없애다. 예악법을 폐지하다.
폐:차(廢車) 못 쓰게 된 낡은 차, 또는 그러한 차를 팔거나 분해하여 처분함. —하다.
폐:품(廢品) 못 쓰게 되어 버린 물품. 예폐품을 수집하다.
폐:하(陛下) 황제나 황후를 높여 부르는 말. 예황제 폐하.
폐:하 다(廢—) ①있던 제도·기관·풍습 따위를 버리거나 없애다. 예악법을 폐하다. ②쓰지 않고 버려 두다.
폐:해(弊害) 폐가 되는 나쁜 일. 예핵가족 제도의 폐해.
폐:허(廢墟) 재해를 당하여 아무 것도 없이 버려진 터. 비쑥대밭.
폐:활량(肺活量) 허파가 최대 한도로 공기를 마실 수 있는 양.
폐:회(閉會) 집회 또는 회의가 끝남. 예폐회를 선언하다. 맨개회. —하다.
폐:회사 폐회를 선언하는 인사말. 맨개회사.
폐:회식 폐회를 선언하는 의식. 맨개회식.
포¹ 장기에서 '包'자로 나타낸 장기 짝의 하나.
포:²(砲) '대포'의 준말.
포개다 놓인 위에 또 놓다. 예이불을 포개어 쌓다.
포:경선(捕鯨船) 고래잡이 배.
포:고(布告) 일반에게 널리 알림. 예선전 포고. —하다.
포:고령 정부에서 국민에게 널리 알리는 명령.
포:괄(包括) 어떤 사물이나 현상 따위를 온통 휩싸서 하나로 묶음. 예모든 사건을 포괄해서 설명하다. —하다.
포:괄적 온통 휩싸서 묶은 것, 또

는 그러한 방법인 것. [예] 의견을 포괄적으로 받아들이다.

포:교(布教) 종교를 널리 믿게 하려고 교리를 전함. —하다.

포구(浦口) 배가 드나드는 목의 어귀. [비] 항구.

포근하다 부드럽고 따뜻하다. [반] 쌀쌀하다. [큰] 푸근하다. —히.

포기[1] 푸성귀·풀·나무 따위의 뿌리를 단위로 한 낱개.

포:기[2](抛棄) ①내던짐. ②버리고 돌아보지 않음. ③자기의 자격·권리를 쓰지 않음. —하다.

포기나누기 원뿌리로부터 줄기나 싹의 일부를 나누어 다른 곳에 옮겨 심는 일. [비] 분주. —하다.

포대[1](布袋) 베로 만든 자루. [예] 쌀 포대.

포대[2](袍帶) 도포와 도포의 띠.

포:대[3](砲臺) 적탄을 막고 아군의 사격을 편리하게 하기 위해 튼튼하게 쌓은 화포의 진지.

포대기 젖먹이의 이부자리.

포도(葡萄) 포도나무의 열매로 조금 신맛이 있음. 날로 먹거나 포도주를 담금.

포도나무 포도나뭇과의 갈잎 넓은잎 덩굴나무. 덩굴은 길게 뻗어 퍼지며 덩굴손으로 다른 것에 감아 붙음. 한 송이에 여러 개의 포도가 달림.

포도당 포도 따위의 과실 속에 있는 당분.

포:도 대:장(捕盜大將) 조선 시대 포도청의 우두머리. [준] 포장.

포도동 작은 날짐승이 별안간 날 때에 나는 소리. [예] 꿩이 포도동 날아가다. [큰] 푸두둥. —하다.

포도주 포도로 만든 술.

포:도청(捕盜廳) 조선 시대 도둑이나 범죄자를 잡기 위하여 설치한 관청.

포동포동 살이 통통하게 찐 모양. [예] 포동포동한 아가의 얼굴. [큰] 푸둥푸둥. —하다.

포:럴(poral) 양털 섬유로 짠 천의 한 가지. 여름 옷감으로 쓰임.

포:로(捕虜) 사로잡힌 적의 병사.

포:로 수용소 전투에서 사로잡힌 병사를 집단적으로 한 곳에 가두거나 거주시키는 시설.

포르르 ①적은 물이 좁은 그릇에서 넘을 듯이 끓어오르는 모양이나 소리. ②작은 새 따위가 갑자기 제자리에서 기운차게 날아오르는 모양이나 소리. [예] 포르르 날아가는 참새. [큰] 푸르르. —하다.

포르말린(독 formalin) 사진·화학용 약품 및 살균제·소독제·방부제 등으로 쓰이는 용액.

포르테(이 forte) 악보에서, 셈여림을 나타내는 말. '강하게'의 뜻. 나타냄표는 '*f*'. [반] 피아노[2].

포르투갈(Portugal) 남부 유럽의 이베리아 반도 서부에 있는 공화국. 포도·올리브·코르크의 재배가 성함. 수도는 리스본.

포마:드(pomade) 머리털에 바르는 반고체의 기름.

포목(布木) 베와 무명.

포목상 베와 무명 따위를 파는 장사, 또는 그 장수.

포목점 베와 무명 따위를 파는 가게.

포:물선(抛物線)[—썬] 평면 위에 하나의 정점과 하나의 정직선이 주어진 경우, 각각으로부터의 거리가 같은 점의 자취.

포:박(捕縛) 죄인을 잡아 묶음. [예] 도둑을 포박하다. —하다.

포:병(砲兵) 대포 종류로 장비된 군대. 또는 그에 딸린 군인.

포복(匍匐) 배를 땅에 대고 김. 예 포복 전진. —하다.

포:볼:(fourballs) 야구에서, 투수가 타자에게 스트라이크가 아닌 볼을 네 번 던지는 일.

포:부(抱負) 마음 속에 품은 생각이나 계획. 비 소신.

포:석정(鮑石亭) 경북 경주시에 있는 신라의 고적지. 왕과 귀족들이 전복 모양으로 생긴 돌홈을 따라 굽이쳐 흐르는 물에 잔을 띄우고 시를 읊으며 놀이를 하던 곳.

포:섭(包攝) 상대를 허용하여 받아들임. 자기 편에 가담시킴. 예 적군을 포섭하다. —하다.

포:성(砲聲) 대포를 쏘는 소리나 터지는 소리. 예 포성이 울리다.

포:수[1](砲手) 총으로 짐승을 잡는 사냥꾼.

포:수[2](捕手) 야구에서, 투수가 던지는 공을 홈 베이스에서 받는 선수. 캐처. 반 투수.

포스터[1](Foster, 1826~1864) 미국의 가곡 작곡가. 160편 이상의 민요곡을 작곡하여 '미국 민요의 아버지'라고 불림. 작품에는 〈기러기〉〈오 수재너〉〈켄터키 옛집〉 등이 있음.

포스터[2](poster) 광고로 선전하는 종이.

포스트(post) ①우편. 우체통. ②지위. 예 중요한 포스트에 있다.

포슬포슬 ①덩이를 이룬 가루 따위가 말라서 따로따로 쉽게 헤어지는 모양. ②눈이나 비가 가늘고 성기게 날리어 떨어지는 모양. 예 봄비가 포슬포슬 내린다. 큰 푸슬푸슬. 여 보슬보슬. —하다.

포:승(捕繩) 죄인을 잡아 묶는 노끈. 오라. 예 죄인의 손발을 포승으로 묶다.

포:식[1](捕食) 생물이 다른 종류의 생물을 잡아먹는 일. —하다.

포:식[2](飽食) 배부르게 잔뜩 먹음. 예 음식을 포식하다. —하다.

포악(暴惡) 성질이 사납고 악독함. 예 포악을 부리다. 비 잔악. 흉악. —스럽다. —하다.

포:옹(抱擁) 품에 안음. 끌어안음. —하다.

포:용(包容) ①휩싸들임. ②마음씨가 너그러워 남의 잘못을 감싸 줌. 예 잘못을 포용하여 용서해 주다. —하다.

포:위(包圍) 언저리를 뺑 둘러쌈. 예 적을 포위하다. —하다.

포:위망 치밀하게 싸인 포위의 비유. 예 적의 포위망을 뚫다.

포:유·동·물 =포유류.

포:유류(哺乳類) 가장 고등한 동물군으로 새끼를 낳아서 젖을 먹여 기름. 젖먹이 동물.

포의(布衣) ①베로 지은 옷. 예 포의를 입다. ②벼슬이 없는 가난한 선비를 이르는 말. 비 백의.

포인트(point) 점·요점·목적·득점 따위의 뜻.

포자(胞子) 민꽃 식물이 번식할 때에 모체를 떠나서 번식을 맡은 세포. 홀씨.

포장[1](布帳) 베·무명 따위로 만든 휘장. 비 막. 장막.

포장[2](包裝) 물건을 싸서 꾸림. 예 상품을 포장하다. —하다.

포장[3](鋪裝) 길 위에 아스팔트·돌·콘크리트 같은 것을 깔아 단단하게 꾸미는 것. —하다.

포장지 포장용으로 쓰이는 종이.

포:졸(捕卒) 포도청의 군졸.
포:즈(pose) ①인물의 자세나 몸짓. ②의식적인 태도.
포:진(布陣) 전쟁이나 경기를 하기 위하여 진을 침. [예]포진 병력을 늘리다. ―하다.
포:착(捕捉) ①꼭 붙잡음. [예]좋은 기회를 포착하다. ②요점이나 요령을 얻음. ―하다.
포츠담 선언(Potsdam宣言) 제2차 세계 대전이 끝날 무렵인 1945년 7월, 베를린 교외의 포츠담에서 미국·영국·중국·소련 등 연합국 대표가 일본의 무조건 항복을 요구한 공동 선언.
포:커(poker) 카드놀이의 한 가지. 미국에서 비롯됨.
포켓(pocket) 호주머니.
포켓 북(pocket book) ①수첩. ②호주머니에 들어갈 만한 책.
포:크(fork) ①양식에서, 고기나 과일을 찍어 먹는 식탁 용구. ②두엄이나 풀무덤을 찍어 옮기거나 헤칠 때 쓰이는 농기구.
포:크 댄스(folk dance) 전통적인 민속 무용. 향토 무용.
포:크 송(folk song) 민요.
포:탄(砲彈) 대포알. [비]폭탄.
포플러(poplar) 흔히 길가에서 볼 수 있는, 키가 크고 가지가 밑으로 처지지 않는 버드나무의 한 가지. 미루나무. 양버들.
포플린(poplin) 목화 섬유로 짠 천의 한 가지. 바닥이 곱고 깨끗하며 양복감·커튼감·장식용 감 따위로 쓰임.
포:학(暴虐) 몹시 사나움. [예]성질이 포학하다. ―하다.
포함[1](包含) ①속에 들어 있음. [예]이 약에는 소화를 돕는 여러 가지 약품이 포함되어 있다. ②둘러싸임. ―하다.
포:함[2](砲艦) 해안이나 강안을 경비하는 포를 갖춘 소형 군함.
포:화(飽和) 작용이나 변화가 더 이상 진행되지 못하는, 극도에 이른 상태. [예]포화 상태.
포:화 용액 일정한 온도에서 어떤 물질이 그 이상 녹일 수 없을 정도의 양까지 녹아 있는 액체.
포:환(砲丸) ①대포의 탄알. ②포환던지기에 쓰이는 쇠로 만든 공.
포:환던지기 던지기 운동의 한 가지. 지름 2.135m의 원 안에서 일정한 무게의 포환을 한 손으로 던지어 그 거리를 겨루는 경기. 투포환.
포:획(捕獲) ①적병을 사로잡음. ②짐승이나 물고기를 잡음. [예]노루를 포획하다. ―하다.
포효(咆哮) 크게 외침. 사나운 짐승이 소리를 지름. [예]호랑이의 포효 소리. ―하다.
폭[1] ①아주 깊고 느긋하게. [예]폭 잠이 들었다. ②빈틈없이 덮거나 싸는 모양. [예]아기를 폭 싸 주다. ③단번에 빠지거나 힘없이 쓰러지는 모양. [예]폭 넘어지다. ④물건을 퍼내는 모양. [큰]푹.
폭[2] 너그러운 마음과 깊은 생각. [예]폭이 넓은 사람.
폭[3](幅) ①가로의 길이. ②피륙 따위의 넓이. [비]너비. [반]길이. ③그림·족자를 셀 때 쓰는 말.
폭격(爆擊) 비행기에서 폭탄을 떨어뜨림. [예]폭격기. ―하다.
폭격기 폭탄을 싣고 적의 기지나 시설을 폭격하는 것을 임무로 하는 군용 비행기.
폭군(暴君) 포악한 임금.

ㅍ

폭도(暴徒) 함부로 사나운 짓을 하며 나쁜 행동을 하는 무리. 예 폭도들의 난동.

폭동(暴動) 여러 사람이 법을 무시하고 일어나서, 사람을 죽이고 물건을 부수고 하는 짓. 예 폭동이 일어나다. 비 난동.

폭등(暴騰) 물건값이 별안간 뛰어오름. 예 물가가 폭등하다. 반 폭락. —하다.

폭락(暴落)[퐁낙] 물건값이 별안간 떨어짐. 예 채소 값이 폭락하다. 반 폭등. —하다.

폭력(暴力)[퐁녁] 함부로 사나운 짓을 하는 힘. 예 폭력을 휘두르다. 비 완력.

폭력배 걸핏하면 폭력을 휘두르는 불량배.

폭로(暴露)[퐁노] 감추는 일을 드러냄. 예 비밀을 폭로하다. 반 은폐. —하다.

폭리¹(暴吏)[퐁니] 백성에게 포악한 짓을 하는 관리. 도리에 어긋나는 짓을 하는 관리.

폭리²(暴利)[퐁니] 부당한 이익. 한도를 넘는 이익. 예 폭리를 취하다. 비 박리.

폭발(爆發) 불이 일어나며 갑자기 터짐. 예 폭발 사고. —하다.

폭발력 불이 일어나며 갑작스럽게 터지는 힘. 예 폭발력이 센 원자폭탄.

폭발물 폭발하는 성질이 있는 물질을 통틀어 이르는 말.

폭발음 폭발할 때 나는 소리.

폭발적 별안간 굉장한 기세로 일이 터지는 모양. 예 폭발적인 인기를 얻다.

폭삭 ①온통 곯아서 썩은 모양. ②단단하지 못한 물건이 쉽게 바스라지거나 가라앉는 모양, 또는 그 소리. 예 지붕이 폭삭 내려앉다. 준 폭¹. 큰 푹석. —하다.

폭설(暴雪) 갑자기 많이 내리는 눈. 예 폭설로 길이 미끄러워 사고가 생기다.

폭소(爆笑) 갑자기 터져 나오는 웃음. 예 청중들이 폭소를 터뜨리다. —하다.

폭약(爆藥) 별안간 터지어 가스를 발생하는 성질의 화약.

폭언(暴言) 거칠고 사납게 하는 말. 예 폭언을 퍼붓다. —하다.

폭우(暴雨) 갑자기 많이 쏟아지는 비. 예 폭우로 산사태가 났다.

폭음¹(暴飮) ①술을 한꺼번에 많이 마심. ②가리지 않고 아무것이나 함부로 많이 마심. —하다.

폭음²(爆音) ①요란스럽게 나는 소리. ②화산·화약 등이 폭발하는 큰 소리.

폭정(暴政) 포악한 정치. 악독한 정치. 예 폭정을 휘두르다.

폭주(暴走) 규칙을 무시하고 함부로 난폭하게 달림. 예 자동차가 폭주하는 도로. —하다.

폭죽(爆竹) 가느다란 대통이나 종이통 속에 화약을 넣고 불을 붙여 소리나 불꽃이 나게 하는 물건.

폭탄(爆彈) 별안간 터지는 약을 장치한 탄환.

폭파(爆破) 폭발시켜 부수어 버림. 예 적의 진지를 폭파하다. —하다.

폭포(瀑布) 높은 절벽에서 많이 흘러 떨어지는 물. 본 폭포수.

폭풍(暴風) 몹시 세게 부는 바람. 예 폭풍에 쓰러진 나무. 비 태풍.

폭풍우(暴風雨) 사나운 바람과 함께 오는 큰 비.

폭행(暴行)[포캥] ①난폭한 행동. ②남에게 폭력을 가하는 일. 예 폭행을 당하다. —하다.

폰:(phon) 소리의 크기를 나타내는 단위. 소음의 표시에 쓰임.

폴:(fall) 레슬링에서, 상대방의 양 어깨를 매트에 1초 동안 닿게 하는 일. 예 폴승을 거두다.

폴딱 힘을 모아 가볍고 탄력 있게 뛰는 모양. 큰 풀떡. —하다.

폴란드(poland) 유럽 중앙에 자리 잡은, 독립 국가 연합과 독일 사이에 있는 나라. 지난날, 강한 나라들의 틈바구니에 끼어 자주 남의 지배를 받아 왔음. 북부는 농업지, 남부는 철·석탄의 산출이 많아 동부 유럽에서 가장 공업이 발달함. 수도는 바르샤바.

폴:로(polo) 말을 타고 하는 경기. 각각 네 사람으로 된 두 편이 말을 타고 스틱으로 공을 쳐서 상대편의 골에 넣어 승부를 겨룸.

폴로네:즈(프 polonaise) 3박자로 이루어진 폴란드의 춤곡.

폴리에스테르(polyester) 석탄이나 석유를 원료로 해서 만든 합성 섬유. 합성 수지(플라스틱)로 만들어서 건축 재료로도 많이 쓰이는데 단단하고 가벼워 파이프로도 많이 이용됨.

폴리에틸렌(polyethylene) 에틸렌에서 만들어지는 합성 수지. 그릇·포장 재료·공업용 부품 따위에 쓰임.

폴싹 먼지나 연기 따위가 갑자기 뭉키어 한꺼번에 일어나는 모양. 큰 풀썩. —하다.

폴짝폴짝 ①문을 갑작스레 자꾸 여닫고 드나드는 모양. ②작은 것이 가볍고 힘있게 뛰는 모양. 큰 풀쩍풀쩍. —하다.

폴카(polka) 보헤미아 지방에서 일어난 4분의 2박자의 가볍고 씩씩한 춤곡. 예 폴카를 추다.

폴크스바:겐(독 Volkswagen) 독일 최대이며 세계적으로 유명한 자동차 회사. 1937년에 설립되었으며, '폴크스바겐'이라는 자동차로도 유명함.

폼:(form) 모습. 자태.

폼:재다 자세를 취해 보이다. 으스대는 티를 보이다. 예 그만한 일로 폼잴 것 없다.

퐁 ①갇혀 있던 기체가 작은 구멍으로 빠져 나오면서 나는 소리. ②깊은 물에 무겁고 동그란 덩이가 떨어지는 소리. 예 돌이 물에 퐁 소리를 내며 떨어지다. 큰 풍.

퐁당 작고 단단한 물건이 물에 떨어져 빠지는 소리. 예 물에 퐁당 뛰어들다. 큰 풍덩. —하다.

퐁당퐁당 자꾸 퐁당거리는 소리, 또는 그 모양. —하다.

표¹(表) ①위. 겉. ②중요한 줄거리를 간추려서 적어 놓은 것. 예 통계표. 시간표.

표²(票) 증거로 삼는 쪽지. 예 기차표. 비행기표.

표³(標) ①눈으로 보아 알 수 있는 물건. ②증거가 될 형적. ③특징을 나타내는 어느 점.

표결(票決) 투표로써 결정함. 예 표결에 들어가다. —하다.

표결권(票決權) 회의에 참석하여 투표로써 결정할 수 있는 권리.

표고 송이과의 버섯. 밤나무·떡갈나무 등의 고목에 붙어 살며 인공 재배도 함. 줄기는 굽고 짧으며, 갓은 원형으로 넓고 짙은 자줏빛임. 식용 버섯임.

〔표 고〕

표구(表具) 병풍·족자 등을 꾸며 만드는 일. [예] 표구사. ―하다.

표기(表記) ①겉에 표시해 기록함, 또는 그런 기록. ②문자나 음성 기호로 언어를 표시하는 일. [예] 한글로 표기하다. ―하다.

표기법 말을 문자나 부호를 사용하여 나타내는 규칙을 통틀어 이르는 말. [예] 한글 표기법.

표나다 여럿 가운데서 특히 표가 될 만한 점이 보이다. [예] 키가 표나게 크다.

표독(慓毒) 성질이 모질고 악독함. [예] 표독스러운 말투. ―스럽다. ―하다.

표류(漂流) ①떠서 흘러감. [예] 기관 고장으로 표류하다. ②정처 없이 돌아다님. ―하다.

표리(表裏) 겉과 속. 안과 밖. [예] 표리 부동.

표리 부동(表裏不同) 마음이 불량해 겉과 속이 다름. [예] 표리 부동하여 믿을 수가 없다. ―하다.

표면(表面) 거죽으로 드러난 면. [반] 내막. 내부. 이면.

표면적(表面積) 물체의 겉면의 면적. [비] 겉넓이.

표명(表明) 드러내어 밝힘. [예] 사의를 표명하다. ―하다.

표방하다(標榜―) ①앞에 내세우다. ②자기의 주의를 드러내 보이다. [예] 자유를 표방하다.

표밭 선거 투표에서, 어떤 후보에 대한 지지도가 높아 표를 많이 얻을 수 있는 지역을 흔히 이르는 말. [예] 표밭을 관리하다.

표백(漂白) 바래지게 하거나 표백제를 쓰거나 하여 희게 하는 일. [예] 표백 작용. ―하다.

표백분(漂白粉) 무명 따위의 빛깔을 바래지게 하거나, 물의 소독에 쓰이는 흰색의 약품. [준] 백분.

표백제 표백에 쓰이는 약품. 표백분·과산화수소 따위.

표범 범과 비슷하나 굵은 점이 박힌 사나운 짐승.

표변하다(豹變―) ①사람의 말과 행동이 갑자기 변하다. [예] 태도가 표변하다. ②이전 허물을 고치고 달라지다.

표본(標本) 본보기가 되거나 표준으로 삼을 만한 물건. [비] 본보기.

표본실 본보기가 되는 물건을 보호하거나 여러 사람이 볼 수 있도록 늘어놓은 방.

표상(表象) ①상징. [예] 태극기는 우리 나라의 표상이다. ②의식 중 과거의 인상이 다시금 나타난 것.

표시(表示) 보여 알림. [예] 감사의 표시. [비] 표현. ―하다.

표시등 ①수로를 안내하는 배에 다는 등. ②전화를 걸면 켜지는 전화 교환수 앞의 전등.

표어(標語) 어떤 일을 지키거나, 본받게 하기 위하여 만든 짧은 말. [예] 불조심 표어.

표연(飄然) ①비바람에 가볍게 날리는 모양. ②훌쩍 떠나거나 나타나는 모양. [예] 표연히 떠나다. ―하다. ―히.

표음(表音) 말의 소리를 그대로 표시함. ―하다.

표음 문자[―짜] 사람의 말소리를 기호로 나타내는 글자.

표의(表意) 말의 뜻을 글자로 나

표

타냄. —하다.
표의 문자[—짜] 한자처럼 한 글자 한 글자가 어떤 뜻을 나타내는 문자. 땐표음 문자.
표적(標的) ①목표가 되는 물건. ②무슨 일이 생긴 것이 뒤에까지 남아 있는 것.
표절(剽竊) 남의 시가·문장·학설 따위를 자기의 것으로 발표하는 일. 예표절 시비. —하다.
표정(表情) 감정을 얼굴에 나타냄. 또 그 감정. —하다.
표제(表題) ①책장의 겉에 쓰는 책의 이름. 예표제를 달다. ②연설·예술 작품의 제목.
표제어 사전 등에서, 하나하나 따로 내세워 그 말뜻의 구실을 밝히는 표제가 되는 말.
표주박 ①조롱박을 반으로 타서 만든 바가지. 비조롱박. ②무른 나무토막을 깎거나 노를 꼬거나 쇠붙이를 두드려 만든, 반으로 쪼갠 복숭아 모양의 바가지. 겉에 옻칠을 하기도 하며, 주석 고리를 단 끈이 손잡이에 매어져 있음.

[표주박]

표준(標準) ①사물을 정하는 목표가 되는 것. ②본이 되는 것. 예표준 치수. 비기준. 본보기.
표준말 =표준어.
표준시 지구의 씨줄에 따라 각기 다른 지방의 시간을 일정한 범위 안에서만 공통으로 사용하는 지방시.
표준어 한 나라 안의 표준이 될 만한 말. 우리 나라의 표준어는 교양 있는 사람들이 두루 쓰는 현대 서울말임. 표준말. 땐사투리. 방언.
표준화 표준에 맞도록 함. 예공산품의 표준화. —하다.
표준 화:석 지층이 생긴 지질 시대를 결정하는 데 기준이 되는 화석. 생존 기간이 비교적 짧고 분포 면적이 넓으며, 개체수가 많은 생물이 됨. 시준 화석.
표증(表證) ①겉으로 드러난 표적. ②증명.
표지[1](表紙) 책뚜껑. 책의 겉장. 예표지를 만들다.
표지[2](標紙) 증거의 표로 적은 글발의 종이. 준표[2].
표지[3](標識) 어떤 사물을 나타내기 위한 표. 예도로 표지.
표지물 표지로 세워 둔 물건.
표지석 어떤 위치나 장소를 나타내기 위하여 세운 돌.
표지판 표시를 하거나 표지로 쓰이는 판. 예관광 안내 표지판.
표찰(標札) 이름이나 번호와 같은 짤막한 글을 쓴, 종이나 얇은 나뭇조각 따위로 만든 표.
표창[1](表彰) 남의 공적이나 선행 등을 세상에 드러내어 기림. 예대통령 표창. —하다.
표창[2](鏢槍) 무기로 사용하는 창의 한 가지. 끝이 뾰족하고 잘록하며 앞이 무거워서 던져 맞히기에 편리함.
표창장[—짱] 표창하는 글발.
표출(表出) 겉으로 나타내거나 표현함. 예의지의 표출. —하다.
표층(表層) 표면의 층.
표피(表皮) 식물체 각 부분의 표면을 덮은 세포층. 겉껍질.
표하다[1](表—) 태도나 의견 등을

나타내다. 드러내다. ㉠고마움의 뜻을 표하다.

표하다²(標—) 표지로 삼다. ㉠책의 읽던 곳을 표하다.

표현(表現) ①겉으로 나타냄. ㊂표시. ②글 짓는 사람이 느낀 바를 그의 예술품에 나타내 보임. ㉠표현이 뛰어나다. —하다.

표현 무용 어떤 작품을 음악에 맞추어 그럴듯한 동작을 통해 무용으로 나타내는 것.

푯대 목표나 표지로 세우는 대.

푯돌 목표나 표지로 세우는 돌.

푯말 표를 하기 위하여 땅바닥에 박아 세우는 말뚝. ㊂표목.

푸: 입술을 조금 벌려 입김을 내뿜을 때 나는 소리. ㉠연기를 입으로 푸 내뿜다.

푸근하다 ①겨울날이 따뜻하다. ㉠푸근한 날씨. ②매우 넉넉하여 마음이 느긋하다. ㉠푸근한 고향 마을. ㊅포근하다. —히.

푸념 ①무당이 귀신의 뜻을 받아서 정성 들이는 사람을 꾸짖음. ②마음에 품은 불평을 말함. ㉠일하기 힘들다고 푸념을 늘어놓다. —하다.

푸다〔퍼〕 ①물을 뜨다. ②그릇 속에 담긴 것을 퍼내다. ㊃붓다.

푸닥거리 무당이 간단하게 음식을 차려 놓고 잡귀를 풀어 먹이는 굿. —하다.

푸대접(—待接) 아무렇게나 하는 대우. ㉠푸대접을 받다. ㊂냉대. ㊃후대. —하다.

푸덕푸덕 ①큰 새가 잇달아 날개를 치는 소리. ②큰 물고기가 잇달아 꼬리로 물을 치는 소리. ㊅포닥포닥. ㊇푸떡푸떡. —하다.

푸둥푸둥 살이 올라 퉁퉁하고 매우 부드러운 모양. ㊅포동포동. —하다.

푸드덕 날짐승이 날개를 무겁고 어지럽게 치는 소리. ㉠새가 푸드덕거리며 날아간다. —하다.

푸르다〔푸르러〕 ①갠 하늘빛 같다. ㉠하늘이 푸르다. ②우거진 나뭇잎의 빛과 같다. ㊂파랗다.

푸르름 빛깔이 온통 푸르게 되어 있는 것. 푸른 빛깔의 모양을 시적으로 나타내기 위하여 변화시켜서 쓴 말임.

푸르스름하다 조금 푸르다. ㉠푸르스름한 남방. ㊅파르스름하다.

푸르죽죽하다〔—쭈카다〕 빛깔이 고르지 못하고 칙칙하게 약간 푸르다. ㉠날씨가 추위 입술이 푸르죽죽하다. ㊅파르족족하다.

푸른곰팡이 밥·떡 따위에 생기는 녹색·청록색 곰팡이를 통틀어서 일컫는 말.

푸릇푸릇 군데군데 푸른빛이 나는 모양. ㊅파릇파릇. —하다.

푸새 옷 따위에 풀을 먹이는 일. —하다.

푸서 피륙을 베어 낸 자리에서 올이 쏠리는 부분. ㊃식서.

푸석이 무르고 부스러지기 쉬운 물건.

푸석하다 거칠어서 부피만 많고 옹골차지 못하여 부스러지기 쉽다. ㉠병을 앓아 얼굴이 푸석하다. ㊅포삭하다.

푸성귀 사람이 먹을 수 있는 풀. ㊂채소.

푸수수 =푸슬푸슬. —하다.

푸슬푸슬 가루 같은 것이 물기가 적어 한데 엉키지 않고 흩어지는 모양. 푸수수. ㊅포슬포슬. ㉠부슬부슬. —하다.

푸시시 불기가 있는 재 따위에 물을 부을 때 나는 소리.

푸싱(pushing) 축구나 농구 따위의 경기에서, 상대방을 밀치는 반칙 행동. ⓔ 푸싱 파울. —하다.

푸주(—廚) =푸줏간.

푸줏간 쇠고기·돼지고기 등을 파는 가게. 푸주. 비 정육점.

푸짐하다 흐뭇할 정도로 아주 많아서 넉넉하다. ⓔ 음식을 푸짐하게 차리다. —히.

푸:푸 ①입김을 연달아 내뿜는 소리. ②입 안에 품었던 물을 내뿜는 소리. —하다.

푹 ①빈틈없이 덮거나 싸는 모양. ②깊이 들어간 모양. ③흠뻑 삶는 모양. ④힘껏 깊이 찌르는 모양. ⑤잠이 깊이 들거나 넉넉히 쉬는 모양. ⓔ 한숨 푹 자다.

푹신하다 아주 부드러워 솜 위에 앉을 때와 같은 느낌이 들다. ⓔ 푹신한 침대. 잭 폭신하다. —히.

푹:푹 날씨가 찌는 듯이 더운 모양. ⓔ 날씨가 푹푹 찐다.

푹하다 겨울 날씨가 춥지 않고 따뜻하다.

푼: ①옛날 돈의 단위. ⓔ 한 푼 줍쇼. ②길이의 단위. 한 치의 10분의 1. ③무게의 단위. 한 돈의 10분의 1.

푼더분하다 ①얼굴이 두툼하여 탐스럽다. ⓔ 푼더분한 얼굴. ②약소하지 아니하고 두둑하다. —히.

푼:돈[—똔] 많지 않은 몇 푼의 돈. ⓔ 푼돈 모아 목돈 마련. 반 목돈. 떼돈.

푼:물 지난날, 물장수에게 대어 놓고 사는 물이 아니라 때때로 한 지게씩 사는 물.

푼:푼이 한 푼씩 한 푼씩. ⓔ 푼이 저축하다.

푼푼하다 ①모자람이 없이 넉넉하다. ②사람됨이 옹졸하지 아니하고 너그럽고 활달하다. —히.

풀¹ ①줄기가 연한 식물을 통틀어 일컬음. ⓔ 풀을 뽑다. ②물건을 붙이는 데 쓰는 끈기 있는 물질.

풀:²(pool) 헤엄치고 놀도록 만들어 놓은 곳.

풀기 ①풀을 먹여 빳빳해진 기운. ②사람의 씩씩하고 활발한 기운.

풀꽃 풀에 피는 꽃.

풀다[푸니] ①매이거나 얽히거나 묶인 것, 또는 잠기거나 채워지거나 쥔 것을 끄르다. ②사람 따위를 동원하다. ③원한을 씻다. ④문제를 해결하다.

풀뜸 연줄에 사금파리의 가루나 유릿가루 등을 개어 실에 바르는 것. —하다.

풀리다 ①맨 것이 끌러지다. ②춥던 날이 누그러지다. ③원한이 사라지다. 반 맺히다.

풀무 불을 피울 때 바람을 불어 넣는 연모.

풀무질 풀무로 바람을 일으키는 일. —하다.

풀무치 메뚜깃과의 곤충. 양달의 풀밭에 살며 농작물을 해침.

풀물 풀에서 나오는 물.

풀밭 풀이 많이 나 있는 평지.

풀백(fullback) 축구에서, 골키퍼 앞에서 수비를 맡은 두 선수.

풀벌레 풀숲에 사는 벌레.

풀뿌리 민주주의 민중의 저변에 파고들어가 민중의 지지를 얻으며 국민 개개인에게 골고루 미치는 대중적인 민주주의.

풀숲 풀이 무성한 수풀.

풀어 내다 ①얽힌 것들을 끌러 내

다. ②어떤 이치나 문제를 밝혀 내다. [예] 암호를 풀어 내다.

풀어쓰기 글자를 풀어 헤쳐 첫소리·가운뎃소리·끝소리를 그 차례대로 쓰는 방식. '사전'을 'ㅅ ㅏ ㅈ ㅓ ㄴ'으로 쓰는 따위.

풀어지다 ①풀리게 되다. [예] 매듭이 풀어지다. ②덩어리가 녹다.

풀어 헤치다 끌러 놓고 이리저리 흩어지게 하다. [예] 긴 머리를 풀어 헤치다.

풀없다 맥이 빠지다. 기운이 없다. [예] 기다리다 풀없이 돌아가고 말았다. —이.

풀이[1] 알기 쉽게 쉬운 말로 밝혀 말함. [예] 문제 풀이. —하다.

-풀이[2] 일부 낱말에 붙어서 그 기운이나 감정을 풀어 버림을 뜻하는 말. [예] 화풀이. —하다.

풀이말 글월 속에서 '어찌한다·어떠하다·무엇이다'에 해당되는 말. '꽃이 아름답다'의 '아름답다' 따위. [비] 술어.

풀잎[—립] 풀의 잎.

풀죽다 활기나 기세가 꺾여 맥이 없다. [예] 풀죽은 얼굴.

풀썩 몸피가 큰 것이 가볍고 힘있게 뛰는 모양. [예] 담을 풀쩍 뛰어넘다. [작] 폴짝. —하다.

풀칠하다 ①풀을 바르다. [예] 도배지에 풀칠하다. ②겨우 끼니를 이어 가다. [예] 입에 풀칠하다.

풀피리 입술에 대거나 물고 불어 소리가 나게 하는 풀잎. [본] 풀잎피리.

품 ①옷의 넓이. [예] 품이 넉넉하다. ②가슴. 몸. ③따뜻한 보살핌을 받는 환경. [예] 어머니의 품. ④어떤 일에 수고가 드는 것. [예] 품삯. ⑤말이나 동작의 됨됨이.

품갚음 남의 도움을 받은 것을 그대로 갚음. —하다.

품:격(品格)[—껵] 개인이 지니고 있는 성질과 인격. [예] 상스런 말은 품격을 떨어뜨린다.

품:계(品階) 벼슬의 등급. [예] 품계가 오르다.

품:귀(品貴) 물건이 귀함. [예] 겨울철에 난방 기구의 품귀 현상을 빚다. —하다.

품다[—따] ①품속에 넣거나 가슴에 대어 안거나 몸에 지니다. [예] 아기를 가슴에 품다. ②원한이나 슬픔·기쁨·생각 같은 것을 마음속에 가지다. [예] 큰 희망을 품다. [반] 풀다.

품:명(品名) 물건의 이름.

품:목(品目) 물건의 종류를 나타내는 이름. [예] 품목별로 구분하여 진열하다.

품:사(品詞) 낱말을 그 성질·구실·형식에 따라 갈라 놓은 갈래. [비] 씨.

품삯[—싹] 품팔이를 하고 받는 돈. 품값. [예] 품삯을 주다.

품:성(品性) ①개인이 가지고 있는 성질. [예] 품성이 좋다. ②타고난 본바탕. [비] 성품.

품:세 태권도에서, 겨루는 상대가 없이 공격과 방어 기술을 익힐 수 있도록 엮어 놓은 연속 동작의 형식.

품앗이 힘드는 일을 서로 거들면서 품을 지고 갚고 하는 일. [예] 품앗이로 김을 매다. —하다.

품:위(品位) 아름다움과 의젓함을 잃지 않은 몸가짐. [예] 품위 있는 말씨.

품:절(品切) 물건이 다 팔리어 없음. [예] 품절로 인하여 값이 오르

다. 비절품. —하다.
품:종(品種) 농작물이나 가축의 여러 종류를 그 성질이나 특징에 의하여 나눈 종류. 예우량 품종.
품:종 개:량 사람들이 바라는 성질을 갖도록 동식물을 더 좋은 것으로 만드는 일.
품:질(品質) 물건의 성질과 바탕. 예품질이 우수하다.
품:질 표시 상품의 내용과 특성을 상품에 표시하여 보인 것.
품팔다 품삯을 받고 일하다.
품팔이 품삯을 받고 하는 일. 예품팔이 생활을 하다. —하다.
품팔이꾼 남의 일을 하여 주고 품삯을 받아 살아가는 사람. 준품꾼.
품:평회(品評會) 일정한 산물·제작품 따위를 모아서 품질을 서로 의논하여 평가하는 모임. 예도자기 품평회.
품:행(品行) 마음과 몸을 가지는 태도. 예품행이 단정하다.
풋- 낱말 앞에 붙어서 '새로운 것·덜 익은 것·미숙한 것'을 나타내는 말. 예풋고추. 풋사과.
풋것 그 해에 새로 익은 곡식·과일·채소 따위.
풋곡식(—穀食) 덜 익은 곡식. 준풋곡.
풋김치 열무·어린 배추 따위로 담근 김치.
풋나무 땔나무로 가을에 벤 풀.
풋나물 봄에 뜯은 초목의 새순.
풋내 ①푸성귀·풋나물 따위로 만든 음식에서 나는 풀 냄새. ②'익숙하지 못하거나 어린 모양'의 비유. 예풋내 나는 애송이.
풋내기 경험이 없어 일에 서투른 사람. 예풋내기 외판원.

풋대추 아직 붉게 익지 않은 대추.
풋밤 잘 익지 아니한 밤.
풍¹(風) '허풍'의 준말.
풍²(風) 중풍·경풍 따위와 같이 정신·근육·감각에 탈이 생긴 병. 예풍이 들다.
풍경¹(風景) 산과 물의 보기 좋은 모양. 예시골 풍경. 비경치.
풍경²(風磬) 처마 끝에 달아 바람에 흔들리어 소리가 나게 하는 작은 종 모양의 방울.

〔풍 경²〕

풍경화 경치를 그린 그림.
풍구(風具) 바람을 일으키어 곡식 따위를 부쳐, 쭉정이·겨·먼지 등을 제거하는 농기구. 예풍구질.
풍구질 풍구로 곡식에 섞인 쭉정이·겨·먼지 등을 제거하는 일. —하다.
풍금(風琴) 서양식 건반 악기의 하나. 예풍금을 치다.
풍기(風紀) 지켜야 할 풍속·풍습상의 기율. 예풍기 문란.
풍기다 냄새를 사방에 퍼뜨리다. 예향기를 풍기는 장미꽃.
풍년(豐年) 농사가 잘 된 해. 예풍년이 들다. 반흉년.
풍년제 농촌에서, 그 해의 농사가 순조롭고 풍년이 들기를 기원하는 뜻에서 베푸는 의식.
풍덩 크고 무거운 물건이 깊은 물에 떨어질 때 나는 소리. 예강물에 풍덩 뛰어들다. 작풍당. —하다.
풍뎅이 날벌레의 한 가지. 거죽이

단단하게 생긴 껍질로 씌워지고, 몸빛은 광택이 나는 검은빛임.
풍랑(風浪)[—낭] 바람과 물결. 예 심한 풍랑. 비 풍파.
풍력(風力) 바람의 세기. 예 풍력을 이용한 발전기.
풍력계(風力計) =풍속계.
풍로¹(風爐)[—노] 바람이 통하도록 아래에 구멍을 낸 작은 화로의 한 가지.
풍로²(風露)[—노] ①바람과 이슬. ②바람결에 빛나는 이슬.
풍류(風流) 속되지 않고 운치가 있는 일, 또는 풍치를 찾아 즐기며 멋스럽게 노니는 일. 예 풍류를 즐기다.
풍류놀이(風流—) 시도 읊고, 노래도 하고, 술도 마시고, 춤도 추는 놀이.
풍만(豊滿) ①넉넉하게 가득 참. ②살지고 몸집이 큼. 예 몸이 풍만하다. —하다.
풍매화(風媒花) 나비나 벌에 의하지 아니하고, 바람에 화분이 날려 생식 작용을 하는 꽃.
풍문(風聞) 세상에 돌아다니는 소문. 예 그가 죽었다는 풍문이 나돌다. 비 소문. 풍설.
풍물(風物) ①그 고장의 경치. 비 풍경. ②풍물놀이에 쓰이는 꽹과리·북·징·장구 따위의 악기를 통틀어 이르는 말.
풍물놀이 농부들 사이에 행하여지는 우리 나라 고유의 음악. 꽹과리·징·북·법고·장구·피리 등의 악기가 쓰임.
풍미(風味) ①음식의 좋은 맛. ②사람 됨됨이의 고상한 멋.
풍부(豊富) 넉넉하여 많음. 예 풍부한 지하 자원. 비 풍족. 반 부족. —하다. —히.
풍비 박산(風飛雹散) 사방으로 날아 흩어짐. 예 가스 폭발로 집이 풍비 박산되다. 준 풍산. —하다.
풍산개(豊山—) 함경 남도 풍산군에서 나는 개의 한 품종. 크기가 진돗개와 셰퍼드 중간쯤 되는 이름난 사냥개.
풍상(風霜) ①바람과 서리. ②여러 가지 고생. 예 풍상을 겪다.
풍선¹(風扇) 부치거나 날개를 돌려 바람을 일으키는 기구. 선풍기 따위.
풍선²(風船) 바람이나 가스를 불어 넣어 공중에 뜨게 하는 기구. 예 풍선을 날리다.
풍설(風說) 뜬소문. 예 항간에 떠도는 풍설. 비 소문. 풍문.
풍성(豊盛) 넉넉하고 많음. 예 부지런히 일한 보람으로 풍성한 수확을 거둘 수 있게 되었다. 비 풍족. —하다. —히.
풍세(風勢) 바람의 세력. 곧, 바람의 강하고 약함. 비 풍력.
풍속¹(風俗) 옛날부터 내려오는 습관. 예 풍속을 해치다. 비 풍습.
풍속²(風速) 바람이 부는 속도. 예 풍속을 재다.
풍속계(風速計) 풍속을 재는 장치. 4개의 날개가 바람을 받아 회전한 횟수로써 풍속을 알 수 있음. 풍력계.
풍속화 사회의 사정과 습관을 그린 그림. 조선 후기의 유명한 김홍도·신윤복 등이 대표적인 화가임. 풍속도.
풍수(風水) 음양 오행설에 기초하여, 집·무덤 따위의 방위나 지형의 좋고 나쁨으로 사람의 운수를 판단하는 술법. 지술. 예 풍수 지리설.
풍수설 풍수에 관한 학설.
풍수지탄(風樹之嘆) '어버이가 돌아가시어 효도하고 싶어도 할 수 없는 슬픔'을 이르는 말.
풍습(風習) 옛날부터 전해 내려오는 습관. 예추석에 송편을 빚는 풍습. 비풍속¹.
풍악(風樂) 우리 나라 고유의 옛 음악. 예풍악을 울리다.
풍압(風壓) 바람이 물체에 미치는 압력.
풍압계 풍압을 재는 기계.
풍어제(豊漁祭) 어촌에서, 그 해의 어업의 무사함과 고기가 많이 잡히기를 기원하며 용왕을 위하는 뜻으로 베푸는 의식.
풍요(豊饒) 매우 많아서 넉넉함. 예풍요한 사회. —하다. —히.
풍우(風雨) ①바람과 비. ②풍속 10m/s 이상 정도로 비를 가져오는 바람. 비비바람.
풍운(風雲) ①바람과 구름. ②영웅·호걸 들이 뜻을 펼 수 있는 좋은 기회. 예풍운을 타다. ③사회·정치적으로 몹시 어지러운 정세. 예풍운이 감돌다.
풍운아 좋은 기운을 타서 세상에 뛰어난 일을 나타내는 사람. 예희대의 풍운아.
풍:자(諷刺) 잘못 등을 빗대어 재치 있게 경계하거나 비판함. 예풍자시. —하다.
풍:자극 사회나 사람의 잘못이나 모순 따위를 빗대어 비판하는 내용의 연극 또는 희곡.
풍작(豊作) 풍년이 들어 모든 곡식이 잘 됨. 반흉작.
풍장 풍물놀이에 쓰이는 악기를 민속적으로 일컫는 말. 꽹과리·태평소·소고·북·장구·징 따위.
풍전 등화(風前燈火) 바람 앞에 있는 등불처럼 몹시 위급한 처지에 놓여 있는 상태를 가리키는 말. 예나라의 운명이 풍전 등화와 같다.
풍조(風潮) ①세상이 되어 가는 형태. 예사치 풍조가 만연하다. ②바람과 조수.
풍족(豊足) 부족이 없음. 넉넉함. 예풍족한 사람. 비부유. 풍부. 풍성. 반부족. —하다. —히.
풍차(風車) 큰 날개를 달아 바람의 힘으로 돌게 하여 그 힘을 다른 기계에 전하는 장치.
풍채(風采) 사람의 생긴 모양. 예풍채가 뛰어나다.
풍치(風致) 경치·풍경 등의 멋 또는 재미. 예풍치가 뛰어난 산.
풍토(風土) 기후와 토질.
풍토병(風土病)[—뼝] 어떠한 지방의 기후와 토질로 인하여 생기는 그 고장 특유의 병.
풍파(風波) ①세찬 바람과 험한 물결. 예풍파가 일다. 비풍랑. ②어수선하고 떠들썩한 것.
풍향(風向) 바람이 부는 방향. 예풍향이 바뀌다.
풍향계 풍향을 재는 기계.
풍화(風化) 지표의 암석이 공기·물·온도 따위의 작용으로 차츰 부서지는 현상. —하다.
풍화 작용(風化作用) 풍화를 일으키는 모든 작용.
풍흉(豊凶) 풍년과 흉년, 또는 풍작과 흉작.
퓨:마(puma) 고양잇과의 동물. 표범과 비슷하나 몸빛깔이 갈색이고 얼룩무늬가 없음. 나무에 잘 오르고, 평원이나 사막에 살며 사

슴·토끼 따위를 잡아먹음.

퓨ː즈(fuse) 센 전류가 흐르면 녹아 떨어져 위험을 막는 금속선. 납과 주석의 합금임.

프라이버시(privacy) 개인의 사생활이나 집안의 사적인 일.

프라이팬(frypan) 음식을 튀기는 데 쓰는 넓적한 냄비.

프락치(러 fraktsiya) 특수한 임무를 맡겨 파견한 당원 조직.

프랑스(France) 서유럽의 공화국. 기계·귀금속·섬유·건축·화학 공업이 성하며, 수도는 파리.

프랑스 혁명 1789년에 일어난 프랑스의 혁명. 왕정(王政)이 폐지되고 공화제(共和制)가 성립되었으며, 그 뒤의 민족주의와 자유주의 운동에 큰 영향을 줌.

프랭클린(Franklin, 1706~1790) 미국의 정치가·사상가·과학자. 독립 선언서 기초 위원·프랑스 대사 등을 지냄. 번개의 방전 현상을 증명했으며, 피뢰침을 발명함.

프러포ː즈(propose) ①구혼하는 일. 예프러포즈를 받다. ②제안·의견을 발표함. —하다.

프레스토(이 presto) 악보에서, '아주 빠르게'의 뜻.

프레온(Freon) 플루오르화 탄화수소. 보통, 색깔과 냄새가 없는 기체로 냉장고·에어컨 등의 냉각재로 쓰임. 오존층 파괴의 주범임.

프레이즈(phrase) ①숙어. 관용구. ②악곡의 한 도막. 악구.

프레파라ː트(독 präparat) 현미경으로 볼 수 있게 한 관찰 재료.

프로그래머(programmer) ①기획하는 사람. ②컴퓨터를 작동시킬 프로그램을 만드는 사람.

프로그램(program) ①진행 계획이나 순서. ②컴퓨터의 작업 순서를 만들어 놓은 것.

프로그램 언어 컴퓨터로 프로그램을 작성하기 위한 언어.

프로듀ː서(producer) 제작자. 연출가. 무대 감독.

프로 야ː구 야구를 직업으로 하는 선수들끼리 펼치는 야구.

프로이센(Preussen) 독일 연방 가운데에서 가장 컸던 나라.

프로젝트(project) 연구나 사업 따위의 계획 또는 설계.

프로타주(프 frottage) 물체를 종이 밑에 놓고 연필·색연필 등으로 문지르거나 두들겨서 나타내는 표현 방법.

프로판(propane) 메탄계 탄화수소의 한 가지. 냄새나 색깔이 없는 가연성 기체.

프로판가스(propane gas) 프로판을 주성분으로 하는 액화 석유 가스. 가정용 연료로 널리 쓰임.

프로펠러(propeller) 비행기·기선 따위에 붙어 발동기에 의한 날개의 회전력으로 나가는 장치.

프록 코ː트(frock coat) 남자용의 서양식 예복으로 보통 검은색이며 저고리 길이가 무릎까지 이름.

프롬프터(prompter) 연극에서, 관객에게 보이지 않게 배우에게 대사·동작 따위를 일러 주는 사람.

프리ː랜서(free-lancer) 자유 계약에 의한 작가나 배우·예술가.

프리마 돈나(이 prima donna) 가극에서 주역을 맡은 여가수.

프리미엄(premium) ①원래의 값 이상으로 내야 하는 돈. 웃돈. ②수수료. 권리금.

프리ː 배팅(free batting) 야구에서 자유롭게 타격을 연습하는 일.

프리즘(prism) 유리로 만든 세모진 막대기로, 광선을 비추어 광선의 꺾임이나 갈라져 흩어지는 상태를 살피는 데 씀.

프리 : 킥(free kick) 축구에서, 반칙을 했을 때에 상대편이 그 자리에 공을 놓고 차는 일.

프린터(printer) 컴퓨터의 정보를 종이에 찍어 내는 장치.

프린트(print) ①인쇄. ⑩ 프린트물. ②강연·강의의 내용을 등사판에 박은 것. —하다.

플라나리아 몸은 편평하고 머리는 삼각형이며 몸빛은 올리브 갈색인, 하천이나 돌·나뭇잎 밑에 사는 동물.

〔플라나리아〕

플라스크(flask) 몸체는 둥글고, 목이 긴 유리 기구. 주로 액체를 담아 가열하는 데 씀.

플라스틱(plastic) 인공적으로 만드는 나일론·비닐론·폴리에스테르 등을 통틀어서 이르는 말.

플라이급(fly級) 선수를 체중에 따라 나눈 등급의 하나. 권투에서는 48~51kg, 역도에서는 52kg 이하임.

플라이 볼 :(fly ball) 야구 등에서, 타자가 공중 높이 쳐올린 볼.

플라이어(pliers) 가는 관이나 둥근 쇠막대를 집거나 끼우는 데 쓰는 연모.

플라타너스(라 platanus) 플라탄과에 속하는 갈잎 큰키나무. 잎은 크고 가을에 방울 모양의 둥근 열매를 맺음. 가로수로 심음.

플랑크톤(plankton) 물 속에 떠다니는 미생물을 통틀어 이르는 말. 물고기의 먹이가 됨.

플래시(flash) ①회중 전등. 손전등. ②사진용 섬광 전구.

플래카 : 드(placard) 기다란 천에 표어 따위를 써서 양 끝을 장대에 매어 단 선전물.

플랜더스의 개 영국의 여류 작가 위다 여사가 쓴 동화의 제목. 그 동화에 나오는 파트라셰라는 개는 영리하고 힘이 세어 주인을 위해 우유 배달 수레를 끌었으며, 마지막에는 주인공 네로와 함께 죽음.

플랜트 수출(plant 輸出) 제조 공업에 필요한 공장 기계 설비 전체를 수출하는 방식.

플랫폼 :(platform) 역이나 정거장에서 기차를 타고 내리는 곳.

플러그(plug) ①콘센트에 끼워 전류를 흐르게 하는 전기 기구. ②점화하는 장치.

플러스(plus) 수학에서 보탬표 '+'의 이름. ⑬마이너스(-).

플레밍(Fleming, 1881~1955) 영국의 세균학자. 1922년 항생 물질 라이소자임을, 1929년 푸른곰팡이로부터 페니실린을 발견하여 1945년 노벨 의학상을 받았음.

플레이(play) 경기. ⑩정정 당당한 플레이를 펼치다.

플레이 볼 :(play ball) 야구·탁구·테니스 등의 구기에서, 심판이 시합의 시작을 명령하는 말.

플레이 오프(play off) 야구 경기 따위에서, 장기간에 걸친 정규 경기를 치른 뒤에 갖는 우승을 결정하는 경기.

플레이트(plate) ①판. 금속판. ②야구에서, 투수가 공을 던지거나 포수가 공을 받을 때 밟는 판.
플로리다(Florida) 미국 동부지방의 남쪽에 있는 주. 기후가 온난하고 아열대성 산물이 많음. 농산 가공·임산 가공이 성함.
플롯(plot) 소설이나 희곡 따위의 줄거리나 구성.
플루:트(flute) 관악기의 하나. 고음 악기로 음색이 곱고 빠른 악곡을 연주하는 데 쓰임. 최근에는 주로 금속으로 만듦.

〔플루트〕

플리머스록(Plymouth Rock) 고기와 알을 얻기에 알맞은 닭의 한 품종. 플리머스.
피¹ ①사람·동물의 염통에서 핏줄을 통하여 온몸을 돌아다니는 붉은빛의 체액. 비 혈액. ②혈연. 혈통. 예 피를 나눈 형제.
피² 볏과에 딸린 한해살이풀로 벼와 비슷한데, 빛이 검푸르고 털이 없으며 반질반질함.
피:³ 비웃는 대도로 입술을 비죽 내밀며 내는 소리. 예 피, 또 거짓말 하는 거지. —하다.
피:감수[—쑤] 뺄셈에서, 빼어지는 수. 이를테면 10-7=3에서의 10 따위. 반 감수.
피겨 스케이팅(figure skating) 스케이트를 신고 얼음판에서 갖가지 도형을 그리면서 재주를 부리는 스케이팅.
피:격(被擊) 공격을 당함. 습격·사격을 받음. 예 괴한에게 피격되다. —하다.
피:고(被告) 원고에 의하여 고소를 당한 사람. 반 원고.
피고름 피가 섞인 고름.
피:고인 형사 소송에서, 공소 제기를 당한 사람. 준 피고.
피곤(疲困) 몸이나 마음이 지치고 괴로움. 예 피곤하여 곯아떨어지다. 비 고단. 피로. —하다.
피골(皮骨) 살가죽과 뼈.
피골 상접(皮骨相接) 살가죽과 뼈가 맞붙을 정도로 매우 마름. —하다.
피끓는 청년 피가 끓을 듯이 힘차고 씩씩한 젊은이.
피끓다[—끌타] ①감정이 복받쳐 오르다. ②씩씩하고 힘차다.
피나는 노력 피가 날 만큼 매우 힘쓰는 것. 예 피나는 노력으로 재기에 성공하다.
피나는 싸움 있는 힘을 다하여 싸우는 싸움. 예 피나는 싸움 끝에 승리하다.
피나다 몹시 고생하다. 예 피나는 훈련 끝에 금메달을 따다.
피나무 깊은 산에 자라는 갈잎 큰키나무. 잎 뒤에 잔털이 있고, 잎 가에는 톱니가 있으며 뽕나무 잎과 비슷함. 새목은 가구를 만들고, 껍질은 밧줄·그물·끈 등의 재료로 쓰임.
피:난(避難) 천재 지변 따위의 재난을 피하여 있는 곳을 옮김. 예 긴급 피난. —하다.
피:난길[—낄] 재난을 피하여 떠나는 길. 예 피난길에 오르다.
피:난민 재난의 위험을 피하여 온 사람들. 예 피난민 수용소.
피:난살이[—사리] 피난하여 사는 살림살이. —하다.
피:난처 재난을 피해 옮긴 거처.
피날레(이 finale) ①마지막. ②곡

피눈물

이나 연극의 끝. 예 화려하게 피날레를 장식하다.

피눈물 몹시 슬프고 분통하여 나는 눈물. 예 피눈물을 흘리다.

피닉스(phoenix) 오륙백 년마다 스스로 불에 타 죽었다가 되살아난다고 하는 상상의 새. 불사조.

피다¹ ①꽃봉오리·잎 따위가 벌어지다. 예 코스모스가 피다. 반지다. ②불이 일어나다. ③잘 살게 되다. 예 살림이 피다.

피다² ①솜을 매만져 얇게 늘이다. ②수단을 부리다. 예 잔꾀 피지 마라. ③살이 오르고 혈색이 좋아지다. 예 얼굴이 피다.

피:동(被動) ①남의 힘에 의하여 움직이는 일. ②주체가 남에 의해 움직이는 성질. 곧, '안기다·입히다' 같은 말. 반능동.

피땀 몹시 힘들게 일을 하여 흘리는 진땀. 예 피땀 흘려 모은 돈.

피라미 잉어과에 딸린 민물고기. 몸길이는 10~14cm, 몸높이는 몸길이의 4분의 1쯤 됨. 비늘은 둥글고 뒷지느러미가 매우 크며, 우리 나라·중국·일본 등지에 삶.

피라미드(Pyramid) 아프리카 이집트 나일 강가에 있는, 세모지게 산처럼 높게 쌓아올린 탑. 5000여 년 전 옛날 이집트 임금의 무덤임. 금자탑.

〔피라미드〕

피:란(避亂) ①난리를 피함. ②난리를 피하여 있는 곳을 옮김. 예 피란길에 오르다. —하다.

피:란민 난리를 피하여 딴 곳으로 가는 사람.

피:랍(被拉) 납치를 당함. 예 고기잡이 배가 피랍되다.

피력(披瀝) 마음 속의 생각을 털어놓고 말함. 예 속사정을 피력하다. —하다.

피로(疲勞) 몸이 지침. 지치어 고단함. 예 피로를 느끼다. 비피곤. —하다.

피로연(披露宴) 결혼·출생 등을 널리 알리기 위해 베푸는 연회.

피:뢰침(避雷針) 지붕 같은 데에 벼락을 피하려고 세워 놓은 뾰족한 쇠붙이 막대.

피륙 무명·베·비단 등의 총칭.

피:리 ①목관 악기의 하나. ②속이 빈 대에 구멍을 뚫고 숨을 내불어 소리를 내는 악기.

피마자 ①아주까리. ②아주까리씨. 비마자.

피복¹(被服) 옷. 예 피복 공장.

피:복²(被覆) 거죽을 덮어 씌움. —하다.

피:복선(被覆線) 전선 겉을 전기의 부도체로 싼 전선.

피봉(皮封) 편지 따위의 겉봉.

피부(皮膚) 동물의 살을 싼 껍질. 비살가죽. 살갗.

피부색 살 또는 피부의 빛깔.

피부염 피부에 생기는 염증.

피붙이 ①겨레붙이. 혈족. ②자신이 직접 낳은 자식이나 자손.

피비린내 ①피에서 풍기는 비린 냄새. ②몹시 거칠고 무시무시한 기운. 예 피비린내 나는 전투.

피사리 논이나 밭에 나는 피를 뽑아 버리는 일. —하다.

피:살(被殺) 죽임을 당함. 살해를 당함. 예 피살되다. —하다.

피상(皮相) ①겉모양. ②진상을 추

구하지 않고 표면만을 보고 내리는 판단. ㉠피상 관찰.

피상적 진상을 추구하지 않고 겉면만 보고 판단하는 모양. ㉠피상적인 견해.

피:서(避暑) 더위를 피하여 서늘한 곳으로 옮김. ㉠피서를 가다. ㉣피한. —하다.

피:선거권(被選擧權)[—꿘] 선거에 입후보하여 나라 일을 맡아 볼 수 있는 권리. ㉣선거권.

피스톤(piston) ①주사기의 실린더 안에 약물을 빨아들이거나 밀어내거나 하는 일을 하는 유리 막대. ②내연 기관의 실린더 안에서 왕복 운동을 하는 부품.

피:습(被襲) 습격을 당함. ㉠피습을 당하다. —하다.

피:승수[—쑤] 곱셈에서, 곱해지는 수. 이를테면 7×3=21에서 7 따위. ㉣승수.

피식 힘없이 싱겁게 웃는 모습. ㉠피식 웃고 말다.

피:신(避身) 몸을 피함. ㉠피신처. ㉥은신. —하다.

피아노[1](piano) 모양이 오르간과 비슷한 서양 악기의 한 가지. 85개 또는 88개의 건반을 손가락 끝으로 눌러 소리를 냄.

피아노[2](이 piano) 악보에서, '약하게'의 뜻. 기호는 '*p*'.

피아노곡 피아노를 치는 데 알맞게 만든 음악 곡조.

피아니스트(pianist) 피아노 연주자.

피어 오르다 가볍게 퍼지며 위로 올라가다. ㉠아지랑이가 피어 오르다.

피우다 ①피게 하다. ㉠꽃을 피우다. ②먼지·냄새 따위를 퍼뜨리거나 일으키다. ㉠냄새를 피우다. ③어떤 행동을 부리다.

피자(이 pizza) 밀가루 반죽에 야채·햄·치즈 등을 얹어 구운 파이.

피장파장 서로 낫고 못함이 없는 경우나 처지를 이르는 말. ㉠힘들기는 서로 피장파장이다.

피:제수(被除數)[—쑤] 나눗셈에서, 나누어지는 수. 이를테면 10÷2=5에서 10 따위. ㉣제수.

피:차(彼此) ①서로. ㉠피차의 실수니 없던 일로 하자. ②저것과 이것.

피처(pitcher) 투수. ㉣캐처.

피콜로(piccolo) 관악기의 한 가지. 소형의 플루트로서 플루트보다 한 옥타브 높음.

피크닉(picnic) 도시락이나 빵·과실 등을 가지고 가는 소풍. 교외 산책. ㉠피크닉을 가다.

피튜니아(petunia) 가짓과에 속하는 한해살이, 또는 여러해살이풀. 남부 브라질 원산, 관상용임.

피:트(feet) 길이의 단위. 1피트는 12인치, 30.48cm임.

피폐(疲弊) ①낡아서 썩음. ②쇠약하여짐. ㉠피폐한 조국 땅을 노력으로 부흥시키자. ㉥쇠퇴. ㉣번성. —하다.

피하(皮下) 살가죽의 밑. ㉠피하 주사. 피하 지방.

피:하다(避—) ①몸을 숨기다. ㉠대피소로 피하다. ②비나 눈 따위를 안 맞으려고 처마 밑 같은 데에 들어서다. ㉠비를 피하다. ③꺼리다. ④벗어나다. ⑤관계하지 않다. ㉠너무 힘에 겨운 운동은 피해야 건강에 좋다.

피하 지방 포유류의 피부의 피하 조직에 다량으로 들어 있는 지방 조직. 영양분의 저장, 체온의 보존 등의 기능을 함.

피:해(被害) 해를 입음. [예] 많은 피해를 입다. [반] 가해. —하다.

픽 ①힘없이 가볍게 쓰러지는 모양. [예] 픽 쓰러지다. [작] 팩. ②다물었던 입술을 터뜨리며 힘없이 싱겁게 웃는 모습. —하다.

핀(pin) 쇠붙이 등으로 못이나 바늘처럼 가늘게 만든 물건을 통틀어 일컫는 말. 바늘핀·옷핀·머리핀 등.

핀셋(프 pincette) 작은 물체를 집는 데 쓰이는 쇠로 만든 기구.

핀잔 맞대어 책망하는 말. 꾸지람. [예] 핀잔을 주다. —하다.

핀치콕(pinchcock) 고무관에서 나오는 약품이나 물의 양을 조절하기 위하여 끼우는 작은 집게.

핀트 ①사진 렌즈의 초점. [예] 사진기의 핀트를 맞추다. ②사물의 중심점. 요점.

필[1](匹) 말·소를 세는 데 쓰는 말. [예] 말 한 필. [비] 마리.

필[2](疋) 피륙을 세는 데 쓰는 말. [예] 광목 한 필.

필경(畢竟) 마침내. 나중에는. [예] 필경 돌아올 거야. [비] 결국.

필기(筆記) ①글씨를 씀. [예] 필기 도구. ②강의·연설 등에서 그 말을 받아 적음. —하다.

필담(筆談)[—땀] 말로 뜻이 통하지 못하는 사람끼리 글자를 써서 생각을 문답함. —하다.

필답(筆答)[—땁] 글로 써서 대답함. [예] 필답 고사. —하다.

필:드 하키(field hockey) 11명씩의 두 팀이 스틱을 가지고 공을 상대방의 골에 넣는 운동 경기.

필라멘트(filament) 전구·진공관 속에 있어 전류를 통하면 빛을 내는 가는 선. 대개 텅스텐 선으로 만듦.

필름(film) 투명한 셀룰로이드 위에 감광제를 칠한 물건. 흑백용과 천연색용이 있음. 사진 따위를 박는 데 씀.

필마(匹馬) 한 필의 말. [예] 오백년 도읍지를 필마로 돌아드니.

필멸(必滅) 반드시 멸망함. [예] 생자 필멸. —하다.

필묵(筆墨) ①붓과 먹. ②써 놓은 글씨나 문장.

필사[1](必死)[—싸] 죽도록 힘을 씀. 목숨을 걸고 행함. [예] 필사의 탈출. —하다.

필사[2](筆寫)[—싸] 베껴 씀. [예] 필사본. —하다.

필사적[—싸적] 죽기로 결심하고 있는 모양. [예] 필사적인 투쟁.

필산(筆算)[—싼] 숫자를 써서 셈을 함. [반] 암산. —하다.

필생(畢生)[—쌩] 한평생에 걸침. [예] 필생의 숙원. [비] 평생.

필수(必須)[—쑤] 꼭 필요로 함. 없어서는 안 됨. [예] 의식주는 살아가는 데 필수적인 요소이다.

필수 과목 반드시 배워야 하는 과목. [반] 선택 과목.

필수품(必需品)[—쑤품] 살아가는 데 없어서는 안 되는 물품. [예] 생활 필수품.

필순(筆順)[—쑨] 글자 쓰는 차례.

필승(必勝)[—씅] 꼭 이김. [예] 필승의 굳은 의지. —하다.

필시(必是)[—씨] 꼭. 반드시. 틀림없이. [예] 그는 필시 오고야 말 것이다. [비] 필연.

필연(必然) ①꼭 그렇게 될 수밖에 다른 도리가 없음. [예] 너와의 만남은 필연이다. 반우연. ②꼭. 반드시. 필시.
필요(必要) 꼭 소용이 됨. 예필요는 발명의 어머니이다. 비요긴. 소용. 반불요. —하다.
필요성[피료썽] 필요로 하는 성질. 예별 필요성을 못 느낀다.
필적(筆跡)[—쩍] 써 놓은 글씨의 모양이나 솜씨.
필체(筆體) 글씨의 모양. 글씨체.
필통(筆筒) ①볼펜·연필·지우개 등을 넣어 가지고 다니는 기구. ②붓·연필 등을 꽂아 두는 통.
필히(必—) 꼭. 반드시. 예필히 영수증을 지참해 주십시오.
핍박(逼迫) 괴롭게 굶. 몹시 심하게 굶. 예계모에게 핍박을 받은 콩쥐. —하다.
핏기(—氣) 사람의 피부에 드러난 불그레한 빛깔. 혈색. 예얼굴에 핏기가 없다.
핏대 올리다 성을 내다. 예핏대 올리지 말고 천천히 말해 보아라.
핏발 몸의 어떤 부분에 피가 몰려 붉게 된 결. 예핏발이 서다.
핏발 서다 핏발이 생기다. 예핏발 선 눈.
핏줄[피쭐] ①몸 속에서 피가 돌아다니는 줄기. 비혈관. ②같은 혈족. 예우리는 한핏줄이다.
핏줄기[피쭐—] ①피의 줄기. ②혈통.
핑 ①갑자기 정신이 아찔한 모양. 예머리가 핑 돈다. ②갑자기 눈물이 괴는 모양. 예눈물이 핑 돈다. ③한 바퀴 힘차게 도는 모양. 작팽. 여빙. —하다.
핑계 ①다른 일을 끌어 붙여 변명함. 예공연히 핑계 대지 마라. ②다른 일을 방패로 내세움. 예핑계를 삼다. —하다.
핑계 없는 무덤이 없다〈속〉 무슨 일이든지 핑계거리를 찾으면 반드시 있다는 말.
핑퐁(ping-pong) =탁구.
핑핑 ①계속해서 힘있게 도는 모양. 예팽이가 핑핑 돈다. ②총알 따위가 공중으로 빠르게 지나가는 소리. 또, 그 모양. 작팽팽.
핑핑하다 ①낫고 못함이 없다. 예힘이 서로 핑핑하다. ②뻣뻣하게 일어서다. ③힘있게 켕기다. 작팽팽하다. —히.

훈몽자회자 ㅎ 훈민정음자

ㅎ [히읗] 한글 닿소리의 열넷째 글자인 히읗.

하¹ ①많이. ②크게. ③매우. 몹시. 퍽. 예 하 많은 집들.

하:² 기쁨·슬픔·노여움·즐거움 따위를 나타내는 소리. 예 하, 참 훌륭하구나! 큰 허¹.

하³ 매울 때나 추울 때에 혀를 그대로 두고 입을 벌린 채 입김을 내어 부는 소리. 큰 허². —하다.

하:⁴(下) 등급이나 차례를 '상·하'나 '상·중·하'로 구분해서 매길 때 아래 또는 맨 끝. 반 상.

하가에(何暇—) 무슨 겨를에. 어느 틈에. 예 어느 하가에 왔냐?

하:강(下降) ①높은 데서 낮은 데로 내려옴. 예 비행기가 하강 중이다. 반 상승. ②신선이 현실 세계에 내려옴. —하다.

하:객(賀客) 축하하는 손님. 예 하객이 많다. 비 축객.

하:계(夏季) =하기(夏期).

하:계 올림픽 여름철에 하는 올림픽. 반 동계 올림픽.

하고 ①'와·과'와 같은 뜻. ②같이. 예 나하고 함께 가자.

하고많다 [—만타] 매우 많다. 어디든지 있다. 수두룩하다. 예 하고많은 날에 꼭 오늘일까.

하:곡(夏穀) 여름철에 익어서 거두는 곡식. 보리·밀 따위.

하:관(下棺) 시체를 묻기 위해 관을 무덤의 구덩이 안에 내려놓음. —하다.

하:교(下校) 공부를 마치고 학교에서 집으로 돌아옴. 반 등교. —하다.

하구(河口) 강물이 바다로 흘러 들어가는 어귀. 예 하구둑.

하구언(河口堰) 바닷물이 밀려드는 것을 막기 위하여 강어귀에 쌓은 둑. 예 금강 하구언.

하:급(下級) 아랫등급. 급이 낮음. 반 상급.

하:급생(下級生) 학년이 낮은 학생. 반 상급생.

하:기(夏期) 여름철. 여름의 시기. 하계. 반 동기.

하기는 '실상 말하자면'의 뜻으로, 이미 있었던 일을 긍정할 때 씀. 예 하기는 네 말도 옳다. 준 하긴.

하기로 하는 것으로. 예 집안 청소는 내가 하기로 결정했다.

하기야 '사실을 말하자면'의 뜻으로 쓰는 말.

하나 ①수의 처음. ②오직 그것뿐. 예 생명은 하나뿐이다. ③같은 것. ④한 몸.

하나같다 [—갇따] 서로 다름이 없이 여럿이 모두 똑같다. 예 하나같이 예의가 바르다.

하나님 개신교에서 '하느님'을 이르는 말.

하나만 알고 둘은 모른다〈속〉 도

1062

무지 융통성이 없고 미련함을 이르는 말.

하나하나 ①하나씩. 비일일이. 예문제를 하나하나 풀다. ②하나도 빠짐없이 죄다.

하ː녀(下女) 계집종. 여자 하인.

하느님 ①세상 만물을 마음대로 할 수 있으며, 옳고 그름을 가려 사람에게 화와 복을 내린다고 여기고 있는 거룩한 존재. ②가톨릭에서 신봉하는 유일신. 개신교에서는 '하나님'이라 이름.

하느작거리다 가늘고 길고 부드러운 것이 자꾸 가볍게 흔들리다. 예수양버들 가지가 하느작거리다.

하느작하느작 가늘고 긴 물체가 자꾸 가볍게 흔들리거나 나부끼는 모양. —하다.

하늘 ①우리의 머리 위의 끝없이 푸르고 먼 공간. 비공중. 창공. 반땅. ②천지 만물의 주재자. 예하늘의 뜻. ③하늘나라.

하늘가[—까] 하늘의 끝.

하늘거리다 가볍고 부드럽게 흔들거리다. 예바람에 코스모스가 하늘거린다.

하늘과 땅 두 사물 사이에 큰 차이나 거리가 있음을 이르는 말.

하늘나라 이 세상이 아닌 저 세상. 죽어서 넋이 영원히 산다는 세상. 비천국. 천당.

하늘빛[—삧] ①하늘의 빛깔. ②맑은 하늘의 빛깔과 같은 파란 빛깔.

하늘소[—쏘] 하늘솟과의 곤충을 통틀어 이르는 말. 촉각이 길고 몸이 가늘며, 날개가 딱딱함. 나무나 꽃의 진·썩은 나무 등을 먹고 삶.

하늘의 별 따기〈속〉 일이 아주 어렵다는 뜻.

하늘이 무너져도 솟아날 구멍이 있다〈속〉 아무리 큰 재난에 부닥치더라도 그것에서 벗어나 도움을 받을 방법과 꾀가 서게 마련이다.

하늘하늘 가볍게 흔들리는 모양. 예하늘하늘 흔들리는 나뭇잎. —하다.

하늬바람 농가·어촌에서 '서풍'을 이르는 말. 반샛바람. 준하늬.

하다 ①행하다. 예운동을 하다. ②먹거나 마시다. ③직업을 갖다. 예장사를 하다. ④말하다.

하ː달(下達) 윗사람의 뜻이 아랫사람에게 이르게 함. 예명령이 하달되다. 반상달. —하다.

하더라도 한다고 해도. 예칭찬을 안 하더라도 흉은 보지 마라.

하도¹ 매우. 퍽. 예하도 궁금해서 언니에게 편지를 썼다.

하ː도²(下道) 지난날, 충청·경상·전라의 세 도를 아울러 이르던 말.

하ː드웨어(hardware) 컴퓨터를 이루고 있는 기계 및 장치의 부분. 반소프트웨어.

하ː등¹(下等) 낮은 등급. 예하등 동물. 반고등. 상등.

하등²(何等) 조금도. 아무런. 예그것과는 하등 관계가 없다.

하ː락(下落) ①등급이나 가치가 떨어짐. 예가치 하락. 반상승. ②물건값이 떨어짐. 예주가 하락. 반등귀. 앙등. —하다.

하랴마는 하겠느냐마는.

하루 ①하룻날. ②한 밤이 지나가는 동안. 일일. ③어떤 날.

하루갈이 하루에 갈 수 있는 넓이의 논밭.

하루 내내 하루 종일.

하루 물림이 열흘 간다〈속〉 무슨

일이든 뒤로 미루지 마라.

하루바삐 하루라도 빠르게. 하루라도 일찍이. 예 우리는 하루바삐 남북 통일을 이루도록 힘써야 한다. 비 하루속히.

하루빨리 하루라도 빨리. 예 하루빨리 병이 완쾌되길 빈다.

하루살이 ①여름날 저녁에 떼지어 날아다니는 작은 날벌레. ②목숨의 덧없음의 비유. 예 하루살이 같은 목숨.

하루속히 하루라도 빨리. 하루라도 빠르게. 예 하루속히 가난에서 벗어나자. 비 하루바삐.

하루 아침 ①매우 짧은 동안. 예 하루 아침에 가난뱅이가 되었다. ②어떤 날 아침.

하루 종일 하루의 아침부터 저녁까지. 예 오늘은 하루 종일 비가 내린다. 비 온종일.

하루치 하루의 분량. 하루의 몫. 예 하루치 품삯.

하룻강아지 ①뱃속에서 나온 지 하루밖에 안 되는 개의 어린 새끼. ②재게 뛰어다니는 강아지. ③초보자. 신출내기.

하룻강아지 범 무서운 줄 모른다 〈속〉 아주 어리고 약한 자가 크고 힘센 사람에게 철모르고 함부로 덤빈다.

하룻길 하루에 걸어서 갈 수 있는 길의 거리.

하룻날 그 달의 첫째 날.

하룻밤 ①한 밤. 예 하룻밤 묵다. ②어떤 날 밤.

하ː류(下流) ①강·내가 흘러 내려가는 곳. 예 하류로 내려가다. ②신분이 낮은 사람. 예 하류 계층. 판 상류.

하ː륙(下陸) 배나 비행기 따위에서 짐을 땅에 옮겨 놓음. —하다.

하르방 ①'할아버지'의 제주도 사투리. ②돌하르방.

하ː릴없다 ①어떻게 할 도리가 없다. 예 하릴없이 눈물만 짓고 있다. ②틀림없다. —이.

하마(河馬) 몸의 길이가 4m 남짓이나 되는 큰 짐승으로 다리는 짧고 입은 크며, 아랫잇몸에 5cm쯤 되는 송곳니가 났음. 낮에는 물 속에서 살고, 밤에는 뭍으로 나와서 먹이를 구함. 사하라 사막 이남의 아프리카에서 삶.

〔하마〕

하마터면 위태한 경우를 벗어난 것을 기뻐하는 말. 곧, 조금 잘못 하였더라면. 예 하마터면 물에 빠져 죽을 뻔했다.

하멜(Hamel, ?~1692) 1653년 1월, 태풍으로 떠내려와 제주도에 표착한 네덜란드의 선원.

하멜 표류기 하멜이 우리 나라에 표착해 온 후의 14년 간에 걸친 억류 생활을 기록한 책. 원이름은 〈난선 제주도 난파기〉로 우리 나라가 세계에 최초로 소개됨.

하ː명(下命) ①명령을 내림. 하령. ②윗사람이 내리는 명령을 높이어 이르는 말. 예 하명을 받다. —하다.

하ː모니(harmony) 화음. 조화. 예 하모니를 이루다. 비 화성².

하ː모니카(harmonica) 입에 대고 불게 만들어 놓은 서양의 악기.

하물(荷物) =짐¹. 예 하물을 내리

다. 비화물.

하물며 그 위에. 더군다나. 예 짐승도 못 할 짓을 하물며 사람이 하랴?

하물하물 푹 익어서 무르게 된 모양. 큰 흐물흐물. —하다.

하:반(下盤) 단층의 아래쪽 지층.

하:반기(下半期) 1년을 둘로 나눈 것의 나중 기간. 반상반기.

하:반신(下半身) 몸의 허리부터 그 아래의 부분. 반상반신.

하백(河伯) 물을 맡아 다스린다는 신. 비수신. 하신.

하:버:드 대학(Harvard大學) 미국 매사추세츠 주 케임브리지 시에 있는 사립 대학. 세계 최고의 학문 수준을 자랑함.

하:복(夏服) 여름철에 입는 옷. 반동복.

하:복부(下腹部) 사람이나 척추동물의 아랫배 부분.

하:부(下部) 아래쪽 부분. 예 하부 조직. 반상부.

하:사(下士) 병장의 위, 중사의 아래인 군인 계급.

하:산(下山) ①산에서 내려옴, 또는 내려감. 예 해가 져서야 하산했다. 반등산. ②목재 등을 산에서 내림. —하다.

하상(河床) 하천의 바닥.

하:서(下書) 웃어른이 주신 글월. 반상서.

하:선(下船) 배에서 내림. 반상선. 승선. —하다.

하:소연하다 원통하고 딱한 사정을 말하여 풀거나 씻어 달라고 하다. 예 소년이 자기의 억울한 사정을 아무리 하소연하여도, 험상궂은 사나이는 들어 주지 않았다. 준하소하다.

하:수(下水) 가정이나 공장 같은 데서 쓰고 버리는 더러운 물. 반상수.

하:수구 하수가 흘러 내려가도록 만든 도랑.

하:수도 빗물이나 쓰고 버린 더러운 물이 흘러가게 만든 도랑이나 그 설비. 반상수도.

하:숙(下宿) 오랜 기간을 정하고 남의 집에 방과 밥값을 내고 묵음, 또는 그 집. —하다.

하:숙집 ①하숙을 치는 집. ②하숙하고 있는 집.

하:순(下旬) 그 달 스무하룻날부터 그믐날까지의 열흘 동안.

하안(河岸) 강 양쪽의 강물과 잇닿아 있는 땅. 강기슭. 강안.

하안 단구(河岸段丘) 물의 침식 작용이나 지반 운동 따위로 이루어진, 강기슭에 생긴 계단 모양의 언덕.

하:야(下野) 시골로 내려간다는 뜻으로, 관직에서 물러남. —하다.

하:얗다[-야타][하야니] 매우 희다. 예 머리가 하얗게 센 노인. 반까맣다. 큰허옇다.

하얘지다 하얗게 되다. 예 그녀는 너무 놀란 나머지 얼굴이 하얘졌다. 큰허예지다.

하얼빈(중 哈爾濱) 중국 동북부 북만주의 헤이룽 성에 있는 도시. 1909년, 안중근 의사가 이 곳에서 이토 히로부미를 사살했음.

하여간(何如間) 어찌하였든지. 어쨌든. 하여튼. 예 하여간 곧 와 주게.

하여금 '로·으로' 아래 붙어서 '시키어·하게 하여'의 뜻을 나타내는 말. 예 나로 하여금 실망을 느끼게 하지 마라.

하여튼 아무튼. 사정이야 어쨌든. 하여간. 예 하여튼 가 보자.

하염없다 ① 아무 생각이 없다. ② 끝맺는 데가 없다. —이.

하:오(下午) 낮 12시부터 밤 12시까지. 점심때부터 저녁때까지의 사이. 비 오후. 반 상오.

하와이(Hawaii) 북태평양의 중앙부에 있는 여러 개의 화산섬과 그 부근의 섬들. 1959년에 미국의 쉰 번째 주가 되었음. 기후가 따뜻하고 경치가 좋아 관광지로 유명하며, 사탕수수·파인애플 등이 많이 생산됨.

하우스(house) ① '비닐 하우스'의 준말. ② 집. 주택.

하우스 재배 비닐 하우스 안에서, 화초·채소 등을 재배하는 일.

하위지(河緯地, 1387~1456) 조선 세종 때의 정치가. 사육신의 한 사람. 세종 때 집현전 학사로 〈역대병요〉를 편찬하였음.

하:의(下衣) 치마나 바지 등 몸의 아랫도리에 입는 옷. 반 상의.

하이든(Haydn, 1732~1809) 오스트리아의 고전파 작곡가. '교향곡의 아버지'라고 불림. 작품에는 〈군대〉〈시계〉 등의 교향곡과 〈천지 창조〉 등의 악곡이 있음.

하이에나(라 hyaena) 하이에나과의 포유 동물. 몸통은 개와 비슷하고, 성질이 포악하며 죽은 짐승의 고기를 먹음.

하이킹(hiking) 몇몇 사람이 떼를 지어 먹을 것을 가지고, 산이나 들로 걸어서 놀러 다니는 일. 예 친구들과 하이킹하다. —하다.

하이틴:(highteen) 10대 가운데 17~19세쯤 되는 청소년.

하이 힐:(←high heeled shoes) 뒷굽이 높은 여자 구두. 뾰족구두. 반 로 힐. 준 힐.

하:인(下人) 집에서 부리는 남자 종과 여자종. 반 상전.

하자(瑕疵) 흠. 결점. 예 아무런 하자가 없는 물건.

하자스라 '하자꾸나·하였으면 좋겠다'의 옛말.

하잘것없다 시시하여 대수롭지 않다. 보잘것 없다. 예 하잘것없는 작은 벌레. —이.

하:절(夏節) 여름철. 비 여름.

하:지(夏至) 일 년 중에서 낮이 가장 길고 밤이 가장 짧은 날. 양력 6월 21일경. 반 동지.

하지만 그러나. 그렇지만. 예 하지만 후회는 없다.

하:직(下直) 먼 길을 떠날 때에 웃어른에게 작별 인사를 올림. 예 하직 인사. 반 배알. —하다.

하:차(下車) 차에서 내림. 예 도중 하차. 반 승차. —하다.

하찮다 그다지 훌륭할 것 없다. 그저 볼 만하다. 대단하지 않다. 예 하찮은 물건이지만 나에게는 소중하다. 반 중대하다.

하천(河川) 시내. 강.

하:체(下體) 몸의 아랫부분. 예 하체가 약하다. 반 상체.

하:치 같은 종류의 물건 중 가장 품질이 낮은 것. 하품. 반 상치.

하:트(heart) 마음. 심장.

하품 졸리거나 고단할 때 입이 벌어지면서 나오는 깊은 숨. 예 지루해서 하품만 나온다. —하다.

하:프(harp) 마흔일곱 개의 줄을 두 손으로 퉁겨 연주하는 현악기.

하필(何必) 달리 되지 않고 어찌 꼭. 예 하필 내가 걸리다니.

하하 ①기뻐서 입을 크게 벌리어 웃는 소리. ②기가 막히어 탄식하여 내는 소리. 큰허허. —하다.

하:학(下學) 학교에서 그 날의 과정을 마침. 반상학. —하다.

하:행 열차(下行列車)[—녈차] 서울에서 지방으로 향하는 열차. 반상행 열차. 준하행.

하:현달(下弦—)[—딸] 달의 왼쪽 반이 빛나 보이는 상태의 반달. 음력 22~23일경에 뜨는 달. 반상현달.

하:회(下回) ①다음 차례. ②윗사람이 아랫사람에게 내리는 회답. 예하회를 기다리다.

하회 마을(河回—) 경상 북도 안동시 풍천면에 있는 마을. 하회탈로 유명함.

하회탈 탈의 한 가지. 하회 마을에서 하회 별신굿을 할 때 쓰는 오리나무로 만든 탈. 국보 제121호.

학(鶴) 몸은 흰빛에 목과 다리가 긴 큰 새. 두루미.

학과(學課) 학교에서 배우는 과징. 비공과.

학교(學校) 일정한 설비를 하여 놓고 교사가 학생을 가르치는 곳. 예학교에 다니다. 비학원².

학교 문고 학교에서 돌려 가며 보는 책을 모아 둔 곳.

학교 생활 기록부 학교에서 학생의 이름·생년월일·주소 따위를 적어 둔 등록 장부.

학교 신문 학교 안의 새 소식을 알리거나, 학생들의 의견 또는 문예 작품 등을 발표하기 위하여, 학생들이 중심이 되어 만들어 내는 신문.

학교장(學校長) 학교의 교육 및 사무에 대하여 관리 감독하고, 대외적으로는 학교를 대표하는 사람. 준교장.

학구(學究) 오로지 학문 연구에만 열중함. 예안경을 끼고 있으니 학구파로 보인다.

학군(學群) 입시 제도에 따라 지역별로 나누던 몇 개의 중학교 또는 고등 학교의 무리.

학급(學級) 같은 학과를 동시에 배우는 학생의 무리.

학급 문고 학급에 두고 돌려보려고 마련해 놓은 책.

학급 신문 학급에서 내는 신문.

학급 일지 학급에서 일어난 중요한 일을 그날그날의 당번이 쓰는 일지.

학기(學期) 한 학년 동안을 가른 기간. 우리 나라에서는 한 학년을 두 학기로 나눔. 예새 학기.

학년(學年) ①한 해를 단위로 한 학습 기간의 구분. ②한 해의 학습을 단위로 하여 진급하는 학교 교육의 단계.

학당(學堂) 학교. 글방.

학대하다(虐待—) 남을 괴롭히거나 아주 못 살게 굴다.

학덕(學德) 학문과 덕행. 예학덕을 갖춘 선생님.

학도(學徒) ①학생. ②'학자'나 '연구가'가 스스로를 겸손하게 이르는 말.

학도병 학생들로 조직된 군대, 또는 그 군인. 준학병.

학동(學童)[—똥] ①글방에서 글을 배우는 아동. ②초등 학교에 다니는 아동. 예학동 시절.

학력¹(學力)[항녁] ①학문의 실력. ②학문을 쌓은 정도.

학력²(學歷)[항녁] 공부를 한 이

력. ⓔ 대졸 학력.

학무(學務) 학사 및 교육에 관한 사무.

학문(學問) ①배워 익힘. ⓔ 학문에 정진하다. ②배워 닦은 지식과 재주. ⓑ 학식. —하다.

학벌(學閥) 졸업한 학교의 사회적 지위나 등급. ⓔ 좋은 학벌.

학부¹(學府) ①학문·학자가 모인 곳. 흔히 대학을 말함. ⓔ 최고 학부. ②넓고 깊은 지식을 가진 것을 비유한 말.

학부²(學部) 지금의 교육부와 비슷한 일을 맡아 하던 대한 제국 때 관청.

학부모(學父母) 학생의 아버지와 어머니.

학비(學費) 공부를 하는 데 드는 돈. ⓑ 학자금.

학사(學士) 대학을 졸업한 사람에게 주는 칭호.

학살(虐殺) 참혹하고 모질게 죽임. ⓔ 학살자. —하다.

학생(學生) 학교에 다니며 공부를 하는 사람. ⓑ 교사.

학생 운·동 학생들이 학교 내의 문제, 또는 정치·사회·문화·민족 문제에 관하여 일으키는 운동.

학생증[—쯩] 학생의 신분임을 밝히는 증명서. ⓔ 학생증을 제시하다.

학설(學說) 학자가 학문상으로 자기의 믿는 바를 주장하는 설명. ⓔ 새로운 학설을 발표하다.

학수 고대(鶴首苦待) 학의 목처럼 목을 길게 늘여 기다린다는 뜻으로, 애타게 기다림을 일컫는 말. ⓔ 시집간 누님이 오기를 학수 고대하다. —하다.

학술(學術) 학문과 기술. ⓔ 학술 회의.

학술 조사 학술상의 연구나 확인 등을 위하여 실지로 하는 조사.

학습(學習) 배워서 익힘. ⓔ 교과 학습. ⓑ 공부. —하다.

학습장(學習帳) 공부하는 데 필요한 것을 적는 공책. 노트.

학식(學識) 글을 배워서 얻은 지식. ⓔ 학식이 뛰어나다. ⓑ 학문.

학업(學業) 학문을 닦는 일. 공부. ⓔ 학업에 열중하다.

학연(學緣) 같은 학교를 나온 관계로 맺어지는 인간 관계.

학예(學藝) 학문과 예능.

학예회 학교에서 평소에 배운 재주를 여러 사람 앞에서 발표하는 모임. ⓑ 학예 발표회.

학용품(學用品) 학습에 필요한 물건. 연필·공책 등.

학우(學友) 한 학교에서 같이 공부하는 벗.

학원¹(學院) 학문을 닦는 곳. ⓔ 피아노 학원.

학원²(學園) 학교 및 기타 교육 기관의 총칭.

학위(學位) 한 부분의 학문을 전문적으로 연구하여 그 방면에 깊은 지식을 가진 사람에게 주는 칭호. 박사·석사 따위.

학익진(鶴翼陣) 군대에서, 학이 날개를 편 모양으로 치는 진.

학자(學者) 공부를 많이 했거나 학문을 연구하는 사람. ⓔ 그이는 학자풍이다. ⓑ 선비.

학자적 학자로서의 갖출 바를 다 갖춘. ⓔ 학자적 양식.

학장(學長) 단과 대학의 우두머리. ⓔ 사범 대학 학장.

학정(虐政) 악독한 정치.

학질(瘧疾) =말라리아.

학질모기 모깃과의 곤충. 암컷의 몸길이는 5.8mm 가량이며, 날개에 흑백의 얼룩무늬가 있음. 학질의 병원충인 말라리아 원충을 매개하는데, 앉을 때 몸의 뒤를 쳐드는 습성이 있음.

학창(學窓) 학생이 글을 배우는 교실이나 학교. 예 학창 생활.

학파(學派) 어느 학문에서 주장하는 바가 서로 달라 갈라져 형성된 무리. 예 신플라톤 학파.

학풍(學風) ①학문상의 경향. ②학교의 기풍. 예 보수적인 학풍.

학회(學會) 학술의 연구·장려를 목적으로 조직된 단체. 예 한글 학회.

한[1] 셈의 하나. '하나'의 뜻.

한:[2](限) 넘지 못하게 정하여진 정도. 예 슬프기 한이 없다.

한:[3](恨) 못다 이룬 원통한 생각. 예 자식 공부 못 시킨 게 평생 한이다. 본 원한.

한:[4](漢) 중국의 옛 왕조. 모두 여섯 나라가 있었으나 보통, 전한과 후한을 이름. 우리 땅에 낙랑·임둔·현도·진번의 4군을 두었음.

한-[5] 말 앞에 붙어 '큰·바로·가득한' 등의 뜻을 나타내는 말. 예 한길. 한겨울. 한사발.

한가(閑暇) 별로 할 일이 없이 틈이 있음. 예 한가한 겨울 농가. 비 한적. 반 분주. —하다. —히.

한가롭다〔한가로우니, 한가로워서/한가로이〕 할 일이 없거나 일을 하다가 쉬어서 편안하고 마음이 조용하다. 예 한가로운 오후.

한가운데 한복판. 바로 가운데. 비 정중. 반 둘레.

한가위 음력 8월 15일. 비 추석. 중추. 중추절.

한가지 서로 같음. 예 한가지 물건인데 왜 값이 다르오?

한갓 그것만으로는. 단지. 오직. 예 한갓 핑계에 불과하다.

한갓지다 아늑하고 조용하다.

한:강(漢江) 우리 나라의 중부, 태백 산맥에서 시작되어 강원도·충청 북도·경기도·서울을 동서로 흘러 황해로 들어가는 강. 길이 514km.

한강에 돌 던지기〈속〉 아무런 효과나 영향을 미치지 못함을 이름.

한:강 투석(漢江投石) =한강에 돌 던지기.

한걸음에 쉬지 아니하고 한숨에 내처 걷는 걸음으로.

한겨울 추위가 한창인 겨울.

한결 ①훨씬 더. ②제법 좀. 예 오늘 날씨는 한결 따뜻해졌다. 비 한층. 더욱.

한결같다 처음부터 끝까지 똑같다. 예 부모님의 자식 사랑은 한결같다. 비 변함없다. —이.

한:계(限界) 어디서부터 어디까지의 경계. 예 누구에게나 넘지 못하는 한계는 있다.

한고비 가장 중요하거나 긴요한 때. 바로 최고조에 달한 때. 예 추위는 이제 한고비 넘겼다.

한과(韓果) 유과·유밀과·강정·다식·정과 따위의 한국의 전통 과자의 총칭.

한국(韓國) 우리 나라의 국호. 본 대한 민국.

한국 과학 기술원 과학 기술 분야의 고급 인재를 양성하고 첨단 과학을 연구하는 교육 기관. 현재 대전 광역시 대덕 연구 단지 안에 위치. 약칭은 카이스트(KAIST).

한국 방:송 공사 1973년 3월에

발족된 공영 방송 회사. 국내외 방송의 효율적 실시·방송의 전국적 보급·방송 문화의 향상을 목적으로 함.

한국 산업 규격 산업 표준화법에 따라 제정된 산업 표준 규격. 합격된 제품에는 케이에스 (㉕) 표시를 붙일 수 있음.

한국어 예로부터 한민족이 써 온 한국의 언어.

한국 은행 한국 은행권을 발행하고 각 은행에 자금을 빌려 주는 중앙 은행.

한국 은행권[-꿘] 한국 은행에서 발행하는 지폐.

한국적 우리 나라의. 우리 나라식의. 우리 나라에만 있는. 예 한국적인 아름다움.

한국 종합 무역 센터 무역에 관한 활동을 도와 주는 회관. 우리 나라와 세계 각국의 우수한 상품을 소개하는 종합 전시장 등이 있음. 케이더블유티시(KWTC).

한국 통사 일제가 우리 역사를 왜곡하자 박은식이 상하이에서 쓴, 일본의 한국 침략 과정을 밝힌 역사책.

한국화(韓國畫) 우리 나라에서 발달한 그림으로 선이나 여백의 미를 살려 표현함. 수묵화와 채색화가 있음.

한군데 어떤 일정한 곳. 예 휴지를 한군데에 모아 버리다.

한 귀로 듣고 한 귀로 흘린다〈속〉남이 애써 일러 주는 말을 귀 기울이지 않고 건성으로 듣는다는 뜻.

한그루 한 해에 한 번 농사짓는 일. 일모작.

한글 홀소리 10자, 닿소리 14자의 모두 24자로 된 우리 나라 글자의 이름. 1446년(조선 세종 28)에 '훈민정음'이란 이름으로 반포되었음.

한글날 세종 대왕이 한글을 만들어 세상에 편 것을 기념하는 날. 10월 9일.

한글 맞춤법[-뻡] 한글을 바르게 적도록 규정한 법칙. 1988년 1월에 교육부에서 확정·고시함. 준 맞춤법.

한글 문학 한글로써 나타낸 우리 문학.

한글 창:제 1443년 세종 대왕이 훈민정음을 처음 만든 일.

한글 학회 1921년 한글 연구를 목적으로 조직된 단체. 처음의 이름은 '조선어 학회'로, 일제 식민지 밑에서 조직되었음.

한기(寒氣) ①추위. ②병적으로 몸에 생기는 추운 기운. 예 한기가 들다. 반 열기.

한길 사람이 많이 다니는 큰길. 예 한길에서 놀지 마라. 비 큰길.

한꺼번에 여러 번 할 것을 한 번에. 동시에. 예 밀린 방세를 한꺼번에 치르다.

한:껏(限-) 할 수 있는 데까지. 힘이 자라는 데까지. 예 한껏 멋을 부리다.

한끝 한쪽의 끝. 맨 끝. 예 한끝을 잡다.

한끼 한 번의 식사. 예 한끼를 걸렀다.

한:나라(漢-) =한⁴.

한나절 하루 낮의 반. 예 이 일을 마치려면 한나절은 걸리겠다.

한낮 낮의 한가운데. 곧, 낮 12시가 되는 때. 정오. 반 한밤중.

한낱 ①오직. 단지. 하나의. ②하잘것없는. 예 한낱 말뿐인 약속.

한:눈[1] 볼 것을 안 보고 딴 것을 보는 눈. 예 한눈 팔지 마라.

한눈[2] 한 번에 바라보는 범위. 시계. 예 서울 시내가 한눈에 들다.

한눈에 든다 ①다 보인다. 예 산 위에 오르니 우리 마을이 한눈에 든다. ②남김없이 잘 보인다.

한눈에 볼 수 있다 한 번 보아서 모든 것을 대번에 다 알아차릴 수 있다. 예 세계를 한눈에 볼 수 있는 지도.

한:눈 팔다 ①다른 생각을 하다. ②다른 곳을 보다. 예 운전하면서 한눈 팔지 마라.

한닥한닥 박혀 있거나 끼인 물건이 이리저리 자주 가볍게 흔들리거나 흔들리게 하는 모양. 큰흔덕흔덕. —하다.

한달음에 도중에 멈추지 아니하고 줄곧 달음질하여. 예 늦어서 한달음에 학교까지 갔다.

한담(閑談·閒談) ①심심풀이로 이야기를 주고받음, 또는 그 이야기. 예 한담을 나누다. ②그다지 긴요하지 않은 이야기. —하다.

한대(寒帶) 온대에서 양극에 가까운 부분. 적도에서 남북으로 각각 66.5° 이상의 추운 지대. 가장 따뜻한 달의 평균 기온이 10℃ 미만인 곳. 반열대.

한대 기후 한대에서 볼 수 있는 기후로, 1년의 평균 기온이 빙점 이하이며 추운 계절이 깊. 반열대 기후.

한더위 한창 심한 더위. 최고조에 달한 더위. 예 삼복의 한더위. 반한추위.

한:데[1] 방 밖. 하늘과 사방을 덮거나 가리지 않은 곳. 노천. 예 한데서 밤을 보내다.

한데[2] 한 곳. 한 군데. 예 한데 모이다. 반따로.

한:도(限度) 넘지 못하게 정하여진 일정한 정도. 예 참는 것도 한도가 있다. 비한정.

한도막 형식 곡 전체가 여덟 마디의 단일한 장으로 된 형식. 간단한 노래에 쓰임.

한돌림 차례로 돌아가는 한 번. 비한바퀴.

한동생 부모가 같은 형제 자매.

한동안 꽤 오랜 동안. 예 그 말을 듣고 한동안 멍하니 서 있었다. 비한참[2].

한두 하나나 둘 가량. 예 한두 명.

한두해살이꽃 싹이 난 지 한 해나 두 해째에 시들어 죽는 식물.

한들거리다 가볍게 이리저리 연해 흔들리거나 흔들다. 예 길가의 코스모스가 바람결에 한들거리다. 큰흔들거리다.

한들한들 가볍게 이리저리 자꾸 움직이는 모양. 예 바람에 한들한들 날리는 꽃잎. 큰흔들흔들. —하다.

한때 한동안. 한 차례. 예 오늘은 낮 한때 비가 올 것이다.

한 뜻 같은 생각.

한:라산(漢拏山)[할—] 제주도 중앙에 자리잡은 높이 1950m의 산. 산 위에 백록담이 있고 상·중·하 세 지대에 한대·온대·아열대의 식물이 자람.

한란계(寒暖計)[할—] 기온을 재는 기계. 도수가 적힌 유리 대롱 속에 수은이나 알코올을 넣어서 그 오르고 내리는 데 따라서 기온의 높낮이를 헤아림. 비온도계.

한랭(寒冷)[할—] 기온이 낮고 매우 추움. 예 한랭 전선. —하다.

한랭 고기압[할—] 가운데 부분의 공기가 주위보다 찬 고기압.

한랭 전선[할—] 찬 공기가 따뜻한 공기를 밀고 갈 때에 생기는 전선. 소나기가 내리고 바람이 갑자기 바뀌며, 기온도 급격히 내리는 일이 있음. 閔온난 전선.

한:량없다(限量—) 끝이 없다. 예 고맙기 한량없다. —이.

한려 수도(閑麗水道)[할—] 경상 남도 한산도에서 다도해를 거쳐 전라 남도 여수에 이르기까지의 뱃길. 물결이 잔잔하고 경치가 아름답기로 유명하며, 국립 해상 공원으로 지정되어 있음.

한려 해:상 국립 공원 전라 남도 여수와 경상 남도 거제·통영·사천·하동·남해 등 일대의 해역에 걸친 국립 공원.

한류(寒流)[할—] 남북 양극에서 적도쪽으로 흐르는 찬 해류로서, 물빛은 녹색을 띠고 염분이 적음. 閔난류.

한마음 여러 사람이 하나로 합친 마음. 예 한마음으로 성원하다.

한 마음 한 뜻으로 같은 마음으로 한 뭉치가 되어.

한몫 한 사람 앞에 돌아가는 분량. 예 나도 한몫 주시오.

한:문(漢文) 중국의 글과 글자.

한물 과일이나 채소·어물 등이 한창 수확이 많이 되는 때.

한물 가다 한물이 지나다. 한창인 때가 지나다. 예 한물 간 생선.

한민족(韓民族) 한반도와 그 북쪽에 연한 만주 일대, 제주도 등의 섬에 거주하는 민족. 황색 인종으로 퉁구스계 몽고족에 속하며 우랄 알타이어의 한 갈래인 한국어를 사용하고 공동 문화권을 형성하여 지냄. 배달 민족. 한족.

한밑천 많은 돈이나 물건. 예 사업 성공으로 한밑천 잡다.

한바퀴 한돌림 도는 것. 한 차례 도는 것. 예 전시장을 한바퀴 둘러보다. 閌한돌림.

한바탕 한 번 일이 크게 벌어진 판. 예 한바탕 난리를 겪다.

한반도(韓半島) 국토 전체가 반도로 이루어진 우리 나라를 일컬음.

한반도 에너지 개발 기구 한국·미국·일본이 북한의 핵무기 개발을 막기 위해 1995년 3월에 만든 단체. 약칭은 케도(KEDO).

한밤 ①하룻밤. ②깊은 밤. 밤 열두 시쯤의 때. 閔한낮.

한밤중[—쭝] 밤 열두 시쯤의 때. 오밤중. 예 한밤중에 전화하지 마라. 준 한밤.

한:방약[—냑] '한약'의 본디말.

한방 의학 중국에서 발달하여 한국에 전래되어 퍼진 의학의 총칭.

한배검 대종교를 믿는 사람들이 단군을 높여 부르는 이름.

한번 기회가 있는 어떤 때. 예 한번 놀러 오너라. 閌일단.

한 번 실수는 병가의 상사(속) 한 번 정도의 실수는 흔히 있는 일이니 크게 탓하지 마라.

한복(韓服) 한국의 고유한 의복. 예 설에 한복을 입다. 閔양복.

한복판 넓이가 있는 물건의 한가운데. 閔가장자리.

한사리 음력 매달 그믐과 보름날에 밀물이 들어오는 시각. 閔조금². 준 사리.

한:사코(限死—) 기어코. 고집이 아주 세게. 예 왜 한사코 반대만 하는지 모르겠다.

한산(閑散) ①일이 없어 한가함.

㉠ 거래가 한산하다. ②붐비지 않고 한가하여 조금은 쓸쓸함. ㉠밤이 되면 시장도 한산해진다. ㊂한적. —하다. —히.

한산도(閑山島) 경상 남도 통영시에 있는 섬으로, 임진왜란 때는 이순신 장군의 수군 근거지였으며, 현재는 장군의 사당이 있음. 한산섬.

한산도 대:첩 임진왜란 때 이순신 장군이 한산도 앞바다에서 일본 해군을 크게 이긴 싸움.

한산 모시(韓山—) 충청 남도 서천군의 한산에서 나온 모시. 품질이 아주 좋음.

한산섬(閑山—) =한산도.

한살이 ①일생. ②곤충 등이 알에서 어른벌레까지 변화하면서 자라는 과정의 한 차례. ㉠고추 잠자리의 한살이.

한:삼덩굴 삼과의 한해살이 덩굴풀. 들에 나며, 줄기에는 거꾸로 된 잔 가시가 빽빽이 남. 가을에 잔 꽃이 피며 과실은 약재로 씀.

한:서(漢書) ①한문으로 된 책. ②중국 전한의 역사를 기록한 책.

한 석봉(韓石峯, 1543~1605) 조선 선조 때의 선비. 이름은 '호', 호는 '석봉'임. 특히 글씨의 천재로, 가난한 집안에 태어났으나 어머니의 뜻을 잘 받들어 중국에까지 알려진 명필이 되었음.

한:성(漢城) 우리 나라 서울의 옛 이름.

한:성부 조선 시대 서울의 행정·사법을 맡아 보던 관청.

한:성 순보(漢城旬報) 1883년 10월 1일에 창간, 순한문으로 인쇄된 우리 나라 최초의 신문. 1884년 갑신정변으로 폐간되었음.

한세상(一世上) 살아 있을 동안. 일생. ㉠한세상 잘 살아 보자구.

한소끔 한 번 끓어오르는 모양. ㉠밥이 한소끔 끓다.

한속 ①같은 뜻. ㉠한속이 되어 일을 추진하다. ②같은 속셈.

한손놓다 일이 일단 끝나다.

한손잡이 한쪽 손만이 능하여 그 손만을 주로 쓰는 사람. ㊂외손잡이.

한솥밥 같은 솥에서 푼 밥. ㉠그와 나는 한솥밥을 먹고 산다.

한 술 한 숟가락. 적은 양의 음식을 이르는 말. ㉠밥 한 술.

한 술 더 뜨다 엉뚱하게 더 심한 짓을 하다. 더 심하다.

한 술 밥에 배부르랴〈속〉무슨 일이든지 단번에 만족한 결과를 얻을 수는 없다.

한숨 ①길게 몰아서 쉬는 숨. ②잠깐 동안의 휴식이나 잠. ㉠한숨 자다.

한숨 쉬다 한숨을 내뿜다.

한숨에 숨 한 번 쉴 동안의 아주 짧은 시간에. ㉠한숨에 때려 눕치다. ㊂단숨에.

한:시(漢詩) 한문으로 된 시. 중국의 시.

한시도 잠깐 동안이라도. ㉠한시도 너를 잊은 적이 없다.

한시름 큰 시름. 한걱정. ㉠한시름 놓다.

한식(寒食) 동지로부터 105일째 되는 날. 명절의 하나로 조상의 산소에 가서 제사를 지냄.

한심하다(寒心—) ①보기에 딱하고 걱정이 되다. ②기가 막히다. ㉠한심한 행동.

한 쌍 ①두 마리. ②같은 것 두 개. ③암컷과 수컷.

한 아름 두 팔을 벌려 한 번 껴안은 둘레의 길이. [예] 한 아름드리 나무.

한:약(漢藥) 한방에서 쓰이는 약. 주로 풀뿌리·나무 껍질 등이 재료로 쓰임. [반] 양약. [본] 한방약.

한:약방 한약을 지어 파는 약국. [비] 한약국. 한의원. [반] 양약방.

한:양(漢陽) '서울'의 옛 이름.

한:없다 끝이 없다. [예] 푸른 바다가 한없이 넓다. —이.

한여름[—녀름] ①더위가 한창인 여름. ②여름 한철. [예] 한여름 밤의 꿈.

한옆[—녑] 한 모퉁이. 한 구석. [예] 그 책상을 한옆으로 치워라.

한옥(韓屋) 양식 건물에 대해 우리 나라 전통적인 집. [반] 양옥.

한용운(韓龍雲, 1879~1944) 승려·시인·독립 운동가로 호는 만해. 3·1 운동 때 민족 대표 33인의 한 사람. 유학과 불교에 밝았으며, 불교계의 정신적인 지도자로 공이 컸음. 시집 〈님의 침묵〉이 있음.

한울님 천도교에서의 하느님.

한:음(漢陰) '이덕형'의 호.

한의사 한약이나 침 등으로 병을 치료하는 의사. 한방의.

한의원 한약이나 침 등으로 치료하는 병원. [비] 한약방.

한·일 신협약(韓日新協約) 1907년 조선 시대 순종이 즉위할 때에 통감 이토 히로부미의 개인 방에서 일본과 맺은 조약. 중요한 행정상의 처분을 비롯하여 모든 사법·행정 사무를 통감의 감독·승인 아래 행할 것을 규정한 것으로 사실상 합병과 다름없는 결과를 나타낸 조약임.

한일 합방(韓日合邦) →국권 피탈.

한:자(漢字)[—짜] 중국의 글자. 한문 글자.

한자리 같은 자리. [예] 설날에는 친척이 한자리에 모인다. —하다.

한 자리 하다 출세하다.

한:자말(漢字—) =한자어.

한:자어(漢字語)[—짜어] 한자에 기초하여 만들어진 말.

한:자에 젖다[—짜에절따] ①한자를 많이 배우다. ②한자만을 옳은 글자인 줄 알다.

한잠 ①깊이 든 잠. [예] 한잠이 들었는지 세상 모르고 잔다. ②잠시 자는 잠. [예] 고단할 텐데 한잠 자거라.

한:재(旱災) 가뭄으로 말미암아 생기는 재앙. [예] 식수 부족으로 한재의 어려움을 겪다. [비] 한해[1].

한적(閑寂) 고요하고 쓸쓸함. [예] 산중에 있는 한적한 절. [비] 한가. 고적. [반] 번잡. —하다. —히.

한:정(限定) 제한하여 정함, 또는 그 한도. [예] 인간의 욕망은 한정이 없다. [비] 한도. —하다.

한정동(韓晶東, 1894~1976) 아동 문학가. 1925년 동아 일보 신춘 문예에 동요 당선으로 데뷔했으며, 〈따오기〉 등의 작품이 있음.

한:정판 책의 부수를 제한하여 펴낸 출판물.

한:족(漢族) 중국 본토에서 예로부터 살아오던 민족으로 고대 중국 문화를 이룩한 민족. 한민족.

한:주(漢州) 신라 9주의 하나. 신라·고구려·백제 3국의 쟁탈 초점이 되었던 곳임. 중원경과 28군 49현을 관할하였음. 지금의 광주.

한 줄기 한바탕. 한 차례. [예] 한 줄기 눈물이 흐른다.

한줌 한 주먹. 손아귀에 들어갈 만한 양. 예 한줌의 흙.

한중록(閑中錄) 조선 제22대 정조의 어머니이며, 사도 세자의 부인인 혜경궁 홍씨가 쓴 내간체의 책. 영조가 사도 세자를 죽게 한 일을 중심으로 홍씨가 만년에 자기의 일생을 회고한 것임. 문장이 섬세하고 아담한 궁중체로 되어 있어 〈인현왕후전〉과 함께 궁중 문학의 쌍벽을 이룸.

한ː증(汗蒸) 불을 많이 때어 뜨겁게 달군 방에 들어앉아 몸을 덥게 하고 땀을 내어 병을 고치는 일. 예 한증탕. —하다.

한ː증막 한증을 하는 곳.

한지(韓紙) 닥나무의 껍질을 원료로 하여 한국의 전통적인 제법으로 만든 종이. 창호지 따위. 예 한지로 만든 방패연.

한 집안 ①한 집에서 사는 가족. ②같은 일가 친척.

한 집안 같다 한 집에서 사는 가족 같다. 흉허물이 없다. 예 이웃과 한 집안 같이 지내다.

한쪽 한편 쪽. 예 한쪽 손을 들다.

한 차례 한돌림의 차례. 한바퀴. 한바탕.

한참[1] 두 역참 사이의 거리.

한참[2] 일을 하거나 쉬는 동안의 한 차례. 예 한참 생각해 봐도 통 모르겠다. 비 잠시. 한동안.

한창 가장 성하고 활기가 있을 때. 예 딸기가 한창이다.

한창나이 기운이 가장 성할 때의 젊은 나이. 예 한창나이의 젊은이들.

한창때 기운이나 의욕이 가장 왕성한 시기. 예 한창때를 공부로만 보냈다.

한천(寒天) 우뭇가사리를 끓여 식혀서 굳힌 식품. 우리 나라 해산물 중 중요한 수출품의 하나. 비 우무.

한철 ①봄·여름·가을·겨울 중 한 계절. 예 여름 한철을 외갓집에서 보냈다. ②한때.

한촌[1](閑村) 한가하고 조용한 마을. 외진 마을.

한촌[2](寒村) 가난하고 쓸쓸한 마을.

한추위 한창 심한 추위.

한층(一層) 한 단계 더. 예 비가 오고 나니 꽃들이 한층 싱싱합니다. 비 더욱. 한결.

한층 더 훨씬 더. 예 올해는 한층 더 열심히 공부해야겠다.

한ː탄(恨歎) 원통하거나 뉘우침이 있을 때 한숨짓는 탄식. 예 신세 한탄하지 마라. 비 탄식. —하다.

한턱 한바탕 남에게 음식을 대접하는 일. 예 상금을 탔으니 한턱 내마. —하다.

한턱 먹다 한바탕의 음식 대접을 받다.

한테 '에게'의 뜻으로 통속적으로 쓰이는 말. 예 어른한테는 공손히 인사를 해야 한다.

한통속[-쏙] 마음이 서로 통하여 모이는 한동아리. 예 그들 모두가 한통속이다.

한파(寒波) 찬 공기가 갑자기 이동하여 모진 추위가 오는 기류의 흐름. 예 겨울 한파.

한판 한 차례의 내기.

한편 ①목적이 같은 편. 예 우리는 한편이다. ②서로 맞서는 편의 하나. 예 철수는 공부를 하는 한편, 들에 나가 일도 한다.

한평생(一平生) 살아 있는 동안.

한푼

㉠그는 한평생 농사를 지었다. ꂕ일평생.
한푼 돈 한 닢. 적은 돈.
한풀 어느 정도의 기세. 의지·끈기를 일컫는 말.
한풀 꺾이다 한창이던 기세가 수그러지다.
한:풀이 원한을 푸는 일. ―하다.
한:하다(恨―) ①원통히 여기다. ㉠자신의 실패를 한하다. ②원한이나 불평을 품다.
한:하여(限―) ①한정으로 하여. ②그 이상은 더 안 되게 작정하여. ㉠이 영화는 성인에 한하여 입장시킨다.
한:학(漢學) 한문에 관한 학문.
한:해[1](旱害) 가뭄으로 말미암아 받는 피해. 가뭄해. ㉠한해를 입다. ꂕ한재. ꂡ수해.
한해[2](寒害) 추위로 말미암아 입은 농작물의 피해.
한해살이풀 한 해 동안 싹터 자라고 열매 맺고 말라 죽는 풀.
할당(割當)[―땅] 일이나 물건을 몫몫으로 나눔. 또, 그 분량. ㉠이익을 고루 할당하다. ―하다.
할 따름이다 할 뿐이다. ㉠나는 네가 권한 대로 할 따름이다.
할딱거리다 숨을 몹시 급하게 쉬며 계속 할딱이다. ꂢ헐떡거리다.
할딱이다 ①숨을 가쁘게 쉬어 숨이 막혔다 터졌다 하다. ②신이 할가워서 벗어졌다 신기었다 하다. ꂢ헐떡이다.
할렐루야(히 Hallelujah) 그리스도교에서 '신을 찬양하다'의 뜻으로, 기쁨이나 감사를 나타내는 말. 알렐루야.
할머니 부모의 어머니. 조모.
할머님 '할머니'의 높임말.

할멈 여자 노인을 낮추어 일컫는 말.
할미 '할머니'를 낮추어 일컫는 말.
할미꽃 줄기와 잎에 흰 털이 나고 봄에 자줏빛의 꽃이 피는, 고개가 굽은 꽃.
할미새 벌레를 잡아먹는 이로운 새. 몸은 참새만 하고 잿빛이며, 배는 희고 목 아래에 검은 줄이 있음. 큰 꼬리를 위아래로 까부는 버릇이 있으며, 물가에서 삶.
할미탈 오광대의 탈놀음에 나오는 탈의 하나. 얼굴은 흰색, 이마에 가느다란 주름살이 있고 양 뺨·이마·턱에 홍색의 둥근 점이 있음. 눈두덩이와 입술은 홍색임. 길이 23cm.
할 바 할 것. 할 줄. ㉠어찌할 바를 모르다.
할부 판매 물건값을 나누어 갚게 하는 판매 방식.
할수없:다 하는 도리가 없다. 어찌할 도리가 없다. ㉠몸이 아파서 할수없이 결석하다.
할아버지 ①부모의 아버지. ꂕ조부. ②남자 노인을 일컫는 말. ꂡ할머니.
할애(割愛) 아깝게 생각하는 것을 선뜻 내어 줌. ㉠바쁜 중에 시간을 할애하다. ―하다.
할인(割引) 값을 얼마간 깎아 줌. ㉠할인 대매출. ꂡ할증. ―하다.
할증(割增)[―쯩] 일정한 액수에다 얼마를 더 얹음. ㉠할증료를 받다. ꂡ할인. ―하다.
할퀴다 날카로운 물건이나 손톱으로 긁어 상처를 내다.
할·푼·리·모 비율을 나타내는 방법. 비율을 소수로 나타낼 때, 소수 첫째 자리를 '할', 둘째 자리를 '푼', 셋째 자리를 '리', 넷째 자리를 '모'로 나타냄.

핥다[할따] ①혀끝을 물건에 대고 맛보다. ㉮뼈다귀를 핥는 개. ②혀끝을 물건에 대고 쓸어들이다.

-함(函) '통·상자'를 나타내는 말. ㉮서류함.

함구(緘口) 입을 다물고 말을 아니함. ㉮함구령. ―하다.

함께 같이. 서로. 한데. ㉮영이와 함께 숙제를 하였다. ㉫따로.

함 : 대(艦隊) 군함 두 척 이상으로 이루어진 해군 부대.

함 : 락(陷落) ①땅이 무너져 내려앉음. ②성이나 요새를 쳐서 깨뜨리고 항복을 받음. ㉮요새가 함락되다. ―하다.

함량(含量) 어떤 물질 속에 성분으로 포함되어 있는 분량. 함유량. ㉮유해 물질의 함량을 재다.

함 : 몰(陷沒) ①물 속이나 땅 속에 모조리 빠짐. ㉮함몰하는 배. ②재난을 당하여 멸망함. 결딴을 내어 없앰. ―하다.

함묵(含默) 입을 다물고 잠잠히 있음. ―하다.

함박꽃 함박꽃나무의 꽃. 작약꽃.

〔함박꽃〕

함박꽃나무 목련과의 갈잎 넓은잎 큰키나무. 산골짜기 숲 속에서 자라며 봄에 향기로운 큰 꽃이 핌. 꽃잎은 보통 6~9개이며 관상용으로 기름.

함 박 눈[―방눈] 함박꽃송이같이 굵고 탐스럽게 많이 오는 눈.

함부로 ①정도에 지나치게 되는대로. ㉮함부로 까불지 말아라. ②마음대로. ③버릇없이. ㉮함부로 대들다. ㉫마구.

함빡 전부 다. 아주 많이. ㉮옷이 함빡 젖었다. ㉱흠뻑.

함석 겉에 아연을 입힌 양철.

함석판 함석으로 만든 판.

함 : 선(艦船) '군함과 선박'을 통틀어 이르는 말.

함 : 성(喊聲) 여러 사람이 함께 높이 지르는 고함 소리. ㉮승리의 함성을 지르다. ㉫고함.

함수초(含羞草) 콩과에 딸린 한해살이풀. 높이는 30~50cm 임. 줄기에 잔털과 가시가 있으며, 여름에 엷은 붉은색의 작은 꽃이 피고 꼬투리를 맺음. 잎을 건드리면 아래로 늘어지면서 오므라듦. 원산지는 브라질. 미모사.

함수 탄 : 소(含水炭素) 탄소·수소·산소로 된 화합물. 식물의 중요 성분임. ㉫탄수화물.

함양(涵養) ①차차 길러 냄. ②학식을 넓히어 마음을 닦음. ㉮도덕심을 함양하다. ―하다.

함유(含有) 섞여 있거나 머금고 있음. ㉮탄소를 함유한 물질. 함유량. ―하다.

함자(銜字)[―짜] 남의 이름을 높여서 부를 때 쓰는 말. ㉮아버님 함자가 무엇이냐?

함 : 정^1(陷穽) 짐승이나 적군을 잡기 위하여 파 놓은 구덩이. ㉫허방다리.

함 : 정^2(艦艇) 전투력을 가진 온갖 배를 두루 일컫는 말. 전함·잠수함·어뢰정 따위.

함지 ①나무로 네모지게 짜서 만든 그릇. ②'함지박'의 준말.

함지박 통나무의 속을 우벼 파서

만든 큰 바가지.

함축(含蓄) ①깊이 간직하여 드러나지 아니함. ㈎그의 얼굴 표정에는 슬픔이 함축되어 있었다. ②의미심장함. ㈎많은 의미를 함축하고 있는 글. —하다.

함축성 말이나 글 중에 어떤 뜻이 포함되어 있는 성질. ㈎함축성이 있는 말을 하다.

함흥 차사(咸興差使) 한번 가기만 하면 깜깜소식이라는 뜻으로, 심부름을 가서 아무 소식이 없거나 더디 올 때에 쓰는 말.

합(合) '합계'의 준말.

합격(合格)[—껵] ①시험에 뽑힘. ㉠급제. ②격식·조건에 맞음, 또는 자격을 얻음. ㈎합격품. ㉡낙방. 불합격. —하다.

합계(合計) 합하여 계산한 수, 또는 그 계산. ㈎합계를 내다. ㉠총계. 합산. —하다.

합금(合金) 두 가지 이상의 금속을 섞어 만든 금속. 강철·놋쇠 따위. ㈎합금강.

합기도(合氣道) 관절지르기와 급소지르기가 특기인 호신술로, 맨손으로도 하고 검이나 단검·몽둥이·창 따위를 쓰기도 함.

합당(合當) 꼭 알맞음. ㈎합당한 처사. ㉠적당. ㉡부당. —하다.

합동(合同)[—똥] ①둘 이상의 것을 하나로 합침. ㈎합동 작전. ②둘 이상의 것이 하나가 됨. —하다.

합력(合力)[함녁] 흩어진 힘을 한데 모음. ㈎합심 합력하다. ㉡분력. —하다.

합류(合流)[함뉴] 둘 이상의 흐름이 한데 합하여 흐름, 또는 그 흐름. ㈎한류와 난류가 합류한 곳에 고기가 많다. —하다.

합리(合理)[함니] 이치나 이론에 맞음. ㉡불합리. —하다.

합리적[함니—] 이치에 맞는 모양. ㈎합리적인 생각.

합리주의 사물을 합리적으로 분별하려는 주의나 태도. 합리론.

합방(合邦) 두 나라를 한 나라로 합침, 또는 그 나라. ㉠합병. ㉡분할. —하다.

합법(合法) 법령이나 규정에 맞음. ㈎합법 단체. ㉠적법. ㉡위법. 불법. —하다.

합병(合倂) 둘 이상의 사물을 합하여 하나로 만듦. ㈎두 기업을 합병하다. —하다.

합병증[—쯩] 어떠한 병에 관련하여 일어나는 다른 병. ㈎합병증으로 병이 악화되다.

합삭(合朔) 달이 전혀 보이지 않을 때를 말하는 것. 달, 지구, 태양의 차례로 놓였을 때. ㉰삭.

합산(合算) 합하여 셈함. ㈎한 달 쓴 돈을 합산해 보니 큰돈이다. ㉠합계. —하다.

합선(合線) ①선이 합함. 선을 합침. ②양전기와 음전기의 두 선이 고장으로 한데 붙음. ㈎전기의 합선으로 불이 났다. —하다.

합성(合成) 둘 이상의 것이 합쳐서 하나를 이룸. ㈎합성 수지. —하다.

합성 고무 여러 가지 물질을 합성하여 만든 고무.

합성 섬유 석회석·석탄·물·공기 따위를 원료로 하여 만든 섬유. 나일론·비닐론 등. ㉰합섬.

합성 세:제 비누 이외의 세제 중에 합성해서 만든 것.

합성 수지 화학적으로 합성하여 만

들어진 수지(나무진) 같은 물질. 플라스틱 따위.

합세(合勢) 세력을 한데 모음. 예지원 부대와 합세해서 총공격을 하다. —하다.

합숙(合宿) 여러 사람이 한 곳에 집단적으로 묵음. 예기숙사에서 합숙하다. —하다.

합승(合乘) 여럿이 어울려 함께 탐. 예택시 합승. —하다.

합심(合心) 많은 사람이 마음을 한데 합함. 예모두 합심해서 일을 처리합시다. —하다.

합의¹(合意) 서로 의사가 일치함. 예합의를 보다. —하다.

합의²(合議) 두 사람 이상이 한 자리에 모여서 의논함. 예합의해서 결정할 문제다. —하다.

합작(合作) ①힘을 합하여 만듦, 또는 그 작품. 예둘이 합작하여 좋은 작품을 만들다. ②공동의 목표를 달성하기 위하여 여러 사람 또는 단체가 서로 힘을 합함. 예한·미 합작 회사. —하다.

합장¹(合掌) 두 손바닥을 마주 함침. —하다.

합장²(合葬) 둘 이상의 시체를 한 무덤에 묻음. 흔히 부부의 경우를 이름. 반각장. —하다.

합주(合奏) 두 개 이상의 악기로 동시에 연주함, 또는 그 연주. 예피아노와 바이올린의 합주. 반독주. —하다.

합죽선(合竹扇) 얇게 깎은 댓조각을 맞붙여서 살을 만든 부채.

합중국(合衆國) 둘 이상의 나라가 합쳐서 한 나라를 이룬 국가. 예아메리카 합중국.

합집합(合集合) 두 집합의 모든 원소로 이루어진 집합으로, U로 나타냄. 집합 '가'와 집합 '나'의 합집합은 그림의 빗금 부분임.

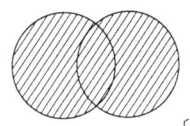

〔합집합〕

합창(合唱) 두 사람 이상이 소리를 맞추어 노래함. 예합창 대회에 나가 우리 반이 일등을 했다. 반독창. —하다.

합창단(合唱團) 합창을 직업으로 하는 단체, 또는 합창을 주로 하는 음악의 연구 단체.

합치(合致) 서로 합하여 일치함. 예의견 합치. —하다.

합치다 '합하다'의 힘줌말.

합판(合板) 얇은 널빤지를 몇 겹 붙여서 만든 널빤지. 예합판 유리. 비베니어판.

합하다(合—) ①여럿이 모이어 하나가 되다. 예두 반이 합하여 수업을 받다. ②마음에 들어맞다. 예마음을 합하다. 반나누다.

핫- 솜을 둔 것을 나타내는 말. 예핫이불. 핫바지.

핫 도그(hot dog) 길쭉한 빵에 겨자 기름이나 버터를 바르고 그 속에 뜨거운 소시지를 끼운 음식.

핫옷[핟옫] 두꺼운 솜옷.

핫 캡(hot cap) 따뜻하게 해 주고 병·벌레를 막기 위해 식물에 비닐로 모자처럼 만들어 씌운 것.

항¹(行) '행'의 본디말.

항²(項) ①글의 줄. 예제1항. ②사물의 종류의 구분.

항-³(抗) 어떤 말 앞에 쓰이어, '저항'의 뜻을 나타내는 말. 예항일 운동.

-항⁴(港) 어떤 말 다음에 쓰이어,

'항구'의 뜻을 나타내는 말. ⓔ목포항. 인천항.

항:간(巷間) 보통 민간인의 사이. ⓔ항간에 떠도는 소문.

항:거(抗拒) ①순종하지 않고 대항함. ⓔ억압에 항거하다. ②두 쪽이 서로 굽히지 아니하고 버팀. ⓑ대항. 항쟁. ─하다.

항:거 운:동 권력 등의 압력에 맞서서 대항하는 운동.

항:공(航空) 항공기로 공중을 날아다님. ─하다.

항:공 관찰 비행기를 타고 공중에서 땅 위를 자세히 살펴봄.

항:공기 비행기・비행선・글라이더 따위를 통틀어 일컬음.

항:공로 항공기의 안전한 항행에 적당한 것으로서 지정된 공중의 통로. 에어라인.

항:공 모:함 비행기를 싣고, 뜨고 내리게 할 수 있는 갑판 및 특별 장치를 한 군함.

항:공 우편 항공기로 수송되는 특수 취급 우편, 또는 그 우편물. ㉿항공편.

항구[1](恒久) 변하지 아니하고 오래 감. ⓔ이 일을 항구적인 사업으로 키우겠다. ⓑ영구. ─하다.

항:구[2](港口) 바닷가에 배가 드나들거나 머무를 수 있도록 시설을 갖추어 놓은 곳. ⓔ항구 도시.

항구적 변하지 아니하고 오래 가게. ⓔ항구적인 대책을 세우다. ⓑ영구적. ⓟ일시적.

항:균성(抗菌性) [-썽] 항생 물질 따위가 세균의 발육을 저지하는 성질.

항:도(港都) '항구 도시'의 준말.

항:라(亢羅) [-나] 명주・모시・무명실 등으로 성기게 짠 여름 옷감의 한 가지. ⓔ항라 적삼.

항렬(行列) 친족 등급의 차례.

항:로(航路) ①뱃길. ⓑ해로. 수로. ②항공로.

항:만(港灣) 바닷가의 굽어 들어간 곳에 방파제・부두・창고 등의 시설을 갖추어 놓은 곳.

항:만 수입 항구에 출입하는 선박의 정박・여객・화물 등을 통하여 얻는 수입.

항:목(項目) 사물을 세분하여 한 개씩 벌인 일의 가닥.

항문(肛門) 고등 포유 동물의 소화 기관의 맨 끝. 곧, 직장의 끝에 있는 대변 배설구.

항복(降服) 싸움에 져서 적에게 굴복함. ⓔ무조건 항복. ⓑ굴복. ⓟ대항. ─하다.

항상(恒常) 늘. 언제든지. ⓔ공부를 열심히 하라고 아버지께서 항상 나에게 말씀하신다. ⓑ언제나. 늘. ⓟ가끔. 이따금.

항:생 물질(抗生物質) [-찔] 세균 따위의 미생물로부터 만들어져 다른 미생물의 성장・번식을 저해하는 물질. 항균성 물질.

항:생제 항생 물질로 된 약제.

항성(恒星) 우주 속에서 서로의 상대 위치를 바꾸지 아니하고 별자리를 구성하는 별. ⓟ행성.

항:소(抗訴) 제1심 판결에 불만이 있는 자가 제2심 법원에 상소하는 일이나 절차. ⓔ항소심. ─하다.

항:소 기각 제1심 판결이 정당하다고 인정하여 법원이 부당한 항소를 물리치는 재판. ─하다.

항아리(缸─) 아래위가 좁고 배가 부른 질그릇의 한 가지.

항온 동:물 온혈 동물.

항:의(抗議) 그렇지 아니하다고

반대의 뜻을 주장함. 또, 그 주장. 예 항의를 받다. —하다.

항:일 운:동 일본 제국주의에 대해 투쟁한 운동.

항:일 투쟁 일제 강점기에 일본으로부터 독립하기 위한 투쟁.

항:쟁(抗爭) 맞서서 싸움. 예 독립을 위한 끊임없는 항쟁. 비 항전. 투쟁. 항거. —하다.

항:전(抗戰) 적에 대항하여 싸움. 비 항쟁. —하다.

항:체(抗體) 병균의 침입에 대항하여 혈청에 생기는 물질. 병균을 죽이거나 면역력을 갖게 함.

항:해(航海) 배를 타고 바다를 다님. 예 항해 중인 배. 비 항행. —하다.

항:해사(航海士) 해기사 면허장을 가진 자로, 항해 중 선박의 위치를 측정하고 선장을 도와 승무원을 지휘함.

항:해술 항해 중에 배의 위치를 확인하고, 항로의 방향·거리를 헤아리는 따위의 기술.

항:해 지도 바다를 여행할 때 쓰는 지도.

항:행(航行) 배나 항공기가 항로를 따라 나아감. —하다.

해[1] ①태양계의 중심인 한 행성. 예 해가 지다. 비 태양. ②세월.

해[2] 소유임을 나타내는 말. 예 이것이 네 해냐?

해:[3](害) 이롭지 못함. 예 병충해. —하다.

해가림 햇볕을 가려 무엇을 보호하여 주는 일.

해감 물 속에 생기는, 썩은 냄새 나는 찌끼. 예 해감이 끼다.

해거리 ①한 해를 거름. ②과실 나무의 열매가 한 해를 걸러서 많이 열리는 일.

해:결(解決) ①얽힌 일을 풀어서 처리함. 예 사건을 해결하다. ②결말을 냄. ③곤란한 문제를 풀어 결정함. 예 문제를 해결하다. 반 미결. —하다.

해:결책(解決策) 어떤 일이나 문제 따위를 해결하기 위한 방법. 예 해결책을 찾다.

해골(骸骨) ①몸을 이루고 있는 뼈. ②살이 썩고 난 뒤 남은 뼈, 또는 그 머리뼈.

해괴(駭怪) 매우 괴상함. 예 해괴한 소문. —하다. —히.

해괴 망측(駭怪罔測) 헤아릴 수 없이 야릇하고 괴이함. —하다.

해:구[1](海口) 바다의 후미진 곳으로 들어간 어귀.

해:구[2](海丘) 큰 바다 밑에서 독립적으로 솟아 있는 언덕.

해:구[3](海溝) 바다의 밑바닥에 좁고 깊게 움푹 들어간 곳. 보통 깊이 6000m 이상임.

해:군(海軍) 바다에서의 싸움과 국방을 맡은 군대. 예 해군 기지.

해금(奚琴) 속 빈 둥근 나무에 짐승의 가죽을 메우고 긴 나무를 꽂아 두 줄을 건 악기. 활로 비벼서 켬. 깡깡이.

해:금강(海金剛) 강원도 고성군 말무리·봉수리 등 10km 남짓한 거리에 걸친 바닷가와 바다 가운데의 경치가 좋은 곳.

해:내다 맡은 일 또는 닥친 일을 처리해 내다. 예 완주를 해내다.

해넘이 해가 짐. 또는 해가 질 때. 일몰. 반 해돋이.

해:녀(海女) 바다 속에 들어가 해삼·전복 따위를 따는 것을 업으로 삼는 여자.

해님 해를 아름답게 일컫는 말.
해:답(解答) 자세히 풀어 대답함. [예] 해답을 보다. [반] 질문. —하다.
해당(該當) 바로 맞음. 관계되는 바로 그것. [예] 해당자. —하다.
해:당화(海棠花) 줄기에는 가시가 돋고 담홍색의 아름다운 꽃이 피는 갈잎 떨기나무.
해:도(海圖) 바다의 모양과 배가 다니는 길·해류 따위를 그려 놓은 지도. [반] 지도.
해:독[1](害毒) 해와 독.
해:독[2](解毒) 독기를 풀어 없앰. [예] 해독제를 먹다. —하다.
해돋이[—도지] 해가 돋아오르는 때, 또는 그 현상. 일출.
해:동 성:국(海東盛國) 옛날, 중국에서 발해를 가리키던 말. '바다 건너 동쪽의 번성한 나라'의 뜻.
해:동 통보(海東通寶) 고려 숙종 때 만들어 쓰던 주화의 이름.
해:득하다(解得—) 깨우쳐 알다. [예] 한문을 해득하다. [비] 터득하다.
해:롭다(害—)〔해로우니, 해로워서/해로이〕 이롭지 않다. 해가 있다. [예] 과음은 몸에 해롭다.
해:류(海流) 무역풍이나 온도 차이로 말미암아 일정한 방향으로 흐르는 바닷물.
해:륙(海陸) 바다와 육지.
해:리(海里) 바다 위의 거리를 나타내는 단위. 1해리는 1,852m.
해마다 그 해 그 해. [예] 해마다 가뭄이 들다. [비] 매년.
해맑다[—막따] 빛깔이 하얗고 맑다. [예] 해맑은 아가의 웃음소리.
해맞이 산꼭대기나 바닷가에서 해가 돋아오를 때의 아름다움을 보는 것.
해머(hammer) 망치.
해:먹다 ①음식을 만들어 먹다. [예] 밥을 해먹다. ②부정한 짓으로 재물을 모으다.
해:면[1](海面) 바다의 표면.
해:면[2](海綿) ①동물 분류의 한 가지. 가장 원시적인 다세포 동물로, 깊은 바다의 돌이나 해초에 붙어 삶. 해면 동물. ②정제한 해면 동물의 뼈.
해:명(解明) 까닭이나 내용 따위를 풀어서 밝힘. [예] 사고의 원인을 해명하다. —하다.
해:모수 주몽 설화에 나오는 북부여의 첫 임금. 천제의 아들로서 하백의 딸 유화와의 사이에 고구려의 시조 주몽을 낳았다고 함.
해:몽(解夢) 꿈꾼 것을 풀어 길흉을 판단함. —하다.
해묵다 여러 해를 지나다. [예] 해묵은 쌀.
해:문(海門) 두 육지 사이에 끼어 있는 바다의 통로.
해바라기 늘 해를 따라 고개를 향하는 화초. 잎은 둥글고 꽃은 누런데 씨는 먹음.
해바라지다 모양새 없이 넓게 바라지다. [예] 좋아서 입이 해바라지다. [큰] 헤벌어지다.
해박(該博) 여러 방면으로 아는 것이 많음. —하다.
해:발(海拔) 바다 수면에서부터 측량한 육지나 산의 높이. [예] 해발 1000미터의 산.
해:방(解放) 꼼짝 못 하게 얽어 매었거나 가두었던 것을 풀어 놓음. 석방. [예] 노예 해방 운동. [반] 구속. 속박. 압박. —하다.
해:변(海邊) 육지와 바다가 서로 맞닿은 곳. 바닷가. [예] 해변 학교. [비] 해안.

ㅎ

해:병대(海兵隊) 바다와 육지 양면에서 전투할 수 있도록 특별히 편성되고 훈련된 해군의 육상 전투 부대.

해:부(解剖) 생물의 일부, 또는 전부를 쪼개어 그 구조나 각 부분 간의 관계를 연구하는 일. 예 개구리를 해부하다. —하다.

해:부도 수술이나 해부할 때에 쓰는 작고 날카로운 칼.

해:부학 생물체를 해부하여 그 구조를 연구하는 학문.

해:부 현:미경 생물체를 해부할 때 쓰는 현미경.

해:빙(解氷) ①얼음이 풀림. 예 날씨가 포근해지자 해빙이 시작되었다. 반 결빙. ②국제간의 긴장 완화를 비유한 말. —하다.

해사하다 얼굴이 희고 곱다. 예 해사한 얼굴.

해:산¹(解産) 아이를 낳음. 예 아기를 해산하다. 비 분만. —하다.

해:산²(解散) 모였던 사람들이 흩어짐. 예 우리들은 역전에서 선생님의 말씀을 듣고 해산하였다. 비 해체. —하다.

해:산물(海産物) 바다 속에서 나는 생선·조개·해초 따위.

해:상(海上) 바다 위. 예 해상 공격. 반 육상. 해저.

해:상 교통 배를 이용하여 바다 위를 오고 가는 일.

해:상권[—꿘] 군사·통상·항해 따위에서 바다를 지배하는 권한.

해:상 무:역 바다의 교통 기관인 배를 이용하여 하는 무역.

해:상 보:험 해상을 왕래하는 배가 가라앉거나 그 밖의 손해를 보았을 때를 대비하여 드는 보험.

해:상 봉쇄 해군의 힘으로 딴 나라의 항만을 막아 기능을 잃게 하거나, 연안에 배가 드나드는 것을 막는 일.

해:상 운:송 바다 위에서 배로 하는 운송. 준 해운.

해:서(海西) 황해도.

해:석(解釋) 어려운 내용이나 뜻을 알기 쉽게 풀어 설명함. 예 영문을 해석하다. —하다.

해:설(解說) 뜻을 설명함. 예 뉴스 해설. 비 설명. —하다.

해:설자 해설하는 사람.

해:소(解消) 이제까지 계속되어 온 관계를 풀어서 없앰. 예 적대 관계가 해소되다. —하다.

해:송¹(海松) ①바닷가에 나는 소나무를 통틀어 이르는 말. ②소나뭇과에 속하는 늘푸른 큰키나무. 키는 30m 가량이고 잎은 두 잎씩 붙어 남. 방풍림으로 많이 심음.

해:송²(解訟) 속박되거나 구속된 상태에서 풀어서 돌려 보냄. 비 해소. —하다.

해:수면(海水面) 바닷물의 표면.

해:수욕(海水浴) 바닷물에서 수영하는 일. 예 해수욕장. —하다.

해시계 해의 그림자로 시간을 알 수 있게 만든 시계.

〔해시계〕

해:식(海蝕) 파도나 조류 따위로 인한 침식 작용.

해:식 작용 바닷물에 의해 땅이나 바위 따위가 조금씩 깎이는 일.

해쓱하다 얼굴에 핏기가 없다. 예 해쓱한 얼굴. 비 핼쑥하다.

해:안(海岸) 바다에 가까이 닿은

땅. 바닷가. [예] 해안선. [비] 해변.

해:안 단구(海岸段丘) 해안선을 따라서 계단 모양으로 되어 있는 좁고 긴 지형.

해:안선 바다와 육지가 닿아 있는 경계선.

해:양(海洋) 크고 넓은 바다. [예] 해양 개발. [비] 바다.

해:양 개발 바다의 밑바닥에 있는 생물·광물·에너지 따위의 자원을 개발하는 일.

해:양 경:찰대 배들이 안전하게 다닐 수 있도록 돕고, 간첩을 막는 일도 하는 경찰관.

해:양성(海洋性)[—썽] 해양에 넓게 접한 지역이나 섬에서 볼 수 있는 기후·풍토·산물 따위의 특성. [반] 대륙성.

해:양성 기후 바다의 영향이 많은 기후로 대체로 추위와 더위의 차가 적고, 공기에 습기가 많이 포함되어 비 오는 날이 많음.

해양 수산부(海洋水產部) 중앙 행정 각부의 하나로, 수산·해운·항만·해양 자원 개발 등의 업무를 맡아 보는 기관.

해:양 자원 바다에서 얻어지는 여러 가지 자원.

해어지다 닳아서 떨어지다. [예] 양말이 해어지다. [준] 해지다.

해:역(海域) 바다 위의 일정한 구역. [예] 청정 해역.

해:연(海淵) 해구 중에서 특히 깊은 곳.

해:열(解熱) 몸의 열을 내림. [예] 해열제를 먹고 잤다. —하다.

해:열제[—쩨] 높아진 몸의 열을 내리게 하는 약제. 해열약.

해오라기 부리와 목과 다리가 모두 길고, 연못이나 논·강가에 사는 빛이 흰 물새. 백로.

해:왕성(海王星) 해에서 여덟 번째로 멀리 떨어져 있는 행성.

해:외(海外) 바다 밖에 있는 나라. 곧, 외국. [예] 해외 동포. [비] 국외. [반] 국내.

해:외 시:장 물건을 사고 팔고 하는 다른 나라의 시장.

해:운(海運) 해상에서 배로 옮기는 일. 해상 운송. [예] 해운업.

해:운업 바다에서 배를 부리어 화물이나 여객을 나르는 사업.

해:이(解弛) 긴장이나 규율이 풀리어 마음이 느슨해짐. [예] 봄이 되니 마음이 해이해진다. —하다.

해:인사(海印寺) 경상 남도 합천군 가야산에 있는 절. 팔만 대장경이 보관되어 있음.

해:일(海溢) 지진이나 화산의 폭발, 또는 폭풍우로 바다의 큰 물결이 일어 갑자기 육지로 넘쳐 들어오는 일. —하다.

해:임(解任) 직위나 직책을 내놓게 함. [예] 부하 직원의 잘못으로 상관이 해임되었다. —하다.

해:저(海底) 바다의 밑바닥.

해:저곡 바다 밑에 생긴 골짜기.

해:저 자:원 바다 밑에 있는 광물이나 수산물 따위.

해:저 전:신 바다 밑바닥에 줄을 늘인 전기 통신 장치.

해:저 터널 바다 밑으로 굴을 파서 육지끼리 연결할 수 있게 만든 통로.

해:적(海賊) 바다 위에서 배를 습격하여 재물을 빼앗는 강도.

해:적선 다른 배에 타고 있는 사람들을 위협하여, 재물을 빼앗는 도둑떼가 타고 다니는 배.

해:전(海戰) 바다에서 행하여지는

전투. 땐육전. —하다.
해:제(解除) 어떤 일을 풀어서 그 전의 상태로 되돌림. ㉠폭풍 주의보 해제. —하다.
해:조¹(害鳥) 곡식 따위에 해를 끼치는 새. 참새·까마귀 따위. 땐익조.
해:조²(海藻) 바다에서 나는 식물을 통틀어 일컫는 말. 색깔에 따라 녹조·홍조·갈조로 나뉨. 비해초. 바닷말.
해죽이 만족한 모습으로 살며시 웃는 모양. ㉠해죽이 웃는 소녀. 큰히죽이. 센해쭉이.
해죽해죽 ①자꾸 해죽이 웃는 모양. ㉠과자 봉지를 든 아이가 해죽해죽 웃는다. ②짧은 팔을 이리저리 내저으며 가볍게 걷는 모양. ㉠동생이 저만치서 해죽해죽 걸어온다. —하다.
해지다¹ 해가 서산으로 넘어가다.
해:지다² '해어지다'의 준말. ㉠옷이 해지다.
해질녘 해가 질 무렵.
해:초(海草) 해조².
해:충(害蟲) 사람이나 곡식에 해가 되는 벌레. 곧, 모기·빈대·파리·메뚜기·진딧물 따위. ㉠해충 구제. 땐익충.
해:치다(害—) ①해롭게 하다. 땐돕다. ②남을 상하게 하거나 죽이다. ㉠생명을 해치다.
해:치우다 ①어떤 일을 빨리 시원스럽게 끝내다. ②일의 방해가 되는 대상을 없애 버리다. ㉠귀찮은 일부터 빨리 해치우자.
해:코지(害—) 남을 해롭게 하는 짓. —하다.
해:파리 해파리류의 강장 동물을 통틀어 이르는 말. 몸은 우산 또는 종 모양으로 온몸이 흐물흐물함. 물 위에 떠서 살며, 몸의 아랫면에 여러 개의 촉수가 있음.

[해파리]

해:풍(海風) 바닷바람.
해피 엔딩(happy ending) 소설·영화·연극 따위에서 행복하게 끝맺는 것을 일컫는 말.
해:하다(害—) ①해롭게 하다. ②죽이다. ③방해하다. ④시기하다.
해학(諧謔) 익살스러우면서 풍자적인 말이나 행동.
해해 남을 놀리듯이 경망스레 웃는 소리, 또는 그 모양을 나타내는 말.
해:협(海峽) 육지와 육지 사이의 좁고 긴 바다. ㉠대한 해협을 건너다.
해:후(邂逅) 뜻밖에 만남. 우연히 만남. —하다.
핵(核) 세포의 중심이 되는 것.
핵가족(核家族) 부부와 그들의 미혼 자녀로 이루어진 가족.
핵무기(核武器)[행—] 원자 폭탄·수소 폭탄처럼 핵이 폭발할 때 일어나는 힘을 이용하여 물건을 부수는 무기.
핵반응(核反應) 원자핵이 다른 입자와 충돌하여 다른 원자핵으로 바뀌는 현상. 핵분열·핵융합 따위.
핵발전소 원자력 발전 방식에 의한 발전소.
핵분열(核分裂) 생물의 세포 분열에서, 세포질의 분열에 앞서 핵이 둘로 쪼개지는 일.

핵심(核心) 사물의 중심이 되는 요긴한 부분. 예문제의 핵심을 찌르다. 비중심.

핸드백(handbag) 여자들이 들고 다니는 작은 손가방.

핸드볼:(handball) 공을 손으로만 패스·드리블하여 상대편 골에 던져 승부를 가리는 구기의 하나. 한 팀의 인원은 7명. 송구.

핸들(handle) 손잡이.

핸들링(handling) 축구에서, 골키퍼 이외의 선수의 손이나 팔에 공이 닿는 반칙.

핸디캡(handicap) 불리한 조건.

헬쑥하다 얼굴이 파리하고 핏기가 없다. 예앓고 난 뒤라 얼굴이 헬쑥하다. 비해쑥하다. 창백하다.

햄(ham) ①돼지 넓적다리 고기를 소금에 절여서 불에 슬쩍 구워 만든 식품. ②아마추어 무선사.

햄릿형 사색적이며 회의적인 경향이 강하고 결단과 실행력이 약한 성격의 인물형. 반돈키호테형.

햄버거(hamburger) 둥근 빵에 햄버그 스테이크를 끼운 음식.

햄버그 스테이크(hamburg steak) 잘게 다진 쇠고기나 돼지고기에 빵가루와 양파 따위를 섞고 동글납작하게 뭉쳐 기름에 구운 서양 요리의 한 가지.

햄프셔(hampshire) 영국의 햄프셔 지방에서 미국으로 건너가 개량된 돼지의 한 품종.

햅쌀 그 해에 처음으로 난 쌀. 예햅쌀밥을 먹다. 반묵은쌀.

햇- 주로 농산물 이름 앞에 붙어서, '그 해에 새로 나온'의 뜻을 나타내는 말. 예햇감자를 찌다.

햇곡식 그 해에 새로 난 곡식.

햇과일 그 해에 새로 난 과일.

햇발 비쳐 오는 태양의 광선.

햇볕 해에서 쬐는 따뜻한 기운. 예따가운 햇볕. 비햇빛. 준볕.

햇빛 해의 빛. 비일광. 햇볕.

햇살 해가 내쏘는 광선.

햇솜 그 해에 새로 나온 솜. 예햇솜 이불.

햇수 해의 수. 예우리가 만난 지 햇수로 2년째다.

행¹(行) 글의 세로 또는 가로의 줄. 예행을 바꾸다.

-행²(行) 어떤 곳으로 가는 뜻을 나타내는 말. 예서울행 열차.

행간(行間) 글의 줄과 줄 사이. 행과 행 사이. 예행간을 맞추다.

행군(行軍) 군대가 대열을 지어 한 곳에서 다른 곳으로 옮겨 가는 일. 예강행군. —하다.

행글라이더(hang glider) 알루미늄 등의 금속제의 틀에 천을 발라서 만든 활공기의 한 가지. 비탈을 이용하여 사람이 매달린 채 공중으로 떠올라서 날게 됨.

행동(行動) ①몸을 움직여 무엇을 함. 예행동이 느리다. ②몸 가지는 태도. 비동작. 짓. —하다.

행랑(行廊) 대문의 양쪽이나 문간에 있는 방. 행랑것들이 거처하는 방. 행랑방.

행랑방 =행랑.

행렬(行列) 여러 사람이 줄을 지어 감, 또는 그 줄. —하다.

행로(行路) ①다니는 길. 한길. ②살아가는 과정. 예인생 행로.

행마(行馬) 바둑 따위에서, 말을 씀. —하다.

행방(行方) 간 곳. 간 방향. 예행방을 모르겠다.

행방 불명(行方不明) 간 곳을 알 수 없음. 간 곳이 분명하지 않음.

행:복(幸福) ①다행한 운수. 경사스러운 일. 좋은 일. ②만족감을 느끼는 마음의 상태. ㉠행복한 가정을 꾸미다. 闭행운. 凡불행. —스럽다. —하다.

행사(行事) 정해진 계획 밑에 일을 행함. 또는 그 일. ㉠학교 행사. —하다.

행상(行商) 일정한 가게가 없이 상품을 한쪽 어깨에 걸어 메고 다니며 파는 장사. ㉠채소 행상. 闭도붓장사. —하다.

행색(行色) ①행동하는 태도. ②길 떠나는 차림새. ㉠행색이 초라하다.

행서(行書) 한자의 여섯 서체의 하나. 해서를 약간 흘려 쓰는, 해서와 초서의 중간쯤 되는 서체.

행선지(行先地) 가는 곳. 행선. ㉠행선지가 어디냐?

행성(行星) 지구처럼 태양의 둘레를 공전하는 별들. 수성·금성·지구·화성·목성·토성·천왕성·해왕성·명왕성의 9개의 별.

행세(行世) ①사람의 도리를 지키어 행하는 것. ②제법 그럴듯한 노릇을 하는 것. ㉠남의 가게에서 주인 행세를 한다. ③그 사회에서 행하는 행실. —하다.

행:실(行實) 행동하는 것. 몸가짐. 마음가짐. ㉠행실이 바른 소년. 闭품행. 행동.

행:여(幸—) 만일에. 바라건대. 뜻밖에라도. 운좋게. ㉠행여 오실까. 闭혹시.

행:여나 '행여'의 힘줌말. ㉠행여나 좋은 수가 있을까 기대하다.

행:운(幸運) 좋은 운수. 행복스러운 운명. 闭행복. 凡불운.

행:운아 때를 잘 만나서 좋은 운수를 탄 사람.

행위(行爲) 하는 짓. ㉠부정 행위.

행인(行人) 길 가는 사람.

행장(行裝) 여행할 때에 쓰이는 모든 도구. ㉠행장을 꾸리다.

행:적(行績) 행위의 실적. 평생에 한 일. ㉠고인의 행적을 기리다.

행정(行政) ①정치를 행함. ㉠행정부. ②관리하고 운용함. ㉠학사 행정.

행정 구역 행정 기관의 책임과 권한이 지역적으로 나뉘어져 있는 경우의 그 지역.

행정 기관 행정 사무를 그 대상으로 하는 국가의 기관.

행정부(行政府) 입법·사법 이외의 국가의 통치 작용, 곧 정무를 맡아 보는 기관. 정부.

행정 자치부 지방 행정과 재정·선거·국민 투표·지방 자치 단체의 감독 등의 일을 맡아 보는 중앙 행정 기관의 하나.

행주¹ 그릇을 씻거나 훔치는 데 쓰는 깨끗한 헝겊.

행:주²(幸州) 경기도 고양시에 있는 지명. 임진왜란 때 권율 장군이 왜군을 맞아 싸운 곳.

행:주 대:첩(幸州大捷) 임진왜란 때 권율 장군이 행주 산성에서 1만의 군사와 치마에 돌을 나른 부녀자들의 도움으로 3만 왜군을 크게 쳐부순 싸움.

행주치마 음식을 만들 때 치마 위에 덧입는 희고 작은 치마.

행진(行進) ①앞으로 걸어 나아감. ②여러 사람이 줄을 지어서 걸어 나아감. —하다.

행진곡 행진할 때에 걸음걸이를 맞추도록 연주하는 곡.

행:짜 심술을 부려 남을 해치는

짓. 예 행짜를 부리다.

행차(行次) 웃어른의 길 가는 것을 높여서 일컫는 말. 예 임금님께서 행차하신다. —하다.

행차소(行次所) '웃어른이 여행할 때에 머무는 곳'을 높이어 이르는 말.

행패(行悖) 도리에 벗어나는 사나운 짓을 함, 또는 그러한 짓. 예 도둑의 행패. —하다.

행하다 마음먹은 대로 하여 나가다. 예 계획한 대로 행하다.

향(香) ①좋은 냄새가 나는 물건. 좋은 냄새. ②제사 때 피우는 향내 나는 물건.

향가(鄕歌) 신라 시대부터 고려 시대 초기까지 민간에 널리 퍼졌던 우리 나라 고유의 시가.

향교(鄕校) 고려 시대와 조선 시대에 지방에 있었던, 공자를 모신 사당과 이에 딸린 학교.

향군(鄕軍) ①'향토 예비군'의 준말. ②'재향 군인'의 준말.

향긋하다 좋은 냄새가 풍기다. 예 어디서 향긋한 꽃 향기가 풍겨 나온다. 비 향기롭다. —이.

향기(香氣) 좋은 냄새. 향냄새. 예 은은한 향기. 비 향내.

향기롭다〔향기로우니, 향기로워/향기로이〕 좋은 냄새가 나다. 예 꽃밭에 가니 냄새가 향기롭게 풍겨 온다. 비 향긋하다.

향나무(香—) 측백나뭇과의 늘푸른 바늘잎 큰키나무. 토양이 깊은 산록이나 평지에 나며 높이 15m 안팎, 껍질은 적갈색임. 주로 정원수로 심으며 조각재·가구재·향료·약용으로 쓰임. 향목.

향내(香—) 좋은 냄새. 꽃다운 냄새. 비 향기.

향ː락(享樂)〔—낙〕 즐거움을 누림. 쾌락을 누림. —하다.

향ː로¹(向路)〔—노〕 향하여 가는 길. 갈 길. 예 마음의 향로.

향ː로²(香爐)〔—노〕 향을 피우는 데 쓰는 자그마한 화로.

향료(香料) 향내를 풍기는 물품. 그윽한 향기를 품고 있는 원료.

향리(鄕里)〔—니〕 태어나서 자란 고향의 마을. 비 향촌.

향불〔—뿔〕 향을 태우는 불.

향ː사(向斜) 지층의 습곡으로 오목하게 된 부분. 반 배사.

향ː상(向上) 차차 수준이 높아지고 낫게 됨. 예 성적이 향상되다. 비 진보. 반 퇴보. —하다.

향수¹(香水) 향내를 내는 물. 화장품의 한 가지.

향수²(鄕愁) 고향을 생각하고 그리워하는 마음. 예 향수에 젖다.

향신료(香辛料) 음식물에 맵거나 향기로운 맛을 더하는 조미료. 겨자·고추·파·마늘 등. 예 음식은 향신료를 넣어야 맛이 난다.

향약(鄕約) 조선조 때 농촌 사회를 중심으로 서로 돕고 이끌어 주며 힘을 뭉치게 할 목적으로 세워진 자치 조직. 중종 때를 전후하여 널리 퍼졌음.

향약구급방(鄕藥救急方) 고려 고종 때 대장도감에서 간행한, 지금까지 남아 있는 우리 나라의 가장 오래 된 의약책.

향연¹(香煙) 향을 피우는 연기.

향ː연²(饗宴) 특별히 정성스럽게 대접하는 잔치.

향원정(香遠亭) 경복궁 안에 있는 6각 건물.

향ː유(享有) 누리어 가짐. 예 자유를 마음껏 향유하다. —하다.

1088

향찰(鄕札) 신라 때 한자의 음과 훈을 빌어 우리말의 소리를 나타내던 글.

향토(鄕土) ①시골. ②고향 땅. ⑩ 향토 봉사.

향토색 그 지방만이 가지고 있는 특색. 지방색. ⑩ 향토색 짙은 문학 작품.

향토애 고향에 대한 사랑.

향토 예:비군 군대를 제대하고 자기 고장을 지키는 군대.

향토 요리 그 지방 특유의 전통적인 요리.

향피리(鄕−) 피리의 한 가지. 당피리와 같으나 다만 둘째 구멍이 뒤에 있음.

향:하다(向−) ①얼굴을 그 쪽으로 대하다. ②마음을 그 쪽으로 기울이다. ⑩ 임 향한 마음. ③마주 서다. 땐피하다.

향:학[1](向學) 학문에 뜻을 둠. ⑩ 향학열에 불타다. —하다.

향학[2](鄕學) 고려 때의 지방 교육기관. 인종 때(1127)에 각 지방에 널리 세워져, 여기서 공부한 우수한 사람은 국자감에 입학하였음.

향합(香盒) 제사 때에 쓰는 향을 담는 합. 사기나 쇠붙이로 만듦.

허[1] 기쁨·놀라움·안타까움·노여움·염려스러움 따위의 느낌을 나타내는 말. ⑩ 허, 정말 대단하군. 짭 하[2].

허:[2] 무엇을 녹이거나 축일 때 또는 몹시 매울 때, 혀를 그대로 두고 입을 벌린 채 입김을 많이 내는 소리. 짭 하[3]. —하다.

허가(許可) ①허락함. ⑩ 건축 허가. ②소청을 들어줌. 비허락. 땐불허. —하다.

허가제 법령으로 제한·금지되어 있는 일에 대하여, 특정한 경우에 법에 따라 그 일을 할 수 있도록 행정상으로 허락하여 주는 제도.

허겁(虛怯) 마음이 옹골차고 튼튼하지 못하여 겁이 아주 많음. ⑩ 허겁을 떨다. —스럽다. —하다.

허겁지겁 여유가 없어 조급한 마음으로 허둥거리는 모양. ⑩ 영수는 개를 보자 허겁지겁 도망쳤다. —하다.

허공(虛空) 아무것도 없는 텅 빈 공간. ⑩ 허공만 쳐다보다.

허균(許筠, 1569~1618) 조선 선조·광해군 때의 정치가·소설가. 허난설헌의 동생. 서자를 차별하는 제도에 반대하다가 비참한 생애를 마침. 많은 저서가 있는데, 〈홍길동전〉은 우리 나라 최초의 국문 소설로 그 가치가 매우 높음.

허기[1](虛氣) 속이 비어 허전한 기운.

허기[2](虛飢) 굶어서 배가 몹시 고픈 느낌. ⑩ 허기를 느끼다.

허기증[−쯩] 몹시 굶어서 배고프고 기운이 빠진 증세.

허기지다(虛飢−) ①배가 몹시 고프게 되다. ⑩ 허기져서 죽겠다. ②무엇을 간절히 바라다.

허깨비 ①눈에 보이지 않는 귀신. ②마음이 허하여 일어나는 착각. ⑩ 허깨비가 보이다. 비헛것.

허난설헌(許蘭雪軒, 1562~1590) 조선 중기의 여류 작가. 본명은 초희. 강릉 출신. 허균의 누이로 한시에 능했음. 작품에는 〈규원가〉 〈유선시〉 등이 있음.

허니문:(honeymoon) ①신혼기. ②신혼 여행.

허다(許多) ①수효가 많음. ⑩ 허다한 실수. ②많은 수효. 비무수. —하다. —히.

허덕이다 ①힘에 겨워서 괴로워하다. 예산길을 올라가느라고 숨이 차서 허덕이다. ②어린애가 팔다리를 움직이다.

허둥대다 일정한 방향이나 방법을 정하지 못하고 갈팡질팡하다. 예시간에 쫓겨 허둥대며 달려가다.

허둥지둥 어찌할 바를 몰라 허둥거리는 모양. 예불이야! 하는 소리에 허둥지둥 달려왔다. 비갈팡질팡. 반차근차근. —하다.

허둥허둥 갈팡질팡하며 정신 없이 서두르는 모양. 작하동하동. —하다.

허드레 함부로 쓸 수 있는 허름한 일이나 물건. 예허드레 옷.

허드레꾼 아무 일이나 닥치는 대로 하는 사람.

허드렛일[—렌닐] 중요하지 않은 일. 비잡역.

허락(許諾) ①청하는 바를 들어줌. ②승낙함. 예여행을 허락하다. 비허가. 승낙. 반거절. 불허. —하다.

허례(虛禮) 겉으로만 꾸민 예절.

허례 허식(虛禮虛飾) 예절·법식 등을 겉으로만 꾸며 번드레하게 하는 일.

허룩하다 줄어들거나 없어져 적다. 예허룩한 쌀자루.

허름하다 ①귀중하지 않다. ②새롭지 않다. 낡다. 예허름한 행색.

허리 사람의 몸의 갈빗대 아래 배옆의 잘록한 부분.

허리띠 허리에 둘러매는 옷의 띠. 비요대.

허리띠를 졸라매다 ①검소하게 살다. ②새로운 결의와 단단한 각오로 일을 시작하다. ③배고픔을 참다.

허리춤 바지나 치마 따위의 옷에서 허리의 안쪽 부분.

허리케인(hurricane) 북대서양 서부에서 발생하는 열대성 저기압. 태풍과 비슷한 위력으로 북아메리카 방면을 휩씀.

허릿살 사람의 갈빗대 아래에서부터 엉덩이까지의 잘록한 부분에 있는 살.

허망(虛妄) ①어이없고 허무함. 예인생이 허망하다. ②거짓이 많아 미덥지 않음. 예그 사람 말은 허망해서 믿을 수가 없다. —스럽다. —하다.

허무(虛無) ①텅 비어 실속이 없음. ②마음 속이 비고 아무 생각도 없음. 반실존. —하다.

허무감 허무하거나 덧없는 느낌.

허무 맹랑(虛無孟浪)[—낭] 거짓되고 터무니없음. 예허무 맹랑한 소설. —하다.

허물 ①잘못. ②실수. 예누구에게나 허물은 있다. ③죄. 비흉.

허물 벗다 ①피부의 얇은 가죽이 벗어지다. ②뱀·매미 따위가 껍질을 벗다. 예허물 벗은 뱀. ③누명을 씻다.

허물어지다 쌓인 물건이나 짜인 것이 흩어져 무너지다. 예장마에 흙담이 허물어지다.

허물없다 서로 친하여 체면 따위를 돌보지 아니하다. 예허물없는 사이. —이.

허밍(humming) 입을 다물고 소리를 코로 내면서 노래를 부르는 법. '합창'할 때 많이 씀.

허방 움푹 패인 땅. 예허방을 딛고 넘어지다.

허방다리 짐승을 잡기 위하여 파 놓은 구덩이. 비함정¹.

허방 짚다 그릇 알거나 잘못 예산하여 실패하다. 잘못 짚다.

허벅 제주도의 물항아리 이름. 등에 지고 다님.

허비(虛費) ①헛되게 없앰. 예부모님의 유산을 허비하다. ②헛되이 보냄. 예시간을 허비하다. 비낭비. —하다.

허사(虛事) 헛된 일. 실속이 없음. 예계획한 일이 허사가 되다. 비헛일. 헛것.

허상(虛像) 렌즈나 반사경 따위로 발산된 광선을 반대 방향으로 연장하였을 때에 이루어지는 상.

허생전(許生傳) 조선 영·정조 때 박지원이 지은 소설.

허세(虛勢) 실상이 없는 기세. 예고향에 내려가 허세를 부리다.

허송(虛送) 하는 일 없이 헛되이 때를 보냄. 예허송 세월. —하다.

허수아비 ①짚으로 사람의 형상을 만들어 논밭에 세워 놓고 새가 곡식을 먹으러 오는 것을 쫓는 데 쓰는 물건. ②쓸모 없는 사람을 비웃는 말. 예허수아비 사장.

허술하다 ①낡고 헐어서 허름하다. 예허술한 집. ②짜임새가 엉성하다. ③무심하거나 소홀하다. 예충고를 허술하게 듣고 넘기지 마라. 비소홀하다. —히.

허식(虛飾) 실속 없이 겉만 꾸밈. 예허례 허식을 삼가라. 비가식. 겉치레. —하다.

허실(虛實) ①허함과 실함. ②거짓과 참.

허심(虛心) ①거리낌이 없음. ②남의 말을 잘 받아들임. —하다.

허심 탄:회(虛心坦懷) 마음에 거리낌이 없이 솔직함. 예허심 탄회하게 이야기하다. —하다.

허약하다(虛弱—) 몸이 몹시 약하다. 예몸이 허약한 아이. 반건강하다. 튼튼하다.

허영(虛榮) ①신분에 맞지 아니한 외관상의 부귀 영화. 예허영에 들뜬 여자. ②속에는 든 것이 없는 겉치장. 비허욕.

허:옇다〔허여니〕 ①흐리게 희다. ②매우 희다. 예머리가 허옇게 센 할머니. 반꺼멓다. 작하얗다.

허욕(虛慾) 쓸데없는 일을 바라는 마음. 헛된 욕심. 예허욕을 부리다. 비허영.

허용(許容) 허락하고 용납함. 예수입이 허용된 제품. —하다.

허용량〔—냥〕 허용하는 한계의 양.

허우대 보기 좋고 큰 체격. 예허우대가 좋다.

허우적거리다 위험한 고비에서 빠져 나오려고 손과 발을 내두르며 몸부림을 치다. 예강물에 빠져 허우적거리다.

허울 내용이 없는 겉치레.

허울 좋다 외면만 좋다. 보기만 좋다. 예허울 좋은 말.

허위¹(虛威) 실제의 내용이 없는 기세. 비허세.

허위²(虛僞) 없는 것을 있는 것처럼 하는 짓. 거짓. 예허위 진술. 반진실. 사실.

허전하다 ①주위에 아무것도 없어서 쓸쓸하다. ②무엇을 잃은 것 같이 서운한 느낌이 있다. 예같이 놀던 친구들이 모두 전학을 가서 허전하다.

허준(許浚, ?~1615) 조선 선조 때의 명의. 왕실의 의원으로 있으면서 선조의 명을 받아 의서를 편찬하였고 의서의 국역에도 업적이 큼. 저서에 〈동의보감〉이 있음.

허청거리다 기운이 없어 걸음이 제대로 걸리지 않고 비틀비틀하다. 예 허정거리다.

허청허청 기운이 없어 비틀거리며 걷는 모양. 예 피로에 지쳐 허청허청 걷는 남자. 예 허정허정. —하다.

허출하다 ①배가 조금 고프다. 예 속이 허출하다. ②마음이 텅 빈 것 같다. 예 허줄하다.

허탈(虛脫) 멍하여 힘이 빠지고 일이 손에 안 잡히는 상태. 예 허탈한 심정. —하다.

허탕 아무 소득이 없는 일. 예 오늘도 허탕을 쳤다.

허투루 대수롭지 않게. 아무렇게나 되는대로. 예 허투루 말을 하는 것은 좋지 않다. 비 함부로.

허튼 낱말 앞에 써서 '헤프게 하는·함부로 하는·쓸데없는·되지 못한' 등의 뜻을 나타내는 말. 예 허튼 소리 하지 마라.

허파 호흡을 맡아 보는 몸 속 기관. 부아. 폐¹.

허파꽈리 허파 속에서 산소와 이산화탄소가 교환되는 작은 방. 실핏줄이 둘러싸고 있으며, 허파는 이 허파꽈리가 수없이 모여서 이루어짐.

허풍(虛風) 실제보다 너무 동떨어지게 과장하여 믿음성이 적은 언행. 예 허풍이 센 사람.

허풍떨다 언행이 가볍고 방정맞으며 과장되다.

허허¹ 너무 기가 막혀 탄식하여 하는 말. 예 허허, 자네가 이럴 수가 있나!

허허² 기뻐서 입을 크게 벌리고 웃는 소리. 짝 하하. —하다.

허허벌판 끝없이 넓고 큰 벌판. 예 허허벌판을 달리는 말.

허황(虛荒) 거짓이 많아 믿을 수 없음. 예 허황된 이야기. 반 진실. —하다.

헌: 새것이 아닌. 낡은. 성하지 않은. 예 헌 옷. 비 낡은.

헌:것 낡아서 성하지 않은 물건. 반 새것.

헌:금(獻金) ①돈을 바침, 또는 그 돈. ②그리스도교에서, 주일날이나 어떠한 축일을 맞아 교회에 바치는 돈. 예 교회에 헌금하다. —하다.

헌:납(獻納) 물건을 바침. 예 전 재산을 국가에 헌납하다. —하다.

헌:데 부스럼이 난 곳. 예 헌데에 약을 바르다.

헌:법(憲法)[—뻡] 한 나라를 다스리는 데 기본이 되는 큰 원칙을 정한 중요한 법률.

헌:병(憲兵) 군인의 위반 행위를 예방하고 죄가 있을 때 잡아내어 단속하는 군인.

헌:병대 헌병으로 조직한 군대.

헌:신(獻身) 자기의 몸과 마음을 바쳐 힘씀. 예 평생을 과학 발전에 헌신하다. —하다.

헌:신적 자기의 이로움이나 손해를 돌보지 않고 온 힘을 다하는 것. 예 나라를 위해 헌신적으로 싸우다가 돌아가셨다.

헌:장(憲章) 국가 등에서 어떤 행동의 기준으로 삼기 위해 정한 원칙. 예 어린이 헌장.

헌:집 오래 되어 낡은 집.

헌 짚신도 짝이 있다〈속〉 아무리 가난하고 어려운 사람이라도 누구에게나 배필이 있다는 말.

헌칠하다 키와 몸집이 보기 좋게 미끈하고 크다. [예] 헌칠하니 잘생겼다.

헌헌 장:부(軒軒丈夫) 이목구비가 반듯하고 풍채가 좋으며 아주 의젓해 보이는 남자.

헌:혈(獻血) 모자라는 피를 얻고자 하는 환자를 위하여 건강한 사람이 피를 뽑아 주는 일. [예] 헌혈 운동. [반] 수혈. ―하다.

헌:화(獻花) 죽은 이의 영전에 꽃을 올림, 또는 그 꽃. [예] 아버님 묘소에 헌화하다. ―하다.

헌:화가(獻花歌) 신라 성덕왕 때의 사구체 향가. 수로 부인을 위해 소를 몰고 가던 노인이 철쭉꽃을 꺾어 바치며 부른 노래. 〈삼국유사〉에 전함.

헐값[―깝] 그 물건이 지니는 값보다 훨씬 싼 값. [예] 무·배추가 헐값에 팔리다.

헐겁다〔헐거우니, 헐거워 / 헐거이〕 낄 물건보다 낄 자리가 넓다. [예] 신발이 헐겁다. [작] 할갑다.

헐근헐근 숨이 차서 헐떡거리는 모양. [작] 할근할근. ―하다.

헐:다[1]〔허니, 헐어서〕 ①물건이 오래 되어 새것 같지 않다. [비] 낡다. ②살이 짓무르거나 부스럼이 나다. [예] 코가 헐다.

헐:다[2]〔허니, 헐어서〕 집이나 쌓은 것을 무너뜨리다. 허물다. [예] 빌딩을 헐고 새로 짓다.

헐떡거리다 숨을 계속 가쁘게 쉬다. [예] 헐떡거리며 뛰어갔다. [작] 할딱거리다.

헐떡하다 ①얼굴이 매우 여위고 핏기가 없다. ②눈이 퀭하다. 훌끔하다. [작] 할딱하다.

헐떡헐떡 ①신발 따위가 매우 헐거워서 벗어졌다 신기었다 하는 모양. ②숨을 매우 가쁘게 쉬는 모양. [작] 할딱할딱. ―하다.

헐:뜯다 남의 흠을 잡아내어 나쁘게 말하다. [예] 친구를 헐뜯다.

헐레벌떡 급한 동작으로 숨이 가빠 헐떡거리며 몰아쉬는 모양. [예] 헐레벌떡 뛰어오다. [작] 할래발딱. ―하다.

헐:벗다 ①떨어진 옷을 입다. ②가난하다. [예] 헐벗고 굶주린 사람을 동정하다. ③산에 나무가 없다. [예] 헐벗은 산에 나무를 심자.

헐수할수없다[―쑤할쑤업따] ①어떻게 할 수가 없다. ②너무 가난하여 살 길이 막막하다. ―이.

헐쭉하다 살이 빠져서 매우 여위다. [작] 할쭉하다.

헐하다 ①값이 시세보다 싸다. [예] 물건값이 헐하다. ②엄하지 않다. ③힘이 덜 들어 일하기 쉽다. [예] 일이 한결 헐하다.

험:난(險難) ①몹시 험함. ②위험하고도 어려움. [예] 험난한 세상살이. ―하다.

험:담(險談) 남을 헐뜯어서 말함, 또는 그 말. [예] 남의 험담은 그만둬라. ―하다.

험:로(險路) 험난한 길. [예] 험로를 걷다.

험:산(驗算) 계산한 결과가 바른지를 알기 위하여 다시 계산함. [비] 검산. ―하다.

험:상궂다(險狀―) 보기에 흉하다. 모양이 사납게 생기다. [예] 험상궂게 생긴 사람이 그 애를 데려갔다. [비] 흉악하다.

험:악하다(險惡―) ①길이나 날씨

가 험난하다. [예] 험악한 산길. ② 성질이 거칠고 악하다.

험:준하다(險峻—) 매우 높고 가파르다. [예] 험준한 산길. [반] 순탄하다.

험:하다(險—) ①길이 평탄하지 않아 걷기 어렵다. ②위태하다. ③성질이 사납다. —히.

헙수룩하다 ①옷차림이 허름하다. ②수염·머리털이 텁수룩하다. [예] 헙수룩한 머리에 해진 옷을 입은 아이가 찾아왔다. [반] 말쑥하다. —히.

헛간 문이 없는 광.

헛갈리다[헏깔—] 마구 뒤섞여 분간할 수가 없다.

헛걸음 목적을 이루지 못하고 공연히 갔다 옴. [예] 공연히 헛걸음만 했다. —하다.

헛것 ①도깨비 같은 귀신을 일컫는 말. [예] 배가 고프니 헛것이 보인다. [비] 허깨비. ②헛일.

헛구역 게우는 것도 없이 나는 욕지기. 건구역. [예] 헛구역질.

헛기침 인기척을 내기 위해 일부러 하는 기침. —하다.

헛김 나다 기운이 새어 나오다. 맥빠지다.

헛노릇 한 보람이 없는 헛된 일. 쓸데없는 일. [비] 헛일. —하다.

헛되다 ①아무 보람이 없다. ②허황하여 믿기가 어렵다. ③덧없다. [예] 시간을 헛되이 보내지 말도록 하자. [비] 무상하다. —이.

헛듣다 잘못 듣다.

헛디디다 발을 잘못 디디다. [예] 발을 헛디뎌 넘어지고 말았다.

헛말 거짓말. 근거 없는 말. [예] 헛말 마라.

헛물관 겉씨 식물이나 양치 식물, 또는 쌍떡잎 식물 관다발 속의 목질부에서, 뿌리로 빨아올린 즙액을 잎이나 줄기로 보내는 관.

헛물켜다 아무 보람도 없이 한갓 애만 쓰다. [예] 헛물켜지 말고 돌아가자.

헛배 소화 불량 따위로 음식을 먹지 않았는데도 부른 배.

헛배부르다 ①음식을 먹지 않고 배가 부르다. ②실속은 없고 마음에만 느긋하다.

헛보다 잘못 보다. [예] 내가 헛본 모양이야.

헛뿌리 가는 뿌리처럼 생겨 수분을 빨아들이며 식물을 단단히 들러붙게 하는 기관.

헛소리 ①쓸데없는 소리. [예] 헛소리를 지껄이다. ②앓는 사람이 정신 없이 지껄이는 소리. [예] 심한 고열로 헛소리를 하다. —하다.

헛소문(—所聞) 실제로는 없는 일이 헛되이 떠도는 말. [비] 뜬소문.

헛수고 아주 보람이 없는 수고. [예] 모든 것이 헛수고다. —하다.

헛일[헌닐] 헛노릇. —하다.

헛턱 실질이 없는 것. [비] 무턱.

헛헛하다 속이 비어 배고픈 느낌이 있다. 배가 출출해서 무엇을 먹고 싶다.

헝가리(Hungary) 동부 유럽에 있는 공화국. 1989년 우리 나라와 수교를 맺었음. 언어는 헝가리어. 수도는 부다페스트.

헝:겊 피륙의 조각. 해진 옷감의 조각. [비] 천.

헝클다〔헝크니〕 ①물건을 한데 마구 뒤섞어 어지럽게 하다. ②실이나 줄 따위가 한데 마구 얽혀서 덩이가 되게 하다.

헝클어지다 일이나 물건 같은 것

ㅎ

이 서로 얽혀 갈피를 잡을 수 없다. 예)실이 헝클어지다. 여)엉클어지다.

헤: 입을 조금 벌리고 힘없이 웃는 모양, 또는 그 소리. 예)좋아서 입을 헤 벌리다. 작)해.

헤:다 ① '헤엄치다'의 준말. ② 어려운 고비를 벗어나다.

헤드라이트(headlight) 기차나 자동차 따위의 앞에 달린 등.

헤드폰:(headphone) ① 라디오를 들을 때, 또는 녹음이나 방송을 할 때 모니터로 쓰는 두 귀를 덮는 작은 스피커. ② 두 귀에 고정시키는 전화 수신기.

헤딩(heading) 축구에서, 공을 머리로 받는 일. —하다.

헤뜨리다/헤트리다 ① 흩어지게 하다. ② 어수선하게 늘어놓다. 예)책들을 헤드리다.

헤라(Hera) 그리스 신화에 나오는 여신. 제우스의 아내.

헤르니아(라 hernia) =탈장.

헤매다 이리저리 돌아다니다. 예)길을 잃고 이리지리 헤매다.

헤모글로빈(hemoglobin) 직혈구 속에 함유되어 있는 붉은 색소.

헤벌어지다 어울리지 않게 넓게 벌어지다. 작)해바라지다.

헤비급(heavy級) 운동 경기 체급의 한 가지. 권투에서는 81~91kg, 역도에서는 90kg 이상임.

헤:아리다 ① 알려고 시험하다. ② 수량을 세다. 예)별을 헤아리다. ③ 미루어 생각하거나 짐작하다. 예)남의 고충을 헤아리다.

헤:아릴 수 없:다 셀 수 없을 만큼 많다. 예)밤 하늘에는 별들이 헤아릴 수 없을 만큼 많이 있다. 비)짐작할 수 없다.

헤어나다 헤치고 벗어나다. 예)슬픔에서 헤어나다. 준)헤나다.

헤어 드라이어(hair dryer) 머리털에 묻은 물기를 말리거나 머리 모양을 다듬을 때에 쓰이는 전열 기구. 준)드라이어.

헤어지다 제각기 따로 가다. 예)친구와 헤어지다. 비)이별하다. 반)만나다. 준)헤지다.

헤어핀(hairpin) 여자의 머리에 꽂는 장식품. 머리핀.

헤엄 물에 떠서 팔과 다리를 놀리어 다니는 짓. 비)수영. —하다.

헤엄 잘 치는 사람 물에 빠져 죽고, 나무에 잘 오르는 사람 나무에서 떨어져 죽는다⟨속⟩ 아무리 재주 있는 사람이라도 한 번 실수는 있는 법이다.

헤엄치기 헤엄치는 일.

헤엄치다 헤엄을 하다. 예)강에서 헤엄치다.

헤이그 특사 사:건(Hague 特使事件) 1907년 이준·이상설·이위종 등이 고종 황제의 밀서를 가지고, 네덜란드의 헤이그에서 열린 만국 평화 회의에 참석하여 일본의 침략상을 호소하여 도움을 얻고자 하였던 사건. 영국과 일본의 방해로 실패함.

헤적헤적[1] 활개를 벌려 가볍게 저으면서 걷는 모양. 예)펭귄이 헤적헤적 걷는다. —하다.

헤적헤적[2] 깨지락거리며 자꾸 들추거나 헤치는 모양. —하다.

헤집다 긁적거려 파서 뒤집어 흩다. 예)땅을 헤집고 다니다.

헤쳐지다 파서 헤뜨려 속에 있는 물건이 드러나게 되다.

헤치다 ① 속에 있는 물건을 드러내기 위하여 파서 젖히다. 예)흙

헤프게

을 헤치고 먹이를 찾는 다람쥐. ②모인 것을 헤어지게 하다. 예 옷자락을 풀어 헤치다. ③앞에 걸리는 물건을 좌우로 물리치다. 흐트러뜨리다. 예 물살을 헤치다.

헤ː프게 아끼지 않고 마구. 예 물건이 흔하다고 너무 헤프게 쓰지 않도록 하자.

헤ː프다〔헤프니, 헤퍼서/헤피〕 ①물건이 쉽게 닳거나 없어지다. ②함부로 없애다. 예 씀씀이가 헤프다. 반 알뜰하다.

헤헤 입을 크게 벌려 경망스럽게 웃는 소리나 그 모양. 예 헤헤 웃는 아이. 작 해해. —하다.

헥타ː르(hectare) 1아르(are)의 100배인 땅 넓이의 단위. 기호는 ha.

헬레니즘(Hellenism) 알렉산더 제국 시대에 그리스 고유의 문화와 오리엔트 문화가 융합하여 이룩된 범세계적인 그리스 문화.

헬렌 켈러(1880~1968) 미국의 위대한 교육자·사회 사업가. 태어난 지 1년 6개월 만에 열병에 걸려 듣지도 보지도 말하지도 못하는 장애인이 되었으나 설리번 선생님의 지도로 신체 불구를 극복하고, 세계 여러 곳을 다니며 맹아·농아의 교육과 사회 시설 개선에 힘썼음.

헬렐레 매우 지쳤거나 술이 취하여, 몸을 가누지 못하는 모양. 예 술에 취해 헬렐레하다. —하다.

헬리콥터(helicopter) 땅 위를 구르지 않고 곧장 위로 뜨고 내릴 수 있는 비행기.

헬멧(helmet) 플라스틱이나 쇠로 만들어 머리의 보호를 위해 쓰는 투구 모양의 모자. 안전모.

헷갈리다 ①정신을 차리기 어렵다. 예 주위가 시끄러워 숫자가 헷갈린다. ②여러 갈래로 뒤섞여서 갈피를 못 잡다. 예 어느 길로 가야 할지 헷갈린다.

헹가래 기쁜 일을 축하하는 뜻으로 여러 사람이 한 사람의 네 활개를 번쩍 들어 계속해서 밀었다 들이쳤다 하는 짓. 예 감독을 헹가래치는 선수들.

헹구다 빤 빨래를 다시 깨끗한 물에 넣어 흔들어서 빨다. 예 빨래를 맑은 물에 헹구다.

혀 사람·동물의 입 안 아래쪽에 붙어 있는 길둥근 살로서, 운동이 자유롭고 맛을 느끼며 소리를 고르는 역할을 하는 기관. 예 혀를 내밀다.

혀뿌리 혀의 뿌리. 비 설근.

혁대(革帶) 가죽으로 만든 띠.

혁명(革命) ①묵은 제도를 깨뜨리고 새 제도를 세움. 예 산업 혁명. ②이전의 정권을 뒤집고 다른 통치자가 정권을 잡음. 예 무혈 혁명. —하다.

혁명가 사회 혁명의 실현을 뜻하거나, 혁명 운동에 오로지 종사하는 사람.

혁명 정부 혁명을 일으킨 사람들이 그 혁명의 목표를 완수하기 위하여 세운 새로운 정부.

혁신(革新) 낡은 습관을 고치어 새롭게 함. 예 제도를 혁신하다. 비 개혁. —하다.

혁신주의 지금까지의 조직이나 관습·방법 따위를 바꾸어 새로운 방향으로 나아가려고 하는 주의. 반 보수주의.

혁혁하다(赫赫—) ①세력이 대단하다. ②빛나다. 예 혁혁한 전공

현¹(絃) 현악기에 맨 줄.
현:²(縣) 조선 시대에 있었던 지방 행정 구역의 하나.
현:가(現價)[—까] 현재의 가격. 지금의 값.
현:감(縣監) 지난날, 지방 행정 구역의 하나였던 현의 으뜸 벼슬.
현:격하다(懸隔—) 차이가 매우 크다. 서로 몹시 틀리다. 예현격한 차이를 보이다. —히.
현관(玄關) 건물의 출입구에 달아내거나 방처럼 만든 문간.
현:금(現金) ①지금 지니고 있는 돈. ②수표나 어음이 아닌, 당장 쓸 수 있는 돈. 비현찰.
현:금 자동 지급기 은행이 자체 점포나 큰 건물 등에 설치하여, 은행에서 발행 지급하는 현금 인출 카드를 넣으면, 원하는 액수의 현금이 나오게 되어 있는 자동식 기계.
현:기증(眩氣症)[—쯩] 눈이 아찔하고 깜깜해지며 머리가 어지러워지는 증세. 어지럼증.
현:대(現代) 지금 이 시대. 이 세상. 반고대.
현:대 소:설 현대에 씌어진 소설. 환경과 사건을 통하여 사람의 성격을 그려 내는 데 중점을 두고 있음. 반고대 소설.
현:대 시조 현대의 우리 생활에서 흔히 느낄 수 있는 감정을 노래한 시조. 반고시조.
현:대식 오늘날의 시대에 알맞은 방식, 또는 그 형식. 예현대식 건물.
현:대어 현대에 쓰이는 표준말. 반고어.
현:대인 현대에 살고 있는 사람.

현:대적 현대에 어울리거나 걸맞는 것. 현대의 유행이나 풍조와 관계가 있는 것. 예현대적 의상.
현:대화 현대에 알맞게 됨, 또는 되게 함. 예장비의 현대화. —하다.
현:란(絢爛)[혈—] 눈부시게 빛나고 휘황 찬란함. 예현란한 네온사인 불빛. —하다.
현:령 지난날, 지방 행정 구역의 하나였던 큰 현의 으뜸 벼슬. 관찰사 밑에서 관내를 다스렸음.
현명(賢明) 마음이 어질고 일의 이치에 밝음. 예현명한 판단. —하다. —히.
현모(賢母) 어진 어머니.
현모 양처(賢母良妻) 어진 어머니인 동시에 착한 아내. 양처 현모.
현:몽(現夢) 죽은 사람이나 신령 등이 꿈에 나타남. —하다.
현무암(玄武岩) 검은 잿빛 또는 검은빛의 화산암으로, 바탕이 차지고 굳으며 기둥 모양으로 쪼개어짐.
현문 우답(賢問愚答) 현명한 물음에 대한 어리석은 대답. 반우문 현답.
현:물(現物) ①현재 있는 물건. ②금전에 대하여 '물품'을 일컫는 말. 예현물로 지급하다.
현미(玄米) 벼를 매통에 넣고 갈아서 뉘가 섞이고 속겨가 벗겨지지 않은 쌀. 반백미.
현:미경(顯微鏡) 썩 작은 물건을 크게 볼 수 있게 만든 기구.

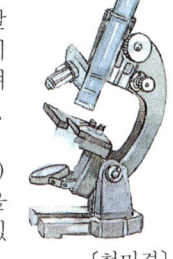
[현미경]

현:상[1] (現狀) 현재의 상태. 지금의 형편. [예] 현상 유지.

현:상[2] (現象) 눈앞에 나타나 보이는 사물의 모습. [예] 자연 현상.

현상[3] (懸賞) 상품을 걸고 모집함. [예] 현상 모집. —하다.

현상금 상으로 내건 돈. [예] 현상금을 걸다.

현상 모집 상을 내걸고 어떤 일을 널리 뽑아 모음.

현:생 인류 약 200만 년 전의 홍적세로부터 현대에 이르기까지 지구상에 살고 있는 인류.

현:세 (現世) 이 세상. 지금 살고 있는 세상. [예] 현세에서 이룰 수 없는 사랑.

현수 (懸垂) 매단 것이 아래로 꼿꼿하게 달려 드리워짐. [예] 거리에 현수막들이 달려 있다.

현수교 (懸垂橋) 기둥과 기둥 사이를 케이블로 연결하고 케이블에 다시 바닥을 강철봉으로 연결해서 만든 다리.

현수막 ①선전문이나 광고문 따위를 드리운 막. ②방이나 극장의 내부 따위에 드리운 막.

현숙 (賢淑) 여자의 마음이 어질고 깨끗함. [예] 현숙한 여인. —하다.

현:실 (現實) ①지금 나타나 있음. ②참으로 있는 실제의 사실이나 형편. [반] 꿈. 이상.

현:실 도피 ①현실과 맞서기를 기피하는 일. ②소극적이고 퇴폐적으로 처세하는 태도.

현:실성 [—썽] 실제로 일어날 수 있거나 현실에 있을 수 있는 가능성. [예] 현실성이 없는 이야기.

현악 (絃樂) 현악기로 타는 음악.

현악기 줄을 타는 악기. 거문고·가야금·기타·바이올린 따위.

현악 사(4):중주 바이올린 둘과 비올라 하나·첼로 하나로 연주하는 실내악 사중주.

현악 삼(3)중주 주로 바이올린과 비올라·첼로로 연주하는 실내악 삼중주. 현악 트리오.

현악 오(5):중주 바이올린 둘·비올라 둘·첼로 하나로 연주하는 실내악 오중주.

현인 (賢人) 성인 다음 갈 만큼 어질고 현명한 사람. [비] 현자.

현자 총통 [현짜—] 화승의 불로 화약을 터지게 하여 쏘는 포. 임진왜란 당시 연철환(납과 쇠로 된 포탄)이나 '차대전'이라고 하는 화살을 넣어 쏘았음.

현:장 (現場) ①사물이 현재 있는 곳. ②현재 사건이 발생한 곳. [예] 사고 현장.

현:재 (現在) ①눈앞. 지금. [예] 현재에 충실하라. ②이 세상. [비] 지금. 현실.

현:저하다 (顯著—) 분명히 드러나다. 확실히 나타나다. [예] 현저한 차이. —히.

현: 정부 현재 권력을 잡고 있는 정부.

현제:명 (玄濟明, 1902~1960) 우리나라의 테너 가수이며 작곡가. 작품으로는 가극 〈춘향전〉 〈왕자 호동〉 등과, 가곡 〈고향 생각〉 등이 있음.

현:존 (現存) 현재에 실제로 있음. [예] 현존하는 최고의 문화재. —하다.

현:주소 (現住所) 자기가 지금 살고 있는 곳.

현:지 (現地) 어떤 사물이 있거나 어떤 사건이 일어난 바로 그 곳. [예] 현지 답사. 현지 조사단.

현:직(現職) 현재의 직업, 또는 그 맡은 임무. 예 현직 교사.

현채(玄采, 1856~1925) 조선 말기의 학자·서예가·국사학자. 한학과 일본어에 능통하였고, 수십 권의 교과서를 썼음. 저서로는 〈동국역사〉〈유년필독〉〈동국사략〉등이 있음.

현처(賢妻) 어진 아내. 현명한 아내. 비 양처.

현:충(顯忠) 충렬을 드러내어 기림, 또는 그 충렬.

현:충사(顯忠祠) 충청 남도 아산에 있는, 충무공 이순신을 추모하기 위해 세운 사당.

현:충일(顯忠日) 나라를 위하여 싸우다 돌아가신 분들의 명복을 빌고, 그 뜻을 받들기 위하여 제정한 날. 6월 6일.

현판(懸板) 글씨나 그림을 새기어서 문 위에 다는 널조각.

현:품(現品) 현재 있는 물품. 실제 물품.

현:행(現行) 현재 행함, 또는 행하여짐. 예 현행법. —하다.

현:행범 범행하는 현장에서 발각된 범죄, 또는 그 사람.

현:혹(眩惑) 정신이 어지러워서 홀림. 예 금품에 현혹되어 부정을 저지르다. —하다.

현:화 식물(顯花植物) 꽃이 피어서 열매가 열리고, 씨가 생기는 식물. 반 은화 식물.

현:황(現況) 현재의 상황. 지금의 형편. 예 사고 현황 보고.

혈관(血管) 몸 속으로 피가 돌아다니는 핏줄.

혈구(血球) 혈액의 고체 성분으로 혈장 속에 떠돌아다니는 세포. 적혈구와 백혈구 및 혈소판이 있음.

혈기(血氣) ①목숨을 유지하는 몸의 힘. ②격동하기 쉽거나 왕성한 의기. 예 혈기가 왕성하다.

혈색(血色) [—쌕] 살갗에 나타난 핏기. 예 혈색이 좋다.

혈서(血書) [—써] 제 몸의 피로 글씨를 씀, 또는 그 글자. 예 혈서로써 의형제를 맺다.

혈안(血眼) 기를 쓰고 덤벼서 핏발이 선 눈.

혈압(血壓) 혈관 속의 피의 압력. 예 고혈압. 저혈압.

혈액(血液) 사람과 동물의 혈관 가운데 있는 붉은빛의 피.

혈액 검:사 피를 뽑아서 하는 검사법을 통틀어 이르는 말.

혈액 순환 피가 심장에서 출발하여 동맥을 거쳐 모세 혈관을 지나고, 다시 정맥을 거쳐 심장으로 되돌아오는 일. 대순환과 소순환으로 나뉨. 피돌기.

혈액형 혈구와 혈청의 응집 반응을 가지고 혈액을 분류한 형. 일반적으로 O·A·B·AB형 및 Rh인자의 유무에 따른 Rh(−)·Rh(+)형으로 분류되고 있음.

혈연(血緣) 같은 핏줄에 의하여 연결된 인연. 예 혈연 관계.

혈육(血肉) ①피와 살. ②자기가 낳은 자녀. ③부모·자식·형제·자매 들. 예 혈육애.

혈장(血漿) [—짱] 피의 액체 상태의 성분. 단백질·유기물·무기 염류 등을 포함함.

혈전(血戰) [—쩐] 죽고 삶을 헤아리지 않고 싸움. 예 피비린내 나는 혈전이 계속되다. —하다.

혈청(血淸) 피를 뽑아 놓을 때, 엉긴 피에서 분리되어 나오는 누르스름하고 맑은 물.

혈통(血統) ①부자·형제의 관계. [예]혈통을 잇다. ②겨레붙이의 서로 관계가 있는 피의 계통.
혈혈 단신(孑孑單身) 의지할 곳 없는 홀몸. [예]혈혈 단신으로 살다.
혐오(嫌惡) 싫어하고 미워함. [예]혐오 식품. [반]애호. —하다.
혐오감 싫어하고 미워하는 감정. [예]혐오감을 주다.
혐의(嫌疑) ①범죄를 저질렀다고 의심함. [예]살인 혐의. ②꺼리고 싫어함. —스럽다. —하다.
협곡(峽谷) 험하고 좁은 골짜기.
협동(協同) 힘과 마음을 합하여 일을 같이 함. [예]협동 정신. [비]단결. —하다.
협동심 서로 마음을 같이하고 힘을 합치는 마음가짐.
협동 조합 소비자·농민·중소 기업 등이 각자의 생활 또는 사업의 개선을 위하여 만든 협력 조직. [예]수산업 협동 조합.
협력(協力) 힘을 모아 서로 도움. [예]상호 협력. [반]방해. —하다.
협만(峽灣) 육지 깊숙이 들어간 좁고 긴 만. 피오르드.
협박(脅迫) 으박지르고 누름, 또는 그 행동과 말. [예]칼을 들이대고 협박하다. [비]위협. —하다.
협박장 협박하는 내용을 적은 글.
협상(協商)[—쌍] 서로 의논함. [예]남북 협상. [비]협의. —하다.
협소(狹小) 좁고 작음. [예]방이 협소하다. [비]착소. —하다.
협심(協心) 여러 사람의 마음을 한군데로 모음. [예]어려울 때일수록 협심하자. —하다.
협약(協約) 협의하여 맺은 약속. [본]협상 조약. —하다.
협업(協業) 많은 사람이 일정한 계획 아래 노동을 분담하여 협동적·조직적으로 하는 일. —하다.
협의(協議) 의논하여 결정함. [예]협의를 통해 결정하다. —하다.
협잡(挾雜) 옳지 않은 짓으로 남을 속임. [예]협잡꾼. —하다.
협정(協定) 서로 의논하여 결정함. [예]양국 간에 무역 협정을 맺다. [비]약정. —하다.
협조(協助) 힘을 모아 서로 도움. [예]우리 반이 모범반이 되도록 모두 협조하자. —하다.
협주곡(協奏曲) ①독주 악기를 관현악의 반주로 연주하는 곡. ②두 가지 이상의 악기로 합주하는 곡. [예]바이올린 협주곡.
협착(狹窄) 차지하고 있는 공간이 매우 좁음. —하다.
협회(協會) 어떤 사업을 하기 위하여 같은 뜻을 가진 사람끼리 만든 단체. [예]무역 협회.
혓바늘 혓바닥에 붉은 좁쌀 같은 것이 돋는 병, 또는 그것.
혓바닥 혀의 윗면.
형[1](兄) 형제 중에서 자기보다 나이가 많은 사람. [비]언니. [반]동생. 아우.
형[2](刑) '형벌'의 준말.
형[3](形) '형상'의 준말.
형:광(螢光) ①반딧불. ②어떤 물체가 빛·엑스선·전자선 등을 받았을 때에 내는 고유의 빛.
형:광등 진공 유리관 안쪽에 형광 물질을 칠하여, 수은의 방전으로 생긴 자외선을 눈으로 볼 수 있는 광선으로 바꾼 조명 장치.
형:광 물질 형광을 발하는 물질을 통틀어 이르는 말. 아연이나 카드뮴의 산화물과 아닐린 등.
형만한 아우 없다〈속〉 아무래도

ㅎ

경험을 많이 쌓은 형이 아우보다 낫다.

형무소(刑務所) '교도소'의 옛 이름. 비감옥.

형벌(刑罰) 죄를 지은 사람에게 주는 벌. —하다.

형법(刑法)[-뻡] 범죄 및 죄를 범한 때에 가해지는 형벌을 규정한 법률.

형사(刑事) ①주로 사복 차림으로 범죄를 수사하고 범인을 체포하는 따위 일을 맡은 경찰관. ②형법의 적용을 받는 일. 반민사.

형사범 반도덕적·반사회적인 행위로 인정되는 범죄. 살인·방화 따위. 자연범. 반민사범.

형사 소송 형법의 법규를 위반한 사람에게 형벌을 과하기 위하여 행하는 절차.

형사 재판 도둑이나 살인자와 같이 사회 질서를 어지럽히는 범죄자를 처벌하기 위한 재판.

형상(形狀·形相) 물건이나 사람의 모양. 비꼴. 형태. 준형³.

형:석(螢石) 유리빛이 나는 무르고 약한 결성으로 구리·아연 따위에 섞여 있음. 어두운 곳에 두면 누르고 푸른빛으로 엷게 빛나며 유리 공업에 사용함.

형:설(螢雪) 부지런하고 꾸준하게 학문을 닦음. 중국 진나라의 차윤이 반딧불로 글을 읽고, 손강은 눈빛으로 읽었다는 이야기에서 나온 말. 예형설의 공을 쌓다.

형:설지공(螢雪之功) 고생하면서도 꾸준히 학문을 닦은 보람.

형성(形成) 어떤 모양을 이룸. 예고기압권이 형성되다. —하다.

형세(形勢) 형편과 모양. 예형세가 나쁘다. 비기세. 정세.

형식(形式) 바깥으로 나타나 보이는 격식. 예형식적인 인사를 나누다. 반내용.

형식 문단 글 속에서 줄을 바꾸어 쓰기 시작한 곳에서부터 다음 줄 바꾸기를 하기 전까지의 도막.

형언(形言) 사물의 형상이 어떻다는 것을 나타내어 보이면서 말하는 것. 예형언할 수 없는 슬픔. —하다.

형용(形容) ①사물의 생긴 모양. ②사물의 어떠함을 어떠한 표현 수단을 써서 나타냄. 예말로 형용할 수 없다. —하다.

형장(刑場) 죄인을 사형하는 장소. 예형장의 이슬로 사라지다.

형적(形迹) 뒤에 남은 형상. 예형적도 없이 사라지다. 비자취.

형제(兄弟) 같은 피를 받은 형과 아우. 반자매.

형제 자매 형제와 자매. 형과 아우와 여자끼리의 언니와 아우.

형체(形體) 물건의 생김새와 바탕이 되는 몸. 물건의 외형.

형태(形態) ①사물의 모양. 비형상. ②형상과 태도.

형통(亨通) 모든 일이 뜻대로 잘됨. 예만사 형통. —하다.

형편(形便) ①일이 되어 가는 모양이나 결과. ②지내는 형세. 예형편이 어려운 소년 소녀 가장을 돕기로 하다. 비사정.

형편없다 볼 모양이 없다. 대단히 좋지 못하다. 예이번 학기 성적은 형편없다. —이.

형형색색(形形色色) 여러 가지 종류가 서로 다른 가지가지. 예형형색색의 꽃들. 비가지각색.

혜경궁 홍씨(惠慶宮洪氏, 1734~1815) 조선 시대 사도 세자의 빈. 정조의 어머니. 사도 세자가 참변을 당한 후, 그 일을 회고하여 〈한중록〉을 지었음.

혜ː관(慧灌, ?~?) 고구려의 승려. 중국 수나라에 들어가서 삼론을 배우고 일본에 건너가서 삼론을 강의하여, 일본 삼론종의 기초를 이루었음.

혜ː민국(惠民局) 고려 때 일반인의 병을 고쳐 주기 위하여 설치한 의료 기관. 조선 시대에는 '혜민서'로 이름이 바뀜.

혜ː민서 혜민국의 후신으로, 조선 시대 가난한 백성의 질병을 치료해 주던 관아.

혜ː민원 조선 시대 말에, 가난한 백성을 구호하고 의술을 베풀어 주던 관아.

혜ː성(彗星) ①긴 꼬리를 날리며 태양의 둘레를 도는 별. ②어떤 분야에서 갑자기 뛰어나게 뚜렷이 드러나기 시작함의 비유.

혜ː초(慧超, 704~787) 신라 경덕왕 때의 승려. 당나라에 가서 불도를 배웠고, 바닷길로 인도까지 갔다가 당나라로 돌아가 〈왕오천축국전〉을 지었음.

혜ː택(惠澤) 은혜와 덕택. 예 우리가 이렇게 잘 사는 것도 다 우리 조상님네의 혜택이다.

혜ː화문(惠化門) 서울 '동소문'의 정식 이름. 원이름은 홍화문인데, 조선 성종 14년(1483)에 세운 창경궁 동문을 홍화문이라 하였으므로, 중종 6년(1511)에 혜화문으로 고쳤음.

호ː¹ 입을 조금 오므리고 입김을 많이 내부는 소리. 예 입김을 호 불다. 콘후. —하다.

호ː²(戶) 집의 수효를 나타내는 말. 예 50호 되는 마을.

호³(弧) 원에서 원 위의 두 점 사이의 곡선 부분.

호ː⁴(號) 차례를 나타내는 말. 예 국보 제1호.

-호⁵(號) 비행기·기차·배 따위의 이름에 붙여 쓰는 말. 예 새마을호. 통일호.

호가(胡笳) ①→태평소. ②풀잎 피리.

호ː각(號角) =호루라기.

호ː각지세(互角之勢) 서로 엇비슷한 세력.

호ː감(好感) 좋은 감정. 마음에 기쁜 감정. 반악감.

호강 호화롭고 편안한 삶을 누림. 예 평생을 호강하며 지내다. 반고생. —스럽다. —하다.

호걸(豪傑) 여러 사람보다 뛰어난 인물. 예 영웅 호걸. —스럽다.

호ː구(戶口) 집과 사람의 수효.

호ː구 조사 각 호구의 가족 동태 등에 관한 조사. 예 호구 조사를 시작하다. —하다.

호구지책(糊口之策) 겨우 먹고 살아가는 방책. 호구책. 호구지계.

호ː국(護國) 외적으로부터 나라를 지킴. 예 호국 영령들의 넋을 기리다. —하다.

호ː기(好機) 좋은 기회. 예 호기를 만나다.

호ː기심(好奇心) 새롭고 이상한 것을 좋아하는 마음.

호남(湖南) 전라 남도와 전라 북도를 두루 이르는 말. 호남 지방. 예 호남의 곡창 지대.

호놀룰루(Honolulu) 하와이 오아후 섬 남동부에 있는 도시. 기후가 좋고 풍경이 아름다우며, 교외에 유명한 와이키키 해수욕장이 있음.

호돌이 제24회 서울 올림픽 대회의 마스코트인 호랑이의 이름.

호되다 매우 심하다. ⓔ선생님께 호되게 야단을 맞았다.

호두 호두나무의 열매.

호두까기 인형 러시아의 작곡가 차이코프스키가 작곡한 발레 음악. 호프만의 동화를 2막으로 각색한 모음곡.

호두나무 넓은 잎의 큰키나무로, 열매인 호두는 먹을 수 있으며, 나무는 반질반질하게 윤이 나서 가구를 만드는 데 쓰임.

호드기 물오른 버들가지나 풀잎으로 만든 피리. ⓔ호드기를 불다.

호드득 ①깨·콩 등을 볶을 때 튀는 소리. ②작은 빗방울이 지나치며 한 차례 뿌리는 소리. ③잔 나뭇가지나 검불 등이 불똥을 튀기며 타 들어가는 소리. ⓚ후드득.

호들갑스럽다 경망스럽고 방정맞다. ⓔ호들갑스럽게 떠들다.

호떡 밀가루 반죽을 둥글넓적하게 하여 설탕이나 팥소를 넣고 구운 중국식 떡의 한 가지.

호락호락 성격이 만만하고 다루기 쉬운 모양. ⓔ호락호락하지 않은 성격. ―하다.

호란[1](胡亂) 한데 뒤범벅이 되어 어수선함. ―하다.

호란[2](胡亂) ①중국 오랑캐들로 말미암아 일어난 전쟁. ②'병자호란'의 준말.

호:랑나비 날개의 무늬가 담녹황색이나 암황색에 검은 점이 있는 큰 나비.

호:랑이 ①범. ②몹시 무서운 사람. ⓔ호랑이 선생님.

호랑이 굴에 가야 호랑이 새끼를 잡는다〈속〉 뜻하는 성과를 얻으려면 반드시 그에 마땅한 일을 하고 기다려야 한다는 뜻.

호랑이는 죽어서 가죽을 남기고 사람은 죽어서 이름을 남긴다〈속〉 사람은 살아 생전에 훌륭한 일을 하여서 후세에 빛나는 이름을 남겨야 한다는 말.

호랑이 담배 먹을 때〈속〉 까마득해서 종잡을 수 없는 옛날.

호랑이도 제 말을 하면 온다〈속〉 그 자리에 없는 사람에 대해서는 말을 삼가야 한다. 남의 말을 할 때 그 사람이 공교롭게 찾아온다.

호랑이에게 끌려갈 줄 알면 누가 산에 갈까〈속〉 처음부터 위험한 줄 알면 아무도 모험을 하지 않는다는 말.

호:령(號令) ①큰 목소리로 지휘하는 명령. ⓔ대군을 호령하다. ⓑ구령. 명령. ②큰 소리로 꾸짖음. ―하다.

호롱 석유등의 석유를 담는 그릇.

〔호 롱〕

호롱불[―뿔] 호롱에 켠 불.

호루라기 신호용으로 쓰는 불어서 소리를 내는 물건. 호각.

호:류(互流) 서로 어긋맞게 흐름. 서로 교류함. ―하다.

호:류사(法隆寺) 일본의 옛 도읍지인 나라에 있는 절. 고구려의 승려 담징의 그림〈금당 벽화〉로 유명함. 법륭사.

호르몬(독 hormon) 몸 안에서 각 기관의 일을 조절하여 생물의 생장 발육에 영향을 미치는 물질의 총칭으로, 감각기나 신경계가 못하는 일을 함. [예] 남성 호르몬.

호른(독 horn) 나팔꽃 모양의 금관 악기. 금관 악기 중에서 가장 사람의 목소리와 비슷하며, 부드럽고 윤택한 소리를 냄.

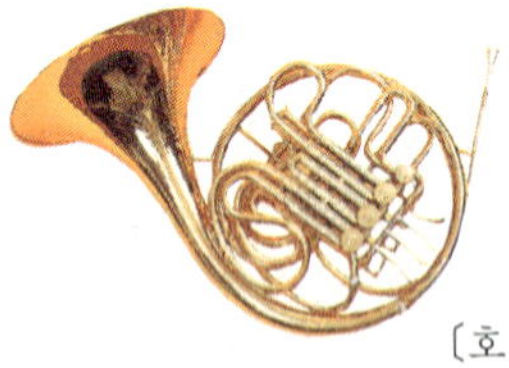

〔호 른〕

호리 한 마리의 소가 끄는 작은 쟁기. [반] 겨리.

호리다 ①그럴듯한 말로 속이다. [예] 친구를 호려서 돈을 빼앗다. ②매력으로 남의 정신을 어지럽게 하여 꾀다. [예] 남자를 호리다.

호리병박 열매가 작고 가운데가 잘록한 박의 한 가지.

호리호리하다 키가 날씬하게 좀 크다. [예] 호리호리한 몸매. [큰] 후리후리하다.

호명(呼名) 이름을 부름. [예] 이름을 호명하다. —하다.

호미 김매는 데 쓰는 농기구의 한 가지.

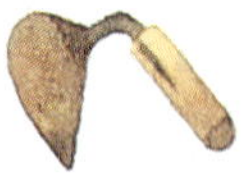

〔호 미〕

호미자락[—짜락] 호미의 끝 부분, 또는 그 길이. 빗물이 땅 속에 스며든 깊이가 호미의 날 정도일 때 쓰는 말.

호:박[1] 박과의 한해살이 덩굴풀. 여름에 종 모양의 노란 꽃이 피며, 크고 길둥근 담황색의 열매를 맺음. 열매는 여러 가지 요리를 해서 먹으며, 잎과 순도 먹음.

호:박[2](琥珀) 옛적 송진이 땅 속에서 변하여 된 광물. 장식품으로 씀. 강주.

호:박꽃 호박 덩굴에 피어 있는 꽃. 오렌지빛의 큰 통꽃으로 수꽃과 암꽃이 있음.

호:박순 호박 줄기에 새로 돋아 나는 연한 줄기.

호박씨 까서 한입에 넣는다〈속〉 조금씩 조금씩 저축하였다가 그것을 한꺼번에 소비해 버린다는 말.

호반(湖畔) 호수의 가. [예] 호반의 도시 춘천.

호:별(戶別) 집집마다. [예] 호별로 조사하다.

호:별 방문(戶別訪問) 집집마다 찾아다님. [예] 호별 방문하여 물건을 팔다. —하다.

호비다 ①구멍이나 틈 등의 속을 넓고 깊게 긁어 도려 내다. ②속에 붙은 것을 구멍을 통하여 기구로 끄집어 내다. [큰] 후비다.

호:사[1](好事) ①기쁜 일이나 좋은 일. [예] 호사가 생기다. [반] 악사. ②일을 벌이기를 좋아함. [예] 호사가. —하다.

호사[2](豪奢) 대단히 모양을 냄. 사치한 생활을 함. [예] 호사스러운 생활. —스럽다. —하다.

호:사 다마(好事多魔) 좋은 일에는 흔히 방해되는 일이 따름을 이르는 말. —하다.

호산나(hosanna) 〈신약 성서〉에 나오는 말. '구하여 주옵소서'라는 뜻으로, 예수가 예루살렘 성에 들어갔을 때에 민중이 외친 말. 신을 찬송하는 말로도 쓰임.

호:상(好喪) 오래 살고 복록을 많

ㅎ

이 누리다가 죽은 사람의 상사.

호서(湖西) 충청 남북도.

호소(呼訴) 딱한 사정을 남에게 말함. 예 억울한 사정을 친구에게 호소하였다. —하다.

호소문 억울하거나 원통한 사정을 하소연하는 글.

호:송(護送) ①보호하여 보냄. ②죄수나 형사 피고인을 감시하면서 데려감. 예 호송차. —하다.

호:수¹(戶數) [—쑤] 집의 수효.

호수²(湖水) 육지에 둘러싸이고 맑은 물이 괴어 있는 곳. 못이나 늪보다 훨씬 크고 깊음.

호숫가 호수의 가장자리.

호:스(hose) 물이나 가스 따위를 넣어 보내기 위해 속이 비게 만든 고무관.

호:시절(好時節) 좋은 때. 좋은 시절. 예 춘삼월 호시절.

호:시 탐탐(虎視眈眈) 범이 날카로운 눈초리로 먹이를 노린다는 뜻으로, 강자가 틈만 있으면 덮치려고 '기회를 노리며 형세를 살핌'을 비유하여 이르는 말. 예 먹이를 호시 탐탐 노리다. —하다.

호:식(好食) ①좋은 음식을 먹음. 예 호의 호식. ②음식을 좋아하여 잘 먹음. —하다.

호:신(護身) 몸을 보호함. 예 호신용 가스총. —하다.

호:신술 몸을 보호하기 위한 무술. 예 호신술을 배우다.

호언(豪言) 호기스러운 말. 의기 양양하게 하는 말. 예 그는 할 수 있다고 호언하더니 중간에 포기하고 말았다. —하다.

호언 장:담(豪言壯談) 분수에 맞지 않은 말을 희떱게 지껄임, 또는 그 말. 대언 장담. 예 그렇게

호언 장담하지 마라. —하다.

호:연지기(浩然之氣) ①썩 넓고 커서 온 세상에 가득 차고 넘치는 기운. ②자유스럽고 유쾌한 마음. 호기.

호:연하다(浩然) 마음이 넓고 태연하다. —히.

호:열자(虎列刺) [—짜] 구토와 설사가 심한 급성 전염병의 한 가지. 콜레라.

호:외(號外) ①신문·잡지의 임시로 발행하는 중요한 보도. ②일정한 수나 번호 밖에 덧붙인 것.

호우(豪雨) 줄기차게 내리퍼붓는 큰비. 예 호우 경보가 내리다.

호:원¹(呼冤) 억울하고 원통함을 하소연함. —하다.

호:원²(護援) 일이 잘 이루어지도록 보호하고 도움을 줌. —하다.

호:위(護衛) 따라다니며 지키고 보호함, 또는 그 사람. 예 왕을 호위하다. 凪경호. —하다.

호응(呼應) ①부름에 따라 대답함. 예 수재민 돕기 운동에 온 국민의 호응이 대단하다. ②서로 뜻이 통함. —하다.

호:의(好意) 친절한 마음. 좋은 마음. 예 호의를 보이다. 凪악의.

호:의 호:식(好衣好食) 잘 입고 잘 먹음, 또는 그런 생활. 예 호의 호식하며 살다. —하다.

호:인(好人) 성질이 좋은 사람. 凪악인.

호:적¹(戶籍) 한 집의 가족 관계를 자세히 기록한 공문서. 예 호적 등본. 호적 초본.

호적²(胡笛) →태평소.

호:적 등본 호적 원본의 전부를 복사한 증명 문서.

호:적부 동일한 시·구·읍·면의

호적을 땅 번호의 차례로 기록한 장부.

호:적 초본 호적 가운데 집안 식구 중 청구하는 사람이 지정하는 부분만 베낀 공인 문서.

호:전(好轉) 무슨 일이 잘 되어 감. 예 회사의 운영이 점차 호전되다. 반 악화. —하다.

호젓하다 무서울 만큼 적적하고 쓸쓸하다. 예 호젓한 산길. —이.

호:주(戶主) 한 집안의 가장이 되는 사람. 집주인.

호주머니 조끼·저고리에 꿰매어 단 주머니.

호출(呼出) 불러 냄. —하다.

호치키스(hotchkiss) 종이를 철하는 기구. 손잡이를 누르면 쇠바늘이 튀어나와 종이를 철함.

호콩 =땅콩.

호탕하다(豪宕—) ①마음이 크고 너그럽다. 예 호탕한 성격. ②씩씩하고 사내답다.

호텔(hotel) 서양식의 여관.

호통 대단히 노하여 크게 꾸짖음. 예 호통을 치다. —하다.

호:패(號牌) 지난날, 열여섯 살 이상 되는 남자가 차던 길쭉한 패. 앞면에 성·이름·나이·난 해의 간지를 새기고, 뒷면에는 해당 관아의 도장이 찍혔음.

호:평(好評) 평판이 아주 좋음, 또는 그 평. 예 호평을 받다. 반 악평. —하다.

호:프(hope) 어떤 일에 기대를 모으는 사람을 이름. 예 그는 우리 모임의 호프이다.

호협(豪俠) 의기가 장하여 작은 일에는 마음을 두지 아니하고 남자다운 용맹이 있음. —하다.

호호[1] 작은 소리로 예쁘게 웃는 모양, 또는 그 소리. —하다.

호:호[2] 입술을 오므리고 김을 내부는 소리. 예 손이 시려서 입으로 호호 불었다. —하다.

호:호 백발(皜皜白髮) 온통 하얗게 센 머리, 또는 그러한 늙은이. 예 호호 백발 할머니.

호호호 입을 오므려 작은 소리로 예쁘게 웃는 소리.

호화(豪華) 사치스럽고 번화함. 예 호화로운 생활. —스럽다. —하다.

호화롭다〔호화로우니, 호화로워/호화로이〕 사치스럽고 화려한 데가 있다.

호화판 ①표지 등을 호화롭게 꾸민 출판물. ②굉장히 사치스러운 판국. 예 호화판 파티.

호:황(好況) 경기가 좋음. 예 사업이 잘 되어 호황을 누리다.

호흡(呼吸) 숨을 쉼. —하다.

호흡기 생물이 몸 밖의 산소를 취하는 기관. 고등 동물의 폐, 어류의 아가미, 곤충류의 기관, 많은 동물의 피부 따위. 숨틀.

호흡 운:동 ①폐장이 호흡을 하기 위해 쉬지 않고 신축하는 일. ②산소를 섭취하고 이산화탄소를 배출하기 위해 숨을 깊이 들이쉬고 내쉬는 운동.

혹[1] 병으로 피부 거죽에 불룩하게 나온 군더더기 살.

혹[2](或) 또는. 만일. 행여나. 예 혹 안 올지도 모른다. 본 혹시.

혹독(酷毒) ①정도가 퍽 심함. 예 혹독한 추위. ②성질·행동 따위가 매우 나쁨. 예 혹독한 고문. 비 지독. —하다. —히.

혹 떼러 갔다가 혹 붙여 온다 〈속〉이득을 얻으러 갔다가 도리어 해를 당하게 되었다는 말.

혹부리[-뿌리] '얼굴에 혹이 달린 사람'의 별명. 예 혹부리 영감.

혹사(酷使) 혹독하게 부림. 예 노예를 혹사하다. -하다.

혹시(或是) 혹은. 만일에. 행여나. 예 혹시 비가 올까 봐 못 떠나겠다. 回 행여. 만약. 혹².

혹평(酷評) 가혹하게 비평함, 또는 그 비평. 예 혹평을 받은 작품. -하다.

혹하다(惑-) ①홀리어 자기 마음을 잃다. 예 귀신에게 혹하다. ②반하다.

혹한(酷寒) 만물이 얼어붙을 정도의 몹시 심한 추위. 예 혹한이 밀려오다. 반 혹서.

혼(魂) 정신. 얼. 예 혼이 빠지도록 놀라다. 回 넋. 영혼.

혼나다 ①몹시 놀라거나 무서워서 정신이 빠지다. 예 어두운 밤에 길을 잃어 정말 혼났다. ②꾸지람을 듣다.

혼내다 혼나게 하다. 예 떠드는 아이를 혼내다.

혼ː돈(混沌·渾沌) 사물이 흐리멍덩하여 분명하지 아니함. 예 꿈과 현실을 혼돈하다. -하다.

혼ː동(混同) 이것저것을 뒤섞음. 예 혼동을 느끼다. -하다.

혼ː란(混亂)[홀-] ①이것저것 뒤섞여 어지러움. 예 서류가 혼란스럽게 널려 있다. ②뒤죽박죽이 되어 질서가 없음. 예 나라가 혼란하다. -스럽다. -하다.

혼령(魂靈)[홀-] 죽은 사람의 넋. 回 영. 영혼.

혼례(婚禮) ①혼인의 예절. ②'혼례식'의 준말. 예 혼례를 올리다.

혼미(昏迷) ①뒤섞여 구별이 안 됨. ②마음이 흐리고 사리에 어두움. 예 할머니는 연세가 많아서 정신이 혼미해지셨다. -하다.

혼ː방(混紡) 성질이 다른 두 섬유를 섞어서 짜는 일. -하다.

혼백(魂魄) 넋.

혼비 백산(魂飛魄散) 몹시 놀라는 것을 가리키는 말. 예 놀라 혼비백산하다. -하다.

혼사(婚事) 혼인에 관한 일.

혼ː색(混色) 뒤섞인 색, 또는 색을 혼합함. -하다.

혼ː선(混線) ①전선·전화 따위에서 신호나 통화가 뒤섞여 엉클어짐. 예 전화가 혼선되다. ②여러 말이 뒤섞여 실마리를 잡지 못하게 됨. -하다.

혼ː성(混聲) ①뒤섞인 소리. ②남녀의 목소리를 혼합하여 노래하는 일. 예 혼성 4부 합창.

혼ː성 합창(混聲合唱) 남녀가 각 성부로 나뉘어 부르는 합창.

혼수 상태(昏睡狀態) 의식이 몽롱하고 인사 불성이 되어 거의 죽게 된 모양. 예 혼수 상태에 빠지다.

혼ː식(混食) ①여러 가지 음식을 섞어서 먹음. ②쌀과 잡곡을 섞어서 먹음. 예 혼식 장려. -하다.

혼ː신(渾身) 온몸. 전신. 예 혼신의 힘을 다하다.

혼ː용(混用) 섞어서 쓰거나 아울러 씀. 예 국한문 혼용. -하다.

혼인(婚姻) 장가들고 시집가는 일. 回 혼사. 결혼. -하다.

혼인 신고 결혼한 사실 등을 관 관청에 신고하는 일. -하다.

혼일강리역대국도(混一疆理歷代國都) 조선 태종 2년(1402)에 이회가 그린 지도. 현존하는 동양 최고의 세계 지도임.

혼ː입(混入) ①한데 섞이어 들

어감. ②한데 섞여서 들어가게 함. —하다.

혼자 자기 한 몸. ㉠이 많은 일을 혼자서 해내기는 지극히 어려운 일이다. ㈗홀로. ㈘여럿.

혼자되다 홀로 되다. 짝을 잃다.

혼:작(混作) 한 땅에 두 가지 이상의 작물을 재배하는 일. —하다.

혼:잡(混雜) 뒤섞여 어수선함. ㉠거리가 혼잡하다. ㈘한산. —스럽다. —하다.

혼잣말 자기 혼자서 중얼거리는 말. ㈗독백. —하다.

혼절(昏絕) 정신이 아찔하여 까무러침. —하다.

혼쭐나다 몹시 혼나다. ㉠개가 쫓아오는 바람에 혼쭐났다.

혼:천의(渾天儀) 지난날, 천체의 운행과 위치를 관측하던 기계.

〔혼천의〕

혼:탁(混濁) ①맑지 아니하고 흐림. ㉠폐수로 인해 강물이 혼탁하다. ②정치나 사회 등이 어지러움. ㉠혼탁한 사회. —하다.

혼:합(混合) 뒤섞어서 한데 합침. ㉠혼합물. 혼합 경기. —하다.

혼:합 농업 곡물의 경작과 목축을 겸하는 농업.

혼행(婚行) 혼인 때 신랑이 신부집으로 가거나 신부가 신랑집으로 가는 일. 신행. —하다.

홀:(hall) 식당·회관·현관 등 건물 안의 널따란 방.

홀가분하다 ①가뿐하고 산뜻하다. ㉠홀가분한 기분. ②복잡하지 않다. ③딸린 것이 없다. ④대수로운 상대자가 아니다. —히.

홀딱 ①옷 따위 가린 것을 죄다 벗거나 벗은 모양. ㉠냇가에서 아이들이 홀딱 벗고 수영을 한다. ②벗겨져 환하게 드러나는 모양. ③뒤집거나 뒤집히는 모양. ㉠주머니를 홀딱 뒤집다. ㈜훌떡.

홀랑 ①죄다 드러나는 모양. ②가볍게 벗어지거나 벗은 모양. ㉠껍질이 홀랑 벗어진다. ㈜훌렁.

홀랑하다 들어가는 물체가 구멍보다 작아서, 너른 느낌이 있다. ㉠바지통이 홀랑하다. ㈜훌렁하다.

홀로 외롭게. 자기 혼자. ㉠홀로 앉아 책을 읽다. ㈗혼자.

홀리다 ①아주 반하다. ②유혹에 빠지어 정신이 어지럽게 되다. ③속다. ㉠여우에게 홀리다.

홀몸 형제나 배우자 없이 혼자 사는 사람. ㉠할머니는 홀몸으로 삼형제를 키우셨다. ㈗독신.

홀소리 허파에서 나오는 숨이 몸 밖으로 나올 적에 다만 목청을 떨어 울려서 나는 소리. 곧, ㅏ·ㅑ·ㅓ·ㅕ… 따위. ㈗모음. ㈘닿소리. 자음.

홀소리글자[—쏘리글짜] 홀소리의 글자. ㈘닿소리글자.

홀수[—쑤] 둘로 나누어 나머지가 생기는 수. 1·3·5·7… 따위. ㈗기수. ㈘짝수.

홀스타인(네 Holstein) 젖소의 한 종류. '젖소의 왕'이라고 불리며, 털빛은 흑백의 얼룩이 있고, 전세계에서 널리 사육되고 있음. 네덜란드 원산임.

홀씨 민꽃 식물이 불어날 때에 꽃식물의 씨와 같은 구실을 하는 것. ㈗포자.

홀아버니 '홀아비'의 높임말.

홀아비 아내를 잃고 혼자 사는 남자. [반]홀어미.
홀어머니 '홀어미'의 높임말.
홀어미 남편을 잃고 혼자 사는 여자. [반]홀아비.
홀어버이 아버지나 어머니 중 어느 한쪽이 없는 어버이.
홀연(忽然) 갑자기 나타나거나 사라지는 모양. [예]홀연 자취를 감추다. ―하다. ―히.
홀쭉이 몸이 호리호리하고 가냘픈 사람. [반]뚱뚱이.
홀쭉하다 ①몸집이 가냘프고 길다. ②끝이 뾰족하고 길다. ③병을 앓고 난 뒤 살이 몹시 빠지다. [큰]훌쭉하다. ―히.
홀치다 풀리지 않도록 동이거나 벗어나지 못하도록 조처하다. [예]치맛단을 홀치다. [큰]훌치다.
홀태 ①뱃속에 알이 들지 아니한 홀쭉한 생선. ②통이 좁은 물건. [예]홀태 치마. ③곡식 이삭을 훑는 기구.
홀태질 곡식을 훑어서 떠는 일. ―하다.
홀:홀 ①작은 날짐승이나 가벼운 물건이 나는 모양. ②작은 사람이나 짐승이 날 듯이 가볍게 뛰는 모양. ③불이 조금씩 일어나는 모양. ④옷 등을 벗어 버리는 모양. ⑤물이나 묽은 죽 등을 조금씩 들이마시는 모양. [큰]훌훌.
홈[1] 고랑처럼 오목하고 길게 패인 자리. [예]책상에 홈이 파였다.
홈:[2](home) ①자기집. 가정. ②고향. 고국. ③홈 베이스.
홈: 그라운드(home ground) ①자기의 고향. 근거지. ②테니스·야구·축구 등에서, 그 팀의 소재지에 있는 운동장.
홈:런(home run) 야구에서, 타자가 본루까지 살아서 돌아올 수 있도록 친 안타. 본루타.
홈:런 왕 야구에서, 홈런을 가장 많이 날린 사람.
홈: 뱅킹(Home Banking) 은행의 온라인 통신망과 개인의 컴퓨터 통신망이 연결되어 집에서도 돈을 입·출금할 수 있는 제도.
홈: 베이스(home base) 야구에서, 캐처 앞에 있는 베이스. 본루.
홈: 인(home in) 야구에서, 주자가 본루에 살아 돌아오는 일. ―하다.
홈:질 치마폭이나 저고리 소매 등을 달 때에 옷감 두 장을 포개어 놓고 드문드문 꿰매는 바느질 방법. ―하다.
홈치다 ①남의 것을 몰래 가지다. ②물기 따위를 말끔히 닦아 내다. [예]마루를 홈치다. [큰]훔치다.
홈통 물을 이끄는 데 쓰기 위하여 나무나 쇠붙이 따위로 골을 짓거나 구멍을 낸 물건.
홈파다 속을 오목하게 호비어 파다. [큰]훔파다.
홉[1](合) 부피의 단위. 한 되의 10분의 1.
홉[2](hop) 뽕나뭇과에 속하는 여러해살이 덩굴풀. 맥주의 원료임.
홍(紅) 붉은빛. [본]홍색.
홍건적(紅巾賊) 고려 공민왕 때 중국 북방에서 날뛰던 도적떼. 머리에 붉은 수건을 쓰고 다녔음.
홍경래의 난:(洪景來―亂) 조선 순조 때, 정치의 어려움과 차별 대우에 불만을 품고, 홍경래가 평안도 지방에서 일으킨 민란.
홍길동전(洪吉童傳)[―똥전] 조선 광해군 때 허균이 지은 소설. 서

울을 배경으로 하여 조선 시대의 가족 제도와 사회 제도의 개선을 주제로 쓴 이야기.

홍 난 파(洪蘭坡, 1897~1941) 본이름은 영후. 작곡가·바이올리니스트. 와이엠시에이(YMCA)를 중심으로 서양 음악 보급에 선구적 역할을 함. 작품에는 〈고향의 봄〉 〈봉선화〉 〈성불사의 밤〉 〈옛 동산에 올라〉 등이 있음.

홍당무 ①무의 한 가지. 꽃과 뿌리의 겉껍질은 붉음. ②당근. ③수줍거나 무안하여 얼굴이 붉어진 모양. ⑩홍당무가 된 얼굴.

홍대 : 용(洪大容, 1731~1783) 조선 영·정조 때의 학자. 북학파에 드는 실학자로, 청나라와 서양의 발달한 문물을 받아들여 상공업을 일으켜야 한다고 주장하였음.

홍도(紅島) 전라 남도 신안군 흑산면 홍도리에 위치한 섬. 홍갈색의 바위산이 경치의 아름다움을 이루며 희귀한 식물들로 천연 공원을 이루고 있음.

홍두깨 다듬잇감을 감아서 다듬이질하는 데 쓰는 몽둥이.

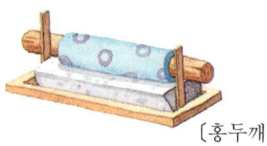
〔홍두깨〕

홍문관(弘文館) 조선 때 경서와 사적의 관리, 문헌의 처리 및 왕의 자문에 응하는 일을 맡아 보던 관아. 옥당.

홍범도(洪範圖, 1868~1943) 독립 운동가. 함경 북도 북청 후치령에서 의병을 일으키고, 1910년 간도로 건너가 1919년 대한 독립군 총사령이 되었음.

홍보(弘報) 널리 알림. 또는 그 보도. ⑩우리 회사의 홍보가 잘 되었다. ―하다.

홍산 대 : 첩(鴻山大捷) 충청 남도 부여군의 홍산에서 고려 우왕 2년(1376)에 최영이 왜구를 크게 무찌른 싸움.

홍살문(紅―門) 능·묘·궁전·관아 등의 정면에 세우던 붉은 칠을 한 문. 둥근 기둥 두 개를 세우고 지붕이 없이 붉은 살을 죽 박았음. 비홍전문. 준홍문.

〔홍살문〕

홍삼(紅蔘) 수삼을 쪄서 말린 붉은빛이 나는 단단한 인삼. 반백삼.

홍송(紅松) 몸이 무르고 결이 매우 고운 소나무의 한 가지.

홍수(洪水) ①비가 많이 와서 강물이 넘쳐 흐르는 큰물. 반가뭄. ②사람이나 물건이 아주 많음을 가리키는 말.

홍수전(洪秀全, 1813~1864) 중국 청나라 말기의 태평 천국 운동의 지도자. 만주족을 멸망시키고 한족을 부흥시킨다는 것을 주장하여, 1850년에 천주교도를 이끌고 태평 천국(1851~1864)을 세웠으나 내분이 일어나 세력이 약해지자 스스로 목숨을 끊었음.

홍시(紅柿) 흠뻑 익어 붉고 말랑말랑한 감. 연감.

홍실(紅―) 붉은 빛깔의 실.

홍안(紅顔) 젊어서 혈색이 좋은 얼굴. ⑩홍안의 소년.

홍어(洪魚) 가오릿과에 속하는 바

닷물고기. 몸길이 1.5m 가량. 몸은 마름모꼴로 넓적하며, 등은 갈색, 배는 흰색임. 우리 나라와 일본·동중국해 등지에 분포함.

홍역(紅疫) 열이 오르고 온몸에 좁쌀 같은 종기가 돋고, 기침이 나는 어린이의 전염병.

홍연 대:소(哄然大笑) 껄껄 크게 웃음. —하다.

홍영식(洪英植, 1855~1884) 대한 제국 끝 무렵 개화파의 한 사람. 외교관으로 미국에 갔었고 우정국 (지금의 정보통신부) 일을 맡아 보다가 '갑신정변'을 일으켰음.

홍예(虹霓) ①무지개. ②홍예문.

홍예문 문얼굴의 윗머리를 무지개 같이 반원형으로 만든 문. 준홍예.

〔홍예문〕

홍익(弘益) ①매우 큰 이익. ②널리 이롭게 함. —하다.

홍익 인간 널리 인간 세계를 이롭게 힌다는 뜻으로, 단군 왕검이 나라를 세울 때 이념으로 삼았던 정신.

홍인종(紅人種) 얼굴빛이 붉은빛을 띤 인종으로 아메리카 인디언을 일컬음.

홍일점(紅一點)[—쩜] ①많은 남자들 속에 '하나뿐인 여자'를 이르는 말. ②여럿 중에서 '오직 하나의 이채로운 것'을 이르는 말.

홍조 식물 엽록소 외에 홍조소를 포함하여 붉거나 자줏빛을 띤 조류 식물. 김이나 우뭇가사리 등. 홍조류.

홍차(紅茶) 달인 물이 붉은 차의 한 가지. 차나무의 어린 잎을 발효시키어 말린 것. 주로, 중국·일본·스리랑카에 남.

홍학(紅鶴) 홍학과의 새를 통틀어 이르는 말. 키는 1.2m 가량. 다리와 목이 매우 길고, 날개는 크지만 꽁지는 짧음. 부리는 갈고리처럼 굽었으며, 깃털은 백색에서 진한 분홍색까지 여러 가지인데 날개 끝은 검음.

홍합(紅蛤) 조개의 한 가지. 껍데기 모양은 삼각형에 가까운 타원형이고, 빛은 흑갈색이며 품질이 낮은 작은 진주가 남. 얕은 바다에 삶.

홑- '한 겹'이나 '외톨'의 뜻을 나타내는 말. 예홑이불.

홑겹[혼—] 한 겹.

홑눈[혼—] ①꽃눈이나 잎눈 따위를 이르는 말. ②갑각류나 곤충류 따위의, 겹눈 안쪽에 있는 홍색이나 갈색의 작은 점. 빛을 느끼어 아는 구실을 함. 반겹눈.

홑몸[혼—] ①혼자의 몸. 단신. ②아이를 배지 않은 몸.

홑바지[혼빠—] 한 겹으로 된 바지. 반겹바지.

홑옷 한 겹으로 지은 옷.

홑이불[혼니—] 이불 안쪽에 덧시치는 한 겹으로 된 이불, 또는 여름에 덮는 얇은 이불.

홑잎[혼닙] 한 장의 잎사귀로 된 잎. 벚나무·배나무 등의 잎.

홑치마 ①한 겹으로 된 치마. 반겹치마. ②속치마를 안 입고 입은 치마.

화:¹(火) 몹시 언짢거나 못마땅해서 나는 성. 예소풍날 비가 와서 몹시 화가 났다.

화:²(禍) 몸과 마음과 일에 뜻밖의

변고를 당하여 받는 괴로움이나 해. 예 화를 입다. 반 복.

-**화**³(化) 어떤 말 밑에 붙어, 그렇게 만들거나 됨을 나타내는 말. 예 기계화하다. —하다.

-**화**⁴(畫) 그림을 나타내는 말. 예 풍경화. 동양화.

화:가(畫家) 그림을 전문으로 그리는 사람.

화:각(畫角) 목기 세공품을 곱게 하는 꾸밈새의 한 가지. 쇠뿔을 얇게 오려 붙임.

화강암(花崗岩) 석영·운모 등을 주성분으로 한 화성암의 하나.

화:경(火鏡) ①작은 것을 크게 비추어 보는, 가운데가 볼록한 유리. ②햇볕에 비추어서 불을 일으키는 렌즈. 비 볼록 렌즈.

화:공(畫工) 그림을 그리는 것을 직업으로 삼는 사람.

화:공 약품[-냑품] 화학 공업에서 만들어 내는 약품.

화관무(花冠舞) 한국 무용의 하나. 곱게 단장한 무용수들이 궁중 무 복식에 5색 구슬로 화려하게 장식한 화관을 쓰고 긴 색한삼을 공중에 뿌리면서 추는 춤. 매우 화사하고 고움.

화:광(火光) 불빛.

화교(華僑) 중국 사람으로 다른 나라에 나가서 사는 사람.

화:구¹(火口) ①불을 때는 아궁이의 아가리. ②화산이 터진 구멍.

화:구²(畫具) 그림을 그리는 데 쓰이는 제구. 예 화구점.

화:급(火急) 걷잡을 수 없이 타는 불과 같이 매우 급함. 예 화급한 일로 집에 가다. —하다. —히.

화:기¹(火氣) ①더운 기운. ②가슴이 답답하여지는 기운. ③몹시

화난 기운. 예 화기가 가시다.

화:기²(火器) 화약의 힘으로 탄알을 멀리 내쏘는 병기. 총·대포 따위.

화기³(和氣) ①화창한 날씨. ②온화한 기색, 또는 화목한 분위기.

화기 애애(和氣靄靄) 여럿이 모인 자리에 화목한 분위기가 가득한 모양. —하다.

화끈 뜨거운 기운을 받아서 몸이나 쇠붙이 따위가 몹시 달아오르는 모양. 큰 후끈. —하다.

화끈 달:다 갑자기 뜨겁게 달아오르다. 예 부끄러워서 얼굴이 화끈 달다. 큰 후끈 달다.

화:나다 성이 나서 화기가 생기다. 예 화난 얼굴.

화단(花壇) 꽃을 심기 위하여 뜰 한쪽에 흙을 한층 높게 쌓아 놓은 곳. 비 꽃밭.

화답(和答) 시나 노래에 응하여 대답함. —하다.

화:두(話頭) 이야기의 말머리.

화들짝 별안간 호들갑스럽게 펄쩍 뛸 듯이 놀라는 모양.

화락(和樂) 사이좋게 즐김. —하다.

화랑¹(花郞) 신라 때, 청소년의 민간 수양 단체, 또는 그 중심 인물. 나라 일을 위해 몸과 마음을 닦았으며, 신라의 삼국 통일에 크게 이바지하였음.

화:랑²(畫廊) 그림 따위의 미술품을 진열하여 전시하는 곳.

화랑도(花郞道) 화랑이 지켜야 할 도리.

화려(華麗) 빛나고 아름다움. 매우 고움. 예 화려한 옷차림. 반 검소. 소박. —하다.

화:력(火力) ①불의 힘. 예 화력이 강하다. ②총포의 힘.

화:력 발전[-쩐] 석탄이나 석유를 때서 물을 끓이고 거기서 나오는 증기의 힘으로 발전기를 돌려 전기를 일으키는 일.

화:력 발전소[-쩐소] 화력 발전으로 전기를 일으키는 곳.

화:로 숯불을 담아 놓는 그릇. 예 화롯가에 앉아 추위를 녹이다.

[화 로]

화:롯불(火爐-) 화로의 불.

화:륜선(火輪船) '기선'의 옛이름.

화:면(畫面) ①그림의 표면. ②영사막이 텔레비전 등에 나타나는 면, 또는 나타난 그 영상. 예 화면 조절.

화목(和睦) 서로 뜻이 맞고 정다움. 예 화목한 가정을 이루다. 반 불목. -하다.

화문석(花紋席) 꽃무늬를 놓아 짠 돗자리. 비 꽃돗자리.

화:물(貨物) 짐. 비 하물.

화:물선[-썬] 짐을 실어 나르는 배. 반 여객선.

화:물 열차 짐만 나르는 기차.

화:물차 짐을 싣는 자동차.

화:백(畫伯) '화가'의 높임말.

화백 제:도(和白制度) 나라에 큰 일이 있을 때 여러 단체의 우두머리가 모여서 의논하여 결정하던 신라 시대의 정치 방법. 만장 일치제로 진행하였음.

화법(話法)[-뻡] 문장이나 담화에서 다른 사람의 말을 다시 표현하는 방법. 간접 화법과 직접 화법이 있음.

화:병¹(火病)[-뼝] 속이 답답하여 생기는 병.

화병²(花瓶) 꽃을 꽂는 병. 꽃병.

화:보(畫報) 세상 일을 알리는 그림이나 사진. 예 올림픽 화보.

화:복(禍福) 온갖 불행과 행복. 예 길흉 화복.

화분(花盆) 화초를 심는 그릇. 비 꽃분.

화분흙 화분에 꽃 등을 기를 때 쓰는 거름기가 많고 고운 흙.

화사(華奢) 화려하고 사치스러움. 예 화사한 옷차림. -하다

화:산(火山) 땅 속의 마그마가 땅 밖으로 터져나와 이루어진 산.

화:산 가스 화산에서 분출하는 가스. 대부분이 수증기이며, 그 밖에 소량의 탄산가스·아황산가스·염소 등으로 이루어짐.

화:산 분출물 화산 현상으로 마그마가 분출할 때, 함께 공중으로 높이 분출하는 물질을 통틀어 이르는 말.

화:산재 용암의 부스러기가 먼지와 같이 된 재.

화:산 활동[-똥] 지구 내부에서부터 용암이나 가스 따위가 분출하는 활동.

화살 가는 대에 위쪽에는 새깃을 꽂고 아래 끝에는 쇠촉을 박아 활을 쏘는 데 쓰는 물건. 준 살.

[화 살]

화살대[-때] 화살의 몸체가 되는 대.

화살촉 화살 끝에 박은 뾰족한 쇠. 살촉. 준 활촉.

화:상¹(火傷) 불에 데어 상함, 또

화상

는 그 상처. 예 뜨거운 물에 데어 화상을 입다.
화:상²(畫商) 그림을 파는 사람, 또는 그 장사.
화:상³(畫像) 사람의 얼굴을 그린 그림. 초상.
화색(和色) 온화한 얼굴빛. 예 얼굴에 화색이 돌다.
화:생방전(化生放戰) 화학·생물학·방사능 무기를 사용하는 전쟁.
화:석(化石) 동식물이 오래 땅 속에 묻히어 돌에 박힌 것. 예 공룡 화석을 발견하다.
화:석 인류 지질 시대의 제4기 홍적세에 살았다가 현재 화석으로 발견되는 인류.
화:선지(畫宣紙) 붓글씨나 동양화에 쓰이는 종이의 한 가지. 옥판선지보다 크고 질이 낮음.
화:성¹(火星) 태양계에 딸린, 지구에서 두 번째로 가까운 떠돌이별. 두 개의 위성이 있음.
화성²(和聲) 둘 이상의 음이 동시에 울리어 조화로운 느낌을 주는 음. 비 하모니.
화성³(華城) 경기도 수원시에 있는 성벽. 약 200년 전에 만든 성으로 당시의 과학과 기술을 나타내는 유적임. 사적 제3호.
화:성암(火成岩) 땅 속에 녹아 있던 마그마가 땅껍데기 가까이로 올라와서 굳어진 바위. 쑥돌·총석돌 따위.
화:성인 화성에 살고 있다고 믿었던 문어처럼 생긴 상상의 인간. 영국의 웰스의 공상 과학 소설〈화성과의 전쟁〉에 등장함.
화수분 재물이 자꾸 생겨서 아무리 써도 줄지 아니함. 보배의 그릇으로, 그 안에 온갖 물건을 넣어 두면 새끼를 쳐서 끝이 없이 나온다는 데서 생긴 말.
화술(話術) 말재주.
화:승총(火繩銃) 화약 심지에 불을 붙여, 터지게 하여 쏘는 옛날 총. 조총.

〔화승총〕

화:식(火食) ①불에 익힌 음식. ②불에 익힌 음식을 먹음. 예 불을 사용하게 된 인간은 화식을 하기 시작했다. 반 생식. —하다.
화:실(畫室) 화가나 조각가가 일을 하는 방. 아틀리에. 화방.
화씨 온도계(華氏溫度計) 독일 사람 파렌하이트가 1714년에 만든 온도계. 물이 얼기 시작하는 때의 온도를 32도로 치고 끓는 때의 온도를 212도로 쳐서 만든 온도계.
화:약(火藥) 공업에 이용할 수 있는 폭발물.
화:약고 ①화약 따위를 저장하는 창고. ②큰일이 일어날 위험성이 있는 지역. 예 중동 지역은 세계의 화약고이다.
화약을 지고 불에 들어간다〈속〉 자기 스스로 위험한 곳에 들어가거나 화를 자초한다.
화엄사(華嚴寺) 전라 남도 구례군 마산면 황전리, 지리산 서쪽 기슭에 있는 절. 25교구 본사의 하나. 신라 때 연기 대사가 세웠으며, 종전의 31본산의 하나였음.
화:염(火焰) 불꽃.
화요일(火曜日) 칠요일의 하나. 일요일로부터 셋째 되는 날.

화원(花園) 화초를 심은 동산. 비 꽃동산.

화음(和音) 높낮이가 다른 둘 이상의 소리가 함께 어울리는 소리.

화음 기호 화음의 종류를 표시하는 기호.

화의(和議) 전쟁을 그만두는 일을 서로 의논함. 예 양 진영이 화의하다. —하다.

화이트(white) 흰빛. 흰빛 물감.

화:장¹(化粧) 화장품을 발라 가며 얼굴을 곱게 매만짐. 예 화장이 짙다. 비 단장. —하다.

화:장²(火葬) 시체를 불에 살라 장사하는 일. 예 화장터. —하다.

화:장대 여자들이 화장할 때 사용하는 기구. 거울이 달리고 화장품을 넣거나 올려놓게 되어 있음.

화:장 비누 세수 비누.

화:장실 대소변을 보는 곳. 변소.

화:장지 ①휴지. ②화장할 때에 쓰이는 종이.

화:재(火災) ①불. ②불이 나서 당하는 불행.

화:재 보:험 화재로 말미암아 손해가 생겼을 때, 그 손해를 보상해 주는 보험.

화:적질(火賊—) 떼를 지어 다니며 재물을 빼앗는 짓. —하다.

화:전¹(火田) 들이나 산에 불을 지른 다음 파서 일구어 농사를 짓는 밭.

화전²(花煎) ①꽃전. ②진달래 등의 꽃잎을 붙이어 지진 부꾸미.

화전놀이 화전을 부쳐 먹으며 노는 부인들의 봄 놀이.

화:전민(火田民) 원시적 농사법으로 산이나 들에 불을 지르고 그 자리를 파 일구어 농사짓는 사람.

화점(花點)[—쩜] 바둑판 위에 찍힌 9개의 점.

화:젓가락 불덩이를 집는 데 쓰는 젓가락 같은 기구.

화제(話題) ①이야기의 제목. ②이야깃거리. 예 화제가 없다.

화:주승(化主僧) 여러 마을로 집집마다 돌아다니며 절에서 쓸 돈이나 양식을 구하는 스님.

화:증(火症)[—쯩] 가슴이 답답하고 화를 벌컥 내는 증세. 예 화증이 나다.

화:차¹(火車) 옛날에 적을 불로 공격할 때 쓰던 수레로 된 병기. 1592년에 변이중이 창안하였음.

화:차²(貨車) 짐을 실어나르는 기차. 예 화차가 플랫폼으로 들어오다. 본 화물차.

화창(和暢) 날씨가 따뜻하고 좋음. 예 화창한 봄날. —하다.

화채(花菜) 꿀·설탕물에 과실을 썰어 넣고 잣을 띄운 음료.

화초(花草) 꽃을 보기 위하여 심는 식물. 반 잡초.

화촉(華燭) 물을 들인 양초. 흔히, 혼례 때 씀. 예 화촉을 밝히다.

화친(和親) ①서로 의좋게 지내는 정분. ②나라와 나라 사이의 친밀한 교류. 예 화친 조약. —하다

화톳불[—토뿔] 장작을 한군데에 수북하게 모아 질러 놓은 불.

화:통¹ 울화통. 예 화통이 치밀다.

화:통²(火筒) 기차나 기선 따위의 굴뚝.

화:통도감(火筒都監) 고려 때 화약을 제조하는 일을 맡았던 임시 관청. 우왕 3년에 최무선의 건의로 설치되어 화약을 만들었는데 우리 나라의 화약 제조법이 이 때에 처음 생겼음.

화투(花鬪) 48장의 놀이딱지를 여러 가지로 짝을 맞추어 승부를 겨루는 놀이의 한 가지.

화평하다(和平─) 마음이 기쁘고 편안하다. ⑩화평한 나라. ⓑ태평하다. ─히.

화:폐(貨幣) 물건을 바꾸는 데 쓰는 쇠붙이 돈과 종이 돈을 통틀어 일컫는 말. ⑩화폐 교환.

화:폐 가치 화폐가 갖는 경제적 가치로, 경제 행위의 대상이 되는 재화를 얻을 수 있는 능력.

화:폐 개:혁 물가가 오랫동안 계속 올라가는 것을 수습하기 위하여 단행하는 조치. 화폐 가치를 인위적으로 통제함.

화:폐 제:도 나라에서 화폐의 발행·종류·품위 등에 관하여 베푸는 제도.

화:포(火砲) ①총이나 대포의 다른 이름. ②고려 말 최무선이 만든 대포.

화:폭(畫幅) 그림을 그린 천·종이 따위의 크고 작은 조각.

화:풀이 엉뚱한 사람이나 딴 일에 화를 냄. ⑩친구와 말다툼하고 동생에게 화풀이냐? ─하다.

화:풍(畫風) 그림을 그리는 경향 또는 특징.

-화:하다(化─) 어떤 말 밑에 붙어 그렇게 만들거나 됨을 나타내는 말. ⑩전산화하다.

화:학(化學) 모든 물질의 성질·구조·변화 등을 연구하는 학문.

화:학 거름 원료를 화학적으로 처리하여 만든 거름.

화:학 공업 화학을 이용하여 여러 가지 제품을 만드는 공업.

화:학 비:료 화학적 처리 공정을 거쳐 생산되는 비료. 질소 비료나 인산 비료 따위.

화:학사 무명실·명주실·털실 등이 아닌 인공적으로 만든 실. 나일론실·비닐론실 따위.

화:학 섬유 화학적 제조 공정을 거쳐서 만들어지는 섬유. ⓑ천연 섬유. ⓒ화섬.

화:합¹(化合) 두 가지 이상의 물질이 합하여 새로운 물질이 되는 현상. ─하다.

화합²(和合) 서로 뜻이 맞아 잘 합하여짐. ⑩형제 간에 화합이 잘 되다. ─하다.

화:합물 두 가지 이상의 물질이 일정한 비율로 화학적 결합을 하여 생성되는 순물질.

화해(和解) 성이 풀리어 다시 사이좋게 지냄. 싸움을 그치고 다시 친하게 지냄. ⑩싸운 친구와 화해하다. ─하다.

화혼(華婚) 남의 '결혼'을 아름답게 일컫는 말.

화환(花環) 생화나 조화를 고리같이 만들어 환영 혹은 조의를 표하는 데에 보내는 물건. ⓑ꽃다발.

확 바람·냄새·기운 따위가 갑자기 세게 불거나 내뿜는 모양. ⑩바람이 확 불다.

확고(確固) [─꼬] 확실하고 굳음. ⑩확고한 결심. ─하다. ─히.

확고 부동(確固不動) 확고하여 흔들리지 않음. 확고 불발. ─하다.

확답(確答) 확실한 대답. ─하다.

확대(擴大) 늘이어서 크게 함. ⓑ확장. ⓒ축소. ─하다.

확대경 물체를 크게 보이게 하는 볼록 렌즈. ⓑ돋보기.

확률(確率) [황뉼] 어떤 일이 일어나는 모든 경우에 얻을 수 있는 가능성을 수량으로 나타낸 비율.

예 당첨될 확률이 높다.
확립(確立)[황닙] 체계·견해·조직 등이 확실히 서거나 서게 함. 예 기강을 확립하다. —하다.
확보(確保) 확실히 보존함. 틀림 없이 보유함. 예 진지를 확보하다. 비보유. —하다.
확산(擴散) ①흩어져 번짐. ②농도가 다른 물질이 혼합될 때 시간의 경과에 따라 점차 서로 같은 농도로 되는 현상. —하다.
확설(確說) 확실한 근거가 있는 설.
확성기(擴聲器) 소리를 크게 하여 멀리까지 들리게 하는 장치.
확신(確信) 확실히 믿음. 예 나는 그의 성공을 확신한다. 반의심. —하다.
확실(確實) 분명하고 틀림이 없음. 예 확실한 정보. 비정확. 분명. 반불확실. —하다. —히.
확실성[—썽] 틀림이 없는 성질. 예 확실성이 없다.
확약(確約) 확실하게 약속함, 또는 굳은 약속. 예 확약을 받다. —하다.
확언(確言) 확실한 말. 또, 확실하게 말함. 예 그 일은 확언할 수 없다. —하다.
확인(確認) 확실히 인정함. 똑똑히 알아 냄. 예 서류의 날짜를 확인하다. —하다.
확장(擴張) 늘려서 넓힘. 예 도로를 확장하다. 반축소. —하다.
확정(確定) 틀림없이 정함. 예 정부는 신시가지 건설 계획을 확정했다. —하다.
확증(確證) 확실히 증명함, 또는 확실한 증거. 예 범행에 대한 확증을 잡다. 비실증. —하다.

확충(擴充) 넓혀서 충실하게 함. 예 시설 확충. —하다.
확확 불길이 세차게 자주 일어나는 모양. —하다.
환:(換) 멀리 있는 사람에게 현금을 보내는 불편과 위험을 덜기 위해 어음이나 수표로 송금하는 방법. 예 환거래.
환:각(幻覺) 외부로부터 자극을 받지 않아도 자극을 받은 것같이 느끼는 감각. 예 마약을 먹고 환각 상태에 빠지다.
환갑(還甲) 예순한 살. 회갑.
환경(環境) 자기가 살아가는 주위의 사정.
환경권 자연이나 생활 환경·역사적 환경은 인간의 공유 재산이므로 온 인류가 똑같이 누릴 수 있다는 권리.
환경 미화원 청소하는 일을 직업으로 하는 사람.
환경 변:이 생물이 환경 차이에 따라 성질·모양을 바꾸는 일.
환경부 자연 보호 및 환경 보전에 관한 일을 맡아 보는 관청.
환경 오:염 자연의 개발로 자연이 파괴되고, 각종 교통 기관·공장에서 배출되는 가스·폐수·농약 등으로 환경이 더럽혀지는 일.
환경 요인 생물의 주위에 있으며, 그 생활에 관계가 큰, 물이나 공기·햇빛 등의 자연적인 것과 인공적인 것을 통틀어 가리킴.
환:금(換金) 물건을 팔아 돈으로 바꿈. 반환물. —하다.
환:금 작물[—장물] 팔아서 돈을 얻기 위해 재배하는 농작물.
환급(還給) 돈이나 물건 따위를 도로 돌려줌. —하다.
환:기[1](喚起) 불러일으킴. 예 주의

를 환기시키기 위해 떠든 사람에게 벌을 주다. —하다.

환:기²(換氣) 탁한 공기를 빼고 맑은 공기를 넣음. ㉮방 안의 공기를 환기시키다. —하다.

환:난(患難) 불행한 일로 말미암은 근심과 걱정.

환:난 상휼(患難相恤) 걱정거리나 어려운 일이 생겼을 때 서로 도와 준다는 뜻으로, 향약의 4가지 기본 정신의 하나. —하다.

환담(歡談) 즐겁고 정답게 이야기함, 또는 그 이야기. ㉮환담을 나누다. —하다.

환대(歡待) 반겨 후하게 대접함. 정성껏 대접함. ㉮환대를 받다. —하다.

환:등(幻燈) 강한 불빛을 그림·사진 등에 대어, 그 상을 막에 비추는 장치.

환:등기 등불을 켜서 그림자를 늘여 막에 비치게 하는 기계.

환락(歡樂)[활—] 기뻐하고 즐거워함. —하다.

환:멸(幻滅) 이상이나 공상이 깨어질 때 느끼는 허무함이나 쓰라림. ㉮환멸을 느끼다.

환:부(患部) 병 또는 상처가 난 곳. ㉮환부가 곪지 않도록 주의해라.

환:산(換算) 어떤 단위로 표시된 수량을 다른 단위로 고쳐 계산함, 또는 그 계산. ㉮우리 돈을 달러로 환산하다. —하다.

환:상(幻像) 실제로는 없는데 있는 것같이 보이는 것. ㉮죽은 친구의 환상이 아른거리다.

환:상곡 형식의 제약을 받지 않고 악상이 떠오르는 대로 자유스럽게 만든 악곡. 바흐의 반음계적 환상곡 또는 쇼팽의 환상곡이 유명함.

환:상적 현실과 동떨어진 꿈을 꾸고 있는 것과 같은 모양. ㉮환상적인 멜로디.

환성(歡聲) 기뻐서 고함치는 소리. 즐거움에 못 이겨 부르짖는 소리. ㉮환성을 지르다.

환송(歡送) 기쁘게 보냄. ㉮환송식. ㊉환영. —하다.

환송회 환송하는 뜻으로 베푸는 모임. ㉮졸업생 환송회.

환심(歡心) ①기뻐하는 마음. ②남의 비위를 맞추는 것. ㉮환심을 사려고 아부하다.

환:영¹(幻影) 눈앞에 있지 않은 사람이나 물건의 모습이 있는 것처럼 삼삼거려 보이는 현상. 허깨비. ㊉환상.

환영²(歡迎) 기쁘게 맞음. ㊉영접. ㊉환송. —하다.

환웅(桓雄) 우리 나라 건국 신화에 나오는, 단군의 아버지.

환원(還元) 근본으로 다시 되돌아감. —하다.

환원제 다른 물질을 환원시키는 힘을 가진 물질. 수소나 탄소 따위. ㊉산화제.

환인(桓因) 단군 신화에 나오는 환웅의 아버지.

환:자(患者) 병을 앓는 사람. ㊉병자.

환:쟁이 그림을 그리는 것을 직업으로 삼는 사람을 천하게 이르는 말.

환:절(換節) 계절이 바뀜. —하다.

환:절기 계절이 바뀌는 시기. ㉮환절기에는 감기에 조심해야 한다.

환조(丸彫) 물체의 형상을 전부

입체적으로 새기는 조각법.

환:풍기(換風機) 건물 내부의 공기를 맑게 하는 데 쓰이는 환기 장치의 한 가지.

환:하다 ①앞에 막힌 것이 없다. ㉠문 밖이 환하다. ②매우 밝다. ㉠전깃불이 환하게 길을 비춰 주었다. ③사리가 분명하다. ④숨김이 없다. ⑤얼굴이 잘생기다. ㉠인물이 환하다. ⓑ밝다. ⓟ깜깜하다. 어둡다. —히.

환형 동:물 동물 분류의 한 구별. 대체로 몸이 길쭉한데 원통형이거나 편평하며, 여러 개의 마디로 되어 있음. 지렁이·거머리 따위가 이에 속함.

환호(歡呼) 기뻐서 부르짖음. ㉠기뻐 환호하다. —하다.

환호성 기뻐서 부르짖는 소리.

환희(歡喜) 즐겁고 기쁨. ㉠환희를 느끼다.

활 댓개비·나무를 억지로 휘어서 시위를 걸고 화살을 쏘는 기구.

활강(滑降) 비탈진 곳을 미끄러져 내려옴. ㉠스키 활강 경주가 시작되었다. —하다.

활개 ①사람의 두 팔. ②새의 두 날개.

활개젓다〔활개저어, 활개저으니〕 걸을 때에 두 팔을 앞뒤로 흔들어 젓다. ㉠활개젓고 다니다.

활개치다 ①양쪽 팔을 세차게 앞뒤로 흔들어 움직이다. ②혼자 차지하여 의기 양양하게 굴다. ㉠외국에서 활개치는 우리 나라 상품.

활공기(滑空機) 글라이더.

활기(活氣) ①활발한 기개나 기운. ㉠활기찬 모습. ②활동하는 힘. ⓑ생기. ⓟ침체.

활동(活動)〔—똥〕 ①활발히 움직임. ㉠활동량. 활동 범위. ② 어떤 일의 성과를 거두기 위하여 운동함. ㉠봉사 활동. —하다.

활동 사진〔활동—〕 '영화'를 이전에 이르던 말.

활딱 죄다 벗거나 벗어진 모양. ㉠옷을 활딱 벗다.

활력(活力) 살아 움직이는 힘. 생명 또는 생활의 힘.

활력소 활동하는 힘의 본바탕. ㉠웃음은 생활의 활력소다.

활발(活潑) 생기가 있음. 기운차게 움직이는 모양. ㉠활발한 성격. —하다. —히.

활보(闊步) 큰 걸음으로 당당히 걷는 일. 또는 그 걸음. ㉠거리를 활보하다. —하다.

활석(滑石)〔—썩〕 빛깔이 없거나 담록색인데, 광택이 있고 매끄러우며, 널빤지나 판판한 데에 그으면 흰 흔적이 남는 광물.

활선어(活鮮魚)〔—써어〕 살아 있는 싱싱한 생선.

활시위〔—씨위〕 활에 걸어서 켕기게 하는 줄. ⓩ시위.

활쏘기 활을 쏘는 일. —하다.

활약(活躍) ①기운차게 일함. ②눈부시게 활동함. ㉠눈부신 활약을 한 선수. —하다.

활엽수(闊葉樹) 잎이 넓고 편편한 나무. 떡갈나무 따위. ⓟ침엽수.

활용(活用) 잘 이용함. 살려 씀. ㉠폐품 활용. —하다.

활자(活字)〔—짜〕 인쇄에서 쓰는, 도장처럼 생긴 쇠붙이 글자.

활주로(滑走路)〔—쭈로〕 비행장 안에서, 비행기가 뜨고 내릴 때 달리는 길.

활짝 ①날씨가 매우 맑게 갠 모양. ②매우 넓게 벌어진 모양. ㉠

문을 활짝 열고 청소해라.
활차(滑車) 물건을 위아래로 오르내리기 쉽게 하기 위하여 도르래바퀴를 단 장치. 도르래.
활화산(活火山) 현재 불을 내뿜고 있는 화산. 凾사화산. 휴화산.
활활 ①불길이 세게 타오르는 모양. 예장작이 활활 타다. ②옷을 시원스럽게 벗어 버리는 모양. ③부채로 바람을 시원스럽게 일으키는 모양. 囨훨훨.
홧:김 화가 치민 서슬. 예홧김에 소리를 지르다.
홧홧 불에 달 듯이 뜨거운 기운이 도는 모양. 예홧홧 달아오른 얼굴. —하다.
황(黃) 낮은 온도에서 녹고, 독특한 냄새를 내며 타는 물질. 노란빛의 고체로 성냥·화약의 원료.
황갈색 검은빛을 띤 누른빛. 검누른빛.
황고집 고집이 몹시 셈, 또는 그러한 사람.
황공 무지(惶恐無地) 황공하여 몸 둘 바를 모름. 예황공 무지로소이다. —하다.
황공하다(惶恐—) 높은 자리에 눌리어 두렵고 무섭다. 예임금께서 주시는 술잔을 황공하게 두 손으로 받는 신하.
황금(黃金) 빛이 노랗고 아름다운 귀한 쇠붙이. 凲금.
황금 어장 고기가 잘 잡히는 곳.
황급(遑急) 어리둥절하고 급하게 날뜀. 매우 급함. 예놀란 개가 황급히 달아났다. —하다. —히.
황당(荒唐) 터무니없고 허황함. 예황당한 말. —하다.
황당 무계(荒唐無稽) 말과 행동이 터무니없고 허황함. —하다.

황도(黃道) 지구에서 보아 태양이 움직이는 길.
황량하다(荒涼—) 황폐하여 쓸쓸하다. 예황량한 들판.
황룡사(皇龍寺) 경상 북도 경주에 있던 절. 신라 시대에 왕궁을 지을 때 누런 용이 나와 절을 지었다 함. 지금은 터만 남아 있음.
황린(黃燐) =흰인.
황마(黃麻) 삼의 한 가지.
황무지(荒蕪地) 손을 대지 않고 버려 두어 거칠어진 땅. 예황무지를 개간하다. 凾옥토.
황사(黃絲) 빛깔이 누른 실.
황사 현:상(黃砂現象) 봄에서 초여름에 걸쳐 중국 내륙의 흙과 모래가 바람을 타고 바다를 건너 우리 나라 등에 누런 모래 바람을 퍼뜨리는 현상.
황산(黃酸) 빛이 없고, 냄새도 없는 기름 형태의 액체. 진한 것은 쇠 같은 것을 태우는 힘이 셈.
황산구리 구리와 황산의 화합물. 물에 잘 녹는 파란색의 결정.
황산벌(黃山—) [—뻘] 지금의 충청 남도 연산 벌판. 백제 의자왕 때 계백 장군이 결사대 5천을 거느리고 신라의 5만 대군을 맞아 겨루었던 곳임.
황산암모늄 농작물의 잎과 줄기를 무성하게 하는 질소 비료의 하나.
황산칼륨(黃酸 Kalium) 무색·무취의 결정으로, 비료·유리·의약품 제조에 쓰임.
황:새 황새과의

[황 새]

황색(黃色) 누른빛. ㈜황.

황색 인종 살빛이 누르고, 머리털이 검고 곧은 인종. 주로 아시아 대륙에 사는 한국인·중국인 등. ㈜황인종.

황성 신문(皇城新聞) 대한 제국 말에 발간된 일간 신문의 하나. 국문과 한문을 섞어 썼음. 애국적인 기사를 써서 일제와 싸우다가, 1910년 강제 폐간되었음.

황소 ①털빛이 누르고 큰 수소. ②미련하거나 기운이 센 사람의 일컬음.

황소걸음 황소처럼 느린 걸음.

황소바람 좁은 곳으로 불어 오는 몹시 센 바람.

황소자리 황도의 열두 별자리의 하나. 겨울에 남쪽 하늘에 보임.

황송하다(惶悚—) 높은 위엄에 눌리어서 매우 마음이 두렵고 거북히다. 예 걱정을 끼쳐 드려서 황송합니다. ㈜황공하다. —히.

황숙기(黃熟期) 벼나 보리·과일 따위가 누렇게 익는 시기.

황순원(黃順元, 1915~) 우리 나라의 소설가. 단편 소설집으로 〈기러기〉〈곡예사〉, 장편 소설로는 〈카인의 후예〉〈별과 같이 살다〉 등이 있음.

황실(皇室) 황제의 집안. 황제의 족속.

황야(荒野) 거두거나 손질하지 아니하여 거칠게 된 들. ㈜광야.

황인종(黃人種) =황색 인종.

황제(皇帝) 제국의 군주. ㈜천자.

황조(黃鳥) 꾀꼬리.

황족(皇族) 황제의 가까운 친족.

황초령비 신라 진흥왕의 사적을 새긴 비.

황토(黃土) ①바람으로 인하여 부스러진 암석의 작은 흙 알갱이가 쌓여서 만들어진 흙. 특히 중국 북부 지방에 널리 분포함. ②누르고 거무스름한 흙.

황토 지대 황토가 바람에 날려 운반되어 쌓인 지대를 통틀어 이르는 말.

황폐하다(荒廢—) 거칠고 허물어지다. 예 황폐한 건물.

황하(黃河) 중국 북부에 있는 큰 강. 중국 고대 문명의 발상지임.

황해(黃海) 우리 나라 서쪽에 있는 바다. 서해.

황혼(黃昏) 해가 지고 어둑어둑할 때. 예 황혼이 깃들다.

황홀하다(恍惚—) ①눈이 부시다. ②정신이 흘리다. 예 눈앞에 어리는 황홀한 경치. —히.

황화수소 황과 수소의 화합물. 악취가 나는 무색의 유독성 기체로 물질의 성분을 밝히는 데 쓰임.

황후(皇后) 황제의 본부인. 임금의 아내.

황희(黃喜, 1363~1452) 조선 초기의 정치가. 세종 대왕 때 영의정에 올라 24년간 있으면서 문물 제도의 정비에 힘써 많은 업적을 남겼음.

홰 ①새장·닭장 속에 새나 닭이 앉도록 가로지른 나무 막대. ②싸리·갈대 따위를 묶어서 불을 켜는 물건.

홰치다 닭이나 새가 날개를 펴서 탁탁 치다.

획 ①망설이지 않고 무엇을 빨리 결단하는 모양. ②일을 재빠르게 해치우는 모양. ③물건을 힘있게 던지는 모양. 예공을 휙 던지다. ④몹시 뿌리치는 모양.

횃대 옷을 걸치게 벽에다 만들어 둔 막대. 준해.

횃불 어두운 길을 밝히기 위하여 해에 컨 불. 예횃불을 들다.

횃불쌈 대보름날 밤, 농민들이 횃불을 갖고 노는 놀이.

횅댕그렁하다 속이 비고 넓기만 하여 허전하다. 예횅댕그렁한 방. 준횅하다. 큰휑뎅그렁하다.

횅하다 ①사물에 밝다. ②속이 비다. 큰휑하다.

회:¹(會) 집단의 목적을 위해 여럿이 함께 모이는 일, 또는 그 모임. 예회를 조직하다. —하다.

회:²(膾) 고기·물고기 따위를 날로 먹게 한 음식. 예생선회.

회³(回) ①몇 번임을 세는 말. 예60회 졸업식. ②돌림.

-회⁴(會) 낱말에 붙어서 그러한 모임임을 나타내는 말. 예동창회.

회갑(回甲) 나이 예순한 살을 가리키는 말. 비환갑.

회갑연 환갑 잔치. 예순한 살 생일을 축하하는 잔치. 준갑연.

회:개(悔改) 잘못을 뉘우치고 고침. 예잘못을 회개하다. —하다.

회:견(會見) 서로 만나 봄. 접견. 예기자 회견. —하다.

회:계(會計) ①금품을 주고받는 걸 계산함. 예회계사. ②재산이 늘고 주는 것을 계산함. —하다.

회:계 연도 회계하기 편하게 정한 한 해의 기간. 우리 나라는 1월 1일부터 12월 31일까지임.

회고¹(回顧) 뒤를 돌아다 봄. 지나간 일을 생각함. 예회고록. 비회상. —하다.

회고²(懷古) 지나간 옛일이나 자취를 돌이켜 생각함. —하다.

회고록 지난날을 돌이켜 생각하여 적은 기록.

회:관(會館) 많은 사람들이 한꺼번에 들어가 모임을 여는 데 쓰는 집. 예어린이 회관.

회교(回敎) =이슬람교.

회교도 회교를 믿는 사람.

회군(回軍) 군사를 거두어 돌아감, 또는 돌아옴. 예위화도 회군. 비환군. —하다.

회귀(回歸) 한 바퀴 돌아 다시 본디의 자리로 돌아옴. 예회귀 현상. —하다.

회귀선 지구상의 적도를 중심으로 남북 각 23°27′을 지나는 위선.

회:담(會談) 한 곳에 모여 이야기함, 또는 그 토의. 예남북 정상 회담. 비회의¹. —하다.

회답(回答) ①물음을 받고 대답함. ②받은 편지에 대한 답. 예회답을 보내다. 비답장. —하다.

회:당(會堂) ①회관. ②그리스도교에서, '예배당'을 달리 이르는 말.

회:동(會同) 같은 목적으로 여럿이 함께 모임. 예협상 관계자가 회동하다. —하다.

회동그라지다 갑자기 휘둘리어 동그라지다. 큰휘둥그러지다.

회동그랗다〔회동그라니, 회동그란〕 몹시 두렵거나 매우 놀라서 눈이 크게 동글다. 큰휘둥그렇다.

회람(回覽) 여러 사람이 돌려 가며 봄. —하다.

회로(回路) 전류가 흘러 도체를 돌아 다시 제자리로 되돌아오기까지의 통로. 예회로 검사기. 본전기 회로.

회로도 전류가 흐르는 길을 나타

낸 그림. 비배선도.
회:리바람 '회오리바람'의 준말.
회:보(會報) 회의한 내용을 회원에게 알리는 간행물.
회복¹(回復) 이전의 상태와 같이 됨. 비복구. —하다.
회복²(恢復) 쇠퇴하였던 기운을 이전의 좋은 상태로 만들어 놓음. 예건강을 회복하다. —하다.
회분(灰分) 뼈·피·소화액 등을 이루는 칼슘·철·인·요오드·나트륨 등을 통틀어서 이르는 말.
회:비(會費) 모임의 유지에 드는 비용. 예회비를 내다.
회:사(會社) 여러 사람이 자본을 내어 가지고 어떤 영업을 하는 단체. 예주식 회사. 준사.
회상(回想) 지나간 일을 돌이켜 생각함. 예지난 일을 회상하다. 비회고¹. —하다.
회상록[-녹] 지난 일을 회상하여 적은 기록.
회생(回生) 도로 살아남. 예만물이 회생하다. 비소생. —하다.
회:석(會席) 여럿이 모임, 또는 그 자리. —하다.
회수(回收) 도로 거두어들임. 예불량품을 회수하다. —하다.
회수권(回數券)[-꿘] 승차권 따위에서 여러 번 쓸 수 있는 표, 또는 여러 번 쓸 것을 한 뭉치로 한 표.
회:순(會順) 회의를 진행하는 순서. 예회순에 따른 진행.
회:식(會食) 여러 사람이 모여 함께 음식을 먹음, 또는 그 모임. 예동창과 회식하다. —하다.
회신(回信) 편지·전신·전화 등의 회답. 예회신을 보내다. —하다.
회:심(會心) 마음에 흐뭇함. 예회심의 미소를 짓다.
회:연(會宴) 여럿이 모여 잔치를 엶, 또는 그 잔치. —하다.
회오리바람 갑자기 일어나는 바람으로, 먼지 따위를 하늘로 말아 올리는 바람. 준회리바람.
회:원(會員) 어떤 모임을 이루는 사람. 예회원 모집.
회:원국 어느 회의 구성원이 되어 있는 나라.
회:의¹(會議) 여러 사람이 모여서 의논함, 또는 그 의논. 예학급 회의. 비회담. —하다.
회의²(懷疑) 의심을 품음. 믿지 않음. 예회의를 품다. —하다.
회:의록 회의 진행 과정이나 내용 따위를 적은 기록.
회:장¹(會長) 회의 일을 책임지고 맡아 보는 사람.
회:장²(會場) 회의를 하는 곳.
회전(回轉) 빙빙 돎, 또는 굴림. 예회전 의자. —하다.
회전 목마 수직의 축 둘레에 목마를 연결하여 회전하면서 아래위로 움직이게 만든 놀이 기구.
회전 운:동 물체가 한 점을 중심으로 하여 일정한 거리를 두고 도는 운동.
회전축 회전 운동의 중심이 되는 일정한 직선 또는 점.
회진(回診) 의사가 환자의 병실을 돌아다니며 진찰함. 예회진을 돌다. —하다.
회창회창 ①걸음을 걸을 때에 다리에 힘이 없어 몸을 똑바로 가누지 못하고 좌우로 자주 빗나가는 모양. ②가늘고 긴 물건이 휘어지며 가볍게 자꾸 흔들리는 모양. 큰휘청휘청. —하다.
회초리 어린아이를 때릴 때에 쓰

이는 가느다란 나뭇가지.

회충(蛔蟲) 회충과의 기생충. 암컷은 20~40cm, 수컷은 15~25cm로 지렁이와 비슷함. 채소나 먼지에 섞여 사람의 몸에 들어가 기생함. 준회. 충.

회칠 흰색의 석회칠. —하다.

회포(懷抱) 마음 속에 품고 있는 생각. 예회포를 풀다.

회피(回避) ①책임을 지지 아니하고 피함. 예책임을 회피하다. ②몸을 피하고 만나지 아니함. ③일하기를 꺼림. —하다.

회:합(會合) 여러 사람이 모임, 또는 그 모임. 예정기 총회의 회합에 참석하다. —하다.

회:화(繪畫) 그림.

회회교(回回敎) 세계 3대 종교의 하나. 마호메트가 일으킨 종교. 곧, 마호메트교. 이슬람교.

획[1] ①갑자기 세게 돌거나 돌리는 모양. 예획 돌다. ②동작이 매우 날쌔거나 갑작스러운 모양. 예돌을 획 던지다. 큰휙.

획[2](畫) 글씨나 그림에서 붓으로 그은 줄이나 점을 가리키는 말. 예이 획이 조금 굽었다.

획기적(劃期的) 새로운 시대를 그을 만큼 뚜렷이 구분되는 것. 예획기적 사건. 반보편적.

획득(獲得) 손에 넣음. 얻어서 가짐. 예예선을 거쳐 올림픽 출전권을 획득했다. —하다.

획순(畫順) 글씨를 쓸 때 획을 긋는 순서. 비필순.

획연하다(劃然—) 구별이 매우 분명하다. 예획연히 다르다. —히.

획일(劃一) 모두가 한결같음. 예획일적인 행동. —하다.

획책(畫策·劃策) 일을 꾸미거나 꾀함, 또는 그 꾀. —하다.

횟가루 벽을 희게 하기 위하여 바르는 하얀 가루.

횟돌 석회를 만드는 돌. 석회석.

횟배 회충으로 말미암은 배앓이. 예횟배를 앓다. 비거위배.

횟수(回數) 돌아오는 차례의 수.

횡격막(橫膈膜)[—경막] 흉강과 복강을 나누는 근육성의 막. 포유류에만 있음. 가로막. 준격막.

횡단(橫斷) ①가로지름. 예횡단보도. ②가로 지나감. 예대륙 횡단. ③아래위 둘로 나눔. 반종단. —하다.

횡단 보:도 도로를 가로질러 사람이 건너다니는 길. 비건널목.

횡렬(橫列)[—녈] 가로로 늘어선 줄. 반종렬.

횡령(橫領)[—녕] ①남의 물건을 불법으로 빼앗음. ②남에게 부탁받은 물건을 가로채어 가짐. 예공금 횡령. 비착복. —하다.

횡사(橫死) 뜻밖의 재앙을 당해 죽음. 비변사. —하다.

횡서(橫書) ①가로쓰기. ②가로글씨. 반종서. —하다.

횡설수설(橫說竪說) 조리가 없는 말을 쓸데없이 길게 함. 예술에 취한 행인이 횡설수설하다. —하다.

횡재(橫財) 노력을 들이지 않고 뜻밖의 재물을 얻음. 예복권이 당첨되어 횡재하다. —하다.

횡포(橫暴) 제멋대로 몹시 사납게 굶. 예불량배들이 횡포를 부리다. —하다.

횡행(橫行) 거리낌없이 함부로 돌아다님. 예대낮에 강도가 횡행하다. —하다.

효:경(孝經) 공자가 그의 제자 증

자에게 효도에 대하여 논한 것을 증자의 제자들이 기록한 책.

효:과(效果) ①보람이 나타나는 결과. ㉠약을 쓴 효과도 없이 죽고 말았다. ㉯보람. ②영화·연극 등에서 시각과 청각에 호소하여 정취를 더하는 것.

효:과 음악 연극·영화·방송 등에서 장면의 효과를 높이기 위해 연주하는 음악.

효:과 음향 연극·영화·방송 등에서 극의 효과를 높이기 위해 내는 여러 가지 소리. 새 소리·천둥소리 따위.

효:과적 일을 한 결과가 썩 좋은. 일의 보람이 나타나는. ㉠원자력의 효과적 이용 방법.

효:녀(孝女) 부모를 잘 모시어 받드는 딸. ㉠효녀 심청.

효:능(效能) 효험을 나타내는 성능. ㉠효능이 좋다.

효:도(孝道) 부모를 잘 섬김, 또는 그 섬기는 도리. ㉯효성. ㉰불효. —하다.

효:력(效力) ①보람. ②효과·효험 등을 나타내는 힘. ㉠효력이 좋은 약. ③법률 따위의 작용.

효:령 대:군(孝寧大君, 1396~1486) 조선 시대 세종의 형. 세조 9년에 회암사에서 원각 법회를 열었으며 '원각경'을 간행했음.

효:모균(酵母菌) 엽록소가 없고 원형 또는 타원형이며, 대개 출아로 번식하는 자낭균의 한 가지. 당분을 알코올과 탄산가스로 분해하는 발효 작용을 하므로 술 따위나 빵 제조에 널리 쓰임. 효모. 발효균. 이스트.

효:부(孝婦) 효성스러운 며느리. ㉠효부상.

효:성(孝誠) 마음을 다하여 어버이를 섬기는 정성. ㉠효성이 지극한 딸. ㉯효도. ㉰불효. —스럽다.

효:심(孝心) 부모를 잘 섬기는 마음. ㉠효심이 깊다.

효:용(效用) ①효험. ㉠효용이 좋다. ②소용되는 바의 것. ㉠효용 가치가 큰 물건. ㉯용도.

효:율(效率) 어떤 일에 들인 노력에 대해 얻은 결과의 좋은 정도. ㉠열효율.

효:율적[—쩍] 일반적으로 들인 노력에 비해 얻은 결과 쪽이 큰 모양. ㉠효율적인 방법.

효:자(孝子) 부모를 잘 섬기는 아들. 효성스러운 아들.

효:종(孝宗, 1619~1659) 조선 제17대 왕. 청나라에 볼모로 잡혀갔다 돌아온 후 인조의 뒤를 이어 왕위에 올랐음. 북벌 계획을 세웠으나 뜻을 이루지 못하였음.

효:행(孝行) 부모를 잘 섬기는 행실. ㉠효행상. ㉯효도. ㉰불효.

효:험(效驗) 일의 좋은 보람. 효능. 효력. ㉠효험을 보다.

후:(後) ①다음. ②'추후'의 준말. ㉯나중. ㉰전.

후각(嗅覺) 냄새를 맡는 감각. 코의 말초 신경이 냄새에 자극을 받아서 일어나는 감각. 후감. ㉠맛있는 냄새가 후각을 자극한다.

후:계(後繼) 뒤를 받아 이음. ㉠후계자. —하다.

후:금(後金) '청나라'의 전신.

후:기(後期) ①'후반기'의 준말. ②뒤의 기약. ③뒤의 시기 또는 기간. ㉰전기.

후끈 뜨거운 기운을 받아서 몸이나 쇠 따위가 갑자기 달아오르는 모양. 예창피해서 볼이 후끈 달아오르다. 짝화끈. —하다.

후:년(後年) ①다음다음 해. 비내명년. 내내년. 반재작년. ②뒤에 오는 해.

후닥닥 ①몹시 급하게 서두르는 모양. ②갑자기 날쌔게 움직이거나 뛰어나가는 모양. 예후닥닥 뛰어나가다. 짝화닥닥. —하다.

후:대하다(厚待—) 후하게 대접하다. 예오랜만에 찾아온 친구를 후대하다. 반박대하다.

후:두¹(後頭) 뒤통수.

후두²(喉頭) 인두에 이어져 기관을 잇는 호흡기의 한 부분. 공기가 통하고 소리를 내는 곳임.

후두두 빗방울이나 자잘한 돌이 갑자기 떨어지는 소리. 예우박이 후두두 떨어지다.

후드득 ①깨나 콩 따위를 볶을 때 크게 튀는 소리. ②큰 나뭇가지나 검불 따위가 한 차례 세게 타오르는 소리. 짝호드득.

후들거리다 ①물기나 먼지를 쓴 짐승이 그 묻은 것을 몸을 흔들어 떨어 내다. ②분함을 참지 못하여 몸을 떨다.

후들후들 추위나 분으로 인해 몸이 마구 떨리는 모양. 예추워서 몸이 후들후들 떨린다. 짝화들화들. —하다.

후딱 썩 빨리 날쌔게 움직이는 모양. 예후딱 일어나거라.

후레아들 제멋대로 자라서 행실이 불량한 사람을 욕으로 이르는 말. 후레자식. 짝호래아들.

후려갈기다 손·채찍 따위로 힘껏 후려치다. 예뺨을 후려갈기다.

후려치다 주먹·채찍 따위로 몹시 갈기거나 힘껏 때리다. 예주먹으로 얼굴을 후려치다.

후련하다 속이 시원하다. 마음이 상쾌하다. 예모든 것을 고백하고 나니 속이 후련하다.

후:렴(後斂) 노래 끝에 붙이어 같은 가락으로 되풀이하여 부르는 짧은 가사.

후루루 호각 따위를 부는 소리. 짝호로로. —하다.

후루룩 ①날짐승이 갑자기 날개를 가볍게 치며 날아가는 소리. 예꿩 한 마리가 후루룩 날아가다. ②죽이나 물 따위를 야단스럽게 들이마시는 소리. 준후룩. 짝호로록. —하다.

후룩후룩 묽은 죽 같은 것을 야단스럽게 들이마시는 소리. 예죽을 후룩후룩 마시다. 본후루룩후루룩. 짝호록호록. —하다.

후리후리하다 키가 늘씬하게 크다. 예후리후리한 몸매. 짝호리호리하다.

후릿그물 바다나 큰 강물에 넓게 둘러치고 여러 사람이 그물의 두 끝을 끌어당기어 물고기를 잡는 큰 그물.

후:면(後面) 뒤쪽의 면. 반전면.

후무리다 남의 물건을 슬그머니 휘몰아서 제 것으로 만들다. 예공금을 감쪽같이 후무리다.

후:문(後門) 뒷문. 반정문.

후물후물 이가 빠진 입으로 음식을 우물거리며 자주 씹는 모양. 짝호물호물. —하다.

후:미(後尾) 뒤쪽의 끝. 예행렬의 후미. 반선두.

후:반전(後半戰) 운동 경기 따위의 시간을 앞뒤로 갈랐을 경우에 나중의 경기. 반전반전.

후:발(後發) 남보다 뒤에 떠남.

예 후발대. 반선발. —하다.

후:방(後方) ①일선보다 훨씬 뒤쪽의 안전한 지대. ②중심으로부터 뒤쪽. 예 후방 부대. 반전방.

후:배(後輩) ①학교 따위를 뒤에 나온 사람. ②사회에 늦게 나온 사람. 비후진. 반선배.

후:백제(後百濟, 892~936) 후삼국의 하나. 신라 말기에 완산주(지금의 전주)에서 견훤이 세운 나라. 고려에 망함.

후보(候補) ①빈 자리가 있을 때 그 자리를 채울 자격을 가진 사람. ②선거 따위에 나선 사람. ③장차 어떤 직위에 쓰일 수 있는 자격을 갖춘 사람.

후보자 어떤 일자리가 비었을 때 그 일에 나아갈 자격이 있는 사람. 예 후보자 명단에 오르다.

후:부(後部) 뒤에 있는 부분.

후:불(後拂) 물건값이나 품삯 따위를 물건을 받은 뒤나 일이 끝난 다음에 치름. 예 요금을 후불하다. 반선불. —하다.

후비다 ①구멍이나 틈 따위의 속을 넓고 깊고 긁어 도려 내다. ②속에 붙은 것을 구멍을 통하여 어떤 기구로 끄집어 내다. 예 귀를 후비다. 작호비다.

후:사¹(後事) ①뒷일. ②죽은 뒤의 일. 예 후사를 부탁하다.

후:사²(後嗣) 대를 잇는 아들. 예 후사가 없다.

후:삼국(後三國) 신라·후백제·태봉의 세 나라. 신라가 삼국을 통일하기 이전의 신라·고구려·백제에 대하여, 통일 신라 말기의 국토의 분열로 생긴 3국을 말함.

후:생(厚生) ①넉넉하게 삶. ②생활을 돕고 건강을 증진함.

후:생 시:설 후생을 위해 베풀어 놓은 시설.

후:세(後世) ①뒤의 세상. 예 후세에 이름을 남기다. ②죽은 뒤에 오는 세상. 비내세.

후:손(後孫) 몇 대가 지나간 뒤의 자손. 비자손. 후예. 반조상.

후:송(後送) ①후방으로 보냄. 예 부상병을 후송하다. ②나중에 보냄. —하다.

후:시대 지금 이후의 시대. 반전시대.

후:식(後食) ①나중에 먹음. ②식사 후에 먹는 입가심이 될 수 있는 음식. 디저트. —하다.

후:신(後身) 이름이나 형태가 달라진 뒤의 실체. 반전신.

후:약(後約) 뒷날의 약속. 뒤에 하기로 하는 기약. 반선약.

후:예(後裔) 핏줄을 이은 먼 후손. 예 충무공의 후예. 비후손.

후:원¹(後援) 뒤에서 도와 줌. 예 학교 일을 학부형들이 많이 후원한다. 비응원. —하다.

후:원²(後園) 집 뒤에 있는 작은 동산이나 정원.

후:원회 사람·단체 등을 후원하기 위해 조직한 모임. 예 축구 후원회.

후유: ①일이 고되고 힘에 부치어 내는 소리. ②어려운 일을 끝내고 한숨 돌릴 때 내는 소리. 예 후유, 이 어려운 일이 드디어 끝났구나.

후:유증(後遺症)[—쯩] ①병을 앓다가 회복한 뒤에도 남아 있는 병적 증세. ②어떤 일을 치르고 난 뒤에 생긴 여러 가지 부작용.

후:의(厚意) 남을 위해 베푸는 두텁고 인정 있는 마음. 예 후의를 베풀다.

후:일(後日) 뒷날. 훗날. 예후일을 기약하다. 반전일.

후:임(後任) 앞 사람에 대신하여 맡아 보는 어떤 직위나 직책 따위, 또는 그 사람. 예후임자. 반선임. 전임.

후:임자 후임으로 들어선 사람.

후:자(後者) 두 가지의 사물을 들어 말할 때 뒤의 것. 예후자를 택하다. 반전자.

후:작(後作) 그루갈이 농사에서, 나중 번에 짓는 농사. 반전작.

후조(候鳥) =철새.

후:진(後進) ①나이가 뒤지거나 새로 나온 사람. 예후진 양성. 비후배. 반선배. ②문물의 발달이 뒤진 상태. 반선진. —하다.

후:진국 산업·경제 문화 따위가 다른 나라에 비하여 뒤떨어진 나라. 저개발국. 반선진국.

후:진성 어떤 생각이나 상태 따위가 일정 수준에서 뒤지거나 뒤떨어진 모양, 또는 그런 성질.

후:천 면:역(後天免疫) 태어난 뒤에 얻어지는 면역.

후:천성 면:역 결핍증 면역력이 극도로 떨어져 몸이 병원체에 대하여 대항하지 못하는 상태에 이르는 병. 에이즈(AIDS).

후추 매운 맛이 나는 녹두알만한 열매. 갈아서 양념으로 씀.

후출하다 뱃속이 비어 먹고 싶은 느낌이 있다.

후춧가루 후추를 곱게 갈아서 만든 조미료의 한 가지.

후터분하다 불쾌스러울 정도로 무더운 기운이 있다. 예방 안이 후터분하다. —히.

후:퇴(後退) 뒤로 물러남. 예작전상 후퇴. 반전진. —하다.

후:퇴색 같은 위치에 있으나 더 멀리 보이는 색. 파랑·녹색 등과 같이 차가운 느낌이 드는 색. 반진출색.

후:편(後篇) 책이나 영화 등에서 두 편으로 나뉜 것의 뒤편. 예후편에 계속되다. 반전편.

후:프(hoop) ①장난감의 굴렁쇠. ②'훌라후프'의 준말.

후:하다(厚—) ①정·인심·씀씀이가 박하지 않다. 예후한 인심. ②두께가 두껍다. —히.

후:항(後項) 수학에서, 두 개 이상의 항 중에서 나중에 있는 항. 2:3에서는 3이 후항인 것 따위. 반전항.

후:환(後患) 어떤 일로 말미암아 뒷날에 생기는 걱정이나 근심. 예후환이 두렵다.

후:회(後悔) 이전의 잘못을 깨닫고 뉘우침. 예지난 일은 아무리 후회하여도 돌이킬 수 없다. 비참회. —하다.

후:후년(後後年) =내후년.

훅(hook) ①단추 대신에 쓰는 갈고리 모양의 쇠단추. ②권투에서 팔꿈치를 굽혀 옆으로 치는 일.

훈:계하다(訓戒—) 잘 알아듣도록 타이르다. 예아이들을 훈계하시는 선생님. 비타이르다.

훈공(勳功) 나라를 위하여 세운 공로. 비공훈. 훈로. 준훈.

훈기(薰氣) 훈훈한 기운.

훈도하다(薰陶—) 덕으로써 사람에게 감화를 주어 착한 사람이 되게 하다.

훈:련(訓練) 익숙해지도록 연습함. 예군대에서 두 달 동안 훈련을 받았다. 비단련. —하다.

훈:련병 훈련을 받고 있는 병사.

㈜훈병.

훈:련소 훈련을 하기 위하여 마련한 처소, 또는 그 기관.

훈:련원 조선조 때 병사들에게 무예 연습을 시키던 관청.

훈:몽자회(訓蒙字會) 조선 중종 때, 최세진이 지은 한자 학습서. 3,360자의 한자를 사물 중심으로 갈라 한글로 음과 뜻을 달았음.

훈:민정음(訓民正音) 세종 대왕이 만든 우리 나라의 글자. 자음 17자, 모음 11자로 되어 있음. ⓑ 한글. ㈜정음.

훈:방(訓放) 경범자를 훈계하여 놓아 주는 일. 본 훈계 방면. —하다.

훈:수(訓手) 바둑·장기 따위에서, 옆에서 가르쳐 줌, 또는 그 일. ㉠훈수꾼. —하다.

훈:시(訓示) ①윗사람이 아랫사람에게 여러 가지로 타이름. ②주의 사항을 일러 보임. ㉠교장 선생님의 훈시. —하다.

훈:육(訓育) 학생을 가르쳐 기름. ㉠훈육 주임. —하다.

훈:장¹(訓長) 글방(서당)의 스승.

훈장²(勳章) 나라에 공을 세운 사람에게 표창하기 위하여 주는 가슴에 다는 표. ㉠훈장을 받다.

훈제(燻製) 소금에 절인 고기 따위에 연기를 쐬어 그 연기를 흡수시켜 말린 것. —하다.

훈풍(薰風) 초여름에 부는 훈훈한 바람.

훈:화(訓話) 잘 가르쳐 깨닫게 하는 말. ㉠훈화하시는 선생님. 교훈으로 하는 말. —하다.

훈훈하다(薰薰—) 더운 김이 몸에 닿는 것같이 덥다. ㉠훈훈한 공기. ⓟ싸늘하다. —히.

훌떡 ①속의 것이 드러나게 훌렁 벗어진 모양. ②옷 따위 가린 것을 죄다 벗거나 벗은 모양. ③큰 동작으로 힘들이지 않고 뛰어넘는 모양. ㉠담을 훌떡 넘다. 짝 홀딱.

훌라후:프 플라스틱 종류의 둥근 테를 허리로 돌리는 놀이, 또는 그 기구. 후프.

훌렁 ①가린 것을 벗어 속의 것을 드러내는 모양. ②벗어지거나 벗은 모양. ㉠훌렁 벗어진 이마. ③들어갈 물건이 구멍보다 작아서 헐겁게 들어가는 모양. 짝 홀랑.

훌륭하다 ①매우 좋다. ②칭찬할 만하다. ㉠훌륭한 사람. ③퍽 아름답다. ⓑ 뛰어나다. 위대하다. ⓟ못나다. 졸렬하다. —히.

훌쩍 ①액체를 단숨에 들이마시는 모양. ㉠훌쩍 들이키다. ②단번에 가볍게 뛰거나 날아오르는 모양. ③망설이지 않고 갑자기 떠나가는 모양. ㉠훌쩍 떠나 버렸다. ④콧물을 들이마시는 모양. ㉠콧물을 훌쩍이다. 짝 홀짝.

훌쩍거리다 계속하여 콧물을 들이마시다. ㉠감기로 훌쩍거리고 있다. 짝 홀짝거리다.

훌쩍훌쩍 콧물을 들이마시며 우는 모양. ㉠동생이 훌쩍훌쩍 운다. 짝 홀짝홀짝. —하다.

훌쭉하다[—쭈카다] 가늘고 길다. ㉠훌쭉한 키. 짝 홀쭉하다. —히.

훌치다 풀리지 않도록 단단히 동이거나 벗어나지 못하도록 조처하다. 짝 홀치다.

훌:훌 시원스럽게 벗어 버리거나 또는 벗는 모양. ㉠옷을 훌훌 벗다. 짝 홀홀.

훑다[훌따] ①속에 붙은 것을 말갛게 부시어 내다. ㉠갈치 내장

훑어 내다

을 훑다. ②다른 물건에 끼워 죽 잡아당기다. 예 벼 이삭을 훑다. ③샅샅이 살펴보다.

훑어 내:다[훌터—] 겉에 붙은 것을 떼어 내다.

훑어보다[훌터—] 위아래로 빈틈없이 자세히 눈여겨보다. 예 찬찬히 훑어보다.

훔쳐보다 ①몰래 엿보다. ②남 모르게 흘깃흘깃 보다.

훔치다 ①더러워진 것을 깨끗하게 닦다. 예 식탁을 훔치다. ②남의 물건을 몰래 가지다. 짝 홈치다.

훔파다 속을 우묵하게 후비어 파다. 짝 홈파다.

훗:날[훈—] 뒷날. 예 훗날 만날 것을 약속하다.

훗:일[훈닐] 뒷일.

훗훗하다 ①훈훈한 기운이 몸에 닿는 것같이 덥다. 예 날씨가 훗훗하다. 비 무덥다. ②마음을 부드럽게 녹여 주는 기운이 있다. 예 훗훗한 인심. —이.

훤칠하다 ①길고 미끈하다. 예 키가 훤칠하게 크다. ②막힘 없이 깨끗하고도 시원스럽다. —히.

훤:하다 ①좀 흐릿하게 밝다. 예 동이 터 사방이 훤하게 밝아지다. ②앞이 탁 틔어 넓고 시원하다. 예 훤하게 트인 동해 바다. ③얼굴이 잘생겨 시원스럽다. 예 인물이 훤하다. 짝 환하다. —히.

훨씬 ①생각한 것보다 크거나 넓게. 예 이게 저것보다 훨씬 크다. ②정도 이상으로 적거나 많게. 짝 활씬.

훨:훨 ①날짐승 따위가 높이 떠서 느릿느릿 날개치며 시원스럽게 나는 모양. 예 훨훨 날아가는 기러기. ②옷을 시원스럽게 벗어 버리는 모양. ③불길이 세게 타오르는 모양. 짝 활활.

훼:방(毁謗) ①남의 일을 방해함. 예 훼방을 놓다. 비 방해. ②남을 헐뜯음. —하다.

훼:방꾼 훼방을 놓는 사람.

훼:손(毁損) ①헐거나 깨뜨리어 못 쓰게 함. 예 문화재를 훼손하다. ②체면이나 명예를 손상함. 예 명예를 훼손시키다. —하다.

휑뎅그렁하다 속이 비고 넓기만 하여 허전하다. 준 휑하다. 짝 횅댕그렁하다.

휑하다 ①막힘 없이 두루 잘 통해 알다. ②구멍 따위가 시원스럽게 뚫려 있다. 예 휑하니 뚫린 구멍. 본 휑뎅그렁하다. 짝 횅하다.

휘감다[—따] 휘둘러 감다. 예 팔에 붕대를 휘감다.

휘갑치다 옷감이나 멍석·돗자리 등의 가장자리가 풀리지 아니하도록 얽어서 둘러 감아 꿰매다. 예 치맛단이 풀리지 않도록 실로 휘갑쳐 주었다.

휘날리다 ①깃발 따위가 바람에 나부끼다. 예 바람에 휘날리는 태극기. ②마구 흩어져 펄펄 날다. 예 눈보라가 휘날리다. ③이름을 널리 떨치다. 예 명성을 온 세계에 휘날리다.

휘늘어지다 풀기가 없이 아래로 축 처지다. 예 길가에 휘늘어진 버들가지.

휘다 ①물건을 구부리다. 예 조금 휜 젓가락. ②남의 의기를 꺾어 뜻을 굽히게 하다.

휘돌다 ①마구 돌다. ②굽이를 따라 돌아서 가다. ③강이나 내 등이 후미진 곳을 휘감고 흐르다. ④공기가 휘몰아치다.

휘돌리다 휘돌게 하다.
휘두르다 ①물건을 들고 둥글게 돌리다. ②제 마음대로 하다. [예] 권력을 휘두르다.
휘둘리다 남에게 속거나 놀림을 당하여 얼이 빠지다.
휘둥그러지다 갑자기 휘둘리어 둥그러지다. [작] 회동그라지다.
휘둥그렇다 두려워하여 눈이 둥그렇게 되다. [작] 회동그랗다.
휘둥그레지다 눈이 휘둥그렇게 되다. [예] 놀라 눈이 휘둥그레지다.
휘말다〔휘마니〕 마구 휘어 감아 말다. [예] 태풍에 휘말려 날아가지 않도록 지붕을 밧줄로 잘 묶어라.
휘몰다 ①한데 몰다. [예] 양떼를 휘몰다. ②일을 서둘러 급히 하다.
휘몰아치다 함부로 급히 내몰리게 하다. [예] 강풍이 휘몰아치다.
휘묻이[—무지] 묘목을 번식시키는 한 방법으로, 긴 가지를 어미 나무에 붙인 채 구부려서 땅에 묻어 뿌리가 나게 하는 일. —하다.
휘발(揮發) 액체가 저절로 기체로 변하여 날아 흩어지는 작용. [예] 휘발성 용액. —하다.
휘발성[—썽] 휘발하는 성질.
휘발유 공중으로 날아 흩어지기 쉬운 기름. 가솔린.
휘어가다 굽이쳐 흘러가다.
휘어잡다 휘둘러서 잡다. 기운차게 잡다. [예] 권력을 휘어잡다.
휘어지다 꼿꼿하던 것이 어떤 힘을 받아 구부러지다. [예] 휘어진 못. [준] 휘다.
휘영청 ①트이어서 시원스러운 모양. ②몹시 밝은 모양. [예] 휘영청 달 밝은 밤.
휘장(揮帳) 사방을 둘러막아 치는 장막. [비] 포장.
휘적휘적 걸음을 걸을 때에 팔을 몹시 휘젓는 모양. [예] 휘적휘적 걷다. —하다.
휘젓다〔휘저으니, 휘저어서〕 ①골고루 섞이도록 휘둘러 젓다. [예] 물에 소금을 타서 휘젓다. ②팔을 야단스럽게 휘둘러 젓다. [예] 팔을 휘저으며 걷다.
휘청거리다 가늘고 긴 물건이 자꾸 휘어지며 느리게 흔들리다. [예] 다리가 휘청거리다.
휘파람 입술을 오므리고 입김을 내불어서 소리를 내는 짓.
휘호(揮毫) 붓을 휘둘러 글씨를 쓰거나 그림을 그림. —하다.
휘황 찬:란하다(輝煌燦爛—) 빛이 찬란하여 눈이 부시다. [예] 다이아몬드 반지가 휘황 찬란하다.
휘:휘 ①여러 번 감거나 감기는 모양. ②이리저리 휘두르는 모양. [예] 팔을 휘휘 휘두르다. [작] 회회.
휙 ①빨리 돌아서는 모양. [예] 화가 나서 휙 가 버렸다. ②바람이 세게 부는 모양. [예] 바람이 휙 불다. ③갑자기 세게 던지는 모양. [예] 책을 휙 던지다. [작] 홱.
휙휙 ①바람이 잇달아 세세 부는 모양. ②계속하여 급히 돌아가는 모양. [예] 휙휙 도는 팽이. ③계속해서 세게 던지는 모양. [작] 홱홱.
휠:체어(wheelchair) 다리가 자유롭지 못한 사람이 앉은 채로 이동할 수 있게 바퀴를 단 의자.
휩싸다 ①휘휘 감아서 싸다. ②나쁜 행실을 드러내지 않고 덮어 주다. ③온통 뒤덮다. [예] 불길이 건물을 휩싸다.
휩쓸다〔휩쓰니, 휩쓸어서〕 ①함부로 죄다 쓸다. [예] 태풍이 휩쓸고 간 자리. ②행동을 제 마음대로 함부로 하다. [예] 불량배가 거리를 휩쓸다.

휩쓸리다 힘센 것에 한데 몰려 들어가다. 거세게 쓸리다. [예] 파도에 휩쓸리다.

휴가(休暇) ①하던 일을 쉼. ②일정한 기간을 정해 쉬는 일.

휴간(休刊) 신문이나 잡지 따위의 정기 간행물이 그 간행을 한동안 쉼. [예] 정기 휴간. —하다.

휴게(休憩) 잠깐 쉼. [예] 휴게소. [비] 휴식. —하다.

휴게실 잠깐 동안 머물러 쉬도록 마련한 방.

휴교(休校) 어떠한 사정에 의하여 학교의 과업을 한때 쉼. —하다.

휴대(携帶) 손에 들거나 몸에 지님. [예] 휴대폰. —하다.

휴대품 손에 들거나 몸에 지니고 다니는 물건.

휴면(休眠) ①쉬고 활동을 하지 않음. ②환경이나 조건이 생활에 부적당하여 생물이 발육이나 활동을 일시적으로 거의 정지하는 일. [예] 휴면 상태. —하다.

휴식(休息) 일을 하다가 쉼. [예] 휴식을 취하다. [비] 휴게. —하다.

휴양(休養) 피로나 병의 회복을 위해 몸을 쉼. [비] 정양. —하다.

휴양지 심신을 쉬면서 보양하기에 적당한 곳. 휴양 시설이 마련되어 있는 곳. 휴양처.

휴업(休業) 학업이나 영업을 얼마 동안 쉼. [예] 데모 때문에 휴업을 하다. —하다.

휴일(休日) 일을 쉬고 노는 날. [예] 휴일에 산에 가기로 했다.

휴전(休戰) 전쟁 중 한때 싸움을 멈춤. [예] 휴전선. —하다.

휴전선 ①전쟁 중에 양쪽의 합의에 의하여 이루어진 군사 경계선. ②우리 나라와 북한과의 경계선.

휴전 협정 ①휴전하기로 맺은 합의 사항. ②1953년 7월 27일에 공산군과 유엔군 사이에 맺은 협정.

휴전 회:담 ①전쟁을 그만두기 위하여 양편이 만나서 서로 의논하는 일. ②우리 나라에서 유엔군과 공산군이 한 휴전 협정에 관한 회담.

휴정[1](休廷) 재판 도중에 쉬는 일. [반] 개정. —하다.

휴정[2](休靜, 1520~1604) 조선 선조 때의 승려. 본명은 최현응. 임진왜란이 일어나자, 사명 대사 등 여러 제자들과 승병을 일으켜 왜군을 무찌르고 나라에 큰 공을 세웠음. 서산 대사. 청허 선사.

휴지[1](休止) 하던 것을 쉬어서 그침. [예] 휴지부. —하다.

휴지[2](休紙) 못 쓰게 된 종이. [예] 휴지통.

휴지부(休止符) '쉼표'의 한자말.

휴직(休職) 공무원이나 일반 회사원이 일정한 기간 동안 직무를 쉬는 일. [반] 복직. —하다.

휴학(休學) 한동안 학교를 쉼. [반] 복학. —하다.

휴항(休航) 배나 비행기가 다니는 것을 쉼. —하다.

휴화산(休火山) 오랜 옛날에는 활동하였으나 현재는 불을 뿜기를 그친 화산. [반] 활화산.

흉 잘못. 흠. 비웃을 만한 점. [비] 허물.

흉기(凶器) 사람을 다치게 하거나 죽이는 데 쓰이는 기구. [비] 흉구.

흉내 남이 하는 말이나 행동을 그대로 본떠 하는 짓. [예] 가수 흉내를 내다. [비] 모방.

흉내내다 남이 하는 그대로 옮겨서 하다. 예 원숭이를 흉내내다.

흉내말 어떤 것을 흉내내어 하는 말. 비 시늉말.

흉내쟁이 남의 흉내를 잘 내는 사람.

흉년(凶年) 농사가 잘 안 된 해. 예 흉년이 들다. 반 풍년.

흉몽(凶夢) 불길한 꿈. 꿈자리가 사나운 꿈. 비 악몽. 반 길몽.

흉배(胸背) ①가슴과 등. ②지난날, 관복의 가슴과 등에 붙이던 수놓은 헝겊 조각.

흉보다 남의 나쁜 점을 들어서 말하다. 반 칭찬하다.

흉복(胸腹) 가슴과 배.

흉부(胸部) 가슴 부분.

흉상(胸像) 가슴 윗부분의 조각상이나 초상화.

흉식 호흡 갈빗대의 운동에 의하여 행하여지는 호흡. 흉호흡.

흉악하다(凶惡—) ①겉모양이 험상궂고 모질다. 예 흉악한 인상. ②성질이 아주 나쁘다. 예 흉악한 범인. 비 험상궂다.

흉업다 불쾌할 정도로 말과 행동이 나쁘다. 비 흉측하다.

흉위(胸圍) 젖의 자리에서 잰 가슴의 둘레. 가슴둘레.

흉작(凶作) 농작물이 잘 되지 않음. 반 풍작.

흉잡다 남의 잘못을 꼬집어서 들추어 내다.

흉잡히다 흉잡음을 당하다.

흉측하다(凶測—) 몹시 흉악하다. 예 흉측한 행동. 비 흉업다.

흉탄(凶彈) 악한이 쏜 총탄. 예 흉탄에 쓰러지다.

흉터 상처가 아문 자리.

흉하다 ①좋지 않다. ②불길하다. 예 자꾸 흉한 생각이 든다. ③보기 싫다. 예 모양이 흉하다.

흉허물 흉이나 허물.

흉허물없다 서로 어려워함이 없이 가깝게 지내다. —이.

흉흉하다(洶洶—) ①물결이 몹시 세차게 일어나다. ②인심이 매우 어수선하다. 예 흉흉한 인심.

흐느끼다 설움이 복받쳐올라서 흑흑 소리를 내어 울다. 예 슬픔에 흐느끼다.

흐느적흐느적 가늘고 긴 나뭇가지나 얇고 가벼운 물건이 자주 가볍게 흔들리거나 너붓거리는 모양. 작 하느작하느작. —하다.

흐늘흐늘 ①힘없이 늘어져 자주 흔들리는 모양. ②단단하지 못하여 건드리면 이리저리 흔들리는 모양. 작 하늘하늘. —하다.

흐드러지다 ①썩 탐스럽다. 예 흐드러지게 핀 꽃. ②흐무러지다.

흐려지다 흐리게 되다. 예 판단이 흐려지다.

흐르다〔흐르니, 흘러서〕 ①물 따위가 낮은 곳으로 내려가거나 넘치어 떨어지다. 예 눈물이 흐르다. ②어떠한 방향으로 쏠리다.

흐리다[1] ①공중에 구름이 끼다. 예 흐린 하늘. 반 맑다. ②눈이 어두워지다. 예 나이가 드니 눈이 흐리다.

흐리다[2] ①맑지 않다. ②기억력·판단력 등이 분명하지 아니하다. 예 오래 되어 기억이 흐리다.

흐리멍덩하다 ①기억이 아름아름하여 분명하지 않다. ②귀에 들리는 것이 분명하지 않고 흐리다. ③일이 되어 가는 형편이나 결과가 분명하지 않다. 예 셈이 흐리멍덩하다. ④정신이 몽롱하다. 작 하리망당하다. ―히.

흐리터분하다 ①하는 짓이 분명하지 아니하고 매우 답답하다. ②성미가 분명하거나 깔끔하지 못하다. [예] 흐리터분한 성격. [작] 하리타분하다. ―히.

흐림 맑지 않음. [반] 갬.

흐무러지다 ①아주 잘 익어서 무르녹다. 흐드러지다. ②물에 불어서 아주 무르다. ③엉길 힘이 없어 뭉그러지다.

흐물흐물 푹 익어서 아주 무르게 된 모양. 또, 엉길 힘이 없어 아주 흐무러진 모양. [예] 야채가 너무 익어서 흐물흐물해졌다. [작] 하물하물. ―하다.

흐뭇하다 마음에 모자람이 없이 만족하다. [예] 그는 흐뭇한 마음으로 이야기를 듣고 있었다. [비] 흡족하다. ―이.

흐지부지 끝을 맺지 못하고 흐리멍덩하게 넘겨 버리는 모양. [예] 일이 흐지부지 끝나다. ―하다.

흐트러뜨리다/흐트러트리다 이러저리 엉클어 흩다. [예] 닭이 모이를 흐트러뜨리다. [비] 헤치다.

흐흐 ①흐뭇한 마음을 참지 못하여 입술을 조금 벌린 듯이 하며 은근히 웃는 소리나 모양. ②털털하게 웃는 소리나 모양. ―하다.

흑막(黑幕) ①검은 장막. ②겉에 나타나지 아니한 의뭉하고 흉악한 내용. [예] 무언가 흑막이 있는 것 같다.

흑백(黑白) ①검은빛과 흰빛. ②옳음과 그름. [예] 흑백을 가리다.

흑백 사진 흰색과 검은색으로만 나타난 사진. [반] 천연색 사진.

흑사병(黑死病)[―뼝] 페스트라는 병균으로 말미암아 일어나는 돌림병. 이 병으로 죽은 사람은 몸빛이 거멓게 변함. 페스트.

흑산도(黑山島) 전라 남도 신안군 흑산면에 있는 섬. 조기·삼치·갈치·도미 등이 많이 잡힘. 규사의 산지로도 유명함.

흑색(黑色) 검은빛. 검정빛.

흑색 선전 근거 없는 사실을 조작하여, 상대방을 중상 모략하거나 그 내부를 어지럽게 하기 위한 정치적 술책.

흑색 인종 '흑인종'의 본디말.

흑설탕 정제하지 않은 검은빛이 도는 설탕.

흑심(黑心) 음흉하고 부정한 욕심이 많은 마음. [예] 흑심을 품다.

흑연(黑鉛) 연필의 심 따위를 만드는 탄소로 된 광물.

흑인종(黑人種) 살갗이 검고 코가 넓적하며, 입술이 두꺼운 특색을 지닌 인종. 아프리카와 북아메리카 동남부에 많음. 흑색 인종.

흑임자(黑荏子) 검은깨.

흑자(黑字) ①먹으로 쓴 글자. ②벌어들인 돈이 쓴 돈보다 많아 이익이 생기는 일. [반] 적자.

흑자석(黑赭石) 중국 장시 성에서 나는, 도자기에 쓰이는 푸른 물감의 한 가지. 무명자.

흑점(黑點) ①검은 점. ②태양 표면에서 주위보다 온도가 낮아 검게 보이는 부분. [본] 태양 흑점.

흑토(黑土) 기름진 땅.

흑흑 설움이 북받쳐 자꾸 흐느껴 우는 소리. ―하다.

흔덕거리다 자꾸 흔덕흔덕하다.

흔덕흔덕 박혀 있거나 끼인 물건이 이리저리 자꾸 흔들리거나 흔들리게 하는 모양. ―하다.

흔들거리다 자꾸 흔들흔들하다.

예 바람에 흔들거리는 코스모스.

흔들다〔흔드니, 흔들어서〕 ①건드리어 움직이게 하다. ②붙잡고 움직이다. 예 나무를 흔들다. ③안정된 상태를 동요시키다. 예 마음을 흔들다.

흔적(痕迹) 남은 자취. 뒤에 남은 자국. 비 자취. 형적.

흔타 '흔하다'의 준말. 예 가을에는 곡식이 흔타.

흔하다 ①많이 있다. ②귀하지 않다. ③물건의 값이 싸다. 반 귀하다. 준 흔타. —히.

흔해빠지다 아주 흔하다.

흘겨보다 눈을 가로 떠서 못마땅하게 노려보다.

흘기다 눈을 옆으로 굴리어 노려보다. 예 눈을 흘기다.

흘깃흘깃 눈을 자꾸 흘기는 모양. 작 할깃할깃. 센 흘낏흘낏. —하다.

흘끔하다 몸이 고단하거나 불편하여 눈이 몹시 켕하다. 헐떡하다. 작 할끔하다.

흘끔흘끔 남의 눈을 피해 연해 곁눈질을 하는 모양. 예 흘끔흘끔 옆사람의 눈치를 보다. —하다.

흘낏흘낏 남의 눈을 피하여 곁눈으로 옆을 보는 모양. 예 흘낏흘낏 쳐다보다. 작 할낏할낏. 여 흘깃흘깃. —하다.

흘려 쓰다 글씨를 급히 쓰다. 예 흘려 쓴 글씨.

흘리다 ①쏟아지게 하다. 예 눈물을 흘리다. ②말을 귀담아 듣지 않다. ③잃어버리다. 예 돈을 흘리고 다니다.

흘림 글자의 획을 또박또박 박아 쓰지 않고 흘려 쓴 글씨. 예 글자를 흘림으로 쓰다.

흘림체 흘림으로 쓴 글씨의 체.

흙[흑] 땅을 이루고 있는 바위의 부스러진 가루.

흙덩이 덩어리로 된 흙.

흙덮기[흑떱끼] 씨뿌리기의 한 순서로, 씨의 지름의 2~3배 두께로 흙을 덮는 일. —하다.

흙먼지 가는 흙가루가 날려 먼지처럼 이는 것.

흙손[흑쏜] 방바닥이나 벽 따위에 흙 같은 것을 바르고 반반하게 하는 데 쓰는 연장.

흙손질 흙손으로 흙 따위를 바르고 반반하게 하는 짓. —하다.

흙일[흥닐] 흙을 다루는 일. 비 토역. —하다.

흙장난[흑짱—] 흙을 가지고 노는 짓, 또는 그 장난. —하다.

흙탕물 흙이 풀려 흐려진 물. 예 흙탕물을 튀기다. 준 흙탕.

흙투성이[흑—] 진흙이 잔뜩 묻은 모양. 예 옷이 온통 흙투성이다.

흠:(欠) ①물건의 거죽이 이지러진 곳. ②부스럼이나 상처의 나은 자국. ③물건의 성하지 아니한 부분. ④완전하지 못하거나 모자라는 점.

흠:가다(欠—) 흠이 생기나. 흠지다. 예 흠간 책상.

흠모(欽慕) 기쁜 마음으로 사모함. 예 이웃집 아가씨를 흠모하다. —하다.

흠뻑 썩 많이. 예 저 화분에 물을 흠뻑 주어라. 작 함빡.

흠씬 정도가 차고도 남을 만큼 넉넉하게. 예 비를 흠씬 맞다.

흠:잡다 흠이 되는 점을 들추어 내다. 예 흠잡을 데 없는 작품.

흠:지다 =흠가다.

흠:집[—찝] 흠이 있는 곳. 예 새 책상에 흠집을 내다.

흠칫 갑자기 놀라거나 겁이 나서 어깨나 목을 움츠리는 모양. 예 흠칫 놀라다. —하다.

흡사(恰似) ①거의 같음. 비슷함. ②마치. 예 흡사 미친 사람 같다. —하다. —히.

흡수(吸收) ①한데 모아들임. ②빨아들임. 예 솜은 물을 잘 흡수한다. —하다.

흡습성(吸濕性) 물질이 공기 속의 습기를 흡수하는 성질.

흡연(吸煙) 담배를 피움. 끽연. 예 흡연실. —하다.

흡열 반:응(吸熱反應) 주위에서 열을 흡수하여 진행하는 화학 반응. 반 발열 반응.

흡입(吸入) 빨아들임. 예 산소를 흡입하다. —하다.

흡입기 가스나 수증기 등을 빨아들이게 하는 데 쓰이는 기구.

흡족(洽足) ①부족함이 없이 넉넉함. ②마음이 대단히 기쁨. 예 흡족히 여기다. —하다. —히.

흡진구 전기 청소기에서 먼지를 빨아들이는 곳.

흡착(吸着) 달라붙음. —하다.

흡착제 다른 물질을 흡착하는 힘이 센 물질.

흡혈(吸血) 피를 빪. —하다.

흡혈 동:물 다른 동물의 피를 빨아먹고 사는 동물. 모기 따위.

흥:[1](興) 마음이 즐겁고 좋아서 일어나는 느낌. 예 흥이 나다.

흥[2] 업신여기거나 아니꼬울 때 코로 비웃는 소리. 예 흥, 제까짓 게 뭐라고.

흥건하다 ①물이 넘칠 만큼 많이 괴어 있다. 예 비가 와서 길바닥에 물이 흥건히 괴어 있다. ②음식에 국물이 많다. —히.

흥:겨운 ①흥이 나서 견디지 못하는. 예 흥겨운 노랫가락. ②매우 재미가 나는.

흥:겨워하다 크게 흥이 나서 마음이 들뜨고 재미가 있어 하다.

흥:겹다〔흥겨우니, 흥겨워서/흥겨이〕 멋이 지나치게 일어나다. 예 마음이 흥겹다.

흥:나다 흥이 일어나다. 흥취가 생기다.

흥망(興亡) 떨쳐 일어남과 망함. 예 흥망 성쇠. 비 성쇠. 흥패.

흥망 성:쇠(興亡盛衰) 흥하고 망함과 성하고 쇠함. 예 나라의 흥망 성쇠가 걸린 대사건.

흥:미(興味) 마음이 끌릴 정도로 좋은 멋이나 취미. 예 흥미 위주의 영화. 비 재미. 취미. 흥취.

흥:미롭다〔흥미로우니, 흥미로워/흥미로이〕 흥미를 느낄 만하다. 마음이 이끌리는 데가 있다. 예 흥미로운 이야기.

흥:미 진진하다 흥취가 넘칠 만큼 많다. 예 그 소설은 읽을수록 흥미 진진하다.

흥보가 조선 고종 때 신재효가 지은 판소리 열두 마당의 하나. 흥부전을 판소리로 꾸민 것임.

흥부(興夫) 고대 소설 〈흥부전〉에 나오는 주인공. 제비 다리를 고쳐 주고 부자가 되었다는 교훈적인 이야기가 전해 옴.

흥부전 지은이를 모르는 조선 시대의 한글 소설. 욕심쟁이 형 놀부와 착한 아우 흥부를 그린 이야기. 〈놀부전〉이라고도 함.

흥분(興奮) ①감정이 복받쳐 일어남. ②자극을 받아 신경이 날카로워짐. 예 흥분하지 말고 차근차근 말하여라. —하다.

흥사단(興士團) 1906년 국내에서 조직된 독립 운동 단체인 신민회의 후신으로, 1913년 안창호가 미국 로스엔젤레스에서 조직한 민족 혁명 수양 단체.

흥선 대:원군(興宣大院君, 1820~1898) 조선 말기의 왕족 출신 정치가. 고종의 아버지. 이름은 하응. 정치를 바로잡기 위하여 과감한 개혁 정치를 펴는 한편, 통상 수교 거부 정책을 단행하였음.

흥성(興盛) 매우 왕성하게 일어남. —하다.

흥얼거리다 ①흥에 겨워서 연해 입 속으로 노래 부르다. ㉠즐거운 듯 흥얼거린다. ②혼잣말을 입 속으로 연해 지껄이다. ㉠혼자 흥얼거리며 걷다.

흥얼흥얼 흥에 겨워 입 속으로 노래를 부르는 모양. ㉠콧노래를 흥얼흥얼 부르다. —하다.

흥왕(興旺) 세력이 몹시 왕성함. 흥하고 번창함. —하다.

흥왕사(興王寺) 고려 문종 때 경기도 개풍군 진봉면 흥왕리에 세워진 절. 무려 2천 8백 칸이나 되는 큰 절로, 제1대 주지가 대각국사 의천이었음.

흥이 나다 재미가 나다. 무척 좋다. ㉠흥이 난 사람들.

흥인지문(興仁之門) 서울 동대문의 정식 이름. ㉣흥인문.

흥정 물건을 팔고 살 때 값을 정하는 일. —하다.

흥정거리[—꺼리] 흥정을 하는 물건이나 대상.

흥정은 붙이고 싸움은 말리랬다 〈속〉 흥정은 서로가 좋은 일이니 권하고, 싸움은 서로 간에 궂은 일이니 말려야 한다는 뜻.

흥청대다 돈이나 물건 따위를 아끼지 않고 함부로 쓰다.

흥청망청 돈이나 물건 따위를 함부로 마구 써 버리는 모양. ㉠흥청망청 마셔 대다. —하다.

흥청흥청 ①흥에 겨워 마음껏 잘난 체하는 모양. ②돈이나 물건 따위를 아끼지 않고 함부로 쓰는 모양. —하다.

흥:취(興趣) 마음이 끌릴 정도로 좋은 멋이나 취미. 흥과 취미. ㉠흥취가 일다. ㉥흥미.

흥패(興敗) 흥하는 것과 망하는 것. ㉥흥망.

흥하다(興—) 잘 되어 가다. ㉠사업이 흥하다. ㉦망하다.

흥행(興行) 연극·영화·서커스 따위를 하여 값을 받고 구경시키는 일. ㉠그 영화는 흥행에 실패했다. —하다.

흥흥 시들하게 웃거나 코웃음치는 소리. —하다.

흩날리다 흩어지며 날리다. ㉠낙엽이 바람에 흩날리다.

흩어 놓다 흩어지게 하다.

흩어뿌리기 씨뿌리기의 한 가지. 줄을 맞추거나 일정한 규칙 없이 씨를 흩어지게 뿌리는 일.

흩어지다 ①제각기 헤어지다. ㉠뿔뿔이 흩어지다. ②널리 퍼지다. ㉠흩어진 책들을 정리하다. ③없어지다. ㉦모으다.

희:곡(戲曲) 연극의 극본으로, 무대의 모양과 배우의 말씨 등을 적은 글. ㉥각본.

희귀(稀貴) 드물어서 매우 귀함. ㉠희귀한 책. —하다.

희:극(喜劇) 웃음과 즐거움을 주도록 꾸민 연극. ㉠희극 배우. ㉦비극.

희끄무레하다 빛깔이 상당히 흰 듯하다. 쭉 해끄무레하다.

희끗희끗 흰 빛깔이 군데군데 나타난 모양. 예 머리가 희끗희끗 센 할아버지. 쭉 해끗해끗. —하다.

희나리 덜 마른 장작.

희나리쌀 여물지 않은 쌀.

희다 눈빛과 같다. 빤 검다.

희디희다 매우 희다. 예 희디흰 웨딩 드레스.

희:로애락(喜怒哀樂) 기쁨·노여움·슬픔·즐거움. 곧, 사람의 온갖 감정을 이름.

희:롱하다(戲弄—) 놀리다. 실없이 굴다. 비 조롱하다.

희롱희롱 자꾸 실없이 까부는 모양. 쭉 해롱해롱. —하다.

희망(希望) 어떤 일을 이루거나 그것을 얻으려는 바람. 예 조국 통일의 희망을 품다. 비 소망. 빤 낙망. 절망. 실망. —하다.

희망차다 어떤 일을 이루고자 하는 마음이 가득하다.

희멀쑥하다 얼굴빛이 희고 멀쑥하다. 예 키만 컸지 희멀쑥하게 생겼다. 쭉 해말쑥하다.

희미하다(稀微—) ①똑똑하지 아니하다. 예 기억이 희미하다. ②밝지 않다. 예 전깃불이 희미하다. 빤 뚜렷하다.

희박(稀薄) ①일의 희망·가망이 적음. 예 성공할 가능성이 희박하다. ②농도·밀도가 엷거나 낮음. 예 공기가 희박하다. —하다.

희번덕거리다 눈을 크게 뜨고 흰자위를 굴리어 번쩍거리다. 예 희번덕거리는 눈동자. 쭉 해반닥거리다.

희부옇다 희고 부옇다. 예 아픈 사람처럼 얼굴이 희부옇다.

희붐하다 날이 새려고 밝은 빛이 비치어 오다. —히.

희:비극(喜悲劇) ①비극적인 요소와 희극적인 요소가 한데 뒤엉켜 웃겼다 울렸다 하는 연극. ②희극과 비극.

희:사(喜捨) 남을 위해 재물을 기꺼이 내놓음. 예 교실 신축 비용을 희사했다. —하다.

희:색(喜色) 기뻐하는 얼굴빛.

희:색 만:면(喜色滿面) 기쁜 빛이 얼굴에 가득함. —하다.

희생(犧牲) ①하늘에 제사 지낼 때 바치는 산 짐승. 예 희생물. ②남을 위하여 자기의 목숨·재물·명예 등을 돌아보지 아니함. 예 나라를 위하여 자기 자신을 희생하다. —하다.

희생 정신 다른 사람이나 어떤 목적을 위해 자기 목숨이나 재물을 바치겠다는 마음씨.

희소(稀少) 드물고 적음. 예 희소 물자. —하다.

희소 가치(稀少價値) 드물기 때문에 인정되는 가치. 예 보석은 그 희소 가치 때문에 비싸다.

희:소식(喜消息) 기쁜 소식. 좋은 기별.

희:열(喜悅) 마음 속으로 느끼는 기쁨. 예 희열을 느끼다.

희한하다(稀罕—) 썩 드물어서 좀처럼 볼 수 없다. 예 별 희한한 일도 다 있다.

희:희 낙락(喜喜樂樂) [히히 낙낙] 매우 기뻐하고 즐거워함. 예 희희 낙락하며 놀다. —하다.

흰 하얀. 예 흰자위. 빤 검은.

흰곰 곰과의 동물. 온몸이 황백색이며 북극 지방에 분포. 북극곰.

흰구름 하얀 구름. 빤 먹구름.

흰나비 빛이 하얀 나비.

흰독말풀 가짓과에 속하는 한해살이풀. 높이는 1m 이상이고 잎은 달걀 모양임. 인도가 원산으로, 각지에서 재배하고 촌락 부근에 야생하기도 함.

흰둥이 살빛이 흰 사람·털빛이 흰 짐승을 이르는 말. [반] 검둥이.

흰밥 잡곡을 섞지 않고 쌀로만 지은 밥.

흰불나방 미국이 원산인 희고 작은 나방의 하나. 농작물의 잎을 갉아먹는 해충임.

흰인 공기 가운데에서 잘 타며 흰 연기를 내는 화학 원소. 황린.

흰자 =흰자위.

흰자위 ①달걀이나 새알 속에 노른자위를 싸고 있는 흰 부분. [반] 노른자위. [준] 흰자. ②눈알의 흰 부분. [반] 검은자위.

흰자질 동식물 세포의 원형질을 이루는 기본적 구성 물질로, 3대 영양소의 하나. 단백질.

흰죽(一粥) 쌀로만 쑨 죽.

힁:하다 몸이 피로하거나 놀라 머리가 빙 돌며 정신이 없다.

힁:허케 아주 빨리 가는 모양. [예] 힁허케 다녀오다.

히드라 히드라과의 강장 동물. 몸 길이 1cm에 6~10개의 긴 촉수로 미생물을 먹고 삶.

히뜩 ①언뜻 휘돌아보는 모양. [예] 히뜩 돌아보다. ②맥없이 넘어지거나 동그라지는 모양.

히로시마(일 廣島) 일본 히로시마 현 서남부의 큰 도시. 1945년 8월 6일 세계 최초로 원자탄이 투하된 곳임.

히말라야 산맥(Himalaya 山脈) 인도와 중국 티베트와의 사이에 있는 큰 산맥. 세계 최고의 에베레스트 산이 있음.

히스테리(독 hysterie) 정신적·경적 원인으로 생기는 정신병의 한 가지.

히스토그램(histogram) 계단 모양으로 나타낸 그래프.

히죽 흡족한 태도로 슬쩍 한 번 웃는 모양. [작] 해죽. [센] 히쭉.

히죽히죽 빈정대며 웃는 모양. [예] 히죽히죽 웃다. [작] 해죽해죽. [센] 히쭉히쭉. —하다.

히:터(heater) ①난방 장치. ②가열기. 발열기.

히트(hit) ①크게 인기를 끎. ②야구에서의 안타. —하다.

히트 송(hit song) 인기를 끈 노래. 작품으로 성공한 가요.

히틀러(Hitler Adolf, 1889~1945) 독일의 정치가. 나치스의 수령으로 제2차 세계 대전을 일으켜 초기에는 승리했으나, 후에 패전하여 자살하였음.

힌두교(Hindu 敎) 인도의 종교.

힌트(hint) 귀띔. 암시.

힐끔 잠깐 눈동자를 돌려 슬쩍 쳐다보는 모양. [예] 힐끔 보다. [작] 핼끔. [여] 힐금.

힐끗 ①눈에 얼른 띄는 모양. [예] 힐끗 보이다. ②눈동자를 빨리 굴려서 한 번 보는 모양. —하다.

힐끗거리다 눈동자를 빨리 굴려 자꾸 흘겨 쳐다보다. [예] 무얼 그리 힐끗거리느냐.

힐난(詰難)[—란] 트집을 잡아 따지고 비난함. —하다.

힐책(詰責) 잘못을 따져 가면서 꾸짖음. [예] 심한 장난으로 선생님께 힐책을 받았다. —하다.

힘 ①사람·동물이 기운을 쓰는 동

힘겨룸

작. ②일을 하는 능력. ③세력. ㉮힘있는 정치인. ④도움. ⑤물체의 운동을 일으키거나 그치게 하는 작용.

힘겨룸 힘의 많고 적음을 겨루는 일. —하다.

힘겹다〔힘겨우니, 힘겨워〕힘에 부쳐 능히 당해 내기 어렵다.

힘껏 힘이 미치는 데까지. 있는 힘을 다 내어. ㉮힘껏 내리치다. 힘껏 돕겠다.

힘내다 ①힘을 내어 어떤 일에 당하다. ②꾸준히 힘을 써서 일을 행하다. ㉮힘내서 일하다.

힘닿는 데까지 제 힘으로 되는 데까지. ㉮힘닿는 데까지 최선을 다하다.

힘닿다 힘이나 권세·위력 등이 미치다.

힘들다〔힘드니〕①힘이 쓰이거나 수고가 되다. ㉮힘들여 한 공부. ②쉽지 아니하고 어렵게 이루다. ㉯어렵다.

힘살〔—쌀〕몸의 연한 부분을 이루고 있는 힘줄과 살. 몸의 운동 기능을 맡음. ㉯근육.

힘세다 기운이 많다. ㉮힘센 사람이 도둑을 잡았다.

힘쓰다 ①힘을 다하다. ㉮학업에 힘쓰다. ②무슨 일을 이루는 데 힘을 이용하다. ③부지런히 일하다. ④괴로움과 어려움을 참아 가며 꾸준히 해 나가다. ⑤남의 어려운 경우를 도와 주다. ㉮내 일에 힘써 주는 고마운 친구.

힘없다 힘이나 기력이 없다. ㉯힘차다. —이.

힘에 부치다 어떤 일에 힘이 모자라다. ㉮일이 많아 힘에 부치다.

힘을 기울이다 힘을 많이 들여 애쓰다. ㉮힘을 기울여 돕다.

힘입다 남의 신세를 지다. 남의 도움을 받다.

힘주다 ①힘을 한 곳에 몰아서 기울이다. ②어떠한 일이나 말을 강조하다. ㉮힘주어 말하다.

힘줄〔—쭐〕살갗의 밑바탕이 되는 희고 질긴 살의 줄.

힘줄기〔—쭐기〕=힘줄.

힘줌말 어떤 말의 뜻을 강조하여 나타내는 말. '부딪다'에 대한 '부딪치다' 따위.

힘지다 힘이 있다. 힘이 들 만하다. ㉮힘진 길.

힘차다 ①힘이 세차다. ㉮힘차게 달리는 육상 선수들. ㉯힘없다. ②힘이 많이 들어 벅차다.

힁 ①코를 세게 푸는 소리. ②코웃음치는 소리.

힁힁 ①연이어 코를 푸는 소리. ②아니꼬워 연이어 코로 비웃는 소리.

부록

표준어 모음 - 1142
표준어와 사투리 - 1155
맞선말, 반대말 - 1161
같은 말, 비슷한 말 - 1172
속 담 - 1190
뜻구별 - 1201
띄어쓰기의 규칙 - 1228
수량 호칭 일람표 - 1230
꽃 말 - 1233
문장 부호 - 1235
친척(친족·인척)의 호칭 - 1236

표준어 모음

중요 표준어를 비표준어와 함께 대비하여 보였다. 단수 표준어는 하나만을 표준어로, 복수 표준어는 둘 또는 셋을 표준어로 인정한 것이다.

○표는 표준어, ×표는 비표준어

단수 표준어

- 가까워(○)
- 가까와(×)

- 가루약(○)
- 말약(×)

- 가윗일(○)
- 가외일(×)

- 가을갈이(○)
- 가을카리(×)

- 간편케(○)
- 간편ㅎ게(×)

- 강낭콩(○)
- 강남콩(×)

- 개다리소반(○)
- 개다리밥상(×)

- 객쩍다(○)
- 객적다(×)

- 거북지(○)
- 거북치(×)

- 거시기(○)
- 거시키(×)

- 결구(○)
- 결귀(×)

- 결단코(○)
- 결단ㅎ고(×)

- 결코(○)
- 결ㅎ고(×)

- 겸사겸사(○)
- 겸두겸두, 겸지겸지(×)

- 겸상(○)
- 맞상(×)

- 겸연쩍다(○)
- 겸연적다(×)

- 경구(○)
- 경귀(×)

- 경황없다(○)
- 경없다(×)

- 곗날(○)
- 계날(×)

- 고구마(○)
- 참감자(×)

- 고샅(○)
- 고샄(×)

- 고와지다(○)
- 고워지다(×)

- 고치다(○)
- 낫우다(×)

- 골목쟁이(○)
- 골목자기(×)
- 골목장이(×)

- 곳간(○)
- 고간(×)

- 광주리(○)
- 광우리(×)

- 괴로워(○)
- 괴로와(×)

- 괴팍하다(○)
- 괴퍅하다(×)
- 괴팩하다(×)

- 구들장(○)
- 방돌(×)

표준어 모음

- -구려(○)
- -구료(×)

- -구먼(○)
- -구면(×)

- 구법(○)
- 귀법(×)

- 구절(○)
- 귀절(×)

- 구점(○)
- 귀점(×)

- 국물(○)
- 말국, 멀국(×)

- 굴젓(○)
- 구젓(×)

- 궁상떨다(○)
- 궁떨다(×)

- 귀고리(○)
- 귀엣고리(×)

- 귀때기(○)
- 귓대기(×)

- 귀띔(○)
- 귀팀(×)

- 귀밑머리(○)
- 귓머리(×)

- 귀이개(○)
- 귀개(×)

- 귀지(○)
- 귀에지(×)

- 귀찮다(○)
- 귀치 않다(×)

- 귓밥(○)
- 귀밥(×)

- 귓병(○)
- 귀병(×)

- 글귀(○)
- 글구(×)

- 길잡이(○)
- 길앞잡이(×)

- 김(○)
- 기음(×)

- 까다롭다(○)
- 까탈스럽다(×)

- 까딱하면(○)
- 까땍하면(×)

- 까막눈(○)
- 맹눈(×)

- 까뭉개다(○)
- 까무느다(×)

- 까치발(○)
- 까치다리(×)

- 깍쟁이(○)
- 깍정이(×)

- 깡충깡충(○)
- 깡총깡총(×)

- 깨끗지(○)
- 깨끗치(×)

- 갯묵(○)
- 깨묵(×)

- 깻잎(○)
- 깨잎(×)

- 꼭두각시(○)
- 꼭둑각시(×)

- 끄나풀(○)
- 끄나불(×)

- 낌새(○)
- 낌(×)

- 나룻배(○)
- 나루, 나루배(×)

- 나무라다(○)
- 나무래다(×)

- 나뭇가지(○)
- 나무가지(×)

- 나뭇잎(○)
- 나무잎(×)

- 나팔꽃(○)
- 나발꽃(×)

- 낙인찍다(○)
- 낙치다, 낙하다(×)

- 난봉(○)
- 봉(×)

- 낭떠러지(○)
- 낭떨어지, 낭(×)

- -내기(○)
- -나기(×)

- 내색(○)
- 나색(×)

- 내숭스럽다(○)
- 내흉스럽다(×)

- 냄비(○)
- 남비(×)

- 냇가(○)
- 내가(×)

- 냇물(○)
- 내물(×)

- 냠냠거리다(○)
- 얌냠거리다(×)

- 너 돈(○)
- 네 돈(×)

- 너 말(○)
- 네 말(×)

- 너 발(○)
- 네 발(×)

- 너 푼(○)
- 네 푼(×)

- 넉 되(○)
- 너 되, 네 되(×)

- 넉 섬(○)
- 너 섬, 네 섬(×)

부록

- 넉 자(○)
- 너 자, 네 자(×)

- 넷째(○)
- 네째(×)

- 녘(○)
- 녁(×)

- 농지거리(○)
- 기롱지거리(×)

- 늙다리(○)
- 노닥다리(×)

- 닐리리(○)
- 늴리리(×)

- 닁큼(○)
- 닝큼(×)

- 다다르다(○)
- 다닫다(×)

- 다오(○)
- 다구(×)

- 다정타(○)
- 다정ㅎ다(×)

- 단벌(○)
- 홑벌(×)

- 담배꽁초(○)
- 담배꽁추(×)

- 담배설대(○)
- 대설대(×)

- 담쟁이덩굴(○)
- 담장이덩굴(×)

- 대구(○)
- 대귀(×)

- 대장일(○)
- 성냥일(×)

- 댑싸리(○)
- 대싸리(×)

- 댓가지(○)
- 대가지(×)

- 댓잎(○)
- 대잎(×)

- 더부룩하다(○)
- 더뿌룩하다(×)

- 더욱이(○)
- 더우기(×)

- -던(○)
- -든(×)

- 도와(○)
- 도워(×)

- 돌(○)
- 돐(×)

- 돗자리(○)
- 돗(×)

- 동댕이치다(○)
- 동당이치다(×)

- 동짓달(○)
- 동지달(×)

- 두껍닫이(○)
- 두껍창(×)

- 두렛일(○)
- 두레일(×)

- 둘째(○)
- 두째(×)

- -둥이(○)
- -동이(×)

- 뒤꿈치(○)
- 뒷꿈치(×)

- 뒤웅박(○)
- 뒝박(×)

- 뒤져내다(○)
- 뒤어내다(×)

- 뒤통수치다(○)
- 뒤꼭지치다(×)

- 뒷머리(○)
- 뒤머리(×)

- 뒷일(○)
- 뒤일(×)

- 뒷입맛(○)
- 뒤입맛(×)

- 등나무(○)
- 등칡(×)

- 등때기(○)
- 등떠리(×)

- 등잔걸이(○)
- 등경걸이(×)

- 딱따구리(○)
- 딱다구리(×)

- 때깔(○)
- 땟갈(×)

- 떡보(○)
- 떡충이(×)

- 똑딱단추(○)
- 딸꼭단추(×)

- 똬리(○)
- 또아리(×)

- 마구잡이(○)
- 막잡이(×)

- 마른갈이(○)
- 건갈이(×)

- 마른빨래(○)
- 건빨래(×)

- 마방집(○)
- 마바리집(×)

- 막상(○)
- 마기(×)

- 망가뜨(트)리다(○)
- 망그뜨(트)리다(×)

- 맞추다(○)
- 마추다(×)

- 맷돌(○)
- 매돌(×)

표준어 모음

- 머릿기름(○)
- 머리기름(×)
- 머릿방(○)
- 머리방(×)
- 먼발치(○)
- 먼발치기(×)
- 멋쟁이(○)
- 멋장이(×)
- 멥쌀(○)
- 멧쌀(×)
- 멧나물(○)
- 메나물(×)
- 면구스럽다(○)
- 민주스럽다(×)
- 멸치(○)
- 며루치, 메리치(×)
- 모깃불(○)
- 모기불(×)
- 목메다(○)
- 목맺히다(×)
- 못자리(○)
- 모자리(×)
- 못지않다(○)
- 못치않다(×)
- 무(○)
- 무우(×)
- 무심코(○)
- 무심ㅎ고(×)
- 문구(○)
- 문귀(×)
- 미루나무(○)
- 미류나무(×)
- 미륵(○)
- 미력(×)
- 미숫가루(○)
- 미싯가루(×)

- 미장이(○)
- 미쟁이(×)
- 민망스럽다(○)
- 민주스럽다(×)
- 밀뜨(트)리다(○)
- 미뜨(트)리다(×)
- 밀짚모자(○)
- 보릿짚모자(×)
- 바가지(○)
- 열바가지, 열박(×)
- 바닷가(○)
- 바다가(×)
- 바라다(○)
- 바래다(×)
- 바람꼭지(○)
- 바람고다리(×)
- 박달나무(○)
- 배달나무(×)
- 반나절(○)
- 나절가웃(×)
- 발가숭이(○)
- 발가송이(×)
- 발목쟁이(○)
- 발목장이(×)
- 방고래(○)
- 구들고래(×)
- 뱀(○)
- 배암(×)
- 뱀장어(○)
- 배암장어(×)
- 뱃길(○)
- 배길(×)
- 뱃병(○)
- 배병(×)
- 버젓이(○)
- 뉘연히(×)

- 벌레(○)
- 벌거지(×)
- 베갯잇(○)
- 베개잇(×)
- 벽돌(○)
- 벽(×)
- 볍씨(○)
- 볏씨(×)
- 볏가리(○)
- 벼가리(×)
- 보통내기(○)
- 행내기(×)
- 보통이(○)
- 보퉁이(×)
- 본받다(○)
- 법받다(×)
- 본새(○)
- 뽄새(×)
- 봇둑(○)
- 보둑(×)
- 봉숭아(○)
- 봉숭화(×)
- 부각(○)
- 나시마지반(×)
- 부끄러워하다(○)
- 부끄리다(×)
- 부스러기(○)
- 부스럭지(×)
- 부스럼(○)
- 부럼(×)
- 부싯돌(○)
- 부시돌(×)
- 부엌(○)
- 부억(×)
- 부조(○)
- 부주(×)

부록

- 부지깽이(○)
- 부지팽이(×)
- 분침(○)
- 푼침(×)
- 붉으락푸르락(○)
- 푸르락붉으락(×)
- 빈대떡(○)
- 빈자떡(×)
- 빌리다(○)
- 빌다(×)
- 빔(○)
- 비음(×)
- 빗물(○)
- 비물(×)
- 빚쟁이(○)
- 빚장이(×)
- 빛깔(○)
- 빛갈(×)
- 빠뜨(트)리다(○)
- 빠치다(×)
- 뺨따귀(○)
- 뺌따귀(×)
- 뻐개다(斫)(○)
- 뻐기다(×)
- 뻐기다(誇)(○)
- 뻐개다(×)
- 뻗정다리(○)
- 뻗장다리(×)
- 뻣뻣하다(○)
- 왜굿다(×)
- 뽐내다(○)
- 느물다(×)
- 사글세(○)
- 삭월세(×)
- 사돈(○)
- 사둔(×)

- 사래논(○)
- 사래답(×)
- 사래밭(○)
- 사래전(×)
- 사삿일(○)
- 사사일(×)
- 사자탈(○)
- 사지탈(×)
- 사잣밥(○)
- 사자밥(×)
- 산누에(○)
- 멧누에(×)
- 산줄기(○)
- 멧발, 멧줄기(×)
- 살얼음판(○)
- 살판(×)
- 살쾡이(○)
- 삵괭이(×)
- 살풀이(○)
- 살막이(×)
- 삼촌(○)
- 삼춘(×)
- 상추(○)
- 상치(×)
- 상투쟁이(○)
- 상투꼬부랑이(×)
- 샘(○)
- 새암(×)
- 샛별(○)
- 새벽별(×)
- 생각건대(○)
- 생각컨대(×)
- 생각다 못해(○)
- 생각타 못해(×)
- 생인손(○)
- 생안손(×)

- 생쥐(○)
- 새앙쥐(×)
- 서 돈(○)
- 석 돈, 세 돈(×)
- 서 말(○)
- 석 말, 세 말(×)
- 서 발(○)
- 석 발, 세 발(×)
- 서 푼(○)
- 석 푼, 세 푼(×)
- 석 냥(○)
- 세 냥(×)
- 석 되(○)
- 세 되(×)
- 석 섬(○)
- 세 섬(×)
- 석 자(○)
- 세 자(×)
- 선머슴(○)
- 풋머슴(×)
- 선짓국(○)
- 선지국(×)
- 설거지(○)
- 설겆이(×)
- 설령(○)
- 서령(×)
- 섭섭지(○)
- 섭섭치(×)
- 섭섭하다(○)
- 애운하다(×)
- 성구(○)
- 성귀(×)
- 성깔(○)
- 성갈(×)
- 성냥(○)
- 화곽(×)

표준어 모음

- 셋방(○) / 세방(×)
- 셋째(○) / 세째(×)
- 소금쟁이(○) / 소금장이(×)
- 소리꾼(○) / 소릿군(×)
- 속말(○) / 속소리(×)
- 손목시계(○) / 팔목시계(×)
- 손수레(○) / 손구루마(×)
- 솔개(○) / 소리개(×)
- 솔직히(○) / 솔직이(×)
- 솟을무늬(○) / 솟을문(×)
- 쇠고랑(○) / 고랑쇠(×)
- 쇳조각(○) / 쇠조각(×)
- 수꿩(○) / 수퀑, 숫꿩(×)
- 수놈(○) / 숫놈(×)
- 수도꼭지(○) / 수도고동(×)
- 수두룩하다(○) / 수둑하다(×)
- 수삼(○) / 무삼(×)
- 수소(○) / 숫소(×)
- 수캉아지(○) / 숫강아지(×)
- 수캐(○) / 숫개(×)
- 수컷(○) / 숫것(×)
- 수키와(○) / 숫기와(×)
- 수탉(○) / 숫닭(×)
- 수탕나귀(○) / 숫당나귀(×)
- 수퇘지(○) / 숫돼지(×)
- 수평아리(○) / 숫병아리(×)
- 숙성하다(○) / 숙지다(×)
- 숫양(○) / 수양(×)
- 숫염소(○) / 수염소(×)
- 숫쥐(○) / 수쥐(×)
- -습니다(○) / -읍니다(×)
- 시구(○) / 시귀(×)
- 시름시름(○) / 시늠시늠(×)
- 식은땀(○) / 찬땀(×)
- 신기롭다(○) / 신기스럽다(×)
- 실망케(○) / 실망ㅎ게(×)
- 심부름꾼(○) / 심부름군(×)
- 쌍동밤(○) / 쪽밤(×)
- 쏜살같이(○) / 쏜살로(×)
- 아궁이(○) / 아궁지(×)
- 아내(○) / 안해(×)
- 아래로(○) / 알로(×)
- 아랫니(○) / 아래이(×)
- 아랫마을(○) / 아래마을(×)
- 아랫방(○) / 아래방(×)
- 아랫집(○) / 아래집(×)
- 아름다워지다(○) / 아름다와지다(×)
- 아무튼(○) / 아뭏든(×)
- 아서라(○) / 앗아라(×)
- 아주(○) / 영판(×)
- 아지랑이(○) / 아지랭이(×)
- 안걸이(○) / 안낚시(×)
- 안쓰럽다(○) / 안슬프다(×)
- 안절부절못하다(○) / 안절부절하다(×)

부록

- 앉은뱅이저울(○)
- 앉은저울(×)
- 알사탕(○)
- 구슬사탕(×)
- 암내(○)
- 곁땀내(×)
- 앞지르다(○)
- 따라먹다(×)
- 애달프다(○)
- 애닯다(×)
- 애벌레(○)
- 어린벌레(×)
- 양칫물(○)
- 양치물(×)
- 양파(○)
- 둥근파(×)
- 얕은꾀(○)
- 물탄꾀(×)
- 어구(○)
- 어귀(×)
- 어음(○)
- 엄(×)
- 어중간(○)
- 어지중간(×)
- 어질병(○)
- 어질머리(×)
- 언뜻(○)
- 펀뜻(×)
- 언제나(○)
- 노다지(×)
- 얼룩말(○)
- 워라말(×)
- -에는(○)
- -엘랑(×)
- 여느(○)
- 여늬(×)

- 역겹다(○)
- 역스럽다(×)
- 역성들다(○)
- 편역들다(×)
- 열심히(○)
- 열심으로(×)
- 예삿일(○)
- 예사일(×)
- 오금팽이(○)
- 오금탱이(×)
- 오동나무(○)
- 머귀나무(×)
- 오뚝이(○)
- 오똑이(×)
- 오래오래(○)
- 도래도래(×)
- 온갖(○)
- 온가지(×)
- 온달(○)
- 왼달(×)
- -올시다(○)
- -올습니다(×)
- 옹골차다(○)
- 공골차다(×)
- 외지다(○)
- 벽지다(×)
- 요컨대(○)
- 요건ㅎ대(×)
- 우두커니(○)
- 우두머니(×)
- 우렁잇속(○)
- 우렁이속(×)
- 우레(○)
- 우뢰(×)
- 울력성당(○)
- 위력성당(×)

- 움파(○)
- 동파(×)
- 웃돈(○)
- 윗돈(×)
- 웃비(○)
- 윗비(×)
- 웃어른(○)
- 윗어른(×)
- 웃옷(○)
- 윗옷(×)
- 위짝(○)
- 웃짝(×)
- 위채(○)
- 웃채(×)
- 위층(○)
- 웃층(×)
- 위치마(○)
- 웃치마(×)
- 위턱(○)
- 웃턱(×)
- 웃통(○)
- 윗통(×)
- 위팔(○)
- 웃팔(×)
- 윗넓이(○)
- 웃넓이(×)
- 윗눈썹(○)
- 웃눈썹(×)
- 윗니(○)
- 웃니(×)
- 윗도리(○)
- 웃도리(×)
- 윗동아리(○)
- 웃동아리(×)
- 윗목(○)
- 웃목(×)

표준어 모음

- 윗몸(○) / 웃몸(×)
- 윗배(○) / 웃배(×)
- 윗벌(○) / 웃벌(×)
- 윗변(○) / 웃변(×)
- 윗사랑(○) / 웃사랑(×)
- 윗수염(○) / 웃수염(×)
- 윗입술(○) / 웃입술(×)
- 윗잇몸(○) / 웃잇몸(×)
- 윗자리(○) / 웃자리(×)
- 유기장이(○) / 유기쟁이(×)
- 윤달(○) / 군달(×)
- 으레(○) / 으례(×)
- 이마빼기(○) / 이맛배기(×)
- 익살꾼(○) / 익살군(×)
- 익숙지(○) / 익숙치(×)
- 인용구(○) / 인용귀(×)
- 일구다(○) / 일다(×)
- 일꾼(○) / 일군(×)
- 일찍이(○) / 일찌기(×)
- 입담(○) / 말담(×)
- 잇몸(○) / 이몸(×)
- 잇자국(○) / 이자국(×)
- 잎담배(○) / 잎초(×)
- 자두(○) / 오얏(×)
- 자릿세(○) / 자리세(×)
- 잔돈(○) / 잔전(×)
- 장꾼(○) / 장군(×)
- 장난꾼(○) / 장난군(×)
- 장사치(○) / 장사아치(×)
- 재봉틀(○) / 자봉틀(×)
- 잿더미(○) / 재더미(×)
- 적이(○) / 저으기(×)
- 전봇대(○) / 전선대(×)
- 전셋집(○) / 전세집(×)
- 절구(○) / 절귀(×)
- 정녕코(○) / 정녕ㅎ고(×)
- 제삿날(○) / 제사날(×)
- 제석(○) / 젯돗(×)
- 조갯살(○) / 조개살(×)
- 주책(○) / 주착(×)
- 주책없다(○) / 주책이다(×)
- 주춧돌(○) / 주초돌(×)
- 죽데기(○) / 죽더기, 피죽(×)
- 죽살이(○) / 죽살(×)
- 쥐락펴락(○) / 펴락쥐락(×)
- 지게꾼(○) / 지겟군(×)
- 지겟다리(○) / 목발(×)
- 지루하다(○) / 지리히디(×)
- -지만(○) / -지만서도(×)
- 짐꾼(○) / 부지꾼(×)
- 짓무르다(○) / 짓물다(×)
- 짧은작(○) / 짜른작(×)
- 쪽(○) / 짝(×)
- 찌꺼기(○) / 찌꺽지(×)

부록

- 찹쌀(○)
- 이찹쌀(×)

- 찻간(○)
- 차간(×)

- 찻잔(○)
- 차잔(×)

- 찻종(○)
- 차종(×)

- 찻집(○)
- 차집(×)

- 천장(○)
- 천정(×)

- 철따구니(○)
- 철때기(×)

- 청대콩(○)
- 푸른콩(×)

- 쳇바퀴(○)
- 체바퀴(×)

- 촛국(○)
- 초국(×)

- 총각무(○)
- 알무, 알타리무(×)

- 칫솔(○)
- 잇솔(×)

- 칸(○)
- 간(×)

- 케케묵다(○)
- 켸켸묵다(×)

- 코맹맹이(○)
- 코맹녕이(×)

- 코빼기(○)
- 콧배기(×)

- 코주부(○)
- 코보(×)

- 콧병(○)
- 코병(×)

- 킷값(○)
- 키값(×)

- -타(○)
- -ㅎ다(×)

- 탯줄(○)
- 태줄(×)

- 털어먹다(○)
- 떨어먹다(×)

- 텃마당(○)
- 터마당(×)

- 텃세(○)
- 터세(×)

- 토록(○)
- ㅎ도록(×)

- 퇴박맞다(○)
- 퇴맞다(×)

- 뒷간(○)
- 퇴간(×)

- 뒷마루(○)
- 퇴마루(×)

- 튀기(○)
- 트기(×)

- 판자때기(○)
- 판잣대기(×)

- 팔꿈치(○)
- 팔굼치(×)

- 포수(○)
- 총댕이(×)

- 푼돈(○)
- 분전, 푼전(×)

- 핏기(○)
- 피기(×)

- 핏대(○)
- 피대(×)

- 하늬바람(○)
- 하니바람(×)

- 하마터면(○)
- 하맣더면(×)

- 하여튼(○)
- 하영든(×)

- 한사코(○)
- 한삵고(×)

- 햇볕(○)
- 해볕(×)

- 햇수(○)
- 해수(×)

- 허드레(○)
- 허드래(×)

- 허우대(○)
- 허위대(×)

- 허우적허우적(○)
- 허위적허위적(×)

- 호루라기(○)
- 호루루기(×)

- 홀쭉이(○)
- 홀쭈기(×)

- 횟가루(○)
- 회가루(×)

- 횟배(○)
- 회배(×)

- 횟수(○)
- 회수(×)

- 훗날(○)
- 후날(×)

- 훗일(○)
- 후일(×)

- 휴지(○)
- 수지(×)

- 흉업다(○)
- 흉헙다(×)

- 흔타(○)
- 흔ㅎ다(×)

표준어 모음

- 희다(○)
- 히다(×)

- 흰말(○)
- 백말, 부루말(×)

- 흰죽(○)
- 백죽(×)

복수 표준어

- 가는허리(○)
- 잔허리(○)

- 가락엿(○)
- 가래엿(○)

- 가뭄(○)
- 가물(○)

- 가없다(○)
- 가엾다(○)

- 감감무소식(○)
- 감감소식(○)

- 개수통(○)
- 설거지통(○)

- 개숫물(○)
- 설거지물(○)

- 갱엿(○)
- 검은엿(○)

- -거리다(○)
- -대다(○)

- 기습츠레하다(○)
- 게슴츠레하다(○)

- 거위배(○)
- 횟배(○)

- 거짓부리(○)
- 거짓불(○)

- 게을러빠지다(○)
- 게을러터지다(○)

- 고깃간(○)
- 푸줏간(○)

- 꼬까(○)
- 고까, 때때(○)

- 고린내(○)
- 코린내(○)

- 곰곰(○)
- 곰곰이(○)

- 관계없다(○)
- 상관없다(○)

- 괴다(○)
- 고이다(○)

- 교정보다(○)
- 준보다(○)

- 구들재(○)
- 구재(○)

- 구린내(○)
- 쿠린내(○)

- 귀퉁머리(○)
- 귀퉁배기(○)

- 극성떨다(○)
- 극성부리다(○)

- 기세부리다(○)
- 기세피우다(○)

- 꺼림하다(○)
- 께름하다(○)

- 꼬리별(○)
- 살별(○)

- 꽃도미(○)
- 붉돔(○)

- 꾀다(○)
- 꼬이다(○)

- 나귀(○)
- 당나귀(○)

- 나부랭이(○)
- 너부렁이(○)

- 내리글씨(○)
- 세로글씨(○)

- 넝쿨(○)
- 덩굴(○)

- 네(○)
- 예(○)

- 녘(○)
- 쪽(○)

- 노을(○)
- 놀(○)

- 눈대중(○)
- 눈어림, 눈짐작(○)

- 다달이(○)
- 매달(○)

- -다마다(○)
- -고말고(○)

- 닭의장(○)
- 닭장(○)

- 댓돌(○)
- 툇돌(○)

- 덧창(○)
- 겉창(○)

- 독장치다(○)
- 독판치다(○)

- 돼지감자(○)
- 뚱딴지(○)

- 되게(○)
- 된통, 되우(○)

부록

- 뒷갈망(○)
- 뒷감당(○)

- 뒷말(○)
- 뒷소리(○)

- 들락거리다(○)
- 들랑거리다(○)

- 들락날락(○)
- 들랑날랑(○)

- 딴전(○)
- 딴청(○)

- 땅콩(○)
- 호콩(○)

- 땔감(○)
- 땔거리(○)

- -뜨리다(○)
- -트리다(○)

- 마룻줄(○)
- 용총줄(○)

- 마파람(○)
- 앞바람(○)

- 막대기(○)
- 막대(○)

- 만큼(○)
- 만치(○)

- 말동무(○)
- 말벗(○)

- 망태기(○)
- 망태(○)

- 머무르다(○)
- 머물다(○)

- 먹새(○)
- 먹음새(○)

- 멀찌감치(○)
- 멀찍이, 멀찌가니(○)

- 멍게(○)
- 우렁쉥이(○)

- 면치레(○)
- 외면치레(○)

- 모내다(○)
- 모심다(○)

- 모쪼록(○)
- 아무쪼록(○)

- 목화씨(○)
- 면화씨(○)

- 무심결(○)
- 무심중(○)

- 물방개(○)
- 선두리(○)

- 물부리(○)
- 빨부리(○)

- 물심부름(○)
- 물시중(○)

- 민둥산(○)
- 벌거숭이산(○)

- 밑층(○)
- 아래층(○)

- 바깥벽(○)
- 밭벽(○)

- 바른(○)
- 오른(○)

- 발모가지(○)
- 발목쟁이(○)

- 버들강아지(○)
- 버들개지(○)

- 벌레(○)
- 버러지(○)

- 변덕스럽다(○)
- 변덕맞다(○)

- 보조개(○)
- 볼우물(○)

- 보통내기(○)
- 여간내기, 예사내기(○)

- 볼따구니(○)
- 볼때기, 볼퉁이(○)

- 부침개질(○)
- 부침질, 지짐질(○)

- 불똥앉다(○)
- 등화앉다, 등화지다(○)

- 불사르다(○)
- 사르다(○)

- 비발(○)
- 비용(○)

- 뾰두라지(○)
- 뾰루지(○)

- 살쾡이(○)
- 삵(○)

- 삽살개(○)
- 삽사리(○)

- 상두꾼(○)
- 상여꾼(○)

- 생(○)
- 새앙, 생강(○)

- 생뿔(○)
- 새앙뿔, 생강뿔(○)

- 생철(○)
- 양철(○)

- 서두르다(○)
- 서둘다(○)

- 서럽다(○)
- 섧다(○)

- 서투르다(○)
- 서툴다(○)

- 성글다(○)
- 성기다(○)

- 송이(○)
- 송이버섯(○)

- 쇠-(○)
- 소-(○)

표준어 모음

- 수수깡(○)
- 수숫대(○)
- 술안주(○)
- 안주(○)
- -스레하다(○)
- -스름하다(○)
- 시누이(○)
- 시누, 시뉘(○)
- 시늉말(○)
- 흉내말(○)
- 시새(○)
- 세사(○)
- 신(○)
- 신발(○)
- 심술꾸러기(○)
- 심술쟁이(○)
- 쏘이다(○)
- 쐬다(○)
- 씁쓰레하다(○)
- 씁쓰름하다(○)
- 아귀세다(○)
- 아귀차다(○)
- 아래위(○)
- 위아래(○)
- 아무튼(○)
- 어떻든, 여하튼(○)
- 아무튼(○)
- 어쨌든, 하여튼(○)
- 앉음새(○)
- 앉음앉음(○)
- 알은척(○)
- 알은체(○)
- 애갈이(○)
- 애벌갈이(○)
- 애꾸눈이(○)
- 외눈박이(○)

- 애순(○)
- 어린순(○)
- 양념감(○)
- 양념거리(○)
- 어금버금하다(○)
- 어금지금하다(○)
- 어기여차(○)
- 어여차(○)
- 어림잡다(○)
- 어림치다(○)
- 어이없다(○)
- 어처구니없다(○)
- 어저께(○)
- 어제(○)
- 언덕바지(○)
- 언덕배기(○)
- 얼렁뚱땅(○)
- 엄벙뗑(○)
- 여왕벌(○)
- 장수벌(○)
- 여쭈다(○)
- 여쭙다(○)
- 여태(○)
- 입때(○)
- 여태껏(○)
- 이제껏, 입때껏(○)
- 역성들다(○)
- 역성하다(○)
- 연달다(○)
- 잇달다(○)
- 엿가락(○)
- 엿가래(○)
- 엿반대기(○)
- 엿자박(○)
- 오누이(○)
- 오누, 오뉘(○)

- 옥수수(○)
- 강냉이(○)
- 왕골기직(○)
- 왕골자리(○)
- 외겹실(○)
- 외올실, 홑실(○)
- 외손잡이(○)
- 한손잡이(○)
- 외우다(○)
- 외다(○)
- 욕심꾸러기(○)
- 욕심쟁이(○)
- 우레(○)
- 천둥(○)
- 우지(○)
- 울보(○)
- -(으)세요(○)
- -(으)셔요(○)
- 을러대다(○)
- 을러메다(○)
- 의심스럽다(○)
- 의심쩍다(○)
- 이기죽거리다(○)
- 이죽거리다(○)
- -이어요(○)
- -이에요(○)
- 일일이(○)
- 하나하나(○)
- 일찌감치(○)
- 일찌거니(○)
- 입찬말(○)
- 입찬소리(○)
- 자리옷(○)
- 잠옷(○)
- 자물쇠(○)
- 자물통(○)

부록

부록

- 장가가다(○)
- 장가들다(○)

- 재롱떨다(○)
- 재롱부리다(○)

- 제가끔(○)
- 제각기(○)

- 좀처럼(○)
- 좀체(○)

- 죄다(○)
- 조이다(○)

- 줄꾼(○)
- 줄잡이(○)

- 중신(○)
- 중매(○)

- 짚단(○)
- 짚뭇(○)

- 쪽(○)
- 편(○)

- 죄다(○)
- 쪼이다(○)

- 찌꺼기(○)
- 찌끼(○)

- 차차(○)
- 차츰(○)

- 책거리(○)
- 책씻이(○)

- 척(○)
- 체(○)

- 천연덕스럽다(○)
- 천연스럽다(○)

- 철따구니(○)
- 철딱지, 철딱서니(○)

- 추어올리다(○)
- 추어주다(○)

- 축가다(○)
- 축나다(○)

- 침놓다(○)
- 침주다(○)

- 편지투(○)
- 편지틀(○)

- 한턱내다(○)
- 한턱하다(○)

- 혼자되다(○)
- 홀로되다(○)

- 흉내말(○)
- 시늉말(○)

- 흠가다(○)
- 흠나다, 흠지다(○)

표준어와 사투리

표준어	사투리

ㄱ

- 가깝다 …… 가찹다
- 가르쳐 … 갈쳐, 가르켜
- 가르치다 … 가르키다
- 가리키다 … 가르치다
- 가만히 …… 가만이
- 가볍다 …… 개볍다
- 가슴 ………… 가심
- 가시 ………… 까시
- 가운데 …… 가운테
- 가을 …… 가슬, 가알
- 가장 ………… 기중
- 감추어 ……… 감쳐
- 갑자기 …… 갑재기
- 강아지 …… 갱아지
- 개구리 …… 개고리
- 개구쟁이 … 개구장이
- 개다 ……… 개이다
- 거미 ………… 거무
- 거미줄 …… 거무줄
- 거슬러 …… 거실러
- 거의 ………… 거진
- 거지 ………… 거러지
- 거짓말쟁이 ………
  ………… 거짓말장이
- 거치적거리다 ………
  ………… 걸거치다
- 건너려고 … 건느려고
- 검둥이 …… 검뎅이
- 겨우 …… 제우, 게우
- 겨울 ………… 겨을
- 견디다 …… 견데다
- 겸연쩍다 … 계맨쩍다
- 계셨다 …… 기셨다
- 계집 ………… 기집
- 고깔 ………… 꼬깔
- 고드름 …… 고드럼
- 고르다 …… 골르다
- 고생 ………… 고상
- 고요히 …… 고요이
- 고운 ………………
  …… 고은, 곱은, 고분
- 고집쟁이 … 고집장이
- 고추 ………… 꼬추
- 곡식 ………… 곡석
- 곧바로 …… 곧바루
- 골고루 …… 골고로
- 골목 ………… 골묵
- 골짜기 ……………
  …… 골째기, 골짜구니
- 곰팡이 …… 곰팽이
- 공기 ………… 종기
- 괭이 ………… 꽹이
- 괴로워 …… 괴로와
- 구덩이 …… 구뎅이
- 구르며 …… 굴르며
- 구석 ………… 구석지
- 궁둥이 …… 궁딩이
- 그냥 …… 기냥, 그양
- 그래요 …… 그레요
- 그리고 …… 그라고
- 그만 ………… 구만
- 그만두지 … 고민두자
- 그치다 …… 끄치다
- 기념일 …… 기렴일
- 기다리다 ……………
  … 기달리다, 기대리다
- 기쁜 ………… 기뿐
- 기쁨 ………… 기뿜
- 깊숙이 …… 깊숙히
- 까마귀 …… 까마구
- 까지 ………… 까장
- 꺼리다 …… 끄리다
- 꼬리 ……… 꼬랑댕이

부록

부록

꼬챙이 ········ 꼬창이	네가 ······ 늬가, 니가	동네 ····· 동니, 마실
꼬투리 ········ 꼬타리	녹슬다 ········ 녹쓸다	동무 ············ 동모
꾸지람 ········ 꾸지럼	놀라서 ········ 놀래서	동생 ············ 동상
꿰매야 ········ 꾸매야	놓고 ············ 놓구	돼지 ·········· 도야지
꿰매어 ········ 꼬매어	누르던 ········ 눌르던	될 거야 ··· 될 것이어
꿰어서 ········ 뀌어서	늘리다 ········ 늘구다	두들겨 ········ 뚜드려
끊어지다 ····· 끊치다		두르자 ········ 둘르자
	ㄷ	둥글다 ········ 둥굴다
ㄴ		뒹구는 ········ 딩구는
	다녀와서 ··· 댕겨와서	드리려고 ··· 디리려고
나란히 ········ 나란이	다니는 ········ 댕기는	들르다 ········ 들리다
나머지 ········ 남저지	다르다 ········ 달르다	들이마시다 ············
나중 ····· 야중, 내중	다리 ············ 대리	·········· 들어마시다
나중에 ········ 야중에	다리미 ········ 대리미	따로 ············ 따루
나지막한 ··· 나즈막한	다스리게 ····· 다시리게	때마침 ········ 때마츰
난쟁이 ········ 난장이	다음 ············· 댐	때부터 ········ 때부텀
날개 ············ 나래	단숨에 ····· 단바람에	떠내려가다 ············
날아갑니다 ············	달려들어 ··· 달겨들어	·········· 떠나려가다
·········· 날러갑니다	당나귀 ········ 당나구	똑바로 ········ 똑바루
날아왔는지 ············	대단히 ········ 대단이	뚫린 ············ 뚤핀
·········· 날라왔는지	더러운 ········ 드러운	뜨물 ············ 뜸물
남 ·············· 노무	던지는 ········ 떤지는	뜨입니다 ··· 띠입니다
남기신 ····················	덤벼라 ········ 뎀벼라	뜰 ············· 뜨락
······· 냉기신, 낭기신	덥석 ············ 덤썩	
내려서 ········ 나려서	덩이 ············· 뎅이	ㅁ
내려오는 ················	데려다 ········· 다려다	
·········· 나려오는	데리고 ········ 다리고	마루 ············ 말레
내리는 ········ 나리는	도둑놈 ········ 도적놈	마을 ····· 마슬, 마실
내리다 ········ 나리다	도둑질 ········ 도적질	마음 ············ 마암
내리쬐는 ················	도련님 ········ 되련님	마주 ············ 마조
·········· 내려쏘이는	도로 ············ 도루	마지막 ··················
내린 ············ 나린	도리어 ··· 도리혀, 되려	······ 마즈막, 마주막
너 ·············· 니	도무지 ········ 도모지	마침 ············ 마참
너무 ············ 너머	도저히 ········ 도저이	마침내 ··················
넉넉히 ········ 넉넉이	독벌레 ········ 독벌러지	······ 마참내, 마츰내
널리 ············ 널르게	돌멩이 ··· 돌맹이, 돌막	만드는 ········ 맨드는
넣고 ············ 옇고	동그라미 ··· 동글뱅이	만든다 ··················

표준어와 사투리

표준어	사투리
……	맹근다, 맨든다
만들어	…… 맹글어, 맨들어
말씀	…… 말쌈, 말씸
말아야	…… 말어야
망그러져	…… 망그래져
맞히려면	…… 마추려면
매우	…… 억세게
머무르고	…… 머물르고
먹고	…… 묵고
먹다	…… 묵다
먹일	…… 멕일
먼저	…… 먼침, 먼첨
먼지	…… 몬지
멈추다	…… 멈치다
멋쟁이	…… 멋장이
메고	…… 미고
메뚜기	…… 미뚜기
며칠	…… 메칠
몇사람	…… 멧사람
몇몇	…… 멧멧
모두	…… 모도, 모다
모르게	…… 몰르게
모르겠다	…… 몰르겠다
모르다	…… 몰르다
모르지만	…… 몰르지만
모습	…… 모십
모아서	…… 모와서
모양	…… 모냥
모으고	…… 모우고
모으기	…… 모우기
모은	…… 모운
모자라면	…… 모지라면
모자람	…… 모자램
모조리	…… 모주리
모퉁이	…… 모통이
목숨	…… 목슴, 목심
목욕	…… 모욕
몸부림	…… 몸보림
몽둥이	…… 몽뎅이
무	…… 무수
무거운	…… 무건
무릎	…… 무릅팍
무슨	…… 무신
무찌르다	…… 무찔르다
문지르다	…… 문질르다
물건	…… 물견
미워서	…… 밉어서
미장이	…… 미쟁이
미치광이	…… 미치괭이

ㅂ

표준어	사투리
바뀌었어요	…… 배뀌었어요
바라다	…… 바래다
바로	…… 바루
바위	…… 바우
반드시	…… 반다시
받아서	…… 받어서
발자국	…… 발자욱
밟았구나	…… 밟았고나
배워도	…… 배와도
배웠구나	…… 배왔고나
배추	…… 배차
버려졌던	…… 베려졌던
벌레	…… 벌러지
벌써	…… 하마, 발써
벌이고	…… 벌리고
벙어리	…… 버버리
베다	…… 비다
베셨다	…… 비셨다
벼	…… 베
벼락	…… 베락
벼슬	…… 벼실
변변히	…… 벤벤이
별로	…… 벌루
별안간	…… 베란간
보던	…… 보든
보려고	…… 볼라고
보리	…… 버리
본디	…… 본데
부대	…… 푸대
부르게	…… 불르게
부르다	…… 불르다
부르며	…… 불르며
부리나 봐	…… 부리나 베
부서진	…… 부서진
부스러기	…… 뿌스레기
부스스	…… 부시시
불구하고	…… 불고하고
붙잡혀	…… 붙잽혀
비뚜로	…… 비뚜루
비로소	…… 비로서
비행기	…… 비향기
빌려	…… 빌어
빌려다	…… 빌어다

ㅅ

표준어	사투리
사이	…… 새이
산골짜기	…… 산골짜구니
산비탈	…… 산비알
새로	…… 새루
새벽	…… 새복
서두르다	…… 서둘르다, 깝치다
서로	…… 서루

부록

부록

표준어	사투리
서른	설흔
서투른	서툴른
선생님	선상님
설을 쉰	슬을 쉰
세상	시상
세숫대야	시숫대야
셋째	시째
소곤거리다	소근거리다
소금	소곰
소나기	소내기
소리	소래
손가락	손구락, 손고락
손아귀	손아구
손잡이	손잽이
솜	소캐
수수께끼	수수꺼끼
수양딸	수영딸
수줍게	수집게
수줍다	수집다
수줍은	수집은
쉬운	시운
쉽게	숩게
스러져	시러져
스무 살	수무 살
슬며시	실무시
시골	시굴
싣고	실고
싱거운	싱겁은
싸워	싸와
싸웠다	싸왔다
쌍지팡이	쌍지팽이
쓰다듬다	씨다듬다
쓰더라도	쓰드라도
쓰러지다	씨러지다
쓸데없다	씰데없다

ㅇ

표준어	사투리
아끼다	애끼다
아끼듯이	애끼듯이
아내	안해
아름	아람
아무데	아모데
아무리	아모리
아버지	아베, 아부지
아저씨	아제, 아자씨
아주	아조
아직	아즉
아침	아참, 아츰
아픈	아푼
안긴	앵긴
안타까워	안타까와
앉아	앉어
않습니다	않십니다
알려졌다	알래졌다
앞잡이	앞잽이
야위고	야비고
얘들아	야들아
어깨	어께
어느덧	어느듯
어디	어데
어디든지	어데든지
어디선지	어데선지
어떻게	어뜨케
어려운	에려운
어른	어룬, 으른
어린이	어린아
어머니	어마니
어미제비	에미제비
어지간히	언간히
어째	우째
억센	억신
얼굴	얼골
얼른	얼렁, 얼룽
얼리고	얼구고
얼마나	얼매나
업신여긴	업수이여긴
없다	읍다
엎드려	엎디려
여간	앤간
여기	여게
여기저기	여게저게
여보	이보
여섯	여숫
여쭈어	여쭈워
열어젖뜨린	열어재친
영원히	영원이
예쁘게	이뿌게
예쁜	이뿐
예쁠까	이뿔까
오너라	오느라
오늘	오날, 오눌
오르기	올르기
오죽	오작
오직	오즉
오히려	오이려
온갖	왼갖
온통	왼통
옮길	옴길
외쳤다	웨쳤다
외치다	웨치다
요기	요구
요새	요세

표준어와 사투리

표준어	사투리
요즈음	요지음
욕심쟁이	욕심장이
우선	위선
우스운	우서운
웅덩이	웅뎅이
워낙	워냥
원수	웬수
원칙	원측
위	우
위에	우에
의원	이원
이루	이로
이른	일른
이마	이매
이슬	이실
이야기	이바구, 이얘기
이제	이자
이제까지	이태까지
인제	인저
읽으려면	읽을라면
임금	잉금

ㅈ

표준어	사투리
자국	자우
자꾸	자꼬
자세히	자세이
자주	자조, 자꼬
잔치	잔채
잠겨	쟁겨
잠기다	장기다
잠깐	잠간
잠꾸러기	잠꾸리기
잠자리	자마리
잠자코	잠자꼬
잠잠히	잠잠이
잡혀	잽혀
장난	장냔, 작난
장대	장때기
장수	장시
재미	자미
재미있는	자미있는
저고리	저구리
저녁	지녁, 제녁
저절로	저질로
저희들	즈희들
점심	겸심, 즘심
정성스럽게	정성시럽게
정의	정이
정직	증직
제가	지가
제각기	지각기
제곱	제꼽
제대로	지대로
제법	지법
제사	지사
제일	지일
제자리	지자리
조	서숙
조가	쪼각
조그만	째그만, 쬐고만
조그맣게	쬐그맣게
조금	쬐금, 조곰
조르다	졸르다
조마조마	오마조마
좀처럼	좀체로
종이	조이
주둥이	주딩이
주머니	주무니, 줌치
주워	줏어
죽여	쥑여
줄기	쭐기
줍고	줏고
즐거운	질거운
즐겁게	질겁게
즐겁다	질겁다
즐겨	질겨
즐겼으나	질겼으나
즐기다	질기다
즐길 수	질길 수
지게꾼	지개꾼
지금	지끔
지나지	지내지
지루한	지리한
지르고	질르고
지붕	지벙
지우고	지고
지저귀는	지저기는
지팡이	지팽이
지푸라기	지프래기
짐승	김승, 짐생
집게	지께
집밖에	집백에
쪼들리고	쬐들리고

ㅊ

표준어	사투리
차례차례	차래차래
차리려나	채리려나
차림	채림
참외	채미
찾아다녔다	찾아댕겼다
찾아서	찾어서
찾으러	찾으러
채찍질	채쭉질
처녀	치녀

부록

표준어	방언
처음에	츠음에
철모르는	철몰르는
첫째	첫찌
쳐부수다	쳐부시다
초사흘	초사을
초하루	초하로
추운	치운
추워졌으나	춥어졌으나
층층대	칭칭대
침	춤

ㅌ

표준어	방언
타이르다	타일르다
턱	택
텐데	턴데
토끼	퇴끼, 토깽이
통째로	통채로
통틀어	통털어
투성이	투셍이

ㅍ

표준어	방언
팔베개	팔비개
펴심	피심
편지	펜지, 핀지
편히	페니
펼	필
평안	펜안
평화스럽게	평화시럽게

ㅎ

표준어	방언
하더라도	하드래도
하려면	할려면, 할라면
하루	하로
하마터면	하마트면
학교	핵교
한가위	한가우
한결	항결
한데	한디
한 모금	한 모곰
한숨	한심
한층 더	한칭 더
할머니	할무이, 할매, 할마씨, 할마니
할아버지	할아부지, 할바이, 할바씨, 할배
함께	항께
함부로	함부루
합니다	합네다
합쳐서	합처서
해 봐	혀 봐, 히 봐
햅쌀밥	햇쌀밥
헤아리다	세아리다
헤엄	헤염
형	성
호랑이	호랭이
호미	호망이
혼나다	식겁먹다
혼자	혼차
활짝	할짝
흉	숭
흉보다	숭보다
흐르는	흘르는
흐른다	흘른다
힘	심
힘들거든	심들거든
힘센	심센

맞선말, 반대말

맞선말 또는 반대말이란 그 낱말과 반대 또는 대립되는 말이다. 예를 들면 '해'와 '달'은 서로 맞선말이고, '등교'와 '하교'는 반대말이다. 여기서는 맞선말과 반대말은 구분하지 않는다.

ㄱ

가 .... 가운데
가까이 .... 멀리
가끔 .... 자주
가난 .... 부유
가냘프다 ....
..... 억세다, 우렁차다
가늘다 .... 굵다
가능 .... 불가능
가다 .... 오다
가르치다 ..... 배우다
가물 .... 장마
가뭄 .... 장마
가볍다 .... 무겁다
가시다 .... 생기다
가운데 ....
... 둘레, 가장자리, 가
가을 .... 봄
가입 .... 탈퇴
가짜 .... 진짜
가축 .... 야수

간결 .... 복잡
간단 .... 복잡
간섭 .... 불간섭
간신히 ...... 손쉽게
간편 .... 복잡
간혹 .... 항상
감기다 .... 풀리다
감다 .... 뜨다
감독 .... 방임
감사 .... 원망
감추다 ..... 드러내다
감행 .... 중지
갑갑하다 ... 시원하다
갑절 .... 절반
강 .... 약
강제 .... 자의
강철 .... 연철
강하다 .... 약하다
강화 .... 약화
같다 .... 다르다
갚다 .... 꾸다
개교 .... 폐교

개다 .... 흐리다
개량 .... 개악
개선 .... 개악
개시 ..... 종료, 종결
개인 ..... 단체, 집단
갸름하다 ....
.... 둥그스름하다
거두다 .... 뿌리다
거북하다 ... 편안하다
거절 ...... 승낙, 허락
거짓 ...... 참말, 진실
거칠다 ..... 매끄럽다
걱정 .... 안심
건강 ..... 쇠약, 허약
건설 .... 파괴
건성 .... 진정
결상 .... 책상
검다 .... 희다
검소 ..... 화려, 사치
겨우 .... 넉넉히
겨우내 .... 여름내
결과 .... 원인

부록

결렬 ············ 합의	공주 ············ 왕자	금지 ············ 권장
결의 ············ 부결	공훈 ············ 죄과	급속 ············ 완만
결정 ············ 미정	과거 ····· 현재, 미래	기름지다 ··· 메마르다
겸손 ····· 불손, 거만	과학 ············ 미신	기쁨 ············ 슬픔
경계 ············ 방심	관심 ··········· 무관심	기억 ············ 망각
경내 ············ 경외	광명 ············ 암흑	길다 ············ 짧다
경박 ············ 신중	광활 ············ 협소	깊다 ············ 얕다
경선 ············ 위선	쾌씸하다 ··· 기특하다	까맣다 ········ 하얗다
경어 ····· 비어, 속어	괴다 ············ 흐르다	깔다 ············ 걷다
경험 ··········· 무경험	괴롭다 ········ 즐겁다	깜깜하다 ····· 환하다
계속 ············ 중단	괴상 ············ 평범	깨끗하다 ····· 더럽다
계약 ············ 해약	괴수 ············ 졸개	꼬리 ············ 머리
고갯마루 ····· 산기슭	교외 ············ 시내	꽂다 ····· 빼다, 뽑다
고국 ····· 외국, 타국	구국 ············ 매국	꿈 ············· 현실
고귀 ············ 비천	구별 ············ 혼동	꿰다 ············ 뽑다
고단하다 ··· 편안하다	구석 ··· 가운데, 복판	
고대 ············ 현대	구차하다	
고되다 ·········· 쉽다	···넉넉하다, 버젓하다	
고마움 ········ 귀찮음	구체적 ········ 추상적	나 ·············· 너
고상하다 ····· 천하다	국내 ············ 국외	나가다 ····· 들어오다
고생 ····· 편안, 안락	국제 ············ 국내	나누다 ········ 합하다
고열 ····· 저열, 미열	굳세다 ········ 약하다	나쁘다 ·········· 좋다
고요 ············ 소란	굶주리다 ··· 배부르다	나중 ············ 처음
고요히 ········ 요란히	굽실거리다	나지막하다 ············
고지 ····· 저지, 평지	············ 빳빳하다	············ 높직하다
고초 ············ 안락	굽히다 ·········· 펴다	나타나다 ··· 사라지다
고통 ············ 쾌락	권고 ············ 만류	낙심 ············ 희망
고향 ············ 타향	권리 ············ 의무	날아가다 ··· 기어가다
곤란 ············ 용이	귀엽다 ········ 얄밉다	날줄 ············ 씨줄
곧다 ············ 굽다	귀족 ············ 평민	날짐승 ········ 길짐승
곱다	귀하다 ········ 천하다	날카롭다 ····· 무디다
······· 거칠다, 밉다	그늘 ············ 양지	낡다 ············ 새롭다
공격 ····· 방어, 수비	근면 ············ 태만	남 ············· 자기
공급 ············ 수요	근심 ············ 안심	남극 ············ 북극
공로 ············ 죄과	근처 ············ 원처	남다 ········ 모자라다
공손 ····· 거만, 교만	금방 ············ 오래	남편 ············ 아내
		낫다 ············ 못하다

맞선말, 반대말

낮 ················· 밤
낮추다 ········ 높이다
낮익다 ········ 낯설다
내다보다 ···············
  ········· 들여다보다
내려가다 ··· 올라가다
내리막 ········ 오르막
내밀다 ······ 들이밀다
내용 ············· 형식
내일 ············· 어제
널찍하다 ··· 좁다랗다
넓어지다 ··· 좁아지다
넓적하다 ··· 뾰족하다
노년 ············· 소년
노력 ············· 태만
녹다 ············· 얼다
논일 ············· 밭일
농번기 ········ 농한기
높다 ············· 낮다
높음 ············· 낮음
높이다 ········ 낮추다
누나 ············· 오빠
눕다 ········ 일어나다
늘다 ············· 줄다
늘리다 ········ 줄이다
늘어나다 ··· 줄어들다
늙다 ············· 젊다
능란하다 ··· 서투르다
늦다 ·········· 이르다

ㄷ

다르다 ··········· 같다
다물다 ········ 벌리다
다수 ············· 소수
다음 ············· 먼저
다정 ······ 냉정, 무정

다행 ············· 불행
단결 ············· 분열
단단하다 ······ 무르다
단순 ············· 복잡
닫히다 ········ 열리다
달님 ············· 해님
달성 ············· 미달
답답하다 ··· 후련하다
당번 ············· 비번
당연 ············· 부당
대강 ·········· 자세히
대규모 ········ 소규모
대다수 ········ 극소수
대단하다 ······ 하찮다
대답 ······· 질문, 질의
대륙 ············· 대양
대부분 ········ 일부분
대장 ············· 졸병
대접 ···················
  ··· 괄시, 천대, 푸대접
더위 ············· 추위
던지다 ··········· 받다
도달 ············· 미달
도매 ············· 소매
도시 ······ 시골, 농촌
도움 ············· 방해
도회지 ··· 농촌, 시골
독립 ············· 예속
동물 ············· 식물
동양 ············· 서양
동지 ············· 원수
두껍다 ··········· 얇다
두툼하다 ··· 얄팍하다
둘레 ··· 중앙, 한가운데
둥글다 ········ 모나다
뒤 ················· 앞

뒤꼍 ············· 앞뜰
뒤뜰 ············· 앞뜰
뒷산 ············· 앞산
드디어 ············· 곧
듣다 ·········· 말하다
들 ·············· 산, 뫼
들다 ············· 놓다
들어가다 ······ 나오다
들판 ··········· 뫼, 산
등교 ············· 하교
등장 ············· 퇴장
따뜻하다 ··· 서늘하다
따로 ············· 한데
딸 ················· 아들
때때로 ······ 늘, 줄곧
떠나다 ·················
  ······ 닿다, 도착하다
떠들썩하다 ············
  ············ 조용하다
떨어지다 ···············
  ·· 달라붙다, 올라가다
떼다 ············ 붙이다
또렷하다 ··· 희미하다
똑똑하다 ··· 어리석다
똑똑히 ·················
  ·· 어렴풋이, 희미하게
뚜렷하다 ··· 희미하다
뚱뚱하다 ··· 홀쭉하다
뜨겁다 ········ 차갑다
뜨다 ·········· 가라앉다
뜯다 ············ 붙이다
뜻글자 ······ 소리글자

ㅁ

마녀 ············· 선녀
마르다 ······ 뚱뚱하다

부록

마음 ········· 몸, 신체	몰래 ··········· 떳떳이	바다 ········· 뭍, 육지
마중 ············· 배웅	몸 ········ 마음, 정신	바르다 ········· 그르다
마지막 ··········· 처음	못나다 ·········· 잘나다	바쁘다 ······· 한가하다
마찬가지다 ··· 다르다	무겁다 ·········· 가볍다	바삐 ··········· 천천히
막내딸 ··········· 맏딸	무력 ············· 평화	밖 ················· 안
막다 ············· 트다	무리 ············· 순리	반가이 ········· 쌀쌀히
만나다 ···· 헤어지다	무시 ············· 중시	반대 ············· 찬성
만점 ············· 영점	무식 ············· 유식	반사 ············· 직사
만족 ············· 불만	무심 ············· 유심	받다 ············· 주다
많다 ············· 적다	무인 ············· 문인	발달 ············· 퇴보
맏딸 ··········· 맏아들	무지 ············· 유식	발바닥 ··········· 발등
말기 ············· 초기	무질서 ············ 질서	발전 ····· 퇴보, 쇠퇴
말꼬리 ········· 말머리	무한 ············· 유한	밝다 ············ 어둡다
말리다 ········· 적시다	묶이다 ·········· 풀리다	밤 ················· 낮
말엽 ············· 초엽	문 ················· 답	밤일 ············· 낮일
맑다 ············ 흐리다	문명 ···· 미개, 야만	방비 ············· 공격
망하다 ········· 흥하다	문제 ············· 해답	방해 ····· 조력, 협조
맞다 ············ 틀리다	문화 ···· 미개, 야만	밭 ················· 논
매국노 ········· 애국자	묻다 ········ 대답하다	배경 ············· 전경
매다 ············· 풀다	물 ················· 불	배부 ············· 수집
맨손 체조 ·········	물음 ············· 대답	배부르다 ··· 배고프다
········ 기계 체조	미개 ············· 개화	배우다 ······· 가르치다
머리 ············· 꼬리	미래 ············· 과거	배웅 ············· 마중
멀리 ··········· 가까이	미루다 ·········· 당기다	번번이 ············ 가끔
명령 ············· 복종	미리 ············· 나중	번성 ············· 쇠퇴
명예 ············· 수치	미소 ············· 폭소	번영 ············· 쇠퇴
모나다 ···············	민주 ············· 독재	번창 ············· 몰락
········ 둥글둥글하다	믿다 ········ 의심하다	벌리다 ····· 오므리다
모두 ············· 일부	믿음 ············· 의심	벌써 ············· 아직
모르다 ··········· 알다	밀다 ············· 끌다	벌주다 ·········· 상주다
모욕 ············· 영예	밀물 ············· 썰물	벌판 ············· 산악
모으다 ··········· 흩다	입다 ············· 곱다	벗다 ············· 입다
모자라다 ···········	밑 ················· 위	별명 ············· 본명
···· 남다, 넉넉하다		병사 ············· 장교
목적 ············· 수단	**ㅂ**	병약 ············· 건강
몰다 ··········· 이끌다	바깥 ············· 안	보태다 ··········· 덜다

맞선말, 반대말

보통 ············· 특별
복 ················· 액
복잡 ······ 단순, 간단
복종 ······ 반항, 불복
복판 ················
··· 가장자리, 변두리
본부 ············· 지부
부강 ············· 빈약
부근 ············· 원근
부끄럽다 ··· 떳떳하다
부모 ············· 자식
부분 ············· 전체
부유하다 ··· 가난하다
부인 ······ 부군, 남편
부자 ········ 가난뱅이
부자 ············· 모녀
부자연 ··········· 자연
부족 ············· 풍족
부지런하다 ···········
················ 게으르다
부터 ············· 까지
부풀다 ··· 쭈그러들다
부하 ········ 우두머리
부흥 ············· 쇠퇴
북서 ············· 남동
북한 ············· 남한
분명 ············ 불분명
분주 ············· 한가
불가능 ··········· 가능
불결 ············· 청결
불리 ············· 유리
불만 ············· 만족
불안 ······ 편안, 안심
불의 ············· 정의
불쾌 ······ 유쾌, 상쾌
불편 ············· 편리

불평 ············· 만족
불행 ······ 행복, 다행
붙다 ········· 떨어지다
붙잡다 ··············
·········· 놓다, 놓치다
비극 ············· 희극
비난 ······ 칭찬, 칭송
비다 ············· 차다
비뚜로 ··········· 바로
비로소 ··········· 이미
비명 ············· 환성
비밀 ············· 공개
비번 ············· 당번
비범 ············· 평범
비스듬히 ······ 똑바로
비싸다 ··········· 싸다
비좁다 ··········· 넓다
빈곤 ············· 부유
빈궁 ············· 부유
빈민 ······ 부호, 부자
빠르다 ········· 느리다
빽빽하다 ············
········ 듬성듬성하다
뽑다 ············· 꽂다
뾰족하다 ··· 뭉툭하다

ㅅ

사나이 ··········· 계집
사납다 ······ 온순하다
사다 ············· 팔다
사라지다 ··· 나타나다
사랑 ······ 미움, 증오
사실 ············· 허위
사치 ············· 검소
산 ················· 들
산악 ············· 평야

살다 ············· 죽다
삼키다 ··········· 뱉다
상 ················· 벌
상급 ············· 하급
상냥하다 ············
············ 무뚝뚝하다
상류 ············· 하류
상륙 ············· 출항
상승 ············· 하락
상쾌 ············· 불쾌
새롭다 ··········· 낡다
생각 ············· 행동
생기다 ······· 없어지다
생물 ··········· 무생물
생산 ············· 소비
생일 ············· 기일
생전 ············· 사후
생존 ············· 사망
서늘하다 ··· 따뜻하다
서다 ············· 앉다
서먹서먹하다 ········
·············· 자연스럽다
서양 ············· 동양
서울 ············· 시골
서투르다 ··· 익숙하다
선생 ······ 학생, 제자
선선하다 ··· 훈훈하다
선용 ············· 악용
선조 ············· 후손
선천성 ········· 후천성
섭섭하다 ······ 반갑다
성가시다 ······ 편하다
성공 ············· 실패
성대 ············· 간소
성인 ············· 범인
성장 ············· 쇠퇴

부록

세로 ············ 가로	스승 ············ 제자	씩씩하다 ······ 힘없다
소녀 ············ 소년	슬기롭다 ············	
소뇌 ············ 대뇌	·· 우둔하다, 미련하다	ㅇ
소득 ············ 손실	슬프다 ········ 기쁘다	아군 ············ 적군
소리글자 ····· 뜻글자	습격 ··················	아내 ············ 남편
소박 ············ 사치	····· 방어, 방비, 피습	아늑하다 ············
소식 ·········· 무소식	승낙 ············ 거절	············ 되바라지다
소용 ············ 무용	승리 ············ 패배	아담하다 ··· 투박하다
소인 ····· 거인, 성인	승전 ············ 패전	아들 ·············· 딸
소홀 ············ 철저	시 ·············· 산문	아래층 ·········· 위층
속 ············ 겉, 밖	시간 ············ 공간	아랫목 ·········· 윗목
속삭이다 ····· 외치다	시골 ············ 도시	아름답다 ············
속히 ·········· 천천히	시끄럽다 ··· 조용하다	········ 추하다, 밉다
손님 ············ 주인	시내 ····· 교외, 시외	아무렇게 ············
손해 ············ 이익	시원하다 ··· 답답하다	·· 정성들여, 신중하게
솟다 ·········· 가라앉다	시작 ··················	아우 ········ 언니, 형
송신소 ········ 수신소	····· 끝, 완료, 종결	아울러 ·········· 따로
쇠약 ············ 건강	시초 ············ 종말	아직 ····· 이미, 벌써
수공업 ····· 기계 공업	식다 ············ 끓다	아침 ············ 저녁
수리답 ········ 천수답	식목 ············ 벌목	악독 ············ 인자
수입 ············ 수출	식물 ············ 동물	안녕 ····· 불안, 고생
수줍다 ··············	신다 ············ 벗다	안심 ············ 불안
·· 활발하다, 괄괄하다	신사 ············ 숙녀	안전 ··· 불안전, 위험
수집 ····· 배부, 분배	실망 ············ 희망	앉다 ············ 서다
수출 ············ 수입	실패 ············ 성공	알다 ············ 모르다
수컷 ············ 암컷	싫다 ············ 좋다	알뜰하다 ···· 헤프다
수평선 ········ 지평선	싫증 ············ 재미	암탉 ············ 수탉
숙이다 ··············	심다 ············ 캐다	암흑 ············ 광명
········ 들다, 쳐들다	싱싱하다 ····· 시들다	앞날 ············ 지난날
순간 ············ 영원	싸다 ·········· 비싸다	애국자 ········ 매국노
순수 ············ 불순	싸움 ············ 화해	야만인 ········ 문명인
숨기다 ····· 드러내다	쌓다 ············ 헐다	야위다 ········ 살찌다
숭고 ············ 저속	썩다 ········ 싱싱하다	약소 ············ 강대
숭배 ············ 멸시	쓰다 ··················	약하다 ········ 강하다
쉬다 ············ 일하다	········ 달다, 지우다	얄밉다 ········ 귀엽다
쉽다 ············ 어렵다	쓰러지다 ··· 일어서다	얇다 ············ 두껍다

맞선말, 반대말

얌전하다 …… 까불다	예쁘다 ………… 밉다	우두머리 ……… 졸개
양반 …………… 상놈	예사로	우등 …………… 열등
양지 …… 음지, 응달	…… 유달리, 특별히	우리 …………… 너희
어기다 ……… 지키다	예산 ………… 결산	우선 ………… 나중
어둡다 ………… 밝다	예습 ………… 복습	우수 ………… 열등
어렵다 ………… 쉽다	예약 ………… 후약	우승 ………… 참패
어리석다 … 현명하다	예전 ……… 요즈음	우연 …… 당연, 필연
어서 ………… 천천히	옛날 ……… 오늘날	울다 …………… 웃다
어울리다 …… 배돌다	오다 …………… 가다	울음 ………… 웃음
억세다 …… 연약하다	오뚝 ………… 움푹	울창 ………… 황폐
억지로 …… 저절로	오래 ………… 잠깐	원망 ………… 감사
언제나 ……… 가끔	오르다 ……… 내리다	원수 ………… 은인
언짢다 ……… 달갑다	오르막 ……… 내리막	원시 ………… 현대
얼다 …………… 녹다	오해 …… 이해, 양해	원인 ………… 결과
얼른 ………… 천천히	오후 ………… 오전	원한 ………… 은혜
엄금 ………… 권장	온순 ………… 난폭	위급 ………… 안전
엄숙하다 … 경박하다	올라가다 … 내려가다	위대 ………… 평범
업다 ………… 안다	올리다 ……… 내리다	위인 ………… 범인
업신여기다 …………	올바르다 …… 그르다	위태 ………… 안전
……… 존경하다	옭매듭 ……… 풀매듭	위험 ………… 안전
여성 ………… 남성	완강 ………… 나약	위협 ………… 권유
연결 ………… 절단	완결 ………… 착수	유망 ………… 무망
연약하다 …… 강하다	완성 ………… 미완성	유명 ………… 무명
연합 ………… 분립	완전 ………… 불완전	유선 ………… 무선
열다 ………… 닫다	왕 …………… 신하	유식 ………… 무식
열대 ………… 한대	왕성 …… 쇠퇴, 부진	유심히 ……… 무심히
열쇠 ………… 자물쇠	외국 …… 내국, 본국	유용 ………… 무용
열심히 ……… 태만히	외상 …… 맞돈, 현금	유유히 ……… 초조히
열중 ………… 등한	외해 ………… 내해	유익 …… 무익, 유해
염려 …… 안심, 방심	왼편 ………… 오른편	유지 …… 폐지, 변경
염색 ………… 탈색	요란하다 … 고요하다	유쾌 ………… 불쾌
영광 ………… 치욕	욕설 ………… 칭송	유해 ………… 무해
영리 ………… 우둔	용감 ………… 비굴	육식 ………… 채식
영영 ………… 잠깐	용맹 ………… 비겁	육지 …… 바다, 해양
영예 ………… 수치	용서 ………… 처벌	은인 ………… 원수
영원 ………… 순간	우대 ………… 천대	의사 ………… 환자

부록

의식 ············ 무의식		전 ················· 후
의심 ······ 확신, 믿음	**ㅈ**	전부 ············· 일부
이기다 ············ 지다	자기 ········ 남, 타인	전송 ············· 마중
이르다 ············ 늦다	자녀 ············· 부모	전원 ············· 도시
이미 ······ 미처, 아직	자다 ············· 깨다	전쟁 ············· 평화
이민 ············ 원주민	자랑 ······· 수치, 흉	전체 ············· 부분
이상 ············· 이하	자립 ············· 예속	전편 ············· 후편
이상 ············· 정상	자세히 ······· 간략히	절대 ············· 상대
이상 ············· 현실	자신 ············· 타인	절약 ············· 낭비
이성 ······ 감성, 감정	자연 ············· 인공	젊다 ············· 늙다
이성 ············· 동성	자유 ······ 구속, 속박	정답다 ······ 매정하다
이외 ············· 이내	자음 ············· 모음	정돈 ············· 혼란
이윽고 ············· 곧	자주 ······ 가끔, 이따금	정말 ············ 거짓말
이익 ············· 손해	자주적 ········ 예속적	정면 ············· 후면
이자 ············· 원금	작년 ············· 내년	정밀 ············· 조잡
이전 ············· 이후	작다 ············· 크다	정복 ············· 사복
이타심 ········ 이기심	작별 ······ 상봉, 만남	정식 ············· 임시
익숙 ············· 미숙	잠깐 ······ 오래, 한참	정신 ······ 육체, 물질
인공적 ········ 자연적	잠시 ············· 오래	정의 ············· 불의
인력 ············· 동력	잠자코 ··· 수다스럽게	정전 ············· 개전
인상 ············· 인하	장교 ············· 사병	정중 ············· 경솔
인정 ············· 부인	장군 ·················	정지 ············· 진행
일반 ············· 특수	······ 군졸, 졸병, 병졸	정직 ······ 부정, 거짓
일부러 ········ 우연히	장려 ······ 금지, 엄금	정확 ··········· 부정확
일선 ············· 후방	장마 ············· 가뭄	제각기 ········ 다같이
일일이 ······ 한꺼번에	장차 ············· 과거	제한 ··········· 무제한
일찍 ············· 늦게	재미 ············· 싫증	조국 ······ 외국, 타국
일치 ············ 불일치	재우다 ········ 깨우다	조상 ············· 자손
잃다 ············· 얻다	저기압 ········ 고기압	조심 ············· 방심
임금 ············· 신하	저녁 ············· 아침	조용하다 ··· 시끄럽다
임명 ············· 파면	저축 ············· 낭비	조직 ············· 해산
입다 ············· 벗다	적군 ······ 아군, 우군	조회 ······ 종회, 종례
입선 ············· 낙선	적극적 ········ 소극적	존경 ············· 멸시
입장 ············· 퇴장	적다 ············· 많다	존귀 ············· 비천
입학 ············· 졸업	적당 ··········· 부적당	존중 ······ 천대, 멸시
잇속 ············· 손해	적병 ············· 아군	졸업 ············· 입학

맞선말, 반대말

졸작 ············ 걸작	진출 ············ 후퇴	천재 ····· 둔재, 백치
좁다 ············ 넓다	진행 ············ 중지	천하다 ········ 귀하다
좋다 ············ 나쁘다	질문 ····· 대답, 응답	청결 ············ 불결
주다 ············ 받다	질서 ·················	청년 ····· 노인, 노년
주인 ············ 손님	······· 무질서, 혼란	청렴 ············ 부정
주장 ············ 추종	짐승 ····· 식물, 사람	청춘 ············ 노년
주체 ············ 객체	짐작 ············ 확인	쳐다보다 ···········
죽다 ············ 살다	짙다 ····· 엷다, 옅다	·········· 내려다보다
준공 ············ 착공	짧다 ············ 길다	초가집 ········ 기와집
줄다 ············ 늘다		초라하다 ··· 화려하다
중단 ············ 계속	**ㅊ**	초순 ············ 하순
중대 ····· 사소, 예사		초조 ············ 태연
중심 ············ 주위	차갑다 ········ 뜨겁다	촌락 ············ 도시
중앙 ····· 지방, 주위	차근차근 ··· 엄벙덤벙	최대 ············ 최소
중얼거리다 ·········	차다 ············ 비다	최후 ············ 최초
··········· 고함치다	차도 ····· 보도, 인도	추가 ············ 삭제
중요하다 ··· 사소하다	차등 ············ 균등	축복 ············ 저주
중지 ············ 계속	차별 ············ 평등	축하 ············ 저주
즐겁다 ········ 괴롭다	차분하다 ····· 들뜨다	출근 ············ 퇴근
즐기다 ····· 싫어하다	착륙 ············ 이륙	출발 ············ 도착
증가 ············ 감소	착하다 ········ 악하다	출석 ············ 결석
증산 ············ 감산	찬성 ············ 반대	출항 ············ 입항
지금 ············ 아까	참 ············· 거짓	충분 ············ 부족
지나치다 ··· 모자라다	참말 ··········· 거짓말	충성 ····· 반역, 불충
지다 ············ 이기다	참석 ············ 불참	충신 ············ 역적
지방 ···············	참패 ····· 대승, 압승	충전 ············ 방전
········· 서울, 중앙	창간 ············ 폐간	취임 ············ 퇴임
지배 ·········· 피지배	창작 ············ 모방	취하다 ········· 깨다
지불 ············ 수령	창조 ············ 모방	친근 ············ 소원
지옥 ····· 극락, 천당	찾다 ············ 잃다	친절 ··········· 불친절
지하 ············ 지상	책임 ··········· 무책임	친정 ············ 시집
지휘 ············ 복종	처녀 ············ 총각	친척 ············· 남
직선 ············ 곡선	처음 ············ 마지막	침략 ············ 방어
직접 ············ 간접	천국 ············ 지옥	침묵 ····· 발언, 웅변
진심 ····· 허위, 사심	천대 ············ 우대	침범 ············ 격퇴
진짜 ············ 가짜	천사 ············ 악마	칭찬 ····· 꾸중, 책망
	천연 ············ 인공	

부록

ㅋ

캄캄하다 …… 환하다
캐다 …………… 심다
커다랗다 … 조그맣다
커지다 …… 작아지다
켜다 …………… 끄다
크다 …………… 작다
큰일 …………… 잔일
큼직하다 … 조그맣다
키다리 ……………
……… 난쟁이, 작다리

ㅌ

타국 ……… 고국, 본국
타다 ……………
……… 내리다, 꺼지다
타이르다 …………
………… 윽박지르다
타향 ………… 고향
탁음 ………… 청음
탄생 ………… 사망
탈퇴 ………… 가입
태풍 ………… 미풍
터벅터벅 … 사뿐사뿐
통상 ………… 특별
통일 ………… 분열
통하다 ……… 막히다
퇴장 ………… 입장
퉁명스럽다 …………
………… 상냥스럽다
트다 ………… 막다
특별 ………… 보통
특색 ………… 보편
특수 …… 보통, 평범
틔다 ………… 막히다

ㅍ

파괴 ………… 건설
파멸 ………… 번영
팔다 ………… 사다
패전 ………… 승전
패하다 …… 승리하다
팽팽하다 … 느슨하다
펴다 ………… 접다
편리 ………… 불편
편안 …… 거북, 불편
펼치다 ……… 접다
평등 ………… 차별
평범 ………… 비범
평안 ………… 불안
평야 ………… 산악
평화 ………… 전쟁
포근하다 … 쌀쌀하다
폭 …………… 길이
폭등 ………… 폭락
표면 ………… 이면
표준말 …… 사투리
풀리다 …… 맺히다
풍부 ………… 부족
피다 ………… 지다
피폐 ………… 번성
필요 ……… 불필요

ㅎ

하나하나 … 한꺼번에
하늘 …………… 땅
하류 ………… 상류
하얗다 …… 까맣다
하직 ………… 배알
하차 ………… 승차
하찮다 …… 중대하다

학생 ………… 선생
한가 ………… 분주
한데 ………… 따로
한적 ………… 복잡
한참 …… 잠깐, 금방
함께 ………… 따로
함부로 …… 정성껏
합격 ………… 낙방
합법 ………… 불법
합창 ………… 독창
합치다 ……… 나누다
항거 ………… 순종
항구 ………… 공항
항구적 …… 일시적
항복 ………… 대항
항상 ………… 가끔
해결 ………… 미결
해도 ………… 지도
해독 ………… 이득
해방 …… 속박, 구속
해상 ………… 육상
해외 ………… 국내
행복 ………… 불행
향기 ………… 악취
향상 ………… 저하
허둥지둥 … 차근차근
허락 …… 거절, 불허
허위 ………… 진실
허투루 …… 신중히
헌신적 …… 이기적
험준 ………… 평탄
헙수룩하다 …………
………… 말쑥하다
헛되다 …… 참되다
헤어지다 … 모이다
현대 ………… 고대

맞선말, 반대말

현실 ············ 이상	**환영** ····· 환송, 배척	**후퇴** ············ 전진
현재 ····· 미래, 과거	**활기** ············ 침체	**훌륭하다** ············
협력 ····· 방해, 훼방	**황무지** ········· 옥토	·····못나다, 초라하다
형식 ············ 내용	**황소** ············ 암소	**흉년** ············ 풍년
형제 ············ 자매	**횡** ················ 종	**흐리다** ·········· 맑다
혼자 ·········· 여럿이	**효도** ············ 불효	**흐뭇하다** ··· 불만하다
혼잡 ············ 한산	**효성** ············ 불효	**흔하다** ············
홀소리 ········ 닿소리	**후** ··············· 전	······· 귀하다, 드물다
홀쭉하다 ··· 뚱뚱하다	**후년** ············ 전년	**흩어지다** ······ 모이다
화려 ····· 검소, 소박	**후방** ············ 전방	**희다** ············ 검다
화물선 ········ 여객선	**후배** ············ 선배	**희미하다** ··· 뚜렷하다
확실 ·········· 불확실	**후세** ············ 전세	**힘없다** ········ 힘차다

부록

같은 말, 비슷한 말

같은 말 또는 비슷한 말이란, 그 낱말의 뜻이 같게 쓰이거나
비슷하게 쓰이는 말을 이른다.
예를 들면 '노인'과 '늙은이'는 같은 말이고,
'각기'와 '각각'은 비슷한 말이다.
여기서는 같은 말과 비슷한 말을 굳이 구분하지 않았다.

ㄱ

가 ············ 가장자리
가끔 ··· 간혹, 때때로
가난 ············· 궁핍
가난하다 ··· 구차하다
가냘프다 ··· 연약하다
가득 ············· 잔뜩
가르다 ········ 쪼개다
가르치다 ··· 지도하다
가리다 ········ 고르다
가만가만 ··· 살금살금
가만히 ·················
······ 조용히, 살그머니
가망 ············· 희망
가물 ····· 가뭄, 한발
가시다 ····· 사라지다
가엾다 ······ 불쌍하다
가운데 ··· 중간, 한복판
가입 ············· 가담
가장 ············· 제일
가족 ············· 식구

가짜 ············· 거짓
각가지 ········ 갖가지
각기 ············· 각각
각색 ············· 각종
각오 ············· 결심
각지 ············· 각처
간간이 ········ 이따금
간단 ····· 간결, 간략
간섭 ············· 참견
간신히 ·········· 겨우
간절히 ········ 간곡히
간직 ············· 간수
간청 ············· 애원
간편 ····· 간단, 단순
간혹 ··· 간간이, 혹간
감격 ············· 감동
감당 ············· 감내
감사 ············· 치사
감시 ············· 감독
감탄 ····· 감격, 탄복
감흥 ············· 흥취
갑갑하다 ··· 답답하다

갑자기 ········ 별안간
값어치 ·········· 가치
강 ················· 내
강산 ····· 산천, 강토
강연 ············· 연설
강조 ············· 역설
강하다 ·········· 세다
같이 ············· 함께
갚다 ········ 보답하다
개구쟁이 ···········
············· 장난꾸러기
개다 ············· 맑다
개선 ············· 개량
개시 ············· 시작
개척 ····· 개간, 개발
개천 ············· 개울
갸름하다 ··· 기름하다
갸웃이 ········ 기웃이
거닐다 ····· 산책하다
거들다 ·········· 돕다
거듭 ············· 중복
거룩하다 ··· 신성하다

부록

같은 말, 비슷한 말

거름 ············ 비료	겸손 ····· 겸양, 공손	곡조 ············ 가락
거리 ··· 길거리, 한길	겹겹이 ········ 첩첩이	곤란 ····· 곤경, 곤궁
거북하다 ··· 불편하다	경계 ············ 지경	곧잘 ············ 제법
거의 ············ 거지반	경기 ············ 시합	골 ············ 성, 화
거저 ············ 그냥	경영 ············ 운영	골라 ············ 가려
거절 ············ 거부	경우 ············ 처지	골몰하다 ··· 골똘하다
거지 ············ 걸인	경작 ············ 농작	골짜기 ····· 산골짜기
거짓 ············ 허위	경축 ············ 경하	곱다 ········ 아름답다
거행 ············ 거사	경치 ············ 풍경	곳 ············ 장소
걱정 ············ 근심	경험 ············ 체험	공격 ············
건강 ············ 건장	곁 ·············· 옆	····· 돌격, 습격, 공박
건국 ············ 개국	계속 ············ 연속	공기 ············ 기체
건너다 ·········· 넘다	계절 ············ 철	공로 ············ 공적
건설 ············ 건립	계획 ············ 기획	공부 ············ 학습
걸상 ············ 의자	고개 ············ 언덕	공사 ············ 역사
걸음 ············ 발길	고갯마루 ····· 산마루	공손하다 ··· 겸손하다
걸작 ············ 명작	고귀 ············ 존귀	공적 ············ 공로
검사 ············ 조사	고깃배 ·········· 어선	공책 ··· 학습장, 노트
검소 ····· 검약, 소박	고단하다 ··· 피곤하다	공통 ············ 상통
겉장 ············ 표지	고대 ············ 기대	공포 ············ 선포
게으름쟁이 ········	고되다 ········ 힘들다	공헌 ············ 기여
·········· 게으름뱅이	고루 ·········· 골고루	과연 ········ 참으로
겨레 ············ 민족	고맙다 ····· 감사하다	과일 ····· 과실, 실과
겨우 ·········· 간신히	고목 ············ 노목	관가 ············ 관청
겨우내 ········ 겨울내	고비 ············ 절정	관계 ············ 관련
격동 ············ 충동	고상하다 ··· 숭고하다	관광객 ········ 유람객
견디다 ·········· 참다	고생 ····· 고난, 고통	관리 ·········· 공무원
견문 ············ 문견	고소 ············ 고발	관심 ············ 주의
견본 ············ 본보기	고약하다 ··· 괴팍하다	관현악단 ·· 오케스트라
결과 ····· 결말, 성과	고요하다 ··· 조용하다	광 ············ 창고
결국 ············ 필경	고장 ····· 지방, 고향	광복 ····· 해방, 회복
결백 ············ 청백	고적 ············ 유적	광활 ············ 광대
결심 ····· 각오, 결의	고초 ············ 고난	괴뢰 ····· 꼭두각시
결의 ····· 각오, 결심	고통 ············ 고초	괴상 ············ 기이
결정 ····· 작정, 확정	고향 ············ 향토	괴수 ············ 수괴
결혼 ············ 혼인	곡물 ············ 곡식	교외 ············ 야외

부록

교육 ············· 교화	귀신 ············· 혼령	기술 ············· 기예
교육자 ········ 교육가	귀양 ············· 유배	기와집 ·········· 와가
교인 ············· 신자	귀엽다	기왕 ············· 이왕
교통 ············· 왕래	··· 사랑스럽다, 예쁘다	기운 ······· 힘, 기력
교환 ············· 교역	귀중 ············· 소중	기이하다 ··· 기묘하다
교회 ············ 예배당	귀찮다 ······· 성가시다	기초 ············· 토대
구경 ············· 관람	귀하다 ····· 귀중하다	기호 ············· 부호
구미 ············· 입맛	규칙 ····· 규정, 법칙	기회 ············· 시기
구별	그냥 ············ 그대로	기후 ············· 천후
······ 구분, 분별, 차별	그늘 ············· 응달	길가 ············· 노변
구실 ········· 역할, 일	그러께 ········ 재작년	길손 ············ 나그네
구원 ······· 구제, 구호	그루 ············· 포기	까닭 ····· 이유, 영문
구조 ····· 구원, 구제	그리다 ····· 사모하다	깔다 ············· 펴다
구차하다 ··· 가난하다	그림 ············· 회화	깡통 ············ 양철통
국가 ············· 나라	극진 ············· 지극	깨끗하다 ··· 말끔하다
국경일 ········ 경축일	근래 ············· 근간	껍데기 ············ 껍질
국력 ············· 국세	근본 ············· 기초	꼬리 ············· 꽁지
국민 ······ 백성, 인민	근심 ············· 걱정	꼬투리 ············ 깍지
국외 ············· 해외	근원 ············· 근본	꼭 ············· 반드시
국토 ······ 강토, 영토	근처 ············· 근방	꼭꼭 ············ 단단히
군대 ············· 부대	글 ······· 문장, 글월	꽂히다 ········ 박히다
군도 ············· 제도	금년 ············· 올해	꽃 ············· 화초
군사	기갈 ············· 갈증	꽃다발 ············ 화환
······ 군인, 병사, 병졸	기구 ············· 도구	꽃밭 ············· 화단
군중 ············· 대중	기금 ············· 자금	꾀하다 ····· 도모하다
군함 ············· 전함	기도 ············· 기원	꾸중 ············ 꾸지람
굳히다 ········ 다지다	기력 ············· 기운	꾸짖다 ····· 나무라다
굴복 ············· 복종	기록 ············· 기재	꿈 ········ 희망, 이상
굽히다 ········· 꺾이다	기미 ············· 조짐	끌다 ············· 당기다
궁금하다 ··· 답답하다	기본 ············· 근본	끝없이 ········ 한없이
궁둥이 ········· 엉덩이	기부 ············· 기증	끼니 ············· 식사
궁리 ············· 연구	기쁘다 ········ 즐겁다	
궁전 ······ 궁궐, 대궐	기쁨 ············· 즐거움	ㄴ
권고 ············· 권유	기상 ············· 기침	
권세 ············· 권력	기색 ············· 안색	나그네 ·········· 길손
귀국 ············· 환국	기세 ············· 형세	나들이 ············ 외출
		나라 ············· 국가

같은 말, 비슷한 말

나란하다 ············· 가지런하다
나루터 ········ 도선장
나무라다 ······ 꾸짖다
나이 ············· 연령
나중 ············· 결국
낙심 ······ 낙망, 실망
낙원 ······ 천국, 낙토
날래다 ········· 날쌔다
날마다 ··········· 매일
날씨 ············· 일기
날카롭다 ··· 뾰족하다
낡다 ············· 헐다
남 ············· 타인
남매 ············· 오누이
남아 ············· 사나이
남자 ············· 사내
남쪽 ············· 남방
남해 ········ 남쪽 바다
낫다 ············· 좋다
낯익다 ······ 익숙하다
낱낱이 ········· 일일이
내 ············· 연기
내년 ············· 명년
내막 ············· 내용
내부 ············· 내면
내빈 ······ 객, 손님
내일 ············· 명일
너른 ············· 넓은
넉넉하다 ··· 부유하다,
·· 충분하다, 흡족하다
넋 ······ 영혼, 정신
널조각 ········· 널빤지
넓히다 ······ 늘리다
넘어가다 ········· 지다
네모 ············· 사각

노고 ············· 수고
노고지리 ······ 종달새
노랑 ············· 누렁
노래 ············· 가요
노력 ············· 진력
노망 ············· 망령
노예 ······ 노비, 종
노인 ············· 늙은이
노자 ············· 여비
녹슬다 ········· 녹나다
논밭 ············· 전답
논의 ············· 의논
놀리다 ······ 조롱하다
놀이 ············· 장난
농부 ············· 농군
농사 ············· 농업
농사철 ············· 농기
농삿집 ············· 농가
농장 ············· 농원
농지 ············· 농토
높이다 ········· 올리다
누나 ······ 누님, 누이
눈부시다 ··· 휘황하다
눈치 ······ 기미, 낌새
늘다 ········· 불어나다
늙어서 ······ 늙바탕에
능숙하다 ··· 능란하다
늦다 ············· 더디다

ㄷ

다른 데 ········· 딴 곳
다만 ············· 오직
다물다 ············· 닫다
다스하다 ··· 따뜻하다
다시 ············· 거듭
다음 ············· 뒤

다음 해 ········ 이듬해
다짐 ············· 결심
다행 ············· 요행
단결 ············· 단합
단단하다 ··· 야무지다
단독 ············· 독단
단련 ······ 연마, 수련
단숨에 ········· 한숨에
단장 ············· 화장
단정 ············· 단아
단지 ············· 항아리
달다 ············· 걸다
달리다 ············· 뛰다
달리다 ······ 모자라다
달빛 ············· 월광
달성 ············· 성취
달아나다 ··· 도망치다
닭장 ······ 계사, 닭의장
담 ············· 담장
담다 ············· 넣다
답답하다 ··· 갑갑하다
답서 ············· 답장
당번 ············· 든번
당부 ············· 부탁
당선 ············· 피선
당시 ············· 당대
당신 ············· 그대
당연하다 ··· 마땅하다
닿다 ········· 도착하다
닿소리 ············· 자음
대강 ······ 대개, 간략
대관절 ··········· 대체
대궐 ·············
······ 왕궁, 궁전, 궁궐
대다수 ········· 대부분
대단하다 ··· 굉장하다

부록

대답 …… 대꾸, 응답
대륙 …………… 대지
대목 …… 고비, 부분
대번에 ……… 단번에
대부분 ……………
　…… 대개, 거의 다
대상 …………… 상대
대신 …………… 대리
대우 …… 대접, 접대
대중 …………… 민중
대체 ………… 대관절
대표 ………… 책임자
대한 …………… 한국
대항 …… 대적, 항거
더구나 ……… 더욱이
더디다 ………… 늦다
덕택 …… 덕분, 혜택
덮다 ………… 씌우다
도달 …………… 도착
도대체 ……… 대관절
도령 …………… 총각
도로 ……………… 길
도리어 ……… 오히려
도망 …………… 도주
도무지 ……………
　… 아주, 좀처럼, 전혀
도서실 ……… 도서관
도시 ………… 도회지
도저히 ………… 이루
독립 …………… 자립
독특 …… 특수, 특유
돈 ……………… 금전
돋다 ………… 나오다
돌보다 …… 보살피다
동댕이치다 ………
　………… 팽개치다

동무 …………… 친구
동생 …………… 아우
동아줄 ………… 밧줄
동안 …………… 기간
동요 …………… 동시
동이다 ………… 묶다
동작 …………… 행동
동지 …………… 동료
동창 …………… 동문
되풀이 ………… 반복
두들기다 …… 때리다
두렵다 ……… 무섭다
두메 …………… 산골
둘러앉다 … 모여 앉다
둘레 …………… 주위
둥글다 ……… 동글다
뒤뜰 …………… 뒤꼍
뒤죽박죽 … 엉망진창
뒷간 …………… 변소
드디어 ……… 마침내
드문드문 …………
　… 이따금, 띄엄띄엄
드물다 ……… 성기다
들판 …… 평야, 벌판
등불 …………… 등화
따뜻하다 … 따스하다
따라서 ……… 좇아서
딱하다 ……………
　…… 가엾다, 가엾다
땅 ……… 토지, 대지
땅바닥 ……… 땅거죽
때 ……… 시대, 시간
때때로 ………… 가끔
때리다 …… 두들기다
때문 …………… 까닭
떠나다 …… 출발하다

떠들썩하다 ………
　……… 왁자지껄하다
떼 ……………… 억지
또렷하다 … 분명하다
똑똑하다 … 분명하다
뚜렷하다 … 분명하다
뛰다 ………… 달리다
뛰어나다 … 빼어나다
뜨겁다 ……… 따갑다
뜨다 ………… 오르다
뜨이다 ……… 보이다
뜰 ……………… 마당
뜻 ……………… 의미
뜻밖에 ……… 의외로

ㅁ

마구 ………… 함부로
마당 ……………… 뜰
마땅하다 … 당연하다
마련 …………… 준비
마술사 ……… 마법사
마을 …………… 동네
마음 …………… 정신
마음놓다 … 안심하다
마중 …………… 영접
마지막 ………… 나중
마찬가지다 …… 같다
마치 …………… 흡사
마치다 ……… 끝내다
마침내 ……… 드디어
막 ……… 장막, 포장
막 …………… 함부로
막론 …………… 물론
만고 …… 천고, 만대
만들다 ……… 꾸미다
만발 …………… 만개

같은 말, 비슷한 말

만약 ············ 만일
만족 ············ 흡족
많다 ·········· 숱하다
맏딸 ············ 큰딸
말기 ············ 말엽
말꼬리 ·········· 말끝
말끔히 ·········· 깨끗이
말다툼 ·········· 입다툼
맑다 ········ 깨끗하다
망령 ············ 노망
망하다 ············
······ 쇠하다, 패하다
매우 ············ 몹시
매월 ············ 매달
매일 ·········· 날마다
맨손 체조 ··········
············ 도수 체조
맵시 ············ 모양
맹렬 ····· 격렬, 치열
맹세 ············ 서약
맹수 ············ 야수
머리털 ······ 머리카락
먼저 ············ 우선
먼지 ············ 티끌
멀쩡하다 ··· 온전하다
메 ··········· 산, 뫼
멧부리 ········ 봉우리
면포 ····· 광목, 무명
면하다 ········ 피하다
멸시 ····· 천시, 괄시
명랑 ············ 쾌활
명령 ····· 분부, 지시
명예 ····· 명성, 영예
명작 ············ 걸작
명필 ············ 달필
모두 ············· 다

모습 ············ 모양
모자라다 ··· 부족하다
모조리 ·········· 죄다
모질다 ·········· 맵다
모집 ············ 수집
모퉁이 ········ 귀퉁이
모험 ············ 탐험
목소리 ··· 말소리, 목청
목숨 ············ 생명
목욕 ············ 목간
목재 ············ 재목
목적 ············ 목표
목초 ············· 꼴
목화 ············ 면화
몰래 ········ 슬그머니
몸 ········ 신체, 육체
몸가짐 ·········· 태도
몸소 ····· 손수, 친히
몸집 ····· 몸피, 덩치
몹시 ····· 매우, 대단히
못난이 ·········· 바보
못생기다 ····· 못나다
묘목 ·········· 모나무
묘하다 ····· 야릇하다
무기 ············ 병기
무당 ············ 무녀
무덤 ········ 묘, 산소
무럭무럭 ··· 모락모락
무력 ··· 병력, 군사력
무렵 ············ 즈음
무명 ············ 면포
무사히 ········ 무고히
무섭다 ········ 두렵다
무성 ············ 울창
무술 ············ 무예
무시 ············ 멸시

무식 ············ 무지
무진장 ········ 무한량
무찌르다 ··· 쳐부수다
무척 ····· 매우, 몹시
무한히 ········ 한없이
묵묵히 ········ 잠잠히
묵상 ············ 묵념
묶이다 ········ 매이다
문득 ············ 갑자기
문란 ············ 혼란
문명 ············ 문화
문명인 ········ 문화인
문자 ············ 글자
문제 ············ 물음
물건 ············ 물자
물결 ····· 파도, 파문
물기 ············ 습기
물려받다 ··· 상속받다
물론 ········ 무론, 암
물바다 ········ 물난리
물음 ············ 질문
미개 ····· 야만, 원시
미개인 ········ 야만인
미래 ············ 장래
미루다 ····· 연기하다
미리 ············ 먼저
미안하다 ··· 죄송하다
미처 ········ 아직, 채
민족 ····· 겨레, 종족
믿음 ····· 신앙, 신의
밀접 ············ 긴밀
밑 ············· 아래

ㅂ

바다 ············ 해양

부록

바닷가 ………… 해변	방 안 …………… 실내	보내 준 …… 붙여 준
바닷바람 ……… 해풍	방해 …… 헤살, 훼방	보도 …………… 발표
바로 ……… 금방, 곧	방향 …… 방면, 향방	보람 …… 효험, 효과
바르다 … 곧다, 옳다	배급 …………… 배부	보랏빛 ……… 보라색
바른쪽 ……… 오른쪽	배달 …………… 배부	보름달 … 만월, 망월
바보 …… 등신, 천치	배척 …………… 배격	보물 …………… 보배
바쁘다 …… 분주하다	백성 …………… 국민	보복 ………… 앙갚음
바삐 …………… 급히	백합꽃 ……… 나리꽃	보잘것없는 …………
박히다 ……… 찍히다	뱃사람 … 사공, 선원	……… 하잘것없는
밖 …………… 바깥	버릇 …… 습성, 습관	보장 ………… 보증
반가이 ……… 기꺼이	번번이 ………… 자주	보존 …………… 보전
반격 …………… 역습	번성 …………… 번영	보채다 ……… 조르다
반달 …………… 반월	번지다 ……… 퍼지다	보통 …… 예사, 평범
반대 …… 거부, 거역	번창 …… 번성, 번영	보호 …………… 옹호
반대말 ……… 맞선말	번화 …… 번잡, 번창	복도 …………… 낭하
반대편 ……… 맞은편	벌 ……………… 들	복잡 …………… 번잡
반드시 ………… 꼭	벌거숭이 …… 알몸	복종 …… 순종, 굴복
받들다 ……… 섬기다	벌써 …………… 이미	복판 … 중심, 가운데
발달 …………… 발전	벌여 놓다 … 늘어놓다	본래 …… 본디, 원래
발동선 ……… 통통배	벌판 …………… 들판	본보기 ……… 모범
발음 …………… 발성	범상 …………… 평범	볼 ……………… 뺨
발전	법칙 …………… 규칙	볼 낯이 없다 ………
…… 발달, 진보, 향상	벗 …………… 친구	……… 면목이 없다
발표 …………… 공포	벼슬 …………… 관직	볼모 …………… 인질
발행 …………… 발간	변변히 ……… 제대로	볼품 ………… 맵시
밝다 ……… 환하다	변화 …… 변동, 변천	봄바람 ……… 춘풍
밤낮 …………… 항상	별로 ………… 그다지	봉우리 …… 산꼭대기
밤늦도록 ……………	별안간 ……… 갑자기	부강 …………… 부유
……… 이슥하도록	병 …… 병환, 질병	부끄럽다 … 창피하다
밤일 …………… 야근	병구 …………… 무기	부락 …………… 동네
방글방글 … 생글생글	병기 …………… 무기	부르짖다 …… 외치다
방긋 …… 벙글, 생긋	병력 ………… 군사력	부모 …………… 양친
방도 …… 방법, 방책	병원 …………… 의원	부부 …………… 내외
방면 …………… 방향	병자 …… 병인, 환자	부상 …………… 상이
방법 …… 방도, 수단	병정 …… 군인, 병졸	부상병 …… 상이 군인
방비 …………… 수비	보고 …… 통보, 신고	부유 …………… 풍족

같은 말, 비슷한 말

부인 ············ 아내	빌리다 ········· 꾸다	산골짝 ········ 산곡
부자 ············ 부호	빗줄기 ········ 빗발	산뜻하다 ··· 깨끗하다
부지런히 ······ 열심히	빙긋이 ······· 싱긋이	산모롱이 ··· 산모퉁이
부탁 ····· 당부, 청탁	빚 ············· 부채	산봉우리 ········ 산봉
부하 ············ 졸병	빛깔 ············· 색	산수 ····· 강산, 산천
부합 ············ 일치	빨간 ············ 붉은	산허리 ········ 산중턱
부호 ············ 기호	빨리 ····· 급히, 속히	살림 ············ 생활
부활 ····· 소생, 재생	뽐내다 ·············	삼삼하다 ····· 어리다
부흥 ············ 재건	···· 으스대다, 뻐기다	삽시간 ········ 순식간
분간 ····· 구별, 분별	뽑아 놓다 ··········	삿대 ·········· 상앗대
분명 ············ 확실	············ 가려 놓다	상관 ············ 관계
분야 ············ 부문		상기 ············ 아직
분주 ············ 분망	ㅅ	상대 ············ 대상
불구하고 ··· 고사하고	사납다 ······· 무섭다	상륙 ············ 등륙
불만 ············ 불평	사냥꾼 ·········· 포수	상상 ····· 공상, 추측
불안 ············ 근심	사라지다 ··· 없어지다	상인 ············ 장수
불행 ············ 불우	사람 ····· 인류, 인간	상점 ····· 가게, 점포
붉다 ············ 빨갛다	사랑 ············ 애정	상쾌 ····· 경쾌, 유쾌
비겁 ············ 비열	사래 ············ 이랑	상태 ············ 실정
비결 ············ 비법	사리 ············ 이치	상하다 ········ 다치다
비교하다 ····· 견주다	사무 ············ 직무	새다 ············ 밝다
비극 ············ 참극	사무실 ······· 사무소	색다르다 ··· 유별나다
비밀 ············ 기밀	사상자 ········ 살상자	색동옷 ········ 꼬까옷
비비다 ····· 문지르다	사실 ············ 진실	샘물 ············ 우물물
비비새 ·········· 뱁새	사업 ············ 기업	생각 ····· 사고, 상상
비스듬하다 ·········	사연 ············ 내용	생명 ············ 목숨
·········· 기우뚱하다	사용 ············ 이용	생사 ············ 사생
비쌈 ············ 고가	사이 ············· 틈	생산품 ·········· 제품
비용 ············ 경비	사이좋게 ····· 의좋게	생일 ············ 생신
비웃음 ··········· 조소	사정 ····· 실정, 형편	생전 ············ 생시
비참 ····· 참혹, 처참	사철 ············ 사시	생활 ············ 생계
비통 ············ 비장	사태 ····· 형편, 정세	서럽다 ········ 슬프다
비판 ············ 비평	사흘 ············ 삼 일	서리다 ········ 어리다
빈곤 ····· 가난, 구차	산골 ············ 두메	서먹서먹하다 ·······
빈궁 ············ 빈한	산골짜기 ···········	············ 어색하다
빈손 ············ 맨손	········ 골짜기, 계곡	서성대다 ···········

1179

.... 머뭇거리다
서양 .... 서구
서운하다 ... 섭섭하다
서울 ...... 장안, 수도
서점 .... 책방
서투르다 ... 미숙하다
석방 .... 방면
선 .... 금
선거 .... 선출
선교 .... 포고
선물 .... 선사
선비 .... 학자
선생 .... 스승
선선하다 ... 서늘하다
선언 .... 선고
선원 .... 뱃사람
선장 .... 함장
선전 .... 광고
선조 .... 조상
설령 .... 설사
설명 .... 해설
설움 .... 슬픔
섭섭하다 ... 서운하다
성가시다 ....
...... 괴롭다, 귀찮다
성격 ...... 성품, 성질
성공 .... 성취
성과 ...... 결과, 효과
성내다 .... 화내다
성능 .... 기능
성명 ...... 성함, 이름
성의 .... 성심
성장 .... 장성
성질 ...... 성미, 성격
성품 ...... 인품, 품격
세력 ...... 권력, 권세

세모 .... 삼각
세밀하다 ... 자세하다
세상 ...... 세계, 천하
세세하다 ... 자세하다
세수 .... 세면
세월 ...... 광음, 시일
세차다 .... 거세다
셈 .... 계산
소견 .... 의견
소경 ...... 봉사, 장님
소동 .... 소란
소리 .... 음성
소망 .... 소원
소모 .... 소비
소문 .... 풍문
소박 .... 순박
소변 .... 오줌
소상 .... 상세
소식 ...... 소문, 안부
소용 .... 필요
소원 .... 소망
소인 .... 소생
소중 .... 귀중
소풍 ...... 산보, 원족
소홀하다 ... 등한하다
속 .... 안
속국 .... 식민지
속도 .... 속력
속박 .... 구속
속삭이다 ....
.... 소곤거리다
속하다 .... 딸리다
손님 ...... 객, 내빈
손들다 ...... 항복하다
손목 .... 팔목
손뼉 .... 박수

손해 .... 손실
송가 .... 찬미가
쇠다 .... 지내다
쇠약 .... 허약
수고 ...... 고생, 노고
수군 .... 해군
수다하다 ... 허다하다
수단 .... 방법
수도 .... 서울
수라장 .... 난장판
수려 .... 화려
수립 .... 건립
수복 .... 탈환
수산물 ...... 해산물
수상 .... 시상
수상 .... 총리
수심 .... 근심
수없이 ...... 무수히
수입 .... 소득
수준 .... 정도
수줍다 ...... 부끄럽다
수초 .... 물풀
수효 .... 수량
숙망 ...... 숙원, 소망
숙이다 ...... 수그리다
순간 .... 찰나
순서 .... 차례
순수하다 ... 순진하다
순식간 .... 삽시간
숨기다 .... 감추다
숭고 .... 고상
숭배 ...... 숭상, 존경
숲 .... 삼림
쉽다 .... 용이하다
스파이 ....
...... 간첩, 밀정, 오열

같은 말, 비슷한 말

슬그머니 …………… 가만히, 넌지시
슬금슬금 …… 가만가만
슬기롭다 …… 지혜롭다
슬픔 …………… 설움
습격 …… 공격, 기습
습관 …… 관습, 습성
승 ………………… 승려
승낙 …… 승인, 허락
승리 …… 승첩, 승전
승상 ……………… 정승
승인 ……………… 승낙
승전 ……………… 승리
승패 ……………… 승부
시가 ……………… 시내
시각 ……………… 시간
시골 …………… 촌, 두메, 지방
시늉 ……………… 흉내
시대 …… 시절, 시기
시댁 ……………… 시가
시설 ……………… 설비
시원하다 … 서늘하다
시인 ……………… 시객
시작 …………… 개시, 시초, 처음
시절 …… 시기, 시대
시종장 ………… 시종관
시주 ……………… 공양
시초 ……………… 최초
시행 ……………… 실시
시험 ……………… 고사
식구 ……………… 가족
식량 ……………… 양식
식목 ……………… 식수
신기하다 … 기이하다,
…… 신묘하다, 신통하다
신령 …………… 귀신
신명 …………… 신령
신부 …………… 사제
신비 …………… 신기
신선 …………… 선인
신세 …………… 처지
신앙 …………… 종교
신체 …… 육체, 몸
신통 …………… 신기
실력 …………… 능력
실망 …………… 낙망
실상 …………… 사실
실시 …… 실행, 시행
실정 …………… 형편
실지 …………… 실제
실천 …………… 실행
실패 …………… 실수
실험 …………… 시험
실현 …………… 실천
심술궂다 …… 짓궂다
심하다 …… 지나치다
싱겁다 ……… 멋쩍다
싱싱하다 … 생생하다
싸다 ………… 헐하다
싸매다 …… 동여매다
싸우다 ……… 다투다
싸움 …… 전투, 전쟁
썩다 ………… 상하다
쓰다 …………… 적다
쓰다듬다 ……………
………… 어루만지다
쓰라림 ………… 고통
쓰러지다 … 넘어지다
씨 ……………… 씨앗
씩씩하다 … 용감하다

ㅇ

아군 …………… 우군
아기 …………… 아이
아내 …… 처, 부인
아늑하다 … 깊숙하다
아들 …………… 영식
아래층 ………… 밑층
아름답다 ……………
……… 곱다, 예쁘다
아마 …………… 대개
아무렇게나 …… 마구
아무리 ………… 비록
아물아물 … 가물가물
아예 ………… 애당초
아우 …………… 동생
아울러 ………… 함께
아이 …………… 아동
아저씨 … 삼촌, 숙부
아주 …………… 매우
아직 …………… 여태
안 ………………… 속
안녕 …………… 평안
안정 …………… 진정
알뜰히 ……… 소중히
알맞다 …… 적합하다
암만 ………… 아무리
압력 …… 속박, 압박
앞길 …………… 장래
앞날 …………… 장래
애써 …………… 힘써
애쓰다 …… 노력하다
애원 …… 간청, 애소
애초 …………… 처음
야단 ……………………
…… 꾸지람, 꾸중, 법석

부록

부록

야만 ············ 미개
야욕 ············ 탐욕
약 ············· 대략
약속 ····· 약조, 언약
약하다 ····· 허약하다
얄밉다 ·········· 밉다
얇다 ············ 엷다
얌전하다 ····· 점잖다
양반 ············ 귀족
양분 ·········· 영양분
양식 ············ 식량
양지 ············ 양달
양쪽 ············ 양편
어귀 ············ 입구
어느 ············ 어떤
어두컴컴하다 ········
········ 어둠침침하다
어둡다 ····· 캄캄하다
어렵다 ········ 힘들다
어루만지다 ·········
············ 쓰다듬다
어른 ············ 성인
어름어름 ··· 어물어물
어리석다 ··· 우매하다
어린이 ··· 아동, 아이
어머니 ·········· 모친
어서 ············ 빨리
어엿하다 ··· 버젓하다
어처구니없다 ········
············ 어이없다
억세다 ········ 강하다
억지로 ········ 강제로
언덕 ············ 비탈
언약 ············ 약속
언제나 ····· 항상, 늘
언행 ············ 언동

얼 ··············· 넋
얼굴 ············· 낯
얼른 ····· 빨리, 속히
엄격 ············ 엄중
엄숙하다 ············
  근엄하다, 엄격하다
업신여기다 ··· 깔보다
업적 ············ 공적
에워싸다 ··· 둘러싸다
여간 ············ 보통
여론 ············ 공론
여름 ············ 하절
여비 ············ 차비
여성 ············ 여자
여인 ············ 여자
여태 ············ 아직
여행 ············ 원행
역사 ············ 청사
연구 ····· 궁리, 탐구
연못 ········ 못, 늪
연방 ············ 연속
연습 ············ 연마
연약하다 ··· 가냘프다
연월 ············ 세월
연합 ············ 연맹
연합군 ······· 동맹군
연해 ·········· 잇달아
열렬 ············ 맹렬
열성 ············ 성의
열없어서 ············
·········· 부끄러워서
열중 ····· 열심, 골몰
열차 ············ 기차
염려 ············ 우려
영 ········· 넋, 영혼
영감 ············ 노인

영광 ····· 영예, 광영
영문 ····· 이유, 까닭
영영 ············ 영원히
영예 ············ 명예
영원 ············ 영구
영화 ········ 활동 사진
옆 ··············· 곁
예쁘다 ·········· 곱다
예사 ············ 보통
예술가 ········ 예술인
예약 ············ 선약
예전 ····· 그전, 옛날
예절 ············ 예의
예정 ············ 계획
옛날 ············ 옛적
오늘 ············ 금일
오랑캐 ········ 되놈
오래오래 ··· 길이길이
오랜 ·············· 긴
오로지 ·········· 다만
오막살이집 ··········
············ 오두막집
오정 ············ 정오
오직 ············ 다만
오후 ············ 하오
오히려 ········ 도리어
옥 ·············· 감옥
옥좌 ····· 왕좌, 보좌
온갖 ············ 갖은
온돌 ············ 구들
온몸 ············ 전신
온순 ············ 유순
온통 ················
····· 모두, 죄다, 전부
올해 ············ 금년
옳다 ············ 맞다

1182

같은 말, 비슷한 말

옷 ················ 의복
옷장 ············· 장롱
완강히 ········ 굳세게
완성 ······ 완료, 완수
완전 ············· 온전
완쾌 ············· 쾌유
왕 ················ 임금
왕국 ············ 군주국
왕궁 ············· 궁궐
왕래 ············· 내왕
왕실 ············· 황실
왕위 ······ 왕좌, 제위
왜적 ············· 왜구
외국 ······ 타국, 해외
외롭다 ······ 고독하다
외치다 ······ 부르짖다
요구 ············· 요청
요란 ············· 소란
요새 ············· 요즘
요소 ············· 요건
요점 ············· 중점
요즈음 ··········· 근래
욕심 ············· 욕망
용감 ······ 과감, 용맹
용기 ············· 패기
용서 ······ 용납, 용인
우거지다 ··· 울창하다
우군 ············· 아군
우대 ············· 후대
우두머리 ········ 두목
우러러보다 ············
  ··········· 쳐다보다
우렁차다 ··· 굉장하다
우물쭈물하다 ·········
  ········ 어물어물하다
우선 ············· 먼저

우수 ············· 우월
우연히 ········ 뜻밖에
우정 ············· 우의
운동 ············· 체육
운동장 ········· 경기장
운명 ······ 운수, 숙명
운반 ············· 운송
운영 ············· 경영
운전 ············· 조종
울긋불긋 ··· 알록달록
울창 ············· 무성
울타리 ············· 담
웅장 ············· 장대
웅크리다 ··· 쪼그리다
원래 ············· 본래
원료 ············· 재료
원리 ············· 원칙
원망 ············· 저주
원수 ··············· 적
원인 ············· 근원
원통 ············· 억울
원한 ··············· 한
월급 ············· 봉급
위급 ············· 위태
위대하다 ··· 훌륭하다
위독 ······ 위급, 위태
위로 ············· 위안
위법 ············· 불법
위성 ············· 달별
위안 ············· 위로
위압 ············· 압박
위엄 ······ 위세, 엄숙
위치 ············· 방위
위험 ············· 위태
유기 ············· 놋그릇
유난히 ········ 유달리

유럽 ··· 구주, 구라파
유명 ············· 저명
유언 ············· 유음
유용 ············· 이용
유원지 ········· 관광지
유익 ······ 이익, 유리
유지 ······ 지탱, 보전
유쾌 ············· 상쾌
유행 ············· 성행
육지 ··· 땅, 뭍, 대륙
으뜸 ············· 제일
은돈 ············· 은화
은둔 ············· 도피
은혜 ·····················
  ····· 은공, 은덕, 혜택
읊은 ············· 부른
음모 ············· 흉계
응원 ······ 후원, 성원
응접실 ········· 접대실
의견 ············· 의사
의구 ············· 여전
의기 ······ 기상, 패기
의논 ············· 상의
의미 ············· 의의
의복 ··············· 옷
의사 ············· 의원
의식 ············· 정신
의심 ······ 의문, 의혹
의자 ············· 걸상
의젓하다 ······ 점잖다
의지 ············· 의탁
의혹 ············· 의심
이기다 ······ 승리하다
이동 ············· 이전
이듬해 ········ 다음 해
이래 ············· 이후

부록

이루 ············ 도저히	일 년 ············ 한 해	자주적 ········ 자립적
이룩하다 ··· 완성하다	일부 ············· 부분	자줏빛 ········ 자주색
이르다 ··················	일상 ············· 평상	자취 ············· 흔적
···· 빠르다, 가르치다	일생 ············· 평생	작금 ············· 요즘
이른바 ············ 소위	일시 ············· 동시	작년 ··· 거년, 지난해
이름 ············· 성명	일요일 ············ 공일	작별 ············· 이별
이름나다 ··· 유명하다	일일이 ········ 하나하나	잘못하다 ··· 실수하다
이미 ············· 벌써	일출 ············ 해돋이	잠깐 ············· 잠시
이번 ············· 금번	일행 ············· 동행	잠자코 ·················
이사 ············· 이전	임금 ·············· 왕	······ 말없이, 묵묵히
이상 ············· 괴상	임무 ············· 책무	잠잠하다 ··· 조용하다
이슬비 ·········· 가랑비	임원 ············· 역원	잡다 ············· 쥐다
이용 ············· 사용	임자 ············· 주인	잡음 ············· 소음
이웃 ············· 인근	입선 ············· 당선	장 ·············· 시장
이웃집 ············ 옆집	입장 ············· 등장	장군 ············· 장수
이윽고 ·········· 드디어	입학 ············· 입교	장난감 ·········· 노리개
이익 ······ 이득, 유익	잇달다 ·········· 연달다	장님 ············· 소경
이자 ············· 이식	잇속 ············· 이익	장단 ············· 리듬
이제 ············· 지금		장대 ············· 막대
이중 ············ 두 겹	ㅈ	장마 ············· 장림
이치 ············· 원리		장막 ······ 천막, 포장
이튿날 ·········· 다음날	자기 ············· 자신	장만 ············· 마련
이해 ············· 해석	자국 ············· 흔적	장소 ············· 처소
익숙 ············· 능숙	자꾸 ············· 자주	장수 ············· 상인
인간 ············· 인류	자녀 ············· 자식	장식 ············· 치장
인걸 ············· 호걸	자라다 ············ 크다	장엄 ············· 웅장
인격 ············· 인품	자료 ············· 재료	장차 ············· 미래
인도 ············· 안내	자루 ············ 주머니	장치 ············· 장비
인류 ············· 인간	자리 ············· 좌석	장하다 ······ 훌륭하다
인사 ············· 문안	자본 ············· 밑천	재 ·············· 고개
인생 ············· 생애	자세 ············· 상세	재능 ············· 재주
인연 ············· 연분	자손 ············· 후손	재료 ············· 자료
인품 ············· 인격	자신 ············· 자부	재미 ············· 흥미
인형 ·········· 꼭두각시	자연 ············· 천연	재산 ············· 재물
일구다 ············ 갈다	자원 ······ 자산, 밑천	재주 ············· 재능
일기 ············· 일지	자유 ············· 해방	재촉 ············· 독촉
	자주 ······ 자꾸, 흔히	

같은 말, 비슷한 말

잿빛 ············· 회색
저금 ······ 저축, 예금
저절로 ········ 자연히
저축 ·················
······ 여축, 예금, 적금
저희 ············· 우리
적군 ············· 적병
적다 ············· 쓰다
적막 ············· 정적
적절하다 ··· 적당하다
적히다 ········· 쓰이다
전과 ············· 전적
전래 ······ 내력, 전승
전봇줄 ··· 전깃줄, 전선
전부 ············· 전체
전송 ············· 배웅
전시회 ········ 전람회
전연 ············· 전혀
전원 ············· 농촌
전쟁 ············· 전투
전쟁터 ········ 싸움터
전체 ············· 전부
전함 ············· 군함
전황 ············· 전세
절 ··············· 인사
절대로 ········ 도저히
절룩거리다 ···········
··········· 절름거리다
절실 ············· 간절
절찬 ············· 극찬
젊은이 ··········· 청년
점점 ······ 점차, 차차
정답다 ······ 다정하다
정도 ············· 한도
정력 ············· 기력
정리 ······ 정돈, 정비

정말 ············· 참말
정면 ············· 앞면
정복 ············· 정벌
정부 ·········· 행정부
정상 ············· 형편
정성 ······ 지성, 성심
정세 ············· 형세
정승 ············· 대감
정식 ············· 공식
정신 ······ 마음, 영혼
정양 ············· 요양
정열 ············· 열정
정원 ··············· 뜰
정전 ············· 휴전
정직 ············· 솔직
정체 ············· 본체
정치 ············· 정사
정확 ············· 확실
제각기 ··· 저마다, 각자
제공 ············· 공급
제목 ············· 표제
제법 ········ 곧잘, 꽤
제비꽃 ······ 오랑캐꽃
제사 ············· 차례
제안 ············· 제의
제일 ············· 가장
제작 ············· 조작
제조 ············· 제작
제창 ············· 주창
제한 ············· 한정
조국 ············· 모국
조그만 ··· 자그만, 작은
조그맣다 ··· 자그맣다
조르다 ········· 보채다
조목 ············· 조항
조사 ············· 검사

조상 ············· 선조
조성 ············· 편성
조심 ············· 주의
조용하다 ··· 고요하다
조잘거리다 ··········
··········· 재잘거리다
조종사 ········ 비행사
조직 ······ 구성, 편성
조짐 ············· 기미
조회 ············· 조례
존경 ············· 공경
존중 ······ 존귀, 존대
졸도 ············· 기절
졸라서 ········· 보채서
좁다 ············ 비좁다
종래 ············· 종전
종목 ············· 항목
종사 ············· 종업
종숙 ············· 당숙
종자 ············· 씨앗
종종 ············· 가끔
종합 ············· 총합
좋다 ············ 기쁘다
죄 ··············· 허물
지면 ············· 죄목
죄송 ······ 황송, 미안
주머니 ······ 호주머니
주목 ······ 주시, 관심
주변 ············· 언저리
주요 ············· 중요
주위 ············· 주변
주의 ············· 경고
주인 ············· 임자
주일 ············· 주간
주장 ············· 주창
주저하다 ··· 망설이다

부록

주춤하다 ············ 머뭇거리다	진정 ············· 탄원	창설 ············· 창립
죽음 ············· 사망	진찰 ············· 진단	창조 ············· 창작
준공 ············· 낙성	질문 ············· 질의	책 ········ 서적, 도서
준비 ······ 마련, 채비	질서 ············· 규율	책방 ············· 서점
줄거리 ············ 대강	질펀하다 ··· 흥건하다	책임 ······ 임무, 책무
중 ··············· 승려	짐승 ············· 동물	책장 ············ 책꽂이
중간 ············· 중도	짐작 ············· 추측	처량하다 ··· 쓸쓸하다
중단 ············· 중지	집안 ············· 가정	처리 ············· 처치
중대 ······ 중요, 귀중	짓 ··············· 행동	처매다 ······ 동여매다
중심 ······ 중앙, 핵심	징용 ············· 징발	처벌 ············· 처형
중요 ······ 중대, 주요	짚단 ············· 짚뭇	처음 ······ 최초, 시초
중지 ············· 중단	짜임 ············· 조직	천국 ······ 낙원, 극락
중턱 ············· 허리	짜증 ············· 싫증	천사 ············· 선녀
즈음 ······ 당시, 무렵	쪼개지다 ··· 갈라지다	천연 ············· 자연
즐겁다 ············ 기쁘다	쫓아오다 ··· 따라오다	천연두 ············ 마마
증거 ············· 증명	쯤 ··············· 가량	천지 ······ 천하, 우주
증서 ············ 증명서		천천히 ········· 느리게
지경 ······ 처지, 경지	**ㅊ**	천하다 ······ 천박하다
지극하다 ··· 대단하다	차근차근 ··· 초군초군	철도 ············· 철로
지금 ······ 이제, 현재	차례 ············· 순서	철사 ············· 철선
지니다 ············ 가지다	차별 ············· 구별	청결하다 ··· 깨끗하다
지당 ············· 연못	차이점 ··········· 상이점	청년 ············· 젊은이
지당 ············· 타당	차차 ······ 점점, 점차	청사 ············· 역사
지대 ············· 지역	착하다 ············ 어질다	청소 ············· 소제
지방 ······ 고장, 지역	찬성 ······ 동의, 찬동	체험 ············· 경험
지성 ············· 정성	찬송 ············· 찬미	쳐부수다 ······ 무찌르다
지우다 ·········· 없애다	참 ········ 과연, 정말	초대 ············· 초청
지저분하다 ··· 더럽다	참가 ············· 참여	초라하다 ··· 허술하다
지혜 ············· 슬기	참고 ············· 참조	초록빛 ··········· 풀빛
직분 ············· 직책	참다 ············· 견디다	초순 ············· 상순
직업 ············· 생업	참된 ············ 진정한	초원 ············· 풀밭
진보 ············· 향상	참석 ············· 출석	초조하다 ··· 조급하다
진실 ············· 성실	참으로 ··· 과연, 정말로	촌 ··············· 시골
진심 ············· 진정	참패 ············· 대패	촌락 ······ 시골, 부락
진영 ··············· 진	창고 ············· 곳간	최전선 ········· 최일선
	창문 ··············· 창	최후 ············· 최종

같은 말, 비슷한 말

추녀 ············· 처마
추리다 ·········· 뽑다
추석 ············· 한가위
추수 ············· 수확
축복 ············· 축원
축하 ············· 축복
출발 ············· 시발
출옥 ······ 출소, 출감
출전 ············· 참전
춤 ················ 무용
춥다 ············· 차다
충분 ············· 흡족
충성 ······ 충의, 충절
충실 ······ 확실, 성실
취미
······ 기호, 취향, 흥미
측량 ············· 측정
치다 ············· 때리다
치료 ······ 가료, 진료
치사 ······ 감사, 치하
치장 ············· 단장
친구 ········ 동무, 벗
친근
······ 친절, 절친, 다정
친아버지 ········ 친부
친절 ············· 다정
친정 ············· 친가
친히 ············· 몸소
칠판 ············· 흑판
침대 ············· 침상
침략 ······ 침노, 침범
칭찬 ············· 칭송

ㅋ

캄캄하다 ····· 어둡다
캐다 ············· 파다

커다랗다 ··· 큼직하다
쾌적하다 ··· 상쾌하다
쾌활하다 ··· 씩씩하다
큰누이 ········ 맏누이
큰댁 ············· 큰집
큰물 ············· 홍수
키 ················ 신장

ㅌ

타국 ············· 외국
타다 ············· 오르다
타이르다
···· 훈계하다, 달래다
타향 ············· 객지
탁월 ······ 월등, 특출
탄생 ············· 출생
탈 ················ 가면
탈퇴 ············· 이탈
탐내다 ······ 욕심내다
탐정 ············· 밀정
탐험 ············· 모험
태도 ······ 자태, 모양
태양 ············· 해
태평 ············· 화평
태풍 ············· 폭풍
터덜터덜 ··· 터벅터벅
터득 ············· 해득
터전 ············· 기반
토대 ······ 기본, 기초
토론 ············· 토의
토인 ············· 토착민
통나무 ·········· 원목
통상 ············· 보통
통일 ············· 통합
통제 ············· 제재
통지 ······ 고지, 기별

퇴장 ············· 퇴석
퇴직 ············· 퇴임
툭하면 ······ 걸핏하면
트럭 ······ 화물 자동차
특별 ······ 특수, 특이
특별히 ·········· 유난히
특색 ············· 특징
특이한
······ 유다른, 색다른
튼튼하다 ··· 건실하다
틀림없다 ··· 어김없다
틈 ········ 겨를, 사이
티끌 ············· 먼지

ㅍ

파괴 ············· 파손
파도 ············· 물결
파란 ············· 변화
파릇파릇 ··· 푸릇푸릇
파멸 ············· 멸망
판자 ············· 널빤지
패망 ············· 멸망
팽팽하다 ··· 탱탱하다
퍽 ······ 대단히, 매우
편리 ······ 간편, 편의
편안 ······ 평안, 안녕
편자 ············· 엮은이
편지 ······ 서신, 서한
편편하다 ··· 평평하다
평등 ············· 동등
평생 ············· 일생
평소 ············· 평시
평야 ············· 평원
평화 ······ 태평, 평온
포구 ············· 항구
포근하다 ··· 푸근하다

부록

부록

포악 ············ 흉악	하물며 ······ 더군다나	해마다 ············ 매년
포탄 ······ 포환, 폭탄	하얀 ················ 흰	해방 ·············· 광복
폭 ················ 너비	하얗다 ············ 희다	해산 ·············· 해체
폭도 ············ 불량배	학교 ·············· 학원	해안 ·············· 해변
폭동 ······ 소동, 난동	학문 ·············· 학술	해외 ·············· 국외
폭력 ·············· 완력	학비 ············ 학자금	핼쑥하다 ···· 해쓱하다
폭발 ·············· 폭파	학생 ·············· 생도	햇볕 ·············· 햇빛
폭풍 ·············· 태풍	학식 ·············· 지식	행동 ·············· 거동
표 ················ 표시	학자 ·············· 선비	행복 ······ 다행, 행운
표면 ········ 외면, 겉	한가 ·············· 한산	향기 ·············· 향내
표시 ·············· 표현	한가위 ············ 추석	향기롭다 ···· 향긋하다
표정 ··· 안색, 얼굴색	한결 ·············· 한층	향상 ·············· 진보
표준 ·············· 기준	한길 ·············· 큰길	허다하다 ···· 무수하다
표준말 ········ 표준어	한눈 ·············· 먼눈	허둥지둥 ···· 갈팡질팡
풀없다 ········ 힘없다	한 쌍 ·········· 한 짝	허락 ·············· 승낙
품다 ············ 지니다	한없이 ·········· 끝없이	허술 ·············· 소홀
품성 ······ 성품, 인격	한적 ······ 한가, 고적	허욕 ·············· 허영
풍경 ······ 광경, 경치	한참 ············ 한동안	헛간 ·············· 곳간
풍부 ·············· 풍족	한천 ·············· 우무	헤아리다 ···· 짐작하다
풍습 ·············· 풍속	한탄 ·············· 탄식	헤어 보다
풍파 ·············· 풍랑	할아버지 ········ 조부	············ 세어 보다
피 ················ 혈액	함께 ······ 같이, 더불어	헤어지다 ··· 이별하다
피곤 ·············· 피로	함부로 ············ 마구	헤엄 ·············· 수영
피난 ·············· 피란	함빡 ·············· 흠뻑	헤치다 ······ 흐트리다
피폐 ·············· 쇠퇴	함성 ·············· 고함	현대 ·············· 현세
필 ················ 마리	합방 ·············· 합병	현상 ·············· 상태
필경 ··· 결국, 마침내	합치다 ············ 섞다	현재 ······ 지금, 현실
필시 ·············· 필연	항거 ······ 항쟁, 대항	협력 ······ 협동, 협심
필요 ······ 긴요, 소용	항구 ·············· 포구	협박 ·············· 위협
핏줄 ·············· 혈관	항구적 ·········· 영구적	협약 ······ 협정, 약정
핏줄기 ·········· 혈맥	항로 ······ 수로, 해로	협정 ·············· 약정
	항복 ·············· 굴복	협조 ·············· 협력
ㅎ	항상 ········ 늘, 항시	형태 ·············· 형상
하나하나 ······ 일일이	항해 ·············· 항행	형편 ·············· 형세
하늘 ·············· 공중	해 ················ 태양	호소 ············ 하소연
하마터면 ··· 자칫하면	해군 ······ 수군, 해병	혹시 ······ 만약, 행여

속 담

ㄱ

- 가게 기둥에 입춘 …………1
- 가까운 남이 먼 일가보다 낫다 ……………………………2
- 가까운 데를 가도 점심밥을 싸 가지고 가거라 …………2
- 가난 구제는 나라도 못 한다 ……………………………3
- 가난한 집 제사 돌아오듯 ……3
- 가는 날이 장날 ……………3
- 가는 말에 채찍질한다 ………3
- 가는 말이 고와야 오는 말이 곱다 ……………………………3
- 가는 토끼 잡으려다 잡은 토끼 놓친다 ……………………………3
- 가랑비에 옷 젖는 줄 모른다…5
- 가랑잎에 불붙듯 ……………5
- 가랑잎으로 눈가리고 아웅한다 ……………………………5
- 가랑잎이 솔잎 보고 바스락거린다고 한다 ……………………5
- 가로 지나 세로 지나 …………6
- 가루는 칠수록 고와지고, 말은 할수록 거칠어진다 …………6
- 가마 밑이 노구솥 밑을 검다 한다 ……………………………7
- 가을 중 싸대듯 한다 ………12
- 가재는 게 편이라 …………12
- 가지 많은 나무가 바람 잘 날이 없다 ……………………………13
- 간에 가 붙고 염통에 가 붙는다 ……………………………18
- 간에 기별도 안 간다 ………18
- 갈모 형제라 ………………22
- 갈수록 태산이다 …………22
- 갈치가 갈치 꼬리 문다 ……22
- 감사 덕분에 비장 나리 호사한다 ……………………………24
- 삼상 강아지로 돼지 만든다 25
- 값도 모르고 싸다 한다 ……28
- 값싼 갈치 자반 ……………28
- 값싼 것이 비지떡 …………28
- 강물도 쓰면 준다 …………30
- 강아지 똥은 똥이 아닌가 …31
- 같은 값이면 다홍치마 ……33
- 개구리 올챙이 적 생각 못 한다 ……………………………34
- 개 꼬락서니 미워서 낙지 산다 ……………………………35
- 개꼬리 삼 년 두어도 황모 못 된다 ……………………………35

같은 말, 비슷한 말

혼 ················ 넋	황급 ············· 황망	휴양 ············· 정양
혼란 ············· 문란	황실 ············· 왕실	휴일 ············· 공일
혼잡 ············· 복잡	황제 ············· 임금	휴전 ············· 정전
홀로 ············· 혼자	황홀 ············· 찬란	흉내 ············· 모방
홀몸 ············· 단신	회견 ····· 면회, 접견	흐뭇하다 ··· 흡족하다
홀어머니 ········ 편모	회복 ············· 복구	흔하다 ········ 숱하다
홀쭉 ············· 훌쭉	회상 ············· 회고	흔히 ············· 자주
홍수 ············· 큰물	회의 ············· 회담	흥망 ············· 성쇠
화가 ············· 화공	효과 ····· 보람, 효력	흥미 ············· 재미
화단 ············· 꽃밭	효도 ············· 효성	흥이 나다 ············
화문석 ····· 꽃돗자리	후세 ············· 후대	············ 신이 나다
확실 ············· 정확	후원 ····· 원조, 응원	흥취 ············· 흥미
확충 ············· 확대	후회 ············· 참회	흥하다 ········ 성하다
환영 ····· 영접, 환대	훈기 ············· 훈김	희곡 ············· 각본
환자 ············· 병자	훈련 ············· 단련	희망 ············· 소망
환하다 ··········· 밝다	훈장 ············· 휘장	힘살 ············· 근육
활기 ····· 생기, 활발	훌륭하다 ··· 뛰어나다,	힘없다 ········ 맥없다
활동 ············· 활약	위대하다, 거룩하다	힘차다 ····· 기운차다
황공 ············· 황송	훼방 ············· 방해	

속담

- 개 눈엔 똥만 보인다 ……… 35
- 개똥도 약에 쓰려면 없다 … 35
- 개 머루 먹듯 한다 ………… 35
- 개미 금탑 모으듯 한다 …… 36
- 개미 쳇바퀴 돌듯 한다 …… 36
- 개발에 주석 편자 ………… 36
- 개밥에 도토리 …………… 36
- 개 보름 쇠듯 한다 ………… 36
- 개살구도 맛들일 탓 ……… 36
- 개싸움에 물 끼얹는다 …… 37
- 개천에서 용 난다 ………… 38
- 거문고 인 놈이 춤을 추면 칼 쓴 놈도 춤을 춘다 ………… 43
- 거미도 줄을 쳐야 벌레를 잡는다 ………………………… 43
- 거지도 손 볼 날이 있다 …… 45
- 건너다보니 절터 ………… 47
- 게 잡아 물에 넣다 ………… 54
- 곗술에 낯내기 …………… 71
- 고기는 씹어야 맛이요 말은 해야 맛이라 ………………… 73
- 고기도 저 놀던 물이 좋다 … 73
- 고슴도치도 제 새끼가 함함하다면 좋아한다 ……………… 81
- 고양이 목에 방울 단다 …… 82
- 고양이 보고 반찬 가게를 지키라고 한다 ………………… 82
- 고양이 앞의 쥐 걸음 ……… 82
- 고양이 죽은 데 쥐 눈물만큼… 82
- 고욤 일흔이 감 하나만 못하다 ………………………………… 82
- 고추는 작아도 맵다 ……… 85
- 공든 탑이 무너지랴 ……… 94
- 광에서 인심 난다 ………… 113
- 구관이 명관이라 ………… 120
- 구더기 무서워 장 못 담글까 121
- 구렁이 담 넘어가듯 ……… 122
- 구멍을 보아 가며 쐐기 깎는다 ………………………………… 123
- 구슬이 서 말이라도 꿰어야 보배 ………………………… 124
- 국수 잘 하는 솜씨가 수제비 못 하랴 ………………………… 130
- 굳은 땅에 물이 괸다 ……… 137
- 굶어 죽기는 정승하기보다 어렵다 ………………………… 138
- 굽은 나무가 선산을 지킨다 138
- 굽은 나무는 길맛가지가 된다 138
- 굿이나 보고 떡이나 먹지 … 139
- 귀가 보배다 ……………… 141
- 귀먹은 중 마 캐듯 ………… 142
- 귀신도 모른다 …………… 143
- 귀신 듣는데 떡 말한다 …… 143
- 귀에 걸면 귀걸이 코에 걸면 코걸이 …………………… 143
- 귀에 못이 박히다 ………… 143
- 그믐밤에 홍두깨 내쏟다 … 150
- 긁어 부스럼 …………… 155
- 금강산도 식후경이라 …… 156
- 급하기는 우물에 가 숭늉 달라겠다 …………………… 159
- 급하면 바늘 허리에 실 매어 쓸까 ………………………… 159
- 기는 놈 위에 나는 놈 있다 162
- 기도 못 하고 뛰려 한다 … 162
- 길고 짧은 것은 대보아야 안다 ………………………………… 171
- 길이 아니면 가지 말고 말이 아니면 탓하지 마라 ……… 172
- 김 안 나는 숭늉이 덥다 … 173
- 김칫국부터 마신다 ……… 174
- 까마귀가 메밀을 마다 한다 176

부록

- 까마귀 날자 배 떨어진다 …176
- 꼬리가 길면 밟힌다 ………181
- 꽁지 빠진 새 같다…………183
- 꿀도 약이라면 쓰다 ………187
- 꿀 먹은 벙어리 ……………187
- 꿈보다 해몽………………187
- 꿈에 본 돈이다 ……………187
- 꿩 구워 먹은 자리다………188
- 꿩 대신 닭이다 ……………188
- 꿩 먹고 알 먹는다 …………188
- 꿩 잡는 것이 매다…………188

ㄴ

- 나간 놈의 몫은 있어도 자는 놈의 몫은 없다 ……………192
- 나룻이 석 자라도 먹어야 샌님 ………………………………194
- 나무에 오르라 하고 흔드는 격 ………………………………195
- 나이 덕이나 입자 …………196
- 나이 젊은 딸이 먼저 시집간다 ………………………………196
- 나중에 난 뿔이 우뚝하다 …197
- 낙숫물은 떨어지던 데 또 떨어진다 …………………………199
- 낙숫물이 댓돌을 뚫는다 …199
- 날면 기는 것이 능하지 못하다 ………………………………204
- 남의 다리 긁는다 …………208
- 남의 말하기는 식은 죽 먹기208
- 남의 잔치에 감 놓아라 배 놓아라 한다 ……………………208
- 낫 놓고 기역자도 모른다 …210
- 낮말은 새가 듣고 밤말은 쥐가 듣는다 ……………………211
- 내 배 부르면 종의 밥 짓지 말라 한다 ……………………215
- 내 코가 석 자 ………………217
- 내 할 말을 사돈이 한다 …217
- 냉수 먹고 이 쑤시기 ………218
- 네 떡이 한 개면 내 떡이 한 개라 …………………………222
- 네 콩이 크니 내 콩이 크니 한다 ……………………………222
- 노루 잡는 사람이 토끼가 보이나 ……………………………225
- 노송나무 밑이다 ……………226
- 놓친 고기가 더 크다………234
- 누워서 침 뱉기 ……………236
- 눈 가리고 아웅 ……………237
- 눈 감으면 코 베어 먹을 인심 ………………………………237
- 눈 뜨고 도둑 맞는다………237
- 눈치가 빠르면 절에 가도 젓국을 얻어먹는다 ……………239
- 뉘 집에 죽이 끓는지 밥이 끓는지 아나 …………………239
- 늦게 배운 도둑이 날 새는 줄 모른다 ……………………243

ㄷ

- 다 된 죽에 코 풀기 ………245
- 다리 아래에서 원을 꾸짖는다 ………………………………246
- 단단한 땅에 물이 괸다……251
- 닫는 말에 채찍질 …………256
- 달걀로 성 치기 ……………256
- 달도 차면 기운다 …………256
- 달면 삼키고 쓰면 뱉는다 …257
- 달밤에 삿갓 쓰고 나온다 …257
- 닭 잡아먹고 오리발 내어 놓는다 ……………………………258

속담

- 닭 쫓던 개 지붕 처다보듯 ··258
- 당장 먹기엔 곶감이 달다 ···262
- 댓구멍으로 하늘을 본다 ···274
- 더위 먹은 소 달만 보아도 헐떡인다 ································276
- 도끼로 제 발등 찍는다 ······281
- 도끼 자루 썩는 줄 모른다 281
- 도둑놈 개 꾸짖듯 ············281
- 도둑놈 개에게 물린 셈 ······281
- 도둑놈 문 열어 준 셈 ······281
- 도둑 맞고 사립문 고친다 281
- 도둑을 맞으려면 개도 안 짖는다 ································282
- 도둑을 앞으로 잡지 뒤로는 못 잡는다 ····························282
- 도둑이 제 발 저리다 ········282
- 도둑질을 해도 손이 맞아야 한다 ································282
- 도마에 오른 고기 ············283
- 도마 위의 고기가 칼을 무서워하랴 ······························283
- 도포 입고 논을 갈아도 제 멋이다 ································287
- 독 안에 든 쥐 ················290
- 돈만 있으면 개도 멍첨지라 291
- 돈만 있으면 귀신도 사귈 수 있다 ································291
- 돌다리도 두드려 보고 건너라 ································292
- 돌로 치면 돌로 치고 떡으로 치면 떡으로 친다 ············292
- 돌부리를 차면 발부리만 아프다 ································293
- 돌절구도 밑 빠질 때가 있다 ································293
- 돌쩌귀에 녹이 슬지 않는다 293
- 동냥은 아니 주고 쪽박만 깬다295
- 동네 색시 믿고 장가 못 간다 ································295
- 동무 따라 강남 간다 ········297
- 되글을 가지고 말글로 써먹는다 ································302
- 되로 주고 말로 받는다 ······302
- 될성부른 나무는 떡잎부터 알아본다 ····························303
- 두더지 혼인 같다 ············303
- 둘러치나 메어치나 일반이지 ································306
- 둘이 먹다가 하나가 죽어도 모르겠다 ····························306
- 뒷간에 갈 적 맘 다르고 올 적 맘 다르다 ····················309
- 뒷구멍으로 호박씨 깐다 ···309
- 들으면 병이요 안 들으면 약이다 ································314
- 등잔 밑이 어둡다 ············316
- 등치고 간 내먹는다 ········317
- 딸의 집에서 가져온 고추장 318
- 땅 짚고 헤엄치기 ············320
- 떡 본 김에 제사 지낸다 ···322
- 떡 줄 사람은 아무 말도 없는데 김칫국부터 마신다 ······322
- 떡 해 먹을 집안 ················322
- 떼어논 당상 ······················323
- 똥 묻은 개가 겨 묻은 개 나무란다 ································324
- 똥싼 주제에 매화 타령한다 324
- 똥이 무서워 피하나 더러워서 피하지 ····························325
- 뚝배기보다 장맛이 좋다 ···325
- 뛰는 놈 위에 나는 놈 있다 325
- 뜨거운 국에 맛 모른다 ······326

부록

- 띄엄띄엄 걸어도 황소걸음 327

ㅁ

- 마른하늘에 생벼락 ············339
- 마치가 가벼우면 못이 솟는다 ································342
- 막다른 골이 되면 돌아선다 ································344
- 말 갈 데 소 간다 ············349
- 말 많은 집은 장맛도 쓰다 350
- 말이 많으면 쓸 말이 적다 351
- 말 한 마디에 천냥빚도 갚는다 ································352
- 맛있는 음식도 늘 먹으면 싫다 ································352
- 매도 먼저 맞는 것이 낫다···356
- 머리카락 뒤에서 숨바꼭질한다 ································361
- 먹기는 파발이 먹고 뛰기는 말이 뛴다 ·························362
- 먹는 개도 아니 때린다 ······362
- 먹는 소가 똥을 누지 ········362
- 먼데 무당이 영하다 ········363
- 모기 보고 칼 빼기 ············372
- 모난 돌이 정 맞는다 ········372
- 모로 가도 서울만 가면 된다 ································373
- 목구멍이 포도청 ·············377
- 목수가 많으면 집을 무너뜨린다 ································378
- 못된 송아지 엉덩이에 뿔난다 ································381
- 무는 개를 돌아다본다 ······385
- 문비를 거꾸로 붙이고 환장이만 나무란다 ·················394
- 물장수 삼 년에 궁둥이짓만 남았다 ······························400
- 미꾸라지 용 되었다 ········401
- 미꾸라짓국 먹고 용트림한다 ································402
- 믿는 도끼에 발등 찍힌다 ···409
- 밀가루 장사하면 바람이 불고 소금 장사하면 비가 온다 ···409
- 밑 빠진 가마(독)에 물 붓기 ································411

ㅂ

- 바늘 가는 데 실이 간다 ···414
- 바늘 도둑이 소 도둑 된다··414
- 바늘 방석에 앉은 것 같다··414
- 바늘뼈에 두부살 ·············414
- 바람 앞에 등불 ·············416
- 바위를 차면 제 발부리만 아프다 ································418
- 반딧불로 별을 대적하랴 ···424
- 발등에 불이 떨어지다 ······429
- 발 없는 말이 천 리 간다···431
- 배보다 배꼽이 크다 ········439
- 배부른 흥정 ·····················440
- 백미에 뉘 섞이듯 ·············443
- 백장이 버들잎을 물고 죽는다 ································444
- 백지장도 맞들면 낫다 ······445
- 뱁새가 황새를 따라가면 다리가 찢어진다 ·················445
- 번개가 잦으면 천둥을 한다 448
- 번갯불에 솜 구워 먹겠다···448
- 번갯불에 콩 볶아 먹겠다···448
- 벌에 쐰 바람 같다 ············450
- 벌집을 건드렸다 ·············450
- 범도 제 말하면 온다 ········450
- 범 없는 골에는 토끼가 스승이

속담

- 라 ···451
- 벙어리 냉가슴 앓듯 ·········452
- 벼락치는 하늘도 속인다 ···454
- 벼룩의 선지를 내어 먹지 ···455
- 변덕이 죽 끓듯 한다 ·········456
- 변죽을 치면 복판이 운다 ···457
- 병 주고 약 준다 ···············460
- 보기 좋은 떡이 먹기도 좋다 ···462
- 보리밥에는 고추장이 제일이다 ···463
- 보채는 아이 밥 한 술 더 준다 ···466
- 복의 이 갈듯 한다 ············468
- 부뚜막의 소금도 집어 넣어야 짜다 ···································475
- 부러진 칼자루에 옻칠하기 475
- 부엉이 소리도 제가 듣기에는 좋다고 ······························478
- 부엌에서 숟가락을 얻었다 ···478
- 부조는 않더라도 제상이나 치지 말라 ······························480
- 부처 밑을 기울이면 삼거웃이 드러난다 ····························480
- 북은 칠수록 소리가 난다 ···483
- 분에 심어 놓으면 못된 풀도 화초라 한다 ··························486
- 불 가져오라는데 물 가져온다 ···488
- 불난 데 부채질한다 ·········490
- 불난 집에서 불이야 한다 ···490
- 불면 꺼질까 쥐면 터질까 ···491
- 불에 놀란 놈이 부지깽이만 보아도 놀란다 ······················493
- 불집을 건드린다 ···············493
- 비 온 뒤에 땅이 굳어진다 501

- 비지 먹은 배는 연약과도 싫다 한다 ·································502
- 비짓국 먹고 용트림한다 ···502
- 빈 수레가 더 요란하다 ······504
- 빚 주고 뺨 맞는다 ············506
- 빚 좋은 개살구 ···············507
- 뺨 맞는 데 구레나룻이 한 부조 ···508
- 뿔 뺀 소 상이라 ···············510

ㅅ

- 사공이 많으면 배가 산으로 간다 ···································512
- 사나운 개 콧등 아물 틈이 없다 ·····································513
- 사돈집과 뒷간은 멀어야 한다 ···514
- 사또 덕분에 나팔 분다 ······515
- 사또 떠난 뒤에 나팔 분다 ···515
- 사모에 갓끈이다 ···············517
- 사위 사랑은 장모 ············520
- 사족을 못 쓴다 ···············522
- 사흘 굶어 도둑질 아니할 놈 없디 ·································526
- 산 사람 입에 거미줄 치랴 ···528
- 산에 가야 범을 잡는다 ······529
- 살강 밑에서 숟가락 얻었다 531
- 삼십육계 줄행랑이 제일 ···536
- 상전의 빨래에 종의 발뒤축이 희다 ·································543
- 상주 보고 제삿날 다툰다 ···544
- 새 까먹은 소리 ···············546
- 새는 앉는 곳마다 깃이 떨어진다 ·································546
- 새벽달 보자고 초저녁부터 기다린다 ·······························546

부록

- 새침데기 골로 빠진다 ……548
- 서당 개 삼 년에 풍월을 읊는다 …………………………555
- 서리 맞은 구렁이 …………556
- 선무당이 사람 죽인다 ……562
- 설마가 사람 죽인다 ………566
- 성균관 개구리 ………………568
- 성나 바위 차기 ……………568
- 섶을 지고 불로 들어가려 한다 …………………………572
- 세 살 적 버릇 여든까지 간다 …………………………574
- 소경 기름 값 내기 …………577
- 소경 단청 구경 ……………577
- 소경 매질하듯 ………………577
- 소경 북자루 쥐듯 …………577
- 소경이 개천을 나무란다 …577
- 소경이 저 죽을 날을 모른다 …………………………577
- 소경 제 닭 잡아먹기 ………577
- 소경 팔매질하듯 ……………577
- 소금 먹은 놈이 물을 켠다 578
- 소금에 아니 전 놈이 장에 절까 …………………………578
- 소 꼬리보다 닭 대가리가 낫다 …………………………578
- 소 닭 보듯 닭 소 보듯 ……579
- 소문난 잔치에 먹을 것 없다 …………………………580
- 소 잃고 외양간 고친다 ……583
- 소 잡은 터전은 없어도 밤 벗긴 자리는 있다 ……………583
- 솔개 까치집 빼앗듯 ………588
- 솔개도 오래면 꿩을 잡는다 588
- 송곳도 끝부터 들어간다 …589
- 송곳 박을 땅도 없다 ………589
- 솥 씻어 놓고 기다리기 ……591
- 솥에 개 누웠다 ……………591
- 쇠귀에 경 읽기 ……………591
- 쇠뿔도 단김에 빼랬다 ……591
- 쇠죽가마에 달걀 삶아 먹을라 …………………………592
- 수레 위에서 이를 간다 ……594
- 수박 겉 핥기 ………………596
- 수양딸로 며느리 삼는다 …599
- 수염이 대 자라도 먹어야 양반이다 …………………………599
- 숯이 검정 나무란다 ………608
- 시루에 물 붓기 ……………617
- 시어머니 미워서 개 옆구리 찬다 …………………………619
- 시작이 반이다 ………………620
- 시장이 반찬이다 ……………620
- 시집도 가기 전에 기저귀 마련한다 …………………………621
- 식은 죽 먹기 ………………624
- 식지에 붙은 밥풀 …………624
- 십년 공부 나무 아미타불/십년 공부 도로 아미타불 ………635
- 십년이면 강산도 변한다 …635
- 쏘아 놓은 살이요 엎질러진 물이라 …………………………639

ㅇ

- 아는 길도 물어 가랬다 ……644
- 아니 땐 굴뚝에 연기 날까 ‥644
- 아닌 밤중에 홍두깨 ………645
- 아무리 바빠도 바늘 허리 매어 쓰지 못한다 ………………648
- 안 되면 조상 탓 ……………657
- 안 인심이 좋아야 바깥양반 출입이 넓다 …………………658

속담

- 앉아 주고 서서 받는다 ······660
- 앉은 자리에 풀도 안 나겠다 ······660
- 약방에 감초 ·················673
- 얕은 내도 깊게 건너라 ······679
- 어느 장단에 춤추랴 ········680
- 어두운 밤중에 홍두깨 내밀듯 ······680
- 어물전 망신은 꼴뚜기가 시킨다 ·················684
- 업은 아기 삼 년 찾는다 ···693
- 엎드러지면 코 닿을 데 ······694
- 엎친 데 덮친 격 ···············695
- 여름 불도 쬐다 나면 섭섭하다 ······699
- 열 길 물 속은 알아도 한 길 사람의 속은 모른다 ·········709
- 열 번 찍어 아니 넘어가는 나무가 없다 ·················710
- 염불에는 마음이 없고 잿밥에만 마음이 있다 ············712
- 옆구리 찔러 절 받기 ·········718
- 오뉴월 감기는 개도 안 걸린다 ······722
- 오뉴월 곁불도 쬐다 나면 섭섭하다 ·················722
- 오는 말이 고와야 가는 말이 곱다 ······722
- 오는 정이 있어야 가는 정이 있다 ······722
- 오르지 못할 나무는 쳐다보지도 말라 ·················725
- 오 리를 보고 십 리를 간다 725
- 오이는 씨가 있어도 도둑은 씨가 없다 ·················728
- 옥에도 티가 있다 ············730
- 옷이 날개다 ·················735
- 외상이면 소도 잡아먹는다 ··741
- 우물 안 개구리 ···············751
- 우물에 가서 숭늉 찾는다 ···751
- 우물을 파도 한 우물을 파라 ······751
- 우선 먹기는 곶감이 달다 ···751
- 울며 겨자 먹기 ···············756
- 울지 않는 아이 젖 주랴 ···756
- 웃는 낯에 침 뱉으랴 ········757
- 원님 덕에 나팔 분다 ········759
- 원수는 외나무다리에서 만난다 ······761
- 원숭이도 나무에서 떨어진다 ······761
- 윗물이 맑아야 아랫물이 맑다 ······768
- 음지도 양지된다 ·············783
- 응달에도 햇빛 드는 날이 있다 ······784
- 이 아픈 날 콩밥 한다 ······796
- 이 없으면 잇몸으로 산다 ···796
- 이웃집 새 처녀도 내 정지에 들어 세워 보아야 안다 ······797
- 익은 밥 먹고 선소리 한다 801
- 임도 보고 뽕도 딴다 ········813
- 입은 거지는 얻어먹어도 벗은 거지는 못 얻어먹는다 ······815
- 잉어국 먹고 용트림한다 ···816

ㅈ

- 자라 보고 놀란 놈이 소댕 보고 놀란다 ·················820
- 자랄 나무는 떡잎부터 알아본다 ·················820
- 자랑 끝에 불붙는다 ········821

부록

- 자빠져도 코가 깨진다 ······823
- 자식 둔 골은 범도 돌아본다
  ···································824
- 자에도 모자랄 적이 있고 치에도 넉넉할 적이 있다 ········824
- 작은 고추가 더 맵다 ········830
- 잔고기 가시 세다 ···········831
- 잔디밭에서 바늘 찾기 ······831
- 잔뼈가 굵어지다 ··············831
- 잘 되면 제 탓 못 되면 조상 탓
  ···································832
- 잠결에 남의 다리 긁는다 ···833
- 잠을 자야 꿈을 꾸지 ········834
- 잠자코 있는 것이 무식을 면한다 ································834
- 잣눈도 모르고 조복 마른다 835
- 장독보다 장맛이 좋다 ······837
- 장사가 나면 용마가 난다 ···839
- 재는 넘을수록 험하고 내는 건널수록 깊다 ···················842
- 재떨이와 부자는 모일수록 더럽다 ······························842
- 저녁 굶은 시어머니 상이다 846
- 저승길이 대문 밖이다 ······848
- 절에 가면 중 노릇 하고 싶다
  ···································861
- 절에 가면 중인 체 촌에 가면 속인인 체 ······················861
- 절에 간 색시 ···················861
- 절이 망하려니까 새우젓 장수가 들어온다 ···················861
- 점잖은 개가 부뚜막에 오른다
  ···································863
- 젓가락으로 김칫국을 집어 먹을 놈 ··························864
- 정에서 노염 난다 ············869
- 젖 먹던 힘이 다 든다 ······872
- 제 꾀에 제가 넘어간다 ······873
- 제 낯에 침 뱉기 ···············874
- 제 똥 구린 줄은 모른다 ···874
- 제 발등을 제가 찍는다 ······874
- 제 발등의 불을 먼저 끈다 ··874
- 제 버릇 개 줄까 ···············875
- 제비는 작아도 강남 간다 ···875
- 제사 덕에 쌀밥이라 ········875
- 제석의 아저씨도 벌지 않으면 아니 된다 ·····················876
- 제 집 개에게 발뒤꿈치를 물리었다 ······························878
- 제 흉 열 가지 가진 놈이 남의 흉 한 가지를 본다 ··········879
- 조그만 실뱀이 온 바다를 흐린다 ································880
- 조막손이 달걀 만지듯 ······881
- 족제비도 낯짝이 있다 ······886
- 족제비 잡은 데 꼬리 달라는 격 ································886
- 존대하고 뺨 맞지 않는다 ···886
- 좁쌀 한 섬 두고 흉년 들기를 기다린다 ······················888
- 종로에서 뺨 맞고 한강에 가서 눈 흘긴다 ···················889
- 좋은 약은 입에 쓰다 ········891
- 죄는 지은 데로 가고 덕은 닦은 데로 간다 ··················893
- 주머니 돈이 쌈지 돈 ········895
- 주인 모르는 공사 없다 ······898
- 주인 보탤 나그네 없다 ······898
- 죽 떠 먹은 자리 ···············900
- 죽어 석 잔 술이 살아 한 잔 술만 못하다 ···················900
- 죽은 자식 나이 세기 ········900

속담

- 죽은 정승이 산 개만 못하다 ·················900
- 죽이 끓는지 밥이 끓는지 모른다 ·················901
- 중의 관자 구멍이다 ········907
- 중이 고기맛을 알면 절에 빈대가 안 남는다 ·················907
- 중이 제 머리를 못 깎는다 ··907
- 쥐고 펼 줄을 모른다 ········909
- 쥐구멍에도 볕들 날이 있다 909
- 쥐구멍에 홍살문 세우겠다 ··909
- 쥐뿔도 모른다 ···············910
- 지게를 지고 제사를 지내도 제 멋이다 ······················912
- 지렁이도 밟으면 꿈틀한다 ··915
- 지키는 사람 열이 도둑 하나를 못 당한다 ··················920
- 진날 나막신 찾듯 ···········923
- 집에서 새는 바가지 밖에서도 샌다 ·······················930
- 쭈그렁 밤송이 삼 년 간다 ··934
- 찍자 찍자 하여도 차마 못 찍는다 ······················936

ㅊ

- 참빗으로 훑듯 ···············943
- 참새가 방앗간을 그냥 지나랴 ·················943
- 참새가 죽어도 쩩 한다 ······943
- 참새를 까 먹었다 ···········943
- 참을 인자 셋이면 살인도 피한다 ·························943
- 채반이 용수가 되게 우긴다 947
- 천냥빚도 말로 갚는다 ······950
- 천리 길도 한 걸음부터 ······951
- 첫술에 배부르랴 ···············958

- 초년 고생은 사서도 한다 ···963
- 초당 삼간이 타도 빈대 죽는 것만 시원하다 ··············963
- 촌닭 관청에 잡아 온 셈이다 ·························966
- 치마폭이 스물네 폭이다 ···978
- 친손자는 걸리고 외손자는 업고 간다 ····················980
- 친정 일가 같다 ···············980
- 칠팔월 수숫잎 ···············981
- 칠팔월 은어 굶듯 한다 ······981
- 침 뱉고 밑 씻겠다 ············981
- 침 뱉은 우물물 다시 먹는다 ·························981

ㅋ

- 칼로 물 베기 ···············985
- 칼 물고 뜀뛰기 ···············985
- 콩밭에 가서 두부 찾는다 ···991
- 콩 심은 데 콩 나고 팥 심은 데 팥 난다 ···············991
- 콩으로 메주를 쑨다 하여도 곧이듣지 않는다 ···············991
- 콩을 팥이리 헤도 곧이듣는다 ·························991
- 콩이야 팥이야 한다 ········991
- 큰 말이 나가면 작은 말이 큰 말 노릇한다 ··············995
- 큰 방죽도 개미 구멍으로 무너진다 ······················995
- 큰 북에서 큰 소리 난다 ···995
- 키 크고 속 없다 ···············996

ㅌ

- 탕약에 감초 빠질까 ·········1003
- 태산을 넘으면 평지를 본다

부록

- ·····················1004
- 터주에 붙이고 조왕에 붙인다 ·····················1007
- 터진 꽈리 보듯 ············1008
- 턱 떨어진 개 지리산 쳐다보듯 ·····················1008
- 털끝도 못 건드리게 한다 1008
- 털도 아니 난 것이 날기부터 하려 한다 ···············1008
- 털도 아니 뜯고 먹으려 한다 ·····················1008
- 티끌 모아 태산 ············1024

ㅍ

- 팔은 안으로 굽는다 ········1031
- 팥으로 메주를 쑨다 하여도 곧이듣는다 ··············1031
- 팥을 콩이라 하여도 곧이듣는다 ·····················1031
- 평양 감사도 저 싫으면 그만이다 ·····················1039
- 핑계 없는 무덤이 없다 ···1061

ㅎ

- 하나만 알고 둘은 모른다 ··1062
- 하늘의 별 따기 ············1063
- 하늘이 무너져도 솟아날 구멍이 있다 ···············1063
- 하루 물림이 열흘 간다 ···1063
- 하룻강아지 범 무서운 줄 모른다 ·····················1064
- 한강에 돌 던지기 ··········1069
- 한 귀로 듣고 한 귀로 흘린다 ·····················1070
- 한 번 실수는 병가의 상사 1072
- 한 술 밥에 배부르랴 ······1073
- 헌 짚신도 짝이 있다 ······1092
- 헤엄 잘 치는 사람 물에 빠져 죽고, 나무에 잘 오르는 사람 나무에서 떨어져 죽는다 ···1095
- 형만한 아우 없다 ···········1100
- 호랑이 굴에 가야 호랑이 새끼를 잡는다 ················1103
- 호랑이는 죽어서 가죽을 남기고 사람은 죽어서 이름을 남긴다 ·····················1103
- 호랑이 담배 먹을 때 ······1103
- 호랑이도 제 말을 하면 온다 ·····················1103
- 호랑이에게 끌려갈 줄 알면 누가 산에 갈까 ············1103
- 호박씨 까서 한입에 넣는다 ·····················1104
- 혹 떼러 갔다가 혹 붙여 온다 ·····················1106
- 화약을 지고 불에 들어간다 ·····················1114
- 흥정은 붙이고 싸움은 말리랬다 ·····················1137

뜻구별

ㄱ

- **가다** …… 앞으로 움직이다(집으로 가다).
- **갈다** …… ① 칼을 갈다. ② 논밭을 갈다.
- **가다듬다** …… 목소리를 가다듬다.
- **다듬다** …… 몸을 다듬다(차리어 맵시를 내다).
- **가:량** …… 어림짐작(수량을 대강 나타내는 말).
- **가:령** …… 만일, 만약.
- **가르다** …… "쪼갠다"는 뜻(사과를 똑같이 가르다).
- **가리다** …… "골라 낸다"는 뜻(쌀에서 돌을 가리다).
- **가르치다** …… 모르는 것을 알도록 일러 주다.
- **가리키다** …… 손가락으로 사물 있는 쪽을 알려 주다
- **가름** …… 둘로 가름(나눔).
- **갈음** …… 새 책상으로 갈음(바꿈)하였다.
- **가:없다** …… 끝이 없다(하늘은 너르고 가없다).
- **가:엾다** …… 불쌍하다(집 없는 고아는 가엾다).
- **가지다** …… 손에 쥐다, 몸에 지니다.
- **갔다** …… 학교에 갔다("가다"의 과거).
- **갖다** …… "가지다"의 준말.
- **같다** …… 이것과 저것은 모양이 같다(다르지 않다).
- **가진** …… 내가 가진 연필은 좋은 것이다(가지고 있는).
- **갖은** …… 갖은 고생을 겪고 성공하였다(온갖).
- **간:청**(懇請) …… 간절한 마음으로 청하는 것.
- **강:청**(强請) …… 억지로 짓궂게 청하는 것.
- **갇히다** …… 가두어지다(옥에 갇히다).
- **갖추다** …… 여러 가지를 골고루 다 차리다.

부록

부록

- **강산**(江山) …… 강과 산. 산천.
- **강상**(江上) …… 강물 위.

- **갸:륵하다** …… 착하고 장하다.
- **거:룩하다** …… 성스럽고 위대하다.

- **거름** …… 식물의 자람에 필요한 양분(논에 밑거름을 주다).
- **걸음** …… 발로 걸어다니는 것(걸음이 느리다).

- **거리** …… ① "길거리"의 준말(거리가 복잡하다).
  ② 무엇을 만드는 재료(찬거리).
- **거:리** …… 두 곳 사이의 떨어진 정도.

- **거의** …… 온전한 것에 가깝게(거의 완성되어 간다).
- **겨우** …… 힘을 들여서 가까스로(겨우 끝내다).

- **거치다** …… 대전을 거쳐 왔다.
- **걷히다** …… 외상값이 잘 걷힌다.

- **~건마는** …… 다 모였건마는 형은 안 왔다.
- **것만은** …… 이것만은 줄 수가 없다.

- **걷잡다** …… 걷잡을 수 없는 상태.
- **겉잡다** …… 겉잡아서 이틀 걸리다.

- **겉** …… 밖으로 드러난 쪽.
- **곁** …… 무엇에 딸린 어느 한 쪽.

- **게** …… 너는 게 섰거라("거기"의 준말).
- **게** …… 이게 내 책이다("것이"의 준말).
- **게** …… 내게 맡겨라("에게"의 준말).

- **겨누다** …… ① 총을 겨누다.
  ② 어깨를 겨누다(맞대다).
- **겨루다** …… 두 사람이 서로 실력을 겨루다(서로 버티고 힘주다).

- **결의**(決意) …… 마음을 결정하는 것(우리는 죽음으로써 나라를 지킬 것을 결의했다).
- **결의**(決議) …… 의논을 결정하는 것(회의에서 결의된 안건).

- **결정**(決定) …… 결단하여 작정함.
- **결정**(結晶) …… 물질이 몇 개의 평면으로 둘러싸이어 규칙 바른 모양을 이룬 상태.

- **경계**(境界) …… 이 곳과 저 곳의 지경.
- **경:계**(警戒) …… 마음을 가다듬어 조심함.

- **고르다** …… ① 더하고 덜함이 없이 모두 같다.
  ② 정상적 상태로 순조롭다(기후가 고르지 못하다).
- **고르다** …… ① 가려 뽑다.

② 높낮이 없이 평평하게 하다.
- **고소하다** …… ① 미운 사람이 잘못되는 것을 볼 때에 마음에 재미스럽다. ② 볶은 참깨 맛이나 냄새가 나다.
- **구수하다** …… ① 냄새나 맛이 입에 꽤 맞아서 비위에 당기다.
  ② 말이 듣기에 그럴듯하게 재미있다.

- **고장** …… ① 나거나 자라난 곳(우리 고장).
  ② 어떤 방면의 땅.
- **고:장** …… 기계 따위가 잘 움직이지 않음(고장난 자동차).

- **고적**(孤寂) …… 외롭고 쓸쓸함.
- **고:적**(古蹟) …… 옛 자취(고적 답사).

- **고초** …… 괴로움과 어려움(많은 고초를 겪고 성공했다).
- **고추** …… 양념에 쓰이는 몹시 매운 빨간 열매.
- **고치** …… 누에가 실을 토하여 만든 집(누에고치).
- **꼬치** …… 음식물을 꼬챙이에 꿴 것(꼬치 백반).

- **곧** …… ① 곧 오너라(금방).
  ② 이 말은 곧 나의 신조이다(다시 말하면).
- **곧장** …… 이 길로 곧장 가거라(똑바로 곧게).
- **곳** …… 이 곳은 정말 경치가 아름답다(장소).

- **곱:다** …… 저 빛깔은 참 곱다(보기에 아름답다).
- **꼽다** …… 날짜를 꼽다(세어 보다).

- **공포**(空砲) …… 실탄을 재지 않고 쏘는 헛총.
- **공포**(公布) …… 널리 알림.
- **공:포**(恐怖) …… 무서움과 두려움.

- **과거**(科擧) …… 옛날, 관리를 뽑기 위해 보이던 시험.
- **과:거**(過去) …… 지나간 때.

- **괴:다** …… ① 우묵한 곳에 물 따위가 모이다.
  ② 밑을 받치어 안정시키다.
  ③ 유난히 귀여워 사랑하다.
- **꾀:다** …… ① 벌레 따위가 많이 모여 들끓다.
  ② 사람들이 한 곳에 많이 모이다.
  ③ 남을 속이거나 충동하여 행동하게 하다.

- **교외** …… 도시 주위의 들(교외로 소풍을 갔다).
- **교:외** …… 학교 밖(공부 시간에는 교외에 나가지 마라).
- **교:회** …… 예배당(교회의 종소리).

- **~구나** …… "해라" 할 자리에 혼자서나 느낌으로 말할 때 쓰는 말(너무 크구나).

부록

- ~자꾸나 …… "해라" 할 자리에 "함께 하자"는 뜻으로 쓰이는 말 (어서 가자꾸나).
- 구:술 …… 입으로 말함(구술 시험을 보다).
- 구슬 …… 보석이나 유리 따위로 만든 둥근 물건.
- 구실 …… 마땅히 자기가 하여야 할 일(사람 구실을 해라).
- 구하다 …… 찾아서 얻다.
- 구:하다 …… 어려움에서 벗어나도록 도와 주다.
- 굳게 …… 한 마음 한 뜻으로 굳게 뭉쳐 나가자(단단하게).
- 궂게 …… 오늘 날씨는 궂게 보인다(나쁘게).
- 그러므로(그러니까) …… 그는 부지런하다. 그러므로 잘 산다.
- 그럼으로(써)(그렇게 하는 것으로) …… 누구든지 자기의 임무에 충실해야 한다. 그럼으로(써) 직장의 발전과 자기 발전을 꾀할 수 있다.
- 그런 …… 그러한.
- 그른 …… 올바르지 못한.
- 그르다 …… 거짓말을 하는 것은 그르다(옳지 아니하다).
- 그리다 …… 고향 산천을 그리다(마음으로 생각하다).
- 그:리다 …… 그림을 그리다(물감으로 색칠을 하다).
- 그치다 …… ① 계속되던 것이 멈추다.
  ② 하던 일을 멈추다.
- 끝이다 …… 마지막이다. 끝나는 곳이다.
- 급사(急死) …… 갑자기 죽음.
- 급사(急事) …… 급한 일, 또는 급히 일어난 일.
- 급사(給仕) …… 잔심부름하는 아이. 사환.
- 기괴하다 …… 기이하고 괴상하다(모양이 기괴하다).
- 기구하다 …… 팔자가 사납다(운명이 기구하다).
- 기르다 …… ① 몸을 튼튼히 기르다(단련하다).
  ② 짐승을 기르다(자라게 하다).
- 기리다 …… 선생님의 덕을 오래오래 기리다(높이 찬양하다).
- 김: …… ① 먹는 김.
  ② 물이 끓어서 나오는 김(수증기).
  ③ 논밭에 나는 잡풀.
- 짐 …… 무거운 짐을 지고 가다.
- 깁:다 …… 떨어진 옷을 꿰매다(해진 옷을 깁다).
- 깊다 …… "얕다"의 반대(물이 깊다).
- 깜빡 …… 심부름을 깜빡 잊었다(정신이 흐려졌다가 드는 모양).

뜻구별

- 깜짝 …… 깜짝 놀랐다(갑자기 놀라는 모양).
- 깜짝 …… 눈 깜짝할 사이(눈을 감았다 곧 뜨는 모양).
- 깨ː다 …… 잠이 깨다.
- 깨ː다 …… 배워서 알게 되다.
- 깨다 …… 단단한 것을 부수다.
- 꿇다 …… 무릎을 구부려 바닥에 대다.
- 끄다 …… 불을 끄다.
- 끊다 …… 한 줄로 이어져 있던 것을 잘라 내다.
- 끌ː다 …… 잡아당기다(썰매를 끌다).
- 끓다 …… 몹시 뜨거워져서 부글부글 솟다(찌개가 끓다).

ㄴ

- 나다 …… ① 생기다, 나타나다(대구에서는 사과가 많이 난다).
  ② 태어나다(서울에서 나다).
- 낫ː다 …… ① 병이 낫다(병이 없어지다).
  ② 이것보다 저것이 더 낫다.
- 낮다 …… "높다"의 반대(낮은 산).
- 낳다 …… 새끼나 알을 내어 놓다(암탉이 달걀을 낳다).
- 놓다 …… 물건을 땅에 놓다.
- 낟ː …… 이 보리는 낟알이 굵다(곡식의 알).
- 낫 …… 낫으로 풀을 벤다(베는 연장).
- 낮 …… 낮에는 일하고 밤에는 공부한다(밤의 반대).
- 낯 …… 낯을 씻는다(얼굴이라는 뜻).
- 낱ː …… 낱개로 판다(한 개 한 개라는 뜻).
- 날 …… 자정에서 다음 자정까지의 동안(하룻날).
- 날 …… 칼이나 그 밖에 연장의 가장 날카로운 부분(칼날).
- 날 …… 옷감이나 돗자리 등의 세로 놓인 줄(삼베날).
- 날~ …… 익히거나 가공하지 않은 것임을 나타냄(날고기).
- 날라 …… 짐을 날라 놓았다(옮겨).
- 날아 …… 하늘을 날아가다(공중에 떠서 움직이어).
- 날아 …… 옷의 빛깔이 날아 보기 흉하다(바래어).
- 낡은 …… 물건 따위가 오래 되거나 삭은.
- 늙은 …… 나이가 많은.
- 낳다 …… 쌍둥이를 낳다.
- 넣ː다 …… 가방에 책을 넣다.

부록

- **너르다** …… 우주는 한없이 너르다(이리저리 다 넓다).
- **널:다** …… 빨래를 널다(펼쳐 놓다).
- **넓다** …… 교실이 넓다(넓이가 크다).

- **너머** …… 산 너머 마을.
- **너무** …… 길이 너무 멀다.
- **넘어** …… 고개를 넘어간다.

- **너의** …… "네"의 본디말(저기 보이는 것이 너의 집이냐).
- **너희** …… 여러 사람을 가리키는 "너"(너희끼리 다녀오너라).

- **노름** …… 돈을 걸고 따먹기를 내기하는 짓.
- **놀음** …… 노는 일(재미있는 놀음을 하자).

- **노리다** …… 털이 타는 냄새(머리털이 타는 냄새가 노리다).
- **노리다** …… 눈독을 들여 겨누다(소매치기가 주머니를 노리다).

- **녹음**(綠陰) …… 우거진 나무 그늘.
- **녹음**(錄音) …… 소리를 그대로 기계 위에 옮겨 놓음.

- **놀:라다** …… 뜻밖의 일을 당해 가슴이 두근거리다.
- **놀:래다** …… 소리를 질러 남을 놀라게 하다.
- **놀리다** …… ① 놀게 하다.
  ② 남을 희롱하다.

- **누:르다** …… ① 위에서 힘을 주다(꼼짝 못 하게 누르다).
  ② 꿈쩍 못 하도록 윽박지르다.
  ③ 이기다.
- **누리다** …… 복을 받고 잘 살다(행복을 누리다).

- **눈** …… 사물을 보는 눈.
- **눈:** …… 겨울에 하늘에서 내리는 눈.

- **~느니보다**(어미) …… 놀러 가느니보다 집에 있거라.
- **는 이보다**(매인이름씨) …… 오는 이가 가는 이보다 많다.

- **느리다** …… 너는 동작이 매우 느리다(빠르지 못하다).
- **늘리다** …… 생산되고 있는 물건의 수량을 더 늘리다(많게 하다).
- **늘이다** …… 엿가락을 길게 늘이다(본디보다 더 길게 하다).

ㄷ

- **다니다** …… 늘 갔다 오다(학교에 다니다).
- **당기다** …… 끌어서 앞으로 오게 하다(줄을 당기다).
- **댕기다** …… 불을 붙이다(촛불을 댕기다).

- **다듬다** …… 나물을 다듬다.

뜻구별

- 더듬다 …… ① 지난 일을 더듬어 생각하다.
  ② 말을 더듬다.
- 다루다 …… 물건을 잘 다루다(잘 매만지다).
- 다르다 …… 서로 성질이 다르다(같지 아니하다).
- 다리고 …… 다리미로 옷을 다리고 있다.
- 데리고 …… 아이를 데리고 간다.
- 다리다 …… 옷을 다리다.
- 달이다 …… 약을 달이다.
- 다치다 …… 상하다(손을 다치다).
- 닫히다 …… 닫음을 당하다(문이 닫히다).
- 단장(丹粧) …… 얼굴을 곱게 하고 머리나 옷맵시를 꾸밈.
- 단:장(短杖) …… 짧은 지팡이.
- 단장(團長) …… 단체의 우두머리.
- 단:장(斷腸) …… 슬퍼서 창자가 끊어지는 듯함.
- 닫다 …… 열렸던 문을 제자리에 가게 하다(창문을 닫다).
- 닺다 …… "다지다"의 준말(마당을 닺다).
- 닿:다 …… ① 물건이 서로 접하다.
  ② 어떠한 곳에 가서 이르다.
- 대:다 …… 서로 닿게 하다.
- 데:다 …… 뜨거운 기운으로 살이 상하다(불에 손을 데다).
- 대로 …… "그 모양과 같이"의 뜻(배운 대로 하다).
- 데로 …… "곳"이라는 뜻(네가 있는 데로 나도 갈게).
- 대:장 …… 군대의 가장 높은 계급(육군 대장).
- 대장 …… 한 무리의 우두머리(소방 대장).
- ~던 …… 지나간 때를 나타내는 말(입던 옷, 먹던 밥).
- ~든 …… 가리는 뜻을 나타내는 말(먹든 안 먹든).
- 도로 …… 본디대로, 또다시(내 물건을 도로 찾아왔다).
- 도:로 …… 사람이나 차가 다니는 길(고속 도로).
- 도로 …… 도로 집으로 돌아가자(반대쪽으로 향하여).
- 두루 …… 두루 찾아보아라(빠짐없이 골고루).
- 독물 …… 독한 기운이 있는 물건(성질이 사나운 사람이나 짐승).
- 동:물 …… 새・짐승・물고기 따위.
- 돌 …… 오늘은 사촌 동생의 돌이다.
- 돌: …… 물 위에 돌을 던졌다.
- 돌아오다 …… 차례가 닥쳐오다(내 차례가 돌아오다).
- 돌아오다 …… 떠난 곳으로 다시 오다(학교에서 집으로 돌아오다).

부록

- **되** …… 되로 쌀을 된다.
- **돼:** …… "되어"의 준말(일이 잘 돼 간다).
- **두껍다** …… 벽이 두껍다(두께가 크다).
- **두텁다** …… 우애가 두텁다(정의가 깊다).
- **드리다** …… ① 바람에 필요 없는 것을 날려 버리다.
  ② 몇 가닥의 실을 하나로 꼬거나 땋다.
  ③ 팔기를 그만두고 가게의 문을 닫다.
  ④ 윗사람을 위하여 해 주다(길을 가르쳐 드리다).
- **들이다** …… ① 안으로 들게 하다(손님을 모셔들이다).
  ② 어떤 일에 맛을 붙이다(노름에 맛을 들이다).
  ③ 물감을 옮겨 배게 하다(노란 물을 들이다).
- **들러** …… 아저씨 댁에 들러 오너라(잠깐 거쳐서).
- **들어** …… 이 책을 좀 들어 옮겨라.
- **들려 오는** …… 멀리서 들려 오는 종소리.
- **들어오는** …… 집에 들어오는 사람(안으로 들어서는).
- **때** …… ① 점심때가 되었다(시간).
  ② 옷에 때가 묻었다(더러운 것).
- **떼** …… ① 사람이 떼를 지어 간다(무리).
  ② 돈을 달라고 떼를 쓴다(억지 주장).
- **뛰어나** …… "특히 다르게"라는 뜻으로 훌륭함을 나타내는 말.
- **띄어** …… "눈에 보인다"는 뜻을 나타내는 말.
- **뜨다** …… 병 기운이 나타나다(얼굴이 누렇게 뜨다).
- **뜨다** …… 물 위에서 가라앉지 않다(나뭇잎이 물 위에 뜨다).
- **뜨다** …… 감았던 눈을 열다(눈을 뜨다).
- **뜨다** …… 공중에서 땅에 떨어지지 아니하다(별이 뜨다).
- **띠다** …… ① 중대한 사명을 띠다(가지다).
  ② 허리띠를 띠다(두르다).
  ③ 홍조를 띠다(빛깔을 가지다).
- **띄우다** …… ① 물이나 공중에 뜨게 하다(비행기를 띄우다).
  ② 물건과 물건의 사이가 뜨게 하다.
- **띄:다** …… 없던 것이 눈에 띄다("보이다"의 뜻).

ㄹ

- **~(으)ㄹ 이만큼** …… 찬성할 이도 반대할 이만큼이나 많을 것이다.
- **~(으)리만큼**(어미) …… 그가 나를 미워하리만큼 내가 그에게 잘못

뜻구별

한 일이 없다.
- ~(으)러(목적) …… 공부하러 간다.
- ~(으)려(의도) …… 서울에 가려 한다.
- (으)로서(자격) …… 사람으로서 그럴 수는 없다.
- (으)로써(수단) …… 닭으로써 꿩을 대신했다.
- ~(으)므로 …… 그가 나를 믿으므로 나도 그를 믿는다.
- ~(ㅁ, -음)으로(써) …… 그는 가르침으로(써) 보람을 느낀다.

ㅁ

- 마는 …… 소풍을 가고 싶지마는 틈이 없다.
- 만은 …… 너만은 용서할 수 없다.
- 많은 …… 많은 책을 읽었다.
- 마술(魔術) …… 요술.
- 마ː술(馬術) …… 말을 타는 기술.
- 마치 …… 거의 비슷하게(마치 대낮처럼 밝은 밤이다).
- 마침 …… 어떤 때에 꼭 알맞게(마침 때맞춰 왔구나).
- 마침내 …… 드디어, 기어이, 결국(그렇게 애를 쓰더니, 마침내 성공했구나).
- 마치다 …… 일을 끝내다(공부를 끝마치다).
- 맞추다 …… 부탁하여 만들게 하다(옷을 맞추다).
- 맞추다 …… 꼭 맞게 하다(시간을 맞추다)
- 맞히다 …… 물음에 옳은 답을 대다(퀴즈를 맞히다).
- 막다 …… 통하지 못하게 하다(흐르는 물을 막다).
- 맑다 …… 더러운 것이 섞이지 않고 깨끗하다(물이 맑다).
- 만나다 …… 서로 마주 보다(아저씨를 만나다).
- 맛나다 …… 맛이 있다(이 과자는 정말 맛나다).
- 만이 …… 나만이 아는 비밀이 있다.
- 많이 …… 돈을 많이 벌었다.
- 만큼(매인이름씨) …… "거의 같다"는 뜻(정신을 잃을 만큼 놀랐다).
- 만큼(토씨) …… "거의 같다"는 뜻(저 집만큼 큰 집도 없다).
- 맏~ …… 첫째(맏형).
- 맛 …… ① 물건을 혀에 댈 때의 느낌(맛있는 과자).
  ② 재미있는 느낌(요즈음은 사는 맛이 난다).
- 멋 …… ① 말쑥한 몸매.
  ② 참다운 맛.

부록

- **맏이** …… 내가 우리 형제 중에서 맏이다.
- **맞이** …… 손님을 맞이하다.
- **말려** …… 젖은 옷을 말려 입다.
- **말려** …… 종이가 말려 들어가다.
- **맞다** …… ① 손님을 맞다(받아들이다).
  ② 비를 맞다(어떤 것에 닿다).
  ③ 답이 맞다(틀리지 않다).
  ④ 신발이 꼭 맞다(크기가 크지도 작지도 않고 알맞다).
- **맡다** …… ① 책임을 맡다(자기가 담당하다).
  ② 냄새를 맡다(코로 감각하다).
  ③ 허가를 맡다.
  ④ 낌새를 맡다(눈치채다).
- **매:다** …… ① 움직이지 않게 묶다.
  ② 풀을 뽑다(논을 매다).
  ③ 가축 등을 말뚝 같은 데에 붙잡아 묶어 두다.
- **메:다** …… ① 구멍이 막히다(목이 꽉 메다).
  ② 어깨에 얹다(물건을 어깨에 메다).
- **매워** …… "맵다"의 활용한 말.
- **메워** …… 빈 곳을 채워.
- **맹목** …… 맹목적으로 일을 해서는 안 된다(무턱대고 분별 없음).
- **명목** …… 그런 명목으로는 그 일을 할 수가 없다(구실).
- **모:욕** …… 업신여기어 욕을 함.
- **목욕** …… 머리를 감고 몸을 씻음.
- **모으다** …… 많은 사람들을 공원으로 모으다(모이게 하다).
- **모이다** …… 사람들이 공원에 많이 모이다(스스로 오다).
- **목거리** …… 목거리가 덧났다(목이 부어 아픈 병).
- **목걸이** …… 금목걸이, 은목걸이.
- **무덤** …… 어머니 무덤 앞에서 울었다(시체를 묻은 곳).
- **묻음** …… 나무를 심을 때 깊이 파서 묻음(땅에 묻는 일).
- **무안** …… 볼 낯이 없음, 면목이 없음.
- **미:안** …… 남에게 대하여 겸연쩍은 마음이 있음.
- **무치다** …… 나물에 여러 가지 양념을 섞어 버무리다.
- **묻다** …… ① 물·가루 같은 것이 들러붙다.
  ② 물건을 다른 물건 속에 넣어 안 보이게 하다.
- **묻:다** …… 모르는 일에 대하여 남에게 대답을 구하다.
- **묻히다** …… 돌이 땅에 묻히다(흙으로 덮여지다).

뜻구별

- 묵다 …… ① 오래 되다(묵은 쌀).
  ② 나그네로서 머물다(여관에 묵다).
  ③ 본디의 자리에 머물다.
- 묶다 …… ① 잡아매거나 얽어매다.
  ② 한군데로 모아 합치다.
- 묽다 …… 되지 않고 물기가 너무 많다.
- 문명 …… 물질적으로 세상이 점점 발전해 나감.
- 문화 …… 정신적으로 세상이 점점 깨어 나감.
- 미소(微小) …… 아주 작음(미소한 벌레).
- 미소(微少) …… 아주 적음(미소한 차이).
- 미소(微笑) …… 방긋 웃는 웃음(미소를 띠다).
- 미치다 …… 정신 이상이 되다.
- 미치다 …… 어느 곳에 이르다, 닿다.

ㅂ

- 바래다 …… 가는 사람을 배웅하다.
- 바:래다 …… 볕이나 습기를 받아 빛이 변하다.
- 바르다 …… ① 묻게 하다(풀을 바르다).
  ② 비뚤어지지 않다(마음이 바르다).
  ③ 도리나 사실에 옳다, 맞다(이 해답이 바르다).
- 바로 …… 곧장(집으로 바로 가다).
- 바로 …… 바르게, 곧게(틀린 글자를 바로잡아라).
- 바치다 …… ① 윗사람에게 드리다.
  ② 마음과 몸을 내놓다(목숨을 바치다).
  ③ 세금 따위를 내다(세금을 바치다).
- 받치다 …… 넘어지지 않게 버티어 놓다(통나무로 지붕을 단단히 받치다).
- 받히다 …… 받음을 당하다.
- 밭치다 …… 술을 체에 거르다.
- 반드시 …… 그 사람은 반드시 성공하고 말 거야(꼭, 틀림없이).
- 반듯이 …… 자세를 반듯이 앉아라(비뚤어지지 않게).
- 방긋이 …… 아이가 방긋이 웃는다.
- 받았다 …… 아버지에게 책을 받았다.
- 받았다 …… 그릇에 물을 받았다.
- 발: …… 문에 드리운 발.

부록

- **발** …… 걸어다니는 발.
- **발견** …… 아무도 모르던 것을 처음 알아 냄.
- **발명** …… 이제까지 없었던 것을 처음 만들어 냄.
- **발전**(發展) …… ① 일이 잘 되어 피어남.
  ② 널리 뻗어 나감(해외로 발전하다).
- **발전**(發電) …… ① 전기를 일으킴.
  ② 전보를 띄움.
- **방문**(房門) …… 방으로 드나드는 문.
- **방:문**(訪問) …… 남을 찾아보는 일.
- **배** …… ① 배를 타고 간다(기선 따위).
  ② 이것은 저것의 배이다(갑절, 곱절).
  ③ 배가 아프다.
  ④ 썩은 배(먹는 배).
- **베** …… 삼베 옷을 입었다(옷감).
- **배:다** …… ① 아이를 가지다.
  ② 씨앗 뿌린 것이 매우 촘촘하다.
  ③ 물이 스미어 젖다(땀이 배다).
  ④ 버릇이 되어 익숙해지다(일이 몸에 배다).
- **베:다** …… ① 베개를 베다.
  ② 나무를 톱으로 베다.
- **배었다** …… 메뚜기가 알을 배었다.
- **배웠다** …… 모르는 것을 배웠다.
- **버리다** …… ① 쓰지 못할 물건을 내던지다.
  ② 마음에 맞지 않아서 돌보지 아니하다.
- **벌:리다** …… 사이를 넓게 떼다.
- **벌:이다** …… ① 일을 베풀어 놓다.
  ② 가게를 차리다.
  ③ 물건을 늘어놓다.
- **번쩍** …… 물건을 가볍게 드는 모양(역기를 번쩍 들었다).
- **번쩍** …… 빛이 잠깐 강하게 나타났다 없어지는 모양(불빛이 번쩍번쩍한다).
- **벋다** …… ① 바깥쪽으로 길게 자라나다.
  ② 힘이 어디까지 미치다(사람의 힘이 우주까지 벋다).
- **벗다** …… 옷을 벗다.
- **뻗다** …… 꼬부렸던 것을 펴서 길게 내밀다(다리를 뻗고 누웠다).
- **베었다** …… 낫으로 풀을 베었다("자른다"는 뜻).

뜻구별

- **뵈었다** …… 선생님을 뵈었다("어른을 본다"는 뜻의 존대말).
- **병**(瓶) …… 술병, 물병.
- **병:**(病) …… 병이 나서 누워 있다.
- **보내다** …… 시간을 흘러가게 하다(시간을 보내다).
- **보내다** …… 물건 같은 것을 옮기다(편지를 보내다).
- **보:모** …… 유치원의 여자 선생.
- **부모** …… 어버이, 양친, 즉 어머니와 아버지.
- **보이고** …… 눈에 뜨이고(거리에서 가끔 보이고).
- **보이고** …… 갖다가 보게 하고(성적표를 아버지께 보이고).
- **봉오리** …… 꽃을 말할 때(꽃봉오리가 활짝 열린다).
- **봉우리** …… 산을 말할 때(산봉우리가 높이 솟아 있다).
- **부:대** …… 종이나 헝겊 따위로 만든 주머니(밀가루 열 부대).
- **부대** …… 군대의 하나(공군 부대).
- **부딪치다** …… 물체와 물체가 세게 마주 닿다(차와 차가 마주 부딪쳤다).
- **부딪히다** …… 부딪음을 당하다(자동차에 부딪혔다).
- **부르다** …… ① 노래를 부르다.
  ② 배가 부르다.
- **부리다** …… 소를 부리다.
- **부수다** …… "깨뜨린다"는 뜻(문을 두들겨 부수다).
- **부시다** …… ① 눈이 어리어리하다(아침 햇살에 눈이 부시다).
  ② 씻다(그릇을 깨끗이 부시다).
- **부인**(夫人) …… "시집간 여자"를 높이는 말.
- **부:인**(否認) …… 사실이 그렇지 않다고 함.
- **부쳐서** …… ① 남을 시켜 편지나 물건을 보내서.
  ② 부채를 흔들어 바람을 일으켜서.
  ③ 힘이 모자라서.
  ④ 논밭을 다루어 농사를 지어서.
- **붙여서** …… 서로 맞닿아 떨어지지 않게 하여서.
- **부터** …… "시작한다"는 뜻(열 시부터 공부하자).
- **붙어** …… ① "떨어지지 않는다"는 뜻(종이가 붙어 있다).
  ② "불이 옮아 댕긴다"는 뜻(불이 붙어 탄다).
- **분**(分) …… 시간의 한 단위로 1시간의 60분의 1.
- **분**(粉) …… 얼굴에 바르는 가루.
- **분**(盆) …… 화초를 심는 그릇.
- **분** …… "사람"의 높임말.

부록

- 분:(忿) …… 분한 마음.
- 붇:다 …… 비가 와서 강물이 붇다.
- 붓:다 …… ① 독에 물을 붓다.
  　　　　② 병으로 얼굴이 붓다.
- 붙다 …… 신발 밑바닥에 종이가 들러붙다.

- 비 …… 비가 온다.
- 비 …… 비로 깨끗이 쓸었다(청소 도구).

- 비장한 …… 죽음을 무릅쓴 비장한 결심.
- 비참한 …… 많은 사람이 죽은 비참한 사고.

- 비추다 …… 빛을 보내어 밝게 하다.
- 비취다 …… "비추이다(비춤을 받다)"의 준말.
- 비치다 …… 빛이 이르러 환해지다.
- 삐:치다 …… 글씨의 삐침 획을 긋다.

- 빌:다 …… ① 부처님께 빌다.
  　　　　② 거지가 밥을 달라고 빌다(남의 물건을 거저 달라고 사정하다).
- 빌리다 …… 나중에 돌려주기로 하고 남의 물건을 얻어다 쓰다.

- 빗나는 …… 비뚤어지게 나가는(빗나가는).
- 빛나는 …… 빛이 찬란한.

- 빗는 …… 빗 따위로 곱게 다듬는(머리를 빗는 동생).
- 빚는 …… 송편 따위를 만드는(송편을 빚는 어머니).

- 뿌리다 …… 바람이 불고 비가 뿌리다.
- 뿌리다 …… 꽃밭에 물을 뿌리다.

- 뿜다 …… 속에 있는 것을 바깥으로 불어 내보내다.
- 품다 …… 가슴에 안다, 가슴에 지니다.

ㅅ

- 사과(沙果) …… 붉은 사과를 사 왔다(과일).
- 사:과(謝過) …… 잘못을 사과하였다.

- 사르다 …… 부엌에서 불을 사르다(아궁이 같은 데 불을 피우다).
- 살:다 …… 사람이 살다(죽지 않다).

- 사:리(事理) …… 일의 이치.
- 사리(私利) …… 사사로운 이익.
- 사리(舍利) …… 부처나 고승의 뼈.
- 사리 …… 국수나 새끼를 사려서 묶은 뭉치.

뜻구별

- **사리** …… 매달 보름과 그믐날의 조수가 밀려오는 시각.
- **사방**(砂防) …… 산 같은 데에 흙이나 모래를 막는 일.
- **사:방**(四方) …… 동서남북.
- **사:신**(使臣) …… 임금의 명령으로 외국에 가는 신하.
- **사신**(私信) …… 사사로운 편지.
- **사:실**(事實) …… 실지로 있는 일.
- **사:실**(史實) …… 역사상에 있는 사실.
- **사용**(私用) …… 사사로이 쓰다.
- **사:용**(使用) …… 물건을 쓰다.
- **사:자**(使者) …… 심부름하는 일을 맡은 사람.
- **사자**(獅子) …… 짐승의 왕이라고 불리우는 사나운 동물.
- **사:회**(社會) …… 세상, 세간.
- **사회**(司會) …… 회의의 진행 등을 맡아 보는 일.
- **삯** …… 품삯을 받다(일을 해 주고 받는 돈).
- **싹** …… 풀의 싹이 돋다(풀의 눈).
- **산림** …… 산과 수풀(산림 녹화 사업).
- **살림** …… 한 집을 이루어 살아가는 일(신혼 살림).
- **살림** …… 죽지 않게 함(죽게 된 나무를 살림).
- **산:수**(算數) …… 수학.
- **산수**(山水) …… 산과 물.
- **살:던** …… 살고 있던(어려서 내가 살던 옛집).
- **살:든** …… 살든지(살든 죽든 상관없다).
- **삶:다** …… 감자를 삶다(익게 하다).
- **삼:다** …… ① 그를 제자로 삼다(정하다).
  ② 짚신을 삼다(만들다).
- **상**(賞) …… 잘한 일을 칭찬하여 주는 표적(일등상을 탔다).
- **상**(床) …… 소반, 책상 등을 통틀어 일컫는 말(밥상을 차리다).
- **새** …… 이제 새 학년이 되었다.
- **새:** …… 나뭇가지에서 새가 쨱쨱거린다.
- **새기다** …… ① 뜻을 새기다(기억하여 두다).
  ② 도장을 새기다(조각하다).
- **삭이다** …… 밥통에서 먹은 음식을 삭이다.
- **사귀다** …… 친구를 사귀다.
- **새끼** …… 짐을 묶는 데 사용하는 것(새끼를 꼬다).
- **새끼** …… 짐승의 어린것(소가 새끼를 낳다).
- **새:다** …… ① 물이 새다.

부록

- ┌ ② 날이 새다.
- │ ③ 비밀이 온 마을에 새다.
- ├ 세:다 …… ① 힘이 세다.
- │   ② 수효를 세다.
- │   ③ 머리털이 세다(희어지다).
- └ 쇠:다 …… 명절이나 생일을 지내다.

- ┌ 새우다 …… ① 밤을 새우다(자지 않고 보내다).
- │   ② 샘을 내다.
- └ 세우다 …… 기둥을 세우다(위로 일으켜 서게 하다).

- ┌ 샘: …… ① 물이 땅에서 솟아나오는 자리(물이 맑은 샘).
- │   ② "시기하다"의 뜻(영자는 샘을 잘 낸다).
- └ 셈: …… 계산(수효를 셈하다).

- ┌ 선뜩 …… 갑자기 놀라거나 찬 느낌을 받는 모양.
- └ 선뜻 …… 거침없이 가볍고 시원스러운 모양.

- ┌ 선:심(善心) …… 착한 마음, 남을 도와 주는 마음.
- └ 성심(誠心) …… 정성스러운 마음.

- ┌ 성(城) …… 적을 막기 위한 성.
- ├ 성:(姓) …… 이름과 성.
- ├ 성:(性) …… 남성과 여성.
- └ 성: …… 성난 얼굴.

- ┌ 성장(成長) …… 생물이 자라서 점점 커짐.
- └ 성:장(盛裝) …… 옷을 훌륭하게 차려 입음.

- ┌ 성패 …… 성공과 실패.
- └ 승:패 …… 이김과 짐.

- ┌ 손 …… 아기의 예쁜 손.
- └ 손 …… 오늘 우리 집에는 손이 많이 왔다(손님).

- ┌ 수여 …… 상품이나 상장 따위를 줌(상장을 수여하다).
- ├ 수요 …… 필요해서 얻고자 함(연탄의 수요가 줄어 간다).
- └ 수:효 …… 사물의 수(모인 사람들의 수효를 헤아리다).

- ┌ 수입(收入) …… 돈이나 곡식을 거두어들임.
- └ 수입(輸入) …… 외국에서 나는 물건을 사들여옴.

- ┌ 쉬어요 …… 일은 그만 하고 쉬어요.
- └ 쉬워요 …… 이 문제는 참 쉬워요.

- ┌ 스러져 …… 하나 둘 스러져 가는 별(모양이나 자취가 없어지어).
- ├ 쓰러져 …… 그는 쓰러져 흐느껴 울었다(한쪽으로 넘어지어).
- └ 쓸어져 …… 교실은 벌써 깨끗이 쓸어져 있었다(비 따위로 청소되어).

뜻구별

- 스치다 …… ① 생각이 퍼뜩 떠오르다.
  ② 살짝 닿으며 지나가다.
- 시치다 …… 바느질을 할 때 듬성듬성 호다.

- 슬기 …… 그는 슬기로운 사람이다(지혜).
- 쓸개 …… 쓸개 빠진 사람 같다(간에 붙어서 쓸개즙을 내는 기관).

- 시리다 …… 손이 시리다(찬 기운을 느끼다).
- 실리다 …… ① 책에 실리다(기록되다).
  ② 차에 실리다(싣게 하다).

- 시조(時調) …… 우리 나라 고유의 시의 한 형식.
- 시:조(始祖) …… 맨 처음의 조상.
- 시:초(始初) …… 맨 처음, 시작.

- 시키다 …… 아이에게 심부름을 시키다.
- 식히다 …… 더운물을 차게 식히다.

- 식물(植物) …… 생물 가운데서 동물을 제외한 풀과 나무 따위.
- 식물(食物) …… 먹는 것.

- 신:망 …… 믿고 바람, 믿음과 덕망.
- 실망 …… 바라는 일이 안 되어 섭섭해함.

- 실업(實業) …… 상업·농업·공업 등과 같은 사업.
- 실업(失業) …… 직업을 잃어버림.

- 실었습니다 …… ① 짐을 실었습니다.
  ② 신문에 글을 실었습니다.
- 싫었습니다 …… 그와 놀기가 싫었습니다.

- 싸다 …… ① 종이로 책을 싸다(둘레를 덮어씌우다).
  ② 자식을 싸고 돌다(보살펴 두둔하다, 감싸다).
- 쌓다 …… ① 장작더미를 쌓다(겹겹이 포개 놓다).
  ② 공을 쌓다(공을 여러 번 세우다).

- 쓰다 …… 입맛이 쓰다.
- 쓰다 …… 글씨를 쓰다.
- 쓰다 …… 모자 따위를 머리에 쓰다.
- 쓰다 …… 묘를 자리잡아 만들다(묘를 쓰다).
- 씌워 …… 머리에 쓰게 하여(모자를 씌워 주어라).
- 씌어 …… 글씨가 써지어(칠판에 글씨가 씌어 있다).

ㅇ

- 아람 …… 밤·도토리 등의 잘 여문 열매.

부록

- **아름** …… 두 팔을 벌려 껴안은 둘레의 길이(한 아름 되는 나무).
- **알음** …… 서로 아는 안면(전부터 알음이 있는 사이).
- **앎** …… 아는 힘, 지식(앎이 힘이다).
- **아울러** …… 그것과 아울러 이것도 해라(함께, 같이하여).
- **아울려** …… 우리는 모두 아울려 산으로 갔다(합하여).
- **안** …… "아니"의 준말(그 곳에서는 안 놀겠다).
- **안** …… "속"의 반대(집 안에 들어갔다).
- **않** …… "아니하"의 준말(그렇지 않아).
- **안고** …… 아기를 안고 있다(두 팔로 무엇을 가슴에 대고).
- **않고** …… 공부는 않고 뭘 하느냐("아니하고"의 준말).
- **안ː다** …… 어린아이를 품에 안다.
- **앉다** …… 자리에 앉다.
- **안치다** …… 밥을 안치다.
- **앉히다** …… 윗자리에 앉히다.
- **앉았네** …… 전깃줄에 참새가 앉았네.
- **않았네** …… 아직 여름은 오지 않았네.
- **애달프다** …… 마음이 아프고 쓰리다, 몹시 안타깝다.
- **애ː타다** …… 근심이 커서 속이 타는 듯하다.
- **얘ː** …… "이 아이"의 준말(얘야!).
- **예ː** …… 대답할 때("예").
- **어기다** …… 약속을 어기다.
- **우기다** …… 억지를 부리다.
- **어려서** …… ① 나이가 적어서.
  ② 눈에 보이는 듯하여서.
- **얼ː려서** …… 여럿이 한데 잘 섞이어서.
- **어ː름** …… 두 물건의 끝이 닿는 자리(두 물건의 어름).
- **어림** …… 대강 짐작으로 헤아림(어림잡은 수).
- **얼음** …… 물이 얼어서 굳어진 것(얼음이 풀리는 봄).
- **어리다** …… 양쪽 기슭의 풍경이 물 위에 어리다.
- **어리다** …… 눈에 눈물이 어리다.
- **어리다** …… 아직 나이가 어리다.
- **얹다** …… 물건을 시렁 위에 얹다.
- **업다** …… 아이를 등에 업다.
- **없ː다** …… "있다"의 반대(연필이 한 자루도 없다).
- **엎다** …… ① 위아래가 바뀌어 놓이게 하다(물그릇을 엎다).
  ② 망쳐 버리다(다 된 일을 엎어 놓았구나).

뜻구별

③ 못 일어나도록 위를 덮다(꼼짝도 못 하게 엎어 놓았다).
- 에:다 …… 칼 따위로 도려 내다.
- 에우다 …… 사방을 둘러싸다.
- 여성(女聲) …… 여자의 목소리.
- 여성(女性) …… 여자.
- 여위다 …… ① 몸이 마르다.
　　　　　　② 가난하여 살림이 보잘것 없다.
- 여의다 …… ① 죽어 이별하다(부모를 여의다).
　　　　　　② 시집보내다.
- 역사(歷史) …… 우리 겨레의 반만 년 역사.
- 역사(力士) …… 그는 힘이 역사다(힘이 센 사람).
- 역사(役事) …… 토목·건축 등 여러 사람이 하는 큰 일.
- 연기(延期) …… 기한을 뒤로 물림(운동회는 연기되었다).
- 연기(煙氣) …… 물건이 탈 때 나는 희뿌연 기체.
- 연:기(演技) …… 배우가 무대에서 하는 말이나 몸짓.
- 열:다 …… 열매 같은 것이 맺다(배가 많이 열다).
- 열:다 …… ① 닫힌 문이나 뚜껑 같은 것을 터놓거나 빼다.
　　　　　　② 어떤 모임을 개최하다(동창회를 열다).
- ~오 …… 받침 없는 말에 붙어 설명·물음·시킴을 나타내는 말(날이 차오, 어디로 가오? 어서 오오).
- 요 …… 말끝에 붙어서 상대를 높이거나 주위를 끌게 하는 말(비가 와요, 빨리 가요).
- 오:로지 …… 오직 한 쪽으로(오로지 공부에만 열중하다).
- 오죽 …… 얼마나(오죽 아프랴).
- 오직 …… "하나뿐"이라는 뜻(오직 이것밖에 없습니다).
- 완전 …… 모자람이나 빠짐이 없음.
- 안전 …… 평안하고 온전함.
- 왜적 …… 원수인 일본 군사.
- 외:적 …… 나라 밖에서 쳐들어오는 적.
- 용:기(勇氣) …… 용맹스러운 기운(용기를 내다).
- 용기(容器) …… 물건을 담는 그릇(플라스틱 용기).
- 우거지다 …… 초목이 무성하게 되다(산에 나무가 우거지다).
- 우그러지다 …… 안으로 구부러지다(냄비가 우그러지다).
- 우리 …… 우리들은 학생이다.
- 우리 …… 돼지우리.
- 우:습다 …… 그 이야기는 참으로 우습다.

부록

└ 웃:다 …… 즐거워서 웃다.

┌ 원:수(怨讐) …… 해를 끼치어 원한이 되는 사람이나 물건.
└ 원수(元帥) …… 군인 가운데서 가장 높은 계급.

┌ 위엄 …… 실력이 있는 사람은 위엄이 있다(점잖고 엄숙함).
└ 위험 …… 위험한 곳에 가지 말아라(위태하고 험함).

┌ ~으러 …… 목적을 나타냄(고기를 잡으러 간다).
└ ~으려 …… 하고 싶어하는 마음을 나타냄(책을 읽으려 한다).

┌ ~으로서 …… 학생으로서 그런 일을 하면 되나(자격으로).
└ ~으로써 …… 이것으로써 오늘의 식을 마치겠습니다(수단, 방법, 가지고의 뜻).

┌ 은근한 …… 은근한 태도로 대한다(겸손하고 정중한).
└ 은은한 …… 은은한 종소리가 들린다.

┌ 의:견(意見) …… 마음 속에 느낀 생각(내 의견은 이렇다).
└ 이:견(異見) …… 남과 다른 의견.

┌ 의논 …… 여러 사람이 의논한 결과 우리 반 앞에 꽃밭을 만들기로 했다(서로 상의함).
└ 이:론 …… 여러 가지 이론이 나왔다(서로 다른 의견).

┌ 의:미 …… 그 말의 의미를 알 수 없구나(뜻).
└ 이미 …… 이미 그 일은 끝났다(벌써).

┌ 의복 …… 옷(의복을 차려 입다).
└ 이:복 …… 아버지가 같고 어머니가 다른 형제(이복 동생).

┌ 의사(醫師) …… 병을 고치는 것을 업으로 하는 사람(외과 의사).
├ 의:사(意思) …… 생각, 마음, 뜻(의사 표시).
└ 의:사(義士) …… 정의와 지조를 굳게 지키는 사람(안중근 의사).

┌ 이따가 …… 이따가 오너라.
└ 있다가 …… 돈은 있다가도 없다.

┌ 이:래 …… 그 뒤로(그런 일은 유사 이래 처음이다).
└ 이레 …… 초이레, 일곱 날(이레를 걸려서 일을 마쳤다).

┌ 이루다 …… 뜻을 이루다
├ 이룩하다 …… 집안을 크게 이룩하다(일으켜 세우다).
└ 이르다 …… ① 역에 이르다(다다르다).
              ② 잘 알아듣도록 이르다(알아듣게 말하다).
              ③ 아직 이르다(빠르다).

┌ 이사(移徙) …… 살고 있던 집을 옮겨 감.
└ 이:사(理事) …… 담당 사무를 집행하는 사람의 직명(상무 이사).

┌ 이:상(理想) …… 이상이 높은 사람(가장 좋다고 생각하는 경지).

뜻구별

- 이:상(以上) …… ① 이상으로 수업을 마침(끝).
                ② 10년 이상(더 많거나 더 나음).
- 이:상(異常) …… 오늘 날씨는 이상하다(보통과 다름).

- 이제 …… 지금 말하고 있는 바로 이 때.
- 이제야 …… 이제 겨우.
- 인제 …… 지금에 이르러, 지금부터 곧.

- 이:해(利害) …… 이로움과 해로움.
- 이:해(理解) …… 깨달아 알아들음.

- 익다 …… ① 열매가 여물다(감이 익다).
           ② 음식이 삶아지다(삶은 밤이 다 익다).
- 읽다 …… 소리를 내거나 눈으로 살피어 글을 보다(책을 읽다).

- 인력(人力) …… 사람의 힘(인력으로 안 되는 일).
- 인:력(引力) …… 서로 끌어당기는 힘(만유 인력).

- 인류 …… 사람을 다른 동물과 구별하여 일컫는 말.
- 일류 …… 첫째 가는 지위.

- 인명(人名) …… 사람의 이름.
- 인명(人命) …… 사람의 목숨.

- 인사(人事) …… 선생님께 아침 인사를 드렸다.
- 인사(人士) …… 그는 이름 있는 인사이다.

- 잃다 …… ① 정신을 잃다(의식이 없게 되다).
           ② 돈을 잃다(내기에 져서 빼앗기다).
           ③ 자식을 잃다(가까이 있던 사람이 죽다).
- 잇:다 …… 가업을 잇다(끊이지 않게 하다).
- 있다 …… 사람이 있다(없지 않다).
- 잊다 …… 약속을 깜빡 잊다(기억을 못 하다).

- 입 …… 노래를 부를 때는 입을 크게 벌려라(밥을 먹는 입).
- 잎 …… 나뭇잎이 벌써 누렇게 되었구나(잎사귀).
- 닢 …… 엽전 한 닢(엽전을 세는 단위).

ㅈ

- 자기(自己) …… 제 몸(자기 일은 자기가 해라).
- 자기(磁器) …… 사기그릇(고려 자기).

- 자라다 …… 키가 무럭무럭 자라다(점점 커 가다).
- 자르다 …… 가위로 종이를 자르다(조각을 내다).

- 자라서 …… 성장해서(어서 자라서 꽃을 피워라).

부록

- **잘라서** …… 끊어서(나무를 잘라서 무엇에 쓰려느냐).
- **잘아서** …… 크기가 매우 작아서(글씨가 너무 잘아서 잘 읽을 수가 없다).

- **자신**(自信) …… 자신의 능력이나 가치를 스스로 믿음(자신 있게 대답했다).
- **자신**(自身) …… 스스로의 제 몸(자신의 이름을 말하라).

- **작가** …… 문학·미술·영화 등의 작품을 만드는 사람.
- **작자** …… ① 책이나 글을 쓴 사람.
  ② 물건을 살 사람.

- **작년** …… 지난해.
- **장:년** …… 기운이 한창 씩씩한 나이.

- **작:다** …… 크지 않다(키가 작다).
- **적다** …… 글씨를 쓰다(공책에 이름을 적다).
- **적:다** …… 많지 않다(분량이 매우 적다).

- **잠그다** …… ① 문을 잠그다(열쇠를 채우다).
  ② 물에 잠그다(물 속에 넣다).
- **잠기다** …… ① 문이 잠기다(잠가지다).
  ② 생각에 잠기다(골똘하다).
- **쟁이다** …… 여러 장을 차곡차곡 포개어 놓다.

- **잡다** …… 달아나지 못하게 붙잡다(도둑놈을 잡다).
- **줍:다** …… 땅에 떨어진 것을 집다(종이를 줍다).
- **집다** …… 지목하여 가리키다(요점만 집어서 말하다).

- **장사** …… 장사가 잘 된다.
- **장:사**(壯士) …… 그는 힘이 장사다(힘이 센 사람).

- **장수** …… 돈을 벌기 위해 물건을 사다 파는 사람.
- **장수**(長壽) …… 할아버지는 장수하셨다(목숨이 길다).

- **저리** …… 저리 가면 학교가 보인다(저쪽으로).
- **저리** …… 왜 저리 떠드는지 모르겠구나(저러하게).

- **저리다** …… 다친 다리가 저리다.
- **절이다** …… 김장 배추를 절이다.

- **저의** …… 저 집이 바로 저의 집입니다.
- **저이** …… 저이가 나를 부른다(저 사람).
- **저희** …… 선생님이 안 계셔도 저희끼리 공부합니다.

- **전력**(全力) …… 모든 힘(공부에 전력을 다하라).
- **전:력**(電力) …… 전기의 힘(전력을 소모하다).

- **전원**(田園) …… 논밭과 동산.

뜻구별

- 전원(全員) …… 전체의 인원.
- 전:장 …… 싸움터.
- 전:쟁 …… 나라와 나라 사이의 싸움.
- 젓 …… 시장에 가면 새우젓이 있다.
- 젖 …… 아기가 어머니의 젖을 빤다.
- 정:당(正當) …… 바르고 마땅함(정당한 요구).
- 정당(政黨) …… 정치 단체(정당 정치).
- 정부(政府) …… 나라를 다스리는 가장 중심되는 관청.
- 정:부(正否) …… 바름과 바르지 못함.
- 정(定):하다 …… 어떻게 하자고 뜻을 세우다(정한 규칙).
- 정(淨):하다 …… 깨끗하고 맑다(정한 샘물).
- 조리다 …… 고기나 채소 따위를 양념하여 국물이 바특하게 바짝 끓이다(약한 불에서 감자를 조리다).
- 졸:리다 …… ① 졸음이 와서 자고 싶은 느낌이 들다.
  ② 남에게 조름을 당하다.
  ③ 단단하게 매어지다.
- 졸이다 …… 마음을 졸이다.
- 조차 …… "까지"의 뜻(너조차 그렇게 하니?).
- 좇아 …… "따라서"의 뜻(뒤를 좇아 오너라).
- 쫓아 …… "몰아"의 뜻(밖으로 쫓아 내다).
- 종 …… 때려서 울리는 종.
- 종: …… 남의 밑에서 일하는 사람.
- 주검 …… 주검 앞에서 한없이 울었다(죽은 사람, 시체).
- 죽음 …… 죽음으로써 나라를 지키자(죽는 일).
- 주:리다 …… 여러 날을 주렸다(배를 곯다).
- 줄이다 …… 비용을 줄이다(줄게 하다).
- 주었다 …… 제 것을 남에게 가지게 했다.
- 주웠다 …… 떨어진 물건을 집었다.
- 주장(主張) …… 자기의 생각은 이렇다고 내세움.
- 주장(主將) …… ① 한 부대의 우두머리.
  ② 어떤 운동 경기에 나가는 선수들의 우두머리.
- 줍:는다 …… 땅에 떨어진 돈을 줍는다.
- 집는다 …… 손으로 공을 집는다.
- 짚는다 …… 땅을 짚는다.
- 즐기다 …… ① 고기 반찬을 즐기다(좋아하다).
  ② 휴일을 즐기다(마음의 재미를 누리다).

부록

- 질기다 …… 나일론 옷감은 매우 질기다.
- ┌ 지나다 …… ① 어떤 곳을 통과하다.
- │   ② 시간이 흐르다.
- └ 지:내다 …… ① 살아가다.
-             ② 어떤 직책을 맡아 하다(군수를 지내다).
-             ③ 제사 따위를 치르다.
- ┌ 집 …… 사람이 사는 건물.
- └ 짚 …… "볏짚"의 준말(짚으로 가마니를 짜다).
- ┌ 짓:다 …… 집을 짓다.
- ├ 짖다 …… 개가 큰 소리로 짖다.
- └ 짙다 …… 빛깔이나 색이 진하다.
- ┌ 집단 …… 모임, 단체(집단으로 황무지를 개척했다).
- └ 짚단 …… 볏짚의 묶음(짚단을 날랐다).
- ┌ 집안 …… ① 가까운 살붙이(집안 사람).
- │   ② 가정(집안 일, 집안 살림).
- └ 집 안 …… 집의 안쪽(집 안에 있는 채소밭).
- ┌ 짜다 …… ① 옷감 따위가 되게 하다(비단 옷감을 짜다).
- │   ② 비틀거나 눌러 물기를 빼다(깨로 기름을 짜다).
- └ 짜다 …… 소금 맛이 있다(국이 너무 짜다).
- ┌ 찢다 …… 옷을 찢다.
- └ 찧다 …… 떡방아를 찧다.

ㅊ

- ┌ 차다 …… 가득하여 더 들어갈 수 없게 되다(그릇에 물이 가득 차다).
- ├ 차다 …… 차갑다(냇물이 차다).
- ├ 차다 …… 발로 내지르다(공을 차다).
- └ 차다 …… 팔목에 끼우거나 잠그다(수갑을 차다).
- ┌ 차:마 …… 애틋하고 안타까운 마음을 억눌러 참고서(차마 눈 뜨고는 볼 수 없는 일이다).
- └ 참아 …… 굳은 마음으로 어려운 고비를 견디어(불편해도 참아라).
- ┌ 채 …… 가늘고 긴 물건의 길이(머리채).
- ├ 채 …… 어떤 상태가 계속된 대로 그냥(산 채로 잡다).
- ├ 채 …… 일정한 한도에 이르지 못한 상태(채 익지 않은 사과).
- └ 체 …… 그럴듯하게 꾸미는 거짓 태도(모르면서 아는 체한다).

뜻구별

- ┌ **쳐:들어** …… 높게 들어올려(국기를 높이 쳐들어라).
- └ **쳐들어** …… 공격하여(외적이 쳐들어온다).
- ┌ **초대**(初代) …… 첫번째.
- └ **초대**(招待) …… 남을 불러서 대접함.
- ┌ **출가**(出家) …… 중이 되는 일.
- └ **출가**(出嫁) …… 처녀가 시집을 감(언니는 작년에 출가했다).
- ┌ **치다** …… 손이나 물건을 어떤 물건에 닿도록 급히 힘을 주다(손뼉을 치다).
- ├ **치다** …… 휘장·그물 따위를 펴서 벌이다(천막을 치다).
- ├ **치:다** …… "치우다"의 준말(길가의 돌을 치다).
- ├ **치다** …… 적을 공격하다(적을 치다).
- ├ **치다** …… 붓을 놀리어 점이나 줄을 긋다(선을 치다).
- ├ **치다** …… 집짐승을 기르다(닭을 치다).
- └ **치다** …… 힘있게 소리를 내다(큰소리 치다).
- ┌ **친목** …… 서로 친해지고 가까워짐(친목을 다지다).
- └ **침묵** …… 입을 다물고 말을 안 함(침묵은 금이다).

ㅌ

- ┌ **탈:** …… 종이·나무·흙 등으로 만든 얼굴의 모양.
- ├ **탈:** …… 속뜻을 감추고 겉으로 꾸미는 거짓 얼굴.
- └ **탈:** …… 사고(탈이 나다).
- ┌ **탐정** …… 범죄 사건의 진상을 살핌(탐정 소설).
- └ **탐험** …… 위험을 무릅쓰고 알려지지 않은 곳을 두루 찾아다니며 조사함(밀림을 탐험하다).
- ┌ **통하다** …… ① 양쪽 구멍이 통하다(막힘이 없이 트이다).
-               ② 잘 통하는 사이다(거리낌없이 서로 사귀다).
-               ③ 말로는 안 통한다(서로의 뜻을 알다).
-               ④ 지리에 밝게 통하다(어떤 방면에 능하여 잘 알다).
- └ **동:하다** …… 그 일에 마음이 조금 동하다(움직이다).

ㅍ

- ┌ **품** …… 윗도리 옷에 있어 겨드랑이 밑의 넓이(품이 넉넉하다).
- ├ **품** …… 껴안은 가슴(어머니 품에 안기다).
- ├ **품** …… 어떤 생김새나 모습(품이 매우 고상하다).

부록

- **품** …… 무슨 일에 드는 수고(품삯을 받아라).
- **픽** …… "픽" 소리를 내며 웃는 모습(픽하고 웃다).
- **픽** …… 힘없이 가볍게 쓰러지는 모양(옆으로 픽 쓰러졌다).

ㅎ

- **하노라고** …… 하노라고 한 것이 이 모양이다.
- **하느라고** …… 공부하느라고 밤을 새웠다.
- **하러** …… 자전거 타러 가자(목적을 나타냄).
- **하려** …… 무엇을 하려고 한다(뜻을 나타냄).
- **~하므로** …… 공부를 잘하므로 상을 준다(~하는 까닭으로).
- **~함으로** …… 일함으로써 낙을 삼는다(~을 가지고).
- **한낮** …… 대낮(밤이 한낮같이 밝구나).
- **한낱** …… 오직, 단지, 하나뿐의(한낱 보잘것 없는 사람이지만).
- **한데** …… 우리 민족은 한데 뭉쳐야 한다(한 마음으로).
- **한:데** …… 춥지 않으니 한데 나가서 놀아라(바깥, 방 밖).
- **한테** …… 에게(언니한테 보낼 물건).
- **한목** …… 한꺼번에 다(숙제를 한목에 다 했다).
- **한몫** …… 한 사람 앞에 돌아가는 분량.
- **한참** …… 한동안(한참 생각하더니 대답한다).
- **한창** …… 가장 성할 때(지금은 벼베기가 한창이다).
- **해** …… "하여"의 준말(순이는 공부를 잘해요).
- **해** …… 태양(아침 해가 떴다).
- **해:** …… 보탬이 되지 않는 것, 손해(홍수로 큰 해를 입었다).
- **해:방** …… 얽어매었던 것을 풀어 놓음.
- **훼:방** …… 남이 하는 일을 방해함.
- **해:치다** …… 해롭게 만들다(사람을 해치다).
- **헤치다** …… 속에 든 것을 드러나게 하려고 잡아 젖히다.
- **햇볕** …… 해가 내쏘는 뜨거운 기운(햇볕이 따스하다).
- **햇빛** …… 해의 빛(햇빛이 밝다).
- **허룩하다** …… 없어지거나 줄어들다.
- **허름하다** …… ① 값이 싼 듯하다.
  ② 해지고 더럽다.
- **허술하다** …… ① 낡아서 보기에 어울리지 않다.
  ② 빈틈이 많다.
- **헙수룩하다** …… 허름하고 어수선하다.

┌**현:상**(現狀) …… 실지로 나타나 보이는 모습.
├**현:상**(現像) …… 사진 찍은 필름을 약물에 넣어 그 모습이 나타나
│   게 하는 일.
└**현상**(懸賞) …… 무엇을 모집하는 데 상을 거는 일.
┌**호수**(湖水) …… 땅이 우묵히 패어 물이 괸 곳(호수에 배를 띄우
│   다).
└**호:수**(戶數) …… 집의 수효(네 동네 호수가 얼마냐?).
┌**홀리다** …… 정신이 홀리다(어떤 힘에 이끌리어 반하다).
└**흘리다** …… 땀을 흘리다(떨어지게 하다).
┌**화:상**(畫像) …… 사람의 모양을 그린 그림.
└**화:상**(火傷) …… 불에 데어 상함(화상 환자).
┌**효:성**(孝誠) …… 마음을 다하여 어버이를 모시는 정성.
└**효:성**(曉星) …… 샛별.
┌**흐르다** …… 강물이 몹시 빠르게 흐르다(움직여 내려가다).
└**흐리다** …… 오늘은 날씨가 몹시 흐리다(구름이 잔뜩 끼다).

띄어쓰기의 규칙

1. **조사는 그 앞말에 붙여 쓴다.**
   사람은 사람이 사람과 사람만 사람으로서
   책에서 책으로 책만큼 책이라도
   여자라도 남자라야 너에게 바보처럼

2. **의존 명사는 띄어 쓴다.**
   학교는 모든 학생의 **것**이다.
   시키는 **대로** 한다.
   땅을 치고 울 **만큼** 원통하다.
   어찌할 **바**를 모르겠다.
   최선을 다했을 **뿐**이다.
   그 때는 그럴 **수**밖에 없었다.
   이 **이**가 바로 그 사람이다.
   졸업한 **지** 만 1년이 되었다.

3. **단위를 나타내는 명사는 띄어 쓴다.**
   종이 석 **장** 소금 넉 **섬** 생선 네 **마리** 속옷 두 **벌**
   운동화 세 **켤레** 집 한 **채** 자반 한 **손** 차 석 **잔**
   붓 한 **자루** 김 한 **톳** 자동차 열 **대**

   다만, 순서를 나타내는 경우나 숫자와 어울리어 쓰이는 경우에는 붙여 쓸 수 있다.
   한시 이십삼분 사십오초 1질 15권 1945년 8월 15일
   십사층 일호 4차 108동 1401호

4. **수를 적을 적에는 '만(萬)' 단위로 띄어 쓴다.**
   구천팔백칠십육억 오천사백삼십이만 일천이백삼십사
   9876억 5432만 1234

5. **두 말을 이어 주거나 열거할 적에 쓰이는 말들은 띄어 쓴다.**
   국장 **겸** 과장   열 **내지** 스물

청군 대 백군　　　책상, 걸상 등이 있다
이사장 및 이사들　　사과, 배, 귤 등등

6. **한 자로 된 낱말이 연이어 나타날 적에는 붙여 쓸 수 있다.**
   이집 저집　한권 두권　그날 그날

7. **보조 용언은 띄어 씀을 원칙으로 하되, 경우에 따라 붙여 씀도 허용한다.**
   그럭저럭 살아 간다.　그럭저럭 살아간다.
   친구를 도와 준다.　친구를 도와준다.
   일이 잘 될 듯하다.　일이 잘 될듯하다.
   여행을 할 만하다.　여행을 할만하다.
   될 법한 일이다.　될법한 일이다.
   날이 갤 성싶다.　날이 갤성싶다.
   책을 읽는 척 한다.　책을 읽는 척한다.

8. **성과 이름·성과 호 등은 붙여 쓰고, 이에 덧붙는 호칭어·관직명 등은 띄어 쓴다.**
   이퇴계　정다산　김구 선생　이승만 대통령
   우장춘 박사　최영 장군

9. **성명 이외의 고유 명사는 단어별로 띄어 씀을 원칙으로 하되, 단위별로 띄어 쓸 수 있다.**
   서울 대학교 사범 대학 부속 초등 학교
   서울대학교 사범대학 부속초등학교

10. **전문 용어는 단어별로 띄어 씀을 원칙으로 하되, 붙여 쓸 수 있다.**
    만성 골수성 백혈병　　만성골수성백혈병
    중거리 탄도 유도탄　　중거리탄도유도탄

수량 호칭 일람표

물건의 이름을 찾아 그 수에 붙여 부르는 이름(명수사)을 알아봅시다.

가마……한 채
가위……한 개, 1정
가죽……한 평(한 자 평방)
간장……한 병, 한 통
갈비……한 짝(한 편쪽 전부), 한 대(토막친 것 한 토막)
건시……한 접(100개), 한 동(100접)
고삐……한 타래
공기……한 개, 한 죽
곶감……개, 접, 동
과물……한 개, 한 접(100개), 한 동(100접)
교정……초고, 재고, 삼교……
구두……한 켤레, 한 짝
기와……한 장
기차……한 대
김……한 톳
꽃……한 송이
나무……한 그루
나뭇잎……한 잎
낫……한 자루
널……한 장
노래……한 곡
다기……한 세트
달걀……한 개, 한 꾸러미(10개), 한 줄, 한 판(30개)
달구지……한 채
담배……한 갑, 한 보루(10갑)
대포……한 문, 1문
도끼……한 자루
돗자리……한 잎
두루마리……한 축(하나)
두릅……한 두름(물고기나 나물을 길게 엮은 것)
두부……한 모, 한 판
디스크……한 장
라디오……한 대
말……한 마리, 한 필
맥주……한 잔, 한 병, 한 상자
머리털……한 개, 한 움큼
먹……한 동(열 장)
메밀 국수……한 장
명태……한 쾌(스무 마리), 한 동(2,000마리)
묘석·묘비……1기
무명·베……한 동(50필)
문장……한 편
물고기……한 마리
미나리……한 손(한 줌)
미역·다시마……한 꼭지, 한 모숨(길고 가느다란 물건의 한

수량 호칭 일람표

줌)
바둑……한 판
발……하나
발동기……한 대
밭……a, ha, 평
백지……1권(20장), 1동(100권)
버선……한 켤레, 한 죽(열 켤레)
볏단……한 뭇
보석……캐럿(carat)
붓……한 동(열 자루)
비행기……한 대
사람……한 사람, 한 명
새……한 마리, 한 쌍(두 마리)
생강……한 동(열 접)
생선……한 마리, 한 손(조기, 암치, 통배추 따위 크고 작은 것을 끼워 두 마리 또는 두 개), 한 뭇(열 마리), 한 동(2,000 마리)
생선회……한 접시
석유……한 초롱(한 통)
선로……m, km
선박……한 척
설탕……g, kg
세대……한 세대
세수 수건……한 장
세탁기……한 대
셔츠……한 벌
소……한 마리, 한 필
소설……한 편
솜……한 근, 한 채
수레……한 채
수저……한 벌(숟가락과 젓가락)
숙박……일 박, 이 박
숟가락……한 개, 한 죽
술……병, 통, 섬
숯……한 섬
시……한 편

시조……한 수
시합……한 판
식사……일인분, 한 그릇, 한 상
신발……한 켤레
신사복……한 벌
실……한 타래, 한 꼭지
쌀……홉, 되(열 홉), 말(열 되), 섬(열 말), kg
씨름……한 판
암치・수치……한 손(크고 작은 것 두 마리)
약……일 정, 한 포, 한 병(양약), 한 첩, 한 제(한약 스무 첩)
양말……한 켤레
어린이……한 명
연극……한 편
엽전……한 꿰미(열 냥), 한 쾌(열 꾸러미)
영화……한 편
오디오・비디오……한 대
오징어・낙지……한 마리, 한 죽, 한 뭇
옷감……한 감
우동・국수……한 사리
윷놀이……한 사리(모나 윷)
음료수……한 잔, 한 병
의류……한 벌, 한 죽(열 벌)
이불・요……한 채
인쇄기……한 대
자반……한 손(크고 작은 것 두 마리)
장갑……한 켤레
장기……한 판
장작……한 뭇(작게 묶은 한 단), 한 짐(열 뭇)
재목……m^3
전화기……한 대

접시……한 개, 한 죽(열 개)
젓가락……한 매(한 쌍)
조기……한 마리, 한 동(2,000 마리)
족자……한 축, 대련(대가 되는 두 축)
종(種)……종류
종이……한 장, 석 장, 넉 장, 한 연(양지 전지 500장), 한 권(한지 20장), 한 축(한지 열 권)
주발(사발)・**대접**……한 개, 한 죽(열 개)
직물……한 필
짐승……한 마리
집……한 채
짚……한 춤(한 손으로 쥘 만한 분량)
차(茶)……한 잔
채소……한 단(한 묶음), 한 뭇, 한 접
책……한 권, 한 부
천……한 필

초밥……한 개, 일인분
촛대……한 쌍(두 개)
총……한 자루
카메라……한 대
칼……한 자루
컴퓨터……한 대
탑……1 기
텔레비전……한 대
토끼……한 마리
토지……m², 평
통조림……한 통
포도……한 송이
풀……한 포기
피아노……한 대
한시……한 수
화물……kg
화물차……한 대(량)
화투・트럼프……한 벌
화폐……원
화환……한 다발, 1 속
활자……호, 급, 포인트
회화(그림)……한 폭

꽃 말

〈드릴 때〉

국화……군자의 마음
금어초……욕망
난초……고귀한 뜻
들국화……결백
모란꽃……부귀를 바랍니다
백합……순결하고 존엄하다
붓꽃……존경합니다
아네모네……고독
아마릴리스……자랑스럽다
억새풀……노력

〈떠나가는 사람에게〉

개나리……잃어버린 사랑
과꽃……변화
금잔화……실망했다, 이별을 고한다
낙엽……서러움
노란 카네이션……자기 자신을 경멸한다
노란 튤립……끊어질 사랑
달리아……변하기 쉬운 마음
만수국……그 여자의 질투
문주란……유랑
수국……내가 졌다
시든 흰 장미……덧없는 세상
쑥……나는 간다
연꽃……나는 물러갑니다
팬지……내 생각도 좀 해 다오
흰 봉선화……나를 건드리지 말라
흰 양귀비……잊고 싶어
흰 장미꽃봉오리……당신은 내 마음을 몰라 준다
히아신스……비애, 승부

〈못 믿을 사람에게〉

나팔꽃……거짓 사랑
노란 백합……허위
디기탈리스……불성실
살구꽃……당신을 의심한다

〈사랑하는 사람에게〉

담쟁이덩굴……결혼합시다
도깨비부채……나는 행복해요
동백꽃……그대를 사랑합니다
등불꽃……고백
레몬……순정(純情)
물망초……참된 사랑, 그대 나를 잊지 마시오
민들레……내 사랑 그대에게
배꽃……보고파
봉선화……기다리는 안타까움
붉은 국화……내 사랑을 받아 주세요

부록

붉은 복숭아……변함 없는 사랑
붉은 튤립……나는 당신을 사랑합니다
사프란……언제나 기뻐요
스톡……변하지 않는 아름다움
아카시아……남몰래 바라는 사랑
주머니꽃……언제까지나 나를 기다려 주세요
치자……나는 너무 행복합니다
칸나……남국의 정열 같은 사랑
흰 장미……이제 나도 당신을 사랑할 만합니다
흰 진달래……그대의 사랑을 바랍니다

〈위안 드릴 때〉

글라디올러스……무장을 단단히
등나무……나그네여 내게로 오라
붉은 양귀비……위안
시네라리아……쾌활
장미 잎……때만 기다리시오
채송화……인내

〈친구에게〉

데이지……언제나 깨끗하게
마거리트……젊은이의 기쁨
무궁화……일편 단심
방울꽃……행복
백일홍……헤어진 벗의 생각
분홍 진달래……신념
석류꽃……점잖음
스위트 피……아름다운 추억
작약……부끄러움
창포……반가운 기별
추해당……그대는 친절하다
프리뮬러……청춘
프리지어……우정
해바라기……의지와 신앙
흰 라일락……청춘을 즐기자

문장 부호

구분	부호	부호의 이름	쓰 임	보 기
마침표	.	온 점	문장의 끝남을 나타냄.	*꽃이 피었다.
	○	고리점	세로쓰기에는 온점 대신 고리점을 씀.	다추모 。석레 이가
	?	물음표	의심이나 물음을 나타냄.	*오늘이 며칠이냐?
	!	느낌표	감탄, 놀람, 부르짖음, 명령 등 강한 느낌을 나타냄.	*아, 달이 유난히도 밝구나! *빨리 가!
쉼표	,	반 점	휴식이나 여러 낱말을 늘어놓음을 나타냄.	*나뭇잎이 날리면, 가을이다.
	、	모 점	가로쓰기에는 반점, 세로쓰기에는 모점을 씀.	자무국매 라를화화、 한사대난 다군나초、
	·	가운뎃점	대등하거나 같은 계열의 낱말임을 나타냄.	*사과·배·감·밤 *우리 나라는 다른 분야보다도 과학을 연구·발전시켜야 한다.
따옴표	" "	큰따옴표	대화, 인용, 특별 어구 따위를 나타냄.	*선생님께서 "모레 소풍을 간다."고 말씀하셨다.
	' '	작은따옴표	따온 말에서 다시 따온 말, 마음 속의 생각을 나타냄.	*속담에 '콩 심은 데 콩 나고, 팥 심은 데 팥 난다.'고 했다. *성적표를 받아 들고 '공부를 더 열심히 해야지.' 하고 다짐했다.

친척(친족·인척)의 호칭

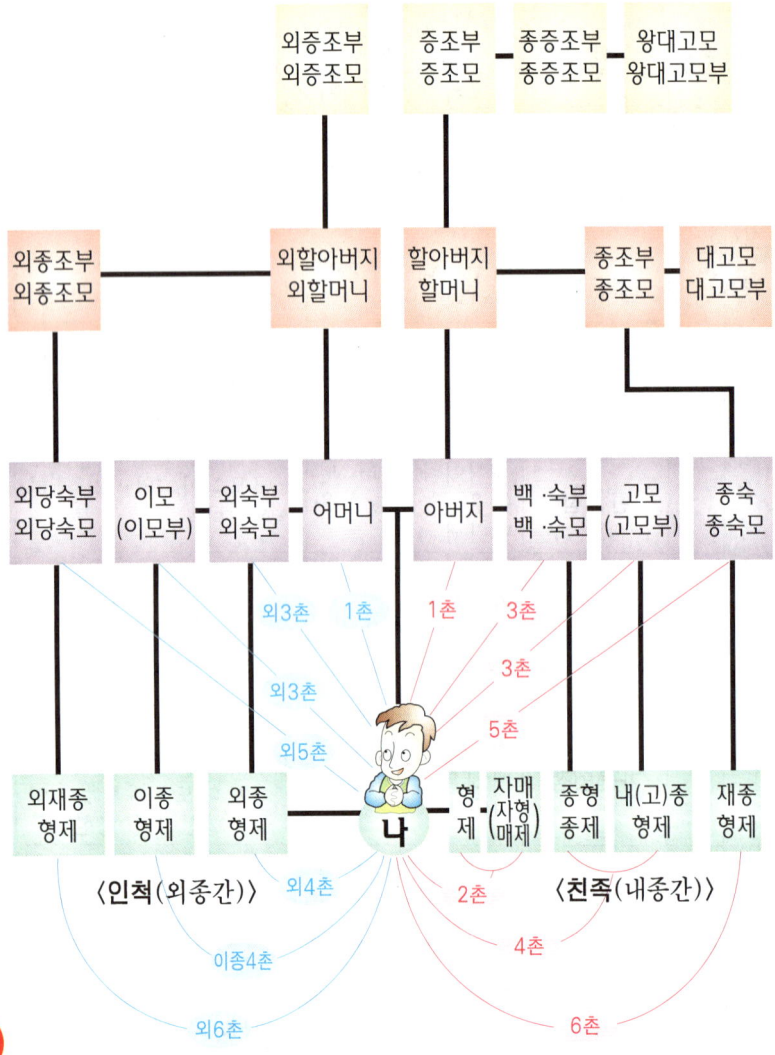

(나를 기준으로 한 촌수)

한국 성씨 일람표

金(김)	羅(나)	印(인)	彭(팽)	永(영)	凡(범)
李(이)	辛(신)	諸(제)	范(범)	堅(견)	洙(수)
朴(박)	閔(민)	卓(탁)	承(승)	莊(장)	米(미)
崔(최)	兪(유)	魚(어)	尙(상)	判(판)	敦(돈)
鄭(정)	池(지)	鞠(국)	簡(간)	伊(이)	姚(요)
姜(강)	陳(진)	牟(모)	眞(진)	箕(기)	后(후)
趙(조)	嚴(엄)	蔣(장)	夏(하)	乃(내)	鳳(봉)
尹(윤)	元(원)	殷(은)	偰(설)	墨(묵)	順(순)
張(장)	蔡(채)	秦(진)	施(시)	路(노)	汝(여)
林(임)	千(천)	片(편)	胡(호)	異(이)	君(군)
韓(한)	方(방)	余(여)	毛(모)	麻(마)	謝(사)
吳(오)	康(강)	龍(용)	漢(한)	邦(방)	俊(준)
申(신)	玄(현)	慶(경)	柴(시)	菊(국)	疆(강)
徐(서)	孔(공)	丘(구)	邵(소)	采(채)	樑(양)
權(권)	咸(함)	芮(예)	韋(위)	楚(초)	端(단)
黃(황)	卞(변)	奉(봉)	唐(당)	班(반)	邱(구)
宋(송)	楊(양)	史(사)	道(도)	包(포)	扁(편)
安(안)	廉(염)	夫(부)	甄(견)	斤(근)	森(삼)
柳(유)	邊(변)	程(정)	陶(도)	弼(필)	水(수)
洪(홍)	呂(여)	昔(석)	萬(만)	阿(아)	奈(내)
全(전)	秋(추)	賈(가)	昌(창)	梅(매)	剛(강)
高(고)	都(도)	庾(유)	平(평)	海(해)	介(개)
孫(손)	魯(노)	太(태)	公(공)	彬(빈)	賴(뇌)
文(문)	石(석)	卜(복)	段(단)	舜(순)	碩(석)
梁(양)	蘇(소)	睦(목)	荀(순)	袁(원)	芸(운)
裵(배)	愼(신)	桂(계)	葉(섭)	星(성)	丕(비)
白(백)	馬(마)	皮(피)	鍾(종)	肖(초)	艾(애)
曺(조)	薛(설)	晋(진)	弓(궁)	宗(종)	先(선)
許(허)	吉(길)	杜(두)	昇(승)	曲(곡)	舍(사)
南(남)	宣(선)	甘(감)	强(강)	占(점)	淳(순)
劉(유)	周(주)	智(지)	龐(방)	燕(연)	恩(은)
沈(심)	延(연)	董(동)	大(대)	夜(야)	閻(염)
盧(노)	魏(위)	陰(음)	天(천)	頓(돈)	應(응)
河(하)	表(표)	溫(온)	冰(빙)	鄒(추)	鮑(포)
丁(정)	明(명)	邢(형)	化(화)	彈(탄)	旁(방)
成(성)	王(왕)	章(장)	襄(양)	喬(교)	南宮(남궁)
車(차)	房(방)	賓(빈)	邕(옹)	雲(운)	皇甫(황보)
具(구)	潘(반)	扈(호)	浪(낭)	倉(창)	司空(사공)
郭(곽)	玉(옥)	景(경)	濂(염)	慈(자)	鮮于(선우)
禹(우)	奇(기)	葛(갈)	西(서)	雷(뇌)	諸葛(제갈)
朱(주)	琴(금)	錢(전)	連(연)	單(선)	西門(서문)
任(임)	陸(육)	左(좌)	國(국)	菜(채)	獨孤(독고)
田(전)	孟(맹)	于(우)	馮(빙)	雍(옹)	東方(동방)